I0888219

DERECHOS Y GARANTÍAS CONSTITUCIONALES Y LA ACCIÓN DE AMPARO

TRATADO DE DERECHO CONSTITUCIONAL - TOMO X

Colección Tratado de Derecho Constitucional

I. *Historia constitucional de Venezuela*, Caracas 2013, 1096 páginas.

II. *Orígenes del constitucionalismo moderno en Hispanoamérica*, Caracas 2014, 980 páginas

III. *Cambio político y consolidación del Estado de derecho (1958-1998),* Caracas 2015, 1162 páginas

IV. *Instituciones del Estado democrático de derecho. Constitución de 1961*, Caracas 2015, 1180 páginas

V. *Derechos y garantías constitucionales en la Constitución de 1961 (La Justicia Constitucional),* Caracas 2015, 1022 páginas

VI. *Asamblea Constituyente y Proceso Constituyente (1999)*, Caracas 2013, 1198 páginas

VII. *La Constitución de 1999: El Estado Democrático y Social de Derecho*, Caracas 2014, 1190 páginas

VIII. *Golpe de Estado Constituyente, Estado Constitucional y Democracia,* Caracas 2015, 1018 páginas

IX. *Concentración y centralización del poder y régimen autoritario,* Caracas 2015, 1198 páginas

X. *Derechos y garantías constitucionales y la acción de amparo,* Caracas 2017, 1196 páginas.

XI. *El derecho y la acción de amparo en el derecho constitucional comparado,* Caracas 2017, 1150 páginas.

XII. *La justicia constitucional y Jurisdicción Constitucional,* Caracas 2017, 1198 páginas.

XIII. *Práctica y distorsión de la justicia constitucional,* Caracas 2017, 954 páginas.

XIV. *El juez legislador y la patología de la justicia constitucional,* Caracas 2017, 1060 páginas.

XV. *El desmantelamiento de la democracia y el Estado Totalitario,* Caracas 2017, 1050 páginas.

XVI. *La Destrucción del Estado de derecho, la ruina de la democracia y la dictadura judicial,* Caracas 2017, 1146 páginas

Allan R. Brewer–Carías

Profesor de la Universidad Central de Venezuela (desde 1963)
Simón Bolívar Professor, University of Cambridge (1985–1986)
Professeur Associé, Université de Paris II (1989–1990)
Adjunct Professor of Law, Columbia Law School, New York (2006–2008)

DERECHOS Y GARANTÍAS CONSTITUCIONALES Y LA ACCIÓN DE AMPARO

COLECCIÓN

TRATADO DE DERECHO CONSTITUCIONAL

TOMO X

Fundación de Derecho Público
Editorial Jurídica Venezolana

Caracas, 2017

© Allan R. Brewer-Carías, 2017
http://www.allanbrewercarias.com
Email: allan@brewercarias.com

Hecho el Depósito de Ley
ISBN: 978-980-365-295-1
Depósito Legal: lf5402015340903

Editado por: Editorial Jurídica Venezolana
Avda. Francisco Solano López, Torre Oasis, P.B., Local 4, Sabana Grande,
Apartado 17.598 – Caracas, 1015, Venezuela
Teléfono 762.25.53, 762.38.42. Fax. 763.5239
http://www.editorialjuridicavenezolana.com.ve
Email fejv@cantv.net

Impreso por: Lightning Source, an INGRAM Content company
para Editorial Jurídica Venezolana International Inc.
Panamá, República de Panamá.
Email: editorialjuridicainternational@gmail.com

Diagramación, composición y montaje
por: Francis Gil, en letra Times New Roman, 10,5
Interlineado 11, Mancha 19 x 12.5 cm.

CONTENIDO GENERAL

INTRODUCCIÓN:

EL ORIGEN DEL RÉGIMEN CONSTITUCIONAL DE LOS DERECHOS DEL HOMBRE Y DEL CIUDADANO EN LA AMÉRICA HISPANA (1811-1812)

PRIMERA PARTE:

EVOLUCIÓN CONSTITUCIONAL DE LA CONSAGRACIÓN DE LOS DERECHOS Y GARANTÍAS 1811-1999

SEGUNDA PARTE:

ESTUDIOS SOBRE LAS MODALIDADES DE PROTECCIÓN DE LOS DERECHOS HUMANOS

TERCERA PARTE:

ESTUDIOS SOBRE LOS DERECHOS HUMANOS

CUARTA PARTE:

ANTECEDENTES DEL RÉGIMEN DEL PROCESO DE AMPARO A LOS DERECHOS FUNDAMENTALES EN VENEZUELA (1998)

QUINTA PARTE:

EL RÉGIMEN DEL AMPARO EN LA LEY ORGÁNICA DE AMPARO SOBRE DERECHOS Y GARANTÍAS CONSTITUCIONALES DE 1988

SEXTA PARTE:

OTROS ESTUDIOS SOBRE EL DERECHO Y LA ACCIÓN DE AMPARO EN VENEZUELA

PRESENTACIÓN

En este Tomo X de la Colección *Tratado de Derecho Constitucional* recojo buena parte de mis estudios sobre los derechos y garantías constitucionales y la acción de amparo en Venezuela publicados a lo largo de las últimas décadas, los cuales he agrupado en seis Partes:

Como *Introducción,* se publica el estudio sobre el origen del régimen constitucional de los derechos del hombre y del ciudadano en la América Hispana (1811-1812), destinado para su publicación en el libro Homenaje al Centenario de la Constitución de Querétaro de 1917, Lima 2016.

En la *Primera Parte* se publica el texto actualizado de la investigación sobre la historia de la regulación de los derechos humanos en Venezuela desde 1811, inicialmente publicado en el libro *Los derechos humanos en Venezuela: Casi 200 años de historia*, Biblioteca de la Academia de Ciencias Políticas y Sociales, Serie Estudios, Nº 38, Caracas 1990, pp. 127-353; y que luego se recogió en el Tomo IV de mi obra *Instituciones Políticas y Constitucionales*, Universidad Católica del Táchira, Editorial Jurídica Venezolana, Caracas-San Cristóbal, 1996, pp. 257-443.

La *Segunda Parte* recoge diversos estudios sobre las modalidades de protección de los derechos humanos, originados en cursos y conferencias que tuve la ocasión de dar entre 1998 y 2009, particularmente en los Cursos Interdisciplinarios del *Instituto Interamericano de Derechos Humanos*, y que fueron publicados en San José, Costa Rica, en México y en Caracas.

La *Tercera Parte* se ha integrado con diversos estudios sobre los derechos humanos escritos entre 1970 y 2015, específicamente referidos a la libertad de información, a la intimidad y vida privada, a la libertad personal, a la libertad de expresión del pensamiento, al acceso a la información, a la seguridad social, a la justiciabilidad de los derechos sociales y al derecho a la paz; preparados con ocasión de diversos cursos y conferencias internacionales, y que fueron publicados en Pescara, Caracas, San José y Santo Domingo.

La *Cuarta Parte* trata sobre los antecedentes del régimen del proceso de amparo a los derechos fundamentales en Venezuela, que originaron la Ley Orgánica de Amparo sobre derechos y garantías constitucionales, para lo cual se recogen los trabajos que se incluyeron en mi libro *Instituciones Políticas y Constitucionales,* Vol. V, *El Derecho y la Acción de Amparo*, Universidad Católica del

Táchira, Editorial Jurídica Venezolana, San Cristóbal-Caracas, 1998, pp. 111 y siguientes.

En la *Quinta Parte* se incluyen, en particular, el texto que conformó la "Introducción General al Régimen del Derecho de Amparo a los Derechos y Garantías Constitucionales (El proceso de Amparo)," que se publicó inicialmente en el libro sobre la *Ley Orgánica de Amparo sobre Derechos y Garantías Constitucionales*, de la Colección Textos Legislativos Nº 5, Editorial Jurídica Venezolana, en 1989, pp. 9-149, del cual se han editado múltiples ediciones. Se incluye además en esta parte, el estudio sobre "La protección cautelar de los derechos y garantías constitucionales en Venezuela," que fue presentado en el Encuentro de Derecho Procesal Constitucional, San José Costa Rica, 2009.

La *Sexta Parte* de este Tomo X, por último, recoge diversos estudios sobre el derecho y la acción de amparo en Venezuela que fueron publicados entre 2009 y 2014 en México, Lima. Bogotá y Caracas; así como el texto del estudio sobre el "amparo penal" escrito en 2016.

New York, septiembre de 2016

INTRODUCCIÓN:

EL ORIGEN DEL RÉGIMEN CONSTITUCIONAL DE LOS DERECHOS DEL HOMBRE Y DEL CIUDADANO EN LA AMÉRICA HISPANA (1811-1812)

Esta Introducción recoge el estudio con el mismo título destinado a ser publicado en el Libro Homenaje al Centenario de la Constitución de Querétaro de 1917, coordinado por los profesores José de Jesús Naveja Macías y Gerardo Eto Cruz, 2016

La primera ruptura exitosa del orden político gubernativo colonial en la América Hispana se produjo en la Provincia de Caracas, que formaba parte de la Capitanía General de Venezuela, en 1810, cuando un cuerpo político que no estaba previsto en el ordenamiento constitucional del Antiguo Régimen, asumió el poder de gobernar. Con ello se produjo lo que en la terminología moderna se puede considerar como un golpe de Estado, que dio origen a un proceso constituyente que originaría a la creación de un nuevo Estado, conforme a los principios del constitucionalismo moderno originados en las revoluciones norteamericana y francesa que habían ocurridas solo unas décadas antes, y que allí encontraron su primer campo de experimentación. [1]

Todo ocurrió el 19 de abril de 1810, cuando en el Ayuntamiento de Caracas se recibieron las noticias de la material desaparición del Gobierno Supremo en España y del confinamiento del Consejo de Regencia en la ciudad de Cádiz, provocando que el Cabildo de Caracas considerase necesario constituir un gobierno que se hiciese cargo de la Provincia de Caracas para asegurarla contra los designios del Emperador de los franceses, cuyos ejércitos tenían invadida la Península. Como consecuencia de esa decisión, el Cabildo se erigió en Junta Suprema de Venezuela Conservadora de los Derechos de Fernando VII, la cual, asumiendo el "mando supremo" o "suprema autoridad" de la Provincia, procedió a constituir "un nuevo gobierno" deponiendo al Gobernador y Capitán General del mando.

La motivación inmediata de este hecho político fue por una parte, la situación de "total orfandad" en la cual se consideró había quedado el pueblo de la Provincia por la disolución de la Junta Suprema Gubernativa de España, que suplía la ausencia del Monarca cautivo; y por la otra, el desconocimiento por parte de la nueva Junta Suprema de Caracas de la autoridad del Consejo de Regencia, considerando que el

---

1 Véase Enrique Viloria Vera y Allan R. Brewer-Carías, *La Revolución de Caracas de 1810,* Centro de Estudios Ibéricos y Americanos de Salamanca, Caracas 2011.

mismo no había "sido constituido *por el voto de estos fieles habitantes*," cuando ya habían sido declarados, "no colonos, sino partes integrantes de la corona de España, y, como tales han sido llamados al ejercicio de la *soberanía* interna y a la reforma de la Constitución Nacional."

Con esos hechos, por tanto, en las antiguas provincias de Venezuela se dio inicio a un proceso constituyente que desembocó en la sanción de la "Constitución Federal para los Estados de Venezuela" de 21 de diciembre de 1811, unos meses antes de la sanción, en marzo de 1812, de la "Constitución de la Monarquía Española" de Cádiz.[2] Con ambos textos constitucionales y con los procesos políticos que se desarrollaron a partir de entonces, en paralelo, en América y España, se dio inicio al proceso de transformación radical del orden político constitucional del antiguo régimen que existió hasta entonces.

De ello deriva que Venezuela haya sido el primer país de la América Hispana, en haber recibido directamente a comienzos del Siglo XIX, las influencias del constitucionalismo moderno derivados de las mencionadas Revoluciones norteamericana y francesa del Siglo XVIII,[3] que penetraron en las antiguas colonias cuando a raíz de los acontecimientos del 19 de abril de 1810, sus actores se encontraban en la tarea de elaborar las bases del sistema jurídico-estatal del nuevo Estado independiente que se estaba formando, y que fue el segundo en su género en la historia política del mundo moderno después de los Estados Unidos de Norte América. Y como se dijo, dicho proceso que se desarrolló en paralelo al que también llevaron adelante los constituyentes de Cádiz, después del proceso de recomposición del régimen monárquico que se inició a raíz de los sucesos de Aranjuez y Bayona en 1808, y que culminó con la transformación de la Monarquía absoluta en una Monarquía parlamentaria constitucional, como antes había ocurrido precisamente en Francia, como consecuencia de la Revolución.

El proceso constituyente en Venezuela, en todo caso, culminó antes de que se operasen dichos cambios constitucionales en España, razón por la cual el mismo no se recibió influencia alguna del proceso constitucional de Cádiz; hecho único en la América Hispana,[4] pues al contrario, la mayoría de las antiguas Colonias americanas españolas que lograron su independencia después de 1811 y, sobre todo, entre 1820 y 1830, si recibieron las influencias del naciente constitucionalismo español plasmado en la Constitución de Cádiz de 1812.[5]

---

2 Véase Allan R. Brewer-Carías, *El constitucionalismo hispanoamericano pre-gaditano.* Editorial Jurídica Venezolana, Caracas 2013.

3 Véase en general Allan R. Brewer-Carías, *Reflexiones sobre la Revolución Americana (1776) y la Revolución Francesa (1789) y sus aportes al constitucionalismo moderno,* Caracas, 1991. Una segunda edición ampliada de este libro se publicó como *Reflexiones sobre la Revolución Norteamericana (1776), la Revolución Francesa (1789) y la Revolución Hispanoamericana (1810-1830) y sus aportes al Constitucionalismo Moderno*, Serie Derecho Administrativo Nº 2, Universidad Externado de Colombia, Editorial Jurídica Venezolana, Bogotá 2008.

4 Véase Allan R. Brewer-Carías, *Los inicios del proceso constituyente hispano y americano. Caracas 1811–Cádiz* 1812, Editorial bid & co. Editor, Colección Historia, Caracas 2012.

5 Véase por ejemplo, Jorge Mario García Laguardia, Carlos Meléndez Chaverri, Marina Volio, *La Constitución de Cádiz y su influencia en América (175 años 1812-1987),* San José, 1987; Manuel Ferrer Muñoz, *La Constitución de Cádiz y su aplicación en la Nueva España,* UNAM México, 1993; Ernesto de la Torre Villas y Jorge Mario García Laguardia, *Desarrollo histórico del constitucionalismo hispanoamericano,* UNAM, México 1976.

Entre las fuentes de inspiración derivadas de las revoluciones norteamericana y francesa, y que tuvieron su primer campo de aplicación conjunta en Venezuela estuvieron las Declaraciones de derechos adoptadas en las Colonias de Norteamérica al declararse independientes en 1776 y la Declaración de los Derechos del Hombre y del Ciudadano proclamada en Francia en 1789, [6] esta última, incluso, a pesar de haber sido declarado como texto prohibido el mismo año de su adopción por el Tribunal de la Inquisición de Cartagena de Indias.[7] Además, al año siguiente, en 1790, los Virreyes del Perú, de México y de Santa Fe, y el Presidente de la Audiencia de Quito se hicieron eco de dicha prohibición, y el Capitán General de Venezuela, en 1796, con motivo de la penetración de las ideas revolucionarias en América, ya participaba a la Corona "que en la cabeza de los americanos comenzaban a fermentar principios de libertad e independencia peligrosísimos a la soberanía de España."[8]

Y así fue; las ideas penetraron y con todo peligro para el régimen colonial, terminaron por adoptarse como base para la constitución de los nuevos Estados independientes que comenzaron a florecer a partir de 1810.

I. LA PENETRACIÓN DE LOS TEXTOS DE LAS DECLARACIONES DE DERECHOS DE FRANCIA Y NORTEAMÉRICA AL COMIENZO DE LA INDEPENDENCIA DE LAS ANTIGUAS COLONIAS HISPANO-AMERICANAS

A ese proceso de penetración de ideas, a pesar de las prohibiciones, contribuyeron diversas traducciones de la Declaración francesa, entre las cuales debe destacarse la realizada por Antonio Nariño en Santa Fe de Bogotá, en 1792, de la Declaración contenida en el texto de la Constitución francesa de 1791. La misma circuló en la Nueva Granada en 1794[9], habiendo sido objeto de una famosísima causa que se le siguió a Nariño por el delito de haber hecho la traducción y circularla por lo cual fue condenado a diez años de prisión en África, a la confiscación de todos sus bienes y a extrañamiento perpetuo de la América, mandándose además a quemar por mano del verdugo el libro que contenía la traducción de los Derechos del Hombre[10].

Por esa misma época, el Secretario del Real y Supremo Consejo de Indias había dirigido el 7 de junio de 1793 al Capitán General de Venezuela, una nota llamando su atención sobre los designios del Gobierno de Francia y de algunos revolucionarios franceses de subvertir el orden en América, como también de otros promovedores de la subversión en dominios de España en el Nuevo Mundo, que -decía- "envían

---

6 Véase en general Allan R. Brewer-Carías, *Las Declaraciones de Derechos del Pueblo y del Hombre de 1811 (Bicentenario de la Declaración de "Derechos del Pueblo" de 1º de julio de 1811 y de la "Declaración de Derechos del Hombre" contenida en la Constitución Federal de los Estados de Venezuela de 21 de diciembre de 1811)*, Prólogo de Román José Duque Corredor), Academia de Ciencias Políticas y Sociales, Caracas 2011.

7 Véase P. Grases, *La Conspiración de Gual y España y el Ideario de la Independencia*, Caracas, 1978, p. 13.

8 Véase en J. F. Blanco y R. Azpúrua, *Documentos para la historia de la vida pública del Libertador*, Ediciones de la Presidencia de la República, Caracas, 1983, Tomo I, p. 177.

9 *Idem.*, Tomo I, p. 286.

10 Véase los textos en *idem.*, Tomo I, pp. 257-259.

allí libros y papeles perjudiciales a la pureza de la religión, quietud pública y debida subordinación de las colonias"[11].

Así fue entonces que tres años después, en 1796, la Declaración francesa penetraría también en las provincias de Venezuela, pero esta vez de la pluma de algunos conjurados de la denominada Conspiración de San Blas, que debía provocar un movimiento revolucionario en Madrid, el día 3 de febrero de 1796, para establecer la República en sustitución de la Monarquía. Después de haber sido detenidos, juzgados y condenados a muerte, a los conjurados, entre ellos el mallorquín Juan Bautista Mariano Picornell y Gomilla, se les conmutó la pena por prisión perpetua en las mazmorras de los Castillos Puerto Cabello, Portobelo y Panamá, en el Caribe,[12] y así que llegaron de paso al puerto de La Guaira. Allí fueron depositados en el Castillo San Carlos, de donde lograron escapar con la complicidad de Manuel Gual y José María España,[13] conspiradores locales que encabezarían la Conspiración denominada de Gual y España, considerada como "el intento de liberación más serio en Hispano América antes del de Miranda en 1806."[14]

Entre los papeles que quedaron de la misma y que habrían de tener la mayor influencia en el proceso constitucional de Hispanoamérica, estaba el texto de los *Derechos del Hombre y del Ciudadano*, que conforme a la prohibición de la Real Audiencia de Caracas adoptada el 11 de diciembre de ese mismo año, llevaba "toda su intención a corromper las costumbres y hacer odioso el real nombre de su majestad y su justo gobierno; que a fin de corromper las costumbres, siguen sus autores las reglas de ánimos cubiertos de una multitud de vicios, y desfigurados con varias apariencias de humanidad..."[15].

De la Conspiración de Gual y España, que fue develada antes de producirse, quedó el libro intitulado *Derechos del Hombre y del Ciudadano con varias máximas Republicanas y un Discurso Preliminar dirigido a los Americanos,* probablemente impreso en Guadalupe en el mismo año 1797,[16] donde había dado a parar Picornell en la persecución, el cual contenía la traducción de la Declaración francesa que en este caso era la que procedía la Constitución de 1793,[17] de la época del Terror[18].

Ese libro fue, precisamente, la fuente de inspiración más importante de lo que sería la primera *Declaración de Derechos* que se adoptó en la América Hispana, que fue la "Declaración de los Derechos del Pueblo"[19] sancionada el 1 de julio de 1811

---

11 *Idem.*, Tomo I, p. 247.

12 Véase P. Grases, *La Conspiración de Gual y España...op. cit.*, pp. 14, 16,20.

13 Véase en J.F. Blanco y R. Azpúrua, *Documentos para..., op. cit.*, Tomo I, p. 287; P. Grases, *La conspiración de Gual y España..., op. cit.*, p. 26.

14 P. Grases, *La Conspiración de Gual y España. op. cit.*, p. 27.

15 *Idem*, p. 30.

16 A pesar de que aparece con pie de imprenta en "Madrid, En la imprenta de la Verdad, año de 1797. Véase en Pedro Grases, "Estudio sobre los 'Derechos del Hombre y del Ciudadano'," en el libro *Derechos del Hombre y del Ciudadano* (Estudio Preliminar por Pablo Ruggeri Parra y Estudio histórico-crítico por Pedro Grases), Academia Nacional de la Historia, Caracas 1959, pp. 147, 335.

17 P. Grases, *La Conspiración de Gual y España. op. cit.*, pp. 37 ss.

18 *Idem.*

19 Véase Allan R. Brewer-Carías, *Las Constituciones de Venezuela, Academia de Ciencias Políticas y Sociales,* Caracas 2008, Tomo I, pp. 549-551.

por la Sección Legislativa de la Provincia de Caracas del Congreso General de Venezuela, antes incluso de la adopción de la Declaración de Independencia de Venezuela el 5 de julio de 1811, por el mismo Congreso General, siendo históricamente hablando, la tercera declaración de derechos del hombre de rango constitucional en la historia del constitucionalismo moderno.

II. EL PRIMER CONGRESO CONSTITUYENTE EN AMÉRICA HISPANA

En los meses siguientes al 19 de abril de 1810, las diversas provincias de la antigua capitanía general de Venezuela siguiendo el ejemplo de Caracas, se fueron incorporando progresivamente al movimiento revolucionario, de manera que por ejemplo, el 16 de septiembre, el Cabildo de la ciudad de Mérida proclamó la Revolución del 19 de abril y se erigió en Junta Suprema de Gobierno, a la cual se adhirieron, el 11 de octubre, la ciudad de la Grita; el 14 de octubre, la Parroquia de Bailadores; el 21 de octubre, la parroquia de San Antonio del Táchira, y el 28 de octubre, la ciudad de San Cristóbal. Además, el 9 de octubre de 1810, el Ayuntamiento de Trujillo instaló la Junta Patriótica de Trujillo.[20] En esos meses, por tanto, en las diversas Provincias, se había comenzado a hablar oficialmente de la "Confederación de Venezuela,"[21] con la idea de que el nuevo Estado comprendiera el territorio de todas las que habían conformado la Capitanía General.

Incluso, por ello, en esos meses siguientes al movimiento del abril de 1810, la Junta Suprema de Caracas se había comenzado a integrar además, con representantes de las Provincias de Cumaná, Barcelona y Margarita. La Junta Suprema, por ello, de hecho había venido actuando como Junta Suprema de todas las Provincias de la Capitanía, pero sin duda necesitaba de una representación oficial de las otras Provincias, lo que en definitiva exigía la necesidad de la conformación de un "Poder Central bien constituido." Al considerar la Junta que había "llegado el momento de organizarlo," procedió entonces a convocar "a todas las clases de hombres libres al primero de los goces del ciudadano, que es el de concurrir con su voto a la delegación de los derechos personales y reales que existieron originariamente en la masa común," y así constituir un cuerpo representativo de la voluntad popular de todas las provincias. Para tal fin, la Junta Suprema procedió a convocar la elección y reunión de los diputados que habrían de conformar "la Junta General de Diputación de las Provincias de Venezuela," dictando al efecto el 11 de junio de 1810, el correspondiente Reglamento de Elecciones,[22] cuyo texto no estuvo muy alejado del que habían adoptado la Junta de regencia en España para la convocación de elecciones a las Cortes

En este reglamento, que fue el primero de todos los dictados en materia electoral en el mundo hispanoamericano, entre otras decisiones futuras se previó que la Junta Suprema de caracas abdicaría sus poderes en la Junta General o Congreso de todas

20 Véase Tulio Febres Cordero (Compilador), *Actas de Independencia. Mérida, Trujillo, Táchira en 1810*, El Lápiz Ed., Mérida 2008.

21 Véase la "refutación a los delirios políticos del Cabildo de Coro, de orden de la Junta Suprema de Caracas" de 1 de junio de 1810, en *Textos Oficiales de la Primera República de Venezuela*, Biblioteca de la Academia Nacional de la Historia, Caracas 1959, Tomo I, p. 180.

22 Véase el texto en *Textos Oficiales..., op. cit.*, Tomo II, pp. 61-84; y en Allan R. Brewer-Carías, *Las Constituciones de Venezuela, cit.*, Tomo I, pp. 535-543.

las Provincias que se eligiera, quedando la Suprema sólo como Junta Provincial de Caracas (Capítulo III, Art. 4).

Las elecciones al Congreso o Junta General, en las cuales sólo participaron siete de las nueve Provincias de la antigua Capitanía General,[23] se realizaron a finales de 1810, habiéndose elegido un total de 44 diputados distribuidos así: 24 por Caracas, 9 por Barinas, 4 por Cumaná, 3 por Barcelona, 2 por Mérida, uno por Trujillo y uno por Margarita.[24] Dicho Congreso o Junta General se instaló en 2 de marzo de 1811 adoptando expresamente el principio de la separación de poderes para organizar el nuevo gobierno, procediendo a designar mientras se sancionaba la Constitución del Estado, a un Poder Ejecutivo plural, y de una Alta Corte de Justicia.

Desde su instalación se acentuó en todas las Provincias la idea de la conformación del nuevo Estado como una "Confederación de las Provincias de Venezuela," en la cual las mismas debían conservar sus peculiaridades políticas propias, para lo cual, a finales del mismo mes de marzo de 1811, luego de la instalación del Congreso, este procedió a nombrar una comisión para redactar la Constitución de la Provincia de Caracas, la cual debía servir de modelo para las demás Provincias de la Confederación, procediéndose al mes siguiente, en abril de 1811, a exhortar a las diversas "Legislaturas provinciales" para que acelerasen la formación de las respectivas Constituciones Provinciales.[25]

III. LA PRIMERA DECLARACIÓN DE DERECHOS EN LA AMÉRICA HISPANA ADOPTADA POR EL CONGRESO GENERAL DE VENEZUELA EN 1811

En los trabajos constituyentes que desarrolló el Congreso General durante los primeros meses de 1811, condujeron a la adopción por el Congreso General, el 5 de julio de 1811, de la formal "Declaración de Independencia de Venezuela," con la cual la nueva nación pasó a denominarse como "Confederación Americana de Venezuela";[26] el 21 de diciembre de 1811, el Congreso procedió a sancionar la que sería la primera Constitución de Venezuela y de todos los países hispanoamericanos, la Constitución Federal de los Estados de Venezuela,"[27] directamente inspirada en

---

23 Participaron las provincias de Caracas, Barinas, Cumaná, Barcelona, Mérida, Trujillo y Margarita; y se abstuvieron de participar, las provincias de Guayana y de Maracaibo que permanecieron fieles a la Monarquía. Véase José Gil Fortoul, *Historia Constitucional de Venezuela,* Tomo primero, Berlín 1908, p. 223; J. F. Blanco y R. Azpúrua, *Documentos para la historia de la vida pública del Libertador,* Ediciones de la Presidencia de la República, Caracas, 1983, Tomo II, pp. 413 y 489.

24 Véase C. Parra Pérez, *Historia de la Primera República de Venezuela*, Academia de la Historia, Caracas 1959, Tomo I, p. 477.

25 Véase *Libro de Actas del Supremo Congreso de Venezuela 1811-1812,* Biblioteca de la Academia Nacional de la Historia, Caracas, 1959, Tomo II, p. 401.

26 Véase el texto de las sesiones del 5 de julio de 1811 en *Libro de Actas... cit.,* pp. 171 a 202. Véase el texto Acta de la Declaración de la Independencia, cuya formación se encomendó a Juan Germán Roscio, en P. Ruggeri Parra, *Historia Política y Constitucional de Venezuela,* Tomo I, apéndice, Caracas, 1949, pp. 79 y ss. Asimismo en Francisco González Guinán, *Historia Contemporánea de Venezuela,* Caracas, 1954, Tomo I, pp. 26 y ss.; y el Allan R. Brewer-Carías, *Las Constituciones de Venezuela, cit.*, Tomo I, pp. 545-548.

27 Véase el texto de la Constitución de 1811, en *La Constitución Federal de Venezuela de 1811 y Documentos afines* (Estudio Preliminar de C. Parra Pérez), Caracas, 1959, pp. 151 y ss., y en Allan R. Brewer-Carías, *Las Constituciones de Venezuela, cit.*, Tomo I, pp. 553 ss.

los principios del constitucionalismo revolucionario de Norteamérica y de Francia, y que fue redactada por Juan Germán Roscio, Gabriel de Ponte y Francisco Javier Ustáriz, de los ideólogos y próceres de la independencia.

Entre los trabajos constituyentes del Congreso general estuvo el estudio de una declaración sobre derechos del hombre que en definitiva fue la contenida en el texto de la Constitución Federal de diciembre, lo que no impidió que en los días que precedieron a la declaración de independencia, la Sección legislativa por la Provincia de Caracas del Congreso General, entendiera como su deber el adelantarse a adoptar una "Declaración de los Derechos del Pueblo," lo que hizo efectivamente el 1 de julio de 1811,[28] que fue la primera declaración de derechos fundamentales con rango constitucional que se adoptó en la historia constitucional luego de las dictadas después de las Revoluciones de Estados Unidos y de Francia. La redacción del texto estuvo a cargo también de Juan Germán Roscio[29] (1763-1821).

Esta declaración de "Derechos del Pueblo", considerada por Pedro Grases, como "la declaración filosófica de la Independencia,"[30] se conformó en un texto de 43 artículos agrupados en cuatro secciones sobre: "Soberanía del pueblo, "Derechos del Hombre en Sociedad," "Deberes del Hombre en Sociedad" y "Deberes del Cuerpo Social," precedidas de un *Preámbulo*. En Las diversas secciones se enumeraron los siguientes derechos:

Sección Primera, sobre la *Soberanía del pueblo* se incluyeron los artículos sobre: La soberanía (arts. 1-3); usurpación de la soberanía (art. 4); temporalidad de los empleos públicos (art. 5); proscripción de la impunidad y castigo de los delitos de los representantes (art. 6); igualdad ante la ley (art. 7).

Sección Segunda, sobre *Derechos del Hombre en Sociedad* se incluyeron los artículos sobre: Fin de la sociedad y el gobierno (art. 1); derechos del hombre (art. 2); la ley como expresión de la voluntad general (art. 3); libertad de expresión del pensamiento (art. 4); objetivo de la ley (art. 5); obediencia de la ley (art. 6); derecho a la participación política (art. 7); derecho al sufragio (arts. 8-10); debido proceso (art. 11); proscripción de actos arbitrarios, responsabilidad funcionarial, y protección ciudadana (art. 12-14); presunción de inocencia (art. 15); derecho a ser oído, art. 16; proporcionalidad de las penas (art. 17); seguridad, art. 18; propiedad, art. 19; libertad de trabajo e industria (art. 20); garantía de la propiedad y contribuciones solo mediante representantes (art. 21); derecho de petición (art. 22); derecho a resistencia (art. 23); inviolabilidad del hogar (art. 24); derechos de los extranjeros (art. 25-27).

Sección Tercera, sobre *Deberes del Hombre en Sociedad,* se incluyeron los artículos sobre: los límites a los derechos de otros (art. 1); deberes de los ciudadanos

28 Véase Allan R. Brewer-Carías, *Las Constituciones de Venezuela, op. cit.,* Tomo I, pp. 549-551.

29 Véase en Pedro Grases, "Estudio sobre los 'Derechos del Hombre y del Ciudadano'," en el libro *Derechos del Hombre y del Ciudadano* (Estudio Preliminar por Pablo Ruggeri Parra y Estudio histórico-crítico por Pedro Grases), Academia Nacional de la Historia, Caracas 1959, pp. 147, 335.

30 Véase P. Grases, *La Conspiración de Gual y España..., cit,* p. 81. En otra obra dice Grases que la declaración "Constituye una verdadera declaración de independencia, anticipada al 5 de julio". Véase en Pedro Grases, "Estudio sobre los 'Derechos del Hombre y del Ciudadano'," en el libro *Derechos del Hombre y del Ciudadano* (Estudio Preliminar por Pablo Ruggeri Parra y Estudio histórico-crítico por Pedro Grases), Academia Nacional de la Historia, Caracas 1959, p. 165.

(art. 2); el enemigo de la sociedad (art. 3); el buen ciudadano (art. 4) el hombre de bien (art. 5).

Sección Cuarta, sobre *Deberes del Cuerpo Social,* se incluyeron los artículos sobre: la garantía social (art. 1); límites de los poderes y responsabilidad funcionarial (art. 2); seguridad social y socorros públicos (art. 3); instrucción pública (art. 4).

Como se dijo, la fuente de inspiración de esta declaración fue, sin duda, el texto de la "*Déclaration des Droits de l'Homme et du Citoyen*" que precedió la Constitución Francesa de 1793, a través del antes mencionado texto publicado en español como *Derechos del Hombre y del Ciudadano con varias máximas republicanas, y un discurso preliminar dirigido a los americanos* de 1797, vinculado a la Conspiración de Gual y España.[31]

Además de esas influencias, el texto recibió otras provenientes de la sección de los "Deberes del Hombre en Sociedad" de la "*Déclaration des Droits et Devoirs de l'Homme et du Citoyen*" que precedía el texto de la Constitución francesa de 1795,[32] así como de las declaraciones de derechos que se incorporaron en las Constituciones de las antiguas Colonias británicas en Norte América, entre ellas de la *Declaration of Rights* de Virginia de 12 de junio de 1776, y de la *Constitution or form of Government, agreed to and resolved upon by the Delegates and Representatives of the several Counties and Corporation of Virginia* de 29 de junio de 1776.[33] Esos textos también habían llegado traducidos a Caracas en el libro de Manuel García de Sena, *La Independencia de Costa Firme justificada por Thomas Paine Treinta años ha de 1811.*[34]

Por la mezcla de fuentes, el orden dado a los artículos y la sistematización adoptada en la Declaración venezolana de 1811, fue distinta a la de los textos franceses, de manera que las cuatro secciones que los agruparon pueden considerarse originales del texto venezolano de 1811, con alguna inspiración adicional en los trabajos aparecidos con la firma de William Burke publicados en la *Gaceta de Caracas* entre 1810 y 1811, como por ejemplo, el título de la sección sobre "Derechos del hombre en Sociedad."[35]

La influencia norteamericana se evidencia, además, del hecho de que el propio *título* del documento no es sobre los "Derechos del Hombre y del Ciudadano," sino

---

31 Véase P. Grases, *La Conspiración de Gual y España..., cit.,* p. 147. En dicha obra puede consultarse el texto del Documento, comparándolo con el de la Declaración de 1811 y la Constitución de 1811. Igualmente en Pedro Grases, "Estudio sobre los 'Derechos del Hombre y del Ciudadano'," en el libro *Derechos del Hombre y del Ciudadano* (Estudio Preliminar por Pablo Ruggeri Parra y Estudio histórico-crítico por Pedro Grases), Academia Nacional de la Historia, Caracas 1959, pp. 168 ss.

32 Véase los textos en J. M. Roberts y J. Hardman, *French Revolution Documents,* Oxford, 1973, 2 vols.

33 Véase Allan R. Brewer-Carías, *Las Declaraciones de Derechos del Pueblo y del Hombre de 1811 (Bicentenario de la Declaración de "Derechos del Pueblo" de 1º de julio de 1811 y de la "Declaración de Derechos del Hombre" contenida en la Constitución Federal de los Estados de Venezuela de 21 de diciembre de 1811)***,** Prólogo de Román José Duque Corredor), Academia de Ciencias Políticas y Sociales, Caracas 2011.

34 Véase en Manuel García de Sena, *La Independencia de Costa Firme justificada por Thomas Paine treinta años ha,* Edición del Ministerio de Relaciones Exteriores, Caracas 1987, p. 90.

35 William Burke utilizó en uno de sus escritos en la *Gaceta de Caracas* en 1811, la expresión "Derechos del Hombre en Sociedad" que recogió la Declaración de 1811. Véase en William Burke, *Derechos de la América del Sur y México,* Academia Nacional de la Historia, Caracas 1959, Vol. I., p. 107.

sobre los "Derechos del Pueblo," expresión que no se encuentra en los textos franceses, y que en realidad viene de la traducción del inglés (*people*) de los textos de las declaraciones norteamericanas, que se encuentran además, tanto en los textos firmados por William Burke, como en los trabajos de Thomas Paine traducidos por Manuel García de Sena, igualmente en 1811.

Específicamente, en los trabajos atribuidos a William Burke publicados en la *Gaceta de Caracas*, y que luego se recogieron en el libro *Derechos de la América del Sur y México,* publicado en Caracas en 1811, se utilizó constantemente la expresión "derechos del pueblo"[36] al argumentarse sobre los derechos declarados en las Constituciones norteamericanas, considerándose que "El pueblo es, en todos los tiempos, el verdadero y legítimo soberano. En él residen y de él traen su origen todos los elementos de supremacía."[37] Refiriéndose a las Constituciones de los Estados Unidos, en los textos de Burke incluso se indicó que "declaran positiva y particularmente, que la soberanía reside esencial y constantemente en el pueblo;" que "por medio del sistema de representación asegura el pueblo real y eficientemente su derecho de soberanía;... principio que forma la principal distinción entre los gobiernos autoritarios y libres, tanto que se puede decir que el pueblo goza de libertad a proporción del uso que hace de la representación."[38]

Por otra parte, en el libro de García de Sena *La Independencia de la Costa Firme justificada por Thomas Paine Treinta años ha,* son la traducción de los trabajos de Thomas Paine, la expresión "derechos del pueblo" también fue utilizada en su argumentación destinada a distinguir las dos formas de gobierno posibles: "el Gobierno por sucesión hereditaria" y "el Gobierno por elección y representación," y que optando por el representativo basado en la soberanía del pueblo, argumentó lo siguiente:

> "Las Revoluciones que se van extendiendo ahora en el Mundo tienen su origen en el estado de este caso; la presente guerra es un conflicto entre el sistema representativo fundado en los derechos del pueblo; y el hereditario, fundado en la usurpación."[39].

Seguía su argumentación Paine indicando que "El carácter pues de las Revoluciones del día se distingue muy definitivamente por fundarse en el sistema del Gobierno Representativo en oposición al hereditario. Ninguna otra distinción abraza más completamente sus principios;" y concluía señalando que: "El sistema Representativo es la invención del Mundo moderno."[40] Además, al referirse al gobierno representativo, Paine lo identificaba como aquél en el cual el poder soberano estaba en el Pueblo. Partía para ello de la consideración de que:

---

36 Idem., Vol. I, pp. 118,123,127,141, 157,162,182, 202,205,241.

37 *Idem*, p. 113.

38 *Idem*, pp. 119, 120.

39 Expresado por Paine en su "Disertación sobre los Primeros principios del Gobierno" que escribió en los tiempos de la Revolución Francesa. Véase en Manuel García de Sena, *La Independencia de Costa Firme justificada por Thomas Paine treinta años ha*, Edición del Ministerio de Relaciones Exteriores, Caracas 1987, p. 90. La expresión la utilizó también en otros Discursos, pp. 111, 112.

40 *Idem,* p. 90.

> "Todo Gobierno (sea cual fuere su forma) contiene dentro de si mismo un principio común a todos, que es, el de un poder soberano, o un poder sobre el cual no hay autoridad alguna, y que gobierna a todos los otros... En las Monarquías despóticas [ese poder] está colocado en una sola persona, o Soberano; ... En las Repúblicas semejantes a la que se halla establecida en América, el poder soberano, o el poder sobre el cual no hay otra autoridad, y que gobierna a todos los demás, está donde la naturaleza lo ha colocado, en el Pueblo; porque el Pueblo en América es el origen del poder. Él está allí como un principio de derecho reconocido en las Constituciones del país, y el ejercicio de él es Constitucional, y legal. Esta Soberanía es ejercitada eligiendo y diputando un cierto número de personas para representar y obrar por él todo, las cuales no obrando con rectitud, pueden ser depuestas por el mismo poder que las colocó allí, y ser otras elegidas y disputadas en su lugar."[41]

De estos conceptos de Paine, que sin duda influyeron en la concepción de la declaración de los "Derechos del Pueblo" de 1811, se comprende por qué la misma se inicia en la Sección Primera con las previsiones sobre la soberanía como poder que radica en el pueblo -no en la Nación como en Francia-, el cual la ejerce mediante representantes, apartándose así del orden de las Declaraciones francesas donde los artículos sobre la soberanía no están al inicio de las mismas.

IV. LA PRIMERA DECLARACIÓN DE DERECHOS EN LA AMÉRICA HISPANA INCORPORADA A UN TEXTO CONSTITUCIONAL A ESCALA NACIONAL: LA CONSTITUCIÓN FEDERAL DE LOS ESTADOS DE VENEZUELA DE 21 DE DICIEMBRE DE 1811

Después de adoptada la Declaración de Derechos del Pueblo de 1 de julio de 1811, y de proclamada la Independencia el 5 de julio del mismo año[42]; el Congreso General de las Provincias de Venezuela, también bajo la inspiración de los principios del constitucionalismo moderno que habían sido moldeados en las Constituciones norteamericanas y francesas[43] sancionó, el 21 de diciembre de 1811, la que fue la primera Constitución de Venezuela y la de todos los países latinoamericanos.[44]

Se trató de un texto de 228 artículos, agrupados en 9 capítulos, en los cuales, conforme a la ortodoxia de la separación de poderes, se reguló al Poder Legislativo (Arts. 3 a 71), al Poder Ejecutivo (Arts. 72 a 109), al Poder Judicial (Arts. 110 a 118), y al régimen de las Provincias que conformaron la Federación (Arts. 119 a 134), concluyendo con el título relativo a los "Derechos del Hombre que se respetarán en toda la extensión del Estado" (Arts. 141 a 199). Con dicho texto se con-

---

41 *Idem,* pp. 118, 119.

42 Véase el texto Acta de la Declaración de la Independencia, cuya formación se encomendó a Juan Germán Roscio, en Francisco González Guinán, *Historia Contemporánea de Venezuela,* Caracas, 1954, Tomo I, pp. 26 y ss.; y el Allan R. Brewer-Carías, *Las Constituciones de Venezuela, cit.*, Tomo I, pp. 545-548.

43 *Cf.* José Gil Fortoul, *Historia Constitucional..., op. cit.*, Tomo Primero, pp. 254 y 267.

44 Véase el texto de la Constitución de 1811, en *La Constitución Federal de Venezuela de 1811 y Documentos afines* (Estudio Preliminar de C. Parra Pérez), Caracas, 1959, pp. 151 y ss., y en Allan R. Brewer-Carías, *Las Constituciones de Venezuela, cit.*, Tomo I, pp. 555-579.

formó la Unión de las Provincias que venían siendo parte de la Confederación de Venezuela, y que habían formado parte de la Capitanía General de Venezuela[45].

En cuanto al Capítulo *VIII* sobre los "Derechos del Hombre que se reconocerán y respetarán en toda la extensión del Estado," el mismo se subdividió en cuatro secciones siguiendo la línea de la Declaración del 1 de julio de 1811, relativas a: la *Soberanía del pueblo* (Arts. 141 a 159), a los *Derechos del hombre en sociedad* (Arts. 151 a 191), a los *Derechos del hombre en sociedad* (Arts. 192 a 196) y a los *Deberes del cuerpo social* (Arts. 197 a 199). Dichas normas se complementaron además, con otras previsiones incorporadas en el Capítulo IX de la Constitución sobre Disposiciones Generales.

En el Capítulo VIII puede decirse que se recogieron, enriquecidos, los artículos de la Declaración de los Derechos del Pueblo de 1811, habiendo recibido por tanto en su redacción, la influencia directa del texto de las Declaraciones de las antiguas colonias norteamericanas, de las Enmiendas a la Constitución de los Estados Unidos de América y de la Declaración Francesa de los Derechos del Hombre y del Ciudadano, y en relación con esta última, de los documentos de la conspiración de Gual y España de 1797.[46]

En las diversas secciones del Capítulo sobre "Derechos del Hombre que se reconocerán y respetarán en toda la extensión del Estado," se regularon los derechos, así:

En la *Primera Sección* sobre "Soberanía del pueblo," se precisaron los conceptos básicos que en la época originaban una República, comenzando por el sentido del "pacto social" (artículos 141 y 142), continuando con el concepto de soberanía (art. 143) y de su ejercicio mediante representación (art. 144-146); el derecho al desempeño de empleos públicos en forma igualitaria (art. 147), con la proscripción de privilegios o títulos hereditarios (art. 148); la noción de la ley como expresión de la voluntad general (art. 149), y la nulidad de los actos dictados en usurpación de autoridad (art. 150).

En la *Segunda Sección* sobre "Derechos del hombre en sociedad," al definirse la finalidad del gobierno republicano (art. 151), se enumeran como tales derechos a la libertad, la igualdad, la propiedad y la seguridad (art. 152), y a continuación se detalla el contenido de cada uno: se define la libertad y sus límites solo mediante ley (art. 153-156), la igualdad (art. 154), la propiedad (art. 155) y la seguridad (art. 156). Además, en esta sección se regulan los derechos al debido proceso: el derecho a ser procesado solo por causas establecidas en la ley (art. 158), el derecho a la presunción de inocencia (art. 159), el derecho a ser oído (art. 160), el derecho a juicio por jurados (art. 161). Además, se regula el derecho a no ser objeto de registro (art. 162), a la inviolabilidad del hogar (art. 163) y los límites de las visitas autorizadas (art. 165), el derecho a la seguridad personal y a ser protegido por la autoridad en su vida, libertad y propiedades (art. 165), el derecho a que los impuestos sólo se establezcan mediante ley dictada por los representantes (art. 166), el derecho al trabajo y a la industria (art. 167), el derecho de reclamo y petición (art. 168), el derecho a la igualdad respecto de los extranjeros (art. 168), la proscripción de la irretroactividad

45 Véase Allan R. Brewer-Carías, *Evolución Histórica del Estado,* Tomo I, *Instituciones Políticas y Constitucionales,* Editorial Jurídica Venezolana, Caracas 1996, pp. 268 y ss.

46 Véase Allan R. Brewer-Carías, *Los Derechos Humanos en Venezuela: casi 200 años de Historia,* Academia de Ciencias Políticas y Sociales, Caracas 1990, pp. 101 y ss.

de la ley (art. 169), la limitación a las penas y castigos (art. 170) y la prohibición respecto de los tratos excesivo y la tortura (arts. 171-172), el derecho a la libertad bajo fianza (art. 174), la prohibición de penas infamantes (art. 175), la limitación del uso de la jurisdicción militar respecto de los civiles (art. 176), la limitación a las requisiciones militares (art. 177), el régimen de las milicias (art. 178), el derecho a portar armas (art. 179), la eliminación de fueros (180) y la libertad de expresión de pensamiento (art. 181). La Sección concluye con la enumeración del derecho de petición de las Legislaturas provinciales (art. 182) y el derecho de reunión y petición de los ciudadanos (art. 183-184), el poder exclusivo de las Legislaturas de suspender las leyes o detener su ejecución (art. 185), el poder de legislar atribuido al Poder Legislativo (art. 186), el derecho del pueblo a participar en la legislatura (art. 187), el principio de la alternabilidad republicana (art. 188), el principio de la separación de poderes entre el Legislativo, el Ejecutivo y el Judicial (art. 189), el derecho al libre tránsito entre las provincias (art. 190), el fin de los gobiernos y el derecho ciudadano de abolirlos y cambiarlos (art. 191).

En la *Sección Tercera* sobre "Deberes del hombre en sociedad," donde se establece la interrelación entre derechos y deberes (art. 192), la interrelación y limitación entre los derechos (art. 193), los deberes de respetar las leyes, mantener la igualdad, contribuir a los gastos públicos y servir a la patria (art. 194), con precisión de lo que significa ser buen ciudadano (art. 195), y de lo que significa violar las leyes (art. 196).

En la Sección Cuarta sobre "Deberes del Cuerpo Social," donde se precisa las relaciones y los deberes de solidaridad social (art. 197-198), y se establece en el artículo 199, la declaración general sobre la supremacía y constitucional y vigencia de estos derechos, y la nulidad de las leyes contrarias a los mismos.

V. LAS PRIMERAS DECLARACIONES DE DERECHOS EN LA AMÉRICA HISPANA INCORPORADAS AL TEXTO DE CONSTITUCIONES PROVINCIALES DE VENEZUELA EN 1811 Y 1812

Pero el proceso constituyente que se desarrolló en las provincias independientes de Venezuela y de la Nueva Granada a partir de 1811, no sólo se reflejó en la adopción de la Constitución federal de los Estados de Venezuela de diciembre de 1811, y de un Acta de Confederación en las provincias de la Nueva Granada de noviembre de ese mismo año 1811, sino que dada la forma federal adoptada para la organización nacional, también se reflejó en las diversas Constituciones provinciales que se fueron sancionando en las antiguas provincias, tanto antes como después de que se sancionara la Constitución federal, habiéndose incorporado en todas ellas, igualmente, unas declaraciones de derechos.

En Venezuela, antes de que se sancionara la Constitución Federal de 21 de diciembre de 1811, en la provincia de Mérida se adoptó la *Constitución Provisional de la Provincia de Mérida* de 31 de julio de 1811, que fue sancionada por el Colegio Electoral formado con los representantes de los pueblos de los ocho partidos capitulares de la Provincia (Mérida, La Grita y San Cristóbal y de las Villas de San Antonio, Bailadores, Lovatera, Egido y Timotes)," que debía regir la Provincia, hasta que, con vista de la General de la Confederación, pudiera hacerse "una perpetua que asegure la felicidad de la provincia."[47]

En el texto de esta Constitución, de 148 artículos, se incorporó un *Capítulo Undécimo* destinado a regular "los derechos y obligaciones del Hombre en Sociedad", los cuales también se regularon en el *Capítulo Duodécimo y Último* que contenía unas "disposiciones generales". Esta declaración de derechos, dictada después que el 1° de julio del mismo año 1811 la Sección Legislativa del Congreso General para la Provincia de Caracas había emitido la *Declaración de Derechos del Pueblo,* siguió las mismas líneas de ésta.

Por otra parte, después de promulgada la Constitución Federal del 21 de diciembre de 1811, en la provincia de Barcelona, por la voz de sus Asambleas Primarias, por la de sus Colegios Electorales y por la de sus funcionarios soberanos, se proclamó la "Constitución fundamental de la República de Barcelona Colombiana,"[48] que fue el primer Código Constitucional provincial de Venezuela, de 19 títulos y 343 artículos. Este texto fue redactado por Francisco Espejo y Ramón García de Sena,[49] hermano de Manuel García de Sena el traductor en 1810 de las obras de Thomas Paine y de los textos constitucionales norteamericanos, y por ello tiene gran importancia histórica, pues fue a través de ella que esos textos fueron conocidos en América española y no sólo en Venezuela.

En el *Título Primero* de la Constitución precisamente se incorporaron los "Derechos de los habitantes de la República de Barcelona Colombiana" siendo sus 38 artículos, copia casi exacta de la declaración de los *Derechos del Hombre y del Ciudadano* de 1797, correspondiendo a Francisco Espejo la redacción de este Título.[50] Terminó dicho Título con la proclamación del principio de la separación de poderes entre el Legislativo, Ejecutivo y Judicial, a la usanza de las Declaraciones de las colonias norteamericanas así:

> 38. Siendo la reunión de los poderes el germen de la tiranía, la República declara que la conservación de los derechos naturales y civiles del hombre de la libertad y tranquilidad general, depende esencialmente de que el Poder Legislativo jamás ejerza el Ejecutivo o Judicial, ni aún por vía de excepción. Que el ejecutivo en ningún caso ejerza el legislativo o Judicial y que el Judicial se abstenga de mezclarse en el Legislativo o Ejecutivo, conteniéndose cada uno dentro de los límites que les prescribe la Constitución, a fin de que se tenga el gobierno de las leyes y no el gobierno de los hombres.

Además de la Constitución de Barcelona, la otra Constitución provincial que se adoptó en Venezuela después de sancionada la Constitución federal fue la Constitu-

---

47 Véase Allan R. Brewer-Carías, *Los inicios del proceso constituyente hispano y americano. Caracas 1811 – Cádiz 1812,* Editorial bid & co. Editor, Colección Historia, Caracas 2012, pp. 107-110.

48 Véase en *Las Constituciones Provinciales,* Academia nacional de la Historia, Caracas 1959, pp. 151-249; y en Allan R. Brewer-Carías, *Los inicios del proceso constituyente hispano y americano. Caracas 1811 – Cádiz 1812, cit.,* pp. 152-156.

49 Véase Ángel Francisco Brice, "Estudio Preliminar" al libro *Las Constituciones Provinciales, op. cit.*, p. 39.

50 *Idem.*, p. 150, nota 1.

ción de la Provincia de Caracas de 31 de enero de 1812,[51] redactada por una comisión de diputados del Congreso General, como se dijo, para que sirviera de modelo a las demás de la Confederación. Contenía 328 artículos agrupados en catorce capítulos destinados, como lo indica su Preámbulo, a regular el gobierno y administración interior de la Provincia.

En este caso, a diferencia de la Constitución de la provincia de Barcelona, más que la Constitución de una "República" soberana, este texto se acomodó al de una Provincia "federada" en el marco de una Confederación. Por ello, en cuanto a los derechos, la Constitución provincial remitió a lo establecido en la Constitución nacional indicando en el *Capítulo Trece*, que "se acuerdan, declaran, establecen y se dan por insertos literalmente en esta Constitución los derechos del hombre que forman el Capítulo Octavo de la Federal, los cuales están obligados a observar, guardar y cumplir todos los ciudadanos de este Estado" (art. 296).

VI. LAS PRIMERAS DECLARACIONES DE DERECHOS EN LA AMÉRICA HISPANA INCORPORADAS AL TEXTO DE CONSTITUCIONES PROVINCIALES DE LA NUEVA GRANADA EN 1811 Y 1812

En el caso de las provincias del antiguo Virreinato de Nueva Granada, después de la declaración de independencia adoptada en la ciudad del Socorro el 11 de julio de 1810, el proceso constituyente puede decirse que se inició el 20 de julio de 1810, cuando se declaró la independencia de la Provincia de Santafé (Cundinamarca) por un Cabildo Extraordinario que designó una Junta a cargo del Supremo Gobierno.

La secuela más importante de este movimiento, fue igualmente la elaboración de un Reglamento de elecciones para convocar a todas las provincias del reino de Nueva Granada para elaborar una "Constitución de Gobierno sobre bases de libertad e independencia respectiva de ellas, ligadas únicamente por un sistema federativo." Como consecuencia, las elecciones para el Congreso se comenzaron a realizar en las diversas Provincias, en las cuales, además, en paralelo, se comenzaron a dictar Constituciones provinciales, de manera que antes de que se formara el Estado "Provincias Unidas de la Nueva Granada" mediante Acta de la Federación de 27 de noviembre de 1811, ya se había dictado la Constitución provincial de Cundinamarca (1811), aún cuando de carácter Monárquico. Después del Acta de la Federación, se sancionaron las Constituciones de Tunja (1811), Antioquia (1812) Cartagena de Indias (1812), Popayán (1814), Pamplona (1815), Mariquita (1815) y Neiva (1815).[52] En todas se incorporaron importantes declaraciones de derechos, que tuvieron como fuente de inspiración, sin duda, la traducción de Nariño de la Declaración francesa de 1791.

Dejando aparte el Acta de la Constitución del Estado libre e independiente del Socorro de 15 de agosto de 1810, en efecto, la primera Constitución provincial pro-

51 Véase Allan R. Brewer-Carías, *La Constitución de la Provincia de Caracas de 31 de enero de 1812. Homenaje al bicentenario*, Academia de Ciencias Políticas y Sociales, Colección Estudios Nº 100, Caracas 2011.

52 Véase sobre este proceso constituyente en la Nueva Granada en Allan R. Brewer-Carías, *La Constitución de Cádiz y el constitucionalismo hispanoamericano*, Editorial Investigaciones Jurídicas C.A., San José, Costa Rica 2012, pp. 115 ss.

piamente dicha[53] que se dictó en el antiguo reino de Nueva Granada, fue la Constitución de Cundinamarca, sancionada por el "Colegio Constituyente y Electoral de la Provincia de Cundinamarca" el 30 de marzo de 1811,[54] la cual fue promulgada el 4 de abril de 1811. Esta Constitución, con 321 artículos, sin embargo, no fue una constitución republicana, sino más bien una Constitución Monárquica que no sólo fue adoptada en nombre de Fernando VII, sino que en ella se lo proclamó "Rey de los cundinamarqueses," recogiendo sin embargo, en paralelo, los principios fundamentales del constitucionalismo moderno, organizando así al Estado provincial como una Monarquía Constitucional.

En materia de derechos del hombre, en el artículo 16 se garantizó "a todos sus ciudadanos los sagrados derechos de la Religión, propiedad y libertad individual, y la de la imprenta, siendo los autores los únicos responsables de sus producciones y no los impresores, siempre que se cubran con el manuscrito del autor bajo la firma de éste, y pongan en la obra el nombre del impresor, el lugar y el año de la impresión." Además, se garantizó la inviolabilidad de la correspondencia (art. 17), y la "libertad perfecta en su agricultura, industria y comercio" (art. 18).

Además, el *Título XII* de la Constitución se destinó a regular los *derechos del hombre y del ciudadano*, siguiendo el texto de la Declaración Francesa de 1789, y en el mismo se declaró que "los derechos del hombre en sociedad son la igualdad y libertad legales, la seguridad y la propiedad" (art. 1); regulándose la libertad y sus límites (arts. 2-4) y el respeto a los demás (art. 7); el carácter de la ley como "la voluntad general explicada" por el pueblo mediante sus "representantes legítimamente constituidos"(art. 5); la igualdad (art. 6); la seguridad y el derecho a la protección (art. 8); el derecho de propiedad (art. 9) y el régimen de la expropiación sujeta a "una justa y precisa indemnización (art. 10); la libertad de manifestar opiniones "por medio de la imprenta, o de cualquiera otro modo que no le sea prohibido, en uso de su libertad y propiedad legal"(art. 11); el régimen de las contribuciones (art. 12); el derecho al sufragio para elegir representantes (art. 13); los derechos al debido proceso (art. 13); el régimen de la soberanía que "reside esencialmente en la universalidad de los ciudadanos"(art. 15); y las limitaciones a la condición de ciudadanos (art. 16).

Luego de la sanción del Acta de la Confederación de las Provincias Unidas de Nueva Granada de noviembre de 1811, la primera constitución provincial que se dictó fue la de la Provincia de Tunja, donde precisamente estaba funcionando el Congreso de las Provincias Unidas. A tal efecto, el Colegio Electoral de la Provincia adoptó, el 9 de diciembre de 1811, la Constitución de la República de Tunja[55] que se ha considerado como "la primera constitución de fisonomía republicana" de Colombia.[56]

---

53 Carlos Restrepo Piedrahita no consideró el Acta de Constitución de la Provincia de Socorro de 1810 como un verdadero texto constitucional. Véase *Primeras Constituciones de Colombia y Venezuela 1811-1830,* Universidad Externado de Colombia, Bogotá 1996, pp. 26-27.

54 Véase el texto en Jorge Orlando Melo, *Documentos constitucionales colombianos, 1810-1815,* en http://www.jorgeorlandomelo.com/bajar/documentosconstitucionales1.pdf

55 Véase el texto en Jorge Orlando Melo, *Documentos constitucionales colombianos, 1810-1815,* en http://www.jorgeorlandomelo.com/bajar/documentosconstitucionales1.pdf.

56 Véase Carlos Restrepo Piedrahita, en *Primeras Constituciones...*, p. 98.

En dicho texto, con 235 artículos, se establecieron las bases de gobierno, dedicándose el *Título Preliminar sobre declaración de los derechos del hombre en sociedad*, a regular un completísimo elenco de derechos y deberes en dos Capítulos. En el Capítulo I, sobre los derechos, comenzó con la declaración general *ius naturalista* de que "Dios ha concedido igualmente a todos los hombres ciertos derechos naturales, esenciales e imprescriptibles, como son: defender y conservar su vida, adquirir, gozar y proteger sus propiedades, buscar y obtener su seguridad y felicidad. Estos derechos se reducen a cuatro principales, a saber: la libertad, la igualdad legal, la seguridad, y la propiedad" (art. 1). De allí, se definió la libertad (art. 2); la igualdad (art. 3) con la proscripción de privilegios (art. 4) y de cargas desiguales (art. 5); la seguridad (art. 6) y la protección de la libertad pública o individual contra la opresión de los que gobiernan (art. 7).Se regularon diversos derechos del debido proceso como el *nullum crimen sine lege* (art. 8), la presunción de inocencia y la prisión excepcional pendiente juicio (art. 9); el límite a las penas (art. 10); el derecho a ser oído, el delito en ley preexistente y la irretroactividad de la ley (art. 11). Además, el derecho de propiedad y la expropiación (art. 12), la libertad de trabajo e industria (art. 13); el régimen de las contribuciones fiscales (art. 15) establecidas por los representantes (art. 16) y derecho a la educación (art. 17). También se reguló el régimen de la soberanía residiendo en el pueblo, titular del Poder Soberano (arts. 18 y 19), su definición, conforme al principio de la separación de poderes (art. 20), y la precisión de que ninguna parcialidad puede ejercerla, y nadie puede ejercer autoridad sin la delegación de los ciudadanos (arts. 21 y 22). Se reguló el régimen de las elecciones libre, el derecho al sufragio (art. 23), el principio de la alternabilidad republicana (art. 24), la responsabilidad de los representantes (art 25), se definió la finalidad del gobierno para el bien común y se reguló el derecho el pueblo a decidir sobre su gobierno (art. 26). Se reguló la igualdad de todos los hombres (art. 27) y el derecho de petición (art. 28). Se proclamó el principio de la separación de tres poderes: legislativo, ejecutivo y judicial (art. 29) como garantía social (art. 30), y se indicaron los principios que deben guiar el ejercicio del sufragio (art. 31). En el capítulo II, se regularon los deberes del ciudadano, en su conducta hacia los demás (art. 1), las obligaciones con la sociedad y la observancia de las leyes (arts. 2, 3, 4), el deber de obediencia a la autoridad (art. 5), de respetar la propiedad ajena (art. 6), el respeto a los demás (art. 7), y el deber de servir a la patria (art, 8). El *Capítulo Tercero* se dedicó *a la Independencia* de la provincia de Tunja, en particular respecto de España sujetándose sin embargo "sobre este punto a lo que se determine por las dos terceras partes de las Provincias del Nuevo Reino de Granada" en su Congreso General del Nuevo Reino, o de sus Provincias Unidas" (art. 1), y al gobierno representativo de la misma (art. 2). El *Capitulo Cuarto* reguló la *forma de gobierno* de la provincia, como popular y representativo (art. 1), conforme al principio de la separación de poderes, con un Presidente Gobernador, un Senado, una Cámara de Representantes; un Tribunal de Apelaciones y otros tribunales; y los alcaldes ordinarios y pedáneos (art. 2).

Además, la *Sección Sexta* se destinó a regular a la *Educación Pública,* disponiéndose que "en todos los pueblos de la provincia habrá una escuela en que se enseñe a los niños a leer, escribir, contar, los primeros rudimentos de nuestra santa Religión, y los principales derechos y deberes del hombre en sociedad" (art. 1); previéndose que en la capital habría una Universidad (art. 2). Se dispuso en forma genera, conforme al principio de la igualdad que "ni en las escuelas de los pueblos, ni en las de la capital habrá preferencias ni distinciones, entre blancos, indios, u otra clase de gente" de manera que lo que distinga "a los jóvenes, será su talento, y los progresos que hagan en su propia ilustración" (art. 3).

Posteriormente, el de 21 de marzo de 1812 se sancionó la Constitución del Estado de Antioquia en el Nuevo Reino de Ganada de 21 de marzo de 1812,[57] por los representantes de la Provincia, la cual fue aceptada por el pueblo el 3 de mayo de 1812. La misma, con 299 artículos, dispuso en el *Titulo I*, Preliminares sobre las *Bases de la Constitución*, a los efectos de garantizar "a todos los ciudadanos su Libertad, Igualdad, Seguridad y Propiedad," en virtud de que por la abdicación de la Corona ocurrida en 1808 y disuelto el Gobierno que la misma mantenía, se habían devuelto "a los españoles de ambos hemisferios las prerrogativas de su libre naturaleza, y a los pueblos las del Contrato Social, incluyendo a la Provincia de Antioquia, la cual había reasumido la soberanía, y recobrado sus derechos. Por ello, los representantes declararon que el pueblo de la Provincia de Antioquia reconocía y profesaba la Religión Católica, Apostólica, Romana como la única verdadera, siendo "la Religión del Estado", y además que había sido "el olvido de los sagrados e imprescriptibles derechos del hombre y de las obligaciones del ciudadano la causa primarla y el origen del despotismo, de la tiranía y de la corrupción de los gobiernos, y que por este mismo olvido e ignorancia los pueblos sufren por muchos siglos la esclavitud y las cadenas, o cometen mil excesos contrarios al orden y a la institución de las sociedades." Como consecuencia de ello, se declararon "derechos del hombre y los deberes del ciudadano."

A tal efecto, en la *Sección Segunda* del Título preliminar en sus 33 artículos se declararon *los derechos del hombre en sociedad,* como "derechos naturales, esenciales e imprescriptibles, como son defender y conservar su vida, adquirir, gozar y proteger sus propiedades, buscar y obtener su seguridad y felicidad," se declaró que se reducían "a cuatro principales, a saber: la libertad y la igualdad legal, la seguridad y la propiedad"(art 1), definiéndose la libertad (art. 2) con la regulación específica de la libertad de imprenta y de expresión (art. 2); la igualdad, con regulaciones detalladas sobre igualdad ante la ley (art. 4), la exclusión de privilegios (art. 5), y la igualdad en los tributos (art 6); la seguridad (art. 7), con la obligación de la ley de proteger la libertad pública e individual contra la opresión de los que gobiernan (art. 8). Se regularon, además, detalladamente diversos derechos del debido proceso como el principio *nullum crime sine legge* (art 9), la presunción de inocencia y las limitaciones a la detención de las personas (art 10), la prohibición de penas crueles (art. 11); el derecho a ser oído, a ser juzgado conforme a leyes preexistentes, prohibiéndose la retroactividad de la ley (art 12). Además, se reguló el derecho de propiedad (art. 13) como derecho inviolable, estableciéndose la expropiación (art. 15); la libertad de trabajo e industria (art. 14); el régimen de las contribuciones, establecidas por la representación del pueblo (art. 17), bajo el principio de la proporcionalidad (art. 16); y el derecho a la educación (art. 18). En esta Sección, además, se reguló lo relativo a la soberanía que "reside originarla y esencialmente en el pueblo" (art. 19), constituyendo "la universalidad de los ciudadanos" al Pueblo Soberano (art. 20), de manera que ningún grupo puede atribuirse la soberanía (art. 22), la cual sólo se puede ejercer mediante "delegación legítima de los ciudadanos" (art. 23); y se definió en qué con-

57 Véase el texto en Jorge Orlando Melo, *Documentos constitucionales colombianos, 1810-1815,* en http://www.jorgeorlandomelo.com/bajar/documentosconstitucionales1.pdf.

siste la misma como "facultad de dictar leyes, en la de hacerlas ejecutar, y aplicarlas a los casos particulares que ocurran entre los ciudadanos; o en los poderes Legislativo, Ejecutivo y Judicial" (art 21). Se reguló, el régimen de elección de representantes mediante elecciones libres, con el derecho igual de los ciudadanos de concurrir a las mismas (art. 24), estableciéndose el principio de la alternabilidad republicana (art. 25), la responsabilidad de los funcionarios y representantes (art. 26), y la misión del gobierno para el bien común, teniendo el pueblo el derecho de cambiarlo (art. 27, 28). Se garantizó el derecho de petición (art 29); y se consagró el principio rector de la separación de poderes mediante la declaración de que "La garantía social no puede existir, sino se halla establecida la división de los poderes; si sus límites no están fijados, y sí la responsabilidad de los funcionarios públicos no está asegurada" (art. 31), así:

> "30. La separación de los tres poderes, Legislativo, Ejecutivo y Judicial, constituye esencialmente la libertad, y de su reunión en una sola persona, o en un solo cuerpo, resulta la tiranía. Por tanto el pueblo tiene derecho a que el Cuerpo Legislativo jamás ejerza las funciones del Ejecutivo, o Judicial, ni alguna de ellas; a que el Ejecutivo no ejercite las facultades legislativas, ni alguna de ellas; en fin, a que el Judicial tampoco tenga el Poder Ejecutivo o el Legislativo; para que manden las leyes, y no los hombres."

La declaración de los "derechos del hombre y del ciudadano" concluyó en el Título Preliminar, recordando al pueblo su atención al momento de elegir sus representantes (art. 32), proclamando que los mismos "son parte de la constitución, serán sagrados e inviolables, y no podrán alterarse por ninguno de los tres poderes, pues el pueblo los reserva en sí, y no están comprendidos en las altas facultades delegadas por la presente Constitución "(art. 33).

En la *Sección Tercera* del Título preliminar, además, se regularon los *deberes del ciudadano,* declarando que si buen "la declaración de los derechos del hombre contiene las obligaciones de los legisladores," por su parte "la conservación de la sociedad pide que los individuos que la componen, igualmente conozcan y llenen sus deberes" (art. 1). Así, se establecen los deberes de los hombres para con los demás (art. 2, 9), para con la sociedad (arts. 3, 6), declarándose que "ninguno es buen ciudadano, sino es buen padre, buen hijo, buen hermano, buen amigo y buen esposo" (art. 4), y que "ninguno es hombre de bien, sino es franco, y religiosamente observador de las leyes" (art. 5). Se reguló además, el deber de obediencia a la autoridad (art. 7), la obligación de respetar la propiedad ajena (art. 8), y el deber de servir a la patria (art. 10).

Por último, y para sólo referirnos a las Constituciones provinciales en la Nueva Granada sancionadas entre 1811 y 1812,[58] el 15 de junio de 1812 la Convención General de representantes de la Provincia de Cartagena dictó la Constitución del Estado de Cartagena, después que la Junta del Cabildo de la ciudad había declarado el 11 de noviembre de 1811, que la "Provincia de Cartagena de Indias es desde hoy

58 La misma orientación constitucional se siguió, posteriormente, en las Constituciones de Popayán (1814), de Pamplona (1815), de Mariquita (1815) y de Neiva (1815).

de hecho y de derecho Estado libre, soberano e independiente" desasociado de la Corona y Gobierno de España.[59]

Dicha Constitución de 380 artículos, comenzó, al igual que las anteriores Constituciones provinciales de la Nueva Granada con un *Título I* sobre los *derechos naturales y sociales del hombre y sus deberes*" pero de contenido mucho más declaratorio y principista sobre las razones por las que "los hombres se juntan en sociedad con el fin de facilitar, asegurar y perfeccionar el goce de sus derechos y facultades naturales" (art. 1), y "hacerse parte de un gran todo político" (art. 2), resultando obligado a preservarlo y a la vez con derechos a "ser respetado y protegido en el uso de sus facultades por la sociedad y por cada uno de sus Miembros" (art. 3); siendo los derechos del cuerpo político "la suma de los derechos individuales consagrados a la unión" (art. 4), y los derechos de los individuos ejercidos respetando los derechos de los demás (art. 5). Así, el hombre en sociedad, no pierde su libertad, sino que usa de ella, "contribuyendo con la expresión de su voluntad particular a la formación de las mismas leyes que arreglan su ejercicio" (art. 6), renunciando sólo al "derecho de hacer mal impunemente" (art. 7), conservando, asegurando y perfeccionando "sus derechos naturales, esenciales y por lo mismo no enajenables, entre los cuales se cuentan el de gozar y defender su vida y libertad, el de adquirir, poseer y proteger su propiedad, y el de procurarse y obtener seguridad y felicidad" (art. 8). La declaración reguló específicamente la igualdad (art. 8), sin perjuicio para el Gobierno de poder conceder "distinciones personales que honren, premien y recomienden a la imitación las grandes acciones"(art. 9); y el estatuto de las autoridades, como agentes responsables de los pueblos (art. 10); precisó el objeto del Gobierno "instituido para el bien común, protección, seguridad y felicidad de los pueblos" (art. 11), y las cualidades de los empleos públicos (art. 12), el principio de la alternabilidad republicana (art. 13), el régimen de las elecciones y el derecho de los ciudadanos a elegir y a ser elegidos (art. 14). Se dispuso el derecho de los individuos a ser protegido por la sociedad "en el goce de su vida, libertad y propiedad, conforme a las leyes existentes" (art. 15); el derecho de adquirir propiedades y disponer de ellas (art 16); el derecho al trabajo e industria (art. 17), y el derecho de acceder a la justicia (art. 19). Se dispuso que el pueblo del Estado sólo podía ser gobernado por leyes adoptadas por "su cuerpo constitucional representativo" (art. 18) que no podrían ser suspendidas sino por la Legislatura (art. 22); correspondiendo sólo a los representantes establecer contribuciones (art 21); garantizándose "la libertad del discurso, debate y deliberación en el cuerpo legislativo" (art. 22). Se garantizó el derecho a ser castigado sólo conforme a leyes preexistentes (art. 23), y que los civiles no podían ser juzgados conforme a leyes militares (art. 24).

Por otra parte, se declaró el principio de la separación de poderes, indicándose que:

> "Artículo 25. Con el importante objeto de que el Gobierno del Estado sea, en cuanto pueda ser, un Gobierno de leyes y no de hombres, el departamento Legislativo jamás ejercerá los poderes ejecutivo ni judicial; ni el Ejecutivo los poderes legislativo ni judicial; ni el Judicial los poderes legislativo ni ejecutivo; excepto algún caso particular expresado en la Constitución."

---

59 Véase el texto en Jorge Orlando Melo, *Documentos constitucionales colombianos, 1810-1815,* en http://www.jorgeorlandomelo.com/bajar/documentosconstitucionales1.pdf.

En el Título, además, se declaró el derecho de reunión sin armas ni tumulto (art. 26), el derecho de petición (art. 27), la libertad de imprenta y de expresión (art. 28), el derecho a "tener y llevar armas para la defensa propia y del Estado, con igual sujeción a la ley" (art. 30). Se declaró también que "como en tiempo de paz los ejércitos son peligrosos a la libertad pública, no deberán subsistir en el Estado sin consentimiento de la Legislatura" (art. 31), disponiéndose que "el poder militar se tendrá siempre exactamente subordinado a la autoridad civil, y será dirigido por ésta" (art. 32). En materia de derechos al debido proceso, se estableció la presunción de inocencia (art. 32) y el principio *nullum crime sine legge* (art. 33); finalizando el Título regulando varios derechos ciudadanos (art 34-37).

En cuanto a los derechos, debe también mencionarse que en el Título II, se reconocieron "los derechos naturales del hombre y del ciudadano" y se garantizó "a todos los ciudadanos los sagrados derechos de la religión del Estado, propiedad y libertad individual, y la de la imprenta"(art 12); precisándose sobre el último, que serían "los autores o editores los únicos responsables de sus producciones y no los impresores "(art 13); regulándose además, la edición de libros sagrados y sobre religión que quedaba "sujeta a la censura previa"(art. 14,II). Se granizó la inviolabilidad de la correspondencia (art. 15); y la libertad de industria (art. 16).

REFLEXIÓN FINAL

Fue precisamente a este Estado de Cartagena de Indias, recién configurado en la dicha Constitución del 15 de junio de 1812, donde al mes siguiente de su sanción, el 30 de julio de 1812, el precursor Generalísimo Francisco de Miranda tenía planeado trasladarse, después de la suscripción del Armisticio y Capitulación con el Comandante del ejército español de invasión, Domingo Monteverde, para volver a recuperar los territorios invadidos. Sus planes, sin embargo, se vieron truncados la noche de ese mismo día, al ser apresado por sus subalternos, entre ellos por Simón Bolívar,[60] y entregado ignominiosamente a Monteverde, muriendo cuatro años después, en 1816, en la prisión del Arsenal de La Carraca, en Cádiz, luego de haber permanecido detenido sin juicio alguno en los Castillos de La Guaira, de Puerto Cabello y de Puerto Rico. En cambio, por esa acción, Bolívar obtendría un salvoconducto para abandonar Venezuela, que lo llevó igualmente al Estado de Cartagena, desde donde comenzó, en 1813, su exitosa Campaña Admirable igualmente para la liberación del territorio de Venezuela. La misma que Miranda había pensado.

Antes sin embargo, y quizás para minimizar su propia culpa en la caída de la República, al haber perdido el 1 de julio de 1812 el Castillo de Puerto Cabello que estaba bajo su mando, arremetió abiertamente con toda la construcción constitucional de la República de 1811, en la cual, como sucedió en todas las provincias que la adoptaron, sin duda, la declaración de derechos del hombre había sido una pieza clave de la construcción de un nuevo Estado, junto con el diseño mismo de una Constitución, como norma suprema, montada sobre los principios de la separación de poderes y de la distribución territorial del poder en entidades políticas descentralizadas, como garantía de la libertad.

Lamentablemente a toda esa construcción constitucional incluyendo la declaración de derechos del pueblo, Simón Bolívar, desde Cartagena, en noviembre de

60 Véase, Giovanni Meza Dorta, *Miranda y Bolívar*, bid&co. Editor, Caracas 2007.

1812, la calificó como propia de una "República aérea," de donde derivó la otra denominación no menos peyorativa de la "patria boba" que se extendió en la Nueva Granada,[61] achacándole todos los males de la pérdida de la República a la propia construcción institucional de la misma como Estado independiente, así como a los próceres que la habían diseñado, sobre los cuales Bolívar dijo en noviembre de 1812, cuando buscaba quizás explicar su propia conducta, que:

> "los códigos que consultaban nuestros magistrados no eran los que podían enseñarles la ciencia práctica del Gobierno, sino los que han formado ciertos buenos visionarios que, imaginándose repúblicas aéreas, han procurado alcanzar la perfección política, presuponiendo la perfectibilidad del linaje humano. Por manera que tuvimos filósofos por Jefes, filantropía por legislación, dialéctica por táctica, y sofistas por soldados."[62]

Por ello concluyó afirmando tajantemente que "entre las causas que han producido la caída de Venezuela, debe colocarse en primer lugar la naturaleza de su constitución que, repito, era tan contraria a sus intereses, como favorable a los de sus contrarios."[63]

Y como además en la idiosincrasia venezolana siempre parece que tiene que haber un culpable de los acontecimientos, en adición al desprecio por las instituciones adoptadas en 1811 que calificó como propias de una república "aérea," Bolívar fue también implacable con el más destacado hombre del momento, Francisco de Miranda, a quien acusó impunemente, y sin razón, de haber obrado "por una vergonzosa cobardía"[64] o movido por "una inaudita cobardía" y una "bajeza ignominiosa"[65] cuando negoció el Armisticio decidido por el gobierno. Con ello, lo único que demostró Bolívar fue quizás, lo poco que conocía a Miranda, tratando además de borrar lo que ya le había escrito, y que escrito había quedado, en carta del 12 de julio de ese mismo año, al referirse a la pérdida de la patria en sus manos por la pérdida del Castillo de Puerto Cabello, y preguntándole ¿con qué valor me atreveré a tomar

---

61 Véase, por ejemplo, por lo que se refiere a la Nueva Granada, el empleo del término en el libro *La Patria Boba*, que contiene los trabajos de J.A. Vargas Jurado (*Tiempos Coloniales*), José María Caballero (*Días de la Independencia)*, y J.A. de Torres y Peña (Santa Fé Cautiva), Bogotá 1902. El trabajo de Caballero fue publicado con los títulos *Diario de la Independencia*, Biblioteca de Historia Nacional, Bogotá 1946, y *Diario de la Patria Boba,* Ediciones Incunables, Bogotá 1986. Véase también, José María Espinosa, *Recuerdos de un Abanderado, Memorias de la Patria Boba 1810-1819*, Bogotá 1876.

62 Véase Simón Bolívar, "Manifiesto de Cartagena," en *Escritos Fundamentales,* Caracas, 1982 y en *Itinerario Documental de Simón Bolívar. Escritos selectos*, Ediciones de la Presidencia de la República, Caracas 1970, pp. 30 ss. y 115 ss.

63 *Idem.*

64 Véase "Manifiesto de Bolívar dado en Cartagena el 2 de noviembre de 1812 sobre la conducta del Gobierno de Monteverde después de la Capitulación de San Mateo," en el libro *Bolívar de Cartagena a Santa Marta*, con Introducción de Germán Arciniegas ("1812, Cartagena- 1830, Santa Marta"), Banco Tequendama, Bogotá 1980, p. 27.

65 Véase "Exposición dirigida al Congreso de la Nueva Granada por Simón Bolívar y Vicente Tejera, fechada en Cartagena el 27 de noviembre de 1812," en el libro *Bolívar de Cartagena a Santa Marta*, con Introducción de Germán Arciniegas ("1812, Cartagena- 1830, Santa Marta"), Banco Tequendama, Bogotá 1980, p. 30.

la pluma para escribir a Ud. habiéndose perdido en mis manos la plaza de Puerto Cabello?"[66]

Seis meses después, sin embargo, tomó la pluma, pero para descargar en la República cuyo arsenal había perdido, y en Miranda, toda su ira y frustración, y de allí emprender la liberación del territorio venezolano invadido por su culpa, lo que lograría exitosamente unos años después.

New York, septiembre de 2016

66 Véase en Giovanni Meza Dorta, *Miranda y Bolívar*, bid&co. Editor, Caracas 2007.

PRIMERA PARTE:

EVOLUCIÓN CONSTITUCIONAL DE LA CONSAGRACIÓN DE LOS DERECHOS Y GARANTÍAS 1811-1999

Esta Primera parte del Tomo X de la Colección *Tratado de Derecho Constitucional*, recoge, actualizado, el texto publicado en el Tomo IV de mi obra *Instituciones Políticas y Constitucionales*, Universidad Católica del Táchira, Editorial Jurídica Venezolana, Caracas-San Cristóbal, 1996, pp. 257-443; y cuyo origen está en la investigación realizada para mi libro: *Los derechos humanos en Venezuela: Casi 200 años de historia*, Biblioteca de la Academia de Ciencias Políticas y Sociales, Serie Estudios, N° 38, Caracas 1990, pp. 127-353.

La Constitución de 1999 contiene una extensa declaración de derechos de las personas, que abarcan los derechos civiles o individuales, los derechos sociales, los derechos culturales y educativos, los derechos económicos, los derechos ambientales y los derechos de los pueblos indígenas.

Dicha declaración, por supuesto, tiene sus antecedentes en normas tradicionales de nuestro constitucionalismo, que se remontan en muchos casos a las previsiones de la *Declaración de Derechos del Pueblo* del 1° de julio de 1811, y del Capítulo VIII de la primera Constitución venezolana e hispanoamericana, del 21 de diciembre del mismo año 1811, contenidas en el Capítulo sobre "Derechos del hombre que se reconocerán y respetarán en toda la extensión del Estado."[67]

Con esas declaraciones, en efecto, se inició en Venezuela y en América Latina, la invariable tradición de constitucionalización de los derechos fundamentales, que ha perdurado hasta el presente, y que ha quedado plasmada en el texto de la Constitución de 1999. En esa forma, no sólo todas las Constituciones que hemos tenido en nuestra historia constitucional han contenido una declaración formal de derechos (1811, 1819, 1821, 1830, 1857, 1858, 1864, 1874, 1881, 1891, 1893, 1901, 1904, 1909, 1914, 1922, 1925, 1928, 1929, 1931, 1936, 1945, 1947, 1953, 1961 y 1999, sino que incluso, en diversos actos constitucionales dictados con motivo de rupturas polí-

---

67. *V.*, Allan R. Brewer-Carías, *Las declaraciones de derechos del pueblo y del hombre de 1811 (Bicentenario de la Declaración de "Derechos del Pueblo" de 1° de julio de 1811 y de la "Declaración de Derechos del Hombre" contenida en la Constitución Federal de los Estados de Venezuela de 21 de diciembre de 1811)*, Prólogo de Román José Duque Corredor), Academia de Ciencias Políticas y Sociales, Caracas 2011.

ticas del hilo constitucional, se ha procedido a declarar formalmente los derechos de los venezolanos.

Así sucedió con el Decreto de 6 de agosto de 1830, dictado por José Antonio Páez, al consumarse la separación de Venezuela de la Gran Colombia, denominado "Garantía de los venezolanos para el Gobierno Provisorio"; con el Decreto de 16 de agosto de 1863, dictado por Juan Crisóstomo Falcón, al consumarse la Revolución Federal, denominado "Decreto sobre los derechos individuales y las garantías de los venezolanos" y con el Decreto N° 217 de 15 de marzo de 1946, dictado por la Junta Revolucionaria de Gobierno, al consolidarse la Revolución de Octubre de 1945[68].

Esta Primera parte de este volumen, tiene por objeto recoger, debidamente sistematizados, el conjunto de normas sobre los derechos fundamentales consagrados en la Constitución de 1999, con la indicación de sus antecedentes en los textos constitucionales sancionados desde 1811, incluyendo los Decretos mencionados de 1830, 1863 y 1946.

SECCIÓN PRIMERA:

PRINCIPIOS GENERALES

1. *La libertad: el derecho al libre desenvolvimiento de la personalidad*

Constitución de 1999

Artículo 20. Toda persona tiene derecho al libre desenvolvimiento de su personalidad, sin más limitaciones que las que derivan del derecho de las demás y del orden público y social

Constitución 1961

Art. 43. Todos tienen derecho al libre desenvolvimiento de su personalidad, sin más limitaciones que las que derivan del derecho de los demás y del orden público y social.

Constitución 1947

Art. 23. Todos tienen el derecho de hacer lo que no perjudique a otro y nadie está obligado a hacer lo que la ley no ordene ni impedido de ejecutar lo que ella no prohíba.

[Con igual texto: Constitución 1953, Art. 28].

Decreto 1946

Art 1. Se garantiza a los venezolanos los siguientes derechos: Ord. 6°. La libertad personal, y por ella:

68. *V.*, el texto de todas las Constituciones y decretos en Allan Brewer-Carías, *Las Constituciones de Venezuela,* Academia de Ciencias Políticas y Sociales, Caracas, 2008. *V.*, además: Allan R. Brewer-Carías, *Los Derechos Humanos en Venezuela, casi 200 años de historia,* Caracas, 1992.

c) Todos tienen el derecho de hacer lo que no perjudique a otro, y nadie estará obligado a hacer lo que no estuviere legalmente ordenado, ni impedido de ejecutar lo que la ley no prohíbe.

Constitución 1936

Art. 32. La Nación garantiza a los venezolanos: Ord. 5°. La libertad personal y por ella:

c) Todos tienen el derecho de hacer lo que no perjudique a otro, y nadie estará obligado a hacer lo que no estuviere legalmente ordenado, ni impedido de ejecutar lo que la ley no prohíbe.

[Con igual texto: Constitución 1945, Art. 32, 5°, c].

Constitución 1928

Art. 32. La Nación garantiza a los venezolanos: Ord. 5° La libertad personal y por ella:

c) Todos tienen el derecho de hacer lo que no perjudique a otro, y nadie estará obligado a hacer lo que no estuviere legalmente ordenado, ni impedido de ejecutar lo que no prohibiere la ley.

[Con igual texto: Constitución 1929, Art. 32, 5°, c, Constitución 1931, Art. 32, 5% c].

Constitución 1925

Art. 32. La Nación garantiza a los venezolanos:

Ord. 5° La libertad personal y por ella:

c) Todos tienen derecho de hacer lo que no perjudique a otros, y nadie está obligado a hacer lo que no estuviere legalmente ordenado, ni impedido de ejecutar lo que no prohíbe la ley.

Constitución 1914

Art. 22. La Nación garantiza a los venezolanos:

Ord. 5° La libertad personal, y por ella:

4) Todos con el derecho de hacer o ejecutar lo que no perjudique a otro;

5) Nadie está obligado a hacer lo que la ley no mande, ni impedido de ejecutar lo que ella no prohíbe.

[Con igual texto: Constitución 1922, Art. 22, ord. 5° 4 y 5].

Estatuto Provisional 1914

Art. 16. La Nación garantiza a los venezolanos:

Ord. 5° La libertad personal y por ella:

4) Todos con el derecho a ejecutar lo que no perjudique a otro; y

Nadie está obligado a hacer lo que la ley no manda ni impedido de ejecutar lo que ella no prohíbe.

Constitución 1904

Art. 17. La Nación garantiza a los venezolanos: Ord. 5° La libertad personal y por ella:

4) Todos con el derecho de hacer o ejecutar lo que no perjudique a otro; y

5) Nadie está obligado a hacer lo que la ley no mande, ni impedido de ejecutar lo que ella no prohíbe.

[Con igual texto: Constitución 1909, Art. 23, 5, 4 y 5].

Constitución 1893

Art. 14. La Nación garantiza a los venezolanos la efectividad de los siguientes derechos:

Ord. 5° La libertad personal y por ella:

4° Todos con el derecho de hacer o ejecutar lo que no perjudique a otro;

5° Nadie está obligado a hacer lo que la ley no mande, ni impedido de ejecutar lo que ella no prohíba.

[Con igual texto: Constitución 1901, Art. 17, 5°, 4 y 5].

Constitución 1891

Art. 14. La Nación garantiza a los venezolanos:

Ord. 5° La libertad personal y por ella:

4° nadie está obligado a hacer lo que la ley no manda, ni impedido de hacer lo que ella no prohíba.

[Con igual texto: Constitución 1881, Art. 14, 5, 4].

Constitución 1874

Art. 14. La Nación garantiza a los venezolanos:

Ord. 5° La libertad personal y por ella*

4) Todos con el derecho de hacer o ejecutar lo que no perjudique a otro.

[Con igual texto: Constitución 1864, Art. 14, ord. 5°, 4].

Decreto 1863

Art. 1. Se garantiza a los venezolanos:

10. La libertad natural: En virtud de la cual es permitido hacer todo aquello que no perjudique a otro o que no lo prohíba la ley.

Decreto 1830

Art. 4. Los venezolanos tienen la libertad de hacer todo lo que no está prohibido por la ley.

[Con igual texto: Constitución 1857, Art. 100, Constitución 1830, Art. 190].

Constitución 1819

Art. 2° La Libertad es la facultad que tiene cada hombre de hacer cuanto no esté prohibido por la ley. La ley es la única regla a que debe conformar su conducta.

Constitución 1811

Art. 153. La libertad es la facultad de hacer todo lo que no daña a los derechos de otros individuos, ni al cuerpo de la sociedad, cuyos límites sólo pueden determinarse por la ley, porque de otra suerte serían arbitrarios y ruinosos a la misma libertad.

Art. 157. No se puede impedir lo que no está prohibido por ley y ninguno podrá ser obligado a hacer lo que ella no prescribe.

2. *El carácter enunciativo de los derechos*

Constitución 1999

Artículo 22. La enunciación de los derechos y garantías contenidos en esta Constitución y en los instrumentos internacionales sobre derechos humanos no debe entenderse como negación de otros que, siendo inherentes a la persona, no figuren expresamente en ellos. La falta de ley reglamentaria de estos derechos no menoscaba el ejercicio de los mismos.

Constitución 1961

Art. 50. La enunciación de los derechos y garantías contenida en esta Constitución no debe entenderse como negación de otros que siendo inherentes a la persona humana, no figuren expresamente en ella. La falta de ley reglamentaria de estos derechos no menoscaba el ejercicio de los mismos.

Constitución 1953

Art. 32. La enunciación de los derechos que se hace en el presente título no debe entenderse como una negación de cualesquiera otros que correspondan a los habitantes de Venezuela.

Constitución 1947

Art. 25. La enumeración de los derechos y de los deberes que se hace en el presente título no debe entenderse como una negación de cualesquiera otros que correspondan a los habitantes de la República, y que no figuren expresamente en él.

Decreto 1946

Art. 2. La enunciación de derechos políticos que anteceden no debe entenderse como una negación de todos los otros que correspondan a los venezolanos en su condición de hombres libres y dignos y que no le habían sido ni suspendidos ni limitados.

Constitución 1945

Art. 34. La enunciación de derechos expresada en los dos artículos que anteceden no debe entenderse como una negación de cualesquiera otros que puedan corresponder a los venezolanos y que no estén comprendidos en ella.

Constitución 1928

Art. 33. La presente enumeración de derechos no debe entenderse como una negación de cualesquiera otros que puedan corresponder a los ciudadanos y no estén comprendidos en ella.

[Con igual texto: Constitución 1929, Art. 33, Constitución 1931, Art. 33; Constitución 1936, Art. 33].

Constitución 1925

Art. 33. La presente enunciación de derechos no debe entenderse como una negación de cualesquiera otros que puedan corresponder a los ciudadanos y no estén comprendidos en ella.

Constitución 1914

Art. 23. La precedente enumeración de derechos no debe entenderse como una negación de cualesquiera otros que puedan corresponder a los ciudadanos y que no estén comprendidos en este título.

[Con igual texto: Constitución 1922, Art. 23].

Constitución 1909

Art. 24. La enumeración anterior no coarta a los Estados la facultad de acordar a sus habitantes otros derechos.

Art. 25. La precedente enumeración de derechos no debe entenderse como una negación de cualesquiera otros derechos que puedan corresponder a los ciudadanos y que no estén comprendidos en este Título.

[Con igual texto: Estatuto Provisional 1914, Arts. 17 y 18]

Constitución 1904

Art. 18. La enumeración anterior no coarta a los Estados la facultad de acordar a sus habitantes otros derechos.

Constitución 1893

Art. 15. La anterior enumeración no coarta a los Estados la facultad de acordar a sus habitantes otros derechos.

[Con igual texto: Constitución 1901, Art. 18].

Constitución 1864

Art. 15. La presente enumeración no coarta la facultad a los Estados para acordar a sus habitantes otras garantías.

[Con igual texto: Constitución 1874, Art. 15; Constitución 1881, Art. 15; Constitución 1891, Art. 15].

Constitución 1858

Art. 28. La precedente enumeración de derechos no debe entenderse como una negación de cualesquiera otros derechos que puedan corresponder a los individuos, y que no estén comprendidos en este título.

Con anterioridad a la Constitución de 1858 no se encuentran antecedentes de esta norma ni en los textos constitucionales ni en las Declaraciones de derechos. Por ello, puede considerarse que el antecedente directo de la misma está en el texto de la Enmienda N° IX a la Constitución de los Estados Unidos de América, adoptada en 1789, con el siguiente texto:

Ammendent IX: The enumeration in the constitution of certain rights shall not be construed to nedy or disparage others retained by the people.

3. *La garantía objetiva de los derechos: la nulidad y la responsabilidad de los funcionarios*

Constitución 1999

Artículo 25. Todo acto dictado en ejercicio del Poder Público que viole o menoscabe los derechos garantizados por esta Constitución y la ley es nulo; y los funcionarios públicos y funcionarias públicas que lo ordenen o ejecuten incurren en responsabilidad penal, civil y administrativa, según los casos, sin que les sirvan de excusa órdenes superiores.

Constitución 1961

Art. 46. Todo acto del Poder Público que viole o menoscabe los derechos garantizados por esta Constitución es nulo, y los funcionarios y empleados públicos que lo ordenen o ejecuten incurren en responsabilidad penal, civil y administrativa, según los casos, sin que les sirvan de excusa órdenes superiores manifiestamente contrarias a la Constitución y a las leyes.

Constitución 1947

Art. 26. Ninguna ley, decreto, ordenanza, resolución o reglamento podrá menoscabar los derechos garantizados por esta Constitución a venezolanos y a extranjeros. Las disposiciones contrarias a este principio serán nulas, y así lo declarará la Corte Suprema de Justicia.

Art. 27. Quienes expidieren, firmaren, ejecutaren o mandaren ejecutar decretos, resoluciones u ordenanzas que violen cualesquiera de los derechos garantizados por esta Constitución, son culpables y serán castigados conforme a la ley, salvo que se tratare de medidas dirigidas a la defensa de la República o a la conservación o al restablecimiento de la paz, dictadas por funcionarios públicos competentes en su carácter oficial, en los casos previstos en los artículos 76 y 77 de esta Constitución.

Art. 28. El lapso para la prescripción de las acciones penales correspondientes a los delitos de violación de cualesquiera de las garantías individuales es de seis años, y no correrá respecto a los funcionarios públicos sino desde el día siguiente a la fecha en que aquél a quien se atribuya el hecho delictuoso hubiere cesado en el ejercicio de funciones públicas.

Constitución 1945

Art. 35. Ninguna Ley Federal, ni las Constituciones o leyes de los Estados, ni las Ordenanzas Municipales, ni Reglamento alguno, podrán menoscabar ni dañar los derechos garantizados a los ciudadanos. Las que esto hicieren serán nulas, y así lo declarará la Corte Federal y de Casación.

Art. 36. Los que expidieren, firmaren, ejecutaren o mandaren a ejecutar decretos, ordenanzas o resoluciones que violen cualesquiera de los derechos garantizados a los ciudadanos, son culpables, y serán castigados conforme a la ley, salvo que se tratare de las medidas dirigidas a la defensa de la República o á la conservación o restablecimiento de la paz, dictadas por funcionarios públicos competentes, en su carácter oficial, en los casos previstos en el artículo siguiente.

Constitución 1936

Art. 34. Ninguna Ley Federal, ni las Constituciones o Leyes de los Estados, ni las Ordenanzas Municipales, ni Reglamento alguno podrán menoscabar ni dañar los derechos garantizados a los ciudadanos. Las que esto hicieren serán nulas, y así lo declarará la Corte Federal y de Casación.

Art. 35. Los que expidieren, firmaren, ejecutaren o mandaren ejecutar Decretos, Ordenanzas o Resoluciones que violen cualesquiera de los derechos garantizados a los ciudadanos, son culpables, y serán castigados conforme a la ley, salvo que se tratare de las medidas dirigidas a la defensa de la República o a la paz, dictadas por funcionarios públicos competentes, en su carácter oficial, en los casos previstos en el artículo siguiente, o del caso previsto en el aparte último del inciso 6° del artículo 32.

Constitución 1925

Art. 34. Ninguna Ley Federal ni las Constituciones o Leyes de los Estados ni las Ordenanzas municipales podrán menoscabar ni dañar los derechos garantizados a los ciudadanos; las que esto hicieren serán nulas, y así lo declarará la Corte Federal y de Casación.

Art. 35. Los que expidieren, firmaren, ejecutaren o mandaren ejecutar decretos, ordenanzas o resoluciones que violen cualquiera de los derechos garantizados a los ciudadanos, son culpables, y serán castigados conforme a la ley, salvo que se tratare de las medidas dirigidas a la defensa de la República o a la conservación o restablecimiento de la paz, dictadas por funcionarios públicos competentes, en su carácter oficial, en los casos previstos en el artículo siguiente.

[Con igual texto: Constitución 1928, Arts. 34 y 35; Constitución 1929, Arts. 34 y 35; Constitución 1931, Arts. 34 y 35].

Constitución 1914

Art. 25. Los que expidieren, firmaren, ejecutaren o mandaren ejecutar decretos, órdenes o resoluciones que violen cualquiera de los derechos garantizados a los venezolanos, son culpables y serán castigados conforme a la ley.

Art. 26. Los derechos reconocidos y consagrados en los artículos anteriores no serán menoscabados ni dañados por las leyes que reglamenten su ejercicio, y las que esto hicieren serán declaradas, de conformidad con la atribución 10 del artículo 98, como inconstitucionales y carecerán de eficacia.

[Con igual texto: Constitución 1922, Arts. 25 y 26]

Estatuto Provisional 1914

Art. 19. Los que expidieren, firmaren, ejecutaren o mandasen ejecutar decretos, órdenes o resoluciones que violen cualquiera de los derechos garantizados a los venezolanos son culpables, y deben ser castigados conforme a la ley. El culpado indemnizará al agraviado los perjuicios que le ocasione.

Constitución 1909

Art. 26. Los que expidieren, firmaren, ejecutaren o mandaren ejecutar decretos, órdenes o resoluciones que violen cualquiera de los derechos garantizados a los venezolanos, son culpables, y deben ser castigados conforme a la ley. El culpado indemnizará al agraviado los perjuicios que le ocasione.

Art. 27. Los derechos reconocidos y consagrados en los artículos anteriores no serán menoscabados ni dañados por las leyes que reglamenten su ejercicio, y las que esto hicieren serán declarados de conformidad con la atribución 10 del artículo 112, como inconstitucionales y carecerán de eficacia.

Art. 123. Todo acto de las Cámaras Legislativas o del Ejecutivo Federal que viole los derechos garantizados a los Estados, o ataque su autonomía, deberá ser declarado nulo por la Corte Federal y de Casación, conforme a su atribución 12, artículo 112.

Constitución 1904

Art. 20. Los que expidieren, fuera de los casos señalados en la atribución 8°, artículo 80, firmaren, ejecutaren o mandaren ejecutar decretos, órdenes o resoluciones que violen cualquiera de los derechos garantizados a los venezolanos, son culpables, y deben ser castigados conforme lo determina la ley.

Art. 21. Los derechos reconocidos y consagrados en los artículos anteriores, no serán menoscabados ni dañados por las leyes que reglamenten su ejercicio, las que esto hicieren serán declaradas de conformidad con la atribución 11 del artículo 95, como inconstitucionales, y carecerán de eficacia.

Art. 106. Todo acto de las Cámaras Legislativas o del Ejecutivo Federal que viole los derechos garantizados a los Estados o ataque su autonomía, deberá ser declarado nulo por la Corte Federal y de Casación, conforme a su atribución 12, artículo 95.

Constitución 1901

Art. 19. Los que expidieren, fuera del caso del artículo 98, firmaren, ejecutaren o mandaren ejecutar decretos, órdenes o resoluciones que violen cualquiera de los derechos garantizados a los venezolanos, son culpables y deben ser castigados conforme lo determine la ley. Todo ciudadano es hábil para acusarlos, y el derecho de acusación contra ellos durará hasta un año después de terminado el período constitucional.

Art. 20. Los derechos reconocidos y consagrados en los artículos anteriores, no serán menoscabados ni dañados por las leyes que reglamenten su ejercicio, y las que esto hicieren serán declaradas, de conformidad con la atribución 10 del artículo 105, como inconstitucionales, y carecerán de toda eficacia.

Art. 119. Todo acto de las Cámaras Legislativas o del Ejecutivo Federal, que viole los derechos garantizados a los Estados o ataque su autonomía, deberá ser declarado nulo por la Corte Federal, conforme a su atribución 10, aunque la solicitud de nulidad haya sido hecha por una sola de las Asambleas Legislativas de los Estados.

Constitución 1893

Art. 16. Los que expidieren, firmaren, ejecutaren o mandaren ejecutar decretos, órdenes o resoluciones que violen cualquiera de los derechos garantizados a los venezolanos son culpables y deben ser castigados conforme lo determina la ley. Todo ciudadano es hábil' para acusarlos, y el derecho de acción contra ellos durará cinco años.

Art. 17. Los derechos reconocidos y consagrados en los artículos anteriores no serán menoscabados ni dañados por las leyes que reglamenten su ejercicio, y las que esto hicieren serán tenidas como inconstitucionales y carecerán de toda eficacia.

Art. 123. Todo acto de las Cámaras Legislativas o del Ejecutivo Nacional que viole los derechos garantizados a los Estados o ataque su autonomía deberá ser declarado nulo por la Alta Corte Federal, aunque la declaratoria de nulidad haya sido pedida por una sola de las Asambleas Legislativas de los Estados.

Constitución 1864

Art. 17. Los que expidieren, firmaren o ejecutaren o mandaren ejecutar decretos, órdenes o resoluciones que violen o infrinjan cualquiera de las garantías acordadas a los venezolanos, son culpables, y deben ser castigados conforme lo determine la ley. Todo ciudadano es hábil para acusarlos.

Art. 92. Todo acto del Congreso o del Ejecutivo Nacional que viole los derechos garantizados a los Estados en esta Constitución o ataque su independencia, deberá ser declarado nulo por la Alta Corte, siempre que así lo pida la mayoría de las Legislaturas.

[Con igual texto: Constitución 1874, Arts. 17 y 92; Constitución 1881, Arts. 17 y 90; Constitución 1891, Arts. 17 y 90].

Decreto 1863

Art. 4° Los principios, garantías y derechos reconocidos en los artículos anteriores no podrán ser alterados, y todo funcionario que los quebrante pierde de hecho su autoridad y puede ser tratado como traidor a la Patria.

Constitución 1830

Art. 186. Ningún funcionario público expedirá, obedecerá ni ejecutará órdenes manifiestamente contrarias a la Constitución o las leyes o que violen de alguna manera las formalidades esenciales prescritas por éstas o que sean expedidas por autoridades manifiestamente incompetentes.

Art. 187. Los que expidieren, firmaren, ejecutaren o mandaren ejecutar decretos, órdenes o resoluciones contrarias a la Constitución y leyes que garantizan los derechos individuales, igualmente que los que las ejecutan, son culpables y deben ser castigados conforme a las mismas leyes.

[Con igual texto: Constitución 1857, Arts. 119 y 120; Constitución 1858, Arts. 156 y 157].

Constitución 1811

Art. 199. Para precaver toda transgresión de los altos poderes que nos han sido confiados, declaramos: Que todas y cada una de las cosas constituidas en la anterior declaración de derechos están exentas y fuera del alcance del Poder general ordinario del Gobierno y que, conteniendo o apoyándose sobre los indestructibles y sagrados principios de la naturaleza, toda ley contraria a ellas que se expida por la legislatura federal o por las provincias será absolutamente nula y de ningún valor.

Art. 227. La presente Constitución, las leyes que en consecuencia se expidan para ejecutarla y todos los tratados que se concluyan bajo la autoridad del Gobierno de la Unión serán la ley suprema del Estado en toda la extensión de la Confederación, y las autoridades y habitantes de las provincias estarán obligados a obedecerlas y observarlas religiosamente sin excusa ni pretexto alguno; pero las leyes que se expidieren contra el tenor de ella no tendrán ningún valor sino cuando hubieren llenado las condiciones requeridas para una justa y legítima revisión y sanción.

4. *Principios de la organización política*

A. *La Soberanía*

Constitución 1999

Artículo 5. La soberanía reside intransferiblemente en el pueblo, quien la ejerce directamente en la forma prevista en esta Constitución y en la

ley, e indirectamente, mediante el sufragio, por los órganos que ejercen el Poder Público.

Los órganos del Estado emanan de la soberanía popular y a ella están sometidos.

Constitución 1961

Art. 4. La soberanía reside en el pueblo, quien la ejerce, mediante el sufragio, por los órganos del Poder Público.

Constitución 1947

Art. 79. La soberanía reside en el pueblo, quien la ejerce mediante el sufragio y por órgano de los Poderes Públicos.

[Con igual texto: Constitución 1953, Art. 38].

Constitución 1936

Art. 40. La soberanía reside en el pueblo, quien la ejerce por medio de los Poderes Públicos. Toda fuerza o reunión armada de personas que se atribuya los derechos del pueblo y peticiones así, comete delito de sedición o rebeldía contra los Poderes Públicos y serán castigados conforme a las leyes.

[Con igual texto: Constitución 1945, Art. 41].

Estatuto Provisional 1914

Art. 20. La soberanía reside en el Pueblo, quien la ejerce por medio de los Poderes Públicos.

[Con igual texto: Constitución 1914, Art. 27; Constitución 1922, Art. 27; Constitución 1925, Art. 40; Constitución 1928, Art. 40; Constitución 1929, Art. 40; Constitución 1931, Art. 40].

Constitución 1904

Art. 22. La soberanía reside esencialmente en el Pueblo, quien la ejerce por medio de los Poderes Públicos.

[Con igual texto: Constitución 1909, Art. 28].

Constitución 1901

Art. 21. La soberanía reside esencialmente en el pueblo, quien la ejerce por medio de los Poderes Públicos para garantía de la libertad y del orden. Art. 22. El pueblo no gobierna sino por medio de sus mandatarios o autoridades establecidas por la Constitución y las Leyes.

Art. 27. El ejercicio de la soberanía se confiere por el voto de los ciudadanos o de las corporaciones que tienen la facultad de elegir los Poderes Públicos, al tenor de esta Constitución, sin que sea potestativo a ninguno de estos Poderes arrogarse la plenitud de la soberanía.

Constitución 1858

Art. 2° La soberanía reside esencialmente en la Nación.

Art. 8° El pueblo ejerce la soberanía directamente en las elecciones e indirectamente por los poderes públicos que establece esta Constitución.

Constitución 1857

Art. 2° La soberanía reside en la Nación y los Poderes que establece esta Constitución son delegaciones de aquélla para asegurar el orden, la libertad y todos los derechos.

Constitución 1830

Art. 1° La nación venezolana es la reunión de todos los venezolanos bajo un mismo pacto de asociación política para su común utilidad.

Art. 3° La soberanía reside esencialmente en la nación y no puede ejercerse sino por los poderes políticos que establece esta Constitución.

Art. 7° El pueblo no ejercerá por sí mismo otras atribuciones de la soberanía que la de las elecciones primarias; ni depositará el ejercicio de ella en una sola persona.

Constitución 1821

Art. 2° La soberanía reside esencialmente en la Nación. Los magistrados y oficiales del Gobierno investidos de cualquier especie de autoridad, son sus agentes o comisarios y responsables a ella de su conducta pública.

Art. 10. El pueblo no ejercerá por sí mismo otras atribuciones de la soberanía que la de las elecciones primarias, ni depositará el ejercicio de ella en unas solas manos. El poder Supremo estará dividido para su administración en legislativo, ejecutivo y judicial.

Constitución 1819

Título V

Art. 1° La soberanía de la nación reside en la universidad de los ciudadanos. Es imprescindible e inseparable del pueblo.

Art. 2° El pueblo de Venezuela no puede ejercer por sí otras atribuciones de la soberanía que la de las elecciones ni puede depositarla toda en unas solas manos. El poder soberano estará dividido para su ejercicio en legislativo, ejecutivo y judicial.

Constitución 1811

Art. 141. Después de constituidos los hombres en sociedad han renunciado a aquella libertad ilimitada y licenciosa a que fácilmente los conducían sus pasiones, propia sólo del estado salvaje. El establecimiento de la sociedad presupone la renuncia de estos derechos funestos, la, adquisición de otros más dulces y pacíficos y la sujeción a ciertos deberes mutuos.

Art. 142. El pacto social asegura a cada individuo el goce y posesión de sus bienes, sin lesión del derecho que los demás tengan a los suyos.

Art. 143. Una sociedad de hombres reunidos bajo unas mismas leyes, costumbres y Gobiernos forma una soberanía.

Art. 144. La soberanía de un país, o supremo poder de reglar o dirigir equitativamente los intereses de la comunidad, reside, pues, esencial y originalmente en la masa general de sus habitantes y se ejercita por medio de apoderados o representantes de éstos, nombrados y establecidos conforme a la Constitución.

Art. 145. Ningún individuo, ninguna familia, ninguna porción o reunión de ciudadanos, ninguna corporación particular, ningún pueblo, ciudad o partido puede atribuirse la soberanía de la sociedad, que es imprescindible, inenajenable e indivisible en su esencia y origen, ni persona alguna podrá ejercer cualquier función pública del Gobierno si no la ha obtenido por la Constitución,

Declaración 1811

Soberanía del Pueblo.

Art. 1° La soberanía reside en el pueblo; y, el ejercicio de ella en los ciudadanos con derecho a sufragio, por medio de sus apoderados legalmente constituidos.

Art. 2° La soberanía es, por su naturaleza y esencia, imprescindible, inenajenable e indivisible.

B. *Finalidad de la sociedad y de los gobiernos*

Constitución 1999

Preámbulo: El pueblo de Venezuela, en ejercicio de sus poderes creadores e invocando la protección de Dios, el ejemplo histórico de nuestro Libertador Simón Bolívar y el heroísmo y sacrificio de nuestros antepasados aborígenes y de los precursores y forjadores de una patria libre y soberana; con el fin supremo de refundar la República para establecer una sociedad democrática, participativa y protagónica, multiétnica y pluricultural en un Estado de justicia, federal y descentralizado, que consolide los valores de la libertad, la independencia, la paz, la solidaridad, el bien común, la integridad territorial, la convivencia y el imperio de la ley para esta y las futuras generaciones; asegure el derecho a la vida, al trabajo, a la cultura, a la educación, a la justicia social y a la igualdad sin discriminación ni subordinación alguna; promueva la cooperación pacífica entre las naciones e impulse y consolide la integración latinoamericana de acuerdo con el principio de no intervención y autodeterminación de los pueblos, la garantía universal e indivisible de los derechos humanos, la democratización de la sociedad internacional, el desarme nuclear, el equilibrio ecológico y los bienes jurídicos ambientales como patrimonio común e irrenunciable de la humanidad;

en ejercicio de su poder originario representado por la Asamblea Nacional Constituyente mediante el voto libre y en referendo democrático,

Artículo 2. Venezuela se constituye en un Estado democrático y social de Derecho y de Justicia, que propugna como valores superiores de su ordenamiento jurídico y de su actuación, la vida, la libertad, la justicia, la igualdad, la solidaridad, la democracia, la responsabilidad social y, en general, la preeminencia de los derechos humanos, la ética y el pluralismo político.

Artículo 3. El Estado tiene como fines esenciales la defensa y el desarrollo de la persona y el respeto a su dignidad, el ejercicio democrático de la voluntad popular, la construcción de una sociedad justa y amante de la paz, la promoción de la prosperidad y bienestar del pueblo y la garantía del cumplimiento de los principios, derechos y deberes reconocidos y consagrados en esta Constitución.

La educación y el trabajo son los procesos fundamentales para alcanzar dichos fines.

Constitución 1961

Preámbulo: El Congreso de la República de Venezuela, requerido el voto de las Asambleas Legislativas de los Estados Anzoátegui, Apure, Aragua, Barinas, Bolívar, Carabobo, Cojedes, Falcón, Guárico, Lara, Mérida, Miranda, Monagas, Nueva Esparta, Portuguesa, Sucre, Táchira, Trujillo, Yaracuy y Zulia, y visto el resultado favorable del escrutinio, en representación del pueblo venezolano, para quien invoca la protección de Dios Todopoderoso; con el propósito de mantener la independencia y la integridad territorial de la Nación, fortalecer su unidad, asegurar la libertad, la paz y la estabilidad de las instituciones;

proteger y enaltecer el trabajo, amparar la dignidad humana, promover el bienestar general y la seguridad social; lograr la participación equitativa de todos en el disfrute de la riqueza, según los principios de la justicia social, y fomentar el desarrollo de la economía al servicio del hombre; mantener la igualdad social y jurídica, sin discriminaciones derivadas de raza, sexo, credo o condición social;

cooperar con las demás naciones y, de modo especial con las Repúblicas hermanas del Continente, en los fines de la comunidad internacional, sobre la base del recíproco respeto de las soberanías, la autodeterminación de los pueblos, la garantía universal de los derechos individuales y sociales de la persona humana, y el repudio de la guerra, de la conquista y del predominio económico como instrumentos de política internacional; sustentar el orden democrático como único e irrenunciable medio de asegurar los derechos y la dignidad de los ciudadanos, y favorecer pacíficamente su extensión a todos los pueblos de la tierra;

y conservar y acrecer el patrimonio moral e histórico de la Nación, forjado por el pueblo en sus luchas por la libertad y la justicia y por el pensamiento y la acción de los grandes servidores de la patria, cuya expresión más alta es Simón Bolívar, el Libertador, decreta la siguiente

Constitución 1953

Declaración preliminar

Artículo 1° La Nación venezolana es la asociación de los venezolanos en un pacto de organización política con el nombre de República de Venezuela, que se rige por los principios de Gobierno Federal, Democrático, Electivo, Representativo, Responsable y Alternativo y que es independiente y libre de toda dominación o protección extranjeras.

La Nación venezolana proclama como razón primordial de su existencia el mantenimiento de su patrimonio moral e histórico, el resguardo de su dignidad, la conservación y defensa de su territorio y el aprovechamiento de sus riquezas para el bienestar de sus habitantes.

La Nación venezolana aspira a lograr un sitio cada vez más prestigioso en el conjunto universal, mediante el mejoramiento de su medio físico y de las condiciones de sus habitantes, en un ambiente de armonía entre cuantos convivan en su territorio y dentro de sanos propósitos de cooperación internacional.

Constitución 1947

Declaración preliminar

La Nación venezolana es la asociación de todos los venezolanos en un pacto de organización política con el nombre de «Estados Unidos de Venezuela». Ella es para siempre irrevocablemente libre e independiente de toda dominación o protección de potencia extranjera.

La Nación venezolana proclama como razón primordial de su existencia la libertad espiritual, política y económica del hombre asentada, en la dignidad humana, la justicia social y la equitativa participación de todo el pueblo en el disfrute de la riqueza nacional.

De esa razón fundamental deriva la Nación sus funciones de defensa, de derecho y de cultura, para el logro de sus fines esenciales contenidos principalmente en la armonía, el bienestar y la seguridad social e individual de los venezolanos y de cuantos convivan en su territorio y dentro de su ley. La afirmación de la propia nacionalidad, en sostenida concordancia con la fraterna cooperación con el concierto de las naciones en propósitos de paz y de progreso y con el mutuo respeto de la soberanía.

La sustentación de la Democracia, como único e irrenunciable sistema de gobernar su conducta interior, y la colaboración pacífica en el designio de auspiciar ese mismo sistema en el gobierno y relaciones de todos los pueblos de la tierra.

La Nación venezolana repudia la guerra, la conquista y el abuso de poderío económico como instrumentos de política internacional; reafirma su voluntad de resolver todos sus conflictos y controversias con otros Estados por los medios pacíficos establecidos en los pactos y tratados de que es parte; respalda el principio de autodeterminación de los pueblos, y reconoce el Derecho Internacional como regla adecuada para garantizar los derechos del hombre y de las naciones en los términos y propósitos de la presente Declaración.

La Nación venezolana arraiga el cumplimiento de su destino y realización de sus finalidades en la integridad de su territorio, en el potencial de su economía, en su respeto a la libertad, en la consagración del trabajo como virtud suprema y como supremo título de mejoramiento humano, y en el patrimonio de autoridad moral e histórica que ganaron los venezolanos, conducidos por Simón Bolívar, en la empresa emancipadora del Continente Americano.

Constitución 1821

Art. 3° Es un deber de la Nación proteger por leyes sabias y equitativas la libertad, la seguridad, la propiedad y la igualdad de todos los colombianos.

Constitución 1811

Art. 151. El objeto de la sociedad es la felicidad común, y los Gobiernos han sido instituidos para asegurar al hombre en ella, protegiendo la mejora y perfección de sus facultades físicas y morales, aumentando la esfera de sus goces y procurándole el más justo y honesto ejercicio de sus derechos.

Art. 191. Los Gobiernos se han constituido para la felicidad común, para la protección y seguridad de los pueblos que los componen, y no para benéfico honor o privado interés de algún hombre, de alguna familia o de alguna clase de hombres en particular que sólo son una parte de la comunidad. El mejor de todos los Gobiernos será el que fuere más propio para producir la mayor suma de bien y de felicidad y .estuviere más a cubierto del peligro de una mala administración, y cuantas veces se reconociere que un Gobierno es incapaz de llenar estos objetos o que fuere contrario a ellos, la mayoría de la nación tiene indubitablemente el derecho inenajenable e imprescriptible de abolido, cambiarlo o reformarlo del modo que juzgue más propio para procurar el bien público. Para obtener esta indispensable mayoría, sin daño de la justicia ni de la libertad general, la Constitución presenta y ordena los medios más razonables, justos y regulares en el capítulo de la revisión, y las provincias adoptarán otros semejantes o equivalentes para sus respectivas Constituciones.

Art. 197. La Sociedad afianza a los individuos que la componen el goce de su vida, de su libertad, de sus propiedades y demás derechos naturales; en esto consiste la garantía social que resulta de la acción reunida de miembros del Cuerpo y depositada en la soberanía nacional.

Art. 198. Siendo instituidos los gobiernos para el bien y la felicidad común de los hombres, la sociedad debe proporcionar auxilios a los indigentes y desgraciados y la instrucción a todos los ciudadanos.

Declaración 1811

Derechos del hombre en sociedad

Art. 1. El fin de la sociedad es la felicidad común, y el Gobierno se instituye al asegurarla.

Art. 2. Consiste esta felicidad en el goce de la libertad, de la seguridad, de la propiedad y de la igualdad de derechos ante la ley.

Art. 18. La seguridad consiste en la protección que da la sociedad a cada uno de sus miembros para la conservación de su persona, de sus derechos y de sus propiedades.

Art. 23. Hay opresión individual cuando un solo miembro de la sociedad está oprimido y hay opresión contra cada miembro cuando el Cuerpo social está oprimido. En estos casos las leyes son vulneradas y los ciudadanos tienen derecho a pedir su observancia.

C. *El principio de la separación de poderes*

Constitución 1999

Artículo 4. La República Bolivariana de Venezuela es un Estado federal descentralizado en los términos consagrados en esta Constitución, y se rige por los principios de integridad territorial, cooperación, solidaridad, concurrencia y corresponsabilidad.

Artículo 136. El Poder Público se distribuye entre el Poder Municipal, el Poder Estadal y el Poder Nacional. El Poder Público Nacional se divide en Legislativo, Ejecutivo, Judicial, Ciudadano y Electoral.

Cada una de las ramas del Poder Público tiene sus funciones propias, pero los órganos a los que incumbe su ejercicio colaborarán entre sí en la realización de los fines del Estado.

Constitución 1961

Art. 118. Cada una de las ramas del Poder Público tiene sus funciones propias; pero los órganos a los que incumbe su ejercicio colaborarán entre sí en la realización de los fines del Estado.

Constitución 1953

Art. 40. El Poder Público se distribuye entre el Poder Municipal, el de los Estados y el Nacional.

Art. 59. El Poder Público Nacional se divide en Legislativo, Ejecutivo y Judicial.

Cada una de las ramas del Poder Público Nacional tiene sus funciones propias pero los órganos a los que incumbe su ejercicio colaborarán entre sí y con los demás Poderes Públicos en la realización de los fines del Estado.

Constitución 1947

Art. 86. El Poder Público se distribuye entre el Poder Municipal, el de los Estados y el Nacional, y su organización y funcionamiento se rigen, en todo caso, por los principios de gobierno republicano, federal, popular, representativo, alternativo y responsable.

Art. 137. El Poder Nacional se divide en Legislativo, Ejecutivo y Judicial. Cada una de las ramas del Poder Nacional tiene sus funciones propias, pero los órganos a los que incumbe su ejercicio colaborarán entre sí y con los demás Poderes Públicos en la realización de los fines del Estado.

Constitución 1931

Art. 51. El Poder Público se distribuye entre el Poder Federal, el de los Estados y el Municipal, dentro de los límites establecidos por esta Constitución.

El Poder Federal se divide en Legislativo, Ejecutivo y Judicial.

[Con igual texto: Constitución 1936, Art. 50; Constitución 1945, Art. 51].

Constitución 1925

Art. 51. El Poder Público se distribuye entre el Poder Federal, el de los Estados y el Municipio, en los límites establecidos por esta Constitución.

[Con igual texto: Constitución 1928, Art. 51; Constitución 1929, Art. 51].

Constitución 1914

Art. 32. El Poder Público se distribuye entre el Poder Judicial y el Poder de los Estados en los límites establecidos en esta Constitución.

Art. 33. El Poder Federal se divide en Legislativo, Ejecutivo y Judicial.

[Con igual texto: Constitución 1922, Arts. 32 y 33].

Estatuto Provisional 1914

Art. 25. El Poder Público se distribuye entre el Poder Federal y el Poder de los Estados en los límites establecidos en este Estatuto.

Constitución 1901

Art. 29. El Poder Público se distribuye entre el Poder Federal y el Poder de los Estados en los límites establecidos en esta Constitución.

Art. 30. El Poder Federal se divide en Legislativo, Ejecutivo y Judicial.

[Con igual texto: Constitución 1904, Arts. 28 y 29; Constitución 1909, Arts. 33 y 34].

Constitución 1858

Art. 9° El Poder Público se divide en Nacional y Municipal,

Art. 10. El Poder Nacional se divide en Legislativo, Ejecutivo y Judicial.

Constitución 1857

Art. 6° El Poder Público se divide para su administración en Legislativo, Ejecutivo, Judicial y Municipal. Cada uno de estos poderes ejercerá las atribuciones que le señalan la Constitución y las leyes, sin excederse de sus límites.

Constitución 1830

Art. 8° El Poder Supremo se dividirá para su administración en Legislativo, Ejecutivo y Judicial. Cada Poder ejercerá las atribuciones que le señala esta Constitución, sin excederse de sus límites respectivos.

Constitución 1811

Preliminar

El ejercicio de esta autoridad confiada a la Confederación no podrá jamás hallarse reunido en sus diversas funciones. El Poder Supremo debe estar dividido en Legislativo, Ejecutivo y Judicial, y confiado a distintos Cuerpos independientes entre sí y en sus respectivas facultades. Los individuos que fueren nombrados para ejercerlas se sujetarán inviolable-mente al modo y reglas que en esta Constitución se les prescriben para el cumplimiento y desempeño de sus destinos.

Art. 189. Los tres Departamentos esenciales del Gobierno, a saber: el Legislativo, el Ejecutivo y el Judicial, es preciso que se conserven tan separados e independientes el uno del otro cuando lo exija la naturaleza de un Gobierno libre o cuanto es conveniente con la cadena de conexión que liga toda la fábrica de la Constitución en un modo indisoluble de amistad y unión.

D. *Estado independiente y el carácter representativo y alternativo de los gobernantes*

Constitución 1999

Artículo 1. La República Bolivariana de Venezuela es irrevocablemente libre e independiente y fundamenta su patrimonio moral y sus valores de libertad, igualdad, justicia y paz internacional en la doctrina de Simón Bolívar, el Libertador.

Son derechos irrenunciables de la Nación la independencia, la libertad, la soberanía, la inmunidad, la integridad territorial y la autodeterminación nacional.

Artículo 6. El gobierno de la República Bolivariana de Venezuela y de las entidades políticas que la componen es y será siempre democrático, participativo, electivo, descentralizado, alternativo, responsable, pluralista y de mandatos revocables.

Constitución 1961

Art. 3. El Gobierno de la República de Venezuela es y será siempre democrático, representativo, responsable y alternativo.

Constitución 1953

Art. 1° La Nación venezolana es la asociación de los venezolanos en un pacto de organización política con el nombre de República de Venezuela, que se rige por los principios de Gobierno Federal, Democrático, Electivo, Representativo, Responsable y Alternativo.

Constitución 1925

Art. 13. El Gobierno de los Estados Unidos de Venezuela y el de cada uno de los Estados de la Unión es y será siempre republicano, federal, democrático, electivo, representativo, responsable y alternativo.

[Con igual texto: Constitución 1928, Art. 13; Constitución 1939, Art. 13; Constitución 1931, Art. 13; Constitución 1936, Art. 13; Constitución 1945, Art. 13].

Estatuto Provisional 1914

Artículo 1° La Nación venezolana es la reunión de todos los venezolanos en un pacto de asociación política con el nombre de Estados Unidos de Venezuela y bajo un Gobierno republicano, federal, electivo, representativo, responsable y alternativo.

Constitución 1914

Art. 9° La Nación venezolana es para siempre e irrevocablemente libre e independiente de toda potencia o dominación extranjera, y en ningún caso y por ningún acto podrá Autoridad, Congreso o Poder alguno cambiar la forma de Gobierno, que es y para siempre republicano, federal, electivo, representativo, responsable y alternativo.

[Con igual texto: Constitución 1922, Art. 9].

Constitución 1909

Art. 2° La Nación venezolana es para siempre e irrevocablemente libre e independiente de toda potencia o dominación extranjera, y en ningún caso y por ningún acto podrá Autoridad, Congreso o Poder alguno cambiar la forma de Gobierno, que es y será siempre republicano, federal, democrático, electivo, representativo, alternativo y responsable.

Constitución 1904

Art. 26. El Gobierno de la Unión es y será siempre republicano, federal, democrático, electivo, representativo, alternativo y responsable.

Constitución 1901

Art. 26. El Gobierno de la Unión es y será siempre republicano, democrático, electivo, federal, representativo, alternativo y responsable.

Constitución 1858

Art. 7° El Gobierno de Venezuela es y será siempre republicano, popular representativo, responsable y alternativo.

Constitución 1857

Art. 5° El Gobierno de Venezuela es y será siempre republicano, democrático, bajo la forma representativa, con responsabilidad y alternación de todos los funcionarios públicos.

Constitución 1830

Art. 6° El Gobierno de Venezuela es y será siempre republicano, popular, representativo, responsable y alternativo.

Constitución 1821

Art. 1° La Nación Colombiana es para siempre e irrevocablemente libre e independiente de la Monarquía española y de cualquiera otra potencia o dominación extranjera, y no es ni será nunca el patrimonio de ninguna familia ni persona.

Art. 9° El Gobierno de Colombia es popular representativo.

E. *La responsabilidad de los funcionarios derivada del ejercicio del Poder Público y su juramentación*

Constitución 1999

Artículo 139. El ejercicio del Poder Público acarrea responsabilidad individual por abuso o desviación de poder o por violación de esta Constitución o de la ley.

Artículo 232. El Presidente o Presidenta de la República es responsable de sus actos y del cumplimiento de las obligaciones inherentes a su cargo.

Está obligado u obligada a procurar la garantía de los derechos y libertades de los venezolanos y venezolanas, así como la independencia, integridad, soberanía del territorio y defensa de la República. La declaración de los estados de excepción no modifica el principio de su responsabilidad, ni la del Vicepresidente Ejecutivo o Vicepresidenta Ejecutiva, ni la de los Ministros o Ministras, de conformidad con esta Constitución y con la ley.

Artículo 255 [...] Los jueces o juezas son personalmente responsables, en los términos que determine la ley, por error, retardo u omisiones injustificados, por la inobservancia sustancial de las normas procesales, por denegación, parcialidad y por los delitos de cohecho y prevaricación en que incurran en el desempeño de sus funciones.

Constitución 1961

Art. 121. El ejercicio del Poder Público acarrea responsabilidad individual por abuso de poder o por violación de la ley.

Constitución 1953

Art. 44. El ejercicio de cualquier cargo público, exige de quien vaya a desempeñarlo la prestación previa del juramento de ley.

Constitución 1947

Art. 45. Se garantiza a todo ciudadano el derecho de acusar ante los Tribunales competentes a los funcionarios que incurran en quebrantamiento de sus deberes.

Art. 88. El ejercicio del Poder Público acarrea responsabilidad individual por extralimitación de las facultades que esta Constitución señala o por quebrantamiento de la ley que determina sus funciones, en los términos que ella misma establece.

Todos los funcionarios públicos quedan, además, sujetos a pena, conforme a la ley, por los delitos que cometieren.

Art. 98. Todo funcionario público está obligado a prestar juramento antes de tomar posesión de su cargo, a formular declaración jurada de sus bienes en los casos que determine la ley, y a someterse a todos los requisitos y consecuencias que ésta determine para el ejercicio de los cargos que envuelvan administración de fondos públicos.

Decreto 1946

Art. 1. Se garantiza a los venezolanos el derecho de acusar ante los Tribunales competentes a los funcionarios que incurran en quebrantamientos de sus deberes.

Constitución 1936

Art. 43. El ejercicio del Poder Público acarrea responsabilidad individual por extralimitación de las facultades que la Constitución otorga, o por quebrantamiento de la ley que organiza sus funciones, en los términos que esta Constitución o ley establecen.

Todos los funcionarios públicos quedan, además, sujetos a pena, conforme a la ley, por cualquier otro delito que cometieren.

Art. 52. La ley reglamentará todo lo relativo a la manera de prestar los funcionarios nacionales, el juramento de cumplir fielmente sus deberes, al tomar posesión del respectivo cargo.

[Con igual texto: Constitución 1945, Arts. 44 y 53].

Constitución 1925

Art. 53. La ley reglamentará todo lo relativo al juramento de cumplir sus deberes que hayan de prestar los empleados nacionales al tomar posesión de sus destinos.

[Con igual texto: Constitución 1928, Art. 53; Constitución 1929, Art 53; Constitución 1931, Art. 53].

Constitución 1901

Art. 28. El ejercicio de todo Poder Público acarrea responsabilidad individual, por extralimitación de las facultades que la Constitución otorga o por quebrantamiento de la ley que organiza sus funciones en los términos que esta Constitución y las leyes establecen.

[Con igual texto: Constitución 1904, Art. 27; Constitución 1909, Art. 32; Constitución 1914, Art. 31; Estatuto Provisional 1914, Art. 24; Constitución 1922, Art. 31].

Constitución 1893

Art. 137. Cualquier ciudadano podrá acusar a los empleados nacionales y de los Estados ante los Tribunales o superiores que las leyes designen.

[Con igual texto: Constitución 1901, Art. 128; Constitución 1904, Art. 115; Constitución 1909, Art. 132; Estatuto Provisional 1914, Art. 72; Constitución 1914, Art. 116; Constitución 1922, Art. 216].

Constitución 1874

Art. 106. Cualquier ciudadano podrá acusar a los empleados nacionales y de los Estados ante la Cámara de Diputados, ante sus respectivos superiores o ante las autoridades que designe la ley.

[Con igual texto: Constitución 1881, Art. 104; Constitución 1891, Art. 104].

Constitución 1864

Art. 118. Una ley reglamentará la manera como los empleados nacionales, al posesionarse de sus destinos, han de prestar juramento de cumplir sus deberes.

[Con igual texto: Constitución 1874, Art. 118; Constitución 1881, Art. 115; Constitución 1891, Art. 115; Constitución 1893, Art. 147; Constitución 1901, Art. 138; Constitución 1904, Art. 123; Constitución 1909, Art. 141; Constitución 1914, Art 126; Constitución 1922, Art. 126].

Art. 106. Cualquier ciudadano podrá acusar a los empleados nacionales anta la Cámara de Diputados, ante sus respectivos superiores o ante las autoridades que designe la ley.

Constitución 1858

Art. 160. Ningún empleado podrá entrar en el ejercicio de sus funciones sin prestar antes el juramento de sostener y defender la Constitución y de cumplir fiel y exactamente los deberes de su empleo.

Art. 149. Todos los demás empleados de la República son igualmente responsables por su conducta en el ejercicio de sus funciones, conforme lo dispongan las leyes.

Art. 147. Son responsables:

1° El Presidente de la República y el Vicepresidente y Designado cuando ejerzan el Poder Ejecutivo:

Por traición.

Por crímenes que las leyes castigan con pena capital.

2° Los Secretarios del Despacho:

Por traición.

Por soborno o cohecho.

Por infracción de esta Constitución o de las leyes.

Por malversación de los fondos públicos.

3° Los Ministros de la Corte Suprema:

Por traición.

Por cohecho.

Por infracción de esta Constitución o de las leyes.

Art. 148. El crimen de traición para los efectos del artículo anterior, consiste en atentar contra la forma de Gobierno establecida en esta Constitución o en tomar las armas a favor de enemigos exteriores, o en coligarse con ellos o con nacionales a favor del extranjero.

Art. 149. Todos los demás empleados de la República son igualmente responsables por su conducta en el ejercicio de sus funciones, conforme lo dispongan las leyes.

Constitución 1857

Art. 17. Los funcionarios públicos son responsables de su conducta en el desempeño de sus deberes conforme a la ley.

Art. 125. Ningún empleado podrá entrar en el ejercicio de sus funciones sin prestar antes el juramento de sostener y defender la Constitución y de cumplir fiel y exactamente los deberes de su empleo.

Art. 126. El Presidente y Vicepresidente de la República prestarán este juramento a presencia del Congreso en manos del Presidente del Senado. Los Presidentes de las Cámaras del Congreso y de la Suprema Corte de Justicia, lo prestarán en presencia de sus respectivas Corporaciones, y los individuos de éstas lo harán sucesivamente en manos de su Presidente.

Art. 127. Los Consejeros y Secretarios del Despacho, los Ministros de las Cortes Superiores de Justicia, los Gobernadores de provincia, los Generales de Ejército y Marina y demás autoridades principales, civiles y eclesiásticas, jurarán ante el Presidente de República o ante la persona a quien él cometa esta función.

Constitución 1830

Art. 4° Son agentes de la nación los magistrados, jueces y demás funcionarios investidos de cualquier especie de autoridad y, como tales, responsables de su conducta pública.

Art. 5° El territorio de Venezuela comprende todo lo que antes de la transformación política de 1810 se denominaba Capitanía General de Venezuela. Para su mejor administración se dividirá en provincias, cantones y parroquias, cuyos límites fijará la ley.

Art. 185. Todos los funcionarios públicos son responsables de su conducta conforme a lo dispuesto en esta Constitución y las leyes.

Art. 220. Ningún empleado podrá entrar en el ejercicio de sus funciones sin prestar antes el juramento de sostener y defender la Constitución y de cumplir fiel y exactamente los deberes de su empleo.

Art. 221. El Presidente y Vicepresidente de la República prestarán este juramento a presencia del Congreso en manos del presidente del Senado. Los presidentes de las Cámaras del Congreso y de la Suprema Corte de Justicia lo prestarán en presencia de sus respectivas corporaciones y los individuos de éstas lo harán sucesivamente en manos de su presidente.

Art. 222. Los consejeros y secretarios del Despacho, los ministros de las Cortes Superiores de Justicia, los gobernadores de provincia, los generales de ejército y marina y demás autoridades principales, civiles y eclesiásticas jurarán ante el Presidente de la República o ante la persona a quien él cometa esta función.

Decreto 1830

Art. 1° Todos los funcionarios públicos son responsables de su conducta en el ejercicio de sus funciones, conforme a lo dispuesto en el reglamento sobre Gobierno provisorio y leyes vigentes.

Art. 28. Cualquier persona que ejerza algún empleo de confianza u honor bajo la autoridad de Venezuela, no podrá aceptar regalo, título o emolumento de algún rey, príncipe o Estado extranjero, sin el consentimiento del Congreso.

Constitución 1821

Art. 185. Ningún empleado de la República podrá ejercer sus funciones sin prestar el juramento de sostener y defender al Constitución y de cumplir fiel y exactamente los deberes de su empleo.

Art. 186. El Presidente y Vicepresidente de la República prestarán este juramento en presencia del Congreso en manos del Presidente del Senado. Los Presidentes del Senado, de la Cámara de Representantes y de la Alta Corte de Justicia, lo prestarán en presencia de sus respectivas corporaciones, y los individuos de éstas lo harán, a su vez, en manos de sus Presidentes.

Art. 187. Los Secretarios del Despacho, los Ministros de las Cortes Superiores de Justicia, los Intendentes departamentales, los Gobernadores de provincia, los Generales de Ejército y demás autoridades principales juran ante el Presidente de la República o ante la persona a quien él cometa esta función.

Constitución 1819

Art. 1° Ningún empleado de la República podrá ejercer sus funciones sin prestar el juramento de sostener y defender la Constitución y de cumplir fiel y exactamente con los deberes de su empleo.

Art. 2° El Presidente de la República y el Presidente de la Cámara de Representantes prestarán este juramento en presencia del Senado en manos de su presidente, y éste lo prestará, a su vez, en presencia del mismo Senado en manos del Presidente de la República. Los senadores y representantes lo hacen ante sus respectivos presidentes.

Art. 3° Los miembros de la Alta Corte, los ministros secretarios, los gobernadores de provincias, los generales en jefe de ejército y demás autoridades principales juran ante el Presidente de la República o ante la persona a quien él cometa esta función. A los demás funcionarios subalternos les recibirá el juramento la municipalidad del departamento en que vayan a servir.

Art. 4° Los militares prestan el juramento ante sus jefes cuando están en campaña, pero el comandante de un destacamento de guarnición en una parroquia o departamento deberá hacerlo ante la municipalidad.

Constitución 1811

Art. 146. Los Magistrados Oficiales del Gobierno, investidos de cualquier especie de autoridad, sea en el Departamento Legislativo, en el Ejecutivo o en el Judicial, son, por consiguiente, meros agentes y representantes del pueblo en las funciones que ejercen y en todo tiempo responsables a los hombres o habitantes de su conducta pública por vías, legítimas y constitucionales.

Art. 205. Cualquier persona que ejerza algún empleo de confianza u honor, bajo la autoridad del Estado, no podrá aceptar regalo, título o, emolumento de algún Rey .Príncipe o Estado extranjero sin el consentimiento del Congreso.

Art. 206. El Presidente y miembros que fueren del Ejecutivo; los Senadores, los Representantes, los militares y demás empleados civiles, antes de entrar en el ejercicio de sus funciones deberán prestar juramento y fidelidad al Estado, de sostener y defender la Constitución, de cumplir bien y fielmente los deberes de sus oficios y de proteger y conservar pura e ilesa en estos tiempos la Religión Católica, Apostólica, Romana que ellos profesan.

Art. 207. El Poder Ejecutivo prestará el juramento en manos del Presidente del Senado a presencia de las dos Cámaras, y los Senadores y Representantes en manos del Presidente en turno del Ejecutivo y a presencia de los otros dos individuos que lo componen.

Art. 208. El Congreso determinará la fórmula del juramento y ante qué personas deban prestarlo los demás oficiales y empleados de la.

Declaración 1811

Art. 6. Los delitos de los representantes y agentes de la República no deben quedar nunca impunes, pues ninguno tiene derecho a hacerse más inviolable que otro.

Art. 13. El magistrado que decrete y haga ejecutar actos arbitrarios será castigado con la severidad de la ley.

F. *La responsabilidad del Estado*

Constitución 1999

Artículo 140. El Estado responderá patrimonialmente por los daños que sufran los o las particulares en cualquiera de sus bienes y derechos,

siempre que la lesión sea imputable al funcionamiento de la Administración Pública.

Constitución 1961

Art. 47. En ningún caso podrán pretender los venezolanos ni los extranjeros que la República, los Estados o los Municipios les indemnicen por daños, perjuicios o expropiaciones que no hayan sido causados por autoridades legítimas en el ejercicio de su función pública.

Constitución 1953

Art. 31. Los venezolanos y los extranjeros no tendrán derecho en ningún caso a que la Nación, los Estados o las Municipalidades les indemnicen daños, perjuicios o expropiaciones que no hayan sido ejecutados por autoridades competentes en ejercicio de sus atribuciones legales.

Constitución 1947

Art. 24. En ningún caso podrán pretender los nacionales ni los extranjeros, que la Nación, los Estados, las Municipalidades les indemnicen daños perjuicios o expropiaciones que no hayan sido ejecutados por autoridades legítimas en su carácter público.

Constitución 1936

Art. 39. En ningún caso podrán pretender, ni los nacionales ni los extranjeros, que la Nación, los Estados o las Municipalidades les indemnicen daños, perjuicios o expropiaciones qué no hayan sido causados por autoridades legítimas obrando en su carácter público.

[Con igual texto: Constitución 1945, Art. 40].

Constitución 1925

Art. 39. En ningún caso podrán pretender ni los nacionales ni los extranjeros, que la Nación, ni los Estados, ni las Municipalidades les indemnicen daños, perjuicios o expropiaciones, que no se hayan ejecutado por autoridades legítimas obrando en su carácter público.

[Con igual texto: Constitución 1928, Art. 39; Constitución 1929, Art. 39; Constitución 1931, Art. 39].

Constitución 1904

Art. 15. En ningún caso podrán pretender, ni los nacionales ni los extranjeros, que la Nación o los Estados les indemnicen daños, perjuicios o expropiaciones que no se hayan ejecutado por autoridades legítimas obrando en su carácter público.

[Con igual texto: Constitución 1909, Art. 21; Estatuto Provisional 1914, Art. 14; Constitución 1914, Art. 17; Constitución 1922, Art. 17].

Constitución 1907

Art. 14. § único. En ningún caso podrán pretender, tanto los nacionales como los extranjeros, que la Nación ni los Estados les indemnicen daños, perjuicios o expropiaciones que no se hayan ejecutado por autoridades legítimas, obrando en su carácter público.

G. *Los deberes públicos*

a. *Los deberes del ciudadano en general*

Constitución de 1999

Artículo 132. Toda persona tiene el deber de cumplir sus responsabilidades sociales y participar solidariamente en la vida política, civil y comunitaria del país, promoviendo y defendiendo los derechos humanos como fundamento de la convivencia democrática y de la paz social.

Constitución 1819

Sección Segunda:

Art. 1° Como ciudadano tiene sus derechos sobre el cuerpo social, así el cuerpo social tiene los suyos sobre el ciudadano. Estos derechos de la sociedad se llaman *deberes del ciudadano* y son relativos a los demás individuos del cuerpo social o a éste en general.

Art. 2° *Haz a los otros el bien que quisieras para ti. No hagas a otro el mal que no quieres para ti* son los dos principios eternos de justicia natural en que están encerrados todos los deberes respecto a los individuos.

Art. 6° La sociedad desconoce al que no procura la felicidad general, al que no se ocupa en aumentar con su trabajo, talentos o industria las riquezas y comodidades propias que colectivamente forman la prosperidad nacional.

Constitución 1811

Art. 192. La declaración de los derechos contiene las obligaciones de los legisladores, pero la conservación de la sociedad pide que los que la componen conozcan y llenen igualmente las suyas.

Art. 193. Los decretos de los otros son el límite moral de los nuestros y el principio de nuestros deberes relativamente a los demás individuos del Cuerpo social. Ellos reposan sobre dos principios que la naturaleza ha grabado en todos los corazones, a saber: «Haz siempre a los otros todo el bien que quisieras recibir de ellos». «No hagas a otro lo que no quisieras que se te hiciese».

Declaración 1811

Deberes del hombre en sociedad:

Art. 1. Los derechos de los otros son el límite moral y el principio de los derechos, cuyo cumplimiento resulta del respeto debido a estos mismos derechos. Ellos reposan sobre esta máxima: haz siempre a los otros el bien que querrías recibir de ellos, no hagas a otro lo que no quieras que te hagan a ti.

Art. 4. Ninguno será buen ciudadano si no es buen padre, buen hijo, buen hermano, buen amigo y buen esposo.

Art. 5. Ninguno es nombre bien si no es franco, fiel y religioso observador de las leyes. La práctica de las virtudes privadas y domésticas es la base de las virtudes públicas.

b. *El deber de defender y servir a la patria*

Constitución 1999

Artículo 130. Los venezolanos y venezolanas tienen el deber de honrar y defender a la patria, sus símbolos y valores culturales; resguardar y proteger la soberanía, la nacionalidad, la integridad territorial, la autodeterminación y los intereses de la Nación.

Artículo 134. Toda persona, de conformidad con la ley, tiene el deber de prestar los servicios civil o militar necesarios para la defensa, preservación y desarrollo del país, o para hacer frente a situaciones de calamidad pública. Nadie puede ser sometido a reclutamiento forzoso.

Toda persona tiene el deber de prestar servicios en las funciones electorales que se les asignen de conformidad con la ley.

Constitución 1961

Art. 51. Los venezolanos tienen el deber de honrar y defender la Patria y de resguardar y proteger los intereses de la Nación.

Art. 53. El servicio militar es obligatorio y se prestará sin distinción de clase o condición social, en los términos y oportunidades que fije la ley.

Constitución 1953

Art. 33. Son deberes de los venezolanos:

1° Defender la Patria y no servir nunca contra ella ni contra sus aliados en caso de conflicto armado internacional.

Los venezolanos que faltaren a este deber serán considerados traidores a la Patria.

2° Prestar servicio militar.

Art. 34. Son deberes de los extranjeros:

1° Contribuir a la defensa nacional en la forma en que lo determine la ley.

Constitución 1947

Art. 20. Los venezolanos tienen el deber de defender a la Patria, de cumplir y obedecer la Constitución y las leyes de la República, así como los decretos, órdenes y resoluciones que, conforme a sus atribuciones, dicten los Poderes Públicos. No podrán servir contra Venezuela en ningún «caso, ni contra sus aliados en caso de conflicto armado internacional, y, si lo hicieren, serán considerados como traidores a la Patria.

Constitución 1936

Art. 31. Los venezolanos tienen el deber de defender la Patria y de cumplir y obedecer la Constitución y leyes de la República, y los decretos, órdenes y resoluciones que para su ejecución dicten conforme a sus atribuciones, los Poderes Públicos.

No podrán comprometerse a servir contra Venezuela y si lo hicieren serán castigados como traidores a la Patria.

[Con igual texto: Constitución 1945, Art. 31].

Constitución 1925

Art. 31. Los venezolanos tienen el deber de defender la Patria y cumplir y obedecer la Constitución y leyes de la República, y los decretos, órdenes y resoluciones que para ejecución dicten, conforme a sus atribuciones, los Poderes Públicos.

No podrán comprometerse a servir contra Venezuela y si lo hicieren serán castigados, conforme lo determine la ley, como traidores a la Patria.

[Con igual texto: Constitución 1928, Art. 31; Constitución 1929, Art. 31; Constitución 1931, Art 31].

Constitución 1901

Art. 11. Todos los venezolanos tienen el deber de servir a la Nación, conforme lo dispongan las leyes.

[Con igual texto: Constitución 1904, Art. 11; Constitución 1909, Art. 16; Estatuto Provisional 1914, Art. 9; Constitución 1914, Art. 13; Constitución 1922, Art. 13].

Constitución 1864

Art. 9º Todos los venezolanos tienen el deber de servir a la Nación, conforme lo dispongan las leyes, haciendo el sacrificio de sus bienes y de su vida, si fuere necesario, para defenderla.

[Con igual texto: Constitución 1874, Art. 9; Constitución 1881, Art. 8; Constitución 1891, Art. 8; Constitución 1893, Art. 7].

Constitución 1857

Art. 96. Son deberes de los venezolanos: ... 2. Estar prontos en todos tiempos a defender y a servir a la Patria.

Constitución 1821

Art. 5. Son deberes de cada venezolano... estar pronto en todo tiempo a servir y defender a la Patria, haciéndole el sacrificio de sus bienes y de su vida si fuere necesario.

[Con igual texto: Constitución 1830, Art. 12].

Constitución 1819

Sección Segunda:

Art. 3° Con respecto a la sociedad, son deberes de cada individuo vivir sujeto y conforme a las leyes, obedecer, respetar y amar a los Magistrados y autoridades constituidas, conservar y defender la libertad e independencia de la patria y servirla con todos sus esfuerzos, sacrificándole los bienes, la fortuna, la vida, el honor y aun la misma libertad personal si fuere necesario.

Constitución 1811

Art. 194. Son deberes de cada individuo para con la sociedad... servir a la Patria cuando ella lo exija, haciéndole el sacrificio de sus bienes y de su vida, si es necesario.

Decreto 1811

Deberes del hombre en sociedad

Art. 2. Los deberes de cada ciudadano para con la sociedad son: ... servir a la Patria cuando ella lo exige y hacerle, si es necesario, el sacrificio de los bienes y de la vida...

c. *Deber de cumplir y obedecer la ley*

Constitución 1999

Artículo 131. Toda persona tiene el deber de cumplir y acatar esta Constitución, las leyes y los demás actos que en ejercicio de sus funciones dicten los órganos del Poder Público.

Constitución 1961

Art. 52. Tanto los venezolanos como los extranjeros deben cumplir y obedecer las Constitución y las leyes y los decretos, resoluciones y órdenes que en ejercicio de sus atribuciones dicten los órganos legítimos del Poder Público.

Constitución 1953

Art. 33. Son deberes de los venezolanos: 3. Obedecer la Constitución, las leyes y las disposiciones que dicte el Poder Público.

Art. 34. Son deberes de los extranjeros en Venezuela: ...

2° Acatar los demás preceptos legales en los mismos términos exigidos a los venezolanos.

3° No tomar parte en actividades políticas diferentes a las del ejercicio del sufragio cuando éste les corresponda.

Los extranjeros que faltaren a estos deberes tendrán iguales responsabilidades que los nacionales y podrán ser detenidos, confinados o expulsados del territorio de la República.

Constitución 1947

Art. 20. Los venezolanos tienen el deber de... cumplir y obedecer la Constitución y las leyes de la República, así como los decretos, órdenes y resoluciones que, conforme a sus atribuciones, dicten los Poderes Públicos... Los extranjeros están obligados a acatar los preceptos legales en los mismos términos exigidos a los venezolanos, mientras residan en territorio de la República.

Constitución 1936

Art. 31. Los venezolanos tienen el deber de defender la Patria y de cumplir y obedecer la Constitución y leyes de la República, y los Decretos, Ordenes y Resoluciones que para su ejecución dicten, conforme a sus atribuciones, los Poderes Públicos.

No podrán comprometerse a servir contra Venezuela y si lo hicieren serán castigados como traidores a la Patria.

[Con igual texto: Constitución 1945, Art. 31].

Constitución 1925

Art. 31. Los venezolanos tienen el deber de defender la Patria y cumplir y obedecer la Constitución y leyes de la República, así como también los Decretos, Órdenes y Resoluciones que para su ejecución dicten, conforme a sus atribuciones, los Poderes Públicos.

No podrán comprometerse a servir contra Venezuela y si lo hicieren serán castigados, conforme lo determine la ley, como traidores a la Patria.

[Con igual texto: Constitución 1928, Art. 31; Constitución 1929, Art. 31; Constitución 1931, Art 31].

Constitución 1857

Art. 96. Son deberes de los venezolanos:

1° Cumplir la Constitución y las leyes de la República y respetar y obedecer a las autoridades legítimas que son sus órganos...

Constitución 1830

Art. 12. Son deberes de cada venezolano: vivir sometido a la Constitución y a las leyes respetar y obedecer a las autoridades que son sus órganos, contribuir a los gastos públicos y estar pronto en todo tiempo a servir y defender a la Patria, haciéndole el sacrificio de sus bienes y de su vida si fuere necesario.

Constitución 1821

Art. 5° Son deberes de cada colombiano vivir sometido a la Constitución y a las leyes, respetar y obedecer a las autoridades que son sus órganos, contribuir a los gastos públicos y estar pronto en todo tiempo a servir y defender a la Patria, haciéndole el sacrificio de sus bienes y de su vida, si fuere necesario.

Constitución 1819

Deberes del ciudadano

Art. 3° Con respecto a la sociedad, son deberes de cada individuo vivir sujeto y conforme a las leyes, obedecer, respetar y amar a los Magistrados y autoridades constituidas...

Art. 4° No debe el ciudadano conformarse con no quebrantar las leyes. Es necesario que vele, además, sobre su observancia y ponga los medios a su alcance para hacerlas cumplir, empleando el ejemplo, la persuasión y la representación a las autoridades si todos los otros medios fueren ineficaces.

Art. 5° Ninguno es hombre de bien ni buen ciudadano si no observase las leyes fiel y religiosamente; si no es buen hijo, buen hermano, buen amigo, buen esposo y buen padre de familia.

Constitución 1811

194. Son deberes de cada individuo para con la sociedad vivir sometido a las leyes, obedecer y respetar a los Magistrados y Autoridades constituidas, que son sus órganos, mantener la libertad y la igualdad de derechos; contribuir a los gastos públicos y servir a la Patria cuando ella lo exija, haciéndole el sacrificio de sus bienes y de su vida, si es necesario.

195. Ninguno es hombre de bien ni buen ciudadano si no observa las leyes fiel y religiosamente, si no es buen hijo, buen hermano, buen amigo, buen esposo y buen padre de familia.

196. Cualquiera que traspasa las leyes abiertamente o que, sin violarlas a las claras, las elude con astucia, o con rodeos artificiosos y culpables, es enemigo de la sociedad, ofende los intereses de todos y se hace indigno de la benevolencia y estimación públicas.

Declaración 1811

Deberes del hombre en sociedad

Art. 2. Los deberes de cada ciudadano para con la sociedad son: vivir con absoluta sumisión a las leyes; obedecer y respetar a las autoridades constituidas; mantener la libertad y la igualdad; contribuir a los gastos públicos; servir a la Patria cuando ella lo exige y hacerle, si es necesario, el sacrificio de los bienes y de la vida; y en el ejercicio de estas virtudes consiste el verdadero patriotismo.

Art. 3. El que viola abiertamente las leyes, el que procura eludirlas, se declara enemigo de la sociedad.

d. *El deber de contribuir a los gastos públicos y controlar su inversión y el derecho a la legalidad tributaria*

Constitución 1999

Artículo 133. Toda persona tiene el deber de coadyuvar a los gastos públicos mediante el pago de impuestos, tasas y contribuciones que establezca la ley.

Artículo 316. El sistema tributario procurará la justa distribución de las cargas públicas según la capacidad económica del o la contribuyente, atendiendo al principio de progresividad, así como la protección de la economía nacional y la elevación del nivel de vida de la población; para ello se sustentará en un sistema eficiente para la recaudación de los tributos.

Constitución 1961

Art. 56. Todos están obligados a contribuir a los gastos públicos.

Art. 223. El sistema tributario procurará la justa distribución de las cargas según la capacidad económica del contribuyente, atendiendo al principio de la progresividad, así como la protección de la economía nacional y la elevación del nivel de vida del pueblo.

Art. 224. No podrá cobrarse ningún impuesto u otra contribución que no estén establecidos por la ley, ni concederse exenciones ni exoneraciones de los mismos, sino en los casos por ella previstos.

Art. 225. No podrá establecerse ningún impuesto pagadero en servicio personal.

Constitución 1953

Art. 121. No podrá cobrarse ningún impuesto que no esté autorizado por la ley.

Art. 122. No podrá establecerse ningún impuesto pagadero en servicio personal ni pecharse, antes de ofrecerse al consumo, los productos naturales de la agricultura o de la cría.

Art. 125. No podrán concederse franquicias, rebajas o exoneraciones que no estén permitidas por la ley o que no hayan sido estipuladas en contratos aprobados por el Consejo Nacional.

Constitución 1947

Art. 232. El régimen rentístico nacional se organizará y funcionará sobre bases de justicia e igualdad tributaria con el fin de lograr una repartición de impuestos y contribuciones progresiva y proporcional a la capacidad económica del contribuyente, la elevación del nivel de vida y la protección e incremento de la producción nacional. Sólo se concederán exoneraciones en los casos en que la ley lo permita.

Art. 233. No podrá cobrarse ningún impuesto o contribución que no esté autorizado...

Art. 234. No podrá establecerse ningún impuesto pagadero en servicio personal, ni pecharse los productos naturales de la agricultura o la cría antes de ofrecerse al consumo.

Constitución 1925

Art. 48. No podrá cobrarse ningún impuesto que no esté autorizado por la ley.

[Con igual texto: Constitución 1928, Art. 48; Constitución 1929, Art. 48; Constitución 1931, Art. 48; Constitución 1936, Art. 47; Constitución 1945, Art. 48].

Constitución 1857

Art. 96. Son deberes de los venezolanos:

3. Contribuir a los gastos públicos, satisfaciendo cumplidamente los impuestos que establezca la ley.

Art. 122. Las contribuciones se repartirán proporcionalmente y se cobrarán sin excepción alguna a los que deban pagarlas.

Decreto 1830

Art. 29. Las contribuciones se repartirán proporcionalmente, y se cobrarán a los que deban pagarlas sin excepción alguna de fuero o privilegio.

Art. 125. Las contribuciones se repartirán proporcionalmente y se cobrarán a los que deban pagarlas sin excepción alguna de fuero o privilegio.

Constitución 1821

Art. 5. Son deberes de cada venezolano... contribuir a los gastos públicos.

[Con igual texto: Constitución 1830, Art. 12].

Constitución 1819

Sección Segunda:

Art. 7° La sociedad tiene derecho para exigir de cada ciudadano las contribuciones, subsidios, cargas e impuestos que la representación nacional crea necesarios para los gastos públicos. El que reusare pagar las contribuciones que se establezcan es un criminal, indigno de la protección de la sociedad.

Art. 8° Es del deber de todo ciudadano velar sobre la legítima inversión de las rentas públicas en beneficio de la sociedad y acusar ante los representantes del pueblo a los defraudadores de ellas, bien sea el fraude de parte de los contribuyentes, bien de parte de los administradores o del gobierno que las dirige.

Constitución 1811

219. Nunca se impondrá capitación u otro impuesto directo sobre las personas de los ciudadanos sino en razón del número de población de cada

provincia, según lo indicaren los censos que el Congreso dispondrá se ejecuten cada cinco años en toda la extensión del Estado.

166. Ningún subsidio, carga, impuesto, tasa o contribución podrá establecerse ni cobrarse, bajo cualquier pretexto que sea, sin el consentimiento del pueblo, expresado por el órgano de sus representantes. Todas las contribuciones tienen por objeto la utilidad general y los ciudadanos el derecho de vigilar sobre su inversión y de hacerse dar cuenta de ellas por el referido conducto.

Art. 194. Son deberes de cada individuo para con la sociedad... contribuir a los gastos públicos...

Declaración 1811

Deberes del hombre en sociedad

Art. 2. Los deberes de cada ciudadano son: ... contribuir a los gastos públicos.

e. *Deberes familiares*

Constitución 1999

Artículo 76. [...] El padre y la madre tienen el deber compartido e irrenunciable de criar, formar, educar, mantener y asistir a sus hijos o hijas, y éstos o éstas tienen el deber de asistirlos o asistirlas cuando aquél o aquella no puedan hacerlo por sí mismos o por sí mismas. La ley establecerá las medidas necesarias y adecuadas para garantizar la efectividad de la obligación alimentaria.

Constitución 1947

Art. 49. El Estado compartirá con los padres, de manera subsidiaria y atendiendo a las posibilidades económicas de éstos, la responsabilidad que les incumbe en la formación de los hijos.

f. *Deberes derivados de la solidaridad social*

Constitución 1999

Artículo 135. Las obligaciones que correspondan al Estado, conforme a esta Constitución y a la ley, en cumplimiento de los fines del bienestar social general, no excluyen las que, en virtud de la solidaridad y responsabilidad social y asistencia humanitaria, correspondan a los o a las particulares según su capacidad. La ley proveerá lo conducente para imponer el cumplimiento de estas obligaciones en los casos en que fuere necesario. Quienes aspiren al ejercicio de cualquier profesión, tienen el deber de prestar servicio a la comunidad durante el tiempo, lugar y condiciones que determine la ley.

Constitución 1961

Art. 57. Las obligaciones que corresponden al Estado en cuanto a la asistencia, educación y bienestar del pueblo no excluyen las que, en virtud de la solidaridad social, incumben a los particulares según su capacidad. La ley podrá imponer el cumplimiento de estas obligaciones en los casos en que fuere necesario. También podrá imponer, a quienes aspiren a ejercen" determinadas profesiones, el deber de prestar servicio durante cierto tiempo en los lugares y condiciones que se señalen.

H. *Principios relativos a las Fuerzas Armadas*

Constitución 1999

Artículo 328. La Fuerza Armada Nacional constituye una institución esencialmente profesional, sin militancia política, organizada por el Estado para garantizar la independencia y soberanía de la Nación y asegurar la integridad del espacio geográfico, mediante la defensa militar, la cooperación en el mantenimiento del orden interno y la participación activa en el desarrollo nacional, de acuerdo con esta Constitución y con la ley. En el cumplimiento de sus funciones, está al servicio exclusivo de la Nación y en ningún caso al de persona o parcialidad política alguna. Sus pilares fundamentales son la disciplina, la obediencia y la subordinación. La Fuerza Armada Nacional está integrada por el Ejército, la Armada, la Aviación y la Guardia Nacional, que funcionan de manera integral dentro del marco de su competencia para el cumplimiento de su misión, con un régimen de seguridad social integral propio, según lo establezca su respectiva ley orgánica.

Artículo 329. El Ejército, la Armada y la Aviación tienen como responsabilidad esencial la planificación, ejecución y control de las operaciones militares requeridas para asegurar la defensa de la Nación. La Guardia Nacional cooperará en el desarrollo de dichas operaciones y tendrá como responsabilidad básica la conducción de las operaciones exigidas para el mantenimiento del orden interno del país. La Fuerza Armada Nacional podrá ejercer las actividades de policía administrativa y de investigación penal que le atribuya la ley.

Artículo 330. Los o las integrantes de la Fuerza Armada Nacional en situación de actividad tienen derecho al sufragio de conformidad con la ley, sin que les esté permitido optar a cargo de elección popular, ni participar en actos de propaganda, militancia o proselitismo político.

Artículo 331. Los ascensos militares se obtienen por mérito, escalafón y plaza vacante. Son competencia exclusiva de la Fuerza Armada Nacional y estarán regulados por la ley respectiva.

Constitución 1961

Art. 131. La autoridad militar y la civil no podrán ejercerse simultáneamente por un mismo funcionario, excepto por el Presidente de la República, quien será, por razón de su cargo, Comandante en Jefe de las Fuerzas Armadas Nacionales.

Art. 132. Las Fuerzas Armadas Nacionales forman una institución apolítica, obediente y no beligerante, organizada por el Estado para asegurar la defensa nacional, la estabilidad de las instituciones democráticas y el respeto a la Constitución y a las leyes, cuyo acatamiento estará siempre por encima de cualquier obligación. Las Fuerzas Armadas Nacionales estarán al servicio de la República, y en ningún caso al de una persona o parcialidad política.

Constitución 1953

Art. 56. Las Fuerzas Armadas Nacionales son una institución profesional, impersonal y apolítica, al servicio exclusivo de la Nación. Las Fuerzas Armadas Nacionales tienen por objeto fundamental garantizar la defensa de la Nación, mantener la estabilidad interna y apoyar el cumplimiento de la Constitución y las leyes.

Art. 57. Los miembros de las Fuerzas Armadas Nacionales no podrán ejercer el derecho de sufragio, pertenecer a agrupaciones políticas ni tomar parte en las actividades de éstas, mientras permanezcan en servicio activo.

Art. 58. Los poseedores de grados militares no podrán ser privados de ellos ni de los honores y demás beneficios inherentes al grado, sino en los casos y en la forma que determine la ley.

Constitución 1947

Art. 93. Las Fuerzas Armadas Nacionales constituyen una institución apolítica, esencialmente profesional, obediente y no deliberante, y se organizan para garantizar la defensa nacional, mantener la estabilidad interna y respaldar el cumplimiento de la Constitución y de las leyes.

En tiempo de paz no les está permitido hacer requisiciones ni exigir auxilios de ninguna clase sino a las autoridades civiles y en la forma y modo que determine la ley.

Art. 94. Las Fuerzas Armadas Nacionales se clasificarán y organizarán conforme a la ley y tendrán las misiones particulares que ésta les señale.

Constitución 1945

Art. 15. Los Estados convienen en reservar a la competencia del Poder Federal: Ord. 8° Todo lo relativo al Ejército, a la Armada y a la Aviación Militar.

Ni los Estados ni las Municipalidades podrán mantener otras fuerzas que las de su policía y guarda de cárceles, salvo las que organicen por orden del Gobierno Federal.

El Ejército se formará con el contingente que en proporción a su población se llame al servicio en cada uno de los Estados, el Distrito Federal y en los Territorios y Dependencias Federales, de conformidad con la Ley de Servicio Militar Obligatorio.

También podrán formar parte del Ejército Nacional, las milicias ciudadanas y los enganchados como voluntarios de conformidad con la ley.

Art. 45. La autoridad militar y la civil nunca serán ejercidas simultáneamente por un mismo funcionario, excepto el Presidente de la República, quien será siempre Comandante en Jefe del Ejército Nacional.

Art. 47. La fuerza armada no puede deliberar; ella es pasiva y obediente; ningún cuerpo armado puede hacer requisiciones ni exigir auxilios de ninguna clase sino a las autoridades civiles y en la forma y modo que determine la ley; en los días de votaciones las tropas permanecerán acuarteladas y no podrán salir del Cuartel sino para comisiones de orden público.

Constitución 1936

Art. 15. Los Estados convienen en reservar a la competencia del Poder Federal: Ord. 8° Todo lo relativo al Ejército, a la Armada y a la Aviación Militar.

Ni los Estados ni las Municipalidades podrán mantener otras fuerzas que las de su policía y guardia de cárceles, salvo las que organicen por orden del Gobierno Federal.

El Ejército se formará con el contingente que en proporción a su población se llame al servicio en cada uno de los Estados, el Distrito Federal y de los Territorios y Dependencias Federales, de conformidad con la Ley de Servicio Militar Obligatorio.

También podrán formar parte del Ejército Nacional, las milicias ciudadanas y los enganchados como voluntarios de conformidad con la ley.

Art. 44. La autoridad militar y la civil nunca serán ejercidas simultáneamente por un mismo funcionario, excepto el Presidente de la República, quien será siempre Comandante en Jefe del Ejército Nacional.

Art. 46. La fuerza armada no puede deliberar; ella es pasiva y obediente ningún cuerpo armado puede hacer requisiciones ni exigir auxilios de ninguna clase sino a las autoridades civiles y en la forma y modo que determine la ley; en los días de votaciones las tropas permanecerán acuarteladas y no podrán salir del Cuartel sino para comisiones de orden público.

Los Jefes de fuerzas que infrinjan estas disposiciones serán juzgados y castigados conforme a las leyes.

Constitución 1931

Art. 15. Los Estados convienen en reservar a la competencia del Poder Federal: Ord. 8° Todo lo relativo al Ejército, a la Armada y a la Aviación Militar.

Ni los Estados ni las Municipalidades podrán mantener otras fuerzas que las de su policía y guardia de cárceles, salvo las que organicen por orden del Gobierno Federal.

El Ejército se formará con el contingente que en proporción a su población se llame al servicio en cada uno de los Estados, el Distrito Federal y los Territorios y Dependencias Federales.

La ley reglamentará la formación de las milicias ciudadanas, sin perjuicio de que ella pueda organizar también el sistema de enganches por contrato.

Art. 45. La autoridad militar y la civil nunca serán ejercidas simultáneamente por un mismo funcionario, excepto el Presidente de la República, quien será siempre Comandante en Jefe del Ejército Nacional, o en caso de guerra cuando, conforme a la ley, se atribuyan funciones militares a un empleado civil.

Art. 47. La fuerza armada no puede deliberar; ella es pasiva y obediente. Ningún cuerpo armado puede hacer requisiciones ni exigir auxilio de ninguna clase sino a las autoridades civiles y en el modo y forma que determine la ley. En los períodos electorales las tropas permanecerán acuarteladas.

Los Jefes de fuerzas que infrinjan estas disposiciones serán juzgados y castigados conforme a las leyes.

Constitución 1929

Art. 15. Los Estados convienen en reservar a la competencia del Poder Federal: Ord. 8° Todo lo relativo al Ejército, a la Armada y a la Aviación Militar.

Ni los Estados ni las Municipalidades podrán mantener otras fuerzas que las de su policía y guardia de cárceles, salvo las que organicen por orden del Gobierno Federal.

El Ejército se formará con el contingente que en proporción a su población se llame al servicio en cada uno de los Estados, el Distrito Federal y los Territorios y Dependencias Federales.

La ley reglamentará la formación de las milicias ciudadanas, sin perjuicio de que ella pueda organizar también el sistema de enganches por contrato. Art. 45. La autoridad militar y la civil nunca serán ejercidas simultáneamente por un mismo funcionario, excepto el Presidente de la República, o en caso de guerra, cuando conforme a la ley se atribuyan funciones militares a un empleado civil.

Art. 47. La fuerza armada no puede deliberar; ella es pasiva y obediente. Ningún cuerpo armado puede hacer requisiciones ni exigir auxilio de ninguna clase sino a las autoridades civiles y en el modo y forma que determine la ley. En los períodos electorales las tropas permanecerán acuarteladas. Los Jefes de fuerzas que infrinjan estas disposiciones serán juzgados y castigados conforme a las leyes.

Constitución 1925

Art. 45. La autoridad militar y la civil nunca serán ejercidas simultáneamente por un mismo funcionario, excepto el Presidente de la República, o en caso de guerra, cuando conforme a la ley se atribuyan funciones militares a un empleado civil.

Art. 47. La fuerza armada no puede deliberar; ella es pasiva y obediente. Ningún cuerpo armado puede hacer requisiciones ni exigir auxilio de ninguna clase sino a las autoridades civiles y en el modo y forma que determine la ley. En los períodos electorales las tropas permanecerán acuarteladas. Los Jefes de fuerzas que infrinjan estas disposiciones serán juzgados y castigados conforme a las leyes.

[Con igual texto: Constitución 1928, Art. 45, Art. 47].

Constitución 1914

Art. 109. La Fuerza Pública Nacional se divide en naval y terrestre, y se compondrá de las milicias de ciudadanos que se organicen conforme a la ley.

Art. 110. En caso de guerra se aumentará el contingente con los cuerpos de milicias de ciudadanos hasta el número de hombres necesarios para llenar el pedido del Gobierno Federal.

Art. 111. La autoridad militar y la civil nunca serán ejercidas simultáneamente por una misma persona o Corporación, excepto en los casos de perturbación del orden público.

Art. 124. En los períodos electorales los individuos de la fuerza Pública Nacional que estén de facción, permanecerán acuarteladas durante las Votaciones.

Art. 125. La Fuerza armada no puede deliberar; ella es pasiva y obediente. Ningún cuerpo armado puede hacer requisiciones ni exigir auxilio de ninguna clase sino a las autoridades civiles y en el modo y forma qua determina la ley.

Los Jefes de Fuerza que infrinjan esta disposición, serán juzgados y castigados con arreglo a las leyes.

[Con igual texto: Constitución 1922, Arts. 109, 110, 111, 124, 125].

Estatuto Provisional 1914

Art. 66. La Fuerza Pública Nacional se divide en naval y terrestre y se compondrá de las Milicias de ciudadanos que se organicen conforme a la ley.

Art. 67. La Fuerza Pública a cargo del Poder Federal se formará de un contingente que, proporcionado a su población, dará cada Estado, llamando al servicio a los ciudadanos que deben prestarlo conforme a la ley.

Art. 68. En caso de guerra, puede aumentarse el contingente con los cuerpos de la Milicia de ciudadanos hasta el número de hombres necesarios para llenar el pedido del Gobierno Nacional.

Constitución 1904

Art. 107. La Fuerza Pública Nacional se divide en naval y terrestre, y se compondrá de las Milicias ciudadanos que se organicen conforme a la ley.

Art. 108. La Fuerza Pública a cargo del Poder Nacional, se formará de un contingente que, proporcionado a su población, dará cada Estado, llamando al servicio a los ciudadanos que deban prestarlo conforme a la ley.

Art. 109. En caso de guerra puede aumentarse el contingente con los cuerpos de la Milicia ciudadana hasta el número de hombres necesarios para llenar el pedido del Gobierno Nacional.

Art. 110. La autoridad militar y la civil nunca serán ejercidas simultáneamente por una misma persona o Corporación, excepto en los casos de perturbación del orden público.

Art. 119. En los períodos eleccionarios, la Fuerza Pública Nacional y la de los Estados permanecerán acuarteladas durante el lapso de las elecciones populares.

Art. 122. La fuerza armada no puede deliberar; ella es pasiva y obediente. Ningún cuerpo armado puede hacer requisiciones ni exigir auxilio de ninguna especie, sino a las autoridades civiles, y en el modo y forma que determine la ley. Los Jefes de fuerza que infrinjan esta disposición serán juzgados y castigados con arreglo a las leyes.

Art. 124. La Fuerza Pública Nacional se divide en naval y terrestre, y se compondrá de las Milicias de ciudadanos que se organicen conforme a la ley.

Art. 125. La Fuerza Pública a cargo del Poder Nacional, se formará de un contingente que, proporcionado a su población, dará cada Estado, llamando al servicio a los ciudadanos que deban prestarlo conforme a la ley.

Art. 126. En caso de guerra puede aumentarse el contingente con los Cuerpos de la milicia de ciudadanos hasta el número de hombres necesarios para llenar el pedido del Gobierno Nacional.

Art. 127. La autoridad militar y la civil nunca serán ejercidas simultáneamente por una misma persona o Corporación, excepto en los casos de perturbaciones del orden público.

Art. 137. En los períodos eleccionarios la Fuerza Pública Nacional y la de los Estados permanecerán acuarteladas durante el lapso de las elecciones populares.

Art. 140. La fuerza armada no puede deliberar; ella es pasiva y obediente. Ningún Cuerpo armado puede hacer requisiciones ni exigir auxilio de ninguna especie, sino a las autoridades civiles, y en el modo y forma que determina la ley.

Los Jefes de fuerzas que infrinjan esta disposición serán juzgados y castigados con arreglo a las leyes.

Constitución 1901

Art. 120. La fuerza pública nacional se divide en naval y terrestre y se compondrá de las milicias ciudadanas que se organicen conforme a la ley.

Art. 121. La fuerza pública a cargo del Poder Nacional se formará de un contingente, proporcionado a su población, que dará a cada Estado, llamando al servicio a los ciudadanos que deben prestarlo conforme a la ley.

Art. 122. En caso de guerra puede aumentarse el contingente con los cuerpos de la milicia ciudadana hasta el número de hombres necesarios para llenar el pedido del Gobierno Nacional.

Art. 123. La autoridad militar y la civil nunca serán ejercidas simultáneamente por una misma persona o corporación.

Art. 132. En los períodos eleccionarios la fuerza pública nacional o la de los Estados, permanecerá acuartelada durante el lapso de las elecciones populares.

Art. 137. La fuerza armada no puede deliberar; ella es pasiva y obediente. Ningún cuerpo armado puede hacer requisiciones ni exigir auxilio de ninguna especie, sino a las autoridades civiles, y en el modo y forma que determine la Ley. Los jefes de las fuerzas que infrinjan esta disposición serán juzgados y castigados con arreglo a las leyes.

Constitución 1893

Art. 125. La fuerza pública nacional se divide en naval y terrestre, y se compondrá de las milicias ciudadanas que organicen los Estados, según sus leyes.

Art. 126. La fuerza pública a cargo del Poder Nacional se formará de un contingente, proporcionado a su población, que dará cada Estado, llamando al servicio a los ciudadanos que deben prestarlo conforme a sus leyes internas.

Art. 127. En caso de guerra puede aumentarse el contingente con los cuerpos de la milicia ciudadana hasta el número de hombres necesarios para llenar el pedido del Gobierno Nacional.

Art. 178. El Gobierno Nacional podrá variar los jefes de las fuerzas que suministren los Estados, en los casos y con las formalidades que la ley militar nacional determine, y entonces se pedirán los reemplazos a los Estados.

Art. 129. La autoridad militar y civil nunca serán ejercidas simultáneamente por una misma persona o corporación.

Art. 133. Los Estados tienen el derecho de adquirir el armamento que necesiten para su milicia y los elementos de guerra que sean necesarios para su seguridad interior, pudiendo introducirlos del extranjero, libres de todo derecho de importación, y llenando para su introducción, en cada caso, las formalidades que establezcan el Código Militar y la ley de Hacienda correspondiente.

Art. 140. En los períodos eleccionarios, la fuerza pública nacional o la de los Estados permanecerán acuarteladas durante el lapso de las elecciones populares.

Art. 145. La fuerza armada no puede deliberar; ella es pasiva y obediente. Ningún cuerpo armado puede hacer requisiciones ni exigir auxilio de .ninguna especie sino a las autoridades civiles, y en el modo y forma que determine la ley. Los jefes de fuerza que infrinjan' esta disposición serán juzgados y castigados con arreglo a las leyes.

Constitución 1881

Art. 91. La fuerza pública nacional se divide en naval y terrestre; y se compondrá de la milicia ciudadana que organicen los Estados, según las leyes.

Art. 92. La fuerza a cargo de la Federación se formará con ciudadanos de un contingente proporcionado a su población que dará cada Estado, llamando al servicio a los ciudadanos que deban prestarlo, conforme a sus leyes internas.

Art. 93. En caso de guerra puede aumentarse el contingente con los cuerpos de la milicia ciudadana hasta el número de hombres necesarios para llenar el pedido del Gobierno Nacional.

Art. 94. El Gobierno Nacional podrá variar los jefes de la fuerza pública que suministren los Estados, en los casos y con las formalidades que la ley militar nacional determine, y entonces se pedirán los reemplazos a los Estados.

Art. 98. El Gobierno Nacional no podrá situar en un Estado fuerzas ni jefes militares con mando, aunque sea del mismo Estado, ni de otro, sin el permiso del Gobierno del Estado en que se deba situar la fuerza.

Art. 99. Ni el Ejecutivo Nacional ni los de los Estados pueden tener intervención armada en las contiendas domésticas de un Estado; sólo les es permitido ofrecer sus buenos oficios para dar a aquéllos una solución pacífica.

Art. 108. En los períodos eleccionarios, la fuerza pública nacional o de los mismos Estados permanecerá rigurosamente acuartelada durante el lapso de las elecciones populares.

Art. 113. La fuerza armada no puede deliberar; ella es pasiva y obediente. Ningún cuerpo armado puede hacer requisiciones ni exigir auxilio de ninguna especie sino a las autoridades civiles, y en el modo y forma que determine la ley.

Constitución 1864

Art. 93. La fuerza pública nacional se divide en naval y terrestre, y se compondrá de la milicia ciudadana que organicen los Estados según sus leyes.

Art. 94. La fuerza a cargo de la Unión se formará con individuos Voluntarios, con un contingente proporcionado que dará cada Estado, llamando al servicio los ciudadanos que deban prestarlo conforme a sus leyes. Art. 95. En caso de guerra puede aumentarse el contingente con los cuerpos de la milicia ciudadana hasta el número de hombres necesario para llenar el pedido del Gobierno Nacional.

Art. 96. El Gobierno Nacional podrá variar los jefes de la fuerza pública que suministren los Estados, en los casos y con las formalidades que la ley militar determine, y entonces se pedirán los reemplazos a los Estados.

Art. 97. La autoridad militar y la civil nunca serán ejercidas por una misma persona o corporación.

Art. 100. El Gobierno Nacional no podrá situar en un Estado fuerza ni jefes militares con mando, aunque sea del mismo Estado en que se deba situar la fuerza.

Art. 101. Ni el Ejecutivo Nacional ni los de los Estados pueden tener intervención armada en las, contiendas domésticas de un Estado: sólo les es permitido ofrecer sus buenos oficios para dar a aquéllas una solución pacífica.

Art. 111. En los períodos eleccionarios de la Nación y de los Estados, la fuerza pública será desarmada; y las leyes respectivas determinarán la manera de efectuarlo,

Art. 116. La fuerza armada no puede deliberar; ella es pasiva y obediente. Ningún cuerpo armado puede hacer adquisiciones ni exigir auxilios de ninguna especie sino a las autoridades civiles, y en el modo y forma que determine la ley.

[Con igual texto: 1874, Arts. 93, 94, 95, 96, 97, 100, 101, 111, 116].

Constitución 1858

Art. 142. La fuerza militar se dividirá en ejército permanente, fuerza naval y milicia nacional.

Art. 143. La fuerza armada es esencialmente obediente y no puede deliberar.

Art. 144. Los individuos de la fuerza armada de mar y tierra en actual servicio están sujetos a las leyes militares.

Art. 145. La autoridad militar no estará nunca unida a la civil.

Art. 146. La milicia nacional será organizada por la ley y estará a las órdenes de los Gobernadores de las provincias, quienes la llamarán al servicio cuando el Poder Ejecutivo lo ordene en virtud de acuerdo del Congreso, o de las facultades extraordinarias concedidas según el artículo 95, o para obrar dentro de la provincia en caso de conmoción súbita y en el modo que determine la ley.

Constitución 1857

Art. 90. Las Cámaras Legislativas fijarán anualmente, a propuesta del Poder Ejecutivo, la fuerza permanente de mar y tierra.

Art. 91. Habrá además en la República una milicia nacional cuya organización y servicio se fijarán por la ley.

Art. 29. La fuerza armada es esencialmente obediente y no puede deliberar.

Art. 93. Su autoridad militar nunca estará unida a la civil.

Art. 94. Los oficiales del ejército o marina no pueden ser destituidos de sus empleos sino por sentencia pronunciada en juicio competente.

Art. 95. La milicia nacional estará a las órdenes del Gobernador de la provincia, quien la llamará al servicio cuando el Poder Ejecutivo lo ordene en virtud del acuerdo del Congreso o del Consejo de Gobierno en receso de aquél, con arreglo al artículo 118, o para obrar dentro de la provincia en caso de conmoción súbita y en el modo que determine su ley orgánica.

Constitución 1830

Art. 180. La fuerza armada es esencialmente obediente y jamás puede deliberar. Se dividirá en ejército permanente, fuerza naval y milicia nacional.

Art. 181. El ejército permanente será destinado a guardar los puntos importantes de la República y estará siempre a las órdenes de los jefes militares.

Art. 182. Los individuos de la fuerza armada de mar y tierra en actual servicio están sujetos a las leyes militares.

Art. 783. Los oficiales del ejército y marina no pueden ser destituidos de sus empleos sino por sentencia pronunciada en juicio competente.

Art. 184. La milicia nacional estará a las órdenes del gobernador de la provincia, quien la llamará al servicio cuando el Poder Ejecutivo lo ordene en virtud de acuerdo del Congreso o del Consejo de Gobierno en receso de aquél, con arreglo al artículo 118, o para obrar dentro de la provincia en caso de conmoción súbita y en el modo que determine su ley orgánica.

Constitución 1819

Art. 9° La fuerza pública es esencialmente obediente; ningún cuerpo armado puede deliberar.

Art. 10. La milicia que no está en actual servicio no es fuerza pública.

Art. 11. Los militares, así como los eclesiásticos, tienen sus tribunales especiales, sus formas particulares de juicio y sus ordenanzas, que obligan a ellos solos.

Constitución 1811

178: Una milicia bien reglada e instruida, compuesta de los ciudadanos, es la defensa natural más conveniente y más segura a un Estado libre. No deberá haber, por tanto, tropas veteranas en tiempo de paz, sino las rigurosamente precisas para la seguridad del país, con el consentimiento del Congreso.

I. *Independencia de Tribunales*

Constitución 1999

Artículo 254. El Poder Judicial es independiente y el Tribunal Supremo de Justicia gozará de autonomía funcional, financiera y administrativa. A tal efecto, dentro del presupuesto general del Estado se le asignará al sistema de justicia una partida anual variable, no menor del dos por ciento del presupuesto ordinario nacional, para su efectivo funcionamiento, el cual no podrá ser reducido o modificado sin autorización previa de la Asamblea Nacional. El Poder Judicial no está facultado para establecer tasas, aranceles, ni exigir pago alguno por sus servicios.

Constitución 1961

Art. 205. En el ejercicio de sus funciones los jueces son autónomos e independientes de los demás órganos del Poder Público.

Constitución 1945

Art. 122. La ley determinará la organización y atributos de los Tribunales y Juzgados que fueren necesarios para la administración de la justicia en forma que garantice su independencia de los demás Poderes Públicos, y creará la carrera judicial.

Constitución 1904

Art. 105. Los Tribunales de Justicia en los Estados son independientes. Las causas en ellos iniciadas terminarán en los mismos Estados, sin más examen que el de la Corte Federal y de Casación, en los casos que la ley lo permite.

[Con igual texto: Constitución 1909, Art. 122; Estatuto Provisional 1924, Art. 65; Constitución 1914, Art. 108; Constitución 1922, Art. 108].

Constitución 1881

Art. 89. Los Tribunales de Justicia en los Estados son independientes: las causas en ellos iniciadas terminarán en los mismos Estados, sin más examen que el de la Corte de Casación, en los casos que la ley lo permite.

[Con igual texto: Constitución 1893, Art. 121; Constitución 1901, Art. 117].

Constitución 1864

Art. 91. Los Tribunales de Justicia en los Estados son independientes: las causas en ellos iniciadas conforme a su procedimiento especial y en asuntos de exclusiva competencia, terminarán en los mismos Estados sin sujeción al examen de ninguna autoridad extraña.

[Con igual texto: Constitución 1874, Art. 91].

J. *La incompatibilidad de los funcionarios*

Constitución 1999

Artículo 148. Nadie podrá desempeñar a la vez más de un destino público remunerado, a menos que se trate de cargos académicos, accidentales, asistenciales o docentes que determine la ley. La aceptación de un segundo destino que no sea de los exceptuados en este artículo, implica la renuncia del primero, salvo cuando se trate de suplentes, mientras no reemplacen definitivamente al principal.

Nadie podrá disfrutar más de una jubilación o pensión, salvo los casos expresamente determinados en la ley.

Constitución 1961

Art. 123. Nadie podrá desempeñar a la vez más de un destino público remunerado, a menos que se trate de cargos académicos, accidentales, asistenciales, docentes, edilicios o electorales que determine la ley. La aceptación de un segundo destino que no sea de los exceptuados en este artículo implica la renuncia del primero salvo los casos previstos en el artículo 141 o cuando se trate de suplentes mientras no reemplacen definitivamente al principal.

Art. 124. Nadie que esté al servicio de la República, de los Estados de los Municipios y demás personas jurídicas de derecho público podrá celebrar contrato alguno con ellos, ni por si ni por interpuesta persona ni en representación de otro, salvo excepciones que establezcan las leyes.

Constitución 1953

Art. 46. Nadie podrá desempeñar a la vez más de un destino público remunerado, salvo que se trate de cargos académicos, accidentales, asistenciales, docentes, edilicios o electorales.

Art. 47. Nadie que esté al servicio del Estado podrá celebrar contrato alguno con él, por sí mismo ni por medio de interpuestas personas, salvando las excepciones que establezcan las leyes.

Constitución 1947

Art. 91. Nadie podrá desempeñar a la vez más de un destino público remunerado. La aceptación de un segundo destino de esta especie implica la renuncia del primero. Se exceptúan de esta disposición los cargos accidentales, académicos, electorales, docentes, asistenciales y edilicios.

Constitución 1945

Art. 46. Ningún individuo podrá desempeñar a la vez más de un destino remunerado. La aceptación de un segundo destino de esta especie equivale a la renuncia del primero, excepto respecto de Suplencias mientras el Suplente no reemplace al Principal, y respecto de empleos de Academias, Hospitales, Juzgados accidentales o Institutos de enseñanza, o Beneficencia.

Constitución 1936

Art. 45. Ningún individuo podrá desempeñar a la vez más de un destino público remunerado. La aceptación de un segundo destino de esta especie equivale a la renuncia del primero, excepto respecto de Suplencias mientras el Suplente no reemplace al Principal, y respecto de empleos de Academias, Hospitales, Juzgados accidentales o Institutos de Enseñanza o Beneficencia.

Constitución 1931

Art. 46. Ningún individuo podrá desempeñar a la vez más de un destino público lucrativo, salvo lo dispuesto en el artículo anterior. La aceptación de un segundo destino de esta especie equivale a la renuncia del primero, excepto respecto de suplencias mientras el Suplente no reemplace al Principal, y respecto de empleos en Academias, Hospitales, Juzgados accidentales e Institutos de enseñanza.

Constitución 1928

Art. 46. Ningún individuo podrá desempeñar a la vez más de un destino público lucrativo. La aceptación de un segundo destino de esta especie equivale a la renuncia del primero, excepto respecto de suplencias mientras el suplente no reemplace al principal, y respecto de empleados en Academias, Juzgados accidentales e Instituciones de enseñanza.

[Con igual texto: Constitución 1929, Art. 46].

Constitución 1925

Art. 46. Ningún individuo podrá desempeñar a la vez más de un destino público lucrativo. La aceptación de un segundo destino de esta especie equivale a la renuncia del primero, excepto respecto de los profesores de enseñanza pública, los empleados en Academias u Hospitales y los Jueces accidentales.

Constitución 1922

Art. 122. Ningún individuo podrá desempeñar a la vez más de un destino público lucrativo. La aceptación de un segundo destino cualquiera equivale a la renuncia del primero, excepto para los profesores de la enseñanza pública y los empleados en Academias y Hospitales.

Constitución 1914

Art. 122. Ningún individuo podrá desempeñar a la-vez más de un destino público lucrativo. La aceptación de un segundo destino cualquiera equivale a la renuncia del primero, excepto para los profesores de la enseñanza pública y los empleados en Academias y Hospitales.

Constitución 1901

Art. 134. Ningún individuo podrá desempeñar a la vez más de un destino lucrativo de nombramiento del Congreso o del Ejecutivo Federal. La aceptación de un segundo destino cualquiera, equivale a la renuncia del primero.

§ Único. Se exceptúan de esta disposición los empleados en la enseñanza pública.

[Con igual texto: Constitución 1904, Art. 121; Constitución 1909, Art. 139].

Constitución 1893

Art. 142. Ningún individuo podrá desempeñar a la vez más de un destino de nombramiento del Congreso o del Ejecutivo Nacional. La aceptación de un segundo destino cualquiera equivale a la renuncia del primero.

Constitución 1864

Art. 113. Ningún individuo podrá desempeñar más de un destino de nombramiento del Congreso o del Ejecutivo Nacional. La aceptación de cualquier otro equivale a la renuncia del primero. Los empleados amovibles cesan en sus destinos al admitir el cargo de Senador o Diputado cuando son dependientes del Ejecutivo Nacional.

[Con igual texto: Constitución 1874, Art. 113; Constitución 1881, Art. 110].

K. *La delegación legislativa de 1999 en contraste con el principio de la indelegabilidad de la función legislativa*

Constitución 1999

Artículo 203 […] Son leyes habilitantes las sancionadas por la Asamblea Nacional por las tres quintas partes de sus integrantes, a fin de establecer las directrices, propósitos y marco de las materias que se delegan al Presidente o Presidenta de la República, con rango y valor de ley. Las leyes habilitantes deben fijar el plazo de su ejercicio.

Constitución 1925

Art. 91. La facultad de legislar que corresponde al Congreso no es delegable.

[Con igual texto: Constitución 1928, Art. 91; Constitución 1936, Art. 89].

Constitución 1904

Art. 63. La facultad de legislar que tiene el Congreso, no es delegable.

[Con igual texto: Constitución 1909, Art. 70; Constitución 1914, Art. 70; Constitución 1922, art. 70].

Constitución 1901

Art. 67. La facultad que tiene el Congreso de legislar, no es delegable. Tampoco podrá exceptuar ni dispensar a persona alguna del cumplimiento de los trámites establecidos en las leyes en asuntos que no sean de su competencia, ya por su naturaleza, ya por estar atribuidos o cualquiera de los otros Poderes Públicos.

Constitución 1893

Art. 58. La facultad que tiene el Congreso de sancionar la ley no es delegable.

Constitución 1864

Art. 59. La facultad concedida para sancionar la ley no es delegable.

[Con igual texto: Constitución 1874, Art. 59; Constitución 1881, Art. 59; Constitución 1891, Art. 59].

Constitución 1858

Art. 65. No puede el Congreso ni ninguna de las Cámaras:

3° Delegar ninguna de sus atribuciones a otra autoridad o corporación.

Constitución 1857

Art. 39. El Congreso no puede delegar a uno o más de sus miembros ni a otra persona, corporación o autoridad ninguna de sus atribuciones.

Constitución 1821

Art. 11. El poder de dar leyes corresponde al Congreso, el de hacer que se ejecuten al Presidente de la República y el de aplicarlas en las causas civiles y criminales, a los tribunales y juzgados.

Art. 55. Son atribuciones exclusivamente propias del Congreso:

Vigesimosexta. Decretar todas las demás leyes y ordenanzas de cualquier naturaleza que sean y alterar, reformar o derogar las establecidas. El Poder Ejecutivo sólo podrá presentarle alguna materia para que la tome en consideración; pero nunca bajo la fórmula de ley.

Constitución 1819

Art. 7° Son atribuciones exclusivamente propias del Congreso: Primera: Proponer y decretar todas las leyes de cualquier naturaleza que sea. El poder ejecutivo sólo podrá presentarle alguna materia para que la tome en consideración, pero nunca bajo la fórmula de ley.

5. *La ley*

A. *Carácter*

Constitución 1999

Artículo 202. La ley es el acto sancionado por la Asamblea Nacional como cuerpo legislador. Las leyes que reúnan sistemáticamente las normas relativas a determinada materia se podrán denominar códigos.

Constitución 1961

Art. 162. Los actos que sancionen las Cámaras como cuerpos colegisladores se denominarán leyes. Las leyes que reúnan sistemáticamente las normas relativas a determinada materia podrán denominarse Códigos.

Constitución 1819

Art. 3. La expresión libre y solemne de la voluntad general, manifestada de un modo constitucional, es lo que constituye una Ley. Ella no puede mandar sino lo justo y útil; no puede prohibir sino lo que es perjudicial a la sociedad; ni puede castigar sino al criminal.

Constitución 1811

Art. 149. La Ley es la expresión libre de la voluntad general o de la mayoría de los ciudadanos, indicada por el órgano de sus representantes legalmente constituidos. Ella se funda sobre la justicia y la utilidad común y ha de proteger la libertad pública e individual contra toda opresión o violencia.

Declaración 1811

Derechos del hombre en sociedad.

Art. 3. La ley se forma por la expresión libre y solemne de la voluntad general, y ésta se expresa por los apoderados que el pueblo elige para que representen sus derechos.

Art. 5. El objeto de la ley es arreglar el modo con que los ciudadanos deben obrar en las ocasiones en que la razón elige que ellos se conduzcan no por su opinión o su voluntad, sino por una regla común.

Art. 6. Cuando un ciudadano somete sus acciones a una ley, que no aprueba, no compromete su razón; pero la obedece porque su razón particular no debe guiarle, sino la razón común, a quien debe someterse, y así la ley no exige un sacrificio de la razón y de la libertad de los que no la aprueban, porque ella nunca atenta contra la libertad, sino cuando se aparta de la naturaleza y de los objetos, que deben estar sujetos a una regla común.

Art. 14. Esta debe proteger la libertad pública e individual contra la opresión y tiranía.

B. *La irretroactividad de la Ley*

Constitución 1999

Artículo 24. Ninguna disposición legislativa tendrá efecto retroactivo, excepto cuando imponga menor pena. Las leyes de procedimiento se aplicarán desde el momento mismo de entrar en vigencia, aun en los procesos que se hallaren en curso; pero en los procesos penales, las pruebas ya evacuadas se estimarán en cuanto beneficien al reo o a la rea, conforme a la ley vigente para la fecha en que se promovieron.

Cuando haya dudas se aplicará la norma que beneficie al reo o a la rea.

Constitución 1961

Art. 44. Ninguna, disposición legislativa tendrá efecto retroactivo, excepto cuando imponga menor pena. Las leyes de procedimiento se aplicarán desde el momento mismo de entrar en vigencia, aun en los procesos que se hallaren en curso; pero en los procesos penales las pruebas ya evacuadas se estimarán, en cuanto beneficien al reo, conforme a la ley vigente para la fecha en que se promovieron.

Constitución 1953

Art. 30. Ninguna disposición legislativa tendrá efecto retroactivo, excepto cuando imponga menor pena. Las leyes de procedimiento se aplicarán desde que entren en vigor, aun en los procesos que se hallaren en curso; pero en este caso, si el juicio fuere penal, las pruebas que estuvieren evacuadas se estimarán, en cuanto beneficien al reo, conforme a la ley vigente para la fecha en que se promovieron.

Constitución 1947

Art. 181. Ninguna disposición tendrá efecto retroactivo, excepto cuando imponga menor pena. Las leyes de procedimiento se aplicarán desde que entren en vigencia, aun en los procesos que se hallaren en curso; pero, en este caso, si el juicio fuere penal, las pruebas ya evacuadas se estimarán, en cuanto beneficien al reo, conforme a la ley vigente cuando se promovieron.

Constitución 1945

Art. 94. Ninguna disposición legislativa tendrá efecto retroactivo excepto cuando imponga menor pena. Las leyes de procedimiento se aplicarán desde que entren en vigencia, aun en los procesos que se hallaren en curso, pero en este caso las pruebas que estuvieren evacuadas se estimarán, en cuanto sea en beneficio del reo, siendo penal el juicio conforme a la ley vigente cuando se promovieron.

Constitución 1936

Art. 90. Ninguna disposición legislativa tendrá efecto retroactivo, excepto cuando impongan menor pena. Las leyes de procedimientos se aplicarán desde que entren en vigencia, aun en los procesos que se hallaren en curso; pero en este caso, si el juicio- fuere penal, las pruebas que estuvieren evacuadas se estimarán, en cuanto beneficien al reo, conforme a la ley vigente cuando se promovieron. Queda a salvo lo dispuesto en el artículo 32 de esta Constitución.

Constitución 1925

Art. 92. Ninguna disposición legislativa tendrá efecto retroactivo excepto cuando imponga menor pena. Las leyes de procedimiento se aplicarán desde que entren en vigencia, aun en los procesos que se hallaren en curso, pero en este caso las pruebas que estuvieren evacuadas se estimarán, en cuanto sea en beneficio del reo, siendo penal el juicio conforme a la ley vigente cuando se promovieren.

[Con igual texto: Constitución 1928, Art. 92; Constitución 1929, Art 92; Constitución 1931, Art. 92].

Constitución 1864

Art. 60. Ninguna disposición legislativa tendrá efecto retroactivo, excepto en materia de procedimiento judicial y la que imponga menor pena.

[Con igual texto: Constitución 1874, Art. 60; Constitución 1881. Art. 60; Constitución 1891, Art. 60; Constitución 1893, Art. 59; Constitución 1901, Art. 68; Constitución 1904, Art. 66; Constitución 1909, Art. 71; Constitución 1914, Art. 71; Constitución 1922, Art. 71].

Constitución 1811

170. Ninguna ley criminal ni civil podrá tener efecto retroactivo, y cualquiera que se haga para juzgar o castigar acciones cometidas antes que ella exista será tenida por injusta, opresiva e inconforme con los principios fundamentales de un Gobierno libre.

C. *El principio de la legalidad y la usurpación*

Constitución de 1999

Artículo 137. Esta Constitución y la ley definen las atribuciones de los órganos que ejercen el Poder Público, a las cuales deben sujetarse las actividades que realicen.

Artículo 138. Toda autoridad usurpada es ineficaz y sus actos son nulos.

Constitución 1961

Art. 117. La Constitución y las leyes definen las atribuciones del Poder Público, y a ellas debe sujetarse su ejercicio.

Art. 119. Toda autoridad usurpada es ineficaz, y sus actos son nulos. Art. 120. Es nula toda decisión acordada por requisición directa o indirecta de la fuerza, o por reunión de individuos en actitud subversiva.

Constitución 1947

Art. 84. El Poder Público se ejercerá a esta Constitución y a las leyes que definan sus atribuciones y facultades. Todo acto que extralimite dicha definición constituye una usurpación de atribuciones.

[Con igual texto: Constitución 1953, Art. 41].

Art. 87. Toda autoridad usurpada es ineficaz y sus actos son nulos. Es igualmente nula toda decisión acordada por requisición directa o indirecta de la fuerza, o reunión del pueblo en actitud subversiva.

Constitución 1936

Art. 41. La definición de atribuciones y facultades señala los límites de los poderes públicos; todo lo que extralimite dicha definición constituye una usurpación de atribuciones.

Art. 42. Toda autoridad usurpada es ineficaz y sus actos son nulos. Es, igualmente, nula toda decisión acordada por requisición directa o indirecta de la fuerza o reunión del pueblo en actitud subversiva.

[Con igual texto: Constitución 1945, Art. 42 y 43],

Constitución 1925

Art. 41. La definición de atribuciones y facultades señala los límites de los Poderes Públicos, todo lo que extralimite dicha definición constituye una usurpación de atribuciones.

Art. 42. La ley determinará todo lo relativo a la nulidad de los actos ejecutados con extralimitación de facultades.

Art. 43. Es nula toda decisión acordada por requisición directa o indirecta de la fuerza o de reunión del pueblo en actitud subversiva.

[Con igual texto: Constitución 1928, Arts. 41, 42 y 43; Constitución 1929, Arts. 41, 42, 43; Constitución 1931, Arts. 41, 42 y 43].

Constitución 1901

Art. 23. La definición de atribuciones y facultades señala los límites del Poder Público: todo lo que extralimite dicha definición, constituye una usurpación de atribuciones.

Art. 24. Toda autoridad usurpada es ineficaz y sus actos son nulos.

Art. 25. Toda decisión acordada por requisición directa o indirecta de la fuerza o reunión de pueblo en actitud subversiva, es nula de derecho y carece de eficacia.

Art. 116. Se prohíbe a todo Magistrado, Autoridad o Corporación el ejercicio de cualquier función que no esté expresamente atribuida por la Constitución y las leyes.

[Con igual texto: Constitución 1904, Arts. 23, 24 y 25 y 104; Constitución 1909, Arts. 29, 30 y 31 y 121; Constitución 1914, Arts. 28, 29 y 30 y 107; Constitución 1922, Arts. 28, 29 y 30 y 107; Estatuto Provisional 1914, Arts. 21, 22 y 23 y 64].

Art. 118. Ni el Congreso Nacional, ni las Asambleas Legislativas de los Estados, podrán en ningún caso, por ningún motivo, ni bajo pretexto alguno, conferir facultades extraordinarias o dar votos de confianza al Presidente de la República, ni a persona o corporación de las que componen el Ejecutivo Federal.

Constitución 1893

Art. 118. Toda autoridad usurpada es ineficaz y sus actos son nulos.

Art. 119. Toda decisión acordada por requisición directa o indirecta de la fuerza o de reunión de pueblo en actitud subversiva, es nula de derecho y carece de eficacia.

Art. 120. Se prohíbe a todo magistrado, autoridad o corporación el ejercicio de cualquiera función que no le esté expresamente atribuida por la Constitución y las leyes.

Art. 122. Ni el Congreso Nacional ni las Asambleas Legislativas de los Estados podrán en ningún caso, por ningún motivo ni bajo pretexto alguno, conferir facultades extraordinarias o dar votos de confianza al Presidente de la República ni a persona o corporación de las que componen el Ejecutivo Nacional.

Constitución 1864

Art. 104. Toda autoridad usurpada es ineficaz; sus actos son nulos. Toda decisión acordada por requisición directa o indirecta de la fuerza armada o de reunión de pueblo en actitud subversiva, es nula de derecho y carece de eficacia.

Art. 105. Se prohíbe a toda corporación o autoridad el ejercicio de cualquier función que no le esté conferida por la Constitución o las leyes.

[Con igual texto: Constitución 1874, Arts. 104 y 105; Constitución 1881, Arts. 102 y 103; Constitución 1891, Arts. 102 y 103].

Constitución 1858

Art. 155. Se prohíbe a toda corporación pública o empleado el ejercicio de cualquier función o autoridad que no le hayan- sido conferidas por la Constitución o la ley.

Constitución 1811

Art. 150. Los actos ejercidos contra cualquier persona fuera de los casos y contra las formas que la ley determina son inicuos, y si por ellos se usurpa la autoridad constitucional o la libertad del pueblo, serán tiránicos.

Declaración 1811

Soberanía del pueblo

Art. 4. Todo individuo, corporación o ciudad que usurpe la soberanía, incurrirá en el delito de lesa Nación.

6. *La protección judicial de los derechos mediante el amparo judicial*

A. *El derecho de amparo*

Constitución 1999

Artículo 27. Toda persona tiene derecho a ser amparada por los tribunales en el goce y ejercicio de los derechos y garantías constitucionales, aun de aquellos inherentes a la persona que no figuren expresamente en esta Constitución o en los instrumentos internacionales sobre derechos humanos.

El procedimiento de la acción de amparo constitucional será oral, público, breve, gratuito y no sujeto a formalidad; y la autoridad judicial competente tendrá potestad para restablecer inmediatamente la situación jurídica infringida o la situación que más se asemeje a ella. Todo tiempo será hábil y el tribunal lo tramitará con preferencia a cualquier otro asunto.

La acción de amparo a la libertad o seguridad podrá ser interpuesta por cualquier persona; y el detenido o detenida será puesto o puesta bajo la custodia del tribunal de manera inmediata, sin dilación alguna.

El ejercicio de este derecho no puede ser afectado, en modo alguno, por la declaración del estado de excepción o de la restricción de garantías constitucionales.

Constitución 1961

Art. 49. Los Tribunales ampararán a todo habitante de la República en el goce y ejercicio de los derechos y garantías que la Constitución establece, en conformidad con la ley.

El procedimiento será breve y sumario, y el juez competente tendrá potestad para restablecer inmediatamente la situación jurídica infringida.

Constitución 1947

Art. 32. A toda persona detenida o presa con violación de las garantías establecidas en esta Constitución en resguardo de la libertad individual, le asiste el recurso de *Habeas Corpus*. Este recurso podrá ser ejercido por el interesado o por cualquiera otra persona en nombre de aquél y será admisible cuando la ley no consagre contra la orden, acto o procedimiento, que lo motive, ningún recurso judicial ordinario.

La ley determinará los Tribunales que reconocerán y decidirán en forma breve y sumaria de las denuncias del caso, así como también las demás condiciones necesarias para el ejercicio de este recurso.

B. *El recurso de habeas data*

Constitución 1999

Artículo 28. Toda persona tiene el derecho de acceder a la información y a los datos que sobre sí misma o sobre sus bienes consten en registros oficiales o privados, con las excepciones que establezca la ley, así como de conocer el uso que se haga de los mismos y su finalidad, y de solicitar ante el tribunal competente la actualización, la rectificación o la destrucción de aquellos, si fuesen erróneos o afectasen ilegítimamente sus derechos. Igualmente, podrá acceder a documentos de cualquier naturaleza que contengan información cuyo conocimiento sea de interés para comunidades o grupos de personas. Queda a salvo el secreto de las fuentes de información periodística y de otras profesiones que determine la ley.

C. *El recurso de inconstitucionalidad*

Constitución 1999

Artículo 333. Esta Constitución no perderá su vigencia si dejare de observarse por acto de fuerza o porque fuere derogada por cualquier otro medio distinto al previsto en ella.

En tal eventualidad, todo ciudadano investido o ciudadana investida o no de autoridad, tendrá el deber de colaborar en el restablecimiento de su efectiva vigencia.

Artículo 334. Todos los jueces o juezas de la República, en el ámbito de sus competencias y conforme a lo previsto en esta Constitución y en la ley, están en la obligación de asegurar la integridad de esta Constitución.

En caso de incompatibilidad entre esta Constitución y una ley u otra norma jurídica, se aplicarán las disposiciones constitucionales, correspondiendo a los tribunales en cualquier causa, aun de oficio, decidir lo conducente.

Corresponde exclusivamente a la Sala Constitucional del Tribunal Supremo de Justicia como jurisdicción constitucional, declarar la nulidad de las leyes y demás actos de los órganos que ejercen el Poder Público dictados en ejecución directa e inmediata de esta Constitución o que tengan rango de ley, cuando colidan con aquella.

Artículo 335. El Tribunal Supremo de Justicia garantizará la supremacía y efectividad de las normas y principios constitucionales; será el máximo y último intérprete de esta Constitución y velará por su uniforme interpretación y aplicación. Las interpretaciones que establezca la Sala Constitucional sobre el contenido o alcance de las normas y principios constitucionales son vinculantes para las otras Salas del Tribunal Supremo de Justicia y demás tribunales de la República.

Artículo 336. Son atribuciones de la Sala Constitucional del Tribunal Supremo de Justicia:

1. *Declarar la nulidad total o parcial de las leyes nacionales y demás actos con rango de ley de la Asamblea Nacional que colidan con esta Constitución.*
2. *Declarar la nulidad total o parcial de las Constituciones y leyes estadales, de las ordenanzas municipales y demás actos de los cuerpos deliberantes de los Estados y Municipios dictados en ejecución directa e inmediata de esta Constitución y que colidan con ella.*
3. *Declarar la nulidad total o parcial de los actos con rango de ley dictados por el Ejecutivo Nacional que colidan con esta Constitución.*
4. *Declarar la nulidad total o parcial de los actos en ejecución directa e inmediata de esta Constitución, dictados por cualquier otro órgano estatal en ejercicio del Poder Público, cuando colidan con ésta.*
5. *Verificar, a solicitud del Presidente o Presidenta de la República o de la Asamblea Nacional, la conformidad con esta Constitución de los tratados internacionales suscritos por la República antes de su ratificación.*
6. *Revisar en todo caso, aun de oficio, la constitucionalidad de los decretos que declaren estados de excepción dictados por el Presidente o Presidenta de la República.*
7. *Declarar la inconstitucionalidad de las omisiones del poder legislativo municipal, estadal o nacional, cuando haya dejado de dictar las normas o medidas indispensables para garantizar el cumplimiento de es-*

ta Constitución, o las haya dictado en forma incompleta; y establecer el plazo y, de ser necesario, los lineamientos de su corrección.

8. ***Resolver las colisiones que existan entre diversas disposiciones legales y declarar cuál debe prevalecer.***
9. ***Dirimir las controversias constitucionales que se susciten entre cualesquiera de los órganos del Poder Público.***
10. ***Revisar las sentencias definitivamente firmes de amparo constitucional y de control de constitucionalidad de leyes o normas jurídicas dictadas por los tribunales de la República, en los términos establecidos por la ley orgánica respectiva.***
11. ***Las demás que establezcan esta Constitución y la ley.***

Constitución 1961

Art. 215. Son atribuciones de la Corte Suprema de Justicia: 3° Declarar la nulidad total o parcial de las leyes nacionales y demás actos de los cuerpos legislativos que colidan con esta Constitución.

4° Declarar la nulidad total o parcial de las leyes estatales, de las ordenanzas municipales, y demás actos de los cuerpos deliberantes de los Estados o Municipios que colidan con esta Constitución.

6° Declarar la nulidad de los reglamentos y demás actos del Ejecutivo Nacional cuando sean violatorios de esta Constitución.

Constitución 1953

Art. 33. Son atribuciones de la Corte Federal:

1° Declarar la nulidad total o parcial de las leyes nacionales o estatales, de los reglamentos y de las ordenanzas o acuerdos municipales, cuando colidan con la Constitución.

2° Declarar la ley que deba prevalecer cuando se hallen en colisión las nacionales entre sí o éstas con las de los Estados, declarar asimismo cuáles son el artículo o artículos de una ley que hayan de regir, en caso de colisión.

3° Declarar la nulidad de los actos del Poder Público que sean violatorios de esta Constitución.

Constitución 1947

Art. 220. La Corte Suprema de Justicia tendrá las siguientes atribuciones:

7° Declarar la nulidad de las leyes nacionales, de los Estados u ordenanzas de las Municipalidades, cuando colidan con la Constitución de la República. La nulidad se limitará al párrafo, artículos en que aparezca la colisión, salvo que éstos sean de tal importancia, por su conexión con los demás, que, a juicio de la Corte, su nulidad acarreare la de toda la Ley.

8° Declarar cuál es la ley que deba prevalecer cuando se encuentren en colisión las nacionales entre sí, o éstas con las de los Estados, y declarar, asimismo, cuáles son el artículo o artículos de una ley que hayan de regir cuando existiere colisión entre las disposiciones de ella.

9° Declarar la nulidad de los actos de las Cámaras Legislativas, de las Asambleas Legislativas, de los Concejos Municipales, del Poder Ejecutivo Nacional o de los Estados, y de los Gobernadores del Distrito Federal o de los Territorios Federales, violatorios de esta Constitución. Igualmente la Corte declarará la nulidad de los actos a que se refieren los artículos 84 y 87 de esta Constitución cuando aquélla no fuere atribuida por la ley a otra autoridad.

Constitución 1945

Art. 128. Son atribuciones de la Corte Federal y de Casación:

Ord. 9° Declarar la nulidad de las leyes nacionales, de los Estados o Municipios, cuando colidan con la Constitución de la República. La nulidad se limitará al párrafo, artículo o artículos en que aparezca la colisión, salvo que éstos sean de tal importancia, por su conexión con los demás, que, a juicio de la Corte, su nulidad acarreare la de toda la ley.

Art. 10. Declarar cuál es la ley que deba prevalecer cuando se hallan en colisión las nacionales entre sí, o éstas con las de los Estados, y declarar asimismo cuáles son el artículo o artículos de una ley que haya de regir cuando existiere colisión entre las disposiciones de ella.

Ord. 11. Declarar la nulidad de los actos de las Cámaras Legislativas o del Ejecutivo Federal que violen los derechos garantizados a los Estados o que ataquen su autonomía; la de los actos de las Asambleas Legislativas y de los Concejos Municipales que violen las restricciones expresadas en el párrafo 39, número 4 del artículo 17 y en el número 3° del artículo 18. y, en general, la de todos los actos del Poder Público violatorios de esta Constitución. Igualmente declarará la Corte la nulidad de los actos a que se refiere el Art. 43 de la Constitución, siempre cuando se trate de actos de las autoridades, que dichos actos emanen de autoridad Nacional o del Distrito Federal, de los Presidentes o altos funcionarios de los Estados, y de los Gobernadores de los Territorios Federales.

Constitución 1936

Art. 123. Son atribuciones de la Corte Federal y de Casación:

9° Declarar la nulidad de las leyes Nacionales, de los Estados o Municipalidades, cuando colidan con la Constitución de la República. La nulidad se limitará al párrafo, artículo o artículos en que aparezca la colisión, salvo que éstos sean de tal importancia, que por su conexión con los demás, que, a juicio de la Corte, su nulidad acarreare la de toda la ley.

10. Declarar cuál es la ley que deba prevalecer cuando se hallan en colisión las nacionales entre sí, o éstas con las de los Estados, y declarar asimismo cuáles son el artículo o artículos de una ley que hayan de regir cuando existiere colisión entre las disposiciones de ella.

11. Declarar la nulidad de los actos de las Cámaras Legislativas o del Ejecutivo Federal que violen los derechos garantizados a los Estados o que ataquen su autonomía; la de los actos de las Asambleas Legislativas y da los Concejos Municipales que violen las restricciones expresadas en el párrafo

4°, número 4 del artículo 17 y en el número 3°, del artículo 18, y, en general, la de todos los actos del Poder Público violatorios de esta Constitución. Igualmente declarará la Corte la nulidad de los actos a que se refiere el artículo 42, de la Constitución, siempre, cuando se trate de actos de las autoridades, que dichos actos emanen de autoridad Nacional o del Distrito Federal, de los Presidentes o altos funcionarios de los Estados, y de los Gobernadores de los Territorios Federales.

Constitución 1931

Art. 120. Son atribuciones de la Corte Federal y de Casación: 9° Declarar la nulidad de las leyes nacionales o de los Estados cuando colidan con la Constitución de la República. La nulidad se limitará al párrafo, artículo o artículos en que aparezca la colisión, salvo que éstos sean de tal importancia, por su conexión con los demás, que, a juicio de la Corte, su nulidad acarreare la de toda la ley.

10. Declarar cuál sea la ley que debe prevalecer cuando se hallen en colisión las nacionales entre sí, o éstas con las de los Estados, y declarar asimismo cuáles son el artículo o artículos de una ley que han de regir cuando existiere colisión entre las disposiciones de ella.

11. Declarar la nulidad de los actos de las Cámaras Legislativas o del Ejecutivo Federal que violen los derechos garantizados a los Estados, o que ataquen su autonomía, y la de los actos de las Asambleas Legislativas o de los Concejos Municipales que violen las restricciones expresadas en el parágrafo 3, número 4° del artículo 17 y en el número 3° del artículo 18.

12. Declarar la nulidad de los Decretos o Reglamentos que dictare el Poder Ejecutivo para la ejecución de las leyes, cuando alteraren el espíritu, razón o propósito de ellas y en general declarar, cuando sea procedente, la nulidad de todos los actos a que se refieren los artículos 42 y 43 de esta Constitución, siempre que emanen de autoridad Nacional o del Distrito Federal, o de los altos funcionarios de los Estados. Cuando el acto tachado de nulidad fuere una Resolución Ministerial relativa a la ejecución, interpretaron o caducidad de algún contrato celebrado por el Ejecutivo Federal, la Corte, podrán decidir sino mediante el procedimiento pautado en el número que sigue.

Constitución 1929

Art. 120. Son atribuciones de la Corte Federal y de Casación:

9° Declarar la nulidad de las leyes nacionales o de los Estados cuando colidan con la Constitución de la República. La nulidad se limitará al párrafo, artículo ó artículos en que aparezca la colisión, salvo que éstos sean de tal importancia, por su conexión con los demás, que, a juicio de la Corte, su nulidad acarreare la de toda la ley.

10. Declarar cuál es la ley que debe prevalecer cuando se hallen en colisión las nacionales entre sí, o éstas con las de los Estados, y declarar así mismo cuáles son el artículo o artículos de una ley que han de regir cuando existiere colisión entre las disposiciones de ella.

11. Declarar la nulidad de los actos de las Cámaras Legislativas o del Ejecutivo Federal que violen los derechos garantizados a los Estados, o que ataquen su autonomía, y la de los actos de las Asambleas Legislativas o de los Concejos Municipales que violen las restricciones expresadas en el parágrafo 3, número 4° del artículo 17 y en el número 3° del artículo 18.

12. Declarar la nulidad de los Decretos o Reglamentos que dictare el Poder Ejecutivo para la ejecución de las leyes, cuando alteraren el espíritu, razón o propósito de ellas, y en general, declarar, cuando sea procedente, la nulidad de todos los actos a que se refieren los artículos 42 y 43 de esta Constitución, siempre que emanen de autoridad Nacional o del Distrito Federal, o de los altos funcionarios de los Estados. Cuando el acto tachado de nulidad fuere una Resolución Ministerial relativa a la ejecución, interpretación o caducidad de algún contrato celebrado por el Ejecutivo Federal, la Corte no podrá decidir sino mediante el procedimiento pautado en el número que sigue.

Constitución 1928

Art. 120. Son atribuciones de la Corte Federal y de Casación: 9° Declarar la nulidad de las leyes nacionales o de los Estados cuando colidan con la Constitución de la República. La nulidad se limitará al párrafo, artículo o artículos en que aparezca la colisión, salvo que éstos sean de tal importancia, por su conexión con los demás, que a juicio de la Corte su nulidad acarreare la de toda la ley.

10. Declarar cuál es la ley que debe prevalecer cuando se hallen en colisión las nacionales entre sí, o éstas con las de los Estados, y declarar asimismo cuáles son el artículo o artículos de una ley que han de regir cuando existiere colisión entre las disposiciones de ella.

11. Declarar la nulidad de los actos de las Cámaras Legislativas o del Ejecutivo Federal que violen los derechos garantizados a los Estados, o que ataquen su autonomía, y la de los actos de las Asambleas Legislativas o de los Concejos Municipales que violen las restricciones expresadas en el parágrafo 3, número 4° del artículo 17 y en el número 3° del artículo 18.

12. Declarar la nulidad de los Decretos o Reglamentos que dictare el Poder Ejecutivo para la ejecución de las leyes, cuando alteraren el espíritu, razón o propósito de ellas, y en general, declarar, cuando sea procedente, la nulidad de todos los actos a que se refieren los artículos 42 y 43 de esta Constitución, siempre que emanen de autoridad Nacional o del Distrito Federal, o de los altos funcionarios de los Estados. Cuando el acto tachado de nulidad fuere una Resolución Ministerial relativa a la ejecución, interpretación o caducidad de algún contrato celebrado por el Ejecutivo Federal, la Corte no podrá decidir sino mediante el procedimiento pautado en el número que sigue.

Constitución 1925

Art. 120. Son atribuciones de la Corte Federal y de Casación: 9° Declarar la nulidad de las leyes nacionales o de los Estados cuando colidan con la

Constitución de la República. La nulidad se limitará al párrafo, artículo o artículos en que aparezca la colisión, salvo que éstos sean de tal importancia, por su conexión con los demás, que, a juicio de la Corte, su nulidad acarreare la de toda la ley.

10. Declarar cuál sea la ley que debe prevalecer cuando se hallen en colisión las nacionales entre sí o éstas son las de los Estados, y declarar asimismo cuál es el artículo o artículos de una ley que ha de regir cuando existiere colisión entre las disposiciones de ella.

11. Declarar la nulidad de los actos de las Cámaras Legislativas o del Ejecutivo Federal que violen los derechos garantizados a los Estados o que ataquen su autonomía, y la de los actos de las Asambleas Legislativas o de los Concejos Municipales que violen las restricciones expresadas en el parágrafo 3, número 4°, del artículo 17 y en el número 3° del artículo 18.

12. Declarar la nulidad de los Decretos o Reglamentos que dictare el Poder Ejecutivo para la ejecución de las leyes cuando alteraren el espíritu, razón o propósito de ellas, y en general, declarar, cuando sea procedente, la nulidad de todos los actos a que se refieren los artículos 42 y 43 de esta Constitución, siempre que emanen de autoridad Nacional o del Distrito Federal, o de los altos funcionarios de los Estados. Cuando el acto acusado de nulidad fuere una Resolución Ministerial relativa a la ejecución, interpretación o caducidad de algún contrato celebrado por el Ejecutivo Federal, la Corte no podrá decidir sino mediante el procedimiento pautado en el número que sigue.

Constitución 1922

Art. 98. Son atribuciones de la Corte Federal y de Casación:

11. Declarar la nulidad de las leyes nacionales o de los Estados, cuando colidan con la Constitución de la República.

12. Declarar cuál sea la ley, decreto o resolución vigente cuando se hallen en colisión las nacionales entre sí o éstas con las de los Estados.

13. Declarar la nulidad del artículo o artículos de una ley que colidan con otros de la misma; de todos los actos de las Cámaras Legislativas o del Ejecutivo Federal que violen los derechos garantizados a los Estados o que ataquen su autonomía, y de los actos de las Asambleas Legislativas o de los Concejos Municipales que colidan con las bases 10, 11, 12 y 13 del artículo 19, con el inciso 19 de la garantía 15 del artículo 22, con el artículo 117 de esta Constitución.

14. Declarar la nulidad ele todos los actos a que se refieren los artículos 29 y 30 de esta Constitución, siempre que emanen de Autoridad Nacional, o del Distrito Federal o de los Altos Funcionarios de los Estados.

Constitución 1914

Art. 98. Son atribuciones de la Corte Federal y de Casación:

10. Declarar la nulidad de las leyes nacionales o de los Estados cuando colidan con la Constitución de la República.

11. Declarar cuál es la ley, decreto o resolución vigente cuando se hallen en colisión las nacionales entre sí o éstas con las de los Estados.

12. Declarar la nulidad del artículo o artículos de una ley que colidan con otros de la misma; de todos los actos de las Cámaras Legislativas o del Ejecutivo Federal que violen los derechos garantizados a los Estados o que ataquen su autonomía, y de los actos de las Legislaturas o de los Concejos Municipales que colidan con las bases 10, 11, 12 y 13 del artículo 19, con el inciso 1° de la garantía 15 del artículo 22 y con el artículo 117 de esta Constitución.

13. Declarar la nulidad de todos los actos a que se refieren los artículos 29 y 30 de esta Constitución, siempre que emanen de Autoridad Nacional o del Distrito Federal o de los Altos Funcionarios de los Estados.

Estatuto Provisional 1914

Art. 49. Son atribuciones de la Corte Federal y de Casación:

10. Declarar cuál sea la ley vigente cuando se hallen en colisión las nacionales entre sí o éstas con las de los Estados.

11. Declarar la nulidad de todos los actos del Ejecutivo Federal que violen los derechos garantizados a los Estados o que ataquen su autonomía y de los actos de los Concejos Municipales que colidan con las bases 10, 11, 12 y 13 del artículo 5° de este Estatuto.

12. Declarar la nulidad de todos los actos a que se refieren los artículos 22 y 23 de este Estatuto, siempre que emanen de autoridad nacional o del Distrito Federal, o de los Altos funcionarios de los Estados.

Constitución 1909

Art. 112. Son atribuciones de la Corte Federal y de Casación:

10. Declarar la nulidad de las leyes nacionales o de los Estados, cuando colidan con la Constitución de la República.

11. Declarar cuál es la ley vigente cuando se hallen en colisión las nacionales entre sí o éstas con las de los Estados.

12. Declarar la nulidad de todos los actos de las Cámaras Legislativas o del Ejecutivo Nacional que violen los derechos garantizados a los Estados o que ataquen su autonomía y de los actos de las Legislaturas o de los Concejos Municipales que colidan con las bases 10, 11, 12 y 13 del artículo 12 de esta Constitución.

13. Declarar la nulidad de todos los actos a que se refieren los artículos 30 y 31 de esta Constitución, siempre que emanen de autoridad nacional o del Distrito Federal, o de los Altos Funcionarios de los Estados.

Constitución 1904

Art. 95. Son atribuciones de la Corte Federal y de Casación:

10. Declarar la nulidad de las leyes nacionales, o de los Estados, cuando colidan con la Constitución de la República,

11. Declarar cuál sea la ley vigente cuando se hallen en colisión las nacionales entre sí o éstas con las de los Estados.

12. Declarar la nulidad de todos los actos de las Cámaras Legislativas o del Ejecutivo Federal, que violen los derechos garantizados a los Estados o que ataquen su autonomía.

13. Declarar la nulidad de todos los actos a que se refieren los artículos 24 y 25 de esta Constitución, siempre que emanen de autoridad nacional o del Distrito Federal o de Altos Funcionarios de los Estados.

Constitución 1901

Art. 106. Son atribuciones de la Corte Federal a más de las que le señale esta Constitución y le atribuyan los Códigos nacionales y las leyes de los Estados en materia de elecciones:

8° Declarar en el término más breve posible cuál disposición ha de prevalecer en el caso especial que se le someta, cuando la autoridad llamada a aplicar la ley, en el lapso legal señalado para su decisión motu proprio, o a instancia de interesado, acuda en consulta a este Tribunal con copia de lo conducente, porque se considere que hay colisión de las leyes federales o de los Estados con la Constitución de la República. Sin embargo, por este motivo no se detendrá el curso de la causa y llegada la oportunidad de dictar sentencia sin haberse recibido la declaración de que trata esta facultad, aquélla se conformará a lo que sobre el particular dispone el Código de Procedimiento Civil. En el caso de que la decisión llegue encontrándose la causa en apelación, el Tribunal de alzada aplicará lo dispuesto por la Corte Federal.

9° Declarar cuál sea la ley vigente cuando se hallen en comisión las nacionales entre sí, o éstas con las de los Estados.

10. Declarar la nulidad de todos los actos de las Cámaras Legislativas o del Ejecutivo Federal, que violen los derechos garantizados a los Estados o que ataquen su autonomía, a petición de cualquiera de los Poderes de un Estado.

11. Declarar la nulidad de todos los actos a que se refieren los artículos 24 y 25 de esta Constitución, siempre que emanen de autoridad nacional o del Distrito Federal.

Constitución 1893

Art. 110. Son atribuciones de la Alta Corte Federal, a más de las que le señalen esta Constitución y las leyes:

8° Declarar cuáles la ley, decreto o resolución vigente cuando estén en colisión las nacionales entre sí, o éstas con las de los Estados, o la de los mismos Estados, o cualquiera con esta Constitución.

9° Declarar la nulidad de todos los actos a que se refieren los artículos 118 y 119 de esta Constitución, siempre que emanen de autoridad nacional o del Distrito Federal.

Constitución 1864

Art. 89. Son materias de la competencia de la Alta Corte Federal: 9° Declarar cual sea la ley vigente cuando se hallen en colisión las nacionales entre sí o éstas con las de los Estados o las de los mismos Estados.

Art. 92. Todo acto del Congreso o del Ejecutivo Nacional que viole los derechos garantizados a los Estados en esta Constitución o ataque su independencia deberá ser declarado nulo por la Alta Corte, siempre que así lo pida la mayoría de las Legislaturas.

[Con igual texto: Constitución 1874, Art. 89,9; Art. 92; Constitución 1881, Art. 89,9; Art. 90; Constitución 1891, Art. 80,8; Art. 90].

Constitución 1858

Art. 113. Son atribuciones de la Corte Suprema:

7° Resolver las dudas de los demás tribunales sobre la inteligencia de alguna ley, dando cuenta al Congreso para que éste fije, si lo juzgare necesario.

8° Declarar la nulidad de los actos legislativos sancionados por las Legislaturas provinciales, a petición de cualquier ciudadano, cuando sean contrarios a la Constitución.

Constitución 1830

Art. 147. Son atribuciones de la Corte Suprema de Justicia: 10. Oír las dudas de los demás Tribunales sobre la inteligencia de alguna ley y consultar sobre ellas al Congreso por el conducto del Poder Ejecutivo si las considerase fundadas para la conveniente declaratoria.

D. *El recurso contencioso-administrativo de anulación*

Constitución 1999

Artículo 259. La jurisdicción contencioso-administrativa corresponde al Tribunal Supremo de Justicia y a los demás tribunales que determine la ley. Los órganos de la jurisdicción contencioso-administrativa son competentes para anular los actos administrativos generales o individuales contrarios a derecho, incluso por desviación de poder; condenar al pago de sumas de dinero y a la reparación de daños y perjuicios originados en responsabilidad de la Administración; conocer de reclamos por la prestación de servicios públicos y disponer lo necesario para el restablecimiento de las situaciones jurídicas subjetivas lesionadas por la actividad administrativa.

Artículo 266. Son atribuciones del Tribunal Supremo de Justicia:

4. Dirimir las controversias administrativas que se susciten entre la República, algún Estado, Municipio u otro ente público, cuando la otra parte sea alguna de esas mismas entidades, a menos que se trate de controversias entre Municipios de un mismo Estado, caso en el cual la ley podrá atribuir su conocimiento a otro tribunal.

5. Declarar la nulidad total o parcial de los reglamentos y demás actos administrativos generales o individuales del Ejecutivo Nacional, cuando sea procedente.

Constitución 1961

Art. 206. La jurisdicción contencioso-administrativa corresponde a la Corte Suprema de Justicia y a los demás Tribunales que determine la ley. Los órganos de la jurisdicción contencioso-administrativa son competentes para anular los actos administrativos generales o individuales contrarios a derecho, incluso por desviación de poder; condenar al pago de sumas de dinero y a la reparación de daños y perjuicios originados en responsabilidad de la administración, y disponer lo necesario para el restablecimiento de las situaciones jurídicas subjetivas lesionadas por la actividad administrativa.

Art. 215. Son atribuciones de la Corte Suprema de Justicia:

7° Declarar la nulidad de los actos administrativos del Ejecutivo Nacional, cuando sea procedente.

Constitución 1947

Art. 220. La Corte Suprema de Justicia tendrá las siguientes atribuciones

Ord. 9° La acción de nulidad de un acto administrativo por ilegalidad o abuso de poder caduca a los trece meses, siempre que por dicho acto no se haya violado ninguna disposición constitucional. La ilegalidad del mismo acto como excepción puede oponerse siempre.

Si el acto tachado de nulidad fuere una resolución ministerial, la Corte no podrá decidir sino mediante el procedimiento establecido en el ordinal siguiente.

Constitución 1936

Art. 123. Son atribuciones de la Corte Federal y de Casación:

Ord. 11. La acción de declaración de nulidad de un acto administrativo por ilegalidad o abuso de poder, caduca a los trece meses, siempre que por dicho acto no se haya violado ninguno de los principios, garantías o derechos consagrados por esta Constitución. La ilegalidad del mismo acto como excepción, puede oponerse siempre.

Si el acto de nulidad fuere una Resolución ministerial, la Corte no podrá decidir sino mediante el procedimiento pautado en el número que sigue.

[Con igual texto: Constitución 1945, Art. 128,11]

Constitución 1931

Art. 120. Son atribuciones de la Corte Federal y de Casación:

Ord. 12. La acción en declaración de nulidad de un acto administrativo por ilegalidad o abuso de poder caduca a los trece meses, contados desde la fecha de la publicación de dicho acto. La ilegalidad, como excepción, puede oponerse siempre.

Cuando el acto tachado de nulidad fuere una Resolución Ministerial relativa a la ejecución o caducidad de algún contrato celebrado por el Ejecutivo Federal, la Corte no podrá decidir sino mediante el procedimiento pautado en el número que sigue.

7. *Otros medios de protección*

Constitución 1999

Artículo 273. El Poder Ciudadano se ejerce por el Consejo Moral Republicano integrado por el Defensor o Defensora del Pueblo, el Fiscal o la Fiscal General y el Contralor o Contralora General de la República.

Los órganos del Poder Ciudadano son la Defensoría del Pueblo, el Ministerio Público y la Contraloría General de la República, uno o una de cuyos o cuyas titulares será designado o designada por el Consejo Moral Republicano como su Presidente o Presidenta por períodos de un año, pudiendo ser reelegido o reelegida.

El Poder Ciudadano es independiente y sus órganos gozan de autonomía funcional, financiera y administrativa. A tal efecto, dentro del presupuesto general del Estado se le asignará una partida anual variable.

Su organización y funcionamiento se establecerá en ley orgánica.

Artículo 274. Los órganos que ejercen el Poder Ciudadano tienen a su cargo, de conformidad con esta Constitución y con la ley, prevenir, investigar y sancionar los hechos que atenten contra la ética pública y la moral administrativa; velar por la buena gestión y la legalidad en el uso del patrimonio público, el cumplimiento y la aplicación del principio de la legalidad en toda la actividad administrativa del Estado; e, igualmente, promover la educación como proceso creador de la ciudadanía, así como la solidaridad, la libertad, la democracia, la responsabilidad social y el trabajo.

Artículo 280. La Defensoría del Pueblo tiene a su cargo la promoción, defensa y vigilancia de los derechos y garantías establecidos en esta Constitución y en los tratados internacionales sobre derechos humanos, además de los intereses legítimos, colectivos o difusos de los ciudadanos y ciudadanas.

Artículo 284. El Ministerio Público estará bajo la dirección y responsabilidad del Fiscal o la Fiscal General de la República, quien ejercerá sus atribuciones directamente con el auxilio de los funcionarios o funcionarias que determine la ley.

Constitución 1961

Art. 220. Son atribuciones del Ministerio Público:

1° Velar por el respeto de los derechos y garantías constitucionales.

4° Velar por el correcto cumplimiento de las leyes y la garantía de los derechos humanos en las cárceles y demás establecimientos de reclusión.

8. *Obligaciones generales del Estado en materia de protección de los derechos humanos*

Constitución de 1999

Artículo 19. El Estado garantizará a toda persona, conforme al principio de progresividad y sin discriminación alguna, el goce y ejercicio irrenunciable, indivisible e interdependiente de los derechos humanos. Su respeto y garantía son obligatorios para los órganos del Poder Público, de conformidad con esta Constitución, con los tratados sobre derechos humanos suscritos y ratificados por la República y con las leyes que los desarrollen.

Artículo 29. El Estado estará obligado a investigar y sancionar legalmente los delitos contra los derechos humanos cometidos por sus autoridades.

Las acciones para sancionar los delitos de lesa humanidad, violaciones graves de los derechos humanos y los crímenes de guerra son imprescriptibles. Las violaciones de los derechos humanos y los delitos de lesa humanidad serán investigados y juzgados por los tribunales ordinarios. Dichos delitos quedan excluidos de los beneficios que puedan conllevar su impunidad, incluidos el indulto y la amnistía.

Artículo 30. El Estado tendrá la obligación de indemnizar integralmente a las víctimas de violaciones de los derechos humanos que le sean imputables, o[*] a su derechohabientes, incluido el pago de daños y perjuicios.

El Estado adoptará las medidas legislativas y de otra naturaleza para hacer efectivas las indemnizaciones establecidas en este artículo.

El Estado protegerá a las víctimas de delitos comunes y procurará que los culpables reparen los daños causados.

9. *La jerarquía constitucional de los derechos humanos y la protección internacional de los mismos*

Constitución de 1999

Artículo 23. Los tratados, pactos y convenciones relativos a derechos humanos, suscritos y ratificados por Venezuela[69], tienen jerarquía constitucional y prevalecen en el orden interno, en la medida en que contengan normas sobre su goce y ejercicio más favorables a las establecidas en esta Constitución y en las leyes de la República, y son de aplicación inmediata y directa por los tribunales y demás órganos del Poder Público.

---

* En la publicación de 30-12-1999, en lugar de la conjunción disyuntiva "o" de utilizó la conjunción copulativa "y ".

69 Los principales tratados generales sobre derechos humanos ratificados han sido los siguientes: *Ley Aprobatoria de la Convención Americana sobre Derechos Humanos* (Pacto de San José de Costa Rica, 1969). (*G.O.* Nº 31.256 de 14-06-1977); *Ley Aprobatoria del Pacto Internacional de Derechos Económicos, Sociales y Culturales.* (*G.O.* Extra. Nº 2.146 de 28-01-1978); *Ley Aprobatoria del Pacto Internacional de Derechos Civiles y Políticos.* (*G.O.* Extra. Nº 2.146 de 28-01-1978); *Ley Aprobatoria del Protocolo Facultativo del Pacto Internacional de Derechos Civiles y Políticos.* (*G.O.* Extra. Nº 2.146 de 28-01-1978).

Artículo 31. Toda persona tiene derecho, en los términos establecidos por los tratados, pactos y convenciones sobre derechos humanos ratificados por la República, a dirigir peticiones o quejas ante los órganos internacionales creados para tales fines, con el objeto de solicitar el amparo a sus derechos humanos.

El Estado adoptará, conforme a procedimientos establecidos en esta Constitución y en la ley, las medidas que sean necesarias para dar cumplimiento a las decisiones emanadas de los órganos internacionales previstos en este artículo.

SECCIÓN SEGUNDA:

LOS DERECHOS INDIVIDUALES

1. *El derecho a la vida: la inviolabilidad y la proscripción de la pena de muerte.*

Constitución 1999

Artículo 43. El derecho a la vida es inviolable. Ninguna ley podrá establecer la pena de muerte, ni autoridad alguna aplicarla. El Estado protegerá la vida de las personas que se encuentren privadas de su libertad, prestando el servicio militar o civil, o sometidas a su autoridad en cualquier otra forma

Constitución 1961

Art. 58. El derecho a la vida es inviolable. Ninguna ley podrá establecer la pena de muerte ni autoridad alguna aplicarla.

Constitución 1953

Art. 35. Se garantiza a los habitantes de Venezuela:

1° La inviolabilidad de la vida. Ninguna ley podrá establecer la pena de muerte ni autoridad alguna aplicarla.

Constitución 1947

Art. 29. La Nación garantiza a todos sus habitantes la inviolabilidad de la vida. Ninguna Ley podrá establecer la pena de muerte ni autoridad alguna podrá aplicarla.

Constitución 1936

Art. 32. La Nación garantiza a los venezolanos:

1° La inviolabilidad de la vida, sin que por ninguna Ley ni por mandato de ninguna autoridad pueda establecerse ni aplicarse la pena de muerte.

[Con igual texto: Constitución 1945, Art. 32,1].

Constitución 1925

Art. 32. La Nación garantiza a los venezolanos:

1° La inviolabilidad de la vida, sin que por ninguna Ley ni por mandato de ninguna autoridad se pueda establecer ni aplicar la pena de muerte.

[Con igual texto: Constitución 1928, Art. 32,1; Constitución 1929, Art. 32,1; Con la jerarquía constitucional Constitución 1931, Art. 32,1].

Constitución 1909

Art. 23. La Nación garantiza a los venezolanos:

1° La inviolabilidad de la vida, quedando abolida la pena capital, cualquiera que sea la ley que la establezca y sea cual fuere la autoridad que la ordene.

[Con igual texto: Estatuto Provisional 1914, Art. 16,1; Constitución 1914, Art. 22,1; Constitución 1922, Art. 22,1].

Constitución 1904

Art. 17. La Nación garantiza a los venezolanos:

1° La inviolabilidad de la vida, quedando abolida la pena capital.

Constitución 1901

Art. 17. La Nación garantiza a los venezolanos la efectividad de los siguientes derechos:

1° La inviolabilidad de la vida, quedando abolida la pena capital.

Constitución 1891

Art. 14. La Nación garantiza a los venezolanos la efectividad de los siguientes derechos:

1° La inviolabilidad de la vida, quedando abolida la pena capital, cualquiera que sea la ley que la establezca.

[Con igual texto: Constitución 1893, Art. 14 ord. 1].

Constitución 1864

Art. 14. La Nación garantiza a los venezolanos.

1° La inviolabilidad de la vida, quedando abolida la pena capital, cualquiera que sea la ley que la establezca.

[Con igual texto: Constitución 1874, Art. 14, ord. 1; Constitución 1881, Art. 14, ord. 1]

Decreto 1868

Art. 1° Se garantiza a los venezolanos:

1° La vida: Queda en consecuencia abolida la pena de muerte y derogadas las leyes que la imponen.

Constitución 1858

Art. 151. Queda abolida toda confiscación, toda pena cruel y la de muerte por los delitos políticos. El Código criminal limitará en cuanto sea posible la imposición de la pena capital.

Constitución 1857

Art. 98. Queda para siempre abolida la pena capital en los delitos políticos.

Constitución 1830

Art. 206. Queda abolida toda confiscación de bienes y toda pena cruel. El Código Criminal limitará en cuanto sea posible la imposición de la pena capital.

Decreto 1830

Art. 20. Queda abolida toda confiscación de bienes y toda pena cruel. El Código Criminal limitará en cuanto sea posible la imposición de la pena capital.

Constitución 1811

165. Todo individuo de la sociedad, teniendo derecho a ser protegida por ella goce de su vida, de su libertad y de sus propiedades.

2. *El derecho al nombre y a la identidad*

Constitución 1999

Artículo 56. Toda persona tiene derecho a un nombre propio, al apellido del padre y al de la madre, y a conocer la identidad de los mismos. El Estado garantizará el derecho a investigar la maternidad y la paternidad.

Toda persona tiene derecho a ser inscrita gratuitamente en el registro civil después de su nacimiento y a obtener documentos públicos que comprueben su identidad biológica, de conformidad con la ley. Éstos no contendrán mención alguna que califique la filiación.

3. *El derecho al honor y a la privacidad*

Constitución 1999

Artículo 60. Toda persona tiene derecho a la protección de su honor, vida privada, intimidad, propia imagen, confidencialidad y reputación.

La ley limitará el uso de la informática para garantizar el honor y la intimidad personal y familiar de los ciudadanos y ciudadanas y el pleno ejercicio de sus derechos.

Constitución 1961

Art. 59. Toda persona tiene derecho a ser protegida contra los perjuicios a su honor, reputación o vida privada.

4. *El derecho a la igualdad*

Constitución 1999

Artículo 21. Todas las personas son iguales ante la ley; en consecuencia:

1. No se permitirán discriminaciones fundadas en la raza, el sexo, el credo, la condición social o aquellas que, en general, tengan por objeto o por resultado anular o menoscabar el reconocimiento, goce o ejercicio en condiciones de igualdad, de los derechos y libertades de toda persona.

2. La ley garantizará las condiciones jurídicas y administrativas para que la igualdad ante la ley sea real y efectiva; adoptará medidas positivas a favor de personas o grupos que puedan ser discriminados, marginados o vulnerables; protegerá especialmente a aquellas personas que por alguna de las condiciones antes especificadas, se encuentren en circunstancia de debilidad manifiesta y sancionará los abusos o maltratos que contra ellas se cometan.

3. Sólo se dará el trato oficial de ciudadano o ciudadana, salvo las fórmulas diplomáticas.

4. No se reconocen títulos nobiliarios ni distinciones hereditarias.

A. *La prohibición de discriminaciones*

Constitución 1961

Art. 61. No se permitirán discriminaciones fundadas en la raza, el sexo, el credo o la condición social.

Los documentos de identificación para los actos de la vida civil no contendrán mención alguna que califique la filiación...

Constitución 1953

Art. 35. Se garantiza a los habitantes de Venezuela:

8. La igualdad ante la ley.

La identificación de una persona para los actos de la vida civil no contendrá mención alguna que se refiera a la naturaleza de la filiación, establezca diferencias en los nacimientos o indique el estado civil de los padres.

Constitución 1947

Art. 46. La Nación garantiza a todos sus habitantes la igualdad, en virtud de la cual:

a) Todos serán juzgados por las mismas leyes y gozarán por igual de su protección.

c) La identificación de una persona para los actos de la vida civil no comprenderá mención alguna que se refiera a la naturaleza de la filiación, establezca diferencias en los nacimientos o indique el estado civil de los padres.

Constitución 1936

Art. 32. La Nación garantiza a los venezolanos:

18. La igualdad, en virtud de la cual:

a) Todos serán juzgados por las mismas leyes y gozarán por igual de la protección de éstas en todo el territorio de la Nación y estarán sometidos a los mismos deberes, servicios y contribuciones, no pudiendo concederse exoneraciones de éstas sino en los casos en que la ley las permita.

[Con igual texto: Constitución 1945, Arts. 32, 18,a]

Constitución 1925

Art. 32. La Nación garantiza a los venezolanos:

16. La igualdad en virtud de la cual:

a) Todos deben ser juzgados por las mismas leyes, gozarán de la igual protección de éstas en todo el territorio de la Nación y estarán sometidos a iguales deberes, servicios y contribuciones, no pudiendo concederse exoneraciones de éstas sino en los casos que lo permita la ley.

[Con igual texto: Constitución 1928, Arts. 32, 16,a; Constitución 1929, Arts. 32, 16,a; Constitución 1931, Arts. 32, 16,a].

Constitución 1904

Art. 17. La Nación garantiza a los venezolanos:

15. La igualdad, en virtud de la cual:

1) Todos deben ser juzgados por unas mismas leyes y sometidos a iguales deberes, servicios y contribuciones.

[Con igual texto: Constitución 1909, Arts. 23, 15,1; Estatuto Provisional 1914, Arts. 16, 15,1; Constitución 1914, Arts. 22, 15,1; Constitución 1922, Arts. 22, 15,1].

Constitución 1893

Art. 14. La Nación garantiza a los venezolanos la efectividad de los siguientes derechos:

15. La igualdad en virtud de la cual:

1° Todos deben ser juzgados por unas mismas leyes y sometidos a unos mismos deberes, servicios y contribuciones.

[Con igual texto: Constitución 1901, Arts. 17, 15,1].

Constitución 1864

Art. 14. La Nación garantiza a los venezolanos:

15. La igualdad en virtud de la cual:

1. Todos deben ser juzgados por unas mismas leyes y sometidos a unos mismos deberes, servicios y contribuciones.

[Con igual texto: Constitución 1874. Arts. 14, 15.1: Constitución 1881, Arts. 14, 15,1; Constitución 1891, Arts. 14, 15,1].

Decreto 1863

Art. 1. Se garantiza a los venezolanos:

13. *La igualdad ante la ley*: Que sin excepción será una para los venezolanos. Todos igualmente admisibles a los empleos públicos, sin otra consideración que la de su idoneidad.

Constitución 1858

Art. 27. Todos los venezolanos son iguales ante la ley.

Constitución 1857

Art. 97. Esta Constitución garantiza a los venezolanos la igualdad ante la ley.

Constitución 1830

Art. 188. ...la igualdad ante la ley se garantizan a los venezolanos.

Decreto 1830

Art. 2. ...la igualdad ante la ley se garantizan a los venezolanos.

Constitución 1821

Art. 3° Es un deber de la Nación proteger por leyes sabias y equitativas ... la igualdad de todos los colombianos.

Constitución 1819

Art. 1° Son derechos del hombre la... igualdad.

Art. 16. La igualdad consiste en que la ley sea una misma para todos los ciudadanos, sea que castigue o que premie.

Constitución 1811

147. Todos los ciudadanos tienen derecho indistintamente a los empleos públicos del modo, en las formas y con las condiciones prescritas por la ley, no siendo aquéllos la propiedad exclusiva de ninguna clase de hombres en particular; y ningún hombre, Corporación o Asociación de hombres tendrá otro título para obtener ventajas y consideraciones particulares, distintas de las de los otros en la opción a los empleos que forman una carrera pública, sino el que proviene de los servicios hechos al Estado.

148. No siendo estos títulos ni servicios en manera alguna hereditarios por la naturaleza, ni transmisibles a los hijos, descendientes u otras relacio-

nes de sangre, la idea de un hombre nacido magistrado, legislador, juez, militar o empleado de cualquier suerte, es absurda y contraria a la naturaleza.

152. Estos derechos son... la igualdad...

154. La igualdad consiste en que la ley sea una misma para todos los ciudadanos, sea que castigue o que proteja. Ella no reconoce distinción de nacimiento ni herencia de poderes.

202. El comercio inicuo de negros, prohibido por decreto de la Junta Suprema de Caracas en 14 de agosto de 1810, queda solemne y constitucionalmente abolido en todo el territorio de la Unión, sin que puedan de modo alguno introducirse esclavos de ninguna especie por vía de especulación mercantil.

203. Del mismo modo quedan revocadas y anuladas en todas sus partes las leyes antiguas, que imponían degradación civil a una parte de la población libre de Venezuela conocida hasta ahora bajo la denominación de pardos; éstos quedan en posesión de su estimación natural y civil y restituidos a los imprescindibles derechos que les corresponden coma a los demás ciudadanos.

Declaración 1811

Soberanía del pueblo

Art. 7. La Ley debe ser igual para todos, castigando los vicios y premiando las virtudes, sin admitir distinción de nacimiento ni poder hereditario.

B. *Proscripción de la esclavitud*

Constitución 1999

Artículo 54 Ninguna persona podrá ser sometida a esclavitud o servidumbre. La trata de personas y, en particular, la de mujeres, niños, niñas y adolescentes en todas sus formas, estará sujeta a las penas previstas en la ley.

Constitución 1925

Art. 32. La Nación garantiza a los venezolanos:

5. La libertad personal, y por ella...

b) Queda proscrita para siempre la esclavitud y serán libres los esclavos que pisen el territorio de la República

[Con igual texto: Constitución 1928, Arts. 32, 5b: Constitución 1929, Arts. 32, 5,b; Constitución 1931, Arts. 32, 5,b: Constitución 1936, Arts. 32, 5,b; Constitución 1945, Arts. 32, 5,b; Decreto 1946, Arts. 1, 6,b].

Constitución 1904

La Nación garantiza a los venezolanos:

5. La libertad personal, y por ella (queda):

2) Proscrita para siempre la esclavitud.

3) Libres los esclavos que pisen el territorio de Venezuela.

[Con igual texto: Constitución 1909, Arts. 23, 5, 2 y 3; Estatuto Provisional, Art. 16, ord. 5, 2 y 3; Constitución 1914, Arts. 22, 5, 2, y 3; Constitución 1922, Arts. 22, 5, 2 y 3].

Constitución 1893

Art. 14. La Nación garantiza a los venezolanos la efectividad de los siguientes derechos:

5. La libertad personal, y por ella:

2) Proscrita para siempre la esclavitud;

3) Libres los esclavos que pisen el territorio de Venezuela.

[Con igual texto: Constitución 1901, Arts. 14, 5, 2 y 3].

Constitución 1936

Art. 32. La Nación garantiza a los venezolanos:

Ord. 16. La igualdad en virtud de la cual:

b) No se concederán títulos de nobleza, ni distinción hereditarias, ni empleos u oficios cuyos sueldos o emolumentos duren más tiempo que el servicio.

c) No se dará otro tratamiento oficial que el de ciudadano y usted, salvo las fórmulas diplomáticas.

Constitución 1931

Art. 32. La Nación garantiza a los venezolanos:

Ord. 16. La igualdad en virtud de la cual:

b) No se concederán títulos de nobleza, ni distinción hereditarias, ni empleos u oficios cuyos sueldos o emolumentos duren más tiempo que el servicio.

c) No se dará otro tratamiento oficial que el de ciudadano y usted, salvo las fórmulas diplomáticas.

Constitución 1925

Art. 32. La Nación garantiza a los venezolanos:

Ord. 16. La igualdad en virtud de la cual:

b) No se concederán títulos de nobleza, ni distinción hereditarias, ni empleos u oficios cuyo sueldos o emolumentos duren más tiempo que el servicio.

c) No se dará otro tratamiento oficial que el de ciudadano y usted, salvo las fórmulas diplomáticas.

[Con igual texto: Constitución 1928, Arts. 32, 16,b y c; Constitución 1929, Arts. 32, 16,b y e].

Constitución 1914

Art. 22. La Nación garantiza a los venezolanos: Ord. 15. La igualdad, en virtud de la cual:

2) No se concederán títulos de nobleza, honores ni distinciones hereditarias, ni empleos u oficios cuyos sueldos o emolumentos duren más tiempo que el servicio.

3) No se dará otro tratamiento oficial que el de "ciudadano" y "usted".

[Con igual texto: Constitución 1922, Arts. 22, 15, 2 y 3].

Constitución 1904

Art. 17. La Nación garantiza a los venezolanos:

Ord. 15. La igualdad, en virtud de la cual:

2) No se concederán títulos de nobleza, honores ni distinciones hereditarias, ni empleos u oficios cuyos sueldos o emolumentos duran más tiempo que el servicio; y

3) No se dará otro tratamiento oficial a los empleados y corporaciones que el de «ciudadano» y "usted".

[Con igual texto: Constitución 1909, Arts. 23, 15, 2 y 3; Estatuto Provisional 1914, Arts. 16, 15, 2 y 3].

Constitución 1864

Art. 14. La Nación garantiza a los venezolanos:

5. La libertad personal, y en ella:

2) Proscrita para siempre la esclavitud.

3) Libres los esclavos que pisen el territorio de Venezuela.

[Con igual texto: Constitución 1874, Arts. 14, 5, 2 y 3; Constitución 1881, Arts. 14, 5, 2 y 3; Constitución 1891, Arts. 14, 5, 2 y 3].

Decreto 1863

Art. 2° Abolida para siempre la esclavitud en Venezuela, todo esclavo que pise territorio será considerado como libre, y la República lo acoge bajo su protección.

Constitución 1858

Art. 13. Queda para siempre abolida la esclavitud en Venezuela y se declaran libres todos los esclavos que pisen su territorio.

Constitución 1857

Art. 99. Jamás podrá restablecerse la esclavitud en Venezuela.

C. *Prohibición de tratos distintos*

Constitución 1999

Artículo 21. Todas las personas son iguales ante la ley; en consecuencia: [...]

3. Sólo se dará el trato oficial de ciudadano o ciudadana, salvo las fórmulas diplomáticas.

4. No se reconocen títulos nobiliarios ni distinciones hereditarias.

Constitución 1961

Art. 61. No se dará otro tratamiento oficial sino el de ciudadano y usted, salvó las formalidades diplomáticas.

No se reconocerán títulos nobiliarios ni distinciones hereditarias.

Constitución 1953

Art. 35. Se garantiza a los habitantes de Venezuela:

8° La igualdad ante la ley.

No se dará otro tratamiento oficial sino el de ciudadano o usted, salvo las fórmulas diplomáticas.

Constitución 1947

Art. 46. La Nación garantiza a todos sus habitantes la igualdad, en virtud de la cual:

b) No se concederán títulos de nobleza, ni distinciones hereditarias, ni se permitirán discriminaciones raciales.

d) No se dará otro tratamiento oficial sino el de ciudadano o usted, salvo las fórmulas diplomáticas.

Constitución 1945

Art. 32. La nación garantiza a los venezolanos:

Ord. 18. La igualdad en virtud de la cual:

b) No se concederán títulos de nobleza, ni distinciones hereditarias. Ni empleos u oficios cuyos sueldos o emolumentos duren más tiempo que el servicio.

c) No se dará otro tratamiento oficial sino el de ciudadano o usted, salvo las fórmulas diplomáticas.

Constitución 1893

Art. 14. La Nación garantiza a los venezolanos la efectividad de los siguientes derechos:

15. La igualdad, en virtud de la cual:

2° No se concederán títulos de nobleza, honores y distinciones hereditarias, ni empleos u oficios cuyos sueldos o emolumentos duren más tiempo que el servicio; y

3° No se dará otro tratamiento a los empleados y magistrados que el de "ciudadano" y "usted".

[Con igual texto: Constitución 1901, Arts. 17, 15, 2 y 3].

Constitución 1864

Art. 14. La Nación garantiza a los venezolanos:

15. La igualdad, en virtud de la cual:

2° No se concederán títulos de nobleza, honores y distinciones hereditarias, ni empleos u oficios cuyos sueldos o emolumentos duren más tiempo que el servicio.

3° No se dará otro tratamiento oficial a los empleados y corporaciones que el de "ciudadano" y "usted".

[Con igual texto: Constitución 1874, Arts. 14, 15, 2 y 3; 1881, Arts. 14, 15, 2 y 3; Constitución 1891, Arts. 14, 15, 2 y 3].

Constitución 1858

Art. 154. Se prohíbe la fundación de mayorazgos y otra clase de vinculaciones

Constitución 1857

Art. 110. Se prohíbe la fundación de mayorazgos y toda clase de vinculaciones

Art. 111. No habrá en la República empleos, distinciones ni privilegios hereditarios.

Constitución 1830

Art. 212. Se prohíbe la fundación de mayorazgos y toda clase de vinculaciones

Art. 213. No se podrá conceder título alguno de nobleza, honores o distinciones hereditarias, ni crear empleos, u oficio alguno, cuyos sueldos o emolumentos puedan durar más tiempo que el de la buena conducta de los que los sirvan.

Decreto 1830

Art. 26. Se prohíbe la fundación de mayorazgos y toda clase de vinculaciones

Art. 27. No se podrá conceder título alguno de nobleza, honores o distinciones hereditarias, ni crear empleos, u oficio alguno, cuyos sueldos o emolumentos puedan durar más tiempo que el de la buena conducta de los que los sirvan.

Constitución 1821

Art. 179. Se prohíbe la fundación de mayorazgos y toda clase de vinculaciones.

Art. 181. Quedan extinguidos todos los títulos de honor concedidos por el Gobierno español, y el Congreso no podrá conceder otro alguno de nobleza, honores o distinciones hereditarias, ni crear empleos, u oficio alguno cuyos sueldos o emolumentos puedan durar más tiempo que el de la buena conducta de los que los sirvan.

Constitución 1811

Art. 154. La igualdad consiste en que la ley será una misma para todos los ciudadanos, sea que castigue o que proteja. Ella no reconoce distinción de nacimiento ni herencia de poderes.

Art. 204. Quedan extinguidos todos los títulos concedidos por el anterior Gobierno y ni el Congreso, ni las Legislaturas provinciales podrán conceder otro alguno de nobleza, honores o distinciones hereditarias, ni crear empleos u oficio alguno cuyos sueldos o emolumentos puedan durar más tiempo que el de la buena conducta de los que los sirvan.

Art. 188. Una dilatada continuación en los principales funcionarios del Poder Ejecutivo es peligrosa a la libertad, y esta circunstancia reclama poderosamente una rotación periódica entre los miembros del referido Departamento para asegurarla.

Art. 226. Nadie tendrá en la Confederación de Venezuela otro título ni tratamiento público que el de ciudadano, única denominación de todos los hombres libres que componen la Nación, pero a las Cámaras representativas, al Poder Ejecutivo y a la Suprema Corte de Justicia se dará por todos el mismo tratamiento con la adición de honorable para las primeras, respetable para el segundo y recto para la tercera.

D. *La igualdad entre venezolanos*

Constitución 1999

Artículo 39. Los venezolanos y venezolanas que no estén sujetos o sujetas a inhabilitación política ni a interdicción civil, y en las condiciones de edad previstas en esta Constitución, ejercen la ciudadanía; en consecuencia, son titulares de derechos y deberes políticos de acuerdo con esta Constitución

Artículo 40 […]Gozan de los mismos derechos de los venezolanos y venezolanas por nacimiento los venezolanos y venezolanas por naturalización que hubieren ingresado al país antes de cumplir los siete años de edad y residido en él permanentemente hasta alcanzar la mayoridad.

Artículo 41. Sólo los venezolanos y venezolanas por nacimiento y sin otra nacionalidad, podrán ejercer los cargos de Presidente o Presidenta de la República, Vicepresidente Ejecutivo o Vicepresidenta Ejecutiva, Presidente o Presidenta y Vicepresidentes o Vicepresidentas de la Asamblea Nacional, magistrados o magistradas del Tribunal Supremo de Justicia,

Presidente o Presidenta del Consejo Nacional Electoral, Procurador o Procuradora General de la República, Contralor o Contralora General de la República, Fiscal General de la República, Defensor o Defensora del Pueblo, Ministros o Ministras de los despachos relacionados con la seguridad de la Nación, finanzas, energía y minas, educación; Gobernadores o Gobernadoras y Alcaldes o Alcaldesas de los Estados y Municipios fronterizos y de aquellos contemplados en la ley orgánica de la Fuerza Armada Nacional.

Para ejercer los cargos de diputados o diputadas a la Asamblea Nacional, Ministros o Ministras; Gobernadores o Gobernadoras y Alcaldes o Alcaldesas de Estados y Municipios no fronterizos, los venezolanos y venezolanas por naturalización deben tener domicilio con residencia ininterrumpida en Venezuela no menor de quince años y cumplir los requisitos de aptitud previstos en la ley.

Constitución 1961

Art. 45. Gozarán de los mismos derechos que los venezolanos por nacimiento, los venezolanos por naturalización que hubieren ingresado al país antes de cumplir los siete años de edad y residido en él permanentemente hasta alcanzar la mayoridad.

Constitución 1947

Art. 22. Los venezolanos por naturalización gozarán de los mismos derechos políticos de los venezolanos por nacimiento, salvo las restricciones señaladas por la ley.

Constitución 1914

Art. 14. Los venezolanos gozarán en todo el territorio de la Unión de iguales derechos y tendrán iguales deberes sin más condiciones que las establecidas en esta Constitución y las leyes.

[Con igual texto: Constitución 1922, Art. 14].

Constitución 1901

Art. 12. Los venezolanos gozarán, en todo el territorio de la República, de iguales derechos y tendrán iguales deberes, sin más condiciones que las establecidas en esta Constitución.

[Con igual texto: Constitución 1904, Art. 12; Constitución 1909, Art. 17; Estatuto Provisional 1914, Art. 10].

Constitución 1893

Art. 8º Los venezolanos gozarán, en todos los Estados de la República y en el Distrito Federal, de los mismos derechos y tendrán los mismos deberes que los naturales domiciliados en ellos.

Constitución 1881

Art. 9° Los venezolanos gozarán en todos los Estados de la Unión de los derechos e inmunidades inherentes a su condición de ciudadanos de la Federación, y además tendrán en ellos los mismos deberes que los naturales y domiciliados.

[Con igual texto: Constitución 1891, Art. 9].

Constitución 1864

Art. 10. Los venezolanos en el territorio de cualquier Estado tendrán en él los mismos deberes y derechos que los domiciliados.

[Con igual texto: Constitución 1874, Art. 10].

Constitución 1821

Art. 184. Los no nacidos en Colombia que durante la guerra de la independencia han hecho o hicieren una o más campañas con honor u otros servicios muy importantes en favor de la República, quedan igualados con los naturales del país en su aptitud de obtener todos los empleos en que no se exija ser ciudadano de Colombia per nacimiento, siempre que concurran en ellos las mismas cualidades.

E. *La igualdad entre venezolanos y extranjeros*

Constitución 1999

Artículo 40. Los derechos políticos son privativos de los venezolanos y venezolanas, salvo las excepciones establecidas en esta Constitución.

Constitución 1961

Art. 45. Los extranjeros tienen los mismos deberes y derechos que los venezolanos, con las limitaciones o excepciones establecidas por esta Constitución y las leyes.

Constitución 1947

Art. 20. Los extranjeros están obligados a acatar los preceptos legales en los mismos términos exigidos a los venezolanos, mientras residen en territorio de la República.

Art. 21. Sin perjuicio de lo dispuesto en los convenios internacionales, los extranjeros tienen en Venezuela los deberes y los derechos que les acuerden esta Constitución y las leyes, pero ni uno ni otros podrán ser mayores que los de los venezolanos.

Las leyes podrán establecer restricciones en cuanto al ejercicio de los derechos correspondientes a todos los extranjeros o a una determinada clase de ellos, cuando así lo exijan graves motivos de seguridad interior o exterior, o razones de índole sanitaria.

Constitución 1945

Art. 38. Los derechos y deberes de los extranjeros los determina la ley, pero en ningún caso podrán ser mayores que los de los venezolanos.

Art. 39. Los extranjeros, domiciliados o no, que tomen parte en las contiendas o actividades políticas venezolanas, quedarán sometidas a las mismas responsabilidades que los venezolanos, y podrán ser detenidos, confinados o expulsados del territorio de la República.

Constitución 1936

Art. 37. Los derechos y deberes de los extranjeros los determina la ley, pero en ningún caso podrán ser mayores que los de los venezolanos.

Art. 39. Los extranjeros, domiciliados o no, que tomen parte en las contiendas o actividades políticas venezolanas, quedarán sometidos a las mismas responsabilidades que los venezolanos, y podrán ser detenidos, confinados o expulsados del territorio de la República.

Constitución 1914

Art. 15. Los derechos y deberes de los extranjeros los determina la ley, pero en ningún caso podrán ser mayores que los de los venezolanos.

Art. 16. Los extranjeros domiciliados o transeúntes que tomaren parte en las contiendas políticas, quedarán sometidos a las mismas responsabilidades que los venezolanos y a lo dispuesto en la atribución 23 del artículo 79 de esta Constitución.

[Con igual texto: Constitución 1922, Arts. 15 y 16; Constitución 1925, Arts. 37 y 38; Constitución 1928, Arts. 37 y 38; Constitución 1929, Arts. 27 y 38; Constitución 1931, Arts. 37 y 38].

Estatuto Provisional 1914

Art. 12. Los derechos y deberes de los extranjeros los determina la ley.

Art. 13. Los extranjeros domiciliados o transeúntes que tomaren parte en las contiendas políticas, quedarán sometidos a las mismas responsabilidades que los venezolanos y a lo dispuesto en el artículo 35 de este Estatuto.

Constitución 1904

Art. 13. La ley determina los derechos y deberes de los extranjeros.

Art. 14. Los extranjeros, si tomaren participación en las contiendas políticas, quedarán sometidos a las mismas responsabilidades que los venezolanos y a lo dispuesto en la atribución 8ª del artículo 80.

[Con igual texto: Constitución 1909, Arts. 19 y 20].

Constitución 1901

Art. 13. Los extranjeros gozan de todos los derechos civiles de que gozan los nacionales. Por tanto, la Nación no tiene ni reconoce a favor de los extranjeros ningunas otras obligaciones ni responsabilidades que las que a favor de los nacionales se hayan establecido en igual caso en la Constitución y en las leyes.

Art. 14. Los extranjeros, si tomaren participación en las contiendas políticas, quedarán sometidos a las mismas responsabilidades que los venezolanos y lo dispuesto en la atribución 20 del artículo 89.

Art. 16. La ley determinará los derechos y deberes que corresponden a los extranjeros no domiciliados.

Constitución 1893

Art. 9. Los extranjeros gozan de todos los derechos civiles de que gozan los nacionales; y pueden hacer uso de ellos en el fondo, la forma o procedimiento y en los recursos a que den lugar, absolutamente en los mismos términos que dichos nacionales.

Art. 10. La Nación no tiene ni reconoce a favor de los extranjeros ningunas otras obligaciones o responsabilidades que las que a favor de los nacionales se hallen establecidas en igual caso por la Constitución y las leyes.

Art. 12. La ley determinará los derechos y deberes que correspondan a los extranjeros no domiciliados.

Constitución 1881

Art. 10. Los extranjeros gozarán de los mismos derechos civiles que los venezolanos, y en sus personas y propiedades, de la misma seguridad que los nacionales. Sólo podrán usar de la vía diplomática según los tratados públicos y en los casos que el derecho lo permita.

Art. 11. La Ley determinará los derechos que corresponden a la condición de extranjeros, según que éstos sean domiciliados o transeúntes.

[Con igual texto: Constitución, Arts. 10 y 11].

Constitución 1864

Art. 11. La ley determinará los derechos que corresponden a la condición de extranjero.

[Con igual texto: Constitución 1874, Art. 11].

Constitución 1858

Art. 29. Los extranjeros en Venezuela gozan de los mismos derechos individuales y garantías que los venezolanos y están sujetos, como ellos, a las leyes y autoridades de la República.

Constitución 1857

Art. 113. Todo extranjero de cualquier nación será admitido en Venezuela. Así como estará sujeto a las mismas leyes del Estado que los venezolanos; también gozará en su persona y propiedad de las mismas garantías que éstos.

Decreto 1830

Art. 32. Todos los extranjeros de cualquiera nación serán admitidos en Venezuela. Así como están sujetos a las mismas leyes del Estado que los otros ciudadanos, también gozarán en sus personas y propiedades de la misma seguridad que éstos; sin que por esta disposición queden invalidadas ni alteradas aquellas excepciones de que disfrutan según los Tratados vigentes.

[Con igual texto: Constitución 1820, Art. 218].

Constitución 1821

Art. 183. Todos los extranjeros de cualquier nación serán admitidos en Colombia: ellos gozarán en sus personas y propiedades de la misma seguridad que los demás ciudadanos, siempre que respeten las leyes de la República.

Constitución 1819

TITULO 3 Sección primera:

Art. 6° Sin la carta de naturaleza gozarán del mismo derecho los extranjeros:

Primero. Que teniendo veintiún años cumplidos sepan leer y escribir.

Segundo. Que hayan residido en el territorio de la República un año continuo y estén domiciliados en alguna parroquia.

Tercero. Que hayan manifestado su intención de establecerse en la República, casándose con una venezolana o trayendo su familia a Venezuela.

Cuarto. Y que posean una propiedad raíz de valor de quinientos pesos o ejerzan alguna ciencia, arte liberal o mecánica.

Constitución 1811

Art. 169. Todos los extranjeros, de cualquier nación que sean, se recibirán, en el Estado. Sus personas y propiedades gozarán de la misma seguridad que las de los demás ciudadanos, siempre que respeten la Religión Católica, única del país, y que reconozcan la independencia de estos pueblos, su soberanía y las autoridades constituidas por la voluntad general de sus habitantes.

Declaración 1811

Derechos del hombre en sociedad

Art. 25. Todos los extranjeros de cualquiera nación serán recibidos en la provincia de Caracas.

Art. 26. Las personas y las propiedades de los extranjeros gozarán de la misma seguridad que las de los demás ciudadanos, con tal que reconozcan la soberanía e independencia y respeten la Religión Católica, única en el País.

Art. 27. Los extranjeros que residan en la provincia de Caracas, habiéndose naturalizado y siendo propietarios, gozarán de todos los derechos de ciudadanos.

5. *La libertad y seguridad personales*

A. *La garantía de la libertad y seguridad personales*

Constitución 1999

Artículo 44. La libertad personal es inviolable; en consecuencia:

1. Ninguna persona puede ser arrestada o detenida sino en virtud de una orden judicial, a menos que sea sorprendida in fraganti. En este caso, será llevada ante una autoridad judicial en un tiempo no mayor de cuarenta y ocho horas a partir del momento de la detención. Será juzgada en libertad, excepto por las razones determinadas por la ley y apreciadas por el juez o jueza en cada caso.

La constitución de caución exigida por la ley para conceder la libertad de la persona detenida no causará impuesto alguno.

2. Toda persona detenida tiene derecho a comunicarse de inmediato con sus familiares, abogado o abogada, o persona de su confianza; y éstos o éstas, a su vez, tienen el derecho a ser informados o informadas sobre el lugar donde se encuentra la persona detenida; a ser notificados o notificadas inmediatamente de los motivos de la detención y a que dejen constancia escrita en el expediente sobre el estado físico y psíquico de la persona detenida, ya sea por sí mismos o por sí mismas, o con el auxilio de especialistas. La autoridad competente llevará un registro público de toda detención realizada, que comprenda la identidad de la persona detenida, lugar, hora, condiciones y funcionarios o funcionarias que la practicaron.

Respecto a la detención de extranjeros o extranjeras se observará, además, la notificación consular prevista en los tratados internacionales sobre la materia.

3. La pena no puede trascender de la persona condenada. No habrá condenas a penas perpetuas o infamantes. Las penas privativas de la libertad no excederán de treinta años.

4. Toda autoridad que ejecute medidas privativas de la libertad estará obligada a identificarse.

5. Ninguna persona continuará en detención después de dictada orden de excarcelación por la autoridad competente o una vez cumplida la pena impuesta.

Artículo 45. Se prohíbe a la autoridad pública, sea civil o militar, aun en estado de emergencia, excepción o restricción de garantías, practicar, permitir o tolerar la desaparición forzada de personas. El funcionario o funcionaria que reciba orden o instrucción para practicarla, tiene la obligación de no obedecerla y denunciarla a las autoridades competentes. Los autores o autoras intelectuales y materiales; cómplices y encubridores o encubridoras del delito de desaparición forzada de personas, así como la tentativa de comisión del mismo, serán sancionados o sancionadas de conformidad con la ley.

Artículo 46. Toda persona tiene derecho a que se respete su integridad física, psíquica y moral; en consecuencia:

1. Ninguna persona puede ser sometida a penas, torturas o tratos crueles, inhumanos o degradantes. Toda víctima de tortura o trato cruel, inhumano o degradante practicado o tolerado por parte de agentes del Estado, tiene derecho a la rehabilitación.

2. Toda persona privada de libertad será tratada con el respeto debido a la dignidad inherente al ser humano.

3. Ninguna persona será sometida sin su libre consentimiento a experimentos científicos, o a exámenes médicos o de laboratorio, excepto cuando se encontrare en peligro su vida o por otras circunstancias que determine la ley.

4. Todo funcionario público o funcionaria pública que, en razón de su cargo, infiera maltratos o sufrimientos físicos o mentales a cualquier persona, o que instigue o tolere este tipo de tratos, será sancionado o sancionada de acuerdo con la ley.

Constitución 1961

Art. 60. La libertad y seguridad personales son inviolables...

Constitución 1953

Art. 35. Se garantiza a los habitantes de Venezuela:

2° La libertad y la seguridad personal.

Constitución 1947

Art. 30. La Nación garantiza a todos los habitantes la libertad y la seguridad personales. . .

Decreto 1946

Art. 1. Se garantiza a los venezolanos los siguientes derechos:

Ord. 5. Seguridad individual...

Constitución 1904

Art. 17. La Nación garantiza a los venezolanos:

5° La libertad personal...

14° La seguridad individual...

[Con igual texto: Constitución 1909, Art. 23, ord. 5 y 14; Estatuto Provisional 1914, Art., 16, ord. 5 y 14; Constitución 1914, Art. 22, ord. 5 y 14; Constitución 1922, Art. 22, ord. 5 y 14; Constitución 1925, Art. 32, ord. 5 y 15; Constitución 1928, Art. 32, ord. 5 y 15; Constitución 1929, Art. 32, ord. 5 y 15; Constitución 1931, Art. 32, ord. 5 y 15; Constitución 1936, Art. 32, ord. 5 y 17; Constitución 1945, Art. 32, ord. 5 y 17].

Constitución 1893

Art. 14. La Nación garantiza a los venezolanos la efectividad de los siguientes derechos:

5° La libertad personal...

14° La seguridad individual...

[Con igual texto: Constitución 1901, Art. 17, ord. 5 y 14].

Constitución 1864

Art. 14. La Nación garantiza a los venezolanos:

5° La libertad personal...

14° La seguridad individual...

[Con igual texto: Constitución 1874, Art. 14, ord. 5 y 14; Constitución 1881, Art. 14, ord. 5 y 14; Constitución 1891, Art. 14, ord. 5 y 14].

Decreto 1863

Art. 1. Se garantiza a los venezolanos:

4. La seguridad individual...

11. La libertad personal...

Constitución 1857

Art. 97. Esta Constitución garantiza a los venezolanos la libertad civil, la seguridad individual...

Constitución 1830

Art. 188. La libertad civil, la seguridad individual... se garantizan a los venezolanos.

Decreto 1830

Art. 2° La libertad civil, la seguridad individual se garantiza a los venezolanos.

Constitución 1821

Art. 3° Es un deber de la Nación proteger por leyes sabias y equitativas la libertad, la seguridad... de todos los colombianos.

Constitución 1819

Art. 1° Son derechos del hombre la libertad, la seguridad...

Art. 7° La seguridad consiste en la garantía y protección que la sociedad concede a cada uno de sus miembros para la conservación de su persona, derechos y propiedades. La libertad pública e individual que nace de este principio está protegida por la ley.

Constitución 1811

Art. 152. Estos derechos (Derechos del hombre en Sociedad) son la libertad y la seguridad.

Art. 149. La ley es la expresión de la voluntad general o de la mayoría de los ciudadanos, indicada por el órgano de sus representantes legalmente constituidos. Ella se funda sobre la justicia y la utilidad común, y ha de proteger la libertad pública e individual contra toda opresión o violencia.

Art. 156. La seguridad existe en la garantía y protección que da la sociedad a cada uno de sus miembros sobre la conservación de su persona, de sus derechos y de sus propiedades.

B. *La definición legal de las causas de pérdida de la libertad personal (nullum crimen milla poena sine legge).*

Constitución 1961

Art. 60. La libertad y seguridad personales son inviolables, y en consecuencia:

2° Nadie podrá ser privado de su libertad por obligaciones cuyo incumplimiento no haya sido definido por la ley como delito o falta.

Art. 69. Nadie podrá ser condenado a sufrir pena que no esté establecida por ley preexistente.

Constitución 1953

Art. 35. Se garantiza a los habitantes de Venezuela.

2° La libertad y la seguridad personal. En consecuencia, nadie podrá:

a) Ser preso o detenido sino conforme a las leyes.

b) Ser preso o detenido por incumplimiento de obligaciones civiles no definido como delito por la ley.

Constitución 1947

Art. 30. La Nación garantiza a todos los habitantes la libertad y la segur dad personales, y, en consecuencia:

Ord. 7° Nadie podrá ser privado de su libertad por incumplimiento de obligaciones civiles no definido como delito por la ley.

Constitución 1928

Art. 32. La Nación garantiza a los venezolanos:

15. La seguridad individual, y por ella:

a) Ningún ciudadano podrá ser preso ni arrestado por deudas que no provengan de delitos.

[Con igual texto: Constitución 1929, Arts. 32, 15,a; Constitución 1931, Arts. 32, 15,a; Constitución 1936, Arts. 32, 17,a; Constitución 1945, Arts. 32, 17,a; Decreto 1946, Arts. 1, 5,a].

Constitución 1925

Art. 32. La Nación garantiza a los venezolanos:

15. La seguridad individual, y por ella:

a) Ningún ciudadano podrá ser preso ni arrestado por deudas que no provengan de delitos.

Constitución 1904

Art. 17. La nación garantiza a los venezolanos:

Ord. 14. La seguridad individual, y por ella:

1) Ningún venezolano podrá ser preso ni arrestado en apremio por deudas que no provengan de fraude o delito.

[Con texto igual: Constitución 1909. Arts. 23, 14,1: Estatuto Provisional 1914, Arts. 16, 14,1; Constitución 1914, Arts. 22, 14,1; Constitución 1922, Arts. 22, 14,1]

Constitución 1893

Art. 14. La Nación garantiza a los venezolanos la efectividad de los siguientes derechos:

Ord. 14. La seguridad individual, y por ella:

1° Ningún venezolano podrá ser preso ni arrestado en apremio por deudas que no provengan de fraude o delito.

[Con igual texto: Constitución 1901 Arts. 17, 14,1].

Constitución 1864

Art. 14. La Nación garantiza a los venezolanos:

Ord. 14. La seguridad individual, y por ella:

1° Ningún venezolano podrá ser preso ni arrestado en apremio por deudas que no provengan de fraude o delito.

[Con texto igual: Constitución 1874, Arts. 14, 14,1; Constitución 1881, Art. 14, ord. 14,1; Constitución 1891, Art. 14, 14,1].

Decreto 1863

Art. 1. Se garantiza a los venezolanos:

14. La seguridad individual: Y en consecuencia:

1° Ninguno podrá ser juzgado sino por leyes preexistentes, y nunca por comisiones especiales, sino por sus Jueces territoriales o los del lugar donde se cometa el delito.

2° Ni ser preso por deuda que no provenga de delito o fraude.

Constitución 1857

Art. 104. Ninguno puede ser privado de su libertad sino en los casos previstos por la ley y con las formalidades que ella prescribe.

Decreto 1830

Art. 10. Ningún venezolano podrá ser juzgado y mucho menos castigado sino en virtud de ley anterior a su delito o acción y después de habérsele citado, oído y convencido legalmente.

[Con igual texto: Constitución 1830, Art. 196].

Constitución 1821

Art. 161. Para que un ciudadano pueda ser preso se necesita: Primero. Una orden de arresto firmada por la autoridad a quien la ley confiara este poder.

Segundo. Que la orden exprese los motivos de la prisión. Tercero. Que se le intime y de una copia de ella.

Art. 171. Todo Juez y Tribunal debe pronunciar sus sentencias con expresión de la ley o fundamento aplicable al caso.

Constitución 1819

Art. 8° Ninguno puede ser acusado, preso ni detenido, sino en los casos que la ley haya determinado y según las formas que haya prescrito. Todo acto ejercido contra un hombre fuera de los casos y formas de la ley, es un acto arbitrario, opresivo y tiránico, y cualquiera que lo haya solicitado, expedido, firmado, ejecutado o hecho expedir, firmar o ejecutar, es culpable y debe ser castigado conforme a la ley.

Constitución 1811

Art. 158. Tampoco podrán los ciudadanos ser reconvenidos, en juicio, acusados, presos, ni detenidos, sino en los casos y en las formas determinadas por la ley; y el que provocare, solicitare, expidiere, suscribiere, ejecutare o hiciere ejecutar órdenes y actos arbitrarios deberá ser castigado; pero todo ciudadano que fuese llamado o aprehendido en virtud de la ley debe obedecer al instante, pues se hace culpable por la resistencia.

Declaración 1811

Derechos del hombre en sociedad

Art. 11. Ninguno debe ser acusado, preso, ni detenido, sino en los casos determinados por la ley.

C. *Garantías frente a la detención*

a. *La detención infraganti y formalidades de la detención*

Constitución 1961

Art. 60. La libertad y seguridad personales son inviolables, y en consecuencia

Ord. 1° Nadie podrá ser preso o detenido, a menos que sea sorprendido in fraganti, sino en virtud de orden escrita del funcionario autorizado para decretar la detención, en los casos y con las formalidades previstas por la ley.

Art. 48. Todo agente de autoridad que ejecute medidas restrictivas de la libertad deberá identificarse como tal cuando así lo exijan las personas afectadas.

Constitución 1947

Art. 30. La Nación garantiza a todos los habitantes la libertad y la seguridad personales, y, en consecuencia:

Ord. 2° Nadie podrá ser preso o detenido, a menos que fuere sorprendido *in fraganti*, sin que precedan información sumaria de haberse cometido un hecho punible que merezca pena corporal, y orden escrita del funcionario autorizado por la ley para decretar la detención, debiendo expresarse siempre en dicha orden el motivo que la causa.

Decreto 1946

Art. 1. Se garantiza a los venezolanos:

Ord. 5° La seguridad individual, y por ella:

c) Ni ser preso o detenido sin que preceda información sumaria de haberse cometido un hecho punible que merezca pena corporal y orden, escrita del funcionario que decrete la detención con expresión del motivo de la causa, a menos que sea sorprendido in fraganti. El sumario no podrá en ningún caso, prolongarse por más de treinta días después de la detención.

Constitución 1904

Art. 17. La Nación garantiza a los venezolanos: 14. La seguridad individual, y por ella:

3) Ni ser preso o detenido sin que preceda información sumaria de haberse cometido un hecho punible que merezca pena corporal y orden escrita del funcionario que decrete la detención con expresión del motivo de la causa, a menos que sea sorprendido in fraganti.

[Con igual texto: Constitución 1909, Art. 23, 14,3; Estatuto Provisional 1914, Art. 16, 14,3; Constitución 1914, Art. 22, 14,3; Constitución 1922, Art. 22, 14,3; Constitución 1925, Art. 32, 15,c; Constitución 1928, Art. 32, 15,c; Constitución 1929, Art. 32, 15,c; Constitución 1931, Art. 32, 15,c; Constitución 1936, Art. 32, 17,c; Constitución 1945, Art. 32, 17,c].

Constitución 1893

Art. 14. La Nación garantiza a los venezolanos la efectividad de los siguientes derechos:

14. La seguridad individual, y por ella: 4° Ni ser preso o arrestado sin que preceda información sumaria de haber cometido delito que merezca pena corporal, y orden escrita del funcionario que decrete la prisión, con expresión del motivo que la cause, a menos que sea cogido in fraganti; no pudiendo, fuera de este caso, ordenarse la prisión sino por autoridad judicial, ni los arrestos por la Policía pasar de tres días, después de los cuales el arrestado debe ser puesto en libertad o entregado al Juez competente.

[Con igual texto: Constitución 1901, Art. 17, 14,4].

Constitución 1864

Art. 14. La Nación garantiza a los venezolanos:

14. La seguridad individual, y por ella: 4°, ni ser preso ni arrestado sin que preceda información sumaria de haber cometido un delito que merezca pena corporal y orden escrita del funcionario que decrete la prisión, con expresión del motivo que la causa, a menos que sea cogido *in fraganti*.

[Con igual texto: Constitución 1874, Art. 14, 14,4; Constitución 1881, Art. 14, 14,4; Constitución 1891, Art. 14, 14,4].

Decreto 1863

Art. 1. Se garantiza a los venezolanos:

Ord. 14. La seguridad individual: y en consecuencia:

3° Ni preso ni arrestado sino por autoridad competente, en los lugares conocidos por cárceles, y con la previa información escrita de haberse cometido un delito que merezca pena corporal y fundados indicios de ser el autor; debiendo previamente expedírsele boleta con expresión del motivo. Toda persona es hábil para arrestar y conducir en el acto a la presencia del Juez al encontrar en fragante delito.

Constitución 1858

Art. 19. Ningún venezolano podrá ser preso, arrestado o detenido sino en virtud de orden firmada por autoridad competente en que se exprese el motivo y de la cual se dará copia al arrestado, a menas que sea encontrado en fragante delito, pues en este caso cualquiera puede aprehenderlo para conducirlo inmediatamente a presencia del Juez.

Art. 23. El carcelero o alcalde no podrá usar de otras prisiones que de las que expresamente le haya prevenido por escrito el Juez, el cual no podrá ordenar que se empleen sino las que sean absolutamente necesarias para evitar la fuga o cualquier desorden en la prisión.

Constitución 1857

Art. 121. La responsabilidad en caso de detención arbitraria comprende la indemnización de los prejuicios que sufriere el agraviado.

Constitución 1830

Art. 198. Nadie puede ser preso ni arrestado sino por autoridad competente, a menos que sea hallado en fragante delito, en cuyo caso cualquiera puede arrestarle para conducirle a presencia del juez.

Art. 200. Para la detención o arresto debe expedirse precisamente una orden firmada por la autoridad competente en que se exprese el motivo y se dará copia de ella al arrestado. Sin esta orden, que se expedirá en el acto, ningún carcelero recibirá la persona en arresto; dentro de cuarenta y ocho horas se expedirá la orden de prisión con arreglo al artículo anterior.

Art. 201. La detención arbitraria será castigada conforme a la ley. El culpable indemnizará al agraviado los perjuicios que le ocasionare.

Art. 204. Son culpables y están sujetos a las penas de detención arbitraria:

1° Los que sin poder legal arrestan, hacen o mandan arrestar a cualquier persona.

2° Los que con dicho poder abusan de él, arrestando o mandando arrestar o continuando en arresto cualquier persona fuera de los casos determinados por la ley o contra las fórmulas que haya prescrito o en lugares que no estén públicamente conocidos por cárceles.

3° Los alcaldes o carceleros que contravengan a lo dispuesto en los artículos 198, 200 y 203.

Decreto 1830

Art. 12. Nadie puede ser preso ni arrestado sino por autoridad competente, a menos que sea hallado en fragante delito, en cuyo caso cualesquiera puede arrestarle para conducirle a presencia del juez.

Art. 13. En negocios criminales ninguno puede ser preso ni arrestado sin que proceda información sumaria de haberse cometido un hecho que merezca pena corporal, y fundados indicios de haberlo cometido la persona que se prende o arresta, la que deberá ser puesta en libertad bajo fianza en cualquier estado de la causa en que se vea que no puede imponerse dicha pena. Art. 14. Para la detención o arresto, debe expedirse precisamente una orden firmada por la autoridad competente en que se exprese el motivo, y se dará copia de ella al arrestado; sin esta orden, que se expedirá en el acto, ningún carcelero recibirá la persona en arresto: dentro de cuarenta y ocho horas se expedirá la orden de prisión con arreglo al artículo anterior.

Art. 15. La detención arbitraria será castigada conforme a la ley. El culpable indemnizará al agraviado los perjuicios que le ocasionare.

Art. 81. Son culpables y están sujetos a las penas de detención arbitraria:

1° Los que sin poder legal arrestan, hacen o mandan arrestar cualquiera persona.

2° Los que con dicho poder abusan de él arrestando o mandando arrestar o continuando en arresto cualquier persona fuera de los casos determinados por la ley, o contra las fórmulas que haya prescrito, o en lugares que no estén públicamente conocidos por cárceles.

3° Los alcaldes y carceleros que contravengan a lo dispuesto en los artículos 14, 16 y 17.

Constitución 1821

Art. 160. En *in infraganti* todo delincuente puede ser arrestado y todos pueden arrestarle y conducirle a la presencia del Juez para que se proceda inmediatamente a lo prevenido en el artículo anterior.

Art. 162. Ningún alcalde o carcelero puede admitir ni detener en la prisión a ninguna persona, sino después de haber recibido la orden de prisión o arresto de que habla el artículo anterior.

Art. 164. Son culpables y están sujetos a las penas de detención arbitraria:

Primero. Los que con dicho poder abusan de él, arrestando o mandando arrestar o continuando en arresto a cualquier persona fuera de los casos determinados por la ley o contra las formas que hayan prescrito, o en lugares que no estén pública y legalmente conocidos por cárceles. Tercero. Los alcaldes o carceleros que contravengan a lo dispuesto en los artículos 162 y 163.

Constitución 1819

Art. 5° Para que un ciudadano pueda ser preso se necesita:

Primero. Una orden de arresto firmada por un juez o por otra autoridad a quien la ley de poder:

Segundo. Que la orden exprese los motivos para la prisión.

Tercero. Que se le intime y se le deje una copia de ella.

Art. 6° Ningún alcalde o carcelero puede detener ni recibir en la prisión a ninguna persona sino después de haber asentado en su registro la orden de prisión o arresto de que habla el artículo antecedente.

Art. 8° Son culpables y están sujetos a las penas de detención arbitraria:

Primero. Los que sin poder legal arrestan, hacen o mandan arrestar a cualquier persona.

Segundo. Los que ejerciendo este poder por la ley abusan de él, arrestando a mandando arrestar o recibiendo en arresto a cualquier persona en un lugar que no esté pública y legalmente conocido por cárcel.

Tercero. Los alcaldes o carceleros que contravengan a lo dispuesto en los artículos 6° y 7° de este título o que mortificaren al preso con prisiones y privaciones que el juez no le hayan prevenido por escrito.

b. *La detención administrativa provisional*

Constitución 1961

Art. 60, Ord. 1° En caso de haberse cometido un hecho punible, las autoridades de policía podrán adoptar las medidas provisionales, de necesidad o urgencia, indispensables para asegurar la investigación del hecho y el enjuiciamiento de los culpables. La ley fijará el término breve y perentorio en que tales medidos deberán ser comunicadas a la autoridad judicial, y establecerá además el plazo para que ésta provea, entendiéndose que han sido revocadas y privadas de todo efecto, si ella no las confirma en el referido plazo.

Constitución 1947

Art. 31. Las detenciones que conforme a la ley puedan practicar las autoridades administrativas no estarán sujetas a lo dispuesto en el ordinal 2° del artículo anterior; pero los arrestos que impongan dichas autoridades no podrán exceder de quince días, y serán acordados por resolución escrita y motivada cuando hayan de pasar de cuarenta y ocho horas.

La ley determinará el régimen a que serán sometidos los reincidentes.

c. *La detención y las medidas de orden público*

Constitución 1961

Art. 244. Si existieren fundados indicios para temer inminentes trastornos del orden público, que no justifiquen la restricción o suspensión de las garantías constitucionales, el Presidente de la República, en Consejo de Ministros, podrá adoptar las medidas indispensables para evitar que tales hechos se conduzcan.

Estas medidas se limitarán a la detención o confinamiento de los indiciados, y deberán ser sometidas a la consideración del Congreso o de la Comisión Delegada dentro de los diez días siguientes a su adopción. Si éstos las declararen no justificadas, cesarán de inmediato; en caso contrario, se las podrá mantener hasta por un límite no mayor de noventa días. La ley reglamentará el ejercicio de esta facultad.

Constitución 1947

Art. 77. Si las circunstancias no exigiesen la restricción o la suspensión de garantías, pero hubiere fundados indicios de la existencia de planes o actividades que tengan por objeto derrocar los Poderes constituidos, por golpe de Estado u otros medios violentos, el Presidente de la República, en Consejo de Ministros, podrá ordenar la detención preventiva de las personas contra quienes obren graves motivos para considerárselas comprometidas en dichos planes o actividades. Estas medidas serán sometidas, dentro de los diez días siguientes a su ejecución, a la consideración del Congreso Nacional o, durante el receso de éste, a la Comisión Permanente, para su aprobación o improbación, y serán suspendidas al cesar las causas que las motivaron. Si fueren aprobadas por el Congreso Nacional o por la Comisión Permanente y no fueren suspendidas dentro de los 60 días siguientes a dicha aprobación, el Presidente de la República, cumplido este último plazo, las someterá al conocimiento o suspensión tomando en cuenta, además de las disposiciones legales, la seguridad del Estado y la preservación del orden público.

d. *Prohibición de procedimientos infamantes*

Constitución 1961

Art. 60. Ord. 1°. Nadie podrá ser incomunicado ni sometido a tortura o a otros procedimientos que causen sufrimiento físico o moral. Es punible todo atropello físico o moral inferido a persona sometida a restricciones de su libertad.

Constitución 1953

Art. 35. Se garantiza a los habitantes de Venezuela:

2° La libertad y la seguridad personal. En consecuencia, nadie podrá:

g) ... ni sometido a procedimientos que causen sufrimiento físico.

Constitución 1947

Art. 30. La Nación garantiza a todos los habitantes la libertad y seguridad personales, y, en consecuencia:

4° Nadie podrá ser incomunicado. ..

Decreto 1946

Art. 1. Se garantiza a los venezolanos:

Ord. 5° La seguridad individual, y por ella:

d) Ni ser incomunicado.

Constitución 1925

Art. 32. La Nación garantiza a los venezolanos:

15. La seguridad individual, y por ella:

d) Ni ser incomunicado.

[Con igual texto: Constitución 1928, Art. 32, 15,d; Constitución 1929, Art. 32, 15,d; Constitución 1931, Art. 32, 15,d; Constitución 1936, Art. 32, 17,d; Constitución 1945, Art. 32, 17,d].

Constitución 1914

Art. 22. La Nación garantiza a los venezolanos:

14. La seguridad individual, y por ella:

4. No ser incomunicado por ninguna razón ni pretexto.

[Con igual texto: Constitución 1922, Art. 22, 14,4].

Estatuto Provisional 1914

Art. 16. La Nación garantiza a los venezolanos:

14. La seguridad individual, y por ella:

4. Ni ser incomunicado por ninguna razón ni pretexto;

g) ...quedando además abolida toda pena infamante.

Constitución 1909

Art. 23. La Nación garantiza a los venezolanos.

14. La seguridad individual, y por ella:

4. Ni ser incomunicado por ninguna razón ni pretexto.

g) ...quedando además abolida toda pena infamante, como las conocidas con los nombres de grillos, cepos, esposas, etc., cualquiera que sea la ley que las establezca.

Constitución 1904

Art. 17. La Nación garantiza a los venezolanos:

14. La seguridad individual y por ella:

4) Ni ser, incomunicado por ninguna razón ni pretexto.

Constitución 1901

Art. 17. La Nación garantiza a los venezolanos la efectividad de los siguientes derechos:

14. La seguridad individual y por ella:

5. Ni ser incomunicado por ninguna razón ni pretexto;

10....ni sometido a sufrir ninguna especie de tormentos.

Constitución 1893

Art. 14. La Nación garantiza a los venezolanos la efectividad de los siguientes derechos:

14. La seguridad individual y por ella:

5. Ni ser incomunicado por ninguna razón ni pretexto ...

11. Ni sometido a sufrir ninguna espere de tormentos, y

12. Queda abolida toda pena infamante cualquiera que sea la ley que la establezca.

Constitución 1881

Art. 14. La Nación garantiza a los venezolanos:

14. La seguridad individual y por ella:

5. Ni ser incomunicado por ninguna causa.

[Con igual texto: Constitución 1861, Art. 14, 14,5].

Constitución 1864

Art. 14. La Nación garantiza a los venezolanos:

14. La seguridad individual y por ella:

Ord. 14. 5. Ni ser incomunicado por ninguna razón ni pretexto.

[Con igual texto: Constitución 1874, Art. 14, 14,5].

Decreto 1863

Art. 1. Se garantiza a los venezolanos:

Ord. 14. La seguridad individual, y en consecuencia: 4° Ni privado de comunicación por ningún pretexto.

6° Ni imponerle otra prisión o más de la privación de la libertad, no pudiendo negársele aquellas comodidades que sean compatibles con su seguridad.

Art. 3° Los lugares que se nombran Bajoseco y la Rotunda, escogidos como tormento de los hombres libres, no podrán servir en lo sucesivo para lugares de prisión.

Constitución 1858

Art. 22. El carcelero o el alcaide no podrá recibir a ninguna persona en arresto sin la orden a que se refiere el artículo 19, ni prohibirle la comunicación sino por mandato escrito del juez, quien en ningún caso podrá extenderlo a más de tres días.

Constitución 1857

Art. 109. Se prohíbe el tormento, la confiscación de bienes y toda pena cruel e infamante.

Constitución 1830

Art. 203. El carcelero o alcaide no podrá prohibir al preso la comunicación sino en el caso de que la orden de prisión contenga la cláusula de incomunicación. Esta no puede durar más de tres días y nunca usará de otras prisiones o seguridades que las que expresamente le haya prevenido el juez por escrito.

Art. 207. No se usará jamás el tormento y todo tratamiento que agrave la pena determinada por la ley es un delito.

Decreto 1830

Art 17. El carcelero o alcaide no podrá prohibir al preso la comunicación, sino en el caso de que la orden de prisión contenga la cláusula de incomunicación. Esta no puede durar más de tres días, y nunca usará de otras prisiones o seguridades que las que expresamente le haya prevenido el juez por escrito.

Art. 21. No se usará jamás el tormento, y todo tratamiento que agrave la pena determinada por la ley es un delito.

Constitución 1821

Art. 163. El alcaide o carcelero no podrá prohibir al preso la comunicación con persona alguna, sino en el caso de que la orden de prisión contenga la cláusula de incomunicación. Esta no puede durar más de tres días y nunca usará de otros apremios o prisiones que los que expresamente le haya prevenido el Juez.

Art. 168. Todo tratamiento que agrave la pena determinada por la ley es un delito.

Constitución 1819

TITULO XI

Art. 7° El alcaide o carcelero no podrá prohibir al preso la comunicación con persona alguna sino en el caso de que la orden de prisión contenga la cláusula de incomunicación. Esta orden no puede durar sino tres días a lo más.

Constitución 1811

171. Nunca se exigirán cauciones excesivas, ni se impondrán penas pecunarias desproporcionadas con los delitos, ni se condenarán a los hombres a castigos crueles, ridículos y desusados. Las leyes sanguinarias deben disminuirse, como que su frecuente aplicación es inconducente a la salud del Estado y no menos injusta que impolítica, siendo el verdadero designio de los castigos corregir y no exterminar el género humano.

172. Todo tratamiento que agrave la pena determinada por la ley es un delito.

173. El uso de la tortura queda abolido perpetuamente.

Declaración 1811

Derechos del hombre en sociedad

Art. 12. Todo acto ejercido contra un ciudadano sin las formalidades de la ley, es arbitrario y tiránico.

e. *El derecho a la excarcelación y la libertad bajo fianza*

Constitución 1961

Art. 60. La libertad y seguridad personales son inviolables, y en consecuencia:

6° Nadie continuará en detención después de dictada orden de excarcelación por la autoridad competente o una vez cumplida la pena impuesta. La constitución de fianza exigida por la ley para conceder la libertad provisional del detenido no causará impuesto alguno.

Constitución 1953

Art. 53. Se garantiza a los habitantes de Venezuela: 2. La libertad y la seguridad personal. En consecuencia, nadie podrá: d) Continuar detenido después de decisión judicial firme que revoque la detención ni después de ser concedida legalmente la libertad bajo fianza o cumplida la pena impuesta.

Constitución 1947

Art. 30. La Nación garantiza a todos los habitantes la libertad y la seguridad personales, y, en consecuencia:

3° Nadie continuará en detención si, mediante decisión judicial firme, hubieren quedado destruidos los fundamentos de aquella, ni después de concedida la libertad bajo fianza, en los casos en que la ley permita este beneficio. El otorgamiento y la tramitación de la fianza no causarán impuesto alguno.

10. Nadie continuará privado de libertad una vez cumplida la pena impuesta.

Art. 30. Ord. 2° En los delitos de injuria, difamación, desacato u ofensa a personas o a cuerpos judiciales, políticos o administrativos, investidos de autoridad pública, será sometido a juicio el acusado, y no podrá separarse del lugar del proceso hasta que el asunto quede decidido. La detención no procederá sino en virtud de sentencia firme.

Decreto 1946

Art. 1. Se garantiza a los venezolanos:

Ord. 5. La seguridad individual, y por ella (ningún ciudadano podrá): f)... continuar en detención si mediante decisión judicial firme hubieren quedado destruidos los fundamentos que la motivaron, ni después de prestar fianza suficiente en los casos en que, pendiente todavía el proceso, permita la ley libertad bajo fianza.

j) Continuar privado de la libertad por motivos políticos, restablecido que sea el orden, a menos que se trate del cumplimiento de una pena ya impuesta.

Art. 3° El inculpado por los delitos de injuria, difamación o ultraje, podrá prestar fianza de cárcel segura para responder por los efectos del auto de detención hasta sentencia ejecutoriada en los casos en que obrare auto de detención contra él.

Constitución 1936

Art. 32. La Nación garantiza a los venezolanos:

17. La seguridad individual, y con ella (ningún ciudadano podrá):

f) continuar en detención si mediante decisión judicial firme hubieren quedado destruidos los fundamentos que la motivaron, ni después de prestada fianza suficiente en los casos en que, pendiente todavía el proceso, permita la ley libertad bajo fianza.

j) Continuar privado de la libertad por motivos políticos, restablecido que sea el orden, a menos que se trate del cumplimiento de una pena ya impuesta.

[Con igual texto: Constitución 1945, Art. 32, 17, f y j].

Constitución 1925

Art. 32. La Nación garantiza a los venezolanos:

15. La seguridad individual, y por ella (ningún ciudadano podrá):

f) ...continuar en detención si mediante decisión judicial firme quedaren destruidos los fundamentos que la motivaron ni después de prestada fianza suficiente en los casos en que, pendiente todavía el proceso permita la ley la libertad bajo fianza, todo según lo que ella determine.

[Con igual texto: Constitución 1928, Art. 32, 15,f; Constitución 1929, Art. 32, 15,f; Constitución 1931, Art. 32, 15,f].

Constitución 1922

Art. 22. La Nación garantiza a los venezolanos:

Ord. 6°. En los casos de calumnia, difamación o perjuicio de tercero quedan al agraviado expeditas sus acciones para deducirlas ante los Tribunales de justicia competentes, conforme a las leyes; pero el inculpado podrá prestar fianza de cárcel segura para responder por los efectos de la detención hasta sentencia ejecutoriada, en aquellos casos en que obrare auto de detención contra él.

Art. 14. 6) Ni continuar en prisión si se destruyen los fundamentos que la motivaron.

Constitución 1914

Art. 22. La Nación garantiza a los venezolanos:

6° La libertad del pensamiento expresado de palabra o por medio de la prensa. En los casos de calumnia, difamación, injuria o perjuicio de tercero, quedan al agraviado expeditas sus acciones para deducirlas ante los Tribunales de justicia competentes, conforme a las leyes; pero el inculpado podrá prestar fianza de cárcel segura para responder por los efectos de la detención hasta sentencia ejecutoriada, en aquellos casos en que obrare el auto de detención.

14° 6) Ni continuar en prisión si se destruyen los fundamentos que la motivaron.

Constitución 1909

Art. 23. La Nación garantiza a los venezolanos:

6° La libertad del pensamiento expresado de palabra o por medio de la prensa. En los casos de calumnia, injuria o perjuicio de tercero quedan al agraviado expeditas sus acciones para deducirlas ante los Tribunales de justicia competentes, conforme a las leyes, pero el inculpado no podrá ser detenido o presa en ningún caso sino después de sentencia ejecutoriada.

[Con igual texto: Estatuto Provisional 1914, Art. 16, 6].

14° 6) Ni continuar en prisión si destruyen los fundamentos que lo motivaron.

[Con igual texto: Estatuto Provisional, Art. 16, ord. 14-6].

Constitución 1904

Art. 17. La Nación garantiza a los venezolanos:

6° La libertad del pensamiento expresado de palabra o por medio de la prensa. En los casos de calumnia, injuria o perjuicio de tercero, quedan al agraviado expeditas sus acciones para deducirles ante los Tribunales de justicia competentes, conforme a las leyes comunes.

Ord. 14° 6) Ni continuar en prisión si se destruyen los fundamentos que la motivaron.

Constitución 1893

Art. 14. La Nación garantiza a los venezolanos la efectividad de los siguientes derechos:

6° La libre expresión del pensamiento expresado de palabra o por medio de la prensa. En los casos de calumnia o injuria, quedan al agraviado expeditas sus acciones para deducirlas ante los Tribunales de justicia competentes, conforme a las leyes comunes; pero el inculpado no podrá ser detenido o preso en ningún caso, sino después de dictada por el Tribunal competente la sentencia ejecutoriada que lo condene.

14. La seguridad individual, y por ella (ningún ciudadano podrá):

8° ...continuar en prisión, si se destruyen los fundamentos que la motivaron.

[Con igual texto: Constitución 1901, Art. 17,16 y 17,14,8].

Constitución 1864

Art. 14. La Nación garantiza a los venezolanos:

14. La seguridad individual, y por ella (ningún ciudadano podrá):

7.... continuar en prisión si se destruyen los fundamentos que la motivaron.

[Con igual texto: Constitución 1874, Art. 14, 14,7; Constitución 1881, Art. 14, 14,7; Constitución 1891, Art. 14, 14,7].

Decreto 1863

Art. 1. Se garantiza a los venezolanos:

Ord. 14. La seguridad individual, y en consecuencia (ningún venezolano podrá):

7. ... continuar por más tiempo en la cárcel después de destruidos los cargos.

Constitución 1857

Art. 107. En causa criminal, después que se haya tomado declaración con cargo al reo, si de autos no resultare méritos para poder imponer pena corporal, será puesto en libertad bajo fianza, siempre que así lo pida el enjuiciado o su defensor.

Constitución 1821

Art. 165. En cualquier tiempo en que parezcan desvanecidos los motivos que hubo para el arresto, detención o prisión, el arrestado será puesto en libertad. También la obtendrá dando fianza en cualquier estado de la causa en que se vea que no puede imponerse pena corporal. Al tiempo de tomar la confesión al procesado, que deberá ser a lo más dentro del tercer día, se le leerán íntegramente todos los documentos y declaraciones de los testigos, con los nombres de éstos, y si por ellos no los conociere se le darán todas las noticias posibles para que venga en conocimiento de quiénes son.

Constitución 1811

Art. 174. Toda persona que fuere legalmente detenida o presa deberá ponerse en libertad luego que de caución o fianza suficiente, excepto en los casos en que haya pruebas evidentes, o grande presunción de delitos capitales. Si la prisión proviene de deudas y no hubiere evidencia o vehemente presunción de fraude, tampoco deberá permanecer en ella, luego que sus bienes se hayan puesto a la disposición de sus respectivos acreedores, conforme a las leyes.

f. *Garantías frente al reclutamiento forzoso*

Constitución 1961

Art. 53. El servicio militar es obligatorio y se prestará sin distinción de clase o condición social, en los términos y oportunidades que fije la ley. Art. 60. La libertad y seguridad personales son inviolables, y en consecuencia:

9° Nadie podrá ser objeto de reclutamiento forzoso ni metido al servicio militar sino en los términos pautados por la ley.

Constitución 1947

Art. 30. La Nación garantiza a todos los habitantes la libertad y la seguridad personales, y, en consecuencia:

1° Nadie podrá ser sometido a reclutamiento forzoso. El servicio militar es obligatorio y se prestará conforme a la ley.

Decreto 1946

Art. 1. Se garantiza a los venezolanos:

6° La libertad personal, y por ella:

a) Queda abolido el reclutamiento forzoso para el servicio de las armas, el cual debe prestarse conforme lo disponga la ley.

Constitución 1936

Art. 32. La Nación garantiza a los venezolanos:

5. La libertad personal, y por ella:

a) Queda abolido el reclutamiento forzoso para el servicio de las armas, el cual debe prestarse conforme lo disponga la ley.

[Con igual texto: Constitución 1945, Art. 32, 5,a].

Constitución 1925

Art. 32. La Nación garantiza a los venezolanos:

5. La libertad personal, y por ella:

a) Queda abolido el reclutamiento forzoso para el servicio de las armas; éste ha de prestarse conforme lo disponga la ley.

[Con igual texto: Constitución 1928, Art. 32, 5,a; Constitución 1929, Art. 32, 5,a; Constitución 1931, Art. 32, 5,a].

Constitución 1904

Art. 17. La Nación garantiza a los venezolanos:

5. La libertad personal, y por ella:

1) Queda abolido el reclutamiento forzoso para el servicio de las armas, servicio que ha de prestarse conforme lo disponga la ley.

[Con igual texto: Constitución 1909, Art. 23, 5,1; Estatuto Provisional 1914, Art. 16, 5,1; Constitución 1914, Art. 22, 5,1; Constitución 1922, Art. 22, 5,1].

Constitución 1901

Art. 17. La Nación garantiza a los venezolanos la efectividad de los siguientes derechos:

5. La libertad personal, y por ella:

1) Queda abolido el reclutamiento forzoso para el servicio de las armas, servicio que ha de prestarse conforme lo disponga la ley.

Constitución 1864

Art. 14. La Nación garantiza a los venezolanos:

5. La libertad personal, y por ella:

1) Queda abolido el reclutamiento forzoso para el servicio de las armas.

[Con igual texto: Constitución 1874, Art. 14, 5,1; Constitución 1881, Art. 14, 5,1; Constitución 1891, Art. 14, 5,1].

g. *Las medidas relativas a sujetos peligrosos*

Constitución 1961

Art. 60. La libertad y seguridad personales son inviolables, y en consecuencia:

10. Las medidas de interés social sobre sujetos en estado de peligrosidad sólo podrán ser tomadas mediante el cumplimiento de las condiciones y formalidades que establezca la ley. Dichas medidas se orientarán en todo caso a la readaptación del sujeto para los fines de la convivencia social.

6. *La seguridad personal y el derecho a un debido proceso*

Constitución 1999

Artículo 49. El debido proceso se aplicará a todas las actuaciones judiciales y administrativas; en consecuencia:

1. La defensa y la asistencia jurídica son derechos inviolables en todo estado y grado de la investigación y del proceso. Toda persona tiene derecho a ser notificada de los cargos por los cuales se le investiga; de acceder a las pruebas y de disponer del tiempo y de los medios adecuados para

ejercer su defensa. Serán nulas las pruebas obtenidas mediante violación del debido proceso. Toda persona declarada culpable tiene derecho a recurrir del fallo, con las excepciones establecidas en esta Constitución y en la ley.

2. Toda persona se presume inocente mientras no se pruebe lo contrario.

3. Toda persona tiene derecho a ser oída en cualquier clase de proceso, con las debidas garantías y dentro del plazo razonable determinado legalmente por un tribunal competente, independiente e imparcial establecido con anterioridad. Quien no hable castellano o no pueda comunicarse de manera verbal, tiene derecho a un intérprete.

4. Toda persona tiene derecho a ser juzgada por sus jueces naturales en las jurisdicciones ordinarias o especiales, con las garantías establecidas en esta Constitución y en la ley. Ninguna persona podrá ser sometida a juicio sin conocer la identidad de quien la juzga, ni podrá ser procesada por tribunales de excepción o por comisiones creadas para tal efecto.

5. Ninguna persona podrá ser obligada a confesarse culpable o declarar contra sí misma, su cónyuge, concubino o concubina, o pariente dentro del cuarto grado de consanguinidad y segundo de afinidad.

La confesión solamente será válida si fuere hecha sin coacción de ninguna naturaleza.

6. Ninguna persona podrá ser sancionada por actos u omisiones que no fueren previstos como delitos, faltas o infracciones en leyes preexistentes.

7. Ninguna persona podrá ser sometida a juicio por los mismos hechos en virtud de los cuales hubiese sido juzgada anteriormente.

8. Toda persona podrá solicitar del Estado el restablecimiento o reparación de la situación jurídica lesionada por error judicial, retardo u omisión injustificados. Queda a salvo el derecho del o de la particular de exigir la responsabilidad personal del magistrado o de la magistrada, del juez o de la jueza; y el derecho del Estado de actuar contra éstos o éstas

A. *Derecho a ser juzgado por sus jueces naturales y conforme a la ley preexistente*

Constitución 1961

Art. 69. Nadie podrá ser juzgado sino por sus jueces naturales ni condenado a sufrir pena que no esté establecida por ley preexistente.

Constitución 1953

Art. 2. Nadie podrá ser juzgado por tribunales especialmente creados, sino por sus jueces naturales y en virtud de ley preexistente.

Constitución 1947

Art. 30. La Nación garantiza a todos los habitantes la libertad y la seguridad personales y en consecuencia:

5° Nadie podrá ser juzgado por tribunales o comisiones especialmente creados, sino por Jueces naturales y en virtud de ley preexistente.

Decreto 1946

Art. 1. Se garantiza a los venezolanos:

Ord. 5° La seguridad individual, y por ella:

b) Ni ser juzgado por Tribunales o Comisiones especialmente creados, sino por sus Jueces naturales y en virtud de ley preexistente.

Constitución 1945

Art. 32. La Nación garantiza a los venezolanos:

17. La seguridad individual y por ella:

b) Ni ser juzgados por Tribunales o Comisiones especialmente creados, sino por sus jueces naturales y en virtud de la ley preexistente.

Constitución 1936

Art. 32. La Nación garantiza a los venezolanos: 17. La seguridad individual y por ella:

b) Ni ser juzgados por Tribunales o Comisiones especialmente creados, sino por sus jueces naturales y en virtud de ley preexistente, salvo lo establecido en la garantía 2ª de este artículo.

Constitución 1928

Art. 32. La Nación garantiza a los venezolanos:

15. La seguridad individual y por ella:

b) Ni ser juzgados por Tribunales o Comisiones especialmente creados, sino por sus jueces naturales y en virtud de la ley preexistente.

[Con igual texto: Constitución 1929, Art. 32, 15,6; Constitución 1931, Art. 32, 15,6].

Constitución 1904

Art. 17. La Nación garantiza a los venezolanos:

14. La seguridad individual y por ella:

2) Ni ser juzgado por Tribunales o Comisiones especiales, sino por sus jueces naturales, y en virtud de ley preexistente.

[Con igual texto: Constitución 1909, Art. 23, 14.2; Estatuto Provisional 1914, Art. 16, 14,2; Constitución 1914, Art. 22, 14,2: Constitución 1922, Art. 22, 14,2; Constitución 1925, Art. 32, 15,6].

Constitución 1901

Art. 17. La Nación garantiza a los venezolanos, la efectividad de los siguientes derechos:

14. La seguridad individual, y por ella:

3° ...ni ser juzgado por Tribunales ni Comisiones especiales, sino por sus Jueces naturales, y en virtud de ley preexistente.

Constitución 1893

Art. 14. La Nación garantiza a los venezolanos la efectividad de los siguientes derechos:

14. La seguridad individual y por ella:

3° Ni ser juzgado por Tribunales ni Comisiones especiales, sino por sus jueces naturales y en virtud de leyes dictadas antes de la comisión del delito o acción que motive el juicio.

Constitución 1864

Art. 14. La Nación garantiza a los venezolanos:

14. La seguridad individual, y por ella:

3° ...ni ser juzgado por tribunales o comisiones especiales, sino por sus jueces naturales y en virtud de leyes dictadas antes del delito o acción que deba juzgarse.

[Con igual texto: Constitución 1874, Art. 14, 14.3; Constitución 1881, Art. 14, 14,3; Constitución 1981, Art. 14, 14,3].

Decreto 1863

Art. 1. Se garantiza a los venezolanos:

14. La seguridad individual: Y en consecuencia:

1° Ninguno podrá ser juzgado sino por leyes preexistentes y nunca por comisiones especiales, sino por sus Jueces territoriales o los del lugar donde se cometa el delito.

Constitución 1858

Art. 18. Ninguno podrá ser distraída de sus jueces naturales ni sometido a comisiones o tribunales extraordinarios ni juzgado, sino por las leyes anteriores a su delito o acción.

Constitución 1857

Art. 118. Ningún venezolano puede ser distraído sin su consentimiento de sus jueces naturales ni juzgado por comisiones especiales o tribunales extraordinarios.

Decreto 1830

Art. 99. Ningún venezolano puede ser distraído de sus jueces naturales, ni juzgado por comisiones especiales o tribunales extraordinarios. Art. 33. Ningún venezolano deberá sujetarse a las leyes militares ni sufrir castigo prevenido en ellas, excepto los que estuvieren en actual servicio en el ejército permanente y marina y los de las milicias que se hallaren en actual servicio, esto es, que estén acuartelados y sean pagados por el Estado.

[Con igual texto: Constitución 1830, Arts. 195 y 219].

Constitución 1821

Art. 166. Nadie podrá ser juzgado por comisiones especiales sino por los tribunales a quienes corresponda el caso de las leyes.

Art. 174. Ningún colombiano, excepto los que estuvieren empleados en la Marina o en las Milicias, que se hallaren en actual servicio, deberá sujetarse a las leyes militares ni sufrir castigos provenidos de ellas.

Constitución 1811

176. Ningún ciudadano de las provincias del Estado, excepto los que estuvieren empleados en el Ejército, en la Marina o en las Milicias, que se hallaren en actual servicio deberá sujetarse a las leyes militares ni sufrir castigos provenidos de ellas.

B. *El principio non bis in idem*

Constitución 1961

Art. 60. La libertad y seguridad personales son inviolables, y en consecuencia:

8° Nadie podrá ser sometido a juicio por los mismos hechos en virtud de los cuales hubiere sido juzgado anteriormente.

Constitución 1953

Art. 35. Se garantiza a los habitantes de Venezuela:

1. La libertad y la seguridad personal. En consecuencia, nadie podrá:

f) Ser juzgado por los mismos hechos que hubieren motivado su anterior enjuiciamiento.

Constitución 1947

Art. 30. La Nación garantiza a todos los habitantes la libertad y seguridad personales, y, en consecuencia:

11. Nadie podrá ser juzgado por los mismos hechos que hubieren motivado su anterior enjuiciamiento.

Constitución 1936

Art. 32. La Nación garantiza a los venezolanos:

17. La seguridad individual, y por ella:

i) Ni ser juzgado otra vez por los mismos hechos punibles que motivaron anteriores enjuiciamientos.

[Con igual texto: Constitución 1945, Art. 32, 17,i; Decreto 1946, Art. 1, 5,i].

Constitución 1925

Art. 32. La Nación garantiza a los venezolanos:

15. La seguridad individual, y por ella:

i) Ni ser jugado segunda vez por el mismo hecho punible.

[Con igual texto: Constitución 1928, Art. 32, 15,i; Constitución 1929, Art. 32, 15,i; Constitución 1931, Art. 32, 15,i].

Constitución 1909

Art. 23. La Nación garantiza a los venezolanos:

14. La seguridad individual, y por ella:

9) Ni ser juzgado segunda vez por el mismo delito...

[Con igual texto: Estatuto Provisional 1914, Art. 16, 14,9; Constitución 1914, Art. 22, 14,9; Constitución 1922, Art. 22, 14,9].

Constitución 1893

Art. 14. La Nación garantiza a los venezolanos la efectividad de los siguientes derechos:

14. La seguridad individual, y por ella:

11. Ni ser juzgado segunda vez por el mismo hecho.

[Con igual texto: Constitución 1901, Art. 17, 14,10].

C. *Presunción de inocencia*

La Constitución de 1961, no establece en forma expresa el principio de la presunción de inocencia, el cual sin embargo, tiene antecedentes constitucionales remotos.

Constitución 1821

Art. 158. Todo hombre debe presumirse inocente hasta que se le declare culpado con arreglo a la ley. Si antes de esta declaratoria se juzga necesario arrestarle o prenderle, no debe emplearse ningún rigor que no sea indispensable para asegurarse de su persona.

Constitución 1819

Art. 9º Todo hombre se presume inocente hasta que se le declare culpado. Si antes de esta declaratoria se juzga necesario prenderlo o arrestarlo, la ley prohíbe que se emplee ningún rigor que no sea muy indispensable para asegurarse de su persona.

Constitución 1811

Art. 159. Todo hombre debe presumirse inocente hasta que no haya sido declarado culpable con arreglo a las leyes; y si entre tanto se juzga indispensable asegurar su persona, cualquier rigor que no sea para esto sumamente necesario debe ser reprimido.

Declaración 1811

Art. 15. Todo ciudadano deberá ser tenido por inocente mientras no se le declare culpable. Si se cree indispensable asegurar su persona, todo rigor que no sea necesario para ello debe ser reprimido por la ley.

D. *Garantías contra el juramento*

Constitución 1961

Art. 60. La libertad y seguridad personales son inviolables, y en consecuencia:

4° Nadie podrá ser obligado a prestar juramento ni constreñido a rendir declaración o a reconocer culpabilidad en causa penal contra sí mismo, ni contra su cónyuge o la persona con quien haga vida marital, ni contra sus parientes dentro del cuarto grado de consanguinidad o segundo de afinidad.

Constitución 1953

Art. 35. Se garantiza a los habitantes de Venezuela.

2. La libertad y seguridad personal. En consecuencia, nadie podrá:

c) ...Ser obligado a prestar juramento ni a reconocer culpabilidad contra sí mismo, contra su cónyuge o contra sus parientes dentro de cuarto grado de consanguinidad o segundo de afinidad.

Constitución 1947

Art. 30. La Nación garantiza a todos los habitantes la libertad y la seguridad personales, y en consecuencia:

4. Nadie podrá ser obligado a prestar juramento, ni a sufrir interrogatorio en causa criminal contra sí mismo, ni contra sus parientes dentro del cuarto grado de consanguinidad y segundo de afinidad, ni contra el cónyuge o la persona con quien haga vida marital.

Decreto 1946

Art. 1. Se garantiza a los venezolanos:

Ord. 5° La seguridad individual, y por ella:

e) Ni ser obligado a prestar juramento ni a sufrir interrogatorio en causa criminal contra sí mismo, ni contra sus ascendientes, o parientes dentro del cuarto grado de consanguinidad o segundo de afinidad, ni contra el cónyuge.

Constitución 1936

Art. 32. La Nación garantiza a los venezolanos:

17. La seguridad individual, y por ella:

e) Ni ser obligado a prestar juramento ni a sufrir interrogatorio en causa criminal contra sí mismo ni contra sus ascendientes o parientes dentro del cuarto grado de consanguinidad o segundo de afinidad, ni contra el cónyuge.

[Con igual texto: Constitución 1945, Art. 32, 17,e].

Constitución 1925

Art. 32. La Nación garantiza a los venezolanos:

15. La seguridad individual, y por ella:

e) Ni ser obligado a prestar juramento ni a sufrir interrogatorio en causa criminal contra sí mismo, ni contra sus ascendientes, sus parientes dentro del cuarto grado de consanguinidad o segundo de afinidad, ni contra el cónyuge.

[Con igual texto: Constitución 1928, Art. 32, 15,e; Constitución 1929, Art. 32, 15,e; Constitución 1931, Art. 32, 15,c].

Constitución 1904

Art. 17. La Nación garantiza a los venezolanos:

14. La seguridad individual, y por ella:

5) Ni ser obligado a prestar juramento, ni a sufrir interrogatorios en causa criminal contra sí mismo, ni contra sus parientes dentro del cuarto grado de consanguinidad o segundo de afinidad, ni contra el cónyuge.

[Con igual texto: Constitución 1909, Art. 23, 14,5; Estatuto Provisional 1914, Art. 16. 14,5; Constitución 1914, Art. 22, 14,5; Constitución 1922, Art. 22, 14,5].

Constitución 1893

Art 14. La Nación garantiza a los venezolanos la efectividad de los siguientes derechos:

14. La seguridad individual, y por ella:

6° Ni a ser obligado a prestar juramento ni a sufrir interrogatorio, en causa criminal contra sí mismo, ni contra sus parientes dentro del cuarto grado de consanguinidad o segundo de afinidad, ni contra el cónyuge.

[Con igual texto: Constitución 1901 Art. 17, 14,6].

Constitución 1881

Art. 14. La Nación garantiza a los venezolanos:

14. La seguridad individual, y por ella:

6° Ni ser obligado a prestar juramento, ni a sufrir interrogatorios en asuntos criminales, contra sí mismo o sus parientes dentro del cuarto grado de consanguinidad o segundo de afinidad y el cónyuge.

[Con igual texto: Constitución 1891, Art. 14, 14.6].

Constitución 1864

Art. 14. La Nación garantiza a los venezolanos:

14. La seguridad individual, y por ella (ningún venezolano podrá):

6° ...ser obligado a prestar juramento ni sufrir interrogatorios en causas criminales contra sí mismo o sus parientes dentro del cuarto grado de consanguinidad o segundo, de afinidad o el cónyuge.

[Con igual texto: Constitución 1814, Art, 14, 14,6].

Decreto 1863

Art. 1. Se garantiza a los venezolanos:

7° ...sentenciado antes de haber sido citado, oído y convencido. En estos juicios nadie está obligado a dar testimonio contra sí, sus parientes hasta el cuarto grado de consanguinidad y segundo de afinidad ni su cónyuge.

Constitución 1858

Art 24. En causa criminal ninguno será obligado a dar testimonio contra sí mismo, ni contra sus ascendientes, descendientes, cónyuge y demás parientes hasta el cuarto grado civil por consanguinidad y segundo por afinidad.

Constitución 1857

Art. 193. Ningún venezolano dará testimonio con juramento contra sí mismo en causa criminal, ni tampoco lo darán recíprocamente entre sí los ascendientes y descendientes y los parientes hasta el cuarto grado civil de consanguinidad y segundo de afinidad, ni los cónyuges.

Decreto 1830

Art. 11. Ningún venezolano será obligado a dar testimonio con juramento contra sí mismo en causa criminal, ni tampoco lo serán recíprocamente entre sí los ascendientes y descendientes, y los parientes hasta el cuarto grado de civil por consanguinidad, y segundo por afinidad, ni los cónyuges.

[Con igual texto: Constitución 1830, Art. 197].

Constitución 1821

Art. 167. Nadie podrá ser ... admitido ni obligado con juramento ni con otro apremio recíprocamente contra sí mismo en causa criminal, ni tampoco lo serán recíprocamente entre sí los ascendientes y descendientes y los parientes hasta el cuarto grado de consanguinidad y segundo de afinidad.

Constitución 1819

Art. 14. La ley no puede obligar a ningún ciudadano a declarar bajo juramento los crímenes de que se le haga cargo.

Constitución 1811

Art. 160. Ninguno podrá ser forzado en ninguna causa a dar testimonio contra sí mismo, como tampoco los ascendientes y descendientes, ni los colaterales, hasta el cuarto grado de consanguinidad y segundo de afinidad.

E. *El derecho a la defensa y a ser oído y notificado de cargos*

Constitución 1961

Art. 60. La libertad y seguridad personales son inviolables, y en consecuencia:

1° El indiciado tendrá acceso a los recaudos sumariales y a todos los medios de defensa que provea la ley tan pronto como se ejecute el correspondiente auto de detención.

5° Nadie podrá ser condenado en causa penal sin antes haber sido notificado personalmente de los cargos y oído en la forma que indique la ley. Los reos de delito contra la cosa pública podrán ser juzgados en ausencia; con las garantías y en la forma que determine la ley.

Art. 68. La defensa es derecho inviolable en todo estado y grado del proceso.

Constitución 1953

Art. 35. Se garantiza a los habitantes de Venezuela:

2. La libertad y la seguridad personal. En consecuencia, nadie podrá: e) Ser condenado en causa criminal sin antes haber sido notificado personalmente de los cargos y oído en la forma que indique la ley.

Constitución 1947

Art. 30. La Nación garantiza a todos sus habitantes la libertad y la seguridad personales, y en consecuencia:

6° Nadie podrá ser condenado en causa criminal sin antes haber sido notificado personalmente de los cargos y oído en la forma que indique la ley.

Decreto 1946

Art. 1. Se garantiza a los venezolanos:

Ord. 5° La seguridad individual, y por ella (ningún ciudadano podrá):

g) ...ser condenado a sufrir pena en materia criminal sino después de haber sido notificado personalmente de los cargos y oído en la forma que indique la ley.

Constitución 1925

Art. 32. La Nación garantiza a los venezolanos:

15. La seguridad individual, y por ella (ningún ciudadano podrá):

g) ...ser condenado a sufrir pena en materia criminal sino después de haber sido notificado personalmente de los cargos y oído en la forma que indique la ley.

[Con igual texto: Constitución 1928, Art. 32, 15,g; Constitución 1929, Art. 32, 15,g; Constitución 1931, Art. 32, 15,g; Constitución 1936, Art. 32, 17,g; Constitución 1945 32, 17,g].

Constitución 1914

Art. 22. La Nación garantiza a los venezolanos:

14. La seguridad individual, y por ella (ningún venezolano podrá):

7) ...ser condenado a sufrir en materia criminal, sino después de haber sido citado personalmente y. oído en forma legal, quedando, además, abolida toda pena infamante.

[Con igual texto: Constitución 1922, Art. 22, 14,7]

Constitución 1904

Art. 17. La Nación garantiza a los venezolanos:

14. La seguridad individual, y por ella (ningún venezolano podrá):

7) ...ser condenado a sufrir pena en materia criminal, sino después de citado y oído legalmente.

[Con igual texto: Constitución 1909, Art. 23, 14,7; Estatuto Provisional 1914, Art. 16, 14,7].

Constitución 1893

Art. 14. La Nación garantiza a los venezolanos, la efectividad de los siguientes derechos:

14. La seguridad individual, y por ella (ningún venezolano podrá):

7° ...ser condenado a sufrir ninguna pena en materia criminal, sino después que haya sido oído legalmente.

[Con igual texto: Constitución 1901, Art. 17, 14,7].

Constitución 1881

Art. 14. La Nación garantiza a los venezolanos:

14. La seguridad individual, y por ella (ningún venezolano podrá):

8° ...ser condenado a sufrir pena en materia criminal, sino después de citado y oído legalmente.

[Con igual texto: Constitución 1891, Art. 14, 14,8].

Constitución 1864

Art. 14. La Nación garantiza a los venezolanos:

14. La seguridad individual, y por ella (ningún venezolano podrá):

8° ...ser condenado a sufrir pena en materia criminal, sino después que haya sido oído legalmente.

[Con igual texto: Constitución 1874, Art. 14, 14,8].

Decreto 1863

Art. 1. Se garantiza a los venezolanos:

Ord. 14. La seguridad individual, y en consecuencia (ningún venezolano podrá ser):

7° ...sentenciado antes de haber sido citado, oído y convencido. En estos juicios nadie está obligado a dar testimonio contra sí, sus parientes hasta el cuarto grado de consanguinidad y segundo de afinidad ni su cónyuge.

Constitución 1858

Art. 18. Ninguno podrá ser sentenciado sino después de haber sido oído y convencido legalmente.

Art. 20. En negocios criminales la orden de prisión o arresto no podrá ser expedida sin previa información sumaria de que resulte haberse ejecutado un hecho que merezca por la ley pena corporal y fundados indicios de haberlo cometido la persona a quien se mande prender o arrestar, la que deberá ser puesta en libertad bajo fianza en cualquier estado de la causa en que aparezca, que no puede imponérsele dicha pena.

Art. 21. A todo individuo preso por causa criminal deberán hacérsele, dentro de los tres días siguientes a su prisión, los cargos que le resulten del sumario que la motivó, para que impuesto de ellos, pueda contestarlos y defenderse.

Constitución 1857

Art. 102. Ninguno puede ser juzgado criminalmente y mucho menos castigado en virtud de ley anterior a su delito y después de habérsele citado, oído y convencido legalmente.

Constitución 1830

Art. 199. En negocios criminales ninguno puede ser preso ni arrestado sin que preceda información sumaria de haberse cometido un hecho que merezca pena corporal y fundados indicios de haberlo cometido la persona que se prende o arresta, la que deberá ser puesta en libertad bajo fianza en cualquier estado de la causa en que se vea que no puede imponerse dicha pena.

Art. 202. Preso un venezolano, acto continuo, si fuere posible, se le recibirá su declaración con cargo, no difiriéndose ésta por más tiempo que el de tres días.

Decreto 1830

Art. 16. Preso un venezolano, acto continuo, si fuere posible, se le recibirá su declaración con cargo, no difiriéndose ésta por más tiempo que el de tres días.

Art. 10. Ningún venezolano podrá ser juzgado, y mucho menos castigado, sino en virtud de Ley anterior a su delito o acción y después de habérsele citado, oído y convencido legalmente.

[Con igual texto: Constitución 1820, Art. 196].

Constitución 1821

Art. 159. En negocios criminales ningún colombiano puede ser preso sin que preceda información sumaria del hecho por el que merezca, según la ley, ser castigado con pena corporal.

Art. 167. Nadie podrá ser juzgado y mucho menos castigado, sino en virtud de una ley anterior a su delito o acción y después de habérsele oído o citado legalmente, y ninguno será admitido.

Constitución 1819

Art. 10. Ninguno puede ser juzgado y mucho menos sentenciado y castigado, sino en virtud de una ley anterior a su delito o acción después de haber sido oído o citado legalmente.

Constitución 1811

160. Ninguno podrá ser juzgado ni condenado al sufrimiento de alguna pena en materias criminales sino después que haya sido oído legalmente. Toda persona en semejantes casos tendrá derecho para pedir el motivo de la acusación intentada contra ella y conocer de su naturaleza para ser confrontada con sus acusadores y testigos contrarios para producir otros en su favor y cuantas pruebas puedan serle favorables dentro de términos regulares por sí, por su poder o por defensor de su elección, y ninguna será competida, ni forzada en ninguna causa a dar testimonio contra sí misma, como tampoco los ascendientes y descendientes, ni los colaterales, hasta el cuarto grado de consanguinidad y segundo de afinidad.

Declaración 1811

Derechos del hombre en sociedad

Art. 16. Ninguno debe ser juzgado ni castigado, sino después de haber sido oído legalmente, y e virtud de una ley promulgada anterior al delito. La ley que castigue delitos cometidos antes que ella exista será tiránica. El efecto retroactivo dado a la ley es un crimen.

F. *Duración del sumario*

Constitución 1961

Art. 60. La libertad y seguridad personales son inviolables, y en consecuencia:

1. El sumario no podrá prolongarse más allá del límite máximo legalmente fijado.

Constitución 1947

Art. 30. La Nación garantiza a todos los habitantes la libertad y la seguridad personales y, en consecuencia:

2. El sumario no podrá en ningún caso prolongarse por más de treinta días después de la detención judicial.

Decreto 1946

Art. 1. Se garantiza a los venezolanos:

Ord. 5° La seguridad individual, y por ella:

c) El sumario no podrá en ningún caso, prolongarse por más de treinta días después de la detención.

Constitución 1914

Art. 22. La Nación garantiza a los venezolanos: 14. La seguridad individual y por ella:

3. El sumario no podrá en ningún caso prolongarse por más de treinta días después de la detención.

[Con igual texto: Constitución 1922, Art. 22, 14,3; Constitución 1925, Art. 32, 15,c; Constitución 1928, Art. 32, 15,c; Constitución 1929, Art. 32, 15,c; Constitución 1931, Art. 32, 15,c; Constitución 1936, Art. 32, 17,c; Constitución 1945, Art. 32, 17,c].

G. *El régimen y límite de las penas*

Constitución 1961

Art. 60. La libertad y seguridad personales son inviolables, y en consecuencia:

7° Nadie podrá ser condenado a penas perpetuas o infamantes. Las penas restrictivas de la libertad no podrán exceder de treinta años.

10. Las medidas de interés social sobre sujetos en estado de peligrosidad sólo podrán ser tomadas mediante el cumplimiento de las condiciones y formalidades que establezca la ley. Dichas medidas se orientarán en todo caso a la readaptación del sujeto para los fines de la convivencia social.

Constitución 1953

Art. 35. Se garantiza a los habitantes de Venezuela: 2. La libertad y la seguridad personal. En consecuencia, nadie podrá: g) Ser condenado a pena corporal por más de treinta años ni a penas infamantes ni perpetuas, ni sometido a procedimientos que causen sufrimiento físico.

Constitución 1947

Art. 30. La Nación garantiza a todos los habitantes la libertad y seguridad personales, y en consecuencia.

8° Nadie podrá ser condenado a pena corporal por más de veinte, años.

9° Nadie podrá ser condenado a penas infamantes ni perpetuas, ni sometido a torturas o a otros medios que causen sufrimiento físico.

Decreto 1946

Art. 1. Se garantiza a los venezolanos:

Ord. 5° La seguridad individual, y por ella (ningún ciudadano podrá): b) ... ser condenado a pena corporal por más de veinte años ni a penas infamantes. Tampoco habrá penas perpetuas aunque no sean corporales.

Constitución 1925

Art. 32. La Nación garantiza a los venezolanos:

15. La seguridad individual, y por ella (ningún ciudadano podrá:)

h) ...ser condenado a pena corporal por más de veinte años ni a penas infamantes. Tampoco habrá penas perpetuas, aunque no sean corporales.

[Con igual texto: Constitución 1928, Art. 32, 15,h; Constitución 1929, Art. 32, 15,h; Constitución 1931, Art. 32, 15,h; Constitución 1936, Art. 32, 17,h; Constitución 1945 Art. 32, 17,h].

Constitución 1914

Art. 22. La Nación garantiza a los venezolanos:

14. La seguridad individual, y por ella (ningún venezolano podrá):

8) ...ser condenado a pena corporal por más de veinte años.

[Con igual texto: Constitución 1922, Art. 22, 14,8].

Constitución 1904

Art. 17. La Nación garantiza a los venezolanos:

14. La seguridad individual, y por ella (ningún venezolano podrá):

8) ...ser condenado a pena corporal por más de quince años.

[Con igual texto: Constitución 1909, Art. 23, 14,8; Estatuto Provisional 1914, Art. 16, 14,8].

Constitución 1901

Art. 17. La Nación garantiza a los venezolanos la efectividad de los siguientes derechos:

14. La seguridad individual, y por ella (ningún venezolano podrá):

11. ...ser condenado a pena corporal por más de quince años.

Constitución 1893

Art. 14. La Nación garantiza a los venezolanos la efectividad de los siguientes derechos:

14. La seguridad individual, y por ella (ningún venezolano podrá):

9° ...ser condenado a pena corporal por más de diez años.

Constitución 1864

Art. 14. La Nación garantiza a los venezolanos:

14. La seguridad individual, y por ella (ningún venezolano podrá):

9° ...ser condenado a pena corporal por más de diez años.

[Con igual texto: Constitución 1874, Art. 14, 14,9; Constitución 1881, Art. 14, 14,9; Constitución 1891, Art. 14, 14,9].

Constitución 1830

Art. 205. La infamia que afecta a algunos delitos nunca será trascendental a la familia o descendientes del delincuente.

Decreto 1830

Art. 19. La infamia que afecta a algunos delitos nunca será trascendental a la familia o descendientes del delincuente.

Constitución 1821

Art. 173. La infamia que afecta a algunos delitos nunca será trascendental a la familia o descendencia del delincuente.

Constitución 1811

175. Ninguna sentencia pronunciada por traición contra el Estado o cualquier otro delito arrastrará infamia a los hijos y descendientes del reo.

Declaración 1811

Derechos del hombre en sociedad.

Art. 17. La ley no debe decretar sino penas muy necesarias, y éstas deben ser proporcionadas al delito y útiles a la sociedad.

7. *La inviolabilidad del hogar doméstico y su allanamiento*

Constitución 1999

Artículo 47. El hogar doméstico y todo recinto privado de persona son inviolables. No podrán ser allanados sino mediante orden judicial, para impedir la perpetración de un delito o para cumplir, de acuerdo con la ley, las decisiones que dicten los tribunales, respetando siempre la dignidad del ser humano.

Las visitas sanitarias que se practiquen, de conformidad con la ley, sólo podrán hacerse previo aviso de los funcionarios o funcionarias que las ordenen o hayan de practicarlas.

Constitución 1961

Art. 62. El hogar doméstico es inviolable. No podrá ser allanado sino para impedir la penetración de un delito o para cumplir, de acuerdo con la ley, las decisiones que dicten los Tribunales. Las visitas sanitarias que hayan de practicarse de conformidad con la ley sólo podrán hacerse previo aviso de los funcionarios que las ordenen o hayan de practicarlas.

Constitución 1953

Art. 35. Se garantiza a los habitantes de Venezuela:

3° La inviolabilidad del hogar. No podrá ser aliando sino para impedir la consumación de un delito o para cumplir las decisiones de los Tribunales de Justicia. Estará sujeto conforme a la ley, a inspecciones de carácter fiscal o de seguridad pública.

Constitución 1947

Art. 35. La Nación garantiza la inviolabilidad del hogar, el cual no podrá ser aliando sino para impedir la consumación de un delito o para cumplir las decisiones que, de acuerdo con la ley, dicten los Tribunales de Justicia. Estará sujeto, conforme a la ley, a las visitas sanitarias y fiscales, previo aviso de las autoridades o funcionarios que ordenen o hayan de practicar la inspección.

Constitución 1925

Art. 32. La Nación garantiza a los venezolanos:

4° La inviolabilidad del hogar doméstico, que no podrá ser allanado sino para impedir la perpetración o consumación de un delito, o para cumplir las decisiones que de acuerdo con la ley, dicten los Tribunales de Justicia en los procesos de que conozcan. También estará sujeto a visitas sanitarias conforme a la ley.

[Con igual texto: Decreto 1946, Art. 1, 8; Constitución 1928, Art. 32, 4; Constitución 1929, Art. 32, 4; Constitución 1931, Art. 32, 4; Constitución 1936, Art. 32, 4; Constitución 1945, Art. 32, 4].

Constitución 1922

Art. 22. La Nación garantiza a los venezolanos:

4° La inviolabilidad del hogar doméstico, que no podrá ser allanado sino para impedir la perpetración o consumación de un delito, o para cumplir decisiones judiciales en materia de enjuiciamiento criminal, o por motivos sanitarios, y esto mismo ha de ejecutarse con arreglo a las leyes.

Constitución 1914

Art. 22. La Nación garantiza a los venezolanos:

4° La inviolabilidad del hogar doméstico, que no podrá ser allanado sino para impedir la perpetración o la consumación de un delito o por motivo sanitario, y esto mismo ha de ejecutarse con arreglo a las leyes.

Estatuto Provisional 1914

Art. 16. La Nación garantiza a los venezolanos:

4° La inviolabilidad del hogar doméstico, que no podrá ser allanado sino para impedir la perpetración de un delito o por motivos sanitarios, y en ambos casos con arreglo a las leyes.

Constitución 1904

Art. 17. La Nación garantiza a los venezolanos:

4° La inviolabilidad del hogar doméstico, que no podrá ser allanado sino para impedir la perpetración de un delito, y esto mismo ha de ejecutarse con arreglo a la ley.

[Con igual texto: Constitución 1909, Art. 23, 4].

Constitución 1893

Art. 14. La Nación garantiza a los venezolanos la efectividad de los derechos siguientes:

4° La inviolabilidad del hogar doméstico, que no podrá ser allanado sino para impedir la perpetración de un delito, y esto mismo ha de ejecutarse con arreglo a la ley.

14. La seguridad individual, y por ella (ningún venezolano podrá): 2. ... ser obligado a recibir militares en su casa en calidad de alojados o acuartelados.

[Con igual texto: Constitución 1901, Arts. 17,4 y 17,14,2].

Constitución 1864

Art. 14. La Nación garantiza a los venezolanos:

4. El hogar doméstico, que no podrá ser allanado sino para impedir la perpetración de un delito, con arreglo a la ley.

[Con igual texto: Constitución 1874, Art. 14,4].

Art. 14. La Nación garantiza a los venezolanos:

14. La seguridad individual, y por ella (ningún venezolano podrá):

2. ...ser obligado a recibir militares en su casa en calidad de alojados o acuartelados.

[Con igual texto: Constitución 1874, Art. 14, 14,2; Constitución 1881, Art. 14, 14,2; Constitución 1891, Art. 14, 14,2].

Decreto 1863

Art. 1. Se garantiza a los venezolanos:

3° La inviolabilidad del hogar doméstico: Sólo para evitar la perpetración de un delito y en la forma legal, podrá ser allanado.

Constitución 1858

Art. 25. El hogar doméstico no pudiendo aquél ser allanado.

Constitución 1857

Art. 105. La casa de todo venezolano es inviolable: su allanamiento se verificará en los casos y de la manera que la ley determine.

Constitución 1830

Art. 191. Toda casa de venezolano es un asilo inviolable. Ella, por tanto, no podrá ser allanada sino en los precisos casos y con los requisitos prevenidos por la ley.

Art. 216. Los militares en tiempo de paz no podrán acuartelarse ni tomar alojamiento en las casas de los demás venezolanos sin el consentimiento de sus dueños; ni en tiempo de guerra, sino en marcha y de orden firmada por autoridad civil conforme a las leyes. El perjuicio que en este caso se infiera al propietario será indemnizado por el Estado con cargo al que lo causare

Decreto 1830

Art. 5° Toda casa de venezolano es un asilo inviolable. Ella, por tanto, no podrá ser allanada sino en los precisos casos y con los requisitos prevenidos por la Ley de 3 de agosto de 1824.

Art. 30. Los militares en tiempo de paz no podrán acuartelarse ni tomar alojamiento en las casas de los demás venezolanos sin el consentimiento de sus dueños: ni en tiempo de guerra, sino en marcha, y de orden firmada por la autoridad civil conforme a las leyes. El perjuicio que en este caso se infiera al propietario será indemnizado por el Estado con cargo al que lo causare.

Constitución 1821

Art. 169. Nunca podrá ser allanada la casa de ningún colombiano, sino en los casos determinados por la ley y bajo la responsabilidad del Juez que expida la orden.

Art. 176. Los militares en tiempo de paz no podrán acuartelarse ni tomar alojamiento en las casas de los demás ciudadanos sin el consentimiento de sus dueños, ni en tiempo de guerra, sino por orden de los Magistrados civiles conforme a las leyes.

Constitución 1819

Art. 11. Toda casa es un asilo inviolable, en donde nadie puede entrar sin consentimiento del que la habita, sino en los casos de incendio, inundación u otro de angustia o cuando lo exija algún procedimiento criminal conforme a las leyes, bajo la responsabilidad de las autoridades que expidieren el decreto. Las visitas domiciliarias y ejecuciones civiles sólo podrán hacerse de día, en virtud de la ley y con designación de persona y objeto expresamente indicados en la orden de visita o ejecución.

Constitución 1811

Art. 162. Toda persona tiene derecho a estar segura de que no sufrirá pesquisa alguna, registro, averiguación, capturas o embargos irregulares e indebidos en su persona, su casa y sus bienes, y cualquiera orden de los Magistrados para registrar lugares sospechosos sin probabilidad de algún hecho grave que lo exija, ni expresa designación de los referidos lugares, o para apoderarse de alguna o algunas personas y de sus propiedades, sin nombrarlas, ni indicar los motivos del procedimiento, ni que haya precedido testimonio o deposición jurada de personas creíbles, será contraria a aquel derecho, peligrosa a la libertad y no deberá expedirse.

Art. 163. La casa de todo ciudadano es un asilo inviolable. Ninguna tiene derecho a entrar en ella, sino en los casos de incendio, inundación o reclamación que provenga del interior de la misma casa, o cuando lo exija algún procedimiento criminal conforme a las leyes, bajo la responsabilidad de las autoridades constituidas que expidieron los decretos; las visitas domiciliarias y ejecuciones civiles sólo podrán hacerse de día, en virtud de la ley, y con respecto a la persona y objetos expresamente indicados en el acto que ordenare la visita o la ejecución.

Art. 164. Cuando se acordaren por la pública autoridad semejantes actos, se limitarán éstos a la persona y objetos expresamente indicados en el decreto en que se ordena la visita y ejecución.

Art. 177. Los militares, en tiempo de paz, no podrán acuartelarse ni tomar alojamiento en las casas de los demás ciudadanos particulares sin el consentimiento de sus dueños, ni en tiempo de guerra, sino por orden de los magistrados civiles, conforme a las leyes.

Declaración 1811

Derechos del hombre en sociedad

Art. 24. La casa de todo ciudadano es un asilo inviolable. Ninguno tiene derecho a entrar en ella, sino en los casos de incendio, inundación o reclamación, que provenga de la misma casa o para los objetos de procedimiento criminal en los casos, y con los requisitos determinados por la ley, y bajo la responsabilidad de las autoridades constituidas que hubieren expedido el decreto. Las visitas domiciliarias, exenciones civiles, sólo podrán hacerse durante el día, en virtud de la ley y con respecto a la persona y objeto expresamente indicados en el acto que ordena la visita y ejecución.

8. *La inviolabilidad de la correspondencia*

Constitución 1999

Artículo 48. Se garantiza el secreto e inviolabilidad de las comunicaciones privadas en todas sus formas. No podrán ser interferidas sino por orden de un tribunal competente, con el cumplimiento de las disposiciones legales y preservándose el secreto de lo privado que no guarde relación con el correspondiente proceso.

Constitución 1961

Art. 63. La correspondencia en todas sus formas es inviolable. Las cartas, telegramas, papeles privados y cualquier otro medio de correspondencia no podrán ser ocupados sino por la autoridad judicial, con el cumplimiento de las formalidades legales y guardándose siempre el secreto respecto de lo doméstico y privado que no tenga relación con el correspondiente proceso. Los libros, comprobantes y documentos de contabilidad sólo estarán sujetos a la inspección o fiscalización de las autoridades competentes, de conformidad con la ley.

Constitución 1953

Art. 35. Se garantiza a los habitantes de Venezuela:

4° La inviolabilidad de la correspondencia en todas sus formas. Sólo la autoridad competente, previo el cumplimiento de las formalidades legales, podrá ocupar las cartas, telegramas, papeles privados y cualquier otro medio de correspondencia. En todo caso se guardará el secreto respecto de lo doméstico y privado que no tenga relación con el correspondiente proceso.

Constitución 1947

Art. 36. La correspondencia oral, escrita, o en cualquiera otra forma, es inviolable. Las cartas, telegramas, papeles privados y cualquier otro medio de correspondencia no podrán ser ocupadas sino con el cumplimiento de las formalidades legales, por la autoridad judicial y guardándose siempre el secreto respecto de lo doméstico y privado que no tenga relación con el correspondiente proceso. Los libros, comprobantes y documentos de contabilidad quedan sujetos a la inspección o fiscalización de las autoridades competentes, en conformidad con las leyes.

Decreto 1946

Art. 1. Se garantiza a los venezolanos:

7° La inviolabilidad de la correspondencia en todas sus formas, y la de los papeles particulares, que sólo podrán ser ocupados por disposición de la autoridad judicial competente y con las formalidades que establezcan las leyes, pero guardándose siempre el secreto respecto a lo doméstico y privado que no tenga relación con el juicio que se ventila.

Constitución 1936

Art. 32. La Nación garantiza a los venezolanos:

3° La inviolabilidad de la correspondencia en todas sus formas, y la de los demás papeles particulares, que sólo podrán ser ocupados por disposición de la autoridad judicial competente y con las formalidades que establezcan las leyes, pero guardándose siempre el secreto respecto de lo doméstico y privado que no tenga relación con el juicio que se ventila. Los libros o documentos de los comerciantes e industriales quedan sujetos, de conformidad con las leyes o sus Reglamentos, a las funciones de inspección o fiscalización por parte de los funcionarios correspondientes.

[Con igual texto: Constitución 1945, Art. 32,3].

Constitución 1925

Art. 32. La Nación garantiza a los venezolanos:

3° La inviolabilidad de la correspondencia postal, de la telegráfica y de los demás papeles particulares que sólo podrán ser ocupados por disposición de autoridad judicial competente y con las formalidades que establezcan las leyes, pero guardándose siempre el secreto respecto de lo doméstico y privado que no tenga relación con el juicio que se ventile.

[Con igual texto: Constitución 1928, Art. 32,3; Constitución 1929, Art. 32,3; Constitución 1931, 32,3].

Constitución 1914

Art. 22. La Nación garantiza a los venezolanos:

3° La inviolabilidad de la correspondencia postal, de la telegráfica y demás papeles particulares, que no podrán ser ocupados sino por disposición de la autoridad judicial competente y con las formalidades que establezcan las leyes; pero guardándose siempre el secreto respecto de lo doméstico y privado.

[Con igual texto: Constitución 1922, Art. 22,3].

Constitución 1904

Art. 17. La Nación garantiza a los venezolanos:

3° La inviolabilidad de la correspondencia y demás papeles particulares, que no podrán ser ocupados sino por disposición de la autoridad pública, competente y con las formalidades que establezcan las leyes; pero guardándose siempre el secreto respecto de lo doméstico y privado.

[Con igual texto: Constitución 1909, Art. 23,3; Estatuto Provisional 1914, Art. 16,3].

Constitución 1893

Art. 14. La Nación garantiza a los venezolanos la efectividad de los derechos siguientes:

3° La inviolabilidad de la correspondencia y demás papeles particulares, qué no podrán ser ocupados sino por disposición de la Autoridad Judicial competente, y con las formalidades que establezcan las leyes; pero guardándose siempre el secreto respecto de lo doméstico y privado.

[Con igual texto: Constitución 1901, Art. 17,3].

Constitución 1881

Art. 14. La Nación garantiza a los venezolanos:

3° La inviolabilidad y secreto de la correspondencia y demás papeles.

[Con igual texto: Constitución 1891, Art. 14,3]

Constitución 1864

Art. 14. La Nación garantiza a los venezolanos:

3° La inviolabilidad y secreto de la correspondencia y demás papeles particulares.

[Con igual texto: Constitución 1874, Art. 14,3].

Decreto 1863

Art. 1. Se garantiza a los venezolanos:

4° El secreto de los papeles y correspondencia: Si acontece la violación, la autoridad, funcionario o particular en cuyo poder se encuentren, se presumirá por el mismo hecho culpable de este delito.

Constitución 1858

Art. 25. ...el secreto de las cartas y papeles privados son inviolables, ni éstos abiertos ni leídos, sino por autoridad competente, y en casos y con los requisitos prevenidos por la ley.

Constitución 1857

Art. 112. Las cartas y toda correspondencia son inviolables. El apoderamiento de papeles se verificará en los casos y con las formalidades que la ley determine.

Constitución 1830

Art. 192. Es también inviolable el secreto de los papeles particulares, así como de las cartas; ellas no podrán ser leídas ni abiertas sino por autoridad competente en los casos que designe la ley.

Decreto 1830

Art. 66° Es también inviolable el secreto de los papeles particulares, así como de cartas: ellas no podrán ser leídas, ni abiertas, sino por autoridad competente en los casos de la Ley de 3 de agosto del mismo año.

Constitución 1821

Art. 170. Los papeles particulares de los ciudadanos, lo mismo que sus correspondencias epistolares, son inviolables, y nunca podrá hacerse su registro, examen e interceptación fuera de aquellos casos en que la ley expresamente lo prescriba.

Constitución 1811

Art. 164. Cuando se acordaren por la pública autoridad semejantes actos (visitas domiciliarias y ejecuciones civiles), se limitarán éstos a la persona y objetos expresamente indicados en el decreto en que se ordena la visita y ejecución, el cual no podrá extenderse al registro y examen de los papeles particulares, pues éstos deben mirarse como inviolables; igualmente que las correspondencias epistolares de -todos los ciudadanos que no podrán ser interceptadas por ninguna autoridad, ni tales documentos probarán nada en juicio, sino es que se exhiban por la misma persona a quien se hubiesen dirigido por su autor y nunca por otra persona, ni por el reprobado medio de la interpretación. Se exceptúan los delitos de alta traición contra el Estado, el de falsedad y demás que se conceden y ejecutan precisamente por la escritura, en cuyos casos se procederá al registro, examen y aprehensión de tales documentos con arreglo a lo dispuesto por las leyes.

9. *La libertad de tránsito*

Constitución 1999

Artículo 50. Toda persona puede transitar libremente y por cualquier medio por el territorio nacional, cambiar de domicilio y residencia, ausentarse de la República y volver, trasladar sus bienes y pertenencias en el país, traer sus bienes al país o sacarlos, sin más limitaciones que las establecidas por la ley. En caso de concesión de vías, la ley establecerá los supuestos en los que debe garantizarse el uso de una vía alterna. Los venezolanos y venezolanas pueden ingresar al país sin necesidad de autorización alguna.

Ningún acto del Poder Público podrá establecer la pena de extrañamiento del territorio nacional contra venezolanos o venezolanas.

Constitución 1961

Art. 64. Todos pueden transitar libremente por el territorio nacional, cambiar de domicilio o residencia, ausentarse de la República y volver a ella, traer sus bienes al país y sacarlos de él, sin más limitaciones que las establecidas por la ley. Los venezolanos podrán ingresar al país sin necesidad de autorización alguna. Ningún acto del Poder Público podrá establecer la pena de extrañamiento del territorio nacional contra venezolanos, salvo como conmutación de otra pena y a solicitud del mismo reo.

Constitución 1953

Art. 35. Se garantiza a los habitantes de Venezuela.

5° La libertad de transitar por el territorio nacional, cambiar de domicilio, ausentarse de la República y regresar a ella, traer sus bienes al país o sacarlos de él, con las limitaciones que imponga la ley.

Constitución 1947

Art. 34. Todos pueden transitar libremente por el territorio nacional, cambiar de domicilio, ausentarse de la República y regresar a ella; introducir sus bienes al país o sacarlos de él, sin más limitaciones que las establecidas por las leyes.

En ningún caso podrá ser impedida discrecionalmente la entrada de nacionales al país.

Decreto 1946

Art. 1. Se garantiza de transitar, cambiar de domicilio, ausentarse de la República y volver a ella, observando las formalidades legales; la de llevar y traer sus bienes al país, salvo las limitaciones que exige el orden público y los intereses de la Nación.

Constitución 1945

Art. 32. La Nación garantiza a los venezolanos:

7° La libertad de transitar, cambiar de domicilio, ausentarse de la República y volver a ella, observando las formalidades legales; la de llevar y traer sus bienes al país, salvo las limitaciones que exija el orden público y los intereses de la Nación.

Constitución 1936

Art. 32. La Nación garantiza a los venezolanos:

7° La libertad de transitar, cambiar de domicilio, ausentarse de la República y volver a ella, observando las formalidades legales, la de llevar y traer sus bienes al país, salvo las limitaciones que exija el orden público y los intereses de la Nación.

Además, el ordinal 6° parágrafo 3° del mismo artículo 32 dispuso: Podrá en todo tiempo el Ejecutivo Federal, hállense o no suspendidas las garantías constitucionales, impedir la entrada al territorio de la República o expulsarlos de él, por el plazo de seis meses a un año si se tratare de nacionales o por tiempo indefinido si se tratare de extranjeros, a los individuos afiliados a cualquiera de las doctrinas antedichas, cuando considerare que su entrada al territorio de la República o su permanencia en él pueda ser peligrosa o perjudicial para el orden público o la tranquilidad social.

Constitución 1925

Art. 32. La Nación garantiza a los venezolanos:

7° La libertad de transitar sin pasaporte; mudar de domicilio, observando las formalidades legales; ausentarse de la República y volver a ella, llevando y trayendo sus bienes.

[Con igual texto: Constitución 1928, Art. 32,7; Constitución 1929, Art. 32,7; Constitución 1931, Art. 32,7],

Constitución 1909

Art. 23. La Nación garantiza a los venezolanos:

7° La libertad de transitar sin pasaporte y mudar de domicilio, observando para ello las formalidades legales, y de ausentarse de la República y volver a ella llevando y trayendo sus bienes.

[Con igual texto: Estatuto Provisional 1914, Art. 16,7; Constitución 1914, Art. 22,7; Constitución 1922, Art. 22,7].

Constitución 1904

Art. 17. La Nación garantiza a los venezolanos:

7° La libertad de transitar sin pasaporte y mudar de domicilio, observando para ello las formalidades legales.

Constitución 1901

Art. 17. La Nación garantiza a los venezolanos la efectividad de los siguientes derechos:

7° La libertad de; transitar sin pasaporte en tiempo de paz, mudar de domicilio, observando para ello las formalidades legales, y ausentarse de la República y volver a ella, llevando y trayendo sus bienes.

Constitución 1893

Art. 14. La Nación garantiza a los venezolanos la efectividad de los siguientes derechos:

7° La libertad de transitar sin pasaporte, mudar de domicilio, observando para ello las formalidades legales, y ausentarse de la República, y volver a ella llevando y trayendo sus bienes.

Constitución 1864

Art. 14. La Nación garantiza a los venezolanos:

7° La libertad de transitar sin pasaporte, mudar de domicilio, observando las formalidades que se establezcan en los Estados, y ausentarse y volver a la República llevando y trayendo sus bienes.

[Con igual texto: Constitución 1874, Art. 14,7; Constitución 1881, Art. 147; Constitución 1891, Art. 14,7].

Decreto 1863

Art. 1. Se garantiza a los venezolanos:

11. *La libertad personal:* Puédase por tanto entrar, transitar y salir de la República con sus bienes sin necesidad de pasaporte, cambiar de domicilio y disponer libremente de sus propiedades. Sólo una disposición judicial puede coartar el ejercicio de estos derechos.

Art. 1. Se garantiza a los venezolanos:

Ord. 14. La seguridad individual, y en consecuencia (ninguno podrá):

8° ... ser extrañado de su suelo natal. Quedan por tanto abolidos la confinación y el destierro.

Constitución 1858

Art. 17. Todos los venezolanos tienen el derecho de transitar por el territorio de la República y el de salir de él, sin necesidad de pasaporte; a menos que la autoridad judicial lo haya prohibido en los casos que determine la ley.

Decreto 1830

Art. 4. Los venezolanos tienen la libertad de... mudar de domicilio, ausentarse del Estado llevando consigo sus bienes y volver a él con tal que observan las formalidades legales y de hacer todo lo que no esté prohibido por ley.

[Con igual texto: Constitución 1830, Art. 190; Constitución 1857, Art. 100]

Constitución 1811

190. La emigración de unas provincias o otras será enteramente libre.

10. *La libertad religiosa y de cultos*

Constitución 1999

Artículo 59. El Estado garantizará la libertad de religión y de culto. Toda persona tiene derecho a profesar su fe religiosa y cultos y a manifestar sus creencias en privado o en público, mediante la enseñanza u otras prácticas, siempre que no se opongan a la moral, a las buenas costumbres y al orden público. Se garantiza, así mismo, la independencia y la autonomía de las iglesias y confesiones religiosas, sin más limitaciones que las derivadas de esta Constitución y de la ley. El padre y la madre tienen derecho a que sus hijos o hijas reciban la educación religiosa que esté de acuerdo con sus convicciones.

Nadie podrá invocar creencias o disciplinas religiosas para eludir el cumplimiento de la ley ni para impedir a otro u otra el ejercicio de sus derechos.

Constitución 1961

Art. 65. Todos tienen el derecho de profesar su fe religiosa y de ejercitar su culto, privada o públicamente, siempre que no sea contrario al orden público o a las buenas costumbres.

El culto estará sometido a la suprema inspección del Ejecutivo Nacional de conformidad con la ley.

Nadie podrá invocar creencias o disciplinas religiosas para eludir el cumplimiento de las leyes ni para impedir a otro el ejercicio de sus derechos.

Constitución 1953

Art. 35. Se garantiza a los habitantes de Venezuela:

6° La libertad religiosa, bajo la suprema inspección de todos los cultos por el Poder Ejecutivo Nacional, de acuerdo con la ley. Nadie podrá invocar creencias o disciplinas religiosas para eludir el cumplimiento de las leyes.

Constitución 1947

Art. 38. La Nación garantiza la libertad de conciencia y la de cultos sometida esta última a la suprema inspección del Ejecutivo Nacional, de acuerdo con la ley.

Art. 39. Nadie podrá ser obligado a declarar su creencia religiosa o su ideología política, salvo cuando así lo disponga la ley.

Art. 40. Nadie puede invocar creencias o disciplinas religiosas para eludir el cumplimiento de las leyes de la República ni para impedir a otro el ejercicio de sus derechos.

Constitución 1945

Art. 32. La Nación garantiza a los venezolanos:

16. La libertad religiosa bajo la suprema inspección de todos los cultos por el Ejecutivo Federal con arreglo a las leyes y quedando siempre a salvo el derecho de Patronato Eclesiástico que tiene la República.

Constitución 1936

Art. 32. La Nación garantiza a los venezolanos:

16. La libertad religiosa bajo la suprema inspección de todos los cultos por el Ejecutivo Federal con arreglo a las leyes y quedando siempre a salvo el derecho de Patronato Eclesiástico que tiene la República.

Constitución 1925

Art. 32. La Nación garantiza a los venezolanos:

14. La libertad religiosa, bajo la suprema inspección de todos los cultos por el Ejecutivo Federal con arreglo a las leyes y quedando siempre a salvo el derecho de Patronato Eclesiástico a que se refiere el artículo 52.

[Con igual texto: Constitución 1928, Arts. 32, 14; Constitución 1929, Arts. 32, 14; Constitución 1931, Arts. 32, 14].

Estatuto Provisional 1914

Art. 16. La Nación garantiza a los venezolanos:

13. La libertad religiosa con arreglo a las leyes y bajo la suprema inspección de todo culto por el Ejecutivo Federal.

[Con igual texto: Constitución 1914, Art. 22, 13; Constitución 1922, Art. 22, 13].

Constitución 1909

Art. 23. La Nación garantiza a los venezolanos:

13. La libertad religiosa, sin que por ningún motivo pueda menoscabarse el derecho de Patronato de que está en posesión la República, el cual continuará ejerciéndose del modo prescrito por la ley, y quedando asimismo entendido que el Ejecutivo Federal ejercerá inspección suprema sobre todo culto establecido o que se establezca en el país.

Constitución 1904

Art. 17. La Nación garantiza a los venezolanos:

13. La libertad religiosa con arreglo a las leyes y bajo la suprema inspección del Presidente de la República.

Constitución 1893

Art. 14. La Nación garantiza a los venezolanos la efectividad de los siguientes derechos: 13. La libertad religiosa.

[Con igual texto: Constitución 1901, Art. 17, 13].

Constitución 1881

Art. 14. La Nación garantiza a los venezolanos:

13. La libertad religiosa.

[Con igual texto: Constitución 1891, Art. 14, 13].

Constitución 1864

Art. 14. La Nación garantiza a los venezolanos:

13. La libertad religiosa, pero sólo la Religión Católica, Apostólica, Romana, podrá ejercer culto público fuera de los templos.

[Con igual texto: Constitución 1874, Art. 14, 13].

Constitución 1857

Art. 4° El Estado protegerá la Religión Católica, Apostólica y Romana y el Gobierno sostendrá siempre el Culto y sus Ministros conforme a la ley.

Constitución 1811

Capítulo Primero

1. La Religión Católica, Apostólica y Romana es también la del Estado y la única y exclusiva de los habitantes de Venezuela. Su protección, conservación, pureza e inviolabilidad será uno de los primeros deberes de la Representación nacional, que no permitirá jamás en todo el territorio de la Confederación ningún otro culto público ni privado ni doctrina contraria a la de Jesucristo.

11. *El derecho a la libre expresión del pensamiento y libertad de información*

Constitución 1999

Artículo 57. Toda persona tiene derecho a expresar libremente sus pensamientos, sus ideas u opiniones de viva voz, por escrito o mediante cualquier otra forma de expresión y de hacer uso para ello de cualquier medio de comunicación y difusión, sin que pueda establecerse censura. Quien haga uso de este derecho asume plena responsabilidad por todo lo expresado. No se permite el anonimato, ni la propaganda de guerra, ni los mensajes discriminatorios, ni los que promuevan la intolerancia religiosa.

Se prohíbe la censura a los funcionarios públicos o funcionarias públicas para dar cuenta de los asuntos bajo sus responsabilidades.

Artículo 58. La comunicación es libre y plural y comporta los deberes y responsabilidades que indique la ley. Toda persona tiene derecho a la información oportuna, veraz e imparcial, sin censura, de acuerdo con los principios de esta Constitución, así como a la réplica y rectificación cuando se vea afectada directamente por informaciones inexactas o agraviantes. Los niños, niñas y adolescentes tienen derecho a recibir información adecuada para su desarrollo integral.

Constitución 1961

Art. 66. Todos tienen el derecho de expresar su pensamiento de viva voz o por escrito y de hacer uso para ello de cualquier medio de difusión, sin que pueda establecerse censura previa; pero quedan sujetas a pena, de conformidad con la ley, las expresiones que constituyen delito. No se permite el anonimato. Tampoco se permitirá la propaganda de guerra, la que ofenda, "la moral pública ni la que tenga por objeto provocar la desobediencia de las leyes, sin que por esto pueda coartarse el análisis o la crítica de los preceptos legales.

Constitución 1953

Art 35. Se garantiza a los habitantes de Venezuela:

7° La libertad de expresión del pensamiento, con las limitaciones que establezcan las leyes.

Constitución 1947

Art. 37. La Nación garantiza la libertad de pensamiento, manifestado de palabra, por escrito, por medio de la imprenta, por la radio u otros sistemas de publicidad, sin que pueda establecerse censura previa; pero quedan sujetas a pena, conforme a las prescripciones legales, las expresiones que constituyan ofensa a la moral pública, injuria, difamación, desacato e instigación a delinquir. No se permite el anonimato ni tampoco la propaganda de guerra o la que tenga por objeto provocar la desobediencia de las leyes, sin que por esto pueda coartarse el análisis o la crítica de los preceptos legales.

Constitución 1946

Art. 1. Se garantiza a los venezolanos...

2° La libertad de pensamiento, manifestada de palabra, por escrito o por medio de la imprenta u otros medios de publicidad, pero quedan sujetos a pena, conforme lo determina la ley, las-expresiones que constituyan injuria, calumnia, difamación, ultraje, o instigación a delinquir. No es permitido el anonimato, ni se permite ninguna propaganda de guerra, ni encaminada a subvertir el orden político o social.

Constitución 1945

Art. 32. La Nación garantiza a los venezolanos:

6° La libertad de pensamiento, manifestado de palabra, por escrito o por medio de la imprenta u otros medios de publicidad, pero quedan sujetas a pena, conforme lo determina la ley las expresiones que constituyen injuria, calumnia, difamación, ultraje o instigación a delinquir. No es permitido el anonimato, ni se permite ninguna propaganda de guerra, ni encaminada a subvertir el orden político o social.

Constitución 1936

Art. 32. La Nación garantiza a los venezolanos:

6° La libertad del pensamiento, manifestado de palabra, por escrito o por medio de la imprenta, u otros medios de publicidad, pero quedan sujetas a pena, conforme lo determine la ley, las expresiones que constituyan injuria, calumnia, difamación, ultraje o instigación a delinquir. No es permitido el anonimato, ni se permite ninguna propaganda de guerra ni encaminada a subvertir el orden político o social.

Se considerará contrarias a la independencia, a la forma política y a la paz social de la Nación, las doctrinas comunistas y anarquistas, y los que las proclamen, propaguen o practiquen serán considerados como traidores a la Patria y castigados conforme a las leyes.

Constitución 1928

Art. 32. La Nación garantiza a los venezolanos:

6° La libertad del pensamiento manifestado de palabra, por escrito o por medio de la imprenta, pero quedan sujetas a pena, conforme lo determine la ley, las expresiones que constituyen injuria, calumnia, difamación, ultrajes o instigación a delinquir. Queda también prohibida la propaganda del comunismo.

[Con igual texto: Constitución 1929, Art. 32,6; Constitución 1931. Art. 32,6].

Constitución 1925

Art. 32. La Nación garantiza a los venezolanos:

6° La libertad del pensamiento expresado de palabra, por escrito o por medio de la imprenta, sin perjuicio de las responsabilidades en que incurran, conforme a las leyes, los que cometan los delitos de injuria, calumnia, difamación o ultraje.

Constitución 1922

Art. 22. La Nación garantiza a los venezolanos:

6° La libertad del pensamiento expresado de palabra o por medio de la prensa. En los casos de calumnia, difamación, injuria o perjuicio de tercero quedan al agraviado expeditas sus acciones para deducirlas ante los Tribunales de justicia competentes, conforme a las leyes; pero el inculpado podrá prestar fianza de cárcel segura para responder por los efectos de la detención hasta sentencia ejecutoriada, en aquellos casos en que obrare auto de detención contra él.

Constitución 1914

Art. 22. La Nación garantiza a los venezolanos:

6° La libertad del pensamiento expresado de palabras o por medio de la prensa. En los casos de calumnia, difamación, injuria o perjuicio de tercero, quedan al agraviado expeditas sus acciones para deducirlas ante los Tribunales de Justicia competentes, conforme a las leyes; pero el inculpado podrá prestar fianza de cárcel segura para responder por los efectos de la detención hasta sentencia ejecutoriada, en aquellos casos en que obrare auto de detención contra él.

Constitución 1909

Art. 23. La Nación garantiza a los venezolanos:

6. La libertad del pensamiento expresado de palabra o por medio de la prensa. En les casos de calumnia, injuria o perjuicio de tercero, quedan al agraviado expeditas sus acciones para deducirlas ante los Tribunales de Justicia competentes, conforme a las leyes; pero el inculpado no podrá ser detenido o preso, en ningún caso, sino después de sentencia ejecutoriada.

[Con igual texto: Estatuto Provisional 1914, Art. 16,6]

Constitución 1904

Art. 17. La Nación garantiza a los venezolanos:

6. La libertad del pensamiento expresado de palabra o por medio de la prensa. En les casos de calumnia, injuria o perjuicio de tercero, quedan al agraviado expeditas sus acciones para deducirlas ante los Tribunales de Justicia competentes, conforme a las leyes comunes.

Constitución 1893

Art. 14. La Nación garantiza a los venezolanos la efectividad de los siguientes derechos:

6. La libre expresión del .pensamiento de palabra o por medio de la prensa. En los casos de calumnia o injuria, quedan al agraviado expeditas sus acciones para deducirlas ante los tribunales de justicia competente, conforme a las leyes comunes; pero el inculpado no podrá ser detenido o preso en ningún caso, sino después de dictado por el Tribunal competente la sentencia ejecutoriada que lo ordene.

[Con igual texto: Constitución 1901, Art. 14,6].

Constitución 1881

Art. 14. La Nación garantiza a los venezolanos:

6° La libertad del pensamiento expresado de palabra o por medio de la prensa, ésta sin restricción alguna que la someta a censura previa. En los casos de calumnia o injuria o perjuicio de tercero, quedan al agraviado expeditas sus acciones para deducirlas ante los Tribunales de Justicia competentes, con arreglo a las leyes comunes.

[Con igual texto: Constitución 1891, Art. 14,6].

Constitución 1864

Art. 14. La Nación garantiza a los venezolanos:

6° La libertad del pensamiento, expresado de palabra o por medio de la prensa; ésta sin restricción alguna.

[Con igual texto: Constitución 1874, Art. 14,6].

Decreto 1863

Art. 1. Se garantiza a los venezolanos:

5° La libre expresión del pensamiento, de palabra o por escrito: No hay por lo tanto delitos en materia de imprenta.

Constitución 1858

Art. 14. Todos los venezolanos tienen el derecho de expresar sus pensamientos y opiniones por medio de la imprenta, sin necesidad de previa censura, y también de palabra o de cualquier otro modo; pero bajo la responsabilidad que determine la ley para los casos en que se ofenda la moral pública o se ataque la vida privada. El juicio en materias de imprenta será por jurados.

Constitución 1857

Todos tienen la libertad de publicar sus pensamientos y opiniones de palabra por medio de la prensa o de cualquier otra manera, sin previa censura. La ley determinará junto con el procedimiento, la responsabilidad de aquellas publicaciones que no sean relativas únicamente a los actos públicos de los funcionarios de la Nación.

Constitución 1830

Art. 194. Todos los venezolanos tienen derecho de publicar sus pensamientos y opiniones de palabra o por medio de la prensa, sin necesidad de previa censura, pero bajo la responsabilidad que determine la ley.

Decreto 1830

Art. 8° Todos los venezolanos tienen derecho de publicar sus pensamientos y opiniones de palabra o por medio de la prensa sin necesidad de previa censura, pero bajo la responsabilidad que determina la Ley de 14 de septiembre de 1821 sobre libertad de imprenta.

Constitución 1821

Art. 156. Todos los colombianos tienen el derecho de escribir, imprimir y publicar libremente sus pensamientos y opiniones, sin necesidad de examen, revisión o censura alguna anterior a la publicación. Pero los que abusen de esta preciosa facultad sufrirán los castigos a que se hagan acreedores conforme a las leyes.

Constitución 1819

Art. 4° El derecho de expresar sus pensamientos y opiniones de palabra, por escrito o de cualquier otro modo, es el primero y más inestimable bien del hombre en sociedad. La ley misma no puede prohibirlo; pero debe señalarle justos términos, haciendo a cada uno responsable de sus escritos y palabras y aplicando penas proporcionadas a los que lo ejercieren licenciosamente en perjuicio de la tranquilidad pública, buenas costumbres, vida, honor, estimación y propiedad individual.

Constitución 1811

Art. 181. Será libre el derecho de manifestar los pensamientos por medio de la imprenta; pero cualquiera que lo ejerza se hará responsable a las leyes si ataca y perturba con sus opiniones la tranquilidad pública, el dogma, la moral cristiana, la propiedad, honor y estimación de algún ciudadano.

Declaración 1811

Derechos del hombre en sociedad

Art. 4° El derecho de manifestar sus pensamientos y opiniones por voz de la imprenta debe ser libre, haciéndose responsable a la ley si en ellos se trata de perturbar la tranquilidad pública o el dogma, la propiedad y honor del ciudadano.

12. *El derecho de petición y a la oportuna respuesta*

Constitución 1999

Artículo 51. Toda persona tiene el derecho de representar o dirigir peticiones ante cualquier autoridad, funcionario público o funcionaria pública sobre los asuntos que sean de la competencia de éstos o éstas, y de obtener oportuna y adecuada respuesta. Quienes violen este derecho serán sancionados o sancionadas conforme a la ley, pudiendo ser destituidos o destituidas del cargo respectivo.

Constitución 1961

Art. 67. Todos tienen el derecho de representar o dirigir peticiones ante cualquier entidad o funcionario público, sobre los asuntos que sean de la competencia de éstos, y a obtener oportuna respuesta.

Constitución 1947

Art. 43. Se garantiza la libertad de petición ante cualquier funcionario público o entidad oficial con derecho a obtener oportuna respuesta.

Decreto 1946

Art. 1. Se garantiza a los venezolanos:

9° La libertad de petición ante cualquier funcionario público o corporación oficial, con derecho a tener oportuna respuesta.

Constitución 1936

Art. 32. La Nación garantiza a los venezolanos:

12. La libertad de petición ante cualquier funcionario público o Corporación oficial con derecho a obtener oportuna respuesta.

[Con igual texto: Constitución 1945, Art. 32,12].

Constitución 1925

Art. 32. La Nación garantiza a los venezolanos:

10. La libertad de petición ante cualquier funcionario público o corporación oficial con derecho a obtener oportuna respuesta de la respectiva solicitud o representación.

[Con igual texto: Constitución 1928, Art. 32,10; Constitución 1929, Art. 32,10; Constitución 1931, Art. 32,10].

Constitución 1904

Art. 17. La Nación garantiza a los venezolanos:

10. La libertad de petición; ésta podrá hacerse ante cualquier funcionario, autoridad o corporación, los cuales están obligados a dar pronta resolución. Si la petición fuere de varios, los cinco primeros responden de la autenticidad de las firmas, y todos de la verdad de los hechos.

[Con igual texto: Constitución 1909, Art. 23,10; Estatuto Provisional 1914, Art. 16,10; Constitución 1914, Art. 22,10; Constitución 1922, Art. 22,10].

Constitución 1901

Art. 17. La Nación garantiza a los venezolanos la efectividad de los siguientes derechos:

10. La libertad de petición: ésta podrá hacerse ante cualquier funcionario autoridad o corporación, los cuales están obligados a dar pronta resolución. Si la petición fuere de varios, los cinco primeros responden de la autenticidad de las firmas, y todos de la verdad de los hechos.

Constitución 1893

Art. 14. La Nación garantiza a los venezolanos la efectividad de los siguientes derechos:

10. La libertad de petición, con derecho a obtener resolución. Aquélla podrá ser ante cualquier funcionario, autoridad o corporación. Si la petición fuere de varios, los cinco primeros responderán por la autenticidad de las firmas y todos por la verdad de los hechos.

Constitución 1891

Art. 14. La Nación garantiza a los venezolanos:

10. La libertad de petición, con derecho a obtener resolución. Aquélla podrá ser ante cualquier funcionario, autoridad o corporación. Si la petición

fuere de varios, los cinco primeros responderán por la autenticidad de las firmas y todos por la verdad de los hechos.

Constitución 1881

Art. 14. La Nación garantiza a los venezolanos:

10. La libertad de petición, con derecho a obtener resolución; aquélla podrá ser para ante cualquier funcionario, autoridad o corporación. Si la petición fuere de varios, los cinco primeros funcionarios responderán por la autenticidad de las firmas, y todos por la verdad de los hechos.

Constitución 1864

Art. 14. La Nación garantiza a los venezolanos

10. La libertad de petición y el derecho de obtener resolución. Aquélla podrá ser para ante cualquier funcionario, autoridad o corporación. Si la petición fuere de varios, los cinco primeros funcionarios responderán por la autoridad de las firmas, y todos por la verdad de los hechos.

[Igual texto: Constitución 1974, Art. 14,10].

Decreto 1863

Art. 1. Se garantiza a los venezolanos:

9° El derecho de petición y de alcanzar resolución.

Constitución 1858

Art. 15. Todos los venezolanos tienen el derecho... de representar a las autoridades lo que estimen conveniente.

Constitución 1857

Art. 115. El derecho de petición en ningún tiempo será impedido ni limitado, ejerciéndose con el respeto y decoro debidos a la autoridad de que son depositarios los empleados y funcionarios públicos.

Art. 116. Todo venezolano puede representar por escrito al Congreso, al Poder Ejecutivo y demás autoridades constituidas, cuando considere conveniente al bien general del Estado, pero ningún individuo o asociación particular podrá hacer peticiones en nombre del pueblo, ni menos arrogarse la calificación de pueblo. Cuando muchos individuos dirigieren alguna petición al Congreso, el Poder Ejecutivo y demás autoridades, todos serán responsables de la verdad de los hechos y los cinco primeros que suscribieren quedan responsables de la identidad de todas las firmas.

Constitución 1830

Art. 189. La libertad que tienen los venezolanos de reclamar sus derechos ante los depositarios de la autoridad pública con la moderación y respeto debido, en ningún tiempo será impedida ni limitada. Todos, por el contrario, deberán hallar un remedio pronto y seguro, con arreglo a las leyes de las injurias y daños que sufrieren en sus personas, en sus propiedades, en su honor y estimación.

Art. 193. Todo venezolano puede presentar por escrito al Congreso, al Poder Ejecutivo y demás autoridades constituidas cuando considere conveniente al bien general del Estado; pero ningún individuo o asociación particular podrá hacer peticiones en nombre del pueblo ni menos arrogarse la calificación de pueblo. Cuando muchos individuos dirigieren alguna petición al Congreso, al Poder Ejecutivo y demás autoridades, todos serán responsables de la verdad de los hechos, y los cinco primeros que suscribieren quedan responsables de la identidad de todas las firmas.

Decreto 1830

Art. 3° La libertad que tienen los venezolanos de reclamar sus derechos ante los depositarios de la autoridad pública, con la moderación y respeto debido, en ningún tiempo será impedida ni limitada. Todos, por el contrario, deberán hallar un remedio pronto y seguro, con arreglo a las leyes, de las injurias y daños que sufrieren en sus personas, en sus propiedades, en su honor y estimación.

Art. 7° Todo venezolano puede representar por escrito al Congreso, al Poder Ejecutivo y demás autoridades constituidas cuanto considere conveniente al bien general del Estado, pero ningún individuo o asociación particular podrá hacer peticiones en nombre del pueblo ni menas abrogarse la calificación de pueblo. Cuando muchos individuos dirigieren alguna petición al Congreso, al Poder Ejecutivo y demás autoridades, todos serán responsables de la verdad de los hechos, y los cinco primeros que suscribieren quedan responsables de la identidad de todas las firmas.

Constitución 1821

Art. 157. La libertad que tienen los ciudadanos de reclamar sus derechos ante los depositarios de la autoridad pública, con la moderación y respeto debidos, en ningún tiempo será impedida ni limitada. Todos, por el contrario, deberán hallar un remedio pronto y seguro, con arreglo a las leyes, de las injurias y daños que sufrieren en sus personas, en sus propiedades, en su honor y estimación.

Constitución 1819

Art. 5° A ningún ciudadano, en particular, puede privársele de la libertad de reclamar sus derechos con tal que lo haga individualmente, siendo un atentado contra la seguridad pública toda asociación en negocio personal; pero en negocios comunes a muchos individuos o de interés general se puede representar en cuerpo, siempre que sea por escrito.

Art. 6° Las autoridades legalmente constituidas pueden también representar en asociación.

Constitución 1811

Art. 163. La libertad de reclamar cada ciudadano sus derechos ante los depositarios de la autoridad pública, con la moderación y respeto debidos, en ningún caso podrá impedirse ni limitarse. Todos, por el contrario, deberán hallar un remedio pronto y seguro, con arreglo a las leyes, de las injurias y daños que sufrieren en sus personas, en sus propiedades, en su honor y estimación.

Art. 182. Las legislaturas provinciales tendrán el derecho de petición al Congreso y no se impedirá a los habitantes el de reunirse ordenada y pacíficamente en sus respectivas parroquias para consultarse y tratar sobre sus intereses, dar instrucciones a sus representantes en el Congreso o en la provincia, o dirigir peticiones al uno y al otro Cuerpo legislativo, sobre reparación de agravios o males que sufran en sus propios negocios.

Art. 183. Para todos estos casos, deberá preceder necesariamente solicitud expresa por escrito de los padres de familia y hombres buenos de la parroquia, cuando menos en número de seis, pidiendo la reunión a la respectiva Municipalidad, y ésta determinará el día y comisionará algún magistrado o persona respetable del partido para que presida la Junta y, después de concluida y extendida el acta, la remita a la Municipalidad, que le dará la dirección conveniente.

Art. 184. A estas Juntas sólo podrán concurrir los ciudadanos sufragantes o lectores, y las legislaturas no están absolutamente obligadas a conceder las peticiones, sino a tomarlas en consideraciones para proceder en sus funciones del modo que pareciere más conforme al bien general. Art. 215. Ningún individuo o asociación particular podrá hacer peticiones a las autoridades constituidas en nombre del pueblo, ni menos abrogarse la calificación de Pueblo Soberano, y el ciudadano o ciudadanos que contravienen a este párrafo, hollando el respeto y veneración debidos a la representación y voz del pueblo, que sólo se expresa por la voluntad general o por el órgano de sus Representantes legítimos en las Legislaturas serán perseguidos, presos y juzgados con arreglo a las leyes.

Declaración 1811

Derechos del hombre en sociedad

Art. 22. La libertad de reclamar sus derechos ante los depositarios de la pública autoridad, en ningún caso puede ser impedida ni limitada a ningún ciudadano.

13. *Derecho de acceso a la justicia y a utilizar los órganos de la administración de justicia*

Constitución 1999

Artículo 26. Toda persona tiene derecho de acceso a los órganos de administración de justicia para hacer valer sus derechos e intereses, incluso los colectivos o difusos; a la tutela efectiva de los mismos y a obtener con prontitud la decisión correspondiente.

El Estado garantizará una justicia gratuita, accesible, imparcial, idónea, transparente, autónoma, independiente, responsable, equitativa y expedita, sin dilaciones indebidas, sin formalismos o reposiciones inútiles.

Constitución 1961

Art. 68. Todos pueden utilizar los órganos de la administración de justicia para la defensa de sus derechos e intereses, en los términos y condiciones establecidos por la ley, la cual fijará normas que aseguren el ejercicio de este derecho a quienes no dispongan de medios suficientes.

Constitución 1901

Art. 135. La ley creará y designará los demás Tribunales federales que sean necesarios.

Constitución 1893

Art. 143. La ley creará y designará los demás Tribunales nacionales que sean necesarios.

Constitución 1881

Art. 111. La ley creará y. designará los demás Tribunales nacionales que sean necesarios.

Constitución 1864

Art. 114. La ley creará y designará los demás Tribunales nacionales que sean necesarios.

[Con igual texto: Constitución 1847, Art. 114].

Constitución 1858

Art. 150. Los venezolanos tienen el derecho de terminar sus diferencias por árbitros, aunque estén principiados los pleitos.

Constitución 1857

Art. 106. Todo juicio será público, salvo los casos en que la ley disponga lo contrario.

Art. 100. Los venezolanos tienen la libertad de terminar sus diferencias por árbitros aunque estén iniciados los pleitos.

Constitución 1830

Art. 190. Los venezolanos tienen la libertad de terminar sus diferencias por árbitros aunque estén iniciados los pleitos.

Decreto 1830

Art. 4° Los venezolanos tienen la libertad de terminar sus diferencias por árbitros, aunque estén iniciados los pleitos, mudar de domicilio, ausentarse del Estado, llevando consigo sus bienes, y volver a él, con tal que observen las formalidades legales y de hacer todo lo que no está prohibido por la ley.

Constitución 1821

Art. 172. En ningún juicio habrá más de tres instancias y los jueces que hayan fallado en una, nunca podrán asistir a la vista del mismo pleito en otra.

Art. 175. Una de las primeras atenciones del Congreso será introducir en cierto género de causas el juicio por jurados, hasta que bien conocidas prácticamente las ventajas de esta institución, se extienda a todos los casos criminales y civiles a que comúnmente se aplica en otras naciones con todas las formas propias de este procedimiento.

Constitución 1811

Art. 161. El Congreso, con la brevedad posible, establecerá por una ley detalladamente el juicio por jurados para los casos criminales y civiles a que comúnmente se aplica en otras naciones con todas las formas propias de este procedimiento, y hará entonces las declaraciones que aquí correspondan en favor de la libertad y seguridad personal para que sean parte de ésta y se observen en todo el Estado.

Art. 225. El que hallándose en una provincia violare sus leyes será juzgado con arreglo a ellas por sus Magistrados provinciales; pero si infringiese las de la Unión, lo será conforme a éstas por los funcionarios de la misma Confederación, y para que ni sea necesario que en todas partes haya Tribunales de la Confederación ni que sean extraídos de sus vecindarios los individuos comprendidos en estos casos, el Congreso determinará por ley los Tribunales y la forma con que éstos darán comisiones- para examinar y juzgar las ocurrencias en las mismas Provincias.

14. *El derecho de asociación*

Constitución 1999

Artículo 52. Toda persona tiene el derecho de asociarse con fines lícitos, de conformidad con la ley. El Estado estará obligado a facilitar el ejercicio de este derecho.

Constitución 1961

Art. 70. Todos tienen derecho de asociarse con fines lícitos, en conformidad con la ley.

Constitución 1953

Art. 35. Se garantiza a los habitantes de Venezuela:

10. El derecho de asociación y sindicalización conforme a las leyes.

Constitución 1947

Art. 42. Se garantizan los derechos de asociación y de sindicalización con fines lícitos; estos derechos se ejercerán conforme a las leyes.

Decreto 1946

Art. 1. Se garantiza a los venezolanos:

3° La libertad de asociación, quedando ésta sometida a las restricciones y prohibiciones que establezcan las leyes.

Constitución 1925

Art. 32. La Nación garantiza a los venezolanos:

9. La libertad de asociación, quedando ésta sometida a las restricciones y prohibiciones que establezcan las leyes.

[Con igual texto: Constitución 1928, Art. 32,7; Constitución 1929, Art. 32,9; Constitución 1931, Art. 32,9; Constitución 1936, Art. 32,11; Constitución 1945, Art. 32,11].

Constitución 1914

Art. 22. La Nación garantiza a los venezolanos:

9. La libertad de asociación, con las excepciones que establecen las leyes de 23 de febrero de 1837 y 5 de mayo de 1874.

[Con igual texto: Constitución 1922, Art. 22,9].

Constitución 1904

Art. 17. La Nación garantiza a los venezolanos:

9. La libertad de asociación, sin armas, pública o privadamente, sin que puedan las autoridades ejercer acto alguno de coacción.

[Con igual texto: Constitución 1909, Art. 23,9; Estatuto Provisional 1914, Art. 16,9].

Constitución 1901

Art. 17. La Nación garantiza a los venezolanos la efectividad de los siguientes derechos:

9. La libertad de asociación, sin armas, pública o privadamente, sin que puedan las autoridades ejercer acto alguno de coacción.

Constitución 1893

Art. 14. La Nación garantiza a los venezolanos la efectividad de los siguientes derechos:

9. La libertad de asociación, sin armas, pública o privadamente, sin que puedan las autoridades ejercer acto alguno de coacción.

Constitución 1881

Art. 14. La Nación garantiza a los venezolanos la efectividad de los siguientes derechos:

9. La libertad de asociación, sin armas, pública o privadamente, sin que puedan las autoridades ejercer acto alguno de coacción.

[Con igual texto: Constitución 1891, Art. 24,9].

Constitución 1864

Art. 14. La Nación garantiza a los venezolanos:

9° La Libertad de asociación sin armas, pública o privadamente, no pudiendo las autoridades tener derecho alguno de inspección.

[Con igual texto: Constitución 1847, Art. 14,9°].

Decreto 1863

Art. 1. Se garantiza a los venezolanos:

8° El libre derecho de asociación: Pacífica y sin armas

Constitución 1858

Art. 15. Todos los venezolanos tienen el derecho de asociarse, sin armas, con cualquier objeto público o privado.

15. *El derecho de reunión*

Constitución 1999

Artículo 53. Toda persona tiene el derecho de reunirse, pública o privadamente, sin permiso previo, con fines lícitos y sin armas. Las reuniones en lugares públicos se regirán por la ley.

Constitución 1961

Art. 71. Todos tienen el derecho de reunirse, pública o privadamente, sin permiso previo, con fines lícitos y sin armas. Las reuniones en lugares públicos se regirán por la ley.

Constitución 1953

Art. 35. Se garantiza a los habitantes de Venezuela:

10. El derecho de reunión... conforme a las leyes.

Constitución 1947

Art. 41. Se garantiza el derecho de reunión pública o privada, con fines lícitos y sin armas. La ley regulará el derecho de reunión pública y el de manifestación.

Constitución 1936

Art. 32. La Nación garantiza a los venezolanos:

11. La libertad de reunión sin armas, pública o privadamente, y sin comprometer el orden público, sin que puedan las autoridades ejercer acto alguno de coacción... La Ley reglamentará el ejercicio del derecho de reunión.

[Con igual texto: Constitución 1945, Art. 32, 11; Decreto 1946, Art. 1,3].

Constitución 1904

Art. 17. La Nación garantiza a los venezolanos:

9° La libertad de reunión sin armas, pública o privadamente, sin que puedan las autoridades ejercer acto alguno de coacción...

[Con igual texto: Constitución 1909, Art. 23,9; Estatuto Provisional 1914, Art. 16,9; Constitución 1914, Art. 22,9; Constitución 1922, Art. 22,9; Constitución 1925, Art. 32,9; Constitución 1928, Art. 32,9; Constitución 1929, Art. 32,9,; Constitución 1931, Art. 32,9].

Constitución 1901

Art. 17. La Nación garantiza a los venezolanos la efectividad de los siguientes derechos:

9° La libertad de reunión... sin armas, pública o privadamente, sin que puedan las autoridades ejercer acto alguno de coacción.

Constitución 1893

Art. 14. La Nación garantiza a los venezolanos la efectividad de los siguientes derechos:

9° La libertad de reunión... sin armas, pública o privadamente, sin que puedan las autoridades ejercer acto alguno de inspección o de coacción.

Constitución 1881

Art. 14. La Nación garantiza a los venezolanos:

9° La libertad de reunión... sin armas pública o privadamente, no pudiendo las autoridades ejercer acto alguno de inspección o coacción.

[Con igual texto: Constitución 1891, Art. 14,9].

Constitución 1864

Art. 14. La Nación garantiza a los venezolanos:

9° La libertad de reunión... sin armas, pública o privadamente, no pudiendo las autoridades tener derecho alguno de inspección.

[Con igual texto: Constitución 1874, Art. 14,9].

Constitución 1858

Art. 15. Todos los venezolanos tienen el derecho de... reunirse, sin armas, con cualquier objeto público o privado...

Constitución 1830

Art. 44. Las elecciones en estas asambleas serán públicas y ninguno podrá concurrir a ellas con armas.

Constitución 1811

Art. 211. Se prohíbe a todos los ciudadanos asistir con armas a las congregaciones parroquiales y electorales que prescriben la Constitución y las reuniones pacíficas de que habla el párrafo 182 y siguiente bajo la pena de perder por diez años el derecho de votar y de concurrir a ellas...

Art. 216. Toda reunión de gente armada, bajo cualquier pretexto que se forme, si no emana de órdenes de las autoridades constituidas, es un atentado contra la seguridad pública, y debe dispersarse inmediatamente por la fuerza, y toda reunión de gentes sin armas que no tenga el mismo origen legítimo se disolverá primero por órdenes verbales y, siendo necesario, se destruirá por las armas en caso de resistencia o de tenaz obstinación.

16. *Derecho y objeción de conciencias*

Constitución 1999

Artículo 61. Toda persona tiene derecho a la libertad de conciencia y a manifestarla, salvo que su práctica afecte su personalidad o constituya delito. La objeción de conciencia no puede invocarse para eludir el cumplimiento de la ley o impedir a otros su cumplimiento o el ejercicio de sus derechos.

17. *Derecho a protección por parte del Estado*

Constitución 1999

Artículo 55. Toda persona tiene derecho a la protección por parte del Estado, a través de los órganos de seguridad ciudadana regulados por ley, frente a situaciones que constituyan amenaza, vulnerabilidad o riesgo para la integridad física de las personas, sus propiedades, el disfrute de sus derechos y el cumplimiento de sus deberes.

La participación de los ciudadanos y ciudadanas en los programas destinados a la prevención, seguridad ciudadana y administración de emergencias será regulada por una ley especial.

Los cuerpos de seguridad del Estado respetarán la dignidad y los derechos humanos de todas las personas. El uso de armas o sustancias tóxicas por parte del funcionariado policial y de seguridad estará limitado por principios de necesidad, conveniencia, oportunidad y proporcionalidad, conforme a la ley.

18. *Derecho a portar armas licitas*

Este derecho no se encuentra consagrado expresamente en la Constitución. Él artículo 324 de dicho texto se limita a señalar que

Constitución 1999

Artículo 324. Sólo el Estado puede poseer y usar armas de guerra. Todas las que existan, se fabriquen o se introduzcan en el país pasarán a ser propiedad de la República sin indemnización ni proceso. La Fuerza Armada Nacional será la institución competente para reglamentar y controlar, de acuerdo con la ley respectiva, la fabricación, importación, exportación, almacenamiento, tránsito, registro, control, inspección, comercio, posesión y uso de otras armas, municiones y explosivos

Constitución 1961

Art. 33. Sólo el Estado puede poseer y usar armas de guerra. Todas las que existan, se fabriquen o se introduzcan en el país pasarán a ser propiedad de la República, sin indemnización ni proceso. La fabricación, comercio, posesión y uso de otras armas serán reglamentadas por la ley.

Constitución 1947

Art. 98. Todos los elementos de guerra que se encuentren en el país o se introduzcan del exterior, pertenecen a la Nación y deberán estar baja el control del Despacho Ejecutivo que señale la ley.

Constitución 1925

Art. 15. Los Estados convienen en reservar a la competencia federal:

8° Todos los elementos de guerra que se hallen en el país o se introduzcan del extranjero pertenecen a la Nación.

[Con igual texto: Constitución 1928, Art. 15,8°; Constitución 1929, Art. 15,8°; Constitución 1929, Art. 15,8°; Constitución 1931, Art. 15,8°; Constitución 1936, Art. 15,8°; Constitución 1945, Art. 15,8°].

Constitución 1904

Art. 114. Todos los elementos de guerra pertenecen a la Nación.

[Con igual texto: Constitución 1909, Art. 131; Estatuto Provisional 1914, Art. 71; Constitución 1914, Art. 115; Constitución 1922, Art. 115].

Constitución 1901

Art. 127. Los Estados tienen el derecho de adquirir el armamento y demás elementos de guerra que sean necesarios para su integridad interior, pudiendo introducirlos del extranjero, libres de todo derecho de importación y llenando para su introducción en cada caso, las formalidades que establezca el Código Militar y la Ley de Hacienda correspondiente.

En todo caso, El derecho de portar armas lícitas tiene antecedentes en el texto de 1811, de inspiración norteamericana.

Constitución 1893

Art. 132. Todos los elementos de guerra existentes en el territorio de la República a la promulgación de esta Constitución, pertenecen al Gobierno Nacional.

[Con igual texto: Constitución 1901, Art. 126].

Constitución 1811

Art. 179. Tampoco se impedirá a los ciudadanos el .derecho de tener y llevar armas lícitas y permitidas para su defensa, y el poder militar, en todos los casos, se conservará en una exacta subordinación a la autoridad civil y será dirigido por ella.

SECCIÓN TERCERA:

LOS DERECHOS SOCIALES

1. *El derecho a la salud*

Constitución 1999

Artículo 83. La salud es un derecho social fundamental, obligación del Estado, que lo garantizará como parte del derecho a la vida. El Estado promoverá y desarrollará políticas orientadas a elevar la calidad de vida, el bienestar colectivo y el acceso a los servicios. Todas las personas tienen derecho a la protección de la salud, así como el deber de participar activamente en su promoción y defensa, y el de cumplir con las medidas sanitarias y de saneamiento que establezca la ley, de conformidad con los tratados y convenios internacionales suscritos y ratificados por la República.

Artículo 84. Para garantizar el derecho a la salud, el Estado creará, ejercerá la rectoría y gestionará un sistema público nacional de salud, de carácter intersectorial, descentralizado y participativo, integrado al sistema de seguridad social, regido por los principios de gratuidad, universalidad, integralidad, equidad, integración social y solidaridad. El sistema público nacional de salud dará prioridad a la promoción de la salud y a la prevención de las enfermedades, garantizando tratamiento oportuno y rehabilitación de calidad. Los bienes y servicios públicos de salud son propiedad del Estado y no podrán ser privatizados. La comunidad organizada tiene el derecho y el deber de participar en la toma de decisiones sobre la planificación, ejecución y control de la política específica en las instituciones públicas de salud.

Artículo 85. El financiamiento del sistema público nacional de salud es obligación del Estado, que integrará los recursos fiscales, las cotizaciones obligatorias de la seguridad social y cualquier otra fuente de financiamiento que determine la ley. El Estado garantizará un presupuesto pa-

ra la salud que permita cumplir con los objetivos de la política sanitaria. En coordinación con las universidades y los centros de investigación, se promoverá y desarrollará una política nacional de formación de profesionales, técnicos y técnicas y una industria nacional de producción de insumos para la salud. El Estado regulará las instituciones públicas y privadas de salud.

Constitución 1961

Art. 76. Todos tienen derecho a la protección de la salud ...Las autoridades velarán por el mantenimiento de la salud pública y proveerán los medios de prevención y asistencia, a quienes carezcan de ellos. Todos están obligados a someterse, a las medidas sanitarias que establezca la Ley, dentro de los límites impuestos por el respeto a la persona humana.

Constitución 1947

Art. 51. El Estado velará por el mantenimiento de la salud pública. Todos los habitantes de la República tienen el derecho a la protección de su salud. El Estado establecerá los servicios necesarios para la prevención y el tratamiento de las enfermedades.

2. *Derecho a la seguridad social*

Constitución 1999

Artículo 86. Toda persona tiene derecho a la seguridad social como servicio público de carácter no lucrativo, que garantice la salud y asegure protección en contingencias de maternidad, paternidad, enfermedad, invalidez, enfermedades catastróficas, discapacidad, necesidades especiales, riesgos laborales, pérdida de empleo, desempleo, vejez, viudedad, orfandad, vivienda, cargas derivadas de la vida familiar y cualquier otra circunstancia de previsión social. El Estado tiene la obligación de asegurar la efectividad de este derecho, creando un sistema de seguridad social universal, integral, de financiamiento solidario, unitario, eficiente y participativo, de contribuciones directas o indirectas. La ausencia de capacidad contributiva no será motivo para excluir a las personas de su protección. Los recursos financieros de la seguridad social no podrán ser destinados a otros fines. Las cotizaciones obligatorias que realicen los trabajadores y las trabajadoras para cubrir los servicios médicos y asistenciales y demás beneficios de la seguridad social podrán ser administrados sólo con fines sociales bajo la rectoría del Estado. Los remanentes netos del capital destinado a la salud, la educación y la seguridad social se acumularán a los fines de su distribución y contribución en esos servicios. El sistema de seguridad social será regulado por una ley orgánica especial.

Constitución 1961

Art. 94. En forma progresiva se desarrollará un sistema de seguridad social tendiente a proteger a todos los habitantes de la República contra infortunios del trabajo, enfermedad, invalidez, muerte, desempleo y cualesquiera otros riesgos que puedan ser objeto de previsión social, así como contra las cargas derivadas de la vida familiar.

Quienes carezcan de medios económicos y no estén en condiciones de procurárselos tendrán derecho a la asistencia social mientras sean incorporados al sistema de seguridad social.

Constitución 1947

Art. 52. Los habitantes de la República tienen el derecho de vivir protegidos contra los riesgos de carácter social que puedan afectarlos y contra la necesidad que de ellos se derive.

El Estado establecerá, en forma progresiva, un sistema amplio y eficiente de Seguridad Social y fomentará la construcción de viviendas baratas destinadas a las clases económicas débiles.

3. *Derecho a la vivienda*

Constitución 1999

Artículo 82. Toda persona tiene derecho a una vivienda adecuada, segura, cómoda, higiénica, con servicios básicos esenciales que incluyan un hábitat que humanice las relaciones familiares, vecinales y comunitarias. La satisfacción progresiva de este derecho es obligación compartida entre los ciudadanos y ciudadanas y el Estado en todos sus ámbitos.

El Estado dará prioridad a las familias y garantizará los medios para que éstas, y especialmente las de escasos recursos, puedan acceder a las políticas sociales y al crédito para la construcción, adquisición o ampliación de viviendas.

4. *Derechos laborales*

A. *El derecho al trabajo*

a. *La consagración del derecho*

Constitución 1999

Artículo 87. Toda persona tiene derecho al trabajo y el deber de trabajar. El Estado garantizará la adopción de las medidas necesarias a los fines de que toda persona pueda obtener ocupación productiva, que le proporcione una existencia digna y decorosa y le garantice el pleno ejercicio de este derecho. Es fin del Estado fomentar el empleo. La ley adoptará medidas tendentes a garantizar el ejercicio de los derechos laborales de los trabajadores y trabajadoras no dependientes. La libertad de trabajo no será sometida a otras restricciones que las que la ley establezca.

Todo patrono o patrona garantizará a sus trabajadores o trabajadoras condiciones de seguridad, higiene y ambiente de trabajo adecuados. El Estado adoptará medidas y creará instituciones que permitan el control y la promoción de estas condiciones.

Constitución 1961

Art. 84. Todos tienen derecho al trabajo.

Constitución 1953

Art. 35. La Nación garantiza a los venezolanos:

11. La libertad y protección del trabajo, conforme a las leyes.

Constitución 1497

Art. 61. El trabajo es un derecho...

Constitución 1945

Art. 32. La Nación garantiza a los venezolanos:

8° La libertad del trabajo y de las industrias.

9° La libertad de industria y la de trabajo no tendrán más limitaciones que las que impongan el interés público o las buenas costumbres.

Constitución 1936

Art. 32. La Nación garantiza a los venezolanos:

8° La libertad del trabajo y de las industrias.

9° La libertad de industria y la de trabajo no tendrán más limitaciones que las que impongan el interés público o las buenas costumbres.

Constitución 1925

Art. 32. La Nación garantiza a los venezolanos:

8° La libertad del trabajo y de las industrias, salvo las prohibiciones y limitaciones que exijan el orden público y las buenas costumbres.

[Con igual texto: Constitución 1928, Art. 32,8; Constitución 1929, Art. 32,8; Constitución 1931, Art. 32,8].

Decreto 1830

Art. 23. Ningún género de trabajo, de cultura, de industria o de comercio será prohibido a los venezolanos, excepto aquellos que ahora son necesarios para la subsistencia de la República, que se libertarán por el Congreso cuando lo juzgue oportuno y conveniente. También se exceptúan todos los que sean contrarios a la moral y salubridad pública.

[Con igual texto: Constitución 1830, Art. 209].

Constitución 1821

Art. 178. Ningún género de trabajo, de cultura, de industria o de comercio será prohibido a los colombianos, excepto aquellos que ahora son necesarios para la subsistencia de la República, que se libertarán por el Congreso cuando lo juzgue oportuno y conveniente.

Constitución 1811

Art. 167. Ningún género de trabajo, de cultura, de industria o de comercio serán prohibidos a los ciudadanos, excepto aquellos que ahora forman la subsistencia del Estado que después oportunamente se libertarán cuando el Congreso lo juzgue útil y conveniente a la causa pública.

b. *El correlativo deber de trabajar*

Constitución 1961

Art. 54. El trabajo es un deber de toda persona apta para prestarlo.

Constitución 1947

Art. 61. El trabajo es un deber y un derecho. Todo individuo debe contribuir al progreso de la sociedad mediante el trabajo...

c. *Las obligaciones estatales*

Constitución 1999

Artículo 88. El Estado garantizará la igualdad y equidad de hombres y mujeres en el ejercicio del derecho al trabajo. El Estado reconocerá el trabajo del hogar como actividad económica que crea valor agregado y produce riqueza y bienestar social. Las amas de casa tienen derecho a la seguridad social de conformidad con la ley.

Constitución 1961

Art. 84. El Estado procurará que toda persona apta pueda obtener colocación que le proporcione una subsistencia digna y decorosa. La libertad de trabajo no estará sujeta a otras restricciones que las que establezca la ley.

Constitución 1947

Art. 61. El Estado procurará que toda persona apta pueda obtener los medios de subsistencia por el trabajo e impedirá que por causa de éste se establezcan condiciones que en alguna forma menoscaben la dignidad o la libertad de las personas.

Constitución 1936

Art. 32. La Nación garantiza a los venezolanos:

8° El Estado promoverá el amparo de la producción y establecerá las condiciones del trabajo en la ciudad y en el campo, teniendo en vista la protección social del obrero, y del jornalero y los intereses económicos del país.

[Con igual texto: 1945, Art. 32,8].

d. *La protección y estímulo estatal*

Constitución 1999

Artículo 89. El trabajo es un hecho social y gozará de la protección del Estado. La ley dispondrá lo necesario para mejorar las condiciones materiales, morales e intelectuales de los trabajadores y trabajadoras. Para el cumplimiento de esta obligación del Estado se establecen los siguientes principios:

1. ***Ninguna ley podrá establecer disposiciones que alteren la intangibilidad y progresividad de los derechos y beneficios laborales. En las relaciones laborales prevalece la realidad sobre las formas o apariencias.***

2. ***Los derechos laborales son irrenunciables. Es nula toda acción, acuerdo o convenio que implique renuncia o menoscabo de estos derechos. Sólo es posible la transacción y convenimiento al término de la relación laboral, de conformidad con los requisitos que establezca la ley.***

3. ***Cuando hubiere dudas acerca de la aplicación o concurrencia de varias normas, o en la interpretación de una determinada norma, se aplicará la más favorable al trabajador o trabajadora. La norma adoptada se aplicará en su integridad.***

4. ***Toda medida o acto del patrono o patrona contrario a esta Constitución es nulo y no genera efecto alguno.***

5. ***Se prohíbe todo tipo de discriminación por razones de política, edad, raza, sexo o credo o por cualquier otra condición.***

6. ***Se prohíbe el trabajo de adolescentes en labores que puedan afectar su desarrollo integral. El Estado los o las protegerá contra cualquier explotación económica y social.***

Constitución 1961

Art. 93. La mujer y el menor trabajador será objeto de protección especial.

Art. 85. El trabajo será objeto de protección especial. La ley dispondrá lo necesario para mejorar tos condiciones materiales, morales e intelectuales de los trabajadores. Son irrenunciables por el trabajador las disposiciones que la ley establezca para favorecerlo o protegerlo.

Art. 93. La mujer y el menor trabajador serán objeto de protección especial.

Constitución 1947

Art. 49. El Estado garantiza la protección integral del niño... En consecuencia, se establecerán, entre otras, las condiciones necesarias:

d) Para impedir la explotación de los menores en el trabajo.

Art. 62. La ley dispondrá lo necesario para la mayor eficacia, responsabilidad y estímulo del trabajo, regulándolo adecuadamente y estableciendo la protección que deberá dispensarse a los trabajadores para garantizar su estabilidad en el trabajo y el mejoramiento de sus condiciones materiales, morales e intelectuales. La Nación fomentará la enseñanza técnica de los trabajadores.

Art. 63. La legislación del trabajo consagrará los siguientes derechos y preceptos, aplicables tanto al trabajo manual como al intelectual o técnico, además de otros que concurran a mejorar las condiciones de los trabajadores:

9° Conciliación para resolver los conflictos entre patronos y trabajadores.

11. Protección especial en el trabajo de los menores y de las mujeres: con derecho, para los primeros, de aprendizaje y fijación de la edad mínima para ser admitidos en los diversos tipos de trabajo, y de reposo remunerado para las segundas, antes y después del alumbramiento.

12. Régimen de participación en los beneficios de las empresas, para los empleados y obreros, y fomento del ahorro entre los mismos.

15. Privilegio para los créditos de los trabajadores, cuando se deriven de beneficios o de derechos acordados por la ley.

16. Irrenunciabilidad de las disposiciones legales que favorezcan a los trabajadores.

Constitución 1936

Art. 32. La Nación garantiza a los venezolanos:

8° La libertad del trabajo y de las industrias. En consecuencia, no podrán concederse monopolios para el ejercicio exclusivo de ninguna industria. Se otorgarán, conforme a la ley, los privilegios temporales relativos a la propiedad intelectual, patentes de invención y marcas de fábrica, y los que se acuerden, también conforme a la ley y por tiempo determinado, para el establecimiento y explotación de ferrocarriles, empresas de navegación aérea, canalización, tranvías, fuerza hidráulica, líneas telefónicas o telegráficas y sistema de comunicación inalámbrica, cuando tales obras se lleven a cabo o se instalen a costa del concesionario, sin garantizarles proventos ni subvenirlas la Nación ni los Estados.

La ley dispondrá lo necesario para la mayor eficacia y estímulo del trabajo, organizándolo adecuadamente y estableciendo la protección especial que deberá dispensarse a los obreros y trabajadores, para proveer al mejoramiento de su condición física, moral e intelectual, y al incremento de la población. El Estado promoverá el amparo de la producción y establecerá las condiciones del trabajo en la ciudad y en el campo, teniendo en vista la protección social del obrero y del jornalero y los intereses económicos del país. La República tendrá un Consejo de Economía Nacional, constituido por representantes de la población productora y de la consumidora, del capital y del trabajo, y de las profesiones liberales. El Poder Ejecutivo determinará sus funciones y organización.

La legislación del trabajo observará los siguientes preceptos, además de otros que concurran a mejorar las condiciones del obrero o trabajador:

1° Reposo semanal, de preferencia los domingos.

2° Vacaciones anuales, remuneradas.

Para los efectos de estos preceptos no se distinguirá entre el trabajo manual y el intelectual o técnico.

3° La Nación fomentará la enseñanza técnica de los obreros.

La Nación fomentará la inmigración europea y promoverá, en cooperación con los Gobiernos de los Estados y las Municipalidades, la organización de Colonias Agrícolas. El trabajo agrícola será objeto de reglamentación especial del Poder Ejecutivo. El Estado tratará de fijar al jornalero en el campo, cuidará de su educación rural y asegurará al trabajador venezolano la preferencia en la colonización y aprovechamiento de las tierras nacionales. La Nación favorecerá un régimen de participación de los empleados y trabajadores en los beneficios de las empresas y fomentará el ahorro entre los mismos.

[Con igual texto: Constitución 1945, Art. 32,8].

e. *Las responsabilidades laborales*

Constitución 1961

Art. 89. La ley determinará la responsabilidad que incumba a la persona natural o jurídica en cuyo provecho se preste el servicio mediante intermediario o contratista, sin perjuicio de la responsabilidad solidaria de éstos.

Constitución 1947

Art. 63. La legislación del trabajo consagrará los siguientes derechos y preceptos, aplicables tanto al trabajo manual como al intelectual o técnico, además de otros que concurran a mejorar las condiciones de los trabajadores:

5° Responsabilidad por riesgos profesionales.

13. Responsabilidad del cumplimiento de las leyes sociales, por parte de la persona natural ó jurídica en cuyo provecho se preste el servicio, aun cuando el contrato de trabajo fuere efectuado por intermediar o por contratista, sin que ello impida la responsabilidad de estos últimos.

B. *El derecho al descanso: jornada máxima y vacaciones*

Constitución 1999

Artículo 90. La jornada de trabajo diurna no excederá de ocho horas diarias ni de cuarenta y cuatro horas semanales. En los casos en que la ley lo permita, la jornada de trabajo nocturna no excederá de siete horas diarias ni de treinta y cinco semanales. Ningún patrono o patrona podrá obligar a los trabajadores o trabajadoras a laborar horas extraordinarias. Se propenderá a la progresiva disminución de la jornada de trabajo dentro del interés social y del ámbito que se determine y se dispondrá lo conveniente para la mejor utilización del tiempo libre en beneficio del desarrollo físico, espiritual y cultural de los trabajadores y trabajadoras.

Constitución 1961

Art. 86. La ley limitará la duración máxima de la jornada de trabajo.

Salvo las excepciones que se prevean, la duración normal del trabajo no excederá de ocho horas diarias ni de cuarenta y ocho semanales, y la del trabajo nocturno, en los casos en que se permita, no excederá de siete horas diarias ni de cuarenta y dos semanales.

Todos los trabajadores disfrutarán de descanso semanal remunerado y de vacaciones pagadas en conformidad con la ley.

Se propenderá a la progresiva disminución de la jornada, dentro del interés social en el ámbito que se determine, y el dispondrá lo conveniente para la mejor utilización del tiempo libre.

Constitución 1947

Art. 63. La legislación del trabajo consagrará los siguientes derechos y preceptos, aplicables tanto al trabajo manual como al intelectual o técnico, además de otros que concurran a mejorar las condiciones de los trabajadores.

1° Jornada máxima normal de ocho horas en el día y se siete en la noche, salvo para determinados trabajos, con reposo semanal remunerado, de acuerdo con la ley. Esta podrá propender a la disminución progresiva de la jornada máxima, en general, o para determinadas industrias, en particular.

4° Vacaciones anuales remuneradas, sin distinción entre obreros y empleados.

Constitución 1936

Art. 32. La Nación garantiza a los venezolanos:

8. La legislación del trabajo observará los siguientes preceptos, además de otros que concurran a mejorar las condiciones del obrero o trabajador:

1° Reposo semanal, de preferencia los domingos.

2° Vacaciones anuales, remuneradas.

Para los efectos de estos preceptos no se distinguirá entre el trabajo manual y el intelectual o técnico.

[Con igual texto: Constitución 1945, Art. 32,8].

C. *Derecho al descanso*

Constitución 1999

Artículo 90. […] Los trabajadores y trabajadoras tienen derecho al descanso semanal y vacaciones remunerados en las mismas condiciones que las jornadas efectivamente laboradas.

D. *Derecho al salario justo*

Constitución 1999

Artículo 91. Todo trabajador o trabajadora tiene derecho a un salario suficiente que le permita vivir con dignidad y cubrir para sí y su familia las necesidades básicas materiales, sociales e intelectuales. Se garantizará el pago de igual salario por igual trabajo y se fijará la participación que debe corresponder a los trabajadores y trabajadoras en el beneficio de la empresa. El salario es inembargable y se pagará periódica y oportunamente en moneda de curso legal, salvo la excepción de la obligación alimentaria, de conformidad con la ley.

El Estado garantizará a los trabajadores y trabajadoras del sector público y del sector privado un salario mínimo vital que será ajustado cada año, tomando como una de las referencias el costo de la canasta básica. La ley establecerá la forma y el procedimiento.

Constitución 1961

Art. 87. La ley proveerá los medios conducentes a la obtención de un salario justo; establecerá normas para asegurar a todo trabajador por lo menos un salaria mínimo; garantizará igual salario para igual trabajo, sin discriminación alguna; fijará la participación que debe corresponder a los trabajadores en los beneficios de las empresas, y protegerá el salario y las prestaciones sociales con la inembargabilidad en la proporción y casos que se fijen y con los demás privilegios y garantías que ella misma establezca.

Constitución 1947

Art. 63. La legislación del trabajo consagrará los siguientes derechos y preceptos, aplicables tanto al trabajo manual como al intelectual o técnico, además de otros que concurran a mejorar las condiciones de los trabajadores:

2° Salario igual para trabajo igual, sin distinción de sexo, nacionalidad o raza.

3° Salario mínimo y vital, suficiente para satisfacer las necesidades del trabajador.

14. Inembargabilidad del salario, en la proporción y en los casos que fije la ley.

Art. 64. El Estado propenderá al establecimiento del salario familiar a través de instituciones adecuadas, en conformidad con la ley.

E. *Derecho a la estabilidad y a prestaciones sociales*

Constitución 1999

Artículo 92. Todos los trabajadores y trabajadoras tienen derecho a prestaciones sociales que les recompensen la antigüedad en el servicio y los amparen en caso de cesantía. El salario y las prestaciones sociales son créditos laborales de exigibilidad inmediata. Toda mora en su pago genera

intereses, los cuales constituyen deudas de valor y gozarán de los mismos privilegios y garantías de la deuda principal.

Artículo 93. La ley garantizará la estabilidad en el trabajo y dispondrá lo conducente para limitar toda forma de despido no justificado. Los despidos contrarios a esta Constitución son nulos.

Artículo 94. La ley determinará la responsabilidad que corresponda a la persona natural o jurídica en cuyo provecho se presta el servicio mediante intermediario o contratista, sin perjuicio de la responsabilidad solidaria de éstos. El Estado establecerá, a través del órgano competente, la responsabilidad que corresponda a los patronos o patronas en general, en caso de simulación o fraude, con el propósito de desvirtuar, desconocer u obstaculizar la aplicación de la legislación laboral.

Constitución 1961

Art. 88. La ley adoptará medidas tendientes a garantizar la estabilidad en el trabajo y establecerá las prestaciones que recompensen la antigüedad del trabajador en el servicio y lo amparen en caso de cesantía.

Constitución 1947

Art. 63. La legislación del trabajo consagrará los siguientes derechos y preceptos, aplicables tanto al trabajo manual como al intelectual o técnico, además de otros que concurran a mejorar las condiciones de los trabajadores:

6° Preaviso e indemnización en caso de término o de ruptura del contrato de trabajo; prima de antigüedad y jubilación después del tiempo de servicio, en las condiciones que fije la ley.

7° Estabilidad en el trabajo para los miembros de las directivas de los sindicatos de trabajadores, salvo los casos de retiro plenamente justificados.

F. *Derecho a la contratación colectiva*

Constitución 1999

Artículo 96. Todos los trabajadores y las trabajadoras del sector público y del privado tienen derecho a la negociación colectiva voluntaria y a celebrar convenciones colectivas de trabajo, sin más requisitos que los que establezca la ley. El Estado garantizará su desarrollo y establecerá lo conducente para favorecer las relaciones colectivas y la solución de los conflictos laborales. Las convenciones colectivas ampararán a todos los trabajadores y trabajadoras activos y activas al momento de su suscripción y a quienes ingresen con posterioridad.

Constitución 1961

Art. 90. La ley favorecerá el desarrollo de las relaciones colectivas de trabajo y establecerá el ordenamiento adecuado para las negociaciones colectivas y paira la solución pacífica de los conflictos. La convención colectiva será amparada, y en ella se podrá establecer la cláusula sindical, dentro de las condiciones que legalmente se pauten.

Constitución 1947

Art. 63. La legislación del trabajo consagrará los siguientes derechos y preceptos, aplicables tanto al trabajo manual como al intelectual o técnico, además de otros que concurran a mejorar las condiciones de los trabajadores:

8° Contrato colectivo de trabajo, en el cual podrá incluirse la cláusula sindical.

G. *El derecho a la sindicalización*

Constitución 1999

Artículo 95. Los trabajadores y las trabajadoras, sin distinción alguna y sin necesidad de autorización previa, tienen derecho a constituir libremente las organizaciones sindicales que estimen convenientes para la mejor defensa de sus derechos e intereses, así como a afiliarse o no a ellas, de conformidad con la ley. Estas organizaciones no están sujetas a intervención, suspensión o disolución administrativa. Los trabajadores y trabajadoras están protegidos y protegidas contra todo acto de discriminación o de injerencia contrario al ejercicio de este derecho. Los promotores o promotoras y los o las integrantes de las directivas de las organizaciones sindicales gozarán de inamovilidad laboral durante el tiempo y en las condiciones que se requieran para el ejercicio de sus funciones.

Para el ejercicio de la democracia sindical, los estatutos y reglamentos de las organizaciones sindicales establecerán la alternabilidad de los y las integrantes de las directivas y representantes mediante el sufragio universal, directo y secreto. Los y las integrantes de las directivas y representantes sindicales que abusen de los beneficios derivados de la libertad sindical para su lucro o interés personal, serán sancionados o sancionadas de conformidad con la ley. Los y las integrantes de las directivas de las organizaciones sindicales estarán obligados u obligadas a hacer declaración jurada de bienes

Constitución 1961

Art. 91. Los sindicatos de trabajadores y los de patronos no estarán sometidos a otros requisitos, para su existencia y funcionamiento, que los que establezca la ley con el objeto de asegurar la, mejor realización de sus funciones propias y garantizar los derechos de sus miembros. La ley protegerá en su empleo, de manera específica, a los promotores y miembros directivos de sindicatos de trabajadores durante el tiempo y en las condiciones que se requieran para asegurar la libertad sindical.

Constitución 1953

Art. 53. Se garantiza a los habitantes de Venezuela:

10. El derecho de sindicalización, conforme a las leyes.

Constitución 1947

Art. 42. Se garantizan los derechos de asociación y sindicalización con fines lícitos; estos derechos se ejercerán conforme a las leyes.

H. *Derecho a la huelga*

Constitución 1999

Artículo 97. Todos los trabajadores y trabajadoras del sector público y del sector privado tienen derecho a la huelga, dentro de las condiciones que establezca la ley.

Constitución 1961

Art. 92. Los trabajadores tienen el derecho de huelga, dentro de las condiciones que fije la ley. En los servicios públicos este derecho se ejercerá en los casos que aquélla determine.

Constitución 1947

Art. 63. La legislación del trabajo consagrará los siguientes derechos y preceptos, aplicables tanto al trabajo manual como al intelectual o técnico, además de otros que concurran a mejorar las condiciones de los trabajadores:

10. Derecho de huelga, salvo en los servicios públicos que determine la ley.

I. *El derecho al ejercicio de profesiones liberales y la colegiación obligatorias*

Constitución 1999

Artículo 105. La ley determinará las profesiones que requieren título y las condiciones que deben cumplirse para ejercerlas, incluyendo la colegiación

Constitución 1961

Art. 82. La ley determinará las profesiones que requieren título y las condiciones que deben cumplirse para ejercerlas.

Es obligatoria la colegiación para el ejercicio de aquellas profesiones universitarias que señale la ley.

Constitución 1947

Art. 60. Las profesiones que requieran título no podrán ejercerse sin poseerlo y sin llenar las formalidades que la ley exige. La ley determinará cuáles profesiones deberán ejercerse mediante otorgamiento, por el Estado, del respectivo título.

§ Único. El Estado se reserva el derecho de establecer la obligatoriedad en que están los profesionales de prestar sus servicios a la Nación y conforme lo establezca la ley.

Constitución 1936

Art. 32. La Nación garantiza a los venezolanos:

10. Las profesiones que requieren título, no podrán ejercerse sin poseerlo y llenar las formalidades que la ley exige.

[Con igual texto: Constitución 1945, Art. 32, 10].

5. *Derecho al deporte*

Constitución 1999

Artículo 111. Todas las personas tienen derecho al deporte y a la recreación como actividades que benefician la calidad de vida individual y colectiva. El Estado asumirá el deporte y la recreación como política de educación y salud pública y garantizará los recursos para su promoción. La educación física y el deporte cumplen un papel fundamental en la formación integral de la niñez y adolescencia. Su enseñanza es obligatoria en todos los niveles de la educación pública y privada hasta el ciclo diversificado, con las excepciones que establezca la ley. El Estado garantizará la atención integral de los y las deportistas sin discriminación alguna, así como el apoyo al deporte de alta competencia y la evaluación y regulación de las entidades deportivas del sector público y del privado, de conformidad con la ley.

La ley establecerá incentivos y estímulos a las personas, instituciones y comunidades que promuevan a los y las atletas y desarrollen o financien planes, programas y actividades deportivas en el país.

6. *Derechos a la protección y asistencia social*

A. *Principios de la asistencia social (garantía social)*

Declaración 1811

Deberes del Cuerpo Social

Art. 1. El deber de la sociedad para con los individuos que la componen es la garantía social. Esta consiste en la acción de todos para asegurar a cada uno el goce y la conservación de sus derechos, y ella descansa sobre la soberanía nacional.

Art. 2. La garantía social no puede existir sin que la ley determine claramente los límites de los poderes, ni cuando no se ha establecido a responsabilidad de los públicos funcionarios.

Art. 3. Los socorros públicos son una deuda sagrada a la sociedad: ella debe proveer a la subsistencia de los ciudadanos desgraciados, ya asegurándoles trabajo a los que puedan hacerlo, ya proporcionando medios de existir a los que no están en este caso.

B. *Protección de comunidades y asociaciones*

Constitución 1999

Artículo 118. Se reconoce el derecho de los trabajadores y trabajadoras, así como de la comunidad para desarrollar asociaciones de carácter social y participativo, como las cooperativas, cajas de ahorro, mutuales y otras formas asociativas. Estas asociaciones podrán desarrollar cualquier tipo de actividad económica, de conformidad con la ley. La ley reconocerá las especificidades de estas organizaciones, en especial, las relativas al acto cooperativo, al trabajo asociado y su carácter generador de beneficios colectivos.

El Estado promoverá y protegerá estas asociaciones destinadas a mejorar la economía popular y alternativa.

Constitución 1961

Art. 72. El Estado protegerá las asociaciones, corporaciones, sociedades y comunidades que tengan por objeto el mejor cumplimiento de los fines de la persona humana y de la convivencia social, y fomentará la organización de cooperativas y demás instituciones destinadas a mejorar la economía popular.

C. *Protección de la familia*

Constitución 1999

Artículo 75. El Estado protegerá a las familias como asociación natural de la sociedad y como el espacio fundamental para el desarrollo integral de las personas. Las relaciones familiares se basan en la igualdad de derechos y deberes, la solidaridad, el esfuerzo común, la comprensión mutua y el respeto recíproco entre sus integrantes. El Estado garantizará protección a la madre, al padre o a quienes ejerzan la jefatura de la familia

Los niños, niñas y adolescentes tienen derecho a vivir, ser criados o criadas y a desarrollarse en el seno de su familia de origen. Cuando ello sea imposible o contrario a su interés superior, tendrán derecho a una familia sustituta, de conformidad con la ley. La adopción tiene efectos similares a la filiación y se establece siempre en beneficio del adoptado o la adoptada, de conformidad con la ley. La adopción internacional es subsidiaria de la nacional.

Constitución 1961

Art. 73. El Estado protegerá la familia como célula fundamental de la sociedad y velará por el mejoramiento de su situación moral y económica. La ley protegerá al matrimonio, favorecerá la organización del patrimonio familiar inembargable y proveerá lo conducente a facilitar a: cada familia la adquisición de vivienda cómoda e higiénica.

Constitución 1947

Art. 47. El Estado protegerá a la familia, cualquiera que sea su origen...

Art. 48. La ley determinará lo relativo a la organización del patrimonio familiar inembargable.

Art. 50. El Estado procurará la eliminación de las causas sociales de la prostitución y velará por la recuperación de los afectados por ella.

D. *Protección de la maternidad*

Constitución 1999

Artículo 76. La maternidad y la paternidad son protegidas integralmente, sea cual fuere el estado civil de la madre o del padre. Las parejas tienen derecho a decidir libre y responsablemente el número de hijos o hijas que deseen concebir y a disponer de la información y de los medios que les aseguren el ejercicio de este derecho. El Estado garantizará asistencia y protección integral a la maternidad, en general a partir del momento de la concepción, durante el embarazo, el parto y el puerperio, y asegurará servicios de planificación familiar integral basados en valores éticos y científicos.

Constitución 1961

Art. 74. La maternidad será protegida sea cual fuere el estado civil de la madre.

Constitución 1947

Art. 47. El Estado protegerá... la maternidad, independientemente del estado civil de la madre, quien será, además, asistida en caso de desamparo.

E. *Protección del matrimonio*

Constitución 1999

Artículo 77. Se protege el matrimonio entre un hombre y una mujer, fundado en el libre consentimiento y en la igualdad absoluta de los derechos y deberes de los cónyuges. Las uniones estables de hecho entre un hombre y una mujer que cumplan los requisitos establecidos en la ley producirán los mismos efectos que el matrimonio.

F. *Protección de los menores y de la filiación*

Constitución 1999

Artículo 78. Los niños, niñas y adolescentes son sujetos plenos de derecho y estarán protegidos por la legislación, órganos y tribunales especializados, los cuales respetarán, garantizarán y desarrollarán los contenidos de esta Constitución, la Convención sobre los Derechos del Niño y demás tratados internacionales que en esta materia haya suscrito y ratificado la República. El Estado, las familias y la sociedad asegurarán, con prioridad

absoluta, protección integral, para lo cual se tomará en cuenta su interés superior en las decisiones y acciones que les conciernan. El Estado promoverá su incorporación progresiva a la ciudadanía activa, y creará un sistema rector nacional para la protección integral de los niños, niñas y adolescentes.

Artículo 79. Los jóvenes y las jóvenes tienen el derecho y el deber de ser sujetos activos del proceso de desarrollo. El Estado, con la participación solidaria de las familias y la sociedad, creará oportunidades para estimular su tránsito productivo hacia la vida adulta y, en particular, para la capacitación y el acceso al primer empleo, de conformidad con la ley

Constitución 1961

Art. 74. Se dictarán las medidas necesarias para asegurar a todo niño, sin discriminación alguna, protección integral, desde su concepción hasta su completo desarrollo, para que éste se realice en condiciones materiales y morales favorables.

Art. 75. La ley proveerá lo conducente para que todo niño, sea cual fuere su filiación, pueda conocer a sus padres, para que éstos cumplan el deber de asistir, alimentar y educar a sus hijos para que la infancia y la juventud estén protegidas contra el abandono, la explotación o el abuso. La filiación adoptiva será amparada por la ley. El Estado compartirá con los padres, de modo subsidiario y atendiendo a las posibilidades de aquéllos, la responsabilidad que les incumbe en la formación de los hijos. El amparo y la protección de los menores serán objeto de legislación especial y de organismos y tribunales especiales.

Constitución 1947

Art. 49. El Estado garantiza la protección integral del niño desde su concepción hasta su completo desarrollo, de modo que éste se realice dentro de un ambiente de seguridad material y moral.

En consecuencia, se establecerán, entre otras, las condiciones necesarias:

a) Para que los hijos gocen del derecho de conocer a sus padres.

b) Para que los padres cumplan el deber de asistir, educar y alimentar a sus hijos, cualquiera que sea la filiación de éstos.

c) Para que los menores sean amparados y juzgados por leyes especiales.

Un código especial regirá esta protección y establecerá un organismo encargado de la dirección de ella.

G. *Protección de los ancianos*

Constitución 1999

Artículo 80. El Estado garantizará a los ancianos y ancianas el pleno ejercicio de sus derechos y garantías. El Estado, con la participación solidaria de las familias y la sociedad, está obligado a respetar su dignidad humana, su autonomía y les garantizará atención integral y los beneficios

de la seguridad social que eleven y aseguren su calidad de vida. Las pensiones y jubilaciones otorgadas mediante el sistema de seguridad social no podrán ser inferiores al salario mínimo urbano. A los ancianos y ancianas se les garantizará el derecho a un trabajo acorde con aquellos y aquellas que manifiesten su deseo y estén en capacidad para ello.

H. *Protección de los discapacitados*

Constitución 1999

Artículo 81. Toda persona con discapacidad o necesidades especiales tiene derecho al ejercicio pleno y autónomo de sus capacidades y a su integración familiar y comunitaria. El Estado, con la participación solidaria de las familias y la sociedad, le garantizará el respeto a su dignidad humana, la equiparación de oportunidades, condiciones laborales satisfactorias, y promoverá su formación, capacitación y acceso al empleo acorde con sus condiciones, de conformidad con la ley. Se les reconoce a las personas sordas o mudas el derecho a expresarse y comunicarse a través de la lengua de señas venezolanas

I. *Derechos de los campesinos*

Constitución 1999

Artículo 306. El Estado promoverá las condiciones para el desarrollo rural integral, con el propósito de generar empleo y garantizar a la población campesina un nivel adecuado de bienestar, así como su incorporación al desarrollo nacional. Igualmente fomentará la actividad agrícola y el uso óptimo de la tierra mediante la dotación de las obras de infraestructura, insumos, créditos, servicios de capacitación y asistencia técnica.

Constitución 1961

Art. 77. El Estado propenderá a mejorar las condiciones de vida de la población campesina.

La ley establecerá el régimen de excepción que requiera la protección de las comunidades de indígenas y su incorporación progresiva a la vida de la Nación.

Constitución 1945

Art. 32. La Nación garantiza a los venezolanos:

8. El Estado tratará de fijar al jornalero en el campo, cuidará de su educación rural y asegurará al trabajador venezolano la preferencia en la colonización y aprovechamiento de las tierras nacionales.

J. *Deberes derivados de la solidaridad social*

Constitución 1961

Art. 57. Las obligaciones que corresponden al Estado en cuanto a la asistencia, educación y bienestar del pueblo no excluyen las que, en virtud de la solidaridad social, incumben a los participantes, según su capacidad. La ley podrá imponer el cumplimiento de estas obligaciones en los casos en que fuere necesario. También podrá imponer a quienes aspiren a ejercer determinadas profesiones, el deber de prestar servicio durante cierto tiempo en los lugares y condiciones que se señalen.

SECCIÓN CUARTA:
LOS DERECHOS CULTURALES Y EDUCATIVOS

1. *La libertad de enseñanza*

A. *El derecho a enseñar y el estímulo estatal*

Constitución 1999

Artículo 106. Toda persona natural o jurídica, previa demostración de su capacidad, cuando cumpla de manera permanente con los requisitos éticos, académicos, científicos, económicos, de infraestructura y los demás que la ley establezca, puede fundar y mantener instituciones educativas privadas bajo la estricta inspección y vigilancia del Estado, previa aceptación de éste.

Constitución 1961

Art. 79. Toda persona natural o jurídica podrá dedicarse libremente a las ciencias o a las artes, y, previa demostración de su capacidad, fundar cátedras y establecimientos educativos bajo la suprema inspección y vigilancia del Estado. ...El Estado estimulará y protegerá la educación privada que se importa de acuerdo con los principios contenidos en esta Constitución y en las leyes.

Constitución 1953

Art. 35. La Nación garantiza a los venezolanos:

13. La libertad de enseñanza, con las limitaciones que establezca la ley.

Constitución 1947

Art. 55. Se garantiza la libertad de enseñanza. Toda persona natural o jurídica puede dedicarse libremente a las ciencias o a las artes, y fundar cátedras y establecimientos para la enseñanza de ellas, bajo la suprema inspección y vigilancia del Estado, con las limitaciones y dentro de las tradiciones de orientación y organización que fije la ley...

Art. 56. La iniciativa privada en materia educacional merecerá el estímulo del Estado, siempre que se acuerde con los principios contenidos en esta Constitución y en las leyes.

Constitución 1904

Art. 17. La Nación garantiza a los venezolanos;

12. La libertad de enseñanza.

[Con igual texto: Constitución 1909, Art. 23,12; Estatuto Provisional 1914, Art. 16,12; Constitución 1914, Art. 221,12; Constitución 1922, Art. 22,12; Constitución 1925, Art. 32,13; Constitución 1928, 32,13; Constitución 1929, Art. 32,13; Constitución 1931, Art. 32,13; Constitución 1936, Art. 32,15; Constitución 1945, Art. 32,15].

Constitución 1893

Art. 14. La Nación garantiza a los venezolanos la efectividad de los siguientes derechos.

12. La libertad de enseñanza, que será protegida en toda su extensión.

[Con igual texto: Constitución 1901, Art. 17,12].

Constitución 1864

Art. 14. La Nación garantiza a los venezolanos:

12. La libertad de enseñanza, que será protegida en toda su extensión.

[Con igual texto: Constitución 1874, Art. 14,12; Constitución 1881; Art. 14,12; Constitución 1891, Art. 14,12].

Decreto 1863

Art. 1. Se garantiza a los venezolanos:

6° La libertad de instrucción: No queda por ello exonerada la autoridad de establecer la enseñanza primaria y dar protección a la secundaria.

B. *Los educadores*

Constitución 1999

Artículo 104. La educación estará a cargo de personas de reconocida moralidad y de comprobada idoneidad académica. El Estado estimulará su actualización permanente y les garantizará la estabilidad en el ejercicio de la carrera docente, bien sea pública o privada, atendiendo a esta Constitución y a la ley, en un régimen de trabajo y nivel de vida acorde con su elevada misión. El ingreso, promoción y permanencia en el sistema educativo, serán establecidos por ley y responderá a criterios de evaluación de méritos, sin injerencia partidista o de otra naturaleza no académica.

Constitución 1961

Art. 31. La educación estará a cargo de personas de reconocida moralidad y de idoneidad docente comprobada, de acuerdo con la ley. La ley garantizará a los profesionales de la enseñanza su estabilidad profesional y un régimen de trabajo y un nivel de vida acordes con su elevada misión.

Constitución 1947

Art. 57. La educación debe estar a cargo de personas* de idoneidad docente, comprobada de acuerdo a la ley.

El Estado garantiza a los profesionales de la enseñanza un régimen de trabajo y un nivel de vida acordes con su elevada misión.

Art. 55 .... El Estado podrá establecer como función exclusivamente suya la de formar el profesorado y el magisterio nacional.

2. *El derecho a la educación*

A. *La consagración del derecho*

Constitución 1999

Artículo 102. La educación es un derecho humano y un deber social fundamental, es democrática, gratuita y obligatoria. El Estado la asumirá como función indeclinable y de máximo interés en todos sus niveles y modalidades, y como instrumento del conocimiento científico, humanístico y tecnológico al servicio de la sociedad. La educación es un servicio público y está fundamentada en el respeto a todas las corrientes del pensamiento, con la finalidad de desarrollar el potencial creativo de cada ser humano y el pleno ejercicio de su personalidad en una sociedad democrática basada en la valoración ética del trabajo y en la participación activa, consciente y solidaria en los procesos de transformación social, consustanciados con los valores de la identidad nacional y con una visión latinoamericana y universal. El Estado, con la participación de las familias y la sociedad, promoverá el proceso de educación ciudadana, de acuerdo con los principios contenidos en esta Constitución y en la ley.

Artículo 103. Toda persona tiene derecho a una educación integral de calidad, permanente, en igualdad de condiciones y oportunidades, sin más limitaciones que las derivadas de sus aptitudes, vocación y aspiraciones. La educación es obligatoria en todos sus niveles, desde el maternal hasta el nivel medio diversificado. La impartida en las instituciones del Estado es gratuita hasta el pregrado universitario. A tal fin, el Estado realizará una inversión prioritaria, de conformidad con las recomendaciones de la Organización de las Naciones Unidas. El Estado creará y sostendrá instituciones y servicios suficientemente dotados para asegurar el acceso, permanencia y culminación en el sistema educativo. La ley garantizará igual atención a las personas con necesidades especiales o con discapacidad y a quienes se encuentren privados o privadas de su libertad o carezcan de condiciones básicas para su incorporación y permanencia en el sistema educativo.

Las contribuciones de los particulares a proyectos y programas educativos públicos a nivel medio y universitario serán reconocidas como desgravámenes al impuesto sobre la renta según la ley respectiva.

Constitución 1961

Art. 78. Todos tienen derecho a la educación.

Constitución 1947

Art. 53. Se garantiza a todos los habitantes de la República el derecho a la educación...

Constitución 1811

Art. 198. Siendo instituidos los gobiernos para el bien y felicidad común de los hombres, la sociedad debe proporcionar auxilios a los indigentes y desgraciados y la instrucción a todos los ciudadanos.

Declaración 1811

Deberes del cuerpo social

Art. 4. La instrucción es necesaria a todos. La sociedad debe favorecer con todo su poder los progresos de la razón pública y poner la instrucción al alcance de todos.

B. *La garantía y el correlativo deber de educarse*

Constitución 1961

Art. 55. La educación es obligatoria en el grado y condiciones que fije la Ley. Los padres y representantes son responsables del cumplimiento de este deber, y el Estado proveerá los medios para que todos puedan cumplirlo.

Constitución 1936

Art. 32. La Nación garantiza a los venezolanos:

15. La educación moral y cívica del niño es obligatoria, y se inspirará necesariamente en el engrandecimiento nacional y la solidaridad humana...

[Con igual texto: Constitución 1945, Art. 32,15°].

C. *Las obligaciones estatales*

Constitución 1961

Art. 78. El Estado creará y sostendrá escuelas, instituciones y servicios suficientemente dotados para asegurar el acceso a la educación y a la cultura, sin más limitaciones que las derivadas de la vocación y de las aptitudes. ... La educación impartida por los institutos oficiales será gratuita en todos sus ciclos. Sin embargo, la ley podrá establecer excepciones respecto de la enseñanza superior y especial, cuando se trate de personas provistas de medios de fortuna.

Constitución 1947

Art. 53. ...La educación es función esencial del Estado, el cual estará en la obligación de crear y sostener instituciones y servicios suficientes para atender las necesidades educacionales del país y proporcionar al pueblo venezolano los medios indispensables para la superación de su nivel cultural.

Art. 58. La educación primaria es obligatoria. La educación impartida en establecimientos oficiales es gratuita en todos los ciclos. De acuerdo con la ley, el Estado facilitará a los individuos que carezcan de recursos los medios necesarios para que puedan cumplir la obligación escolar y proseguir estudios sin más limitaciones que las derivadas de su vocación y de su aptitud.

Constitución 1945

Art. 32. La Nación garantiza a los venezolanos:

15. ...Habrá por lo menos, una Escuela en toda localidad cuya población escolar no sea menor de treinta alumnos.

Constitución 1936

Art. 32. Se garantiza a los venezolanos:

8° La Nación fomentará la enseñanza técnica de los obreros.

Ord. 15° ...Habrá, por lo menos, una escuela en toda localidad cuya población escolar no sea menor de treinta alumnos.

Constitución 1864

Art. 14. La Nación garantiza a los venezolanos:

12. El Poder Público queda obligado a establecer gratuitamente la educación primaria y de artes y oficios.

[Con igual texto: Constitución 1874, Art. 14,12; Constitución 1881, Art. 14,12; Constitución 1891, Art. 14,12; Constitución 1893, Art. 14,12].

Decreto 1863

Art. 1. Se garantiza a los venezolanos:

6° La libertad de instrucción: No queda por ello exonerada la autoridad de establecer la enseñanza primaria y dar protección a la secundaria.

D. *Finalidad de la educación*

Constitución 1961

Art. 80. La educación tendrá como finalidad el pleno desarrollo de la personalidad, la formación de ciudadanos aptos para la vida y para el ejercicio de la democracia, el fomento de la cultura y el desarrollo del espíritu de solidaridad humana.

El Estado orientará y organizará el sistema educativo para lograr el cumplimiento de los fines aquí señalados.

Constitución 1947

Art. 54. La educación nacional será organizada como un proceso integral, correlacionado en sus diversos ciclos, y estará orientada a lograr el desarrollo armonioso de la personalidad humana, a formar ciudadanos aptos para la vida y para el ejercicio de la democracia, a fomentar la cultura de la Nación y a desarrollar el espíritu de solidaridad humana.

E. *Otras previsiones constitucionales sobre la educación*

Constitución 1999

Artículo 107. La educación ambiental es obligatoria en los niveles y modalidades del sistema educativo, así como también en la educación ciudadana no formal. Es de obligatorio cumplimiento en las instituciones públicas y privadas, hasta el ciclo diversificado, la enseñanza de la lengua castellana, la historia y la geografía de Venezuela, así como los principios del ideario bolivariano.

Artículo 108. Los medios de comunicación social, públicos y privados, deben contribuir a la formación ciudadana. El Estado garantizará servicios públicos de radio, televisión y redes de bibliotecas y de informática, con el fin de permitir el acceso universal a la información. Los centros educativos deben incorporar el conocimiento y aplicación de las nuevas tecnologías, de sus innovaciones, según los requisitos que establezca la ley.

Artículo 109. El Estado reconocerá la autonomía universitaria como principio y jerarquía que permite a los profesores, profesoras, estudiantes, egresados y egresadas de su comunidad dedicarse a la búsqueda del conocimiento a través de la investigación científica, humanística y tecnológica, para beneficio espiritual y material de la Nación. Las universidades autónomas se darán sus normas de gobierno, funcionamiento y la administración eficiente de su patrimonio bajo el control y vigilancia que a tales efectos establezca la ley. Se consagra la autonomía universitaria para planificar, organizar, elaborar y actualizar los programas de investigación, docencia y extensión. Se establece la inviolabilidad del recinto universitario. Las universidades nacionales experimentales alcanzarán su autonomía de conformidad con la ley.

Artículo 110. El Estado reconocerá el interés público de la ciencia, la tecnología, el conocimiento, la innovación y sus aplicaciones y los servicios de información necesarios por ser instrumentos fundamentales para el desarrollo económico, social y político del país, así como para la seguridad y soberanía nacional. Para el fomento y desarrollo de esas actividades, el Estado destinará recursos suficientes y creará el sistema nacional de ciencia y tecnología de acuerdo con la ley. El sector privado deberá aportar recursos para las mismas. El Estado garantizará el cumplimiento de los principios éticos y legales que deben regir las actividades de investigación científica, humanística y tecnológica. La ley determinará los modos y medios para dar cumplimiento a esta garantía

3. *Derecho a la cultura*

Constitución 1999

Artículo 98. La creación cultural es libre. Esta libertad comprende el derecho a la invención, producción y divulgación de la obra creativa, científica, tecnológica y humanística, incluyendo la protección legal de los derechos del autor o de la autora sobre sus obras. El Estado reconocerá y protegerá la propiedad intelectual sobre las obras científicas, literarias y artísticas, invenciones, innovaciones, denominaciones, patentes, marcas y lemas de acuerdo con las condiciones y excepciones que establezcan la ley y los tratados internacionales suscritos y ratificados por la República en esta materia.

Artículo 99. Los valores de la cultura constituyen un bien irrenunciable del pueblo venezolano y un derecho fundamental que el Estado fomentará y garantizará, procurando las condiciones, instrumentos legales, medios y presupuestos necesarios. Se reconoce la autonomía de la administración cultural pública en los términos que establezca la ley. El Estado garantizará la protección y preservación, enriquecimiento, conservación y restauración del patrimonio cultural, tangible e intangible, y la memoria histórica de la Nación. Los bienes que constituyen el patrimonio cultural de la Nación son inalienables, imprescriptibles e inembargables. La ley establecerá las penas y sanciones para los daños causados a estos bienes.

Artículo 100. Las culturas populares constitutivas de la venezolanidad gozan de atención especial, reconociéndose y respetándose la interculturalidad bajo el principio de igualdad de las culturas. La ley establecerá incentivos y estímulos para las personas, instituciones y comunidades que promuevan, apoyen, desarrollen o financien planes, programas y actividades culturales en el país, así como la cultura venezolana en el exterior. El Estado garantizará a los trabajadores y trabajadoras culturales su incorporación al sistema de seguridad social que les permita una vida digna, reconociendo las particularidades del quehacer cultural, de conformidad con la ley.

Artículo 101. El Estado garantizará la emisión, recepción y circulación de la información cultural. Los medios de comunicación tienen el deber de coadyuvar a la difusión de los valores de la tradición popular y la obra de los o las artistas, escritores, escritoras, compositores, compositoras, cineastas, científicos, científicas y demás creadores y creadoras culturales del país. Los medios televisivos deberán incorporar subtítulos y traducción a la lengua de señas, para las personas con problemas auditivos. La ley establecerá los términos y modalidades de estas obligaciones.

Constitución 1961

Art. 83. El Estado fomentará la cultura en sus diversas manifestaciones y velará por la protección y conservación de las obras, sujetos y monumentos de valor histórico o artístico que se encuentren en el país, y procurará que ellos sirvan al fomento de la educación.

Constitución 1947

Art. 59. La riqueza artística e histórica del país estará bajo el control y salvaguardia del Estado, de acuerdo con la ley.

SECCIÓN QUINTA:

LOS DERECHOS ECONÓMICOS

1. *La libertado económica*

A. *El derecho a ejercer actividades lucrativas y sus limitaciones*

Constitución 1999

Artículo 112. Todas las personas pueden dedicarse libremente a la actividad económica de su preferencia, sin más limitaciones que las previstas en esta Constitución y las que establezcan las leyes, por razones de desarrollo humano, seguridad, sanidad, protección del ambiente u otras de interés social. El Estado promoverá la iniciativa privada, garantizando la creación y justa distribución de la riqueza, así como la producción de bienes y servicios que satisfagan las necesidades de la población, la libertad de trabajo, empresa, comercio, industria, sin perjuicio de su facultad para dictar medidas para planificar, racionalizar y regular la economía e impulsar el desarrollo integral del país.

Constitución 1961

Art. 96. Todos pueden dedicarse libremente a la actividad lucrativa de su preferencia, sin más limitaciones que las previstas en esta Constitución y las que establezcan las leyes por razones de seguridad, la sanidad u otras de interés social...

Constitución 1953

Art. 35. Se garantiza a los habitantes de Venezuela:

12. La libertad de industria y de comercio, conforme a las leyes.

Constitución 1947

Art. 73. Todos pueden dedicarse al comercio o la industria y al ejercicio de cualquiera otra actividad lucrativa, sin más limitaciones que las establecidas por esta Constitución y las leyes por razones sanitarias o de seguridad pública.

Constitución 1936

Art. 32. La Nación garantiza a los venezolanos:

8. La libertad del trabajo y de la industria...

9. La libertad de industria y la del trabajo no tendrán más limitaciones que las que impongan el interés público o las buenas costumbres.

[Con igual texto: Constitución 1945, Art. 32, 8,9].

Constitución 1925

Art. 32. La Nación garantiza a los venezolanos:

8° La libertad del trabajo, de las industrias; salvo las prohibiciones y limitaciones que exijan el orden público y las buenas costumbres.

[Con igual texto: Constitución 1928, Art. 32,8; Constitución 1929, Art. 32,8; Constitución 1931, Art. 32,8].

Estatuto Provisional 1914

Art. 16. La Nación garantiza a los venezolanos:

8° La libertad de industria, salvo las prohibiciones y limitaciones que exijan el orden público y las buenas costumbres.

[Con igual texto: Constitución 1914, Art. 22,8; Constitución 1922, Art. 22,8].

Constitución 1909

Art. 23. La Nación garantiza a los venezolanos:

8° La libertad de industria, salvo las prohibiciones y limitaciones que exijan el orden público y las buenas costumbres, como los juegos de envite y azar, rifas y loterías, que quedan expresamente prohibidos.

Constitución 1901

Art. 17. La Nación garantiza a los venezolanos:

8° La libertad de industria; sin embargo, la ley podrá asignar un privilegio temporal a los autores de descubrimientos y producciones y a los que implanten una industria inexplotada en el país.

[Con igual texto: Constitución 1904, Art. 17,8].

Constitución 1893

Art. 14. La Nación garantiza a los venezolanos la efectividad de los siguientes derechos:

8. La libertad de industria, y en consecuencia, la propiedad de los descubrimientos y producciones.

Constitución 1864

Art. 14. La Nación garantiza a los venezolanos:

8. La libertad de industria, y en consecuencia, la propiedad de los descubrimientos y producciones.

[Con igual texto: Constitución 1874, Art. 14,8; Constitución 1881, Art. 14,8; Constitución 1891, Art. 14,8].

Decreto 1863

Art. 1. Se garantiza a los venezolanos:

12. La libertad de toda industria lícita.

Constitución 1858

Art. 16. Todos los venezolanos tienen el derecho de ejecutar cualquier profesión o industria, exceptuando solamente las que constituyen la propiedad de un tercero por privilegio concedido conforme a la ley, las que ataquen la moral pública o la salubridad de las poblaciones y las que embaracen las vías de comunicación.

Constitución 1830

Art. 209. Ningún género de trabajo, de cultura, de industria o de comercio será prohibido a los venezolanos, excepto aquellos que ahora son necesarios para la subsistencia de la República, que se libertarán por el Congreso cuando lo juzgue oportuno y conveniente. También se exceptúan todos los que sean contrarios a la moral y salubridad pública.

Decreto 1830

Art. 23. Ningún género de trabajo, de cultura, de industria o de comercio será prohibido a los venezolanos, excepto aquellos que ahora son necesarios para la subsistencia de la República, que se libertarán por el Congreso cuando lo juzgue oportuno y conveniente. También se exceptúan todos los que sean contrarios a la moral y salubridad pública.

Constitución 1821

Art. 178. Ningún género de trabajo, de cultura, de industria o de comercio será prohibido a los colombianos, excepto aquellos que ahora son necesarios para la subsistencia de la República, que se libertarán par el Congreso cuando lo juzgue oportuno y conveniente.

Constitución 1819

Art. 13. La industria de los ciudadanos puede libremente ejercitarse en cualquier género de trabajo, cultura o comercio.

Art. 14. Todo hombre hábil para contratar puede empeñar y comprometer sus servicios y su tiempo, pero no puede venderse ni ser vendido. En ningún caso puede ser el hombre una propiedad enajenable.

167. Ningún género de trabajo, de cultura, de industria o de comercio serán prohibidos a los ciudadanos, excepto aquellos que ahora forman la subsistencia del Estado que después oportunamente se libertarán cuando el Congreso lo juzgue útil y conveniente a la causa pública.

220. No se dará preferencia a los puertos de una provincia sobre los de otra por reglamento alguno de comercio o de rentas, ni se concederán privilegios o derechos exclusivos a compañías de comercia o corporaciones industriales, ni se impondrán otras limitaciones a la libertad de comercio y al ejercicio de la agricultura y de la industria sino las que previene expresamente la Constitución.

221. Toda ley prohibitiva sobre estos objetos, cuando las circunstancias la hagan necesaria, deberán estimarse por pura y esencialmente provisional,

y para tener efecto por más de un año se deberá renovar con formalidad al cabo de este período, repitiéndose lo mismo sucesivamente.

Declaración 1811

Derechos del hombre en sociedad

Art. 20. Ningún género de trabajo, de cultura, ni industria o comercio puede ser prohibido a los ciudadanos, excepto aquellos que forman o pueden servir a la subsistencia del Estado.

B. *Protección de la iniciativa privada y poderes del Estado*

Constitución 1961

Art. 98. El Estado protegerá la iniciativa privada, sin perjuicio de la facultad de dictar medidas para planificar, racionalizar y fomentar la producción y regular la circulación, distribución y consumo de la riqueza, a fin de impulsar el desarrollo económico del país.

Constitución 1953

Art. 35. Se garantiza a todos los habitantes de Venezuela:

9. La ley podrá establecer prohibiciones especiales para la adquisición, transferencia, uso y disfrute de determinadas clases de propiedad, por su naturaleza, condición o situación en el territorio nacional.

Constitución 1947

Art. 73. El Estado protegerá la iniciativa privada, pero podrá reservarse el ejercicio de determinadas industrias, explotaciones o servicios de interés público para asegurar el normal funcionamiento de éstos o la defensa o crédito de la Nación, y el derecho de dictar medidas de orden económico para planificar, racionalizar y fomentar la producción, y regular la circulación y el consumo de la riqueza, a fin de lograr el desarrollo de la economía nacional.

C. *Protección a la libertad económica, la prohibición de monopolios y el régimen de las concesiones*

Constitución 1999

Artículo 113. No se permitirán monopolios. Se declaran contrarios a los principios fundamentales de esta Constitución cualesquier acto, actividad, conducta o acuerdo de los y las particulares que tengan por objeto el establecimiento de un monopolio o que conduzcan, por sus efectos reales e independientemente de la voluntad de aquellos o aquellas, a su existencia, cualquiera que fuere la forma que adoptare en la realidad. También es contrario a dichos principios el abuso de la posición de dominio que un o una particular, un conjunto de ellos o de ellas, o una empresa o conjunto de empresas, adquiera o haya adquirido en un determinado mercado de

bienes o de servicios, con independencia de la causa determinante de tal posición de dominio, así como cuando se trate de una demanda concentrada. En todos los casos antes indicados, el Estado adoptará las medidas que fueren necesarias para evitar los efectos nocivos y restrictivos del monopolio, del abuso de la posición de dominio y de las demandas concentradas, teniendo como finalidad la protección del público consumidor, de los productores y productoras, y el aseguramiento de condiciones efectivas de competencia en la economía.

Cuando se trate de explotación de recursos naturales propiedad de la Nación o de la prestación de servicios de naturaleza pública con exclusividad o sin ella, el Estado podrá otorgar concesiones por tiempo determinado, asegurando siempre la existencia de contraprestaciones o contrapartidas adecuadas al interés público.

Artículo 114. El ilícito económico, la especulación, el acaparamiento, la usura, la cartelización y otros delitos conexos, serán penados severamente de acuerdo con la ley.

Constitución 1961

Art. 96. La ley dictará normas para impedir la usura, la indebida elevación de los precios, y, en general, las maniobras abusivas encaminadas a obstruir o restringir la libertad económica.

Art. 97. No se permitirán monopolios. Sólo podrán otorgarse, en conformidad con la ley, concesiones con carácter de exclusividad, y por tiempo limitado, para el establecimiento y la explotación de obras y servicios de interés público.

Art. 108. Las tierras adquiridas con destino a la exploración o explotación de concesiones mineras, comprendidas las de hidrocarburos y demás minerales combustibles, pasarán en plena propiedad a la Nación, sin indemnización alguna, al extinguirse por cualquier causa la concesión respectiva.

Constitución 1953

Art. 52. El Estado no concederá monopolios. Podrá otorgar solamente concesiones por tiempo limitado, en la forma que mejor convenga a la Nación.

Art. 35. Ord. 9° Las tierras adquiridas y destinadas a explotación de concesiones mineras, de hidrocarburos y demás minerales combustibles, pasarán en plena propiedad a la Nación, sin indemnización alguna, al extinguirse por cualquier causa la concesión respectiva.

Constitución 1947

Art. 70. Las tierras adquiridas por nacionales o extranjeros en territorio venezolano y destinadas a la explotación de concesiones mineras, comprendidas las de hidrocarburos y demás minerales combustibles, pasarán en plena propiedad al patrimonio de la Nación, sin indemnización alguna, al extinguirse por cualquier causa la respectiva concesión.

Art. 73. No se concederán monopolios; pero podrán otorgarse concesiones, con carácter de exclusividad y por tiempo limitado, para fomentar el establecimiento y el desarrollo de obras o servicios de utilidad general, siempre que no envuelvan, directa o indirectamente, la obligación de garantizar intereses o utilidades a los capitales invertidos.

Constitución 1936

Art. 32. La Nación garantiza a los venezolanos:

8. La libertad de trabajo y de las industrias. En consecuencia, no podrán concederse monopolios para el ejercicio exclusivo de ninguna industria. Se otorgarán privilegios también conforme a la ley .y por tiempo determinado, para el establecimiento y la explotación de ferrocarriles, empresas de navegación aérea, canalización, tranvías, fuerza hidráulica, líneas telefónicas o telegráficas y sistema de comunicación inalámbrica, cuando tales obras se lleven a cabo o se instalen a costa del concesionario, sin garantizarles proventos ni subvenirlas la Nación ni los Estados.

[Con igual texto: Constitución 1945, Art. 32,8].

Constitución 1925

Art. 32. La Nación garantiza a los venezolanos:

2. La libertad de trabajo e industrias, sin que puedan concederse monopolios para el ejercicio exclusivo de ninguna industria. Sólo podrán otorgarse privilegios, también conforme a la ley y por tiempo determinado, para el establecimiento y la explotación de ferrocarriles, empresas de navegación aérea, canalizaciones, tranvías, líneas telefónicas o telegráficas y sistemas de comunicación inalámbrica, cuando tales obras se lleven a cabo o se instalen a costa del concesionario, sin garantizarles proventos ni subvenirlas la Nación ni los Estados.

[Con igual texto: Constitución 1928; Art. 32,8; Constitución 1929, Art. 32,8; Constitución 1931, Art. 32,8].

Constitución 1914

Art. 22. Ord. 8° Queda abolida la concesión de monopolios y la ley sólo otorgará privilegio temporal para construir vías de comunicación no garantizadas ni subvenidas por la Nación ni los Estados.

[Con igual texto: Constitución 1922, Art. 22,8].

Estatuto Provisional: 1914

Art. 16. Ord. 8° La ley sólo podrá acordar privilegio temporal en los casos de implantamiento en el país de industria nunca antes explotada en Venezuela o de construcción de vías de comunicación no protegidas ni subvencionadas por la Nación ni los Estados.

Constitución 1901

Art. 17. Ord. 8° La ley podrá asignar un privilegio temporal a los que implanten una industria inexplotada en el país.

[Con igual texto: Constitución 1904, Art. 17,8; Constitución 1909, Art. 23,8].

D. *Reservas del Estado y control de las industrias básicas*

Constitución 1999

Artículo 300. La ley nacional establecerá las condiciones para la creación de entidades funcionalmente descentralizadas para la realización de actividades sociales o empresariales, con el objeto de asegurar la razonable productividad económica y social de los recursos públicos que en ellas se inviertan

Artículo 302. El Estado se reserva, mediante la ley orgánica respectiva, y por razones de conveniencia nacional, la actividad petrolera y otras industrias, explotaciones, servicios y bienes de interés público y de carácter estratégico. El Estado promoverá la manufactura nacional de materias primas provenientes de la explotación de los recursos naturales no renovables, con el fin de asimilar, crear e innovar tecnologías, generar empleo y crecimiento económico, y crear riqueza y bienestar para el pueblo.

Artículo 303. Por razones de soberanía económica, política y de estrategia nacional, el Estado conservará la totalidad de las acciones de Petróleos de Venezuela, S.A., o del ente creado para el manejo de la industria petrolera, exceptuando la de las filiales, asociaciones estratégicas, empresas y cualquier otra que se haya constituido o se constituya como consecuencia del desarrollo de negocios de Petróleos de Venezuela, S.A.

Constitución 1961

Art. 97. El Estado podrá reservarse determinadas industrias, explotaciones o servicios de interés público por razones de conveniencia nacional y propenderá a la creación y desarrollo de una industria básica pesada bajo su control.

La ley determinará lo concerniente a las industrias promovidas y dirigidas por el Estado.

Art. 107. La ley establecerá las normas relativas a la participación de los capitales extranjeros en el desarrollo económico nacional.

Constitución 1953

Art. 53. El Estado podrá reservarse el ejercicio de determinadas industrias, explotaciones o servicios de interés público. También podrá dictar medidas de orden económico para racionalizar y fomentar la producción y regular la circulación y el consumo de la riqueza.

Constitución 1947

Art. 43. El Estado protegerá la iniciativa privada, pero podrá reservarse el ejercicio de determinadas industrias, explotaciones o servicios de interés público para asegurar el normal funcionamiento de éstos a la defensa o crédito de la Nación, y el derecho de dichas medidas de orden económico para planificar, racionalizar y fomentar la producción, y regular la circulación y el consumo de la riqueza, a fin de lograr el desarrollo de la economía nacional.

Constitución 1945

Art. 32. La Nación garantiza a los venezolanos:

9. El Poder Federal queda facultado para reservarse el ejercicio de determinadas industrias para asegurar los servicios públicos y la defensa y crédito de la Nación y dictar en circunstancias extraordinarias las medidas de orden económico que fueren necesarias para racionalizar y regular la producción, circulación y consumo de la riqueza.

Constitución 1936

Art. 32. La Nación garantiza a los venezolanos:

9° La libertad de industria y la de trabajo no tendrán más limitaciones que las que impongan el interés público o las buenas costumbres. Sin embargo, el Poder Federal queda facultado para gravar ciertas especies con el objeto de crear rentas al Erario, y reservarse el ejercicio de determinadas industrias para asegurar los servicios públicos y la defensa y crédito de la Nación.

E. *Principios del régimen económico*

Constitución 1999

Artículo 299. El régimen socioeconómico de la República Bolivariana de Venezuela se fundamenta en los principios de justicia social, democracia, eficiencia, libre competencia, protección del ambiente, productividad y solidaridad, a los fines de asegurar el desarrollo humano integral y una existencia digna y provechosa para la colectividad. El Estado, conjuntamente con la iniciativa privada, promoverá el desarrollo armónico de la economía nacional con el fin de generar fuentes de trabajo, alto valor agregado nacional, elevar el nivel de vida de la población y fortalecer la soberanía económica del país, garantizando la seguridad jurídica, solidez, dinamismo, sustentabilidad, permanencia y equidad del crecimiento de la economía, para lograr una justa distribución de la riqueza mediante una planificación estratégica democrática, participativa y de consulta abierta.

Constitución 1961

Art. 95. El régimen económico de la República se fundamentará en principios de justicia social que aseguren a todos una existencia digna y provechosa para la colectividad.

El Estado promoverá el desarrollo económico y la diversificación de la producción, con el fin de crear nuevas fuentes de riqueza, aumentar el nivel de ingresos de la población y fortalecer la soberanía económica del país.

Art. 108. La República favorecerá la integración económica latinoamericana. A este fin se procurará coordinar recursos y esfuerzos para fomentar el desarrollo económico y aumentar el bienestar y seguridad comunes.

Art. 109. La ley regulará la integración, organización y atribuciones de los cuerpos consultivos que se juzguen necesarios paran oír la opinión de los sectores económicos privados, la población consumidora, las organizaciones sindicales de trabajadores, los colegios de profesionales y las universidades, en los asuntos que interesen a la vida económica.

Constitución 1947

Art. 71. El Estado auspiciará y fomentará la organización de toda clase de cooperativas e instituciones destinadas a mejorar la economía popular. La ley asegurará el oportuno suministro de los elementos técnicos, administrativos y económicos necesarios.

Constitución 1936

Art. 32. La República tendrá un Consejo de Economía Nacional, constituido por representantes de la población productora y de la consumidora, del capital y del trabajo, y de las profesiones liberales. El Poder Ejecutivo determinará sus funciones y organización.

[Con igual texto: Constitución 1945, Art. 32,8].

2. *La libertad de importación y exportación*

Constitución 1999

Artículo 301. El Estado se reserva el uso de la política comercial para defender las actividades económicas de las empresas nacionales públicas y privadas. No se podrá otorgar a personas, empresas u organismos extranjeros regímenes más beneficiosos que los establecidos para los nacionales. La inversión extranjera está sujeta a las mismas condiciones que la inversión nacional

Constitución 1953

Art. 54. La exportación es libre y sólo podrá prohibirse, gravarse o limitarse cuando lo exijan los intereses de la Nación.

Constitución 1947

Art. 74. La exportación no podrá prohibirse o limitarse sino cuando lo exijan los intereses generales de la Nación.

Art. 75. La República tendrá un Consejo de Economía Nacional integrado con la representación del capital, del trabajo, de las profesiones liberales y del Estado, en la forma y con las atribuciones que determine la ley.

Constitución 1881

Art. 101. La exportación es libre en Venezuela y no podrá imponerse sobre ella ningún derecho que la grave.

[Con igual texto: Constitución 1893, Art. 136; Constitución 1909, Art. 133; Estatuto Provisional 1914, Art. 73; Constitución 1914, Art. 117; Constitución 1922, Art. 117].

3. *El derecho de propiedad*

Constitución 1999

Artículo 115. Se garantiza el derecho de propiedad. Toda persona tiene derecho al uso, goce, disfrute y disposición de sus bienes. La propiedad estará sometida a las contribuciones, restricciones y obligaciones que establezca la ley con fines de utilidad pública o de interés general. Sólo por causa de utilidad pública o interés social, mediante sentencia firme y pago oportuno de justa indemnización, podrá ser declarada la expropiación de cualquier clase de bienes.

A. *La garantía de la propiedad*

Constitución 1961

Art. 99. Se garantiza el derecho de propiedad...

Constitución 1953

Art. 35. Se garantiza a todos los habitantes de Venezuela:

9° El derecho de propiedad...

Constitución 1947

Art. 65. La Nación garantiza el derecho de propiedad.

Constitución 1936

Art. 32. La Nación garantiza a los venezolanos:

2. La propiedad, que es inviolable...

[Con igual texto: Constitución 1945, Art. 32,2].

Constitución 1925

Art. 32. La Nación garantiza a los venezolanos:

2. La propiedad...

[Con igual texto: Constitución 1925, Art. 32,2; Constitución 1925 Art. 32,2; Constitución 1929, Art. 32,2; Constitución 1931, Art. 32,3;

Constitución 1904

Art. 17. La Nación garantiza a los venezolanos:

2. La propiedad, con todos sus atributos, fueros y privilegios...

[Con igual texto: Constitución 1909, Art. 23,2; Estatuto Provisional 1914, Art. 16,2; Constitución 1914, Art. 22,2; Constitución 1925 Art. 22,2].

Constitución 1901

Art. 17. La Nación garantiza a los venezolanos la efectividad de los siguientes derechos:

2. La propiedad...

Constitución 1893

Art. 14. La Nación garantiza a los venezolanos la efectividad de los siguientes derechos:

2. La propiedad con todos sus fueros, derechos y privilegios...

Constitución 1881

Art. 14. La Nación garantiza a los venezolanos:

2. La propiedad con todos sus fueros, derechos y privilegios...

[Con igual texto: Constitución 1891, Art. 14,2].

Constitución 1864

Art. 14. La Nación garantiza a los venezolanos:

2. La propiedad con todos sus derechos.

[Con igual texto: Constitución 1874, Art. 14,2].

Decreto 1863

Art. 1. Se garantiza a los venezolanos:

2. La propiedad.

Constitución 1857

Art. 108. La propiedad es inviolable...

Decreto 1830

Art. 2. ... la propiedad... se garantiza a los venezolanos.

Constitución 1819

Art. 12. La propiedad es el derecho de gozar y disponer libremente de sus bienes y del fruto de sus talentos, industria o trabajo.

Título 1. Secc. 1° Art. 1. Son derechos del hombre... la propiedad...

Constitución 1811

142. El pacto social asegura a cada individuo el goce y posesión de sus bienes, sin lesión del derecho que los demás tengan de los suyos.

155. La propiedad es el derecho que cada uno tiene de gozar y disponer de los bienes que haya adquirido con su trabajo e industria.

Declaración 1811

Derecho del hombre en sociedad

Art. 19. Todo ciudadano tiene derecho a adquirir propiedades y a disponer de ellas a su arbitrio, si no contraría el pacto o la ley.

B. *Limitaciones a la propiedad*

Constitución 1999

Artículo 115. Se garantiza el derecho de propiedad. Toda persona tiene derecho al uso, goce, disfrute y disposición de sus bienes. La propiedad estará sometida a las contribuciones, restricciones y obligaciones que establezca la ley con fines de utilidad pública o de interés general.

Constitución 1961

Art. 99. En virtud de su función social la propiedad estará sometida a las contribuciones, restricciones y obligaciones que establezca la ley con fines de utilidad pública o de interés general.

Art. 104. Los ferrocarriles, carreteras, oleoductos y otras vías de comunicaciones o de transporte construidos por empresas explotadoras de recursos naturales estarán al servicio del público, en las condiciones y con las limitaciones que establezca la ley.

Art. 105. El régimen latifundista es contrario al interés, social. La ley dispondrá lo conducente a su eliminación y establecerá normas encaminadas a dotar de tierra a los campesinos y trabajadores rurales que carezcan de ella, así como a proveerlos de los medios necesarios para hacerla producir.

Art. 106. El Estado atenderá a la defensa y conservación de los recursos naturales de su territorio, y la explotación de los mismos estará dirigida primordialmente al beneficio colectivo de los venezolanos.

Constitución 1953

Art. 35,9. En virtud de su función social la propiedad estará sometida a las constituciones y obligaciones que establezca la ley.

Constitución 1947

Art. 65. En virtud de su función social, la propiedad estará sometida a las contribuciones, restricciones y obligaciones que establezca la ley con fines de utilidad pública o de interés general.

La ley podrá establecer prohibiciones especiales para la adquisición, transferencia, uso y disfrute de determinadas clases de propiedad, sea por su naturaleza, por su condición, o por su situación en el territorio nacional.

Art. 66. El Estado atenderá a la defensa y -conservación de los recursos naturales del territorio venezolano, y reglamentará el uso, goce y aprovechamiento de aquéllos, de acuerdo con los fines anteriormente citados.

Art. 68. El derecho de propiedad privada territorial está condicionado por las disposiciones precedentes y por la obligación de mantener las tierras y bosques, que son su objeto, en producción socialmente útil. La ley determinará los efectos de esta disposición y las condiciones de su aplicación.

Art. 69. El Estado realizará una acción planificada y sistemática, orientada a transformar la estructura agraria nacional, racionalizar la explotación agropecuaria, a organizar y distribuir el crédito, a mejorar las condiciones de vida del medio rural y a la progresiva emancipación económica y social de la población campesina.

Una ley especial determinará las condiciones técnicas y las demás acordes con el interés nacional, mediante las cuajes hará efectivo y eficaz el ejercicio del derecho que la Nación reconoce a las asociaciones de campesinos y a los individuos, aptos para el trabajo agrícola o pecuario y que carezcan de tierras laborables o no las posean en cantidad suficiente, a ser dotados de ellas y de los medios necesarios para hacerlas producir.

Constitución 1945

Art. 32. La Nación garantiza a los venezolanos:

2° La propiedad, que es inviolable, estando sujeta a las contribuciones y a las restricciones y obligaciones que establezca la ley por razones de interés público o social. Puede la ley, inclusive, establecer prohibiciones especiales para la adquisición, transferencia, uso y disfrute de determinadas clases de propiedad, sea por su naturaleza, par su condición, o por su situación en el territorio nacional.

Constitución 1936

Art. 32. La Nación garantiza a los venezolanos:

2° La propiedad, que es inviolable, estando sujeta únicamente a las contribuciones legales. Los propietarios estarán obligados a observar las disposiciones sobre Higiene Pública, conservación de bosques y aguas y otras semejantes que establezcan las leyes en beneficio de la comunidad. La ley puede, por razón de interés nacional, establecer restricciones *y* prohibiciones especiales para la adquisición y transferencia de determinadas clases de propiedad, sea por su naturaleza o por su condición, o por su situación en el territorio.

Constitución 1925

Art. 32. La Nación garantiza a los venezolanos:

2° La propiedad, que sólo estará sujeta a las contribuciones legales. También estarán obligados los propietarios a observar las disposiciones sobre higiene pública, conservación de bosques y aguas, y otras semejantes que establezcan las leyes en beneficio de la comunidad.

[Con igual texto: Constitución 1928, Art. 32,2; Constitución 1929. Art. 32,2; Constitución 1931, Art. 32,2].

Estatuto Provisional 1914

Art. 16. La Nación garantiza a los venezolanos:

2° La propiedad con todos sus atributos, fueros y privilegios, que sólo estará sujeta a las contribuciones decretadas por la Autoridad Legislativa, a la decisión judicial, a medidas sanitarias conforme a la ley.

[Con igual texto: Constitución 1914, Art. 22,2; Constitución 1922. Art. 22,2].

Constitución 1904

Art. 23. La Nación garantiza a los venezolanos:

2° La propiedad con todos sus atributos, fueros y privilegios: ella sólo estará sujeta a las contribuciones decretadas por la Autoridad Legislativa, a la decisión judicial...

[Con igual texto: Constitución 1909, Art. 23,2].

Constitución 1901

Art. 17. La Nación garantiza a los venezolanos la efectividad de los siguientes derechos:

2° La propiedad que sólo estará sujeta a las contribuciones decretadas por la Autoridad Legislativa, de conformidad con esta Constitución...

Constitución 1893

Art. 14. La Nación garantiza a los venezolanos la efectividad de los siguientes derechos:

2° La propiedad con todos sus fueros, derechos y privilegios. Ella sólo estará sujeta a las contribuciones decretadas por la Autoridad Legislativa.

Constitución 1864

Art. 14. La Nación garantiza a los venezolanos:

2° La propiedad con todos sus derechos; ésta sólo estará sujeta a las contribuciones decretadas por la autoridad legislativa, a la decisión judicial...

[Con igual texto: Constitución 1874, Art. 14,2; Constitución 1881, Art. 14,2; Constitución 1891, Art. 14,2].

Constitución 1811

Art. 165. Todo individuo de la sociedad, teniendo derecho a ser protegido por ella en el goce de su vida, de su libertad y de sus propiedades con arreglo a las leyes, está obligado de consiguiente a contribuir por su parte para las expensas de esta protección y a prestar sus servicios personales o un equivalente de ellos cuando sea necesario.

C. *Régimen de la expropiación*

Constitución 1999

Artículo 115. [...] Sólo por causa de utilidad pública o interés social, mediante sentencia firme y pago oportuno de justa indemnización, podrá ser declarada la expropiación de cualquier clase de bienes.

Constitución 1961

Art. 101. Sólo por causa de utilidad pública o de interés social, mediante sentencia firme y pago de justa indemnización, podrá ser declarada la expropiación de cualquier clase de bienes. En la expropiación de inmuebles, con fines de reforma agraria o de ensanche y mejoramiento de poblaciones, y en los casos que por graves razones de interés nacional determine la ley, podrá establecerse el diferimiento del pago por tiempo determinado o su cancelación parcial mediante la emisión de bonos de aceptación obligatoria, con garantía suficiente.

Constitución 1953

Art. 35. 9º ...de conformidad con (la ley) también podrá ser declarada la expropiación de cualquier clase de bienes mediante sentencia firme y pago del precio.

Constitución 1947

Art. 67. En conformidad con la ley, sólo por causa de utilidad pública o de interés social, mediante sentencia firme y pago del precio, podrá ser declarada la expropiación de cualquier clase de bienes. Cuando se trate de expropiación de tierras destinadas a la realización de la Reforma Agraria, y de la expropiación de inmuebles con fines de ensanche y acondicionamiento de las poblaciones, el pago podrá ser diferido por tiempo determinado, previo otorgamiento de garantía suficiente, en conformidad con lo que establece la ley.

Constitución 1945

Art. 32.2. De conformidad con la ley, sólo por causa de utilidad pública o social, mediante indemnización previa, y juicio contradictorio, podrá ser declarada la expropiación de la propiedad o de algún derecho.

Constitución 1936

Art. 32.2. Sólo por causa de utilidad pública o social, mediante juicio contradictorio e indemnización previa, podrá ser declarada la expropiación de ella, de conformidad con la ley. La Nación favorecerá la conservación y difusión de la mediana y de la pequeña propiedad rural, y podrá, mediante los trámites legales y previa indemnización, expropiar tierras no explotadas de dominio privado, para dividirlas o para enajenarlas en las condiciones que fija le ley.

Constitución 1935

Art. 32. La Nación garantiza a los venezolanos:

2° La propiedad, que sólo estará sujeta a las contribuciones legales y a ser tomada para obras de utilidad pública, mediante juicio contradictorio e indemnización previa, como lo determine la Ley:

[Con igual texto: Constitución 1928, Art. 32,2; Constitución 1929, Art. 32,2; Constitución 1931, Art. 32,2].

Estatuto Provisional 1914

Art. 16. La Nación garantiza a los venezolanos:

2° La propiedad con todos sus atributos, fueros y privilegios, que sólo estará sujeta a las contribuciones decretadas por la Autoridad Legislativa, a la decisión judicial, a medidas sanitarias conforme a la ley, y a ser tomada para obras de utilidad pública, previo juicio contradictorio e indemnización como lo determine la ley.

[Con igual texto: Constitución 1914, Art. 22,2; Constitución 1922, Art. 22,2].

Constitución 1904

Art. 23. La Nación garantiza a los venezolanos:

2° La propiedad con todos sus atributos, fueros y privilegios: ella sólo estará sujeta a las contribuciones decretadas por la Autoridad Legislativa, a la decisión judicial y a ser tomada para obras de utilidad pública, previos indemnización y juicio contradictorio.

[Con igual texto: Constitución 1909, Art. 23,2].

Constitución 1901

Art. 17. La Nación garantiza a los venezolanos la efectividad de los siguientes derechos:

2. La propiedad, que sólo (podrá)...ser tomada para obra de utilidad pública, previa indemnización y juicio contradictorio.

Constitución 1893

Art. 14. La Nación garantiza a los venezolanos la efectividad de los siguientes derechos:

2. La propiedad con todos sus fueros, derechos y privilegios. Ella sólo... (podrá) ser tomada para obras de utilidad pública, previa indemnización y juicio contradictorio.

Constitución 1864

Art. 14. La Nación garantiza a los venezolanos:

2° La propiedad con todos sus atributos, fueros y privilegios; ella sólo (podrá) ser tomada para obras públicas, previa indemnización y juicio contradictorio.

[Con igual texto: Constitución 1874, Art. 14,2; Constitución 1821, Art. 14,2; Constitución 1891, Art. 14,2].

Decreto 1863

Art. 1. Se garantiza a los venezolanos:

2° La propiedad: No podrá, pues, su dueño ser despojado de ella, ni privado de su goce por ninguna autoridad, sino en virtud de sentencia judicial.

Constitución 1858

Art. 26. Ninguno podrá ser privado de la menor porción de su propiedad ni será aplicada a ningún uso público sin su consentimiento o el del Congreso. Cuando el interés común legalmente comprobado así lo exija, debe presuponerse siempre una justa compensación.

Constitución 1857

Art. 108. La propiedad es inviolable y sólo por causa de interés público legalmente comprobado, puede el Congreso obligar a un venezolano a enajenarla, previa la justa indemnización.

Constitución 1830

Art. 208. Ninguno podrá ser privado de la menor porción de su propiedad ni será aplicada a ningún uso público sin su consentimiento o el del Congreso. Cuando el interés común legalmente comprobado así lo exija, debe presuponerse siempre una justa compensación.

Decreto 1830

Art. 22. Ninguno podrá ser privado de la menor porción de su propiedad, ni ésta aplicada a ningún uso público, sin su consentimiento o el del Congreso. Cuando el interés común legalmente comprobado así lo exija, debe presuponerse siempre una justa compensación.

Constitución 1821

Art. 177. Ninguno podrá ser privado de la menor porción de su propiedad ni ésta aplicada a usos públicos sin su propio consentimiento o el del Cuerpo Legislativo. Cuando alguna pública necesidad legalmente comprobada exigiere que la propiedad de algún ciudadano se aplique a usos semejantes, la condición de una justa compensación debe presuponerse.

Constitución 1819

Título 1° - Sección Primera.

Art. 15. Nadie puede ser privado de su propiedad, cualquiera que sea, sino con su consentimiento, a menos que la necesidad pública o la utilidad general probada legalmente lo exijan. En estos casos la condición de una justa indemnización debe presuponerse.

Constitución 1811

Art. 165. Todo individuo de la sociedad, teniendo derecho a ser protegido por ella en el goce de su vida, de su libertad y de sus propiedades con arreglo a las leyes... pero ninguno podrá ser privado de la menor porción de su propiedad, ni ésta podrá aplicarse a usos públicos sin su propio consentimiento o el de los Cuerpos Legislativos representantes del pueblo, y cuando alguna pública necesidad legalmente comprobada exigiere que la propiedad de algún ciudadano se aplique a usos semejantes, deberá recibir por ella una justa indemnización.

Declaración 1811

Derechos del hombre en sociedad

Art. 21. Ninguno puede ser privado de la menor porción de su propiedad sin su consentimiento, sino cuando la necesidad pública lo exige y bajo una justa compensación. Ninguna contribución puede ser establecida sino para la utilidad general. Todos los ciudadanos sufragantes tienen derecho de concurrir, por medio de sus representantes al establecimiento de las contribuciones, de vigilar sobre su inversión y de- hacerse dar cuenta.

D. *Régimen de la confiscación*

Constitución 1999

Artículo 116. No se decretarán ni ejecutarán confiscaciones de bienes sino en los casos permitidos por esta Constitución. Por vía de excepción podrán ser objeto de confiscación, mediante sentencia firme, los bienes de personas naturales o jurídicas, nacionales o extranjeras, responsables de delitos cometidos contra el patrimonio público, los bienes de quienes se hayan enriquecido ilícitamente al amparo del Poder Público y los bienes provenientes de las actividades comerciales, financieras o cualesquiera otras vinculadas al tráfico ilícito de sustancias psicotrópicas y estupefacientes.

Constitución 1961

Art. 102. No se decretarán ni ejecutarán confiscaciones sino en los caso permitidos por el artículo 250. Quedan a salvo, respecto de extranjeros, las medidas aceptadas por el derecho internacional.

Art. 250. Esta Constitución no perderá su vigencia si dejare de observarse por acto de fuerza o fuere derogada por cualquier otro medio distinto del que ella misma dispone. En tal eventualidad, todo ciudadano investido o no de autoridad, tendrá el deber de colaborar en el restablecimiento de su efectiva vigencia.

Serán juzgados según esta misma Constitución y las Leyes expedidas en conformidad con ella, los que aparecieren responsables de los hechos señalados en la primera parte del inciso anterior y asimismo los principales funcionarios de los gobiernos que se organicen subsecuentemente, si no han contribuido a restablecer el imperio de esta Constitución. El Congreso podrá decretar, mediante acuerdo aprobado por la mayoría absoluta de sus miembros, la incautación de todo o parte de los bienes de esas mismas personas y de quienes se hayan enriquecido ilícitamente al amparo de la usurpación, para resarcir a la República de los perjuicios que se le hayan causado.

Constitución 1947

Art. 67. No se decretarán ni efectuarán confiscaciones de bienes en ningún caso, salvo lo previsto en él segundo aparte del artículo 21 de esta Constitución.

Art. 21. Sin perjuicio de lo dispuesto en los Convenios Internacionales... La confiscación únicamente podrá ser impuesta a los extranjeros, y sólo en caso de conflicto con su país.

Constitución 1945

Art. 32. Ord. 2. No se decretarán ni se llevarán a cabo confiscaciones de bienes sino contra los extranjeros y únicamente en caso de conflicto internacional con su país.

Constitución 1936

Art. 32. Ord. 2° No se decretarán ni llevarán a cabo confiscaciones de bienes, salvo en los casos siguientes:

1° Como medida de represalias en guerra internacional, contra los nacionales del país con el cual se estuviese en guerra, si éste hubiere decretado previamente la confiscación de los bienes de los venezolanos.

2° Como medida de interés general para reintegrar al Tesoro Nacional las cantidades extraídas por los funcionarios públicos que hayan ejercido los cargos de Presidente de la República, de Ministros del Despacho y de Gobernador del Distrito Federal y de los Territorios Federales, cuando hayan incurrido a juicio del Congreso Nacional en delitos contra la Cosa Pública y contra la propiedad. La decisión a que se refiere este párrafo se tomará en Congreso en sesiones ordinarias o extraordinarias por mayoría absoluta y deben ser aprobadas por las dos terceras partes de las Asambleas Legislativas de los Estados, en la misma forma. La medida abarcará la totalidad de los bienes de los funcionarios y de su herencia y se efectuará de conformidad con las reglas que establezca la ley especial que al efecto se dicte, y se aplicará retroactivamente a los funcionarios numerados que hayan actuado durante los dos últimos períodos presidenciales. En los casos en que se dicte el reintegro extraordinario a que se refiere el párrafo anterior, las reclamaciones propuestas por particulares contra el funcionario o particular afectado por el reintegro o su herencia, serán cubiertos con la cuota prudencial de bienes que en cada caso fije el Congreso Nacional al dictar la medida, y se sustanciarán y decidirán conforme al procedimiento especial que paute la ley a que se ha hecho referencia.

Constitución 1857

Art. 109. Se prohíbe la confiscación de bienes.

Constitución 1830

Art. 206. Queda abolida toda confiscación de bienes y toda pena cruel. El Código Criminal limitará en cuanto sea posible la imposición de pena capital.

E. *Derecho a bienes y servicios de calidad*

Constitución 1999

Artículo 117. Todas las personas tendrán derecho a disponer de bienes y servicios de calidad, así como a una información adecuada y no engañosa sobre el contenido y características de los productos y servicios que consumen; a la libertad de elección y a un trato equitativo y digno. La ley establecerá los mecanismos necesarios para garantizar esos derechos, las normas de control de calidad y cantidad de bienes y servicios, los procedimientos de defensa del público consumidor, el resarcimiento de los daños ocasionados y las sanciones correspondientes por la violación de estos derechos

4. *El derecho de propiedad industrial y derecho de autor*

Constitución 1999

Artículo 98. La creación cultural es libre. Esta libertad comprende el derecho a la inversión, producción y divulgación de la obra creativa, científica, tecnológica y humanística, incluyendo la protección legal de los derechos del autor o de la autora sobre sus obras. El Estado reconocerá y protegerá la propiedad intelectual sobre las obras científicas, literarias y artísticas, invenciones, innovaciones, denominaciones, patentes, marcas y lemas de acuerdo con las condiciones y excepciones que establezcan la ley y los tratados internacionales suscritos y ratificados por la República en esta materia.

Constitución 1961

Art. 100. Los derechos sobre obras científicas, literarias y artísticas, invenciones, denominaciones, marcas y lemas gozarán de protección por el tiempo y en las condiciones que la ley señale.

Constitución 1947

Art. 65. Todo autor o inventor tiene la propiedad exclusiva de su obra o invención, y quien ideare una marca, el derecho de explotarla; todo ello conforme a las modalidades que establezcan las leyes y los tratados.

Constitución 1936

Art. 32. Ord. 8° Se otorgarán, conforme a la ley, los privilegios temporales relativos a la propiedad intelectual, patentes de invención y marcas de fábrica.

[Con igual texto: Constitución 1945, Art. 32,8].

Constitución 1925

Art. 32. Ord. 8° Sólo podrán otorgarse, conforme a la ley, los privilegios temporales relativos a la propiedad intelectual, patentes de invención y marcas de fábrica, y los que se acuerden.

[Con igual texto: Constitución 1928, Art. 32,8; Constitución 1929, Art. 32,8; Constitución 1/931, Art. 32,8].

Constitución 1914

Art. 22. Ord. 8° La ley sólo otorgará privilegio temporal de propiedad intelectual de patente de invención, de marcas de fábrica.

[Con igual texto: Constitución 1922, Art. 22,8].

Estatuto Provisional 1914

Art. 16. Ord. 8° La ley sólo podrá acordar privilegio temporal de propiedad intelectual, de patentes de invención y marcas de fábrica.

Constitución 1901

Art. 17. Ord. 8° La ley podrá asignar un privilegio temporal a los autores de descubrimientos y producciones, y a los que implanten una industria inexplotada en el país.

[Con igual texto: Constitución 1904, Art. 17,8; Constitución 1909, Art. 23,8].

Constitución 1893

Art. 14. La Nación garantiza a los venezolanos la efectividad de los siguientes derechos

8° La libertad de industria y, en consecuencia, la propiedad de los descubrimientos y producciones. Para los propietarios, las leyes asignarán un privilegio temporal o la manera de ser indemnizados en caso de convenir en su publicación.

Constitución 1864

Art. 14. La Nación garantiza a los venezolanos:

8. La libertad de industria y, en consecuencia, la propiedad de los descubrimientos y producciones. Para los propietarios, las leyes asignarán un privilegio temporal o la manera de ser indemnizado en el caso de convenir el autor en su publicación.

[Con igual texto: Constitución 1874, Art. 14,8; Constitución 1881, Art. 14,8; Constitución 1891, Art. 14,8].

Constitución 1857

Art. 123. Todo inventor tendrá la propiedad de su descubrimiento y de sus producciones. La Ley le asignará un privilegio temporal o dispondrá de manera de resarcirle de la pérdida que tenga en caso de que se creyere útil su publicación.

Constitución 1830

Art. 127. Todo inventor tendrá la propiedad de sus descubrimientos y de sus producciones. La ley le asignará un privilegio temporal o resarcimiento de la pérdida que tenga en el caso de publicarlo.

Decreto 1830

Art. 31. Todo inventor tendrá la propiedad de sus descubrimientos y de sus producciones. La ley le asignará un privilegio temporal o resarcimiento de la pérdida que tenga en el caso de publicación.

SECCIÓN SEXTA:

LOS DERECHOS POLÍTICOS

1. *La declaración de reserva a los venezolanos y pérdida de la ciudadanía*

Constitución 1999

Artículo 39. Los venezolanos y venezolanas que no estén sujetos o sujetas a inhabilitación política ni a interdicción civil, y en las condiciones de edad previstas en esta Constitución, ejercen la ciudadanía; en consecuencia, son titulares de derechos y deberes políticos de acuerdo con esta Constitución.

Artículo 40. Los derechos políticos son privativos de los venezolanos y venezolanas, salvo las excepciones establecidas en esta Constitución.

Gozan de los mismos derechos de los venezolanos y venezolanas por nacimiento los venezolanos y venezolanas por naturalización que hubieren ingresado al país antes de cumplir los siete años de edad y residido en él permanentemente hasta alcanzar la mayoridad.

Artículo 35. Los venezolanos y venezolanas por nacimiento no podrán ser privados o privadas de su nacionalidad. La nacionalidad venezolana por naturalización sólo podrá ser revocada mediante sentencia judicial, de acuerdo con la ley.

Artículo 36. Se puede renunciar a la nacionalidad venezolana. Quien renuncie a la nacionalidad venezolana por nacimiento puede recuperarla si se domicilia en el territorio de la República por un lapso no menor de dos años y manifiesta su voluntad de hacerlo. Los venezolanos y venezolanas por naturalización que renuncien a la nacionalidad venezolana podrán recuperarla cumpliendo nuevamente con los requisitos exigidos en el artículo 33 de esta Constitución.

Artículo 42. Quien pierda o renuncie a la nacionalidad pierde la ciudadanía. El ejercicio de la ciudadanía o de alguno de los derechos políticos sólo puede ser suspendido por sentencia judicial firme en los casos que determine la ley.

Constitución 1961

Art. 45. Los derechos políticos son privativos de los venezolanos, salvo lo que dispone el artículo 111.

Art. 111. Son electores todos los venezolanos que hayan cumplido dieciocho años de edad y no estén sujetos a interdicción civil ni a inhabilitación política.

El voto para elecciones municipales podrá hacerse extensivo a los extranjeros, en las condiciones de residencia y otras que la ley establezca.

Constitución 1953

Art. 39. El sufragio es función pública privativa de los venezolanos. No obstante, podrá hacerse extensiva a los extranjeros.

Constitución 1947

Art. 80. El sufragio es derecho y función pública privativa, de los venezolanos, pero podrá hacerse extensivo para elecciones municipales y conforme a la ley a los extranjeros que tengan más de diez años de residencia ininterrumpida en el país.

Constitución 1922

Art. 24. Los derechos de ciudadanos se suspenden:

1° Por comprometerse a servir contra Venezuela.

2° Por condenación o pena que lleve consigo la interdicción o inhabilitación para ejercer cargos públicos o derechos políticos, mientras se cumpla dicha pena.

3° Por admitir, siendo empleado, dádivas, cargos, honores o recompensas de Gobiernos extranjeros, sin que preceda la correspondiente autorización del Senado.

4° Por interdicción judicial.

Constitución 1914

Art. 24. Los derechos de ciudadanos se suspenden:

1° Por comprometerse a servir contra Venezuela.

2° Por condenación o pena que lleve consigo la interdicción o inhabilitación para ejercer cargos públicos o derechos políticos, mientras se cumpla dicha pena.

3° Por admitir, siendo empleado, dádivas, cargos, honores o recompensas de Gobierno extranjeros, sin que proceda la correspondiente autorización del Senado.

4° Por interdicción judicial.

Estatuto Provisional 1914

Art. 11. Los derechos de ciudadano se suspenden:

1° Por comprometerse a servir contra Venezuela.

2° Por condenación o pena que lleve consigo la interdicción o inhabilitación para ejercer cargos públicos o derechos políticos, mientras se cumpla dicha pena.

3° Por admitir, siendo empleado, dádivas, cargos, honores o recompensas de Gobiernos extranjeros, sin que preceda la correspondiente autorización del Senado.

4° Por interdicción judicial.

Constitución 1909

Art. 18. Los derechos de ciudadano se suspenden:

1° Por comprometerse a servir contra Venezuela.

2° Por condenación o pena que lleve consigo la interdicción o inhabilitación para ejercer cargos públicos o derechos políticos, mientras se cumpla dicha pena.

3° Por admitir, siendo empleado, dádivas, cargos, honores o recompensas de Gobierno extranjero, sin que preceda la correspondiente autorización del Senado.

4° Por interdicción judicial.

Constitución 1858

Art. 12. Los derechos de ciudadano se suspenden:

1° Por enajenación mental.

2° Por condenación a pena corporal en virtud de sustancia ejecutoriada; mientras se cumple dicha pena.

3° Por interdicción judicial.

Constitución 1857

Art. 13. Los derechos de ciudadano se suspenden:

1° Por naturalización en país extranjero.

2° Por comprometerse a servir contra Venezuela.

3° Por condenación a pena corporal a consecuencia de delitos comunes.

4° Por admitir empleo de otro Gobierno sin permiso del Congreso.

5° Por quiebra fraudulenta declarada así por sentencia judicial.

6° Por ser deudor de plazo cumplido a fondos públicos, declarado así por sentencia ejecutoriada en juicio contradictorio.

Art. 14. Los que por algunas de las causas mencionadas en el artículo anterior tengan en suspenso los derechos de ciudadano, podrán impetrar su rehabilitación conforme a la ley.

Constitución 1830

Art. 15. Los derechos de ciudadano se pierden:

1° Por naturalizarse en país extranjero.

2° Por admitir empleo de otro gobierno sin permiso del Congreso, teniendo alguno de honor o de confianza en la República.

3° Por comprometerse a servir contra Venezuela.

4° Por condenación a pena corporal o infamante, mientras no se obtenga rehabilitación.

Art. 16. Los derechos de ciudadano se suspenden:

1° Por enajenación mental.

2° Por la condición de sirviente doméstico.

3° Por ser deudor fallido.

4° Por ser deudor de plazo cumplido a fondos públicos.

5° Los vagos declarados tales.

6° En los ebrios por costumbre.

7° En los que tengan causa criminal pendiente

8° Por interdicción judicial.

Constitución 1821

Art. 16. La calidad de sufragante parroquial se pierde: Primero. Por adquirir empleo de otro gobierno sin licencia del Congreso, teniéndolo con renta o ejerciendo otra confianza en el de Colombia.

Segundo. Por sentencia en que se impongan penas aflictivas o infamantes si no se obtiene rehabilitación.

Tercero. Por haber vendido su sufragio o comprado el de otro para sí o para un tercero; bien sea en las asambleas primarias, en las electorales o en otras.

Art. 17. El ejercicio de sufragante parroquial se suspende: Primero. En los locos furiosos o dementes.

Segundo. En los deudores fallidos y en los vagos declarados por tales.

Tercero. En los que tengan causa criminal abierta hasta que sean declarados absueltos o condenados a pena no aflictiva ni infamatoria.

Cuarto. En los deudores a caudales públicos con plazo cumplido.

Constitución 1819

Art. 8° Pierde el derecho de ciudadano activo:

Primero: Todo el que se ausentare del territorio de la República por cuatro años continuos, no siendo en comisión o servicio de ella o con licencia del Gobierno.

Segundo. El que haya sufrido una pena aflictiva o infamatoria hasta la rehabilitación.

Tercero. El que haya sido convencido y condenado en un juicio por haber vendido su sufragio o comprado el de otro para sí o para un tercero, bien sea en las asambleas primarias, en las electorales o en otras.

Art. 8° El ejercicio de ciudadano activo se suspende:

Primero. En los locos, furiosos o dementes.

Segundo. En los deudores fallidos y vagos declarados por tales.

Tercero. En los que tengan causa criminal abierta hasta que sean declarados absueltos o condenados a pena no aflictiva ni infamante. Cuarto. Los deudores a caudales públicos con plazo cumplido.

Quinto. Y los que siendo casados no vivan con sus mujeres sin motivo legal.

Constitución 1811

Art. 214. Los ciudadanos sólo podrán ejercer sus derechos políticos en las Congregaciones parroquiales y electorales y en los casos y formas prescritas por la Constitución.

2. *La nacionalidad venezolana*

A. *Formas de adquisición*

Constitución 1925

Art. 27. La nacionalidad venezolana se tiene por el nacimiento y se adquiere por la naturalización.

[Con igual texto: Constitución 1928, Art. 27; Constitución 1929, Art. 27; Constitución 1931, Art. 27; Constitución 1936, Art. 27; Constitución 1945, Art. 27].

Constitución 1914

Art. 10. La nacionalidad venezolana es de origen o adquirida. [Con igual texto: Constitución 1922, Art. 10].

Constitución 1893

Art. 5. Los venezolanos lo son por nacimiento o por naturalización.

[Con igual texto: Constitución 1901, Art. 8; Constitución 1940, Art. 8; Estatuto Provisional 1914, Art. 6].

Debe señalarse que un grupo de constituciones, entre 1858 y 1891 no establecieron distinciones expresas en cuanto a la forma de adquirir la nacionalidad. Por tanto, sólo definieron quiénes "son venezolanos". (También en 1821).

Constitución 1864

Art. 6. Son venezolanos:

1° Todas las personas que hayan nacido o nacieren en el territorio de Venezuela, cualquiera que sea la nacionalidad de sus padres.

2° Los hijos de madre o padre venezolanos que hayan nacido en otro territorio, si vinieren a domiciliarse en el país y expresan la voluntad de serlo.

3° Los extranjeros que hayan obtenido carta de nacionalidad; y

4° Los nacidos o que nazcan en cualquiera de las Repúblicas Hispanoamericanas o en las Antillas españolas, siempre que hayan fijado su residencia en el territorio de la Unión y quieran serlo.

[Con igual texto: Constitución 1874, Art. 6; Constitución 1881, Art. 5; Constitución 1891. Art. 5].

Constitución 1858

Art. 6. Son venezolanos:

1° Por nacimiento, todos los nacidos en el territorio de Venezuela; los hijos de padre o madre venezolanos, nacidos en el territorio de Colombia, y los de padres venezolanos nacidos en cualquier país extranjero.

2° Por adopción, los nacidos en cualquiera de las otras repúblicas hispanoamericanas, sin otra condición que acreditar su origen y manifestar su voluntad de serlo ante la autoridad que determine la ley.

3° Por naturalización, los extranjeros ya naturalizados y los que obtengan carta de naturaleza conforme a la ley.

Constitución 1857

Art. 7° La calidad de venezolano procede de la naturaleza o se adquiere por naturalización.

Constitución 1830

Art. 9° Los venezolanos lo son por nacimiento y por naturalización.

Constitución 1821

Art. 4° Son colombianos:

Primero. Todos los hombres libres nacidos en el territorio de Colombia y los hijos de éstos.

Segundo. Los que estaban radicados en Colombia al tiempo de su transformación política, con tal que permanezcan fieles a la causa de la independencia.

Tercero. Los no nacidos en Colombia que obtengan carta de naturaleza.

B. *Nacionalidad originaria*

Constitución 1999

Artículo 32. Son venezolanos y venezolanas por nacimiento:

1. ***Toda persona nacida en el territorio de la República.***

2. ***Toda persona nacida en territorio extranjero, hijo o hija de padre venezolano por nacimiento* y madre venezolana por nacimiento.***

3. ***Toda persona nacida en territorio extranjero, hijo o hija de padre venezolano por nacimiento o madre venezolana por nacimiento, siempre que establezca su residencia en el territorio de la República o declare su voluntad de acogerse a la nacionalidad venezolana.***

4. ***Toda persona nacida en territorio extranjero, de padre venezolano por naturalización o madre venezolana por naturalización, siempre que antes de cumplir dieciocho años de edad establezca su residencia en el territorio de la República y antes de cumplir veinticinco años de edad declare su voluntad de acogerse a la nacionalidad venezolana.***

Constitución 1961

Art. 35. Son venezolanos por nacimiento:

1° Los nacidos en el territorio de la República.

2° Los nacidos en territorio extranjero de padre y madre venezolanos por nacimiento.

3° Los nacidos en territorio extranjero de padre venezolano por nacimiento o madre venezolana por nacimiento, siempre que establezcan su residencia en el territorio de la República o declaren su voluntad de acogerse a la nacionalidad venezolana, y

4° Los nacidos en territorio extranjero de padre venezolano por naturalización o madre venezolana por naturalización, siempre que antes de cumplir dieciocho años de edad establezcan su residencia en el territorio de la República y antes de cumplir veinticinco años de edad declaren su voluntad de acogerse a la nacionalidad venezolana.

Constitución 1953

Art. 22. Son venezolanos por nacimiento:

1° Los nacidos en el territorio de la República.

2° Los nacidos en naves o aeronaves venezolanas, fuera de la jurisdicción de otro Estado.

3° Los hijos de padre o madre venezolanos.

---

* En la publicación de 30-12-1999 sólo se indicaba "padre venezolano"; la frase "por nacimiento" fue agregada en la publicación de 24-03-2000

Constitución 1947

Art. 11. Son venezolanos por nacimiento:

1° Los nacidos en Venezuela con excepción de los hijos de extranjeros no domiciliados ni residenciados en la República o que estuvieren en el país al servicio oficial de otro Estado.

2° Los nacidos en naves o aeronaves venezolanas fuera del dominio territorial de otro Estado, con las excepciones señaladas en el ordinal anterior.

3° Los nacidos en el exterior, de padre o madre venezolanos, cuando éstos se encuentren en el extranjero al servicio oficial de Venezuela.

4° Los nacidos en el exterior, de padre y madre venezolanos, cuando conforme a las leyes del país donde hubieren nacido no adquieran la nacionalidad de éste.

§ 1° Son igualmente venezolanos por nacimiento los exceptuados en los ordinales 1° y 2° de este artículo, si llegados a la mayoría, establecen su domicilio en Venezuela o manifiestan su voluntad de acogerse a la nacionalidad venezolana.

§ 2° Los nacidos en el exterior de padre o madre venezolanos, no comprendidos en los ordinales 3° y 4° de este artículo, son también venezolanos por nacimiento si están domiciliados en el país al llegar a la mayoría, o si, cumplida ésta, manifiestan su voluntad de acogerse a la nacionalidad venezolana o establecen su domicilio en el país.

§ 3° Son, asimismo, venezolanos por nacimiento los nacidos en el exterior, de padre o madre venezolanos, cuando su nacimiento haya sido inscrito ante la respectiva autoridad diplomática o consular venezolana.

Constitución 1909

Art. 13. Son venezolanos por nacimiento:

1° Todos los nacidos en el territorio de Venezuela.

2° Los hijos de padres venezolanos cualquiera que sea el lugar de su nacimiento.

[Con igual texto: Estatuto Provisional 1914, Art. 6,a; Constitución 1914, Art. 10,a; Constitución 1922, Art. 10,a; Constitución 1925, Art. 28; Constitución 1928, Art. 28; Constitución 1929, Art. 28; Constitución 1931, Art. 28; Constitución 1936, Art. 28; Constitución 1945, Art. 281.

Constitución 1904

Art. 8° Son venezolanos por nacimiento:

1° Todas las personas que hayan nacido o nacieren en el territorio de Venezuela; y

2° Los hijos de padres venezolanos, cualquiera que sea el lugar de su nacimiento.

Constitución 1893

Art. 5. Son venezolanos por nacimiento:

1° Todas las personas que hayan nacido o nacieren en el territorio de Venezuela, cualquiera que sea la nacionalidad de sus padres.

2° Los hijos de padre o madre venezolanos por nacimiento que nazcan en el extranjero, siempre que al venir al país se domicilien en él y declaren ante la autoridad competente la voluntad de serlo.

3° Los hijos legítimos que nacieren en el extranjero o en el mar, de padre venezolano que se encuentre residiendo o viajando en ejercicio de una misión diplomática o adscrito a una Legación de la República.

[Con igual texto: Constitución 1901, Art. 8,a].

Constitución 1864

Art. 6° Son venezolanos:

1° Todas las personas que hayan nacido o nacieren en el territorio de Venezuela, cualquiera que sea la nacionalidad de sus padres.

2° Los hijos de madre o padre venezolanos que hayan nacido en otro territorio, si vinieren a domiciliarse en el país y expresen-la voluntad de serlo.

[Con igual texto: Constitución 1874, Art. 6; Constitución 1881, Art. 5; Constitución 1891, Art. 5].

Constitución 1858

Art. 6° Son venezolanos:

1° Por nacimiento, todos los nacidos en el territorio de Venezuela; los hijos de padre o de madre venezolanos, nacidos en el territorio de Colombia, y los de padres venezolanos nacidos en cualquier país extranjero.

Constitución 1857

Art. 8° Son venezolanos por naturaleza:

1° Todos los nacidos en el territorio de Venezuela.

2° Los nacidos en países extranjeros de padres venezolanos ausentes en servicio o por causa de la República.

3° Los nacidos fuera del territorio de Venezuela de padre o madre venezolanos, desde que expresen su voluntad de ser venezolanos.

Constitución 1830

Art. 10. Son venezolanos por nacimiento:

1° Los hombres libres que hayan nacido en el territorio de Venezuela.

2° Los nacidos de padre o madre venezolanos en cualquier parte del territorio que componía la República de Colombia.

3° Los nacidos en países extranjeros de padres venezolanos ausentes en servicio o por causa de la República o con expresa licencia de autoridad competente.

C. Nacionalidad derivada (por naturalización)

Constitución 1999

Artículo 33. Son venezolanos y venezolanas por naturalización:

1. *Los extranjeros o extranjeras que obtengan carta de naturaleza. A tal fin, deberán tener domicilio en Venezuela con residencia ininterrumpida de, por lo menos, diez años, inmediatamente anteriores a la fecha de la respectiva solicitud.*

El tiempo de residencia se reducirá a cinco años en el caso de aquellos y aquellas que tuvieren la nacionalidad originaria de España, Portugal, Italia, países latinoamericanos y del Caribe.

2. *Los extranjeros o extranjeras que contraigan matrimonio con venezolanas o venezolanos desde que declaren su voluntad de serlo, transcurridos por lo menos cinco años a partir de la fecha del matrimonio.*

3. *Los extranjeros o extranjeras menores de edad para la fecha de la naturalización del padre o de la madre que ejerza sobre ellos la patria potestad, siempre que declaren su voluntad de ser venezolanos o venezolanas antes de cumplir los veintiún años de edad y hayan residido en Venezuela, ininterrumpidamente, durante los cinco años anteriores a dicha declaración.*

Constitución 1961

Art. 36. Son venezolanos por naturalización los extranjeros que obtengan carta de naturaleza.

Los extranjeros que tengan por nacimiento la nacionalidad de España o de un Estado latinoamericano gozarán de facilidades especiales para la obtención de carta de naturaleza.

Art. 37. Son venezolanos por naturalización desde que declaren su voluntad de serlo:

1° La extranjera casada con venezolano.

2° Los extranjeros menores de edad en la fecha de naturalización de quien ejerza sobre ellos la patria potestad si residen en el territorio de la República y hacen la declaración antes de cumplir veinticinco años de edad, y

3° Los extranjeros menores de edad adoptados por venezolanos, si residen en el territorio de la República y hacen la declaración antes de cumplir veinticinco años de edad.

Art. 41. Las declaraciones de voluntad contempladas en los artículos 35. 37 y 40 se harán en forma autentica por el interesado, cuando sea -mayor de dieciocho años, o por su representante legal, si no ha cumplido esa edad.

Disposición transitoria

Tercera: Mientras la ley establece las facilidades especiales a que se refiere el artículo 36 de la Constitución, al adquisición de la nacionalidad venezolana por quienes tengan por nacimiento la nacionalidad de España o de un Estado latinoamericano continuará rigiéndose por las disposiciones legales vigentes.

Constitución 1953

Art. 23. Son venezolanos por naturalización:

1° Los hijos mayores de edad, de_ padre o madre venezolanos por naturalización, nacidos en el exterior, si se domicilian en el país y manifiestan su voluntad de ser venezolanos.

2° Los naturales de España o de los Estados latinoamericanos que estén domiciliados en el país y manifiesten y les sea aceptada su voluntad de ser venezolanos.

3° La extranjera casada con venezolano que manifieste y le sea aceptada su voluntad de ser venezolana.

Art. 26. Las manifestaciones de voluntad, la adquisición de Carta de naturaleza y la revocatoria de las naturalizaciones serán reguladas por la ley.

Constitución 1947

Art. 12. Son venezolanos por naturalización:

1° La extranjera casada con venezolano, si conforme a su ley nacional pierde por efecto del matrimonio su nacionalidad anterior.

2° Los hijos mayores de edad, de padre o madre venezolanos por naturalización, nacidos en el exterior, si se domicilian en el país y manifiestan su voluntad de ser venezolanos.

3° Los naturales de España o alguno de los Estados latinoamericanos, que estén domiciliados en el país y manifiesten su voluntad de ser venezolanos. A base de una reciprocidad internacional efectiva, establecida mediante tratados estos oriundos de España y Repúblicas latinoamericanas, podrán obtener la nacionalidad venezolana sin que pierdan o modifiquen su nacionalidad de origen.

4° Los extranjeros que hayan obtenido o que obtuvieren carta de naturaleza de acuerdo con la ley.

Art. 15. Las manifestaciones de voluntad a que se refieren los artículos anteriores y la adquisición de cartas de naturaleza están reguladas por la ley.

Constitución 1936

Art. 29. Son venezolanos por naturalización:

1° Los hijos mayores de edad, de padre o madre venezolanos por naturalización, nacidos fuera del territorio de la República, si vienen a domiciliarse en el país y manifiestan su voluntad de ser venezolanos.

2° Los nacidos o que nazcan en España o en las Repúblicas iberoamericanas, siempre que hayan fijado su residencia en el territorio de la República y manifestado su voluntad de ser venezolano y llenados los requisitos de la ley de la materia.

3° Los extranjeros que hayan obtenido o que obtuvieren carta de naturaleza conforme a la ley.

4° La extranjera casada con venezolano, mientras subsista el matrimonio, y cuando disuelto éste y durante el año siguiente a la disolución, manifieste y sea aceptada su voluntad de continuar siendo venezolana.

Art. 30. Las manifestaciones de voluntad a que se refieren los números 1°, 2° y 4° del artículo anterior deben hacerse ante el Registrador Principal de la respectiva jurisdicción en que el interesado establezca su domicilio, y aquél, al recibirlas, las extenderá en el Protocolo respectivo y enviará copia de ellas con los recaudos necesarios al Ejecutivo Federal y encontrándolos conforme ordenará su publicación en la Gaceta Oficial de los Estados Unidos de Venezuela, previos los trámites que establezca la ley. Cuando el interesado se encontrare en el extranjero, la manifestación mencionada se hará ante el Representante Diplomático o Consular de la República, quienes la remitirán al Ministro de Relacionas Exteriores, para su debida protocolización y publicación.

La nacionalidad no se considerará adquirida mientras no se verifique la expresada publicación.

[Con igual texto: Constitución 1945, Art. 30].

Constitución 1931

Art. 29. Son venezolanos por naturalización:

1° Los hijos mayores de edad, de padre o madre venezolanos por naturalización, nacidos fuera del territorio de la República, si vienen a domiciliarse en el país y manifestaren su voluntad de ser venezolanos.

2° Los nacidos o que nazcan en las Repúblicas iberoamericanas, siempre que hayan fijado su residencia en el territorio de la República y manifestado su voluntad de ser venezolanos.

3° Los extranjeros que hayan obtenido o que obtuvieren carta de naturaleza conforme a la ley.

4° La extranjera casada con venezolano, mientras subsista el matrimonio o cuando, disuelto éste y durante el año siguiente a la disolución, manifieste su voluntad de continuar siendo venezolana.

[Con igual texto: Constitución 1925, Art. 29; Constitución 1928, Art. 29; Constitución 1929, Art. 29; Constitución 1931, Art. 29].

Constitución 1929

Art. 30. Las manifestaciones de voluntad a que se refieren los números 1°, 2° y 4° del artículo anterior deben hacerse ante el Registrador Principal de la respectiva jurisdicción en que el interesado establezca su domicilio, y aquél, al recibirlas, las extenderá en el Protocolo respectivo y enviará copia de ellas al Ejecutivo Federal para su publicación en la Gaceta Oficial de los Estados Unidos de Venezuela, previos los trámites que establezca la ley.

La nacionalidad no se considerará adquirida mientras no se verifique la expresada publicación.

[Con igual texto: Constitución 1931, Art. 30].

Constitución 1928

Art. 30. Las manifestaciones de voluntad a que se refieren los números 1°, 2° y 4° del artículo anterior, deben hacerse ante el Registrador Principal de la respectiva jurisdicción en que el interesado establezca su domicilio, y aquél, al recibirlas, las extenderá en el Protocolo respectivo y enviará copia de ellas al Ejecutivo Federal para su publicación en la Gaceta Oficial, previos los trámites que establezca la ley.

La nacionalidad no se considerará adquirida mientras no se verifique la expresada publicación.

Constitución 1925

Art. 30. Las manifestaciones de voluntad a que se refiere el anterior artículo deben hacerse ante el Registrador Principal de la respectiva jurisdicción en que el interesado establezca su domicilio, y aquél, al recibirlas, las extenderá en el Protocolo respectivo y enviará copia de ellas al Ejecutivo Federal para su publicación en la Gaceta Oficial.

La nacionalidad no se considerará adquirida mientras no se verifique la expresada publicación.

Estatuto Provisional 1914

Art. 17. La manifestación de voluntad de ser venezolano debe hacerse ante el Registrador Principal de la jurisdicción en que el manifestante establezca su domicilio, y aquél, al recibirla, la extenderá en el protocolo respectivo y enviará copia de ella al Ejecutivo Federal para su publicación en la Gaceta Oficial.

§ Único. La nacionalidad no se considerará adquirida mientras el Ejecutivo no ordene y verifique la expresada publicación.

[Con igual texto: Constitución 1914, Art. 11; Constitución 1922, Art. 11].

Constitución 1914

Art. 10. b) Adquieren la nacionalidad venezolana:

1° Los hijos mayores de edad de padre o madre venezolanos por naturalización, nacidos fuera del territorio de la República, si vinieron a domiciliarse en el país y manifestaren su voluntad de ser venezolanos.

2° Los nacidos o que nazcan en las Repúblicas hispanoamericanas, siempre que hayan fijado su residencia en el territorio de la República y manifestado su voluntad de ser venezolanos.

3° Los extranjeros que hubiesen obtenido carta de naturaleza conforme a la ley.

4° La extranjera casada con venezolano mientras dure el vínculo matrimonial, o cuando disuelto este vínculo haga la manifestación a que se refiere el artículo siguiente, durante el primer año.

[Con igual texto: Constitución 1922, Art. 16,b].

Constitución 1909

Art. 13. b) Son venezolanos por naturalización:

1° Los hijos de padre o madre venezolanos por naturalización, nacidos fuera del territorio de la República, si vinieren a domiciliarse en el país y manifestaren su voluntad de ser venezolanos.

2° Los nacidos o que nazcan en las Repúblicas hispanoamericanas siempre que hayan fijado su residencia en el territorio de la República y manifestado su voluntad de ser venezolanos.

3° Los extranjeros que hubieren adquirido carta de naturaleza conforme a las leyes.

4° La extranjera casada con venezolano mientras dure el vínculo matrimonial, debiendo para continuar con el carácter de tal, disuelto el vínculo, hacer la manifestación a que se refiere el artículo siguiente, dentro del primer año.

[Con igual texto: Estatuto Provisional, 1914, Art. 6].

Constitución 1904

Art. 8. b) Son venezolanos por naturalización:

1° Los nacidos o que nazcan en las Repúblicas hispanoamericanas, siempre que hayan adquirido domicilio en la República y manifestado su voluntad de ser venezolanos

2° Los extranjeros que hubieren obtenido carta de naturaleza conforme a las leyes.

3° Los extranjeros que adquieran el carácter de venezolanos en virtud de leyes especiales; y

4° La extranjera casada con venezolano mientras dure el vínculo matrimonial, debiendo, para continuar en el carácter de tal, disuelto el vínculo, hacer la manifestación a que se refiere el artículo siguiente, dentro del primer año de terminado aquél.

Constitución 1901

Art. 9° La manifestación de voluntad de ser venezolano debe hacerse ante el Registrador Principal de la jurisdicción en que el manifestante establezca su domicilio, y aquél, al recibirla, la extenderá en el protocolo respectivo y enviará copia de ella al Ejecutivo Federal para su publicación en la Gaceta Oficial.

[Con igual texto: Constitución 1904, Art. 9; Constitución 1909, Art. 14]

Constitución 1893

Art. 5. b) Son venezolanos por naturalización:

1° Los hijos de padre o madre venezolanos por naturalización, nacidos fuera del territorio de la República, si vinieren a domiciliarse en el país y manifestaran su voluntad de ser venezolanos.

2° Los nacidos o que nazcan en las Repúblicas hispanoamericanas, siempre que hayan adquirido domicilio en la República y manifestado su voluntad de ser venezolanos.

3° Los extranjeros que hubieren obtenido carta de naturaleza o de ciudadanía, conforme a las leyes.

[Con igual texto: Constitución 1901, Art. 8,b].

Constitución 1881

Art. 5. Son venezolanos:

3° Los extranjeros que hayan obtenido carta de nacionalidad; y

4° Los nacidos o que nazcan en cualquiera de las Repúblicas hispanoamericanas o en las Antillas españolas, siempre que unos y otros hayan fijado su residencia en el territorio de la República y manifiesten su voluntad de ser ciudadanos de ella.

[Con igual texto: Constitución 1891, Art. 5].

Constitución 1864

Art. 6. Son venezolanos:

3° Los extranjeros que hayan obtenido carta de nacionalidad; y

4° Los nacidos o que nazcan en cualquiera de las Repúblicas hispanoamericanas o en las Antillas españolas, siempre que unos y otros hayan fijado su residencia en el territorio de la Unión y quieran serlo.

[Con igual texto: Constitución 1874, Art. 6, 3,4].

Constitución 1858

Art. 66. Son venezolanos:

2° Por adopción, los nacidos en cualquiera de las otras Repúblicas hispanoamericanas, sin otra condición que acreditar su origen y manifestar su voluntad de serlo ante la autoridad que determine la ley.

3° Por naturalización, los extranjeros ya naturalizados y los que obtengan carta de naturaleza conforme a la ley.

Constitución 1857

Art. 9° Son venezolanos por naturalización los que tengan esta calidad conforme a la ley.

Art. 10. Los que adquirieron y conservan el derecho de venezolano conforme a la Constitución de 1830 continuarán gozando sin quedar sujetos a otro requisito.

Constitución 1830

Art. 11. Son venezolanos por naturalización:

1° Los no nacidos en el territorio de Venezuela que el 19 de abril de 1810 estaban domiciliados en cualquier punto de él y hayan permanecido fieles a la causa de la Independencia.

2° Los hijos de venezolano o venezolana nacidos fuera del territorio de Venezuela, no estando sus padres ausentes en servicio o por causa de la República, lo serán luego que vengan a Venezuela y manifiesten del modo que determine la ley su voluntad de domiciliarse.

3° Los extranjeros con carta de naturaleza conforme a la ley.

4° Los nacidos en cualquiera de las otras dos secciones que formaban la República de Colombia que estén domiciliados o se domicilien en adelante en Venezuela.

5° Los extranjeros que hayan hecho servicios importantes a la causa de la Independencia, precediendo la correspondiente declaratoria.

Constitución 1811

Art. 222. Mientras el Congreso no determinare una fórmula permanente de naturalización para los extranjeros, adquirirán éstos el derecho de ciudadanos y aptitud para votar, elegir y tomar asiento en la Representación nacional si, habiendo declarado su intención de establecerse en el país ante una Municipalidad, héchose inscribir en el Registro Civil de ella y renunciando al derecho de ciudadano en su patria adquieren un domicilio y residencia en el territorio del Estado por el tiempo de siete años, y llenaren las demás condiciones prescritas en la Constitución para ejercer las funciones referidas.

D. *Principio de doble nacionalidad*

Constitución 1999

Artículo 34. La nacionalidad venezolana no se pierde al optar o adquirir otra nacionalidad.

E. *Pérdida de la nacionalidad venezolana*

Constitución 1999

Artículo 35. Los venezolanos y venezolanas por nacimiento no podrán ser privados o privadas de su nacionalidad. La nacionalidad venezolana por naturalización sólo podrá ser revocada mediante sentencia judicial, de acuerdo con la ley.

Constitución 1961

Art. 39. La nacionalidad venezolana se pierde:

1° Por opción o adquisición voluntaria de otra nacionalidad.

2° Por revocación de la naturalización mediante sentencia judicial de acuerdo con la ley.

Disposición Transitoria

Cuarta: Mientras la ley establece las normas sustantivas y procesales, correspondientes, la pérdida de nacionalidad por revocatoria de la naturalización se ajustará a las disposiciones de la legislación vigente, pero el interesado podrá apelar de la decisión administrativa ante la Corte Suprema de Justicia en el plazo de seis meses a partir de la fecha de publicación de la revocatoria en la Gaceta Oficial.

Art. 38. La venezolana que casare con extranjero conserva su nacionalidad, a menos que declare su voluntad contraria y adquiera, según la ley nacional del marido, la nacionalidad de éste.

Constitución 1953

Art. 24. La venezolana que casare con extranjero conservará la nacionalidad venezolana.

Art. 25. La disolución del matrimonio no afectará la nacionalidad que tuvieren los cónyuges y los hijos.

Art. 27. En tratados públicos podrán adoptarse normas tendientes a determinar la nacionalidad de personas a quienes la aplicación de leyes de distintos países atribuye más de una nacionalidad.

Constitución 1947

Art. 13. La disolución del matrimonio no afectará la nacionalidad que tuvieren los cónyuges y los hijos.

Art. 14. La venezolana que casare con extranjero conservará la nacionalidad venezolana, a menos que manifestare su voluntad contraria, y siempre que tal manifestación sea suficiente para adquirir la nacionalidad del marido según la ley nacional de éste.

Art. 16. En tratados públicos podrán adoptarse normas tendentes a determinar la nacionalidad de personas a quienes la aplicación de leyes de distintos países atribuyere múltiple nacionalidad.

Queda a salvo lo dispuesto en el aparte único del inciso 3° del artículo 12 de esta Constitución.

Art. 17. La nacionalidad venezolana se pierde:

1° Por adquisición plena y voluntaria de otra nacionalidad, excepto en los casos señalados en el aparte único del ordinal 3° del artículo 12.

2° Por revocatoria de la naturalización en los casos que determine la ley. Art. 19. La nulidad de las naturalizaciones como consecuencia de vicios que las afecten será regulada por la ley.

Constitución 1864

Art. 7° No pierden el carácter de venezolanos los que fijen su domicilio y adquieran nacionalidad en país extranjero.

[Con igual texto: Constitución 1874, Art. 7; Constitución 1881, Art 6; Constitución 1891, Art. 6].

F. *Recuperación de la nacionalidad venezolana*

Constitución 1999

Artículo 36. Se puede renunciar a la nacionalidad venezolana. Quien renuncie a la nacionalidad venezolana por nacimiento puede recuperarla si se domicilia en el territorio de la República por un lapso no menor de dos años y manifiesta su voluntad de hacerlo. Los venezolanos y venezolanas por naturalización que renuncien a la nacionalidad venezolana podrán recuperarla cumpliendo nuevamente con los requisitos exigidos en el artículo 33 de esta Constitución.

Constitución 1961

Art. 40. La nacionalidad venezolana por nacimiento se recupera cuando el que la hubiere perdido se domicilia en el territorio de la República y declara su voluntad de recuperarla, o cuando permanece en el país por un periodo no menor de dos años.

Constitución 1947

Art. 18. La recuperación de la nacionalidad, se regirá por la ley.

G. *Régimen legal de la nacionalidad*

Constitución 1999

Artículo 37. El Estado promoverá la celebración de tratados internacionales en materia de nacionalidad, especialmente con los Estados fronterizos y los señalados en el numeral 1 del artículo 33 de esta Constitución.

Artículo 38. La ley dictará, de conformidad con las disposiciones anteriores, las normas sustantivas y procesales relacionadas con la adquisición, opción, renuncia y recuperación de la nacionalidad venezolana, así como con la revocación y nulidad de la naturalización.

3. *Derecho a la participación política*

Constitución 1999

Artículo 62. Todos los ciudadanos y ciudadanas tienen el derecho de participar libremente en los asuntos públicos, directamente o por medio de sus representantes elegidos o elegidas.

La participación del pueblo en la formación, ejecución y control de la gestión pública es el medio necesario para lograr el protagonismo que garantice su completo desarrollo, tanto individual como colectivo. Es obligación del Estado y deber de la sociedad facilitar la generación de las condiciones más favorables para su práctica.

Artículo 70. Son medios de participación y protagonismo del pueblo en ejercicio de su soberanía, en lo político: la elección de cargos públicos, el referendo, la consulta popular, la revocación del mandato, las iniciativas legislativa, constitucional y constituyente, el cabildo abierto y la asamblea de ciudadanos y ciudadanas cuyas decisiones serán de carácter vinculante, entre otros; y en lo social y económico: las instancias de atención ciudadana, la autogestión, la cogestión, las cooperativas en todas sus formas incluyendo las de carácter financiero, las cajas de ahorro, la empresa comunitaria y demás formas asociativas guiadas por los valores de la mutua cooperación y la solidaridad.

La ley establecerá las condiciones para el efectivo funcionamiento de los medios de participación previstos en este artículo.

4. *Derecho a la participación política mediante sufragio*

A *El derecho y el deber de votar*

Constitución 1999

Artículo 63. El sufragio es un derecho. Se ejercerá mediante votaciones libres, universales, directas y secretas. La ley garantizará el principio de la personalización del sufragio y la representación proporcional

Constitución 1961

Art. 110. El voto es un derecho y una función pública. Su ejercicio será obligatorio, dentro de los límites y condiciones que establezca la ley.

Constitución 1953

Art. 39. El sufragio es función pública privativa de los venezolanos. No obstante, podrá hacerse extensiva a los extranjeros. La ley determinará las condiciones y demás modalidades relativas al ejercicio del sufragio en uno y otro caso.

Constitución 1947

Art. 44. La Nación garantiza el derecho de sufragio activo y pasivo en los términos previstos en esta Constitución.

Art. 80. El sufragio es derecho y función pública privativa de los venezolanos, pero podrá hacerse extensivo para elecciones municipales y conforme a la ley, a los extranjeros que tengan más de diez años de residencia ininterrumpida en el país.

Constitución 1946

Art. 1° Se garantiza a los venezolanos los siguientes derechos:

1° El derecho de sufragio para todos los venezolanos mayores de dieciocho años, con las solas excepciones establecidas en el Estatuto Electoral, y, en consecuencia pueden formar parte de los partidos o asociaciones políticas y tienen derecho, sin distinción de sexo, al ejercicio de cargos públicos, salvo que por disposiciones especiales se reclamen condiciones o cualidades particulares.

Constitución 1945

Art. 32. La nación garantiza a los venezolanos: 14. El derecho de sufragio en los términos que se expresan a continuación:

Constitución 1936

Art. 32. La Nación garantiza a los venezolanos: 14. El derecho de sufragio.

Constitución 1925

Art. 32. La Nación garantiza a los venezolanos:

12. El derecho de sufragio, y en consecuencia todos los venezolanos, mayores de veintiún años, que no estén sujetos a interdicción ni a condena penal que envuelva la inhabilitación política, son electores y elegibles para todos los cargos públicos, sin más restricciones que las establecidas en esta Constitución, y las que se deriven de las condiciones especiales de competencia o capacidad que para, el ejercicio de determinados cargos requieran las leyes.

[Con igual texto: Constitución 1928, Art. 32,12; Constitución 1929, Art. 32,12; Constitución 1931, Art. 32,12].

Constitución 1914

Art. 22. La Nación garantiza a los venezolanos:

11. La libertad del sufragio, sin más restricciones que las establecidas por esta Constitución y las leyes.

[Con igual texto: Constitución 1922, Art. 22,11].

Estatuto Provisional 1914

Art. 16. La Nación garantiza a los venezolanos.

11. La libertad de sufragio sin más restricciones que las establecidas por las leyes.

Constitución 1904

Art. 17. La Nación garantiza a los venezolanos:

11. La libertad del sufragio, sin más restricciones que las establecidas por esta Constitución y las leyes.

[Con igual texto: Constitución 1909, Art. 23,11].

Constitución 1901

Art. 17. La Nación garantiza a los venezolanos la efectividad de los siguientes derechos:

11. El derecho de sufragio, que sólo podrá ser ejercido por los venezolanos varones, mayores de veintiún años, con excepción de los que están sometidos a interdicción declarada por sentencia ejecutoriada.

Constitución 1893

Art. 14. La Nación garantiza a los venezolanos la efectividad de los siguientes derechos:

11. La libertad del sufragio, sin más restricción que la menor edad de veintiún años, y la interdicción declarada por sentencia ejecutoriada de los Tribunales competentes.

Constitución 1864

Art. 14. La Nación garantiza a los venezolanos:

11. La libertad de sufragio para las elecciones populares sin más restricción que la menor edad de dieciocho años.

[Con igual texto: Constitución 1874, Art. 14,11; Constitución 1881, Art. 14,11; Constitución 1891, Art. 14,11].

Decreto 1863

Art. 1. Se garantiza a los venezolanos:

7° *El derecho de sufragio:* Son otra restricción que la minoridad.

Constitución 1821

Art. 24. Las elecciones serán públicas y ninguno podrá presentarse armado en ellas.

Constitución 1811

Art. 187. El derecho del pueblo para participar en la legislatura es la mejor seguridad y el más firme fundamenta de un Gobierno libre; por tanto, es preciso que las elecciones sean libres y frecuentes y que los ciudadanos en quienes concurren las calificaciones de moderadas propiedades y demás que procuran un mayor interés a la comunidad tengan derecho para sufragar y elegir los miembros de la legislatura a épocas señaladas y poco distantes como previene la Constitución.

Declaración 1811

Soberanía del pueblo

Art. 1. La soberanía reside en el pueblo; y. el ejercicio de ella en los Ciudadanos con derecho a sufragio, por medio de sus apoderados legalmente constituidos.

Art. 3. Una parte de los ciudadanos con derecho a sufragio, no podrá ejercer la soberanía. Todos deben concurrir con su voto a la formación del Cuerpo que la ha de representar, porque todos tienen derecho a expresar su voluntad con entera libertad, único principio que hace legítima y legal la constitución de su Gobierno.

Derechos del hombre en sociedad.

Art. 9. Los sufragantes son los que están establecidos en Venezuela, sean de la nación que fueren: éstos solos forman el soberano.

Art. 10. Los que no tienen derecho a sufragio son los transeúntes, los que no tengan la propiedad que establece la Constitución; y éstos gozarán de los beneficios de la ley, sin tomar parte en su institución.

B. *La condición del elector*

Constitución 1999

Artículo 64. Son electores o electoras todos los venezolanos y venezolanas que hayan cumplido dieciocho años de edad y que no estén sujetos a interdicción civil o inhabilitación política.

El voto para las elecciones parroquiales, municipales y estadales se hará extensivo a los extranjeros o extranjeras que hayan cumplido dieciocho años de edad, con más de diez años de residencia en el país, con las limitaciones establecidas en esta Constitución y en la ley, y que no estén sujetos a interdicción civil o inhabilitación política.

Constitución 1961

Art. 111. Son electores todos los venezolanos que hayan cumplido dieciocho años de edad y no estén sujetos a interdicción civil ni a inhabilitación política. El voto para elecciones municipales podrá hacerse extensivo a los extranjeros, en las condiciones de residencia y otras, que la ley establezca.

Constitución 1947

Art. 81. Son electores todos los venezolanos, hombres y mujeres, mayores de dieciocho años, no sujetos por sentencia definitivamente firme a interdicción civil ni a condena penal que lleve consigo la inhabilitación política.

Constitución 1945

Art. 32. La nación garantiza a los venezolanos:

14. El derecho de sufragio en los términos que se expresan a continuación:

a) Los venezolanos varones, mayores de veintiún años que sepan leer y escribir y que no estén sujetos a interdicción ni a condena penal que envuelva la inhabilitación política, son aptos para elegir y ser elegidos, sin más restricciones que las establecidas en esta Constitución y las que deriven de las condiciones especiales de competencia o capacidad que para el ejercicio de determinados cargos requieran las leyes.

b) Las mujeres venezolanas que reúnan las condiciones que se requieren para el ejercicio del sufragio, según el aparte que antecede, gozan del derecho de sufragio, activo y pasivo para la formación de los Concejos Municipales.

Constitución 1936

Art. 32: La nación garantiza a los venezolanos:

14. El derecho de sufragio, y, en consecuencia, los venezolanos varones, mayores de veintiún años, que sepan leer y escribir y que no estén sujetos a interdicción ni a condena penal que envuelva la inhabilitación política, son aptos para elegir y ser elegidos, sin más restricciones que las establecidas en esta. Constitución, y las que deriven de las condiciones especiales de competencia o capacidad que para el ejercicio de determinados cargos requieran las leyes.

Constitución 1925

Art. 32. La Nación garantiza, a los venezolanos:

12. El derecho de sufragio, y en consecuencia todos los venezolanos, mayores de veintiún años, que no estén sujetos a interdicción ni a condena penal que envuelva la inhabilitación política, son electores y elegibles para todos los cargos públicos, sin más restricciones que las establecidas en esta Constitución, y las que se deriven de las condiciones especiales de competencia o capacidad que para el ejercicio de determinados cargos requieran las leyes.

[Con igual texto: Constitución 1928, Art. 32,12; Constitución 1929, Art. 32,12; Constitución 1931, Art. 32,12].

Constitución 1914

Art. 12. Son electores y elegibles los venezolanos mayores de veintiún años, que tengan las condiciones requeridas por esta Constitución.

Art. 123. Todos los venezolanos pueden elegir y ser elegidos para los destinos públicos, si están en el goce de los derechos de ciudadano.

[Con igual texto: Constitución 1922, Art. 12,123].

Estatuto Provisional 1914

Art. 8° Son electores y elegibles los venezolanos mayores de veintiún años, con sólo las condiciones expresadas en las leyes.

Constitución 1904

Art. 10. Son electores y elegibles los venezolanos mayores de veintiún años, son sólo las condiciones expresadas en esta Constitución y en las leyes.

[Con igual texto: Constitución 1909, Art. 15].

Constitución 1901

Art. 10. Son electores y elegibles para los cargos públicos los venezolanos mayores de veintiún años, con sólo las condiciones expresadas en esta Constitución y en las leyes.

Art. 17. La Nación garantiza a los venezolanos:

11. El derecho de sufragio, que sólo podrá ser ejercido por los venezolanos varones, mayores de veintiún años, con excepción de los que estén sometidos a interdicción declarada por sentencia ejecutoriada.

Constitución 1893

Art. 14. La Nación garantiza a los venezolanos:

11. La libertad del sufragio, sin más restricción que la menor edad de veintiún años, y la interdicción declarada por sentencia ejecutoriada de los Tribunales competentes. -

Constitución 1858

Art. 11. Son ciudadanos y, por lo tanto, tienen el derecho de elegir para el ejercicio de los poderes públicos:

1° Todos los venezolanos mayores de veinte años.

2° Los que sin tener esta edad sean o hayan sido casados.

Constitución 1857

Art. 11. Todos los venezolanos que están en el goce de los derechos de ciudadano pueden elegir y ser elegidos para desempeñar los destinos públicos, siempre que tengan las cualidades requeridas por la Constitución y las leyes.

Art. 12. Para gozar de los derechos de ciudadanos se necesita:

1° Ser venezolano.

2°. Ser casado o mayor de dieciocho años.

3° Saber leer y escribir; pero esta condición no será obligatoria hasta el año de 1880.

Art. 15. Para que un ciudadano pueda ser nombrado elector se requiere:

1° Que sea mayor de veinticinco años.

2° Que sepa leer y escribir.

3° Que tenga una propiedad raíz que valga mil pesos por lo menos o una renta o sueldo que le produzca cuatrocientos pesos o más.

Constitución 1830

Art. 13. Todos los venezolanos pueden elegir y ser elegidos para los destinos públicos si están en el goce de los derechos de ciudadanos, si tienen la aptitud necesaria y concurren en ellos los demás requisitos que prescriben la Constitución y las leyes.

Art. 14. Para gozar de los derechos de ciudadano se necesita:

1° Ser venezolano.

2° Ser casado o mayor de veintiún años.

3° Saber leer y escribir; pero esta condición no será obligatoria hasta el tiempo que designe la ley.

4° Ser dueño de una propiedad raíz, cuya renta anual sea de cincuenta pesos o tener una profesión, oficio o industria útil que produzca cien pesos anuales, sin dependencia de otro en clase de sirviente doméstico o gozar de un sueldo anual de ciento cincuenta pesos.

Constitución 1821

Art. 15. Para ser sufragante parroquial se necesita:

Primero: Ser colombiano.

Segundo. Ser casado o mayor de veintiún años.

Tercero. Saber leer y escribir; pero esta condición no tendrá lugar hasta el año de 1840.

Cuarto. Ser dueño de alguna propiedad raíz que alcance al valor libre de cien pesos. Suplirá este defecto el ejercitar algún oficio, profesión, comercio o industria útil con casa o taller abierto sin dependencia de otro, en clase de jornalero o sirviente.

Art. 21. Para ser elector se requiere:

Primero. Ser sufragante parroquial no suspenso.

Segundo: Saber leer y escribir.

Tercero. Ser mayores de veinticinco años cumplidos y vecino de cualquiera de las parroquias del cantón que va a hacer las elecciones.

Cuarto. Ser dueño de una propiedad raíz que alcance al valor libre de quinientos pesos o gozar de un empleo de trescientos pesos de renta anual, o ser usufructuario de bienes que produzcan una renta de trescientos pesos anuales, o profesar alguna ciencia, o tener un grado científico.

Constitución 1819

TÍTULO III

Sección Primera
De los ciudadanos

Art 1° Los ciudadanos se dividen en activos y pasivos.

Art. 2° Es ciudadano activo el que goza el derecho de sufragio y ejerce por medio de él la soberanía nacional, nombrando sus representantes.

Art. 3° Ciudadano pasivo se llama aquel que, estando bajo la protección de la ley, no tiene parte en su formación, no ejerce la soberanía nacional ni goza del derecho de sufragio.

Art. 4° Para ser ciudadano activo y gozar de sus derechos se necesita: . Primero. Haber nacido en el territorio de la República y tener domicilio o vecindario en cualquier parroquia. Segundo. Ser casado o mayor de veintiún años.

Tercero. Saber leer y escribir, pero esta condición no tendrá lugar hasta el año 1830.

Cuarto. Poseer una propiedad raíz de valor de quinientos pesos en cualquier parte de Venezuela. Suplirá la falta de esta propiedad el tener algún grado o aprobación pública en una ciencia o arte liberal o mecánica; el gozar de un grado militar vivo y efectivo o de algún empleo con renta de trescientos pesos por año.

Art. 5° Los extranjeros que hayan alcanzado carta de naturaleza en recompensa de algún servicio importante hecho a la República serán también ciudadanos activos si tuvieren la edad exigida a los naturales y si supieren leer y escribir.

Art. 7° Los militares, sean naturales o extranjeros, que han combatido por la libertad e independencia de la patria en la presente guerra gozarán del derecho de ciudadanos activos, aun cuando no tengan las cualidades exigidas en los artículos 4°, 5° y 6° de este título.

Declaración 1811

Derechos del hombre en sociedad.

Art. 7°. Todos los ciudadanos no pueden tener igual parte en la formación de la ley, porque todos no contribuyen igualmente a la conservación del Estado, seguridad y tranquilidad de la sociedad.

Art. 8° Los ciudadanos se dividirán en dos clases: unos con derecho a sufragio, otros sin él.

C. *La libertad del voto*

Constitución 1961

Art. 113. La legislación electoral asegurará la libertad, y el secreto del voto, y consagrará el derecho de representación proporcional de las minorías.

Los organismos electorales estarán integrados de manera que no predomine en ellos ningún partido o agrupación política, y sus componentes gozarán de los privilegios que la ley establezca para asegurar su independencia en el ejercicio de sus funciones.

Los partidos políticos concurrentes tendrán derecho de vigilancia sobre el proceso electoral.

5. *El derecho a ser elegido y a ejercer funciones públicas*

Constitución 1999

Artículo 67 [...] Los ciudadanos y ciudadanas, por iniciativa propia, y las asociaciones con fines políticos, tienen derecho a concurrir a los procesos electorales postulando candidatos o candidatas. El financiamiento de la propaganda política y de las campañas electorales será regulado por la ley. Las direcciones de las asociaciones con fines políticos no podrán contratar con entidades del sector público.

Artículo 65. No podrán optar a cargo alguno de elección popular quienes hayan sido condenados o condenadas por delitos cometidos durante el ejercicio de sus funciones y otros que afecten el patrimonio público, dentro del tiempo que fije la ley, a partir del cumplimiento de la condena y de acuerdo con la gravedad del delito.

Constitución 1961

Art. 112. Son elegibles y aptos para el desempeño de funciones públicas los electores que sepan leer y escribir, mayores de veintiún años, sin más restricciones que las establecidas en esta Constitución y las derivadas de las condiciones de aptitud que, para el ejercicio de determinados cargos, exijan las leyes.

Enmienda Nº 1 (1973). Art. 1. No podrán ser elegidos Presidente de la República, Senador o Diputado al Congreso, ni Magistrado de la Corte Suprema de Justicia, quienes hayan sido condenados mediante sentencia definitivamente firme, dictada por Tribunales Ordinarios, a pena de presidio o prisión superior a tres años, por delitos cometidos en el desempeño de funciones públicas, o con ocasión de éstas.

De lo acordado por los organismos competentes no habrá otro recurso que el de apelación ante la Corte Suprema de Justicia, en pleno, ejercido por cualquier elector. La Corte deberá decidir dentro de los diez días siguientes al recibo de la solicitud.

Constitución 1947

Art. 82. Son elegibles y aptos para el desempeño de cualquier cargo público, los electores que sepan leer y escribir, mayores de veintiún años, sin más restricciones que las establecidas en esta Constitución y las derivadas de las condiciones de aptitud, que, para el ejercicio de determinados cargos, requieran las leyes.

Constitución 1945

Art. 33. Todos los venezolanos, sin distinción de sexo, son aptos para el ejercicio de cargos públicos de nombramiento siempre que no estén sujetos a interdicción ni condena penal que envuelva inhabilitación política y dentro de las condiciones exigidas por la ley.

Constitución 1925

Art. 32. La Nación garantiza a los venezolanos:

12. El derecho de sufragio, y en consecuencia todos los venezolanos, mayores de veintiún años, que no estén sujetos a interdicción ni a condena penal que envuelva la inhabilitación política son elegibles para todos los cargos públicos, sin más restricciones que las establecidas en esta Constitución, y las que se deriven de las condiciones especiales de competencia o capacidad que para el ejercicio de determinados cargos requieran las leyes.

[Con igual texto: Constitución 1928, Art. 32,12; Constitución 1929, Art. 32,12; Constitución 1931, Art. 32,12].

Constitución 1914

Art. 12. Son elegibles los venezolanos mayores de veintiún años que tengan las condiciones requeridas por esta Constitución.

Art. 123. Todos los venezolanos pueden ser elegidos para los destinos públicos, si están en el goce de los derechos de ciudadano.

[Con igual texto: Constitución 1922, Art. 12,123].

Estatuto Provisional 1914

Art. 8°. Son elegibles los venezolanos mayores de veintiún años, son sólo las condiciones expresadas en las leyes.

Constitución 1904

Art. 10. Son elegibles los venezolanos mayores de veintiún años, con sólo las condiciones expresadas en esta Constitución y en las leyes.

[Con igual texto: Constitución 1909, Art. 15].

Constitución 1901

Art. 10. Son...elegibles para los cargos públicos los venezolanos mayores de veintiún años, con sólo las condiciones expresadas en esta Constitución y en las leyes.

Constitución 1893

Art. 6° Son elegibles los venezolanos varones y mayores de veintiún años, con sólo las excepciones expresadas en esta Constitución.

Constitución 1881

Art. 7° Son elegibles los venezolanos varones y mayores de veintiún años, con sólo las excepciones contenidas en esta Constitución.

[Con igual texto: Constitución 1891, Art, 7].

Constitución 1864

Art. 8° Son elegibles los venezolanos varones y mayores de veintiún años, con las excepciones contenidas en esta Constitución.

[Con igual texto: Constitución 1874, Art. 8].

Constitución 1857

Art. 11. Todos los venezolanos que están en el goce de los derechos de ciudadano pueden ser elegidos para desempeñar los destinos públicos, siempre que tengan las cualidades requeridas por la Constitución y las leyes.

Art. 12. Para gozar de los derechos de ciudadano se necesita:

1° Ser venezolano.

2° Ser casado o mayor de dieciocho años.

3° Saber leer y escribir; pero esta condición no será obligatoria hasta el año de 1880.

Constitución 1830

Art. 13. Todos los venezolanos pueden ser elegidos para los destinos públicos si están en el goce de los derechos de ciudadano, si tienen la aptitud necesaria y concurren en ellos los demás requisitos que prescriben la Constitución y las leyes.

Constitución 1811

Art. 147. Todos los ciudadanos tienen derecho indistintamente a los empleos públicos del modo, en las formas y con las condiciones prescritas por la ley, no siendo aquellos la propiedad exclusiva de alguna clase de hombres en particular, y ningún hombre, Corporación o Asociación de hombres tendrá otro título para obtener ventajas y consideraciones particulares distintas de las de los otros en la opción a los empleos que forman una carrera pública, sino el que proviene de los servicios hechos al Estado.

Art. 148. No siendo estos títulos ni servicios en manera alguna hereditarios por la naturaleza, ni transmisibles a los hijos, descendientes u otras relaciones de sangre, la idea de un hombre nacido magistrado, legislador, juez, militar o empleado de cualquier suerte en absurda y contraria a la naturaleza.

6. *El derecho a la rendición de cuentas*

Constitución 1999

Artículo 66. Los electores y electoras tienen derecho a que sus representantes rindan cuentas públicas, transparentes y periódicas sobre su gestión, de acuerdo con el programa presentado.

7. *Derecho a la participación política mediante referenda*

Constitución 1999

Artículo 71. Las materias de especial trascendencia nacional podrán ser sometidas a referendo consultivo por iniciativa del Presidente o Presidenta de la República en Consejo de Ministros; por acuerdo de la Asamblea Nacional, aprobado por el voto de la mayoría de sus integrantes; o a solicitud de un número no menor del diez por ciento de los electores y electoras inscritos en el registro civil y electoral.

También podrán ser sometidas a referendo consultivo las materias de especial trascendencia parroquial, municipal y estadal. La iniciativa le corresponde a la Junta Parroquial, al Concejo Municipal, o al Consejo Legislativo, por acuerdo de las dos terceras partes de sus integrantes; al Alcalde o Alcaldesa, o al Gobernador o Gobernadora de Estado, o a un número no menor del diez por ciento del total de inscritos e inscritas en la circunscripción correspondiente, que lo soliciten.

Artículo 72. Todos los cargos y magistraturas de elección popular son revocables.

Transcurrida la mitad del período para el cual fue elegido el funcionario o funcionaria, un número no menor del veinte por ciento de los electores o electoras inscritos en la correspondiente circunscripción podrá solicitar la convocatoria de un referendo para revocar su mandato.

Cuando igual o mayor número de electores o electoras que eligieron al funcionario o funcionaria hubieren votado a favor de la revocación, siempre que haya concurrido al referendo un número de electores o electoras igual o superior al veinticinco por ciento de los electores o electoras inscritos, se considerará revocado su mandato y se procederá de inmediato a cubrir la falta absoluta conforme a lo dispuesto en esta Constitución y en la ley.

La revocación del mandato para los cuerpos colegiados se realizará de acuerdo con lo que establezca la ley.

Durante el período para el cual fue elegido el funcionario o funcionaria no podrá hacerse más de una solicitud de revocación de su mandato.

Artículo 73. Serán sometidos a referendo aquellos proyectos de ley en discusión por la Asamblea Nacional, cuando así lo decidan por lo menos las dos terceras partes de los o las integrantes de la Asamblea. Si el referendo concluye en un sí aprobatorio, siempre que haya concurrido el veinticinco por ciento de los electores y electoras inscritos e inscritas en el Re-

gistro Civil y Electoral, el proyecto correspondiente será sancionado como ley.

Los tratados, convenios o acuerdos internacionales que pudieren comprometer la soberanía nacional o transferir competencias a órganos supranacionales, podrán ser sometidos a referendo por iniciativa del Presidente o Presidenta de la República en Consejo de Ministros; por el voto de las dos terceras partes de los o las integrantes de la Asamblea; o por el quince por ciento de los electores o electoras inscritos e inscritas en el Registro Civil y Electoral.

Artículo 74. Serán sometidas a referendo, para ser abrogadas total o parcialmente, las leyes cuya abrogación fuere solicitada por iniciativa de un número no menor del diez por ciento de los electores y electoras inscritos e inscritas en el Registro Civil y Electoral o por el Presidente o Presidenta de la República en Consejo de Ministros.

También podrán ser sometidos a referendo abrogatorio los decretos con fuerza de ley que dicte el Presidente o Presidenta de la República en uso de la atribución prescrita en el numeral 8 del artículo 236 de esta Constitución, cuando fuere solicitado por un número no menor del cinco por ciento de los electores y electoras inscritos e inscritas en el Registro Civil y Electoral.

Para la validez del referendo abrogatorio será indispensable la concurrencia de, por lo menos, el cuarenta por ciento de los electores y electoras inscritos e inscritas en el Registro Civil y Electoral.

No podrán ser sometidas a referendo abrogatorio las leyes de presupuesto, las que establezcan o modifiquen impuestos, las de crédito público ni las de amnistía, ni aquellas que protejan, garanticen o desarrollen los derechos humanos y las que aprueben tratados internacionales.

No podrá hacerse más de un referendo abrogatorio en un período constitucional para la misma materia.

8. *El derecho a asociarse en partidos políticos*

Constitución 1999

Artículo 67. Todos los ciudadanos y ciudadanas tienen el derecho de asociarse con fines políticos, mediante métodos democráticos de organización, funcionamiento y dirección. Sus organismos de dirección y sus candidatos o candidatas a cargos de elección popular serán seleccionados o seleccionadas en elecciones internas con la participación de sus integrantes. No se permitirá el financiamiento de las asociaciones con fines políticos con fondos provenientes del Estado.

La ley regulará lo concerniente al financiamiento y a las contribuciones privadas de las organizaciones con fines políticos, y los mecanismos de control que aseguren la pulcritud en el origen y manejo de las mismas. Así mismo regulará las campañas políticas y electorales, su duración y límites de gastos propendiendo a su democratización.

Los ciudadanos y ciudadanas, por iniciativa propia, y las asociaciones con fines políticos, tienen derecho a concurrir a los procesos electorales postulando candidatos o candidatas. El financiamiento de la propaganda política y de las campañas electorales será regulado por la ley. Las direcciones de las asociaciones con fines políticos no podrán contratar con entidades del sector público.

Constitución 1961

Art. 114. Todos los venezolanos aptos para el voto tienen el derecho de asociarse en partidos políticos para participar, por métodos democráticos, en la orientación de la política nacional.

El legislador reglamentará la constitución y actividad de los partidos políticos con el fin de asegurar su carácter democrático y garantizar su igualdad ante la ley.

En las constituciones anteriores, el derecho de asociarse en partidos políticos estaba regulado en la libertad general de asociación, como derecho individual.

9. *El derecho de manifestar*

Constitución 1999

Artículo 68. Los ciudadanos y ciudadanas tienen derecho a manifestar, pacíficamente y sin armas, sin otros requisitos que los que establezca la ley.

Se prohíbe el uso de armas de fuego y sustancias tóxicas en el control de manifestaciones pacíficas. La ley regulará la actuación de los cuerpos policiales y de seguridad en el control del orden público.

Constitución 1961

Art. 115. Los ciudadanos tienen el derecho de manifestar pacíficamente y sin armas, sin otro requisito que los que establezca la ley.

En las constituciones anteriores este derecho estaba implícito, como derecho individual, en la garantía del derecho de reunión pública.

10. *El derecho de asilo y prohibición de extradición de venezolanos*

Constitución 1999

Artículo 69. La República Bolivariana de Venezuela reconoce y garantiza el derecho de asilo y refugio.

Se prohíbe la extradición de venezolanos y venezolanas.

Constitución 1961

Art. 116. La República reconoce el asilo a favor de cualquier persona que sea objeto de persecución o se halle en peligro, por motivos políticos en las condiciones y con los requisitos establecidos por las leyes y las normas del Derecho Internacional.

Constitución 1947

Art. 33. La Nación reconoce el asilo por motivos políticos, con las solas limitaciones que establezcan las leyes, los principios del Derecho Internacional y los tratados públicos.

SECCIÓN SÉPTIMA:

DERECHOS AMBIENTALES

Constitución 1999

Artículo 127. Es un derecho y un deber de cada generación proteger y mantener el ambiente en beneficio de sí misma y del mundo futuro. Toda persona tiene derecho individual y colectivamente a disfrutar de una vida y de un ambiente seguro, sano y ecológicamente equilibrado. El Estado protegerá el ambiente, la diversidad biológica, los recursos genéticos, los procesos ecológicos, los parques nacionales y monumentos naturales y demás áreas de especial importancia ecológica. El genoma de los seres vivos no podrá ser patentado, y la ley que se refiera a los principios bioéticos regulará la materia.

Es una obligación fundamental del Estado, con la activa participación de la sociedad, garantizar que la población se desenvuelva en un ambiente libre de contaminación, en donde el aire, el agua, los suelos, las costas, el clima, la capa de ozono, las especies vivas, sean especialmente protegidos, de conformidad con la ley.

Artículo 128. El Estado desarrollará una política de ordenación del territorio atendiendo a las realidades ecológicas, geográficas, poblacionales, sociales, culturales, económicas, políticas, de acuerdo con las premisas del desarrollo sustentable, que incluya la información, consulta y participación ciudadana. Una ley orgánica desarrollará los principios y criterios para este ordenamiento.

Artículo 129. Todas las actividades susceptibles de generar daños a los ecosistemas deben ser previamente acompañadas de estudios de impacto ambiental y sociocultural. El Estado impedirá la entrada al país de desechos tóxicos y peligrosos, así como la fabricación y uso de armas nucleares, químicas y biológicas. Una ley especial regulará el uso, manejo, transporte y almacenamiento de las sustancias tóxicas y peligrosas.

En los contratos que la República celebre con personas naturales o jurídicas, nacionales o extranjeras, o en los permisos que se otorguen, que afecten los recursos naturales, se considerará incluida aun cuando no estuviere expresa, la obligación de conservar el equilibrio ecológico, de permitir el acceso a la tecnología y la transferencia de la misma en condiciones mutuamente convenidas y de restablecer el ambiente a su estado natural si éste resultare alterado, en los términos que fije la ley.

SECCIÓN OCTAVA:
DERECHOS DE LOS PUEBLOS INDÍGENAS

Constitución 1999

Artículo 119. El Estado reconocerá la existencia de los pueblos y comunidades indígenas, su organización social, política y económica, sus culturas, usos y costumbres, idiomas y religiones, así como su hábitat y derechos originarios sobre las tierras que ancestral y tradicionalmente ocupan y que son necesarias para desarrollar y garantizar sus formas de vida. Corresponderá al Ejecutivo Nacional, con la participación de los pueblos indígenas, demarcar y garantizar el derecho a la propiedad colectiva de sus tierras, las cuales serán inalienables, imprescriptibles, inembargables e intransferibles de acuerdo con lo establecido en esta Constitución y la ley.

Artículo 120. El aprovechamiento de los recursos naturales en los hábitats indígenas por parte del Estado se hará sin lesionar la integridad cultural, social y económica de los mismos e, igualmente, está sujeto a previa información y consulta a las comunidades indígenas respectivas. Los beneficios de este aprovechamiento por parte de los pueblos indígenas están sujetos a esta Constitución y a la ley.

Artículo 121. Los pueblos indígenas tienen derecho a mantener y desarrollar su identidad étnica y cultural, cosmovisión, valores, espiritualidad y sus lugares sagrados y de culto. El Estado fomentará la valoración y difusión de las manifestaciones culturales de los pueblos indígenas, los cuales tienen derecho a una educación propia y a un régimen educativo de carácter intercultural y bilingüe, atendiendo a sus particularidades socioculturales, valores y tradiciones.

Artículo 122. Los pueblos indígenas tienen derecho a una salud integral que considere sus prácticas y culturas. El Estado reconocerá su medicina tradicional y las terapias complementarias, con sujeción a principios bioéticos.

Artículo 123. Los pueblos indígenas tienen derecho a mantener y promover sus propias prácticas económicas basadas en la reciprocidad, la solidaridad y el intercambio; sus actividades productivas tradicionales, su participación en la economía nacional y a definir sus prioridades. Los pueblos indígenas tienen derecho a servicios de formación profesional y a participar en la elaboración, ejecución y gestión de programas específicos de capacitación, servicios de asistencia técnica y financiera que fortalezcan sus actividades económicas en el marco del desarrollo local sustentable. El Estado garantizará a los trabajadores y trabajadoras pertenecientes a los pueblos indígenas el goce de los derechos que confiere la legislación laboral.

Artículo 124. Se garantiza y protege la propiedad intelectual colectiva de los conocimientos, tecnologías e innovaciones de los pueblos indígenas. Toda actividad relacionada con los recursos genéticos y los conocimientos

asociados a los mismos perseguirán beneficios colectivos. Se prohíbe el registro de patentes sobre estos recursos y conocimientos ancestrales.

Artículo 125. Los pueblos indígenas tienen derecho a la participación política. El Estado garantizará la representación indígena en la Asamblea Nacional y en los cuerpos deliberantes de las entidades federales y locales con población indígena, conforme a la ley.

Artículo 126 Los pueblos indígenas, como culturas de raíces ancestrales, forman parte de la Nación, del Estado y del pueblo venezolano como único, soberano e indivisible. De conformidad con esta Constitución tienen el deber de salvaguardar la integridad y la soberanía nacional.

El término pueblo no podrá interpretarse en esta Constitución en el sentido que se le da en el derecho internacional.

Constitución 1961

Art. 77. La ley establecerá el régimen de excepción que requiera la protección de las comunidades de indígenas y su incorporación progresiva a la vida de la Nación.

Constitución 1947

Art. 72. Corresponde al Estado procurar la incorporación del indio a la vida nacional.

Una legislación especial determinará lo relacionado con esta materia, teniendo en cuenta las características culturales y las condiciones económicas de la población indígena.

Constitución 1811

Art. 200. Como la parte de ciudadanos que hasta hoy se ha denominado indios no ha conseguido el fruto apreciable de algunas leyes que la monarquía española dictó a favor, porque los encargados del Gobierno en estos países tenían olvidada su ejecución, y como las bases del sistema de Gobierno que en esta Constitución ha adoptado Venezuela no son otras que las de la justicia y la igualdad, encarga muy particularmente a los Gobiernos provinciales que así como han de aplicar sus fatigas y cuidados para conseguir la ilustración de todos los habitantes del Estado, proporcionarles escuelas, academias y colegios en donde aprendan todos los que quieran los principios de Religión, de la sana moral, de la política, de las ciencias y artes útiles para el sostenimiento y prosperidad de los pueblos, procuren por todos los medios posibles atraer a los referidos ciudadanos naturales a estas casas de ilustración y enseñanza, hacerles comprender la íntima unión que tienen con todos los demás ciudadanos, las consideraciones que como aquéllos merecen del Gobierno y los derechos de que gozan por sólo el hecho de ser hombres iguales a todos los de su especie, a fin de conseguir por este medio sacarlos del abatimiento y rusticidad en que los ha mantenido el antiguo estado de las cosas y que no permanezcan por más tiempo aislados y aun temerosos de tratar a los demás hombres, prohibiendo desde ahora que puedan aplicarse involuntariamente a prestar sus servicios a los Tenientes o Curas de sus parroquias, ni a otra persona alguna, y permitiéndoles el reparto en propiedad de las tierras que les estaban concedidas y de que están en posesión para que a proporción entre los padres de familia de cada pueblo las dividan y dispongan de ellas como verdaderos señores, según los términos y reglamentos que formen los gobiernos provinciales.

SECCIÓN NOVENA:

EL RÉGIMEN DE LA SUSPENSIÓN O RESTRICCIÓN DE LAS GARANTÍAS

Constitución 1999

Artículo 236. Son atribuciones y obligaciones del Presidente o Presidenta de la República: [...]

7. Declarar los estados de excepción y decretar la restricción de garantías en los casos previstos en esta Constitución.

Artículo 337. El Presidente o Presidenta de la República, en Consejo de Ministros, podrá decretar los estados de excepción. Se califican expresamente como tales las circunstancias de orden social, económico, político, natural o ecológico, que afecten gravemente la seguridad de la Nación, de las instituciones y de los ciudadanos y ciudadanas, a cuyo respecto resultan insuficientes las facultades de las cuales se disponen para hacer frente a tales hechos. En tal caso, podrán ser restringidas temporalmente las garantías consagradas en esta Constitución, salvo las referidas a los derechos a la vida, prohibición de incomunicación o tortura, el derecho al debido proceso, el derecho a la información y los demás derechos humanos intangibles.

Artículo 339. El decreto que declare el estado de excepción, en el cual se regulará el ejercicio del derecho cuya garantía se restringe, será presentado dentro de los ocho días siguientes de haberse dictado, a la Asamblea Nacional, o a la Comisión Delegada, para su consideración y aprobación, y a la Sala Constitucional del Tribunal Supremo de Justicia, para que se pronuncie sobre su constitucionalidad. El decreto cumplirá con las exigencias, principios y garantías establecidos en el Pacto Internacional de Derechos Civiles y Políticos y en la Convención Americana sobre Derechos Humanos. El Presidente o Presidenta de la República podrá solicitar su prórroga por un plazo igual, y será revocado por el Ejecutivo Nacional o por la Asamblea Nacional o por su Comisión Delegada, antes del término señalado, al cesar las causas que lo motivaron.

La declaración* del estado de excepción no interrumpe el funcionamiento de los órganos del Poder Público.

* En la publicación de 30-12-1999, se utilizó la palabra "declaratoria" en lugar de "declaración".

Constitución 1961

Art. 190. Son atribuciones y deberes del Presidente de la República: 6° Declarar el estado de emergencia y decretar la restricción o suspensión de garantías en los casos previstos en esta Constitución.

Art. 240. El Presidente de la República podrá declarar el estado de emergencia en caso de conflicto interior o exterior, o cuando existan fundados motivos de que uno u otro ocurran.

Art. 241. En caso de emergencia, de conmoción que pueda perturbar la paz de la República o de graves circunstancias que afecten la vida económica o social, el Presidente de la República podrá restringir o suspender las garantías constitucionales, o algunas de ellas, con excepción de las consagradas en el artículo 58 y en los ordinales 3° y 7° del artículo 60.

El Decreto expresará los motivos en que se funda, las garantías que se restringen o suspenden, y si rige para todo o parte del territorio nacional. La restricción o suspensión de garantíais no interrumpe el funcionamiento ni afecta las prerrogativas de los órganos del Poder Nacional.

Art. 242. El Decreto de restricción o suspensión de garantías será revocado por el Ejecutivo Nacional, o por las Cámaras en sesión conjunta, al cesar las causas que lo motivaron. La creación del estado de emergencia será decretada por el Presidente de la República en Consejo de Ministros y con la autorización de las Cámaras en sesión conjunta o de la Comisión Delegada.

Constitución 1953

Art. 36. En caso de emergencia nacional o internacional el Presidente de la República podrá, por Decreto dictado en Consejo de Ministros, restringir o suspender, total o parcialmente, las garantías ciudadanas en todo o en parte del territorio nacional, con excepción de las enunciadas en el ordinal 1° del artículo 35 de esta Constitución y en la letra *g)* del ordinal del mismo artículo.

Este Decreto será revocado al cesar las causas que lo motivaron.

Art. 37. La restricción o suspensión de garantías no afectará en ningún caso el funcionamiento del Poder Público.

Constitución 1947

Art. 76. En los casos de guerra civil o internacional o cuando exista peligro inminente de que una u otra ocurra, o de graves circunstancias que afecten la vida económica o social de la Nación, el Presidente de la República en Consejo de Ministros, podrá restringir o suspender en todo el territorio nacional, o en parte de él, el ejercicio de las garantías constitucionales, con excepción de las consagradas en el artículo 29 y en el ordinal 9° del artículo 30 de esta Constitución.

El decreto de restricción o suspensión de garantías expresará:

1° Los motivos que lo justifiquen.

2° La determinación de las garantías que se restrinjan o suspendan.

3° El territorio que afectará la restricción o suspensión. Las garantías serán restringidas o suspendidas sólo en cuanto fuere requerido para la seguridad del país y la restauración de la normalidad, y el Decreto que ordenare la restricción o suspensión será sometido al Congreso Nacional o a la Comisión Permanente del mismo, dentro de los diez días siguientes a su promulgación, y derogado al cesar las causas que lo motivaron.

Art. 77. Si las circunstancias no exigiesen la restricción o la suspensión de garantías, pero hubiere fundados indicios de la existencia de planes o actividades que tengan por objeto derrocar los Poderes constituidos, por golpe de Estado u otros medios violentos, el Presidente de la República, en Consejo de Ministros, podrá ordenar la detención preventiva de las personas contra quienes obren graves motivos para considerárselas comprometidas en dichos planes o actividades. Estas medidas serán sometidas, dentro de los diez días siguientes a su ejecución, a la consideración del Congreso Nacional o, durante el receso de éste, a la Comisión Permanente, para su aprobación o improbación, y serán suspendidas al cesar las causas que las motivaron. Si fueren aprobadas por el Congreso Nacional o por la Comisión Permanente y no fueren suspendidas dentro de los 60 días siguientes a dicha aprobación, el Presidente de la República, cumplido este último plazo, las someterá al conocimiento o suspensión tomando en cuenta, además de las disposiciones legales, la seguridad del Estado y la preservación del orden público.

Art. 78. La restricción de garantías no afectará en ningún caso el funcionamiento de los Poderes Públicos de la Nación, cuyos miembros gozarán siempre de las prerrogativas que les reconoce la ley.

Art. 198. Son atribuciones y deberes del Presidente de la República:

18. Decretar la restricción o suspensión de garantías en los casos previstos por el artículo 76 de esta Constitución, y en caso de alteración de la paz interna de la República o conflicto armado internacional podrá, además, mientras ellas duren:

a) Pedir y otorgar a los Estados los auxilios necesarios para la defensa nacional o de las instituciones.

b) Señalar el sitio a donde hayan de trasladarse transitoriamente todos o algunos de los Poderes de la República, cuando existiere grave motivo para ello.

c) Disponer el enjuiciamiento de los venezolanos y extranjeros que en caso de emergencia internacional sean hostiles a los intereses de Venezuela.

d) Reorganizar los Estados que fueren dominados por las fuerzas rebeldes o cuyos Gobiernos participaren en la rebeldía.

e) Ordenar que sean armados para su defensa los buques mercantes nacionales, en caso de necesidad.

f) Incorporar a la Armada Nacional los buques mercantes nacionales o los extranjeros que se hallen en los puertos de la República y que fueren necesarios para la defensa, y dotarlos de personal, distintivo y equipo militar requeridos. En esos casos se proveerá el modo de indemnizar los perjuicios que sufrieren los dueños.

g) Autorizar las demás medidas de carácter militar permitidas por el Derecho Internacional.

Constitución 1936

Art. 36. Cuando la República se hallare envuelta en guerra internacional o estallare en su seno la guerra civil o exista peligro de que una u otra ocurran, de epidemia o de cualquiera otra calamidad pública, o cuando por cualquiera otra circunstancia lo exija la defensa, la paz o seguridad de la Nación o de sus instituciones o forma de gobierno, el Presidente de la República en Consejo de Ministros, podrá, por un Decreto, restringir o suspender, en todo o parte del territorio nacional, el ejercicio de las garantías ciudadanas, con excepción, en todo caso, de las relativas a la inviolabilidad de la vida, a la proscripción de la esclavitud y a la no condenación a penas infamantes.

El Decreto contendrá: 1°, los motivos que lo justifiquen; 2°, la determinación de la garantía o garantías que se restrinjan o suspendan, y 3°, el territorio que afectará la suspensión o restricción.

Este Decreto será derogado al cesar las causas que lo motivaron.

La restricción de garantías en modo alguno afectará el funcionamiento de los Poderes Públicos de la Nación, cuyos miembros gozarán siempre de las prerrogativas que les reconoce la ley.

Podrá arrestarse, confinarse o expulsarse del territorio de la República a los individuos nacionales o extranjeros que sean contrarios al restablecimiento o conservación de la paz; pero tales medidas cesarán al terminar las circunstancias que las hubiere motivado, salvo la expulsión de extranjeros, que podrá no revocarla el Ejecutivo Federal si lo creyere conveniente.

Art. 100. Son atribuciones del Presidente de la República de los Estados Unidos de Venezuela:

22. Decretar la restricción o suspensión de garantías en los casos previstos en el artículo 37, y en caso de guerra civil o internacional podrá además, mientras ellas duren:

a) Pedir y otorgar a los Estados los auxilios necesarios para la defensa nacional o de las instituciones.

b) Señalar el sitio a donde hayan de trasladarse transitoriamente todos o algunos de los Poderes de la Federación, cuando existiere grave motivo para ello.

c) Disponer el enjuiciamiento por traición a la Patria, de los venezolanos que de alguna manera fueren hostiles a la defensa nacional ó voluntariamente causaren perjuicios a los intereses de la Nación.

d) Reorganizar los Estados que fueren dominados por las fuerzas rebeldes o cuyos Gobiernos mismos participaren en la rebelión.

e) Expedir patentes de corso y autorizar represalias.

[Con igual texto: Constitución 1945, Arts. 37 y 104, 22, 23].

Constitución 1925

Art. 36. Cuando la República se hallare envuelta en una guerra internacional o estallare en su seno la guerra civil, o exista inminente peligro de que una u otra ocurran, el Presidente de la República, en Consejo de Ministros, lo declarará así y suspenderá las garantías constitucionales en todo el territorio de la Nación o en la sección que en el propio Decreto se determine; pero esta suspensión no tendrá efecto sino en tanto se restablece la paz y quedará sujeta a las restricciones siguientes:

1ª En ningún caso se podrá privar a nadie de la vida, que será siempre inviolable; ni se podrán decretar ni aplicar castigos infamantes.

2ª No se decretarán ni se llevarán a cabo confiscaciones de bienes, salvo, únicamente, como medida de represalias en guerra internacional, contra los nacionales del país con el cual se estuviere en guerra, si éste hubiere decretado previamente la confiscación de los bienes de los venezolanos.

3ª Podrá arrestarse, confinarse o expulsarse del territorio de la República a los individuos nacionales o extranjeros que sean contrarios al restablecimiento o conservación de la paz; pero tales medidas cesarán al terminar las circunstancias que las hubieren motivado, salvo la expulsión de extranjeros, que podrá no revocarla el Ejecutivo Federal si lo creyere conveniente.

Art. 100. Son atribuciones del Presidente de los Estados Unidos de Venezuela:

22. Prohibir, cuando lo estime conveniente, la entrada de extranjeros en el territorio nacional y expulsarlos en los casos permitidos por el Derecho Internacional o previstos en las leyes de la República.

23. Decretar la suspensión de garantías en los casos previstos en el artículo 36, y durante la guerra civil o internacional, podrá además:

a) Pedir a los Estados los auxilios necesarios para la defensa nacional o de las instituciones.

b) Señalar el sitio donde hayan de trasladarse transitoriamente todos o algunos de los Poderes de la Federación, cuando existiere grave motivo para ello.

c) Disponer el enjuiciamiento por traición a la Patria de los venezolanos que de alguna manera fueren hostiles a la defensa nacional o voluntariamente causaren perjuicios a los intereses de la Unión.

d) Reorganizar los Estados que fueren dominados por fuerzas rebeldes o cuyos Gobiernos mismos participaren en la rebelión.

e) Expedir patentes de corso y autorizar represalias.

[Con igual texto: Constitución 1928, Arts. 36 y 100, 22, 23; Constitución 1929, Arts. 36 y 100, 22, 23; Constitución 1931, Arts. 36 y 100, 24, 25].

Constitución 1914

Art. 79. Son atribuciones del Presidente de los Estados Unidos de Venezuela:

21. Prohibir, cuando lo estime conveniente, la entrada de extranjeros en territorio nacional, o expulsar a los extranjeros perniciosos que no tengan bienes raíces en el país. Si los tuvieren, sólo podrá decretarse la expulsión cuando el valor de los inmuebles sea menor de cuarenta mil bolívares, lo cual se comprobará con los respectivos documentos públicos de propiedad.

23. Hacer uso en caso de guerra extranjera o de conmoción interior o de rebelión a mano armada contra las instituciones, previa declaración de estar trastornando el orden público, y hasta el restablecimiento de la paz, de las siguientes facultades:

A) Pedir a los Estados los auxilios necesarios para la defensa nacional o de las instituciones.

B) Exigir anticipadamente las contribuciones.

C) Arrestar, confinar o expulsar del territorio de la República a los individuos nacionales o extranjeros que sean contrarios al restablecimiento de la paz.

D) Suspender, en caso de guerra internacional, los derechos cuyo ejercicio sea incompatible con la defensa del país, excepto el de la inviolabilidad de la vida.

En los casos de guerra interior podrá hacer uso de la misma atribución en todo el territorio de la República o en aquellas localidades en que a su juicio fuere necesario; pero sólo en tanto se restablece la paz.

E) Señalar el lugar donde deba trasladarse transitoriamente el Poder Federal cuando haya grave motivo para ello.

F) Disponer el enjuiciamiento por traición a la Patria de los venezolanos que de alguna manera sean hostiles a la defensa nacional o voluntariamente causen perjuicios a los intereses de la Unión; y

G) Expedir patentes de corso y autorizar represalias.

[Con igual texto: Constitución 1922, Arts. 78, 21, 23].

Estatuto Provisional 1914

Art. 34. Son atribuciones del Presidente Provisional de la República:

14. Prohibir o permitir condicionalmente la entrada al territorio de la República de los extranjeros dedicados especialmente al servicio de cualquier culto o religión, cualquiera que sea el orden o jerarquía de que se hallan investidos. Podrá contratar la venida de misioneros que se establezcan precisamente en los puntos de la República donde haya indígenas que civilizar.

Art. 35. Además de las anteriores atribuciones, el Presidente Provisional, de acuerdo con el Comandante en Jefe del Ejército, en los casos de guerra extranjera o de conmoción interior o rebelión a mano armada contra las instituciones, previa declaración de estar trastornado el orden público y hasta el restablecimiento de la paz, tendrá las atribuciones siguientes:

A) Pedir a los Estados los auxilios necesarios para la defensa nacional o de las instituciones.

B) Exigir anticipadamente las contribuciones.

C) Arrestar, confinar o expulsar del territorio de la República a los individuos nacionales o extranjeros que sean contrarios al restablecimiento de la paz.

D) Suspender en caso de guerra internacional los derechos cuyo ejercicio sea incompatible con la defensa del país, excepto el de la inviolabilidad de la vida.

En los casos de guerra interior podrá hacer uso de la misma atribución.

E) Señalar el lugar donde deba trasladarse transitoriamente el Poder Federal cuando haya grave motivo para ello.

F) Disponer el enjuiciamiento por traición a la Patria de los venezolanos que de alguna manera sean hostiles a la defensa nacional.

G) Expedir patentes de corso y autorizar represalias; y

H) Disponer de la fuerza pública, en caso de ser ineficaz la interposición de sus buenos oficios sirva para poner término a la colisión armada entre dos o más Estados, y exigirles que depongan las armas y sometan la decisión de sus controversias a la Corte Federal y de Casación. También ejercerá esta atribución en caso de rebelión o mano armada en cualquiera de los Estados de la Unión, después de haber agotado los medios pacíficos y conciliatorios para restablecer la paz y el orden público.

Constitución 1909

Art. 81. Además de las atribuciones anteriores que son privativas del Presidente de los Estados Unidos de Venezuela, éste con el voto consultivo del Consejo de Gobierno, ejercerá las siguientes:

7ª Prohibir cuando lo estime conveniente la entrada de extranjeros en territorio nacional o expulsar de él a los extranjeros que no tengan domicilio establecido en el país.

Art. 82. Además de las anteriores atribuciones, el Presidente de la Unión, previo el voto deliberativo del Consejo de Gobierno, ejercerá las siguientes:

1ª Hacer uso en los casos de guerra extranjera o de conmoción interior o de rebelión a mano armada contra las instituciones, previa declaración de estar trastornado el orden público, y hasta el restablecimiento de la paz, de las siguientes facultades:

A) Pedir a los Estados los auxilios necesarios para la defensa nacional o de las instituciones.

B) Exigir anticipadamente las contribuciones.

C) Arrestar, confinar o expulsar del territorio de la República a los individuos nacionales o extranjeros que sean contrarios al restablecimiento de la paz.

D) Suspender, en caso de guerra internacional, los derechos cuyo ejercicio sea incompatible con la defensa del país, excepto el de la inviolabilidad de la vida.

En los casos de guerra interior podrá hacer uso de la misma atribución, pero sólo en tanto se restablezca la paz.

E) Señalar el lugar donde deba trasladarse transitoriamente el Poder General de la Unión cuando haya graves motivos para ello.

F) Disponer el enjuiciamiento por traición a la Patria a los venezolanos que de alguna manera sean hostiles a la defensa nacional; y

G) Expedir patentes de corso y autorizar represalias.

2ª Disponer de la fuerza pública en el caso de ser ineficaz la interpretación de sus buenos oficios para poner término a la colisión armada entre dos o más Estados y exigirles que depongan las armas y sometan la decisión de sus controversias a lo dispuesto en la base 25, artículo 12 de esta Constitución. También ejercerá esta atribución, caso de rebelión a mano armada en cualquiera de los Estados de la Unión, después de haber agotado los medios pacíficos y conciliatorios para establecer la paz y orden públicos.

Constitución 1904

Art. 80. Son atribuciones del Ejecutivo Federal:

8ª Hacer uso de los casos de guerra extranjera o de conmoción interior o rebelión a mano armada contra las Instituciones, previa declaración de estar trastornado el orden público y hasta el restablecimiento de la paz, de las siguientes facultades:

A) Pedir a los Estados los auxilios necesarios para la defensa nacional o de las Instituciones.

B) Exigir anticipadamente las contribuciones.

C) Arrestar, confinar o expulsar del territorio de la República a los individuos nacionales o extranjeros, que sean contrarios al restablecimiento de la paz.

D) Suspender los derechos cuyo ejercicio sea incompatible con la defensa del país o el restablecimiento del orden, excepto el de la inviolabilidad de la vida.

E) Señalar el lugar donde deba trasladarse transitoriamente el Poder General de la Unión, cuando haya graves motivos para ello.

F) Disponer el enjuiciamiento por traición a la Patria, de los venezolanos que de alguna manera sean hostiles a la defensa nacional; y

G) Expedir patentes de corso y autorizar represalias.

Art. 19. Estos derechos o garantías pueden ser suspendidas en los casos y con las formalidades que determina la atribución 8ª del artículo 80 de esta Constitución.

23. Prohibir e impedir la entrada al territorio de la República, de los extranjeros dedicados especialmente al servicio de cualquier culto o religión, cualquiera que sea el orden o jerarquía de que se hallen investidos.

Constitución 1901

Art. 89. Son atributos del Ejecutivo Federal:

20. En los casos de guerra extranjera podrá: 1°, pedir a los Estados los auxilios necesarios para la defensa nacional; 2°, exigir anticipadamente las

contribuciones; 3°, arrestar o expulsar a los individuos de la Nación con la cual se esté en guerra y que sean contrarios a la defensa del país; 4°, expedir patentes de corso y autorizar represalias; 5° señalar el lugar donde deba trasladarse transitoriamente el Ejecutivo y demás Poderes Federales, cuando haya graves motivos para ello; 6° disponer el enjuiciamiento por traición a la Patria de los venezolanos que de alguna manera sean hostiles a la defensa nacional; 7° suspender los derechos cuyo ejercicio sea incompatible con la defensa de la República, excepto el de la vida, previa declaratoria de los que se suspenden, y con limitación a la localidad o a todas las localidades en que fuere necesario.

24. Prohibir la entrada en territorio nacional o expulsar de él a los extranjeros que no tengan su domicilio en el país y que sean notoriamente perjudiciales al orden público.

Constitución 1893

Art. 77. Además de las atribuciones anteriores, que son privativas del Presidente de los Estados Unidos de Venezuela, éste, con el voto consultivo del Consejo de Gobierno, ejercerá también las siguientes:

9ª En los casos de guerra extranjera podrá: 1° Pedir a los Estados los auxilios necesarios para la defensa nacional. 2° Exigir anticipadamente las contribuciones. 3° Arrestar o expulsar a los individuos de la Nación con la cual se esté en guerra y que sean contrarios a la defensa del país. 4° Suspender los derechos cuyo ejercicio sea incompatible con la defensa de la República, excepto el de la vida. 5° Señalar el lugar donde deba trasladarse transitoriamente el Poder General de la Unión, cuando haya graves motivos para ello. 6° Someter a juicio por traición a la Patria a los venezolanos que de alguna manera sean hostiles a la defensa nacional. 7° Expedir patentes de corso y autorizar represalias y señalar las leyes que hayan de seguirse en los casos de apresamiento.

Art. 78. Además de las anteriores atribuciones, el Presidente de la República, previo el voto deliberativo del Consejo de Gobierno, podrá ejercer las siguientes:

4ª Prohibir la entrada en territorio nacional o expulsar de él a los extranjeros que no tengan su domicilio en el país y que sean notoriamente perjudiciales al orden público.

Constitución 1881

Art. 66. Fuera de las anteriores atribuciones que son privativas al Presidente de los Estados Unidos de Venezuela, éste, con el voto deliberativo del Consejo Federal, ejercerá las siguientes:

10. En los casos de guerra extranjera podrá: 1°, pedir a los Estados los auxilios necesarios para la defensa nacional; 2° exigir anticipadamente las contribuciones y negociar los empréstitos decretados por la Legislatura Nacional; 3°, arrestar o expulsar a los individuos que pertenezcan a la nación con la cual se esté en guerra y que sean contrarios a la defensa del país; 4°, suspender las garantías que sean incompatibles con la defensa de la Re-

pública, excepto la de la vida; 5°, señalar el lugar donde deba trasladarse transitoriamente el Poder General de la Federación cuando haya graves motivos para ello; 6°, someter a juicio por traición a la Patria a los venezolanos que de alguna manera sean hostiles a la defensa nacional; 7°, expedir patentes de corso y represalias y señalar las leyes que hayan de seguirse en caso de apresamiento.

[Con igual texto: Constitución 1891, Art. 65,10].

Constitución 1864

Art. 72. El Presidente de la Unión tiene las siguientes atribuciones: 15. En los casos de guerra extranjera podrá: 1°, pedir a los Estados los auxilios necesarios para la defensa nacional; 2°, exigir anticipadamente las contribuciones o negociar los empréstitos decretados, si no son bastantes las rentas ordinarias; 3°, arrestar o expulsar a los individuos que pertenezcan a la Nación con la cual se esté en guerra y que sean contrarios a la defensa del país; 4°, suspender las garantías que sean incompatibles con la defensa de la independencia del país, excepto la de la vida; 5°, señalar el lugar donde deba trasladarse transitoriamente el Ejecutivo Nacional, cuando haya graves motivos para ello; 6°, someter a juicio por traición a la Patria a los venezolanos que de alguna manera sean hostiles a la defensa nacional; 7°, expedir patentes de corso y represalias y dictar las reglas que hayan de seguirse en los casos de apresamiento.

[Con igual texto: Constitución 1874, Art. 72,15].

Constitución 1858

Art. 95. En los casos de conmoción interior a mano armada que amenace la seguridad de la República o de invasión exterior repentina, el Presidente podrá solicitar del Congreso que lo autorice para ejercer todas o algunas de las facultades siguientes:

1ª Llamar al servicio aquella parte de la milicia nacional que el mismo Congreso juzgue necesaria.

2ª Exigir anticipadamente las contribuciones o negociar empréstitos por las sumas suficientes, si no pueden cubrirse los gastos con las rentas ordinarias.

3ª Establecer el requisito de transitar por el territorio de la República o salir de él con pasaporte.

4ª Conceder indultos generales y particulares a los comprometidos por delitos políticos.

Art. 96. Si el Congreso no estuviere reunido, el Presidente de la República convocará, en los casos del artículo anterior, un Consejo extraordinario, compuesto de la Corta Suprema de Justicia, del Vicepresidente de la República y del Secretario que introduzca la solicitud, presidido por el Presidente de la Corte Suprema; este cuerpo podrá acordarle por las dos terceras partes de sus votos, las facultades que se expresan en el mismo artículo. Este acuerdo se publicará y se circulará a todas las autoridades.

Art. 97. No podrán concederse las facultades del artículo 95 por más de noventa días.

Constitución 1857

Art. 54. En los casos en que, con fundamento, se tema conmoción interior o que la paz pública sea amenazada del exterior el Poder Ejecutivo ocurrirá al Congreso si estuviere reunido o, en su receso, al Consejo de Gobierno para que, considerando' la urgencia, le conceda las facultades extraordinarias que juzgue convenientes de las comprendidas en los números siguientes:

1° Llamar al servicio aquella parte de la milicia nacional que se considere necesaria.

2° Exigir anticipadamente las contribuciones y contratar empréstitos hasta la suma que se fije en la misma autorización.

3° Librar órdenes por escrito de comparecencia o arresto, debiendo ponerse los arrestados a disposición del juez competente dentro de tres días para ser juzgados o en libertad si no resultaren suficiente fundamento para el juicio.

4° Conceder indultos generales o particulares.

Art. 55. El Poder Ejecutivo dará cuenta al Congreso en su próxima reunión de todos los actos que haya autorizado en uso de estas facultades. Art. 56. No puede el Poder Ejecutivo:

1° Privar de su libertad a ningún venezolano ni imponerle pena alguna. Cuando, en ejercicio de sus facultades extraordinarias, dispusiese el arresto de alguna persona sólo podrá detenerla por tres días, debiendo dentro de este término ponerla en libertad o a disposición del tribunal competente si resultare culpable.

2° Impedir las elecciones ni que los empleados públicos desempeñen los deberes y atribuciones que por las leyes les competan.

3° Disolver las Cámaras ni suspender sus sesiones.

Constitución 1830

Art. 18. En los casos de conmoción interior a mano armada que amenace la seguridad de la República o de invasión exterior repentina, el Presidente del Estado ocurrirá al Congreso si está reunido para que lo autorice o, en su receso, al Consejo de Gobierno para que, considerando la exigencia, según el informe del Ejecutivo, le acuerde las facultades siguientes:

1ª Para llamar al servicio aquella parte de la milicia nacional que el Congreso o el Consejo de Gobierno consideren necesaria.

2ª Para exigir anticipadamente las contribuciones que uno u otro cuerpo juzguen adecuadas o para negociar por vía de empréstito las sumas suficientes, siempre que no puedan cubrirse los gastos con las rentas ordinarias.

3ª Para que, siendo informado de que se trama contra la tranquilidad o seguridad interior o exterior del Estado, pueda expedir órdenes por escrito de comparecencia o arresto contra los indiciados de este crimen, interrogarlos o hacerlos interrogar, debiendo poner los arrestados dentro de tres días a disposición del juez competente, a quien pasará el sumario informativo que dio lugar al arresto, siendo esta última autorización temporal.

4ª Para conceder amnistías o indultos generales o particulares.

Art. 119. Siempre que el Consejo de Gobierno, por estar en receso el Congreso, acuerde que el Poder Ejecutivo pueda usar de una o más de estas medidas, publicará necesariamente el acto de su acuerdo y la circulará a las demás autoridades.

Constitución 1819

TÍTULO VI. Sección Tercera

Art. 20. En caso de conmoción interior a mano armada que amenace la seguridad del Estado puede suspender el imperio de la Constitución en los lugares conmovidos o insurrectos por un tiempo determinado si el Congreso estuviese en receso. Las mismas facultades se le conceden en los casos de una invasión exterior y repentina, en los cuales podrá también hacer la guerra, pero ambos decretos contendrán un artículo convocando el Congreso para que confirme o revoque la suspensión.

Constitución 1811

Art. 185. El poder de suspender las leyes o de detener su ejecución nunca deberá ejercitarse, sino por las legislaturas respectivas o por autoridad dimanada de ellas para sólo aquellos casos particulares que hubieren expresamente provisto fuera de los que expresa la Constitución, y toda suspensión o detención que se haga en virtud de cualquiera autoridad sin el consentimiento de los representantes del pueblo, se rechazará como un atentado a sus derechos.

SEGUNDA PARTE:

ESTUDIOS SOBRE LAS MODALIDADES DE PROTECCIÓN DE LOS DERECHOS HUMANOS

SECCIÓN PRIMERA:

GARANTÍAS CONSTITUCIONALES DE LOS DERECHOS (1996)

El texto de esta Sección se publicó en el libro *Instituciones Políticas y Constitucionales*, Tomo V, Derecho y Acción de Amparo, Universidad Católica del Táchira Editorial Jurídica Venezolana, Caracas-San Cristóbal, 1996, pp. 11-24.

I. ÁMBITO DE LA GARANTÍA CONSTITUCIONAL

1. *Derechos fundamentales y garantías constitucionales*

De poco valdría que la Constitución declarase y consagrase los derechos fundamentales, si el propio texto constitucional no estableciera la garantía de los mismos, es decir, la forma de asegurar y proteger los derechos de manera que su goce y disfrute sea efectivo. Hay, por tanto, una diferencia entre "derechos" y "garantías", aun cuando es muy común llamar "garantías constitucionales" a los derechos mismos establecidos en la Constitución, produciéndose una identidad entre ambos conceptos, lo cual incluso hace el Diccionario de la Lengua Española.

Sin embargo, el derecho es una cosa y la garantía es otra, siendo ésta los medios y mecanismos previstos para hacer efectivos los primeros. Por ello, en caso de emergencia, de conmoción que pueda perturbar la paz de la República o de graves circunstancias que afecten la vida económica o social, por ejemplo, el Presidente de la República puede restringir o suspender las "garantías constitucionales" (Art. 190, Ord. 6° y 241) pero no está facultado, en forma alguna, para restringir o suspender los derechos en sí mismos[70].

Las garantías constitucionales, por tanto, constituyen los principios y mecanismos que la propia Constitución establece para asegurar y proteger los derechos de-

70 *V.*, Allan R. Brewer Carías, "Consideraciones sobre la suspensión o restricción de las garantías constitucionales", *Revista de Derecho Público* N° 37, EJV, Caracas, 1989, pp. 5 a 25.

clarados en la misma[71], y ellas básicamente son: el principio de la reserva legal en materia de regulación y limitación de los derechos; el principio de la nulidad de los actos que violen o menoscaben los derechos; el principio de la responsabilidad de los funcionarios que los ejecuten, y la previsión del control judicial de los actos y acciones u omisiones que lesionen los derechos. A ellas se agregan las garantías específicas respecto de cada derecho fundamental, previstas en la Constitución.

2. *La garantía constitucional a la reserva legal*

A. *Las competencias del Poder Legislativo*

La primera de estas garantías constitucionales derivadas de la consagración constitucional de los derechos y libertades públicas es la "reserva legal" que la Constitución establece a favor de los órganos que ejercen el Poder Legislativo, para la regulación, restricción y limitación de los derechos fundamentales. Por tanto, en nuestro sistema constitucional, cuando funcionan normalmente los diversos órganos del Estado, es competencia exclusiva de las Cámaras Legislativas la reglamentación y limitación de los derechos y libertades públicas, lo cual, además, está establecido en forma expresa en los artículos 136, Ord. 24 y 139 de la Constitución. En cambio, a los órganos que ejercen el Poder Ejecutivo, en esta materia de derechos y libertades constitucionales, les corresponde la sola potestad de reglamentar las leyes que dicten las Cámaras Legislativas. Precisamente por ello, el artículo 190, ordinal 10 de la Constitución atribuye al Presidente en Consejo de Ministros la potestad de "reglamentar total o parcialmente las leyes, sin alterar su espíritu, propósito y razón". En este sentido, al consagrarse la "reserva legal" a favor de las Cámaras Legislativas en materia de derechos fundamentales, nuestro país sigue la tradición que parte de la Declaración Francesa de 1789, y que han consagrado todas nuestras Constituciones desde 1811.

En el caso de la Constitución de 1961, además, la remisión constante que el articulado de la Constitución destinado a consagrar los derechos y garantías constitucionales, hace a la "Ley", como fuente de regulación o limitación de los mismos, confirma esta reserva legal de las Cámaras Legislativas, la cual, en todo caso, tiene una limitación fundamental en su ejercicio: el principio de la irretroactividad de la Ley, salvo cuando ésta imponga menor pena, conforme a lo establecido en el artículo 44 del Texto Fundamental.

B. *La irretroactividad de la Ley*

En efecto, el artículo 44 de la Constitución contiene otro de los principios fundamentales del Estado de Derecho, relativos a la protección de la libertad frente a las arbitrariedades de los gobernantes, y es el principio que postula la garantía de la irretroactividad de la Ley, en el sentido de que "Ninguna disposición legislativa tendrá efecto retroactivo, excepto cuando imponga menor pena". Este principio, también proclamado en el artículo 3° del Código Civil, si bien referido formalmente a Ley, es evidente que limita todas las actuaciones del Estado y sus autoridades. Así, no puede autoridad alguna dictar una Ley, Decreto, Reglamento o acto administrativo, esta-

71 Esta noción ha sido recogida en la sentencia de la Corte Suprema de Justicia (Corte Plena) de 11-3-93 (*Caso nulidad Decreto N° 2668 de 27-11-92*), *Revista de Derecho Público* N° 53-54, EJV, Caracas, 1993, p. 174.

bleciendo, por ejemplo, que determinada conducta se considera como delito o falta, y pretender aplicar la sanción o pena a todos los que en el pasado hubieran realizado dicha conducta, cuando no era considerada como delito o falta.

El principio sigue siendo fundamental pues constituye un límite a las arbitrariedades de los funcionarios contra la libertad, por lo que, incluso, recientemente se ha extendido expresamente en relación a las actuaciones Administrativas. El artículo 11 de la Ley Orgánica de Procedimientos Administrativos, por ejemplo, establece que si bien los criterios establecidos por los distintos órganos de la Administración Pública pueden ser modificados en el sentido de que la Administración como gestora del interés general puede cambiar sus criterios de actuación o de interpretación de normas, sin embargo "la nueva interpretación no podrá aplicarse a situaciones anteriores salvo que fuere más favorable a los administrados". A pesar de esta norma, sin embargo, no es infrecuente que los funcionarios públicos pretendan aplicar retroactivamente los nuevos criterios o interpretaciones, queriendo así variar lo hecho por funcionarios precedentes y perjudicar a los particulares, lo que se configura como una arbitrariedad.

En todo caso, el principio de la irretroactividad de la ley, aplicado a toda actuación de los entes y funcionarios públicos, encuentra siempre una excepción, en la posibilidad de aplicar retroactivamente las normas o actos públicos cuando beneficien a los individuos, si se trata, por ejemplo, del supuesto originado por una reforma del Código Penal o de cualquier otra Ley sancionatoria, que rebaje la pena establecida por un delito o falta. En estos casos, aún cuando un individuo ya haya sido condenado a una mayor pena conforme a la norma anterior, tiene derecho a que se le aplique retroactivamente la nueva ley para la rebaja de la pena.

De la norma del artículo 44, por tanto, se derivan dos garantías fundamentales: en primer lugar, la garantía a que ni el Legislador ni autoridad pública alguna, dicten normas o actos con efectos retroactivos o apliquen las leyes dándole efectos retroactivos; y en segundo lugar, la garantía a que si una ley impone una pena menor, ésta se aplique retroactivamente a quien se beneficie de la reducción de la pena.

La Constitución, además, en el artículo 44 hace especial referencia a la aplicación del principio de la irretroactividad respecto de las leyes que regulen procedimientos. Estas, respecto de los procedimientos que se hallen en curso, deben aplicarse desde el momento mismo de entrar en vigencia, de manera que los trámites procedimentales que faltan por cumplir, deben regir por la Ley nueva, respetándose los ya cumplidos conforme a la ley anterior. En materia de pruebas, sin embargo, y en particular en los procesos penales, las pruebas ya evacuadas en cuanto beneficien al reo, deben estimarse conforme a la Ley vigente para la fecha en que se evacuaron, aún cuando la nueva ley cambie su valor en el proceso.

C. *La efectividad de los derechos y el ejercicio de las competencias legislativas*

En todo caso, debe destacarse que la garantía constitucional de la reserva legal establecida exclusivamente a favor de las Cámaras Legislativas, para su regulación, en algunos casos es de tal importancia para el derecho fundamental respectivo, que puede decirse que éste no es efectivo si la regulación legal no se produce. Así, es claro que en varios supuestos, la Constitución, al consagrar diversos derechos y libertades, supedita su ejercicio efectivo a lo que establezca la Ley. Esto sucede, por ejemplo, en el artículo 92 relativo al derecho a la huelga en los servicios públicos que dice, "se ejercerá en los casos" en que la Ley determine. En estos supuestos, el ejercicio de la potestad legislativa no es sólo una forma de reglamentar o limitar el ejercicio del derecho, sino una forma de hacer que su ejercicio sea efectivo, pues sin regulación legislativa, en estos casos, los derechos consagrados constitucionalmente se quedan como un programa de acción para el Poder Legislativo por lo que la no reglamentación legislativa, hace inefectivo el ejercicio de dichos derechos. Por ello, en estos casos, el silencio del Poder Legislativo podría conducir al ejercicio de una acción de amparo por omisión contra el Congreso, como un medio de control de la constitucionalidad por omisión; pues es dicha omisión la que vulneraría el derecho. De acuerdo a la Ley Orgánica de Amparo sobre Derechos y Garantías Constitucionales de 1988, podría entonces exigirse del juez de amparo que obligue al Congreso a dictar la regulación legal, pues la omisión vulnera el derecho de tal manera que lo hace inefectivo.

D. *Las competencias "legislativas" del Poder Ejecutivo*

Ahora bien, esta reserva legal a favor del Poder Legislativo en materia de regulación de los derechos y libertades públicas tiene tres excepciones en el sistema constitucional venezolano[72]. En primer lugar, el Presidente de la República en Consejo de Ministros, puede "dictar medidas extraordinarias en materia económica o financiera cuando así lo requiera el interés público y haya sido autorizado para ello por ley especial" (Art. 190, Ord. 80). En virtud de esta autorización constitucional y de la habilitación legislativa por Ley especial, el Presidente podría dictar Decretos con valor de Ley que pueden limitar y regular las libertades públicas, particularmente las de carácter económico. Esto ha sucedido en las oportunidades en las cuales el Congreso ha sancionado una Ley habilitante de esa naturaleza: en 1961, en el gobierno de R. Betancourt; en 1974, en el gobierno de C.A. Pérez; en 1984, en el gobierno de J. Lusinchi; en 1993, en el gobierno de R. J. Velásquez; y en 1994, en el gobierno de R. Caldera.

En segundo lugar, el Presidente de la República en Consejo de Ministros, está facultado para "decretar en caso de urgencia comprobada, durante el receso del Congreso, la creación y dotación de nuevos servicios públicos, o la modificación o supresión de los existentes, previa autorización de la Comisión Delegada" (Art. 190, Ord. 11 y Art. 179 ord. 5º). En virtud de esta autorización constitucional y de la autorización legislativa de la Comisión Delegada el Presidente podría dictar Decretos con valor de Ley que pueden limitar y regular las libertades públicas, particularmente las de carácter económico, al declarar, por ejemplo, ciertas actividades como "servicios públicos".

Pero en tercer lugar, la potestad exclusiva del Poder Legislativo de regular y limitar los derechos fundamentales puede verse *compartida* por el Poder Ejecutivo cuando éste suspende o restringe las garantías constitucionales mediante Decreto (Art. 190, Ord. 6º). En estos casos, la suspensión o restricción de la garantía constitucional implica una ampliación de las competencias reguladoras del Poder Ejecutivo, de manera que puede regular y limitar el ejercicio del derecho constitucional, cuya garantía ha sido suspendida o restringida, en ámbitos que en condiciones nor-

---

72 *V.*, lo que hemos expuesto en el "Prólogo" a la obra de Gerardo Fernández, *Los Decretos-Leyes,* Caracas 1992, pp. 10 a 30.

males corresponderían exclusivamente a los órganos que ejercen el Poder Legislativo, es decir, a las Cámaras Legislativas, mediante ley (Art. 162).

3. *La garantía constitucional a la legalidad (la garantía objetiva de la Constitución)*

La consagración de los derechos fundamentales (derechos y garantías constitucionales y derechos inherentes a la persona humana) en la Constitución, siguiendo una tradición que se remonta a los inicios de nuestro constitucionalismo (1811), está garantizada expresamente en el texto fundamental, al preverse tres consecuencias esenciales que origina la violación de aquellos: la nulidad de los actos inconstitucionales; la responsabilidad personal de los que los dicten o ejecuten; y el control judicial de dichos actos inconstitucionales.

Las dos primeras consecuencias están reguladas en el artículo 46 del texto fundamental, en el cual se dispone que:

> "Todo acto del Poder Público que viole o menoscabe los derechos garantizados por esta Constitución es nulo, y los funcionarios y empleados públicos que lo ordenen o ejecuten incurren en responsabilidad penal, civil y administrativa, según los casos, sin que les sirvan de excusa órdenes superiores manifiestamente contrarias a la Constitución y a las leyes".

Esta norma establece lo que se ha denominado *la garantía objetiva* de la Constitución, particularmente en cuanto a las normas que consagran los derechos y garantías, en el sentido de que es la misma Constitución la que declara *nulos, y* por tanto sin ningún valor (considerándose como si nunca hubieran sido dictados), los actos que dicten los órganos que ejercen el Poder Público Nacional, Estadal o Municipal (sean de las ramas legislativas, ejecutivas o judicial en los niveles a que correspondan), cuando violen o menoscaben los derechos garantizados en la Constitución. Este principio, existe en nuestro constitucionalismo desde que se consagró así en el artículo 199 de la Constitución de 1811:

> Art. 199. Para precaver toda transgresión de los altos poderes que nos han sido confiados, declaramos: Que todas y cada una de las cosas constituidas en la anterior *declaración de derechos* están exentas y fuera del alcance del Poder general ordinario del Gobierno y que, conteniendo o apoyándose sobre los indestructibles y sagrados principios de la naturaleza, toda Ley contraria a ellas que se expida por la legislatura federal o por las provincias será absolutamente nula y de ningún valor.

Este postulado constitucional, implica, por tanto, no la anulabilidad de los actos inconstitucionales que violen dichos derechos, sino la consideración expresa de su nulidad, razón por la cual dichos actos no pueden producir efectos; no son convalidables y siempre puede alegarse su nulidad. Se trata, en definitiva, de uno de los casos de *nulidad absoluta* que regula nuestro ordenamiento, siendo esta la garantía más importante de la consagración constitucional de los derechos fundamentales.

En todo caso, este reconocimiento constitucional de la nulidad de los actos legislativos, ejecutivos (de gobierno y administrativos), y judiciales que violen o menoscaben los derechos garantizados en la Constitución, implica que los mismos son nulos de nulidad absoluta, por lo que no pueden producir efectos. En estos casos, la constatación judicial de la nulidad que se haga, por tanto, tiene efectos hacia el pasado (*ex tunc*), en el sentido de que los efectos de la anulación se retrotraen al momento en que se dictó el acto, teniéndose éste, por tanto, como si nunca hubiese sido dictado. En esta nulidad absoluta incurren, por ejemplo, las leyes violatorias de los derechos constitucionales; los reglamentos del Presidente que violen los derechos o usurpen competencias legislativas para limitarlos; las leyes y reglamentos retroactivos, y los actos administrativos violatorios de derechos y libertades públicas.

4. *La garantía constitucional a la responsabilidad*

Pero no sólo está la garantía objetiva de la nulidad de los actos violatorios de los derechos fundamentales y sus garantías, como "garantía constitucional" efectiva de los derechos, sino que la Constitución también establece como tal garantía constitucional el principio de la responsabilidad de los funcionarios públicos que ordenen o ejecuten actos del Poder Público que violen o menoscaben los derechos garantizados por la Constitución. La Constitución, en su artículo 46 establece, así, que éstos incurren en responsabilidad penal, civil y administrativa, (que incluye la disciplinaria), según los casos, "sin que les sirvan de excusa órdenes superiores manifiestamente contrarias a la Constitucional y a las leyes". Se trata, aquí también, de la consagración directamente en el texto constitucional, de una "garantía constitucional" configurada por la responsabilidad de los funcionarios o empleados públicos, la cual es directamente exigible por los afectados, sin que sea necesario el desarrollo legislativo ulterior, el cual, por lo demás, existe en los cuerpos legales del derecho común, como el Código Civil y el Código Penal, y en otras leyes especiales.

En relación a esta garantía constitucional de la responsabilidad, debe destacarse que del texto del artículo 46 de la Constitución incluso, resulta una excepción importante al principio del deber de obediencia de los funcionarios públicos, en el sentido de que la obediencia debida como eximente de responsabilidad personal no existe, cuando las órdenes superiores restrictivas de libertades públicas son manifiestamente contrarias a la Constitución y a las leyes. En estos casos, no rige lo previsto en el Código Penal cuando declara no punible al que cumplió la orden y aplica la pena correspondiente a quien dio la instrucción inconstitucional o ilegal (Art. 65, Ordinal 2º).

Por tanto, la otra garantía de los derechos constitucionales, es la obligación del funcionario de responder por sus actuaciones y el consiguiente derecho de toda persona de exigir responsabilidad individual por los daños y perjuicios causados, de los funcionarios o empleados públicos que ordenen o ejecuten actos que violen o menoscaben los derechos garantizados en la Constitución.

Por otra parte, debe destacarse que las personas jurídicas que integran el Estado venezolano, es decir, la República, los Estados y los Municipios, como toda persona jurídica dentro del régimen de la legislación civil y administrativa, son responsables por los daños y perjuicios que causen a los particulares. Sin embargo, es evidente que para que pueda reclamarse el pago de dichos daños y perjuicios, estos tienen que haber sido causados por funcionarios o empleados públicos que sean los órganos legítimos de dichas personas, con competencia para actuar y comprobar su voluntad.

El principio está consagrado en el artículo 47 de la Constitución, el cual dispone:

> "En ningún caso podrán pretender los venezolanos ni los extranjeros que la República, los Estados o los Municipios les indemnicen por los daños, perjuicios o expropiaciones que no han sido causados por autoridades legítimas en el ejercicio de su función pública".

De esta norma resulta, por tanto, que la República, los Estados y Municipios son responsables, y pueden ser demandados, para que indemnicen por los daños, perjuicios y expropiaciones que causen o produzcan, siempre por supuesto, que ello sea el resultado de la actuación de autoridades legítimas, es decir, electas o legalmente designadas, y siempre que la actuación se haya realizado en ejercicio de su función pública. Así, por ejemplo, un agente de policía que en persecución de un delincuente hiere o mata a otra persona inocente o daña la propiedad, compromete la responsabilidad del Estado. Por el contrario, y aun cuando use su arma de reglamento, si causa un daño o comete un crimen no estando en ejercicio de sus funciones públicas, el lesionado no puede pretender que el Estado sea el responsable de la actuación de aquel agente.

Sin embargo, en todo caso, sea que quede o no comprometida la responsabilidad de la República, de los Estados o de los Municipios, según los casos, puede decirse que siempre queda comprometida la responsabilidad individual del funcionario o empleado público que causa el daño o el perjuicio, ya que conforme al artículo 121 de la Constitución, "el ejercicio del Poder Público acarrea responsabilidad individual por abuso de poder o por violación de Ley", y más aún si se violan o menoscaban derechos garantizados por la Constitución (Art. 46).

En consecuencia, puede decirse que siempre que se cometa un daño o se cause un perjuicio por autoridades legítimas (funcionarios o empleados públicos) en ejercicio de sus funciones públicas, frente al particular lesionado surge una responsabilidad solidaria del ente público (la República, los Estados o los Municipios, según los casos) y del funcionario o empleado público que actualiza la voluntad de aquél. Es decir, en estos casos, el lesionado puede demandar por indemnización a uno u otro, o solidariamente a los dos, según lo decida libremente. Sin embargo, si el daño o perjuicio se causó por un funcionario o empleado público que no estaba actuando en ejercicio de funciones públicas, solo dicho funcionario o empleado responderá personalmente por los daños y perjuicios causados, sin que quede en esos casos comprometida la responsabilidad del ente público al cual sirva.

5. *La garantía constitucional al control judicial*

Otra de las garantías constitucionales fundamentales derivada de la consagración constitucional de los derechos, es la posibilidad que tienen los individuos de requerir la intervención del Poder Judicial para hacer efectivos dichos derechos y garantías, dentro del sistema constitucional de la separación de poderes. No habría efectividad de los derechos constitucionales si los órganos que ejercen el Poder Judicial, a requerimiento de los interesados, no tuvieran competencia para intervenir y controlar la vigencia de los mismos (Art. 68), declarar la nulidad de los actos estatales que violen los derechos (Art. 215, Ords. 3, 4, 6 y 7), y restablecer inmediatamente y en forma breve y sumaria el pleno goce y ejercicio de los mismos, cuando hubiesen sido vulnerados por actos o hechos de entes públicos y de particulares (Art. 49). Por tanto, el amparo, como derecho, a la vez puede considerarse como una garantía judicial para asegurar el goce y ejercicio del resto de los derechos constitucionales.

Por ello, la Constitución consagra, también como un derecho fundamental, el de todos a "utilizar los órganos de la administración de justicia para la defensa de sus derechos e intereses" (Art. 68); y aun cuando la Constitución remite a la ley para fijar los términos y condiciones del ejercicio de dicho derecho, el propio texto garantiza que "nadie podrá ser juzgado sino por sus jueces naturales ni condenado a sufrir pena que no esté establecida por ley preexistente" (Art. 69). Por ello, entre otros aspectos, es que la Corte Suprema de Justicia por sentencia de octubre de 1997 anuló la Ley sobre Vagos y Maleantes por inconstitucional, al sustraer a los sujetos peligrosos de la competencia judicial, permitiendo la adopción de medidas de privación de libertad personal hasta por 5 años mediante decisión administrativa. En todo caso, el derecho a ser juzgado sólo por los respectivos jueces naturales implica que no pueden crearse Tribunales *ad hoc* o someterse irrestrictamente a personas a una jurisdicción que no les es "natural", como la militar, ni imponérsele penas creadas especialmente, aunque sea por ley.

Por otra parte, debe destacarse que la garantía constitucional de los derechos fundamentales, consistente en que los Tribunales puedan controlar los actos y hechos que los vulneren y hacer efectivo su goce y ejercicio, implica la necesidad de garantizar, a su vez, que el Poder Judicial pueda cumplir efectiva y adecuadamente su cometido de controlar las acciones inconstitucionales de los órganos que ejercen el Poder Público y de los particulares, y esa garantía está tanto en la *autonomía* asegurada a los jueces, en el sentido de que sólo deben estar subordinados a la ley, como en la *independencia* de los mismos jueces en relación a los demás órganos que ejercen el Poder Público (Art. 205). Para ello, entre otros aspectos, se ha establecido la carrera judicial (Art. 207), y se le garantiza a los jueces que sólo pueden ser removidos o suspendidos en el ejercicio de sus funciones en los casos y mediante el procedimiento que determine la Ley (Art. 208), que en este caso es la Ley de Carrera Judicial.

A. *El derecho de amparo*

La consagración con rango constitucional de los derechos fundamentales no tendría efectividad alguna, si no se hubiera establecido en el propio texto constitucional, la garantía judicial de dichos derechos, es decir, el derecho de todos a ser amparados por los Tribunales en el goce y ejercicio de los propios derechos constitucionales. De allí el artículo 49 de la Constitución, que establece lo siguiente:

> Art. 49. Los Tribunales ampararán a todo habitante de la República en el goce y ejercicio de los derechos y garantías que la Constitución establece, en conformidad con la Ley.
>
> El procedimiento será breve y sumario, y el juez competente tendrá potestad para restablecer inmediatamente la situación jurídica infringida.

Esta norma, sin duda, es reflejo de la previsión más limitada del artículo 8 de la Declaración Universal de Derechos Humanos de la ONU que estableció lo siguiente:

> Art. 8. Toda persona tiene derecho a un recurso efectivo, ante los Tribunales nacionales competentes, que la ampare contra actos que violen sus derechos fundamentales reconocidos por la Constitución o por la Ley.

Ahora bien, de acuerdo a la norma de la Constitución venezolana en materia de amparo resulta lo siguiente:

Primero, que el amparo se consagra como un derecho fundamental de todo habitante de la República, a ser amparado por los tribunales en el goce y ejercicio de los derechos y garantías constitucionales.

Segundo, se trata de un derecho que corresponde a "todo habitante de la República" en el sentido de toda persona natural que habite nuestro Territorio o toda persona jurídica domiciliada en el mismo, o que tengan en él intereses.

Tercero, es un derecho que permite ser amparado en el goce y ejercicio de todos los derechos y garantías que se establecen y enumeran en la Constitución, e incluso, de aquellos que no estando expresamente enunciados en ella, sean inherentes a la persona humana (Art. 50).

Cuarto, es un derecho, el de ser amparado, que puede ejercerse para buscar protección judicial contra cualquier violación o amenaza de violación de esos derechos o garantías constitucionales, provengan de actos, hechos u omisiones de funcionarios o entidades públicas o de otros particulares.

Quinto, para que proceda el ejercicio del derecho a ser amparado ante los tribunales, se requiere que el derecho o garantía constitucional sea directamente lesionado en su goce o ejercicio, sea que con ello se viole directamente la Constitución o las leyes que conforme a la Constitución regulan o garantizan el derecho.

Sexto, la Constitución atribuye competencia judicial para conocer de las pretensiones de amparo a "los Tribunales", con lo cual expresamente se apartó de los sistemas que regulan el amparo como un medio adjetivo único que debe ejercerse ante un solo órgano jurisdiccional (p.e. un Tribunal Constitucional). Además la Constitución consagró al amparo como una obligación de los Tribunales a amparar ("los Tribunales *amparan",* dice la norma) lo cual puede pedirse, sea conjuntamente con el ejercicio de las acciones o recursos ordinarios o extraordinarios previstos en el ordenamiento procesal, sea mediante una acción autónoma de amparo.

Séptimo, la Constitución exige que el procedimiento ante los Tribunales para el ejercicio del derecho de amparo debe ser breve y sumario (y efectivo, en los términos de la Declaración Universal), teniendo el Juez competente potestad "para restablecer inmediatamente la situación jurídica infringida".

El derecho de amparo, así concebido, sin embargo, no había tenido completa efectividad en Venezuela, básicamente por la imposibilidad que existía conforme al viejo Código de Procedimiento Civil, de que los Tribunales pudieran "restablecer inmediatamente la situación jurídica infringida" en los casos de violaciones de derechos fundamentales, al conocer de las acciones y recursos a través de procedimientos ordinarios.

Por ello, contrariamente a lo que sucede en los países anglosajones, donde los Tribunales ordinarios al conocer de las acciones ordinarias protegen en forma inmediata y efectiva los derechos fundamentales a través de las llamadas *injunctions* (prohibiciones y órdenes de no hacer) o de los *mandamus* (órdenes de hacer), sin que exista una acción especial y autónoma de amparo, en nuestro país había la necesidad de regular una acción autónoma de amparo, para que los derechos constitucionales encontraran efectiva protección.

Por ello, la apertura al ejercicio del derecho de amparo que se hizo por obra de decisiones jurisprudenciales a partir de 1983, se basó en la admisión de una acción autónoma de amparo especialmente diseñada para el ejercicio de tal derecho, que es la que ha sido regulada en la Ley Orgánica de Amparo sobre Derechos y Garantías Constitucionales de enero de 1988.

B. *El amparo a través de los medios procesales ordinarios*

Desde que se promulgó la Ley Orgánica de Amparo sobre Derechos y Garantías Constitucionales, en enero de 1988, ha venido creciendo la "alarma" por la proliferación de las acciones de amparo que se han ejercido. Esta eclosión de las acciones de amparo, sin duda, y así hay que verlo, es la respuesta a una tradición procesal de indefensión de los derechos fundamentales, derivada del procedimiento lento, formalista y engorroso que regulaba el viejo Código de Procedimiento Civil de 1916, y que no servía para proteger efectivamente los derechos constitucionales.

Conforme a dicho esquema, de nada servía, por ejemplo, buscar protección procesal efectiva por la violación de un derecho fundamental (a la propiedad o a la libertad económica, por ejemplo) por la vía del abuso de derecho (Art. 1.185 CC) mediante una acción ordinaria, si la protección o amparo judicial sólo se podía lograr cinco o diez años después, cuando el ejercicio del derecho que se buscaba proteger, ya era imposible o inútil.

La acción de amparo prevista en la Ley, por tanto, ha sido un medio efectivo y rápido para la búsqueda de una protección constitucional, que no se podía lograr de otra forma. Ello, por supuesto, también ha generado interpretaciones torcidas, que han desnaturalizado la institución en más de una ocasión, al usársela, por ejemplo para enervar los efectos de otras decisiones judiciales.

En todo caso, lo que debe quedar claro, conforme a la Constitución y a la propia Ley Orgánica de Amparo, es que el ejercicio del derecho de amparo a los derechos y garantías constitucionales puede realizarse, sea mediante el ejercicio de las acciones ordinarias del proceso civil, laboral, mercantil, contencioso-administrativo, etc.; sea mediante el ejercicio de la acción autónoma de amparo regulada en la ley.

En el primer caso, conjuntamente con las acciones ordinarias en caso de violación o amenaza de violación de un derecho constitucional el demandante puede presentar la pretensión de amparo en cuyo caso el Juez ordinario debe acogerse al procedimiento de la Ley Orgánica de Amparo (Art. 6, Ord. 5°) a fin de ordenar la suspensión provisional de los efectos del acto cuestionado, o mejor, a fin de restablecer inmediatamente en forma provisional o cautelar, la situación jurídica infringida. Por tanto, por ejemplo, en caso del ejercicio de una acción reivindicatoria, conjuntamente con ella se puede formular la pretensión de amparo al derecho de propiedad, que permita al juez restituir al demandante, de inmediato, su propiedad. Para ello, no sólo la Ley Orgánica de Amparo le permite restablecer inmediatamente, en forma provisional o cautelar, la situación infringida, sino que adquieren todo su valor y efectividad los poderes del juez conforme al nuevo Código de Procedimiento Civil, cuyo artículo 588, Parágrafo Primero, lo faculta para "autorizar o prohibir la ejecución de determinados actos y adoptar las providencias que tengan por objeto hacer cesar la continuidad de la lesión". He allí, ni más ni menos, la garantía de amparo en la vía ordinaria. En todos estos supuestos el proceso ordinario seguiría su curso normal, de manera que el amparo definitivo se debe resolver con la sentencia definitiva; en el *interim,* sin embargo, la medida cautelar de amparo sirve de protección procesal.

En materia contencioso-administrativo, la situación es similar. Cuando se pretenda amparo contra un acto administrativo, la pretensión de amparo puede formularse conjuntamente con la acción de nulidad, en cuyo caso, la suspensión de efectos del acto administrativo que pronuncie el juez se configura como un amparo cautelar o provisional, mientras se resuelve la nulidad solicitada. En todo caso, la sentencia definitiva del Juez contencioso-administrativo al anular o no el acto impugnado, constituye la decisión definitiva en cuanto al amparo solicitado. De acuerdo al artículo 206 de la Constitución, el ejercicio del derecho de amparo contra actos administrativos, en todo caso, pudo reservarse a ser resuelto por los tribunales contencioso-administrativos; ello, sin embargo, no se estableció en la Ley Orgánica debido al limitado número de esos Tribunales que existen en el país, lo que hubiera hecho muy restrictivo, en la práctica, el acceso de pretensiones de amparo ante los Tribunales. Sin embargo, si en el futuro se multiplican los tribunales contencioso-administrativos, como tiene que ocurrir, las pretensiones de amparo contra los actos administrativos o contra las abstenciones o negativas de la Administración, deberían ejercerse siempre conjuntamente con la acción contencioso-administrativo de anulación o abstenciones correspondientes.

C. *La acción autónoma de amparo*

La Ley Orgánica de Amparo sobre Derechos y Garantías Constitucionales de enero de 1988, dictada en ejecución del artículo 49 de la Constitución, sin duda, es la ley más importante que se ha promulgado en el país después de la propia Constitución, pues regula el aspecto más importante de las normas constitucionales que interesan a los ciudadanos: el ejercicio y goce de los derechos y garantías que la Constitución establece.

Para mayor protección de estos derechos y garantías, y para asegurar su plena vigencia y ejercicio, la Ley Orgánica ha regulado la acción de amparo que permite a "toda persona natural habitante de la República o persona jurídica domiciliada en ésta", para solicitar ante los Tribunales competentes amparo para el goce y ejercicio de los derechos y garantías constitucionales, aún de aquellos derechos fundamentales de la persona humana que no figuren expresamente en la Constitución, con el propósito de que se restablezca inmediatamente la situación jurídica infringida o la situación que más se asemeje a ella (Art. 1). La acción así regulada, procede contra cualquier hecho, acto u omisión que provenga de los órganos del Poder Público Nacional, Estadal o Municipal, o que se originen por ciudadanos, personas jurídicas, grupos u organizaciones privadas, que hayan violado, violen o amenacen violar cualquiera de las garantías o derechos constitucionales (Art. 2). En cuanto a los entes públicos, esta acción de amparo procede expresamente contra normas (Art. 3), decisiones judiciales (Art. 4) y actos administrativos, vías de hecho y conductas omisivas de la Administración (Art. 5).

La acción de amparo puede intentarse ante cualquier juez de primera instancia que tenga competencia afín con la naturaleza del derecho o garantía constitucional violados o amenazados de violación (Art. 7), y si estos tribunales no existen en el lugar donde se produzcan los hechos, actos u omisiones constitutivos de la violación o amenaza de violación, se puede intentar ante cualquier juez de la localidad (de Distrito y si no lo hay de Municipio), lo que otorga a la jurisdicción de amparo un carácter completamente difuso. Esta situación, tratándose de decisiones judiciales de interpretación de la Constitución (la sentencia de amparo siempre aplica e interpreta el texto fundamental, pues la pretensión se refiere a derechos constitucionales), podría provocar en el futuro, una multiplicidad de interpretaciones del texto fundamental, que comiencen a plantear la exigencia de cierta uniformidad. Ello podría lograrse, por ejemplo, mediante la creación de una Sala Constitucional en la Corte Suprema de Justicia, que conozca en revisión extraordinaria de todos los casos de amparo resueltos en segunda instancia por todos los tribunales que sean competentes; o al menos, en vía de casación, contra las sentencias dictadas en juicios de amparo por los tribunales ordinarios en segunda instancia. En todo caso, la apertura pura y simple, del recurso de casación actualmente regulado, contra las sentencias de amparo de segunda instancia ante las Salas de Casación Civil y Penal conforme al Código de Procedimiento Civil, sólo podría admitirse, si se elimina el carácter suspensivo del ejercicio del recurso, respecto de la sentencia de amparo, y si se regulan otros aspectos relativos a las repercusiones de este medio de control en el resto de la organización tribunalicia. De lo contrario, se haría nugatoria la acción de amparo. Entre otras razones, por ello no se ha admitido por la Sala.

Por último, y lo más importante, el juez de amparo conforme al procedimiento breve y sumario que la Ley establece (de carácter gratuito, inquisitorio, prioritario), puede restablecer de inmediato la situación jurídica infringida en una medida que tiene carácter cautelar o provisional, dada la naturaleza de la violación alegada, por lo que en todo caso el juez debe proceder a requerir informe al agraviante y celebrar una audiencia constitucional (Art. 23 a 26), para adoptar el mandamiento de amparo definitivo, el cual debe contener la orden a cumplir (de hacer o de no hacer), con las especificaciones necesarias para su ejecución (Art. 32). Debe señalarse, sin embargo, que el artículo 22 de la Ley Orgánica, había permitido al juez *inaudita parte* adoptar el mandamiento de amparo, cuando se acompañase al libelo un medio de prueba que constituyera presunción grave de la violación o de la amenaza de violación, y dada la naturaleza de ésta, no fuera necesario pedir informe alguno al agraviante. Esta norma, que consideramos que sólo debía interpretarse como consagratoria de un amparo cautelar, fue declarada inconstitucional por la Corte Suprema de Justicia[73].

El proceso, en todo caso, está signado por el principio de la bi-instancia, por lo que siempre procede apelación, y en su defecto la consulta obligatoria, salvo en los casos en los cuales el Tribunal competente para conocer de la acción en primera y única instancia, sea la Corte Suprema de Justicia (Art. 8).

6. *Otras garantías constitucionales específicas a cada derecho*

Por último, debemos señalar que además de las garantías constitucionales genéricas que hemos indicado anteriormente (reserva legal, nulidad de los actos estatales violatorios de los derechos, responsabilidad de los funcionarios y control judicial), la Constitución también establece una serie de garantías específicas de los derechos fun-

---

73 *V.*, sentencia de Corte Suprema de Justicia en Corte Plena de 21-5-96. *V.*, lo expuesto en págs. 392 y siguientes de este Tomo V.

damentales, al formular la declaración de los mismos. Por ejemplo, las garantías que deben rodear a la privación de la libertad y los principios del debido proceso, que aseguran la inviolabilidad de la libertad y seguridad personales (Art. 60); las garantías que deben rodear el allanamiento del hogar doméstico, que aseguran la inviolabilidad (Art. 62); las garantías que deben acompañar los casos de ocupación de la correspondencia, que aseguran su inviolabilidad (Art. 63); la garantía de la prohibición de censura previa, para asegurar la efectividad del derecho de expresión del pensamiento (Art. 66); la garantía de la oportuna respuesta, para asegurar el derecho de petición (Art. 67); la garantía de la prohibición de permiso previo, para asegurar el derecho de reunión (Art. 71).

Estas garantías constitucionales específicas de los derechos fundamentales confirman la necesidad de que se distingan claramente los "derechos fundamentales" o "constitucionales" en sí mismos, de las "garantías constitucionales" que se establecen para asegurar el ejercicio y goce de aquéllos, lo que tiene primordial importancia en los casos de "suspensión o restricción de las garantías constitucionales" en situaciones de emergencia, por ejemplo. Esta suspensión o restricción por supuesto, sólo se refiere a las garantías constitucionales y no a los derechos en sí mismos. Estos, en realidad, no pueden ser "suspendidos", y en cuanto a los casos de "restricción" por el Presidente de la República ello equivale, en realidad solamente a una suspensión de la "garantía de la reserva legal" con la consiguiente ampliación de los poderes reguladores y limitadores al Ejecutivo Nacional. Siguiendo este criterio, la Corte Suprema de Justicia en Corte Plena, en sentencia de 11-3-93 (*Caso: Nulidad del decreto Nº 2668 de 27-11-92*), señaló:

> "Así que, los derechos constitucionalmente consagrados y aún aquellos que no estándolo son inherentes a la persona humana, no son suspendibles en ninguna medida. Sí son en cambio limitables, mediante reglamentación de emergencia, las garantías que conforme al artículo 241 permite la Carta Magna suspender, pero sólo en la medida en que su limitación no apareje una lesión grave al derecho cuyo ejercicio protege"[74]

II. LA RESTRICCIÓN O SUSPENSIÓN DE LAS GARANTÍAS CONSTITUCIONALES

1. *La potestad ejecutiva*

La vigencia efectiva de los derechos constitucionales puede verse afectada en caso de emergencia por causa de conflicto interior o exterior o cuando existan fundados motivos de que uno u otro ocurran; en caso de conmoción que pueda perturbar la paz de la República; o en caso de graves circunstancias que afecten la vida económica o social de la República, supuestos en los cuales el Presidente de la República está autorizado (Art. 190, Ord. 6º) constitucionalmente (Arts. 240 y 241) para restringir o suspender las garantías constitucionales, o algunas de ellas, en todo o en parte del territorio nacional.

Se trata, por tanto, de una facultad extraordinaria que sólo procede ser adoptada en circunstancias excepcionales, por el Presidente de la República en la medida y por el tiempo estrictamente limitados a las exigencias de la situación. El Congreso

---

74 *V.*, en *Revista de Derecho Público,* Nº 53-54, EJV, Caracas, 1993, p. 174.

por tanto, no podría, mediante una ley, suspender las garantías constitucionales ni restringirlas, y sólo puede limitarlas conforme a lo que expresamente indica la Constitución, al declarar y regular cada derecho constitucional.

La potestad de restringir o suspender garantías constitucionales por tanto, sólo puede dictarse cuando existen los motivos precisos que indica la Constitución, que deben expresarse formalmente en el Decreto respectivo.

Por otra parte, debe recordarse que las Cámaras Legislativas han aprobado por Ley, tanto el Pacto Internacional de Derechos Civiles y Políticos (1978) como la Convención Americana de los Derechos Humanos (1977), los cuales no sólo refuerzan en Venezuela la vigencia de los derechos y garantías constitucionales de los ciudadanos, sino que establecen obligaciones que el Estado venezolano debe cumplir para asegurar el ejercicio y respeto de dichos derechos. Por ello, el Pacto Internacional al hablar de la suspensión de garantías sólo la admite en caso de "situaciones excepcionales" que pongan en peligro la vida de la Nación y cuya existencia haya sido proclamada oficialmente, en cuyo caso autoriza a los Estados a "adoptar disposiciones en la medida estrictamente limitada a las exigencias de la situación", y que no sean incompatibles con las demás obligaciones que les impone el derecho internacional y no entrañen discriminación alguna fundada en motivos de raza, color, sexo, idioma, religión u origen social (Art. 4,1). En sentido similar, la Convención Americana sólo permite la suspensión de garantías constitucionales "en caso de guerra, de peligro público o de otra emergencia que amenace la independencia o seguridad del Estado" en cuyo caso, éste puede "adoptar disposiciones en la medida y por tiempo estrictamente limitados a las exigencias de la situación, siempre que tales disposiciones no sean incompatibles con las demás obligaciones que les impone el derecho internacional y no entrañen discriminación alguna fundada en motivos de raza, color, sexo, idioma, religión u origen social" (Art. 27,1).

De acuerdo con la Constitución y con lo que se expresa en los referidos Convenios Internacionales que son Ley de la República, la suspensión de garantías constitucionales es una medida extrema que sólo puede adoptarse en circunstancias excepcionales y muy especiales que justifiquen tal suspensión. E incluso en tales casos, no puede suponer restricción de la vigencia del Estado de Derecho, ni de las normas constitucionales, ni interrupción del funcionamiento de los órganos del Poder Público Nacional, ni afectar sus prerrogativas, como lo establece el mismo artículo 241 de la Constitución. Además, la potestad presidencial está limitada en su forma y en el fondo, mediante una serie de garantías. En cuanto a las garantías formales, está el principio de la declaración formal que exige que se expresen los motivos de las medidas mediante Decreto; el principio de la notificación al Secretario General de las Naciones Unidas y al Secretario General de la Organización de Estados Americanos, obligación que imponen los mencionados Convenios que son Ley de la República; y el principio de control por las Cámaras Legislativas en sesión conjunta las cuales pueden revocar el Decreto si estiman que han cesado las causas que lo motivaron (Art. 243 de la Constitución).

En cuanto a las garantías de fondo de la suspensión de garantías están: el principio de que debe tratarse de una amenaza excepcional y de acuerdo a los motivos establecidos en la Constitución y en los Convenios Internacionales antes indicados; el principio de la proporcionalidad en el sentido de que la suspensión debe adecuarse a las exigencias de la situación excepcional; el principio de la no discriminación que garantiza el artículo 61 de la Constitución; y el principio de la intangibilidad de ciertos derechos y sus garantías, particularmente los consagrados en el artículo 58 (derecho a la vida), y en los ordinales 3° (derecho a no ser incomunicado ni sometido a tortura o a otros procedimientos que causen sufrimiento físico o moral) y 7° (derecho a no ser condenado a penas perpetuas o infamantes) del artículo 60 de la Constitución.

Lo anterior ha sido resumido por la Corte Suprema de Justicia en la sentencia dictada en Corte Plena el 11 de marzo de 1993, al establecer lo siguiente:

> "Considera asimismo la Corte conveniente advertir que de la situación de emergencia no nace para el Ejecutivo, de pleno derecho, la potestad de suspender indiscriminadamente las garantías constitucionales, sino que por su doble condición de normas de contenido inherentes a la persona humana y de rango constitucional deben ser restringidas en la menor medida posible. La regla a formular es que sólo son susceptibles de restricción o suspensión, aquellas garantías que constituyen el verdadero obstáculo para la vuelta a la normalidad institucional, y sólo en la medida en que no afecten la esencia del derecho cuya garantía se pretende reglamentar limitándola"[75].

En todo caso, y a pesar de su excepcionalidad, la suspensión o restricción de garantías constitucionales "no interrumpe el funcionamiento ni afecta las prerrogativas de los órganos del Poder Nacional" (Art. 241), es decir, de las Cámaras Legislativas y de los Tribunales de la República, aun cuando sí podría afectar el funcionamiento de los órganos que ejercen el Poder Estadal o Municipal.

Pero esta potestad del Presidente de la República, que debe ejercer mediante Decreto dictado en Consejo de Ministros, no está exenta de controles por parte de los otros órganos del estado. Así, el Decreto que ordene la restricción o suspensión de garantías constitucionales debe ser sometido a la consideración de las Cámaras Legislativas en sesión conjunta o de la Comisión Delegada, en caso de receso de aquéllas, dentro de los 10 días siguientes a su publicación (Art. 242). En esta forma, a pesar de tratarse de una medida ejecutiva, los órganos que ejercen el Poder Legislativo intervienen en su consideración y podrían decidir revocar el Decreto, al cesar las causas que lo motivaron. Por ello, la Constitución exige que el Decreto exprese los motivos en que se funda (Art. 241). Por otra parte, el Decreto de restricción o suspensión de garantías constitucionales está sometido a control de la constitucionalidad por la Corte Suprema de Justicia en Corte Plena (Art. 215, Ord. 6°) la cual, incluso, puede controlar la veracidad, y exactitud de los motivos del Decreto.

2. *Las garantías constitucionales que no pueden suspenderse ni restringirse*

Ahora bien, no todas las garantías constitucionales pueden ser objeto de una medida ejecutiva de restricción o suspensión. La Constitución excluye expresamente (Art. 241) la posibilidad de que se restrinja o suspenda la garantía de la inviolabilidad de la vida y a no ser condenado a la pena de muerte (Art. 58); la garantía de la seguridad personal, a no ser incomunicado ni sometido a tortura o a otros procedimientos que causen sufrimiento físico o moral (Art. 60, Ord 3°), y la garantía a la

---

75 *Caso Gruber Odreman, nulidad del Decreto N° 2668 de 27-11-92, V.*, en *Revista de Derecho Público*, N° 53-54, EJV, Caracas 1993, pp. 172 y sigts.

libertad personal, a no ser condenado a penas perpetuas o infamantes, o a penas restrictivas de la libertad mayores de treinta años (Art. 60, Ord. 7°). Salvo estas excepciones, conforme a la Constitución, el Presidente de la República podría suspender o restringir todas las otras garantías constitucionales o algunas de ellas, en todo o parte del territorio nacional (Art. 241).

Sin embargo, a esta lista de excepciones prevista en la Constitución de garantías constitucionales que no pueden ser afectadas por un Decreto de restricción o suspensión, deben agregarse otros supuestos establecidos en el Pacto Internacional de Derechos Civiles y Políticos, que es Ley de la República, y que son los siguientes: la suspensión no puede entrañar discriminaciones, ni puede afectar las garantías a no ser condenado a prisión por obligaciones contractuales, a la irretroactividad de la Ley en materia de condenas penales, al reconocimiento de la personalidad, a la libertad religiosa y a no ser sometido a esclavitud o servidumbre (Art. 4). A dicha lista, además deben agregarse los otros supuestos previstos en la Convención Americana de los Derechos Humanos que también es Ley de la República, y que son los siguientes: las garantías a la integridad personal, al principio de legalidad e irretroactividad, a la protección de la familia, a los derechos del niño, a la no privación arbitraria de la nacionalidad y al ejercicio de los derechos políticos al sufragio y al acceso a las funciones públicas (Art. 27).

3. *El amparo de los derechos y la suspensión o restricción de las garantías constitucionales*

La consideración del amparo, como un derecho fundamental consagrado en el artículo 49 de la Constitución, es decir, como el derecho de todos a ser amparados por los Tribunales en el goce y ejercicio de los derechos y garantías constitucionales, trae como consecuencia no sólo que ese derecho de amparo, en sí mismo y como tal derecho, no puede ser suspendido, sino que sólo podría ser restringido en su ejercicio, en la medida en que se trata, a la vez, de una garantía constitucional respecto del ejercicio y goce de otros derechos, cuyas garantías podrían encontrarse restringidas o suspendidas.

En esta forma, a la lista de limitaciones que tiene la potestad del Presidente de la República al restringir o suspender las garantías constitucionales, que conforme a la Constitución, no pueden referirse a las relativas a los derechos a la vida (Art. 58), a no ser sometido a tortura (Art. 60, Ord. 3°), a no ser condenado a más de 30 años (Art. 60, Ord. 7°), debe agregarse, además de las otras garantías señaladas no suspendibles establecidas en la Convención Americana y Pactos Internacionales de Derechos Humanos, la garantía del derecho de amparo. Es decir, el Presidente de la República no podría suspender, en genérico, las garantías de ejercicio del derecho de amparo (Art. 49 de la Constitución), pues si ello pudiera suceder, no habría posibilidad de ejercer, por ejemplo, un recurso de amparo para proteger el derecho a la vida (*hábeas corpus*) o para asegurar la seguridad personal para impedir las torturas; derechos que, a la vez, en sí mismos, nunca podrían ser objeto de estas medidas extraordinarias de suspensión o restricción de garantías. Es decir, como lo ha señalado la Corte Interamericana de Derechos Humanos, el *hábeas corpus* tiene por objeto lograr la presentación física de un detenido ante el Juez "para constatar el respeto a la vida e integridad de la persona, impedir su desaparición, determinar el lugar de detención, protegerlo contra la tortura y tratos inhumanos, crueles y degradantes", razón por la cual no puede la garantía de su ejercicio como amparo, suspenderse como tal, "pues sirve para preservar los derechos y garantías que constitucionalmente" no son suspendibles[76].

Por tanto, no puede el Presidente de la República, conforme al artículo 241 de la Constitución, y a pesar de que ello no se indique allí expresamente, suspender las garantías constitucionales del ejercicio del derecho de amparo establecido en el artículo 49 de la Constitución.

Pero es indudable que la suspensión o restricción de otras garantías constitucionales decretadas por el Presidente de la República, podría incidir en el ejercicio efectivo del derecho de amparo, y éste podría verse restringido, indirectamente como garantía, en ciertas situaciones. Por ejemplo, si se suspende la garantía del derecho al libre tránsito (Art. 64) y con tal motivo se establece un "toque de queda" que prohíbe circular entre 6 pm. y 6 am., la circulación durante esas horas no podría garantizarse con una acción de amparo, pero sí podría garantizarse con una acción de amparo durante las otras horas del día. La suspensión o restricción de garantías constitucionales, por tanto, afecta indirectamente la garantía de ejercicio del derecho de amparo, en la medida en que éste no puede utilizarse para proteger el goce o ejercicio de la garantía suspendida o restringida, en la medida de tal suspensión o restricción.

En consecuencia, el artículo 6, ordinal 7° de la Ley Orgánica de Amparo sobre Derechos y Garantías Constitucionales, que declara inadmisible la acción de amparo "en caso de suspensión conforme al artículo 241 de la Constitución, salvo que el acto que se impugna no tenga relación con la especificación del Decreto de suspensión de los mismos", amerita algunas precisiones. Primero, que no puede haber "suspensión de derechos" como lo sugiere la norma; segundo, que la suspensión de una garantía constitucional de un derecho sólo implica la inadmisibilidad de la acción de amparo para proteger el ejercicio de ese derecho suspendido, sólo y únicamente en los aspectos del mismo que han sido suspendidos; tercero, que en todos los otros aspectos extraños al Decreto de suspensión concernientes al derecho cuyas garantías se suspenden, o en relación a otros derechos, la acción de amparo sería siempre admisible; y cuarto, que en los casos de "restricción" de garantías, aun cuando nada diga la norma, el amparo al ejercicio del derecho restringido procede siempre que la limitación que se busca proteger no haya sido establecida en el Decreto restrictivo.

En este sentido es clara la sentencia de la Corte Suprema en Sala de Casación Civil de 28-6-94 (*Caso Caracas Country Club*), en la cual, con motivo de conocer de una acción de amparo a la propiedad entre particulares, y existiendo, en ese momento, una situación de suspensión de diversas garantías constitucionales, entre ellas, del mismo derecho de propiedad, la Sala señaló:

> " . . . que la suspensión de garantías constitucionales no puede significar en ningún caso, la derogatoria absoluta de todo el sistema de derechos y garantías fundamentales, sino que, en todo caso, debe entenderse que la suspensión acordada está circunscrita a la esfera en la que se desenvuelve el Poder Ejecutivo Nacional, para garantizar el cabal desempeño de sus atribuciones en la consecución del objetivo fundamental de obtención de una paz económica y social, y no

76 *Opinión Consultiva*, "*El Hábeas Corpus bajo suspensión de garantías*", OC-8-87, 29-8-86

en las relaciones entre particulares, en las cuales siguen plenamente vigentes todos los derechos y garantías consagrados en la Carta Magna, pues lo contrario sería tanto como entender que mediante un decreto de suspensión de garantías, puede dejar sin efecto el ordenamiento jurídico"[77].

Con base en ello, y por considerar que la acción de amparo intentada en ese caso no tenía "relación alguna con el Decreto de Suspensión de Garantías", la Corte conoció y decidió sobre la acción intentada. En sentido coincidente se pronunció la Corte Primera de lo Contencioso Administrativo en 1994, luego de algunas vacilaciones iniciales[78]

4. *Los efectos de las medidas de restricción o suspensión de las garantías constitucionales*

Ya hemos señalado que de acuerdo a la Constitución, las garantías constitucionales, es decir, los mecanismos para asegurar y proteger los derechos fundamentales, en general son los siguientes: la potestad reservada al Congreso para regular y limitarlos; la consideración, como nulo, de todo acto que los viole o menoscabe; la responsabilidad de los funcionarios que los ordenen o ejecuten y la potestad atribuida a los Tribunales para hacer efectivos tales derechos y garantías y declarar la nulidad de los actos nulos antes mencionados. Además, están las garantías específicas previstas en relación a cada derecho constitucional y su ejercicio.

Ahora bien, cuando la Constitución atribuye al Presidente de la República la potestad de suspender o restringir las garantías constitucionales, estas medidas extraordinarias sólo se refieren, por supuesto, a tales garantías, pero no a los derechos en sí mismos.

Como lo ha resuelto expresamente la Corte Suprema de Justicia en Corte Plena, en sentencia de 11-3-93 (*Caso Gruber Odreman nulidad del Decreto Nº 2668 de 27-11-97*), al conocer de una acción de nulidad por inconstitucionalidad del Decreto Nº 2.668 de suspensión de garantías constitucionales del 27 de noviembre de 1992:

> "Al respecto, debe comenzar este Alto Tribunal por esclarecer algunas nociones conceptuales que conduzcan a delimitar claramente el alcance de la problemática de que se trata en autos. En primer lugar, huelga insistir en que el ámbito de un Decreto de suspensión de garantías *sólo puede abarcar,* como su propio nombre lo indica, a *las garantías* que el constituyente establece para el ejercicio efectivo de los derechos fundamentales, y *en, modo alguno a los derechos* en sí mismos.
>
> En efecto, como enseña un importante sector de nuestra doctrina patria, al referirse a los ordenamientos de emergencia, debe evitarse confundir los "derechos" y las "garantías", conceptos jurídicos de distinta entidad, pues alude este último -garantías- a los medios de procurar el pleno goce y disfrute de los derechos correlativos, es decir, a "los principios y mecanismos previstos para hacer efectivos los primeros". (Allan R. Brewer-Carías, "Consideraciones sobre la

---

77 Consultada en original.

78 Por ejemplo, en sentencia de 22-8-94 (*Caso Inparques*). *V.*, lo expuesto en este Tomo V, pág. 309 y sigts.

Suspensión o Restricción de las Garantías Constitucionales", *Revista de Derecho Público,* N° 37, pp. 5 y ss.).

Así que, los derechos constitucionalmente consagrados y aún aquellos que no estándolo son inherentes a la persona humana, *no son suspendibles en ninguna medida.* Sí son en cambio limitables, *mediante reglamentación de emergencia,* las garantías que conforme al artículo 241 permite la Carta Magna suspender, *pero sólo en la medida en que su limitación no apareje una lesión grave al derecho cuyo ejercicio se protege*"[79].

La medida, por otra parte, no puede adoptarse en general, es decir, no puede haber una suspensión ni restricción a las garantías constitucionales, genéricamente dispuesta, sino que siempre tiene que referirse a las garantías constitucionales que aseguran y protegen a determinados derechos, cuyas normas constitucionales reguladoras deben identificarse en cada caso, con las excepciones que también hemos señalado (inviolabilidad de la vida, prohibición de la tortura y de penas restrictivas a la libertad personal mayores de 30 años, por ejemplo).

Siendo esto así, el efecto de una suspensión de las garantías de un derecho fundamental no es muy distinto al de la restricción de dichas garantías. Por ejemplo, la *suspensión* de la garantía del derecho al libre tránsito que consagra el artículo 64 de la Constitución, trae como consecuencia, no que no se pueda transitar (pues el derecho fundamental en sí mismo no se suspende) sino que el ejercicio de dicho derecho queda sometido a las limitaciones y restricciones que el Ejecutivo Nacional puede disponer, y no sólo a las que el Legislador ha dispuesto, como ejemplo, las establecidas en la Ley de Tránsito Terrestre.

La suspensión de la garantía, por tanto, básicamente se traduce en una suspensión al principio de la reserva legal, lo que puede originar una "legislación" ejecutiva de emergencia, que se superpone a la legislación ordinaria la cual queda parcialmente suspendida en su aplicación, durante la vigencia de la medida, en los términos de ésta. El efecto de la restricción de garantías, en definitiva, es el mismo pues implica también, la posibilidad de establecer "limitaciones" legales ejecutivas al ejercicio del derecho fundamental, que se superponen a la legislación ordinaria, la cual se suspende parcialmente durante la vigencia de las medidas, en los términos de la misma.

La diferencia entre suspensión y restricción de garantías, por tanto, no está en sus efectos y consecuencias jurídicas básicas, sino en la intensidad de la intervención ejecutiva respecto de la regulación de un derecho fundamental. Es, por tanto, más una diferencia de grado o intensidad que de efectos.

En todo caso, estas limitaciones y restricciones ejecutivas derivadas sea de una suspensión o restricción de garantías, deben establecerse *formalmente,* pues si bien tanto la suspensión como la restricción de garantías amplía las potestades reguladoras del Ejecutivo Nacional, estas potestades deben ejercerse *conforme al marco legal del Estado de Derecho,* que no se extingue ni con la suspensión ni con la restricción.

Así, por ejemplo, si el Ejecutivo Nacional suspende la garantía del libre tránsito, y dispone por ejemplo que no se puede circular libremente a determinadas horas en todo el territorio nacional o en ciertas ciudades (coloquialmente llamado "toque de

79 *V.*, en *Revista de Derecho Público,* Nos. 53-54, EJV, Caracas, 1993, pág. 174.

queda"), ello tendría que establecerlo el Presidente de la República en Consejo de Ministros, mediante actos ejecutivos formales (Decretos), que en virtud de la suspensión de la garantía de la reserva legal tienen rango de ley, es decir, son Decretos-Leyes (regulan excepcionalmente materias que en circunstancias normales corresponderían al Legislador). Regulado y limitado así, por ejemplo, el ejercicio del derecho al libre tránsito, las otras garantías constitucionales relativas al mismo quedan sólo parcialmente suspendidas, en el sentido de que, por ejemplo, los actos que vulneren el derecho sólo serían nulos si violan las nuevas y excepcionales regulaciones ejecutivas. Es decir, si se dispuso el "toque de queda" que prohíbe circular de 6 pm. a 6 am., la detención de una persona por circular en ese lapso de tiempo no puede ser un acto nulo ni el funcionario que lo adopte incurre en responsabilidad, ni se puede obtener protección judicial para circular a la hora prohibida. Pero nada más. Al contrario, fuera de las horas de toque de queda, la libertad de circular continúa plena, los actos que la impidan contrarios a la Ley ordinaria son nulos, los funcionarios que los adopten incurren en responsabilidad y se podría obtener protección judicial, incluso por la vía de amparo, para que ese derecho se respete.

Como lo ha señalado la Corte Suprema de Justicia en su antes citada sentencia de Corte Plena de 11-3-93:

> "Tal potestad, discrecional y que involucra un juicio de orden político, implica el ejercicio, por parte del Ejecutivo, de una competencia propia del Poder Legislativo: *la reglamentación de las garantía fundamentales.*
>
> Ahora bien, como quiera que en un Estado de Derecho la suspensión de garantías no puede significar arbitrariedad, se mantiene, incólume, todo el resto del ordenamiento jurídico constitucional: no se interrumpe el funcionamiento ni se afecta la competencia genérica del Poder Público Nacional, por lo que la potestad del Congreso para reglamentar sobre las garantías constitucionales, le es conferida transitoriamente al Ejecutivo en ejecución directa del texto constitucional, en las hipótesis en él contempladas.
>
> Se hace también imperioso resaltar que esta potestad reglamentaria, nacida de la situación de suspensión de garantías y trasladada incidentalmente al Ejecutivo, por ser de carácter excepcional, no es absoluta, sino por el contrario, de naturaleza temporal y limitada a aquellas garantías suspendibles —ya se examinó que por disposición expresa del constituyente no todas lo son— y a las que efectivamente lo están, en el respectivo Decreto.
>
> La medida de suspensión de garantías se traduce en excepción al principio de reserva legal que, conforme a la Carta Magna, informa todo lo relativo al ordenamiento y reglamentación de las garantías (Artículo 136, ordinal 24) para dar así paso a un ordenamiento de emergencia de carácter no absoluto, temporal y formal, destinado a reglamentar —limitándolas— las garantías previamente suspendidas. De allí, que cualquier medida que trascienda estos límites, afectando la esencia del derecho cuya garantía se pretende reglamentar, sería inconstitucional. Tal situación ocurriría por ejemplo, si con base en una regla-

mentación de emergencia, no se permitiera al procesado contestar la acusación, afectándosele así su derecho a la defensa"[80].

5. *La suspensión o restricción de garantías, la emergencia y la legalidad en las circunstancias excepcionales*

La Constitución venezolana establece que "el Presidente de la República podrá declarar el estado de emergencia en caso de conflicto interior o exterior, o cuando existan fundados motivos de que uno u otro ocurran" (Art. 240). Se deduce, de ello, el principio de que el régimen jurídico-político que tiene su fundamento en la Constitución, rige a plenitud, por supuesto, en circunstancias normales, pero que en cambio, en circunstancias excepcionales, como puede ser una guerra internacional o una guerra civil, ese régimen de legalidad no podría ser el mismo. Por ello, en caso de conflicto interior o exterior, e incluso, cuando existan fundados motivos de que uno u otro ocurran, el Presidente de la República puede declarar el *estado de emergencia* (Art. 190, Ord. 6º).

Sin embargo, la sola declaración del "estado de emergencia" no cambia al régimen constitucional y legal que ha de regir el comportamiento de los órganos que ejercen los Poderes Públicos, sino que dicho régimen sólo puede cambiarse si el Presidente de la República, además, restringe o suspende las garantías constitucionales, con los límites impuestos en el artículo 241 de la Constitución.

Es decir, el régimen del Estado de Derecho que rige en situaciones normales sólo puede verse afectado en situaciones excepcionales, *dentro del marco de las previsiones que la propia Constitución establece,* cuando el Presidente de la República en Consejo de Ministros, decide restringir o suspender las garantías constitucionales, y ello puede ocurrir en tres circunstancias: en primer lugar, en caso de emergencia, es decir, cuando se declara el "estado de emergencia" por situaciones de guerra; en segundo lugar, en caso de conmoción que pueda perturbar la paz de la República; y en tercer lugar, en caso de graves circunstancias que afecten la vida económica o social de la Nación (Art. 241).

En estos casos, sin embargo, la restricción o suspensión de garantías constitucionales no implica que se "suspenda" el Estado de Derecho, sino sólo que sus pilares normativos básicos pueden verse trastocados temporalmente, en la medida de lo necesario y exclusivamente en relación a las materias relativas a las garantías constitucionales que se restringen o suspenden, conforme a las nuevas regulaciones que se dicten ejecutivamente.

Tal restricción o suspensión de garantías, por tanto, da origen a un nuevo marco de legalidad, la de la emergencia que debe establecerse formalmente (por Decreto) pero nunca a la ausencia de legalidad o a la arbitrariedad.

En otras palabras, la decisión que conforme al artículo 240 y siguientes de la Constitución, puede adoptar el Presidente de la República de declarar el estado de emergencia y suspender o restringir las garantías constitucionales, sin duda, puede dar origen a un marco de legalidad distinto al que rige en situaciones ordinarias, lo cual podría afectar las relaciones y situaciones jurídicas existentes. Ya hemos señalado cómo con dichas decisiones se amplían las potestades "legislativas" del Presi-

---

80 *Idem.*

dente de la República, el cual podría regular materias que en situaciones normales serían de la reserva legal.

Ahora bien, esas decisiones son equivalentes a lo que en el constitucionalismo europeo continental dio origen a la denominada "teoría de las circunstancias excepcionales", surgida con motivo de los conflictos bélicos que afectaron las bases jurídicas de los Estados europeos. La diferencia entre nuestras previsiones constitucionales y el sistema europeo de hace más de medio siglo, es que en Europa esas "circunstancias excepcionales" no tenían una consagración expresa en las Constituciones, que las enmarcara jurídicamente; en cambio, en Venezuela, la suspensión o restricción de garantías tiene un marco constitucional expreso que la prevé y regula.

Ahora bien, las decisiones de los órganos que ejercen los Poderes Públicos y que se dictan en estas circunstancias excepcionales, cuando afectan actos, relaciones o situaciones jurídicas preexistentes (derechos adquiridos, por ejemplo), con frecuencia han sido denominadas como "hecho del Príncipe". Con esta expresión, en el derecho administrativo, una vez adoptadas "determinadas medidas o decisiones por los órganos del Estado con base en supremos intereses nacionales" se busca justificar tanto la posibilidad de la Administración de ordenar la rescisión unilateral de un contrato celebrado con un particular, indemnizando, por supuesto, al cocontratante; como la posibilidad del particular cocontratante de la Administración de someter a revisión sus obligaciones en caso de circunstancias imprevistas producto de dichas decisiones, requiriendo una indemnización o solicitando la modificación del contrato para adaptarlo a las nuevas situaciones[81].

También se ha dado por denominar "hecho del Príncipe" la decisión adoptada en circunstancias excepcionales por los órganos del Estado, que conllevan la revocación o desconocimiento de actos administrativos creadores de derechos a favor de sus destinatarios (y que por ello serían irrevocables), en cuyo caso, éstos tendrían derecho a ser indemnizados por los daños que la decisión les cause. Una decisión de esta naturaleza, además, por tener efectos retroactivos, sólo podría adoptarse previa restricción o suspensión de la garantía constitucional a la irretroactividad de la Ley, consagrada en el artículo 44 de la Constitución. Ello fue lo que debió ocurrir, por ejemplo, con el Decreto N° 76 de 12-3-89 de desconocimiento de las obligaciones del Banco Central derivadas del régimen cambiario, pero no sucedió así. Al dictarlo, el Presidente en Consejo de Ministros se apartó de la legalidad normal y ni siquiera se adaptó al régimen constitucional de las circunstancias excepcionales, quedando dicho acto viciado de inconstitucionalidad[82].

Por todo ello, si bien la expresión "hecho del Príncipe" se refiere a las decisiones que, por razones de supremo interés nacional, pueden ser adoptadas por el Presidente de la República en determinadas circunstancias, ellas siempre deben adoptarse dentro del marco de las regulaciones constitucionales (estado de emergencia o suspensión de garantías constitucionales), y siempre mediando indemnización, en caso de que con las mismas se lesionen o extingan derechos adquiridos. Lo que no tiene sentido es que al amparo de pretendidos "hechos del Príncipe" se cometan arbitrariedades.

---

81 *V.*, Allan R. Brewer-Carías, *Contratos Administrativos,* Caracas 1992, págs. 220 y sigts.

82 *V.*, Allan R. Brewer Carías, *El caso de las cartas de crédito, efectos retroactivos y confiscatorios de la unificación cambiaria y el régimen de las subvenciones administrativas,* Caracas, 1991.

6. *Un estudio de caso: la suspensión de garantías de febrero-marzo de 1989*[83]

A. *Ámbito de la suspensión*

El Presidente de la República, mediante Decreto N° 49 de 28-2-89 en virtud de las graves alteraciones del orden público producidas a partir del día anterior, como consecuencia de desordenes y saqueos populares generalizados en Caracas, decretó, pura y simplemente, la suspensión "en todo el territorio nacional de las garantías establecidas en los ordinales 1°, 2°, 6° y 10 del artículo 60 y en los artículos 62, 64, 66, 71 y 115 de la Constitución" (Art. 1°)

Lo primero que debemos preguntarnos, ante esta norma, es ¿qué significó jurídicamente, es decir, cuál fue el ámbito de dicho Decreto en relación a la lista de garantías suspendidas?

En primer lugar, el Decreto determinó la suspensión de la garantía a la libertad personal establecida en el Ord. 1° del Art. 60, y que implica el derecho a no ser detenido por la autoridad, sino en determinadas formas (ser sorprendido *in fraganti*, por ejemplo, y mediante orden escrita) y por determinado tiempo (8 días máximos y por más de 48 horas, por acto motivado). Por tanto, la suspensión de tal garantía sólo implicaba que las autoridades de policía podían efectuar detenciones sin formalidad alguna, excepto la obligatoria identificación del funcionario (Art. 48 Constitución) y por lapsos mayores a los establecidos legalmente. Frente a ese tipo de detenciones, no podía, por ejemplo, ejercerse un recurso de amparo a la libertad personal, pero indudablemente que sí podía ejercerse respecto a la seguridad personal (*hábeas corpus* para impedir torturas, por ejemplo).

En segundo lugar, el Decreto de suspensión de garantías afectó la garantía del ordinal 2° del artículo 60 de la Constitución, que establece el derecho a no ser detenido sino por infracciones definidas por la Ley como delito o falta. Por tanto, la suspensión de tal garantía implicó que las autoridades de policía podían efectuar detenciones aun cuando la conducta que las motivara no estuviera calificada como delito o falta por una Ley preexistente, es decir, sin motivo legal.

La tercera garantía que se suspendió fue la establecida en el ordinal 6° del artículo 60 que establece el derecho de toda persona a no continuar en detención, una vez que hubiese orden de excarcelación o se hubiese cumplido la pena o se hubiese ordenado libertad bajo fianza. La suspensión implicó que la autoridad administrativa, en esos casos, podía retener como detenidos a los que hubiesen sido excarcelados o liberados.

La cuarta de las garantías suspendidas el 28 de febrero, fue la establecida en el ordinal 10 del artículo 60 de la Constitución, que establece la finalidad que deben tener las medidas de interés social relativas a sujetos en estado de peligrosidad, y la garantía de que se adopten en las condiciones y formalidades establecidas en la Ley. Estas medidas, en realidad, sólo están establecidas en la Ley de Vagos y Maleantes, la cual en sí misma había sido cuestionada por inconstitucional, y ha sido anulada en 1997 por la Corte Suprema y la suspensión de la garantía realmente lo que buscaba era la aplicación de las medidas de confinamiento o internamiento, sin limitaciones. En todo caso, y en realidad, esta suspensión no tenía mayor sentido ni efecto, por la

83 *V.*, Allan R. Brewer-Carías, *Consideraciones sobre la suspensión o restricción de garantías constitucionales*, *loc. cit.*, pp. 15 y ss.

suspensión decretada en forma genérica de las garantías a la libertad personal establecidas en los ordinales 1° y 2° del mismo artículo 60.

La quinta garantía constitucional suspendida, fue la establecida en el artículo 62, referida a la inviolabilidad del hogar doméstico, y que establece el derecho a que éste sólo puede ser allanado para impedir la perpetración de un delito o por orden de un tribunal, para cumplir sus decisiones. En este caso, la suspensión implicó que la autoridad administrativa podía efectuar allanamientos sin requisitos formales ni con las motivaciones restrictivas establecidas en la norma.

La sexta garantía constitucional objeto de la suspensión fue la relativa al libre tránsito y libre establecimiento, que consagra la Constitución sin más limitaciones que las establecidas por la Ley (Art. 64), lo que implicó que la autoridad administrativa podía establecer, por Decreto, limitaciones a transitar libremente por el territorio nacional, al cambio de domicilio o residencia, a salir o entrar al país, traer bienes o sacarlos de él. La suspensión, en realidad, afectaba aquí la reserva legal ya que ampliaba las potestades reguladoras del Ejecutivo Nacional.

La séptima garantía constitucional suspendida fue la relativa al derecho de expresión del pensamiento, sin censura previa (Art. 66). Esta suspensión, en realidad, podía implicar el establecimiento de censura previa a los medios de comunicación, pero no implicó que el derecho, en sí mismo, estuviera suspendido.

La octava garantía constitucional suspendida fue la referida al derecho de reunión (Art. 71), en el sentido de que todos pueden reunirse pública o privadamente, sin permiso previo, con fines lícitos y sin armas. La suspensión de la garantía, en este caso, en realidad, implicaba la posibilidad que tenía la autoridad ejecutiva para exigir, mediante decreto, permiso previo para toda clase de reunión, pero no la "extinción" del derecho de reunión en sí mismo, particularmente privado.

Por último, la novena de las garantías suspendidas fue la relativa al derecho de manifestar pacíficamente y sin armas, sin otros requisitos que los establecidos en la ley (Art. 115), en cuyo caso, tal suspensión implicaba que mediante Decreto podían establecerse otros requisitos distintos a los establecidos en la Ley para manifestar. La suspensión de la garantía, en realidad, no implicaba *per se* una prohibición a las manifestaciones, sino una suspensión de la garantía de la reserva legal, ampliando las potestades reguladoras del Ejecutivo Nacional.

Mediante Decreto N° 98 de 22-3-89, el Presidente de la República restituyó las garantías que habían sido suspendidas por el Decreto N° 49 de 28-2-89, derogándolo, y revocando, además, el Decreto N° 67 de 8-3-89 que había restablecido sólo la garantía a la libre expresión del pensamiento y la relativa a las medidas de interés social para vagos y maleantes, siendo el restablecimiento en este último caso, total y completamente inocuo, ya que permanecía suspendida la garantía a la libertad personal.

En todo caso, durante 25 días (28-2-89 a 22-3-89) los ciudadanos vivieron en un régimen de suspensión de determinadas garantías constitucionales, caracterizado por una absurda informalidad e inseguridad jurídica, que afectó el Estado de Derecho, pues nada se reguló formalmente. Se vivió, por tanto, una absurda y abusiva situación fáctica de "suspensión del Estado de Derecho", lo cual configuró un cuadro institucional completamente contrario a la Constitución.

B. *La inseguridad jurídica de la suspensión de garantías de febrero-marzo de 1989*

La suspensión de las garantías constitucionales relativas a determinados derechos, como hemos visto, implica la suspensión de la reserva legal y la ampliación de las potestades "legislativas" o reguladoras de los derechos suspendidos, del Presidente de la República. Por tanto, la suspensión de garantías decretada el 28-2-89, exigía de las autoridades ejecutivas (el Presidente y sus órganos inmediatos, los Ministros) la emisión de una serie de Decretos y Resoluciones que establecieran el régimen de ejercicio de los derechos (que no estaban ni podían ser suspendidos en sí mismos) cuyas garantías habían sido suspendidas.

Sin embargo, si se analizan las 17 *Gacetas Oficiales* publicadas entre el 28-2-89 (la N° 34.168 en la cual se publicó el Decreto N° 49 de suspensión de garantías) y el 23-3-89 (la 34.184 en la cual se publicó el Decreto N° 98 de restitución de garantías) no *aparece publicado ni un solo Decreto o Resolución* (léase bien, *ni uno solo*) en el cual se hubiese establecido alguna regulación, limitación o régimen relativo al ejercicio de los derechos cuyas garantías fueron suspendidas.

Nada se estableció o reguló formalmente, con un asombroso desprecio y rechazo al orden jurídico. El derecho, así, perdió todo su valor en nuestra sociedad, y el Gobierno actuó como si se hubiera "suspendido" el propio Estado de Derecho. En esta forma, durante los 23 días de la suspensión de garantías, los venezolanos estuvimos gobernados por la informalidad y la inseguridad jurídica, como si no hubiera orden jurídico; lo que implicó que estuvimos "gobernados" por simples "declaraciones" dadas por toda suerte de funcionarios, sin concierto, y a veces contradictorias, y de las cuales la ciudadanía se enteró porque benévolamente -por obra de los periodistas- aparecían en la prensa, cada cual con la versión impresa por el comunicador social de turno que las "recogía". Para cualquier analista del Derecho Constitucional tanto de la emergencia como de la normalidad institucional, esta informalidad como forma de gobernar, evidenció una quiebra injustificable del Estado de Derecho en el país.

He aquí los hechos. La suspensión de las garantías constitucionales, como se dijo, entre otras, incidió sobre diversas garantías a la libertad y seguridad personales (Art. 60, Ords. 1°, 2° 6° y 10) establecidas contra las detenciones arbitrarias y a la inviolabilidad del hogar doméstico (Art. 62).

Al haberse decretado su suspensión, y no regularse ejecutivamente nada al respecto, ello lo que abrió fue el campo ilimitado a la arbitrariedad de los funcionarios. Nada se decretó, nada se reguló, nada se dijo, y los funcionarios hicieron lo que les dió la gana, aun en casos innecesarios, donde ni siquiera el elemental principio de la proporcionalidad fue respetado.

La suspensión de garantías también incidió sobre la prohibición de censura previa a la libertad de expresión del pensamiento (Art. 66) y ello en efecto sucedió, pero por los canales informales de la Oficina Central de Información que el ciudadano común no conoció, pues nada se decretó ni se resolvió formalmente con la consiguiente inseguridad incluso para los medios de comunicación sobre lo que podían o no podían informar, y las consiguientes "sanciones" que podían ser impuestas.

C. *El toque de queda y su insólita informalidad*

Pero la suspensión de garantías, incidió también en el ejercicio de la libertad de tránsito (Art. 64) en el sentido de que la autoridad podía imponer otras limitaciones al ejercicio de dicho derecho fuera de las previstas en la Ley. En este caso, y "excepcionalmente", el Gobierno actuó con algo menos de inseguridad jurídica, como sucedió en los casos antes indicados, pero con un alto grado de informalidad, condenable desde todo punto de vista.

En efecto "alguien" -no se sabe quién- decretó el "toque de queda", expresión que más de la mitad de la población que transita no conocía, y de ello se enteró la ciudadanía por el anuncio televisivo que hizo el Ministro de la Defensa el 28-2-89, recogido luego en la prensa del día siguiente.

La expresión "toque de queda" se refiere, en perfecto castellano, al aviso dado por el tañido de campanas o de otros instrumentos, mediante el cual se anuncia la hora de la noche para que todos se recojan. La "queda", así, de acuerdo al Diccionario de la Lengua Española es la "hora de la noche, señalada en algunos pueblos, especialmente las plazas cerradas, para que todos se recojan, lo cual se avisa con la campana"; utilizándose asimismo la palabra "queda" para identificar la "campana destinada a este fin" e, incluso, "el toque que se da con ella".

Pero en el Derecho Constitucional, esta expresión pueblerina de las viejas villas castellanas con plazas cerradas, se configura, no como un aviso de que llegó la hora de recogerse y descansar, sino como la imposición de una obligación de recogerse y no salir. El "toque de queda" es así, la expresión castellana de la imposición por la autoridad pública, en situaciones de emergencia, de una limitación a la libertad de transitar que afecta a todos los ciudadanos.

Como limitación a un derecho constitucional, por supuesto, sólo puede imponerse por Ley o en situaciones de suspensión o restricción de la garantía al libre tránsito, mediante Decreto-Ley. Nada de esto ocurrió el 28 de febrero de 1989.

El "toque de queda" impuesto a partir de ese día, entre 6 pm. y 6 am., se "anunció" por una intervención televisada del Ministro de la Defensa, cuyo texto luego apareció en la *prensa,* como un "Comunicado" del mismo Ministro (*El Universal,* 1-3-89, p. 1-1), donde se daba cuenta de una supuesta "Resolución" que prohibía circular a esas horas y ordenaba sancionar a las personas que violasen la disposición "conforme a la Ley". Por supuesto, frente a ello cabía preguntarse ¿cuál ley, si la situación era "ilegal", no existiendo en la legislación sanción alguna por circular de noche?.

La supuesta "Resolución", en todo caso, nunca salió publicada en la *Gaceta Oficial,* violándose la Ley de Publicaciones Oficiales. Sin embargo al día siguiente aparecieron publicadas en la prensa unas "Normas para personas con salvoconducto" (*El Universal* 2-3-89, p. 1-13), establecidas de nuevo por un "Comunicado" del Ministro de la Defensa. Rápidamente, así, los actos de un Ministro dejaron de ser "Resoluciones" aunque no publicadas, y comenzaron a ser "comunicados". Los venezolanos, así, nos vimos gobernados o por comunicados de un Ministro que no es, precisamente, el que encarna el gobierno civil.

Pero dos días después, el "toque de queda" fue modificado (8 pm. a 5 am., 10 pm. a 5 am., y 6 pm. a 6 am.) en unas ciudades y eliminado en otras, y esta vez de nuevo, el acto jurídico que lo impuso no fue una "Resolución" (ni siquiera clandestina) sino otro "comunicado", que se conoció por una "declaración" del Ministro de la Defensa (*El Universal*, 4-8-89; pp. 1-1 y 1-6; *El Nacional,* 4-8-89; p. A-1; *El Diario,* 4-8-89, p. 4), y luego que, por declaraciones de otras "altas autoridades militares" en el interior del país (*El Universal,* 5-3-89, p. 2-10). Un último "comunicado" del Ministro de la Defensa, del que dio información la prensa el 7-8-89 (*El Nacional,* p. A-1), informaba que se había acabado el "toque de queda". Nada de ello se publicó en *Gaceta Oficial, y* cada quien se enteró como pudo, incluso con gran confusión durante la tarde del 6-3-89.

Pero el "toque de queda" conllevó indirectamente otras decisiones que restringieron el ejercicio de otros derechos constitucionales, como el derecho al trabajo, el derecho a ejercer actividades lucrativas, el derecho a enseñar y a ser educado, cuyas garantías, sin embargo, no se suspendieron, restricciones signadas también por la informalidad jurídica más insólita.

El Ministro de Educación, por ejemplo, en un "Comunicado" del cual también dio cuenta la prensa (*El Universal,* 1-2-89; p. 1-1) "paralizó las actividades educativas" y luego, también por la prensa, esta vez mediante declaraciones a los periodistas, "convocó" al reinicio de clases en primaria (*El Nacional,* 5-3-89, p. A-1; *El Universal,* 6-3-89, p. 1-1); y luego para los niveles medio y superior (*El Nacional,* 7-3-89, p. D-1). Nada de esto fue objeto de "Resolución" formal alguna, a pesar de sus efectos. Recordemos que los actos de los Ministros se denominan Resoluciones conforme al artículo 16 de la Ley Orgánica de Procedimientos Administrativos, y que éstas cuando son de efectos generales, como la paralización de clases, deben publicarse en *Gaceta Oficial,* conforme al artículo 72 de la misma Ley, y como lo exige la Ley de Publicaciones Oficiales.

Nada de esto ocurrió. Los Ministros parece que creyeron que cuando refrendaron el Decreto de suspensión de garantías, también habían suspendido el orden jurídico, es decir, las leyes (como la Ley de Publicaciones Oficiales y la Ley Orgánica de Procedimientos Administrativos y el Estado de Derecho).

D. *Otras informalidades de la suspensión de garantías*

Nos hemos referido a la monumental informalidad que acompañó la imposición del "toque de queda" a partir del 28-3-89, y sus secuelas en relación al derecho a educarse y a enseñar. Pero ello no se quedó allí. Esa limitación a la libertad de transitar y circular, afectó otros derechos constitucionales, aunque sus garantías no fueron objeto de suspensión, entre ellas, el derecho al trabajo y el derecho a realizar actividades económicas.

En efecto, el "toque de queda" implicó, también, la modificación de los horarios de trabajo de las empresas. El "horario corrido" se impuso obligatoriamente en todo el país, sin que mediase ningún acto formal, sino sólo "declaraciones" de funcionarios; incluso, al concluir el "toque de queda", sólo fue mediante un "Comunicado" del Ministro de la Defensa (*El Nacional,* 7-3-89, p. A-1) que, se anunció al país que el horario de trabajo había quedado "restablecido" a partir del 7-3-89. En esta informalidad insensata con la que se maltrató el orden jurídico, configurándose el Gobierno en un "gobierno de declaraciones", también terció el Jefe de la Oficina Central de Información y "en los pasillos del Palacio de Miraflores hizo un llamado a la población para que desde hoy martes se reincorporen a sus ocupaciones habituales y quedó sin efecto el horario corrido" (*El Universal,* 7-3-89, p. 1-14).

Sin embargo, nada de ello fue decretado ni resuelto, ni consta en actos administrativos formales dictados por autoridad alguna y mucho menos dichos actos administrativos se publicaron en la *Gaceta Oficial,* como hemos dicho, de acuerdo a las más elementales normas de derecho y procedimiento administrativo, los actos de efectos generales sólo pueden surtir efectos a partir de su publicación en la *Gaceta Oficial.* Por ello, todas esas "Resoluciones" clandestinas o fantasmas y todos los "comunicados" emitidos, nunca surtieron formalmente efecto, y sólo la fuerza de la informalidad de un gobierno ignorante del orden jurídico, los impuso sin el más mínimo elemento de seguridad jurídica y de respeto ciudadano.

Por otra parte, la suspensión de garantías del 28-2-89, también afectó el ejercicio del derecho de reunión con fines lícitos que todos tenemos, el cual puede ejercerse sin permiso previo. Pero al suspender esta garantía constitucional a la ausencia de permiso previo para las reuniones, que es lo único suspendible ya que el derecho de reunión en sí mismo ni es suspendible ni se suspendió, el Presidente de la República nada resolvió ni decretó, y cada quien, funcionario civil o militar, interpretó sus poderes y el límite de su arbitrariedad como quiso o como pudo. No se dictó Decreto alguno que exigiera "permiso previo" para realizar una reunión (una cena privada, una celebración matrimonial, una reunión de una Junta Directiva de una empresa o una "reunión" de jóvenes) ni se reguló nada al respecto. Sin embargo, cada soldado de los que patrullaron las ciudades interpretó como le vino en gana la suspensión de garantías, y en más de una ocasión penetraron a edificios de apartamentos, porque en uno de ellos se celebraba una "reunión" privada, y ¡ni siquiera con fines subversivos!; y en más de una ocasión hubo que suspender bodas porque no se había dado "permiso" para realizarlas, aun cuando en ningún acto jurídico formal, Decreto o Resolución publicado en *Gaceta Oficial* se requería dicho permiso, y ni siquiera se exigía en los informales "comunicados" o "declaraciones" de funcionarios.

Lo mismo debe decirse de la suspensión de la garantía del derecho de manifestar "sin otros requisitos que los que establezca la Ley". La suspensión de esa garantía imponía el que se estableciera alguna norma que regulara las diversas situaciones (por ejemplo, para exagerar, podía haberse resuelto que más de 3 personas en una esquina se entendía como manifestación), pero ello no ocurrió. Pareció como que si lo que se hubiese suspendido era "el derecho" y no la garantía. Pero no hubo aquí tampoco Decreto o Resolución alguna sobre la materia.

Los venezolanos, por tanto, durante 23 días estuvimos gobernados por la informalidad, con la consecuente inseguridad jurídica, producto de la ignorancia jurídica, de un gobierno al cual se le olvidó el derecho durante unos días. Las "regulaciones" a los derechos cuyas garantías se suspendieron, sin embargo, sólo se conocieron a retazos por los "comunicados" o "declaraciones" que daba el Ministro de la Defensa, que sin quizás quererlo, pero provocado por las fuerzas de las circunstancias (vacío de poder), se configuraron en especies de "bandos" propios de la "Ley marcial". En el proceso, en todo caso, estuvo ausente el gobierno civil, pues las pocas veces que "declaró" el Jefe de la Oficina Central de Información fue para confundir más la situación y agravar la inseguridad jurídica. Veintitrés días durante los cuales, simplemente, no hubo gobierno civil.

7. *El control de la suspensión o restricción de garantías constitucionales*

El Presidente de la República, como hemos visto, tiene competencia para decretar la suspensión o restricción de garantías constitucionales (Art. 190, Ord. 6° y Art.

241 de la Constitución); sin embargo, el ejercicio de la misma no está exento de controles.

En primer lugar, es de destacar que existe un control internacional, derivado de las obligaciones internacionales de la República contraídas en la *Convención Americana de los Derechos del Hombre,* que es ley de la República. Allí se exige que el Estado venezolano, al hacer uso del derecho de suspender determinadas garantías debe "*informar* inmediatamente" a los demás Estados Partes en la Convención por conducto del Secretario General de la Organización de Estados Americanos "de las disposiciones cuya aplicación haya suspendido, de los motivos que hayan suscitado la suspensión y de la fecha en que se haya terminado tal suspensión". Al Gobierno, sin embargo, se le olvidó este dispositivo cuando suspendió diversas garantías constitucionales en 1989, y los Estados Miembros han debido haberse enterado de ello, al igual que los ciudadanos, por las noticias de televisión o prensa. Se violó, así, por el Ejecutivo, una Ley adoptada por el Congreso como es la aprobatoria de dicha Convención, pero ello seguramente no tiene la más mínima importancia para el Gobierno.

Pero, a pesar de ello, la Constitución establece un segundo tipo de control de las medidas de suspensión o restricción de garantías, esta vez por el Congreso, a cuya consideración debe someterse el Decreto respectivo dentro de los 10 días siguientes a su publicación (Art. 242). Pero ello es sólo para que las Cámaras lo consideren, pudiendo resultar de esa consideración que las Cámaras decidan revocar el Decreto si estiman que cesaron las causas que lo motivaron (Art. 243). La Constitución no atribuye a las Cámaras competencia ni poder alguno *para autorizar ni aprobar, que la suspensión o restricción de garantías decretada por el Ejecutivo "continúe" en vigencia,* sino sólo para revocar el Decreto cuando estimen que cesaron sus causas. Sin embargo, a la informalidad del Ejecutivo Nacional en el caso de la suspensión de garantías de febrero-marzo 1989, se sumó, en esta materia, el desconocimiento del orden constitucional por las propias Cámaras Legislativas. Se puede leer, en efecto, en *Gaceta Oficial,* el Acuerdo del Congreso de 10-3-89 en el cual éste *"autorizó"* el mantenimiento de la vigencia del Decreto N° 67 de 8-3-89 el cual restituyó algunas de las garantías que habían sido suspendidas el 28-2-89 y decretó la continuación de la suspensión de otras. Este Acuerdo, el cual curiosamente fue publicado *dos veces* con el mismo texto en la *Gaceta Oficial* (la N° 34.183 de 21-3-89 y la N° 34.187 de 29-3-89) es inconstitucional, pues el Congreso no puede "autorizar" formalmente a que siga un régimen de suspensión de garantías, para lo cual no tiene competencia.

En todo caso, debe señalarse que la cesación de las causas que motivaron la suspensión o restricción de las garantías constitucionales debe provocar la revocación del Decreto respectivo por el propio Presidente de la República en Consejo de Ministros, o como se dijo, por las Cámaras Legislativas en sesión conjunta (Art. 243). Sin embargo, si la suspensión o restricción de las garantías constitucionales tuvo por causa la declaratoria del estado de emergencia, en caso de conflicto interior o exterior, la cesación de éste sólo podría ser declarada por el Presidente de la República en Consejo de Ministros con la autorización de las Cámaras en sesión conjunta o de la Comisión Delegada (Art. 243).

Pero en tercer lugar, el Decreto de suspensión de garantías constitucionales, como acto de gobierno, también podría ser sometido a control judicial por vía de inconstitucionalidad a cargo de la Corte Suprema de Justicia. Dichos actos, sin duda, están sometidos al control judicial cuando violen la Constitución, contrariamente a lo afirmado en una desafortunada opinión por el propio Fiscal General de la República (*El Universal,* 23-3-89, p. 1-20), órgano a quien debería corresponder al contrario, velar por el mantenimiento del orden jurídico y por la efectiva vigencia de los derechos fundamentales. Frente a la informalidad jurídica que por ejemplo, acompañó el proceso de suspensión de garantías, de febrero-marzo 1989, y el atropello que ello significó a los derechos fundamentales y al orden constitucional, este alto funcionario, al contrario de lo que hubiera hecho un "Ombudsman", se limitó a propugnar la impunidad jurídica de la arbitrariedad.

En nuestro ordenamiento constitucional, un decreto de suspensión de garantías podría ser impugnado judicialmente, si por ejemplo emanase de un funcionario incompetente por referirse a derechos "no suspendibles" de acuerdo a nuestra Constitución o a las Convenciones Internacionales, o porque el Decreto sea de tal manera insuficiente, que su ejecución no permita asegurar la efectiva vigencia de los derechos fundamentales. Esto último sucedió con el Decreto N° 49 de 28-2-89 cuya ejecución se dejó, simplemente a "los Ministros del Despacho", los que se encargaron entonces de efectuar los desaguisados jurídicos que hemos comentado sin el menor respeto al orden jurídico.

En todo caso, en torno a la posibilidad de control de constitucionalidad de los Decretos de suspensión o restricción de garantías constitucionales, en la importante decisión de la Corte Suprema de Justicia, en Corte Plena, de 11-3-93 (*Caso Gruber Odremán, nulidad del Decreto Nº 2668 de 27-11-92*), se señaló que:

> ". . . el Derecho de Suspensión de Garantías, si bien es conceptuado como un típico "acto de gobierno", no por ello goza, al menos en nuestro ordenamiento, de inmunidad Jurisdiccional, pues la discrecionalidad del Jefe de Estado al acordar una medida de esta naturaleza no es ilimitada, y como se dijo, puede ser objeto de revisión por el juez en cuanto a la competencia del funcionario, al contenido lícito, posible, determinado o determinable del acto, a la correcta utilización de esa competencia y a la sujeción al procedimiento previamente establecido"[84].

Con base en ello, además, la Corte ha señalado, en cuanto a los motivos de la decisión, que pueden ser de apreciación de la oportunidad y conveniencia políticas, que el juez de la constitucionalidad puede entrar a analizar y juzgar la congruencia, veracidad y exactitud de los motivos consignados en la motivación, así como los límites a la discrecionalidad (razonabilidad, igualdad, finalidad, proporcionalidad, equidad)[85].

---

84 *V.*, en *Revista de Derecho Público,* N° 53-54, EJV, Caracas 1993, págs. 170 y sigts.

85 *Idem,* págs. 218 y sigts.

SECCIÓN SEGUNDA:

EL FORTALECIMIENTO DE LAS INSTITUCIONES DE PROTECCIÓN DE LOS DERECHOS HUMANOS EN EL ÁMBITO INTERNO (Junio, 2001).

Texto ampliado de la Conferencia dictada en el XIX Curso Interdisciplinario de Derechos Humanos, Instituto Interamericano de Derechos Humanos, San José, Costa Rica, 20 de junio de 2001. Fue publicado en el libro: *Reflexiones sobre el constitucionalismo en América*, Editorial Jurídica Venezolana, Caracas 2001, pp. 61-104.

Si algo caracterizó al constitucionalismo latinoamericano de la segunda mitad del Siglo pasado fue el progresivo proceso de fortalecimiento de las instituciones de protección de los derechos humanos en el ámbito interno y su constitucionalización. Ello, en definitiva, es la muestra más explícita de los esfuerzos por la consolidación del Estado de derecho en nuestros países, concepto que, por lo demás, históricamente se montó en sustitución del Estado absoluto, precisamente para la garantía y la protección de los derechos y libertades públicas.

Ese Estado de derecho, por otra parte, derivó de una serie de principios cruciales que se cristalizaron en las tres grandes revoluciones de hace dos siglos: la Revolución norte-americana, la Revolución francesa y la Revolución latinoamericana, la cual hay que mencionar, pues lamentablemente, y con mucha frecuencia, los propios latinoamericanos nos olvidamos de ella, a pesar de que fue precisamente en su ámbito, a comienzos del siglo XIX, donde cristalizó todo el aporte de las dos primeras, al constitucionalismo moderno[86].

Por ello puede decirse, incluso, que fue en nuestros países donde por primera vez se concretó formalmente, en el constitucionalismo moderno, todo el modelo del Estado de derecho que se había ido formulando, tanto en Francia como en los Estados Unidos. La simbiosis de todos los principios de dicho modelo se produjo, precisamente, en Latinoamérica donde se recogieron, en conjunto, los aportes de aquellas dos Revoluciones.

Esos principios cruciales pueden ser reducidos a tres[87].

En primer lugar, el principio de la limitación al Poder, que es la base del Estado de derecho con el objeto de garantizar la libertad. Eso es lo que distingue al Estado de derecho del Estado absoluto. Esta limitación se concretó en las Constituciones modernas mediante la distribución del poder para que, como lo decía Montesquieu, el poder limite al poder88, lo que se logra al distribuirlo y al separarlo. De allí han surgido los dos grandes esquemas de organización del Estado basados, por una parte, en la distribución vertical del poder, que dio origen a los sistemas de Estados descentralizados, al federalismo o a los nuevos esquemas de Estados regionales; y

---

86. Allan R. Brewer-Carías, *Reflexiones sobre la Revolución Americana (1776) y de la Revolución Francesa (1789) y sus aportes al constitucionalismo moderno*, Caracas 1992.

87. Allan R. Brewer-Carías, *Evolución Histórica del Estado. Instituciones Políticas y Constitucionales*, Tomo I, Caracas 1996, pp. 47 a 256.

88. "Es una experiencia eterna que todo hombre que tiene poder tiende a abusar de él; y lo hace hasta que encuentra límites... Para que no se pueda abusar del poder es necesario que por la disposición de las cosas, el poder limite al poder", Carlos Secondat, Barón de Montesquieu, *De l'Espirit des lois* (ed. G. Tunc), Vol. I, Libro XI, Cap. 4, Paris 1949, pp. 162-163.

por la otra, en la separación horizontal del poder o separación orgánica de poderes, producto directo, también, de aquellas dos Revoluciones.

El segundo de los principios es el de la legalidad, es decir, el principio conforme al cual todos los órganos del Estado deben estar y actuar sometidos a la ley. Este, justamente, es el otro elemento diferenciador del Estado de derecho con el Estado absoluto, en el cual el Monarca no estaba sometido a ley superior alguna.

Además, dentro del principio de la legalidad, como aporte de las tres Revoluciones mencionadas, está la idea misma de la Constitución como ley suprema, a la cual tienen que someterse todos los órganos del Estado, incluyendo el Parlamento. Fue precisamente contra la soberanía del parlamento inglés que se produjo la Revolución Americana; y fue contra la soberanía parlamentaria como en las Constituciones de los países europeos después de la Segunda Guerra Mundial, se incorporaron por primera vez en los textos constitucionales, declaraciones efectivas de derechos humanos.

Bien sabemos que antes de la Segunda Guerra Mundial y a pesar de la Declaración francesa en 1789, en Europa no había declaraciones similares a las que desde 1811 se conocen en Latinoamérica sobre derechos humanos89. Recuérdese incluso, que en España, sólo fue en 1978, con motivo de la última Constitución democrática cuando se incorporó al texto fundamental una declaración de derechos. Con estas declaraciones de derechos de rango constitucional, en Europa, las mismas adquirieron ese rango supremo que las impone, incluso, a los Parlamentos, los cuales en el universo constitucional dejaron ser soberanos. Queda a salvo, por supuesto, la excepción de siempre en estas materias constitucionales, respecto al sistema británico, donde no hay Constitución escrita y, por tanto, lo único soberano sigue siendo el Parlamento y lo que el Parlamento diga.

El tercero de los principios del Estado de derecho que se montó para la protección de los derechos fundamentales, es justamente el de la declaración de estos derechos. Por ello, el Estado no sólo se ha construido sobre el principio de la limitación al poder para asegurar la libertad y sobre el principio de la legalidad y del respeto de la Constitución; sino, además, sobre el principio de la declaración o del reconocimiento de los derechos fundamentales con rango constitucional.

Todas las Constituciones del mundo en los últimos doscientos años, en una forma u otra, más tarde ó más temprano, han venido adoptando estos principios constitucionales y, progresivamente, han venido consolidando en el orden interno mecanismos de perfeccionamiento y fortalecimiento de instituciones destinadas a la protección de los derechos humanos.

Además, ello se ha producido respondiendo al mismo principio que reconoció la Declaración francesa de los derechos del hombre y del ciudadano de 1789, la cual, interpretada, doscientos años después sigue siendo válida, en el sentido de que "toda sociedad en la cual no está asegurada la garantía de los derechos, ni determinada la separación de los poderes, no tiene Constitución" (art. 16).

---

89. La primera de estas declaraciones en América Latina fue la "Declaración de los Derechos del Pueblo", adoptada por la sección de Caracas del Congreso General de las Provincias de Venezuela, el 1-5-1811. *V.*, en Allan R. Brewer-Carías, *Las Constituciones de Venezuela*, Caracas 1997, pp. 279-281.

Por ello, hoy día puede todavía afirmarse que la esencia misma de la Constitución, como texto de organización política, siempre radica en la limitación al poder por su separación y en la declaración de los derechos fundamentales, garantizados por la propia sociedad.

Ahora bien, partiendo de estos tres principios del Estado de derecho, nos referiremos al tema del fortalecimiento de las instituciones de protección de los derechos humanos en el ámbito interno, para lo cual trataremos los siguientes tres aspectos: en primer lugar, al proceso de universalización o ampliación progresiva de las declaraciones de derechos; en segundo lugar, al fortalecimiento de las garantías judiciales de protección de los derechos y libertades públicas, y, en tercer lugar, la introducción progresiva, en tiempo reciente, de garantías institucionales de los derechos fundamentales.

I. LA UNIVERSALIZACIÓN Y AMPLIACIÓN DE LAS DECLARACIONES DE DERECHOS HUMANOS

Ante todo debe destacarse el fenómeno de la universalización y ampliación de las declaraciones de derechos, el cual puede analizarse, haciendo referencia a cuatro aspectos: en primer lugar, la ampliación nacional que han venido experimentando las declaraciones de derechos; en un segundo lugar, la constitucionalización de la internacionalización de las declaraciones de derechos; un tercer lugar, como corolario de lo anterior, el carácter enunciativo de los derechos y, por tanto, la incorporación progresiva en las Constituciones en un *numerus apertus* de derechos, no limitados a los que los textos constitucionales enumeran taxativamente; y en cuarto lugar, la alteridad, como característica de la regulación de los derechos.

1. *La ampliación nacional de las declaraciones de derechos y garantías constitucionales*

En efecto, el primer aspecto que debe mencionarse en cuanto las declaraciones de derechos, se refiere a la progresiva ampliación que las mismas han tenido en el mundo contemporáneo, en las respectivas Constituciones.

En efecto, se debe destacar ante todo el tránsito que se ha producido en las declaraciones desde los derechos de la primera generación del constitucionalismo clásico, reducidos a los derechos individuales, que más bien son libertades con su peculiar tratamiento; hacia los derechos de una segunda generación, de carácter económicos y sociales, en los cuales hay más bien obligaciones prestacionales del Estado; y el paso a la incorporación en las declaraciones de derechos, de los de la tercera generación, donde se ubican los derechos al desarrollo; a una determinada calidad de vida; a la protección del medio ambiente; a gozar de un patrimonio cultural; e incluso, a la paz, como recientemente ha sido consagrado expresamente en la Constitución de Colombia, y que van caracterizando el constitucionalismo latinoamericano.

Esta ampliación progresiva de derechos se ha plasmado, en nuestro continente, en tres grandes ejemplos de una enumeración extensísima de derechos, como es el caso, inicialmente, de la Constitución de Brasil, y luego, de las Constituciones de Colombia y de Venezuela, las cuales destinan muchos artículos a la regulación de los derechos individuales, políticos, económicos, sociales y de los de la tercera generación.

Debe destacarse, en este sentido, como ejemplo, el aporte que ha significado al constitucionalismo de los derechos humanos, las previsiones de la reciente Constitución de Venezuela de 1999[90], que es la última de las Constituciones sancionadas en América Latina, que destina su Título IV a regular los deberes, derechos humanos y garantías (arts. 19 a 128), los cuales el Estado debe garantizar a toda persona conforme al principio de progresividad y sin discriminación alguna (art. 19).

En la Constitución Venezolana además, se pueden distinguir un conjunto de regulaciones muy importantes, relativas a las garantías constitucionales de los derechos humanos, es decir, a los instrumentos que permiten hacer efectivo el ejercicio de los derechos. En tal sentido, se regula ampliamente las garantía de la libertad (art. 20); de la irretroactividad de la ley (art. 24); de la nulidad de los actos violatorios de derecho y de la responsabilidad de los funcionarios (art. 25); de la igualdad ante la ley (art. 21); y la de orden judicial con el derecho de acceso a la justicia que tiene toda persona para hacer valer sus derechos e intereses, incluso los colectivos o difusos, a la tutela efectiva de los mismos y a obtener con prontitud la decisión correspondiente (art. 26). La Constitución regula, además, la garantía de protección inmediata de los derechos mediante recursos efectivos: el derecho y la acción de amparo y la acción de habeas data (art. 27).

Por otra parte, también se regula expresamente la más importante de las garantías constitucionales, además del acceso a la justicia, la cual es que ésta se imparta de acuerdo con las normas establecidas en la Constitución y las leyes, es decir, en el curso de un debido proceso. Este se ha establecido detalladamente en el artículo 49 que exige que "el debido proceso se aplicará a todas las actuaciones judiciales y administrativas", regulándose las siguientes garantías en forma específica: el derecho a la defensa; la presunción de inocencia; el derecho a ser oído; el derecho al ser juzgado por su juez natural, que debe ser competente, independiente e imparcial; las garantías de la confesión; el principio *nullum crimen nulla poena sine lege*; el principio *non bis in idem* y la garantía de la responsabilidad estatal por errores o retardos judiciales.

Pero entre las garantías constitucionales de los derechos humanos, sin duda, la más importante es la garantía de la reserva legal, es decir, que las limitaciones y restricciones a los derechos sólo puedan establecerse mediante ley formal. De allí la remisión que los artículos relativos a los derechos constitucionales hacen a la ley. Pero ley, en los términos de la garantía constitucional, sólo puede ser el acto emanado de la Asamblea Nacional actuando como cuerpo legislador (art. 202). Este es el único acto que puede restringir o limitar las garantías constitucionales, como lo indica el artículo 30 de la Convención Americana sobre Derechos Humanos.

Frente a ello debe destacarse la potencial violación de esta garantía en el propio texto constitucional venezolano, al regular la figura de la "delegación legislativa" al Presidente de la República, mediante las llamadas "leyes habilitantes" (art. 203), para que pueda dictar actos con rango y valor de ley en cualquier materia (art. 236, ord. 8), lo cual contrasta con lo que establecía la Constitución de 1961, conforme a la cual sólo podían dictarse en materias económicas y financieras (art. 190, ord. 8).

Esto, lamentablemente, incluso ante un elenco tan importante de derechos y garantías, puede abrir la vía constitucional para la violación de la reserva legal que,

---

90. *V.*, Allan R. Brewer-Carías, *La Constitución de 1999*, 3ª edición, Caracas 2001.

como se dijo, es la garantía constitucional más importante en relación con la efectiva vigencia y ejercicio de aquellos.

Por último, entre las garantías constitucionales, en el artículo 29 de la Constitución se estableció expresamente la obligación del Estado de investigar y sancionar legalmente los delitos contra los derechos humanos cometidos por sus autoridades, y en el artículo 30 se estableció la obligación del Estado de indemnizar integralmente a las víctimas de violaciones a los derechos humanos que le sean imputables, incluido el pago de daños y perjuicios. El Estado, además, debe proteger a las víctimas de delitos comunes y debe procurar que los culpables reparen los daños causados.

El Capítulo IV del Título III de la Constitución venezolana, además, se destina a regular "los derechos civiles", los que, en realidad, en castellano y conforme a la tradición constitucional venezolana, son los derechos individuales. Se regula, así el derecho a la vida, como inviolable, con la prohibición de que se pueda establecer la pena de muerte (art. 43). Este derecho ha sido además, reforzado, obligándose al Estado a proteger "la vida de las personas que se encuentren privadas de su libertad, prestando el servicio militar o civil, o sometidas a su autoridad en cualquier otra forma".

La Constitución, además, reguló expresamente el derecho al nombre (art. 56); y el derecho a la inviolabilidad de la libertad personal (art. 44), con derechos y garantías en relación con el arresto o detención; la defensa y a no estar incomunicado; el límite personal de las penas; la identificación de la autoridad; la excarcelación; la protección frente a la esclavitud o servidumbre y la prohibición de la desaparición forzosa de personas (art. 45).

Se reguló, además, detalladamente, el derecho a la integridad personal (art. 46), con los siguientes derechos: el derecho a no ser sometido a torturas o penas degradantes; el derecho de los detenidos al respeto a la dignidad humana; el derecho a decidir sobre experimentos y tratamientos; y la responsabilidad de los funcionarios.

Adicionalmente, el texto constitucional, conforme a la tradición de los textos anteriores, consagró la inviolabilidad del hogar doméstico (art. 47); la inviolabilidad de las comunicaciones privadas (art. 48); la libertad de tránsito (art. 50); el derecho de petición y a la oportuna respuesta (art. 51); y el derecho de asociación (art. 52). Este último derecho sin embargo, encuentra limitaciones de rango constitucional, (art. 256) respecto de los jueces, a quienes se prohíbe asociarse; y en cuanto a la inherencia del Estado en las elecciones de los gremios profesionales, que deben ser organizadas por el Consejo Supremo Electoral, como órgano del Poder Público (Poder Electoral) (art. 294,6).

En relación con los derechos individuales, la Constitución garantiza, además, el derecho de reunión (art. 53); el derecho a la libre expresión del pensamiento (art. 57); y el derecho a la información "oportuna, veraz e imparcial", así como el derecho de réplica y rectificación cuando se vean afectados directamente por informaciones inexactas o agraviantes (art. 58). Además, encuentran regulación expresa la libertad religiosa (art. 59); el derecho a la protección del honor y la intimidad (art. 60); el derecho a la libertad de conciencia (art. 61); el derecho de protección por parte del Estado (art. 55).

En el campo de los derechos sociales y de las familias, la Constitución de 1999 contiene extensas y complejas declaraciones, muchas de las cuales no guardan relación con el principio de la alteridad, que atribuyen al Estado innumerables obligaciones y que, en gran parte, marginan a la sociedad civil, resultando un esquema que globalmente considerado es altamente paternalista.

En efecto, por una parte la Constitución reguló una serie de derechos sociales que pueden denominarse como derechos de protección, y que se refieren a de las familias (art. 75); a la maternidad (art. 76); al matrimonio "entre un hombre y una mujer", (art. 77); a los niños (art. 78) y a los jóvenes (art. 79); a los ancianos (art. 80); y a los discapacitados (art. 81); regulándose expresamente en el artículo 101, la obligación para los medios televisivos de incorporar subtítulos y traducción a la lengua de señas para las personas con problemas auditivos.

La Constitución reguló, además, expresamente, el derecho a la vivienda (art. 82), como una declaración; y el derecho a la salud y a su protección (art. 83), imponiendo al Estado la "obligación de crear, ejercer la rectoría y gestionar un "sistema público nacional de salud", de carácter intersectorial, descentralizado y participativo, integrado al sistema de seguridad social, regido por los principios de gratuidad, universalidad, integralidad, equidad, integración social y solidaridad (art. 84).

Es decir, el servicio de salud se concibe constitucionalmente como integrado al sistema de seguridad social (como un subsistema) y se lo concibe como gratuito y universal, lo que no guarda relación alguna con el sistema de seguridad social que se establece para los afiliados o asegurados. Se establece, además, con rango constitucional, que los bienes y servicios públicos de salud son propiedad del Estado y no pueden ser privatizados. Por último, se establece el principio de que la comunidad organizada tiene el derecho y el deber de participar en la toma de decisiones sobre la planificación, ejecución y control de la política específica en las instituciones públicas de salud.

En el artículo 85 de la Constitución se establece que es una obligación del Estado el financiamiento del sistema público de salud, que debe integrar los recursos fiscales, las cotizaciones obligatorias de la seguridad social y cualquier otra fuente de financiamiento que determine la ley. El Estado, además, debe garantizar un presupuesto para la salud que permita cumplir con los objetivos de la política sanitaria. Finalmente, el artículo 85 termina su normación indicando que el Estado "regulará las instituciones públicas y privadas de salud", en la única norma en la que se nombra a las instituciones privadas de salud, pero como objeto de regulación.

En cuanto al derecho a la seguridad social, el artículo 86 de la Constitución lo regula "como servicio público de carácter no lucrativo, que garantice la salud y asegure protección en contingencias de maternidad, paternidad, enfermedad, invalidez, enfermedades catastróficas, discapacidad, necesidades especiales, riesgos laborales, pérdida de empleo, desempleo, vejez, viudedad, orfandad, vivienda, cargas derivadas de la vida familiar y cualquier otra circunstancia de previsión social".

En el mismo Capítulo relativo a los derechos sociales y de la familia, la Constitución de 1999, en la misma orientación de la anterior Constitución de 1961, incorporó el conjunto de derechos laborales al texto constitucional, pero esta vez ampliándolos y rigidizándolos aún mas, llevando a rango constitucional muchos derechos que por su naturaleza podrían ser de rango legal. Se reguló, así, expresamente, el derecho y el deber de trabajar (art. 87); la igualdad en el trabajo (art. 88); la protección estatal al trabajo (art. 89); la jornada laboral y el derecho al descanso (art. 90); el derecho al salario (art. 91); el derecho a prestaciones sociales (art. 92); el derecho a la estabilidad laboral (art. 93); las responsabilidades laborales; el derecho a la sindicalización (art. 95); el derecho a la contratación colectiva (art. 96); y el derecho a la huelga (art. 97).

Sobre el derecho a la sindicalización, debe destacarse la injerencia del Estado en el funcionamiento de los sindicatos, al establecer el artículo 294,6 de la Constitución la competencia del Consejo Nacional Electoral, que es un órgano del Poder Público (Poder Electoral), para "organizar las elecciones de los sindicatos y gremios profesionales". En consecuencia, en Venezuela, los sindicatos no son libres de organizar la elección de sus autoridades y representantes, sino que las mismas deben ser organizadas por el Estado.

La Constitución, además, consagró una serie de derechos relativos a la cultura, como la libertad y la creación cultural y la propiedad intelectual (art. 98); los valores de la cultura y la protección del patrimonio cultural (art. 99); la protección de la cultura popular (art. 100) y a la información cultural (art. 101), estableciendo que el Estado debe garantizar la emisión, recepción y circulación de la información cultural. A tal efecto, se impone a los medios de comunicación el deber de coadyuvar a la difusión de los valores de la tradición popular y la obra de los artistas, escritores, compositores, cineastas, científicos y demás creadores y creadoras culturales del país.

En cuanto al derecho a la educación, el artículo 102 de la Constitución comienza estableciendo, en general, que "la educación es un derecho humano y un deber social fundamental, es democrática, gratuita y obligatoria". La consecuencia de lo anterior es la previsión del mismo artículo 102, que impone al Estado la obligación de asumir la educación como "función indeclinable" y de máximo interés en todos sus niveles y modalidades, y como instrumento del conocimiento científico, humanístico y tecnológico al servicio de la sociedad. En consecuencia, constitucionalmente se declara a la educación como un servicio público; precisándose, sin embargo, que "el Estado estimulará y protegerá la educación privada que se imparta de acuerdo con los principios contenidos en esta Constitución y en las leyes".

Se regula, además, el derecho a la educación integral, la gratuidad de la educación pública; y el carácter obligatorio de la educación en todos sus niveles, desde el maternal hasta el nivel medio diversificado. En cuanto a la educación impartida en las instituciones del Estado, se la declara gratuita hasta el pregrado universitario (art. 103). Además, se establece el régimen de los educadores; (art. 104); el derecho a educar (art. 106); y la educación ambiental e histórica (art. 107). En el artículo 108, se precisa, además, que los medios de comunicación social, públicos y privados, deben contribuir a la formación ciudadana. En la Constitución de 1999, además, se constitucionalizó el principio de la autonomía universitaria (art. 109); se reguló el régimen de las profesiones liberales (art. 105); el régimen de la ciencia y la tecnología (art. 110); y el derecho al deporte (art. 111).

En la Constitución de 1999 también constituye una novedad la regulación de los derechos relativos a los derechos ambientales, destinando normas a regular el derecho al ambiente (art. 127); la política de ordenación territorial (art. 128); los estudios de impacto ambiental y el régimen de los desechos tóxicos; y las cláusulas contractuales ambientales obligatorias (art. 129).

Otra de las innovaciones de la Constitución de 1999, fue la incorporación de un conjunto de normas sobre los derechos de los pueblos indígenas, respecto de los cuales sólo había una escueta norma de protección en la anterior Constitución de 1961 (art. 77), a cuyo efecto se reconoce constitucionalmente "la existencia de los pueblos y comunidades indígenas, su organización social, política y económica, sus culturas, usos y costumbres, idiomas y religiones, así como su hábitat y derechos originarios sobre las tierras que ancestral y tradicionalmente ocupan y que son necesarias para desarrollar y garantizar sus formas de vida" (art. 119).

El peligro que podría derivarse de esta regulación a los efectos de la integridad territorial, se buscó neutralizar en la misma Constitución al precisar que "los pueblos indígenas, como culturas de raíces ancestrales, forman parte de la Nación, del Estado y del pueblo venezolano como único, soberano e indivisible", no pudiéndose interpretar el término "pueblo" en el sentido que se le da en el derecho internacional (art. 126).

La Constitución, además, destinó un conjunto de normas relativas al aprovechamiento de los recursos naturales en los hábitat indígenas (art. 12); a los valores culturales indígenas (art. 121); al derecho de los pueblos indígenas a una salud integral (art. 122); al derecho de los pueblos indígenas a mantener y promover sus propias prácticas económicas (art. 123); y a la propiedad intelectual colectiva de los conocimientos, tecnológicas e innovaciones de los pueblos indígenas (art. 124). Por último, el artículo 125 de la Constitución consagra el derecho de los pueblos indígenas a la participación política; garantizando el artículo 182 de la Constitución, "la representación indígena en la Asamblea Nacional y en los cuerpos deliberantes de las entidades federales y locales con población indígena, conforme a la ley".

Por otra parte, en la Constitución de 1999 se incorporó un Capítulo que enumera los derechos económicos de las personas, en la siguiente forma: por una parte la libertad económica (art. 112); y por la otra el derecho de propiedad y la expropiación (art. 115). Esta norma sigue la orientación del constitucionalismo venezolano, aún cuando deben destacarse algunas variaciones en relación con su equivalente en la anterior Constitución de 1961 (art. 99), que son las siguientes: primero, no se establece que la propiedad privada tiene una función social que cumplir, como lo indicaba la Constitución de 1961; segundo, en la nueva Constitución se enumeran los atributos del derecho de propiedad (uso, goce y disposición) lo que era materia de rango legal (art. 545 del Código Civil); y tercero, en cuanto a la expropiación, se exige en el nuevo texto constitucional que el pago de la justa indemnización sea "oportuno". En esa forma, en general, la norma garantiza con mayor fuerza el derecho de propiedad.

La Constitución, además, prohíbe que se decreten o ejecuten confiscaciones de bienes salvo en los casos permitidos por la propia Constitución y, en particular, por vía de excepción, mediante sentencia firme, respecto de los bienes de personas naturales o jurídicas, nacionales o extranjeras, responsables de delitos cometidos contra el patrimonio público, o de quienes se hayan enriquecido ilícitamente al amparo del Poder Público y los provenientes de las actividades comerciales, financieras o cualesquiera otras vinculadas al tráfico ilícito de sustancias psicotrópicas y estupefacientes (art. 116 y 271).

El artículo 307 de la Constitución declara al régimen latifundista como contrario al interés social, y remite al legislador para disponer lo conducente en materia tributaria para gravar las tierras ociosas y establecer las medidas necesarias para su transformación en unidades económicas productivas, rescatando igualmente las tierras de vocación agrícola.

Por otra parte, la norma establece el derecho de los campesinos y demás productores agropecuarios a la propiedad de la tierra, en los casos y formas especificados por la ley respectiva. Esto implica el establecimiento de obligaciones constitucionales al Estado para proteger y promover las formas asociativas y particulares de propiedad para garantizar la producción agrícola, y para velar por la ordenación sustentable de las tierras de vocación agrícola con el objeto de asegurar su potencial agroalimentario.

Excepcionalmente dispone el mismo artículo constitucional, que el legislador creará contribuciones parafiscales con el fin de facilitar fondos para financiamiento, investigación, asistencia técnica, transferencia tecnológica y otras actividades que promuevan la productividad y la competitividad del sector agrícola.

Una innovación constitucional en materia económica es el derecho que regula el artículo 117, de todas las personas a disponer de bienes y servicios de calidad, así como a una información adecuada y no engañosa sobre el contenido y características de los productos y servicios que consumen, a la libertad de elección y a un trato equitativo y digno.

2. *La constitucionalización de la internacionalización de los derechos humanos*

Por supuesto, la ampliación progresiva de las declaraciones de los derechos en el derecho interno ha conducido a la incorporación al régimen constitucional de los países, de los derechos declarados internacionalmente, sobre todo en los Pactos Internacionales de las Naciones Unidas y en la Convención Americana de Derechos Humanos.

En este sentido, una de las grandes innovaciones de la reciente Constitución venezolana de 1999 ha sido el otorgarle rango constitucional a los Tratados internacionales sobre derechos humanos, siguiendo los antecedentes de la Constitución del Perú de 1979 (art. 105), y de la Constitución Argentina de 1994 (art. 75). En tal sentido, en Venezuela se incorporó un artículo 23 en el cual se declara que:

> "Los tratados, pactos y convenciones relativos a derechos humanos, suscritos y ratificados por Venezuela, tienen jerarquía constitucional y prevalecen en el orden interno, en la medida en que contengan normas sobre su goce y ejercicio más favorable a las establecidas en esta Constitución y en las leyes de la República, y son de aplicación inmediata y directos por los tribunales y demás órganos del Poder Público."

De esta norma se destaca lo siguiente: primero, la jerarquía constitucional que se le otorga a los tratados, pactos y convenciones sobre derechos humanos ratificados por la República; segundo, la aplicación prevalente de los mismos en relación con la propia Constitución y las leyes, si establecen normas más favorables respecto del goce y ejercicio de los derechos; y tercero, la aplicación inmediata y directa de los instrumentos internacionales por los jueces y demás órganos que ejercen el Poder Público.

3. *El sentido de las declaraciones de derechos constitucionales*

Lo que es importante señalar es que, desde el punto de vista jurídico sea que las declaraciones de derechos estén incorporados en normas internacionales, sea que se hayan incorporado al derecho interno y que formen parte de las Constituciones, no son declaraciones constitutivas de los mismos sino, como lo dice su propia denominación, tienen carácter declarativo, de reconocimiento de derechos. En consecuencia, ni las Constituciones las Convenciones internacionales los crean o establecen, sino que los reconocen como inherentes a la persona humana.

Bajo este ángulo, el aspecto más importante del fortalecimiento de las instituciones de protección de los derechos en América Latina ha sido la incorporación progresiva y continua en las Constituciones, de la cláusula enunciativa de los derechos de las personas que proviene, también, de la influencia del sistema constitucional norteamericano. En esta forma podemos decir que, incluso, todas las Constituciones de América Latina, con muy pocas excepciones, (Cuba, Chile, México y Panamá), contienen una cláusula enunciativa de los derechos, conforme a la cual se indica expresamente que la declaración y enunciación de los derechos que se hace en los textos constitucionales, no se puede entender como negación de otros que no estando enumerados en ellos, son inherentes a la persona humana o a la dignidad de la persona humana. Cláusulas de este tipo se encuentran, por ejemplo en las Constituciones de Colombia (art. 94), Guatemala (art. 44), Paraguay (art. 45) y Venezuela (art. 22).

En el artículo 22 de la Constitución de Venezuela de 1999, por ejemplo, siguiendo la tradición constitucional anterior, se establece expresamente que:

> La enunciación de los derechos y garantías contenidos en esta Constitución y en los instrumentos internacionales sobre derechos humanos no debe entenderse como negación de otros que, siendo inherentes a la persona humana, no figuren expresamente en ellos.

Incluso, en la Constitución de Costa Rica se hace referencia a los derechos inherentes o que deriven del principio cristiano de la justicia social (art. 74), en el mismo sentido de la dignidad de la persona humana. En otras Constituciones se hace referencia a la soberanía del pueblo y la forma republicana de gobierno, con lo cual en la enunciación se hace énfasis en el tema de los derechos políticos, como sucede en Argentina (art. 33) y Bolivia (art. 35). Otras Constituciones hacen referencia a los derechos que deriven tanto de la forma republicana y de la forma representativa de gobierno, como de la dignidad del hombre, como sucede en Uruguay (art. 72) y Honduras (art. 63), de lo que resulta una ampliación enorme de esta cláusula de enunciación de derechos. Puede decirse, en todo caso, que este es un signo muy característico del constitucionalismo latinoamericano, los que lo distingue, sobre todo, del constitucionalismo europeo.

Por supuesto, la enunciación de derechos abiertos en las Constituciones, implica que la falta de reglamentación, por ley, de los mismos, no puede ser invocada para negar ni menoscabar el ejercicio de los derechos por las personas, como lo expresan muchas de nuestras Constituciones (Paraguay, Venezuela).

Ahora bien, una consecuencia jurídica fundamental en el ámbito de la protección de los derechos que deriva de la declaración de derechos, incorporadas en los textos fundamentales, incluso en esta forma enunciativa, es la llamada garantía objetiva de la Constitución; principio que para el constitucionalismo europeo contemporáneo descubrió Hans Kelsen[91], pero que en el constitucionalismo latinoamericano está incorporado en nuestras Constituciones, desde principios del siglo XIX como sucedió en la Constitución de Venezuela de 1811.

Este principio implica que toda decisión del Estado contraria a los derechos fundamentales establecidos en la Constitución es nula, con lo cual la garantía objetiva del propio texto constitucional deriva del mismo, declarando *expressis verbis* la nulidad de lo que sea contrario a los derechos; principio que tiene una larguísima tradición en el constitucionalismo latinoamericano. En tal sentido, por ejemplo, en el artículo 25 de la Constitución venezolana de 1999, se dispone que "todo acto dictado en ejercicio del Poder Público que viole o menoscabe los derechos garantizados por esta Constitución y la Ley es nulo; y los funcionarios públicos que lo ordenen o ejecuten incurren en responsabilidad penal, civil y administrativa, según los casos, sin que les sirvan de excusa órdenes superiores".

Por último debe mencionarse que esta enunciación de derechos, con toda la ampliación que hemos indicado, incluso con el señalado carácter enunciativo, se ha establecido, en paralelo, con la precisión del ámbito de las limitaciones a los derechos. Es cierto que hay derechos absolutos, es decir, derechos no limitables, como por ejemplo el derecho a la vida, el derecho a no ser torturado o el derecho a no sufrir penas infamantes; pero fuera de estos existe el principio de la limitabilidad de los derechos y libertades, que siempre tienen como frontera tanto el derecho de los demás como el orden público y social, porque, en definitiva, los derechos se ejercen en sociedad y tienen una pluralidad de titulares. Ello exige, por tanto, conciliar el ejercicio de los derechos, por todos, de manera que ello no signifique, en particular, la violación del derecho de los demás y, en general, del orden público y social.

Por supuesto, este principio puede conducir a situaciones extremas como la que lamentablemente todavía queda en alguna Constitución latinoamericana, como es el caso de la Constitución cubana, que deja abierto un campo "ilimitado" de limitaciones a los derechos fundadas en la conservación de unos principios que sólo el poder puede determinar, con lo cual se hacen nugatorios los derechos. Pero salvo este caso, en general, la limitación a los derechos que permiten las Constituciones está vinculada a las exigencias del orden público y social y al ejercicio de los derechos por demás.

Todo esto plantea, en el campo jurídico, algunos temas importantes en relación al ejercicio de los derechos. En primer lugar, que toda limitación tiene una garantía fundamental que es la reserva legal, de manera que sólo por ley formal como acto que emana del cuerpo legislativo electo, es que pueden establecerse esas limitaciones, sea fundadas en el derecho de los demás o en el orden público y social. En esta materia, en Venezuela, como antes hemos dicho, a pesar de los avances que contiene la nueva Constitución, por ejemplo, en la enumeración de los derechos individuales y en la constitucionalización, con rango constitucional de los Tratados internacionales sobre derechos humanos a los cuales se les prescribió aplicación preferente cuando sean más favorables; consideramos que contiene un aspecto negativo específico, como la grave y potencial lesión a la garantía de la reserva legal que abre res-

91. *V.*, Hans Kelsen, «La garantie jurisdictionnelle de la Constitutionn (La justice constitutionnelle)», *Revue du droit public et de la science politique en France et à l'étranger*, Paris 1928, p. 250.

pecto de los derechos constitucionales, al regular la delegación legislativa al Presidente de la República en forma amplia.

En segundo lugar, que en la búsqueda progresiva del balance que debe existir entre los distintos derechos, este debe ser de tal naturaleza que el ejercicio de un derecho no implique que se conculquen otros derechos. Por eso el principio de la indivisibilidad e interdependencia en el goce y ejercicio de los derechos. Este es un tema, por supuesto, que no es totalmente resoluble a nivel de textos constitucionales, y que sólo la aplicación progresiva de los textos por un Poder Judicial efectivo y eficiente, es lo que puede ir clarificando cuándo debe primar el ejercicio de un derecho sobre otro. Ha habido muchos casos judiciales, por ejemplo y sobre todo en relación con la libertad de expresión, que han determinado hasta dónde la libertad de expresión puede significar, por ejemplo, conculcar los derechos del niño; o hasta dónde la libertad de expresión puede incidir sobre el derecho a la intimidad. En estos casos el juez es el que debe determinar qué derecho priva en un momento concreto o en qué circunstancias debe darse primacía a los derechos del niño, por ejemplo, como ha sucedido en casos judiciales en Venezuela, en relación al derecho a la libertad de expresión del pensamiento.

4. *El principio de la alteridad*

Ahora bien, cuando se analiza el tema de los derechos y libertades, debe tenerse en cuenta que estos, como derechos constitucionales, desde el punto jurídico constituyen básicamente situaciones jurídicas de poder que los individuos tienen en la sociedad y que siempre tienen alteridad con situaciones jurídicas de deber, que otros individuos tienen en la misma sociedad.

Por tanto, no hay sociedad que se conciba sin que existan situaciones de poder que son correlativas con situaciones de deber entre los sujetos que actúan en ella; es decir, no se concibe la sociedad sin esta interrelación entre sujetos en situación jurídica de poder de hacer, gozar, disfrutar o tener, y otros sujetos en situación jurídica de deber, de respetar, de abstenerse, de prestar o de dar, de manera que, siempre habrá una relación derecho-obligación o, en general, poder-deber.

Los derechos humanos, en definitiva, desde el punto de vista jurídico, son situaciones jurídicas de poder que son consustanciales a la naturaleza humana o a la calidad de ser humano, en definitiva, a la calidad de hombre y que tienen todos los hombres por igual; pero en cuyo régimen y en su declaración, por supuesto, el principio de la alteridad tiene que estar siempre presente. Así, si hay un sujeto activo o un titular del derecho, siempre tiene que haber alguien con una obligación (sujeto pasivo) frente a ese derecho; es decir, alguien obligado a cumplir determinadas actividades para satisfacer el goce de esos determinados derechos; de manera que, no hay derecho sin obligación.

No puede haber, en consecuencia, por ejemplo, un derecho humano "a no enfermarse"; ese es un deseo, pero no un derecho, porque frente a ese sueño no existe alteridad, es decir, no hay nadie que pueda estar obligado a asegurar a las personas que no se enfermen.

En el caso de Venezuela, por ejemplo, ante la amplísima y excelente enumeración de los derechos humanos que contiene la Constitución, el principal problema que surge de ella es la confusión entre las buenas intenciones y los derechos constitucionales y el engaño que pueden derivar de la imposibilidad de satisfacer algunos derechos sociales; en virtud de la consagración de supuestos derechos que no pueden originar obligaciones u obligados, por imposibilidad conceptual.

Así sucede, por ejemplo, con varios de los derechos y garantías sociales, tal y como se consagraron en la Constitución, cuya satisfacción es simplemente imposible. Constituyen, más bien, excelentes declaraciones de principio y de intención de indiscutible carácter teleológico, pero difícilmente pueden concebirse como "derechos" por no poder existir un sujeto con obligación de satisfacerlos. Es el caso, por ejemplo, del "derecho a la salud", que se consagra como "un derecho social fundamental obligación del Estado, que lo garantizará como parte del derecho a la vida" (art. 83). Lo cierto es que es imposible que alguien garantice la salud de nadie y que constitucionalmente se puede consagrar el "derecho a la salud". Ello equivaldría, como se dijo, a consagrar en la Constitución el derecho a no enfermarse, lo cual es imposible pues nadie puede garantizar a otra persona que no se va a enfermar.

En realidad, el derecho que se puede consagrar en materia de salud, como derecho constitucional, es el derecho a la protección de la salud, lo que comporta la obligación del Estado de velar por dicha protección, estableciendo servicios públicos de medicina preventiva y curativa. De resto, regular el "derecho a la salud", por imposibilidad de la alteridad, es una ilusión.

Lo mismo podría señalarse, por ejemplo, del derecho que se consagra en la Constitución de Venezuela a favor de "toda persona a una vivienda adecuada, segura, cómoda, higiénica, con servicios básicos esenciales que incluyan un hábitat que humanice las relaciones familiares, vecinales y comunitarias" (art. 82). Este "derecho", como está consagrado, es de imposible satisfacción; se trata, más bien, de una declaración de principios o de intención, bellamente estructurada, que no puede conducir a identificar a un obligado a satisfacerla, y menos al Estado. Se confundieron, en esta materia, las buenas intenciones y las declaraciones sociales con derechos y obligaciones constitucionales, que originan otro tipo de relaciones jurídicas, incluso con derecho de ser amparados constitucionalmente.

En todo caso, en la concepción inicial de la formulación de las declaraciones de derechos, el obligado era el Estado; es decir, inicialmente los derechos se formularon frente al Estado, de manera que siempre el sujeto activo era el hombre, el ciudadano, y el sujeto pasivo, el obligado, era el Estado. Esta concepción inicial de la formulación de los derechos, incluso, llevó a que los mecanismos de protección de los mismos (amparo o tutela), en su concepción también inicial, fueran mecanismos de protección frente al Estado.

Por supuesto, esto varió porque la relación de alteridad cambió; en el sentido de que el sujeto pasivo en los derechos no sólo es el Estado. Este lo sigue siendo, pero no en forma exclusiva, pues progresivamente, el campo del sujeto pasivo se ha universalizado, existiendo en la actualidad obligaciones, es decir, situaciones de deber en el campo de los derechos que corresponden, por supuesto, a los particulares, es decir, que corresponden a todos, que corresponden incluso a las colectividades, a las comunidades; y hasta a la comunidad internacional. Tal es el caso del derecho al desarrollo, como derecho que, incluso, no es sólo del hombre en particular sino de los pueblos y de las comunidades. Por ello, los obligados son algo más que los Estados, entrando en el campo de la comunidad internacional.

Por otra parte, si se presta atención al principio de la alteridad, es decir, a la relación entre situaciones de poder y situaciones de deber, se puede constatar que las situaciones de deber, es decir, del sujeto pasivo, no siempre son las mismas. Muchas veces las situaciones de deber se configuran como situaciones de prestación (obligación positiva); es decir, como obligaciones de prestar, de dar, o de hacer. Cuando se está, por ejemplo, en el campo de los derechos sociales, como el derecho a la educación o el derecho a la protección de la salud, el Estado está obligado a prestar un servicio; está obligado a realizar una actividad positiva. Desde el punto del sujeto activo, ahí se está, desde la perspectiva jurídica, en presencia de "derechos" en sentido estricto.

En otros campos se está en presencia de derechos fundamentales que son más bien "libertades", porque la situación del sujeto pasivo, por ejemplo del mismo Estado, no se corresponde con obligación alguna de hacer o de dar, sino que la obligación es, básicamente, de no hacer; es una obligación de abstención, de no molestar, de no lesionar, de no extinguir, de no privar. Por tanto, estos, desde el punto estrictamente jurídico, más que derechos, son libertades. Por ejemplo, la libertad de tránsito implica más la situación de deber de que no se impida la circulación; la libertad o el derecho a la libre expresión del pensamiento implica la situación de deber del Estado de no molestar, de no censurar, de no impedir la expresión libre.

Lo anterior, en relación con el tema de las situaciones de poder y de deber y de su alteridad, conduce a distinguir claramente entre libertades y derechos cuando la situación del sujeto obligado no es, en el caso de las libertades, una obligación de dar o de hacer, sino más bien de no hacer, de abstenerse. En cambio en los derechos propiamente dichos, sí hay una obligación de prestar, como sucede, por ejemplo, en general, en los servicios públicos y, particularmente, en los de carácter social (salud, educación).

II. EL FORTALECIMIENTO Y DESARROLLO DE LAS GARANTÍAS JUDICIALES DE LOS DERECHOS CONSTITUCIONALES

El segundo aspecto que queríamos tratar se refiere al fortalecimiento y desarrollo de las garantías judiciales de los derechos. En efecto, de nada serviría una declaración de derechos, como las que hemos tenido durante casi doscientos años en América Latina, si no existiesen un conjunto de garantías judiciales de esos derechos.

Anteriormente hemos mencionado algunas de esas garantías, como la garantía objetiva que declara como nulos los actos contrarios a la Constitución; o la garantía de la reserva legal, a los efectos del establecimiento de las limitaciones a los derechos, que no pueden establecerse por cualquier autoridad sino por ley formal. Además está la garantía de la responsabilidad, por supuesto, que deriva de que todo acto contrario a los derechos constitucionales genera responsabilidad respecto de quien lo ejecute.

Además de todas las anteriores mencionadas garantías, por supuesto, la garantía fundamental de los derechos constitucionales es justamente la posibilidad de acudir ante los órganos judiciales para que estos aseguren que los derechos se hagan efectivos. Por tanto, la garantía fundamental de los derechos constitucionales, es la garantía judicial porque, en definitiva, el sistema judicial en cualquier país se establece precisamente para la protección de los derechos y garantías. Esto lo regulan, incluso, casi todas las Constituciones cuando se refieren al Poder Judicial o el derecho de acceder a la justicia, para la protección de los derechos y garantías. En esta forma, el sistema judicial es la garantía fundamental de los derechos humanos, pudiéndose distinguir dos tipos de garantías judiciales: las garantías genéricas y las garantías específicas.

1. *Las garantías genéricas de protección de los derechos humanos*

La garantía genérica judicial de los derechos fundamentales es, justamente, la organización del sistema judicial, porque su función esencial es la protección de los derechos y libertades. Sin embargo, en América Latina, en general, a pesar de las declaraciones constitucionales, hemos tenido y tenemos una situación bastante sombría sobre la efectividad del Poder Judicial en su conjunto, como mecanismo eficaz y justo de protección de los derechos fundamentales.

En Venezuela, por ejemplo, la nueva Constitución declara el Estado como "Estado democrático y social de derecho y de justicia", indicándose entre los valores superiores del ordenamiento jurídico y de la actuación del Estado, la justicia (art. 2). A tal efecto, se precisa en forma expresa que "El Estado garantizará la justicia gratuita, accesible, imparcial, idónea, transparente, autónoma, independiente, responsable, equitativa y expedita, sin dilaciones indebidas, sin formalismos o reposiciones inútiles" (art. 26).

Sin embargo, a pesar de declaraciones constitucionales como esta, el Poder Judicial, en general, se nos muestra en casi todos nuestros países como incapaz de asegurar la resolución eficiente de los conflictos, de manera que se respeten los derechos de los individuos y se proteja los derechos fundamentales. No siempre la justicia eficaz, ni rápida; al contrario, es lenta, y la lentitud en materia judicial conduce a lo contrario, es decir, a la injusticia.

Por ello, el primero y principal de los problemas del Estado de derecho en América Latina es el del funcionamiento de los sistemas judiciales. Esto ha llevado a que, incluso, los organismos internacionales multilaterales en los últimos años se hayan interesado por el tema de la reforma judicial, lo cual constituye una novedad frente a lo que hace algunos años eran los programas de asistencia multilateral. En los programas de asistencia multilateral, por tanto, se han venido incorporando componentes institucionales, entre los cuales se destaca el problema del Poder Judicial como un componente esencial para el desarrollo de nuestros países.

En la actualidad, por tanto, se plantea en todos los países de América Latina el reto de reconvertir al Poder Judicial y hacerlo efectivamente independiente; en definitiva, para hacer realidad la previsión de todas las Constituciones relativas a la autonomía e independencia del Poder Judicial. Esta que es la piedra angular del Estado de derecho, en el sentido de que el juez debe actuar sólo sometido a la ley, sin la influencia de los factores externos al Poder Judicial, sea de los otros Poderes Públicos, sea de factores políticos. Como lo establece la Constitución Venezolana de 1999, en el sentido de que con la finalidad de garantizar la imparcialidad y la independencia en el ejercicio de sus funciones, los funcionarios que conforman el sistema judicial "no pueden llevar a cabo activismo político partidista, gremial, sindical o de índole semejante, ni realizar actividades privadas lucrativas incompatibles con su función, ni por si ni por interpósita persona, ni ejercer ninguna otra función pública a excepción de actividades educativas" (art. 256).

Pero además de la independencia sustantiva, el Juez debe gozar de independencia personal en su actuación, lo que tiene que ver con su estabilidad como funcionario, con el régimen disciplinario, con la inamovilidad en el cargo y con el régimen de los nombramientos. En tal sentido, por ejemplo, la nueva Constitución venezolana ha establecido, con carácter general, el régimen de ingreso a la carrera administrativa y el ascenso "por concursos de oposición públicos que aseguren la idoneidad y excelencia", garantizándose la participación ciudadana en el procedimiento de selección y designación de jueces". La consecuencia es que éstos no pueden ser removidos o suspendidos de sus cargos sino mediante el procedimiento legal (art. 255).

Aparte de esto, además de lograr la independencia, el reto es asegurar la efectiva administración de justicia, es decir, lograr que los casos judiciales se decidan, y que no se produzcan las acumulaciones de casos rezagados, tan característica de América Latina y que originan la justicia lenta e injusta, que tenemos en general. Para eso, reformas como las que están en curso en muchos de nuestros países sobre el tema de los procedimientos, son esenciales; pues dichos procedimientos fueron concebidos en otras épocas y hoy sirven para la dilación, la obstrucción, la lentitud y, en definitiva, para que no se resuelvan las causas.

En consecuencia, el tema de la reforma procesal es un tema general de la reforma judicial, que ha conducido en muchos países, incluso, a buscar mecanismos alternos para la solución de disputas y de conflicto. En este sentido, se destaca el desarrollo de los sistemas de conciliación y de arbitramento que ha llevado, incluso, a que en algunos países se haya hablado de la "privatización de la justicia", para garantizar el derecho de los particulares de acudir a medios de arbitramento o de solución de conflictos, sin tener que acudir a los órganos judiciales ordinarios. En tal sentido, inclusive, no debe olvidarse que la Ley del Régimen de la Administración de Justicia de la República de Colombia, (Colombia, Venezuela y Ecuador) de 1824 declaraba como un derecho constitucional y fundamental de los ciudadanos, el poder resolver sus conflictos por la vía del arbitramento, estableciendo incluso, la obligación, antes de acudir a la vía judicial ordinaria, de tratar de resolver las causas por la vía de arbitramento o de la conciliación. Ahora buscamos volver a estos mecanismos que, insisto, funcionan adecuadamente en muchos países pero que en otros, simplemente no funcionan como mecanismos alternos de la administración de justicia. Se destaca, en tal sentido, la previsión en la Constitución de Venezuela de 1999, en el sentido de que la ley "debe promover el arbitraje, la conciliación, la mediación y cualesquiera otros medios alternativos para la solución de conflictos" (art. 258).

Por último, en este tema de la administración de justicia, el tema del acceso a la misma es otro de los grandes problemas relativos a la protección constitucional de los derechos en nuestros países. Tenemos consagrado en las Constituciones el derecho al acceso de la justicia; y el derecho a la tutela judicial efectiva. Así se prevé, expresamente, por ejemplo, en la Constitución de Venezuela de 1999: "Toda persona tiene derechos de acceso a los órganos de administración de justicia para hacer valer sus derechos e intereses, incluso colectivos o difusos; a la tutela efectiva de los mismos y a obtener con prontitud la decisión correspondiente" (art. 26); agregándose, en la Constitución, que "el proceso constituye un instrumento fundamental para la realización de la justicia", para lo cual "las leyes procesales establecerán la simplificación, uniformidad y eficacia de los trámites y adoptarán un procedimiento breve, oral y público" de manera que "no se sacrificará la justicia por la omisión de formalidades no esenciales" (art. 257).

Pero sin embargo, no tenemos realmente asegurado el acceso a la justicia de todos, y grandes capas de la población, simplemente, ignoran que existen mecanismos de tutela judicial porque no tienen posibilidad de acceder a ellos para la solución de los conflictos, por lo costoso y complicado que es; y porque el Estado no ha sabido establecer adecuados mecanismos de asistencia judicial, que se conocen y han sido desarrollados en los países europeos desde hace muchas décadas, pero que nosotros no hemos sido capaces de establecer, para permitir a todos la posibilidad de acceder a los órganos judiciales.

Por supuesto, en nuestros países, el deterioro del Poder Judicial es un deterioro de muchas décadas, de muchas generaciones, sobre lo cual incluso, hay crónicas desde siglo XIX. En Venezuela, por ejemplo, esas crónicas muestran la situación del deterioro del Poder Judicial que, cambiando la fecha, podrían perfectamente aplicarse a estos años en los cuales estamos viviendo.

Sin embargo, el programa de reforma del Poder Judicial, siendo el tema más importante para la efectiva protección interna de los derechos constitucionales, es de todos modos un tema que requiere ejecución por un largo plazo. El cambio sistemático del Poder Judicial y de la forma de administrar justicia, no es una tarea ni siquiera de una generación, sino de varias generaciones, siempre que se tenga conciencia de la necesidad de establecer estos mecanismos y de que se inicie su reforma.

2. *Las garantías judiciales específicas de los derechos constitucionales*

Aparte de las garantías genéricas de los derechos fundamentales de carácter judicial, en América Latina se han venido desarrollando un conjunto de garantías judiciales específicas expresamente destinadas a la protección de los derechos constitucionales, como es la institución del amparo, de la tutela o de la protección constitucional; y además garantías judiciales específicas de protección de toda la Constitución, incluyendo los derechos, que en muchos países se han venido desarrollando, como son los sistemas control de la constitucionalidad e incluso de establecimiento de una Jurisdicción Constitucional.

Nos referimos rápidamente a estos dos mecanismos y al desarrollo que han tenido en las últimas décadas en nuestros países.

A. *El amparo a los derechos constitucionales*

a. *Una institución latinoamericana*

En primer lugar debe destacarse a la institución del amparo constitucional, o la tutela[92], como se le llama en la Constitución colombiana o al recurso de protección, como lo califica la Constitución chilena, que son las dos Constituciones que le dan una denominación distinta al resto en todos nuestros países, donde se habla del amparo.

---

92 *V.*, en general Allan R. Brewer-Carías, *El amparo a los derechos y garantías constitucionales (una aproximación comparativa)*, Caracas 1993.

Puede decirse, incluso, que el amparo, como medio específico de protección de los derechos fundamentales, es una institución latinoamericana. A pesar de ello no faltan quienes tienden a buscarle antecedentes en Europa, particularmente en el derecho español antiguo; pero la verdad es que allí lo que podremos conseguir son antecedentes de la institución de protección a la libertad personal, como es el hábeas corpus, que sí tiene por supuesto antecedentes en la propia Carta Magna inglesa del Siglo XIII.

Pero la institución del amparo como mecanismo de protección específico de los derechos fundamentales, los latinoamericanos podemos reivindicarla como una institución propia, que se desarrolló en nuestros países y que existe en casi todos ellos. En efecto, además del habeas corpus como mecanismo de protección de la libertad personal, en general se ha establecido para la protección de todos los otros derechos e, incluso, en algunos países, de la propia libertad personal, el recurso o la acción de amparo o la acción de tutela. Como ejemplo, debe mencionarse la disposición del artículo 27 de la Constitución venezolana de 1999 que regula ampliamente el derecho de amparo, en la siguiente forma:

> Artículo 27: Toda persona tiene derecho a ser amparada por los tribunales en el goce y ejercicio de los derechos y garantías constitucionales, aun de aquellos inherentes a la persona que no figuren expresamente en esta Constitución o en los instrumentos internacionales sobre derechos humanos.

El procedimiento de la acción de amparo constitucional será oral, público, breve, gratuito y no sujeto a formalidad, y la autoridad judicial competente tendrá potestad para restablecer inmediatamente la situación jurídica infringida o la situación que más se asemeje a ella. Todo tiempo será hábil y el tribunal lo tramitará con preferencia a cualquier otro asunto.

La acción de amparo a la libertad o seguridad podrá ser interpuesta por cualquier persona, y el detenido o detenida será puesto bajo la custodia del tribunal de manera inmediata, sin dilación alguna.

El ejercicio de este derecho no puede ser afectado, en modo alguno, por la declaración del estado de excepción o de la restricción de garantías constitucionales.

Pero además, en las últimas décadas varias Constituciones han incorporado a los mecanismos de protección de los derechos, además del amparo y del hábeas corpus, la acción de hábeas data, como un mecanismo específico de protección de las personas frente a los archivos y frente a los bancos de datos que lleva el Estado. En las Constituciones de Argentina (art. 96), Brasil (art. 5, LXXII), Ecuador (art. 30), Paraguay (art. 135) y Perú (art. 208,3), expresamente se ha establecido como una acción de las personas para tomar conocimiento de los datos que sobre ellas puede haber en los archivos públicos o en los bancos de datos públicos y privados, configurándose incluso como una acción para exigir la rectificación, la confidencialidad, la actualización o la supresión de determinados datos que puedan estar en esos archivos y que violen los derechos y garantías de las personas.

La más reciente de las Constituciones de América Latina, la de Venezuela, resume la tendencia constitucional en esta materia al disponer en el artículo 28 lo siguiente:

> Artículo 28: Toda persona tiene derecho de acceder a la información y a los datos que sobre sí misma o sobre sus bienes consten en registros oficiales o pri-

vados, con las excepciones que establezca la ley, así como de conocer el uso que se haga de los mismos y su finalidad, y a solicitar ante el tribunal competente la actualización, la rectificación o la destrucción de aquellos, si fuesen erróneos o afectasen ilegítimamente sus derechos. Igualmente, podrá acceder a documentos de cualquier naturaleza que contengan información cuyo conocimiento sea de interés para comunidades o grupos de personas. Queda a salvo el secreto de las fuentes de información periodística y de otras profesiones que determine la ley.

Todos estos, mecanismos de protección los latinoamericanos los podemos reivindicar como de origen latinoamericano.

b. *La definición del amparo en la Convención Americana sobre Derechos Humanos*

Debe señalarse, en todo caso, que la Convención Americana sobre Derechos Humanos establece lo que puede considerarse como un parámetro adecuado y bien importante sobre este mecanismo efectivo de protección, que es el amparo. El artículo 25 de la Convención, en efecto, precisa que toda persona tiene derecho a un recurso sencillo y rápido o a cualquier otro recurso efectivo ante los jueces o tribunales competentes, que la amparen contra actos que violen sus derechos fundamentales reconocidos en la Constitución, en las leyes y en la propia Convención Americana.

De esta norma, que sigue la misma línea de redacción del Pacto Internacional de los Derechos Civiles y Políticos el cual también utiliza, más o menos, el mismo lenguaje, se derivan los contornos que debería tener esta acción de protección de los derechos fundamentales, en el derecho interno y que caracterizan la institución en países como Venezuela.

En primer lugar, se concibe al amparo como un derecho fundamental, es decir, como un derecho en sí mismo. Se indica que toda persona tiene derecho a un recurso; no es que toda persona sólo tiene una garantía adjetiva concretizada en un recurso o a una acción de protección, sino que toda persona tiene derecho a la protección judicial. Por ello, en realidad, estamos es en presencia de un derecho fundamental de carácter constitucional de las personas, a tener a su disposición un medio judicial efectivo, rápido y eficaz de protección. Además, la Convención habla de "toda persona", es decir, sin distingo de ningún tipo: personas naturales, personas jurídicas, nacionales, extranjeras, hábiles, no hábiles; es decir, toda persona, en el sentido más universal.

En segundo lugar, los mecanismos pueden ser variados. La Convención habla de un medio efectivo, rápido, sencillo, de cualquier clase. Por ello, en realidad, puede ser cualquier medio judicial, y no necesariamente una sola y única acción de protección o de amparo, es decir, no necesariamente se refiere a un solo medio adjetivo sino que puede ser un conjunto de medios de protección, como por ejemplo sucede en el derecho angloamericano (*writs*).

Además, la Convención señala que la acción puede interponerse ante cualquier tribunal competente, de lo que resulta que la intención de la Convención es que no se trata de un solo tribunal el competente. Ello, por supuesto, lo establece el ordenamiento interno, pero la idea es que ésta sea esencialmente la función del Poder Judicial, como sucede por ejemplo, en Inglaterra, donde el amparo existe sin que se le llame "amparo". Allí todos los días los jueces dictan decisiones de *mandamus, injunctions, prohibitions*, órdenes, es decir, todos los tipos de decisiones judiciales que equivalen al amparo en América Latina. Sin embargo, esto es parte de la cotidianidad del juez, sin que tenga una característica adjetiva especial.

Por otra parte, en la Convención este derecho a un medio efectivo de protección ante los tribunales se establece para la protección de todos los derechos constitucionales que estén en la Constitución, en la ley, en la propia Convención o que sean inherentes a la persona humana. Por ello, aquí entra con todo su valor la cláusula enunciativa de los derechos, que los protege aun cuando no estén enumerados en los textos, pero que siendo inherentes a la persona humana, a la dignidad de la persona humana, son objeto de protección constitucional.

Además, la protección que regula la Convención, es contra cualquier acto, omisión, hecho o actuación que viole los derechos y, por supuesto, también que amenace violarlos, porque no hay que esperar la violación para poder acudir al medio de protección. Es decir, este medio de protección tiene que poder existir antes de que la violación se produzca, frente a la amenaza efectiva de la violación y, por supuesto, frente a toda violación o amenaza de violación de quien sea. Es decir, no hay acto ni actuación alguna excluidas del amparo, así emane de los particulares o de los poderes públicos, en cualquier forma, ley, acto administrativo, sentencia, vía de hecho, actuación u omisión. Ese es, en realidad, el parámetro de la Convención Americana.

B. *Los casos de reducción de la amplitud del amparo*

Sin embargo, frente a este parámetro de universalización del amparo que consagra la Convención Americana, debe destacarse y constatarse, en América Latina, el lamentable proceso de restricción constitucional o legislativa del amparo; que teniendo una concepción amplísima en el texto de la Convención Americana, en general, en muchos casos ha sido restringida.

a. *La reducción respecto de los medios judiciales de protección*

En primer lugar, en muchos países se ha convertido el amparo, de un derecho constitucional que es, en una acción judicial, es decir, en un medio o remedio adjetivo específico; es decir, se ha reducido a una acción o a un medio judicial específico, sea recurso de protección, sea acción de tutela, sea acción de amparo o habeas corpus o habeas data. En realidad, la universalidad de los medios judiciales es la que tendría que prevalecer para la protección efectiva y rápida de todos los derechos como por ejemplo, insistimos, sucede en países donde no se conoce nada parecido a una "acción de amparo", como en Inglaterra, en Francia, o en Italia, donde si bien no existe un medio judicial que se llame "acción de amparo", sin embargo, hay mecanismos adecuados para la protección efectiva de los derechos en cualquier proceso. En algunos países de América Latina, si se concibe el amparo como un derecho y lo han desarrollado con estas características, como es el caso de México y de Venezuela e, incluso, en nuestro criterio, también es el caso de Colombia.

b. *La reducción respecto a la legitimación activa*

Una segunda reducción del ámbito del amparo, puede constatarse en la legitimación activa, respecto de quiénes son las personas protegidas.

En general, el amparo se ha concebido como un medio de protección de carácter personalísimo, que beneficia al reclamante, y cuyos efectos no se extienden a terceros. De allí se plantea el problema de la protección de los derechos colectivos, cuya iniciativa de protección se atribuye, en general al Defensor del Pueblo. Sin embargo, la duda se plantea respecto a si pueden las propias colectividades ejercer la acción de protección. Por otra parte, está por clarificarse cómo quedan los intereses difusos sobre todo cuando se habla de derechos de tercera generación, como el derecho a la protección del medio ambiente. En esta materia, la legitimación tiene que irse construyendo. En la Constitución venezolana de 1999, como se ha dicho, ya está fuera de toda duda la posibilidad del ejercicio de la acción de amparo para la protección de derechos colectivos y difusos, lo cual ha sido ampliamente desarrollado por la jurisprudencia.

Otro aspecto relativo a la legitimación es la indicación de que la acción de amparo la tiene toda persona, lo que implica que también pueden ser accionantes, las personas de derecho público que también tienen derechos constitucionales, como el derecho a la igualdad, el derecho al debido proceso, o el derecho a la defensa. Por ello, las entidades públicas pueden ser perfectamente titulares de la acción, por lo cual el tema del amparo no se plantea sólo frente al Estado, sino que pueden ser los entes públicos los que lo exijan.

Incluso, en algunos países puede considerarse que existe un amparo constitucional de garantías constitucionales de carácter político territorial, que procede cuando las Constituciones garantizan, por ejemplo, la autonomía municipal. En estos casos se establece una "garantía constitucional", por lo que no habiendo en las Constituciones nada que reduzca el amparo sólo a los derechos humanos, también los derechos constitucionales y garantías constitucionales establecidas en los textos respecto de la autonomía territorial puede ser objeto de una acción de protección, por ejemplo, de un Estado de la Federación contra leyes federales. Esta situación se ha planteado en Venezuela donde se ha discutido ante los Tribunales, sobre la protección constitucional de la garantía a la autonomía municipal, como objeto de una acción de amparo; habiendo sido rechazada la protección, desafortunadamente, por la Sala Constitucional.

c. *La reducción respecto a los derechos protegidos*

El tercer tema de reducción de la protección constitucional que a veces se encuentra, es la relativa a los derechos protegidos. De acuerdo a la Convención Americana todos los derechos son protegibles por la acción de amparo: los derechos del hombre (los derechos humanos), los derechos de las personas morales y los derechos, incluso, de las personas institucionales de carácter constitucional.

El elenco de los derechos es completo para su protección; sin embargo, en algunos casos, por la influencia del modelo europeo de acción de amparo, particularmente de Alemania y España, se ha reducido el objeto protegido en cuanto a los derechos protegidos sólo respecto a ciertos derechos enumerados en el texto constitucional. Así se constata, por ejemplo, en la Constitución alemana, donde sólo se admite la acción de amparo en relación con lo que en ella se denominan como "derechos fundamentales", que son una especie del género derechos constitucionales. En España también se enumeran, expresamente, cuales son los derechos que pueden ser protegidos por la acción de amparo. Nada de esto surge de la Convención Americana ni de la generalidad de las Constituciones de América Latina, donde todos los derechos son amparables.

Sin embargo, encontramos excepciones. Es el caso de Chile, donde la Constitución enumera cuales son los derechos objeto de la acción de protección, y es el caso de Colombia, cuya Constitución también trae una enumeración respecto de los "derechos fundamentales" objeto de la tutela, quizás por influencia europea. Sin embargo, afortunadamente, los tribunales de la República han venido corrigiendo esta restricción a través de una interpretación constitucional, de manera que en la actualidad, casi no hay derecho constitucional que no pueda ser tutelable, como se denomina en Colombia.

d. *La reducción respecto de la competencia judicial*

Otra reducción que se ha venido constatando en algunos países respecto de la protección constitucional, se refiere a la reducción de los tribunales competentes para amparar o para tutelar. Hemos señalado que es una función esencial del Poder Judicial el proteger los derechos fundamentales; en ello consiste el derecho a la tutela judicial efectiva y el derecho al acceso a la justicia; de manera que todos los tribunales tendrían que tener competencia para poder amparar y proteger los derechos fundamentales.

Sin embargo, en algunos países de América Latina hemos visto la reducción del amparo al asignarlo sólo como una competencia de un solo tribunal, particularmente de las Cortes Supremas. Es el caso de Panamá, Costa Rica, El Salvador y Nicaragua donde sólo la Corte Suprema es competente para conocer de la acción de amparo. Quizás también en estos casos por una influencia del modelo europeo –Alemania, España– que atribuye el conocimiento de la acción de amparo a un sólo Tribunal Constitucional.

Sin embargo, en todos los otros países de América Latina, la acción de amparo tiene una característica difusa, en el sentido de que es un poder que se atribuye, en general, a los tribunales de primera instancia o a los tribunales de circuito, pero no se concentra en un solo órgano. La concentración en un solo órgano del conocimiento del amparo, como una acción específica, en definitiva, lo que hace es restringir el acceso a la justicia para la efectiva protección de los derechos.

e. *La reducción respecto de la legitimación pasiva*

Otro ámbito de reducción se refiere a la legitimación pasiva, es decir, contra quien se puede intentar la acción de amparo. Por supuesto, en su origen, como señalamos, la acción de protección, de amparo o de tutela se la concibió siempre como un mecanismo de protección frente al Estado. Sin embargo, la universalización progresiva de la institución del amparo ha venido admitiendo que pueda intentarse, también, contra los particulares, en el sentido de que no sólo procede frente a la lesión a los derechos que puede provenir de los entes públicos, sino también de los otros particulares. En esta forma, en América Latina se admite amplísimamente la acción de amparo contra los particulares, lo que no sucede en Europa, donde el amparo sólo se ejerce, básicamente, contra los poderes públicos.

Sin embargo, alguna restricción a este principio de la universalidad, característico de América Latina, se puede detectar a los efectos de su reforma o perfeccionamiento. Por ejemplo, la reducción de la posibilidad de la acción de amparo contra particulares, sólo respecto a ciertos particulares, como son aquellos que actúan por delegación ejerciendo funciones públicas, o que cumplen algún tipo de prerrogativa, o tienen una posición de dominio, por ejemplo, en la prestación de servicios públicos como son las empresas concesionarias. En este sentido, legislaciones, como las de Costa Rica, Guatemala y Colombia, admiten que se pueda intentar acción de amparo sólo contra esos determinados particulares.

Otros países simplemente excluyen totalmente la posibilidad del ejercicio de la acción de amparo contra particulares, siguiendo el modelo europeo, como es el caso de México, Brasil, Panamá, El Salvador y Nicaragua.

Pero aparte de estos casos de reducción, el resto de los países de América Latina tiene una amplísima admisión del amparo contra particulares; lo cual por lo demás se inició en América Latina, concretamente en Argentina a partir de los años 50, donde por vía pretoriana se admitió la posibilidad del ejercicio de la acción de amparo contra particulares.

f. *La reducción respecto de ciertas entidades y actos estatales*

Otro ámbito de reducción del amparo que contrasta con la universalidad que deriva de la Convención Americana, se refiere a los actos del Poder Público que puedan ser objeto de amparo. Conforme a la Convención y a la configuración universal de la acción de amparo, no puede ni debe existir ningún acto del Estado que escape de su ámbito. Si el amparo es un medio judicial de protección de los derechos, lo es y tiene que serlo frente a cualquier acción pública; por lo que no se concibe que frente a esta característica universal del amparo, pueda haber determinadas actividades del Estado que queden excluidas a la posibilidad del ejercicio de una acción de amparo.

Sin embargo, en América Latina puede detectarse una lamentable tendencia a exclusiones. En primer lugar, a excluir del amparo los actos de ciertas autoridades públicas. El caso, por ejemplo, de los organismos electorales, cuyos actos en algunos países como Perú, Costa Rica y Uruguay, se excluyen expresamente de la acción de amparo. En otros casos, por ejemplo, en el mismo Perú, se prevé una exclusión respecto a los actos del Consejo Nacional de la Judicatura.

También, hay otra tendencia a excluir del amparo respecto de ciertos actos estatales, lo que se ha planteado particularmente en relación a las leyes y las decisiones judiciales. Algunos países, como por ejemplo, Perú, Colombia, Brasil y Uruguay, excluyen la posibilidad de ejercer la acción de amparo contra leyes, es decir, contra normas.

En otros, en cambio, como en México donde tiene su inicio el amparo contra normas y en Venezuela, se admite ampliamente el ejercicio de la acción de amparo contra leyes, como una especie de control difuso de la constitucionalidad por vía de acción, no sin dudas jurisprudenciales.

En otros casos, la restricción se ha establecido en materia de amparo contra decisiones judiciales. También el juez, al dictar su sentencia, puede lesionar un derecho constitucional; ningún juez tiene poder para, en su sentencia, violar un derecho constitucional. Por tanto, también contra las sentencias debe admitirse la acción de amparo, la cual se admite, en efecto, en muchos países de América Latina. En otros, en cambio, se excluye expresamente la acción de amparo contra sentencias, como es el caso de Argentina, Uruguay, Costa Rica, Panamá, El Salvador, Honduras y Nicaragua. En otros países, como en Colombia, si bien se incorporó expresamente en el Decreto-Ley reglamentario de la acción de tutela su procedencia contra sentencias, en una desafortunada sentencia de la Corte Constitucional de 1992 se anuló el artículo del Decreto Ley que regulaba la acción de tutela contra sentencia. Sin embargo, posteriormente, la labor tanto de la propia Corte Constitucional como de la Corte Suprema, el Consejo de Estado y de los tribunales de instancia, a pesar de la anulación de la norma, ha sido progresiva en admitir, por vía de interpretación, la acción de tutela contra sentencias arbitrarias.

En todo caso, concebido como está la acción de amparo en la Convención Americana, es una institución de regulación universal, que por tanto, no puede ni debe admitir exclusiones de ningún tipo: nadie debería poder escapar a la protección constitucional del amparo o tutela y ningún acto del Estado podría quedar excluido de la acción de amparo.

C. *La garantía judicial del control de la constitucionalidad*

La segunda de las garantías judiciales específicas, también de arraigo latinoamericano, aparte del amparo o tutela, es la garantía del control de la constitucionalidad de las leyes y que protege todo el texto de la Constitución, además de los derechos constitucionales garantizados en ella[93].

América Latina también puede mostrar al mundo y al derecho constitucional contemporáneo un modelo de justicia constitucional mucho más antiguo que el modelo que inventó Hans Kelsen en 1920, en Europa, al establecer en la Constitución austriaca y luego en la Checoslovaca, la figura del Tribunal Constitucional. Muchas décadas antes de las concepciones de Kelsen, la garantía efectiva de la Constitución y la garantía judicial de la supremacía de la Constitución se habían establecido en América Latina, donde en muchos países existe incluso una acción popular de inconstitucionalidad establecida, por ejemplo, desde 1858, como es el caso de Venezuela.

Lo fundamental es que el proceso de constitucionalización de la justicia, e incluso, de la Jurisdicción Constitucional tan característico de América Latina, ha sido consustancial al constitucionalismo moderno. En América Latina, nuestros constituyentes, desde el siglo XIX tomaron del constitucionalismo norteamericano el control difuso de la constitucionalidad de las leyes, que es uno de los principios fundamentales de nuestro constitucionalismo, el cual se fue incorporando progresivamente en muchas Constituciones como una institución de protección autóctona de América Latina, en paralelo al establecimiento, también desde el siglo pasado, de la acción directa de inconstitucionalidad para conocimiento por parte de un Tribunal Supremo. En esta forma, dentro de este proceso de garantías judiciales específicas de la Constitución y de los derechos que en ella están contenidos, se destacan los sistemas de control de constitucionalidad de las leyes[94].

a. *El control difuso de la constitucionalidad como institución latinoamericana*

En primer lugar, se destaca el control de constitucionalidad de las leyes inspirado en el constitucionalismo norteamericano que, por deducción, se estableció en la fa-

93. *V.*, en general, Allan R. Brewer-Carías, *El control concentrado de la constitucionalidad de las leyes (Estudio de derecho comparado)*, Caracas 1994.

94. *V.*, en general Allan R. Brewer-Carías, *Judicial Review in Comparative Law*, Cambridge 1989.

mosa sentencia Marbury vs. Madison de 1803 de la Corte Suprema de los Estados Unidos. Pocas décadas después, dicho sistema de control difuso de la constitucionalidad se adoptó en América Latina, también por vía pretoriana. Fue el caso, por ejemplo, de Argentina y Brasil donde se siguió exactamente el modelo norteamericano.

Sin embargo, luego se incorporó a los propios textos constitucionales, siendo así una institución típicamente latinoamericana el hecho de que la Constitución establezca que cualquier juez, en el conocimiento de cualquier causa, puede decidir no aplicar al caso concreto que debe decidir, una ley que juzgue inconstitucional, aplicando preferentemente el texto constitucional. Esto no es sólo consecuencia de una deducción del principio de la supremacía constitucional, sino de una norma expresa en Constituciones o en leyes, adoptadas desde el siglo pasado, como es el caso de Colombia (1910) y Venezuela (1897). En textos expresos, en esos países se establece y permite a todo juez que al decidir un caso concreto, inclusive de oficio –esto lo distingue el sistema norteamericano–, puede resolver no aplicar una ley si considera que viola la Constitución o un derecho constitucional, declarándola así inconstitucional, por supuesto, con efectos en relación al caso concreto. Este es el sistema de control de la constitucionalidad que existe desde el siglo XIX en Argentina, Uruguay, Paraguay, Brasil, Colombia, Venezuela y Guatemala, el cual mezclado con otro sistema o aisladamente, tradicionalmente ha sido el sistema de control de constitucionalidad característico de América Latina.

Un ejemplo de este régimen constitucional se deriva de las normas de la Constitución de Venezuela de 1999, en la cual: en primer lugar, se declara expresamente que "la Constitución es la norma suprema y el fundamento del ordenamiento jurídico. Todas las personas y los órganos que ejercen el Poder Público están sujetos a esta Constitución" (art. 7); en segundo lugar, se precisa que "todos los jueces de la República, en el ámbito de sus competencias y conforme a lo previsto en esta Constitución y en la Ley, están en la obligación de asegurar la integridad de esta Constitución" (art. 334); y en tercer lugar, se indica que "en caso de incompatibilidad entre esta Constitución y una ley u otra norma jurídica, se aplicarán las disposiciones constitucionales, correspondiendo a los tribunales en cualquier causa, aún de oficio, decidir lo conducente" (art. 334).

b. *El control concentrado de la constitucionalidad por las Cortes Supremas o Tribunales Constitucionales*

Paralelamente al sistema difuso de control, también han tenido gran arraigo en América Latina, los sistemas de control concentrado de constitucionalidad de las leyes, que se han establecido desde el siglo XIX, conforme al cual se ha atribuido a las Cortes Supremas de muchos de nuestros países, por ejemplo, Venezuela, Costa Rica, El Salvador, Honduras, México, Nicaragua, Panamá, Brasil, la competencia para conocer de las acciones de inconstitucionalidad de las leyes, con poderes anulatorios.

Las Cortes Supremas han sido así, en América Latina, la Jurisdicción Constitucional por excelencia. Y si bien en otros países, por influencia europea, a partir de la década de los sesenta, se han creado Tribunales Constitucionales, la experiencia ha demostrado que no es necesario crear un Tribunal Constitucional a la usanza europea, para tener una Jurisdicción Constitucional con los mismos poderes.

En todo caso, la idea de un Tribunal Constitucional, como se dijo, como institución aparte de la Corte Suprema de Justicia, también ha tenido acogida en América Latina, de manera que paralelamente a las Cortes Supremas que actúan como tribunales constitucionales, progresivamente desde la Constitución de Guatemala de los años 60, y luego en Bolivia, Colombia, Chile, Ecuador y Perú se han venido creando Tribunales Constitucionales especiales, aparte de la Corte Suprema de Justicia, para resolver sólo las cuestiones de constitucionalidad.

En algunos casos, en países como Colombia, se había creado una Sala Constitucional de la Corte Suprema que luego dio origen a la Corte Constitucional. Salas Constitucionales de la Corte Suprema también existen en Costa Rica, con una función muy activa, y en El Salvador. En Venezuela, la Constitución de 1999 creó una Sala Constitucional en el Tribunal Supremo a los efectos de agilizar los procesos constitucionales, estableciendo el artículo 334 que: "Corresponde exclusivamente a la Sala Constitucional del Tribunal Supremo de Justicia como jurisdicción constitucional, declarar la nulidad de las leyes y demás actos de los órganos que ejercen el Poder Público dictados en ejecución directa e inmediata de esta Constitución o que tenga rango de ley, cuando colidan con aquella".

La vía para que la Sala Constitucional del Tribunal Supremo de Venezuela ejerza el control de la constitucionalidad de las leyes con poderes anulatorios, es la acción popular que se estableció desde mitades del siglo XIX, previéndose en la Constitución de 1999, el carácter vinculante de las interpretaciones constitucionales que establezca la Sala así: "Las interpretaciones que establezca la Sala Constitucional sobre el contenido o alcance de las normas y principios constitucionales son vinculantes para las otras Salas del Tribunal Supremo de Justicia y demás Tribunales de la República" (art. 335).

Por otra parte, la Constitución de 1999, en su artículo 336, definió como competencia de la Sala Constitucional, las siguientes:

1. Declarar la nulidad total o parcial de las leyes nacionales y demás actos con rango de ley de la Asamblea Nacional que colidan con esta Constitución.

2. Declarar la nulidad total o parcial de las Constituciones y leyes estadales, de las ordenanzas municipales y demás actos de los cuerpos deliberantes de los Estados y Municipios dictados en ejecución directa e inmediata de la Constitución y que colidan con ésta.

3. Declarar la nulidad total o parcial de los actos con rango de ley dictados por el Ejecutivo Nacional que colidan con esta Constitución.

4. Declarar la nulidad total o parcial de los actos en ejecución directa e inmediata de la Constitución, dictados por cualquier otro órgano estatal en ejercicio del Poder Público.

5. Verificar, a solicitud del Presidente de la República o de la Asamblea Nacional, la conformidad con esta Constitución de los tratados internacionales suscritos por la República antes de su ratificación.

6. Revisar, en todo caso, aun de oficio, la constitucionalidad de los decretos que declaren estados de excepción dictados por el Presidente o Presidenta de la República.

7. Declarar la inconstitucionalidad de las omisiones del poder legislativo municipal, estadal o nacional, cuando haya dejado de dictar las normas o medidas indis-

pensables para garantizar el cumplimiento de la Constitución, o las haya dictado en forma incompleta, y establecer el plazo y, de ser necesario, los lineamientos de su corrección.

8. Resolver las colisiones que existan entre diversas disposiciones legales y declarar cuál de éstas debe prevalecer.

9. Dirimir las controversias constitucionales que se susciten entre cualesquiera de los órganos del Poder Público.

10. Revisar las sentencias definitivamente firmes de amparo constitucional y de control de constitucionalidad de leyes o normas jurídicas dictadas por los tribunales de la República, en los términos establecidos por la ley orgánica respectiva.

III. EL DESARROLLO DE LAS GARANTÍAS INSTITUCIONALES DE LOS DERECHOS HUMANOS: EL DEFENSOR DEL PUEBLO O DE LOS DERECHOS HUMANOS

Por último y en tercer lugar, dentro de los mecanismos de fortalecimiento de los medios de protección de los derechos fundamentales, aparte del tema de la ampliación y universalización de las declaraciones de derechos y del tema de las garantías judiciales y de su expansión o restricción, debe destacarse la situación más reciente América Latina, respecto del desarrollo de garantías institucionales de los derechos humanos derivada de la creación de la institución de los Defensores del Pueblo o de los Defensores de Derechos Humanos, que progresivamente se han ido incorporando en muchas de nuestras Constituciones. Se trata de la idea de que en los sistemas constitucionales debe preverse la existencia de un alto funcionario del Estado, cuya misión esencial es la de velar por la efectiva vigencia de los derechos y garantías constitucionales.

En las últimas décadas esta figura comienza a ser tradicional en el constitucionalismo de América Latina. En efecto en la antigua Constitución de Venezuela de 1961, se incorporó dicha figura pero vinculada al Ministerio Público, atribuyéndose expresamente al Fiscal General de la República, la misión de velar por la vigencia y respeto de los derechos y libertades públicas. Sin embargo, dicha tarea no fue lo efectiva que podía haber sido, habiéndose hiper desarrollado otras las tareas del Ministerio Público, en relación a las de específica protección de los derechos humanos.

En contraste, el progresivo desarrollo del constitucionalismo latinoamericano en las últimas décadas ha tendido hacia la creación de una institución aparte del Ministerio Público, para velar por la vigencia de los derechos humanos, dotada de autonomía funcional y de nombramiento parlamentario. En esta forma, actualmente tenemos el ejemplo de muchas Constituciones de América Latina, donde se consagra expresamente la figura del Defensor del Pueblo, del Defensor de los Derechos Humanos y, en otros casos, incluso sin previsión constitucional, como en Costa Rica, donde por ley se ha creado una figura similar. La tendencia también se siguió en la Constitución venezolana de 1999, separándose del Ministerio Público la protección institucional de los derechos humanos, tarea que se asignó al Defensor del Pueblo.

En todos esos casos, esta institución tiene una distinción respecto de lo que podría ser el modelo original que es el del Ombudsman escandinavo, el cual fue concebido como mecanismo parlamentario de protección de los derechos frente a la Administración, producto en cierta forma de la lucha entre el Ejecutivo y el Parlamento, lo que obligó a este último a establecer un Comisionado Parlamentario para vigilar la Administración del Estado. Sin embargo, en el caso de la institución latinoamericana, ya no se trata de un Ombudsman con la característica inicial, sino de un órgano con autonomía funcional que aun cuando es de nombramiento parlamentario, no está sometido al Parlamento ni responde a instrucciones parlamentarias. Tiene, por tanto, independencia frente a los Poderes del Estado en general y con lapso de duración generalmente coincidente con el período constitucional. Tiene, además, una característica importante en América Latina, y es que goza de legitimación para intentar acciones de protección de carácter procesal, es decir, acciones de amparo o acciones de inconstitucionalidad.

Sin embargo, en algunos países de América Latina puede decirse que sigue el modelo europeo vinculado a la Administración Pública. Es el caso de la Constitución de Argentina (art. 86), donde el Defensor del Pueblo es un Defensor frente a la Administración, que tiene por objeto la protección de los derecho humanos ante hechos, actos u omisiones de la administración pública y el control del ejercicio de las funciones administrativas públicas.

En el resto de los países donde se ha consagrado la figura del Defensor del Pueblo o del Procurador para Defensa de los Derechos Humanos, no se especifica en forma alguna que la tarea de protección se deba ejercer en relación con la administración del Estado o al Poder Ejecutivo, sino frente a la universalidad de actores que puedan atentar contra los derechos humanos. Es el caso de las Constituciones de Colombia, Ecuador, El Salvador y Paraguay, aún cuando en algunos países como en Colombia y El Salvador, el Defensor de los Derechos Humanos o Derechos del Pueblo se vincula al Ministerio Público. En otros casos, aún cuando independiente del Ministerio Público, el Defensor del Pueblo o Procurador de los Derechos Humanos, como sucede en Perú, Bolivia y Guatemala, además de la protección de los derechos en cualquier forma, tiene la tarea expresa de protegerlos frente a la Administración Pública, y de vigilar la actividad de esta.

En todo caso, como ejemplo de esta tendencia a institucionalizar un órgano independiente para la protección de los derechos humanos, debe destacarse la previsión de la Constitución Venezolana de 1999, que creó la figura del Defensor del Pueblo, como órgano del Poder Ciudadano, que es uno de los cinco órganos del Poder Público Nacional, el cual, el artículo 136 divide en "Legislativo, Ejecutivo, Judicial, Ciudadano y Electoral".

Conforme al artículo 380 de esta Constitución, el Defensor del Pueblo "tiene a su cargo la promoción, defensa y vigilancia de los derechos y garantías establecidos en esta Constitución y en los tratados internacionales sobre derechos humanos, además de los intereses legítimos, colectivos o difusos de los ciudadanos". Para el cumplimiento de tal misión, el artículo 281 asigna al Defensor del Pueblo, las siguientes atribuciones:

1. Velar por el efectivo respeto y garantía de los derechos humanos consagrados en esta Constitución y en los tratados, convenios y acuerdos internacionales sobre derechos humanos ratificados por la República, investigando de oficio o a instancia de parte las denuncias que lleguen a su conocimiento.

2. Velar por el correcto funcionamiento de los servicios públicos, amparar y proteger los derechos e intereses legítimos, colectivos y difusos de las personas, contra las arbitrariedades, desviaciones de poder y errores cometidos en la prestación de los mismos, interponiendo cuando fuere procedente las acciones necesarias para exigir al Estado el resarcimiento a los administrados de los daños y perjuicios que les sean ocasionados con motivo del funcionamiento de los servicios públicos.
3. Interponer las acciones de inconstitucionalidad, amparo, habeas corpus, hábeas data y las demás acciones o recursos necesarios para ejercer las atribuciones señaladas en los numerales anteriores, cuando fuere procedente de conformidad con la ley.
4. Instar al Fiscal General de la República para que intente las acciones o recursos a que hubiere lugar contra los funcionarios públicos o funcionarias públicas, responsables de la violación o menoscabo de los derechos humanos.
5. Solicitar al Consejo Moral Republicano que adopte las medidas a que hubiere lugar respecto de los funcionarios públicos o funcionarias públicas responsables por la violación o menoscabo de los derechos humanos.
6. Solicitar ante el órgano competente la aplicación de los correctivos y las sanciones a que hubiere lugar por la violación de los derechos del público consumidor y usuario, de conformidad con la ley.
7. Presentar ante los órganos legislativos municipales, estadales o nacionales, proyectos de ley u otras iniciativas para la protección progresiva de los derechos humanos.
8. Velar por los derechos de los pueblos indígenas y ejercer las acciones necesarias para su garantía y efectiva protección.
9. Visitar e inspeccionar las dependencias y establecimientos de los órganos del Estado, a fin de prevenir o proteger los derechos humanos.
10. Formular ante los órganos correspondientes las recomendaciones y observaciones necesarias para la mejor protección de los derechos humanos, para lo cual desarrollará mecanismos de comunicación permanente con órganos públicos o privados, nacionales e internacionales, de protección y defensa de los derechos humanos.
11. Promover y ejecutar políticas para la difusión y efectiva protección de los derechos humanos.

La garantía constitucional de Defensor del Pueblo expresamente se regula en el artículo 282 de la Constitución, al disponer que "gozará de inmunidad en el ejercicio de sus funciones y, por lo tanto, no podrá ser perseguido, detenido, ni enjuiciado por actos relacionados con el ejercicio de sus funciones".

APRECIACIÓN FINAL

Como puede apreciarse de todo este panorama de fortalecimiento de instituciones de protección a los derechos humanos, en el ámbito interno, América Latina, en general, muestra un elenco muy importante de instituciones de protección de los derechos humanos, muchas veces de carácter formal; muchas veces sin la efectividad que todos queremos; muchas veces sin que se hayan podido usar adecuadamente; pero que comparativamente, muestra también uno de los sistemas de protección de los derechos humanos más completos del mundo occidental.

El tema pendiente, por supuesto, es el de que no necesariamente la amplitud del modelo ha sido equivalente a la efectividad en su cumplimiento. Tampoco podemos negar que si analizamos las etapas históricas de nuestros países, en muchos casos han cumplido funciones fundamentales, a pesar de los vaivenes de los regímenes políticos.

En todo caso, siempre hemos pensado que uno de los grandes motivos de la inefectividad de los mecanismos de protección de los derechos humanos en nuestros países, ha sido precisamente el desconocimiento de su existencia, y de sus posibilidades; tanto por parte de los abogados, como de las personas que tienen a su cargo aplicar estos mecanismos. Muchos desconocen su existencia y toda la riqueza que tienen y que, comparativamente, ponen en evidencia que en otros países donde no están establecidos en forma expresa, sin embargo, los jueces han demostrado una mayor iniciativa o activismo que, a veces, nuestros jueces formales, inmersos en tantos códigos obsoletos, no llegan a entender.

Por eso, conferencias como las que se dan en este Curso Interdisciplinario de Derechos Humanos, con la participación de personas interesadas y vinculadas al tema y que, por supuesto, tienen a su cargo seguir difundiendo estos medios de protección, son de la primera importancia.

Por eso, de nuevo, como en otras oportunidades lo he hecho, debemos felicitar al Instituto Interamericano de Derechos Humanos por la iniciativa de Cursos de esta naturaleza y desear que la labor fundamental de educación, difusión y promoción de los derechos humanos que tiene a su cargo, también tenga la efectividad necesaria, precisamente a través de quienes tienen que aplicar o velar por la aplicación de esos derechos en el derecho interno.

SECCIÓN TERCERA:

ESTRATEGIAS PARA LA UTILIZACIÓN, DESDE LA PERSPECTIVA CONSTITUCIONAL, DEL SISTEMA DE PROTECCIÓN INTERNACIONAL DE DERECHOS HUMANOS (2003)

Texto de la Ponencia sobre "Estrategias para la utilización, desde la perspectiva constitucional, del sistema de protección internacional de derechos humanos" publicada en *Revista Defensa Pública, Memoria del Primer Congreso Interamericano de Defensorías Públicas*, Octubre 2003, San José, Costa Rica, 2003, pp. 147-160

Si algo caracteriza el régimen de los derechos humanos en el mundo contemporáneo es que ya no puede estructurarse bajo la perspectiva de una sola rama del derecho, sea particularmente del derecho internacional público o del derecho constitucional.

Al contrario, en la época actual esta materia exige un enfoque jurídico multidisciplinario, en el cual se tienen que relacionar y se imbrican estrechamente todas las ramas del derecho que tienen como objeto común la regulación de las relaciones jurídicas entre los ciudadanos y el Estado y, particularmente, el derecho administrativo, el derecho constitucional, el derecho penal y el derecho internacional. De allí, incluso, el título que se le ha dado a esta conferencia por los organizadores de este Primer Congreso: *Estrategias para la utilización, desde la perspectiva constitucional, del sistema de protección internacional de derechos humanos*, lo que precisamente, nos conduce a trazar una inter relación entre el derecho constitucional y el derecho internacional en materia de derechos humanos.

Por supuesto, en la evolución del régimen de los derechos humanos se pueden distinguir diversas etapas que han estado marcadas, precisamente, por esta inter relación y la preponderancia, en el mismo, de una u otra de esas ramas del derecho. Así, en una primera etapa inicial, puede decirse que el régimen de los derechos humanos derivó exclusivamente de un proceso de constitucionalización de los mismos, etapa que fue seguida por otra intermedia de internacionalización de la constitucionalización de los derechos humanos, llegando finalmente a una etapa posterior, que es la actual, de constitucionalización de la internacionalización de los derechos humanos.

En efecto, en los inicios del constitucionalismo moderno el tema de los derechos humanos fue una pieza esencial para la formulación de los principios del mismo precisamente como resultado de las declaraciones de los derechos del hombre que comenzaron a formularse y a adquirir rango constitucional. Primero fueron las contenidas en las Constituciones de las colonias inglesas de Norteamérica a partir de 1776; segundo, la contenida en la Declaración francesa de los Derechos del Hombre y del Ciudadano a partir de 1789 y tercero, las contenidas en las declaraciones hispanoamericanas sobre los derechos de los ciudadanos a partir de la Declaración de los Derechos del Pueblo adoptada por el Congreso General de las Provincias de Venezuela de 1811.

Estas declaraciones fueron fundamentales, incluso, para la formulación de otros principios esenciales del constitucionalismo moderno, como el de la idea misma de la existencia de una Constitución como norma suprema y rígida, con el derecho a su supremacía e inmutabilidad y su garantía objetiva; y el principio de la separación de poderes; principios que, incluso, fueron incorporados expresamente en el texto de las mismas declaraciones. Recordemos solamente el texto de la Declaración Francesa, que estableció que en una sociedad en la que no está asegurada la garantía de los derechos ni determinada la separación de los poderes, no tiene Constitución (Art. 16).

Tal Declaración, además, comenzaba señalando que "El fin de toda asociación política es la conservación de los derechos naturales e imprescriptibles del hombre", los cuales inicialmente se redujeron a la libertad, la igualdad ante la ley, la seguridad personal y la propiedad privada. Ese puede decirse que fue el ámbito de los derechos humanos en una primera etapa del régimen de los mismos, cuando eran objeto exclusivo de regulación por el derecho constitucional; y así fue hasta la primera mitad del Siglo XX, cuando se produjo una considerable ampliación en cuanto al ámbito de los mismos. Ello ocurrió con motivo de los postulados que se incorporaron en las Constituciones de Querétaro, en México, de 1917 y de Weimar, en Alemania, de 1919, con las cuales comenzó el proceso de constitucionalización de los derechos sociales y se formuló, además, el principio de la función social de los derechos económicos, particularmente del derecho de propiedad. Posteriormente se produjo, además, la ampliación de los derechos políticos en función del afianzamiento de la propia democracia, desembocando en el derecho a la participación política.

La Segunda Guerra Mundial y los horrores que la provocaron, que luego pusieron al descubierto las más aberrantes violaciones a los derechos humanos nunca imaginadas, condujeron a la búsqueda de un necesario ámbito universal en la lucha por la protección de los mismos, imponiéndose, además, la consecuente y progresiva recomposición del concepto mismo de soberanía, clave en la configuración del derecho constitucional de la época.

El derecho internacional, así, comenzó a jugar un rol significativo en el establecimiento de límites al propio derecho constitucional, con motivo de los nuevos principios y compromisos internacionales que se fueron conformando para asegurar la paz. Por ello no es de extrañar que de esa Guerra surgió, precisamente, el proceso de internacionalización de los derechos humanos, con la adopción tanto de la Declaración Americana de los Derechos y Deberes del Hombre por la Organización de Estados Americanos, como de la Declaración Universal de los Derechos Humanos por la Organización de las Naciones Unidas, ambas en 1948 y, en 1950, con la adopción de la Convención Europea de Derechos Humanos. Ese proceso se consolidó en las décadas de los sesenta y setenta, con la adopción del Pacto Internacional de Derechos Civiles y Políticos y del Pacto Internacional de Derechos Económicos, Sociales y Culturales en el ámbito de las Naciones Unidas y, en 1969, de la Convención Americana sobre Derechos Humanos en el ámbito interamericano.

También fue a partir del fin de la Segunda Guerra Mundial cuando se inició en Europa el proceso de integración económica regional con la suscripción del Tratado de Roma de 1950, el cual, cincuenta años después, ha desembocado en esa extraordinaria construcción jurídica que es la Unión Europea; así como en los otros procesos de integración económica regional que han ubicado a la soberanía de los Estados en un ámbito constitucional distinto al que estuvo cuando sirvió de base para el nacimiento de los Estados nacionales.

En esta forma, a la constitucionalización inicial de los derechos humanos siguió una segunda etapa marcada por el proceso de la internacionalización de los mismos. Su desarrollo como instrumento de protección de tales derechos, ha sido lo que ha originado la tercera etapa de la protección, en la cual nos encontramos actualmente, la cual es la de la constitucionalización de la internacionalización de los derechos humanos, que ha sido provocada, precisamente, por la introducción en los derechos internos de los sistemas internacionales de protección.

Es a este proceso, precisamente, al cual queremos dedicar estas reflexiones, al analizar las estrategias para la utilización, desde la perspectiva constitucional, del sistema de protección internacional de los derechos humanos.

Esas estrategias, desde el punto de vista jurídico, en términos generales inciden sobre aspectos tanto del derecho sustantivo como del derecho adjetivo de los derechos humanos. Entre los aspectos sustantivos del régimen de los derechos humanos que pueden considerarse como una estrategia para la utilización desde la perspectiva del derecho constitucional del sistema de protección internacional de los derechos humanos, se encuentra el de la jerarquía que deben tener en el ámbito interno las declaraciones internacionales sobre derechos humanos, las cuales además de establecerse como obligaciones de los Estados, deben estar al alcance directo de los ciudadanos. Esta jerarquía puede estar regulada expresamente en las Constituciones o puede derivar de técnicas interpretativas constitucionales en cada país.

En cuanto a los aspectos adjetivos del régimen de los derechos humanos que también pueden configurarse como una estrategia para la utilización, desde la perspectiva del derecho constitucional, del sistema de protección internacional de los derechos humanos, está el de la necesaria globalización y ampliación de las garantías judiciales de protección de los derechos humanos, particularmente, del derecho de amparo a la luz de las orientaciones de la Convención Americana sobre Derechos Humanos. Al análisis de estas dos estrategias es que queremos dedicar estas reflexiones.

I. LA JERARQUÍA DE LOS INSTRUMENTOS INTERNACIONALES SOBRE DERECHOS HUMANOS EN EL DERECHO INTERNO

Para que el derecho internacional de los derechos humanos sea un efectivo instrumento de protección de los mismos en el ámbito interno, de manera que pueda ser utilizado directamente por los ciudadanos, la primera estrategia de derecho sustantivo que debe adoptarse es la relativa al otorgamiento de un adecuado rango normativo en el derecho interno a los instrumentos internacionales. Éste, por supuesto, es un tema de derecho constitucional, pues en definitiva son las Constituciones en cada país las que deben establecer el rango normativo de los derechos humanos establecidos en tales instrumentos. En definitiva, son dichas Constituciones las llamadas a establecer cuál norma –la internacional o la interna- debe prevalecer en caso de conflicto entre las mismas.

Las soluciones constitucionales a esta primera estrategia derivan no sólo de la consagración expresa de dicho rango normativo en el texto de las Constituciones, sino de la estructuración del mismo con base en la interpretación constitucional. Nos referiremos a estas dos soluciones separadamente.

1. *El rango normativo de los instrumentos internacionales de derechos humanos establecido expresamente en las Constituciones*

En muchas Constituciones latinoamericanas, el tema del rango constitucional de los instrumentos internacionales de derechos humanos ha sido resuelto expresamente, pudiendo distinguirse de acuerdo con la clasificación formulada por el recordado Rodolfo Piza Escalante, cuatro regímenes normativos, según que se les haya otorgado rango supra constitucional, rango constitucional, rango supra legal o solamente rango legal a dichos instrumentos.

A. *El rango supra constitucional de los instrumentos internacionales sobre derechos humanos*

En *primer lugar*, algunas Constituciones han establecido expresamente el rango supra constitucional de los derechos humanos establecidos en instrumentos internacionales; es decir, un rango superior al de las propias normas constitucionales, prevaleciendo, por tanto, en relación con las mismas.

Tal es el caso, por ejemplo, de la Constitución de Guatemala, en cuyo artículo 46 establece el principio general de que en materia de derechos humanos, "los tratados y convenciones aceptados y ratificados por Guatemala, tienen preeminencia sobre el derecho interno", concepto éste, de "derecho interno", que no sólo comprende a las leyes sino a la propia Constitución.

En Colombia, la Constitución ha establecido una disposición similar, al disponer el artículo 93 que: "Los tratados y convenios internacionales ratificados por el Congreso, que reconocen los derechos humanos y que prohíben su limitación en los estados de excepción, prevalecen en el orden interno"; y "orden interno", también, en nuestro criterio, como antes indicamos, no sólo es el establecido en las leyes sino en la propia Constitución.

En cierta forma, también podría ubicarse en este primer sistema de jerarquía supra constitucional de los derechos humanos establecidos en instrumentos internacionales, el caso reciente de la Constitución de Venezuela de 1999, en cuyo artículo 23 se dispone que "Los tratados, pactos y convenciones relativos a derechos humanos, suscritos y ratificados por Venezuela, tienen jerarquía constitucional y prevalecen en el orden interno, en la medida en que contengan norma sobre su goce y ejercicio más favorable a las establecidas por esta Constitución y la Ley de la República, y son de aplicación inmediata y directa por los tribunales y demás órganos del Poder Público".

Al señalar esta Constitución que los derechos humanos establecidos en los instrumentos internacionales prevalecen en el orden interno, es decir, en el establecido en la propia Constitución y en las leyes, cuando prevean condiciones de goce y ejercicio más favorable, sin duda le está otorgando rango supra constitucional a dichos derechos.

B. *El rango constitucional de los instrumentos internacionales sobre derechos humanos*

En *segundo lugar*, un grupo de Constituciones ha atribuido expresamente rango constitucional a los instrumentos internacionales sobre derechos humanos, conforme a lo cual los derechos humanos establecidos en los mismos tienen la misma jerarquía constitucional que los establecidos en el texto fundamental.

Dos tipos de regímenes constitucionales pueden distinguirse en este grupo: las Constituciones que dan rango constitucional a todos los instrumentos internacionales de derechos humanos, y las Constituciones que otorgan tal rango, sólo a un grupo de instrumentos enumerados expresamente en la Constitución.

En el *primer tipo* se ubicaba, por ejemplo, la Constitución de Perú de 1979, derogada en 1994, cuando establecía en su artículo 105 que "Los preceptos contenidos en los tratados relativos a derechos humanos, tienen jerarquía constitucional", de manera que "No pueden ser modificados sino por el procedimiento que rige para la reforma de la Constitución".

En el *segundo tipo* se ubica la Constitución de Argentina de 1994 que le otorga una jerarquía "superior a las leyes", es decir, rango constitucional, a un grupo de tratados y declaraciones vigentes para ese entonces que enumera taxativamente el artículo 75, 22 de la Constitución, entre los cuales están la Declaración Americana, la Convención Americana y los Pactos Internacionales, además de otros instrumentos internacionales que se especifican relativos al delito de genocidio, o sobre discriminación racial y discriminación contra la mujer, sobre la tortura y otros tratos o penas crueles, inhumanos y degradantes y sobre derechos del niño.

En cuanto a los demás tratados sobre derechos humanos, la Constitución estableció que pueden gozar de tal jerarquía constitucional, siempre que sean aprobados por una mayoría calificada de las 2/3 partes de la totalidad de los miembros del Senado y de la Cámara de Diputados.

C. *El rango supra legal de los instrumentos internacionales sobre derechos humanos*

En *tercer lugar*, en otras Constituciones latinoamericanas se ha establecido expresamente el rango supra legal, pero sometidos a la Constitución, de los tratados y convenciones internacionales en general, comprendidos los relativos a derechos humanos, en el sentido de que prevalecen sobre las leyes, pero sin rango constitucional.

Esta es la solución de la Constitución de Costa Rica, la cual dispone que "Los tratados públicos, los convenios internacionales y los concordatos debidamente aprobados por la Asamblea Legislativa, tendrán desde su promulgación o desde el día que ellos designen, autoridad superior a las leyes" (art. 7).

En el caso de Honduras se llega a una conclusión similar, aún cuando la prevalencia se regule en general respecto de los tratados internacionales y no específicamente respecto de los relativos a derechos humanos. En efecto, conforme al artículo 16 de la Constitución, los tratados internacionales en general, comprendidos los relativos a derechos humanos, forman parte del derecho interno y prevalecen sobre las leyes en caso de conflicto (Art. 18). La Constitución, además, dispone que en caso de que un tratado internacional afecte una disposición constitucional, el mismo debe ser aprobado mediante el procedimiento de reforma constitucional antes de su ratificación (Art. 17).

En sentido similar, el artículo 144 de la Constitución de El Salvador dispone el rango legal de los tratados y su prevalencia respecto de las leyes en caso de conflicto, al disponer que "Los tratados internacionales celebrados por El Salvador con otros Estados o con organismos internacionales, constituyen leyes de la República al entrar en vigencia, conforme a las disposiciones del mismo tratado y de esta Constitución", agregando la norma que "La ley no podrá modificar o derogar lo acordado en un tratado vigente para El Salvador" y que "En caso de conflictos entre el tratado y la Ley, prevalecerá el tratado".

D. *El rango legal de los instrumentos internacionales sobre derechos humanos*

Por último, en cuarto lugar, en cuanto a la jerarquía normativa de los instrumentos internacionales sobre derechos humanos, están los sistemas constitucionales que en general les atribuyen a los tratados internacionales igual jerarquía que a las leyes.

Este es el sistema más difundido en el derecho constitucional contemporáneo, y sigue la orientación iniciada por la Constitución de los Estados Unidos de América (art. VI. 2). En esta línea regulatoria está la Constitución de Ecuador (Art. 137).

En estos sistemas, por tanto, los tratados tienen el mismo rango normativo que las leyes, están sometidos a la Constitución y en su aplicación en relación con las leyes rigen los principios de ley posterior y ley especial para los efectos derogatorios que puedan tener.

2. *El valor normativo constitucional de los instrumentos internacionales con independencia de la jerarquía de estos en el orden interno*

Ahora bien, en ausencia de una regulación constitucional expresa sobre la jerarquía normativa en el orden interno de los instrumentos internacionales sobre derechos humanos, estos derechos enumerados en los mismos pueden adquirir valor constitucional mediante técnicas interpretativas diversas de orden constitucional, lo que permite configurar una segunda estrategia de orden sustantivo para la utilización desde la perspectiva constitucional del sistema interamericano de derechos humanos.

En efecto, la tendencia más general en el constitucionalismo contemporáneo es la de otorgarle a los derechos humanos consagrados en los instrumentos internacionales, el mismo rango y valor de los establecidos en las Constituciones, de manera que todos son considerados como derechos constitucionales. Ello se ha logrado mediante técnicas interpretativas, en algunos casos, incluso, expresamente previstas en ellas.

A. *La exigencia expresa de la interpretación de la Constitución de conformidad con los tratados internacionales*

Algunas Constituciones, en efecto, establecen expresamente una norma orientadora para la interpretación de los derechos humanos declarados en el texto fundamental, exigiendo que la misma debe realizarse en armonía o de conformidad con los tratados internacionales en la materia. El ejemplo más relevante en este caso es el de la Constitución de Colombia, cuyo artículo 93 establece expresamente que "Los derechos y deberes consagrados en esta Carta, se interpretarán de conformidad con los tratados internacionales sobre derechos humanos ratificados por Colombia".

En esta forma, en el propio texto constitucional se establece la obligación expresa para todos los órganos del Estado y no sólo para los tribunales, de interpretar las normas constitucionales reguladoras de los derechos humanos de acuerdo con lo regulado en los tratados internacionales sobre la materia. La consecuencia de ello es, por tanto, el reconocimiento implícito del mismo rango y valor de derechos constitucionales a los establecidos en los tratados internacionales, que son los que deben guiar la interpretación de los primeros.

Esta norma de la Constitución de Colombia, sin duda, tiene como antecedentes los textos de las Constituciones de España (art. 10,2) y Portugal (art. 16,2), las cuales además, se refieren en particular a la Declaración Universal de los Derechos Humanos, cuyo contenido es el parámetro para la interpretación de las normas constitucionales sobre los mismos.

B. *La interpretación constitucional de las declaraciones generales sobre los fines de la sanción de la Constitución vinculados a los derechos humanos*

Otra forma de atribuir el mismo rango constitucional a los derechos consagrados en instrumentos constitucionales deriva de la interpretación constitucional que debe hacerse de las declaraciones generales relativas a los derechos humanos, y que generalmente se ubican en los preámbulos de las Constituciones.

En efecto, en muchos preámbulos constitucionales se establece como fin del propio texto constitucional e, incluso, del Estado, al asegurar la plena vigencia de los derechos humanos. Tal es el caso de la Constitución de Guatemala, en cuyo preámbulo se establece expresamente como finalidad del texto constitucional, "impulsar la plena vigencia de los derechos humanos dentro de un orden institucional estable, permanente y popular, donde gobernados y gobernantes procedan con absoluto apego al derecho".

Siendo, en este caso, por tanto, la finalidad de la propia sanción de la Constitución el impulsar la plena vigencia de los derechos humanos, éstos en su contexto universal adquieren el mismo valor que los declarados expresamente en la Constitución. A ello debe tender la interpretación constitucional de estas declaraciones generales.

C. *La interpretación de las obligaciones constitucionales del Estado en relación con los derechos humanos*

Otras Constituciones, en las normas destinadas a regular las declaraciones de derechos humanos, establecen expresamente obligaciones para los diversos órganos del Estado en relación con el aseguramiento de la efectividad en el goce y disfrute de los mismos. En estos casos, al constituir una obligación del Estado el respeto de los derechos humanos o el velar por su efectivo ejercicio, los mismos, en general adquieren rango y valor constitucional así no estén enumerados expresamente en las declaraciones constitucionales.

Tal es el caso de la Constitución de Chile, en cuya reforma de 1989 se incorporó una declaración conforme a la cual se dejó expresamente reconocido que el ejercicio de la soberanía está limitada por "el respeto a los derechos esenciales establecidos en la naturaleza humana", estableciéndose además, como "Deber de los órganos del Estado respetar y promover tales derechos garantizados por esta Constitución, así como por los tratados internacionales ratificados por Chile y que se encuentren vigentes". En consecuencia, si se trata de una obligación del Estado la de respetar y promover los derechos humanos garantizados por los tratados internacionales, los mismos adquieren el mismo valor y rango de los derechos constitucionales enumerados expresamente en el texto fundamental. Además, la referencia a los "derechos esenciales establecidos en la naturaleza humana" permite y exige identificar como tales, no sólo a los enumerados expresamente en la Constitución, sino a los establecidos en los tratados internacionales e, incluso, más allá, a los que sean de la esencia de la naturaleza humana.

En sentido similar se regula en la Constitución de Ecuador, la cual también establece como una obligación del Estado el garantizar "A todos los individuos, hombres o mujeres que se hallen sujetos a su jurisdicción, el libre y eficaz ejercicio y goce de los derechos civiles, políticos, económicos, sociales y culturales enunciados en las declaraciones, pactos, convenios y demás instrumentos internacionales vigentes". La obligación del Estado, por tanto, no sólo se refiere a garantizar el ejercicio y goce de los derechos enumerados en la Constitución, sino de todos los enumerados en los instrumentos internacionales, los cuales en consecuencia adquieren rango y valor de derechos constitucionales.

También debe destacarse en el mismo sentido, la declaración contenida en la Constitución de Nicaragua en la cual se establece la declaración general de que toda persona no sólo "Goza de la protección estatal y del reconocimiento de los derechos inherentes a la persona humana y del irrestricto respeto, promoción y protección de los derechos humanos", sino de "La plena vigencia de los derechos consagrados en la Declaración Universal de Derechos Humanos, en la Declaración Americana de

Derechos y Deberes del Hombre; en el Pacto Internacional de Derechos Económicos, Sociales y Culturales y en el Pacto Internacional de Derechos Civiles y Políticos de la Organización de Naciones Unidas y en la Convención Americana de Derechos Humanos de la Organización de Estados Americanos".

En este caso, la enumeración que hace la Constitución de ciertos instrumentos internacionales no puede sino interpretarse como una enunciación no taxativa, dadas las declaraciones precedentes sobre los derechos humanos en general y los inherentes a la persona humana.

D. *La interpretación de las cláusulas enumerativas de derechos humanos*

Por último, la consagración expresa en las Constituciones de cláusulas meramente enunciativas sobre derechos humanos conduce a considerar que los derechos constitucionales no se agotan en los enumerados expresamente en la declaración constitucional, sino que también se consideran como tales derechos constitucionales todos los otros inherentes a la persona humana o los declarados en instrumentos internacionales. En esta forma, también, los derechos humanos establecidos en los instrumentos internacionales pasan a integrarse dentro de los derechos constitucionales, con su mismo valor y rango, como una estrategia para utilización desde la perspectiva constitucional, del sistema interamericano de protección de los derechos humanos.

En el ámbito latinoamericano debe destacarse la Constitución de Venezuela de 1999 la cual recogió, ampliándola, la cláusula enunciativa que establecía la Constitución anterior de 1961 (Art. 50), en la cual se dispone que "La enunciación de los derechos y garantías contenidos en esta Constitución y en los instrumentos internacionales sobre derechos humanos no debe entenderse como negación de otros que, siendo inherentes a la persona humana, no figuren expresamente en ellos" (Art. 22).

La norma remite a los derechos inherentes a la persona humana, lo que incorpora nociones del derecho natural en el sentido de que los derechos humanos preceden al Estado y a las propias Constituciones; y además, permite ubicarlos más allá de los enumerados no sólo en la Constitución, sino en los instrumentos internacionales sobre derechos humanos, lo que amplía considerablemente su ámbito. El antecedente de esta norma de la Constitución venezolana en cuanto a la referencia a los derechos enunciados en los instrumentos internacionales, sin duda, se encuentra en la Constitución de Colombia de 1992.

En otros casos, como en la Constitución de Brasil, la cláusula enunciativa sin hacer referencia a los derechos inherentes a la persona humana permite identificar como derechos constitucionales y, por tanto, de igual rango y valor a los enumerados en la Constitución, en los "tratados internacionales en que la República Federativa de Brasil sea parte" (art. 5,2). Sin embargo, de acuerdo con la mayoría de los instrumentos internacionales, los derechos enumerados en los mismos se consideran como atributos de la persona humana, razón por la cual el efecto de aplicación de esta cláusula enunciativa viene a ser el mismo.

En definitiva, como lo señaló la antigua Corte Suprema de Justicia de Venezuela en una sentencia de 31 de enero de 1991 (*Caso Anselmo Natale*), los "Derechos inherentes de la persona humana son derechos naturales, universales, que tienen su origen y son consecuencia directa de las relaciones de solidaridad entre los hombres, de la necesidad del desarrollo institucional de los seres humanos y de la protección del medio ambiente". De allí, que la misma Corte haya concluido señalando que "Dichos derechos comúnmente están contemplados en Declaraciones Universales y en textos nacionales o supranacionales y su naturaleza y contenido como derechos humanos no debe permitir duda alguna por ser ellos de la esencia misma del ser y, por ende, de obligatorio respeto y protección".

Otras Constituciones establecen la cláusula enunciativa con menor ámbito, pero igualmente permiten una ampliación de los derechos humanos enumerados en el texto constitucional. Por ejemplo, en la Constitución de Costa Rica se hace referencia a los derechos inherentes o que deriven del principio cristiano de la justicia social (art. 74), en el mismo sentido de la dignidad de la persona humana derivada de los principios de la civilización occidental. En otras Constituciones se hace referencia a la soberanía del pueblo y la forma republicana de gobierno, con lo cual en la enunciación se hace énfasis en el tema de los derechos políticos, como sucede en Argentina (art. 33) y Bolivia (art. 35). Otras Constituciones hacen referencia a los derechos que deriven tanto de la forma republicana y de la forma representativa de gobierno, como de la dignidad del hombre, como sucede en Uruguay (art. 72) y Honduras (art. 63), de lo que resulta una considerable ampliación de esta cláusula de enunciación de derechos. Puede decirse, en todo caso, que este es un signo muy característico del constitucionalismo latinoamericano, los que lo distingue, sobre todo, del constitucionalismo europeo.

Por supuesto, la enunciación de derechos abiertos en las Constituciones implica que la falta de reglamentación de los mismos por ley, no puede ser invocada para negar ni menoscabar el ejercicio de los derechos por las personas, como lo expresan muchas de nuestras Constituciones (Paraguay, Venezuela).

II. LA AMPLIACIÓN Y UNIVERSALIZACIÓN DEL DERECHO DE AMPARO EN EL DERECHO INTERNO CONFORME A LA ORIENTACIÓN DE LA CONVENCIÓN AMERICANA SOBRE DERECHOS HUMANOS

Pero para que el derecho internacional de los derechos humanos sea un efectivo instrumento de protección de los mismos en el ámbito interno, además de las estrategias de derecho sustantivo, resulta por supuesto esencial el diseño de la estrategia de derecho adjetivo, de manera de hacer efectiva la garantía de los derechos declarados tanto en los textos constitucionales como en los instrumentos internacionales.

1. *El derecho de amparo como institución latinoamericana e interamericana: constitucionalización e internacionalización*

En efecto, aparte de las garantías genéricas de carácter judicial de los derechos fundamentales, en América Latina desde el siglo XIX se han venido desarrollando un conjunto de garantías judiciales específicas expresamente destinadas a la protección de los derechos constitucionales, como es la institución del amparo, de la tutela, de la protección constitucional o del *mandado de segurança*. Esta garantía judicial, aun cuando con denominaciones diversas, puede decirse que es una institución latinoamericana que se desarrolló en nuestros países y que existe en casi todos ellos.

En efecto, además del hábeas corpus como mecanismo de protección de la libertad personal, las Constituciones de casi todos los países de América Latina han regulado el recurso o la acción de amparo en general para la protección de todos los otros derechos constitucionales e, incluso, en algunos países, de la propia libertad personal. Sólo como un ejemplo de regulación constitucional puede mencionarse la disposición de una de las más recientes Constituciones latinoamericanas, la venezolana de 1999, en cuyo artículo 27 se establece ampliamente el derecho de amparo, al señalar que "Toda persona tiene derecho a ser amparada por los tribunales en el goce y ejercicio de los derechos y garantías constitucionales, aun de aquellos inherentes a la persona que no figuren expresamente en esta Constitución o en los instrumentos internacionales sobre derechos humanos".

Pero además, no debemos dejar de recordar que en las últimas décadas varias Constituciones han incorporado a los mecanismos de protección de los derechos, además del amparo y del hábeas corpus, la acción de hábeas data como un medio específico de protección de los derechos de las personas frente a los archivos y frente a los bancos de datos que lleva el Estado. Por ejemplo, en las Constituciones de Argentina (Art. 96), Brasil (Art. 5, LXXII), Ecuador (Art. 30), Paraguay (Art. 135), Perú (Art. 208,3) y Venezuela (Art. 28), expresamente se ha establecido como una acción de las personas para tomar conocimiento de los datos que sobre ellas puede haber en los archivos públicos o en los bancos de datos públicos y privados, configurándose incluso como una acción para exigir la rectificación, la confidencialidad, la actualización o la supresión de determinados datos que puedan estar en esos archivos y que violen los derechos y garantías de las personas.

Todos estos mecanismos de protección, los latinoamericanos sin duda los podemos reivindicar como de origen latinoamericano, sin tener que estar buscando antecedentes, que no los hay, en los regímenes históricos europeos.

Además de ser una institución propia del derecho constitucional latinoamericano, a partir de su consagración en la Convención Americana sobre Derechos Humanos puede decirse que ahora también es de carácter interamericano, establecida como la garantía por excelencia de los derechos humanos, tanto de los regulados en las Constituciones y otras normas del derecho interno, como de los enumerados en las declaraciones internacionales. Aquí también podemos apreciar el mismo proceso de constitucionalización, de internacionalización de la constitucionalización, y de constitucionalización de la internacionalización en la protección de los derechos humanos antes reseñada.

En la actualidad, por tanto, el derecho de amparo establecido en la Convención Americana no sólo es una garantía judicial prevista para la protección de las personas que se puede ejercer directamente, sino que también se configura como una obligación internacional impuesta a los Estados de asegurarles a las personas esos recursos efectivos de protección de sus derechos, al punto de que su falta la consagración en el derecho interno, ello constituye una trasgresión de la Convención. La Corte Interamericana de Derechos Humanos, incluso, ha señalado en una Opinión Consultiva (OC-9/87, sec. 24) que para que el recurso exista "No basta con que esté previsto por la Constitución o la ley o con que sea formalmente admisible, sino que se requiere que sea realmente idóneo para establecer si se ha incurrido en una violación a los derechos humanos y prever lo necesario para remediarla".

En la actualidad, por tanto, puede considerarse que la definición contenida en la Convención Americana constituye el parámetro más adecuado y bien importante sobre este mecanismo efectivo de protección, que es el amparo, al punto de que se ha estimado que constituye un "estándar mínimo común" que los Estados deben cumplir. Precisamente a los efectos de lograr ese cumplimiento es que también deben diseñarse estrategias para, desde la perspectiva constitucional, utilizar el sistema de protección internacional de derechos humanos.

2. *El sentido de la regulación sobre el amparo en la Convención Americana y las estrategias para su constitucionalización*

El artículo 25 de la Convención, en efecto, precisa que toda persona tiene derecho a un recurso sencillo y rápido o a cualquier otro recurso efectivo ante los jueces o tribunales competentes, que la amparen contra actos que violen sus derechos fundamentales reconocidos en la Constitución, en las leyes y en la propia Convención Americana.

De esta norma, que sigue la misma línea de redacción del Pacto Internacional de los Derechos Civiles y Políticos el cual utiliza el mismo lenguaje, se derivan los contornos que debería tener esta acción de protección de los derechos fundamentales en el derecho interno y que exigen estrategias de constitucionalización en diversos países, cuyas Constituciones establecen lo que podrían considerarse como restricciones al ejercicio del derecho de amparo.

Estos contornos son los siguientes:

En *primer lugar*, en la Convención Americana se concibe al amparo como un derecho fundamental, es decir, como un derecho en sí mismo. Se indica que toda persona "tiene derecho" a un recurso; no es que toda persona sólo tenga una garantía adjetiva concretizada en un solo recurso o a una acción de amparo, tutela o protección, sino que toda persona tiene derecho a la protección o amparo judicial.

Por ello, en realidad, estamos es en presencia de un derecho fundamental de carácter constitucional de las personas, a tener a su disposición medios judiciales efectivos, rápidos y eficaces de protección.

En *segundo lugar* debe destacarse que la Convención regula un derecho que se le garantiza a "toda persona", es decir, sin distingo de ningún tipo: personas naturales, personas jurídicas, nacionales, extranjeras, hábiles, no hábiles, de derecho público o de derecho privado; es decir, toda persona, en el sentido más universal.

En *tercer lugar*, los mecanismos judiciales de protección a los que se refiere la Convención Americana pueden ser variados. La Convención habla de un medio efectivo, rápido, sencillo, que puede ser de cualquier clase. Por ello, en realidad, puede ser cualquier medio judicial, y no necesariamente una sola y única acción de protección o de amparo, es decir, la Convención no necesariamente se refiere a un solo medio adjetivo, sino que puede y debe tratarse de un conjunto de medios de protección que puede implicar, incluso, la posibilidad de utilizar los medios judiciales ordinarios, como por ejemplo sucede con los *writs* en el derecho angloamericano.

En *cuarto lugar*, la Convención señala que la acción puede interponerse ante los tribunales competentes, de lo que resulta que la intención de la Convención es que no se trata de un solo tribunal competente. Ello, por supuesto, se debe regular en el ordenamiento interno, pero el fundamento de la regulación de la Convención es que ésta sea esencialmente la función del Poder Judicial, como también sucede por ejemplo en los sistemas anglo-americanos, donde el amparo existe sin que se lo denomine como tal. En esos sistemas, cotidianamente los jueces dictan órdenes o decisiones de *mandamus, injunctions y prohibitions*, es decir, todos los tipos de decisiones judiciales que equivalen al amparo en América Latina. Sin embargo, esto es parte de la cotidianidad de la acción del juez, sin que tenga una característica adjetiva especial.

En *quinto lugar*, conforme a la Convención, este derecho a un medio efectivo de protección ante los tribunales se establece para la protección de todos los derechos constitucionales que estén en la Constitución, en la ley, en la propia Convención o que sean inherentes a la persona humana, por lo que también son protegibles todos los establecidos en los instrumentos internacionales. Por ello, aquí adquieren todo su valor las cláusulas enunciativas de los derechos, que los protegen aun cuando no estén enumerados en los textos, pero que siendo inherentes a la persona humana, o a la dignidad de la persona humana, son objeto de protección constitucional.

Además, en *sexto lugar*, la protección que regula la Convención, es contra cualquier acto, omisión, hecho o actuación que viole los derechos y, por supuesto, también que amenace violarlos, porque no hay que esperar que se produzca la violación para poder acudir al medio de protección. Es decir, este medio de protección tiene que poder existir antes de que la violación se produzca, frente a la amenaza efectiva de la violación y, por supuesto, frente a toda violación o amenaza de violación provenga de quien sea. Es decir, no debe haber acto ni actuación alguna que queden excluidas del amparo, así emane de los particulares o de los poderes públicos, en cualquier forma, sea una ley, un acto administrativo, una sentencia, una vía de hecho, una actuación u una omisión.

Ese es, en realidad, el parámetro que establece la Convención Americana, y es ese el que debe prevalecer en los derechos internos, donde hay que realizar un gran esfuerzo, como estrategia de derecho adjetivo, para la utilización desde la perspectiva constitucional de dicho sistema de protección internacional de derechos humanos. En consecuencia, teniendo en cuenta este parámetro de universalización del amparo que consagra la Convención Americana, debe realizarse un enorme esfuerzo en el ámbito interno para superar el lamentable proceso de restricción constitucional o legislativa que en algunos aspectos ha sufrido la institución del amparo; que teniendo una concepción amplísima en el texto de la Convención Americana, ha sido restringida en muchos casos.

A. *La necesidad de ampliar la protección constitucional mediante otros medios judiciales de protección*

El *primer esfuerzo* que debe desarrollarse a los efectos de asegurar la efectividad de la protección constitucional, es el tendiente a la desadjetivización de la institución del amparo, en el sentido de reafirmar su carácter sustantivo, como derecho constitucional en sí mismo.

En efecto, puede decirse que en la mayoría de los ordenamientos internos, el amparo no se ha previsto como un derecho constitucional y se ha configurado o convertido en una acción judicial, es decir, en un medio o remedio adjetivo específico, sea recurso de protección, acción de tutela, acción de amparo o hábeas corpus o hábeas data.

En realidad, la universalidad de los medios judiciales es la que tendría que prevalecer para la protección efectiva y rápida de todos los derechos como, por ejemplo, insistimos, sucede en países donde no se regula específicamente una "acción de amparo", como en Inglaterra, en Francia, o en Italia; pero donde si bien no existe un medio judicial que se llame "acción de amparo", sin embargo, existen mecanismos adecuados para la protección efectiva de los derechos en cualquier proceso. En algunos países de América Latina, conforme a la orientación de la Convención Americana e, inclusive, con antelación a la adopción de la Convención, al amparo se lo concibe como un derecho constitucional, y ha sido desarrollado con estas características, como es el caso de México y de Venezuela e, incluso, en nuestro criterio, también es el caso de Colombia.

B. *La necesidad de ampliar la protección constitucional en relación con las personas protegibles (legitimación activa)*

Una *segunda estrategia* que debe desarrollarse en América Latina para la utilización en el ámbito constitucional interno del sistema de protección de derechos humanos, es la tendiente a ampliar la legitimación activa para utilizar los medios judiciales de garantía, es decir, la cualidad de quienes sean las personas protegibles.

En general puede decirse que el amparo se ha concebido como un medio de protección de carácter personalísimo que beneficia al reclamante, y cuyos efectos en principio no se extienden a terceros.

Esta tendencia plantea, en primer lugar, el problema de la protección de los derechos colectivos, cuya iniciativa de protección se atribuye a los Defensores del Pueblo o de los Derechos Humanos. Es necesario definir una estrategia para poder permitir que las propias colectividades puedan ejercer la acción de amparo o protección, cuando se trate de violación de derechos constitucionales colectivos. Por otra parte, cada vez con más frecuencia, dentro de los mecanismos para asegurar el acceso a la justicia, están los diseñados para la protección de los intereses difusos, sobre todo en relación con los derechos de tercera generación, como el derecho a la protección del medio ambiente. En esta materia, la legitimación tiene que irse construyendo, y permitir que personas interesadas puedan actuar en representación de intereses difusos, cuando se trate de derechos constitucionales cuya violación afecte a toda la colectividad. En algunas Constituciones como la venezolana de 1999, incluso, ya está fuera de toda duda la posibilidad del ejercicio de la acción de amparo para la protección de derechos colectivos y difusos, lo cual ha sido ampliamente desarrollado por la jurisprudencia.

Otro aspecto relativo a la legitimación activa en materia de amparo es la indicación que contiene la Convención Americana de que la acción de amparo la tiene toda persona, lo que implica que también pueden ser accionantes las personas de derecho público, las cuales también pueden considerarse que tienen derechos constitucionales, como el derecho a la igualdad, el derecho al debido proceso o el derecho a la defensa. Por ello, las entidades públicas pueden ser perfectamente titulares de la acción, por lo cual el tema del amparo no se plantea sólo frente al Estado, sino que pueden ser los entes públicos los que exijan la protección constitucional.

Incluso, en algunos países puede considerarse que existe un amparo constitucional de garantías constitucionales de carácter político territorial, que procede cuando las Constituciones garantizan, por ejemplo, la autonomía de las entidades territoriales, como la municipal. En estos casos, se establece una "garantía constitucional", por lo que no habiendo en las Constituciones nada que reduzca el amparo sólo a los derechos de los hombres, también los derechos y garantías constitucionales establecidas en los textos respecto de la autonomía territorial, puede ser objeto de una acción de protección, por ejemplo, de un Estado de la Federación contra leyes federales, lo cual por ejemplo, se ha admitido en México. En cambio, esta situación se ha planteado en Venezuela donde se ha discutido ante los Tribunales, formulándose la protección constitucional de la garantía a la autonomía municipal como objeto de una acción de amparo; habiendo sido lamentablemente rechazada la protección por la Sala Constitucional en una interpretación restrictiva inadmisible.

C. *La necesidad de ampliar la protección constitucional en relación con los derechos protegidos*

El *tercer aspecto* de la estrategia para la utilización desde la perspectiva constitucional, del sistema de protección internacional de derechos humanos, se refiere al tema los derechos protegibles. De acuerdo con la Convención Americana todos los derechos son protegibles mediante las acciones de amparo: los derechos constitucionales de los hombres, de las personas morales e, incluso, de las personas institucionales de carácter constitucional.

Entre estos derechos constitucionales se encuentran tanto los declarados en el texto de las Constituciones, en las leyes, en la Convención Americana y otros instrumentos internacionales, y los que son inherentes a la persona humana. Como lo ha precisado la Corte Interamericana de Derechos Humanos en una Opinión Consultiva (OC-8/87) al analizar el artículo 25,1 de la Convención, donde señaló que dicho texto: "Es una disposición de carácter general que recoge la institución procesal del amparo, entendido como el procedimiento judicial sencillo y breve que tiene por objeto la tutela de todos los derechos reconocidos por las Constituciones y leyes de los Estados Partes y por la Convención ".

Conforme al sistema interamericano, por tanto, todo el elenco de los derechos debe ser objeto de protección. Sin embargo, en algunos casos, quizás por la influencia del modelo europeo de acción de amparo, particularmente el regulado en Alemania y en España, se ha reducido el objeto protegido en cuanto a los derechos protegibles sólo respecto de ciertos derechos enumerados en el texto constitucional. Por ejemplo, la Constitución alemana, donde sólo se admite la acción de amparo en relación con lo que en ella se denominan como "derechos fundamentales", los cuales constituyen una especie del género derechos constitucionales. En España también se enumeran expresamente, cuáles son los derechos que pueden ser protegidos por la acción de amparo.

Nada de esto puede derivarse de la Convención Americana ni de la generalidad de las Constituciones de América Latina, en las cuales todos los derechos son amparables. Por ello puede considerarse que aquellas Constituciones que establecen sólo un elenco determinado de derechos protegibles mediante la acción de amparo, son incompatibles con las obligaciones internacionales que a esos Estados impone la Convención.

En definitiva, la Convención Americana no permite la exclusión de la protección constitucional mediante el amparo de determinados derechos constitucionales, o en otras palabras, no permite que el amparo se reduzca a la protección sólo respecto de determinados derechos declarados en una Constitución. En consecuencia, sistemas como los regulados en los textos constitucionales de Chile y de Colombia pueden considerarse como incompatibles con la Convención Americana. En el caso de Chile, la Constitución enumera cuáles son los derechos objeto de la acción de protección, y en el caso de Colombia, la Constitución también trae una enumeración respecto de los "derechos fundamentales" objeto de la tutela, quizás por influencia europea. Sin embargo, afortunadamente los tribunales de la República han venido corrigiendo esta restricción a través de una interpretación constitucional, de manera que en la actualidad casi no hay derecho constitucional que no pueda ser tutelable.

En contraste con estos casos de previsiones constitucionales restrictivas sobre los derechos constitucionales que pueden ser objeto de protección mediante la acción de amparo, de tutela o de protección, deben destacarse otros sistemas constitucionales que expresamente establecen dentro de los derechos protegibles, no sólo todos los derechos constitucionales, sino además los declarados en el sistema de protección internacional. Es el caso, por ejemplo, de la Constitución de Costa Rica, que enumera entre los derechos objeto de protección mediante el amparo, a los derechos "de carácter fundamental establecidos en los instrumentos internacionales sobre derechos humanos, aplicables a la Republica".

En sentido aun más amplio, la Constitución de Venezuela de 1999 precisa en forma expresa que el derecho de amparo comprende la protección de los "derechos y garantías constitucionales, aun de aquéllos inherentes a la persona que no figuren expresamente en esta Constitución o en los instrumentos internacionales sobre derechos humanos", lo que debe interpretarse, que no sólo son objeto de protección los derechos y garantías constitucionales y los enumerados en los instrumentos internacionales de derechos humanos, sino todos aquéllos inherentes a la persona humana" aun cuando no estén expresamente enumerados en la propia Constitución o en los instrumentos internacionales.

D. *La necesidad de ampliar el ámbito de la competencia judicial para la protección constitucional*

El *cuarto aspecto* de la estrategia para la utilización, desde la perspectiva constitucional, del sistema de protección internacional de derechos humanos, se refiere a la necesidad de ampliar la competencia judicial para asegurar la protección de los derechos humanos, acorde con la intención de lo que establece la Convención Americana.

En efecto, conforme a la Convención y a la tradición latinoamericana, la competencia en materia de amparo debe ser de la esencia del Poder Judicial, en el sentido de que debe ser una competencia de "los tribunales", de todos y no sólo de uno de ellos, lo que en cambio es característico del modelo europeo, particularmente en Alemania y en España, donde la competencia en materia de amparo se atribuye a un solo Tribunal, que es el Tribunal Constitucional.

Lamentablemente, sin embargo, en algunos países de América Latina también se ha operado esta reducción en cuanto a la competencia judicial para la protección constitucional mediante el amparo, al asignarla a un solo tribunal, particularmente a las Cortes Supremas. Es el caso de Panamá, Costa Rica, El Salvador y Nicaragua donde sólo la Corte Suprema es competente para conocer de la acción de amparo. La aplicación de la Convención Americana debería conducir a configurar una estrategia de orden adjetivo para, precisamente, ampliar la competencia judicial, como por ejemplo se ha propuesto recientemente en Honduras, en el Proyecto de Ley sobre la Justicia Constitucional que ha elaborado la propia Sala Constitucional de la Corte Suprema de Justicia (2002).

En todo caso, salvo los casos mencionados, en todos los otros países de América Latina la competencia judicial en materia de amparo tiene una característica difusa, en el sentido de que es un poder que se atribuye, en general, a los tribunales de primera instancia o a los tribunales de circuito, pero no se concentra en un solo órgano judicial. La concentración en un solo tribunal del conocimiento del amparo, como una acción específica, en definitiva, lo que hace es restringir el acceso a la justicia para la efectiva protección de los derechos.

E. *La necesidad de ampliar la protección constitucional en relación con los agraviantes (la legitimación pasiva)*

El *quinto aspecto* de la estrategia para la utilización desde la perspectiva constitucional del sistema de protección internacional de derechos humanos, se refiere a la necesidad de la ampliación progresiva de la legitimación pasiva en materia de amparo, es decir, en la determinación de las personas contra quienes se puede intentar la acción de amparo, lo cual no encuentra restricción alguna en la Convención Americana.

Debe recordarse, por supuesto, que en su origen la acción de protección, de amparo o de tutela se la concibió siempre como un mecanismo de protección frente al Estado, precisamente porque los derechos humanos se concibieron inicialmente frente al Estado, y como límite a la actuación de los entes públicos. Sin embargo, la universalización progresiva de los derechos humanos como inherentes a la persona humana con independencia de quien debe respetarlos, ha venido ampliando el ámbito de su protección, admitiéndose que el amparo pueda intentarse también contra los particulares. Es decir, conforme con la Convención Americana, que no hace distingos, el amparo no sólo procede frente a la lesión a los derechos humanos que puede provenir de los entes públicos, sino también de los particulares.

En esta forma puede decirse que en América Latina se admite, en una forma amplia, la acción de amparo contra los particulares, tendencia que se inició en Argentina a partir de los años 50, donde por vía pretoriana se admitió la posibilidad del ejercicio de la acción de amparo contra particulares. Esta situación contrasta con lo que sucede en Europa, donde el amparo sólo se ejerce básicamente, contra actuaciones de los poderes públicos.

Sin embargo, alguna restricción a este principio de la universalidad característico de América Latina se puede detectar en la actualidad, a los efectos de plantear su reforma o perfeccionamiento, precisamente como parte de una estrategia desde la perspectiva constitucional, del sistema de protección internacional. Se destaca en este sentido la reducción de la posibilidad de la acción de amparo contra particulares que se ha operado en algunos países, al establecerse que procede pero sólo respecto a ciertos particulares, como son aquellos que actúan por delegación ejerciendo funciones públicas, o que cumplen algún tipo de prerrogativa, o tienen una posición de dominio, por ejemplo, en la prestación de servicios públicos como son las empresas concesionarias. En este sentido, legislaciones como las de Costa Rica, Guatemala, Honduras y Colombia admiten que se pueda intentar acción de amparo pero sólo contra esos determinados particulares.

Otros países simplemente excluyen totalmente la posibilidad del ejercicio de la acción de amparo contra particulares, siguiendo el modelo europeo, como es el caso de México, Brasil, Panamá, El Salvador y Nicaragua; situación que en nuestro criterio, se aparta de la orientación de la Convención Americana.

F. *La necesidad de ampliar la protección constitucional en relación con todas las entidades y actos estatales*

Un *sexto aspecto* de la estrategia para la utilización desde la perspectiva constitucional del sistema de protección internacional de derechos humanos, se refiere a la necesidad de la ampliación de la protección constitucional frente a las propias actuaciones del Estado.

En efecto, puede señalarse que otro ámbito de reducción del amparo que contrasta con la universalidad que deriva del texto de la Convención Americana, se refiere a los actos del Poder Público que puedan ser objeto de la acción de amparo. Conforme a la Convención Americana y a la configuración universal de la acción de amparo, no puede ni debe existir acto alguno del Estado que escape de su ámbito. Si el amparo es un medio judicial de protección de los derechos, lo es y tiene que serlo frente a cualquier acción pública; por lo que no se concibe que dada esta característica universal del amparo, pueda haber determinadas actividades del Estado que puedan quedar excluidas a la posibilidad del ejercicio de una acción de amparo.

Sin embargo, en América Latina puede detectarse una lamentable tendencia a exclusiones frente a las cuales debe definirse una estrategia constitucional para su eliminación. Estas exclusiones se han operado en diversos aspectos. En primer lugar, se destaca la tendencia a excluir del amparo a los actos de ciertas autoridades públicas. Es el caso, por ejemplo, de los organismos electorales, cuyos actos, en algunos países como Perú, Costa Rica y Uruguay, se excluyen expresamente de la acción de amparo. En otros casos, por ejemplo, en el mismo Perú, se prevé una exclusión del ámbito de protección constitucional del amparo respecto a los actos del Consejo Nacional de la Judicatura.

En *segundo lugar*, también se destaca otra tendencia a excluir del ámbito de protección mediante la acción de amparo a ciertos actos estatales, lo que se ha planteado particularmente en relación con las leyes y las decisiones judiciales. Algunos países, como por ejemplo Perú, Colombia, Brasil y Uruguay, excluyen la posibilidad de ejercer la acción de amparo contra leyes, es decir, contra normas. En otros países, en cambio, como en México, donde tiene su inicio el amparo contra normas, y también en Venezuela, se admite ampliamente el ejercicio de la acción de amparo contra leyes, como una especie de control difuso de la constitucionalidad por vía de acción, aun cuando en algunos casos exigiéndose el carácter auto aplicativo de la norma.

En otros casos la restricción se ha establecido en materia de amparo contra decisiones judiciales. Sin embargo, es evidente que los jueces, también al dictar su sentencia, pueden lesionar un derecho constitucional; y en todo caso, ningún juez tiene poder para en su sentencia, violar un derecho constitucional. Por tanto, también contra las sentencias debería admitirse la acción de amparo, la cual no se excluye en la Convención Americana y es admitida en muchos países de América Latina. En otros en cambio, se excluye expresamente la acción de amparo contra sentencias, como es el caso de Argentina, Uruguay, Costa Rica, Panamá, El Salvador y Nicaragua. En otros países, como en Colombia, si bien se incorporó expresamente en el Decreto-Ley reglamentario de la acción de tutela su procedencia contra sentencias, en una desafortunada sentencia de la Corte Constitucional de 1992, se anuló el artículo del

Decreto Ley que regulaba la acción de tutela contra sentencias. Sin embargo, posteriormente, la labor tanto de la propia Corte Constitucional como de la Corte Suprema del Consejo de Estado y de los tribunales de instancia, a pesar de la anulación de la norma, ha sido progresiva en admitir por vía de interpretación, la acción de tutela contra sentencias arbitrarias.

APRECIACIÓN FINAL

De todo lo anteriormente señalado, podemos concluir que las estrategias, tanto de derecho sustantivo como de derecho adjetivo de los derechos humanos, para la utilización desde la perspectiva constitucional del sistema de protección internacional de los derechos humanos, sin duda, están actualmente marcadas por las características de la etapa actual del régimen de los derechos humanos en la cual nos encontramos en América latina, de constitucionalización de la internacionalización del mismo. Ello implica, por una parte, como hemos señalado, desde el punto de vista del derecho subjetivo, que en el ámbito interno las declaraciones internacionales sobre derechos humanos, además de establecerse como obligaciones de los Estados, deben estar al alcance directo de los ciudadanos. Ello conlleva a que deben tener una jerarquía en el derecho interno que permita su aplicabilidad directa, la cual puede estar regulada expresamente en las Constituciones o puede derivar de técnicas interpretativas constitucionales en cada país.

En cuanto a los aspectos adjetivos del régimen de los derechos humanos que también pueden configurarse como una estrategia para la utilización, desde la perspectiva del derecho constitucional, del sistema de protección internacional de los derechos humanos, está el de la necesaria globalización y ampliación de las garantías judiciales de protección de los derechos humanos, particularmente, del derecho de amparo a la luz de las orientaciones de la Convención Americana sobre Derechos Humanos. En esta forma, concebido como está el derecho y la acción de amparo en la Convención Americana como una institución de protección universal, la misma, por tanto, no puede ni debe admitir exclusiones de ningún tipo, de manera que nadie debería poder escapar a la protección constitucional del amparo o tutela y ningún acto del Estado podría quedar excluido de la acción de amparo.

Octubre de 2002.

SECCIÓN CUARTA:

LA APLICACIÓN DE LOS TRATADOS INTERNACIONALES SOBRE DERECHOS HUMANOS EN EL ORDEN INTERNO DE LOS PAÍSES DE AMÉRICA LATINA (Marzo 2006).

Texto del documento preparado para el Curso sobre "El sistema interamericano de protección de los derechos humanos y su repercusión en los órdenes jurídicos nacionales," organizado por la Corte Suprema de Justicia de la Nación de México y la Corte Interamericana de Derechos Humanos, México, marzo de 2006. Publicado en el libro *Estudios sobre el Estado Constitucional (2005-2006)*, Caracas 2007, pp. 17-57.

Una de las características más destacadas del derecho de los derechos humanos en América Latina, sin duda, es el de la progresiva aplicación por los tribunales nacionales y en particular por los tribunales constitucionales, de los instrumentos internacionales de derechos humanos a los efectos de su protección en el orden interno. Ello es consecuencia, por supuesto, del carácter meramente declarativo de las declaraciones constitucionales de los derechos humanos, con las que no sólo se reconoce la existencia de aquellos enumerados en las Constituciones, sino de aquellos incluidos en los tratados internacionales, como derechos inherentes a la persona humana.

Esta aplicación de los tratados y convenciones internacionales de derechos humanos en el ámbito interno de los países de América Latina, puede decirse que se ha desarrollado en las últimas décadas, a través de las siguientes cinco técnicas: en primer lugar, mediante la progresiva incorporación en las Constituciones de las cláusulas abiertas de derechos humanos, sobre derechos inherentes a la persona humana; en segundo lugar, mediante la aplicación inmediata de las previsiones constitucionales sobre derechos humanos, sin necesidad de reglamentación legislativa, con base en lo regulado en instrumentos internacionales; en tercer lugar, mediante la constitucionalización progresiva de los instrumentos internacionales sobre derechos humanos, con la consecuente aplicación directa en el orden interno; y en cuarto lugar, mediante la inserción en las Constituciones de reglas de interpretación constitucional de los derechos, sea de acuerdo con lo establecido en tratados internacionales o con lo declarado en los instrumentos internacionales, o conforme al principio de la progresividad en la aplicación e interpretación de los derechos humanos, permitiendo la aplicación de las normas más favorables contenidas en tratados o convenciones internacionales.

I. LAS CLÁUSULAS ABIERTAS SOBRE DERECHOS HUMANOS Y LA APLICACIÓN DE LOS INSTRUMENTOS INTERNACIONALES EN EL ÁMBITO INTERNO

La inclusión de cláusulas abiertas sobre derechos humanos en las Constituciones latinoamericanas, sin duda tiene su origen remoto en el texto de la Enmienda IX de la Constitución de los Estados Unidos de América (1791), en la cual se dispuso que "La enumeración de ciertos derechos en la Constitución no debe construirse como la negación o desecho de otros que el pueblo conserva". Con ello se buscaba confirmar que la lista de los derechos constitucionales no terminaba en aquellos expresamente declarados en los textos constitucionales.

Esta técnica, enriquecida en el constitucionalismo latinoamericano, ha permitido considerar como derechos humanos a todos aquellos considerados inherentes a la persona humana, e incluso, aquellos declarados en los instrumentos internacionales sobre derechos humanos, con lo que se ha permitido la aplicación de los tratados internacionales sobre derechos humanos en el orden interno.

En este aspecto, se puede decir que casi todas las Constituciones de América Latina, con sólo escasas excepciones (Cuba, Chile, México y Panamá), contienen cláusulas abiertas conforme a las cuales expresamente se dispone que la declaración o enunciación de los derechos contenida en la Constitución, no debe ser entendida como la negación de otros no enumerados en el texto constitucional, que son inherentes a la persona humana o a la dignidad humana. Cláusulas de este tipo se encuentran, por ejemplo, en las Constituciones Argentina (Artículo 33), Bolivia (Artículo 33), Colombia (Artículo 94), Costa Rica (Artículo 74), Ecuador (Artículo 19),

Guatemala (Artículo 44), Honduras (Artículo 63), Nicaragua (Artículo 46), Paraguay (Artículo 45), Perú (Artículo 3), Uruguay (Artículo 72) y Venezuela (Artículo 22).

En efecto, por ejemplo, en la Constitución de Ecuador se indica que "Los derechos y garantías señalados en esta Constitución y en los instrumentos internacionales, no excluyen otros que se deriven de la naturaleza de la persona y que son necesarios para su pleno desenvolvimiento moral y material" (Artículo 19). Esta provisión se complementa, además, con el artículo 18 de la misma Constitución, en el cual se indica que los derechos y garantías establecidos en la misma y en los tratados internacionales son directamente aplicables por y ante cualquier tribunal o autoridad; y que la ausencia de leyes reglamentarias de los mismos no puede alegarse para justificar su violación o la ignorancia de los derechos declarados en la Constitución, o para rechazar las acciones de protección de los mismos o para negar el reconocimiento de tales derechos.

En Nicaragua, la Constitución es más detallada en relación con la referencia a los instrumentos internacionales, resultando a la vez relativamente más limitativa, cuando el artículo 46 establece:

> Artículo 46. En el territorio nacional toda persona goza de la protección estatal y del reconocimiento de los derechos inherentes a la persona humana, del irrestricto respeto, promoción y protección de los derechos humanos, y de la plena vigencia de los derechos consignados en la Declaración Universal de los Derechos Humanos; en la Declaración Americana de Derechos y Deberes del Hombre, en el Pacto Internacional de Derechos Económicos, Sociales y Culturales, en el Pacto Internacional de Derechos Civiles y Políticos de la Organización de las Naciones Unidas y en la Convención Americana de Derechos Humanos de la Organización de Estados Americanos.

En otros casos, como sucede con la Constitución de Brasil, la cláusula abierta, sin hacer mención a los derechos inherentes a la persona humana, indica que la enumeración de los derechos y garantías en la Constitución no excluye otros "derivados del régimen y de los principios por ella adoptados, o de los tratados internacionales en que sea parte la República Federativa del Brasil" (Artículo 5,2). Sin embargo, de acuerdo con la mayoría de los instrumentos internacionales, los derechos enumerados en los mismos son considerados como atributos del hombre y, en consecuencia, puede decirse al aplicarse esta cláusula, que los efectos son los mismos que los antes indicados.

Otras Constituciones latinoamericanas también contienen cláusulas abiertas, que permiten la ampliación de los derechos humanos declarados en los textos constitucionales, aún cuando sin embargo, con un ámbito más reducido en relación con los ejemplos antes mencionados, como es el caso de la Constitución de Costa Rica, en la cual se indica que la enunciación de los derechos y beneficios contenidos en la misma no excluye otros "que se deriven del principio cristiano de justicia social" (Artículo 74); expresión que, sin embargo, debería interpretarse en el sentido occidental de la noción de dignidad humana y justicia social.

En otras Constituciones, las cláusulas abiertas se refieren a la soberanía popular y a la forma republicana de gobierno, haciendo más énfasis en relación con los derechos políticos que con los inherentes a la persona humana, tal como ocurre en Argentina, donde la Constitución establece:

> Artículo 13. Las declaraciones, derechos y garantías que enumera la Constitución, no serán entendidos como negación de otros derechos y garantías no enumerados; pero que nacen del principio de la soberanía del pueblo y de la forma republicana de gobierno.

Una regulación casi exacta está contenida en el artículo 35 de la Constitución de Bolivia.

Incluso, en otras Constituciones se hace referencia, además de a los derechos derivados de la forma republicana y del carácter representativo del gobierno, a los derivados de la dignidad del hombre. Es el caso de la Constitución de Uruguay cuyo artículo 72 establece que "La enumeración de derechos, deberes y garantías hecha por la Constitución, no excluye los otros que son inherentes a la personalidad humana o se derivan de la forma republicana de gobierno". También en Perú, el artículo 3 de la Constitución se refiere a que la enumeración de los derechos establecidos en la misma "no excluye los demás que la Constitución garantiza, ni otros de naturaleza análoga o que se fundan en la dignidad del hombre, o en los principios de soberanía del pueblo, del Estado democrático de derecho y de la forma republicana de gobierno".

Igualmente en Honduras, el artículo 63 de la Constitución dispone que:

> Las declaraciones, derechos y garantías que enumera esta Constitución, no serán entendidos como negación de otras declaraciones, derechos y garantías no especificadas, que nacen de la soberanía, de la forma republicana, democrática y representativa de gobierno y de la dignidad del hombre.

En el caso de la República Dominicana puede decirse que la Constitución es menos expresiva, indicando solamente que la lista de derechos establecida en ella (Artículos 8 y 9) "no es limitativa y, por consiguiente, no excluye otros derechos y deberes de igual naturaleza." (Artículo 10).

Ahora bien, en relación con el significado de estos derechos inherentes a la persona humana indicados en estas cláusulas abiertas de derechos, la antigua Corte Suprema de Justicia de Venezuela, en una sentencia del 31 de enero de 1991, señaló lo siguiente:

> Tales derechos inherentes de la persona humana son derechos naturales, universales, que tienen su origen y son consecuencia directa de las relaciones de solidaridad entre los hombres, de la necesidad del desarrollo individual de los seres humanos y de la protección del medio ambiente.

En consecuencia, la misma Corte concluyó disponiendo que:

> Dichos derechos comúnmente están contemplados en Declaraciones Universales y en textos nacionales o supranacionales y su naturaleza y contenido como derechos humanos no debe permitir duda alguna por ser ellos de la esencia misma del ser y, por ende, de obligatorio respeto y protección[95].

---

95 *Caso: Anselmo Natale*. Consultada en original. *V.* el texto en Carlos Ayala Corao, "La jerarquía de los instrumentos internacionales sobre derechos humanos", en *El nuevo derecho constitucional latinoameri-*

Precisamente, de acuerdo con ello, el artículo 22 de la Constitución de Venezuela, siguiendo la tradición establecida en la Constitución de 1961 (Artículo 50), establece que:

> La enunciación de los derechos y garantías contenidos en esta Constitución y en los instrumentos internacionales sobre derechos humanos no debe entenderse como negación de otros que, siendo inherentes a la persona, no figuren expresamente en ellos. La falta de ley reglamentaria de estos derechos no menoscaba el ejercicio de los mismos.

Este artículo, como el artículo 94 de la Constitución de Colombia de 1991 y el artículo 44 de la Constitución de Guatemala, también se refieren a los derechos "inherentes a la persona humana", incorporando, en consecuencia, la noción de "derechos naturales" en el sentido de derechos del hombre que preceden al Estado y a las mismas Constituciones. La Constitución del Paraguay, incluso, se refiere en el mismo sentido a los "derechos inherentes a la personalidad humana" (artículo 45).

Pero en el caso de las Constituciones de Colombia y Venezuela, como en otras antes indicadas, la cláusula abierta permite la identificación de derechos inherentes a la persona humana, no sólo refiriéndose a los no enumerados en el texto de las Constituciones, sino incluso a los no enumerados en los instrumentos internacionales, ampliando considerablemente el ámbito de los mismos. Estas cláusulas han sido las que han permitido a los tribunales nacionales poder identificar como derechos inherentes a la persona humana, no expresamente regulados en las Constituciones, a los declarados en los instrumentos internacionales. Esta es, precisamente, la primera técnica que ha conducido a la aplicación directa de los tratados internacionales sobre derechos humanos por los tribunales nacionales en el orden interno.

Tal fue el caso de la antigua Corte Suprema de Justicia de Venezuela, la cual desde la década de los ochenta, estando en vigencia la Constitución de 1961, en ejercicio de sus poderes de control directo de la constitucionalidad de las leyes, anuló diversas disposiciones legales basando su decisión en la violación de los derechos establecidos en la Convención Americana de Derechos Humanos, considerados de acuerdo con lo establecido en el artículo 50 de la Constitución (equivalente al artículo 22 de la Constitución de 1999), como derechos inherentes a la persona humana. En otros casos, la antigua Corte Suprema decidió sobre el ejercicio directo de derechos constitucionales que antaño se habían considerado como de regulación programática, basándose también en los instrumentos internacionales.

En efecto, en 1996, la antigua Corte Suprema de Justicia, al decidir la acción popular de inconstitucionalidad que se había intentado contra la Ley de División Político Territorial del Estado Amazonas, por no haberse respetado los derechos de participación política de las comunidades indígenas, decidió que siendo dicho Estado de la federación uno poblado por dichas comunidades indígenas, la sanción de dicha Ley sin previamente haberse oído la opinión de las mismas, mediante consulta popular, significó la violación del derecho constitucional a la participación política.

Aún cuando dicho derecho no estaba expresamente enumerado en la Constitución de 1961, la Corte fundamentó su decisión en la cláusula abierta del artículo 50

---

cano, IV Congreso venezolano de Derecho constitucional, Vol. II, Caracas 1996, y *La jerarquía constitucional de los tratados sobre derechos humanos y sus consecuencias*, México, 2003.

constitucional (equivalente al artículo 22 de la Constitución de 1999), considerando que el derecho a la participación política era un derecho inherente a la persona humana, como "principio general de rango constitucional en una sociedad democrática"; agregando, en relación al caso decidido, que "por ser un derecho de las minorías" (los indígenas, en el presente caso), era susceptibles "de la tutela judicial conforme al artículo 50 ejusdem, los grandes tratados y convenciones internacionales sobre los derechos humanos y las leyes nacionales y estadales". Asimismo, en dicha sentencia del 5 de diciembre de 1996, la Corte señaló que:

> En el presente caso no se demostró el cumplimiento cabal de la normativa en cuanto a la participación ciudadana, restándole al acto impugnado la legitimación originaria conferida por la consulta popular. Alegan los oponentes al recurso intentado que fueron consultados los órganos oficiales, como el Ministerio del Ambiente y de los Recursos Naturales Renovables y el Servicio Autónomo Ambiental de Amazonas y se recibieron observaciones de diferentes organizaciones indígenas, asimismo, antes de la promulgación de la Ley, el Gobernador explicó a la Organización Regional de Pueblo Indígenas las razones de la Ley. Estima la Corte que este procedimiento constituye una expresión tímida e insignificante del derechos constitucional de participación ciudadana en la formación de la ley. Tal participación debe manifestarse antes y durante la actividad legislativa y no tan solo en el momento de su promulgación por parte del Gobernador del Estado. Por otra parte, el hecho que se consultaron los referidos organismos nacionales (actuación idónea) no exime la obligatoriedad de cumplimiento de la consulta popular sobre todo en una materia en la cual está involucrada: el régimen de excepción de las comunidades indígenas (de rango constitucional) el carácter multiétnico y pluricultural, la biodiversidad, la cultura, religión y lengua propia de las comunidades indígenas, el derecho a la tierra que respecto a dichas comunidades es de interés social e inalienable, en definitiva, la organización municipal (como lo es el acto impugnado) constitutivo del marco institucional de tales realidades preexistentes, permanentes y objetivas. La participación es un fenómeno de la vida democrática, que al manifestarse antes de dictarse la norma, instruye a la autoridad sobre los intereses legítimos y necesidades de la comunidad y produce, a posteriori, consecuencias positivas, que se revelan en el respaldo democrático de su aplicación[96].

Y al analizar en concreto la Ley de División Territorial del Estado Amazonas, la Corte estimó que en la formación de la misma:

> [...] se modifican las condiciones económicas y sociales de la región, se cambia el entorno vital del individuo, se establecen los municipios y sus límites, se modifica la normativa jurídica (consecuencia de la mencionada división), se cambia el entorno vital del individuo, se establecen los municipios y sus límites, se modifica la normativa jurídica (consecuencia de la mencionada división), se afecta la tenencia de las tierras, se ordena el territorio bajo un nuevo régimen, se cambia la vida cotidiana voluntad de los mismos indígenas. Más aún, su participación debe ser considerada con especial atención, en vista de que los indígenas constituyen uno de los grupos sociales más expuestos a la violación de sus derechos humanos, por sus condiciones socio-económicas, cul-

---

96 Caso: *Antonio Guzmán, Lucas Omashi y otros*, en *Revista de Derecho Público*, Nº 67-68, Editorial Jurídica Venezolana, Caracas, 1996, pp. 176 ss.

turales y aislamiento, por cuanto en su hábitat intervienen intereses distintos y a veces contrarios a los legítimos derechos de la población autóctona, porque, lamentablemente, la historia de la humanidad, evidencia un largo y triste padecer de las minorías, en algunos casos por el desconocimiento de sus legítimos derechos, en otros, por la cultura del odio y el perjuicio. Es entonces, en este contexto, que los derechos humanos de los indígenas, cobran mayor fortaleza y esta Corte así lo reconoce expresamente. Asimismo, precisa el alto tribunal, que la lesión de los derechos humanos de las minorías no les atañe sólo a esas comunidades sino a la nación entera, en virtud de la solidaridad y protección de los intereses superiores del gentilicio venezolano (artículos 57 y 51 de la Carta Magna)[97].

De acuerdo con esta decisión, la antigua Corte Suprema venezolana decidió que en el caso sometido a su consideración, había ocurrido una violación a los derechos constitucionales de las minorías establecidos en la Constitución y en los tratados y convenciones internacionales, en particular, al derecho a la participación política en el proceso de elaboración de leyes, debido a la ausencia de consulta popular a las comunidades indígenas, como consecuencia de lo cual, declaró la nulidad de la ley estadal impugnada.

El año siguiente, en 1997, la antigua Corte Suprema dictó otra importante decisión, en este caso anulando una ley nacional, la llamada Ley de Vagos y Maleantes, por considerarla inconstitucional, basándose de nuevo en el "proceso de constitucionalización de los derechos humanos de acuerdo con el artículo 50 de la Constitución", y considerando que dicha ley "vulnera ipso jure, Convenciones Internacionales y Tratados, sobre los derechos del hombre, en la medida en que dichos instrumentos adquieren jerarquía constitucional"[98].

En efecto, en su sentencia del 6 de noviembre de 1997, la antigua Corte Suprema consideró a la ley impugnada como infamante, al permitir detenciones ejecutivas o administrativas de personas consideradas como vagos o maleantes, sin garantía alguna del debido proceso, basando su decisión en el artículo 5 de la Declaración Universal de los Derechos Humanos y en la Convención Americana sobre Derechos Humanos, la cual "se ha incorporado a nuestro Derecho Interno como norma ejecutiva y ejecutable reforzada por la jurisprudencia, la cual le ha dado el carácter de parámetro de constitucionalidad. Ello entraña la incorporación a nuestro ordenamiento jurídico interno del régimen previsto en convenciones internacionales"[99].

La Corte consideró que la ley impugnada era inconstitucional en virtud de que omitía las garantías de un juicio justo establecidas en los artículo 7 y 8 de la Convención Americana y en los artículos 9 y 14 del Pacto Internacional de Derechos Civiles y Políticos, y porque además era discriminatoria, violando el artículo 24 de la misma Convención Americana, cuyo texto íntegro se transcribió en la sentencia. La Corte se refirió en su decisión anulatoria, además, a la existencia de:

> Informes de instituciones defensoras de los Derechos Humanos. Dichos documentos censuran abiertamente la ley venezolana sobre vagos y maleantes.

---

97 *Idem.*

98 *V.* en *Revista de Derecho Público* N° 71-72, Editorial Jurídica Venezolana, Caracas 1997, pp. 177 y ss.

99 *Idem.*

Son muchas las recomendaciones orientadas a poner fin a su vigencia. Conviene observar que se ha exhortado al Gobierno venezolano a adoptar e implementar una serie de recomendaciones, a los efectos de reducir las violaciones a los derechos humanos, derivadas de la aplicación de la Ley sobre Vagos y Maleantes. Sobre todo se he hablado de la necesidad de impulsar la discusión de la Ley de Protección a la Seguridad Ciudadana, que supuestamente se encontraba en ese proceso[100].

Más recientemente, en relación con las dudas que se habían planteado, en 1998, en varios recursos de interpretación, sobre la posibilidad de que el Presidente electo de la República convocara un referéndum consultivo para resolver sobre la convocatoria a una Asamblea Constituyente que no estaba regulada en la Constitución de 1961, como mecanismo para la reforma constitucional, la antigua Corte Suprema de Justicia en Sala Político Administrativa dictó sendas decisiones de 19 de enero de 1999, admitiendo la posibilidad de que se convocara dicho referéndum consultivo, fundamentando su decisión en el derecho a la participación política de los ciudadanos, para lo cual se fundamentó, de nuevo, en el artículo 50 de la Constitución, conforme al cual consideró tal derecho como un derecho implícito y no enumerado, e inherente a la persona humana.

La Corte entonces consideró al referéndum como un derecho inherente a la persona humana, decidiendo lo siguiente:

> Ello es aplicable, no sólo desde el punto de vista metodológico sino también ontológicamente, ya que si se considerara que el derecho al referendo constitucional depende de la reforma de la Constitución vigente, el mismo estaría supeditado a la voluntad del poder constituido, lo que pondría a éste por encima del poder soberano. La falta de tal derecho en la Carta Fundamental tiene que interpretarse como laguna de la Constitución, pues no podría admitirse que el poder soberano haya renunciado ab initio al ejercicio de un poder que es obra de su propia decisión política[101].

La conclusión de la decisión de la Corte Suprema fue que no era necesario que se reformara previamente la Constitución a los efectos de reconocer como un derecho constitucional el referéndum o la consulta popular sobre la convocatoria a una Asamblea Constituyente, con lo que se abrió la posibilidad judicial de convocar la Asamblea Nacional Constituyente sin previsión constitucional expresa102, con todas las consecuencias institucionales que ello produjo y continúa produciendo103.

---

100 *Idem.*

101 *V.* en *Revista de Derecho Público*, N° 77-80, Editorial Jurídica Venezolana, Caracas 1999, p. 67

102 *V.* los comentarios en Allan R. Brewer-Carías, "La configuración judicial del proceso constituyente o de cómo el guardián de la Constitución abrió el camino para su violación y para su propia extinción", en *Revista de Derecho Público*, N° 77-80, Editorial Jurídica Venezolana, Caracas 1999, pp. 453 y ss.

103 *V.* Allan R. Brewer-Carías, *Golpe de Estado y proceso constituyente en Venezuela*, Instituto de Investigaciones Jurídicas, UNAM, México 2002.

II. LA APLICACIÓN INMEDIATA DE LOS DERECHOS CONSAGRADOS EN TRATADOS INTERNACIONALES, COMO DERECHOS CONSTITUCIONALES, AÚN EN AUSENCIA DE LEYES REGLAMENTARIAS

Por otra parte, en relación con la aplicación en el ámbito interno de los tratados internacionales sobre derechos humanos, también debe hacerse referencia a las cláusulas complementarias de las cláusulas abiertas, conforme a las cuales los derechos constitucionales son directamente aplicables, independientemente de su regulación legislativa o desarrollo mediante leyes reglamentarias, lo que ha permitido la aplicación directa de aquellos.

En este sentido, por ejemplo, la Constitución de Venezuela de 1961 disponía en el mismo artículo 50 antes citado (en sentido similar a lo establecido en el artículo 22 de la Constitución de 1999), que "la falta de ley reglamentaria de estos derechos (los derechos inherentes a la persona humana) no menoscaba el ejercicio de los mismos", en el sentido de que no es necesario que se dicte legislación reglamentaria alguna para el ejercicio de los derechos constitucionales, tal como se indica en muchas otras Constituciones (Argentina, Bolivia, Paraguay, Venezuela, Ecuador).

Este principio, por supuesto, responde al de la aplicación directa de la Constitución en materia de derechos humanos, lo que excluye el concepto tradicional derivado de las llamadas cláusulas "programáticas" configuradas en el constitucionalismo de hace unas décadas, particularmente en relación con los derechos sociales, tendientes a impedir su ejercicio hasta que no se produjese su regulación legal, en la cual se debía precisar las modalidades de su ejercicio y de su justiciabilidad.

Estas cláusulas abiertas, por ejemplo, han permitido reconocer y reforzar el derecho constitucional al amparo, invocándose además lo dispuesto en la Convención Americana, como sucedió en Venezuela, superándose la clásica noción de las normas "programáticas". En efecto, fue la cláusula abierta del artículo 50 de la Constitución de 1961 (ahora artículo 22 de la Constitución de 1999), la que sirvió de base para admitir el ejercicio de la acción de amparo en Venezuela, la cual había sido inicialmente consagrada en el artículo 49 de la Constitución de 1961, en la siguiente forma:

> Artículo 49. Los Tribunales ampararán a todo habitante de la República en el goce y ejercicio de los derechos y garantías que la Constitución establece, en conformidad con la ley.
>
> El procedimiento será breve y sumario, y el juez competente tendrá potestad para establecer inmediatamente la situación jurídica infringida.

La redacción de esta norma, sin embargo, hasta la década de los ochenta fue interpretada por los tribunales de instancia en el sentido de considerar que la admisibilidad de la acción de amparo estaba condicionada a que previamente se dictara la legislación correspondiente; y ello, en particular, debido al hecho de que la propia Constitución había regulado expresamente, en forma transitoria y mientras se dictaba dicha legislación, el procedimiento para el amparo a la libertad personal o habeas corpus, precisamente, "a fin de no dejar en suspenso su eficacia hasta la promulgación de la ley respectiva". (Disposición Transitoria Quinta).

De esta regulación transitoria los tribunales interpretaron que, en consecuencia, la intención del constituyente en la redacción del artículo 49 de la Constitución era establecer como condición para la admisibilidad de las acciones de amparo, el que se dictase previamente la legislación que las regulara, incluyendo la regulación sobre la competencia judicial y el procedimiento. De otra forma, no se encontraba justificación para la regulación transitoria del amparo a la libertad personal (habeas corpus). Es decir, esta interpretación encontraba su sustento en el hecho de que en la propia Constitución solo se había previsto en forma excepcional y transitoria el procedimiento y competencia para la admisibilidad inmediata de la acción de habeas corpus (amparo a la libertad personal)[104].

Fue por ello que, incluso, la antigua Corte Suprema de Justicia, en 1970, en relación con la acción de amparo, consideró que el mencionado artículo 49 de la Constitución era una norma de las llamadas "programáticas", en el sentido de que no eran directamente aplicables, siendo necesario que se dictara previamente la legislación reglamentaria a los efectos de que se pudiera ejercer la acción de amparo prevista en la norma. La antigua Corte, en sentencia de 14 de diciembre de 1970, sobre el artículo 49 citado, señaló que:

> No es una norma directa e inmediatamente aplicable por los jueces, sino un precepto programático, sólo parcialmente reglamentado para la fecha en que la Constitución fue promulgada, y dirigido particularmente al Congreso, que es el órgano al cual compete la reglamentación de las garantías constitucionales…(…) Tal es la interpretación que da la Corte al artículo 49 al analizar sus previsiones aisladamente con el fin de desentrañar la mente del constituyente del lenguaje usado por éste para expresar su voluntad. Pero esta interpretación gramatical se robustece con la observación adicional de que el constituyente se habría abstenido de regular el procedimiento de habeas corpus, si hubiera considerado que para hacer efectivo el amparo bastaba lo dicho en el artículo 49 respecto del procedimiento, no siendo indispensable su reglamentación legal para determinar el fuero competente y el modo de proceder[105].

Esta interpretación constitucional, negando la posibilidad del ejercicio de la acción de amparo sin que antes se dictara la legislación correspondiente, comenzó a cambiar en 1977 y 1978, precisamente después que se sancionaron las leyes aprobatorias de la Convención Americana de Derechos Humanos de 1969 y del Pacto Internacional de Derechos Civiles y Políticos, en los cuales se regulaba, en particular, la acción de amparo como un medio judicial simple y rápido para la específica protección de los derechos constitucionales.

En consecuencia, contrariamente a lo que había resuelto e interpretado con anterioridad la antigua Corte Suprema de Justicia -lo que para entonces no tenía carácter vinculante-, los tribunales de instancia, a partir de 1982 comenzaron a admitir el ejercicio de acciones de amparo, pero fundamentando sus decisiones directamente en la Convención Americana de Derechos Humanos[106]. Ello condujo finalmente a la

---

104 *V.* Allan R. Brewer-Carías, "Derecho y Acción de Amparo", *Instituciones Políticas y Constitucionales*, Tomo V, Caracas, 1998 pp. 111 y ss.

105 *V.* el texto en *Gaceta Forense*, N° 70, Caracas, 1970, pp. 179 y ss.; y en Allan R. Brewer-Carías, "La reciente evolución jurisprudencial en relación a la admisibilidad del recurso de amparo", en *Revista de Derecho Público*, N° 19, Editorial Jurídica Venezolana, Caracas, 1984, pp. 207 y ss.

106 *V.* las referencias en Allan R. Brewer-Carías, "La reciente evolución jurisprudencial en relación con la admisibilidad del recurso de amparo", *Revista de Derecho Público*, N° 19, Editorial Jurídica Venezolana, Caracas, 1984, pp. 211.

propia antigua Corte Suprema a cambiar su anterior criterio y aplicando la cláusula abierta sobre los derechos humanos inherentes a la persona humana, particularmente en cuanto a la no necesidad de leyes reglamentarias previas para poder ejercer dichos derechos, admitió la posibilidad del ejercicio de la acción de amparo. Así, en una decisión del 20 de octubre de 1983, la antigua Corte Suprema admitió la posibilidad de que se pudieran ejercer acciones de amparo para la protección de los derechos constitucionales sin necesidad de la correspondiente ley reglamentaria, no sin antes advertir que:

> Al admitir la posibilidad del ejercicio actual del recurso de amparo, no puede la Corte dejar de advertir que los Tribunales de la República deben hacer un uso prudente y racional de la norma contenida en el artículo 49 de la Constitución, tratando de suplir por medio de la analogía y demás instrumentos de interpretación de los que provee el sistema jurídico venezolano, la lamentable ausencia de una ley reglamentaria de la materia[107].

Con posterioridad, en 1988, se sancionó la Ley Orgánica de Amparo sobre derechos y garantías constitucionales[108], con la cual se abrió definitivamente el camino para la utilización de este recurso judicial para la protección de los derechos humanos, particularmente debido a la ineficacia de los medios judiciales ordinarios para asegurar tal protección. Sin embargo, antes de que entrara en vigencia la Ley Orgánica, fue mediante la interpretación constitucional de la cláusula abierta y la aplicación de las convenciones internacionales que la acción de amparo se aceptó en Venezuela.

III. LA APLICACIÓN DE LOS TRATADOS INTERNACIONALES SOBRE DERECHOS HUMANOS EN EL ORDEN INTERNO, EN VIRTUD DE LA CONSTITUCIONALIZACIÓN DE SUS REGULACIONES

La declaración y protección de los derechos humanos hasta la Segunda Guerra Mundial, puede decirse que había sido un tema exclusivamente del derecho constitucional interno. Durante el Siglo XIX y la primera mitad del Siglo XX, por tanto, en relación con los derechos humanos, puede decirse que lo que hubo fue un proceso de constitucionalización de los mismos, incluso ampliándose sucesivamente en las denominadas "generaciones" de derechos.

Esta primera etapa en la protección de los derechos humanos fue seguida de una segunda etapa, de internacionalización de la constitucionalización de los mismos, precisamente después de la Segunda Guerra Mundial, con la aprobación en 1948, en las Naciones Unidas y luego en la Organización de Estados Americanos de las Declaraciones Universal y Americana de derechos humanos, así como con la sucesiva aprobación de tratados multilaterales en la materia. Sin duda, fueron las diabólicas y aberrantes violaciones de derechos humanos que quedaron en evidencia al terminar la Segunda Guerra mundial, las que provocaron tal reacción internacional, buscando asegurar la protección mundial de los derechos humanos en el futuro, al haberse tomado conciencia de que la sola protección nacional no había resultado suficiente.

---

107 *V.* en *Revista de Derecho Público*, N° 16, Editorial Jurídica Venezolana, Caracas 1983, pp. 169-170

108 *Gaceta Oficial* N° 33.891 de 20-01-1988. *V.* en general sobre dicha Ley, Allan R. Brewer-Carías y Carlos Ayala Corao, *Ley Orgánica de Amparo sobre derechos y garantías constitucionales*, Caracas, 1988.

Para tal fin, incluso, una reformulación del concepto mismo de soberanía fue necesaria a los efectos de permitir y aceptar la imposición de los tratados internacionales en relación con el orden legal interno de los países, al punto de que como resultado de nuevos compromisos internacionales destinados a preservar la paz, el derecho internacional progresivamente ha venido imponiendo límites al propio derecho constitucional.

De allí que no sea sorpresivo que haya sido después de la Segunda Guerra mundial, cuando comenzara el proceso de internacionalización de los derechos humanos, como se dijo, con la adopción, en 1948, tanto de la Declaración Americana de los Derechos y Deberes del Hombre de la Organización de Estados Americanos, como de la Declaración Universal de los Derechos Humanos de las Naciones Unidas. Dichas declaraciones fueron seguidas, dos años después por la Convención Europea de Derechos Humanos, firmada en 1950, que fue el primer tratado multilateral en la materia, y que entró en vigor en 1953.

Este proceso de consolidación de la internacionalización de los derechos humanos se consolidó en 1966, con la adopción de los Pactos Internacionales de Derechos Civiles y Políticos y de Derechos Económicos, Sociales y Culturales de Naciones Unidas, en vigor desde 1976; y en 1969, con la adopción de la Convención Americana de Derechos Humanos, que entró en vigor en 1979. Esta última ha sido ratificada por todos los países latinoamericanos, los cuales han reconocido la jurisdicción de la Corte Interamericana de Derechos Humanos.

El único país americano que no firmó la Convención fue Canadá, y en cuanto a los Estados Unidos, si bien firmó la Convención en la Secretaría General de la OEA en junio de 1977, aún no la ha ratificado.

De todos estos instrumentos internacionales sobre derechos humanos, como se ha dicho, puede apreciarse claramente que siguiendo el proceso inicial de constitucionalización de los derechos humanos que se produjo antes de la Segunda Guerra Mundial, consistente en la progresiva ampliación de las declaraciones constitucionales, a partir de la finalización de dicha guerra se produjo una segunda fase, caracterizada por la internacionalización de dicha constitucionalización, mediante la adopción de las declaraciones y tratados internacionales en la materia.

Sin embargo, en tiempos más recientes, el mundo ha sido testigo de una tercera fase en el proceso de protección de los derechos humanos, caracterizada por un nuevo proceso de constitucionalización, pero ahora de la internacionalización de los derechos humanos, que se ha desarrollado precisamente por la incorporación al derecho constitucional interno de los sistemas internacionales de protección de los derechos humanos.

Este proceso se puede caracterizar, primero, por la progresiva tendencia a otorgarle determinado rango constitucional o legal en el orden interno a las declaraciones o tratados internacionales sobre derechos humanos, es decir, estableciendo en el texto de las Constituciones mismas el valor que debe darse a tales declaraciones y tratados en relación con las normas constitucionales y legales relativas a derechos humanos, incluso estableciendo cual norma debe prevalecer en caso de conflicto. Y también, estableciendo en las Constituciones, criterios de interpretación constitucional de acuerdo con lo establecido en las regulaciones internacionales. En ambos casos ello ha permitido también la aplicación de los tratados y convenios internacionales en materia de derechos humanos, directamente por los tribunales internos.

En todo caso, esta es una materia que tiene que estar regulada expresamente en los textos constitucionales, sea otorgando un determinado rango a los tratados internacionales, o estableciendo en las Constituciones las reglas de interpretación constitucional en materia de derechos humanos en relación con los instrumentos internacionales referidos a los mismos. Son esas previsiones constitucionales las que han permitido, precisamente, la aplicación de dichos instrumentos internacionales por los tribunales nacionales en el derecho interno

1. *La aplicación de los instrumentos internacionales de derechos humanos en el ámbito interno como consecuencia del rango y valor otorgado a los mismos en el derecho interno*

En algunas Constituciones latinoamericanas, el tema del valor normativo y rango de los instrumentos internacionales en materia de derechos humanos y por tanto de su aplicabilidad en el orden interno, ha sido resuelto expresamente en cuatro diferentes formas, al otorgarse a dichos instrumentos rango supra constitucional, constitucional, supra legal o simplemente rango legal[109].

A. *El rango supra constitucional de los tratados internacionales en materia de derechos humanos y su aplicabilidad inmediata y preferente*

En primer lugar, ciertas Constituciones latinoamericanas han otorgado rango supra constitucional a los derechos declarados en instrumentos internacionales, en particular, en los tratados ratificados por los Estados. Ello ha implicado otorgar a las regulaciones internacionales un rango superior a las mismas normas constitucionales, las cuales deben prevalecer sobre las mismas.

Es el caso de la Constitución de Guatemala, en su artículo 46, se establece el principio general de la preeminencia del derecho internacional, al disponer que "Se establece el principio general de que en materia de derechos humanos, los tratados y convenciones aceptados y ratificados por Guatemala, tienen preeminencia sobre el derecho interno", dentro del cual debe incluirse además de las leyes, la Constitución misma.

Con fundamento en esta prevalencia de los tratados internacionales, la Corte Constitucional de Guatemala ha decidido en sus sentencias aplicar la Convención Americana de Derechos Humanos, como fue el caso decidido con motivo de una acción de amparo ejercida en relación con la libertad de expresión del pensamiento y el derecho de rectificación. En la sentencia de 27 de mayo de 1997, en efecto, la Corte Constitucional resolvió una acción de amparo presentada por una persona buscando protección judicial en relación con las noticias publicadas en dos periódicos que se referían a ella como formando parte de una banda de criminales. El ac-

---

109 En relación con esta clasificación general, *V.*: Rodolfo E. Piza R., *Derecho internacional de los derechos humanos: La Convención Americana*, San José 1989; y Carlos Ayala Corao, "La jerarquía de los instrumentos internacionales sobre derechos humanos", en *El nuevo derecho constitucional latinoamericano, IV Congreso venezolano de Derecho constitucional*, Vol. II, Caracas 1996 y *La jerarquía constitucional de los tratados sobre derechos humanos y sus consecuencias*, México, 2003; Humberto Henderson, "Los tratados internacionales de derechos humanos en el orden interno: la importancia del principio pro homine", en Revista IIDH, Instituto Interamericano de Derechos Humanos, nº 39, San José 2004, pp. 71 y ss. *V.* también, Allan R. Brewer-Carías, *Mecanismos nacionales de protección de los derechos humanos, Instituto Internacional de Derechos Humanos*, San José, 2004, pp. 62 y ss.

cionante solicitó a la Corte que se respetara su derecho a exigir rectificación de las noticias por parte de los periódicos; y aún cuando el derecho constitucional a la rectificación y respuesta en casos de noticias en periódicos que afecten el honor, reputación o vida privada de las personas no estaba expresamente establecido en la Constitución Guatemalteca, la Corte Constitucional aplicó directamente los artículos 11, 13 y 14 de la Convención Americana que garantiza el derecho de las personas afectadas por informaciones o noticias publicadas en periódicos, a la rectificación o respuesta "por el mismo órgano de difusión", considerando tales previsiones como formando parte del ordenamiento constitucional de Guatemala[110].

En Honduras, el artículo 16 de la Constitución también dispone que todos los tratados suscritos con otros Estados (y no sólo los relativos a derechos humanos) forman parte del derecho interno; y el artículo 18 del mismo texto establece que en caso de conflicto entre las leyes y los tratados, estos tienen preeminencia sobre aquellas. Adicionalmente, la Constitución de Honduras admite la posibilidad de que se puedan incluso ratificar tratados internacionales contrarios a lo dispuesto en la Constitución, en cuyo caso aquellos deben aprobarse conforme al procedimiento para la reforma constitucional (Artículo 17). Una regulación similar se establece en el artículo 53 de la Constitución del Perú.

En Colombia, la Constitución también ha establecido una previsión similar a las de las Constituciones de Guatemala y Honduras, al establecer en el artículo 93 que: "Los tratados y convenios internacionales ratificados por el Congreso, que reconocen los derechos humanos y que prohíben su limitación en los estados de excepción, prevalecen en el orden interno". En este caso, por "derecho interno" también debe entenderse como comprendiendo no solo las leyes sino la Constitución misma.

La norma ha permitido a la Corte Constitucional, aplicar directamente los tratados internacionales en materia de derechos humanos para la solución de casos, como sucedió, por ejemplo, con la decisión N° T-447/95 de la Corte Constitucional de 23 de octubre de 1995, en la cual se reconoció como derecho inherente a la persona humana el derecho de toda persona a la identidad, para lo cual la Corte se fundamentó en lo establecido en los tratados y convenios internacionales, respecto de los cuales la Corte reconoció su rango supra constitucional y supra legal.

En dicho caso, al decidir, la Corte Constitucional comenzó por referirse a una decisión previa de la anterior Corte Suprema de Justicia, en la cual se había determinado el valor supra legal de los tratados, señalando lo siguiente:

A partir de 1928 la jurisprudencia de la Corte Suprema de Justicia otorgó un valor prevalente a los tratados Internacionales sobre el ordenamiento jurídico legal. Normas estas últimas de naturaleza internacional, que por voluntad del Estado Colombiano entraron a formar parte del ordenamiento jurídico con carácter supra legal. Estableciéndose así la fuerza coercitiva de preceptos a los cuales el Estado firmante, tiene el deber de garantizar su plena efectividad. Valor supra legal expresamente contenido en el artículo 93 de la Constitución política de Colombia y que también tenían pleno valor supra legal, como lo reconoció la Corte Suprema de Justicia: "Agregase a ello –continúa- que esa superioridad ha sostenido como doctrina invariable que "es principio de Derecho Público, que la Constitución y los Tratados

110 *V.* en *Iudicum et Vita, Jurisprudencia nacional de América Latina en Derechos Humanos*, N° 5, Instituto Interamericano de Derechos Humanos, San José, Costa Rica, Diciembre 1997, pp. 45 y ss.

Públicos son la ley suprema del país y sus disposiciones prevalecen sobre las simplemente legales que les sean contrarias aunque fuesen posteriores (cursivas no originales)[111].

En la misma decisión, la Corte Constitucional se refirió además al rango supra constitucional de los tratados en materia de derechos humanos, lo que implica la obligación del Estado de garantizar el efectivo ejercicio de los derechos humanos, con fundamento en los artículos 2.2 del Pacto Internacional de Derechos Civiles y Políticos, y en el artículo 2 de la Convención Americana de Derechos Humanos. La Corte, en efecto, resolvió que:

La Convención Interamericana y los pactos de Derechos Humanos de las Naciones Unidas señalan que es deber de los Estados no sólo respetar los derechos civiles y políticos sino, además, garantizar, sin discriminación alguna, su libre y pleno goce a toda persona sujeta a su jurisdicción (Convención Interamericana art. 1°; Pacto de derechos civiles y políticos art. 2° ord. 1°). Por ello, estos pactos, que han sido todos ratificados por Colombia y por ende prevalecen en el orden interno (Constitución Política, art. 93), señalan que los Estados Partes se comprometen a adoptar, con arreglo a sus procedimientos constitucionales, "las medidas legislativas o de otro carácter que fuesen necesarias para hacer efectivos (cursivas no originales)" los derechos humanos (Convención Interamericana art. 2°; Pacto de Derechos Civiles art. 2° ord. 2°). Ahora bien, la Corte Constitucional, en acuerdo con una doctrina muy autorizada en este campo, considera que entre las medidas "de otro carácter" deben incluirse las sentencias de los jueces, y muy particularmente las decisiones de esta Corporación, pues la rama judicial es uno de los órganos del Estado colombiano, y éste se ha comprometido a tomar las medidas que sean necesarias para hacer efectivos los derechos de las personas".... Es pues legítimo que los jueces, y en particular la Corte Constitucional, integren a la normatividad, al momento de tomar sus decisiones, los derechos reconocidos en la Constitución y en los Pactos[112].

Con fundamento en lo anterior, la Corte Suprema consideró que el artículo 29,c de la Convención Americana de Derechos Humanos prohibía que se interpretasen sus disposiciones de manera de excluir otros derechos y garantías inherentes a la persona humana, dando un sentido muy amplio a la interpretación de los derechos, concluyendo su decisión señalando que:

El derecho a la identidad como derecho inherente a la persona humana para la época de ocurridos los hechos estaba plenamente garantizado, por cuanto la fuerza vinculante de pactos internacionales así lo determinaba al igual que la consagración del derecho a la dignidad y el libre desarrollo de la personalidad[113].

Hasta cierto punto, la Constitución de Venezuela de 1999 también puede ubicarse en este primer sistema que permite la aplicación directa de los tratados internacionales en el orden interno, al otorgarle jerarquía supra constitucional a los derechos humanos declarados en dichos tratados internacionales cuando contengan pre-

---

111 *V.* en Derechos Fundamentales e interpretación Constitucional, (Ensayos-Jurisprudencia), Comisión Andina de Juristas, Lima, 1997; y en Carlos Ayala Corao, "Recepción de la jurisprudencia internacional sobre derechos humanos por la jurisprudencia constitucional" en *Revista del Tribunal Constitucional*, N° 6, Sucre, Bolivia, Nov. 2004, pp. 275 y ss.

112 *Idem.*

113 *Idem.*

visiones más favorables. El artículo 23 de dicho texto constitucional, en efecto, dispone lo siguiente:

> Artículo 23. Los tratados, pactos y convenciones relativos a derechos humanos, suscritos y ratificados por Venezuela, tienen jerarquía constitucional y prevalecen en el orden interno, en la medida en que contengan normas sobre su goce y ejercicio más favorables a las establecidas en esta Constitución y en las leyes de la República, y son de aplicación inmediata y directa por los tribunales y demás órganos del Poder Público.

Al establecer esta norma que los derechos humanos declarados en los tratados, pactos y convenciones internacionales prevalecen respecto de las normas del orden jurídico interno si contienen disposiciones más favorables al goce y ejercicio de dichos derechos, se está refiriendo no sólo a lo que está establecido en las leyes, sino a lo dispuesto en la propia Constitución, otorgándole en consecuencia rango supra constitucional a dichos derechos declarados en instrumentos internacionales.

Este artículo de la Constitución venezolana, sin duda, es uno de los más importantes en materia de derechos humanos[114], no sólo por establecer el mencionado rango supra constitucional a los derechos declarados en tratados internacionales, sino por establecer la aplicación inmediata y directa de dichos tratados por los tribunales y demás autoridades del país. Su inclusión en la Constitución, sin duda, fue un avance significativo en la construcción del esquema de protección de los derechos humanos.

Sin embargo, desafortunadamente, esta clara disposición constitucional ha sido interpretada por la Sala Constitucional del Tribunal Supremo de Justicia, en una forma abiertamente contraria tanto a su texto como a lo que fue la intención del constituyente.

En efecto, en la sentencia Nº 1492 del 7 de julio de 2003, al decidir una acción popular de inconstitucionalidad intentada contra varias normas del Código Penal contentivas de normas llamadas “leyes de desacato” por violación relativa a la libertad de expresión y, en particular, de lo dispuesto en tratados y convenciones internacionales, la Sala Constitucional de dicho Tribunal Supremo, resolvió en la siguiente forma:

En primer lugar, la Sala comenzó señalando que el artículo 23 de la Constitución contiene dos elementos claves: En primer lugar, indicó respecto de los derechos referidos en la normas, que “se trata de derechos humanos aplicables a las personas naturales”; y en segundo lugar, que el artículo constitucional “se refiere a normas que establezcan derechos, no a fallos o dictámenes de instituciones, resoluciones de organismos, etc., prescritos en los Tratados, sino sólo a normas creativas de derechos humanos”; agregando que se “se trata de una prevalencia de las normas que conforman los Tratados, Pactos y Convenios (términos que son sinónimos) relativos a derechos humanos, pero no de los informes u opiniones de organismos internacio-

---

114 La incorporación de este artículo en el texto de la Constitución, se hizo a propuesta nuestra. *V.* Allan R. Brewer-Carías, *Debate Constituyente, (Aportes a la Asamblea Nacional Constituyente)*, Fundación de Derecho Público, Caracas 1999, pp. 88 y ss. y 111 y ss.

nales, que pretendan interpretar el alcance de las normas de los instrumentos internacionales"[115].

La Sala Constitucional luego concluyó señalando que del artículo 23 de la Constitución, es claro que:

> La jerarquía constitucional de los Tratados, Pactos y Convenios se refiere a sus normas, las cuales, al integrarse a la Constitución vigente, el único capaz de interpretarlas, con miras al Derecho Venezolano, es el juez constitucional, conforme al artículo 335 de la vigente Constitución, en especial, al intérprete nato de la Constitución de 1999, y, que es la Sala Constitucional, y así se declara.

Y más adelante insistió en señalar que:

> Al incorporarse las normas sustantivas sobre derechos humanos, contenidas en los Convenios, Pactos y Tratados Internacionales a la jerarquía constitucional, el máximo y último intérprete de ellas, a los efectos del derecho interno es esta Sala Constitucional, que determina el contenido y alcance de las normas y principios constitucionales (artículo 335 constitucional), entre las cuales se encuentran las de los Tratados, Pactos y Convenciones suscritos y ratificados legalmente por Venezuela, relativos a derechos humanos116.

Con fundamento en esta proposición, la Sala Constitucional concluyó su decisión señalando que "es la Sala Constitucional quien determina cuáles normas sobre derechos humanos de esos tratados, pactos y convenios, prevalecen en el orden interno; al igual que cuáles derechos humanos no contemplados en los citados instrumentos internacionales tienen vigencia en Venezuela"; concluyendo de la siguiente manera:

> Esta competencia de la Sala Constitucional en la materia, que emana de la Carta Fundamental, no puede quedar disminuida por normas de carácter adjetivo contenidas en Tratados ni en otros textos Internacionales sobre Derechos Humanos suscritos por el país, que permitan a los Estados partes del Tratado consultar a organismos internacionales acerca de la interpretación de los derechos referidos en la Convención o Pacto, como se establece en el artículo 64 de la Ley Aprobatoria de la Convención Americana sobre Derechos Humanos, Pacto de San José, ya que, de ello ser posible, se estaría ante una forma de enmienda constitucional en esta materia, sin que se cumplan los trámites para ello, al disminuir la competencia de la Sala Constitucional y trasladarla a entes multinacionales o transnacionales (internacionales), quienes harían interpretaciones vinculantes[117].

La Sala Constitucional concluyó su decisión fundamentándose en los principios de soberanía, argumentado que las decisiones de los tribunales internacionales pueden ser aplicados en Venezuela sólo cuando estén conformes con lo que dispone la Constitución. En consecuencia, el rango supra constitucional de los tratados cuando establezcan regulaciones más favorables en relación con el goce y ejercicio de los derechos humanos, puede considerarse que fue eliminado de un solo golpe por la

---

115 *V.* en *Revista de Derecho Público*, Nº 93-96, Editorial Jurídica Venezolana, Caracas 2003, pp. 136 y ss.

116 *Idem.*

117 *V.* en *Revista de Derecho Público*, Nº 93-96, Editorial Jurídica Venezolana, Caracas 2003, pp. 136 y ss.

Sala Constitucional, al asumir el monopolio absoluto de la interpretación constitucional, lo cual, de acuerdo con la Constitución, no sólo corresponde a dicha Sala.

En todo caso, el principal problema en relación con este criterio restrictivo de la Sala Constitucional en relación con la interpretación del valor de las decisiones de los organismos internacionales, es que la misma fue dictada como una interpretación vinculante de la Constitución, limitando así el poder general de los jueces al ejercer el control difuso de la constitucionalidad, de poder aplicar directamente y dar prevalencia en el orden interno a las normas de la Convención Americana.

La interpretación restrictiva, por otra parte, se adoptó en una decisión de la Sala Constitucional que fue dictada para negarle todo valor o rango constitucional a las "recomendaciones" de la Comisión Interamericana de Derechos Humanos, rechazando en consecuencia a considerar que los artículos impugnados del Código Penal limitativos de la libertad de expresión del pensamiento en relación con funcionarios públicos, eran inconstitucionales por contrariar las recomendaciones de la Comisión Interamericana, que el accionante había argumentado que eran obligatorias para el país.

La Sala Constitucional, al contrario, consideró que de acuerdo con la Convención Americana, la Comisión puede formular "recomendaciones" a los gobiernos a los efectos de que adopten en su derecho interno medidas progresivas a favor de los derechos humanos, al igual que tomen provisiones para promover el respeto de los derechos (art. 41,b) considerando que:

> Si lo recomendado debe adaptarse a la Constitución y a las leyes de los Estados, es porque ello no tiene naturaleza obligatoria, ya que las leyes internas o la Constitución podrían colidir con las recomendaciones. Por ello, el articulado de la Convención nada dice sobre el carácter obligatorio de la recomendación, lo que contrasta con la competencia y funciones del otro órgano: la Corte, la cual –según el artículo 62 de la Convención– puede emitir interpretaciones obligatorias sobre la Convención siempre que los Estados partes se la pidan, lo que significa que se allanan a dicho dictamen.
>
> Si la Corte tiene tal facultad, y no la Comisión, es forzoso concluir que las recomendaciones de ésta, no tienen el carácter de los dictámenes de aquélla y, por ello, la Sala, para el derecho interno, declara que las recomendaciones de la Comisión Interamericana de Derechos Humanos, no son obligatorias.
>
> Ahora bien, a juicio de esta Sala, las recomendaciones de la Comisión como tales, deben ser ponderadas en lo posible por los Estados miembros. Estos deben adaptar su legislación a las recomendaciones, siempre que ellas no colidan con las normas constitucionales, pero para esta adaptación no existe un término señalado y, mientras ella se practica, las leyes vigentes que no colidan con la Constitución o, según los tribunales venezolanos, con los derechos humanos contemplados en las Convenciones Internacionales, siguen siendo aplicables hasta que sean declaradas inconstitucionales o derogadas por otras leyes[118].

En definitiva, la Sala concluyó resolviendo que las recomendaciones de la Comisión en relación con las leyes de desacato, solo eran puntos de vista de la Comisión

118 *V.* en *Revista de Derecho Público*, N° 93-96, Editorial Jurídica Venezolana, Caracas 2003, p. 141.

sin efectos imperativos u obligatorios, es decir, manifestaciones de alerta dirigida a los Estados para que en el futuro derogasen o reformasen dichas leyes a los efectos de su adaptación al derecho internacional. Lamentablemente, la Sala Constitucional se olvidó tomar en cuenta lo que los Estados están obligados a hacer en relación con las recomendaciones de la Comisión, que es adoptar las medidas para adaptar su derecho interno a la Convención; medidas que por supuesto no se agotan con la sola derogación o reforma de leyes, siendo una de dichas medidas, precisamente, la interpretación judicial que podía y debía ser dada por el juez constitucional conforme a las recomendaciones, que fue lo que la Sala Constitucional venezolana eludió hacer.

Al contrario, en la misma materia, en la Argentina, por ejemplo, luego de que la Comisión Interamericana de Derechos Humanos considerara que las leyes de amnistía (Punto Final y Obediencia Debida) dictadas en ese país, así como las medidas de perdón aprobadas por el gobierno en relación con los crímenes cometidos por la dictadura militar eran contrarias a la Convención Americana, los tribunales comenzaron a considerar tales leyes como inconstitucionales por violar el derecho internacional siguiendo lo recomendado por las instancias internacionales[119].

En todo caso, la Sala Constitucional de Venezuela, en la antes mencionada sentencia, al contrario concluyó su aproximación restrictiva señalando que

> Una interpretación diferente es otorgarle a la Comisión un carácter supranacional que debilita la soberanía de los Estados miembros, y que -como ya lo apuntó la Sala- lo prohíbe la Constitución vigente.
>
> Consecuente con lo señalado, la Sala no considera que tengan carácter vinculante, las recomendaciones del Informe Anual de la Comisión Interamericana de los Derechos Humanos, correspondiente al año 1994 invocado por el recurrente. Dicho Informe hace recomendaciones a los Estados Miembros de la Organización de los Estados Americanos para derogar o reformar las leyes, para armonizar sus legislaciones con los tratados en materia de derechos humanos, como lo es la Convención Americana sobre Derechos Humanos, Pacto San José de Costa Rica; por lo que el Informe con recomendaciones no pasa de ser esto: un grupo de recomendaciones que los Estados acatarán o no, pero que, con respecto a esta Sala, no es vinculante, y así se declara[120].

La verdad, sin embargo, es que después de la sentencia de la Sala Constitucional de Venezuela, el Código Penal fue efectivamente reformado, pero en relación con las normas que encajan dentro de las llamadas "leyes de desacato" no se produjo adaptación alguna.

De nuevo, en contraste con esta desatención del Estado a las recomendaciones de la Comisión Interamericana, se encuentra en cambio el caso de Argentina, donde en 1995, el Congreso si decidió en relación con la misma materia derogando las normas

---

119 Sentencia de 4-03-2001, Juzgado Federal Nº 4, caso *Pobrete Hlaczik*, citado en Kathryn Sikkink, "The transnational dimension of judicialization of politics in Latin America", en Rachel Sieder et al (ed), *The Judicalization of Politics in Latin America*, Palgrave Macmillan, New York, 2005, pp. 274, 290

120 Sentencia Nº 1942 de 15 de Julio de 2003, en *Revista de Derecho Público*, Nº 93-96, Editorial Jurídica Venezolana, Caracas 2003, pp. 136 y ss.

que establecían los mismos delitos sobre "leyes de desacato", precisamente en cumplimiento de las recomendaciones de la Comisión Interamericana en la materia[121]

La mencionada aproximación restrictiva de la Sala Constitucional del Tribunal Supremo de Justicia de Venezuela en relación con el valor en el derecho interno de las decisiones de la Comisión Interamericana de Derechos Humanos, en todo caso, ya había sido adoptada con anterioridad por la misma Sala Constitucional en una sentencia de 17 de mayo de 2000, en la cual objetó los poderes cuasi-jurisdiccionales de la Comisión Interamericana de Derechos Humanos. El caso, referido a la Revista Exceso, fue el siguiente:

> El director y una periodista de dicha Revista intentaron una acción de amparo constitucional contra una sentencia de un tribunal penal dictada en un proceso por difamación e injuria contra ellos, pidiendo protección a su derecho a la libre expresión del pensamiento y a la libertad de información. Ante la falta de decisión de la acción de amparo, los accionantes acudieron ante la Comisión Interamericana denunciando el mal funcionamiento del sistema judicial venezolano, solicitando protección internacional contra el Estado venezolano por violación al derecho a la libre expresión del pensamiento y al debido proceso, así como contra las amenazas judiciales penales contra el director y la periodista de la Revista. La Comisión Interamericana, en el caso, adoptó algunas medidas preventivas de protección.

La Sala Constitucional, en su momento, al decidir sobre la acción de amparo intentada, consideró que este caso efectivamente se habían violado los derecho de los accionantes al debido proceso, pero no así su libertad de información; y en relación con las medidas cautelares adoptadas por la Comisión Interamericana, las calificó de inaceptables, señalando que:

> Igualmente considera inaceptable la instancia de la Comisión Interamericana de Derechos Humanos de la Organización de los Estados Americanos en el sentido de solicitar la adopción de medidas que implican una crasa intromisión en las funciones de los órganos jurisdiccionales del país, como la suspensión del procedimiento judicial en contra de los accionantes, medidas que sólo pueden tomar los jueces en ejercicio de su competencia e independencia jurisdiccional, según lo disponen la Carta Fundamental y las leyes de la República Bolivariana de Venezuela, aparte lo previsto en el artículo 46, aparte b) de la Convención Americana de Derechos Humanos o Pacto de San José (Costa Rica), que dispone que la petición sobre denuncias o quejas de violación de dicha Convención por un Estado parte, requerirá que "se haya interpuesto y agotado los recursos de jurisdicción interna, conforme a los principios del derecho internacional generalmente reconocidos", lo cual fue pretermitido en el caso de autos, por no

---

121 Caso *Verbistky*, Informe Nº 22/94 de la Comisión de 20-09-1994, caso *11.012* (Argentina). *V.* los comentarios de Antonio Cançado Trindade, "Libertad de expresión y derecho a la información en los planos internacional y nacional", en *Iudicum et Vita, Jurisprudencia nacional de América Latina en Derechos Humanos*, Nº 5, Instituto Interamericano de Derechos Humanos, San José, Costa Rica, Diciembre 1997, pp. 194-195. *V.* el "Informe sobre la compatibilidad entre las leyes de desacato y la Convención Americana sobre Derechos Humanos de 17 de febrero de 1995", en *Estudios Básicos de derechos Humanos*, Vol. X, Instituto Interamericano de Derechos Humanos, San José 2000.

haber ocurrido retardo judicial imputable a esta Sala según lo indicado en la parte narrativa de este fallo[122].

Esta desafortunada decisión puede considerarse como contraria al artículo 31 de la Constitución de Venezuela, que consagra expresamente el derecho constitucional de toda persona de poder acudir ante los organismos internacionales de derechos humanos como la Comisión Interamericana, solicitando amparo respecto de sus derechos violados. Por tanto, es difícil imaginar cómo es que este derecho constitucional se podría ejercer, si es la misma Sala Constitucional la que ha rechazado la jurisdicción de la Comisión Interamericana.

En contraste con esta reacción de la Sala Constitucional venezolana, en otros países la situación ha sido la contraria, como es el caso de Costa Rica, donde la Sala Constitucional de la Corte Suprema en su sentencia 2313-95, fundamentó su decisión declarando la inconstitucionalidad del artículo 22 de la Ley Orgánica del Colegio de Periodistas que establecía la colegiación obligatoria de los mismos al Colegio de Periodistas para poder ejercer dicha profesión, en lo que previamente había resuelto la Corte Interamericana de Derechos Humanos en la Opinión Consultiva N° OC-5 de 1985[123], señalando que: "...si la Corte Interamericana de Derechos Humanos es el órgano natural para interpretar la Convención Americana sobre Derechos Humanos (Pacto de San José de Costa Rica), la fuerza de su decisión al interpretar la Convención y enjuiciar las leyes nacionales a la luz de esta normativa, ya sea en caso contencioso o en una mera consulta, tendrán -de principio- el mismo valor de la norma interpretada"[124]. Por ello, la Sala concluyó en el caso concreto, que como Costa Rica había sido el país que había requerido la Opinión Consultiva que:

> Cuando la Corte Interamericana de Derechos Humanos, en su OC-05-85 unánimemente resolvió que la colegiación obligatoria de periodistas contenida en la Ley n° 4420, en cuanto impide el acceso de las personas al uso de los medios de comunicación, es incompatible con el artículo 13 de la Convención Americana sobre Derechos Humanos, no puede menos que obligar al país que puso en marcha mecanismos complejos y costosos del sistema interamericano de protección de los derechos humanos.

---

122 Caso *Faitha M.Nahmens L. y Ben Ami Fihman Z. (Revista Exceso),* Exp. N° 00-0216, Sentencia N° 386 de 17-5-2000. Consultada en original. *V.* en Carlos Ayala Corao, "Recepción de la jurisprudencia internacional sobre derechos humanos por la jurisprudencia constitucional" en *Revista del Tribunal Constitucional*, N° 6, Sucre, Bolivia, Nov. 2004, pp. 275 y ss.

123 *Opinión Consultiva OC-5/85* de 13 de noviembre de 1985. La colegiación obligatoria de periodistas (arts. 13 y 29 Convención Americana sobre Derechos Humanos). En la misma, la Corte Interamericana fue de la opinión: "que la colegiación obligatoria de los periodistas, en cuanto impida el acceso de cualquier persona al uso pleno de los medios de comunicación social como vehículo para expresarse o para transmitir información, es incompatible con el artículo 13 de la Convención Americana sobre Derechos Humanos"; y "que la Ley N° 4420 de 22 de septiembre de 1969, Ley Orgánica del Colegio de Periodistas de Costa Rica, objeto de la presente consulta, en cuanto impide a ciertas personas el pertenecer al Colegio de Periodistas y, por consiguiente, el uso -pleno- de los medios de comunicación social como vehículo para expresarse y transmitir información, es incompatible con el artículo 13 de la Convención Americana sobre Derechos Humanos".

124 Sentencia N° 2312-05 de 09-05-1995. Consultada en original. Citada además en Rodolfo Piza R., La justicia constitucional en Costa Rica, San José 1995; y en Carlos Ayala Corao, "Recepción de la jurisprudencia internacional sobre derechos humanos por la jurisprudencia constitucional" en *Revista del Tribunal Constitucional*, N° 6, Sucre, Bolivia, Nov. 2004, pp. 275 y ss.

Por lo demás, debe indicarse que conforme a la jurisprudencia de la Sala Constitucional de la Corte Suprema de Costa Rica, el sistema constitucional de ese país también puede ubicarse entre los que otorgan rango supra constitucional a los tratados en materia de derechos humanos, si contienen normas más favorables en la materia. Así, en la mencionada sentencia N° 2313-95, la Sala precisó lo siguiente:

> Sobre esto debe agregarse que tratándose de instrumentos internacionales de Derechos Humanos vigentes en el país, no se aplica lo dispuesto por el artículo 7 de la Constitución Política, ya que el 48 Constitucional tiene norma especial para los que se refieren a derechos humanos, otorgándoles una fuerza normativa del propio nivel constitucional. Al punto de que, como lo ha reconocido la jurisprudencia de esta Sala, los instrumentos de Derechos Humanos vigentes en Costa Rica, tienen no solamente un valor similar a la Constitución Política, sino que en la medida en que otorguen mayores derechos o garantías a las personas, priman por sobre la Constitución (vid. sentencia N° 3435-92 y su aclaración, n° 5759-93).

Por ello, en la misma sentencia de la Sala Constitucional, al precisar su competencia para ejercer el control de constitucionalidad de normas, precisó que:

> La Sala Constitucional no solamente declara violaciones a derechos constitucionales, sino a todo el universo de derechos fundamentales contenidos en los instrumentos internacionales de derechos humanos vigentes en el país. Desde ese punto de vista, el reconocimiento por la Sala Constitucional de la normativa de la Convención Americana de Derechos Humanos, en la forma en que la interpretó la Corte Interamericana de Derechos Humanos en su Opinión Consultiva OC-05-85, resulta natural y absolutamente consecuente con su amplia competencia. De tal manera, que sin necesidad de un pronunciamiento duplicado, fundado en los mismos argumentos de esa opinión, la Sala estima que es claro para Costa Rica que la normativa de la Ley N° 4420... es ilegítima y atenta contra el derecho a la información, en el amplio sentido que lo desarrolla el artículo 13 del Pacto de San José de Costa Rica, tanto como de los artículos 28 y 29 de la Constitución Política.

Ahora bien, volviendo al caso de Venezuela, antes de que se adoptara la interpretación restrictiva de la Sala Constitucional antes referida, debe decirse que muchos tribunales inferiores en otras materias aplicaron la Convención Americana de Derechos Humanos, declarando la prevalencia de sus normas en relación con normas constitucionales y legales.

Fue el caso, por ejemplo, del derecho a la revisión judicial de sentencias, o derecho a la segunda instancia o derecho de apelación. En efecto, la Ley Orgánica de la Corte Suprema de Justicia de 1976, al regular transitoriamente los tribunales de la jurisdicción contencioso administrativa[125], dispuso que en los casos de impugnación de algunos actos administrativos como los emanados de institutos autónomos o Administraciones desconcentradas o independientes, la competencia para decidir de la acción correspondía en única instancia a la Corte Primera de lo Contencioso Administrativa, sin apelación ante la Sala Político Administrativa de la Corte Suprema.

---

125 *V.* los comentarios en Allan R. Brewer-Carías y Josefina Calcaño de Temeltas, *Ley Orgánica de la Corte Suprema de Justicia*, Editorial Jurídica Venezolana, Caracas 1978.

La Constitución de 1999 solo reguló como derecho constitucional el derecho de apelación en materia de juicios penales a favor de la persona declarada culpable (art. 40,1); por lo que en otros casos, como el mencionado de los juicios contencioso administrativos, no existe una garantía constitucional expresa a la apelación, por lo que en los casos de las decisiones de la Corte Primera de lo Contencioso, conociendo en única instancia, la apelación había sido siempre declarada inadmisible.

Después de la entrada en vigencia de la Constitución de 1999, sin embargo, en algunos casos se ejercieron recursos de apelación contra decisiones de la Corte Primera de lo Contencioso Administrativa para ante la Sala Político Administrativa del Tribunal Supremo, alegándose la inconstitucionalidad de la norma de la Ley Orgánica que limitaba el derecho de apelación en ciertos casos. Como consecuencia de ello, en algunos casos los tribunales contencioso administrativos, en ejercicio del control difuso de constitucionalidad, admitieron la apelación basándose en el derecho de apelar las decisiones judiciales ante el tribunal superior que se establece en el artículo 8,2,h de la Convención Americana de Derechos Humanos, la cual se consideró como formando parte del derecho interno.

El tema finalmente llegó a ser considerado por la Sala Constitucional del Tribunal Supremo, la cual en una decisión Nº 87 del 13 de marzo de 2000, resolvió lo siguiente:

> Puesta en relación esta norma con la disposición prevista en el artículo 49, numeral 1, de la Constitución de la República, en la cual el derecho a recurrir del fallo se atribuye únicamente a la persona declarada culpable, y se autoriza el establecimiento de excepciones al citado derecho, cabe interpretar que la norma de la convención es más favorable al goce y ejercicio del citado derecho, puesto que consagra el derecho de toda persona a ser oída, no sólo en la sustanciación de cualquier acusación, penal, sino también en la determinación de sus derechos y obligaciones de orden civil, laboral, fiscal o de cualquier otro carácter, establece el derecho a recurrir del fallo, sin excepción alguna; le atribuye la naturaleza de garantía mínima; otorga su titularidad a toda persona, con independencia de su condición en el proceso; y establece que el titular del citado derecho ha de ser tratado bajo el principio de igualdad plena.

Puesta en relación esta norma en referencia con la disposición prevista en el último aparte del artículo 185 de la Ley Orgánica de la Corte Suprema de Justicia, cabe interpretar que esta última es incompatible con aquélla, puesto que niega, en términos absolutos, el derecho que la convención consagra, siendo que el ordenamiento constitucional no atribuye a la Corte Primera de lo Contencioso Administrativo el rango de Tribunal Supremo[126].

Con fundamento en lo antes mencionado, la Sala Constitucional concluyó su decisión, señalando que:

> [...] reconoce y declara, con fundamento en la disposición prevista en el artículo 23 de la Constitución de la República, que el artículo 8, numerales 1 y 2 (literal h), de la Convención Americana sobre Derechos Humanos, forma parte

---

126 Caso: *C.A. Electricidad del Centro (Elecentro) y otra vs. Superintendencia para la Promoción y Protección de la Libre Competencia. (Procompetencia)*, en *Revista de Derecho Público*, Nº 81, Editorial Jurídica Venezolana, Caracas 2000, pp. 157 y ss.

del ordenamiento constitucional de Venezuela; que las disposiciones que contiene, declaratorias del derecho a recurrir del fallo, son más favorables, en lo que concierne al goce y ejercicio del citado derecho, que la prevista en el artículo 49, numeral 1, de dicha Constitución; y que son de aplicación inmediata y directa por los tribunales y demás órganos del Poder Público[127].

La Sala Constitucional incluso resolvió el caso estableciendo una interpretación obligatoria, que exigía la re-redacción de la Ley Orgánica, disponiendo lo siguiente:

> En consecuencia, visto que el último aparte, primer párrafo, del artículo 185 de la Ley Orgánica de la Corte Suprema de Justicia, dispone lo siguiente: "Contra las decisiones que dictó dicho Tribunal en los asuntos señalados en los ordinales 1 al 4 de este artículo no se oirá recurso alguno"; visto que la citada disposición es incompatible con las contenidas en el artículo 8, numerales 1 y 2 (literal h), de la Convención Americana sobre Derechos Humanos, las cuales están provistas de jerarquía constitucional y son de aplicación preferente; visto que el segundo aparte del artículo 334 de la Constitución de la República establece lo siguiente: "En caso de incompatibilidad entre esta Constitución y una ley u otra norma jurídica, se aplicarán las disposiciones constitucionales, correspondiendo a los tribunales en cualquier causa, aun de oficio, decidir lo conducente", ésta Sala acuerda dejar sin aplicación la disposición transcrita, contenida en el último aparte, primer párrafo, del artículo 185 de la Ley Orgánica en referencia, debiendo aplicarse en su lugar, en el caso de la sentencia que se pronuncie, de ser el caso, sobre el recurso contencioso administrativo de anulación interpuesto por la parte actora ante la Corte Primera de lo Contencioso Administrativo (expediente N° 99-22167), la disposición prevista en el último aparte, segundo párrafo, del artículo 185 eiusdem, y la cual es del tenor siguiente: 'Contra las sentencias definitivas que dicte el mismo Tribunal ... podrá interponerse apelación dentro del término de cinco días, ante la Corte Suprema de Justicia (rectius: Tribunal Supremo de Justicia)'. Así se decide[128].

2. *La aplicación directa de los instrumentos internacionales de derechos humanos debido a su rango constitucional*

Pero en segundo lugar, otro de los mecanismos para que se produzca la aplicación directa de los tratados sobre derechos humanos en el orden interno, es el derivado del otorgamiento de rango constitucional a los mismos, con lo cual adquieren igual jerarquía que la Constitución.

En este grupo se pueden distinguir dos tipos de regímenes constitucionales: los que confieren rango constitucional a todos los instrumentos internacionales sobre derechos humanos, o los que sólo otorgan dicho rango a un determinado grupo de tratados enumerados en las Constituciones.

En el primer grupo se destaca el caso de la Constitución del Perú de 1979, derogada en 1994, en cuyo artículo 105 se establecía que "los preceptos contenidos en los tratados sobre derechos humanos, tienen jerarquía constitucional" y en conse-

127 *Idem*, p. 157.

128 *Idem*, p. 158.

cuencia, "no pueden ser modificados excepto mediante el procedimiento vigente para la reforma de la Constitución".

En el segundo grupo se puede ubicar a la Constitución de Argentina, en la cual se otorga a un importante grupo de tratados y declaraciones internacionales que estaban vigentes en 1994, específicamente enumerados en el artículo 75.22 de la Constitución, una jerarquía superior a las leyes, es decir, rango constitucional:

> La Declaración Americana de los Derechos y Deberes del Hombre; la Declaración Universal de Derechos Humanos; la Convención Americana sobre Derechos Humanos; el Pacto Internacional de Derechos Económicos, Sociales y Culturales; el Pacto Internacional de Derechos Civiles y Políticos y su Protocolo Facultativo; la Convención sobre la Prevención y la Sanción del Delito de Genocidio; la Convención Internacional sobre la Eliminación de todas las Formas de Discriminación Racial; la Convención sobre la Eliminación de todas las Formas de Discriminación contra la Mujer; la Convención contra la Tortura y otros Tratos o Penas Crueles, Inhumanos o Degradantes; la Convención sobre los Derechos del Niño.

Estos instrumentos internacionales conforme se indica en el texto constitucional "en las condiciones de su vigencia, tienen jerarquía constitucional, no derogan artículo alguno de la primera parte de esta Constitución y deben entenderse complementarios de los derechos y garantías por ella reconocidos". Aparte de ello, el mismo artículo precisa que "solo podrán ser denunciados, en su caso, por el Poder Ejecutivo nacional, previa aprobación de las dos terceras partes de la totalidad de los miembros de cada Cámara".

En relación con los otros tratados en materia de derechos humanos diferentes a los enumerados en el artículo 75,22, la Constitución estableció que "luego de ser aprobados por el Congreso, requerirán del voto de las dos terceras partes de la totalidad de los miembros de cada Cámara para gozar de la jerarquía constitucional".

De acuerdo con todas estas previsiones constitucionales, la Corte Suprema de Justicia de la Nación ha aplicado la Convención Americana de Derechos Humanos, dando prevalencia a sus previsiones en relación con las leyes, como sucedió respecto del Código de Procedimiento Penal. Al contrario de lo que se establece en la Convención Americana, dicho Código excluía el derecho de apelación respecto de algunas decisiones judiciales de acuerdo a la cuantía de la pena. La Corte Suprema de la Nación declaró la invalidez por inconstitucionalidad de dichas normas limitativas de la apelación, aplicando precisamente el artículo 8,1,h de la Convención Americana que garantiza, como se ha dicho, el derecho de apelar las decisiones judiciales por ante un tribunal superior"[129].

Por otra parte, también en Argentina, los tribunales han considerado las decisiones de la Comisión Interamericana y de la Corte Interamericana como obligatorias, incluso antes de que los tratados internacionales de derechos humanos fueran consti-

---

129 Sentencia de 04-04-1995, Caso *Giroldi, H.D. y otros. V.* en Aida Kemelmajer de Carlucci and María Gabriela Abalos de Mosso, "Grandes líneas y directrices de la jurisprudencia argentina sobre material constitucional durante el año 1995", en *Anuario de Derecho Constitucional latinoamericano 1996*, Fundación Konrad Adenauer, Bogotá, 1996, pp. 517 y ss.; y en Carlos Ayala Corao, "Recepción de la jurisprudencia internacional sobre derechos humanos por la jurisprudencia constitucional" en *Revista del Tribunal Constitucional*, N° 6, Sucre, Bolivia, Nov. 2004, pp. 275 y ss.

tucionalizados en la reforma constitucional de 1994. En una sentencia de 7 de julio de 1992, la Corte Suprema aplicó la Opinión Consultiva OC-7/86[130] de la Corte Interamericana, señalando que: "la interpretación del Pacto debe, además guiarse por la jurisprudencia de la Corte Interamericana de Derechos Humanos, uno de cuyos objetivos es la interpretación del Pacto de San José (Estatuto, artículo 1)"[131].

En 1995, la misma Corte Suprema de Argentina consideró que debido al reconocimiento por el Estado de la jurisdicción de la Corte Interamericana para resolver casos de interpretación y aplicación de la Convención Americana, sus decisiones "deben servir de guía para la interpretación de los preceptos convencionales"[132]. En otras decisiones, la Corte Suprema revocó decisiones de tribunales inferiores por considerar que las interpretaciones que las sustentaban eran incompatibles con la doctrina de la Comisión Interamericana de Derechos Humanos[133].

Debe mencionarse, por otra parte, que en el caso de Panamá, a pesar de que no se indica en el texto Constitucional expresamente, el rango constitucional de los tratados, de la jurisprudencia de la Corte Suprema ello puede deducirse, al considerar que cualquier violación a un tratado internacional es una violación del artículo 4 de la Constitución.

En efecto, la Constitución de Panamá sólo dispone que "La República de Panamá acata las normas del Derecho Internacional" (art. 4); ello, sin embargo, ha permitido a la Corte Suprema de Justicia, considerar como una violación constitucional la violación a normas de tratados internacionales. En una sentencia del 12 de marzo de 1990, en efecto, se declaró la inconstitucionalidad de un decreto ejecutivo que establecía un condicionamiento arbitrario de carácter global al ejercicio de las libertades de expresión y de prensa, para lo cual la Corte Suprema estableció que:

> Con ese proceder se viola el artículo 4 de la carta magna, que obliga al acatamiento de las normas de Derecho internacional por parte de las autoridades nacionales. En el caso bajo examen, tal como lo señala el recurrente, se trata de la violación del pacto Internacional de Derechos Civiles y Políticos y de la Convención Americana sobre Derechos humanos, aprobados por las leyes 14 de 1976 y 15 de 1977, respectivamente, convenios que rechazan el establecimiento

---

130 *Opinión Consultiva OC-7/86* de 29 de agosto de 1986. Exigibilidad del derecho de rectificación o respuesta (arts. 14.1, 1.1 y 2 de la Convención Americana sobre Derechos Humanos).

131 Sentencia caso Miguel A. Ekmkdjiam, Gerardo Sofivic y otros, en Ariel E. Dulitzky, "La aplicación de los tratados sobre derechos humanos por los tribunales locales: un estudio comparado" en *La aplicación de los tratados sobre derechos Humanos por los tribunales locales*, Centro de Estudios Legales y Sociales, Buenos Aires, 1997; y en Carlos Ayala Corao, "Recepción de la jurisprudencia internacional sobre derechos humanos por la jurisprudencia constitucional" en *Revista del Tribunal Constitucional*, N° 6, Sucre, Bolivia, Nov. 2004, pp. 275 y ss.

132 Sentencia caso *H. Giroldi recurso de casación*, 17-04-1995. *V.* en Jurisprudencia Argentina, Vol. 1995-III, p. 571; y en Carlos Ayala Corao, "Recepción de la jurisprudencia internacional sobre derechos humanos por la jurisprudencia constitucional" en *Revista del Tribunal Constitucional*, N° 6, Sucre, Bolivia, Nov. 2004, pp. 275 y ss.

133 Caso *Bramajo*, September 12, 1996. *V.* en *Jurisprudencia Argentina*, Nov. 20, 1996; y en Carlos Ayala Corao, "Recepción de la jurisprudencia internacional sobre derechos humanos por la jurisprudencia constitucional" en *Revista del Tribunal Constitucional*, N° 6, Sucre, Bolivia, Nov. 2004, pp. 275 y ss.

de la censura previa al ejercicio de las libertades de expresión y de prensa, en tanto que derechos humanos fundamentales[134]

3. *La aplicación de los instrumentos internacionales de derechos humanos en el orden interno dado su rango y valor supra legal*

En tercer lugar, la aplicación en el orden interno de los tratados y convenios internacionales de derechos humanos, se ha logrado en los casos en los cuales las Constituciones han atribuido rango supra legal a los tratados y convenciones internacionales en general, incluyendo los relativos a derechos humanos. En estos sistemas, los tratados están sujetos a la Constitución pero prevalecen sobre lo dispuesto en las leyes.

Esta fue la modalidad que se siguió por ejemplo en las Constituciones de Alemania (artículo 25), Italia (artículo 10), Francia (artículo 55) y en América Latina, es la solución adoptada en la Constitución de Costa Rica (reforma de 1968), en la cual se dispone que: "Los tratados públicos, los convenios internacionales y los concordatos, debidamente aprobados por la Asamblea Legislativa, tendrán desde su promulgación o desde el día que ellos designen, autoridad superior a las leyes" (Artículo 7). Como antes se dijo, sin embargo, la jurisprudencia de la Sala Constitucional le ha otorgado a los tratados internacionales en materia de derechos humanos, rango constitucional e incluso supra constitucional de contener disposiciones más favorables al ejercicio de los mismos.

La Sala Constitucional de la Corte Suprema de Costa Rica, en todo caso, ha aplicado directamente la Convención Americana de Derechos Humanos, con prevalancia sobre las leyes, al considerar que las normas "legales que contradigan [un tratado] deban tenerse simplemente por derogadas, en virtud precisamente del rango superior del tratado"[135]. En esta forma, al considerar que el artículo 8.2 de la Convención americana "reconoce como derecho fundamental de todo ser humano, imputado en una causa penal por delito, el de recurrir del fallo" la Sala consideró que el artículo 472 del Código de Procedimientos Penales que limitaban el ejercicio del recurso de casación debían tenerse "por no puestas" y entender "que el recurso de casación a que ahí se alude está legalmente otorgado a favor del reo condenado a cualquier pena en sentencia dictada en una causa penal por delito". La Sala Constitucional, en una sentencia posterior N° 719-90 declaró con lugar el recurso de inconstitucionalidad intentado contra el artículo 474 del Código de Procedimientos Penales, anulándolo y considerando en consecuencia, como "no puestas las limitaciones al derecho a recurrir en casación a favor del imputado contra la sentencia penal por delito, establecidas en el artículo". Para ello, la Sala partió de la consideración de que:

> Lo único que, obviamente, impone la Convención Americana es la posibilidad de recurso ante un Tribunal Superior contra la sentencia penal por delito, de manera que al declararse inconstitucionales las limitaciones impuestas por el artículo 474 incisos 1) y 2) del Código de Procedimientos Penales, los requerimientos del artículo 8.2 inciso h) de la Convención estarían satisfechos, con la

---

134 *V.* en *Iudicum et Vita, Jurisprudencia nacional de América Latina en Derechos Humanos*, N° 5, Instituto Interamericano de Derechos Humanos, San José, Costa Rica, Diciembre 1997 pp. 80-82.

135 Sentencia 282-90, caso violación del artículo 8.2 de la Convención Americana por el derogado artículo 472 del Código de Procedimientos Penales. Consultada en original.

> sola salvedad de que el de casación no fuera el recurso ante juez o tribunal superior, en los términos de dicha norma internacional[136].

Se destaca, sin embargo, que en otra sentencia Nº 1054-94, la Sala Constitucional declaró sin lugar la impugnación por inconstitucionalidad del artículo 426 del Código de Procedimientos Penales, por las mismas razones antes señaladas de negativa del recurso en materia de contravenciones y no de delitos, por considerar que en su jurisprudencia, lo que ha establecido la Sala con claridad es "que la citada Convención Americana establece la doble instancia como derecho fundamental de todo ser humano, imputado en una causa penal por delito, de recurrir del fallo ante un superior, y no indistintamente en todas las materias"[137].

Ahora bien, en cuanto al rango supra legal de los tratados y su prevalencia respecto de las leyes en caso de conflicto, en sentido similar, el artículo 144 de la Constitución de El Salvador dispone que: "Los tratados internacionales celebrados por El Salvador con otros estados o con organismos internacionales, constituyen leyes de la República al entrar en vigencia, conforme a las disposiciones del mismo tratado y de esta Constitución" agregando que "La ley no podrá modificar o derogar lo acordado en un tratado vigente para El Salvador" y que "En caso de conflicto entre el tratado y la ley, prevalecerá el tratado".

De acuerdo con estas previsiones, la Sala Constitucional de la Corte Suprema de Justicia de El Salvador también ha aplicado los tratados internacionales en materia de derechos humanos, decidiendo casos en los que ha considerado que las regulaciones internacionales prevalecen sobre la legislación interna. Es el caso, por ejemplo, de la sentencia de 17 de noviembre de 1994, dictada en un proceso en el cual un tribunal penal decidió la detención preventiva de un antiguo comandante de las fuerzas armadas irregulares, en un juicio que se le seguía por el delito de difamación.

En dicho caso, la Sala decidió que "para la adecuada comprensión de las instituciones de la detención provisional en nuestro sistema, debemos tener en cuenta además con fundamento en el artículo 144 de la Constitución, los tratados internacionales ratificados por El Salvador"[138]; por lo que, en consecuencia, pasó a analizar el artículo 11,1 de la Declaración Universal de Derechos Humanos y el artículo 9,3 del Pacto Internacional de Derechos Civiles y Políticos que se refieren al derecho a la presunción de inocencia y al carácter excepcional de la detención preventiva, la cual no debe considerarse como la regla general. La Sala Constitucional también analizó el artículo XXVI de la Declaración Americana de Derechos Humanos, que también se refiere a la presunción de inocencia, y a los artículos 7,2 y 8,2 de la Convención Americana de Derechos Humanos los cuales regulan los derechos de las personas en relación con las detenciones, particularmente el principio *nulla poena sine lege*. Conforme a todo ese análisis del derecho internacional de los derechos humanos, la Sala concluyó señalando que "es en ese contexto -constitucional e internacional- que se ha de encuadrar el examen de la detención provisional, por cuan-

---

136 Consultada en original.

137 *Idem.*

138 *V.* en *Iudicum et Vita, Jurisprudencia nacional de América Latina en Derechos Humanos*, Nº 5, Instituto Interamericano de Derechos Humanos, San José, Costa Rica, Diciembre 1997, p. 157.

to tales normas, dada su superior ubicación en la jerarquía normativa, obligan a su cumplimiento"[139]

En consecuencia, y fundamentándose en las regulaciones internacionales en relación con la detención preventiva y los derechos de las personas, la Sala concluyó que "ésta no puede nunca constituir la regla general de los procesos penales circunstancia además expresamente prohibida en el artículo 9,3 del Pacto Internacional de Derechos Civiles y Políticos- por lo que la misma, no puede funcionar automáticamente"[140], porque no puede entenderse como una sanción anticipada. Al contrario, a los efectos de decretar la detención, el juez en cada caso necesita evaluar las circunstancias sobre la necesidad y conveniencia de la privación de la libertad para proteger el interés público fundamental.

Con fundamento en lo anterior, la Sala Constitucional concluyó en relación con el caso antes mencionado, que como en el mismo se había decidido la detención provisional, y "no se consignó justificación alguna para dicha orden, esta deviene en inconstitucional"[141].

En otra sentencia de la Sala Constitucional de la Corte Suprema de El Salvador de 13 de junio de 1995, la Sala declaró la inconstitucionalidad de una Ordenanza municipal que había establecido restricciones al ejercicio del derecho de reunión y manifestación, fundamentándose en lo dispuesto en los artículos 15 de la Convención Americana de Derechos Humanos y 21 del Pacto Internacional de Derechos Civiles y Políticos, conforme a los cuales las limitaciones a dichos derechos sólo podían establecerse por Ley.

A tal efecto, la Sala partió de la consideración de que "Los tratados internacionales vigentes en nuestro país, con supremacía respecto de las leyes secundarias, entre ellas, el Código Municipal, reconocen la libertad de reunión y manifestación pública y establecen que este derecho solo podrá estar sujeto a limitaciones o restricciones previstas por la LEY, que sean necesarias en una sociedad democrática", la cual "tiene que ser emitida por la Asamblea Legislativa observando el formalismo" establecido en la Constitución; y además dispuso la Sala, que dicha ley, de acuerdo con el artículo XXVIII de la Declaración Americana de Derechos Humanos solo pueden establecerse limitaciones sujetas al principio de razonabilidad de manera que sea intrínsecamente justa: es decir, que debe responder a ciertas pautas de valor suficientes, o sea dar el contenido material de justicia consagrado en la Constitución". La Sala concluyó en el caso concreto declarando la inconstitucionalidad solicitada, al considerar que:

> Ninguno de estos componentes encontramos en el instrumento cuya inconstitucionalidad se demanda: es decir, que se trata de un caso típico de abuso de autoridad, pues no solo se entra en reglar el ejercicio de un derecho constitucional sin autorización bastante, sino que usurpa una función reservada al legislador.

La Constitución de México, al referirse a los tratados internacionales, puede considerarse como la que en América Latina sigue más de cerca el texto de la Constitución Norteamericana, al disponer que:

---

139 *Idem*, p. 157.

140 *Idem*, p. 158.

141 *Idem*, p. 158.

> Artículo 133. Esta Constitución, las leyes del Congreso de la Unión que emanen de ella y todos los Tratados que estén de acuerdo con la misma, celebrados y que se celebren por el Presidente de la República, con aprobación del Senado, serán la Ley Suprema de toda la Unión. Los jueces de cada Estado se arreglarán a dicha Constitución, leyes y tratados, a pesar de las disposiciones en contrario que pueda haber en las Constituciones o leyes de los Estados.

Se trata de la misma llamada cláusula de supremacía, conforme a la cual, tradicionalmente se había considerado que los tratados tenían el mismo rango que las leyes. Así lo decidió la Suprema Corte de la Nación en sentencia de Pleno C/92, de 30 de junio de 1992, al señalar que ocupando las leyes y los tratados internacionales, el mismo rango inmediatamente inferior a la Constitución en la jerarquía de las normas en el orden jurídico mexicano, lo siguiente:

> [...] un tratado internacional no puede ser criterio para determinar la constitucionalidad de una ley ni viceversa. Por ello, la Ley de las Cámaras de Comercio y de las de Industria no puede ser considerada inconstitucional por contrariar lo dispuesto en un tratado internacional[142]

Pero este criterio ha sido abandonado por la propia Suprema Corte, en una sentencia de revisión de amparo Nº 1475/98, en la cual, al interpretarse el artículo 133 constitucional conforme a la Convención de Viena sobre Derecho de los Tratados de 1969, se determinó que en virtud de que "los compromisos internacionales son asumidos por el Estado mexicano en su conjunto y comprometen a todas sus autoridades frente a la comunidad internacional" los tratados internacionales "se ubican jerárquicamente por encima de las leyes federales y, en un segundo plano, respecto de la Constitución Federal", adquiriendo entonces rango supra legal[143].

En este grupo de países que otorgan rango supra legal a los tratados en materia de derechos humanos también se puede señalar el caso de Paraguay, cuya Constitución contiene una cláusula de supremacía similar a la mexicana, con el siguiente texto:

> Artículo 137. De la supremacía de la Constitución. La ley suprema de la República es la Constitución. Esta, los tratados, convenios y acuerdos internacionales aprobados y ratificados, las leyes dictadas por el Congreso y otras disposiciones jurídicas de inferior jerarquía, sancionadas en consecuencia, integran el derecho positivo nacional en el orden de prelación enunciado.

Dicha cláusula, sin embargo, tiene la peculiaridad de indicar el orden de prelación de las fuentes, por lo que los tratados si bien están por debajo de la Constitución, están por encima de las leyes.

---

142 Tesis P. C/92, publicada en la *Gaceta del Semanario Judicial de la Federación*, Nº 60, diciembre de 1992, p. 27.

143 *V.* la referencia en Guadalupe Barrena y Carlos Montemayor "Incorporación del derecho internacional en la Constitución mexicana", *Derechos Humanos. Memoria del IV Congreso Nacional de Derecho Constitucional*, Vol. III, Instituto de Investigaciones Jurídicas, UNAM, México 2001; y en Humberto Henderson, "Los tratados internacionales de derechos humanos en el orden interno: la importancia del principio pro homine", en *Revista IIDH*, Instituto Interamericano de Derechos Humanos, Nº 39, San José 2004, p. 82, nota 15.

Además, esta norma se complementa con el artículo 141 de la misma Constitución que dispone que "los tratados internacionales válidamente celebrados, aprobados por ley del Congreso, y cuyos instrumentos de ratificación fueran canjeados o depositados, forman parte del ordenamiento legal interno con la jerarquía que determina el Artículo 137".

Conforme a estas previsiones, por ejemplo, el Tribunal de Apelaciones en lo Criminal, Primera Sala de Paraguay, en sentencia de 10 de junio de 1996, revocó una sentencia de un tribunal inferior que había dictado una condena por el delito de difamación en el cual el querellante era una persona política y pública, argumentando que "en una sociedad democrática los políticos están más expuestos a la crítica de la ciudadanía", por lo que "en ningún caso el interés de los particulares primará sobre el interés público", invocando para la sentencia revocatoria, las normas constitucionales pertinentes así como el artículo 13 de la Convención Americana de Derechos Humanos[144]

4. *El rango legal de los tratados internacionales sobre derechos humanos y su aplicación en el ámbito interno*

En cuarto lugar, en relación con la jerarquía de los tratados internacionales sobre derechos humanos en el ámbito interno y su aplicación por los tribunales, el sistema más común es el de la atribución a los tratados del mismo rango que las leyes. Se trata del sistema clásico del constitucionalismo moderno derivado del constitucionalismo de los Estados Unidos de América, donde la Constitución, en su artículo VI. 2, dispone que:

> Esta Constitución y las leyes de los Estados Unidos que deben sancionarse conforme a la misma; y todos los tratados suscritos o que deban suscribirse bajo la autoridad de los Estados Unidos, serán la suprema ley del país; y los jueces en cada Estado se sujetarán a la misma, aún cuando exista algo en contrario en la Constitución o leyes de los Estados.

En estos sistemas, en consecuencia, los tratados son parte de la legislación del país, teniendo entonces el mismo rango que las leyes. Están sujetos a la Constitución, y en su aplicación en relación con las leyes se rigen por los principios de la ley posterior y de la ley especial a los efectos de su prevalencia o efectos derogatorios.

En el caso de Uruguay, el artículo 6 de la Constitución sólo hace referencia a los tratados internacionales a los efectos de indicar que se debe proponer "la cláusula de que todas las diferencias que surjan entre las partes contratantes, serán decididas por el arbitraje u otros medios pacíficos"; no haciendo referencia alguna ni a la jerarquía en el derecho interno ni al tema de los derechos humanos.

Ello, sin embargo, no ha sido impedimento para que la Corte Suprema de Justicia, por ejemplo, en la sentencia de 23 de octubre de 1996, al resolver sobre una excepción de inconstitucionalidad opuesta por el Ministerio Público contra normas de la Ley de Prensa que permiten ser juzgado en libertad por delitos de prensa, fundamentara su argumento en lo dispuesto en tratados internacionales, para desestimar la excepción.

---

144 *V.* en *Iudicum et Vita, Jurisprudencia nacional de América Latina en Derechos Humanos*, Nº 5, Instituto Interamericano de Derechos Humanos, San José, Costa Rica, Diciembre 1997 pp. 82-86.

El caso concreto trató sobre un delito de imprenta por críticas formuladas al Presidente del Paraguay, en el cual el denunciante fue el Embajador del Paraguay en el Uruguay. El Ministerio Público denunció violaciones al principio de igualdad contenidas en normas constitucionales y en los artículos 7 de la Declaración Americana de Derechos Humanos y 24 de la Convención Americana de Derechos Humanos. En esa oportunidad, la Corte Suprema para decidir analizó extensivamente el derecho humano a la libre expresión del pensamiento haciendo referencia, precisamente, al artículo 19 del Pacto Internacional de Derechos Civiles y Políticos y el artículo 13.1 de la Convención Americana de Derechos Humanos; a la Opinión Consultiva OC-5 sobre incompatibilidad del derecho a la libre expresión del pensamiento y la colegiación obligatoria de los periodistas; y al derecho a la presunción de inocencia "consagrado expresamente, en todo caso, en las Convenciones y Declaraciones internacionales a las que ha adherido el país o que de otro modo le obligan (Declaración Universal de los Derechos del Hombre, art. 11; Pacto Internacional de Derechos Civiles y Políticos, art. 14.4 y Convención Americana de Derechos Humanos, art. 8.2.), lo que permitía al querellado en el caso, el ser juzgado en libertad[145].

El sistema constitucional de la República Dominicana también puede ubicarse en este grupo constitucional, donde los tratados tienen el mismo rango que las leyes. Por ello, y precisamente por el hecho de que la República Dominicana es uno de los pocos países de América Latina que no tiene consagrado en el texto constitucional el recurso o acción de amparo como medio judicial de protección de los derechos humanos, la Corte Suprema aplicó la Convención Americana de Derechos Humanos para admitir jurisprudencialmente la acción o recurso de amparo.

En efecto, el artículo 3 de la Constitución de la Republica Dominicana establece que "La República Dominicana reconoce y aplica las normas del Derecho Internacional general y americano en la medida en que sus poderes públicos las hayan adoptado". Conforme a ello, en 1977 el Congreso aprobó la Convención Americana de Derechos Humanos, en cuyos artículo 8,2 y 25,1 se regulan los principios generales del debido proceso y, en particular, la acción o recurso de amparo para la protección de los derechos humanos declarados en la Convención, en las Constituciones y en las leyes de los Estados miembros.

De acuerdo con estas previsiones, si bien era cierto que la Constitución no regulaba expresamente la acción o recurso de amparo, el mismo estaba consagrado en la Convención Americana, por lo que dicho recurso podía ejercerse por toda persona en protección de sus derechos. El problema, sin embargo, radicaba en la ausencia de las reglas de procedimiento relativas al amparo, incluyendo la ausencia de normas legales atributivas de competencia judiciales para conocer de la acción. Ello explica por qué hasta 1999 no se habían intentado acciones de amparo.

Ese año, sin embargo, una empresa privada, la empresa Productos Avon S.A., intentó un recurso de amparo ante la Corte Suprema contra una sentencia dictada por un juzgado con competencia en materia laboral, alegando violación de derechos constitucionales, y fue dicha acción la que originó la admisibilidad jurisprudencial de la acción de amparo en la República Dominicana sin que hubiera disposición constitucional o legal sobre la misma.

---

145 *V.* en *Iudicum et Vita, Jurisprudencia nacional de América Latina en Derechos Humanos*, Nº 5, Instituto Interamericano de Derechos Humanos, San José, Costa Rica, Diciembre 1997 pp. 72-79.

En efecto, la Corte Suprema en su sentencia del 24 de febrero de 1999, admitió la acción de amparo intentada por la mencionada empresa Avon, declarando al amparo como "una institución de derecho positivo" y prescribiendo en la decisión las reglas básicas de procedimiento para el ejercicio de tales acciones de amparo146. El caso se desarrolló como sigue:

1. La empresa demandante alegó que la decisión judicial del tribunal laboral había violado su derecho a ser juzgado por el juez natural, a cuyo efecto solicitó a la Corte Suprema que: primero, declarara en su sentencia que el amparo debía considerarse como una institución dominicana de derecho público; y segundo, que la Corte Suprema, de acuerdo con las disposiciones de la Ley Orgánica Judicial que le atribuye a la Corte el poder de resolver sobre el procedimiento aplicable en caso de que no exista uno legalmente prescrito, disponiendo las normas respectivas, estableciera dichas normas en relación con los recursos de amparo. Adicionalmente, el recurrente solicitó a la Corte que dictara una medida cautelar suspendiendo los efectos de la sentencia laboral impugnada mientras durase el juicio de amparo.

2. La Corte Suprema, a los efectos de decidir, estableció el criterio que los tratados internacionales invocados por el recurrente, particularmente los artículos 8 y 25,1 de la Convención Americana de Derechos Humanos, eran parte del derecho interno de la República Dominicana, y tenían la finalidad de garantizar la protección judicial de los derechos fundamentales reconocidos en la Constitución, en la ley y en la indicada Convención, contra todo acto violatorio de dichos derechos, cometido por cualquier persona actuando o no en el ejercicio de funciones públicas, por lo que incluso se admitía contra actuaciones de particulares. En este aspecto, la Corte Suprema resolvió que:

Contrariamente a como ha sido juzgado en el sentido de que los actos violatorios tendrían que provenir de personas no investidas con funciones judiciales o que no actúen en el ejercicio de esas funciones, el recurso de amparo, como mecanismo protector de la libertad individual en sus diversos aspectos, no debe ser excluido como remedio procesal específico para solucionar situaciones creadas por personas investidas de funciones judiciales ya que, al expresar el artículo 25.1 de la Convención, que el recurso de amparo está abierto a favor de toda persona contra actos que violen sus derechos fundamentales, "aún cuando tal violación sea cometida por personas que actúen en ejercicio de sus funciones oficiales", evidentemente incluye entre éstas a las funciones judiciales.

Igualmente, la Corte resolvió que la vía del amparo:

> Queda abierta contra todo acto u omisión de los particulares o de los órganos o agentes de la administración pública, incluido la omisión o el acto administrativo, no jurisdiccional. Del poder judicial, si lleva cualquiera de ellos una lesión, restricción o alteración, a un derecho constitucionalmente protegido[147]

146 *V.* en *Iudicum et Vita, Jurisprudencia nacional de América Latina en Derechos Humanos*, Nº 7, Tomo I, Instituto Interamericano de Derechos Humanos, San José, Costa Rica, Diciembre 2000 p. 329 y ss. *V.* los comentarios a dicha sentencia en Allan R. Brewer-Carías, "La admisión jurisprudencial de la acción de amparo en ausencia de regulación constitucional o legal en la República Dominicana", *idem*, pp. 334 y ss; y en *Revista IIDH*, Instituto Interamericano de Derechos Humanos, San José, 2000.

147 *Idem.* p. 332.

En relación con este tema, la decisión de la Corte Suprema de la República Dominicana puede considerarse como muy importante en virtud de admitir claramente que la acción de amparo también procede contra particulares, siguiendo en tal sentido la concepción amplia del amparo iniciada en Argentina y que se sigue en Uruguay, Chile, Perú, Bolivia y Venezuela. La concepción restringida, en cambio, que excluye el amparo contra particulares, es la que se sigue en México, Brasil, Panamá, El Salvador y Nicaragua.

La decisión de la Corte Suprema de la República Dominicana también siguió la concepción amplia del amparo, al admitirlo contra decisiones judiciales, tal como está aceptada en la Convención Americana, y en contra de la tendencia observada en otros países latinoamericanos que excluyen la acción de amparo contra sentencias o decisiones judiciales, como es el caso de Argentina, Uruguay, Costa Rica, Panamá, El Salvador, Honduras y Nicaragua. En Colombia, el decreto de 1999, regulador de la acción de tutela también admitió la acción de amparo contra decisiones judiciales, pero la Corte Constitucional rápidamente anuló el artículo 40 que lo consagraba, considerando que violaba el derecho a la cosa juzgada de las decisiones judiciales definitivas[148]. Sin embargo, posteriormente, la tutela fue admitida contra decisiones judiciales fundamentándose en el control de la vía de hecho judicial como instrumento para enfrentar y someter la arbitrariedad judicial[149]

3. En relación con la decisión de la Corte Suprema de la República Dominicana, adicionalmente decidió que incluso en ausencia de reglas de procedimiento respecto del trámite del recurso de amparo, contrariamente a lo que sucedía con el recurso habeas corpus que en cambio si disponía de una regulación legal que establecía el juez competente y el procedimiento respectivo; tratándose el amparo de un medio judicial simple, rápido y efectivo para la protección de todos los otros derechos constitucionales distintos a los protegidos mediante el habeas corpus, ningún juez podría rechazar su admisión aduciendo la ausencia de regulación legal. A tales efectos, la Corte Suprema, conforme se establece en el artículo 29,2 de la Ley Orgánica Judicial, y a los efectos de evitar la confusión que podría ocasionar la ausencia de reglas de procedimiento, invocó su potestad de establecerlas, resolviendo en definitiva:

> Declarar que el recurso de amparo previsto en el artículo 25,1 de la Convención Americana de Derechos Humanos de San José, Costa Rica, del 22 de noviembre de 1969, es una institución de derecho positivo dominicano, por haber sido adoptada y aprobada por el Congreso Nacional, mediante Resolución N° 739 del 25 de diciembre de 1977, de conformidad con el artículo 3, de la Constitución de la República[150].

Como consecuencia, la Corte Suprema pasó a resolver los problemas prácticos que podría originar la aceptación del amparo, estableciendo las reglas de procedimiento, así: primero, determinando que la competencia para conocer en materia de amparo corresponde a los tribunales de primera instancia en el lugar donde se haya

---

148 Sentencia C.543 de 24 septiembre de 1992. *V.* en Manuel José Cepeda Espinosa, *Derecho Constitucional Jurisprudencia*, Legis, Bogotá 2001, p. 1009 y ss.

149 Sentencia T-213 de 13 de mayo de 1994. *Idem*, p. 1022 y ss.

150 *Idem*. p. 333.

producido la acción u omisión cuestionada; y segundo, estableciendo las reglas de procedimiento, en sentido similar a las dispuestas en los artículos 101 y siguientes de la ley Nº 834 de 1978, agregando algunas referencias respecto de los plazos para intentar la acción ante los tribunales, de la audiencia que debe tener lugar para decidir, de los plazos para decidir y del lapso de apelación.

La Corte Suprema, finalmente, a los efectos de evitar los abusos que podría producir la admisión del amparo, recordó que dicho recurso no debía entenderse como la introducción de una tercera instancia en los procesos judiciales151.

Esta sentencia de la Corte Suprema de la República Dominicana, adoptada en ausencia de regulaciones constitucionales y legales sobre la acción de amparo, admitiendo este medio judicial de protección de los derechos humanos de acuerdo con lo establecido en la Convención Americana de derechos Humanos, sin duda, es una de las más importantes sentencias de dicha Corte en la materia, no sólo en relación con la admisibilidad de la acción de amparo152, sino en cuanto a la aplicabilidad directa en el orden interno de las disposiciones de la Convención Americana de Derechos Humanos.

IV. LA APLICACIÓN EN EL ÁMBITO INTERNO DE LOS INSTRUMENTOS INTERNACIONALES DE DERECHOS HUMANOS EN VIRTUD DE REGLAS CONSTITUCIONALES DE INTERPRETACIÓN DE LOS DERECHOS

En los supuestos anteriormente analizados, nos hemos referido a la aplicación de los instrumentos internacionales sobre derechos humanos en el orden interno como consecuencia del otorgamiento a los mismos, en las Constituciones, de un determinado rango supra constitucional, constitucional, supra legal o legal en relación con la Constitución y las leyes.

Sin embargo, en ausencia de tales previsiones constitucionales, los tratados y convenciones internacionales pueden también adquirir rango constitucional y aplicarse directamente en los Estados en virtud de diferentes reglas de interpretación constitucional.

En otras palabras, los derechos declarados en los tratados internacionales también pueden considerarse derechos constitucionales en virtud de otras técnicas o regulaciones establecidas en las propias Constituciones, como las siguientes: en primer lugar, mediante la previsión expresa de que la interpretación de los derechos declarados en la Constitución, deben interpretarse de acuerdo con lo establecido en los instrumentos internacionales; en segundo lugar, mediante la incorporación en los preámbulos o declaraciones generales de las Constituciones de referencias a las declaraciones universales de derechos humanos; y en tercer lugar, mediante la regulación del principio de la progresividad en la interpretación de los derechos humanos.

---

151 *V.* en *Iudicum et Vita, Jurisprudencia nacional de América Latina en Derechos Humanos*, Nº 7, Tomo I, Instituto Interamericano de Derechos Humanos, San José, Costa Rica, Diciembre 2000 p. 329 y ss. *V.* los comentarios a dicha sentencia en Allan R. Brewer-Carías, "La admisión jurisprudencial de la acción de amparo en ausencia de regulación constitucional o legal en la República Dominicana", *idem*, pp. 334 ff.

152 *Idem*, p. 334 ff.

1. *La interpretación de los derechos constitucionales de acuerdo con los instrumentos internacionales*

En primer lugar, algunas Constituciones expresamente disponen como principio, que la interpretación de sus normas relativas a derechos humanos debe hacerse atendiendo a lo establecido en los instrumentos internacionales sobre la materia. Esta es la técnica seguida por la Constitución de España, en cuyo artículo 10,2 se dispone que:

> Artículo 10,2. Las normas relativas a los derechos fundamentales y a las libertades que la Constitución reconoce se interpretarán de conformidad con la Declaración Universal de Derechos Humanos y los tratados y acuerdos internacionales sobre las mismas materias ratificados por España

En sentido similar, la Constitución de Portugal dispone lo siguiente:

> Artículo 16,2. Las previsiones de la Constitución y de las leyes relativas a derechos fundamentales deben ser leídas e interpretadas en armonía con la Declaración Universal de Derechos Humanos.

Esta norma interpretativa sobre derechos humanos inserta en estas dos Constituciones, sin duda influyó en la redacción de la Constitución de Colombia de 1991, cuyo artículo 93 dispone que "Los derechos y deberes consagrados en esta Carta, se interpretarán de conformidad con los tratados internacionales sobre derechos humanos ratificados por Colombia".

De acuerdo con esta previsión constitucional, los órganos del Estado y no solo los tribunales, están obligados a interpretar las regulaciones constitucionales sobre derechos humanos de conformidad con lo dispuesto en los tratados internacionales sobre la materia; siendo el resultado de ello, tanto el reconocimiento de los derechos declarados en dichos tratados como teniendo igual rango y valor constitucional que los derechos declarados en la Constitución misma como su aplicabilidad directa en el ámbito interno, ya que aquellos son los que deben guiar la interpretación de estos.

Esta técnica interpretativa, en todo caso, ha sido utilizada frecuentemente por los tribunales en Colombia al interpretar el ámbito y extensión de los derechos constitucionales, como fue el caso de la sentencia de la Corte Constitucional de 22 de febrero de 1996, dictada con motivo de decidir la impugnación por inconstitucionalidad de la ley destinada a regular las trasmisiones de televisión, que el impugnante consideró contraria al derecho constitucional a informar. La Corte Constitucional, en la sentencia, comenzó su argumento señalando que:

> La validez interna de una norma consagrada por el legislador no solamente está supeditada a la adecuación de su preceptiva a los postulados y mandatos constitucionales, sino que también depende del acatamiento de los compromisos internacionales de Colombia, pactados en tratados públicos aprobados por el Congreso y ratificados por el Jefe del Estado de acuerdo con la Constitución (artículos 9; 159 numeral 16; 189, numeral 2 y 226).
>
> La conformidad de la legislación interna con los tratados internacionales y con las obligaciones contraídas por el Estado colombiano con otros Estados o con entidades supranacionales es exigida con mayor rigor por la Constitución Política cuando se trata de la aplicación y el ejercicio de los derechos funda-

mentales, según resulta con nitidez meridiana del artículo 93 de la carta Política, a cuyo tenor los tratados y convenios internacionales que hubiere aprobado el Congreso y ratificado el Ejecutivo, mediante los cuales se reconocen los derechos humanos y en los que se prohíbe su limitación en los estados de excepción, prevalecen en el orden interno.

La norma constitucional declara sin rodeos que los derechos y deberes consagrados en el Estatuto Fundamental se interpretarán de conformidad con los tratados internacionales sobre derechos humanos ratificados por Colombia[153]

Con fundamento en lo anterior, la Corte Constitucional luego pasó a referirse a la libertad de expresión del pensamiento y al derecho constitucional a informar de acuerdo con lo establecido en el artículo 19,2 del Pacto Internacional de Derechos Civiles y Políticos y en el artículo 13,2 de la Convención Americana de Derechos Humanos, particularmente en relación con la universalidad del ejercicio de tales derechos, "sin consideraciones de fronteras"; concluyendo que:

Prohibir que en el territorio nacional se instalen o pongan en funcionamiento estaciones terrenas destinadas a la captación y posterior difusión, transmisión o distribución de señales de satélites, bien que su procedencia sea nacional o internacional, implicaría flagrante vulneración del derecho a la información, que cobija a toda persona en los términos del artículo 20 de la Constitución[154].

2. *Las referencias constitucionales generales a las declaraciones universales de derechos humanos*

Una segunda técnica interpretativa que conduce a la aplicación de los tratados internacionales en el orden interno, adquiriendo además rango constitucional, resulta de las declaraciones generales contenidas en los Preámbulos de los textos constitucionales en los cuales se hace referencia a las declaraciones internacionales de derechos humanos o a los derechos humanos como valor universal.

En esta forma, muchos de los Preámbulos de las Constituciones dictadas después de la Segunda Guerra Mundial, hacen referencia a los derechos humanos y en particular a las declaraciones internacionales, como valores fundamentales de la sociedad. El ejemplo más clásico es el de la Constitución francesa de 1958 en la cual, sin que en su texto se haya incorporado una declaración de derechos humanos, se establece la siguiente declaración general contenida en el Preámbulo:

> El Pueblo Francés proclama solemnemente su dedicación a los Derechos del Hombre y a los principios de soberanía nacional definidos en la Declaración de 1789, reafirmados y complementados en el Preámbulo de la Constitución de 1946.

Con fundamento en esta declaración, el Consejo Constitucional francés ha extendido el bloque de la constitucionalidad[155], atribuyendo rango y valor constitucional a

---

153 *V. en Iudicum et Vita, Jurisprudencia nacional de América Latina en Derechos Humanos*, Nº 5, Instituto Interamericano de Derechos "Humanos, San José, Costa Rica, Diciembre 1997 pp. 34-35.

154 *Idem*, p. 37.

155 *V.* L. Favoreu, "Le principe de constitutionalité. Essai de définition d'après la jurisprudence du Conseil constitutionnel", en *Recueil d'études en l'honneur de Charles Eisenmann*, Paris 1977, p. 33.

los derechos humanos consagrados en la Declaración de los Derechos del Hombre y del Ciudadano de 1789[156]. Como lo dijo el profesor Rivero, ello contribuyó a que "de un soplo, la Declaración de 1789, el Preámbulo de la Constitución de 1946 y los principios fundamentales reconocidos por las leyes de la República, hayan sido integrados en la Constitución francesa, incluso si el Constituyente no lo quiso. La Constitución francesa, así, doblo su volumen con la sola voluntad del Consejo Constitucional"[157].

En América Latina, muchas Constituciones también contienen declaraciones generales en las cuales se definen los propósitos de la organización política y de la sanción de la propia Constitución, estableciendo una orientación general para la actuación de los órganos del Estado en relación con el respeto y garantía de los derechos humanos. Por ejemplo, la Constitución de Venezuela declara que dicho texto se ha sancionado con el fin de que se "asegure el derecho a la vida, al trabajo, a la cultura, a la educación, a la justicia social y a la igualdad sin discriminación ni subordinación alguna", promoviendo "la garantía universal e indivisible de los derechos humanos".

La Constitución de Guatemala, por su parte, también expresa en su Preámbulo que dicho texto se ha dictado "afirmando la primacía de la persona humana como sujeto y fin del orden social" y "decididos a impulsar la plena vigencia de los Derechos Humanos dentro de un orden institucional estable, permanente y popular, donde gobernados y gobernantes procedan con absoluto apego al derecho".

Siendo en estos casos, el objetivo general de las Constituciones, el garantizar, promover e impulsar el efectivo goce y ejercicio de los derechos humanos referidos en el contexto universal, los derechos incorporados en las declaraciones y tratados internacionales, pueden ser considerados o interpretados como teniendo el mismo rango y valor de los que se han incorporado en el texto de las propias declaraciones constitucionales.

Otras Constituciones contienen declaraciones de principios similares, aún cuando no en los preámbulos, sino en el propio texto constitucional, al regularse aspectos específicos del funcionamiento de los órganos del Estado, imponiéndoseles como obligación, por ejemplo, el garantizar efectivamente el derecho de todas las personas para el goce y ejercicio de sus derechos constitucionales.

En estos casos, al establecerse como obligación estatal el necesario respeto a los derechos humanos o el garantizar que puedan ser efectivamente ejercidos, ello se ha interpretado como un reconocimiento del valor universal de los derechos, y su rango constitucional, aún cuando no estén en el texto constitucional.

Es el caso de la Constitución de Chile, en la cual, en la reforma de 1989, se incorporó una declaración general en la cual se reconoció que el ejercicio de la soberanía está limitado por "el respeto a los derechos esenciales que emanan de la naturaleza humana", prescribiendo además, como un "deber de los órganos del Estado respetar y promover tales derechos, garantizados por esta Constitución, así como por los tratados internacionales ratificados por Chile y que se encuentren vigentes" (art.

---

156 *V.* Allan R. Brewer-Carías, *Judicial Review in Comparative Law*, Cambridge University Press, 1989.

157 *V.* J. Rivero, "Rapport de Synthèse" en L. Favoreu (ed.), *Cours constitutionnelles européennes et droit fondamentaux*, Aix-en-Provence 1982, p. 520.

5). En consecuencia, si es un deber de los órganos del Estado el respetar y promover los derechos humanos que están garantizados en los tratados internacionales, dichos derechos adquieren igual rango y valor constitucional que el de los derechos constitucionales enumerados en el texto fundamental. Incluso la referencia constitucional a los "derechos esenciales que emanan de la naturaleza humana" permite y exige que no solo los declarados en el texto constitucional tengan el carácter de derechos constitucionales, sino los enumerados en los tratados internacionales, e incluso, por ejemplo, que también tengan tal carácter aquellos no enumerados en texto expreso pero que sean esenciales a la naturaleza humana.

La Constitución de Ecuador también prescribe en su artículo 16, en la misma orientación, que "El más alto deber del Estado consiste en respetar y hacer respetar los derechos humanos que garantiza esta Constitución", garantizando el Estado "a todos sus habitantes, sin discriminación alguna, el libre y eficaz ejercicio y el goce de los derechos humanos establecidos en esta Constitución y en las declaraciones, pactos, convenios y más instrumentos internacionales vigentes"; obligándose el Estado, además, a adoptar "mediante planes y programas permanentes y periódicos, medidas para el efectivo goce de estos derechos" (Art. 17).

En consecuencia, en estos casos, las obligaciones del Estado se refieren no solo a garantizar el ejercicio de los derechos enumerados en la Constitución, sino en los instrumentos internacionales, los cuales por tanto puede considerarse que adquieren el mismo rango y valor que aquellos.

En este sentido, también debe hacerse especial referencia a la Constitución de Nicaragua, en la cual se incorporó una declaración general en el artículo 46, conforme a la cual, en el territorio nacional, toda persona goza no solo "de la protección estatal y del reconocimiento de los derechos inherentes a la persona humana, del irrestricto respeto, promoción y protección de los derechos humanos" sino además, de la protección del Estado respecto "de la plena vigencia de los derechos consignados en la Declaración Universal de los Derechos Humanos; en la Declaración Americana de Derechos y Deberes del Hombre, en el Pacto Internacional de Derechos Económicos, Sociales y Culturales, en el Pacto Internacional de Derechos Civiles y Políticos de la Organización de las Naciones Unidas y en la Convención Americana de Derechos Humanos de la Organización de Estados Americanos".

En este caso, la referencia constitucional a ciertos tratados internacionales de derechos humanos, dada la dinámica internacional en la materia, debe entenderse como una enumeración no restrictiva, particularmente por la referencia previa a los derechos inherentes a la persona humana.

Ahora bien, con fundamento en este artículo 46 de la Constitución de Nicaragua, y alegándose la violación de derechos consagrados en tratados internacionales, por tanto, se han impugnado leyes por inconstitucionalidad, como fue el caso de la Ley General sobre los medios de la Comunicación Social (Ley N° 57) de 1989. En una sentencia de la Corte Suprema de Justicia de Nicaragua de fecha 22 de agosto de 1989, si bien la Corte declaró sin lugar el amparo por inconstitucionalidad que se había intentado, consideró extensivamente las violaciones denunciadas no sólo respecto de artículos constitucionales como el artículo 46, sino a través del mismo, de normas de la Declaración Universal de Derechos Humanos, del Pacto Internacional de Derechos Civiles y Políticos y de la Convención Americana de Derechos Humanos[158].

Finalmente, también debe hacerse mención a la Constitución de Brasil, en la cual se proclamó que el Estado en sus relaciones internacionales se rige por el principio de la prevalencia de los derechos humanos (Artículo 4, III); y se indicó que como el Estado es un Estado democrático de derecho, tiene como uno de sus fundamentos la dignidad de la persona humana (Artículo I, III). En relación con los derechos humanos, en particular, el artículo 5,2 de la Constitución dispone que "los derechos y garantías establecidos en esta Constitución no excluye otros que pueden resultar del régimen y de los principios por ella adoptados, o de los tratados internacionales en que la República Federativa del Brasil sea parte"(Art. 5,2).

Este artículo también se ha interpretado, en la misma línea general de las otras Constituciones latinoamericanas, como un mecanismo para reconocer en el orden interno, el rango y valor de los derechos humanos declarados en los instrumentos internacionales, que por ello, pueden tener aplicación directa por los tribunales[159].

3. *La interpretación de los derechos humanos conforme al principio de la progresividad*

Por último, también debe hacerse mención al principio de la progresividad como mecanismo de interpretación de los derechos humanos, mediante el cual, como cuestión de principio no se puede admitir que la interpretación o aplicación de una norma relativa a los derechos humanos resulte en una disminución del goce, ejercicio y protección efectivos de los mismos; y además, que en caso de que existan varias previsiones reguladoras de derechos, la que debe aplicarse con prelación es la que disponga la regulación más favorable[160]. Tal como lo había resuelto la antigua Corte Suprema de Justicia de Venezuela, "el principio jurídico de progresividad envuelve la necesidad de aplicar con preferencia la norma más favorable a los derechos humanos, sea de Derecho Constitucional, de Derecho Internacional o de derecho ordinario"[161]. En consecuencia, la interpretación de las leyes relativas a derechos humanos siempre debe guiarse por el principio de progresividad, en el sentido de que siempre debe resultar una interpretación más protectiva en relación con los mismos.

El principio de la progresividad, por otra parte, se incorporó expresamente en el texto constitucional de Venezuela 1999, en cuyo artículo 19 se dispone que el Esta-

---

158 *V.* el texto de la sentencia en *Iudicum et Vita, Jurisprudencia nacional de América Latina en Derechos Humanos*, N° 5, Instituto Interamericano de Derechos Humanos, San José, Costa Rica, Diciembre 1997, pp. 128-140. *V.* los comentarios de Antonio Cançado Trindade, "Libertad de expresión y derecho a la información en los planos internacional y nacional", *Idem*, p. 194.

159 Antonio Cançado Trindade ha considerado que con estas normas, la Constitución de Brasil le otorga a los tratados de derechos humanos, naturaleza constitucional, inmediatamente exigibles en el derecho interno. *V.*, *Direito internacional e direito interno: Sua Interacão dos dereitos humanos*, San José, 1996 citado por Humberto Henderson, "Los tratados internacionales de derechos humanos en el orden interno: la importancia del principio pro homine", en *Revista IIDH*, Instituto Interamericano de Derechos Humanos, N° 39, San José 2004, p. 78, nota 12.

160 *V.* Pedro Nikken, *La protección internacional de los derechos humanos. Su desarrollo progresivo*, Instituto Interamericano de Derechos Humanos, Ed. Civitas, Madrid, 1987

161 Sentencia de 30-07-1996, en *Revista de Derecho Público*, N° 67-68, Editorial Jurídica Venezolana, Caracas 1996, p. 170

do garantiza a toda persona "el goce y ejercicio irrenunciable, indivisible e interdependiente de los derechos humanos... conforme al principio de progresividad y sin discriminación alguna".

Ahora bien, en relación con este principio de progresividad, en particular en cuanto su implicancia respecto de la aplicación preferente de las norma que contengan regulaciones más favorables al ejercicio del derecho (favor libertatis), en una importante sentencia de amparo dictada por la antigua Corte Suprema de Justicia de Venezuela de 3 de diciembre de 1990, dicho Supremo Tribunal lo aplicó al referirse a los derechos de la mujer embarazada.

En efecto, el caso se trató de una funcionaria pública que durante su embarazo, fue despedida de su cargo sin causa justificada. Para la fecha, la Ley del Trabajo no establecía derecho alguno de la mujer embarazada a no ser despedida de su cargo sin causa justificada, lo que sin embargo si estaba regulado en el Convenio N° 103 de la Organización Internacional del Trabajo y en la Convención Americana de Derechos Humanos en la que se prevé la eliminación de toda forma de discriminación contra la mujer.

En cuanto a la normativa constitucional, el artículo 74 de la Constitución de 1961 solo contenía una previsión general relativa al derecho de protección de la maternidad.

La Corte Suprema, sin embargo, en el caso concreto, después de analizar la protección solicitada por la funcionaria despedida, que le impedía gozar de su derecho al descanso pre y post natal, declaró con lugar la acción de amparo que había sido intentada, resolviendo que:

> El derecho a la inamovilidad en el trabajo de la mujer embarazada y el derecho a disfrutar del descanso pre y post natal constituyen derechos inherentes a la persona humana los cuales se constitucionalizan de conformidad con el artículo 50 de nuestro Texto Fundamental, según el cual "la enunciación de los derechos y garantías contenidos en esta Constitución no debe entenderse como negación de otros que, siendo inherentes de la persona humana, no figuren expresamente en ella. La falta de ley reglamentaria de estos derechos no menoscaba el ejercicio de los mismos.

De modo que de toda esta normativa de carácter Supranacional, y en particular el mandato contenido en el artículo 74 de la Constitución, consagra la protección de la maternidad y de la mujer trabajadora, materializando tal protección a través de la consagración de la inamovilidad en el trabajo de la mujer embarazada y el derecho a disfrutar del descanso pre y post-natal".

Con fundamento en tan claras y terminantes disposiciones, esta Corte considera que cualquier intento del patrono o empleador de cercenar el derecho a la inamovilidad en el trabajo de la mujer embarazada sin que medie causal de despido por retiro, por razones disciplinarias y al no permitir el disfrute del derecho al descanso pre y post natal, constituye una evidente y flagrante violación al principio constitucional consagrado en los artículos 74 y 93 de la Constitución[162]

---

162 Caso: *Mariela Morales de Jiménez. V.* en *Revista de Derecho Público*, N° 45, Editorial Jurídica Venezolana, Caracas, 1991, pp. 84-85. *V.* las referencias en la sentencia de 30-07-1996 en *Revista de Derecho Público*, N° 97-98, Editorial Jurídica Venezolana, Caracas 1996, p 170.

En este caso, por tanto, el principio interpretativo de la progresividad condujo a la aplicación directa por los tribunales de las normas internacionales más favorables en materia de derechos humanos.

Otras Constituciones como la de Ecuador, no sólo establecen el principio de que "los derechos y garantías determinados en esta Constitución y en los instrumentos internacionales vigentes, serán directa e inmediatamente aplicables por y ante cualquier juez, tribunal o autoridad", sino que se dispone expresamente a la progresividad como principio de interpretación, al prescribir que "en materia de derechos y garantías constitucionales, se estará a la interpretación que más favorezca su efectiva vigencia".

Este principio de la progresividad en la interpretación de los derechos humanos puede decirse que equivale al también denominado principio *pro homine*, el cual ha sido definido como "un criterio hermenéutico que informa todo el derecho de los derechos humanos, en virtud del cual se debe acudir a la norma más amplia, o a la interpretación más extensiva, cuando se trate de reconocer derechos protegidos"; y que implica que en materia de derechos humanos, la interpretación "estará siempre a favor del hombre (*pro homine*)"[163].

El principio se ha deducido como incorporado en las Constituciones, como las ya mencionadas de Chile y Perú, cuando precisan como fin esencial del Estado el respeto de los derechos humanos, así como era el caso de la Constitución del Perú de 1993, en la cual se disponía que "la defensa de la persona humana y el respeto de su dignidad son el fin de la sociedad y del Estado"(art. 1); y es el caso de la Constitución de Chile en la cual se dispone como "deber de los órganos del Estado respetar y promover tales derechos, garantizados por esta Constitución, así como por los tratados internacionales ratificados por Chile y que se encuentren vigentes" (art. 5)[164].

Como lo ha precisado Henderson, el principio *pro homine* tiene varias formas de aplicación, entre las que se destacan: en primer lugar, en los casos en los cuales está en juego la aplicación de varias normas relativas a derechos humanos, debe aplicarse aquella que contenga protecciones mejores o más favorables para el individuo; en segundo lugar, en casos en los cuales se está en presencia de una sucesión de normas, debe entenderse que la norma posterior no deroga la anterior si esta consagra protecciones mejores o mayores que deben conservarse para las personas; y en tercer

---

163 *V.* Mónica Pinto, "El principio pro homine. Criterio hermenéutico y pautas para la regulación de los derechos humanos", en *La aplicación de los tratados sobre derechos Humanos por los tribunales locales*, Centro de Estudios Legales y Sociales, Buenos Aires, 1997, p. 163. *V.* además, Humberto Henderson, "Los tratados internacionales de derechos humanos en el orden interno: la importancia del principio pro homine", en *Revista IIDH*, Instituto Interamericano de Derechos Humanos, N° 39, San José 2004, p. 92.

164 *V.* Iván Bazán Chacón, "Aplicación del derecho internacional en la judicialización de violaciones de derechos humanos" en *Para hacer justicia. Reflexiones en torno a la judicialización de casos de violaciones de derechos humanos*, Coordinadora Nacional de Derechos Humanos, Lima, 2004, p. 27; Humberto Henderson, "Los tratados internacionales de derechos humanos en el orden interno: la importancia del principio pro homine", en *Revista IIDH*, Instituto Interamericano de Derechos Humanos, N° 39, San José 2004, p. 89, nota 27.

lugar, cuando se trate de la aplicación de una norma, debe siempre interpretarse en la forma que mejor tutele a la persona[165].

Por último, en relación con el principio de la progresividad en materia de derechos humanos, también debe hacerse mención a su incorporación en la Convención Americana de Derechos Humanos, al disponerse en su artículo 29, las siguientes normas sobre interpretación, de manera que ninguna disposición de la Convención puede ser interpretada en el sentido de:

a) permitir a alguno de los Estados Partes, grupo o persona, suprimir el goce y ejercicio de los derechos y libertades reconocidos en la Convención o limitarlos en mayor medida que la prevista en ella;

b) limitar el goce y ejercicio de cualquier derecho o libertad que pueda estar reconocido de acuerdo con las leyes de cualquiera de los Estados Partes o de acuerdo con otra convención en que sea parte uno de dichos Estados;

c) excluir otros derechos y garantías que son inherentes al ser humano o que se derivan de la forma democrática representativa de gobierno, y

d) excluir o limitar el efecto que puedan producir la Declaración Americana de Derechos y Deberes del Hombre y otros actos internacionales de la misma naturaleza.

SECCIÓN QUINTA:

NUEVAS REFLEXIONES SOBRE EL PAPEL DE LOS TRIBUNALES CONSTITUCIONALES EN LA CONSOLIDACIÓN DEL ESTADO DEMOCRÁTICO DE DERECHO: DEFENSA DE LA CONSTITUCIÓN, CONTROL DEL PODER Y PROTECCIÓN DE LOS DERECHOS HUMANOS (2008)

Documento preparado para el Encuentro de Presidentes de Cortes Supremas y Tribunales Constitucionales de Centro América y República Dominicana, en San José Costa Rica, febrero 2006. Publicado en el libro: Francisco Fernández Segado (coordinador), *Dignidad de la persona, Derechos Fundamentales, Justicia Constitucional*, Dykinson, Madrid 2008, pp. 761-826

I. SOBRE EL ESTADO DEMOCRÁTICO DE DERECHO

El Estado democrático de derecho en el mundo contemporáneo, puede decirse que está construido sobre cuatro elementos fundamentales: en primer lugar, la existencia de una Constitución como norma suprema, directamente aplicable a los particulares; en segundo lugar, la democracia como régimen político, que tiene por objeto asegurar el gobierno del pueblo como titular de la soberanía, sea en forma indirecta a través de representantes, o bien mediante instrumentos para su ejercicio directo; en tercer lugar, el goce y ejercicio de los derechos humanos, como fin esencial del orden político; y en cuarto lugar, el control del poder, como sistema político

---

165 *V.* Humberto Henderson, "Los tratados internacionales de derechos humanos en el orden interno: la importancia del principio pro homine", en *Revista IIDH*, Instituto Interamericano de Derechos Humanos, nº 39, San José 2004, pp. 92-96.

constitucional, que tiene por objeto impedir el abuso de quienes ejercen el poder estatal. Los cuatro elementos están interrelacionados, de manera que ninguno puede existir aisladamente y sin que exista el otro: no puede haber efectiva supremacía constitucional, verdadera democracia ni efectivo goce y protección de los derechos humanos si no hay control del poder; y sólo en democracia es que se concibe el sistema de derechos humanos, la posibilidad de controlar el poder y garantizar efectivamente la supremacía de la Constitución.

En otras palabras, para que pueda existir y funcionar efectivamente la democracia y se pueda asegurar realmente la protección de los derechos humanos y la supremacía constitucional, se requiere de un marco constitucional que establezca y permita el control del poder, de manera que los diversos poderes del Estado puedan limitarse mutuamente, y mediante su división y distribución, el poder pueda frenar al poder. Sólo en un sistema donde exista el control del poder puede haber garantía esencial de todos los valores de la propia democracia, como el respeto a la voluntad popular, la vigencia de los derechos humanos, el pluralismo político, la alternabilidad republicana o el Estado de derecho.

Precisamente por ello, en ese instrumento internacional excepcionalísimo como es la Carta Democrática Interamericana adoptada en la Asamblea General de la Organización de Estados Americanos, en Lima, el 11 de septiembre de 2001, se enumeraron en su artículo 3, como elementos esenciales de la democracia representativa, además del respeto a los derechos humanos y las libertades fundamentales; además del acceso al poder y su ejercicio con sujeción al Estado de derecho; además de la celebración de elecciones periódicas, libres, justas y basadas en el sufragio universal y secreto, como expresión de la soberanía del pueblo; y además del régimen plural de partidos y organizaciones políticas; la necesaria existencia –dice- de "la separación e independencia de los poderes públicos". Además, la misma Carta definió en su artículo 4°, como componentes fundamentales del ejercicio de la democracia, la transparencia de las actividades gubernamentales, la probidad, la responsabilidad de los gobiernos en la gestión pública, y el respeto por los derechos sociales y la libertad de expresión y de prensa. Además, se declaró que son igualmente fundamentales para la democracia la subordinación constitucional de todas las instituciones del Estado a la autoridad civil legalmente constituida y el respeto al Estado de derecho de todas las entidades y sectores de la sociedad. La democracia, por tanto, es mucho más que las solas elecciones y votaciones.

Sin embargo, entre todos esos elementos y componentes esenciales de la democracia, sin duda, el que se refiere a la separación e independencia de los Poderes Públicos es precisamente el que permite estructurar un verdadero régimen democrático, permite asegurar la supremacía de la Constitución y permite la efectiva vigencia de los derechos humanos[166].

No olvidemos que en nuestros países, desde hace mucho tiempo y con todos los altos y bajos de su efectividad, hemos tenido instituciones que han buscado asegurar el respeto a los derechos humanos, la sujeción del poder al derecho, elecciones más

166 *V.*, sobre la Carta Democrática Interamericana y la crisis de la democracia en Venezuela, Allan R. Brewer-Carías, *La crisis de la democracia venezolana. La Carta Democrática Interamericana y los sucesos de abril de 2002*, Ediciones El Nacional, Caracas 2002. pp. 137 y ss. Este libro puede consultarse en la página web: allanbrewercarias.com (Publicaciones 2002).

o menos regulares y libres y un régimen plural de partidos. Pero si nuestras democracias no terminan de arraigar, es porque nos ha faltado implantar efectivamente el último de los elementos mencionados en la Carta Democrática Interamericana, el de la efectiva "separación e independencia de los poderes"; es decir, el orden constitucional que debe existir en toda democracia para controlar y limitar el poder, y que hace posible la misma gobernabilidad de la democracia, y en particular, lograr una efectiva representación política; la posibilidad real de participación política del ciudadano; un buen gobierno que sea transparente y responsable, la garantía de los derechos humanos y la vigencia efectiva del Estado de derecho.

Porque sin control del poder no sólo la democracia no es gobernable, sino que no pueden tener efectiva vigencia todos los otros factores esenciales de la democracia antes mencionados, pues sólo controlando al Poder es que puede haber elecciones completamente libres y justas, es decir, puede haber representatividad efectiva; sólo controlando al poder es que puede haber pluralismo político; sólo controlando al Poder es que puede haber efectiva participación democrática; sólo controlando al Poder es que se puede asegurar una efectiva transparencia en su ejercicio, con exigencia de la rendición de cuentas por los gobernantes; sólo controlando el Poder es que se puede asegurar un buen gobierno sometido al respeto de la Constitución y del Estado de derecho; sólo controlando el Poder es que puede haber un efectivo acceso a la justicia; y sólo controlando al Poder es que puede haber real y efectiva garantía de respeto a los derechos humanos.

Al contrario demasiada concentración y centralización del poder, si no hay controles efectivos sobre los gobernantes, y peor aún, si estos tienen o creen tener apoyo popular, conduce al autoritarismo y, en definitiva, a la tiranía. Y esa es la historia de la humanidad durante el Siglo pasado, que nos ha mostrado precisamente a tiranos que usaron el voto de la mayoría para acceder al poder y desde allí aplicaron el autoritarismo para acabar con la propia democracia y con todos sus elementos, comenzando por los derechos humanos.

Desde los inicios del constitucionalismo moderno, además, estos principios quedaron plasmados en la misma Declaración francesa de los Derechos del Hombre y del Ciudadano de 1789, cuando proclamó que "toda sociedad en la cual la garantía de los derechos no esté asegurada, ni la separación de poderes determinada, no tiene Constitución" (art. XVI). Constitución, separación de poderes, respeto a los derechos humanos, y más modernamente, la democracia, han sido y continúan siendo los signos más arraigados, y no necesariamente desarrollados en la práctica, del constitucionalismo contemporáneo propios del Estado de derecho.

II. EL CONTROL DEL PODER Y LOS TRIBUNALES CONSTITUCIONALES

Ahora bien, una pieza esencial de este proceso relativo al control del poder, la constituye el control judicial de la constitucionalidad de los actos estatales, que permite particularmente el control de la constitucionalidad de las leyes, y que garantiza la protección judicial de los derechos humanos. De allí la progresiva consolidación de los tribunales constitucionales en el mundo contemporáneo, precisamente como la pieza más importante para el control del poder, para garantizar la supremacía de la Constitución, asegurar la democracia y servir de instrumentos para asegurar y proteger el efectivo goce y respeto de los derechos humanos.

Me refiero a los tribunales con competencia en cuestiones constitucionales, sea que se trate de tribunales creados como tribunales constitucionales, o sea que se trata de los tribunales ordinarios cuando ejercen competencias constitucionales.

En el primer caso están los tribunales constitucionales creados específicamente para ejercer en exclusiva la jurisdicción constitucional. Así sucede por ejemplo, primero, con los Tribunales y Cortes Constitucionales que se han establecido dentro o fuera del Poder Judicial, como ha sucedido en Guatemala, Chile, Perú, Ecuador, Colombia y Bolivia; segundo, con las Salas Constitucionales establecidas dentro de las Cortes Supremas de Justicia, sea con potestad decisoria propia como las Salas Constitucionales de Costa Rica, El Salvador, Paraguay y Venezuela; o con potestad decisoria limitada por la regla de la unanimidad, como sucede en el caso de la Sala Constitucional de Honduras; y tercero, con las Cortes Supremas de Justicia que ejercen la jurisdicción constitucional, sea teniendo una Sala Constitucional como entidad ponente, como sucede en Nicaragua, o ejerciendo sus competencias en Pleno, compartidas con las competencias de casación, como sucede en Brasil, Panamá, Uruguay, México.

En segundo caso, también se pueden considerar como tribunales constitucionales, los tribunales ordinarios cuando ejercen el control difuso de la constitucionalidad de las leyes, como sucede por ejemplo en Argentina, Brasil, Perú, Colombia y Venezuela; o cuando conocen de las acciones de amparo, como sucede en casi todos los países suramericanos.

En todos esos supuestos, el rol de los tribunales constitucionales es garantizar la Constitución y su supremacía[167], y a través de ella, la democracia, el control del poder y la vigencia de los derechos humanos. Los ciudadanos en un Estado democrático de derecho, tienen en efecto un derecho constitucional a que se preserve la supremacía de la Constitución, pues ello es la garantía de su propio derecho a la democracia, a que se controle el abuso del poder y a que los otros derechos constitucionales tengan vigencia.

III. EL DERECHO CIUDADANO A LA SUPREMACÍA CONSTITUCIONAL

En efecto, si partimos del supuesto de que la Constitución es manifestación de la voluntad del pueblo que debe prevalecer sobre la voluntad de los órganos constituidos, el primer y principal derecho constitucional que los ciudadanos tienen en un Estado de derecho, es el derecho a dicha supremacía, es decir, al respeto de la propia voluntad popular expresada en la Constitución. Nada se ganaría con señalar que la Constitución, como manifestación de la soberanía del pueblo, debe prevalecer sobre la de los órganos del Estado, si no existiere el derecho de los integrantes del pueblo de exigir el respeto de esa Constitución.

El constitucionalismo moderno, por tanto, en nuestro criterio, está montado no sólo en el principio de la supremacía constitucional, sino en el Principio de que, como secuela del anterior, también existe un derecho del ciudadano a esa suprema-

167 *V.*, Allan R. Brewer-Carías, "La Justicia Constitucional", *Revista Jurídica del Perú*, Nº 3, 1995, Trujillo, Perú, pp. 121 a 160.

cía[168], que se concreta, conforme al principio de la separación y control del poder, en un derecho fundamental a la tutela judicial de la supremacía constitucional.

En esta forma, el desarrollo de la justicia constitucional en sus dos vertientes, como protección de la parte orgánica de la Constitución, o como protección de su parte dogmática, es decir, de los derechos y libertades constitucionales, en definitiva no es más que la manifestación de la garantía constitucional del derecho fundamental del ciudadano al respecto de la supremacía constitucional, es decir, a la tutela judicial efectiva de dicha supremacía.

Este derecho fundamental, así, se concreta tanto en un derecho al control jurisdiccional de la constitucionalidad de los actos estatales, sea mediante sistemas de justicia constitucional concentrados o difusos, y en un derecho al amparo judicial de los demás derechos fundamentales de las personas, sea mediante acciones o recursos de amparo u otros medios judiciales de protección inmediata de los mismos. La consecuencia de este derecho fundamental, sin duda, implica el poder atribuido a los jueces de asegurar la supremacía constitucional, sea declarando la nulidad de los actos contrarios a la Constitución, sea restableciendo los derechos fundamentales vulnerados por acciones ilegítimas, tanto de los órganos del Estado como de los particulares.

Tratándose de un derecho fundamental de los ciudadanos, el de asegurar la supremacía constitucional mediante la tutela judicial de la misma, es evidente que sólo la Constitución podría limitar dicho derecho, es decir, sería incompatible con la idea del derecho fundamental de la supremacía constitucional que se postula, cualquier limitación legal a la misma, sea manifestada en actos estatales excluidos del control judicial de constitucionalidad; sea en derechos constitucionales cuya violación no fuera amparable en forma inmediata. La supremacía constitucional es una noción absoluta, que no admite excepciones, por lo que el derecho constitucional a su aseguramiento tampoco puede admitir excepciones, salvo por supuesto, las que establezca la propia Constitución.

De lo anterior resulta que, en definitiva, en el derecho constitucional contemporáneo, los tribunales constitucionales se han estructurado como una garantía adjetiva al derecho fundamental de los ciudadanos a la supremacía constitucional.

En cierta forma, como lo ha señalado Silvia Snowiss en su análisis histórico sobre los orígenes de la justicia constitucional de Norteamérica, ésta tuvo su origen como mecanismo sustitutivo de la revolución[169]. Recuérdese que en la propia Declaración de Derechos que precedió la Constitución o forma de Gobierno de Virginia de 29 de junio de 1776, se declaró como derecho colectivo el "que corresponde a la mayoría", como "derecho indudable, inalienable e irrevocable" de "reformar, alterar y abolir" cualquier gobierno establecido en forma "inadecuada o contraria" a los propósitos establecidos en la Declaración (III).

Ello significa que si los ciudadanos tienen derecho a la supremacía constitucional, como pueblo soberano, cualquier violación de la Constitución podría dar lugar a la revocatoria del mandato a los representantes o a su sustitución por otros, en apli-

---

168 *V.*, Allan R. Brewer-Carías, "El amparo a los derechos y libertades constitucionales (una aproximación comparativa)" en *La protección jurídica del ciudadano. Estudios en Homenaje al Profesor Jesús González Pérez*, Madrid 1993, Tomo III, pp. 2.696 y 2.697

169 *V.*, Silvia Snowiss, *Judicial Review and the Law of the Constitution*, Yale University Press 1990, p. 113.

cación del derecho a la resistencia o a la revuelta que defendía John Locke[170]. En caso de opresión de los derechos o de abuso o usurpación, la revolución era la solución o la vía de solución de conflictos por parte del pueblo. Pues bien, y precisamente como sustituto de la misma, sin embargo, se considera que surgió el poder atribuido a los tribunales constitucionales para dirimir los conflictos constitucionales entre los poderes constituidos o entre estos y el pueblo. Esa es, precisamente, la tarea de los tribunales constitucionales, quedando configurada la justicia constitucional como la principal garantía al derecho ciudadano a la supremacía constitucional.

IV. LA GARANTÍA DE LA CONSTITUCIÓN Y LOS TRIBUNALES CONSTITUCIONALES

Por tanto, la existencia misma de los tribunales constitucionales como instrumentos para la consolidación del Estado de derecho, deriva de la idea misma de Constitución como norma suprema y positiva, directamente aplicada a gobernantes y gobernados.

Como lo señaló Mauro Cappelletti, la Constitución considerada "no como una simple pauta de carácter político, moral o filosófico, sino como una ley verdadera, positiva y obligante, con un carácter supremo y más permanente que la legislación positiva ordinaria"[171]. O como lo puntualizó Eduardo García de Enterría, como normas jurídicas efectivas, que prevalecen en el proceso político, en la vida social y económica del país, y que sustentan la validez a todo el orden jurídico[172]. En este sentido, la Constitución como ley suprema, real y efectiva, contiene normas directamente aplicables tanto a los órganos del Estado como a los individuos.

Este fue el concepto adoptado en los Estados Unidos de América desde los inicios del constitucionalismo, y en los países de América Latina, desde el siglo pasado. Fue el concepto adoptado en Europa después de la Revolución francesa, y que, abandonado durante el siglo XIX, fue redescubierto en el Siglo XX, particularmente después de la Segunda Guerra Mundial. Es el mismo sentido normativo que se desprende de la decisión de la Corte Suprema norteamericana, en el caso *Trop vs Dulles,* 1958, en la cual, en relación al carácter normativo de la Constitución, estableció lo siguiente:

> "Las disposiciones de la Constitución no son adagios trillados ni contraseñas vacías. Son principios vitales y vivos que autorizan y limitan los poderes gubernamentales de nuestra Nación. Son normas de Gobierno. Cuando se cuestiona ante este Tribunal la constitucionalidad da una ley del Congreso, debemos aplicar dichas normas. De lo contrario, los términos de la Constitución se convertirían en poco más que buenas intenciones"[173].

---

170 *V.*, John Locke, *Two Treatises of Government* (ed. Peter Laslett), Cambridge UK, 1967, pp. 221 y ss.

171 M. Cappelletti, *Judicial Review of Legislation and its Legitimacy*. Recent Developments. General Report. International Association of Legal Sciences. Uppsala, 1984 (mimeo), p. 20; también publicado como "Rapport général" en L. Favoreu y J.A. Jolowicz (ed). *Le contrôle juridictionnel des lois Légitimité, effectivité et développements récents*, París, 1986, pp. 285-300.

172 E. García de Enterría, *La Constitución como norma y el Tribunal constitucional*, Madrid, 1985, p. 33, 39, 66, 71, 177 y 187.

173 356 US 86 (1958).

Por ello, en los sistemas jurídicos contemporáneos, las Constituciones no son aquellas "buenas intenciones" ni esos "adagios trillados" a que se refería tal decisión; al contrario, su contenido tienen un carácter normativo que rige tanto respecto de los órganos del Estado como de los individuos.

Este principio rige ahora, incluso, en Francia, donde anteriormente, en el sistema constitucional tradicional instaurado por las Leyes constitucionales de 1875, debido a la inexistencia de la Declaración de los Derechos del Hombre y del Ciudadano en el texto de la Constitución[174], sus disposiciones fueron consideradas como no directamente aplicables a los individuos. Sin embargo, tras varias decisiones del Consejo Constitucional adoptadas en los años setenta del Siglo pasado, el "bloque de la constitucionalidad"[175] fue ampliado para incluir en el mismo a la Declaración de los Derechos del Hombre y del Ciudadano de 1789, a los Preámbulos de las Constituciones de 1946 y 1958, y a los principios fundamentales reconocidos por las leyes de la República[176]. Esto llevó a Jean Rivero a afirmar, con respecto a la creación del derecho por los tribunales constitucionales, que con las decisiones del Consejo Constitucional basadas en "la Constitución y en particular en su Preámbulo", se había producido "una revolución":

> "He allí, de una sola vez, la Declaración de 1789, el Preámbulo de 1946, los principios fundamentales reconocidos por las leyes de la República, integrados a la Constitución francesa, aun cuando la Constituyente no lo quiso. La Constitución francesa duplicó de tamaño por simple voluntad del Consejo Constitucional"[177].

Este carácter normativo de la Constitución en relación a los órganos del Estado y a los individuos, y su aplicación por los tribunales, también han provocado cambios en relación a las llamadas "normas programáticas" de la Constitución, las cuales tradicionalmente habían sido consideradas como normas sólo directamente aplicables al Legislador[178]. Por el contrario, el carácter normativo de la Constitución como tendencia esencial del constitucionalismo contemporáneo, tiende a la superación del carácter programático atribuido a algunas normas constitucionales, y a imponer su ejecución por los tribunales como normas directamente aplicables a los individuos, dejando ser consideradas sólo como aquellas "buenas intenciones".

Por otra parte, en el derecho constitucional contemporáneo, los tribunales constitucionales existen, no sólo porque existe una Constitución como norma verdaderamente aplicable por los tribunales, sino además, porque la misma tiene efectiva supremacía sobre el orden jurídico en su conjunto, en el sentido de que prevalece fren-

---

174 J. Rivero, *Les libertés publiques*, Vol. 1, París, 1973, p. 70.

175 L. Favoreu, "Le principe de constitutionalité. Essai de définition d'après la jurisprudence du Conseil constitutionnel" en *Recueil d'études en l'honneur de Charles Eisenmann*, París, 1977, p. 33.

176 L. Favoreu, *Le contrôle juridictionnel des lois et sa légitimité.* Développements récents en Europe occidentale, Association Internationale des Sciences Juridiques, Colloque d'Uppsala, 1984 (mineo), p. 8; publicado en L. Favoreu y J. A. Jolowicz, *Le contrôle juridictionnel des lois..., cit.*, pp. 17 y sgts.

177 J. Rivero, "Rapport de Synthèse" in L. Favoreu (ed), *Cours Constitutionnelles Européennes et Droit Fondamental*, Aix-en-Provence, 1982, p. 520.

178 E. García de Enterría, *op. cit.*, pp. 37, 69. *Cfr.* P. Biscaretti di Ruffia y S. Rozmaryn, *La Constitution comme loi fondamental dans les Etats de l'Europe Occidentale et dans les Etats Socialistes*, Torino, 1966, p. 39.

te a todas las normas, actos y principios de derecho contenidos en un sistema jurídico determinado. Esta supremacía de la Constitución sobre las demás fuentes del derecho y, en particular, sobre los actos del Parlamento, implica que la Constitución es la ley suprema que determina los valores supremos del orden jurídico, y que, desde esa posición de supremacía, puede ser tomada como parámetro para determinar la validez de las demás normas jurídicas del sistema.

Esta concepción de la Constitución como ley suprema también se la debemos, sin duda, al constitucionalismo norteamericano, constituyendo no sólo una de sus grandes contribuciones a la historia universal del derecho, sino el fundamento de la noción misma de la justicia constitucional. Esta concepción surgió de la integración de la tradición del derecho natural en la versión de John Locke y Edward Coke, de la "ley de leyes", "ley inmutable", es decir, *lex legum*, *lex aeterna* y *lex immutabile*, con la forma jurídica concreta plasmada en los Pactos y Cartas de las Colonias americanas, que luego fue formalizada como ley fundamental, en un documento solemne, precisamente aquél que iba a darse a conocer bajo el nombre de "Constitución"[179]. En esa forma, en la Constitución de los Estados Unidos de 1787 se adoptó el concepto de la supremacía de la Constitución sobre la legislación de los Estados; es decir, al principio según el cual la Constitución es la ley suprema del país, que deben aplicar los jueces a pesar de cualquier disposición contraria en las Constituciones o Leyes de los Estados miembros, lo cual se consagró en la Constitución como la "Cláusula de supremacía"[180].

Debe señalarse, sin embargo, que en su artículo I, sección 9, la Constitución norteamericana había impuesto algunas limitaciones al Congreso[181], habiendo sido concebida, además, en 1789, tanto la primera Enmienda a la Constitución, como las otras nueve dirigidas a configurar una Declaración de derechos y garantías individuales (*Bill of rights*), como una limitación al Poder Legislativo.

En todo caso, la "Cláusula de supremacía", las limitaciones constitucionales impuestas al Congreso por la Constitución y el poder conferido a la Corte Suprema para "resolver cualquier causa, en derecho y equidad, derivada de esta Constitución" (artículo III, sección 2), junto con los antecedentes de la "ley suprema" del sistema constitucional británico, fueron las que llevaron a la adopción formal de la doctrina de la supremacía constitucional y en consecuencia, del control judicial de la constitucionalidad[182].

Ese control se estableció por primera vez en relación a las leyes federales, en el famoso caso Marbury vs Madison de 1803[183], en el cual el principio de la supremac-

---

179 E.S. Corwin, The "Higher Law" Background of American Constitutional Law, N. Y., 1955 (reimpreso en *Harvard Law Review*, Vol. XLII, 1928-1929, pp. 149-185 y 365-409).

180 Artículo VI, parágrafo 2do. de la Constitución: "Esta Constitución y las Leyes de los Estados Unidos que se sancionen conforme a ella, y todos los Tratados firmados o por firmar bajo la autoridad de los Estados Unidos, conformarán la Ley Suprema de la Nación; y los Jueces de cada Estado estarán subordinados a ella, independientemente de cualquier disposición contraria de las Leyes de cualquier Estado".

181 Por ejemplo: "El privilegio del autor de Habeas Corpus no se suspenderá, salvo cuando así lo requiera la seguridad pública en los casos de rebelión o invasión. No se dictará Ley alguna de efectos individuales o expost facto" (numerales 2 y 3).

182 *V.*, Silvia Snowiss, *Judicial Review...*, *cit.*, pp. 90 y ss.

183 5. U.S. (1 Cranch), 137; 2 L. Ed 60 (1803). Con relación a este caso véase en general E. S. Corwin, The Doctrine of judicial review. Its legal and historical basis and other Essays, Princeton, 1914, pp. 1 y 78. El

ía de la Constitución fue el argumento principal para el ejercicio de tal poder de control judicial de la constitucionalidad de las leyes por parte de la Corte Suprema.

En efecto, el Chief Justice Marshall, buscando determinar si de conformidad con la Constitución, la Corte Suprema podía ejercer la autoridad que le había sido conferida por la Ley Judicial de 1789, de dictar *writs of mandamus* a los empleados públicos, y considerando que ello "no estaba previsto en la Constitución", decidió "investigar la posibilidad de que una jurisdicción así conferida pudiera ejercerse"; para ello, desarrolló la doctrina de la supremacía de la Constitución basándose en la pregunta de si "un acto incompatible con la Constitución podía o no llegar a convertirse en ley de la Nación?".

Con miras a responder esta pregunta siguió un razonamiento lógico, estableciendo, en primer lugar, el principio de la supremacía de la Constitución. Inició su argumentación aceptando la idea de un "derecho original" del pueblo a fijar los principios que han de regir "su futuro gobierno", como "la base sobre la cual se ha erigido todo el sistema norteamericano". En su opinión, este derecho original de adoptar tales principios "fundamentales" y "permanentes" representaba una tarea considerable, de tal manera que no debía "repetirse frecuentemente".

Esta "voluntad original y suprema", decía, "organiza el gobierno..., confiere a diferentes departamentos sus poderes respectivos... (y) fija ciertas limitaciones que dichos departamentos no pueden sobrepasar". Consideró que el Gobierno de los Estados Unidos era del tipo en el que "los poderes de la Legislatura están definidos y limitados" y fue precisamente, para que "estas limitaciones no puedan ser mal interpretadas u olvidadas", por lo que se adoptó una Constitución escrita con aquellos principios fundamentales y permanentes.

Luego, el juez Marshall se preguntó:

> "¿Para qué fin están limitados los poderes, y para qué fin tal limitación se pone por escrito si dichos límites pudieran ser transgredidos, en cualquier momento, por aquellos a quienes se busca restringir? La distinción entre un gobierno con poderes limitados y otro con poderes ilimitados desaparece, si esos límites no obligan a los individuos sobre quienes se imponen, y si los actos prohibidos y aquellos permitidos tienen la misma obligatoriedad".

La alternativa, según él, como proposición demasiado evidente para ser cuestionada, era la siguiente, o:

> "que la Constitución controla cualquier acto legislativo incompatible con ella; o que el poder legislativo puede modificar la Constitución mediante un acto ordinario";

---

caso que provocó la decisión puede resumirse así: El Presidente John Adams, justo antes de finalizar su período, había nombrado a William Marbury como Juez de Paz. El nuevo Presidente, Thomas Jefferson, no quería a Marbury en el ejercicio del cargo, y ordenó al Secretario de Estado, James Madison, que no le diera el nombramiento. Marbury pidió a la Corte Suprema una orden o mandamiento judicial requiriendo del Secretario de Estado le otorgara el nombramiento. En la decisión, y aun cuando el Chief Justice John Marshall considerara que se había tratado injustamente a Marbury, desechó el caso al considerar que la Corte Suprema no tenía competencia para ordenar actuaciones a un órgano del Poder Ejecutivo, a pesar de que la Ley Judicial la autorizaba para ello, considerando que al así hacerlo la ley estaba en contradicción con la Constitución.

en relación a lo cual explicaba:

> "En esta alternativa no hay término medio. O la Constitución es una ley suprema soberana, que no puede ser modificada por medios ordinarios, o está en el mismo nivel que los actos legislativos ordinarios y, al igual que éstos, puede ser modificada cuando le plazca a la legislatura.
>
> Si la primera parte de la alternativa es cierta, entonces un acto legislativo contrario a la Constitución no es una ley; si la última parte es cierta, entonces las constituciones escritas no son sino intentos absurdos por parte del pueblo de limitar un poder por naturaleza ilimitable".

Por supuesto, su conclusión fue que la Constitución era "la ley suprema y soberana de la Nación", principio que consideraba "como uno de los principios fundamentales de nuestra sociedad". En consecuencia, aceptó el postulado según el cual "un acto de la legislatura incompatible con la Constitución es nulo", considerando como "la esencia misma del deber judicial", el determinar las normas que rigen el caso, cuando una ley está en oposición a la Constitución. En estos casos, concluyó, "la Constitución es superior a cualquier acto ordinario de la legislatura; la Constitución, y no tales actos ordinarios, deben regir el caso al que ambos se aplican". Lo contrario, significaría otorgar "a la legislatura una omnipotencia real y práctica...; significaría lo mismo que prescribir limitaciones y declarar que estas pueden ser transgredidas a voluntad... lo que, en conjunto, socavaría el fundamento mismo de todas las Constituciones escritas".

Después de este caso, el principio de supremacía de la Constitución, en el sentido de que prevalece sobre cualquier otra ley incompatible con ella, se convirtió en una de las principales características del constitucionalismo moderno y, por supuesto, de la posibilidad misma del control judicial de la constitucionalidad de las leyes.

Esa doctrina de la supremacía de la Constitución y del control jurisdiccional de la constitucionalidad, fue seguida posteriormente en toda América Latina desde el Siglo XIX, pero en contraste, sólo se abrió camino en Europa, después de la Primera Guerra Mundial, principalmente a través del sistema constitucional concebido por Hans Kelsen para su país, reflejado en la Constitución austriaca de 1920, así como en la Constitución checoslovaca del mismo año. Años más tarde, después de la Segunda Guerra Mundial, el sistema austriaco de supremacía constitucional y tribunales o cortes constitucionales fue adoptado por Alemania e Italia para luego, por su influencia, extenderse a otros sistemas constitucionales europeos, como sucedió en España y Portugal; y más recientemente en todos los países de Europa oriental.

Como le señaló hace algunos años Louis Favoreu, fue durante las últimas décadas del siglo XX cuando Europa volvió a "descubrir" la Constitución como una ley suprema, que coloca algunos valores fundamentales de la sociedad fuera del alcance de mayorías parlamentarias ocasionales o temporales, transfiriendo el tradicional carácter sagrado de los actos del Parlamento a la Constitución. De allí que la Constitución haya sido "rejuridificada" en el sentido de que se le considera ahora como una ley fundamental directamente ejecutable por los jueces y aplicable a los individuos[184].

---

184 L. Favoreu, *Le contrôle juridictionnel des lois et sa légitimité. Développements récents en Europe occidentale, doc. cit.*, p. 23.

La situación en América Latina, en todo caso, siempre fue distinta. Bajo la inspiración del constitucionalismo americano, el principio de la supremacía constitucional y de la justicia constitucional se arraigó en nuestros países desde el siglo XIX, habiendo pasado a configurarse como uno de los principios clásicos del constitucionalismo latinoamericano, por cuya consolidación seguimos luchando en nuestros países.

V. EL ACTIVISMO DE LOS TRIBUNALES CONSTITUCIONALES Y LOS VALORES Y PRINCIPIOS CONSTITUCIONALES

Otro aspecto que debe mencionarse sobre el papel de los tribunales constitucionales, es que su misión no se limita a garantizar la supremacía del texto formal de las normas constitucionales escritas, sino también de los principios y valores no escritos de la Constitución escrita. En otras palabras, el control jurisdiccional de la constitucionalidad de las leyes no solo se ejercerse en relación a las normas incluidas en los artículos escritos de la Constitución, sino con relación a normas no escritas, que se infieren del texto de la Constitución y de su espíritu[185].

En los Estados Unidos de América esto ha sido ampliamente discutido, al analizarse el problema del papel activo de la Corte Suprema, en especial, en cuanto a la protección de los derechos humanos; y del debate ha surgido el llamado modelo no-interpretativo, que ha permitido a los jueces ir más allá de las referencias literales a la Constitución y aplicar normas que no se encuentran en el marco del documento escrito, pero que forman parte de los valores fundamentales y permanentes de una sociedad determinada y de su sistema político.

Por ello, por ejemplo, a pesar de que ni la Constitución de 1787 ni las Enmiendas de 1789 consagraban el principio de igualdad y que la Enmienda XIV (1868) sólo establecía la Cláusula de Protección Igual[186], la llamada Corte Warren pudo adoptar en la década de los cincuenta del siglo pasado las conocidas decisiones que condujeron a eliminar la discriminación racial y permitir la protección de minorías tradicionalmente excluidas, particularmente a partir de la conocida sentencia en el caso Brown vs Board of Education of Topeka de 1954[187].

En este mismo ámbito de la protección de los derechos fundamentales, también debe destacarse el papel del Consejo Constitucional francés, en los casos en los cuales controló la conformidad de la legislación con los "principios generales" o con las "tradiciones republicanas" no definidas, vagas y no escritas, "encontradas" por el Consejo Constitucional y definidos como de rango jurídico superior[188]. En este sentido, también puede decirse que fue a partir de la década de los sesenta cuando la actitud del Consejo Constitucional francés cambió radicalmente, particularmente a partir de la importante decisión adoptada el 16 de julio de 1971[189] con respecto a la

185 L. Favoreu, "Rapport général Introductif" en L. Favoreu (ed.), *Cours Constitutionnelles... cit.*, p. 45.

186 *Cfr.* E. García de Enterría, *op. cit.*, pp. 216-217. *V.*, también R. Berger, *Government by Judiciary*. The Transformation of the fourteen Amendment, 1977.

187 *V.*, en particular *Brown vs Board of Education of Topeka*, 347 U.S. 483 (1954).

188 M. Cappelletti, "El formidable problema del control judicial y 1a contribución del análisis comparado", *Revista de estudios políticos*, 13, Madrid 1980, p. 69 ("The Mighty Problem" of Judicial Review and the Contribution of Comparative Analysis, in *Southern California Law Review*, 1980, p. 409).

189 *V.*, en L. Favoreu y L. Philip, *Les grandes décisions du Conseil Constitutionnel*, París 1984, pp. 222-237

libertad de asociación, y al valor jurídico positivo dado al Preámbulo de la Constitución de 1958, con todas sus consecuencias[190], configurándose así, lo que Louis Favoreu llamó el "bloque de la constitucionalidad"[191].

En efecto, el Preámbulo de la Constitución francesa de 1958 establece que:

> "El pueblo francés proclama solemnemente su subordinación a los Derechos del Hombre y a los principios de soberanía nacional tal como están definidos por la Declaración de 1789, confirmados y completados por el Preámbulo de la Constitución de 1946".

Este Preámbulo de la Constitución, hasta 1971, había sido considerado por el propio Consejo Constitucional como un mero principio de orientación para la interpretación constitucional; habiendo considerado que su competencia estaba "estrictamente limitada" por el texto constitucional[192]. Esta actitud, sin embargo, cambió con la mencionada decisión del Consejo Constitucional del 16 de julio de 1971, cuando resolvió que una nueva ley, al establecer un procedimiento previo de controles judiciales para que una asociación pudiera tener capacidad jurídica, era contraria a la Constitución. Esa ley, en realidad, era una reforma a la Ley de 1910 referida a las Asociaciones sin fines de lucro, que había sido introducida por el Gobierno a la consideración de la Asamblea Nacional en 1970. El Consejo Constitucional la consideró inconstitucional[193] partiendo del argumento siguiente:

La Constitución de 1958, a través del Preámbulo de la Constitución de 1946, se refería a los "principios fundamentales reconocidos por las leyes de la República" entre los cuales debe mencionar el principio de libertad de asociación. De acuerdo con este principio, las asociaciones pueden constituirse libremente y pueden desarrollar sus actividades públicamente, con la única condición de hacer una declaración previa, cuya validez no podía ser sometida a una intervención previa por parte de autoridades administrativas o judiciales. El Consejo Constitucional decidió que las limitaciones impuestas a las asociaciones por la nueva ley que establecían un control judicial previo a la mencionada declaración, eran inconstitucionales. Por ello, Jean Rivero afirmó que:

> "La libertad de asociación, la cual no está expresamente consagrada ni por la Declaración ni por "los principios particularmente necesarios en nuestro tiempo", pero que ha recibido su status de una Ley del 1° de julio de 1901, se la ha reconocido, por la decisión citada (del Consejo Constitucional), come dotada de

---

190 L. Favoreu, "Rapport général Introductif", en L. Favoreu (ed) *Cours Constitutionnelles. ... cit.,* pp. 45-46

191 L. Favoreu, "Le principe de la constitutionalité. Essai de définition d'après la jurisprudence du Conseil Constitutionnel", en *Recueil d'études en l'honneur de Charles Eisenmann,* Paris 1977, p. 34.

192 L. Hamon, "Contrôle de Constitutionalité et protection des droits individuels. A propos de trois décisions récentes du Conseil Constitutionnel", *Recueil Dalloz Sirey* 1974, Chronique XVI, p. 85.

193 *V.,* la decisión del Consejo Constitucional en L. Favoreu y J. Philip, *Les grandes décisions du Conseil Constitutionnel,* cit., p. 222. *V.,* los comentarios de la decisión del 16 de julio de 1971 en J. Rivero, "Note", L'Actualité Juridique. Droit Administratif, 1971, p. 537; J. Rivero "Principes fondamentaux par les lois de la République; une nouvelle catégorie constitutionnelle?", *Dalloz* 1974, Chroniques, p. 265; J. E. Bardsley, "The Constitutional Council and Constitutional Liberties in France", *The American Journal of Comparative Law Journal,* 20 (3), 1972, p. 43; y B. Nicolas, "Fundamental Rights and Judicial Review in France", *Public Law Journal,* 1978, p. 83.

un carácter constitucional, y ello no solamente como principio, sino incluso, en relación con las modalidades de su ejercicio"[194].

El impacto de esta decisión fue resumido por Barry Nicholas, señalando que:

> "Marcó un cambio inequívoco con respecto a la tradición constitucional de la supremacía de la ley. Declaró, por sobre todo, que incluso del ámbito reservado a la legislación por el artículo 30 de la Constitución, había principios fundamentales que el Parlamento no podía alterar ni infringir. Y sobre todo, declaró que aquellos principios fundamentales se encontraban no solamente en la misma Constitución sino también en su Preámbulo, y a través del mismo, en el Preámbulo de 1946 (y presumiblemente, también en la Declaración de 1789)"[195].

La decisión del 16 de julio de 1971 acerca de la libertad de asociación, puede considerarse como un ejemplo de la voluntad creativa del Consejo Constitucional para determinar los derechos fundamentales, aun cuando para ello tenía que basar su decisión en el Preámbulo de la Constitución de 1958, y a través de éste, en el Preámbulo de la Constitución de 1946, considerado como uno de los "principios fundamentales reconocidos por las leyes de la República". Por lo tanto, con el fin de establecer un derecho fundamental o una libertad como "principio fundamental", el Consejo Constitucional se basó en una ley específica existente, particularmente, en relación con la libertad de asociación, como era la Ley del 1° de julio de 1901 que la reconocía.

Sin embargo, en otros casos[196], como sucedió con el derecho a la defensa, el Consejo Constitucional, para deducirlo, no se basó en la existencia de una ley en particular, sino en "los principios fundamentales reconocidos por las leyes de la República". En efecto, en la decisión de 1920 de enero de 1981[197], el Consejo Constitucional también cambió radicalmente la situación previa con respecto al derecho a la defensa, el cual era considerado por el Consejo de Estado, simplemente como un principio general del derecho"[198]. Al contrario, luego de la decisión de 1981, el Consejo Constitucional lo reconoció como parte de los "principios y valores de rango constitucional", expresión empleada por el Consejo Constitucional para "designar de manera genérica todas las normas que tienen rango constitucional, sin estar incluidas en el texto de la Constitución"[199].

---

194 J. Rivero, *Les garanties constitutionnelles des Droits de l'Homme en Droit français*, IX Joumées Juridiques Franco-Latino-américaines, Bayonne, 21-23 mai, 1976 (mimeo), p. 11.

195 B. Nicholas, *loc. cit.*, p. 89.

196 Las decisiones del 8 de noviembre de 1976; del 2 de diciembre de 1976; del 19 de enero de 1981; del 20 de enero de 1981. *Cfr.* las citas en F. Luchaire, "Procédures et Techniques de Protection des Droits Fondamentaux. Conseil Constitutionnel Français", en L. Favoreu (ed), *Cours Constitutionnelles Européennes.* .. *cit.*, pp. 69, 70, 83.

197 L. Favoreu y L. Philip, *Les grandes décisions.... cit.*, pp. 490, 517.

198 *Cfr.* D. G. Lavroff, "El Consejo Constitucional Francés y la Garantía de las libertades públicas", *Revista Española de Derecho Constitucional*, N° 1 (3), 1981, pp. 54-55; L. Favoreu y L. Philip, Les grandes décisions... cit, p. 213

199 L. Favoreu, "Les décisions du Conseil Constitutionnel dans l'affaire desnationalisations", *Revue du Droit Public et de la Science Politique en France et à l'étranger*, T. XCVIII, N° 2, París 1982, p. 401

Por todo lo anterior, en la actualidad, en Francia, como consecuencia de la ampliación del principio de constitucionalidad, la "conformidad con la Constitución" no se entiende estrictamente como la conformidad con una disposición expresa de la Constitución. Al contrario, desde los años setenta, la noción de norma constitucional que puede servir de norma de referencia para el control jurisdiccional de la constitucionalidad se entiende, cada vez más, en sentido más amplio, incluyendo disposiciones y principios que están fuera del texto expreso constitucional, y en particular, contenidos en la Declaración de 1789 en los Preámbulos de las Constituciones de 1946 y 1958, en los principios fundamentales reconocidos por las leyes de la República y en los principios generales con valor constitucional[200].

En este caso, evidentemente, el problema básico que tienen los tribunales constitucionales deriva del grado de claridad del texto constitucional, y consecuentemente, de la factibilidad del ejercicio del control jurisdiccional de la constitucionalidad de las leyes, con respecto a nociones que a veces son vagas, imprecisas o indeterminadas contenidas en los artículos constitucionales y en la necesidad de que el juez constitucional pueda adaptar el texto de la Constitución, con el fin de garantizar su efectividad y supremacía.

No hay que olvidar que en las Constituciones contemporáneas, respecto de las declaraciones de derechos fundamentales, algunas veces están redactadas de manera sintética, vaga y elusiva; sus normas a veces se expresan en conceptos indeterminados como libertad, orden público, democracia, justicia, dignidad, igualdad, función social o interés público[201], todo lo cual tiene que conducir a los jueces a ejercer un papel de interpretación muy activo, de lo que se ha dado en llamar las "ambigüedades preciosas"[202] de las Constituciones.

En todo caso, estas expresiones vagas e imprecisas de las Constituciones siempre expresan algunos conceptos o valores relacionados con los fundamentos generales de una sociedad determinada y su sistema político; por tanto, tiene que ser en relación con éstos últimos, que el juez constitucional debe desempeñar su papel creativo, y determinar el sentido exacto del concepto. Estas expresiones, llamadas "conceptos jurídicos indeterminados" o "nociones jurídicas imprecisas"203 las cuales están incluidas en las Constituciones, principalmente por su carácter general, son las que los tribunales constitucionales deben explicar e identificar; y mediante un proceso interpretativo, fijar sus fronteras para lo cual debe tomar en cuenta, sobre todo,

---

200 L. Favoreu, "L'application directe et l'effet indirect des normes constitutionnelles", *French Report to the XI International Congress of Comparative Law*, Caracas, 1982 (mimeo), p. 4.

201 M. Cappelletti, "Nécessité et légitimité de la justice constitutionnelle" en L. Favoreu (ed) *Cours Constitutionnelles Européennes et Droits fondamentaux*, París, 1982, p. 474.

202 "Si bien es cierto que la precisión ocupa un sitial de honor en la redacción de una decisión gubernamental, no es menos cierto que se vuelve mortal en una Constitución que se quiere permanezca como un cuerpo viviente". S.M. Hfstedles, "In the name of Justice", Stanford Lawyers, 14 (1), 1979, pp. 3-4, citado por M. Cappellett; "Nécessité et légitimité...", *loc. cit.*, p. 474. *V.*, las referencias en E. García de Enterría, *op. cit.*, p. 229; y en L. Favoreu, "Le contrôle juridictionnel des lois et sa légitimité..." *doc. cit.*, p. 32.

203 F. Sainz Moreno, *Conceptos jurídicos, interpretación y discrecionalidad administrativa*, Madrid, 1976; E. García de Enterría, *La lucha contra las inmunidades de poder en el Derecho Administrativo*, Madrid, 1980, p. 32.

los valores supremos que derivan de la Constitución y que, generalmente, se encuentran en el Preámbulo o en los primeros artículos del Texto.

La posición de los tribunales constitucionales frente a la Constitución no es, pues, muy diferente de la que cualquier juez tiene normalmente ante las leyes, las cuales deben ser interpretadas; y así como los jueces no deben sustituir al Legislador deduciendo conceptos contrarios a lo que está escrito en la ley, tampoco pueden interpretar la Constitución de manera tal que lleguen a deducir conceptos que vayan en contra del texto constitucional y de sus valores fundamentales[204].

Sin embargo, los tribunales constitucionales siempre tienen un deber adicional al juez ordinario: deben defender la Constitución y, en especial, los valores que en un momento dado, estuvieron en la base de su sanción. Por esta razón, el juez constitucional, en su proceso interpretativo, debe adaptar la Constitución a los valores de la sociedad y del sistema político, con miras, precisamente, a "mantener viva la Constitución"[205]. Para este fin, no cabe la menor duda que para controlar la constitucionalidad de la legislación, debe desarrollar una actividad creativa de manera de permitir la aplicación moderna y efectiva de Constituciones que, por ejemplo, fueron escritas en el Siglo XIX e incluso en el Siglo XX.

En este sentido, la Constitución no puede ser considerada como un documento estático. Por el contrario, siempre debe adaptarse a la evolución de las necesidades e instituciones sociales. Y precisamente, en este proceso de adaptación de la Constitución, el papel de los tribunales constitucionales ha sido de vital importancia, como lo ha demostrado la Corte Suprema norteamericana, al dictar las mencionadas importantes decisiones en relación con la discriminación racial en el sistema educativo.

Al referirse a la Enmienda XIV, por ejemplo, el Chief Justice Warren de la Corte Suprema, declaró en el caso Brow vs. Board of Education of Topeka, en 1954, que:

> "Al enfocar este problema no podemos regresarnos a 1868 cuando se adoptó la Enmienda, y ni siquiera a 1896 cuando sé decidió el caso Plessy vs. Ferguson. Debemos examinar la educación pública a la luz de su desarrollo completo y del lugar que ocupa actualmente en la vida americana, en toda la Nación. Solamente de esta manera puede determinarse si la segregación en las escuelas públicas priva a los demandantes de una protección igual de las leyes".

Tal afirmación lo llevó a concluir, señalando lo siguiente:

> "Que en el campo de la educación pública la doctrina "separados pero iguales" no tiene lugar. Establecimientos educacionales separados son intrínsicamente desiguales. Por ello, sostenemos que los demandantes así como otros en situación similar de quienes han intentado las acciones son, debido a la segregación de la que se quejan, privados de una protección igual por parte de las leyes, garantizada por la Enmienda XIV"[206].

En el mismo sentido, esta adaptación de la Constitución por el juez constitucional quedó demostrada en Francia por el Consejo Constitucional, en el conocido caso

---

204 F. Luchaire, "Procédures et techniques...", *loc. cit.*, p. 83.

205 M. Cappelletti, "El formidable problema del control judicial y la contribución del análisis comparado", *Revista de estudios políticos,* 13, Madrid 1980, p. 78.

206 347 U.S. 483 (1954).

de las Nacionalizaciones en 1982; en el cual se aplicó el artículo relativo al derecho de propiedad contenido en la Declaración de los Derechos del Hombre y del Ciudadano en 1789, y consecuentemente, se declaró el derecho de propiedad con rango constitucional. En su decisión del 16 de enero de 1982[207], aun cuando el artículo de la Declaración de 1789 relativo al derecho de propiedad fue considerado obsoleto, estimándose que su interpretación no podía realizarse sino en un sentido radicalmente diferente al que tenía en 1789[208], el Consejo Constitucional declaró que:

> "Considerando que, si posteriormente a 1789 y hasta nuestros días, las finalidades y las condiciones de ejercicio del derecho de propiedad han experimentado una evolución caracterizada a la vez por una notable extensión de su campo de aplicación a dominios individuales nuevos, y por limitaciones exigidas por el interés general, los principios mismos enunciados por la Declaración de los Derechos del Hombre tienen pleno valor constitucional, tanto en lo que concierne al carácter fundamental del derecho de propiedad cuya conservación constituye uno de los objetivos de la sociedad política, y que está colocado en el mismo nivel que la libertad, la seguridad y la resistencia a la opresión, como en lo que concierne a las garantías otorgadas a los titulares de este derecho y las prerrogativas del poder público..."[209].

En esta forma, el Consejo Constitucional no sólo "creó" un derecho fundamental constitucional al asignar rango y valor constitucional a la Declaración de 1789, sino que también adaptó el "sagrado" y absoluto derecho de propiedad consagrado hace doscientos años, al derecho limitado y limitable de nuestros tiempos, aun cuando su preservación lo llevó a declarar inconstitucionales algunos de los artículos de la Ley de Nacionalización.

De lo anteriormente señalado resulta claro que en todos los sistemas constitucionales dotados de Constituciones escritas, para que las Constituciones sean vistas como leyes supremas cuyas normas deben prevalecer sobre cualquier otra en el ordenamiento jurídico, el principio de la supremacía de la Constitución no sólo se aplica a sus artículos escritos sino también a las normas no escritas que pueden deducirse por los jueces constitucionales del Texto Fundamental, como parte de los valores supremos que se encuentran en el fundamento de una sociedad determinada y de su sistema político.

En todo caso, el principio de supremacía de la Constitución quedaría como letra muerta si el sistema constitucional no brindase un conjunto completo de garantías constitucionales, para darle efectividad. Una de estas garantías es, precisamente, la justicia constitucional, es decir, los poderes otorgados a los jueces, tanto ordinarios como especiales, para controlar la constitucionalidad de las leyes y de todos los demás actos del Estado.

---

207 *V.*, L. Favoreu y L. Philip, *Les grandes décisions...*, *cit.*, pp. 525-562

208 L. Favoreu, "Le contrôle juridictionnel des lois et sa légitimité"..., *doc. cit.*, p. 3.2.

209 L. Favoreu y L. Philip, Les grandes décisions..., *cit.*, p. 526. *Cfr.* L. Favoreu, "Les décisions du Conseil Constitutionnel dan l'affaire des nationalisations", *loc. cit.*, p. 406.

VI. LA APLICACIÓN POR LOS TRIBUNALES CONSTITUCIONALES DE LAS CLÁUSULAS CONSTITUCIONALES ABIERTAS PARA LA AMPLIACIÓN DE LOS DERECHOS HUMANOS PROTEGIBLES

En este proceso de garantizar la supremacía de la Constitución, y mediante ella, la efectiva vigencia de los derechos humanos, los tribunales constitucionales de América Latina, por ejemplo, han tenido que recurrir no sólo a los principios y valores establecidos o derivados del texto de las Constituciones, sino a lo que se dispone en los tratados internacionales sobre derechos humanos, de manera que una de las características más destacadas del derecho de los derechos humanos en América Latina, es el de la progresiva aplicación por los tribunales constitucionales, de los instrumentos internacionales de derechos humanos a los efectos de su protección en el orden interno. Ello es consecuencia, por supuesto, del carácter meramente declarativo de las declaraciones constitucionales de derechos humanos, en las cuales, en definitiva, sólo se reconoce la existencia de los mismos, los cuales son considerados en las Constituciones y en los propios tratados internacionales como derechos inherentes a la persona humana.

Esta aplicación de los tratados y convenciones internacionales de derechos humanos en el ámbito interno de los países de América Latina, puede decirse que se ha desarrollado en las últimas décadas, a través de varias técnicas interpretativas.

En primer lugar, se destaca la técnica de las llamadas cláusulas abiertas sobre derechos humanos incorporadas en las Constituciones latinoamericanas, la cual tiene su origen remoto en la Enmienda IX de la Constitución de los Estados Unidos de América (1791), que dispuso que "La enumeración de ciertos derechos en la Constitución no debe construirse como la negación o desecho de otros que el pueblo conserva". Con ello se buscaba confirmar que la lista de los derechos constitucionales no termina en aquellos expresamente declarados y enumerados en los textos constitucionales.

Esta técnica, enriquecida en el constitucionalismo latinoamericano, ha permitido considerar como derechos humanos todos los otros inherentes a la persona humana, e incluso, aquellos declarados en los instrumentos internacionales sobre derechos humanos, con lo que se ha permitido la aplicación de los tratados internacionales sobre derechos humanos en el orden interno.

En este aspecto, se puede decir que casi todas las Constituciones de América Latina, con sólo escasas excepciones (Cuba, Chile, México y Panamá), contienen cláusulas abiertas conforme a las cuales expresamente se dispone que la declaración o enunciación de los derechos contenida en la Constitución, no debe ser entendida como la negación de otros no enumerados en el texto constitucional, que son "inherentes a la persona humana" o "a la dignidad humana". Cláusulas de este tipo se encuentran, por ejemplo, en las Constituciones Argentina (Artículo 33), Bolivia (Artículo 33), Colombia (Artículo 94), Costa Rica (Artículo 74), Ecuador (Artículo 19), Guatemala (Artículo 44), Honduras (Artículo 63), Paraguay (Artículo 45), Perú (Artículo 3), República Dominicana (Artículo 2), Uruguay (Artículo 72) y Venezuela (Artículo 22); incluso, en algunos casos, con remisión expresa a los tratados internacionales, como sucede en Colombia (Artículo 44); Nicaragua (Artículo 46); Brasil (Artículo 5,2) y Venezuela (Artículo 22).

La Constitución de Costa Rica, hace mención a que la enunciación de los derechos y beneficios contenidos en la misma no excluye otros "que se deriven del principio cristiano de justicia social" (Artículo 74); expresión que entendemos debe interpretarse en el sentido occidental de la noción de dignidad humana y justicia social; y en otras Constituciones, las cláusulas abiertas se refieren a la soberanía popular y a la forma republicana de gobierno, haciendo énfasis en relación con los derechos políticos que con los inherentes a la persona humana, tal como ocurre en Argentina (Artículo 13), Bolivia (Artículo 35), Uruguay (Artículo 72) y Honduras (Artículo 63).

Ahora bien, en relación con el significado de estos "derechos inherentes a la persona humana" indicados en estas cláusulas abiertas de derechos, por ejemplo, la antigua Corte Suprema de Justicia de Venezuela, en una sentencia de 31 de enero de 1991, señaló lo siguiente:

> "Tales derechos inherentes de la persona humana son derechos naturales, universales, que tienen su origen y son consecuencia directa de las relaciones de solidaridad entre los hombres, de la necesidad del desarrollo individual de los seres humanos y de la protección del medio ambiente".

En consecuencia, la misma Corte concluyó disponiendo que:

> "Dichos derechos comúnmente están contemplados en Declaraciones Universales y en textos nacionales o supranacionales y su naturaleza y contenido como derechos humanos no debe permitir duda alguna por ser ellos de la esencia misma del ser y, por ende, de obligatorio respeto y protección"[210].

Pero en relación con estas cláusulas abiertas, sin duda, la identificación de los derechos constitucionales no enumerados en el texto de las constituciones pero que son inherentes a la persona humana, ha sido muchas veces posible por los tribunales internacionales, mediante el recurso a lo dispuesto en los instrumentos internacionales. Así sucedió, por ejemplo, en Venezuela, donde en la década de los ochenta del siglo pasado, la antigua Corte Suprema de Justicia de Venezuela, como tribunal constitucional anuló diversas disposiciones legales basando su decisión en la violación de los derechos establecidos en la Convención Americana de Derechos Humanos, considerados de acuerdo con lo establecido en el artículo 50 de la Constitución (equivalente al artículo 22 de la Constitución de 1999), como "derechos inherentes a la persona humana".

Así ocurrió, por ejemplo, en 1996, cuando la antigua Corte Suprema de Justicia, al decidir la acción popular de inconstitucionalidad que se había intentado contra la Ley de División Político Territorial del Estado Amazonas, por no haberse respetado los derechos de participación política de las comunidades indígenas, decidió que siendo dicho Estado de la federación uno mayormente poblado por dichas comunidades indígenas, la sanción de dicha Ley sin previamente haberse oído la opinión de las mismas, mediante consulta popular, significó la violación del derecho constitucional a la participación política. Aún cuando dicho derecho no estaba expresamente

---

210 Caso: *Anselmo Natale*. Consultada en original. *V.*, el texto en Carlos Ayala Corao, "La jerarquía de los instrumentos internacionales sobre derechos humanos", en *El nuevo derecho constitucional latinoamericano, IV Congreso venezolano de Derecho constitucional*, Vol. II, Caracas 1996, y *La jerarquía constitucional de los tratados sobre derechos humanos y sus consecuencias*, México, 2003..

enumerado en la Constitución de 1961, la Corte fundamentó su decisión en la cláusula abierta del artículo 50 constitucional (equivalente al artículo 22 de la Constitución de 1999), considerando el derecho a la participación política era un derecho inherente a la persona humana, como "principio general de rango constitucional en una sociedad democrática"; agregando, en relación al caso decidido, que "por ser un derecho de las minorías" (los indígenas, en el presente caso), era susceptibles "de la tutela judicial conforme al artículo 50 ejusdem, los grandes tratados y convenciones internacionales sobre los derechos humanos y las leyes nacionales y estadales". En dicha sentencia del 5 de diciembre de 1996, la Corte señaló que:

> "En el presente caso no se demostró el cumplimiento cabal de la normativa en cuanto a la participación ciudadana, restándole al acto impugnado la legitimación originaria conferida por la consulta popular. Alegan los oponentes al recurso intentado que fueron consultados los órganos oficiales, como el Ministerio del Ambiente y de los Recursos Naturales Renovables y el Servicio Autónomo Ambiental de Amazonas y se recibieron observaciones de diferentes organizaciones indígenas, asimismo, antes de la promulgación de la Ley, el Gobernador explicó a la Organización Regional de Pueblo Indígenas las razones de la Ley. Estima la Corte que este procedimiento constituye una expresión tímida e insignificante del derechos constitucional de participación ciudadana en la formación de la ley. Tal participación debe manifestarse antes y durante la actividad legislativa y no tan solo en el momento de su promulgación por parte del Gobernador del Estado. Por otra parte, el hecho que se consultaron los referidos organismos nacionales (actuación idónea) no exime la obligatoriedad de cumplimiento de la consulta popular sobre todo en una materia en la cual está involucrada: el régimen de excepción de las comunidades indígenas (de rango constitucional) el carácter multiétnico y pluricultural, la biodiversidad, la cultura, religión y lengua propia de las comunidades indígenas, el derecho a la tierra que respecto a dichas comunidades es de interés social e inalienable, en definitiva, la organización municipal (como lo es el acto impugnado) constitutivo del marco institucional de tales realidades preexistentes, permanentes y objetivas. La participación es un fenómeno de la vida democrática, que al manifestarse antes de dictarse la norma, instruye a la autoridad sobre los intereses legítimos y necesidades de la comunidad y produce, a posteriori, consecuencias positivas, que se revelan en el respaldo democrático de su aplicación"[211].

Y al analizar en concreto la Ley de División Territorial del Estado Amazonas, la Corte estimó que en la formación de la misma:

> "Con la cual se modifican las condiciones económicas y sociales de la región, se cambia el entorno vital del individuo, se establecen los municipios y sus límites, se modifica la normativa jurídica (consecuencia de la mencionada división), se cambia el entorno vital del individuo, se establecen los municipios y sus límites, se modifica la normativa jurídica (consecuencia de la mencionada división), se afecta la tenencia de las tierras, se ordena el territorio bajo un nuevo régimen, se cambia la vida cotidiana voluntad de los mismos indígenas. Más

---

211 Caso: *Antonio Guzmán, Lucas Omashi y otros*, en *Revista de Derecho Público*, N° 67-68, Editorial Jurídica venezolana, Caracas, 1996, pp. 176 ff.

aún, su participación debe ser considerada con especial atención, en vista de que los indígenas constituyen uno de los grupos sociales más expuestos a la violación de sus derechos humanos, por sus condiciones socio-económicas, culturales y aislamiento, por cuanto en su hábitat intervienen intereses distintos y a veces contrarios a los legítimos derechos de la población autóctona, porque, lamentablemente, la historia de la humanidad, evidencia un largo y triste padecer de las minorías, en algunos casos por el desconocimiento de sus legítimos derechos, en otros, por la cultura del odio y el perjuicio. Es entonces, en este contexto, que los derechos humanos de los indígenas, cobran mayor fortaleza y esta Corte así lo reconoce expresamente. Asimismo, precisa el alto tribunal, que la lesión de los derechos humanos de las minorías no les atañe sólo a esas comunidades sino a la nación entera, en virtud de la solidaridad y protección de los intereses superiores del gentilicio venezolano (artículos 57 y 51 de la Carta Magna)"[212].

De acuerdo con esta decisión, la antigua Corte Suprema venezolana decidió que en el caso sometido a su consideración, había ocurrido una violación a los derechos constitucionales de las minorías establecidos en la Constitución y en los tratados y convenciones internacionales, en particular, al derecho a la participación política en el proceso de elaboración de leyes, debido a la ausencia de consulta popular a las comunidades indígenas, como consecuencia de lo cual, declaró la nulidad de la ley estadal impugnada.

El año siguiente, en 1997, la antigua Corte Suprema dictó otra importante decisión, en este caso anulando una ley nacional, la llamada Ley de Vagos y Maleantes, por considerarla inconstitucional, basándose de nuevo en el "proceso de constitucionalización de los derechos humanos de acuerdo con el artículo 50 de la Constitución", y considerando que dicha ley "vulnera ipso jure, Convenciones Internacionales y Tratados, sobre los derechos del hombre, en la medida en que dichos instrumentos adquieren jerarquía constitucional"[213].

En efecto, en su sentencia del 6 de noviembre de 1997, la antigua Corte Suprema consideró a la ley impugnada como infamante, al permitir detenciones ejecutivas o administrativas de personas consideradas como vagos o maleantes, sin garantía alguna del debido proceso, basando su decisión en el artículo 5 de la Declaración Universal de los Derechos Humanos y en la Convención Americana sobre Derechos Humanos, la cual "se ha incorporado a nuestro Derecho Interno como norma ejecutiva y ejecutable reforzada por la jurisprudencia, la cual le ha dado el carácter de parámetro de constitucionalidad. Ello entraña la incorporación a nuestro ordenamiento jurídico interno del régimen previsto en convenciones internacionales"[214].

La Corte consideró que la ley impugnada era inconstitucional en virtud de que omitía las garantías de un juicio justo establecidas en los artículo 7 y 8 de la Convención Americana y en los artículos 0 y 14 del Pacto Internacional de Derechos Civiles y Políticos, y porque además era discriminatoria, violando el artículo 24 de

---

212 *Idem.*

213 *V.* en *Revista de Derecho Público* N° 71-72, Editorial Jurídica Venezolana, Caracas, 1997, pp. 177 y ss.

214 *Idem.*

la misma Convención Americana, cuyo texto íntegro se transcribió en la sentencia. La Corte se refirió en su decisión anulatoria, además, a la existencia de:

> "Informes de instituciones defensoras de los Derechos Humanos. Dichos documentos censuran abiertamente la ley venezolana sobre vagos y maleantes. Son muchas las recomendaciones orientadas a poner fin a su vigencia. Conviene observar que se ha exhortado al Gobierno venezolano a adoptar e implementar una serie de recomendaciones, a los efectos de reducir las violaciones a los derechos humanos, derivadas de la aplicación de la Ley sobre Vagos y Maleantes. Sobre todo se he hablado de la necesidad de impulsar la discusión de Ley de Protección a la Seguridad Ciudadana, que supuestamente se encontraba en ese proceso"[215].

Más recientemente, en relación con las dudas que se habían planteado, en 1998, en varios recursos de interpretación, sobre la posibilidad de que el Presidente electo de la República convocara un referéndum consultivo para resolver sobre la convocatoria a una Asamblea Constituyente que no estaba regulada en la Constitución de 1961, como mecanismo para la reforma constitucional, la antigua Corte Suprema de Justicia en Sala Político Administrativa dictó sendas decisiones de 19 de enero de 1999, admitiendo la posibilidad de que se convocara dicho referéndum consultivo, fundamentando su decisión en el derecho a la participación política de los ciudadanos, para lo cual se fundamentó, de nuevo, en el artículo 50 de la Constitución de 1961, conforme al cual consideró tal derecho como uno derecho implícito y no enumerado, inherente a la persona humana.

La Corte entonces consideró al referéndum como un derecho inherente a la persona humana, decidiendo lo siguiente:

> "Ello es aplicable, no sólo desde el punto de vista metodológico sino también ontológicamente, ya que si se considerara que el derecho al referendo constitucional depende de la reforma de la Constitución vigente, el mismo estaría supeditado a la voluntad del poder constituido, lo que pondría a éste por encima del poder soberano. La falta de tal derecho en la Carta Fundamental tiene que interpretarse como laguna de la Constitución, pues no podría admitirse que el poder soberano haya renunciado ab initio al ejercicio de un poder que es obra de su propia decisión política"[216].

La conclusión de la decisión de la Corte Suprema fue que no era necesario que se reformara previamente la Constitución a los efectos de reconocer como un derecho constitucional el referéndum o la consulta popular sobre la convocatoria a una Asamblea Constituyente, con lo que se abrió la posibilidad judicial de convocar la Asamblea nacional Constituyente sin previsión constitucional expresa[217], con todas las consecuencias institucionales que ello produjo y continúa produciendo[218].

---

215 *Idem.*

216 *V.* en *Revista de Derecho Público*, N° 77-80, Editorial Jurídica Venezolana, Caracas 1999, p. 67

217 *V.* los comentarios en Allan R. Brewer-Carías, "La configuración judicial del proceso constituyente o de cómo el guardián de la Constitución abrió el camino para su violación y para su propia extinción", en *Revista de Derecho Público*, N° 77-80, Editorial Jurídica Venezolana, Caracas 1999, pp. 453 y ss.

218 *V.* Allan R. Brewer-Carías, *Golpe de Estado y proceso constituyente en Venezuela*, Instituto de Investigaciones Jurídicas, UNAM, México 2002.

VII. LA PROGRESIVA PROSCRIPCIÓN POR LOS TRIBUNALES CONSTITUCIONALES DE LAS CLÁUSULAS PROGRAMÁTICAS EN MATERIA DE DERECHOS HUMANOS

La segunda técnica interpretativa que ha conducido a los tribunales constitucionales a aplicar en el ámbito interno a los tratados internacionales para identificar derechos constitucionales no desarrollados en los textos constitucionales, deriva de la aplicación de las llamadas cláusulas complementarias de las cláusulas abiertas, conforme a las cuales todos los derechos constitucionales son directamente aplicables, independientemente de su regulación legislativa o desarrollo mediante leyes reglamentarias, lo que ha permitido la aplicación directa de aquellos.

Esta técnica, deriva de las normas constitucionales contenidas en muchas Constituciones como por ejemplo Argentina, Bolivia, Ecuador, Paraguay y Venezuela) conforme a las cuales "la falta de ley reglamentaria de los derechos enumerados en los Textos no menoscaba el ejercicio de los mismos", en el sentido de que no es necesario que se dicte legislación reglamentaria alguna para el ejercicio de los derechos constitucionales. Este principio, que responde al de la aplicación directa de la Constitución en materia de derechos humanos, excluye el concepto tradicional derivado de las llamadas cláusulas "programáticas" configuradas en el constitucionalismo de hace unas décadas, particularmente en relación con los derechos sociales, tendientes a impedir su ejercicio hasta que no se produjese su regulación legal, en la cual se debía precisar las modalidades de su ejercicio y de su justiciabilidad.

Estas cláusulas abiertas, por ejemplo, en el caso de Venezuela, fueron las que permitieron a los tribunales constitucionales reconocer y reforzar el mismo derecho constitucional al amparo, invocándose además lo dispuesto en la Convención Americana. En efecto, en el artículo 49 de la Constitución de 1961 se regulaba el derecho de amparo en la siguiente forma:

> Artículo 49. Los Tribunales ampararán a todo habitante de la República en el goce y ejercicio de los derechos y garantías que la Constitución establece, en conformidad con la ley.
>
> El procedimiento será breve y sumario, y el juez competente tendrá potestad para establecer inmediatamente la situación jurídica infringida.

La redacción de esta norma, sin embargo, hasta la década de los ochenta había sido interpretada por los tribunales de instancia en el sentido de considerar que la admisibilidad de la acción de amparo estaba condicionada a que previamente se dictara la legislación correspondiente; y ello, en particular, debido al hecho de que la propia Constitución había regulado expresamente, en forma transitoria y mientras se dictaba dicha legislación, el procedimiento para el amparo a la libertad personal o habeas corpus, precisamente, "a fin de no dejar en suspenso su eficacia hasta la promulgación de la ley respectiva". (Disposición Transitoria Quinta).

De esta regulación transitoria los tribunales interpretaron que, en consecuencia, la intención del constituyente en la redacción del artículo 49 de la Constitución era establecer como condición para la admisibilidad de las acciones de amparo, el que se dictase previamente la legislación que las regulara, incluyendo la regulación sobre la competencia judicial y el procedimiento. De otra forma, no se encontraba justificación la mencionada regulación transitoria del amparo a la libertad personal (habeas corpus)[219].

Fue por ello que, incluso, la antigua Corte Suprema de Justicia, en 1970, en relación con la acción de amparo, llegó a considerar que el mencionado artículo 49 de la Constitución era una norma de las llamadas "programáticas", en el sentido de que no eran directamente aplicables, siendo necesario que se dictara previamente la legislación reglamentaria a los efectos de que se pudiera ejercer la acción de amparo prevista en la norma. La antigua Corte, en sentencia de 14 de diciembre de 1970, sobre el artículo 49 citado, señaló que:

> "No es una norma directa e inmediatamente aplicable por los jueces, sino un precepto programático, solo parcialmente reglamentado para la fecha en que la Constitución fue promulgada, y dirigido particularmente al Congreso, que es el órgano al cual compete la reglamentación para las garantías constitucionales... Tal es la interpretación que da la Corte al artículo 49 al analizar sus previsiones aisladamente con el fin de desentrañar la mente del constituyente del lenguaje usado por éste para expresar su voluntad. Pero esta interpretación gramatical se robustece con la observación adicional de que el constituyente se habrías abstenido de regular el procedimiento de habeas corpus, si hubiera considerado que para hacer efectivo el amparo bastaba lo dicho en el artículo 49 respecto del procedimiento, no siendo indispensable su reglamentación legal para determinar el fuero competente y el modo de proceder"[220].

Esta interpretación constitucional, negando la posibilidad del ejercicio de la acción de amparo sin que antes se dictara la legislación correspondiente, comenzó a cambiar en 1977 y 1978, precisamente después que se sancionaron las leyes aprobatorias de la Convención Americana de Derechos Humanos de 1969 y del Pacto Internacional de Derechos Civiles y Políticos, en los cuales se regulaba, en particular, la acción de amparo como un medio judicial simple y rápido para la específica protección de los derechos constitucionales.

En consecuencia, contrariamente a lo que había resuelto e interpretado con anterioridad la antigua Corte Suprema –lo que para entonces afortunadamente no tenía carácter vinculante–, los tribunales de instancia a partir de 1982 comenzaron a admitir el ejercicio de acciones de amparo, pero fundamentando su decisiones directamente en la Convención Americana de Derechos Humanos[221]. Ello condujo finalmente a que la propia antigua Corte Suprema cambiara su anterior criterio y aplicando la cláusula complementaria a la cláusula abierta sobre los derechos humanos inherentes a la persona humana, particularmente en cuanto a la no necesidad de leyes reglamentarias previas para poder ejercer dichos derechos, admitió la posibilidad de ejercicio de la acción de amparo"[222]. Con posterioridad, en 1988, se sancionó la

---

219 *V.* Allan R. Brewer-Carías, *Instituciones Políticas y Constitucionales,* Tomo V, Derecho y Acción de Amparo, Caracas, 1998 pp. 111 y ss.

220 *V.*, el texto en *Gaceta Forense*, Nº 70, Caracas, 1970, pp. 179 y ss.; y en Allan R. Brewer-Carías, "La reciente evolución jurisprudencial en relación a la admisibilidad del recurso de amparo", en *Revista de Derecho Público*, Nº 19, Editorial Jurídica Venezolana, Caracas, 1984, pp. 207 y ss.

221 Sentencia de 20 de octubre de 1983. *V.*, las referencias en Allan R. Brewer-Carías, "La reciente evolución jurisprudencial en relación con la admisibilidad del recurso de amparo", *Revista de Derecho Público*, Nº 19, Editorial Jurídica Venezolana, Caracas, 1984, pp. 211.

222 *V.*, en *Revista de Derecho Público*, Nº 11, Editorial Jurídica Venezolana, Caracas 1983, pp. 167-170.

Ley Orgánica de Amparo sobre derechos y garantías constitucionales[223], con la cual se abrió definitivamente el camino para la utilización de este recurso judicial para la protección de los derechos humanos, particularmente debido a la ineficacia de los medios judiciales ordinarios para asegurar tal protección. Sin embargo, antes de que entrara en vigencia la Ley Orgánica, fue mediante la interpretación constitucional de la cláusula abierta y la aplicación de las convenciones internacionales que la acción de amparo se aceptó en Venezuela.

VIII. LA CONSTITUCIONALIZACIÓN DE LOS INSTRUMENTOS INTERNACIONALES SOBRE DERECHOS HUMANOS Y SU APLICACIÓN POR LOS TRIBUNALES CONSTITUCIONALES

La tercera técnica interpretativa que ha permitido a los tribunales constitucionales la aplicación directa de los tratados internacionales en materia de derechos humanos, ampliando progresivamente el elenco de los derechos humanos protegidos en las Constituciones, deriva del propio texto de las Constituciones, por el reconocimiento expreso de determinado rango normativo a los referidos tratados, sea supra constitucional, constitucional, supra legal o legal[224]. Este proceso se inició, particularmente, después de la adopción, en 1966, de los Pactos Internacionales de Derechos Civiles y Políticos y de Derechos Económicos, Sociales y Culturales de Naciones Unidas (en vigor desde 1976); y en 1969, de la Convención Americana de Derechos Humanos (en vigor desde 1979).

En primer lugar, ciertas Constituciones latinoamericanas han otorgado rango supra constitucional a los derechos declarados en instrumentos internacionales, en particular, en los tratados ratificados por los Estados. Ello ha implicado otorgar a las regulaciones internacionales un rango superior a las mismas normas constitucionales, las cuales deben prevalecer sobre las mismas.

Es el caso de la Constitución de Guatemala, en cuyo artículo 46 se establece el principio general de la preeminencia del derecho internacional, al disponer que "Se establece el principio general de que en materia de derechos humanos, los tratados y convenciones aceptados y ratificados por Guatemala, tienen preeminencia sobre el derecho interno", dentro del cual debe incluirse además de las leyes, la Constitución misma. Con fundamento en esta prevalencia de los tratados internacionales, la Corte Constitucional de Guatemala ha decidido en sus sentencias aplicar la Convención Americana de Derechos Humanos, como fue el caso decidido con motivo de una acción de amparo ejercida en relación con la libertad de expresión del pensamiento y el derecho de rectificación.

---

223 *Gaceta Oficial* N° 33891 de 22-01-1988. *V.*, en general sobre dicha Ley, Allan R. Brewer-Carías y Carlos Ayala Corao, *Ley Orgánica de Amparo sobre derechos y garantías constitucionales*, Caracas, 1988.

224 En relación con esta clasificación general, véase: Rodolfo E. Piza R., *Derecho internacional de los derechos humanos: La Convención Americana*, San José 1989; y Carlos Ayala Corao, "La jerarquía de los instrumentos internacionales sobre derechos humanos", en *El nuevo derecho constitucional latinoamericano, IV Congreso venezolano de Derecho constitucional*, Vol. II, Caracas 1996 *y La jerarquía constitucional de los tratados sobre derechos humanos y sus consecuencias*, México, 2003; Humberto Henderson, "Los tratados internacionales de derechos humanos en el orden interno: la importancia del principio pro homine", en *Revista IIDH*, Instituto Interamericano de Derechos Humanos, N° 39, San José 2004, pp. 71 y ss. *V.*, también, Allan R. Brewer-Carías, *Mecanismos nacionales de protección de los derechos humanos*, Instituto Internacional de Derechos Humanos, San José, 2004, pp. 62 y ss.

En la sentencia de 27 de mayo de 1997, en efecto, la Corte Constitucional resolvió una acción de amparo presentada por una persona buscando protección judicial en relación con las noticias publicadas en dos periódicos que se referían a la ella como formando parte de una banda de criminales. El accionante solicitó a la Corte que se respetara su derecho a exigir rectificación de las noticias por parte de los periódicos; y aún cuando el derecho constitucional a la rectificación y respuesta en casos de noticias en periódicos que afecten el honor, reputación o vida privada de las personas no estaba expresamente establecido en la Constitución Guatemalteca, la Corte Constitucional aplicó directamente los artículos 11, 13 y 14 de la Convención Americana que garantiza el derecho de las personas afectadas por informaciones o noticias publicadas en periódicos, a la rectificación o respuesta "por el mismo órgano de difusión", considerando tales previsiones como formando parte del ordenamiento constitucional de Guatemala[225].

En Honduras, el artículo 16 de la Constitución también dispone que todos los tratados suscritos con otros Estados (y no sólo los relativos a derechos humanos) forman parte del derecho interno; y el artículo 18 del mismo texto establece que en caso de conflicto entre las leyes y los tratados, estos tienen preeminencia sobre aquellas. Adicionalmente, la Constitución de Honduras admite la posibilidad de que se puedan incluso ratificar tratados internacionales contrarios a lo dispuesto en la Constitución, en cuyo caso aquellos deben aprobarse conforme al procedimiento para la reforma constitucional (Artículo 17). Una regulación similar se establece en el artículo 53 de la Constitución del Perú.

En Colombia, la Constitución también ha establecido una previsión similar a las de las Constituciones de Guatemala y Honduras, al establecer en el artículo 93 que: "Los tratados y convenios internacionales ratificados por el Congreso, que reconocen los derechos humanos y que prohíben su limitación en los estados de excepción, prevalecen en el orden interno". En este caso, por "derecho interno" también debe entenderse como comprendiendo no solo las leyes sino la Constitución misma. La norma ha permitido a la Corte Constitucional, aplicar directamente los tratados internacionales en materia de derechos humanos para la solución de casos. Así sucedió, por ejemplo, con la decisión Nº T-447/95 de la Corte Constitucional de 23 de octubre de 1995, en la cual se reconoció como derecho inherente a la persona humana el derecho de toda persona a la identidad, para lo cual la Corte se fundamentó en lo establecido en los tratados y convenios internacionales, respecto de los cuales la Corte reconoció su rango supra constitucional y supra legal.

En dicho caso, al decidir, la Corte Constitucional comenzó por referirse a una decisión previa de la anterior Corte Suprema de Justicia, en la cual se había determinado el valor supra legal de los tratados, señalando lo siguiente:

> "A partir de 1928 la jurisprudencia de la Corte Suprema de Justicia otorgó un valor prevalente a los tratados Internacionales sobre el ordenamiento jurídico legal. Normas estas últimas de naturaleza internacional, que por voluntad del Estado Colombiano entraron a formar parte del ordenamiento jurídico con carácter supra legal. Estableciéndose así la fuerza coercitiva de preceptos a los cuales el Estado firmante, tiene el deber de garantizar su plena efectividad. Va-

---

225 *V.*, en *Iudicum et Vita, Jurisprudencia nacional de América Latina en Derechos Humanos*, No 5, Instituto Interamericano de Derechos Humanos, San José, Costa Rica, Diciembre 1997, pp. 45 y ss.

lor supra legal expresamente contenido en el artículo 93 de la Constitución política de Colombia y que también tenían pleno valor supra legal, como lo reconoció la Corte Suprema de Justicia: "Agregase a ello –continúa– que esa superioridad ha sostenido como doctrina invariable que "es principio de Derecho Público, que la Constitución y los Tratados Públicos son la ley suprema del país y sus disposiciones prevalecen sobre las simplemente legales que les sean contrarias aunque fuesen posteriores" (cursivas no originales)[226].

En la misma decisión, la Corte Constitucional se refirió además al rango supra constitucional de los tratados en materia de derechos humanos, lo que implica la obligación del Estado de garantizar el efectivo ejercicio de los derechos humanos, con fundamento en los artículos 2.2 del Pacto Internacional de Derechos Civiles y Políticos, y en el artículo 2 de la Convención Americana de Derechos Humanos. La Corte, en efecto, resolvió que:

> "La Convención Interamericana y los pactos de Derechos Humanos de las Naciones Unidas señalan que es deber de los Estados no sólo respetar los derechos civiles y políticos sino, además, garantizar, sin discriminación alguna, su libre y pleno goce a toda persona sujeta a su jurisdicción (Convención Interamericana art. 1°; Pacto de derechos civiles y políticos art. 2° ord. 1°). Por ello, estos pactos, que han sido todos ratificados por Colombia y por ende prevalecen en el orden interno (Constitución Política, art. 93), señalan que los Estados Partes se comprometen a adoptar, con arreglo a sus procedimientos constitucionales, "las medidas legislativas o de otro carácter que fuesen necesarias para hacer efectivos (cursivas no originales)" los derechos humanos (Convención Interamericana art. 2°; Pacto de Derechos Civiles art. 2° ord. 2°). Ahora bien, la Corte Constitucional, en acuerdo con una doctrina muy autorizada en este campo, considera que entre las medidas "de otro carácter" deben incluirse las sentencias de los jueces, y muy particularmente las decisiones de esta Corporación, pues la rama judicial es uno de los órganos del Estado colombiano, y éste se ha comprometido a tomar las medidas que sean necesarias para hacer efectivos los derechos de las personas"…. Es pues legítimo que los jueces, y en particular la Corte Constitucional, integren a la normatividad, al momento de tomar sus decisiones, los derechos reconocidos en la Constitución y en los Pactos"[227].

Con fundamento en lo anterior, la Corte Suprema consideró que el artículo 29,c de la Convención Americana de Derechos Humanos prohibía que se interpretasen sus disposiciones de manera de excluir otros derechos y garantías inherentes a la persona humana, dando un sentido muy amplio a la interpretación de los derechos, concluyendo su decisión señalando que:

> "El derecho a la identidad como derecho inherente a la persona humana para la época de ocurridos los hechos estaba plenamente garantizado, por cuanto la fuerza vinculante de pactos internacionales así lo determinaba al igual que la

---

226 *V.*, en Derechos Fundamentales e interpretación Constitucional, (Ensayos-Jurisprudencia), Comisión Andina de Juristas, Lima, 1997; y en Carlos Ayala Corao, "Recepción de la jurisprudencia internacional sobre derechos humanos por la jurisprudencia constitucional" en *Revista del Tribunal Constitucional*, N° 6, Sucre, Bolivia, Nov. 2004, pp. 275 y ss.

227 *Idem.*

consagración del derecho a la dignidad y el libre desarrollo de la personalidad"[228].

Hasta cierto punto, la Constitución de Venezuela de 1999 también puede ubicarse en este primer sistema que permite la aplicación directa de los tratados internacionales en el orden interno, al otorgarle jerarquía supra constitucional a los derechos humanos declarados en dichos tratados internacionales cuando contengan previsiones más favorables. El artículo 23 de dicho texto constitucional, en efecto, dispone lo siguiente:

> Artículo 23. Los tratados, pactos y convenciones relativos a derechos humanos, suscritos y ratificados por Venezuela, tienen jerarquía constitucional y prevalecen en el orden interno, en la medida en que contengan normas sobre su goce y ejercicio más favorables a las establecidas en esta Constitución y en las leyes de la República, y son de aplicación inmediata y directa por los tribunales y demás órganos del Poder Público.

Al establecer esta norma que los derechos humanos declarados en los tratados, pactos y convenciones internacionales prevalecen respecto de las normas del orden jurídico interno si contienen disposiciones más favorables al goce y ejercicio de dichos derechos, se está refiriendo no sólo a lo que está establecido en las leyes, sino a lo dispuesto en la propia Constitución, otorgándole en consecuencia rango supra constitucional a dichos derechos declarados en instrumentos internacionales.

Este artículo de la Constitución venezolana, sin duda, es uno de los más importantes en materia de derechos humanos[229], no sólo por establecer el mencionado rango supra constitucional a los derechos declarados en tratados internacionales, sino por establecer la aplicación inmediata y directa de dichos tratados por los tribunales y demás autoridades del país. Su inclusión en la Constitución, sin duda, fue un avance significativo en la construcción del esquema de protección de los derechos humanos.

Sin embargo, desafortunadamente, esta clara disposición constitucional ha sido interpretada por la Sala Constitucional del Tribunal Supremo de Justicia, en una forma abiertamente contraria tanto a su texto como a lo que fue la intención del constituyente. En efecto, en la sentencia Nº 1492 del 7 de julio de 2003, al decidir una acción popular de inconstitucionalidad intentada contra varias normas del Código Penal contentivas de normas llamadas "leyes de desacato" por violación de relativas a la libertad de expresión y, en particular, de lo dispuesto en tratados y convenciones internacionales, la Sala Constitucional de dicho Tribunal Supremo, resolvió en la siguiente forma:

En primer lugar, la Sala comenzó señalando que el artículo 23 de la Constitución contiene dos elementos claves: En primer lugar, indicó respecto de los derechos referidos en la normas, que "se trata de derechos humanos aplicables a las personas naturales"; y en segundo lugar, que el artículo constitucional "se refiere a normas que establezcan derechos, no a fallos o dictámenes de instituciones, resoluciones de

---

228 *Idem*

229 La incorporación de este artículo en el texto de la Constitución, se hizo a propuesta nuestra. *V.*, Allan R. Brewer-Carías, *Debate Constituyente, (Aportes a la Asamblea Nacional Constituyente),* Fundación de Derecho Público, Caracas 1999, pp. 88 y ss y 111 y ss.

organismos, etc., prescritos en los Tratados, sino sólo a normas creativas de derechos humanos"; agregando que se "se trata de una prevalencia de las normas que conforman los Tratados, Pactos y Convenios (términos que son sinónimos) relativos a derechos humanos, pero no de los informes u opiniones de organismos internacionales, que pretendan interpretar el alcance de las normas de los instrumentos internacionales"[230].

La Sala Constitucional luego concluyó señalando que del artículo 23 de la Constitución, es claro que:

> "La jerarquía constitucional de los Tratados, Pactos y Convenios se refiere a sus normas, las cuales, al integrarse a la Constitución vigente, el único capaz de interpretarlas, con miras al Derecho Venezolano, es el juez constitucional, conforme al artículo 335 de la vigente Constitución, en especial, al intérprete nato de la Constitución de 1999, y, que es la Sala Constitucional, y así se declara".

Y más adelante insistió en señalar que:

> "Al incorporarse las normas sustantivas sobre derechos humanos, contenidas en los Convenios, Pactos y Tratados Internacionales a la jerarquía constitucional, el máximo y último intérprete de ellas, a los efectos del derecho interno es esta Sala Constitucional, que determina el contenido y alcance de las normas y principios constitucionales (artículo 335 constitucional), entre las cuales se encuentran las de los Tratados, Pactos y Convenciones suscritos y ratificados legalmente por Venezuela, relativos a derechos humanos"[231].

Con fundamento en esta proposición, la Sala Constitucional concluyó su decisión señalando que "es la Sala Constitucional quien determina cuáles normas sobre derechos humanos de esos tratados, pactos y convenios, prevalecen en el orden interno; al igual que cuáles derechos humanos no contemplados en los citados instrumentos internacionales tienen vigencia en Venezuela"; concluyendo de la siguiente manera:

> "Esta competencia de la Sala Constitucional en la materia, que emana de la Carta Fundamental, no puede quedar disminuida por normas de carácter adjetivo contenidas en Tratados ni en otros textos Internacionales sobre Derechos Humanos suscritos por el país, que permitan a los Estados partes del Tratado consultar a organismos internacionales acerca de la interpretación de los derechos referidos en la Convención o Pacto, como se establece en el artículo 64 de la Ley Aprobatoria de la Convención Americana sobre Derechos Humanos, Pacto de San José, ya que, de ello ser posible, se estaría ante una forma de enmienda constitucional en esta materia, sin que se cumplan los trámites para ello, al disminuir la competencia de la Sala Constitucional y trasladarla a entes multinacionales o transnacionales (internacionales), quienes harían interpretaciones vinculantes"[232].

La Sala Constitucional concluyó su decisión fundamentándose en los principios de soberanía, argumentado que las decisiones de los tribunales internacionales pue-

---

230 *V.*, en *Revista de Derecho Público*, N° 93-96, Editorial Jurídica Venezolana, Caracas 2003, pp. 136 y ss.

231 *Idem.*

232 *V.*, en *Revista de Derecho Público*, N° 93-96, Editorial Jurídica Venezolana, Caracas 2003, pp. 136 y ss.

den ser aplicados en Venezuela sólo cuando estén conformes con lo que dispone la Constitución. En consecuencia, el rango supra constitucional de los tratados cuando establezcan regulaciones más favorables en relación con el goce y ejercicio de los derechos humanos, puede considerarse que fue eliminado de un solo golpe por la Sala Constitucional, al asumir el monopolio absoluto de la interpretación constitucional, lo que de acuerdo con la Constitución no solo corresponde a dicha Sala.

En todo caso, el principal problema en relación con este criterio restrictivo de la Sala Constitucional en relación con la interpretación del valor de las decisiones de los organismos internacionales, es que la misma fue dictada como una interpretación vinculante de la Constitución, limitando así el poder general de los jueces al ejercer el control difuso de la constitucionalidad, de poder aplicar directamente y dar prevalencia en el orden interno a las normas de la Convención Americana.

La interpretación restrictiva, por otra parte, se adoptó en una decisión de la Sala Constitucional que fue dictada para negarle todo valor o rango constitucional a las "recomendaciones" de la Comisión Interamericana de Derechos Humanos, rechazando en consecuencia a considerar que los artículos impugnados del Código Penal limitativos de la libertad de expresión del pensamiento en relación con funcionarios públicos, eran inconstitucionales por contrariar las recomendaciones de la Comisión Interamericana, que el accionante había argumentado que eran obligatorias para el país.

La Sala Constitucional venezolana, al contrario, consideró que de acuerdo con la Convención Americana, la Comisión puede formular "recomendaciones" a los gobiernos a los efectos de que adopten en su derecho interno medidas progresivas a favor de los derechos humanos, al igual que tomen provisiones para promover el respeto de los derechos (art. 41,b) considerando que:

> "Si lo recomendado debe adaptarse a la Constitución y a las leyes de los Estados, es porque ello no tiene naturaleza obligatoria, ya que las leyes internas o la Constitución podrían colidir con las recomendaciones. Por ello, el articulado de la Convención nada dice sobre el carácter obligatorio de la recomendación, lo que contrasta con la competencia y funciones del otro órgano: la Corte, la cual -según el artículo 62 de la Convención- puede emitir interpretaciones obligatorias sobre la Convención siempre que los Estados partes se la pidan, lo que significa que se allanan a dicho dictamen.
>
> Si la Corte tiene tal facultad, y no la Comisión, es forzoso concluir que las recomendaciones de ésta, no tienen el carácter de los dictámenes de aquélla y, por ello, la Sala, para el derecho interno, declara que las recomendaciones de la Comisión Interamericana de Derechos Humanos, no son obligatorias.
>
> Ahora bien, a juicio de esta Sala, las recomendaciones de la Comisión como tales, deben ser ponderadas en lo posible por los Estados miembros. Estos deben adaptar su legislación a las recomendaciones, siempre que ellas no colidan con las normas constitucionales, pero para esta adaptación no existe un término señalado y, mientras ella se practica, las leyes vigentes que no colidan con la Constitución o, según los tribunales venezolanos, con los derechos humanos

contemplados en las Convenciones Internacionales, siguen siendo aplicables hasta que sean declaradas inconstitucionales o derogadas por otras leyes"[233].

En definitiva, la Sala Constitucional venezolana concluyó resolviendo que las recomendaciones de la Comisión en relación con las leyes de desacato, solo eran puntos de vista de la Comisión sin efectos imperativos u obligatorios, es decir, manifestaciones de alerta dirigida a los Estados para que en el futuro derogasen o reformasen dichas leyes a los efectos de su adaptación al derecho internacional. Lamentablemente, la Sala Constitucional se olvidó tomar en cuenta lo que los Estados están obligados a hacer en relación con las recomendaciones, que es adoptar las medidas para adaptar su derecho interno a la Convención; medidas que por supuesto no se agotan con la sola derogación o reforma de leyes, siendo una de dichas medidas, precisamente, la interpretación judicial que podía y debía ser dada por el juez constitucional conforme a las recomendaciones, que fue lo que la Sala Constitucional venezolana eludió hacer.

Al contrario, en la misma materia, en la Argentina, por ejemplo, luego de que la Comisión Interamericana de Derechos Humanos considerara que las leyes de amnistía (Punto Final y Obediencia Debida) dictadas en ese país, así como las medidas de perdón aprobadas por el gobierno en relación con los crímenes cometidos por la dictadura militar eran contrarias a la Convención Americana, los tribunales comenzaron a considerar tales leyes como inconstitucionales por violar el derecho internacional siguiendo lo recomendado por las instancias internacionales[234].

En todo caso, la Sala Constitucional de Venezuela, en la antes mencionada sentencia, al contrario concluyó su aproximación restrictiva señalando que:

> "Una interpretación diferente es otorgarle a la Comisión un carácter supranacional que debilita la soberanía de los Estados miembros, y que –como ya lo apuntó la Sala– lo prohíbe la Constitución vigente.

Consecuente con lo señalado, la Sala no considera que tengan carácter vinculante, las recomendaciones del Informe Anual de la Comisión Interamericana de los Derechos Humanos, correspondiente al año 1994 invocado por el recurrente. Dicho Informe hace recomendaciones a los Estados Miembros de la Organización de los Estados Americanos para derogar o reformar las leyes, para armonizar sus legislaciones con los tratados en materia de derechos humanos, como lo es la Convención Americana sobre Derechos Humanos, Pacto San José de Costa Rica; por lo que el Informe con recomendaciones no pasa de ser esto: un grupo de recomendaciones que los Estados acatarán o no, pero que, con respecto a esta Sala, no es vinculante, y así se declara[235].

La verdad, sin embargo, es que después de la sentencia de la Sala Constitucional de Venezuela, el Código Penal fue efectivamente reformado, pero no en relación con

233 *V.*, en *Revista de Derecho Público*, N° 93-96, Editorial Jurídica Venezolana, Caracas 2003, p. 141.

234 Sentencia de 4-03-2001, Juzgado Federal N° 4, caso *Pobrete Hlaczik*, citado en Kathryn Sikkink, "The transnacional dimension of judicialization of politics in Latin America", en Rachel Sieder et al (ed), *The Judicalization of Politics in Latin America*, Palgrave Macmillan, New York, 2005, pp. 274, 290

235 Sentencia N° 1942 de 15 de Julio de 2003, en *Revista de Derecho Público*, N° 93-96, Editorial Jurídica Venezolana, Caracas 2003, pp. 136 y ss.

las normas que encajan dentro de las llamadas "leyes de desacato" no se produjo adaptación alguna.

De nuevo, en contraste con esta desatención del Estado a las recomendaciones de la Comisión Interamericana, se encuentra en cambio el caso de Argentina, donde en 1995, el Congreso decidió en relación con las mismas materias pero derogando las normas que establecían los mismos delitos sobre "leyes de desacato", precisamente en cumplimiento de las recomendaciones de la Comisión Interamericana en la materia[236]

La mencionada aproximación restrictiva de la Sala Constitucional del Tribunal Supremo de Justicia de Venezuela en relación con el valor en el derecho interno de las decisiones de la Comisión Interamericana de Derechos Humanos, en todo caso, ya había sido adoptada con anterioridad por la misma Sala Constitucional en una sentencia de 17 de mayo de 2000, en la cual objetó los poderes cuasijurisdiccionales de la Comisión Interamericana de Derechos Humanos. El caso, referido a la *Revista Exceso*, fue el siguiente:

El director y una periodista de dicha Revista intentaron una acción de amparo constitucional contra una sentencia de un tribunal penal dictada en un proceso por difamación e injuria contra ellos, pidiendo protección a su derecho a la libre expresión del pensamiento y a la libertad de información. Ante la falta de decisión de la acción de amparo, los accionantes acudieron ante la Comisión Interamericana denunciando el mal funcionamiento del sistema judicial venezolano, solicitando protección internacional contra el Estado venezolano por violación al derecho a la libre expresión del pensamiento y al debido proceso, así como contra las amenazas judiciales penales contra el director y la periodista de la Revista. La Comisión Interamericana, en el caso, adoptó algunas medidas preventivas de protección.

La Sala Constitucional, en su momento, al decidir sobre la acción de amparo intentada, consideró que este caso efectivamente se habían violado los derecho de los accionantes al debido proceso, pero no así su libertad de información; y en relación con las medidas cautelares adoptadas por la Comisión Interamericana, las calificó de inaceptables, señalando que:

> "Igualmente considera inaceptable la instancia de la Comisión Interamericana de Derechos Humanos de la Organización de los Estados Americanos en el sentido de solicitar la adopción de medidas que implican una crasa intromisión en las funciones de los órganos jurisdiccionales del país, como la suspensión del procedimiento judicial en contra de los accionantes, medidas que sólo pueden tomar los jueces en ejercicio de su competencia e independencia jurisdiccional, según lo disponen la Carta Fundamental y las leyes de la República Bolivariana de Venezuela, aparte lo previsto en el artículo 46, aparte b) de la Convención Americana de Derechos Humanos o Pacto de San José (Costa Rica), que dispo-

---

236 Caso *Verbistky*, Informe Nº 22/94 de la Comisión de 20-09-1994, caso *11.012* (Argentina). *V.*, los comentarios de Antonio Cancado Trindade, "Libertad de expresión y derecho a la información en los planos internacional y nacional", en *Iudicum et Vita*, Jurisprudencia nacional de América Latina en Derechos Humanos, Nº 5, Instituto Interamericano de Derechos Humanos, San José, Costa Rica, Diciembre 1997, pp. 194-195. *V.*, el "Informe sobre la compatibilidad entre las leyes de desacato y la Convención Americana sobre Derechos Humanos de 17 de febrero de 1995", en *Estudios Básicos de derechos Humanos*, Vol. X, Instituto Interamericano de Derechos Humanos, San José 2000, pp. 303 y ss.

ne que la petición sobre denuncias o quejas de violación de dicha Convención por un Estado parte, requerirá que "se haya interpuesto y agotado los recursos de jurisdicción interna, conforme a los principios del derecho internacional generalmente reconocidos", lo cual fue pretermitido en el caso de autos, por no haber ocurrido retardo judicial imputable a esta Sala según lo indicado en la parte narrativa de este fallo"[237].

Esta desafortunada decisión puede considerarse como contraria al artículo 31 de la Constitución de Venezuela, que consagra expresamente el derecho constitucional de toda persona de poder acudir ante los organismos internacionales de derechos humanos como la Comisión Interamericana, solicitando amparo respecto de sus derechos violados. Por tanto, es difícil imaginar cómo es que este derecho constitucional se podría ejercer, si es la misma Sala Constitucional la que ha rechazado la jurisdicción de la Comisión Interamericana.

En contraste con esta reacción de la Sala Constitucional venezolana, en otros países como Costa Rica, la situación es la contraria, donde la Sala Constitucional de la Corte Suprema en su sentencia N° 2313-95, fundamentó su decisión declarando la inconstitucionalidad del artículo 22 de la Ley Orgánica del Colegio de Periodistas que establecía la colegiación obligatoria de los mismos al Colegio de Periodistas para poder ejercer dicha profesión, precisamente en lo que previamente había resuelto la Corte Interamericana de Derechos Humanos en la Opinión Consultiva N° OC-5 de 1985[238], señalando que:

> "...si la Corte Interamericana de Derechos Humanos es el órgano natural para interpretar la Convención Americana sobre Derechos Humanos (Pacto de San José de Costa Rica), la fuerza de su decisión al interpretar la Convención y enjuiciar las leyes nacionales a la luz de esta normativa, ya sea en caso contencioso o en una mera consulta, tendrán -de principio- el mismo valor de la norma interpretada"[239].

Por ello, la Sala concluyó en el caso concreto, que como Costa Rica había sido el país que había requerido la Opinión Consultiva:

---

237 Caso *Faitha M. Nahmens L. y Ben Ami Fihman Z. (Revista Exceso)*, Exp. N° 00-0216, Sentencia N° 386 de 17-5-2000. Consultada en original. *V.*, en Carlos Ayala Corao, "Recepción de la jurisprudencia internacional sobre derechos humanos por la jurisprudencia constitucional" en *Revista del Tribunal Constitucional*, N° 6, Sucre, Bolivia, Nov. 2004, pp. 275 y ss.

238 *Opinión Consultiva OC-5/85 de 13 de noviembre de 1985*. La colegiación obligatoria de periodistas (arts. 13 y 29 Convención Americana sobre Derechos Humanos). En la misma, la Corte Interamericana fue de la opinión: "que la colegiación obligatoria de los periodistas, en cuanto impida el acceso de cualquier persona al uso pleno de los medios de comunicación social como vehículo para expresarse o para transmitir información, es incompatible con el artículo 13 de la Convención Americana sobre Derechos Humanos"; y "que la Ley N° 4420 de 22 de septiembre de 1969, Ley Orgánica del Colegio de Periodistas de Costa Rica, objeto de la presente consulta, en cuanto impide a ciertas personas el pertenecer al Colegio de Periodistas y, por consiguiente, el uso -pleno- de los medios de comunicación social como vehículo para expresarse y transmitir información, es incompatible con el artículo 13 de la Convención Americana sobre Derechos Humanos".

239 Sentencia N° 2312-05 de 09-05-1995. Consultada en original. Citada además en Rodolfo Piza R., *La justicia constitucional en Costa Rica,* San José 1995; y en Carlos Ayala Corao, "Recepción de la jurisprudencia internacional sobre derechos humanos por la jurisprudencia constitucional" en *Revista del Tribunal Constitucional*, N° 6, Sucre, Bolivia, Nov. 2004, pp. 275 y ss.

"Cuando la Corte Interamericana de Derechos Humanos, en su OC-05-85 unánimemente resolvió que la colegiación obligatoria de periodistas contenida en la Ley N° 4420, en cuanto impide el acceso de las personas al uso de los medios de comunicación, es incompatible con el artículo 13 de la Convención Americana sobre Derechos Humanos, no puede menos que obligar al país que puso en marcha mecanismos complejos y costosos del sistema interamericano de protección de los derechos humanos".

Por lo demás, debe indicarse que conforme a la jurisprudencia de la Sala Constitucional de la Corte Suprema de Costa Rica, el sistema constitucional de ese país pienso que también puede ubicarse entre los que otorgan rango supra constitucional a los tratados en materia de derechos humanos, si contienen normas más favorables en la materia. Así, en la mencionada sentencia N° 2313-95, la Sala precisó lo siguiente:

"Sobre esto debe agregarse que en tratándose de instrumentos internacionales de Derechos Humanos vigentes en el país, no se aplica lo dispuesto por el artículo 7 de la Constitución Política, ya que el 48 Constitucional tiene norma especial para los que se refieren a derechos humanos, otorgándoles una fuerza normativa del propio nivel constitucional. Al punto de que, como lo ha reconocido la jurisprudencia de esta Sala, los instrumentos de Derechos Humanos vigentes en Costa Rica, tienen no solamente un valor similar a la Constitución Política, sino que en la medida en que otorguen mayores derechos o garantías a las personas, priman por sobre la Constitución (vid. sentencia N° 3435-92 y su aclaración, N° 5759-93)".

Por ello, en la misma sentencia de la Sala Constitucional costarricense, al precisar su competencia para ejercer el control de constitucionalidad de normas, precisó que:

"La Sala Constitucional no solamente declara violaciones a derechos constitucionales, sino a todo el universo de derechos fundamentales contenidos en los instrumentos internacionales de derechos humanos vigentes en el país. Desde ese punto de vista, el reconocimiento por la Sala Constitucional de la normativa de la Convención Americana de Derechos Humanos, en la forma en que la interpretó la Corte Interamericana de Derechos Humanos en su Opinión Consultiva OC-05-85, resulta natural y absolutamente consecuente con su amplia competencia. De tal manera, sin necesidad de un pronunciamiento duplicado, fundado en los mismos argumentos de esa opinión, la Sala estima que es claro para Costa Rica que la normativa de la Ley N° 4420… es ilegítima y atenta contra el derecho a la información, en el amplio sentido que lo desarrolla el artículo 13 del Pacto de San José de Costa Rica, tanto como de los artículos 28 y 29 de la Constitución Política".

Ahora bien, volviendo al caso de Venezuela, antes de que se adoptara la interpretación restrictiva de la Sala Constitucional antes referida, debe decirse que muchos tribunales inferiores en otras materias aplicaron la Convención Americana de Derechos Humanos, declarando la prevalencia de sus normas en relación con normas constitucionales y legales.

Fue el caso, por ejemplo, del derecho a la revisión judicial de sentencias, o derecho a la segunda instancia o derecho de apelación. En efecto, en la derogada Ley Orgánica de la Corte Suprema de Justicia de 1976, al regular transitoriamente los tribunales de la jurisdicción contencioso administrativa[240], se dispuso que en los casos de impugnación de algunos actos administrativos como los emanados de institutos autónomos o Administraciones desconcentradas o independientes, la competencia para decidir de la acción correspondía en única instancia a la Corte Primera de lo Contencioso Administrativa, sin apelación ante la Sala Político Administrativa de la Corte Suprema.

La Constitución de 1999 solo reguló como derecho constitucional el derecho de apelación en materia de juicios penales a favor de la persona declarada culpable (art. 40,1); por lo que en otros casos, como el mencionado de los juicios contencioso administrativos, no existía una garantía constitucional expresa a la apelación, por lo que en los casos de las decisiones de la Corte Primera de lo Contencioso, conociendo en única instancia, la apelación había sido siempre declarada inadmisible.

Después de la entrada en vigencia de la Constitución de 1999, sin embargo, en algunos casos se ejercieron recursos de apelación contra decisiones de la Corte Primera de lo Contencioso Administrativa para ante la Sala Político Administrativa del Tribunal Supremo, alegándose la inconstitucionalidad de la norma de la Ley Orgánica que limitaba el derecho de apelación en ciertos casos. Como consecuencia de ello, en algunos casos los tribunales contencioso administrativos, en ejercicio del control difuso de constitucionalidad, admitieron la apelación basándose en el derecho de apelar las decisiones judiciales ante el tribunal superior que se establece en el artículo 8,2,h de la Convención Americana de Derechos Humanos, la cual se consideró como formando parte del derecho constitucional interno del país. El tema finalmente también llegó a decisión por la Sala Constitucional del Tribunal Supremo, la cual en una decisión N° 87 del 13 de marzo de 2000, resolvió lo siguiente:

> "Puesta en relación esta norma con la disposición prevista en el artículo 49, numeral 1, de la Constitución de la República, en la cual el derecho a recurrir del fallo se atribuye únicamente a la persona declarada culpable, y se autoriza el establecimiento de excepciones al citado derecho, cabe interpretar que la norma de la convención es más favorable al goce y ejercicio del citado derecho, puesto que consagra el derecho de toda persona a ser oída, no sólo en la sustanciación de cualquier acusación, penal, sino también en la determinación de sus derechos y obligaciones de orden civil, laboral, fiscal o de cualquier otro carácter, establece el derecho a recurrir del fallo, sin excepción alguna; le atribuye la naturaleza de garantía mínima; otorga su titularidad a toda persona, con independencia de su condición en el proceso; y establece que el titular del citado derecho ha de ser tratado bajo el principio de igualdad plena.

Puesta en relación esta norma en referencia con la disposición prevista en el último aparte del artículo 185 de la Ley Orgánica de la Corte Suprema de Justicia, cabe interpretar que esta última es incompatible con aquélla, puesto que niega, en términos absolutos, el derecho que la convención consagra, siendo que el ordena-

240 *V.*, los comentarios en Allan R. Brewer-Carías y Josefina Calcaño de Temeltas, *Ley Orgánica de la Corte Suprema de Justicia*, Editorial Jurídica Venezolana, Caracas 1978.

miento constitucional no atribuye a la Corte Primera de lo Contencioso Administrativo el rango de tribunal supremo"[241].

Con fundamente en lo antes mencionado, la Sala Constitucional concluyó su decisión, señalando que:

> "reconoce y declara, con fundamento en la disposición prevista en el artículo 23 de la Constitución de la República, que el artículo 8, numerales 1 y 2 (literal h), de la Convención Americana sobre Derechos Humanos, forma parte del ordenamiento constitucional de Venezuela; que las disposiciones que contiene, declaratorias del derecho a recurrir del fallo, son más favorables, en lo que concierne al goce y ejercicio del citado derecho, que la prevista en el artículo 49, numeral 1, de dicha Constitución; y que son de aplicación inmediata y directa por los tribunales y demás órganos del Poder Público"[242].

La Sala Constitucional incluso resolvió el caso estableciendo una interpretación obligatoria, que exigía la re-redacción de la Ley Orgánica, disponiendo lo siguiente:

> "En consecuencia, visto que el último aparte, primer párrafo, del artículo 185 de la Ley Orgánica de la Corte Suprema de Justicia, dispone lo siguiente: "Contra las decisiones que dicto dicho Tribunal en los asuntos señalados en los ordinales 1 al 4 de este artículo no se oirá recurso alguno"; visto que la citada disposición es incompatible con las contenidas en el artículo 8, numerales 1 y 2 (literal h), de la Convención Americana sobre Derechos Humanos, las cuales están provistas de jerarquía constitucional y son de aplicación preferente; visto que el segundo aparte del artículo 334 de la Constitución de la República establece lo siguiente: "En caso de incompatibilidad entre esta Constitución y una ley u otra norma jurídica, se aplicarán las disposiciones constitucionales, correspondiendo a los tribunales en cualquier causa, aun de oficio, decidir lo conducente", ésta Sala acuerda dejar sin aplicación la disposición transcrita, contenida en el último aparte, primer párrafo, del artículo 185 de la Ley Orgánica en referencia, debiendo aplicarse en su lugar, en el caso de la sentencia que se pronuncie, de ser el caso, sobre el recurso contencioso administrativo de anulación interpuesto por la parte actora ante la Corte Primera de lo Contencioso Administrativo (expediente N° 99-22167), la disposición prevista en el último aparte, segundo párrafo, del artículo 185 eiusdem, y la cual es del tenor siguiente: 'Contra las sentencias definitivas que dicte el mismo Tribunal ... podrá interponerse apelación dentro del término de cinco días, ante la Corte Suprema de Justicia (rectius: Tribunal Supremo de Justicia)'. Así se decide"[243].

Pero en segundo lugar, otro de los mecanismos para que se produzca la aplicación directa de los tratados sobre derechos humanos en el orden interno, es el derivado del otorgamiento de rango constitucional a los mismos, con lo cual adquieren igual jerarquía que la Constitución. En este grupo se pueden distinguir dos tipos de regímenes constitucionales: los que confieren rango constitucional a todos los ins-

---

241 Caso: *C.A. Electricidad del Centro (Elecentro) y otra vs. Superintendencia para la Promoción y Protección de la Libre Competencia. (Procompetencia)*, en *Revista de Derecho Público*, N° 81, Editorial Jurídica Venezolana, Caracas 2000, pp. 157 y ss.

242 *Idem*, p. 157.

243 *Idem*. p. 158.

trumentos internacionales sobre derechos humanos, o los que sólo otorgan dicho a un determinado grupo de tratados enumerados en las Constituciones.

En el primer grupo se destaca el caso de la Constitución del Perú de 1979, derogada en 1994, en cuyo artículo 105 se establecía que "los preceptos contenidos en los tratados sobre derechos humanos, tienen jerarquía constitucional" y en consecuencia, "no pueden ser modificados excepto mediante el procedimiento vigente para la reforma de la Constitución".

En el segundo grupo se puede ubicar la Constitución de Argentina, en la cual se otorga a un importante grupo de tratados y declaraciones internacionales que estaban vigentes en 1994, específicamente enumerados en el artículo 75.22 de la Constitución, una jerarquía superior a las leyes, es decir, rango constitucional:

> "La Declaración Americana de los Derechos y Deberes del Hombre; la Declaración Universal de Derechos Humanos; la Convención Americana sobre Derechos Humanos; el Pacto Internacional de Derechos Económicos, Sociales y Culturales; el Pacto Internacional de Derechos Civiles y Políticos y su Protocolo Facultativo; la Convención sobre la Prevención y la Sanción del Delito de Genocidio; la Convención Internacional sobre la Eliminación de todas las Formas de Discriminación Racial; la Convención sobre la Eliminación de todas las Formas de Discriminación contra la Mujer; la Convención contra la Tortura y otros Tratos o Penas Crueles, Inhumanos o Degradantes; la Convención sobre los Derechos del Niño".

De acuerdo con esta previsión constitucional, la Corte Suprema de Justicia de la Nación ha aplicado la Convención Americana de Derechos Humanos, dando prevalencia a sus previsiones en relación con las leyes, como sucedió respecto de normas del Código de Procedimiento Penal, también en relación con el derecho de apelación. Al contrario de lo que se establece en la Convención Americana, dicho Código excluía el derecho de apelación respecto de algunas decisiones judiciales de acuerdo a la cuantía de la pena. La Corte Suprema de la Nación declaró la invalidez por inconstitucionalidad de dichas normas limitativas de la apelación, aplicando precisamente el artículo 8,1,h de la Convención Americana que garantiza, como se ha dicho, el derecho de apelar las decisiones judiciales por ante un tribunal superior"[244].

Por otra parte, también en Argentina, los tribunales han considerado las decisiones de la Comisión Interamericana y de la Corte Interamericana como obligatorias, incluso antes de que los tratados internacionales de derechos humanos fueran constitucionalizados en la reforma constitucional de 1994. En una sentencia de 7 de julio de 1992, la Corte Suprema aplicó la Opinión Consultiva OC-7/86[245] de la Corte Interamericana, señalando que: "la interpretación del Pacto debe, además guiarse por

---

244 Sentencia de 04-04- 1995, Caso *Giroldi, H.D. y otros. V.*, en Aida Kemelmajer de Caqrlucci and maria Gabriela Abalos de Mosso, "Grandes líneas directrices de la jurisprudencia argentina sobre material constitucional durante el año 1995", en *Anuario de Derecho Constitucional latinoamericano* 1996, Fundación Konrad Adenauer, Bogotá, 1996, pp. 517 y ss.; y en Carlos Ayala Corao, "Recepción de la jurisprudencia internacional sobre derechos humanos por la jurisprudencia constitucional" en *Revista del Tribunal Constitucional*, N° 6, Sucre, Bolivia, Nov. 2004, pp. 275 y ss.

245 *Opinión Consultiva OC-7/86* de 29 de agosto de 1986. Exigibilidad del derecho de rectificación o respuesta (arts. 14.1, 1.1 y 2 de la Convención Americana sobre Derechos Humanos).

la jurisprudencia de la Corte Interamericana de Derechos Humanos, uno de cuyos objetivos es la interpretación del Pacto de san José (Estatuto, artículo 1)"[246].

En 1995, la misma Corte Suprema de Argentina consideró que debido al reconocimiento por el Estado de la jurisdicción de la Corte Interamericana para resolver casos de interpretación y aplicación de la Convención Americana, sus decisiones "deben servir de guía para la interpretación de los preceptos convencionales"[247]. En otras decisiones, la Corte Suprema revocó decisiones de tribunales inferiores por considerar que las interpretaciones que las sustentaban eran incompatibles con la doctrina de la Comisión Interamericana de Derechos Humanos[248].

Debe mencionarse, por otra parte, que en el caso de Panamá, a pesar de que no se indica en el texto Constitucional expresamente, el rango constitucional de los tratados, de la jurisprudencia de la Corte Suprema ello puede deducirse, al considerar que cualquier violación a un tratado internacional es una violación del artículo 4 de la Constitución. En efecto, la Constitución de Panamá sólo dispone que "La República de Panamá acata las normas del Derecho Internacional" (art. 4); ello, sin embargo, ha permitido a la Corte Suprema de Justicia, considerar como una violación constitucional la violación a normas de tratados internacionales. En una sentencia del 12 de marzo de 1990, en efecto, se declaró la inconstitucionalidad de un decreto ejecutivo que establecía un condicionamiento arbitrario de carácter global al ejercicio de las libertades de expresión y de prensa, para lo cual la Corte Suprema estableció que:

> "Con ese proceder se viola el artículo 4 de la carta magna, que obliga al acatamiento de las normas de Derecho internacional por parte de las autoridades nacionales. En el caso bajo examen, tal como lo señala el recurrente, se trata de la violación del pacto Internacional de Derechos Civiles y Políticos y de la Convención Americana sobre Derechos humanos, aprobados por las leyes 14 de 1976 y 15 de 1977, respectivamente, convenios que rechazan el establecimiento de la censura previa al ejercicio de las libertades de expresión y de prensa, en tanto que derechos humanos fundamentales"[249]

En tercer lugar, la aplicación en el orden interno de los tratados y convenios internacionales de derechos humanos, se ha logrado en los casos en los cuales las Constituciones han atribuido rango supra legal a los tratados y convenciones inter-

---

246 Sentencia caso *Miguel A. Ekmkdjiam, Gerardo Sofivic y otros*, en Ariel E. Dulitzky, "La aplicación de los tratados sobre derechos humanos por los tribunales locales: un estudio comparado" en *La aplicación de los tratados sobre derechos Humanos por los tribunales locales*, Centro de Estudios Legales y Sociales, Buenos Aires, 1997; y en Carlos Ayala Corao, "Recepción de la jurisprudencia internacional sobre derechos humanos por la jurisprudencia constitucional" en *Revista del Tribunal Constitucional*, N° 6, Sucre, Bolivia, Nov. 2004, pp. 275 y ss.

247 Sentencia caso *H Giroldi/* recurso de casación, 17-04-1995. *V.*, en *Jurisprudencia Argentina*, Vol. 1995-III, p. 571; y en Carlos Ayala Corao, "Recepción de la jurisprudencia internacional sobre derechos humanos por la jurisprudencia constitucional" en *Revista del Tribunal Constitucional,* N° 6, Sucre, Bolivia, Nov. 2004, pp. 275 y ss.

248 Caso Bramajo, September 12, 1996. *V.*, en *Jurisprudencia Argentina*, Nov. 20, 1996; y en Carlos Ayala Corao, "Recepción de la jurisprudencia internacional sobre derechos humanos por la jurisprudencia constitucional" en *Revista del Tribunal Constitucional*, N° 6, Sucre, Bolivia, Nov. 2004, pp. 275 y ss.

249 *V.*, en *Iudicum et Vita, Jurisprudencia nacional de América Latina en Derechos Humanos*, N° 5, Instituto Interamericano de Derechos Humanos, San José, Costa Rica, Diciembre 1997 pp. 80-82.

nacionales en general, incluyendo los relativos a derechos humanos. En estos sistemas, los tratados están sujetos a la Constitución pero prevalecen sobre lo dispuesto en las leyes.

Esta fue la modalidad que se siguió por ejemplo en las Constituciones de Alemania (artículo 25), Italia (artículo 10) y Francia (artículo 55), y América Latina, es la solución adoptada en la Constitución de Costa Rica (reforma de 1968), en la cual se dispuso que:

> "Los tratados públicos, los convenios internacionales y los concordatos, debidamente aprobados por la Asamblea Legislativa, tendrán desde su promulgación o desde el día que ellos designen, autoridad superior a las leyes" (Artículo 7).

Como antes se dijo, sin embargo, la jurisprudencia de la Sala Constitucional de Costa Rica le ha otorgado a los tratados internacionales en materia de derechos humanos, rango constitucional e incluso supra constitucional de contener disposiciones más favorables al ejercicio de los mismos. La Sala Constitucional, también en relación con el derecho de apelación, ha aplicado directamente la Convención Americana de Derechos Humanos con prevalancia sobre las leyes, al considerar que las normas "legales que contradigan [un tratado] deban tenerse simplemente por derogadas, en virtud precisamente del rango superior del tratado"[250]. En esta forma, al considerar que el artículo 8.2 de la Convención Americana de Derechos Humanos "reconoce como derecho fundamental de todo ser humano, imputado en una causa penal por delito, el de recurrir del fallo" la Sala consideró que el artículo 472 del Código de Procedimientos Penales que limitaban el ejercicio del recurso de casación debían tenerse "por no puestas" y entender "que el recurso de casación a que ahí se alude está legalmente otorgado a favor del reo condenado a cualquier pena en sentencia dictada en una causa panal por delito".

La Sala Constitucional, en una sentencia posterior Nº 719-90 declaró con lugar el recurso de inconstitucionalidad intentado contra el artículo 474 del Código de Procedimientos Penales, anulándolo y considerando en consecuencia, como "no puestas las limitaciones al derecho a recurrir en casación a favor del imputado contra la sentencia penal por delito, establecidas en el artículo". Para ello, la Sala partió de la consideración de que:

> "Lo único que, obviamente, impone la Convención Americana es la posibilidad de recurso ante un Tribunal Superior contra la sentencia penal por delito, de manera que al declararse inconstitucionales las limitaciones impuestas por el artículo 474 incisos 1) y 2) del Código de Procedimientos Penales, los requerimientos del artículo 8.2 inciso h) de la Convención estarían satisfechos, con la sola salvedad de que el de casación no fuera el recurso ante juez o tribunal superior, en los términos de dicha norma internacional"[251].

Se destaca, sin embargo, que en otra sentencia Nº 1054-94, la Sala Constitucional declaró sin lugar la impugnación por inconstitucionalidad del artículo 426 del

---

250 Sentencia 282-90, caso violación del artículo 8.2 de la Convención Americana por el derogado artículo 472 del Código de Procedimientos Penales. Consultada en original.

251 Consultada en original.

Código de Procedimientos Penales, por las mismas razones antes señaladas de negativa del recurso en materia de contravenciones y no de delitos, por considerar que en su jurisprudencia, lo que ha establecido la Sala con claridad es "que la citada Convención Americana establece la doble instancia como derecho fundamental de todo ser humano, imputado en una causa penal por delito, de recurrir del fallo ante un superior, y no indistintamente en todas las materias"[252].

Ahora bien, en cuanto al rango supra legal de los tratados y su prevalencia respecto de las leyes en caso de conflicto, en sentido similar, el artículo 144 de la Constitución de El Salvador dispone que: "Los tratados internacionales celebrados por El Salvador con otros estados o con organismos internacionales, constituyen leyes de la República al entrar en vigencia, conforme a las disposiciones del mismo tratado y de esta Constitución" agregando que "La ley no podrá modificar o derogar lo acordado en un tratado vigente para El Salvador" y que "En caso de conflicto entre el tratado y la ley, prevalecerá el tratado".

De acuerdo con estas previsiones, la Sala Constitucional de la Corte Suprema de Justicia de El Salvador también ha aplicado los tratados internacionales en materia de derechos humanos, decidiendo casos en los que ha considerado que las regulaciones internacionales prevalecen sobre la legislación interna. Es el caso de la sentencia de 17 de noviembre de 1994, dictada en un proceso en el cual un tribunal penal decidió la detención preventiva de un antiguo comandante de las fuerzas armadas irregulares, en un juicio que se le seguía por el delito de difamación. La Sala decidió que "para la adecuada comprensión de las instituciones de la detención provisional en nuestro sistema, debemos tener en cuenta además con fundamento en el artículo 144 de la Constitución, los tratados internacionales ratificados por El Salvador"[253]; en consecuencia, pasó a analizar el artículo 11,1 de la Declaración Universal de Derechos Humanos y el artículo 9,3 del Pacto Internacional de Derechos Civiles y Políticos que se refieren al derecho a la presunción de inocencia y al carácter excepcional de la detención preventiva, la cual no debe considerarse como la regla general. La Sala Constitucional también analizó el artículo XXVI de la Declaración Americana de Derechos Humano, que también se refiere a la presunción de inocencia, y a los artículos 7,2 y 8,2 de la Convención Americana de Derechos Humanos los cuales regulan los derechos de las personas en relación con las detenciones, particularmente el principio *nulla pena sine lege*. Conforme a todo ese análisis del derecho internacional de los derechos humanos, la Sala concluyó señalando que "Es en ese contexto –constitucional e internacional– que se ha de encuadrar el examen de la detención provisional, por cuanto tales normas, dada su superior ubicación en la jerarquía normativa, obligan a su cumplimiento"[254].

En consecuencia, y fundamentándose en las regulaciones internacionales en relación con la detención preventiva y los derechos de las personas, la Sala concluyó que "ésta no puede nunca constituir la regla general de los procesos penales –circunstancia además expresamente prohibida en el artículo 9,3 del Pacto Internacional de Derechos Civiles y Políticos– por lo que la misma, no puede funcionar automáti-

---

252 *Idem.*

253 *V.*, en *Iudicum et Vita, Jurisprudencia nacional de América Latina en Derechos Humanos*, N° 5, Instituto Interamericano de Derechos Humanos, San José, Costa Rica, Diciembre 1997, p. 157.

254 *Idem*, p. 157.

camente"[255], porque no puede entenderse como una sanción anticipada. Al contrario, a los efectos de decretar la detención, el juez en cada caso necesita evaluar las circunstancias sobre la necesidad y conveniencia de la privación de la libertad para proteger el interés público fundamental.

Con fundamento en lo anterior, la Sala Constitucional concluyó en relación con el caso que como en el mismo se había decidido la detención provisional, y "no se consignó justificación alguna para dicha orden, esta deviene en inconstitucional"[256].

En otra sentencia de la Sala Constitucional de la Corte Suprema de El Salvador de 13 de junio de 1995, la Sala declaró la inconstitucionalidad de una Ordenanza municipal que había establecido restricciones al ejercicio del derecho de reunión y manifestación, fundamentándose en lo dispuesto en los artículos 15 de la Convención Americana de Derechos Humanos y 21 del Pacto Internacional de Derechos Civiles y Políticos, conforme a los cuales las limitaciones a dichos derechos sólo podía establecerse por ley. A tal efecto, la Sala partió de la consideración de que "Los tratados internacionales vigentes en nuestro país, con supremacía respecto de las leyes secundarias, entre ellas, el Código Municipal, reconocen la libertad de reunión y manifestación pública y establecen que este derecho solo podrá estar sujeto a limitaciones o restricciones previstas por la LEY, que sean necesarias en una sociedad democrática", la cual "tiene que ser emitida por la Asamblea Legislativa observando el formalismo" establecido en la Constitución; y además dispuso la Sala, que dicha ley, de acuerdo con el artículo XXVIII la Declaración Americana de Derechos Humanos solo puede establecer limitaciones sujetas al "principio de razonabilidad de manera que sea intrínsecamente justa: es decir, que debe responder a ciertas pautas de valor suficientes, o sea dar el contenido material de justicia consagrado en la Constitución". Concluyó la Sala en el caso concreto, declarando la inconstitucionalidad solicitada, al considerar que:

> "Ninguno de estos componentes encontramos en el instrumento cuya inconstitucionalidad se demanda: es decir, que se trata de un caso típico de abuso de autoridad, pues no solo se entra en reglar el ejercicio de un derecho constitucional sin autorización bastante, sino que usurpa una función reservada al legislador".

La Constitución de México, al referirse a los tratados internacionales, puede considerarse como la que en América Latina que sigue más de cerca el texto de la Constitución Norteamericana, a disponer:

> Artículo 133. Esta Constitución, las leyes del Congreso de la Unión que emanen de ella y todos los Tratados que estén de acuerdo con la misma, celebrados y que se celebren por el Presidente de la República, con aprobación del Senado, serán la Ley Suprema de toda la Unión. Los jueces de cada Estado se arreglarán a dicha Constitución, leyes y tratados, a pesar de las disposiciones en contrario que pueda haber en las Constituciones o leyes de los Estados.

Se trata de la misma llamada cláusula de supremacía, conforme a la cual, tradicionalmente se había considerado que los tratados tenían la misma jerarquía norma-

---

255 *Idem*, p. 158.

256 *Idem*, p. 158

tiva que las leyes. Así lo decidió la Suprema Corte de la Nación en sentencia de Pleno C/92, de 30 de junio de 1992, al señalar que ocupando las leyes y los tratados internacionales, el mismo "rango inmediatamente inferior a la Constitución en la jerarquía de las normas en el orden jurídico mexicano", un tratado internacional no puede ser criterio para determinar la constitucionalidad de una ley ni viceversa. Por ello, la Ley de las Cámaras de Comercio y de las de Industria no puede ser considerara inconstitucional por contrariar lo dispuesto en un tratado internacional"[257].

Pero este criterio ha sido abandonado por la propia Suprema Corte, en una sentencia de revisión de amparo N° 1475/98, en la cual, al interpretarse el artículo 133 constitucional conforme a la Convención de Viena sobre Derecho de los Tratados de 1969, se determinó que en virtud de que "los compromisos internacionales son asumidos por el Estado mexicano en su conjunto y comprometen a todas sus autoridades frente a la comunidad internacional" los tratados internacionales "se ubican jerárquicamente por encima de las leyes federales y, en un segundo plano, respecto de la Constitución Federal", adquiriendo entonces rango supra legal[258].

En este grupo de países que otorga rango supra legal a los tratados en materia de derechos humanos también se puede ubicar el caso de Paraguay. La Constitución contiene una cláusula de supremacía similar a la mexicana, con el siguiente texto:

> Artículo 137. De la supremacía de la Constitución. La ley suprema de la República es la Constitución. Esta, los tratados, convenios y acuerdos internacionales aprobados y ratificados, las leyes dictadas por el Congreso y otras disposiciones jurídicas de inferior jerarquía, sancionadas en consecuencia, integran el derecho positivo nacional en el orden de prelación enunciado.

Dicha cláusula, sin embargo, tiene la peculiaridad de indicar el orden de prelación de las fuentes, por lo que los tratados si bien están por debajo de la Constitución, están por encima de las leyes. Además, esta norma se complementa con el artículo 141 de la misma Constitución que dispone que "los tratados internacionales válidamente celebrados, aprobados por ley del Congreso, y cuyos instrumentos de ratificación fueran canjeados o depositados, forman parte del ordenamiento legal interno con la jerarquía que determina el Artículo 137".

Conforme a estas previsiones, por ejemplo, el Tribunal de Apelaciones en lo Criminal, Primera Sala de Paraguay, en sentencia de 10 de junio de 1996, revocó una sentencia de un tribunal inferior que había dictado una condena por el delito de difamación en el cual el querellante era una persona política y pública, argumentando que "en una sociedad democrática los políticos están más expuestos a la crítica de la ciudadanía", por lo que "en ningún caso el interés de los particulares primará sobre el interés público", invocando para la sentencia revocatoria, las normas constitu-

257 Tesis P. C/92, publicada en la *Gaceta del Semanario Judicial de la Federación*, N° 60, diciembre de 1992, p. 27.

258 *V.*, la referencia en Guadalupe barrena y Carlos Montemayor "Incorporación del derecho internacional en la Constitución mexicana", *Derechos Humanos. Memoria del IV Congreso Nacional de Derecho Constitucional*, Vol. III, Instituto de Investigaciones Jurídicas, UNAM, México 2001; y en Humberto Henderson, "Los tratados internacionales de derechos humanos en el orden interno: la importancia del principio pro homine", en *Revista IIDH*, Instituto Interamericano de Derechos Humanos, N° 39, San José 2004, p. 82, nota 15.

cionales pertinentes así como el artículo 13 de la Convención Americana de Derechos Humanos[259].

En cuarto lugar, en relación con la jerarquía de los tratados internacionales sobre derechos humanos en el ámbito interno y su aplicación por los tribunales, otro sistema que quizás es el más común, es el de la atribución a los mismos del mismo rango que las leyes. Es el sistema clásico del constitucionalismo moderno, generalizado según lo que dispuso la Constitución de los Estados Unidos en su artículo VI.2:

> Esta Constitución y las leyes de los Estados Unidos que deben sancionarse conforme a la misma; y todos los tratados suscritos o que deban suscribirse bajo la autoridad de los Estados Unidos, serán la suprema ley del país; y los jueces en cada Estado se sujetarán a la misma, aún cuando exista algo en contrario en la Constitución o leyes de los Estados.

En estos sistemas, en consecuencia, los tratados son parte de la legislación del país, teniendo entonces el mismo rango que las leyes. Están sujetos a la Constitución, y en su aplicación en relación con las leyes se rigen por los principios de la ley posterior y de la ley especial a los efectos de su prevalencia o efectos derogatorios.

En el caso de Uruguay, el artículo 6 de la Constitución sólo hace referencia a los tratados internacionales a los efectos de indicar que se debe proponer "la cláusula de que todas las diferencias que surjan entre las partes contratantes, serán decididas por el arbitraje u otros medios pacíficos"; no haciendo referencia alguna ni a la jerarquía en el derecho interno ni al tema de los derechos humanos. Ello, sin embargo, no ha sido impedimento para que la Corte Suprema de Justicia, por ejemplo, en la sentencia de 23 de octubre de 1996, al resolver sobre una excepción de inconstitucionalidad opuesta por el Ministerio Público contra normas de la Ley de Prensa que permiten ser juzgado en libertad por delitos de prensa, fundamentara su argumento en lo dispuesto en tratados internacionales, para desestimar la excepción. El caso concreto trató sobre un delito de imprenta por críticas formuladas al Presidente del Paraguay, en el cual el denunciante fue el Embajador del Paraguay en el Uruguay. El Ministerio Público denunció violaciones al principio de igualdad contenidas en normas constitucionales y en los artículos 7 de la Declaración Americana de Derechos Humanos y 24 de la Convención Americana de Derechos Humanos. La Corte Suprema para decidir analizó extensivamente el derecho humano a la libre expresión del pensamiento haciendo referencia, precisamente, al artículo 19 del Pacto Internacional de Derechos Civiles y Políticos y el artículo 13.1 de la Convención Americana de Derechos Humanos; a la Opinión Consultiva OC-5 sobre incompatibilidad del derecho a la libre expresión del pensamiento y la colegiación obligatoria de los periodistas; y al derecho a la presunción de inocencia "consagrado expresamente, en todo caso, en las Convenciones y Declaraciones internacionales a las que ha adherido el país o que de otro modo le obligan (Declaración Universal de los Derechos del Hombre, art. 11; Pacto Internacional de Derechos Civiles y Políticos, art. 14.4 y Convención Americana de Derechos Humanos, art. 8.2.), lo que permitía al querellado en el caso, el ser juzgado en libertad[260].

---

259 *V.*, en *Iudicum et Vita, Jurisprudencia nacional de América Latina en Derechos Humanos*, N° 5, Instituto Interamericano de Derechos Humanos, San José, Costa Rica, Diciembre 1997 pp. 82-86.

260 *V.*, en *Iudicum et Vita, Jurisprudencia nacional de América Latina en Derechos Humanos*, N° 5, Instituto Interamericano de Derechos Humanos, San José, Costa Rica, Diciembre 1997 pp. 72-79.

El sistema constitucional de la República Dominicana también puede ubicarse en este grupo constitucional, donde los tratados tienen el mismo rango que las leyes. Por ello, y precisamente por el hecho de que la República Dominicana es uno de los pocos países de América Latina que no tiene consagrado en el texto constitucional el recurso o acción de amparo como medio judicial de protección de los derechos humanos, la Corte Suprema aplicó la Convención Americana de Derechos Humanos para admitir jurisprudencialmente la acción o recurso de amparo.

En efecto, el artículo 3 de la Constitución de la Republica Dominicana establece que "La República Dominicana reconoce y aplica las normas del Derecho Internacional general y americano en la medida en que sus poderes públicos las hayan adoptado". Conforme a ello, en 1977 el Congreso aprobó la Convención Americana de Derechos Humanos, en cuyos artículo 8,2 y 25,1 se regulan los principios generales del debido proceso y, en particular, la acción o recurso de amparo para la protección de los derechos humanos declarados en la Convención, en las Constituciones y en las leyes de los Estados miembros.

De acuerdo con estas previsiones, si bien era cierto que la Constitución no regulaba expresamente la acción o recurso de amparo, el mismo estaba consagrado en la Convención Americana, por lo que dicho recurso podía ejercerse por toda persona en protección de sus derechos. El problema, sin embargo, radicaba en la ausencia de las reglas de procedimiento relativas al amparo, incluyendo la ausencia de normas legales atributivas de competencia judiciales para conocer de la acción. Ello explica por qué hasta 1999 no se habían intentado acciones de amparo.

Ese año, sin embargo, una empresa privada, la empresa Productos Avon S.A., intentó un recurso de amparo ante la Corte Suprema contra una sentencia dictada por un juzgado con competencia en materia laboral, alegando violación de derechos constitucionales, y fue dicha acción la que originó la admisibilidad jurisprudencial de la acción de amparo en la República Dominicana sin que hubiera disposición constitucional o legal sobre la misma.

En efecto, la Corte Suprema en su sentencia del 24 de febrero de 1999, admitió la acción de amparo intentada por la mencionada empresa Avon, declarando al amparo como "una institución de derecho positivo" y prescribiendo en la decisión las reglas básicas de procedimiento para el ejercicio de tales acciones de amparo[261]. El caso se desarrolló como sigue:

1. La empresa demandante alegó que la decisión judicial del tribunal laboral había violado su derecho a ser juzgado por el juez natural, a cuyo efecto solicitó a la Corte Suprema que: primero, declarara en su sentencia que el amparo debía considerarse como una institución dominicana de derecho público; y segundo, que la Corte Suprema, de acuerdo con las disposiciones de la Ley Orgánica Judicial que le atribuye a la Corte el poder de resolver sobre el procedimiento aplicable en caso de que no exista uno legalmente prescrito, disponiendo las normas respectivas, que en consecuencia estableciera dichas normas en relación con los recursos de amparo. Adi-

261 *V.*, en *Iudicum et Vita, Jurisprudencia nacional de América Latina en Derechos Humanos*, N° 7, Tomo I, Instituto Interamericano de Derechos Humanos, San José, Costa Rica, Diciembre 2000 p. 329 y ss. Véanse los comentarios a dicha sentencia en Allan R. Brewer-Carías, "La admisión jurisprudencial de la acción de amparo en ausencia de regulación constitucional o legal en la República Dominicana", *idem*, pp. 334 y ss.; y en *Revista IIDH*, Instituto Interamericano de Derechos Humanos, San José, 2000.

cionalmente, el recurrente solicitó a la Corte que dictara una medida cautelar suspendiendo los efectos de la sentencia laboral impugnada mientras durase el juicio de amparo.

2. La Corte Suprema, a los efectos de decidir, estableció el criterio que los tratados internacionales invocados por el recurrente, particularmente los artículos 8 y 25,1 de la Convención Americana de Derechos Humanos, eran parte del derecho interno de la República Dominicana, y tenían la finalidad de garantizar la protección judicial de los derechos fundamentales reconocidos en la Constitución, en la ley y en la indicada Convención, contra todo acto violatorio de dichos derechos, cometido por cualquier persona actuando o no en el ejercicio de funciones públicas, por lo que incluso se admitía contra actuaciones de particulares. En este aspecto, la Corte Suprema resolvió que:

> "Contrariamente a como ha sido juzgado en el sentido de que los actos violatorios tendrían que provenir de personas no investidas con funciones judiciales o que no actúen en el ejercicio de esas funciones, el recurso de amparo, como mecanismo protector de la libertad individual en sus diversos aspectos, no debe ser excluido como remedio procesal específico para solucionar situaciones creadas por personas investidas de funciones judiciales ya que, al expresar el artículo 25.1 de la Convención, que el recurso de amparo está abierto a favor de toda persona contra actos que violes sus derechos fundamentales, "aún cuando tal violación sea cometida por personas que actúen en ejercicio de sus funciones oficiales", evidentemente incluye entre éstas a las funciones judiciales ".

Igualmente, la Corte resolvió que la vía del amparo:

> "Queda abierta contra todo acto u omisión de los particulares o de los órganos o agentes de la administración pública, incluido la omisión o el acto administrativo, no jurisdiccional. Del poder judicial, si lleva cualquiera de ellos una lesión, restricción o alteración, a un derecho constitucionalmente protegido"[262].

En relación con este tema, la decisión de la Corte Suprema de la República Dominicana puede considerarse como muy importante en virtud de admitir claramente que la acción de amparo también procede contra particulares, siguiendo en tal sentido la concepción amplia del amparo iniciada en Argentina y que se sigue en Uruguay, Chile, Perú, Bolivia y Venezuela. La concepción restringida, en cambio, que excluye el amparo contra particulares, es la que se sigue en México, Brasil, Panamá, El Salvador y Nicaragua.

La decisión de la Corte Suprema de la República Dominicana también siguió la concepción amplia del amparo, al admitirlo contra decisiones judiciales, tal como está aceptada en la Convención Americana, y en contra de la tendencia observada en otros países latinoamericanos que excluyen la acción de amparo contra sentencias o decisiones judiciales, como es el caso de Argentina, Uruguay, Costa Rica, Panamá, El Salvador, Honduras y Nicaragua. En Colombia, el decreto de 1999, regulador de la acción de tutela también admitió la acción de amparo contra decisiones judiciales, pero la Corte Constitucional rápidamente anuló el artículo 40 que lo consagraba, considerando que violaba el derecho a la cosa juzgada de las decisiones judiciales

---

262 *Idem*. p. 332

definitivas[263]. Sin embargo, posteriormente, la tutela fue admitida contra decisiones judiciales fundamentándose en el control de la vía de hecho judicial como instrumento para enfrentar y someter la arbitrariedad judicial[264]

3. En relación con la decisión de la Corte Suprema de la República Dominicana, adicionalmente decidió que incluso en ausencia de reglas de procedimiento respecto del trámite del recurso de amparo, contrariamente a lo que sucedía con el recurso habeas corpus que en cambio si disponía de una regulación legal que establecía el juez competente y el procedimiento respectivo; tratándose el amparo de un medio judicial simple, rápido y efectivo para la protección de todos los otros derechos constitucionales distintos a los protegidos mediante el habeas corpus, ningún juez podría rechazar su admisión aduciendo la ausencia de regulación legal. A tales efectos, la Corte Suprema, conforme se establece en el artículo 29,2 de la Ley Orgánica Judicial, y a los efectos de evitar la confusión que podría ocasionar la ausencia de reglas de procedimiento, invocó su potestad de establecerlas, resolviendo en definitiva:

> "Declarar que el recurso de amparo previsto en el artículo 25,1 de la Convención Americana de Derechos Humanos de San José, Costa Rica, del 22 de noviembre de 1969, es una institución de derecho positivo dominicano, por haber sido adoptada y aprobada por el Congreso Nacional, mediante Resolución N° 739 del 25 de diciembre de 1977, de conformidad con el artículo 3, de la Constitución de la República"[265].

Como consecuencia, la Corte Suprema pasó a resolver los problemas prácticos que podría originar la aceptación del amparo, estableciendo las reglas de procedimiento, así: primero, determinando que la competencia para conocer en materia de amparo corresponde a los tribunales de primera instancia en el lugar donde se haya producido la acción u omisión cuestionada; y segundo, estableciendo las reglas de procedimiento, en sentido similar a las dispuestas en los artículos 101 y siguientes de la ley N° 834 de 1978, agregando algunas referencias respecto de los plazos para intentar la acción ante los tribunales, de la audiencia que debe tener lugar para decidir, de los plazos para decidir y del lapso de apelación.

La Corte Suprema, finalmente, a los efectos de evitar los abusos que podría producir la admisión del amparo, recordó que dicho recurso no debía entenderse como la introducción de una tercera instancia en los procesos judiciales[266].

Esta sentencia de la Corte Suprema de la República Dominicana, adoptada en ausencia de regulaciones constitucionales y legales sobre la acción de amparo, admitiendo este medio judicial de protección de los derechos humanos de acuerdo con lo establecido en la Convención Americana de derechos Humanos, sin duda, es una de

263 Sentencia C.543 de 24 septiembre de 1992. *V.*, en Manuel José Cepeda Espinosa, *Derecho Constitucional Jurisprudencia*, Legis, Bogotá 2001, p. 1009 y ss.

264 Sentencia T-213 de 13 de mayo de 1994. *Idem*, p. 1022 y ss.

265 *Idem*. p. 333

266 *V.*, en *Iudicum et Vita, Jurisprudencia nacional de América Latina en Derechos Humanos*, N° 7, Tomo I, Instituto Interamericano de Derechos Humanos, San José, Costa Rica, Diciembre 2000 p. 329 y ss. Véanse los comentarios a dicha sentencia en Allan R. Brewer-Carías, "La admisión jurisprudencial de la acción de amparo en ausencia de regulación constitucional o legal en la República Dominicana", *idem*, pp. 334 ss.

las más importantes sentencias de dicha Corte en la materia, no sólo en relación con la admisibilidad de la acción de amparo[267], sino en cuanto a la aplicabilidad directa en el orden interno de las disposiciones de la Convención Americana de Derechos Humanos.

IX. LOS PRINCIPIOS DE INTERPRETACIÓN CONSTITUCIONAL SOBRE DERECHOS HUMANOS Y LA APLICACIÓN DE LOS TRATADOS INTERNACIONALES

Por último, otra técnica interpretativa que ha permitido la ampliación por los tribunales constitucionales del elenco de derechos humanos, más allá de los declarados en las Constituciones, recurriendo a lo establecido en los instrumentos internacionales, en ausencia del otorgamiento de rango normativo alguno a los mismos también deriva de las regulaciones establecidas en las propias Constituciones, por ejemplo, al disponer que los derechos enumerados deben interpretarse de acuerdo con lo establecido en los instrumentos internacionales; mediante la incorporación en los preámbulos o declaraciones generales de las Constituciones de referencias a las declaraciones universales de derecho humanos; o mediante la regulación del principio de la progresividad en la interpretación de los derechos humanos.

En primer lugar, algunas Constituciones, por ejemplo, expresamente disponen como principio que la interpretación de sus normas relativas a derechos humanos debe hacerse de atendiendo a lo establecido en los instrumentos internacionales sobre la materia. Esta fue la técnica seguida por la Constitución de España (Artículo 10,2) y Portugal (Artículo 16,2) y en América Latina en la que sigue la Constitución de Colombia de 1991, cuyo artículo 93 dispone que "Los derechos y deberes consagrados en esta Carta, se interpretarán de conformidad con los tratados internacionales sobre derechos humanos ratificados por Colombia".

De acuerdo con esta previsión constitucional, los órganos del Estado y no solo los tribunales, están obligados a interpretar las regulaciones constitucionales sobre derechos humanos de conformidad con lo dispuesto en los tratados internacionales sobre la materia; siendo el resultado de ello, tanto el reconocimiento de los derechos declarados en dichos tratados como teniendo igual rango y valor constitucional que los derechos declarados en la Constitución misma como su aplicabilidad directa en el ámbito interno, ya que aquellos son los que deben guiar la interpretación de estos.

Esta técnica interpretativa, en todo caso, ha sido utilizada frecuentemente por los tribunales en Colombia al interpretar el ámbito y extensión de los derechos constitucionales, como fue el caso de la sentencia de la Corte Constitucional de 22 de febrero de 1996, dictada con motivo de decidir la impugnación por inconstitucionalidad de la ley de destinada a regular las trasmisiones de televisión, que el impugnante consideró contraria al derecho constitucional a informar. La Corte Constitucional, en la sentencia, comenzó su argumento señalando que:

> "La validez interna de una norma consagrada por el legislador no solamente está supeditada a la adecuación de su preceptiva a os postulados y mandatos constitucionales, sino que también depende del acatamiento de los compromisos internacionales de Colombia, pactados en tratados públicos aprobados por

267 *Idem*, p. 334 ss.

el Congreso y ratificados por el Jefe del Estado de acuerdo con la Constitución (artículos 9; 159 numeral 16; 189, numeral 2 y 226).

La conformidad de la legislación interna con los tratados internacionales y con las obligaciones contraídas por el Estado colombiano con otros Estados o con entidades supranacionales es exigida con mayor rigor por la Constitución Política cuando se trata de la aplicación y el ejercicio de los derechos fundamentales, según resulta con nitidez meridiana del artículo 93 de la carta Política, a cuyo tenor los tratados y convenios internacionales que hubiere aprobado el Congreso y ratificado el Ejecutivo, mediante los cuales se reconocen los derechos humanos y en los que se prohíbe su limitación en los estados de excepción, prevalecen en el orden interno".

La norma constitucional declara sin rodeos que los derechos y deberes consagrados en el Estatuto Fundamental se interpretarán de conformidad con los tratados internacionales sobre derechos humanos ratificados por Colombia"[268].

Con fundamento en lo anterior, la Corte Constitucional luego pasó a referirse a la libertad de expresión del pensamiento y al derecho constitucional a informar de acuerdo con lo establecido en el artículo 19,2 del Pacto Internacional de Derechos Civiles y Políticos y en el artículo 13,2 de la Convención Americana de Derechos Humanos, particularmente en relación con la universalidad del ejercicio de tales derechos, "sin consideraciones de fronteras"; concluyendo que:

> "Prohibir en el territorio nacional se instalen o pongan en funcionamiento estaciones terrenas destinadas a la captación y posterior difusión, transmisión o distribución de señales de satélites, bien que su procedencia sea nacional o internacional, implicaría flagrante vulneración del derecho a la información, que cobija a toda persona en los términos del artículo 20 de la Constitución"[269].

Una segunda técnica interpretativa que conduce a la aplicación de los tratados internacionales en el orden interno, adquiriendo además rango constitucional, resulta de las declaraciones generales contenidas en los Preámbulos de los textos constitucionales en los cuales se hace referencia a las declaraciones internacionales de derechos humanos o a los derechos humanos como valor universal.

En esta forma, muchos de los Preámbulos de las Constituciones dictadas después de la Segunda Guerra Mundial, hacen referencia a los derechos humanos y en particular a las declaraciones internacionales, como valores fundamentales de la sociedad. El ejemplo más clásico es el de la Constitución francesa de 1958 en la cual, sin que en su texto se haya incorporado una declaración de derechos humanos, se establece la siguiente declaración general contenida en el Preámbulo:

> El Pueblo Francés proclama solemnemente su dedicación a los Derechos del Hombre y a los principios de soberanía nacional definidos en la Declaración de 1789, reafirmados y complementados en el Preámbulo de la Constitución de 1946.

268 *V.*, en *Iudicum et Vita, Jurisprudencia nacional de América Latina en Derechos Humanos*, N° 5, Instituto Interamericano de Derechos Humanos, San José, Costa Rica, Diciembre 1997 pp. 34-35.

269 *Idem*, p. 37

Con fundamento en esta declaración, como antes se ha dicho, el Consejo Constitucional francés extendió el bloque de la constitucionalidad[270], atribuyendo rango y valor constitucional a los derechos humanos consagrados en la Declaración de los Derechos del Hombre y del Ciudadano de 1789[271], con lo cual, al decir de Jean Riveró, "La Constitución francesa doblo su volumen con la sola voluntad del Consejo Constitucional"[272].

En América Latina, muchas Constituciones también contienen declaraciones generales en las cuales se definen los propósitos de la organización política y de la sanción de la propia Constitución, estableciendo una orientación general para la actuación de los órganos del Estado en relación con el respeto y garantía de los derechos humanos. Por ejemplo, la Constitución de Venezuela declara que dicho texto se ha sancionado con el fin de que se "asegure el derecho a la vida, al trabajo, a la cultura, a la educación, a la justicia social y a la igualdad sin discriminación ni subordinación alguna", promoviendo "la garantía universal e indivisible de los derechos humanos".

La Constitución de Guatemala, por su parte, también expresa en su Preámbulo que dicho texto se ha dictado "afirmando la primacía de la persona humana como sujeto y fin del orden social" y "decididos a impulsar la plena vigencia de los Derechos Humanos dentro de un orden institucional estable, permanente y popular, donde gobernados y gobernantes procedan con absoluto apego al derecho".

Siendo en estos casos, el objetivo general de las Constituciones, el garantizar, promover e impulsar el efectivo goce y ejercicio de los derechos humanos referidos en el contexto universal, los derechos incorporados en las declaraciones y tratados internacionales poden ser considerados o interpretados como teniendo el mismo rango y valor de los que se han incorporado en el texto de las declaraciones constitucionales.

Otras Constituciones contienen declaraciones de principio similares, aún cuando no el sus preámbulos, sino en el propio texto constitucional, al regularse aspectos específicos del funcionamiento de los órganos del Estado, imponiéndoseles como obligación, por ejemplo, el garantizar efectivamente el derecho de todas las personas para el goce y ejercicio de sus derechos constitucionales. En estos casos, al establecerse como obligación estatal el necesario respeto a los derechos humanos o el garantizar que puedan ser efectivamente ejercidos, ello se ha interpretado como reconociendo el valor universal de los derechos, y su rango constitucional, aún cuando no estén en el texto constitucional.

Es el caso de la Constitución de Chile, en la cual, en la reforma de 1989, se incorporó una declaración general en la cual se reconoció que el ejercicio de la soberanía está limitado por "el respeto a los derechos esenciales que emanan de la naturaleza humana", prescribiendo además, como un "deber de los órganos del Estado respetar y promover tales derechos, garantizados por esta Constitución, así como por los tratados internacionales ratificados por Chile y que se encuentren vigentes" (art.

270 *V.*, L. Favoreu, «Le principe de constitutionalité. Essai de définition d'après la jurisprudence du Conseil constitutionnel", en *Recueil d'études en l'honneur de Charles Eisenmann*, Paris 1977, p. 33.

271 *V.*, Allan R. Brewer-Carías, *Judicial Review in Comparative Law*, Cambridge University Press, 1989.

272 *V.*, J. Rivero, «Rapport de Synthèse" en L. Favoreu (ed.), *Cours constitutionnelles européennes et droit fondamentaux*, Aix-en-Provence 1982, p. 520.

5). En consecuencia, si es un deber de los órganos del Estado el respetar y promover los derechos humanos que están garantizados en los tratados internacionales, dichos derechos adquieren igual rango y valor constitucional que el de los derechos constitucionales enumerados en el texto fundamental. Incluso la referencia constitucional a los "derechos esenciales que emanan de la naturaleza humana" permite y exige que no solo los declarados en el texto constitucional tengan el carácter de derechos constitucionales, sino los enumerados en los tratados internacionales, e incluso, por ejemplo, que también tengan tal carácter aquellos no enumerados en texto expreso pero que sean esenciales a la naturaleza humana.

La Constitución de Ecuador también prescribe en su artículo 16, en el misma orientación, que "El más alto deber del Estado consiste en respetar y hacer respetar los derechos humanos que garantiza esta Constitución", garantizando el Estado "a todos sus habitantes, sin discriminación alguna, el libre y eficaz ejercicio y el goce de los derechos humanos establecidos en esta Constitución y en las declaraciones, pactos, convenios y más instrumentos internacionales vigentes"; obligándose el Estado, además, a adoptar "mediante planes y programas permanentes y periódicos, medidas para el efectivo goce de estos derechos" (Art. 17).

En consecuencia, en estos casos, las obligaciones del Estado se refieren no solo a garantizar el ejercicio de los derechos enumerados en la Constitución, sino en los instrumentos internacionales, los cuales por tanto puede considerarse que adquieren el mismo rango y valor que aquellos.

En este sentido, también debe hacerse especial referencia a la Constitución de Nicaragua, en la cual se incorporó una declaración general en el artículo 46, conforme a la cual, en el territorio nacional, toda persona goza no solo "de la protección estatal y del reconocimiento de los derechos inherentes a la persona humana, del irrestricto respeto, promoción y protección de los derechos humanos" sino además, de la protección del Estado respecto "de la plena vigencia de los derechos consignados en la Declaración Universal de los Derechos Humanos; en la Declaración Americana de Derechos y Deberes del Hombre, en el Pacto Internacional de Derechos Económicos, Sociales y Culturales, en el Pacto Internacional de Derechos Civiles y Políticos de la Organización de las Naciones Unidas y en la Convención Americana de Derechos Humanos de la Organización de Estados Americanos".

En este caso, la referencia constitucional a ciertos tratados internacionales de derechos humanos, dada la dinámica internacional en la material, debe entenderse como una enumeración no restrictiva, particularmente por la referencia previa a los derechos inherentes a la persona humana.

Ahora bien, con fundamento en este artículo 46 de la Constitución de Nicaragua, y alegándose la violación de derechos consagrados en tratados internacionales, por tanto, se han impugnado leyes por inconstitucionalidad, como fue el caso de la Ley General sobre los medios de la Comunicación Social (Ley N° 57) de 1989. En la sentencia respectiva de la Corte Suprema de Justicia de Nicaragua de fecha 22 de agosto de 1989, si bien se declaró sin lugar el amparo por inconstitucionalidad que se había intentado, para resolver la Corte consideró extensivamente las violaciones denunciadas no sólo respecto de artículos constitucionales como el artículo 46, sino a través del mismo, de normas de la Declaración Universal de Derechos Humanos, del Pacto Internacional de Derechos Civiles y Políticos y de la Convención Americana de Derechos Humanos[273].

Finalmente, también debe hacerse mención a la Constitución de Brasil, en la cual se proclamó que el Estado en sus relaciones internacionales se rige por el principio de la prevalencia de los derechos humanos (Artículo 4,III); y se indicó que como el Estado es un Estado democrático de derecho, tiene como uno de sus fundamentos la dignidad de la persona humana (Artículo I, III). En relación con los derechos humanos, en particular, el artículo 5,2 de la Constitución dispone que "los derechos y garantías establecidos en esta Constitución no excluye otros que pueden resultar del régimen y de los principios por ella adoptados, o de los tratados internacionales en que la República Federativa del Brasil sea parte"(Art. 5,2).

Este artículo también se ha interpretado, en la misma línea general de las otras Constituciones latinoamericanas, como un mecanismo para reconocer en el orden interno, el rango y valor de los derechos humanos declarados en los instrumentos internacionales, que por ello, pueden tener aplicación directa por los tribunales[274].

Por último, también debe hacerse mención al principio de la progresividad como mecanismo de interpretación de los derechos humanos, mediante el cual, como cuestión de principio no se puede admitir una interpretarse o aplicación de una norma relativa a derechos humanos que resulte en una disminución de su goce, ejercicio y protección efectivos; y además, que en caso de que existan varias previsiones reguladoras de derechos, la que debe aplicarse con prelación es la que disponga la regulación más favorable[275]. Tal como lo había resuelto la antigua Corte Suprema de Justicia de Venezuela, "el principio jurídico de progresividad envuelve la necesidad de aplicar con preferencia la norma más favorable a los derechos humanos, sea de Derecho Constitucional, de Derecho Internacional o de derecho ordinario"[276]. En consecuencia, la interpretación de las leyes relativas a derechos humanos siempre debe guiarse por el principio de progresividad, en el sentido de que siempre debe resultar una interpretación más protectiva en relación con los mismos.

El principio de la progresividad, por otra parte, se incorporó expresamente en el texto constitucional de Venezuela 1999, en cuyo artículo 19 se dispone que el Estado garantiza a toda persona "el goce y ejercicio irrenunciable, indivisible e interdependiente de los derechos humanos...conforme al principio de progresividad y sin discriminación alguna".

---

273 *V.*, el texto de la sentencia en *Iudicum et Vita, Jurisprudencia nacional de América Latina en Derechos Humanos*, N° 5, Instituto Interamericano de Derechos Humanos, San José, Costa Rica, Diciembre 1997, pp. 128-140. Véanse los comentarios de Antonio Cancado Trindade, "Libertad de expresión y derecho a la información en los planos internacional y nacional", *Idem*, p. 194.

274 Antonio Cancado Trindade ha considerado que la con estas normas, la Constitución de Brasil le otorga a los tratados de derechos humanos, naturaleza constitucional, inmediatamente exigibles en el derecho interno. *V., Directo internacional e directo interno: Sua Interacão dos dereitos humanos*, San José, 1996 citado por Humberto Henderson, "Los tratados internacionales de derechos humanos en el orden interno: la importancia del principio pro homine", en *Revista IIDH*, Instituto Interamericano de Derechos Humanos, N° 39, San José 2004, p. 78, nota 12.

275 *V.*, Pedro Nikken, *La protección internacional de los derechos humanos. Su desarrollo progresivo*, Instituto Interamericano de Derechos Humanos, Ed. Civitas, Madrid, 1987.

276 Sentencia de 30-07-1996, en *Revista de Derecho Público*, N° 67-68, Editorial Jurídica Venezolana, Caracas 1996, p. 170.

Ahora bien, en relación con este principio de progresividad, en particular en cuanto su implicancia respecto de la aplicación preferente de la norma que contenga regulaciones más favorables al ejercicio del derecho (favor libertatis), en una importante sentencia de amparo dictada por la antigua Corte Suprema de Justicia de Venezuela de 3 de diciembre de 1990, dicho supremo tribunal lo aplicó al referirse a los derechos de la mujer embarazada.

En efecto, el caso se trató de una funcionaria pública que durante su embarazo, fue despedida de su cargo sin causa justificada. Para la fecha, la Ley del Trabajo no establecía derecho alguno de la mujer embarazada a no ser despedida de su cargo sin causa justificada, lo que sin embargo si estaba regulado en el Convenio Nº 103 de la Organización Internacional del Trabajo y en la Convención eliminando toda forma de discriminación contra la mujer. En cuanto a la normativa constitucional, el artículo 74 de la Constitución de 1961 solo contenía una previsión general relativa al derecho de protección de la maternidad.

La Corte Suprema, sin embargo, en el caso concreto, después de analizar la protección solicitada por la funcionaria despedida, que le impedía gozar de su derecho al descanso pre y post natal, declaró con lugar la acción de amparo que había sido intentada, resolviendo que:

> "El derecho a la inamovilidad en el trabajo de la mujer embarazada y el derecho a disfrutar del descanso pre y post natal constituyen derechos inherentes a la persona humana los cuales se constitucionalizan de conformidad con el artículo 50 de nuestro Texto Fundamental, según el cual "la enunciación de los derechos y garantías contenidos en esta Constitución no debe entenderse como negación de otros que, siendo inherentes de la persona humana, no figuren expresamente en ella. La falta de ley reglamentaria de estos derechos no menoscaba el ejercicio de los mismos".

De modo que de toda esta normativa de carácter Supranacional, y en particular el mandato contenido en el artículo 74 de la Constitución, consagra la protección de la maternidad y de la mujer trabajadora, materializando tal protección a través de la consagración de la inamovilidad en el trabajo de la mujer embarazada y el derecho a disfrutar del descanso pre y post-natal".

Con fundamento en tan claras y terminantes disposiciones, esta Corte considera que cualquier intento del patrono o empleador de cercenar el derecho a la inamovilidad en el trabajo de la mujer embarazada sin que medie causal de despido por de retiro por razones disciplinarias y al no permitir el disfrute del derecho al descanso pre y post natal, constituye una evidente y flagrante violación al principio constitucional consagrado en los artículos 74 y 93 de la Constitución"[277]

En este caso, por tanto, el principio interpretativo de la progresividad condujo a la aplicación directa por los tribunales de las normas internacionales más favorables en materia de derechos humanos.

Otras Constituciones como la de Ecuador, no sólo establecen el principio de que "los derechos y garantías determinados en esta Constitución y en los instrumentos

277 Caso: *Mariela Morales de Jiménez. V.*, en *Revista de Derecho Público*, Nº 45, Editorial Jurídica Venezolana, Caracas, 1991, pp. 84-85. Véanse las referencias en la sentencia de 30-07-1996 en *Revista de Derecho Público*, Nº 97-98, Editorial Jurídica Venezolana, Caracas 1996, p 170.

internacionales vigentes, serán directa e inmediatamente aplicables por y ante cualquier juez, tribunal o autoridad", sino que se dispone expresamente la progresividad como principio de interpretación, al prescribir que "en materia de derechos y garantías constitucionales, se estará a la interpretación que más favorezca su efectiva vigencia".

Este principio de la progresividad en la interpretación de los derechos humanos que incluso ha sido regulado en la Convención Americana de Derechos Humanos (Artículo 25), puede decirse que equivale al también denominado principio *pro homine*, el cual ha sido definido como "un criterio hermenéutico que informa todo el derecho de los derechos humanos, en virtud del cual se debe acudir a la norma más amplia, o a la interpretación más extensiva, cuando se trate de reconocer derechos protegidos"; y que implica que en materia de derechos humanos, la interpretación "estará siempre a favor del hombre" (*pro homine*)"[278]. El principio se ha deducido como incorporado en las Constituciones, como las ya mencionadas de Chile y Perú, cuando precisan como fin esencial del Estado el respeto de los derechos humanos. Era el caso de la Constitución del Perú de 1993, en la cual se disponía que "la defensa de la persona humana y el respeto de su dignidad son el fin de la sociedad y del Estado"(art. 1); y es el caso de la Constitución de Chile en la cual se dispone como "deber de los órganos del Estado respetar y promover tales derechos, garantizados por esta Constitución, así como por los tratados internacionales ratificados por Chile y que se encuentren vigentes" (art. 5)[279].

Como lo ha precisado Henderson, el principio *pro homine* tiene varias formas de aplicación, entre las que se destacan: en primer lugar, en los casos en los cuales está en juego la aplicación de varias normas relativas a derechos humanos, debe aplicarse aquella que contenga protecciones mejores o más favorables para el individuo; en segundo lugar, en casos en los cuales se está en presencia de una sucesión de normas, debe entenderse que la norma posterior no deroga la anterior si esta consagra protecciones mejores o mayores que deben conservarse para las personas; y en tercer lugar, cuando se trate de la aplicación de una norma, debe siempre interpretarse en la forma que mejor tutele a la persona[280].

New York, 2006

---

278 *V.*, Mónica Pinto, "El principio pro homine. Criterio hermenéutico y pautas para la regulación de los derechos humanos", en *La aplicación de los tratados sobre derechos Humanos por los tribunales locales*, Centro de Estudios Legales y Sociales, Buenos Aires, 1997, p. 163. *V.*, además, Humberto Henderson, "Los tratados internacionales de derechos humanos en el orden interno: la importancia del principio pro homine", en *Revista IIDH,* Instituto Interamericano de Derechos Humanos, Nº 39, San José 2004, p. 92.

279 *V.*, Iván Bazán Chacón, "Aplicación del derecho internacional en la judicialización de violaciones de derechos humanos" en *Para hacer justicia. Reflexiones en torno a la judicialización de casos de violaciones de derechos humanos*, Coordinadora Nacional de Derechos Humanos, Lima, 2004, p. 27; Humberto Henderson, "Los tratados internacionales de derechos humanos en el orden interno: la importancia del principio pro homine", en *Revista IIDH*, Instituto Interamericano de Derechos Humanos, Nº 39, San José 2004, p. 89, nota 27.

280 *V.*, Humberto Henderson, "Los tratados internacionales de derechos humanos en el orden interno: la importancia del principio pro homine", en *Revista IIDH*, Instituto Interamericano de Derechos Humanos, Nº 39, San José 2004, pp. 92-96.

TERCERA PARTE:

ESTUDIOS SOBRE EL RÉGIMEN Y JUSTICIABILIDAD DE LOS DERECHOS HUMANOS

SECCIÓN PRIMERA:

LÍMITES A LA LIBERTAD DE INFORMACIÓN EN EL DERECHO COMPARADO (RADIO, PRENSA, CINE, TV) (1970)

Este texto es el de la Ponencia General que presenté al VII Congreso Internacional de Derecho Comparado celebrado en pescara en 1970. Fue publicado con el título: "Las limitaciones a la libertad de información en el Derecho Comparado (Prensa, Radio, Cine y Televisión)" en *Revista de la Facultad de Derecho*, N° 47, Universidad Central de Venezuela, Caracas, diciembre 1970, pp. 9-47.

INTRODUCCIÓN

1. El campo de estudio de los Derechos del Hombre es, quizás, uno de los más propicios para la aplicación del método comparativo. Es más, tal como lo ha señalado Rene Cassin[281] no se trata en este campo de simplemente una conveniencia de utilizar dicho método por las ventajas que conlleva, sino de una necesidad, derivada de la permeabilidad que en la historia de la humanidad han tenido las declaraciones universales y nacionales sobre los Derechos del Hombre a las grandes corrientes de ideas que han atravesado el planeta.

De ahí que, realmente, sea sorprendente constatar el que, a través de los siglos y mucho antes del descubrimiento del telégrafo, del cine, de la radio y de la televisión, el terreno de los derechos humanos se haya universalizado tanto, debido, precisamente, a la libertad de in- formación y a la libre circulación de las ideas. Esa misma universalización de los Derechos del Hombre puede entonces decirse que se debe precisamente, a uno de esos mismos derechos: el de la libertad de información.

De ahí el interés particular que tiene en el mundo actual el estudio comparativo de la libertad de información a través de todos sus me- dios importantes (prensa, radio, cine y televisión) y particularmente, de las limitaciones al ejercicio de ese derecho; limitaciones que hoy adquieren más importancia que nunca, debido al cre-

---

281 René Cassin, "Los derechos del hombre: el método comparado". Información Jurídica (Ministerio de Justicia), N° 298, Madrid, 1968. pp. 77 y sig.

ciente progreso de los diversos medios de comunicación y a la tremenda influencia inmediata que los mismos han adquirido y que adquirirán en el futuro más inmediato en proporciones que sólo una inteligencia y una imaginación enteramente volcadas hacia el futuro serán capaces de concebir[282].

2. La expresión libertad de información, si bien es un concepto nuevo y todavía en elaboración, viene en realidad a representar la suma cíe los principios tradicionales de libertad de pensamiento, libertad de opinión, libertad de expresión y libertad de prensa, aplicados a los modernos medios de comunicación. Por ello, es evidente cómo a la base de la libertad de información actual, está la libertad de prensa tradicional. De ahí que sea conveniente ante todo, recordar esos principios tradicionales que dieron origen a la libertad de prensa. Entre los primeros textos constitucionales que consagraron la libertad de prensa está ciertamente la Constitución de los Estados Unidos en cuya Primera Enmienda, adoptada en 1791, se estableció que "El Congreso no podrá aprobar. . . ley alguna que coarte la libertad de palabra y de prensa..." Años antes, la Declaración de los Derechos del Hombre y del Ciudadano, de 1789, en su Artículo 11 dejó sentado así el principio: "La libre comunicación de las ideas y opiniones es uno de los más preciados derechos del hombre; todo ciudadano puede, por tanto, hablar, escribir y publicar libremente, a condición de que sea responsable por el abuso de esa libertad en los casos determinados por la Ley".

Bastan estas dos citas para percatarse de que la libertad en ellas consagrada, por tener como sustento el liberalismo e individualismo tradicional, era una libertad consagrada esencialmente frente al Estado y, por tanto, esencialmente negativa[283]. De

---

282 Ahora bien, a pesar de ser éste uno de los campos más propicios para el estudio comparativo, particularmente en el campo de las limitaciones a la libertad de información, donde se exige realizar el contraste entre la universalidad del derecho, y sus limitaciones y el particularísimo de las instituciones nacionales, para la preparación de la Ponencia General, que sirvió de base a esta publicación y que presentó el autor en el *VIII Congreso Internacional de Derecho Comparado* celebrado en Pescara, Italia, entre el 29 de agosto y el 5 de setiembre de 1970, el autor sólo recibió las siguientes cinco Ponencias Nacionales indicadas por orden alfabético de países: *Bélgica:* Jean de Mever, Profesor en la Universidad de Lovaina, *Rapport sur les limites á la liberté d'information* (Presse, radio, cinema, télévision) en droit belge, (18 pages, dactilografiadas).

Estados Unidos: Ch. Aikin, Profesor en la Universidad de California, Berkelev, *Freedom, Liberty and Privacy iti Modern Society: Speech, Press, Radio and TV, Religión and the Censor* (37 págs. dactilografiadas).

Francia: Ch. Debbasch. Professeur á la Faculté d'Aix-en-Provencc. Les limites á la liberté d'information (26 págs. dactilografiadas).

Países Bajos: P. J. Boukema, Encargado de Investigaciones en Vrije Universitet, Amsterdam. *The limits of freedom of information in the Netherlands* (12 págs. dactilografiadas)

Yugoslavia: Dr. Vida Cok, Collaborateur scientifique supérieur à l'Institut de droit comparé, Belgrado, *Les limites á la liberté d'lnformation* (*presse, radio, cinéma, televisión*). (17 págs. dactilografiadas).

A ellas hay que agregar las propias investigaciones que sobre el derecho ve- nezolano y, en general, el latinoamericano, ha debido efectuar el autor. Ahora bien, a pesar de que la información que se recibió en las Ponencias Nacionales fue poca en volumen, debe destacarse la alta calidad del contenido de las mismas, la mayoría de las cuales siguieron, en términos generales, el esquema que se preparó a solicitud de la Academia Internacional de Derecho Comparado para la preparación de la Ponencia General referida.

Por otra parte, debe indicarse que las Ponencias, casualmente, responden a una adecuada distribución geográfica, lo que permitió comparar el derecho continental (Francia, Bélgica y Holanda), el derecho anglosajón (Estados Unidos), el derecho de los países socialistas (Yugoslavia) y el derecho de los países de América Latina (Venezuela y Perú, principalmente).

283 Bélgica, 16; Holanda. 4.

ahí que la misma evolución que han sufrido los Derechos del Hombre y las libertades individuales en los últimos dos siglos, con la atenuación del liberalismo tradicional, han repercutido también en la regulación actual de la libertad de información. Esa evolución no sólo tiene su origen en el mismo cambio del contenido de una democracia formal hacia una democracia social, sino que responde también a los cambios técnicos y económicos e inclusive sociales que han repercutido en forma especial en el ejercicio de la libertad de información. Por ello, la libertad de prensa de 1789 no tiene ni puede tener el mismo contenido de la libertad de información actual, no sólo porque ya la prensa de hoy, con su progreso técnico y su base en el gran capital no es ni la sombra de la de entonces, sino porque la aparición de los otros medios de comunicación ha revolucionado totalmente las expectativas y responsabilidades de la información. Hoy por hoy, estamos sintiendo cada vez más que la libertad de información va dejando de ser un derecho del hombre y del ciudadano, y se va convirtiendo en un monopolio de los gobernantes o de algunos pocos particulares con poder económico.

Por ello, ahora, el problema radica en exigir a la libertad de información una función social que cumplir y en impedir que su ejercicio por un grupo reducido se convierta en negación del derecho de todos a la información. La concepción clásica de la libertad de expresión contra el Estado tiende entonces a evolucionar hacia una "libertad contra la prensa" para complementar aquella noción[284]. Por eso, es necesario tener siempre en cuenta, como lo ha señalado Salvador P. López en las Naciones Unidas, que "el derecho de un hombre a comunicar información carece de significado por sí mismo, como no sea en relación con el derecho de los demás a recibir esa información"[285]. Es por ello que el Proyecto de Convención sobre libertad de información que figura en el programa de la Asamblea General de las Naciones Unidas desde su decimocuarto período de sesiones, re- gula en primer lugar la obligación de los Estados Contratantes de "respetar y proteger el derecho de toda persona a tener a su disposición diversas fuentes de información"[286].

En este sentido, es de destacar la norma de la constitución yugoslava que, no solo consagra el derecho de los ciudadanos "de expresar y de publicar sus opiniones por los medios de información, sino también el derecho de aprovechar los medios de información para informarse"[287].

Asimismo, es de destacar que ha sido en virtud de esta tendencia a evitar los abusos de la libertad de información que el "Proyecto de declaración sobre libertad de información" aprobado por el Consejo Económico y Social de las Naciones Unidas en su 29° período de sesiones y trasmitido a la Asamblea General para su examen, expresa en su Artículo 3° lo siguiente: "Los medios de información deben estar al servicio del pueblo. Ningún gobierno, órgano o grupo de intereses públicos o privados deberán ejercer sobre los medios destinados a difundir información un control

---

284 Roger Pinto, *La liberté d'opinión et d'information,* París 1955, pág. 41. Ángel Benito, *La libertad de información.* Nuestro Tiempo, N° 135, Pamplona 1965, pág. 236.

285 Salvador López, "Libertad de Información 1953", Documento E/2425 del Consejo Económico y Social de las Naciones Unidas, Suplemento N° 12, 16° Período de Sesiones, New York 1953, pág. 4.

286 Documento A/7638 de 8 de agosto de 1969, del vigésimo cuarto período de Sesiones, Tema 54 del programa de la Asamblea General de las Naciones Unidas sobre "Libertad de información" (Nota del Secretario General), anexo III, pág. I.

287 Yugoslavia, 2.

tal que impida la existencia de fuentes diversas de información o prive al individuo del libre acceso a esas fuentes. Deberá estimularse el desarrollo de medios de información nacionales independientes"[288].

3. Ahora bien, en términos generales, tanto las convenciones internacionales como las constituciones modernas, al consagrar la libertad de información, reconocen que la misma no es ilimitada, sino que está sometida a una serie de deberes y responsabilidades.

En el ámbito de las declaraciones internacionales es de señalar que si bien la "Declaración Universal de Derechos Humanos" de 1948 no consagra limitaciones particulares al ejercicio de esta libertad[289], al contrario, el "Pacto Internacional de Derechos Civiles y Políticos" de las Naciones Unidas de 1966, en su Artículo 19 establece una regulación más precisa de la libertad de información, sometida a restricciones y limitaciones. Dicho artículo señala lo siguiente: "1) Nadie podrá ser molestado a causa de sus opiniones. 2) Toda persona tiene derecho a la libertad de expresión; este derecho comprende la libertad de buscar, recibir y difundir informaciones e ideas de toda índole, sin consideración de fronteras, ya sea oralmente, por escrito o en forma impresa o artística, o por cualquier otro procedimiento de su elección. 3) El ejercicio del derecho previsto en el párrafo 2 de este artículo entraña deberes y responsabilidades especiales. Por consiguiente, puede estar sujeto a ciertas restricciones que deberán, sin embargo, estar expresamente fijadas por la ley y ser necesarias para: a) asegurar el respeto a los derechos o a la reputación de los demás; b) la protección de la seguridad nacional, el orden público o la salud o la moral pública"[290].

Por otra parte, en el ámbito europeo, la "Convención de salvaguardia de los derechos del hombre y de las libertades fundamentales" de 1950, regula en su Artículo 10 en una forma bastante más detallada las limitaciones a esta libertad: "1) Toda persona tiene derecho a la libertad de expresión. Este derecho comprende la libertad de opinión y la libertad de recibir o de comunicar informaciones o ideas sin que pueda haber ingerencia de autoridades públicas y sin consideración de fronteras. El presente artículo no impide que los Estados sometan las empresas ele radiodifusión, de cinematografía o de televisión a un régimen de autorización previa. 2) El ejercicio de estas libertades, por cuanto implica deberes y responsabilidades, puede ser sometido a ciertas formalidades, condiciones, restricciones o sanciones, previs- tas por la ley, que constituyan medidas necesarias, en una sociedad democrática, para la seguridad nacional, la integridad territorial o la seguridad pública, la defensa del orden y la prevención del delito, la protección de la salud o de la moral, la protección de la fama o de los derechos de otros, para impedir la divulgación de informaciones confidenciales o para garantizar la autoridad y la imparcialidad del poder judicial"[291]

---

288 Doc A/ 7638 (ONU), anexo II, pág. 2.

289 Artículo 19. "Todo individuo tiene derecho a la libertad de opinión y de expresión; este derecho incluye el de no ser molestado a causa de sus opiniones, el de investigar y recibir informaciones y opiniones y el de difundirlas, sin limitación de fronteras, por cualquier medio de expresión"

290 *Los Derechos Humanos,* con estudio preliminar de Antonio Truyol y Serra, Madrid 1968, pág. 89.

291 *Los Derecho Humanos, cit.*, pág. 115.

Esta misma orientación de la Convención europea se refleja en algunos proyectos recientes como el "Proyecto de Convención interamericana sobre protección de derechos humanos", adoptado como documento de trabajo por el Consejo de la Organización de los Estados Americanos, en el cual, además, se hacen algunas referencias a ciertas limitaciones derivadas del progreso técnico y crecimiento económico en los medios de comunicación, así como a los derechos de rectificación y réplica. Así están concebidos los Artículos 12 y 13 del referido Proyecto:

> *Artículo 12.*—"1) Toda persona tiene derecho a la libertad de pensamiento y de expresión; este derecho comprende la libertad de buscar, recibir y difundir informaciones e ideas de toda índole, sin consideración de fronteras, ya sea oralmente, por escrito o en forma impresa o artística, o por cualquier otro procedimiento de su elección. 2) El ejercicio del derecho previsto en el párrafo precedente no está sujeto a previa censura, sino a responsabilidades ulteriores, las que deberán estar expresamente fijadas por la ley y ser necesarias para asegurar: a) el respeto a los derechos o a la reputación de los demás, o b) la protección de la seguridad nacional, el orden público o la salud o la moral pública. 3) No se podrá restringir el derecho de expresión por vías o medios indirectos, tales como los monopolios oficiales o particulares de papel para periódicos, de frecuencias radioeléctricas, o de enseres y aparatos de difusión, o por cualesquiera otros medios encaminados a obstaculizar la comunicación y la circulación de ideas y opiniones. 4) Los espectáculos públicos podrán ser sometidos por la ley a censura previa, con el exclusivo objeto de regular el acceso a ellos para la protección moral de la infancia y la adolescencia. 5) a) Toda propaganda en favor de la guerra estará prohibida por la ley; b) Toda apología del odio nacional, racial o religioso que constituya incitación a la discriminación, la hostilidad o la violencia, estará prohibida por la ley".
>
> *Artículo 13.*—"1) Toda persona afectada por informaciones o conceptos inexactos o agraviantes emitidos en su perjuicio a través de medios de difusión que se dirijan al público en general, tiene derecho a efectuar por el misino órgano de difusión en la misma forma y gratuitamente, su rectificación o su respuesta. 2) Si la publicación fuere resistida o demorada, la autoridad judicial competente, actuando con las garantías del debido proceso, podrá ordenarla, en las condiciones que establezca la ley. 3) En ningún caso la rectificación o la respuesta exonerarán de las otras responsabilidades legales en que se hubiese incurrido"[292].

Siguiendo la misma orientación de las declaraciones internacionales, las constituciones recientes no se limitan a la sola consagración del derecho a la libertad de información, sino que consagran diversas limitaciones con mayor o menor extensión, y que se refieren a la protección de la juventud (Alemania), las buenas costumbres (Italia) y la moral pública (Venezuela, Noruega); a la prohibición del anonimato (Venezuela), de la propaganda de guerra (Venezuela), de la que incite la desobediencia de las leyes (Noruega, Venezuela) y de las opiniones que turben el orden público (Francia). Por otra parte, en general, se consagra en los textos constitucionales la prohibición de la censura previa (Bélgica, Venezuela, Alemania, Italia, Argen-

292 *Información Jurídica,* N° 298, Madrid 1968, pág. 65.

tina, Japón) y la responsabilidad derivada de los delitos de información (Bélgica, Venezuela).

4. Ahora bien, el estudio comparativo de las limitaciones y restricciones a la libertad de información que se ejerce a través de la prensa, la radio, el cine y la televisión, nos muestra diversas categorías que pueden estudiarse separadamente y que configuran los capítulos siguientes de este trabajo.

Las limitaciones que inciden directamente sobre los medios de información y que se manifiestan a través de diversos controles preventivos del Estado sobre la utilización de dichos medios (Primera Parte); las limitaciones que inciden sobre el contenido de la información (Segunda Parte); y las limitaciones derivadas de las consecuencias civiles, penales y administrativas que origina la libertad de información, en particular las derivadas del ejercicio de poderes de policía por parte del Estado frente a los medios de información (Tercera Parte).

PRIMER TEMA: EL CONTROL DEL ESTADO SOBRE LOS MEDIOS DE INFORMACIÓN

I. INTRODUCCIÓN

5. El progreso técnico y económico que han experimentado los medios de información en las últimas décadas, así como la interconexión internacional de los mismos, cada vez más creciente, ha provocado el que en la actualidad y en la práctica, solo puedan ser explotados por grandes organizaciones económicas; reflejo por otra parte de la creciente concentración de empresas que se ha producido en este campo.

La importancia que dichas empresas han adquirido en la vida política y social por la influencia que pueden tener sobre la opinión y el público, han llevado al Estado a ejercer diversos mecanismos de control sobre las mismas, generalmente de carácter preventivo. Estos mecanismos de control van desde la reserva de la utilización de los medios de información por el Estado (monopolio estatal de la información), la regulación de la constitución y funcionamiento de las empresas de medios de información, y la regulación de la constitución y funcionamiento de las agencias recolectoras y distribuidoras de noticias. Separadamente analizaremos en forma comparativa estos tres aspectos.

II. EL MONOPOLIO ESTATAL SOBRE LA INFORMACIÓN

6. Puede decirse que existe monopolio estatal sobre la información, siempre que la propiedad de los medios de información esté en manos del Estado. Esto es lo que sucede en casi todos los países socialistas[293], en los cuales los medios de información constituyen una fuerza social de primerísima importancia para alcanzar las metas sociales del Estado. En este sentido Lenin definió la función de la prensa en la U.R.S.S. en los siguientes términos: "Un periódico no es sólo un propagandista y un

293 Salvador López, "Libertad", pág. 35 y sig.; Hilding Eek, "Informe sobre los acontecimientos relativos a la libertad de información ocurridos desde 1954", Documento Oficial E/3443 del Consejo Económico y Social de las Naciones Unidas, Tema 10 del Programa, 31 Período de Sesiones. New York, 1961, págs. 19 y 20.

agitador colectivo, sino también un organizador colectivo" [294] y criterios similares rigen respecto de los otros medios de información.

En aquellos países socialistas, en los cuales se ha avanzado de una propiedad estatal de los medios de producción a una propiedad social de los mismos, como ha sucedido en Yugoslavia, ello ha sido un freno a la tendencia monopolista del Estado en este campo. El principio en Yugoslavia, por tanto, del establecimiento y funcionamiento de las empresas de los medios de información, es el de la autogestión social[295]. Por ello se ha dicho en un informe del gobierno de Yugoslavia que "dado que las empresas e instituciones que se dedican a publicar informaciones dirigen los medios de producción que son propiedad social, y dado que esas empresas son administradas por las personas que trabajan en ellas y por representantes de las comunidades sociales interesadas no pueden haber en Yugoslavia monopolios que posean o controlen los medios de información"[296].

En el resto de los países occidentales, no existe en general, un monopolio estatal sobre todos los medios de información, aun cuando sí funcionan en régimen de monopolio público algunos de dichos medios, y concretamente, la radio y la televisión.

III. EL RÉGIMEN DE LAS EMPRESAS DE LOS MEDIOS DE INFORMACIÓN

1. *El Régimen de las empresas de prensa*

7. En términos generales, y debido a que la libertad de información desde su inicio se vinculó a la libertad de prensa, el régimen de la prensa y de las empresas de prensa es el más liberal de todos los otros relativos a otros medios de información. Por ello, en términos generales, puede decirse que respecto a la prensa rige el principio de la libre iniciativa[297] aun cuando es cada vez más creciente la regulación estatal de este campo.

8. Por ello, a pesar de que en líneas generales no se exige ningún requisito previo para la edición de un periódico, es frecuente "encontrar algunos regímenes que los exigen. En efecto, si bien en general no se requiere de autorización estatal previa, en algunos casos como en Francia, se exige la formulación de una declaración previa ante la autoridad pública, en la cual se indique el nombre del periódico y el modo de publicación, el nombre y domicilio del director de la publicación, y la empresa impresora[298]. En Yugoslavia, se exige que dicha declaración se presente ante la autoridad encargada de los asuntos de la información, por lo menos 15 días antes del inicio de la publicación del periódico, y debe indicar el título y carácter del periódico, el período de aparición del mismo, el lugar de publicación y la dirección de la redacción, el idioma en el cual será impreso, el nombre y dirección del editor, el nombre

---

294 Salvador López, "Libertad", pág. 35.

295 Yugoslavia, 4.

296 Hilding Edk, "Informe", 20

297 Holanda 2; EE.UU. 3, Francia 2; Bélgica 7.

298 Francia 3; España, Ley, 26.

del redactor responsable, las fuentes de medios financieros y el modo de financiamiento y la dirección y nombre de la imprenta en la cual el periódico será editado[299].

9. En general, en aquellos países que tienen un régimen legal algo detallado en relación con las actividades periodísticas, y en particular, con las empresas de prensa, se establecen algunas limitaciones en relación a las mismas derivadas del interés nacional. Estas limitaciones se refieren fundamentalmente a la exigencia de la nacionalidad respectiva para realizar algunas actividades en relación con la prensa.

En algunos países se exige que los propietarios y accionistas de empresas de prensa sean de la nacionalidad del país, como sucede en Francia y Perú[300]. En Perú, se exige, además de la nacionalidad, que los accionistas sean residentes en el país[301]. Para controlar el cumplimiento de este requisito se exige que las empresas periodísticas publiquen dos veces al año por lo menos, en espacio preferente de sus propias publicaciones, la nómina de sus accionistas, el monto de su capital y la participación accionaria de cada una de los socios, debiendo repetirse la publicación cada vez que varíe la nómina de los mismos[302]. Por último, se prohíbe expresamente en el Perú que los derechos y acciones de las empresas periodísticas puedan ser transferidos a extranjeros[303].

Similares limitaciones se exigen en relación con la nacionalidad de los Directores y responsables de los periódicos, tal como sucede en Francia y Perú[304]. En este sentido, el mismo proyecto de Convención sobre libertad de información en estudio por las Naciones Unidas prevé que sus normas no impedirán "que un Estado contratante reserve a sus propios nacionales, en virtud de legislación, el derecho de dirigir diarios o periódicos de información"[305].

10. Por otra parte, y con vista a determinar las responsabilidades a que haya lugar, en los casos de regulaciones legales sobre las empresas periodísticas, se exige siempre la indicación del nombre del Director de la publicación, tal como sucede en Yugoslavia, Francia y Perú[306].

11. En general, también, la obligación que las empresas de prensa tienen de enviar en depósito ejemplares de sus publicaciones a las Bibliotecas Nacionales[307], inclusive en países en los cuales no existe legislación especial sobre la prensa como Venezuela. En algunos países, la obligación de depósito se consagra, además, por otros motivos distintos a los meramente culturales, exigiéndose que el mismo se haga también en un número determinado de ejemplares ante la autoridad local y ante el Ministerio a quien corresponda la información[308]; ello con vista a que el control

---

299 Yugoslavia, 4,5.

300 Francia 2; Estatuto Perú 10; España, Ley 17.

301 Estatuto Perú 11, 12.

302 Estatuto Perú 16.

303 Estatuto Perú 12.

304 Francia 2; Estatuto Perú 18, 20.

305 Doc. A/7638, anexo IV, art. 3.

306 Yugoslavia 4; Estatuto Perú 6; Francia 3.

307 Bélgica 7; Estatuto Perú 8; Francia 3.

308 Francia 3; Yugoslavia 5; España, Ley 12.

sobre el cumplimiento de los requisitos exigidos para la publicación, así como sobre el contenido de la información, sea más expedito.

12. En lo referente a la importación y circulación de prensa extranjera, aun cuando no es común, en ciertos países se establecen algunas limitaciones. Por ejemplo, en Yugoslavia, la importación de prensa extranjera impresa en alguna de las lenguas del pueblo Yugoslavo no es libre, sino que está sometida a una autorización previa del Secretariado Federal para la Información[309]. En Perú, el Estatuto sobre Libertad de Prensa, prevé expresamente que se podrá prohibir el ingreso, circulación y venta de publicaciones extranjeras que atenten contra el prestigio de los Poderes del Estado y las instituciones y economía nacionales[310]. En la generalidad de los países, sin embargo, en virtud de los controles al comercio exterior y de los poderes de policía aduanera, se pueden tomar medidas de control que afecten la importación de publicaciones extranjeras cuando se estime que las mismas atentan contra las instituciones del Estado.

2. *El Régimen de las Empresas de Radio y Televisión*

13. Al contrario de lo que ha sucedido en cuanto a la regulación de las empresas de prensa, en el campo de las empresas de Radio y Televisión, ciertamente, en general, el régimen ha sido más intervencionista y por tanto, mucho menos liberal, hasta el punto de que puede afirmarse que en la actualidad, en ningún país está ausente la intervención del Estado en la gestión de los servicios de radiodifusión[311] Esta intervención varía desde el control ejercido por el otorgamiento de una autorización o licencia para la instalación y operación de empresas, generalmente privadas, de Radio y Televisión, hasta el ejercicio por parte del Estado o de un establecimiento público, de un monopolio de hecho o de derecho sobre la radiodifusión.

El régimen en derecho comparado muestra, por tanto, las consecuencias de la opción entre la concurrencia y el régimen de monopolio en materia de Radio y Televisión, lo que ha dependido, evidentemente, de diversas posiciones políticas y económicas. En uno y otro caso se encuentran ventajas y desventajas. En general, se argumenta que el monopolio estatal evita que estos poderosos medios de comunicación estén controlados por grupos de intereses económicos privados que podrían ser extraños a los intereses nacionales, o que la información que emitan esté deformada por los requerimientos de la propaganda comercial, que hacen que la información esté orientada más hacia el interés de los anunciantes que hacia el del público. Por otra parte, el monopolio estatal podría provocar una restricción a la libertad de expresión, pero la realidad ha demostrado que no ha sucedido así, y ahí está el ejemplo de Francia, en virtud de que la radiodifusión tiene asignada la característica de servicio público. En todo caso, es evidente que las características de la presente sociedad de consumo, así como los progresos técnicos que ha habido en este campo, marcan un retroceso en los sistemas de monopolio, y una tendencia a admitir el régimen de concurrencia con un fuerte control estatal.

---

309 Yugoslavia 8.

310 Estatuto Perú 32.

311 Charles Debbasch, *Traité du Droit de la Radiodiffusion*. Radio et Television, Paris 1967, pág. 17.

14. En términos generales, puede decirse que, en la mayoría de los países del mundo occidental, en materia de Radio y Televisión, existe el régimen de concurrencia entre empresas privadas y entre estas y los servicios del Estado, aun cuando, en todo caso, se exige una autorización previa para la instalación, operación y utilización de sistemas de radio y televisión; y ello, en general, en virtud de que se estima que el uso del espacio aéreo, inclusive mediante ondas hertzianas, es una utilización de parte del dominio público, y, que por tanto, requiere de un permiso o licencia previa.

En este sentido, por ejemplo, están en una posición de concurrencia, pero con una licencia previa por parte del Estado, las empresas de radio y televisión de los Estados Unidos, Canadá, Japón y de los países de América Latina y por tanto, de Venezuela[312].

En lo relativo a estas empresas en régimen de concurrencia, en muchos países se han dictado regulaciones similares a aquellas existentes en las leyes de prensa, en las cuales se exigen requisitos sobre nacionalidad para sus directivos[313].

15. En algunos países, si bien se establece, en principio, el régimen de concurrencia, existe de hecho un monopolio en virtud de que la autorización correspondiente solo se ha otorgado a algunas entidades públicas. Tal es el caso de Bélgica, donde el derecho de emisión a través de la Radio y Televisión, desde la segunda guerra mundial y hasta 1960, estuvo monopolizado de hecho por el Instituto Nacional de Radiodifusión (I.N.R.-N.I.R.), y posteriormente, por los Institutos de Radiodifusión-Televisión Belgas (R.T.B.-B.R.T.)[314].

A pesar de este monopolio de hecho en manos de un establecimiento público, es de destacar que en Bélgica los institutos gozan de una gran autonomía en relación con el gobierno, a quien, sin embargo, corresponde designar a los Directores Generales[315]. Los miembros de los respectivos consejos de administración son, por el contrario, designados por la Cámara de Representantes y por el Senado, alternativamente[316].

Por otra parte, es de destacar que en Bélgica no existe ningún monopolio en cuanto a la elaboración de los programas, ya que los institutos compran con frecuencia emisiones a asociaciones o instituciones reconocidas. Por esta vía ponen el tiempo de emisión a disposición de organizaciones religiosas o filosóficas, de partidos políticos y de organizaciones sindicales[317]

16. En otros países, como en Holanda, si bien no existe monopolio de hecho en cuanto a las emisiones de radio y televisión, indirecta- mente podría decirse que existe debido a que un monopolio sobre la construcción y funcionamiento de las instalaciones de transmisión está acordado a una empresa de capital mayoritario del Estado[318]. Ello, en todo caso, no ha sido perjudicial para la libertad de información

312 Charles Debbasch, *Traité*, 31 a 36

313 *Reglamento de Radiodifusión de Venezuela, art. 14.*

314 Bélgica, 2, 4, 8.

315 Bélgica 5, 6.

316 Bélgica 5.

317 Bélgica, 6

318 Holanda, 8.

en Holanda, ya que por otra parte, la Ley sobre radiodifusión organiza tiempos de transmisión en favor de empresas destinadas a ese fin, asociaciones religiosas, partidos políticos y fundaciones de publicidad[319].

17. El derecho comparado, por otra parte, nos muestra casos de monopolio conferido a empresas privadas mediante concesión, como sucede en Luxemburgo (Radio-Tele-Luxemburg), y en Suecia (Sve riges Radio), las cuales, en todo caso, están sometidas al control del Estado[320].

Por último, dentro de los sistemas relativos a las empresas de radio y televisión, es de destacar aquellos que consagran un monopolio de derecho a favor de empresas o establecimientos públicos. Tal es el caso de Francia mediante la Office Radiodiffusion Television-Française ORTF)[321]; de Italia mediante la Radio Audizioni Italiana (RAI)[322]; y de Suiza mediante la Societé Suisse de Radiodiffusion et Televisión (SSR)[323].

En Francia, este monopolio de emisión en manos de un establecimiento público, sin embargo, no implica un monopolio en cuanto a la elaboración de programas, lo que permite que la ORTF recurra a empresas privadas con este fin; sin embargo, sí implica un monopolio para la distribución de sus programas y de otros programas de composición e importancia similares a las de la ORTF[324]. Por otra parte, por supuesto, el monopolio no abarca la libertad de recepción, lo que ha dado lugar a una regulación sobre las llamadas estaciones periféricas ("postes periphériques") y a una creciente participación del Estado en las empresas que las operan[325]. Ello está destinado a evitar que Francia pueda encontrarse rodeada en un momento dado de estaciones hostiles.

El monopolio de derecho a favor de la ORTF, por otra parte, ha estado acompañado de la concesión de una gran autonomía a su Consejo de Administración integrado en forma paritaria por ocho representantes del Estado y ocho representantes de categorías interesadas de ciudadanos (radio escuchas y televidentes), de la prensa y del personal del establecimiento[326].

18. Por último, es conveniente destacar el régimen particular de Yugoslavia, donde se atribuye a las comunidades socio-políticas y a las organizaciones de trabajadores, la posibilidad de fundar establecimientos de radiodifusión[327] lo que plantea un régimen diverso del de la libre concurrencia y del monopolio estatal.

---

319 Holanda, 9.

320 Ch. Debbasch, *Traite,* 29 y 30.

321 Francia 5, 6; Ch. Debbasch, *Traité,* 53 y sig.

322 Charles Debbasch, *Traité,* 23 y sig.

323 Charles Debbasch, *Traité,* 25 y sig.

324 Francia, 6; Ch. Debbasch, *Traité,* 61.

325 Francia, 7; Ch. Debbasch, *Traité,* 62.

326 Yugoslavia, 5.

327 Bélgica, 8.

3. *El Régimen de las empresas cinematográficas*

19. En términos generales, respecto de las empresas cinematográficas, ha regido tradicionalmente al principio de la libertad de industria y comercio, lo que ha conducido a que por lo general no se provea ningún control previo por parte del Estado para la producción y proyección de filmes, como sucede en Bélgica[328]. Sin embargo, paulatinamente se han visto incrementados los mecanismos de control, por parte del Estado en relación con la formación de las empresas y a la proyección de filmes. Esto ha sucedido en Francia, sobre todo por razones de orden policial.

20. En efecto, en este país, la acción del Estado sobre las empresas cinematográficas se ejerce por intermedio del "Centre National de la Cinématographie", un establecimiento público sometido a la autoridad del Ministro encargado de la Industria y Comercio[329]. Este instituto interviene en nombre del Estado para la constitución de las empresas de cinematografía, ya que éstas no pueden ejercer su actividad sin una autorización previa del Centro. Por otra parte, es necesario que también, con carácter previo, la empresa formule una declaración en relación con la actividad que va a realizar ante la autoridad de policía local, y que en todo caso, los colaboradores de la empresa estén provistos de una carta de identidad profesional emitida por el Centro[330].

Asimismo, antes de la realización del filme, la empresa de producción debe también obtener una autorización de filmación que tiene por objeto verificar si la empresa podrá efectivamente llevar a cabo el proyecto; además, durante la filmación, se exige un depósito legal de un registro público del cine, el que tiene, entre otros efectos, hacer oponible frente a terceros el título del filme[331].

21. En cuanto a la proyección de los filmes, además de las limitaciones de orden local que afectan a las salas de cine, con frecuencia se establecen algunas limitaciones en relación con porcentajes de proyección de filmes nacionales con respecto a los extranjeros, tal como sucede en Francia[332]. En cuanto a la importación de filmes extranjeros, éstos deben haber sido objeto de una visa de explotación que exige el acuerdo del Ministerio de Economía y Finanzas[333]. En Yugoslavia, la importación y exportación de filmes se considera como actividad de comercio exterior y por tanto sometida a los requisitos de dicha actividad[334].

IV EL RÉGIMEN DE LAS AGENCIAS DIFUSORAS DE INFORMACIÓN

22. En el mundo moderno, si algún aspecto tiene importancia en el campo de la libertad de información debido a la creciente interconexión internacional de los medios, es el relativo a las agencias recolectoras y difusoras de información.

---

328 Francia, 3.

329 Francia, 4.

330 Francia, 4.

331 Francia, 4, 5.

332 Francia, 5.

333 Yugoslavia, 7.

334 Juan Beneyto, *Ordenamiento Jurídico de la Información,* Madrid 1961, pág. 108.

En efecto, hoy por hoy, la producción de noticias está centralizada en las agencias, con sus redes de corresponsales en todo el mundo, y concretamente en cinco fundamentales: la "Associated Press" y la "United Press", norteamericanas; la "Tass", soviética; la "Reuter", inglesa; y la "France-Presse", francesa, a las cuales se unen agencias regionales y nacionales. La sola distribución por países de dichas agencias es suficiente, como lo ha señalado Beneyto, "para comprender lo que hay detrás de cada una de esas Empresas"[335] y la importancia que las mismas tienen, no sólo en la distribución y difusión de informaciones, sino también en la deformación interesada de las mismas.

La importancia de dichas agencias ha provocado un creciente control del Estado sobre las mismas y sobre los corresponsales a su servicio.

23. Si bien en muchos países no se exige ninguna autorización previa para operar estas agencias y sus corresponsales[336], se observa una tendencia a someter el funcionamiento de las mismas a determinados requisitos, así como a limitar la circulación de sus corresponsales.

En Francia, por ejemplo, en la actualidad se exige que las agencias de prensa obtengan una autorización previa otorgada por el Ministro encargado de la Información, y para su funcionamiento se les exigen ciertos requisitos en torno a la responsabilidad del director y a la prohibición de recibir fondos de gobiernos o grupos extranjeros[337]. En otros países, como Yugoslavia, se exige que las agencias corresponsales extranjeras estén acreditadas ante el Secretariado Federal para la Información[338].

Por otra parte, y por razones de emergencia internacional o de orden político, es frecuente constatar la limitación al ingreso y libre circulación de los corresponsales extranjeros en determinados países, aun cuando ello obedece a circunstancias cambiantes. En todo caso, esas limitaciones inciden directamente sobre los medios de información, ya que las noticias mundiales difundidas por las agencias internacionales, fundamentalmente son recogidas por sus corresponsales.

24. Debe señalarse, por otra parte, que ha sido frecuente la tendencia de los Estados a participar económicamente en las agencias de noticias. En Francia, por ejemplo, la Agencia "France Presse" fue creada a partir de 1945 como empresa de economía mixta en la cual el Estado dispone de la mayoría del capital social, teniendo por objeto la búsqueda de elementos de información completa y objetiva, tanto en Francia como en el extranjero, y poner a la disposición de los usuarios esta información. La Agencia, en esta forma, debe actuar con toda independencia, sin estar sometida a las presiones de ningún grupo, político o económico[339]

335 Bélgica, 8.

336 Francia, 8, 9; España, Ley, 43.

337 Yugoslavia, 7; España, Ley, 56.

338 Francia, 9

339 Heldirig Eek, Informe. . .. 40.

SEGUNDO TEMA: LAS LIMITACIONES AL CONTENIDO DE LA INFORMACIÓN

I. INTRODUCCIÓN

25. Dentro de las limitaciones a la libertad de información es evidente que tienen la mayor importancia aquellas que inciden sobre el contenido de la información, y que implican una acción reguladora del Estado, generalmente dispersa en diversas leyes especiales. Estas limitaciones tienen su origen en la necesidad de asegurar la veracidad de las informaciones; en la necesidad de limitar y prohibir informaciones que puedan atentar contra la seguridad nacional, el orden público y el orden judicial; y en la necesidad de limitar las informaciones que puedan atentar contra los derechos de la personalidad o que puedan ser difamatorias. Analizaremos a la luz del Derecho Comparado, en forma separada, estas tres categorías de limitaciones.

II. LA VERACIDAD DE LA INFORMACIÓN. LAS NOTICIAS FALSAS

Puede considerarse como una tendencia general la consagración de normas internacionales y nacionales tendientes a garantizar la exactitud de las informaciones y la no deformación de las mismas. La aplicación de dichas normas, sin embargo, siempre resulta difícil en virtud de las dificultades que existen para distinguir con precisión entre la exposición de los hechos y las opiniones[340] siguiendo la orientación iniciada por la Ley francesa de 1881. Además, es necesario convenir, frente a las sanciones a aplicar, que las mismas deben ser aplicadas con restricciones, va que con frecuencia es difícil verificar la veracidad de una información frente al apremio que hoy exigen los modernos medios de comunicación; y si ello es difícil en la prensa, por ejemplo, debido a la premura que siempre existe de hacer aparecer el periódico a la hora prevista, aún más lo es en la radio y la televisión donde las informaciones se suceden más rápida e instantáneamente. Por ello se ha señalado, en cuanto a las emisoras de radio y televisión, que las mismas tienen derecho de dar cuenta, sin que su responsabilidad sea comprometida, de todos los hechos públicos, aun cuando la presentación de esos hechos pueda incomodar intereses privados[341]. Asimismo, algunos sistemas exigen de las emisoras de radio y televisión que sus emisiones de información sean dadas con un "riguroso espíritu de objetividad", tal como sucede en Bélgica[342].

27. Las regulaciones para prevenir las noticias falsas pueden ser de diversa índole. Entre ellas, son de destacar aquellas que tienden a exigir la precisa identificación de los anunciantes y remitentes tal como sucede en el Perú. El Estatuto de Libertad de Prensa de este país exige que "la publicidad sobre asuntos de interés público y las cartas publicadas, cualquiera sea su contenido, deberán especificar el nombre y la dirección del anunciante o remitente, cuya autenticidad deberá ser comprobada, con la exhibición de un instrumento de identificación fehaciente, bajo responsabilidad del Director"[343]. En este sentido es que, por ejemplo, en Venezuela se prohíbe el anonimato.

---

340 Francia, 15.

341 Bélgica, 9.

342 Estatuto Perú, 19.

343 Salvador López, Libertad -. . 19.

28. Ahora bien, es evidente que la regulación sobre la veracidad de la información, tiene una especial importancia internacional, en las relaciones entre países; por lo que ha sido preocupación constante de los órganos de las Naciones Unidas[344]. En el Proyecto de Declaración sobre libertad de información de las Naciones Unidas, en este sentido, se señala que "todo individuo que difunda información deberá tratar de cerciorarse de buena fe de la exactitud de los hechos sobre los que informa"[345]. Asimismo, en el Proyecto de Convención sobre la Libertad de Información, se indica, dentro de las limitaciones, aquella? que se establezcan con respecto a "la difusión sistemática de falsas informaciones perjudiciales para las relaciones amistosas entre las naciones"[346]. Particularmente, en muchas ocasiones, la lucha contra las noticias falsas o deformadas ha dado lugar a convenciones entre países fronterizos, tendientes a asegurar que la prensa de los países se abstenga de publicar inclusive versiones exageradas de información que por su carácter puedan irritar, atemorizar y alarmar a la población, como sucedió en el acuerdo que con tal motivo se celebró entre la India y Pakistán en los años 1948 y 1949[347]. En Venezuela, recientemente, el Senado, con motivo de las negociaciones pendientes con Colombia en torno a la delimitación de la Plataforma Submarina, advertía la existencia en el país de "una campaña que, de persistir, conduciría al deterioro de nuestras relaciones con pueblos vecinos y fronterizos", acordando en consecuencia "expresar su preocupación por la campaña aludida e insinuar a los medios de comunicación social una actitud reflexiva y prudente ni opinar o informar sobre diferendos internacionales, especialmente los referentes a pueblos latinoamericanos que, por su delicada naturaleza, puedan suscitar en la colectividad suspicacias y asperezas innecesarias y aun contraproducentes"[348].

29. Aun cuando en el ámbito nacional las regulaciones legales son generalmente de carácter concreto, es de destacar el caso de Yugoslavia donde se indica expresamente en la Ley sobre la Prensa que "la información no debe ser un medio por el cual... sean presentadas o difundidas informaciones falsas, deformadas o alarmantes"[349].

Sin embargo, en términos generales, las prohibiciones a la circulación de noticias falsas están referidas a hechos concretos; por ejemplo: aquellas que puedan afectar el crédito de la Nación[350] o el estatuto monetario[351]; aquellas que puedan afectar los sufragios o provocar abstención electoral[352]; aquellas que puedan lesionar la paz pública[353]; o que afecten la disciplina o la moral de las fuerzas armadas[354].

---

344 Doc. A/7638 (ONU), anexo II, Art. 4.

345 Doc. A/7638, (ONU), anexo UI, Art. 2.

346 Salvador A. López, Libertad. .. 20.

347 Diario *El Nacional,* Nº 9666, Caracas 28 de julio de 1970.

348 Yugoslavia, 9.

349 Francia, 16; Roger Pinto, *La Liberté. . .,* 106.

350 Bèlgica, 9

351 Francia, 16; Roger Pinto, *La Liberté. . .,* 106.

352 Francia, 16; Yugoslavia, 9; Roger Pinto, *La Liberté. . .,* 103.

353 Francia, 16.

354 Francia, 16, 17.

30. En cuanto a los requisitos para la configuración de las noticias falsas, el Profesor Ch. Debbasch distingue acertadamente cuatro al referirse al sistema francés: la publicidad; el carácter falso de la noticia; que sea de naturaleza tal que lesione la paz pública; y que haya intención o mala fe en su emisión o publicación[355]

31. Por último, debe señalarse que el problema de las noticias falsas está ligado hoy, en buena parte, al sistema de agencias de noticias ya que, en realidad, el ámbito de información recibida en los medios de comunicación, independientemente de aquéllas, es cada vez más reducido. De ahí la importancia que reviste el control del Estado sobre las agencias de recolección y distribución de información.

III. LAS INFORMACIONES LIMITADAS O PROHIBIDAS

1. *En razón de la seguridad del Estado*

32. Aparte de las noticias falsas o deformadas, dentro de las limitaciones al contenido de la información es necesario distinguir aquellas informaciones limitadas o prohibidas, lo que puede tener su origen en diversas causas.

Entre ellas, la primera causa de prohibición o limitación de informaciones se refiere a la seguridad del Estado. En efecto, en diversas circunstancias en las cuales pueda verse comprometida la seguridad de la nación, las leyes restringen la libertad de información; tal sucede en casos de circunstancias excepcionales, como la guerra[356]. Asimismo, en los casos de estado de sitio y estado de emergencia, la legislación autoriza la suspensión o limitación de informaciones que puedan incitar al desorden[357]. En conexión con la guerra, algunas legislaciones reprimen las informaciones que puedan configurar con el enemigo[358].

Por razones de seguridad del Estado, en general, se restringe la publicación de documentos considerados como confidenciales o secretos[359], o relacionados con el secreto nuclear[360] y, en particular, la restricción incide sobre los funcionarios o empleados públicos en relación con los asuntos confidenciales o secretos de que tengan conocimiento en ejercicio de sus funciones[361]. Asimismo, pueden restringirse las informaciones que puedan atentar contra el crédito del Estado y la estabilidad monetaria[362], contra el ejercicio de los derechos constitucionales[363] y contra la fuerza obligatoria de las leyes[364].

33. Muy ligadas a la restricción de las informaciones que puedan afectar la seguridad del Estado, están las que se refieren a las cuestiones militares; y, en particular,

---

355 Doc. A/7638 (ONU), anexo IV; Francia, 17; Bèlgica, 9; Roger Pinto, *La Liberté*. . ., 51

356 Francia, 17.

357 Bélgica, 9.

358 Yugoslavia 9; Estatuto Perú 27, g; Holanda, 5; J. Beneyto, *Eì Ordenamiento...*, 206.

359 Bélgica, 9.

360 Bélgica, 12; Holanda, 5.

361 Estatuto Perú, 27.

362 Bélgica, 10; Yugoslavia, 10.

363 Bélgica, 10.

364 Holanda, 5.

a las prohibiciones impuestas al personal militar en relación con las informaciones que puedan suministrar, tal como sucede en Holanda y Venezuela[365].

34. Por último, debe señalarse que las limitaciones impuestas a la libertad de información por razones de seguridad del Estado, no pueden ser tales que impidan las críticas a la actuación del Gobierno, tal como se indica en el Proyecto de Convención sobre la libertad de información que estudian las Naciones Unidas[366]. Algunas decisiones judiciales en los Estados Unidos confirman la libertad incondicional de criticar la conducta oficia[367].

2. *En razón del orden público*

35. Las limitaciones y prohibiciones al contenido de la información también pueden tener su origen en la prevención de perturbaciones del orden público: moralidad pública, tranquilidad pública y salubridad pública. El derecho comparado y las convenciones y declaraciones internacionales en términos generales regulan estas limitaciones.

36. En primer lugar, las que tienen su origen en razones de moralidad pública, tal como expresamente se prevén en Francia, Yugoslavia y Bélgica l[368]. De acuerdo a esto, frecuentemente se prohíben las informaciones que destaquen indebidamente crímenes y delitos, o que puedan configurar una apología del delito o incitación al mismo, tal como lo regula la legislación francesa, belga y peruana[369]. En Bélgica, además, se restringe toda propaganda o publicidad en favor de cualquier medio para hacer abortar a una mujer o para impedir la concepción[370]. Ahora bien, por razones de moralidad pública, las principales limitaciones a la libertad de información se derivan de la protección de los menores. En líneas generales, en Yugoslavia por ejemplo, y con el objeto de proteger la infancia y la juventud, se prohíbe difundir publicaciones impresas destinadas a los niños y jóvenes, o que sean difundidas entre ellos, cuando perjudican, por su contenido, su educación[371]. En Francia, toda publicación destinada a los menores debe ser objeto de una declaración al Ministerio de Justicia, y no pueden contener ninguna información que presente favorablemente el bandidismo, el robo, la pereza, la rabia, cualquier acto criminal o delitos desmoralizantes o que provoque prejuicios étnicos[372]. En cuanto a la televisión, con frecuencia, como en el caso de Francia y Venezuela, se exige que á ciertas horas se indique que las emisiones no están destinadas a menores[373]. En el caso del cine, en Venezuela se prohíbe la entrada de menores a las salas de exhibición según la clasificación del filme y según la hora de exhibición.

---

365 Doc. A/7638 (ONU), anexo IV, art. 2.

366 EE.UU., 7 a 13.

367 Francia, 17; Roger Pinto, *La Liberté...*, 81, 87; Yugoslavia, 10; Bélgica, 10.

368 Francia, 17, 18; Roger Pinto, *La Liberté. ...* 76; Estatuto Perú, 27, i

369 Bélgica, 10.

370 Yugoslavia, 10

371 Francia, 18.

372 Francia, 18.

373 Francia, 19.

Además, en muchas legislaciones se prohíbe la exposición de revistas en la vía pública, cuando atenten contra la moralidad de los menores[374] e inclusive, se prohíbe a los vendedores de revistas venderlas a los menores, como sucede en Venezuela.

Las limitaciones por razones de moralidad también tienen por objeto la protección de los menores delincuentes, al prohibirse a los medios de comunicación el publicar la identidad de los mismos, así como cualquier forma de presentación de su imagen y fotografía. Ello está expresamente previsto en Francia y Venezuela[375].

37. En segundo lugar, las limitaciones, por razones de orden público, al contenido de la información, pueden tener su origen en la necesidad de impedir perturbaciones a la tranquilidad pública. En este sentido, en Yugoslavia, se prohíben las informaciones alarmantes o que puedan provocar la inquietud de los ciudadanos o pongan en peligro el orden público y la paz[376].

38. El tercer tipo de limitaciones al contenido de las informaciones por razones de orden público tiene su origen en motivos de salubridad pública. Por ello, en general, se restringen las informaciones relativas a las bebidas alcohólicas con el objeto de proteger a los ciudadanos contra el abuso de las mismas, como sucede en Francia[377]. De ahí, también, las limitaciones a la propaganda relativa a cigarrillos tan generalizadas en los Estados Unidos.

3. *En razón del orden judicial*

39. La necesidad de asegurar y garantizar una buena e imparcial administración de justicia, así como el evitar la publicación de hechos escandalosos y la protección de los derechos de defensa, han llevado al legislador a limitar el contenido de ciertas informaciones relativas a actuaciones judiciales, tal como sucede en general, en Francia y Yugoslavia[378].

Estas limitaciones se originan, ante todo, en el secreto sumarial[379] y en la necesidad de evitar que mediante publicaciones de cierta naturaleza pueda influenciarse a los jueces y jurados[380]. Esto último ha conducido a que con mucha frecuencia se limite la posibilidad de televisar o filmar débales y procesos judiciales, salvo con autorización como sucede en Francia, o que se limite la información de ciertos procesos en los cuales esté en juego la vida privada de una persona[381]. En los Estados Unidos, diversas decisiones de la Corte Suprema se han referido a las dificultades que puede causar la transmisión por televisión de ciertos debates judiciales, en cuanto a la imparcialidad del criterio de los jurados y la exactitud de los testimonios, por lo que la Corte ha declarado que la libertad de información por televisión "no con-

374 Francia, 18.

375 Yugoslavia, 9.

376 Francia, 19.

377 Roger Pinto, *La Liberté*. . ., 109; Francia, 19; Yugoslavia, 10.

378 Francia, 20.

379 Francia, 20.

380 Francia, 20.

381 EE.UU., 4.

fiere el derecho de utilizar en las salas de los Tribunales, equipos que puedan comprometer la imparcialidad de un juicio"[382].

En cuanto a la publicación de sentencias, en principio es libre como en Francia y Venezuela debido a la publicidad procesal[383], aun cuando se restrinja la información sobre la aplicación de ciertas penas como las ejecuciones, en las cuales sólo puede informarse lo que oficialmente indique la autoridad ejecutora[384].

4. *En razón de orden personal: La protección de los derechos de la personalidad*

40. Pero las restricciones al contenido de la información, no sólo tienen su origen en asegurar la veracidad de la información o en proteger la seguridad del Estado o asegurar el orden público o el orden judicial, sino que también se deben a la necesidad de proteger los derechos de las demás personas, concretamente, los derechos de la personalidad.

41. En primer lugar, el derecho al nombre. Las limitaciones al uso de nombres, sobre todo en programas radiodifundidos o televisados, sólo pueden aplicarse a nombres poco comunes, que puedan dar lugar a confusión. La utilización de nombres comunes y generalizados, por tanto, se considera libre, tal como sucede en Francia[385].

42. Por otra parte, el derecho a la propia imagen, que implica la prohibición, en principio, de que se publique sin consentimiento la imagen de una persona, salvo que se trate de personas famosas. La prohibición subsiste en este caso, cuando la fotografía es tomada con teleobjetivo[386]. En Holanda, la legislación prohíbe expresamente la publicación de retratos realizados por orden de la persona retratada sin su consentimiento; en tanto que los retratos que no han sido ordenados, no pueden ser publicados si un interés razonable de la persona retratada se opone a su publicación, como el interés de la vida privada[387].

43. También es objeto de protección el derecho a la intimidad de la vida privada y en Holanda, por ejemplo, decisiones jurisprudenciales han estimado como agraviante el penetrar sin permiso de una persona, en su vida privada, e informar de ella.

44. Por último, el derecho al honor también encuentra protección[388] y se castiga su atentado como el delito de injuria. En este sentido, en Francia, por ejemplo, se prohíbe toda expresión ultrajante, términos de desprecio o invenciones que no conlleven la imputación de algún hecho respecto de una persona física o moral[389]; y en Perú se prohíbe publicar artículos y crónicas en las que se empleen frases ofensivas al honor o reputación de una persona natural, jurídica o una corporación[390].

---

382 Francia, 20.

383 Francia, 20.

384 Francia, 21.

385 Francia, 21.

386 Holanda, 3.

387 Holanda, 3.

388 Francia, 21.

389 Estatuto Perú, 27, c.

390 Francia, 21, 22; Bélgica, 10; Yugoslavia, 10.

En particular, el derecho al honor se protege especialmente en relación con el Presidente de la República[391] a los agentes diplomáticos extranjeros y a los Jefes de Estado extranjeros[392].

45. Las limitaciones al contenido de la información también inciden sobre las informaciones difamatorias, mediante las cuales se imputa un hecho a una persona que implica un atentado contra el honor de la misma. En Perú expresamente se considera delito contra la libertad de prensa "atribuir" a una persona natural o jurídica un hecho, una cualidad o una conducta que perjudique el honor o la reputación de la primera o de las personas que componen o representan la segunda.... salvo que el Director o autor compruebe a plenitud la veracidad de su dicho, caso en el que estará exento de pena[393]. En líneas generales este mismo panorama lo muestra el derecho comparado, estableciendo la distinción entre difamación ilícita y difamación lícita[394].

TERCER TEMA: LAS CONSECUENCIAS DE LAS LIMITACIONES A LA LIBERTAD DE INFORMACIÓN

I. INTRODUCCIÓN

46. Las limitaciones a la libertad de información, y particularmente la transgresión de las mismas, producen una serie de consecuencias de diverso orden en el campo del derecho público: la posibilidad de utilizar diversas garantías establecidas en relación con esos límites; la aplicación de medidas de policía administrativa y la represión de las faltas y delitos de la información. Aparte de ellas están las consecuencias propias del derecho privado o del derecho común de exigir las reparaciones a los daños y perjuicios a que haya lugar.

Aquí estudiaremos las tres consecuencias de derecho público, a la luz del derecho comparado.

II. LAS GARANTÍAS: EL DERECHO DE RECTIFICACIÓN Y EL DERECHO DE RESPUESTA O REPLICA

47. La violación de las limitaciones a la libertad de información está ante todo garantizada por la consagración del derecho de rectificación y de réplica que se otorga a la institución o persona lesionada por el ejercicio de la libertad de información. En términos generales, el contenido y finalidad de esos derechos es el mismo, y la diferencia entre ellos se deriva sólo de la legitimación activa. En efecto, el derecho de rectificación puede ser utilizado por el Estado en tanto que el derecho de réplica por los particulares, tal como está consagrado en Francia y España[395]. En otros países, como Perú y Bélgica, se le da una regulación uniforme, al hablarse del

---

391 Francia, 21, 22; Bélgica, 10.

392 Estatuto Perú, 27, c.

393 Roger Pinto, La Liberté. . 134.

394 Francia, 23; Enrique Rivero Isern, "Los derechos de rectificación y réplica en la prensa, la radio y la televisión: Reflexiones a la luz de nuestro derecho", *Revista de Administración Pública*, N° 57. Madrid, 1968, pág. 144.

395 Bélgica, 11; Estatuto Perú, 21; Holanda, 4.

derecho de aclaración, rectificación o respuesta, y en otros sistemas no está reconocido expresamente[396].

48. El derecho de rectificación conlleva la obligación para el director del periódico de publicar, en el próximo número del mismo, en forma gratuita, la rectificación a la relación inexacta de hechos de una autoridad pública, tal como se regula en Francia[397]. Por su parte, el derecho de respuesta o réplica permite a toda persona cuestionada por un periódico o simplemente nombrada o dibujada en el mismo, la posibilidad de pedir en el número siguiente, y también en forma gratuita, la inserción de un texto que muestre su punto de vista en relación con la información que la lesiona[398]. En algunas ocasiones se exige además que la publicación se realice o en primera página o en la misma página de la información, con los mismos caracteres tipográficos[399]. En todo caso, tal como lo señala el Profesor Debbasch, se trata de un medio que tiene el ciudadano para defenderse contra el poder de la prensa[400].

En todo caso, debe señalarse que, si bien estos derechos se regulan normalmente en relación con los medios escritos de información, en muchos países se hacen extensivos, expresamente, a la radio y la televisión, e inclusive a las informaciones publicadas en un periódico cinematográfico o en un filme, tal como sucede en Yugoslavia, España, Alemania, Turquía y Gran Bretaña[401]. En Holanda debe indicarse que aun cuando no está consagrado en relación con la prensa, el derecho de rectificación se establece expresamente en relación con la televisión[402].

Por otra parte, es de señalar que se trata de derechos que, después de la muerte de la persona afectada, pueden ejercer sus causahabientes[403].

49. Ahora bien, aun cuando la consagración de estos derechos configura el establecimiento de garantías a favor de los ciudadanos y de las instituciones públicas, ello implica la obligación para el Director responsable del medio de información de publicar la rectificación o la respuesta, en forma gratuita, en el número siguiente de la publicación.

Sin embargo, esta obligación tiene sus límites: en primer lugar, en relación con la extensión del texto a publicar, ya que en algunos sistemas se exige que el texto no sea mayor del doble del que origina la respuesta o no exceda de mil letras de escritura[404]. En segundo lugar, en relación con el contenido de la respuesta, la cual no puede ser contraria a las leyes o a las buenas costumbres[405], aun cuando se admite que el tono de la respuesta sea similar en vigor, a la información que la motiva, como su-

---

396 Francia, 23.

397 Francia, 23; Bélgica, 11; Estatuto Perú, 22 y 23.

398 Francia, 23; Estatuto Perú, 23.

399 Francia, 23.

400 Yugoslavia, 11.

401 Holanda, 7.

402 Yugoslavia, 11.

403 Francia, 23; Bélgica, II.

404 Francia, 23; Bélgica, 11; Yugoslavia, 11.

405 Francia, 23; Estatuto Perú, 23.

cede en Francia y el Perú[406]; ello no implica, sin embargo, que se puedan usar términos impropios u ofensivos[407].

En Yugoslavia, además, se exime al Director de la obligación de publicar la respuesta, por ejemplo, si ésta no se relaciona directamente con la información en cuestión o si la respuesta no está firmada[408].

50. En virtud de las limitaciones señaladas, el Director puede rehusarse a publicar la respuesta, en cuyo caso el particular lesionado puede acudir exigiendo protección a la autoridad judicial, quien debe decidir a través de un procedimiento generalmente sumario[409].

III. LAS MEDIDAS DE POLICÍA EN LA LIBERTAD DE INFORMACIÓN

1. *Introducción*

51. Pero, aparte de las consecuencias de orden civil y las derivadas de las garantías de rectificación y de respuesta, el derecho comparado nos muestra una serie de limitaciones al derecho de información, resultante del ejercicio de poderes de policía del Estado. La existencia de esos poderes de policía deriva de la consagración misma del derecho a la libertad de información, sometido a limitaciones. Los medios de que dispone la autoridad administrativa para hacer cumplir esas limitaciones son, precisamente, los poderes de policía.

Estos poderes de policía, en todo caso, sólo pueden ejercerse en forma condicionada por la necesidad justificada de una amenaza real al orden público, por las condiciones de tiempo, lugar y medio en que aparecen esas amenazas, y por la proporcionalidad de dichas medidas a las mismas[410].

En términos generales, los poderes de policía en relación con la libertad de información, se refieren a la censura, a la prohibición de emitir la información, a las revocaciones de las autorizaciones y al decomiso de las ediciones. Para un mejor estudio comparativo, las diversas medidas de policía las estudiaremos a continuación, según los diversos medios de información.

2. *Las medidas de policía en relación a la prensa*

A. *La Censura*

52. En términos generales, puede decirse que la censura de la prensa está prohibida por casi todos los textos constitucionales y legales. Ello es consecuencia de la antigua data de la libertad de prensa, y de las luchas de la misma en relación con las intervenciones gubernamentales de carácter político. En este sentido, las constituciones de Bélgica, Holanda y Venezuela, y las leyes de Yugoslavia, España, Francia y Perú, prohíben el establecimiento de censura previa por el Gobierno en relación

---

406 Yugoslavia, 11.

407 Yugoslavia, 11.

408 Estatuto Perú, 24, 25.

409 R. Pinto, La Liberté. . ., pág. 199.

410 Bélgica, 1, Holanda, 2; Perú, 3; Francia, 10; España, Ley, 3.

con la prensa[411]. Asimismo, el Proyecto de Convención sobre la libertad de información en estudio en las Naciones Unidas establece expresamente que ninguna de las limitaciones previstas en el mismo a la libertad de información, pueden considerarse como justificación para la imposición por parte del Estado de censura previa a la difusión de noticias, comentarios y opiniones políticas[412].

53. Sin embargo, es evidente que la prohibición de la censura previa en la prensa, rige en términos generales, en circunstancias normales; pero en circunstancias excepcionales, que conlleven la suspensión de las garantías constitucionales, no rige dicha prohibición en forma absoluta. Los ejemplos que nos muestra el derecho comparado en este campo son tan numerosos, como numerosos han sido los conflictos políticos nacionales e internacionales a que están sometidos los países en el mundo moderno. Baste indicar el supuesto de Francia, donde el estado de urgencia o emergencia, el estado de sitio o el estado de guerra permiten el establecimiento de censura previa a la prensa[413].

54. Por otra parte, las posibilidades y límites señalados al establecimiento de censura se aplican también para los despachos noticiosos e informativos de los corresponsales extranjeros, quienes en general, y salvo en circunstancias excepcionales, pueden enviar al exterior con entera libertad las informaciones que deseen[414].

B. *La prohibición de la publicación, distribución y venta*

55. Aparte de la posibilidad que la autoridad administrativa tiene, en circunstancias excepcionales, de establecer censura previa a la prensa, como manifestaciones del poder de policía, el derecho comparado nos muestra la posibilidad de que se dicte la prohibición de la publicación, de la distribución y de la venta de la prensa.

56. En primer lugar, como manifestación de la censura, y asimismo, en circunstancias excepcionales, la autoridad administrativa puede prohibir la publicación de ciertas informaciones que en un momento dado lo requiera el orden público o la defensa nacional.

57. En segundo lugar, las limitaciones derivadas del ejercicio de poderes de policía pueden incidir sobre la circulación y distribución de las publicaciones[415] y, en particular, en relación con la importación de las mismas. En Bélgica, por ejemplo, se permite a la autoridad administrativa dictar la prohibición de introducción de publicaciones extranjeras obscenas; y además, están excluidas del transporte por correo las publicaciones que en el exterior contengan textos o inscripciones contrarios a las buenas costumbres y al orden público[416].

En Yugoslavia, cuando se transgredan algunas de las limitaciones al contenido de la información, la autoridad judicial podrá prohibir la distribución de ciertas publicaciones[417].

---

411 Doc. 7.638 (ONU), anexo III, pág. 2, art. 2.

412 Francia, 10; Bélgica, 15.

413 Hilding Eek, Informe. . ., pág. 38.

414 Bélgica, 13.

415 Bélgica, 13.

416 Yugoslavia, 9, 14.

417 Francia, 11.

58. Por último, la prohibición dictada por la autoridad administrativa puede incidir sobre la venta de las publicaciones. Generalmente, y por cuanto es frecuente la venta de las mismas en la vía pública, las restricciones de carácter local sobre la utilización del dominio público se aplican a las ventas de periódicos y revistas.

En Francia, cuando media un fin de interés general o cuando interesa al dominio público, la autoridad de policía puede tomar medidas que impliquen la prohibición de venta de publicaciones en kioskos en la vía pública[418]; y en Bélgica, la utilización de la vía pública para la instalación de los mismos debe gozar de una autorización previa de la autoridad local, con vista a que se garantice el orden y tranquilidad en la calle y, particularmente, la seguridad y comodidad del tráfico de personas[419].

C. *El comiso de las publicaciones*

59. Pero la intervención de la autoridad de policía no solo tiene lugar antes de la edición (censura) o una vez editada la publicación antes de la distribución o venta, sino que, inclusive, se puede producir con posterioridad a la circulación de la edición. En estos casos, si las publicaciones transgreden algunas de las limitaciones impuestas a la prensa, la autoridad judicial y excepcionalmente la autoridad administrativa, pueden decretar el comiso de la edición o de las publicaciones.

Para ello, es evidente que se exige como condición que la medida sea indispensable para el mantenimiento del orden público, o para impedir la circulación de informaciones secretas que interesen a la defensa nacional[420]. En el campo del mantenimiento de la moralidad pública, en general se permite el comiso en relación con publicaciones inmorales, o que contengan apologías de ciertos delitos.[421]

Por último, es evidente que todos aquellos casos de violación de la censura, en circunstancias excepcionales, constituyen motivo para decomisar la edición.

3. *Las medidas de policía en relación con la Radio y la Televisión*

A. *La Censura*

60. En términos generales, puede señalarse que la orientación del derecho comparado es la exclusión de la censura previa en las emisiones de radio y televisión[422], aun cuando en aquellos países en los cuales existe un monopolio estatal sobre la información, hasta cierto punto, la censura previa es inherente a ese monopolio. Asimismo, en ciertos países en los cuales se prevé un monopolio de derecho para la radio y televisión en manos de un establecimiento público, como en Francia, sí se prevé una censura previa para las emisiones[423].

418 Bélgica, 13.

419 Francia, 11, 12.

420 Francia, 12.

421 Bélgica, 6; Yugoslavia, 5, 8, 9, 15.

422 Francia, 12.

423 Bélgica, 14.

B. *La revocación o la suspensión de la autorización*

61. En general, hemos señalado que el derecho comparado muestra una rigidez legal más acentuada en relación con la radio y la televisión, lo que ha llevado a que las empresas que van a operar en programas de este tipo obtengan una autorización previa de la autoridad administrativa. Pues bien, como sucede en Venezuela, la transgresión de las limitaciones al contenido de la información, puede dar lugar a la revocación definitiva de la autorización o a la suspensión temporal de las emisiones de la empresa afectada.

C. *La prohibición de la emisión*

62. La autoridad administrativa también puede, por razones de seguridad o defensa nacional, o por razones de moralidad pública, prohibir emisiones de radio y televisión[424]. En Yugoslavia, la Ley de prensa permite a la autoridad administrativa prohibir la emisión de programas de radio y televisión que transgredan las muy diversas limitaciones a la libertad de información que consagra[425].

4. *Las medidas de policía en relación con el cine*

A. *La Censura*

63. Si bien en líneas generales hemos visto que la censura previa se excluye en tiempo de paz de la prensa, radio y televisión, ello no sucede en relación con el cine. En este campo, puede decirse que la censura es la regla, aun en tiempo de paz[426], siendo excepcional en los sistemas que no lo consagran[427].

Esta censura tiene como motivo fundamental el mantenimiento de la moralidad pública, por lo que la clasificación que se haga de los filmes incidirá sobre la prohibición a los menores de ciertas edades de acudir a los espectáculos[428]. Asimismo, para autorizar su proyección, la autoridad administrativa, representada generalmente por una Comisión de censura, puede ordenar la realización de cortes en los filmes para su proyección[429].

64. En cuanto a los filmes de noticias, en algunos países, como en Francia, se les somete a una declaración previa[430], lo que facilita la labor de censura; en tanto que en otros países, como Yugoslavia, se requiere una aprobación previa[431].

B. *La prohibición de explotación y exportación*

65. Las medidas de policía en relación con el cine pueden consistir también en prohibición de explotación, en cuyo caso hay prohibición total de exhibir el filme; y

424 Yugoslavia, 15.

425 Francia, 13; EE.UU., 20; Países Bajos, 7, 9; Yugoslavia, 6, 15.

426 Bélgica, 14.

427 Francia, 14; Bélgica, 8, 18; Países Bajos, 7.

428 Francia, 14; Bélgica, 15.

429 Francia, 14.

430 Yugoslavia, 6.

431 Francia, 14.

en prohibición de exportación, cuando la limitación consiste en prohibir la exhibición fuera del país de origen.

En Francia esto es posible, ya que la autoridad respectiva, con vista a promover una política de cine, en los casos de filmes destinados al extranjero, exige que los mismos no lesionen el prestigio de Francia[432].

C. *La prohibición de proyección*

66. En el ámbito local, también se le otorgan a las autoridades correspondientes poderes de policía en relación con la proyección o exhibición de los filmes. Estas autoridades, al tener competencia para asegurar el orden, la tranquilidad, la seguridad, la moralidad y la salubridad pública, pueden adoptar medidas en lo relativo a los filmes cuando estos atenten contra cualquier manifestación del orden público[433].

IV. LA REPRESIÓN PENAL: LOS DELITOS Y FALTAS DE LA INFORMACIÓN

67. La mayoría de las infracciones a las limitaciones de la libertad de información dan origen a la aplicación de sanciones de carácter penal. Ya nos hemos referido a algunas de ellas, como las previstas para los delitos de difamación e injuria, tendientes a proteger el honor de las personas contra los abusos de la libertad de información. Pero, aparte de esos delitos, la legislación penal, como medida de protección al interés general o al orden público y social, prevé una serie de delitos y faltas de la información con sanciones que van desde la multa a la aplicación de penas corporales como el presidio.

68. En efecto, el derecho comparado nos muestra un elenco de lo que podríamos denominar faltas derivadas de la información, que se sancionan generalmente con la aplicación de multas: la no indicación del nombre y dirección del impresor[434]; las publicaciones clandestinas y anónimas[435]; la publicación del nombre de menores delincuentes[436]; la información que configure una apología de ciertos delitos[437]; el incumplimiento del depósito legal o del envío de los ejemplares requeridos a la Biblioteca Nacional[438]; el rechazo de publicar la rectificación[439]; la transferencia de acciones a personas extranjeras[440].

69. Aparte de las faltas indicadas, con frecuencia se consagran delitos derivados de la información en casos de reincidencia en el cometimiento de algunas faltas[441].

432 Francia, 14; Yugoslavia, 16; Bélgica, 14, 15; Holanda, 10.

433 Francia. 24.

434 Estatuto Perú. 26, a.

435 Francia, 24.

436 Estatuto Perú, 27, i.

437 Francia, 24; Estatuto Perú, 26, b.

438 Estatuto Perú, 26, f.

439 Estatuto Perú, 26, c.

440 Francia, 24.

441 Francia, 24; Estatuto Perú, 27, f.

Además, en los casos de publicaciones de noticias o documentos falsos[442], de informaciones secretas o que afecten la defensa nacional[443], o que impliquen una colaboración con el enemigo[444]. En los países que exigen que la propiedad de las acciones de las empresas de medios de comunicación estén en poder de nacionales, se castiga como delito la utilización de testaferros o interpuestas personas para ocultar la verdadera propiedad de las acciones[445].

70. En todos los casos de responsabilidad penal, el derecho comparado atribuye la misma al autor de la información o en su defecto, al Director de la misma, en caso de publicaciones no firmadas[446]. Al editor puede considerársele como corresponsable por los actos cometidos en las publicaciones impresas.

CONCLUSIONES:

LA LIBERTAD DE INFORMACIÓN EN EL DERECHO A LA INFORMACIÓN

71. Como conclusiones de la visión que hemos efectuado de las limitaciones a la libertad de información, podemos señalar las siguientes:

A. La libertad de información, debido a la complejidad y al poder de los modernos medios de comunicación, por esencia, está sometida a limitaciones. Es inconcebible una libertad de información absoluta c ilimitada, cualquiera sea el medio de comunicación empleado.

B. El estudio de las limitaciones a la libertad de información que hemos efectuado a la luz del derecho comparado nos muestra una regulación de dicha libertad fundada en criterios tradicionales: una libertad de información frente al gobierno y una regulación generalmente represiva por parte del Estado. El esquema de la libertad de información y de sus limitaciones, materialmente, es el mismo esquema que surgió durante el siglo pasado cuando la libertad de prensa fue una batalla ganada constitucionalmente; pero es, sin embargo, un esquema que se estructuró mucho antes de las transformaciones técnicas, económicas y sociales de la prensa, y mucho antes de la aparición y desarrollo del cine, la radio y la televisión.

C. De acuerdo con ese esquema, el problema actual de conciliar la libertad de información con el derecho humano a la información, sigue, en el derecho comparado, sin una adecuada solución general. La libertad de información, en términos generales, sigue siendo la libertad de unos pocos frente al derecho de muchos, ya que la importancia y magnitud económica de los medios de información en la actualidad, han provocado, o la concentración de algunos o todos de ellos en manos del Estado o en manos de grupos económicos o políticos; pero en todo caso, en manos de unos pocos. A causa de ello, el derecho humano a la información, que es la esencia de la libertad de información correctamente concebida, no encuentra en la actualidad debida acogida en el derecho comparado.

---

442 Francia, 24; Estatuto Perú, 27, g. Yugoslavia, 12; Ramón Alvarez de Vignier, Infracciones de Prensa e Imprenta en ¡a Legislación y Jurisprudencia, Madrid 1966, pág. 29.

443 Bélgica, 12.

444 Estatuto Perú, 27, a.

445 Estatuto Perú, 20; Países Bajos, 6; Yugoslavia, 12.

446 Yugoslavia, 12.

D. Se exige, por tanto, un gran esfuerzo para conciliar el interés de la sociedad y de los hombres a ser debida y verazmente informados y el interés de los gobiernos y grupos de presión políticos o económicos. La libertad de información debe entonces consistir en algo más que la sola posibilidad de oponerse o presionar contra el gobierno de turno o en favor de puros intereses políticos o económicos, ignorando el derecho humano a la información.

E. Por ello, la libertad de información tiene una función social que cumplir: el garantizar a todos el derecho a la información, es decir, el derecho a conocer la realidad social actual y permitir por esa vía, la participación de todos en la vida económica, política y social. Una libertad de información tendiente a garantizar el derecho a la información podría ser entonces un arma para la lucha del hombre contra la alienación, y no como parecen constituir en la actualidad los medios de comunicación: un medio para la alienación.

SECCIÓN SEGUNDA:

SOBRE EL DERECHO A LA VIDA PRIVADA Y A LA INTIMIDAD (1994)

Publicado con el título: "Consideraciones sobre el derecho a la vida privada y a la intimidad económica y a su protección" en *La Corte y el Sistema Interamericano de Derechos Humanos,* Corte Interamericana de Derechos Humanos, San José, Costa Rica 1994, pp. 53-66

En Venezuela, con motivo de la crisis financiera que se manifestó en forma dramática a comienzos de 1994, las Cámaras Legislativas sancionaron la Ley Especial de Protección a los Depositantes y de Regulación de Emergencias en las Instituciones Financieras (publicada en ***Gaceta Oficial*** N° 35.418 de 10 de marzo de 1994) en la cual, entre otras regulaciones su artículo 31, único aparte estableció que:

> "Es requisito para desempeñarse como miembro de las juntas directivas de los bancos y otras instituciones financieras, administradores, auditores externos, comisarios e interventores financieros, presentar ante la Superintendencia de Bancos y otras Instituciones Financieras, en los términos y plazos que ésta establezca, ***una declaración*** jurada de patrimonio."

A tal efecto, la Superintendencia de Bancos dictó una Resolución N° 031-94 de 23 de marzo de 1994 (***Gaceta Oficial*** N° 35.435 de 7 de abril de 1994) estableciendo los términos que debe contener dicha declaración jurada de patrimonio, y un plazo de 90 días a partir de su publicación para ser presentada.

Esta norma, puede considerarse que constituye una violación del derecho constitucional a la vida privada y a la intimidad, de los obligados, que encuentra su consagración en el artículo 59 de la Constitución venezolana que consagra el derecho a la protección de la vida privada; en el artículo 43 de la misma Constitución que consagra el derecho al libre desenvolvimiento de la personalidad; y en el artículo 50 de dicho texto, que protege en general, los derechos inherentes a la persona humana.

1. *El derecho a la intimidad como derecho a la vida privada*

Estas normas constitucionales, en efecto establecen lo siguiente:

> "**Artículo 59**.- Toda persona tiene ***derecho a ser protegida*** contra los perjuicios a su honor, reputación o ***vida privada***".
>
> "**Artículo 43**.- Todos tienen ***derecho*** al libre desenvolvimiento de su ***personalidad,*** sin más limitaciones que las que derivan del derecho de los demás y del orden público y social".
>
> "**Artículo 50**.- La enumeración de los ***derechos*** y garantías contenidas en esta Constitución no debe entenderse como negación de otros que, siendo inherentes a la ***persona humana,*** no figuren expresamente en ellas.

La falta de ley reglamentaria de estos ***derechos*** no menoscaba el ejercicio de los mismos."

El derecho a la intimidad, que tiene su consagración en estas normas constitucionales, también se ha consagrado en las declaraciones internacionales de derechos humanos y en los pactos y acuerdos internacionales relativos a los mismos y que son Ley de la República.

En el plano internacional este derecho, inherente a la vida privada, fue prontamente proclamado por la ONU y la OEA en 1948. En efecto, la Declaración Universal de Derechos Humanos adoptada el 10 de diciembre de 1948 por la Asamblea General de la Organización de Naciones Unidas, estableció:

> "**Artículo 12**.- Nadie será objeto de ***injerencias arbitrarias*** en su vida privada, su familia, su domicilio o su correspondencia, ni de ataques en su honra o a su reputación. Toda persona tiene ***derecho a la protección*** de la Ley contra tales injerencias o ataques".

Por su parte, la Declaración Americana de los Derechos y Deberes del Hombre adoptadas meses antes, en el mismo año 1948, por la IX Conferencia Internacional Americana celebrada en Bogotá, expresa:

> "**Artículo V**.- Toda persona tiene derecho a la protección de la ley contra los ataques abusivos a su honra, a su reputación y a su vida privada y familiar".

Adicionalmente, el Pacto Internacional de Derechos Civiles y Políticos, aprobado por la Asamblea General de la ONU el 16 de diciembre de 1966, y aprobado por Ley en Venezuela, publicada en ***Gaceta Oficial*** N° 2146 Extraordinario de 28 de enero de 1978, establece lo siguiente:

> "**Artículo 17**.- Nadie será objeto de ***injerencias arbitrarias*** o ilegales en su vida privada, su familia, su domicilio o su correspondencia, ni de ataques ilegales a su honra y reputación.
>
> 2. Toda persona tiene ***derecho a la protección*** de la ley contra esas inherencias o esos ataques."

Por último, en el ámbito internacional, la ***Convención Americana sobre Derechos Humanos*** (Pacto de San José) adoptada por la Conferencia Especializada Interamericana sobre Derechos Humanos el 22 de noviembre de 1969, y aprobada por

Ley en nuestro país, publicada en ***Gaceta Oficial*** N° 31.256 de 14 de junio de 1977, establece lo siguiente:

> "Art. 11.-1. Toda persona tiene derecho al respeto de su honra y al reconocimiento de su dignidad.
>
> 2. Nadie puede ser objeto de injerencias arbitrarias o abusivas en su vida privada, en la de su familia, en su domicilio o en su correspondencia, ni de ataques ilegales a su honra o reputación.
>
> 3. Toda persona tiene derecho a la protección de la Ley contra esas injerencias o esos ataques".

Estas normas internacionales tienen rango constitucional en virtud de lo establecido en el artículo 50 de la Constitución, consagran por tanto el derecho de toda persona a la protección de su vida privada, ya que no se produzcan injerencias arbitrarias o abusivas en la misma. Como derecho inherente a la persona humana, ha devenido en el derecho a la vida privada y a la intimidad, como parte esencial de ella.

Como todo derecho constitucional, el mismo implica que todos los órganos del Estado, incluyendo al Legislador, así como los particulares, deben abstenerse de realizar injerencias arbitrarias o abusivas en la vida privada y la intimidad de las personas; y que al contrario, los órganos del Estado están obligados a proteger ese derecho. La supremacía constitucional que es el fundamento de nuestro sistema jurídico implica que no sólo los tribunales y los órganos ejecutivos están sometidos a la Constitución, sino que también el Legislador debe respetar sus normas. En consecuencia, por más poder legislativo que ejerza el Congreso no puede lesionar los derechos constitucionales y está obligado a respetarlos; y en relación al derecho a la vida privada y a la intimidad, las Cámaras Legislativas están obligadas a proteger esos derechos y a impedir que se puedan realizar injerencias abusivas o arbitrarias en la vida privada o la intimidad de las personas.

En el caso del artículo 31 de la Ley Especial antes citada, en cambio, al exigir que las personas que ejerzan determinadas posiciones en bancos y demás instituciones financieras, presenten a la Superintendencia de Bancos una "declaración jurada de patrimonio", lejos de proteger el derecho constitucional de todos a la vida privada y a la intimidad, han sido las propias Cámaras Legislativas las que mediante una Ley, han previsto una injerencia completamente arbitraria y abusiva en la vida privada e intimidad de esas personas, lo que hace esa norma inconstitucional.

En efecto, la intimidad (***intimus***) responde a la idea de lo más interno o recóndito de la vida privada o de la interioridad de la persona. Es lo que le pertenece exclusivamente, como secreto o reservado y que se manifiesta, incluso, en un derecho a la soledad (***ius solitudinis***) o a ser dejado tranquilo (***to be let alone***).

Debe señalarse que la primera mención al derecho a la intimidad la hicieron S.D. Warren y L. B. Brandeis (este último fue, décadas después, juez y "***Chief Justice***" de la Corte Suprema de los Estados Unidos) en un artículo publicado en 1890, en el cual popularizaron el ***right to privacy*** como el ***right to be let alone*** (el derecho a estar solo o a ser dejado tranquilo) (véase S.D. Warren y L.B. Brandeis, "The right to privacy (The implicit made explicit)", ***Harvard Law Review***, Vol. IV, N° 5, 1890). La expresión e identificación del derecho a la intimidad, corresponde en italiano al "diritto alla riservalezza" (derecho a la reserva); en portugués, al "dereitto de estar só" (Véase Paulo José da Costa Junior, ***O Direitto de estar só,*** Sao Paulo, 1970); y en francés, a la "liberté de la vie privé" (Véase R. Kayser, ***La protection de la vie privé***, París, 1990, pág. 58; André Roux, ***La protection de la vie privée dans les rapports entre l'Etat et les particuliers***, París, 1983).

Este derecho a la intimidad de la vida privada ha adquirido cada vez más importancia debido a los avances de la tecnología y de la informática, que han venido permitiendo una mayor posibilidad de penetración en la vida privada, sin consentimiento de las personas. Antes se escuchaba a través de las paredes, los susurros; ahora se puede escuchar y gravar por micrófonos direccionales situados a larga distancia, fotografiar de noche a una persona, o registrar sus imágenes a larga distancia. Los avances de la informática, además, colocan los datos e informaciones relativas a las personas al alcance de muchos. Todo ello ha originado mayores posibilidades de penetraciones ilegítimas en la intimidad de las personas, que es necesario prevenir y proteger (Véase Fulgencio Madrid Conesa, ***Derecho a la intimidad, informática y Estado de Derecho***, Valencia, España 1984; Pablo Lucas Murillo de La Cueva, ***Informática y protección de datos personales***, Madrid 1993; Fermín Morales Prats, ***La tutela penal de las intimidad: privacy e informática***, Barcelona 1984; Rafael Velásquez Bautista, ***Protección jurídica de datos personales automatizados***, Madrid 1993; Pablo Lucas Murillo de La Cueva, ***El derecho a la autodeterminación informativa***, Madrid 1990). Ello por supuesto, ha planteado en forma aguda el dilema y conflicto entre el derecho a la intimidad y el derecho a la información, habiendo pasado el fiel de la balanza de uno a otro lado, dando a veces prioridad a la información y otras a la intimidad. (Véase entre otros, Xavier O'Callaghan, ***Libertad de expresión y sus límites: honor, intimidad e imagen***, Madrid 1991; Luis García San Miguel (ed), ***Estudios sobre el derecho a la intimidad***, Madrid 1992).

En todo caso, el derecho a la vida privada y a la intimidad, reconocido en el artículo 59 de la Constitución de Venezuela, en concordancia con lo previsto en sus artículos 43 y 50, y en las antes mencionadas Convenciones Internacionales sobre Derechos Humanos que han sido aprobadas por ley de la República, es el derecho de toda persona a un ámbito o reducto de lo propio o suyo, que está vedado a que otros penetren, y que no puede ser objeto de injerencias arbitrarias o abusivas, ni por parte del Estado ni de otras personas. Como lo ha señalado J.M. de Pisón Cavero, la intimidad "hace alusión siempre a algo que es cercano al individuo, ya sea porque le es próximo o porque es algo propio, interno al mismo, que surge de él y que proyecta su entorno. Suele hablarse, por ello, —agrega— de la existencia de una esfera individual, de una vida privada, en la que sólo cada persona es quién para decidir lo que le afecta, sin tener que tolerar ningún tipo de intromisiones" (véase J.M. de Pisón Cavero, ***El derecho a la intimidad en la jurisprudencia constitucional***, Madrid 1993, p. 27).

En sentido similar, G. Duby ha señalado en relación a la intimidad que es "un área particular netamente delimitada, asignada a esa parte de la existencia que todos los idiomas denominan como privada, una zona de inmunidad ofrecida al repliegue, al retiro, donde uno puede abandonar las armas y las defensas de las que conviene hallarse provisto cuando se aventura al espacio público, donde uno se distiende, donde uno se encuentra a gusto, "en zapatillas", libre del caparazón con que nos mostramos y protegemos hacia el exterior" (véase G. Duby, en el "Prefacio" al libro de Ph. Aries y G. Duby, ***Historia de la vida Privada***, Madrid 1987, Vol. I, pág. 10).

El derecho a la intimidad de la vida privada, además, no sólo tiene una connotación negativa para impedir cualquier tipo de información referente a la persona o penetración e injerencia arbitraria o abusiva en la vida privada; sino también una connotación positiva, que implica el derecho de controlar los datos referidos a la propia persona que han salido de la esfera privada para insertarse en los archivos públicos. De allí la consagración en Brasil y Colombia de la acción de ***habeas data*** (Véase las referencias en Allan R. Brewer-Carías, ***El amparo a los derechos y garantías constitucionales (una aproximación comparativa)***, Caracas 1993, págs. 50 y 88) para asegurar el conocimiento de las informaciones relativas a las personas y la rectificación y corrección de los archivos y registros.

Ahora bien, este derecho a la vida privada y a la intimidad consagrado en la Constitución, implica el derecho de todos a ser protegida contra las intromisiones o injerencias arbitrarias o abusivas en el ámbito de la vida privada, que pertenece en forma exclusiva al individuo, por lo que como hemos dicho, no sólo las autoridades administrativas están obligadas a respetarlo, sino también las Cámaras Legislativas. La Constitución, en efecto, se aplica por la Ley de su Supremacía, a todos los órganos del Estado.

Por tanto, la ley no puede en forma alguna autorizar u obligar a que se efectúen injerencias abusivas y arbitrarias en la intimidad de las personas, por lo que el artículo 31, único aparte de la Ley Especial, viola el derecho a la intimidad y a la vida privada de todas aquellas personas que sean miembros de las juntas directivas de los bancos y otras instituciones financieras, administradores, auditores externos, comisarios e interventores, al exigirles presentar ante la Superintendencia de Bancos y otras instituciones financieras, una declaración jurada de su patrimonio.

2. *El derecho a la intimidad económica y sus limitaciones*

La exigencia de esta declaración jurada de patrimonio, en efecto, no sólo viola el derecho a la intimidad, sino que es discriminatoria e irrazonable pues afecta innecesaria, abusiva y arbitrariamente uno de los aspectos del derecho a la intimidad de la vida privada, que es el derecho a la intimidad económica. En efecto, el derecho a la intimidad o de la vida privada, como lo señala André Roux, no sólo exige la protección de la vida familiar, de la identidad, de la propia imagen, de las conversaciones, y de la salud de las personas, sino también del patrimonio y de los ingresos, los cuales son "considerados como elementos de la vida privada". (Véase André Roux, ***La protection de la vie privée dans les rapports entre l'Etat et les particuliers***, París 1983, págs. 10 y 11). En sentido similar, Nicolás Nogueroles Peiró ha señalado que la intimidad personal y familiar también comprende la intimidad personal económica, agregando que "entender lo contrario sería establecer una restricción en un derecho fundamental que la propia Constitución ha configurado de modo mucho más amplio" (Véase Nicolás Nogueroles Peiró, "La intimidad económica en la doctrina del Tribunal Constitucional", ***Revista Española de Derecho Administrativo***, Nº 52, Madrid octubre-diciembre 1986, pág. 567).

Este ***derecho a la intimidad económica***, como parte del derecho a la intimidad de la vida privada, que hace que la información sobre la situación patrimonial de la persona, le pertenezca en forma exclusiva, formando parte de su ámbito secreto y personal, ha sido reconocido, incluso, por el Tribunal Constitucional español en la sentencia número 110/84, el cual ha precisado que sólo cede cuando constitucionalmente está legitimada una injerencia en el mismo. En el caso concreto que se decidió en esa sentencia, frente a la solicitud de la Administración Tributaria formulada a una persona para que presentara todos sus estados de cuentas bancarias, y la oposición de esa persona de entregarlas alegando en vía de amparo el derecho a la intimidad económica, el Tribunal Constitucional español concluyó que en ese caso concreto, la solicitud no violaba el derecho a la intimidad, pues la consagración legal de esa potestad de la Administración Tributaria estaba destinada a proteger un bien también de rango constitucional, que era la distribución equitativa de las contribuciones a los gastos públicos. En tal sentido se consideró que el requerimiento de la Autoridad Tributaria, con fines tributarios de inspección, no violaba el derecho a la intimidad, pues no constituía una injerencia arbitraria ni abusiva en el mismo. (Véase el texto de la sentencia 110/1984 del 26-11-84 del Tribunal Constitucional español, en Javier Puyol Montero y Mª. Flor Generoso Hermoso, ***Manual Práctico de la Doctrina Constitucional en materia de derecho al honor, a la intimidad y derecho de rectificación***, Madrid, 1991, págs. 103 a 124. Véanse los comentarios a dicha sentencia en J.M. Pinsón Cavero, ***El derecho a la intimidad en la jurisprudencia constitucional***, Madrid 1993, p. 176 a 182; L.M. Alonso González, ***Información Tributaria versus intimidad personal y secreto profesional***, Madrid 1992, págs. 23 a 29; y Nicolás Nogueroles Peiró, "*La intimidad económica en la doctrina del Tribunal Constitucional*", ***Revista Española de Derecho Administrativo***, Madrid, N° 52, oct-dic 1986, pág. 559 a 584).

En esta sentencia, el reconocimiento del derecho a la intimidad económica fue implícito, al admitirse que su penetración por motivos de investigación tributaria era admisible, cuando se trataba del cumplimiento de una potestad constitucional (potestad tributaria), a los efectos de hacer cumplir un deber constitucional como el de todos a contribuir con las cargas públicas, según su capacidad económica.

Posteriormente, el Tribunal Constitucional español al reiterar lo antes dicho en forma implícita, en un auto N° 642/1986 de 23 de julio de 1986 lo señaló en forma expresa:

> "si no hay duda de que, en principio, los datos relativos a la situación económica de una persona, y entre ellas, los que tienen su reflejo en las distintas operaciones bancarias en las que figura como titular, ***entran dentro de la intimidad económica constitucionalmente protegida***, no puede haberla tampoco en que la Administración está habilitada, también desde el plano constitucional para exigir determinados datos relativos a la situación económica de los contribuyentes" (Véase en el texto de este auto en Javier Puyol Montero y Mª Flor Generoso Hermoso, ***Manual Práctico de Doctrina Constitucional en materia de derecho al honor, a la intimidad y derecho de rectificación***, Madrid 1991, págs. 404 a 418; Véase los comentarios a dicha decisión en Nicolás Nogueroles Peiró, "La intimidad económica en la doctrina del Tribunal constitucional", en ***Revista Española de Derecho Administrativo***, N° 52, Madrid oct-dic. 1986, pág. 583).

Debe señalarse, por otra parte, que incluso en aquellos casos en los cuales el derecho a la intimidad respecto al patrimonio de una persona debe ceder ante los requerimientos de la autoridad fiscal, ello nunca implica un derecho de los funcionarios fiscales de inmiscuirse, indiscriminadamente, en la globalidad del patrimonio de los contribuyentes. Al contrario, esa potestad fiscal de exigir informaciones de carácter económico de los contribuyentes, como lo afirma André Roux, está limitada a aspectos que "sean útiles con vista al establecimiento del impuesto concreto o a la puesta en evidencia de algún fraude fiscal". (Véase André Roux, ***La protection de la via privée dans les rapports entre l'Etat et les particuliers***, París 1983, págs. 57 y 58). Este autor cita, incluso, decisiones del Consejo de Estado francés de 26-10-42 y 18-12-64 en las cuales dicho Tribunal ha establecido límites al tipo de documentos que puede exigir la autoridad fiscal de los contribuyentes, definiendo restrictivamente la noción misma de lo que debe considerarse "documento contable" (*op. cit.*, pág. 58).

Aplicados estos principios, en general, puede señalarse que el derecho a la intimidad y a la vida privada en materia económica, sólo cede, cuando se trata de satisfacer derechos o bienes constitucionales, en cuyo caso no puede hablarse de injerencia arbitraria o abusiva, pues su consagración tiene rango constitucional. Por ejemplo, el deber de todos de contribuir con los gastos públicos previsto en el artículo 56 de la Constitución venezolana conforme a su capacidad económica (art. 223 de la misma Constitución); o el derecho de todos a la protección de la salud (artículo 76 de la misma Constitución), cuyo aseguramiento puede incluso conducir a realizar visitas sanitarias, que constituyen una excepción a la inviolabilidad del hogar doméstico (artículo 62 de la misma Constitución), que es uno de los aspectos más clásicos del derecho a la intimidad (lo ejemplifica la célebre expresión "***My home is my castle***"), podrían dar origen a la previsión de injerencias razonables —nunca arbitrarias o abusivas— en la intimidad de las personas.

En base a ello, el derecho a la intimidad económica puede ser legítimamente limitado cuando se trata de asegurar el cumplimiento del deber constitucional de todos a contribuir con los gastos públicos (artículo 56), y el carácter distributivo de las cargas fiscales según la capacidad económica de los contribuyentes (artículo 223). Estas son limitaciones "razonables" que tienen rango constitucional. Por ello, incluso, el Código Orgánico Tributario de Venezuela para proteger la intimidad, declara reservado para la Administración Fiscal las informaciones obtenidas con esos fines de los contribuyentes en la siguiente forma:

> "**Artículo 120**.- Las informaciones y documentos que la Administración Tributaria obtenga de los contribuyentes, responsables y terceros, por cualquier medio, tendrán carácter reservado.
>
> Sólo serán comunicadas a la autoridad jurisdiccional, mediante orden de ésta, o de oficio, cuando fuere legalmente procedente.
>
> También podrán ser comunicadas en los demás casos que establezcan las leyes."
>
> El secreto o carácter reservado de la información a que se refiere este artículo no impide que la Administración Tributaria, pueda delegar tareas de recaudación, cobro, administración, levantamiento de estadísticas, procesamiento de datos e información en organismos o empresas especializadas, siempre que éstos acuerden con la Administración Tributaria los medios necesarios para mantener el secreto y reserva previstos en este artículo y se obliguen a no divulgar, reproducir o utilizar la información obtenida".

En todo caso, el carácter del derecho a la intimidad como derecho inherente a las personas es de tal naturaleza, que no toda restricción al mismo es admisible, ni siquiera cuando se trata de proteger un bien constitucional o asegurar el cumplimiento de un deber constitucional.

3. *La intimidad económica y los derechos de la personalidad*

Recuérdese, por sobre todo, que el derecho a la intimidad tiene su fundamento constitucional, además de en el artículo 59 de la Constitución venezolana, también en el artículo 43 de dicho Texto Fundamental, que garantiza el derecho al libre desenvolvimiento de la personalidad, esencia de la libertad. En definitiva, el derecho a la intimidad y a la vida privada debe considerarse como un derecho de la personalidad, o como lo señaló el Tribunal Constitucional Español, "forma parte de los bienes de la personalidad que pertenecen al ámbito de la vida privada. (Sentencia N° 170/1987 de 30-10-87, véase la referencia en J.M. Pisón Cavero, ***El derecho a la intimidad en la jurisprudencia constitucional***, Madrid 1993, pág. 93. Sobre el derecho a la intimidad como derecho a la personalidad véase: F. Herrero-Tejedor, ***Honor, Intimidad y propia imagen***, Madrid 1994, pág. 51; L. García San Miguel (ed), ***Estudios sobre el derecho a la intimidad***, Madrid 1992; E. Giannotti, ***A tutela constitucional da intimidade***, Río de Janeiro, 1987, págs. 8, 35, 56 y 57). Incluso, el derecho a la intimidad se ha considerado como uno de los que permiten al ser humano el pleno desarrollo o desenvolvimiento de su personalidad (Véase Pierre Kayser, ***La protection de la vie privé***, París 1990, pág. 9).

En todo caso, la vinculación entre el derecho al libre desenvolvimiento de la personalidad previsto en la Constitución de Venezuela en el artículo 43 y el derecho a la intimidad y a la vida privada previsto en el artículo 59 del mismo texto, es tan estrecha que en países como Alemania, cuya Ley Fundamental de 1949 sólo previó el primero (art. 2, parágrafo 1°: "Todos tienen derecho al libre desenvolvimiento de su personalidad, siempre que no atente contra el derecho de otros, el orden constitucional o la ley moral"), sin embargo, del mismo, el Tribunal Federal Constitucional ha derivado la protección constitucional del derecho a la intimidad y a la vida privada (Véase Pierre Kayser, ***La protection de la vie privé***, París, 1990, págs. 64 y sigts.)

Ahora bien, al considerarse el derecho a la intimidad como una condición necesaria para el libre desenvolvimiento de la personalidad, y en sí mismo, uno de los derechos de la personalidad, toda limitación al mismo, como a la libertad en general, no sólo debe ser expresa sino además razonable, lógica y adecuada en relación al fin constitucional perseguido, respetando la proporcionalidad y concordancia práctica, asegurando la confidencialidad respecto de quienes acceden a la información obtenida, y no invadiendo el contenido esencial del derecho. En tal sentido, una restricción legitimada por la protección constitucional de la cosa pública que concierne e interesa a todos es, por ejemplo, la exigencia de la declaración jurada de patrimonio a los funcionarios públicos, para controlar los gastos públicos y el enriquecimiento ilícito, prevista en la Ley Orgánica de Salvaguarda del Patrimonio Público de Venezuela.

En el caso del único aparte del artículo 31 de la Ley Especial que analizamos, en cambio, se está en presencia de una penetración o injerencia no autorizada constitucionalmente, en el derecho a la intimidad económica de las personas, de manera discriminatoria y arbitraria, por irrazonable.

En efecto, ninguna norma constitucional en Venezuela erige en bien constitucional la supuesta protección del sistema financiero, de manera que pueda ceder el derecho a la intimidad de las personas ante la Administración financiera del Estado. En este caso, no existe una limitación al derecho a la intimidad que esté avalada por alguna norma constitucional. Caso distinto es cuanto se proteja la seguridad o la salud colectiva de las personas, como es el caso de las leyes en materia de prevención y castigo de delitos sobre sustancias estupefacientes y psicotrópicas. Pero en este caso relativo al manejo del sistema financiero, la penetración que regula la ley, completamente irrazonable, en la intimidad de las personas, la hace ilegítima, arbitraria y abusiva, máxime cuando no se garantiza reserva o secreto respecto de las informaciones obtenidas, lo cual viola el artículo 59 de la Constitución, pues no protege la vida privada de las personas en su aspecto económico.

Por otra parte, esta exigencia único aparte del artículo 31 de la Ley Especial es discriminatoria y viola el artículo 61 de la Constitución, pues sólo permite la injerencia en la intimidad económica de un grupo de personas, en su perjuicio y no de otras, siendo que esencialmente no hay diferencia alguna, entre las actividades que se realizan por las empresas de seguros e incluso, por las que realizan actividades de intermediación en el mercado de capitales. Es discriminatorio, por tanto, e inconstitucional permitir la injerencia en la intimidad económica de unas personas y no de otras que se dedican al mismo tipo de actividad.

Por último, la restricción que el único aparte del artículo 31 de la Ley Especial establece al exigir la declaración jurada de patrimonio es abusiva y arbitraria por irrazonable, desproporcionada y sin sentido. A nada conduce, en efecto, exigir la referida declaración jurada de patrimonio, pues ello no tiene efecto alguno sobre el patrimonio de las personas afectadas ni sobre las solvencias de las instituciones financieras. La Ley no limita en forma alguna el que esas personas puedan aumentar o disminuir su patrimonio, por lo que la exigencia no tienen sentido, siendo irrazonable. En cambio, por ejemplo, en el caso de la misma exigencia prevista en la citada Ley Orgánica de Salvaguarda del Patrimonio Público ello tiene un objetivo preciso: evitar el enriquecimiento ilícito mediante la confrontación de dos declaraciones de patrimonio que se deben realizar: al tomar posesión y al cesar en el cargo público. Esta tiene sentido, además, debido a la dedicación a tiempo exclusivo de los funcionarios públicos (salvo las excepciones constitucionales) y el régimen de incompatibilidades regulado por la ley.

4. *La "razonabilidad" de las leyes y las injerencias públicas en la intimidad económica*

Las leyes, ante todo, tienen que ser razonables, por lo que toda irrazonabilidad de ellas equivale a arbitrariedad y abuso de poder. (Véase Juan Francisco Linares, ***Razonabilidad de las leyes***, Buenos Aires, 1970). Ello es precisamente lo que ha ocurrido con la exigencia del único aparte del artículo 31 de la Ley Especial que consagra una forma arbitraria y abusiva de injerencia en la intimidad económica de los funcionarios y empleados de banco, violando no sólo la Constitución, sino las señaladas Convenciones Internacionales sobre Derechos Humanos.

Debe destacarse, por otra parte, que este principio y exigencia de la razonabilidad de las limitaciones legales al derecho a la intimidad y al respeto a la vida privada, ha sido el criterio impuesto por la Corte Europea de los Derechos Humanos y por el Consejo Constitucional francés.

La Corte Europea, en efecto, al aplicar el artículo 8, parágrafo 1° de la Convención Europea de Derechos Humanos que declara que "Toda persona tiene derecho al respeto de su vida privada y familiar, de su domicilio y de su correspondencia", ha desarrollado el criterio de que las limitaciones que los Estados, mediante Ley, pueden establecer a este derecho, deben ser justificada, y ser necesarias, en una sociedad democrática, conforme al fin perseguido por la Ley en cuestión (Véase por ejemplo, la decisión en el caso ***Leander*** de 26-03-1987 sobre las informaciones en los registros de policía relativas a la vida privada del accionante, en Pierre Kayser, ***La protection de la vie privé***, París 1990, pág. 17 y siguientes; en la misma obra, véanse las referencias en relación al mismo criterio de la ilegitimidad de las injerencias en la intimidad cuando ello no es necesario, en una sociedad democrática, con el fin perseguido por la ley, respecto de la decisión de la Corte Europea en el caso ***BHOR y W contra el Reino Unido*** de 8-7-1987, pág. 28). Se destaca, así, la sentencia de la Corte Europea de los Derechos Humanos en el caso ***Olsson*** de 24-3-1988, sobre la injerencia de una autoridad pública de Suecia en el ejercicio del derecho al respecto de la vida familiar, que la Corte consideró como no siendo necesaria en una sociedad democrática, pues implicaba medidas que no se podían considerar como fundadas en razones pertinentes, suficientes y proporcionales al fin legítimo que se perseguía (Véase la referencia, igualmente, en Pierre Kayser, ***La protection de la vie privé***, ***cit.***, págs. 29 y 30).

Por su parte, el Consejo Constitucional francés declaró no conforme con la Constitución una ley que otorgaba a los oficiales de policía judicial y a sus agentes el poder de proceder a realizar visitas en todos los vehículos y su contenido, con la sola condición de que se encontraran en la vía pública, y que la visita se efectuase en presencia del propietario o conductor, considerando que atentaba contra la libertad individual y el derecho al respecto de la vida privada (Véase las referencias a la decisión N° 76-75 DC del 12-1-77 del Consejo Constitucional en L. Favoreu "Le Conseil Constitutionnel et la protection de la liberté individuelle et de la vie privé" en ***Etudes Pierre Kayser***, Vol. I, pág. 411), pues había sido concebida en sentido demasiado general e imprecisa que podía conducir a situaciones arbitrarias o abusivas.

En el caso del único aparte del artículo 31 de la Ley Especial, al exigirse la declaración jurada de patrimonio a los empleados de los bancos e instituciones financieras, precisamente, estamos en presencia de una injerencia injustificada, innecesaria, ilógica e irrazonable en la intimidad y vida privada de las personas, no necesarias en nuestra sociedad democrática, para lograr proteger a los depositantes en los bancos e instituciones financieras, que es uno de los fines principales que se persiguen con la ley. Por ello, por irrazonable, la mencionada norma es inconstitucional. El hecho de que se formule la declaración jurada de patrimonio por los directores, administradores y funcionarios de bancos e instituciones financieras, en efecto, no tiene ningún efecto, pues no hay obligación alguna de mantener, aumentar o disminuir el patrimonio de los mismos, y no tiene ningún efecto jurídico el que éste aumente o disminuya. Es una exigencia inútil, y por ello, una injerencia arbitraria e irrazonable en la intimidad de las personas, que hace dicha norma inconstitucional por violar el derecho constitucional de las personas a las cuales se dirige a ser protegidas contra las injerencias arbitrarias y abusivas en su vida privada y en su intimidad.

SECCIÓN TERCERA:

SOBRE LA PROTECCIÓN DE LA LIBERTAD PERSONA CONTRA LOS AUTOS DE DETENCIÓN EN EL PROCESO PENAL Y EL NECESARIO RESPETO AL DERECHO A LA DEFENSA (1993)

Trabajo recoge diversos estudios elaborados para fundamentar la posibilidad de ejercicio de la acción de amparo contra los autos de detención en el proceso penal, bajo la vigencia del derogado Código de Enjuiciamiento Criminal (1993)

El artículo 182 del Código de Enjuiciamiento Criminal establece que los jueces penales pueden decretar la detención de una persona indiciada, mediante auto razonado,

> "Siempre que resulte plenamente comprobado que se ha cometido un hecho punible que merezca pena corporal, sin estar evidentemente prescrita la acción penal correspondiente, y aparezcan fundados indicios de la culpabilidad de alguna persona".

Dicha norma no exige expresamente que la persona respecto de la cual aparecen fundados indicios de culpabilidad, sea previamente citada para que pueda ejercer su derecho a la defensa, antes de que se le dicte el auto de detención. De ello, por supuesto, no puede concluirse que se pueda dictar una medida de esa naturaleza, privativa de la libertad de una persona, sin que se le garantice previamente su derecho a la defensa, es decir, a ser oído previamente, que consagra el artículo 68 de la Constitución, el cual, por supuesto, es de aplicación preferente a la norma referida del Código de Enjuiciamiento Criminal.

Sin embargo, la Sala de Casación Penal de la Corte Suprema de Justicia, en una desafortunada sentencia de 10 de mayo de 1995, resolvió lo siguiente:

> "... Los peticionarios consideran que se violó el derecho a la defensa, porque el auto de detención no fue precedido de las diligencias conducentes a la efectiva citación de los afectados por la medida preventiva de privación de libertad. Al respecto se observa, que el Juez Penal para decretar la detención judicial de una persona deberá cumplir con los requisitos del artículo 182, los cuales son: estar plenamente demostrado el cuerpo del delito, que el mismo merezca pena corporal, que la acción penal no esté prescrita, y que aparezcan fundados indicios de culpabilidad de alguna persona. Dentro de estos requisitos no se encuentra el de citación previa del indiciado, sino que si el Juez que instruye la causa, considera necesario la detención de una persona, cumpliendo con los requisitos legales, podrá hacerlos pues está plenamente facultado por la Ley para ello.
>
> En el caso de autos no se trata de que a los indiciados se les negó la posibilidad de defenderse: o se le negó la asistencia legal de un abogado; por el contrario, han sido los indiciados los que no han querido ejercer el derecho de defensa, ya que ni siquiera se han impuesto de la medida judicial".[447]

447. Sentencia de la Sala de Casación Penal de la Corte Suprema de Justicia de fecha 10 de mayo de 1995. Ponente Magistrado Dr. José Juvenal Salcedo Cárdenas.

Esta sentencia, de las más desafortunadas que hemos leído de la Sala de Casación Penal, lamentablemente desconoce el derecho a la defensa como parte del derecho al debido proceso, y conduce a la inconstitucional conclusión de que como el artículo 182 del Código de Enjuiciamiento Criminal no precisa expresamente que para que se dicte un auto de detención es necesario garantizarle al indiciado su derecho a ser previamente oído, entonces ello no es necesario.

Esta absurda conclusión es contraria al artículo 68 de la Constitución y violatoria de los derechos constitucionales al debido proceso y a la defensa, sobre los cuales debemos referirnos, para demostrar que aún cuando el artículo 182 del citado Código no exija la "citación previa del indiciado" ello es obligatorio conforme a la Constitución.

I. EL DERECHO CONSTITUCIONAL AL DEBIDO PROCESO Y A LA DEFENSA

1. *El rango constitucional del derecho al debido proceso*

Los artículos 60, 68 y 69 de la Constitución consagran los principios fundamentales del *derecho constitucional al debido proceso* según la terminología empleada por la Corte Suprema de Justicia en Sala Político Administrativa[448], también denominado, *derecho a un juicio justo* o a un *proceso equitativo;* normas que se complementan en el ordenamiento constitucional venezolano con lo establecido en los artículos 14 del Pacto Internacional de Derechos Civiles y Políticos y el artículo 8 de la Convención Americana sobre Derechos Humanos (Pacto de San José) aprobadas por Ley de 1978 y 1977, respectivamente, y que conforme con el artículo 50 de la Constitución, se integran en el ordenamiento constitucional de los derechos inherentes a la persona humana.

Por ello, incluso, el artículo 1° del nuevo Código Orgánico Procesal Penal, recoge el principio estableciendo lo siguiente:

> "Artículo 1°. *Juicio previo y debido proceso.* Nadie podrá ser condenado sin un juicio previo, oral y público, realizado, sin dilaciones indebidas, ante un juez imparcial, conforme a la disposición de este Código y *con salvaguarda de todos los derechos y garantías del debido proceso, consagrados en la Constitución de la República, las leyes, los tratados, convenios y acuerdos internacionales suscritos por la República".*

Por otra parte, debe señalarse que la Corte Suprema de Justicia, en Corte Plena, actuando como contralor de la constitucionalidad de las leyes,[449] reconoció expresamente que las disposiciones del Pacto Internacional de Derechos Civiles y Políticos; de la Declaración Universal de los Derechos Humanos, de la Americana de los Derechos y Deberes del Hombre y de la Convención Americana de los Derechos Humanos, son:

---

448. Sentencia de 4-7-91, *Revista de Derecho Público*, N° 47, EJV, Caracas, 1991, pág. 87.

449. En sentencia de 5 de diciembre de 1996 (caso: *Inconstitucionalidad de la Ley de División Político Territorial del Estado Amazonas).*

"instrumentos formales de derecho, ratificados por Venezuela y que forman parte integrante del ordenamiento jurídico venezolano".[450]

El origen de este derecho constitucional al debido proceso está en el artículo 39 de la *Magna Charta* de 1215, que es el antecedente más remoto de toda declaración de derechos fundamentales, la cual estableció que "Ningún hombre libre puede ser capturado o sometido a prisión... o exilado o en alguna forma destruido excepto mediante un juicio justo llevado por sus pares y conforme a la ley del país" ("*law of the land*").

Desde su origen, el enfoque de este derecho ha estado en el procedimiento mismo, al contrario de otros derechos, que se refieren más a la sustancia y al ámbito de protección de los derechos.

Este concepto de dotar a los individuos de salvaguardas o garantías procesales se consagró en la Quinta Enmienda a la Constitución de los Estados Unidos de América, de 1787, que entró en vigencia en 1789 (*Bill of Rights*), en la cual se señaló que:

> "Nadie estará obligado a responder de un delito castigado con la pena capital o con otra infamante si un gran jurado no lo denuncia o acusa, a excepción de los casos que se presenten en las fuerzas de mar o tierra o en la milicia nacional cuando se encuentre en servicio efectivo en tiempos de guerra o peligro público; tampoco se pondrá a persona alguna dos veces en peligro de perder la vida o algún miembro con motivo del mismo delito; ni se le compelerá a declarar contra sí misma en ningún juicio criminal; *ni se le privará de la vida, la libertad o la propiedad sin el debido proceso legal* (*due process of law*); ni se ocupará la propiedad privada para uso público sin una justa compensación."

El *derecho al debido proceso legal o a ser juzgado conforme a Ley preexistente con las garantías procesales en ella prevista,* se recogió también en el artículo 7 de la Declaración de los Derechos del Hombre y del Ciudadano adoptada por la Asamblea Nacional francesa en el mismo año de 1789, en el cual se dispuso:

> "Artículo 7°.- Ningún hombre puede ser acusado, encarcelado ni detenido sino en los casos determinados por la Ley, *y según las formas por ella previstas*, los que solicitan, dictan, ejecutan o hacen ejecutar órdenes arbitrarias deben ser castigados; pero todo ciudadano llamado o detenido en virtud de la Ley debe obedecer al instante: se hace culpable por la resistencia".

Estos principios relativos al derecho al debido proceso, son tan viejos como el propio constitucionalismo venezolano, pues en la Declaración de Derechos del Pueblo adoptada por el Congreso General de Venezuela el 1° de julio de 1811, días antes de la Declaración de Independencia, se estableció:

> "Artículo 11.-Ninguno debe ser acusado, preso, ni detenido, *sino en los casos determinados por la Ley.*
>
> Artículo 12.- Todo acto ejercido contra un ciudadano *sin las formalidades de la Ley*, es arbitrario y tiránico.

450. Consultada en original.

Artículo 13.- El magistrado que decrete y haga ejecutar *actos arbitrarios* será castigado con la severidad de la Ley."

Estos principios fueron recogidos a partir de la Declaración de Derechos de la Constitución de 1811 y repetidos, en diversas formas y enunciados en los textos constitucionales posteriores (1819, 1821, 1830, 1857, 1858, 1864, 1874, 1881, 1891, 1893, 1901, 1904, 1909, 1914, 1922, 1925, 1928, 1929, 1931, 1936, 1945, 1947, 1953)[451], hasta la Constitución de 1961 en cuyos artículos 60, 68 y 69 se consagran los elementos básicos del derecho constitucional *al debido proceso legal*, así:

"Artículo 60.-La libertad y seguridad personales son inviolables, y en consecuencia:

1. Nadie podrá ser preso o detenido, a menos que sea sorprendido *infraganti*, sino en virtud de orden escrita del funcionario autorizado para decretar la detención, *en los casos y con las formalidades previstos por la Ley...*
2. Nadie podrá ser privado de su libertad por obligaciones cuyo incumplimiento no haya sido *definido* por la ley como delito o falta.

...

8. Nadie podrá ser sometido a juicio por los mismos hechos en virtud de los cuales hubiese sido juzgado anteriormente.

...

Artículo 68.- Todos pueden utilizar los órganos de la administración de justicia para la defensa de sus derechos e intereses, *en los términos y condiciones establecidos por la Ley,* la cual fijará normas que aseguren el ejercicio de este derecho a quienes no dispongan de medios suficientes *la defensa es derecho inviolable en todo estado y grado del proceso.*

Artículo 69.- Nadie podrá ser juzgado sino por sus jueces naturales ni condenado a sufrir pena que no esté establecida por *Ley preexistente*.

Además, en el *Pacto Internacional de los Derechos Civiles y Políticos* de la ONU, aprobado en nuestro país por Ley[452], se establece:

"Artículo 14.-

1. Todas las personas son iguales ante los tribunales y cortes de justicia. Toda persona tendrá derecho a ser oída públicamente y con las debidas garantías por un tribunal competente, independiente e imparcial, establecido por la ley, en la substanciación de cualquier acusación de carácter penal formulada contra ella o para la determinación de sus derechos u obligaciones de carácter civil. La prensa y el público podrán ser excluídos de la totalidad o parte de los juicios por consideraciones de moral, orden público o seguridad nacional en una sociedad democrática, o cuando lo exija el interés de la vida privada de las partes o, en la medida estrictamente necesaria en opinión del tribunal, cuando por circunstan-

---

451. *V.*, el detalle en Allan R. Brewer-Carías, *Los Derechos Humanos en Venezuela: casi 200 años de historia*, Biblioteca de la Academia de Ciencias Políticas y Sociales, Caracas 1990.

452 . Publicada en la *Gaceta Oficial* N° 2146 Extraordinaria de 28-1-78.

cias especiales del asunto la publicidad pudiera perjudicar a los intereses de la justicia; pero toda sentencia en materia penal o contenciosa será pública, excepto en los casos en que el interés de menores de edad exija lo contrario, o en las actuaciones referentes a pleitos matrimoniales o a la tutela de menores.

2. Toda persona acusada de un delito tiene derecho a que se presuma su inocencia mientras no se pruebe su culpabilidad conforme a la ley.
3. Durante el proceso, toda persona acusada de un delito tendrá derecho, en plena igualdad, a las siguientes garantías mínimas:
   a) A ser informada sin demora, en un idioma que comprenda y en forma detallada, de la naturaleza y causas de la acusación formulada contra ella;
   b) A disponer del tiempo y de los medios adecuados para la preparación de su defensa y a comunicarse con un defensor de su elección;
   c) A ser juzgada sin dilaciones indebidas;
   d) A hallarse presente en el proceso y a defenderse personalmente o ser asistida por un defensor de su elección; a ser informada, si no tuviere defensor, del derecho que le asiste a tenerlo, y, siempre que el interés de la justicia lo exija, a que se le nombre defensor de oficio gratuitamente, si careciere de medios suficientes para pagarlo;
   e) A interrogar o hacer interrogar a los testigos de cargo y a obtener la comparecencia de los testigos de descargo y que éstos sean interrogados en las mismas condiciones que los testigos de cargo;
   f) A ser asistida gratuitamente por un intérprete, si no comprende o no habla el idioma empleado en el tribunal;
   g) A no ser obligada a declarar contra sí misma ni a confesarse culpable.
4. En el procedimiento aplicable a menores de edad a efectos penales se tendrá en cuenta esta circunstancia y la importancia de estimular su readaptación social.
5. Toda persona declarada culpable de un delito tendrá derecho a que el fallo condenatorio y la pena que se le haya impuesto sean sometidos a un tribunal superior, conforme a lo prescrito por la ley.
6. Cuando una sentencia condenatoria firme haya sido ulteriormente revocada, o el condenado haya sido indultado por haberse producido o descubierto un hecho plenamente probatorio de la comisión de un error judicial, la persona que haya sufrido una pena como resultado de tal sentencia deberá ser indemnizada, conforme a la ley, a menos que se demuestre que le es imputable en todo o en parte el no haberse revelado oportunamente de hecho desconocido.
7. Nadie podrá ser juzgado ni sancionado por un delito por el cual haya sido condenado o absuelto por una sentencia firme de acuerdo con la ley y el procedimiento penal de cada país."

Por último, en la *Convención Americana sobre Derechos Humanos (Pacto de San José)*, aprobada por Ley[453], establece:

Artículo 8.- Garantías Judiciales

1. Toda persona tiene derecho a ser oída, con las debidas garantías y dentro de un plazo razonable, por un juez o tribunal competente, independiente e imparcial, establecido con anterioridad por la ley, en la substanciación de cualquier acusación penal formulada contra ella, o para la determinación de sus derechos y obligaciones de orden civil, laboral, fiscal o de cualquier otro carácter.
2. Toda persona inculpada de delito tiene derecho a que se presuma su inocencia mientras no se establezca legalmente su culpabilidad. Durante el proceso, toda persona tiene derecho, en plena igualdad, a las siguientes garantías mínimas:
   a) derecho del inculpado de ser asistido gratuitamente por el traductor o intérprete, si no comprende o no habla el idioma del juzgado o tribunal;
   b) comunicación previa y detallada al inculpado de la acusación formulada;
   c) concesión al inculpado del tiempo y de los medios adecuados para la preparación de su defensa;
   d) derecho del inculpado de defenderse personalmente o de ser asistido por un defensor de su elección y de comunicarse libre y privadamente con su defensor;
   e) derecho irrenunciable de ser asistido por un defensor proporcionado por el Estado, remunerado o no según la legislación interna, si el inculpado no se defendiere por sí mismo ni nombrare defensor dentro del plazo establecido por la ley;
   f) derecho de la defensa de interrogar a los testigos presentes en el tribunal y de obtener la comparecencia, como testigos o peritos, de otras personas que puedan arrojar luz sobre los hechos;
   g) derecho a no ser obligado a declarar contra sí mismo ni a declararse culpable, y
   h) derecho de recurrir del fallo ante juez o tribunal superior.
3. La confesión del inculpado solamente es válida si es hecha sin coacción de ninguna naturaleza.
4. El inculpado absuelto por una sentencia firme no podrá ser sometido a nuevo juicio por los mismos hechos.
5. El proceso penal debe ser público, salvo en lo que sea necesario para preservar los intereses de la justicia."

---

453. Publicada en *Gaceta Oficial* N° 31.256 de 14-6-77.

El debido proceso constituye, en definitiva, la garantía procesal constitucional, es decir, el respeto a las formas procesales que resguardan y protegen el derecho a la defensa, el derecho a pedir, el derecho a probar y recurrir, o como lo ha dicho Eduardo J. Couture:

> "... es, pues, la garantía de la justicia en sí misma, establecida en todas las Constituciones desde los primeros textos que se conocen. Se trata, en resumen, de que nadie puede ser privado de las garantías esenciales que la Constitución establece, mediante un simple procedimiento; ni por un trámite administrativo cualquiera que prive del derecho a defenderse y disponer de la garantía que constituye el poder judicial para todos los ciudadanos.
>
> Se necesita no ya un procedimiento, sino un proceso. El proceso no es un fin sino un medio; pero es el medio insuperable de la justicia misma. Privar de las garantías de la defensa en juicio, equivale virtualmente, a privar del derecho"[454].

En este sentido, en sentencia del Juzgado Superior Décimo Tercero en lo Penal de la Circunscripción Judicial del Área Metropolitana de Caracas del 05-03-90, se hizo expresa referencia del concepto de debido proceso para fundamentar la declaratoria con lugar de una acción de amparo contra un auto de detención, destacando la necesidad de proveer acerca de la citación del sospechoso antes de que se dicte dicho auto, como expresión del derecho a la defensa, consustancial con el debido proceso. En dicha sentencia se decidió que antes de dictarse un auto de detención deben agotarse las providencias necesarias para que se haga efectiva la declaración y comparecencia del sospechoso que puede verse afectado en el ejercicio de sus derechos por la decisión que recaiga, lo que quiere decir que el incumplimiento de tales diligencias constituye una violación del debido proceso. Dice la sentencia:

> "No puede surtir efectos jurídicos un proceso que viola la Constitución; y es violatorio de la Constitución todo procedimiento que vulnera o desconoce los principios que garantizan la legalidad procesal. Entre ellos como está universalmente admitido, la garantía plena del derecho a la defensa. Se trata de un derecho inviolable en todas las etapas del proceso. En la instrucción, en la acusación y durante el juzgamiento, el acusado como principal protagonista del proceso penal, está severamente protegido y escudado en la inviolabilidad de su pleno derecho a defenderse dentro de los lineamientos legales del estatuto procesal. Si no fuera así, se habría renegado de una sana y adecuada política en esas materias. Dicho principio, que aureola toda la norma sobre el DEBIDO PROCESO, es la única dignificación y espiritualización del derecho procesal. En nuestro procedimiento penal, ese derecho a la defensa surge desde el mismo momento en que se tiene noticia de la existencia de un proceso en su contra y en el cual obren imputaciones sobre la comisión de un hecho punible. Los fines de la Ley sobre este particular, no pueden ser más claros y definidos. Se busca ante todo, que quien va a ser sujeto de la relación procesal pueda empezar a ejercer su defensa, a través de la declaración o del interrogatorio en calidad de indiciado, desde el mismo momento en que se ha tenido noticia del proceso incoado en su contra. Constituye igualmente una garantía orientada a no permitir

---

454. *V., Estudios de Derecho Procesal Civil*, Tomo I, p. 194.

que a espaldas de un acusado se levante una acusación penal que sólo se deje transcender en una etapa avanzada de la misma, cuando el incriminado se le haga más difícil ejercer su derecho de defensa. Como sería el caso en que sólo se diera una orden de captura o citación para el interrogatorio con el subsiguiente auto de privación de la libertad. En cuya hipótesis, de una manera desleal se habría privado al imputado de la oportunidad de presentar sus propios descargos en momentos más propicios para su defensa y a solicitar la recepción de pruebas a su favor".[455]

La Corte Suprema de Justicia, en Sala de Casación Civil, en sentencia del 05-12-90 ha asentado con claridad en qué consiste el debido proceso y cómo éste resulta violado cuando se priva a la parte de la oportunidad de defensa, lo que sí es importante en lo civil, lo es más, y en mucho, en lo penal. Por ello, dicha Sala, a pesar de que la redacción del artículo 22 de la Ley Orgánica de Amparo antes de que fuera anulado por la Corte Suprema de Justicia, podía conducir a interpretar, y de hecho así fue en ocasiones entendida, que el juez de amparo podía restablecer la situación jurídica infringida, prescindiendo del derecho al contradictorio en primera instancia; siempre consideró en su doctrina jurisprudencial que en esos casos, la decisión tomada *inaudita parte*, sólo tenía un carácter cautelar, y de seguidas se debía notificar a la otra parte a los fines de que ejerciera su defensa, para luego decidir, en la definitiva, si se mantenía o no en el amparo. Como es sabido, además, la Corte Suprema de Justicia en sentencia de 1996 anuló en definitiva el referido artículo 22 de la Ley Orgánica de Amparo, precisamente por considerar que violaba el derecho a la defensa garantizado en el artículo 68 de la Constitución.

2. *Peculiaridades del régimen del derecho constitucional al debido proceso*

De todas las normas antes señaladas resulta constitucionalmente consagrado el *derecho al debido proceso,* que, como lo señala Héctor Faúndez Ledezma,

> "..., a lo largo de la historia, siempre ha figurado entre aquellos de importancia fundamental —en cuanto garantía de una recta administración de justicia en la determinación de los derechos y responsabilidades de la persona, y en cuanto instrumento de protección en contra de los abusos del poder— es el derecho a un '*juicio justo*' o a un '*proceso equitativo*', también llamado derecho al '*debido proceso*', o derecho a un '*proceso regular*', o identificado —en el art. 8 de la Convención Americana sobre Derechos Humanos— como conjunto de '*garantías judiciales*'." En ocasiones, el Comité de Derechos Humanos también se ha referido a este derecho como el 'derecho a un *juicio imparcial*'; sin embargo, la imparcialidad es una noción que puede conducir a confusión, pues ella está identificada principalmente con la rectitud del tribunal y no siempre con la del procedimiento en su conjunto, olvidando que —además de la necesaria imparcialidad del juzgador— hay muchas otras garantías que requiere la persona que interviene en algún procedimiento judicial. En nuestra opinión, aunque la primera denominación sugerida (derecho a un '*juicio justo*' o a un '*proceso equitativo*') —a diferencia de las otras— parece apuntar más a consideraciones de justicia que de derecho positivo, estimamos que ella responde adecuada y ca-

455. Sentencia del Juzgado Superior Décimo Tercero en lo Penal, 05-03-90, *Diario de Tribunales*, N° 4.624, p. 14.

balmente a la naturaleza del derecho que examinamos, en cuanto se refiere a un conjunto de normas plasmadas en el Derecho positivo y cuyo propósito es, precisamente, garantizar la justicia, equidad, y rectitud, de los procedimientos judiciales en que pueda verse involucrada una persona."[456]

El *derecho al debido proceso,* agrega el Profesor Faúndez Ledezma:

> "además de constituir una garantía en cuanto a la rectitud y corrección de cualquier procedimiento judicial en el que se discutan los derechos u obligaciones de una persona —o en que se intente determinar alguna eventual responsabilidad penal suya—, es también un derecho instrumental, en cuanto puede servir de garantía para el ejercicio y disfrute de otros derechos. Efectivamente, una decisión judicial injusta o arbitraria —además de constituir en sí misma una violación de un derecho humano— puede constituir la herramienta adecuada para justificar, legitimar, o amparar, la privación previa de otros derechos humanos (tales como la vida, la libertad personal, la libertad de expresión, el derecho al trabajo, etc.), o la lesión de otros intereses jurídicamente protegidos, distintos de los derechos humanos (como, por ejemplo, la privación de la propiedad); además, aún cuando tales violaciones no hayan sido directamente cometidas por el poder judicial, éste se puede hacer cómplice de las mismas mediante la adopción de decisiones que —por apartarse de los principios y normas de un proceso regular— resultan injustas y constituyen el sello mediante el cual se procura lograr la impunidad de tales atropellos y abusos de poder."[457]

El *derecho al debido proceso,* por tanto, se ha consagrado en la Constitución, en el nuevo Código Orgánico Procesal Penal y en los Pactos y Declaraciones Internacionales para asegurar los derechos de toda persona que interviene en un proceso judicial, estableciendo las garantías o las condiciones para una recta administración de justicia, de manera que su propósito es "garantizar los derechos del individuo, en un proceso de cualquier naturaleza en que haya que determinar sus derechos u obligaciones civiles, y conferirle ciertas garantías en caso de que éste sea objeto de una acusación criminal"[458]; aún cuando haya sido en esta última dirección que el derecho al debido proceso o a un juicio justo haya sido objeto de mayor elaboración.

Por otra parte, y ello resulta de su consagración en el derecho constitucional positivo, el derecho al debido proceso se presenta como un derecho estructurado en forma *compleja,* conformado por un *numeroso grupo de variados derechos* —los cuales constituyen sus componentes o elementos integrantes—, y *rodeado de garantías* que se refieren ya sea a la estructura y características del tribunal, al procedimiento que éste debe seguir y a sus principios orientadores, o a las garantías con que debe contar la defensa. Esta naturaleza compleja del derecho a un juicio justo o a un proceso equitativo ha sido debidamente apreciada por la Corte Europea de Derechos Humanos, la cual ha sostenido que los derechos y garantías consagrados en el artículo 6, párrafo 3, de la Convención Europea de Derechos Humanos equivalente a

---

456 . *V.*, Héctor Faúndez Ledezma, *Administración de Justicia y Derecho Internacional de los Derechos Humanos (El derecho a un juicio justo),* Caracas 1992, pp. 211 y 212.

457. *Op. cit.*, pp. 212 y 213.

458. *Op. cit,* pp. 214 y 215.

las normas con aplicación en Venezuela, no son sino algunas '*aplicaciones específicas*' del principio general que debe orientar al derecho a un juicio justo.

Esta complejidad del derecho al debido proceso, refiriéndose al equivalente en España, de *derecho a la tutela judicial efectiva*, la ha destacado el Tribunal Constitucional español, en diversas decisiones, en las cuales ha señalado:

> "El derecho a la tutela judicial efectiva tiene un *contenido complejo* que incluye, entre otros, la libertad de acceso a los Jueces y Tribunales, el derecho a obtener un fallo de éstos y (...) también el derecho a que el fallo se cumpla y a que el recurrente sea repuesto en su derecho y compensado, si hubiese lugar a ello, por el daño sufrido.[459]

En otra decisión, el mismo Tribunal Constitucional español indicó:

> "El artículo 24.1 de la Constitución es un precepto de *contenido complejo*, dentro del cual el derecho a la tutela judicial efectiva supone, positivamente, el acceso al proceso y al uso de los instrumentos que en él se proporcionan *para la defensa* de los propios intereses, con el límite más transcendente, formulado negativamente, de la prohibición de indefensión a que se alude en su inciso final, garantía que, en sentido amplio, implica el respecto del esencial principio de contradicción, de modo que los contendientes, en posición de igualdad, dispongan de las mismas oportunidades de alegar y probar cuanto estimaren conveniente con vistas al reconocimiento judicial de sus tesis". [460]

En todo caso, la finalidad de todas las disposiciones constitucionales relativas al derecho a un juicio justo es garantizar la adecuada administración de justicia y, a tal efecto, afirmar una serie de derechos individuales, tales como la igualdad ante los tribunales y cortes de justicia, o *el derecho a ser oído públicamente y con las debidas garantías*, por un tribunal competente, independiente e imparcial, establecido por la ley y el derecho a la cosa juzgada que producen las decisiones judiciales y a su ejecución. En consecuencia, debe concluirse que, además de las garantías que se encuentran expresamente señaladas en los textos, hay otras que —aún cuando no se mencionen en forma expresa— *son inherentes al derecho a un juicio justo o al debido proceso;* éstas se pueden deducir del objeto y propósito del derecho en cuanto su finalidad que es asegurar a toda persona el derecho a ser oída '*con las debidas garantías*'.

De ello resulta, como lo destaca el Profesor Faúndez Ledezma, que

> "...las garantías específicas incorporadas al texto de las disposiciones que nos ocupan *tienen un carácter meramente enunciativo* y que ellas no son taxativas; porque, incluso si se han acatado debidamente todas las exigencias expresamente previstas en estas disposiciones, aún podría haber una violación del derecho a un juicio justo si, en ese caso específico, no se han observado 'las debidas garantías' inherentes a la rectitud y corrección del proceso".[461]

---

459 STC. 26/1983, FJ2°. *V.*, en Francisco Rubio Llorente, *Derechos Fundamentales y Principios Constitucionales (Doctrina Jurisprudencial)*, Barcelona 1995, p. 266.

460 STC 48/1986, FJ1°, *op. cit*, p. 266.

461 . *Op.cit.*, págs. 242 y 243.

3. *Las diversas garantías constitucionales que contempla el derecho al debido proceso y su necesario desarrollo legislativo*

De lo anteriormente señalado, el derecho a un debido proceso, es decir, que se desarrolle con las *debidas garantías*, o como lo dice la Constitución "*con las formalidades previstas por la Ley*" (art. 60, ord. 1°), implica que la utilización de los órganos de la administración de justicia por los individuos para la defensa de sus derechos e intereses, debe hacerse "*en los términos y condiciones establecidos por la Ley*" (art. 68). La garantía constitucional al debido proceso, por tanto, está en el cumplimiento de las normas del proceso establecidas por la Ley. Por ello, al referirse al derecho a la tutela judicial efectiva —equivalente al derecho al debido proceso—, el Tribunal Constitucional español ha señalado que no siendo dicho derecho:

> "...un derecho de libertad, ejercitable sin más y directamente a partir de la Constitución, sino un derecho de prestación, *sólo puede ejercerse por los cauces que el legislador establece o, dicho de otro modo, es un derecho de configuración legal*; pero ni el legislador podría poner cualquier obstáculo a tal derecho fundamental, pues ha de respetar siempre su contenido esencial (art. 53.1 de la CE) ni nadie que no sea el legislador puede crear impedimentos o limitaciones al derecho a la tutela judicial, cuyo ejercicio, "sólo por ley" puede regularse (art. 53.1 de la CE).[462]

De allí que el mismo Tribunal Constitucional español haya señalado que

> "El derecho a la tutela judicial efectiva que reconoce el art. 24.1 de la Constitución es garantía de todas las partes del proceso, y no sólo de una de ellas. No puede, por tanto, aplicarse a uno de los interesados en detrimento de otro. Porque este derecho consiste, como tantas veces ha declarado el Tribunal, en obtener de los órganos judiciales una resolución fundada en Derecho, "*según las normas de competencia y procedimiento que las leyes establezcan*" (art. 117.3 de la Constitución)".[463]

En otra sentencia, el mismo Tribunal Constitucional español señaló:

> "La tutela judicial efectiva supone *el estricto cumplimento por los órganos judiciales de los principios rectores del proceso, explícitos o implícitos en el ordenamiento procesal*, que no es un mero conjunto de trámites y ordenación de aquél, sino también un ajustado sistema de garantía para las partes, en particular la de audiencia bilateral que hace posible el cumplimiento del principio de contradicción, esto es, el derecho de la parte a exponer lo que crea oportuno en su defensa".[464]

Ahora bien, entre las garantías que establece el ordenamiento jurídico del derecho al debido proceso, están no solo la necesidad de un tribunal preexistente con autonomía e independencia y con competencia para decidir, sino que el proceso que se desarrolle ante el mismo, se realice conforme a las normas de procedimiento establecidas en las leyes, respetándose el principio de la igualdad entre las partes, ase-

---

462. STC 99/1985, FJ4°, *op cit.* p. 266.
463. STC 109/1987, FJ3°, *op. cit.*, p. 278.
464. STC 163/1989, FJ2°, *op. cit.*, p. 278.

gurándose la estabilidad de las actuaciones procesales, la cosa juzgada y la efectividad de lo decidido. Como lo ha detallado Héctor Faúndez Ledezma:

> "La garantía de este derecho, en cuanto eminentemente procesal, requiere de la satisfacción de ciertas condiciones previas al proceso mismo, especialmente en lo que se refiere a las características que debe presentar el tribunal; sin la satisfacción de esos requisitos mínimos, previos a la iniciación de cualquier proceso, éste nunca podría llegar a ser justo y equitativo. En segundo lugar, y en lo que se refiere al proceso como tal, este derecho debe estar basado en ciertos principios básicos, o en algunas normas generales que permitan determinar su contenido y alcance, junto con la naturaleza y características de las garantías específicas que van a derivar de los principios antes referidos, y que están diseñadas para asegurar la justicia y rectitud del proceso. En tercer término, hay que examinar las condiciones que debe tener el proceso mismo, y sin cuya concurrencia éste no podría ser justo. Por último —en lo concierne estrictamente a la determinación de acusaciones penales—, es necesario estudiar, con cierto detenimiento, cada una de las garantías específicas que benefician al acusado, así como el alcance y las circunstancias en que ellas resultan aplicables.
>
> Por otra parte, en cuanto instrumento para asegurar no sólo la justicia del proceso sino también la de su resultado, como ya se ha indicado precedentemente, este derecho está íntimamente relacionado con el cumplimiento de ciertas condiciones en cuanto se refiere a la naturaleza de la legislación substantiva que se va a aplicar, la cual también podría afectar la rectitud y equidad del *resultado* del proceso, aún antes de que éste se inicie; sin embargo, tales garantías, aunque estrechamente vinculadas al derecho a un juicio justo, son objeto de un derecho diferente (la prohibición de leyes penales *ex post facto,* o la garantía del principio de legalidad) y, en consecuencia, desde un punto de vista formal, estas condiciones no son consideradas como parte integrante del derecho a un juicio justo (en sentido estricto), en cuanto éste tiene un carácter eminentemente procesal".[465]

Ahora bien, dentro del conjunto de garantías constitucionales al debido proceso que, por lo demás, han sido reguladas en el ordenamiento procesal, están en primer lugar, *la garantía constitucional a la cosa juzgada*, es decir, a la inmutabilidad de las decisiones judiciales; en segundo lugar, *la garantía constitucional a la competencia judicial*, es decir, que quien administre justicia en nombre del Estado, tenga la competencia legal para ello; en tercer lugar, *la garantía constitucional a la estabilidad de las actuaciones procesales* y de los juicios; en cuarto lugar, *la garantía constitucional a la defensa* en todo estado y grado del proceso; en quinto lugar, *la garantía constitucional a la igualdad de las partes* en los procesos; en sexto lugar, *la garantía constitucional contra la absolución de la instancia y la denegación de justicia* por los Tribunales; en séptimo lugar, *la garantía constitucional a no ser juzgado sino por los jueces naturales;* y por último, *la garantía constitucional a no ser juzgado, de nuevo, por los mismos hechos* de un proceso anterior ya sentenciado.

El derecho a la defensa, por tanto, se inserta como una de las garantías esenciales del debido proceso, de rango constitucional.

---

465 . *Op. cit.*, págs. 222 y 223.

4. *El Derecho Constitucional a la defensa, tan viejo como el mundo*

El derecho a la defensa, como lo ha dicho Michael Stassinopoulos, "es tan viejo como el mundo"[466]; y es quizás el derecho más esencial inherente a la persona humana.

Su formulación jurisprudencial histórica se la sitúa en un famoso caso decidido en 1723 por una Corte inglesa (*Caso Dr. Bentley*), en el cual el juez Fortescue, al referirse al mismo como un principio de *natural justice,* señaló:

> "La objeción por falta de citación o notificación jamás puede ser superada. Las leyes de Dios y de los hombres, ambas, dan a las partes una oportunidad para ejercer su defensa. Recuerdo haber oído que se observó en un ocasión, que incluso Dios mismo no llegó a dictar sentencia respecto a Adam, sin antes haberlo llamado a defenderse: "Adam (dijo Dios) ¿dónde estás?. ¿Has comido del árbol respecto del cual te ordené que no debías comer? y la misma pregunta se la formuló a Eva".[467]

Sobre el derecho a la defensa, de indudable rango constitucional, la Corte Suprema de Justicia, en Sala Político Administrativa ha señalado que el mismo:

> "debe ser considerado no sólo como la oportunidad para el ciudadano encausado o presunto infractor de hacer oír sus alegatos, sino como el derecho de exigir del Estado el *cumplimiento previo a la imposición de toda sanción*, de un conjunto de actos o procedimientos destinados a permitirle conocer con precisión los hechos que se le imputan y las disposiciones legales aplicables a los mismos, hacer oportunamente alegatos en su descargo y promover y evacuar pruebas que obren en su favor. Esta perspectiva del derecho a la defensa es equiparable a lo que en otros Estados ha sido llamado como el principio del "debido proceso".[468]

Ha agregado la Corte Suprema, además que el derecho a la defensa:

> "constituye una garantía inherente a la persona humana, y es, en consecuencia, aplicable en cualquier clase de procedimientos que puedan derivar en una condena".[469]

Como se ha señalado, y como formando parte del derecho al debido proceso, el artículo 68 de la Constitución garantiza el derecho a la defensa al señalar que "la defensa es un derecho inviolable en todo estado y grado del proceso"; y el Pacto Internacional de los Derechos Civiles y Políticos, en su artículo 14, garantiza a toda persona el derecho "a hallarse presente en el proceso" (art. 14, ord. 3, letra d). Por su lado, la Convención Americana sobre Derechos Humanos, establece en su artículo 8 que:

---

466. *V., Le droit a la défense devant les autorités administratives,* París 1976, p. 50

467. *V.,* la cita en S.H. Bailey, C.A. Cross y JF. Garner, *Cases and materials in administrative Law,* London 1977, págs. 348 a 351.

468. Sentencia de 17-11-83, en *Revista de Derecho Público,* N° 16, EJV, Caracas 1983, pág. 151.

469 Sentencia de la Sala Político Administrativa de 23-10-86, *Revista de Derecho Público,* N° 28, EJV, Caracas 1986, págs. 88 y 89.

> "Toda persona tiene derecho *a ser oída*, con las debidas garantías dentro de un plazo razonable, por un juez o tribunal competente, independiente e imparcial, establecido con anterioridad por la Ley, en la sustanciación de cualquier acusación penal formulada contra ella, o para la determinación de sus derechos y obligaciones de orden civil, laboral, fiscal o de cualquier otro carácter".

Además, la Carta Internacional de Derechos Humanos de la ONU pauta en su artículo 10:

> "Toda persona tiene derecho, en condiciones de plena igualdad, a ser oída públicamente y con justicia por un tribunal independiente e imparcial, para la determinación de sus derechos y obligaciones o para el examen de cualquier acusación contra ella en materia penal".

Adicionalmente el nuevo Código Orgánico Procesal Penal, en su artículo 12 dispone:

> Artículo 12.Defensa e igualdad entre las partes. La defensa es un derecho inviolable en todo estado y grado del proceso. Corresponde a los Jueces garantizarlo sin preferencias ni desigualdades.
>
> Los jueces profesionales, escabinos, jurados y demás funcionarios judiciales no podrán mantener, directa o indirectamente, ninguna clase de comunicación con alguna de las partes o sus abogados, sobre los asuntos sometidos a su conocimiento, salvo con la presencia de todas ellas.

En consecuencia, tanto en la Constitución, en Declaraciones Internacionales suscritas por el Estado venezolano, como en Tratados que son Ley de la República, se consagra el derecho a ser oído en justicia, expresión clara del derecho a la defensa establecido y reconocido por el artículo 68 de la Constitución, antes transcrito. De igual modo, el ordenamiento jurídico venezolano sanciona la violación al debido proceso y particularmente, al derecho a la defensa producida por la detención arbitraria, es decir, injusta o sin derecho.

En efecto, el artículo 60 de la Constitución, en sus diversos numerales, estatuye un conjunto de cláusulas o condiciones que garantizan la legalidad de las detenciones, que en su conjunto sintetizan el cumplimiento de las formas debidas y respeto a las garantías que asisten al interesado. Ello además, se deduce de la Disposición Transitoria Quinta de la Constitución, que en su momento, fue el fundamento del amparo de la libertad personal cada vez que se produjera privación o restricción de ella con violación de las garantías constitucionales, y que hoy recoge el artículo 39 de Ley Orgánica de Amparo sobre Derechos y Garantías Constitucionales, al señalar que: "Toda persona que fuere objeto de privación o restricción de su libertad, o se viere amenazada en su seguridad personal, con violación de las garantías constitucionales...".

Esta sanción está recogida por Declaraciones Internacionales suscritas por la República y por Tratados Internacionales aprobados que sancionan la detención arbitraria o irregular. Así:

La Declaración Universal de Derechos Humanos establece en su artículo 9:

> "Nadie podrá ser *arbitrariamente* detenido, preso ni desterrado".

El Pacto Internacional de Derechos Civiles y Políticos establece en su artículo 9, numeral 1° la fórmula del debido proceso que en términos afines se reproduce en otros textos de rango internacional:

> "Todo individuo tiene derecho a la libertad y la seguridad personal. Nadie podrá ser sometido a detención o prisión arbitrarias. Nadie podrá ser privado de su libertad, salvo por las causas fijadas por la ley y con arreglo al procedimiento establecido en ésta".

La Declaración Americana de los Derechos y Deberes del Hombre consagra en su artículo 25:

> "Nadie puede ser privado de su libertad sino en los casos y según las formas establecidas por leyes preexistentes.
>
> Nadie puede ser detenido por incumplimiento de obligaciones de carácter netamente civil.
>
> Todo individuo que haya sido privado de su libertad tiene derecho a que el juez verifique sin demora la legalidad de la medida y a ser juzgado sin dilación injustificada o, de lo contrario, a ser puesto en libertad. Tiene derecho también a un tratamiento humano durante la privación de su libertad".

La Convención Americana sobre Derechos Humanos expresa en su artículo 7:

> "1. Toda persona tiene derecho a la libertad y a la seguridad personales.
> 2. Nadie puede ser privado de su libertad física, salvo por las causas y en las condiciones fijadas de antemano por las constituciones políticas de los Estados partes o por las leyes dictadas conforme a ellas.
> 3. Nadie puede ser sometido a detención o encarcelamiento *arbitrarios*".

Como consecuencia de todo lo anterior, debe concluirse que la detención con violación al derecho a ser oído constituye un *acto arbitrario e inconstitucional.* Es decir, un auto de detención dictado sin haberse hecho las diligencias necesarias para citar al indiciado, atenta contra la garantía constitucional del debido proceso (derecho a ser oído, en este caso) que, en términos generales, recoge el artículo 68 de la Constitución Nacional y que resulta siempre, y en todo caso, referido por la disposición genérica del artículo 50 de dicho Texto, y que, por otra parte, está expresamente consagrado en Cartas Internacionales suscritas por la República, y en Tratados Internacionales que son Ley vigente del país, en los que aparece, como hemos visto, de manera inequívoca, el derecho a ser oído en justicia.

II. EL NECESARIO RESPETO AL DERECHO A LA DEFENSA ANTES DE DICTARSE UN AUTO DE DETENCIÓN

1. *La necesaria interpretación del artículo 182 del Código de Enjuiciamiento Criminal conforme a la Constitución*

Ahora bien, no puede dejar de mencionarse que si bien es cierto que el Código de Enjuiciamiento Criminal no contempla *expressis verbis* la necesidad de la citación y de la declaración previa del indiciado contra quien posteriormente se dicta auto de detención; como se ha dicho, en contraste, las Declaraciones Internacionales y los Tratados a los que nos hemos referido, consagran el derecho a ser oído en justicia, siendo el sentido y propósito de tales disposiciones internacionales, que el Estado provea en relación a la declaración del indiciado o presunto indiciado, *antes* de que se dicte el auto preventivo de detención.

En este contexto la decisión de la Sala de Casación Penal, de 10-5-95, antes señalada, desafortunada, por lo demás, desde el punto de vista de los derechos humanos, debe ser cambiada, pues la interpretación de la ley penal no puede conducir jamás a una inconstitucionalidad. El derecho a la defensa es una garantía constitucional, por lo que dictar un auto de detención contra alguien a quien no se le respeta dicho derecho, se configura como una privación inconstitucional e ilegítima de la libertad.

Todos los jueces de la República, tienen como función primordial controlar la constitucionalidad de las leyes, de manera que deben dar prioridad a la Constitución y a sus valores, ante cualquier norma que esté en conflicto con ella. Esto lo regula, además, expresamente el artículo 20 del Código de Procedimiento Civil, que le impone a los jueces el deber de aplicar con preferencia la Constitución, cuando una ley colidiere con alguna de sus disposiciones; principio de control difuso de la constitucionalidad que recoge el nuevo Código Orgánico Procesal Penal, en su artículo 19, que establece:

> "*Artículo 19.* Control de la constitucionalidad. Corresponde a los jueces velar por la incolumidad de la Constitución de la República
>
> Cuando la ley cuya aplicación se pida colidiere con ella, los tribunales deberán atenerse a la norma constitucional."

Los jueces penales, por consiguiente, ante una norma como la del artículo 182 del Código de Enjuiciamiento Criminal, sólo tienen dos posiciones que pueden tomar: en *primer lugar,* interpretar la norma conforme al artículo 68 de la Constitución y, en consecuencia, llegar a una conclusión radicalmente contraria a la consignada en la citada sentencia de 10-05-95, pues aún cuando no se incluya entre los requisitos para dictar un auto de detención la citación previa del indiciado, el artículo 68 de la Constitución lo impone; o, *en segundo lugar*, en virtud de que el artículo 182 del referido Código no garantiza expresamente el derecho a la defensa, darle aplicación preferente al artículo 68 de la Constitución y considerar que para dictar el auto de detención, el Juez penal tiene que citar previamente al indiciado.

En la sentencia citada del 10-5-95, la Corte interpretó el artículo 182 del Código de Enjuiciamiento Criminal contrariando la Constitución, cuyo artículo 68 garantiza el derecho a la defensa, como inviolable en todo estado y grado del proceso y, en todo caso, antes de que a una persona se le imponga una sanción o se le prive de su libertad mediante un auto de detención.

Ahora bien, al analizar las normas de los artículos 182 y 183 del referido Código de Enjuiciamiento Criminal, el actual Presidente de la Comisión Interamericana de los Derechos Humanos de la OEA, Carlos Ayala Corao, ha señalado lo siguiente:

> "Por lo tanto, el juez penal está facultado para decretar la detención preventiva (auto de detención) de una persona, siempre y cuando existan "fundados indicios" de la culpabilidad de alguna persona, siempre que resulte plenamente comprobada la comisión de un hecho punible que merezca pena corporal (sin estar evidentemente prescrita la acción penal correspondiente)...

Luego, aún en el supuesto de la comisión de un delito cuando la persona es sorprendida infraganti, ésta tiene el derecho a ser oída no sólo por su aprehensor, sino por el juez instructor durante las diligencias sumariales antes que se resuelva sobre su detención judicial preventiva. Ello, confirma la tesis de que más aún, por razones de racionalidad judicial y de respeto a los derechos a la defensa y a la libertad personal, *el juez por regla general antes de dictar un auto de detención* conforme al artículo 182 del C.E.C., *deberá oír al acusado previamente, a los efectos de determinar si existen o no fundados indicios de su culpabilidad.*

A fin de salvaguardar los derechos a la libertad personal y a la defensa en todo estado del proceso, se hace menester conciliar las normas sobre detenciones preventivas consagradas en nuestro C.E.C., con las normas contenidas en la Constitución y en los instrumentos legales internacionales sobre derechos humanos. De lo contrario, una interpretación extensiva de dichas normas de nuestro C.E.C., las haría manifiestamente inconstitucionales, en base a lo establecido en el artículo 46 de la Constitución, el cual dispone:

> "Todo acto del Poder Público que viole o menoscabe los derechos garantizados por esta Constitución es nulo y los funcionarios y empleados públicos que lo ordenen o ejecuten incurren en responsabilidad penal, civil y administrativa, según los casos, sin que les sirvan de excusa órdenes superiores manifiestamente contrarias a la Constitución y a las leyes".

En consecuencia, conforme a la doctrina de nuestro máximo Tribunal, debe aplicarse el principio *Favorabilia sunt amplianda, odiosa restringenda.* Es decir, las leyes limitativas de los derechos deben ser interpretadas restrictivamente, mientras que las leyes favorables a su ejercicio deben ser interpretadas extensivamente. Más aún, en materia de derechos humanos un principio fundamental en materia de su interpretación y aplicación, es el de la "progresividad", conforme al cual se admite la extensión continua e irreversible, de su ámbito de protección, no sólo en cuanto al número y contenido de los derechos sino también de su eficacia y vigor. (Ver Pedro Nikken, *Código de Derechos Humanos*, Caracas 1991, páginas 24 y ss.). Por lo cual, para lograr una interpretación constitucional de dichas normas del C.E.C. (artículo 182), es necesario interpretarlas conforme a los principios anteriormente estudiados.

Como lo ha sostenido en esta materia el Tribunal Constitucional de España en sentencia Nº 108/1984, antes citada:

> "En definitiva, la presunción de inocencia es compatible con la aplicación de medidas cautelares siempre que se adopten por resolución fundada en Derecho, que cuando no es reglada, ha de basarse en un juicio de razonabilidad acerca de la finalidad perseguida y las circunstancias concurrentes, pues una medida desproporcionada o irrazonable no sería propiamente cautelar sino que tendría un carácter punitivo en cuanto al exceso."

Esas "circunstancias" a que hace referencia al antes citado fallo del Tribunal Constitucional de España, pueden ser las "circunstancias" a las cuales deben extenderse la investigación de los delincuentes, y que son aquellas que agraven o atenúen y sirvan tanto de cargo como de descargo del indiciado, conforme a nuestro C.E.C. (artículo 179).

Por lo tanto, la adopción de un auto de detención por un tribunal instructor, en los casos en que resulte plenamente comprobada la comisión de un hecho punible que merezca pena corporal, sin estar evidentemente prescrita la acción penal correspondiente, está sometida a los siguientes principios derivados del ordenamiento jurídico en materia de derechos humanos:

1. En primer lugar, la prisión preventiva de las personas que hayan de ser juzgadas, no debe ser la regla general (artículo 9.3 Pacto Internacional).
2. En segundo lugar, la adopción de una prisión preventiva por el juez penal durante un juicio, deberá *encuadrarse en alguno de los siguientes supuestos* (artículo 9.3. Pacto Internacional):
   A. Asegurar la comparecencia del acusado en el acto del juicio, o en cualquier otro momento de las diligencias procesales; o
   B Asegurar la comparecencia del acusado para la ejecución del fallo.[470]

2. *El principio favor libertatis en la aplicación de la Ley Penal*

En materia penal, estando en juego la libertad de las personas, la ley adjetiva y sustantiva tienen que interpretarse en general, a favor de la libertad, de manera que la restricción a la misma debe ser excepcional. Así lo establece ahora el nuevo Código Orgánico Procesal Penal, al prever en el artículo 9°, lo siguiente:

> *Artículo 9°.* ***Afirmación de la libertad****. Las disposiciones de este Código que autorizan preventivamente la privación o restricción de la libertad o de otros derechos del imputado, o su ejercicio, tienen carácter excepcional, sólo podrán ser interpretadas restrictivamente, y su aplicación debe ser proporcional a la pena o medida de seguridad que pueda ser impuesta.*
>
> *Las únicas medidas preventivas en contra del imputado son las que este Código autoriza.*

El carácter excepcional de las medidas preventivas de limitación de la libertad, por otra parte, ha sido doctrina aplicada por la *Comisión Interamericana de Derechos Humanos* de la Organización de Estados Americanos, la cual en el Informe N° 12/96, Argentina, *Caso 11.245* de fecha 01-03-96, expuso:

> "El objetivo de la detención preventiva es asegurar que el acusado no se evadiría o interferirá de otra manera en la investigación judicial. La Comisión subraya que la detención preventiva *es una medida excepcional* y que se aplica solamente en los casos en que haya una sospecha razonable de que el acusado podrá evadir la justicia, obstaculizar la investigación preliminar intimidando a los testigos, o destruir evidencia. Se trata de una *medida necesariamente excepcional en vista del derecho preminente a la libertad personal y el riesgo que presenta la detención preventiva en lo que se refiere al derecho a la presunción*

470 *Loc. cit.*, páginas 855 a 859.

de inocencia y las garantías de debido proceso legal, incluido el derecho a la defensa".[471]

Estos principios conducen a considerar que los jueces penales están en la obligación de agotar todas *las diligencias previas conducentes a la imposición del presunto indiciado de la investigación que se le sigue,* antes de dictarle auto de detención.

Sobre esto, el Profesor Carlos Ayala Corao, Presidente de la Comisión Interamericana de Derechos Humanos de la OEA, ha puntualizado claramente lo siguiente:

> "3. El derecho a la libertad personal, y en consecuencia, las limitaciones y restricciones a las detenciones preventivas, están al mismo tiempo acompañados de una serie de garantías como consecuencia del derecho a la defensa o el derecho a un debido proceso. En virtud de ello, las implicaciones del derecho a la defensa o al debido proceso, en el derecho a la libertad personal, en materia de detenciones preventivas están sometidas a las siguientes garantías:
>
> A. Toda persona inculpada tiene *derecho a la comunicación previa y detallada de la acusación formulada* (artículo 8,2,b, Convención Americana).
>
> B. Toda persona tiene derecho a ser oída (en forma imparcial y pública) ante un tribunal, para la determinación de sus derechos y obligaciones o para el examen o sustanciación de cualquier acusación de carácter penal contra ella (artículo 10, Declaración Universal; artículo 26, Declaración Americana; artículo 14, Pacto Internacional; y artículo 8.1. Convención Americana).
>
> Estas garantías configuran el desarrollo, del derecho consagrado en nuestra Constitución, a la defensa "en todo estado del proceso".
>
> En este sentido, la nueva Constitución de Colombia es explícita al consagrar en su artículo 29 el derecho al debido proceso "en toda clase de actuaciones judiciales"; y particularmente en materia penal, al establecer que quien sea sindicado tiene derecho a la defensa "durante la investigación y el juzgamiento."
>
> Nuestra jurisprudencia ha reiterado que el derecho constitucional a la defensa, es aplicable no sólo a los procedimientos que se entablen en la jurisdicción civil, mercantil y contencioso administrativa, sino también -y muy especialmente en la penal, y en general en todos los procedimientos tanto en sede jurisdiccional, como en sede administrativa. Con ello, la jurisprudencia ha adoptado una posición amplia en cuanto al término "administración de justicia" y a la expresión "proceso". Asimismo, se ha reconocido que el contenido y los presupuestos esenciales del derecho a la defensa implican que el accionante tenga la posibilidad, frente a cualquier tipo de proceso, de presentar sus alegatos, rebatir los argumentos contrarios, promover y evacuar las pruebas pertinentes, conocer los fundamentos de la decisión que presuntamente los lesiona y utilizar los recursos a su disposición para atacarlo.

471. *V., Informe Anual de la Comisión Interamericana de Derechos Humanos 1995,* Secretaría General, OEA Washington D.C. 1996, pág. 48.

Por lo tanto, el derecho a la defensa en todo estado del proceso consagrado en el artículo 68 de la Constitución, particularmente en materia penal, implica la obligación del juez que lleva a cabo una averiguación sobre la eventual comisión de un hecho punible contemplado en la Ley Penal, de cada vez que abra un procedimiento, notificar a las personas cuyos derechos o intereses puedan verse afectados, acerca del contenido, naturaleza y alcance del mismo, otorgándoles una oportunidad procedimental para exponer sus alegatos y pruebas, antes de adoptar una decisión que pueda afectar su libertad personal.

Este derecho a la defensa como vimos, es incluso reconocido en los instrumentos internacionales de los cuales es parte Venezuela y que son ley de la República, como el derecho a ser oído en los procesos, con las debidas garantías ("debido proceso"). En su artículo 10, la Declaración Universal de los Derechos Humanos consagra el derecho de toda persona "a ser oídos públicamente y con justicia". El Pacto Internacional de derecho Civiles y Políticos reconoce, en el inciso I) del artículo 14, el derecho de toda persona "a ser oída públicamente y con las debidas garantías". El artículo 8(I) de la Convención Americana sobre Derechos Humanos, por su parte, establece que toda persona debe "ser oída con las debidas garantías."

El propósito del artículo 14(1) del Pacto al reconocer el derecho consagrado por el artículo 10 de la Declaración, implica, no sólo el derecho a un proceso regular, sino a un proceso justo. Esta última interpretación ha sido confirmada por la doctrina del Comité de Derechos Humanos[472]. Es menester destacar, que el derecho a un proceso justo, consagrado por los artículos 14(1) del Pacto y 8(1) de la Convención Americana, incluye los procesos penales, y se extiende en general a los procesos que tienden a la "determinación de derechos u obligaciones de carácter civil", según el Pacto, o, "de carácter civil, laboral, fiscal o de cualquier otro carácter", a tenor de la cláusula correspondiente de la Convención Americana[473].

En consecuencia, el derecho constitucional a la defensa en todo estado del proceso se viola, cuando iniciado un proceso penal, sea de oficio o por denuncia o solicitud de una parte, sin embargo, no se le garantiza a la o las personas cuyos derechos (o intereses) pudieran resultar afectados por una decisión precautelativa, la posibilidad de ser oído con anterioridad. Este derecho, vinculado al "debido proceso", implica no sólo el derecho a ser notificado del inicio de un procedimiento que afecte los derechos o intereses de una persona, sino el derecho a hacerse parte en dicho procedimiento, el derecho a tener acceso al expediente, el derecho a que se le de audiencia al interesado, el derecho de formular alegatos, de probar y el derecho de recurrir.

Como lo ha establecido la Corte Suprema de Justicia, en Sala Político Administrativa en sentencia del 17-11-83:

> "El derecho a la defensa debe ser considerado no sólo como la oportunidad para el ciudadano encausado o presunto infractor de hacer oír sus alegatos, sino como el derecho de exigir del Estado el cumplimiento previo a la

---

472. *V.*, comentario General 13, párrafo 5, "Informe 1984", página 147.

473 . *V.*, Daniel O'Donnell, *Protección Internacional de los Derechos Humanos, op. cit.*, páginas 164 y 165.

imposición de toda sanción, de un conjunto de actos o procedimientos destinados a permitirle conocer con precisión los hechos que se le imputan, las disposiciones legales aplicables a los mismos, hacer oportunamente alegatos en su descargo y promover y evacuar pruebas que obren en su favor. Esta perspectiva del derecho de defensa es equiparable a lo que en otros Estados de Derecho ha sido llamado como el principio del "debido proceso".[474]

Este derecho a la defensa que deriva del texto constitucional, como lo ha señalado la Corte Suprema de Justicia en Sala Político-Administrativa, en sentencia del 28-2-88:

> "establece como consecuencia implícita de derecho, un *deber constitucional* del funcionario competente de dar audiencia al interesado antes de tomar una decisión que afecte sus derechos e intereses."[475]

Por lo cual, el derecho a la defensa sería total y abiertamente vulnerado por un Juez Penal, si en el curso del procedimiento que da origen a una decisión judicial "lesiva" (auto de detención), no se le notifica en forma alguna del procedimiento abierto por ese tribunal, ni de su contenido y alcance, y por tanto, no se le garantiza su derecho a ser oído y a formular alegatos previamente. Por ello, un decreto judicial dictado por Juez Penal mediante el cual se acuerde un auto de detención sin oír previamente al presunto culpable, lesiona el derecho constitucional a la defensa, consagrado en el artículo 68 del Texto Funda-mental, al dictar dicha medida a sus espaldas, sin permitirle previamente ser oído para presentar sus alegatos.[476]

3. *El derecho a la libertad personal y la amenaza de su violación para ejercer el derecho a la defensa contra autos de detención dictados en violación al derecho a la defensa*

Como consecuencia de lo antes expuesto, puede decirse que un auto de detención dictado sin citarse previamente al indiciado, no sólo viola el derecho al debido proceso y a la defensa, sino que al haber decretado la detención arbitrariamente, el auto de detención además, amenaza con violar su libertad personal de la cual se le privaría si pretendiera ejercer recurso de apelación contra la decisión.

La libertad personal es un derecho constitucional que garantiza el artículo 60 de la Constitución para lo cual se instrumenta el debido proceso. El derecho a la libertad personal, además, como derecho inherente a la persona humana en los términos del artículo 50 de la Constitución, se consagra expresamente en el artículo 7 de la Convención Americana sobre Derechos Humanos, en la forma siguiente:

> *Artículo 7: Derecho a la Libertad Personal*
>
> 1. Toda persona tiene derecho a la libertad y a la seguridad personales.
> 2. Nadie puede ser privado de su libertad física, salvo por las causas y en las condiciones fijadas de antemano por las Constituciones Políticas de los Estados Partes o por las leyes dictadas conforme a ellas.

---

474. *V.*, en *Revista de Derecho Público,* N° 16, Caracas 1983, página 151.

475 . *V.*, en *Revista de Derecho Público,* N° 33, Caracas 1988, página 90.

476. Trabajo citado titulado "El derecho a la libertad personal y al debido proceso frente a las detenciones judiciales preventivas arbitrarias", *loc. cit.*, páginas 851 a 855.

3. Nadie puede ser sometido a detención o encarcelamiento arbitrarios.
4. Toda persona detenida o retenida deber ser informada de las razones de su detención y notificada, sin demora, del cargo o cargos formulados contra ella.
5. Toda persona detenida o retenida debe ser llevada, sin demora, ante un juez u otro funcionario autorizado por la ley para ejercer funciones judiciales y tendrá derecho a ser juzgada dentro de un plazo razonable o a ser puesta en libertad, sin perjuicio de que continúe el proceso. Su libertad podrá estar condicionada a garantías que aseguren su comparecencia en el juicio.
6. Toda persona privada de libertad tiene derecho a recurrir ante un juez o tribunal competente, a fin de que éste decida, sin demora, sobre la legalidad de su arresto o detención y ordene su libertad si el arresto o la detención fueran ilegales. En los Estados Partes cuyas leyes prevén que toda persona que se viera amenazada de ser privada de su libertad tiene derecho a recurrir a un juez o tribunal competente a fin de que éste decida sobre la legalidad de tal amenaza, dicho recurso no puede ser restringido ni abolido. Los recursos podrán interponerse por sí o por otra persona.
7. Nadie será detenido por deudas. Este principio no limita los mandatos de autoridad judicial competente dictados por incumplimientos de deberes alimentarios."

En el mismo sentido, el Pacto Internacional de Derechos Civiles y Políticos, en su artículo 9, establece lo siguiente:

Artículo. 9:

1. Todo individuo tiene derecho a la libertad y a la seguridad personales. Nadie podrá ser sometido a detención o prisión arbitrarias. Nadie podrá ser privado de su libertad, salvo por las causas fijadas por ley y con arreglo a procedimiento establecido en ésta.
2. Toda persona detenida será informada, en el momento de su detención, de las razones de la misma, y notificada, sin demora, de la acusación formulada contra ella.
3. Toda persona detenida o presa a causa de una infracción penal será llevada sin demora ante un juez u otro funcionario autorizado por la ley para ejercer funciones judiciales, y tendrá derecho a ser juzgada dentro de un plazo razonable o a ser puesta en libertad. La prisión preventiva de las personas que hayan de ser juzgadas no debe ser la regla general, pero su libertad podrá estar subordinada a garantías que aseguren la comparecencia del acusado en el acto del juicio, o en cualquier otro momento de las diligencias procesales y, en su caso, para la ejecución del fallo.
4. Toda persona que sea privada de libertad en virtud de detención o prisión tendrá derecho a recurrir ante un tribunal, a fin de que éste decida a la brevedad posible sobre la legalidad de su prisión y ordene su libertad si la prisión fuera ilegal.
5. Toda persona que haya sido ilegalmente detenida o presa, tendrá el derecho efectivo a obtener reparación."

Ahora bien, dicho derecho a la libertad personal se encontraría amenazado en forma inminente de ser violado, al decretarse mediante una decisión judicial la detención de un indiciado sin haber sido citado, lo que implicaría que para poder ejercer su derecho a la defensa por la vía del recurso de apelación tendría que comparecer personalmente y perder su libertad.

En este contexto debe destacarse la doctrina jurisprudencial sentada por el Juzgado Superior Décimo Tercero en lo Penal del Área Metropolitana de Caracas, en sentencia de 5-3-90, antes citada, a cargo de la doctora María Teresa Salazar de Rodríguez, actuando como Tribunal Constitucional, que declaró con lugar una acción autónoma de amparo constitucional intentada contra un auto de detención dictado contra un indiciado por el Juzgado Décimo tercero de Primera Instancia en lo Penal con sede en Caracas, sin darle audiencia previa en dicho proceso penal; sentencia en la cual, para declarar con lugar el amparo solicitado, estableció la siguiente doctrina en sus consideraciones para decidir:

> "(...) Expuestos los hechos en la forma que antecede, asimismo, vista y analizadas detenidamente las pruebas existentes en autos, este Tribunal encuentran suficientemente acreditados los siguientes aspectos directamente vinculados a la acción de amparo constitucional promovida a favor del ciudadano Oswaldo Castillo Bertran.
>
> Primero: Que al nombrado Oswaldo Castillo Bertran, le fue dictado Auto de Detención por el Juzgado Décimo tercero de Primera Instancia en lo Penal y de Salvaguarda del Patrimonio Público de esta Circunscripción Judicial, de fecha 15 de septiembre de 1989, por la presunta comisión del delito de extorsión.
>
> Segundo: Que la medida privativa de libertad en cuestión tuvo lugar sin haberse impuesto al indiciado previamente de la averiguación instruida en su contra.
>
> Tercero: Que según se expondrá más adelante, la falta de citación no aparece en el presente caso como una simple inadvertencia o un hecho casual.
>
> Cuarto: Que contrariamente a lo señalado en el punto anterior, al solicitante del Amparo no se le citó exprofeso, con la idea preconcebida de que no pudiera ejercer el elemental derecho de ser oído en el juicio penal, antes de que se produjese alguna decisión.
>
> Quinto: Que lo que es todavía más grave, al ciudadano Oswaldo Castillo Bertran, no sólo no se le citó, sino que se simuló hacerlo, cobrándose para ello boletas y otras comunicaciones ficticias.
>
> Sexto: Que lo anterior encuentra su explicación en la circunstancia de que al ciudadano Oswaldo Castillo Bertran -prácticamente-, se le estaba abriendo juicio por hechos si no iguales, al menos íntimamente vinculados a los que figuran en el expediente donde había sido terminada la Averiguación Sumarial, el cual, según la información aportada por los representantes del ciudadano Oswaldo Castillo Bertran, se encuentra actualmente en la Sala de Casación Penal de la Corte Suprema de Justicia, procedente del Juzgado Superior Quinto en lo Penal de esta Circunscripción Judicial, según certificación de Libro Diario llevado por dicha Sala.
>
> Séptimo: Que todo este cúmulo de irregularidades hacen surgir la presunción de que se está en presencia de un verdadero Fraude Procesal, como conse-

cuencia del cual se privó a un ciudadano de su libertad, en una averiguación penal urdida a sus espaldas, lo cual es contrario a la Constitución y a las leyes".

"Los solicitantes del amparo a favor del ciudadano Oswaldo Castillo Bertran, a juicio de este Tribunal Superior, actuando en este caso con rango constitucional, han aportado pruebas suficientes respecto a los puntos que se acaban de enumerar. Esas pruebas se señalaron en el Capítulo inicial; pero en vista de la gravedad, importancia y trascendencia de la cuestión jurídica planteada, se hace necesario recalcar algunos puntos.

Así, por ejemplo, aparece que era perfectamente factible citar en su residencia o en el lugar de trabajo al ciudadano Oswaldo Castillo Bertran y que ello sin embargo no se hizo. Pero lo que en verdad aumenta y hace significativa la responsabilidad por esta omisión tan burda e inexplicable, es que según también lo ponen de manifiesto y además prueban los accionantes del Amparo Constitucional, se desplegó una conducta judicial fraudulenta para simular la citación.

No puede afirmarse con total seguridad que el propio juez haya sido partícipe de esta gravísima irregularidad procedimental construida en base a supuestos falsos; pero si no lo fue por acción, lo ha sido por omisión.

Sin embargo, ninguna de las dos hipótesis aminora la gravedad en cuanto a lo fraudulento de las actuaciones contentivas de unas órdenes de comparecencia falsas; y simuladas; y si esa circunstancia se relaciona con el hecho de que a esa persona a quien aparentó citar, se le decretó después la detención, sin darle oportunidad de conocer y explicar la imputación que se le formulaba, entonces es evidente que ello tipifica un acto arbitrario que en la administración de justicia no tiene parangón.

Libertad y derecho a la defensa

Dispone expresamente el Artículo 60 de la Constitución Nacional:

"...1. Nadie podrá ser preso o detenido, a menos que sea sorprendido in fraganti, sino en virtud de orden escrita del funcionario autorizado para decretar la detención, en los casos y con las formalidades previstas por la ley...".

Así mismo, el Artículo 68 *ejusdem* preceptúa: "... La defensa es derecho inviolable en todo estado y grado del proceso".

Los anteriores preceptos constitucionales consagran los derechos más preciados del ser humano después del relativo a la propia existencia, ya que tienen que ver con la dignidad ciudadana. Son ellos libertad personal, el derecho a la defensa y con expresión de ambos, la garantía del debido proceso. De estos preceptos hay que partir para encontrar la fundamentación jurídica del auto detención, que aparte de los requisitos meramente procesales, como por ejemplo: la demostración de un delito que merezca pena corporal; los fundados indicios de culpabilidad, etc.; aparte de ellos -se insiste-, no puede este decreto judicial obtener vida jurídica mediante la construcción irregular de un expediente, elaborado contra o por encima de las más elementales garantías que se le dan a toda persona -incluso a los delincuentes-, cuando se les debe someter a juicio penal".

No se pueden -a juicio de este tribunal- violentar las bases constitucionales de la detención judicial, porque ello se traduce en la práctica en la utilización de un procedimiento de mala ley, que en el fondo significa una usurpación del poder jurisdiccional. Y ésta viene a ser la situación cuando los jueces no tienen en cuenta la Garantía Constitucional del DEBIDO PROCESO, cuyos preliminares exigen como el más elemental de los derechos, aquel que consiste en ser oído cuando se le pretende endilgar a alguien responsabilidad penal. *En este sentido debe quedar claro y perfectamente establecido, que se viola la Constitución cuando se adelanta un proceso penal contra un ciudadano en concreto sin darle oportunidad de informarse de la existencia de ese juicio, con lo cual se le vulnera no sólo el derecho, sino la posibilidad misma de defenderse ya en el orden técnico o en el material.* Se trata sin que quede ninguna duda, de la transgresión de un derecho fundamental de la persona, sin cuya vigencia y reconocimiento viene a quedar seriamente en entredicho la labor jurisdiccional. Ello adquiere todavía más relevancia, porque la violación de esa garantía constitucional, conlleva el desconocimiento de otras más específicas, como por Ej.: el derecho a declarar o abstenerse de hacerlo y todas las consecuencias que jurídicamente de ello se derivan. *De modo que al sujeto investigado, no sólo se le debe citar, sino también imponerlo de los pormenores del hecho que se inquiere, siendo de observar que tal requisito es aplicable a todo tipo de procedimientos,* ya sea civiles, disciplinarios o administrativos; pero como es de elemental lógica, son *absolutamente impostergables cuando ellos son referidos al proceso penal.* Porque en caso contrario, no se puede decir con todo rigor que se vive en un estado de derecho, donde la Constitución y las leyes son el marco obligado donde el Estado y sus instituciones ejercen su poder". (Subrayados nuestros)[477].

III. CONCLUSIÓN

De todo lo anteriormente expuesto, puede concluirse en lo siguiente:

1. El derecho a la defensa, como formando parte del derecho al debido proceso, es inviolable en todo estado y grado del proceso, por lo que siempre debe garantizárselo cuando contra una persona el Estado pretenda imponerle una sanción, limitarle sus derechos o garantías constitucionales o dictar un acto administrativo ablatorio.

2. En consecuencia, para dictarse un auto de detención, como auto privativo de la libertad de una persona, deben garantizarse los derechos constitucionales del indiciado y entre ellos, su derecho a la defensa en libertad, es decir, antes de perderla. Con tal motivo, el juez respectivo debe agotar todas las diligencias necesarias tendientes a la citación del indiciado.

3. Aunque el artículo 182 del Código de Enjuiciamiento Criminal no incluya, en la enumeración de las condiciones para dictar un auto de detención, la necesaria citación previa del indiciado, este silencio de la norma no puede interpretarse en forma contraria a la Constitución, en el sentido de que se pueda deducir que para dictar tal auto de detención no sea necesario citar previamente al indiciado o realizar todas las diligencias necesarias para materializar dicha citación.

4. El artículo 68 de la Constitución, como toda otra norma constitucional, es de aplicación preferente ante toda norma legal que pueda colidir con la norma que con-

477. *V.*, el texto citado en el artículo de Carlos Ayala Corao, "El derecho a la libertad personal y el debido proceso frente a las detenciones judiciales preventivas arbitrarias", *loc. cit.*, páginas 864-868.

tiene. En consecuencia, en la aplicación del artículo 182 del Código de Enjuiciamiento Criminal, el juez penal sólo tiene la siguiente alternativa: o interpreta dicho artículo conforme al artículo 68 de la Constitución, lo que exige garantizarle al indiciado su derecho a la defensa mediante citación previa, o si se dedujese que por el hecho de que el artículo 182 no exige la citación previa, esta no debe realizarse, entonces el juez debe desaplicar dicha norma, aplicando preferentemente la Constitución en ejercicio de los poderes de control difuso de la constitucionalidad de las leyes.

SECCIÓN CUARTA:

LA LIBERTAD DE EXPRESIÓN DEL PENSAMIENTO Y EL DERECHO A LA INFORMACIÓN Y SU VIOLACIÓN POR LA SALA CONSTITUCIONAL DEL TRIBUNAL SUPREMO DE JUSTICIA (2001)

Publicado en: "La libertad de expresión del pensamiento y el derecho a la información y su violación por la Sala Constitucional del Tribunal Supremo de Justicia", en Allan R. Brewer-Carías (Coordinador y editor), Héctor Faúndez Ledesma, Pedro Nikken, Carlos M. Ayala Corao, Rafael Chavero Gazdik, Gustavo Linares Benzo y Jorge Olavarría, *La libertad de expresión amenazada (Sentencia 1013)*, Edición Conjunta Instituto Interamericano de Derechos Humanos y Editorial Jurídica Venezolana, Caracas-San José 2001, pp. 17-57.

INTRODUCCIÓN

El Tribunal Supremo de Justicia, en Sala Constitucional, dictó la Sentencia N° 1.013 de fecha 12-06-01, en la cual declaró *improcedente in limene litis*, es decir, al iniciarse el proceso, sin seguir el procedimiento legal ni oír a las partes, la acción de amparo intentada por el periodista Elías Santana, quien actuaba en nombre propio, y en representación de la Asociación Civil *Queremos Elegir*, contra el Presidente de la República y la Directora del Instituto Autónomo Radio Nacional de Venezuela, por la negativa de ambos de permitirle el ejercicio del derecho de réplica respecto de planteamientos hechos por el Presidente de la República en un programa denominado *Aló Presidente* que se trasmite semanalmente en dicha Radio.

Con esta decisión, la Sala Constitucional, muy diligentemente, relevó al Presidente de la República de la carga que tenía de acudir, como presunto agraviante, a la audiencia pública y oral propia del procedimiento de la acción de amparo, para que se defendiera de la imputación de violación de un derecho constitucional que le hizo el accionante. Lo mismo resolvió la Sala respecto de la Presidenta del Instituto Autónomo.

Con esta decisión, la Sala Constitucional, violó su propia "doctrina vinculante" establecida en la sentencia N° 7 del 01-02-00 (*Caso José A. Mejía y otros*), conforme a la cual, en esa etapa del proceso de amparo, que es su inicio, siguiente a la presentación de la acción, "los Tribunales o la Sala Constitucional que conozcan de la solicitud de amparo, *admitirán o no el amparo*". En la decisión, por tanto, la Sala tenía la alternativa de admitir la acción y necesariamente dar inicio al procedimiento, convocando a la audiencia pública y oral, o declarar inadmisible el amparo lo que sólo podía hacer por las causales expresamente establecidas en la ley.

La Sala Constitucional no hizo expresamente ni la una ni la otra cosa; lo que hizo fue, supuestamente, dar por "admitida" la acción para, en el mismo acto, al iniciarse el proceso (*in limine litis*), declararla improcedente. En esta forma, ilegítimamente, no sólo relevó al Presidente de la comparecencia a la audiencia pública y oral, si es que quería defenderse, lo que era la consecuencia de admitir el amparo; sino que sentó una peligrosa jurisprudencia (¿vinculante?) conforme a la cual los jueces de amparo podrían decidir las acciones de amparo, *in limene litis,* sin seguir el procedimiento, al momento de decidir sobre la admisión de las mismas, sea declarándolas procedentes (con lugar) o improcedentes (sin lugar). Ello no sólo desnaturaliza la acción de amparo sino que viola el derecho a la tutela judicial efectiva que garantiza el artículo 26 de la Constitución y, por ende, el derecho al debido proceso y a la defensa (art. 49, Constitución).

Pero al recurrir al subterfugio de admitir la acción de amparo para, en el mismo acto declararla sin lugar (*improcedente in limene litis*), la Sala lo que pretendió hacer, sin que ninguna de las partes se lo hubiese pedido, fue sentar criterios sobre el tema de la libertad de expresión que no fueron objeto de contención procesal alguna y, así, servir con más claridad al Poder.

Se trataba de una acción de amparo intentada por una persona natural en su propia condición y como representante de una asociación civil; y como es sabido, la acción de amparo es de carácter personalísimo, de manera que la pretensión y su decisión sólo pueden referirse al accionante, salvo si se intentare en protección de derechos constitucionales colectivos o difusos, lo cual no era el caso. El accionante, en este caso, reclamaba el ejercicio de su derecho a réplica ante el Presidente de la República en su carácter de conductor de un programa de radio, en la Radio oficial, y le fue negado; pero como ello aparentemente no era suficiente para satisfacer al Poder, la Sala se dedicó a "interpretar" como quiso, y sin que nadie se lo hubiese pedido, los artículos 57 y 58 de la Constitución y a declarar que la doctrina expuesta en la decisión sería "doctrina vinculante" respecto de la referida interpretación.

Sin embargo, no hay duda de que no puede considerarse como "vinculante" cada palabra, frase o párrafo de una decisión que dedica 16 páginas tamaño oficio (pp. 5 de 22 a 21 de 22) a las "consideraciones para decidir" y que comienzan con la frase:

> "A continuación pasa la Sala a decidir, *lo que será doctrina vinculante en la interpretación* de los artículos 57 y 58 de la Carta Fundamental" (p. 5 de 22).

En estas notas queremos analizar cuál es el "contenido" y "alcance" de la tal "doctrina vinculante", para lo cual dividiremos estos comentarios en tres partes: en *primer* lugar, haremos un breve comentario sobre la labor interpretativa de los jueces constitucionales y los abusos en los que incurrió la Sala Constitucional; en *segundo* lugar, estudiaremos los diversos derechos constitucionales relativos a la libertad de expresión y a la información; y, en *tercer* lugar, analizaremos con todo detalle el contenido de la sentencia de la Sala Constitucional a la luz, precisamente, de lo que dicen los artículos 57 y 58 de la Constitución, en conjunción con lo que regulan los artículos 13 y 14 de la Convención Americana sobre Derechos Humanos y a los artículos 19 y 20 del Pacto Internacional de Derechos Civiles y Políticos, que tienen rango constitucional conforme lo establece el artículo 23 de la Constitución.

Para la mejor comprensión de la materia, dichas normas establecen lo siguiente:

Constitución de 1999

"Artículo 57. Toda persona tiene derecho a expresar libremente sus pensamientos, sus ideas u opiniones de viva voz, por escrito o mediante cualquier otra forma de expresión y de hacer uso para ello de cualquier medio de comunicación y difusión, sin que pueda establecerse censura. Quien haga uso de este derecho asume plena responsabilidad por todo lo expresado. No se permite el anonimato, ni la propaganda de guerra, ni los mensajes discriminatorios, ni los que promuevan la intolerancia religiosa.

Se prohíbe la censura a los funcionarios públicos o funcionarias públicas para dar cuenta de los asuntos bajo sus responsabilidades".

"Artículo 58. La comunicación es libre y plural y comporta los deberes y responsabilidades que indique la ley. Toda persona tiene derecho a la información oportuna, veraz e imparcial, sin censura, de acuerdo con los principios de esta Constitución, así como a la réplica y rectificación cuando se vea afectada directamente por informaciones inexactas o agraviantes. Los niños, niñas y adolescentes tienen derecho a recibir información adecuada para su desarrollo integral".

Convención Americana sobre Derechos Humanos

"Artículo 13. Libertad de Pensamiento y de Expresión

1. Toda persona tiene derecho a la libertad de pensamiento y de expresión. Este derecho comprende la libertad de buscar, recibir y difundir información e ideas de toda índole, sin consideración de fronteras, ya sea oralmente, por escrito o en forma impresa o artística, o por cualquier otro procedimiento de su elección.
2. El ejercicio del derecho previsto en el inciso precedente no puede estar sujeto a previa censura sino a responsabilidades ulteriores, las que deben estar expresamente fijadas por la ley y ser necesarias para asegurar:
   a) el respeto a los derechos o a la reputación de los demás, o
   b) la protección de la seguridad nacional, el orden público o la salud o la moral públicas.
3. No se puede restringir el derecho de expresión por vías o medios indirectos, tales como el abuso de controles oficiales o particulares de papel para periódicos, de frecuencias radioeléctricas, o de enseres y aparatos usados en la difusión de información o por cualesquiera otros medios encaminados a impedir la comunicación y la circulación de ideas y opiniones.
4. Los espectáculos públicos pueden ser sometidos por la ley a censura previa con el exclusivo objeto de regular el acceso a ellos para la protección moral de la infancia y la adolescencia, sin perjuicio de lo establecido en el inciso 2.

5. Estará prohibida por la ley toda propaganda a favor de la guerra y toda apología del odio nacional, racial o religioso que constituyan incitaciones a la violencia o a cualquier otra acción ilegal similar contra cualquier persona o grupo de personas, por ningún motivo, inclusive los de raza, color, religión, idioma u origen nacional".

"Artículo 14. Derecho de Rectificación o Respuesta

1. Toda persona afectada por informaciones inexactas o agraviantes emitidas en su perjuicio a través de medios de difusión legalmente reglamentados y que se dirijan al público en general, tiene derecho a efectuar por el mismo órgano de difusión su rectificación o respuesta en las condiciones que establezca la ley
2. En ningún caso la rectificación o la respuesta eximirán de otras responsabilidades legales en que se hubiese incurrido.
3. Para la efectiva protección de la honra y la reputación toda publicación o empresa periodística, cinematográfica, de radio o televisión tendrá una persona responsable que no esté protegida por inmunidades ni disponga de fuero especial".

Pacto Internacional de Derechos Civiles y Políticos

"Artículo 19.

1. Nadie podrá ser molestado a causa de sus opiniones.
2. Toda persona tiene derecho a la libertad de expresión; este derecho comprende la libertad de buscar, recibir y difundir informaciones e ideas de toda índole, sin consideración de fronteras, ya sea oralmente, por escrito o en forma impresa o artística, o por cualquier otro procedimiento de su elección.
3. El ejercicio del derecho previsto en el párrafo 2 de este artículo entraña deberes y responsabilidades especiales. Por consiguiente, puede estar sujeto a ciertas restricciones, que deberán sin embargo, estar expresamente fijadas por la ley y ser necesarias para:
   a) Asegurar el respecto a los derechos o a la reputación de los demás;
   b) La protección de la seguridad nacional, el orden público o la salud o la moral públicas".

"Artículo 20.

1. Toda propaganda a favor de la guerra estará prohibida por la ley.
2. Toda apología del odio nacional, racial o religioso que constituya incitación a la discriminación, la hostilidad o la violencia estará prohibida por la ley".

I. LA INTERPRETACIÓN CONSTITUCIONAL VINCULANTE, LA "DOC-TRINA VINCULANTE" Y EL JUEZ CONSTITUCIONAL COMO LEGISLADOR

La Sala Constitucional del Tribunal Supremo, como todos los Tribunales de la República, está en la obligación de asegurar la integridad de la Constitución (art. 334 C); y en particular, de garantizar la supremacía y efectividad de las normas y principios constitucionales (art. 335 C). Tiene, además, como todas las Salas del Tribunal Supremo la característica de ser el máximo y último interprete de la Constitución y la misión de velar por la uniforme interpretación y aplicación de la Constitución (art. 335 C).

No obstante, en cuanto a las interpretaciones que la Sala Constitucional establezca sobre el *contenido o alcance de las normas y principios* constitucionales, la Constitución considera que las mismas son vinculantes (las interpretaciones) para las otras Salas del Tribunal Supremo de Justicia y para los demás tribunales de la República (art. 335 C).

La interpretación jurídica de una norma no es otra cosa que la operación intelectual del juez que tiene por objeto indagar sobre el significado, sentido, alcance, fin o valor de la misma. La interpretación, por tanto, no es más que un instrumento que el ordenamiento jurídico da a los jueces para aplicar la norma general y abstracta que está contenida en la Constitución, en las leyes y en otros actos estatales normativos.

> La Constitución la dicta el Poder Constituyente, y la ley la sanciona el Parlamento. En una sociedad democrática, el Poder Constituyente radica en el pueblo, el cual como lo precisa el artículo 347 de la Constitución "es el depositario del poder constituyente originario"; y la ley nacional sólo puede ser sancionada por la Asamblea Nacional, como lo indica el artículo 187,1 de la Constitución, integrada por diputados elegidos (art. 186 C) como representantes del pueblo, en el cual reside intransferiblemente la soberanía (art. 5 C).

En consecuencia, conforme a la Constitución, no puede haber norma constitucional alguna que no haya sido adoptada por el Poder Constituyente, ni ley nacional alguna que no haya sido sancionada por la Asamblea Nacional actuando como cuerpo legislador (art. 202 C).

La Sala Constitucional, por tanto, puede y debe interpretar la Constitución para determinar el sentido y alcance de las normas y principios constitucionales; pero en esa labor no puede sustituirse en el pueblo, es decir, no puede crear nuevas normas constitucionales no previstas en el Texto o que no resulten de la integración de sus normas, ni puede modificarlas, estableciendo, por ejemplo, excepciones no previstas en ellas; así como tampoco puede dictar normas legales o modificar o reformar las que estén contenidas en las leyes sancionadas por la Asamblea Nacional.

El juez constitucional nunca puede ser legislador; puede anular las leyes con efectos *erga omnes*, eliminándolas del ordenamiento jurídico, con efecto similar a la derogación, como si fuera un "legislador negativo" (H. Kelsen); pero nunca puede ser un "legislador positivo", que dicta normas. De hacerlo, no sólo incurriría en usurpación de autoridad, por la usurpación de las funciones legislativas que corresponden a la Asamblea Nacional, lo que haría de la sentencia un acto nulo e ineficaz (art. 138 C), sino que violaría el principio democrático, que impone que la "ley" sólo puede ser emanación de los órganos del Estado integrados por representantes del pueblo, elegidos mediante votación popular.

En cuanto a la interpretación constitucional, es ella la que tiene carácter vinculante cuando la realiza la Sala Constitucional; pero ello no significa que todo el cuerpo motivo de una sentencia pueda llegar a tener ese carácter vinculante. La "doctrina" expuesta por la Sala en una sentencia, es eso, doctrina, que sirve de motivación para decidir. Esa doctrina nunca puede tener carácter vinculante, aún cuando sea un valioso instrumento auxiliar para la aplicación de la ley.

Lo que puede ser vinculante de una sentencia, por tanto, sólo puede ser la parte resolutiva de la misma, en la cual la Sala Constitucional fije la interpretación de una norma, y ello debe señalarlo expresamente. La interpretación de la norma establecida, entonces, en la parte resolutiva de una sentencia, pasa a ser fuente del derecho del mismo rango que el que tiene la norma que se interpreta: si es una norma constitucional, la interpretación adquiere rango constitucional, y si es una ley la que se interpreta, adquiere rango legal. Por ello, la Sala Constitucional no puede, *ad libitum,* estar modificando sus interpretaciones.

En todo caso, al determinar la interpretación de una norma, la Sala no puede crear nuevas normas o reformar o derogar las que están expresamente en la ley.

Lo único que puede hacer en relación con las normas que considere inconstitucionales es anularlas y ello sólo cuando la Sala conoce de una acción de nulidad, pero nunca cuando decide una acción de amparo, o revisa una sentencia de amparo, o decide un recurso de interpretación abstracto. En los casos en los cuales conozca de un recurso de colisión de leyes, lo que podría resolver la Sala es declarar cual ley debe prevalecer en relación con otra, en virtud del poder derogatorio de las leyes.

Ahora bien, en el caso de la Sentencia Nº 1.013, la Sala Constitucional se apartó de su misión constitucional, comentó lo que a su juicio derivaba de las normas constitucionales, estableció excepciones no previstas en la Constitución, pretendió regular, normativamente, el ejercicio de los derechos a la libre expresión del pensamiento y a la información, violando la reserva legal; y todo ello, pretendiendo otorgar a la "doctrina" sentada carácter vinculante. Por ello, antes de analizar detalladamente el contenido de la sentencia, debemos precisar los derechos constitucionales que derivan de los artículos 57 y 58 de la Constitución, en conjunción con las normas internacionales antes indicadas.

II. LOS DERECHOS CONSTITUCIONALES RELATIVOS A LA LIBRE EXPRESIÓN DEL PENSAMIENTO Y A LA INFORMACIÓN

Los artículos 57 y 58 de la Constitución constituyen una unidad conceptual a los efectos de la regulación de los diversos derechos que consagran. El hecho de que el contenido de los mismos se haya dividido en dos artículos constitucionales, con números diferentes y consecutivos, no tiene significación alguna. Pudo haber estado todo el contenido de ambos artículos en uno sólo o pudo haberse dividido en más de dos artículos, sin que ello pudiera tener efectos sobre la conceptualización de los derechos constitucionales que derivan de las normas.

Lo importante es tener en cuenta que las dos normas regulan un conjunto de derechos relacionados entre sí, imbricados, y derivados de la clásica libertad de expresión del pensamiento. Estos derechos también son objeto de regulación en la Convención Americana y en el Pacto Internacional de Derechos Civiles y Políticos, en dos artículos en cada uno de dichos textos, configurados en forma diferente, pero conformando, en todo caso, una unidad de regulación.

En efecto, en estos artículos, se consagran y garantizan al menos cinco derechos constitucionales de todas las persona: *primero,* el *derecho a la libre expresión* del pensamiento; *segundo,* y como una modalidad del anterior, el *derecho a comunicar o a informar* que también corresponde a las personas y, en particular, a las que pueden tener acceso a los medios de comunicación; *tercero*, el *derecho a establecer y desarrollar medios para la comunicación e información*; *cuarto*, el *derecho a recibir información oportuna, veraz e imparcial*, y *quinto,* el *derecho a la réplica (o respuesta) y a rectificación* frente a informaciones inexactas o agraviantes, que tienen las personas que se vean afectadas directamente por las mismas.

El texto de los artículos 57 y 58 de la Constitución que consagra estos cinco derechos, se complementa, por otra parte, con el de los artículos 13 y 14 de la Convención Americana sobre los Derechos Humanos y el de los artículos 18 y 19 del Pacto Internacional de Derechos Civiles y Políticos, los cuales tienen rango constitucional conforme a lo establecido en el artículo 23 de la Constitución de 1999 e, incluso, son de aplicación preferente respecto de la propia Constitución y las leyes, si contienen normas sobre el goce y ejercicio de tales derechos más favorables a las establecidas en el ámbito nacional.

Con este conjunto de normas, puede entonces construirse el marco constitucional de los derechos relativos a la expresión del pensamiento y a la información, en los siguientes cinco derechos constitucionales.

1. *El derecho a la libre expresión del pensamiento*

El primero de los derechos constitucionales es el derecho a la libre expresión del pensamiento que consagra el artículo 57, el cual se regula conjuntamente con el segundo de los derechos constitucionales, que es el derecho a informar o comunicar.

Se trata de un derecho consagrado con criterio universalizador pues, en *primer* lugar, corresponde a "toda persona", es decir, toda persona natural o moral, nacional o extranjera, domiciliada o no en el país, de derecho público o de derecho privado, estatal o no estatal. Por tanto, el sujeto activo del derecho es toda persona, sin discriminación alguna, y puede serlo tanto un comunicador social (periodista) como quien no lo es.

En *segundo* lugar, el derecho se configura como una libertad de expresión del pensamiento, es decir, se trata de un derecho de las personas a expresarse libremente, sin limitaciones ni restricciones, salvo las generales relativas a la libertad, es decir, las limitaciones que derivan del derecho de los demás y del orden público y social (art. 20 C).

En particular, en cuanto al ejercicio de esta libertad, la propia norma constitucional y las convenciones internacionales, prohíben el anonimato, la propaganda de guerra, los mensajes discriminatorios, los que promuevan la intolerancia religiosa, y toda apología del odio nacional, racial o religioso que constituyan incitaciones a la discriminación, a la hostilidad o a la violencia o cualquier otra acción ilegal similar contra cualquier persona o grupos de personas, por cualquier motivo, inclusive los de raza, color, religión, idioma u origen nacional.

En *tercer* lugar, el derecho de toda persona a expresarse libremente en relación con sus pensamientos, sus ideas y sus opiniones. La persona puede, entonces, expresar libremente lo que piensa, puede expresar libremente sus ideas y puede expresar libremente sus opiniones sobre cualquier materia. Este no es un derecho que se reduce a la libertad de opinar, sino también de expresar o informar lo que se oye, se siente, se huele, se ve o se lee.

En *cuarto* lugar, la libertad de expresión de pensamientos, ideas y opiniones puede realizarse por cualquier medio, sea de viva voz, mediante el habla; sea por escrito, mediante expresión gráfica o artística; sea, en general, mediante cualquier otra forma de expresión, por señales de cualquier tipo, signos o muecas de la libre elección de quien ejerce el derecho. Este derecho a expresarse libremente lo tienen no sólo las personas en general, sino también quienes informan, es decir, aquellos que han hecho de la búsqueda de información, de su expresión y de su comunicación su profesión u oficio, es decir, los comunicadores o periodistas.

El ejercicio de este derecho, sin embargo, depende de los medios mismos y del acceso que estos den a las personas, de acuerdo al tiempo, el espacio y el propio interés del medio. No puede una persona obligar a un medio a comunicar su pensamiento, pero a la vez el medio no puede discriminar a una persona (vetarlo) para expresar y comunicar su pensamiento.

En *quinto* lugar, la libertad de expresión no puede estar sometida a censura previa de tipo alguno, por parte de nadie, ni del Estado ni de los privados. En particular, la norma constitucional prohíbe la posibilidad de censura a los funcionarios públicos para dar cuenta de los asuntos bajo sus responsabilidades. En consecuencia, ni siquiera puede haber instrucciones derivadas de la jerarquía administrativa que restrinjan la libertad de expresión de los funcionarios sobre los asuntos que están bajo su responsabilidad.

En *sexto* lugar, el ejercicio de esta libertad de expresión y el derecho a informar o comunicar, como de toda libertad, por supuesto, acarrea responsabilidad personal por los daños y perjuicios que se pueda causar. Por ello, señala el mismo artículo 57 de la Constitución, que quien haga uso de este derecho a la libre expresión del pensamiento, asume plena responsabilidad por todo lo expresado. Además, por ello, el artículo 58 de la Constitución precisa que la comunicación, que es libre, comporta los deberes y responsabilidades que indique la ley.

Esto lo precisa la Convención Americana al señalar que las responsabilidades ulteriores que pueden derivarse del derecho a la libertad de expresión del pensamiento, en todo caso, deben estar expresamente fijadas por la ley y además, acumulativamente, ser necesarias para asegurar el respeto a los derechos a la reputación de los demás, o la protección de la seguridad nacional, el orden público o la salud o la moral públicas.

2. *El derecho a informar o comunicar*

El derecho a la libre expresión del pensamiento conlleva el derecho a informar o comunicar, es decir, el derecho a la libre expresión del pensamiento a través de medios de comunicación o de información. Este es el segundo de los derechos derivados de la libertad de expresión del pensamiento estrechamente vinculado al primero.

Este derecho a informar o comunicar goza del mismo carácter universal del primero; corresponde a toda persona, sin discriminación, siempre que pueda tener acceso a un medio de comunicación y está sujeto sólo a las limitaciones generales del respeto del derecho a los demás y del orden público o social (art. 20 de la Constitución). Con especial particularidad, se refieren al ejercicio de este derecho las mencionadas prohibiciones del anonimato, de propaganda de guerra, de mensajes discriminatorios, o que promuevan la intolerancia religiosa, de la apología del odio nacional, racial o religioso que constituyan incitaciones a la discriminación, a la hostilidad o a la violencia o cualquier otra acción ilegal contra personas o grupo de personas por cualquier motivo que sea.

El derecho a informar o comunicar, en particular, está precisado en la Convención Americana al referirse a la libertad de buscar, recibir y difundir información e ideas de toda índole, sin consideración de fronteras, ya sea oralmente, por escrito, o en forma impresa o artística, o por cualquier otro procedimiento de su elección.

Este derecho corresponde, igualmente, a todos, por lo que no sólo lo tienen quienes ejercen la profesión de informar, como los periodistas o comunicadores, sino todas las personas, sin discriminación. Por ello, la Constitución (art. 58) precisa que la comunicación es libre, es decir, es una libertad de todas las personas. Precisamente por ello, se ha considerado como contraria a la Convención Americana la reserva que las leyes hacen a favor de los periodistas en cuanto al ejercicio del derecho a informar o cuando imponen la colegiación obligatoria de los periodistas para ejercer el derecho a informar o comunicar a través de los medios de comunicación. (Véase la *Opinión Consultiva OC-5/85-* de 13-11-85 de la Corte Interamericana de los Derechos Humanos sobre la incompatibilidad con la Convención Americana de la Ley de Colegiación obligatoria de periodistas de Costa Rica).

El derecho a la libre expresión del pensamiento conlleva el derecho de informar o comunicar, es decir, el derecho de expresión mediante medios de comunicación. El derecho o la libertad de comunicación, por tanto, es una modalidad del derecho a la libre expresión del pensamiento, e implica el derecho no sólo de crear y establecer medios de comunicación, sino el derecho de las personas a utilizar dichos medios de comunicación para comunicarse con los demás, incluso cuando se hace de la comunicación una profesión u oficio, como la que ejercen los periodistas.

Ese derecho a la comunicación, como lo dice el artículo 58, es libre y plural, es decir, constituye una libertad individual y debe ejercerse sin exclusivismos o exclusionismos, es decir, asegurando la pluralidad propia de una sociedad democrática.

Este derecho a informar o a comunicar, por supuesto, tampoco puede estar sometido a censura previa de tipo alguno, por parte de nadie, ni del Estado ni de los particulares.

Por otra parte, dispone la Convención Americana que el derecho de expresión no se puede restringir por medios indirectos, tales como el abuso de controles oficiales o particulares de papel para periódicos, de frecuencias radioeléctricas, o de enseres y aparatos usados en la difusión de información o por cualesquiera otros medios encaminados a impedir la comunicación y la circulación de ideas y opiniones.

El ejercicio del derecho a informar o a comunicar también está sujeto a responsabilidades ulteriores, las cuales como lo establece la Convención Americana, deben ser expresamente fijadas por la ley y además ser necesarias para asegurar el respeto a los derechos a la reputación de los demás y para asegurar la protección de la seguridad nacional, el orden público o la salud o la moral públicas.

3. *El derecho a establecer medios de comunicación*

El tercero de los derecho que consagran los artículos 57 y 58 de la Constitución, derivados de los derechos ciudadanos a la libre expresión del pensamiento y a la comunicación e información, es el derecho de toda persona a establecer medios de comunicación; es decir, los instrumentos necesarios para que el pensamiento pueda expresarse en forma masiva, como podría ser, por ejemplo, un diario, una revista, una estación de radio o una estación de televisión.

Este derecho al igual que el anterior, no puede ser restringido en forma alguna si se trata de medios escritos de comunicación, como se ha dicho, por medios indirectos, tales como el abuso de controles del papel para periódicos.

En cuanto a los medios radioeléctricos o visuales, los mismos exigen para su creación y desarrollo, del uso de las ondas radioeléctricas que son del dominio público y que requieren de una concesión del Estado para su uso. La Convención Americana prohíbe que se restrinja el derecho por medios indirectos, tales como el abuso de controles oficiales o particulares de las frecuencias radioeléctricas o de los enseres o aparatos usado en la difusión de informaciones, como podrían ser los controles de importación o aduaneros de los aparatos para las estaciones de radio o televisión.

Los medios de comunicación son, en todo caso, el vehículo indispensables para la comunicación e información del pensamiento de las personas, por lo que deben asegurar la pluralidad propia de una sociedad democrática, garantizando el acceso a los mismos a todas las personas sin discriminaciones.

4. *El derecho a la información*

El cuarto derecho que consagra la Constitución en su artículo 58, es el derecho de toda persona a la información oportuna, veraz e imparcial, sin censura, de acuerdo con los principios establecidos en la Constitución.

En efecto, como contrapartida al derecho de todos a la libre expresión del pensamiento, y al derecho a la comunicación y a informar, también existe un derecho de todos a ser informados, de manera oportuna, veraz e imparcial.

Esto implica, en primer lugar, como se ha dicho, que existe un derecho a informar o a comunicar libremente, el cual conlleva este derecho constitucional a la información, es decir, el derecho de todas las personas a ser informadas, sin que pueda haber censura respecto de las informaciones, de acuerdo con los principios establecidos en la Constitución, entre ellos, el principio de la igualdad y no discriminación. En particular, se precisa que los niños y los adolescentes tienen derecho a recibir información adecuada para su desarrollo integral.

Ahora bien, la información a la que tienen derecho todas las personas debe ser conforme a la Constitución "oportuna, veraz e imparcial" (Nuestro voto salvado sobre estos calificativos se puede consultar en Allan R. Brewer-Carías, *Debate Constituyente*, Tomo III, Caracas, 1999, pp. 154 y ss.).

En todo caso, en primer lugar, la información debe ser oportuna. La oportunidad tiene una connotación temporal relativa al hecho del cual se informa, y su apreciación es difícil que llegue a ser totalmente objetiva. Tanto quien informa como quien recibe la información tienen sus respectivos parámetros del sentido de la oportunidad, los cuales pueden no coincidir.

Por ello, en definitiva es el informador, el que establece cuándo el suministro de una información es o no oportuno. Es decir, quien suministra la información y quien la difunde o comunica es el que juzga sobre la oportunidad de hacerlo.

Ello debe quedar a criterios de lógica, racionalidad y razonabilidad, y no puede ser arbitrario; pero la apreciación de la oportunidad, no puede quedar en las solas manos de quien recibe la información, pues cada una de las personas que recibe una información, de un hecho, por ejemplo, al leer un periódico, oír un programa de radio o ver la televisión, puede tener su propia evaluación de lo que es o no oportuno, según el mayor o menor conocimiento que tenga del hecho o asunto. Alguien que no conoce una invención por ejemplo, puede juzgar oportuna la información sobre la misma que se pueda suministrar en la actualidad. Por tanto, la medida de la oportunidad está tanto en quien suministra la información como en quien la recibe, y si bien la misma no puede ser arbitraria, pues queda sometida a los límites de la racionalidad, razonabilidad o logicidad; no es posible concebir que exista una sola autoridad la llamada a decir cuándo es o no oportuna la información.

El derecho a la información implica no sólo que la información sea oportuna, sino veraz, es decir, que responda a criterios de veracidad o certeza. De nuevo se está en presencia de un elemento que tampoco es ni puede ser de valor absoluto y enteramente objetivo. No existe la verdad objetiva; la verdad es siempre subjetiva y cada persona tiene su verdad.

Sin embargo, los hechos, en general no admiten apreciación en cuanto a su acaecimiento. Acaecen, por lo que cuando la información sólo se refiere a hechos, su misma expresión, es en sí misma, verdad. Llovió, alguien murió, hubo un choque de trenes. La expresión del hecho es, en sí misma, la verdad, si el hecho es cierto, es decir, acaeció.

Sin embargo, al pasar a la apreciación del hecho, su interpretación, la explicación de lo que lo motivó, sus circunstancias y las consecuencias de su realización, la posibilidad de veracidad objetiva desaparece. Cada persona tiene su forma y manera de apreciar los hechos; y es libre de hacerlo, así como de interpretarlos, por lo que la expresión de ello es siempre subjetiva y depende de la voluntad del comunicador.

Nadie puede, por tanto, establecer una verdad objetiva respecto de hechos o acaecimientos, que puedan satisfacer a todos los que tienen derecho a la información. Cualquier persona puede informar, en la actualidad, sobre una invención. La información puede ser veraz para el informador, si ignora que hay una invención previa, o constata que el nuevo "inventor" ignoraba que ya había sido inventado. La discusión legal puede ser si tal invención tiene o no carácter de novedad a los efectos de patentarla, pero no puede haber discusión sobre la veracidad de la información por el hecho de que muchos hubieran sabido de una invención precedente.

La veracidad, por tanto, nunca es objetiva, sino que siendo subjetiva, corresponde primeramente su apreciación a quien informa. Por supuesto, esta libertad de apreciación está sometida a los mismos límites de racionalidad, razonabilidad y logicidad, pero lo definitivo es que nadie puede establecer una verdad objetiva ni, por supuesto, una verdad única u "oficial".

Además, el derecho a la información implica que todos tienen derecho a que la información sea imparcial, es decir, que no se efectúe en favor o para beneficiar a alguien en perjuicio de otro. La imparcialidad tampoco puede ser determinada objetivamente, es decir, nadie puede establecer con carácter general cuándo una información es o no parcial o imparcial. La apreciación sobre esto es también, esencialmente subjetiva. Cada quien, al recibir una información y según el conocimiento de los hechos, tendrá su apreciación sobre la parcialidad o no de la información, y siempre será diferente de una a otra persona. Por tanto, la imparcialidad, de nuevo, tiene que ser apreciada por el comunicador, quien también tiene como límites de su apreciación, los principios de racionalidad, razonabilidad o logicidad. Sin embargo, nadie puede establecer, con carácter general, los criterios de parcialidad o imparcialidad de las informaciones.

5. *El derecho a la réplica y a la rectificación*

El quinto derecho que regula la Constitución, conforme al artículo 58, es el derecho de "toda persona" a la réplica (respuesta) y a la rectificación cuando se vea afectada directamente por informaciones inexactas o agraviantes.

Ante todo, debe señalarse que este derecho que también tienen todas las personas, tiene las mismas características de universalidad que el derecho a la libre expresión del pensamiento. Corresponde a toda persona, natural o moral, nacional o extranjera, domiciliada o no domiciliada en el país, de derecho privado o derecho público estatal o no estatal, sin discriminación alguna y sea cual sea su profesión u oficio. La Constitución no establece excepción alguna, por lo que toda persona tiene este derecho a réplica y rectificación.

El derecho, por otra parte, se consagra respecto de informaciones inexactas o agraviantes que afecten directamente a las personas; es decir, se trata de un derecho constitucional ante informaciones de cualquier naturaleza, expresadas en medios de comunicación escritos, auditivos o visuales, por cualquier persona, que afecten directamente a una persona por ser inexactas o porque la agravien. Como lo precisa la Convención Americana, este derecho de rectificación y respuesta lo tiene toda persona afectada por informaciones inexactas o agraviantes emitidas en su perjuicio a través de medios de difusión legalmente reglamentados y que se dirijan al público en general.

El derecho es de todos, por tanto, siempre que la información, sea quien sea que la dé y la forma como se dé, afecte directamente a la persona porque sea inexacta o porque la agravie. El informante puede ser un periodista que informa sobre un hecho o acaecimiento y da una noticia o puede ser cualquier persona que exprese su opinión en un medio dirigido al público en general, porque escriba un artículo o cualquier otro escrito, o tenga, lleve o conduzca cualquier programa de opinión o de noticias en un medio de comunicación.

Por tanto, el que da la información que origina el derecho a la réplica y rectificación puede ser o no ser un periodista o profesional de la comunicación; y quien se ve afectado por la información personalmente, porque es inexacta o lo agravia, puede ser o no ser un periodista o un director de un medio de comunicación. La Constitución no distingue. Lo único que exige es que para que alguien tenga derecho a la réplica y a la rectificación, debe estar afectado directamente (no indirectamente) por una información que tiene que ser inexacta o tiene que haber agraviado a la persona. El titular de este derecho, por tanto, para ejercerlo, tiene que probar que ha sido afectado directamente por la información, es decir, que la misma lo toca directamente en sus derechos, sus intereses o su situación jurídica y que, además, lo afecta directamente porque la información es inexacta o lo agravia. Ello implica que el interesado tiene que explicar cuál es la exactitud de los hechos informados para poner en evidencia la inexactitud de la información; o alternativamente, tiene que explicar cómo la información lo agravia, es decir, cómo lo afecta u ofende en sus derechos personales, particularmente, en lo que concierne al derecho al honor, vida privada, intimidad, propia imagen, confidencialidad y reputación (Art. 60).

Este derecho, por otra parte, consiste en un derecho a respuesta o réplica; es decir, la persona afectada directamente por la información tiene derecho a responderla, se entiende, en la misma forma y por el mismo medio en el cual salió la información lesiva; o como lo dice la Convención Americana, tiene derecho a efectuar por el mismo órgano de difusión su rectificación o respuesta en las condiciones que establezca la ley. Por ello, además, la persona afectada tiene derecho a que quien suministró la información inexacta o agraviante, rectifique la misma, en la misma forma y en el mismo medio en el cual se dio la información.

El sujeto pasivo de este derecho a réplica y rectificación, por supuesto, tiene que ser la persona que expresó o comunicó la información, y esa persona puede ser el periodista que suscribe la información en la prensa o que la suministra en los medios audiovisuales, o la persona que edita una publicación o un programa de radio o televisión, si la información suministrada no tiene autoría específica, o la persona que tiene una columna periodística regular o un programa de radio o televisión regular, y que, por tanto, tienen los medios para poder rectificar y dar cabida a la respuesta que origine la información suministrada.

Para la efectiva protección de la honra y la reputación, agrega la Convención Americana, toda la publicación o empresa periodística, cinematográfica, de radio o televisión debe tener una persona responsable que no esté protegida por inmunidades ni disponga de fuero personal.

Por último, debe destacarse, que en ningún caso el ejercicio del derecho a la rectificación o la respuesta eximen de otras responsabilidades legales en que se hubiese incurrido.

6. *El principio de la alteridad en los derechos relativos a la libre expresión del pensamiento y a la información*

Todos los cinco derechos constitucionales que consagran los artículos 57 y 58 de la Constitución y los mencionados artículos de la Convención Americana y del Pacto Internacional, están configurados conforme al principio de la alteridad, de manera que no se trata de meras declaraciones de principios, sino que se trata de auténticos derechos constitucionales en los cuales se puede distinguir un titular de los mismos (sujeto activo) y un obligado (sujeto pasivo), ya que todo derecho implica la relación derecho-obligación. De manera que en los cinco derechos, se puede identificar un sujeto activo y un sujeto pasivo.

En cuanto al derecho a la libre expresión del pensamiento, tratándose básicamente de una libertad, el derecho consiste en la potestad de toda persona de expresar su pensamiento, sus ideas y sus opiniones como se ha dicho, por cualquier medio y en cualquier forma sin que pueda haber censura.

Este derecho de toda persona conlleva una obligación, también de toda persona estatal o no estatal, de no hacer, de abstención, es decir, de no impedir u obstruir la libre expresión del pensamiento. Esta obligación corresponde a toda persona y, particularmente, al Estado, cuyos órganos no pueden ejercer el Poder, para imponer censura ni para impedir el ejercicio de la libertad mediante otros medios indirectos como los señalados en la Convención Americana.

La alteridad en este caso, es la de libertad-abstención.

La misma relación de alteridad se da respecto de la libertad de información y de comunicación. Toda persona tiene derecho a buscar información y a difundirla, libremente, derecho que no sólo tienen los periodistas. Esta libertad de información implica la obligación de todos de no impedir u obstaculizar el ejercicio de tal libertad, es decir, un deber de abstención que corresponde a toda persona y, en particular, también al Estado cuyos órganos no pueden ejercer el Poder para restringir o limitar el ejercicio de la libertad de información o comunicación.

La misma alteridad se encuentra respecto del derecho de crear y establecer medios de comunicación, que corresponde a toda persona; estando obligada también, toda persona y, en particular, el Estado, a abstenerse de establecer restricciones al ejercicio del derecho, en particular por vías o medios indirectos, encaminadas a impedir la comunicación y la circulación de ideas y opiniones.

El cuarto de los derechos regulados en la Constitución es el derecho a la información oportuna, veraz e imparcial. Los sujetos activos de este derecho son todas las personas, y los sujetos pasivos, son todas aquellas personas que informan y que se dedican en cualquier forma a informar y a comunicar. Por tanto, los medios de comunicación y los periodistas, que se dedican a informar y comunicar, están obligados a asegurar que la información que difundan sea oportuna, veraz e imparcial. En otras palabras, el sujeto pasivo en este derecho no puede suministrar información inoportuna, falsa o parcial. Ya hemos señalado, sin embargo, la dificultad que existe de considerar estos elementos objetivamente.

El quinto derecho relativo a la libre expresión del pensamiento y a la información, es el derecho a réplica (respuesta) y a rectificación. Este derecho tiene un sujeto activo, que es toda persona que haya sido directamente afectada por una información inexacta o agraviante; y el sujeto pasivo, es todo aquél que haya suministrado tal información, y que no puede ser otro que un medio de comunicación, un comunicador determinado o toda persona que disponga de un espacio regular en medios de comunicación. La obligación de estos consiste en dar cabida a la respuesta o réplica en el mismo medio y de efectuar la rectificación de la información inexacta o agraviante también en el mismo medio.

III. LOS DERECHOS CONSTITUCIONALES RELATIVOS A LA LIBERTAD DE EXPRESIÓN DEL PENSAMIENTO Y A LA INFORMACIÓN SEGÚN LA "DOCTRINA VINCULANTE" DE LA SALA CONSTITUCIONAL

1. *La falsa dicotomía de derechos constitucionales de la cual partió la Sala Constitucional para su interpretación*

La Sala Constitucional del Tribunal Supremo de Justicia, en la citada Sentencia Nº 1.013 de 12-06-01, ha pretendido interpretar los artículos 57 y 58 de la Constitución sentando una "doctrina vinculante", para lo cual partió del falso supuesto de que la Constitución "separa" en forma absoluta en esas normas, dos derechos: primero, el derecho a la libre expresión del pensamiento; y segundo, el derecho a la información "en beneficio de los ciudadanos", "el cual involucra el derecho a la réplica y rectificación" que tienen aquellos afectados por informaciones inexactas o agraviantes (p. 5 de 22).

Con esta premisa, equivocada, la Sala sentó, a la vez, una doctrina equivocada. En efecto, en primer lugar, la Constitución no consagra sólo dos derechos, como lo señala la sentencia, sino como hemos señalado, al menos cinco derechos: el derecho a la libre expresión del pensamiento; el derecho a comunicar e informar; el derecho a establecer medios de comunicación; el derecho a la información; y el derecho a réplica (respuesta) y rectificación.

En segundo lugar, es falso que el derecho a réplica y respuesta sólo esté vinculado, o relacionado con "el derecho a la información" o con "la información comunicacional" como lo dice la Sala (p. 5 de 22). El derecho a réplica y rectificación corresponde a toda persona afectada por informaciones inexactas o agraviantes, e "informaciones" son toda forma de comunicación al público, en general, a través de medios de comunicación, de expresiones del pensamiento de una persona, en cualquier forma que sea. No es cierto, por tanto, que el derecho a réplica y rectificación sea sólo "un derecho de los ciudadanos ante los medios de comunicación en general", si bien es por la información de ideas, opiniones o hechos que sean inexactos o agraviantes en los medios que, en general, surge el derecho. Sin embargo, el derecho podría surgir, también, ante cualquier otra forma de comunicación de ideas o pensamiento que se realice en forma regular, en público, y que afecte a una persona. Por ejemplo, el profesor en su clase universitaria, al expresar su pensamiento, ideas u opiniones puede dar una información u opinión inexacta o agraviante respecto de otra persona. Esta tendría derecho a respuesta y rectificación en las clases del profesor involucrado, en el mismo curso.

Por ello, el derecho a rectificación y respuesta es un derecho que surge como contrapartida, en general al derecho a la libre expresión del pensamiento, cuando éste se exprese en medios o actividades realizados en forma regular y al público.

2. *El derecho a la libre expresión del pensamiento, el acceso a los medios de comunicación y el olvido del tratamiento de los medios de comunicación oficiales (del Estado)*

Hemos señalado que además del derecho a la libre expresión del pensamiento está el derecho a la comunicación, divulgación o información del pensamiento mediante medios de comunicación. Este derecho a comunicar o informar, sin embargo, como lo ha señalado la Sala, implica "la posibilidad de acudir a los medios de comunicación para expresarse"; pero ello "no es un derecho irrestricto que tiene todo ciudadano para trasmitir su pensamiento, ya que cada medio tiene limitaciones de tiempo y espacio", correspondiendo al "director" del mismo escoger cuáles ideas, pensamientos u opiniones son comunicables masivamente. Por ello, dijo la Sala que si bien la libertad de expresión del pensamiento "es irrestricta", sufre una "restricción" de hecho, cuando se pretende utilizar para divulgarla en los medios de comunicación masiva. (p. 6 de 22).

En realidad no se puede hablar de "restricción" a la libertad de expresión del pensamiento por el hecho de que no exista "libertad" de acceso a los medios de comunicación. La Sala, confundió el derecho a la libre expresión del pensamiento con el derecho a informar o comunicar en los medios de comunicación, para cuyo ejercicio debe tenerse acceso a los mismos.

En todo caso, de lo afirmado por la Sala surge una distinción entre los dos primeros derechos que hemos mencionado, entre "la libertad de expresión que es en principio irrestricta" y la "libertad de comunicación de esa expresión" que no origina un derecho de utilizar "coercitivamente la forma de comunicación y difusión que la persona crea más conveniente". La Sala incluso dijo que el derecho al "uso de cualquier medio de comunicación o difusión" a que se refiere el artículo 57, es un "derecho relativo" que depende del real acceso que se tenga a los medios (p. 6 de 22).

Esto, por supuesto, no es lo que dice el artículo 57 en el cual la referencia al derecho "de hacer uso" para expresar libremente sus pensamientos, sus ideas u opiniones, "de cualquier medio de comunicación y difusión", es para indicar la amplitud del derecho, el cual no puede ser objeto de limitación por vía legal que establezca, por ejemplo, que determinadas personas no pueden hacer uso de determinados medios de comunicación.

En todo caso, lo que evidentemente deriva del derecho a comunicar o a informar como lo dice la Sala, es que "los medios no pueden vetar a nadie para expresarse en ellos, pero tal actividad depende del tiempo, oportunidad, espacio, etc., que puedan brindarle a las personas para emitir sus pensamientos".

La sentencia agrega respecto de los medios de comunicación que aquellos "que utilizan servicios, bienes o derechos concedidos por el Estado, deben prestar una mayor colaboración hacia la sociedad, en beneficio de la libertad de expresión de los ciudadanos" (p. 6 de 22). Apunta esta afirmación a la radio o la televisión que requieren de concesiones o permisos de uso del dominio público radioeléctrico.

Esto no deriva de las normas constitucionales, ni puede imponerse a quien realiza legítimamente una actividad vinculada a los medios de comunicación, la obligación de prestar colaboración "a la sociedad" por el hecho de requerir una concesión del Estado (uso del aspecto radioeléctrico, por ejemplo) para la realización de la misma. Esta carga no está prevista en norma alguna y sólo en la imaginación del Ponente de la sentencia.

En todo caso, se olvidó la Sala, sin embargo, dedicarle un párrafo más terminante a los medios de comunicación *del Estado*, es decir, los periódicos que publica el gobierno, la Radio Nacional o la Televisora Nacional, los cuales, con mayor énfasis, son los que deben abrirse a todos los ciudadanos, sin exclusivismos o exclusionismos, aún cuando sean oposición al gobierno. Téngase en cuenta que la acción de amparo que originó la sentencia se había intentado contra el Presidente de la República y contra la Presidenta de la Radio Nacional, por lo que la ocasión era propicia para imponerle a esta última la obligación de no excluir ni discriminar a la oposición en el acceso a la misma.

3. *La interpretación "regresiva" de la libertad de expresión del pensamiento, la responsabilidad ulterior y el fantasma del "vilipendio" a funcionarios*

La Sala Constitucional, por otra parte, dedica una serie de consideraciones a destacar la plena responsabilidad que corresponde al emisor del pensamiento por todo lo expresado, la cual puede ser una responsabilidad civil, penal, disciplinaria o de otra índole legal, conforme al daño que cause a los demás, la libertad de expresión utilizada ilegalmente. De allí deriva la apreciación de la Sala de que "la libertad de expresión, aunque no está sujeta a censura previa, tiene que respetar los derechos de las demás personas" (p. 7 de 22).

Esta responsabilidad para el emisor de la información, señala la Sala, en muchos casos está compartida:

> "Con el vehículo de difusión, sobre todo cuando éste se presta a un terrorismo comunicacional que busca someter al desprecio público a personas o a instituciones, máxime cuando lo difundido no contiene sino denuestos, insultos y agresiones que no se compaginan con la discusión de ideas y conceptos" (p. 7. de 22).

La Sala construyó, así, una responsabilidad solidaria entre comunicador y medio de comunicación que no tiene asidero jurídico alguno ¿cuándo, en efecto, puede decirse que hay "terrorismo comunicacional que busca someter al desprecio público a personas o a instituciones"? Esto sólo ha ocurrido en la historia cuando los medios de comunicación están controlados por el Estado y quienes controlan el Poder los acaparan para aplastar la disidencia. ¿Y no es esto lo que ha ocurrido, en los tiempos presentes, en los programas de radio del Presidente de la República, con sus ruedas de prensa "en cadena nacional", y con el control político de los medios de comunicación del Estado; instrumentos mediante los cuales el propio Presidente de la República se ha encargado de expresar "denuestos, insultos y agresiones que no se compaginan con la discusión de ideas y conceptos "respecto de todo lo que sea disidencia con su gobierno y su política?

Ahora bien, en cuanto a la responsabilidad penal para enjuiciar delitos derivados del ejercicio de la libertad de expresión, la Sala precisó que es el juez quien debe ponderar el *animus injuriandi* para determinar si la actitud de alguien que expone sus pensamientos, "realmente persigue dañar o es parte de la crítica que se ejerce sobre ciertas situaciones, que por lo regular, involucra políticas públicas y sus protagonistas" (p. 7 de 22).

Ante esto, también cabe preguntarse ¿cómo el juez va a considerar probado que hubo *animus injuriamendi*, que lo informado, así esté errado, se hizo con ánimo de injuriar, de causar daño? ¿Cómo se puede llegar a afirmar, objetivamente, algo que en definitiva es totalmente subjetivo?

En particular, debe señalarse que la Sala al hacer referencia a las responsabilidades penales derivadas del ejercicio de la libertad de expresión del pensamiento, destacó los casos de "vilipendio a funcionarios públicos (artículos 223 y 226 del Código Penal)", olvidándose de que dicho tipo delictivo (conocido en otros países, como "leyes de desacato") ha sido considerado como incompatible con la Convención Americana sobre Derechos Humanos, en particular, por la Comisión Interamericana de Derechos Humanos en el *Informe sobre la compatibilidad entre las Leyes de Desacato y la Convención Americana sobre Derechos Humanos* (Doc 9, 88° Período de sesiones, Informe Anual, Washington, 17-02-95, Capítulo V). En este caso, en lugar de aplicar el principio de la progresividad que impone el artículo 19 de la Constitución en materia de derechos humanos, la Sala Constitucional, violando dicha norma, hizo su "interpretación" conforme al principio contrario, el de la "regresividad" o restrictivo de la libertad.

La Comisión Interamericana, en efecto, ha sentado la doctrina siguiente en el punto IV del *Informe* indicado:

"Las leyes de desacato son incompatibles con el artículo 13 de la Convención Americana de Derechos Humanos porque reprimen la libertad de expresión necesaria para el debido funcionamiento de una sociedad democrática".

Y al final del *Informe*, en su último párrafo, afirma la Comisión en forma más general, que

"Las leyes que penalizan la expresión de ideas que no incitan a la violencia anárquica son incompatibles con la libertad de expresión y pensamiento consagrada en el artículo 13 y con el propósito fundamental de la Convención Americana de proteger y garantizar la forma pluralista y democrática de vida".

Es verdaderamente asombroso, por lo demás, que en su tarea de interpretar el contenido de los artículos 57 y 58 de la Constitución, la Sala constitucional haya ignorado, también, tan olímpicamente, la doctrina de la Comisión Interamericana de Derechos Humanos plasmada en esta materia en otros Informes específicos, como el *Informe Nº 22/94, Caso 11.012 (Verbitsky)* referido, precisamente al tema de las leyes que establecen el delito que nuestro Código Penal denomina como "vilipendio a funcionarios públicos", considerado como incompatible con la Convención Americana. En su lugar, como analizaremos más adelante, la Sala recurrió a jurisprudencia europea (Alemania, España), siendo que, como es bien sabido, la Convención Americana es más generosa en su garantía de la libertad de expresión y menos restrictiva de ese derecho que las disposiciones pertinentes de la Convención Europea para la Protección de los Derechos Humanos y las Libertades Fundamentales.

En todo caso, del análisis de la Sala Constitucional a las Convenciones internacionales que regulan la materia, se destaca que la libertad de expresión genera responsabilidades, que en todo caso "deben ser expresamente fijadas por la ley y que deben asegurar" el respeto a los derechos o a la reputación de los demás; la protección de la seguridad nacional, del orden público, o la salud o la moral pública; y la protección moral de la infancia y la adolescencia.

Lo que le faltó precisar a la Sala Constitucional fue lo que indicó la Comisión Interamericana de Derechos Humanos, en el sentido de que dichas restricciones, además, "tienen que ser compatibles con la preservación y el desarrollo de sociedades democráticas" conforme a lo que estipulan los artículos 29 y 30 de la Convención Americana, que como se ha dicho, tienen rango constitucional en Venezuela. Dichas normas, en efecto, establecen lo siguiente:

"*Artículo 29. Normas de interpretación.* Ninguna disposición de la presente Convención puede ser interpretada en el sentido de:

a) Permitir a alguno de los Estados Partes, grupo o persona, suprimir el goce y ejercicio de los derechos y libertades reconocidos en la Convención o limitarlos en mayor medida que la prevista en ella:

b) Limitar el goce y ejercicio de cualquier derecho o libertad que pueda estar reconocido de acuerdo con las leyes de cualquiera de los Estados Partes o de acuerdo con otra convención en que sea parte uno de dichos Estados:

c) Excluir otros derechos y garantías que son inherentes al ser humano o que se derivan de la forma democrática representativa de gobierno, y

d) Excluir o limitar el efecto que puedan producir la Declaración Americana de Derechos y Deberes del Hombre y otros actos internacionales de la misma naturaleza.

Artículo 30. Alcance de las Restricciones. Las restricciones permitidas, de acuerdo con esta Convención, al goce y ejercicio de los derechos y libertades reconocidas en la misma, no pueden ser aplicadas sino conforme a leyes que se dictaren por razones de interés general y con el propósito para el cual han sido establecidas".

Como se verá, con su interpretación "regresiva" la Sala Constitucional violó abiertamente estas normas.

4. *La libertad de expresión del pensamiento y la extraña exclusión del derecho a réplica o rectificación*

En la sentencia, la Sala Constitucional, de golpe, sin motivación alguna, llegó a una conclusión que es a todas luces insostenible constitucionalmente, al considerar el derecho a la libre expresión del pensamiento en forma aislada, y no en su globalidad, como parte de un conjunto de derechos que son, además, el derecho a comunicar o informar, el derecho a establecer medios de comunicación, el derecho a la información y el derecho de réplica o rectificación. La Sala, en efecto, afirmó lo siguiente:

> "En relación con dicha libertad de expresión y sus efectos, no está previsto en ninguna de las normas comentadas (art. 19, PIDCP; art. 13 CADH), el derecho de réplica o de rectificación por parte de quien se considere perjudicado, ya que quien emite una opinión se hace responsable de ella, y los daños que cause o los delitos que cometa por lo expresado (en público o en privado) darán lugar a las acciones penales, civiles o de otra naturaleza a que haya lugar" (p. 9 de 22).

De esto resulta, por tanto, la inconstitucional dicotomía que intentó montar la Sala: de que el ejercicio de la libertad de expresión del pensamiento sólo originaría responsabilidades ulteriores, pero no originaría el derecho a rectificación o réplica por parte de una persona agraviada por la expresión del pensamiento o lesionada directamente por la información inexacta, sino que, en consecuencia, el derecho a réplica y rectificación sólo se podría exigir ante la libertad de información o comunicación.

Esto no tiene asidero constitucional alguno, pues el hecho de que el conjunto de derechos constitucionales vinculados a la libertad de expresión esté regulado en dos artículos separados (tanto en la Constitución como en la Convención Americana), no puede conducir a considerarlos como compartimientos estancos. El ejercicio del derecho a la libre expresión del pensamiento, el derecho a informar y a comunicar, el derecho a establecer medios de comunicación, como el ejercicio de cualquier derecho, genera responsabilidades, y además, respecto de todos ellos, la persona afectada por informaciones inexactas o agraviantes tiene derecho a réplica o a rectificación cuando las mismas consten en un medio de comunicación o se produzcan en formas de difusión regular del pensamiento (las clases en un curso universitario, por ejemplo).

La Corte Interamericana de Derechos Humanos, al contrario de lo afirmado por la Sala Constitucional, al referirse a los artículos 13 y 14 de la Convención Americana en la *Opinión Consultiva OC-7/86* de 29-08-86 (Exigibilidad del Derecho de Rectificación o Respuesta) ha señalado:

> "25. La ubicación del derecho de rectificación o respuesta (art. 14) inmediatamente después de la libertad de pensamiento y expresión (art. 13), confirma esta interpretación. La necesaria relación entre el contenido de estos artículos se desprende de la naturaleza de los derechos que reconocen, ya que, al regular la aplicación del derecho de rectificación o respuesta, los Estados partes deben respetar el derecho de libertad de expresión que garantiza el artículo 13 y este último no puede interpretarse de manera tan amplia que haga nugatorio el derecho proclamado por el artículo 14.1 (*La colegiación obligatoria de periodistas, supra* 18). Recuérdese que la Resolución (74) 26 del Comité de Ministros del Consejo de Europa fundamentó el derecho de respuesta en el artículo 10 de la Convención Europea, sobre la libertad de expresión".

La Sala Constitucional, contrariando esta doctrina, llega a una conclusión contraria, pero inmotivada, en el sentido de que supuestamente "en relación con dicha libertad de expresión y sus efectos, no está prevista en ninguna de las normas comentadas, el derecho de réplica o de rectificación por parte de quien se considere perjudicado, ya que quien emite una opinión se hace responsable de ella" (p. 9 de 22) !!!.

Pues resulta que es todo lo contrario: el derecho de respuesta y rectificación es consustancial al derecho a la libertad de expresión, del cual deriva, independientemente de las responsabilidades ulteriores, que siempre existen.

5. *El derecho a la libre expresión del pensamiento y la burla a la prohibición constitucional de censura*

La Sala Constitucional, en su sentencia, argumentó sobre la prohibición de censura respecto del derecho a la libre expresión del pensamiento (art. 57), considerando que, sin embargo, no ocurriría censura en los casos en los cuales se impida la difusión de ideas y conceptos que se emitirían en violación del artículo 57, es decir, en los casos en que se pretenda expresar el pensamiento en forma anónima, que constituya propaganda de guerra, que contenga mensajes discriminatorios o que promueva la intolerancia religiosa (p. 9 de 22). Esto no es otra cosa que "legitimar" la censura previa, lo cual es totalmente inconstitucional.

En efecto, la prohibición de la censura previa en la Constitución y en la Convención Americana es de carácter absoluto, de manera que no es posible que se prevea excepción alguna a la prohibición. Así lo ha sostenido la Comisión Interamericana de Derechos Humanos en el *Informe Nº 11/96, Caso 11.230 Chile (Martorell)* (*Nº 56).*

La sentencia de la Sala Constitucional, por tanto, puede considerarse violatoria de la Constitución y de la Convención Americana al admitir que "antes de su publicación" (p. 9 de 22) puede "impedirse" la difusión de ideas y conceptos en forma anónima, que constituyan propaganda de guerra, mensajes discriminatorios o que promuevan la intolerancia religiosa.

Esta afirmación es peligrosísima y peor cuando está contenida en una "doctrina vinculante". ¿Quién, en efecto, se va a erigir en el definidor de que una difusión de ideas o conceptos va a caer, *a priori,* en una de las prohibiciones constitucionales?. Esa es la más clásica de las censuras: aquellas instrumentadas por el Poder para, con la excusa de que se trata de controlar la propaganda de guerra, o los mensajes discriminatorios o que promuevan la intolerancia religiosa, pueda impedirse con antelación, la difusión de ideas o conceptos que, en definitiva, lo que constituyen son manifestaciones contrarias al régimen político imperante.

Al final de su absurda consideración, sin embrago, la Sala Constitucional señaló que:

> "Ante informaciones de esta naturaleza en los medios de comunicación, el amparo constitucional es la vía para que dichas disposiciones se cumplan y se restablezca la situación jurídica lesionada o amenazada por estas trasgresiones" (p. 10 de 22).

En esta forma, en una forma todavía más absolutamente inconstitucional, la Sala Constitucional pretende convertir al amparo constitucional en un instrumento de censura, lo cual sería gravísimo sobre todo si se trata de amparos decididos *in limine litis,* como el resuelto en la sentencia que comentamos.

No obstante, la Sala Constitucional fue más allá en su absurda argumentación al considerar que mediante *ley* pueden regularse "mecanismos tendientes a impedir que sean difundidos anónimos, propaganda de guerra, mensajes discriminatorios o que promuevan la intolerancia religiosa, y que ello no constituiría censura" (p. 10 de 22).

Para impedir la publicación de tales conceptos o ideas, la ley tendría que establecer mecanismos de "revisión" previa de los textos, lo que no es otra cosa que censura previa. La Sala Constitucional, al hacer esta afirmación ha violado abiertamente la Constitución que establece una prohibición absoluta de la censura.

La Sala Constitucional, además señaló que "la ley puede prohibir la circulación de expresiones del pensamiento que atenten contra otros derechos constitucionales como son, por ejemplo, los relativos al interés superior del niño", (p. 10 de 22), prohibición que, sin embargo, la Sala consideró es distinta a la censura y cuya trasgresión originaria responsabilidades.

La Ley puede, en efecto, en cumplimiento de la Constitución (art. 78), dictar una legislación en protección del niño que prohíba determinadas expresiones contrarias a la niñez en los medios de comunicación; pero lo que no puede es permitir la instalación de "censores" en los medios, para revisar con carácter previo el material a ser publicado o divulgado, y poder impedir la difusión de lo que el "censor" considere que violaría las prohibiciones legales.

Además, en su sentencia, la Sala, consideró que la acción de amparo constitucional sería la vía para impedir la censura previa tanto oficial como privada, calificando a esta última como "boicot" (p. 10 de 22). El amparo constitucional es también la vía para ordenar de nuevo una publicación, cuando se mutilen expresiones del pensamiento antes de publicarse, o se las tergiverse haciéndolas perder sentido (p. 10 de 22).

Ahora bien, la censura previa, como se dijo, esta prohibida en términos absolutos. Por ello, no es posible ni siquiera admitir la figura del "juez censor" que establece la Sala. Al abrir la vía para la censura judicial previa, la Sala Constitucional viola la Constitución.

Sobre el tema de la censura, se destaca, además, la siguiente declaración de la Sala en el sentido de que:

> "No constituyen formas indirectas de censura, las tasas impositivas que se imponga -en igualdad de condiciones- a las empresas editoriales, ni las normas sobre concesiones de bienes del dominio público (espacio radioeléctrico), ni las disposiciones legales que permitan medidas preventivas sobre programas comunicacionales, obras contentivas de expresiones del pensamiento, etc. (tal como las previstas)" (p. 10 de 22).

Por supuesto, al contrario, estos mecanismos indirectos sí pueden ser instrumentos de censura, al lesionar la independencia de los medios de comunicación. Por ello, el principio Nº 13 de la *Declaración de la Comisión Interamericana de Derechos Humanos*, aprobada por la OEA, sobre libertad de expresión señala que:

> "La utilización del poder del Estado y los recursos de la hacienda pública, la concesión de prebendas arancelarias, la asignación arbitraria y discriminatoria de publicidad oficial y créditos oficiales, el otorgamiento de frecuencias de radio y televisión, entre otros, con el objetivo de presionar y castigar o premiar y privilegiar a los comunicadores en función de sus líneas informativas, atenta contra la libertad de expresión y deben estar expresamente prohibidos por la ley".

Agrega, además, la Declaración que "los medios de comunicación social tienen derecho a realizar su labor en forma independiente", por lo que "presiones directas o indirectas dirigidas a silenciar la labor informativa de los comunicadores sociales son incompatibles con la libertad de expresión".

La afirmación general, de la Sala Constitucional, en todo caso, formulada fuera de contexto con el objeto del proceso que originó la sentencia, como tantas otras afirmaciones que se formulan en la decisión, sin duda es peligrosa. Todos esos procederes pueden traducirse en formas de censura, precisamente, indirectas, cuando se abusa de ellas.

6. *El derecho a la información, el derecho de autor y las noticias*

La Sala Constitucional, además, entró a considerar el derecho a la información el cual consideró "íntimamente ligado al de la libertad de expresión", definiéndolo como "un derecho de las personas que se adelanta, entre otras formas de adquirirlo, por los medios de comunicación".

La Sala estimó que este derecho no está únicamente referido

> "A la trasmisión de expresiones del pensamiento como conceptos, ideas u opiniones, sino a la propagación de noticias del acontecer diario en el mundo, en el país o en una región del mismo; a la entrevista periodística, al reportaje, a la ilustración fotográfica o visual" (art. 3 Ley de Ejercicio del Periodismo) (pp. 10 de 22 y 11 de 22).

La amplitud del concepto es indudable, por lo que el derecho a la información a que se refiere el artículo 58 constitucional, comprende tanto a la expresión del pensamiento como a la difusión de noticias en cualquier forma.

Pero esta amplitud fue luego reducida por la propia Sala Constitucional: primero dijo que la norma trata "preferentemente" la noticia periodística y luego, señaló que la norma

> "No se refiere a las obras sujetas a los derechos de autor en sentido lato (libros, cuadros, etc.) que se corresponden con el ejercicio de la libertad de expresión, sino a la información de noticias" (11 de 22).

Ante todo debe señalarse que no hay un derecho de autor en "sentido lato" y otro que no lo sea (¿sentido estricto?). El derecho de autor se refiere a cualquier creación del intelecto de una persona, lo que incluye desde una fotografía hasta la interpretación de un hecho cualquiera, por lo que no tiene sentido la diferencia que pretendió hacer la Sala. Sobre toda creación existe derecho de autor, y como expresión del pensamiento está sujeto a la Constitución y protegido por la misma (art. 98).

Ahora, que el derecho ciudadano a la información se ejercite con más frecuencia en relación con la difusión de noticias, no implica que no exista respeto de otras formas de expresión del pensamiento. Los ciudadanos tiene así derecho, por ejemplo, que en las bibliotecas públicas estén las obras de todos los autores posibles, por lo que se violaría el derecho a la información, si las bibliotecas públicas sólo contienen libros de ciertos autores, por ejemplo, afectos al gobierno o al régimen. Igual sucede con los museos de obras de arte: los ciudadanos tienen derecho a la información sobre la plástica, por lo que un museo público, por ejemplo, debe tender a tener pinturas representativas de la mayor cantidad de corrientes artísticas representativas del universo de las tendencias en un país; y no sólo pinturas de los artistas amigos o favorecidos por el régimen.

Ahora, en cuanto a la noticia, la Sala Constitucional la define como:

> "El suceso (actual o pasado, o sus proyecciones futuras) trasmitido a la colectividad por los medios de comunicación social (lo que hasta podría realizarse mediante pantallas públicas de información, por ejemplo), que también incluye a los anuncios que la ley ordena se difundan y a la publicidad en general, la cual no es *per se* una información de noticias, pero sí sobre la existencia y cualidades de bienes y servicios de toda clase al alcance del público, las cuales no deben ser engañosas a tenor del artículo 117 constitucional" (p. 11 de 22).

Mezcla así, la Sala Constitucional en su concepto de "noticia" incluso la "publicidad comercial" sobre la existencia y cualidades de bienes y servicios, convirtiendo la competencia desleal en el mundo mercantil o de la libre competencia en una materia constitucional.

Luego, vienen apreciaciones de la Sala sobre el manejo masivo de la noticia, respecto de lo cual no se entiende en qué puede consistir la "doctrina vinculante" de lo que se dice en el párrafo; así:

> "El manejo masivo de la noticia, que permite a la persona ejercer el derecho a la información oportuna, puede efectuarse por instituciones públicas o privadas, siendo por lo regular estas últimas empresas mercantiles, con fines de lucro, que realizan actos de comercio a tenor del artículo 2° del Código de Comercio, las cuales escogen a dedo, conforme a sus conveniencias, a sus periodistas y colaboradores, y que presentan, junto con las noticias y la publicidad, artículos de opinión, emanados o no de periodistas, entre los que se encuentran

los editoriales de la prensa de todo tipo, siendo –por lo tanto- las empresas o instituciones de comunicación masiva, un medio para difundir noticias (informaciones) y opiniones, muchas de las cuales se insertan más en los cánones publicitarios que en el ejercicio de la libertad de expresión **strictu sensu**, ya que lo que buscan es vender bienes o servicios de manera interesada, más que expresar ideas, conceptos o pensamientos con fines no comerciales. Muchas veces estas opiniones que difunden los medios se basan en sucesos (hechos) a los cuales se remiten, y no es raro que tales opiniones (incluso adversas) estén destinadas a dar publicidad a un personaje, y sean parte de una trama para ese fin". (p. 11 de 22).

La referencia a la escogencia, "a dedo", conforme a sus conveniencias, de los colaboradores de los medios de comunicación contenida en este párrafo (p. 11 de 22), en realidad, lo que recuerda es la designación de los propios Magistrados de la Sala Constitucional que dictaron la sentencia, ocurrida el 22-12-99, al margen de toda norma constitucional por la Asamblea Nacional Constituyente, y la designación o "ratificación" de algunos de dichos Magistrados, con fundamento tanto en una ley que se apartó de la Constitución de 2000 y en una sentencia de los mismos Magistrados de la Sala Constitucional, en la cual decidieron que la Constitución no se les aplicaba a ellos mismos. Nada impide en ejercicio de la libertad económica (art. 112 C) y de la libre competencia (art. 299 C) que los medios de comunicación escojan, como quieran a sus colabores.

Por otra parte, la sugerencia de que los medios de comunicación privados persiguen fines de lucro, lo que es natural y normal, aparece en la sentencia como un estigma; al igual que se estigmatiza el hecho de que un medio de comunicación escoja libremente sus colaboradores, periodistas o columnistas, "a dedo". Eso es libertad de contratación y nada más, pues los medios no tienen por qué hacer concurso alguno para seleccionar a su personal, ni existe una ley que defina el perfil o requisitos de los periodistas o columnistas que se puede contratar. Ello sí debería existir en los medios de comunicación del Estado, pero allí sólo laboran las personas afectas al régimen; y sobre esto nada dijo la sentencia. En los medios oficiales de comunicación, en efecto, si deberían existir mecanismos para la selección de funcionarios públicos, al contrario de lo que sucedió con los propios Magistrados del Tribunal Supremo de Justicia, como los que dictaron la sentencia, los cuales sin embargo sí fueron escogidos "a dedo" por el Poder.

7. *La libertad de información, la confusión entre las noticias y la publicidad: el derecho y las responsabilidades*

En otra parte de la sentencia, la Sala Constitucional destacó "la información" como derivado de la libertad de expresión, pero con especificidad y autonomía, pues -dijo- "la información se comunica" a través de medios de comunicación, afirmando que

> "La información clandestina no pasa de ser el chisme, el rumor o la intriga a nivel personal, y no masivo" (p. 11 de 22).

Para reafirmar "esta autonomía de la libertad de información, con respecto a la libertad de expresión" la Sala remitió a lo decidido por el Tribunal Constitucional español en el *Caso Vinader (105/83).*

La Sala Constitucional, dándole un tratamiento único a la información, sea "la noticia o la publicidad", efectuada por medios de comunicación, que debe ser conforme al artículo 58 de la Constitución, oportuna, veraz, imparcial, sin censura y ceñida a los principios constitucionales, precisó que:

> "La violación de esos mandatos que rigen las noticias y la publicidad, hace nacer derechos de toda persona para obrar en su propio nombre si la noticia no se amoldó a dichos principios". (p. 12 de 22).

La Sala precisó, además, que "la comunicación (pública) comporta tanto en el comunicador como en el director o editor del medio, las responsabilidades que indique la ley", lo que "tiene que ser así" por el secreto de las fuentes de información periodística (art. 28 de la Constitución). En consecuencia, dijo la Sala,

> "Los dislates periodísticos que atentan contra el derecho de los demás y contra el artículo 58 constitucional, generan responsabilidades legales de los editores o de quienes los publican" (p. 12 de 22).

Queda por determinar, en todo caso, cuándo se está en presencia de un "dislate", es decir, de un "disparate", que es lo mismo que algo "atroz" o "contrario a la razón" de acuerdo con el *Diccionario de la Lengua Española*; y quién debe o puede determinarlo.

La Sala, por otra parte, precisó cómo los medios de comunicación pueden asegurar el derecho a la información, en la siguiente forma: emitiendo información veraz, oportuna e imparcial; y evitando la difusión de la noticia falsa, o manipulada con medias verdades; la desinformación que niega la oportunidad de conocer la realidad de la noticia; o la conjetura o información parcializada para lograr un fin específico contra algo o alguien (p. 12 de 22).

Consideró la Sala, además, en la sentencia como:

> "Un abuso de los medios, que contraría la libertad de información, emitir conceptos negativos o críticos sobre ideas, pensamientos, juicios, sentencias, etc., sin señalar en qué consiste lo criticado, impidiéndole a las personas que tienen el derecho a informarse, enterarse de qué es lo deleznable. De igual entidad abusiva es acuñar frases con lugares comunes, tales como que una actitud es funesta, una idea un exabrupto o una locura, sin exponer cuál es la actitud o la idea criticada, o aislando de un contexto un sector y comentarlo, sin tomar en cuenta el todo donde se insertó lo resaltado, lo que cambia el sentido de lo aislado". (p. 13 de 22).

Contra estas actitudes, la Sala consideró que procedía intentar acciones para lograr que se informe debidamente, lo que, estimó, sin explicación alguna, que no se correspondía con el derecho de réplica ni de rectificación, sino a una acción de amparo (p. 13 de 22).

En todo caso, quedaría por resolver cómo se intentaría esta acción de amparo. Si alguien dijera, respecto de la sentencia de la Sala Constitucional, que es "funesta", un "exabrupto", sin señalar en qué consiste lo criticable de la sentencia; entonces, en qué consistiría la acción de amparo. ¿Se intentaría contra la persona que emitió esos conceptos negativos o críticos contra la sentencia, para "obligarlo" a acudir a los medios de comunicación a razonar sus asertos? ¿Y si simplemente se niega a hacerlo? ¿Incurriría en desacato y podría ser objeto de una medida de privación de la libertad? El sólo pensar en la consecuencia de lo que afirma la sentencia, confirma su absurdo contenido. ¿O es que la Sala ha querido de nuevo abrir la vía a la censura judicial, para que por vía de amparo se impida que alguien emita esos conceptos sobre un acto o un hecho?. El sólo pensar en esta posibilidad lleva a rechazar el texto de esta sentencia, por inconstitucional.

En todo caso, con las "lecciones de periodismo", que contiene este párrafo de la sentencia, sin embargo, la Sala Constitucional, por ejemplo, ignoró cómo ante expresiones de "tribunal genuflexo" y de calificar a un Magistrado del Tribunal Supremo de Argentina como "asqueroso", resultó el *Informe Nº 22/94 Caso 11.012, Argentina (Verbitsky)* de la Comisión Interamericana de Derechos Humanos, que implicó la derogación del artículo del Código Penal Argentino (art. 244) que regulaba la figura equivalente al vilipendio de funcionarios, y se dejó sin efecto la condena por ello contra el periodista Sr. Horacio Verbitsky.

Para concluir, la Sala dictó otra norma en evidente usurpación de funciones, estableciendo como "doctrina vinculante" lo siguiente:

> "Igualmente, el ejercicio de la libertad de expresión y en cierta forma el de la libertad de información a ello unida, admite opiniones y valoraciones críticas de los hechos noticiosos que se comunican, incluso con el empleo de expresiones molestas, hirientes o excesos terminológicos, siempre que los mismos no constituyan insultos o descalifaciones fuera de discurso, desconectadas o innecesarias con el tema objeto de opinión o información; ni de expresiones hirientes, insidiosas o vejatorias sin conexión con el tema objeto de información u opinión, o innecesarias para la formación de la opinión pública, ni cuando se trata de expresiones injuriosas que exteriorizan sentimientos personales ajenos a la finalidad de contribuir a la formación de una opinión pública libre y responsable. No puede existir un insulto constitucionalmente protegido, y ellos, carecen de cobertura constitucional" (p. 17 de 22).

8. *La información veraz, imparcial y oportuna y la línea de opinión de los medios de comunicación*

De acuerdo con la Constitución, las personas tienen derecho a réplica y rectificación cuando se vean afectadas por informaciones inexactas o agraviantes. Se trata, como lo indicó la Sala Constitucional, de un derecho individual y no colectivo; aún cuando, afirma la Sala, que:

> "Será posible incoar acciones para ejercer derechos e intereses difusos, cuando la publicidad atente contra la calidad de la vida, cuando la comunicación deja de ser plural, o cuando no contribuyan a la formación ciudadana (artículo 108 constitucional)" (p. 12 de 22).

De nuevo, estas frases provocan la pregunta, por ejemplo, sobre quién, cómo y cuándo puede juzgarse que una comunicación "no contribuye a la formación ciudadana". Expresiones tan indeterminadas, lo que abren es el paso a la intervención oficial.

En todo caso, la Sala Constitucional "hizo suya" la doctrina del Tribunal Constitucional español sentada en fallo de 19-04-93, en la cual, sobre la información veraz, estableció que implicaba un deber de diligencia del comunicador en la comprobación razonable de la veracidad, aún cuando su total exactitud fuera controvertible o se incurriera en errores circunstanciales (p. 13 de 22).

Con otras citas de otras sentencias del Tribunal Constitucional español, la Sala continuó la elaboración sobre el deber de diligencia del informador (pp. 15 de 22 y 16 de 22); y luego se refirió a la doctrina de la "malicia real" sentada en el *Caso New York Times vs. Sullivan* mediante sentencia de la Corte Suprema de Justicia de los Estados Unidos de América de 09-03-64, con ponencia del juez William J. Bennam, conforme a la cual aún manifestaciones de hechos falsos pueden estar amparados constitucionalmente si para su expresión no se comprueba "real malicia". O como lo dijo la Sala Constitucional, las

> "Informaciones pueden ser erradas, y conculcarían derechos personales de naturaleza constitucional, cuando se difunden con conocimiento de que eran falsas o con indiferencia temeraria acerca de si la afirmación era falsa o no" (p. 16 de 22).

En otra parte de la sentencia, sin embargo, la Sala sólo apuntó que:

> "Hay falta de veracidad, cuando no se corresponden los hechos y circunstancias difundidas, con los elementos esenciales (no totales) de la realidad" (p. 14 de 22).

El problema con la información veraz, en todo caso, sigue siendo el de la determinación de la "verdad". Esta, en muchos casos, en subjetiva, pues de determinados hechos, cada quien puede tener "su" verdad, la cual no es objetiva. El peligro de la objetivización es que alguien pretenda decir cuál es la verdad "oficial" y ello, en definitiva, significa control de lo que se puede decir.

Consideró además, la Sala que:

> "También es una atentado a la información veraz e imparcial tener un número mayoritario de columnistas de una sola tendencia ideológica, a menos que el medio en sus editoriales o por sus voceros, mantenga y se identifique con una línea de opinión congruente con la de los columnistas y colaboradores" (p. 13 de 22).

Con esta norma (doctrina vinculante), que estableció la Sala, usurpando la función legislativa que corresponde exclusivamente a la Asamblea Nacional (art. 187,1 de la Constitución), cometió un atentado contra la libertad de información y contra el derecho a establecer medios de comunicación. ¿Qué significa "mayoría"? ¿La mitad más uno o se trata de una "mayoría" específica? ¿Cómo se definen las "tendencias ideológicas? ¿Es lo mismo una tendencia ideológica que una línea de opinión? ¿Estaba la Sala pensando en la línea de opinión oficialista o de oposición? ¿Son esas tendencias ideológicas?

La sentencia, al menos, tiene la siguiente implicación: si los voceros de un medio de comunicación, donde la mayoría de los columnistas tienen una posición política general, y mantienen e identifican esa posición, entonces no habría atentado alguno a la información veraz e imparcial. ¿Estaría pensando la Sala en la Radio Nacional y en el programa *Aló Presidente* que lleva el Presidente de la República, donde la oposición no tiene cabida alguna?

¿Cómo se puede obligar a un medio de comunicación, a su director y editor, a los columnistas y periodistas del mismo, a declararse como voceros de una corriente ideológica? Parece que esa es la única forma como la Sala Constitucional concibe que un diario que tiene columnistas con una corriente de opinión relativamente uniforme, no viole la libertad de expresión. La verdad es que una confesión de ese tipo, además de violar la libertad de conciencia, sólo podría darse en un diario oficialista, del gobierno.

9. *El conflicto entre el derecho a informar y otros derechos constitucionales*

La Sala Constitucional, en su sentencia, al referirse en un "plano particular" al derecho a réplica y rectificación, constató lo siguiente:

> "Está referido a las personas que se ven afectadas por informaciones inexactas o agraviantes o que atentan contra sus derechos humanos, contra su dignidad o contra derechos constitucionales que les corresponden, quienes, hasta ahora, no reciben ningún apoyo de las organizaciones no gubernamentales dedicadas a los derechos humanos, cuando su dignidad, el desenvolvimiento de la personalidad, el honor, la reputación, la vida privada, la intimidad, la presunción de inocencia y otros valores constitucionales se ven vulnerados por los medios de comunicación social" (p. 14 de 22).

En estos casos, dijo la Sala, las personas agraviadas tienen derecho a réplica y rectificación y, además, derecho a obtener reparación por los perjuicios que se causen (p. 14 de 22).

Sin embargo, más adelante, en la sentencia, la Sala afirmó:

> "El derecho a la información, de esencia constitucional, debe ponderarse cuando debe prevalecer sobre otros derechos constitucionales de las personas, pero estos tendrán primacía, cuando la información no es veraz, por falsa, o por falta de investigación básica del medio que la publica o la edita" (p. 16 de 22).

La tesis de la ponderación de los derechos, de manera que priven los derechos a la reputación y honra sobre la libertad de expresión en los casos de que la información no sea veraz, oportuna e imparcial, lamentablemente abre el camino a la discrecionalidad judicial, en la evaluación de la veracidad y al hostigamiento respecto de periodistas. Estos están sujetos a responsabilidades, pero tal responsabilidad ulterior no puede dar pie a la censura judicial previa de informaciones sobre la base de considerarlas falsas, inoportunas o imparciales.

Sin embargo, luego, contradictoriamente, recurriendo a la doctrina de la "malicia real" del citado *Caso New York Times vs. Sullivan*, la Sala Constitucional dijo, como ya se señaló, que las informaciones erradas sólo conculcan los derechos personales de naturaleza constitucional, cuando se difundan con conocimiento de que eran falsas o con indiferencia temeraria acerca de si la afirmación era falsa o no" (p. 16 de 22).

Por último, y citando la jurisprudencia del Tribunal Constitucional español, la Sala señaló que la misma:

> "No ha considerado ilegítima la intromisión en los derechos fundamentales de la personalidad, cuando el error era inevitable, o intrascendente, o que no es

absolutamente inveraz, o que ha habido pronta corrección o rectificación posterior por el medio.

Se trata, a título enunciativo, de señalar razones que otorgan la tuición constitucional a informaciones erróneas, sin que se considere por ello, que hay menoscabo a derecho de la personalidad" (p. 16 de 22).

Sin embargo, concluyó la Sala señalando que "la información siempre genera responsabilidad civil, cuando por falsa o inexacta daña a las personas, y el medio no realizó actividad periodística razonable para confirmarla" (p. 17 de 22).

Esta medida de la "razonabilidad", sin embargo, se aleja de la doctrina de la "real malicia", antes citada en la misma sentencia.

Pero más adelante, en la sentencia, la Sala volvió sobre este tema del conflicto entre derechos constitucionales, indicado lo siguiente:

> "En el conflicto entre la libertad de expresión e información y los derechos de la personalidad, el juez tiene que ponderar los derechos en conflicto, dándole un valor prevalente a los derechos a la libertad de expresión e informa-ción en su colisión con los derechos de personalidad, también fundamentales, siempre que aquellos se refieran a hechos o personas con relevancia pública, o estén destinados a la formación y existencia de una opinión pública libre, o no vacíen de contenido a los derechos de la personalidad, o dichas libertades se ejecuten conforme a su naturaleza y función constitucional, o si se trata de información, que ella sea veraz. Corresponderá a la jurisprudencia en cada caso realizar la ponderación y analizar los conceptos de relevancia pública y veracidad de la información" (p. 19 de 22).

10. *La inconstitucional restricción al derecho a réplica y rectificación*

La Constitución y la Convención Americana precisan que las personas tienen derecho a réplica (respuesta) y rectificación en el mismo órgano de difusión cuando se vean afectadas directamente por informaciones inexactas o agraviantes emitidas a través de medios de comunicación.

No hay excepción constitucional alguna respecto de este derecho, pero la Sala Constitucional la estableció, en evidente violación del principio de igualdad (art. 21 de la Constitución), al señalar que:

> "Tal derecho no lo tienen ni los medios, ni a quienes en ellos se expresan ya que, repite la Sala, el derecho a réplica y rectificación no ha sido concedido sino a quienes reciben la información y no a quien la suministra" (p. 17 de 22).

Y agrega la Sala, más adelante, lo siguiente:

> "De acuerdo con el artículo 9 de la Ley de Ejercicio del Periodismo, son los periodistas los que deben el derecho a réplica o rectificación, pero ellos no lo tienen en el sentido señalado en dicho artículo" (p. 18 de 22).

Más adelante, en la sentencia, la Sala repite su inconstitucional doctrina, así:

> "El derecho a la réplica y a la rectificación no lo tienen ni los medios, ni quienes habitualmente ejercen en ellos el periodismo, ni quienes mantienen en ellos columnas o programas, ni quienes mediante "remitidos" suscitan una re-

acción en contra. Se trata de un derecho concedido a quienes se ven afectados por la información de los medios y que carecen de canales públicos para contestar o dar su versión de la noticia" (p. 20 de 22).

De este razonamiento resulta entonces que quienes suministren información, por ese sólo hecho, no tendrían el derecho ciudadano a la información, lo que no tiene sentido alguno. Un informador profesional puede ser destinatario de una información inexacta o agraviante emitida por otro comunicador, y frente a ella tiene tanto derecho a réplica y rectificación como cualquier ciudadano que se vea afectado directamente por dicha información. Por ello, la excepción establecida por la Sala Constitucional viola la Constitución.

El hecho de que un periodista tenga acceso a un medio informativo no puede significar que carezca del derecho a réplica y rectificación en el mismo medio en el que se difundió la noticia inexacta o agraviante que lo afecta personalmente.

En todo caso, en la misma sentencia, al referirse al caso concreto del amparo intentado por Elías Santana, la Sala Constitucional insistió en su "doctrina vinculante" inconstitucional, señalando:

> "Dentro de ese orden de ideas, el ciudadano Elías Santana, quien tiene en el diario *El Nacional* una columna semanal, pretende refutar al Presidente de la República, por la vía de la réplica, en relación con unas opiniones dadas por éste que, sobre la popularidad de ambos ciudadanos (Santana y él), emitió el Presidente en el programa *Aló Presidente*.
>
> Considera la Sala que si Elías Santana o la Asociación Civil Queremos Elegir creen que han sido agraviados por el Presidente de la República, pueden ejercer las acciones que sean procedentes, pero que al ser un periodista con una columna fija en el diario *El Nacional* (El Ombudsman), y un programa radial diario "Santana Total", en Radio Capital, quien pide el derecho de réplica en su propio nombre y en el de la persona jurídica de la cual es vocero y por quien habla, carece de derecho a réplica o rectificación alguno, ya que lo que crea conveniente contestar al Presidente puede hacerlo, tanto en su columna como en el diario donde la tiene, que además es un periódico de circulación nacional, o en el programa radial, sin que pueda hacerse para estos fines una separación entre su persona y la de la Asociación Civil Queremos Elegir, por quien también actúa, ya que él es el vocero de tal Asociación. Según lo transcrito en el escrito de amparo, reproducido en este fallo, en las declaraciones que los actores atribuyen al Presidente de la República, éste se refirió a su vez a declaraciones del Sr. Elías Santana, expuestas en el diario donde escribe, emitidas a nombre propio y de la Asociación Queremos Elegir, la cual por lo regular es representada por el Sr. Santana, quien se expresa en su nombre. En casos como éstos, en que en la persona de un columnista o periodista de un medio de comunicación se confunde en él la representación de una persona jurídica, que también constantemente declara en los periódicos por medio del periodista o columnista, situación que conoce la Sala por tratarse de hechos notorios comunicacionales, mal puede existir una dicotomía que otorgue un derecho de réplica o rectificación especial para su representada". (p. 20 y 21 de 22).

Y la razón para sentar esta "doctrina vinculante" absolutamente contraria a la Constitución y a la Convención Americana, es que:

> "El medio de difusión siempre puede contestar (replicar) o rectificar la noticia inexacta o agraviante que sobre él, sus periodistas o colaboradores hayan sido difundidas en otro medio" (p. 18 de 22).

Lamentablemente, a pesar de haber consultado doctrina jurisprudencial europea (Alemania y España) y norteamericana, la Sala Constitucional se olvidó de consultar la doctrina de la Corte Interamericana de Derechos Humanos, la cual en la *Opinión Consultiva OC-7/86* del 29-8-1982 (Exigibilidad del derecho de rectificación o respuesta) estableció, contrariamente a lo resuelto por la Sala que:

> "Si por cualquier circunstancia, el derecho de rectificación o respuesta no pudiera ser ejercido por "toda persona" sujeta a la jurisdicción de un Estado parte, ello constituiría una violación de la Convención susceptible de ser denunciada ante los órganos de protección por ella previstos" (N° 28).

Pero no contenta con sentar una "doctrina vinculante" contraria a la Convención Americana y a la Constitución, la Sala Constitucional pasó a regular el ejercicio de este derecho constitucional, sentando diversas "normas", usurpando las funciones legislativas de la Asamblea Nacional. En efecto, la Sala dictó las siguientes normas:

Primera norma: Que el derecho a réplica o rectificación no es:

> "Un derecho dirigido a refutar opiniones o a mantener una diatriba pública, ya que tal cuestión, por estar dirigida a personas indeterminadas, haría infinita la discusión sin que se pudiera medir con exactitud quien convenció al público. Ello no excluye las discusiones públicas, pero éstas no forman parte del derecho de réplica o rectificación". (p. 18 de 22).

Esta "norma" carece de todo asidero constitucional. No es posible establecer una distinción entre "información" y "opinión"; cuando se informa, en general, se opina; y cuando se opina siempre se informa. De manera que no se puede excluir el derecho de réplica y rectificación respecto de las opiniones, pues ello no lo autoriza la Constitución ni la Convención Americana en la cual, incluso, la versión en francés del texto del artículo 14 admite la réplica y rectificación respecto de ideas y opiniones.

Segunda norma: Que

> "Estos derechos a la réplica y la rectificación sólo los puede utilizar la persona directamente afectada por la información, así se encuentre contenida en un artículo de opinión o un remitido, y siempre que estos sean inexactos o agraviantes (artículo 58 constitucional)" (p. 18 de 22)

Tercera norma: Que la causa para ejercer el derecho de réplica es la inexactitud de la información o cuando se trate de información agraviante.

1. En cuanto a la *inexactitud* de la información, dijo el Tribunal Supremo:

> "Obliga a quien pide la rectificación o la réplica a convencer al medio de tal inexactitud, a justificar los elementos en que basa su solicitud, no bastando para ello la sola afirmación de quien ejerce el derecho, de que la información es falsa o inexacta.
>
> Si a pesar de los argumentos que demuestran la inexactitud o falsedad, el medio se niega a publicar la respuesta o a rectificar, las vías jurisdiccionales en-

tre ellos el amparo, están abiertas para la víctima, donde tendrá la carga de demostrar su afirmación". (p. 18 y 19 de 22).

2. En cuanto a la información *agraviante*, la define la Sala, así:

> "La información agraviante, es aquella que lesiona la dignidad, el honor, la reputación, la imagen, la vida privada o íntima, de las personas, exponiéndolas al desprecio público, que puede dañarlas moral o económicamente, y que resulta de una imputación que no se corresponde con la realidad, o que no atiende a la situación actual en que se encuentra una persona. Se trata de imputarle o endilgarle hechos o calificativos que no son congruentes con la situación fáctica o jurídica del agraviado.
>
> Ante tal información, nace en la "víctima" el derecho a que se rectifique, o a dar respuesta contraria a lo que se le imputa, y en ambos casos, el amparo constitucional podría ser la acción que concretaría la protección a los derechos que le otorga el artículo 58 comentado, si se niega la réplica o la rectificación". (p. 19 de 22).

Cuarta norma: Que

> "Cuando lo que se imputa es una opinión sin base en hechos que la sustenten, a juicio de esta Sala no hay información que desvirtuar, sino la vía de las acciones ordinarias existentes o que creare la Ley" (p. 19 de 22).

Ya hemos señalado la inconstitucionalidad de esta distinción, por la imposibilidad de establecer esta dicotomía entre "opinión" e "información".

En todo caso, de esta inconstitucional tesis, la Sala Constitucional plasmó su apreciación final sobre el caso, señalando lo siguiente:

> "Además, apunta la Sala, que los hechos que se imputan al Presidente de la República para solicitar el derecho a réplica, no constituyen informaciones inexactas o agraviantes que se endilguen a los actores, sino se trata de opiniones, que se centran en la popularidad que dice tener el Presidente comparada con la de los actores, así como en una actitud amenazante que colige el Presidente de lo expresado por los accionantes, y que mal podrían originar el derecho a réplica o rectificación contenido en el artículo 58 constitucional, y así se declara.
>
> Es más, lo que pretenden los accionantes no es el ejercicio del derecho a réplica, ya que fue a ellos a quienes les contestó el Presidente, sino el de sostener una discusión pública, para lo que no es necesario, para el columnista, acudir al artículo 58 constitucional". (p. 21 de 22).

En todo caso, la indicación de que el derecho a rectificación y respuesta no nace de la expresión de opiniones, sino de la emisión de informaciones no sólo es inconstitucional, por restrictivo, sino que no es precisa, pues no se puede distinguir objetivamente cuándo se trata de una opinión y cuándo de una información. Como se señaló, muchas veces hay informaciones de hechos en artículos de opinión; y al contrario, hay opiniones en las informaciones periodísticas.

Quinta norma: Que:

> "Quien publica un remitido en un medio, si un interesado le contesta en otro medio, no puede pretender (quien publicó el primero) le den gratis un espacio

en el segundo medio para contrareplicar, ya que los remitidos no forman parte del periodismo de información al cual se refiere el artículo 58 comentado;" (p. 20 de 22).

Sexta norma: Que

> "Tampoco pueden los periodistas, directores y editores de medios de comunicación, pretender que en otro medio se le permita responder lo que en el se haya difundido y consideren los perjudica, ya que estarían utilizando innecesariamente un espacio, cuando muy bien ello, utilizando sus canales de difusión escritos, orales o audiovisuales, pueden hacerlo". (p. 20 de 22).

Ahora bien, el derecho a rectificación y respuesta tiene que ser efectivo respecto de la información inexacta o agraviante, y ello se logra con la publicación en el mismo medio en el cual apareció ésta. ¿Qué sentido tiene que un periodista agraviado por una información que apareció en un diario del extremo oriental del país pueda hacer su réplica en el diario donde trabaja que se edita en el extremo occidental del país? Por tanto, el solo hecho de ser periodista y trabajar en un diario o tener una columna de opinión en el mismo no es garantía de ejercicio al derecho de respuesta y rectificación.

La sentencia, en todo caso, es un ejemplo de táctica de amedrentamiento a medios de comunicación, editores, directores, periodistas y columnistas. El efecto perverso de la sentencia, en definitiva, es la auto censura para evitar caer en cualesquiera de las situaciones narradas en la sentencia, y que podrían dar lugar a represalias. La auto censura impuesta es antidemocrática, y es la antesala a la censura oficial.

CONCLUSIÓN

De todo lo anteriormente expuesto en torno al derecho a la libre expresión del pensamiento y al derecho a la información, conforme a la interpretación que como "doctrina vinculante" ha hecho la Sala Constitucional en su Sentencia Nº 1.013 de 12-06-01, resultan las siguientes conclusiones:

1. La Sala, ante todo, violó el derecho a la tutela judicial efectiva que garantiza el artículo 26 de la Constitución y violó, además, su propia "interpretación vinculante" adoptada en cuanto al procedimiento de la acción de amparo (Sentencia Nº 7 de 01-02-00, *Caso José A. Mejía y otros),* al decidir declarar improcedente la acción de amparo intentada en el mismo momento de admitirla.

Conforme a la "interpretación" vinculante establecida por la Sala en materia de amparo, el tribunal debe ineludiblemente tomar la decisión inicial de admitir o no la acción; y si la admite, debe proseguir con el proceso, no estándole permitido concluirlo *in limine litis* ni para declarar con lugar el amparo, ni para declararlo sin lugar. Incluso, debe recordarse que la antigua Corte Suprema de Justicia en Corte Plena (sentencia de 21-05-96) había declarado la nulidad por violación al derecho a la defensa, del artículo 22 de la Ley Orgánica de Amparo que permitía a los jueces *in limine litis* restablecer la situación jurídica que se alegaba violada.

2. La Sala Constitucional, además usó abusivamente de su competencia para establecer interpretaciones vinculantes sobre el contenido o alcance de las normas y principios constitucionales que está prevista en el artículo 335 de la Constitución.

No guarda relación alguna de logicidad o racionalidad, que una interpretación vinculante de dos normas constitucionales tenga un texto de 16 páginas, en las cuales se crean normas, se establecen excepciones, se dan opiniones, se sientan criterios de todo tipo, que no tienen relación alguna con la cuestión a la que se refería el proceso. Interpretar es fijar el sentido, alcance, valor o finalidad de una norma, y ello es lo que puede tener carácter vinculante.

La interpretación de la norma, como una técnica de aplicación del derecho, es la que podría tener carácter vinculante, la cual se configura en la parte dispositiva del fallo, no la "doctrina" que elabore la Sala en la parte motiva de la sentencia.

3. La Sala Constitucional, por otra parte, violó el principio de la separación de poderes que consagra la Constitución (art. 136), conforme al cual cada uno de los órganos del Poder Público tiene sus atribuciones propias, que debe ejercer conforme a la Constitución y las leyes (art. 137). Corresponde a la Asamblea Nacional "legislar en las materias de la competencia nacional" (art. 187,1) y conforme al artículo 156,32, "la legislación en materia de derechos, deberes y garantías constitucionales" es una de esas materias de competencia del Poder Público Nacional.

En consecuencia, al establecer "normas" reguladoras respecto del ejercicio de los derechos constitucionales garantizados en los artículos 57 y 58 de la Constitución, como las contenidas en la sentencia, la Sala Constitucional (como órgano del Poder Judicial) usurpó las funciones y atribuciones de la Asamblea Nacional (como órgano del Poder Legislativo).

4. Entre las garantías constitucionales de los derechos constitucionales, está el de la reserva legal, es decir, que tales derechos sólo pueden ser regulados por "ley" en el sentido de actos que emanan de la Asamblea Nacional actuando como cuerpo legislador (art. 202). Cualquier regulación, limitación o restricción de los derechos constitucionales, dentro de los parámetros autorizados expresamente por la Constitución, sólo puede ser establecida, por tanto, en una ley emanada del órgano de representación democrática, es decir, integrado por los diputados electos para tal fin. Es el principio democrático de la organización y funcionamiento del Poder (art. 6) que impide que los derechos constitucionales puedan ser regulados por cualquier otro órgano que no sea el que ejerce el Poder Legislativo. La sentencia de la Sala, por tanto, además, al regular los derechos constitucionales previstos en los artículos 57 y 58 de la Constitución, violó el principio democrático que es el pilar fundamental del funcionamiento del Estado.

5. La Sala Constitucional, en todo caso, al pretender regular dichos derechos constitucionales, estableció restricciones, limitaciones y excepciones no autorizadas en la Constitución, que ni siquiera el órgano legislativo podía sancionar mediante ley, como la eliminación del derecho a réplica (respuesta) y rectificación a los periodistas, o la permisión de mecanismos de censura que está absolutamente prohibida en la Constitución.

Al establecer tales restricciones o limitaciones, no autorizadas por la Constitución, la Sala Constitucional violó directamente los artículos 57 y 58 de la Constitución, los artículos 13 y 14 de la Convención Americana sobre Derechos Humanos y los artículos 19 y 20 del Pacto Internacional de Derechos Civiles y Políticos que conforme al artículo 23 de la propia Constitución, tienen rango constitucional.

Por otra parte, al establecer excepciones no autorizadas al derecho a réplica y rectificación, excluyendo del mismo a determinadas personas con evidente discriminación, la Sala Constitucional violó, además, el principio de la igualdad ante la ley que garantiza el artículo 21 de la Constitución.

6.Por último, al establecer excepciones y discriminaciones respecto del ejercicio de derechos constitucionales no autorizadas en la Constitución, lejos de respetar el principio de la progresividad en la interpretación de tales derechos, como lo exige el artículo 19 de la Constitución, los interpretó regresivamente, contrariando tal disposición que implica, entre otros aspectos, que en caso de duda la interpretación tiene que ser a favor de la libertad y del derecho y no en contra.

SECCIÓN QUINTA:

SOBRE EL DERECHO A LA SEGURIDAD SOCIAL (2001)

Trabajo publicado con el título: "Consideraciones sobre el Régimen Constitucional del Derecho a la Seguridad Social, el Sistema de Seguridad Social y la Administración Privada de Fondos de Pensiones," en *Libro Homenaje a Fernando Parra Aranguren*, Tomo I, Facultad de Ciencias Jurídicas y Políticas, Universidad Central de Venezuela, Caracas 2001, pp. 73-85.

I. LA POSIBILIDAD CONSTITUCIONAL DE LA ADMINISTRACIÓN PRIVADA DE LOS FONDOS DE PENSIONES

A pesar de las dudas que expresamos al aprobarse la redacción del mencionado artículo 86 de la Constitución[478], analizado detenidamente su contenido dentro del contexto general del Texto Fundamental, estimamos que conforme al mismo, teniendo en cuenta las otras normas del texto constitucional relacionadas con el servicio público de seguridad social, es perfectamente posible, y admisible jurídicamente, que el Estado pueda autorizar a instituciones privadas la administración de diversos aspectos del servicio público de seguridad social, entre ellos, la administración de los Fondos de Pensiones, la cual conforme a la Constitución, es una operación que sólo puede realizarse con fines sociales, dada la naturaleza de su composición (cotizaciones de los trabajadores) y bajo la rectoría del Estado.

El servicio público de seguridad social, en efecto, es un servicio público complejo que implica la prestación de diversas actividades. Por ello, con razón se lo ha estructurado como *un sistema*, integrado por subsistema. En cuanto al sistema de seguridad social como tal, *globalmente considerado* puede considerarse como un servicio público reservado al Estado, con exclusividad, el cual debe ser estructurado con carácter "universal, integral, de financiamiento solidario, unitario, eficiente y participativo, de contribuciones directas o indirectas", teniendo el Estado siempre, su rectoría.

Es decir, el sistema de seguridad social tiene por objeto no sólo garantizar la salud de las personas, sino asegurar la protección de las mismas en contingencias so-

---

478 *V.*, Allan R. Brewer-Carías, *Debate Constituyente (Aportes a la Asamblea Nacional Constituyente)*, Tomo III (18 octubre-30 noviembre de 1999), Caracas, Editorial Jurídica Venezolana, 2000, págs. 172-174 y 267-270)

ciales y laborales u otra circunstancia de previsión social, con una cobertura que debe abarcar a todos los trabajadores del sector público y del sector privado. Conforme a la Constitución, el sistema de seguridad social debe ser universal, e integral y de financiamiento solidario, y debe cubrir tanto a las personas que contribuyan al mismo, como a las que no contribuyan, ya que la ausencia de capacidad contributiva no puede ser motivo para excluir a las personas de la protección del sistema (art. 86).

Por tanto, el sistema se compone por un régimen de pensiones otorgadas a quienes contribuyan mediante cotizaciones al sistema (régimen contributivo de pensiones) y por un régimen no contributivo que debe dar cobertura a las personas que no habiendo contribuido con el sistema, pueden ser acreedoras de pensiones cuando se encuentren en estado de necesidad, debiendo en estos casos financiar el Estado las pensiones respectivas.

Pero además de la cobertura relativa a las pensiones, el sistema de seguridad social debe garantizar la salud y tiene a su cargo otro conjunto de protecciones sociales relativas al derecho constitucional al trabajo y a las contingencias laborales (arts. 87 y sigts.); a los derechos constitucionales de protección, como el caso de la familia, la maternidad, los niños, los ancianos y los discapacitados (arts. 75 a 81); y al derecho constitucional a la vivienda (art. 82). Por ello, el sistema de seguridad social está necesariamente compuesto por varios subsistemas como el sistema de salud, el sistema de pensiones, el sistema de riesgos profesionales, el sistema de vivienda, el sistema de recreación, el sistema de paro forzoso y capacitación profesional y el sistema de servicios sociales.

Se insiste, un servicio público de esta naturaleza, universal e integral, que debe organizarse como un *sistema de seguridad social*, compuesto de subsistemas, bajo la rectoría del Estado, constitucionalmente es un servicio público exclusivo del Estado que excluye toda posibilidad de que, *globalmente*, pueda ser atendido por instituciones privadas. Ello, sin embargo, no impide que las diversas actividades y prestaciones que comporta el sistema, bajo la rectoría del Estado, puedan y deban ser asignadas a particulares o contratadas con instituciones privadas. Lo que es exclusivo y hasta cierto punto excluyente en el servicio público de salud, es la globalidad del mismo, es decir, la creación y rectoría del sistema de seguridad social que sólo el Estado puede hacerlo, pero ello no impide, en absoluto, la participación de los particulares y de las instituciones privadas en la gestión y administración de las diversas actividades y prestaciones que implican los diversos subsistemas del sistema de seguridad social. Tanto el Estado como la iniciativa privada deben participar en las actividades económicas, dentro de los límites y marcos que la Constitución establece (art. 299), por lo que no hay ningún impedimento constitucional para que instituciones privadas administren las cotizaciones obligatorias que realicen los trabajadores para cubrir las prestaciones y demás beneficios de la seguridad social, lo cual pueden hacer, siempre, bajo la rectoría del Estado y, por supuesto, con fines sociales que no es otra cosa que la maximización de las coberturas.

El hecho de que el servicio público de seguridad social, como lo dice el artículo 86 de la Constitución, tenga "carácter no lucrativo", no es contrario a la posibilidad de la gestión privada de las actividades y prestaciones que comporta.

El servicio de seguridad social es el que globalmente no puede concebirse como una exclusiva actividad empresarial destinada a lucrar a quienes lo gestionan; por ello es que se reserva al Estado y está bajo su rectoría, el cual, a través del sistema de seguridad social, debe establecer los límites para determinar los costos de la gestión de actividades o prestaciones específicas a cargo de instituciones privadas, incluyendo la remuneración que deben tener por ello quienes las realicen.

Normalmente, en general, los servicios públicos no son de carácter lucrativo pues las tarifas que determinan las tasas a pagar por los usuarios apuntan a cubrir los costos del servicio más la remuneración del prestatario. Incluso, no es infrecuente que el ente regulador del servicio establezca tarifas iguales al costo e incluso, por debajo, compensando al prestatario con subsidios para cubrir el costo y la remuneración a que tiene derecho por su actividad.

Ahora bien, para fundamentar nuestra conclusión, estimamos de interés referirnos detalladamente al régimen constitucional del servicio público de seguridad social en el marco de los principios generales relativos a los servicios públicos en el derecho administrativo, y sus consecuencias.

II. LA SEGURIDAD SOCIAL COMO SERVICIO PÚBLICO

1 *El derecho a la seguridad social y a la protección de la salud*

El artículo 86 de la Constitución establece el derecho a la seguridad social, como un derecho constitucional de toda persona, sin discriminación, *en primer lugar*, a que se le garantice la salud; y en *segundo lugar,* a que se le asegure protección en contingencias de maternidad, paternidad, enfermedad, invalidez, enfermedades catastróficas, discapacidad, necesidades especiales, riesgos laborales, pérdidas de empleo, desempleo, vejez, viudedad, orfandad, vivienda, cargas derivadas de la vida familiar y cualquier otra circunstancia de previsión social.

Este derecho a la seguridad social, por tanto, comprende en realidad dos derechos constitucionales: primero, el derecho de toda persona a que se le garantice la salud; y segundo, el derecho, también de toda persona, a que se le asegure protección en contingencias sociales o cualquier circunstancia de previsión social.

En cuanto al primer derecho, debe señalarse que en la Constitución también está consagrado en forma autónoma, al regularse en el artículo 83 a la salud como un derecho social fundamental y, en particular, el derecho a la protección de la salud.

En todo caso, la exigencia por las personas de que se le presten estos derechos no es necesariamente gratuita, pues la legislación puede exigir a los particulares, para la garantía de su salud y para que se les asegure protección social, determinados pagos o contribuciones tanto generales como específicos. Sin embargo, ello no es limitativo para la exigencia de la prestación que deriva del derecho pues de acuerdo con el mismo artículo 86 de la Constitución, la ausencia de capacidad contributiva de los particulares no será motivo para excluir a las personas de su protección.

2. *Las obligaciones del Estado*

La consagración normativa de un derecho, de cualquier persona, como consecuencia, del principio de la alteridad, origina siempre la existencia de un sujeto obligado, pues en el mundo del derecho no hay derechos sin obligación.

El derecho a la seguridad social, constitucionalmente consagrado, por tanto, origina obligaciones a cargo del Estado que se traducen en actividades de carácter prestacional. Así lo establece expresamente el artículo 86 de la Constitución en relación con el derecho a la seguridad social, al señalarse que "El Estado tiene la obligación de asegurar la efectividad de este derecho"; y asimismo, en relación con el derecho a la salud, regulándolo al artículo 83 de la Constitución, como una "obligación del Estado que lo garantizará como parte del derecho a la vida".

Es decir, como consecuencia de la previsión del derecho de toda persona a la seguridad social, se originan, para el Estado, un conjunto de obligaciones de realizar actividades prestacionales tanto para garantizar la salud de las personas como para asegurarles protección en casos de contingencias sociales u otras circunstancias de previsión social. Estas actividades prestacionales, impuestas obligatoriamente al Estado en la Constitución o en la Ley, constituyen lo que se denomina, en general, como servicios públicos[479], y que en materia del derecho constitucional a la seguridad social, se configuran como la obligación de crear un sistema de seguridad social para materializar prestaciones estatales destinadas a garantizarle la salud a todas las personas y, además, a asegurarles protección en contingencias sociales y otras circunstancias de previsión social.

3. *El sistema de seguridad social*

Esto implica, por tanto, desde el punto de vista de la organización y de la actividad del Estado, la necesidad y obligación de que el Estado cree un sistema de seguridad social que conforme al mismo artículo 86 de la Constitución tiene que ser:

> "Universal, integral, de financiamiento solidario, unitario, eficiente y participativo, de contribuciones directas o indirectas".

4. *El sistema público nacional de salud*

Además, integrado al sistema de seguridad social, el artículo 84 de la Constitución establece que para garantizar el derecho a la salud, el Estado, debe crear, ejercer la rectoría y gestionar:

> "un sistema público nacional de salud, de carácter intersectorial, descentralizado y participativo, ... regido por los principios de gratuidad, universalidad, integralidad, equidad, integración social y solidaridad".

III. EL CARÁCTER DE LOS SERVICIOS PÚBLICOS Y EL ÁMBITO DE LIMITACIÓN A LAS ACTIVIDADES ECONÓMICAS PRIVADAS

Ahora bien, el hecho de que una actividad prestacional se erija constitucional o legalmente como un servicio público que debe cumplir el Estado en ejecución de una obligación constitucional o legal, da origen a dos consecuencias jurídicas fundamentales en relación con los particulares: por una parte, que con motivo de la obligación jurídica impuesta al Estado surge una relación jurídica, en cuyo otro extremo está un derecho de las personas a recibir tales servicios públicos; y por otra parte, que la presencia del Estado como titular de servicios públicos restringe, a la vez, la libertad económica de los administrados en esa actividad prestacional.

El servicio público, así entendido, se presenta entonces siempre, como una restricción a la libertad económica de los particulares. Por ello, la creación de un servi-

479 *V.*, Allan R. Brewer-Carías, "Comentarios sobre la noción de servicio público como actividad prestacional del Estado y sus consecuencias", *Revista de Derecho Público,* Nº 6, Caracas 1981, págs. 65 y sigts.

cio público, es decir, el establecimiento de la obligación prestacional a cargo del Estado, sólo puede tener su fuente en la Constitución o en la ley, pues sólo en esos textos es que puede, conforme a la propia Constitución (art. 112), limitarse o restringirse la libertad económica. Excepcionalmente, sin embargo, podría crearse un servicio público por Decreto-Ley, en caso de urgencia comprobada y de receso de la Asamblea Nacional, con la autorización previa de la Comisión Delegada (art. 196, ord. 6).

Se insiste, la consecuencia más importante desde el punto de vista del Derecho Administrativo de que una actividad prestacional se erija en servicio público y, en consecuencia, se imponga obligatoriamente al Estado, es la restricción automática de la libertad económica de los particulares en el sentido de que estos no pueden, libremente, ejercer dicha actividad.

Sin embargo, el ámbito de esta restricción no es uniforme, pues depende de la regulación concreta que establezca la Constitución o la ley. Esta puede establecer una variada gama de restricciones a la libertad económica que pueden ir desde la exclusión total de la actividad económica de los particulares, cuando el Estado se reserva la actividad prestacional con carácter de exclusividad; hasta una concurrencia casi sin restricciones entre actividad pública y actividad privada, pasando por los supuestos en los cuales, a pesar de que, por ejemplo, el Estado ser reserve el servicio, los particulares pueden prestar y cumplir actividades del mismo mediante concesión, autorización, licencia, permiso o registro.

De ello resulta, en términos generales, que podrían distinguirse tres categorías de servicios públicos según la mayor o menor incidencia y restricción de la libertad económica: los servicios públicos exclusivos y excluyentes; los servicios públicos exclusivos, pero concedibles (no excluyentes); y los servicios públicos concurrentes.

1. *Los servicios públicos exclusivos y excluyentes*

La primera categoría de servicios públicos está constituida por aquellos reservados al Estado en forma absoluta, de manera que no pueden los particulares, en forma alguna, prestarlos o realizar actividad alguna derivados de ellos.

La Constitución directamente no establece servicio público alguno de esta naturaleza, pero permite que la ley los establezca en determinados supuestos, por razones de conveniencia nacional.

En efecto, el artículo 302 de la Constitución establece expresamente la posibilidad que el Estado tiene de reservarse no sólo determinadas industrias y explotaciones (como ha sucedido con la industria petrolera y la extractiva del mineral de hierro), sino también determinados *servicios de interés público* por razones de conveniencia nacional.

De acuerdo a este artículo, por tanto, mediante ley podría establecerse un servicio público para ser prestado en forma exclusiva por el Estado, excluyendo a los particulares del ámbito del mismo. Esta reserva, sin duda, tiene por efecto fundamental establecer una exclusión a la libertad económica de los administrados, la cual no podría realizarse respecto del servicio reservado.

En efecto, en un caso de reserva de servicios públicos por parte del Estado, ello conllevaría una prohibición que se impondría a los particulares de realizar actividades propias del servicio reservado, lo que afectaría tanto a aquellos particulares o empresas que podían haber venido realizando actividades de prestación del servicio, como a cualquier particular o empresa que pudiera pretender, en el futuro, realizar dichas actividades. En un caso de este tipo, después de la reserva, por tanto, los particulares que estuvieren prestando el servicio no podrían continuar prestándolo, y hacia el futuro ningún otro particular podría realizar nuevas actividades de prestación del servicio. Por otra parte, con motivo de una reserva de servicio público, sólo el Estado tendría la potestad de prestarlo, no existiendo derecho alguno de los particulares a ello, pues la libertad económica en el mismo habría sido excluida y sería imposible ejercerla. La reserva de servicios, por tanto, provocaría el establecimiento de un monopolio de derecho a favor del Estado, lo que no es ya frecuente en el mundo contemporáneo, y más bien es absolutamente excepcional.

Históricamente, una de esas excepciones, es decir, uno de los supuestos en los cuales la ley reservó al Estado, con carácter exclusivo y excluyente, un servicio público, fue, en su tiempo, el servicio público de correos, así declarado en la vieja Ley de Correos, lo que fue mantenido aún en la reforma de 1958. En todo caso, salvo ejemplos de ese tipo, que luego fueron superados por la admisión de los servicios privados de correo, el establecimiento de servicios públicos exclusivos y excluyentes no es nada frecuente en el mundo contemporáneo.

2. *Los servicios públicos exclusivos pero concedibles*

Otra categoría de servicios públicos está configurada por aquellos que también son atribuidos en forma obligatoria y exclusiva al Estado, y han sido reservados al mismo, pero no en forma excluyente, en el sentido de que mediante concesión, autorización, licencia, permiso o registro puede atribuirse a instituciones privadas la realización de actividades propias del servicio.

Los textos constitucionales en general, no regulan expresamente esta categoría de servicios públicos, por lo que ha sido la ley la que los ha establecido. Como ejemplo deben destacarse las regulaciones de la Ley Orgánica de Régimen Municipal de 1989, que en materia de servicios públicos municipales tiene una enumeración parecida a la del artículo 178 de la Constitución de 1999.

En relación con estos servicios públicos municipales, entre los cuales se encuentra, por ejemplo, los de abastecimiento de agua potable, cloacas y alcantarillados, alumbrado público, cementerios y aseo urbano y, en particular, los que ahora la Constitución califica como servicios públicos domiciliarios, en especial, electricidad, agua potable y gas (arts. 156, ord. 29 y 178, ord. 8); se enumeran en la Ley las formas de prestación de los mismos (art. 41) de la manera siguiente, por:

1. El Municipio en forma directa;
2. Institutos Autónomos Municipales, mediante delegación,
3. Empresas, Fundaciones, Asociaciones Civiles y otros organismos descentralizados del Municipio, mediante contrato;
4. Organismos de cualquier naturaleza de carácter nacional o estadal, mediante contrato
5. Concesión otorgada en licitación pública.

La Ley detalla, además, en su artículo 42, las condiciones mínimas que regirán cuando se trate de las concesiones de servicios públicos municipales.

En las leyes nacionales también se encuentran regulaciones concernientes a servicios públicos, que pueden otorgarse en concesión a los particulares. La Ley de Ferrocarriles de 1957, por ejemplo, establece expresamente que "los ferrocarriles de servicio público serán construidos por el Estado o por empresas particulares, mediante concesión cuyo otorgamiento es potestativo del Ejecutivo Nacional" (art. 8); e incluso, con carácter general, está vigente la Ley sobre Concesiones de Obras Públicas y Servicios Públicos Nacionales (Decreto-Ley 318 de 17-9-99).

El régimen de los servicios públicos y la posibilidad de que se conceda la prestación de los mismos a los particulares, es normal en el mundo contemporáneo. En todos estos supuestos puede decirse que los servicios públicos regulados por ley son de prestación exclusiva del Estado; éste se los reserva pero no en forma excluyente, pues puede conceder su prestación a particulares. En virtud de la reserva, puede decirse que éstos no tienen libertad económica respecto de las actividades que configuran estos servicios, es decir, los particulares *no tienen derecho* a realizar las actividades económicas que configuran el servicio público. Pueden, sí, obtener ese derecho mediante un acto administrativo bilateral, que normalmente es la concesión. La concesión de servicio público por tanto, transfiere a los particulares un derecho que antes no tenían y que se constituye por dicho acto.

3. *Los servicios públicos concurrentes*

Un tercer tipo de servicio público está configurado por aquellas actividades prestacionales impuestas obligatoriamente al Estado, pero respecto de las cuales el ordenamiento también consagra un derecho a prestarlos por los particulares. Un típico ejemplo de estos servicios públicos concurrentes, respecto de los cuales se consagra la obligación y potestad del Estado y el derecho de los particulares a hacer lo mismo, bajo ciertas condiciones, son los servicios educativos y de salud.

En efecto, la Constitución establece expresamente, al consagrar el derecho de todos a la educación, que "El Estado *creará y sostendrá* instituciones y servicios suficientemente dotados para asegurar el acceso, permanencia y culminación en el sistema educativo" (art. 103). Es decir, se establece un típico servicio público al imponer al Estado *la obligación constitucional* de crear y sostener institutos educativos. Pero además, la Constitución en su artículo 106 consagra el derecho de todos a establecer servicios educativos, al precisar que toda persona natural o jurídica puede "fundar y mantener instituciones educativas privadas bajo estricta inspección y vigilancia del Estado, previa aceptación de éste".

Estas normas precisan, entonces, que paralelamente a la consagración de un servicio público de prestación *obligatoria* por el Estado, se establece también un *derecho* de los particulares a prestar dichos servicios. En cuanto a la educación impartida por el Estado, la Constitución establece que debe ser gratuita hasta el pregrado universitario (art. 103), principio que por supuesto, no se aplica a la educación impartida por instituciones privadas.

En sentido similar se reconoce, en materia de garantía de la salud, la posibilidad de los particulares de prestar servicios de salud al indicarse, en el artículo 85 de la Constitución que mediante ley se "regulará las instituciones públicas y privadas de salud". En cuanto al sistema público nacional de salud, que sólo el Estado puede crear, ejercer su rectoría y gestionar, debe regirse por el principio de la gratuidad (art. 84), lo que por supuesto no se aplica cuando se trate de un servicio de salud prestado por particulares.

Ahora bien, en estos casos, si bien el establecimiento del servicio, como un servicio público, limita la libertad económica de los particulares, no es de tal naturaleza que la excluya, como sucede en los casos anteriormente analizados. El derecho de los particulares a prestar servicios educativos o sanitarios existe directamente establecido en el ordenamiento jurídico, y la ley lo único que establece, en materia de salud, es una reserva al Estado, de establecer un sistema nacional público de salud (art. 84); y, en materia educativa, es la obligación del Estado de crear y sostener instituciones y servicios educativos para asegurar el acceso, permanencia y culminación, en el sistema educativo (art. 103); y así mismo en conjunto de mecanismos de control, para asegurar que estos servicios se presten en forma adecuada, bajo la rectoría del Estado.

En esta forma, por ejemplo, la Ley Orgánica de Educación de 1980, en la orientación de la Constitución de 1999, establece expresamente este carácter concurrente del servicio público de la educación, en la siguiente forma:

> "Art. 4°. La educación, como medio de mejoramiento de la comunidad y factor primordial del desarrollo nacional, es un *servicio público prestado por el Estado, e impartido por los particulares*, dentro de los principios y normas establecidos en la ley, bajo la suprema inspección y vigilancia de aquél y con su estímulo y protección moral y material".

Sin embargo, el derecho de los particulares a fundar establecimientos docentes no es absoluto. Está limitado por el carácter de servicio público de la educación, en el sentido de que quienes pretendan establecer institutos o planteles privados de educación deben obtener una *autorización* del Ministerio de Educación. La Ley Orgánica, así, establece dos modalidades de esta autorización: la *inscripción,* para los planteles privados que pretenden que los estudios que se sigan en los mismos sean reconocidos oficialmente; y el *registro,* para aquellos que no aspiran a tal reconocimiento (art. 56).

Algo similar ocurre con los establecimientos privados para servicios de atención médica, sujetos a control del Ministerio de Salud.

En el caso de la educación, en uno u otro caso, inscripción o registro, el acto administrativo por medio del cual se concede la inscripción o el registro del plantel, es un acto administrativo de *autorización*, el cual se caracteriza por ser un acto que remueve un obstáculo jurídico que la ley establece para poderse ejercer un derecho preexistente. Como se ha visto, el derecho a educar mediante instituciones o planteles educativos, es un derecho de todos, de orden constitucional; sin embargo, el ejercicio de tal derecho no es libre sino que está sujeto al cumplimiento de determinados requisitos: el registro o la inscripción del plantel en el Ministerio de Educación. El acto de autorización –y esto es lo que lo distingue de la concesión- no transfiere un derecho al particular que éste no tuviera con anterioridad, sino que en realidad, lo que le permite es ejercer su derecho preexistente, al remover el obstáculo jurídico que el ordenamiento había establecido para su ejercicio. El acto de autorización, por tanto, es un acto declarativo de un derecho preexistente.

IV. EL CARÁCTER DE LOS SERVICIOS PÚBLICOS DE SALUD Y DE SEGURIDAD SOCIAL

1. *El servicio de salud, como servicio público concurrente; y el sistema público nacional de salud, como exclusivo*

Conforme a lo antes indicado, en el régimen establecido en la Constitución de 1999, el servicio público de salud no tiene carácter exclusivo, sino más bien, carácter concurrente, en el sentido de que el servicio puede ser prestado por los particulares, sujetos a las regulaciones que el Estado debe dictar, tanto para las instituciones públicas como para las instituciones privadas de salud (art. 85).

Sin embargo, lo que si tiene carácter exclusivo del Estado es la creación, y el ejercicio de la rectoría y de la gestión de un sistema público nacional de salud (art. 84); pero ello incluso, no excluye, por supuesto, que puedan haber servicios públicos de salud estadales (art. 164, ord. 8) y municipales (art. 178, ord. 5).

Ese sistema público nacional de salud que cree, rija y gestione el Estado, con carácter de exclusividad, es el que debe tener las características mencionadas de ser "intersectorial, descentralizado y participativo, integrado al sistema de seguridad social, regido por los principios de gratuidad, universalidad, integralidad, equidad, integración social y solidaridad" (art. 84). De esto deriva, por ejemplo, que el principio de la gratuidad se aplica, sólo, a los servicios de salud que preste el sistema público nacional de salud.

Conforme al artículo 85 de la Constitución, el financiamiento del sistema público nacional de salud es obligación del Estado, que integrará los recursos fiscales, las cotizaciones obligatorias de la seguridad social y cualquier otra fuente de financiamiento que determine la ley. El Estado, además, debe garantizar un presupuesto para la salud que permita cumplir con los objetivos de la política sanitaria.

Este sistema público nacional de salud debe dar prioridad a la promoción de la salud y a la prevención de las enfermedades, garantizando tratamiento oportuno y rehabilitación de calidad.

Por otra parte, en cuanto a los bienes y servicios públicos de salud, por supuesto, del sistema público nacional, evidentemente que son propiedad del Estado, agregando la Constitución que no podrán ser privatizados. (art. 84)

La comunidad organizada tiene, además, el derecho y el deber de participar en la toma de decisiones sobre la planificación, ejecución y control de la política específica en las instituciones públicas de salud.

Por último, de acuerdo con la Constitución, en coordinación con las Universidades y los centros de investigación, se debe promover y desarrollar una política nacional de formación de profesionales, técnicos y técnicas y una industria nacional de producción de insumos para la salud (art. 85).

En definitiva, por tanto, el Estado tiene la obligación de garantizar la salud y de crear, regir y gerenciar un sistema público nacional de salud; esto último con carácter de exclusividad, en el sentido de que sólo el Estado puede crear, regir y gestionar un sistema público nacional de salud; pero ello no implica, en absoluto, que la prestación de los servicios de salud sea exclusiva del Estado y ni siquiera una competencia exclusiva del Poder Nacional, sino más bien concurrente entre los tres niveles del Poder Público (Nacional, Estadal y Municipal). Además, la prestación de los servicios de salud es concurrente entre el sector público y los particulares, quienes pueden establecer instituciones privadas de salud, sometidas sólo a las regulaciones que dicte el Estado.

De lo anterior se deduce, por tanto, que en cuanto al régimen del servicio público de salud, deben distinguirse dos regulaciones y, por tanto, características: los servicios públicos de salud, en general, son de carácter concurrente y se pueden prestar, tanto por el Estado como por los particulares e instituciones privadas de salud; sin embargo, lo que si es exclusivo del Estado, es la creación de un sistema público nacional de salud, con las características establecidas en los artículos 84 y 85 de la Constitución, que el Estado está en la obligación de financiar; así como el establecimiento de las regulaciones relativas tanto a las instituciones públicas como a las instituciones privadas de salud.

2. *El servicio de seguridad social, como servicio público concurrente; y el sistema de seguridad social, como servicio exclusivo*

En cuanto al servicio de seguridad social también está constitucionalmente concebido como servicio público concurrente; pero no así el sistema de seguridad social, que está establecido como una actividad exclusiva del Estado.

En efecto, el sistema público de seguridad social, conforme al artículo 86 de la Constitución, debe ser de carácter universal, integral, de financiamiento solidario, unitario, eficiente y participativo, de contribuciones directas o indirectas y no lucrativo. Es un sistema que el Estado tiene la obligación de crear para asegurar la efectividad del derecho a la seguridad social.

Como tal sistema de instituciones y procesos públicos, globalmente considerado debe considerarse que es un servicio exclusivo del Estado, ya que materialmente sería inconcebible que el mismo pudiera ser creado por particulares.

Pero en esta materia, no hay que confundir el *servicio público de seguridad social* con el *sistema de seguridad social*. Este último es el exclusivo del Estado y debe ser financiado por el Estado, con la prohibición constitucional de que los recursos financieros de la seguridad social puedan ser destinados a otros fines.

El sistema de seguridad social, además, se financia con las contribuciones directas o indirectas que como cotizaciones obligatorias entreguen los trabajadores para cubrir las prestaciones y demás beneficios de la seguridad social. Los fondos que se formen con estas contribuciones, deben ser "administrados sólo con fines sociales bajo la rectoría del Estado", lo que significa que el Estado no es el que debe administrarlos, sino que el Estado ejerce la rectoría respecto de esa administración. La administración de fondos no es una competencia exclusiva del Estado, ni es en si misma una actividad que pueda considerarse como un servicio público.

Por otra parte, el sistema de seguridad social creado por el Estado, debe proteger no sólo a quienes contribuyan con cotizaciones, sino a toda persona aún cuando no tenga capacidad contributiva. Esto, por supuesto es una carga impuesta constitucionalmente al Estado, a ser atendida por el sistema de seguridad social.

Como se dijo, la creación y rectoría del sistema de seguridad social es la parte del servicio público de seguridad social que corresponde en forma exclusiva al Estado, lo que no impide que este pueda contratar con particulares o entidades privadas o autorizarlos para que realicen la prestación concreta de servicios y la realización de actividades en los diversos subsistemas; por ejemplo, a empresas de seguro para atender contingencias diversas; a empresas constructoras, por ejemplo, para la construcción de viviendas; a instituciones privadas de salud, para atención médica, rehabilitación y servicio de geriatría, y con instituciones financieras, para la administración de los fondos de pensiones.

En todos estos aspectos, la seguridad social es un servicio público concurrente pues, por ejemplo, la administración de fondos es una actividad financiera que constitucionalmente puede realizarse por los particulares, con las sujeciones necesarias, por ejemplo, a lo dispuesto en la Ley General de Bancos y otras Instituciones Financieras, y en el caso de administración de fondos de pensiones, con la autorización del servicio de seguridad social y bajo el control del mismo. En ningún caso podría deducirse del artículo 86 de la Constitución, por tanto, que la administración de fondos de pensiones pudiera ser considerada como un "servicio público" exclusivo del Estado. En esta materia lo que es exclusivo del Estado, es la creación del sistema de seguridad social y de todos sus subsistemas; la regulación de los mismos y el ejercicio del control (rectoría) sobre la prestación y realización de los múltiples servicios y actividades que conlleva, entre ellos, la atención de la salud, el funcionamiento de los seguros y la administración de los fondos de pensiones, los cuales pueden ser encomendados a particulares y a instituciones privadas.

En conclusión, como se dijo, el servicio público de seguridad social, globalmente considerado, es un servicio no lucrativo, como lo son todos los servicios públicos, particularmente cuando lo presta el Estado, de manera que, incluso, el pago o contribución que el usuario debe hacer para recibir las prestaciones del servicio, generalmente configurados como una tasa, deben cubrir el costo del servicio. Incluso el Estado puede establecer las tarifas como precio político, por debajo del costo, en cuyo caso, cubre el déficit del servicio con el producto de impuestos generales.

Por supuesto, en los casos en los cuales el Estado contrata con instituciones privadas o las autoriza para realizar actividades prestacionales que integran un servicio público, en principio debe asegurar que las tarifas que se establezcan para determinar los pagos o contribuciones de los usuarios, deban no sólo cubrir los costos del servicio sino la remuneración del prestatario por la actividad que realiza. Por ello, en estos casos, para mantener el equilibrio económico necesario, en caso de que las tarifas que regule el Estado no cubran dichos costos y remuneraciones cuando el servicio o la actividad del servicio se cumpla por una institución privada, el Estado debe cancelar el margen no cubierto mediante la técnica administrativa del subsidio.

Los sistemas administrativos, por supuesto varían, pero cuando el Estado autoriza a instituciones privadas para realizar actividades o prestar determinados servicios en el marco de la seguridad social, debe establecer el monto de los pagos o contribuciones (tarifas) de manera que con ellos no sólo se cubra el costo de la actividad o la prestación, sino la debida remuneración del prestatario. Ello no desvirtúa ni contradice, de manera alguna, el carácter no lucrativo que en global tiene el servicio público de seguridad social.

SECCIÓN SEXTA:

SOBRE EL DERECHO DE ACCESO A LA INFORMACIÓN PÚBLICA Y LA TRANSPARENCIA EN LA ADMINISTRACIÓN PÚBLICA CONTEMPORÁNEA. UNA PERSPECTIVA COMPARADA PARTIENDO DE LA EXPERIENCIA MEXICANA (2010)

Este trabajo, con el título: "Algunos aspectos del derecho en acceso a la información pública y la transparencia en la administración pública contemporánea. Una perspectiva comparada partiendo de la experiencia Mexicana," fue publicado en la. *Revista de Derecho Público*, Nº 121, (enero-marzo 2010), Editorial Jurídica Venezolana, Caracas 2010, pp. 67-78

I. ALGUNOS ANTECEDENTES DE LA TRANSPARENCIA Y de la APERTURA EN LA ADMINISTRACIÓN PÚBLICA

El 21 de Febrero de 2009, en el día en el cual tomó posesión de su cargo, el Presidente de los Estados Unidos Barak Obama, refiriéndose al Gobierno en Washington, dijo que "En esta ciudad durante mucho tiempo ha existido muchos secretismo", proclamando que al contrario, "la Transparencia y el Estado de derecho serán los hitos de esta presidencia." Luego, ordenó que: "Desde hoy, cada agencia y departamento debe saber que esta Administración está a favor de aquellos que buscan dar a conocer la información, no de aquellos que buscan retenerla."[480]

En cumplimiento de estos ofrecimientos, y para tales fines, el mismo día el Presidente emitió dos Memorándum presidenciales: uno sobre la Ley de libertad de información (*Freedom of Information Act*) y el otro sobre la transparencia y apertura gubernamental (*Transparency and Open Government*).

Citando al Juez Louis Brandeis de la Suprema Corte de los Estados Unidos, quien se refirió a la "luz del sol" como "el mejor desinfectante", Obama ordenó además que la Ley de libertad de información se aplicase con una clara predisposición "a favor de la revelación (*disclosure*)", de modo que "ante la duda, prevalece la apertura (*openness*)"; concluyendo en pocas palabras, con la preposición de que "el Gobierno no deberá retener información confidencial". En el segundo memorando, el Presidente ratificó que su "Administración está comprometida con la creación de un nivel de apertura gubernamental sin precedentes" considerando que "la apertura fortalecerá nuestra democracia y promoverá eficiencia y eficacia en el Gobierno;" agregando, finalmente que: "el *Gobierno debe ser transparente*. La transparencia promueve la responsabilidad y ofrece información a los ciudadanos sobre lo que su Gobierno está haciendo".[481]

Este concepto de la transparencia en el Gobierno responde a la idea política figurada en la "casa de cristal" (*la maison de verre*), que después de muchos años de opacidad, comenzó a desarrollarse relacionada con el simbolismo de lo visible y lo asequible, contrario a lo que es cerrado, misterioso, inasequible o inexplicable. Es decir, lo transparente como sensación de tranquilidad y serenidad que resulta de lo

---

480 Discurso pronunciado durante la ceremonia de juramentación de las autoridades principales del Poder Ejecutivo, el 21 de Febrero de 2009. *V.*, Sheryl Gay Stolberg, "On First Day, Obama Quickly Sets a New Tone," *The New York Times*, 22 de febrero, 2009, p. A1.

481 Memoranda presidenciales, 21 de Enero de 2009, en www.whitehouse.gov

que puede ser dominado o racionalizado, es lo contrario a la angustia y la perturbación causadas por lo que es misterioso y desconocido.[482]

Este concepto de transparencia ha sido uno de los elementos clave que en la evolución de la Administración Pública, ha ayudado a la transformar el Estado Burocrático tradicional en el Estado Administrativo y Democrático de nuestros tiempos, más dedicado a los ciudadanos que al Monarca o a la burocracia. Ese Estado Burocrático era aquel caracterizado por Max Weber como la organización que trataba "de incrementar la superioridad del conocimiento profesional de las autoridades públicas, precisamente a través del secretismo y de la confidencialidad de sus intenciones". Por eso, dijo Weber, los gobiernos burocráticos, debido a sus tendencias, son siempre "gobiernos que excluyen la publicidad".[483]

Al contrario, en el mundo contemporáneo, la franqueza, la apertura y la transparencia son la regla; por ello, cualquier expresión gubernamental al respecto como la que fue anunciada por el Presidente de los Estados Unidos, debe ser siempre bienvenida, incluso en un país como ese, que tiene una larga tradición en la materia. En efecto, los Estados Unidos fue uno de los primeros países en aprobar en 1966 una legislación en materia de transparencia y acceso a la información pública, como lo fue la *Freedom of Information Act (FOIA)* (Ley de libertad de información). Antes, sin embargo, desde 1951, en Finlandia ya existía un estatuto sobre el acceso a la información pública[484], siendo el origen común de ambas legislaciones, que su promulgación fue debido a exclusivas iniciativas legislativas, provocada incluso por el activismo legislativo que se manifestó en contra del Ejecutivo con el objeto de imponer políticas de transparencia, habiendo sido en ambos casos, promovida por los partidos de oposición.[485]

Es de destacar, de las manifestaciones del Presidente de los Estados Unidos, que ahora, luego de más de cuarenta años de aplicación de dicha legislación, se busca definir nuevamente la misma política de transparencia, pero en este caso por iniciativa del Poder Ejecutivo.

---

482 *V.*, Jaime Rodríguez-Arana, "La transparencia en la Administración Pública," en *Revista Vasca de Administración Pública*, N° 42, Oñati 1995, p. 452.

483 *V.*, Max Weber, *Economía y Sociedad*, Vol. II, Fondo de Cultura Económica, México 1969, p. 744.

484 En 1766, en Suecia se aprobó una ley sobre el mismo tema de acceso a la información.

485 En cuanto a la FOIA, su origen resulta de la creación, durante la década de los cincuenta, de Comisiones de Senadores y Representantes para resolver la falta de acceso efectivo a la información de acuerdo a las provisiones de la Ley de Procedimiento Administrativo (Administrative Procedure Act), las cuales, a pesar de ser muy importantes en su momento, fueron descritas por el Representante John E. Moss, como parte de la "teoría burocrática" que permitía que cada entidad pública decidiera qué tipo de información debía llegar al público. *V.*, Pierre-Francois Divier, "Etats-Unis L'Administration Transparente: L'accés des citoyens américains aux documents officiels," en *Revue du Droit Public et de la Science Politique en France et a l'étranger*, N° 1, Librairie Générale de Droit et de Jurisprudence, Paris 1975, p. 64; Miguel Revenga Sánches, "El imperio de la política. Seguridad nacional y secreto de Estado en el sistema constitucional norteamericano", Ariel, Madrid 1995, p. 153). Luego la FOIA fue reformado en 1974 y en 1976 para hacerla más eficiente. Durante los mismos años, luego de los escándalos de Watergate y los Pentagon Papers (documentos del Pentágono), se aprobaron dos nuevas leyes: la Federal Privacy Act y la Federal Government in the Sunshine Act. *V.*, James Michael, "Freedom of information in the United States" en *Public access to government-held information* (Norman Marsh Editor), Steven & Son LTD, Londres 1987.

II. EL AVANCE DE LA REFORMA DEMOCRÁTICA EN MÉXICO EN MATERIA DE ACCESO A LA INFORMACIÓN Y SUS LIMITACIONES

Algo muy similar ocurrió en México, en 2002, con la sanción de la Ley Federal de Transparencia y Acceso a Información Gubernamental Pública[486], aprobada tras varias iniciativas de ONG, como el Grupo Oaxaca, pero que se basó en un proyecto de ley que el Ejecutivo[487] (gobierno de Fox) había presentado al Congreso; y más importante, con la gran diferencia de que en este caso de México, la legislación estaba destinada a garantizar la aplicación de un derecho constitucional que había sido incorporado en la Constitución mexicana en una Enmienda de 1977, que había establecido el derecho de los ciudadanos a la información.

En efecto, en la Constitución mexicana, en contraste a la Constitución de los Estados Unidos en la que nada se puede encontrar que permita identificar un derecho fundamental de tener acceso a la información pública, el artículo 6 establece el derecho ciudadano a la información que el "Estado garantizará" (artículo 6). Por ello, basado en este derecho constitucional y en relación con la información pública, 15 años más tarde se sancionó la mencionada Ley Federal de Transparencia y Acceso a Información Gubernamental Pública, la cual tiene por objeto contribuir a la democratización de la Sociedad mexicana y garantizar la aplicación eficiente del Estado de derecho; garantizar el derecho de todos de tener acceso a la información; buscar la transparencia del servicio público por medio de la difusión de información pública; reforzar la posibilidad de responsabilidad pública; y proteger la datos personales contenidos en los registros públicos (artículo 6)

Además, y para ampliar el rango de su protección, la Ley Federal dispone expresamente que el derecho de tener acceso a la información pública debe ser interpretado no solo en conformidad con la Constitución, sino también con lo previsto en la Declaración Universal de los Derechos Humanos; en el Pacto Internacional de Derechos Civiles y Políticos; en la Convención Americana de los Derechos Humanos; en la Convención para la eliminación de cualquier tipo de discriminación contra la mujer, y en los otros instrumentos internacionales ratificados por México (artículo 6); y además, conforme a la interpretación dada por las instituciones internacionales especializadas, como por ejemplo, la Comisión Interamericana de los Derechos Humanos y la Corte Interamericana de los Derechos Humanos.[488]

486 Algunos artículos de la Ley fueron reformados en 2006.

487 Por el Ministro de Gobernación Santiago Creel, de la Administración del Presidente Fox.

488 Esta declaración tan importante de sometimiento a las reglas y principios internacionales, inherentes de un gobierno democrático, contrastan con la situación que se presenta en otros países como Venezuela, donde desafortunadamente, el Tribunal Supremo de Justicia no solo ha sentenciado que en material de libertad de expresión las Recomendaciones de la Comisión Inter-Americana no son obligatorias en el país, sino que las propias decisiones de la Corte Inter-Americana de Derechos Humanos no son ejecutables en el país. Esta decisión fue dictada por la sala Constitucional del Tribunal Supremo en diciembre de 2008, en relación con la decisión de la Corte Inter-Americana de Derechos humanos del 5 de Agosto de 2008; emitida en el Caso *Apitz Barbera y otros ("Corte Primera de lo Contencioso Administrativo") vs. Venezuela*, en el cual la Corte sentenció que el Estado venezolano había violado las garantías jurídicas de varios jueces que habían sido removidos, establecidas en la Convención Americana de Derechos Humanos, condenando al Estado a pagarles la compensación debida, a reincorporarlos en cargos similares en el Poder Judicial, y a publicar parte de la decisión en los periódicos venezolanos (*V.*, decisión en Excepción Preliminar, Fondo, Reparaciones y Costas, Serie C Nº 182, en www.corteidh.or.cr). Sin em-

Con esta legislación tendiente a implementar una política de transparencia y apertura, puede decirse que México comenzó a resolver el permanente conflicto entre "secretismo" y "apertura" que todas las Administraciones Públicas han experimentado; y que ha existido, no solo en forma estructural conformando el secretismo atávico que durante tantos años han sido la regla, y no la excepción, en muchas de las Administraciones Públicas de Latinoamérica, sino también en forma circunstancial, en situaciones particulares que se han desarrollado, por ejemplo, como consecuencia del síndrome del espionaje de la post-guerra que marcó la era de la Guerra Fría, o de la lucha contra el terrorismo como consecuencia de los atentados del 11 de septiembre de 2001.[489]

Para imponer la transparencia y garantizar el derecho de tener acceso a la información pública, la Ley Federal de Transparencia mexicana del año 2002, definió también una presunción a favor de la publicidad, estableciendo el principio de que la interpretación de sus normas deben siempre ser realizadas en las entidades públicas en favor del "principio de mayor publicidad," es decir, lo contrario al secretismo.

Pero como siempre ha sucedido con estas legislaciones, las sola declaración de principios que contiene no es suficiente para resolver el conflicto entre secretismo y apertura, particularmente debido a la amplia variedad de excepciones que también se han establecidas en las legislaciones, lo cual se repite en la Ley federal mexicana en relación con las informaciones confidenciales, dejando incluso en las manos del director de la respectiva unidad de la Administración Pública (artículo 16) el poder de declarar determinado tipo de información como "reservada". En todos estos casos, la información se mantiene fuera del alcance de los ciudadanos, respecto de las cuales ningún derecho al acceso a la información puede existir efectivamente.

El problema en la Ley mexicana, en todo caso, no es le referencia que la misma hace en su Artículo 18 a la información considerada como "confidencial," referida a la consignada por los administrados con sus peticiones ante la Administración Pública, y a su datos personales contenida en los registros que requieren de su consentimiento para que sean divulgados o distribuidos;[490] sino la asignación a los jefes de las entidades públicas del poder para calificar, como reservada, cierta información durante un período de 12 años (artículo 15),[491] refiriéndose a la información cuya difusión pudiera comprometer la seguridad nacional, la seguridad pública o la defensa nacional; aquella que pudiese poner en riesgo la estabilidad monetaria, económica o financiera del país; que pudiera poner en peligro la vida de las perso-

---

bargo, el 12 de diciembre de 2008, la Sala Constitucional del Tribunal Supremo de Justicia emitió la decisión N° 1939, (Expediente: 08-1572), Caso: *Abogados Gustavo Álvarez Arias y otros*, declarando que la decisión antes mencionada de la Corte Inter-Americana de Derechos Humanos, del 5 de agosto de 2008, era inejecutable en Venezuela; instando al Ejecutivo a denunciar a la Convención Americana de Derechos Humanos y acusando a la Corte Inter-Americana de haber usurpado los poderes del Tribunal Supremo.

489 Es por ello que los memoranda del Presidente Obama fueron considerados como el reverso de la política Post Septiembre 2001 que le facilitaba a las agencias gubernamentales el poder negarse ante las solicitudes de documentos conforme a la Freedom of Information Act. *V.*, Sheryl Gay Stolberg "On First Day, Obama Quickly Sets a New Tone", The New York Times, 22 de febrero de 2009, p. A1.

490 En cuanto a la información personal que se encuentra en los registros públicos, esta no es considerada como confidencial.

491 En el FOIA de los Estados Unidos, el plazo es de 25 años.

nas, la seguridad y la salud públicas; y que pudiera afectar seriamente las actividades de policía, de prevención del delito, la justicia, la recaudación de impuestos, el control de inmigración, y estrategias que se adopten en los procedimientos judiciales o administrativos antes de su decisión final (artículo 15).

Es cierto que la Ley expresamente excluye de este amplio espectro de información reservada, aquella información que está relacionada con violaciones graves en contra de los derechos humanos y con crímenes contra la humanidad (artículo 14), pero sin duda, el amplio vocabulario utilizado en la enumeración para la clasificación de información como reservada, puede llevar a contradecir los mismos objetivos de apertura de la Ley.

En todo caso, para evitar esta distorsión y para controlar las posibles desviaciones en la aplicación de las excepciones, la Ley Federal creó un Instituto Federal de Acceso a la Información Pública atribuyéndole la potestad a cargo de decidir, en última instancia administrativa, sobre el rechazo de peticiones que se hubieses introducido solicitando acceso a información, y sobre la protección de la datos personales que puedan existir en los archivos de las entidades públicas (artículo 34). A fin de garantizar el derecho de solicitar información, la Ley también estableció un lapso preciso de 20 días para que se produzca la respuesta oficial, previendo el principio del "silencio positivo," es decir la presunción de respuesta positiva en caso de silencio, considerando entonces concedida la petición al agotarse el lapso de respuesta sin que se hubiese producido decisión expresa. Es de destacar que en este respecto, la Ley Federal de Transparencia incluso modificó la regla general contraria establecida en la Ley Federal de Procedimientos Administrativos de 1994, del "silencio negativo" donde lo que se presume es la "respuesta negativa" o el rechazo de las peticiones en los casos en los cuales no se haya producido una respuesta oportuna (artículo 17).

En cuanto al problema de las excepciones al derecho de la información, el mismo se agrava en la Ley Federal pues la misma, además de establecer los casos antes referidos en los cuales las autoridades pueden califica ciertas informaciones como reservadas, directamente dispone la calificación de confidencial de otro tipo de información, sin la necesidad de requerir declaraciones adicionales por parte de las autoridades. Esto se refiere a las informaciones que ya han sido declaradas como confidenciales en otras leyes, como las relativas al secreto comercial, industrial, fiscal, bancario o fiduciario. También se refiere la Ley a los archivos de investigaciones preliminares; a los archivos de procedimientos judiciales o administrativos aún sin decisión definitiva; a los procesos de responsabilidad de las autoridades públicas aún sin decisión definitiva; y a las opiniones, sugerencias o puntos de vista ofrecidos por las autoridades públicas en las deliberaciones relativas a procedimientos hasta que se adopte decisión definitiva. Lamentablemente, todas estas exenciones consti-tuyen una ventana abierta al secretismo (artículo 14).

Pero en todo caso, para cualquiera que ha estado involucrado en procesos de reforma de la Administración Pública en América Latina, la aprobación de un estatuto como la Ley Federal mexicana de Transparencia y Acceso a la información pública gubernamental y su aplicación, más que una reforma, puede ser considerado como el comienzo de una revolución administrativa que, aunque requerirá de muchos años para producir resultados definitivos, ya ha producido un sentido importante de apertura dentro de la Administración Pública de México, lo cual puede incluso percibirse en los reportajes ofrecidos por los medios de comunicación sobre la misma y sus funcionarios, en una forma nunca antes imaginada.

El resultado de este proceso inicial también fue la aprobación, en 2007, de una nueva Enmienda constitucional sobre el mismo artículo 6 de la Constitución para agregar a la declaración inicial del derecho a la información que el Estado debe garantizar, también con rango constitucional, los siguientes principios que todas las agencias y entidades públicas deber seguir para hacer efectiva dicha garantía: En primer lugar, la presunción de publicidad antes mencionada, es decir, el principio de que toda información que esté en manos de cualquier autoridad o entidad pública debe considerarse cómo de carácter público, siendo la excepción de esta regla, su declaración temporal como reservada basada en motivos de interés público. Es por ello que, en la interpretación del derecho constitucional a la información, la Ley Federal de 2002 establecía el principio de que la mayor publicidad siempre debe prevalecer. Esta es la misma presunción a favor de la revelación que se definió en el Memorando del Presidente Obama de fecha 21 de enero de 2009; de manera que en caso de duda, la apertura es la que debe prevaler; pero con la gran diferencia de que en México se trata de una previsión de rango constitucional, como un derecho de los ciudadanos, y no solo como una política del Poder Ejecutivo expresa sobre la aplicación de un estatuto que en definitiva podría ser modificada por otros gobiernos, como ha ocurrido en el pasado.

Los otros principios que se incluyeron en la Enmienda constitucional mexicana de 2007, que ya había desarrollado en la Ley Federal, fueron la previsión expresa del derecho de todos de que toda información relacionada con la vida privada y la datos personales esté debidamente protegida; y el derecho de tener acceso sin costo alguno, a la información pública relativa a los datos personales y a su rectificación. Para ello, la legislación debe establecer los medios adecuados para garantizar el acceso a la información y también procedimientos simples y expeditos de revisión ante entidades imparciales, autónomas y especializadas.

III. EL AVANCE EN OTROS PAÍSES LATINOAMERICANOS EN MATERIA DE TRANSPARENCIA Y ACCESO A LA INFORMACIÓN

En todo caso, la legislación mexicana del año 2002 no fue el primer estatuto en esta materia en América Latina. En 1985, en Colombia se promulgó la Ley N° 57 sobre la publicidad de documentos oficiales y administrativos, y en enero de 2002, antes de la Ley mexicana, se aprobó en Panamá la Ley N° 6 sobre las previsiones para la transparencia en la gestión pública y sobre acciones *habeas data*. Además de estos casos, el hecho es que en todas las otras leyes aprobadas en Latinoamérica durante los últimos siete años, la Ley Federal mexicana ha tenido una influencia definitiva en su redacción en lo que se refiere a la transparencia y al derecho al acceso a la información pública.[492] Ese ha sido el caso, por ejemplo, de los estatutos aprobados en el Perú en 2003 (Ley N° 27.806 de Transparencia y el acceso a la información pública); en Ecuador en 2004 (Ley Orgánica de Transparencia y acceso a la información pública), y el mismo año en la República Dominicana (Ley General N° 200-04 del Libre acceso a la información pública); en Honduras, en 2006 (Ley de Trans-

492 La Ley Federal también tuvo mucha importancia en la redacción de la legislación de los Estados de la federación.

parencia y acceso a la información pública); en Nicaragua en 2007 (Ley N° 621-2007 de acceso a la información); y en Chile (Ley de Transparencia y acceso a la información), en Guatemala (Ley de acceso a la información pública), y en Uruguay (Ley N° 18381 de acceso a la información pública y del *amparo informativo*), durante el año 2008.

Para promover la transparencia de las funciones administrativas dentro de todas las entidades públicas, todas estas Leyes establecen el derecho al acceso de información como un derecho fundamental de todos los ciudadanos; presumen expresamente que toda información emitida por las entidades públicas debe considerarse como de carácter público, con la excepción de los documentos confidenciales o aquellos declarados como reservados; casi todas establecen la presunción del silencio positivo ante la ausencia de respuestas expeditas a las solicitudes de información; y obligan a las entidades públicas a publicar la información concerniente a su organización o a su funcionamiento. Sin embargo, en muchas de estas leyes, y partiendo del precedente mexicano, también se establecen previsiones específicas para la protección judicial del derecho al acceso a la información, a través de la acción de *habeas data*, que se configura como una especie de *amparo informativo*, como se lo define en el derecho uruguayo.

En efecto, a pesar de que México es la cuna de la acción de amparo, en lo que respecta al derecho al acceso a la información y a su protección judicial, en contraste con el régimen establecido en los otros países Latinoamericanos, ni en la Constitución y en la Ley Federal se reguló la acción *habeas data*; es decir, el medio judicial específico diseñado para garantizar la protección de los derechos a la información sin necesidad de agotar, previamente, cualesquiera recursos de revisión administrativa. Esta acción específica de *habeas data*, establecida originalmente para la protección de datos personales y progresivamente ampliada para la protección del derecho de acceso a la información pública, ha sido prevista en las Constituciones de Argentina, Brasil, Ecuador, Paraguay, Perú y Venezuela, en paralelo a los otros medios judiciales para la protección de los derechos humanos, como el amparo y las acciones *habeas corpus*. En otros países, aún sin fuente constitucional, dicha acción de *habeas data* ha sido establecida por ley (Panamá, Uruguay).

IV. EL TEMA DE LA GARANTÍA JUDICIAL AL DERECHO DE ACCESO A LA INFORMACIÓN PÚBLICA

En materia de protección judicial, en cambio, en México, la Ley Federal solo ha establecido la posibilidad de tener acceso a los Órganos Judiciales (artículo 59), mediante la impugnación través de acciones contencioso administrativas o de mediante juicio de amparo, de las decisiones definitivas dictadas por el Instituto Federal de Acceso a la Información Pública; cuando dichas decisiones son adoptadas resolviendo recursos de revisión administrativos introducidos ante el organismo, contra las decisiones finales de las entidades administrativas correspondientes que niegan la información (artículo 49). Es decir, siguiendo la tendencia de las Estados Unidos, la posibilidad de tener acceso a la protección judicial del derecho de tener acceso a la información pública, en México está sujeta al agotamiento previo de recursos administrativos que deben ejercerse, *primero*, ante la Administración Pública correspondiente que posee la información y la niega, y *segundo*, ante el Instituto Federal de Acceso a la Información Pública.

Esta es una característica importante del sistema mexicano que sin duda contrasta con las otras legislaciones de América Latina, en las cuales el acceso a la protección judicial del derecho de acceso a la información pública es inmediato y directo, sin necesidad de agotar previamente cualesquiera recursos administrativos ante la Administración Pública de las Agencias Independientes.

Ese es el caso, por ejemplo, de las previsiones de la Ley de Transparencia y Acceso a la Información de Panamá de 2002, que como se ha dicho, fue promulgada antes que la Ley mexicana, en la cual la acción de *habeas data* está establecida para garantizar el derecho de cada persona a tener acceso a la información pública, por ejemplo, como lo establece la ley, en los casos en los cuales la autoridad pública responsable del registro, el archivo o el banco de datos que contiene la información o los datos personales requeridos, niegue dicha información o la suministre en forma insuficiente o inexacta (artículo 17). En esos casos, la Ley prevé la posibilidad de que se introduzca la acción *habeas data* ante las mismas Cortes Superiores capacitadas para decidir, en general, en materia de acciones de amparo cuando la acción se refiere a actos de autoridades públicas municipales o provinciales responsables de registros o archivos. Cuando se trata de autoridades públicas con jurisdicción sobre más de dos provincias o sobre toda la República, la Corte Suprema de Justicia es entonces la competente para decidir sobre la acción *habeas data* (artículo 18).

Esta acción de *habeas data* debe decidirse durante un proceso regido por las mismas reglas de la acción de amparo, sin formalidades y sin la necesidad de la asistencia de un abogado.

En este mismo sentido, la reciente Ley uruguaya de 2008 relativa al derecho de acceso a la información pública, también ha previsto una acción judicial especial de acceso a la información, denominada "amparo informativo," que todas las personas tienen para la garantía de su derecho. Esta acción puede ser introducida por cualquier persona interesada o por sus representantes (artículo 24) contra cualquier autoridad pública obligada por la Ley, cuando se niegue el suministro de la información solicitada, o cuando la información no es suministrada en los términos establecidos en la Ley. Los tribunales competentes para decidir sobre dicha acción son, en general, las los de Primera Instancia con jurisdicción en asuntos civiles o en materia contencioso administrativo (artículo 23), y el procedimiento que se debe aplicar está establecido en la misma Ley de forma expedita (artículo 25) y sin incidentes de procedimientos judiciales (artículo 30), dando lugar para la realización de una audiencia pública que debe llevarse a cabo dentro de los tres días siguientes bajo la dirección del tribunal, en la cual las partes deben discutir sus pretensiones y presentar las pruebas correspondientes. La decisión final debe ser emitida dentro del plazo de las siguientes veinticuatro horas (artículo 26). En cualquier caso, los tribunales tienen el amplio poder de adoptar las medidas provisionales o cautelares necesarias para proteger el derecho o libertad presuntamente violado (artículo 27). La sentencia final debe determinar lo que sea necesario hacer para garantizar el derecho al acceso a la información pública, en un plazo no mayor de 15 días (artículo 28); estando en todo caso sujeta a apelación y a una revisión de segunda instancia (artículo 29).

En el caso de Ecuador, donde también se promulgó en 2004 una Ley Orgánica de Transparencia y acceso a la información pública, desde 1997, la Ley de Control de Constitucionalidad estableció la acción del *habeas data* en adición a las acciones de *habeas corpus* y amparo para la protección de los derechos humanos, específicamente con el propósito de garantizar el derecho de cada individuo de tener acceso a la información relacionada con él mismo o con sus propiedades, y a conocer el uso y propósito de los datos (artículo 34). El recurso *habeas data* que puede ser introducido ante cualquier tribunal (artículo 37) tiene por objeto obtener por parte de la entidad correspondiente, la información que debe ser suministrada en forma completa, clara y acertada; la rectificación o supresión de información o evitar su divulgación a terceros; y las copias y verificación de corrección o supresión de información (artículo 35). Sin embargo, la acción de *habeas data* no procede cuando se pueda ver afectado el secreto profesional; cuando la justicia pueda ser obstruida; y en los casos de documentos reservados por razones de seguridad nacional (artículo 36). El procedimiento del recurso de *habeas data* también impone la necesidad de que el tribunal lleve a cabo una audiencia pública que de tener lugar dentro de un plazo de 8 días, debiendo adoptarse la decisión final durante los siguientes dos días (artículo 38). El querellado debe suministrar la información durante los siguientes ocho días, conjuntamente con una explicación sobre la misma (artículo 39), y la decisión está sujeta a apelación ante el Tribunal Constitucional (artículo 42).

Pero además de esta acción *habeas data*, en Ecuador, la Ley Orgánica de Transparencia y acceso a la información pública de 2004, estableció sin prejuicio de la acción de amparo, un recurso de acceso a la información, para garantizar judicialmente el derecho de acceso a la información pública (artículo 22). Este recurso puede ser introducido por cualquier persona cuya solicitud respecto de cualquier tipo de información establecida en la Ley, haya sido negada de forma tácita o expresa; ya sea por el rechazo expreso de la solicitud, o por recibir información incompleta, alterada o falsa; incluyendo casos en los cuales el rechazo de la información este basado en el carácter reservado o confidencial de la información solicitada. El recurso puede ser interpuesto directamente ante cualquier tribunal de primera instancia del domicilio de la autoridad pública que esté en posesión de la información; y el tribunal también debe convocar una audiencia pública para ello, dentro de las siguientes 24 horas. La decisión final debe ser emitida en un plazo no mayor de dos días después de la audiencia, incluso en el caso de que la autoridad pública ante la cual se solicitó la información no se presente en la audiencia. La información requerida debe ser entregada al tribunal en un plazo no mayor de ocho días, y en caso de que la información sea de carácter reservado o confidencial, ese hecho debe ser debidamente comprobado. En este último caso, una vez que el tribunal encuentre debidamente comprobado la calificación, debe confirmar la negativa de la información solicitada. En caso contrario, el tribunal debe ordenar que la autoridad libere la información en 24 horas, pudiendo esta decisión ser apelada ante el Tribunal Constitucional cuando la autoridad pública mantenga el carácter de confidencial o reservado de la información. En este caso, la Ley ecuatoriana también asigna amplios poderes a los tribunales competentes para adoptar medidas cautelares en casos en los cuales la información pueda verse en riesgo de encubrimiento, desaparición o destrucción.

En el Perú, el tema de la protección judicial del derecho al acceso a la información no está tratado en la Ley N° 27806 de Transparencia y acceso a la información pública de 2003; sino en Código Procesal Constitucional de 2004, en el que se incluyeron las acciones de amparo y *habeas corpus*, así como también el proceso de *habeas data*. Este último se estableció, particularmente, para la protección de los derechos constitucionales de acceso a la información; para la protección de la intimidad personal o familiar (artículos 2, 5 y 6); y particularmente, para garantizar el acceso a toda información recogida por las entidades públicas cualquiera que sea su forma o expresión, y para saber, actualizar, incluir, suprimir o rectificar información o data referente al accionante, reunida en cualquier forma dentro de instituciones públicas o privadas que ofrezcan servicios de acceso a terceros. Este derecho incluye la posibilidad de solicitar la supresión de información de carácter privado o sensible que pueda afectar los derechos constitucionales del accionante o impedir que se suministre (artículo 61).

La acción de *habeas data* sólo puede ser introducida una vez que la persona interesada haya hecho la solicitud ante la autoridad correspondiente y la misma haya sido rechazada, o cuando al momento de la introducción de la solicitud, la autoridad no ha dado una respuesta en un plazo de 10 días o 2 días, de acuerdo con el derecho exigido (artículo 62). El tribunal correspondiente tiene el poder de solicitar al accionado toda la información que considere necesaria (artículo 63); y el proceso aplicable es el mismo establecido en el Código para la acción de amparo, excepto en cuanto a la necesidad de un abogado que, en este caso, es facultativa (artículo 65).

Por otra parte, el recurso de *habeas data* aún cuando únicamente para la protección de datos personales, garantizando el derecho de tener acceso a los registros oficiales o bancos de datos que la contengan, y de los derechos de rectificar o corregir tal información, se estableció en la Constitución de Brasil, que fue el primer país latinoamericano en constitucionalizar este recurso (artículo 5, LXXII); en la Constitución de Argentina (Reforma de 1994) (artículo 43); y en la Constitución de Paraguay de 1992 (artículo 135).

Este es también el caso de Venezuela, donde la Constitución de 1999 regula la acción de *habeas data* para garantizar el derecho de las personas de acceder a la información y a los datos que sobre sí misma o sobre sus bienes consten en registros oficiales o privados, así como de conocer el uso que se haga de los mismos y su finalidad, y de solicitar ante el tribunal competente la actualización, la rectificación o la destrucción de aquellos, si fuesen erróneos o afectasen ilegítimamente sus derechos (artículo 28). La misma previsión de la Constitución garantiza el derecho de todos al acceso a documentos de cualquier naturaleza que contengan información cuyo conocimiento sea de interés para comunidades o grupos de personas, quedando en todo caso a salvo el secreto de las fuentes de información periodística y de otras profesiones que determine la ley. No obstante, la falta de desarrollo legislativo en materia de la acción de *habeas* ha reducido el alcance de esta acción, habiéndose reservado la Sala Constitucional del Tribunal Supremo el conocimiento de la misma.

V. EL DERECHO DE ACCESO A LA INFORMACIÓN COMO DERECHO CONSTITUCIONAL

Por otra parte, también se debe mencionar que el importante paso tomado en México en el año 1977, para garantizar en el texto constitucional el derecho a la información y al acceso a ella (artículo 6), sólo ha sido seguido por pocos países latinoamericanos. Este es el caso de la Constitución de Brasil de 1988, la que contiene una declaración sobre la garantía del "derecho de todos al acceso a la información" (artículo 5, XIV). En Colombia, la Constitución de 1991 solo establece el derecho al acceso a los documentos públicos, como un derecho de los partidos políticos de oposición (artículo 112); y en Perú, la Constitución de 2000, establece el derecho de todos a solicitar a las entidades públicas, la información necesaria, sin expresar ningún motivo en particular, y a recibirla dentro del plazo establecido por la ley. Solo la información referente a asuntos privados, y aquella establecida expresamente por la ley por razones de seguridad, está excluida; y los servicios de información no pueden suministrar información que pueda afectar la intimidad personal o familiar (artículos 2, 5 y 6).

En el caso de la Constitución de Venezuela de 1999, el artículo 143 establece el derecho de los ciudadanos tienen derecho a ser informados oportuna y verazmente por la Administración Pública, sobre el estado de las actuaciones en que estén directamente interesados, y a conocer las resoluciones definitivas que se adopten sobre el particular.

Asimismo, la misma disposición establece el derecho de acceso a los archivos y registros administrativos, únicamente sujeto a "los límites aceptables dentro de una sociedad democrática en materias relativas a seguridad interior y exterior, a investigación criminal y a la intimidad de la vida privada, de conformidad con la ley que regule la materia de clasificación de documentos de contenido confidencial o secreto.".

El mismo artículo prohíbe cualquier censura previa en lo que refiere a funcionarios públicos sobre la información que puedan ofrecer acerca de los asuntos bajo su responsabilidad.

VI. REFLEXIÓN FINAL

En todo caso, las declaraciones constitucionales de derechos a la transparencia y al acceso a la información pública, y su garantía por medio de leyes como las que están vigentes en América Latina, a pesar de que son pasos muy importantes hacia la democratización de la Administración Pública, no son lo suficiente para garantizar su aplicabilidad. Otros elementos son indispensables para tal propósito, como por ejemplo, la necesidad de la verdadera configuración de un Servicio Civil efectivo, estable y profesional que pueda adoptar el principio de transparencia como uno de sus valores. Un sistema de servidores públicos sujeto a cambios políticos y a la merced de los cambios de gobierno, o a la voluntad de los partidos políticos, o del Jefe de Estado, es completamente incompatible con el principio de presunción a favor de la información y del libre acceso, particularmente porque, al contrario, el secretismo es el principio que puede garantizar su supervivencia.

Por otro lado, para realmente garantizar el derecho de información, la existencia previa de dicha información también es indispensable, la cual por tanto, debe ser previamente recopilada en registros y archivos públicos bien organizados y seguros. Frente a una Administración Pública sin memoria de su propia información, situación que se repite en muchos de nuestros países en los que no existe una cultura de preservar la información o en los que persiste una política de destrucción de documentos históricos; los ciudadanos no pueden tener una garantía cierta de acceso a la información o de ser informados, excepto sobre lo que la autoridad pública determine que es lo que quiere informar o puede informar.

Otro elemento indispensable para garantizar el derecho al acceso a la información pública, es la existencia de la libertad de expresión que para que se puedan difundir los casos de la falta de transparencia y que pudiera demandar apertura. A este respecto, por ejemplo, el progreso que se ha logrado desde la década de los sesenta en los Estados Unidos, además de tener su origen en el activismo legislativo, puede sin duda ser atribuido a la garantía efectiva de la libertad de expresión y de la libre prensa que ha ayudado a la transparencia. Pero por supuesto, el derecho de informar que tienen los medios de comunicación es solo un aspecto del asunto, y no puede quedar condicionado por lo que solo que la prensa u otro medio de comunicación quiere informar, y cuando lo quieren informar.

Sin la libertad de expresión y la libertad de prensa, sin duda, no se puede garantizar el derecho ciudadano de ser informado y de acceder a la información pública,[493] y sin ellas, no existe posibilidad para que el ciudadano común pueda ser informado cuando, por ejemplo, la falta de transparencia marque alguna acción política.

Por ejemplo, al inicio me referí a los anuncios que el Presidente Obama hizo en materia de transparencia y apertura dentro del Gobierno el día de la Toma de posesión de su cargo; asunto que fue informado a los ciudadanos por medio de la prensa. Y ha sido a través de la misma prensa que el ciudadano ha podido tomar conocimiento de ciertos retrocesos en el desarrollo de esa política pública. Es el caso, por ejemplo, de la discusión originada con motivo de la calificación como secreto de Estado que defendió un abogado del Departamento de Justicia ante una Corte de Apelación de los Estados Unidos, con motivo de los graves alegatos de tortura que se denunciaron en la aplicación del llamado "programa extraordinario de rendición," diseñado por la Administración anterior para casos de terroristas.[494] Por esa razón es que, en definitiva, no se puede lograr ninguna posibilidad de exigir transparencia sin la libertad de prensa; y la libertad de prensa solo puede existir en las democracias. Por eso la transparencia y la apertura en el Gobierno son políticas democráticas, diseñadas para fortalecer la democratización de la Administración Pública, siendo por supuesto incompatibles con los gobiernos autoritarios.

---

493 Es por esto, que así como es importante hacer énfasis en lo que significó la primera decisión Ejecutiva que tomó el Presidente Obama al tomar posesión de su cargo como Jefe de Estado, proclamando la política de Transparencia y Apertura en el Gobierno; también es importante mencionar la reacción de algunos periodistas atacando, ese mismo día, al nuevo Gobierno por falta de transparencia, solo porque no se les permitió la entrada a los fotógrafos de los medios de comunicación, para presenciar el Segundo juramento que hizo el Presidente, ese mismo día, ante el Presidente de la Corte Suprema; un hecho del que, sin embargo, todos fueron debidamente informados por medio de una fotografía oficial. El aspecto importante que resulta de esa situación es que el derecho de todos de estar informados y de tener acceso a la información pública no puede ser confundido con el derecho de todo medio de comunicación a estar presente en cualquier acto público. El derecho a estar informado es una cosa, y el derecho a la búsqueda de la información y a informar es otra.

494 *V.*, John Schwartz, "Obama Backs Off A Reversal On Secrets," en, 10 de febrero de 2009, pp. A12 y A16, y el Editorial *The New York Times* sobre "Continuity of the Wrong Kind," en The New York Times, 11 de febrero de 2009, p. A30.

SECCIÓN SÉPTIMA:

SOBRE LA TRANSPARENCIA Y EL DERECHO DE ACCESO A LA JUSTICIA: PROGRESIÓN Y REGRESIÓN (2015)

Trabajo elaborado para el II Congreso Jurídico de la Hacienda Pública, Contraloría General de la República, San José Costa Rica, 8 y 9 septiembre 2015.

La transparencia de la gestión gubernamental es uno de los derechos políticos fundamentales que tienen los ciudadanos frente al Estado, al cual se refiere expresamente en la Carta Democrática Interamericana de 2001, como uno de los componentes esenciales de la democracia, y como parte del derecho político de los ciudadanos a la propia democracia.[495]

El artículo 4 de dicha Carta, en efecto, y hay que recordarlo una y otra vez, identifica a la democracia como un régimen político en el cual tienen que estar garantizados, y a ello tienen derecho los ciudadanos, no sólo el derecho político la celebración de elecciones periódicas, libres, justas y basadas en el sufragio universal y secreto, como expresión de la soberanía del pueblo (que es el derecho político al sufragio), sino el derecho al respeto a los derechos humanos y las libertades fundamentales; el derecho a que los gobernantes accedan al poder y lo ejerzan con sujeción al Estado de derecho; el derecho al pluralismo político y a asociarse en partidos y organizaciones políticas, y el derecho a la separación e independencia de los poderes públicos (Art. 3).

Esos elementos esenciales de la democracia, como derechos políticos y pilares fundamentales del régimen democrático del Estado de derecho, se complementan con los componentes esenciales de la democracia que también como derechos políticos se enumeran en el artículo 4 de la misma Carta Democrática Interamericana, y que son: el derecho político a la transparencia de las actividades gubernamentales, a la probidad y a la responsabilidad de los gobiernos en la gestión pública; el derecho a que el Estado respete en particular los derechos sociales y la libertad de expresión y de prensa; el derecho ciudadano a la subordinación de todas las instituciones del Estado a la autoridad civil legalmente constituida, incluido por supuesto el componente militar; y el derecho político a que los gobernantes y los órganos del Estado respeten al Estado de derecho.

Lo importante de concebir a la democracia conforme a esos elementos y componentes, y en su manifestación como derechos ciudadanos, es tomar conciencia de que con ellos, en conjunto, lo que se busca es asegurarles a los ciudadanos la posibi-

---

495 Véase Allan R. Brewer-Carías, "Algo sobre las nuevas tendencias del derecho constitucional: el reconocimiento del derecho a la constitución y del derecho a la democracia," en Sergio J. Cuarezma Terán y Rafael Luciano Pichardo (Directores), *Nuevas tendencias del derecho constitucional y el derecho procesal constitucional*, Instituto de Estudios e Investigación Jurídica (INEJ), Managua 2011, pp. 73-94; y *VNIVERSITAS, Revista de Ciencias Jurídicas (Homenaje a Luis Carlos Galán Sarmiento)*, Pontificia Universidad Javeriana, facultad de Ciencias Jurídicas, No. 119, Bogotá 2009, pp. 93-111; "El derecho a la democracia entre las nuevas tendencias del Derecho Administrativo como punto de equilibrio entre los Poderes de la Administración y los derecho del administrado," en Víctor Hernández Mendible (Coordinador), *Desafíos del Derecho Administrativo Contemporáneo (Conmemoración Internacional del Centenario de la Cátedra de Derecho Administrativo en Venezuela*, Tomo II, Ediciones Paredes, Caracas 2009, pp. 1417-1439.

lidad de ejercer un control efectivo respecto del ejercicio del poder público. De eso se trata la democracia, del ejercicio del poder en nombre de los ciudadanos y de la posibilidad real para estos de controlar dicho ejercicio, lo que no sólo impone la necesidad de que realmente funcione un sistema de separación de poderes, de manera que los diversos órganos electos puedan controlarse entre sí, sino de prever y asegurar que los ciudadanos tengan, por una parte, acceso a la información administrativa y por la otra acceso a las instancias judiciales para poder ejercer, reclamar y defender sus derechos, y en particular, poder exigir el control judicial sobre la gestión gubernamental.

He allí la relación entre transparencia y acceso a la justicia, siendo el segundo elemento, el acceso a la justicia, no sólo la condición esencial para lograr el control del primero, es decir, de la gestión pública transparente; sino en definitiva el mecanismo establecido en el plano nacional e internacional para asegurar la vigencia de los derechos humanos, el fortalecimiento del principio de legalidad y el establecimiento de responsabilidades administrativas.

Con base en las anteriores premisas, a continuación me referiré al tema de la transparencia gubernamental y el acceso a la justicia, a su progresión y regresión en el mundo contemporáneo, refiriéndome en lo posible a casos concretos, a cuyo efecto dividiré mi exposición en seis partes en las cuales me referiré, en *primer lugar*, el derecho de acceso a la información y su garantía judicial como condición para controlar la transparencia; en *segundo lugar*, al tratamiento del acceso a la justicia conforme al principio de la no discriminación; en *tercer lugar*, al acceso a la justicia en relación con el principio *pro accione*; en *cuarto lugar*, al acceso a la justicia y el agotamiento de recursos internos; en *quinto lugar*, el problema de la restricción del acceso a la justicia internacional para controlar los Estados, al estar sometido a la voluntad de los mismos; y en *sexto lugar*, a la relación entre el acceso a la justicia, el debido proceso, y tutela judicial efectiva.

I. EL DERECHO DE ACCESO A LA INFORMACIÓN Y SU GARANTÍA JUDICIAL COMO CONDICIÓN PARA CONTROLAR LA TRANSPARENCIA

Se atribuye al Juez Louis Brandeis de la Corte Suprema de los Estados Unidos haber utilizado la frase de que "la luz del sol es el mejor desinfectante,"[496] para referirse precisamente a la noción de transparencia como el primer correctivo contra la corrupción. Y ello es así efectivamente, de manera que podemos decir que la más eficaz garantía del derecho político a la transparencia, es la publicidad de la información administrativa, es decir, la apertura frente al secretismo, de manera de poder asegurarle a los ciudadanos el derecho de acceso a esa información como instrumento para, precisamente, poder controlar la eficiencia y la eficacia en la Administración Pública. La consecuencia de ello es que entonces, el ámbito de lo confidencial en el seno de la Administración Pública, como principio, debería quedar reducido a la mínima expresión, y sólo en materias vinculadas, por ejemplo, con la seguridad de la Nación.

Esta aproximación al concepto de la transparencia en el Gobierno responde a la idea política que se configuró en torno a la configuración de la Administración

---

496 Véase Louis Brandeis, "What publicity can do?, "en *Harper's Weekly December 20,* 1913

Pública como una "casa de cristal" (*la maison de verre*), que después de muchos años de opacidad administrativa, comenzó a desarrollarse vinculada al simbolismo de lo visible, lo asequible y lo transparente, contrario a lo cerrado, misterioso, inasequible o inexplicable. Es decir, la idea de que lo abierto y transparente, como sensación de tranquilidad y serenidad que resulta de lo dominado o racionalizado, en el seno de la Administración debe sustituir la angustia y la perturbación causadas por lo que es misterioso y desconocido.[497]

Este concepto de transparencia ha sido uno de los elementos clave en la evolución de la Administración Pública en el mundo democrático moderno, una vez que comenzó a estar más dedicada a los ciudadanos que al Monarca o a la burocracia.[498] Por ello, por ejemplo, la Constitución venezolana de 1999 declara que "La Administración está al servicio de los ciudadanos" y en su funcionamiento, entre otros, se fundamenta en el principio de la transparencia (artículo 141).[499]

Por supuesto, en Venezuela ello en la actualidad solo es un decir de lo que debería ser la Administración Pública, que no tiene vigencia alguna en la práctica política del Estado Totalitario que padecemos,[500] y basta para constatarlo una decisión de la Sala Constitucional del Tribunal Supremo de 2010,[501] mediante la cual lo que resolvió fue, al contrario, que en el país lo prevalece es la "secretud," al haber negado una acción de habeas data que había introducido por una ONG, que reclamaba su derecho de acceso a la información administrativa sobre remuneraciones pagadas a los funcionarios nada menos que de la Contraloría General de la República. Para negar el habeas data, la Sala Constitucional consideró que frente a la trasparencia gubernamental lo que privaba era el derecho a la privacidad o "intimidad económica" de los funcionarios, es decir, que la información solicitada implicaba una invasión a la esfera privada de los mismos, y que acceder a la información administrativa violaría el derecho al honor y privacidad consagrado en el artículo 60 de la Constitución.

---

497 Véase Jaime Rodríguez-Arana, "La transparencia en la Administración Pública," en *Revista Vasca de Administración Pública*, N° 42, Oñati 1995, p. 452.

498 El Estado Burocrático fue caracterizado por Max Weber como la organización que trataba "de incrementar la superioridad del conocimiento profesional de las autoridades públicas, precisamente a través del secretismo y de la confidencialidad de sus intenciones". Por eso, dijo Weber, los gobiernos burocráticos, debido a sus tendencias, son siempre "gobiernos que excluyen la publicidad." Véase Max Weber, *Economía y Sociedad*, Vol. II, Fondo de Cultura Económica, México 1969, p. 744.

499 El artículo 141 de la Constitución de Venezuela dispone: "*La Administración Pública está al servicio de los ciudadanos y ciudadanas y se fundamenta en los principios de honestidad, participación, celeridad, eficacia, eficiencia, transparencia, rendición de cuentas y responsabilidad en el ejercicio de la función pública, con sometimiento pleno a la ley y al derecho.*"

500 Véase en particular Allan R. Brewer-Carías, *Estado Totalitario y desprecio a la Ley. La desconstitucionalización, desjuridificación, desjudicialización y desdemocratización de Venezuela*, Fundación de Derecho Público, Editorial Jurídica Venezolana, segunda edición, (Con prólogo de José Ignacio Hernández), Caracas 2015.

501 Véase sentencia N° 745 de 15 de julio de 2010 (Caso *Asociación Civil Espacio Público*), en http://www.tsj.gov.ve/decisiones/scon/Julio/745-15710-2010-09-1003.html. Véase sobre dicha sentencia, Allan R. Brewer-Carías, "De la Casa de Cristal a la Barraca de Hierro: el Juez Constitucional Vs. El derecho de acceso a la información administrativa," en *Revista de Derecho Público*, N° 123, (julio-septiembre 2010), Editorial Jurídica Venezolana, Caracas 2010, pp. 197-206.

Con esta decisión, de un golpe, de la "casa de cristal," que se había venido construyendo en Venezuela en relación con la Administración Púbica, pasó a un configurarse con el Estado totalitario en una "barraca de acero" rodeada de secretos, e impenetrable. Y ello se confirmó hace poco tiempo, en agosto de 2015, cuando el Tribunal Supremo de Justicia, esta vez en Sala Contencioso Administrativa (Sala Político Administrativa), declaró inadmisible una acción contencioso administrativa por omisión contra el Presidente del banco central de Venezuela, por la omisión en publicar los indicadores económicos del país desde enero de 2015, a lo cual está obligado legalmente, argumentando que la ONG recurrente no había solicitado directamente al funcionario que ordenara publicar lo que legalmente estaba obligado a hacer.[502]

Se ignoró así el avance tan fenomenal que ha tenido la protección del derecho de acceso a la información pública en el mundo, desde que el primer estatuto sobre el tema que se adoptó en Finlandia en 1951, el cual fue seguido por la Ley de libertad de información de los Estados Unidos (*Freedom of Information Act (FOIA)*) sancionada en 1966.[503]

La evolución en la materia condujo, por supuesto, como era de esperarse, a su amplio desarrollo en Europa,[504] y además, a su tratamiento en América Latina. Así por ejemplo, en Colombia en 1985 se promulgó la Ley N° 57 sobre la publicidad de documentos oficiales y administrativos, y en enero de 2002, también en Panamá se sancionó la Ley N° 6 sobre las previsiones para la transparencia en la gestión pública y sobre acciones de habeas data.[505]

---

502 Véase sentencia N° 935 de 4 de agosto de 2015 (Caso *Asociación Civil Transparencia Venezuela*), en http://historico.tsj.gob.ve/decisiones/spa/agosto/180378-00935-5815-2015-2015-0732.HTML. Véase sobre dicha sentencia Allan R. Brewer-Carías, "El secreto y la mentira como política de Estado y el fin de la obligación de transparencia De cómo el Tribunal Supremo de Justicia liberó inconstitucionalmente al Banco Central de Venezuela de cumplir su obligación legal de informar al país sobre los indicadores económicos, arrebatándole a los ciudadanos sus derechos a la trasparencia gubernamental, de acceso a la justicia y de acceso a la información administrativa," 10 agosto 2015, en http://www.allanbrewercarias.com/Content/449725d9-f1cb-474b-8ab2-41efb849fea3/Content/Brewer.%20LO%20SECRETO%20Y%20LA%20MENTIRA%20COMO%20POL%C3%8DTICA%20DE%20ESTADO%20Y%20EL%20FIN%20DE%20LA%20OBLIGACI%C3%93N%20DE%20TRANSPARENCIA.pdf

503 En cuanto a la FOIA, su origen resulta de la creación, durante la década de los cincuenta, de Comisiones de Senadores y Representantes para resolver la falta de acceso efectivo a la información de acuerdo a las provisiones de la Ley de Procedimiento Administrativo (*Administrative Procedure Act*), las cuales, a pesar de ser muy importantes en su momento, fueron descritas por el Representante John E. Moss, como parte de la "teoría burocrática" que permitía que cada entidad pública decidiera qué tipo de información debía llegar al público. Véase Pierre-Francois Divier, "Etats-Unis L'Administration Transparente: L'accés des citoyens américains aux documents officiels," en *Revue du Droit Public et de la Science Politique en France et a l'étranger*, N° 1, Librairie Générale de Droit et de Jurisprudence, Paris 1975, p. 64 ; Miguel Revenga Sánches, "El imperio de la política. Seguridad nacional y secreto de Estado en el sistema constitucional norteamericano", Ariel, Madrid 1995, p. 153). Luego la FOIA fue reformado en 1974 y en 1976 para hacerla más eficiente. Durante los mismos años, luego de los escándalos de *Watergate* y los *Pentagon Papers* (documentos del Pentágono), se aprobaron dos nuevas leyes: la *Federal Privacy Act* y la *Federal Government in the Sunshine Act.* Véase James Michael, "Freedom of information in the United States" en *Public access to government-held information* (Norman Marsh Editor), Steven & Son LTD, Londres 1987.

504 Véase Emilio Guichot, *Transparencia y acceso a la información en el derecho europeo*, Cuadernos Universitarios de Derecho Administrativo, Editorial Derecho Global, 2011.

505 Véase Javier Sheffer Tuñnon, *Constitucionalización del derecho a la información. Su acceso y tutela*, Instituto Centroamericano de Estudios Políticos, Fundación Konrad Adenauer, Panamá 2007.

Luego también en México, en 2002, se sancionó la Ley Federal de Transparencia y Acceso a Información Gubernamental Pública para implementar el derecho fundamental a tener acceso a la información pública que se estableció en el artículo 6 de la Constitución, garantizando el derecho de todos de buscar la transparencia del servicio público por medio de la difusión de información pública, así como reforzar la posibilidad exigir responsabilidad administrativa. En la Ley se reguló además una presunción a favor de la publicidad, como "principio de mayor publicidad," contrario al secretismo, que luego se incorporó en una reforma constitucional en 2007. Así el principio en México es que toda información que esté en manos de cualquier autoridad o entidad pública debe considerarse como de carácter público, siendo la excepción de esta regla, su declaración temporal como reservada basada en motivos de interés público.

Posteriormente, bajo influencia de la legislación mexicana se han dictado estatutos diversos en la materia como los aprobados en el Perú en 2003 (Ley N° 27,806 de Transparencia y el acceso a la información pública); en Ecuador en 2004 (Ley Orgánica de Transparencia y acceso a la información pública), y el mismo año en la República Dominicana (Ley General N° 200-04 del Libre acceso a la información pública); en Honduras, en 2006 (Ley de Transparencia y acceso a la información pública); en Nicaragua en 2007 (Ley N° 621-2007 de acceso a la información); y en Chile (Ley de Transparencia y acceso a la información), en Guatemala (Ley de acceso a la información pública), y en Uruguay (Ley N° 18381 de acceso a la información pública y del *amparo informativo*), durante el año 2008.

Para promover la transparencia de las funciones administrativas dentro de todas las entidades públicas, todas estas Leyes establecen, *primero*, el derecho al acceso de información como un derecho fundamental de todos los ciudadanos; *segundo*, presumen expresamente que toda información emitida por las entidades públicas debe considerarse como de carácter público, con la excepción de los documentos confidenciales o aquellos declarados como reservados; *tercero*, casi todas establecen la presunción del silencio positivo ante la ausencia de respuestas expeditas a las solicitudes de información; y *cuarto*, obligan a las entidades públicas a publicar la información concerniente a su organización o a su funcionamiento.

Además, en muchas de estas leyes, y partiendo del precedente mexicano, también se establecen previsiones específicas para la protección judicial del derecho al acceso a la información, a través de acciones judiciales de protección como la acción de habeas data, que se configura como una especie de *amparo informativo*, tal como se lo califica en el derecho uruguayo.

En contraste con esta tendencia garantizadora del derecho a la transparencia, en Venezuela, a pesar de que la Constitución de Venezuela de 1999, consagra el derecho ciudadano a la información administrativa, es decir, el derecho de acceder a los archivos y registros administrativos, con las solas limitaciones aceptables dentro de una sociedad democrática en materias relativas a seguridad interior y exterior, a investigación criminal y a la intimidad de la vida privada (artículo 143), en la práctica el Estado totalitario lo que ha impuesto como regla contraria a la Constitución, es que todo es confidencial o secreto, lo que fue corroborado por las decisiones antes mencionadas del Tribunal Supremo de Justicia.

En la primera de las sentencias mencionadas, se resolvió la demanda intentada por la *Asociación Civil Espacio Público*, la cual en 2008 y 2009 había solicitado información a la Contraloría General de la República sobre "el salario base y otras erogaciones que devengan el Contralor General de la República y las remuneraciones del resto del personal de la Contraloría General de la República;" petición que fue rechazada por dicha oficina pública considerando que ello pertenecía a la esfera privada de los funcionarios. Contra dicha negativa se ejerció una acción de amparo constitucional precisamente del derecho de acceso a la información pública, considerando la accionante que "para lograr una gestión pública cónsona con los principios de transparencia y rendición de cuenta," era necesario "la publicidad de los recursos que se administran, incluyendo los sueldos de los funcionarios públicos, ya que éstos ejercen funciones públicas, están al servicio de los ciudadanos y sus remuneraciones se pagan con los tributos pagados por los ciudadanos." Con razón alegó la Asociación accionante que el tema de las remuneraciones de los funcionarios públicos, escapaba de la esfera privada de los mismos, no violándose con la solicitud de información, derecho alguno a la intimidad o privacidad de los funcionarios.

Sin embargo, la Sala Constitucional, en la mencionada sentencia N° 745 de 15 de julio de 2010 (Caso: *Asociación Civil Espacio Público*),[506] declaró sin lugar el amparo solicitado, al considerar, tras admitir el reconocimiento constitucional del derecho de la ciudadanía a solicitar información y a ser informada oportuna y verazmente sobre asuntos de interés público, que la posibilidad de tutelar el derecho mediante una acción judicial estaba limitado porque no se había dictado una ley expresa que determinase los límites aceptables al ejercicio del derecho, así como la información que podía ser solicitada por los ciudadanos. De ello dedujo la Sala, que en ausencia de dicha ley expresa:

> "para salvaguardar los límites del ejercicio del derecho fundamental a la información, se hace necesario: i) que él o la solicitante de la información manifieste expresamente las razones o los propósitos por los cuales requiere la información; y ii) que la magnitud de la información que se solicita sea proporcional con la utilización y uso que se pretenda dar a la información solicitada."

De ello derivó la Sala, en relación con la solicitud de la Asociación accionante sobre la información sobre las remuneraciones de los funcionarios del órgano de control fiscal, que para decidir debía establecer la "ponderación entre el derecho a la información y el derecho a la intimidad de los funcionarios públicos," dando en dicho caso prioridad al derecho a la intimidad de los funcionarios, que la Sala consideró como un derecho fundamental (a la intimidad económica) que privaba particularmente porque no existía una ley general que obligase a hacer públicos los salarios de los funcionarios públicos, ya que a diferencia de los Estados Unidos de Norteamérica o Canadá, donde los salarios de los altos funcionarios del gobierno federal se aprueban y se fijan por Ley, lo que implica su publicidad obligatoria; -dijo la Sala- ello no existe en Venezuela. En el país, solo existen partidas presupuestarias globales en la Ley de Presupuesto anual, donde se indican los montos asignados a cada ente u órgano de la administración pública para las remuneraciones de personal, sin que se identifique en concreto a qué funcionario le pertenece una determinada remuneración, pues ello es información que pertenece al ámbito íntimo de cada individuo. Agregó, además la Sala, que por el carácter reservado de la declaración de impuesto

---

506 Véase en http://www.tsj.gov.ve/decisiones/scon/Julio/745-15710-2010-09-1003.html

sobre la renta, la remuneración de los funcionarios no es un dato de difusión pública, y permanece en la esfera privada o intimidad económica de los funcionarios.

Para reafirmar la negativa a lo solicitado por la Asociación Civil accionante, y además cercenarle su derecho de acceso a la justicia, la Sala solo consideró que la misma no había argumentado sobre la utilidad de la información solicitada sobre remuneraciones "para la participación ciudadana en pro de la transparencia de la gestión pública," considerando en definitiva que no existía "un título legítimo para tolerar la invasión en el derecho constitucional a la intimidad del Contralor General de la República y el resto de los funcionarios adscrito al órgano contralor;" para terminar declarando contra toda lógica, que la información sobre salarios de los funcionarios públicos forma parte del ámbito de la intimidad económica de los mismos.

Al contrario de lo decidido, el Magistrado Pedro Rafael Rondón Haaz, en su voto disidente a la sentencia, expresó que no le cabía duda "acerca de la naturaleza pública y no íntima del salario de los funcionarios públicos y de su pertenencia al ámbito del derecho a la información de los ciudadanos, en relación con el principio de transparencia en el ejercicio de la función pública (artículo 141, Constitución)," precisamente "como indicador de transparencia y como medio para el cabal ejercicio de la contraloría social a que tenemos derecho los venezolanos en el sistema democrático a que se refiere la Constitución."

En todo caso, con la sentencia mencionada, la Sala Constitucional le negó de entrada a la Asociación recurrente su derecho de acceso a la justicia para proteger su derecho a la información y a la transparencia, en una decisión dictada sin siquiera abrir el proceso a juicio ni a pruebas y por supuesto sin debate, declarando la acción "improcedente *in limene litis.*"

Esa decisión contrasta, por ejemplo, con lo decidido por la Sala Constitucional de la Corte Suprema de Costa Rica en 2008,[507] también al resolver en materia de información sobre los salarios de los funcionarios públicos, considerando al contrario que la misma es por esencia información pública de libre acceso. Y por supuesto aún más pública para el control de la trasparencia gubernamental si se trata de información sobre la remuneración de los funcionarios de la Contraloría General de la República que son quienes tienen a su cargo, en el ámbito del control fiscal, asegurar esa trasparencia y perseguir la corrupción administrativa.

El derecho de acceso a la justicia es, por tanto, la pieza clave en el Estado democrático de derecho para asegurar la posibilidad del ejercicio, no sólo del derecho de acceso a la información administrativa y del derecho a la transparencia gubernamental, sino de materialmente todos los derechos fundamentales. La negación del acceso a la justicia para proteger el derecho de acceso a la información administrativa equivale por tanto a la negación de la posibilidad de protección del derecho ciudadano a la transparencia gubernamental.

La importancia del derecho de acceso a la justicia, en todo caso, es de tal significación, que antes de haberse identificado conceptualmente en torno a un criterio o definición única, más bien ha conducido en algunos casos a que se haya llegado a

---

507 Como se ha resuelto en Costa Rica, en la sentencia N° 12852, Expediente: 08-010536-0007-CO, de 22/08/2008 de la Sala Constitucional, en http://200.91.68.20/scij/busqueda/jurisprudencia/jur_detalle_sentencia.asp?nBaseDatos=1&nTesauro=5&nValor1=1&strTipM=E1&tem6=0&nValor2=421476&pgn=TES&nTermino=14486&tem4="&tem2=&tem3=&nValor3=126882&strDirTe=DD

adoptar un concepto que es omnicomprensivo de todas las garantías del debido proceso, llegando a identificarse, por ejemplo, en la doctrina de la Corte Interamericana de Derechos Humanos, en palabras del Juez Antonio Cançado Trindade, con el "derecho a la prestación jurisdiccional" o el "derecho a obtener justicia."[508]

El concepto, sin embargo, no siempre ha tenido este ámbito, habiéndose identificado en general como una de las garantías judiciales, la más importante sin duda, que es la de poder acceder a la jurisdicción, como se deduce, por ejemplo, de lo establecido en el artículo 26 de la Constitución venezolana de 1999, en el cual se diferencias tres derechos como esencia de las garantías judiciales: el derecho de acceso a la justicia; el derecho a la tutela efectiva de los derechos reclamados (comprensivo de los derechos derivados de la garantía del debido proceso) y el derecho a obtención de una decisión judicial oportuna.[509]

Sin embargo, en su origen, el tratamiento del tema del acceso a la justicia la verdad es que no se vinculó con la garantía del debido proceso, sino más bien, con la eliminación de las barreras que existían y en muchos casos aún subsisten, para asegurar a todas las personas en plano de igualdad, el acceso a los tribunales para la protección de todos los derechos. Lo que me conduce al segundo de los temas que quería exponer, sobre la relación entre el acceso a la justicia y el principio de no discriminación.

II. EL TRATAMIENTO DEL ACCESO A LA JUSTICIA Y EL PRINCIPIO DE LA NO DISCRIMINACIÓN

En efecto, la expresión "acceso a la justicia," ahora tan frecuentemente utilizada, fue inicialmente acuñada y popularizada en el derecho comparado, como motivo de la definición de una política pública destinada a superar las barreras existentes respecto de determinadas personas, particularmente las menos favorecidas económicamente, que les impedían poder efectivamente acceder a la jurisdicción, con el objeto de asegurar en plano de igualdad, la posibilidad de la defensa de sus derechos y la resolución de los conflictos en los cuales pudieran estar envueltos. Se trataba de asegurar que el sistema de justicia no solo fuera igualitario de derecho, sino también de hecho.

Conforme a los más elementales principios del Estado de derecho, y con fundamento en la garantía de la igualdad, habiendo el Estado asumido el monopolio de impartir justicia, quitándosela de sus propias manos a los individuos, y por tanto, siendo el titular único de la función jurisdiccional, es decir de la de administrar justicia, el derecho más elemental de toda persona es el de poder acudir ante los tribunales a reclamar sus derechos y a obtener una decisión judicial consecuente.

Este derecho, para poder materializarse en una justicia igualitaria, progresivamente condujo no solo a la consagración constitucional como un derecho formal puesto a disposición de las personas para que se pudiera ejercer con los medios de

508 Voto Disidente a la Sentencia de la Corte Interamericana de Derechos Humanos, Caso *Cinco Pensionistas vs. Perú*, 28 de febrero de 2003, par. 2.

509 "Artículo 26. Toda persona tiene derecho de acceso a los órganos de administración de justicia para hacer valer sus derechos e intereses, incluso los colectivos o difusos; a la tutela efectiva de los mismos y a obtener con prontitud la decisión correspondiente. // El Estado garantizará una justicia gratuita, accesible, imparcial, idónea, transparente, autónoma, independiente, responsable, equitativa y expedita, sin dilaciones indebidas, sin formalismos o reposiciones inútiles."

los cuales cada quien dispusiera, sino a la implementación de una de "una acción estatal afirmativa para su protección"[510] que pudiera asegurar su efectivo ejercicio por todas las personas, sino discriminación. Y así fue que surgió el concepto en el mundo contemporáneo en los años setenta, específicamente vinculado con los trabajos dirigidos por el profesor Mauro Cappelletti en el Instituto Universitario Europeo de Florencia en Italia, a través del denominado "Proyecto de Florencia sobre Acceso a la Justicia."[511]

1. *Proyecto de Florencia: Acceso a la justicia y el principio de la no discriminación*

Conforme a esa aproximación el tema del acceso a la justicia definida como política pública, comenzó a delinearse progresivamente superándose la actitud pasiva tradicional del Estado en relación con la desigualdad fáctica entre los litigantes que limitada el acceso al sistema judicial, entre otros factores, por los costos de los litigios, buscándose concebir soluciones y configurar modelos para asegurar que las personas de menos recursos tuviesen acceso a las instancias judiciales.

Se trató, en definitiva, de lograr que el Estado asumiera la tarea de buscar aliviar la "pobreza legal" [512] que impedía a muchas personas poder hacer uso cabal y efectivo de la ley y de las instituciones judiciales.

Ello condujo al establecimiento incluso en las Constituciones y en diversos instrumentos normativos internacionales, de obligaciones específicas para los Estados, a los efectos de asegurar efectivamente a todos el disfrute de los derechos, específicamente del derecho a la justicia.

Este es el sentido, en definitiva, de lo previsto en el artículo 1.1 de la Convención Americana de Derechos Humanos, donde se reguló como "Obligación de Respetar los Derechos," el compromiso de los Estados Partes no sólo "a respetar los derechos y libertades reconocidos en ella" sino "a garantizar su libre y pleno ejercicio a toda persona que esté sujeta a su jurisdicción, sin discriminación alguna por motivos de raza, color, sexo, idioma, religión, opiniones políticas o de cualquier otra índole, origen nacional o social, posición económica, nacimiento o cualquier otra condición social." En la Convención se regula esta obligación, al punto de que si el ejercicio de dichos derechos y libertades "no estuviere ya garantizado por disposiciones legislativas o de otro carácter, los Estados Partes se comprometen a adoptar, con arreglo a sus procedimientos constitucionales y a las disposiciones de esta Convención, las medidas legislativas o de otro carácter que fueren necesarias para hacer efectivos tales derechos y libertades (art. 1.2).

Fue en ese marco, por ejemplo, y conforme a las propuestas formuladas en el Proyecto de Florencia, que en muchos países se han ido eliminando las antiguas tasas o aranceles judiciales, que en otros tiempos los litigantes debían pagar por las

---

510 Véase Mauro Cappelletti y Bryant Garth, *El acceso a la justicia. La tendencia en el movimiento mundial para hacer efectivos los derechos*, Fondo de Cultura Económica, México 1996, p. 11

511 Véase Mauro Cappelletti (Director), *Accès a la justice et état-providence*, Publications de l'Institut Universitaire Européen, Economica Paris 1984.

512 Véase Mauro Cappelletti y Bryant Garth, *El acceso a la justicia. La tendencia en el movimiento mundial para hacer efectivos los derechos*, Fondo de Cultura Económica, México 1996, p. 11

diversas actuaciones en los procedimientos judiciales, prevaleciendo ahora en cambio, el principio de la gratuidad de la justicia.

En muchos países también se establecieron reglamentaciones a los efectos de determinar el monto de los honorarios de abogados, que siempre ha sido uno de los factores que más encarece el litigio, y se ha constituido en una barrera al acceso a la justicia; así como el régimen de pago de los costos procesales a la parte perdidosa.

2. *Acceso a la justicia y conocimiento del derecho y de los derechos*

Por otra parte, y así sea solo para mencionarlo de pasada, otra de las principales barreras al acceso a la justicia, ha sido tradicionalmente la "ignorancia jurídica," es decir, el desconocimiento sobre que existen derechos que se pueden hacer valer y reclamar. Ello ha exigido el desarrollo programas de educación para que la población en general sepa el alcance de sus derechos y las vías para reclamarlos.

El problema de la "ignorancia jurídica," sin embargo, es claro que no se refiere solo al conocimiento o a la falta de conocimiento por parte del ciudadano común sobre sus propios derechos, sino que se agudiza cuando son los propios abogados los que desconocen el derecho y los derechos, siendo la raíz de esto la formación deficiente que reciben en muchas "Facultades de derecho" que gradúan abogados más por prescripción que por conocimiento del derecho. Ello, por supuesto, también ha obligado a definir programas de formación y perfeccionamiento tendientes precisamente a que los abogados puedan ser el instrumento más efectivo para asegurar el acceso a la justicia.

3. *Acceso a la justicia y simplificaciones judiciales*

Otras formas de mitigar la barrera del acceso a la justicia, por el costo de llevar adelante los procesos judiciales, han sido las reformas judiciales destinadas a facilitar, por ejemplo, el desarrollo de una justicia más expedita, particularmente en el caso de reclamaciones de poco monto, lo que ha conducido, por ejemplo que en muchos países se haya desligado del sistema general de la administración de justicia, a los procesos relativos a reclamaciones vecinales o comunales, atribuyendo su resolución por ejemplo a los denominados jueces de paz o comunales, desarrollados mediante un procedimiento más simplificado.

En tal sentido, por ejemplo en la Constitución de Venezuela de 1999, se estableció la justicia de paz (que antes solo estaba regulada mediante ley) como competencia municipal (art. 178.7), remitiéndose a la ley su organización en las comunidades, debiendo los jueces de paz ser electos por votación universal, directa y secreta, conforme a la ley (art. 258);[513] disposición que sin embargo ha sido distorsionada por el Estado totalitario al integrarse la justicia de paz al llamado "Estado Comunal" que no reconoce al sufragio como elemento legitimador de sus autoridades..

4. *Acceso a la justicia y los medios alternativos de justicia*

Otra política para promover el acceso a la justicia ha sido el desarrollo de los medios alternativos para la resolución de conflictos, al punto de por ejemplo haberse consagrado en el propio texto de las Constituciones el principio general de que el Estado debe promover "el arbitraje, la conciliación, la mediación y cualesquiera

---

513 *Ley Orgánica de la Justicia de Paz*, (*G.O.* Nº 4.817 Extra de 21-12-1994).

otros medios alternativos para la solución de conflictos," tal como se establece en el artículo 258 de la Constitución Venezolana.

En el mismo sentido, también ha habido progreso en cuanto al reconocimiento en las Constituciones de otros mecanismos de acceso a la justicia como los específicos respecto de los pueblos indígenas, tal como lo establece el artículo 260 de la Constitución venezolana, cuando dispone que las "autoridades legítimas de los pueblos indígenas podrán aplicar en su hábitat instancias de justicia con base en sus tradiciones ancestrales y que sólo afecten a sus integrantes, según sus propias normas y procedimientos, siempre que no sean contrarios a esta Constitución, a la ley y al orden público," remitiendo a la ley para determinar "la forma de coordinación de esta jurisdicción especial con el sistema judicial nacional."

Pero por supuesto, no bastan las declaraciones constitucionales, sino la ejecución de políticas públicas. Y éstas, por ejemplo en materia de arbitraje, en Venezuela han sido contrarias a la orientación de la Constitución al punto de que por ejemplo, en el campo del arbitraje internacional de inversiones, Venezuela ha llegado a denunciar en 2012 el Convenio sobre Arreglo de Diferencias Relativas a Inversiones entre Estados y Nacionales de Otros Estados (CIADI).

5. *Acceso a la justicia, la asistencia o ayuda judicial y la defensa pública*

Pero quizás las reformas más importantes desarrolladas en las últimas décadas en muchos Estados para facilitar y asegurar el acceso a la justicia de las personas pobres o en general menos favorecidas económicamente, ha sido el establecimiento de servicios oficiales de asistencia o ayuda judicial, como parte de la burocracia estatal, para en cierta forma asegurar lo que el Rey San Luis de Francia expresó, en 1272, luego de establecer un servicio de abogados para atender a los indigentes, que se trataba de asegurar el derecho y la justicia a cada quien "tanto a los pobres como a los ricos."[514]

Quizás por ello, uno de los países con mayor tradición en el establecimiento de sistemas estatales de asistencia judicial ha sido Francia, donde se inició con la Ley de asistencia judicial de 1851 hasta que se dictó la Ley de ayuda judicial de 1972, establecida para que las "personas con recursos insuficientes" pudieran "hacer valer sus derechos en Justicia y se pudieran beneficiar de una ayuda judicial." Para ello, la Ley dispuso que se estableciera una oficina judicial en cada tribunal a cargo de un abogado actividad o retirado. Dicha Ley de 1972 fue sustituida en 1991, agregando a la ayuda judicial el servicio de "ayuda al acceso al derecho" para prestar servicio de asistencia y consultas jurídicas y además, asistencia en procedimientos no contenciosos o de la llamada "jurisdicción voluntaria."[515]

En Francia, incluso se ha arraigado el desarrollo progresivo de las pólizas de seguros privados, otorgadas por las empresas de seguro, conforme a la normativo del Código de seguros, para garantizar a los asegurados la debida asistencia judicial.[516]

Estos servicios de asistencia judicial, en todo caso, se extendieron en toda Europa, regulándose en los Códigos procesales, como fue el caso en Bélgica y en España.

---

514 Véase André Rials, *L'accès a la justice*, Presses Universitaires de France, París 1993, p. 18.

515 *Idem* pp. 23-45.

516 *Idem* pp. 73-116.

En Bélgica, el Código Judicial estableció el principio de “la asistencia judicial a quienes no dispongan de recursos necesarios para hacer frente a los gastos de los procedimientos, incluso extrajudiciales, del pago de timbres, y de expedición” (art. 664); y en España a partir de 1984, luego de dictarse la ley sobre el derecho a la justicia gratuita que sustituyó el viejo régimen del “beneficio de pobreza,” sus normas se incorporaron en el Código de Procedimiento (arts. 13-50), beneficiando a las personas con ingresos inferiores dos veces menos que el salario mínimo interprofesional.

Estos sistemas de ayuda legal o asistencia judicial se fueron estableciendo en todos los países europeos, para atender a las personas con menos recursos, como sucedió en el Reino Unido, Italia, Países bajos, Alemania, Suecia y Suiza,[517] habiendo pasado el tema a estar posteriormente regulado en el ámbito de la Unión Europea, donde por ejemplo, el Convenio Europeo de Derechos Humanos dispuso en su artículo 6.3. c) la garantía del acusado a ser asistido gratuitamente por un abogado de oficio si no tiene medios para pagarlo, cuando los intereses de la justicia lo exijan; y la Carta de los derechos Fundamentales de la Unión Europea establece en su artículo 47 que se prestará asistencia jurídica gratuita a quienes no dispongan de recursos suficientes, siempre y cuando sea necesaria para garantizar la efectividad del acceso a la justicia.

El resultado de todo ello, ha sido que en Europa, todos los Estados miembros de la Unión Europea tienen un régimen de asistencia jurídica gratuita, de manera que las personas que carecen de recursos económicos suficientes para acudir a los tribunales, pueden solicitar la asistencia jurídica gratuita al amparo de la legislación nacional. Sin embargo, como lo advierte el Portal Europeo *e-Justice*, de la Unión Europea, los distintos regímenes nacionales de asistencia jurídica gratuita tienen grandes diferencias en cuanto a la filosofía que los orienta, de manera que “en algunos Estados el objetivo general parece ser garantizar la disponibilidad general de los servicios jurídicos y el acceso a la justicia, mientras que en otros la asistencia jurídica gratuita sólo se reconoce a los más pobres.”[518]

En América Latina, en los últimos lustros se han realizado muchos esfuerzos[519] para establecer programas estatales específicos de Asistencia Legal y Judicial, habiéndose inicialmente desarrollado programas de carácter no oficial, gerenciados por Organizaciones No Gubernamentales o Universidades públicas o privadas mediante la creación, por ejemplo, de Clínicas Jurídicas para asistir a las personas menos favorecidas económicamente en acciones y procedimientos judiciales; e igualmente, para asistir, con el mismo propósito, a grupos determinados de personas más sensibles, por género o condición social, como es el caso de la atención y defensa de las mujeres, campesinos o indígenas.[520]

---

517 *Idem* pp. 57-72.

518 Véase en https://e-justice.europa.eu/content_legal_aid-293-es.do

519 Véase por ejemplo, en Jorge Correa Sutil, “Acceso a la justicia y reformas judiciales en A.L ¿Alguna esperanza de mayor igualdad? en http://www.palermo.edu/derecho/publicaciones/pdfs/revista_juridica/Especiales_SELA/SELA%201999%20-%20Ed%202000/04SELA99Juridica16.pdf

520 Véase por ejemplo, el estudio comparado sobre la experiencia de este tipo de organizaciones en Costa Rica, República Dominicana, El Salvador, Ecuador, Guatemala, Nicaragua y Perú en José Thompson, *Access to Justice and Equity, A Study in seven countries of Latin America*, Inter- American Development Bank, Inter- American Institutte of Human Rights, s

Más recientemente, esos esfuerzos han cristalizado en organizaciones estatales que se han venido estableciendo en casi todos los países de América Latina, como han sido las Oficinas de Defensa o Defensoría Públicas que de programas diseñados inicialmente en relación con la defensa en los procesos penales, que fue en definitiva el origen de los programas estatales de "defensa pública," se han transformado progresivamente en instituciones generales destinadas a garantizar la "defensa pública y acceso a la justicia" abarcando muchas otras áreas distintas a la de la jurisdicción penal.

En algunos casos se trata de unidades organizativas que se han estructurado en el marco de la organización del Poder Ejecutivo, como es el caso de la Dirección General de Defensa Pública y Acceso a la Justicia en el Perú concebida como la "institución de la Defensa Pública Peruana," y definida "como organismo rector del Servicio de Asistencia Legal Gratuita.[521] En otros casos se trata de Oficinas Nacionales autónomas, como la Oficina de Defensa Pública de República Dominicana,[522] e incluso en otros casos, el servicio está integrado al sistema de justicia como es el caso de la Dirección de la Defensa Pública en Costa Rica[523] o del servicio de "Defensa Pública" en Venezuela, establecido como órgano con autonomía pero integrada al sistema de justicia. En este último caso, la institución está prevista en el artículo 268 de la Constitución, y funciona con "el propósito fundamental de garantizar en forma gratuita y sin exclusión la tutela judicial efectiva del derecho constitucional a la defensa."[524] También está el caso de la "Defensoría Pública" del Ecuador establecido también como un organismo autónomo que forma parte de la Función Judicial, "cuyo fin es garantizar el pleno e igual acceso a la justicia de las personas que, por su estado de indefensión o condición económica, social o cultural, no pueden contratar los servicios de defensa legal para la protección de sus derechos."[525]

6. *Acceso a la justicia y la protección de los derechos humanos*

Debe destacarse, por otra parte, también en relación con la garantía del derecho de acceso a la justicia, el desarrollo de organizaciones destinadas en especial para la protección de los derechos humanos, constituidas en paralelo al desarrollo de las oficinas o servicios generales de Defensa Pública. Ha sido el caso, en América Lati-

---

521 "El servicio de Defensa Pública es brindado por el Ministerio de Justicia y Derechos Humanos (MINJUS), a través de la Dirección General de Defensa Pública y Acceso a la Justicia (DGDPAJ), a las personas que no cuenten con recursos económicos y en los demás casos en que la ley expresamente así lo establezca. Este servicio integral brinda Asistencia Legal Gratuita, en materia penal, de familia, civil y laboral, y defiende a personas que han sido víctimas de la vulneración de sus derechos en cualquiera de sus formas, y y no cuentan con los recursos económicos para contratar a un abogado.".Véase la información en http://www.minjus.gob.pe/defensapublica/index.php

522 Véase en http://www.defensapublica.gov.do/

523 Véase en http://www.poder-judicial.go.cr/defensapublica/index.php/servicios/defensa-agraria

524 La Defensa Pública, "para actuar ante los órganos y entes nacionales, estadales y municipales ofrece sus servicios en materia penal, jurisdicción Penal Militar, Agraria, Laboral, Prevención, Condiciones y Medio Ambiente del Trabajo; Protección del Niño, Niña y Adolescente; Responsabilidad Penal del Adolescente; Indígena; Civil; Mercantil; Tránsito y Contencioso Administrativa; Tribunal Supremo de Justicia." Véase en http://www.defensapublica.gob.ve/index.php/servicios/en-que-ayudamos-materias-de-competencia

525 Véase en http://www.defensoria.gob.ec/index.php/defensoria-publica/quienes-somos/que-es-la-defensoria-publica.

na, de la creación de la institución de los Defensores del Pueblo o de los Defensores de Derechos Humanos, que progresivamente se ha ido incorporando en muchas de nuestras Constituciones, como instituciones con la misión específica de proteger la efectiva vigencia de los derechos y garantías constitucionales.

Inicialmente la misión se atribuyó a organizaciones pre-existentes, como fue el caso en Venezuela en la Constitución de 1961, del Ministerio Público atribuido al Fiscal General de la República, con la misión adicional de velar por la vigencia y respeto de los derechos y libertades públicas en los procesos fundamentalmente de carácter penal; tarea que sin embargo, no fue lo efectiva en relación con la específica protección de los derechos humanos.

Fue precisamente por ello, que en contraste, en las décadas pasadas se ha generalizado en el constitucionalismo latinoamericano, la creación de instituciones desvinculadas del Ministerio Público y de la defensa penal, para velar por la vigencia de los derechos humanos, dotadas de autonomía funcional y en general a cargo de un alto funcionario de nombramiento parlamentario.

El proceso comenzó con la creación del Defensor del Pueblo en Guatemala en 1985, y es hoy el signo general en las Constituciones de América Latina, donde se consagra expresamente la figura del Defensor del Pueblo, del Defensor de los Derechos Humanos, o del Defensor de los Habitantes[526] y, en otros casos, incluso sin previsión constitucional, como es el caso en Costa Rica, donde por ley 7319 de 1992 se creó la figura de la Defensoría de los Habitantes, como órgano contralor que forma parte del Poder Legislativo.[527]

La tendencia de creación de estas instituciones se siguió también en la Constitución venezolana de 1999, separándose del Ministerio Público la protección institucional de los derechos humanos, tarea que se asignó al Defensor del Pueblo concebido incluso como una rama autónoma e independiente del Poder Público. Conforme al artículo 380 de la Constitución, este "tiene a su cargo la promoción, defensa y vigilancia de los derechos y garantías establecidos en esta Constitución y en los tratados internacionales sobre derechos humano, además de los intereses legítimos, colectivos o difusos de los ciudadanos".

En todos esos casos, esta institución se distingue de lo que podría considerarse como el modelo original que fue el del Ombudsman escandinavo, el cual fue concebido como mecanismo parlamentario de protección de los derechos pero frente a la Administración, producto en cierta forma de la lucha entre el Ejecutivo y el Parlamento, lo que obligó a este último a establecer un Comisionado Parlamentario para vigilar la Administración del Estado.

En el caso de la institución latinoamericana, ya no se trata de ese Ombudsman con la característica inicial, sino de un órgano constitucional con autonomía funcional que aun cuando es de nombramiento parlamentario, no está sometido al Parlamento ni responde a instrucciones parlamentarias. Tiene, por tanto, independencia frente a los Poderes del Estado en general y con lapso de duración generalmente coincidente con el período constitucional. Tiene, además, una característica impor-

526 Véase por ejemplo, *Jorge Luis Maiorano,* "El Defensor del Pueblo en América Latina. Necesidad de Fortalecerlo," en *Revista de Derecho* (Valdivia), Vol. XII, diciembre 2001, pp. 191-198; Carlos R. Constenla, *Teoría y práctica del Defensor del Pueblo,* Reus, Temis, Madrid 2010.

527 Véase en http://www.dhr.go.cr/la_defensoria/

tante, y es que en América Latina, goza de legitimación para intentar acciones de protección o tutela, es decir, acciones de amparo respecto de derechos individuales y colectivos o difusos, o acciones de inconstitucionalidad.

Sin embargo, hay que recordar que en algunos países de América Latina se ha seguido el modelo europeo vinculado a la protección frente a la Administración Pública, como es el caso de Argentina, donde la Constitución (art. 86), regula al Defensor del Pueblo como un defensor frente a la Administración, que tiene por objeto la protección de los derecho humanos ante hechos, actos u omisiones de la Administración Pública y el control del ejercicio de las funciones administrativas públicas.

En el resto de los países donde se ha consagrado la figura del Defensor del Pueblo o del Procurador para Defensa de los Derechos Humanos, no se especifica en forma alguna que la tarea de protección se deba ejercer en relación con la administración del Estado o al Poder Ejecutivo, sino frente a la universalidad de actores que puedan atentar contra los derechos humanos. Es el caso de las Constituciones de Colombia, Ecuador, El Salvador y Paraguay, aun cuando en algunos países como en Colombia y El Salvador, el Defensor de los Derechos Humanos o Derechos del Pueblo se vincula al Ministerio Público.

En otros casos, aun cuando independiente del Ministerio Público, el Defensor del Pueblo o Procurador de los Derechos Humanos, como sucede en Perú, Bolivia y Guatemala, además de la protección de los derechos en cualquier forma, tiene la tarea expresa de protegerlos frente a la Administración Pública, y de vigilar la actividad de esta.

III. ACCESO A LA JUSTICIA Y PRINCIPIO PRO ACTIONE

Otros de los aspectos medulares del derecho de acceso a la justicia, que ha implicado reformas y transformaciones significativas, ha sido el que ha tenido por objeto asegurar efectivamente el derecho de todos de accionar en justicia, de manera que en particular por lo que se refiere al control de constitucionalidad y legalidad de los actos estatales, los ciudadanos tengan posibilidad de ejercer las acciones correspondientes; y que en todo caso, conforme al principio de progresividad, la interpretación que el juez debe dar respecto de las condiciones de admisibilidad que las leyes establezcan para los diversos tipos de acciones, siempre se rija por el principio *pro actione*. Como lo ha interpretado la Sala Constitucional del Tribunal Supremo de Justicia:

> "dentro del alcance del principio *pro actione,* las condiciones y requisitos de acceso a la justicia no deben imposibilitar o frustrar injustificadamente el ejercicio de la acción a través de la cual se deduce la pretensión, toda vez que "(...) *el propio derecho a la tutela judicial efectiva garantiza la posibilidad de ejercicio eficiente de los medios de defensa, así como una interpretación de los mecanismos procesales relativos a la admisibilidad que favorezca el acceso a los ciudadanos a los órganos de justicia.*""[528]

El principio *pro actione*, " implica por tanto, que "todo ciudadano tiene derecho a [...] que los requisitos procesales se interpreten en el sentido más favorable a la

528 Véase sentencia de la Sala Constitucional N° 1.064/2000, del 19 de septiembre de 2000.

admisión de las pretensiones procesales."[529] Ello tiene especial repercusión, por ejemplo, en el tratamiento de las condiciones de legitimación que se establecen en las leyes respecto de las acciones de amparo, de control de constitucionalidad de las leyes, de protección de intereses colectivos o difusos, o contencioso administrativas.

1. *La legitimación en las acciones de amparo*

En cuanto a la legitimación en materia de amparo constitucional, el primer aspecto que tiene relación con el acceso a la justicia se refiere al carácter personalísimo de la acción, que tiene como consecuencia que en principio, solo puede ser intentada por la parte injuriada o agraviada. El principio *pro actione*, sin embargo, ha contribuido a atemperar dicha regla, de manera que se admite en muchas legislaciones que otras personas distintas puedan intentar la acción de amparo en nombre de la persona agraviada.

En esta materia, por ejemplo, una excepción general a la regla del carácter personal de la acción se ha desarrollado en relación con la acción de habeas corpus, en cuyo caso, como generalmente la persona agraviada está físicamente impedida de actuar personalmente por sufrir detención o libertad limitada, las leyes de amparo autorizan a cualquier persona a intentar la acción en representación suya (Argentina, Bolivia, Guatemala, Honduras, México, Nicaragua, Perú y Venezuela).[530]

En el mismo sentido, algunas leyes de amparo, para garantizar la protección constitucional, también establecen la posibilidad de que otras personas actúen representando a la parte agraviada e intenten la acción en su nombre. Puede ser cualquier abogado o familiar como se establece en Guatemala (art. 23), o cualquier persona como se establece en Paraguay (art. 567), Ecuador (art. 9.1), Honduras, Uruguay[531] y Colombia, donde cualquiera puede actuar en nombre de la parte agraviada cuando esta última esté en situación de incapacidad para asumir su propia defensa (art. 10).[532] El mismo principio está establecido en el Código Procesal Constitucional de Perú.[533]

---

529 Véase en *Revista de Derecho Público* N° 101 de 2005 en pp. 88 ss.

530 Leyes de Amparo: Argentina (art. 5: cualquiera que lo represente); Bolivia (art. 89: cualquiera en su nombre); Guatemala (art. 85: cualquier otra persona); Honduras (art. 19: cualquier persona); México (art. 17: cualquier otra persona en su nombre); Nicaragua (art. 52: cualquier habitante de la República); Perú: (art. 26: cualquiera a su favor); Venezuela (art. 39: cualquiera que lo represente). En México, la ley impone en la parte agraviada la obligación de ratificar expresamente la interposición del recurso de amparo, al punto que si la queja no se ratifica, se reputará no presentada (art. 17).

531 En Honduras, la Ley sobre Justicia Constitucional autoriza a cualquier persona actuar por la parte agraviada, sin necesidad de poder, en cuyo caso el artículo 44 prevé que prevalecerá el criterio de la parte agraviada (art. 44). En Uruguay (art. 3) la Ley N° 16.011 sobre la Acción de Amparo prevé que en casos en los que la parte agraviada, por sí misma o por su representante, no pudiese intentar la acción, entonces cualquiera puede hacerlo por ella, sin perjuicio de la responsabilidad del agente si éste hubiese actuado con fraude, malicia o culpable ligereza (art. 4).

532 Véase Carlos Augusto Patiño Beltrán, *Acciones de tutela, cumplimiento, populares y de grupo*, Editorial Leyer, Bogotá, 2000, p. 10; y Juan Carlos Esguerra Portocarrero, *La protección constitucional del ciudadano*, Lexis, Bogotá, 2005, p. 122.

533 El artículo 41 del Código establece: "Cualquier persona puede comparecer en nombre de quien no tiene representación procesal, cuando esta se encuentre imposibilitada para interponer la demanda por sí misma, sea por atentado concurrente contra la libertad individual, por razones de fundado temor o amenaza, por una situación de inminente peligro o por cualquier otra causa análoga. Una vez que el afectado se

Otro aspecto que se debe notar sobre la legitimación activa es que algunas leyes de amparo latinoamericanas, en forma restrictiva, obligan al accionante a nombrar formalmente a un abogado que le asista como, por ejemplo, se indica en el Código Judicial panameño (art. 2.261).

Por otra parte, muchas legislaciones otorgan legitimación para intentar la acción de amparo en nombre de los agraviados o de la colectividad, al Defensor de los Derechos Humanos o Defensor del Pueblo, como es el caso de Argentina, Bolivia, Colombia, Ecuador, El Salvador, Guatemala, Perú, Nicaragua, Paraguay y Venezuela.

2. *La legitimación en las acciones de inconstitucionalidad con especial referencia a la despopularización de la acción popular*

En materia de control concentrado de constitucionalidad de las leyes, la regla tradicional, conforme a la orientación europea, ha sido que se limite el ejercicio de la acción directa a determinados funcionarios u órganos del Estado (Presidente del Gobierno, Ministerio Público, miembros del Parlamento), a quienes se da la legitimación necesaria para acceder a los Tribunales Constitucionales. En otros casos, por ejemplo, la legitimación activa se ha otorgado a los ciudadanos, pero cuando hayan sido lesionados en su interés personal y directo, como es el caso de Uruguay, Honduras y Paraguay.

En contraste con dichas manifestaciones restrictivas de acceso a la justicia constitucional, en cambio, otros sistemas han establecido una legitimación amplia, otorgada a cualquier ciudadano, con la posibilidad de ejercer una acción popular con base en su simple interés a la constitucionalidad, como se ha establecido en Colombia y Venezuela desde el siglo pasado.

También se ha establecido en Panamá como medio procesal para acceder a la Jurisdicción Constitucional de la Corte Suprema de Justicia, y además se ha establecido en El Salvador y Nicaragua, correspondiendo por tanto a cualquier ciudadano. En Guatemala la acción se puede ejercer por "cualquier persona con el auxilio de tres abogados colegiados activos" (art. 134).

En Ecuador, en la Constitución de 1995 por ejemplo, se permitía que el Tribunal Constitucional pudiera conocer de peticiones de inconstitucionalidad de las leyes interpuestas por mil ciudadanos o de cualquier persona, previo informe favorable del Defensor del Pueblo sobre la procedencia, lo que en definitiva equivale a una acción popular. En otros casos, como en Honduras y en Uruguay, la acción de inconstitucionalidad de una ley sólo la pueden intentar quienes ostenten un interés personal, legítimo y directo.

Ahora bien, esta acción popular como institución fundamental para asegurar el acceso a la justicia en materia de control de constitucionalidad de las leyes, como antes dije, ha tenido una larga tradición particularmente en Venezuela que se remonta a su consagración por primera vez en América latina en la Constitución de 1858, pudiendo ejercerse por cualquier persona natural o jurídica, que goce de sus derechos, es decir, como lo señaló la Corte Suprema de Justicia en 1971, la acción está abierta "a cualquiera del pueblo (de ahí su denominación)", siendo su objetivo "la defensa de un interés público que es a la vez simple interés del accionante quien, por

---

halle en posibilidad de hacerlo, deberá ratificar la demanda y la actividad procesal realizada por el procurador oficioso."

esta sola razón, no requiere estar investido de un interés jurídico diferenciado legítimo."[534] Basándose en ello, la Ley Orgánica del Tribunal Supremo de Justicia de 2010, califica la acción de inconstitucionalidad como una "demanda popular de inconstitucionalidad," lo que significa, como lo dijo la Sala Constitucional en sentencia Nº 796 de 22 de julio de 2010 (Caso: *Asociación civil Súmate, Francisco Javier Suárez y otros*), que la acción popular "puede ser ejercida por cualquier ciudadano," es decir, "que toda persona tiene, en principio, la cualidad o interés procesal para la impugnación de las leyes o actos con rango de ley, por medio de la acción de nulidad por inconstitucionalidad," no exigiéndose "un interés procesal calificado, ni por la posible existencia de una especial situación de hecho que vincule alguna posición jurídico-subjetiva con cierta norma legal (individualizada), ni por el ejercicio de un cargo público, sea de representación popular o sea dentro del Poder Ciudadano."[535]

Sobre este concepto la jurisprudencia ha sido reiterativa, al afirmar que la acción popular "corresponde a todos y cada uno de los individuos que componen un conglomerado, para impugnar la validez de un acto del Poder Público que, por tener un carácter normativo y general, obra *erga omnes,* y, por tanto, su vigencia afecta e interesa a todos por igual."[536] Es decir, en cuanto a la impugnación de actos normativos, éstos "pueden ser impugnados por la vía de la acción popular, ejercida libremente por cualquier ciudadano que se encuentre en el pleno goce de sus derechos, esto es, que tenga capacidad procesal" invocando simplemente "el derecho que tiene todo ciudadano a que la administración respete la legalidad."[537] En este caso, agregó la antigua Corte Suprema, "la acción que se da... a cualquiera del pueblo (de allí su denominación) está dirigida a la defensa de un interés público que es a la vez simple interés del accionante quien por esta sola razón no requiere estar investido de un interés jurídico diferencial o legítimo."[538]

Lamentablemente, sin embargo, a pesar de estas declaraciones, en el régimen autoritario que se ha instalado en los últimos años en Venezuela, la "popularidad" de la acción popular ha sido progresivamente restringida por el Juez Constitucional, en claro atentado al derecho de acceso a la justicia, negándose incluso el Juez Constitu-

534 Véase sentencia de la Corte Federal del 22/2/60, *Gaceta Forense* Nº 27, 1960, pp. 107 et 108; así como la sentencia de la Corte Suprema de Justicia en la Sala Político–Administrativa del 3/10/63, *Gaceta Forense* Nº 42, 1963, pp. 19 y 20, la del 6/2/64 *Gaceta Oficial* Nº 27.373, 21/2/64, la del 30/5/63, *Gaceta Forense* Nº 52, 1968, p. 109, y la del 25/9/73 *Gaceta Oficial* Nº 1643 Extra, 21/3/74, p. 15.

535 Véase en http://www.tsj.gov.ve/decisiones/scon/Julio/796-22710-2010-09-0555.html.

536 Véase la sentencia de la antigua Corte Federal de 14-03-60 en *Gaceta Forense* Nº 27, 1960, págs. 127-132 y la sentencia de la Corte Suprema de Justicia en Sala Político-Administrativa de 18-02-71 en *Gaceta Oficial* Nº 1.472 Extra. de 11-06-71. Véase en Allan R. Brewer-Carías, *Jurisprudencia de la Corte Suprema 1940-1975 y Estudios de Derecho Administrativo,* Tomo V, Vol. I, Caracas, 1978, pp. 209-304.

537 Véase la sentencia de la Corte Suprema de Justicia en Sala Político-Administrativa de 06-02-64 en *Gaceta Oficial* Nº 27.373 de 21-02-64. Véase en Allan R. Brewer-Carías, *Jurisprudencia..., cit.*, Tomo V, Vol. I, pág. 296.

538. Véase la sentencia de la Corte Suprema de Justicia en Sala Político- Administrativa de 18-02-71 en *Gaceta Oficial* Nº 1.472 Extra, de 11-06-71, y la sentencia de la Corte Suprema de Justicia en Sala Político-Administrativa de 21-11-74, en *G.O.* Nº 30.594 de 10-01-75. Véase en Allan R. Brewer-Carías, *Jurisprudencia..., cit.,* Tomo V, Vol. I, págs. 304 y 314.

cional en algunos casos recibir siquiera la acción propuesta, declarándola como "improponible," término inventado para consolidar la arbitrariedad.[539]

En esa forma la Sala Constitucional, desconociendo el derecho de acceso a la justicia, para negarse a entrar a conocer de acciones populares, las ha declarado como "improponibles," comenzando todo con ocasión de las acciones de inconstitucionalidad y amparo que se ejercieron contra los actos del procedimiento de la reforma constitucional propuesta en 2007, la cual en definitiva fue rechazada mediante referendo. El tema sin duda era polémico, por lo que las irregularidades gubernamentales para enfrentar las inevitables impugnaciones que se presentarían comenzaron en la víspera. Así sólo dos días después de que el Presidente de la República sometiera a la Asamblea su proyecto de reforma constitucional, el 17 de agosto de 2017, la Presidenta de la Sala Constitucional del Tribunal Supremo (es decir, de la Jurisdicción Constitucional) y del propio Tribunal Supremo, quien a la vez había sido miembro del Consejo Presidencial para diseñar dicha Reforma Constitucional, adelantándose a cualquier posible y previsible impugnación por inconstitucionalidad de la iniciativa presidencial y del trámite parlamentario, procedió a emitir opinión pública impunemente, prejuzgando sobre el asunto, dejando claro -dijo-: como lo reseño la prensa:

> "que la Sala Constitucional no tramitará ninguna acción relacionada con las modificaciones al texto fundamental, hasta tanto éstas no hayan sido aprobadas por los ciudadanos en el referendo. "Cualquier acción debe ser presentada después del referendo cuando la reforma ya sea norma, porque no podemos interpretar una tentativa de norma. Después de que el proyecto sea una norma podríamos entrar a interpretarla y a conocer las acciones de nulidad".[540]

La afirmación era otro soberano disparate, pues si la reforma se aprobaba por el pueblo mediante referendo ya no hubiera habido posibilidad de impugnar el procedimiento de reforma dada la legitimidad popular que habría adquirido.

Pero independientemente de este prejuzgamiento de la presidenta del Tribunal Supremo, la Sala Constitucional, que ella presidía, decidió mediante sentencia N° 2189 de Noviembre de 2007 (Caso *Confederación de Profesionales Universitarios de Venezuela (CONFEPUV)* y otros), sin que la Magistrado Presidenta se hubiese inhibido como hubiera correspondido en un Estado de derecho al haber adelantado públicamente opinión sobre lo decidido comprometiendo su imparcialidad,[541] decla-

---

539. Sobre dicho término el reputado lingüista venezolano, recién fallecido, Alexis Rodríguez Márquez, dijo; "Al parecer se trata de un neologismo inventado por los eminentes magistrados de la Sala Constitucional.…es un solemne disparate… la "improponibilidad" es lógicamente inexistente. Lo "improponible" es lo que no se puede proponer. ¿Cómo puede, entonces, ser "improponible" lo que ya ha sido propuesto? ¿Puede alguno de los ilustres magistrados explicarnos esta verdadera aporía?..... Los magistrados del Tribunal Supremo de Justicia deben ser sabios en Derecho; pero serán malos jueces si son ignorantes del idioma en que deban expresarse." Véase "La improponibilidad y la Real Academia," en http://elderechoenperspectiva.blogspot.com/2011/03/alguien-dijo-de-la-real-academia-de-la.html.

540 Reseña del periodista Juan Francisco Alonso, en *El Universal*, Caracas 18-08-2007.

541 Conforme al artículo 8 del Código de Ética del Juez, "La imparcialidad constituye supuesto indispensable para la correcta administración de justicia, y por ello el magistrado...juez... que se hallare incurso en alguna causal de inhibición o recusación o viere comprometida su imparcialidad por alguna circunstancia previa o sobreviniente al proceso del cual deba conocer, debe separarse inmediatamente del mismo sin esperar a que se le recuse."

rando como "improponible" la acción de inconstitucionalidad propuesta contra el acto de la Asamblea Nacional que había sancionado la reforma constitucional,[542] lo que se repitió en muchas otras sentencias, negando el derecho ciudadano acceder a la justicia y a obtener tutela judicial.[543] Para declarar como "improponible" la acción adujo además la Sala que los actos impugnados eran actos preparatorios de una enmienda constitucional, y por ello, no eran "impugnables por vía autónoma," renunciando así, a ejercer la justicia constitucional respecto de los procedimientos de reforma y enmienda constitucional.

Posteriormente, otra restricción a la popularidad de la *actio popularis* lo estableció la Sala Constitucional en 2010, de nuevo con motivo de la acción popular de inconstitucionalidad intentada por la *Asociación civil Súmate y otros,* contra las Resoluciones del Consejo Nacional Electoral de *enero de 2009*", mediante las cuales se convocó y fijó para el 15 de febrero de 2009, la celebración del Referéndum Aprobatorio de la Enmienda Constitucional de ese año para el establecimiento de la reelección indefinida,[544] en la sentencia N° 796 de 22 de julio de 2010 (Caso: *Asociación civil Súmate, Francisco Javier Suárez y otros*),[545] que le negó a la Asociación Civil impugnante el derecho a participar en el control de constitucionalidad de los actos impugnados, declarando su "falta de legitimación" porque la misma habría recibido en algún momento, *in illo tempore*, **"financiamiento de naciones extranjeras para desarrollar actividad pública." Ello, a juicio de la Sala implicaba que entonces carecía "de legitimidad para actuar en defensa de intereses extranjeros sobre asuntos de política interna." Ello, por supuesto, lo dedujo la Sala, en contra de lo que disponen los propios estatutos de la Asociación, donde se define como su objetivo esencial, el** "promover en todas las formas posibles de

---

542 Véase la sentencia del Tribunal Supremo de Justicia en Sala Constitucional N° 2189 de 22 de Noviembre de 2007, Caso *Confederación de Profesionales Universitarios de Venezuela (CONFEPUV) y otros*, en *Revista de Derecho Público*, N° 112, Editorial Jurídica Venezolana, Caracas, 2007, pp. 581 ss. (Véase también en http://www.tsj.gov.ve/decisio-nes/scon/Noviembre/2189-221107-07-1596.htm).

543 Tal fue el caso de la sentencia N° 2108 de 7 de noviembre de 2007 (Ponente: Francisco Carrasqueño), dictada en el Caso *Jorge Paz y otros* con motivo de decidir la acción popular de inconstitucionalidad contra los actos ejecutados por el Presidente de la República el 15 de agosto de 2007; los actos del Ministro del Poder Popular del Despacho de la Presidencia; los actos de la Asamblea Nacional y de la Comisión Mixta, todos relacionados con el proyecto de reforma de la Constitución que por iniciativa del Presidente de la República tramitaba la Asamblea Nacional, también declarada como "**improponible.**" Véase Allan R. Brewer-Carías, "El juez constitucional vs. la supremacía constitucional", en *Revista Iberoamericana de Derecho Procesal Constitucional,* N° 9, Editorial Porrúa, Instituto Iberoamericano de Derecho procesal Constitucional, México 2008, pp. 17-60; "El juez constitucional vs. la supremacía constitucional. (O de cómo la jurisdicción constitucional en Venezuela renunció a controlar la constitucionalidad del procedimiento seguido para la "reforma constitucional" sancionada por la Asamblea Nacional el 02 de noviembre de 2007, antes de que fuera rechazada por el pueblo en el referendo del 02 de diciembre de 2007)", en *Revista de Derecho Público,* N° 112, Editorial Jurídica Venezolana, Caracas 2007, pp. 661-694

544 Véase Allan R. Brewer-Carías, "El Juez Constitucional vs. La alternabilidad republicana (La reelección continua e indefinida), en *Revista de Derecho Público,* N° 117, Caracas 2009, pp. 205-211.

545 Véase en http://www.tsj.gov.ve/decisiones/scon/Julio/796-22710-2010-09-0555.html. Véase los comentarios en Véase Allan R. Brewer-Carías, "La acción popular de inconstitucionalidad en Venezuela y su ilegitima restricción por el juez constitucional, " en *Estudios Constitucionales,* N° 9, 2°, Centro de Estudios Constitucionales de Chile, Universidad de Talca, Santiago de Chile 2011, pp. 623-638. Véase la Revista N° 9, 2, en http://www.cecoch.cl/htm/revista/revista_9_2_2011.html; y el artículo en http://www.cecoch.cl/docs/pdf/revista_9_2_2011/articulo_14.pdf.

la democracia como sistema de convivencia social dentro del marco de la libertad y el respeto a los derechos humanos."[546]

O sea, que conforme a esta arbitraria doctrina jurisprudencial, en definitiva, la acción popular de inconstitucionalidad dejó de ser "popular," en el sentido de que para la Sala Constitucional no "toda persona" tiene la cualidad o interés procesal para intentarla, careciendo de legitimación, por ejemplo, según la Sala, aquellas "personas" que liderasen sectores que sean de oposición "al gobierno legítimo y democrático."[547] La Sala Constitucional, en realidad, lo único que persiguió fue discriminar inconstitucionalmente a una Asociación civil que ha cumplido una labor encomiable desde el punto de vista de la oposición al gobierno autoritario, y dejando sembrada la duda en torno a las consecuencias que pueden derivarse del destino que una entidad vinculada a la oposición pueda dar a los fondos que reciba, negándole el acceso a la justicia.

Pero más grave aún que esta arbitraria restricción puntual, y que la declaración sistemática de la "improponibilidad" de la acción popular cuando se ha intentado por particulares, en defensa del derecho a la Constitución, al sufragio y a la participación política, ha sido la práctica del control concentrado de constitucionalidad, que evidencia que en los últimos años, la mayoría de las acciones de inconstitucionalidad intentadas por los particulares han sido declaradas sistemáticamente sin lugar; en cambio, aquellas que han sido intentadas por el propio Estado, a través de sus altos funcionarios, han sido declaradas con lugar, entre las cuales muchas han sido interpuestas por personeros del Poder Nacional contra actos de los Estados y Municipios.

Así, en un reciente estudio efectuado de las sentencias de la Sala Constitucional dictadas con ocasión de acciones de inconstitucionalidad durante los años 2000 a 2013, teniendo en cuenta quién ha sido el demandante, si ha sido un órgano del Estado o un particular, se puede concluir indicando que "cuando la nulidad es solicitada por el sector público, la probabilidad de obtener un pronunciamiento favorable oscila entre el 15 y 45%; mientras que en el caso del sector privado este se encuentra entre el 0 y 10%,"[548] lo que llevó al autor del estudio, con razón, a preguntarse sobre la real "popularidad" la acción popular, es decir:

> "¿Qué tan popular es una acción popular que al ser intentada por un ciudadano ajeno a la Administración Pública posee, estadísticamente hablando, menos probabilidad de obtener un pronunciamiento favorable a que si la acción fuese ejercida por un funcionario público? ¿Es esta la materialización de la "intención subjetiva del Constituyente" recogida en la Exposición de Motivos de la Carta Magna según la cual "todas las personas tienen a su alcance la acción popular clásica"?"[549]

Y la respuesta no es otra que la que el mismo autor del estudio sugiere, en el sentido de que "la acción popular cada día parece ser menos popular y tiende, exclusi-

546 *Idem.*

547 *Idem.*

548 Véase Gabriel Sira Santana, "La impopularidad de la acción popular de inconstitucionalidad en la jurisprudencia de la Sala Constitucional del Tribunal Supremo de Justicia," en *Revista de Derecho Público*, N° 139, Editorial Jurídica Venezolana, Caracas 20014, pp. 145 a 161.

549 *Idem*, p. 161.

vamente, a la protección de las competencias que la Constitución de la República confirió al Poder Público Nacional como límite a la actuación de los estados y municipios en esta, de por sí, curiosa federación."[550]

3. *La legitimación en las acciones de protección de derechos o intereses difusos o colectivos*

Por otra parte, otro de los temas de gran interés en el mundo contemporáneo en relación con e derecho de acceso a la justicia, ha sido el del tratamiento de la protección de derechos colectivos y difusos, que incluso en algunos casos, ha encontrado consagración constitucional, como sucedió en Venezuela, precisamente como parte del derecho de acceso a la justicia, reconociendo el derecho de cualquier persona de solicitar protección no sólo de sus derechos personales, sino de los derechos "*colectivos*" y "*difusos*" (artículo. 26).

En relación con estos derechos colectivos, la Sala Constitucional del Tribunal Supremo de Venezuela consideró tales derechos como los que corresponden a un grupo indeterminadas de personas que forman parte de un sector de la población, cuando entre ellas existe un vínculo jurídico que las unifica, como sucede en los casos de daños a grupos profesionales, de vecinos, sindicatos, o de habitantes de un área urbana.[551] En relación con los derechos difusos, la misma Sala Constitucional estableció que en esos casos, se refiere a los que pueden afectar a la población en general porque buscan asegurar a las personas en general una mejor calidad de vida así como condiciones mínimas de existencia.[552] En este sentido, por ejemplo, están los daños al ambiente o a los consumidores que tienen efectos dañinos y expansivos en relación con grandes grupos de la población, y que responden a obligaciones genéricas de protección al ambiente o a los consumidores.[553]

Ahora bien, en relación con la legitimación activa para intentar acciones de amparo en búsqueda de protección de estos derechos colectivos y difusos, por ejemplo, la Sala Constitucional del Tribunal Supremo de Venezuela ha admitido la posibilidad de que "*cualquier individuo con capacidad legal*" pueda intentar la acción, cuando busca impedir daños a la población o partes de ella a las que pertenece, estando habilitado para intentar la acción basada en la protección de intereses difusos o colectivos.[554] Fue el caso, por ejemplo, de una acción de amparo intentada para la protección de los derechos electorales, en el cual, un ciudadano invocando los derechos generales del sufragio, intentó una acción de amparo que incluso, condujo en 2000 la suspensión inmediata de una elección general presidencial y legislativa.[555] En otras palabras, la Sala Constitucional ha admitido que "cualquier persona capaz

---

550 *Idem*, p. 161.

551 *Véase*. la sentencia de la Sala Constitucional N° 656 de 5 de junio de 2001 (Caso: *Defensor del Pueblo vs. Comisión Legislativa Nacional*).

552 *Idem*.

553 *Idem*,

554 *Idem*,

555 En estos casos, la Sala Constitucional incluso ha otorgado medidas cautelares con efectos *erga omnes* tanto a los individuos y la entidad que interpusieron la acción como "a todos los votantes como grupo". *Véase* sentencia de la Sala Constitucional N° 483 de 29 de septiembre de 2000 (Caso: *"Queremos Elegir" y otros*), *Revista de Derecho Público*, N° 82, 2000, EJV, pp. 489–491. En sentido similar véase la decisión de la misma Sala N° 714 de 13–06–2000 (Caso: *APRUM*).

que busque impedir daños a la población o a sectores de la misma a los que pertenece, puede intentar acciones en defensa de los intereses colectivos o difusos", extendiendo "la legitimación a las asociaciones, sociedades, fundaciones, cámaras, sindicatos y otras entidades colectivas dedicadas a la defensa de la sociedad, siempre que actúen dentro de los límites de sus fines societarios referidos a la protección de los intereses de sus miembros."[556]

En estos casos, la Sala Constitucional estableció las condiciones generales de la legitimación, decidiendo que la acción debe basarse "no sólo en el derecho personal o interés del accionante, sino también en el derecho común o colectivo".[557] En consecuencia, en estos casos debe existir una relación o vínculo "incluso sin ser de carácter jurídico, entre quien demanda en nombre del interés general de la sociedad o de parte de ella (interés social común) y el daño o peligro causado a la colectividad."[558]

Estas acciones "*colectivas*" de amparo para la protección de derechos difusos, particularmente en materia ambiental, han sido expresamente constitucionalizados en América Latina, como es el caso de Argentina, en cuya Constitución se estableció que la acción de amparo puede intentarse por la parte afectada, el Defensor del Pueblo y las asociaciones registradas que persigan esos fines, contra cualquier tipo de discriminación en relación con los derechos para la protección del ambiente, la libre competencia, los derechos de usuarios y consumidores y los derechos de incidencia colectiva general (Artículo 43).[559]

En Perú, el artículo 40 del Código Procesal Constitucional también autoriza a cualquier persona para intentar acciones de amparo, en casos referidos a las amenazas o violaciones a los derechos ambientales u otros derechos difusos que gozan de reconocimiento constitucional, así como respecto de cualquier entidad con fines no lucrativos cuyos fines sean la defensa de esos derechos.

En sentido similar, en Brasil se ha regulado en la Constitución el *mandado de segurança colectivo*, destinado a la protección de los derechos difusos o colectivos, que puede intentarse por los partidos políticos con representación en el Congreso nacional, por los sindicatos y los instrumentos de clase o asociaciones legalmente

---

556 *Véase* sentencia de la Sala Constitucional de 30–06–2000 (Caso *Defensoría del Pueblo*. *Véase* las referencias y comentarios en Rafael Chavero, *El nuevo régimen del amparo constitucional en Venezuela*, Caracas 2001, pp. 110–114.

557 *Véase* sentencia Nº 1948 de 17–02–2000 (Caso: *William O. Ojeda O. vs. Consejo Nacional Electoral*).

558 *Idem,* Sin embargo, a pesar de las sentencias progresistas antes mencionadas en relación con la protección de los intereses colectivos o difusos, como los derechos políticos, en una más reciente decisión de 21 de noviembre de 2005, la Sala Constitucional ha revertido su decisión en un caso intentado por otro partido político denominado "Un Solo Pueblo". *Véase* Caso *Willian Ojeda vs. Ministro de la Defensa y los Comandantes Generales del Ejército y de la Guardia Nacional*, en *Revista de Derecho Público*, Nº 104, Editorial Jurídica Venezolana, Caracas 2005.

559 *Véase* Joaquín Brage Camazano, *La jurisdicción constitucional de la libertad*, Editorial Porrúa, México 2005, pp. 94 y ss.; Alí Joaquín Salgado, *Juicio de amparo y acción de inconstitucionalidad*, Astrea Buenos Aires 1987, pp. 81–89. En relación con asociaciones que pueden intentar la acción de amparo, la Suprema Corte de la nación ha considerado que no requieren registro formal. Véase sentencia 320:690, Caso: *Asociación Grandes Usuarios y sentencia 323:1339*, Caso *Asociación Benghalensis*, en Joaquín Brage Camazano, *La jurisdicción constitucional de la libertad*, Editorial Porrúa, México 2005, pp. 92–93.

establecidas en defensa de los intereses de sus miembros, que hayan estado funcionando al menos durante el año (Artículo 5, LXIII).[560]

En Ecuador, el artículo 48 de la Ley de Amparo también autoriza a cualquier persona natural o jurídica para intentar una acción de amparo cuando se trate de la protección al ambiente, incluyendo a las comunidades indígenas a través de sus representantes.[561]

En el caso de Costa Rica, los amparos colectivos han sido admitidos por la Sala Constitucional de la Corte Suprema de Justicia en materias relativas al ambiente, basándose en la previsión constitucional que establece el derecho de todos "a un ambiente saludable y ecológicamente equilibrado" (Artículo 50); atribuyendo a cualquier persona "la legitimación para denunciar los actos que infrinjan tales derechos".[562]

Por último, por ejemplo, en Colombia, si bien la acción de tutela también responde al carácter personal y privado de la acción de amparo, de manera que sólo puede intentarse por el titular del derecho fundamental protegido por la Constitución[563], ello no significa que los derechos difusos o colectivos no encuentren protección judicial, a cuyo efecto la Constitución ha regulado la "*acción popular*" para la protección de los mismos.[564]

4. *La legitimación en las acciones contencioso administrativas de anulación y el tema del interés legítimo*

También en materia contencioso administrativo, en lo que se refiere a las acciones de impugnación de actos administrativos por razones de ilegalidad e inconstitucionalidad con el objeto de anularlos judicialmente, en general se han establecido condiciones de legitimación activa para accionar, que sin duda inciden en el derecho de acceso a la justicia.

---

560 Adicionalmente, desde 1985, en Brasil se ha desarrollado las "acciones civiles colectivas", en forma similar a las *Class Actions* del derecho norteamericano para la protección de derechos de grupo, como consumidores, aún cuando limitando la legitimación a las entidades públicas y a las asociaciones *Véase* Antonio Gidi, "Acciones de grupo y amparo colectivo en Brasil. La protección de derechos difusos, colectivos e individuales homogéneos", in Eduardo Ferrer Mac Gregor (Coordinator), *Derecho Procesal Constitucional*, Colegio de Secretarios de la Suprema Corte de Justicia de la Nación, Editorial Porrúa, Tomo III, México 2003, pp. 2.538 y ss.

561 Hernán Salgado Pesantes, *Manual de Justicia Constitucional Ecuatoriana*, Corporación Editora Nacional, Quito 2004, p. 76.

562 Véase sentencia 1700–03 de la Sala Constitucional, en Rubén Hernández Valle, *Derecho Procesal Constitucional*, Editorial Juricentro, San José, 2001, pp. 239–240.

563 Véase Juan Carlos Esguerra Portocarrero, *La protección constitucional del ciudadano*, Lexis, Bogotá 2005, p. 121. Es por ello que el artículo 6,3 de la Ley de Tutela expresamente dispone que la acción de tutela es inadmisible cuando los derechos que se busca proteger son derechos colectivos como el derecho a la paz y otros referidos en el artículo 88 de la Constitución", particularmente porque para tal fin se ha establecido una vía específica denominada "acción popular".

564 Estas acciones populares están establecidas en la Constitución para la protección de los derechos e intereses relacionados con la propiedad pública, el espacio público, la seguridad pública y la salud, la moral administrativa, el ambiente, la libertad de competencia y otros de naturaleza similar. Todos estos son derechos difusos, y su protección se regula en la Ley 472 de 1998 relativa a las acciones populares. Esta ley también regula otras acciones para la protección de los derechos en caso de danos infringidos a un una pluralidad de personas.

En Venezuela, por ejemplo, es en la propia Constitución donde se ha regulado a la Jurisdicción contencioso administrativa, la cual se ha atribuido al Tribunal Supremo de Justicia en Sala Político Administrativa y Sala Electoral, y a otros tribunales establecidos legalmente, con competencia:

> "para anular los actos administrativos generales o individuales contrarios a derecho, incluso por desviación de poder; condenar al pago de sumas de dinero y a la reparación de daños y perjuicios originados en responsabilidad de la Administración; conocer de reclamos por la prestación de servicios públicos y disponer lo necesario para el restablecimiento de las situaciones jurídicas subjetivas lesionadas por la actividad administrativa" (art. 259).

Esta previsión implica que teniendo los ciudadanos el derecho de acceso a la justicia, todos tienen entonces el derecho de accionar ante dichos órganos para solicitar la revisión judicial de actos y actuaciones administrativas. A tal efecto, en cuanto a la legitimación activa para iniciar juicios contencioso administrativos, la Ley Orgánica de la Jurisdicción Contencioso Administrativa de 2010,[565] bajo una tendencia garantista del derecho de accionar, estableció en su artículo 29 que el mismo corresponde a quienes tengan "un interés jurídico actual" en relación con el objeto de la pretensión, es decir, que el interés exista al momento de realizarse la actuación procesal, basado en la relación o situación jurídica concreta de la persona, lo que dependerá por supuesto de la pretensión procesal que se formule ante la Jurisdicción.

En el caso de los juicios de nulidad contra los actos administrativos, respecto de la legitimación activa, la Ley Orgánica no estableció nada más, por lo que el "interés actual" exigido debe estar lógicamente condicionado por los efectos producidos por los actos impugnados.

Antes de la reforma de la Ley Orgánica de la Jurisdicción Contencioso Administrativa de 2010, sin embargo, en materia de acciones de nulidad contra los actos administrativos de efectos particulares, la legitimación activa tradicionalmente fue atribuida a quienes fueran titulares de un "interés personal, legítimo y directo"[566] en la impugnación del acto administrativo; exigencia que fue precisamente eliminada la LOJCA 2010, pero que no necesariamente ha desaparecido por completo, pues dependerá de los efectos del acto

Tal como se había desarrollado jurisprudencialmente anteriormente, la necesidad de que el recurrente en los juicios de nulidad tuviese un interés personal, legítimo y directo en la impugnación, implicaba que tratándose de actos individuales o de efectos particulares, en principio, en el proceso sólo podían "actuar los sujetos a quienes directamente afecta el acto administrativo,"[567] es decir, "los que tuvieran un interés

---

565 La Ley Orgánica fue sancionada por la Asamblea Nacional el 15 de diciembre de 2009, y publicada en *Gaceta Oficial* N° 39.447 de 16 de junio de 2010. Véase los comentarios a la Ley Orgánica en Allan R. Brewer-Carías y Víctor Hernández Mendible, *Ley Orgánica de la Jurisdicción Contencioso Administrativa*, Editorial Jurídica Venezolana, Caracas 2010

566 Véase Allan R. Brewer-Carías, "Aspectos de la legitimación activa en los recursos contencioso-administrativos contra los actos administrativos de efectos particulares", en *Revista de Derecho Público*, N° 16, Editorial Jurídica Venezolana, Caracas, 1983, pp. 227-233.

567 Véase en *Gaceta Forense*, N° 27, pp. 127-132. Véase además en Allan R. Brewer-Carías, *Jurisprudencia de la Corte Suprema ... cit.*, Tomo V, Vol. I, *cit.*, p. 293.

legítimo en su anulación."[568] Esta noción de interés personal, legítimo y directo, fue precisada con acuciosidad por la Corte Primera de lo Contencioso- Administrativa en su sentencia del 13 de octubre de 1988 (caso: *Cememosa*), al clarificar que por *interés legítimo* "debe entenderse como la existencia de una tutela legal sobre la pretensión del actor;" que el *interés sea personal* "alude a la de que el actor haga valer en su nombre o en el de un sujeto o comunidad a los cuales representa, su pretensión;" y que el *interés sea directo*, se refiere a "que el efecto del acto recaiga sobre el actor" y que "el acto esté destinado al actor." En fin la exigencia apunta a que "el impugnante sea el afectado, el que recibe los efectos inmediatos de la decisión sobre su esfera de intereses."[569]

Esta exigencia, sin embargo, comenzó a variar después de sancionada la Constitución de 1999, mediante sentencia de la Sala Político Administrativa del Tribunal Supremo, en efecto, Nº 873 de 13 de abril de 2000 (Caso: *Banco FIVENEZ vs. Junta de Emergencia Financiera*), en la cual consideró que con las previsiones de la nueva Constitución había "quedado tácitamente derogado el criterio legitimador exigido en la Ley Orgánica de la Corte Suprema de Justicia, pues dicho criterio resulta incompatible con los principios que establece la nueva Constitución (Disposición Derogatoria única de la Constitución de 1999), al menos en lo que respecta a la exigencia de que el interés legitimador sea personal y directo," refiriéndose en particular al derecho al acceso a la justicia, al debido proceso, a la tutela judicial efectiva .La Sala concluyó entonces indicando que "el interés para recurrir que exige la nueva Constitución, obviamente, sigue siendo "legítimo", ya que el ordenamiento jurídico no puede proteger intereses ilegítimos." Sin embargo, por lo que respecta al interés directo, la Sala lo consideró sin aplicación por lo que el recurrente en estos procesos de nulidad, "cuando el particular pueda obtener de la impugnación del acto administrativo una ventaja o evitar un perjuicio, aunque no exista una relación inmediata entre la situación derivada o creada por el acto administrativo" debe admitirse la impugnación al ser "titular de un 'interés indirecto', lo cual lo legitima para ejercer el recurso contencioso administrativo."

Consideró la Sala, en consecuencia, que es suficiente para impugnar tanto actos de efectos particulares como actos de efectos generales, "que se tenga un interés conforme con el ordenamiento jurídico, aunque dicho interés no sea personal y directo." tratándose siempre, por supuesto de un interés legítimo y actual. Además, señaló la Sala que en lo que respecta a la exigencia de que el interés sea "personal," que "la nueva Constitución permite el acceso a la justicia para la defensa de los intereses "difusos" y "colectivos," concluyendo entonces que "el concepto de interés previsto en la nueva Constitución abarca los intereses estrictamente personales así como los intereses comunes de cuya satisfacción depende la de todos y cada uno de los que componen la sociedad." Terminó la Sala Político Administrativa aclarando que, en todo caso, "no puede confundirse la legitimación por simple interés legítimo que exige la nueva Constitución con la denominada acción popular" en cuyo caso "al particular deberá admitírsele la interposición del recurso con independencia de que pueda ostentar un derecho o interés lesionado."[570]

---

568 Véase *Gaceta Oficial* Nº 14.72 Extra, de 11-06-71.

569 Véase *Revista de Derecho Público,* Nº 82, Editorial Jurídica Venezolana, Caracas, 2000, pp. 445 ss.

570 Véase en *Revista de Derecho Público,* Nº 82, Editorial Jurídica Venezolana, Caracas, 2002, pp. 582-583.

Pero a pesar de este criterio jurisprudencial de 2000, la Ley Orgánica del Tribunal Supremo de Justicia de 2004 repitió en su texto la norma de la derogada Ley Orgánica de la Corte Suprema de 1976 (norma que había sido considerada tácitamente derogada por la Constitución por la Sala Político Administrativa del Tribunal Supremo), exigiéndose el "interés personal, legítimo y directo" como condición de legitimidad para interponer el recurso contencioso de anulación contra los actos administrativos de efectos particulares (Art. 21.9); razón por la cual continuó siendo, hasta 2010, la condición básica de la legitimación para intentar demandas de nulidad de actos administrativos de efectos particulares o para hacerse parte en los juicios. A partir la Ley Orgánica de la Jurisdicción Contencioso Administrativa de 2010, en la misma ni la Ley Orgánica del Tribunal Supremo de Justicia de ese mismo año estableció condición alguna del interés del recurrente para intentar acciones contencioso administrativas contra actos de efectos particulares, por lo que sobre la base esencial de tratarse siempre de un interés legítimo y actual, será la jurisprudencia la que irá delineando la legitimación.

En todo caso, distinta es la situación de la posibilidad de participación en los juicios como demandantes o como partes, de los entes, consejos comunales, colectivos y otras manifestaciones populares de planificación, control, ejecución de políticas y servicios públicos, en cuyo caso el acto administrativo impugnado debe tener vinculación con su ámbito de actuación. Esas entidades pueden incluso emitir su opinión en los juicios cuya materia debatida esté vinculada a su ámbito de actuación, aunque no sean partes (art. 10).

Se trata de lo que se ha regulado en la Constitución para la tutela judicial de los intereses colectivos o difusos (art. 26), como antes se ha dicho, en relación con situaciones jurídicas subjetivas que corresponden a una comunidad concreta o a la colectividad en general. Con ello, se ha reconocido también legitimación activa para actuar, a las entidades representativas de intereses colectivos legalmente establecidas y reconocidas (intereses colectivos), y a quienes en determinadas circunstancias invoquen la protección de los intereses supra-individuales que conciernen a toda la colectividad (intereses difusos), lo que se había recogido en el artículo 18.2 de la derogada Ley Orgánica del Tribunal Supremo de 2004.

En todo caso, tratándose de la impugnación de actos administrativos de efectos generales, como los reglamentarios, la legitimación para impugnarlos y para hacerse parte en los juicios corresponde a cualquier ciudadano, pues es una acción popular, que por ejemplo alegue en tal; carácter, un simple interés en la anulación o en el mantenimiento del acto impugnado.

La acción en estos casos, en efecto, es una acción popular contencioso administrativa, tal como se derivaba del artículo 21.9 de la derogada Ley Orgánica del Tribunal Supremo de 2004, cuando disponía que "toda persona natural o jurídica, que sea *afectada en sus derechos o intereses* por un *acto administrativo de efectos generales* emanado de alguno de los órganos del Poder Público Nacional, Estadal o Municipal, puede demandar la nulidad del mismo ante el Tribunal Supremo de Justicia, por razones de inconstitucionalidad o de ilegalidad."

5. *La legitimación en las acciones contencioso administrativas por abstención o carencia: derecho de petición y transparencia*

El ejercicio del derecho de acceso a la información administrativa para poder controlar la transparencia administrativa, que como derecho constitucional tienen que tener los ciudadanos en un Estado de derecho, está usualmente garantizado por la previsión, también de orden constitucional, del derecho de petición y a obtener oportuna respuesta, y que es el vehículo inicial para tener acceso a la información.

La Constitución venezolana, por ejemplo, establece en el artículo 51 el derecho de toda persona "de representar o dirigir peticiones ante cualquier autoridad o funcionario público sobre los asuntos que sean de su competencia, y de obtener oportuna y adecuada respuesta," agregando, incluso que "quienes violen este derecho serán sancionados conforme a la ley, pudiendo ser destituidos del cargo respectivo." A tal efecto la Ley Orgánica de Procedimientos Administrativos de 1981,[571] en su artículo 2 dispone que "toda persona interesada podrá, por sí o por medio de su representante, dirigir instancias o peticiones a cualquier organismo, entidad o autoridad administrativa," las cuales deben "resolver las instancias o peticiones que se les dirijan o bien declarar, en su caso, los motivos que tuvieren para no hacerlo." Esta obligación se reitera en el artículo 3 de la misma Ley que agrega que "los funcionarios y demás personas que presten servicios en la Administración Pública, están en la obligación de tramitar los asuntos cuyo conocimiento les corresponda y son responsables por las faltas en que incurran," pudiendo los interesados "reclamar, ante el superior jerárquico inmediato, del retardo, omisión, distorsión o incumplimiento de cualquier procedimiento, trámite o plazo en que incurrieren los funcionarios responsables del asunto."

Por otra parte, la Constitución misma en Venezuela ha garantizado a los ciudadanos el "derecho a ser informados oportuna y verazmente por la Administración Pública, sobre el estado de las actuaciones en que estén directamente interesados, y a conocer las resoluciones definitivas que se adopten sobre el particular" (art. 143).

Estas disposiciones constitucionales y legales, relativas al derecho de acceso a la información, mediante la garantía del derecho de petición y a obtener oportuna respuesta, para controlar la transparencia administrativa, se complementan además, con la regulación expresa, dentro de las vías judiciales para controlar a la Administración, del recurso contencioso administrativo contra la omisión o carencia de la Administración, el cual desarrollado desde antaño por la jurisprudencia de la antigua Corte Suprema de Justicia,[572] se ha regulado en forma expresa en la Ley Orgánica de la Jurisdicción Contencioso Administrativa de 2010.[573]

El artículo 9.2 de la Ley, como se ha dicho, establece entre la competencia de los tribunales de la Jurisdicción Contencioso Administrativa, la de conocer de "de la *abstención o la negativa* de las autoridades a producir un acto al cual estén obligados por la ley," correspondiendo la legitimación activa para intentar el recurso co-

---

571 Véase en *Gaceta Oficial* N° 2.818 Extraordinario de 1-7-1981.

572 Véase Allan R. Brewer-Carías, "La abstención, silencio y negativa de la Administración y su control", en *El Derecho Venezolano en 1982*, *Ponencias al XI Congreso Internacional de Derecho Comparado*, Facultad de Ciencias Jurídicas y Políticas, Universidad Central de Venezuela, Caracas 1982, pp. 603-617

573 Véase en *Gaceta Oficial* N° 39.451 de 22 de junio de 2010.

rrespondiente al titular del derecho a obtener respuesta o decisión sobre determinado asunto. Por ello, en el texto de la demanda que se intente, la Ley Orgánica exige que se establezca la relación de los hechos y los fundamentos de derecho con sus respectivas conclusiones; debiendo producirse con el escrito de la demanda, los instrumentos de los cuales se derive el derecho reclamado (art. 33). La demanda por abstención o negativa de la Administración, por otra parte, debe interponerse en el lapso de 180 días continuos contados a partir del momento en el cual la Administración incurrió en la abstención (art. 32.3).

Estos son las únicas previsiones específicas relativas a la admisibilidad de la acción por abstención o negativa de la Administración. Sin embargo, en relación con la legitimación activa para intentar el recurso por abstención o carencia, cuando de lo que se trata es de falta de respuesta a un derecho de petición basado en el derecho a la información que de acuerdo con lo resuelto por la Sala Constitucional del Tribunal Supremo de Justicia, "está legitimado en función del principio de transparencia en la gestión pública," la misma Sala Constitucional ha determinado en 2010, "con carácter vinculante," que:

> "en ausencia de ley expresa, y para salvaguardar los límites del ejercicio del derecho fundamental a la información, se hace necesario que el solicitante de la información manifieste expresamente las razones o los propósitos por los cuales requiere la información."[574]

Esta condición de admisibilidad establecida por la Sala Constitucional que impone a los recurrentes contra la abstención de la Administración de responder las peticiones, la obligación de manifestar expresamente las razones o los propósitos por los cuales requiere la información en el texto de las mismas, se ha convertido a la vez en una limitación al acceso a la justicia, que los tribunales contencioso administrativos han desarrollado progresivamente.

Así lo resolvió la Sala Político Administrativa del Tribunal Supremo de Justicia en sentencia N° 1636 de fecha 3 de diciembre de 2014, (caso: *Asociación Civil Espacio Público Vs. Ministro del Poder Popular para la Educación Universitaria, Ciencia y Tecnología*),[575] en la cual se declaró inadmisible el recurso por abstención formulado ante dicho Ministerio, para obtener respuesta a diversas solicitudes de información sobre diversas dificultades presentadas para los usuarios de internet de la empresa nacional de teléfonos, sobre si se habían realizado bloqueos o restricciones en diversos portales web de noticias, y si fueron realizadas a través de una orden gubernamental, solicitando "nombre de la persona que dio la orden, motivos de las mismas, así como, que se le provea de una lista de las páginas web bloqueadas y las fechas en que se realizaron dichas acciones." La Sala Político Administrativa del Tribunal Supremo, frente a ello, invocando el criterio vinculante de la Sala Constitucional, se limitó a expresar que la información requerida, podía "encontrarse en los informes anuales que son rendidos por los titulares de los ministerios ante la Asamblea Nacional," los cuales son "de carácter público," procediendo, sin más a declarar la "inadmisibilidad de la pretensión de abstención formulada."

---

574 Véase la antes mencionada sentencia N° 745 del 15 de julio de 2010 Caso: *Asociación Civil Espacio Público)* en http://www.tsj.gov.ve/decisiones/scon/Julio/745-15710-2010-09-1003.html

575 Véase en http://historico.tsj.gob.ve/decisiones/spa/diciembre/172301-01636-31214-2014-2014-1142.HTML

Invocando estas sentencias, las Cortes de lo Contencioso Administrativo han venido declarando inadmisibles acciones contencioso administrativas contra la omisión administrativa en dar oportuna respuesta a peticiones de información formulada por diversas asociaciones, vaciando progresivamente el contenido tanto del derecho de acceso a la información como del derecho de petición y el derecho de acceso a la justicia.

Así, en sentencia de la Corte Segunda de lo Contencioso Administrativo, de 12 de agosto de 2015 (Caso *Asociación Civil Transparencia Venezuela contra el Servicio Autónomo de Registros y Notarías (SAREN)*),[576] dictada al conocer del recurso por abstención intentado contra dicho servicio por no haber respondido las "denuncias sobre posibles hechos de corrupción de funcionarios adscritos a esa Institución" formuladas por la mencionada Asociación, la Corte Segunda afirmó que "la accionante no formuló concretamente solicitud alguna al Servicio Autónomo de Registros y Notarías (SAREN), toda vez que, las comunicaciones remitidas al mencionado Servicio sólo contienen la información antes indicada y únicamente se limitó a incluir en cada una de las referidas comunicaciones la coletilla "a la espera de su pronta respuesta", sin haber manifestado de manera clara y elocuente, que era lo que le solicitaba al accionado." A pesar de que una denuncias de corrupción basta para que el órgano respectivo abra una averiguación y determine si se produjo o no, sin que nadie tenga que indicarle al funcionario qué, cuándo, cómo debe actuar, de ello concluyó la Corte primera observando que:

> "la parte actora no señaló las razones ni los propósitos por los cuales requería que el Servicio Autónomo de Registros y Notarías, le suministrara información referente a las presuntas denuncias efectuadas a funcionarios de ese Servicio por presuntos hechos de corrupción."

Por ello declaró inadmisible la acción, pero no contenta con ello, la misma Corte Segunda de lo Contencioso Administrativo, fue más allá, y afirmó sin base alguna que:

> "aun cuando tales razones y argumentos hubiesen sido explanados por la accionante, ésta no posee legitimación alguna para solicitarle al Servicio Autónomo de Registros y Notarías, que le suministre información relacionada a supuestos hechos de corrupción, dado que dichas investigaciones deben ser realizadas por los Organismos del Estado creados a tal fin, por lo que, mal puede pretender la Asociación Civil actora, acreditarse legitimación para efectuar tales requerimientos."

Simplemente, con esta sentencia se ha producido la negación al derecho de los ciudadanos a la transparencia gubernamental; del derecho de los ciudadanos a petición sobre asuntos administrativos, y a formular denuncias ante los órganos administrativos sobre hechos de corrupción, del derecho de acceso a la información, y del derecho de acceso a la justicia.[577]

---

576 Véase en http://jca.tsj.gob.ve/DECISIONES/2015/AGOSTO/1478-12-AP42-G-2015-000211-2015-0784.HTML

577 A esta sentencia le precedió la sentencia de la Corte Segunda de lo Contencioso Administrativo, de 28 de julio de 2015 (Caso *Asociación Civil Transparencia Venezuela contra el Instituto Nacional de Transpor-*

IV. EL ACCESO A LA JUSTICIA Y EL AGOTAMIENTO DE RECURSOS PREVIOS

Otro tema relacionado con el derecho de acceso a la justicia, es el relativo a la restricción al mismo que pueda resultar del principio del necesario agotamiento previo de algunos procedimientos o acciones, lo que en el ámbito interno se regula en materia contencioso administrativo, y en el ámbito externo en materia de acceso a la jurisdicción internacional.

1. *El sistema de agotamiento de los recursos administrativos para acceder a la justicia contencioso administrativa*

En materia de control de legalidad y constitucionalidad de los actos administrativos, uno de los principios que tradicionalmente se han establecido como condición de admisibilidad de las acciones para impugnarlos, ha sido el que deriva del privilegio establecido a favor de la Administración de poder revisar antes de que sean impugnados en vía contencioso administrativa, imponiéndose a los recurrentes la obligación de agotar previamente los recursos administrativos o gubernativos existentes. En esta materia, sin embargo, el derecho de acceso a la justicia contencioso administrativa ha venido teniendo prevalencia, habiéndose producido un cambio importante respecto del clásico principio del necesario agotamiento de la vía administrativa para poder acceder a la jurisdicción contencioso administrativa.

En efecto, el principio, por ejemplo, como fue establecido inicialmente en Venezuela por la jurisprudencia de la antigua Corte Federal desde 1953, implicaba que:

> "el recurso extraordinario, contra los actos ilegales de la Administración no puede ser llevado ante el órgano jurisdiccional competente, sino después de haberse agotado la vía administrativa. De suerte que el titular de un interés legítimo que haya sufrido lesión como consecuencia de un acto administrativo determinado, debe ante todo interponer el recurso legal de apelación en el término que para el caso ha establecido la ley reguladora de la materia. Si así no lo hiciera, la decisión queda firme, y ello, porque realmente conviene al orden social, la estabilidad de los actos de la Administración Pública, sin perjuicio, claro está, de la garantía debida a los administrados, quiénes tienen a su alcance las vías adecuadas para hacer valer sus derechos"[578].

A partir de esa fecha, los actos administrativos en Venezuela no pudieron ser atacados de nulidad mediante el recurso contencioso-administrativo de anulación sino una vez agotada la vía administrativa a través de la interposición del recurso jerárquico respectivo,[579] procediendo el recurso de anulación solo contra el acto ad-

---

te Terrestre (INTT)), en http://jca.tsj.gob.ve/DECISIONES/2015/JULIO/1478-28-AP42-G-2015-000185-2015-0705.HTML.

578 Véase sentencia de la antigua Corte Federal, de 24-11-1953, *Gaceta Forense*, N° 2, Caracas 1953, pp. 185-186.

579 Véase sentencia de la antigua Corte Federal, de 5-8-5853, *Gaceta Forense*, N° 21, Caracas 1958, pp. 70-76. En esta sentencia también se expresa que "esa decisión de la autoridad superior en la respectiva escala, que causa, estado, es la que puede impugnarse por medio del recurso contencioso-administrativo y, por tanto, la que tiene que provocar el interesado, por medio de la apelación o el reclamo para ante esa autoridad superior".

ministrativo que fuera la última palabra de la Administración, o de un inferior, cuando no existiera recurso jerárquico que intentar contra su acto[580].

En estos casos se hablaba de "acto que causaba estado," cuando no había otra instancia administrativa que pudiera revisarlo. Sobre ello, la antigua Corte Suprema de Justicia en sentencia de 4 de diciembre de 1961, expresó que "en ausencia, pues, de decisión Ministerial que agote la vía administrativa y cause estado dentro de la misma, resulta improcedente para la Corte dictar decisión alguna en el presente caso." El principio se había definido anteriormente, por la antigua Corte Federal en sentencia de 28 de octubre de 1959 al señalar que "causan estado aquellos actos que no son susceptibles de apelación por haberse agotado la vía gubernativa o jerárquica, ya sean ellos definitivos, ya de trámite, siempre que estos últimos decidan, directa o indirectamente, el fondo del asunto, de tal modo que ponga fin al juicio o hagan imposible su continuación," agregando que:

> "Debe haberse agotado la vía administrativa, porque mientras tal cosa no ocurra, puede la Administración, en razón de la facultad que tiene el superior de revocar, suspender o modificar los actos del inferior dictar otra decisión que satisfaga, en todo o en parte, el reclamo del particular interesado y haga innecesario recurrir a la vía jurisdiccional. Es, pues, necesario que la resolución administrativa quede investida de una estabilidad que impida ulterior reforma, ya porque fue dictada por un funcionario que podía hacerlo sin apelación a ninguna otra autoridad superior; o ya porque, siendo apelable, se ha pronunciado sobre ella el funcionario más alto en la respectiva jerarquía administrativa. Es entonces cuando causa estado y puede recurrirse contra ella por la vía de lo contencioso-administrativo"[581].

Posteriormente, la Ley Orgánica de Procedimientos Administrativos de 1982[582] estableció una completa regulación de los recursos administrativos complementando lo que estaba previsto en la derogada Ley Orgánica de la Corte Suprema de Justicia de 1976 sobre requisitos de admisibilidad,[583] distinguiendo entre actos que ponen fin

---

580 Artículo 124.2. Véase Allan R. Brewer-Carías, "Las Condiciones de recurribilidad de los Actos Administrativos en la vía Contencioso-Administrativa", en *Revista del Ministerio de Justicia*, N° 54, Caracas, 1966, pp. 83-11; en *Perspectivas del Derecho Público en la Segunda Mitad del Siglo XX. Homenaje al Profesor Enrique Sayagués Laso*, Instituto del Estudio de Administración Local, Madrid, 1969, T.V, pp. 743-769.

581 Véase en *Gaceta Forense*, N° 26, pp. 66-68. En igual sentido la misma Corte Federal, en sentencia de 5 de agosto de 1958, sostuvo lo siguiente: "Por otra parte, es bien sabido que el recurso contencioso-administrativo contra decisiones del Poder Administrador no puede intentarse sino cuando el interesado ha agotado la vía administrativa por medio del ejercicio *El Recurso Jerárquico*, que es precisamente la reclamación contra la decisión o un acto administrativo por ante el superior jerárquico, con el fin de que la revoque o modifique, por estimar que lesiona un derecho subjetivo o un interés legítimo del interesado y que transgrede normas legales vigentes. Esa decisión de la autoridad superior en la respectiva escala, que causa estado, es la que puede impugnarse por medio del recurso contencioso administrativo y, por tanto, la que tiene que provocar el interesado, por medio de la apelación o él reclamo para ante esa autoridad superior" (*V.*, en *Gaceta Forense*, N° 21, pp. 71 y 72). En estos mismos términos se ha pronunciado la Corte Suprema de Justicia en multitud de sentencias posteriores. (*V.*, los extractos en Allan R. Brewer-Carías, *Jurisprudencia de la Corte Suprema 1930-1974 y Estudios de Derecho Administrativo*, *T.* V, Vol. I, Caracas, 1978, pp. 324 a 350).

582 Artículo 95 LOPA.

583 Artículos 84.5 y 124.29.

a la vía administrativa y actos que no ponen fin a la vía administrativa, estableciendo en estos últimos casos la necesidad de agotarla mediante el recurso jerárquico.

La condición de admisibilidad, en todo caso, comentó a variar y a ser eliminada, precisamente para garantizar el acceso a la justicia en los casos en los cuales se ejerciera una pretensión de amparo constitucional conjuntamente con la acción contencioso administrativa de anulación, en cuyo caso el artículo 5° de la Ley Orgánica estableció que:

> "Cuando se ejerza la acción de amparo contra actos administrativos conjuntamente con el recurso contencioso administrativo de anulación que se fundamenta en la violación de un derecho constitucional, el ejercicio del recurso procederá en cualquier tiempo, aun después de transcurridos los lapsos de caducidad previstos en la ley; y no será necesario el agotamiento de la vía administrativa".

Por tanto, cuando se ejercía la acción de amparo contra actos administrativos, conjuntamente con el recurso contencioso administrativo de anulación, no operaba la causal de inadmisibilidad por falta de agotamiento de la vía administrativa.

Posteriormente, en una evolución posterior, se ha abandonado totalmente la exigencia del agotamiento de la vía administrativa para poder impugnar los actos administrativos, y en cambio, la Ley Orgánica de la Administración Pública lo que ha establecido como derecho de los administrados en sus relaciones con la Administración, es a "ejercer, a su elección y sin que fuere obligatorio el agotamiento de la vía administrativa, los recursos administrativos o judiciales que fueren procedentes para la defensa de sus derechos e intereses frente a las actuaciones y omisiones de la Administración Pública" (Art. 7.10).

2. *El sistema de agotamiento de los recursos internos y el acceso a la justicia internacional*

Igualmente como restricción al acceso a la justicia, pero en el ámbito de la justicia internacional, la Convención Americana de Derechos Humanos exige en su artículo 46.1,a) que para cualquier reclamación internacional dirigida en contra un Estado por violaciones a los derechos humanos, deben haberse agotado previamente los recursos de la jurisdicción interna, "conforme a los principios del Derecho Internacional generalmente reconocidos".

Con ello, como sucede en general en todas las otras instancias internacionales de protección de los derechos humanos, se diseñó el sistema interamericano de manera de asegurar que el mismo no pueda sustituir las jurisdicciones de los propios Estados, que tienen la responsabilidad primordial de respetar y garantizar los derechos consagrados en la Convención.

Sin embargo, ante el derecho humano de acceso a justicia, es claro que esta condición de inadmisibilidad derivada de la exigencia de agotamiento previo de los recursos de la jurisdicción interna, solo debe ser aplicada e interpretada de manera que no se cause indefensión a las víctima del ejercicio arbitrario del poder público, pues en general, conforme al artículo 29.a), de la Convención, ninguna de sus disposiciones puede interpretarse en el sentido de permitir que los Estados puedan suprimir el goce y ejercicio de los derechos y libertades reconocidos en la Convención, o limitarlos en mayor medida que la prevista en la propia Convención. Precisamente, por ello, por ejemplo, la Corte Interamericana ha indicado, que siendo el objetivo primordial de la Convención la protección internacional de los derechos humanos frente a las acciones arbitrarias de los Estados, la excepción de agotamiento de recursos internos no puede aplicarse cuando se trate de una situación de inexistencia de recursos internos efectivos que coloca a la víctima en estado de indefensión.

Y precisamente siempre se colocaría a la víctima en esa situación de indefensión, si la Corte procediera a conocer de alguna excepción de agotamiento de recursos internos sin analizar el fondo de las denuncias formuladas contra el Estado, en todos los casos en los cuales entre las mismas está precisamente la violación de las garantías judiciales, basadas en la ausencia de independencia y autonomía del Poder Judicial, lo que implica que los supuestos recursos internos son inexistentes en sí mismos o si existen son inefectivos. En esos casos, la Corte debe siempre resolver sobre el fondo de las denuncias formuladas, y no quedarse aisladamente en el análisis de la excepción preliminar.

En estos casos, como lo resolvió la Corte Interamericana desde su primera sentencia dictada en 1987 en el caso *Velásquez Rodríguez Vs. Honduras,*,[584] al analizar el tema de las excepciones basadas en la falta de agotamiento de los recursos internos para acceder a la justicia internacional, cuando se alegan violaciones a los derechos y garantías judiciales, y particularmente, violaciones a los derechos al debido proceso, a un juez independiente, a la defensa, a la presunción de inocencia y a la protección judicial, lo que significa juzgar sobre el funcionamiento mismo del Poder Judicial, sobre todo si se denuncia la inexistencia de autonomía e independencia del mismo. En esos casos, la Corte Interamericana, como es obvio y elemental, consideró que tenía necesariamente que considerar y juzgar las violaciones aducidas, y no podía juzgar aisladamente sobre la excepción de agotamiento de los recursos internos (se hubieran o no agotado efectivamente). Para hacerlo debía antes entrar a considerar el fondo de las denuncias formuladas, particularmente porque en situaciones de ausencia de autonomía e independencia del Poder Judicial. Con base en ello, la Corte decidió desde 1987, que "acudir a esos recursos se convierte en una formalidad que carece de sentido. Las excepciones del artículo 46.2 serían plenamente aplicables en estas situaciones y eximirían de la necesidad de agotar recursos internos que, en la práctica, no pueden alcanzar su objeto."[585]

---

584 Véase Caso *Velásquez Rodríguez Vs. Honduras*. Excepciones Preliminares. Sentencia de 26 de junio de 1987. Serie C Nº 1. En dicho caso *Velásquez Rodríguez*, la Corte en efecto consideró lo siguiente: "91. La regla del previo agotamiento de los recursos internos en la esfera del derecho internacional de los derechos humanos, tiene ciertas implicaciones que están presentes en la Convención. En efecto, según ella, los Estados Partes se obligan a suministrar recursos judiciales efectiv
derechos humanos (art. 25), recursos que deben ser sustanciados de conformidad con las reglas del debido proceso legal (art. 8.1), todo ello dentro de la obligación general a cargo de los mismos Estados, de garantiza
(art. 1). Por eso, cuando se invocan ciertas excepciones a la regla de no agotamiento de los recursos internos, como son la in
r-
obliga-
aproxima sensiblemente a la materia de fondo."

585 *Caso Velásquez Rodríguez Vs. Honduras. Excepciones Preliminares*. Sentencia de 26 de junio de 1987. Serie C Nº 1, párr. 68.

Como la propia Corte Interamericana lo interpretó en otra ocasión:

"... para que tal recurso exista, no basta con que esté previsto por la Constitución o la ley o con que sea formalmente admisible, sino que se requiere que sea realmente idóneo para establecer si se ha incurrido en una violación a los derechos humanos y proveer lo necesario para remediarla. No pueden considerarse efectivos aquellos recursos que, por las condiciones generales del país o incluso por las circunstancias particulares de un caso dado, resulten ilusorios. Ello puede ocurrir, por ejemplo, cuando su inutilidad haya quedado demostrada por la práctica, porque el Poder Judicial carezca de la independencia necesaria para decidir con imparcialidad o porque falten los medios para ejecutar sus decisiones; por cualquier otra situación que configure un cuadro de denegación de justicia, como sucede cuando se incurre en retardo injustificado en la decisión; o, por cualquier causa, no se permita al presunto lesionado el acceso al recurso judicial."[586]

En esas circunstancias, exigir el agotamiento de recursos internos, no sería otra cosa que decidir, sin motivación alguna, dándole un aval al Poder Judicial del Estado cuya independencia y autonomía es precisamente la que se cuestiona cuando se denuncias violaciones masivas al debido proceso.

Y eso fue lo que ocurrió recientemente en un caso ante la Corte Interamericana de Derechos Humanos, el caso *Allan R. Brewer-Carías vs. Venezuela*, decidido mediante sentencia Nº 277 de 26 de mayo de 2014, ordenando el archivo del expediente, sin decidir nada sobre los méritos del caso, pues supuestamente la víctima no había agotado los recursos internos, negándose a juzgar sobre las denuncias efectuadas sobre la situación del Poder Judicial carente de autonomía e independencia, e ignorando de paso que efectivamente si se había agotado el único recurso interno disponible; negándose así a la víctima su derecho de acceso a la justicia internacional y protegiendo la arbitrariedad del Estado autoritario.[587] Decisión que a juicio de los Magistrados Jinesta Lobo, Castillo Víquez, Rueda Leal, Hernández López y Salazar Alvarado de la Sala Constitucional de la Corte Suprema de Justicia de Costa Rica, expresada en Nota separada a la sentencia Nº 2015-11568 del 31 de julio de

586 Corte IDH: *Garantías judiciales en estados de emergencia* (arts. 27.2, 25 y 8 Convención Americana sobre Derechos Humanos). Opinión Consultiva OC-9/87 del 6 de octubre de 1987. Serie A Nº 9; ¶ 24. Igualmente, Corte IDH, *Caso Bámaca Velásquez Vs. Guatemala*. Fondo. Sentencia de 25 de noviembre de 2000. Serie C Nº 70; ¶ 191; Corte IDH, *Caso Tribunal Constitucional Vs. Perú. Fondo, Reparaciones y Costas*. Sentencia de 31 de enero de 2001. Serie C Nº 71, ¶ 90; Corte IDH, *Caso Bayarri Vs. Argentina*. Excepción Preliminar, Fondo, Reparaciones y Costas. Sentencia de 30 de octubre de 2008. Serie C Nº 187, ¶ 102; Corte IDH, *Caso Reverón Trujillo Vs. Venezuela*. Excepción Preliminar, Fondo, Reparaciones y Costas. Sentencia de 30 de junio de 2009. Serie C Nº 198, ¶ 61; Corte IDH, *Caso Usón Ramírez Vs. Venezuela*. Excepción Preliminar, Fondo, Reparaciones y Costas. Sentencia de 20 de noviembre de 2009. Serie C Nº 207, ¶ 129; Corte IDH. *Caso Abrill Alosilla y otros Vs. Perú*. Fondo Reparaciones y Costas. Sentencia de 4 de Marzo de 2011. Serie C Nº 223, ¶ 75.

587 Véase la sentencia en http://www.corteidh.or.cr/docs/casos/articulos/seriec_278_esp.pdf. Véase sobre esta sentencia: Allan R. Brewer-Carías, *El Caso Allan R. Brewer-Carías vs. Venezuela ante la Corte Interamericana de Derechos Humanos. Estudio del caso y análisis crítico de la errada sentencia de la Corte Interamericana de Derechos Humanos Nº 277 de 26 de mayo de 2014*, Colección Opiniones y Alegatos Jurídicos, Nº 14, Editorial Jurídica Venezolana, Caracas 2014.

2015, "pesa como una sombra en la trayectoria y jurisprudencia de la Corte Interamericana."[588]

Entre las denuncias formuladas en ese caso contra el Estado estaban las masivas violaciones por sus agentes a las garantías judiciales de la víctima, como fueron las violaciones a los derechos al debido proceso, a un juez independiente e imparcial, a la defensa, a la presunción de inocencia, y a la protección judicial; todo en medio de una situación de inexistencia de autonomía e independencia del Poder Judicial que la propia Corte Interamericana ya conocía por al menos tres casos anteriores decididos contra Venezuela: *Apitz Barbera y otros* (2008),[589] *María Cristina Reverón Trujillo* (2009),[590] y *Mercedes Chocrón Chocrón* (2011).[591]

En esos supuestos, la Corte Interamericana siempre sostuvo que no se podía decidir la excepción de falta de agotamiento de recursos internos que pudiera alegar el Estado demandado, sin primero entrar a conocer y decidir si en el Estado cuestionado había o no esencialmente garantías judiciales, es decir, si el Poder Judicial efectivamente era confiable, idóneo y efectivo para la protección judicial.

Sin embargo, en el caso mencionado, apartándose de su propia jurisprudencia,[592] para no decidir sobre las violaciones alegadas y evitar juzgar al Estado denunciado, el cual por lo demás venía presionando sistemáticamente a la Corte en toda forma, la Corte se excusó, sin razón jurídica alguna y en desconocimiento absoluto e inconcebible de las características peculiares del proceso de amparo constitucional en Venezuela, en el argumento de que para que la víctima pudiese haber pretendido acudir ante la jurisdicción internacional para buscar la protección que nunca pude obtener en su país, debió haber "agotado" los recursos internos en Venezuela, ignorando deliberadamente que en el caso, precisamente la víctima había intentado y agotado efectivamente, *el único recurso disponible y oportuno que tenía al comenzar la etapa intermedia del proceso penal* (noviembre de 2005) que fue la solicitud de amparo penal o "nulidad absoluta" de lo actuado por violación masiva de sus derechos y

588 Sentencia, dictada en el juicio de habeas corpus a favor del ciudadano Dan Dojc, en el proceso de extradición que se le seguía en Costa Rica a petición del Estado venezolano. Véase. el texto de la sentencia en http://jurisprudecia.poder-judicial.go.cr/SCIJ_PJ/busqueda/jurisprudencia/jur_Documento.aspx?param1=Ficha_Sentencia&nValor1=1&nValor2=644651&strTipM=T&strDirSel=directo&_r=1. Véase la noticia de prensa sobre dicha sentencia en http://www.nacion.com/sucesos/poder-judicial/Sala-IV-extradicion-cuestiona-Venezuela_0_1504049615.html

589 Véase en http://www.corteidh.or.cr/docs/casos/articulos/seriec_182_esp.pdf.

590 Véase en http://www.corteidh.or.cr/docs/casos/articulos/seriec_197_esp.pdf.

591 Véase en http://corteidh.or.cr/docs/casos/articulos/seriec_227_esp.pdf.

592 En definitiva, como lo observó el profesor Héctor Faúndez, "Curiosamente, la sentencia de la Corte Interamericana, apartándose de su práctica anterior, omitió examinar esta excepción preliminar junto con el fondo de la controversia, a fin de determinar si, en efecto, la presunta víctima había sido objeto del ejercicio arbitrario del poder público, sin que hubiera recursos efectivos disponibles para subsanar esa situación, o sin que la víctima tuviera acceso a esos recursos. Como muy bien observan los jueces disidentes, esta es la primera vez en la historia de la Corte que ésta no entra a conocer el fondo del litigio para decidir si es procedente una excepción preliminar por falta de agotamiento de los recursos internos." Véase Héctor Faúndez Ledesma, "El agotamiento de los recursos de la jurisdicción interna y la sentencia de la Corte Interamericana de Derechos Humanos en el caso: Brewer-Carías (Sentencia N° 277 de 26 de mayo de 2014)," en *Revista de Derecho Público*, N° 139, Editorial Jurídica Venezolana, Caracas 2014, p. 216.

garantías constitucionales; recurso que jamás fue decidido por el juez de la causa, violando a la vez el derecho de la víctima a la protección judicial.

Lo que la inicua decisión de la Corte hizo en ese caso al ordenar archivar el expediente fue, en definitiva, resolver que para que la víctima que era un perseguido político pudiera pretender acceder a la justicia internacional buscando protección a sus derechos, debía previamente someterse ante jueces carentes de independencia e imparcialidad en el paródico proceso penal iniciado en su contra por razones que eran puramente políticas, y allí tratar de gestionar que el mismo pasara de una supuesta "etapa temprana" en la cual se en criterio de la Corte supuestamente encontraba (párrafos 95, 96, 97, 98 de la sentencia), y en la cual por lo visto, en criterio de la Corte, se podrían violar impunemente las garantías judiciales; para que se pudiera llegar a una imprecisa y subsiguiente "etapa tardía," que nadie sabe cuál podría ser, y ver si se corregían los vicios denunciados; pero eso sí, con la víctima privada de libertad y sin garantía alguna del debido proceso, en un país como Venezuela donde simplemente no existe independencia y autonomía del Poder Judicial.[593]

Es decir, para la Corte Interamericana, la única forma para que la víctima en ese caso de ostensible persecución política, pudiera pretender obtener justicia internacional era que se entregara a sus perseguidores políticos, para que una vez privado de libertad y sin garantías judiciales algunas, tratase de seguir, desde la cárcel, un proceso judicial que estaba viciado desde el inicio; de manera que si después de varios años lograba que el mismo avanzara, y las violaciones a sus derechos se agravaran, entonces, si aún contaba con vida, o desde la ultratumba, podía regresar ante la Corte Interamericana a denunciar los mismos vicios que con su sentencia la Corte se negó a conocer.

En palabras de los Jueces **Manuel E. Ventura Robles** y **Eduardo Ferrer Mac-Gregor Poisot** expresadas en su importante *Voto Conjunto Negativo* a la sentencia, estando "de por medio el derecho a la libertad personal:

---

593 Véase entre otros trabajos: Allan R. Brewer-Carías, "La progresiva y sistemática demolición institucional de la autonomía e independencia del Poder Judicial en Venezuela 1999-2004", en *XXX Jornadas J.M Domínguez Escovar, Estado de derecho, Administración de justicia y derechos humanos*, Instituto de Estudios Jurídicos del Estado Lara, Barquisimeto, 2005, pp. 33-174; "La justicia sometida al poder [La ausencia de independencia y autonomía de los jueces en Venezuela por la interminable emergencia del Poder Judicial (1999-2006)]" en *Cuestiones Internacionales. Anuario Jurídico Villanueva 2007,* Centro Universitario Villanueva, Marcial Pons, Madrid 2007, pp. 25-57, y en *Derecho y democracia. Cuadernos Universitarios*, Órgano de Divulgación Académica, Vicerrectorado Académico, Universidad Metropolitana, Año II, Nº 11, Caracas, septiembre 2007, pp. 122-138. Publicado en *Crónica sobre la "In" Justicia Constitucional. La Sala Constitucional y el autoritarismo en Venezuela*, Colección Instituto de Derecho Público. Universidad Central de Venezuela, Nº 2, Editorial Jurídica Venezolana, Caracas 2007, pp. 163-193; "Sobre la ausencia de independencia y autonomía judicial en Venezuela, a los doce años de vigencia de la constitución de 1999 (O sobre la interminable transitoriedad que en fraude continuado a la voluntad popular y a las normas de la Constitución, ha impedido la vigencia de la garantía de la estabilidad de los jueces y el funcionamiento efectivo de una "jurisdicción disciplinaria judicial"), en *Independencia Judicial*, Colección Estado de Derecho, Tomo I, Academia de Ciencias Políticas y Sociales, Acceso a la Justicia org., Fundación de Estudios de Derecho Administrativo (Funeda), Universidad Metropolitana (Unimet), Caracas 2012, pp. 9-103; "The Government of Judges and Democracy. The Tragic Situation of the Venezuelan Judiciary," en *Venezuela. Some Current Legal Issues 2014, Venezuelan National Reports to the 19th International Congress of Comparative Law, International Academy of Comparative Law, Vienna, 20-26 July 2014*, Academia de Ciencias Políticas y Sociales, Caracas 2014, pp. 13-42.

"Pretender que el señor Brewer Carías regrese a su país para perder su libertad y, en esas condiciones, defenderse personalmente en juicio, constituye un argumento incongruente y restrictivo del derecho de acceso a la justicia, al no haberse analizado en el caso precisamente los aspectos de fondo invocados por la hoy presunta víctima relacionados con diversas violaciones a los artículos 8 y 25 de la Convención Americana, que de manera consustancial condicionan los alcances interpretativos del artículo 7.5 del Pacto de San José respecto al derecho a la libertad personal " (Párrafo 116).

En realidad, hubiera bastado que los señores jueces, para percatarse de esa situación, y decidir en justicia, se hubieran leído –si no querían leer los alegatos y argumentos formulados en el caso, así como los dictámenes y *amicus curiae* que se presentaron en juicio–, al menos sus propias sentencias anteriores en las cuales la Corte ya había analizado y considerado la situación del Poder Judicial en Venezuela; y sobre todo, se hubiesen leído uno de los más recientes informes sobre la problemática estructural del Poder Judicial en Venezuela publicado solo dos meses antes de dictarse la sentencia (Ginebra en marzo de 2014), por la *Comisión Internacional de Juristas*, titulado *Fortalecimiento del Estado de Derecho en Venezuela*. En la Presentación al mismo, el Secretario General de la Comisión, Wilder Tayler, explicó que:

"Este informe da cuenta de la falta de independencia de la justicia en Venezuela, comenzando con el Ministerio Público cuya función constitucional además de proteger los derechos es dirigir la investigación penal y ejercer la acción penal. El incumplimiento con la propia normativa interna ha configurado un Ministerio Público sin garantías de independencia e imparcialidad de los demás poderes públicos y de los actores políticos, con el agravante de que los fiscales en casi su totalidad son de libre nombramiento y remoción, y por tanto vulnerables a presiones externas y sujetos órdenes superiores.

En el mismo sentido, el Poder Judicial ha sido integrado desde el Tribunal Supremo de Justicia (TSJ) con criterios predominantemente políticos en su designación. La mayoría de los jueces son "provisionales" y vulnerables a presiones políticas externas, ya que son de libre nombramiento y de remoción discrecional por una Comisión Judicial del propio TSJ, la cual, a su vez, tiene una marcada tendencia partidista. [...]".

Luego de referirse a que "el informe da cuenta además de las restricciones del Estado a la profesión legal," el Sr. Tayler concluyó su Presentación del Informe afirmando tajantemente que:

"Un sistema de justicia que carece de independencia, como lo es el venezolano, es comprobadamente ineficiente para cumplir con sus funciones propias. En este sentido en Venezuela, un país con una de las más altas tasas de homicidio en Latinoamérica y en el de familiares sin justicia, esta cifra es cercana al 98% en los casos de violaciones a los derechos humanos. Al mismo tiempo, el poder judicial, precisamente por estar sujeto a presiones externas, no cumple su función de proteger a las personas frente a los abusos del poder sino que por el contrario, en no pocos casos es utilizado como mecanismo de persecución contra opositores y disidentes o simples críticos del proceso político, in-

cluidos dirigentes de partidos, defensores de derechos humanos, dirigentes campesinos y sindicales, y estudiantes."[594]

Ese Poder Judicial, cuya situación de falta de independencia y autonomía quedó probada y evidenciada en el expediente ante la Corte Interamericana, y que por estar particularmente constituido en su gran mayoría por jueces provisorios, la propia Corte ya conocía y había decidido en los mencionados casos contra Venezuela: *Apitz Barbera y otros*,[595] *María Cristina Reverón Trujillo* (2009,[596] y *Mercedes Chocrón Chocrón*,(2011) [597]; fue el Poder Judicial que, sin embargo, en el caso *Brewer-Carías*, la misma Corte no se atrevió a juzgar, y al contrario, lo avaló, pero sin motivación alguna, al decidir que en el mismo supuestamente se podían realmente corregir las violaciones masivas cometidas en un proceso penal viciado de raíz, cuyo objeto además era la persecución política; negándosele así a la víctima el acceso a la justicia y al derecho a la protección internacional .

Lo que más llama la atención de la ceguera de la Corte Interamericana, sin duda deliberada, para negarse a apreciar y juzgar sobre a las violaciones a las garantía judiciales de la víctima derivadas de la situación del Poder Judicial en Venezuela, es que en cambio, en la misma ciudad donde tiene su sede la Corte Interamericana, en un tribunal nacional, como la muy importante Corte Suprema de Justicia de Costa Rica, sus magistrados no tuvieron ningún reparo cuando fue necesario para decidir un caso concreto, en apreciar sobre la situación de dicho Poder Judicial y sobre las faltas de garantías judiciales que en Venezuela existen para cualquier enjuiciado.

Y así, en una reciente sentencia de la Sala Constitucional de la Corte Suprema de Justicia de Costa Rica Nº 2015-11568 del 31 de julio de 2015,[598] dictada con motivo de conocer un recurso de habeas corpus a favor del ciudadano croata, nacionalizado venezolano, Dan Dojc, quien se encontraba detenido en Costa Rica desde el 19 de diciembre del 2014, bajo un proceso de extradición, la Sala resolvió declarar con lugar la acción, ordenando la inmediata libertad del amparado, considerando que en el caso había "una evidente y palmaria inexistencia de prueba en el proceso de extradición que se sigue contra el amparado." La Sala consideró que el tribunal penal que tramitó la extradición en Costa Rica había omitido "verificar que el Estado requirente (Venezuela) aportara la prueba de cargo que respalda la investigación judicial, que se sigue en Venezuela contra el amparado, donde se le atribuyen los delitos

---

594 Véase en http://icj.wpengine.netdna-cdn.com/wp-content/uploads/2014/06/VENEZUELA-Informe-A4-elec.pdf.

595 Véase en http://www.corteidh.or.cr/docs/casos/articulos/seriec_182_esp.pdf.

596 Véase en http://www.corteidh.or.cr/docs/casos/articulos/seriec_197_esp.pdf.

597 Véase en http://corteidh.or.cr/docs/casos/articulos/seriec_227_esp.pdf.

598 Sentencia, dictada en el juicio de habeas corpus a favor del ciudadano Dan Dojc, en el proceso de extradición que se le seguía en Costa Rica a petición del Estado venezolano. Véase el texto de la sentencia en http://jurisprudencia.poder-judicial.go.cr/SCIJ_PJ/busqueda/jurisprudencia/jur_Documento.aspx?param1=Ficha_Sentencia&nValor1=1&nValor2=644651&strTipM=T&strDirSel=directo&_r=1. Véase la noticia de prensa sobre dicha sentencia en http://www.nacion.com/sucesos/poder-judicial/Sala-IV-extradicion-cuestiona-Venezuela_0_1504049615.html. Véase la noticia de prensa sobre dicha sentencia en *La Nación*, San José en http://www.nacion.com/sucesos/poder-judicial/Sala-IV-extradicion-cuestiona-Venezuela_0_1504049615.html

de estafa y otros,"[599] concluyendo que "no existe evidencia que demuestre que la petición de extradición contiene elemento de prueba o indicio comprobado sobre la posible comisión de una acción delictiva."

A estos motivos puramente procesales y garantistas originados por las fallas cometidas por el propio Estado requirente en la petición de extradición, que la Sala Constitucional consideró totalmente insuficientes por ausencia de prueba, se sumaron otras "razones adicionales" para declarar con lugar el habeas corpus expresadas por el magistrado Cruz Castro, relativas al "tema de la independencia de la judicatura," dando cuenta de los diversos informes que señalaban "una debilidad notable de la independencia de la judicatura, situación que nuevamente no asegura el respeto de los derechos fundamentales de una persona sometida a un procedimiento de extradición, en las condiciones del caso que se examina." El Magistrado se refirió expresamente al *Informe del Consejo Económico y Social* de la ONU (E/c.12/Ven./CO3) del 19 de junio de 2015, estimando:

> "que jueces provisionales, no aseguran, de ninguna forma, la independencia de la judicatura, lo que incide directamente en la vigencia de las garantías del debido proceso para el amparado cuando se remita a Venezuela. Esta independencia de los jueces es una garantía fundamental para asegurar la vigencia de un estado constitucional y los derechos fundamentales de la persona sometida a enjuiciamiento. Si no hay independencia de los jueces, las garantías básicas de los ciudadanos, se debilitan y el poder represivo se convierte en un instrumento descontrolado [...]."
>
> Jueces provisionales, fiscales provisionales, sometidos a la dirección y nombramiento de una autoridad política, pueden convertirse en "delegados del poder" pero no para juzguen conforme a los hechos, sino para que lo hagan según "voluntades políticas" que convierten el aparato judicial y la fiscalía, en una estructura que tiende un buen manto para ocultar la arbitrariedad y el abuso de poder [...]
>
> En estas condiciones, el proceso de extradición posee vicios esenciales de orden jurídico político. El amparado no enfrenta condiciones satisfactorias que aseguren que el Estado venezolano posee las condiciones para asegurar que ciudadano sometido a este proceso de extradición, enfrenta una acción represiva que responda a garantías básicas como la independencia de jueces y fiscales, que tenga la tutela debida del Derecho Internacional de los Derechos Humanos, al haber denunciado la Convención Americana de Derechos Humanos. No hay debido proceso si juzgan jueces nombrados sin estabilidad, si acusan fiscales provisionales, sin garantías que aseguren su independencia en tutela de los derechos fundamentales y la vigencia de un juicio justo. La división de poderes que es la condición política básica que sustenta el propio enjuiciamiento penal, no existe bajo los supuestos que he reseñado. No hay condiciones elementales que aseguren el equilibrio, la ponderación y los controles que requiere la actividad represiva del estado, razón por la que agrego estos argumentos para consi-

---

599 Sobre el caso, véase la reseña de prensa: "Detenido en Costa Rica un estafador del Fondo Chino. Dan Dojc estafó al Fondo Conjunto Chino Venezolano por el orden de 84 millones 916 mil 150 dólares", en *Ultimas Noticias*, Caracas 20 de febrero de 2015, en http://www.ultimasnoticias.com.ve/noticias/actualidad/sucesos/detenido-en-costa-rica-un-estafador-del-fondo-chin.aspx

derar que la privación de libertad bajo el mandato y voluntad del estado requirente, no es legítima en este caso, sino que contiene elementos que me demuestran que no hay condiciones institucionales que aseguren la defensa efectiva y los derechos fundamentales del amparado."

En sentido similar, en la misma sentencia, en "Nota separada" de los Magistrados Jinesta Lobo, Castillo Víquez, Rueda Leal, Hernández López y Salazar Alvarado, expresaron que:

> "entre las condiciones esenciales para la tutela de la libertad personal, está, la necesidad de que exista un sistema de justicia independiente que garantice la objetividad e imparcialidad de los jueces, condición sin la cual sería nugatoria la defensa de la libertad frente al ejercicio del poder punitivo del estado.
>
> Por esa razón, el juez llamado a intervenir en un proceso de extradición, no puede limitarse a la función meramente mecánica de comprobar los requisitos que establece la ley (o la Convención de Extradición en aquellos casos que exista relación bilateral con el país requirente). El juez tiene la obligación de ser cuidadoso de que la documentación aportada realmente cumpla con el objetivo de comprobar que se trata de una acusación formal, objetiva y legítima, que reúne los requisitos constitucionales y legales, así como que la persona requerida tendrá las garantías de defensa básicas de toda democracia una vez extraditado.

Con base en ello, los Magistrados destacaron que "en el proceso de extradición, no se aportó prueba ni indicio comprobado de que la persona requerida ha cometido delito en el país requerido," omisión que consideraron "en sí misma es grave y suficiente para rechazar el pedido de extradición, pero lo es aún más cuando el país requirente ha sido cuestionado reiteradamente por carecer las garantías mínimas de un sistema de justicia objetivo e imparcial [...], haciendo referencia como prueba "del deterioro del sistema de justicia venezolano," precisamente, a:

> "la prueba y escrito de *amicus curiae* ([3] Entre ellos, la Inter American Bar Association, el Internacional Bar Association's Human Rights Institute, Association of the Bar of the City of New York, The Netherlands Institute of Human Rights, las Comisiones de Derechos Humanos de la Federación de Colegios de Abogados de Venezuela con el apoyo de decenas de profesores, el Grupo de Profesores de Derecho Público de Venezuela, la Asociación Internacional de Derecho Administrativo, Asociación Mexicana de Derecho Administrativo, Asociación e Instituto Iberoamericano de Derecho Administrativo Jesús González Pérez) presentados por el prestigioso constitucionalista Dr. Allan Brewer Carías en su caso *vs Venezuela*, ante la Corte Interamericana de Derechos Humanos N° 277 de 26 de mayo de 2014, caso que pesa como una sombra en la trayectoria y jurisprudencia de la Corte Interamericana y en el cual se desnuda la realidad que vive el sistema judicial venezolano en la actualidad. ([4] *Estudio del caso y análisis de la errada sentencia de la Corte Interamericana de Derechos Humanos N° 277 de 26 de mayo de 2014*, Colección y Alegatos Jurídicos N° 14, Editorial Jurídica de Venezuela Caracas, 2014).

En esta forma, en la misma ciudad de San José, donde tiene su sede la Corte Interamericana de Derechos Humanos, ésta no quiso ver, ni quiso enterarse de la grave situación del Poder Judicial en Venezuela, de la cual en cambio sí se enteró y entró a conocer la Corte Suprema del país sede. Esta, por ello, lo dijo a la Corte Interamericana lo que ésta no quiso ver, rechazando enviar a Venezuela a una persona detenida por delitos comunes cuya extradición había sido solicitada, precisamente por considerar que allá no gozaría de garantía judiciales ni de debido proceso. Ello, en contra de lo apreciado por la Corte Interamericana, de considerar que dicho Poder Judicial sí era confiable, incluso para juzgar sobre delitos políticos falsamente imputados a un perseguido político.

V. EL PROBLEMA DE LA RESTRICCIÓN DEL ACCESO A LA JUSTICIA INTERNACIONAL PARA CONTROLAR LOS ESTADOS AL ESTAR SOMETIDO A LA VOLUNTAD DE LOS MISMOS

Por supuesto, cuando uno hace referencia a la justicia internacional y al derecho de acceso a la misma, la vigencia misma de este derecho está condicionada por la ratificación por parte de los Estados de alguna Convención Internacional que la regule, como es el caso precisamente de la Convención Americana de Derechos Humanos, que fue ratificada por casi todos los Estados americanos.

Por ello, el derecho de acceso a la justicia internacional en materia de derechos humanos, por ejemplo, en definitiva queda sujeto a la voluntad de los Estados de ratificar las Convenciones pertinentes, y de no denunciarlas como parte de sus políticas públicas, lo que en muchos casos ha buscado restringirse por ejemplo, atribuyendo rango constitucional al derecho humano a la protección internacional de los derechos fundamentales, como fue precisamente el caso de Venezuela, con la previsión del artículo 31[600] del texto fundamental, y además, dándosele incluso rango constitucional no solo a los derechos establecidos en los convenios internacionales,[601] sino a éstos mismos.[602]

Sin embargo, a pesar de estas previsiones, el Estado totalitario que se apoderó del país, durante la última década desarrolló una política contraria al derecho de acceso

---

600 "*Artículo 31.* Toda persona tiene derecho, en los términos establecidos por los tratados, pactos y convenciones sobre derechos humanos ratificados por la República, a dirigir peticiones o quejas ante los órganos internacionales creados para tales fines, con el objeto de solicitar el amparo a sus derechos humanos.// El Estado adoptará, conforme a procedimientos establecidos en esta Constitución y en la ley, las medidas que sean necesarias para dar cumplimiento a las decisiones emanadas de los órganos internacionales previstos en este artículo."

601 "*Artículo 23.* Los tratados, pactos y convenciones relativos a derechos humanos, suscritos y ratificados por Venezuela, tienen jerarquía constitucional y prevalecen en el orden interno, en la medida en que contengan normas sobre su goce y ejercicio más favorables a las establecidas en esta Constitución y en las leyes de la República, y son de aplicación inmediata y directa por los tribunales y demás órganos del Poder Público."

602 "*Artículo 339.* El decreto que declare el estado de excepción, en el cual se regulará el ejercicio del derecho cuya garantía se restringe, será presentado dentro de los ocho días siguientes de haberse dictado, a la Asamblea Nacional, o a la Comisión Delegada, para su consideración y aprobación, y a la Sala Constitucional del Tribunal Supremo de Justicia, para que se pronuncie sobre su constitucionalidad. El decreto ***cumplirá con las exigencias, principios y garantías establecidos en el Pacto Internacional de Derechos Civiles y Políticos y en la Convención Americana sobre Derechos Humanos***. El Presidente o Presidenta de la República podrá solicitar su prórroga por un plazo igual, y será revocado por el Ejecutivo Nacional o por la Asamblea Nacional o por su Comisión Delegada, antes del término señalado, al cesar las causas que lo motivaron."

a la justicia internacional en materia de derechos humanos, que ha conducido a la denuncia de la Convención Americana de Derechos Humanos.

Todo comenzó a partir de 2003 después de que con ocasión de la arbitraria destitución de los jueces de la Corte Primera de lo Contencioso Administrativa en violación de sus garantía judiciales, estos recurrieron ante el sistema interamericano buscando protección a sus derechos, la Corte Interamericana de Derechos Humanos, dictara sentencia en fecha de 5 de agosto de 2008,[603] condenando al Estado por la violación de las garantías judiciales. y ordenándole al Estado la reincorporarlos a las víctimas a cargos similares en el Poder Judicial.

Contra esta sentencia de la Corte Interamericana, los abogados del propio Estado recurrieron ante la Sala Constitucional del Tribunal Supremo, ejerciendo una bizarra "acción de control de la constitucionalidad referida a la interpretación acerca de la conformidad constitucional del fallo de la Corte Interamericana de Derechos Humanos, de fecha 5 de agosto de 2008," la cual tres meses después, decidió mediante la sentencia N° 1.939 de 12 de diciembre de 2008,[604] que declaró "inejecutable" la sentencia de la Corte Interamericana, fundamentándose para ello, en un precedente ocurrido en el Perú en 1999, citado ampliamente cuando el Tribunal Superior Militar rechazó la ejecución de una sentencia de la Corte Interamericana.[605]

El fundamento de la "acción" para que se declarase "inaceptable y de imposible ejecución por parte del propio Estado" la sentencia de la Corte Interamericana impugnada, fue que sus decisiones "*no son de obligatorio cumplimiento y son inaplicables si violan la Constitución*," argumentando los abogados del Estado que lo contrario "sería subvertir el orden constitucional y atentaría contra la soberanía del Estado," a cuyo efecto denunciaron que la Corte Interamericana de Derechos Humanos violaba:

> "la supremacía de la Constitución y su obligatoria sujeción violentando el principio de autonomía del poder judicial, pues la misma llama al desconocimiento de los procedimientos legalmente establecidos para el establecimiento de medidas y sanciones contra aquellas actuaciones desplegadas por los jueces que contraríen el principio postulado esencial de su deber como jueces de la República."

Para decidir, la Sala Constitucional, en definitiva, consideró que de lo que se trataba era de una "presunta controversia entre la Constitución y la ejecución de una decisión dictada por un organismo internacional fundamentada en normas conteni-

---

603 Véase Caso *Apitz Barbera y otros ("Corte Primera de lo Contencioso Administrativo") vs. Venezuela,* Excepción Preliminar, Fondo, Reparaciones y Costas, Serie C N° 182, en www.corteidh.or.cr

604 Véase en http://www.tsj.gov.ve/decisiones/scon/Diciembre/1939-181208-2008-08-1572.html

605 Véase sobre el caso la sentencia de la Corte Interamericana en el caso *Castillo Petruzzi y otros vs. Perú* el 4 de septiembre de 1998 (Excepciones Preliminares), en http://www.corteidh.or.cr/docs/casos/articulos/seriec_41_esp.pdf; y de 30 de mayo de 1999. El Congreso del Perú incluso aprobó el 8 de julio de 1999 el retiro del reconocimiento de la competencia contenciosa de la Corte, lo cual fue declarado inadmisible por la propia Corte Interamericana en la sentencia del caso *Ivcher Bronstein* de 24 de septiembre de 1999, estableciéndose el principio de que un "Estado parte sólo puede sustraerse a la competencia de la Corte mediante la denuncia del Tratado como un todo." Véase en Véase Sergio García Ramírez (Coord.), *de la Corte Interamericana de Derechos Humanos*, Universidad Nacional Autónoma de México, Corte Interamericana de Derechos Humanos, México 2001, pp. 769-771.

das en una Convención de rango constitucional," que buscaba que la Sala aclarase "una duda razonable en cuanto a la ejecución" del fallo de la Corte Interamericana, deduciendo entonces que de lo que se trataba era de "acción de interpretación constitucional" que la propia Sala constitucional había creado a partir de su sentencia de 22 de septiembre de 2000 (caso *Servio Tulio León).*[606]

Ejerciendo esta competencia, la Sala consideró que el propio Estado tenía la legitimación necesaria para intentar la acción, ya que la Corte Interamericana había condenado a la República, buscando de la Sala Constitucional "una sentencia mero declarativa en la cual se establezca el verdadero sentido y alcance de la señalada ejecución con relación al Poder Judicial venezolano en cuanto al funcionamiento, vigilancia y control de los tribunales."

La Sala para decidir, consideró que la Corte Interamericana, para dictar su fallo, además de haberse contradicho al constatar la supuesta violación de los derechos o libertades protegidos por la Convención, había dictado:

> "pautas de carácter obligatorio sobre gobierno y administración del Poder Judicial que son competencia exclusiva y excluyente del Tribunal Supremo de Justicia y estableció directrices para el Poder Legislativo, en materia de carrera judicial y responsabilidad de los jueces, violentando la soberanía del Estado venezolano en la organización de los poderes públicos y en la selección de sus funcionarios, lo cual resulta inadmisible."

La Sala consideró en definitiva, que la Corte Interamericana "utilizó el fallo analizado para intervenir inaceptablemente en el gobierno y administración judicial que corresponde con carácter excluyente al Tribunal Supremo de Justicia, de conformidad con la Constitución de 1999" (artículos 254, 255 y 267), desconociendo "la firmeza de decisiones administrativas y judiciales que han adquirido la fuerza de la cosa juzgada, al ordenar la reincorporación de los jueces destituidos," razón por la cual la consideró la sentencia internacional como "*inejecutable,*" con fundamento en normas constitucionales, exhortando, de paso:

> "al Ejecutivo Nacional [para que] proceda a denunciar esta Convención, ante la evidente usurpación de funciones en que ha incurrido la Corte Interamericana de los Derechos Humanos con el fallo objeto de la presente decisión; y el hecho de que tal actuación se fundamenta institucional y competencialmente en el aludido Tratado."

Con esta sentencia el Estado comenzó el proceso de Venezuela de desligarse de la Convención Americana sobre Derechos Humanos, y por tanto, cercenar el derecho de los venezolanos a la protección internacional de sus derechos fundamentales, desligándose de la jurisdicción de la Corte Interamericana de Derechos Humanos, utilizando para ello a su propio Tribunal Supremo de Justicia, el cual lamentable-

---

606 Véase *Revista de Derecho Público*, No. 83, Editorial Jurídica Venezolana, Caracas 2000, pp. 247 ss. Véase Allan R. Brewer-Carías, "Le recours d'interprétation abstrait de la Constitution au Vénézuéla", en *Le renouveau du droit constitutionnel, Mélanges en l'honneur de Louis Favoreu*, Dalloz, Paris, 2007, pp. 61-70.

mente ha demostrado ser el principal instrumento para la consolidación del autoritarismo en el país.[607]

Con base en todos estos precedentes, en 2011, la Sala Constitucional procedió a completar su objetivo de declarar "inejecutables" en Venezuela las decisiones de la Corte Interamericana de Derechos Humanos, consolidando una supuesta competencia que inventó para ejercer el "control de constitucionalidad" de las sentencias de la Corte Interamericana de Derechos Humanos, que por supuesto no tenía ni puede tener,[608] cuando conforme al artículo 31 de la Constitución, lo que tiene el Estado es la obligación de adoptar, conforme a los procedimientos establecidos en la Constitución y en la ley, "las medidas que sean necesarias para dar cumplimiento a las decisiones emanadas de los órganos internacionales" de protección de derechos humanos. Y ello lo hizo la Sala Constitucional mediante la sentencia Nº 1547 de fecha 17 de octubre de 2011 (Caso *Estado Venezolano vs. Corte Interamericana de Derechos Humanos*),[609] dictada con motivo de otra "acción innominada de control de constitucionalidad" que fue intentada de nuevo por los abogados del Estado contra otra sentencia de la Corte Interamericana de Derechos Humanos, esta vez la de 1° de septiembre de 2011 dictada en el caso *Leopoldo López vs. Estado de Venezuela.*[610] En ella, la Corte Interamericana de Derechos Humanos había condenado al Estado venezolano por la violación del derecho al sufragio pasivo del ex Alcalde Sr. Leopoldo López cometida por la Contraloría General de la República al establecer administrativamente una "pena" de inhabilitación política, contra el mismo, considerando que dicho derecho político conforme a la Convención (art. 32.2) solo podía ser restringido, mediante sentencia judicial que imponga una condena penal,[611] ordenando la revocatoria de las decisiones inconvencionales.

En este caso, el Procurador General de la República justificó la supuesta competencia de la Sala Constitucional en su carácter de "garante de la supremacía y efectividad de las normas y principios constitucionales," conforme a la cual la Sala no

607 Véase Allan R. Brewer-Carias, *Crónica sobre la "In" Justicia Constitucional. La Sala Constitucional y el autoritarismo en Venezuela*, Colección Instituto de Derecho Público. Universidad Central de Venezuela, Nº 2, Editorial Jurídica Venezolana, Caracas 2007; y "El juez constitucional al servicio del autoritarismo y la ilegítima mutación de la Constitución: el caso de la Sala Constitucional del Tribunal Supremo de Justicia de Venezuela (1999-2009)", en *Revista de Administración Pública*, Nº 180, Madrid 2009, pp. 383-418.

608 Sobre las competencias de los Tribunales Constitucionales, véase: en general, Allan R. Brewer-Carías, *Constitutional Courts as Positive Legislators in Comparative Law*, Cambridge University Press, New York 2011.

609 Véase en http://www.tsj.gov.ve/decisiones/scon/Octubre/1547-171011-2011-11-1130.html.

610 Véase Allan R. Brewer-Carías, "El ilegítimo "control de constitucionalidad" de las sentencias de la Corte Interamericana de Derechos Humanos por parte la Sala Constitucional del Tribunal Supremo de Justicia de Venezuela: el caso de la sentencia *Leopoldo López vs. Venezuela, 2011*," en *Constitución y democracia: ayer y hoy. Libro homenaje a Antonio Torres del Moral*. Editorial Universitas, Vol. I, Madrid, 2013, pp. 1.095-1.124.

611 Véase Allan R. Brewer-Carías, "La incompetencia de la Administración Contralora para dictar actos administrativos de inhabilitación política restrictiva del derecho a ser electo y ocupar cargos públicos (La protección del derecho a ser electo por la Corte Interamericana de Derechos Humanos en 2012, y su violación por la Sala Constitucional del Tribunal Supremo al declarar la sentencia de la Corte Interamericana como "inejecutable"), en Alejandro Canónico 'Sarabia (Coord.), *El Control y la responsabilidad en la Administración Pública, IV Congreso Internacional de Derecho Administrativo, Margarita 2012*, Centro de Adiestramiento Jurídico, Editorial Jurídica Venezolana, Caracas 2012, pp. 293-371.

podía dejar de realizar "el examen de constitucionalidad en cuanto a la aplicación de los fallos dictados por esa Corte y sus efectos en el país," considerando de nuevo que las decisiones de dicha Corte Interamericana sólo pueden tener "ejecutoriedad en Venezuela," en la medida que "el contenido de las mismas cumplan el examen de constitucionalidad y no menoscaben en forma alguna directa o indirectamente el Texto Constitucional;" es decir, que dichas decisiones "para tener ejecución en Venezuela deben estar conformes con el Texto Fundamental."

La Sala, en definitiva, consideró que lo que se había impuesto al ex Alcalde recurrente, había sido una "inhabilitación administrativa" y no una inhabilitación política considerando que la decisión de la Corte Interamericana en el caso, con órdenes dirigidas a órganos del Estado "se traduce en una injerencia en las funciones propias de los poderes públicos" y desconocía "la lucha del Estado venezolano contra la corrupción," alegando finalmente que la Corte Interamericana había transgredido el ordenamiento jurídico venezolano, pues desconocía:

> "la supremacía de la Constitución y su obligatoria sujeción, violentando el principio de autonomía de los poderes públicos, dado que la misma desconoce abiertamente los procedimientos y actos legalmente dictados por órganos legítimamente constituidos, para el establecimiento de medidas y sanciones contra aquellas actuaciones desplegadas por la Contraloría General de la República que contraríen el principio y postulado esencial de su deber como órgano contralor, que tienen como fin último garantizar la ética como principio fundamental en el ejercicio de las funciones públicas."

Como consecuencia de ello, la Sala Constitucional, conforme a lo solicitado por el propio Estado, procedió a ejercer el también bizarro "control innominado de constitucionalidad," invocando el anterior fallo sentencia N° 1939 de 18 de diciembre de 2008 (caso: *Estado Venezolano vs. Corte Interamericana de derechos Humanos, caso Magistrados de la Corte Primera de lo Contencioso Administrativo*),[612] y la sentencia N° 1077 de 22 de septiembre de 2000 (Caso *Servio Tulio León Briceño*) sobre creación del recurso de interpretación constitucional,[613] supuestamente por existir una aparente antinomia entre la Constitución, la Convención Interamericana de Derechos Humanos, la Convención Americana contra la Corrupción y la Convención de las Naciones Unidas contra la Corrupción," y concluir su competencia:

> "para verificar la conformidad constitucional del fallo emitido por la Corte Interamericana de Derechos Humanos, control constitucional que implica lógicamente un "control de convencionalidad" (o de confrontación entre normas internas y tratados integrantes del sistema constitucional venezolano), lo cual debe realizar en esta oportunidad esta Sala Constitucional, incluso de oficio; y así se decide."

---

612 Véase en *Revista de Derecho Público,* N° 116, Editorial Jurídica venezolana, Caracas 2008, pp. 88 ss.

613 Véase sobre esta sentencia los comentarios en Marianella Villegas Salazar, "Comentarios sobre el recurso de interpretación constitucional en la jurisprudencia de la Sala Constitucional," en *Revista de Derecho Público*, N° 84, Editorial Jurídica Venezolana, Caracas 2000, pp. 417 ss.; y Allan R. Brewer-Carías, *Crónica sobre la "In" Justicia Constitucional. La Sala Constitucional y el autoritarismo en Venezuela*, Colección Instituto de Derecho Público. Universidad Central de Venezuela, N° 2, Editorial Jurídica Venezolana, Caracas 2007, pp. 47-79.

En esta forma, lo que la Sala Constitucional realizó fue un supuesto "control de convencionalidad" pero para declarar "inconvencional" la propia sentencias de la Corte Interamericana, declarándola inejecutable en Venezuela, exhortando al Ejecutivo Nacional, de nuevo *a denunciar la Convención Americana*, y acusando a la Corte Interamericana de Derechos Humanos de persistir:

> "en desviar la teleología de la Convención Americana y sus propias competencias, emitiendo órdenes directas a órganos del Poder Público venezolano (Asamblea Nacional y Consejo Nacional Electoral), usurpando funciones cual si fuera una potencia colonial y pretendiendo imponer a un país soberano e independiente criterios políticos e ideológicos absolutamente incompatibles con nuestro sistema constitucional."

La decisión política que se había venido construyendo por los órganos del Estado, de desligarse de sus obligaciones convencionales y denunciar la Convención, para cercenarle a los venezolanos su derecho de acceso a la justicia internacional, en lo cual un actor de primera línea fue la Sala Constitucional, finalmente se manifestó el día 6 de septiembre de 2012, cuando el Ministro de Relaciones Exteriores de Venezuela, Sr. Nicolás Maduro, quien ejerce actualmente la Presidencia de la República, luego de denunciar una supuesta campaña de desprestigio contra al país desarrollada por parte de la Comisión Interamericana de Derechos Humanos y de la Corte Interamericana de Derechos Humanos, citando entre otros casos decididos, el caso *Leopoldo López*, y más insólito aún, casos aún no decididos como el caso *Allan R. Brewer-Carías vs. Venezuela*, sin duda para a presionar indebidamente a los jueces de la propia Corte Interamericana, manifestó formalmente al Secretario General de la OEA la "decisión soberana de la República Bolivariana de Venezuela de denunciar la Convención. Americana sobre Derechos Humanos, cesando en esta forma respecto de Venezuela los efectos internacionales de la misma, y la competencia respecto del país tanto de la manifestó formalmente al Secretario General de la OEA, para el país, tanto de la Comisión Interamericana de Derechos Humanos como de la Corte Interamericana de Derechos Humanos.[614]

Esta decisión de denunciar la Convención Americana sobre Derechos Humanos no sólo fue realizada de mala fe frente el derecho internacional, sino en abierta violación a expresas normas de la Constitución de 1999,[615] quedando así cercenado el derecho de los venezolanos a la protección internacional.

---

614 Véase la comunicación N° 125 de 6 de septiembre de 2012 dirigida por el entonces Canciller de Venezuela, Nicolás Maduro, dirigida al Secretario General de la OEA, en http://www.minci.gob.ve/wp-content/uploads/2013/09/Carta-Retiro-CIDH-Firmada-y-sello.pdf.

615 Véase, entre otros, Carlos Ayala Corao, "Inconstitucionalidad de la denuncia de la Convención Americana sobre Derechos Humanos por Venezuela" en *Revista Europea de Derechos Fundamentales*, Instituto de Derecho Público, Valencia, España, N° 20/2° semestre 2012; en *Estudios Constitucionales*, Centro de Estudios Constitucionales de Chile, Universidad de Talca, año 10, N° 2, Chile, 2012; en la *Revista Iberoamericana de Derecho Procesal Constitucional*, Instituto Iberoamericano de Derecho Procesal Constitucional y Editorial Porrúa, N° 18, Julio-Diciembre, 2012; en la *Revista de Derecho Público*, N° 131, Caracas, julio-septiembre 2012; en el *Anuario de Derecho Constitucional Latinoamericano 2013*, Anuario 2013, Konrad Adenauer Stiftung: Programa Estado de Derecho para Latinoamérica y Universidad del Rosario, Bogotá, Colombia 2013 (disponible en: Fundación Konrad Adenauer www.kas.de/uruguay/es/publications/20306/ y en Biblioteca Jurídica Virtual del Instituto de Investigaciones Jurídicas de la UNAM, México: www.juridicas.unam.mx/publica/rev/cont.htm?=dconstla)

Ello, por ejemplo, ha sido considerado por el magistrado Cruz Castro, de la Sala Constitucional de la Corte Suprema de Costa Rica, en sus razones adicionales expuestas en la sentencia de habeas corpus N° 2015-11568 del 31 de julio de 2015,[616] en el caso del procedimiento de extradición del ciudadano Don Dojc, a favor del mismo, como argumento fundamental para acordar el amparo a la libertad personal, estimando "que el Estado venezolano presenta serias debilidades jurídico-políticas para asegurarle al amparado un enjuiciamiento que cumpla con las garantías básicas de un debido proceso, conforme a las normas constitucionales y el derecho internacional de los derechos humanos," indicando al efecto específicamente:

> "1. El hecho que Venezuela haya denunciado la Convención Americana de Derechos Humanos, constituye una amenaza grave al respeto efectivo de los derechos fundamentales. Un país que adopta una política que reduce los instrumentos que tutelan derechos fundamentales, tanto en su dimensión individual como social, no brinda las garantías y la confianza que requiere un proceso de extradición. Enviar a un ciudadano a un país que ha denunciado una Convención que tutela de derechos fundamentales, no brinda la confianza suficiente para admitir que el ciudadano que se entrega a otra jurisdicción, será tratado conforme a las garantías básicas que merece cualquier ciudadano, no importa su nacionalidad. Estimo que esta denuncia del Pacto de San José abre una serie de interrogantes que no me brindan una razonable convicción en el sentido que este ciudadano sometido a este proceso de extradición, se le dará el reconocimiento efectivo de todas sus garantías judiciales en un sentido amplio [...]."

Esto, sin embargo, no lo vio la Corte Interamericana de Derechos Humanos en la sentencia del caso *Allan R. Brewer-Carías vs. Venezuela*, al decidir mediante sentencia N° 277 de 26 de mayo de 2014,[617] archivar el expediente, absteniéndose de juzgar sobre las denuncias formuladas sobre la situación del Poder Judicial carente de autonomía e independencia, e ignorando la denuncia de la Convención Americana por Venezuela que había sido comunicada más de un año antes, fundamentándola precisamente entre otros argumentos, en que ese caso *Allan R. Brewer-Carías* estaba pendiente de decisión. Al contrario de lo resuelto por la Corte Suprema de Justicia, el Juez Internacional que era el llamado naturalmente a apreciar la situación de falta de garantías judiciales, le negó a la víctima su derecho de acceso a la justicia internacional, considerando así que el Poder Judicial en Venezuela supuestamente le brindaba las garantías y la confianza que requería un juicio político, protegiendo en definitiva la arbitrariedad del Estado autoritario.

---

616 Sentencia, dictada en el juicio de habeas corpus a favor del ciudadano Dan Dojc, en el proceso de extradición que se le seguía en Costa Rica a petición del Estado venezolano. Véase el texto de la sentencia en http://jurisprudencia.poder-judicial.go.cr/SCIJ_PJ/busqueda/jurisprudencia/jur_Documento.aspx?param1=Ficha_Sentencia&nValor1=1&nValor2=644651&strTipM=T&strDirSel=directo&_r=1. Véase la noticia de prensa sobre dicha sentencia en *La Nación*, San José en http://www.nacion.com/sucesos/poder-judicial/Sala-IV-extradicion-cuestiona-Venezuela_0_1504049615.html

617 Véase la sentencia en http://www.corteidh.or.cr/docs/casos/articulos/seriec_278_esp.pdf . Véase sobre esta sentencia: Allan R. Brewer-Carías, *El Caso Allan R. Brewer-Carías vs. Venezuela ante la Corte Interamericana de Derechos Humanos. Estudio del caso y análisis crítico de la errada sentencia de la Corte Interamericana de Derechos Humanos N° 277 de 26 de mayo de 2014*, Colección Opiniones y Alegatos Jurídicos, N° 14, Editorial Jurídica Venezolana, Caracas 2014.

VI. ACCESO A LA JUSTICIA, DEBIDO PROCESO, Y TUTELA JUDICIAL EFECTIVA

De todo lo anteriormente expuesto, resulta que quizás el derecho humano más fundamental, en cualquier sociedad democrática, es sin duda el derecho a la justicia, que es la que como monopolio del Estado, éste debe garantizar a los individuos de manera de asegurarse que éstos no pretendan hacerse justicia con sus propias manos.

Por ello, el derecho a la justicia se configura como un haz de derechos o más precisamente de garantías judiciales que comprende, entre otros, el derecho de acceso a la justicia, que viene a ser quizás, la más importante, pues es mediante su ejercicio que las otras garantías judiciales, como el derecho al debido proceso en general, el derecho a la tutela judicial efectiva y el derecho a una decisión oportuna, pueden llevar a tener efectividad.

Por ello, por ejemplo, la Constitución de Venezuela distingue como formando parte del derecho humano a la justicia, cuatro garantías judiciales fundamentales a las cuales destina dos normas:

Por una parte, el artículo 26 que declara que "toda persona tiene (i) *derecho de acceso a los órganos de administración de justicia* para hacer valer sus derechos e intereses, incluso los colectivos o difusos; (ii) [derecho] *a la tutela efectiva* de los mismos y (iii) [derecho] *a obtener con prontitud la decisión* correspondiente."

Por la otra, el artículo 49 de la Constitución, también declara "el [derecho al] *debido proceso* [que] se aplicará a todas las actuaciones judiciales y administrativas," enumerándose entre los que lo componen, las siguientes garantías judiciales: el derecho a la defensa y la asistencia jurídica; el derecho a ser notificada de los cargos; el derecho de acceder a las pruebas; el derecho de disponer del tiempo y de los medios adecuados para ejercer su defensa; el derecho a la presunción de inocencia; el derecho a ser oído; el derecho a un tribunal independiente e imparcial; el derecho a un intérprete; el derecho al juez natural; el derecho a no confesarse culpable o declarar contra sí mismo; el derecho a ser sancionada por actos u omisiones previstos como delitos, faltas o infracciones en leyes preexistentes; el derecho a no ser sometida a juicio por los mismos hechos en virtud de los cuales hubiese sido juzgada anteriormente; el derecho a exigir responsabilidad del Estado por errores judiciales.

Dichos derechos o garantías judiciales, todos, por supuesto, están entrelazados y son interdependientes, pero no por ello pueden interpretarse indiscriminadamente, y establecerse alguna relación de género/especie entre ellos que no responda a su propia naturaleza y formulación en los textos.

Esto ha ocurrido por ejemplo, en mi criterio, en el campo de la jurisprudencia de la Corte Interamericana de Derechos Humanos, con la interpretación que el Juez Antonio Cançado Trindade le ha dado a las disposiciones de la Convención Americana de Derechos Humanos, extensiva incluso respecto de los derechos constitucionales de los Estados Parte. En efecto, en un Voto Concurrente a la sentencia del caso, ***"Cinco Pensionistas" vs. Perú*** de 2003, el Juez Cançado se refirió al "amplio alcance del derecho de acceso a la justicia, en los planos tanto nacional como internacional," agregando que "tal derecho no se reduce al acceso formal, *stricto sensu*, a la instancia judicial;" para concluir afirmando que:

> "el derecho de acceso a la justicia, que se encuentra implícito en diversas disposiciones de la Convención Americana (y de otros tratados de derechos humanos) y que permea el derecho interno de los Estados Partes, significa, *lato sensu*, el derecho a obtener justicia. Dotado de contenido jurídico propio, configurase como un derecho autónomo a la prestación jurisdiccional, o sea, a la propia *realización* de la justicia."[618]

El Juez Cançado, con esta aproximación, le dio un sentido omnicomprensivo al derecho de "acceso" a la justicia, identificándolo con el "derecho a la justicia," cuando en realidad, el primero puede considerarse como uno de los componentes del segundo, pudiendo considerarse como lo hemos analizado en estas notas, más bien como "el derecho de accionar los recursos necesarios para la tutela de sus derechos y la solución de sus controversias."[619] Por ello, en nuestro criterio, la relación género / especie que en el ámbito latinoamericano consideramos que existe en esta materia es la que se establece entre el "derecho a la justicia" y el "derecho de acceso a la justicia"; y no como se deduce de lo antes indicado, entre el "derecho de acceso a la justicia" y el "derecho a la justicia" o a obtener justicia. Considerando que el "derecho general a la justicia" como lo declaró la Sala Constitucional de la Corte Suprema de Justicia de Costa Rica, en la sentencia líder 1739-92, se entiende

> "como la existencia y disponibilidad de un sistema de administración de la justicia, valga decir, de un conjunto de mecanismos idóneos para el ejercicio de la función jurisdiccional del Estado -declarar el derecho controvertido o restablecer el violado, interpretándolo y aplicándolo imparcialmente en los casos concretos-; lo cual comprende, a su vez, un conjunto de órganos judiciales independientes especializados en ese ejercicio, la disponibilidad de ese aparato para resolver los conflictos y corregir los entuertos que origina la vida social, en forma civilizada y eficaz, y el acceso garantizado a esa justicia para todas las personas, en condiciones de igualdad y sin discriminación."

En todo caso, siempre se trata de destacar progresivamente la protección judicial, lo que ha llevado incluso a que en otros países, como ha sucedido en España, a establecer otras relaciones de género / especie en esta materia. Allí, partiendo del artículo 24 de la Constitución de 1978 que establece el derecho de todas las personas "a obtener la tutela efectiva de los jueces y tribunales en el ejercicio de sus derechos e intereses legítimos, sin que, en ningún caso, pueda producirse indefensión," en efecto, se ha establecido otra relación género/especie, considerándose que es el "derecho a la tutela judicial efectiva," como el derecho fundamental de contenido complejo y fuerza expansiva, el que comprende el derecho de las personas a tener libre acceso a los tribunales para solicitar de éstos la tutela de un derecho subjetivo o de un interés legítimo y obtener una resolución de fondo fundada en Derecho; y que en consecuencia, comprende tres derechos esenciales: el derecho de acceder al proceso o a la jurisdicción, el derecho a la defensa contradictoria, y el derecho a la efectividad de la sentencia.

---

618 Véase Corte IDH. Caso "Cinco Pensionistas" Vs. Perú. Fondo, Reparaciones y Costas. Sentencia de 28 de febrero de 2003. Serie C N° 98, en http://www.corteidh.or.cr/cf/Jurisprudencia2/busqueda_casos_contenciosos.cfm?lang=es

619 Véase Paola Andrea Acosta Alvarado, *El derecho de acceso a la justicia en la jurisprudencia interamericana*, Universidad Externado de Colombia, Bogotá, p. 50.

En fin, sea cual fuere el ángulo bajo el cual se estudie el tema del acceso a la justicia como derecho fundamental, se trata de las garantías judiciales más esenciales al hombre, de manera que negarla es la negación misma del Estado de derecho, y propugnar el renacimiento del reino de la arbitrariedad como forma de gobierno. Sin la garantía de acceso a la justicia, además, no existiría democracia, pues no habría posibilidad alguna de controlar el ejercicio del poder, es decir, al Estado, y por supuesto, sería imposible hacer efectivo el derecho ciudadano a la trasparencia de la actividad gubernamental.

New York, agosto 2015

SECCIÓN OCTAVA:

SOBRE LA JUSTICIABILIDAD DE LOS DERECHOS SOCIALES (2014)

Trabajo elaborado para el II Congreso Internacional "Los Derechos Económicos y Sociales y su Exigibilidad en el Estado Social y Democrático de Derecho," organizado por el Tribunal Constitucional de la República Dominicana, Santo Domingo, 26-29 de noviembre de 2014.

Si algo ha caracterizado la evolución del constitucionalismo latinoamericano en sus doscientos años de historia, ha sido la progresiva incorporación y ampliación, en el texto de las Constituciones, de declaraciones de derechos fundamentales, cuyo contenido pasó, de la consagración de los iniciales derechos individuales y políticos del constitucionalismo del siglo XIX, a la consagración de los derechos sociales, económicos y ambientales del constitucionalismo del siglo XX; y además, el desarrollo, también progresivo, particularmente durante el siglo pasado, de medios judiciales puestos a disposición de las personas y de las colectividades para asegurar la efectiva vigencia y protección de los derechos declarados, mediante la atribución a los jueces de competencias para conocer y decidir acciones de amparo, de tutela o de protección constitucional,[620] además de las acciones y procesos para el control de constitucionalidad de las leyes y de las omisiones legislativas.[621]

---

620 *V.*, en relación con nuestros trabajos sobre el amparo en el derecho comparado, Allan R. Brewer-Carías, *El amparo a los derechos y libertades constitucionales. Una aproximación comparativa*, Cuadernos de la Cátedra Allan R. Brewer-Carías de Derecho Público, N° 1, Universidad Católica del Táchira, San Cristóbal 1993, 138 pp.; también publicado en el libro *La protección jurídica del ciudadano*. Estudios en Homenaje al Profesor Jesús González Pérez, Tomo 3, Editorial Civitas, Madrid 1993, pp. 2.695-2.740; *Mecanismos nacionales de protección de los derechos humanos (Garantías judiciales de los derechos humanos en el derecho constitucional comparado latinoamericano)*, Instituto Interamericano de Derechos Humanos, San José 2005; y Allan R. Brewer-Carías, *Constitutional Protection of Human Rights in Latin America. A Comparative Study of the Amparo Proceedings.* Cambridge University Press, New York 2009; *Leyes de Amparo de América Latina*, (Compilación y Estudio Preliminar), Instituto de Administración Pública de Jalisco y sus Municipios, Instituto de Administración Pública del Estado de México, Poder Judicial del Estado de México, Academia de Derecho Constitucional de la Confederación de Colegios y Asociaciones de Abogados de México, 2 vols. Guadalajara 2009.

621 *V.*, en relación con nuestros trabajos sobre la justicia constitucional en el derecho comparado Allan R. Brewer-Carías, *Judicial Review in Comparative Law*, Cambridge University Press, Cambridge 1989; "La Justicia Constitucional en América Latina» en *Revista de la Academia Colombiana de Jurisprudencia*, N° 309, Santa Fe de Bogotá, Colombia, julio 1997, pp. 81-133; y en *Derecho Público, Filosofía y Sociología Jurídicas: Perspectivas para el próximo milenio, Memorias Congreso Internacional,* Universidad Externado de Colombia, Bogotá 1996, pp. 466-516; *Constitucional Courts As Positive Legislators*, Cambridge University Press, New York 2011; y*Judicial Review. Comparative Constitucional Law Essays,*

Pero es evidente que este tipo de sistemas constitucionales con amplias declaraciones de derechos y mecanismos variados de control de constitucionalidad, como el que se evidencia en la mayoría de nuestros países de América Latina, no siempre se encuentra en el constitucionalismo contemporáneo, lo que sin embargo no ha impedido que los derechos fundamentales, y particularmente los derechos sociales, también hayan encontrado protección. En otras palabras, particularmente fuera del ámbito latinoamericano, si bien el Juez Constitucional no siempre ha tenido a su disposición declaraciones extensas de derechos y ni siquiera mecanismos específicos de protección como la acción de amparo para asegurar la justiciabilidad de los derechos sociales, ello no ha impedido que la mayoría de ellos hayan encontrado protección constitucional, aun cuando, sin duda, en forma variada según el activismo desarrollado por el juez constitucional.

Nuestra intención en estas notas es referirnos precisamente a las diversas experiencias en el derecho comparado de la protección o justiciabilidad específica de los derechos sociales, para lo cual analizaremos la situación actual en el derecho comparado estudiando: en *primer lugar*, los principios para la protección de los derechos sociales en sistemas como los latinoamericanos, con amplias declaraciones de derechos fundamentales; en *segundo lugar*, el tema de la protección de los derechos sociales en sistemas constitucionales con escuetas o insuficientes declaraciones constitucionales de derechos, haciendo especial énfasis en el valor de las cláusulas abiertas de derechos y en las mutaciones constitucionales efectuadas por el Juez Constitucional para asegurar su protección; en *tercer lugar*, la protección de los derechos sociales mediante el control de constitucionalidad de las leyes sin declarar su nulidad, superándose el binomio inconstitucionalidad/nulidad, particularmente mediante sentencias aditivas; en *cuarto lugar*, la protección de los derechos sociales mediante el ejercicio del control de constitucionalidad de las omisiones legislativas, emitiendo instrucciones y directrices al legislador; en *quinto lugar*, la protección constitucional de los derechos sociales mediante el control de la constitucionalidad de las leyes, acompañando su declaratoria de nulidad, con el establecimiento de una legislación provisional establecida por el Juez Constitucional; en *sexto lugar*, el tema de la protección de los derechos sociales en América Latina, con particular referencia al derecho a la salud.

I. LA PROTECCIÓN Y JUSTICIABILIDAD DE LOS DERECHOS FUNDAMENTALES EN AMÉRICA LATINA

1. *Las amplias declaraciones de derechos fundamentales en América Latina y sus garantías judiciales: el ejemplo del régimen constitucional de la República Dominicana*

Entre las Constituciones más recientes de América latina está la Constitución de la república Dominicana que siguiendo la orientación del constitucionalismo contemporáneo de nuestros países, se caracteriza por tener en su articulado, no sólo por la extensa declaración de derechos fundamentales, sino la consagración por primera vez en el texto fundamental, de la acción de amparo, seguida del perfeccionamiento de los otros medios procesales de control de la constitucionalidad de las leyes.

Lectures and Courses (1985-2011), Fundación de Derecho Público, Editorial Jurídica Venezolana, Caracas 2014.

En cuanto a la declaración de derechos, la Constitución de 2010 trae una extensa declaración de derechos, agrupados en las diversas categorías de los derechos civiles y políticos (art. 37-49), los derechos económicos y sociales (arts. 50-54), los derechos culturales y deportivos (arts. 64-655), y los derechos colectivos y del medio ambiente (arts. 66-67). Entre ellos se destacan los derechos sociales, que es a los cuales quisiera referirme específicamente, y que en la Constitución se agrupan en los siguientes: los derechos de la familia (art. 55), entre ellos los derechos de protección del matrimonio, de los menores de edad (art. 56), de las personas de la tercera edad (art. 57), y de las personas con discapacidad (art. 58); el derecho a la vivienda (art. 59), el derecho a la seguridad social (art. 60), el derecho a la salud integral y a la protección de la salud (art. 61); el derecho al trabajo (art. 62); y el derecho a la educación (art. 63).

Pero además de declarar derechos, la Constitución de la República Dominicana específicamente "garantiza la efectividad de los derechos fundamentales, a través de los mecanismos de tutela y protección, que ofrecen a la persona la posibilidad de obtener la satisfacción de sus derechos, frente a los sujetos obligados o deudores de los mismos" (at. 68); consagrando además el derecho de todas las personas, en el ejercicio de sus derechos e intereses legítimos, a obtener la tutela judicial efectiva, con respeto del debido proceso"(art. 69).

Entre esos mecanismos de tutela y protección, además del importante sistema de control de constitucionalidad de las leyes establecido en la República Dominicana, y de la acción de habeas corpus para la protección de la libertad y seguridad personal, por supuesto, se destaca la regulación en el artículo 72 de la Constitución, de la acción de amparo, estableciendo el derecho de toda persona:

> "a una acción de amparo para reclamar ante los tribunales, por sí o por quien actúe en su nombre, la protección inmediata de sus derechos fundamentales, cuando resulten vulnerados o amenazados por la acción o la omisión de toda autoridad pública o de particulares, para hacer efectivo el cumplimiento de una ley o acto administrativo, para garantizar los derechos e intereses colectivos y difusos.

Esta consagración amplia del amparo en la Constitución de la República Dominicana, sin duda, responde a las líneas de la institución del amparo conforme a lo dispuesto en el artículo 25 la Convención Americana sobre Derechos Humanos, en el sentido de la obligación de los jueces de asegurar la protección de los derechos fundamentales de las persona, mediante un "recurso sencillo y rápido o mediante cualquier otro recurso efectivo," contra los actos que los violen; previsión que además permite a los jueces poder ejercer el control de convencionalidad en relación con cualquier norma restrictiva del derecho, pues de la misma derivan lo que se podría considerar como los contornos fundamentales que debe tener la institución del amparo para la protección de los derechos fundamentales.[622] Esos contornos son:

622 *V.*, Allan R. Brewer-Carías, "El amparo en América Latina: La universalización del Régimen de la Convención Americana sobre los Derechos Humanos y la necesidad de superar las restricciones nacionales", en *Ética y Jurisprudencia*, 1/2003, Enero-Diciembre, Universidad Valle del Momboy, Facultad de Ciencias Jurídicas y Políticas, Centro de Estudios Jurídicos "Cristóbal Mendoza", Valera, Estado Trujillo, 2004, pp. 9-34.

En *primer* lugar, la idea de que el amparo es un derecho, precisamente el derecho a ser amparado, que se establece en la Convención Americana como un derecho fundamental[623] en sí mismo; y que en la Constitución de la República Dominicana además de regularse como el derecho a una acción de amparo (art. 72), para asegurar la efectividad de los derechos fundamentales, éstos también se pueden garantizar "a través de los mecanismos de tutela y protección, que ofrecen a la persona la posibilidad de obtener la satisfacción de sus derechos"(art'68); todo lo cual permite concebir el amparo como un derecho fundamental de carácter internacional y constitucional de todas las personas a ser amparadas en sus derechos fundamentales y a obtener la tutela judicial efectiva de los mismos

En *segundo* lugar, debe destacarse que la Convención, como también sucede en la Constitución de 2010, regula un derecho a ser amparado como correspondiente a "toda persona" sin distingo de ningún tipo, por lo que corresponde a las personas naturales y jurídicas o morales; nacionales y extranjeras; hábiles y no hábiles; de derecho público y derecho privado. Es decir, corresponde a toda persona en el sentido más universal.

En *tercer* lugar, la Convención señala que el medio judicial de protección o la acción de amparo puede interponerse ante los tribunales competentes, de manera que no se trata de un solo y único tribunal competente, sino de una función que esencialmente es del Poder Judicial, como es precisamente el caso de la República Dominicana.

En *cuarto* lugar, conforme a la Convención, y de acuerdo con la Constitución de 2010, este derecho a obtener la satisfacción de sus derechos, o a la tutela judicial efectiva de los mismos ante los tribunales se establece para la protección de todos los derechos fundamentales que estén declarados en la Constitución, o en la Convención Americana, lo que abarca, como lo indica el artículo 38 de la Constitución a los derechos fundamentales que son inherentes a la dignidad de la persona, incluyendo los derechos económicos y sociales.[624]

Además, en *quinto* lugar, la protección que regula la Convención, y además, la Constitución de 2010, es contra cualquier acto, omisión, hecho o actuación de cualquier autoridad que viole los derechos y, por supuesto, también que amenace violarlos, porque no hay que esperar que la violación se produzca para poder acudir al medio judicial de protección. Es decir, este medio de protección tiene que poder existir antes de que la violación se produzca, frente a la amenaza efectiva de la violación y, por supuesto, frente a toda violación o amenaza de violación que provenga del Estado y de sus autoridades.

---

623 *V.*, en general, Héctor Fix-Zamudio, *Ensayos sobre el derecho de amparo,* Porrúa, México 2003; y Héctor Fix-Zamudio and Eduardo Ferrer Mac-Gregor (Coordinadores), *El derecho de amparo en el mundo,* Porrúa, México 2006

624 *V.*, en general Jesús Maria Casal, "La garantía constitucional de los derechos sociales: progresos y dificultades o zonas de tensión," en Gonzalo Pérez Salazar, Luis Petit Guerra y Víctor R. Hernández-Mendible (Coords.), *La Justicia Constitucional y la Justicia Administrativa como garantes de los Derechos Humanos, Homenaje a Gonzalo Pérez Luciani y en el marco del vigésimo aniversario de FUNEDA*, Centro de Estudios de Derecho Procesal Constitucional, Centro de Estudios de Derecho Público, Centro de Estudios de Regulación Económica de la Universidad Monteávila y Fundación de Estudios de Derecho Administrativo. Caracas. 2013; Nogueira, Humberto, "Los derechos económicos, sociales y culturales como derechos fundamentales efectivos en el constitucionalismo democrático latinoamericano," en *Estudios Constitucionales*, N° 2, Santiago, 2009, pp. 143 ss.

Y en *séptimo* lugar, la protección que consagra la Convención y la Constitución de 2010 es también contra cualquier lesión o amenaza de lesión de los derechos fundamentales producida por cualquier acto u omisión, "de toda autoridad pública o de particulares," razón por la cual no debería haber acto ni actuación pública alguna excluida del amparo, en cualquier forma, sea un acto administrativo, una sentencia, una vía de hecho, una actuación o una omisión

El anterior es en líneas generales el parámetro que establece la Convención Americana sobre el amparo, que se sigue en casi todos sus aspectos en la Constitución de la República Dominicana, regulándose un amplísimo régimen garantista que permite asegurar, sin duda, una amplia posibilidad de protección y justiciabilidad de los derechos sociales. Para el mismo, sin duda, la existencia de extensas declaraciones de derechos facilita la labor del juez constitucional para poder proceder de inmediato a asegurar su protección.

Ello se complementa, como se dijo, con el amplio sistema mixto de control de constitucionalidad de las leyes establecido en la Constitución de 2010, que combina la atribución de competencias al Tribunal Constitucional, creado "para garantizar la supremacía de la Constitución, la defensa del orden constitucional y la protección de los derechos fundamentales" (art. 184), para ejercer tal control de constitucionalidad de los actos legislativos y otros actos estatales de ejecución directa de la Constitución (leyes, decretos, reglamentos, resoluciones y ordenanzas (art. 185,1), con potestad para anularlos cuando sean inconstitucionales; con la competencia de todos los tribunales para declarar dichos actos como inconstitucionales e inaplicarlos en los casos concretos que decidan (art. 188) cuando los consideren inconstitucionales.[625]

2. *La garantía del amparo constitucional como instrumento para la justiciabilidad de los derechos fundamentales en América Latinas*

La situación en América Latina para la garantía de los derechos fundamentales, incluyendo los derechos sociales, puede decirse que en general sigue la misma orientación antes mencionada relativa al régimen en la República Dominicana. Así, en general, en América Latina puede decirse que la labor del juez constitucional en materia de protección de los derechos fundamentales, incluidos los derechos sociales , cuenta en general con una base sólida en virtud de las amplias declaraciones de los mismos que se han incorporado en las Constituciones, y adicionalmente, por la previsión en las mismas de precisos medios para la justiciabilidad de los derechos, particularmente mediante la acción de amparo, tutela o protección constitucional.

Sin embargo, debe mencionarse que si bien es cierto que en las formulaciones constitucionales, en la mayoría de los países todos los derechos declarados en las Constituciones, sin excepción, son susceptibles de protección mediante la acción de amparo, como sucede por ejemplo en la República Dominicana, en algunos países, como es el caso de Chile y Colombia, al menos en la fórmula constitucional, el alcance de la protección del amparo ha sido reducida a solo ciertos derechos constitucionales.

---

625 *V.*, Allan R. Brewer-Carías, "El sistema de justicia constitucional en la República Dominicana y la Ley Orgánica del Tribunal Constitucional y de los procedimientos constitucionales (2011)," en *Estudios Constitucionales*, N° 9, 1, Centro de Estudios Constitucionales de Chile, Universidad de Talca, Santiago de Chile, 2011, pp. 303-338.

A. *El amparo y hábeas corpus para la protección de todos los derechos constitucionales*

En efecto, de acuerdo con la regla general, los derechos protegidos por la acción de amparo son los "derechos constitucionales," expresión que comprende, *primero*, los derechos expresamente declarados en la Constitución, cualquiera que sea la fórmula que se utilice; *segundo*, aquellos derechos que aun no siendo enumerados en las Constituciones son inherentes a los seres humanos o a la dignidad humana; y *tercero,* aquellos derechos enumerados en los instrumentos internacionales de derechos humanos ratificados por el Estado.

En palabras de las leyes de amparo de Argentina (art. 1) y de Uruguay (art. 72), la protección constitucional se refiere a los derechos y libertades "explícita o implícitamente reconocidas por la Constitución Nacional," y que por tanto están declarados a lo largo del texto constitucional, como por ejemplo, también es el caso de Venezuela y de la República Dominicana.

Respecto de los derechos protegidos y a través de las cláusulas abiertas de los derechos constitucionales, como señalamos, casi todos los países latinoamericanos, con excepción de Cuba, Chile, México y Panamá, han admitido la protección constitucional respecto de los derechos y garantías constitucionales no expresamente enumerados en la Constitución pero que pueden ser considerados inherentes a los seres humanos; enfatizando que la declaración o enunciación de derechos establecida en la Constitución no se entenderá como la negación de otros no establecidos ahí y que son inherentes al individuo o a su dignidad humana. Cláusulas de este tipo se encuentran en las constituciones de Argentina (art. 33), Bolivia (art. 33), Colombia (art. 94), Costa Rica (art. 74), Ecuador (art. 19), Guatemala (art. 44), Honduras (art. 63), Nicaragua (art. 46), Paraguay (art. 45), Perú (art. 3), Uruguay (art. 72) y también en Venezuela (art. 22).

Estas cláusulas abiertas han sido ampliamente aplicadas por los tribunales latinoamericanos, no quedando duda en relación con la posibilidad de que un derecho o garantía no enumerado sea protegido constitucionalmente; formula que como indicamos tiene su directo antecedente en la Novena Enmienda de la Constitución de los Estados Unidos, la cual, sin embargo, allí solo se ha aplicado en pocas ocasiones.

La Constitución de la Republica Dominicana es menos expresiva. Ya en la Constitución de 2002 lo único que se indicaba era que la enumeración constitucional de los derechos "no tienen carácter limitativo y, por consiguiente, no excluyen otros derechos y garantías de igual naturaleza " (art. 74.1); y la de 2010, sólo hay una referencia indirecta al expresar, el artículo 38 de la Constitución, que "El Estado se fundamenta en el respeto a la dignidad de la persona y se organiza para la protección real y efectiva de los derechos fundamentales que le son *inherentes;*" de lo cual se deduce que hay derechos inherentes a la dignidad de la persona que para el caso de no estar enumerados expresamente también gozan de protección. La constitución de Ecuador, por ejemplo, se refiere a que el reconocimiento de los derechos y garantías establecidos en la Constitución y en los instrumentos internacionales de derechos humanos, "no excluirá los demás derechos derivados de la dignidad de las personas, comunidades, pueblos y nacionalidades, que sean necesarios para su pleno desenvolvimiento" (art. 11.7).

En otros casos, como la Constitución de Brasil, la cláusula abierta, sin referirse a los derechos inherentes de las personas humanas, indica que la enumeración de derechos y garantías en la Constitución, no excluye otros derechos derivados del régimen y principios establecidos por la Constitución o por los tratados internacionales en los cuales la República Federativa de Brasil sea parte" (art. 5.2). La Constitución de Costa Rica se refiere a esos derechos "que se deriven del principio cristiano de justicia social" (art. 74), una expresión que puede interpretarse en el sentido de la dignidad humana y justicia social.

En otras Constituciones, en vez de referirse a derechos inherente a los seres humanos, las cláusulas abiertas se refieren a la soberanía del pueblo y a la forma republicana de gobierno y, por consiguiente, más énfasis se hace respecto de los derechos políticos que a los derechos inherentes de las personas humanas. Este es el caso de Argentina, donde el artículo 33 de la Constitución establece que "las declaraciones, derechos y garantías que enumera la Constitución, no serán entendidos como negación de otros derechos y garantías no enumerados; pero que nacen del principio de la soberanía del pueblo y de la forma republicana de gobierno." Disposiciones similares están contenidas en las constituciones de Bolivia (art. 55) y Uruguay (art. 72). En Perú (art. 3) y Honduras (art. 63) las constituciones se refieren a otros derechos de naturaleza análoga o que están fundamentados en la "dignidad del hombre o en la soberanía del pueblo, el imperio democrático de la ley y la forma republicana de gobierno."

En todos estos casos, la incorporación de cláusulas abiertas en la constitución respecto de los derechos humanos implica que la ausencia de regulaciones legales de dichos derechos no puede ser invocada para negar o menoscabar su ejercicio por el pueblo, como está expresado en muchas constituciones (Argentina, Bolivia, Paraguay, Venezuela y Ecuador).

Pero además de los derechos declarados en la Constitución y aquellos derivados de las cláusulas abiertas como inherentes a la persona o a la dignidad humana, los derechos declarados en los tratados internacionales pueden también ser protegidos mediante la acción de amparo. Esto está también expresamente previsto en muchos países donde los derechos declarados en tratados internacionales se les han conferido rango constitucional, como es el caso de Venezuela (Constitución, art. 23). Asimismo en Costa Rica, por ejemplo, el artículo 48 de la Constitución es absolutamente claro cuando garantiza el derecho de toda persona a intentar acciones de amparo para mantener o restablecer el goce de todo otro derecho otorgado por esta Constitución así como de aquellos de naturaleza fundamental establecidos en los instrumentos internacionales de derechos humanos vigentes en la república. En el mismo sentido está regulado en la Ley Orgánica de Garantías Jurisdiccionales y Control Constitucional de 2009 de Ecuador que establece en su artículo 1 que "esta ley tiene por objeto regular la jurisdicción constitucional, con el fin de garantizar jurisdic-cionalmente los derechos reconocidos en la Constitución y en los instrumentos internacionales de derechos humanos y de la naturaleza; y garantizar la eficacia y la supremacía constitucional."

Por consiguiente, el alcance de la protección constitucional del amparo en América Latina en general es muy amplio. Esto ha provocado que en algunos países -a fin de determinar el alcance de la protección constitucional del amparo y habeas corpus- las leyes especiales que regulan el amparo tiendan a ser exhaustivas al enumerar los derechos a ser protegidos, como es el caso de Perú, donde el Código Procesal Constitucional (Ley Nº 28.237 de 2.004) expresamente enumera e identifica cuales son los derechos a ser protegidos mediante el amparo y el habeas corpus. Respecto de éste último, una lista extensa está dispuesta en el artículo 25 de la ley, añadiendo que "también procede el hábeas corpus en defensa de los derechos constitucionales conexos con la libertad individual, especialmente cuando se trata del debido proceso y la inviolabilidad del domicilio." Asimismo y respecto de la acción de amparo, el mismo código peruano de procedimiento constitucional incluye una larga lista de derechos (art. 37) a ser protegidos, incluyendo al final una referencia a todos "los demás que la Constitución reconoce", resolviendo los problemas que normalmente tiene la práctica de enumerar situaciones específicas en las leyes con el riesgo general de dejar asuntos por fuera.

La ley guatemalteca de amparo también tiende a agotar la enumeración de casos en que la acción de amparo puede intentarse[626], añadiendo asimismo que su admisión se extiende a cualquier situación que presente un riesgo, amenaza, restricción o violación de los derechos reconocidos por "la Constitución y las leyes de la República de Guatemala", sea que la situación sea causada por entidades o personas de derecho público o privado.

En todos estos casos, cuando se enumeran sin limitación los derechos constitucionales a ser protegidos mediante las acciones de amparo y habeas corpus y si no hay riesgo de dejar fuera derechos constitucionales a ser considerados como protegidos, indudablemente estas leyes son importantes instrumentos para la ejecución judicial de los derechos y para la interpretación jurisprudencial sobre el alcance de los derechos a ser protegidos.

B. *El amparo y hábeas corpus para la protección de sólo algunos derechos constitucionales*

Aun cuando es verdad que el principio general es que solo los derechos constitucionales han de ser protegidos mediante el amparo y hábeas corpus, el hecho es que no todas las Constituciones latinoamericanas garantizan esa protección constitucional para todos los derechos constitucionales.

Como ya se mencionó y en contraste con el general sentido protector latinoamericano, en el caso de Chile y Colombia, la acción específica de tutela y de protección de los derechos y libertades constitucionales está solamente establecida en la constitución para proteger ciertos derechos y garantías. En estos casos, el alcance de la acción de amparo es uno restringido, el cual ha caracterizado, asimismo, los sistemas restrictivos seguidos en las constituciones alemana y española en relación con los recursos de amparo que están establecidos únicamente para la protección de los así llamados "derechos fundamentales."

En Chile, aparte de la acción de hábeas corpus establecida para proteger a cualquier individuo contra arrestos inconstitucionales, detenciones y encarcelamiento; el recurso de protección está establecido sólo para garantizar algunos derechos constitucionales enumerados en el artículo 19, numerales 1, 2, 3 (parágrafo 4º), 4, 5, 6, 9

626 *V.*, Jorge Mario García La Guardia, "La Constitución y su defensa en Guatemala," en *La Constitución y su defensa*, Universidad Nacional Autónoma de México, México, 1984, pp. 717–719; y *La Constitución Guatemalteca de 1985*, México, 1992.

(parágrafo final), 11, 12, 13, 15, 16 de la constitución y en el cuarto párrafo y numerales 19, 21, 22, 23, 24 y 25 de la misma constitución.

La lista asimismo se refiere principalmente a derechos civiles o individuales, también incluyendo algunos derechos sociales, como el derecho a elegir un sistema de salud pública, la libertad para enseñar y trabajar y de afiliarse a sindicatos laborales; algunos derechos a la libertad económica y de propiedad; y el derecho a tener un ambiente descontaminado.

Aparte de todos estos derechos y libertades constitucionales, los otros derechos consagrados en la constitución no tienen un medio específico de protección, estando su protección a cargo de los tribunales ordinarios a través de los procedimientos judiciales ordinarios.

En el caso de Colombia, además del hábeas corpus, la Constitución también establece la acción de *tutela*, en el artículo 86, para la protección inmediata de lo que se llaman "derechos constitucionales fundamentales."

En efecto, el Título II de la Constitución se dedica a establecer "los derechos, garantías y deberes," enumerándolos en tres capítulos: el Capítulo 1 contiene la lista de "derechos fundamentales;" el Capítulo 2 enumera los derechos sociales, económicos y culturales; y el Capítulo 3 se refiere a los derechos colectivos y al ambiente sano.

De esta declaración constitucional de derechos resulta que solamente los tal llamados "derechos fundamentales" enumerados en el Capítulo 1 (art. 11 a 41) son los derechos constitucionales que se pueden proteger por medio de la *acción de tutela*, y los demás quedan excluidos de ella, y protegidos sólo por los medios judiciales ordinarios.

Por otro lado, el artículo 85 de la Constitución también indica que entre 'Estos "derechos fundamentales," los de "inmediata aplicación" son los protegidos por la acción de *tutela*. La lista también se refiere a los derechos civiles y políticos, y entre los derechos sociales, incluye la libertad de enseñanza. Otros derechos consagrados en otros artículos de la Constitución también se califican como derechos fundamentales, como los "derechos fundamentales" de los niños, enumerados en el artículo 44 sobre la vida, la integridad física, la salud y la seguridad social.

Aparte de estos derechos constitucionales expresamente declarados como "derechos fundamentales," los demás derechos constitucionales no tienen protección constitucional por medio de la acción de *tutela* y serán protegidos por medio del proceso judicial ordinario.

No obstante esta norma limitante, incluso si un derecho no está expresamente señalado en la Constitución como "fundamental," la Corte Constitucional de Colombia, como supremo intérprete de la Constitución, ha reconocido tal carácter a otros derechos, extendiendo la protección de la *tutela* a derechos no definidos como "fundamentales," pero considerados interdependientes con otros que tienen tal naturaleza, como el derecho a la vida.

Con respecto a esto, en una de sus primeras sentencias (N° T-02 del 8 de mayo de 1992) emitida en un caso sobre derechos educativos, la Corte Constitucional sentenció que el criterio principal para identificar "derechos fundamentales" es "determinar si son o no derechos esenciales de los seres humanos", tarea que siempre debe realizar el juez de *tutela*, quien debe comenzar su sentencia analizando los primeros noventa y cuatro artículos de la constitución, y si es necesario, aplicando la cláusula abierta sobre derechos humanos inherentes a las personas humanas.

Estos artículos, interpretados por la Corte Constitucional a la luz de la Convención Inter-Americana de Derechos Humanos, le permitieron inferir lo que se pueden considerar como derechos inalienables, inherentes y esenciales de los seres humanos, lo que hace que, de hecho, la lista de "derechos fundamentales" del Capítulo 1 del Título II de la constitución no sea exhaustiva de los "derechos fundamentales" y no excluya otros derechos de la posibilidad de ser considerados fundamentales y objetos de litigio por medio de la acción de *tutela.* [627]

Con la finalidad de identificar esos derechos fundamentales, la Corte Constitucional también ha aplicado el principio de "conexión" entre los derechos constitucionales, en particular sobre los derechos económicos, culturales y sociales, sentenciando que es posible aceptar la acción de *tutela* con respecto a esos derechos en casos en los que también haya ocurrido la violación de un derecho fundamental.

Por ejemplo, en la sentencia N° T-406 del 5 de junio de 1992, la Corte admitió una acción de *tutela* presentada en el caso de una inundación de un drenaje público, por la que el accionante reclamó la reivindicación del derecho a la salud pública, el derecho a un ambiente sano y a la salud de la población en general. Aunque la acción fue rechazada por el tribunal inferior al considerar que no estaban involucrados los derechos fundamentales, la Corte Constitucional la admitió al considerar que el derecho a un sistema de drenaje, en circunstancias en las que evidentemente quedaban afectados los derechos constitucionales fundamentales, tales como la dignidad humana, el derecho a la vida, o los derechos de los discapacitados, debía considerarse objeto de litigio por medio de la *tutela.* [628]

A través de este principio interpretativo de la conexión con los derechos fundamentales, de hecho los tribunales colombianos protegen casi todos los derechos constitucionales, incluso aquellos no enumerados como derechos fundamentales.

II. LA PROTECCIÓN DE LOS DERECHOS SOCIALES EN SISTEMAS CON DECLARACIONES CONSTITUCIONALES ESCUETAS O INSUFICIENTES: LAS CLÁUSULAS ABIERTAS Y LAS MUTACIONES CONSTITUCIONALES

Pero es evidente que no todos los países tienen textos constitucionales con extensas declaraciones de derechos fundamentales como ocurre en América latina. En muchos casos, en realidad, las declaraciones constitucionales de derechos son al contrario de contenido escueto o insuficiente, lo que sin embargo no ha impedido que la protección constitucional de los mismos se haya logrado mediante el activismo judicial desarrollado por el Juez Constitucional, por ejemplo, en la aplicación de cláusulas abiertas en las declaraciones de derechos que le han permitido descubrir aquellos inherentes a la persona humanas; o recurriendo mutaciones constitucionales basadas en la aplicación de los principio de progresividad o *pro homine*, y así poder asegurar la protección

---

627 *V.*, sentencia T-02 del 8 de mayo de 1992, en Manuel José Cepeda, *Derecho Constitucional Jurisprudencial. Las grandes decisiones de la Corte Constitucional*, Legis, Bogotá, 2001, pp. 49–54.

628 *V.*, sentencia T-406 del 5 de junio de 1992, en *Idem*, pp. 55–63.

1. *La importancia de las cláusulas abiertas en las declaraciones de derechos para la protección de los derechos sociales: el caso de los Estados Unidos de América*

Un sistema constitucional que contrasta sin duda con los sistemas latinoamericanos es el sistema de los Estados Unidos de América, donde la Constitución de 1789 y sus Enmiendas, no solo contienen una escueta declaración constitucional de derechos, sino que en la misma no existe la previsión de una acción judicial específica para asegurar la protección de los mismos, como la acción de amparo, lo que ha obligado al necesario desarrollo de los mecanismos procesales generales de las *injunction* para su aplicación al ámbito constitucional, habiendo sido por tanto la labor del juez constitucional, en muchos casos, más laboriosa y a veces lenta para asegurar la protección de los derechos fundamentales y en particular de los derechos sociales.

Una pieza esencial para el desarrollo de esa labor, ante la escueta declaración de derechos se compensa con la previsión de la Enmienda IX, a la Constitución, incorporada en 1791, conforme a la cual:

> "La inclusión de ciertos derechos en la Constitución no se interpretará en el sentido de denegar o restringir otros derechos que se haya reservado el pueblo."[629]

Esta importante cláusula abierta de la declaración de derechos, que confirma el carácter declarativo y no constitutivo de la enumeración constitucional, le ha permitido al juez constitucional identificar y proteger derechos constitucionales no declarados expresamente en el texto constitucional, considerados como inherentes a la persona humana. Clausulas abiertas de este tipo, siguiendo el sentido de la Enmienda IX, como se precisa más adelante, se incorporaron posteriormente en casi todas las Constituciones de América Latina.

En todo caso, con este tipo de cláusulas, el listado de derechos constitucionales no se agota con los enumerados en el texto, sino que abarca todos aquellos inherentes a las personas y a la dignidad humana. Esta fue la orientación de la argumentación de la Corte Suprema de los Estados Unidos en el caso *Griswold v. Connecticut* decidido el 7 de junio de 1965 (381 U.S. 479; 85 S. Ct. 1678; 14 L. Ed. 2d 510; 1965), en el cual el Juez Goldberg, al expresar la opinión de la Corte en relación con la declaración de inconstitucionalidad de una Ley del Estado de Connecticut sobre Control de Natalidad, por considerar que la misma violaba el derecho a la privacidad en el matrimonio, indicó:

> "La Enmienda IX muestra la convicción de los autores de la Constitución de que existen derechos fundamentales que no están expresamente enumerados en las primeras ocho Enmiendas y la intención de que la lista de derechos incluidos allí no debe tenerse como exhaustiva...
>
> Toda la estructura de la Constitución y de sus propósitos que claramente inspiran sus garantías específicas demuestra que los derechos a la privacidad marital y a casarse y levantar una familia son de un similar orden y magnitud que los derechos fundamentales específicamente protegidos. Aun cuando la Consti-

629 *"The enumeration in the Constitution, of certain rights, shall not be constructed to deny or disparage others retained by the people."*

tución no se refiere con muchas palabras respecto del derecho a la privacidad en el matrimonio, no puedo creer que la misma no ofrezca protección a esos derechos fundamentales. El hecho de que no haya una particular previsión en la Constitución que prohíba explícitamente al Estado el perturbar la relación tradicional de la familia –una relación tan vieja y fundamental como nuestra civilización entera–, con seguridad no implica que el Gobierno tenga el poder para ello. En cambio, como la Enmienda IX lo reconoce expresamente, hay derechos fundamentales personales como éste, que son protegidos frente restricciones por el Gobierno, aun cuando no esté mencionado específicamente en la Constitución."

En otros casos, en los mismos Estados Unidos, otros derechos no expresamente regulados en la Constitución, como por ejemplo el derecho a la educación, sin embargo no han encontrado una aproximación garantista como la indicada, ni ha sido considerado como un derecho fundamental, salvo por la vía de garantizar la igualdad y no discriminación en el disfrute del derecho.

En efecto, ese fue el meollo del caso *Brown v. Board of Education of Topeka*, 347 EE.UU. 483 (1954) con el cual puede decirse que en los Estados Unidos comenzó el proceso de mutación de la Constitución en materia de derechos fundamentales, particularmente teniendo en cuenta que la Constitución de los Estados Unidos de 1789 y las primeras diez Enmiendas de 1791 no establecieron el principio de igualdad, y que la Enmienda XIV (1868) sólo estableció una cláusula de igualdad ante la ley, que hasta la década de 1950 tuvo un significado diferente.[630]

Este proceso convirtió a la Corte, como lo han afirmado Laurence Claus y Richard S. Kay en "el legislador más poderoso de la nación"[631], habiendo utilizado para tal fin, viejos pero renovados medios de protección, particularmente las *injunctions* de equidad para garantizar la protección de derechos en uno de los desarrollos más notables en el derecho constitucional contemporáneo, que ha producido cambios que sólo años antes hubiera sido imposible imaginar. Esos medios judiciales de protección se comenzaron a utilizar ampliamente, precisamente en el caso *Brown v. Board of Education of Topeka*, en el cual la Corte Suprema sostuvo que la segregación racial en la educación pública era una negación de la "protección igual ante las leyes," y que en virtud de la Enmienda XIV, ningún Estado, dentro de su jurisdicción, podría negarla a persona alguna. Para adoptar su decisión, la Corte tuvo que responder a varios interrogantes que se formuló para comprobar si la segregación era inconstitucional, como por ejemplo, si la orden judicial que debía emitir debía ordenar que los niños afroamericanos "fueran inmediatamente admitidos en las escuelas de su propia elección; o si el juez, en el ejercicio de sus poderes para imponer la

---

630 Enmienda XIV.1 (1868): "Toda persona nacida o naturalizada en los Estados Unidos y sujeta a su jurisdicción, será ciudadana de los Estados Unidos y del estado en que resida. Ningún estado aprobará o hará cumplir ninguna ley que restrinja los privilegios o inmunidades de los ciudadanos de los Estados Unidos; ni ningún estado privará a persona alguna de su vida, de su libertad o de su propiedad, sin el debido procedimiento de ley, ni negará a nadie, dentro de su jurisdicción, la igual protección de las leyes."

631 *V.*, Laurence Claus & Richard S. Kay, "Constitutional Courts as Positive Legislators in the United States," en Allan R. Brewer-Carías, *Constitutional Courts as Positive legislators*, Cambridge University Press, New York, 2011 pp. 815 ss. Argumentan estos autores que eventualmente, "la ley de la libertad y de la igualdad en los Estados Unidos es ahora, en gran medida, y en última instancia, creada y formada por el Tribunal Supremo," en *Idem*.

igualdad, debía "permitir un ajuste gradual efectivo" para lograr sistemas unitarios.[632] Con el tiempo, dichas aproximaciones llevaron a la Corte Suprema en mayo de 1954, a declarar la segregación racial como incompatible con la Enmienda XIV, dictando en mayo de 1955 la sentencia definitiva del caso, dos años y medio después de haber oído los alegatos iniciales.[633]

El resultado del proceso fue un cambio radical en relación con el tema de la discriminación en el sistema educativo, lo que a la vez fue básicamente un cambio en el propio significado de la Enmienda XIV, con respecto a lo cual el *Chief Justice* Warren de la Corte Suprema argumentó en el caso, que:

> "Al abordar este problema no podemos retroceder a 1868 cuando se adoptó la Enmienda, o incluso a 1896, cuando el caso *Plessy v. Ferguson* fue escrito. Debemos tener en cuenta la educación pública a la luz de su pleno desarrollo y su actual lugar en la vida estadounidense en toda la Nación. Sólo de esta manera se puede determinar si la segregación en las escuelas públicas priva a estos demandantes de igualdad ante las leyes".

Esta afirmación llevó al propio Warren a concluir entonces,

> "Que en el ámbito de la educación pública la doctrina de "separados pero iguales" no tiene lugar. Instalaciones educativas separadas son inherentemente desiguales. Por lo tanto, sostenemos que los demandantes, y otros en situación similar a partir de quienes se han interpuesto las acciones, son por razón de la segregación por la cual interpusieron el reclamo, privados de la igualdad ante las leyes garantizada por la Enmienda Decimocuarta."[634]

Pero en contraste con la protección a sistema educativo basada en la aplicación del principio y derecho a la igualdad y no discriminación que resultó del caso *Brown v. Board of Education of Topeka,* el derecho a la educación en sí mismo, como antes se dijo, no ha sido considerado en los Estados Unidos como un derecho fundamental. Por ejemplo, en el caso *San Antonio Independent School District et al. v. Rodriguez et al.*, de 1973, decidió que la educación, si bien "es uno de los más importantes servicios prestados por el Estado" (como se declaró en *Brown v. Board of Education*), no está dentro de la limitada categoría de derechos reconocida por esta Corte como garantizada por la Constitución" Con base en ello, la Corte Suprema negó a dicho derecho la cualidad de "derecho fundamental", insistiendo que "la educación, no obstante su indiscutida importancia, no es un derecho al que se reconoce, explícita o implícitamente, protección por la constitución."[635]

Al resolver el caso, la Corte Suprema se refirió a otra decisión anterior emitida en el caso *Dandridge v. Williams*, 397 U.S. 471 (1970), donde tratando otras materias de asistencia social pública, sentenció que:

> "No es terreno de esta Corte el crear derechos constitucionales sustanciales a título de garantizar la igualdad de las leyes. De allí que la clave para descubrir

632 *Brown v. Bd. of Educ.*, 345 U.S. 972, 972 (1953). *V.*, en Laurence Claus & Richard S. Kay, *loc cit.*, *Idem.*

633 *Idem.*

634 *Idem.*

635 411 U.S. 1; 93 S. Ct. 1278; 36 L. Ed. 2d 16; (1973), del 21 de marzo de 1973. En *Idem.*

si la educación es "fundamental" no se encontrará en comparaciones sobre la significación social relativa de la educación, con la subsistencia o la vivienda. Ni tampoco se encontrará al sopesar si la educación es tan importante como el derecho a movilizarse. Más bien, la respuesta yace en determinar si existe un derecho a la educación, explícita o implícitamente, garantizado por la Constitución.[636]

En apoyo del antes mencionado caso *San Antonio Independent School District et al. v. Rodriguez et al.*, la Corte también se refirió a otro caso -*Lindsay v. Normet*, 405 U.S. 56 (1972)- dictado solo un año antes y en el cual reiteró "que la importancia social no es el determinante crítico para sujetar la legislación estadal a examen estricto," negando rango constitucional al derecho a tener una vivienda, disponiendo que sin denigrar de "la importancia de una vivienda decente, segura e higiénica," el hecho es que "la Constitución no dispone de medios judiciales para cada anomalía social o económica," siendo la materia de atribución legislativa y no judicial.[637]

Por consiguiente, el elemento clave para que los derechos humanos sean materia de protección constitucional - también en los Estados Unidos - es el rango o reconocimiento constitucional que tengan como derechos, independientemente de la posibilidad que sean además regulados por las leyes.

Esta es precisamente la situación general en América Latina, y en particular en la República Dominicana, donde como se dijo, la amplia declaración de derechos en la Constitución se acompaña con la regulación de la acción de amparo establecida específicamente para la protección de todos los derechos consagrados en la Constitución, independientemente de si además están regulados en las leyes.

2. *La protección constitucional de los derechos sociales mediante la interpretación constitucional y los casos de mutaciones constitucionales*

La protección de los derechos fundamentales, en particular de los derechos sociales es los países donde no existen declaraciones constitucionales de derechos muy explícitas, también ha sido objeto de protección mediante la labor del juez constitucional, a través de diversas técnicas de interpretación constitucional.

La más destacada de ellas es la de las mutaciones de la Constitución, que sin cambiar las palabras y frases del texto fundamental, le ha permitido al juez constitucional "deducir" o "descubrir" el reconocimiento de ciertos derechos fundamentales que no fueron expresamente incluidos en la declaración de la Constitución, ampliando así el alcance de sus disposiciones.[638] En este sentido, se puede decir que los Tribunales Constitucionales en materia de protección de los derechos fundamentales siempre han tenido una función adicional en comparación con el juez ordinario, que

---

636 En *Idem*

637 En *Idem*

638 Una mutación constitucional ocurre cuando se modifica el contenido de una norma constitucional de tal forma que aun cuando la misma conserva su contenido, recibe una significación diferente. *V.*, Salvador O. Nava Gomar, "Interpretación, mutación y reforma de la Constitución. Tres extractos," en Eduardo Ferrer Mac-Gregor (coordinador), *Interpretación Constitucional*, Tomo II, Ed. Porrúa, Universidad Nacional Autónoma de México, México 2005, pp. 804 ss. *V.*, en general sobre el tema, Konrad Hesse, "Límites a la mutación constitucional," en *Escritos de derecho constitucional*, Centro de Estudios Constitucionales, Madrid 1992.

ha sido básicamente la de defender la Constitución y, en particular, los valores que le sirven de fundamento en un momento dado, y entre ellos, por ejemplo, los derechos fundamentales y los valores del Estado de derecho y de la democracia que son los que justifican el empleo de estas técnicas de interpretación al ejercer el control de la constitucionalidad de las leyes.[639]

Es por esa razón que en materia de protección de los derechos fundamentales se considera como legítimo que los Tribunales Constitucionales, en su proceso de interpretación, tengan el deber de "adaptar" el texto de la Constitución, por ejemplo, a los valores presentes de la sociedad y de su sistema político, con el fin, precisamente, "de mantener viva la Constitución."[640] Con ese fin, sin duda, los Tribunales Constitucionales, debido al hecho de que la Constitución no puede ser considerada como un documento estático, en muchos casos han desarrollado una actividad creativa con el fin de permitir su aplicación actual y efectiva, aun cuando su texto, por ejemplo haya podido haber sido escrito en el siglo XIX, para otra sociedad y sistema político, adaptándola así mediante el control de la constitucionalidad, a la evolución de las necesidades sociales y de las instituciones contemporáneas.

Incluso, en Constituciones más recientes, con declaraciones importantes de derechos fundamentales, muchas veces los mismos no están expresados en términos claros, sino que a veces están escritos de manera sintética, o de manera vaga e imprecisa, en disposiciones que se expresan generalmente en términos ambiguos, llenos de declaraciones de principios como libertad, democracia, justicia, dignidad, igualdad, función social o interés público.[641] Esto implica que en esos casos, los jueces también tengan que asumir un papel activo al interpretar lo que se ha llamado como "ambigüedades preciosas"[642], o "generalidades majestuosas"[643] como las que a veces están en los textos constitucionales, incluso a veces expresadas en cláusulas programáticas.

En estos casos, ha sido el Juez Constitucional el llamado a darle contenido a las mismas, de manera de hacerlas operativas. Ello ocurrió, por ejemplo, en Polonia

---

639 Esto fue particularmente cierto, por ejemplo, en el proceso de transformación de los antiguos Estados Socialistas de Europa del Este, en los Estados democráticos que ahora existen, sometidos al Estado de Derecho. *V.*,, por ejemplo, Marek Safjan, "The Constitutional Court as Positive Legislator," en Allan R. Brewer-Carías, *Constitutional Courts as Positive legislators*, Cambridge University Press, New York, 2011, pp. 701 ss. En sentido similar ocurrió en Croacia y en Serbia. *V.*, en en Allan R. Brewer-Carías, *Constitutional Courts as Positive legislators, cit*, pp. 407 ss.; y 735 ss.

640 *V.*, Mauro Cappelletti, "El formidable problema del control judicial y la contribución del análisis comparado," en *Revista de Estudios Políticos*, 13, Madrid 1980, p. 78; "'The Mighty Problem' of Judicial Review and the Contribution of Comparative Analysis," en *Southern California Law Review*, 1980, p. 409.

641 *V.*, Mauro Cappelletti, "Nécessité et légitimité de la justice constitutionnelle" en Louis Favoreu (ed.), *Cours constitutionelles européenes et droit fundamentaux*, Paris 1982, p. 474.

642 S.M. Hufstedles ha escrito que "Si bien es cierto que la precisión tiene un lugar de honor en la redacción de una decisión gubernamental, es mortal cuando se refiere a una Constitución que quiere ser un cuerpo vivo." *V.*, S.M. Hufstedles, "In the Name of Justice", in *Stanford Lawyers*, 14, (1), 1979, p. 3-4 citado por Mauro Cappelletti, "Nécessité et légitimité de la justice constitutionnelle," en Louis Favoreu (ed.), *Cours constitutionnelles européennes et droit fondamentaux*, Paris 1982, p. 474. *V.*, además, L. Favoreu, *Le contrôle juridictionnel des lois et sa légitimité. Développements récents en Europe Occidentale*, Association Internationale des Sciences Juridiques, Colloque d'Uppsala 1984, (mineo), p. 32.

643 *V.*, *W. Va. State Bd. Of Educ. V. Barnette*, 319 U.S. 624, 639 (1943), en Laurence Claus & Richard S. Kay, en Allan R. Brewer-Carías, *Constitucional Courts as Positive Legislators, cit.*, pp. 815 ss.

particularmente durante el período de transformación del Estado autoritario socialista en un Estado democrático de derecho, respecto del amplio catálogo de normas generales establecidas en la Constitución relacionadas por ejemplo con los derechos sociales y económicos, y la definición del sistema económico que debía desarrollarse conforme a la regla de la "economía social de mercado" (artículo 20 de la Constitución), habiéndole correspondido concretizarlas a la Corte Constitucional. Como lo dijo Marek Safjan, para que las mismas no "permanecieran como pura ideología o como decoro constitucional, expresando las "ilusiones" de los autores de la Constitución," fue al Tribunal Constitucional al que le correspondió otorgar a las normas programáticas "un mínimo de contenido normativo," ejerciendo una influencia cada vez más fuerte en la dirección de la política de Estado,[644] para lo cual tuvo que llenar estos conceptos, identificando y determinando sus límites, utilizando para ello los valores superiores incluidos en la Constitución; agregando que:

> "Es característico de cada Constitución, emplear un gran número de "normas abiertas" con alcance normativo indefinido, que expresan valores jurídicos fundamentales, creando "la axiología de la Constitución;" por lo que la búsqueda de un contenido normativo escondido en las expresiones constitucionales generales indefinidas, al igual que la decodificación de otras normas - más precisas y concretas – que se deducen de ellas, estableciendo límites a la aplicación de las reglas y disponiendo una "jerarquía" especial entre las normas y valores en conflicto; está inscrito en la naturaleza de la interpretación de la Constitución y en relación con la esencia de la función de cada tribunal constitucional."[645].

De allí, por tanto, este mecanismo de la mutación de la Constitución basado en el principio de la progresividad y en el principio *pro homine* para la protección de los derechos fundamentales, particularmente los de orden social, que los Tribunales Constitucionales han desplegado en los años recientes.

Como otro ejemplo de un proceso de esta naturaleza se puede mencionar el caso de la India, donde la Corte Suprema ha introducido importantes cambios en la Constitución, particularmente ampliando el alcance de los derechos fundamentales, partiendo de lo establecido en el artículo 21 de la Constitución que regula el derecho a la vida, expresando que "Ninguna persona puede ser privada de su vida o su libertad personal, salvo de acuerdo con el procedimiento establecido por la ley." El Tribunal Supremo resolvió en 1970, revirtiendo una posición anterior, que la frase sobre "el procedimiento establecido por ley" contenido en la norma, significa un procedimiento que debía ser "correcto, justo y equitativo," dándose a sí mismo la autoridad para juzgar si el procedimiento establecido por el legislador se ajustaba a los principios

---

644 *V.*, en Marek Safjan, "The Constitutional Court as Positive Legislator," en Allan R. Brewer-Carías, *Constitucional Courts as Positive Legislators, cit.*, pp. 701 ss. *V.*, acerca de las decisiones que han establecido el contenido normativo positivo de las llamadas normas programáticas, por ejemplo, en relación con el Fondo Nacional de Salud del 07 de enero 2004 K14703,OTK ZU 2004/1A/1; con la protección de los consumidores (biocombustibles) del 21 de abril 2004 K33/03, OTK ZU 2004/4A/31; con la protección de los juicios de los inquilinos del 12 de enero 2001P11/98, OTK ZU2000/1/3, y del 19 de abril del 2005, K 4/05,OTK ZU 2005/4A/37; y de la economía social de mercado del 29 de enero 2007 P5/05,2007/1A/1. En *Idem*, pp. 701.

645 *Idem*.

de la justicia natural,[646] lo cual es especialmente notable porque la Asamblea Constituyente, después de un largo debate, había rechazado expresamente la previsión de la cláusula del debido proceso.[647]

Esta aproximación de la Corte Suprema de la India ha tenido gran importancia porque por ejemplo, basándose precisamente en la declaración constitucional del derecho a la vida contenida en dicha norma, la Corte lo ha interpretado para incluir materialmente todos los derechos sociales, como el derecho a la salud[648], el derecho a la subsistencia[649], el derecho a la educación gratuita y obligatoria hasta la edad de 14 años[650], el derecho al medio ambiente no contaminado[651] y al agua potable[652], el derecho a la vivienda[653], el derecho a la privacidad[654], el derecho a la asistencia jurídica[655], el derecho a un juicio rápido[656], y diversos derechos de personas condenadas o detenidas sometidas a juicio.[657] Esta extensión del significado de "vida" en tal declaración de derechos constitucionales, ha provocado, entre otras cosas, la posibilidad de conversión de lo que eran principios rectores de la política estatal no justiciables, en los derechos fundamentales. Como lo afirmó Surya Deva, el efecto de esta extensión judicial de los derechos fundamentales ha tenido una relación directa con el ámbito del poder de control de constitucionalidad: mientras más derechos fundamentales se reconozcan, más amplio será el alcance del poder de la revisión judicial.[658]

---

646 *V.*, el caso *Maneka Gandhi v Union of India* AIR 1879 SC 597. *V.*, en Surya Deva, "Constitucional Courts as Positive Legislators: The Indian Experience," en Allan R. Brewer-Carías, *Constitucional Courts as Positive Legislators, cit.*, pp. 587 ss.

647 *Idem.*

648 *V.*, *Parmanand Kataria v* Union of India AIR 1989 SC 2039; *Paschim Banga Khet Mazdoor Samity v State of West Bengal* (1996) 4 SCC 37, en *Idem.*

649 *V.*, *Olga Tellis v Bombay Municipal Corporation* AIR 1986 SC 180; *DTC Corporation v DTC Mazdoor Congress* AIR 1991 SC 101, en *Idem.*

650 *V.*, *Unni Krishnan v State of AP* (1993) 1 SCC 645, en *Idem.*

651 *V.*, for example, *Indian Council for Enviro Legal Action v Union of India* (1996) 3 SCC 212; *M C Mehta v Union of India* (1996) 6 SCC 750; *Vellore Citizens Welfare Forum v Union of India* (1996) 5 SCC 647; *Narmada Bachao Andolan v Union of India* (2000) 10 SCC 664, en *Idem.*

652 *V.*, *A P Pollution Control Board II v M V Nayudu* (2001) 2 SCC 62, en *Idem.*

653 *V.*, *Gauri Shankar v Union of India* (1994) 6 SCC 349, en *Idem.*

654 *V.*, *Kharak Singh v State of UP* AIR 1963 SC 1295; *Govind v State of MP* AIR 1975 SC 1378; *R Raj Gopal v State of Tamil Nadu* (1994) 6 SCC 632; *PUCL v Union of India* AIR 1997 SC 568; *'X' v Hospital Z* (1998) 8 SCC 296, en *Idem.*

655 *V.*, *M H Hoskot v State of Maharashtra* AIR 1978 SC 1548; *Hussainara Khatoon v State of Bihar* AIR 1979 SC 1369; *Khatri v State of Bihar* AIR 1981 SC 928; *Suk Das v Union Territory of Arunachal Pradesh* AIR 1986 SC 991, en *Idem.*

656 *V.*, *Hussainara Khatoon (I) to (VI) v Home Secretary, Bihar* (1980) 1 SCC 81; *Kadra Pahadiya v State of Bihar* AIR 1982 SC 1167; *Common Cause v Union of India* (1996) 4 SCC 33 y (1996) 6 SCC 775; *Rajdeo Sharma v State of Bihar* (1998) 7 SCC 507 y (1999) 7 SCC 604, en *Idem.*

657 *V.*, *Sunil Batra v Delhi Administration* AIR 1978 SC 1675; *Prem Shankar v Delhi Administration* AIR 1980 SC 1535; *Munna v State of UP* AIR 1982 SC 806; *Sheela Barse v Union of India* AIR 1986 SC 1773, en *Idem.*

658 En *Idem.*

III. LA PROTECCIÓN DE LOS DERECHOS SOCIALES MEDIANTE EL CONTROL DE LA CONSTITUCIONALIDAD DE LAS LEYES, LA SUPERACIÓN DEL BINOMIO: INCONSTITUCIONALIDAD / ANULACIÓN, Y LAS SENTENCIAS ADITIVAS

Pero la protección de los derechos fundamentales, y en particular, de los derechos sociales también, por supuesto se ha venido garantizando mediante los clásicos medios de control de constitucionalidad de las leyes, aun cuando no siempre obedeciendo al clásico binomio *inconstitucionalidad / nulidad,*[659] que tradicionalmente los caracterizó, el cual en muchos casos se ha superado.

En efecto, el método concentrado de control de constitucionalidad de las leyes tradicionalmente se consideró como un mecanismo que ponía en juego la potestad del juez constitucional de someter las leyes a escrutinio constitucional, y en caso de encontrar que sus disposiciones eran inconstitucionales, para proceder a declarar su nulidad, eliminando la norma del ordenamiento jurídico. El método fue así concebido conforme al binomio: inconstitucionalidad / nulidad, de manera que la protección constitucional a los derechos fundamentales en este esquema provenía de la anulación de la ley considerada inconstitucional. Era la aproximación del "Legislador negativo" que Hans Kelsen había expresado a comienzos del siglo pasado.[660]

Este binomio, sin embargo, ha venido siendo superado en el constitucionalismo contemporáneo, y en muchos casos, el Juez Constitucional a pesar de que considera que una ley impugnada es inconstitucional, sin embargo no la anula, y en algunos casos, más bien procede a interpretarla conforme a la Constitución, dictando sentencias que agregan a la norma impugnada lo que le faltaba para estar ajustada a la Constitución.

En otros casos, el Juez Constitucional rompiendo también el binomio antes mencionado, cuando al ejercer el control de la constitucionalidad de las leyes, las declara como inconstitucionales pero sin anularlas, la interpreta fijándole al Legislador directrices para que proceda a adaptarlas a la Constitución.

En otros casos, en fin, el Juez Constitucional, si bien anula la ley que considera inconstitucional, además eliminarla del ordenamiento jurídico ha venido ejerciendo potestades adicionales para asegurar la protección de los derechos fundamentales, dándole instrucciones al legislador para que adecúe la legislación a lo decidido en la sentencia; y en otros casos, incluso, ha procedido a establecer en la propia sentencia de anulación una especie de "legislación provisional" aplicable mientras el Legislador emite la normativa correspondiente.

Durante las últimas décadas, y debido al creciente papel de los Tribunales Constitucionales, no sólo como garantes de la supremacía de la Constitución, sino como sus intérpretes supremos de la misma mediante decisiones con efectos vinculantes con respecto de los tribunales, los funcionarios públicos y los ciudadanos, superado el binomio *inconstitucionalidad / nulidad,* han venido ampliado progresivamente su

659 *V.,* F. Fernández Segado, "El Tribunal Constitucional como Legislador Positivo," Ponencia española al XVIII Congreso Internacional de Derecho Comparado, Washington, 2014, (mimeo), pp. 8 ss.

660 *V.,* Hans Kelsen, "La garantie jurisdictionelle de la constituion (La justice constitutionelle), en *Revue de droit public en France et à l'étranger*, Librairie Générale de Droit et de Jurisrudence, Paris 1928, p. 197-257.

rol, y en particular para la protección de los derechos fundamentales, han venido asumiendo un papel más activo interpretando la Constitución y las leyes con el fin, no sólo anularlas o desaplicarlas cuando sean consideradas inconstitucionales, sino para preservarlas, interpretándolas en armonía con la Constitución.

Esto ha hecho que los Tribunales Constitucionales consideren, que cuando una ley se pueda interpretar de acuerdo o en contra de la Constitución, debe hacerse todo lo posible para preservar su validez, optando por interpretarla de conformidad o en armonía con la Constitución, rechazando las interpretaciones que puedan dar lugar a una declaración de inconstitucionalidad de la ley. Este ha sido un principio clásico de la doctrina judicial de la Corte Suprema de Estados Unidos, formulado por el juez Brandeis en el sentido que:

> "Cuando la validez de una ley del Congreso es cuestionada, e incluso, cuando se planteen serias dudas sobre su constitucionalidad, es un principio fundamental el que esta Corte primero compruebe si una interpretación de la ley es relativamente posible para que su cuestionamiento pueda evitarse".[661]

Este enfoque del control de constitucionalidad, seguido en casi todos los países en el mundo contemporáneo, responde al principio de conservación o preservación de la legislación (norma de conservación) cuando es emitida por los cuerpos representativos electos del Estado, cuyos actos legislativos están cubiertos por su presunción de constitucionalidad,[662] lo que ha dado lugar no sólo a presumir pura y simplemente la validez de la legislación hasta que se adopte una decisión en contrario, sino la adopción por los tribunales constitucionales de decisiones de preservación de la norma interpretándola de acuerdo a la Constitución. Esto ha dado origen a la emisión por los mismos de las llamadas "sentencias interpretativas," definidas por el Tribunal Constitucional de España, como las que rechazan una acción de inconstitucionalidad, declarando por tanto la constitucionalidad de la disposición legal impugnada, siempre y cuando sea interpretada en el sentido que el Tribunal Constitucional lo considere de acuerdo con la Constitución, o no sea interpretada en el sentido que se considere no conforme con la misma.[663]

Se trata, en definitiva, de una técnica de control de constitucionalidad que no invade las atribuciones del legislador, sino más bien lo ayudan a los efectos de preservar sus actos normativos, e incluso, evitar que se produzcan lagunas legislativas in-

---

661 *V.*, el caso *Ashwander v. TVA*, 297 EE.UU. 288, 346-48 (1936). El principio fue formulado por primera vez *en Crowell v. Benson, 285* de Estados Unidos 22, 62 (1932). *V.*, "Notes. Supreme Court Interpretation of Statutes to avoid constitutional decisions," *Columbia Law Review*, vol. 53, Nº 5, Nueva York, May 1953, pp. 633-651.

662 Esta presunción implica: 1) La protección de los leyes, así como de las funciones del legislador y su independencia; 2) En caso de duda, la inconstitucionalidad debe ser rechazada: 3) Si existen dos criterios sobre la interpretación de una ley, el que está en armonía con la Constitución debe ser escogido 4) Cuando hay dos interpretaciones, una contraria a la Constitución y la otra de acuerdo a ella, ésta debe escogerse. *V.*, Iván Escobar Forns, Las Sentencias Constitucionales y Sus Efectos en Nicaragua", en *Anuario Iberoamericano de Justicia Constitucional*, Centro de Estudios Políticos y Constitucionales, Nº 12, 2008, Madrid 2008, pp. 105-106. *V.*, también I. Härtrel, "Constitucional Courts as Positive Legislators," en Allan R. Brewer-Carías, *Constitucional Courts as Positive Legislators, cit.*, pp. 497 ss

663 *V.*, la decisión STC 5/1981 del 13 de febrero, FJ 6 *V.*, en Francisco Javier Días Revorio, *Las Sentencias interpretativas del Tribunal Constitucional*, Lex Nova, Valladolid 2001, p. 67; y en José Julio Fernández Rodríguez, *La justicia constitucional europea ante el Siglo XXI*, Tecnos, Madrid 2007, p. 129.

necesarias derivadas de la declaración de la nulidad de las leyes[664]. En estos casos, los tribunales constitucionales se presentan como instituciones constitucionales en funciones de asistir y cooperar con el legislador en sus funciones legislativas, pero que no pueden asumir el rol de legisladores, por lo que como lo resumió el Tribunal Constitucional español en sentencia STC 235/2007 de 7 de noviembre de 2007, en estas decisiones interpretativas, primero, el Tribunal no puede ignorar o configurar un texto legal claro, ni reconstruir disposiciones contra su sentido evidente para concluir que esa reconstrucción sea la norma constitucional; segundo, la interpretación conforme no puede ser *contra legem*, pues lo contrario implicaría desfigurar y manipular las disposiciones legales; y tercero, el tribunal constitucional no puede reconstruir una norma explícita en su provisión legal y, en consecuencia, no puede crear una nueva norma y asumir "la función de Legislador Positivo que institucionalmente no tiene."[665]

Este rol de interpretación de la ley en armonía con la Constitución también lo han asumido los jueces constitucionales, no sólo al preservar la norma impugnada, sino incluso para declarar su inconstitucionalidad, pero sin anularla, llenando mediante "sentencias aditivas" el vacío que podría dejar, complementando así la función legislativa del Legislador, algunas veces estableciendo reglas provisionales mientras se dicta la nueva legislación, y otras creando nuevas normas legislativas, añadiendo a la impugnada lo que se considera que carece, para que esté en armonía con la Constitución.

Este tipo de sentencias aditivas y otras veces sustitutivas derivadas de la aceptación de inconstitucionalidad alegada, como lo ha explicado Gianpaolo Parodi, a pesar de dejar el texto de la disposición declarada inconstitucional inalterada, transforman su significado normativo, a veces reduciendo, en otras extendiendo el ámbito de aplicación, introduciendo incluso, especialmente en el segundo caso, una nueva norma en el ordenamiento jurídico, o "creando" nuevas normas.[666] En estos casos también se habla de "manipulativas," mediante las cuales la Corte Constitucional lo que hace es alterar o manipular el significado prima facie de la disposición impugnada, la cual sin embargo, en el plano textual permanece inalterada.[667]

El resultado final de estas sentencias, dictadas con frecuencia para garantizar el derecho a la igualdad y a la no discriminación[668], es que con el tiempo transforman

---

664 *V.*, esta afirmación respecto a las práctica judicial italiana y Español en Francisco Javier Días Revorio, *Las sentencias interpretativas del Tribunal Constitucional,* Lex Nova, Valladolid 2001, p. 92; F. Fernández Segado, "El Tribunal Constitucional como Legislador Positivo," Ponencia española.., *cit.*, p. 5.

665 *V.*, Francisco Fernández Segado, "El Tribunal Constitucional como Legislador Positivo," Ponencia española.., *cit.*, p. 34.

666 *V.*, Gianpaolo Parodi, "The Italian Constitucional Court as Positive Legislator,": en Allan R. Brewer-Carías, *Constitucional Courts as Positive Legislators, cit.*, pp. 603 ss.

667 *Idem.*

668 *V.*, Francisco Javier Díaz Revorio, *Las sentencias interpretativas del Tribunal Constitucional,* Lex Nova, Valladolid 2001, pp. 183, 186, 203, 204, 274, 299, 300; José Julio Fernández Rodríguez, *La inconstitucionalidad por omisión. Teoría general. Derecho comparado. El caso español, Civitas*, Madrid, 1998, pp. 232 ff.; Joaquin Brage Camazano, "Interpretación constitucional, declaraciones de inconstitutionalidad y arsenal sentenciador (Un suscinto inventario de algunas sentencias "atípicas"),"in Eduardo Ferrer Mac Gregor (Coord.), *Interpetación Constituticonal*, Porrúa, Tomo I, México 2005, pp. 192 ss.; Joaquim

una disposición inconstitucional en una constitucional "añadiendo" a la norma lo que la falta, o incluso "sustituyendo" algo en la disposición. En otras palabras, a través de ellas, sin afectar la disposición impugnada, producen el efecto de extender o ampliar su contenido normativo, estableciendo que dicho contenido debe incluir algo que no está establecido expresamente en su texto[669]. Aunque estas decisiones, en cierto modo, cambian el alcance de las normas legislativas, independientemente de cualquier modificación de la redacción de dichas normas. Como lo ha indicado Joaquim de Sousa Ribeiro, "El fallo del Tribunal no pone una norma *ex nihilo*. Esas decisiones sólo formulan una solución impuesta por las disposiciones y principios de la Constitución mediante la extensión de una norma ya elegida por el legislador.[670]"

Por supuesto, estas sentencias aditivas como lo ha expresado el Tribunal Constitucional italiano, no puede implicar una valoración discrecional respecto a la disposición impugnada, en el sentido de que el Tribunal Constitucional no puede intervenir en casos en los cuales de lo que se trata es de elegir entre una pluralidad de soluciones, todas admisibles, en cuyo caso la decisión discrecional sólo podría corresponder al legislador[671]. Además, dichas sentencias, por ejemplo, no ueden dictarse cuando se trate de materias que son de absoluta reserva legal, es decir que solo se pueden regular, exclusivamente por el Legislador, como son las cuestiones de orden penal.[672]

Estas sentencias aditivas han sido en todo caso frecuentes en materia de derechos sociales, particularmente relacionados con la seguridad social, y derivados de la garantía de igualdad y discriminación. Un ejemplo en España es la sentencia del Tribunal Constitucional emitida en 1993 con respecto al beneficio de las pensiones de la seguridad social otorgadas a las "hijas y hermanas" del titular de la pensión de jubilación, que el Tribunal consideró inconstitucional por ser contrario a la garantía constitucional de la igualdad, al excluir del beneficio a los "hijos y hermanos" del titular de la pensión de jubilación, resultando de la sentencia la extensión de los beneficios también a estos último[673].

---

de Sousa Ribeiro and Esperança Mealha, "Constitucional Courts as Positive Legislators," en Allan R. Brewer-Carías, *Constitucional Courts as Positive Legislators, cit.*, pp. 721 ss.

669 *V.*, Francisco Javier Díaz Revorio, *Las sentencias interpretativas del Tribunal Constitucional,* Lex Nova, Valladolid 2001, pp. 28, 32, 33, 45, 97,146, 165, 167, 292.

670 *V.*, Joaquim de Sousa Ribeiro and Esperança Mealha, "Constitucional Courts as Positive Legislators," en Allan R. Brewer-Carías, *Constitucional Courts as Positive Legislators, cit.*, pp. 721 ss.

671 *V.*, Decisiones Nº 109 del 22 de Abril de 1986, y Nº 125 del 27 de enero de 1988, en Francisco Javier Díaz Revorio, *Las sentencias interpretativas del Tribunal Constitucional,* Lex Nova, Valladolid 2001, p. 273, nota 142; Francisco Fernández Segado, "Algunas reflexiones generales en torno a los efectos de las sentencias de inconstitucionalidad y a la relatividad de ciertas fórmulas estereotipadas vinculadas a ellas," en *Anuario Iberoamericano de Justicia Constitucional*, Centro de Estudios Políticos y Constitucionales, Nº 12, 2008, Madrid 2008, p. 164-165.

672 *V.*, Patricia Popelier, "The Belgian Constitutional Court as Positive Legislator: In Search of a Balance Between Rights Protection and Respect for Acts od Paliament," en Allan R. Brewer-Carías, *Constitucional Courts as Positive Legislators, cit.*, pp. 265 ss.; Iván Escobar Forns, "Las sentencias constitucionales y sus efectos en Nicaragua," en *Anuario Iberoamericano de Justicia Constitucional*, Centro de Estudios Políticos y Constitucionales, Nº 12, 2008, Madrid 2008, pp. 110.

673 *V.*, Decisión STC 3/1993, del 14 de enero de 1993, en Francisco Javier Díaz Revorio, *Las sentencias interpretativas del Tribunal Constitucional,* Lex Nova, Valladolid 2001, pp. 177, 274; F. Fernández Segado, "El Tribunal Constitucional como Legislador Positivo," Ponencia española.., *cit.*, p 42.

En el mismo sentido, se puede mencionar una decisión que el Tribunal Constitucional español de 1992 con respecto a la Ley Arrendamientos Urbanos, cuyo artículo 58,1 estableció que a la muerte del inquilino, su cónyuge podría subrogarse en sus derechos y deberes. El Tribunal consideró que la ausencia en la disposición de cualquier referencia a los que viven *more uxorio* de manera marital y estable con el arrendatario fallecido, era contraria al derecho de igualdad, y por lo tanto inconstitucional; lo que dio lugar a que la disposición también debía aplicarse a ellos[674]. En relación con estos casos, Francisco Fernández Segado, llegó a considerar al Tribunal Constitucional español como un "real legislador positivo."[675]

En Portugal, en un sentido similar, las sentencias aditivas han sido emitidas por el Tribunal Constitucional en la aplicación del principio de igualdad en materia de beneficios o protección de la seguridad social, en el sentido de que si una norma otorga beneficios a determinados grupos de personas, excluyendo u omitiendo a otros en violación de la cláusula de igual protección, esta exclusión u omisión se ha considerado inconstitucional. Con ello, el Tribunal ha permitido una solución igualitaria para el grupo excluido, como lo ha señalado Sousa Ribeiro al referirse a la Sentencia Nº 449/87 de 1987, con la cual el Tribunal declaró inconstitucional una norma que establecía diferentes indemnizaciones para el viudo y para la viuda, en caso de muerte causada por accidente de trabajo; indicando que la única solución que cumplía con la Constitución era la que concediera el mismo trato a ambos, manifestando que el beneficio concedido a la viuda debía extenderse al viudo.

Además, en la Sentencia Nº 359/91 de 1991, el Tribunal Constitucional consideró y resolvió una acción de inconstitucionalidad formulada por el Ombudsman contra las normas del Código Civil en relación con la transmisión de la posición del arrendatario en caso de divorcio, cuando se interpretaban como no aplicables a las *uniones de hecho*, incluso si la pareja en cuestión tenía hijos menores de edad. El Tribunal así, efectuó el control de la inconstitucionalidad por omisión, estableciendo en una declaración vinculante que esas normas debían aplicarse también, con las adaptaciones necesarias, a las *uniones de hecho* de parejas con hijos menores de edad. Como resultado de la decisión de la Corte dichas normas del Código Civil en lo sucesivo se entendieron como incluyendo este tipo de *uniones de hecho*[676]. Según Sousa Ribeiro, estas decisiones pueden considerarse como decisiones aditivas, ya que su aplicación cambió el alcance de las normas legislativas, independientemente de cualquier modificación en la redacción de dichas normas.[677]

También en Grecia, con respecto a las violaciones del principio constitucional de igualdad por la exclusión inconstitucional de personas o grupos de un beneficio del Estado, o por el tratamiento preferencial de una persona o grupo a expensas de otro, los tribunales civiles, ejerciendo el método difuso de control de constitucionalidad,

---

674 *V.*, Decisión STC 222/1992, del 11 de diciembre de, 1992, en Francisco Javier Díaz Revorio, *Las sentencias interpretativas del Tribunal Constitucional,* Lex Nova, Valladolid 2001, pp. 181, 182, 275; F. Fernández Segado, "El Tribunal Constitucional como Legislador Positivo," Ponencia española.., *cit.*, p. 41.

675 *V.*, F. Fernández Segado, "El Tribunal Constitucional como Legislador Positivo," Ponencia española.., *cit.*, p. 48.

676 *V.*, Joaquim de Sousa Ribeiro and Esperança Mealha, "Constitucional Courts as Positive Legislators," en Allan R. Brewer-Carías, *Constitucional Courts as Positive Legislators, cit.*, pp. 721.

677 *Idem*, pp. 721.

han extendido regularmente un régimen preferencial previsto en una legislación considerada inconstitucional para remediar la violación del principio de igualdad - sin importar si la legislación discriminatoria otorgaba un trato preferencial como regla general o excepcional[678]. Esto ocurrió, por ejemplo, con la sentencia del Consejo de Estado extendiendo el tratamiento preferencial en casos de discriminación de género establecida en la legislación de seguridad social[679]. Por consiguiente, como afirma Julia Iliopoulos-Strangas y Stylianos-Ioannis G. Koutná, "en la ampliación de la aplicabilidad de legislación discriminatoria y por lo tanto inconstitucional, los tribunales griegos ejercen el poder legislativo en un sentido positivo[680]."

De manera similar, en Sudáfrica, la Corte Constitucional, en relación con una ley de 1991 (reformada en 1996) que asigna al cónyuge de un extranjero en condición de residente permanente en el país el derecho a obtener automáticamente un permiso de residencia, la consideró discriminatoria e inconstitucional por no incluir a los extranjeros que se encontraban en una relación homosexual. Para ello, el Tribunal, complementó el texto incluyendo después de la palabra "cónyuge", la frase "o pareja del mismo sexo en una situación estable." [681]

En Canadá también es posible encontrar similares decisiones aditivas de control de constitucionalidad, también en materia de derecho de familia y con respecto al derecho de igualdad, basadas en los valores constitucionales, en las cuales el Tribunal ha interpretado o agregado palabras a la legislación para remediar un defecto constitucional. Un importante ejemplo de estas decisiones fue la emitida por el Tribunal Supremo en el caso *Vriend v. Alberta*, en el cual el Tribunal, aun considerando el Código de Derechos Humanos de Alberta como inconstitucional porque violaba los derechos de igualdad por no proteger a homosexuales y lesbianas ante la discriminación, el Tribunal decidió añadir o interpretar la disposición impugnada, al incluir la orientación sexual en los motivos prohibidos de discriminación, en lugar de anular toda la legislación[682]. Un uso similar de ejercicio de este poder de control fue la decisión de la Corte de Apelaciones de Ontario, de anular la definición del matrimonio como la unión entre un hombre y una mujer, sustituyéndola por un concepto neutro de género de una unión entre personas, para permitir así matrimonios del mismo sexo, considerando que las opiniones religiosas sobre el matrimonio no podían justificar la exclusión de las parejas del mismo sexo de la institución del matrimonio civil.[683] Aunque dichos recursos no se han utilizado en forma rutinaria para

---

678 *V.*, caso, *Juicio Areios Pagos* nos. 3/1990, Nov 1990, 1313 (1314); 7/1995 (Plenaria), *EErgD* 1996, 494 (495); 1578/2008, *EErgD* 2009, 180 ff., en Julia Iliopoulos-Strangas and Stylianos-Ioannis G. Koutna, "Constitutional Cours as Poaitive Legislators" en Allan R. Brewer-Carías, *Constitucional Courts as Positive Legislators, cit.*, pp. 539 ss., nota 140.

679 *V.*, juicios del Consejo de Estado nos. 1467/2004 (Plenaria), *Arm* 2004, 1049 (1050); 3088/2007 (Full Bench), *DtA* 2009, 540 (541), 2180/2004 (Plenaria), *NoV* 2005, 173 (174-175), en *Idem*, nota 148.

680 *Idem*.

681 *V.*, en Iván Escobar Fornos, "Las sentencias constitucionales y sus efectos en Nicaragua," en *Anuario Iberoamericano de Justicia Constitucional*, Centro de Estudios Políticos y Constitucionales, Nº 12, 2008, Madrid 2008, pp. 111-112.

682 *V.*, *Vriend v. Alberta* [1998] 1 S.C.R. 493. See in Kent Roach, "The Canadian Constitutional Court as Positive legislator," en Allan R. Brewer-Carías, *Constitucional Courts as Positive Legislators, cit.*, pp. 315 ss., notas 5 y 27.

683 *V.*, *Halpern v. Ontario* (2003) 65 O.R. (3d) 161 (C.A.), en *Idem*. pp. 315 ss. notas 6 y 29.

resolver las cuestiones constitucionales, según Kent Roach, ello "equivale a modificaciones judiciales o adiciones a la legislación[684]."

Se destaca igualmente en esta materia, la decisión de la Corte Constitucional de Colombia al equiparar las parejas heterosexuales y homosexuales en materia de seguridad social para evitar el tratamiento jurídico diferenciado al considerar que no tenía fundamentado en alguna desigualdad que fuera constitucionalmente admisible.[685]

En materia de seguridad social, el Tribunal Constitucional de Croacia también ha desarrollado este tipo de decisiones aditivas, como sucedió, por ejemplo, en el caso de la anulación, en 1998, de algunas disposiciones de la Ley de Ajuste de las Pensiones, en el cual la Corte consideró inconstitucional el hecho de que desde 1993, el Gobierno hubiera dejado de ajustar las pensiones de acuerdo con el aumento en la tasa de inflación y el costo de vida, a pesar de que había continuado haciéndolo con los salarios. El resultado fue que durante cuatro años (1993-1997) los salarios aumentaron dos veces más que las pensiones (la pensión promedio era la mitad del salario promedio), lo que significó que el nivel de vida de los jubilados era la mitad del estándar de vida de la población trabajadora con ingresos promedio. Por lo tanto, el Tribunal Constitucional consideró que esta política había cambiado "el status social de los jubilados hasta el punto de haber creado una desigualdad social de los ciudadanos", y que las disposiciones impugnadas "contravenían las disposiciones constitucionales básicas del artículo 3 de la Constitución de la República de Croacia, que garantiza la igualdad, la justicia social, y el estado de derecho; y con el artículo 5 de la Constitución, que establece que las leyes deben estar en conformidad con la Constitución"[686]. "Como consecuencia de la decisión de la Corte, los jubilados debieron recibir las pensiones pendientes de pago para el período de 1993 a 1997, y seis años más tarde el Parlamento de Croacia sancionó una Ley de aplicación de la decisión del Tribunal Constitucional de fecha 12 de mayo de 1998.[687]

Una decisión de similar orden se puede encontrar también en los Países Bajos aun cuando en relación con el control de la "convencionalidad" de las leyes. El Tribunal Supremo dictaminó en 1980, en el *Caso del Niño Ilegítimo*, que el artículo 959 del Código de Procedimiento Civil debía interpretarse a la luz de los artículos 8 y 14 de la Convención Europea de Derechos Humanos, con el fin de ignorar la diferencia establecida en el trato procesal entre casos relativos a la custodia de los hijos legítimos e ilegítimos, permitiendo entonces a los familiares de un huérfano ilegítimo poder apelar la decisión del juez de local de custodia, que el Código de Procedi-

---

684 *Idem*. pp. 315 ss.

685 *V.*, las sentencias C-811 de 2007, C-075 de 2007 y C-029 de 2009, en Juan Carlos Henao, Estado Social y Derecho Administrativo,", en Alberto Montana Plata y Andrés Fernando Ospina Garzón, *La constitucionalización del derecho administrativo. XV Jornadas Internacionales de Derecho Administrativo*, Universidad externado de Colombia, Bogotá 2014, p. 165.

686 *V.*, sentencia N° U-I-283/1997. De 12 de mayo de 1998, en Sanja Barić and Petar Bačić, "Constitutional Courts as Positive Legislators," en Allan R. Brewer-Carías, *Constitucional Courts as Positive Legislators, cit.*, pp. 407 ss.

687 *V.*, sentencia sobre la Promulgación de la Ley sobre la aplicación de la sentencia de la Corte Constitucional fechada 12 de mayo de 1998, *Gazeta Oficil*, *Narodne novine*, N° 105/2004, en *Idem*, pp. 407 ss., nota 30.

miento Civil sólo concedía a familiares reconocidos legalmente.[688] Con base en la interpretación ya adoptada por el Tribunal Europeo de Derechos Humanos en relación con la Convención, la Corte Suprema aceptó el derecho de apelación por parte de los familiares de los hijos ilegítimos.

El mismo enfoque fue seguido en 1982 con respecto al *caso del Veto de los padres sobre el Matrimonio de menores de edad*, en el que la Corte Suprema introdujo de oficio el deber de los padres de justificar su decisión de no permitir que sus hijos menores de edad contrajeran matrimonio.[689] En consecuencia, cuando la negación de consentimiento fuera evidentemente irrazonable, los tribunales podían entonces sustituir el permiso de los padres, ignorando lo dispuesto en el artículo 1:36 (2) del Código Civil que prohibía a los tribunales permitir un matrimonio cuando uno de los padres se opusiera. Esta sentencia estaba respaldada por varias decisiones de la Comisión Europea de Derechos Humanos[690], lo que condujo a la adopción de un posición más moderada en materia de "control de convencionalidad", reconociendo el Tribunal que no estaba facultado para desaplicar las disposiciones nacionales consideradas incompatibles con la Convención basándose solo sobre en su propia interpretación de la misma, sino cuando se tratase de una interpretación predominante adoptada por el Tribunal Europeo. [691]

También relacionado con el derecho de familia, en los Países Bajos, la Corte Suprema, en cierta manera, ha desarrollado su propio poder de regular algunas materias legislativas mediante el ejercicio de su facultad de control judicial de la "convencionalidad" de leyes. En los *Spring Cases,*[692] por ejemplo, el Tribunal consideró que las disposiciones de la legislación holandesa, según la cual, cuando un niño naciera de padres que no estaban ni habían estado casados, ni tenían ninguna intención de hacerlo en un futuro próximo, esos padres no podían ejercer patria potestad alguna, pudiendo sólo obtener custodia compartida; violaba los artículos 8 y 14 de la Convención Europea. A partir de esa decisión, el Tribunal de Justicia anuló ciertas disposiciones del Código Civil e interpretó otras para que pudieran ser entendidas en forma compatible con la Convención, terminando por regular las condiciones en las cuales una solicitud de autoridad parental conjunta podía ser otorgada por los tribunales. En el caso, el Tribunal dedicó una página entera de la sentencia del caso para describir estas condiciones, proporcionando a los tribunales inferiores una especie de "manual" de cómo decidir en este tipo de casos difíciles.[693]

En América Latina, un caso típico de decisiones aditivas en el sentido de "sustitución", se puede encontrar en el Perú, en una decisión adoptada por el Tribunal

---

688 *V.*, la sentencia de la Corte Suprema del 18 de enero de 1980, *NJ* 1980/463 (*Hijo Ilegítimo*) en J. Uzman, T. Barkhuysen & M.L. van Emmerik, "The Dutch Supreme Court: A Reluctant Positive Legislator?," en Allan R. Brewer-Carías, *Constitucional Courts as Positive Legislators, cit.*, pp. 645 ss., Nota 37.

689 *V.*, la sentencia de la Corte Suprema de 04 de junio 1982, *NJ* 1983/32 (*Veto Parental sobre el Matrimonio de Menores de Edad)*, en *Idem*, pp. 645 ss., Nota 39.

690 *Idem*, pp. 645 ss.

691 *V.*, Sentencia de la Corte Suprema de 19 de octubre 1990, *NJ* 1992/129 (*Matrimonio Homosexual*); Sentencia del Tribunal Supremo del 10 de agosto 2001, *NJ* 2002/278 (*Deber de Apoyo*), en *Idem*, pp. 645 ss. nota 46.

692 *V.*, Joint Supreme Court decisions of 21 March 1986, *NJ* 1986/585-588 (*Spring decisions*), en *Idem*, pp. 645 ss., nota 43.

693 *Idem*.

Constitucional en 1997 en relación con el artículo 337 del Código Civil, en el cual en las demandas de divorcio basadas en la causal de sevicia, el Tribunal entendió que el término "*sevicia*" [crueldad extrema] "debía ser sustituido por la frase 'violencia física y fisiológica, es decir, no solo se referida a la crueldad física.'"[694]. Igualmente, la Sala Constitucional del Tribunal Supremo de Costa Rica ha aplicado la técnica de las decisiones aditivas en asuntos de ciudadanía, interpretando que cuando el artículo 14.4 de la Constitución establece, en relación con mujeres extranjeras que cuando se casan con costarricenses son costarricenses por naturalización si perdían su nacionalidad, la palabra "mujer" debía leerse como "persona" con el fin de incluir también a los hombres, superando así la discriminación legal por razones de género que de otra manera existiría con respecto a los hombres extranjeros casados con una mujer costarricense.[695]

En muchos países, sin embargo, estas decisiones han sido consideradas como invasivas en relación con las atribuciones legislativas porque a través de ellos el Tribunal Constitucional, mediante interpretación, procede a suplantar al legislador, afectando al sistema de separación de poderes. También se han considerado que mediante decisiones judiciales que no anulan la disposición impugnada sino que interpretándola agregan un *quid novi* que transforma lo negativo en positivo, el Tribunal se convierte, en sí mismo, de un juez de la constitucionalidad de las leyes, en un "limpiador" constitucional de las mismas, invadiendo en consecuencia la esfera de otros poderes y añadiendo normas legislativas, como "legislación positiva." [696]

IV. LA PROTECCIÓN CONSTITUCIONAL DE LOS DERECHOS SOCIALES MEDIANTE EL EJERCICIO DEL CONTROL DE CONSTITUCIONALIDAD DE LAS OMISIONES LEGISLATIVAS, EMITIENDO INSTRUCCIONES Y DIRECTRICES AL LEGISLADOR

Como normalmente ocurre en los países que disponen de un sistema de control difuso de la constitucionalidad donde los tribunales tienen poder para declarar la inconstitucionalidad de las mismas, pero sin poder anularlas, en los países con un sistema concentrado de control de constitucionalidad, los Tribunales Constitucionales a pesar de tener el poder de anular las disposiciones legales inconstitucionales, también han utilizado la técnica de declarar la inconstitucionalidad o invalidez de las mismas pero sin anularlas, para en esa forma asegurar la protección de los derechos fundamentales, particularmente en casos de omisiones legislativas, lo que se ha manifestado particularmente cuando ha estado involucrado el derecho a la igualdad y la no discriminación.[697]

---

694 *V.*, sentencia de 29 de abril de 1997 (Exp. Nº 0018-1996-1-TC), en Fernán Altuve Febres, "El Juez constitucional como legislador positivo en el Perú," Ponencia peruana al XVIII Congreso Internacional de Derecho Comparado, Washington 2010, (Mimeo), pp. 14-15.

695 *V.*, Voto 3435-92, en Rubén Hernández Valle, "The Normative Resolutions of the Constitutional Court," en Allan R. Brewer-Carías, *Constitucional Courts as Positive Legislators, cit.*, pp. 389 ss.

696 *V.*, las opiniones de M.A. García Martínez, F. Rubio LLorente, G. Silvestri, T. Ancora, G. Zagrebelsky, en Francisco Javier Días Revorio, *Las sentencias interpretativas del Tribunal Constitucional,* Lex Nova, Valladolid 2001, p. 254, nota a pie de página 70-76.

697 *V.*, F. Fernández Segado, F. Fernández Segado, "El Tribunal Constitucional como Legislador Positivo," Ponencia española.., *cit.*, pp. 9, 25, 39-42; P. Popelier ha señalado que en Bélgica, "el principio de igualdad y no discriminación constituye la norma de referencia en más del 85% de las decisiones adoptadas

Se trata, en estos casos, del ejercicio del control de constitucionalidad de las leyes, particularmente cuando contienen una regulación pobre, deficiente o inadecuada de acuerdo con las disposiciones constitucionales,[698] que es lo que se considera violatorio de derechos fundamentales, conduciendo al juez constitucional a declarar la inconstitucionalidad de la deficiente regulación, y sin anularla, para no crear un vacío legislativo ni usurpar las funciones de legislador,[699] se limita en unos casos, a exhortar al Legislador que produzca la legislación necesaria[700], y en otros, a formularle directrices, orientaciones, recomendaciones o instrucciones, e incluso órdenes, para orientar su actividad futuras,[701] y buscar que actúe en conformidad con la Constitución.[702] En estos casos, el juez constitucional ha desarrollado un papel de asistencia y de colaborador con el Legislador, con instrucciones u órdenes en algunos casos no vinculantes y en otros de carácter vinculante.

1. *El control de la constitucionalidad por omisión y las instrucciones o directrices no vinculantes dirigidas del juez constitucional al Legislador.*

Esta técnica de control de constitucionalidad de las leyes en países con un sistema de control concentrado de la constitucionalidad de las leyes, que se manifiesta en la posibilidad de que los tribunales constitucionales declaren la inconstitucionalidad de una norma sin decidir su nulidad, incluso ha sido establecida expresamente en la legislación que regula las funciones del Tribunal Constitucional, como es el caso de Alemania, donde en la reforma de la Ley del Tribunal Constitucional Federal (BVerfG) de 1970, se estableció como una función específica del mismo preferir en casos específicos, la interpretación constitucional de las leyes mediante su declaración como "compatible o incompatible con la Ley Fundamental" en lugar de solo ser "anulada y declarada sin efecto" (artículo 31.2).[703]

Una reforma similar fue propuesta en 2005 en España, para modificar la disposición de la Ley Orgánica del Tribunal Constitucional que establece el principio contrario, es decir, que es que cuando la decisión del Tribunal Constitucional sea decla-

---

por los tribunales constitucionales." *V.*, P. Popelier, "The Belgian Constitucional Court as Positive Legislator: in search of a Balance between Rights' Protection and Respect for Acts of Parliament," en Allan R. Brewer-Carías, *Constitucional Courts as Positive Legislators, cit.*, pp. 265 ss.

698 *V.*, Francisco Javier Díaz Revorio, *Las sentencias interpretativas del Tribunal Constitucional,* Ed. Lex Nova, Valladolid, 2001, pp. 293, 294; Héctor Fix Zamudio y Eduardo Ferrer Mac Gregor, *Las sentencias de los Tribunales Constitucionales*, Ed. Porrúa, México, pp. 34, 37, 71; Víctor Bazan, "Jurisdicción constitucional local y corrección de las omisiones inconstitucionales relativas," en *Revista Iberoamericana de Derecho Procesal Constitucional,* Nº 2, Instituto Iberoamericano de Derecho Procesal Constitucional, Editorial Porrúa, México 2004, pp. 189 ss.

699 *V.*, Héctor Fix Zamudio y Eduardo Ferrer Mac Gregor, *Las sentencias de los Tribunales Constitucionales,* Ed. Porrúa, México, p. 34.

700 *V.*, Christian Behrendt, *Le judge constitutionnel, un législateur-cadre positif. Un analyse comparative en droit français, belge et allemande, cit.*, p. 124.

701 *V.*, José Julio Fernández Rodríguez, *La inconstitucionalidad por omisión. Teoría general. Derecho comparado. El caso español, Civitas*, Madrid 1998, pp. 227 ss.

702 *Idem*, pp. 36-37; 75, 88

703 *V.*, Christian Behrendt, *Le judge constitutionnel, un législateur-cadre positif. Un analyse comparative en droit français, belge et allemande, cit.*, p. 93; *V.*, I. Härtel, "Constitucional Courts as Positive Legislators," en Allan R. Brewer-Carías, *Constitucional Courts as Positive Legislators, cit.,* pp. 497 ss. Francisco Javier Díaz Revorio, Las *sentencias interpretativas del Tribunal Constitucional,* Ed. Lex Nova, Valladolid, 200, p. 260; F. Fernández Segado, *Spanish Report*, p. 6.

rar la inconstitucionalidad de una norma, debe declarar además la nulidad de las disposiciones impugnadas (art. 40.1).[704] La reforma sin embargo no se sancionó,[705] pero ello no impidió que el Tribunal Constitucional superase la rigidez del binomio inconstitucionalidad / nulidad, emitiendo resoluciones de inconstitucionalidad sin declarar la nulidad.

Un caso importante resuelto por el Tribunal Constitucional español, fue la decisión N° 116/1987, en relación con la Ley 37/1984 del 22 de octubre 1984, que estableció derechos sociales a militares y oficiales de policía por servicios prestados durante la Guerra Civil, excluyendo a los militares profesionales incorporados a las Fuerzas Armadas después de 1936. Debido a esa exclusión, el Tribunal Constitucional consideró que ello era contrario al principio de igualdad, declarando la inconstitucionalidad de dicha exclusión, permitiendo la aplicación de la disposición a los excluidos.[706] Otra decisión importante fue la decisión 45/1989 en la que el Tribunal Constitucional consideró que la disposición de la Ley 48/1985 del Impuesto sobre la Renta que establecía la declaración obligatoria conjunta de impuestos de miembros de una familia, implicaba que las obligaciones fiscales para una persona integrada a un grupo familiar era más fuertes que la que correspondía a una persona con los mismos ingresos, pero no integrada a un grupo familiar.[707] El Tribunal Constitucional apreció una violación al principio de la igualdad y examinó la cuestión del binomio inconstitucionalidad / nulidad, argumentando que si bien el texto del artículo 40.1 de la Ley del Tribunal establecía otra cosa, consideró que no era necesario aplicarlo cuando el control de la constitucionalidad estaba asegurado al declarar la inconstitucionalidad de la omisión; teniendo en cuenta que "la nulidad como una medida estrictamente negativa, es manifiestamente incapaz de reordenar el régimen de impuesto sobre la renta de una manera compatible con la Constitución." El Tribunal llegó a la conclusión de que era el legislador quien, "de acuerdo con la decisión, debía hacer las modificaciones necesarias o adaptaciones del régimen jurídico, de acuerdo con sus competencias normativas." [708] Sobre ello, Francisco Fernández Segado ha señalado

> "Con la decisión 45/1989, el Tribunal no sólo se apartó del texto legal, dando a luz a decisiones de inconstitucionalidad sin nulidad, siguiendo los pasos de las BVerfG (Tribunal Constitucional Federal), sino que además categóricamente violó el binomio inconstitucionalidad / nulidad característica de la visión del juez constitucional como "legislador negativo"". [709]

La misma técnica se ha aplicado en Nicaragua, donde la Corte Suprema en una decisión que reconoció la inconstitucionalidad de los artículos 225 y 228 del Código

---

704 *V.*, Francisco Javier Díaz Revorio, Las *sentencias interpretativas del Tribunal Constitucional*, Ed. Lex Nova, Valladolid, 200, p. 301.

705 *V.*, F. Fernández Segado, "El Tribunal Constitucional como Legislador Positivo," Ponencia española.., *cit.*, p. 6

706 *V.*, F. Fernández Segado, "El Tribunal Constitucional como Legislador Positivo," Ponencia española.., *cit.*, p. 10.

707 *V.*, STC 45/1989, of February 20, 1989, par. 11, en *Idem*, p. 12.

708 *V.*, también las sentencias STC 13/1992, 6 de febrero de 1992, fund. jur. 17; STC 16/1996, 1 febrero, 1996 fund. jur. 8°; and STC 68/1996, 18 Abril 1996, fund. jur. 14, en *Idem.*, p. 12-13.

709 *Idem*, p. 12.

Civil que prohíben y restringen casos de investigación de paternidad, decidió no anular los artículos manteniéndolos en efecto a la espera de la sanción de una nueva legislación a ser aprobada por el Congreso, con el fin de evitar problemas más graves derivados del vacío legal, que una anulación podría producir.[710]

Por otra parte, en Suiza, donde se admite control de constitucionalidad de las leyes cantonales, el Tribunal Federal ha decidido también casos de omisiones legislativas relativas, aunque negándose a asumir el papel de legislador. En el caso *Hegetschweiler*,[711] basado en la apelación de una pareja casada, la Corte Suprema concluyó que un reglamento cantonal relacionado con los ingresos y los impuestos de propiedad para las parejas casadas era inconstitucional porque las parejas casadas debían pagar impuestos más altos que las parejas no casadas que vivían juntas en la misma casa y que tenían similares medios financieros; lo que fue considerado como una violación del precepto de igualdad (artículo 8.1 de la Constitución). En este caso, el Tribunal Federal dada la naturaleza de la acción de inconstitucionalidad limitada a la anulación de las normas, si bien rechazó la acción, afirmó que la norma impugnada no estaba en plena conformidad con la Constitución, solicitando al legislador cantonal que remediara la situación inconstitucional. Para la pareja que recurrió, el resultado del proceso fue sin duda muy insatisfactorio.[712]

Por lo que se refiere a la legislación federal, si bien en Suiza no existe un sistema de control de constitucionalidad con respecto a la legislación federal (solo de la legislación cantonal), ello no ha impedido que el Tribunal Supremo Federal critique una norma legislativa federal y por lo tanto le señale a los legisladores la necesidad de una reforma de la ley.[713]

Ahora bien, estas instrucciones o directrices formuladas por los Tribunales Constitucionales al legislador si bien en la mayoría de los casos son recomendaciones no vinculantes, en muchos casos tienen un carácter obligatorio.[714]

En cuanto a las recomendaciones judiciales no vinculantes, se destacan en Italia, las llamadas decisiones exhortativas, decisiones delegadas o *sentenze indirizzo,*[715] mediante las cuales el Tribunal Constitucional declara la inconstitucionalidad de una norma, pero no formula la norma que debe aplicarse a través de la interpretación dejando esta tarea al legislador. Estas decisiones también se les llama en Italia "sen-

---

710 *V.*, decisiones del 22 de noviembre de 1957, B.J. p. 18730 (1873?) y del 15 de junio de 1986, B.J. p. 105, en Iván Escobar Fornos, "Las sentencias constitucionales y sus efectos en Nicaragua," en *Anuario Iberoamericano de Justicia Constitucional*, Centro de Estudios Políticos y Constitucionales, Nº 12, 2008, Madrid 2008, p. 102.

711 *V.*, BGE 110 Ia 7. *V.*, en Tobias Jaag, "Constitutional Courts as Positive Legislators," en Allan R. Brewer-Carías, *Constitucional Courts as Positive Legislators, cit.* pp. 783 ss. nota 37.

712 *Idem*, pp. 783 ss.

713 *V.*, BGE 103 Ia 53, 55. En *Idem*, pp. 783 ss. nota 29.

714 En este sentido, Christian Berhrendt analizando la situación en Alemania, Bélgica y Francia distingue entre lo que llama interferencias no vinculantes permisivas o directrices, y los que permiten las interferencias o mandatos obligatorios. *V.*, Christian Behrendt, *Le judge constitutionnel, un législateur-cadre positif. Un analyse comparative en droit francais, belge et allemande*, *cit.*, pp. 253 ss.

715 *V.*, L. Pegoraro, *La Corte e il Parlamento. Sentenze-indirizzo e attivitá legislativa*, Cedam, Padova 1987, pp. 3 ff.; Francisco Javier Díaz Revorio, Las *sentencias interpretativas del Tribunal Constitucional,* Ed. Lex Nova, Valladolid, 2001, p. 268.

tencias aditivas de principio"[716], como por ejemplo fue el caso de la decisión N° 171 de 1996, emitida por el Tribunal Constitucional declarando la inconstitucionalidad de la disposición de una Ley que regulaba el derecho a huelga en los servicios públicos, en la parte en la cual no contemplaba una notificación previa y un plazo razonable en los casos de huelgas de abogados y defensores.[717]

Por otra parte, la instrucción dirigida al legislador puede tener un carácter condicional en relación con el poder de control de constitucionalidad de la Corte Constitucional. En Italia, por ejemplo, el Tribunal Constitucional cuando se trata de casos de inconstitucionalidad de una ley, durante el proceso judicial puede recomendar el legislador introducir la legislación necesaria para eliminar las dudas constitucionales que rodean una ley, mediante las denominada *doppia pronuncia formula*, indicando que si el legislador no ejecuta las recomendaciones de la Corte, en una segunda decisión, la misma declararía la inconstitucionalidad de la ley impugnada.[718]

Este tipo de control de constitucionalidad mediante decisiones exhortativas es aceptado también en Alemania, [719] mediante las cuales el Tribunal Constitucional Federal, en los casos de procesos en los que se analiza la inconstitucionalidad de las leyes, en lugar de declarar la inconstitucionalidad, puede emitir "una advertencia al legislador," conteniendo directrices dirigidas al legislador, para mejorar o bien reemplazar la legislación,[720] normalmente dándole al legislador un plazo para hacerlo. Una vez que el plazo se agota, la disposición se considera que será inconstitucional y el Tribunal tendrá que pronunciarse sobre el asunto. Un ejemplo de este tipo de decisión fue la emitida en relación con la pensión de sobreviviente. En el caso, la ley estipulaba que una viuda siempre podía conservar la pensión de su difunto marido, pero en relación con el viudo establecía que él sólo podría obtener la pensión de su esposa fallecida, si ella era la que había proporcionado el sustento para la familia y había ganado el ingreso familiar, o si había sido funcionaria. El Tribunal Constitucional Federal consideró que la disposición estaba en proceso de convertirse en inconstitucional debido a los cambios sociales ocurridos, en particular en relación con el papel de la mujer en la familia, solicitando al legislador que emitiera, de acuerdo con sus facultades para legislar, las disposiciones necesarias a fin de evitar la inconstitucionalidad.[721]

---

716 *V.*, Francisco Javier Díaz Revorio, Las *sentencias interpretativas del Tribunal Constitucional,* Ed. Lex Nova, Valladolid, 2001, pp. 279-284, 305.

717 *V.*, A. Vespaziani, "Una sentenza additiva di principio reguardo allo "sciopero"degli avvocati", en *Giurisprudenza costitutionalle*, 1996, IV, pp. 2718 ff. Francisco Javier Díaz Revorio, Las *sentencias interpretativas del Tribunal Constitucional,* Ed. Lex Nova, Valladolid, 2001, pp. 281-282, nota a pie de página 164.

718 *V.*, Iván Escovar Fornos, *Estudios Jurídicos*, Tomo I, Ed. Hispamer, Managua 2007, p. 504.

719 *V.*, Francisco Javier Díaz Revorio, *Las sentencias interpretativas del Tribunal Constitucional,* Ed. Lex Nova, Valladolid, 2001, pp. 264; Iván Escovar Fornos, *Estudios Jurídicos*, Tomo I, Ed. Hispamer, Managua 2007, p. 505.

720 *V.*, I. Härtel, "Constitucional Courts as Positive Legislators," en Allan R. Brewer-Carías, *Constitucional Courts as Positive Legislators, cit.*, pp. 497 ss.

721 *V.*, BVerfGE 39, 169 ff. En *Idem*, pp. 497 ss. *V.*, Francisco Javier Díaz Revorio, Las *sentencias interpretativas del Tribunal Constitucional,* Ed. Lex Nova, Valladolid, 2001, pp. 115, 265.

También en Bélgica,[722] el Tribunal Constitucional ha aplicado esta técnica, pudiéndose citar un caso de 1982 relativo a la legislación tributaria regional en materia de medio ambiente, particularmente en relación con la definición de "pagador de contaminantes." Sobre ello, el antiguo Tribunal de Arbitraje dio instrucciones a los legisladores regionales a los efectos de corregir las condiciones en las cuales la noción de "pagador contaminante" no estaba en conformidad con el principio igualitario.[723] También en una decisión emitida por el mismo Tribunal de Arbitraje en 2004, refiriéndose al régimen de impuestos sobre donaciones a las asociaciones sin fines de lucro establecidos en una ley federal, el Tribunal formuló directrices a un legislador regional que diferente al que había incurrido en una inconstitucionalidad, es decir, al legislador regional, que el Tribunal consideró competente para dictar la legislación sobre la materia.[724]

En países con sistemas difusos de control de constitucionalidad, estas sentencias exhortativas también han sido emitidas por los Tribunales Supremos. Este es el caso de Argentina, en el caso *Verbitsky*, en el que la Corte Suprema decidió sobre la petición de un hábeas corpus colectivo, y sin declarar la inconstitucionalidad de la respectiva disposición legal de la Provincia de Buenos Aires, exhortó a sus autoridades a sancionar nuevas disposiciones legales para cuidar el hacinamiento y la situación terrible en el sistema penitenciario.[725]

En otros casos, el Tribunal Supremo de Argentina, después de declarar la inconstitucionalidad de algunas disposiciones legales, ha emitido directrices al Congreso sobre legislaciones futuras, indicando el camino constitucional que el Congreso debe seguir con respecto a ciertos asuntos. Por ejemplo, en algunas decisiones, ha cambiado la clara intención legislativa, con el fin de -a través interpretación judicial-adecuar la ley a la interpretación del Tribunal sobre la Constitución. Estas decisiones evidencian un aumento de la participación de la Corte en dominios antes dejados para las ramas políticas del gobierno, como sucedió por ejemplo, en los casos *Castillo*[726] *y Aquino* (2004)[727], en los cuales la Corte Suprema declaró la inconstitucionalidad de la Ley de Riesgos del Trabajo (Ley 24.557) con respecto a sus contenidos procedimentales y sobre los límites de las indemnizaciones por lesiones laborales, teniendo en cuenta que sus disposiciones negaban a los trabajadores su derecho a una restitución completa. Además, la decisión de la Corte Suprema exigió la acción

---

722 *V.*, P. Popelier, "The Belgian Constitucional Court as Positive Legislator: in search of a Balance between Rights' Protection and Respect for Acts of Parliament," en Allan R. Brewer-Carías, *Constitucional Courts as Positive Legislators, cit.*, pp. 265 ss.

723 *V.*, CA arrêt 79/93 de 9 de Noviembre, 1993, in Christian Behrendt, *Le judge constitutionnel, un législateur-cadre positif. Un analyse comparative en droit francais, belge et allemande, cit.*, pp. 175-176, y 191 ss.

724 *V.*, CA arrêt 45/2004 de 17 Marzo, 2004, en *Idem.*, pp. 175-176; y 230-237.

725 *V.*, CSIJ, Fallos. 328:1146, en Néstor P. Sagües, "Los efectos de las sentencias constitucionales en el derecho argentino," en *Anuario Iberoamericano de Justicia Constitucional*, Centro de Estudios Políticos y Constitucionales, Nº 12, 2008, Madrid 2008, p. 340.

726 *V.*, Fallos, 327:3610 (2004). *V.*, en Alejandra Rodríguez Galán and Alfredo Mauricio Vítolo, "Constitucional Courts as Positive Legislators," en Allan R. Brewer-Carías, *Constitucional Courts as Positive Legislators, cit.*, pp. 195 ss.

727 *V.*, Fallos: 327: 3753 (2004). En *Idem.*

del Congreso con el fin de modificar el sistema de acuerdo con las directrices establecidas por la corte.

En el caso *Vizzoti*, la Corte Suprema estimó que los límites del sueldo base utilizado para calcular la indemnización de terminación prevista en la Ley de Empleo no eran razonables, a la luz de la obligación constitucional de proteger a los trabajadores contra los despidos injustificados. La Corte formuló en el caso, al Congreso, las directrices en cuanto a los límites válidos, indicando que "la decisión de la Corte no supone una interferencia indebida sobre los poderes del Congreso, ni un violación de la separación de poderes, sino el debido ejercicio del mandato sobre control constitucional sobre las leyes y las medidas gubernamentales."[728]

2. *El control de la constitucionalidad por omisión y las instrucciones o directrices vinculantes del juez constitucional al Legislador.*

La protección constitucional de los derechos fundamentales y, en particular, de los derechos sociales también se ha asegurado mediante el ejercicio del control de constitucionalidad en relación con las omisiones legislativas, igualmente con base en la violación del derecho a la no discriminación y a la igualdad. En ese sentido, en muchos casos, los Tribunales Constitucionales, al declarar la inconstitucionalidad de una norma sin anularla, han asumido progresivamente un papel más positivo en relación con el legislador, emitiendo no sólo directrices, sino órdenes o instrucciones, a fin de que se reformen o corrijan partes de la legislación en el sentido indicado por el Tribunal. Esto, como se ha dicho, ha transformado los Tribunales Constitucionales en una especie de órgano auxiliar del legislador, imponiéndoles determinadas tareas, y estableciendo un plazo preciso para su desempeño.

Esta técnica de control de constitucionalidad se ha utilizado en Alemania, donde el Tribunal Constitucional Federal, en muchos casos, después de haber determinado la incompatibilidad de una disposición legal con la Constitución, sin declarar su nulidad, declara la obligación del legislador de resolver la cuestión de constitucionalidad, y mejorar o derogar la ley[729]. Uno de los primeros ejemplos de este tipo de decisiones judiciales en relación con el Legislador se adoptó en 1981 con respecto a una disposición del Código Civil (artículo 1.579) que establecía el régimen de pensión alimenticia, la posibilidad de su reducción o supresión por razones de equidad y, en particular, la excepciones a este último basado en la imposibilidad de que el titular de la pensión lograra un trabajo remunerado debido a la atención que la ex cónyuge debía dar a los hijos. Esta excepción fue impugnada en un caso judicial particular que llegó el Tribunal, el cual consideró que, aunque motivado por razones educativas y familiares, la rigidez de la disposición impedía a los tribunales adecuarlo a las circunstancias individuales, violando el artículo 2.1 de la Constitución (libertades individuales). En consecuencia, el Tribunal decidió que "el legislador debe establecer un nuevo régimen teniendo en cuenta el principio de proporcionali-

---

728 *V.*, Fallos 327:3677 (2004). En *Idem*.

729 *V.*, I. Härtel, "Constitucional Courts as Positive Legislators," en Allan R. Brewer-Carías, *Constitucional Courts as Positive Legislators, cit.*, pp. 497 ss.

dad. El legislador es libre de decidir si adopta una disposición adicional o modifica la segunda parte del artículo 1579." [730]

En otro caso relativo a incompatibilidades profesionales considerado contrario al derecho fundamental de toda persona a elegir su profesión, el Tribunal también emitió órdenes al Legislador, pero sin dejarle alternativa. En este caso, se consideró una incompatibilidad legal específica (prohibición a consejeros fiscales de ejercer actividades comerciales) como inconstitucional, concluyendo el Tribunal que "En virtud del principio de proporcionalidad, el legislador debe establecer disposiciones transitorias para los casos en los cuales al poner fin de inmediato a actividades comerciales, ello podría significar una carga pesada; correspondiendo al Legislador fijar el contenido de estas disposiciones transitorias." [731]

Otro caso importante en el cual el Tribunal Constitucional Federal ha establecido "programas legislativos" en ciertas decisiones, es el caso conocido como *Numerus Clausus,* relativo a los derechos de participación en los servicios del Estado, y la limitación de plazas universitarias, materializada en ciertas instrucciones dadas al Legislador de cómo organizar el servicio.[732] En esta forma, el Tribunal pasó a a emitir órdenes al Legislador estableciendo un plazo o fecha límite para que tomase las medidas legislativas necesarias reforzando el carácter del Tribunal Constitucional como colaborador directo de los legisladores.

Esta técnica puede ser considerada como la regla general en las decisiones del Tribunal Federal Constitucional que además han contenido mandatos dirigidos al Legislador, estableciendo para su cumplimiento una fecha fija, o la ocurrencia de un hecho aún no determinado, un plazo razonable, o en un futuro próximo.[733] En estos casos, e poder del Tribunal se ha deducido del artículo 35 de la Ley que regula sus funciones (BVerfGG)[734] en el que se afirma que "en su decisión el Tribunal Constitucional Federal puede indicar quién debe ejecutarlo; en casos individuales, también puede especificar el método de ejecución". De acuerdo con I. Härtel, "la fijación de una fecha límite tiene por objeto proporcionar una forma de presión al Legislador y por lo tanto sirve a la promulgación de la justicia encontrada por el BVerfG."[735]

Un ejemplo clásico de estas decisiones fue la emitida por el Tribunal Constitucional Federal en 1998 con respecto a la libertad del individuo para ejercer profesiones liberales, en las que consideró una disposición de una ley como contraria al artículo 12,1 de la Constitución. El Tribunal argumentó que "Sin embargo, la violación de la Constitución no da lugar a la anulación de la provisión, debido al hecho que el Legislador tiene varias posibilidades para poner fin a la declarada inconstitucionali-

---

730 *V.*, BVerfG, decision of July 14, 1981, BVerfGE 57, 381, en Christian Behrendt, *Le judge constitutionnel, un législateur-cadre positif. Un analyse comparative en droit francais, belge et allemande*, *cit.*, pp. 263-268.

731 *V.*, BVerfG, decisión del 15 de febrero de 1967, BVerfGE 21, 183, en *Idem*, pp. 259-262.

732 *V.*, BVerfGE 33, 303, en I. Härtel, "Constitucional Courts as Positive Legislators," en Allan R. Brewer-Carías, *Constitucional Courts as Positive Legislators, cit.*,pp. 497 ss.

733 *V.*, en *Idem.*, y en Christian Behrendt, *Le judge constitutionnel, un législateur-cadre positif. Un analyse comparative en droit francais, belge et allemande*, *cit.*, pp. 288 ff.

734 *V.*, I. Härtel, "Constitucional Courts as Positive Legislators," en Allan R. Brewer-Carías, *Constitucional Courts as Positive Legislators, cit.*, pp. 497 ss.

735 *Idem*, p. 9.

dad" limitándose el Tribunal solo a "verificar la incompatibilidad de la norma inconstitucional con el artículo 12,1 de la Constitución," terminando con la indicación de que "el legislador está obligado a sustituir la disposición cuestionada con una regulación que esté en armonía con la Constitución, antes del 1 de enero de 2001."[736]

Más recientemente se puede mencionar la sentencia del Tribunal Constitucional Federal alemán del 9 de febrero de 2010, relacionada con disposiciones del Código de la Seguridad Social que fueron declaradas inconstitucionales por ser contrarias al derecho a un mínimo existencial.[737] El asunto fue referido al Tribunal en varios procesos judiciales en los cuales se reclamó el reconocimiento de prestaciones dinerarias en montos superiores a los establecidos en esa legislación, que los tribunales correspondientes consideraban que era, en aspectos diversos, inconstitucional. El Tribunal Constitucional Federal estimó que algunos de los preceptos legales objeto del control eran violatorios de la Constitución, por lesión al "derecho fundamental a la garantía de un mínimo existencial resultante de la dignidad humana," derivado del artículo 1, párrafo 1 (respeto y protección de la dignidad humana), en conexión con el artículo 20, párrafo 1, de la Ley Fundamental (principio del Estado Social), que estimó se traducía en una "pretensión prestacional constitucional inmediata," que el Legislador no podía disponer de las mismas. La declaración de inconstitucionalidad de la norma, sin anularla, llevó al Tribunal a fijar un plazo dentro del cual las disposiciones afectadas debían ser revisadas por el Legislador a través de un método aceptable, ordenando la gobierno a dar cobertura a determinadas prestaciones superiores a las previsiones legislativas, hasta que la nueva regulación fuera sancionada, según los criterios contenidos en el fallo.

Por último, en sentido similar, en Colombia, la Corte Constitucional también se ha pronunciado sobre la inconstitucionalidad de omisiones relativas por parte del legislador, y ha exhortado al Congreso a sancionar las leyes correspondientes. Fue, por ejemplo, el caso de la decisión de la Corte Constitucional que al examinar el artículo 430 del Código de Trabajo que prohíbe la huelga en los servicios públicos. La Corte en Sentencia C-473/94 revisó la omisión del legislador con respecto a la sanción de la legislación relativa al derecho de huelga en los servicios públicos esenciales, y "exhortó al Congreso a legislar en un plazo razonable" la legislación correspondiente en la materia conforme con la Constitución.[738]

---

736 BVerfG decisión del 10 de noviembre de 1998, BVerfGE 99, 202, en Christian Behrendt, *Le judge constitutionnel, un législateur-cadre positif. Un analyse comparative en droit francais, belge et allemande*, *cit.*, p. 295.

737 BVerfG, *1 BvL 1/09 vom 9.2.2010, en* Jesús Maria Casal, "La garantía constitucional de los derechos sociales: progresos y dificultades o zonas de tensión," en Gonzalo Pérez Salazar, Luis Petit Guerra y Víctor R. Hernández-Mendible (Coords.), *La Justicia Constitucional y la Justicia Administrativa como garantes de los Derechos Humanos, Homenaje a Gonzalo Pérez Luciani y en el marco del vigésimo aniversario de FUNEDA*, Centro de Estudios de Derecho Procesal Constitucional, Centro de Estudios de Derecho Público, Centro de Estudios de Regulación Económica de la Universidad Monteávila y Fundación de Estudios de Derecho Administrativo. Caracas. 2013.

738 *V.*, Germán Alfonso López Daza, "Le juge constitutuionnel colombien, législateur-cadre positrif: un gouvernement des judges?,"en en Allan R. Brewer-Carías, *Constitucional Courts as Positive Legislators, cit.*, pp. 345 ss; Mónica Liliana Ibagón, "Control jurisdiccional de las omisiones legislativas en Colombia,", en Juan Vega Gómez y Edgar Corzo Sosa, *Instrumentos de tutela y justicia constitucional. Memoria del VII Congreso Iberoamericano de Derecho Constitucional*, Universidad Nacional Autónoma de México, México 2002, pp. 322-323.

Dentro de este tipo de decisiones de control de constitucionalidad en el que los Tribunales Constitucionales al declarar la nulidad de una disposición dictan una reglamentación provisional mediante la interpretación de la Constitución, es posible mencionar la emitida por el Tribunal Supremo Federal de Brasil, a través de un "*Súmula Vinculante,*" en materia de derechos de las comunidades indígenas, y sobre la constitucionalidad de la demarcación de las tierras indígenas en el área de "*Raposa Serra do Sol*", en el Estado de Roraima. Después de muchas discusiones y conflictos políticos, el Tribunal decidió sostener la constitucionalidad de la demarcación hecha por la Unión Federal, y determinó para la demarcación de las tierras de los pueblos indígenas un conjunto muy detallado de normas que establecen las condiciones que siempre deben cumplirse en todos los futuros procesos de demarcación, lo que resultó, de hecho, en una decisión con efectos *erga omnes.*[739]

También en Venezuela, es posible encontrar casos en los que la Sala Constitucional del Tribunal Supremo, en ausencia de estatutos correspondientes, ha emitido decisiones que contienen legislación. En la decisión N° 1682 del 15 de agosto de 2005, respondiendo a un recurso de interpretación del artículo 77 de la Constitución, la Sala Constitucional, en ejercicio de su "jurisdicción normativa", estableció que las relaciones de hecho estables entre los hombres y las mujeres tendrían los mismos efectos que el matrimonio, estableciendo al efecto todo el régimen jurídico en relación con tales relaciones de hecho estables, determinando que los efectos civiles del matrimonio les aplica a ellos, incluyendo los relativo a pensión, al uso del nombre de la pareja, al régimen económico y a los derechos sucesorales, sustituyendo por completo al Legislador.[740]

En otro caso, la Sala Constitucional también ha legislado, esta vez de oficio, y en una resolución dictada en un juicio de amparo en relación con el proceso de la fertilización in vitro. En la decisión N° 1456 de 27 de julio de 2006, en efecto, la Cámara también en ejercicio de su "jurisdicción normativa" determinó de oficio las disposiciones legislativas sobre el asunto, incluidas las normas sobre la paternidad, la reproducción asistida, la fecundación sin consentimiento, la donación retributiva, las madres subrogadas, y normas sobre sucesiones.[741] En este caso, la Sala no sólo actuó como legislador positivo estableciendo todas las disposiciones aplicables en el caso de la fertilización in vitro o la reproducción asistida, pero ordenó a la aplicación de las nuevas normas al caso particular involucrado en la decisión, dando efectos retroactivos a la "disposiciones legislativas" que crearon, en violación del artículo 24 de la Constitución que prohíbe la retroactividad de las leyes.

---

739 *V.*, STF, *DJ* 25.set.2009, Pet 3388/RR, Rel. Min. Carlos Britto, em Luis Roberto Barroso et al, "Notas sobre a questão do Legislador Positivo," Ponencia Brasileña al *XVIII Congreso Internacional de Derecho Comparado*, Washington 2010 (Mimeo), pp. 43-46.

740 *V.*, decision 1682 of July 15, 2005, *Carmela Manpieri, Interpretation of article 77 of the Constitution* Case. *V.*, en http://www.tsj.gov.ve/decisiones/scon/Julio/1682-150705-04-3301.htm *V.*, en Daniela Urosa Maggi, "Constitutional Copurts as Positive legislators," en en Allan R. Brewer-Carías, *Constitucional Courts as Positive Legislators, cit.*, pp. 843 ss.

741 *V.*, sentencia N° 1456 de 27 de julio de 2006, caso *Yamilex Núñez de Godoy,* en http://www.tsj.gov.ve/decisiones/scon/Julio/1456-270706-05-1471.htm *V.*, en *Idem*, pp. 843 ss.

3. *La protección constitucional de los derechos sociales mediante la acción de amparo contra las omisiones legislativas*

Además de los medios de control de constitucionalidad de la omisión legislativa mediante el ejercicio de las acciones directas de inconstitucionalidad contra la omisión del Legislador, la protección de los derechos humanos y en particular de los derechos sociales, también ha encontrado garantía, mediante el ejercicio de acciones de amparo contra los daños o amenazas que tales omisiones pueden causar a tales derechos. Este es el caso, por ejemplo, en los países de América Latina, de las acciones de amparo interpuestas contra omisiones del legislador para la protección de los derechos fundamentales que se han establecido en muchos países.[742]

En este sentido se destaca el muy importante *mandado de injunção* en Brasil, establecido en el artículo 5°, LXXI, de la Constitución, y que se "concede siempre que la falta de la disposición reglamentaria haga inviable el ejercicio de los derechos constitucionales y las libertades, así como los derechos inherentes a la nacionalidad, el estado soberano y la ciudadanía". De acuerdo con la Tribunal Supremo Federal, esta orden judicial no autoriza a la Corte a ocupar el vacío dejado por la omisión legislativa, por lo que la Corte no puede promulgar la norma;[743] estando su función limitada a declarar el retardo que se haya producido en el desarrollo de la normativa y notificar de ello al legislador, teniendo la decisión, sólo efectos inter partes.

Un caso de interés, fue el resuelto por el Tribunal Supremo Federal, en aplicación de la norma de la Constitución que garantizaba un privilegio fiscal de determinadas instituciones con fines sociales, d estar exentas de pagar impuestos por contribuciones a la seguridad social, "siempre y cuando estas entidades cumplieran con las condiciones establecidas en la ley" (artículo 197,5). La Constitución dejó al legislador ordinario la tarea de establecer las condiciones que debían cumplirse a fin de reclamar exención de las contribuciones, y al no haberlo hecho, el Gobierno Federal entendió que tales entidades no podrían reclamar ninguna exención fiscal hasta tanto el Congreso aprobase la ley que estableciera esas condiciones. El Tribunal Supremo tras considerar que existía una omisión legislativa injustificable, fijo un plazo de seis meses para que el Congreso aprobase una ley eliminando esa omisión. Además, determinó que si la ley no se dictaba antes de esa fecha, el demandante tendría derecho automáticamente a reclamar el beneficio fiscal.[744]

---

742 *V.*, en particular, en relación con el recurso de amparo contra las omisiones de las autoridades en los países de América Latina Allan R. Brewer-Carías, *Constitutional Protection of Human Rights in Latin America. A Comparative Study of Amparo Proceeding*, Cambridge University Press, New York 2009, pp. 324 ss.. En Venezuela acciones de amparo se han presentado en contra de omisiones de los legisladores con respecto a determinados actos administrativos. Véase: Allan R. Brewer-Carías, *La Justicia Constitucional. Procesos y Procedimientos Constitucionales*, Universidad Nacional Autónoma de México, Mexico 2007, pp. 153 ss.

743 *V.*, caso STF 168/RS, Reporting Justice J. Ministro Pertence, DJU, 20 Abrl 1990, en Marcelo Figuereido, "Judicial remedies Aimed to Fill the Legislatve Gaps resulting from State Omissions under Brazilian Law," Ponencia brasileira al XVIII Congreso Internacional de Derecho Comparado, Washington 2010, (Mimeo), p. 4.

744 *V.*, caso TF, MI 232, Rel. Min. Moreira Alves, DJ de 27-03-1992, en Thomas Bustamante and Evanlida de Godoi Bustamante, "Constitutional Courts as Negative Legislators: The Brazilian Case," en Allan R. Brewer-Carías, *Constitucional Courts as Positive Legislators, cit.*, pp. 283 ss.

En otros casos, el Tribunal Supremo Federal en Brasil ha proporcionado incluso la norma que faltaba, pero mediante analogía, hasta que el legislador promulgase la legislación necesaria. Este fue el caso de la aplicación de las normas de seguridad social relativas a la pensión especial en el sector privado, a funcionarios que trabajaban en el Departamento de Salud del sector público (MI 721 / DF, marzo 8 de 2007); y el caso de la aplicación de las disposiciones a la ley (Ley 7.783 / 1989) que regula el derecho de huelga en el sector privado (MI 670 / ES, 25 de octubre de 2007), a los funcionarios de un Estado.[745]

La misma aproximación del juez constitucional complementando la labor del Legislador, en particular en materia de protección de los derechos fundamentales, se puede encontrar en otros países, como en Argentina, por ejemplo, en el fallo de la Corte Suprema en los casos *Badaro*, relativo al ajuste automático de las pensiones. En efecto, debido al hecho de que la Constitución regula pensiones ajustables (artículo 14 bis), en el caso *Badaro I,*[746] la Corte consideró que la omisión del Congreso en lo que respecta a los aumentos de las pensiones, en virtud de haber sido éstas seriamente reducidas por la alta inflación, constituía una violación del mandato constitucional, por lo que instó al Congreso a aprobar la legislación respectiva en un plazo razonable para resolver ese problema. El Tribunal destacó que no sólo era un poder, sino un deber del Congreso de dar efectividad a la garantía constitucional de la movilidad de las pensiones, para lo cual debía legislar y adoptar medidas para garantizar el pleno disfrute del derecho. Finalmente, en vista de la falta de acción por parte del Congreso, en el *Caso Badaró II*[747], la Corte, además de volver a urgir al Congreso para promulgar la legislación, resolvió aceptar la solicitud del peticionario y adoptó criterios para el reajuste de las pensiones hasta que el Congreso decidiera actuar[748].

En otro caso importante con respecto al medio ambiente, la Corte Suprema, en el *caso Mendoza*[749], decidió sobre una denuncia presentada por un grupo de vecinos de un asentamiento conocido como *Villa Inflamable*, situado en las afueras de Buenos Aires, contra el Gobierno Nacional, la provincia de Buenos Aires, el gobierno de la Ciudad de Buenos Aires y cuarenta y cuatro empresas privadas, alegando daños y perjuicios causados por múltiples enfermedades que sus hijos y ellos mismos tenían, causadas por la contaminación de la cuenca hidrológica "*Matanza-Riachuelo*". En

---

745 *V.*, en Marcelo Figuereido, "Judicial remedies Aimed to Fill the Legislatve Gaps ....," *cit.*, p. 6-7; y en Thomas Bustamante y Evanlida de Godoi Bustamante, "Constitutional Courts as Negative Legislators: The Brazilian Case," en Allan R. Brewer-Carías, *Constitucional Courts as Positive Legislators, cit.*, pp. 283 ss; *V.*, también, Luis Roberto Barroso et al, "Notas sobre a questão do Legislador Positivo," Ponencia brasileira al **XVIII Congreso Internacional de Derecho Comparado**, Washington 2010, (Mimeo), pp. 28, 32.

746 *V.*, Fallos, 329:3089 (2006 *V.*, en Alejandra Rodríguez Galán y Alfredo Mauricio Vítolo, "Constitutional Courts as Positive Legislators," en Allan R. Brewer-Carías, *Constitucional Courts as Positive Legislators, cit.*, 195 ss. nota 68.

747 *V.*, Fallos 330:4866 (2007). *V.*, en *Idem*, nota 69.

748 *V.*, también Néstor Pedro Sagüés, "La Corte Suprema Argentina como Legislador Positivo," Ponencia argentina al *XVIII Congreso Internacional de Derecho Comparado*, Washington 2010, (Mimeo), pp. 12-13.

749 *V.*, Fallos 329:2316 (2006) and Fallos 331: 1622 (2008), en Alejandra Rodríguez Galán y Alfredo Mauricio Vítolo, "Constitutional Courts as Positive Legislators," en Allan R. Brewer-Carías, *Constitucional Courts as Positive Legislators, cit.*, pp. 195 ss. nota 72

dos sentencias históricas, la primera en 2006 y la otra en 2008, la Corte ordenó a los demandados a presentar un programa de recuperación ambiental, confió a la Autoridad de la Cuenca *Matanza-Riachuelo* en su aplicación y estableció directrices detalladas para la Corte poder supervisar el cumplimiento de su decisión y evitar conflictos inter-provinciales, por tratarse de materias de la competencia de las legislaturas y del poder ejecutivo de los niveles federal y provincial.[750]

En Alemania, también se puede mencionar como ejemplo de control judicial de las omisiones legislativas absolutas por medio de la denuncia para la protección constitucional de los derechos fundamentales de carácter social (*Verfassungsbeschwerde*)[751], la decisión del Tribunal Constitucional Federal N° 26/1969 del 29 de enero 1969 dictada en relación con el artículo 6.5 de la Constitución que establece que la ley debe garantizar a los hijos ilegítimos, las mismas condiciones que a los hijos legítimos, para su desarrollo físico, espiritual y social. El Tribunal Constitucional Federal en su decisión consideró que el artículo 1712 del Código Civil era insuficiente en cuanto a la disposición constitucional y exhortó al legislador a reformarlo de acuerdo con las condiciones establecidas en el artículo 6.5 de la Constitución antes del final del período de la legislatura (Otoño 1969), que, de hecho, ocurrió 19 de agosto de 1969 con la promulgación de la reforma[752].

En la India, debe mencionarse un caso muy importante de 2001 en relación con los abusos (intimidación, acoso, *bullying*) hacia nuevos estudiantes en las universidades, iniciado en 1998 como un litigio de interés público por la organización espiritual *Vishwa Jagriti Mission*, con el objeto de tratar de frenar la amenaza de los abusos hacia los nuevos estudiantes en las instituciones educativas.[753] La Corte Suprema dictó sentencia en 2011, en uso de sus poderes conforme a los artículos 32 y 142 de la Constitución, decidiendo proteger los derechos fundamentales, emitió una serie de directrices, no sólo definiendo los abusos, sino también contemplando las posibles causas de ellos, prescribiendo los pasos detallados para poner fin a dicha práctica, y esbozar diversas formas de castigo que las autoridades educativas podían adoptar. La Corte también decidió que "la falta de prevención de los abusos sería interpretado como un acto de negligencia en el mantenimiento de la disciplina en la institución", y dispuso que si "una institución no logra frenar los abusos, la Agencia de Financiamiento/ UGC puede considerar dejar de dar asistencia financiera a tal institución hasta el momento en que lo cumpla". Como los abusos continuaron, de lo cual informaron los medios de comunicación, la Corte Suprema de la India se involucró directamente en la lucha para frenar los abusos en las instituciones educativas.,

---

750 *Idem*, pp. 195 ss.

751 *V.*, en términos generales Francisco Fernández Segado, "El control de las omisiones legislativas por el Bundesverfassungsgericht," en la *Revista de Derecho*, N° 4, Universidad Católica del Uruguay, Konrad Adenauer Stiftung, Montevideo 2009, pp. 137-186.

752 *V.*, José Julio Fernández Rodríguez, *La inconstitucionalidad por omisión. Teoría general. Derecho comparado. El caso español, Civitas*, Madrid 1998, pp. 313-315. *V.*, Ines Härtel, "Constitutional Courts as Positive Legislators," en Allan R. Brewer-Carías, *Constitucional Courts as Positive Legislators, cit.*, pp. 497 ss.

753 *V.*, caso: *Vishwa Jagriti Mission v Central Government* AIR 2001 SC 2793, en Surya Deva, "Constitutional Courts as Positive Legislators: the Indian Experience," en Allan R. Brewer-Carías, *Constitucional Courts as Positive Legislators, cit.*, pp. 587 ss., nota 58.

nombrando en noviembre de 2006, a un Comité para sugerir medidas correctivas que hicieran frente al problema de los abusos.

En mayo de 2007, la Corte Suprema ordenó que varias recomendaciones de la Comisión debían ser implementadas sin ningún lapso de tiempo adicional, estableciendo entre otras cosas, que "la pena que ha de imponerse tiene que ser ejemplar y justificadamente dura para actuar como un elemento disuasivo contra la recurrencia de este tipo de incidentes"[754]. La Corte no dejó la tarea de supervisar estas directrices a la rama ejecutiva del gobierno, decidiendo que "el Comité constituido de conformidad con la orden de este Tribunal seguirá de cerca el funcionamiento de los comités anti-abusos y de los equipos que se formen. También tendrán que vigilar la aplicación de las recomendaciones a las que se ha hecho referencia más arriba".

En 2007, la Corte Suprema dio instrucciones adicionales al decidir con casos específicos de abusos en dos colegios que fueron investigados por el Comité Raghavan[755]; y en 2009 en el caso *Universidad de Kerala v Consejo de Directores de las Universidades de Kerala*[756], ordenó a todos los gobiernos estatales, así como a las universidades a actuar de conformidad con las directrices formuladas por el Comité, considerando estos abusos como un abuso contra los derechos humanos, justificando así expresamente el ejercicio por parte de la Corte, del poder establecido en el artículo 32 de la Constitución. [757]

En una orientación similar, y también mediante vías judiciales desarrolladas progresivamente para la protección de los derechos fundamentales, la Corte Suprema de los Estados Unidos ha llenado el vacío de las omisiones legislativas, en particular emitiendo ordenes de equidad, como las mencionadas *injunctions*'[758] a través de las cuales un tribunal de equidad puede acordar adjudicar protección constitucional ordenando al demandado o agraviante a hacer algo o a abstenerse de hacer algo,[759] disponiendo incluso cambios estructurales.

Este último fue precisamente el supuesto desarrollado por los tribunales después del caso *Brown v Junta de Educación* 347 EE.UU. 483 (1954); 349 EE.UU. 294 (1955), en el cual la Corte Suprema declaró el sistema escolar dual como discriminatorio, utilizando las *injunctions* como instrumento de reforma, por medio de los cuales los tribunales, en ciertos casos, realizaron la supervisión de las políticas y prácticas estatales institucionales con el fin de prevenir discriminación. Esto se aplicó particularmente en todos los casos de desegregación escolar en el período de 1954-1955, los que dieron a las *injunctions* una importancia inusitada pues mediante las mismas se logró reestructurar los sistemas educativos en todo el país.

---

754 *V.*, caso *University of Kerala v Council of Principals of Colleges of Kerala*, del 16 de Mayo de 2007, en *Idem*, pp. 587, nota 61.

755 *V.*, J Venkatesan, "SC Issues Guidelines to Check Ragging", *The Hindu*, 9 May 2009, http://www.thehindu.com/2009/05/09/stories/2009050957401OO.htm , en *Idem*, pp. 587. nota 62.

756 *V.*, *University of Kerala v Council of Principals of Colleges of Kerala*, order dated 11 February 2009, para 2. *V.*, en *Idem*, nota 63.

757 *Idem*.

758 *V.*, Allan R. Brewer-Carías, *Constitutional Protection of Human Rights in Latin America*, Cambridge University Press, New York 2009, pp. 69 ff.

759 *V.*, William Tabb and Elaine W. Shoben, *Remedies*, Thomson West, 2005, p. 13.

En el caso específico de la segregación racial en la educación pública, declarada contraria a la cláusula de igual protección bajo las leyes prevista en la XIV Enmienda, las sentencias de la Corte Suprema en *Brown v. Junta de Educación*[760], impusieron la necesidad de que los tribunales se involucraran en el proceso de administración de los planes de desegregación, lo cual quedo aclarado tres años después en el caso *Swann v. Junta de Charlotte-Mecklenburg de Educación*, en la que la Corte Suprema aprobó un decreto detallado emitido por un tribunal de distrito, basado en la recomendación de un experto en la administración educativa, que contenía medidas como "el diseño de las zonas de asistencia de manera distinta, las asociación o agrupación de escuelas blancas y negras para permitir un equilibrio racial más razonable, transporte obligatorio de los estudiantes a las escuelas fuera de sus vecindarios, la reasignación de los profesores y demás personal para reducir el carácter racial de escuelas, y requiriendo que las nuevas escuelas se construyeran en lugares que no contribuyan a la persistencia de la segregación"[761].

Según lo mencionado por Laurence Claus y Richard S. Kay, los veinte años siguientes fueron testigos de numerosos casos de jueces federales intentando conciliar el imperativo constitucional con las realidades prácticas de funcionamiento de un sistema escolar, tarea que a menudo se dificulta por la resistencia pasiva o activa de las autoridades locales. Por ello, las cuestiones prácticas y políticas asociadas a la gestión de un régimen de desegregación volvieron regularmente a la Corte Suprema de Justicia, cuyas sentencias, desde ese momento, estuvieron, en gran medida, relacionadas con la definición de los límites del mandato judicial amplio esbozado en el caso *Brown* y otras decisiones.

Los tipos de temas planteados fueron ilustrados por el fallo del caso de la Corte Suprema, *Missouri v. Jenkins*[762] en 1995, que fue uno de sus últimos fallos significativos sobre la autoridad correctiva de los tribunales federales en casos de desegregación. El tribunal de distrito, en ese caso, había encontrado que la segregación inconstitucional había reducido la calidad de la educación ofrecida de las escuelas afectadas. Durante un período de diez años, el juez del tribunal de distrito había ordenado, en consecuencia, que el tamaño de cada clase fuera reducida, que se debía instituir el kindergarten a tiempo completo, que se debían ampliar los programas de verano, ofrecer tutoría para antes y después de las clases, y que se estableciera un programa de desarrollo de la primera infancia. El tribunal de distrito también ordenó un programa de inversión de mejoras y mayores aumentos salariales para los maestros y otros empleados de las escuelas.[763]

Además, las *injunctions* fueron también los instrumentos judiciales fundamentales para, como jurisprudencia correctiva, resolver situaciones sociales graves que originaron litigios, por ejemplo, relacionados con el funcionamiento de los hospita-

760 *V.*, Swann v. Charlotte-Mecklenburg Bd. of Educ., 402 U.S. 1 (1971). *V.*, Laurence Claus y Richard S. Kay, "Constitutional Courts as Positive Legislators in the United States," en Allan R. Brewer-Carías, *Constitutional Courts as Positive legislators...*, *cit.*, pp. 815 ss., nota 101.

761 *Idem*, nota 102.

762 *Missouri v. Jenkins*, 515 U.S. 70 (1995), en *Idem.*, pp. 815 ss., nota 104.

763 *Idem.*

les psiquiátricos, del sistema de prisiones del Estado, y en materias de medio ambiente.[764]

En Canadá, por otra parte, de manera muy similar a la acción de amparo latinoamericana para la protección de los derechos constitucionales, el artículo 24.1 de la Constitución establece el derecho que toda persona tiene, cuando sus derechos y libertades garantizados por se han vulnerado o negado, "a solicitar a un tribunal competente la obtención de la reparación que el tribunal estime conveniente y justa." De acuerdo con esta disposición, los tribunales tienen la facultad de emitir una amplia variedad de decisiones en casos en que encuentre que los derechos de las personas han sido violados, incluyendo declaraciones y medidas judiciales que exijan al gobierno tomar acciones positivas para cumplir con la Constitución y para remediar los efectos de violaciones constitucionales pasadas.

En un importante caso relativo a derechos culturales en relación con la lengua, el tribunal emitió por ejemplo, mandatos judiciales estructurales o interdictos requiriendo que el gobierno, en particular, que proporcionase instrucción e instalaciones. En efecto, en Canadá, la Constitución de 1867 establece que el francés y el inglés se deben utilizar en las legislaturas y en los tribunales de Canadá y Quebec, y también, las constituciones y leyes, como la *Ley de Manitoba de 1870* proporcionaba derechos similares. En 1985, la Corte Suprema se enfrentó a una ley que pretendía abolir las obligaciones de bilingüismo en Manitoba, donde la población de habla francesa se había convertido en una minoría. Sin embargo, la Corte decidió que las leyes monolingües eran inconstitucionales, pero sostuvo que la anulación inmediata de la mayor parte de las leyes de Manitoba no era adecuado, ya que produciría un vacío legal que pondría en peligro el Estado de Derecho. El Tribunal decidió que daría a las leyes monolingües validez temporal para el período de tiempo que fuese necesario para traducirlas al francés, conservando la jurisdicción sobre el caso durante varios años y durante ese tiempo oyeron varias mociones sobre el alcance de las obligaciones constitucionales para el bilingüismo.[765] Las acciones de la Corte en este sentido han sido vistas como una forma de activismo correctivo algo similar a la experiencia de los Estados Unidos y de la India donde los tribunales mantuvieron jurisdicción sobre las instituciones públicas, como escuelas y prisiones en los años 1970 y 1980 para garantizar que fueran satisfechas las normas constitucionales.[766]

---

764 *V.*, Owen M. Fiss, *The Civil Rights Injunctions*, Indiana University Press, 1978, pp. 4–5; and in Owen M. Fiss and Doug Rendelman, *Injunctions*, The Foundation Press, 1984, pp. 33–34. Por lo tanto, mandatos judiciales estructurales pueden considerarse un instrumento de derecho constitucional moderno desarrollado específicamente para la protección de los derechos humanos, en particular en las instituciones del Estado; un instrumento que se ha considerado que "se convertirá en una parte implícita de la garantía constitucional de proteger los derechos individuales de la acción gubernamental inapropiada." Véase: William M. Tabb y Elaine W. Shoben, *Remedies*, pp. 87-88.

765 *Reference re Manitoba Language Rights* [1985] 1 S.C.R. 721; [1985] 2 S.C.R. 347; [1990] 3 S.C.R. 1417n; [1992] 1 S.C.R. 212. *V.*, Kent Roach, The Canadian Constitucional Courts as Positive legislators," en Allan R. Brewer-Carías, *Constitutional Courts as Positive legislators, cit.*, pp. 315 ss. nota 48.

766 *Idem*. pp. 315 ss.

V. LA PROTECCIÓN CONSTITUCIONAL DE LOS DERECHOS SOCIALES MEDIANTE EL CONTROL DE CONSTITUCIONALIDAD DE LAS LEYES, ACOMPAÑÁNDOSE, SU ANULACIÓN, CON EL ESTABLECIMIENTO DE UNA LEGISLACIÓN PROVISIONAL POR EL TRIBUNAL CONSTITUCIONAL

En muchos otros casos, además de que los Tribunales Constitucionales emitan órdenes al legislador para que promulgue una legislación de una manera específica y en una fecha fija o determinada, lo que ocurre sobre todo en materia de omisiones legislativas, los Tribunales Constitucionales también han asumido el papel de ser "Legisladores provisionales" al incluir en sus decisiones la declaración de inconstitucionalidad de leyes, reglamentos o medidas provisionales, y establecer una normativa que se debe aplicar en la materia específica considerada inconstitucional, hasta que el legislador sancione la ley que está obligado a producir. En estos casos, lo que el Tribunal ha hecho es detener inmediatamente la aplicación de la disposición inconstitucional, pero con el fin de evitar el vacío que una nulidad puede originar, fija temporalmente ciertas reglas que deben aplicarse hasta que se produzca la promulgación de una nueva legislación. [767] Los Tribunales Constitucionales, en estos casos, en alguna forma puede considerarse que actúan como "Legisladores sustitutos" pero no para usurpar las funciones del mismo, sino con el fin de preservar su libertad legislativa.[768]

Esta técnica se ha aplicado también en Alemania, basándose en una interpretación amplia del mismo artículo 35, ya citado, de la Ley del Tribunal Constitucional Federal, de la cual el Tribunal ha deducido que tiene el poder de promulgar normas generales, a ser aplicadas a la espera de la sanción por parte del Legislador de la legislación sobre la materia en armonía con la Constitución. En estos casos, se ha dicho que el Tribunal ha asumido "un poder auxiliar legislativo, actuando como una "empresa de reparación parlamentaria", "erosionando la separación de poderes".[769]

El caso quizá más importante e interesante decidido por el Tribunal Constitucional Federal, en este sentido, fue uno resuelto en 1975, en relación con la reforma del Código Penal en cuanto a la despenalización parcial del aborto.[770] El Tribunal consideró inconstitucional la disposición del artículo 218a del Código Penal que imponía la obligación del legislador de establecer normas más precisas, considerando que: "En aras de la claridad de la ley (*Rechtsklareit*), parecería adecuado, de acuerdo con el artículo 35 de la Ley Federal del Tribunal Constitucional, establecer un reglamento provisional a ser aplicado hasta que las nuevas disposiciones se aprueben por parte del legislador."

---

767 *V.*, Christian Behrendt, *Le judge constitutionnel, un législateur-cadre positif. Un analyse comparative en droit francais, belge et allemande, cit.*, pp. 333 ff.

768 *V.*, Otto Bachof, "Nuevas reflexiones sobre la jurisdicción constitucional entre derecho y política," in *Boletín Mexicano de Derecho Comparado*, XIX, N° 57, México 1986, pp. 848-849.

769 *V.*, las referencias a las opiniones de W. Abendroth, H.-P. Scheider y R. Lamprech en Christian Behrendt, *Le judge constitutionnel, un législateur-cadre positif. Un analyse comparative en droit francais, belge et allemande, cit.*, p. 341, notas en pp. 309 y 310.

770 BVerfG, decisión del 25 de febrero de 1975, BVerfGE 39, 1, (68), en *Idem.*, pp. 342 ff; y I. Härtel, "Constitucional Courts as Positive Legislators," en Allan R. Brewer-Carías, *Constitucional Courts as Positive Legislators, cit.*, pp. 497 ss.

El resultado fue la inclusión en la decisión del Tribunal, de una muy detallada "legislación provisional" en la materia, de aplicación inmediata, sin fijar una fecha precisa para que el Legislador actuara.[771] Quince años más tarde, en 1992 se aprobó un nuevo estatuto con respecto a la ayuda a las mujeres embarazadas y para las familias, que fue cuestionada por ser contraria al artículo 1° de la Constitución que garantiza la dignidad humana. El Tribunal Constitucional Federal emitió en 1993 una nueva decisión sobre la cuestión del aborto,[772] considerando que la mayor parte de la reforma era contraria a la Constitución, estableciendo de manera extremadamente detallada, como un "legislador verdadero" todas las normas aplicables al aborto en el país.[773] Por supuesto, el Tribunal basó su decisión en el artículo 35 de su Ley, el cual sin embargo, ha sido considerado insuficiente para apoyar este tipo de legislación sustitutiva detallada.[774]

También en la India, y como consecuencia de decidir acciones directas para la protección de los derechos fundamentales establecidos en el artículo 32 de la Constitución, el Tribunal Supremo ha asumido el papel de legislador provisional por ejemplo sobre cuestiones relacionadas con el arresto y la detención policial (caso *DK Basu v Estado de Bengala Occidental*,[775]), y además en algunas materias relativas a derechos sociales. Entre éstas últimas se destaca la decisión adoptada por el TRinbunal Supremo en el caso *Vishaka v Estado de Rajasthan* [776] en materia de acoso sexual de las mujeres trabajadoras en el lugar de trabajo, decidiendo sobre las peticiones presentadas por activistas sociales y organizaciones no gubernamentales para asegurar el goce de sus derechos consagrados en los artículos 14, 19 y 21 de la Constitución (el derecho a la igualdad, el derecho a ejercer cualquier profesión u oficio, y el derecho a la vida y a la libertad, respectivamente).

El Tribunal Supremo, si bien reconoció que la responsabilidad primordial de proteger estos derechos de la mujer trabajadora se encuentra en el poder legislativo y el ejecutivo, en los casos de acoso sexual que resultan en violación de los derechos fundamentales de las trabajadoras "un desagravio efectivo requiere el establecimiento de algunas directrices para la protección de estos derechos y para llenar el vacío legislativo", y, en consecuencia, no sólo estableció una definición detallada de lo que significa "acoso sexual", sino que estableció una obligación al empleador y a otras personas responsables en los lugares de trabajo y otras instituciones "de prevenir o disuadir que se cometan actos de acoso sexual y proporcionar los procedimientos para la resolución, acuerdo o procesamiento de actos de acoso sexual mediante la adopción de todas las medidas necesarias." El Tribunal también emitió directrices que cubrían varios aspectos diferentes, por ejemplo, tomar medidas Preventivas, iniciando el procedimiento penal previsto en la ley penal, tomando medidas

---

771 *Idem*

772 BVerfG, decisión del 28 de mayo de 1993 (*Schwangerrschaftsabbruch II*), February 25,1975, BVerfGE 88, 203, en Christian Behrendt, *Le judge constitutionnel, un législateur-cadre positif. Un analyse comparative en droit francais, belge et allemande*, *cit.*, pp. 346 ss.

773 *V.*, el texto completo de la reglamentación en *Idem.*, pp. 348-351 ss.

774 *V.*, las referencias en *Idem.*, p. 352.

775 *V.*, (1997) 1 SCC 416. *V.*, en Surya Deva, "Constitutional Courts as Positive Legislators: the Indian Experience," en Allan R. Brewer-Carías, *Constitucional Courts as Positive Legislators, cit.*, pp. 587 ss.

776 *V.*, AIR 1997 SC 3011, en *Idem*, pp. 587, nota 49.

disciplinarias, estableciendo un mecanismo de denuncia y la difusión de las directrices. El Tribunal Supremo concluyó ordenando que "las directrices y normas anteriores se observarán rigurosamente en todos los lugares de trabajo para la conservación y el cumplimiento del derecho a la igualdad de género de las mujeres que trabajan. Estas indicaciones serán vinculantes y aplicable en ley hasta que se promulgue una legislación adecuada", siendo extendida a ser aplicada en las entidades no estatales, como las empresas privadas.[777]

Más recientemente, la Sala Constitucional de Tribunal Supremo de Justicia de Venezuela, en sentencia Nº 1353 de 16 de octubre de 2014, al decidir una acción de nulidad por inconstitucionalidad ejercida por la Defensora del Pueblo contra el artículo 46 del Código Civil, que establece que "No pueden contraer válidamente matrimonio la mujer que no haya cumplido catorce (14) años de edad y el varón que no haya cumplido dieciséis (16) años," al declarar la nulidad parcial de dicha norma, para proteger la igualdad en cuanto a la edad para contraer matrimonio, mediante una sentencia aditiva introdujo una nueva norma estableciendo una edad igualitaria para ello.[778] La impugnante había considerado que al establecerse en dicha norma una edad mínima diferenciada por razón del género para contraer matrimonio, se violaba el derecho a la igualdad y no discriminación entre hombre y mujer que garantiza el artículo 21 de la Constitución. Al solicitar la nulidad, la impugnante precisó que de declararse la nulidad solicitada, la Sala Constitucional debía proceder a "definir el alcance de los efectos de su decisión, así como establecer las condiciones y requisitos exigibles para la celebración del matrimonio." A pesar de la opinión en contrario del Procurador General de la República, la Sala Constitucional llegó a la conclusión de que la norma resultaba incompatible con los postulados constitucionales insertos en el artículo 21 de la Constitución, considerando la diferenciación de edad para contraer matrimonio como "una rémora del pasado donde el matrimonio era concebido como única institución civil para reconocer la reproducción de la especie humana" considerando que respondía a la idea de la "naturaleza biológica de la mujer [como] quedando relegada a su función reproductora," lo que considero formaba "parte del pasado." En definitiva, la Sala Consideró que:

> "el fundamento biológico-reproductivo para distinguir la edad para contraer matrimonio en función del sexo no supera el *test* de constitucionalidad, considerando el hecho de que actualmente el rol de la mujer en el matrimonio y en la sociedad supera con creces la simple función reproductora, y la mujer, en su recreación abstracta, ha dejado de ser sujeto pasivo objeto de tutela estatal por estar cercana a la incapacidad para ejercer sus derechos desde un ámbito de libertad y empoderamiento de su valía individual."

El resultado fue que la Sala declaró con lugar la acción de constitucionalidad y anuló parcialmente la norma impugnada "al establecer condicionamientos diferenciados en función del género y a la igualdad entre los futuros contrayentes," procediendo luego a analizar entre las dos edades (14 o 16 años) cuál debía ser utilizada "como referente igualador," llegando a la conclusión de que debía ser los 16 años, ya que la edad de 14 años podía consentir "la indebida incursión de adolescentes en

---

777 *Idem*, pp. 587.

778 *V.*, sentencia Nº 1353 de 16 de octubre de 2014, en http://www.tsj.gov.ve/decisiones/scon/octubre/170070-1353-161014-2014-10-0161.HTML.

un proyecto de vida tan complejo como el matrimonio," y podía permitir a los adolescentes, "a una edad tan temprana, abandonar sus estudios, su preparación profesional, su recreación y todas las actividades propias de la adolescencia que en conjunto configuran la personalidad del adulto sano, poniéndoles fin a su niñez, para lidiar con las complicaciones del matrimonio, el hogar y los hijos, viendo frustradas sus posibilidades de desarrollo progresivo y proporcional en otras áreas más cónsonas con su muy temprana edad."

De todo lo anterior concluyó entonces la Sala, renunciando a declarar la anulación íntegra de la norma, pues ello "crearía una incertidumbre acerca de la capacidad matrimonial" que no resultaría conveniente, procediendo entonces en una sentencia de anulación parcial interpretativa, a declarar:

> "que la satisfacción del derecho a la igualdad se logra con la equiparación al límite máximo (16 años de edad) para que varones y hembras -es mucha abstracción social afirmar que con 16 años se es hombre y mujer- puedan contraer matrimonio, por lo que se declara la nulidad parcial del artículo 46 del Código Civil en la parte que comporta la inconstitucionalidad, es decir, a aquella que establece: ***"la mujer que no haya cumplido catorce (14) años de edad y el varón"***, y a través de una interpretación constitucionalizante, sin distinción de género, se equipara a dieciséis (16) años la edad mínima requerida para contraer matrimonio, entendiéndose, a partir de la publicación del presente fallo en la Gaceta Judicial y Oficial, que la inteligencia de la norma se refiere a que "*no podrá contraer válidamente matrimonio la persona que no haya cumplido dieciséis (16) años*".

Finalmente la Sala exhortó a "la Asamblea Nacional a considerar la reforma del artículo 46 del Código Civil y valore las preocupaciones vertidas por la Sala en esta sentencia," particularmente en el sentido de "contemplar que la edad válida para contraer matrimonio se adquiera a la mayoría de edad (18 años)," como lo recomendó el *Comité de los Derechos del Niño de la Organización de las Naciones Unidas,* en un Informe Periódico que se cita expresamente en la sentencia.[779]

En todo caso, en estos casos de medios judiciales establecidos o desarrollados para el control de las omisiones legislativas, en cualquier caso, siempre es importante tener en cuenta la advertencia dada por el juez Cardozo de la Corte Suprema de los Estados Unidos sobre el problema que implica, debido al hecho de que "la falta de acción legislativa o la incapacidad de los grupos de obtener los votos necesarios para aprobar la legislación deseada, puede conducir a intentos de que el poder judicial logre mediante el control de constitucionalidad lo que el legislador se ha negado a hacer".[780]

---

779 *V.*, sentencia Nº 1353 de 16 de octubre de 2014, en http://www.tsj.gov.ve/decisiones/scon/octubre/170070-1353-161014-2014-10-0161.HTML.

780 *V.*, Christopher Wolfe, *The Rise of Modern Judicial Review. From Constitutional Interpretation to Judge-Made Law*, Basic Books, New York 1986, p. 238; *La transformación de la interpretación constitucional*, Civitas, Madrid 1991, p. 325.

VI. ASPECTOS DE LA PROTECCIÓN CONSTITUCIONAL DE LOS DERECHOS SOCIALES EN AMÉRICA LATINA, CON PARTICULAR REFERENCIA AL DERECHO A LA SALUD

1. *Algunos enfoques en la protección constitucional de los derechos sociales en América Latina: el caso de Colombia, Venezuela y República Dominicana*

La cuestión más importante en materia de control judicial de los derechos constitucionales en América Latina, mediante el ejercicio de las acciones de amparo, es la relativa a la protección de los derechos económicos, sociales y culturales. En algunos países, muchos de esos derechos no están declarados en las Constituciones, careciendo, por consiguiente, de protección judicial constitucional al no tener rango constitucional. En otros países, como es el caso de Colombia y Chile, muchos de esos derechos sociales no se consideran "derechos fundamentales", los cuales son, en general, los únicos que se pueden proteger mediante las acciones de *tutela* y de protección.

No obstante, incluso en países que no establecen distinción alguna respecto de los derechos protegidos, la cuestión del control jurisdiccional de esos derechos económicos, sociales y culturales sigue siendo un punto importante, particularmente porque en algunos casos las normas constitucionales establecen políticas y obligaciones para el estado, cuya concreción requiere algún tipo de legislación adicional para su plena viabilidad.

Los derechos constitucionales, y muy especialmente los derechos sociales, con base en el principio de alteridad, generalmente implican el establecimiento de una obligación del Estado de proveer o prestar determinados servicios o cumplir determinadas actividades o prestaciones, para lo cual el gasto público debe disponerse respecto de cada servicio, dependiendo de las decisiones políticas del gobierno. Por tanto, una discusión general que se ha planteado que relación con estas disposiciones que establecen tales derechos es en relación a su exigibilidad sólo después que el Congreso sancione la legislación que disponga el alcance de su disfrute (así como también las obligaciones del Estado y su financiamiento) y después que el Poder Ejecutivo adopte políticas públicas específicas. Esta aproximación, en todo caso, también ha sido cuestionada, en particular con base en el principio de la conexión que existe entre los derechos sociales y los individuales, que implican la necesidad de considerar nuevos principios derivados del concepto de Estado Social.

Por ejemplo, a este respecto, la Corte Constitucional colombiana en su sentencia N° T-406 del 5 de junio de 1992, estableció el principio que esos derechos tienen su razón de ser en el hecho que su satisfacción mínima es una condición indispensable para el disfrute de los derechos civiles y políticos que "sin el respeto de la dignidad humana en cuanto a sus condiciones materiales de existencia, toda pretensión de efectividad de los derechos clásicos de libertad e igualdad formal consagrados en el capítulo primero del título segundo de la Carta, se reducirá a un mero e inocuo formalismo". Por eso, la Corte Constitucional consideró que "la intervención judicial en el caso de un derecho económico social o cultural es necesaria cuando ella sea indispensable para hacer respetar un principio constitucional o un derecho fundamental". En consecuencia, según la Corte Constitucional, el ejercicio de los derechos sociales, económicos y culturales no se puede limitar a la relación política entre el constituyente y el legislador, en el sentido que la eficacia de la Constitución no puede estar sólo en manos del legislador. Al contrario, "la norma constitucional no tendría ningún valor y la validez de la voluntad constituyente quedaría supeditada a la voluntad legislativa."[781]

Sin embargo, basándose en estos argumentos, la Corte Constitucional de Colombia concluyó su sentencia diciendo que debido al hecho que "la aplicación de los derechos económicos sociales y culturales plantea un problema no de generación de recursos sino de asignación de recursos y por lo tanto se trata de un problema político [...] la aceptación de la tutela para los derechos en cuestión, sólo cabe en aquellos casos en los cuales exista violación de un derecho fundamental."[782]

A partir de esta sentencia, el principio de la "conexión" entre los derechos sociales y los derechos fundamentales con respecto a su control jurisdiccional, desarrollado en otros países como México (derecho a la vida) y los Estados Unidos (no discriminación), también se ha aplicado en Colombia.

En consecuencia, en esos países, cuando no exista tal conexión entre un derecho fundamental y uno social, éste último no puede ser protegido, por sí mismo, mediante una acción de *tutela* como, por ejemplo, fue el caso del derecho constitucional a tener una vivienda o habitación digna, con respecto al cual, la misma Corte Constitucional colombiana decidió que, en tal caso, "al igual que otros derechos de contenido social, económico o cultural, no otorga a la persona un derecho subjetivo para exigir del Estado en una forma directa e inmediata su plena satisfacción."[783]

Estos problemas relativos a las condiciones políticas necesarias para la efectividad de algunos derechos sociales, económicos y culturales ha sido la base de la discusión, en derecho constitucional contemporáneo, no acerca de si esos derechos (como la educación, la salud, la seguridad social o la vivienda) tienen o no rango constitucional sino acerca de si pueden ser objeto de protección judicial constitucional, es decir, acerca de la posibilidad de exigir su cumplimiento mediante acciones judiciales contra el Estado.

Fue esta misma discusión la que se planteó en Venezuela, y la cual fue considerada por la Sala Constitucional del Tribunal Supremo de Justicia, en sentencia Nº 1002 de 26 de mayo de 2004 (caso: *Federación Médica Venezolana vs. Ministra de Salud y Desarrollo Social y el Presidente del Instituto Venezolano de los Seguros Sociales*), [784] en la cual la Sala Constitucional concluyó señalando que si bien los derechos económicos, sociales y culturales gozan, como cualquier derecho, de tutela jurisdiccional, sin embargo, para saber cuándo se está en presencia de uno de esos derechos "debe existir un relación jurídica perfectamente definida donde la lesión de los mismos provenga de una modificación de la esfera jurídica del ciudadano o de un colectivo." Además, precisó la Sala que "la actividad estatal destinada a satisfacer la procura existencial es una actividad de gran contenido político" que "puede traducirse bien en actos o bien en políticas," de lo que estableció la distinción de que si bien "esos actos pueden ser objeto de control jurisdiccional en sus elementos

781 *V.*, Sentencia T-406 del 5 de junio de 1.992 en Manuel José Cepeda, *Derecho Constitucional Jurisprudencial. Las grandes decisiones de la Corte Constitucional*, Legis, Bogotá, 2001, p. 61.

782 *Idem*, p. 61.

783 *V.*, sentencia T-251 del 5 de junio de 1995, *Idem*, p. 486.

784 *V.*, en *Revista de Derecho Público*, Nº 97-98, Editorial Jurídica Venezolana, Caracas 2004, pp. 143.

jurídicos" no lo pueden ser en sus elementos "políticos" pues "las políticas no son objeto, en principio, de control jurisdiccional sino de control político," razón por la cual "esa imposibilidad del juez no puede ser entendida como una negación del derecho de acción de los ciudadanos."

La acción de amparo decidida en la sentencia había sido intentada por la Federación Médica Venezolana en la cual impugnó "(...) *la insuficiente dotación de los insumos, equipos médicos y mantenimiento de la infraestructura hospitalaria a nivel Nacional, y en general todo lo relacionado con la salud* (...)", pretendiendo que se ordenase judicialmente "la remisión de los recursos económicos a los centros hospitalarios, así como la inmediata asignación, ejecución y entrega del presupuesto para la adquisición de los insumos, dotación médica, equipos y materiales instrumentales a los hospitales y ambulatorios del país."

La Sala Constitucional declaró sin lugar el amparo, considerando que con el mismo se buscaba ejercer un control de políticas públicas que consideró que no era procedente. Para llegar a esa conclusión, la sentencia comenzó por hacer un breve recuento histórico de la distinción entre los derechos sociales y los derechos civiles y políticos, estos últimos considerados como "susceptibles de aplicación inmediata -por requerir obligaciones de abstención por parte del Estado-, mientras que los derechos económicos, sociales y culturales eran implementados por reglas susceptibles de aplicación progresiva -por implicar obligaciones positivas -", concluyendo que a pesar de su complementariedad actual, el debate "sobre la distinción entre el rol de los Estados en materia de derechos económicos, sociales y culturales y los límites a establecer a sus acciones en lo que concierne a los derechos civiles y políticos," no se ha eliminado, pues sigue en "plena discusión la diferencia del grado de exigibilidad de las obligaciones que de esos derechos se derivan frente al Estado," diferencia que a juicio de la Sala no es ya de orden normativo, sino sólo de orden "procesal y operacional."

En ese contexto, sin embargo, la Sala Constitucional fue precisa en entender que de acuerdo con la Constitución de 1999, al establecerse los derechos económicos, sociales y culturales como derechos fundamentales, los mismos son susceptibles de protección mediante la acción de amparo, precisando que el asunto en discusión está en "determinar cuándo se está exigiendo el cumplimiento de un derecho económico, social o cultural, y cuándo se está exigiendo que la Administración cumpla con la cláusula de Estado Social de Derecho" como "valor político de la actividad estatal destinada a satisfacer la *procura existencial*," que por sí misma no implica la previsión de derechos constitucionales.

De allí pasó la Sala a considerar sobre la política, que si bien los actos de la misma que se dictan "en ejecución, diseño, planificación, evaluación y seguimiento de las líneas de gobierno y del gasto público," pueden ser controlados, ello sólo es posible por los órganos jurisdiccionales, "en sus elementos jurídicos" escapando al control del juez "los criterios de oportunidad y conveniencia," pues:

> "de lo contrario se vulneraría la libertad con la que debe contar el Estado para adoptar y aplicar las políticas que considere más eficaces para la consecución de sus fines (entre los que está las garantías de goce y disfrute de los derechos prestacionales), lo que explica que el único control sobre tales aspectos sea, en principio, el político a través de los diferentes medios de participación que la Constitución y las leyes establecen (la ciudadanía, durante el ejercicio de la

función gubernativa y administrativa, ante la evidente incapacidad de la Administración de planificar de forma eficaz y eficiente su actividad para satisfacer la *procura existencial*, retirará la confianza que mediante el sufragio le otorgó a sus representantes, como muestra de un proceso de deslegitimación de los actores)."

La Sala, con ello, lo que buscó fue "recalcar la imposibilidad del juez de entrar a cuestionar la oportunidad y conveniencia de la administración, del gobierno o de la legislación, o la imposibilidad material o técnica que en ocasiones existe de hacer efectivos, esto es, ejecutables, los fallos que ordenan el cumplimiento de determinadas obligaciones, no de negar el derecho de acción de los ciudadanos." Es decir, "en la actuación política, el Estado goza de una libertad de configuración propia que no puede ser sustituida legítimamente por el Poder Judicial,." De manera que "la libertad de configuración política hace que ese control judicial, mientras no se afecte un derecho, no exista."

Pero en cuanto a la protección y control de derechos, y no de políticas públicas, lo fundamental para la Sala Constitucional es el poder llegar a "la identificación del núcleo esencial de los derechos económicos, sociales y culturales-," para lo cual lo esencial es determinar que " esté en presencia de una relación jurídica perfectamente definida donde la lesión provenga de una modificación de la esfera jurídica del ciudadano o de un grupo de estos que amerite la tutela del derecho lesionado a través de los órganos jurisdiccionales" y que a juicio de la Sala fue lo que por ejemplo:

> "sucedió en el caso decidido por la sentencia N° 487/2001 (caso: *Glenda López y otros vs IVSS*), en el que los accionantes figuraban como afiliados al sistema de seguridad social, y, sin embargo, no se les suministraba el tratamiento médico, o el caso decidido por la Sala Político-Administrativa de la entonces Corte Suprema de Justicia, el 14 de agosto de 1998 (caso: Instituto Psiquiátrico Rural Virgen del Rosario, C.A), o por la Corte Primera de lo Contencioso Administrativo, el 13 de diciembre de 2001 (caso: *Abel Peñalosa y otros vs Consejo Nacional de la Vivienda*). No obstante, en este punto se debe aclarar que la identificación del contenido mínimo no puede pretender sugerir determinadas políticas como las únicas, mejores o más satisfactorias para alcanzar la realización de un derecho, sino fijar un marco básico de referencia cuya insatisfacción permita establecer el incumplimiento de las obligaciones del Estado, independientemente de las políticas implementadas.

Lo expresado por la Sala en la sentencia entre control político de políticas públicas y control judicial de actos que afecten derechos constitucionales, la llevó a afirmar que: "El Poder Judicial no puede sustituir al Legislativo o Ejecutivo en la formulación de políticas sociales," y

> "como quiera que la realización de las políticas económicas, sociales y culturales depende de los recursos existentes, el Poder Judicial posee la facultad de controlar, en sentido positivo, que el Estado haya utilizado el máximo de los recursos disponibles teniendo en cuenta su estado económico -lo que incluye medidas legislativas-, y, en sentido negativo, la ausencia absoluta de políticas económicas, sociales o culturales (pues vacían el núcleo esencial de los derechos respectivos), así como aquellas políticas que se dirijan, abiertamente, al menoscabo de la situación jurídica que tutela los derechos económicos, sociales

o culturales, supuestos que colocan en cabeza del Estado la carga probatoria, así como también implica, con respecto al primero, un análisis de la distribución del gasto social."

Por todo ello, la Sala Constitucional concluyó que en cuanto al amparo constitucional, dada su naturaleza restablecedora, "la posibilidad de controlar jurisdiccionalmente las políticas económicas, sociales y culturales (por ejemplo, que el Estado "cumpla con la cláusula de Estado Social de Derecho") no abarca esta garantía constitucional," siendo en cambio protegibles los derechos, para lo cual es necesario que la pretensión de amparo coincida con el "único elemento identificado del núcleo esencial de los derechos económicos, sociales y culturales" que es "la existencia de una relación jurídica perfectamente definida." De todo lo cual concluyó la Sala Constitucional, al declarar sin lugar la acción de amparo que había intentado la federación Médica Venezolana contra el Ministerio de Sanidad, que

> "la cuantía de los presupuestos, su distribución y la consignación de las cantidades necesarias para que los servicios de sus respectivas competencias estén dotados de los medios personales, financieros y materiales que posibiliten una prestación eficiente, es una actividad netamente política [...] eminentemente abstracta y constitutiva y, por tanto, imposible de ser objeto de amparo constitucional destinado, como se sabe, al restablecimiento de situaciones jurídicas (concretas) infringidas."

En la República Dominicana, el Tribunal Constitucional también ha tenido ocasión de pronunciarse sobre el tema de la protección de los derechos sociales en sentencia N° 203 del 13 de noviembre de 2013 dictada con ocasión de una revisión de una sentencia de amparo (N° 008-2012) emanada de la Primera Sala del Tribunal Superior Administrativo, el 31 de enero de 2012, la cual fue revocada,[785] dándose protección a los derechos fundamentales de igualdad, protección de las personas de la tercera edad y con discapacidad, y a la seguridad social, consagrados en los artículos 39, 57, 58 y 60 de la Constitución, y sobre los cuales el Tribunal Constitucional no había establecido criterios que permitan su esclarecimiento.

Para decidir, el Tribunal Constitucional comenzó constatando que el artículo 7 de la Constitución consagra, el Estado Social y Democrático de Derecho, "fundado en el respeto de la dignidad humana, los derechos fundamentales," estableciendo el artículo 8 como función esencial del Estado, la protección efectiva de los derechos de la persona, el respeto de su dignidad y la obtención de los medios que le permitan perfeccionarse de forma igualitaria, equitativa y progresiva, dentro de un marco de libertad individual y de justicia social, compatibles con el orden público, el bienestar general y los derechos de todos y todas. Además, en su artículo 57, la Constitución protege a las personas de la tercera edad", disponiendo que "la familia, la sociedad y el Estado concurrirán para la protección y la asistencia de las personas de la tercera edad" y, asimismo, que el Estado "garantizará los servicios de la seguridad social integral". También constató el Tribunal Constitucional que en su artículo 58, la Constitución asigna una responsabilidad fundamental del Estado en la promoción,

785 *V.*, la sentencia N° 203 del 13 de noviembre de 2013 del Tribunal Constitucional en http://www.tribunalconstitucional.gob.do/sites/default/files/documentos/Sentencia%20TC%200203-13%20C.pdf.

protección y aseguramiento del "goce de todos los derechos humanos y libertades fundamentales de las personas con discapacidad, en condiciones de igualdad, así como el ejercicio pleno y autónomo de sus capacidades", para lo cual el Estado "adoptará las medidas positivas necesarias para propiciar su integración familiar, comunitaria, social, laboral, económica, cultural y política". Y por último, igualmente el Tribunal Constitucional precisó que conforme al artículo 60 de la Constitución, el derecho a la seguridad social en favor de todas las personas y, en tal sentido, la responsabilidad del Estado en la estimulación de su "desarrollo progresivo (...) para asegurar el acceso universal a una adecuada protección en la enfermedad, discapacidad, desocupación y la vejez"

Con base en todos estos principios, la sentencia Nº 23 del Tribunal Constitucional comenzó por considerar que el derecho a la seguridad social "es un derecho fundamental, como tal inherente a la persona, y es, asimismo, un derecho prestacional, en la medida en que implica un derecho a recibir prestaciones del Estado;" y que el mismo, "en particular de las personas envejecientes y que sufren de alguna discapacidad, se encuentra revestido de la fuerza que aporta el texto supremo, que lo hace de cumplimiento obligatorio, máxime porque el derecho a la seguridad social responde también al principio de progresividad consagrado en el artículo 8 de la Constitución."

El derecho a la seguridad social, por tanto, para el Tribunal Constitucional "constituye la garantía del derecho a vivir una vida digna frente al desempleo, la vejez, la discapacidad o la enfermedad" sustentándose "en los principios de universalidad y solidaridad," por lo que el mismo "puede ser reivindicado mediante la acción de amparo," a cuyo efecto, sin embargo "los jueces deben ponderar las particularidades de cada caso concreto," correspondiendo al accionante, para hacer valer su derecho, "acreditar su procedencia, y cumplir con los requisitos establecidos por algunas leyes particulares."

A tal efecto, a los efectos de la garantía del derecho y de su justiciabilidad, por tanto, según lo decidido por el Tribunal Constitucional, no bastan las declaraciones constitucionales, sino que se hace necesario

> "que los mecanismos creados por el constituyente y el legislador sean realmente efectivos, logren realizar los principios sobre los cuales se fundan, tales como los de eficacia, de razonabilidad y de celeridad, todos los cuales quedan vulnerados y, con ellos, la integridad de algunos derechos fundamentales, cuando, como en la especie, la administración no ha sido lo suficientemente proactiva y sensible para atender los reclamos de un trabajador que, por las condiciones propias de su existencia particular, conforman y definen prácticamente su vida."

En definitiva, la efectividad del derecho sólo "es posible cuando se cuenta con una administración pública cuya actuación se encuentre sujeta a los principios de legalidad, eficacia, jerarquía, objetividad, igualdad, transparencia, economía, publicidad, coordinación," siendo además, "la eficacia en la actuación de la administración" uno de los soportes que garantizan la protección efectiva de sus derechos fundamentales. Esto implica, conforme al artículo 26 de la Convención Americana de Derechos Humanos, y según el criterio del Tribunal Constitucional, que "los gobiernos tienen la obligación de asegurar condiciones que, de acuerdo con los recursos materiales del Estado, permitan avanzar gradual y constantemente hacia la más plena realización de tales derechos", lo que a su vez "exige en la mayoría de los casos un gasto público destinado a programas sociales", y, por tanto, exige además "el uso efectivo de los recursos disponibles para garantizar un nivel de vida mínimo para todos."

En ese marco, y cumplidos esas exigencias, según criterio del Tribunal Constitucional:

> "es innegable que la tardanza innecesaria e indebida en la atención a las solicitudes de los particulares pueden constituirse en violaciones a derechos fundamentales, máxime cuando éstos derechos se encuentran íntimamente vinculados con la satisfacción de las necesidades básicas para la subsistencia digna de una persona envejeciente que, sin las atenciones mínimas, se expone a penurias y enfermedades, por lo que su atención debe ser una prioridad para el Estado.

2. *Algunos casos jurisprudenciales clásicos en materia de protección del derecho constitucional a la salud en América Latina*

Como se puede apreciar de lo anterior, sin duda, uno de los derechos sociales en torno a cuya protección constitucional han intervenido activamente los Tribunales Constitucionales en América Latina ha sido el derecho a la salud o más precisamente, el derecho a la protección de la salud, que está consagrado en la totalidad de las Constituciones latinoamericanas, aun cuando enunciado en forma diferente.

A. *Los enunciados constitucionales en torno al derecho a la salud*

En efecto, algunas Constituciones se refieren a la salud como un bien público, como es el caso de El Salvador (art. 65) y Guatemala (art. 95), donde se dispone que el Estado y las personas individuales tienen el deber de atender a su cuidado y recuperación. En contraste, en otras Constituciones como las de Bolivia (art. 7, a), Brasil (arts. 6 y 196), Ecuador (art. 46), Nicaragua (art. 59) y Venezuela (art. 84), se dispone del "derecho a la salud" como un derecho constitucional e incluso como derecho constitucional "fundamental" (Venezuela, art. 83), que corresponde por igual a todos, como también se expresa en la Constitución de Nicaragua (art. 59). Este principio de igualdad se reafirma en la Constitución de Guatemala al disponer que "El goce de la salud es derecho fundamental del ser humano, sin discriminación alguna." (art. 93). En otras Constituciones, el derecho a la salud deriva del reconocimiento del rango constitucional del Pacto Internacional de Derechos Económicos, Sociales y Culturales, como es el caso de Argentina (art. 75).

Ahora bien, con esta fórmula constitucional del "derecho a la salud," lo que las Constituciones han establecido es un derecho constitucional de todos a recibir protección a su salud por parte del Estado, el cual a su vez tiene la obligación, junto con toda la sociedad, de procurar el mantenimiento y la recuperación de la salud de las personas. Es el sentido por ejemplo de la previsión del artículo 61 de la Constitución de la República Dominicana de 2010 cuando al regular el "derecho a la salud," expresando que "toda persona tiene derecho a la salud integral," precisa que "en consecuencia":

> "1) El Estado debe velar por la protección de la salud de todas las personas, el acceso al agua potable, el mejoramiento de la alimentación, de los servicios sa-

nitarios, las condiciones higiénicas, el saneamiento ambiental, así como procurar los medios para la prevención y tratamiento de todas las enfermedades, asegurando el acceso a medicamentos de calidad y dando asistencia médica y hospitalaria gratuita a quienes la requieran."

Es por eso que otras Constituciones latinoamericanas, en lugar de referirse al "derecho a la salud," establecen de modo más preciso el derecho de las personas a "la protección de la salud", como se establece en Honduras (art. 145), Chile (art. 19, 9), México (art. 4), Perú (art. 7), y Colombia (art. 49). Esto implica, en términos generales, como se dispone en la Constitución de Panamá, que se trata de un "derecho a la promoción, protección, conservación, restitución y rehabilitación de la salud y la obligación de conservarla, entendida ésta como el completo bienestar físico, mental y social" (art. 109). Este derecho, también declarado en la Constitución de Paraguay, implica la obligación del Estado que "protegerá y promoverá la salud como derecho fundamental de la persona y en interés de la comunidad" (art. 68).

En consecuencia, este derecho a la salud, en el sentido de un derecho a ser protegido por el Estado, eventualmente implica el derecho de todos a tener igual acceso a los servicios públicos establecidos para cuidar de la salud del pueblo, como lo establece la Constitución de Chile, que dispone que "El Estado protege el libre e igualitario acceso a las acciones de promoción, protección y recuperación de la salud y de rehabilitación del individuo" (art. 19, 9).

Para garantizar el acceso a los servicios de salud, las Constituciones latinoamericanas establecen diferentes enunciados. Por ejemplo, la Constitución de El Salvador declara que el Estado debe dar "asistencia gratuita a los enfermos que carezcan de recursos, y a los habitantes en general, cuando el tratamiento constituya un medio eficaz para prevenir la diseminación de una enfermedad transmisible" (art. 66). La Constitución de Uruguay establece que "El Estado proporcionará gratuitamente los medios de prevención y de asistencia tan sólo a los indigentes o carentes de recursos suficientes" (art. 44); y en Panamá, la Constitución establece que "Estos servicios de salud y medicamentos serán proporcionados gratuitamente a quienes carezcan de recursos económicos" (art. 110.5). Por su parte en la Constitución de Paraguay se dispone que "Nadie será privado de asistencia pública para prevenir o tratar enfermedades, pestes o plagas, y de socorro en los casos de catástrofes y de accidentes" (art. 68).

En otros casos, las Constituciones sólo expresan principios generales que se refieren a las normativas que deben establecerse por la ley. Éste es el caso de la Constitución colombiana (art. 49), que dispone que el legislador "señalará los términos en los cuales la atención básica para todos los habitantes será gratuita y obligatoria;" y éste es también el caso de la Constitución mexicana, que indica que "la ley definirá las bases y modalidades para el acceso a los servicios de salud" (art. 4).

Para todas estas disposiciones constitucionales, además de los deberes de solidaridad general que se imponen a todos para procurar condiciones sostenidas de salubridad, también se imponen una serie de obligaciones al Estado y a las entidades públicas, que eventualmente son las que determinan el alcance de su control jurisdiccional.

Por ejemplo, la Constitución panameña establece que "Es función esencial del Estado velar por la salud de la población de la República" (art. 109); y la Constitución de Guatemala establece como obligación del Estado "la salud y la asistencia social de todos los habitantes" y el "desarrollo" a través de sus instituciones de "acciones de prevención, promoción, recuperación, rehabilitación, coordinación y las complementarias pertinentes a fin de procurarles el más completo bienestar físico, mental y social" (art. 94). La Constitución venezolana, después de declarar la salud como derecho fundamental, también dispone, como obligación del Estado, la garantía a la salud como parte del derecho a la vida (art. 83); y la Constitución hondureña establece que "el Estado conservará el medio ambiente adecuado para proteger la salud de las personas" (art. 145).

En este asunto de las obligaciones del Estado con respecto a la salud, otras Constituciones contienen previsiones más detalladas, como es el caso, por ejemplo, de Panamá (art. 106) y Bolivia (art. 158, 1) con respecto a las políticas generales asignadas al Estado. La Constitución de Ecuador de 2008 en esta orientación dispuso en su artículo 32:

> "La salud es un derecho que garantiza el Estado, cuya realización se vincula al ejercicio de otros derechos, entre ellos el derecho al agua, la alimentación, la educación, la cultura física, el trabajo, la seguridad social, los ambientes sanos y otros que sustentan el buen vivir. El Estado garantizará este derecho mediante políticas económicas, sociales, culturales, educativas y ambientales; y el acceso permanente, oportuno y sin exclusión a programas, acciones y servicios de promoción y atención integral de salud, salud sexual y salud reproductiva. La prestación de los servicios de salud se regirá por los principios de equidad, universalidad, solidaridad, interculturalidad, calidad, eficiencia, eficacia, precaución y bioética, con enfoque de género y generacional."

En la misma orientación, la Constitución de Perú determina que "el Estado determina la política nacional de salud" (art. 9), y la Constitución de El Salvador prescribe que "El Estado determinará la política nacional de salud y controlará y supervisará su aplicación" (art. 65). En Nicaragua, la Constitución determina que el Estado debe establecer "las condiciones básicas para su promoción, protección, recuperación y rehabilitación. Corresponde al Estado dirigir y organizar los programas, servicios y acciones de salud y promover la participación popular en defensa de la misma" (art. 59). En Brasil, el Estado tiene el deber constitucional de garantizar la salud como derecho de todos "mediante políticas sociales y económicas que tiendan a la reducción del riesgo de enfermedad y de otros riesgos y al acceso universal e igualitario a las acciones y servicios para su promoción, protección y recuperación" (art. 196).

La consecuencia general de todas estas disposiciones constitucionales, que establecen la obligación del Estado de prestar servicios de salud por el derecho constitucional de las personas a que se proteja la misma, es que tales obligaciones siempre se materializan en el establecimiento de servicios de salud para las personas. Esto está expresamente dispuesto en la Constitución colombiana al declarar que "la atención de la salud y el saneamiento ambiental son servicios públicos a cargo del Estado" (art. 49) y en la constitución boliviana que establece que "el servicio y la asistencia sociales son funciones del Estado" y que las normas relativas a la salud pública son "de carácter coercitivo y obligatorio" (art. 164).

En todos estos casos, la consecuencia de una disposición constitucional que establezca la obligación del Estado de proteger la salud o de prestar un servicio público para cuidar la salud personal es la existencia de un derecho constitucional a recibir las prestaciones y utilizar tal servicio, lo que en consecuencia implica su justiciabilidad, es decir que, en principio, pueden ser reclamados judicialmente y opuestos frente al Estado. El tema, sin embargo, no ha tenido un tratamiento igual en América Latina.

La protección judicial del derecho a la salud, en efecto, depende del modo como las normas específicas han sido establecidas en la Constitución y en las leyes de la materia. Por ejemplo, sólo en casos excepcionales se dispone expresamente la protección judicial del derecho a la salud, como es el caso de Perú, donde el Código Procesal Constitucional expresamente establece que el recurso de amparo puede intentarse para la protección del derecho "a la salud" (art. 37, 24). En el caso de Chile, la constitución sólo se refiere al recurso con miras a la protección del "derecho a elegir el sistema de salud" (art. 19, 9).

Aparte de estas dos disposiciones, no existen en Latinoamérica normas constitucionales o legales expresas respecto al proceso de amparo para exigir el derecho a la salud, lo que por supuesto no excluye la posibilidad de tal protección judicial, como resulta de la jurisprudencia sentada en la materia por los tribunales constitucionales, como ha sucedido por ejemplo en Argentina, Perú, Colombia, Costa Rica, Chile, Venezuela y República Dominicana. En esta materia, varias tendencias se pueden distinguir, con carácter progresivo. Una primera tendencia sería, la protección de la salud como derecho colectivo, basada en el interés colectivo. Una segunda tendencia resulta de la protección del derecho a la salud en casos concretos, en relación con el derecho a la vida y cuando una relación legal particular se ha establecido o existe entre el accionante y la entidad pública que actúa en calidad de parte demandada, como la que se deriva de los programas de Seguridad Social a los que contribuye el individuo. En este caso, debido a la íntima "conexión" con otros derechos fundamentales, como el derecho a la vida, los tribunales han rechazado también el carácter "programático" atribuido al derecho a la salud. Y una tercera tendencia sería la protección judicial limitada del derecho a la salud, sujeta a la política estatal vigente al respecto, en particular con respecto a la distribución y disponibilidad de fondos públicos.

B. *La protección del derecho a la salud como derecho colectivo*

La primera tendencia de la protección constitucional del derecho a la salud se basa en su consideración como un derecho colectivo, como se establece en el Pacto Internacional de Derechos Económicos, Sociales y Culturales, cuyo art. 12,1 dispone que los Estados Partes "reconocen el derecho de toda persona al disfrute del más alto nivel posible de salud física y mental" y en consecuencia, según el art. 12, 2, c, se prescribe que los pasos que deben seguir los Estados Partes para lograr la plena realización de este derecho incluyen los necesarios para "la prevención y el tratamiento de las enfermedades epidémicas, endémicas, profesionales y de otra índole, y la lucha contra ellas."

En Argentina, la Constitución (art. 75, 22) ha dado rango constitucional al Pacto Internacional y, en consecuencia, el derecho colectivo a la salud ha sido aplicado por los tribunales. Éste fue el caso de una acción de amparo decidida por la Cámara Nacional de Apelaciones en lo Contencioso-Administrativo Federal, el 2 de junio de 1998 (*Viceconte, Mariela c. Estado Nacional (Ministerio de Salud y Ministerio de Economía de la Nación) s/ caso Acción de Amparo*), que fue intentado como una acción colectiva de amparo por Mariela Viceconte para obligar al Estado a producir la vacuna *Candid 1*, basada en su propio derecho a la salud y el de otros millones de personas expuestas al contagio con "Fiebre Hemorrágica Argentina."

La accionante alegó específicamente la violación de la obligación de prevenir, tratar y combatir enfermedades epidémicas y endémicas, según el artículo 12, 2, c del Pacto Internacional de Derechos Económicos, Sociales y Culturales y la Cámara de Apelaciones concluyó que la omisión del estado en disponer la producción de la vacuna era una violación del derecho a la salud bajo ese artículo del Pacto. Por tanto, la Cámara sentenció que el estado tenía la obligación de fabricar la vacuna y le ordenó cumplir estrictamente y sin dilación con un cronograma previamente diseñado para tal propósito por el Ministerio de Salud. La Cámara también pidió al Defensor del Pueblo que supervisara ese cronograma.[786]

C. *La protección del derecho a la salud en relación con el derecho a la vida y las obligaciones de la seguridad social*

La segunda tendencia de la protección judicial del derecho a la salud mediante la acción de amparo, se refiere a su protección en situaciones particulares derivadas de las obligaciones específicas, por ejemplo del Seguro Social, con respecto a las personas aseguradas.

Por ejemplo, se puede mencionar la decisión de la Sala Constitucional del Tribunal Supremo de Justicia de Venezuela en sentencia N° 487 del 6 de abril de 2001 (caso *Glenda López y otros vs. Instituto Venezolano de los Seguros Sociales*), por la que se protegió a una persona infectada con VIH/SIDA y quien había intentado una acción contra el Instituto de los Seguros Sociales, obligando a dicho instituto a suministrar atención médica al accionante, para lo cual el Tribunal consideró el derecho a la salud o a la protección de la salud como parte integral del derecho a la vida, establecido en la Constitución como derecho fundamental cuya satisfacción corresponde básicamente al Estado a través de acciones tendientes a elevar la calidad de la vida de los ciudadanos y al beneficio colectivo.[787]

Esta conexión entre el derecho a la salud y otros derechos fundamentales, tal como el derecho a la vida que se puede exigir de modo inmediato por medio del amparo, también es la tendencia seguida por los tribunales en Argentina, Colombia, Costa Rica y Perú.

En Colombia, como se dijo antes, la Constitución no incluye el derecho a la salud o a la protección de la salud en la lista de los "derechos fundamentales" que son los únicos protegidos por la acción de *tutela*. Sin embargo, la Corte Constitucional, para asegurar su protección judicial, ha aplicado el principio de la conexión del derecho a la salud con el derecho a la vida. Éste fue el caso en la sentencia N° T-484/92 del 11 de agosto de 1992, emitida al revisar una sentencia de *tutela* de un

---

786 *V.*, la referencia en M. Claudia Caputi, "Reseña jurisprudencial. La tutela judicial de la salud y su reivindicación contra los entes estatales" en *Revista Iberoamericana de Estudios Autonómicos*, N° 2, Goberna & Derecho, Guayaquil, 2006, pp. 145–164.

787 *V.*, en *Revista de Derecho Público*, N° 85–88, Editorial Jurídica Venezolana, Caracas 2001, pp. 139–141.

tribunal inferior, que había sido intentada contra el Instituto de los Seguros Sociales. El accionante en el caso, también contagiado de VIH/SIDA, argumentó que se había contagiado mientras estaba cubierto por el programa de Seguridad Social. El accionante obtuvo una decisión favorable del Juzgado de Primera Instancia que ordenó al Instituto continuar suministrando los servicios de salud que el accionante había estado recibiendo, y el Tribunal Constitucional, al revisar el caso, afirmó que "La salud es uno de aquellos bienes que por su carácter inherente a la existencia digna de los hombres, se encuentra protegido, especialmente en las personas que por su condición económica, "física" o mental, se hallen en circunstancias de debilidad manifiesta (C.N., art. 13)."

Al considerar el derecho a la salud como un derecho que "busca el aseguramiento del fundamental derecho a la vida (C.N., art. 11)," la Corte constitucional decidió que, debido a su naturaleza asistencial, "impone un tratamiento prioritario y preferencial por parte del poder público ... con miras a su protección efectiva."[788] La Corte, con respecto al caso específico del accionante contagiado con VIH/SIDA que recibió tratamiento de los servicios de salud del Instituto de Seguros Sociales, ratificó la decisión de *tutela* del juzgado inferior, teniendo en cuenta que, en el caso concreto, la protección del derecho a la salud era la condición para la protección de su derecho fundamental a la vida.

En un caso similar, la Sala Constitucional de la Corte Suprema de Justicia de Costa Rica, N° 2003-8377 del 8 de agosto de 2003,[789] al decidir un recurso de amparo presentado por el Defensor del Pueblo actuando por una menor agraviada (*Tania González Valle*) contra la Caja Costarricense del Seguro Social por negarse al tratamiento solicitado para una enfermedad específica (conocida como Gaucher tipo 1), argumentó que tal negativa "lesiona el derecho a la vida y a la salud de la menor" quien requería la medicina prescrita para "mantener su vida." La Sala Constitucional, después de referirse al derecho a la vida protegido en decisiones previas que se basaban en la disposición de la constitución (art. 21) que establecen la inviolabilidad de la vida humana, concluyó derivando "el derecho a la salud que tiene todo ciudadano, siendo en definitiva al Estado a quien le corresponde velar por la salud pública... (N° 5130-94 de 17:33 horas el 7 de setiembre de 1994)." La Sala también se refirió a "la preponderancia de la vida y de la salud, como valores supremos de [la sociedad, los cuales son] de obligada tutela para el Estado, [estando presentes] no sólo en la Constitución Política, sino también en diversos instrumentos internacionales suscritos por el país."[790]

En consecuencia, debido a las responsabilidades del Estado derivada de estas disposiciones, al analizar la misión y funciones de la Caja Costarricense de Seguro Social, la Sala consideró, como había declarado en sentencia previa (n° 1997-05934

---

788 Archivo N° 2.130, caso *Alonso Muñoz Ceballos*. v. en el mismo sentido, Sentencia T-534 de 24 de setiembre de 1.992, en Manuel José Cepeda, *Derecho Constitucional Jurisprudencial. Las grandes decisiones de la Corte Constitucional*, Legis, Bogotá, 2001, pp. 461 ss.

789 Archivo 03-007020-0007-CO, caso *Tania González Valle*.

790 En particular, la sentencia hacía referencia al art. 3 de la Declaración Universal de los Derechos Humanos, art. 4 de la Convención Americana de Derechos Humanos, art. 1° de la Declaración Americana de Derechos y Deberes del Hombre, art. 6 del Pacto Internacional de Derechos Civiles y Políticos, art. 12 del Pacto Internacional de Derechos Económicos, Sociales y Culturales y los arts. 14 y 26 de la Convención de Derechos de los Niños (Ley N° 7.184 del 18 de julio de 1.990).

del 23 de septiembre de 1997), "que la denegatoria de la Caja Costarricense de Seguro Social a suministrar a los pacientes de Sida la terapia antirretroviral, lesionaba sus derechos fundamentales." Divergiendo de esta afirmación, al analizar el caso particular de la menor con enfermedad de Gaucher, la Sala determinó que no estaba recibiendo el tratamiento prescrito debido a los limitados recursos financieros de la Caja de Seguro Social y concluyó que, aunque el costo de las medicinas prescritas era sin duda oneroso, sin embargo, debido a las características excepcionalmente letales de la enfermedad y a la imposibilidad de sus padres de cubrir los costos de la prescripción, confirmaba el recurso y ordenaba a la Caja de Seguro Social a proveer de inmediato la medicación específica en las condiciones prescritas por su médico[791].

En Perú, el Tribunal Constitucional, en sentencia del 20 de abril de 2.004, también protegió el derecho a la salud al decidir un recurso extraordinario de revisión intentado contra una decisión de amparo pronunciada por la Corte Superior de Justicia de Lima. Este último había concedido parcialmente la protección del amparo intentada contra el estado peruano (Ministerio de Salud), ordenándole proveer al accionante, también una persona infectada con VIH/SIDA, "atención médica integral [...] la que deberá consistir en a) la provisión constante de medicamentos necesarios para el tratamiento del VIH/SIDA [...] y b) la realización de exámenes periódicos, así como las pruebas [..]. a solicitud del médico tratante."[792] El Tribunal Constitucional, refiriéndose a los derechos protegidos por medio de la acción de amparo, aun admitiendo que "el derecho a la salud no se encuentra contemplado entre los derechos fundamentales establecidos en el artículo 2° de la Constitución, sino más bien se lo reconoce en el capítulo de los derechos económicos y sociales,"[793] concluyó –refiriéndose a la doctrina de la corte colombiana– que en "que cuando la vulneración del derecho a la salud compromete otros derechos fundamentales, como el derecho a la vida, la integridad física o el libre desarrollo de la personalidad, tal derecho adquiere carácter de derecho fundamental y, por tanto, su afectación merece protección vía la acción de amparo (STC N° T-499 Corte Constitucional de Colombia)."[794]

---

791 El Tribunal argumentó como sigue: "Este Tribunal es consciente de que los recursos económicos del sistema de seguridad social son escasos, sin embargo considera que el desafío principal que la Caja Costarricense de Seguro Social enfrenta en esta etapa de su desarrollo institucional, en el que se han logrado para Costa Rica estándares de calidad de vida y salud comparables a los de los países desarrollados, radica en optimizar el manejo de los recursos disponibles, disminuir costos administrativos, para que los recursos del sistema de seguro de salud sean invertidos eficientemente. La Sala aprecia que el medicamento prescrito a la amparada es ciertamente muy oneroso, sin embargo, en atención a las características excepcionales de la enfermedad que sufre, que es letal y dado que se ha descartado que sus padres tengan la posibilidad de colaborar en la adquisición de los medicamentos mediante estudios de trabajo social, con fundamento en los artículos 21 y 173 de la Constitución Política y 24 y 26 de la Convención de los Derechos del Niño procede declarar con lugar el recurso. La estimación del recurso implica que la Caja Costarricense de Seguro Social debe suministrar de inmediato a Tania González Valle el medicamento "Cerezyme" (Imuglucerase) en los términos prescritos por su médico tratante." Archivo 03-007020-0007-CO, caso *Tania González Valle*.

792 Archivo N° 2945-2003-AA/TC, caso *Azanca Alhelí Meza García*.

793 Desde 2.004, el derecho a la salud está establecido en el Código Procesal Constitucional, como uno de los derechos expresamente protegidos por la acción de amparo (art. 37, 24).

794 Considerando la naturaleza de los derechos económicos y sociales, como es el caso del derecho a la salud, que siempre origina obligaciones estatales dirigidas a prestar asistencia social, el Tribunal Consti-

También en Argentina, la Corte Suprema de la Nación, en sentencia del 12 de diciembre de 2.003 (caso *Asociación Esclerosis Múltiple de Salta*), reconoció la acción de amparo como el medio judicial más efectivo para ser ejercitado de modo inevitable "para la salvaguarda del derecho fundamental de la vida y de la salud."[795]

D. *La protección limitada del derecho a la salud y los recursos financieros del Estado*

La tercera tendencia referente a la protección de los derechos humanos es una restringida o limitada y en la cual el control jurisdiccional del derecho a la salud (también respecto al tratamiento del VIH/SIDA) se subordinó completamente a la disponibilidad real de recursos financieros suficientes; como fue el caso de algunas decisiones de los tribunales chilenos en 2000/2001.

En un caso, la acción de protección fue interpuesta contra el Ministerio de Salud por no prestar tratamiento médico a un grupo de pacientes con VIH/SIDA, argumentando que era una violación del derecho a la vida y al de igualdad ante la ley. El accionante exigía ser tratado con la misma terapia que se daba a otros pacientes con VIH/SIDA, que el Ministerio negaba argumentando que carecía de suficientes recursos económicos para atender a todos los pacientes con VIH/SIDA en Chile. El Tribunal de Apelaciones de Santiago determinó que la obligación del Ministerio de Sanidad, según la Ley que regula las disposiciones sobre salud (Ley nº 2763/1979), era la de proveer cuidados de salud según los recursos disponibles, y consideró que la explicación del Ministerio era razonable, y que existía un déficit de recursos económicos para proveer el mejor tratamiento disponible a los accionantes. La sentencia fue confirmada más adelante por la Corte Suprema.[796]

En otro caso de 2.001, el mismo Ministerio de Salud fue demandado por las mismas razones por pacientes con VIH en condiciones más críticas y, aunque la Corte de Apelaciones de Santiago sentenció en favor de los accionantes y ordenó al ministerio que les proveyera inmediatamente con el mejor tratamiento disponible, la Corte Suprema revocó la sentencia, alegando que el ministerio había actuado conforme a la ley.[797]

---

tucional peruano en la misma sentencia alegaba que el derecho a la salud, así como todos los llamados "*prestacionales*" (que implica hacer una prestación de algo), como la seguridad social, la salud pública, la vivienda, la educación y otros servicios públicos, constituye una de "los fines sociales del Estado a través de los cuales el individuo puede lograr su plena autodeterminación." Las personas pueden entonces "exigir" el cumplimiento de las obligaciones del estado al "requerir que el Estado adopte las medidas adecuadas para el logro de fines sociales". Sin embargo, el Tribunal reconoció que "no en todos los casos los derechos sociales son por sí mismos jurídicamente sancionables, al ser necesario el soporte presupuestal para su ejecución." Archivo Nº 2945-2003-AA/TC, caso Azanca Alhelí Meza García.

795 *V.*, Fallos: 326: 4931; y la referencia en M. Claudia Caputi, "Reseña jurisprudencial. La tutela judicial de la salud y su reivindicación contra los entes estatales," en la *Revista Iberoamericana de Estudios Autonómicos*, Nº 2, Goberna & Derecho, Guayaquil, 2006, pp. 145–164.

796 *V.*, referencia en Javier A. Courso, "Judicialization of Chilean Politics" en Rachel Sieder, Line Schjolden y Alan Angeli (Ed.), *The Judicialization of Politics in Latin America*, Palgrave Macmillan, New York, 2005, pp. 119–120.

797 *Idem*, p. 120.

E. *La protección reforzada del derecho a la salud y la definición de políticas públicas por parte del juez constitucional*

En contraste con la aproximación restringida y limitada del juez constitucional venezolano, más recientemente, en una tendencia de revalorizar el derecho a la salud, en Colombia, incluso a pesar de la aparente limitación de la tutela sólo respecto de los declarados como "derechos fundamentales" en la Constitución (donde no está el derecho a la salud), la Corte Constitucional lo ha considerado como tal, al estar vinculado o conexo con el derecho a la vida, y ha llegado incluso a definir una política judicial de protección reforzada, no limitándose a ejercer un control por vía negativa respecto de las decisiones adoptadas por la administración, sino que ha desarrollado un papel activo de control.

En esta tendencia se destaca la sentencia N° 760 de 2008[798] en la cual la Corte Constitucional no se limitó a decidir sobre el caso concreto relativo a un tema de protección a la salud y seguridad social, sino que entró a tomar decisiones de carácter general y abstracto con influencias directas en la política pública del Ejecutivo, pues la sentencia impartió órdenes concretas para la Administración. La mencionada sentencia, en efecto, ordenó "a la Comisión Nacional de Regulación en Salud la actualización integral de los Planes Obligatorios de Salud," los cuales además, ordenó que debían "unificarse," y además, ordenó que en dicha revisión se debía "definir con claridad qué se encuentra incluido, qué no está incluido y qué se encuentra excluido de los planes de beneficios, teniendo en cuenta los criterios de interpretación del Plan Obligatorio de Salud adoptados por la Corte, es decir, el principio de integralidad y el principio *pro homine*."[799]. En este caso, como lo destacó Juan Carlos Heerao,

> "el juez exige de la administración que modifique y actualice la regulación existente sin una norma de origen legal que obligue al ente regulatorio en ese sentido. En principio, el juez no podría dar la orden de poner en movimiento el aparato administrativo para regular, de no ser por la interpretación que estamos ilustrando del principio de juridicidad. Solo la existencia de un derecho fundamental, y la dimensión objetiva del mismo, permiten legítimamente que el juez exija que la administración actúe.
>
> El control más fuerte no se reduce solo a exigir la actuación de la administración, sino que, además de ello, se dan unas pautas generales para que la administración diseñe la política de incrementar los derechos constitucionales fundamentales."[800]

Por ello, en la sentencia, la Corte Constitucional de Colombia, ordenó al ente regulador (Comisión Nacional de Regulación de la Salud):

---

798 *V.*, las referencias en Juan Carlos Henao, Estado Social y Derecho Administrativo,", en Alberto Montana Plata y Andrés Fernando Ospina Garzón, *La constitucionalización del derecho administrativo. XV Jornadas Internacionales de Derecho Administrativo*, Universidad externado de Colombia, Bogotá 2014, p. 165

799 *Idem*, pp. 190 ss.

800 *Idem*, p. 193

"(i) Establecer cuáles son los servicios que no se encuentran comprendidos en los planes de beneficios pero que van a ser incluidos gradualmente, indicando cuáles son las metas para la ampliación y las fechas en las que serán cumplidas; (ii) decidir qué servicios pasan a ser suprimidos de los planes de beneficios, indicando las razones específicas por las cuales se toma dicha decisión en aras de una mayor protección del derecho según las prioridades de la salud, y (iii) tener en cuenta para las decisiones de incluir o excluir un servicio, la sostenibilidad del sistema de salud y la financiación del plan de beneficios por la UPC y las demás fuentes de financiación."[801]

Y además, la Corte no sólo le ordenó al ente regulador establecer la actualización de los planes Obligatorios de Salud al menos una vez al año, sino que en su sentencia estableció mecanismos de control al exigirle la presentación de in informe ante la defensoría del Pueblo y la Procuraduría general de la reubica los resultados del cumplimiento de las órdenes impartidas.

New York, Noviembre de 2014

SECCIÓN NOVENA:

SOBRE EL ALCANCE DEL DERECHO A LA PAZ, Y LOS EFECTOS DE LA INCITACIÓN ESTATAL AL ODIO, LA VIOLENCIA EN LA CALLE, Y LA VIOLENCIA INSTITUCIONAL.

Este texto es la versión en castellano de los comentarios sobre: "*On the Scope of the Right to Peace and the Effects of the Incitement of Hate from the State, the Violence on the Streets, And the Institutional Violence*," en el *Workshop on the Draft UN Declaration on the Right to Peace*, Hesburgh Center for International Studies, University of Notre Dame, South Bend, Illinois, 22 de abril de 2013.

Además de agradecer la hospitalidad del profesor Doug Cassel, de la Universidad de Notre Dame, al organizar este Seminario, quisiera también comenzar reconociendo la importancia que ha tendido para la consolidación del derecho a la paz, como derecho fundamental, el esfuerzo que quedó plasmado en la *Declaración de Santiago sobre el derecho humano a la paz*, de diciembre de 2010, motorizada por agrupaciones de la sociedad civil, y en cuya concepción ha tenido un importante papel el profesor Carlos Villán, Presidente de la *Asociación Española para el Derecho Internacional de los Derechos Humanos*, que también ha auspiciado este Seminario. Mi agradecimiento a ambos por haberme invitado a participar.

El texto de la *Declaración de Santiago,* sin duda, se siguió muy estrechamente en el articulado del *Proyecto de la Declaración de la ONU sobre el Derecho a la Paz* que es el que se sometido a nuestra consideración para este Seminario. Lo mismo, sin embargo, considero que no sucedió con el "Preámbulo" de la *Declaración*, el cual estimo que por su muy rico contenido, vale la pena recordar para la posible mejora del *Proyecto de Declaración*. Esa es mi intención en este comentario.

801 *Idem*, p. 194

Algunos aspectos importantes del Preámbulo de la Declaración de Santiago

En efecto, en dicho Preámbulo se expresa entre muchos otros considerandos, que siendo un "propósito fundamental de la ONU el mantenimiento de la paz y la seguridad internacionales," y que siendo el derecho a la vida "el más importante entre todos los derechos," del mismo deriva "especialmente el derecho de todas las personas a vivir en paz," o "en condiciones de paz." Ello implica, por una parte, "que se establezca un orden social, interno e internacional, en el que la paz sea exigencia prioritaria, de manera que se hagan plenamente efectivos los derechos y libertades proclamados en la Declaración Universal de Derechos Humanos"; y por la otra "el derecho de todas las personas a vivir y permanecer en sus respectivos países."

Se recuerda además en el Preámbulo, en relación con el derecho a la paz, la prohibición que existe conforme al Pacto Internacional de Derechos Civiles y Políticos de toda "propaganda a favor de la guerra y de la incitación al odio y a la violencia, que además son incompatibles con el "pleno respeto de la libertad de expresión" y se afirma con razón "que la paz debe estar basada en la justicia," siendo la impunidad totalmente "incompatible con la paz y la justicia."

En cuanto a la institución militar, el preámbulo de la declaración recordó que "toda institución militar o de seguridad debe estar plenamente subordinada al estado de derecho, al cumplimiento de las obligaciones que derivan del derecho internacional, al respeto de los derechos humanos y al derecho internacional humanitario, y a la consecución de la paz; y que, por tanto, la disciplina militar y el cumplimiento de órdenes superiores deben estar subordinados al logro de esos objetivos."

La dimensión positiva del derecho a la paz

El derecho a la paz tiene tanto una concepción positiva como negativa. Por ello en el Preámbulo de la *Declaración de Santiago* se afirma que la "concepción positiva de la paz, que va más allá de la estricta ausencia de conflicto armado" o de "la eliminación de todo tipo de violencia, ya sea directa, política, estructural, económica o cultural en los ámbitos público y privado," exigiéndose para que se pueda materializar "el desarrollo económico, social y cultural de los pueblos como condición para satisfacer las necesidades de los seres humanos, así como el respeto efectivo de todos los derechos humanos y de la dignidad inherente de todos los miembros de la familia humana."

Por otra parte, en este sentido se argumenta que "el ser humano tiene derecho a disfrutar de una paz duradera," sin ningún tipo de discriminación, de manera que "el derecho humano a la paz no será efectivo sin la realización de la igualdad de derechos y el respeto de las diferencias basadas en el género; sin el respeto de los diferentes valores culturales y creencias religiosas que sean compatibles con los derechos humanos universalmente reconocidos; y sin la eliminación del racismo, la discriminación racial, la xenofobia y otras formas conexas de intolerancia."

Esto implica que el derecho a la paz, más que un sólo derecho, es un grupo de derechos que están todos interrelacionados, y que tienden a asegurar en su conjunto, que todas las personas puedan vivir en paz, siendo el mismo a la vez, un derecho colectivo y un derecho individual.

De ello deriva que si bien es cierto que desde el punto de vista colectivo, el derecho a la paz adquiere una dimensión internacional que destaca las relaciones entre los Estados, pero no se agota allí el ámbito del derecho, el cual desde el punto de vista individual, tiene una dimensión nacional e implica una relación de la persona con el Estado del cual es parte.

Con base en ello, incluso se podría intentar dar una definición positiva al derecho a la paz, al menos desde su dimensión individual y desde la perspectiva del orden o derecho interno de los países, como el derecho de toda persona a disfrutar de condiciones sociales, culturales, económicas, ambientales y políticas que le aseguren la posibilidad de vivir en una sociedad sometida al derecho y a la justicia, libre de violencia y de incitación al odio, y específicamente, libre de violencia institucional, de opresión gubernamental, de persecución a la disidencia, y de discriminación, conde haya un efectivo control a la posesión generalizada e ilegal de armas por las personas.

Esta aproximación tiene importancia en relación a algunos aspectos específicos que son los que quisiera comentar ahora.

El problema de las armas, el derecho a la paz y el problema de la violencia en las calles

Entre los múltiples aspectos que desde el punto de vista internacional trata el *Proyecto de Declaración*, está el del desarme, a cuyo efecto el artículo 3 se refiere al control del comercio de armas, a la supresión del comercio ilícito de armas, al esfuerzo tendiente al desarme y a la reducción de gastos militares, y al derecho de los pueblos e individuos a vivir en un mundo libre de armas de destrucción masiva.

Sin embargo, la realidad en muchos países, y desde el punto de vista del orden interno, produce que el interés inmediato se refiera más bien a las armas ordinarias y no necesariamente de destrucción masiva, que son las que cotidianamente se han convertido en el más letal instrumento que afecta el derecho a vivir en paz.

Es el tema de la violencia cotidiana, en las calles de las ciudades, ocasionada precisamente por la posesión indiscriminada y generalmente ilegal de armas ordinarias, que origina una "guerra" cotidiana contra el hampa común.

El fenómeno ha adquirido extrema gravedad en los últimos años en Latinoamérica, donde se encuentran los países más violentos del mundo. Por ejemplo, está el caso de mi propio país, Venezuela, donde en 2012 se registraron 21,692 muertes violentas en las calles de las grandes ciudades; cifra que en la última década ha ido en progresivo aumento. Sólo en el primer trimestre de 2013 han sido asesinadas en las calles, 3.400 personas.[802] Esto significa que, en menos de tres meses, en 2012, en Venezuela fueron asesinadas más personas con armas ordinarias en violencia callejera, que todos los soldados norteamericanos que fallecieron en la guerra de Irak en diez años entre 2003 y 2012 que fueron 4.486; y que en los últimos cinco años en

802 *V.*, las referente el *Informe del Observatorio Venezolano de la Violencia (OVV) 2012*, en www.codigovenezuela.com/2012/.../observatorio-venezolano-de-violencia-senala-que-en-2012-se-observo-un-incremento-de-delitos. *V.*, las referencias al *Informe* en http://www.noticierodigital.com/2012/12/ocurrieron-21-692-asesinatos-en-2012-segun-observatorio-venezolano-de-violencia/. *V.*, además, la nota de AFP, ¿De qué hablamos cuando hablamos de violencia en Venezuela?, en *Ultimas Noticias*, Caracas, 24 de abril de 2013, en http://www.ultimasnoticias.com.ve/movil/detallenota.aspx?idNota=133560

Venezuela hayan sido asesinadas en las calles más personas que todas las que fallecieron en forma violenta en seis años de la guerra de Irak (2003-2009),[803]

En la lista de los países más violentos del mundo, con la mayor rata de homicidios por 100.000 habitantes, están Honduras (82), Jamaica (52), Venezuela (49), Guatemala (41), Colombia (33), Brasil (23) y México (18). En ellos, con esa violencia callejera, puede decirse que no está realmente garantizado el derecho a la paz, y menos, si la posesión ilegal de armas se debe a la inacción del Estado, como es el caso de Venezuela.

Por eso los anuncios esporádicos que se han hecho para la sanción de una "Ley de Desarme," que más bien afectaría a las personas que poseen armas legalmente, en nada contribuirían a disminuir la violencia callejera cotidiana, porque lo que la causa es básicamente la posesión ilegal de armas, incluso en las cárceles, y que ocurre incluso con la anuencia de funcionarios del Estado. Ello, por supuesto, no se elimina con la sanción de ley alguna, sino con la efectiva acción de los cuerpos de seguridad del Estado, cuando comiencen a desasociarse con grupos violentos.

Lo cierto en todo caso, es que entre los legados que dejó el presidente Hugo Chávez en su largo mandato en Venezuela (1999-2013), después de conducir un gobierno autoritario desde el cual se auspició incluso el armamento ilegal de personas para que respaldaran violentamente al régimen ante la supuesta amenaza de invasión del país por huestes "imperialistas," ha sido la extrema violencia callejera, alimentada, además, por el incesante y permanente discurso de odio que caracterizó sus años de gobierno, con su lenguaje procaz y bélico en contra de venezolanos, por el solo hecho de no aceptar o de adversar sus políticas.

Una *Declaración del Derecho* a la paz, en mi criterio, por tanto, no puede obviar este aspecto del tema de las armas y del desarme en el ámbito interno, y de la violencia generalizada en las calles, que afectan la posibilidad de vivir en paz; paz que solo se puede logar cuanto se tenga una sociedad libre de armas ilegalmente poseídas, y donde incluso no se puedan poseer legalmente por los individuos armas de guerra, y no necesariamente que sean de destrucción masiva.

Aquí se trata del derecho a la paz como derecho no sólo a no ser matado en una guerra, sino del derecho a no ser asesinado en las calles de las ciudades de su propio país.

El tema del derecho a vivir en paz y la violencia institucional

El derecho a la paz o el derecho a vivir en paz, por otra parte, implica en esencia, la existencia de condiciones políticas mínimas de una sociedad, que deben ser fomentadas por el Estado, es decir, por la totalidad de sus instituciones, al asumir el rol fundamental que deben tener de ser los garantes de la paz. En este aspecto, que es parte también de la dimensión interna del derecho a la paz, este implica e incluye el derecho ciudadano a que el Estado asuma su rol de promover y preservar la paz.

Por tanto, el derecho a la paz simplemente no existe cuando es el propio Estado y sus instituciones los que promueven la violencia, mediante un discurso de odio y de carácter guerrerista, y los que ejercen directamente violencia institucional sobre las personas, mediante la utilización de los mecanismos e instituciones estatales.

---

803 *V.*, los datos en *Casualtries of the Irak War*, en http://en.wikipedia.org/wiki/Casualties_of_the_Iraq_War.

Se trata aquí, por tanto, de la violencia institucional, que es la ejercida directamente sobre los ciudadanos por el propio Estado y sus instituciones, y que además, generalmente deriva en violencia política, en este caso auspiciada por las mismas. Esta es, sin duda, la más grave manifestación de violencia que los ciudadanos de muchos países deben soportar, y que lesiona el derecho a vivir en paz, el cual, bajo este ángulo, se conforma por un conjunto de derechos ciudadanos que son indisolubles e interdependientes.

En efecto, el derecho ciudadano a que el Estado esté dedicado a promover y preservar la paz, implica el derecho a que los gobernantes no inciten a la violencia y al odio. El tema, por tanto, no es sólo como lo dice el *Proyecto de Declaración* de que toda persona tiene derecho a oponerse a la propaganda a favor de la guerra y a la incitación a la violencia (art. 7.2), sino también a la incitación al odio. No se puede vivir en paz, cuando se permite desde el Estado la incitación al odio, y más grave aún, cuando es el propio Jefe de Estado, como fue el caso del fallecido presidente Chávez en Venezuela, quien durante la última década fue el principal motor en la propagación del odio en el país. Esto me recuerda una nota que acabo de leer sobre un reciente libro de Laurens Rees, *The Obscure Carisma of Hitler. Leading Millions into the Abyss,*" en el cual ilumina la sobre la capacidad de odiar que Hitler desplegó en su gobierno, señalando que "El poder del odio está infravalorado" y que "Es más fácil unir a la gente alrededor del odio que en torno a cualquier creencia positiva."[804]

Y ciertamente, Venezuela, por ejemplo, de haber sido un país pacífico por tradición e historia (el único que, por ejemplo, en toda América Latina jamás ha estado en guerra con algún país vecino), a pasado a ser un país extremadamente violento, donde el valor de la paz, tan reconocido en la Constitución, ha sido sustituido por la violencia callejera, en gran parte basada en el resentimiento social extremo aupado y auspiciado desde el gobierno.

El derecho a la paz, en este contexto, y por otra parte, también implica el derecho individual de todo ciudadano a no ser considerado o declarado por el Estado como su enemigo, como se expresaba en la *Declaración de Santiago*, (art. 5), y, por tanto, el derecho a no ser excluido y discriminado políticamente, y a no ser perseguido por sus ideas. Lo contrario, en cambio, es lo que ha sido por ejemplo, la política de Estado en Venezuela desde 1999, donde la oposición ha sido declarada "enemiga" por el propio Estado (ni siquiera por un candidato del partido oficialista); donde en la última década se ha discriminado masivamente desde el punto de vista político a toda persona que haya expresado alguna simpatía por la oposición (que ha sido estigmatizada), tal y como ocurrió con las más de tres millones de personas que ejercieron su derecho de petición al firmar la solicitud de un referendo revocatorio presidencial en 2004, motivo por el cual fueron excluidos y desplazados del Estado, conforme a la lista "Tascón" elaborada por el diputado de ese nombre, que se manejó oficialmente.

Frente a la violencia institucional que afecta el derecho a vivir en paz, también debe destacarse el derecho implícito en el derecho a la paz, que es el derecho a la desobediencia civil como acción pacífica positiva frente a la opresión doméstica de

---

804 *V.*, en Jacinto Antón, "El secreto era el odio. Laurence Rees analiza en su nuevo libro el "oscuro carisma" del líder nazi," en *El País*, Madrid, 21 de abril de 2013, en http://cultura.elpais.com/cultura/2013/04/21/actualidad/1366565947_876088.html.

gobiernos, leyes y decisiones judiciales ilegítimas, para resistirlas, además de contra la opresión colonial, la ocupación extranjera y el dominio dictatorial, que son las que se menciona en el *Proyecto de Declaración de la ONU sobre el Derecho a la paz*, (art. 7.1).

En muchos casos, gobiernos con una fachada democrática porque fueron electos, son profundamente antidemocráticos al no respetar la transparencia electoral, el pluralismo político, la disidencia, la libertad de expresión, la separación de poderes y la independencia judicial. La democracia es mucho más que solas elecciones, es decir, no se agota siquiera en la celebración de elecciones periódicas, libres, justas y basadas en el sufragio universal y secreto, como expresión de la soberanía del pueblo; sino que conforme a la *Carta Democrática Interamericana* de 2001, exige en paralelo, el respeto a los derechos humanos y las libertades fundamentales; el acceso al poder y su ejercicio con sujeción al Estado de derecho; el régimen plural de partidos y organizaciones políticas; la necesaria existencia de un régimen de "separación e independencia de los poderes públicos" (artículo 3); la transparencia de las actividades gubernamentales y la probidad y de responsabilidad de los gobiernos en la gestión pública; el respeto por los derechos sociales y la libertad de expresión y de prensa; la subordinación constitucional de todas las instituciones del Estado a la autoridad civil legalmente constituida, y el respeto al estado de derecho de todas las entidades y sectores de la sociedad (artículo 4). La democracia, por tanto, es mucho más que las solas elecciones y votaciones: estas últimas, en Venezuela, por ejemplo, las hemos tenido *ad nauseam*, pero a costa de destruir la propia democracia y demoler el Estado de derecho.

En casos como el ocurrido en Venezuela, donde progresivamente, en las últimos catorce años, se sometieron todos los poderes del Estado a un control político único ejercido por el Poder Ejecutivo el cual ha dominado políticamente a la Asamblea Nacional, siendo el resultado la configuración de un Estado profundamente antidemocrático, como instrumento de opresión y de incitación al odio, aún cuando con máscara democrática por los resultados electorales en los cuales, por lo demás, hay poca confianza en cuanto a su transparencia.

Frente a la ilegitimidad del gobierno, y de muchas leyes y sentencias dictadas para apuntalar el autoritarismo, ante la ausencia de control por arte de los tribunales, sin duda, el derecho a la desobediencia civil adquiere todo su valor, como manifestación pacífica, frente al cual, sin embargo, en Venezuela, por ejemplo, ha sido el propio Tribunal Supremo el que lo ha restringido, ahogando las posibilidades de su ejercicio.[805]

Otro aspecto que quería mencionar al referirme al derecho a la paz, desde el punto de vista institucional y de la violencia institucional que es la antítesis de la situación de paz en el orden interno, es su vinculación estrecha con el derecho a la justicia, siendo la ausencia de justicia y la impunidad, otras de las manifestaciones de la violencia institucional. Por ello, con razón, como se indica en el Preámbulo de la *Declaración de Santiago*, "la paz debe estar basada en la justicia," siendo por tanto

805 *V.*, los comentarios a la jurisprudencia del Tribunal Supremo de Justicia en Allan R. Brewer-Carías, "El derecho a la desobediencia y a la resistencia contra la opresión, a la luz de la *Declaración de Santiago*" en Carlos Villán Durán y Carmelo Faleh Pérez (directores), *El derecho humano a la paz: de la teoría a la práctica*, CIDEAL/AEDIDH, Madrid 2013, pp. 167-189. Este libro colectivo ha sido coordinado precisamente por el profesor Villán Durá, coauspiciador de este Seminario.

la impunidad, totalmente incompatible tanto con la justicia y la paz, pues más bien es propiciadora de la violencia. Por ello, el Observatorio Venezolano de la Violencia (OVV) destacaba en el caso de Venezuela, que el 93% de los casos de crímenes callejeros quedan impunes, propiciando a los ciudadanos a hacerse justicia por si mismos, de manera que la violencia lo que hace es generar más violencia.[806]

Para garantizar el derecho a la paz, por tanto, la condición esencial es la existencia de un Poder Judicial independiente y autónomo. Por ello, por ejemplo y lamentablemente, en Venezuela ha sido la ausencia de tal independencia y autonomía lo que ha convertido al Poder Judicial en el principal instrumento de instigación de la violencia institucional contra los ciudadanos, cuando no obtienen justicia de sus pretensiones, o cuando los instrumentos de justicia se utilizan para perseguirlos por sus opiniones, criminalizándose la disidencia.

Con ello, en más de una ocasión se ha violado otro de los derechos ciudadanos derivados del derecho a la paz mencionados en el Preámbulo de la *Declaración de Santiago*, que es el derecho de toda persona a permanecer en su propio país y a no ser forzado por razones políticas a dejar su propio país.

Esta son algunas de las ideas que quería comentar esta tarde al referirme al *Proyecto de Declaración de la ONU sobre el Derecho a la Paz*, y su comparación con el contenido de la *Declaración de Santiago sobre el Derecho a la Paz,* destacando el rico contenido del Preámbulo de ésta última, que en muchos aspectos considero que habría que rescatar, particularmente cuando uno se aproxima al derecho a la paz, no sólo desde el punto de vista de las relaciones internacionales, sino de la relación del ciudadano con su propio Estado.

En todo caso, ambos textos son los que permiten darle contenido al derecho a la paz, que como sabemos, en América Latina fue enunciado por primera vez en el artículo 22 de la Constitución Política de Colombia de 1991, en la cual se declaró que "la paz es un derecho y un deber de obligatorio cumplimiento," de manera que entre los deberes de las personas y ciudadanos está el "propender al logro y mantenimiento de la paz" (art. 95); entre los fines de la educación está el formar "al colombiano en el respeto a los derechos humanos, a la paz y a la democracia" (art. 67); siendo además uno de los fines primordiales de la policía nacional como cuerpo armado "de naturaleza civil" el mantenimiento "de las condiciones necesarias para el ejercicio de los derechos y libertades públicas, y para asegurar que los habitantes de Colombia convivan en paz." Con esta idea de vivir y convivir en paz como derecho de los ciudadanos, en la Constitución de Colombia además, se dispusieron Disposiciones Transitorias para el desarrollo del "proceso de paz" con la insurgencia guerrillera.

En Venezuela, por su parte, a pesar de que en la práctica política de la última década muestre un país donde no está garantizado el derecho a vivir en paz, estando sometido a una situación de violencia institucional por opresión política interna, en la Constitución de 1999 si bien no se encuentra un enunciado igual al colombiano sobre el "derecho a la paz," la paz como derecho y el derecho a vivir en paz se deriva de múltiples declaraciones que fueron incorporadas al texto fundamental, en el

806 *V.*, las referente el *Informe del Observatorio Venezolano de la Violencia (OVV) 2012*, en www.codigovenezuela.com/2012/.../observatorio-venezolano-de-violencia-senala-que-en-2012-se-observo-un-incremento-de-delitos

cual (i) se establece dentro de los propósitos de la organización política de la sociedad misma conforme a la Constitución, el consolidar "los valores de la libertad, la independencia, la paz, la solidaridad, el bien común, la integridad territorial, la convivencia y el imperio de la ley para esta y las futuras generaciones" (Preámbulo); (ii) se declara que el patrimonio moral de la República y "sus valores de libertad, igualdad, justicia y paz internacional" se fundamentan en "la doctrina de Simón Bolívar, el Libertador" (art. 1); (iii) se precisa como unos de los "fines esenciales" del Estado, "la defensa y el desarrollo de la persona y el respeto a su dignidad, el ejercicio democrático de la voluntad popular, la construcción de una sociedad justa y amante de la paz, la promoción de la prosperidad y bienestar del pueblo y la garantía del cumplimiento de los principios, derechos y deberes reconocidos y consagrados en esta Constitución"(art. 3); (iv) se declara al "espacio geográfico venezolano" como "una zona de paz" (art. 13); (v) se prevé que el cumplimiento de los deberes de solidaridad social y de participación de todas las personas, debe realizarse "promoviendo y defendiendo los derechos humanos como fundamento de la convivencia democrática y de la paz social" (art. 132); (vi) se define entre las competencias de los órganos que ejercen el Poder Público Nacional, "la conservación de la paz pública y la recta aplicación de la ley en todo el territorio nacional" (art. 156.2); y (vii) se indica que la política de "la seguridad de la Nación" se fundamenta en "la corresponsabilidad entre el Estado y la sociedad civil, para dar cumplimiento a los principios de independencia, democracia, igualdad, paz, libertad, justicia, solidaridad, promoción y conservación ambiental y afirmación de los derechos humanos" (art. 326).

Este aspecto, sin duda, es un claro ejemplo adicional sobre las tremendas discrepancias que existen entre las disposiciones y declaraciones constitucionales, y la práctica política de un gobierno autoritario, que desde el ejercicio del poder desde el mismo momento en que se promulgó la Constitución de 1999 ha anulado dichos principios.

South Bend, 21 abril 2013

CUARTA PARTE

ANTECEDENTES DEL RÉGIMEN DEL PROCESO DE AMPARO A LOS DERECHOS FUNDAMENTALES EN VENEZUELA (1998)

Las diversas secciones de esta Cuarta parte, se corresponden con los textos publicados en el libro *Instituciones Políticas y Constitucionales,* Vol. V, *El Derecho y la Acción de Amparo*, Universidad Católica del Táchira, Editorial Jurídica Venezolana, San Cristóbal-Caracas, 1998, pp. 111 y siguientes.

SECCIÓN PRIMERA:

LA CONFIGURACIÓN JURISPRUDENCIAL EL RÉGIMEN DEL DERECHO DE AMPARO EN VENEZUELA: 1970-1988

1. *El régimen de la Constitución (1961 y la situación antes de la promulgación de la Ley Orgánica de Amparo de 1988*

La Constitución (1961) establece en su artículo 49, como uno de los derechos fundamentales, lo siguiente:

> Los Tribunales ampararán a todo habitante de la República en el goce y ejercicio de los derechos y garantías que la Constitución establece, en conformidad con la Ley. El procedimiento será breve y sumario, y el juez competente tendrá potestad para restablecer inmediatamente la situación jurídica infringida.

Con ello, la Constitución de 1961 dio entrada en el ordenamiento jurídico venezolano al amparo, no sólo respecto a la libertad personal como lo había previsto la Constitución de 1947[807], sino respecto de todos derechos y garantías "que la Constitución establece". La previsión constitucional, sin embargo, supeditó el ejercicio del recurso de amparo a lo que la ley estableciera, por lo que "a fin de no dejar en suspenso su eficacia hasta la promulgación de la ley respectiva, se consagra en las Disposiciones Transitorias, el derecho de *hábeas corpus* reglamentándolo de manera provisional"[808].

---

807 *V.*, artículo 32 de la Constitución de 1947. *V.*, en general sobre la acción de amparo en la perspectiva histórica, Ramón Escovar Salom. *El amparo en Venezuela,* Caracas, 1971; Esteban Agudo Freites "Situación actual de la acción de amparo en Venezuela" *Estudios sobre la Constitución. Libro Homenaje a Rafael Caldera,* UCV, Caracas, 1979, Tomo II, pp. 736-760.

808 *V.*, Exposición de Motivos del Proyecto de Constitución en *Revista de la Facultad de Derecho,* UCV, N° 21 Caracas, 1961, p. 381.

En esta forma, la Disposición Transitoria Quinta reguló el "amparo a la libertad personal, hasta que se dicte la ley especial", norma que estuvo vigente hasta 1988, cuando se sancionó la prometida -constitucionalmente- ley reglamentaria de la acción. El resultado de esta situación fue, evidentemente, que con la sola excepción de la libertad personal mediante la transitoria regulación del *hábeas corpus,* los demás derechos y garantías constitucionales carecieron, hasta 1988, de un efectivo instrumento de protección mediante la acción de amparo, por lo que por la ausencia de legislación, un precioso medio de control judicial de las arbitrariedades de la Administración, hasta 1988 no siempre pudo ser utilizado efectivamente.

Las disposiciones de la Constitución, en el sentido de prever directamente sólo el amparo a la libertad personal[809], sin embargo, no fueron obstáculo para que algunos jueces de instancia, por las insuficiencias constitucionales, hacia finales de la década de los sesenta, comenzaran a admitir recursos de amparo para proteger otras libertades o garantías distintas de la libertad individual[810].

En todos esos casos, los jueces de instancia habían aplicado, para conceder el amparo que se les había solicitado, el procedimiento previsto en la Disposición Transitoria Quinta de la Constitución, destinada al recurso de *hábeas corpus.* Ello, por supuesto, produjo graves problemas interpretativos, que marcaron la evolución jurisprudencial posterior, desarrollada en ausencia de una Ley sobre el derecho de amparo.

---

809 En este sentido fue tradicional el criterio de la Procuraduría General de la República. *V.,* por ejemplo doctrina de 14-10-65 en *Doctrina PGR,* 1965, Caracas, 1966, pp. 20 y ss.; y doctrina de 23-2-66. En *Doctrina PGR,* 1966, Caracas, 1967, pp. 267 y ss.

810 Por sentencia del 13-9-68 del Juez Séptimo de Primera Instancia en lo Penal del Distrito Federal, confirmada por fallo de 4-10-68 de la Corte Superior Segunda en la Penal del Distrito Federal, se otorgó amparo a un ciudadano contra un acto administrativo que ordenó la detención de su automóvil en virtud de que el mismo no había sido importado regularmente al país. (*V.,* R. Escala Zerpa, *Recurso de Amparo contra arbitrariedad de Funcionario Público,* Caracas, 1968). Asimismo, con fecha 14-4-89 otro Juez de Primera Instancia en lo Civil del Distrito Federal, acordó recurso de amparo, confirmado por decisión de 14-7-69 de la Corte Superior Segunda en lo Civil y Mercantil del Distrito Federal, contra un acto de la Policía Técnica Judicial que detuvo a un particular y se le obligó a reconocer como padre de un menor y a pagar una pensión alimentaria. Estas decisiones, tomadas de referencias contenidas en la publicación periódica *Síntesis Jurídica* (Escritorio Santana Mujica) fueron comentadas por dicha publicación en los siguientes términos: "Como un paso formativo del lento avance de nuestro país hacia un eficiente estado de derecho, ha de apuntarse las iniciales sentencias, derivadas de jueces penales y civiles, donde se derrota la tesis restrictiva, que se sostuvo inicialmente de que el amparo no era aplicable en el país, pese a su consagración en la Constitución porque carecía de reglamentación. Ahora se sostiene que cualquier juez es competente para conocer y decidir el amparo, que el fallo dictado no tiene consulta, que la ausencia de procedimiento no impide la procedencia del amparo, porque la Constitución dice: "la falta de la ley reglamentaria en estos derechos no menoscaba el ejercicio de los mismos". (Art. 50 CN), y se otorga ante cualquier acto público o privado, que desconozca, disminuya a menoscabe las garantías constitucionales". *V.,* además, Jesús R. Quintero "Recursos de Amparo, La cuestión central en dos sentencias y un voto salvado", en *Revista de la Facultad de Derecho,* N° 9, UCAB, Caracas, 1969-1970, pp. 157 a 206.

A. *El criterio de la Corte Suprema de Justicia en 1970: El carácter programático de la norma constitucional (El amparo como "acción" y no como un derecho constitucional)*

El problema interpretativo[811], sin embargo, pronto habría de ser resuelto por la Corte Suprema de Justicia a finales de 1970[812], al señalar, en relación a la Disposición Transitoria Quinta, que "la protección de cualquier otro derecho —establecido o no en la Constitución— queda excluida del campo de aplicación de esa norma, por ser evidente la intención del constituyente de limitar su alcance al caso expresamente previsto por ella", calificando las decisiones adoptadas por Jueces de instancia en lo penal amparando otros derechos distintos a la libertad personal, como "extralimitación de atribuciones"[813].

Para llegar a esta conclusión, la Corte Suprema de Justicia calificó a la norma del artículo 49 de la Constitución, como una norma de carácter programático. La Corte señaló, en efecto, que esa norma

> "no es una norma directa e inmediatamente aplicable por los jueces, sino un precepto programático, sólo parcialmente reglamentada para la fecha en que la Constitución fue promulgada, y dirigido particularmente al Congreso, que es el órgano al cual compete la reglamentación de las garantías constitucionales, en conformidad con los artículos 136, ordinal 24, y 139 de la Constitución. Tal es la interpretación que da la Corte al artículo 49 al analizar sus previsiones aisladamente con el fin de desentrañar la mente del constituyente del lenguaje usado por éste para expresar su voluntad. Pero esta interpretación gramatical se robustece con la observación adicional de que el constituyente se habría abstenido de regular el procedimiento de *hábeas corpus,* si hubiera considerado que para hacer efectivo el amparo bastaba lo dicho en el artículo 49 respecto al procedimiento, no siendo indispensable su reglamentación legal para determinar el fuero competente y el modo de proceder".

De consiguiente, agregó la Corte.

> "el constituyente supone la existencia de una ley anterior al hecho o acto que afecte el derecho cuya protección se solicite; que autorice a determinados jueces para obrar en el sentido que pretenda el actor; y que establezca un procedimiento adecuado a la finalidad que se persiga. Dado el número y variedad de las situaciones jurídicas, en que pueda estar comprometido un derecho o una garantía constitucional, era forzoso que el constituyente dejara al legislador or-

---

811 *V.*, lo expuesto en Allan R. Brewer-Carías. "La reciente evolución jurisprudencial en relación a la admisibilidad del recurso de amparo". *Revista de Derecho Público,* N° 19, Caracas, 1984, pp. 207 y ss.

812 En la sentencia de la CSJ en SPA de 11-11-70, en *G.O.* N° 1.447, Extraordinaria de 15-12-70, pp. 27 y 28, ya se vislumbra la interpretación que posteriormente se adoptaría: "A diferencia de otras situaciones en relación a las cuales el Congreso, aún no ha determinado por Ley, cuál es el juez competente y el procedimiento a seguir a fin de obtener amparo judicial...".

813 *V.*, sentencia de la CSJ en SPA de 14-12-70 en *G.O.* N° 29.434 de 6-2-71 pp. 219.984 y 219.985, y en *GF,* N° 70, 1970, pp. 179 y ss. Esta decisión fue ratificada por sentencia de la misma Corte de 26-4-71 en *G.O.* N° 1.478, Extraordinaria de 16-7-71, p. 31 y en *Repertorio Forense*, N° 1.741 de 12-871, pp. 4 y ss.; y por Acuerdo de 24-4-72 en *G.O.* N° 29.788 de 25-4-72, p. 222.865. El criterio de la Corte había sido también el de la Procuraduría General de la República. *V., Doctrina PGR,* 1970. Caracas, 1971, pp. 37 y ss.

dinario la potestad de establecer las reglas conforme a las cuales los tribunales deben amparar el goce y ejercicio de los derechos y garantías constitucionales, teniendo en cuenta no sólo las previsiones ya existentes que es necesario apreciar para atribuir a un determinado tribunal el conocimiento de un asunto, y establecer el procedimiento a seguir en cada situación"[814].

Con base en esta situación, en 1970, la acción de amparo a la libertad personal o *hábeas corpus,* era el único ámbito del amparo que podía ejercerse en Venezuela con cierta efectividad.

B. *El acuerdo de la Corte Suprema de 1972: la restricción del procedimiento transitorio de hábeas corpus solo para proteger la libertad personal*

Con posterioridad, la Corte Suprema de Justicia en Sala Político-Administrativa con base en el artículo 148 de la Ley Orgánica del Poder Judicial dictó, el 24 de abril de 1972, un *Acuerdo* en el cual declaró formalmente que:

> "la competencia de los Tribunales de Primera Instancia y Superiores en lo Penal de la República, a que se refiere la Disposición Transitoria Quinta de la Constitución, se limita exclusivamente al conocimiento del recurso de *hábeas corpus* previsto en dicha norma; y que en consecuencia, toda decisión que no esté apoyada en la competencia específica de dichos Tribunales o que invada la atribuida por la Constitución y las Leyes, a otros órganos judiciales, constituye una usurpación o extralimitación de atribuciones"[815].

Quedaba, así, declarado fuera de la competencia de los Tribunales Penales conocer de acciones de amparo respecto de derechos civiles o cuyo conocimiento no formase parte de su competencia específica. Para dictar dicho Acuerdo, la Corte Suprema dio por reproducidos los fundamentos de la mencionada sentencia de 14 de diciembre de 1970, conforme a los cuales, de

> "conformidad con el artículo 206 de la Constitución, corresponde solamente a esta Corte y demás Tribunales de lo Contencioso-Administrativo, conocer de la nulidad de los actos de la Administración Pública Nacional, Estadal o Municipal, y eventualmente suspender los efectos del acto administrativo impugnado, por vía de previo pronunciamiento".

De acuerdo, por tanto, a la sentencia de 1970 y al Acuerdo de 1972 la situación definida jurisprudencialmente por la Corte Suprema en relación a la acción de amparo era la siguiente: Primero: los Tribunales penales sólo tenían competencia para conocer de las acciones de *hábeas corpus* (*amparo* a la libertad personal); Segundo: los Tribunales penales no podían conocer de acciones de amparo intentados respecto de otros derechos y garantías constitucionales, cuyo conocimiento escapaba de la competencia específica de dichos Tribunales, por lo que toda decisión adoptada en esos casos estaría viciada de usurpación o extralimitación de atribuciones; y Tercero: sólo los órganos de la jurisdicción contencioso-administrativa podrían conocer

---

814 *V.*, la sentencia de la CSJ en SPA de 14-12-70 en *GF*, N° 70, pp. 179 y ss.

815 *V.*, el texto en *Gaceta Oficial* N° 29.788 de 25-4-72. *V.*, así mismo en *Ministerio Público,* N° 19, Caracas 1972, pp. 105-107.

de los recursos de nulidad contra actos administrativos y eventualmente suspender sus efectos.

Sin duda, el Acuerdo de 1972 había atenuado las conclusiones de la sentencia de 1970: no se trataba de considerar que era indispensable una ley que regulara expresamente la acción de amparo para que éste pudiera ser interpuesto, sino de establecer una limitación a la competencia en materia de amparo de los Tribunales Penales, la cual quedaba materialmente reducida al *hábeas corpus.*

C *El amparo en las Convenciones Internacionales a partir de 1977: El derecho de amparo mediante vías judiciales*

Con posterioridad, como se ha dicho, el Congreso aprobó por Ley la Convención Americana sobre Derechos Humanos en 1977; el Pacto Internacional de Derechos Económicos, Sociales y Culturales, en 1978; y el Pacto Internacional de Derechos Civiles y Políticos el mismo año 1978, en cuyas textos se establece la obligación de los Estados Partes de garantizar el ejercicio de los derechos humanos, y el derecho de toda persona a un recurso sencillo y rápido o a cualquier otro recurso efectivo ante los Tribunales competentes que lo amparen contra actos que violen los derechos humanos[816].

En particular, la Convención Americana dispone en materia de Protección Judicial lo siguiente:

> "Toda persona *tiene derecho* a un recurso sencillo y rápido o a cualquier otro recurso efectivo ante los jueces o tribunales competentes, *que la ampare* contra actos que violen sus derechos fundamentales reconocidos por la Constitución, la ley o la presente Convención, aun cuando tal violación sea cometida por personas que actúen en ejercicio de sus funciones oficiales (Art. 25, 1)".

Con base en ese derecho, la Convención establece los siguientes compromisos de los Estados Partes, entre ellos Venezuela:

a. A garantizar que la autoridad competente prevista por el sistema legal del Estado decidirá sobre los derechos de toda persona que interponga tal recurso.
b. A desarrollar las posibilidades de recurso judicial.
c. A garantizar el cumplimiento, por las autoridades competentes, de toda decisión en que se haya estimado procedente el recurso.

Estas disposiciones internacionales, que constituyen ley en Venezuela a partir de 1977, fueron apreciadas por los Tribunales, como reguladoras de la acción de amparo, motivo por lo cual también comenzó a cambiar la jurisprudencia.

D. *Los cambios jurisprudenciales en los Tribunales Civiles de Instancia en 1982: La admisibilidad de la acción autónoma de amparo respecto a todos los derechos constitucionales*

En efecto, con base en estos antecedentes, en 1982 comenzó a modificarse la rigidez interpretativa que en materia de acciones de amparo se había enunciado en

816 *V.*, en *G.O.* N° 31.256 de 14-6-77 y N° 2.146 Extra. de 28-1-78.

1970, y ello se produjo con una sentencia del Juzgado Cuarto de Primera Instancia en lo Civil de la Circunscripción Judicial del Distrito Federal y Estado Miranda el 24 de noviembre de 1982, (*Caso Rondalera*), dictada con motivo de una acción de amparo del derecho constitucional a la educación, interpuesto por una asociación civil de carácter educativo. En el caso concreto, si bien el Juez decidió declarar sin lugar la acción de amparo, ello lo hizo admitiendo su procedencia en los siguientes términos:

> "Considera, pues, el Tribunal, como lo ha hecho en anteriores oportunidades, que cualquier Juez con excepción de los señalados en el Acuerdo de la Corte Suprema de Justicia, mencionado en *estos autos,* puede conocer del *recurso de amparo,* porque la Constitución confirió esta atribución a "los Tribunales" en forma genérica y hasta tanto se dicte la ley que establezca una competencia específica, *cualquier Juez,* so pena de incurrir en denegación de Justicia, debe atender a la solicitud de amparo. Considerar que el Constituyente creó, a través del artículo 49 de la Constitución, una norma o principio solamente programático y que en veintiún años de vigencia de esa Constitución no ha podido promulgarse una ley que desarrolle y haga posible la aplicación de ese recurso, sería admitir que la demagogia alcanzó, en este particular, niveles sublimes, inauditos; lo cual sería absurdo. Cabe por tanto repetir, que el sistema de legalidad, el Estado de Derecho implantado en nuestro país y que ha sido modelo de otros Estados ganados a la democracia posteriormente a la vigencia de nuestra Constitucional, requiere de la aplicación del recurso de amparo. Su reconocimiento y aplicación debe ser propósito del régimen que, durante casi veinticinco años, ha demostrado respeto a la ley y a las garantías ciudadanas"[817].

Este criterio fue ratificado por el Juzgado Superior Octavo en lo Civil y Mercantil de la Circunscripción Judicial del Distrito Federal y Estado Miranda en sentencia de 10 de febrero de 1983[818], el cual al decidir la apelación interpuesta contra la sentencia antes mencionada, decretó el amparo solicitado para lo cual, al referirse al problema de la competencia, señaló:

> "En lo atinente a la incompetencia del Tribunal Cuarto de Primera Instancia en lo Civil para conocer de la decisión propuesta, ya que conforme al Decreto 384 de 16 de octubre de 1968 publicado en *Gaceta Oficial* N° 25.787 de la misma fecha, sólo tiene competencia en materia de derecho familiar y no ninguna otra, cabe señalar que el mandato del Constituyente de amparar, está dirigido a todos los Jueces, y que si bien la jurisprudencia de la Corte Suprema de Justicia ha definido la incompetencia de los Tribunales Penales para conocer de juicios de amparo distintos a las que tengan por objeto la privación o restricción de la libertad humana, pues de ellos corresponde conocer a la Jurisdicción Penal con exclusividad, persiste en cuanto al recurso de amparo la competencia genérica que establece el artículo 49 de la Constitución, lo que hace competente a dicho Tribunal, como Tribunal Civil para conocer en primer grado de este recurso de amparo que evidentemente pretende obtener la protección de un dere-

---

817 *V.*, René Moina Galicias, *El Amparo a Rondalera,* Ediciones, Síntesis Jurídica, Caracas, 1984, p. 80.

818 *Idem,* pp. 106 a 169.

cho civil como son el de educar, mediante el ejercicio de la actividad docente y el de recibir educación en plantel escogido por los padres"[819].

El Tribunal Superior, para llegar a esta conclusión, al referirse a la sentencia de la Corte Suprema de Justicia de 1970, ya comentada, y a los cambios legislativos posteriores, expuso lo siguiente:

> "Como se ve de dicha sentencia dictada, como se dijo, en 1970, el criterio de la Corte se ha mantenido cerrado en cuanto a la admisión de una acción de amparo constitucional deducida en protección y defensa de los derechos humanos que la Constitución Nacional reconoce y garantiza, en base a la interpretación restringida que se hace del artículo 49 de la Constitución Nacional, es decir, que su posición es la misma que guardó la Corte Suprema Argentina hasta 1957 cuando en el caso Angel Siri, hizo una apertura a la acción de amparo, hasta que el 18-10-66 se dictó la Ley N° 16.986 sobre amparo.

Ha transcurrido un cuarto de siglo de vida democrática, celebrado con euforia y un análisis de los logros, pero la situación de los derechos humanos sigue siendo la misma, pues no se ha reglamentado *ese recurso efectivo, rápido y eficaz,* para desentrañar las violaciones, salvo el amparo de la libertad personal y las restricciones de que ella pueda ser objeto, mediante el *Hábeas Corpus,* reglamentado por el Constituyente en la Disposición Transitoria Quinta. Son ya leyes vigentes en Venezuela los Tratados Internacionales cuya normativa transcribimos en materia de derechos humanos, políticos, civiles y penales, la que nos lleva a la conclusión de que la situación jurídica en Venezuela no es la misma de 1970, y la jurisprudencia favorable a la admisión a la acción de amparo a nivel de instancia se ha incrementado con los problemas de competencia, por ser llevados a la jurisdicción penal, aun cuando se trate de materias civiles, por la experiencia que se reconoce a dicha jurisdicción en el Manejo de *Hábeas Corpus*"[820].

En esta forma, sin duda, la vigencia de la Convención Americana sobre Derechos Humanos en Venezuela, provocó el cambio jurisprudencial mencionado en los Tribunales de Instancia Civil, admitiéndose el ejercicio de las acciones de amparo en materia de derechos civiles ante los mismos, quedando reducida la competencia de los Tribunales Penales a la protección de la libertad personal y a otros derechos humanos vinculados al ejercicio de dicha jurisdicción.

E. *El nuevo criterio de la Corte Suprema de 1983: El amparo como un derecho y no sólo como una garantía procesal*

Esta interpretación jurisprudencial fue acogida posteriormente por]a Corte Suprema de Justicia en Sala Político-Administrativa, al decidir sobre una solicitud de amparo introducida por un candidato presidencial contra una decisión del Consejo Supremo Electoral, relativa "al espacio en los canales de televisión oficiales para los candidatos electorales a la Presidencia de la República, que sólo beneficiaba a los respaldados por los partidos políticos que tenían representación en el Consejo Supremo Electoral". La Corte Suprema en ese caso (*Andrés Velázquez*), mediante sentencia de 20 de octubre de 1983, comenzó por admitir la posibilidad del ejercicio de

819 *Ibídem,* pp. 152 a 163.

820 *Ibídem,* p. 149.

acciones de amparo de derechos distintos al de *hábeas corpus,* al señalar respecto del artículo 49 de la Constitución, lo siguiente:

> "La norma transcrita ha sido objeto de divergente interpretación tanto por parte de la doctrina como de la jurisprudencia nacionales, pues mientras algunos consideran que se trata de una norma simplemente programática cuya aplicación —salvo lo dispuesto en la Disposición Transitoria Quinta— queda diferida hasta que se dicte la ley especial que regule la materia, otros estiman que la ausencia de este instrumento legal no impide el ejercicio del recurso de amparo, y en apoyo de este último criterio se invoca especialmente el aporte del artículo 50 de la propia Constitución, que establece:
>
> "La falta de ley reglamentaria de estos derechos no menoscaba el ejercicio de los mismos".
>
> Considera la Corte que con esta declaración el Constituyente ha reafirmado su voluntad en el sentido de mantener la integridad de los derechos humanos y de ponerlos a cubierto de cualquier intento o acto que pudiese vulnerarlos, ya que, en su concepto, la diferencia que ha pretendido hacerse entre derechos y garantías es inadmisible, desde el momento que haría de aquéllos nuevas declaraciones retóricas sin contenido real"[821].

En esta forma, la Corte Suprema de Justicia admitió la posibilidad de ejercicio de la acción de amparo en Venezuela, con lo cual abandonó su criterio sostenido en 1970 de que la norma del artículo era programática; carácter que, por otra parte, los Tribunales de Instancia consideraron superado desde el momento en que por Ley se habían aprobado Convenciones Internacionales sobre derechos humanos que exigían la garantía del amparo.

En todo caso, la Corte Suprema advirtió, sobre el ejercicio de la acción de amparo, en su sentencia de 1983, lo siguiente:

> "Al admitir la posibilidad del ejercicio actual del recurso de amparo, no puede la Corte dejar de advertir que los Tribunales de la República deben hacer un uso prudente y racional de la norma contenida en el artículo 49 de la Constitución, tratando de suplir *por* medio de la analogía y demás instrumentos de interpretación de que los provee el sistema jurídico venezolano, la lamentable ausencia de una ley reglamentaria de la materia.

Al efecto, deben limitar su facultad para admitir recursos de amparo de acuerdo con la afinidad que con su competencia natural tengan los derechos que se pretendan vulnerados, en razón de que el propio artículo 49 de la Constitución da a entender claramente que si el deber de amparo corresponde a todos los Tribunales de la República, habrá una distribución de competencias entre los mismos, según se desprende del aparte que se refiere al Juez competente, y porque el propio Constituyente inició esta distribución de competencias al otorgarla a los Jueces de Primera Ins-

---

821 *V.*, en *Revista de Derecho Público,* N° 11, EJV, Caracas, 1983, pp. 169 y 170. *V.*, el comentario sobre esta sentencia del Magistrado ponente del fallo. René De Sola, "El Recurso de Amparo en Venezuela" en *Revista SIC,* N° 472, Caracas, febrero 1985, pp. 74 y ss.

tancia en lo Penal en lo referente al amparo de la libertad personal (Disposición Transitoria Quinta)"[822].

En esta forma la Corte continuó exigiendo el criterio de la afinidad de competencia que en el acuerdo de 1972 ya había establecido. Por ello, en el caso concreto sometido a su conocimiento y decidido en la sentencia de 1983, la Corte Suprema se declaró competente en virtud de que la Resolución impugnada emanaba del Consejo Supremo Electoral, "y el amparo no podía ser sino la derivación de la nulidad manifiesta del acto administrativo emanado de dicho órgano" y "ello" en virtud de la atribución que le otorga el Ordinal 12 del artículo 42 de la Ley Orgánica de la Corte Suprema de Justicia, y porque corresponde a la Corte la función primordial de controlar la constitucionalidad y legalidad de los actos del Poder Público"[823].

Ahora bien, en el caso concreto sometido a la Corte Suprema y resuelto en su decisión de 1983, la Corte declaró sin lugar el recurso de amparo al considerar que no era manifiesto el alegato de inconstitucionalidad de la Resolución impugnada del Consejo Supremo Electoral, "y en razón de que no puede esta Corte hacer un pronunciamiento al respecto sino de acuerdo con los procedimientos establecidos para la tramitación y decisión de los respectivos recursos de nulidad"[824], con lo cual se estableció otro principio básico en materia de amparo, y era que el Tribunal no puede entrar a decidir los recursos de amparo si existe un recurso de amparo paralelo o idóneo, como en materia de actos administrativos eran los recursos contencioso administrativos de anulación.

F. *El criterio de la Corte Primera de lo Contencioso Administrativo en 1984: El carácter "subsidiario" de la acción autónoma de amparo*

Este criterio fue claramente expuesto por la Corte Primera de lo Contencioso Administrativo en sentencia de 25 de enero de 1984, al considerar que la acción de amparo resulta improcedente contra los actos administrativos, "por cuanto esta acción es un medio extraordinario de protección que sólo puede ser utilizado cuando no existan vías a través de las cuales pueda obtenerse el restablecimiento de los derechos subjetivos"[825]. En el caso concreto sometido a conocimiento de la Corte Primera, se trataba de un acto administrativo formal definitivo y firme de un Consejo de Facultad de una Universidad Nacional, que no había sido objeto de recursos, ni administrativos ni contencioso-administrativos y, por tanto, no se trataba de "una actitud fáctica de la autoridad administrativa, sobre la cual no hubiera existido ninguna otra vía jurídica para impugnarlo". En otras palabras, como lo dijo la Corte Primera,

> "la actuación en concreto del Consejo de la Facultad no es una vía de hecho o un acto material que no estuviese respaldado por un acto administrativo, frente al cual el interesado hubiera carecido de algún tipo de protección, sino que

822 *Idem*, p. 170.

823 *Ibídem*, p. 170. La atribución 12 del artículo 42, asigna competencia a la Corte Suprema en Sala Político Administrativa para "declarar la nulidad cuando sea procedente por razones de inconstitucionalidad o de ilegalidad, de los *actos administrativos* generales o individuales del Consejo Supremo Electoral o de otros órganos del Estado de igual jerarquía a nivel nacional".

824 *Ibídem*, p. 170.

825 *V.*, en *Revista de Derecho Público*, N° 17, EJV, Caracas, 1984 pp. 182 a 185.

por el contrario, consiste en una decisión de carácter jurídico, que de ser arbitraria o ilegal, ha podido invalidarse por la vía del recurso jerárquico administrativo, y que en el supuesto de que también hubiera sido confirmado por el Consejo Universitario, también la protección de sus derechos violados por dicho acto ha podido conseguir el recurrente por la vía del recurso contencioso-administrativo de anulación"[826].

Este criterio de la Corte Primera de lo Contencioso Administrativo se desarrolló en la misma sentencia de 25 de enero de 1984, en la siguiente forma:

> "En efecto, cuando frente a determinada actuación de la Administración se prevea un medio específico para controlar su constitucionalidad o ilegalidad, para obtener el restablecimiento de un derecho o garantía violado, la acción de amparo es inadmisible, porque aparte de que los efectos que se aspiran conseguir con el recurso de amparo es posible obtenerlos con el medio específica de impugnación, la aceptación general e ilimitada de tal acción haría inútil e inoperante los remedios jurídicos y judiciales que la Constitución y las leyes prevén ordinariamente. Tal sucede con los recursos administrativos, la acción de inconstitucionalidad y los recursos contencioso-administrativos de anulación que, de admitirse la acción de amparo, sin que el recurrente haya ejercido tales medios de impugnación, se eliminaría de un solo golpe todo el sistema de control de la legalidad contemplado en el ordenamiento jurídico venezolano. En efecto, ¿de qué serviría seguir manteniendo los recursos administrativos y la jurisdicción contencioso-administrativa, si los particulares pudieran intentar directamente la acción de amparo frente a los actos administrativos? ¿Para qué continuar regulando los recursos administrativos y las acciones de nulidad por inconstitucionalidad e ilegalidad de los actos de los poderes públicos y la tramitación de los juicios de tales acciones si su anulación pudiera obtenerse principalmente por la vía del amparo? La consagración absoluta e ilimitada del amparo sacudiría los cimientos mismos del sistema jurídico del país, hasta el punto que ante una decisión firme de cualquier autoridad, que ha causado estado, ya no habría seguridad y certeza alguna, ni mucho menos estabilidad. Piénsese en aquellos procedimientos como el de despidos injustificados o de protección de la inamovilidad laboral, si después de acordado un reenganche por una Comisión Tripartita o por un Inspector de Trabaja, en lugar de ejercer la apelación ante la Comisión de Segunda Instancia o ante el Ministro del Trabajo, el patrono acudiera directamente ante esta Corte por la vía del amparo constitucional a solicitar su anulación. Además de la indefensión que se causaría al beneficiado con el reenganche, se estarían eliminando instancias ordinarias y los trámites normales que deben seguir los órganos naturales para revisar las actuaciones de sus subalternos y sus propias decisiones, creándose como regla general un régimen de excepción en materia jurisdiccional, representado por un juicio breve y sumario y por una acción extraordinaria.
>
> Pero por otra parte, la consagración ilimitada y absoluta de la acción de amparo, convertirá a los Tribunales en órganos ordinarios de la actividad y actuación administrativa, es decir, en órganos de alzada, al que constantemente acu-

826 *Idem*, p. 182.

dirían los particulares para que se les restableciera sus derechos, perdiéndose de este modo uno de los fundamentos del principio de la legalidad administrativa cual es la potestad o poder de autocontrol, de la propia Administración y, en concreto, de su facultad de revisión de la actividad de las órganos administrativos. Tal potestad y facultad, además de inútiles, serían innecesarias y terminarían siendo erradicadas del ordenamiento. De este modo operaría en la práctica una derogación de la Ley Orgánica de Procedimientos Administrativos y de la Ley Orgánica de la Corte Suprema de Justicia, en lo atinente a la jurisdicción contencioso-administrativa, trastocándose el régimen normal y ordinario de los procedimientos administrativos y de los juicios de nulidad, de un modo tal que lo corriente sería entonces los juicios sumarios y las jueces se convertirían en jueces de excepción y no en jueces naturales.

Por las razones anteriores, la propia jurisprudencia de la Corte Suprema de Justicia ha consagrado el carácter extraordinario de la acción de ampara, cuando en sentencia de su Sala Político-Administrativa de fecha 26-04-71, asentó que, calificada de acto administrativo determinada medida de una autoridad, "es obvio que el interesado puede recurrir ante la Corte si considera que el acto es nulo por inconstitucionalidad o ilegalidad" y que, por lo tanto, los Tribunales no pueden conocer de recursos de amparo contra tales actos (Gaceta Oficial N° 1.478 Extraordinario de 16-07-71). Además, en sentencia de fecha 14 de diciembre de 19707 cuyos fundamentos se reproducen en el Acuerdo con fuerza obligatoria dictado por la Sala Político-Administrativa, en fecha 24 de abril de 1972, el Máximo Tribunal señaló que constituye grave extralimitación de atribuciones de los Tribunales el que éstos sustancien y decidan, por el procedimiento breve y sumario del amparo, la inconstitucionalidad e ilegalidad de los actos administrativos. Esta significa, agrega esta Corte, que sólo por la vía de los recursos de anulación puedan los Tribunales Contencioso-Administrativos anular tales actos y restablecer las situaciones jurídicas lesionadas, conforme lo ordena el artículo 206 de la Constitución y no por la vía de la acción constitucional a que se contrae el artículo 49 del mismo texto constitucional. En consecuencia, como lo estableció el Máximo Tribunal, en la citada sentencia de su Sala Político-Administrativa de fecha 14 de diciembre de 1970:

> "Pero el derecho de obtener la actuación de los Tribunales mediante las acciones o recursos que establece la ley, debe ser ejercido con arreglo a las disposiciones de ésta, pues aunque todas las Cortes y Juzgados de la República están investidos de jurisdicción, su competencia y actuación está limitada a determinados casos y regulada por procedimientos que varían de acuerdo con la naturaleza de la acción y que, en su conjunto, constituyen la garantía procesal por excelencia del derecho de defensa que la Constitución consagra. En razón de ello, el derecho de utilizar los órganos de la administración de justicia para la defensa de sus derechos e intereses", debe necesariamente ser ejercido por todos "en los términos y condiciones establecidos por la Ley" (artículo 68 *ejusdem*), o lo que es lo mismo, en los Tribunales, en las oportunidades y conforme al modo de proceder instituido en cada caso por el legislador".

En congruencia con lo expuesto, no puede esta Corte, por la vía del amparo, revocar o anular la medida dictada por el Consejo de Facultad de Ciencias Jurídicas y Políticas, por tratarse de un acto administrativa frente al cual el interesado disponía de los recursos administrativos y de las acciones de nulidad, siendo por esta razón improcedente la acción de amparo frente a la decisión dictada por dicho Consejo de fecha 14 de septiembre de 1983, y que le fuera comunicada al accionante en fecha 19 del mismo mes y año. En efecto, siendo como es el recurso de amparo una acción no prevista en el ordenamiento constitucional de nuestro país como un medio sustitutivo de control de la legalidad de los actos administrativos por la vía de los recursos administrativos o por la vía del contencioso administrativo, la acción de amparo en contra de la citada medida resulta improcedente, y así se declara[827].

Conforme a lo anterior, y existiendo frente a los actos administrativos los recursos contencioso-administrativos de anulación, se entiende por qué la propia Corte Primera de lo Contencioso Administrativo en sentencias de 1982 consideró, en concreto, la decisión de suspensión de los efectos de los actos administrativos conforme al artículo 136 de la Ley Orgánica de la Corte Suprema de Justicia, como "el ejercicio de un recurso de amparo contra una actuación de la Administración cuya ilegilidad es discutida por el administrado"[828].

Por tanto, la acción de amparo no es el único medio jurisdiccional de protección y amparo de los derechos constitucionales contra actos arbitrarios de la Administración, por lo que aun cuando no existía una ley reglamentaria del recurso, ello no significaba que frente a actos administrativos violatorios de derechos individuales, los afectados se encontrasen desasistidos. Al contrario, éstos debían utilizar las vías ordinarias[829] o las vías de control jurisdiccional de la legalidad de los actos administrativos ante la jurisdicción contencioso-administrativa[830]. Es más, en caso de regularse legalmente la acción de amparo, considerábamos que habría que excluirlo en los supuestos en que estuviesen previstas otras vías de amparo o protección jurisdiccional en el ordenamiento jurídico, como era el recurso contencioso administrativo[831] o las acciones posesorias. En todo caso, hasta que no se dictase dicha ley, fren-

---

827 *Ibídem*, pp. 182 a 184. *V.*, la crítica a esta sentencia (crítica que no compartimos) en H. Rondón de Sansó "El amparo constitucional en Venezuela", *Revista de Derecho Público,* N° 26, EJV, Caracas, 1986, p. 57.

828 *V.*, Sentencias de la Corte Primera de lo Contencioso-Administrativo de 27-5-82, 7-6-82 y 21-7-82 en *Revista de Derecho Público,* N° 11, EJV, Caracas, 1982, pp. 170 a 172.

829 En los casos en que la "acción esté dirigida a la defensa de derecho definidos y protegidos por el derecho común", como los que serían objeto de acciones posesorias, siempre que no estén expresamente prohibidas. *V.*, Sentencia de la CSJ en SPA de 11-11-70, en *G.O.* N° 1.447 de 15-12-70, p. 27.

830 En tal sentido, la Corte Suprema ha señalado frente a un acto administrativo de expulsión de un extranjero del país respecto del cual se solicitó amparo, que "calificado como ha sido de acto administrativo la medida de expulsión en referencia, es obvio que el interesado puede recurrir ante la Corte, si considera que el acto es nulo por inconstitucionalidad o ilegalidad", por lo que decidió que la sentencia del Juez de Primera Instancia en lo Penal que otorgó el amparo "carecía de jurisdicción para conocer y decidir sobre el mismo, ya que su competencia se limita a conocer del recurso de *hábeas corpus". V.*, Sentencia de la CSJ en SPA de 26-4-71 en *G.O.* N° 1.478, Extraordinaria de 16-7-71. *V.*, en general, J. G. Sarmiento Núñez, "El amparo contra los actos administrativos", en *Ministerio Público,* Caracas, enero-abril 1971, pp. 127 a 132.

831 *Cfr.*, Hildegard Rondón de Sansó. *El Sistema contencioso-administrativo de la Carrera Administrativa,* Caracas, 1974, p. 350. Debe señalarse, en todo caso, que la acción de amparo no está prevista en el ordenamiento constitucional venezolano, como una institución comprensiva o sustitutiva del control de la legalidad de los actos administrativos por la vía contencioso-administrativa, como podría serlo en otros sistemas jurídicos, como el mexicano (*V.*, en particular, H. Fix Zamudio, "Algunos aspectos comparati-

te a violaciones de derechos y garantías constitucionales cometidas por la Administración por vías de hecho, es decir, mediante actos materiales en los cuales la actuación arbitraria de la Administración no estaba respaldada en un acto administrativo, quedaba abierta la posibilidad de ejercer la acción de amparo, pero ante los Tribunales con competencia en materia contencioso-administrativa, respetándose, sin embargo, la afinidad de la competencia.

G. *El amparo frente a las actuaciones de particulares*

Por último, debe señalarse que la institución de la acción de amparo era concebida en el ordenamiento constitucional venezolano, al menos por la regulación parcial que la Disposición Transitoria Quinta de la Constitución hace del *hábeas corpus,* como un medio jurídico de protección contra actuaciones públicas que lesionasen o menoscabasen los derechos y garantías constitucionales, por lo que se había estimado que no procedería contra actos de particulares que afectasen a otros particulares[832]. Las vías judiciales ordinarias estaban precisamente abiertas en estos casos, aun cuando se estimaba que en la ley reguladora de la acción de amparo, podía extenderse la protección frente a actividades de particulares[833]. Sin embargo, estimábamos que era evidente que si no podía obtenerse protección por las vías ordinarias, podía proceder el amparo solicitado por particulares frente a acciones de otros particulares. En base a ello es que los tribunales competentes en materia laboral, habían acordado el amparo solicitado por trabajadores, frente a empresas, que habían incumplido la orden contenida en actos administrativos emanados del Inspector del Trabajo. Los jueces laborales habían estimado que el incumplimiento por parte de las empresas de dichas órdenes, constituía una violación de los derechos laborales previstos en la Constitución, y en consecuencia habían ordenado a las mismas a reenganchar a los obreros en los términos del acto administrativo incumplido[834]. Asimismo, se debe mencionar la decisión del Juzgado Cuarto de Primera Instancia en lo Civil de la Circunscripción Judicial del Distrito Federal y Estado Miranda de 15 de febrero de 1985, en la cual se acordó un amparo solicitado por particulares conforme a los artículos 49, 59 y 66 de la Constitución, contra otros particulares, ordenándose la ocupación de una publicación anónima que atentaba contra el honor de los recurrentes[835].

---

vos del derecho de amparo en México y Venezuela", en *Libro Homenaje a Lorenzo Herrera Mendoza,* Facultad de Derecho, UCV, Caracas, 1970, Tomo II, pp. 333 a 389), por lo que su regulación legal debía diferenciar los supuestos en que procedan ambas vías de protección jurisdiccional.

832 *Cfr.* Guaicaipuro Martínez, M., "Acción de Amparo. Legitimación Pasiva" en *Doctrina PGR.* 1971, Caracas, 1972, pp. 9 y ss.

833 *V.,* Ramón Escovar Salom, *El amparo en Venezuela,* Caracas, 1971, p. 101.

834 *V.,* las decisiones del Juzgado Segundo de Primera Instancia del Trabajo de la Circunscripción Judicial del Distrito Federal y Estado Miranda, de 25-4-84, de 15-12-84, en *El Nacional* p. D-21 y el comentario de E. Agudo Freytes, "Nuevo caso de amparo en materia laboral" en *El Nacional,* Caracas, 8-11-84, p. A-4.

835 *V.,* la información en *El Universal,* Caracas, 6-3-86, pp. 1-31.

2. *Los principios jurisprudenciales relativos a la acción autónoma de amparo antes de la ley de 1988*

Como resultado de la evolución jurisprudencial antes reseñada sobre la admisibilidad de la acción de amparo, como acción autónoma y subsidiaria, puede señalarse que antes de 1988 y aún en ausencia de la Ley reguladora del derecho de amparo, ésta podía ejercerse ante todos los Tribunales, según su competencia, para proteger y asegurar el goce y ejercicio de todos los derechos y garantías que establece la Constitución o que fueran inherentes a la persona humana, frente a cualquier perturbación pública o privada que se hiciera respecto de los mismos, mediante un procedimiento que debía ser breve y sumario en el cual el juez tenía potestad para restablecer inmediatamente la situación jurídica infringida.

La jurisprudencia de la Corte Suprema de Justicia, de la Corte Primera de lo Contencioso-Administrativa y de los Tribunales de Instancia en los años anteriores a 1988 fue delineando las características de esta acción de amparo con base en a los siguientes principios: en primer lugar, quedó claramente establecido que la ausencia de la ley especial de la materia no impedía el ejercicio de la acción de amparo; en segundo lugar, se estableció que la competencia de los Tribunales para conocer la acción de amparo se distribuía de acuerdo a su competencia natural y específica; en tercer lugar, se precisó el carácter subsidiario de la acción autónoma de amparo; en cuarto lugar, se determinó el carácter breve y sumario del procedimiento; y en quinto lugar, se fueron delineando los poderes del Juez al amparar derechos constitucionales.

A. *La ausencia de la Ley especial reguladora del derecho de amparo no impedía el ejercicio de la acción autónoma de amparo*

Ya hemos señalado el cambio radical de criterio adoptado por la Corte Suprema de Justicia en 1983, en relación al sostenido en 1970, en cuanto a que la ausencia de la Ley especial prevista en el artículo 49 de la Constitución reguladora del derecho de amparo, no impedía el ejercicio de la acción autónoma de amparo

En efecto, en sentencia de 14 de diciembre de 1970, la Corte Suprema de Justicia en Sala Político Administrativa, al analizar el artículo 49 de la Constitución y la Disposición Transitoria Quinta del mismo texto fundamental, que regula "el juez competente y el procedimiento a seguir en el caso de que una persona sea objeto de privación o restricción de su libertad, con violación de las garantías constitucionales[836], concluyó señalando que este procedimiento de *hábeas corpus* se estableció única y exclusivamente para proteger la libertad personal, y que "por tanto, la protección de cualquier otro derecho —establecido o no en la Constitución— queda excluida del campo de aplicación de esa norma, por ser evidente la intención del Constituyente de limitar su alcance al caso expresamente previsto por ella"[837].

Esta, en realidad, fue la doctrina establecida en el Acuerdo de fecha 24 de abril de 1972 en la cual la Corte Suprema de Justicia declaró que "la competencia de los Tribunales de Primera Instancia y Superiores en lo Penal de la República, a que se

---

836 *V.*, en *Gaceta Oficial,* N° 29.434 de 6-2-71, pp. 219.983 y 219.984. *V.*, también en Allan R. Brewer-Carías, *Jurisprudencia de la Corte Suprema 1930-1975 y Estudios de Derecho Administrativo*, Tomo V, Vol. 1, Caracas, 1978, p. 93.

837 *Ibídem.*

refiere la Disposición Transitoria Quinta de la Constitución, se limita exclusivamente al conocimiento del recurso *de hábeas* corpus previsto en dicha norma"[838].

Por supuesto, este criterio de la Corte era inobjetable. Sin embargo, en el Acuerdo de 1972 la Corte, dio por reproducidos los fundamentos de la sentencia mencionada de 14 de diciembre de 1970, en los cuales la Corte fue más allá en sus razonamientos y estimó que mientras no se dictara la legislación especial prevista en el artículo 49 de la Constitución, no era posible el ejercicio del derecho de amparo respecto de otros derechos y garantías constitucionales mediante una acción autónoma, sino sólo mediante los recursos y acciones que existían en el derecho positivo.

En efecto, en cuanto a la acción autónoma de amparo, la Corte Suprema consideró que se trataba del "ejercicio de una acción cuyo conocimiento no ha sido atribuido por el legislador a un determinado juez y para cuya tramitación aún no se ha establecido el procedimiento previsto en el artículo 49 de la Constitución Nacional", razón por la cual estimó indirectamente que mientras esa legislación no se dictara, dicha acción de amparo no podía ser ejercida, para lo cual la Corte siguió el siguiente razonamiento vinculado al contenido del artículo 68 del texto fundamental:

> "...el derecho de obtener la actuación de los tribunales mediante las acciones o recursos que establece la ley, debe ser ejercido con arreglo a las disposiciones de ésta, pues aunque todas las Cortes y Juzgados de la República están investidos de jurisdicción, su competencia y actuación está limitada a determinados casos y regulada por procedimientos que varían de acuerdo a la naturaleza de la acción, y que en su conjunto, constituyen la garantía procesal, por excelencia, del derecho de defensa que la Constitución consagra. En razón de ello, el derecho de "utilizar los órganos de la administración de justicia para la defensa de sus derechos e intereses" debe necesariamente ser ejercido por todos "en los términos y condiciones establecidos por la ley" (artículo 68 *ejusdem*) o lo que es lo mismo, ante los tribunales, en las oportunidades y conforme al modo de proceder instituido en cada caso por el legislador"[839].

La Corte, por tanto, confundió el contenido del artículo 49 de la Constitución, que consagra un *derecho* fundamental, con el ejercicio de unas acciones judiciales (*garantías*), por lo que señaló que el amparo de los derechos constitucionales en ese momento sólo se podía obtener mediante las acciones que en ese momento regulaba el derecho positivo (aparte del procedimiento de *hábeas corpus*). La Corte dijo:

> " . . . la intención del constituyente al sancionar el artículo 49, fue formular un principio general, cuya aplicación hubiera quedado en suspenso, aun respecto de las garantías que protegen la libertad personal, hasta que el Congreso sancionara la correspondiente Legislación reglamentaria; lo que no significa, como se dijo, que los jueces dejen de amparar a los habitantes de la República que a ellos ocurran cuando sean infringidos sus derechos o garantías constitucionales, siempre que puedan hacerlo "en conformidad con la Ley".
>
> "En nuestro ordenamiento jurídico hay previsiones especialmente en el campo de los derechos patrimoniales que por las características de las acciones

---

838 *V.*, en *Gaceta Oficial* N° 30.513 de 30-9-74.

839 *Idem.*

y recursos que crean, de los procedimientos que establecen y de las atribuciones que confieren a los tribunales, sirven al propósito que movió al Constituyente a incorporar a la Constitución vigente las normas contenidas en el artículo 49. Al sancionar dichas previsiones, el legislador ordinario se adelantó al constituyente del 61, y creó un sistema de garantías jurisdiccionales para amparar, breve y sumariamente, situaciones jurídicas subjetivas que tiene como fundamento derechos garantizados o no directamente por la Carta Fundamental"[840].

En consecuencia, en dicha decisión de 1970, la Corte Suprema reconoció que el texto del artículo 49 de la Constitución, al consagrar el derecho de amparo, no regulaba una acción única de amparo, sino que éste podía obtenerse por las acciones y recursos existentes en el derecho positivo; pero estimó además, por el carácter programático que le atribuía, que cuando esas acciones o recursos no existían respecto de ciertos derechos, sin embargo, la acción de amparo autónoma no podía ejercerse por falta de regulación legal, lo cual evidenciaba, al decir de la propia Corte, "las lagunas de que adolece el sistema por no estar aún reglamentadas, legalmente, las normas constitucionales..."[841].

En 1983, como se ha dicho, este criterio de la necesidad de la ley especial reguladora del derecho de amparo, para ejercer la acción autónoma de amparo, fue modificado radicalmente por la Corte Suprema, al dejar de considerar el contenido del artículo 49 como regulador sólo de garantías (acciones o recursos) y más bien, como regulador de un derecho constitucional el cual, como todos, conforme al artículo 50 de la Constitución no requiere de ley reglamentaria para poder ser ejercido.

En efecto, en la sentencia de la Corte Suprema de Justicia en Sala Político Administrativa de 20 de octubre de 1983, también antes comentada, la Corte se apoyó en la consideración del contenido del artículo 49 como un "derecho constitucional" y no sólo como una norma reguladora de una garantía judicial, por lo que es aplicable la previsión del artículo 50 de la Constitución en el sentido de que la ausencia de ley reglamentaria del derecho "no menoscaba el ejercicio del mismo". Consideró la Corte en esa decisión que

> "con esta declaración (Art. 50) el Constituyente ha reafirmado su voluntad en el sentido de mantener la integridad de los derechos humanos y de ponerlos a cubierto de cualquier intento o acto que pudiese vulnerarlos, ya que, en su concepto, la diferencia que ha pretendido hacerse entre derechos y garantías es inadmisible, desde el momento que haría de aquéllos meras declaraciones retóricas sin contenido real"[842].

En esta forma, la Corte cambió su jurisprudencia de 1970, admitiendo abiertamente la posibilidad del ejercicio de la acción autónoma de amparo[843] pero quedando incólume el criterio del Acuerdo de 1972 en relación a la competencia de los tribunales penales para conocer del recurso de *hábeas corpus* previsto en la Disposición Transitoria Quinta de la Constitución, y la competencia exclusiva de los Tribunales

840 *Idem.*

841 *Idem.*

842 *V.*, en *Revista de Derecho Público* N° 11, EJV, Caracas, 1983, pp. 169-170.

843 *Idem.*

contencioso-administrativos para anular actos administrativos, incluso con base en pretensiones de amparo.

B. *La competencia para conocer de la acción de amparo correspondía a todos los tribunales de acuerdo a su competencia natural y específica*

El problema interpretativo derivado de la aplicación del artículo 49 de la Constitución a finales de la década de los sesenta y comienzos de los ochenta, estuvo motivado básicamente por el problema de la competencia jurisdiccional para conocer de las acciones de amparo. Los Tribunales penales, que conforme a la Disposición Transitoria Quinta de la Constitución tenían competencia para conocer de la acción de *hábeas corpus,* cuyo procedimiento se regulaba transitoriamente hasta que se dictara la ley del derecho de amparo, sin embargo, habían comenzado a conocer de acciones de amparo relativas a otros derechos constitucionales, aplicando sin embargo, el procedimiento transitorio del *hábeas corpus,* lo cual estaba provocando un desquiciamiento en la distribución de competencias judiciales[844]. Ello llevó al Fiscal General de la República, quien sostenía la tesis del carácter programático del artículo 49 de la Constitución[845] a plantear a la Corte Suprema de Justicia en comunicación de 22 de abril de 1972, la "gravísima duda" que le surgía:

> "de si también los Jueces Penales de Primera Instancia de la República son competentes para conocer de las acciones o recursos de amparo, en general, o sea de aquéllos que tienden a lograr el amparo de cualquier otro derecho establecido en la Constitución o inherentes a la persona humana; pero distinto al de la libertad personal"[846].

La comunicación del Fiscal General a la Corte Suprema tuvo por objeto instar a la Sala Político-Administrativa de la Corte para que conforme a lo previsto en el artículo 148 de la Ley Orgánica del Poder Judicial, "resuelva por medio de un acuerdo con fuerza obligatoria la duda existente en algunos jueces y ciudadanos sobre la competencia de los Jueces Penales de Primera Instancia y Superiores en lo Penal de la República, para conocer de esta clase de acciones"'[847].

La Sala Político-Administrativa, dos días después, el 24 de abril de 1972 dictó el Acuerdo requerido en el cual declaró:

> "que la competencia de los Tribunales de Primera Instancia y Superiores en lo Penal de la República, a que se refiere la Disposición Transitoria Quinta de la

---

844 *V.*, las referencias a esas decisiones de E. Agudo Freites, "Estado actual de la acción de amparo en Venezuela". *Estudios sobre la Constitución. Libro Homenaje a Rafael Caldera,* UCV, Caracas, 1979, Tomo II pp. 687-708.

845 La tesis restrictiva del amparo por tener el artículo 49 de la Constitución carácter programático, la sostuvo la Corte Suprema de Justicia en la decisión de 14 de diciembre de 1970, *G. F.* Nº 70, 1970, p. 179. Esta tesis restrictiva era también sostenida, entre otros, por E. Agudo Freites, "Algunos casos de Amparo y *Habeas Corpus". Anuario 1969. Colegio de Abogados del Estado Lara, Barquisimeto,* pp. 252-256; J. A. De Miguel. "Amparo *y Hábeas Corpus* en la Constitución de 1961", *Revista del Colegio de Abogados del Distrito Federal,* Nº 130. Caracas, 1965; A. Oropeza "Conferencia", *Boletín de la Academia de Ciencias Políticas y Sociales* Nº 27, Caracas, 1964, p. 29; C. Naranjo Osty, en Consejo de la Judicatura. *El recurso de amparo,* p. 4.

846 *V.*, el texto de la comunicación en *Ministerio Público* Nº 19, Caracas 1972, pp. 103-104.

847 *Idem.*, p. 104.

Constitución, se limita exclusivamente al conocimiento del recurso de *hábeas corpus* previsto en dicha norma; y que en consecuencia, toda decisión que no esté apoyada en la competencia específica de dichos Tribunales o que invada la atribuida por la Constitución y las leyes, a otros órganos judiciales, constituye una usurpación o extralimitación de atribuciones"[848].

Aún cuando en los considerandos del Acuerdo se mencionaba la sentencia de la Corte de 14 de diciembre de 1970 "cuyos fundamentos" daba "por reproducidos íntegramente", y que sostenía el carácter programático del artículo 49 de la Constitución al considerar que consagraba una garantía procesal y no un derecho constitucional, lo cierto es que el texto del Acuerdo de 1972, de carácter obligatorio[849], *se limitó* a precisar las competencias de los tribunales penales en materia de libertad personal, al conocimiento de la acción *hábeas corpus,* y a considerar que toda decisión que adoptasen apoyada en su competencia específica o que invadiera la atribuida a otros tribunales, constituía una extralimitación de atribuciones. Este criterio, aun cuando fue desconocido por algunos Tribunales penales[850], fue el que orientó el desarrollo de la acción de amparo en la jurisprudencia y el que se ratificó en la sentencia de la Corte Suprema de 23 de octubre de 1983[851]. Por eso, el Acuerdo de 1972 no se modificó formalmente.

En efecto, conforme al Acuerdo de 1972, los Tribunales Penales, al aplicar la Disposición Transitoria Quinta de la Constitución, sólo podían acordar el amparo a la libertad personal, y no podían amparar otros derechos constitucionales con base en esa Disposición Transitoria, que regulaban sólo el *hábeas corpus*[852]. Sin embargo, el Acuerdo regulaba el principio de que los Tribunales penales podrían "apoyados en su *competencia específica"* amparar otros derechos constitucionales distintos a la libertad personal, pero siempre que no invadieran la competencia atribuida por la Constitución y las leyes a otros Tribunales, de lo contrario, la decisión que adoptasen constituía "usurpación o extralimitación de atribuciones".

De ello resultaba el criterio, luego expresamente sostenido en la decisión de la Corte de 1983 en la cual se abandonó la tesis del carácter programático del artículo 49 de la Constitución[853], de que el amparo, como derecho, podía dar origen a una

---

848 *V.*, en *Gaceta Oficial* N° 29.788 de 25-4-72- y en *Ministerio Público* N° 19, Caracas, 1972, pp. 105-107.

849 Véanse los comentarios sobre el alcance de la obligatoriedad del Acuerdo y la base legal (Art. 148 LOPJ) que se utilizó en H. Rondón de Sansó. "El amparo constitucional en Venezuela", *Revista de Derecho Público,* N° 26, EJV, Caracas, 1986, pp. 33 y ss.

850 *V.*, E. Agudo Freites. "Estado actual de la acción. . . ", *loc. cit.*, pp. 767-771.

851 *V.*, en *Revista de Derecho Público,* N° 16, EJV, Caracas, 1983, p. 170.

852 Esta tesis había sido sostenida entre otros, por *V.* M. Álvarez, "El recurso de Amparo y el *Hábeas Corpus* en la legislación venezolana", *Boletín de la Academia de Ciencias Políticas y Sociales,* N° 39, Caracas, 1969, p. 14; L. E. Zerpa Díaz, "El amparo constitucional" en *Temas de Derecho,* Mérida, 1977, p. 11.

853 La tesis amplia relativa al amparo, basada en el artículo 50 de la Constitución había sido sostenida, entre otros, por M. Sierralta, *De los Recursos de Amparo y Hábeas Corpus en el Derecho Constitucional Venezolano,* Caracas, 1961, pp. 28-29; R. Escala Zerpa, *Recurso de Amparo contra arbitrariedad de funcionarios públicos.* Caracas, 1968; J. R. Quintero "Recurso de amparo. La cuestión central en dos sentencias y un voto salvado" en *Revista de la Facultad de Derecho,* UCAB, N° 9, (Caracas, 1969-1970 pp. 161-169; R. Escovar Salom, *El amparo en Venezuela,* Caracas 1971 pp. 59-61; J. G. Sarmiento Núñez, *Temas Jurídicos,* Caracas, 1972, pp. 139-142; J. R. Mendoza Mendoza, *Casos de Jurisprudencia o de nuevas interpretaciones,* Barquisimeto, 1973, p. 329.

acción subsidiaria y autónoma de amparo, que podía ser ejercida ante todos los Tribunales, quienes eran competentes, según la "afinidad de su competencia" jurisdiccional específica, con el derecho constitucional violado y cuyo amparo se solicitaba.

La Corte Suprema en 1983, en efecto, señaló que los Tribunales:

> "deben limitar su facultad para admitir recursos de amparo *de acuerdo con la afinidad que con su competencia natural* tengan los derechos que se pretendan vulnerados, en razón de que el propio artículo 49 de la Constitución da a entender claramente que si el deber de amparo corresponde a todos los Tribunales de la República, habrá una distribución de competencias entre los mismos, según se desprende del aparte que se refiere al juez competente, y porque el propio Constituyente inició esta distribución de competencias al otorgarla a los Jueces de Primera Instancia en lo Penal en lo referente al amparo a la libertad personal" (Disposición Transitoria Quinta)[854].

De acuerdo con este criterio, por tanto, quedó definitivamente aceptado el carácter del amparo previsto en el artículo 49 de la Constitución, como un derecho constitucional, que podía ejercerse aún en ausencia de ley reglamentaria como lo prescribe el artículo 50 del texto fundamental, y que implicaba la obligación de todos los tribunales de amparar dichos derechos, de acuerdo a la afinidad de la competencia natural que tenían asignada, con el derecho constitucional violado.

Fue precisamente con base en esa doctrina, que en el caso concreto (*Andrés Velásquez*) debatido, al tratarse de un amparo solicitado por un candidato presidencial contra un acto administrativo del Consejo Supremo Electoral, la Corte consideró que como

> "el amparo no podría ser sino la derivación de la nulidad manifiesta del acto administrativo emanado de dicho órgano, esta Sala se declara competente para resolver la solicitud presentada, en virtud de la atribución que le otorga el ordinal 12 del artículo 42 de la Ley Orgánica de la Corte Suprema de Justicia, y porque corresponde a la Corte la función primordial de controlar la constitucionalidad y legalidad de los actos del Poder Público (artículo 2 *ejusdem*)"[855].

Así, la Corte aceptó el criterio de que la afinidad de la competencia en caso de solicitudes de amparo que implicaran juzgar conductas de entes administrativos, atraía la competencia de los Tribunales Contencioso-Administrativos. En relación al mismo aspecto de la afinidad de la competencia, por ejemplo, aun siendo competentes los órganos de la jurisdicción contencioso-administrativa para conocer de las demandas contra empresas del Estado, el ejercicio de una acción de amparo contra una actuación de esas empresas violatoria de un derecho laboral, debía realizarse ante los Tribunales del Trabajo y no ante la jurisdicción contencioso administrativa[856].

Por tanto, correspondiendo el conocimiento de la acción de amparo a todos los Tribunales, con razón la Corte Suprema recomendó en su decisión de 1983,

---

854 *V.*, en *Revista de Derecho Público,* Nº 16, E.J.*V.*, Caracas 1983, p. 170.

855 *Idem,* p. 170.

856 Este fue el criterio sentado por la Corte Primera de lo Contencioso-Administrativa en sentencia de 3-10-85 (Caso *CADAFE*). *V.*, en *Revista de Derecho Público,* Nº 24, EJV, Caracas, 1985, p. 134.

"que los Tribunales, de la República deben hacer un uso prudente y racional de la norma contenida en el artículo 49 de la Constitución, tratando de suplir por medio de la analogía y demás instrumento de interpretación de que los provee el sistema jurídico venezolano, la lamentable ausencia de una ley reglamentaria de la materia"[857].

C. *El carácter subsidiario de la acción autónoma de amparo*

En los considerandos del Acuerdo de la Corte Suprema de Justicia de 22 de abril de 1972, antes comentado, y frente a la pretendida asunción de competencia de los Tribunales penales para conocer de acciones de amparo contra los actos administrativos[858], la Corte expresó lo siguiente:

> "Que en sentencia dictada el 14 de diciembre de 1970, cuyos fundamentos se dan por reproducidos íntegramente en el presente Acuerdo, este Alto Tribunal decidió que en conformidad con el artículo 206 de la Constitución, corresponde solamente a esta Corte y demás Tribunales de lo Contencioso-Administrativo, conocer de la nulidad de los actos de la Administración Pública Nacional, Estadal o Municipal, y eventualmente, suspender los efectos del acto administrativo impugnado, por vía de previo pronunciamiento"[859].

Con ello quedó definitivamente establecido el criterio de la competencia exclusiva de los órganos de la jurisdicción contencioso-administrativa para conocer de la nulidad de actos administrativos, incluso en solicitudes de amparo, por lo que si la violación de un derecho constitucional era provocada por un acto administrativo, sólo los órganos de la jurisdicción contencioso-administrativa podían anular dicho acto y conceder el amparo requerido, incluso mediante la suspensión de efectos del acto administrativo que provocaba la violación del derecho. La Corte ratificó, en esta forma, la motivación de su decisión del 14 de diciembre de 1971, producida en un proceso originado con motivo de una acción de amparo intentada ante un juez penal, contra un acto administrativo de un Concejo Municipal que había suspendido una licencia. La Corte sostuvo en esa sentencia su competencia para "anular los actos contrarios a derechos emanados de autoridad nacional, estadal o municipal" y que al ejercer esa atribución, la Corte podría revocar lo decidido por el Concejo Municipal y restablecer la situación jurídica infringida... también podría suspender provisionalmente los efectos del acto, por vía de pronunciamiento previo, como ya lo ha hecho, excepcionalmente, en otras oportunidades[860] siempre y cuando concurran

---

857 *Idem.*, p. 170. Este mismo criterio fue expuesto por la Sala Político Administrativa de la Corte Suprema en su decisión de 2-7-85 (Caso *Hevensa*) en la cual señaló respecto del amparo que "su aplicación racional y prudente constituye la mejor defensa de la institución de amparo". Consultada en original, p. 6.

858 Lo cual había sido defendido por J. G. Sarmiento Núñez "El amparo contra actos administrativos", en *Ministerio Público,* Caracas, 1971, pp. 127-131 quien sostuvo que "contra un acto administrativo se pueden intentar dos acciones: a) la acción de amparo, ante la jurisdicción penal; y b) la acción de nulidad en la jurisdicción contencioso-administrativa, mediante el recurso de ilegalidad, ante los Tribunales que para esa jurisdicción determine la ley", p. 130.

859 *V.*, en *Gaceta Oficial* Nº 29.788 de 25-4-72.

860 En 1970 aún no se había consagrado en el derecho positivo esta facultad que había sido creación de la jurisprudencia. En 1976 se consagró en la Ley Orgánica de la Corte Suprema de Justicia (Art. 136).

circunstancias que, a juicio de la Corte, hagan indispensable tales medidas, antes de que termine el procedimiento respectivo [861].

En esta forma, desde comienzos de 1970, la Corte Suprema se declaró competente para anular actos administrativos en vía contencioso-administrativa, no pudiendo ejercerse una acción autónoma de amparo contra actos administrativos. Este criterio fue luego ratificado en la sentencia de la Sala Político-Administrativa de 20 de octubre de 1983, adoptada con motivo del ejercicio de un recurso de amparo contra un acto administrativo del Consejo Supremo Electoral, "cuya constitucionalidad debe presumirse —dijo la Corte— mientras no haya sido declarado lo contrario por el órgano jurisdiccional competente y por las vías legales establecidas para el ejercicio del tipo de recursos" (de inconstitucionalidad o contencioso-administrativo). En tal virtud, la Corte concluyó señalando que "no puede esta Corte hacer un pronunciamiento al respecto sobre la inconstitucionalidad alegada, sino de acuerdo con los procedimientos establecidos para la tramitación y decisión de los respectivos recursos de nulidad" por lo que declaró improcedente la acción de amparo para dirimir la cuestión planteada[862].

Por tanto, cuando la perturbación a un derecho constitucional la causaba un acto administrativo, el derecho de amparo debía ejercerse mediante el recurso contencioso-administrativo de anulación, no siendo procedente el ejercicio de una acción de amparo autónoma y paralela al recurso contencioso-administrativo de anulación. Por tanto, la acción de amparo como acción autónoma, como hemos dicho, se consideró como una acción subsidiaria que procedía siempre que no existiera una vía judicial a través de la cual se pudiera ejercer el derecho de amparo[863], siendo por tanto improcedente el ejercicio de la acción autónoma de amparo frente a los actos administrativos, los cuales sólo podían ser impugnados en vía contencioso-administrativa. Tal como lo señaló la Corte Primera de lo Contencioso Administrativo en sentencia de 25 de enero de 1984:

> "La acción de amparo resulta improcedente contra... (un acto administrativo), por cuanto esta acción es un medio extraordinario de protección, que sólo puede ser utilizada cuando *no existan* otras vías a través de las cuales pueda obtenerse el restablecimiento de los derechos subjetivos violados" [864] .

---

861 *V.*, en *Gaceta Oficial* N° 29.434 de 6-2-71, pp. 219-985. La Corte concluía declarando que conforme al derecho positivo en 1970, no tenía competencia para "conocer de una acción autónoma de amparo" contra actos administrativos.

862 *V.*, en *Revista de Derecho Público* N° 16, EJV, Caracas, 1983, p. 170.

863 El carácter subsidiario de la acción autónoma de amparo que atribuimos a la misma (*V.*, Allan R. Brewer-Carías, "El derecho de amparo y la acción de amparo", *Revista de Derecho Público,* N° 22, EJV, Caracas, 1985, p. 53), y que la jurisprudencia había venido desarrollando no era como lo entendió (mal interpretado el criterio) H. Rondón de Sansó, como si la acción de amparo "sólo es ejercitable *cuando hubiesen sido agotados* todos los recursos ordinarios que para el caso específico el sistema jurídico prevé" (H. Rondón de Sansó. "El amparo constitucional en Venezuela". *Revista de Derecho Público,* EJV, N° 26, Caracas, 1986, p. 56). Esto sería, en estricto derecho, atribuir carácter "extraordinario" a la acción. Cuando hablamos del carácter subsidiario de la acción de amparo era y es en el sentido de que sólo procedía y procede *cuando no haya otra vía judicial de amparo efectiva* prevista, como es el "recurso contencioso-administrativo de anulación y amparo".

864 Caso *A. I. León Avendaño vs. Universidad de Los Andes* (Ponente J. R. Duque Corredor). *V.*, en *Revista de Derecho Público,* N° 17, EJV, Caracas, 1984, p. 182.

En el caso concreto se trataba de una acción de amparo contra un acto administrativo de la Universidad de Los Andes, y la Corte Primera de lo Contencioso Administrativo declaró improcedente la acción de amparo concluyendo su decisión en la siguiente forma:

> "En congruencia con lo expuesto, no puede esta Corte, por la vía del amparo, revocar o anular la medida dictada por el Consejo de Facultad de Ciencias Jurídicas y Políticas, por tratarse de un acto administrativo frente al cual el interesado disponía de los recursos administrativos y de las acciones de nulidad, siendo por esta razón improcedente la acción de amparo frente a la decisión dictada por dicho Consejo... y que le fuera comunicada al accionante... En efecto, siendo como es el recurso de amparo una acción no prevista en el ordenamiento constitucional de nuestro país como medio sustitutivo de control de la legalidad de los actos administrativos por la vía de los recursos administrativos o por la vía del contencioso-administrativo, la acción de amparo en contra de la citada medida resulta improcedente, y así se declara"[865].

Y la Corte, en dicha sentencia precisó su razonamiento señalando lo siguiente:

> "¿De qué serviría seguir manteniendo los recursos administrativos y la jurisdicción contencioso-administrativa, si los particulares pudieran intentar directamente la acción de amparo frente a los actos administrativos?
>
> La consagración absoluta e ilimitada del amparo sacudiría los cimientos mismos del sistema jurídico del país, hasta el punto que ante una decisión firme de cualquier autoridad, que ha causado estado, ya no habría seguridad y certeza alguna, ni mucho menos estabilidad. Piénsese en aquellos procedimientos como el de despidos injustificados o de protección de la inamovilidad laboral, si después de acordado un reenganche por una Comisión Tripartita o por un Inspector del Trabajo, en lugar de ejercer la apelación ante la Comisión de Segunda Instancia o ante el Ministerio del Trabajo, el patrono acudiera directamente ante esta Corte por vía de amparo constitucional a solicitar su anulación. Además de la indefensión que se causaría al beneficiado con el reenganche, se estarían eliminando instancias ordinarias y los trámites normales que deben seguir los órganos naturales para revisar las actuaciones de sus subalternos y sus propias decisiones, creándose como regla general un régimen de excepción en materia jurisdiccional, representado por un juicio breve y sumario y por una acción extraordinaria"[866] .

---

865 *Idem.*, p. 184. La Corte Primera se apoyó para sostener este criterio en sentencia de la Corte Suprema de Justicia, en esta forma: "...la propia jurisprudencia de la Corte Suprema de Justicia ha consagrado el carácter extraordinario de la acción de amparo, cuando en sentencia de su Sala Político-Administrativa 26-4-71, asentó que calificado de acto administrativo determinada medida de una autoridad, "es obvio que el interesado pueda recurrir ante la Corte, si considera que el acto es nulo por inconstitucionalidad o ilegalidad", y que por lo tanto los Tribunales no pueden conocer de recursos de amparo contra tales actos (*Gaceta Oficial* N° 1.478 Extra. de 16-7-71)". *Idem.*, p. 183. Además al comentar la sentencia de la Corte Suprema de 14-12-70, la Corte Primera señaló que "sólo por la vía de los recursos de anulación, pueden los Tribunales Contencioso-Administrativos anular tales actos y restablecer las situaciones jurídicas lesionadas, conforme lo ordena el artículo 206 de la Constitución y no por la vía de la acción de amparo constitucional a que se contrae el artículo 49 del mismo Texto Constitucional". *Idem.*, pp. 183-184.

866 *V.*, en FUNEDA, *15 años de Jurisprudencia Corte Primera de lo Contencioso Administrativo 1977-1992, Amparo Constitucional,* Caracas 1994, pp. 131-132.

Por tanto, de acuerdo con ese criterio jurisprudencial, la acción autónoma de amparo antes de la sanción de la Ley de 1988, era de carácter subsidiario, y sólo procedía para proteger el goce y ejercicio de derechos constitucionales, cuando no existieran otras vías judiciales a través de las cuales pudiera obtenerse la protección necesaria y el restablecimiento de los derechos subjetivos lesionados[867], criterio que era de particular importancia en materia contencioso-administrativa y de amparo frente a los actos administrativos. De ello resultaba por supuesto, no que se negase el derecho de amparo constitucional ante los actos administrativos, sino que frente a éstos, el recurso contencioso-administrativo de anulación podía ser considerado como un *medio judicial* de amparo constitucional.

Por supuesto, en casos excepcionales que el juez contencioso-administrativo debía apreciar, si el recurso "contencioso-administrativo resultaba insuficiente o no constituía un medio lo suficientemente rápido y reparador"[868], el mismo, juez contencioso-administrativo podía admitir la acción de amparo, como acción autónoma, pero en nuestro criterio, no para anular el acto administrativo que violase el derecho constitucional, sino para amparar la situación jurídica subjetiva lesionada en forma temporal. Este fue el criterio sostenido por la Corte Primera de lo Contencioso Administrativo en sentencia de 14 de agosto de 1985, en la cual frente a un acto administrativo de destitución de una funcionaria de una Asamblea Legislativa en estado de gravidez, la Corte admitió la procedencia de la pretensión de amparo temporal, en los siguientes términos:

> " . . . cuando los medios ordinarios no pueden reparar los posibles perjuicios causados por los efectos inmediatos de una actuación administrativa, tratándose de derechos constitucionales como en el presente caso, en el cual la recurrente solicitó el amparo para que se le garantizara la protección que le reconoce la Constitución por su estado de gravidez, si se espera a que finalice la vía administrativa, para que se extinga el acto que la afectó y luego que culmine el respectivo juicio contencioso-administrativo que declare su nulidad, no sería posible proteger derecho alguno derivado del embarazo, que por razones naturales y biológicas tiene un período determinado, en razón del tiempo transcurrido. Por esta causa, en casos como el presente, para la protección de la madre embarazada, es procedente solicitar un amparo constitucional *no para que se anule un acto* supuestamente ilegal, sino para que *hasta tanto se resuelva definitivamente acerca de la ilegalidad de la actuación administrativa impugnada,* se proteja la

---

867 La Corte Primera de lo Contencioso-Administrativo insistió en el carácter del amparo como "recurso subsidiario, que cede ante uno principal, y que por ello, no puede constituir el medio normal de dilucidar controversias respecto a la legalidad de los poderes públicos. "*V.*, sentencia de 14-8-85 caso *D. L. de Gutiérrez vs. Asamblea Legislativa del Estado Lara* (Ponente: J. R. Duque Corredor) (consultada en original). En sentencia de al Corte Primera de lo Contencioso-Administrativa de 17-1-85, caso, *Veneformas vs. INH* (Ponente P. M. Reyes), de 17 de enero de 1985, este criterio se expuso también en forma terminante, en los siguientes términos:

> "...es característica y requisito de procedencia del recurso de amparo, que frente a la situación fáctica que lesiona a la persona en el goce y ejercicio de sus derechos constitucionales, no debe existir recurso paralelo que salvaguarde la situación jurídica infringida; de allí deviene, como se indicó anteriormente, su condición de extraordinario; porque de existir otros recursos, la persona afectada debe hacer uso de tales vías, ciertamente, el amparo exclusivamente procede ante la inexistencia de otras posibilidades procesales". *V.*, en *Revista de Derecho Público,* N° 21, EJV, Caracas, 1985, p. 140.

868 R. Escovar Salom, *El amparo en Venezuela,* Caracas, 1971, p. 76.

maternidad. En efecto, el medio ordinario en el caso presente, los recursos administrativos y dentro de ellos la suspensión en vía administrativa de la decisión cuestionada e inclusive la acción de nulidad, no podrían proteger el derecho constitucional reclamado por la recurrente, por cuanto el proceso de embarazo es un hecho biológico que no admite suspensiones o interrupciones, y mucho menos esperar, y por ello, aquellos recursos ya no pueden calificarse de ordinario, porque no pueden reparar de inmediato el perjuicio que sufre una madre embarazada si es separada de su empleo" [869] .

Por tanto, si bien el principio general de que el medio de amparo frente a actos administrativos era el recurso contencioso-administratrativo, en casos como el indicado, cuando éste, como medio ordinario no podía dar la protección requerida, el juez podía admitir el amparo, no para anular el acto administrativo que violase el derecho, sino para proteger el mismo mientras se dilucidaba su ilegalidad. En el caso mencionado, el amparo o protección concedida a la funcionaria en estado de gravidez, dijo la Corte Primera, "cesa al terminar el período postnatal", y en todo caso, "no produce cosa juzgada respecto a la validez o no del acto impugnado"[870].

Esta doctrina posteriormente se recogió de nuevo, por la Corte Primera de lo Contencioso Administrativo en sentencia de 13 de febrero de 1986, en el sentido de que si bien en principio, "el amparo es un recurso subsidiario que cede ante uno principal, y que por ello no puede constituir el medio normal de dilucidar controversias respecto a la legalidad de la actuación de los Poderes Públicos", ello no obstaba para que se admitiera la procedencia de la acción autónoma de amparo ante "la insuficiencia de los medios principales, y la no posibilidad de restablecer la situación jurídica infringida de inmediato, como lo ordena el Constituyente, o sea, la eliminación de un daño inminente, actual, e irreparable". Incluso, dijo la Corte, "el agotamiento de todos los medios pertinentes sin que haya sido posible obtener la protección o el respeto de la garantía o el derecho violado, a juicio de esta Corte, hacen procedente el amparo como medio de protección especial"[871].

Toda esta doctrina de la subsidiariedad de la acción de amparo fue incluso resumida por la propia Corte Primera de lo Contencioso Administrativo en sentencia de 20 de febrero de 1986, en al cual se expuso lo siguiente:

> "De acuerdo a la sentencia de esta Corte de fecha 10-8-85, el carácter excepcional y residual del amparo como acción judicial especial, "sólo se atenúa en los casos en los cuales existe imposibilidad de obtener la satisfacción del derecho lesionado por las vías normales que el orden jurídico establece". Igualmente manifestó esta misma Corte en sentencia de fecha 17-12-85, que "si bien el amparo tiene naturaleza extraordinaria, sin embargo, ante la circunstancia específica que obliga a la protección inmediata del derecho lesionado cuyo daño se transformaría en irreparable si no se le otorgase en tal forma la tutela, se admite su procedencia". Estas dos decisiones, y especialmente la última, precisa-

---

869 Sentencia de 14-8-86 (*Caso D. Luna de Gutiérrez*) (consultada en original). Este criterio ha sido ratificado por la misma Corte Primera en sentencia de 17-12-85 y 20-2-86 (Consultadas en original). *V.*, en *Revista de Derecho Público,* N° 25, EJV, Caracas 1986 pp. 117-122.

870 *Idem.*

871 *V.*, sentencia de 13-2-86 (Ponente R. J. Duque Corredor), caso *Federación Venezolana de Tiro* (consultada en original). *V.*, en *Revista de Derecho Público,* N° 25, EJV, Caracas, 1986, p. 114.

ron la jurisprudencia de esta Corte que consagró el carácter subsidiario de dicha acción, en sentencias de fecha 17-1-85 y 26-9-85. Ahora bien, en esta oportunidad la Corte precisa aún más su doctrina respecto a la procedencia del amparo, en el sentido de aclarar que por el fin que persigue la Constitución en su artículo 49, de la inmediata protección de las garantías constitucionales, y en concreto de lograr el restablecimiento oportuno de las situaciones jurídicas infringidas, cuando los medios ordinarios que existen contra los actos inconstitucionales o ilegales, sean insuficientes para reparar el perjuicio, o no idóneos para evitar el daño a la lesión causada, por tales actos, la acción autónoma de amparo, entonces resulta procedente. Y si a esta inidoneidad o insuficiencia se agrega la incertidumbre en que se coloca al interesado respecto al ejercicio de un derecho, por la no operatividad inmediata del recurso ordinario o normal contra el acto ilegal, está plenamente justificado el amparo como pretensión procesal autónoma, que busca precisamente la protección judicial para que se evite un daño existente, o se impida uno ciertamente inminente o irreparable" [872].

En definitiva, esta doctrina del carácter subsidiario de la acción de amparo, entendido en el sentido de que la acción autónoma de amparo procedía siempre que no hubiese otra vía judicial idónea para la protección inmediata del derecho lesionado, la resumió la Corte Primera en sentencia del 21-1-88 dictada el día anterior a la entrada en vigencia de la Ley Orgánica de Amparo, en la siguiente forma:

> "Para que sea dable la concesión de un mandamiento de amparo, el Juez que conoce de la solicitud verificará los siguientes aspectos:
>
> 1. Que la situación jurídica infringida por el acto, hecho u omisión de la autoridad pública o del particular, sea violatoria en forma directa, manifiesta o incontestable de un derecho o garantía constitucionalmente tutelado.
> 2. Que no exista para el restablecimiento de esa situación jurídica lesionada ningún otro medio procesal adecuado, y
> 3. Que la lesión o el derecho o garantía afectados sean de tal naturaleza que no podrían ser reparados mediante la utilización de ese otro medio procesal"[873].

Ahora bien, esta característica de la acción autónoma de amparo, de ser, en estos términos subsidiaria, en el sentido de que sólo procedía cuando no hubiera otra vía procesal que permitiera ejercer el derecho de amparo, fue de particular importancia para configurar el recurso contencioso-administrativo de anulación, también, como una vía judicial de amparo, sobre lo cual insistiremos más adelante. Antes sin embargo, y para concluir las referencias a los criterios jurisprudenciales sobre la acción autónoma de amparo, antes de 1988, debemos comentar los aspectos procesales de la misma.

---

872 *V.*, sentencia de 20-2-86 (Ponente R. J. Duque Corredor), caso *H. Romero Muci vs. Municipalidad del Distrito Sucre del Estado Miranda. V.*, en *Revista, de Derecho Público*, Nº 25, EJV, Caracas, 1986, p. 122.

873 Caso *CADAFE*, en FUNEDA, 15 *años de Jurisprudencia, op. cit.*, p. 200.

D. *El carácter breve y sumario del procedimiento*

De acuerdo al artículo 49 de la Constitución, al regularse el derecho de amparo se estableció expresamente que "el procedimiento será breve y sumario", por lo que en ausencia de la Ley de Amparo, a los efectos de aplicar esa norma constitucional, los Jueces debieron aplicar por vía analógica, procedimientos breves y sumarios previstos en el ordenamiento. Sobre estas expresiones, la Corte Primera de lo Contencioso Administrativo señaló lo siguiente: El procedimiento debe ser *breve,* "en el sentido de tener por sí la condición de ser urgente, en tal condición, será tramitado con celeridad y debe ser resuelto en el menor tiempo posible": además, debe ser *sumario,* en el sentido de que "implica que su procedimiento debe ser simple, sencillo, despojado de incidencias, carente de formalidades complejas y se debe desarrollar en una relación procesal sin partes, limitada en principio, a la actuación del solicitante y del Juez que va a conocer del asunto"[874].

Ahora bien, ante la ausencia de la legislación específica que regulase los aspectos procesales del ejercicio y desarrollo de la acción de amparo la Corte Primera de lo Contencioso Administrativo consideró acertado aplicar para la tramitación de las acciones de amparo, el procedimiento previsto en los artículos 215 a 217 del Código Orgánico Tributario, que tienen por objeto "amparar a los contribuyentes de tributos nacionales ante demoras excesivas de la Administración Tributaria en resolver sus peticiones"[875]. Estas normas, en efecto, que regulan la allí llamada "acción de amparo", aplicadas a la acción autónoma de amparo, daban lugar a los siguientes elementos adjetivos:

1. El escrito de la acción debía ser presentado por la persona afectada, o su representante legal, ante el Tribunal competente, y en el mismo debían especificarse las situaciones de hecho que provocaban la violación del derecho cuyo amparo se solicitaba, así como las gestiones realizadas para impedir o reclamar las violaciones.

2. Si la acción apareciere razonablemente fundada, el Tribunal debía requerir informes sobre la causa de la violación y fijar un término breve y perentorio para la respuesta, por parte del funcionario o entidad que causa la violación.

3. Vencido el lapso, el Tribunal debía dictar una decisión "que corresponda al amparo del derecho lesionado" dentro de los cinco días hábiles. En dicha decisión, si era el caso, debía fijar un término a quien hubiera violado el derecho amparado para que cumpliera la decisión de hacer, de no hacer, de dar o de deshacer que contuviera el amparo, según los casos, o si era el caso, restablecer directamente la situación jurídica lesionada.

Las normas del Código Orgánico Tributario que *mutatis mutandis* debían dar origen a los mencionados aspectos adjetivos, en criterio de la Corte Primera de lo Contencioso Administrativo, "recogen y desarrollan sabiamente el recurso procesal contenido en el artículo 49 de la Constitución, y que ante la cierta falta de regulación legislativa *ad hoc* del amparo, la aplicación de esas normas procesales de forma subsidiaria por la Corte ha sido, sin duda, acertada y cumple satisfactoriamente la exigencia de brevedad en el trámite de los recursos de amparo". Adicionalmente, la Corte Primera, al comentar la aplicación del procedimiento mencionado en un caso

874 *V.,* la sentencia citada de 17-1-85. *Revista de Derecho Público,* N° 21 EJV, Caracas, 1985, p. 140.

875 *Idem.* Código Orgánico Tributario (COT) de 1994, *Gaceta Oficial* N° 4.724 Extra de 27-5-94.

concreto de amparo, señaló que ello se hizo "en una actitud definida de impedir que el mismo se transformara en una situación procesal compleja, confusa, limitada en el tiempo a resolver las múltiples y variadas impugnaciones opuestas como puntos previos; y ello lo logró, difiriendo el conocimiento de tales impugnaciones al momento y a la oportunidad de resolver de manera definitiva el mérito de la solicitud"[876].

Por último, en relación a los aspectos procesales de la acción de amparo, debe mencionarse la doctrina desarrollada por la jurisprudencia de las Salas de Casación de la Corte Suprema de Justicia en el sentido de la improcedencia del recurso de casación contra las decisiones de última instancia que se adoptasen en juicios de amparo. Esta doctrina se expuso inicialmente en 1971, por la Sala de Casación Penal, en la cual simplemente se señaló que siendo el recurso de casación "de carácter extraordinario, debe estar previsto expresamente en la Ley y la enumeración de los casos en que procede es, necesariamente, taxativa", y por cuanto "ni el artículo 49 de la Constitución, ni la Disposición Transitoria Quinta de la misma, ni los artículos 333, 58, primera parte y 62 del Código de Enjuiciamiento Criminal, ni ninguna otra disposición legal, establecen que se admitirá recurso de casación contra las decisiones de los Tribunales Superiores que resuelvan hacerse del recurso de amparo", lo consideró inadmisible[877].

Por su parte, la Sala de Casación Civil de la Corte Suprema, en sentencia de 14 de diciembre de 1983 basada en argumentos formales, también negó la admisibilidad del recurso de casación contra decisiones adoptadas con motivo de acciones de amparo, considerando que el procedimiento de las acciones de amparo no constituía un "juicio civil o mercantil" siendo que la admisibilidad del recurso de casación, conforme al artículo 418 del Código de Procedimiento Civil (Art. 312 del vigente), sólo está prevista en éstos. La Sala de Casación, en efecto, señaló que el recurso de casación "no se le concibe sin la existencia de la relación procesal denominada juicio", que esa Sala había definido como "las controversias judiciales suscitadas por conflicto intersubjetivos de intereses que el órgano judicial debe resolver por sentencia, previa sustanciación de la causa a través de las formas procesales previstas por la Ley". Ahora bien, al analizar los aspectos subjetivos de la acción de amparo, la Sala de Casación Civil señaló que:

> "...en manera alguna se trata de una acción a seguirse dentro del procedimiento ordinario ni dentro de los procedimientos especiales, destinada a obtener pronunciamiento, o sentencia que decida una controversia suscitadas entre partes"[878].

Esta doctrina se ratificó por la misma Sala de Casación Civil en sentencia de 31 de enero de 1985, en la cual se insistió en que como "las actuaciones o procedimientos seguidos para acordar o negar un mandamiento de amparo constitucional no constituyen juicio en los términos señalados por el artículo 418 del Código de Pro-

---

876 *V.*, la sentencia citada de 17-1-85, *Revista de Derecho Público,* Nº 21, EJV, Caracas 1985, p. 140..

877 Sentencia del 13-5-71. *V.*, en *Repertorio Forense,* Nº 1.761. 26-8-71, pp. 4-6. Igual criterio lo sentó la Sala de Casación Penal de la Corte Suprema de Justicia en decisión de 12-8-71, *Repertorio Forense,* Nº 1.864 de 28-1171, pp. 4-6.

878 Sentencia de 14-12-83 transcrita y ratificada en su doctrina por sentencia de la misma Sala de Casación Civil de 31-1-85 (consultada en original). (Art. 312 del Código vigente).

cedimiento Civil, ... ninguna actuación procesal que directa o indirectamente se relacione con el amparo constitucional estaría sometida al recurso de casación"[879].

Frente a esta doctrina formalista, en nuestro criterio, en la legislación del derecho de amparo, precisamente por el carácter de medio de protección constitucional de los derechos fundamentales que tiene el amparo, debió preverse el recurso de casación contra las decisiones de última instancia adoptadas como resultado de acciones de amparo[880]. Siendo el recurso de casación un medio de control de la constitucionalidad y legalidad de las decisiones judiciales, dada la importancia y repercusiones de las decisiones en materia de amparo, éstas debieron ser sometidas al recurso de casación, que a su vez debía servir de vía judicial de amparo contra las decisiones de los Jueces superiores violatorias de los derechos y garantías constitucionales De acuerdo con el artículo 2 de la Ley Orgánica de la Corte Suprema de Justicia, a ésta corresponde ejercer el control de "la constitucionalidad y legalidad de los actos del Poder Público", por lo que el recurso de casación en cuanto a las decisiones judiciales en materia de amparo es precisamente el medio judicial que debe estar abierto para el ejercicio de dicho control. La Ley Orgánica de Amparo de 1988, sin embargo, no acogió esta tesis.

E. *Los poderes del juez de amparo*

Por último, dentro de los elementos que fueron configurando la acción de amparo en Venezuela antes de la entrada en vigencia de la Ley Orgánica de Amparo de 1988 y que se deducen de las múltiples decisiones de los Tribunales en la materia, deben mencionarse los relativos a los poderes del juez de amparo, quizás los más importantes para asegurar el derecho de todos a ser amparados por los Tribunales, como lo indica la Constitución.

En esta materia, por supuesto, la labor de los jueces estuvo guiada por el mandato constitucional del artículo 49: "Los Tribunales *ampararan a* todo habitante de la República, en *el goce y ejercicio* de los derechos y garantías. . . ", para lo cual "el juez competente tendrá potestad *para restablecer inmediatamente* la situación jurídica infringida". Por ello, en definitiva, la acción de amparo siempre se traduce en una *condena*[881] *restablecedora* pronunciada contra quien produjo la violación del derecho constitucional, que puede ser de dar, de hacer, de no hacer o de deshacer, según los casos, o puede ser una decisión de restablecer directamente la situación jurídica infringida, si ello es posible con la sola decisión judicial[882]. Por ello, en sen-

---

879 *Idem.* En el Código de Procedimiento Civil de 1985, el artículo 312 utiliza las mismas expresiones "juicios civiles o mercantiles".

880 En este sentido la Ley Orgánica de la Corte Suprema de Justicia establece que corresponde a la Corte, "conocer del recurso de casación en los juicios civiles, mercantiles, del trabajo *y en cualquiera otros* en que se consagre dicho recurso por *ley especial*" (Arts. 42, numeral 33).

881 La Corte Primera de lo Contencioso-Administrativo, por ejemplo, en una sentencia de 3-10-85 señaló respecto de una acción de amparo interpuesta por un trabajador a fin de que una empresa diera cumplimiento a la orden de reenganche dictada por una Comisión Tripartita Laboral así como al pago de salarios caídos, que "la acción de amparo se traduce en una *condena a una obligación* de hacer (reenganche) y otra de dar (pagar sumas de dinero) en contra de una empresa en participación estadal decisiva. *V.*, en *Revista de Derecho Público,* Nº 24, EJV, Caracas, 1985.

882 Como lo ha señalado H. Rondón de Sansó, "la informalidad del amparo faculta al juez para darle el contenido que juzgue necesario. El eventual contenido del amparo puede ser: acordar un plazo para obtener una respuesta; obligar a la destrucción de una obra; prohibir la difusión o representación; impedir

tencia de 13-2-86, la Corte Primera señaló que el juez de amparo "tiene una competencia amplia para restablecer inmediatamente la situación infringida", por lo que "para evitar la lesión y el daño que produce la violación del derecho fundamental, aquél puede adoptar las medidas que crea necesarias para restablecer inmediatamente la situación jurídica infringida"[883].

El efecto judicial de la acción de amparo, por supuesto, es el aspecto más importante de la misma, pues según los poderes atribuidos al juez, la protección en el goce y ejercicio de los derechos constitucionales será efectiva. Por ello, las amplias posibilidades judiciales que la norma del artículo 49 de la Constitución abre a los jueces de amparo, permiten señalar que éstos se encuentran, al igual que los Jueces norteamericanos e ingleses[884] con una amplia gama de "remedios" judiciales que pueden utilizar para hacer efectivo el amparo de los derechos fundamentales. Por tanto, y las múltiples sentencias de Tribunales de instancia en materia de amparo que se fueron produciendo lo confirman, la decisión del Juez podía y puede consistir, en mandamientos de dar, de hacer o de deshacer (órdenes) o en mandamientos de no hacer (prohibiciones). En cuanto a los mandamientos de dar, podría tratarse de una condena a restituir un bien, por ejemplo, cuando se ampara el derecho de propiedad, o podía consistir en la condena de pago de una suma de dinero compensatoria del valor del mismo. Por su parte, los mandamientos de hacer se traducen en órdenes dadas a quien ha violado el derecho amparado, de realizar actos en sentido positivo[885] necesarios para restablecer el derecho infringido. En cuanto a los mandamientos de deshacer, pueden consistir en la orden u obligación impuesta a un sujeto, cuando ello sea posible, de destruir algo, o cancelar o deshacer una actividad realizada cuando ello es necesario para restablecer el derecho infringido. Por último, los mandamientos de no hacer, se traducen normalmente en prohibiciones[886] u órdenes negativas, es decir de abstención dadas a quien ha violado un derecho, para impedir otras violaciones o para restablecer el derecho violado.

Pero los poderes del juez de amparo van más allá, pues no sólo está facultado para dar órdenes o imponer prohibiciones a quien ha violado un derecho constitucional para ampararlo, sino que está facultado para restablecer directamente, cuando ello es posible con la sola decisión judicial, el derecho infringido, sustituyendo con su decisión cualquier actividad adicional por parte de otro sujeto de derecho o autoridad[887].

---

la realización de un acto; dispensar de un trámite. *V.*, en "El amparo constitucional en Venezuela", *loc. cit.*, p. 61.

883 *V.*, en FUNEDA, *15 años de Jurisprudencia, cit.*, p. 155.

884 *V.*, F. H. Lawson, *Remedies of English Law,* Londres, 1980, p. 175; B. Schwartz y H.W. R. Wade, *Legal control of government,* Oxford, 1978, p. 205.

885 Por ejemplo, equivalentes a las *mandatory injunctions* del derecho inglés. (*V.*, F. H. Lawson, *op. cit., p.* 198); o los *writ of mandamus* del derecho norteamericano. (*V.*, L. J. Jaffe, *Judicial control of Administrative Action.* Boston, 1965, p. 176).

886 Por ejemplo, equivalentes a las *prohibitory orders o injunctions* del derecho inglés. *V.*, F. H. Lawson, *op. cit.*, p. 179; o las *injunctions* del derecho norteamericano. *V.*, B. Schwartz y H. W. R. Wade, *op. cit.*, p. 221; L. L. Jaffe, *op. cit.*, p. 193.

887 Por ejemplo, cuando el juez directamente decide la incautación de publicaciones que vulneran el derecho al honor. *Caso Cisneros*. Sentencia del Juzgado Cuarto de Primera Instancia en lo Civil de la Circunscripción Judicial del Distrito Federal y Estado Miranda de 16-2-85 (consultada en original).

Como ejemplo de estos poderes del juez de amparo de pronunciar órdenes de hacer y eventualmente sustituirse a la Administración en el cumplimiento de un acto, dispensando al particular de obtenerlo, puede citarse la sentencia de la Corte Primera de lo Contencioso Administrativo de 20 de febrero de 1986, en la cual con motivo de un amparo solicitado por un contribuyente municipal, ante la negativa de una Municipalidad de expedirle el certificado de solvencia del impuesto inmobiliario urbano, requisito indispensable para poder registrar el documento de venta del inmueble, la Corte decidió lo siguiente: primero, ordenó al funcionario competente a fijar y liquidar el impuesto respectivo en un plazo de 30 días; segundo, ordenó que cumplido lo anterior y una vez pagado el impuesto por el contribuyente, en un plazo de tres días el funcionario debía expedir la solvencia de pago del impuesto; y tercero, advirtió a la Municipalidad que vencido el término de 30 días "sin que hubiere cumplido con lo ordenado" en la sentencia, se dispensaba al contribuyente del trámite de presentación de la solvencia municipal para protocolizar la venta del inmueble[888].

F. *Los jueces contencioso administrativos como jueces de amparo*

Hemos señalado que la Constitución establece el derecho de amparo como derecho fundamental de todos a ser protegidos por los Tribunales en el goce y ejercicio de los derechos constitucionales. Este derecho de amparo, así concebido, se puede ejercer a través de diversas vías judiciales que aseguren esa protección o a través de la vía subsidiaria de la acción autónoma de amparo que, como lo tiene dicho la Corte Primera de lo Contencioso Administrativo, "solamente puede acordarse ante el supuesto concreto de la inexistencia de otros recursos administrativos judiciales, ordinarios o especiales, que pueden alcanzar el fin perseguido con el amparo"[889].

Por tanto, antes de la promulgación de la Ley Orgánica de Amparo de 1988, sostuvimos[890] que frente a actos administrativos, cuando mediante éstos se violasen los derechos garantizados en la Constitución, la vía judicial de amparo establecida contra ellos debía ser el recurso contencioso-administrativo de anulación, pues de acuerdo al artículo 206 de la constitución, sólo los órganos de la jurisdicción contencioso administrativa son competentes para anular actos administrativos. En esta forma, el recurso de anulación, cuando un acto administrativo era inconstitucional por violatorio de derechos fundamentales, debía ser el medio judicial de ejercicio del derecho de amparo constitucional, no siendo procedente el ejercicio paralelo de una acción autónoma de amparo frente a actos administrativos.

Este carácter del recurso contencioso-administrativo de anulación de constituir un medio o vía judicial de amparo, por supuesto, tenía y tiene una enorme importancia tanto por las implicaciones en relación al régimen de la jurisdicción contencioso administrativa, como por la importancia que tenía el establecer un efectivo medio de amparo frente a las acciones u omisiones de las autoridades administrativas que violasen derechos constitucionales. Aun cuando el amparo, como derecho, puede ejer-

888 *V.*, sentencia de 20-2-86 (ponente R. J. Duque Corredor), *Caso H. Romero Muci vs. Municipalidad del Distrito Sucre del Estado Miranda. V.*, en *Revista de Derecho Público,* N° 25, EJV, Caracas, 1986, p. 122-123.

889 *V.*, sentencia de 17-1-85 en *Revista de Derecho Público,* N° 21, EJV, Caracas, 1984, p 140.

890 *V.*, Allan R. Brewer-Carías, *Estado de Derecho y Control Judicial, Ma*drid 1985, pp. 639 y sig.

cerse contra perturbaciones a los derechos fundamentales realizadas por particulares, es evidente que las más de las veces el amparo es un derecho para asegurar protección frente a las actuaciones de las autoridades públicas, y en particular, de las autoridades administrativas.

Por tanto, la relación entre el amparo y el contencioso-administrativo se planteaba en diversa forma, según que la perturbación al derecho constitucional se produjera por una actuación de hecho de la Administración, por un acto administrativo, o por el retardo o negativa de la Administración a actuar. En el primer caso, la acción autónoma de amparo se debía intentar, en principio, ante la jurisdicción contencioso administrativa; en los dos últimos casos, el recurso contencioso-administrativo de anulación y el recurso contencioso-administrativo contra las conductas omisivas administrativas eran las vías judiciales de amparo.

a. *El amparo contra las actuaciones o vías de hecho de la Administración y la competencia de los Tribunales Contencioso-Administrativos*

El primer aspecto de interés a destacar es que los Tribunales Contencioso Administrativos, en general, debían considerarse como jueces de amparo cuando las perturbaciones al goce y ejercicio de derechos fundamentales cuyo amparo se pretendía, fueran provocados por actuaciones administrativas, que no configurasen actos administrativos. En efecto, dado el principio de distribución de la competencia judicial en materia de amparo definido por la Corte Suprema de Justicia, vinculado al criterio de la afinidad de la competencia natural del juez con el derecho constitucional violado, la primera cuestión a dilucidar, en relación a esa distribución de competencias, cuando la perturbación al derecho constitucional la causaba una actuación de hecho de la Administración (vía de hecho), era establecer si el respectivo Tribunal competente era el órgano respectivo de la jurisdicción contencioso-administrativa o el Tribunal cuya competencia fuera afín con el derecho violado. En otras palabras en caso de actuaciones administrativas que no eran actos administrativos, el principio de la afinidad de la competencia ¿debía determinarse por el sujeto (Administración) que producía la lesión del derecho constitucional, fuera cual fuera; o debía determinarse por el derecho cuyo amparo se solicitaba, fuera quien fuera el sujeto que provocaba la lesión?

La cuestión a dilucidar era por tanto, si la competencia de la jurisdicción contencioso-administrativa resultaba o no atraída cuando se producía una lesión a cualquier derecho constitucional provocada por una autoridad administrativa. El problema estaba expresamente resuelto a nivel constitucional en relación a la libertad personal: aún cuando la violación de ésta se produjera por vías de hecho de la Administración, los Tribunales Penales de Primera Instancia eran los componentes en materia de *hábeas corpus*[891] *y* no los Tribunales Contencioso-Administrativos. Pero en relación a los otros derechos y garantías constitucionales no había solución regulada en el derecho positivo.

Por tanto, si una actuación de hecho de una autoridad administrativa lesionaba el derecho a la educación ¿era competente para conocer del amparo el Juez Civil de Primera Instancia? Uno de los más importantes casos de amparo resueltos por Tri-

891 Disposición Transitoria Quinta de la Constitución.

bunales de instancia competentes en materia civil confirmaban esta tesis[892]. Si se trataba de una violación de un derecho laboral ¿la competencia era de los Tribunales del Trabajo? Los más importantes casos de amparo resueltos por los Tribunales Laborales confirmaban esta tesis[893].

En todo caso, el asunto se planteó en los Tribunales en múltiples ocasiones y puede decirse que no sólo no había jurisprudencia uniforme, sino que la había contradictoria.

Debe destacarse, por ejemplo, la situación planteada en acciones de amparo del derecho o la estabilidad laboral, y que originaron conflictos de competencia entre diferentes Tribunales.

El primer caso se refirió a una acción de amparo intentada por un empleado de una Universidad Nacional Experimental contra un acto de destitución. La acción fue intentada ante un Juez Penal, éste se consideró incompetente porque su competencia en la materia se reducía a las acciones de *hábeas corpus y* porque se trataba de la nulidad de un acto administrativo y declinó la competencia en el Juzgado Superior Contencioso-Administrativo de la Región Nor-Oriental. Para ello siguió el criterio de "si estos Juzgados son los componentes para conocer de la nulidad de los actos administrativos de efectos particulares, también han de conocer los recursos de amparo constitucionales cuando se transgrede un derecho por una decisión administrativa". A su vez, el Juzgado Superior contencioso-administrativo de la Región Nor-Oriental se declaró incompetente con base en el argumento de la ausencia de reglamentación el artículo 49 de la Constitución y que la competencia de los juzgados contencioso-administrativos "no implica en modo alguno que les incumba conocer del recurso de amparo", constatando además que el solicitante de amparo en el caso concreto, no había propuesto "ningún recurso contencioso-administrativo de anulación que, por razones de ilegalidad, alegara contra el acto administrativo de destitución". El conflicto de competencia fue sometido a la decisión de la Sala de Casación Civil de la Corte Suprema de Justicia y ésta, luego de ratificar la doctrina de la Sala

---

892 Por ejemplo, fue resuelto por un Juzgado de Primera Instancia en lo Civil un recurso de amparo por violación del derecho a la educación (Caso *Rondalera,* decisión del Juzgado Cuarto de Primera Instancia en lo Civil de la Circunscripción Judicial del Distrito Federal y Estado Miranda, revocada por el Juez Superior Octavo en lo Civil y Mercantil de la misma Circunscripción de fecha 10-2-83 —consultada en original— Exp. 4.110). En otros casos de derechos civiles como el derecho al honor o el derecho asociación, los recursos de amparos fueron resueltos por Tribunales Civiles pero las violaciones no fueron cometidas por autoridades administrativas. Por ejemplo, por violación del derecho al honor (*Caso Cisneros,* decisión del Juzgado Cuarto de Primera Instancia en lo Civil de la misma Circunscripción, de 15-2-82 —consultada en original—); y por violación del derecho de asociación con fines lícitos (*Caso Tradición, Familiar y Propiedad —TFP—*, decisión del Juzgado Superior Sexto en lo Civil y Mercantil de la misma Circunscripción de 18-7-85 —consultada en original—. *V., El Universal* 23-7-85 pp. 1-29.

893 Por ejemplo, fueron resueltos por Tribunales del Trabajo, recursos de amparo para la protección de derechos laborales. Por ejemplo, en relación al derecho de huelga (Caso *Hevensa,* decisión del Juzgado de Primera Instancia de Transito y Trabajo de la Circunscripción Judicial de Estado Bolívar de 22-10-84, referida en decisión de la Sala Político Administrativa de la Corte Suprema de Justicia de 2-7-85, Nº 193 —consultada en original—. *V., El Nacional,* 3-7-85, p. D-4); y en relación al derecho a la inamovilidad por la cláusula sindical (Caso *Galletas La Favorita C. A.,* decisión del Juzgado Segundo de Primera Instancia del Trabajo de la Circunscripción Judicial del Distrito Federal y Estado Miranda de 25-4-84 —consultada en original— y referida en E. Agudo Freytes, "Nuevo caso de amparo en materia laboral", *El Nacional,* 8-11-84, p. A-4, y Caso *Cinema Norte C. A.* decidido por el mismo Juzgado en 10-12-84 —consultada en original—).

Político-Administrativa establecida en la sentencia comentada de 20 de octubre de 1983[894] en e] sentido de que la ausencia de la Ley especial prevista en el artículo 49 de la Constitución no impedía el ejercicio de la acción de amparo, resolvió el conflicto de competencia, decidiendo que el competente era el Juzgado Contencioso Administrativo. Para ello, señaló que resultaba "manifiesto que el Tribunal Penal no era el competente para conocer del presente recurso de amparo que no versa sobre la privación o restricción de la libertad personal, ya que de conformidad con la Disposición Transitoria Quinta de la Constitución la competencia del Juez Penal en esa materia queda limitada al conocimiento del amparo de dicha garantía". Agregó la Sala de Casación que el planteamiento y la petición del solicitante, basada en la destitución por un acto administrativo con transgresión de normas legales y la indefensión alegada, "conforman una cuestión de derecho administrativo que, por su afinidad con la competencia que en lo contencioso-administrativo tiene el Juzgado Superior requerido, debe ser conocida y resuelta por éste en ejercicio de ese fuero especial que tiene"[895]. En esta forma, la Sala de Casación de la Corte Suprema estableció otro criterio en relación al principio de la afinidad de la competencia, en el sentido de que las "cuestiones de derecho administrativo" envueltas en una acción de amparo, atraían la competencia de los Tribunales Contencioso-Administrativos.

Este criterio fue seguido en otro caso decidido por el mismo Juzgado Superior Contencioso-Administrativo de la Región Nor-Oriental, ante el cual un Tribunal de Primera Instancia en lo Civil declinó la competencia para conocer de una acción de amparo. El caso fue el siguiente: Un trabajador de una Corporación de Desarrollo Regional (Corporiente) fue despedido injustificadamente por lo que solicitó de la Comisión Tripartita Laboral el reenganche y pago de salarios conforme a la Ley contra Despidos Injustificados. La Comisión Tripartita acordó lo solicitado, pero la Corporación se resistió a cumplir la decisión, razón por la cual el interesado intentó acción de amparo. Ahora bien, siendo las Comisiones Tripartitas órganos administrativos y sus decisiones actos administrativos, el Juzgado Superior Contencioso Administrativo aplicó el criterio de la afinidad de competencia para resolver la declinatoria de la misma, en la siguiente forma: si Corporiente hubiera impugnado el acto administrativo de la Comisión Tripartita, "el Tribunal competente sería sin duda la Corte Primera de lo Contencioso Administrativo, y en modo alguno este Juzgado Superior, ni ningún otro, aunque todos pertenezcan a la misma jurisdicción genérica... De lo contrario, si prospera la tesis de la afinidad lata para determinar la competencia en los recursos de amparo constitucionales, todo órgano de la administración de justicia luciría apto y sin distingos para conocer de dichos recursos extraordinarios". La decisión del Juzgado Superior Contencioso-Administrativo, por tanto, planteó el conflicto de competencia ante la Sala de Casación, pero considerando que el Tribunal competente era la Corte Primera de lo Contencioso Administrativo[896]. El criterio de la afinidad de la competencia, en este caso, también seguía el criterio de la cuestión de derecho administrativo, por la naturaleza del acto que debió haber

894 *V.*, en *Revista de Derecho Público,* N° 16, EJV, Caracas, 1983, p. 170.

895 Sentencia de la Sala de Casación Civil de la Corte Suprema de Justicia de 8-4-84 (consultada en original) (Caso *G. J. León vs. Universidad de Oriente*).

896 Acta del Juzgado Superior de la Región Nor-Oriental de 24-5-85 (Caso *A. López Zarpa vs. Corporiente*) . Consultada en original.

sido recurrido y el Tribunal competente para conocer de los juicios de nulidad de los actos administrativos.

Pero en un caso similar, planteado como conflicto positivo de competencia directamente ante la Corte Primera de lo Contencioso Administrativo en un proce-dimiento de amparo intentado ante un Juzgado de Primera Instancia en materia del trabajo, iniciado por una acción de amparo contra la negativa de una empresa del Estado (CADAFE) de cumplir una decisión de una Comisión Tripartita Laboral de reenganche de unos trabajadores y pago de salarios caídos, la Corte Primera de lo Contencioso Administrativo ante la solicitud de la mencionada empresa del Estado, se consideró incompetente para conocer de la acción de amparo en virtud de que el derecho violado era un derecho laboral, correspondiendo el asunto a los Tribunales del Trabajo. La afinidad de la competencia alegada se basaba en que correspondía a la Corte Primera conocer de las demandas contra las Empresas del Estado, y entre ellas CADAFE; la Corte Primera de lo Contencioso Administrativo, sin embargo, argumentó que esa competencia no abarcaba las "materias especiales", y dentro de ellas la laboral que eran ajenas a la competencia de los órganos contencioso administrativos[897]. Por tanto, "si los derechos que se dicen violados cabe plenamente en la materia laboral, el amparo corresponde a los Tribunales del Trabajo"[898].

Como se puede observar de todos los casos referidos, no sólo algunos de ellos habían sido mal planteados y admitidos en vía de amparo, existiendo de por medio un acto administrativo contra el cual debió recurrirse en vía contencioso administrativo, sino que en cuanto al criterio de la "afinidad de la competencia" no había uniformidad jurisprudencial. Particularmente, en los casos en los cuales la violación de un derecho constitucional se producía por una autoridad administrativa mediante cualquier actuación fáctica o vía de hecho (que no fuera acto administrativo) dos criterios contradictorios se manejaron por la jurisprudencia: la afinidad de la competencia con el derecho violado y la afinidad de la competencia con la cuestión de derecho administrativo envuelta en el asunto. Esta divergencia no fue expresamente resuelta en la Ley de 1988, y ha sido la jurisprudencia de la Corte Suprema la que la ha resuelto, optando por el segundo criterio. En efecto, en 1986 señalábamos lo siguiente:

> "En todo caso, nuestro criterio es que se debe optar por el criterio de la afinidad de la competencia vinculada a las "cuestiones de derecho administrativo", para delimitar la competencia de los Tribunales Contencioso-Administrativos para conocer de acciones de amparo cuando la violación al derecho se produzca por una autoridad administrativa, cualquiera que sea el derecho, siempre que específicamente el asunto no se atribuya a otro Tribunal. Este criterio tiene fundamento constitucional en el artículo 206 que atribuye a los órganos de la jurisdicción contencioso-administrativa competencia para "disponer lo necesario para el restablecimiento de las situaciones jurídicas subjetivas lesionadas por la actividad administrativa", y sin duda, el objeto del amparo frente a actividades

897 Se ratifico así la doctrina sentada por la Corte Primera de lo Contencioso Administrativa en sentencia de 11-7-85. *V.*, las referencias en sentencia de la Corte Primera de lo Contencioso-Administrativa de 3-10-85, *Revista de Derecho Público,* N° 24, EJV, Caracas, 1985, pág. 135.

898 Sentencia de la Corte Primera de lo Contencioso-Administrativa de 3-10-85 en *Revista de Derecho Público,* N° 24, EJV, Caracas, 1985, pág. 134.

administrativas es precisamente, "el restablecimiento inmediato de la situación jurídica lesionada", como lo indica el artículo 49 de la Constitución"[899].

Por tanto, siempre que la perturbación a los derechos constitucionales la produzca una actuación de la Administración Pública, y que ésta no sea un acto administrativo, la competencia para conocer de las acciones de amparo, sea cual fuera el derecho vulnerado, con excepción del derecho a la libertad personal, debía corresponder a los Tribunales contencioso-administrativos, según la distribución de competencias prevista en la Ley Orgánica de la Corte Suprema de Justicia: si la actuación provenía de una autoridad nacional, la Sala Político-Administrativa era la competente; si la actuación provenía de Institutos Autónomos, establecimientos públicos u órganos nacionales desconcentrados, la competencia correspondía a la Corte Primera de lo Contencioso Administrativo; y si la actuación provenía de autoridades de los Estados o Municipios, la competencia correspondía a los Tribunales Superiores con competencia Contencioso-Administrativa en las regiones del país.

Ahora, si la violación del derecho constitucional la producía un acto administrativo, el recurso contencioso-administrativo de anulación era la vía jurídica de amparo de los derechos constitucionales. Por ello, frente a actos administrativos estimábamos que no era que no existiera derecho de amparo, lo que no existía era la acción autónoma de amparo, pues el derecho de amparo debía ejercerse ante los Tribunales Contencioso-Administrativo los cuales estaban obligados a amparar a todos en el goce y ejercicio de esos derechos, mediante el recurso de anulación[900].

b. *El derecho de amparo contra actos administrativos y el recurso contencioso administrativo de anulación como vía judicial de amparo*

Tal como lo hemos venido señalando, en nuestro criterio, antes de la entrada en vigencia de la Ley de 1988, cuando la violación de un derecho constitucional la producía un acto administrativo, el derecho de amparo previsto en el artículo 49 de la Constitución, se debía ejercer a través del recurso contencioso-administrativo de anulación, y no mediante la acción autónoma de amparo, que como hemos señalado, se consideraba que tenía carácter subsidiario. Sólo los órganos de la jurisdicción contencioso-administrativa tienen competencia constitucional para declarar la nulidad de actos administrativos[901], por lo que sólo éstos podían y pueden dar amparo a derechos fundamentales cuando resulten violados por actos administrativos, pues ello debe implicar necesariamente la declaración de nulidad del acto por inconstitucionalidad.

a'. *El restablecimiento inmediato del derecho infringido a través de la acción contencioso-administrativa de anulación*

Tal como lo ha indicado las muchas veces citada sentencia de la Corte Primera de lo Contencioso Administrativo de 25 de enero de 1984, "cuando frente a determi-

---

899 *V.*, en Allan R. Brewer-Carías, *Estado de Derecho y Control Judicial, cit.*, p. 644.

900 *Idem.*

901 Art. 206 de la Constitución. La única excepción constitucional está en la Disposición Transitoria Quinta que al atribuir a los jueces penales el conocimiento del recurso de *hábeas corpus*, si la violación de la libertad personal la produce un acto administrativo, ello implica la declaración de la inconstitucionalidad del acto para otorgar el amparo.

nada actuación de la Administración se prevea un medio específico para controlar su constitucionalidad o ilegalidad, para obtener el restablecimiento de un derecho o garantía violado, la acción de amparo es inadmisible, porque... los efectos que se aspiran conseguir con el recurso de amparo es posible obtenerlos con el medio específico de impugnación"[902]. Consecuencialmente, como la misma Corte Primera de lo Contencioso Administrativo lo indicó, en sentencia de 17 de enero de 1985, la procedencia de la acción autónoma de amparo "solamente puede acordarse ante el supuesto concreto de la inexistencia de otros recursos administrativos o judiciales, ordinarios o especiales, que puedan alcanzar el fin perseguido con el amparo". Por tanto, concluía la Corte Primera en esta misma decisión, "por vía del recurso de amparo no se puede suspender ni revocar un acto administrativo, contra el cual la solicitante dispone de vías específicas para impugnarlos y de ser procedente puede lograr además la suspensión de sus efectos temporal"[903].

Se confirmaba así nuestro criterio de que el recurso contencioso-administrativo de anulación era la vía judicial del ejercicio del derecho de amparo previsto en el artículo 49 de la Constitución, cuando la violación del derecho constitucional cuyo amparo se buscaba la producía un acto administrativo. Quedaban a salvo, por supuesto, los casos excepcionales en los cuales la protección del derecho constitucional no podía ser amparado por los recursos ordinarios, en cuyo caso se abría la acción de amparo, pero sin que por dicha vía se pudieran anular actos administrativos, tal como ya lo hemos señalado y argumentado al analizar el carácter subsidiario que tenía la acción autónoma de amparo. En todo caso, para que pudiera ser completamente efectiva la protección y amparo de derechos constitucionales por vía del recurso contencioso-administrativo de anulación, estimábamos, en 1985, que algunos correctivos debían establecerse en el procedimiento del mismo:

> "por ejemplo, ampliando la procedencia de la suspensión de efectos de los actos impugnados en forma más expedita, cuando se alegase violación de un derecho constitucional, es decir, la nulidad absoluta del acto recurrido; eliminando el lapso de caducidad de 6 meses y el requisito del agotamiento de la vía administrativa para la impugnación de los actos administrativos violatorios de derechos y garantías constitucionales que son nulos, de nulidad absoluta, conforme lo establece el artículo 46 de la Constitución; y atribuyendo al juez poderes más amplios para resolver como casos de urgencia, abreviando lapsos, en los supuestos en los cuales junto con la pretensión de anulación de un acto administrativo se plantee la pretensión de amparo"[904].

En particular, debe insistirse en relación a la existencia del requisito legal del lapso de caducidad para la admisibilidad del recurso contencioso-administrativo de anulación que, en nuestro criterio, si se trataba de actos administrativos nulos de nulidad absoluta, violatorios de derechos constitucionales, no podría haber caducidad del recurso contencioso-administrativo[905] por tratarse precisamente de una vía

---

902 *V.*, la sentencia de 25-1-84 (Ponente R. J. Duque Corredor), *Revista de Derecho Público,* N° 17, EJV, Caracas, 1984, p. 183

903 Sentencia de 17-1-85, en *Revista de Derecho Público,* N° 21, EJV, Caracas, 1985, p 140

904 *V.*, Allan Brewer-Carías, *Estado de Derecho y Control Judicial, cit.* pp. 647 y 648.

905 *V.*, Allan R. Brewer-Carías, *El Derecho Administrativo y la Ley Orgánica de Procedimientos Administrativos.* Caracas 1982, p. 186. La propia Constitución. Art. 46 considera estos actos violatorios de dere-

de amparo. Por tanto, el "recurso contencioso-administrativo de anulación y amparo" se podía intentar contra el acto administrativo inconstitucional y nulo en los términos del artículo 46 de la Constitución en cualquier tiempo. Sin embargo, si se interpretaba rígidamente el artículo 134 de la Ley Orgánica de la Corte Suprema de Justicia en relación al lapso de caducidad, si ya estaba vencido respecto de un acto administrativo inconstitucional por violación de un derecho constitucional, y se argumentaba que no era admisible el recurso contencioso-administrativo de anulación, entonces la acción autónoma y subsidiaria de amparo debía proceder, precisamente por no ser admisible otra vía judicial de amparo[906]. Lo mismo se podía señalar respecto de actos administrativos como los de trámite, que por no agotar la vía administrativa, no eran ni son recurribles en vía contencioso-administrativa, pero que si eran violatorios de derechos constitucionales contra ellos procedía precisamente por su carácter subsidiario, la acción autónoma de amparo.

En todo caso, nuestros planteamientos fueron acogidos en el artículo 5 de la Ley Orgánica de amparo de 1988, en el sentido de que formulada una pretensión de amparo conjuntamente con la acción contencioso-administrativa de anulación, no tenían aplicación las causales de inadmisibilidad del lapso de caducidad y del agotamiento de la vía administrativa.

En definitiva, frente a los actos administrativos, el amparo de los derechos constitucionales debía lograrse a través del recurso contencioso-administrativo de anulación, que era el medio judicial de amparo, resultando, en nuestro criterio, inadmisible intentar contra ellos la acción autónoma de amparo.

b'. *La peligrosa e inadmisible tesis de la violación directa de la Constitución para la procedencia de la acción contencioso administrativo de anulación y amparo*

Debe decirse, sin embargo, que si bien la doctrina clara establecida por la Corte Primera de lo Contencioso Administrativo, siguiendo los criterios de la Corte Suprema de Justicia establecidos a principios de los setenta[907] era la procedencia del recurso contencioso-administrativo como vía judicial de amparo contra los actos administrativos violatorios de derechos constitucionales, debemos señalar que en la sentencia de la Sala Político Administrativa de la Corte Suprema de Justicia de 20 de octubre de 1983, se utilizó una frase que podía dejar alguna duda, cuando al declararse improcedente el amparo solicitado por un candidato presidencial contra un acto administrativo del Consejo Supremo Electoral, se expresó lo siguiente:

> "No siendo por tanto manifiesta la alegada inconstitucionalidad de la Resolución impugnada del Consejo Supremo Electoral y en razón de que no puede esta Corte hacer un pronunciamiento al respecto sino de acuerdo con los procedi-

---

chos individuales como actos *nulos*, los que conforme al artículo 19,1 de la LOPA acarrean nulidad absoluta

906 La objeción formulada por H. Rondón de Sansó en el sentido de que "no puede interponerse el amparo contra *el* acto que no llene los requisitos de admisibilidad para ser objeto del contencioso-administrativo de anulación" (*V.*, en "El amparo constitucional en Venezuela", *loc. cit.*), no tendría fundamento.

907 La comentada sentencia de la Corte Primera de lo contencioso-administrativo de 25-1-84 (*Revista de Derecho Público,* N° 17, EJV, Caracas 1984, pp. 182-185), por ejemplo cita en su apoyo la decisión de la Sala Político-Administrativa de 26-4-71 (*Gaceta Oficial,* N° 1.478 Extra de 16-7-71) y el Acuerdo de 24 de abril de 1972 (Gaceta *Oficial* N° 29.788 de 25-4-72).

mientos establecidos para la tramitación y decisión de los respectivos recursos de nulidad, se declara la improcedencia del recurso de amparo para dirimir la cuestión planteada por el recurrente"[908].

¿Qué significaba, en efecto, la primera frase de este párrafo? ¿Acaso significaba que procedía la acción autónoma de amparo si resultaba manifiesta la inconstitucionalidad de un acto administrativo, no siendo necesario acudir a la vía contencioso administrativa de anulación (recurso de nulidad en ese caso)? En otras palabras, ¿significaba que el recurso contencioso-administrativo como vía judicial de amparo no procedía cuando hubiera violación directa de la Constitución y sólo procedía cuando hubiera violación indirecta de la Constitución? La respuesta a estos interrogantes no se podía encontrar en el texto de la sentencia, del cual sólo podía deducirse el criterio que hemos expresado en el sentido de que la nulidad de los actos administrativos sólo puede declararse en vía contencioso-administrativa (recursos de nulidad, como lo califica la sentencia). Sin embargo, el Magistrado Ponente de esa decisión, René de Sola, en un comentario a dicha sentencia[909] fue mucho más allá en la interpretación de la misma, y en nuestro criterio, distorsionó su texto en el aspecto que estamos considerando. En efecto, De Sola en su comentario, al reseñar los "positivos pasos de avance jurídico que se derivan del fallo", señaló los siguientes:

> "... c) Se dejó implícitamente establecido que la existencia de recursos ordinarios no es obstáculo para el ejercicio del recurso constitucional de amparo. Sin que ello signifique descartar el empleo prioritario de los recursos ordinarios siempre que el hecho no constituya violación directa de la norma constitucional, o que las demoras legales a que están sometidos no aparejen la irreparabilidad de la lesión denunciada.
>
> No se me escapa la necesidad de fijar reglas precisas, en este aspecto, preferentemente por el legislador, pero en su defecto por la bien meditada, racional y prudente labor integradora de nuestros Tribunales.
>
> d) Se fortalece la reiterada jurisprudencia de la Corte en cuanto a la violación directa de la Constitución, trasladándola al recurso de amparo.
>
> Al desestimarse en definitiva en el caso concreto el recurso intentado, quedó así establecido —en principio— cuando se fundamenta la lesión en la aplicación de una norma intermedia de inferior jerarquía, necesario es ejercer las acciones ordinarias de nulidad consagradas en nuestra legislación.
>
> e) Igualmente quedó tácitamente admitido que cuando un acto administrativo infrinja directamente un derecho constitucional, existen —según las circunstancias que rodean el caso—, o el recurso contencioso-administrativo de anulación, o el extraordinario de amparo"[910]

Ante todos estos comentarios debe destacarse la que ya hemos calificado de "peligrosa tesis" de la necesidad de violación directa de la Constitución para que proce-

908 Sentencia de 20-10-83, *Revista de Derecho Público,* N° 16, EJV, Caracas, 1983, p. 170.

909 *V.,* R. De Sola, "Vida y vicisitudes del Recurso de Amparo en Venezuela", *Revista del Instituto Venezolano de Derecho Social,* N° 47, Caracas, marzo 1985, pp. 49-50; publicado también en Revista SIC, N° 472 Caracas, 1985, pp. 74-77.

910 R. De Sola, *loc. cit.,* pp. 58 y 77.

da la acción autónoma de amparo, la que dicho sea de paso, no aparece afortunadamente expresa en la Sentencia comentada, salvo que se deduzca de la frase destacada anteriormente en el párrafo de la sentencia sobre la "manifiesta inconstitucionalidad". Esa tesis, desarrollada justificadamente en materia de acción de inconstitucionalidad de las leyes y demás actos normativos[911], no tiene sentido alguno "trasladarla" a la acción de amparo pues como ya lo hemos argumentado suficientemente con anterioridad, en la Constitución venezolana la gran mayoría de los derechos y garantías fundamentales, por requerimiento del mismo Constituye, están sometidos a regulaciones, limitaciones y restricciones establecidas en las leyes, y tan derecho de amparo hay cuando se viole "directamente" la Constitución como cuando se violen las leyes reguladoras de los derechos fundamentales. Recuérdese que en la Constitución materialmente sólo existen tres derechos fundamentales "absolutos" que no admiten regulación legal ni restricción o suspensión por el Ejecutivo: el derecho a la vida; el derecho a no ser incomunicado ni sometido a tortura o a otros procedimientos que causen sufrimiento físico o moral, y el derecho a no ser condenado a penas perpetuas o infamantes o a penas restrictivas de la libertad por más de 30 años[912]. Todos los demás derechos, en una u otra forma, pueden ser objeto de regulación legal o restricción o suspensión por el Ejecutivo, y su violación implicaría casi siempre, la violación de las leyes que los regula. ¿Que significaría esto, si acudimos a la "peligrosa tesis" de la necesaria violación directa de la Constitución para que proceda la acción autónoma de amparo? Pues que en definitiva, sólo los mencionados derechos "absolutos" podrían ser objeto de protección por la vía de acción de amparo, y los demás, como son generalmente regulados por normas "intermedias" de carácter legal, no podrían ser protegidos por la acción de amparo, pues una violación "directa" de la Constitución materialmente sería imposible. Esta tesis, debe ser rechazada, y su aceptación atentaría contra el carácter progresista de la sentencia comentada en materia de amparo[913]. En realidad, la única tesis admisible sobre el carácter de la violación que da lugar al amparo constitucional, es que debe tratarse de una violación *directa a un derecho o garantía* establecido en la Constitución, *sea cual sea la norma directamente violada,* la Constitución o las leyes que en virtud de la propia Constitución, regulan el derecho.

Pero aparte de rechazar la tesis de la "violación directa" de la Constitución para determinar la procedencia o no de la acción de amparo, el otro aspecto de esa tesis según la expuso el Magistrado Ponente de la sentencia, era su repercusión en la delimitación que debía hacerse entre la acción autónoma de amparo y el recurso contencioso-administrativo de anulación. La "peligrosa" tesis mencionada parecía ser entonces el elemento clave para delimitar frente a actos administrativos violatorios

---

911 *V.*, Allan R. Brewer-Carías, *El control de la constitucionalidad de los actos estatales,* Caracas, 1977, pp. 131-138.

912 Arts. 58; 60,3; 60,7 y 241 de la Constitución.

913 H. Rondón de Sansó la calificó de "tesis muy rígida" que "no puede ser admitida" en "El amparo constitucional en Venezuela", *loc. cit.* Por eso la Corte Primera de lo Contencioso-Administrativa en sentencia de 13 de febrero de 1986 ha establecido expresamente que "el amparo como acción especial, exige para su admisión y procedencia, que se requiera como protección frente a una violación de una norma constitucional o legal, que desarrolle un derecho fundamental de progenie constitucional. De modo que el derecho que se dice infringido puede estar consagrado en una Ley o en la Constitución" (Ponente R. J. Duque Corredor), Caso *Federación Venezolana de Tiro. V.*, en *Revista de Derecho Público,* N° 25, EJV, Caracas, 1986, p. 111-112.

de derechos fundamentales, cuándo procedía la acción de amparo y cuándo el recurso contencioso-administrativo de anulación: si había violación directa de la Constitución, dijo el Magistrado De Sola, cabían ambas acciones contra el acto administrativo; si no había violación directa de la Constitución, sólo procedía el recurso contencioso-administrativo de anulación, y no procedía la acción de amparo. Esto no sólo no se decía en la sentencia, sino que de nuevo implicaba un desorden jurisdiccional inadmisible y que resultaba de la pregunta ya formulada: ¿cuándo había violación directa de la Constitución? ¿cuándo no habían leyes "intermedias"' que regulasen el derecho? y ¿cuándo sucedía esto?[914]. Ya hemos visto que la mayoría de los derechos constitucionales se regulan por leyes "intermedias", por lo que de haberse admitido y de admitirse esa tesis materialmente nunca procedería el amparo, lo cual significaría un retroceso en relación a lo que la sentencia resolvió (el carácter no programático del derecho de amparo), sobre todo porque ni la sentencia ni el Magistrado De Sola calificaban el recurso contencioso-administrativo de anulación como vía de amparo, como debía ser. Ahora bien, si lo que quería significar el Magistrado De Sola, era que en ciertos casos en los que el recurso contencioso administrativo de anulación, por las circunstancias que los rodean, no servía de medio efectivo de protección frente a actos administrativos violatorios de derechos constitucionales, en ellos debía admitirse la acción de amparo, ello era indudable, y así se había resuelto por los Tribunales, pero sin que la acción autónoma de amparo fuera un medio para lograr una nulidad de actos administrativos, sustitutiva de los recursos contencioso administrativos de anulación[915].

c' *El derecho de amparo contra las conductas omisivas de la administración violatorias de derechos constitucionales y la acción contencioso-administrativa contra las mismas como vía judicial de amparo*

Por último, en relación al carácter de los jueces contencioso-administrativos como jueces de amparo, antes de la promulgación de la Ley Orgánica de Amparo de 1988, debe mencionarse que les estaba atribuida la competencia para proteger el goce y ejercicio de los derechos constitucionales no sólo contra las actuaciones de hecho de los funcionarios públicos y los actos administrativos, sino también, y además, contra las conductas omisivas de la Administración, es decir, contra la abstención o negativa de los funcionarios a cumplir determinados actos a que estaban obligados por las leyes. Cuando dicha negativa o abstención constituía una violación de un derecho constitucional, porque por ejemplo, ello impedía el ejercicio del mismo, considerábamos que el recurso contencioso-administrativo contra la carencia administrativa era la vía de amparo contra la misma.

---

914 En una sentencia de 18-6-83, la Sala Político Administrativa de la Corte Suprema de Justicia, siendo ponente el mismo Magistrado R. De Sola señaló que "existe recurso por violación directa de la Carta Fundamental, cuando sea factible llegar a la solución positiva o negativa del problema planteado con la exclusiva aplicación de las normas constitucionales invocadas", *Revista de Derecho Público,* N° 15, EJV, Caracas, 1983, pp. 155-158.

915 Como lo sostenía R. Escovar Salom en 1971: "El amparo puede ser una protección en donde el contencioso-administrativo sea insuficiente o no constituya un medio lo suficientemente rápido y reparador", *op. cit.,* p. 76. A esta posición es a la que llega en definitiva, cuando critica el carácter subsidiario de la acción de amparo, H. Rondón de Sansó, "El amparo constitucional en Venezuela", *loc. cit.*

Este recurso contencioso-administrativo está previsto en los artículos 42, ordinal 23 y 182, 1° de la Ley Orgánica de la Corte Suprema de Justicia y tiene su fundamento, por una parte, en el incumplimiento por parte de la Administración de una obligación legal concreta de decidir o de cumplir determinados actos, y por la otra, en el *derecho,* de un particular a que la Administración cumpla los actos a que está obligada legalmente. Por tanto, para que proceda este recurso contencioso-administrativo debe existir una relación jurídica específica, que se concreta en una obligación específica de la Administración de actuar, frente a una situación jurídica, asimismo específica, de poder, de un sujeto de derecho, que se configura como un derecho subjetivo a la actuación administrativa[916].

Este recurso tenía y tiene especial importancia en materia de derechos constitucionales pues es muy frecuente que por la intervención y regulación del legislador sobre los mismos, su goce y ejercicio se encuentre sometido a permisos, licencias o autorizaciones. Por ejemplo, el ejercicio de las actividades lucrativas industriales y comerciales sólo es posible si se tiene la Patente Municipal de Industria y Comercio (licencia), prevista en las Ordenanzas Municipales; el derecho a salir del país sólo es posible si se tiene un Pasaporte expedido por el Ministerio de Relaciones Interiores; el derecho a enseñar sólo es posible si se obtiene el Registro del Plantel en el Ministerio de Educación; el derecho de asociarse en partidos políticos sólo es efectivo si el partido se registra en el Consejo Supremo Electoral; el ejercicio del derecho de propiedad mediante la construcción de inmuebles (uso), sólo es posible si se obtiene una autorización de construcción (Constancia de Variables Urbanas Fundamentales) por las autoridades municipales; y el goce de la propiedad construida sólo es posible si se obtiene una constancia de terminación de la obra (habitabilidad) por la misma autoridad municipal; el disfrute de la propiedad inmobiliaria, mediante la percepción de alquileres sólo es posible si se obtiene una regulación de los mismos por la Dirección de Inquilinato del Ministerio de Fomento o las autoridades municipales, etc. La lista es interminable, pues materialmente casi todos los derechos individuales y todos los derechos económicos, sociales y políticos están sometidos a alguna intervención previa de la autoridad administrativa. Por tanto, la negativa de la autoridad a otorgar la licencia, autorización o permiso, o la abstención o retardo en hacerlo por parte de la Administración, configura una violación del derecho constitucional respectivo, cuya garantía judicial, como medio de protección y amparo, está precisamente en este recurso contra la carencia administrativa, y no en la garantía procesal establecida en el ordenamiento jurídico de poder recurrir frente al silencio administrativo cuando hay retardo por parte de la Administración de dar oportuna respuesta al particular solicitante de un asunto, presumiéndose la existencia de un acto administrativo tácito denegatorio[917]. En los casos en los cuales el ejercicio o goce de un

---

916 Sobre la necesidad de que exista una carga u obligación legal que pese sobre la Administración recurrida, a la cual la misma no haya dado cumplimiento, para que proceda el recurso, véase a sentencia de la Corte Suprema de Justicia en Sala Político-Administrativa de 28-2-85, *Revista de Derecho Público,* N° 21, EJV, Caracas, 1985, pp. 170-175; y la sentencia de la Corte Primera de lo Contencioso-Administrativo de 6-12-84, *Revista de Derecho Público,* N° 20, EJV, Caracas, 1984, p. 173.

917 *V.,* Allan R. Brewer-Carías, "Consideraciones en torno a la figura del silencio administrativo consagrado a los efectos del recurso contencioso-administrativo de anulación", *Revista de Control Fiscal,* N° 96, Caracas 1980, pp. 11-38; y "El sentido del silencio administrativo negativo en la Ley Orgánica de Procedimientos negativos en la Ley Orgánica de Procedimientos Administrativos", *Revista de Derecho Público,* N° 8, EJV, Caracas, 1981, pp. 27-34.

derecho constitucional se ha violado por la conducta omisiva de la Administración, el amparo del derecho constitucional del individuo está en la garantía de que puede efectivamente gozar o ejercer su derecho, y no en que se presuma negada la autorización o permiso requerida como garantía objetiva[918]. Por ello, el recurso contencioso-administrativo contra la carencia de la Administración, no persigue que sólo se declare la ilegalidad de la omisión o negativa de la Administración, o la sola obligatoriedad de la Administración de decidir[919], sino que lo que persigue como medio judicial de amparo es que formalmente se ordene a la Administración a adoptar determinados actos o si ello no es suficiente para amparar el derecho, que el juez restablezca por sí mismo la situación jurídica violada, por ejemplo relevando al particular de la obligación de obtener la licencia o permiso previo para ejercer su derecho constitucional.

Una solución de esta naturaleza se ha regulado expresamente en el Código Orgánico Tributario[920] en la figura procesal que se denomina "acción de amparo" a la cual ya nos hemos referido, y que se prevé contra las demoras excesivas de la Administración Tributaria. En estos casos, cuando la Administración Tributaria incurre en "demoras excesivas en resolver sobre peticiones de los interesados y ellas causen perjuicios no reparables por los medios procesales ordinarios"[921], "cualquier persona afectada"[922] puede intentar ante los Tribunales Contencioso-Tributarios esta "acción de amparo", y éstos pueden dictar "la resolución que corresponda al amparo del derecho lesionado", fijando un término para que la Administración realice el trámite o diligencia a que está obligada (mandamientos de hacer), o dispensando de dicho trámite o diligencia al recurrente, en cuyo caso, evidentemente, el juez se sustituye a la Administración[923].

Así pues, si bien es cierto que no siempre la demora excesiva de la Administración Tributaria viola derechos constitucionales, por lo que en general, no siempre este recurso contra la demora excesiva es realmente una "acción de amparo", es indudable que si es un medio de amparo cuando hay un derecho constitucional cuyo goce o ejercicio resulta lesionado, por la demora excesiva. Es el caso por ejemplo, de la demora en el otorgamiento de "solvencias" que a la vez son requisito previo legal para, por ejemplo, disponer de la propiedad. El no otorgamiento a tiempo de la "solvencia" puede lesionar directamente el ejercicio del derecho de propiedad, por lo que en casos de amparo resueltos por los Tribunales Contencioso-Tributarios, la propia sentencia ha declarado solvente al contribuyente, dispensándolo de obtener la solvencia[924]. También ha sido el caso, por ejemplo, de las demoras de la Administra-

---

918 *Cf.* Allan R. Brewer-Carías, *El Derecho Administrativo y la Ley Orgánica de Procedimientos Administrativos,* Caracas, 1982, p. 230.

919 En este recurso, como lo ha dicho la Corte Primera de lo Contencioso-Administrativo, la acción no se agota en un simple pronunciamiento del juez, "sino que presupone la realización de actuaciones tendientes a satisfacer la pretensión deducida por el administrado", sentencia de 6-12-84. *Revista de Derecho Público,* N° 20, EJV, Caracas, 1984, p. 174.

920 Código Orgánico Tributario (COT) de 1994, *Gaceta Oficial* N° 4.724 Extra. de 27-5-94.

921 Art. 215 COT.

922 Art. 216 COT.

923 Art. 217 COT.

924 Sentencia de 10-11-83 del Tribunal Superior Primero de lo Contencioso Tributario (*Caso A. Baumeister Toledo*), consultada en original.

ción Tributaria en otorgar un certificado de liberación de derechos sucesorales (por la prescripción alegada), sin el cual los herederos no podrían, por ejemplo, enajenar inmuebles. En estos casos, el juez contencioso-fiscal ha dispensado a los herederos de presentar ante las autoridades respectivas el certificado de liberación correspondiente[925]

Esta misma situación se planteó ante los Tribunales Contencioso Administrativos, al decidir por ejemplo, el amparo al derecho de propiedad lesionado por la negativa de la Administración Municipal a otorgar a un contribuyente la solvencia del impuesto inmobiliario urbano, indispensable para poder registrar el título de venta del inmueble. Ante la negativa del funcionario municipal de otorgar la solvencia, basada en razones de índole fiscal que impedían la determinación de la base imponible, el contribuyente solicitó y obtuvo el amparo de su derecho ante los Tribunales Contencioso-Administrativos, aún cuando no había agotado los medios judiciales ordinarios de impugnación, el ejercicio de los cuales a juicio de la Corte Primera, "no hubiera impedido la lesión a la propiedad"; razón por la cual en sentencia de 20 de febrero de 1986, sostuvo que:

> "la abstención de la Municipalidad lesiona gravemente la facultad del recurrente como contribuyente a disponer del inmueble de su propiedad, porque por esa negativa ilegal se ve impedido de cumplir a su vez su obligación tributaria de cancelar el derecho sobre su inmueble, lo cual le impide obtener la respectiva solvencia, que le permita protocolizar el documento de venta respectivo, manteniéndolo, por tanto, indefinidamente en esa situación de no poder transferir su (propiedad)"[926].

Como consecuencia, al acordar el amparo del derecho de propiedad, la Corte Primera ordenó a la Municipalidad a fijar y liquidar el impuesto, y una vez pagado, a otorgar la solvencia del mismo, fijando un plazo, vencido el cual, "se dispensará al recurrente... del trámite de la presentación de la solvencia municipal para protocolizar la venta que tiene pactada..."[927].

Por último debe advertirse que en los casos de recurso contencioso administrativo y amparo contra la carencia administrativa, en muchas ocasiones el derecho lesionado y amparado es directamente el derecho de petición y a obtener oportuna respuesta previsto en la Constitución[928], y el cual en caso de abstención de la Administración de decidir una petición o un recurso, resultaría lesionado. Esto lo había admitido la Corte Primera de la Contencioso-Administrativo, aún en los casos en los cuales podían haberse ejercido recursos contencioso-administrativos por haberse operado el beneficio adjetivo del silencio administrativo.

---

925 Sentencia (N° 39) del Tribunal Sexto de lo Contencioso-Tributario de 26-6-85 (*Caso Sucesión P. V. Ramírez Guaramato*), consultada en original.

926 Sentencia de la Corte Primera de lo Contencioso-Administrativo de 20-2-86 (Ponente R. J. Duque Corredor. *Caso H. Romero Muci vs. Municipalidad del Distrito Sucre del Estado Miranda* (consultada en original). *V.*, en *Revista de Derecho Público,* N° 25, EJV, Caracas, 1986, págs. 120 y sigts.

927 *Idem.*

928 Establecido en el artículo 67 de la Constitución, así: "Todos tienen el derecho de representar o dirigir peticiones ante cualquier entidad o funcionario público, sobre los asuntos que sean de la competencia de éstos y a obtener oportuna respuesta".

En efecto, en una decisión de amparo frente a la carencia administrativa, que fue solicitada por un interesado en virtud de que al no decidir la entidad respectiva un recurso de reconsideración, no sólo se violaba su derecho constitucional a obtener oportuna respuesta de sus peticiones, sino que se le colocaba en una situación de indefensión por no poder ejercer los recursos ordinarios, la Corte Primera de lo Contencioso Administrativo en sentencia de 17 de diciembre de 1985, estableció el deslinde del beneficio del silencio administrativo respecto del derecho constitucional de petición, al exponer lo siguiente:

> "... el objetivo que origina la normativa sobre el derecho de petición, que no puede ser otro que el de obtener a través del mismo la satisfacción de la pretensión, una declaración requerida de la Administración, o bien las razones por las cuales ella no otorga ninguna de las peticiones antes aludidas según el caso. Con el silencio-rechazo no se obtiene la pretensión y si bien puede obtenerse la declaración no se satisface la garantía constitucional. De allí que... la no respuesta de la Administración lesiona directamente una garantía constitucional, la contemplada en el artículo 67 relativa al derecho de petición, sin que pueda alegarse que el administrado podía seguir adelante con la interposición de los recursos subsiguientes; ya que sólo a él le corresponde la escogencia, por cuanto siendo una facultad libre poseía esta libertad de decisión. Por el hecho de haber llegado a la conclusión anterior, se lleva también a la afirmación de que el ciudadano, que no obtiene respuesta de la Administración y sufre *por ello la lesión de un derecho constitucionalmente garantizado, en forma presente y directa* está protegido por la norma contenida en el artículo 49 de la Constitución, esto es, por la vía del amparo y puede ocurrir a ella a fin de que se le restablezca en el goce del derecho lesionado que, en el caso presente, es el derecho de petición, por lo cual podrá exigir que se cumpla el contenido de tal derecho, a saber, que se le confiera la pretensión deducida ante la administración; que se dicte la declaración que pretende, o bien que se le señalen los motivos por los cuales no puede la Administración acceder a ninguna de las actuaciones precedentemente señaladas"[929].

Esta doctrina se ratificó por la Corte Primera de lo Contencioso Administrativo en sentencia de 13 de febrero de 1986, en la cual dejó claramente expuesto que intentado por un particular un recurso de reconsideración, por el transcurso del plazo para decidir, no deja de estar obligado el órgano administrativo, "de pronunciarse sobre la reconsideración que le ha sido solicitada, y que tampoco porque los interesados no optaron por el beneficio del silencio administrativo negativo, precluyó para ellos el derecho a obtener oportuna respuesta sobre su recurso y a intentar posteriormente los recursos que crean pertinentes"[930]. Por ello, concluyó la Corte considerando:

> "... que en verdad como el silencio administrativo negativo no libera a la autoridad de su obligación de decidir, cuando los interesados no hacen uso del derecho que se deriva del silencio negativo, de poder ejercer de inmediato el re-

---

929 Sentencia de 17-12-85 citada en sentencia de 13-2-86 (Ponente R. J. Duque Corredor), caso: *Federación Venezolana de Tiro* (consultada en original). *V.*, en *Revista de Derecho Público,* Nº 25, EJV, Caracas, 1986, págs. 114 y sigts. y 117 y sigts.

930 Sentencia de 13-2-86. *Idem.*

curso pertinente siguiente, éstos no pueden quedar sujetos a una incertidumbre indefinida en el tiempo, de modo que si no se evita tal situación, no sólo el derecho de peticionar, sino incluso el mismo derecho de defensa, a que se contrae el artículo 68 de la Constitución, se ve también seriamente afectado, por la espera ilimitada de una decisión. Por otra parte, sería un expediente muy fácil para las autoridades no decidir a tiempo y esperar la reacción de los particulares, para que si éstos no se acogen a la figura del silencio, no decidir nunca, y mantener, entonces, a los particulares en una espera infinita. Por tanto, en esta situación ciertamente que el amparo cumple su finalidad de proteger los derechos y garantías constitucionales, *de petición y de defensa,* por lo que es procedente que este Tribunal así lo acuerde en beneficio de los recurrentes[931] .

En conclusión, por tanto, frente a la carencia administrativa ha quedado claramente establecido que el silencio administrativo-rechazo es sólo un beneficio adjetivo que se concede al interesado para poder recurrir contra un acto administrativo tácito, pero que ello ni libera a la Administración de su obligación de decidir, ni impide al interesado, aún sin haber utilizado el beneficio adjetivo de recurrir por las vías ordinarias, de solicitar amparo cuando la abstención administrativa lesiona un derecho fundamental, que no resulta satisfecho en caso alguno por el acto tácito denegatorio resultante del silencio administrativo.

SECCIÓN SEGUNDA:

EL DERECHO DE AMPARO Y LA ACCIÓN DE AMPARO EN LA LEY ORGÁNICA DE AMPARO SOBRE DERECHOS Y GARANTÍAS CONSTITUCIONALES DE 1988

La Constitución de 1961, al incorporar a su texto el artículo 49 que regula el derecho de amparo "consagró definitivamente el derecho de amparo como instrumento procesal para proteger todos los derechos fundamentales de la persona humana consagrados constitucionalmente", en lo que se ha calificado como "uno de los aciertos más destacados en la avanzada Carta Fundamental de 1961"[932].

En efecto, el gran aporte del texto constitucional en relación a la protección de los derechos fundamentales, que fue la consagración del amparo como un derecho fundamental más, y no sólo como una garantía, que resulta de la configuración jurisprudencial del derecho del amparo antes analizada, conforme a la cual puede sostenerse que la Constitución de Venezuela no consagró solamente una "acción de amparo" para proteger los derechos constitucionales, sino que lo que previó fue "un derecho fundamental al amparo" con la consecuente obligación de todos los Tribunales de amparar a los habitantes de la República en el goce y ejercicio de los derechos y garantías consagrados en la Constitución, o que sin estar enumerados en el texto, sean inherentes a la persona humana.

Como hemos señalado, hasta 1988, este derecho de amparo había carecido de una ley reglamentaria que lo regulase, y su ejercicio sólo había sido posible por la

931 *Idem.*

932 Héctor Fix Zamudio, "Algunos aspectos comparativos del derecho de amparo en México y Venezuela", *Libro Homenaje a la Memoria de Lorenzo Herrera Mendoza,* UCV, Caracas, 1970, Tomo II, pp. 333-390.

aplicación que de la norma constitucional habían hecho los Tribunales de instancia, la Corte Primera de lo Contencioso Administrativo y las Salas de la Corte Suprema de Justicia[933]. Múltiples intentos se habían realizado para elaborar proyectos de ley reguladoras de la institución del amparo en Venezuela, pero todos[934] esos proyectos habían adolecido de una falla fundamental: su desadaptación a la institución prevista en la Constitución, pues habían tenido por objeto regular "una acción de amparo" y no el derecho de amparo constitucional que es lo que prevé nuestro Texto Fundamental, a diferencia de las acciones y recursos de amparo existentes en varios países de América Latina y en España, a cuyas Legislaciones se ha acudido, con frecuencia, como fuente de inspiración de esos documentos. Hasta cierto punto, lo mismo sucedió con el "Proyecto de Ley Orgánica de Amparo sobre Derechos y Garantías Constitucionales"[935] que aprobó en noviembre de 1987 la Cámara de Diputados, pero que modificada por el Senado antes de ser sancionada definitivamente el 18 de diciembre de 1987, puede decirse que amplió su contenido, de manera que no reduce "el derecho a ser amparado" previsto en la Constitución, a una sola "acción del amparo"[936]. En consecuencia, dicha Ley Orgánica de Amparo sobre Derechos y Garantías Constitucionales en vigencia a partir del 22 de enero de 1988[937], reguló esta institución en el marco de la norma constitucional, pudiendo considerarse, sin duda, entre las leyes más importantes que se han dictado en el país, después de la propia Constitución de 1961.

Por eso la Sala Político Administrativa de la Corte Suprema de Justicia en sentencia de 31-1-91, al referirse al amparo como remedio judicial extraordinario o especial de defensa de los derechos y garantías constitucionales desarrollado en la Ley Orgánica, señaló que ello:

> "constituye un logro importante y trascendente para la plena vigencia del Estado de Derecho existente en el país hace ya más de tres décadas, y se erige como un instituto fundamental, de rango superior sobre cualquier otra norma

---

933 *V.*, Allan R. Brewer-Carías, *Estado de Derecho y Control Judicial,* Caracas 1987, pp. 587 a 657. *V.*, también *El amparo constitucional en Venezuela,* Instituto de Estudios Jurídicos del Estado Lara, 2 Tomos, Barquisimeto, 1987, en los que se recogen una serie de artículos y estudios sobre el amparo constitucional y de decisiones judiciales sobre la admisibilidad del amparo en nuestro país. *V.*, además Gustavo J. Linares Benzo "El Proceso de Amparo en Venezuela", *Revista de la Fundación Procuraduría General de la República,* N° 2, 1987, pp. 27 a 110.

934 *V.*, la enumeración y análisis de varios de los Proyectos relativos al amparo elaborados en Venezuela en E. Angulo Freytes, "Situación actual de la acción de amparo en Venezuela", *Estudios sobre la Constitución. Libro Homenaje a Rafael Caldera,* UCV, Caracas, 1979, Tomo II, pp. 736-760. *V.*, el Proyecto de Ley de la Acción de Amparo en R. Escovar Salom, *El amparo en Venezuela,* 1971, pp. 101-107. *V.*, el "Proyecto de Ley de Amparo de los derechos fundamentales", Cámara de Diputados 10-4-85.

935 *V.*, su texto en el libro editado por el Instituto de Investigaciones Jurídicas, Colegio de Abogados del Estado Lara, *El Amparo Constitucional en Venezuela, cit.* Tomo I, pp. 339 y ss.

936 *V.*, nuestras observaciones al Proyecto y nuestras propuestas de modificación en el Senado, en Allan R. Brewer-Carías, *Estudios de Derecho Público,* Tomo III Caracas 1989 pp. 205 y ss.

937 *V.*, en *Gaceta Oficial* N° 33.891 de 22 de enero de 1988. La Ley Orgánica fue reformada en 27-9-88, publicada en *Gaceta Oficial* N° 34.060 de 27-9-88. *V.*, Allan R. Brewer-Carías, "Introducción General al régimen del derecho de amparo a los derechos y garantías constitucionales" en Allan R. Brewer-Carías y Carlos Ayala Corao, *Ley Orgánica de Amparo sobre Derechos V Garantías Constitucionales,* Caracas, 1988.

que pudiera oponérsele dentro del propio ordenamiento constitucional venezolano"[938].

Ahora bien, la Ley Orgánica de Amparo sobre Derechos y Garantías Constitucionales, al regular y consagrar la acción de amparo reconoció expresamente que el ejercicio del derecho de amparo no se agota ni se contrae exclusivamente a dicho medio procesal, sino que puede ejercerse también a través de otras acciones o recursos establecidos en el ordenamiento jurídico. Quedó así, definitivamente resuelta la discusión doctrinal sobre si el amparo que consagra la Constitución es en sí mismo un derecho fundamental o si sólo es una garantía adjetiva de los derechos fundamentales. La Ley opta por la primera posición, pues si bien regula la acción de amparo como un medio adjetivo autónomo de protección de los derechos fundamentales, sin embargo establece expresamente que el derecho de amparo de dichos derechos puede ejercerse, también, mediante otras vías procesales consagradas en el ordenamiento jurídico. Así, en el artículo 3° se establece la posibilidad de ejercer la acción de amparo contra leyes junto con la acción popular de inconstitucionalidad de las leyes ante la Corte Suprema de Justicia; en el artículo 5° se establece expresamente que la pretensión de amparo contra actos administrativos y contra las conductas omisivas de la Administración puede ejercerse conjuntamente con el recurso contencioso-administrativo de anulación; y el artículo 6° ordinal 5°, al establecer las causales de inadmisibilidad de la acción de amparo, reconoce implícitamente que se puede formular la pretensión de amparo mediante otras "vías jurídicas ordinarias" o "medios judiciales preexistentes", en los cuales puede "alegarse la violación o amenaza de violación de un derecho o garantía constitucional".

Así lo ha reconocido la Corte Suprema de Justicia en Sala Político Administrativa en sentencia de 10 de julio de 1991 (*Caso Tarjetas Banvenez*), la cual al ser citada en sentencia de la misma Corte de 10-6-92, la llevó a señalar lo siguiente:

> "el texto de la Ley Orgánica de Amparo prevé fundamentalmente dos mecanismos procesales: la acción autónoma de amparo y la acumulación de ésta con otro tipo de acciones o recursos, modalidades que difieren sustancialmente en cuanto a su naturaleza y consecuencia jurídica. Por lo que respecta a la segunda de las modalidades señaladas, es decir, la acción de amparo ejercida conjuntamente con otros medios procesales, la referida ley regula tres supuestos: a) la acción de amparo acumulada a la acción popular de inconstitucionalidad de las leyes y demás actos estatales normativos (artículo 3°); b) la acción de amparo acumulada al recurso contencioso-administrativo de anulación contra actos administrativos de efectos particulares o contra las conductas omisivas de la Administración (artículo 5°); c) la acción de amparo acumulada con acciones ordinarias (artículo 6°, ordinal 5°)".
>
> La Sala ha sostenido además que la acción de amparo en ninguno de estos casos es una acción principal sino subordinada, accesoria a la acción o al recurso al cual se acumuló, sometido al pronunciamiento jurisdiccional final que se emita en la acción acumulada. Tratándose de una acumulación de acciones, debe ser resuelta por el juez competente para conocer de la acción principal"[939].

938 *V.*, en *Revista de Derecho Público,* N° 45, EJV, Caracas 1991, p. 117.

939 *V.*, en *Revista de Derecho Público,* N° 50, 1992, pp. 183-184.

Por tanto, como lo señaló el Informe de la Comisión de Política Interior del Senado de fecha 9 de diciembre de 1987, al estudiar el Proyecto, el

> "artículo 49 de la Constitución, más que un medio adjetivo procesal, consagra un derecho fundamental, el derecho a ser amparado. De manera que la Constitución no consagra una acción de amparo o un medio adjetivo, sino un derecho fundamental, el derecho a ser amparado... tan fundamental como aquéllos que van a ser objeto de amparo. Y ese derecho puede materializarse, sin duda, a través del ejercicio de múltiples acciones y recursos".

Sin embargo, estimó la misma Comisión que también "era necesario desarrollar el mandato constitucional en una Ley que consagre que la acción de amparo puede ser ejercida por todo habitante del país y ser resuelta de manera sumaria, breve y efectiva para evitar lesiones o daños y restablecer inmediatamente la situación jurídica infringida"[940], para lo cual precisamente, se sancionó la Ley Orgánica de Amparo.

Ahora bien, nuestra intención en esta parte es analizar el significado de la institución venezolana del amparo constitucional, como un derecho fundamental y sus implicaciones adjetivas, tal como se regula en la Ley Orgánica de 27 de septiembre de 1988 y se han desarrollado por la jurisprudencia.

En efecto, una de las más importantes innovaciones democráticas en toda la trayectoria constitucional venezolana, y que contiene la Constitución de 1961, fue el establecimiento del amparo como un derecho fundamental en el artículo 49 de dicho texto, y que no sólo amplió el sistema de protección de las libertades que se había establecido en textos anteriores[941] y que había culminado en la Constitución de 1947 con el establecimiento, en su artículo 32, del recurso de *hábeas corpus,* como protección a la libertad personal, sino que condujo al establecimiento de una institución peculiar.

1. *El fundamento constitucional del derecho de amparo*

En efecto, podemos afirmar sin la menor duda, que el derecho de amparo como protección judicial, establecido en la Constitución de 1961, presenta unas peculiaridades que lo hacen diferente a las instituciones similares de protección de los derechos y garantías constitucionales establecidas en el mundo contemporáneo, tanto en Europa, como América Latina[942].

En efecto, el artículo 49 de la Constitución, establece lo siguiente:

---

940 *V.*, el "Informe que presenta la Comisión Permanente de Política Interior del Senado referente al Proyecto de Ley Orgánica de Amparo sobre Derechos y Garantías Constitucionales", de 9-12-87, considerado en la sesión del Senado de 14-12-87. *V.*, nuestros estudios sobre el Proyecto de Ley en Allan R. Brewer-Carías, *Estudios de Derecho Público* (*Labor en el Senado 1985-1987),* Tomo III, Caracas, 1989, pp. 71 a 230.

941 Para el estudio histórico de las disposiciones constitucionales y legislativas y los aportes doctrinales concernientes al amparo. *V.*, E. Agudo Freytes, *loc. cit.*, pp. 659-736.

942 *V.*, en general H. Fix Zamudio, *La protección procesal de los derechos humanos ante las jurisdicciones nacionales,* Madrid, 1982, pp. 336- Allan R. Brewer-Carías, *El amparo a los derechos y garantías constitucionales. Una aproximación comparativa.* Caracas-San Cristóbal, 1993.

"*Artículo 49.* Los Tribunales ampararán a todo habitante de la República en el goce y ejercicio de los derechos y garantías que la Constitución establece, en conformidad con la Ley.

El procedimiento será breve y sumario, y el juez competente tendrá potestad para restablecer inmediatamente la situación jurídica infringida".

A pesar de tratarse, como hemos dicho, de una innovación en nuestra tradición constitucional, sin embargo, la Exposición de Motivos del Texto, al comentar el contenido del Capítulo Primero sobre "Disposiciones Generales", del Título III sobre "Deberes, Derechos y Garantías", se limitó a constatar simplemente, "la consagración del *derecho de amparo", y* agregar posteriormente, que "en cuanto al amparo, se establece solamente el principio general para que la ley lo reglamente; pero a fin de no dejar en suspenso su eficacia hasta la promulgación de la Ley respectiva, se consagra en las Disposiciones Transitorias, *el derecho de hábeas corpus,* reglamentándolo de manera provisional"[943]; y así, en efecto, la Disposición Transitoria Quinta de la Constitución, estableció las normas conforme a las cuales debe procederse en el caso de "el amparo de la libertad personal, hasta tanto se dicte la ley especial que lo regule conforme a la previsto en el artículo 49 de la Constitución".

De acuerdo con estas normas, por tanto, la Constitución venezolana de 1961 consagró el *derecho de amparo* como un derecho fundamental, que se puede materializar a través del ejercicio de diversos medios judiciales destinados a proteger todos los derechos y garantías constitucionales, a los efectos de asegurar el goce y ejercicio de los mismos por todo habitante de la República, incluyendo dentro de tales derechos y garantías, a la libertad personal. Por ello, la Exposición de Motivos califica el "derecho de *hábeas corpus"* como una manifestación del más amplio "derecho de amparo"[944].

Conforme al texto constitucional, en consecuencia, puede admitirse que el amparo se consagra como un *derecho* de los habitantes del país, de exigir ante todos los Tribunales, según su competencia, y de acuerdo a lo que la ley establece, la protección y el aseguramiento del goce y ejercicio de todos los derechos y garantías que la Constitución establece o que sean inherentes a la persona humana, frente a cualquier perturbación, provenga ésta de entes públicos o de particulares, mediante un procedimiento que debe ser breve y sumario, y permitir al juez restablecer inmediatamente la situación jurídica infringida.

La Constitución, por tanto, no establece "una" acción o recurso de amparo, como un particular medio de protección judicial, sino un "derecho de amparo" o "derecho a ser amparado", como derecho fundamental que se puede materializar y de hecho se materializa, a través de diversas acciones y recursos judiciales, incluso a través de una "acción autónoma de amparo" que regula la Ley Orgánica, y que como se ha visto, ya había venido delineando la jurisprudencia.

---

943 *V.*, la Exposición de Motivos del Proyecto de Constitución en *Revista de la Facultad de Derecho,* Universidad Central de Venezuela, N° 21, Caracas, pp. 371-420; en particular véase pp. 380-381.

944 *Idem.*, p. 381. El derecho de amparo (Art. 49, Constitución) es entonces diferente al más amplio derecho de acceder a la justicia regulado específicamente en el artículo 68 de la Constitución con el cual nunca lo hemos confundido, como impropiamente lo afirma Gustavo J. Linares Benzo, *loc. cit.*, pp. 36 y 37.

El artículo 49 de la Constitución, por tanto, no establece una particular "garantía" constitucional de orden procesal para proteger los derechos constitucionales, sino más que eso, establece un verdadero derecho constitucional, el derecho de todos a ser amparados por los Tribunales en el goce y ejercicio de los derechos y garantías constitucionales. Este carácter del amparo, como un "derecho constitucional" en nuestro criterio es el elemento clave para identificar la institución venezolana[945] y, en definitiva, su no consideración como una sola acción o recurso, sino como un derecho, es lo que justificó el cambio de criterio sentado por la Corte Suprema de Justicia en 1983, respecto de su tesis sustentada en 1970, sobre la posibilidad del ejercicio de la acción de amparo aun en ausencia de la ley reglamentaria prevista en la Constitución: si la norma del artículo 49 hubiera consagrado "una acción o recurso" de amparo, el artículo 50 del texto constitucional le hubiera sido inaplicable[946]; en cambio, si el artículo 49 de la Constitución consagraba un derecho fundamental, como en efecto sucede, se aplicaba el texto de dicho artículo 50 de la Constitución al disponer que "la falta de ley reglamentaria" de los derechos constitucionales enunciados en el texto, no menoscaba el ejercicio de los mismos[947]. Este es el criterio que ha sido el dominante de la jurisprudencia y en nuestra opinión el más importante elemento diferenciador de la institución de amparo en Venezuela, que estimamos, además, ha sido recogido en la nueva ley.

En efecto, en su artículo 1°, la Ley Orgánica de Amparo sobre Derechos y Garantías Constitucionales, establece lo siguiente:

> "Toda persona natural habitante de la República o persona jurídica domiciliada en ésta, podrá solicitar ante los Tribunales competentes el amparo previsto en el artículo 49 de la Constitución, para el goce y el ejercicio de los derechos y garantías constitucionales, aun de aquellos derechos fundamentales de la persona humana que no figuren expresamente en la Constitución, con el propósito de que se restablezca inmediatamente la situación jurídica infringida o la situación que más se asemeje a ella.

---

945 *V.*, Allan R. Brewer-Carías, "El derecho de amparo y la acción de amparo", *Revista de Derecho Público,* N° 22, EJV, Caracas, 1985, pp. 51 y ss.

946 Como lo sostenía la Procuraduría General de la República en 1970: "el amparo, más que un derecho, constituye una garantía de protección de los derechos, y de acuerdo con la letra de la Ley sólo los derechos pueden ser ejercidos, aun antes de promulgada la Ley reglamentaria respectiva". *V., Doctrina de la Procuraduría General de la República 1970,* Caracas, 1971. p. 35.

947 Este criterio del amparo como un derecho lo destacó en 1970, Jesús Ramón Quintero, cuando al comentar una decisión de la Corte Superior Cuarta en lo Penal en torno a un recurso de amparo de 22 de diciembre de 1969 señaló: Existe pues, según el fallo de la Corte. un derecho de los individuos, de amparo, y un deber u obligación de los Tribunales de concederlo cuando sea procedente. Tal derecho y tal obligación tiene una base en la propia Constitución la cual a su vez, y de un modo terminante que no admite ningún tipo de duda, establece que su solo texto es suficiente para que los Tribunales concedan el amparo, pues la falta de Ley reglamentaria de los derechos, aunque no deseable, no puede convertirse en un obstáculo para el cabal y completo goce y disfrute de esos derechos que la Constitución establece y aun de aquellos que no están establecidos en forma expresa, pero que sean inherentes a la persona humana". *V.,* "Recurso de amparo. La cuestión central en dos sentencias y un voto salvado" en *Revista de la Facultad de Derecho.* Universidad Católica Andrés Bello, N° 9, Caracas, 1969-1970, pp. 161 y 162. En las páginas 166 y siguientes refuerza el mismo argumento. El texto de la sentencia que comenta y del voto salvado a la misma puede verse en pp. 180 a 206. *V.,* asimismo el texto del voto salvado en Otto Marín Gómez, *Protección procesal de las garantías constitucionales de Venezuela. Amparo y Hábeas Corpus,* Caracas, 1983, pp. 229-250.

La garantía de la libertad personal que regula el *hábeas corpus* constitucional, se regirá por esta Ley".

Se consagra, sin duda, aquí, el derecho a ser amparado, el cual si bien puede ejercerse mediante la acción autónoma de amparo que regula la Ley, no se reduce a ella.

2. *El amparo como derecho a un medio judicial de protección*

En efecto, la consideración del amparo constitucional como un derecho fundamental a un medio de protección judicial trae como consecuencia, ante todo, se insiste, en que el amparo no es, precisamente, ni una "acción" ni un "recurso", pues la Constitución no identifica el "derecho de amparo" con ninguna vía o medio judicial concreto. a pesar del que se regula en la Ley Orgánica. Por tanto, tal como está concebido tanto en la Constitución como en el artículo 1° de la Ley Orgánica, el amparo puede materializarse en un recurso, en sentido estricto, de revisión de decisiones administrativas o judiciales, o puede configurarse como un proceso o "una acción autónoma" que no consista necesariamente en la revisión de determinado acto jurídico. Por eso, el amparo puede indistintamente consistir en un "recurso" o en una "acción" autónoma. Depende del objeto de la protección y de la regulación legal.

Pero además, tal como lo concibe tanto el artículo 49 de la Constitución como el artículo 1° de la Ley Orgánica, el amparo no sólo se establece como un *"derecho"* de los habitantes de la República a ser amparados en el goce y ejercicio de los derechos y garantías que la Constitución establece, sino que, en realidad, además se configura como un *deber* de "los Tribunales" de amparar a todo habitante de la República en el goce y ejercicio de tales derechos. Por eso inicia el artículo 49 afirmando: "Los Tribunales ampararán..."; por ello el amparo, tal como está en el texto constitucional, no queda reducido a una acción única y autónoma, necesariamente independiente de todas las otras acciones o recursos judiciales previstos para la defensa de los derechos y garantías constitucionales, sino que la Constitución es lo suficientemente amplia y flexible como para permitir diversos sistemas judiciales de amparo de los derechos y garantías constitucionales, sea a través de acciones o recursos judiciales tradicionales o mediante la vía general de acción de amparo regulada en la Ley Orgánica.

Por tanto, puede haber y hay muchos medios judiciales de protección que permiten a los particulares ser amparados en el goce y ejercicio de sus derechos constitucionales, mediante un procedimiento breve y sumario, en el cual el Juez tiene competencia para restablecer inmediatamente las situaciones jurídicas infringidas por cualquiera. En estos casos, no es que esas vías judiciales ya previstas sustituyan el derecho de amparo (o lo desmejoren), sino que sirven como medios judiciales de amparo.

Es el sentido, en definitiva, de la previsión del artículo 25,1 de la Convención Americana sobre Derechos Humanos de 1977, que dispone en materia de protección judicial, que:

> "Toda persona tiene derecho a un *recurso sencillo y rápido o a cualquier otro recurso efectivo* ante los jueces o tribunales competentes, que la ampare contra actos que violen sus derechos fundamentales reconocidos por la Consti-

tución, la ley o la presente Convención, aun cuando tal violación sea cometida por personas que actúen en ejercicio de sus funciones oficiales"[948].

Ahora bien, a pesar de la multiplicidad de vías de protección judicial de los derechos y garantías constitucionales que aseguran el "derecho de amparo" previsto en la Constitución, es indudable que dado el carácter omnicomprensivo de la protección que "en conformidad con la ley" establece el Texto Fundamental, para que aquél derecho de amparo sea realmente efectivo, como lo había delineado la jurisprudencia, resultó indispensable regular en la Ley Orgánica, una "acción de amparo", que procede sólo si el interesado no ha optado por recurrir a otros medios judiciales de protección y amparo de los derechos y garantías constitucionales legalmente previstos (Art. 6, Ord. 5°) o cuando frente a actos administrativos o carencias de la Administración, los previstos formalmente en las leyes no sean suficientemente acordes con la protección jurisdiccional, es decir, no constituyan un medio breve, sumario y efectivo, acorde con la protección constitucional (Art. 5°).

Por ello, el numeral 5° del artículo 6 de la Ley Orgánica establece dentro de las causales de inadmisibilidad de la acción de amparo, los casos en los cuales "el agraviado haya optado por recurrir a las vías judiciales ordinarias o hecho uso de los medios judiciales preexistentes", en cuyo caso al alegarse la violación o amenaza de violación de un derecho a garantía constitucionales, el juez debe acogerse al procedimiento y a los lapsos previstos en la Ley Orgánica para la protección inmediata y ordenar la suspensión provisional de los efectos del acto cuestionado.

Asimismo, y en particular, tratándose del derecho de amparo frente a actos administrativos o conductas omisivas de la Administración, conforme al artículo 5° de la Ley, la acción autónoma de amparo no procede "cuando exista un medio procesal breve, sumario y eficaz, acorde con la protección constitucional" y éste es el que regula precisamente el mismo artículo 5° de la Ley, al establecer que el recurso contencioso-administrativo de anulación es un medio breve, sumario y eficaz, y plantear que conjuntamente con el mismo puede formularse la pretensión de amparo, en cuyo caso, no sólo no es necesario agotar la vía administrativa, sino que el recurso puede intentarse en cualquier tiempo, pudiendo. además, el juez suspender los efectos del acto administrativo recurrido como garantía del derecho constitucional violado, mientras dure el juicio de nulidad, conforme al procedimiento establecido en la propia Ley Orgánica (Arts. 5 y 6, Ord. 5°).

Por tanto, si bien el "derecho de amparo" puede asegurarse a través de múltiples vías (acciones o recursos) judiciales preexistentes, en cuyo caso, el "derecho de amparo" no se identifica con ningún recurso o acción judicial concreto, por tanto, se diferencia de ellos; en el caso de "la acción de amparo" que regula la Ley Orgánica, ésta procede en todo caso, salvo cuando se haya optado por otro medio de protección o de amparo previsto en el ordenamiento jurídico. En materia de amparo contra actos administrativos, la acción autónoma de amparo sólo procede cuando la vía contencioso-administrativa no sea un medio efectivo acorde con la protección constitucional.

Esto nos conduce, por supuesto, a plantear de inmediato la diferencia que existe entre el derecho de amparo previsto en la Constitución e, incluso, la acción de ampa-

948 *V.*, la Ley aprobatoria en *Gaceta Oficial* N° 31.256 de 14-6-77.

ro regulada en la Ley Orgánica, y el "juicio de amparo" mexicano, en el cual, en realidad se mezclan bajo una misma denominación, cinco acciones o recursos judiciales que en nuestro sistema judicial son absolutamente diferenciadas. Estas acciones y recursos que se engloban en México en la única denominación de *juicio de amparo,* son, en primer lugar, el amparo a la libertad que, en realidad, es el recurso de *hábeas corpus,* ahora regulado en Ley Orgánica; en segundo lugar, el llamado "amparo contra leyes", que se identifica con nuestras acciones de nulidad de las leyes por inconstitucionalidad, tanto por vía de acción popular, como por vía indirecta de la desaplicación de la ley constitucional por los jueces, y que en la Ley Orgánica ahora se cumplía con una novedosa institución de amparo autónomo contra leyes; en tercer lugar, en México se engloba dentro de la acción de amparo el llamado "amparo de casación" que, en realidad, se identifica con nuestro recurso de casación a través del cual la Ley Orgánica permite formular la pretensión de amparo, aparte de la acción autónoma de amparo contra sentencias judiciales; en cuarto lugar, también se engloba dentro del amparo mexicano el denominado "amparo administrativo", que se identifica con lo que en nuestro ordenamiento constitucional se regula como los recursos contencioso-administrativos de anulación de los actos administrativos, que conforme a la Ley Orgánica puede también ser una vía de amparo contra los actos administrativos; y en quinto lugar, también se engloba dentro del amparo mexicano, el llamado "amparo agrario", que en nuestro país se había regulado en forma incompleta y deficiente al preverse sólo como una medida de amparo de carácter administrativo, y que conforme a la Ley Orgánica ahora se puede también configurar como un amparo judicial mediante la acción autónoma que regula[949].

En Venezuela debe señalarse que el derecho de amparo que prevé el artículo 49 de la Constitución, y que regula la Ley Orgánica, como hemos indicado, también permite asegurar la protección de los derechos fundamentales infringidos por actos estatales, a través de la acción de inconstitucionalidad de las leyes (acción popular) o de la desaplicación de una ley por cualquier juez (el denominado control difuso de la constitucionalidad); a través del recurso de casación respecto de sentencias, y mediante el recurso contencioso-administrativo de anulación de los actos administrativos. Asimismo, permite asegurar la protección de los derechos fundamentales vulnerados por otros particulares a través de las vías judiciales del proceso ordinario.

Por supuesto, para que estas vías judiciales sirvan de medio de amparo constitucional, el legislador ha perfeccionado sus mecanismos de protección: por ejemplo, en el recurso de inconstitucionalidad de las leyes, cuando ésta se fundamente en la violación de un derecho o garantía constitucional, en virtud de la nulidad absoluta que ello implica, se ha provisto en la Ley Orgánica la potestad de la Corte Suprema de desaplicar los efectos de la ley impugnada *respecto del caso concreto* mientras se decide el recurso (Art. 3°); en el recurso de casación, cuando la denuncia de la sentencia recurrida consista en el alegato de la violación por la misma de un derecho o garantía constitucional; y en el recurso contencioso-administrativo, cuando el motivo del mismo sea la violación de un derecho constitucional por el acto recurrido, se ha eliminado la exigencia de agotamiento de la vía administrativa y del lapso de caducidad, dada la nulidad absoluta alegada, y se permite al juez recurrir en forma más

949 Héctor Fix Zamudio, "Algunos aspectos comparativos . . . ", *loc. cit.,* pp. 344-356.

expedita a los procedimientos de urgencia y abreviación de lapsos, así como a la suspensión de efectos del acto recurrido (Arts. 5 y 6, Ord. 5°).

3. *La "acción de amparo" como vía judicial autónoma*

Pero además, hemos dicho, el derecho de amparo conforme a la Ley Orgánica permite lograr la adecuada protección de los derechos y garantías constitucionales, a través de una "acción de amparo" autónoma, la cual, por supuesto, aparece en el ordenamiento como absolutamente diferenciada de la acción o recursos de inconstitucionalidad de los leyes, del recurso de casación, de las acciones contencioso administrativas y de otros medios judiciales. En este caso, la acción de amparo se nos presenta como una acción mucho más amplia, de protección de absolutamente todos los derechos y garantías constitucionales, incluyendo, como hemos señalado, el goce y ejercicio de la libertad personal, que la Exposición de Motivos de la Constitución califica como "derecho de *hábeas corpus",* regulado transitoriamente en la Disposición Transitoria Quinta de la Constitución, y ahora regulado en detalle en la Ley Orgánica.

Ahora bien, una de las características de esta acción judicial autónoma de amparo, es que *no presupone el que se hayan agotado vías judiciales previas para poder intentarse,* lo que hace que la institución de la acción de amparo de nuestro país se diferencie con el recurso de amparo que se ha desarrollado en Europa y, particularmente, en Alemania y España. En estos países, en realidad, el recurso de amparo es un auténtico "recurso extraordinario" que se intenta, en principio, contra decisiones judiciales. En Alemania, por ejemplo, el recurso de amparo constitucional que se intenta ante el Tribunal Constitucional Federal, exige el agotamiento previo de la vía judicial ordinaria, por lo que, en definitiva, se traduce en un recurso contra una decisión judicial respectiva, aun cuando excepcionalmente procede una acción directa de amparo en ciertos casos específicos y respecto a un número muy limitado de derechos constitucionales[950]. En España, el recurso de amparo que se intenta ante el Tribunal Constitucional, también exige el agotamiento previo de las vías judiciales y, particularmente, si se trata de un amparo en relación a actividades administrativas, en definitiva se requiere siempre el agotamiento previo a la vía judicial contencioso-administrativa. Por eso, en España, el recurso de amparo se configura como un recurso revisor de sentencias de los Tribunales Contencioso-Administrativos[951].

En el caso venezolano, en cambio, la acción autónoma de amparo *no exige el agotamiento previo de las vías judiciales* ni se configura, por tanto, como un recurso extraordinario contra sentencias judiciales. Se trata, sí, de una acción judicial autónoma que sólo procede cuando no se opte por otros recursos o acciones judiciales que permitan mediante procedimientos breves y sumarios, obtener amparo y protección de los derechos y el restablecimiento inmediato de los mismos (Art. 6, Ord. 5°) o en materia de amparo contra actos administrativos o conductas omisivas de la Administración, cuando la vía contencioso-administrativa no sea un medio efectivo

950 R. Schlaich, "Procedures et techniques de protection des droits fondamentaux. Tribunal Constitutionnel Fédéral Allemand" en L. Favoreu (ed.), *Cours constitutionnelles Européenes et Droits Fondamentaux,* París, 1982, pp. 105-164.

951 *V.*, J. L. García Ruiz, *Recurso de Amparo en el Derecho Español,* Madrid, 1980; F. Castedo Álvarez, "El recurso de amparo constitucional" en Instituto de Estudios Fiscales, *El Tribunal Constitucional,* Madrid, 1981 Tomo I, pp. 179-208.

de protección constitucional[952]. En estos casos, no es que la acción de amparo requiere el agotamiento previo del recurso contencioso-administrativo de anulación, cuando la violación del derecho constitucional la produce un acto administrativo, sino que el recurso contencioso-administrativo puede ser en sí mismo el medio de amparo. Por ello, en el caso de actos administrativos, cuando el recurso contencioso-administrativo no sirva efectivamente como medio de amparo dadas las particulares circunstancias del caso concreto, es que la acción autónoma de amparo procede (Art. 5°).

Por otra parte, debe señalarse que el derecho de amparo, de acuerdo a la Constitución y la Ley Orgánica, se puede ejercer ante "los Tribunales" en conformidad con la Ley, por lo que de acuerdo a la organización del sistema judicial y procesal, no existe una única acción judicial ante un sólo tribunal, prevista para garantizar el ejercicio y goce de los derechos constitucionales. Hemos dicho que de acuerdo a la Constitución no se prevé el derecho de amparo como una sola acción o recurso, que se intenta ante un solo Tribunal, con el objeto de amparar el goce y ejercicio de los derechos constitucionales, por lo que el ordenamiento regula, a través de recursos y acciones tradicionales sistemas de amparo de los derechos y garantías constitucionales, mediante procedimientos breves y sumarios con poderes para el juez, para restablecer en forma inmediata situaciones jurídicas subjetivas infringidas.

Por eso, insistimos, en Venezuela, el amparo de los derechos puede obtenerse a través de diversas acciones o recursos que regula el ordenamiento jurídico, por lo que, en definitiva, el derecho de amparo no se traduce en una sola acción o recurso, lo que diferencia nuestro amparo de los recursos de amparo europeos, particularmente el recurso de amparo en Alemania y en España, donde el recurso de amparo es una sola acción que se intenta ante un solo Tribunal, y que sirve como mecanismo para la protección de algunos derechos y garantías constitucionales[953]. Al contrario, en el caso venezolano, el derecho de amparo se presenta, en realidad, como una vía judicial multiforme que se puede ejercer ante todos los Tribunales, conforme a la Ley, sea mediante las acciones o recursos preexistentes que pueden servir de amparo, siempre que se prevea un procedimiento breve y sumario, con poderes para el juez para restablecer las situaciones jurídicas subjetivas infringidas; sea mediante la acción autónoma de amparo prevista en la Ley Orgánica.

---

952 Este carácter subsidiario que le habíamos atribuido a la acción autónoma de amparo en materia de amparo contra actos administrativos y que la jurisprudencia había confirmado, no significaba, como lo señaló H. Rondón de Sansó, que "sólo es admisible cuando hubiesen sido agotados todos los recursos ordinarios que para el caso específico el sistema jurídico prevé" (*V.*, en "El amparo constitucional en Venezuela", *Revista de Derecho Público,* N° 25 EJV, Caracas, 1986, p. 56). Al contrario, como ya lo habíamos explicado (*V.*, Allan R. Brewer-Carías, "El derecho de amparo y la acción de amparo, *Revista de Derecho Público,* N° 22, EJV, Caracas, 1985, pp. 53-54) la subsidiariedad de la acción autónoma de amparo contra actos administrativos derivaba de que procedía cuando el "recurso contencioso-administrativo de anulación y amparo" no era un medio efectivo de protección *V.*, además, Allan R. Brewer-Carías. *Estado de Derecho y Control Judicial, cit.*, pp. 628 y ss. Cf. Gustado J. Linares *loc. cita.*, pp. 61 y ss.

953 H. Fix Zamudio, "El derecho de amparo en México y en España. Su influencia recíproca", *Revista de Estudios Políticos,* N° 7, Madrid, 1979, pp. 254-255.

4. *El carácter extraordinario (en realidad subsidiario) de la acción autónoma de amparo*

Como se ha señalado y a pesar de algunas variaciones jurisprudenciales, dado que en la Constitución de 1961 se reguló el amparo como un *derecho* constitucional y no sólo como una *garantía* específica (acción o recurso), el amparo puede lograrse mediante el ejercicio de los recursos judiciales ordinarios, incluso cuando a los mismos se acumula una pretensión de amparo, y además, mediante el ejercicio de la acción autónoma de amparo.

Esta multiplicidad de vías de protección y amparo, como se ha visto, ha provocado discusión en torno al carácter de la acción autónoma de amparo. ¿Esta debe intentarse sólo si se han ejercido previamente las acciones y recursos judiciales ordinarios? ¿La acción de amparo puede intentarse a pesar de que existan medios judiciales ordinarios que permitan restablecer el derecho constitucional en forma efectiva y rápida?

Como hemos señalado, antes de que se promulgara la Ley Orgánica de Amparo a comienzos de 1988, la discusión se centraba en torno al carácter subsidiario o no de la acción de amparo, pero en la forma siguiente: si existía en el ordenamiento jurídico un medio procesal que permitiera el restablecimiento inmediato de un derecho constitucional violado, no procedía la acción autónoma de amparo, y había que acudir a dicho medio. Esto era lo que se entendía al indicarse que la acción autónoma de amparo era *subsidiaria.*

Ahora bien, subsidiario, según el Diccionario de la Real Academia, es la acción que suple o robustece a otra principal; y ésta es la misma noción que se encuentra en cualquier diccionario jurídico. Esta noción, en nuestro criterio y a pesar de las vacilaciones jurisprudenciales, se aplica perfectamente a la acción autónoma de amparo. En efecto, el artículo 68 de la Constitución establece el principio fundamental de que los Tribunales de Justicia se establecen para la defensa de los derechos e intereses de las personas, consagrando el derecho constitucional de *acceso a la justicia; y* el artículo 49 de la misma Constitución establece la obligación de todos los tribunales de amparar a todo habitante de la República en el goce y ejercicio de los derechos y garantías constitucionales, consagrando el derecho constitucional al *amparo.* Por tanto, la organización de la Justicia y de los medios judiciales tiene por objeto esencial proteger, defender y amparar los derechos de las personas, sean éstos de rango constitucional o no. Los medios principales de protección de los derechos son, por tanto, los que prevé el ordenamiento procesal, procediendo la acción autónoma de amparo cuando esos medios no sean suficientes para la protección efectiva e inmediata de los derechos constitucionales.

Este es el sentido del carácter subsidiario que se ha atribuido a la acción autónoma de amparo. Sin embargo, a pesar de lo claro del término, la jurisprudencia, en su afán de no llamar las cosas por su nombre, ha distorsionado el sentido de la expresión "subsidiaria" aplicada a la acción autónoma de amparo, y le ha atribuido las mismas características pero calificándola algunas veces como "especial" y otras veces como "extraordinaria" o "excepcional".

Esto comenzó a ocurrir en la víspera de la promulgación de la Ley Orgánica de Amparo. En efecto, en mayo de 1987 la Corte Primera de lo Contencioso Administrativo, atribuyó a la acción de amparo carácter "excepcional" en lugar de subsidiario, al razonar así en sentencia de 7-5-87:

> "El carácter excepcional o extraordinario del amparo lo determina la circunstancia de que no exista ningún otro medio procesal idóneo para impedir que se produzca la lesión al derecho constitucionalmente garantizado, o que el efecto de la misma continúe afectando la esfera subjetiva del accionante. No puede estimarse que el carácter excepcional se identifique con la subsidiariedad del medio, ni tampoco puede interpretarse en forma restringida la exigencia de la actualidad de la lesión. Por lo que atañe a la subsidiariedad la jurisprudencia sobre la materia estimó originariamente que, sólo a falta de un recurso o de una acción específicos podría válidamente procederse por la vía de amparo. Esta posición ha sido modificada ante la evidencia de que, aún existiendo un medio expreso contra la actuación u omisión que acarrea la lesión, éste puede resultar inoperante dadas las circunstancias. Es justamente en la esfera contencioso-administrativa en la cual ha de descartarse la exigencia absoluta de la subsidiariedad, por cuanto la misma llevaría a la negativa del amparo en tal campo, ya que por sí mismo el recurso contencioso-administrativo de nulidad contemplado por la Ley Orgánica de la Corte Suprema de Justicia tiene tal carácter dentro del sistema, por lo cual, sostener que en todo caso tal vía ha de ser agotada necesariamente, implicaría el riesgo de que la decisión jurisdiccional resultase tardía. Por otra parte el amparo protege contra la lesión directa de un derecho constitucional, situación por la cual, controlar la ilegalidad, que es lo que persigue el contencioso-administrativo, puede constituir suficiente garantía del ciudadano. En base a los razonamientos que anteceden la subsidiariedad ha sido sustituida por la exigencia del carácter excepcional de la situación, en el sentido de que la misma y sus efectos rebasen los parámetros normales que, en posiciones análogas se plantearían a otros sujetos. Lo excepcional alude a todo aquello que sale de la esfera de la normalidad, por sus proporciones o por sus efectos, o bien por la imposibilidad de repercusión de sus consecuencias"[954].

Meses más tarde, la misma Corte Primera en sentencia de 17-12-87, señalaba que "le subsidiariedad es la exigencia de que si existen acciones o recursos ordinarios, el amparo es inadmisible" en cambio "el carácter extraordinario es la posibilidad de que exista un recurso ordinario que no sea idóneo para impedir el daño o amenaza de daño". La Corte Primera, para adoptar este criterio distorsionador del significado de la expresión "subsidiario", citó la sentencia de la Corte Suprema de Justicia en Sala Político Administrativa de 6-8-87 (*Caso RAP*), en la cual se dejó sentado el principio de que la acción autónoma de amparo era siempre procedente, cuando los medios ordinarios que existen contra los actos inconstitucionales o ilegales sean insuficientes para reparar el perjuicio o no sean idóneos para evitar el daño o la lesión causada por tales actos[955].

En efecto, en esta sentencia de la Corte Suprema en el *Caso RAP,* de 6-8-87, dictada meses antes de la sanción de la Ley Orgánica se puntualizaron aspectos esenciales de la acción de amparo, entre ellas, el carácter *subsidiario* de la acción en su

954 *V.*, en FUNEDA, *15 años de Jurisprudencia. Amparo Constitucional* Corte Primera de lo Contencioso-Administrativo 1977-1992, Caracas 1994 pp. 117 y 118.

955 *V.*, en *Revista de Derecho Público,* N° 33, EJV, Caracas 1987, p. 107.

sentido correcto, es decir, que procede la acción de amparo "cuando se hayan agotado, no existan, o sean inoperantes otras vías procesales que permitan la reparación del daño" o; "en ausencia de una vía judicial o procedimental específica prevista en el ordenamiento jurídico y aplicable al caso". Esta tesis, dijo la Corte en esa sentencia, "es de vieja data en Venezuela", y consiste en definitiva en que si un medio ordinario "permite la protección del derecho constitucionalizado, el amparo no será procedente. Por el contrario, si no hay proceso idóneo para salvaguardarlo, se abre la vía del amparo". En otras palabras, dijo la Corte Suprema "la acción de amparo resulta improcedente cuando existan medios procesales que permitan obtener los mismos efectos procesales perseguidos por el amparo solicitado". En definitiva, la Corte en esa sentencia del *Caso RAP,* concluyó señalando que:

> "para que sea dable la concesión de un mandamiento de amparo, el juez que conoce de la solicitud respectiva debe concretar su examen a la verificación de los siguientes aspectos:
>
> 1) Que la situación infringida por el acto, hecho u omisión de la autoridad pública o del particular, sea violatorio en forma directa, manifiesta e incontestable de un derecho o garantía constitucionalmente tutelado;
> 2) Que no exista para el restablecimiento de esa situación jurídica lesionada ningún otro medio procesal ordinario adecuado; y
> 3) Que la lesión o el derecho o garantía afectados sean de tal naturaleza que no podrían ser reparados mediante la utilización de ese otro medio procesal"[956].

En sentido contrario, el amparo autónomo es subsidiario porque como lo indicó la Corte Primera, en sentencia de 12-5-88:

> "Cuando el accionante tenga medios procesales ciertamente eficaces, breves e idóneos, los cuales constituyen para ello garantías suficientes y apropiadas para el caso de ser jurídicamente procedentes, tal circunstancia hace inadecuada, esta vía jurisdiccional (acción de amparo autónoma) para la obtención de lo solicitado"[957].

En definitiva, lo subsidiario de la acción de amparo autónoma no es que no proceda cuando haya vías ordinarias, ni que para que proceda hay que agotar las que existan, sino que procede cuando éstas no son idóneas, operantes, eficaces y breves acordes con la protección constitucional. En este sentido, a lo sumo, lo que se produjo en relación a la consideración de la acción autónoma como de carácter subsidiario, fue que sus efectos se han mitigado. Así lo señaló la Corte Suprema en Sala Político Administrativa en sentencia de 6-12-89:

> "el carácter subsidiario que originalmente le fuera atribuido como esencial, ha sido *mitigado* por la jurisprudencia, al considerar que, aun cuando existan otras vías para la defensa del derecho, la misma (acción autónoma de amparo) es procedente cuando éstas no sean suficientemente eficaces para obtener los

---

956 En *Revista de Derecho Público,* N° 31, 1987, pp. 81, 83, 86, 87 y 88. En igual sentido la sentencia de la CPCA, de 21-1-88, *Revista de Derecho Público,* N° 33, EJV, Caracas, 1988, p. 110.

957 *V.*, en *Revista de Derecho Público,* N° 34, EJV, Caracas, 1988, p. 104.

resultados señalados, esto es, el restablecimiento del derecho o la protección contra la amenaza"[958].

Este carácter subsidiario mitigado de la acción autónoma de amparo fue luego precisado por la Corte Suprema en Sala Político Administrativa en sentencia de 14-8-90, al calificar dicha acción como "especial" así:

"Tal como lo ha establecido este Máximo Tribunal reiteradamente, la acción de amparo resulta ser de carácter especial, en el sentido de que no puede sustituir los recursos y acciones establecidos para reclamar algún derecho constitucional, si sus respectivos procedimientos son a su vez breves y sumarios, o eficaces, para lograr su rápido restablecimiento. Así lo ha manifestado esta Sala en sentencia de fecha 23-5-88, cuando aclaró que no es posible utilizar la acción de amparo, "como sustitutoria de los recursos precisa y específicamente arbitrados por el legislador —en desarrollo de normas fundamentales— para lograr de esta manera el propósito que se pretende en autos. Si tal sustitución se permitiere, el amparo llegaría a suplantar no sólo esa, sino todas las vías procesales establecidas en nuestro sistema de derecho positivo, situación en modo alguno deseable ni deseada por el legislador del amparo". En ese mismo sentido se ha pronunciado la Sala de Casación Civil de esta Suprema Corte, cuando en sentencia de fecha 27-4-88, asentó que el actor tiene la carga procesal de "utilizar el procedimiento normal preestablecido por la ley adecuado a su pretensión, carga que de incumplirse, produce la inadmisión del amparo instaurado". En esa misma sentencia la Sala de Casación Civil, precisó, que el numeral 5 del artículo 6° de la Ley Orgánica de Amparo sobre Derechos y Garantías Constitucionales, debe interpretarse en el sentido de que "no puede entenderse nunca como una facultad libre de acudir o no a las vías establecidas, sino como la *carga procesal* del actor de utilizar el procedimiento normal preestablecido por la Ley (*omissis*)". En concreto, pues, que si existe "un medio procesal, breve, sumario y eficaz acorde con la protección constitucional", como lo exige el artículo 5° de la Ley Orgánica de Amparo sobre Derechos y Garantías Constitucionales, la acción de amparo en contra de los actos administrativos, actuaciones materiales, vías de hecho, abstenciones u omisiones de la Administración Pública, resulta ser inadmisible, por no darse el presupuesto general de dicha acción cual es su carácter extraordinario"[959].

La atribución del carácter "especial" en lugar del carácter subsidiario también se le indicó respecto de la acción de amparo autónoma en otra sentencia de la misma fecha (14-8-90), así:

---

958 *V.*, en *Revista de Derecho Público,* EJV, Caracas, N° 41, 1989 p. 41. En igual sentido la sentencia de la misma CSJ-SPA de 23-5-88 señaló que procede la acción de amparo "cuando se hayan agotado, no existan o sean inoperantes otras vías judiciales que permitan la reparación del daño". En el caso resuelto se trataba de una acción de amparo intentada contra un acto de negativa del registro de la propiedad de un inmueble y la Corte resolvió que a dicha negativa de registro podía darse satisfacción mediante los procedimientos administrativos y judiciales previstos, agregando que "no puede la brevedad, efectividad y sumariedad del procedimiento de amparo sustituir lapsos y plazos que el legislador estimó conveniente establecer especialmente en materia de registro de la propiedad inmobiliaria". *V.*, en *Revista de Derecho Público,* N° 35, EJV, Caracas, 1988, p. 125.

959 *V.*, en *Revista de Derecho Público,* N° 44, EJV, Caracas, 1990, p. 134.

"Tiene la acción de amparo en Venezuela un carácter "especial", derivado de su extraordinariedad, concepto distinto al "subsidario", atribuido en principio a los iniciales pronunciamientos de la jurisprudencia nacional. En consecuencia, si bien aquélla prospera entre nosotros aun cuando existan vías judiciales ordinarias, es sólo de revelarse ineficaces o inidóneas éstas para restablecer el derecho constitucional lesionado, o para impedir su vulneración frente a una amenaza cierta, efectiva y real; pero, en principio, son las últimas las adecuadas y, por tanto, las procedentes y, así mismo, las prevalentes sobre el amparo.

Tal concepción ha venido siendo lentamente configurada, y pacíficamente reiterada, por la jurisprudencia de este Máximo Tribunal. Responde al propósito de colocar el amparo en justo sitio, como manera de convertirlo, a la vez, en un verdadero instrumento de defensa y protección de los derechos y garantías constitucionales, más sin trastocar toda la trama de nuestro sistema recursorio (véase, entre otras decisiones de la Sala, la de 23-5-88, caso *Fincas Algaba*)"[960].

En realidad aún cuando se empleen los calificativos de especial, excepcional o extraordinario, la jurisprudencia apunta al carácter subsidiario en el sentido que se ha anotado: que si existe otro medio judicial efectivo, operante, breve e idóneo para la protección constitucional, no es procedente el amparo. Este procede, en cambio, "cuando se hayan agotado, no existan o sean inoperantes otras vías que permitan la reparación"[961].

Así lo ha precisado la Corte Suprema en Sala Político Administrativa en sentencia de 8-3-90:

"El carácter subsidiario de la acción de amparo ha sido interpretado razonablemente en reiteradas ocasiones por la propia jurisprudencia de este Alto Tribunal. En tal sentido, ha precisado la Sala que el amparo procede aún en los casos de que, existiendo vías ordinarias para restablecer la situación jurídica infringida, éstas no sean idóneas, adecuadas o eficaces para restablecer dicha situación de manera *inmediata*. En el caso de autos, aprecia la Corte que se requiere de la *inmediatez* para restablecer la situación infringida y, por ello, se justifica la utilización de este medio sobre cualquier otro"[962].

En sentido similar en sentencia de, 11-12-90, la Sala Político Administrativa de la Corte Suprema precisó:

"Ha sido el criterio reiterado de la jurisprudencia de este Máximo Tribunal, así como de la doctrina, que la acción de amparo es un remedio judicial extraordinario o especial que sólo procede cuando se hayan agotado, no existan, o sean inoperantes otras vías procesales que permitan la reparación del daño. Igualmente, el artículo 5 de la Ley Orgánica de Amparo sobre Derechos y Garantías Constitucionales señala que la acción de amparo procede cuando no

---

960 *V.*, en *Revista de Derecho Público,* N° 44, EJV, Caracas, 1990, pp. 135-136.

961 *V.*, sentencia de la CSJ-SPA 11-12-90, en *Revista de Derecho Público,* N° 45, EJV, Caracas, 1990, p. 112. Esta frase tiene su antecedente en la sentencia de la CPCA de 13-2-86, en FUNEDA, *15 años de Jurisprudencia op. cit.*, p. 93.

962 *V.*, en *Revista de Derecho Público,* N° 42, EJV, Caracas, 1990, pp. 107-108. *V.*, sentencia de la CPCA de 5-9-91 en FUNEDA, *15 años de Jurisprudencia, op. cit.*, p. 130.

exista un medio procesal breve, sumario y eficaz acorde con la protección constitucional.

Tal requisito procesal objetivo para la admisibilidad de la acción hace del amparo un medio o instrumento judicial que sólo puede ser admitido por el juez una vez verificado que los otros medios ordinarios no son los eficaces o idóneos para restablecer la situación jurídica denunciada. Si existen esos medios, el juez debe abstenerse de admitir la acción de amparo propuesta.

En efecto, la naturaleza extraordinaria o especial del amparo constitucional, tiene como objetivo lograr que dicha institución no sea sustitutiva de los medios ordinarios; igualmente alerta sobre la necesidad de su uso prudente y racional como medio de defensa extremo de los derechos constitucionales admisible sólo cuando sea la única vía idónea y eficaz para el restablecimiento de las libertades públicas o cuando los otros medios sean inoperantes para lograr dicho objetivo"[963].

De todo lo anteriormente dicho resulta que el carácter de la acción autónoma de amparo es *subsidiaria* en el sentido de:

"que procede en la medida que no exista otro medio para restablecer, de manera idónea y eficaz, la situación jurídica infringida. En consecuencia, uno de los presupuestos de la procedencia de la acción de amparo es que no exista otra vía más eficaz para el restablecimiento de los derechos lesionados. Si esta vía es idónea para resolver tal situación, no hay por qué recurrir a la acción especial de amparo. Aún más, existiendo dicha vía, si ella no logra el restablecimiento inmediato de la garantía constitucional, también se justifica la utilización del medio de protección jurisdiccional de amparo"[964].

Por ello, como lo señaló la Corte Suprema en Sala Político Administrativa en sentencia de 18-6-92:

"el juez constitucional de amparo no puede admitir la acción cuando existan otros medios procesales ordinarios, a menos que de los propios recaudos resultare la ineficacia para el caso concreto, de los medios idóneos procesalmente previstos"[965].

De acuerdo a esta doctrina jurisprudencial, en consecuencia, por ejemplo, en casos de protección de la maternidad y de derechos derivados del embarazo, por la *inmediatez* que requiere la protección siempre se ha entendido que el medio idóneo es la acción autónoma de amparo. Así lo entendió la Corte Suprema en Sala Político Administrativa en sentencia de 4-12-90 (*Caso Mariela Morales de Jiménez*):

"De lo expuesto se concluye que la acción de amparo constitucional propuesta debe prosperar, en virtud de que ha quedado demostrado que la situación denunciada es lesiva al derecho constitucional, a la protección de la maternidad y a la protección especial que merece la mujer trabajadora. Conviene precisar igualmente que este medio procesal constituye la única vía idónea y eficaz para

---

963 *V.*, en *Revista de Derecho Público,* N° 45, EJV, Caracas, 1991, p. 112.

964 *V.*, sentencia CSJ-SPA 12-6-90, *Revista de Derecho Público* N° 43, EJV, Caracas, 1990, p. 78.

965 *V.*, en *Revista de Derecho Público,* N° 50, EJV, Caracas, 1992, p. 152.

la protección constitucional invocada, pues si bien existen vías ordinarias en sede administrativa y contencioso-administrativa para obtener el restablecimiento de situaciones jurídicas de esta naturaleza, aparece evidente que en el caso concreto se requiere de un restablecimiento inmediato de la situación denunciada, ya que se precisa una decisión urgente, que se produzca antes de que desaparezca el supuesto de aplicabilidad de la garantía constitucional, y así se declara"[966].

En consecuencia, en sentido contrario, cuando en el ordenamiento jurídico exista una vía idónea, eficaz y operante que permita el restablecimiento inmediato de la situación jurídica infringida, acorde con la protección del derecho constitucional, la acción autónoma de amparo es improcedente. Así lo resolvió la Corte Suprema, por ejemplo, en relación al amparo tributario regulado en el Código Orgánico Tributario: existiendo esta vía para reparar los perjuicios derivados de la abstención administrativa, la acción autónoma de amparo se ha considerado improcedente[967]. En sentido similar la Corte Suprema de Justicia en sentencia de 11-12-90 resolvió en relación al retardo u omisión de los jueces en dictar alguna providencia judicial. En esos casos, dijo la Corte:

> "nuestro ordenamiento jurídico positivo consagra una serie de mecanismos que serían los idóneos y eficaces para restablecer la situación jurídica señalada como infringida.
>
> Dichas vías no sólo tienen como objetivo imponer sanciones correctivas a fin de que el juez actúe conforme a su deber, sino sanciones disciplinarias y la posibilidad de exigir la responsabilidad civil de los jueces que incurran en denegación de justicia".

La Corte, en esa sentencia se refirió a lo previsto en el artículo 19 del Código de Procedimiento Civil (sanción a la denegación de justicia), a los artículos 829 y siguientes de dicho Código (responsabilidad de los jueces) y a las normas sancionatorias de la Ley de Carrera Judicial. Sobre ello, señaló:

> "Todos estos medios son instrumentos ordinarios, idóneos y eficaces, aún no agotados, que le ofrece el ordenamiento jurídico al actor a fin de restablecer la situación jurídica que él denuncia como vulnerada. En tal virtud, la acción de amparo ejercida resulta inadmisible, pues lo contrario sería contravenir la naturaleza extraordinaria o especial de esta acción, tal como ha sido razonado *supra y,* en particular, visto que el artículo 5° expresamente la consagra, es decir que la procedencia de la acción es cuando no exista un medio procesal acorde con la protección constitucional"[968].

De todo lo anteriormente señalado, puede concluirse entonces que de acuerdo con las regulaciones de la Ley Orgánica de Amparo, y conforme a las orientaciones

---

966 *V.*, en *Revista de Derecho Público,* N° 45, EJV, Caracas, 1991, p. 115. En igual sentido CSJ-SPA de 5-12-91 (*Caso Reina Henríquez de Peña*), en *Revista de Derecho Público,* N° 48, EJV, Caracas, 1991, p. 133.

967 Sentencia CSJ-SPA de 14-8-90 (Caso *Grespais*), *Revista de Derecho Público,* N° 44, EJV, Caracas, 1990, p. 135.

968 *V.*, en *Revista de Derecho Público,* N° 45, EJV, Caracas, 1991, p. 112.

jurisprudenciales establecidas antes y después de su entrada en vigencia, la acción autónoma de amparo procede en forma subsidiaria, cuando no existan medios judiciales efectivos, idóneos y operantes que permitan el restablecimiento inmediato del derecho constitucional lesionado, acorde con la protección constitucional.

Este carácter subsidiario de la acción de amparo, atendiendo al significado del término, sin embargo, ha sido cambiado por la jurisprudencia a veces por el de "especial", "extraordinario" o "excepcional", pero con igual significado de subsidiario, es decir, que suple o robustece a las acciones ordinarias cuando éstas no son idóneas, breves, efectivas y operantes para la protección constitucional.

Toda esta evolución jurisprudencial que ha venido reafirmando el carácter subsidiario de la acción autónoma de amparo, en el sentido de que procede su interposición cuando no existan otros medios procesales ordinarios o los que existan no sean eficaces e idóneos para lograr los fines pretendidos, acordes con la protección constitucional, ha sido resumida y precisada por la Corte Suprema de Justicia en varias sentencias de la Sala Político Administrativa dictadas en 1993[969], particularmente en la de 2-12-93 (*Caso Tribunal Superior de Salvaguarda*), en la cual estableció lo siguiente:

> "Establecido lo anterior, debe la Sala dilucidar, no obstante, si la situación planteada por los actos y demostrada en el expediente se constituye en lesiva de sus derechos o garantías constitucionales, si es posible satisfacer sus pretensiones por vía de amparo, la cual consiste, como se transcribió anteriormente, en que se "ordene al agraviante la ejecución de presupuesto autorizado por el Congreso de la República para el ejercicio fiscal de 1993 correspondiente al Tribunal Superior de Salvaguarda del Patrimonio Público; y le ordene tomar las disposiciones pertinentes y necesarias, para que se ejecute dicho presupuesto, de conformidad con la distribución presupuestaria hecha y asignada a este Tribunal por el Congreso de la República".

Para ello, hay tres aspectos determinantes para la procedencia de la acción extraordinaria de amparo constitucional incoada, que deben ser considerados especialmente en el caso de autos: a) si existe algún medio judicial ordinario o preexistente, idóneo y eficaz, para satisfacer la pretensión del solicitante; b) si la violación denunciada de derecho y garantías fundamentales se produce realmente en forma directa e inmediata contra la Carta Magna; y, en definitiva, c) si existe algún verdadero derecho subjetivo constitucional de los accionantes que pueda verse vulnerado por la abstención o negativa del Consejo de la Judicatura.

En relación con la primera cuestión por resolver, se observa:

> a) Antes de la promulgación de ley sobre la materia del amparo constitucional, la doctrina y la jurisprudencia habían atribuido entre las principales características del amparo el hecho de ser remedio judicial extraordinario o especial que sólo procede cuando se haya agotado, no existan o sean inoperantes otras vías procesales que permitan la reparación del daño (Vid. decisión del 6-8-97, caso: *Registro Automotor Permanente*).

---

969 Véanse sentencias de 27-10-93 (Caso *Silio Romero y Ana Drossos*) de 24-11-93 (Caso *Simón Hebert Faull*) en *Revista de Derecho Público,* Nº 55-56, EJV, Caracas, 1993, pp. 313-316.

Consecuente con esa característica, el artículo 6, ordinal 5°, de la Ley Orgánica de Amparo contempló, como un supuesto para declarar la inadmisibilidad de esta acción, "cuando el agraviado haya optado por recurrir a las vías judiciales ordinarias o hecho uso de los medios judiciales preexistentes".

Aun cuando pareciera existir cierto margen de discrecionalidad hacia el particular -posibilidad de acudir originariamente a la vía judicial mediante el amparo constitucional, o mediante los medios ordinarios- la jurisprudencia de la Sala de Casación Civil, acogida por la Sala Político-Administrativa, ha interpretado el ordinal transcrito concatenadamente con el primer párrafo del artículo 5 de la Ley Orgánica de Amparo sobre Derechos y Garantías Constitucionales, evitando dejar al particular cualquier posibilidad de elección. De manera que si mediante otra vía judicial distinta al amparo se puede reparar o restablecer la alegada situación jurídica infringida, debe ser esa la utilizada y no aquélla (véase decisión N° 497 del 14-8-90, caso: *Pedro Francisco Crespán Muñoz*).

Este carácter extraordinario es indispensable para evitar que el amparo sustituya todo el ordenamiento procesal de derecho positivo, el cual ha sido considerado por el legislador como los medios o procedimientos idóneos y eficaces para garantizar tanto los derechos en el cumplimiento de los deberes, por parte de los particulares y del propio Estado.

Por este motivo, el juez constitucional de amparo *no debe admitir* esta acción cuando existan otros *medios procesales ordinarios,* a menos que éstos no sean eficaces e idóneos para lograr los fines pretendidos.

Y para verificar esa situación, conforme se sostuvo en la misma sentencia del 6-8-87 y se ha reiterado seguidamente "el análisis determinante (que debe hacer el juzgador), para catalogar como paralelo a un medio procesal, se concentra en sus efectos"; lo cual se traduce generalmente en el medio especial de los recursos contencioso-administrativos previstos en el artículo 206 del Texto Fundamental en que, a diferencia de éstos, la acción de amparo permite al solicitante la obtención del restablecimiento a la situación jurídica lesionada de una forma *inmediata.*

Este ha sido el criterio de la Sala, como puede desprenderse de la decisión del 8 de marzo de 1990, caso: *"Luz Magaly Serna Rogeles"*, donde se precisó:

> "El carácter subsidiario de la acción de amparo ha sido interpretado razonablemente en reiteradas ocasiones por la propia jurisprudencia de este Alto Tribunal. En tal sentido ha precisado la Sala que el amparo procede, aun en los casos que existiendo vías ordinarias para restablecer la situación jurídica infringida, éstas no son idóneas, adecuadas o eficaces para restablecer dicha situación de manera *inmediata.* En el caso de autos, aprecia la Corte que se requiere de la *inmediatez* para restablecer la situación infringida y por ello se justifica la utilización de este medio sobre cualquier otro. Así se declara" (subrayados añadidos).

Y en el mismo sentido resulta pertinente citar la sentencia, también de esta Sala, del 3 de diciembre de 1990, recaída sobre la acción de amparo interpuesta por la ciudadana Mariela Morales de Jiménez contra el acto del Ministro de Justicia que la removió del cargo que desempeñaba estando en estado de gravidez, ya que en esa oportunidad se sostuvo que la acción de amparo "constituye la *única vía* idónea y eficaz para la protección constitucional invocada (artículos *74, 76, 84 y* 93), pues si bien existen otras vías ordinarias en sede administrativa y contencioso- administrativa para obtener el restablecimiento de situaciones jurídicas de esta naturaleza, parece evidente que en el caso concreto se requiere de un restablecimiento *inmediato* de la situación denunciada, ya que se precisa una decisión urgente que se produzca antes de que desaparezca el supuesto de aplicabilidad de la garantía constitucional, y así se declara" (véase además decisión del 5-12-91, caso: *Reina de Jesús Henríquez*).

De manera que si bien la procedencia de la acción de amparo constitucional está acondicionada por la existencia de otra vía judicial para lograr el restablecimiento de la situación jurídica infringida denunciada, sin embargo la jurisprudencia ha admitido que aunque existan medios procesales para tal fin, éstos pueden resultar inadecuados, inidóneos e ineficaces cuando se exige, por las condiciones de cada caso concreto, un restablecimiento inmediato que sólo mediante el amparo constitucional, por su procedimiento breve y sumario, es capaz de alcanzarse.

En el asunto planteado, puede observarse que no *existe ningún otro* medio judicial previsto en nuestro ordenamiento procesal que resultare operante e idóneo para satisfacer la petición de los solicitantes, y además que, aún existiéndolo, la demostrada urgencia en la decisión requerida convierte en apto al amparo constitucional.

En efecto, además de la ineficacia de los medios judiciales ordinarios existentes, resulta evidente en el caso planteado, la necesidad de un restablecimiento de la situación denunciada por los accionantes, ya que, como ellos lo manifiestan, "de conformidad con lo establecido en la normativa presupuestaria si no se compromete el total del presupuesto del Tribunal Superior de Salvaguarda, la parte no comprometida, que como señalamos corresponde al 47% del presupuesto total del Tribunal Superior de Salvaguarda, será reintegrarla al Fisco Nacional, sin que se puedan satisfacer las exigencias de ajustes de sueldos y salarios solicitadas por el personal del Tribunal Superior de Salvaguarda. Además el Congreso en vista de esta realización presupuestaria, procederá a reducir el presupuesto de este Tribunal para el próximo período correspondiente al ejercicio fiscal del año 1994. Todo lo cual causará un daño muy grande al funcionamiento de este Tribunal".

Por tanto, estando presente el requisito de inmediatez, no resultan idóneos ni eficaces en el caso concreto las vías judiciales ordinarias existentes para resolver los cotidianos conflictos de intereses entre los particulares y la Administración[39].

En todo caso, en materia de amparo contra actos administrativos este carácter subsidiario ha sido más desarrollado por la jurisprudencia, por la previsión expresa del artículo 5° de la Ley Orgánica que establece su procedencia "cuando no exista un medio procesal breve, sumario y eficaz, acorde con la protección constitucional". Sobre ello nos referiremos al analizar en particular la acción de amparo contra actos administrativos.

39 *V.*, en *Revista de Derecho Público,* N° 55-56, EJV, Caracas, 1993, pp. 311-313.

5. *La necesaria conciliación de la acción de amparo con los otros medios judiciales de amparo*

A. *El planteamiento del problema*

Hemos señalado que la Constitución establece un derecho de amparo que se materializa, en su ejercicio, a través de la acción de amparo prevista en la Ley Orgánica o a través de otros medios judiciales de amparo. Por ello, hasta cierto punto, como hemos visto, todos los Tribunales pueden ser jueces de amparo.

Ahora bien, y particularmente cuando se trata de ejercicio del derecho de amparo frente a entes estatales, surge la necesidad de conciliar la acción de amparo con los medios judiciales de impugnación de los actos estatales, que también pueden ser vías judiciales de amparo. Esta preocupación fue la que motivó nuestra intervención en el Senado, en la sesión del 19 de noviembre de 1987 cuando se discutió el Proyecto de Ley de Amparo que ya había sido aprobado en la Cámara de Diputados, en la cual planteamos lo que estimamos era el problema central de dicho instrumento jurídico; que:

> "Mediante el establecimiento de una acción de amparo no puede, ni debe sustituirse el orden judicial y procesal; no debe sustituirse el control de la constitucionalidad que se ejerce por las vías que existen; no debe sustituirse el control contencioso-administrativo que se desarrolla por las vías que existen; ni los otros recursos. Al contrario, todas esas vías deben perfeccionarse para que sirvan de instrumentos de amparo, y sólo si no pueden ser medios efectivos de protección constitucional, entonces, que proceda la acción de amparo en forma "extraordinaria" como lo ha venido estableciendo la jurisprudencia de la Corte Suprema de Justicia.
>
> Por tanto, el principio debe ser que ese derecho a ser amparado —"Los tribunales ampararán", como dice la Constitución—, debe ejercerse por todos los medios procesales posibles, muchos de los cuales hay que perfeccionar, y si no se logra la efectividad a través de esos medios, entonces, que proceda la acción de amparo.
>
> De esta forma, técnicamente, quizás no políticamente, el amparo es un derecho, por lo que desde el punto de vista jurídico y procesal es una pretensión más. Por tanto, más que una acción en concreto, el amparo es una pretensión que debe formularse con las acciones y recursos que están establecidos en el ordenamiento jurídico, y si éstos no son efectivos para la protección constitucional, entonces, debe formularse a través de una acción autónoma de amparo que es la que estamos buscando regular en esta Ley. Inclusive, ha sido el criterio de la Corte Suprema de Justicia, en una sentencia muy reciente, del 6 de agosto de 1987, en la cual la Corte señaló: "Lo relevante es que los efectos que se obtengan por la vía de los recursos ordinarios o principales, sean los mismos que se pretendan derivar del ejercicio de la acción de amparo. La acción de amparo busca proteger el derecho constitucional y restablecer la situación jurídica infringida".

Por tanto, lo relevante, como dice la Corte, es que los medios sean efectivos en cuanto al restablecimiento del derecho violado. Y se refiere la Corte en esa sentencia, que fue la dictada en el célebre *caso del RAP*, a los llamados medios paralelos como medios procesales, en cuyo caso el problema se concentra en los efectos de dichos medios: "Si permiten... (dice la Corte) ...la protección del derecho constitucional, el amparo (como acción autónoma) no será procedente", porque se logrará el amparo por la vía judicial que permita efectivamente el restablecimiento. Si no hay un proceso idóneo para salvaguardar el derecho constitucional, entonces, —dice la Corte— "se abre el recurso o la acción de amparo", y eso es, justamente, lo que nosotros tenemos que lograr al regular el derecho de amparo en esa Ley.

Esa es, pienso yo, establecida por la Corte, la doctrina clave en materia de amparo: que es una pretensión que puede y debe formularse a través de todos los mecanismos y acciones judiciales que existan, y si éstos no son efectivos para la protección constitucional, entonces, debe proceder la acción autónoma de amparo...

Este problema se plantea, con carácter relevante, en materia de amparo frente a los actos de los órganos estatales (y éste es el punto que debe preocupar a la Cámara al discutir este Proyecto de Ley), cuando se trata de hechos, vías de hecho o acciones materiales de los órganos del Estado, de la Administración si son de los particulares, en mi criterio, el Proyecto no tiene objeción. Las protecciones frente a vías de hecho y actos materiales de particulares que puedan dar origen al amparo pueden perfectamente estar regulados y el Proyecto, insisto, no tendría ninguna observación.

El problema se plantea por tanto, particularmente frente a actos estatales, y en concreto, frente a los actos formales del Estado: a las leyes, a los actos de gobierno, a los actos administrativos y a las sentencias. Y esos son, básicamente, los cuatro conjuntos de actos estatales. Así que quiero referirme muy rápidamente a estos aspectos.

El primero es el tema del "amparo contra leyes", y vamos a utilizar la expresión mexicana porque aparentemente, esto es lo que se deriva del texto del Proyecto de Ley en consideración.

En los países en los cuales no existe el control constitucional, es decir, donde no existe el control por la vía de recurso o acción popular de inconstitucionalidad, o por la vía de control difuso de la constitucionalidad, como sí existe en el caso de Venezuela; en países donde no existen —insisto— esos controles de constitucionalidad, el "amparo contra leyes" ha venido desarrollándose. Ese es el caso mexicano, y es también el caso peruano. Esta norma que en el Proyecto regula el "amparo contra leyes" es una traslación de la ley peruana; pero ¿Por qué eso está en la ley peruana?, porque en Perú no hay un control de la constitucionalidad de las leyes tan completo como en nuestro país, no hay un recurso de inconstitucionalidad como acción popular, ni hay un control difuso de la inconstitucionalidad tan generalizado y absoluto como el que se establece en el Artículo 20 del Código de Procedimiento Civil.

Por tanto la situación es radicalmente distinta en los países que inspiraron el Proyecto a lo que existe en Venezuela en materia de control de la constitucionalidad de las leyes y de —vamos a decirlo en esa expresión— "amparo contra leyes".

En Venezuela, de acuerdo al artículo 215 de la Constitución, se atribuye a la Corte Suprema de Justicia la potestad de declarar la nulidad de las leyes inconstitucionales, correspondiendo el monopolio de la declaratoria de inconstitucionalidad a la Corte Suprema de Justicia; es el llamado "control concentrado de la constitucionalidad" que los países europeos comienzan a descubrir ahora, después de la Segunda Guerra Mundial. Pero además, en Venezuela existe otro medio de control de la constitucionalidad, el control llamado "difuso", regulado en el artículo 20 del Código de Procedimiento Civil y que permite a cualquier Juez, de cualquier nivel, el considerar una ley inaplicable en el caso concreto que decide, dando aplicación preferente a la Constitución. Es el llamado "control difuso de la constitucionalidad de las leyes". Ello hace que en nuestra país, la mezcla del control concentrado con el control difuso, sea una mezcla única en el derecho comparado, y quizás sólo seguida tal cual en Colombia; pero en ningún otro país de América Latina y de Europa existe un control tan amplio de la constitucionalidad de las leyes.

Sin embargo, el Proyecto soslaya la consideración de esta situación y establece una especie de "amparo contra leyes" frente a lo cual debe preguntarse: ¿Se quiere sustituir el control de la constitucionalidad por vía de acción popular que tenemos? ¿Se le quieren dar al Juez otros poderes adicionales a los que establece el artículo 20 del Código de Procedimiento Civil? Yo, en realidad creo que la regulación correcta en Venezuela del "amparo frente a leyes", tendría que lograr en primer lugar, perfeccionar el recurso de inconstitucionalidad para permitir que la Corte Suprema de Justicia, por ejemplo, cuando conozca de un recurso de inconstitucionalidad de una ley, el que pueda suspender los efectos de esa ley, en relación al recurrente. Este es el gran descubrimiento del amparo mexicano: la suspensión de los efectos del acto recurrido por vía de amparo. Eso es lo que tendríamos que hacer acá, perfeccionar el sistema existente de acción popular y atribuirle a la Corte la posibilidad de suspender los efectos del acto estatal de efectos generales recurrida, en su aplicación al recurrente, para restablecer inmediatamente la situación jurídica infringida, mientras se discute la inconstitucionalidad de la ley.

Lo mismo se puede plantear con el "control difuso" de la constitucionalidad. Si cualquier persona en cualquier juicio, puede plantearle al Juez una cuestión de inconstitucionalidad, para que el Juez pueda —en el caso concreto— desaplicar la ley si la estima inconstitucional, esa pretensión de amparo en cualquier juicio debe permitirle al Juez poder también suspender los efectos de la ley, en el caso concreto, como medida para restablecer la situación jurídica infringida en forma inmediata, mientras se resuelve el juicio, pues en definitiva cuando el Juez decida, lo va a hacer sobre la inconstitucionalidad de la ley, pero para el caso concreto, porque en ese caso, el efecto de su decisión es *"inter partes"*.

El segundo problema que nos plantea el Proyecto tal como está, aparte del "amparo contra Leyes", se refiere al amparo contra decisiones judiciales. Pienso que debe quedar claro, y en mi criterio no está claro en el Proyecto, que la pretensión de amparo de los derechos y garantías contra actos judiciales debe buscarla el interesado en primer lugar, a través de los recursos de apelación y vías ordinarias; así en la apelación debe plantearse la pretensión de amparo como tal, y la apelación *per se,* salvo expresa disposición, debe tener efectos suspensivos. Pero el "amparo contra decisiones judiciales" ya se ha dado en nuestro Foro, particularmente en materia de amparo al derecho de propiedad y ha habido amparo contra medidas de embargo y amparo contra ejecuciones de hipotecas. Son medidas judiciales, por lo que hay que exigir, en primer lugar, que la persona plantee la pretensión de amparo por las vías de recurso ordinario. Si éstas no existen, o si por cualquier razón se dejaron vencer, entonces, puede recurrirse a la acción autónoma de amparo, pero hay que plantear la necesidad de que la pretensión de amparo se formule, ante todo, en las vías ordinarias.

Por otra parte, se plantea el problema de la competencia. ¿Quién conoce de la acción de amparo contra actos judiciales? De acuerdo al Proyecto de Ley, el Juez de Primera Instancia. Pienso que tratándose de actos judiciales, en este caso debería modificarse en algo la competencia y atribuirse la competencia para conocer de la acción de amparo contra actos judiciales, al juez que debería haber tenido la posibilidad de revisar la decisión del inferior, de manera de no violentar las jerarquías judiciales.

El tercer aspecto que plantea la ley, aparte del "amparo contra leyes", y el "amparo contra actos judiciales", es el aspecto —yo diría también fundamental— del amparo contra los actos administrativos. Sobre esto hubo una advertencia formulada por la Procuraduría General de la República, en una comunicación dirigida hace poco a la Cámara de Diputados, a su Comisión de Política Interior, de la cual me voy a permitir leer un párrafo, con la venia del señor Presidente, (*Asentimiento*). Dice la Procuraduría, refiriéndose a la disposición del Proyecto, que exige un medio procesal breve y sumario —y no efectivo— para la protección, sino breve y sumario pura y simplemente, la siguiente: (*Lee*): "Se acabaría con el ordenamiento procesal venezolano. De acuerdo con el Proyecto, el amparo procede siempre —dice la Procuraduría— excepto si la ley ofrece un medio procesal breve y sumario capaz de proteger el derecho. Entonces si una pretensión cualquiera en la que esté involucrado un derecho fundamental, lo que ocurre casi siempre —dice la Procuraduría—..." (Y en efecto es muy difícil por ejemplo, en materia contencioso-administrativa, que no se plantee la violación de un derecho constitucional) "no puede satisfacerse breve y sumariamente, puede utilizarse el amparo para obtener lo que se pide". Y concluye un poco apocalípticamente la Procuraduría —apocalipsis el cual no comparto totalmente— diciendo: "Ello haría inútil —dice— todas las vías comunes que establecen las leyes, tales como: El juicio de nulidad de actos administrativos, etc.".

Esto es particularmente grave en materia administrativa y creo que esto debe llamar la atención a los señores Senadores. ¿Qué se persigue con el amparo? Restablecer inmediatamente una situación jurídica infringida. Así nos lo dice el artículo 49 de la Constitución y lo dice el Artículo Primero del Proyecto de Ley que estamos considerando. ¿Qué se persigue con el recurso contencioso administrativo contra los actos administrativos? Lo dice la propia Constitución, artículo número 206: El Juez puede —y es la pretensión la que va a guiar la decisión del Juez— restablecer la situación jurídica infringida. Este es el objeto del juicio contencioso. No podemos soslayar esto.

De manera que si hay un acto administrativo envuelto, el problema del Proyecto se plantea en cuanto a la compatibilidad de las vías contencioso-administrativa y de amparo. Insisto, el problema no se plantea, las dudas que yo quiero traer a las Cámaras no se plantean, cuando estamos frente a una vía de hecha, una acción material —el Proyecto es inobjetable en este campo—; en cambio, el problema se plantea cuando estamos en presencia de un acto formal, de carácter administrativo, con todas las formalidades que tiene un acto administrativo de acuerdo a la Ley de Procedimientos Administrativos.

Si vamos a plantear una pretensión de amparo frente a un acto administrativo, necesariamente en algún momento tenemos que juzgar la legalidad o ilegalidad del acto. No se puede amparar dejando el acto incólume, porque se está rompiendo el orden jurídico; en definitiva hay que anular el acto para poder amparar efectivamente; no se puede restablecer la situación jurídica y dejar el acto administrativo como si no hubiera pasado nada. Por eso el artículo 206 de la Constitución habla de la nulidad del acto y del restablecimiento de las situaciones jurídicas infringidas.

Por tanto, tratándose de amparo contra acto administrativo, no podemos obviar el principio de que el Juez de Amparo, en primer lugar, tiene que ser el Juez Contencioso-Administrativo, no el Juez de Primera Instancia. Ha costado mucho en nuestro país desarrollar un sistema de control contencioso-administrativo, lo que ha ocurrido durante los últimos treinta o cuarenta años; no tiremos esa experiencia por la borda, utilicémosla, aprovechémosla, hagamos del contencioso-administrativo un efectivo medio de amparo cuando la violación de un derecho constitucional provenga de un acto administrativo, pero no acabemos simplemente con el contencioso-administrativo, buscando establecer el amparo. Vayamos a la acción de ampara, incluso, frente a actos administrativos, pero cuando no sea efectivo el medio procesal contencioso-administrativo. Allí sí, el Proyecto sería inobjetable, pero de entrada no tenemos por qué poner de lado el sistema contencioso-administrativo.

Esto se plantea particularmente, donde no haya un Tribunal Contenciosa-Administrativo. En ese caso, si el sistema contencioso no es efectivo para la protección, entonces, se puede acudir a la acción de amparo. Pero donde sí es efectivo y existen dichos Tribunales, démosle al Juez Contencioso la potestad de amparar, o si se quiere, perfeccionémosle al Juez Contencioso, la potestad de amparar, porque esa la tiene en la actualidad, de manera que con el recurso de anulación se plantee la pretensión de amparo.

El problema de la relación entre el amparo y el Contencioso-Administrativo, no es nuevo; al contrario, se ha venido planteando desde hace años; basta recordar una expresión que utilizaba el doctor Ramón Escovar Salom en el año 1971, en un libro suyo que se intitula *El Juicio de Amparo:* "Que habría que concebir de modo más nítido y preciso la acción de amparo frente a la Administración, para aquellos casos en que pueda servir la vía contencioso-administrativa ordinaria y seguir esta vía, pudiera ocasionar daños irreparables". Es decir, cuando la vía contencioso-administrativa ordinaria no sea efectiva para la protección, entonces, el instituto del amparo debería proceder. Y señalaba: "El instituto del amparo y el instrumento Contencioso-Administrativa deben por tanto ser complementarios". Si se logra la protección y es suficiente por la vía contencioso-administrativa, el Juez de Amparo debe ser el Juez Contencioso Administrativo. Si no es suficiente o no es posible, entonces el instituto de amparo, como acción, tal coma está en el Proyecto de Ley, es la vía adecuada.

Lo dicho, plantea la necesidad y es otra propuesta de carácter general que formulo, de conciliar el Recurso Contencioso-Administrativo con la acción de amparo y hacer que, efectivamente, la vía contenciosa, sea un medio de amparo. La vía contencioso-administrativa, de acuerdo a la Constitución, sirve para el restablecimiento de las situaciones jurídicas infringidas por los actos administrativos —así lo dice el Texto Constitucional— y el instrumento para hacer efectivo ese restablecimiento inmediato de la situación jurídica infringida, es lo que se denomina "la suspensión de efectos de los actos administrativos". Lo que tenemos es que, para que sean efectivos los medios de amparo, agilizar ese mecanismo y perfeccionarlo.

La propia jurisprudencia que se ha venido desarrollando, ha venido delineando este mecanismo de la suspensión de efectos de los actos administrativos, como un efectivo medio de amparo. En efecto, en una sentencia del año 1985, la Corte Primera de lo Contencioso Administrativo, al hablar de la suspensión judicial de los efectos de los actos administrativos, decía: "En virtud de su carácter de incidencia breve y sumaria y no contenciosa, la medida de suspensión jurisdiccional de los efectos de los actos administrativos —dice— participa de la naturaleza de la acción de garantía y amparo de los derechos ciudadanos, y por ello los Jueces de lo Contencioso Administrativo también tienen las funciones de protegerlos y por tanto, dentro de su competencia, asumen estos Jueces la de velar por la protección de aquellas garantías fundamentales. De modo que si no se acuerda dicha medida oportunamente, la de la suspensión de efectos y con sumariedad, se desvirtuarían los fines de protección y de amparo ciudadano que también tienen los recursos de anulación, frente a los actos administrativos".

En esta forma, la suspensión de efectos en vía administrativa, es el instrumento de amparo para el restablecimiento inmediato de una situación jurídica infringida. No acabemos con esta institución, perfeccionémosla, permitamos que el Juez Contencioso, efectivamente, sea un Juez de Amparo; y si no puede efectivamente serlo, por alguna razón, entonces, que proceda la acción de amparo que está en el Proyecta de Ley, pero no sustituyamos una por la otra. Hagamos —insisto— del contencioso-administrativo un efectivo medio de amparo. De lo contrario, si se aprueba el Proyecto de la Ley tal como está, en materia contenciosa se plantearía lo que la propia Corte Primera de lo Contencioso Administrativo, en otra sentencia precedente del 26 de enero de 1984, señalaba, y que voy a comentar con la venia del Presidente. (*Asentimiento*). Dice: (*Lee*): "Cuando frente a una determinada actuación de la Administración se prevea un medio específico para controlar la inconstitucionalidad o ilegalidad, para obtener el restablecimiento de un derecho a garantía violado, la acción de amparo —dice— es inadmisible, porque aparte de los efectos que se aspira conseguir con el Recurso de Amparo, es posible obtenerlos por las medios específicos de impugnación, la aceptación general e ilimitada de tal acción haría inútil e inoperante los remedios jurídicos y judiciales que la Constitución y la Ley prevén oportunamente, y tal sucede —dice la Corte— precisamente con los recursos contencioso-administrativa de anulación, que de admitirse la acción de amparo sin que el recurrente haya ejercido tales medios, se eliminaría de un solo golpe todo el sistema de control de la legalidad contemplado en el ordenamiento jurídico venezolano". Y la Corte pregunta: "¿De qué serviría mantener los recursos de la jurisdicción contencioso-administrativa, si los particulares pudieran intentar directamente la acción de amparo frente a los actos administrativos y no recurrir a la vía contenciosa, para lograr el amparo?".

Este es el problema concreto que tenemos por delante y que creo debe ser considerado por la Cámara. El amparo, como acción autónoma, tal como lo regula el Proyecto que está en consideración, debería seguir siendo un medio subsidiario. Si no hay un medio ordinario o como están funcionando no son suficientes para proteger el derecho constitucional, debe acudirse a la acción de amparo, pero no debemos regular una acción de amparo que sustituya de un golpe todos los medios jurídicos, sino todo lo contrario —insisto—; perfeccionar los existentes, que sigan siendo medios efectivos, y si no lo son, que lo sean, y si llegan a serlo, que proceda la acción de amparo

En definitiva lo que se persigue con estas ideas, es ampliar un poco más la protección y, como lo decía al inicio, hacer más democrático el Proyecto para que sirva aún más de protección de los derechos que lo que está previsto en el mismo"[970].

A raíz de los anteriores planteamientos, los artículos 3, 4 y 5 del Proyecto fueron modificados por el Senado, en particular al preverse expresamente en el artículo 3° que la acción popular de inconstitucionalidad de las leyes y actos normativos también puede ser una vía judicial de amparo; y en el artículo 5°, que el recurso contencioso-administrativo de anulación contra los actos administrativos y contra las conductas omisivas de la Administración, también puede ser una vía judicial de amparo, y hasta cierto punto, en las localidades donde funcionen tribunales contencioso-administrativos, debe ser la vía judicial de amparo.

Todos estos problemas de conciliación de la acción de amparo con las otras acciones de nulidad de actos estatales, por supuesto, tienen relación con el carácter subsidiario que se atribuía a la acción de amparo antes de la sanción de la nueva Ley, y que continúa teniendo con posterioridad.

B. *La "matización" del carácter subsidiario, en general, de la acción de amparo*

Hemos señalado que el carácter *subsidiario* de la acción autónoma de amparo significa que sólo procede si no existen otras vías procesales que garanticen la protección constitucional o si las que existen no garantizan efectivamente dicha protección[971].

Este carácter subsidiario de la acción de amparo, como antes se señaló, lo resumió la Sala Político-Administrativa de la Corte Suprema de Justicia en la sentencia del 6 de agosto de 1987, dictada con ocasión de revocar la decisión del Tribunal Superior Sexto de lo Contencioso-Tributario de 13 de mayo de 1987, relativo al *Caso Registro Automotor Permanente* (*RAP*), al señalar dentro de "los elementos constitutivos del derecho y de la acción de amparo", el siguiente:

> "Que el amparo es un remedio extraordinario, que sólo procede cuando se hayan agotado, no existan, o sean inoperantes otras vías procesales que permitan la reparación del daño"[972].

A pesar de que posteriormente se sancionó la Ley Orgánica de Amparo, ello no ha cambiado el carácter de subsidiariedad que atribuimos, no al amparo, sino a la acción autónoma de amparo, que estimábamos procedía siempre que no se hubieran establecido legalmente acciones y recursos mediante un procedimiento breve y sumario con poderes para el juez de amparar derechos fundamentales y restablecer inmediatamente la situación jurídica infringida, o que las existentes no fueron adecuadas para tal fin.

Este carácter subsidiario, se insiste, no es del derecho de amparo, sino de uno de los medios adjetivos que permite su actualización: la acción autónoma de amparo, y que implica que ésta sólo puede ejercerse cuando las vías procesales ordinarias que

---

970 *V., Diario de Debates,* Senado, sesión del 19-11-87.

971 *V.,* Allan B. Brewer-Carías, *Estado de Derecho y Control Judicial, cit.,* pp. 628 y ss.

972 *V.,* en *Revista de Derecho Público,* N° 31, EJV, Caracas, 1987, pp. 83 y ss.

existen no sean suficientes para ello. La subsidiariedad derivaba, por tanto, del hecho de que la acción autónoma de amparo no era ni es el único medio adjetivo para ejercer el derecho de amparo, sino que éste podía y puede ejercerse a través de otros medios o recursos que establece el ordenamiento jurídico.

Lo subsidiario, procesalmente, por tanto, no es lo mismo que extraordinario: un medio procesal extraordinario, sólo procede cuando se han agotado previamente los medios ordinarios, y es evidente que en este sentido, el derecho de amparo o el amparo pura y simplemente no pueden tener carácter de remedio extraordinario. Como hemos dicho, el derecho de amparo se puede actualizar a través de muchos medios ordinarios, por lo que se estimaba que la acción autónoma de amparo sólo se debía ejercer si los medios ordinarios previstos en el ordenamiento no existían o no eran suficientes para garantizar el derecho. De ello se derivaba que en realidad, a pesar de que se consideraba a la acción autónoma de amparo como de carácter subsidiario, la misma en realidad era y es un medio ordinario de protección de los derechos fundamentales.

Por ello creemos que en realidad, cuando la sentencia comentada y la jurisprudencia hablaban del "amparo como un remedio extraordinario que sólo procede cuando se hayan agotado... otras vías procesales" estaba incurriendo en una impropiedad jurídica, pues eso no era lo que en realidad se había decidido.

En efecto, en la sentencia antes señalada, la Sala Político-Administrativa, al comentar la sentencia del Tribunal Superior Contencioso-Tributario que revocó, y que había declarado que "todos los propietarios de vehículos automotores... no están obligados a pagar contribuciones por concepto de registro de vehículos de motor", señaló que dicha decisión virtualmente dejaba "sin efecto" un acto administrativo de efectos generales dictado por el Ministerio de Transporte y Comunicaciones, con carácter *erga omnes*. Ello, consideró la Corte, constituía una "extralimitación de atribuciones, ya que el único órgano jurisdiccional en Venezuela constitucionalmente investido del poder de anular los actos de efectos generales del Poder Público es la Corte Suprema de Justicia en Pleno (por inconstitucionalidad) y esta Sala Político-Administrativa cuando sean tachados de ilegalidad y emanen del Ejecutivo Nacional".

El alegato de los apelantes en el caso concreto era que no procedía la acción autónoma de amparo cuando existía un "recurso paralelo", en este caso, el recurso de nulidad.

Sin embargo, frente a ello la Sala decidió que:

> "el amparo contemplado en el artículo 49 de la Constitución *si cabe como acción autónoma, a pesar de la existencia de los recursos de nulidad por inconstitucionalidad o ilegalidad,* pero para que sea procedente y no colida con los presupuestos de los recursos de anulación que conducen a la declaratoria de nulidad del acto cuestionado, la acción de amparo está sometida a específicos requisitos y opera dentro de ciertos parámetros".

Estos los analizó la Sala en la forma siguiente:

> "En el capítulo anterior la Corte dejó establecido que la acción de amparo resulta improcedente cuando existan medios procesales que permitan obtener los mismos efectos perseguidos por el amparo solicitado. Pero, tiene razón el

actor Torres-Rivero cuando afirma que de acogerse el criterio de que el amparo no cabe cuando haya acción de nulidad por inconstitucionalidad o ilegalidad, se haría nugatorio el amparo y las personas quedarían desprotegidas de todo cuanto hagan los Poderes del Estado atentando contra el orden jurídico constitucional y legal, constituyendo el amparo la única vía para remediar rápidamente los daños y perjuicios que se verifiquen en base al acto cuestionado. En efecto, de aplicarse el principio de la extraordinariedad de la acción de amparo en forma absoluta, sería letra muerta *el derecho al amparo* consagrado por el constituyente, pues es difícil concebir una situación fáctica que no tenga un medio procesal ordinario de impugnación previsto en el ordenamiento jurídico".

Es precisamente por esta circunstancia y en aras de atenuar el rigor de tal principio, que la jurisprudencia se ha encargado de aclarar que:

> "...cuando los medios ordinarios que existen contra los actos inconstitucionales o ilegales *sean insuficientes* para reparar el perjuicio, o *no idóneos* para evitar el daño o la lesión causada por tales actos, la acción autónoma de amparo entonces resulta procedente. Y si a esta idoneidad e insuficiencia se agrega la incertidumbre en que se coloca al interesado, respecto al ejercicio de un derecho, por la no operatividad inmediata del recurso ordinario o normal contra el acto ilegal, está plenamente justificado el amparo como pretensión procesal autónoma, que busca precisamente la protección judicial para que se evite un daño existente, o se impida uno ciertamente inminente e irreparable" (CPCA, 20-2-1936)".

La propia doctrina de la Procuraduría General de la República, recogida en la sentencia recurrida, participa de similar parecer, cuando afirma que:

> "...solamente se podrá utilizar la acción de amparo cuando el acto administrativo infrinja inmediata y directamente un derecho garantizado por la Constitución; cuando se trate de un acto o hecho arbitrario, manifiesto e inequívoco, que cause un gravamen «inmediato o irreparable, que torne inoperante el recurrir por otra vía, sea administrativa o jurisdiccional".

Conforme a lo anterior, para que sea dable la concesión de un mandamiento de amparo, el juez que conoce de la solicitud respectiva debe concretar su examen a la verificación de los siguientes aspectos:

"1. Que la situación jurídica infringida por el acto, hecho u omisión de la autoridad pública o del particular, sea violatoria en forma directa, manifiesta e incontestable de un derecho o garantía constitucionalmente tutelado:
2. Que no exista para el restablecimiento de esa situación jurídica lesionada ningún otro medio procesal ordinario adecuado; y
3. Que la lesión o el derecho o garantía afectados sean de tal naturaleza que no podrían ser reparados mediante la utilización de ese medio procesal".

Luego, en las conclusiones del fallo, la Sala puntualizó para revocar la decisión del Tribunal Superior de lo Contencioso-Tributario:

"4. Que la acción de amparo propuesta por el Dr. A.L.T.R. y los adherentes, era improcedente en el presente caso, por existir en nuestro ordenamiento jurídico un medio procesal ordinario a través del cual se puede lograr el resultado que con ella se pretendía: la acción de nulidad contra los actos de la autoridad pública que se consideran violatorios de derechos o garantías tutelados por la Constitución.

5. Que, en el caso de autos, la solicitud de amparo no podía sustentarse ni acordarse en base a la consideración de que ese medio jurisdiccional ordinario *resultaba inoperante* por implicar un procedimiento largo y tardío, pues existe previsión legislativa que contempla tratamiento procedimental abreviado en los juicios de nulidad que se reputen de urgente naturaleza"[973].

De lo anterior resulta, por tanto, que en realidad, a pesar de que la Sala empleó el término "extraordinario", lo que había resuelto definitivamente, era el *carácter subsidiario* de la acción autónoma de amparo, lo cual, por otra parte, y como se ha señalado, estaba en la tradición jurisprudencial venezolana, particularmente en materia de amparo contra actos administrativos, de manera que éste sólo procedía para proteger el goce y ejercicio de derechos constitucionales, cuando no existían otras vías judiciales a través de las cuales pudiera obtenerse la protección necesaria y el restablecimiento de los derechos subjetivos lesionados, criterio que habíamos considerado de particular importancia en materia contencioso-administrativa y de amparo frente a los actos administrativos. De ello resultaba, por supuesto, no que se negara la acción de amparo constitucional contra los actos administrativos, sino que frente a éstos, el recurso contencioso-administrativo de anulación podía ser el medio judicial de amparo constitucional.

Por ello, el criterio de la Corte Primera de lo Contencioso Administrativo, desarrollado en la Sentencia de 25 de enero de 1984, en la cual planteó lo siguiente:

> "En efecto, cuando frente a determinada actuación de la Administración se prevea un medio específico para controlar su inconstitucionalidad o ilegalidad, para obtener el restablecimiento de un derecho o garantía violado, la acción de amparo es inadmisible, porque aparte de que los efectos que se aspira a conseguir con el recurso de amparo es posible obtenerlos con el medio específico de impugnación, la aceptación general ilimitada de tal acción haría inútil e inoperante los remedios jurídicos y judiciales que la Constitución y las leyes prevén ordinariamente. Tal sucede con los recursos administrativos, la acción de inconstitucionalidad y los recursos contencioso-administrativos de anulación que, de admitirse la acción de amparo, sin que el recurrente haya ejercido tales medios de impugnación, se eliminaría de un solo golpe todo el sistema de control de la legalidad contemplado en el ordenamiento jurídico venezolano. En efecto, ¿de qué serviría seguir manteniendo los recursos administrativos y la jurisdicción contencioso-administrativa, si los particulares pudieran intentar directamente la acción de amparo frente a los actos administrativos? ¿Para qué continuar regulando los recursos administrativos y las acciones de nulidad por inconstitucionalidad e ilegalidad de los actos de los poderes públicos y la tramitación de los juicios de tales acciones, si su anulación pudiera obtenerse principalmente por la vía del amparo? La consagración absoluta e ilimitada del ampa-

973 *Idem*

ro sacudiría los cimientos mismos del sistema jurídico del país, que ha causado estado, ya no habría seguridad y certeza alguna, ni mucho menos estabilidad. Piénsese en aquellos procedimientos como el de despidos injustificados o de protección a la inamovilidad laboral, si después de acordado un reenganche por una Comisión Tripartita o por un Inspector del Trabajo, en lugar de ejercer la apelación ante la Comisión de Segunda Instancia o ante el Ministerio del Trabajo, el patrono acudiera directamente ante esta Corte por la vía del amparo constitucional a solicitar su anulación. Además de la indefensión que se causaría al beneficiado con el reenganche, se estarían eliminando instancias ordinarias y los trámites normales que deben seguir los órganos naturales para revisar las actuaciones de sus subalternos y sus propias decisiones, creándose como regla general un régimen de excepción en materia jurisdiccional, representado por un juicio breve y sumario y por una acción extraordinaria.

Pero por otra parte, la consagración ilimitada y absoluta de la acción de amparo, convertiría a los Tribunales en órganos ordinarios de la actividad y actuación administrativa, es decir, en órganos de alzada, al que constantemente acudirían los particulares para que se les restablecieran sus derechos, perdiéndose de este modo uno de los fundamentos del principio de la legalidad administrativa cual es la potestad o poder de autocontrol, de la propia Administración y, en concreto, de su facultad de revisión de la actividad de los órganos administrativos. Tal potestad y facultad, además de inútiles, serían innecesarias y terminarían siendo erradicadas del ordenamiento. De este modo operaría en la práctica una derogación de la Ley Orgánica de la Corte Suprema de Justicia, en lo atinente a la jurisdicción contencioso-administrativa, trastocándose el régimen normal y ordinario de los procedimientos administrativos y de los juicios de nulidad, de un modo tal que lo corriente sería entonces los juicios sumarios y los jueces se convertirían en jueces de excepción y no en jueces naturales.

Por las razones anteriores, la propia jurisprudencia de la Corte Suprema de Justicia ha consagrado el carácter extraordinario de la acción de amparo, cuando en sentencia de su Sala Político-Administrativa de fecha 26-04-71, asentó que, calificada de acto administrativo determinada medida de una autoridad, "es obvio que el interesado puede recurrir ante la Corte si considera que el acto es nulo por inconstitucionalidad o ilegalidad" y que, por lo tanto, los Tribunales "no pueden conocer de recursos de amparo contra tales actos" (*Gaceta Oficial* N° 1.478 Extraordinario de 16-07-71). Además, en sentencia de fecha 14 de diciembre de 1970, cuyos fundamentos se reproducen en el Acuerdo con fuerza obligatoria dictado por la Sala Político-Administrativa, en fecha 24 de abril de 1972, el máximo Tribunal señaló que constituye grave extralimitación de atribuciones de los Tribunales el que éstos sustancien y decidan, por el procedimiento breve y sumario del amparo, la inconstitucionalidad e ilegalidad de los actos administrativos. Esto significa, agrega esta Corte, que sólo por la vía de los recursos de anulación pueden los Tribunales Contencioso-Administrativos anular tales actos y restablecer las situaciones jurídicas lesionadas, conforme lo ordena el artículo 206 de la Constitución y no por la vía de la acción constitucional a que se contrae el artículo 49 del mismo texto constitucional. En consecuencia, como lo estableció el máximo Tribunal, en la citada sentencia da su Sala Político-Administrativa de fecha 14 de diciembre de 1970: "Pero el derecho de obtener la actuación de los Tribunales mediante las acciones o recursos

> que establece la ley, debe ser ejercido con arreglo a las disposiciones de ésta, pues aunque todas las Cortes y Juzgados de la República están investidos de jurisdicción, su competencia y actuación está limitada a determinados casos y regulada por procedimientos que varían de acuerdo con la naturaleza de la acción y que, en su conjunto, constituyen la garantía procesal por excelencia del derecho de defensa que la Constitución consagra" En razón de ello, "el derecho de utilizar los órganos de la administración de justicia para la defensa de sus derechos e intereses", debe necesariamente ser ejercido por todos "en los términos y condicionas establecidos por la Ley" (artículo 68 ejusdem), o lo que es lo mismo, en los Tribunales, en las oportunidades y conforme al modo de proceder instituido en cada caso por el legislador".

En congruencia con lo expuesto, no puede esta Corte, por la vía del amparo, revocar o anular la medida dictada por el Consejo de Facultad de Ciencias Jurídicas y Políticas, por tratarse de un acto administrativo frente al cual el interesado disponía de los recursos administrativos y de las acciones de nulidad, siendo por esta razón improcedente la acción de amparo frente a la decisión dictada por dicho Consejo de fecha 14 de septiembre de 1983, y que le fuera comunicada al accionante en fecha 19 del mismo mes y año. En efecto, siendo como es el recurso de amparo una acción no prevista en el ordenamiento constitucional de nuestro país como un medio sustitutivo de control de la legalidad de los actos administrativos por la vía de los recursos administrativos o por la vía del contencioso-administrativa, la acción de amparo en contra de la citada medida resulta improcedente, y así se declara[974].

Conforme a lo anterior, y existiendo frente a los actos administrativos los recursos contencioso-administrativos de anulación, se entiende por qué la propia Corte Primera de lo Contencioso Administrativo en sentencias de 1982 consideró en concreto, la decisión de suspensión de los efectos de los actos administrativos conforme al artículo 136 de la Ley Orgánica de la Corte Suprema de Justicia, como "el ejercicio de un recurso de amparo contra una actuación de la Administración cuya ilegalidad es discutida por el administrado"[975].

C. *La tesis de procedencia de la acción autónoma de amparo contra actos administrativos en caso de insuficiencia de la vía contencioso administrativa*

Sin embargo, en casos excepcionales que el juez contencioso-administrativo debe apreciar, si el recurso "contencioso-administrativo resulta insuficiente o no constituya un medio lo suficientemente rápido y reparador"[976], el mismo juez contencioso-administrativo puede admitir la acción de amparo, como acción autónoma, pero en nuestro criterio, no para anular el acto administrativo que viole el derecho constitucional, sino para amparar la situación jurídica subjetiva lesionada. Este fue el criterio sostenido por la Corte Primera de lo Contencioso Administrativo en sentencia de 14 de agosto de 1985, en la cual frente a un acto administrativo de destitución de

---

974 *Revista de Derecho Público,* N° 17, EJV, Caracas, 1983, pp. 182-185.

975 *V.,* Sentencias de la Corte Primera de lo Contencioso-Administrativo de 27-5-82, 7-6-82 y 21-7-82 en *Revista de Derecho Público,* N° 11, EJV, Caracas 1982, pp. 170-172.

976 R. Escovar Salom, *El amparo en Venezuela,* Caracas, 1971, p. 76.

una funcionaria de una Asamblea Legislativa en estado de gravidez, la Corte admitió la procedencia de recurso de amparo temporal, en los siguientes términos:

> "... cuando los medios ordinarios no pueden reparar los posibles perjuicios causados por los efectos inmediatos de una actuación administrativa, tratándose de derechos constitucionales como en el presente caso, en el cual la recurrente solicitó el amparo para que se le garantizara la protección que le reconoce la Constitución por su estado de gravidez, si se espera a que finalice la vía administrativa, para que se extinga el acto que la afectó y luego que culmine el respectivo juicio contencioso-administrativo que declare su nulidad, no sería posible proteger derecho alguno derivado del embarazo, que por razones naturales y biológicas tiene un período determinado, en razón del tiempo transcurrido. Por esta causa, en casos como el presente, para la protección de la madre embarazada, es procedente solicitar un amparo constitucional *no para que se anule un acto* supuestamente ilegal, sino para que *hasta tanto se resuelva definitivamente acerca de la ilegalidad de la actuación administrativa impugnada,* se proteja la maternidad. En efecto, el medio ordinario en el caso presente, los recursos administrativos y dentro de ellos la suspensión en vía administrativa de la decisión cuestionada e inclusive la acción de nulidad, no podrán proteger el derecho constitucional reclamado por la recurrente, por cuanto el proceso de embarazo es un hecho biológico que no admite suspensiones o interrupciones, y mucho menos esperar, y por ello, aquellos recursos ya no pueden calificarse de ordinarios, porque no pueden reparar de inmediato el perjuicio que sufre una madre embarazada que es separada de su empleo"[977].

Por tanto, si bien el principio general de que el medio de amparo frente a actos administrativos es el recurso contencioso-administrativo, en casos como el indicado, cuando éste, como medio ordinario no puede dar la protección requerida, el juez debe admitir el amparo, no para anular el acto administrativo que viole el derecho, sino para proteger el mismo mientras se dilucida su ilegalidad. En el caso mencionado, el amparo o protección concedida a la funcionaria en estado de gravidez, dijo la Corte Primera "cesa al terminar el período post-natal" y en todo caso, "no produce cosa juzgada respecto a la validez o no del acto impugnado"[978].

Esta doctrina se recogió de nuevo por la Corte Primera de lo Contencioso Administrativo en sentencia de 13 de febrero de 1986, en la cual al ratificarse la doctrina de la sentencia citada de 14 de agosto de 1985, en el sentido de que si bien en principio, "el amparo es un recurso subsidiario que cede ante uno principal, y que por ello no puede constituir el medio normal de dilucidar controversias respecto a la legalidad de la actuación de los Poderes Públicos", ello no obsta para que se admita la procedencia de la acción autónoma de amparo ante "la insuficiencia de los medios principales, y la no posibilidad de restablecer la situación jurídica infringida de inmediato, como lo ordena el Constituyente, o sea, la eliminación de un daño inminente, actual, e irreparable". Incluso, dijo la Corte, "el agotamiento de todos los medios pertinentes sin que haya sido posible obtener la protección o el respeto de la garantía

---

977 Sentencia de 14-8-85 (Caso *D. Luna de Gutiérrez*). Este criterio ha sido ratificado por la misma Corte Primera en sentencias de 17-12-85 y 20-02-86. *V.*, en *Revista de Derecho Público,* N° 25, EJV, Caracas, 1986, pp. 117-122.

978 *Idem.*

o el derecho violado, a juicio de esta Corte, hacen procedente el amparo como medio de protección especial"[979].

Toda esta doctrina de la subsidiaridad de la acción de amparo fue incluso resumida por la propia Corte Primera de lo Contencioso Administrativo en sentencia de 20 de febrero de 1986, en la cual expuso lo siguiente:

> "De acuerdo a la sentencia de esta Corte de fecha 10-08-85, el carácter excepcional y residual del amparo como acción judicial especial, "sólo se atenúa en los casos en los cuales existe imposibilidad de obtener la satisfacción del derecho lesionado por las vías normales que el orden jurídico establece". Igualmente manifestó esta misma Corte en sentencia de fecha 17-12-85, que "si bien el amparo tiene naturaleza extraordinaria, sin embargo, ante la circunstancia específica que obliga a la protección inmediata del derecho lesionado cuya daño se transformaría en irreparable si no se le otorgase en tal forma la tutela, se admite su procedencia". Estas dos decisiones, y especialmente la última, precisaron la jurisprudencia de esta Corte que consagró el carácter *subsidiario* de dicha acción, en sentencia de fecha 17-01-85 y 26-09-85. Ahora bien, en esta oportunidad la Corte precisa aún más su doctrina respecto a la procedencia del amparo, en el sentido de aclarar que por el fin que persigue la Constitución en su artículo 49, de la inmediata protección de las garantías constitucionales, y en concreto de lograr el restablecimiento oportuno de las situaciones jurídicas infringidas, *cuando los medios ordinarios que existen contra los actos inconstitucionales o ilegales, sean insuficientes para reparar el perjuicio, o no idóneos para evitar el daño o la lesión causada, por tales actos, la acción autónoma de amparo, entonces resulta procedente.* Y si a esta inidoneidad o insuficiencia se agrega la incertidumbre en que se coloca al interesado respecto al ejercicio de un derecho, por la no operatividad inmediata del recurso ordinario o normal contra el acto ilegal, está plenamente justificado el amparo como pretensión procesal autónoma, que busca precisamente la protección judicial para que se evite un daño existente, o se impida uno ciertamente inminente o irreparable"[980].

Ahora bien, esta característica atribuida a la acción autónoma de amparo, de ser subsidiaria en el sentido de que sólo procede cuando no hay otra vía procesal que permitiera ejercer el derecho de amparo, es de particular importancia para configurar el recurso contencioso administrativo de anulación, también, como una vía judicial de amparo, como efecto lo es.

D. *La vía contencioso-administrativa de anulación como vía judicial de amparo y el régimen de la Ley Orgánica*

En efecto, de acuerdo a la doctrina jurisprudencial antes señalada, configurada antes de la entrada en vigencia de la Ley Orgánica de 1988, cuando la violación de un derecho constitucional la produce un acto administrativo, el derecho de amparo, previsto en el artículo 49 de la Constitución se debía ejercer a través del recurso con-

---

979 *V.*, sentencia de 13-2-86, caso *Federación Venezolana de Tiro, Revista de Derecho Público,* N° 25, EJV, Caracas, 1986, p. 114.

980 Sentencia de 20-2-86, caso *H. Romero Muci, Revista de Derecho Público* N° 25, EJV, Caracas, 1986, p. 122.

tencioso-administrativo de anulación, y no mediante la acción autónoma de amparo, que, como hemos señalado, se consideraba tenía carácter subsidiario. Sólo los órganos de la jurisdicción contencioso-administrativa tienen competencia jurisdiccional para declarar la nulidad de actos administrativos, por lo que sólo éstos pueden dar amparo definitivo a derechos fundamentales cuando resulten violados por actos administrativos pues ello tiene que implicar necesariamente, la declaración de nulidad del acto por inconstitucionalidad.

Tal como lo ha indicado la muchas veces citada sentencia de la Corte Primera de lo Contencioso Administrativo de 25 de enero de 1984,

> "cuando frente a determinada actuación de la Administración se prevea un medio específico para controlar su inconstitucionalidad o ilegalidad, para obtener el restablecimiento de un derecho o garantía violado, la acción de amparo es inadmisible, porque... los efectos que se aspiran conseguir con el recurso de amparo es posible obtenerlos con el medio específico de impugnación"[981].

Consecuencialmente, como la misma Corte Primera de lo Contencioso Administrativo lo indicó, en sentencia de 17 de enero de 1985, la procedencia de la acción autónoma de amparo,

> "solamente puede acordarse ante el supuesto concreto de la inexistencia de otros recursos administrativos o judiciales, ordinarios o especiales, que puedan alcanzar el fin perseguido con el amparo".

Por tanto, concluyó la Corte Primera en esta misma decisión:

> "por vía del recurso de amparo no se puede suspender ni revocar un acto administrativo, contra el cual la solicitante dispone de vías específicas para impugnarlos y de ser procedente puede lograr además la suspensión de sus efectos temporales"[982].

Por tanto, cuando la violación del derecho constitucional cuyo amparo se buscaba, la producía un acto administrativo, no procedía la acción autónoma de amparo sino que el medio judicial de amparo se consideraba que era, en principio, el recurso contencioso-administrativo de anulación, a través del cual, como lo señalaba la jurisprudencia, se podía lograr el mismo fin perseguido con una acción autónoma de amparo.

En efecto, cabe preguntarse: ¿Cuál es, en efecto, el fin perseguido con una acción de amparo? Por supuesto, como lo dice el artículo 49 de la Constitución, *el restablecimiento inmediato de la situación jurídica infringida,* para lo cual es necesario un procedimiento breve y sumario. Ahora bien, conforme al artículo 206 de la Constitución y 131 de la Ley Orgánica de la Corte Suprema de Justicia, los Tribunales contencioso-administrativos, a través del recurso de anulación tienen competencia, además de para anular el acto recurrido, para *restablecer la situación jurídica subjetiva lesionada* por la actividad administrativa, lo que es la misma finalidad del amparo cuando el acto recurrido viola un derecho constitucional. El juez puede, así, además de anular el acto, adoptar decisiones contentivas de mandatos de hacer o

---

981 *Revista de Derecho Público,* N° 17, EJV, Caracas, 1984, p. 183.

982 *Revista de Derecho Público,* N° 21, EJV, Caracas, 1985, p. 40.

deshacer o de no hacer (prohibiciones) dirigidas a la autoridad administrativa y, además, cuando sea posible, restablecer directamente el derecho infringido.

Ahora bien, la Ley Orgánica de Amparo, si bien ha precisado los contornos de la acción autónoma de amparo conforme a la doctrina jurisprudencial a la que hemos hecho referencia, sin embargo, hasta cierto punto conserva el carácter subsidiario de la acción de amparo autónoma contra violaciones a los derechos producidas por actos administrativos, cuando la protección pueda lograrse por la vía contencioso administrativa.

Es decir, cuando un acto administrativo produce la violación de un derecho fundamental, y el lesionado se encuentre en una localidad en la cual exista un Tribunal de la jurisdicción contencioso-administrativa, la acción de amparo debe ejercerse conjuntamente con el recurso contencioso-administrativo, por ser ésta, de acuerdo a la misma Ley Orgánica, un "medio procesal breve, sumario y eficaz, acorde con la protección constitucional" (Art. 5°), salvo que conforme al procedimiento aplicado al caso concreto, no sea efectivo para la protección constitucional solicitada.

En efecto, el artículo 5° de la Ley Orgánica establece como regla general que "la acción de amparo procede contra todo acto administrativo... que viole o amenace violar un derecho o garantía constitucionales, cuando no exista un medio procesal breve, sumario y eficaz, acorde con la protección constitucional", por lo que si tal medio existe, la acción autónoma de amparo no procede. Esto es, ni más ni menos, que la consagración formal del carácter subsidiario de la acción autónoma de amparo frente a los actos administrativos, para el caso de que el recurso contencioso administrativo de anulación contra los mismos pueda servir de "medio procesal breve, sumario y eficaz, acorde con la protección constitucional".

¿Y cuándo sucede ésto? En principio, cuando en la localidad exista un Tribunal con competencia contencioso-administrativa. Así, el artículo 5° de la Ley Orgánica señala que la acción de amparo puede ejercerse conjuntamente con el recurso contencioso-administrativo de anulación de actos administrativos, en cuyo caso el juez contencioso administrativo debe proceder en forma breve, sumaria, efectiva y conforme al procedimiento previsto en la Ley Orgánica, y si lo juzga procedente para la protección constitucional, debe suspender los efectos del acto recurrido como garantía de dicho derecho constitucional violado, mientras dure el juicio de nulidad.

En esta forma, como el derecho de amparo requiere la inmediatez en la protección, para lo cual un procedimiento breve y sumario es necesario, cuando se ejerza la acción de amparo conjuntamente con el recurso contencioso-administrativo, ella está prevista en el procedimiento contencioso-administrativo, con los poderes del juez para suspender los efectos del acto administrativo violatorio de un derecho constitucional, *in limine litis,* lo que implica el restablecimiento inmediato del derecho vulnerado, sin perjuicio de que el juicio de nulidad del acto administrativo continúe en sus etapas ordinarias[983].

---

[983] No existe, por tanto contradicción alguna entre el carácter del recurso contencioso-administrativo como vía judicial de amparo contra actos administrativos y el necesario carácter de breve y sumario del procedimiento de amparo previsto en el artículo 49 de la Constitución, como lo sugiere H. Rondón de Sansó al formular críticas a nuestro criterio. *V.,* "El amparo constitucional en Venezuela". *Revista, de Derecho Público,* N° 26 EJV, Caracas, 1986.

La propia Corte Primera de lo Contencioso Administrativo, en varias decisiones de 1982 había reconocido en la posibilidad de suspensión de los efectos de los actos administrativos recurridos en vía contencioso-administrativa, una garantía similar al recurso de amparo[984], criterio que ratificó y amplió en sentencia de 27 de marzo de 1985, al señalar:

> "... en virtud de su carácter de incidencia breve, sumaria y no contenciosa, la medida de suspensión judicial de los actos administrativos participa de la naturaleza de las acciones de garantía y amparo de los derechos de los ciudadanos, y por ello, los jueces de lo contencioso-administrativo también tienen la función de protegerlos, y por tanto, dentro de su competencia asumen la de velar por la protección de aquellas garantías fundamentales, de modo que si no se acuerda dicha medida oportunamente y con sumariedad, se desvirtuarían los fines proteccionistas y de amparo ciudadano, que también tienen los recursos de anulación frente a los actos administrativos a los cuales se les imputa ilegalidad. También a través de estos actos pueden afectarse garantías constitucionales, y si no se prevé su restablecimiento provisional, mientras transcurre el juicio, durante el cual se va a determinar si en verdad deben o no anularse tales actos, la vigencia del Estado de Derecho se vería debilitada"[985].

Por supuesto, es claro que el amparo en ningún caso se reduce a la adopción de medidas cautelares o provisionales ni se agota con ellas. Lo mismo sucede en materia contencioso-administrativa de anulación y amparo: la suspensión de efectos del acto recurrido, si bien restablece de inmediato el derecho infringido, no agota el procedimiento, pues debe juzgarse la ilegalidad e ilegitimidad (nulidad) del acto recurrido. El juez contencioso-administrativo como juez, además, de amparo, en la definitiva deberá declarar la ilegitimidad e ilegalidad del acto recurrido y tomar las providencias necesarias para proteger los derechos amparados[986].

En todo caso, con las decisiones mencionadas de la Corte Primera de lo Contencioso Administrativo y las previsiones de la nueva Ley Orgánica, se confirma nuestro criterio de que el recurso contencioso administrativo de anulación *es* una vía judicial para el ejercicio del derecho de amparo previsto en el artículo 49 de la Constitución, cuando la violación del derecho constitucional cuyo amparo se busca la produce un acto administrativo, y existan Tribunales contencioso-administrativos en la localidad respectiva. Quedan a salvo, por supuesto, los casos en los cuales la protección del derecho constitucional no pueda ser amparado por la vía contencioso admi-

---

984 En sentencias de 27-5-82, 21-7-82 la Corte Primera (Ponentes A. Quintana, y P. M. Reyes) había calificado la suspensión de efectos de los actos administrativos como "el ejercicio de un recurso de amparo contra una actuación de la Administración cuya ilegalidad es discutida por el Administrado". *V.*, en *Revista de Derecho Público,* N° 11, EJV, Caracas, 1982, pp. 170, 171 y 172.

985 Sentencia de 27-3-85 (*Caso B. Ramírez Monagas,* Ponente R. J. Duque Corredor), *Revista de Derecho Público,* N° 22, EJV, Caracas, 1985, pp. 179-181.

986 En ningún caso hemos entendido que en el contencioso-administrativo el amparo queda reducido a la suspensión de efectos, como lo sugiere H. Rondón de Sansó malinterpretando nuestra tesis. *V.*, "El amparo constitucional en Venezuela", *loc. cit.* En realidad, quien ha escrito sobre el tema indicando que "el amparo no tiene carácter de pronunciamiento de fondo" es H. Rondón de Sansó, en "Consideraciones generales sobre el Recurso de Amparo", *Revista de Derecho Público,* N° 21 EJV, Caracas, p. 63, aun cuando en el trabajo "El amparo constitucional en Venezuela", 1985, *loc. cit.,* rechaza su carácter sólo cautelar.

nistrativa, en cuyo caso se abriría la acción autónoma de amparo, pero sin que por dicha vía se puedan anular los actos administrativos.

En todo caso, para que pueda ser completamente efectiva la protección y amparo de derechos constitucionales por vía del recurso contencioso-administrativo de anulación, la Ley Orgánica ha previsto algunos correctivos en el procedimiento del mismo, por ejemplo, al ampliar la procedencia de la suspensión de efectos de los actos impugnados en forma más expedita, cuando se alegue violación de un derecho constitucional, es decir, la nulidad absoluta del acto recurrido; al eliminar el lapso de caducidad de seis (6) meses para la impugnación de los actos administrativos violatorios de derechos y garantías constitucionales que son nulos, de nulidad absoluta, conforme lo establece el artículo 46 de la Constitución: y al eximir al recurrente de la necesidad de agotamiento previo de la vía administrativa para ejercer el recurso de nulidad y amparo. En este sentido, el párrafo único del artículo 5° de la Ley Orgánica establece que:

> "Cuando se ejerza la acción de amparo contra actos administrativos conjuntamente con el recurso contencioso-administrativo de anulación que se fundamenta en la violación de un derecho constitucional, el ejercicio del recurso procederá en cualquier tiempo, aun después de transcurridos los lapsos de caducidad previstos en la ley; y no será necesario el agotamiento de la vía administrativa".

Por tanto, cuando se ejerza la acción de amparo contra actos administrativos, conjuntamente con el recurso contencioso-administrativo de anulación, no opera la causal de inadmisibilidad prevista en el ordinal 4° del artículo 6° de la Ley Orgánica en casos de "consentimiento expreso" cuando hubieran transcurrido seis (6) meses después de la violación o amenaza al derecho protegido.

Por tanto, en relación a la existencia del requisito legal del lapso de caducidad para la admisibilidad del recurso contencioso-administrativo de anulación, conforme a la Ley Orgánica, si se trata de actos administrativos nulos de nulidad absoluta, violatorios de derechos constitucionales, no puede haber caducidad del recurso contencioso administrativo por tratarse precisamente de una vía de amparo. Por tanto. el "recurso contencioso-administrativo de anulación y amparo" se podría intentar contra el acto administrativo inconstitucional y nulo en los términos del artículo 46 de la Constitución en cualquier tiempo. Sin embargo, en otros casos, como por ejemplo en materia de actos de trámite, que por no ser definitivos no son susceptibles de recursos contencioso-administrativos de anulación, si violan un derecho fundamental podrían ser objeto de una acción autónoma de amparo. En estos casos, por no ser definitivos, estos actos no serían recurribles en vía contencioso-administrativa, pero si son violatorios de derechos constitucionales contra ellos procedería la acción autónoma de amparo.

En definitiva, frente a los actos administrativos, el amparo de los derechos constitucionales se puede lograr a través del recurso contencioso-administrativo de anulación, que es un medio judicial de amparo, resultando inadmisible intentar contra ellos la acción autónoma de amparo, cuando exista un juez contencioso administrativo en la localidad, por ser la vía contencioso-administrativa de anulación y amparo, conforme a la propia Ley Orgánica, un medio procesal breve, sumario y eficaz, acorde con la protección constitucional. Si en relación al caso concreto, sin embargo, no lo es, entonces sí procedería la acción autónoma de amparo.

SECCIÓN TERCERA:

OBJETO Y MOTIVOS DEL AMPARO CONSTITUCIONAL

1. *El objeto de la protección constitucional: todos los derechos y garantías constitucionales*

Ahora bien, sea a través de vías judiciales preexistentes o mediante la acción autónoma de amparo, el derecho de amparo en la Constitución y en la Ley Orgánica está configurado para proteger el goce y ejercicio de *todos* los derechos y garantías que la Constitución establece. Por ello, en definitiva, el amparo se configura como una garantía fundamental de los derechos humanos y de los derechos constitucionales.

Por ello, el derecho de amparo corresponde a *todos* para proteger el goce y ejercicio de los derechos y garantías constitucionales y, por tanto, no sólo protege a los titulares de los mismos cuando se trate de personas naturales, sino también de dichos derechos cuando éstos se ejercen por personas morales. Es indudable que por la amplitud con la cual consagra el derecho de amparo el artículo 49 de la Constitución, la expresión "todo habitante" no la interpretó la jurisprudencia ni el Legislador como referida sólo a las personas naturales, sino que también se refiere, por supuesto, a todas las personas jurídicas, incluso las personas morales, pues además, los derechos que la Constitución establece no sólo son derechos de las personas naturales sino que muchos también se garantizan respecto de las personas morales[987]. Lo único que exige la Ley Orgánica para el logro de la protección en estos casos es que las personas morales estén domiciliadas en el país (Art. 1).

Pero, como hemos dicho, la acción de amparo se configura como un medio de protección del goce y ejercicio de *absolutamente todos* los derechos y garantías que la Constitución establece, y para corroborar esta afirmación basta recordar que el artículo 49 está ubicado en el Capítulo I que contiene las "Disposiciones Generales" del Título III, que se refiere a los "Deberes, Derechos y Garantías Constitucionales", teniendo en cuenta que posteriormente, en los cinco capítulos restantes, se regulan separadamente los deberes, los derechos individuales, los derechos sociales, los derechos económicos y los derechos políticos.

Por esta ubicación de la norma en las Disposiciones Generales citadas, la Ley Orgánica ha sido explícita al señalar que el derecho de amparo procede respeto de "el goce y el ejercicio de los derechos y garantías constitucionales, aun de aquellos derechos fundamentales de la persona humana que no figuren expresamente en la Constitución" (Art. 1).

Por tanto, no es posible sostener que en Venezuela el derecho de amparo se pueda traducir en un medio de protección sólo de ciertos derechos, sino al contrario, de todos los derechos y garantías que la Constitución establece.

---

987 *V.*, lo indicado por la Corte Primera de lo Contencioso-Administrativo en sentencias de 30-4-87, 24-4-88 y 28-7-88 en FUNEDA, 15 *años de Jurisprudencia de la Corte Primera de lo Contencioso-Administrativo, 1977-1992, Amparo Constitucional,* Caracas, 1994, pp. 141, 180 y 225.

No tiene aplicación en Venezuela, por tanto, el sistema restrictivo de la acción de amparo que lo prevé sólo para proteger ciertos derechos constitucionales que se llaman "fundamentales" quedando fuera de su ámbito todos los otros, como sucede en España, Alemania y algunos países latinoamericanos (Chile y Colombia)[988]. Al contrario, en Venezuela *todos* los derechos constitucionales pueden ser objeto de protección mediante la acción de amparo.

Esto llevó al legislador a considerar que mediante el derecho de amparo no sólo se protegen *todos* los derechos y garantías enumeradas en la Constitución, en los artículos 43 a 116, sino por supuesto, aquéllos que se establecen indirectamente en otras normas constitucionales. Por ejemplo, la garantía de que los entes públicos no les exijan a las personas naturales jurídicas el pago de impuestos y contribuciones que no se hayan establecido en ley formal, conforme al artículo 224 de la Constitución, y la garantía de que el Estado no establezca ni exija el pago de impuestos en servicio personal, consagrado en el artículo 225 de la Constitución.

Lamentablemente, sin embargo, y a pesar de que ni la Constitución ni la Ley establecen supuesto alguno de derechos constitucionales que podrían quedar fuera del ámbito de protección del amparo, la jurisprudencia ha sido en algunos casos innecesaria e inconvenientemente restrictiva.

Por ejemplo, en sentencia de la Corte Suprema de Justicia en Corte Plena del 21-3-88, al solicitarse protección constitucional contra la exigencia del pago de una contribución por renovar un registro de vehículos no previsto en la Ley de Tránsito, y por tanto, evidentemente violatorio de la garantía constitucional de la reserva legal, la Corte señaló:

> "Ahora bien, el amparo sólo procede —artículo 1 de la Ley de la materia— respecto al goce y ejercicio de los derechos y garantías constitucionales a que refiere el Título III de la Carta Fundamental y, además —artículo 3— cuando la violación o amenaza de violación deriven de una norma que colide con esos mismos derechos.
>
> A este respecto el artículo 224 de la Constitución no contiene una garantía constitucional en sentido estricto. . ."[989].

La Corte Suprema, en Sala Político-Administrativa recogió esta doctrina, en sentencia de 17-10-88 al indicar que:

> "De lo anterior se sigue, que no es finalidad del amparo acusar de inconstitucionalidad acto alguno emanado de autoridad u organismo público, sino cuando se invoque que se ha producido al mismo tiempo la violación expresa y directa de algunos de los derechos y garantías consagrados en el Título III de la Constitución (incluyendo los no contemplados expresamente, siempre que sean inherentes a la persona humana), por lo que quedan excluidos del ámbito de aplicación de la Ley cualesquiera otras infracciones a normas constitucionales no consagratorias de Derechos y Garantías"[990].

---

988 *V.*, Allan R. Brewer-Carías, *El amparo a los derechos y garantías constitucionales*, (*Una aproximación comparativa)*, Caracas, 1993, pp. 63 y sigts.

989 *V.*, en *Revista de Derecho Público,* N° 34, EJV, Caracas, 1988, p. 105.

990 *V.*, en *Revista de Derecho Público,* N° 36, EJV, Caracas, 1988, p. 91.

Esta doctrina, en nuestro criterio, es totalmente equivocada. Primero, porque el artículo 1° de la Ley Orgánica de Amparo no restringe el ejercicio de la protección constitucional a los derechos y garantías enumerados en el Título III de la Constitución. Ello es falso. En consecuencia, los derechos y garantías constitucionales no sólo se enumeran y consagran en dicho Título, sino en otras normas constitucionales. Segundo, el artículo 224 de la Constitución consagra la garantía constitucional de la reserva legal en materia tributaria, en el mismo sentido de la garantía constitucional de la reserva legal en materia de limitación a los derechos constitucionales y a la creación de penas y sanciones. En consecuencia, la violación de la reserva legal en materia tributaria es una violación de una garantía constitucional susceptible de protección mediante el amparo.

Lamentablemente, la tesis restrictiva de la consagración constitucional de derechos y garantías constitucionales se ha colado en varias sentencias de la Corte Suprema y de la Corte Primera de lo Contencioso Administrativo que vale la pena señalar, pues ello deriva en gran parte de la confusión en que ha incurrido la jurisprudencia entre derechos y garantías, negándose la protección a algunas de éstas, por no ser propiamente "derechos constitucionales".

En efecto, en primer lugar se destaca en relación al artículo 43 de la Constitución el argumento de la Corte Primera, en sentencia de 1-6-92, en el sentido de que:

> "En cuanto al artículo 43 *ejusdem,* cuya violación ha sido denunciada, esta Corte observa que se trata de una norma genérica que más que consagrar un derecho específico, lo que hace es establecer un principio general al que todos los ciudadanos tienen derecho sin más limitaciones que las derivadas del derecho ajeno o del orden público y social. No tiene, pues, por contenido, un derecho individual concreto susceptible de ser violado en sí mismo. Por el contrario, contiene un desideratum cuya cristalización dependerá de la estricta observancia y cabal respecto a los derechos concretos recogidos en el Capítulo III del texto constitucional"[991].

Ahora bien, no es cierto que el artículo 43 de la Constitución no consagre un derecho constitucional. Al contrario, contiene el derecho más fundamental, que es el derecho a la libertad, es decir, el derecho de todos a hacer lo que no perjudique a otro, de no estar obligado a hacer lo que la ley no ordene y de no ser impedido de ejecutar lo que ella no prohíba. El artículo 43 de la Constitución, al consagrar al derecho de todos al libre desenvolvimiento de la personalidad, como lo dice la Exposición de Motivos de la Constitución, lo que ha hecho es sustituir el tradicional enunciado de la libertad. Por tanto, dicha norma evidentemente que consagra un derecho constitucional -incluso el más importante- y además, las garantías constitucionales más importantes: el que las limitaciones a la libertad y a todos los derechos constitucionales sólo pueden establecerse cuando derivan del derecho de los demás y del orden público y social. Toda otra limitación a los derechos constitucionales que no responda a esos postulados, violaría la garantía esencial de la libertad.

En segundo lugar, se destaca la sentencia de la Corte Suprema en Sala Político Administrativa de 26-10-89, en la cual se indicó que el artículo 46 de la Constitución no consagra un derecho constitucional, no pudiendo ser invocado como funda-

---

991 *V.*, en FUNEDA, *15 años de Jurisprudencia*, *op. cit.*, p. 289.

mento para el ejercicio de una acción de amparo- De nuevo, aquí, la Corte confundió el derecho con la garantía. En efecto, en esa sentencia se señaló que:

> "La norma (Art. 46) no es contentiva de un derecho constitucional en sí, sino que constituye uno de los principios básicos del Estado de Derecho por el cual se establece la consecuencia que comporta la vulneración de derechos constitucionales por parte de un acto del Poder Público. En conclusión, dicha norma no puede ser invocada como fundamento de una acción de amparo, pues ella no constituye un derecho susceptible de ser lesionado sino la consecuencia misma, es decir, la responsabilidad derivada de la lesión a derechos constitucionales"[992].

Contrariamente a lo señalado por la Corte, el artículo 46 de la Constitución establece dos de las garantías constitucionales generales a todos los derechos constitucionales: la garantía objetiva de la nulidad de los actos violatorios de los derechos y garantías; y la garantía constitucional de la responsabilidad en que incurren quienes dicten o ejecuten actos violatorios de los derechos y garantías. Tratándose de garantías constitucionales las consagradas en dicha norma, es evidente que la misma sí puede ser invocada como fundamento de una acción de amparo constitucional, contra todo acto que pretenda negarlas o desconocerlas, es decir, por ejemplo, que consagre la irresponsabilidad de los funcionarios que violen los derechos constitucionales o declare la validez de los actos inconstitucionales. La Corte Primera de lo Contencioso Administrativo, en este sentido, y contrariamente a lo señalado por la Corte Suprema ha indicado que "es indudable que la violación de la norma (Art. 46) debidamente demostrada constituye un elemento de juicio que podrá coadyuvar en la irregularidad de la actuación administrativa como susceptible de la acción de amparo"[993].

En tercer lugar, en sentencia de 14-12-89, la Corte Suprema en Sala Político-Administrativa ha señalado que "el artículo 119 de la Constitución, que consagra la garantía objetiva de nulidad de los actos de autoridad usurpada, lo que incluye la propia garantía de la reserva legal (usurpación ejecutiva de la función legislativa), "no es una garantía constitucional, y por ende, su posible infracción no es causa para accionar por vía de amparo"[994].

La misma tesis la ha sostenido la Corte Suprema en relación al mismo artículo 119 de la Constitución, agregando el 118, al expresar en sentencia de 6-8-92, lo siguiente:

> "Estas normas fundamentales del régimen jurídico que la Constitución establece que son determinantes del llamado Estado de Derecho, no constituyen por sí mismas disposiciones creadoras de derechos y garantías, aun cuando su violación pueda indirectamente producir la lesión o lesiones en la esfera jurídica de los ciudadanos"[995].

---

992 *V.*, en *Revista de Derecho Público,* N° 40, EJV, Caracas, 1989, p. 109.

993 Sentencia de 6-5-91, en FUNEDA *15 años de Jurisprudencia, op. cit.*, p. 294.

994 *V.*, en *Revista de Derecho Público,* N° 41, EJV, Caracas, 1990, p. 101.

995 *V.*, en *Revista de Derecho Público,* N° 51, EJV, Caracas, 1992, pp. 152-153.

Como se dijo, si bien esas normas no consagran derechos, sí establecen garantías constitucionales, a la legalidad y a la nulidad de los dictados en usurpación; y las violaciones de las garantías también pueden dar lugar a la protección constitucional.

En cuarto lugar, en relación al artículo 117 de la Constitución, ha sido criterio de la Corte Primera el aplicar al procedimiento de amparo la norma del artículo 133 de la Ley Orgánica de la Corte Suprema de Justicia, que prohíbe invocar la infracción del artículo 117 de la Constitución como fundamento de una acción de nulidad, sino cuando otra disposición de la Constitución haya sido directamente infringida por el acto impugnado. Sobre ello, la Corte Primera ha señalado que:

> "Lo antes expuesto es perfectamente aplicable al procedimiento de amparo; es necesaria la infracción directa de una norma constitucional, distinta al artículo 117, para que sea procedente la acción, ya que tal precepto normativo consagró -en términos generales- el principio de la legalidad, siendo otras las disposiciones constitucionales, normativas que en forma concreta prevén los derechos y garantías constitucionales"[996] .

Esta doctrina también la ha sentado la Corte Suprema en Sala Político Administrativa, en la señalada sentencia de 6-8-92, en la cual indicó que dicha norma es de carácter organizativa, "por lo cual la misma no constituye por sí sola un derecho vulnerable mediante una medida sancionatoria"[997]. De nuevo en relación a esta norma del artículo 117 debemos señalar que consagra un principio esencial del Estado de Derecho, que es el principio de la legalidad, el cual es una garantía constitucional. Como tal, podría ser violable si se la desconoce expresamente, por ejemplo, con actuaciones por vías de hecho.

Ahora bien, al contrario de la orientación de la jurisprudencia antes indicada, el amparo está previsto en la Constitución como un derecho de protección de todos los derechos y garantías constitucionales, sin límites, incluso cuando éstos resultan de principios constitucionales. Así, por ejemplo, lo señaló la Corte Primera en sentencia de 7-5-90, al indicar:

> "El amparo constitucional es el medio directo, efectivo y sumario que el constituyente ha puesto en manos de los ciudadanos y de las corporaciones que los mismos integran, para que sean tutelados no sólo los derechos que ella les garantiza, sino también los principios que rigen el sistema jurídico, tales como el de la actuación democrática; el de la legítima representatividad y de la justicia misma"[998] .

De acuerdo a esta orientación, por tanto, poco importa donde estén ubicados dentro de la Constitución, los derechos o garantías constitucionales. Lo importante es que tengan rango constitucional.

Esto lo ha reconocido expresamente la Corte Primera de lo Contencioso Administrativo en sentencia de 25-6-93, al precisar que:

---

996 Sentencia de 6-9-90, *Revista de Derecho Público,* EJV, Caracas, N° 44, 1990, p. 142. En igual sentido CPCA 7-5-90, en *Revista de Derecho Público,* N° 42, EJV, Caracas, 1990, p. 112 y en FUNEDA, *15 años de Jurisprudencia, op. cit. p.* 393.

997 *V.*, en *Revista de Derecho Público,* N° 51, EJV, Caracas, 1992, p 152.

998 *V.*, en FUNEDA, 15 *años de Jurisprudencia, op. cit.*, p. 152.

"Ni todos los derechos constitucionales están contenidos en el Titulo III del Texto Fundamental, ni todas las disposiciones del susodicho título establecen derechos constitucionales. Por lo contrario, existen disposiciones del Título III de la Constitución que lo que establecen son las llamadas "determinaciones de fines del Estado"; por supuesto, estos fines del Estado están encaminados a la protección o facilitación del ejercicio de derechos constitucionales, pero sin *establecerlos*"[999].

Por ello en general, la jurisprudencia ha exigido que para que proceda el amparo, se exige la violación inmediata, directa y clara de un derecho o garantía constitucional o de rango constitucional[1000], como por supuesto, serían también los derechos inherentes a la persona humana[1001] conforme al artículo 50 de la Constitución.

En efecto, adicionalmente, el derecho de amparo previsto en el artículo 49 de la Constitución también se refiere a aquellos derechos fundamentales que no estén expresamente enunciados en normas constitucionales, pero que sean derechos inherentes a la persona humana y, en este sentido, adquiere todo su valor el texto del artículo 50 de la Constitución, que establece lo siguiente:

> *"Artículo 50.* La enunciación de los derechos y garantías contenidas en la Constitución no debe entenderse como negación de otros que, siendo inherentes a la persona humana, no figuren expresamente en ella.
>
> La falta de ley reglamentaria de estos derechos no menoscaba el ejercicio de los mismos".

Por tanto, la acción de amparo protege también todos estos derechos inherentes a la persona humana que no figuran expresamente en el texto, no siendo, por supuesto, necesaria una ley que reglamente estos derechos para que se pueda garantizar su ejercicio[1002]. Con motivo de este enunciado del artículo 50, por supuesto, adquiere una enorme importancia el elenco de los derechos del hombre que se enuncian en las Declaraciones Universales de los Derechos del Hombre e, incluso, en las Convenciones Internacionales formales que regulan los derechos humanos, como la Convención Americana de los Derechos Humanos o los Pactos Internacionales de los Derechos Civiles y Políticos, y Económicos y Sociales que, además, son ley de la República, porque han sido aprobados por leyes especiales por el Congreso[1003].

---

999 *V.*, en *Revista de Derecho Público,* Nos. 53-54, EJV, Caracas, 1993, p. 361.

1000 *V.*, por ejemplo, CPCA, sentencia de 22-1-88, *Revista de Derecho Público,* N° 33, EJV, Caracas, 1988, p. 109; CPCA, sentencia de 24-5-88, *Revista de Derecho Público,* N° 35, EJV, Caracas, 1988, p. 100; CPCA, 30-6-88, *Revista de Derecho Público,* N° 35, EJV, Caracas, 1988, p. 129; CPCA sentencia de 8-10-91, *Revista de Derecho Público,* N° 48, EJV, Caracas, 1991, p. 138; CSJ-SPA, sentencia de 9-5-88, *Revista de Derecho Público* N° 34, EJV, Caracas, 1988, pp. 105 y 116; sentencia de 26-10-89, *Revista de Derecho Público*, N° 40, EJV, Caracas, 1989, p. 109. *V.*, también CSJ-CP de 21-3-88, *Revista de Derecho Público,* N° 34, EJV, Caracas, 1988, p. 105; CSJ-SPA, 27-6-90, *Revista de Derecho Público* N° 43, EJV, Caracas, 1990 p. 92 CPCA, 15-9-92 y 16-9-92, *Revista de Derecho Público,* N° 51, EJV, Caracas, 1992, pp. 146 y 150.

1001 *V.*, CSJ-SPA sentencia de 5-10-89, *Revista de Derecho Público,* N° 40, EJV, Caracas, 1989, p. 108; CSJ-SPA, sentencia de 14-8-89, *Revista de Derecho Público*, N° 39, EJV, Caracas, 1989, p. 144.

1002 *V.*,, por ejemplo, sentencia CSJ-SPA de 5-10-89 en *Revista de Derecho Público,* N° 40, EJV, Caracas, 1989, p. 108.

1003 *V.*, en *Gaceta Oficial* N° 31.266 de 14-6-77 y N° 2.146 Extra. de 28-1-78.

Pero incluso, circunscribiéndose a los derechos enumerados de la Constitución, debemos insistir en que el amparo es un derecho a una vía judicial para proteger el goce y ejercicio de absolutamente todos esos derechos constitucionales, y esto hace también que se establezca una diferencia, debido a las peculiaridades de nuestro amparo, respecto a otras concepciones del amparo, particularmente en el mundo latinoamericano.

En efecto, si se analiza comparativamente la situación en América Latina se pueden identificar, en general, las siguientes concepciones: En primer lugar, la que identifica el amparo con el *hábeas corpus,* es decir, que identifica el amparo con la tutela judicial contra detenciones arbitrarias que conlleva siempre el mandamiento de exhibición personal. Esta, por ejemplo, ha sido la tradición jurídica en Chile. En segundo lugar, está el sistema que identifica el amparo como un medio de protección de todos los derechos, excluida la libertad personal, a la cual se otorga un medio de protección especial y diferente como es el recurso de *hábeas corpus.* Esta concepción, en efecto, distingue dos tipos de acciones, la acción de amparo y la acción de *hábeas corpus* y es, por ejemplo, la situación propia de la tradición argentina y brasileña. En tercer lugar, también se plantea el amparo como identificado con un medio de protección de todos los derechos y garantías que consagra la Constitución y ésta ha sido la tradición en Centroamérica, particularmente en Guatemala, Honduras y Nicaragua, lo que contrasta, por ejemplo, con la situación europea donde el amparo se establece realmente como un recurso para proteger sólo ciertos derechos[1004]. Esto sucede, por ejemplo, en España, donde la acción de amparo sólo está reservada para la protección de un grupo limitado de derechos constitucionales, equivalentes a lo que nuestra Constitución califica como "derechos individuales"[1005].

En Venezuela, hemos señalado, se concibe el amparo como un derecho a una vía judicial (acción o recurso) para proteger absolutamente todos los derechos y garantías constitucionales y, por supuesto, por tanto, no sólo los derechos individuales, sino también los derechos sociales, los derechos económicos y los derechos políticos que enuncia la Constitución. Por otra parte, al estar destinado el amparo a proteger todos los derechos y garantías enumerados en la Constitución, ello implica que el llamado derecho de hábeas corpus es parte del derecho de amparo o, si se quiere, una manifestación del derecho de amparo. En nuestro país, esto resultaba claro de la regulación que traía la Disposición Transitoria Quinta de la Constitución donde se afirmaba que "el amparo a la libertad personal, hasta tanto se dicta la ley especial que lo regule conforme al artículo 49, procederá de acuerdo con..." una serie de reglas procesales que allí se establecían, destinadas a proteger a los particulares respecto a la privación o restricción de su libertad con violación de las garantías constitucionales. Al hablar dicha Disposición Transitoria de "amparo a la libertad personal" y remitir al artículo 49, en definitiva, no afirmaba otra cosa que el derecho de amparo previsto en el artículo 49, también estaba destinado a amparar la libertad personal y que sólo, transitoriamente, se establecía un procedimiento específico en esta Disposición, pero sin que en Venezuela realmente se configurase un derecho de

1004 Allan R. Brewer-Carías, *Garantías constitucionales de los derechos del hombre,* Caracas 1976, pp. 69 y ss.

1005 Art. 53 Ord. 2, Constitución Española, 1978.

hábeas corpus distinto al derecho general de amparo, regulado en el artículo 49 de la Constitución.

Esto ha sido confirmado ahora expresamente en la Ley Orgánica al establecer en su artículo 1° que "La garantía de la libertad personal que regula el *hábeas corpus* constitucional, se regirá por esta ley"; y al destinar a ello los artículos 38 a 47 de la misma.

Por último, debe señalarse que si bien el derecho de amparo y la acción autónoma procede para proteger todos los derechos y garantías constitucionales, conforme al ordinal 7° del artículo 6 de la Ley Orgánica, la "suspensión" de las garantías en caso, por ejemplo, de estado de emergencia, haría inadmisible la protección judicial "salvo que el acto que se impugne no tenga relación con la especificación del Decreto de suspensión de las mismas".

Por tanto, en caso de suspensión de garantías constitucionales, conforme al artículo 241 de la Constitución, no puede ejercerse la acción de amparo respecto de la garantía suspendida, salvo que el acto contra el cual se solicita amparo, no tenga relación con la especificación que establezca el Decreto respectivo. En todo caso, es claro que las garantías a los derechos a la inviolabilidad de la vida (Art. 58), a no ser incomunicado ni sometido a tortura y a otros procedimientos que causen sufrimiento físico o moral (Art. 60, Ord. 3°), y a no ser condenado a penas perpetuas o infamantes o a penas restrictivas de la libertad personal que excedan de treinta años (Art. 60, Ord. 7°), no pueden ser suspendidas, por lo que siempre procede el amparo respecto de ellas.

Por otra parte, es de destacar que la "restricción" de las garantías constitucionales que pueda también dictar el Presidente de la República conforme al artículo 241 de la Constitución, por si sola, no afecta en forma alguna el ejercicio del derecho de amparo. Así sucedió, por ejemplo, respecto de la libertad económica (Art. 96) que se encontró restringida por treinta años, desde 1961 a 1991 y no por ello, se restringió el derecho de amparo y el ejercicio de la acción de amparo para garantizar su goce y ejercicio conforme a las normas que la regulan.

2. *La violación directa de los derechos y garantías constitucionales y el desarrollo legislativo de los mismos*

Como el amparo procede para la protección de todos los derechos y garantías constitucionales o de rango constitucional, incluso los inherentes a la persona humana no enumerados en el texto, la violación o amenaza de violación que se requiere para su procedencia es precisamente, del derecho o garantía constitucional, y no necesariamente de la Constitución; y dicha violación debe ser directa. En todo caso, violación directa de un derecho y garantía constitucional no es lo mismo que violación directa de una norma constitucional.

En efecto, de la propia expresión del artículo 49 de la Constitución se deriva que el objeto de la protección que concede la acción de amparo, es el goce y ejercicio de los derechos y garantías constitucionales frente a las violaciones o amenazas de violaciones de los mismos, por lo que no sólo procede la protección del goce y ejercicio de dichos derechos y garantías cuando pueda haber una violación *directa* de alguna norma constitucional, sino también, por supuesto, cuando haya violación de las normas legales que regulan el ejercicio y goce de dichos derechos. Por ello estimamos, que no tiene fundamento alguno en Venezuela pretender restringir el ejercicio de la acción de amparo, solamente cuando exista una violación directa de la Constitución[1006].

En efecto, no debe olvidarse que los derechos y garantías constitucionales en Venezuela no tienen una regulación uniforme y su consagración en la Constitución da origen a una efectividad diferente de dichos derechos y garantías[1007]. En efecto, en primer lugar pueden identificarse los "derechos absolutos" entre los cuales está el derecho a la vida; el derecho a no ser incomunicado; a no ser sometido a tortura o procedimiento que cause sufrimiento físico o moral, lo que no es otra cosa que el derecho a la integridad personal; y el derecho a no ser condenado a penas perpetuas o infamantes o restrictivas de la libertad personal por más de treinta años. Estos derechos enunciados en la propia Constitución están establecidos en tal forma en el Texto Fundamental, que puede decirse que son derechos que no son limitables ni regulables por el Legislador siquiera, y que además, son los únicos derechos cuyas garantías no pueden restringirse ni suspenderse por decisión ejecutiva con base en el poder atribuido al Presidente de la República, en caso de emergencia o de conmoción que pueda perturbar la paz de la República o en caso de graves circunstancias que afecten la vida económica y social (Art. 241). Salvo estos derechos absolutos, en cambio, todos los otros derechos y garantías tienen alguna limitación o regulación posible por el Legislador, y sus garantías pueden ser objeto de medidas de restricción o suspensión.

Un segundo tipo de la regulación de los derechos constitucionales, lo componen aquéllos cuyo ejercicio puede ser restringido o suspendido por el Presidente de la República, aun cuando en principio, no son limitables por el Legislador. Esto resulta de la enunciación constitucional, por ejemplo, respecto al derecho a la protección al honor, a la reputación y a la vida privada; a no prestar juramento ni declaración contra sí mismo; a no continuar detenido después de excarcelado; a no ser sancionado penalmente dos veces por el mismo delito; a la igualdad y a la no discriminación; a la libertad religiosa; a la libertad del pensamiento; el derecho de petición y a obtener una oportuna respuesta; el derecho a ser juzgado por sus jueces naturales; el derecho a la defensa; el derecho de reunión; el derecho a la protección de la salud; el derecho a la educación; el derecho al trabajo, y el derecho al sufragio.

Una categoría de derechos, derivada de su enunciación, sería la compuesta por aquellos derechos limitables por el Legislador, aun cuando en forma restringida. En esta categoría estarían, por ejemplo, el derecho del reo a que se le formulen cargos, "en la forma que indique la ley", antes de la condena; el derecho a la inviolabilidad

---

1006 La tesis ha sido expuesta en la sentencia de la Corte Suprema de Justicia en Sala Político-Administrativa de 28-10-83. *V.*, en *Revista de Derecho Público,* N° 16, EJV, Caracas, 1983, pp. 169-170. Véanse los comentarios del Magistrado Ponente de dicha sentencia, René De Sola, "Vida y Vicisitudes del Recurso de Amparo en Venezuela", *Revista del Instituto Venezolano de Derecho Social,* N° 47, Caracas, 1985, p. 58 (publicado también en *Revista SIC,* N° 472, Caracas, 1986, pp. 74 y ss.). Afortunadamente, la Corte Primera de lo Contencioso-Administrativo en sentencia de fecha 13 de febrero de 1986 ha definido la tesis contraria, que nosotros hemos propugnado, al señalar que "el amparo como acción especial, exige para su admisión y procedencia, que se requiera como protección frente a una violación de una norma constitucional, o legal, que desarrolle un derecho fundamental de progenie constitucional. De modo que el derecho que se dice infringido puede estar consagrado en una ley o en la Constitución" (Ponente: R. J. Duque Corredor). caso *Federación Venezolana de Tiro. V.*, en *Revista de Derecho Público,* N° 25, EJV, Caracas, 1986, pp. 114-117.

1007 *V.*, lo indicado en el Tomo IV.

del hogar doméstico, salvo los casos de allanamiento "de acuerdo con la ley y con las decisiones de los Tribunales"; el derecho a la inviolabilidad de la correspondencia, salvo los casos de inspección o fiscalización de documentos de contabilidad "de conformidad con la ley"; y el derecho al ejercicio de funciones públicas, sólo con las restricciones derivadas de las condiciones de aptitud "que exijan las leyes".

Una cuarta categoría de derechos permite identificar aquellos derechos limitables por el Legislador, en sentido amplio. Por ejemplo, entran dentro de esta categoría, el derecho a no ser detenido, salvo cuando es sorprendido *in fraganti y* mediante orden escrita "en los casos y con las formalidades previstas en la ley"; el derecho a no ser privado de la libertad por obligaciones cuyo incumplimiento no haya sido definido "por la ley como delito o falta"; el derecho a no ser sometido a reclutamiento forzoso o sometimiento forzoso al servicio militar, "sino en los términos pautados por la ley"; la libertad de tránsito, "sin más limitaciones que las que establezca la ley"; el ejercicio del culto, pero sometido a la inspección del Estado "de conformidad con la ley"; el derecho a la libertad económica "sin más limitaciones que las previstas en las leyes por razones de seguridad, sanidad y otras de interés social"; el derecho de propiedad pero sometido a las "contribuciones, restricciones y obligaciones que establezca la ley con fines de utilidad pública o interés social"; el derecho de asociarse en partidos políticos, de acuerdo a las regulaciones de la ley; el derecho de manifestar "sin otros requisitos que los que establezca la Ley".

En todos estos casos, el ejercicio del derecho queda, en realidad, sometido en definitiva, a lo que establezca el Legislador con una amplitud bastante considerable.

Por último, la quinta categoría de los derechos y garantías constitucionales la configuran aquéllos establecidos de tal manera que el ejercicio de los mismos, en definitiva, queda supeditado a una reglamentación legal[1008]. Por ejemplo entre estos derechos, estarían el de utilizar los órganos de la administración de justicia "en los términos y condiciones establecidos por la ley"; el de asociarse con fines lícitos "en conformidad con la ley"; el derecho a huelga, "dentro de las condiciones que fija la ley"; y en los servicios públicos "en los casos en que aquélla determine". En todos estos casos, la forma como regula la Constitución el derecho y la garantía, en realidad, hace que sea esencial la regulación legal para el propio ejercicio del derecho.

De esta clasificación de los derechos y garantías en estos cinco grupos, de acuerdo al Texto Constitucional, es evidente que no tiene sentido el señalar que el derecho de amparo y, en particular, la acción de amparo, procede sólo cuando se viola la Constitución en forma directa, pues muchos derechos no sólo tienen consagración constitucional, sino que por virtud de la propia Constitución, están sometidos en su ejercicio a las prescripciones y regulaciones que deba establecer el Legislador. Por tanto, el derecho de amparo también procede cuando la violación o amenaza de violación de un derecho o garantía constitucionales, implique una violación directa de las leyes que regulen el ejercicio y goce de los mismos.

Esta exigencia de violación directa de un derecho o garantía constitucional, independientemente de que el mismo esté regulado en normas de rango legal, ha sido un

---

1008 Es lo que se ha denominado por la jurisprudencia, derechos consagrados en "normas programáticas". *V.*, las sentencias de la Corte Suprema de Justicia en Corte Plena de 27-2-68 y 12-9-69 en *Gaceta Forense,* Nos. 64, 1969, pp. 21 y ss.; y 65, 1969, pp. 10 y ss. respectivamente.

tema tratado y precisado por la jurisprudencia desde antes de la sanción de la Ley Orgánica de Amparo de 1988.

En efecto, debe recordarse que si bien inicialmente, con la sentencia de la Corte Suprema de Justicia en Sala Político Administrativa de 20-10-83 (*Caso Andrés Velásquez*)[1009], se exigió que la violación directa fuera de una norma constitucional que no tuviera desarrollo legislativo, ello se cambió radicalmente, pues como lo dijo la Corte Primera de lo Contencioso Administrativo, en sentencia de 21-11-90:

> "Hoy en día mantener que el amparo sólo procede cuando se trata de la violación de una norma constitucional que no tiene desarrollo legislativo, significa negar en general la procedencia de este derecho". Por ello la Corte Primera se preguntaba: «¿Qué interpretación debe darse al carácter directo?»-, señalando que «para que exista violación directa», es necesario que se den las siguientes condiciones:
>
> "1) Obviamente que exista una norma constitucional consagratoria de un derecho o garantía, o que, sin que la misma esté presente, se trate sin embargo de los derechos inherentes a la persona humana o de los principios sustentadores del sistema jurídico (por ejemplo, obtener la ejecución del fallo).
>
> 2) Que si esta norma está desarrollada por la Ley, por mandato expreso o implícito de la Constitución, esta Ley no contemple como supuesto restrictivo la situación que se plantea en el caso *subjudice.*
>
> 3) Que el efecto principal querido por el acto o acción objeto del amparo, deba recaer necesariamente sobre el solicitante del mismo.
>
> 4) Que la lesión que se denuncia en el amparo sea producida por una actuación u omisión frontalmente contraria a la norma constitucional, por lo cual no se constituye el supuesto si se está ante una interpretación más o menos plausible de dicha norma.
>
> 5) Desarrollando el punto anterior, la violación directa implica el desconocimiento global, integral, absoluto, del derecho o garantía y no de lesiones parciales al mismo o que puedan graduarse.
>
> 6) La lesión directa impide que el acto que de ella derivara sea subsanado por un medio posteriormente empleado".
>
> Estas son las características fundamentales de la violación directa que, de estar presentes, en forma alguna impedirán que se denuncien como correlativamente violadas normas de menor rango, cualquiera que el mismo sea, pero que particularicen el contenido de la disposición constitucional"[1010].

Esta doctrina ya la había expuesto la misma Corte Primera en sentencia de 6-12-89, en la siguiente forma:

> "Igualmente se observa que el amparo se acuerda sólo por violación de las garantías y derechos constitucionales. Estas garantías y derechos bien pueden

---

1009 *V.*, en *Revista de Derecho Público,* Nº 16, EJV, Caracas, 1983, pp. 169-170.

1010 *V.*, en *Revista de Derecho Público,* Nº 44, EJV, Caracas, 1990, pp. 141 y 142.

estar recogidos en normas de menor rango, pero no son tales normas las que han de alegarse como conculcadas, sino deberá hacerse referencia al texto que les da origen, por cuanto el carácter extraordinario del amparo impide que se debatan a través del mismo, el cumplimiento o no de las regulaciones y condiciones establecidas en normas que no sean de rango constitucional, lo cual podrá ventilarse por la vía de las acciones ordinarias. De no ser así, la jurisdicción de amparo sería sustitutiva de cualquier otra y se justificarían las críticas y el temor que esta novísima institución ha planteado"[1011].

Por supuesto, y aunque el derecho o garantía constitucional pueda estar regulado y desarrollado en normas legales, la acción de amparo no puede fundamentarse en la sola violación de dichas normas legales. Como lo precisó la Corte Suprema en Sala Político Administrativa, en sentencia de 14-8-90, el amparo se acuerda sólo por violación directa e inmediata de garantías y derechos constitucionales; y:

> "Para ello se debe demostrar la lesión *sólo* de dichas normas, y no de otras de carácter infraconstitucional. En consecuencia, la acción de amparo, siempre de índole *constitucional,* se justifica en la medida en que sean lesionados o amenazados de lesión, derechos o garantías de ese rango, conforme a los términos del artículo 49 de la Carta Fundamental. No basta, en conclusión, con alegar la violación de normas de inferior jerarquía, las que conforme a lo expuesto no son objeto de protección por el medio específico del amparo -pero sí por otros-; aunque desarrollen preceptos constitucionales es, por lo tanto, indispensable, pero también suficiente, que sea demostrada la vulneración directa del precepto constitucional"[1012].

3. *La universalidad del amparo y las causas de la lesión o amenaza de lesión de derechos y garantías constitucionales*

De acuerdo al artículo 2° de la Ley Orgánica,

> "La acción de amparo procede contra cualquier hecho, acto u omisión provenientes de los órganos del Poder Público Nacional, Estadal o Municipal. También procede contra el hecho, acto u omisión originados por ciudadanos, personas jurídicas, grupos u organizaciones privadas, que hayan violado, violen o amenacen violar cualquiera de las garantías o derechos amparados por esta Ley".

Por tanto, la protección que puede otorgar el juez de amparo al goce y ejercicio de los derechos y garantías constitucionales, se plantea en el texto constitucional y

---

1011 *V.,* en *Revista de Derecho Público,* N° 41, EJV, Caracas, 1990, p. 99. Esta doctrina se ha recogido en las siguientes sentencias de la CPCA: 22-8-90 en FUNEDA *15 años de Jurisprudencia, op. cit., p.* 138; 16-9-92, en *Revista de Derecho Público,* N° 51, EJV, Caracas, 1992, p. 151; y 4-12-92, en *Revista de Derecho Público,* N° 52, EJV, Caracas, p. 165 y en FUNEDA *15 años de Jurisprudencia, op. cit., p.* 140.

1012 *V.,* en *Revista de Derecho Público,* N° 44, EJV, Caracas, 1990 p. 143. *V.,* en igual sentido CSJ-SPA 8-11-90, *Revista de Derecho Público,* N° 44, EJV, Caracas, 1990, p. 141- CSJ-SPA, 4-4-90, *Revista de Derecho Público,* N° 42, EJV, Caracas, 1990; p. 112- CSJ-SPA, 31-1-89, *Revista de Derecho Público* N° 37, EJV, Caracas, 198, p. 89- CSJ-SPA, 14-8-89- *Revista de Derecho Público,* N° 39, EJV, Caracas, 1989, p. 144; CSJ-SPA, 4-3-93, *Revista de Derecho Público,* Nos. 53-54, EJV, Caracas, 1993, p. 254, en la cual se cita la sentencia CSJ-SPA de 6-12-89; y CPCA, 17-9-92 FUNEDA en *15 años de Jurisprudencia, op. cit.,* p. 127.

en la Ley Orgánica no solo frente a actuaciones públicas que puedan perturbar el goce y ejercicio de los derechos, sino también frente a las perturbaciones que puedan provenir de particulares, individuos o personas morales. En esta materia, la Constitución no distingue, por lo que la Ley Orgánica admite la acción de amparo frente a acciones que provienen de particulares[1013].

Esto también contribuye a diferenciar nuestra acción de amparo de la existente en otros sistemas como el mexicano o el de España en los cuales el recurso de amparo sólo se concibe frente a acciones públicas. Por eso, en España hemos dicho que el recurso de amparo se traduce en una revisión de decisiones de los tribunales contencioso-administrativos dictados con motivo de impugnaciones de actos administrativos[1014].

Por otra parte, en el caso de protección frente a perturbaciones provenientes de autoridades públicas, sin la menor duda debe afirmarse también que, tal como lo regula el artículo 49 de la Constitución y la Ley Orgánica, esta protección procede frente a *toda* actuación pública, es decir, frente a todos los actos estatales y ante los actos materiales y vías de hecho de las autoridades públicas (Art. 5°).

Por tanto, la acción de amparo procede contra toda actuación de la Administración, aun cuando no configure un acto administrativo y no abra la vía contencioso administrativa, es decir, procedería, por ejemplo, contra las actuaciones materiales de la Administración; contra sus vías de hecho; contra la abstención en actuar o cumplir una obligación; contra las omisiones, en fin, contra toda forma de actuación de la Administración e, incluso, por supuesto, contra determinados actos como los de trámite, cuando no puedan ser impugnados por la vía contencioso-administrativa.

Esta universalidad del amparo ha sido, por lo demás, precisada y desarrollada por la jurisprudencia, tanto de la Corte Suprema como de la Corte Primera de la Contencioso Administrativo. Así lo ha señalado la Corte Primera de la Contencioso Administrativo en sentencia de 11-11-93 (*Caso Aura Loreto Rangel*):

> "La lectura del artículo 2 de la Ley Orgánica de Amparo evidencia que no hay prácticamente ningún tipo de conducta, independientemente de su naturaleza o carácter, así como de los sujetos de los cuales provenga, del cual pueda predicarse que está excluido *per se* de su revisión por los jueces de amparo, a los efectos de determinar si vulnera o no algún derecho o garantía constitucional"[1015]

El mismo criterio ha sido precisado por la Sala Político Administrativa de la Corte Suprema en sentencia de 24-5-93, así:

> "Son muy amplios los términos en que la acción de amparo está consagrada en el artículo 49 del Texto Fundamental. Así, si bien es incuestionable lo extenso del ámbito de los derechos y garantías susceptibles de ser protegidos y restablecidos mediante esta vía procesal, tampoco puede limitarse a que la lesión sea

---

1013 Tal como sucede en Argentina después del caso *Samuel Kot SRL.* de 1958. S. *V.* Linares Quintana, *Acción de Amparo,* Buenos Aires, 1960, p. 25, G. R. Carrio, *Algunos aspectos del recurso de amparo,* Buenos Aires, 1959, p. 13.

1014 *Cfr.* Jesús González Pérez, *Derecho Procesal Constitucional,* Madrid, 1980, p. 278.

1015 *V.*, en *Revista de Derecho Público,* N° 55-56, EJV, Caracas, 1993, p. 284.

producto de determinados actos solamente. En efecto, debe igualmente permitirse que cualquier acto lesivo -ya sea un acto, hecho u omisión- de derechos y garantías constitucionales sea posible de cuestionar mediante este medio procesal, ya que, siendo el objetivo de la acción de amparo la protección de cualquier norma que consagre uno de los llamados derechos subjetivos de rango constitucional, no puede sostenerse que esa protección es viable sólo en los casos en que el acto perturbador reúna determinadas características, ya sean desde el punto de vista material u orgánico.

La jurisprudencia de esta Sala ha sido consecuente con ambos principios. En decisión del 31 de enero de 1991 (*Caso: Anselmo Natale,* registrada bajo el número 22) se señaló que "no puede existir ningún acto estatal que no sea susceptible de ser revisado por vía de amparo, entendiendo ésta, no como una forma de control jurisdiccional de la inconstitucionalidad de los actos estatales capaz de declarar su nulidad, sino —como se ha dicho—un remedio de protección de las libertades públicas cuyo objeto es restablecer su goce y disfrute, cuando alguna persona natural o jurídica, o grupo u organizaciones privadas, amenace vulnerarlas o las vulneren efectivamente" (véase además, en relación a la amplitud de los derechos fundamentales amparables, la decisión del 4-12-90, caso: *Mariela Morales de Jiménez,* N° 661)"[1016].

En sentencia de 13-2-92, la Corte Primera, por otra parte, precisó:

"Observa esta Corte que la característica esencial del régimen de amparo, tanto en la concepción constitucional como en su desarrollo legislativo, es su *universalidad...* por lo cual hace extensiva la protección que por tal medio otorga, a todos los sujetos (personas físicas o morales que se encuentran en el territorio de la nación) así como a todos los derechos constitucionalmente garantizados, e incluso aquéllos que sin estar expresamente previstos en el texto fundamental, son inherentes a la persona humana. Este es el punto de partida para entender el ámbito del amparo constitucional. Los únicos supuestos excluidos de su esfera son aquéllos que expresamente señala el artículo 6 de la Ley Orgánica de Amparo sobre Derechos y Garantías Constitucionales y, desde el punto de vista sustantivo, no hay limitaciones respecto a derechos o garantías específicas.

Respecto a la Administración, el amparo contra la misma es de tal amplitud que se acuerda contra todos los actos, omisiones y vías de hecho, sin hacer exclusión alguna de determinadas materias de su competencia que, como se sabe, están siempre vinculadas con el orden público y con el interés social"[1017].

Por tanto, ninguna actuación u omisión escapa al amparo, quedando sólo excluidos de la acción "los actos de la Corte Suprema de Justicia"[1018], en virtud de lo revisto en el artículo 211 de la Constitución que excluye cualquier tipo de recursos contra las decisiones de la Corte.

1016 *V.,* en *Revista de Derecho Público,* N° 55-56, EJV, Caracas, 1993, pp. 284-285.

1017 *V.,* en *Revista de Derecho Público,* N° 49, EJV, Caracas, 1992, pp. 120-121.

1018 *V.,* sentencia CPCA 18-6-91, en FUNEDA, *15 años de Jurisprudencia op. cit., p.* 145; y en *Revista de Derecho Público,* N° 46, EJV, Caracas, 1991, p. 124.

Por ello, incluso, las decisiones de los Cuerpos Legislativos adoptados en uso de sus atribuciones privativas y que conforme al artículo 159 de la Constitución no son susceptibles de veto, examen o control de los otros Poderes del Estado, las mismas pueden ser objeto de acción de amparo. Ello fue resuelto expresamente por la Corte Suprema de Justicia en Sala Político Administrativa en sentencia de 31-1-91 (*Caso Anselmo Natale*), en la cual señaló que para la Sala,

> "... La exclusión del control jurisdiccional de ciertos actos congresionales -salvo cuando se trate de extralimitación de atribuciones-, contemplada en el artículo 159 de la Constitución, como una manera de evitar, visto el esquema de la separación de poderes, que las ramas ejecutiva y judicial del Poder Público invadan o interfieran en la órbita del órgano legislativo depositario de la soberanía popular, está restringida a la determinación de la regularidad intrínseca de esos actos respecto a la Constitución, con miras a obtener su nulidad, mas no cuando se trata de obtener el restablecimiento inmediato del goce y ejercicio de los derechos y garantías que la Constitución establece, que hayan sido conculcados".
>
> En consecuencia, no puede existir ningún acto estatal que no sea susceptible de ser revisado por vía de amparo, entendiendo ésta, no como una forma de control jurisdiccional de la constitucionalidad de los actos estatales capaz de declarar su nulidad, -sino como se ha dicho- un medio de protección de las libertades públicas cuyo objeto es restablecer su goce o disfrute, cuando alguna persona natural o jurídica, o grupos u organizaciones privadas, amenace vulnerarlas o las vulneren efectivamente.
>
> Así entendido el amparo constitucional, la Sala considera, y así lo declara, que cualquier persona natural o jurídica, puede ejercer una acción de esta naturaleza, aun frente a actos excluidos del control jurisdiccional, como los previstos en el artículo 159 de la Constitución en los términos que esa norma preceptúa, invocando la lesión o violación de los derechos o garantías que la Constitución establece, o de aquellos que, siendo inherentes a la persona humana, no figuren expresamente en ellos"[1019].

La tesis de la Corte Suprema fue reafirmada por la Corte Primera de lo Contencioso Administrativo en sentencia de 18-6-91, así:

> "El privilegio aludido de los actos derivados de las atribuciones privativas está constituido por su exoneración de cualquier veto, examen o control de los restantes poderes, salvo "lo que esta Constitución establece sobre extralimitación de funciones".

La primera cuestión que surge es la de determinar si este privilegio del Congreso de la República es extensible o no a las Asambleas Legislativas de los Estados.

Esta Corte estima que los privilegios son de derecho estricto y que, en consecuencia, no admiten aplicación analógica, por lo cual, si los mismos han sido consagrados exclusivamente para la esfera legislativa nacional, la normativa que los crea no es trasladable a los órganos deliberantes de los otros entes territoriales. Tampoco pueden las Constituciones de los Estados que, como lo señala la jurisprudencia reite-

---

1019 *V.*, en *Revista de Derecho Público,* N° 45, EJV, Caracas, 1991, p. 118.

rada de la Corte Suprema de Justicia, tienen el mismo carácter de las leyes ordinarias de tales entes, crear privilegios de la índole señalada.

Resuelta la primera de las cuestiones indicadas y aun cuando de ello derive que los actos impugnados no se encuentran en el supuesto del artículo 159 de la Constitución, se considera, sin embargo, conveniente pronunciarse sobre la posibilidad de que los actos privativos puedan ser objeto del amparo constitucional. A juicio de esta Corte, los antes indicados actos del Poder Legislativo Nacional, si son lesivos de un derecho o una garantía constitucional en relación con un sujeto, viciado de *extralimitación de atribuciones,* son susceptibles de la acción de amparo constitucional porque la Ley Orgánica de Amparo sobre Derechos y Garantías Constitucionales no establece ningún límite al respecto, excluyendo solamente los actos de la Corte Suprema de Justicia[1020].

Por supuesto, si se trata de amparo contra actuaciones de la Administración no es necesario que se trate de un acto administrativo el que cause la lesión[1021], pudiendo intentarse la acción de amparo contra vías de hecho de la Administración[1022].

Ahora bien, especial mención debe hacerse respecto del amparo contra actos jurídicos del Estado, particularmente contra los actos legislativos, de gobierno, administrativos y judiciales (sentencias), particularmente por la necesidad de conciliar el ejercicio de la acción de amparo con el ejercicio de las vías de impugnación de dichos actos.

La Ley Orgánica, en este sentido, regula expresamente el amparo contra leyes, contra actos administrativos y contra sentencias y providencias judiciales.

4. *El amparo contra leyes y demás actos normativos*

De acuerdo al artículo 3° de la Ley Orgánica:

> "También es procedente la acción de amparo cuando la violación o amenaza de violación deriven de una norma que colida con la Constitución. En este caso, la providencia judicial que resuelva la acción interpuesta deberá apreciar la inaplicación de la norma impugnada y el Juez informará a la Corte Suprema de Justicia acerca de la respectiva decisión".

Quizás de las instituciones más novedosas que trae la Ley Orgánica se refiere a este denominado "amparo contra normas" que viene a perfeccionar y completar nuestro sistema de control de la constitucionalidad de las leyes.

En efecto, en el sistema venezolano, el control de la constitucionalidad de las leyes se ha considerado, comparativamente hablando, como un sistema de control mixto o integral[1023] , en el cual conviven el control concentrado de la constitucionalidad que se ejerce ante la Corte Suprema de Justicia por vía de acción popular, y conforme a la cual la Corte tiene poderes para anular, *erga omnes* la ley impugnada; y el *control difuso* de la constitucionalidad, conforme al cual y de acuerdo al artículo 20 del Código de Procedimiento Civil, cualquier juez tiene poder para juzgar de ofi-

1020 *V.*, en *Revista de Derecho Público,* N° 46, EJV, Caracas, 1991, p. 125.

1021 *V.*, sentencia de CPCA, 25-6-93, *Revista de Derecho Público,* N° 53-54, EJV, Caracas, 1993, p. 255.

1022 *V.*, sentencia CSJ-SPA, 8-5-91, *Revista de Derecho Público,* N° 46, EJV, Caracas, 1991 p. 127.

1023 *V.*, Allan R. Brewer-Carías, *Estado de Derecho y Control Judicial,* Madrid 1987 p. 256.

cio o a petición de parte, al decidir cualquier proceso, la constitucionalidad de una ley e inaplicarla, en el caso concreto, con efectos *inter partes*.

A este sistema mixto de control de la constitucionalidad de las leyes y demás actos normativos, la Ley Orgánica de Amparo viene a agregar un tercer sistema de control, que en ciertos aspectos se puede asimilar al denominado en México "amparo contra leyes"[1024] y que permite el ejercicio del control de la constitucionalidad de las leyes por los jueces cuando conozcan de una acción de amparo ejercida contra una ley o un acto normativo que en forma directa e inmediata viole o amenace violar un derecho fundamental, y que por tanto, colida con la Constitución.

La institución fue inspirada en el amparo contra normas que establecía la ley peruana de amparo antes de la reforma de la Constitución de 1992[1025], y que existe en Guatemala, Honduras y Costa Rica[1026].

En Alemania también se admite el amparo contra leyes autoaplicativas, es decir, contra las normas que causan perjuicio al recurrente con motivo de su entrada en vigor, sin que sean necesarios actos concretos de aplicación[1027]; y en España comienza a abrirse paso jurisprudencialmente la figura del amparo frente a leyes[1028].

A. *La naturaleza suspensiva de la acción de amparo contra normas*

En todo caso de amparo contra normas, sin embargo, la decisión del juez no es anulatoria, sino que sólo debe apreciar la inaplicación de la norma respecto de la cual se solicita amparo. Debe destacarse, por otra parte, que la Ley habla impropiamente de "norma impugnada", pues en realidad, si la norma fuera "impugnada", la decisión judicial tendría que ser de anulación de la misma, lo cual no compete al juez de amparo, pues ello está reservado a la Corte Suprema de Justicia o a los tribunales de la jurisdicción contencioso-administrativa. Por tanto, en la acción de amparo regulada en el artículo 3 no se "impugna" la ley o acto normativo, sino que se solicita amparo respecto de los efectos del mismo, cuando viole o amenace violar un derecho constitucional.

La decisión del juez de amparo en estos casos, por tanto, no es una decisión de anulación de la ley o acto normativo, sino que se limita a ser una decisión de protección, con efectos *inter partes,* es decir, en relación al accionante, en el sentido de que la misma lo que hace es declarar que para éste, la norma es inaplicable. De acuerdo al artículo 3 de la Ley, cuando se faculta al juez de amparo para resolver de inmediato el "restablecer la situación jurídica infringida", en este caso equivale a la suspensión de efectos de la ley respecto del accionante, es decir, la no aplicabilidad de la misma al accionante.

Pero debe señalarse en relación al control de la constitucionalidad de las leyes, que la Ley Orgánica, además de prever el amparo contra leyes, permite ejercer la

---

1024 *V.*, Héctor Fix-Zamudio, "Algunos problemas que plantea el amparo contra leyes", *Boletín del Instituto de Derecho Comparado de México,* UNAM, N° 37, 1960, pp. 11 a 39.

1025 *V.*, en general, Samuel B. Abad Yupanqui, "El amparo contra leyes" en *Comisión Andina de Juristas, Lecturas Constitucionales Andinas,* N° 3 Lima, 1994, pp. 129 a 152.

1026 *V.*, Allan R. Brewer-Carías, *El amparo a los derechos y garantías constitucionales, cit.*, pp. 115 y sigts.

1027 *Idem.*, p. 117.

1028 *V.*, Ignacio Borrajo Iniesta, "Amparo frente a leyes", *Revista de Administración Pública,* N° 98, Madrid, 1982, pp. 167 y sigt.

acción de amparo (más propiamente, la pretensión de amparo) conjuntamente con la acción popular de inconstitucionalidad de las leyes ante la Corte Suprema de Justicia.

En efecto, el mismo artículo 3° de la Ley Orgánica establece lo siguiente:

> "La acción de amparo también podrá ejercerse conjuntamente con la acción popular de inconstitucionalidad de las leyes y demás actos estatales normativos, en cuyo caso, la Corte Suprema de Justicia, si lo estima procedente para la protección constitucional, podrá suspender la aplicación de la norma respecto de la situación jurídica concreta cuya violación se alega, mientras dure el juicio de nulidad".

Como se observa, en estos casos la Ley Orgánica ha establecido una innovación fundamental y que consiste en permitir a la Corte, contrariamente a lo que había sido la tradición jurisprudencial, el suspender los efectos de la ley o acto normativo impugnado respecto de su aplicabilidad al accionante, cuando lo juzgue necesario para la protección constitucional, mientras dure el juicio de nulidad. Hasta la promulgación de la Ley Orgánica de Amparo en los juicios de nulidad de los actos estatales, la Corte Suprema había negado sistemáticamente la posibilidad de suspender los efectos de los actos normativos, habiendo reducido su potestad de suspensión de efectos en juicio, respecto de los actos administrativos de efectos particulares, lo cual luego fue recogido en su Ley Orgánica (Art. 136).

Ahora bien, en cuanto a la acción autónoma de amparo contra normas previstas en el artículo 3° de la Ley Orgánica, como indicamos anteriormente, hemos sostenido que se trata de una *vía directa de control difuso* de la constitucionalidad de las leyes, que viene a completar el control difuso incidental que establece el artículo 20 del Código de Procedimiento Civil. Se trata de un control difuso pues permite a todo juez de amparo pronunciarse sobre la inconstitucionalidad de una ley por violación de derechos y garantías constitucionales; y es directo pues la cuestión constitucional no se plantea en un juicio en forma incidental, sino como objeto directo de una acción de amparo, teniendo la decisión, en todo caso, efectos *inter partes*[1029].

B. *La amplitud del control en la Ley Orgánica y la tendencia restrictiva de la jurisprudencia*

La Ley venezolana, por otra parte, no establece ningún límite respecto de la procedencia de la acción de amparo contra normas, en el sentido de que no proceda directamente contra la norma y se requiera siempre de actos de ejecución de la misma; y ello no podría ocurrir, pues no respondería a la lógica de la universalidad de la acción, particularmente cuando se fundamente en amenaza de violación. En realidad, desde que una norma se publica y la misma pueda violar un derecho constitucional; la amenaza de violación se materializa desde la misma publicación, sin necesidad de esperar su ejecución.

Sin embargo, a pesar de la claridad del artículo 3° de la Ley Orgánica de Amparo, la jurisprudencia reciente de la Sala Político Administrativa de la Corte Suprema ha venido imponiendo el criterio de que no procede la acción de amparo directamen-

1029 *V.*, Allan R. Brewer-Carías, *Nuevas tendencias en el contencioso-administrativo en Venezuela,* Caracas, 1993, pág. 168.

te contra normas, y que lo que procede, realmente, es la acción de amparo contra los actos de ejecución de la norma, que serían los lesivos. En efecto, en sentencia de 8-8-94, la Sala Político Administrativa al resolver un amparo en el caso de las declaraciones juradas de patrimonio exigidas a los administradores de bancos por la Ley de Emergencia Financiera de 1994, señaló lo siguiente:

> "La presente solicitud de amparo es ejercida de conformidad con el primer párrafo del artículo 3° de la Ley Orgánica de Amparo sobre Derechos y Garantías Constitucionales, por tanto, resulta necesario precisar los requisitos que reiteradamente la Sala ha exigido para la procedencia de esta específica modalidad de amparo constitucional.

Al respecto, la jurisprudencia de este Alto Tribunal ha sostenido -luego de un análisis minucioso del texto del indicado artículo- que el objeto o la materia de la acción de amparo constitucional fundada en ese precepto es el acto de aplicación de una norma que colida con la Constitución, de manera que ésta actúa como la causa que da origen a la violación de derechos fundamentales, pero no como el agente mismo causante de la lesión, que se invoque.

Al respecto, en la decisión del 12-8-92, Caso "Colegio de Abogados del Distrito Federal", se dejó establecido lo siguiente:

> "Obsérvese, en efecto, cómo al utilizar el legislador en el primer párrafo de la norma transcrita (se refiere al artículo 3° de la Ley Orgánica de Amparo) la expresión "también es procedente"; nos está remitiendo necesariamente -y de entenderlo de otra manera perdería dicho párrafo todo sentido- al contenido del inmediatamente precedente artículo 2, conforme al cual es objeto de la acción de amparo 'cualquier hecho, acto u omisión' que violen o amenacen de violación inminente, garantías o derechos constitucionales protegidos por la Ley de Amparo. De manera que, entendidos y correlacionados ambos artículos 2), y primer párrafo del 3) en su cabal sentido, es necesario, para que pueda producirse pronunciamiento de admisibilidad o de fondo acerca de la solicitud de amparo en el caso del párrafo primero del artículo 3 de la Ley, el que se hayan producido hechos, actos u omisiones derivados de la vigencia de una normativa considerada por el juez como inconstitucional, y que éstos violen o amenacen de violación derechos o garantías del mismo rango. En tal caso, deberá el juez restablecer la situación jurídica infringida o amenazada de violación, pero por esos hechos, actos u omisiones violatorias de derechos o garantías supremas; y es por eso que: "En este caso la providencia judicial que resuelva la acción interpuesta deberá asimismo -previamente, acota la Sala *apreciar* la inaplicación de la norma que legalmente protege a aquellos, informando además a la Corte Suprema de Justicia el contenido del respectivo fallo de inaplicación, si ésta fuere lo decidido" (paréntesis añadidos). (*Vid.* sentencias de esta Sala Político Administrativa del 19-11-92 y 20-7-93, casos: *"Electrificación del Caroní"* y *"Profesores de la Unellez"*; y de la Corte en Pleno del 5-5-93 y 2-12-93, casos: *"Coopetravolta" y "Diputados de la Asamblea Legislativa del Estado Delta Amacuro"*.

> La interpretación expuesta en relación con el artículo 3° de la Ley Orgánica de Amparo, mediante la cual se concluye que el acto presuntamente lesivo de derechos y garantías fundamentales que podría ser atacado por la vía extraordi-

naria del amparo no es el de carácter normativo contrario a la Carta Magna sino aquél que en la situación jurídica concreta del actor lo aplica o ejecuta —arrastrando entonces hasta el ámbito de éste el vicio de inconstitucionalidad—, resulta totalmente congruente con los principios que rigen la institución del amparo constitucional, ya que, a juicio de esta Sala, no es este medio judicial —el cual es esencialmente de condena— el apropiado para entrojar la constitucionalidad de un acto normativo que, debido a su carácter general, abstracto y de aplicación indefinida, se presenta —en principio— como incapaz de lesionar por sí solo y en forma inmediata como exigen los presupuestos de la acción de amparo, el goce y ejercicio de derechos subjetivos o intereses legítimos de un particular determinado.

Igualmente, en otros casos la concreción del acto de aplicación de la norma presuntamente violatoria de derechos o garantías fundamentales se ha producido efectivamente afectando a ciertos particulares, y sin embargo la acción de amparo es ejercida por éstos contra el acto normativo inconstitucional y no contra el referido acto de aplicación, en estos supuestos el juez —con la intención de dirigir siempre su acción en beneficio de los afectados— puede y debe trasladar los efectos de la inaplicación de la disposición violatoria de normas constitucionales al caso específico y concreto.

Justamente en este último orden de ideas se presenta el caso de autos, donde los representantes de los actores han intentado la acción de amparo constitucional en contra del único aparte del artículo 31 de la Ley Especial de Protección a los Depositantes y de Regulación de Emergencias en las Instituciones Financieras, la cual exige la presentación de una declaración jurada de patrimonio a todos los directores administradores, comisarios, auditores externos e interventores de los bancos y demás Instituciones Financieras, a pesar de haber dictado la Superintendencia de Bancos y otras Instituciones Financieras el respectivo acto de ejecución de la norma presuntamente violatoria de derechos fundamentales, a través de la Resolución N° 031-94 del 23 de marzo de 1994, posteriormente derogada por la N° 078-94 del 29 de junio del mismo año.

Por tanto, considera esta Sala Político-Administrativa aplicable al caso de autos, los efectos de la interposición de la acción de amparo constitucional en contra del acto de ejecución de la disposición contenida en el único aparte del artículo 31 de la Ley Especial de Protección a los Depositantes y de Regulación de Emergencias en las Instituciones Financieras, es decir, contra de la Resolución N° 078-94 del 29 de junio de 1994, y así se declara.

Una interpretación contraria a la expuesta, además de perjudicar a los particulares afectados de supuestas violaciones constitucionales por imprecisiones de sus apoderados judiciales, atentaría contra el carácter inter partes de este medio procesal —por el cual sólo y únicamente pueden ser destinatarios de un mandamiento de amparo las personas intervinientes en el juicio— ya que si no se exigiera que el acto cuestionado incida negativamente en la esfera jurídica del accionante en forma específica y directa, una declaratoria favorable del juez implicaría afectar, mediante un proceso judicial breve y sumario, a toda una colectividad o a un grupo considerable de ella que, además de no haber intervenido en el juicio que lo afectara, posiblemente tenga intereses distintos y hasta opuesto a los del actor (*vid.* al respecto, decisiones de Sala del 06-08-87 y

13-08-92, casos: "*Registro Automotor Permanente*" y "*Oscar Vila Masot*"; y de la Corte en Pleno de fecha 14-01-93; caso "*Hernán Gruber Odremán*"). Así se declara"[1030].

Este criterio de la Corte Suprema, en particular recogió la doctrina que la misma Sala Político Administrativa había sentado en sentencia de 24-5-93, al señalar en forma aún más terminante que:

"No parece existir duda, entonces, de que el artículo 3 de la Ley Orgánica de Amparo no contempla la posibilidad de interponer una acción de amparo directamente contra un acto normativo, sino contra el acto, hecho u omisión que tiene su origen en una disposición normativa, que a juicio del solicitante, es contraria a la Constitución y para lo cual, debido a la presunción de legitimidad y constitucionalidad de ésta, debe el juez previamente desaplicarla al caso concreto que se denuncia. Es obvio, por tanto, que el mencionado artículo de la Ley Orgánica de Amparo no consagra la posibilidad de interponer esta acción de protección constitucional contra una ley u otro acto normativo sino contra el acto de aplicación o ejecución de ésta, el cual en definitiva es el que, en el caso concreto, puede ocasionar una lesión particular de los derechos y garantías constitucionales de una persona determinada.

Esta interpretación ha sido reiterada por esta Sala Político-Administrativa en decisión de 19-11-92 (*Caso*: *Electrificación del Caroní, EDELCA, Nº 54*), donde textualmente se expresó que el amparo constitucional, ejercido conforme al artículo 3 de la Ley que lo rige, tiene "por objeto la protección de los derechos y garantías fundamentales menoscabados por los actos, hechos u omisiones derivados de la aplicación de una norma inconstitucional". En otras palabras, la Sala ha entendido que la norma impugnada por inconstitucionalidad obraría como causa, mientras que su aplicación, que constituye "la situación jurídica concreta cuya violación se alega" vendría a ser propiamente el objeto del amparo. Igualmente puede verse, para corroborar la anterior interpretación, la decisión de la Corte Suprema de Justicia, en Pleno, de 5-5-93, recaída en el caso Coopetravolta.

No obstante, aun cuando la propia Ley Orgánica de Amparo no consagra *expresamente* la interposición de este especial medio judicial contra leyes o actos normativos, no es posible sostener, debido a la amplitud de la consagración constitucional y legal de los posibles agentes perturbadores —como se señaló antes—, que de plano deba rechazarse una acción de amparo cuyo objeto sea, precisamente, un acto de esta naturaleza, por lo que es necesario verificar, por tanto, si un acto normativo o de efectos generales puede constituirse por sí mismo y directamente en lesivo de derechos y garantías subjetivas de los particulares. En otras palabras, el centro el problema no es una restricción en cuanto a los actos factibles de ser materia de una acción de amparo, ya que ésta puede interponerse contra cualquier acto —inclusive contra las leyes u otros normativos—, sino dilucidar la posibilidad de que éstos lesionen la órbita constitucio-

1030 *V.*, el texto en Allan R. Brewer-Carías y Carlos Ayala Corao, *El derecho a la intimidad y a la vida privada y su protección frente a las injerencias abusivas o arbitrarias del Estado, Caracas,* 1995, pp. 214 a 216.

nal subjetiva particular en la forma requerida —anteriormente transcrita— para la procedencia del amparo constitucional"[1031].

En esta forma, la Corte entró a considerar el tema de las leyes autoaplicativas y las que no lo son. Ello lo ha destacado la Corte Primera de lo Contencioso-Administrativa en sentencia de 18-11-93, así:

"Con respecto a la inmediatez de la amenaza constitucional, lo cual implica una lesión cierta e inminente, observa esta Corte que en el caso específico de los actos normativos la doctrina ha distinguido entre las denominadas normas autoaplicativas y las de aplicación mediata. En cuanto a las primeras, su sola promulgación implica una inmediata obligatoriedad para las personas a las cuales se encuentra destinada, por lo cual son de aplicación automática. Por el contrario, las normas de afectación mediata e indirecta requieren de un acto de ejecución posterior, en cuyo caso la simple promulgación no podría producir una violación constitucional"[1032].

La Corte Suprema, sin embargo, en su sentencia de 24-5-93 antes citada, materialmente negó la posibilidad de leyes autoaplicativas e incluso de que la sola promulgación de una ley pueda resultar en una amenaza de violación de derechos constitucionales, al señalar:

"Este problema sobre la posibilidad de que una norma, por sí misma, cause un daño o lesione la esfera jurídica de un particular ha sido planteada por doctrina extranjera y patria, esta última con anterioridad a la promulgación. de la Ley Orgánica de Amparo sobre Derechos y Garantías Constitucionales, resultando criterio dispares. En efecto, mientras es aceptado perfectamente en algunos países (vgr. México y España) en otros resulta prácticamente imposible, por lo que, evidentemente, dependerá de las notas especiales de cada legislación, específicamente en relación a la forma o a las exigencias de éstas para la concreción de los daños.

En principio, una ley o acto normativo produce efectos hacia una colectividad imposible de determinar al momento de su formulación, de ahí los caracteres de generalidad y abstracción que le son inherentes ¡ asimismo su aplicación es indefinida, es decir, no están dirigidas a regular una situación determinada en el tiempo y espacio, sino —por igual y paralelamente— a todos los casos y situaciones que se adapten al supuesto de hecho previsto durante su vigencia. Entonces, son las leyes y normas —por definición— actos de efectos generales que afectan por igual un grupo indeterminado e indeterminable —y menos aún individualizado o individualizable— de personas...

En conclusión, es imposible que un verdadero acto normativo o de efectos generales pueda —por sí mismo y en forma directa— constituirse en lesivo, de la órbita constitucional de alguna situación concreta y determinada de un particular.

Sin embargo, sí resulta innegable que una norma inconstitucional puede, a las personas que están o estarán en el supuesto de hecho por ella previstos, consti-

1031 *V.*, en *Revista de Derecho Público*, Nº 55-56, EJV, Caracas, 1993, pp. 287-288.

1032 *V.*, en *Revista de Derecho Público*, Nº 55-56, EJV, Caracas, 1993, p. 285.

tuirse en una amenaza de lesión de derechos o garantías fundamentales, por lo que es necesario recordar que esta acción, en los términos de la Ley Orgánica de Amparo, procede, además, contra determinadas amenazas: "aquella que sea inminente" artículo 2°).

El problema radica en verificar si un acto de efecto general, luego de haber concluido la jurisprudencia de Sala en la imposibilidad de que cause un daño particular a una persona, pueda constituir una amenaza válida para la procedencia de esta acción, para lo cual es necesario precisar cuál es —en los términos de la ley— el justo alcance y significado del vocablo: "amenaza inminente".

La Sala, al respecto, observa:

"Inminente", según el significado del diccionario, es algo "que amenaza o está para suceder prontamente". Como puede observarse, la anterior definición del diccionario no ayuda en lo absoluto en precisar los requisitos de la amenaza válida para la procedencia de la acción de amparo; sin embargo, interpretando la Ley Orgánica de Amparo en su contexto, encontramos que en el ordinal *2°/* del artículo *6 ejusdem* se contempla prevista como causal de inadmisibilidad de la acción de amparo, "cuando la amenaza contra el derecho o la garantía constitucionales, *no sea inmediata, posible y realizable por el imputado".*

Debe concluirse en que son éstos los tres requisitos que la propia Ley Orgánica de Amparo obliga sean contenidos en una amenaza para que sea válida, para que sea "inminente", ya que de lo contrario la acción siempre debe ser declarada inadmisible por el juez, de plano e *in limine litis.*

De manera que sólo cuando la amenaza, es decir, el daño que prontamente va a concretarse, sea inmediata, posible y realizable por la persona a quien se le imputa, la acción de amparo podrá admitirse, tramitarse y, de ser el caso, declararse procedente. Estos requisitos indudablemente deben ser concurrentes, según puede inferirse de la conjunción copulativa "y", la cual los agrupa o reúne.

Establecido y sentado lo anterior, es necesario analizar si una ley o acto normativo de efectos generales puede convertirse, para la situación jurídica de un particular, en una amenaza de algún derecho o garantía constitucional en forma "posible, inmediata y realizable por el imputado"

Al respecto, es indudable que una norma que transgreda la Constitución puede lesionar a cualquiera de las personas que se encuentren en la situación jurídica por ella contemplada, por lo que el daño será "posible", cumpliéndose entonces con el primero de los requisitos exigidos en el transcrito ordinal 2° del artículo *6* de la Ley Orgánica de Amparo.

No obstante, nos encontramos con que de interponerse un amparo contra una norma —es decir, que el objeto de la acción sea la propia norma—, la concreción del posible daño alegado no será "inmediata", pues siempre sería necesario que la autoridad competente proceda a la ejecución o aplicación de ella para efectivamente lesionar al solicitante. En efecto, debemos concluir que el probable daño causado por una norma será siempre mediato o indirecto, por lo que necesitará ser aplicada en el caso concreto. De manera que la lesión se causará por medio o gracias a un acto de aplicación de esa disposición contraria a Derecho.

Igual sucede con el tercer requisito exigido por la ley; la amenaza, es decir, el daño probable e inminente, no será nunca realizable —vale decir, concretado— por el imputado. Ciertamente, de sostenerse que el amparo tiene por objeto una disposición cuya constitucionalidad es cuestionada, habría que aceptarse como agraviante al cuerpo deliberante o al funcionario público que la hubiere dictado, siendo éste el que se presentaría en el proceso de amparo en defensa de su acto. Puede observarse que en el caso de que ese posible daño llegue en realidad a concretarse, no sería —al menos generalmente— el cuerpo deliberante o el órgano público que lo dictó el que lo ejecutará, sino que sería más bien el funcionario para quien la aplicación de la norma es imperiosa en todos los casos en que un particular se encuentre dentro del supuesto de hecho por ella previsto.

En efecto, de entenderse que la norma es la materia de la acción de amparo, llegaríamos a la conclusión de que no podría ser el imputado (que sería la persona pública que dicta la norma cuya inconstitucionalidad se alega) quien llevaría a cabo la amenaza; sino que el daño probable será concretado o realizado en definitiva por una persona diferente (el que aplique al caso específico y concreto la disposición inconstitucional).

Puede entonces, luego de las consideraciones anteriores, descartarse la procedencia de la acción de amparo contra leyes u otros actos normativos, no sólo porque la Ley Orgánica de Amparo sobre Derechos y Garantías Constitucionales no prevé tal posibilidad sino porque, aún siendo posible la interposición de esta acción extraordinaria contra un acto normativo de efectos generales, deberá el juez declarar su inadmisibilidad por no reunir los requisitos exigidos en el ordinal 2, artículo 6 de la Ley Orgánica de Amparo, y así se declara, expresamente.

Considera necesario este Alto Tribunal, sin embargo, señalar que la conclusión anterior no significa la imposibilidad de prevenir la concreción del daño —objeción que pudiera plantearse a la tesis de que el amparo procede sólo cuando la norma inconstitucional sea aplicada—, ya que no necesariamente debe el inminente perjudicado esperar que efectivamente sea ejecutada la disposición normativa contraria a Derecho, porque bien podría éste, ante la amenaza que reúna los requisitos exigidos por la ley, solicitar el amparo de sus derechos fundamentales amenazados; sólo que la acción no estaría dirigida contra la norma sino, en todo caso, contra el funcionario que deberá aplicar ésta. En efecto, siendo inminente que a un particular le será aplicada, en una situación concreta y determinada, una disposición normativa que contraría alguno de los derechos o garantías de rango constitucional, podría éste solicitar del tribunal competente una prohibición al referido funcionario o persona para que en el caso concreto alegado se abstenga de aplicar la norma cuestionada y apreciada por el juez, previamente, como violatoria de los preceptos del Texto Fundamental"[1033].

1033 *V.*, en *Revista de Derecho Público,* N° 55-56, EJV, Caracas, 1993, pp. 288 a 290.

C. *La tergiversación jurisprudencial del amparo contra normas*

En nuestro criterio, con las decisiones antes señaladas, la Corte Suprema ha tergiversado la previsión legal, desnaturalizando una acción de amparo muy propia del ordenamiento jurídico venezolano, que debemos preservar[1034].

En efecto, de acuerdo con el artículo 49 de la Constitución, el derecho de amparo, como derecho fundamental de las personas, se consagra en relación a cualquier hecho, acto u omisión de las autoridades públicas o de los particulares que violen o menoscaben los derechos constitucionales, sin distinción de ningún tipo.

Por ello, la Ley Orgánica de Amparo consagró la posibilidad de ejercicio de la acción de amparo contra cualquier hecho, acto u omisión de los particulares y de los funcionarios o respecto de estos últimos, contra los actos normativos (Leyes o Decretos-Leyes, por ejemplo), los actos administrativos (de efectos generales —reglamentos— o de efectos particulares) y las sentencias y demás actos judiciales. De allí el contenido de los artículos 3 a 5 de dicha Ley Orgánica que prevén, en forma expresa, la acción de amparo contra dichos actos estatales, sea ejercida en forma autónoma o conjuntamente con otras acciones.

En particular, en cuanto a la acción de amparo contra actos normativos, su previsión legal no puede ser objeto de duda. Además de establecer, el artículo 3° de la Ley, que junto con la acción popular de inconstitucionalidad puede formularse la pretensión de amparo constitucional; en su aparte establece que *"también es procedente la acción de amparo.* cuando la violación o amenaza de violación deriven de una norma que colida con la Constitución".

De entrada debe señalarse que la expresión "también es procedente" se incluyó en el encabezamiento del artículo para no dejar duda de que la acción de amparo procede contra normas directamente, cuando la violación o amenaza de violación de los derechos constitucionales, deriven de ellas. En este sentido, queda claro que la ley o el acto normativo del Estado también es un "acto" en sí mismo, por lo que "también es procedente" ejercer la acción de amparo contra los mismos. Este y no otro fue el sentido de la utilización de esta expresión en el artículo 3 de la Ley Orgánica de Amparo. Es necesario precisar esto por la distorsión que de esa expresión ha hecho la Corte Suprema de Justicia en las sentencias antes transcritas.

La acción de amparo contra leyes o normas, al adoptarse en nuestro país, ya tenía una larga experiencia en México y en el Perú, antes de la última reforma constitucional. Además, se había previsto en la Ley de la Jurisdicción Constitucional de Costa Rica. Es cierto que en esos casos siempre se ha planteado el tema de las leyes autoaplicativas, pero sólo para exigir que en los casos de aquellas leyes que no tienen efectos inmediatos y directos por su sola promulgación, el objeto de las acciones de amparo tiene que ser los actos de ejecución de las mismas. Ello, por supuesto, se plantea en los casos en los cuales la acción de amparo procede sólo contra violaciones de derechos constitucionales, pero no puede plantearse en los casos en los cuales, como en Venezuela, la acción de amparo procede contra las *amenazas* de violación. Las normas, desde el momento en que entran en vigencia y pueden aplicarse a un número indeterminado e indeterminable de personas, una vez promulgadas, si

1034 *V.*, los comentarios que hemos formulado en Allan R. Brewer-Carías y Carlos Ayala Corao, *El derecho a la intimidad..., cit.*, pp. 236 y sigts.

son contrarias a un derecho constitucional, siempre, *per se* constituyen una amenaza de violación de tal derecho.

D. *El tema de los actos de ejecución o aplicación de las leyes y la evolución jurisprudencial y la negativa del amparo contra leyes*

Ahora bien, en 1992, se dictó una importante sentencia por la Sala Político Administrativa de la Corte Suprema (*Caso Colegio de Abogados del Distrito Federal*) de 6-8-92, en la cual la Corte, con motivo de haberse avocado al conocimiento de un juicio de amparo contra normas intentado ante un Juzgado de Primera Instancia en lo Civil, anuló la sentencia dictada por éste, declarando improcedente la acción de amparo, porque el juez de instancia, conforme lo habían solicitado los accionantes, había decidido una acción de amparo para lo cual carecía de competencia —pues el juez competente en el caso era la Corte Primera de lo Contencioso Administrativo— y además, había acordado la inaplicación in *genere* de un artículo de la Ley de Abogados, y en protección de los intereses difusos que subyacían de la pretensión de los accionantes, amparó "igualmente a todos los abogados miembros del Colegio de Abogados del Distrito Federal".

Para decidir, la Corte analizó la competencia de los órganos de la jurisdicción contencioso-administrativa para conocer de acciones de amparo contra actuaciones de los colegios profesionales; y además, analizó el contenido del artículo 3 de la Ley Orgánica de Amparo aplicándolo al caso concreto, señalando que era necesario:

> "... para que pueda producirse pronunciamiento de admisibilidad o de fondo acerca de la solicitud de amparo en el caso del párrafo primero del artículo 3 de la Ley, que se hayan producido hechos, actos u omisiones derivados de la vigencia de una normativa considerada por el juez como inconstitucional, y que éstos violen o amenacen de violación derechos o garantías del mismo rango. En tal caso, deberá el juez restablecer la situación jurídica infringida o amenazada de violación, pero por esos hechos actos u omisiones violatorios de derechos o garantías supremas; y es por eso que: "la providencia judicial que resuelva la acción interpuesta" deberá asimismo —previamente acota la Sala— *apreciar* la inaplicación de la norma que legalmente protege a aquellos, informando además a la Corte Suprema de Justicia el contenido del respectivo fallo de inaplicación, si ésta fuere lo decidido"[1035].

De acuerdo a lo anterior, la Corte consideró que sólo en la forma señalada era posible entender el contenido de la norma, que permite al juez apreciar la inaplicación de la norma impugnada, al caso concreto sin efectos *erga omnes.* Analizando el caso concreto de la acción interpuesta, la Corte concluyó que su objeto, en realidad, eran un conjunto de actos de las autoridades electorales del Colegio de Abogados, y particularmente, "el acto de la convocatoria a elecciones emanado de los órganos respectivos del Colegio de Abogados del Distrito Federal" y no el artículo de la Ley de Abogados señalado como tal; por lo que en consecuencia, la competencia para conocer de la acción era la Corte Primera de lo Contencioso Administrativo y no el Tribunal de Primera Instancia que la había decidido. Además, señaló la Corte que "aún de haber sido el competente, el juez de instancia se excedió en sus atribuciones

1035 *V.*, la cita en Allan R. Brewer-Carías y Carlos Ayala Corao, *El derecho a la intimidad..., cit.*, p. 239.

al extender la medida de amparo a todos los abogados, desnaturalizando la acción que se libra entre partes con efectos sólo entre ellas, y no *erga omnes*. Por ello la Sala anuló el fallo del Tribunal de instancia.

En esta sentencia, en la materia específica de amparo contra normas, como se ha indicado, debe destacarse que la Corte estableció el criterio de que conforme al artículo 3 de la Ley Orgánica de Amparo, para la admisibilidad o para un pronunciamiento de fondo acerca de la solicitud de amparo contra normas, resultaba indispensable que "se hayan producido hechos, actos u omisiones derivados de la vigencia de una normativa considerada por el juez como inconstitucional, y que éstos violen o amenacen de violación derechos o garantías del mismo rango". Esto lo dedujo la Sala de la errada interpretación de la primera frase del artículo 3 de la Ley, la mencionada expresión "también es procedente", de la cual dedujo una supuesta remisión al contenido del artículo anterior (Art. 2) que define como objeto de la acción de amparo "cualquier hecho, acto u omisión" que viole o amenace de violación inminente, derechos o garantías constitucionales. De ello dedujo la Sala que para que procediera un amparo contra normas era necesario que se hubieran "producido hechos, actos u omisiones derivados de la vigencia de una normativa considerada por el juez como inconstitucional, y que estos —actos, hechos u omisiones— violen o amenacen de violación derechos o garantías del mismo rango". En definitiva, sostuvo la Sala que lo que el juez podía restablecer era "la situación jurídica infringida o amenazada de violación por esos hechos, actos u omisiones violatorios de derechos o garantías supremas". La sentencia de la Sala, en realidad, apuntaba a un objetivo específico y era dejar claramente establecido que el juez de amparo contra normas, al ejercer su potestad de control, no podía suspender *in genere* los efectos de la norma, sino que lo que podía hacer era, conforme a la ley, "apreciar la inaplicación de la norma", por supuesto, al caso concreto y sólo con efectos *inter partes;* no teniendo poder alguno el juez de amparo para decidir la no aplicación en forma general e indefinidamente del acto normativo. Ello, por supuesto, es así, y para llegar a esa conclusión la Sala no tenía por qué argumentar que la acción de amparo contra normas sólo procedía contra los hechos, actos u omisiones adoptados en ejecución de la norma, y no contra la norma en sí misma, como si la norma o ley en sí misma no fuera un "acto" estatal. De allí la apreciación de la Sala de que en los casos de amparo contra normas, la recurrida, es decir, la norma no es objeto del amparo, sino la causa o motivo en razón del cual los hechos, actos u omisiones resultan lesivos.

Posteriormente, como se señaló, en sentencia de la misma Sala de 24-5-93 (*Caso Universidad Nacional Experimental de Los Llanos Ezequiel Zamora*), la Sala fue mucho más lejos en su tendencia restrictiva del amparo contra normas y pretendiendo fundamentarse en el precedente anterior, materialmente negó la existencia en Venezuela del amparo contra normas.

En efecto, en esta sentencia del 24-5-93 al conocer de una acción de amparo contra un Reglamento Ejecutivo, la Sala comenzó señalando que en su jurisprudencia, ella había concluido que en los casos del primer aparte del artículo *3* de la Ley Orgánica de Amparo, "el objeto o la materia de la acción de amparo constitucional *es el acto de aplicación* de una norma que colida con la Constitución, de manera que ésta actúe como la causa que da origen a la acción, pero no como el objeto de ella". Después de transcribir párrafos de la sentencia citada de 6-8-92 (*Caso Colegio de*

Abogados...), la Sala en esta sentencia del 24-5-93 concluyó señalando que supuestamente:

> "No parece existir dudas, entonces, de que el artículo 3 de la Ley Orgánica de Amparo *no contempla la posibilidad de interponer una acción de amparo directamente contra un acto normativo,* sino contra el acto, hecho u omisión que tiene su origen en una disposición normativa... ".

Agregó la sentencia que:

> "Es obvio, por tanto, que el mencionado artículo de la Ley Orgánica de Amparo *no consagra la posibilidad de interponer esta acción de protección constitucional contra una ley u otro acto normativo* sino contra el acto de aplicación o ejecución de éste, el cual en definitiva es el que, en el caso concreto, puede ocasionar una lesión particular de los derechos y garantías constitucionales de una persona determinada".

En realidad, basta leer el texto del artículo 3 de la Ley *para que resulte obvio lo contrario* de lo que afirma la Corte, es decir, que si procede un amparo contra norma, no sólo cuando ésta sea autoaplicativa —y que por tanto, no requiere de actos de aplicación o ejecución para surtir efectos— sino cuando la norma simplemente sea una *amenaza* de violación de un derecho o garantía constitucional.

Para llegar a su conclusión errada, la Sala invocó una supuesta interpretación "reiterada" que había dado en unas decisiones anteriores de 19-11-92 (*Caso Edelca*) y de 5-5-93 (*Caso Coopetravolta*), conforme a la cual, se expresó que el amparo constitucional ejercido conforme al artículo 3 de la Ley Orgánica, tiene:

> "por objeto la protección de los derechos y garantías fundamentales menoscabados por los actos, hechos u omisiones derivados de la aplicación de una norma impugnada por inconstitucionalidad obraría como causa, mientras que su aplicación, que constituye la situación jurídica concreta cuya violación se alega, vendría a ser propiamente el objeto del amparo".

La señalada sentencia del 24-5-93, en esta forma, rechazó la acción de amparo contra normas, en una forma evidentemente *contra legem,* particularmente cuando se trata de amenaza de violación de derechos por la norma, que no requerirían de actos de ejecución. Para salvar esta incongruencia, sin embargo, la Corte se contradijo en la sentencia, afirmando lo siguiente:

> "no obstante, aun cuando la propia Ley Orgánica de Amparo *no consagra expresamente la interposición de este especial medio judicial contra leves o actos normativos,* no es posible sostener, debido a la amplitud de la consagración constitucional y legal de los posibles agentes perturbadores —como se señaló antes—, que de *plano deba rechazarse una acción de amparo cuyo objeto sea, precisamente, un acto de esta naturaleza,* por lo que es necesario verificar, por tanto, si un acto normativo o de efectos generales puede constituirse por sí mismo y directamente en lesivo de derechos y garantías subjetivas de los particulares. En otras palabras, el centro del problema no es una restricción en cuanto a los actos factibles de ser materia de una acción de amparo, ya que ésta puede interponerse contra cualquier acto —inclusive contra las leyes u otros normativos—, sino dilucidar la posibilidad de que éstos lesionen la órbita constitu-

cional subjetiva particular en la forma requerida —anteriormente transcrita— para la procedencia del amparo constitucional".

En la sentencia, luego de hacer referencia al derecho comparado y constatar que las leyes son actos de efectos generales que afectan por igual a un grupo indeterminado o indeterminable de personas, la Corte concluyó tajantemente afirmando que:

"En conclusión, *es imposible* que un verdadero acto normativo o de efectos generales pueda —por sí mismo y en forma directa, como se ha exigido debe ser la lesión atacable mediante el amparo— constituirse en lesivo de la órbita constitucional de alguna situación concreta y determinada de un particular".

Pero para resolver la incongruencia de esta afirmación con el texto de la Ley, la Corte agregó:

"Sin embargo, sí resulta innegable que una norma inconstitucional puede, a las personas que están o estarán en el supuesto de hecho por ella previstos, constituirse en una amenaza de lesión de derechos o garantías fundamentales, por lo que es necesario recordar que esta acción, en los términos de la Ley Orgánica de Amparo, procede, además, contra determinadas amenazas: "aquella que sea inminente" (artículo 2).

E. *El amparo contra normas frente a la amenaza de violación de derechos constitucionales y la restricción jurisprudencial*

El problema radica en verificar si un acto de efecto general, luego de haber concluido la jurisprudencia de Sala en la imposibilidad de que cause un daño particular a una persona, puede constituir una amenaza válida para la procedencia de esta acción, para lo cual es necesario precisar cuál es —en los términos de la Ley— el justo alcance y significado del vocablo "amenaza inminente".

La Corte, luego de analizar el sentido de la expresión *amenaza inminente,* pasó a analizar si una ley o acto normativo de efectos generales podía convertirse, para la situación jurídica de un particular, en una amenaza de algún derecho o garantía constitucional en forma "posible, inmediata y realizable por el imputado", señalando:

"Al respecto, es indudable que una norma que transgreda la Constitución puede lesionar a cualquiera de las personas que se encuentren en la situación jurídica por ella contemplada, por lo que el daño será "posible", cumpliéndose entonces con el primero de los requisitos exigidos en el transcrito ordinal 2° del artículo 6 de la Ley Orgánica de Amparo.

No obstante, nos encontramos con que de interponerse un amparo contra una norma —es decir, que el objeto de la acción sea la propia norma, la concreción del posible daño alegado no será "inmediata", pues siempre sería necesario que la autoridad competente proceda a la ejecución o aplicación de ella para efectivamente lesionar al solicitante. En efecto, debemos concluir que el probable daño causado por una norma será siempre mediato o indirecto, por lo que necesitará ser aplicada en el caso concreto. De manera que la lesión se causará por medio o gracias a un acto de aplicación de esa disposición contraria a Derecho.

Igual sucede con el tercer requisito exigido por la ley, la amenaza, es decir, el daño probable e inminente, no será nunca realizable —vale decir, concretado—

por el imputado. Ciertamente, de sostenerse que el amparo tiene por objeto una disposición cuya constitucionalidad es cuestionada, habría que aceptarse como agraviante al cuerpo deliberante o al funcionario público que la hubiere dictado, siendo éste el que se presentaría en el proceso de amparo en defensa de su acto. Puede observarse que en caso de que ese posible daño llegue en realidad a concretarse, no sería —al menos generalmente— el cuerpo deliberante o el órgano público que lo dictó el que lo ejecutará, sino que sería más bien el funcionario para quien la aplicación de la norma es imperiosa en todos los casos en que un particular se encuentre dentro del supuesto de hecho por ella previsto.

En efecto, de entenderse que la norma es la materia de la acción de amparo, llegaríamos a la conclusión de que no podría ser el imputado (que sería la persona pública que dicta la norma cuya inconstitucionalidad se alega) quien llevaría a cabo la amenaza; sino que el daño probable será concretado o realizado en definitiva por una persona diferente (el que aplique el caso específico y concreto la disposición inconstitucional)".

Después de lo anterior la Corte en la citada sentencia de 24-5-93, concluyó señalando que podía:

> " . . . descartarse la procedencia de la acción de amparo contra leyes u otros actos normativos, no sólo porque la Ley Orgánica de Amparo sobre Derechos y Garantías Constitucionales no prevé tal posibilidad sino porque, aún siendo posible la interposición de esta acción extraordinaria contra un acto normativo de efectos generales, deberá el juez declarar su inadmisibilidad por no reunir los requisitos exigidos en el ordinal 2 artículo 6 de la Ley Orgánica de Amparo, y así se declara, expresamente".

Pero para no descartar la posibilidad de que una norma pudiera consistir en una *amenaza* de violación de un derecho constitucional, y que por tanto, fuera procedente el amparo, señaló:

> "Considera necesario este Alto Tribunal, sin embargo, señalar que la conclusión anterior no significa la imposibilidad de prevenir la concreción del daño —objeción que pudiera plantearse a la tesis de que el amparo procede sólo cuando la norma inconstitucional sea aplicada—, ya que no necesariamente debe el inminente perjudicado esperar que efectivamente sea ejecutada la disposición normativa contraria a Derecho, porque bien podría éste, ante la amenaza que reúna los requisitos exigidos por la ley, solicitar el amparo de sus derechos fundamentales amenazados; sólo que la acción no estaría dirigida contra la norma sino, en todo caso, contra el funcionario que deberá aplicar ésta. En efecto, siendo inminente que a un particular le será aplicada, en una situación concreta y determinada, una disposición normativa que contraría alguno de los derechos o garantías de rango constitucional, podría ésta solicitar del tribunal competente una prohibición al referido funcionario o persona para que en el caso concreto alegado se abstenga de aplicar la norma cuestionada y apreciada por el juez, previamente, como violatoria de los preceptos del Texto Fundamental".

En el caso concreto de la acción de amparo constitucional interpuesta y declarada inadmisible en esta sentencia del 24-5-93, la misma tenía por objeto o materia el Reglamento de la Universidad Nacional Experimental de Los Llanos Occidentales,

Ezequiel Zamora, dictado por el Presidente de la República en Consejo de Ministros, por lo que luego de observar la Sala la naturaleza general y abstracta de todas sus disposiciones, que se aplicarían indistintamente a todas las situaciones que se planteen durante su vigencia, declaró inadmisible la acción, de conformidad con el artículo 6, ordinal 2°, de la Ley Orgánica de Amparo.

La sentencia anterior del 24-5-93, fue adoptada por la Sala con el Voto Salvado de la Magistrado Cecilia Sosa Gómez, en el cual la Magistrado disidente si bien reconoció que la expresión de la sentencia, en cuanto al objeto de la acción de amparo sustentada en el artículo 3 de dicha Ley, "es el acto de aplicación de una norma que colida con la Constitución, de manera que ésta actúe como la causa que da origen a la acción, pero no como el objeto de ella"; (es lo que se desprende de la sentencia, *caso Colegio de Abogados del Distrito Federal* de fecha 6-8-92 dictada por la Sala, de la cual también disintió por otras razones), afirmó que:

> "es una frase que no puede sacarse del contexto y del sentido que en aquella oportunidad quiso dársele, cual es que la suspensión o inaplicación de la norma impugnada tenga efecto *erga, omnes y* por tanto la decisión de amparo deba dirigirse, de ser procedente, a la situación jurídica concreta cuya violación se alega, y que en definitiva aprecie la inaplicación de la norma al caso concreto".

Si lo anterior es lo que ha sentado la jurisprudencia, por lo demás juiciosamente, como lo señaló la Magistrado disidente, "Nada más alejado de la Ley de Amparo y en particular de la pretendida garantía de los derechos a través de dicha acción", que la Sala diga que "el mencionado artículo de la Ley Orgánica de Amparo no consagra la posibilidad de interponer esta acción de protección constitucional contra una ley u otro activo normativo *sino contra el acto de aplicación o ejecución de ésta"*; agregando:

> "pues si el legislador hubiera querido decir lo que el párrafo anterior quiere que diga la norma, no habría consagrado el supuesto, pues el resultado de tal conclusión sería siempre la improcedencia del amparo por no ser una violación directa de la Constitución, o por el contrario de ser procedente, el amparo prosperaría contra el acto que individualiza la aplicación de la norma y nunca contra ella misma".

En definitiva, la Magistrada disidente concluyó su Voto Salvado señalando:

> "La pregunta sería, cómo la jurisprudencia puede a través de la interpretación de cuerpos normativos negar lo que la ley expresamente consagra. Por tanto, la acción de amparo autónoma contra un acto normativo cuando se constituya por si mismo y directamente en lesivo para él o los solicitantes, *siempre* sería inadmisible para la Sala y este precedente nos lleva al absurdo de que sólo la amenaza inminente lo posibilitaría, y así lo razona en principio la sentencia, pero luego niega inclusive tal presupuesto, cuando afirma que puede ser posible, pero el daño no puede ser inmediato cuando el amparo sea contra norma "pues siempre sería necesario que la autoridad competente proceda a la ejecución o aplicación de ella para efectivamente lesionar al solicitante".

Concluyó la Magistrada disidente señalando que:

> "la sentencia incurre en una contradicción pues por una parte afirma que no significa la imposibilidad de prevenir la concreción del daño, pues no necesariamente debe el inminente perjudiciado esperar efectivamente sea ejecutada la disposición normativa contraria a derecho, y por otra parte, afirmar, cuando examina el caso concreto, por lo demás de manera exigua, que dada la naturaleza general y abstracta de todas las disposiciones, que se aplicarán indistintamente a todas las situaciones que se plantean durante su vigencia, procede a declarar la acción de amparo inadmisible".

Con esta sentencia, sin duda, la Corte comenzó a negar lo que la Ley Orgánica consagra, es decir, la admisibilidad de la acción de amparo contra normas; y decimos que comenzó a contrariar la ley, pues como lo expuso la Magistrada disidente de esa sentencia, la jurisprudencia citada en la sentencia, como precedente, no contenía pronunciamiento alguno en ese sentido. La sentencia, así, estableció el principio de la improcedencia de la acción de amparo contra normas, lo que contrariaba abiertamente la Ley.

Lamentablemente, en la sentencia mencionada del 8-8-94, la misma Sala Político Administrativa, esta vez bajo la Ponencia de la Magistrada Cecilia Sosa Gómez, confirmó el criterio de la sentencia del 24-5-93, que ella misma había criticado abiertamente, aceptando el criterio opuesto. Como se puede observar de la sentencia de 8-8-94, la Corte, erradamente ratificó el criterio de que el objeto o materia de la acción de amparo contra normas fundadas en el artículo 3 de la Ley, "es el acto de aplicación de la norma que colida con la Constitución", pues "un acto normativo se presenta como incapaz de lesionar por sí solo y en forma inmediata los derechos constitucionales". De allí la conclusión errada de la Corte de que el verdadero acto lesivo contemplado en el artículo 3 de la Ley Orgánica "es aquél que ejecuta o aplica una norma viciada de inconstitucionalidad". Sin embargo, aquí también, para dejar a salvo la incongruencia, la Corte dejó abierta la posibilidad de ejercicio de la acción de amparo contra normas sólo en "determinadas circunstancias" en las que en forma evidente sea innecesario esperar un acto de ejecución de la norma para otorgar la protección constitucional y se evite anticipadamente la violación.

En la sentencia de 8-8-94 (*Caso Declaración Jurada de Patrimonio*), sin embargo, la Corte no declaró inadmisible la acción, como lo había hecho en la sentencia de 24-5-93, sino que entró a conocer del fondo afirmando que en los casos en que se intente la acción contra un acto normativo "el juez debe trasladar los efectos de la inaplicación al caso específico y concreto", y en esa forma, la Corte, en este caso. trasladó los efectos de la acción de amparo que intentamos contra el "aparte único" del artículo 31 de la Ley de Emergencia, a la Resolución de la Superintendencia de Bancos que fijó la forma y manera de presentación de la declaración jurada que aquélla establecía. La Corte, declaró con lugar el amparo solicitado, pero con una interpretación contraria al artículo 3 de la Ley Orgánica de Amparo. Por lo demás, la Corte trasladó los efectos de la inaplicación solicitada del artículo 31 de la Ley de Emergencia, a la Resolución de la Superintendencia de Bancos, luego de que "declara y acuerda la inaplicabilidad del artículo 31 de la Ley", que es lo que prevé el artículo 3 de la Ley Orgánica de Amparo, y lo que se había solicitado.

5. *El amparo respecto de los actos administrativos y contra conductas omisivas de la administración*

De acuerdo al artículo 5° de la Ley Orgánica:

> "La acción de amparo procede contra todo acto administrativo, actuaciones materiales, vías de hecho, abstenciones u omisiones que violen o amenacen violar un derecho o garantía constitucionales, cuando no exista un medio procesal breve, sumario y eficaz, acorde con la protección constitucional".

Por tanto, la acción de amparo procede también contra actos administrativos o contra conductas omisivas de la Administración que violen o amenacen violar un derecho o garantía constitucionales, pero siempre que no exista "un medio procesal breve, sumario y eficaz, acorde con la protección constitucional". En consecuencia, si dicho medio existe no es admisible la acción de amparo; y, en nuestro criterio, es la propia Ley Orgánica la que se ocupa de prever dicho "medio procesal breve, sumario y efectivo, acorde con la protección constitucional", y ese es el recurso contencioso-administrativo de anulación, siempre que exista en la localidad un tribunal con competencia contencioso-administrativa.

En estos casos, prevé la Ley que la acción de amparo puede ejercerse contra actos administrativos de efectos particulares o contra abstenciones o negativas de la Administración, ante el Juez Contencioso-Administrativo competente, si lo hubiere en la localidad, "conjuntamente con el recurso contencioso-administrativo de anulación de actos administrativos o contra las conductas omisivas, respectivamente, que se ejerza". En estos casos, agrega el artículo 5° de la Ley Orgánica, el Juez, en forma brevé, sumaria y efectiva, si lo considera procedente para la protección constitucional, suspenderá los efectos del acto recurrido como garantía de dicho derecho constitucional violado, mientras dure el juicio.

Por último, para garantizar que este recurso contencioso-administrativo de anulación y amparo, sea un medio procesal breve, sumario y efectivo, acorde con la protección constitucional, el Parágrafo Único del artículo 5° de la Ley Orgánica precisa que:

> "Cuando se ejerza la acción de amparo contra actos administrativos conjuntamente con el recurso contencioso-administrativo que se fundamente en la violación de un derecho constitucional, el ejercicio del recurso procederá en cualquier tiempo, aun después de transcurridos los lapsos de caducidad previstos en la Ley; y no será necesario el agotamiento previo de la vía administrativa".

Por tanto, un acto administrativo violatorio de un derecho o garantía constitucional, puede ser impugnado en vía contencioso-administrativa en cualquier tiempo, siempre que se acompañe al recurso de anulación una pretensión de amparo; y contra dicho acto sólo puede ejercerse la acción de amparo si ya han transcurrido más de seis meses de dictado (Art. 6, Ord. 4°) si se ejerce conjuntamente con el recurso contencioso-administrativo de anulación.

A. *El amparo contra actos administrativos*

Ya nos hemos referido al carácter subsidiario de la acción de amparo contra actos administrativos en el sentido de que procede si no hay otro medio procesal que asegure en forma breve, efectiva, sumaria e inmediata la protección constitucional. El recurso contencioso-administrativo de anulación con una pretensión de amparo puede ser, en principio, dicho medio, y sólo procedería la acción autónoma de amparo cuando ese no sea el medio efectivo para la protección constitucional. La jurisprudencia, en este aspecto, en todo caso, no ha sido constante.

En efecto, en sentencia de 24-5-88, recién promulgada la Ley Orgánica de Amparo, la Corte Primera de lo Contencioso Administrativo, al interpretar el artículo 5° de la Ley, consideró que frente a un acto administrativo no resultaba procedente la acción autónoma de amparo, si contra el mismo podía interponerse el recurso contencioso-administrativo de anulación con la pretensión de amparo como lo autoriza el artículo 5° de la Ley. Argumentó así la Corte:

> "En vista de la anterior disposición el accionante podía, sin agotar la vía administrativa, impugnar el acto que estimaba viciado y lesivo al mismo tiempo de los derechos que la Constitución consagra, por medio del recurso contencioso-administrativo de nulidad, e interponer conjuntamente el amparo en la forma prevista por la disposición transcrita. Existía en consecuencia un medio procesal "breve, sumario y eficaz", disponible por el actor para la defensa de sus derechos, por lo cual, la acción autónoma de amparo, esto es, la ejercida sin ningún otro sustento, resulta improcedente[1036].

De acuerdo a esta doctrina inicial, la Corte Primera de lo Contencioso Administrativo desarrolló una constante jurisprudencia conforme a la cual consideró improcedente la acción autónoma de amparo contra actos administrativos lesivos de los derechos de los funcionarios públicos, estableciendo que en esos casos la acción contencioso-administrativa funcionarial, constituía un medio idóneo para la protección constitucional En sentencia de 3-06-88, en efecto, la Corte señaló:

> "Es coincidente el criterio de esta Corte con lo expuesto por el *a quo,* ya que cuenta el solicitante del amparo con medios procesales hoy de un amplio desarrollo jurisprudencial, suficiente y adecuado para la protección de los derechos que corresponde a los funcionarios públicos, y que aun cuando de origen constitucional han sido profusamente desarrollados por actos de aplicación subsiguientes provenientes del legislador patrio. El contencioso de la carrera administrativa, es, en caso de proceder, un medio idóneo, y en opinión de esta Corte suficiente, con lo cual se excluye a esta vía de amparo constitucional para entrar a conocer sobre las violaciones denunciadas por los apelantes. Ya ha dicho esta Corte en reciente sentencia que sólo procede el amparo constitucional ante violaciones francas y flagrantes a derechos y garantías constitucionales; por ello, ante procedimientos y fórmulas de protección suficientes, por desarrollo posterior que el legislador haya dado a derecho y garantías constitucionales, son de preeminente aplicación y excluyen a esta excepcionalísima y extraordinaria vía. Distinta interpretación, como bien lo asentó el juzgador *a quo,* supondría efectos derogatorios sobre la casi totalidad de los procedimientos jurisdiccionales existentes en el régimen jurídico venezolano[1037].

1036 *V.*, en *Revista de Derecho Público,* N° 34, EJV, Caracas, 1988, p. 126.

1037 *V.*, en *Revista de Derecho Público,* N° 35, EJV, Caracas, 1988, p. 129. En sentido coincidente, véase las sentencias de la CPCA de 7-7-88, *Revista de Derecho Público,* N° 35, EJV, Caracas, 1988, p. 130- 16-6-88, *Revista de Derecho Público* N° 35, EJV, Caracas, 1988, p. 138- 20-4-89, *Revista de Derecho*

En una sentencia de 5-2-90 la Corte Primera de lo Contencioso Administrativo admitió, además, que si bien la acción autónoma de amparo contra actos administrativos procedía cuando no existiera un medio procesal eficaz para la protección constitucional, el recurso contencioso-administrativo y la suspensión de efectos del acto por el juez, constituía dicho medio eficaz[1038].

Con posterioridad, en 1991, la Corte Primera de lo Contencioso Administrativo, en sentencia de 9-7-91 estimó que la acción autónoma de amparo contra un acto administrativo sólo procedía cuando se diesen circunstancias excepcionales o extraordinarias que no pudieran resolverse por la vía contencioso-administrativa[1039], con lo cual, la tesis de la subsidiariedad, continuaba privando.

Más recientemente, la doctrina de la Corte Primera de lo Contencioso Administrativo ha cambiado radicalmente en el sentido de considerar que el recurso contencioso de anulación no es la vía eficaz para la protección constitucional. En sentencia de 23-4-93, en efecto, señaló lo siguiente:

> "En cuanto al fondo del fallo consultado observa la Corte que el *a quo* estimó que existía otro "medio procesal, sumario y eficaz, acorde con la protección constitucional para obtener la restitución de los derechos lesionados", distinta al amparo, y que ese otro medio procesal —sustitutivo, a juicio del *a quo,* de la acción de amparo— es el recurso contencioso-administrativo de anulación, que es el que a su juicio ha debido utilizar el accionante.
>
> Observa esta Corte que el artículo 2 de la Ley Orgánica de Amparo sobre Derechos y Garantías Constitucionales dispone que la acción de amparo procede contra cualquier hecho, acto u omisión proveniente de los órganos del Poder Público Nacional, Estadal o Municipal, que hayan violado, violen o amenacen violar cualquiera de las garantías o derechos amparados por esa ley. Por su parte, el artículo 5 *ejusdem* prevé la interposición conjunta de la acción de amparo con el recurso contencioso-administrativo de anulación, en cuyo caso no será necesario el agotamiento previo de la vía administrativa ni observar los lapsos de caducidad establecidos para la interposición del recurso contencioso de anulación.
>
> Al respecto ha sostenido esta Corte, criterio que en esta oportunidad ratifica, que no es posible admitir, como lo hace el *a quo,* que el recurso contencioso administrativo de anulación sea el medio breve, sumario y eficaz sustitutivo del amparo pues, si así fuera, el artículo 2 de la Ley Orgánica de Amparo sobre Derechos y Garantías Constitucionales vendría a ser superfluo, a menos en lo atinente a que la acción de amparo procede contra cualquier acto de la Administración, bastando la interposición conjunta de ambos mecanismos procesales. Por lo demás, admitir tal interpretación sería tanto como negar la posibilidad de la

---

Público, N° 38, EJV, Caracas, 1989 p. 109; y 5-2-90 en FUNEDA, 15 *años de Jurisprudencia, op. cit.,* p. 235. En sentido similar el Tribunal Superior Contencioso-Administrativo de la Región Capital en sentencias de 14-2-91 y 31-1-91 *Revista de Derecho Público,* N° 45, EJV, Caracas, 1991, pp. 113, 114 y 119, ha considerado que el recurso contencioso-administrativo con pretensión de amparo es la vía eficaz para la protección constitucional.

1038 *V.*, en *Revista de Derecho Público,* N° 41, EJV, Caracas, 1990, p. 114.

1039 *V.*, en *Revista de Derecho Público,* N° 47, EJV, Caracas, 1991, p. 131.

acción de amparo autónoma contra actos administrativos, por tanto, este razonamiento del *a quo* resulta no ajustado a derecho y así se declara"[1040].

En todo caso, el tema central en relación al ejercicio de la acción autónoma de amparo contra actos administrativos, en el sentido de si la vía contencioso administrativa es o no el medio eficaz para la protección constitucional, es el de los efectos de la decisión de amparo, que no tiene carácter anulatorio sino de mera suspensión de efectos del acto.

Ello implica que el acto administrativo lesivo, contra el cual se ejerce una acción autónoma de amparo, al acordarse el amparo, si bien no produce efectos, por la suspensión de los mismos por el mandamiento de amparo, queda incólume en cuanto a su validez, por lo que para que la protección constitucional sea integral debe buscarse su anulación posterior por la vía contencioso-administrativa. Para ello, el juez que otorgue amparo contra un acto administrativo debería imponerle al agraviado la obligación de impugnar el acto administrativo ante el Tribunal Contencioso-Administrativo competente. Este fue el criterio que siguió el Tribunal Superior Contencioso-Administrativo de la Región Capital, en sentencia de 11-5-90, al señalar lo siguiente:

> "1) En lo atinente a la interposición en forma autónoma de la presentación de amparo, cabe señalar que a partir de la entrada en vigencia de la Ley Orgánica de Amparo Sobre Derechos y Garantías Constitucionales en enero de 1988, la acción de amparo contra violaciones de derechos constitucionales derivadas de un acto administrativo, se concibe como una medida cautelar de obtención del restablecimiento de las situaciones jurídicas infringidas, acumulable al recurso contencioso-administrativo de nulidad o al recurso por inconstitucionalidad que contra tal acto administrativo se ejerce. Todo ello, en razón de que la decisión sobre una acción de amparo no puede sino restablecer las situaciones jurídicas subjetivas lesionadas, pero nunca pronunciarse sobre la legalidad de actuación administrativa alguna o sobre la procedencia o no de pretensiones condenatorias contra la administración. En tal sentido, según la Legislación Especial de Amparo, el recurso de amparo contra actos administrativos se ha previsto principalmente como una medida cautelar en el procedimiento de nulidad respectivo.
>
> Sin embargo, no previó el Legislador las consecuencias de la declaración con lugar de una acción autónoma de amparo contra un acto administrativo, la cual, dada la naturaleza, sólo podría suspender la vigencia del acto en cuestión, pero nunca declarar su invalidez, originando así la absurda situación de existencia y hasta de firmeza de un acto administrativo que no podría nunca ser eficaz en virtud de una decisión de amparo, todo ello en perjuicio del orden jurídico establecido.
>
> Antes de la vigencia de la Ley Orgánica de Amparo Sobre Derechos y Garantías Constitucionales, algunos tribunales de la jurisdicción contencioso-administrativa, cayendo en cuenta de esta circunstancia, establecían en sus decisiones un lapso de decaimiento del mandamiento de amparo acordado, su-

---

1040 *V.*, en *Revista de Derecho Público,* N° 53-54, EJV, Caracas, 1993, pp. 263-264. En igual sentido sentencia CPCA 1-4-93, *Revista de Derecho Público,* N° 53-54 EJV, Caracas, 1993, p. 271 y antes, sentencia CPCA, de 19-9-90 en FUNEDA, *15 años de Jurisprudencia, op. cit.*, p. 149.

peditada la procedencia de dicho decaimiento a la introducción del procedimiento de nulidad correspondiente.

De esta forma, si el particular beneficiario de una decisión de amparo contra un acto administrativo pretendiese dejar perennemente en efecto tal situación, sin duda irregular, de existencia pero ineficacia del acto, los efectos del amparo acordado, sólo subsistirían por un tiempo determinado.

Por otra parte, con la aparición de la Ley Orgánica de Amparo Sobre Derechos y Garantías Constitucionales, se pretendió, dados los requerimientos de la protección constitucional, abstraer el recurso contencioso-administrativo de nulidad ejercido conjuntamente con la acción de amparo de los requerimientos de admisibilidad relativos a la caducidad de la acción y al agotamiento de la vía administrativa (artículo 5 de la Ley Orgánica de Amparo Sobre Derechos y Garantías Constitucionales). En tal sentido, se estableció la posibilidad de intentar dicho recurso, aun cuando se hubiese cumplido el término de caducidad de la acción o cuando no se hubiese agotado la vía administrativa.

La Corte Primera de lo Contencioso Administrativo, desarrollando este principio legislativo, ha establecido que tal beneficio sólo subsistiría en caso de que fuese declarada con lugar la pretensión de amparo, procediendo la Corte, en caso contrario, a reexaminar las condiciones de admisibilidad del recurso de nulidad propuesto.

Haciendo una aplicación concatenada de los principios expuestos y en vista de que existen elementos suficientes para la declaratoria con lugar de la presente acción, considera este Tribunal necesario, aun estando vencidos los plazos de impugnación del acto objeto del presente recurso, establecer un lapso a favor de la recurrente, destinado a que la misma pueda intentar los recursos que considere pertinentes, destinados a obtener la declaratoria de nulidad del acto administrativo objeto del presente recurso, si ello fuere procedente; transcurrido el cual sin que tales medios de impugnación hubiesen sido interpuestos, dejará de tener vigencia la solicitud de amparo aquí acordada.

Considera este Tribunal que con la fórmula expuesta se impide la consolidación en el tiempo de situaciones irregulares conformadas por la existencia de actos administrativos válidos, pero ineficaces, al tiempo que se permite, conforme al espíritu del Legislador de amparo, la interposición de los recursos idóneos para atacar la validez del acto impugnado"[1041].

Esta tesis, es la que debería consolidarse en el futuro.

En todo caso, es cierto que el artículo 5° de la Ley Orgánica de Amparo, cuando regula el ejercicio conjunto de la pretensión de amparo con el recurso contencioso administrativo de anulación, usa el término "podrá", con lo que se abre el agraviado la alternativa, a su elección, de ejercer el amparo autónoma o conjunto[1042].

1041 *V.*, en *Revista de Derecho Público,* N° 42, EJV, Caracas, 1990, pp. 116-117.

1042 *V.*, sentencias de la CSJ-SPA de 25-1-89 y 9-8-89 en *Revista de Derecho Público,* N° 39, EJV, Caracas, 1989, p. 139.

B. *El amparo contra conductas omisivas de la Administración*

Para que proceda una acción de amparo contra conductas omisivas de la Administración, ante todo tiene que existir tal conducta omisiva o la mora frente a un requerimiento del interesado. Es decir, es necesario que el presunto agraviado se haya dirigido en forma previa a la presunta autoridad agraviante, dando inicio a un procedimiento constitutivo. Siendo ello así, ha dicho la Sala Político Administrativa de la Corte Suprema:

> "mal puede la Sala entrar a conocer del amparo por abstención planteado cuando no habido requerimiento del administrado para que la autoridad administrativa emita algún acto administrativo"[1043].

Ahora bien, en cuanto a la acción autónoma de amparo contra las conductas omisivas de la Administración, la jurisprudencia de la Corte Suprema y de la Corte Primera de la Contencioso-Administrativo han venido delineando las condiciones de su procedencia, particularmente en relación al recurso contencioso-administrativo por abstención y a la institución del silencio administrativo regulado en la Ley Orgánica de la Corte Suprema de Justicia.

El asunto se planteó, antes de la publicación de la Ley Orgánica de Amparo, en una decisión de la Corte Primera de lo Contencioso Administrativo de 17-12-85, en la cual se analizó la procedencia de la acción de amparo en aquellos casos de silencio de la Administración en el procedimiento constitutivo del acto administrativo, que se estimó vulneraban el derecho de petición, pues considerarla rechazada por silencio, no satisfacía la garantía constitucional; en esa decisión, la Corte Primera señaló:

> "La razón teleológica estriba en el objetivo que origina la normativa sobre el derecho de petición, que no puede ser otro que el obtener a través del mismo la satisfacción de la pretensión, una declaración requerida de la Administración, o bien las razones por las cuales ella no otorga ninguna de las peticiones antes aludidas según el caso. Con el silencio-rechazo no se obtiene la pretensión y si bien puede obtenerse la declaración, no se satisface la garantía constitucional. De allí que, cuando esta Corte mantiene la segunda interpretación, está considerando que la no respuesta de la Administración lesiona directamente una garantía constitucional, la contemplada en el artículo 67 relativa al derecho de petición, sin que pueda alegarse que el administrado podía seguir adelante con la interposición de los recursos subsiguientes; ya que sólo a él le corresponde la escogencia, por cuanto siendo una facultad libre, poseía esta libertad de decisión. Por el hecho de haber llegado a la conclusión anterior se llega también a la afirmación de que el ciudadano que no obtiene respuesta de la Administración y sufre por ello la lesión de un derecho constitucionalmente garantizado, en forma presente y directa, está protegido por la norma contenida en el artículo 49 de la Constitución, esto es, por la vía del amparo y puede ocurrir a ella a fin de que se le restablezca en el goce del derecho lesionado, que, en el caso presente, es el derecho de petición, por lo cual podrá exigir que se cumpla el contenido de tal derecho, a saber, que se le confiera la pretensión deducida ante la Administra-

---

1043 Sentencia CSJ-SPA de 18-11-93, en *Revista de Derecho Público* Nos. 55-56, EJV, Caracas, 1993, p. 295.

ción; que se dicte la declaración que pretende; o bien que se le señalen los motivos por los cuales no puede la Administración acceder a ninguna de las actuaciones precedentemente señaladas"[1044].

Con posterioridad a la entrada en vigencia de la Ley Orgánica de Amparo, el asunto fue tratado por la Sala Político Administrativa de la Corte Suprema en sentencia de 23-5-88, (*Caso Fincas Algaba*), en la cual se hizo una clara distinción entre los efectos del silencio administrativo en el procedimiento constitutivo del acto administrativo (asunto) y en el procedimiento de impugnación del mismo (recurso). En este último caso, la Corte señaló que "el silencio de la Administración en la resolución de un recurso administrativo, deja abierta al interesado la vía contencioso-administrativa en las condiciones fijadas por leyes especiales", siendo esa la vía procedente prevista en la Ley como garantía contra el silencio administrativo, caso en el cual se consideró improcedente ejercer una acción de amparo. La Corte Suprema, en ese caso concreto de un acto de un Registrador denegatorio de un registro, contra el cual el interesado podía ejercer recurso jerárquico ante el Ministro de Justicia, no habiéndolo hecho y en cambio habiendo ejercido acción de amparo, señaló lo siguiente:

> "... habiéndose establecido en nuestro ordenamiento el procedimiento destinado a obtener oportuna respuesta en el caso de abstención o negativa de un Registrador de la Propiedad a protocolizar determinado documento, procedimiento congruente e idóneo para alcanzar tal fin, sin embargo, la hoy accionante en amparo no ha hecho todavía cabal uso de él, por lo que mal podría ella acogerse —y así se declara— a la acción de amparo, utilizándola como sustitutoria de los recursos precisa y específicamente arbitrados por el legislador —en desarrollo de las normas fundamentales— para lograr de esta manera el propósito que pretende en autos. Si tal sustitución se permitiere, el amparo llegaría a suplantar no sólo esa sino todas las vías procedimentales establecidas en nuestro sistema de Derecho positivo, situación en modo alguno deseable ni deseada por el legislador del amparo.
>
> Pero no revelan estos autos que el Ministro de Justicia haya incurrido en violación directa del derecho —consagrado constitucionalmente en beneficio del administrado— de que éste obtenga oportuna respuesta, pues aun de prolongarse el silencio de la administración en la resolución del recurso administrativo intentado por la ahora accionante en amparo, la ley lo interpreta como denegatorio del recurso, lo que faculta a la interesada para acudir a la vía judicial. Asimismo, si de ese silencio se derivaren perjuicios para la accionante, dispone ésta también de otros medios procesales que permitan obtener la correspondiente indemnización (artículos 206 de la Constitución y 6 de la Ley Orgánica de Procedimientos Administrativos). Tampoco pues desde este punto de vista, es procedente la acción de amparo en el presente caso, y así se reitera[1045].

La tesis que resulta de esta sentencia de la Corte es que la acción de amparo para proteger el derecho de petición y a la defensa contra el silencio administrativo, pro-

---

1044 *V.*, esta sentencia citada en la de la misma Corte Primera de 13-2-86. FUNEDA, *15 años de Jurisprudencia, cit.*, pp. 312-313.

1045 *V.*, en *Revista de Derecho Público,* N° 35, EJV, Caracas, 1988, pp 109-112.

cede cuando no existe acto administrativo, es decir, en los casos de silencio en el procedimiento constitutivo del acto administrativo[1046] y no en el procedimiento de impugnación. Así lo ratificó posteriormente, la Corte Suprema de Justicia en Sala Político Administrativa en sentencia de 11-7-91, (*Caso J. E. Durán Díaz*), en la cual precisó cuándo procede la acción de amparo por mora de la Administración, dirigida a lograr el pronunciamiento de los órganos administrativos a fin de evitar la violación de derechos constitucionales del particular, en la forma siguiente:

2) La acción de amparo constitucional, referida a la mora de la Administración, tiene por notas características, las siguientes:

a) La conducta lesiva que permite la interposición de la acción ha de ser absoluta y, en consecuencia, el pronunciamiento de la Administración de cualquier tipo que éste sea, impediría su ejercicio.

En efecto, de existir un acto administrativo expreso surgido en el procedimiento constitutivo o en el revisorio, se deberá proceder a la interposición de otros recursos, tales como la acción de amparo (no por omisión sino por el menoscabo de los derechos constitucionales) conjuntamente con el recurso de nulidad por ilegalidad o la interposición de este último recurso acompañado con la solicitud, si ello fuere procedente, de la suspensión de los efectos del acto administrativo impugnado conforme lo permite el artículo 136 de la Ley Orgánica de la Corte Suprema de Justicia.

b) La omisión de la Administración que habilita el ejercicio de la mencionada acción de amparo por mora, *es la genérica* de pronunciarse y no la específica que ha venido exigiendo la jurisprudencia en el caso de la acción de abstención. Es decir, la solicitud de amparo va dirigida a que el juez ordene el pronunciamiento de la Administración sin que le corresponda a aquél precisar la forma concreta cómo debe actuar la Administración; simplemente la obliga a actuar a fin de evitar la violación de algún derecho constitucional.

3) De otra parte, conviene observar cuándo se puede ejercer la referida acción de amparo por la mora:

a) Durante el procedimiento constitutivo del acto, el particular puede ejercer la acción de amparo por mora contra la omisión de los órganos administrativos de dictar un acto de trámite, un acto definitivo o un dictamen que resuelva una consulta, en aquellos supuestos en los que la aplicación de las figuras del acto denegatorio tácito (artículo 4 de la Ley Orgánica de Procedimientos Administrativos) o del silencio positivo (leyes especiales) no favorecería su situación jurídica, pues para lograr el pleno ejercicio de los derechos constitucionales se requiere del pronunciamiento expreso de la administración.

Lo anterior, ha sido resaltado en varias oportunidades por la doctrina cuando señala que el silencio de la Administración —aunque se presuma negativo o positivo— ocasiona gravísimos daños al administrado, quien lo que desea es un

---

1046 Así ya lo había decidido la Corte Primera de lo Contencioso-Administrativo en sentencia de 17-3-88 al acordar amparo contra la no contestación por la Administración de solicitudes de entrega de amonestaciones por parte de un funcionario. *V.*, en *Revista de Derecho Público,* N° 35, EJV, Caracas, 1988, pp. 114-115.

pronunciamiento motivado y expreso que le permita conocer de la forma de actuar de la Administración.

En efecto, conforme a los mecanismos que nuestro ordenamiento jurídico prevé, el administrado podría ante la omisión de pronunciamiento en la oportunidad constitutiva del acto administrativo, escoger cualquiera de las siguientes alternativas: 1) intentar el recurso administrativo correspondiente con base en el silencio negativo a que se contrae el artículo 4 de la Ley Orgánica de Procedimientos Administrativos; 2) ejercer la acción de queja a que se contrae el artículo 3 *ejusdem;* o 3) interponer la acción de amparo constitucional por mora de la Administración, al ver conculcados o en peligro sus derechos constitucionales.

Por tanto, se deberá analizar cada caso concreto a fin de determinar la procedencia o no de la acción de amparo por mora en la instancia constitutiva del acto, no pudiendo alegarse su inadmisibilidad o improcedencia por el simple hecho de existir otras vías procesales (alternativas 1 y 2), pues puede que el ejercicio de éstas revierta en perjuicio del administrado.

b) Durante el procedimiento de revisión del acto en sede administrativa puede interponerse la acción de amparo por mora contra la omisión de los órganos administrativos que se abstienen de pronunciar y también, cuando conocen del recurso interpuesto contra un acto denegatorio tácito (artículo 4 de la Ley Orgánica de Procedimientos Administrativos). La omisión persistente de la Administración —en el proceso formativo y en el revisión en su propia sede— impide al administrado obtener pronunciamiento expreso frente a su petición y con ello imposibilita que la jurisdicción contencioso-administrativa tenga materia sobre la cual decidir.

No es discutible la procedencia de la acción de amparo por mora frente a la abstención de pronunciamiento de los órganos administrativos que conocen del acto denegatorio tácito, pues con ello se logra la efectiva protección del derecho constitucional previsto en el artículo 67 de la Constitución, al permitir al Administrado ejercer su derecho a la defensa en la instancia jurisdiccional y obligarse a la administración a emitir un pronunciamiento que constituirá, más tarde, la materia del recurso de nulidad.

En la acción de amparo constitucional interpuesta no se dan los presupuestos para su procedencia. En efecto, en la instancia constitutiva del acto surgió un pronunciamiento de la Administración, a saber, la orden de destitución emanada de la División general de Disciplina del Cuerpo Técnico de Policía Judicial y comunicada por la División General de Personal el 22 de marzo de 1990, por lo que ciertamente no se violó el derecho constitucional de petición, ya que la Administración se pronunció en forma expresa en el procedimiento disciplinario signado con el N° 1.990 contra el accionante por la División General de Disciplina.

Ante tal actuación, el administrado ejerció los recursos administrativos correspondientes, éstos son: el de reconsideración por ante la misma Dirección General de Disciplina y, ante la ratificación de la destitución, el jerárquico por ante el Ministro de Justicia y, es, precisamente, frente a la falta de respuesta de este superior jerárquico, que se ejerció la acción de amparo por mora.

El amparo por mora, al existir un pronunciamiento expreso de la Administración, en nada contribuye al restablecimiento de la situación jurídica del administrado, pues la orden de pronunciamiento del juez de amparo sería inútil desde que el administrado conoce ya la decisión de la Administración, es decir, la del procedimiento constitutivo del acto que se produjo de manera expresa.

El recurrente, al conocer el pronunciamiento de la Administración que lo destituyó del Cuerpo Técnico de Policía Judicial, debió ejercer los mecanismos de control de la legalidad del acto que le permite el ordenamiento jurídico, es decir, el recurso de nulidad conforme al beneficio procesal que permiten los artículos 93 de la Ley Orgánica de Procedimientos Administrativos y el 134 de la Ley Orgánica de la Corte Suprema de Justicia"[1047].

De esta sentencia se observa que la Corte también admitió la procedencia de la acción de amparo en caso de silencio en el procedimiento de impugnación, cuando el objeto de la misma es un acto denegatorio tácito producto del silencio en el procedimiento constitutivo. Ello se ratificó además, en sentencia de la misma Sala Político Administrativa de la Corte Suprema de 13-8-92, (*Caso N. J. Salas Grado*) en la siguiente forma:

"1° La conducta omisiva de la Administración debe ser absoluta y total, es decir, no procede la extraordinaria acción de amparo sobre la base de una supuesta violación del derecho de representar y de obtener oportuna respuesta, cuando aquélla se hubiere pronunciado mediante un acto administrativo expreso, ya sea en el procedimiento constitutivo o al resolver la interposición de los recursos administrativos internos. Consecuentemente:

2° Ha de ocurrir la omisión ante una *obligación genérica* de pronunciarse, a cargo de la Administración, pero no ante una obligación específica que le haya sido impuesta por la ley, ya que en este último caso habría de recurrirse más bien al recurso por abstención, contemplado en el artículo 42, ordinal 23, de la Ley Orgánica de la Corte Suprema de Justicia.

De esta manera, la acción de amparo procedería ante el silencio, la omisión o la abstención de pronunciamiento del superior jerárquico —caso de autos—, pero sólo en los casos en que éste no se hubiere pronunciado acerca de la ficción de acto denegatorio prevista en el artículo 4 de la Ley Orgánica de Procedimiento Administrativos, no desvirtuada ni confirmada por una decisión expresa del jerarca. Así se obligaría a la Administración a responder a la solicitud o petición planteada, para que posteriormente el peticionante pueda ejercer su derecho a la defensa ante la jurisdicción contencioso-administrativa, ya que, de lo contrario, no habría materia sobre la cual el juez pudiera decidir el recurso.

Observa la Sala:

En el presente caso —como puede observarse de lo expuesto— no se dan los requisitos necesarios para la procedencia de la acción. La Escuela de Aviación Militar dio de baja al accionante por una medida disciplinaria, acto administrativo dictado el día 12 de julio de 1991. Esta situación haría inútil —porque en nada contribuiría al restablecimiento de la situación jurídica infringida— un

1047 *V.*, en *Revista de Derecho Público,* N° 47, EJV, Caracas, 1991, pp. 141-142.

mandamiento del juez de amparo para que el Ministro de la Defensa se pronuncie sobre un caso, donde ya existe una decisión de la autoridad inferior, confirmada en virtud del silencio ocurrido en los sucesivos recursos administrativos, lo que, en su momento, dejó o deja abierta, en principio, la vía contencioso.

En efecto, casos como el presente, donde en la interposición del recurso jerárquico ante un acto administrativo expresó, el Ministro no responde en el lapso establecido por la ley, el ordenamiento legal venezolano le ofrece al recurrente el beneficio del silencio administrativo, que en el caso consiste en permitirle que pueda hacer uso del recurso contencioso que corresponda, tal como se encuentra regulado en los artículos 134 de la Ley Orgánica de la Corte Suprema de Justicia y 93 de la Ley Orgánica de Procedimientos Administrativos.

Aún más: si el acto expreso violare o amenazare de violación un derecho constitucional susceptible de restablecimiento inmediato, el administrado cuenta con la posibilidad de interponer, sin necesidad del agotamiento previo de la vía administrativa, una acción de amparo conjunta con el recurso contencioso administrativo correspondiente, todo conforme a las prescripciones del artículo 5° de la Ley Orgánica del Amparo.

Por estos motivos es imposible sostener activamente —conforme a nuestro derecho positivo y con base en la progresiva evolución de la jurisprudencia— que la abstención de pronunciamiento del superior jerárquico, cuando exista acto expreso del inferior, pueda lesionar el derecho de representar y obtener alguna respuesta contemplado en el artículo 67 de la Constitución"[1048].

De acuerdo a esta jurisprudencia puede entonces decirse que la Corte Suprema ha exigido para la procedencia de la acción de amparo contra conductas omisivas de la Administración, en forma acumulativa o concurrente, la existencia de dos requisitos:

"a) que la conducta omisiva que se denuncia sea absoluta, lo que significa que la Administración no haya en ningún momento realizado la actuación debida; y b) que la omisión ocurra ante una *obligación genérica,* es decir, aquella obligación que tiene el funcionario de actuar en ejercicio de las atribuciones correspondientes a su cargo distinta, por tanto, a la obligación específica que se ha exigido para la procedencia de la acción contencioso-administrativa por abstención. De manera que sólo cuando ante una *obligación genérica,* procedimental, de tramitar o proveer un asunto inherente al cargo del funcionario, éste incurre en una conducta omisiva, es que resulta procedente la acción extraordinaria de amparo constitucional"[1049].

Se destaca, de esta doctrina jurisprudencial, el dato de que para que proceda la acción de amparo contra conductas omisivas de la Administración, debe tratarse de la omisión ante una obligación *genérica* de pronunciarse y no ante las obligaciones *específicas* que le sean determinadas o impuestas par la ley. Sobre ello, en sentencia

---

1048 *V.*, en *Revista de Derecho Público,* N° 51, EJV, Caracas, 1992, pp. 173 y 174.

1049 *V.*, sentencias de la CSJ-SPA de 5-11-92 (Caso *Jorge E. Alvarado*), *Revista de Derecho Público,* N° 52, EJV, Caracas, 1992, p. 187; y de 18-11-93, *Revista de Derecho Público,* Nos. 55-56, EJV, Caracas, 1993, p. 295.

de 11-2-93, la misma Sala Político Administrativa de la Corte Suprema ha señalado lo siguiente:

> "En los casos de abstenciones u omisiones de la Administración puede observarse una distinción entre las normas constitucionales lesionadas cuando aquellas ocurren ante *obligaciones genéricas u obligaciones específicas*. En el primer supuesto, cuando un ente público no cumple con la obligación genérica de responder o tramitar un asunto o recurso interpuesto por un particular, se infringe el derecho de éste a obtener oportuna respuesta, consagrado en el artículo 67 de la Constitución; mientras que cuando la inactividad se produce ante una obligación específica que la ley le impone de manera concreta e ineludible, no se viola esa disposición constitucional ni alguna otra directamente. Requisito el último que ha venido exigiendo nuestra jurisprudencia para que pueda accionarse en vía constitucional, derivándolo de los términos del artículo 133 de la Ley Orgánica de la Corte Suprema de Justicia, aun cuando éste haya sido concebido en relación con el 117, el cual "por su propia y específica formulación, jamás puede ser violado en forma directa" (sentencia de esta Sala del 23-5-88, *Caso: "Fincas Algaba"*).
>
> De esta manera, resulta concluyente para la Sala que la inactividad de la Administración ante una obligación legal específica infringe en forma directa o inmediata, precisamente, el texto legal que la contempla, y entonces la Constitución resultaría violada de manera indirecta o mediata. En efecto, para que el Juez de Amparo pueda detectar si la abstención del ente agraviante lesiona efectivamente un derecho o garantía consagrado en la Constitución, deberá, en primera instancia, *acudir o fundamentarse en la supuesta ley incumplida* para verificar si la abstención se produjo ante una obligación específica. Lo cual significaría negarle al amparo su carácter de acción constitucional y otorgarle otro, por ejemplo el de un recurso contencioso-administrativo, tal como fue aclarado por esta Sala en las dos sentencias comentadas.
>
> b) El otro principio que impide el ejercicio de la acción de amparo autónoma contra abstención del cumplimiento de obligaciones específicas es el de ostentar aquella un carácter extraordinario o especial. Esta característica, atribuídale inicialmente por vía jurisprudencial, fue confirmada con la promulgación de la ley que rige la materia cuando se condicionó su admisión al hecho de no existir otros medios procesales eficaces con capacidad para restablecer inmediatamente la situación constitucional infringida.
>
> Para los casos donde un funcionario público no realice la actuación específica a la cual una ley lo obligue, existe en el artículo 42, numeral 23, de la Ley Orgánica de la Corte Suprema de Justicia una acción contencioso administrativa destinada, precisamente, a obtener del juez un pronunciamiento sobre la obligatoriedad de la Administración en realizarla. Esta acción por abstención fue desarrollada jurisprudencialmente en sentencia de 28-2-85 (*Caso: Eusebio Igor Vizcaya Paz*), donde la Sala estimó, conforme al artículo 102 *ejusdem,* que el procedimiento más conveniente para tramitarla es el previsto para el recurso contencioso-administrativo de anulación contra los actos de efectos particulares contemplado en los artículos 121 y siguientes de la misma Ley.
>
> Es esta acción contencioso-administrativa, y no la de amparo constitucional, la que deben ejercer los particulares que se sientan lesionados en sus derechos o

garantías de rango constitucional por las abstenciones u omisiones de los funcionarios públicos, y así lo reitera la Sala"[1050].

Por supuesto, en todos estos casos de procedencia de la acción de amparo contra la mora de la Administración, como violatoria del derecho a obtener oportuna respuesta garantizado en el artículo 67 de la Constitución, la consecuencia de la violación de tal derecho, como lo ha señalado la Corte Primera de lo Contencioso Administrativo, "sólo implica ordenar a la autoridad administrativa que otorgue la respuesta correspondiente"[1051].

Por último, debe señalarse que en los casos de silencio positivo la Corte Primera de lo Contencioso Administrativo también ha admitido la acción de amparo, ante la omisión de la Administración de darle los efectos positivos originados por su abstención[1052].

6. *el amparo contra sentencias y demás actos judiciales*

Por último, en relación al amparo contra actos estatales, el artículo 4° de la Ley Orgánica establece que:

> "Igualmente procede la acción de amparo cuando un Tribunal de la República, actuando fuera de su competencia, dicte una resolución o sentencia u ordene un acto que lesione un derecho constitucional".

De esta norma podría interpretarse, ante todo, que si la decisión judicial violatoria de un derecho constitucional se dicta por un juez actuando *dentro de su competencia* (por la materia o por el territorio), no procedería la acción autónoma de amparo, sino que la pretensión de amparo debería ejercerse conjuntamente con el recurso de apelación o el recurso de casación que corresponda. Ello es lo que resultaría de la interpretación más directa de la norma, con el objeto de salvaguardar los medios ordinarios y extraordinarios de revisión de decisiones judiciales, que en estos casos tendrían efectos suspensivos, y por tanto, de protección constitucional inmediata

Sin embargo, el problema de interpretación resultaría de los casos en los que no esté prevista en el ordenamiento procesal una vía ordinaria o extraordinaria de revisión de sentencias, o éstas no procedan, o no se hayan ejercido oportunamente. La jurisprudencia, en este sentido, ha conformado en estos casos la doctrina más acorde con la protección constitucional que consagra la Ley Orgánica, pues en definitiva, ningún Tribunal tiene ni puede tener competencia para lesionar derechos o garantías constitucionales.

En todo caso, en el supuesto regulado en el artículo 4° y con el objeto de salvaguardar las jerarquías judiciales de revisión, se establece expresamente que:

> "La acción de amparo debe interponerse por ante un Tribunal superior al que emitió el pronunciamiento, quien decidirá en forma breve, sumaria y efectiva".

1050 *V.*, en *Revista de Derecho Público,* N° 53-54, EJV, Caracas, 1993, pp. 272-273.

1051 *V.*, sentencia de 26-8-93 (Caso *Inversiones Klanki*), *Revista de Derecho Público,* N° 55-56, EJV, Caracas, 1993, p. 294.

1052 *V.*, sentencia de 20-12-91 (Caso *BHO, C.A.*), en *Revista de Derecho Público,* N° 48, EJV, Caracas, 1991, pp. 141-143.

Además, debe mencionarse que expresamente la Ley excluye el ejercicio de la acción de amparo "cuando se trate de decisiones emanadas de la Corte Suprema de Justicia" (Art. 6, Ord. 6°), lo que tiene su explicación en la garantía institucional que prevé el artículo 211 de la Constitución al señalar que siendo la Corte Suprema, "el más alto Tribunal de la República, contra sus decisiones no se oirá ni admitirá recurso alguno"[1053].

Ahora bien, en relación al amparo contra sentencias, la jurisprudencia ha venido precisando sus contornos, particularmente después de publicada la Ley Orgánica, despejando varias incógnitas.

A. *La actuación judicial lesiva*

El primer elemento que debe destacarse para que pueda intentarse la acción, es la necesidad de que exista una resolución o una sentencia judicial, un acto judicial que ordene otro acto judicial o cualquier pronunciamiento judicial que debe haber sido emitido por un juez, y que sea el que lesiona o amenaza lesionar un derecho constitucional.

Por otra parte, en torno a la expresión que contiene el artículo 4° de la Ley, relativa a que la acción de amparo procede contra los actos o pronunciamientos judiciales lesivos de derechos constitucionales dictados por Tribunales de la República "actuando fuera de su competencia", la Corte Primera de lo Contencioso Administrativo, en sentencia de 9-9-93, ha señalado lo siguiente:

> "En un primer momento, pudo entenderse que la competencia del tribunal accionado debía ser determinada mediante la aplicación de las reglas procesales ordinarias, conforme a las cuales se distribuye la competencia entre los diferentes órganos jurisdiccionales. Dentro de esa perspectiva, el juez ante el cual se solicitaba amparo contra una sentencia comenzaba por examinar si el tribunal que la había dictado era competente para ello por razón de la materia, la cuantía, el territorio o cualesquiera otros criterios legalmente aplicables al caso; sólo en el supuesto de estimar que no lo era, pasaba el juez de amparo a pronunciarse acerca del mérito de la acción, sobre la base del análisis de si el tribunal accionado había lesionado o no, con su decisión, un derecho constitucional al accionante. Sí, por el contrario, determinaba que dicho tribunal había actuado dentro de su competencia, no entraba siquiera a analizar la denuncia de violación de derechos constitucionales".

Sin embargo, la jurisprudencia de la Corte Suprema de Justicia en Sala Político Administrativa, dio posteriormente un alcance más amplio a la frase "actuando fuera de su competencia", en vista de que el criterio antes expuesto podía conducir a declarar improcedente un amparo contra una sentencia francamente violatoria de un derecho constitucional, sobre la base de que hubiera sido dictada por un tribunal perfectamente competente por la materia, el territorio o la cuantía"[1054].

1053 *V.*, la sentencia de la CSJ-SPA de 5-12-90 en *Revista de Derecho Público,* N° 45, EJV, Caracas, 1990, p. 119.

1054 *V.*, en *Revista de Derecho Público,* N° 55-56, EJV, Caracas, 1993, p. 296.

En efecto, en 1988, apenas publicada la Ley Orgánica sostuvimos el criterio siguiente:

> "El artículo 4° de la Ley Orgánica establece que "igualmente procede la acción de amparo cuando un Tribunal de la República, *actuando fuera de su competencia,* dicte una resolución o sentencia u ordene un acto que lesione un derecho constitucional", por lo que una interpretación literal de dicha norma podría conducir a considerar que si un Tribunal de la República dictase una sentencia *actuando dentro de su competencia,* por más que lesione un derecho constitucional, no procedería la acción de amparo.
>
> Ello, sin embargo, no estaría conforme con la protección constitucional de los derechos fundamentales regulada en la Constitución y en la propia Ley Orgánica, pues llevaría a establecer una distinción no prevista ni en el artículo 49 del Texto Fundamental, ni en los artículos 1° y 2° de la Ley Orgánica.
>
> Además, el supuesto de la excepción, en realidad nunca se podría dar, pues ningún Tribunal de la República podría tener competencia para lesionar derechos constitucionales, es decir, para vulnerar ilegítimamente dichos derechos.
>
> En efecto, los derechos constitucionales están sometidos a múltiples limitaciones constitucionales y legales, muchas de las cuales pueden ser impuestas legítimamente por decisiones judiciales. Por ejemplo, judicialmente puede imponerse la pena de privación de la libertad en los casos y con las formalidades establecidas en los Códigos Penal y de Enjuiciamiento Criminal. Contra esa limitación a la libertad personal no procedería una acción de amparo, y sólo ésta podría intentarse si la privación de la libertad se hace en forma ilegítima.
>
> Ahora bien, ningún tribunal puede tener competencia para limitar ilegítimamente (lesión) un derecho constitucional, por lo que siempre procedería la acción de amparo cuando la lesión al derecho la produzca una decisión judicial. Por tanto, la aclaratoria que hace el artículo 4° de la Ley Orgánica de que la acción de amparo contra decisiones judiciales sólo procede cuando un tribunal lesiones un derecho "actuando fuera de su competencia", no tiene sentido alguno, pues en ningún caso podría lesionarse el derecho "actuando dentro de su competencia" ya que ningún tribunal puede tener competencia para producir dichas lesiones.
>
> En consecuencia, cualquier resolución o sentencia dictada por un Tribunal de la República que lesione un derecho constitucional puede ser objeto de una acción de amparo, y nada autoriza a señalar que ésta no procedería contra las sentencias que resuelvan una acción de amparo, sí éstas lesionan un derecho constitucional"[1055].

Con posterioridad y conforme a este criterio, fue la Sala de Casación Civil de la Corte Suprema de Justicia en sentencia de 25-1-89 la que precisó el sentido que debía darse a la expresión "competencia" en esta norma, así:

1055 *V.*, Allan R. Brewer-Carías, "El problema del amparo contra sentencias o de cómo la Sala de Casación Civil remedia arbitrariedades judiciales" en *Revista de Derecho Público,* N° 34, EJV, Caracas, 1988, p. 164.

"No puede ser, pues, un problema de competencia en su sentido procesal estricto, ya que éste surge por la circunstancia de existir varios órganos jurisdiccionales y de división del trabajo por razón del valor y del territorio".

"Por eso, la competencia a que se refiere el artículo 4 es algo más trascendente y de fondo: dice relación con las atribuciones judiciales y con la usurpación de funciones".

"En consecuencia, el requisito que exige el artículo 4 de la Ley Orgánica de Amparo no es de la mera incompetencia (por la materia, valor o territorio), pues éste es asunto que, en la mayoría de los casos, es de hecho y tiene el Código su mecanismo para hacerlo valer, por lo que obviamente, el que no lo hizo, no puede usar la "incompetencia" para apoyar una acción de amparo constitucional, ya que sería tanto como derogar reglas expresas precisas del procedimiento".

"De ahí que esta "incompetencia" se acerque más bien al aspecto constitucional de la función pública, definida en los artículos 117, 118 y 119 de la Constitución: las atribuciones del Poder Público se hallan establecidas en la propia Constitución y en las leyes; cada rama del Poder Público tiene sus funciones propias; y toda autoridad usurpada es nula"[1056].

En el mismo año 1989, la Sala Político-Administrativa de la Corte, en sentencia de 12-12-89 (*Caso El Crack C.A.*), por su parte, precisó el sentido de esta expresión "actuando fuera de su competencia", estableciendo lo siguiente:

"... ya que pareciera que los tribunales que actúan dentro de su competencia pueden lesionar o vulnerar los derechos y garantías constitucionales, y las actuaciones que perturban dichos derechos no pueden ser impugnadas por vía de amparo; es evidente que ningún tribunal de la República tiene competencia para vulnerar o lesionar derechos y garantías constitucionales u ordenar actos que los lesionan.

"En virtud de ello, se hace imperativo concluir que la palabra "competencia" no tiene el sentido procesal estricto como un requisito del artículo 4 de la Ley Orgánica de Amparo sobre Derechos y Garantías Constitucionales, por cuanto no se refiere sólo a la incompetencia por la materia, valor o territorio, sino también corresponde a los conceptos de abuso de poder o extralimitación de atribuciones y, en consecuencia, esa actuación lesione o vulnere derechos o garantías constitucionales.

"En efecto, el juez, aun actuando dentro de su competencia, entendida ésta en el sentido procesal estricto, puede hacer uso indebido de las facultades que le están atribuidas para fines totalmente distintos al que se le confirió, o actuar haciendo uso indebido de ese poder, independientemente del fin logrado, y dicte una resolución o sentencia y ordene un acto que lesione un derecho constitucional (*omissis*).

En definitiva, la acción de amparo contra resoluciones o sentencias judiciales procedería cuando el Tribunal usurpa funciones, ejerciendo unas que no le son

1056 Citada en sentencia de la misma Sala de Casación Civil de 5-12-90 (consultada en original, *caso José Díaz Aquino); y* de 14-12-94 (consultada en original, *caso Cimarrón)*

conferidas o hace uso indebido de las funciones que le han sido atribuidas, lesionando con su actuación derechos o garantías constitucionales"[1057].

De acuerdo a esta doctrina, y dada la garantía de la cosa juzgada que protege a las decisiones judiciales, no basta para que sea procedente una acción de amparo contra sentencias que el accionante sólo señale que la sentencia le fue adversa, sino que debe alegar abuso o exceso de poder del juez, como forma de incompetencia[1058].

El tema, particularmente en relación a la garantía de la cosa juzgada fue objeto de consideración detallada y particular por la Sala de Casación Civil de la Corte Suprema de Justicia en sentencia de 5-12-90 al analizar el artículo 4° de la Ley Orgánica, señalando que:

> "su justificación reside en la defensa del principio de la cosa juzgada, en particular, y de la seguridad jurídica, en general, el cual, como lo hace ver el recurrente, tiene rango constitucional, pues el ordinal 8° del artículo 60 establece que nadie podrá ser sometido a juicio por los mismos hechos en virtud de los cuales hubiese sido juzgado anteriormente.
>
> La necesidad de salvaguardar un principio de superior rango, que constituye presupuesto necesario del Estado de Derecho, condujo al legislador a establecer la exigencia del juez actuando fuera de sus funciones, para la procedencia del amparo contra decisiones judiciales, como excepción a la inmutabilidad de las decisiones judiciales que hubiesen alcanzado firmeza, porque establece la Constitución en sus artículos 117 y 119 que ésta y las leyes definen las atribuciones del Poder Público, y a ellas debe sujetarse su ejercicio, sancionando con la nulidad las actuaciones realizadas en usurpación de autoridad.
>
> Antes de la promulgación de la Ley de Amparo sobre Derechos y Garantías Constitucionales, la Sala Político-Administrativa de esta Corte, en sentencia de fecha 5-6-86, bajo ponencia del Magistrado Dr. René De Sola, estableció que:
>
> > "Si bien la doctrina admite que el recurso de amparo puede intentarse contra decisiones judiciales, existe consenso en estimar que aquél sólo procedería en casos extremos. Tal cuando un tribunal incurriere en usurpación de autoridad (Art. 119 de la Constitución), dictando algún acto de naturaleza administrativa o legislativa en perjuicio de los derechos o garantías constitucionales de una persona. Asimismo, aun actuando dentro de su competencia —administrar justicia— dictare decisión que en forma manifiesta viole alguno de estos mismos derechos o garantías, por ejemplo, condenando un reo a la pena de muerte. . . ".
>
> La Ley, en su artículo 4 parece acoger uno solo de los supuestos: el juez que actuando fuera de su competencia, infringe disposiciones constitucionales; y una interpretación literal de la norma conduce a pensar que la infracción de un derecho o garantía constitucional por un juez que, en principio, estaba actuando

---

1057 *V.*, en *Revista de Derecho Público,* N° 41, EJV, Caracas, 1990, pp. 110-111. En igual sentido se destacan las sentencias de la misma Sala Político Administrativa de 27-6-90, 4-7-90, 7-8-90, 5-12-90 y 31-5-91, citadas en *Revista de Derecho Público,* N° 46, EJV, Caracas, 1991, p. 132. Igualmente, sentencia de 4-2-93, *Revista de Derecho Público* Nos. 53-54, EJV, Caracas, 1993, p. 276.

1058 *V.*, sentencia CSJ-SPA, 31-5-91, *Revista de Derecho Público,* EJV, Caracas, 1991, N° 46, p. 132.

dentro de sus funciones judiciales, no podría, en ningún caso, ser resuelta por un amparo autónomo, siendo la única vía abierta al agraviado el procedimiento establecido en el numeral 5 del artículo 6 de la Ley de Amparo —protección del derecho o garantía vulnerado dentro del recurso procesal preexistente—; empero considera la Sala que el planteamiento necesita de un *examen más atento*...

. . . Nos preguntaríamos, entonces, si la omisión del Legislador, de señalar como posible la procedencia del amparo en estos casos extremos de actos lesivos de la conciencia jurídica, cuando la decisión fuese dictada por un juez que, en principio, estuviese actuando dentro de los límites de su competencia, conduce, necesariamente, a la inadmisibilidad del recurso. La respuesta debe ser *negativa,* pues, en estos casos, privaría la entidad de los derechos infringidos sobre la necesidad de preservar, en el caso concreto, la inmutabilidad de la cosa juzgada, ello sin perjuicio de que la limitación se aplique a la generalidad de los asuntos que se presenten ante esta Sala.

En materia de derechos constitucionales, y, por ende, de su amparo, es necesario armonizar los derechos de quien solicita el amparo con los derechos del señalado como agraviante, o, en el caso *del amparo contra decisiones judiciales,* con los derechos de la contraparte en el procedimiento en el cual se pronunció la decisión recurrida, para determinar su rango frente al derecho del otro, o frente a los derechos e intereses del resto d la comunidad de justiciables. Al respecto basta recordar el expresivo ejemplo que nos ofrece el filósofo contemporáneo Karl Popper, del juez prudente, quien ante el alegato del matón que protestaba porque, siendo un ciudadano libre podía mover su puño en la dirección que se le antojase, contestó: "La libertad de movimiento de tus puños está limitada por la posición de la nariz de tu vecino".

Resultaría, entonces, ilógico, y contrario a la Constitución, decidir siempre en el terreno de las hipótesis, ante un fallo que al resolver el amparo contra alguien, que a juicio del solicitante perturba su tranquilidad y vida privada, le prohibiese residir en la ciudad, que el amparo luego solicitado contra la primera sentencia, resulta inadmisible por haber transcurrido más de seis meses desde su notificación, o porque el juez hubiese actuado en ejercicio de sus funciones judiciales. Esto, no sólo por el superior grado del derecho a la libertad, sino porque no puede el juez constitucional, al restablecer la situación jurídica infringida, vulnerar los derechos constitucionales del señalado como agraviante (*omissis*)

Como ya se señaló, *la seguridad jurídica* —principio que subyace en la disposición del artículo 4 de la Ley Orgánica de Amparo sobre Derechos y Garantías Constitucionales— constituye fundamento mismo del Estado de Derecho; empero, sería contrario al propósito del legislador de salvaguardar dicha seguridad, al establecer la limitación en comento, considerar que ella constituye un obstáculo para la admisión de un amparo contra una decisión que, si bien ha sido pronunciada por un juez que actúa dentro de sus funciones judiciales, vulnera la cosa juzgada que emana de una sentencia anterior, o de cualquier modo contra lo decidido en ella; o ha sido tomada luego de un procedimiento en el cual la parte que luego solicita el amparo, no contó con las debidas oportunidades para ejercer la defensa de sus derechos, o de alguna otra manera se vulneró la garantía del debido proceso.

Recapitulado, y sin pretender la Sala establecer una enumeración casuística, que constituya una especie de "doctrina inmutable" acerca de cuál derecho debe prevaler, pues en cada caso concreto deberá decidirse al respecto, de acuerdo a sus características propias y al entorno social en el momento dado, *considera que puede intentarse y ser admitido el recurso autónomo de amparo contra decisiones judiciales* cuando:

1. El juez actuando fuera de su competencia, entendida ésta en el sentido de la jurisprudencia transcrita, vulnera una garantía o derecho de rango constitucional;

2. La decisión constituya un acto lesivo a la conciencia jurídica, al infringir en forma flagrante, por ejemplo, los derechos individuales que no pueden ser renunciados por el afectado; o

3. El fallo vulnere el principio de seguridad jurídica, proveyendo contra la cosa juzgada, o fuese proferido en un proceso donde evidentemente no se hubiese garantizado al solicitante del amparo las debidas oportunidades de defensa, o se hubiese irrespetado de alguna otra manera la garantía del debido proceso[1059].

Por su parte, la Sala Político-Administrativa de la Corte Suprema en sentencia de 3-7-90, señaló en torno a ésto, lo siguiente:

"para que un tribunal pueda violar manifiestamente el derecho a la defensa tendría que negar un medio defensivo o determinado derecho a las partes, por su sola condición, raza, origen o religión; o exigir de éstas un requisito, *verbi gratia,* el pago de una caución, que la ley no prevé, para que pueda ejercerlos válidamente. O también cuando por alguna razón no contemplada legalmente, se impida a las partes actuar en juicio para defenderse como sería el no ordenar su citación o su notificación, cuando proceda, por causas o motivos que los propios jueces arbitren o inventen, de manera de hacerles perder los recursos u oportunidades que les corresponde. En estos supuestos extremos, por exceder los jueces sus competencias procesales se estaría de una manera directa, flagrante, manifiesta y hasta extravagante, violando directamente el derecho constitucional a la defensa, al crear limitaciones y restricciones que las leyes no contemplan"[1060].

La Corte Primera de lo Contencioso Administrativo, en una sentencia de 9-9-93, también señaló la relación entre la importancia de la cosa juzgada y la procedencia de la acción de amparo, la cual nunca puede constituirse en una tercera instancia, en la cual precisó lo siguiente:

"(la sentencia) es en efecto, el producto del ejercicio de la función jurisdiccional, uno de cuyos propósitos es el de poner fin, de manera definitiva, a los conflictos intersubjetivos de intereses surgidos en la sociedad; es por ello que

---

1059 *Caso José Díaz Aquino,* (consultada en original). Citada también en sentencia de 14-12-94 de la misma Sala de Casación (consultada en original, *Caso Cimarrón*).

1060 *V.,* sentencia de 3-7-90, *caso Baker Well Services International* citada en sentencia de 6-10-92, *caso Lácteos de Venezuela C.A., Revista de Derecho Público,* N° 52, EJV, Caracas, 1992, p. 186. También citada pero con fecha 27-6-90, en sentencia de 4-2-93, *Revista de Derecho Público,* N° 53-54, EJV, Caracas, 1993, p. 277.

uno de los atributos propios de la sentencias —una vez cumplidas las diferentes etapas y actuaciones en que las partes tuvieron oportunidad de alegar y probar cuanto creyeron conveniente, en apoyo de sus respectivas posiciones— es el de la cosa juzgada, que impide el replanteamiento indefinido del mismo asunto.

En atención a esa vocación de la definitividad que tienen las decisiones emanadas de los tribunales y a las suficientes garantías que ofrecen a las partes en conflicto los procedimientos judiciales, el amparo contra las sentencias debe estar sometido a estrictos requisitos, tendentes a impedir que, so pretexto de solicitar amparo de derechos constitucionales pretendidamente violados, se esté intentando realmente reabrir indefinidamente los asuntos ya judicialmente decididos e impugnar sentencias por vías diferentes o adicionales a los recursos que el propio ordenamiento jurídico-procesal ofrece para ello. Es razonable, por tanto, que se exija —como requisito de procedencia del amparo contra sentencias— el que la conducta del juez accionado constituya un abuso de poder o una grave usurpación o extralimitación de funciones, que lesione simultáneamente un derecho constitucional. En cambio, no podría proceder el amparo cuando el juez haya actuado dentro de los límites de su oficio, sólo que el accionante no está de acuerdo con los criterios jurídicos utilizados por aquél al adoptar su decisión...

... A este último no le imputa el accionante ninguna conducta constitutiva de abuso de poder o de una grave usurpación o extralimitación de funciones, violatoria de sus derechos constitucionales; la lesión a su derecho a la defensa en el juicio desarrollado no deriva, según su denuncia, de que se le haya impedido realizar un acto al que tuviera derecho, o que de alguna manera el Juez le hubiera impedido presentar sus alegatos o sus probanzas. Por el contrario, se limita a replantear, prácticamente en los mismos términos en que lo hizo ante los tribunales competentes, su pretensión de que la negativa del derecho de preferencia dictada en 1984 sea anulada, con el pretexto de que el Concejo Municipal dictó una nueva decisión en 1989, que, a su juicio, reabrió los lapsos de impugnación, pretensión que, a su vez, fue juzgada improcedente por los jueces, con base en las razones que expusieron en sus respectivos fallos.

Ante tal planteamiento, esta Corte estima que, en tanto que juez de amparo, no puede constituirse en una suerte de tercera instancia, que daría lugar eventualmente a una cuarta, por vía de la apelación del fallo que se dicte en este caso. Por consiguiente, al observar que la conducta denunciada por el accionante no constituye en modo alguno un abuso de poder o una extralimitación o usurpación de funciones de tal naturaleza que pudieran hacer decir que el juez obró "fuera de su competencia", lesionando un derecho constitucional al accionante, debe esta Corte declarar improcedente el amparo solicitado, por aplicación de lo dispuesto en el artículo 4 de la Ley Orgánica de Amparo sobre Derechos y Garantías Constitucionales"[1061].

Por otra parte, precisado lo anterior, en relación al amparo contra sentencias y demás actos judiciales, otro aspecto que debe destacarse es que la aplicación del artículo 4° de la Ley Orgánica de Amparo sólo procede cuando el juez en concreto actúa en ejercicio de funciones jurisdiccionales, en cuyo caso, el competente para

1061 *V.*, en *Revista de Derecho Público,* N° 55-56, EJV, Caracas, 1993, p. 297.

conocer de la acción es el Tribunal Superior al que emitió el pronunciamiento. En cambio, en los supuestos en los cuales un juez dicte un acto actuando en función administrativa (no jurisdiccional), por ejemplo, cuando actúa como registrador mercantil, la competencia para conocer de la acción de amparo corresponde al tribunal de primera instancia que lo sea en la materia afín con la naturaleza del derecho violado"[1062].

B. *El tema del amparo contra sentencias de amparo*

El artículo 4° de la Ley Orgánica, al regular la posibilidad de ejercicio de la acción de amparo contra sentencias, no estableció ningún límite, por lo que evidentemente que una acción de amparo puede intentarse contra una sentencia dictada en un juicio de amparo, siempre que en ésta el juez, actuando fuera de su competencia en el sentido antes indicado, lesione un derecho o garantía constitucional.

La duda, sin embargo, surgió apenas publicada la Ley Orgánica de Amparo en 1988 y desde el primer momento sostuvimos el criterio de la procedencia de una acción de amparo contra una sentencia dictada en un juicio de amparo.

En efecto, tal como está regulada la acción de amparo en la Constitución y en la Ley Orgánica, la misma procede "contra cualquier hecho, acto u omisión provenientes de los órganos del Poder Público Nacional, Estadal o Municipal"; y contra "el hecho, acto u omisión originados por ciudadanos, personas jurídicas, grupos u organizaciones privadas, que hayan violado, violen o amenacen violar cualquiera de las garantías o derechos constitucionales (Art. 2). Por tanto, sin la menor duda, la acción de amparo procede contra toda decisión judicial que viole o amenace violar un derecho o garantía constitucional, así se trate de una decisión judicial dictada con motivo del ejercicio, a su vez, de una acción de amparo. Esto lo sostuvimos en 1988, apenas la Ley Orgánica entró en vigencia, señalando que:

> "la sentencia que se dicte en un juicio de amparo, puede lesionar, por ejemplo, el derecho a la defensa, u otro derecho constitucional en forma ilegítima. En este caso, lo lógico sería que se formulara la pretensión de amparo junto con la apelación. Sin embargo, nada dice la Ley al respecto, por lo que sólo una interpretación jurisprudencial definitiva podría exigir que el derecho de amparo se ejerza con los medios judiciales ordinarios. Además, en los casos en que no haya apelación, nada autorizaría a considerar improcedente la acción de amparo contra la sentencia que lesione un derecho constitucional.
>
> En consecuencia, en nuestra opinión, de acuerdo con lo establecido en los artículos 1° y 2° de la Ley Orgánica, si una sentencia dictada por un Juez viola un derecho constitucional (lesión ilegítima), contra la misma procede el ejercicio de la acción de amparo, aun cuando la sentencia hubiera sido dictada con ocasión de la decisión de un juicio de amparo"[1063].

Sin embargo, ese no había sido el criterio de la Corte Suprema de Justicia antes de la sanción de la Ley Orgánica. En efecto, en sentencia de 10 de noviembre de

---

1062 *V.*, la sentencia de la Sala de Casación Civil de la Corte Suprema de Justicia de 21-9-89, *Revista de Derecho Público,* N° 40, EJV, Caracas, 1989, pp. 92-93.

1063 *V.*, Allan R. Brewer Carías, "El problema del amparo contra sentencias...", *loc. cit.,* p. 164.

1986, la Sala Político Administrativa de la Corte Suprema de Justicia estableció su criterio de que:

> "a falta de norma expresa que lo permita, es inadmisible "un recurso de amparo contra lo decidido en otro recurso de amparo", porque de aceptarse esa posibilidad resultaría una "acción judicial" *ad perpetuam,* lo que es ilógico y contrario al principio de que toda cuestión o controversia judicial no puede, una vez finalizada, reabrirse salvo por causa de invalidación" (*Caso Centralarm, C.A.*)[1064].

Pero, luego de la vigencia de la Ley Orgánica este criterio tuvo que revisarse. En primer lugar, porque la ley previó una norma expresa que permite el ejercicio de la acción de amparo contra sentencias, sin distingo alguno respecto de si se trata de sentencias dictadas o no en un procedimiento de amparo. Y en segundo lugar, porque el planteamiento que hizo la Sala no se ajusta a la naturaleza de la acción de amparo contra sentencias, la cual no implica reabrir el proceso decidido.

En efecto, cuando se ejerce una acción de amparo contra una sentencia dictada en un juicio de amparo, ella debe estar motivada por el hecho de que la sentencia atacada, en sí misma, e independientemente del fondo de la causa decidida, lesiona ilegítimamente un derecho constitucional. Cuando se ejerce la acción de amparo en estos casos, por tanto, en realidad no se busca "reabrir" una controversia judicial ya decidida y finalizada. El juez de amparo contra sentencias no puede "reabrir" el proceso decidido en la sentencia, sino que limita su actuación a juzgar si la sentencia, en sí misma, viola ilegítimamente un derecho constitucional a objeto de ordenar el inmediato restablecimiento de la situación jurídica lesionada por la decisión judicial. Por tanto, en estos casos, nunca se daría el supuesto de acción judicial *ad perpetuam* que mencionaba la Sala, pues ello sería contrario a la protección constitucional regulada en la propia Ley Orgánica de amparo.

Discrepamos, por tanto, de la tesis que reafirmó el Magistrado René Plaz Bruzual en un voto Salvado a la sentencia de la Sala de Casación Civil de 5-5-88, en el sentido de que en el supuesto establecido en el artículo 4° de la Ley Orgánica de Amparo de Amparo contra decisiones judiciales, en ellas no pueden incluirse "las sentencias de amparo, en vista de que tanto la doctrina como la Ley no admiten la acción de amparo contra una decisión de amparo por la razón de que la acción resultaría *ad perpetuam*[1065], lo cual como hemos señalado, no es necesariamente cierto.

Ahora bien, la Ley Orgánica (art. 6, ord. 8) en realidad, lo que establece es una causal de inadmisibilidad de la acción de amparo para el caso de que "esté pendiente una acción de amparo ejercida ante un tribunal en relación con los mismos hechos en que se hubiese fundamentado la acción propuesta", lo que, por sí sola, nada tiene que ver con la figura de la acción de amparo contra una sentencia dictada en un juicio de amparo, que por estar ya dictada, no estaba "pendiente" de decisión, como lo señala la norma. Además la acción de amparo contra una decisión de amparo, se ejerce fundamentándose en que esta sentencia de amparo, *en si misma* viola un dere-

1064 *V.*, la cita en *Idem.*, p. 166.

1065 *Idem.* p. 165.

cho fundamental, por lo que no se ejerce en ningún caso, en relación con los mismos hechos en que se hubiesen fundamentado la acción original[1066].

Esto lo precisamos, también en 1988, al comentar otra sentencia de la Sala de Casación Civil de 22-9-88 dictada con motivo de una acción de amparo interpuesta contra una sentencia de un Tribunal Superior que declaró sin lugar, en segunda instancia, una acción de amparo, en la que declaró inadmisible dicha acción, pura y simplemente, por considerar que de aceptarse la posibilidad de una acción de amparo contra una sentencia de amparo de segunda instancia, ello conduciría a "una acción judicial *ad perpetuam"* lo que sería contrario al principio de la doble instancia y de la firmeza de las decisiones judiciales.

Señaló el Magistrado Plaz Bruzual en apoyo de su tesis, que ésta fue consagrada en la sentencia de la Sala Político-Administrativa de 10 de noviembre de 1986, ya citada anteriormente, y que fue dictada antes de la entrada en vigencia de la Ley; y agregó que el criterio fue supuestamente consagrado en el ordinal 8° del artículo 6° de la ley Orgánica de Amparo.

La Sala de Casación Civil, fundamentó su decisión en la forma siguiente:

> "A juicio de este Supremo Tribunal, es inadmisible, por improcedente, la proposición de un recurso de amparo contra lo decidido en otro recurso de amparo porque "de aceptarse esa posibilidad, resultaría una acción judicial *ad perpetuam, lo* que es ilógico y contrario al principio de que toda cuestión o controversia judicial no puede, una vez finalizada reabrirse, salvo por causa de invalidación". Esta tesis tomada de la sentencia dictada por la Sala Político Administrativa de la Corte Suprema de Justicia el 10 de noviembre de 1986 y que ahora se reitera, es totalmente aplicable al presente caso, por todo lo cual se declara *inadmisible* el escrito presentado por los postulantes el 14 de abril de 1988"[1067].

Como hemos señalado, la doctrina contenida en esta decisión, por su generalidad, es contraria al espíritu del artículo 49 de la Constitución y al texto de la Ley Orgánica de Amparo, pues si bien es cierto que en algunos casos, a través de una acción de amparo contra una sentencia de amparo de segunda instancia, el recurrente podría pretender abrir el proceso en una especie de tercera instancia, en otros casos puede tratarse de que la sentencia de amparo, en segunda instancia, independientemente del fondo de la cuestión debatida, haya en sí misma violado un derecho fundamental, en cuyo caso sí debe proceder la acción de amparo contra la misma. La generalización que hizo la Sala de Casación Civil, sin embargo, conducía a la absurda conclusión de que si una sentencia dictada en segunda instancia, como culminación de un juicio de amparo, en sí misma e independientemente del fondo debatido, vulneraba un derecho constitucional, entonces no podía ser objeto de protección constitucional. Esta interpretación, por supuesto, era y es contraria al propio artículo 49 de la Constitución.

Para ilustrar nuestra posición en 1988 señalábamos un ejemplo relativamente simple:

1066 *Idem.* p. 166.

1067 *V.*, la referencia en Allan R. Brewer-Carías, "El recurso de amparo contra sentencias de amparo dictadas en segunda instancia", *Revista de Derecho Público,* N° 36, EJV, Caracas, 1988, p. 169.

"Un particular intenta una acción de amparo contra una conducta de una autoridad pública que estima viola un derecho constitucional del accionante, no enumerado en la Constitución, pero inherente a la persona humana, y por tanto, protegible conforme al artículo 50 de la Constitución.

Al final del proceso, el juez de segunda instancia concluye declarando sin lugar el amparo solicitado, por considerar que el derecho que se dice violado, no es un derecho o garantía constitucional, y por tanto, no es amparable conforme al artículo 49 de la Constitución a través del ejercicio de la acción de amparo regulada en la Ley Orgánica de Amparo sobre Derechos y Garantías Constitucionales.

En ese caso, independientemente del fondo del asunto que hubiera podido plantearse (si hubo o no violación de un derecho) lo que decidiría el Tribunal de Segunda Instancia es que el derecho alegado no era amparable, por lo que declararía sin lugar la acción. En ese caso, es indudable que si el derecho alegado era, en efecto, un derecho constitucional, la sentencia de segunda instancia, al no otorgarle a dicho derecho rango constitucional, *per* se violaría el derecho el accionante a ser amparado que garantiza el artículo 49 de la Constitución, y sería por tal motivo, objeto de un recurso de amparo, por ante la Corte Suprema de Justicia.

En este caso, en nuestro criterio, es evidente la procedencia y admisibilidad del recurso de amparo, pues con el mismo ni se pretende violentar el principio de la doble instancia, ni se pretende prolongar un juicio *ad perpetuam.* Con un recurso de amparo, en ese supuesto, no se perseguiría reabrir ante la Corte Suprema, un proceso concluido con la sentencia objeto del recurso, sino que lo que se perseguiría es que la Corte ampare al recurrente, *en su derecho a ser amparado constitucionalmente* por las violaciones a su derecho constitucional, el cual ha sido desconocido y violado por el Juzgado Superior"[1068].

En todo caso, como hemos dicho, cuando se ejerce una acción de amparo contra una sentencia de segunda instancia dictada en un juicio de amparo, dicha acción debe estar motivada por el hecho de que la *sentencia atacada, en sí misma, e independientemente de fondo de la causa decidida, lesiona ilegítimamente un derecho constitucional.* Cuando se ejerce la acción de amparo en estos casos, por tanto, en realidad no se busca "reabrir" una controversia judicial ya decidida y finalizada. El juez de amparo contra sentencias no puede "reabrir" el proceso decidido en la sentencia, sino que limita su actuación a *juzgar si la sentencia, en sí misma, violó ilegítimamente un derecho constitucional* a objeto de ordenar el inmediato restablecimiento de la situación jurídica lesionada por la decisión judicial. Por tanto, en estos casos, nunca se daría el supuesto de acción judicial *ad perpetuam* que menciona la Sala, pues ello sería contrario a la protección constitucional regulada en la propia Ley Orgánica de Amparo. Como se ha dicho, la acción de amparo, contra una decisión de amparo, se ejerce fundamentándose en que esta sentencia de amparo *en si misma,* viola un derecho fundamental, por lo que no se ejerce en ningún caso, en relación con los mismos hechos en que se hubiese fundamentado la acción original[1069].

1068 *Idem.*, p. 171.

1069 *Idem.*, p. 171.

En 1990, sin embargo, la duda jurisprudencial fue totalmente disipada. En sentencia de 14-2-90, la Sala Político Administrativa precisó, al comentar el artículo 4° de la Ley Orgánica, que:

> "entre las decisiones judiciales enunciadas, cabría también incluir las sentencias de amparo, puesto que éstas son providencias judiciales dictadas por tribunales de la República (Art. 49 de la Constitución) y, además, porque de la norma transcrita no se deduce que se prohíban estas acciones en contra de decisiones judiciales en materia de amparo constitucional"[1070].

Y por su parte, la Sala de Casación Civil de la Corte Suprema de Justicia en sentencia de 8-12-95 (*Caso Mavesa*), señaló lo siguiente:

> "Esta Sala, en jurisprudencia ya reiterada, ha admitido la posibilidad de interponer una acción de amparo contra una decisión judicial pronunciada en un procedimiento de amparo constitucional, siempre que concurran ciertos extremos o requisitos: a) que se haya satisfecho el principio de la doble instancia; b) que los hechos concretos causantes de la violación constitucional sean distintos de los revisados en el primer amparo, sin importar que se refiera al mismo o diferente derecho constitucional; y c) que el Tribunal haya incurrido en los supuestos de hecho que exige el artículo 4° de la Ley Orgánica de Amparo sobre Derechos y Garantías Constitucionales (Sentencia 18-11-92, *caso C.V.G. Internacional, C.A.*).

Ya observó esta Sala en anteriores fallos que el juez, al pretender amparar los derechos de un ciudadano, no puede infringir los derechos individuales de su contraparte; de allí la posibilidad de interponer un amparo contra una decisión judicial que resuelva en forma definitiva un amparo constitucional, siempre que no se pretenda con ello revisar nuevamente la materia objeto del anterior amparo. Esto es, que no se vuelva a resolver sobre el mismo agravio a los mismos derechos subjetivos de carácter constitucional, sobre los cuales recayó sentencia"[1071].

SECCIÓN CUARTA:

LAS FORMAS DE EJERCICIO DE LA ACCIÓN DE AMPARO: AUTÓNOMA Y ACUMULADA A OTRAS ACCIONES

1. *Los diversos mecanismos procesales de amparo y la sentencia del Caso Tarjetas Banvenez (1991)*

Tal como se ha señalado con anterioridad, la necesidad de configurar en la Ley Orgánica de Amparo al amparo constitucional como un derecho fundamental y no sólo como una única acción autónoma de amparo, implicó conciliar el ejercicio del derecho de amparo con los medios judiciales existentes de protección constitucional, de manera que no quedasen éstos eliminados como tales, sino al contrario, reforzados. De allí las previsiones de los artículos 3, 5 y 6, ordinal 5° de la Ley Orgánica de Amparo que permiten la formulación de pretensiones de amparo constitucional con-

---

1070 *V.*, en *Revista de Derecho Público,* N° 41, EJV, Caracas, 1990, p. 113 En igual sentido, sentencia CPCA de 16-9-92, *Revista de Derecho Público,* N° 51, EJV, Caracas, 1992, p. 174

1071 Consultada en original.

juntamente con las acciones de nulidad por inconstitucionalidad, con las acciones contencioso-administrativas de anulación y con las acciones judiciales ordinarias o extraordinarias, que propusimos en el proceso de formación de la Ley en la Cámara del Senado.

Después de vacilaciones jurisprudenciales que se extendieron por casi cuatro años, el sentido de la regulación contenida en dichas normas lo ha resumido la Sala Político-Administrativa de la Corte Suprema en sentencia de 10-6-92, en la cual haciendo referencia a la sentencia de 10-7-91 (*Caso Tarjetas Banvenez*), señaló lo siguiente:

> "El texto de la Ley Orgánica de Amparo prevé fundamentalmente dos mecanismos procesales: la acción autónoma de amparo y la acumulación de ésta con otro tipo de acciones o recursos, modalidades que difieren sustancialmente en cuanto a su naturaleza y consecuencias jurídicas. Por lo que respecta a la segunda de las modalidades señaladas, es decir, la acción de amparo ejercida conjuntamente con otros medios procesales, la referida ley regula tres supuestos: a) la acción de amparo acumulada a la acción popular de inconstitucionalidad de las leyes y demás actos estatales normativos (artículo 3°); b) la acción de amparo acumulada al recurso contencioso-administrativo de anulación contra actos administrativos de efectos particulares o contra las conductas omisivas de la Administración (artículo 5°); c) la acción de amparo acumulada con acciones ordinarias (artículo 6°, ordinal 5°)
>
> La Sala ha sostenido además que la acción de amparo en ninguno de estos casos es una acción principal sino subordinada, accesoria a la acción o al recurso al cual se acumuló, sometido al pronunciamiento jurisdiccional final que se emita en la acción acumulada Tratándose de una acumulación de acciones, debe ser resuelta por el juez competente para conocer de la acción principal"[1072].

En esta forma quedó absolutamente clarificada la intención del legislador al distinguir entre la acción autónoma de amparo y la pretensión de amparo acumulada a otras acciones que regula el ordenamiento jurídico. Realmente, en estos últimos casos, no se trata de una verdadera "acumulación" de acciones, sino de la subordinación de una pretensión de amparo a una acción principal. Por ello, en estos casos, el amparo tiene mero carácter cautelar y no tiene ninguna relevancia el que existan procedimientos distintos para la acción principal y para la acción de amparo[1073], porque en definitiva, en caso de acumulación de la pretensión de amparo con una acción principal, el procedimiento regular previsto para la acción de amparo (solicitud de informe y audiencia pública y oral, por ejemplo) no se debe aplicar.

La clarificación definitiva del carácter cautelar del amparo acumulado a otras acciones, se realizó mediante la sentencia de la Corte Suprema de Justicia en Sala Político Administrativa de 10-7-91 (*Caso Tarjetas Banvenez*), en la cual la Corte, además, precisó el carácter accesorio y subordinado de la pretensión de amparo en

---

1072 *V.*, en *Revista de Derecho Público,* N° 50, EJV, Caracas, 1992, pp. 183-184.

1073 *V.*, sobre ésto y la causal de inadmisibilidad de la acción contencioso-administrativa en materia de acumulación de acciones prevista en el Art. 8, ordinal 4° de la LOCSJ, sentencia CPCA, 14-12-92, en FUNEDA, *15 años de Jurisprudencia, Corte Primera de lo Contencioso-Administrativo 1977-1992. Amparo Constitucional,* Caracas, 1994, p. 121.

relación a esas otras acciones principales, cuando se formula conjuntamente con ellas[1074].

El razonamiento de la Corte, en esta sentencia, comenzó por la constatación de que la Ley Orgánica de Amparo, al desarrollar los artículos 49 y 50 de la Constitución, otorga a las personas naturales o jurídicas, habitantes o domiciliadas en Venezuela, la posibilidad de acudir ante los tribunales, con el propósito de ser amparados en el goce y el ejercicio de los derechos y garantías constitucionales, mediante el restablecimiento inmediato de la situación jurídica infringida o la situación que más se asemeje a ella. A tal fin señaló la Corte:

> "el texto de la ley prevé fundamentalmente dos mecanismos procesales: la acción autónoma de amparo, y la acumulación de ésta con otro tipo de acciones o recursos. Ambas modalidades de ejercicio difieren sustancialmente en cuanto a su naturaleza y consecuencia jurídicas"[1075].

A. *La acción autónoma de amparo*

En cuanto al primer supuesto, es decir, la acción autónoma de amparo, la Corte señaló en su citada sentencia de 10-7-91, que en ese caso, al ser una acción que se ejercita en forma autónoma e independiente, no se vincula, ni se subordina a ningún otro recurso o procedimiento. En este caso, dijo la Corte, es indudable,

> "que esa acción, así ejercida, debe ser, por su naturaleza restablecedora, capaz, suficiente y adecuada para lograr que el mandamiento de amparo que se otorgue se baste por sí solo, sin necesidad de acudir a otro u otros procedimientos judiciales, para volver las cosas al estado en que se encontraban para el momento de la vulneración y hacer desaparecer definitivamente el acto o hecho lesivo o perturbador.
>
> Por estas razones, ha sostenido reiteradamente este Supremo Tribunal en jurisprudencia que una vez más ratifica, que en tales supuestos, el accionante en amparo debe invocar y demostrar que se trata de una vulneración constitucional flagrante, grosera, directa e inmediata, lo cual no significa —se precisa ahora— que el derecho o garantía de que se trate no estén desarrollados o regulados en textos normativos de rango inferior, pero sin que sea necesario al juzgador acudir o fundamentarse en ellos para detectar o determinar si la violación constitucional al derecho o garantía se ha efectivamente consumado. De no ser así —ha dicho también esta Sala— no se trataría entonces de una acción constitucional de amparo sino de otro tipo de recurso, por ejemplo, el contencioso administrativo, cuyos efectos anulatorios no se corresponden con los restitutorios del amparo y "si tal sustitución se permitiere, el amparo llegaría a suplantar no sólo esa sino todas las vías procedimentales establecidas en nuestro sistema de Derecho positivo", desnaturalizando el carácter extraordinario del amparo. (Sentencia de 23-5-88, *"Fincas Albaba"*)"[1076].

1074 *V.*, el texto de esta sentencia en *Revista de Derecho Público,* Nº 47, EJV, Caracas, 1991, pp. 169-174.

1075 *Idem.*, p. 169.

1076 *Idem.* pp. 169-170. 95.

B. *El ejercicio acumulado de la acción de amparo*

En el segundo caso, es decir, en lo que se refiere a "la acción de amparo ejercida conjuntamente con otros medios procesales", la Corte en dicha sentencia, al referirse a las previsiones de la Ley Orgánica de Amparo, precisó que dicho texto normativo:

> "contempla tres supuestos: a) la acción de amparo acumulada a la acción popular de inconstitucionalidad de las leyes y demás actos estatales normativos (artículo 3°); b) la acción de amparo acumulada al recurso contencioso administrativo de anulación contra actos administrativos de efectos particulares o contra las conductas omisivas de la Administración (artículo 5); y la acción de amparo acumulada con acciones ordinarias (artículo 6, ordinal 5°).
>
> En cualesquiera de estos supuestos de acumulación, la acción de amparo reviste una característica o naturaleza totalmente diferente a la anteriormente analizada (autónoma), pues en estos casos no se trata de una acción principal, sino *subordina,* accesoria a la acción o el recurso al cual se acumuló y, por ende, su destino es temporal, provisorio, sometido al pronunciamiento jurisdiccional final que se emita en la acción acumulada, que viene a ser la principal. Esta naturaleza y sus consecuencias se desprenden claramente de la formulación legislativa de cada una de las hipótesis señaladas, que únicamente atribuye al mandamiento de amparo que se otorgue, efectos cautelares, suspensivos de la aplicación de la norma o de la ejecución del acto de que se trate "mientras dure el juicio"[1077].

En relación a estos supuestos de amparo ejercido conjuntamente con otras acciones, la Corte precisó, que:

> "De lo anterior se deriva, para esta Sala, que la acción de amparo propuesta conjuntamente con una de otro tipo participa de todos los caracteres procesales inherentes a la acumulación de acciones, esto es: que ha de ser resuelta por un solo juez (el mismo que sea competente para conocer de la acción principal), y que ambas pretensiones (la de amparo y la de nulidad u otra) deben ser tramitadas en un solo proceso que tiene dos etapas: la del amparo, previa, y la contenciosa, la cual forzosamente cubre, en la decisión final, tanto la medida cautelar que inevitablemente perece en esa oportunidad, como el pronunciamiento judicial acerca de la nulidad solicitada. En otras palabras, si por las características analizadas el mandamiento de amparo se traduce única y exclusivamente en la suspensión provisional del acto recurrido en nulidad, la sentencia que decida ésta deja sin efecto aquella medida cautelar dictada en forma previa, tanto si el acto cuestionado es anulado como si es confirmado, porque, en uno u otro caso, carece ya de sustentación jurídica"[1078].

C. *La distinción entre los dos mecanismos procesales de amparo*

Sentadas las características de cada uno de los mecanismos procesales de amparo —acción autónoma y ejercicio acumulado a otros medios procesales—, la Corte, en

---

1077 *Idem.* p. 170.

1078 *Idem.* p. 171.

su sentencia, precisó las diferencias más importantes entre los mismos, en la siguiente forma:

"En efecto, mientras en la primera es condición de procedencia, como se ha dicho, que se invoque y demuestre la violación directa, inmediata, flagrante, de un dispositivo o garantía constitucionales que, por sí solos, determinen la necesidad del mandamiento de amparo como medio definitivo de restablecer la situación jurídica vulnerada; en el segundo caso, dada la naturaleza suspensiva de este mandamiento de amparo que sólo tiende a detener provisionalmente los efectos del acto perturbador hasta que se decida el juicio que lo anule o confirme, la denuncia de infracción de normas constitucionales puede estar acompañada de transgresión de textos de rango inferior que precisen o desarrollen el derecho o garantía constitucionalizado, pues tratándose de un solo proceso instaurado contra el mismo acto cuya nulidad se pretende obtener por la vía del recurso contencioso correspondiente, nada obsta a que los instrumentos jurídicos subconstitucionales que sustentan la nulidad sean invocados también al interponer las acciones acumuladas. Lo que no puede hacer el juzgador para acordar la suspensión de los efectos del acto denunciado como lesivo, es encuadrar la situación planteada en la regulación o solución legal o sublegal de la misma, porque en tal hipótesis estaría decidiendo anticipadamente, quiéralo o no, la nulidad del acto impugnado al pronunciarse determinantemente acerca de la existencia de uno de sus vicios, sea éste de procedimiento o de fondo, cuestión que forma parte del debate procesal probatorio que ha de instaurarse precisamente con motivo del recurso de nulidad.

En efecto, siendo distintas las consecuencias que dimanan de una acción autónoma de amparo y de la ejercida conjuntamente con otro recurso (restitutorias en el primer caso y cautelares en el segundo), basta en esta última el señalamiento de la norma o garantía constitucional que se consideren violadas, fundamentado además en un medio de prueba que constituya *presunción* grave de la violación o amenaza de violación denunciada, para que el juez, en forma breve y sumaria, acuerde procedente la suspensión de los efectos del acto como medio de tutelar anticipadamente los posibles efectos de la sentencia que posteriormente habrá de dictar en el juicio de nulidad (artículos 5 y 22, Ley Orgánica de Amparo).

Considera esta Sala, por otra parte, que en el amparo acumulado, ese "medio de prueba" a que alude el artículo 22 de la Ley Orgánica de Amparo, puede consistir en el propio acto administrativo impugnado en nulidad, cuyo texto debe ser examinado por el juez de amparo para concluir si, a su juicio, del mismo acto administrativo de efectos particulares se deduce la presunta violación constitucional alegada por el recurrente y acordar, en consecuencia, la medida suspensiva de sus efectos que le ha sido solicitada"[1079].

De la sentencia señalada puede concluirse que el amparo autónomo tiene una finalidad restitutoria; pero en cambio, el amparo conjunto es una medida cautelar, que con entera independencia de la anulación judicial del artículo 22 de la Ley Orgánica, sólo requiere como fundamento un medio de prueba que constituya presunción gra-

1079 *Idem.*, pp. 171-172.

ve de violación o amenaza de violación de un derecho constitucional, y que consiste en la suspensión de efectos como garantía del derecho mientras dura el juicio principal. Por ello, el juez no puede, al resolver sobre la petición de amparo, declarar que el acto impugnado violó o no el derecho constitucional, pues en ese caso, confundiría la pretensión de amparo con la acción de nulidad. En otros términos, en esta etapa del proceso no caben decisiones que envuelvan consecuencias anulatorias que son propias del juicio de nulidad[1080].

Esto lo precisó la Corte Suprema en las conclusiones de la sentencia, así:

> "Con base en los lineamientos precedentemente expuestos, en relación con las objeciones formuladas por los apelantes y los elementos que surgen de autos, esta Sala concluye lo siguiente:
>
> 1°) Que de la interpretación concatenada de los artículos 5° y 22 de la Ley Orgánica de Amparo se infiere claramente la distinción entre la acción de amparo ejercida conjuntamente con el recurso de nulidad y la acción de amparo autónoma o el recurso de inconstitucionalidad, en cuanto a que— no obstante la común exigencia de la violación directa de una norma constitucional—, estos dos últimos recursos tienen una finalidad distinta (restitutoria en el amparo autónomo y anulatoria en la acción de inconstitucionalidad), en tanto que, en el amparo conjunto, se trata de una medida cautelar que sólo requiere como fundamento "un medio de prueba que constituya presunción grave de la violación o de la amenaza de violación" (artículo 22), así como la consideración, por parte del tribunal de que la suspensión de los efectos del acto recurrido resulta procedente como garantía del derecho constitucional violado, *mientras dure el juicio* (artículo 5°); es decir que la medida cautelar se revela como necesaria para evitar que el accionante, por el hecho de existir un acto administrativo, se vea impedido de alegar violación de derechos constitucionales. De ahí que la suspensión de sus efectos pretenda mantener sin ejecución el acto impugnado, si el juez considera que debe suspenderse dicho acto por la presunción grave de violación constitucional invocada en el amparo.
>
> Por tanto, si se exigiera la misma rigurosidad en la sustentación de la acción de amparo acumulada que la que se requiere para las otras acciones señaladas (amparo autónomo y recurso de inconstitucionalidad), la de amparo conjunta resultaría prácticamente inútil, pues carecería del específico sentido que tiene: obtener que se suspendan en el tiempo los efectos de un acto administrativo que *podría* afectar el derecho constitucional, *eventual lesión* que el *juez de amparo* aprecia como presumible"[1081].

Ahora bien, lo que no señaló con precisión la Corte en su sentencia del 10-7-91, y que constituyó el verdadero cambio jurisprudencial que produjo con dicha decisión, es que en el caso de ejercicio conjunto del amparo con otras acciones judiciales, la consecuencia es la suspensión de efectos en forma inmediata como medida cautelar de amparo, sin necesidad de que se siga el procedimiento establecido en la Ley Orgánica en relación a la solicitud de informe al agraviante y a la realización de la audiencia pública y oral.

1080 *V.*, sentencia de la CPCA de 12-12-90, FUNEDA, *15 años de Jurisprudencia, cit.*, pp. 216-217.

1081 *Idem.*, p. 172.

En estos casos es que tenía aplicación efectiva el artículo 22 de la Ley Orgánica pues la medida cautelar se adopta *inaudita alteram parte.* Dicho artículo, sin embargo, fue anulado por la Corte Suprema por sentencia de 21-5-96, lo que en nuestro criterio no tiene ninguna incidencia en el carácter cautelar de la medida de amparo.

D. *Antecedentes y secuelas del caso Tarjetas Banvenez*

La decisión de la Corte Suprema en Sala Político-Administrativa en el *Caso Tarjetas Banvenez* de 10-7-91, antes comentada, tuvo su origen en una apelación formulada contra una decisión de la Corte Primera de lo Contencioso-Administrativa, en materia de amparo, de 21-11-90, en un caso en el cual se ejerció la pretensión de amparo acumulada a un recurso contencioso-administrativo de anulación[1082].

En dicha sentencia, la Corte Primera, al referirse al amparo ejercido en forma conjunta, señaló que:

> "Se trata del ejercicio conjunto de la acción de amparo constitucional con el recurso contencioso-administrativo de nulidad. La Ley le otorga al amparo en tal supuesto un carácter cautelar, consistiendo en la suspensión de los efectos del acto hasta tanto se decida el recurso contencioso-administrativo. El efecto restablecedor definitivo de la situación jurídica infringida, que es el atributo característico de la acción de amparo cuando se ejerce en forma autónoma queda modificado, por cuanto lo que se trata de obtener con el amparo ejercido por la presente vía es tan sólo una medida que suspenda los efectos del acto, es decir, que impida su eficacia cualquiera que ella sea, en forma temporal y condicionada a la decisión de la acción principal que pasa a ser el recurso contencioso-administrativo de nulidad. De esta naturaleza deriva como consecuencia lógica y necesaria que al juez no le es dado, al decidir la acción de amparo acumulada al recurso contencioso, calificar la legitimidad o ilegitimidad del acto sino limitarse a determinar si el mismo viola el derecho o las garantías constitucionales que se denuncian infringidos. En el caso en que al juez le fuese dado penetrar en el fondo del acto administrativo, el recurso contencioso no tendría sentido alguno. Esta Corte estima que si en el amparo autónomo le es dado calificar el acto e incluso anularlo, si ello fuere el caso, en el amparo acumulado al recurso contencioso deberá limitarse a verificar si hay infracción o no de la garantía constitucional y es siguiendo tales reglas que pasa a pronunciarse sobre las denuncias de los presuntos agraviados y las defensas hechas valer por la Comisión Nacional de Valores y por los intervinientes en este juicio...
>
> Ahora bien, ya fue señalado que el amparo ejercido conjuntamente con el recurso contencioso-administrativo de nulidad, le impide al juez calificar el acto administrativo al decidir sobre el amparo, por cuanto tal calificación (de legítimo o ilegítimo) tendrá que producirse sólo al decidirse el recurso de nulidad. El riesgo de interponer el amparo acumulado, para los actores, radica en que la decisión de dicho amparo sólo puede versar sobre si ha sido conculcado o no, en la forma en que la Ley lo exige, para otorgar su protección, un derecho o una garantía constitucionales.

1082 *V.*, en *Revista de Derecho Público*, Nº 44, EJV, Caracas, 1990, pp. 189-190.

> En el amparo autónomo, incluso el que se ejerce contra un acto administrativo, al juez le es dado calificar la condición del acto y atribuirle a tal calificación los efectos que considere necesario para restablecer la situación jurídica infringida, incluso los anulatorios.
>
> No sucede igual en los casos en los cuales se ha seguido la vía prevista en el primer aparte del artículo 5 de la Ley Orgánica de Amparo sobre Derechos y Garantías Constitucionales, porque en tal hipótesis el amparo es sólo una medida cautelar que no se pronuncia sobre el contenido del acto, sino que se limita a la suspensión de sus efectos"[1083].

Lo afirmado por la Corte Primera, en todo caso, resultaba contradictorio pues no pronunciarse sobre la legitimidad o ilegitimidad del acto es una misión imposible si el juez, como se dice en la sentencia, en el amparo cautelar, debería determinar si el acto viola o no el derecho constitucional alegado.

En realidad, en el amparo acumulado, el juez lo que debe es apreciar si hay una presunción grave de que se ha producido la violación. Por otra parte, contrariamente a lo afirmado en la sentencia, en el caso del amparo autónomo, este nunca puede tener efectos anulatorios respecto de actos administrativos. Por todo ello, la Corte Suprema en su sentencia del 10-7-91 revocó la decisión de la Corte Primera que había apreciado que en el caso concreto, al emitirse el acto administrativo impugnado, se había violado el derecho a la defensa de las recurrentes, y señaló:

> "2°) Que la Corte Primera de lo Contencioso Administrativo no ha debido declarar, por vía de amparo, que el acto de la Comisión Nacional de Valores demandado en nulidad violó el derecho de defensa de las empresas recurrentes, pues con tal declaratoria confunde el ámbito de una acción de amparo acumulada al recurso contencioso de anulación que no permite, en esa etapa previa del proceso, pronunciamientos de esa naturaleza que envuelven consecuencias anulatorias propias sólo del juicio en la correspondiente sentencia definitiva y ajenas a la acción de amparo acumulada.
>
> En efecto, como ya se ha dicho repetidamente, la naturaleza instrumental de una acción de amparo ejercida con base al artículo 5° de la Ley Orgánica de Amparo, está dirigida a obtener la suspensión temporal del acto administrativo impugnado y el juez debe acordarla si los derechos constitucionales invocados como conculcados están fundamentados en un medio de prueba (incluso el propio acto administrativo), que lleve al sentenciador a considerar que existe indicio o presunción grave de la violación o de la amenaza de violación constitucional alegada, por lo que resulta procedente la suspensión, del mismo, mientras dure el juicio de nulidad"[1084].

Con posterioridad, esta doctrina de la Corte Suprema se siguió en todas las decisiones de la Corte Primera de lo Contencioso Administrativo. Se destaca, por ejemplo, la sentencia de 30-4-92 en la cual la Corte Primera revocó una decisión del Tribunal de la Carrera Administrativa, con base en los mismos argumentos que utilizó la Corte Suprema en la sentencia de 10-7-91:

1083 *Idem.*, p. 190.

1084 En *Revista de Derecho Público,* N° 47, EJV, Caracas, 1991, p. 172.

"En primer lugar ha de observar esta Corte que el Tribunal de la Carrera Administrativa no ha debido declarar, por vía de amparo, que el acto impugnado a través del recurso contencioso-administrativo de anulación violó los derechos consagrados en los artículos 73, 74, 84 y 93 de la Constitución, pues con tal declaratoria confunde el ámbito de una acción de amparo ejercida conjuntamente con el recurso contencioso-administrativo de anulación que no permite, en una etapa previa del proceso, pronunciamientos que envuelven consecuencias anulatorias propias sólo del juicio de nulidad en la correspondiente sentencia definitiva y ajenas a la acción de amparo acumulada.

En efecto, la naturaleza instrumental de una acción de amparo ejercida en base al artículo 5 de la Ley Orgánica de Amparo sobre Derechos y Garantías Constitucionales está dirigida a obtener la suspensión temporal del acto administrativo impugnado y el juez debe acordarla si los derechos constitucionales invocados como conculcados están fundamentados en un medio de prueba que lleve al sentenciador a considerar que existe *presunción grave de la violación o de la amenaza de violación constitucional alegada.* En consecuencia, en presencia de las acciones ejercidas conjuntamente —amparo y recurso contencioso-administrativo de anulación— el juez no puede decidir que existió violación directa de disposiciones constitucionales, pues ello compromete su decisión de fondo, sino únicamente constatar si existe o no presunción grave de la violación o de la amenaza de violación constitucional alegada"[1085].

Veamos, en todo caso, las precisiones que se han venido formulando jurisprudencialmente en los casos de "ejercicio conjunto" de la acción de amparo con otras acciones, que más bien se configuran como la formulación de una pretensión de amparo conjuntamente con una acción de nulidad u otro medio procesal.

2. *La formulación de la pretensión de amparo conjuntamente con la acción popular de inconstitucionalidad*

El artículo 3° de la Ley Orgánica de Amparo, como se ha dicho, luego de precisar la posibilidad de que se intente una acción de amparo contra normas, agrega que:

"La acción de amparo también podrá ejercerse conjuntamente con la acción popular de inconstitucionalidad de las leyes y demás actos estatales normativos, en cuyo caso, la Corte Suprema de Justicia, si lo estima procedente para la protección constitucional, podrá suspender la aplicación de la norma respecto de la situación jurídica concreta cuya violación se alega, mientras dure el juicio de nulidad".

Esta norma, con este contenido, conlleva diversas implicaciones respecto del amparo regulado en la Ley Orgánica, que han venido siendo precisadas por la jurisprudencia.

1085 *V.*, en *Revista de Derecho Público,* N° 50, EJV, Caracas, 1992, p. 185.

A. *La exigencia del carácter normativo del acto impugnado mediante acción popular ante la Corte Suprema de Justicia*

En primer lugar, debe destacarse que la pretensión de amparo puede formularse conjuntamente con la acción popular de inconstitucionalidad de las leyes y demás actos estatales de carácter normativo[1086].

Pero, por supuesto, no se trata de la acumulación de una pretensión de amparo con cualquier acción de nulidad de cualquier acto estatal normativo, sino de la formulación de la pretensión de amparo con la acción popular de inconstitucionalidad que se puede ejercer conforme a los ordinales 3, 4, 6 y 7 del artículo 215 de la Constitución contra las leyes nacionales y demás actos normativos de los cuerpos legislativos nacionales que se dicten en ejecución directa de la Constitución (Reglamento Interior y de Debates, por ejemplo); contra las leyes estadales, las Ordenanzas Municipales y contra los demás actos de los cuerpos deliberantes de los Estados o Municipios dictados en ejecución directa de la Constitución; contra los actos ejecutivos normativos dictados en ejecución directa de la Constitución, como serían los Decretos Leyes y los actos de gobierno normativos; contra los Reglamentos dictados por el Presidente de la República; y contra los demás actos normativos de autoridades administrativas.

A las acciones populares de inconstitucionalidad contra estos actos estatales y que se ejercen ante la Corte Suprema de Justicia en Corte Plena y en Sala Político Administrativa, según los casos, es que puede acumularse la pretensión de amparo que regula el artículo 3° de la Ley Orgánica de Amparo.

B. *La exención del cumplimiento del procedimiento de la Ley de Amparo*

En los casos de acumulación de una pretensión de amparo con la acción popular de inconstitucionalidad, dado el carácter cautelar de la decisión, en el pronunciamiento de amparo no se sigue el procedimiento previsto en la Ley Orgánica de Amparo[1087]; es decir, como lo resolvió la Corte Plena en sentencias de 8-6-88, 11-10-88 y 4-4-89, en estos casos, la decisión de la Corte se concreta en un pronunciamiento previo dictado antes del fallo definitivo, sin que se tenga que seguir todo el procedimiento establecido en la Ley Orgánica, como por ejemplo, la solicitud del informe correspondiente, la realización de la audiencia pública y oral, y la citación del Ministerio Público[1088].

C. *Carácter cautelar de la decisión y la suspensión inter partes de la aplicación de la norma*

La Corte Plena, en su citada sentencia de 14-1-93 (*Caso Gruber Odreman*) precisó que "el amparo contra normas intentado conjuntamente con un recurso de nulidad por inconstitucionalidad, tiene el efecto de una medida cautelar dentro de este procedimiento"[1089]. Esta medida cautelar, con efectos mientras dure el juicio de nu-

1086 El carácter *normativo* del acto estatal se ha destacado por CSJ-SPA, en sentencia de 2-5-91, *Revista de Derecho Público,* N° 46, EJV, Caracas, 1991, pp. 119-120.

1087 *V.,* sentencia de la Corte Plena de 14-1-93, *Caso "Gruber Odreman"* (consultada en original).

1088 *V.,* en *Revista de Derecho Público,* N° 38, EJV, Caracas, 1989, p. 105 y N° 39, 1989 p. 128. *V.,* además sentencia de la CSJ-SPA, 5-5-93, *Revista de Derecho Público,* N° 53-54, EJV, Caracas, 1993, p. 226.

1089 Consultada en original.

lidad, consiste en la posibilidad para la Corte, si lo estima procedente, de suspender la aplicación de la norma respecto de la situación jurídica concreta que se alega, lo que equivale decir, como lo ha señalado la Corte Plena, "que el juez evitará el menoscabo de derechos o garantías de rango constitucional producido por la ejecución o aplicación, en el caso concreto alegado, de alguna disposición impugnada de inconstitucional mientras dure el juicio principal"[1090].

Por otra parte, la decisión de la Corte "ha de hacerse de manera previa y sin pronunciamiento sobre el fondo del asunto debatido y debe resolverse en forma breve y sumaria *sin participación de los interesados*"[1091] y además, inmediatamente[1092].

Debe señalarse que la posibilidad de suspensión de efectos de un acto de carácter normativo por vía de amparo acumulado a la acción de inconstitucionalidad, como lo ha indicado la Corte Plena en sentencia de 4-4-89 (*Caso Aeroclub Caracas*):

> "es una innovación introducida en la Ley Orgánica de Amparo; dicha suspensión es, por naturaleza, de carácter excepcional y el análisis de su procedencia debe tener un carácter restrictivo.
>
> Tal suspensión debe manejarse con equilibrio para que el principio de autoridad no quede quebrantado; ello pretende la vigencia del Estado de Derecho mientras dure el juicio en el cual se debe determinar si se anula o no un acto de efectos generales impugnado por inconstitucionalidad"[1093].

Por otra parte, en estos casos la suspensión procede sólo cuando exista una presunción grave de lesión o amenaza de violación de un derecho fundamental[1094], y cuando de no acordarse la misma resultaría imposible o muy difícil el restablecimiento de la situación jurídica que motiva la acción. En palabras de la Corte Suprema:

> "Su procedencia implica que la violación a un derecho constitucionalizado cause una lesión, un daño y que dicho daño no sea reparable o de difícil reparación en una sentencia definitiva"[1095].

En todo caso, ha interpretado la Corte, que en estos supuestos, la norma impugnada por inconstitucionalidad realmente es la causa de la violación, mientras que su aplicación que constituye "la situación jurídica concreta cuya violación se alega, vendría a ser propiamente el objeto de amparo"[1096]. Por ello la Sala Político Admi-

---

1090 *V.*, sentencia CSJ-CP de 27-4-93, en *Revista de Derecho Público,* Nos. 53-54, EJV, Caracas, 1993, p. 222 (*Caso "Coopervolta"*).

1091 *V.*, sentencia CSJ-SPA de 11-2-92, *Revista de Derecho Público,* N° 49, EJV, Caracas, 1992, p. 120.

1092 *V.*, sentencia CSJ-SPA, de 19-11-92, *Revista de Derecho Público,* N° 52, EJV, Caracas, 1992, p. 137.

1093 *V.*, *Revista de Derecho Público,* N° 39, EJV, Caracas, 1989, p. 129.

1094 *V.*, sentencia del CSJ-CP de 4-8-89, *Revista de Derecho Público,* N° 39, EJV, Caracas, 1989, p. 129; CSJ-SPA de 2-5-91, *Revista de Derecho Público,* N° 46, EJV, Caracas, 1991, p. 120; CSJ-CP, de 27-4-93, *Revista de Derecho Público,* N° 53-54, EJV, Caracas, 1993, p. 223; CSJ-SPA, 5-5-93, *Revista de Derecho Público* N° 53-54, EJV, Caracas, 1993, p. 226; CSJ-SPA, de 19-11-92, *Revista de Derecho Público,* N° 52, EJV, Caracas, 1992, p. 137.

1095 *V.*, sentencia CSJ-CP de 4-4-89, *Revista de Derecho Público,* N° 39, EJV, Caracas, 1989, p. 129.

1096 *V.*, sentencia CSJ-SPA de 19-11-92, *Revista de Derecho Público,* N° 52, EJV, Caracas, 1992, p. 137.

nistrativa ha interpretado que realmente el amparo, en estos casos, se destina a los actos de aplicación de la norma y no a ella en sí misma[1097].

Ahora bien, para llevar al ánimo de la Corte la existencia de una presunción grave de violación de un derecho constitucional por la norma, el agraviado debe probar y demostrar que la aplicación de la norma lo afecta o lesiona de manera específica y concreta[1098].

Por último, debe señalarse que la suspensión de efectos de la norma, de carácter provisional, es la aplicación de la norma a la situación jurídica concreta cuya violación se alega[1099]; por tanto, en ningún caso la decisión cautelar puede tener efectos restablecedores *erga omnes,* sino sólo efectos personalísimos en relación al accionante agraviado y no en relación a terceros[1100].

3. *La formulación de la pretensión de amparo conjuntamente con los recursos contencioso-administrativos de anulación de los actos administrativos de efectos particulares o contra conductas omisivas de la administración*

El artículo 5° de la Ley Orgánica de Amparo, luego de precisar la posibilidad de que se intente una acción de amparo autónoma contra actos administrativos de efectos particulares, agrega que:

> "Cuando la acción de amparo se ejerza contra actos administrativos de efectos particulares o contra abstenciones o negativas de la Administración, podrá formularse ante el Juez Contencioso-Administrativo competente, si lo hubiese en la localidad, conjuntamente con el recurso contencioso-administrativo de anulación de actos administrativos o contra las conductas omisivas, respectivamente, que se ejerza. En estos casos, el Juez, en forma breve, sumaria, efectiva y conforme a lo establecido en el artículo 22, si lo considera procedente para la protección constitucional, suspenderá los efectos del acto recurrido como garantía de dicho derecho constitucional violado, mientras dure el juicio".

Esta norma, como ya se ha señalado, ha sido objeto de un proceso de interpretación jurisprudencial de gran importancia, y que superó la idea inicial de la acumulación de dos acciones que, sin embargo, por tener procedimientos distintos, seguían cursos procesales paralelos, como fue la tendencia que surgió de muchas decisiones; hasta llegar a la consideración del amparo como una pretensión subordinada a la acción contencioso-administrativa que es la principal, consistiendo el amparo, en estos casos, en una mera medida cautelar durante el juicio de nulidad. Este fue el espíritu del legislador, que fue interpretado cabalmente en la ya mencionada y comentada sentencia de la Corte Suprema de Justicia de 10-7-91 (*Caso Tarjetas Banvenez*), *y* que se ha seguido en las decisiones judiciales posteriores, y que en nuestro criterio no ha sido modificado por el hecho de que la Corte Suprema haya anulado el artículo 22 de la Ley Orgánica de Amparo.

1097 *V.*, sentencia de CSJ-SPA de 6-8-92 y 19-11-92, *Revista de Derecho Público,* N° 52, EJV, Caracas, 1993, pp. 137-139.

1098 *V.*, sentencia de CSJ-CP de 29-5-89, *Revista de Derecho Público,* N° 39, EJV, Caracas, 1989, p. 133.

1099 *V.*, CSJ-SPA de 2-5-91, *Revista de Derecho Público,* N° 46, EJV, Caracas, 1991, p. 120.

1100 *V.*, sentencias CSJ-SPA de 6-8-91, *Revista de Derecho Público,* N° 47, EJV, Caracas, 1991, p. 119 y 6-8-92, *Revista de Derecho Público,* N° 52, EJV, Caracas, 1992, p. 138.

A. *Algunos antecedentes de la decisión de la Corte Suprema en el caso Tarjetas Banvenez (1991)*

Sin embargo, debe señalarse que en materia de ejercicio conjunto de la pretensión de amparo con la acción contencioso administrativa de anulación, antes de que se dictase la decisión antes mencionada, el criterio en ella sostenido ya se había plasmado en otras decisiones judiciales. Se destaca, así, la sentencia del Tribunal Superior Contencioso-Administrativo de la Región Capital de 9-8-90, en la cual se definió con precisión el carácter cautelar del amparo cuando se formula en forma acumulada con un recurso contencioso-administrativo, pudiendo otorgarse *inaudita parte y* por tanto, sin necesidad de cumplir con el procedimiento previsto en la Ley Orgánica en cuanto al Informe del agraviante y a la audiencia pública y oral. El referido Tribunal Superior, en efecto, señaló lo siguiente:

> "Observa el Tribunal que la solicitud de amparo constitucional formulada por el recurrente persigue la suspensión de los efectos del acto administrativo impugnado y por lo tanto, la restitución provisional del recurrente en el cargo del cual ha sido removido mientras se resuelve sobre la legalidad del mismo. En tal sentido, el decreto de amparo funge como una medida de carácter cautelar destinada a salvaguardar los derechos constitucionales del recurrente mientras dure el juicio de nulidad; consecuentemente, considera el Tribunal que tratándose de una medida cautelar, el mandamiento de amparo que se fundamente en los artículos 5 y 22 de la Ley Orgánica in *comento puede* ser dictado aún antes de que la parte demandada se encuentre a derecho, es decir, *inaudita alteram parte.* En efecto, por su naturaleza misma, cuando el juez estima que en el caso concreto se hayan cumplido los extremos legales, la solicitud de amparo fundamentada en los artículos 5 y 22 de la Ley Orgánica de Amparo sobre Derechos y Garantías Constitucionales debe ser acordada inmediatamente, pues de lo contrario la solicitud de amparo interpuesta se tornaría prácticamente inútil"[1101].

Debe decirse que el criterio también se había sentado con anterioridad a la sentencia del caso *Tarjetas Banvenez* (10-7-91), por la propia Sala Político Administrativa, considerando al amparo en los casos de ejercicio conjunto con la acción contencioso-administrativa, como "una medida precautelativa, como garantía del derecho constitucional violado mientras dure el juicio"[1102], incluso de "naturaleza similar" a la suspensión de efectos de los actos administrativos conforme al artículo 136 de la Ley Orgánica de la Corte Suprema[1103]. El carácter precautelativo del amparo, en estos casos, también se había precisado por la Corte Primera de lo Contencioso Administrativo en 1990[1104]. Incluso, en sentencia de 20-6-91, la Corte Primera de lo Contencioso Administrativo ya había resuelto que:

> "la acción de amparo, ejercida conjuntamente con el recurso contencioso-administrativo de anulación es, por definición, una acción breve, carente de

---

1101 *V.*, en *Revista de Derecho Público,* N° 43, EJV, Caracas, 1990, pp. 86-87.

1102 Sentencias de 14-3-91, *Revista de Derecho Público,* N° 45, EJV, Caracas, 1991, p. 147 y de 31-5-91, *Revista de Derecho Público,* N° 46, EJV, Caracas, 1991, p. 154.

1103 Sentencia de 13-12-90, *Revista de Derecho Público,* N° 45, EJV, Caracas, 1991, p. 149.

1104 *V.*, sentencias de 21-11-90 y 12-12-90 en FUNEDA *15 años de Jurisprudencia, op. cit.* pp. 224 y 225.

formalismo que, sin más trámites, pretende suspender los efectos de un acto de la administración mientras dure el juicio de nulidad"[1105].

En sentencia de 18-6-91, además, la misma Corte Primera de lo Contencioso Administrativo había analizado este supuesto de "acumulación" de acciones de amparo y nulidad, señalando lo siguiente sobre la previsión del artículo 5 de la Ley Orgánica de Amparo:

> "La característica fundamental del amparo ejercido conjuntamente con el recurso contencioso-administrativo se encuentra en que la acción no tiene el carácter restablecedor que alude el artículo 49 de la Constitución, sino un efecto cautelar. En el caso específico de su ejercicio con la acción de nulidad, está destinado a suspender los efectos del acto. El legislador consideró que no era suficiente para obtener la protección constitucional, la medida prevista en el artículo 136 de la Ley Orgánica de la Corte Suprema de Justicia, ya que la misma sólo opera por previsión expresa de la ley o cuando sea imprescindible para impedir daños irreparables o de difícil reparación. El amparo por el contrario, no requiere de la demostración del daño, bastando con la presencia de la violación constitucional o de la amenaza de tal violación y, al mismo tiempo, dada su naturaleza, no se limita al simple levantamiento de la eficacia del acto sino que tiene un efecto más complejo y variado, por cuanto puede detener la realización de ciertas conductas e impedir que las mismas se consoliden. De allí que el ejercicio conjunto previsto en el artículo 5 de la Ley de Amparo no sea una acumulación de autos, y la acción de amparo no tiene otro carácter que no sea el de una medida cautelar"[1106].

B. *Formalidades de la interposición y el objeto de las pretensiones*

La formulación de la pretensión de amparo con la acción contencioso administrativa debe plantearse, como lo dice la ley, en forma conjunta, lo que implica la acumulación de ambas pretensiones en un mismo libelo y en un solo libelo de demanda, pues de no ser así, resultaría imposible la aplicabilidad del artículo 5 de la ley[1107].

Por otra parte, sólo formulándose la pretensión de amparo conjuntamente con el recurso contencioso-administrativo es que pueden obviarse los requisitos procesales de admisibilidad de este último en cuanto al lapso de caducidad y el agotamiento de la vía administrativa; que pueden lograrse los efectos suspensivos inmediatos del acto administrativo, de carácter cautelar y no restablecedores, y que pueden modificarse las reglas de competencia de los jueces de amparo.

De allí la exigencia de que las pretensiones se formulen en un mismo momento procesal y no una después de otra[1108].

1105 *V.*, en *Revista de Derecho Público,* N° 46, EJV, Caracas, 1991, p. 156.

1106 *V.*, en *Revista de Derecho Público,* N° 46, EJV, Caracas, 1991, p. 158.

1107 *V.*, sentencias de la CSJ-SPA de 21-5-91 y de 11-3-93, en *Revista de Derecho Público,* N° 46, EJV, Caracas, 1991, p. 159 y *Revista de Derecho Público,* N° 53-54, EJV, Caracas, 1993, p. 231 y de la CPCA, de 17-11-88, en FUNEDA, *15 años de Jurisprudencia, cit.*, p. 233 y de 7-9-91, *Revista de Derecho Público,* N° 47, EJV, Caracas, 1991, p. 169.

1108 *V.*, sentencia de la CSJ-SPA, de 6-4-89, *Revista de Derecho Público* N° 38, EJV, Caracas, 1989, p. 140.

Por ello, la interposición conjunta de la pretensión de amparo con la acción de nulidad, no implica fórmula sacramental alguna[1109] y, por supuesto, no impide el que pueda formularse la pretensión de amparo al reformarse el libelo del recurso de anulación; en cambio, lo que no está dentro de la previsión de la norma es la posibilidad del ejercicio separado de las acciones, porque de constar en libelos y oportunidades diferentes, el amparo interpuesto con posterioridad al recurso, como lo ha dicho la Corte Suprema,

> "caería en la causal de inadmisión, prevista en el encabezamiento del ordinal 5°, del artículo 6, esto es, el amparo resultaría inadmisible por haber optado el actor precedentemente a otra vía judicial"[1110].

Por otra parte, al formularse conjuntamente la pretensión de amparo con el recurso contencioso-administrativo, el objeto de ambas pretensiones tiene que ser el mismo. Es decir, debe tratarse del mismo acto, actuación u omisión, aquél contra el cual se formule la pretensión de amparo y la acción de nulidad[1111].

C. *Carácter subordinado y accesorio del amparo*

Tratándose de una pretensión de amparo formulada conjuntamente con el recurso contencioso-administrativo, ambas deben ser conocidas y decididas por un solo juez[1112], precisamente el juez competente para conocer de la acción principal, es decir, el competente para conocer del recurso contencioso-administrativo[1113].

Ambas deben ser tramitadas en un solo proceso, el de la acción principal, (contencioso-administrativo), teniendo por tanto la pretensión de amparo, carácter subordinado, accesorio y dependiente de la acción principal[1114], cuya suerte sigue[1115]. Como lo ha dicho la Corte Suprema de Justicia en Sala Político-Administrativa al comentar la previsión del artículo 5 sobre el ejercicio conjunto de la acción de amparo y el recurso contencioso-administrativo, tanto de anulación como por abstención[1116]:

1109 *V.*, sentencia de la CPCA de 9-9-91, en FUNEDA, *15 años de* Jurisprud*encia, cit.*, p. 222.

1110 *V.*, sentencia de 18-11-93, *Revista de Derecho Público,* N° 55-56, EJV, Caracas, 1993, p. 458.

1111 *V.*, sentencias de la CSJ-SPA de 27-7-92 y 16-12-92 en *Revista de Derecho Público,* N° 51, EJV, Caracas, 1992, p. 215, y N° 52, EJV, Caracas, 1992, p. 236 y de la CPCA de 7-9-91, *Revista de Derecho Público,* N° 47, EJV, Caracas, 1991, p. 169; de 14-11-92 *Revista de Derecho Público,* N° 52, EJV, Caracas, 1992, p. 232 y de 14-12-92 en FUNEDA, *15 años de Jurisprudencia, cit.*, p. 230.

1112 *V.*, sentencia de la CSJ-SPA de 19-11-92, *Revista de Derecho Público,* N° 52, EJV, Caracas, 1992, p. 240.

1113 *V.*, sentencias CSJ-SPA de 31-5-91, *Revista de Derecho Público,* N° 46, EJV, Caracas, 1991, p. 154; de 6-12-91, *Revista de Derecho Público,* N° 45, EJV, Caracas, 1991, p. 145; de 3-6-92, *Revista de Derecho Público,* N° 50, EJV, Caracas, 1992, p. 182; de 10-6-92, *Revista de Derecho Público,* N° 50, EJV, Caracas, 1992, p. 184; de 23-7-92, *Revista de Derecho Público,* N° 51, EJV, Caracas, 1992, pp. 208 y 210; y de 29-10-93, *Revista de Derecho Público,* N° 52, EJV, Caracas, 1992, p. 220, y sentencia de la CPCA de 14-12-92, *Revista de Derecho Público,* N° 52, EJV, Caracas, 1992, p. 221.

1114 *V.*, sentencias de la CSJ-SPA de 11-7-91, en *Revista de Derecho Público,* N° 47, EJV, Caracas, 1991, p. 174; de 19-11-92, *Revista de Derecho Público,* N° 52, EJV, Caracas, 1992, p. 240, y de 11-3-93 en *Revista de Derecho Público,* N° 53-54, EJV, Caracas, 1993, pp. 232 y 354; y de la CPCA de 15-12-88, en FUNEDA, *15 años de Jurisprudencia, cit., p.* 215.

1115 *V.*, sentencia CPCA de 16-1-92, *Revista de Derecho Público,* N° 49, EJV, Caracas, 1992, p. 146.

1116 *V.*, sentencia de CPCA de 2-6-88, en FUNEDA, *15 años de Jurisprudencia, cit.*, p. 242.

"Esta regulación legislativa resulta de la consideración de que en tal supuesto de acumulación, la acción de amparo no es una acción principal sino subordinada, de naturaleza cautelar y accesoria al recurso contencioso-administrativo al cual se acumuló, y por ende, ha de ser resuelta por el órgano jurisdiccional que sea competente para decidir la acción principal"[1117].

D. *El carácter cautelar*

En los casos de ejercicio conjunto de la pretensión de amparo con el recurso contencioso administrativo, tratándose de una pretensión accesoria y subordinada a la acción principal, como se ha dicho, la decisión, en el caso de amparo, tiene carácter cautelar, no incidiendo en la anulación que es el fondo debatido[1118]; y los efectos de la misma consisten en el caso de que la acción principal sea un recurso de nulidad de un acto administrativo, básicamente, en la suspensión de los efectos del mismo, mientras dure el juicio de nulidad[1119], sin que por esta vía se puedan crear derechos[1120]. La decisión, por otra parte, dado su carácter cautelar, se debe adoptar *inaudita parte*[1121].

Por ello, la Corte Suprema de Justicia en Sala Político-Administrativa ha señalado que la suspensión de efectos del acto administrativo decidida en los casos de ejercicio conjunto, tiene una naturaleza cautelar similar a la suspensión de efectos dictada conforme al artículo 136 de la Ley Orgánica de la Corte, difiriendo básicamente en su fundamentación[1122] y precisando, en todo caso, que esta última norma no puede invocarse para obtener el pronunciamiento de amparo. De lo contrario, ha considerado la Corte Primera en lo que consideramos un exceso de formalismo, que en ese caso, el amparo debe declararse inadmisible[1123]. En particular, sólo podría admitirse el invocar el artículo 136 de la Ley Orgánica de la Corte Suprema de Justicia, cuando ello se hace en forma subsidiaria a la petición de amparo, para el caso de que éste se declare improcedente[1124].

Ahora bien, la Corte Primera de lo Contencioso Administrativo ha precisado sobre el carácter cautelar del amparo cuando se acuerda, al ejercerse conjuntamente con un recurso contencioso-administrativo, lo siguiente:

> "la naturaleza instrumental de la acción de amparo ejercida en base al artículo 5 de la Ley Orgánica de Amparo sobre Derechos y Garantías Constitucionales, está dirigido a obtener la suspensión temporal del acto administrativo impugna-

---

1117 Sentencia de 3-6-92 en *Revista de Derecho Público,* N° 50, EJV, Caracas, 1992, p. 182.

1118 *V.,* CSJ-SPA de 3-10-91, en *Revista de Derecho Público,* N° 48, EJV, Caracas, 1991, p. 164; CPCA de 21-9-93, en *Revista de Derecho Público* N° 53-54, EJV, Caracas, 1993, p. 365.

1119 *V.,* sentencias de la CSJ-SPA de 14-8-91 *Revista de Derecho Público* N° 47, EJV, Caracas, 1991, p. 174; de 3-10-91 y de 5-12-91, *Revista de Derecho Público* N° 48, EJV, Caracas, 1991, pp. 164 y 167 de 11-3-93, *Revista de Derecho Público,* N° 53-54, EJV, Caracas, 1993, p. 351; y de la CPCA del 3-12-91, *Revista de Derecho Público,* N° 48, EJV, Caracas, 1991, p. 166.

1120 *V.,* CPCA de 20-6-91, *Revista de Derecho Público* N° 46, EJV, Caracas, 1991, p. 156.

1121 *V.,* CPCA de 27-9-93, en *Revista de Derecho Público,* Nos. 55-56, EJV, Caracas, 1993, p. 475.

1122 *V.,* sentencia de 13-12-90, en *Revista de Derecho Público,* N° 45, EJV, Caracas, 1991, p. 149.

1123 Sentencias CPCA, 21-2-91, en *Revista de Derecho Público,* N° 45, EJV, Caracas, 1991 pp. 146-147; y de 5-11-92, en *Revista de Derecho Público,* N° 52, EJV, Caracas, 1992, p. 187.

1124 *V.,* sentencia CSJ-SPA, 13-7-92, *Revista de Derecho Público,* N° 51, EJV, Caracas, pp. 215-216.

do y el juez debe acordarla si los derechos constitucionales invocados como conculcados están fundamentados en un medio de prueba que lleve al sentenciador a considerar que existe presunción grave de la violación o de la amenaza de violación constitucional alegada. En consecuencia, en presencia de las acciones ejercidas conjuntamente —amparo y recurso contencioso-administrativo de anulación— el juez no puede decidir que existió violación directa de disposiciones constitucionales, pues ello compromete su decisión de fondo, sino únicamente constatar si existe o no presunción grave de la violación o de la amenaza de violación constitucional alegada[1125].

En todo caso, el mismo acto administrativo impugnado puede constituir dicho medio de prueba[1126]. Así lo ha señalado la Corte Suprema de Justicia en Sala Político Administrativa:

> "ese medio de prueba a que alude el artículo 22 de la Ley Orgánica de Amparo, puede consistir en el propio acto administrativo impugnado en nulidad, cuyo texto debe ser examinado por el juez de amparo para concluir si, a su juicio, del mismo acto administrativo de efectos particulares se deduce la presunta violación constitucional alegada por el recurrente y acordar, en consecuencia, la medida suspensiva de sus efectos que le ha sido solicitada"[1127].

Por otra parte, para determinar si existe la presunción grave de violación o de amenaza de violación alegada, que es lo único que puede decidir el juez[1128]; el juez contencioso-administrativo debe analizar únicamente el texto constitucional que consagra el derecho; no pudiendo hacer derivar la presunción grave del análisis de normas de rango legal o sublegal. La Corte Primera de lo Contenciso-Administrativa ha explicado que:

> "Esto se deduce, en primer término, porque para que el medio de prueba haga inducir una presunción grave, debe presumirse contrario a la norma fundamental que establece tal derecho; de lo contrario, si únicamente se pudiera establecer la presunción mediante el análisis de la normativa subconstitucional, tal presunción no correspondería ya a la acción de amparo. En segundo término, el hacer derivar la presunción grave del análisis de normas de carácter legal, sería un pronunciamiento previo e indebido respecto al recurso contencioso de nulidad.
>
> Por lo contrario, si se tratara de una acción de amparo autónoma como lo que debe establecerse no es la existencia de una presunción grave, sino la existencia misma de la violación o amenaza de violación del derecho o garantía constitucionales, sí puede el juez analizar la normativa subconstitucional, puesto que, como más adelante se precisará, son éstas las que establecen, en el caso concre-

---

1125 *V.*, sentencia de 24-8-92, en *Revista de Derecho Público,* N° 51, EJV, Caracas, 1992, p. 213. En igual sentido CSJ-SPA, 13-11-91, en *Revista de Derecho Público*, N° 48, EJV, Caracas, 1991, p. 166.

1126 *V.*, CSJ-SPA, de 10-7-91 y 28-3-93, en *Revista de Derecho Público,* Nº 53-54, EJV, Caracas, 1993, p. 266.

1127 *V.*, sentencia de 10-7-91, *Caso "Tarjetas Banvenez", cit.*, en sentencia CPCA, de 25-6-93, *Revista de Derecho Público,* Nº 53-54, EJV, Caracas, 1993, p. 360.

1128 *V.*, sentencia CPCA, de 30-4-92, en *Revista de Derecho Público* Nº 50, EJV, Caracas, 1992, p. 185 y de 13-6-91, *Revista de Derecho Público,* N° 46, EJV, Caracas, 1991, p. 157.

to, si la pretensión del accionante constituye el ejercicio del derecho constitucional"[1129].

Por supuesto, la prueba del derecho y de la presunción grave de su violación corresponde al accionante[1130] ; y el juez en este estado del proceso no puede decidir sobre la violación en sí del derecho, pues ello comprometería su decisión de fondo[1131] .

En todo caso, como se dijo, la Corte Primera ha precisado en sentencia de 18-6-91 que el hecho de que el artículo 136 de la Ley Orgánica de la Corte Suprema de Justicia haya previsto la medida de suspensión de efectos del acto administrativo, no es suficiente para la protección constitucional[1132] , pues conforme a esa norma, la suspensión sólo opera por previsión expresa de la Ley o cuando sea imprescindible para impedir daños irreparables o de difícil reparación. En el caso de la suspensión de efectos conforme a la Ley Orgánica de Amparo, ella no requiere de la demostración del daño, bastando la presunción grave de la violación. Además, agregó la Corte en la citada sentencia de 18-6-91 que:

> "dada su naturaleza, no se limita al simple levantamiento de la eficacia del acto sino que tiene un efecto más complejo y variado, por cuanto puede detener la realización de ciertas conductas e impedir que las mismas se consoliden"[1133].

De acuerdo a esta doctrina, la Corte Suprema ha reconocido que el juez contencioso-administrativo, cuando conoce de una pretensión de amparo formulada conjuntamente con un recurso contencioso-administrativo, tiene los más amplios poderes cautelares, señalando:

> "En caso, pues, de que el juez de amparo considere que existen motivos para prever que se están dando o puedan producirse lesiones a derechos o garantías de rango constitucional, dispone —mientras se produce decisión del juicio principal— de las más amplias facultades para salvaguardarlos o protegerlos, ya sea suspendiendo los efectos del acto impugnado, ordenando la realización o el cese de una actuación o cualquier otra medida legalmente consagrada que considere acorde con y adecuada a la protección constitucional en el caso concreto"[1134] .

Ahora bien, a pesar de estos poderes cautelares, en ciertas decisiones la Corte Suprema fue cautelosa en acordar la suspensión de efectos de actos negativos o denegatorios impugnados en vía contencioso-administrativa con pretensión de amparo. Así, en una sentencia de la Sala Político-Administrativa de 4-12-91, la Corte ratificó el criterio de que la suspensión de efectos no procede cuando el acto administrativo impugnado es el que niega una pretensión, pues ello convertiría al juez contencioso administrativo:

1129 Sentencia de 25-6-93, *Revista de Derecho Público,* N° 53-54, EJV, Caracas, 1993, p. 360.

1130 CSJ-SPA. sentencia de 4-12-91, *Revista de Derecho Público,* N° 48, EJV, Caracas, 1991, p. 168.

1131 *V.,* CPCA, sentencia de 30-4-91, *Revista de Derecho Público,* N° 50, EJV, Caracas, 1992, p 185

1132 *V.,* también sentencia de la CPCA de 21-7-92, *Revista de Derecho Público,* N° 51, EJV, Caracas, 1992, p. 212.

1133 *V.,* en *Revista de Derecho Público,* N° 46, EJV, Caracas, 1991, p. 158.

1134 *V.,* sentencia de 19-11-92, *Revista de Derecho Público,* N° 52, EJV, Caracas, 1992, p. 227.

"no en reparador de los daños que el acto genera, sino en otorgante en sede jurisdiccional y con carácter previo, de la pretensión ante la Administración, lo cual convertiría la decisión del juez de amparo en constitutiva del derecho, que no en reparadora de la lesión aducida"[1135].

Previamente, la propia Corte Suprema en Sala Político-Administrativa en sentencia de 28-3-89, había decidido en el caso de la impugnación de un acto administrativo denegatorio de una autorización de explotación minera que:

"suspender sus efectos equivaldría, sin más, a que el accionante explotara la región cuya autorización fue negada; esto es, ejecutar de una vez y anticipadamente lo que es materia de fondo y ha de ser decidido en la sentencia final. Autorizarlo por vía de amparo, suspendiendo los efectos de la decisión, sería poder explotar la zona desde ya, cumpliendo cabalmente, totalmente y definitivamente el propósito del interesado. En otras palabras, no se trataría de suspender los efectos del acto impugnado, sino de satisfacer, una vez por todas, la pretensión del accionante, lo cual revela que sería un pronunciamiento definitivo, colmador de sus aspiraciones sin tener que esperar sentencia definitiva y aún sin poder anticiparse a su contenido. Por ello, no se trata de una mera suspensión sujeta a las resultas del juicio, sino de una determinación previa con el mismo efecto contundente y absoluto de una posible sentencia que llegare a pronunciar la nulidad del acto"[1136].

Sin embargo, a pesar de estas sentencias, más recientemente la Sala Político Administrativa de la Corte Suprema de Justicia ha utilizado sus poderes cautelares, y en casos de impugnación con pretensión de amparo de la negativa de una pensión de retiro a oficiales de las Fuerzas Armadas, por vía de pronunciamiento previo ha acordado una pensión mientras dura el juicio de nulidad contra el acto que la negó[1137].

En todo caso, esos amplios poderes cautelares del juez contencioso administrativo, en esos casos, deriva de lo previsto en el propio artículo 585 del Código de Procedimiento Civil[1138].

Por otra parte, debe señalarse que el carácter accesorio y cautelar de la decisión que se adopte en cuanto a la petición de amparo, la hace esencialmente temporal, sometida al pronunciamiento final que se emita en el juicio principal[1139].

Por último, debe indicarse que las medidas cautelares que tienen por finalidad evitar que se produzcan violaciones de derechos constitucionales mientras se tramita el juicio principal, permiten al juez hacer pleno uso de sus poderes de ejecución del mandamiento dictado[1140].

1135 *V.*, en *Revista de Derecho Público,* N° 48, EJV, Caracas, 1991, pp. 167-168. Criterio ratificado en sentencia CPCA de 14-1-92, *Revista de Derecho Público* N° 49, EJV, Caracas, 1992, p. 147.

1136 *V.*, en *Revista de Derecho Público,* N° 38, EJV, Caracas, 1989, pp. 142 a 144.

1137 Sentencias de 15-10-92, *Revista de Derecho Público,* N° 52, EJV, Caracas, 1992, p. 224 y de 20-7-93, *Revista de Derecho Público,* N° 55-56, EJV, Caracas, 1993, p. 470.

1138 *V.*, sentencia CPCA de 17-12-92, *Revista de Derecho Público,* N° 52, EJV, Caracas, 1992, p. 232.

1139 *V.*, sentencia CPCA de 29-7-93 *Revista de Derecho Público* N° 55-56, EJV, Caracas, 1993, p 47

1140 *V.*, CSJ-SPA, sentencias de 22-11-90 y 2-6-93, en *Revista de Derecho Público*, N° 53-54, EJV, Caracas, 1993, p. 369.

Ahora bien, debe señalarse que por sentencia de 21-5-96, la Corte Suprema de Justicia en Corte Plena declaró la nulidad por inconstitucionalidad del artículo 22 de la Ley Orgánica de Amparo por violación al derecho a la defensa consagrado en el artículo 68 de la Constitución. A pesar de que el artículo 5° de la Ley Orgánica que regula el ejercicio conjunto de la pretensión de amparo con el recurso de nulidad hace referencia al artículo 22 de la Ley Orgánica, la anulación de este no varía en absoluto el carácter cautelar del amparo en esos casos de ejercicio conjunto. En tal sentido, la propia sentencia de anulación del artículo 22 de la Ley Orgánica sobre este punto señaló expresamente lo siguiente:

> "Declarado de nulidad el artículo 22 de la mencionada Ley Orgánica de Amparo, la tramitación de la solicitud de amparo interpuesta conjuntamente con un recurso contencioso administrativo, podría adoptar —de conformidad con la potestad de que goza el Juez Contencioso Administrativo, para aplicar el procedimiento que juzgue más conveniente, ante la ausencia de un iter indicado por la Ley (artículo 102 de la Ley Orgánica de la Corte Suprema de Justicia)— las siguientes modalidades:
>
> 1) Tramitar la solicitud de amparo constitucional de conformidad con lo dispuesto en los artículos 23 y siguientes de la Ley Orgánica de Amparo, tal como lo hizo la Sala Político-Administrativa de la Corte Suprema de Justicia en el caso de Carlos Morana contra el Ministro de Relaciones Interiores (Sentencia del 20 de octubre de 1994, expediente 11-036).
> 2) En caso de que la solicitud de amparo sólo tenga por objeto la suspensión de los efectos del acto administrativo recurrido, darle el mismo tratamiento de beneficio que la suspensión de efectos prevista en el artículo 136 de la Ley Orgánica de la Corte Suprema de Justicia.
> 3) Si la solicitud de amparo tiene por objeto la obtención de una medida cautelar de las previstas en el parágrafo primero del artículo 588 del Código de Procedimiento Civil, tramitarla de conformidad con lo previsto en el Título II del Libro Tercero de dicho Código.
>
> No obstante, se observa que la potestad prevista en el artículo 102 de la Ley Orgánica de la Corte Suprema de Justicia otorgada al Juez Contencioso Administrativo, le permite a éste la aplicación de otros procedimientos de acuerdo a la naturaleza del caso y a las exigencias de la protección constitucional.
>
> En este sentido, existe interesante Jurisprudencia proferida por los Tribunales competentes en materia contencioso-administrativa.
>
> Por consiguiente, y en base a las consideraciones expuestas, esta Corte concluye en que el artículo 5 de la Ley Orgánica de Amparo sobre Derechos y Garantías Constitucionales, no adolece del vicio de inconstitucionalidad denunciado. En consecuencia, dicha denuncia es improcedente. Así se declara."[1141]

Por tanto, a pesar de la nulidad del artículo 22 de la Ley Orgánica, la naturaleza cautelar del amparo ejercido conjuntamente con una acción contencioso administrativa mantiene toda su vigencia y como consecuencia de ello, como lo ha señalado la Corte Suprema de Justicia en Sala Político Administrativa en sentencia de 1-10-96 (*Caso Maritza López Conde González*), persiste:

1141 Consultada en original.

"...la necesidad de aportar un medio de prueba que constituya presunción grave de violación o amenaza de violación del derecho que se reclama, como condición indispensable para su procedencia[1142].

Y en cuanto al medio de prueba, en dicha sentencia, la Corte precisó que:

"...Para evidenciar la presunción de violación o amenaza de violación de los derechos constitucionales, debe señalarse, que esta Sala, en reiterados fallos ha declarado que el medio de prueba por antonomasia lo constituye el propio acto administrativo cuestionado, pues del análisis de su contenido puede desprenderse los elementos que objetivicen la transgresión o presunción de vulneración de normas de este rango. En efecto, en la ya referida decisión, conocida como el caso "Tarjetas Banvenez", se señaló lo siguiente:

"Considera esta Sala, por otra parte, que en el amparo acumulado, ese medio de prueba a que alude el artículo 22 de la Ley Orgánica de Amparo, puede consistir en el propio acto administrativo impugnado en nulidad, cuyo texto debe ser examinado por el Juez de amparo para concluir si, a su juicio, del mismo acto administrativo de efectos particulares se deduce la presunta violación constitucional alegada por el recurrente y acordar, en consecuencia, la medida suspensiva de sus efectos que le ha sido solicitada".

Una de las consecuencias más importantes que se derivan de esta posición es que el acto producido por el presunto agraviante ya no le es de su exclusividad como medio de prueba, es decir, le deja de pertenecer para convertirse en común, sin importar quién o cómo se haya promovido o aportado en virtud del principio procesal de la comunidad de las pruebas"[1143].

Pero la sentencia antes señalada, sin embargo, a pesar de reconocer que la nulidad del artículo 22 de la Ley Orgánica de Amparo no varió el carácter cautelar del amparo, señaló sin embargo, en forma contradictoria que:

"La variante en este caso, derivada de dicha nulidad, es que la medida no puede dictarse *inaudita alteram partem,* sino que debe procederse, en todo caso, garantizando el derecho de defensa del presunto agraviante, tramitando la solicitud conforme al procedimiento previsto en el artículo 23 y siguientes del texto orgánico que rige la materia, tal como lo ha hecho esta Sala, antes de ser declarada la nulidad del artículo 22 (sentencia del 20 de octubre de 1994, *Caso: Carlos Morana vs. República, Ministerio de Relaciones Interiores*); y con posterioridad a la nulidad declarada como ha ocurrido precisamente en este caso"[1144].

En nuestro criterio, esta declaración de la Corte no sólo contraría lo expresamente resuelto en la sentencia de nulidad del artículo 22 antes indicado, sino que es contradictora con la misma naturaleza del carácter cautelar del amparo, que tiene que permitir el que se puede dictar *inaudita parte.*

1142 *V.,* en Oscar Pierre Tapia, *Jurisprudencia de la Corte Suprema de Justicia,* Tomo 10, Año XXIII, octubre de 1996, p. 40.

1143 *Idem.*

1144 Consultada en original

E. *Las modalidades de las condiciones de admisibilidad en el ejercicio conjunto de la acción de amparo con una acción contencioso-administrativa*

La Corte Suprema de Justicia en Sala Político-Administrativa por sentencia del 19-11-92, en uso de la atribución que le confiere el artículo 102 de su Ley Orgánica que la autoriza a aplicar el procedimiento que juzgue más conveniente, de acuerdo con la naturaleza del caso, cuando las leyes no prevean un procedimiento especial a seguir, en el caso del ejercicio conjunto de la pretensión de amparo con el recurso contencioso-administrativo resolvió que en esos casos, y:

> "en situaciones análogas sucesivas, debe procederse, forzosamente, al examen previo del cumplimiento de los requisitos procesales de admisibilidad del recurso contencioso-administrativo que, de acuerdo a los principios expuestos, constituye el juicio principal. En tal virtud, en lo adelante, la tramitación del expediente se iniciará con una declaración sobre la admisibilidad del juicio principal, ya sea éste un recurso de anulación contra actos administrativos individuales o una acción por abstención. Esta etapa verificadora de los requisitos de admisibilidad del proceso principal debe cumplirse, necesariamente, en el órgano facultado para ello, el Juzgado de Sustanciación de la Sala, el cual hará un examen de cada una de las causales contenidas en el artículo 124 de la Ley Orgánica de la Corte Suprema de Justicia, obviando solamente la del agotamiento de la vía administrativa (ordinal 2°), así como la de los lapsos de caducidad para el ejercicio del recurso o de la acción (ordinal 4°, y el artículo 84, ordinal 3° ejusdem), excepciones previstas en el parágrafo único del artículo 5 de la Ley Orgánica de Amparo sobre Derechos y Garantías Constitucionales.
>
> Posteriormente, una vez admitido el recurso o la acción principal y ordenada la notificación al Fiscal General a que hace alusión el artículo 125 de la Ley Orgánica de la Corte Suprema de Justicia, se devolverá el expediente a la Sala, la cual procederá, entonces, al examen sobre la procedencia del amparo constitucional, el cual, como medida cautelar, permitirá la protección y resguardo de los derechos y garantías constitucionales que se presuman violados o amenazados de violación, mientras dure el juicio principal"[1145].

En esta forma quedó precisado, de nuevo, el carácter accesorio de la petición de amparo en relación al juicio principal, de manera que intentada conjuntamente la pretensión de amparo con el recurso contencioso-administrativo, este debe admitirse previamente a la consideración de la petición de amparo. De ello resulta que lógicamente, en los casos en los cuales el recurso contencioso-administrativo principal sea declarado inadmisible por alguna causal distinta a las expresamente conceptuadas, la acción de amparo constitucional, que es dependiente de aquélla, sufriría el mismo destino[1146].

En la consideración de la admisibilidad del recurso contencioso-administrativo, en todo caso, quedan exceptuadas de aplicación en el ejercicio conjunto con el mismo de una pretensión de amparo, el agotamiento de la vía administrativa[1147], y la

1145 *V.*, en *Revista de Derecho Público,* N° 52, EJV, Caracas, 1992, p. 240.

1146 *Idem.*, p. 240. *Cfr.* CPCA 10-2-92, *Revista de Derecho Público,* N° 49, EJV, Caracas, 1992, p. 148.

1147 *V.*, CSJ-SPA de 23-7-92, *Revista de Derecho Público,* N° 51, EJV, Caracas, 1992, p. 208.

existencia del lapso de caducidad, conforme se establece en la última parte del artículo 5 de la Ley Orgánica de Amparo.

En este último aspecto, es decir, la posibilidad de intentar el recurso de anulación aún después de transcurrido el lapso de caducidad, para conciliar las exigencias de la seguridad jurídica en relación a la protección constitucional, la Corte Suprema ha sentado el siguiente criterio en la decisión del *caso Lenin Romero*:

> "Y si bien es cierto que el artículo 5, parágrafo único, de la Ley Orgánica de Amparo sobre Derechos y Garantías Constitucionales permite la interposición de los recursos contencioso-administrativos aun cuando hubieren transcurridos los lapsos de caducidad establecidos en la Ley, fundamental como se encuentra esa previsión en la justificada imposibilidad teórica de que una actuación de la Administración, a pesar de ser contraria a derechos o garantías de rango constitucional adquiera firmeza por el solo transcurso del tiempo, se hace también necesario poner de relieve que esta útil, justa y equitativa previsión no puede convertirse sin embargo en una vía para que pueda eludirse el fatal lapso de caducidad previsto para la interposición de los recursos contenciosos. Por tanto, resulta concluyente para la Sala que la única forma de dar cumplimiento a la disposición comentada contenida en el parágrafo único del artículo 5 de la Ley Orgánica de Amparo — sin contrariar a la vez los principios fundamentales del contencioso-administrativo, es la de que pueda el juez de la materia permitirse la posibilidad de revisar las actuaciones impugnadas a pesar de haber transcurrido el lapso de caducidad. Pero sólo podría hacerlo en los casos en que hubiere encontrado, al analizar el fondo de la solicitud de amparo, presunción suficiente de violación a derechos o garantías constitucionales, que justifiquen la protección cautelar. Es el único modo, considera la Sala, de conciliar la previsión legal con el principio fundamental de la seguridad jurídica, que de lo contrario se vería afectado si los lapsos de caducidad para interponer los medios recursorios contencioso-administrativos son derogados por el indebido ejercicio de aquéllos"[1148].

En todo caso, en estos supuestos, la admisión del recurso contencioso administrativo de anulación fuera de lapso cuando se le ha acumulado una pretensión de amparo, queda supeditado a la declaratoria con lugar de amparo. Si esto no ocurre, el recurso de nulidad resulta luego inadmisible[1149].

Por lo que respecta a la exención del cumplimiento de la condición de admisibilidad de agotamiento de la vía administrativa, la Corte Primera de lo Contencioso Administrativo en sentencia de 6-10-93 ha aplicado el mismo principio antes indicado expuesto por la Corte Suprema, en el citado *caso Lenin Romero* (4-3-93):

> "Como acertadamente lo ha precisado nuestro Máximo Tribunal, la excepción a la causal de inadmisibilidad de los recursos contenciosos como es la de la caducidad; prevista en la norma antes citada, sólo opera en caso de que efectivamente, al pronunciarse respecto de la acción de amparo, se encuentre que exista una presunción grave de violación o amenaza de un derecho o garantía consti-

---

1148 *V.*, sentencia CSJ-SPA de 4-3-93, *Revista de Derecho Público,* Nos 53-54, EJV, Caracas, 1993, p. 363. Cfr. CPCA, sentencia de 26-4-88, FUNEDA, *15 años de Jurisprudencia, cit.*, p. 221.

1149 *V.*, CSJ-SPA de 1-6-93, *Revista de Derecho Público,* Nos. 53-54, EJV, Caracas, 1993, p. 364.

> tucionales; de lo contrario, si no existe tal presunción, sí opera la causal de inadmisibilidad por caducidad, si se da el supuesto respectivo.
>
> Ahora bien, considera esta Corte que tales afirmaciones deben hacerse igualmente respecto a la exención de agotamiento de la vía administrativa. En efecto, no puede convertirse tal disposición en una vía para que se eluda el previo procedimiento por vía administrativa, para acceder inmediatamente a la jurisdicción contencioso-administrativa, con la sola interposición —muchas veces temerariamente— de la acción de amparo conjuntamente con el recurso de nulidad. Por lo tanto, la excepción prevista en la norma citada, respecto del requisito necesario de agotamiento de la vía administrativa, sólo opera en caso de que proceda la acción de amparo cautelar"[1150].

Ahora bien, de acuerdo a lo anteriormente expresado, en los casos que se formule en forma conjunta una pretensión de amparo junto con un recurso contencioso administrativo, la primera etapa que debe cumplirse procesalmente es la relativa a la admisión de la acción principal que es el recurso contencioso-administrativo, tomando en cuenta la exención legal relativa a la caducidad y al agotamiento de la vía administrativa.

Si el juez contencioso-administrativo no admite el recurso de nulidad, no puede entonces entrar a considerar la pretensión de amparo, pues como lo ha dicho la Corte Primera:

> "no es posible que la acción de amparo pueda tener vida propia diferente del recurso contencioso-administrativo de anulación, sino que, por el contrario, están indisolublemente unidos estimándose que el amparo es accesorio al recurso contencioso-administrativo de nulidad, por lo que ha de seguir su misma suerte"[1151].

Por tanto, si el recurso contencioso-administrativo se declara inadmisible, la pretensión de amparo no puede ser admitida, pues sigue la misma suerte de la acción principal[1152].

Ahora bien, si el juez contencioso-administrativo admite el recurso contencioso administrativo, la *segunda etapa* que ha de cumplirse, se refiere a la consideración por el juez, directamente, como lo ha señalado la Corte Suprema en sentencia de 4-3-93, del:

> "(. . .) fondo de la solicitud de amparo sin revisar tampoco las causales de inadmisibilidad contempladas en el artículo 6 ejusdem. Sólo así le resultaría posible declarar la procedencia del amparo cautelar, en los supuestos de que una prueba suficiente le permita obtener presunción grave de violación al derecho constitucional denunciado, para posteriormente, obviando igualmente las causales de inadmisibilidad —legalmente excluidas— del recurso contencioso admi-

---

1150 *V.*, sentencia de la CPCA, de 6-10-93, *Revista de Derecho Público* Nos. 55-56, EJV, Caracas, 1993, pp. 490-491.

1151 *V.*, CPCA de 22-12-91, *Revista de Derecho Público,* N° 52, EJV, Caracas, 1992, p. 238.

1152 *V.*, sentencias CPCA de 26-8-89, *Revista de Derecho Público,* N° 39, EJV, Caracas, 1989 p. 163; y de 10-2-92, *Revista de Derecho Público,* N° 49, EJV, Caracas, 1992, pp. 147-148.

nistrativo, proceder a la tramitación y decisión de éste con la finalidad de anular el acto lesivo"[1153]

Por tanto, en los casos de ejercicio conjunto de la pretensión de amparo con un recurso contencioso-administrativo, admitido este último como acción principal, el juez debe proceder a resolver sobre el amparo solicitado como medida cautelar, sin entrar a considerar el tema de la admisibilidad de la acción de amparo conforme al artículo 6 de la Ley Orgánica, sino sólo si existe un medio de prueba suficiente que permita presumir la violación del derecho constitucional cuya violación se denuncia.

Esta doctrina de la Corte Primera siguiendo a la Corte Suprema, cambió, entonces, la doctrina anterior de la misma Corte Primera, conforme a la cual en los casos de acción de amparo ejercida en forma conjunta "se somete a los mismos requisitos de admisibilidad que cuando se ejerce en forma autónoma", por lo cual la Corte entraba a determinar si la misma incurría o no en alguna de las causales de inadmisibilidad previstas en la Ley[1154].

Con la doctrina adoptada a partir de 1993, una vez admitido el recurso de nulidad, se debe proceder a considerar el fondo de la pretensión de amparo, sin considerar las condiciones de admisibilidad previstas en el artículo 6° de la Ley Orgánica de Amparo, ya que la misma, como se ha visto, se concreta en una medida cautelar.

Por tanto, como lo ha señalado la Corte Suprema en Sala Político Administrativa, así como la medida de suspensión de efectos en materia contencioso administrativa sólo se dicta luego de admitida el recurso de nulidad, del cual es una medida subsidiaria; en el ejercicio conjunto de la pretensión de amparo con el recurso contencioso-administrativo, la medida de amparo sólo procede luego de admitida la acción principal que es la contencioso-administrativa[1155].

Ahora bien, para el caso de que tal medida de amparo cautelar no se dicte por no existir la presunción de violación del derecho constitucional alegada, entonces se abre una *tercera etapa* en el procedimiento que debe volver, de nuevo, a la consideración de las condiciones de admisibilidad del recurso contencioso-administrativo de anulación referidas a la caducidad y al agotamiento de la vía administrativa, no consideradas en la etapa inicial. Sobre ello, la Corte Primera ha señalado en su sentencia de 6-10-93 lo siguiente:

> "Se observa entonces *que el a quo* debió admitir el recurso contencioso administrativo de anulación sin revisar, tal como lo dispone el parágrafo primero del artículo 5 de la Ley Orgánica de Amparo sobre Derechos y Garantías Constitucionales, las causales de inadmisibilidad relativas a la caducidad y agotamiento de la vía administrativa; una vez admitido en esta forma el recurso, pronunciarse respecto de la acción de amparo cautelar, y posteriormente, en el caso de que esta acción cautelar fuese declarada sin lugar, deberá pronunciarse respecto a la admisibilidad del recurso contencioso-administrativo de anulación, analizando entonces la causales de inadmisibilidad establecidas en el artículo 124 ordinal

1153 Citada por la CPCA, sentencia de 6-10-93, *Revista, de Derecho Público* Nos. 55-56, EJV, Caracas, 1993, p. 360.

1154 *V.*, sentencias CPCA de 17-3-92, *Revista de Derecho Público,* N° 49, EJV, Caracas, 1992, p. 148 y de 22-12-92, *Revista de Derecho Público,* N° 52, EJV, Caracas, 1992 p. 238.

1155 *V.*, sentencia CSJ-SPA de 11-7-91, *Revista de Derecho Público* N° 47, EJV, Caracas, 1991, pp. 174-175.

2° (agotamiento de vía administrativa), y en el artículo 84 ordinal 3° (caducidad de la acción) de la Ley Orgánica de la Corte Suprema de Justicia. Así se decide y ordena al tribunal *a quo*"[1156].

F. *La apelación de la decisión de amparo*

Dado el carácter cautelar de la decisión que se adopte en el amparo solicitado conjuntamente con el recurso contencioso-administrativo, la misma se adopta *inaudita parte,* razón por la cual el lapso de 3 días para apelar de la misma sólo comienza después de notificadas las partes[1157].

Sin embargo, no toda decisión que se adopte en estos casos de amparo ejercido conjuntamente es apelable. Sólo pueden ser apelables las decisiones en materia de amparo cuando la decisión del juicio principal contencioso-administrativo, sea apelable[1158].

Como lo ha señalado la Corte Primera de lo Contencioso Administrativo al reafirmar el criterio de que en los casos de conjunción el amparo pierde su carácter de acción autónoma para transformarse —por imperativo de la propia ley de la materia— en una medida accesoria:

> "Admitir lo contrario atentaría contra el principio lógico conforme al cual *accesorium sequitur principale y* tendría que aceptarse —consecuencialmente— que una interlocutoria —pues no otro es el carácter de la decisión que resuelve el amparo cautelar— pudiera ser apelada aunque tal recurso estuviera expresamente prohibido respecto a la definitiva que decide la acción principal"[1159].

Sin embargo, esta doctrina, que es la lógica procesalmente hablando, no ha sido seguida por la Sala Político Administrativa de la Corte Suprema de Justicia la cual ante la negativa de oír la apelación en un caso similar al antes indicado, por parte de la Corte Primera de lo Contencioso Administrativo, oyó el recurso de hecho intentado contra la decisión de dicha Corte Primera, que había declarado inadmisible la solicitud de amparo, conforme al artículo 6, ordinal 5° de la Ley Orgánica, que el accionante había solicitado como medida cautelar innominada[1160].

4. *la formulación de la pretensión de amparo con otros medios judiciales*

Por último, la pretensión de amparo también puede formularse conjuntamente con otros medios procesales o acciones ordinarias conforme al ordinal 5° del artículo 6 de la Ley Orgánica, que establece, al regular como causal de inadmisibilidad de la acción de amparo, el que el agraviado haya optado por recurrir a las vías judiciales ordinarias o hecho uso de los medios judiciales preexistentes; que en los casos en

1156 *V.,* en *Revista de Derecho Público* N° 55-56, EJV, Caracas, 1993, p. 491.

1157 *V.,* CPCA, sentencia de 27-9-93, *Revista de Derecho Público,* N° 55-56, EJV, Caracas, 1993, p. 475.

1158 *V.,* CPCA, sentencias de 30-3-93 y 23-6-93, *Revista de Derecho Público,* N° 53-54, EJV, Caracas, 1993, pp. 361, 362 y 370. En igual sentido CPCA, 17-3-92, *Revista de Derecho Público,* N° 49, EJV, Caracas, 1992, p. 148, 22-12-92, *Revista de Derecho Público,* N° 52, EJV, Caracas, 1992, p. 238.

1159 *V.,* sentencia de 23-6-93, *Revista de Derecho Público,* Nos. 53-54, EJV, Caracas, 1993, p. 362.

1160 Sentencias de la CSJ-SPA de 1-8-94 (Caso *Carlos Villaroel Díaz)* consultada en original y de 13-7-95 (*Caso Caja de Ahorros de Empleados del MAC)* consultada en original. En los votos salvados de la Magistrada Josefina Calcaño se cita como antecedente de esta doctrina la sentencia de 23-2-94 (*Caso Marina Barrios Sifontes*).

los cuales el agraviado recurra a las vías judiciales ordinarias o haga uso de medios judiciales preexistentes, se puede con ellos alegar la violación o amenaza de violación de un derecho o garantía constitucional, y en tal caso:

> "el Juez deberá acogerse al procedimiento y a los lapsos establecidos en los artículos 23, 24 y 26 de la presente ley, a fin de ordenar la suspensión provisional de los efectos del acto cuestionado".

De acuerdo con la doctrina de la Corte Suprema, establecida en el caso Tarjetas Banvenez (10-7-91), en estos casos, el amparo formulado como pretensión junto con una acción ordinaria o en el curso del proceso derivado de la misma, tampoco tiene carácter de acción principal sino subordinada, accesoria a la acción o recurso al cual se acumuló, sometida por tanto, al pronunciamiento jurisdiccional final que se emita en la acción acumulada; teniendo además, un destino temporal y provisorio, dado sus efectos cautelares (no restablecedores) suspensivos de la ejecución de un acto, mientras dure el juicio para evitar que una sentencia a favor del accionante se haga inútil en su ejecución[1161].

Esta acumulación puede formularse de dos maneras, con la acción principal o en el curso de un proceso con un recurso o como planteamiento. Este último supuesto es el que se ha denominado como "amparo sobrevenido", pero que, sin embargo, no agota la previsión del artículo 6, ordinal 5° de la Ley Orgánica.

En efecto, en primer lugar, y ello fue la intención del legislador al prever este amparo acumulado, con cualquier demanda puede formularse una pretensión de amparo alegándose violación o amenaza de violación de un derecho o garantía constitucionales. En estos casos no puede hablarse de amparo "sobrevenido", pues la pretensión de amparo se formula iniciándose el proceso con la acción principal.

Pero en segundo lugar, en el curso de un proceso ya iniciado puede formularse una pretensión de amparo alegándose una violación "sobrevenida" después de iniciarse el proceso, de algún derecho constitucional, lo que incluso puede ocurrir al interponerse una apelación o al formularse un recurso de casación. Este es uno de los supuestos del amparo acumulado a las acciones judiciales ordinarias, y no el único supuesto como lo ha entendido Hildegard Rondón de Sansó y lo ha reflejado como Ponente en la sentencia de la Corte Suprema de Justicia de 18-11-93 (*Caso Gustavo J. Ruiz*), en la cual se estableció lo siguiente:

> "El supuesto contemplado del artículo transcrito (Art. 6, ord. 5° LOA), ha sido denominado por la doctrina como amparo sobrevenido, aludiendo así a la solicitud de amparo que se propone con posterioridad al ejercicio de una acción ordinaria o de otro medio judicial preexistente.
>
> Es indudable que la norma transcrita plantea, por las deficiencias de redacción, problemas de interpretación. En efecto, la primera determinación que corresponde hacer, es en el sentido de si la previsión legislativa alude a una acción de amparo interpuesta en el mismo procedimiento pendiente, esto es, ante el mismo juez y en el mismo expediente, o si por el contrario, puede plantearse ante un juez diferente, aun cuando verse sobre el mismo objeto.

1161 *V.*, sentencia CSJ-SPA de 3-8-89, *Revista de Derecho Público*, N° 39, EJV, Caracas, 1989, p. 136.

La última interpretación expuesta estaría en contradicción con el encabezamiento del artículo transcrito, dirigido como lo está, a establecer una causal de inadmisión de la solicitud de amparo, en los casos en los cuales se hubiese ocurrido con anterioridad a otras vías diferentes. Lo que quiso el legislador al contemplar la causal de inadmisibilidad es impedir que puedan dictarse sobre un mismo objeto sentencias contrarias o contradictorias por el hecho de que la misma pretensión se hubiese planteado por distintas vías. En consecuencia, debe destacarse que al artículo comentado puede atribuírsele el significado de prever un ejercicio separado, pero sucesivo en el tiempo de la misma pretensión.

Expresado lo anterior queda limitado el ámbito del amparo sobrevenido al que se plantea en el mismo juicio con posterioridad a la interposición de la acción principal. El problema está en determinar si el amparo debe versar sobre el mismo acto que se impugnara por la vía del recurso, o si, por el contrario, debe recaer sobre un objeto diferente, aun cuando necesariamente vinculado a la pretensión originaria.

Estimamos que la norma debe interpretarse en el sentido de permitir que se deduzca tan sólo la pretensión de amparo interpuesto contra una decisión dictada durante el proceso en curso por considerarla lesiva de una garantía constitucional.

En tal sentido, habría que concluir que el amparo sobrevenido no puede ser una pretensión que ataque el acto originariamente impugnado de nulidad, sino una actuación posterior al planteamiento de dicho recurso; pero siempre será condición de admisibilidad el que se introduzca en el mismo expediente, porque de haber sido formulada la solicitud de amparo, como sucediera en el caso presente, con posterioridad al recurso de nulidad, en una nueva causa, caería en el supuesto de inadmisibilidad que el ordinal 5° del artículo 6 *ejusdem*, contempla.

En vista de las precedentes consideraciones y por cuanto de ellas se evidencia que el amparo solicitado versa sobre el mismo objeto de un recurso de nulidad en trámite, ejercido con anterioridad, resulta inadmisible y así lo declara esta Sala Político-Administrativa de la Corte Suprema de Justicia actuando en nombre de la República y por autoridad de la ley"[1162].

Ahora bien, con posterioridad a estas sentencias, diversas decisiones fueron dictadas tanto por tribunales de instancia como por las Salas de la Corte Suprema de Justicia, y puede decirse que la evolución jurisprudencial que precisa la vía de amparo acumulada con un recurso ordinario ha concluido con la sentencia de la Sala de Casación Civil de 9 de octubre de 1997 (Ponente José Luis Bonnemaison, *Caso José Avelino Gómez*), en la cual la Sala, modificando criterios anteriores precisa con cla-

---

1162 *V.*, en *Revista de Derecho Público,* N° 55-56, EJV, Caracas, 1993, pp. 300 y 301. En el mismo sentido se ha pronunciado la Corte Primera de lo Contencioso Administrativo al referirse al ordinal 5° del artículo 6 de la Ley Orgánica de Amparo al indicar que "tal alternativa sólo sería procedente ante un hecho acaecido *con posterioridad* al comienzo o uso de las vías judiciales ordinarias o preexistentes y vinculado a su objeto; constituye tal posibilidad lo que se denominaría el amparo por hecho sobrevenido" en FUNEDA, *15 años de Jurisprudencia, op. cit.*, p. 232.

ridad cómo opera el supuesto del amparo conforme al artículo 6, ordinal 5 de la Ley Orgánica[1163]. Es importante destacar entonces esta sentencia, y sus aportes al tema:

> "1. El presunto agraviado interpuso la acción de amparo por ante el mismo tribunal que dictó las providencias judiciales a las cuales se le imputan vicios constitucionales, de conformidad con la doctrina establecida en sentencia dictada por esta Sala en fecha 4 de julio de 1995, referente al amparo sobrevenido, transcrita parcialmente a continuación:
>
> > "Es evidente que en el presente caso nos encontramos en presencia de lo que la doctrina ha denominado Amparo sobrevenido, contemplado en el ordinal 5° del artículo 6° de la Ley Orgánica de Amparo sobre Derechos y Garantías Constitucionales, caracterizado por el hecho de que la hipotética violación de un derecho o garantía constitucionales se produzcan en un proceso en curso, ajeno al amparo, y que sus efectos se circunscriben, en caso de declaratoria con lugar, a la suspensión provisional del acto impugnado".
>
> (*Omissis*)
>
> "En el proyecto original de la Ley Orgánica de Amparo sobre Derechos y Garantías Constitucionales, el ordinal 5° del artículo 7° correspondiente al actual ordinal 5° del artículo 6° ejusdem establecía lo siguiente:
>
> > "Artículo 7°. 'No se admitirá la acción de amparo... 5°) Cuando el agraviado haya optado por recurrir a las vías judiciales ordinarias o hecho uso de los medios judiciales preexistentes, *siempre que en éstos estén prescritos procedimientos expeditos y lapsos sumarios y breves acordes con el precepto constitucional'* (Resaltado de la Sala)".
>
> "Si ese ordinal hubiese pasado al texto aprobado con esa redacción, la causal de inadmisibilidad contemplada en su primera parte se habría hecho inoperante en la práctica, pues en muy pocos medios o vías judiciales están prescritos procedimientos expeditos y lapsos sumarios acordes con el precepto constitucional. Entonces, en la segunda discusión de la Ley, celebrada en el seno de la Comisión Permanente de Política Interior de la Cámara de Diputados, en fecha 11 de noviembre de 1987, donde se aprobó la redacción final de este ordinal, se decidió colocarle un punto después de la palabra preexistente, para individualizar de esta manera el primer supuesto de la norma, referido a la causal de inadmisibilidad, y señalarlo como la regla".
>
> "Seguidamente, como excepción y para no dejar desamparados a ninguno de los sujetos que intervienen en la relación jurídica procesal, se consagró en favor de éstos un procedimiento rápido y expedito para hacer cesar temporalmente los efectos de un acto lesivo a un derecho o garantía constitucionales producidos en el transcurso de un juicio, conciliando así la inadmisión del amparo cuando el agraviado haya optado por otras vías o medios judiciales, ante un Tribunal distinto, con su admisión cuando se alegue ante el mismo Tribunal donde se originó el acto impugnado".

1163 Consultada en original.

"De aquí se infiere que el 'Amparo Sobrevenido' debe intentarse necesariamente ante el mismo Tribunal donde se origina la lesión, pues el Legislador utiliza la expresión *'En tal caso'*, para dar a entender que si en ese supuesto, en donde ya se ha optado por una vía o medio judicial, se alega la violación de un derecho o garantía constitucionales, deberá el Juez que conozca de aquél juicio abrir el procedimiento de amparo, a fin de, previa la constatación de tales violaciones, suspender provisionalmente los efectos del acto impugnado".

"En el mismo sentido utilizó el legislador la frase *'al alegarse'* la violación o amenaza de violación de un derecho o garantía constitucionales', pues los alegatos de las partes sólo pueden formularse en el transcurso de un proceso, en procura de persuadir al juzgador sobre la procedencia de su pretensión o la improcedencia de la contraria; pero en todo caso, presupone siempre la existencia de un proceso en curso. (...)".

"Entonces, si se acusa la violación o amenaza de violación de derechos o garantías constitucionales en el transcurso de un proceso, es lógico que deba conocer de tales violaciones o amenazas el mismo Tribunal donde se originaron, pues por imperativo legal, es allí donde deben alegarse, y no ante un Tribunal Superior a este, quien únicamente entrará a conocer del expediente en caso de apelación o consulta de la decisión que ha de dictarse sobre el amparo".

"Lo que subyace en el ordinal 5° del artículo 6° de la Ley Orgánica de Amparo sobre Derechos y Garantías Constitucionales es el principio de concentración, definido por la doctrina como "aquél que pugna por aproximar los actos procesales unos a otros, concentrando en breve espacio de tiempo la realización de ellos"; además del interés del legislador de evitar sentencias contradictorias sobre un mismo objeto. Sin embargo, el amparo sobrevenido no es incompatible con los recursos ordinarios; antes, por el contrario, presupone su ejercicio".

"Así sus efectos suspensivos provisionales permiten afirmar que los mismos se mantendrán hasta tanto el acto impugnado sea decidido por el Superior respectivo. Ello supone, lógicamente, el ejercicio posterior o conjunto de los recursos ordinarios de impugnación, como ha sucedido en el presente caso".

"Observa esta Sala que el amparo sobrevenido no puede intentarse por la vía del amparo contra sentencia previsto en el artículo 4° de la Ley Orgánica de Amparo sobre Derechos y Garantías Constitucionales, por cuanto ambos poseen caracteres diferentes. *Así, el segundo presupone una sentencia o un acto en ejercicio del segundo permite anular o suspender el acto impugnado;* el primero, sólo admite la suspensión provisional de dicho acto. Además, éste debe intentarse ante el Tribunal donde cursa el proceso en que se originó la lesión; en cambio, aquél debe intentarse ante el Tribunal Superior de que causó la lesión. Por último, el agraviante en el amparo contra sentencia sólo puede ser el Juez, a través de una sentencia o acto judicial; y en el amparo sobrevenido, el agraviante puede ser cualquier sujeto que intervenga en la relación jurídica procesal".

"Se podría sostener que si el acto lesivo al derecho o garantía constitucionales lo comete el propio Juez de la causa como en el presente caso no podría éste conocer del amparo y si así fuera, estaría reconociendo su propia arbitrariedad. Sin embargo, tal inconveniente podría solucionarse mediante la figura de la inhibición; pero conceptualmente, siempre sería el mismo Tribunal el que estaría revisando el acto impugnado".

"La Sala observa que es sumamente peligroso para la seguridad jurídica acordar la acción de amparo contra actos jurídicos en formación, por cuanto ello constituiría una intromisión inaceptable en los asuntos propios de cada Tribunal, atentando contra la autonomía e independencia de los Jueces. Deben abstenerse los Jueces Superiores a aquél donde supuestamente se haya infringido algún derecho o garantía constitucionales, de admitir este tipo de amparo, pues funcionalmente la competencia le está atribuida a éste último". (...).

"Si en el transcurso de un proceso es alegada la infracción de normas constitucionales que impliquen el menoscabo de derechos o garantías de igual rango, el Tribunal, a los efectos de que el amparo opere efectivamente como un medio de defensa, podría utilizar el poder cautelar general que le confiere el parágrafo primero del artículo 588 del Código de Procedimiento Civil, por remisión expresa del artículo 48 de la Ley Orgánica de Amparo sobre Derechos y Garantías Constitucionales. (...).

2. La Sala considera necesario abundar sobre esta materia con objeto de fijar el verdadero alcance del precepto contenido en el ordinal 5° del artículo 6° de la Ley Orgánica de Amparo sobre Derechos y Garantías Constitucionales.

En primer lugar, ha de precisarse que la causal de inadmisibilidad de la acción autónoma de amparo prevista en el ordinal 5° del artículo 6° citado, opera en los casos en que —como la misma norma lo expresa— el agraviado haya optado por acudir a las vías ordinarias o hecho uso de los medios judiciales preexistentes, *pues en tal hipótesis el afectado puede solicitar y obtener protección inmediata del juez que ha de conocer del recurso ordinario o del medio judicial preexistente, mediante la suspensión provisional de los efectos del acto o decisión reputado contrario a la Constitución.* Así se desprende de manera clara e inequívoca del texto integral de la mencionada disposición normativa, pues cuando el legislador utiliza la locución "En tal caso", lo hace para referirse, sin duda, al supuesto de hecho previsto como causal de inadmisibilidad —la recurrencia a las vías ordinarias — armonizando así la obligatoriedad que para la parte comporta el ejercicio de los medios o recursos judiciales preestablecidos a través de los cuales puede ser restituida la situación jurídica que se alega infringida, con la posibilidad de impedir — mediante la interposición simultánea o posterior del amparo— la continuidad o concreción de los efectos dañosos de la violación constitucional, que se alega producida durante el ínterin del proceso judicial.

Entonces, resulta claro que la operatividad de este medio de protección constitucional viene dada por la violación o amenaza de violación de un derecho o garantía constitucionales, y por la inidoneidad del recurso interpuesto para impedir, por sí solo, la materialización del agravio o la continuidad de sus efectos en la situación jurídica del particular (art. 5°, *ejusdem*), y en ese caso el Juez ha de proceder a la apertura del procedimiento contradictorio previsto en la Ley Orgánica de Amparo sobre Derechos y Garantías Constitucionales, con objeto de ordenar la suspensión temporal de los efectos del acto impugnado.

Ello, desde luego, permite afirmar que el amparo asume en este supuesto un rol cautelar que convierte el procedimiento judicial ordinario en una vía eficaz para el restablecimiento definitivo de la situación jurídica que le ha sido infringida al pretensor, por lo cual nada impide que esta acción pueda proponerse conjuntamente con el mecanismo procesal previsto por la ley para resolver el asunto (ejem: recurso de hecho contra negativa de oír apelación), e, incluso, después de interpuesto aquél (caso de apelación oída en un solo efecto), porque el amparo sólo persigue la suspensión de los efectos del acto cuestionado, como medida de protección provisional del derecho que se alega violado o amenazado, mientras se juzga en forma definitiva sobre el acto recurrido; pero en todos los casos será condición necesaria para su procedencia la demostración del riesgo de irreparabilidad de la violación constitucional, por la sentencia de fondo. La decisión que en este sentido se dicte será revisable, bien por apelación o por consulta, de conformidad con las previsiones del artículo 35 de la Ley Orgánica de Amparo sobre Derechos y Garantías Constitucionales.

Vale destacar, al respecto, lo establecido en reciente sentencia dictada por esta Sala, de fecha 2 de abril de 1997, con ponencia del Magistrado Dr. Alirio Abreu Burelli (*Caso: Andrea María Vagt*).

"Establece el art. 6° de la Ley Orgánica de Amparo sobre Derechos y Garantías Constitucionales, lo siguiente:"

"5) Cuando el agraviado haya optado por recurrir a la vías judiciales ordinarias o hecho uso de los medios judiciales preexistentes. En tal caso, al alegarse la violación o amenaza de violación de un derecho o garantía constitucionales, el Juez deberá acogerse al procedimiento y a los lapsos establecidos en los artículos 23, 24 y 26 de la presente Ley, a fin de ordenar la suspensión provisional de los efectos del acto cuestionado;"

"La disposición citada, si bien está dirigida a evitar que se dicten sentencias contradictorias en dos procedimientos conjuntamente iniciados, y establece el carácter excepcional del amparo, también contiene un principio de efectiva y total protección de los derechos constitucionales, de acuerdo al cual, el haber optado por las vías ordinarias no priva al agraviado de la protección constitucional, sino que ésta deberá ser otorgada, de ser procedente, en el curso del procedimiento ordinario".

"Al solicitar el ciudadano una protección incidental del derecho constitucional, debió el Juez a quo pronunciarse sobre su procedencia o improcedencia, sin que pueda servir de motivo de inadmisibilidad la interposición de la apelación, *pues estaba solicitando una protección en el mismo procedimiento de apelación, y no interpuso el solicitante una acción autónoma de amparo"*. (Subrayado de la Sala).

Y asimismo, la opinión sustentada por la doctrina nacional en relación con el indicado precepto legal:

"...a pesar de lo poco claro del texto objeto de este análisis, hasta el punto de que la Casación Civil tuvo que aclarar que de él no se deriva ninguna opción para el solicitante de elegir entre las vías judiciales ordinarias y la acción de amparo, sino por el contrario la obligación de utilizar los medios ordinarios o especiales si éstos fueren los previstos para resolver el asunto, sin embargo, *de su parte final si se desprende claramente la posibilidad de incorporar dentro de las vías judiciales ordinarias o de los medios judiciales existentes, el procedimiento del amparo constitucional previsto en los Artículos 23, 24 y 26 de la Ley en comentarios, para que se ordene la suspensión provisional de los efec-*

tos del acto cuestionado. Lo cual convierte al amparo en una medida preventiva especial en los procedimientos ordinarios o preexistentes, si como justificación se alegare la violación o amenaza de violación de un derecho o garantía constitucionales..." (Duque Corredor, Román, "El Procedimiento de la Acción de Amparo Constitucional"; *Revista del Consejo de la Judicatura* N° 38; pág. 40). (Subrayado de la Sala).

Desde esta óptica, no cabe duda que el amparo ejercido conforme al numeral 5° del artículo 6° de la Ley de la materia presenta las mismas características del amparo regulado por los artículos 3° y 5° de la misma Ley, en lo que se refiere a su naturaleza, alcance y sumariedad. Así, dicha figura posee carácter cautelar por cuanto está dirigida a evitar la materialización o continuidad de los efectos lesivos de un derecho o garantía constitucional en la situación concreta de la parte, mientras se decide sobre el fondo del asunto que le dio lugar, a diferencia de los efectos restitutorios plenos que ha de producir el amparo autónomo. Es, además, provisional o temporal, pues como pretensión accesoria de la principal, es obvio que ella dejará de existir en el momento de la emisión del fallo que decida acerca de la procedencia del medio procesal ordinario; y, por último, la urgencia con que dicha providencia debe ser dictada, ha de ser siempre el resultado de un sumario proceso de cognición, bajo riesgo de no ser eficaz, en la práctica, la protección del derecho constitucional que se alega vulnerado.

Esos elementos definidores habían sido ya advertidos por la Sala Político Administrativa, cuando al referirse a la acción de amparo ejercida conjuntamente con otros medios procesales, señaló:

> "Por lo que atañe a la acción de amparo ejercida conjuntamente con otros medios procesales, el texto normativo en referencia contempla tres supuestos: a) la acción de amparo acumulada a la acción popular de inconstitucionalidad de las leyes y demás actos estatales normativos (artículo 3°); b) la acción de amparo acumulada al recurso contencioso-administrativo de anulación contra actos administrativos de efectos particulares o contra las conductas omisivas de la Administración (artículo 5); *y la acción de amparo acumulada con acciones ordinarias* (*artículo 6°, ordinal 5°*)".

"En cualquiera de estos supuestos de acumulación la acción de amparo reviste una característica o naturaleza totalmente diferente a la anteriormente analizada (autónoma) pues en estos casos no se trata de una acción principal, sino *subordinada*, accesoria a la acción o el recurso al cual se acumuló, y por ende, su destino es temporal, provisorio, sometido al pronunciamiento jurisdiccional final que se emita en la acción acumulada, que viene a ser la principal. Esta naturaleza y sus consecuencias se desprenden claramente de la formulación legislativa de cada una de las hipótesis señaladas, que únicamente atribuye al mandamiento de amparo que se otorgue, efectos cautelares, suspensivos de la norma o del acto de que se trata 'mientras dure el juicio'

(*Omissis*)

"Igual sucede cuando el agraviado opta por recurrir a las vías judiciales ordinarias, en cuyo caso, al alegar la violación o amenaza de violación de un derecho o garantía constitucionales, el Juez, acogiéndose al procedimiento establecido en la Ley de Amparo, deberá *'ordenar la suspensión provisional de los efectos del acto cuestionado'* (Artículo 6, ordinal 5°)".

"De lo anterior se deriva, para esta Sala, que la acción de amparo propuesta conjuntamente con una de otro tipo participa de todos los caracteres procesales inherentes a la acumulación de acciones, esto es: que ha de ser resuelta por un solo juez (el mismo que sea competente para conocer de la acción principal), y que ambas pretensiones (la de amparo y la de nulidad u otra) deben ser tramitadas en un solo proceso que tiene dos etapas: la del amparo, previa, y la contenciosa, la cual forzosamente cubre, en la decisión final, tanto la medida cautelar que inevitablemente perece en esa oportunidad, como el pronunciamiento judicial acerca de la nulidad solicitada. En otras palabras, si por las características analizadas el mandamiento de amparo se traduce única y exclusivamente en la suspensión provisional del acto recurrido en nulidad, la sentencia que decida ésta deja sin efecto aquella medida cautelar dictada en forma previa, tanto si el acto cuestionado es anulado como si es confirmado, porque, en uno u otro caso, carece ya de sustentación jurídica":

> "...siendo distintas las consecuencias que dimanan de una acción autónoma de amparo y de la ejercida conjuntamente con otro recurso (restitutorias en el primer caso y cautelares en el segundo), basta en esta última el señalamiento de la norma o garantía constitucional que se consideren violadas, fundamentado además en un medio de prueba que constituya presunción grave de la violación o amenaza de violación denunciada, para que el juez, en forma breve y sumaria, acuerde procedente la suspensión de los efectos del acto como medio de tutelar anticipadamente los posibles efectos de la sentencia que posteriormente habrá de dictar en el juicio..." .(Sent. 10/7/91; *Caso: Tarjetas Banvenez*), (Resaltado de la Sala).

Sentada la premisa de la naturaleza cautelar del amparo previsto por la mencionada disposición legal (artículo 6° ordinal 5°, Ley Orgánica de Amparo sobre Derechos y Garantías Constitucionales), puede sostenerse válidamente que el ámbito de protección de esta figura comprende cualquier acto o hecho material positivo proveniente de un particular o de los órganos del Poder Público Nacional, Estadal y Municipal, incluidos los derivados de la actuación de un juez, que violen o amenacen violar un derecho o garantía de rango constitucional durante el transcurso de un proceso judicial, y frente a cuya ocurrencia real y concreta no disponga el agraviado de medios procesales que puedan producir los mismos efectos que se persiguen con el amparo. Ha de aclararse que, en estos casos, el amparo deberá tramitarse como incidencia llevada en cuaderno separado, y su decisión corresponderá al mismo Juez que deba sentenciar sobre la procedencia definitiva de la pretensión deducida por la vía judicial ordinaria.

En esta forma, y mediante esta sentencia de 9-10-97, la Sala *modificó* el criterio sustentado en la sentencia de fecha 4 de julio de 1995, "y todos aquellos que se opongan a lo establecido en el presente fallo, especialmente, el expresado en decisión de fecha 29 de mayo de 1996 (*Caso: Andy Arrieta y otros*)". A tal efecto, concluyó la Sala señalando que "la admisibilidad de este medio de protección constitucional estará sujeta, en lo adelante, al cumplimiento de los siguientes requisitos":

a) Deberá coexistir con otros medios procesales; b) Puesto que el amparo tiene propósitos cautelares, esto es, la suspensión temporal de los efectos del acto cuestionado mientras se decide sobre la legitimidad de aquél, su interposición ha de verificarse por ante el Tribunal al que corresponda conocer del medio procesal ejercido con tales fines; b) La solicitud deberá fundamentarse en la violación directa de un derecho o garantía constitucional, o en la amenaza de que ella se produzca; y c) El agraviado deberá comprobar que la violación constitucional difícilmente podrá ser reparada por la sentencia que juzgue sobre la ilegimitidad del acto. Así se declara.

SECCIÓN QUINTA:
LAS CONDICIONES DE ADMISIBILIDAD DE LA ACCIÓN DE AMPARO

La acción de amparo, como todas las acciones judiciales, se encuentra sometida a una serie de condiciones de admisibilidad, en este caso establecidas en la Ley Orgánica de Amparo, particularmente en su artículo 6. Sin embargo, las causales de inadmisibilidad establecidas en esa norma no son las únicas, pues de otra serie de normas de la Ley Orgánica se derivan otras causales de inadmisibilidad, como las que se refieren al carácter de la violación constitucional y que conduce a la inadmisibilidad de fundamentar la acción en sólo violaciones de carácter legal. Además, la acción de amparo, por su carácter personalísimo, está sometida a determinadas condiciones de admisibilidad relativas al carácter del agraviado (legitimación activa) y del agraviante (legitimación pasiva).

Pero además, la acción de amparo también está sometida a las causales de inadmisibilidad establecidas en el Código de Procedimiento Civil, en virtud de la aplicación supletoria de sus normas al proceso de la acción de amparo, conforme lo establece el artículo 48 de la Ley Orgánica. Por ello, ha establecido la Sala Político Administrativa de la Corte Suprema que el artículo 341 del Código "es de obligatorio acatamiento en los procesos de amparo", por lo que:

> "en la oportunidad de la admisibilidad de la acción de amparo constitucional, no sólo se deben analizar, en relación con el caso concreto, las causales de inadmisibilidad contenidas en el artículo 6° de la Ley Orgánica de Amparo sobre Derechos y Garantías Constitucionales, sino cualquier otra que cumpla con el requisito de tener la consagración legal a que se refiere el artículo 341 del Código de Procedimiento Civil"[1164].

El artículo 341 del Código de Procedimiento Civil, en efecto, establece que el Tribunal podrá negar la admisión de la acción si ésta es "contraria al orden público, a las buenas costumbres o a alguna disposición expresa de la ley". En particular, por ejemplo, la Corte Suprema ha considerado inadmisible la acción de amparo, si el libelo de la misma carece de "fundamentos de derecho en que se base la pretensión" como lo exige el artículo 340, ordinal 5° del Código de Procedimiento Civil; refiriendo dichos fundamentos al derecho constitucional que se alega violado y su fundamentación en una norma constitucional.

1164 *V.*, sentencia de 8-9-93, *Revista de Derecho Público,* N° 55-56, EJV, Caracas, 1993, p. 346

Debe señalarse, además, que las condiciones de admisibilidad de la acción de amparo son de orden público, por lo que el juez puede revisarlas en cualquier momento, aún después de haber sido admitida la acción[1165].

Analizaremos a continuación las más importantes causales de inadmisibilidad de la acción de amparo.

1. *Inadmisibilidad por contrariedad a la ley*

La primera causal de inadmisibilidad de la acción de amparo, como se ha señalado, deriva de que la acción propuesta sea contraria a alguna disposición legal, sea porque la ley expresamente la excluya o porque la acción carezca de la fundamentación de derecho o de hecho legalmente requerida.

A. *La exclusión expresa de la acción de amparo*

a. *La inadmisibilidad del amparo contra sentencias de la Corte Suprema de Justicia*

El artículo 6, ordinal 6° de la Ley Orgánica de Amparo establece como causal de inadmisibilidad de la acción de amparo, "cuando se trate de decisiones emanadas de la Corte Suprema de Justicia". En realidad, aquí no se trata realmente de una exclusión legal, sino constitucional, pues esta disposición es una consecuencia de lo establecido en el artículo 211 de la Constitución que precisa que contra las decisiones de la Corte Suprema de Justicia y, por supuesto, se sobreentiende que contra las decisiones de sus Salas, "no se oirá ni admitirá recurso alguno".

Aparte de esta exclusión, que es de rango constitucional, y salvo el supuesto que se indica más adelante sobre suspensión o restricción de garantías, no hay en el ordenamiento jurídico venezolano otra exclusión legal respecto a la posibilidad de intentar la acción de amparo, contra determinados actos o actuaciones. Al contrario, como se ha señalado, el criterio de la jurisprudencia es el de la universalidad de la acción, de manera que nadie ni nada está excluida de la acción, salvo las decisiones de la Corte Suprema.

En este sentido, en nuestro criterio, es que debe interpretarse el artículo 227 de la Ley Orgánica del Sufragio que al regular aspectos del procedimiento de la revisión judicial de decisiones de los organismos electorales, establece:

> "*Art. 227.* Pendiente de sustanciación y decisión del Recurso, ningún organismo electoral o público puede dictar providencia que directa o indirectamente pueda producir innovación en lo que sea materia principal del mismo. *Tampoco será admisible, en ningún caso, acción de amparo que tenga por objeto materia igual o similar al contenido del recurso*".

Esta norma, en forma alguna podría considerarse como una exclusión de la acción de amparo contra actos de los organismos electorales, como sucede en otros países latinoamericanos[1166], sino como la reafirmación de la causal de inadmisibilidad de la acción de amparo cuando se haya optado por ejercer los recursos ordina-

---

1165 *V.*, sentencia CPCA de 16-7-92, *Revista, de Derecho Público*, N° 51, EJV, Caracas, 1992, p. 157.

1166 *V.*, Allan R. Brewer-Carías, *El amparo a los derechos y garantías constitucionales (Una aproximación comparativa)*, Caracas, 1993, p. 127.

rios y esté pendiente de decisión un recurso de revisión judicial contra el acto en cuestión, lo que encaja en la causal de inadmisibilidad prevista en el ordinal 5° del artículo 6 de la Ley Orgánica de Amparo.

b. *La inadmisibilidad de la acción de amparo respecto de garantías constitucionales restringidas o suspendidas*

De acuerdo con el ordinal 7° del artículo 6 de la Ley Orgánica de Amparo, la acción de amparo es inadmisible:

> "En caso de suspensión de derechos y garantías constitucionales conforme al artículo 241 de la Constitución, salvo que el acto que se impugne no tenga relación con la especificación del Decreto de suspensión de los mismos".

En esta forma, la Ley Orgánica establece un segundo caso de exclusión de la acción de amparo con fundamento en el artículo 241 de la Constitución, respecto de hechos, actos u omisiones que lesionen o amenacen lesionar garantías constitucionales suspendidas o restringidas, en la medida de tal suspensión o restricción conforme a la especificación del Decreto respectivo.

Ello implica, por tanto, que no basta la sola suspensión o restricción de una garantía constitucional para que la acción de amparo sea inadmisible, sino que la misma tiene que referirse a los aspectos específicamente regulados en el Decreto de restricción o suspensión o que lo motivaron. Esto está íntimamente vinculado a la necesaria regulación ejecutiva que debe seguir al Decreto de suspensión o restricción de una garantía y que es lo que configuraría "la especificación del Decreto" a que se refiere el ordinal 7° del artículo 6 de la Ley Orgánica.

En efecto, por ejemplo, si el Presidente de la República suspende o restringe la garantía constitucional de la prohibición de censura previa a la libertad le expresión o la garantía constitucional a la libertad de tránsito, ello puede incidir en el ejercicio efectivo del derecho de amparo, el cual se podría ver restringido indirectamente como garantía de ciertas situaciones. Por ejemplo, si se suspende la garantía de la censura previa a la libertad de expresión, para evitar la difusión de información relativa a determinados asuntos (intento de golpe militar, por ejemplo), la difusión de esas informaciones no podría garantizarse mediante la acción de amparo, pero ello no podría llevar a que se pudiera aplicar censura previa a otros asuntos diferentes de lo específico del Decreto de suspensión o restricción. Lo mismo puede señalarse respecto a la libertad de tránsito: si por la suspensión o restricción se establece, por ejemplo, un "toque de queda" que prohíba circular entre 6 pm y 6 am, la circulación durante esas horas no podría garantizarse con una acción de amparo, pero sí podría garantizarse con una acción de amparo durante las otras horas del día.

La suspensión o restricción de garantías constitucionales, por tanto, afecta indirectamente la garantía de ejercicio del derecho de amparo, en la medida en que éste no puede utilizarse para proteger el goce o ejercicio de la garantía suspendida o restringida, en la medida de tal suspensión o restricción conforme a las especificaciones del Decreto. Por tanto, si el Decreto de restricción o suspensión de garantías no establece ninguna medida o especificación de la restricción o suspensión, ni se dictan las regulaciones ejecutivas consecuenciales, puede decirse que el derecho de amparo no puede ser afectado, pues ante todo, la restricción o suspensión posible se refiere a las garantías y no a los derechos en sí mismos.

Por ello, el ordinal 7° del artículo 6 de la Ley Orgánica puede considerarse inconstitucional en cuanto a la referencia a la restricción o suspensión de "derechos" constitucionales, lo que no es posible. No hay ni puede haber en Venezuela suspensión o restricción de derechos, sino sólo de sus garantías. El asunto ha tenido importancia práctica y soluciones jurisprudenciales específicas, por ejemplo, en los casos de suspensión de la garantía de la libertad económica, lo que ocurrió varias veces a comienzos de la década de los noventa. En los casos de suspensión o restricción de la garantía de la libertad económica, lo que ocurre es que se amplía la potestad reguladora del Presidente de la República, pues lo que se afectó es la garantía de la reserva legal. Por ello, en estos casos, la acción de amparo estaría restringida o suspendida en lo que tenga que ver con la especificidad del Decreto respectivo. Por ejemplo, en 1994 se suspendió la garantía de la libertad económica mediante un Decreto Ejecutivo en cuyos considerandos se hizo referencia a la crisis financiera y bancaria, a la fuga de capitales y al desabastecimiento, lo que llevó a la emisión de diversos Decretos sobre emergencia financiera y ocupación de bienes de bancos intervenidos; sobre control de cambios, y sobre regulación de precios. Como consecuencia de ello, las acciones de amparo de la libertad económica se vieron suspendidas en relación a los aspectos específicos del Decreto de suspensión de la garantía, pero por supuesto, no se vieron afectadas en relación a otros asuntos concernientes a la libertad económica no afectados por el Decreto. En esta materia, después de algunas vacilaciones jurisprudenciales, la norma ha sido interpretada correctamente.

En efecto, antes de las suspensiones o restricciones de la garantía de la libertad económica de comienzos de los noventa, durante todo el lapso de vigencia de la Constitución de 1961 y hasta 1991, la garantía del artículo 96 de la Constitución estuvo restringida, habiéndose dictado innumerables Decretos reguladores de la actividad económica de los particulares. Durante ese período, la Corte Primera de lo Contencioso-Administrativa interpretó correctamente la restricción en relación con el ejercicio de la acción de amparo. Así, en sentencia de 7-5-87 señaló:

> "La restricción de la garantía económica se traduce en el actual sistema en la posibilidad de que por Decreto se regulen los aspectos que la materia contempla, que es justamente lo que ha pasado en estos veintiséis (26) años de vigencia del régimen.
>
> No puede considerarse que la restricción de las garantías económicas constituya la derogación de las disposiciones constitucionales y de las leyes sobre la materia, en forma tal que no puedan hacerse valer los derechos que las mismas acuerdan, ya que lo fundamental del régimen es la posibilidad de que se legisle por decretos que son normas de ejecución inmediata de la Constitución y que, en consecuencia pueden derogar a las leyes formales. De allí que el amparo contra la lesión a la garantía económica es posible, a menos que, por ley o por decreto, la que se pretende violada esté limitada por razones de seguridad, de sanidad u otras de interés social"[1167].

Con posterioridad a esta sentencia, que contiene la interpretación correcta de la admisibilidad de la acción de amparo incluso en una situación de restricción de ga-

1167 *V.*, en FUNEDA. *15 años de Jurisprudencia Corte Primera de lo Contencioso-Administrativo 1977-1992, Amparo Constitucional,* Caracas, 1994, pp. 369 y 372-373.

rantías constitucionales, cuando el objeto de aquélla no tenga relación con la especificidad de ésta; el principio se recogió en la Ley Orgánica de Amparo de 1988 y luego, en 1991 se revocó la restricción genérica de la garantía económica que había estado en vigencia desde 1961.

En 1994, mediante Decreto N° 51 de 26-2-94, de nuevo se suspendió la garantía establecida en el artículo 96 de la Constitución, motivándose el mismo en los problemas del sistema económico y financiero y las tendencias especulativas que podían trastocar el orden público y social. Sin embargo, el Presidente de la República en Consejo de Ministros, no restringió la garantía como había ocurrido en 1961, sino que simplemente la suspendió, y con base en esa suspensión se dictaron diversos Decretos-Leyes relativos a controles de precios y a la atención de la emergencia financiera derivada de la crisis bancaria.

El Ministro de Sanidad había dictado una Resolución sobre turno farmacéutico, que nada tenía que ver con lo que motivó el Decreto de suspensión de la garantía económica; por lo que un grupo de farmacias ejerció una acción de amparo contra dicha Resolución y la Corte Primera, por sentencia de 5-5-94, cambió su criterio de 1987, haciendo inconvenientemente restrictiva la admisibilidad de la acción de amparo en situación de suspensión de garantías, y al interpretar conceptos emitidos por el autor[1168], llegó a la conclusión opuesta a nuestro criterio, señalando que:

> "Como puede observarse, pues, la suspensión de garantías constitucionales y en particular, de una garantía en específico, hace inoperable la protección mediante el amparo constitucional al derecho o garantía de que se trate, en la medida en que el mismo) haya sido restringido"[1169].

La Corte Primera, sin hacer referencia a los "Considerandos" del Decreto N° 51, donde podía identificarse la "medida" de la restricción, se limitó a constatar la amplitud genérica de la suspensión decretada y concluyó:

> "Tal y como se observa, la garantía económica consagrada en el artículo fue suspendida en forma genérica, es decir, sin ninguna especificación; por lo tanto, el ejercicio del derecho de amparo queda suspendido en forma total respecto a la garantía económica, precisamente, porque la misma fue suspendida totalmente. Por ello, debe desestimarse la presente acción de amparo en lo referente al derecho a la libertad económica"[1170].

El criterio restrictivo de la Corte Primera antes señalado, fue reiterado en sentencia de 20-5-94 (*Caso Representaciones Ofidire* C.A.) en la cual la Corte estimó que mientras estuviese en vigencia la suspensión de la garantía económica procedía la inadmisibilidad de la acción de amparo respecto de la misma, aún cuando en dicho caso admitió, sin embargo, que si los hechos denunciados habían ocurrido antes de la suspensión de la garantía e, incluso, el juicio había sido instaurado y decidido en

---

1168 *V.*, Allan R. Brewer-Carías, "Consideraciones sobre la suspensión o restricción de las garantías constitucionales", *Revista de Derecho Público,* N° 37, EJV, Caracas, 1989, pp. 11-12.

1169 Caso *Farmatodo,* consultada en original, pp. 10-11.

1170 *Idem.* La Corte reiteró este criterio en sentencia de 7-6-94 (Caso *Haciendas Guataparo, C.A.*), consultada en original, p. 19

primera instancia con anterioridad a esa fecha, entonces la Corte si debía entrar a conocer del caso y hacer abstracción de la suspensión[1171].

El criterio restrictivo comenzó a cambiar en la jurisprudencia con la sentencia de la Corte Suprema de Justicia en Sala de Casación Civil (*Caso Caracas Country Club*) de 28-694, al decidir una acción de amparo en la que, entre otros derechos, se había alegado violación al derecho de propiedad. La garantía de este derecho se había suspendido el día anterior, el 27-6-94 por Decreto N° 241, y la Sala de Casación, sin embargo, señaló como criterio general lo siguiente:

> "Es del conocimiento de toda la colectividad y por lo tanto constituye un hecho notorio, que con motivo de la difícil situación política y económica por la que atraviesa el país, el Presidente de la República, en conformidad con lo dispuesto en el artículo 241 de la Constitución, dictó un decreto de suspensión de garantías constitucionales.
>
> Ahora bien, ante esta circunstancia la Sala de Casación Civil de la Corte Suprema de Justicia, quiere dejar sentado que la suspensión de garantías constitucionales no puede significar, en ningún caso, la derogatoria absoluta de todo el sistema de derechos y garantías sino que, en todo caso, debe entenderse que la suspensión acordada está circunscrita a la esfera en la que se desenvuelve el Poder Ejecutivo Nacional, para garantizar el cabal desempeño de sus atribuciones en la consecución del objeto fundamental de obtención de una paz económica y social, y no en las relaciones entre particulares, en las cuales siguen plenamente vigentes todos los derechos y garantías consagrados en la Carta Magna, pues lo contrario sería tanto como entender que mediante un decreto de suspensión de garantías, puede dejarse sin efecto el ordenamiento jurídico.
>
> Por las razones antes expuestas y por considerar, además, que la decisión que se impugna no tiene relación alguna con el Decreto de suspensión de garantías, pasa esta Sala a conocer de las solicitudes de amparo constitucional presentadas. . . "[1172].

El criterio esbozado por la Sala de Casación Civil se precisó por la Corte Primera, en una sentencia de 22-8-94 (*Caso Promociones Medba, S.A.*) al decidir una acción de amparo también fundamentada en violación al derecho de propiedad, cuya garantía se hallaba suspendida, pero que se refería a una limitación a la propiedad con motivo del Reglamento de Uso de un Parque Nacional y que nada tenía que ver con la crisis financiera que había motivado la suspensión de la garantía por el Decreto N° 285 de 22-7-94. En dicha sentencia la Corte Primera sostuvo el siguiente criterio al analizar el texto de dicho Decreto:

> "Que los motivos que generaron la suspensión de la garantía de la propiedad (artículo 99 de la Constitución) y de la garantía de la expropia-ción (artículo 101) *ejusdem,* son las razones de orden económico-financiero y son dichas circunstancias las que pueden conducir a la aplicación del referido Decreto.
>
> Que del texto del artículo 4° del Decreto N° 285 del 22 de julio de 1994, se aprecia que se han producido una serie de decretos referidos a la estabilidad

1171 Consultada en original, p. 9.

1172 Consultada en original, pp. 11-13.

económica y financiera de la República, los cuales fueron dictados con fundamento en el Decreto N° 241 de fecha 27 de junio de 1994.

Ahora bien, el Decreto N° 1.641 de fecha 5 de junio de 1991, que afecta la propiedad de los accionantes y que establece el Plan de Ordenación y Reglamento de Uso del Parque Nacional Laguna de La Restinga, no constituye uno de los Decretos destinados a garantizar la estabilidad económica y financiera de la República, motivos de la suspensión da garantías.

Que las actuaciones denunciadas como violatorias de los derechos constitucionales a la propiedad y a la expropiación, no han sido ejecutadas dentro del marco de suspensión de garantías, sino con fines de ordenación del territorio, siendo su objetivo primordial la protección y conservación de los recursos naturales renovables y el equilibrio ecológico.

Que el Decreto 1.641 de fecha 5 de junio de 1991, así como los actos de ejecución del mismo efectuados por el presunto agraviante son anteriores al Decreto N° 285 de fecha 22 de julio de 1994, que suspendió las garantías denunciadas.

Que el artículo 49 de la Constitución no se encuentra suspendido, siendo amparables en consecuencia todos los habitantes de la República contra las actuaciones u omisiones de los poderes públicos que lesionen el ejercicio o goce de los derechos o garantías constitucionales, cuando las mismas sean generadas por razones distintas a las que en este momento motivan la suspensión de garantías.

Que la suspensión de garantías no interrumpe el funcionamiento de los órganos del Poder Nacional, según lo establece el artículo 241 del texto constitucional, razones por las cuales en criterio de esta Corte, es procedente en el presente caso efectuar un análisis de los derechos constitucionales a la propiedad y a la expropiación denunciados por los accionantes, siendo necesario aclarar que de otorgarse la protección constitucional solicitada luego de dicho análisis, tal decisión no constituirá óbice para que el Ejecutivo Nacional en ejecución del Decreto N° 285 fecha 22 de julio de 1994, mientras dure la suspensión de garantías, proceda a dictar una regulación de excepción distinta a la ordinaria y con base a la cual realice actuaciones enmarcadas dentro de la situación de emergencia"[1173].

En esta forma, la jurisprudencia de la Corte Primera volvió al espíritu de la decisión citada de 1987, que es la correcta: la inadmisibilidad de la acción de amparo con fundamento en lo previsto en el artículo 6, ordinal 7° de la Ley Orgánica sólo procede cuando la violación a un derecho o garantía constitu-cional, tenga relación específica con lo establecido en el Decreto de Suspensión, en las normas ejecutivas subsecuentes que se dicten y si esto no ocurre, con los motivos del Decreto. Si nada tiene que ver la violación alegada a un derecho o garantía con la especificidad del Decreto de Suspensión, no debe declararse inadmisible la acción de amparo constitucional.

1173 Consultada en original pp. 10-11. El criterio de esta sentencia se ratificó por sentencia de la misma Corte Primera de 2-9-94 (Caso *Granja Rancho La California, C.A.*), consultada en original, pp. 9-11.

B. *La falta de fundamentación de derecho de la acción*

Como se ha indicado, el artículo 340 del Código de Procedimiento Civil (ordinal 5°) exige que el libelo de la acción exprese "los fundamentos de derecho en que se basa la pretensión", de manera que si eso no ocurre, el juez puede declarar la inadmisibilidad de la acción por ser, "contraria a alguna disposición expresa de la Ley" a que se refiere el artículo 314 del Código de Procedimiento Civil.

En esta causal de inadmisibilidad pueden ubicarse todos aquellos casos en los cuales la acción no se fundamenta en la violación directa de derechos o garantías constitucionales, lo que siempre implica un fundamento constitucional, y la misma sólo se fundamente en la violación de normas legales.

Por ejemplo, el derecho a la protección de la salud está consagrado como un derecho constitucional, y no así un "derecho al restablecimiento de la salud". El primero es amparable constitucionalmente; en cambio, el segundo no puede ser objeto de una acción de amparo. La Corte Suprema de Justicia en Sala Político Administrativa sobre esto, ha señalado, en sentencia de 8-3-90, lo siguiente:

> "...la Sala observa que la situación jurídica infringida es reparable por la vía del amparo, pudiéndose satisfacer las pretensiones de la accionante a través de este medio procesal. En efecto, la protección a la salud y la posibilidad de ordenar a la autoridad competente para que asuma determinada actitud a fin de proteger a la accionante desde el punto de vista médico, es de posible obtención por este medio procesal. La pretensión de la accionante se concreta a demandar una asistencia médica adecuada, lo cual es perfectamente posible obtener por la vía de esta acción, logrando así el restablecimiento del derecho vulnerado y con ello el objeto del amparo queda cumplido. La accionante no solicita que su estado de salud sea restablecido al estado en que se encontraba anteriormente, sino que se le preste la debida atención médica, lo cual, como ya se dijo, es perfectamente realizable. Así se declara"[1174]

En sentido similar, la jurisprudencia de amparo ha resuelto que por ejemplo, el régimen electoral interno de un partido político o de un colegio profesional y su violación, no pueden ser objeto de una acción de amparo constitucional fundamentado en el artículo 113 de la Constitución. Esta norma, ha dicho la Corte Primera de lo Contencioso Administrativo:

> "rige los procesos electorales que se celebren en la República mediante sufragio universal y directo y secreto, pero los procesos internos de los partidos políticos, se rigen por sus propios estatutos.
>
> La acción de amparo, según reza el artículo 1° de la Ley que rige la materia, va dirigida a obtener el restablecimiento de una situación jurídica infringida cuando se trata de derechos y garantías constitucionales, no legales y mucho menos estatutarias"[1175]

En otras sentencias, la Corte Primera de lo Contencioso Administrativo ha declarado inadmisible la acción de amparo incluso respecto de derechos constitucionales

1174 *V.*, en *Revista de Derecho Público*, N° 42, EJV, Caracas, 1990, p. 107.

1175 *V.*, sentencia de 23-8-91, *Revista de Derecho Público*, N° 47, EJV, Caracas, 1991, p. 129.

pero cuya consideración "está sujeta al estudio de la legalidad" del hecho, acto u omisión que la motiva. Tal es el caso del derecho del trabajo "que es un derecho condicionado por las leyes", respecto de lo cual ha dicho:

> "... resulta obvio que la determinación de la violación del derecho al trabajo está sujeta al estudio de la legalidad de la medida de remoción adoptada, razón por la cual no podía acordarse el amparo con base en una supuesta violación del derecho al trabajo. En efecto, admitir lo contrario supondría que ningún trabajador podría ser despedido y ningún funcionario removido, pues en tales casos, tanto los despidos como las remociones, violarían el derecho al trabajo, cuando tales actuaciones del patrono o de la Administración están sujetas a la Ley"[1176]

También encajarían en este supuesto de inadmisibilidad, en criterio de la Corte Suprema, la fundamentación constitucional de la acción en normas que no consagran, en sí mismas, derechos o garantías de las personas, como por ejemplo, el artículo 117 de la Constitución que se limita a precisar el principio de la legalidad indicando que "La Constitución y las leyes definen las atribuciones del Poder Público, y a ellas debe sujetarse su ejercicio". Conforme al artículo 133 de la Ley Orgánica de la Corte Suprema de Justicia, la fundamentación de una acción contencioso-administrativa de anulación en el artículo 117 de la Constitución es una causal de inadmisibilidad de la misma. La Corte la ha aplicado, también, respecto de la acción de amparo.

En efecto, la Sala Político-Administrativa, en sentencia de 8-9-93, ha señalado lo siguiente:

> "En este sentido observa la Corte que la disposición contenida en el artículo 133 de la Ley Orgánica de la Corte Suprema de Justicia opera —en caso de que se incurra en ese supuesto—, cómo una verdadera causal de inadmisibilidad de la acción propuesta, por carecer la misma, en esa situación, de la debida fundamentación legal, que a su vez requiere el numeral 5° del artículo 340 del Código de Procedimiento Civil...
>
> En criterio de la Corte, esta disposición (Art. 133 LOCSJ), basada en la naturaleza genérica del artículo 117 de la Constitución Nacional, es igualmente aplicable a los juicios de amparo constitucional"[1177].

La verdad, sin embargo, es que en nuestro criterio, el artículo 117 de la Constitución si consagra un derecho constitucional: el derecho a la supremacía constitucional y a la legalidad, por lo que en nuestro criterio no debería negarse, en términos absolutos, la admisibilidad de una acción de amparo fundamento a esos derechos.

1176 *V.*, sentencia de 8-10-90, *Revista de Derecho Público,* N° 44, EJV, Caracas, 1990, pp. 139-140. En sentido similar, la violación del derecho a la defensa por habérsele negado a una parte el derecho de repreguntar un testigo conforme al artículo 349 del CPC, no puede fundamentarse en el artículo 68 de la Constitución, pues implica analizar la violación de normas de rango legal y no constitucional. Así lo resolvió la CSJ-SPA en sentencia de 8-11-90, *Revista de Derecho Público,* N° 44, EJV, Caracas, 1990, pp. 140-141.

1177 *V.*, en *Revista de Derecho Público,* N° 55-56, EJV, Caracas, 1993, pp. 346-347.

C. *La falta de indicación de los actos, hechos u omisiones que violen algún derecho*

El artículo 340 del Código de Procedimiento Civil también exige en el ordinal 5° que en el libelo de la acción se exprese "la relación de los hechos", lo que implica, en relación a la acción de amparo, la necesaria relación de los actos, hechos u omisiones que sean causa directa de la violación de un derecho o garantía constitucional, pues la acción sólo procede cundo dicha violación sea consecuencia directa de los actos, hechos u omisiones objetos de la acción De lo contrario, no habría violación de derechos constitucionales que pudieran ser fundamento de la acción. Por ello, la Corte Primera de lo Contencioso Administrativo ha señalado:

> "... el amparo sólo puede dirigirse contra un acto u omisión perfectamente determinados, y no contra una conducta genérica; contra una actuación objetiva y real y no contra la suposición de la intención del presunto agra-viante y, contra las consecuencias directas e inmediatas de las realizaciones de un órgano o funcionario público. Es necesario así, que las imputaciones afecten directamente la esfera subjetiva del solicitante del amparo, excluyén-dose, en consecuencia, las actuaciones genéricas, aún cuando ellas puedan incidir tangencialmente sobre su situación".
>
> Por todo lo anterior, la acción de amparo no constituye una acción popular de denuncia en contra de la ilegitimidad de los órganos públicos ni de control sobre la conveniencia u oportunidad, sino un remedio protector de la esfera de los solicitantes cuando demuestren estar directamente afectados"[1178].

En sentido similar, la Corte Suprema de Justicia en Sala Político-Administrativa ha indicado que es necesario:

> "que la violación de esos derechos y garantías constitucionales sea una consecuencia directa e inmediata del acto, hecho u omisión objeto de la acción, sin que sea posible que se le atribuyan o imputen al agente perturbador menciones o resultados distintos a las que en sí mismo produce o pueda producir. La violación a los derechos debe ser producto del acto hecho u omisión perturbadores"[1179]

Por tanto, corresponde al juez de amparo decidir, conforme a los alegatos formulados, si en efecto se viola un derecho constitucional con la acción u omisión cuestionada.

2. *Las condiciones subjetivas de admisibilidad*

La acción de amparo tiene, esencialmente, un carácter personalísimo, de manera que el legitimado activo sólo puede ser el agraviado en sus derechos o garantías constitucionales por un hecho, acto u omisión realizado por un *agraviante* preciso. Tanto la condición de *agraviado* como de agraviante se configuran como condiciones de admisibilidad de la acción.

1178 *V.*, sentencia de 2-12-93, *Revista de Derecho Público,* N° 55-56, EJV, Caracas, 1993, pp. 302-303

1179 *V.*, sentencia de 14-8-92, *Revista de Derecho Público,* N° 51, EJV, Caracas, 1992, p. 145.

A. *La legitimación activa*

a. *La condición de agraviado*

La acción de amparo tiene un carácter personal, en el sentido de que sólo puede ser intentada por el agraviado, es decir, por la persona que se vea lesionada o amenazada de lesión a su propio derecho constitucional[1180]. En consecuencia, nadie puede hacer valer en el proceso de amparo, en nombre propio, un derecho ajeno[1181]. Tal como lo ha señalado la Corte Suprema de Justicia en Sala Político Administrativa, el carácter eminentemente personal del amparo constitucional exige para su admisibilidad:

> "Un interés calificado en quién pretenda la restitución o restablecimiento del derecho o garantía que considere vulnerados, es decir, que la lesión le esté dirigida, y en definitiva, que sus efectos repercutan sobre él en forma directa e indiscutida, lesionando su ámbito de derechos subjetivos que la Carta Magna le confiere. Es únicamente, pues, la persona que se encuentra lesionada en forma directa y especial en sus derechos subjetivos fundamen-tales, por un acto, hecho u omisión determinados, quien puede acudir a los órganos judiciales competentes para que, mediante un proceso breve y sumario, el juez acuerde inmediatamente el total restablecimiento de la situación jurídica subjetiva infringida"[1182].

La acción de amparo, por tanto, es una acción subjetiva[1183] para cuya interposición se requiere un interés personal, legítimo y directo del accionante[1184]. Por ello, la acción de amparo sólo puede intentarse por el propio agraviado quien es el que tiene la legitimación activa o por su apoderado legítimamente constituido[1185].

Por supuesto, de acuerdo con la Constitución y la ley, la condición de agraviado para el ejercicio de la acción de amparo la puede tener cualquier "habitante de la República" en el sentido de cualquier persona que se encuentre en el territorio nacional, sea venezolano o no[1186]; incluso, una persona no domiciliada ni residenciada en el país, sino sólo de tránsito[1187].

Incluso, podría admitirse la acción de amparo intentada por una persona que no se encuentre en territorio venezolano, siempre y cuando sus derechos o garantías constitucionales hayan sido directamente lesionados o amenazados de violación por

---

1180 *V.*, sentencia CSJ-SPA de 18-6-92, *Revista de Derecho Público* N° 50, EJV, Caracas, 1992, p. 135 y de 13-8-92, *Revista de Derecho Público,* N° 51, EJV, Caracas, 1992 p. 160

1181 *V.*, sentencia CSJ-SPA, 14-2-90, *Revista de Derecho Público,* N° 41, EJV, Caracas, 1990, p. 101.

1182 *V.*, CSJ-SPA, 27-8-93 (Caso: *Kenet E. Leal*), *Revista de Derecho Público,* N° 55-56, EJV, Caracas, 1993, p. 322.

1183 *V.*, CPCA, 18-11-93, *Revista de Derecho Público,* N° 55-56, EJV, Caracas, 1993, pp. 325-327.

1184 *V.*, sentencias CSJ-SPA de 22-10-90 y 22-10-92, *Revista de Derecho Público,* N° 52, EJV, Caracas, 1992, p. 140 y CSJ-SPA, 18-11-93, *Revista de Derecho Público,* N° 55-56, EJV, Caracas, 1993, p. 327.

1185 *V.*, CPCA, 21-8-92, *Revista de Derecho Público,* N° 51, EJV, Caracas, 1992, p. 161.

1186 *V.*, sentencia CSJ-SPA, 27-10-93 (Caso *Ana Drossos*), *Revista de Derecho Público,* Nos. 55-56, EJV, Caracas, 1993, p. 282.

1187 *V.*, sentencia CSJ-SPA, 29-9-93, *Revista de Derecho Público,* N° 55-56, EJV, Caracas, 1993, p. 317.

cualquier acto, hecho u omisión que "se haya realizado, emitido o producido en la República"[1188].

En este sentido la Corte Suprema de Justicia en sentencia de 27-8-93 resolvió lo siguiente:

> "Considera la Sala, en relación con el señalamiento anterior (el accionante en amparo debe ser habitante de la República), que el amparo tiene una amplia consagración constitucional, conforme a la cual abarca los derechos y garantías susceptibles de protección mediante esta vía; la diversidad de actos, hechos o omisiones que puedan ser objeto de la acción, y la naturaleza de las personas y de los entes contra quien puede ser ejecutada, tal como ha sido sostenida reiteradamente por nuestra jurisprudencia. Debe, por tanto, se interpretado en forma tal que, conforme a la expresión "toda persona natural habitante de la República"—empleada en el artículo 1 de la Ley Orgánica respectiva— al referirse ésta a las personas habilitadas para solicitar ante los tribunales competentes el amparo previsto en el artículo 49 de la Carta Magna, puede acudir a él con éxito un no domiciliado ni residenciado en el país, sino sólo en tránsito, y aun quien no se encontrare en el territorio venezolano: Siempre, claro está, que se den también las condiciones para la admisibilidad y procedencia de la acción.
>
> Es así como —estima la Sala— la intención del Constituyente y la del legislador, al utilizar el término "habitante de la República" para referirse a la personas que pueden interponer la acción de amparo, fue la de permitir que ésta sea ejercida por cualquier sujeto de derecho —sea cual fuere su condición social, nacionalidad o situación legal— siempre y cuando sus derechos o garantías constitucionales haya sido directamente lesionados o amenazados de violación por cualquier acto, hecho u omisión que "se haya realizado, emitido o producido en la República"[1189].

Los mismos criterios se deben aplicar a las personas morales titulares de derechos constitucionales: pueden ejercer la acción las personas morales constituidas o domiciliadas en el país o que no estándolo, sus derechos constitucionales hayan sido lesionados por una actuación u omisión ocurrida en territorio venezolano.

b. *La representación del agraviado*

En todo caso, la consecuencia del carácter personalísimo de la acción de amparo es que la misma sólo puede ejercerse por el agraviado o su representante legalmente constituido, por lo que quien se dice representar a otro debe acreditarlo. Ello se deriva de la previsión del artículo 13 de la Ley Orgánica de Amparo que precisa que la acción puede interponerse "por cualquier persona natural o jurídica, por representación o directamente".

En tal sentido, la Corte Primera de lo Contencioso Administrativo ha señalado, por ejemplo, que el Presidente de un Colegio Profesional, por esa sola condición, no puede actuar en representación de los afiliados del mismo solicitando amparo consti-

---

1188 *V.*, CSJ-SPA, 27-8-93 (Caso *Ana Drossos*), *cit.* en sentencia CSJ-SPA de 29-9-93, *Revista de Derecho Público* N° 55-56, EJV, Caracas, 1993, p. 317.

1189 Jurisprudencia Ramírez & Garay, Tomo CXXVI, p. 667.

tucional[1190], salvo que tenga las cualidades para comparecer en juicio en nombre de ellos, es decir, sea apoderado de cada uno de los afiliados.

La representación para el ejercicio de la acción de amparo, por tanto, sólo puede resultar de la acreditación de un poder, no pudiendo accionante alguno atribuirse representación de otras personas sin poder[1191]. Por ello, ha señalado la Corte Suprema que la acción de amparo no es una acción popular[1192], pues de lo contrario:

> "la posibilidad de su ejercicio por parte de una o varias personas que se atribuyen la representación genérica de toda la ciudadanía, sería desvirtuar el objetivo fundamental del amparo, que es la restitución a un sujeto de derecho de una situación o garantía jurídica tuteladas por la Constitución[1193].

Sin embargo, en sentencia de la Corte Suprema de 22-9-93 (*Caso Rafael A. Pineda*) la Sala Político-Administrativa consideró que el término representación consagrado en el artículo 13 de la Ley Orgánica debía "interpretarse en la forma más amplia posible" admitiendo que el Presidente de un Sindicato (entre cuyas finalidades, conforme al artículo 176 de la Ley Orgánica del Trabajo, está el de "representar a sus miembros por ante los Tribunales de la República"), podía ejercer la acción de amparo en nombre de un afiliado, quien además se encontraba detenido, aplicando analógicamente el artículo 41 de la Ley Orgánica que autoriza a cualquier persona gestionar en nombre de otra el *hábeas corpus*[1194].

Es decir, "los órganos de representación corporativa"[1195] han sido legitimados para intentar la acción de amparo en representación de la Corporación.

c. *La asistencia de abogado*

El agraviado, para intentar la acción de amparo, debe estar asistido de abogado como lo exige el artículo 4° de la Ley de Abogados. La Ley Orgánica de Amparo en el artículo 13 prevé que la acción "puede ser interpuesta ante el Juez competente por cualquier persona natural o jurídica, por representación o directamente", pero en ningún momento se señala que el accionante o su representante, de no ser abogados, están exceptuados de la obligación de hacerse asistir de un profesional del derecho. En tal sentido, la Corte Primera de lo Contencioso Administrativo ha señalado:

> "Es cierto que, dando muestras de gran informalidad, la misma Ley que rige el amparo prevé que en caso de urgencia, la acción puede interponerse por vía telegráfica e igualmente permite hacerlo en forma verbal; en este caso, el Juez

---

1190 *V.*, CPCA, 5-5-88 y CPCA, 14-9-89, *Revista de Derecho Público,* N° 40, EJV, Caracas, 1989, p. 105.

1191 *V.*, sentencias CSJ-SPA 4-12-92 y CPCA, 19-10-92, *Revista de Derecho Público,* N° 52, EJV, Caracas, 1992, pp. 143-144.

1192 *V.*, sentencias de la CSJ-SPA, 30-10-90 y 22-10-92, *Revista de Derecho Público,* N° 52, EJV, Caracas, 1992, p. 141.

1193 *V.*, CSJ-SPA, 6-8-87 (*Caso RAP*), *cit.*, en sentencia CSJ-SPA, 18-6-92, *Revista de Derecho Público,* N° 50, EJV, Caracas, 1992, p. 135 y por sentencia CSJ-SPA. 13-8-92, *Revista de Derecho Público,* N° 51, EJV, Caracas, 1992, p. 160. *V.*, también sentencia CSJ-SPA, 30-10-90, *cit.*, por sentencia CSJ-SPA de 22-10-92, *Revista de Derecho Público,* N° 52, EJV, Caracas, 1992, p. 141.

1194 *V.*, CSJ-SPA, 22-9-93, *Revista de Derecho Público,* N° 55-56, EJV, Caracas, 1993, p. 356.

1195 *V.*, sentencia CSJ-SPA, 30-10-90, *cit.*, por sentencia CSJ-SPA, 22-1092, *Revista de Derecho Público,* N° 52, EJV, Caracas, 1992, p 141.

deberá recoger la demanda en un acto y, en el primero, deberá ser ratificada personalmente o mediante apoderado, dentro de los tres días siguientes. Pero —se insiste— nada en la redacción de tal disposición permite colegir que el legislador quiso dispensar al accionante en amparo de la antes referida exigencia, establecida en la Ley de Abogados, tanto en la interposición verbal como en la ratificación, si la acción se hizo por vía telegráfica, deberá el accionante actuar asistido de abogado o mediante apoderado que ostente tal condición"[1196].

La única excepción a la obligación de asistencia por abogado está prevista en la propia Ley Orgánica de Amparo, respecto al ejercicio de la acción de amparo a la libertad personal (*hábeas corpus*), que puede intentarse conforme al artículo 41 por el agraviado o por cualquier persona que gestione en favor de aquél, por escrito, verbalmente o por vía telegráfica, *sin necesidad de asistencia de abogado.*

d. *La legitimidad activa del Ministerio Público*

La Ley Orgánica de Amparo al exigir que la acción se intente "por representación o directamente" deja a salvo "las atribuciones del Ministerio Público y de los Procuradores de Menores, Agrarios y del Trabajo, si fuese el caso" (Art. 13).

La consecuencia de ello, es que estos funcionarios, sin ser agraviados, conforme a la normativa que rige sus funciones, pueden ejercer la acción de amparo en representación de otros[1197].

B. *Legitimación pasiva: la condición de agraviante*

El carácter personalísimo de la acción de amparo no sólo moldea la condición del agraviado sino también la del agraviante. Este sólo puede ser la persona que ha originado la lesión o amenaza de lesión al derecho del agraviado. La Corte Suprema de Justicia, en Sala Político Administrativa lo ha puntualizado, en sentencia del 15-12-92, así:

> "La acción de amparo constitucional consagrada en el artículo 49 de la Constitución y desarrollada posteriormente en la Ley Orgánica de Amparo sobre Derechos y Garantías Constitucionales, tiene entre sus características fundamentales la de ser eminentemente personal o subjetiva, de manera que debe existir una relación directa, específica e indubitable entre la persona que solicita la protección de derechos fundamentales y la persona imputada de dar origen al supuesto agente perturbador, quien viene a ser legitimado pasivo o el sujeto contra quien se deduce la pretensión en el proceso judicial incoado. En otras palabras, es necesario, para la procedencia de este medio judicial extraordinario, que la persona señalada como agraviante sea la que en definitiva originó la supuesta lesión"[1198]

1196 CPCA 18-11-93 (Caso: *Carlos G. Pérez*), *Revista de Derecho Público,* N° 55-56, EJV, Caracas, 1993, pp. 353-354, *Cfr.* CPCA, 14-9-89, *Revista de Derecho Público* N° 40, EJV, Caracas, 1989, p. 105; CPCA, 4-3-93 y 25-3-93, *Revista de Derecho Público,* N° 53-54, EJV, Caracas, 1993, p. 258.

1197 *Cfr.* sentencias CSJ-SPA, 18-6-92, *Revista de Derecho Público*, N° 50, EJV, Caracas, 1992, p 135 y CSJ-SPA, 22-10-92, *Revista de Derecho Público*, N° 52, EJV, Caracas, 1992, p. 141.

1198 *V.*, CSJ-SPA, 16-12-92 (Caso *Haydée Casanova*), *Revista de Derecho Público,* N° 52, EJV, Caracas, 1992, p. 139.

Tratándose de una persona natural, la identificación y precisión del agraviante no presenta mayores dificultades, siempre que la persona indicada sea la que en definitiva originó la lesión o la amenaza de lesión al derecho del agraviado.

La acción de amparo también puede intentarse contra una persona moral cuando ésta, actuando a través de sus órganos, es la causante de la lesión. Como lo ha señalado la Corte Primera de lo Contencioso Administrativo al admitir la posibilidad de lesión de garantías constitucionales por parte de personas jurídicas pues, el artículo 23 de la Ley Orgánica:

> "hace referencia, dentro de los sujetos agraviantes, a las entidades y organizaciones sociales, las cuales pueden revestir algunas de las formas previstas para las personas jurídicas en el Código Civil"[1199].

Por otra parte, en relación a las personas morales, la acción de amparo podría intentarse contra el órgano de la misma o uno de los órganos, si la lesión ha sido infringida por el mismo; e, incluso, contra el o los titulares individualizados del órgano, si la o las personas naturales titulares del órgano pueden identificarse como agraviante, con independencia del órgano en sí mismo.

Es decir, el agraviante tiene que ser el directo responsable de la conducta que se imputa como violatoria de los derechos o garantías constitucionales del agraviante[1200]; y de lo contrario, si se denuncia a una persona como agraviante sin serlo, la acción de amparo debe ser declarada inadmisible[1201].

Así lo ha precisado la Corte Primera de lo Contencioso Administrativo en sentencia de 13-7-93:

> "Ahora bien, entre las características fundamentales de la acción de amparo, está la de ser eminentemente subjetiva, requiriéndose para su admisibilidad que la amenaza de violación de un derecho constitucional sea inmediata, posible y realizable por el imputado, lo que lleva a sostener que igualmente en el caso concreto de una violación materializada, ésta debe haber sido realizada directamente por el imputado, es decir, debe existir una relación directa entre la persona que solicita la protección de sus derechos y la persona señalada como supuesto agraviante, quien viene a ser el legitimado pasivo, sujeto contra el cual se ejerce la pretensión de amparo, lo que permite afirmar que para la admisibilidad y procedencia del amparo, es necesario que la persona señalada como agraviante sea la que en definitiva causó la supuesta lesión y la que estaría obligada a acatar el mandamiento de amparo, en el caso de que la acción intentada fuera declarada procedente.
>
> El carácter eminentemente personal o subjetivo de la acción de amparo se evidencia de la lectura del numeral 3), artículo 18 de la Ley de la materia el cual exige que la solicitud de amparo exprese suficientemente la identificación del agraviante, siempre que fuere posible. Igualmente se pone de manifiesto en el literal a) de su artículo 32, el cual plantea la necesidad de que la sentencia de

---

1199 *V.*, CPCA, 7-9-89, *Revista de Derecho Público,* N° 40, EJV, Caracas, 1989, p. 108.

1200 *V.*, sentencia CPCA, 12-5-88, *Revista de Derecho Público,* N° 34, EJV, Caracas, 1988, p. 113. *Cfr.* CPCA, 16-6-88, *Revista de Derecho Público,* N° 35, EJV, Caracas, 1988, p. 138.

1201 CSJ-SPA, 22-11-93, *Revista de Derecho Público,* N° 55-56, EJV, Caracas, 1993, pp. 487-489.

amparo haga mención concreta "de la autoridad, del ente privado o persona contra cuya resolución o acto u omisión se conceda el amparo" (subrayado de la Corte), ya que de lo contrario podrían presentarse situaciones en las que se siguiesen procesos contra personas distintas a aquéllas que supuestamente causaron violaciones a derechos o garantías constitucionales, lo cual es contrario al espíritu, propósito y razón de la Ley"[1202].

Ahora bien, el problema de la identificación precisa del agraviante se ha planteado en los casos de acciones de amparo contra actuaciones de la Administración Pública, a los efectos de evitar que las acciones de amparo se intenten, innecesariamente contra la República, como persona jurídica. La necesaria identidad entre:

> " . . . agraviado y persona imputada como agraviante —quien debe ser el que produce la lesión constitucional— ha sido sostenida reiteradamente por la jurisprudencia de esta Sala, especialmente al impedir que los procesos de amparo sean deducidos contra la República de Venezuela, sino contra el funcionario público específico que produjo el acto, hecho, omisión o abstención supuestamente lesivo. Así, en decisión del 1° de agosto de 1991 (*Caso: María Pérez*, registrada en Sala Político Administrativa con el número 391) se estableció que "la acción de amparo constitucional, por su naturaleza especialísima, es una acción dirigida directamente contra la autoridad administrativa que lesiona o amenaza lesionar el derecho constitucional . . . "[1203].

Por ello, incluso el artículo 27 de la Ley Orgánica de Amparo, en los casos de amparo contra funcionarios públicos, exige que el tribunal que decida el juicio debe informar su decisión a la autoridad competente "a fin de que resuelva sobre la procedencia o no de medida disciplinaria contra el funcionario público culpable de la violación o de la amenaza contra el derecho o garantía constitucionales...". Ello implica que la acción de amparo en los casos de actuaciones de la Administración Pública, exige que se identifique al titular del órgano que efectivamente produjo la lesión o amenaza de lesión de los derechos o garantías, es decir, al sujeto a quien se imputan, que posee conocimiento directo y personal sobre los hechos[1204].

Pero el hecho de que se identifique, con precisión, al titular del órgano que causó la lesión, no implica que la acción de amparo se tenga que intentar contra dicho titular y no contra el órgano que produjo la lesión. En estos casos, podría cambiar el titular del órgano, es decir, el funcionario, pero no por ello cambia la relación entre agraviado y agraviante. Como lo ha señalado la Corte Primera de lo Contencioso Administrativo en sentencia de 28-9-93, en el caso de una acción de amparo intentada contra el Decano de una Facultad de una Universidad, que luego fue sustituido por otro Decano:

> "la titularidad de un cargo no cambia la unidad orgánica del mismo. Si cambia el Decano de la Facultad de Ciencias Jurídicas y Políticas, se tratará siempre de la figura subjetiva que continuará en las funciones de su antecesor. Por ello,

---

1202 *V.*, CPCA 13-7-93 (Caso *Fundación Eliodoro González P.*), *Revista de Derecho Público*, N° 55-56, EJV, Caracas, 1993, p. 328.

1203 *V.*, CSJ-SPA, 15-12-92 (Caso *Haydée Casanova*), *Revista de Derecho Público*, N° 52, EJV, Caracas, 1992, p. 139.

1204 *V.*, CPCA, 16-6-88, *Revista de Derecho Público*, N° 35, EJV, Caracas, 1988, p. 138.

en sentencia del 11 de septiembre de 1990 esta Corte dejó sentado que la circunstancia de que el titular del cargo señalado como agraviante haya cambiado, en nada altera la relación procesal que se origina con la acción de amparo. A ello debe añadir esta Corte —en esta oportunidad— que ningún sentido tendría sostener que la relación procesal debe continuar con la persona que ya no ocupa el cargo pues, en el supuesto de que fuese declarada con lugar la acción de amparo constitucional, el ex funcionario no se encontraría en la posibilidad de restituir la situación de hecho infringida por la violación constitucional. Cuando más, el anterior funcionario sería responsable por los daños y perjuicios causados pero, como se sabe, la acción de amparo tiene únicamente por objeto el restablecimiento de la situación jurídica lesionada y ello sólo puede realizarlo el funcionario actual"[1205].

En consecuencia, en los casos en que el agraviado señale en forma precisa al funcionario público autor del agravio, es a éste y sólo a éste, a quien le corresponde actuar en el proceso, sea cual fuere su jerarquía, y en modo alguno puede actuar en el proceso ni debe ser notificado a tal efecto, ni el superior inmediato o máximo titular jerárquico del órgano[1206], ni el Procurador General de la República en caso de que se trate de un funcionario[1207]. En cambio, si la acción de amparo se intentara contra, por ejemplo, un Ministerio como órgano de la República, su actuación sí sería imputable a la persona jurídica de la República, de la cual el Ministro es sólo un órgano, y en ese caso, el representante judicial de la República, quien tendría que actuar en juicio, sería el Procurador General de la República[1208].

Sin embargo, al contrario, cuando el amparo está dirigido contra un órgano perfectamente individualizado de la Administración Pública Nacional, y no contra la República, la representación de la República, a través del Procurador General de la República, no tiene relevancia alguna de carácter procesal[1209]. Es decir, cuando el amparo está dirigido contra una autoridad administrativa, en cuyo caso debe personalizarse un sujeto específico[1210], por ejemplo, contra un Ministro, los representantes de la Procuraduría General de la República no pueden ejercer la representación del mismo en el juicio de amparo[1211]. En esos casos en los cuales se intente la acción de amparo contra un organismo administrativo, se debe individualizar la acción en la persona de su titular o responsable para ese momento, al cual debe notificarse y debe comparecer personalmente[1212].

1205 CPCA 28-9-93, *Revista de Derecho Público,* Nº 55-56, EJV, Caracas, 1993, p. 330.

1206 CPCA, 12-5-88, *Revista de Derecho Público,* Nº 34, EJV, Caracas, 1988, p. 113.

1207 CSJ-SPA, 16-3-89, *Revista de Derecho Público,* Nº 38, EJV, Caracas, 1989, p. 110; CPCA 7-9-89, *Revista de Derecho Público,* N° 40, EJV, Caracas, 1989, p. 107.

1208 CPCA, 7-9-89, *Revista de Derecho Público,* N° 40, EJV, Caracas, 1989, p. 107.

1209 CPCA, 21-11-90, *Revista de Derecho Público,* Nº 44, EJV, Caracas, 1990, p. 148.

1210 CPCA, 10-10-90, *Revista de Derecho Público,* Nº 44, EJV, Caracas, 1990, p. 142.

1211 CSJ-SPA, 1-8-91, *Revista de Derecho Público,* Nº 47, EJV, Caracas, 1991, p. 120; CPCA, 30-7-92, *Revista de Derecho Público,* Nº 51, EJV, Caracas, 1992, p. 164; CSJ-SPA, 15-12-92, *Revista de Derecho Público,* Nº 52, EJV, Caracas, 1992, p. 139.

1212 CSJ-SPA, 8-3-90, *Revista de Derecho Público,* Nº 42, EJV, Caracas, 1990, p. 114; CPCA, 21-11-90, *Revista de Derecho Público,* Nº 44, EJV, Caracas, 1990, p. 148. Igualmente en FUNEDA, *15 años de Jurisprudencia, cit.,* p. 164 y CPCA, 14-7-88, FUNEDA, *15 años de Jurisprudencia, cit.*, p. 177.

3. *Las condiciones de la lesión*

La lesión a los derechos o garantías constitucionales puede tener su origen tanto en una violación de los mismos como en una amenaza de violación. La Ley Orgánica de Amparo establece condiciones de admisibilidad en uno u otro caso.

A. *Las condiciones de la violación para la admisibilidad de la acción*

La Ley Orgánica de Amparo, en su artículo 6°, precisa diversas condiciones de admisibilidad de la acción de amparo que tienen relación con la violación de derechos o garantías constitucionales, y que exigen que la violación sea actual, es decir, que no haya cesado; que sea reparable, y que no haya sido consentida.

a. *La violación actual*

El artículo 6, ordinal 1° de la Ley Orgánica de Amparo, en efecto, exige para la admisibilidad de la acción, que la violación no haya cesado, es decir, que sea actual, reciente, viva[1213]. Sobre esta condición, la Corte Primera de lo Contencioso Administrativo, en sentencia de 7-5-87, señaló lo siguiente:

> "La actualidad que determina la procedencia del amparo es un criterio relativo, no absoluto, en un sistema en gestación como nuestro, en el cual ninguna norma establece un límite de tiempo para el ejercicio de la acción, sino que la vigencia de la misma será apreciada por el buen criterio del juzgador. En efecto, la actualidad alude esencialmente al hecho de que la lesión esté viva, esté presente con toda su intensidad y que contra ella no exista ningún medio de defensa o de protección idóneos para enervar la fuerza o poder que la produce. Hay amenaza de lesión, o lesiones, como son aquéllas que se producen ante la indefinición de las situaciones jurídicas, que pueden prolongarse en el tiempo, sin que se atenúen sus efectos y sin que los mismos puedan ser contrarrestados por los medios ordinarios que el derecho ofrece. De allí que la actualidad de la lesión se refiere fundamentalmente al carácter presente de la misma, no al hecho pasado, acaecido, circunscrito al pretérito, sino a la situación presente que puede prolongarse por un período indefinido de tiempo"[1214].

Con base en lo expuesto, la Corte Primera de lo Contencioso Administrativo, en sentencia de 14-8-92, consideró inadmisible la acción de amparo, si en el curso del procedimiento del juicio, el acto lesivo se había revocado[1215]. Asimismo, la Corte Suprema de Justicia ha estimado que en el curso del juicio de amparo la lesión no puede haber cesado antes de la decisión del juez; de lo contrario, si cesare, el juez debe declarar, *in limine litis*, inadmisible la acción[1216].

En relación al tema de la actualidad de la lesión debe destacarse la posibilidad de que un hecho nuevo o innovador modifique a tal extremo una situación ya conocida y declarada como carente de actualidad en su momento de una violación, que pueda

---

1213 CPCA, 13-11-88, FUNEDA, *15 años de la Jurisprudencia, cit.*, p. 134.

1214 CPCA, 7-5-87 (*Caso: Desarrollo 77 C.A.*), en FUNEDA *15 años de Jurisprudencia cit.*, p. 78.

1215 CPCA, 14-8-92, *Revista de Derecho Público,* N° 51, EJV, Caracas, 1992, p. 154.

1216 CSJ-SPA, 15-12-92, *Revista de Derecho Público* N° 52, EJV, Caracas, 1992, p. 164, *Cfr.* CPCA, 12-12-92 (*Caso Allan R. Brewer-Carías*), *Revista de Derecho Público,* N° 49, EJV, Caracas, 1992, pp. 131-132; CSJ-SPA, 27-5-93, *Revista de Derecho Público,* N° 53-54, EJV, Caracas, 1993, p. 264.

permitir un nuevo planteamiento con resultados distintos o contrarios a los anteriores.

Ello podría ocurrir, cuando el Juez de amparo, que debe conocer de una situación específica, actual y determinada, constate la existencia de un hecho nuevo, no ocurrido para el momento de su conocimiento inicial, y que pueda modificar o alterar esa situación, de manera que se admita la acción o se la considere procedente, a pesar de que antes hubiera sido desechada[1217].

b. *La violación reparable*

El ordinal 3° del artículo 6 de la Ley Orgánica de Amparo establece que no se admitirá la acción de amparo:

> "Cuando la violación del derecho o la garantía constitucionales, constituya una evidente situación irreparable, no siendo posible el restablecimiento de la situación jurídica infringida".

Dado el carácter eminentemente restablecedor de la acción de amparo, en el sentido de que mediante la misma no se pueden crear situaciones jurídicas nuevas o modificar las existentes[1218], sino lo que se puede es restablecer las cosas al estado en que se encontraban para el momento de la lesión, haciendo desaparecer el hecho o acto invocado y probado como lesivo o perturbador a un derecho o garantía constitucional; cuando la violación de un derecho constitucional convierta la situación jurídica infringida en una situación irreparable, la acción de amparo es inadmisible. Ello es congruente con el propósito que el artículo 1 de la Ley Orgánica, en desarrollo del artículo 49 de la Constitución, le atribuye a la acción de amparo en el sentido de "que se restablezca inmediatamente la situación jurídica infringida o la situación que más se asemeje a ella".

El ordinal 1° del artículo 6 de la Ley Orgánica, en todo caso, precisa que "se entenderá que son irreparables los actos que, mediante el amparo, no puedan volver las cosas al estado que tenían antes de la violación"[1219].

Sin embargo, como se dijo, la acción de amparo es admisible cuando la situación infringida pueda restablecerse a una que se asemeje a ella (Art. 1).

En tal sentido, la Corte Suprema de Justicia ha declarado inadmisible una acción de amparo contra el cobro indebido de un impuesto, cuando el mismo ha sido ya pagado, considerando que en ese caso no es posible restablecer la situación jurídica infringida[1220]; y la Corte Primera de lo Contencioso Administrativo en sentencia de 7-9-89, ha declarado inadmisible una acción de amparo de derechos a la protección de la maternidad (descanso pre y post natal), incoada después del parto, señalado que:

1217 *Cfr.* Sentencia CSJ-SPA de 5-8-92, *Revista de Derecho Público,* N° 51, EJV, Caracas, 1992, p. 145.

1218 CSJ-SPA sentencia de 27-10-93 (*Caso Ana Drossos*), y 4-11-93 (Caso *Partido Convergencia*), *Revista de Derecho Público,* N° 55-56, EJV, Caracas, 1993, pp. 340

1219 CPCA, 14-1-92, *Revista de Derecho Público,* N° 49, EJV, Caracas, 1992, p. 130; CSJ-SPA, 4-3-93, *Revista de Derecho Público,* N° 53-54, EJV, Caracas, 1993, p. 260.

1220 CSJ-CP 21-3-88- *Revista de Derecho Público,* N° 34, EJV, Caracas, 1988, p. 114.

"Resulta imposible que a la accionante le pueda ser restablecido su derecho presuntamente violado a disfrutar de permiso pre y post natal durante 6 meses antes y después del parto, pues nos encontramos frente a una situación irreparable que no es posible restablecer, ya que no puede retrotraerse el tiempo transcurrido"[1221].

Asimismo, la Corte Suprema de Justicia en sentencia de 1-11-90, ha considerado inadmisible la acción de amparo, cuando la única forma de reparar la situación jurídica infringida es la nulidad de un acto administrativo, lo que no puede pronunciarse en una decisión de amparo[1222].

c. *Carácter no consentido de la violación*

a'. *El consentimiento tácito o expreso*

Por otra parte, la violación a los derechos y garantías constitucionales que pueden dar lugar al ejercicio de la acción de amparo, *no debe ser consentida* por el agraviado, por lo que, conforme al ordinal 4° del artículo 6 de la Ley Orgánica, no se admitirá la acción de amparo,

"Cuando la acción u omisión, el acto o la resolución que violen el derecho o la garantía constitucionales hayan sido consentidos expresa o tácitamente por el agraviado, a menos que se trate de violaciones que infrinjan el orden público o las buenas costumbres".

La norma aclara que

"Se entenderá que hay consentimiento expreso cuando hubieren transcurrido los lapsos de prescripción establecidos en leyes especiales, o en su defecto, seis (6) meses después de la violación o la amenaza al derecho protegido;

y que

"El consentimiento tácito es aquel que entraña signos inequívocos de aceptación".

Debe destacarse, en relación a esta causal de inadmisibilidad de la acción de amparo, particularmente cuando la violación o amenaza de violación de un derecho fundamental es provocada por un acto estatal, que de ninguna manera puede admitirse que por el solo transcurso del tiempo puedan convalidarse leyes u otros actos estatales inconstitucionales.

En todo caso, es claro que tal como está concebida la ley, la inadmisibilidad de la acción de amparo, cuando han transcurrido más de 6 meses después de la violación o amenaza de violación, no opera respecto de las leyes y demás actos normativos ni respecto de un acto administrativo o de carencias de la Administración, cuando la acción de amparo se intenta conjuntamente con la acción popular o con el recurso contencioso administrativo de anulación o contra la conducta omisiva.

1221 CPCA 17-9-89, *Revista de Derecho Público* N° 40, EJV, Caracas, 1989, p. 111.

1222 CSJ-SPA, 1-11-90, *Revista de Derecho Público,* N° 44, EJV, Caracas, 1990, pp. 152-153; *Cfr.* CPCA, 10-9-92, *Revista de Derecho Público,* N° 51, EJV, Caracas, 1992, p. 155.

En efecto, la acción popular de inconstitucionalidad de las leyes y demás actos normativos, conforme al artículo 134 de la Ley Orgánica de la Corte Suprema de Justicia, no está sometida a lapso alguno de caducidad, por lo que si la acción de amparo se intenta conjuntamente con la acción popular, conforme se precisa en el artículo 3° de la Ley Orgánica de Amparo, no se aplica la causal de inadmisibilidad mencionada contenida en el ordinal 4° del Art. 6 de la Ley Orgánica.

En igual forma, esta causal de inadmisibilidad tampoco opera cuando se trata de amparo contra actos u omisiones administrativas, cuando la acción de amparo se formule como pretensión conjuntamente con el recurso contenciso-administrativo de anulación o contra la conducta omisiva, el cual, conforme al artículo 5°, puede intentarse en cualquier tiempo, es decir, aun cuando se hayan vencido los lapsos de caducidad establecidos en la Ley Orgánica de la Corte Suprema de Justicia (Art. 134).

Ahora bien, sobre esta causal de inadmisibilidad de la acción de amparo, particularmente en lo que se refiere al consentimiento expreso por el transcurso del tiempo, la Corte Suprema de Justicia en sentencia de 24-10-90 ha encontrado su justificación:

> ". . . en la medida que la acción de amparo es un remedio judicial especial, breve, sumario y eficaz para la protección de derechos constitucionalizados, cuya procedencia cobra sentido vista la necesidad de obtener una rápida e inmediata protección del juez constitucional. Siendo ésta la naturaleza de la acción es lógico que el legislador exija una adecuada proporción entre el momento en que se genera la lesión o hecho perturbador y el tiempo que tendría el presunto agraviado para accionar. Dejar transcurrir más de seis meses desde que se genera el acto lesivo para proceder a ejercer una acción de amparo constituye, por parte del agraviado, una demostración de aceptación del presunto daño, y dicha desidia debe ser sancionada, impidiendo el uso de un remedio judicial que se justifica por la necesidad perentoria de restablecer una situación jurídica"[1223].

El lapso que prevé la ley como extintivo, en todo caso, no es un término de caducidad en sentido propio, sino que lo que se regula es el consentimiento del agraviado, que es lo que hace inadmisible la acción por pérdida de actualidad de la lesión o pérdida de urgencia de la necesidad de restablecimiento inmediato del derecho o garantía violados o amenazados de violación[1224]. Dicho lapso, en todo caso, es el establecido como prescripción en leyes especiales y, a falta del mismo, el de seis (6) meses contados a partir de la violación o amenaza al derecho protegido[1225], no aplicándose la inadmisibilidad en los casos de violación o lesión continuada.

b'. *Las lesiones continuadas no permiten el consentimiento expreso*

En tal sentido, la Corte Primera de lo Contencioso Administrativo en sentencia de 22-10-90 (*Caso María Cambra de Pulgar*) al apreciar con motivo de una denuncia de violación de derechos constitucionales las condiciones de admisibilidad de la acción de amparo, señaló que:

1223 *V.*, en *Revista de Derecho Público,* N° 44, EJV, Caracas, 1990, p. 144.

1224 *V.*, sentencia CSJ-SPA de 13-8-93, *Revista, de Derecho Público,* N° 55-56, EJV, Caracas, 1993, p. 348.

1225 *V.*, lo expuesto por la CPCA en sentencia de 13-10-88, *Revista de Derecho Público,* N° 36, EJV, Caracas, 1988, p. 95.

". . . a pesar de que muchos de los hechos narrados se produjeron hace más de seis (6) años, sin embargo, ellos han sido enunciados para revelar una supuesta cadena de situaciones que permiten presuponer, por su constancia y reincidencia, que el actor está amenazado de que vuelva a producirse. Este carácter de amenaza es a lo que se intenta poner cese mediante el amparo. De acuerdo con la narración del actor, no ha habido consentimiento de su parte ni existe prescripción o caducidad que afecten la acción y no se ha recurrido a las vías judiciales ordinarias ni hecho uso de los medios judiciales existentes, ni consta la pendencia de otra acción de amparo ejercida sobre los mismos hechos. En consecuencia de lo anterior no existen las razones de inadmisibilidad que la Ley Orgánica de Amparo sobre Derechos y Garantías Constitucionales estableció[1226].

c'. *El orden público como excepción a la inadmisibilidad*

La Ley Orgánica de Amparo, en el ordinal 4° del artículo 6, al establecer la causal de inadmisibilidad de la acción con base en el consentimiento expreso o tácito del agraviado en la acción u omisión lesiva, sin embargo, dispone que dicha causal no se aplica cuando se trate de violaciones que infrinjan el orden público o las buenas costumbres; situación, sin duda, de carácter excepcional y que tiene que desprenderse de alguna regla que así lo consagre[1227]. La Corte Primera de lo Contencioso Administrativa, apenas entró en vigencia la Ley Orgánica precisó esta noción del "orden público" a los efectos de la excepción a la causal de inadmisibilidad, indicando lo siguiente:

"Es cierto que el consentimiento en general, tácito o expreso, no extingue la acción cuando la violación infrinja el orden público o las buenas costumbres y, es igualmente cierto que el artículo 14 califica a la acción de amparo "tanto en lo principal como lo incidental y en todo lo que de ello derive, hasta la ejecución de la providencia respectiva" como "de eminente orden público". Una interpretación textual podía llevar al absurdo de considerar que, por cuanto toda la materia del amparo es de orden público, el consentimiento expreso (constituido por el transcurso del tiempo) no extingue la acción; pero tal interpretación se contradice con la lógica misma del sistema y con la naturaleza del amparo que es una medida rápida y sumaria para lesiones actuales. De allí que, debe interpretarse que la extinción de la acción de amparo por el transcurso del tiempo (consentimiento expreso, según el legislador) se produce en todos los casos, salvo que, la forma como se hubiese producido la lesión revista tal gravedad que constituya un hecho lesivo de la conciencia jurídica. Se trataría por ejemplo de las violaciones flagrantes a los derechos individuales que no pueden ser denunciados por el afectado; privación de libertad; sometimiento a torturas físicas o psicológicas; vejaciones; lesiones a la dignidad humana y otros casos extremos"[1228].

1226 *V.*, sentencia de 22-10-90, *Revista de Derecho Público,* N° 44, EJV, Caracas, 1990, pp. 143-144.

1227 *V.*, sentencias de la CSJ-SPA, 22-3-88, *Revista de Derecho Público,* N° 34, EJV, Caracas, 1988, p. 114.

1228 *V.*, sentencia de la CPCA de 13-10-88, *Revista de Derecho Público,* N° 36, EJV, Caracas, 1988, p. 95. Este criterio fue acogido textualmente por la CSJ-SPA sentencia de 1-11-89, *Revista de Derecho Público,* N° 40, EJV, Caracas, 1989, p. 111.

En definitiva como lo ha dicho la Corte Suprema en Sala de Casación Civil en sentencia de 3-4-85:

> "El concepto de orden público tiende a hacer triunfar el interés general de la sociedad y del Estado frente al particular del individuo, para asegurar la vigencia y finalidad de determinadas instituciones y al respecto nada puede hacer o dejar de hacer un particular y aún una autoridad ya que la ejecución de voluntades de ley demandan perentorio acatamiento"[1229].

B. *Las condiciones de la amenaza de violación para la admisibilidad de la acción*

De acuerdo con la Ley Orgánica de Amparo, la protección constitucional no sólo procede contra las violaciones de los derechos y garantías constitucionales, sino contra las amenazas de violación de los mismos.

De acuerdo con la precisión que ha hecho la Corte Primera de lo Contencioso Administrativo:

> "Amenaza significa hacer temer a otros un daño, o avecinarse un peligro. La violación, en cambio, es la situación en que el hecho está cumplido y no cabe amenaza alguna"[1230].

Ahora bien, para que una amenaza se considere válida para la procedencia de la acción de amparo, conforme al artículo 2 de la Ley Orgánica, es necesario que "sea inminente".

Adicionalmente, el artículo 6 de la Ley Orgánica de Amparo precisa que no se admitirá la acción de amparo cuando la amenaza de violación de algún derecho o garantía constitucional que hubiese podido causarlo "haya cesado" (Ord. 1°) y cuando la amenaza contra el derecho o la garantía constitucional no sea inmediata, posible y realizable por el imputado" (Ord. 2°)[1231].

En definitiva para que pueda admitirse la acción de amparo contra la amenaza de violación de un derecho o garantía constitucionales, es necesario que la amenaza sea inminente es decir, que sea actual, inmediata, posible y realizable por el imputado. Como lo ha señalado la Corte Suprema de Justicia en Sala Político-Administrativa:

> "Debe concluirse en que son éstos los tres requisitos que la propia Ley Orgánica de Amparo obliga sean contenidos en una amenaza para que sea válida, para que sea "inminente", ya que de lo contrario la acción siempre debe ser declarada inadmisible por el Juez, de plano de in limine litis.

De manera que sólo cuando la amenaza, es decir, el daño que prontamente va a concretarse, sea inmediata, posible y realizable por la persona a quien se imputa, la acción de amparo podrá admitirse, tramitarse y, de ser el caso, declararse proceden-

---

1229 Sentencia citada y reiterada por la CSJ-SPA en sentencia de 1-2-90 (Caso *Tuna Atlántica C.A.*) y de 30-6-92, *Revista de Derecho Público,* N° 60, EJV, Caracas, 1992, p. 157.

1230 Sentencia de la CPCA de 16-7-92, *Revista de Derecho Público,* N° 51, EJV, Caracas, 1992, p. 155.

1231 *Cfr.* Sentencias CSJ-SPA de 9-6-88, *Revista de Derecho Público,* N° 35, EJV, Caracas, 1988, p. 114, CPCA de 30-6-88, *Revista de Derecho Público,* N° 35, EJV, Caracas, 1988, p. 115 y CSJ-SPA de 14-8-92, *Revista de Derecho Público,* N° 51, EJV, Caracas, 1992, pp. 158-159.

te. Estos requisitos indudablemente deben ser concurrentes, según puede inferirse de la conjunción copulativa "y", la cual los agrupa o reúne"[1232].

El tema de la amenaza de violación de derechos o garantías constitucionales ha sido analizado por la Corte Suprema, en particular, respecto de la acción de amparo contra normas, interpretando, en nuestro criterio inadecuadamente y con carácter restrictivo, que una norma, por sí sola, no puede originar una amenaza válida para interponer la acción de amparo. Así, en una sentencia de 24-5-93, la Sala Político Administrativa al considerar si una ley o un acto normativo de efectos generales puede convertirse, para la situación jurídica de un particular, en una amenaza de algún derecho o garantía constitucional en forma "posible, inmediata y realizable por el imputado", señaló lo siguiente:

> "Al respecto, es indudable que una norma que transgreda la Constitución puede lesionar a cualquiera de las personas que se encuentren en la situación jurídica por ella contemplada, por lo que el daño será "posible", cumpliéndose entonces con el primero de los requisitos exigidos en el transcrito ordinal 2° del artículo 6 de la Ley Orgánica de Amparo.
>
> No obstante, nos encontramos con que de interponerse un amparo contra una norma —es decir, que el objeto de la acción sea la propia norma—, la concreción del posible daño alegado no será "inmediata", pues siempre sería necesario que la autoridad competente proceda a la ejecución o aplicación de ella para efectivamente lesionar al solicitante. En efecto, debemos concluir que el probable daño causado por una norma será siempre mediato o indirecto, por lo que necesitará ser aplicada en el caso concreto. De manera que la lesión se causará por medio o gracias a un acto de aplicación de esa disposición contraria a derecho.
>
> Igual sucede con el tercer requisito exigido por la ley; la amenaza, es decir, el daño probable e inminente, no será nunca realizable —vale decir, concretado— por el imputado. Ciertamente, de sostenerse que el amparo tiene por objeto una disposición cuya constitucionalidad es cuestionada, habría que aceptarse como agraviante al cuerpo deliberante o al funcionario público que la hubiere dictado, siendo éste el que se presentaría en el proceso de amparo en defensa de su acto. Puede observarse que en caso de que ese posible daño llegue en realidad a concretarse, no sería —al menos generalmente— el cuerpo deliberante o el órgano público que lo dictó el que lo ejecutará, sino que sería más bien el funcionario para quien la aplicación de la norma es imperiosa en todos los casos en que un particular se encuentre dentro del supuesto de hecho por ella previsto.
>
> En efecto, de entenderse que la norma es la materia de la acción de amparo, llegaríamos a la conclusión de que no podría ser el imputado (que sería la persona pública que dicta la norma cuya inconstitucionalidad se alega) quien llevaría a cabo la amenaza; sino que el daño probable será concretado o realizado en definitiva por una persona diferente (el que aplique al caso específico y concreto la disposición inconstitucional).
>
> Puede entonces, luego de las consideraciones anteriores, descartarse la procedencia de la acción de amparo contra leyes u otros actos normativos, no sólo

---

1232 *V.*, CSJ-SPA, 24-6-93, *Revista de Derecho Público,* N° 55-56, EJV, Caracas, 1993, p. 289.

porque la Ley Orgánica de Amparo sobre Derechos y Garantías Constitucionales no prevé tal posibilidad sino porque, aún siendo posible la interposición de esta acción extraordinaria contra un acto normativo de efectos generales, deberá el juez declarar su inadmisibilidad por no reunir los requisitos exigidos en el ordinal 2°, artículo 6 de la Ley Orgánica de Amparo, y así se declara, expresamente"[1233].

En esta forma, la Corte descartó la posibilidad de intentar la acción de amparo contra normas mediante criterios que no compartimos, pues restringen la acción sin fundamento legal, sin embargo, y ante la posibilidad de que sea necesaria la protección constitucional requerida, precisó en la misma sentencia lo siguiente:

> "Considera necesario este Alto Tribunal, sin embargo, señalar que la conclusión anterior no significa la imposibilidad de prevenir la concreción del daño —objeción que pudiera plantearse a la tesis de que el amparo procede solo cuando la norma inconstitucional sea aplicada—, ya que no necesariamente debe el inminente perjudicado esperar a que efectivamente sea ejecutada la disposición normativa contraria a Derecho, porque bien podría éste, ante la amenaza que reúna los requisitos exigidos por la Ley, solicitar el amparo de sus derechos fundamentales amenazados; sólo que la acción no estaría dirigida contra la norma sino, en todo caso, contra el funcionario que deberá aplicar ésta. En efecto, siendo inminente que a un particular le será aplicada, en una situación concreta y determinada, una disposición normativa que contraría alguno de los derechos o garantías de rango constitucional, podría éste solicitar del tribunal competente una prohibición al referido funcionario o persona para que en el caso concreto alegado, se abstenga de aplicar la norma cuestionada y apreciada por el juez, previamente, como violatoria de los preceptos del Texto Fundamental"[1234].

4. *La inexistencia de algún recurso judicial paralelo*

La Ley Orgánica de Amparo establece, como causales de inadmisibilidad de la acción, una serie de supuestos relativos a la existencia de algún recurso paralelo, sea porque el agraviado haya recurrido a una vía judicial de protección o sea porque exista otra vía judicial para la protección constitucional que haga inadmisible la acción. En el primer caso, los ordinales 5 y 7 del artículo 6° de la Ley Orgánica prevén expresamente la inadmisibilidad; en el segundo caso, la inadmisibilidad deriva del carácter subsidiario o extraordinario de la acción.

A. *Que no se haya optado por otras vías judiciales para la protección constitucional, pendientes de decisión*

El primer supuesto para la admisibilidad de la acción de amparo es que el agraviado no hubiese optado por acudir a otras vías judiciales para la protección constitucional, que estuviesen pendientes de decisión.

1233 *V.*, sentencia de la CSJ-SPA de 25-5-93 en *Revista de Derecho Público,* N° 55-56, EJV, Caracas, 1993, pp. 289-290.

1234 *Idem.*, p. 290.

En este supuesto, la Ley Orgánica distingue dos casos de inadmisibilidad: el que se haya optado por ejercer una acción de amparo; o el que se haya optado por utilizar otra vía judicial para la protección constitucional, que en ambos casos estén pendientes de decisión.

a. *La inexistencia de una acción de amparo pendiente de decisión*

Para que la acción de amparo sea admisible, no puede estar pendiente de decisión una acción de amparo intentada previamente por el agraviado en relación con los mismos hechos. En tal sentido, el artículo 6, ordinal 8° de la Ley Orgánica establece que la acción de amparo es inadmisible:

> "Cuando esté pendiente de decisión una acción de amparo ejercida ante un Tribunal en relación con los mismos hechos en que se hubiese fundamentado la acción propuesta".

La inadmisibilidad de la acción, por tanto, resulta del hecho de que esté pendiente de decisión una acción de amparo previamente intentada[1235]; por lo que si esta, por ejemplo, fue desistida, la nueva acción podría intentarse y ser admisible.

Por supuesto, en los casos en los cuales se hubiese intentado previamente una acción de amparo que hubiese sido ya decidida, una nueva acción de amparo podría intentarse en relación con los mismos hechos, siempre que no haya cosa juzgada, en cuyo caso, como se verá, sería inadmisible.

b. *La inexistencia de otras vías judiciales ordinarias pendientes de decisión*

La Ley Orgánica de Amparo establece en el artículo 6, ordinal 5°, como causal de inadmisibilidad de la acción de amparo:

> "Cuando el agraviado haya optado por recurrir a las vías judiciales ordinarias o hecho uso de los medios judiciales preexistentes. En tal caso, al alegarse la violación o amenaza de violación de un derecho o garantía constitucionales, el Juez deberá acogerse al procedimiento y a los lapsos establecidos en los artículos 23, 24 y 26 de la presente Ley, a fin de ordenar la suspensión provisional de los efectos del acto cuestionado".

Como lo hemos señalado aún antes de dictarse la Ley Orgánica de Amparo, la Constitución y dicha Ley, al concebir el amparo como un derecho, además de consagrar la protección constitucional mediante la acción autónoma de amparo, también regula la posibilidad de que la pretensión de amparo se acumule a la acción de inconstitucionalidad (art. 3) y a las acciones contencioso-administrativas (art. 5) y, además, a cualquier otra acción, recurso o vía judicial preexistente, en cuyo caso el Juez debe proceder conforme a lo indicado en los artículos 23, 24 y 26 de la Ley Orgánica a fin de ordenar la suspensión de los efectos del acto cuestionado[1236] .

1235 *V.*, sentencia CSJ-SPA de 13-10-93, *Revista de Derecho Público*, N° 55-56, EJV, Caracas, 1993, pp. 348-349.

1236 *V.*, Allan R. Brewer-Carías, "Introducción general al régimen del derecho de amparo a los derechos y garantías constitucionales" en Allan R. Brewer-Carías y Carlos Ayala Corao, *Ley Orgánica de Amparo sobre Derechos y Garantías Constitucionales*, EJV, Caracas, 1988, págs. 52 y sigts.

Por tanto, si a una acción de inconstitucionalidad, a una acción contencioso-administrativa o a cualquier otra vía o medio judicial se acumula una pretensión de amparo, la acción autónoma de amparo contra los mismos hechos, que se intente posteriormente debe ser declarada inadmisible cuando estén pendientes de decisión las acciones o vías judiciales intentadas previamente.

Debe destacarse, en todo caso, que la inadmisibilidad que regula el ordinal 5° del artículo 6° de la Ley Orgánica se refiere a los casos en los cuales el agraviado haya optado por recurrir a las vías judiciales ordinarias o hecho uso de los medios judiciales preexistentes, en cuyo caso, allí debe *alegar la violación de los derechos o garantías constitucionales y solicitar amparo constitucional.*

Por tanto, si esto no ha ocurrido, es decir, si junto con el ejercicio de las vías judiciales ordinarias o el uso de medios judiciales preexistentes, el agraviado no ha alegado violación de derechos constitucionales y solicitado protección constitucional, no habría razón alguna, en nuestro criterio, para declarar inadmisible la acción de amparo que se intente. Este criterio lo ha adoptado la Sala Político Administrativa de la Corte Suprema en sentencia de 7-11-95 N° 789, (*Caso Rafael Aníbal Rivas Ostos*), al decidir una acción de amparo contra una sentencia de la Corte Primera de lo Contencioso Administrativa contra la cual se había interpuesto el recurso de apelación ante la misma Sala. La Corte señaló:

> "*¿Cuáles eran las alternativas*?. La Acción conjunta no era posible porque éste es procedente sólo en los casos de los recursos de nulidad contra norma (artículo 3° de la ley que regula la materia) o actos administrativos de efectos particulares o contra abstenciones o negativas de la Administración (artículo 5 ejusdem). Evidencia la presente normativa la conocida doctrina según la cual no procede el recurso de nulidad en contra de las sentencias judiciales.
>
> ¿Podría entonces limitarse la impugnación de la sentencia a una de las dos vías: apelación o amparo?.
>
> *Primero*: Con la *apelación* se satisface la pretensión mediante decisión firme y definitiva pero ella se oye en un solo efecto;
>
> *Segundo*: Con el *amparo* se busca restablecer la situación jurídica infringida mas la decisión no constituye *res judicata.*
>
> *¿Cómo conciliar estas situaciones jurídicas* con el fin de lograr un efectivo protección de los derechos constitucionales que se pretenden vulnerados por la sentencia cuestionada?. La respuesta no puede ser otra sino la de admitir, en casos como el de autos, la legitimidad del ejercicio de las vías paralelas, del amparo y de la apelación.

Respecto a la inadmisibilidad de la presente acción de amparo sostiene la Corte Primera de lo Contencioso Administrativo:

> 1. Como punto previo, estima esta Corte que la acción incoada resulta inadmisible, dado que el accionante en fecha 19 de octubre de 1995 ejerció recurso de apelación contra la sentencia de esta Corte de fecha 18 de octubre de 1995, denunciada como atentatoria de los derechos constitucionales alegados.
>
> Consta en el expediente N° 95-16377 contentivo de la acción de amparo interpuesta por el ciudadano Francisco González Aristiguieta contra el ciudadano Rafael Aníbal Rivas Ostos, en su carácter de Director de la DISIP, que en fecha

19 de octubre de 1995 que es precisamente la decisión judicial denunciada como violatoria de los derechos constitucionales alegados.

De tal manera que el accionante acudió a una vía judicial ordinaria como lo es el recurso de apelación, con lo cual la acción incoada resultaría inadmisible, de conformidad con lo dispuesto en el ordinal 5° del artículo 6 de la Ley que rige la materia".

Esta Sala considera que la señalada tesis sobre la inadmisibilidad del amparo es improcedente. En efecto:

"Art. 6. No se admitirá la acción de amparo:

... 5) Cuando el agraviado haya optado por recurrir a las vías judiciales ordinarias o hecho uso de los medios judiciales preexistentes. En tal caso, al alegarse la violación o amenaza de violación de un derecho o garantía constitucionales, el Juez deberá acogerse al procedimiento y a los lapsos establecidos en los artículos 23, 24 y 26 de la presente Ley, a fin de ordenar la suspensión provisional de los efectos del acto cuestionado".

Ahora bien, observa la Sala, que la causal de inadmisibilidad prevista en el artículo 6° ordinal 5° citado y que fuera alegada por la Corte Primera, procede en aquellos casos en los cuales intentada una acción por vía ordinaria o habiéndose hecho uso de los medios judiciales preexistentes, se alega la violación o amenaza de violación de un derecho o garantía constitucional. En este contexto, la protección constitucional se logra DENTRO DEL MISMO PROCESO por la actuación a que está obligado el Juez de la causa, por mandato de la norma que se comenta y que lo faculta para ordenar la suspensión provisional de los efectos del acto lesivo. De esta manera se logra eficazmente la inmediata protección de los derechos constitucionales y ello justifica que bajo este supuesto la interposición de un amparo sea inadmisible.

No es ésta, sin embargo, la situación del caso subjudice cuyos elementos fácticos están constituidos por la circunstancia de que se ejerció una apelación contra una decisión surgida en un juicio de amparo y no en un juicio ordinario, como exige la norma en referencia. Tampoco, observa la Sala, existe una acción judicial preexistente donde el mismo Juez de la causa pueda dictar la decisión de suspensión provisional, por cuanto se trata de una apelación contra una sentencia de amparo de la cual conoce el superior, tal como lo establece el artículo 35 ejusdem.

Lo expuesto se reafirma con la idea de que, en el supuesto fáctico del artículo 6° numeral 5°, siempre será el Juez de la causa el árbitro de una lesión constitucional que NO le es atribuible; mientras que, en el amparo contra sentencia, no es el Juez de la causa el llamado a conocer de la lesión o amenaza que surge de su decisión, sino, por mandato expreso del artículo 4° ejusdem es "un tribunal superior al que emitió el pronunciamiento".

Todo ello nos permite entonces concluir, que no nos encontramos en el supuesto de hecho que define el artículo 6° ordinal 5° citado y, por ende, sustentar la existencia de una causal de inadmisibilidad, con base a dicha disposición legal -en el caso subjudice- resulta improcedente y así expresamente se declara.

Idéntica conclusión resulta de la confrontación y análisis del artículo 6° ordinal 5° de la ley que rige la materia (anteriormente mencionado) y del artículo 35 ejusdem, el cual establece:

> "Art. 35. Contra la decisión dictada en primera instancia sobre la solicitud de amparo de oirá apelación en un solo efecto. Si transcurridos tres (3) días de dictado el fallo, las partes, el Ministerio Público o los procuradores no interpusieren apelación, el fallo será consultado con el Tribunal Superior respectivo, al cual se la remitirá inmediatamente copia certificada de lo conducente. Este Tribunal decidirá dentro de un lapso no mayor de treinta (30) días"

Vistas las dos normas mencionadas se observa que el artículo 35 constituye una *excepción* de la posibilidad genérica y amplia, prevista en el artículo 6° ordinal 5°.

El hecho de que la excepción se encuentra consagrada en una norma distinta a la disposición que consagra la regla, no significa que la misma no surta todos los efectos jurídicos. La ley es una sola, constituye en todo unitario, sus artículos se vinculan entre sí por razones de coherencia, de modo que la interpretación y aplicación de una determinada norma sólo es posible -conforme a los principios de la hermenéutica jurídica- al considerarse su contexto de relación con las demás normas legales.

Visto lo anterior, aplicar el artículo 6° ordinal 5° de la ley, o sea, suspender provisionalmente los efectos del acto cuestionado, con ocasión de la apelación ejercida, constituiría una flagrante contradicción con lo previsto en el artículo 35 ejusdem el cual expresamente prevé que la apelación se oirá en un solo efecto.

Siendo entonces la regla el artículo 6° ordinal 5° (citado) y la excepción el artículo 35 (citado), la vía de protección constitucional, contra una sentencia de amparo que se encuentra en fase de apelación o consulta y que vulnere normas constitucionales, lo constituye el amparo contra sentencias judiciales, tal como lo establece el artículo 4 ejusdem. Así se declara.

Consecuentemente, es improcedente la tesis de la Corte Primera de lo Contencioso Administrativo según la cual el amparo contra sentencia de amparo resulta inadmisible si se ejerció la apelación contra la misma. Así también se declara[1237].

Por otra parte, se hubiese optado por recurrir a las vías judiciales ordinarias o hecho uso de los medios judiciales preexistentes solicitándose protección o amparo constitucional, y los procesos respectivos ya hubiesen concluido, no procedería la aplicación de la causal de inadmisibilidad, quedando sólo a salvo la cosa juzgada que hubiese podido producirse.

Ahora bien, en relación a esta causal de inadmisibilidad, la jurisprudencia la ha aplicado en los casos de acciones contencioso-administrativas a las que se ha acumulado una pretensión de amparo, cuando conforme al artículo 136 de la Ley Orgánica de la Corte Suprema de Justicia, se haya solicitado la suspensión de efectos del acto administrativo impugnado. En este sentido, por ejemplo, en sentencia de 11-5-92, (*Caso Venalum*), la Corte Primera de lo Contencioso Administrativo sentó el siguiente criterio:

> "Ha sido criterio de esta Corte, que en esta oportunidad se reitera, que el artículo 6, numeral 5 de la Ley Orgánica de Amparo sobre Derechos y Garant-

1237 Consultada en original.

ías Constitucionales impone la no admisibilidad del amparo cuando el agraviado haya optado por recurrir a las vías judiciales ordinarias o hecho uso de los medios judiciales preexistentes. Esta Corte ha considerado en casos precedentes que al solicitar el presente agraviado la suspensión de los efectos del acto administrativo conforme a la disposición del artículo 136 de la Ley Orgánica de la Corte Suprema de Justicia, ello constituye la utilización de una vía paralela que hace inadmisible la acción de amparo, en razón de que tal pretensión cautelar hecha conjuntamente y no de forma subsidiaria con la acción de amparo, constituye una causal de inadmisibilidad. De la lectura del párrafo del libelo anteriormente transcrito, se hace evidente que el accionante ha utilizado paralelamente dos vías para pretender obtener la suspensión de los efectos del acto, por lo que en el caso presente, resulta forzoso declarar inadmisible el amparo propuesto, sin que ello implique pronunciamiento alguno sobre la medida cautelar prevista en el artículo 136 de la Ley Orgánica de la Corte Suprema de Justicia, que fuere solicitada en el libelo.

Conforme a lo anterior, coincide esta Corte con el criterio expresado por el Ministerio Público en su escrito de fecha 4 de los corrientes, que aparece agregado a estos autos, conforme al cual "...no puede dudarse de la eficacia del recurso de amparo, acción extraordinaria y excepcional, para lograr el restablecimiento oportuno de las situaciones jurídicas infringidas cuando no existan los recursos procedimentales ordinarios, o bien que la naturaleza del daño requiera una reparación urgente, en cuyo caso, el procedimiento será breve y sumario. En el presente caso tal como se ha señalado, la presunta agraviada solicitó, de manera expresa al ejercer el contencioso de anulación la suspensión de los efectos del acto, de acuerdo a lo previsto en el artículo 136 de la Ley Orgánica de la Corte Suprema de Justicia". Y agrega lo siguiente: "...la posibilidad de suspender los efectos de un acto que está lesionando un derecho, en virtud del artículo 136 *omissis* excluye el amparo por constituir aquella medida un medio procesal ordinario, breve y eficaz"[1238]

En estos casos de ejercicio conjunto de la acción contencioso-administrativa y de la pretensión de amparo, sin embargo, no se aplicaría la causal de inadmisibilidad del amparo si la invocación del artículo 136 de la Ley Orgánica de la Corte Suprema de Justicia se formula subsidiariamente en relación a la pretensión de amparo[1239]. Por ello, en estos casos, de declararse improcedente el amparo solicitado conjuntamente, la Corte puede suspender los efectos del acto impugnado conforme al artículo 136 de la Ley Orgánica de la Corte Suprema de Justicia[1240].

Debe destacarse, sin embargo, que la Corte Primera no ha sido constante en la aplicación de la causal de inadmisibilidad prevista en el ordinal 5° del artículo 6 de la Ley Orgánica de Amparo en los casos de interposición conjunta de la acción con-

---

1238 *V.*, en *Revista de Derecho Público,* N° 50, EJV, Caracas, 1992, pp. 187-188. Este criterio fue sostenido por la Corte Primera en sentencia de 21-2-91, *Revista de Derecho Público,* N° 45, EJV, Caracas, p. 146.

1239 *V.*, sentencias de la Corte Primera de lo Contencioso-Administrativo de 24-9-91, en FUNEDA, *15 años de Jurisprudencia...cit.*, p. 105; y de 5-12-91 y 1-4-93 en *Revista de Derecho Público,* N° 53-54, EJV, Caracas, 1994, p. 263.

1240 *V.*, la sentencia de la CSJ-SPA de 13-7-92 (*Caso Municipio Almirante Padilla*), *Revista de Derecho Público,* N° 51, EJV; Caracas, 1992, pp. 215-216.

tencioso-administrativa y la pretensión de amparo, con la solicitud adicional y paralela de la suspensión de efectos del acto administrativo conforme al artículo 136 de la Ley Orgánica de la Corte Suprema. En efecto, el ordinal 5° del artículo 6° de la Ley Orgánica de Amparo sólo regula como causal de inadmisibilidad el que el agraviado haya optado por recurrir a las vías judiciales ordinarias o hecho uso de los medios judiciales preexistentes, sin calificar si los mismos son o no breves y sumarios y eficaces para la protección solicitada. Sin embargo, la Corte Primera, al considerar la invocación del art. 136 de la Ley Orgánica de la Corte Suprema de Justicia, en sentencia de 11-11-93 declaró inadmisible el amparo cautelar solicitado porque la vía prevista en dicho artículo no simplemente era una vía ordinaria preexistente, sino que era un medio procesal, breve, sumario y eficaz para obtener la suspensión de efectos del acto impugnado. En dicha sentencia la Corte sentó el siguiente criterio:

> "Sentado lo anterior, observa esta Corte que en el caso *sub judice,* el apoderado actor ha formulado, además de la solicitud cautelar de amparo, una solicitud de suspensión de los efectos de los actos administrativos recurridos, con base en lo dispuesto en el artículo 136 de la Ley Orgánica de la Corte Suprema de Justicia lo cual equivale a un mismo pedimento planteado simultáneamente por el actor.
>
> En tal caso, tal como lo ha venido sosteniendo reiteradamente la Corte Suprema de Justicia y esta misma Corte (*Caso*: *Antonio Castillo, Carmen de Ramírez y otros vs. Universidad Nacional Abierta*) no procede el mandamiento de amparo, pues habiendo ejercido el acto un mecanismo de protección procesal breve, sumario y eficaz, acorde con la protección constitucional solicitada simultáneamente, no hay lugar a la procedencia de un medio extraordinario, como lo es el del amparo.
>
> Así, pues, habiendo ejercido el recurrente un medio procesal breve, sumario y eficaz para obtener la suspensión de los efectos del acto impugnado, como lo es el previsto en el artículo 136 de la Ley Orgánica de la Corte Suprema de Justicia, debe esta Corte declarar improcedente el amparo solicitado. Así lo declara[1241].

En el mismo equivoco de confundir la causal de inadmisibilidad consagrada en el artículo 6°, ordinal 5° de la Ley Orgánica de Amparo, con la que resulta del artículo 5° de la misma Ley en los casos de interposición conjunta de la acción contencioso-administrativa con la pretensión de amparo, ha incurrido la misma Corte Primera de lo Contencioso Administrativo en sentencia de 20-01-93 (*Caso UNA*), pero en relación a la invocación de las medidas cautelares innominadas previstas en el artículo 588 del Código de Procedimiento Civil, al sentar el criterio siguiente:

> "Sentado lo anterior, pasa esta Corte a examinar las condiciones de admisibilidad de la acción de amparo propuesta; y al efecto observa que en el presente caso —además de la acción de amparo ejercida conjuntamente con el recurso contencioso-administrativo de anulación— los apoderados actores han solicitado expresamente el otorgamiento de una medida cautelar en los términos contenidos en el parágrafo primero del artículo 588 del Código de Procedimiento Civil, consistente en la inmediata reincorporación de su representada al cargo que

1241 *Caso UNET, Revista de Derecho Público,* N° 55-56, EJV, Caracas 1993, p. 489.

venía desempeñando, "...con el pago de la remuneración correspondiente y demás consecuencias del ejercicio de ese destino, mientras dure este juicio de nulidad y como medida cautelar imprescindible para la utilidad del presente proceso...".

Estima esta Corte que el pedimento formulado en los anteriores términos por los apoderados actores, comparte la naturaleza cautelar que le ha sido reconocido al amparo cuando ha sido ejercido en forma conjunta con el recurso contencioso-administrativo de anulación —tal como se señaló precedentemente— y que no comporta otra consecuencia que la suspensión de los efectos del acto recurrido, que en el caso *sub-examine* se materializa con la reincorporación de la accionante al cargo que venía ejerciendo con todas las consecuencias que el ejercicio pacífico del mismo envuelve.

Siendo ello así, la medida cautelar solicitada en los términos descritos pone de relieve el ejercicio por parte de la accionante de un medio ordinario adecuado, breve, sumario y eficaz para el restablecimiento de la situación jurídica lesionada, presupuesto fundamental —conforme doctrina reiterada del Máximo Tribunal de la República y de esta misma Corte— para que no proceda la acción de amparo que —como se sabe— constituye un medio extraordinario de protección a ser utilizado sólo cuando no exista una vía procesal idónea que de manera inmediata y eficaz sea capaz de restituir el derecho o garantía violada, como fue la utilizada por la quejosa en el presente caso.

Frente a tales circunstancias esta Corte considera que se está en presencia del supuesto contemplado en el ordinal 5 del artículo 6 de la Ley Orgánica de Amparo sobre Derechos y Garantías Constitucionales, y así se declara"[1242].

En todo caso, y volviendo a la previsión del ordinal 5° del artículo 6° de la Ley Orgánica de Amparo, en cuanto a la causal de inadmisibilidad de la acción de amparo, "cuando el agraviado haya optado por recurrir a las vías judiciales ordinarias o hecho uso de los medios judiciales preexistentes"; es claro de la norma que se debe tratar de medios *judiciales,* es decir, del ejercicio por el agraviado de acciones, recursos y peticiones ante los Tribunales competentes. Por tanto, si el agraviado ha ejercido contra el acto que causa la lesión, los recursos administrativos que prevé, por ejemplo, la Ley Orgánica de Procedimientos Administrativos, en dichos casos no puede declararse inadmisible el amparo. Así lo ha precisado la Corte Primera de lo Contencioso Administrativo en sentencia de 8-3-93 (*Caso Federico Domingo*), al indicar que

"dicha causal alude al uso de vías o medios judiciales, con lo cual debe entenderse que el legislador en esta materia se refiere a acciones o recursos intentados ante una autoridad judicial. Efectivamente, observa esta Corte que, dentro de la estructura institucional venezolana, el adjetivo "judicial" tiene una clara e inequívoca connotación orgánica, y no funcional, puesto que hace referencia a los órganos que ejercen el Poder Judicial, en los términos del artículo 204 de la Constitución, es decir, a la Corte Suprema de Justicia y demás tribunales determinados como tales por la Ley Orgánica.

1242 *V.*, en *Revista de Derecho Público,* N° 53-54, EJV, Caracas, 1994, p. 367.

Siendo ello así, entiende esta Corte, que las vías y medios *judiciales* contemplados en la citada causal de inadmisibilidad no pueden referirse más que a los que se desarrollen por ante algún tribunal, parte integrante del Poder Judicial. Los medios de impugnación contra actuaciones de la Administración que se desarrollen en sede administrativa, ante órganos igualmente administrativos —como el caso del recurso que fue ejercido por la parte accionante en el presente juicio— no se encuentran incluidos, a juicio de la Corte, dentro del supuesto configurativo de dicha causal de inadmisibilidad. Así se declara"[1243].

B. *Que no existan otros medios judiciales breves, sumarios y eficaces para la protección constitucional*

Uno de los principios más tratados doctrinal y jurisprudencialmente en relación a la acción de amparo es el de la subsidiariedad o extraordinariedad de la acción de amparo, y que conduce a la inadmisibilidad de la acción de amparo cuando exista un medio procesal breve, sumario y suficientemente eficaz para la protección constitucional. En particular cuando se trata del amparo contra actos administrativos, el artículo 5° de la Ley Orgánica de Amparo establece que:

"La acción de amparo procede contra todo acto administrativo, actuaciones materiales, vías de hecho, abstenciones u omisiones que violen o amenacen violar un derecho o garantía constitucionales, cuando no exista un medio procesal breve, sumario y eficaz, acorde con la protección constitucional".

En este sentido y en relación a la impugnación de los actos administrativos, el recurso contencioso-administrativo de anulación, en sí mismo y sin posibilidad de suspensión de efectos del acto impugnado, se ha considerado por la Corte Primera de lo Contencioso Administrativo que no puede constituir "un medio procesal breve para la protección constitucional"[1244]. En sentido contrario, sin embargo, la misma Corte Primera de lo Contencioso Administrativo en sentencia de 1-10-90 había considerado, por el contrario, que ante decisiones de los Inspectores del Trabajo, los recursos contencioso-administrativos sí eran los medios para actuar contra la parte patronal, constituyendo vías de naturaleza breve, sumaria y eficaz, por lo que la acción de amparo contra dichos actos se consideró inadmisible, en la forma siguiente:

"Esta Corte observa que la lectura de la pormenorizada relación de los hechos que hacen los solicitantes del amparo revela que el mismo fue interpuesto contra los despidos ejecutados por el patrono, con base en una eventual decisión del órgano administrativo cuyo titular es el Inspector del Trabajo, así como contra las actuaciones parcializadas de éste. Ante una circunstancia semejante existen vías previstas en la legislación laboral de naturaleza breve, sumaria y eficaz, por lo cual la acción de amparo contra el acto administrativo no es admisible en la forma prevista en el artículo 5 de la Ley Orgánica de Amparo sobre Derechos y Garantías Constitucionales que textualmente indica: "La acción de amparo procede contra todo acto administrativo; actuaciones materiales, vías de

1243 *V.*, en *Revista de Derecho Público,* N° 53-54, EJV, Caracas, 1994, p. 261. *V.*, además sentencia de la Corte Primera de lo Contencioso Administrativo de 6-5-94 (*Caso Universidad Occidental Lisandro Alvarado*), en *Revista de Derecho Público,* N° 57-58, EJV, Caracas, 1994.

1244 *V.*, sentencia CPCA de 29-7-93, (Caso *Víctor R. Pérez vs. INOS*), *Revista de Derecho Público,* N° 55-56, EJV, Caracas, 1993, p. 349.

hecho, abstenciones u omisiones que violen o amenacen violar un derecho o una garantía constitucionales, *cuando no exista un medio procesal* breve, sumario y eficaz acorde con la protección constitucional".

En efecto, en el caso presente la solicitud de amparo no podía operar existiendo como existen recursos contencioso-administrativos contra las decisiones de los Inspectores del Trabajo que violen los derechos que han sido denunciados fueron conculcados que, necesariamente, son el medio para actuar contra la parte patronal en casos como el presente"[1245].

Estas contradicciones, sin duda, derivan de la construcción jurisprudencial, también contradictoria a veces, del carácter extraordinario o más bien subsidiario de la acción de amparo, de manera que esta sólo es admisible si no existen otros medios judiciales breves, sumarios y eficaces para la protección constitucional o aún existiéndolos, en el caso concreto, no resulten eficaces para el amparo a los derechos. De allí deriva que cada caso concreto debe analizarse específicamente, no pudiendo formularse reglas absolutas ni siquiera en materia de acciones contencioso-administrativa contra actos administrativos pues, si la suspensión de efectos se solicita y ello es suficiente como medio de protección constitucional, la acción autónoma de amparo resultaría inadmisible.

En sentencia de 20-5-94, la Corte Primera de lo Contencioso Administrativa (*Caso Federación Venezolana de Deportes Ecuestres*) ha resumido la doctrina jurisprudencial en relación a esta causal de inadmisibilidad de la acción de amparo al distinguir la acción autónoma de amparo y el ejercicio conjunto de esta con otro tipo de acciones o recursos, y considerar que "ambas modalidades de amparo difieren sustancialmente en cuanto a su naturaleza y consecuencias jurídicas":

> "En efecto, en el primer caso, al ser una acción que se ejercita en forma autónoma e independiente, no vinculada ni subordinada a ningún otro recurso o procedimiento, es indudable que esa acción, así ejercida, debe ser, por su naturaleza restablecedora, capaz, suficiente y adecuada para lograr que el mandamiento de amparo que se otorgue se baste por sí solo, sin necesidad de acudir a otro u otros procedimientos judiciales, para volver las cosas al estado en que se encontraban para el momento de la vulneración y hacer desaparecer definitivamente el acto o hecho lesivo o perturbador.
>
> Por estas razones, ha sostenido reiteradamente la jurisprudencia, que una vez más se ratifica, que en tales supuestos el accionante en amparo debe invocar y demostrar que se trata de una vulneración constitucional flagrante, grosera, directa o inmediata, lo cual no significa que el derecho o garantía de que se trate no estén desarrollados o regulados en textos normativos de rango inferior, pero sin que sea necesario al juzgador acudir o fundamentarse en ello para detectar o determinar si la violación constitucional al derecho o garantía se ha efectivamente consumado. De no ser así, ha dicho la jurisprudencia, no se trataría entonces de una acción constitucional de amparo sino de otro tipo de recurso, por ejemplo, el contencioso-administrativo, cuyos efectos anulatorios no se corresponden con los restitutorios del amparo y, si tal sustitución se permitiere, el amparo *llegaría a suplantar no sólo esa sino todas las vías procedimentales es-*

1245 *V.*, en *Revista de Derecho Público,* N° 44, EJV, Caracas, 1990, p. 153.

tablecidas en nuestro sistema de derecho positivo, desnaturalizado el carácter extraordinario del amparo.

Sin embargo, así como se ha dicho que la acción de amparo no puede sustituir los procedimientos ordinarios establecidos en la legislación, también la jurisprudencia de esta Corte ha expresado *que no debe entenderse que la acción de amparo es subsidiaria frente a otros medios procesales ordinarios, sino que será procedente el amparo si se demuestra que, aun habiendo una vía judicial ordinaria, ésta no sirva para restituir en forma eficaz, breve, sumaria e inmediata la situación jurídica infringida. De allí que en cada caso concreto no es suficiente para inadmitir una solicitud de amparo, el dejar establecida la existencia de otros recursos judiciales ordinarios, sino que además estos recursos son eficaces, breves, sumarios e inmediatos en el restablecimiento de la situación jurídica infringida.*

Esto último es corroborado por el numeral 5 del artículo 7 de la Ley Orgánica de Amparo, que establece la inadmisibilidad del amparo cuando el agraviado haya optado por recurrir a las vías judiciales ordinarias o hecho uso de los medios procesales preexistentes, ya que pareciera que el agraviado puede optar, aun existiendo vía judicial ordinaria, por el procedimiento de amparo.

Ante la inexistencia de una vía ordinaria, no se presenta discusión. Existiendo ésta, habría que distinguir si ella es o no apta para el restablecimiento de la situación jurídica infringida; si no lo es procedería la acción de amparo; pero si lo fuere, la sumariedad del procedimiento de amparo deberá considerarse como una restricción del derecho de defensa del señalado como agraviante, o, en el caso del amparo contra decisiones judiciales, de la otra parte en el procedimiento en el cual se dictó la decisión y, en consecuencia, no procedería la vía judicial del amparo, pues privaría el derecho, también constitucional, de defensa, frente a otros derechos que pudiesen protegerse sin lesionar aquél.

Observa esta Corte en el caso de autos que ciertamente nos encontramos en presencia de una acción de amparo autónomo ejercida contra un acto de la FEDERACIÓN VENEZOLANA DE DEPORTES ECUESTRES, cuya naturaleza jurídica es administrativa. Efectivamente, establece el artículo 121 de la Ley Orgánica de la Corte Suprema de Justicia la posibilidad de impugnar un acto, como el que es objeto de la acción de amparo en el presente caso, pero ello *no es suficiente para no admitir esta acción ya que es necesario determinar que pueda restablecer en forma sumaria, eficaz e inmediata la situación jurídica infringida como lo haría el amparo.*

En criterio de esta Corte, como ya quedó anotado arriba, el acto objeto de la acción de amparo del caso de autos pudo haberse impugnado a través del recurso contencioso-administrativo de anulación establecido en el artículo 121 de la Ley Orgánica de la Corte Suprema de Justicia, por ser un acto administrativo de efectos particulares, como ya había sido catalogado por esta Corte en casos similares.

Sin embargo, también considera esta Corte que los derechos que según los accionantes del caso de autos fueron violados por el referido acto, *no podían ser restablecidos a través de la vía ordinaria prevista en el referido artículo*

121, sino que sólo era por un amparo como los accionantes podían lograr el restablecimiento de la situación jurídica infringida.

En efecto, alegan los accionantes que la FEDERACIÓN VENEZOLANA DE DEPORTES ECUESTRES, con la decisión de considerar improcedente su reclamo por la participación del ejemplar ganador en condiciones ventajosas, violó varios de sus derechos constitucionales, como el del honor y la reputación, de igualdad, de defensa, entre otros, ya que por ella no pudo participar su binomio en competencias internacionales durante el año 1990.

En criterio de esta Corte, al momento de intentar la acción, la única vía de la que disponían los accionantes para lograr el restablecimiento de la situación jurídica infringida era la acción de amparo ya que con el recurso contencioso-administrativo de nulidad contra actos administrativos de efectos particulares, los accionantes jamás lograrían el restablecimiento de la situación jurídica infringidas como era asistir a las competencias internacionales del año 1990"[1246]

5. *La ausencia de cosa juzgada*

De acuerdo con el artículo 346 del Código de Procedimiento Civil una de las cuestiones previas que pueden promoverse dentro del lapso fijado para la contestación de la demanda es "la cosa juzgada" (ord. 9), la que en materia de amparo puede considerarse como una causal de inadmisibilidad.

Por ello, la Corte Primera de lo Contencioso Administrativo en sentencia de 16-10-86 (*Caso Pedro J. Montilva*), estableció que si en un caso "vuelve a replantearse una acción de amparo que versa sobre el mismo objeto; que denuncia las mismas infracciones; que se basa en los mismos motivos y fundamentaciones y que gira en relación con idéntico objeto al anterior y está dirigida contra igual sujeto"; entonces es evidente que en dicho caso:

> "se impone la fuerza de la cosa juzgada para impedir tal replanteamiento, ya que la cuestión debatida posee la misma identidad subjetiva y objetiva con la que fuera objeto de decisión definitiva"[1247].

Por supuesto, la cosa juzgada en materia de amparo sólo surge respecto de lo debatido y debatible en vía de amparo, que es sólo la violación o amenaza de violación de un derecho o garantía constitucional. Por ello, de acuerdo con el artículo 36 de la Ley Orgánica de Amparo, "la sentencia firme de amparo producirá efectos jurídicos respecto al derecho o garantía objetos del proceso, sin perjuicio de las acciones o recursos que legalmente correspondan a las partes". Es decir, la sentencia de amparo no resuelve el fondo material del asunto, sino solo el aspecto de violación o amenaza de violación del derecho o garantía, que es sobre lo único que produce efectos jurídicos la sentencia de amparo. Por ello, dicha sentencia sólo tiene efectos restitutorio, pues por vía de amparo como lo ha dicho la Corte Suprema de Justicia "no puede lograrse ninguno de los tres tipos de sentencia conocidos: declarativa, constitutiva o de condena, ni por supuesto, una sentencia interpretativa"[1248].

1246 *V.*, en *Revista de Derecho Público,* N° 57-58, EJV, Caracas, 1994, p.

1247 *V.*, en *Revista de Derecho Público,* N° 28, EJV, Caracas, 1986, p. 106.

1248 *V.*, sentencia de la Sala Político Administrativa de 15-7-92, *Revista de Derecho Público,* EJV, Caracas, N° 51, 1992, p. 171.

Por tanto, por ejemplo, si se dicta una sentencia de amparo contra un acto administrativo, ella sólo tiene efectos restitutorios o restablecedores pero no tiene ni puede tener efectos anulatorios. En consecuencia, la sentencia de amparo en este caso no tiene ningún efecto de cosa juzgada en relación a la anulación del acto administrativo en vía contencioso-administrativa.

6. *La corrección del libelo de la acción*

De acuerdo con el artículo 19 de la Ley Orgánica de Amparo, el hecho de presentarse una solicitud de amparo oscura o que no llene los requisitos especificados en el artículo 18 de la Ley Orgánica, no puede conducir a la inadmisibilidad de la acción de amparo, sino que el juez debe notificar al solicitante para que corrija el defecto u omisión dentro de un lapso de 48 horas siguientes a la correspondiente notificación. Es sólo si no se hiciesen las correcciones en dicho lapso, que la acción de amparo debe ser declarada inadmisible como lo señala expresamente dicha norma. En estos casos, como lo señaló la Corte Suprema de Justicia en Sala Político Administrativa, en sentencia de 3-12-93:

> "Dicha declaratoria se justifica por el carácter sumario y breve del juicio de amparo por lo cual requerida la corrección de la solicitud resulta lógico que la misma debe efectuarse en un lapso breve para no desvirtuar o descalificar el estado de emergencia que reclama y justifica un mandamiento de amparo constitucional"[1249].

SECCIÓN SEXTA:

LA COMPETENCIA JUDICIAL EN MATERIA DE AMPARO

De acuerdo con el artículo 49 de la Constitución, y en virtud de que el amparo está concebido como un derecho ciudadano a la tutela judicial efectiva de sus derechos constitucionales, más que como un solo medio procesal específico o garantía de los derechos, puede decirse que todos los jueces de la República pueden ser competentes para conocer de una acción o pretensión de amparo. Por ello, incluso, el artículo 49 citado comienza señalando que "los Tribunales ampararán..."

Ahora bien, en relación a la competencia judicial para conocer del amparo, conforme a la Ley Orgánica, ante todo, debe hacerse una precisión que deriva de las dos modalidades de ejercicio del derecho de amparo: sea en forma conjunta con otra acción o en forma de acción autónoma.

En el primer caso de ejercicio conjunto de la pretensión de amparo junto con una acción de inconstitucionalidad, conforme al artículo 3° de la Ley Orgánica; con una acción contencioso-administrativa, conforme al artículo 5° de la Ley Orgánica; o con cualquier otra acción o medio judicial, conforme al ordinal 5° del artículo 6° de la Ley Orgánica, el tribunal competente para conocer de la pretensión de amparo, sin duda, es el tribunal competente para conocer de la acción principal; es decir, en el caso del artículo 3° de la Ley Orgánica, la Corte Suprema de Justicia; en el caso del artículo 5° de la Ley Orgánica, el tribunal de la jurisdicción contencioso-administrativa que sea competente para conocer de la nulidad del acto administrati-

---

1249 *V.*, en *Revista de Derecho Público,* N° 55-56, EJV, Caracas 1993, p. 270

vo impugnado; y en el caso del ordinal 5° del artículo 6° de la Ley Orgánica, el tribunal competente para conocer de la acción o medio procesal al cual se acumule la pretensión de amparo.

En todos esos casos de pretensión de amparo acumulada a otras acciones o medios judiciales, por tanto, la competencia judicial para conocer de la solicitud de amparo está resuelta en la propia Ley Orgánica. Es en los casos de ejercicio de la acción autónoma de amparo en los cuales, sin embargo, se han planteado diversas interpretaciones para definir la competencia judicial, en aplicación del artículo 7 de la Ley Orgánica.

1. *La distribución de la competencia*

A. *El principio legal de la competencia judicial: los tribunales de primera instancia*

El principio fundamental de la competencia judicial en materia de amparo está establecido en el artículo 7 de Ley Orgánica, que establece:

> "Art. 7. Son competentes para conocer de la acción de amparo, los Tribunales de Primera Instancia que lo sean en la materia afín con la naturaleza del derecho o de las garantías constitucionales violados o amenazados de violación, en la jurisdicción correspondiente al lugar donde ocurriere el hecho, acto u omisión que motivaren la solicitud de amparo.
>
> En caso de duda, se observarán, en lo pertinente, las normas sobre competencia en razón de la materia".

Se establece así, como principio rector para dilucidar la competencia, el criterio de *la afinidad entre la materia natural del juez y los derechos o garantías denunciados como lesionados.* Como lo ha señalado la Corte Suprema de Justicia:

> "de manera que el juez competente para conocer de la acción es el que se encuentre mayormente familiarizado o especializado con el contenido de esos derechos, con el fin de alcanzar así una mayor efectividad de la institución".[1250]

En todo caso, es evidente que cuando el artículo 7 de la Ley Orgánica hace referencia a "los Tribunales de Primera Instancia", no se está refiriendo formal y orgánicamente a aquellos que en su propia denominación se los califique expresamente como de "Primera Instancia", sino en general, además de a estos, a todos aquellos tribunales, cualquiera que sea su denominación, rango o jerarquía que conozcan en primera instancia dentro de su jurisdicción en la materia afín con la naturaleza del derecho o de la garantía constitucionales violados o amenazados de violación, como es el caso de los Tribunales Superiores en lo Contencioso-Administrativo o de la Corte Primera de lo Contencioso Administrativo en los casos en los cuales conozcan de asuntos en primera instancia. Por ello, en la sentencia de 16-11-89, la Corte Suprema de Justicia señaló:

1250 *V.*, CSJ-SPA de 16-11-89 (Caso *Copei-Julio Cesar Moreno*), *Revista de Derecho Público*, N° 40, EJV, Caracas, 1989, p. 96, también citada en sentencia CSJ-SPA de 17-2-93 (Caso *Aseguradora Nacional Agrícola*), *Revista de Derecho Público*, N° 53-54, EJV, Caracas, 1994, pp. 246-247; y en CSJ-SPA de 27-5-93, *Revista de Derecho Público*, N° 53-54, EJV, Caracas, 1994, p. 237.

"En efecto, si la idea fue la de que el amparo sea conocido por el juez idóneo, familiarizado y especialista en la materia objeto de la institución protectora: ¿por qué negar a sólo una categoría de esos jueces de primera instancia, por el hecho de no llevar la denominación "Tribunal de Primera Instancia", la competencia natural para conocer de los amparos que denuncien la violación de derechos y garantías integrados dentro de su esfera de competencia por la materia?; más aún y por otra parte, cuando este mismo tribunal actúa y conoce, con el máximo rango, en primera instancia dentro de su jurisdicción"[1251].

Por tanto, si bien en materia de amparo, entonces, son competentes todos los tribunales que conozcan de asuntos en primera instancia, en materias afines con los derechos o garantías violados o amenazados de violación, conforme al criterio de la afinidad entre la materia natural del juez y los derechos y garantías lesionados, el legislador, el mismo artículo 7 de la Ley Orgánica estableció expresamente la competencia de unos Tribunales de Primera Instancia, con ese rango y denominación en relación al amparo a la *libertad y seguridad personales*, al señalar que:

"Art. 7. Del amparo de la libertad y seguridad personales conocerán los Tribunales de Primera Instancia en lo Penal, conforme al procedimiento establecido en esta Ley"

Esta competencia de los Tribunales de Primera Instancia en lo Penal se ratifica en el artículo 40 de la Ley Orgánica que establece que:

"Los Juzgados de Primera Instancia en lo Penal son competentes para conocer y decidir sobre el amparo de la libertad y seguridad personales"

En esos casos, prevé además la norma, que los respectivos, "Tribunales Superiores conocerán en consulta de las sentencias dictadas por aquéllos".

B. *Las excepciones al principio*

Tal como lo ha señalado la Corte Suprema de Justicia en la citada sentencia de 16-11-89 (*Caso J.C. Moreno-COPEI*), ante el principio de que el conocimiento de las acciones de amparo debe estar atribuido a los tribunales de primera instancia de mayor rango que tengan competencia afín con el derecho vulnerado, surgen dos excepciones bien claras:

"1) si no existiere un tribunal de primera instancia de esas características, conocerá cualquier otro tribunal, también de primera instancia, existente en la localidad, pero indudablemente de rango inferior; y 2) un fuero especial para la Corte Suprema de Justicia —mas, siempre en Sala con competencia afín al derecho lesionado (criterio material de afinidad, todavía, presente)— cuando se tratare de amparos contra ciertas autoridades, de alto rango, especialmente señaladas por el legislador"[1252]

1251 *V.*, CSJ-SPA de 16-11-89 (Caso *Copei-Julio Cesar Moreno*), *Revista de Derecho Público,* N° 40, EJV, Caracas, 1989, pp. 97-98

1252 *V.*, en *Revista de Derecho Público,* N° 40, EJV, Caracas, 1989, p. 97

a. *Cualquier Juez de la localidad con competencia en primera instancia*

La primera excepción mencionada, está establecida en el artículo 9° de la Ley Orgánica que dispone:

> "Art. 9. Cuando los hechos, actos u omisiones constitutivos de la violación o amenaza de violación del derecho o de las garantías constitucionales se produzcan en lugar donde no funcionen Tribunales de Primera Instancia, se interpondrá la acción de amparo ante cualquier Juez de la localidad, quien decidirá conforme a lo establecido en esta Ley. Dentro de las veinticuatro (24) horas siguientes a la adopción de la decisión, el Juez la enviará en consulta al Tribunal de Primera Instancia competente".

En esta forma, el legislador, al establecer esta excepción, buscó "eliminar obstáculos sobre todo los de orden geográfico y económico"[1253] para el ejercicio de la acción de amparo cuando los hechos, actos u omisiones constitutivos la violación del derecho o garantías constitucionales se produzcan en un lugar donde no funcionen Tribunales de Primera Instancia. En este caso la acción puede intentarse ante cualquier Juez de la localidad, se entiende, de inferior rango formal, pero siempre de primera instancia[1254].

Una vez que se decida la acción interpuesta, el artículo 9 de la Ley Orgánica exige que se envíe en consulta al Tribunal de Primera Instancia competente, el cual, por supuesto, no necesariamente tiene que ser el superior jerárquico respectivo, sino el que debía conocer en primera instancia del asunto[1255].

b. *La Corte Suprema de Justicia en sus diversas Salas*

a'. *Las altas autoridades constitucionales*

La segunda excepción al principio de la competencia definida por la afinidad entre la materia natural del juez y los derechos o garantías denunciados como lesionados, está establecida en el artículo 8 de la Ley Orgánica, que establece

> "Art. 8 La Corte Suprema de Justicia conocerá, en única instancia y mediante aplicación de los lapsos y formalidades previstos en la Ley, en la Sala con competencia afín con el derecho o garantía constitucionales violados o amenazados de violación, de las acciones de amparo contra los hechos, actos y omisiones, emanados del Presidente de la República, de los Ministros, del Consejo Suprema Electoral y de los demás organismos electorales del país, del Fiscal General de la República, del Procurador General de la República o del Contralor General de la República".

1253 *V.*, CPCA 10-9-92 (Caso *UNET*), *Revista de Derecho Público,* N° 51, EJV, Caracas, 1992, p. 138.

1254 *V.*, CSJ-SPA de 16-11-89 (Caso *Copei*), *Revista de Derecho Público,* N° 40, EJV, Caracas, 1989, p. 97

1255 Así, en el caso de una acción de amparo intentada contra un acto de una Universidad Nacional que funciona en San Cristóbal, al ser la Corte Primera de lo Contencioso-Administrativo el tribunal competente en primera instancia, como este tiene su sede en Caracas; intentada la acción ante un Juzgado de Primera Instancia en lo Civil, Mercantil del Estado Táchira, la remisión en consulta debía hacerse a la Corte Primera y por supuesto, no al Tribunal Superior en lo Civil, Mercantil del Tránsito, del Trabajo, de Menores y de lo Contencioso-Administrativo de la Circunscripción Judicial del Estado Barinas. *V.*, CPCA 10-9-92, *Revista de Derecho Público,* N° 51, EJV, Caracas, 1992, p. 138.

La única reforma que ha tenido la Ley Orgánica se produjo, precisamente, en relación a este artículo, al agregarse a la enumeración al "Consejo Suprema Electoral y de los demás organismos electorales"[1256].

Ahora bien, esta norma establece un criterio orgánico para la determinación de la competencia en la acción de amparo ejercida en forma autónoma que complementa el criterio material, de la afinidad, que constituye el principio de competencia rector. Como lo ha señalado la Corte Suprema de Justicia en Sala Político Administrativa, refiriéndose en primer lugar al criterio material:

> "El primero está consagrado en el artículo 7 *ejusdem*, el cual, utilizando la afinidad entre la materia natural del Juez y los derechos o garantías denunciados como lesionados se constituye en elemento definidor para dilucidar la competencia de amparo constitucional, y se la atribuye a los tribunales que conozcan en primera instancia. El segundo criterio viene dado por la jerarquía de la autoridad u órgano contra quien se intente la acción de amparo autónoma, atribuyéndosele la competencia —en estos casos— a la Corte Suprema de Justicia en la Sala de competencia afín con los derechos conculcados —se vuelve entonces el criterio material, elemento rector, como se ha sostenido—. El criterio orgánico está consagrado específicamente en el artículo 8 de la ley que regula el amparo constitucional...
>
> ...Al respecto, observa la Sala que —tal como lo ha señalado reiteradamente— el indicado artículo 8 "tiene su fundamento en atención a la importancia y trascendencia que podrían tener los amparos ejercidos contra autoridades de alto rango como lo son: El Presidente de la República, los Ministros, el Procurador General de la República, el Contralor General de la República y el Fiscal General de la República, así como los organismos electorales. Todas las acciones de amparo que se intenten contra las señaladas autoridades de naturaleza constitucional y de carácter nacional, así como los organismos electorales, tendrían que ser ventilados dentro de un órgano de la máxima jerarquía dentro de la estructura judicial, lo cual asegura que el control de la violación constitucional a un derecho o garantía de los actos emanados de ellos, sea ejercido por la propia Corte Suprema de Justicia, que es la que ordinariamente asume el control jurisdiccional de la actividad de dichas autoridades; por esta misma razón se ha incluido a otros organismos que reúnen los mismos dos requisitos determinantes —la jerarquía constitucional y el carácter nacional— entre los expresamente señalados, tales como el Consejo de la Judicatura y a los Presidentes del Senado y de la Cámara de Diputados del Congreso Nacional a los Presidentes del Senado y de la Cámara de Diputados del Congreso Nacional (Vid. sentencias del 16-6-91 y 8-11-90, casos: *Reina Henríquez y Anselmo Natale*)"[1257].

En todo caso, debe señalarse que la enumeración contenida en el artículo 8 de la Ley Orgánica sobre los altos funcionarios cuyas actuaciones u omisiones atraen la competencia de la Corte Suprema, que la misma no es taxativa, sino enunciativa, lo cual ha sido objeto de múltiples decisiones interpretativas de la propia Corte Supre-

---

1256 La Ley Orgánica, publicada en *G.O.* Nº 33.891 de 22-1-88, fue reformada por Ley de 17-9-88 *G.O.* Nº 34.060 de 27-9-88.

1257 *V.*, CSJ-SPA de 16-12-93, *Revista de Derecho Público,* Nº 55-56, EJV, Caracas, 1993, p. 274.

ma, considerando siempre el doble criterio de atribución de competencia que contiene dicha norma, en la forma siguiente:

> "El criterio *rationae personae* que lleva al fuero especial del Poder Ejecutivo Nacional la facultad para dirimir el conflicto; criterio este que se perfecciona con el criterio *rationae materiae* que le otorga a la Sala *con competencia afín,* en vista de su especialidad, la competencia específica. Queda derogado así el principio de la distribución de competencia en el contencioso-administrativo, en virtud del cual esta Sala sería el Máximo Tribunal para dirimir la cuestión por ser el acto contra el cual se ejerce, el del *máximo jerarca* de una Administración Pública, en beneficio de la que deriva de la naturaleza del derecho violado que, en el caso presente, es laboral. En aplicación de la normativa analizada la competencia para conocer del amparo contra el acto del Ministro por violación de un derecho laboral corresponde a la Sala de Casación Civil, en quien esta Sala declina su conocimiento y así lo declara, actuando en nombre de la República y por autoridad de la ley"[1258].

Por supuesto, en cuanto al criterio *ratione personae*, la competencia de la Corte no se extiende al órgano sino al máximo titular del órgano. Por ello, la Corte Primera desestimó un alegato de incompetencia conforme al artículo 8 citado, al constatar que el amparo en un caso concreto no iba dirigido contra el Contralor General de la República sino contra un funcionario de menor jerarquía de dicho órgano[1259].

b'. *Precisión sobre los Ministros*

En relación a los Ministros mencionados en el artículo 8, la Corte Suprema se ha pronunciado en el sentido de que en la excepción se incluyen no sólo a los Ministros del Despacho sino los Ministros de Estado, pues el artículo 194 de la Constitución regula por igual ambas figuras "sin establecer ninguna distinción sustancial o formal" por lo que no puede deducirse de la Ley Orgánica de amparo ninguna distinción[1260]. Esto tiene particular importancia cuando el Ministro de Estado, además, ejerza como Presidente de un Instituto Autónomo, en cuyo caso, no es posible a los efectos de la Ley Orgánica y de la competencia de la Corte Suprema, conforme al artículo 8, distinguir los actos que dicte en tanto que Ministro o que Presidente del Instituto Autónomo[1261].

c'. *Ampliación de la competencia respecto de otras autoridades constitucionales*

La Corte Suprema de Justicia, al interpretar el artículo 8 de la Ley Orgánica y considerar la enumeración de las altas autoridades constitucionales que contiene, ha ido progresivamente incorporando otras de igual rango, pero omitidas en la enumeración.

1258 CSJ-SPA de 10-3-93, *Revista de Derecho Público,* N° 53-54, EJV, Caracas, 1994, p. 238.

1259 *V.*, CPCA de 22-7-93, *Revista de Derecho Público,* N° 55-56, EJV, Caracas, 1993, p. 258.

1260 *V.*, sentencia la CSJ-SPA de 22-1-90 (Caso *Ministro Presidente de la CVG*) *Revista de Derecho Público,* N° 41, EJV, Caracas, 1990, pp. 92-98. En igual sentido CSJ-SPA de 14-8-92 en *Revista de Derecho Público,* N° 51, EJV, Caracas, 1992, pp. 130-131.

1261 En sentido contrario, el voto salvado de la Magistrada Cecilia Sosa de 7-2-90, citado en Voto Salvado a la sentencia de CSJ-SPA de 14-8-92, *Revista de Derecho Público,* N° 51, EJV, Caracas, 1991, p. 131.

En primer lugar, después de haber negado su competencia para conocer de amparos contra el Consejo de la Judicatura, por no estar en la enumeración del artículo 8° de la Ley Orgánica y considerar que el conocimiento del asunto correspondía al Tribunal de Primera Instancia afín con la naturaleza del derecho o garantía constitucionales violados o amenazados de violación[1262], en sentencia de 16-6-91, interpretando el artículo 217 de la Constitución, la Corte Suprema concluyó en que se trataba de un órgano con rango constitucional, afirmando su competencia conforme al artículo 8 de la Ley Orgánica[1263].

En segundo lugar, la Corte Suprema de Justicia amplió el fuero del artículo 8 de la Ley Orgánica en relación a los Presidentes del Congreso, del Senado y de la Cámara de Diputados. En efecto, en la sentencia de 8-11-90 (*Caso Anselmo Natale*), la Sala Político Administrativa sostuvo el criterio siguiente:

> "En este contexto se hace necesario determinar si la Corte Suprema de Justicia, en Sala Político-Administrativa, sería competente para conocer de la presente acción de amparo, en virtud de que el Presidente de la Cámara de Diputados del Congreso de la República no aparece incluido entre las autoridades a que se refiere el artículo 8 de la Ley Orgánica de Amparo sobre Derechos y Garantías Constitucionales.
>
> Al respecto, esta Sala reitera que el dispositivo legal del artículo citado, tiene su fundamento en atención a la importancia y trascendencia que podrían tener los amparos ejercidos contra autoridades de alto rango como lo son: el Presidente de la República, los Ministros, el Procurador General de la República, el Contralor General de la República y el Fiscal General de la República, así como los organismos electorales. Todas las acciones de amparo que se intenten contra las señaladas autoridades de naturaleza constitucional y carácter nacional, así como contra los organismos electorales, tendrían que ser ventilados por ante un órgano de máxima jerarquía dentro de la estructura judicial, lo cual asegura que esta forma de control de la constitucionalidad de los actos emanados de ellos, sea ejercido por la propia Corte Suprema de Justicia, que es la que ordinariamente asume el control jurisdiccional de la actividad de dichas autoridades.
>
> Ahora bien, en el caso de autos se observa que el citado artículo 8 no incluye dentro de esta categoría de autoridades con fuero especial al cuerpo deliberante nacional, autoridad de fundamental importancia en la estructura del Poder Público Nacional y cuyo control jurisdiccional de sus actos está atribuido, en primera y única instancia, a la Corte Suprema de Justicia.
>
> Sin embargo, para esta Sala, no aceptar la inclusión de los Presidentes de la Cámara de Diputados y de la Cámara del Senado de la lista de autoridades a que se refiere el artículo 8 analizado, sería ir en contra de la razón que justifica el fuero especial creado por el propio legislador.

1262 CSJ-SPA 13-2-89, *Revista de Derecho Público,* N° 37, EJV, Caracas, 1989, p. 86.

1263 *V.,* sentencia CSJ-SPA de 16-6-91 (Caso *Reina Henríquez*), en *Revista de Derecho Público,* N° 46, EJV, Caracas, 1991, pp. 122-123. En igual sentido, sentencia CSJ-SPA de 7-10-92 y 16-12-92 en *Revista de Derecho Público,* N° 52, EJV, Caracas, 1992, pp. 148-149; y en sentencia CSJ-SPA de 3-10-95 (Caso *Helly Gamboa*), Consultado en Original.

Por otra parte, esta interpretación resultaría coherente con lo dispuesto en el artículo 7 de la Ley Orgánica de Amparo sobre Derechos y Garantías Constitucionales, el cual precisa que conocerán de las acciones de amparo los tribunales de primera instancia, entendiendo por ellos los que conozcan en primera instancia y no los que se denominen así, que lo sean en la materia afín con la naturaleza del derecho vulnerado.

Ahora bien, esta Sala Político-Administrativa de la Corte Suprema de Justicia, sería competente para conocer en primera y única instancia, dentro de la jurisdicción Constitucional y Contencioso-Administrativa, de las acciones ordinarias que se intenten contra los actos emanados de los órganos deliberantes nacionales, siendo además el único Tribunal que lo es en la materia afín con la naturaleza del derecho denunciado como lesionado"[1264].

En tercer lugar, la Corte ha extendido el fuero previsto en el artículo 8 al Gobernador del Distrito Federal, conforme al siguiente razonamiento, en el cual la Corte invocó como precedente el *Caso Anselmo Natale*:

"En el caso presente, se trata del amparo interpuesto contra el Gobernador del Distrito Federal, que de acuerdo con lo dispuesto en el artículo 10 de la Ley Orgánica del Distrito Federal, es un órgano del Presidente de la República para el ejercicio de la máxima autoridad civil y política del Distrito Federal cuya jerarquía en el ámbito de la Administración Nacional es tal que, de acuerdo con el ordinal 2° del artículo 15 de la antes mencionada ley, tiene la facultad de asistir al Consejo de Ministros con voz y voto en lo relativo al Distrito Federal.

De allí que, en el caso del Gobernador del Distrito Federal, se dan las mismas razones que tuvo esta Sala para considerarse competente para conocer del amparo contra los Presidente de las Cámaras del Congreso de la República, por cuanto se trata de un organismo de alta jerarquía en el ámbito de las organizaciones territoriales. En efecto, el Distrito Federal, entidad constitucionalmente prevista y que participa en el máximo órgano de la Administración Central, como lo es el Consejo de Ministros, por lo cual no incluirlo en la competencia de este Corte "sería ir en contra de la razón que justifica el fuero especial creado por el propio legislador", para utilizar los conceptos emitidos en el fallo precedentemente transcrito. Es en vista de tales consideraciones, que esta Sala se considera competente para conocer de la acción de amparo y así lo declara"[1265].

1264 CSJ-SPA de 8-11-90; *Revista de Derecho Público,* N° 44, EJV, Caracas, 1990, pp. 138-139. En igual sentido CSJ-SPA de 13-8-91, *Revista de Derecho Público,* N° 47, EJV, Caracas, 1991, p. 124. En igual sentido CPCA de 14-7-92, *Revista de Derecho Público,* N° 51, EJV, Caracas, 1992, pp. 127-128; y CSJ-SPA 5-8-92 citada en CSJ-SPA de 29-4-93, *Revista de Derecho Público,* N° 53-54, EJV, Caracas, 1994, p. 235.

1265 *V.*, CSJ-SPA 29-4-93, (Caso *Salón Video Oeste Flipers*), en *Revista de Derecho Público*, N° 53-54, EJV, Caracas, 1994, p. 234-235. Debe destacarse el voto salvado a esta sentencia del Magistrado Luis H. Farías Mata, en el cual al referirse a los precedentes jurisprudenciales sobre los Presidentes de las Cámaras Legislativas y el Consejo de la Judicatura, señaló:

"Igualmente y por los mismos motivos, en decisión del 16 de junio de 1991 (Caso *Reina Henríquez de Peña*) este Alto Tribunal asumió el conocimiento de acciones de amparo interpuestas contra otra autoridad de carácter nacional: el Consejo de la Judicatura; por ser además este un "órgano de rango constitucional encargado de asegurar la independencia, eficacia, disciplina y decoro de los tribunales y de garantizar a los jueces los beneficios de la carrera judicial" (subrayado del autor del presente voto salvado)"

En cuanto a los gobernadores de Estado debe señalarse que si bien estaban incluidos en el texto del artículo 7 del Proyecto de Ley aprobado en la Cámara de Diputados en 1987, expresamente fueron eliminados del texto, a proposición nuestra, en la discusión de la Cámara del Senado.

d'. *Excepción a la excepción*

En los casos de ejercicio conjunto de la acción de amparo con la acción contencioso-administrativa, puede decirse que surge una excepción a la excepción contenida en el artículo 8 de la Ley Orgánica, en los casos en los cuales, aún tratándose de un amparo contra un acto de un Ministro, la competencia para conocer de la acción de nulidad esté atribuida a otro tribunal contencioso-administrativo distinto a la Corte Suprema de Justicia. Es el caso de la acción contencioso-administrativa con pretensión de amparo ejercida contra un acto de un Ministro en ejecución de la Ley de Carrera Administrativa, en cuyo caso la competencia para conocer de la acción de nulidad y el amparo conjunto es del Tribunal de la Carrera Administrativa. Así lo ha resuelto la Corte Suprema de Justicia en Sala Político Administrativa, en sentencia de 31-10-91 (*Caso Aymara Pérez*), al señalar la diferencia entre el amparo autónomo y el amparo conjunto:

> "...De lo anterior se derivan también consecuencias importantes en cuanto al órgano jurisdiccional competente y, específicamente, de este Supremo Tribunal para conocer en uno u otro supuesto. En efecto, mientras el artículo 8° de la Ley Orgánica de amparo atribuye competencia a la Corte Suprema de Justicia para conocer de la acción de amparo ejercida autónomamente contra el hecho, acto u omisión emanados de las altas autoridades del Estado que en él se indican (incluidos los Ministros del Despacho Ejecutivo), en cambio cuando la acción de amparo se ejerce conjuntamente con el recurso contencioso-administrativo de anulación de actos administrativos, el legislador, en el artículo 5° *ejusdem* otorga el conocimiento de las dos acciones acumuladas al juez contencioso-administrativo competente por la materia del recurso de anulación de que se trate.
>
> Aplicando esa normativa y los criterios anteriores al caso de autos, la Sala observa que se ha ejercido una acción de amparo con fundamento en el artículo 5° de la Ley Orgánica de Amparo, es decir, una acción destinada únicamente a obtener la suspensión de los efectos del acto administrativo impugnado, mientras dure el juicio de nulidad que se siga contra dicho acto. En tales circunstancias, esta Suprema Corte, en Sala Político-Administrativa, carece de competen-

---

"De manera que, como puede observarse de estos precedentes jurisprudenciales —donde se incluyen entre los entes enumerados en el artículo 8 de la Ley Orgánica de Amparo a las Cámaras Legislativas y al Consejo de la Judicatura—, la Sala ha tratado de ser coherente con la determinación de las autoridades a que se refiere dicho artículo, ya que lo contrario sería, como lo destaca y parece servir de fundamento a la decisión de la que se discrepa, "ir en contra de la razón que justifica el fuero especial creado por el propio legislador".

"Se disiente pues del precedente fallo por la evidente diferencia que existe entre las Cámaras Legislativas y el Consejo de la Judicatura, por una parte, y el Gobernador del Distrito Federal, por la otra, ya que este último no tiene rango constitucional y mucho menos competencia en toda la República, como lo ha sentado nuestra jurisprudencia al establecer las directrices para definir la competencia de la Corte en aplicación del artículo 8 de la Ley Orgánica de Amparo" *Idem*, pág. 236.

cia para conocer de la acción de amparo, por el hecho de que no lo es para conocer del juicio principal, que es la querella contra el acto administrativo emanado del Ministerio del Desarrollo Urbano, cuyo conocimiento corresponde en primera instancia al Tribunal de la Carrera Administrativa y en alzada a la Corte Primera de lo Contencioso Administrativo. Así se declara".[1266]

e'. *El criterio de la afinidad para la distribución de la competencia entre las Salas de la Corte*

Por último, en relación al artículo 8 de la Ley Orgánica, además del criterio orgánico que establece para asignar, por vía de excepción, la competencia en materia de amparo contra autoridades de rango constitucional a la Corte Suprema de Justicia, prevé que del asunto conocerá "la Sala de competencia afín con el derecho o garantía constitucional violados o amenazados de violación". En esta forma, conforme lo ha precisado la Sala Político Administrativa:

> "...es perfectamente posible, y así lo contempla la propia ley, que una acción de amparo constitucional autónoma ejercida contra una actuación de un Ministro, órgano por excelencia de la Administración Pública Nacional, sea conocida por la Sala de Casación Civil, Mercantil y del Trabajo, si los derechos denunciados son de esa índole; o por la Sala de Casación Penal cuando se alegue la violación de derechos o garantías de naturaleza penal, y por la Sala Político-Administrativa si los derechos constitucionales conculcados son afines con la jurisdicción contencioso-administrativa"[1267].

En esta forma, por ejemplo, en los casos de violación de un derecho laboral por un Ministro, como el Ministro del Trabajo, la competencia para conocer del amparo es la Sala de Casación Civil de la Corte Suprema[1268]. Por el contrario, si el derecho violado es de naturaleza o índole pública o administrativa, la competencia corresponde a la Sala Político Administrativa. Por ejemplo, así lo estableció dicha Sala en sentencia de 27-5-93:

> "En la aplicación del señalado artículo (8° de la Ley Orgánica) al caso concreto se evidencia: primero, que la acción interpuesta obra contra uno de los Ministros, el de Hacienda, y que este es de los órganos expresamente señalados en el artículo transcrito, de manera que la competencia corresponde sin duda a la Corte Suprema de Justicia conforme al señalado criterio material. Sin embargo, para dilucidar cuál es la Sala de este Máximo Tribunal que debe conocer de la acción, es necesario analizar previamente la naturaleza o índole de los derechos o garantías denunciados como lesionados en el caso concreto. Así, se observa que la supuesta vulneración se produce sobre los derechos y garantías contenidos en los artículos 44, 84, y 96 de la Ley Originaria, los cuales, por imponer limitaciones a la actividad administrativa para el beneficio y en garantía del actuar de los ciudadanos, son de naturaleza o índole pública, de manera que acorde con los principios expuestos, la competencia para decidir la presente ac-

---

1266 *V.*, CSJ-SPA de 31-10-91, *Revista de Derecho Público,* N° 48, EJV, Caracas, 1991, p. 165. Además CSJ-SPA de 10-3-93, *Revista de Derecho Público,* N° 53-54, EJV, Caracas, 1994, p. 238.

1267 CSJ-SPA 5-11-92, *Revista de Derecho Público,* N° 52, EJV, Caracas, 1992, p. 153.

1268 *V.*, CSJ-SPA, 10-3-93, *Revista de Derecho Público,* N° 53-54, EJV, Caracas, 1994, pp. 238-239 ción de amparo corresponde a esta Sala Político-Administrativa, y así expresamente se declara"[1269]

En otra sentencia, al declararse violados derechos electorales y políticos, la Sala Político Administrativo asumió la competencia por considerarlos "afín con la materia administrativa"[1270].

2. *El principio rector de la afinidad entre la competencia judicial y el derecho o garantía violado o amenazado de violación*

A. *Evolución del principio*

Como se ha señalado, el artículo 7° de la Ley Orgánica señala que la competencia por la materia de los Tribunales de Primera Instancia para conocer de la acción de amparo, se determina por la *materia afín* con la naturaleza del derecho o de la garantía constitucional violados o amenazados de violación; con lo que el legislador recogió el principio de distribución de la competencia que había sido desarrollado por la jurisprudencia.

En efecto, en sentencia de 23 de octubre de 1983, la Corte Suprema de Justicia señaló que los Tribunales:

> "deben limitar su facultad para admitir recursos de amparo de acuerdo *con la afinidad que con su competencia natural tengan los derechos que se pretendan vulnerados,* en razón de que el propio artículo 49 de la Constitución da a entender claramente que si el deber de amparo corresponde a todos los Tribunales de la República, habrá una distribución de competencias entre los mismos, según se desprende del aparte que se refiere al juez competente, y porque el propio Constituyente inició esta distribución de competencias al otorgarla a los Jueces de Primera Instancia en lo Penal en lo referente al amparo a la libertad personal" (Disposición Transitoria Quinta)[1271]

De acuerdo a este criterio, ahora acogido por la Ley Orgánica, queda definitivamente aceptado el carácter del amparo previsto en el artículo 49 de la Constitución, como un *derecho constitucional,* y que implica la obligación de todos los tribunales de amparar los derechos y garantías constitucionales, de acuerdo a la afinidad de la competencia natural que tienen asignada, con el derecho o garantía constitucional violado. Ahora bien, fue precisamente con base en esa doctrina, que en un caso concreto debatido, al tratarse de un amparo solicitado por un candidato presidencial contra un acto administrativo del Consejo Supremo Electoral relativo al derecho pasivo al sufragio, la Corte consideró que como:

1269 CSJ-SPA, 27-5-93, *Revista de Derecho Público,* N° 53-54, EJV, Caracas, 1994, p. 237. Igualmente CSJ-SPA 5-11-92, *Revista de Derecho Público,* N° 52, EJV, Caracas, 1992, p. 153 en la cual se recoge la siguiente noción de relación jurídico-administrativa, esto es, una situación en la cual "los ciudadanos detentan el poder de demandar la Administración por ante los tribunales para obligar a respetar el derecho. Este control supone la preexistencia de normas cuyo cumplimiento se impone a la Administración y que el juez puede confrontarlas con los actos administrativos"(Traducción libre de la obra *Contentieux Administratif* de Charles Debbasch, Edit. Dalloz, 1978, pág. 3).

1270 CSJ-SPA 24-5-93, *Revista de Derecho Público,* N° 55-56, EJV, Caracas, 1993, p. 258.

1271 *V.*, en *Revista de Derecho Público,* N° 16, EJV, Caracas, 1983, p. 170.

"el amparo no podría ser sino la derivación de la nulidad manifiesta del acto administrativo emanado de dicho órgano, esta Sala se declara competente para resolver la solicitud presentada, en virtud de la atribución que le otorga el ordinal 12 del artículo 42 de la Ley Orgánica de la Corte Suprema de Justicia, y porque corresponde a la Corte la función primordial de controlar la constitucionalidad y legalidad de los actos del Poder Público (artículo 2 *ejusdem*)"[1272]

Así, la Corte aceptó el criterio de que la afinidad de competencia considerando que en el caso de una solicitud de amparo que implicara juzgar conductas de entes administrativos que lesionaran derechos políticos, ello atraía la competencia de la propia Corte. En relación al mismo aspecto de la afinidad de la competencia, la jurisprudencia también había definido que, aun siendo competentes los órganos de la jurisdicción contencioso-administrativa para conocer de las demandas contra empresas del Estado, el ejercicio de una acción de amparo contra una actuación de esas empresas violatoria de un derecho laboral, debía realizarse ante los Tribunales de Trabajo, y no ante la jurisdicción contencioso-administrativa[1273].

La situación, sin embargo, no era absolutamente clara antes de la sanción de la Ley Orgánica, en la identificación de la "materia afín" cuando se trataba de actuaciones o vías de hecho de la Administración e, incluso, cuando se trataba de actos administrativos. En algunos casos, la afinidad de la competencia se definía en relación al derecho constitucional violado como lo exige ahora la Ley Orgánica, y en otros casos, se definía en relación al sujeto que provocaba la violación, lo que en el caso de los entes públicos (Administración Pública) atraía la competencia de los Tribunales contencioso-administrativos.

En efecto, dado el principio de distribución de la competencia judicial en materia de amparo que había definido la Corte Suprema de Justicia, vinculado al criterio de la afinidad de la competencia natural del juez con el derecho constitucional violado, la primera cuestión que debía dilucidarse en relación a esa distribución de competencias, cuando la perturbación al derecho constitucional la causaba una actuación de hecho de la Administración (vía de hecho), era establecer si el Tribunal que debía ser competente era el órgano respectivo de la jurisdicción contencioso-administrativa o el Tribunal cuya competencia fuera afín con el derecho violado. En otras palabras, en caso de actuaciones administrativas que no eran actos administrativos, el principio de la afinidad de la competencia ¿debía determinarse por el sujeto (Administración) que producía la lesión del derecho constitucional, sea cual fuera; o debía determinarse por el derecho cuyo amparo se solicitaba, fuera quien fuera el sujeto que provocaba la lesión?.

La cuestión a dilucidarse era, por tanto, si la competencia de la jurisdicción contencioso-administrativa resultaba o no atraída cuando se producía una lesión a cualquier derecho constitucional provocada por una autoridad administrativa. El problema estaba expresamente resuelto a nivel constitucional en relación a la libertad personal: aun cuando la violación de ésta se produjera por vías de hecho de la Administración, los Tribunales Penales de Primera Instancia eran y son los competentes en

1272 *Idem*, p. 170.

1273 Este fue el criterio sentado por la Corte Primera de lo Contencioso-Administrativo en sentencia de 3-10-85 (Caso *CADAFE*). *V.*, en *Revista de Derecho Público*, N° 24, EJV, Caracas, 1985, p. 134.

materia de *hábeas corpus*[1274] y no los Tribunales Contencioso Administrativos. Pero en relación a los otros derechos y garantías constitucionales no había solución regulada en el derecho positivo.

Por tanto, si una actuación de hecho de una autoridad administrativa, por ejemplo, lesionaba el derecho a la educación, ¿cuál era el Tribunal competente para conocer del amparo? ¿el Juez Civil de Primera Instancia? Uno de los más importantes casos de amparo resueltos por Tribunales de instancia competentes en materia civil confirmaba esa tesis[1275]. Si por ejemplo, se trataba de una violación de un derecho laboral ¿la competencia era de los Tribunales del Trabajo? Los más importantes casos de amparo resueltos por los Tribunales Laborales confirmaban esta tesis[1276].

En todo caso, el asunto se planteó en los Tribunales en múltiples ocasiones y puede decirse que no sólo no había jurisprudencia uniforme, sino que la había contradictoria.

Debe destacarse, por ejemplo, la situación planteada en acciones de amparo del derecho a la estabilidad laboral, y que habían originado conflictos de competencia entre diferentes Tribunales.

Un primer caso se refirió a una acción de amparo intentada por un empleado de una Universidad Nacional Experimental contra un acto de destitución. La acción fue intentada ante un Juez Penal, éste se consideró incompetente porque su competencia en la materia se reducía a las acciones de *hábeas corpus,* y porque se trataba de la nulidad de un acto administrativo declinó la competencia en el Juzgado Superior Contencioso-Administrativo de la Región Nor-Oriental. Para ello siguió el criterio de que:

> "si estos Juzgados son los competentes para conocer de la nulidad de los actos administrativos de efectos particulares, también han de conocer los recursos

---

1274 Disposición Transitoria Quinta de la Constitución y art. 40 de la Ley Orgánica.

1275 Por ejemplo, fue resuelto por un Juzgado de Primera Instancia en lo Civil, un recurso de amparo por violación del derecho a la educación (Caso *Rondalera,* decisión del Juzgado Cuarto de Primera Instancia en lo Civil de la Circunscripción Judicial del Distrito Federal y Estado Miranda, revocada por el Juez Superior Octavo en lo Civil y Mercantil de la misma Circunscripción de fecha 10-2-83). *V.,* René Molina, *El amparo a Rondalera*, Caracas, 1984. En otros casos de derechos civiles como el derecho al honor o el derecho de asociación, los recursos de amparo fueron resueltos por Tribunales Civiles pero las violaciones no fueron cometidas por autoridades administrativas. Por ejemplo, por violación del derecho al honor (Caso *Cisneros*, decisión del Juzgado Cuarto de Primera Instancia en lo Civil de la misma Jurisdicción, de 15-2-85, —consultada en original); y por violación del derecho de asociación con fines lícitos (Caso *Tradición, Familia y Propiedad* —TFP—, decisión del Juzgado Superior Sexto en lo Civil y Mercantil de la misma Circunscripción de 18-7-85, —consultada en original). *V., El Universal*, 23-7-85, pp. 1-29. Véanse esas decisiones en el libro editado por el Colegio de Abogados del Estado Lara, *El amparo constitucional en Venezuela, cit.* Tomo II, pp. 267 y ss.

1276 Por ejemplo, han sido resueltos por Tribunales del Trabajo recursos de amparo para la protección de derechos laborales. Así fue en relación al derecho de huelga (Caso *HEVENSA*, decisión del Juzgado de Primera Instancia de Tránsito y Trabajo de la Circunscripción Judicial del Estado Bolívar de 22-10-84, referida en decisión de la Sala Político-Administrativa de la Corte Suprema de Justicia de 2-7-85, N° 193 —consultada en original). *V., El Nacional*, 3-7-85, p. D-4; y en relación al derecho a la inamovilidad laboral por la cláusula sindical (Caso *Galletas La Favorita, C.A.*, decisión del Juzgado Segundo de Primera Instancia del Trabajo de la Circunscripción Judicial del Distrito Federal y Estado Miranda de 25-4-84 —consultada en original— y referida E. Agudo Freytes, "Nuevo caso de amparo en materia laboral", *El Nacional,* 8-11-84, p. A-4; y Caso *Cinema Norte, C.A.*, decidido por el mismo Juzgado en 10-12-84 —consultada en original).

de amparo constitucionales cuando se transgrede un derecho por una decisión administrativa".

A su vez, el Juzgado Superior Contencioso-Administrativo de la Región Nor-Oriental se declaró incompetente con base en el argumento de la ausencia de reglamentación del artículo 49 de la Constitución y en que la competencia de los juzgados contencioso-administrativos "no implica en modo alguno que les incumba conocer del recurso de amparo", constatando además que el solicitante de amparo en el caso concreto, no había propuesto "ningún recurso contencioso-administrativo de anulación que, por razones de ilegalidad, alegara contra el acto administrativo de destitución".

El conflicto de competencia fue sometido a la decisión de la Sala de Casación Civil de la Corte Suprema de Justicia y ésta, luego de ratificar la doctrina de la Sala Político-Administrativa establecida en la sentencia comentada de 20 de octubre de 1983[1277] en el sentido de que la ausencia de la Ley especial prevista en el artículo 49 de la Constitución no impedía el ejercicio del recurso de amparo, resolvió el conflicto de competencia, decidiendo que el competente era el Juzgado Contencioso-Administrativo. Para ello, señaló que resultaba:

> "manifiesto que el Tribunal Penal no era el competente para conocer del presente recurso de amparo que no versa sobre la privación o restricción de la libertad personal, ya que de conformidad con la Disposición Transitoria Quinta de la Constitución la competencia del Juez penal en esa materia queda limitada al conocimiento del amparo de dicha garantía".

Agregó la Sala de Casación que el planteamiento y la petición del solicitante, basada en la destitución decidida en un acto administrativo con transgresión de normas legales y la indefensión alegada,

> "confirman *una cuestión de derecho administrativo que, por su afinidad con la competencia que en lo contencioso-administrativo* tiene el Juzgado Superior requerido, debe ser conocida y resuelta por éste en ejercicio de ese fuero especial que tiene"[1278].

En esta forma, la Sala de Casación de la Corte Suprema estableció otro criterio en relación al principio de la afinidad de la competencia, en el sentido de que las "cuestiones de derecho administrativo" envueltas en una acción de amparo, atraían la competencia de los Tribunales Contencioso-Administrativos.

Este criterio fue seguido en otro caso decidido por el mismo Juzgado Superior Contencioso-Administrativo de la Región Nor-Oriental, ante el cual un Tribunal de Primera Instancia en lo Civil declinó la competencia para conocer de un recurso de amparo. El caso fue el siguiente: Un trabajador de una Corporación de Desarrollo Regional (Corporiente) fue despedido injustificadamente, por lo que solicitó de la Comisión Tripartita Laboral el reenganche y pago de salarios conforme a la Ley contra Despidos Injustificados. La Comisión Tripartita acordó lo solicitado, pero la Corporación se resistía a cumplir la decisión, razón por la cual el interesado intentó

1277 *V.*, en *Revista de Derecho Público*, Nº 16, EJV, Caracas, 1983, p. 170.

1278 Sentencia de la Sala de Casación Civil de la Corte Suprema de Justicia de 8-4-84 (consultada en original) (Caso *G.J. León vs. Universidad de Oriente*).

recurso de amparo. Ahora bien, siendo las Comisiones Tripartitas órganos administrativos y sus decisiones actos administrativos, el Juzgado Superior Contencioso-Administrativo aplicó el criterio de la afinidad de la competencia para resolver la declinatoria de la misma en la siguiente forma: si Corporiente hubiera impugnado el acto administrativo de la Comisión Tripartita,

> "el Tribunal competente sería sin duda la Corte Primera de los Contencioso-Administrativo, y en modo alguno este Juzgado Superior, ningún otro, aunque todos pertenezcan a la misma jurisdicción genérica... De lo contrario, si prospera la tesis de la afinidad lata para determinar la competencia en los recursos de amparo constitucionales, todo órgano de la administración de justicia luciría apto y sin distingo para conocer de dichos recursos extraordinarios".

La decisión del Juzgado Superior Contencioso-Administrativo, por tanto, planteó el conflicto de competencia ante la Sala de Casación, pero considerando que el Tribunal competente era la Corte Primera de los Contencioso-Administrativo[1279]. El criterio de la afinidad de la competencia, en este caso, también seguía el criterio de la *cuestión de derecho administrativo*, por la naturaleza del acto que debió haber sido recurrido y el Tribunal competente para conocer de los juicios de nulidad de los actos administrativos.

Pero en un caso similar, planteado como conflicto positivo de competencia directamente ante la Corte Primera de lo Contencioso Administrativo en un procedimiento de amparo intentado ante un Juzgado de Primera Instancia en materia del Trabajo, iniciado por una acción de amparo contra la negativa de una empresa del Estado (CADAFE) de cumplir una decisión de una Comisión Tripartita Laboral de reenganche de unos trabajadores y pago de salarios caídos, la Corte Primera de lo Contencioso Administrativo, ante la solicitud de la mencionada empresa del Estado, se consideró incompetente para conocer del recurso de amparo en virtud de que el derecho violado era un derecho laboral, correspondiendo el asunto a los Tribunales del Trabajo. La afinidad de la competencia alegada se basaba en que correspondía a la Corte Primera conocer de las demandas contra las empresas del Estado y, entre ellas, CADAFE; la Corte Primera de lo Contencioso Administrativo, sin embargo, argumentó que esa competencia no abarcaba las "materias especiales", y dentro de ellas la laboral, que eran ajenas a la competencia de los órganos contencioso administrativos[1280].

Por tanto, "si los derechos que se dicen violados cabe plenamente en la materia laboral, el amparo corresponde a los Tribunales del Trabajo"[1281].

Como se puede observar de todos los casos referidos, no sólo algunos de ellos habían sido mal planteados y admitidos en vía de amparo, existiendo de por medio un acto administrativo contra el cual debió recurrirse en vía contencioso-administrativa, sino que en cuanto al criterio de la "afinidad de la competencia" no

---

1279 Auto del Juzgado Superior de la Región Nor-Oriental de 24-5-85 (Caso *A. López Zarpa vs. Corporiente*).Consultado en original.

1280 Se ratificaba así la doctrina sentada por la Sala de Casación Civil de la Corte Suprema de Justicia en sentencia de 11-7-85, *V.*, las referencias en sentencia de la Corte Primera de lo Contencioso-Administrativo de 3-10-85, *Revista de Derecho Público*, Nº 24, EJV, Caracas, 1985, pág. 134 y sigts..

1281 Sentencia de la Corte Primera de lo Contencioso-Administrativa de 3-10-85, en *Revista de Derecho Público*, Nº 24, EJV, Caracas, 1985, pág. 134 y sigts.

había uniformidad jurisprudencial. Particularmente, en los casos en los cuales la violación de un derecho constitucional se producía por una autoridad administrativa mediante cualquier actuación fáctica o vía de hecho (que no fuera acto administrativo) dos criterios contradictorios se habían manejado por la jurisprudencia: la afinidad de la competencia con el derecho violado y la afinidad de la competencia con la cuestión de derecho administrativo envuelta en el asunto. Esta divergencia fue resuelta por la Ley Orgánica, optando por el primer criterio. Al contrario, considerábamos que se debía optar por el criterio de la afinidad de la competencia de los Tribunales Contencioso-Administrativos para conocer de acciones de amparo cuando la violación al derecho se produjera por una autoridad administrativa, cualquiera que fuera el derecho, siempre que específicamente el asunto no se atribuyera a otro Tribunal. Este criterio tiene fundamento constitucional en el artículo 206 que atribuye a los órganos de la jurisdicción contencioso-administrativa competencia no sólo para anular actos administrativos, sino para restablecer situaciones jurídicas lesionadas por la actividad administrativa; y sin duda, el objeto del amparo frente a actividades administrativas es precisamente, "el restablecimiento inmediato de la situación jurídica lesionada", como lo indica el artículo 49 de la Constitución[1282].

Es de destacar que la Corte Primera de lo Contencioso Administrativo en sentencia de 17-12-87 (dictada un día antes de la sanción de la Ley Orgánica) mediante la cual se decidió una solicitud de amparo introducida por uno de los Rectores de la Universidad Santa María, consideró la cuestión de la competencia, declarando su propia competencia para conocer de la acción y la incompetencia de un juez laboral que ya había pronunciado un amparo a favor de la otra persona que se atribuía la condición de Rector, en la forma siguiente:

> "Estima prioritario esta Corte pronunciarse sobre la solicitud de declaratoria de *litis pendencia*, formulada por el accionante del amparo constitucional objeto de esta sentencia, por cuanto la misma tiene tal naturaleza. Al efecto observa que el encabezamiento del artículo 61 invocado por el solicitante expresa:
>
> > "Cuando una misma causa se haya promovido ante dos autoridades judiciales igualmente competentes, el Tribunal que haya citado posteriormente, a solicitud de parte y aun de oficio, en cualquier estado y grado de la causa, declarará la *litis pendencia*, y ordenará el archivo del expediente quedando extinguida la causa".

Ahora bien, esta Corte estima que en el caso de autos no se da el supuesto previsto en el citado artículo 61, por cuanto el mismo prevé que la misma causa se haya promovido ante dos autoridades igualmente competentes y, en la situación *sub judice,* el procedimiento se tramita ante un Juez de Trabajo que es manifiestamente incompetente para conocer de la acción autónoma de amparo interpuesta por el presunto titular de la máxima jerarquía universitaria. A falta de una Ley de amparo que establezca las competencias, nuestro Máximo Tribunal ha establecido que la misma se determina por la afinidad natural que tenga la materia objeto del amparo, con la del Juez. En el caso presente, resulta evidente que un juez laboral no tiene afinidad alguna para conocer de conflictos surgidos entre dos sujetos que se atribuyen la titularidad del cargo de Rector de una Universidad privada. La competencia de los tri-

---

1282 *V.,* Allan R. Brewer-Carías, *Estado de Derecho y Control Judicial, cit.* p. 644

bunales laborales está determinada en el artículo 1° de la Ley Orgánica de Tribunales y Procedimientos del Trabajo, en el cual se establece lo siguiente:

> "Los asuntos contenciosos del Trabajo, que no correspondan a la conciliación ni al arbitraje, y en todo caso, las cuestiones de carácter contencioso que susciten la aplicación de las disposiciones legales y de las estipulaciones de los contratos de trabajo, serán sustanciados y decididos por los Tribunales del Trabajo, que se indican en la presente Ley".

De la transcripción que antecede emerge claramente el carácter taxativo de la competencia de la jurisdicción laboral, cuyo enunciado es totalmente ajeno a los sujetos (competencia *rationae personae*) y a la naturaleza del conflicto (competencia *rationae materiae*). Por el contrario, esta Corte examinó su competencia al dictar el auto de admisión, señalando al efecto lo siguiente:

> "Igualmente aprecia esta Corte que la cuestión planteada puede por analogía incluirse en el ámbito de su competencia porque se subsume en la disposición del ordinal 3° del artículo 185 de la Ley Orgánica de la Corte Suprema de Justicia, ya que las personas contra las cuales el mismo se propone actúan como autoridades y dictan actos que podrían adquirir tal carácter".

Planteada en la forma que antecede la cuestión, la incompetencia manifiesta del juez laboral impide la declaratoria de *litis pendencia* solicitada, por cuanto la misma podría convalidar un vicio que es tan grave que resulta insanable y contrario a derecho que hace ineficaz la decisión del Juez del Trabajo, que desvirtúa la finalidad y objetivo del amparo y su existencia, y así se declara expresamente[1283].

Siguió así la Corte Primera el criterio que dominaba antes de la entrada en vigencia de la Ley, declarando incluso, en este caso, su competencia, por el hecho de que tratándose de una Universidad privada, la eventual impugnación de los actos administrativos que pudiera dictar, se tendría que hacer ante ella. Es decir, siguió la Corte Primera el criterio de la afinidad respecto de la competencia para conocer de la impugnación de actos administrativos, y no de la afinidad de la competencia en relación al derecho constitucional violado, como ahora lo prescribe la Ley Orgánica[1284].

En consecuencia, la competencia entre los Tribunales de Primera Instancia se distribuye según "la materia afín con la naturaleza del derecho o de la garantía constitucionales violados o amenazados de violación" (Art. 7) y ello ocurrirá así, entre los Tribunales de Primera Instancia en lo Civil, Mercantil, Penal, del Trabajo, de Menores, de Tránsito, Agrarios, Contencioso Tributarios, Contencioso Administrativos o de la Carrera Administrativa, según los casos.

Con fundamento en la situación existente al promulgarse la Ley Orgánica formulamos un *ensayo preliminar de distribución de la competencia,* considerando que en general, la acción de amparo por violación de los *derechos individuales* correspondía ser intentada ante los siguientes Tribunales:

1283 *V.*, en *El Universal*, Caracas, 27-12-87, p. 2-5. *V.*, el auto de admisión en *El Nacional*, Caracas, 9-12-87, p. D-21.

1284 *V.*, en *El Nacional*, Caracas, 2-1-88, p. A-3.

a) Ante el Tribunal de Primera Instancia en lo Penal, en los casos de violación de los derechos consagrados en los artículos 58 (derecho a la vida), 60 (libertad y seguridad personales) y 60 (*nullum poena sine legge*).

b) Ante el Tribunal de Primera Instancia en lo Civil, en los casos de violación de los derechos consagrados en los artículos 59 (protección al honor, reputación o vida privada), 62 (inviolabilidad del hogar doméstico), 63 (inviolabilidad de la correspondencia), 64 (libre tránsito), 65 (libertad religiosa), 66 (libertad de expresión del pensamiento), 68 (acceso a la justicia y derecho a la defensa), 70 (derecho de asociación), y 71 (derecho de reunión).

c) Ante el Tribunal de Primera Instancia en lo Mercantil en los casos de violación de los derechos consagrados en los artículos 70 (asociaciones mercantiles) y 71 (reuniones mercantiles).

d) Ante el Tribunal de Primera Instancia del Tránsito en los casos de violación de la libertad de tránsito terrestre (Art. 64).

e) Ante los Tribunales Superiores con competencia contencioso-administrativa, en los casos de violación por la autoridades administrativas estadales o municipales de los derechos consagrados en el ordinal 8 (*nos bis in idem*) del artículo 60, y en los artículos 67 (derecho de petición), 69 (derecho a la defensa) y 69 (sanciones administrativas).

f) Ante los Tribunales con competencia contencioso-administrativa (Corte Primera de los Contencioso-Administrativo o Sala Político Administrativa de la Corte Suprema de Justicia, conforme a sus propias competencias), en los casos de violación por las autoridades administrativas nacionales del derecho de petición y a obtener oportuna respuesta consagrado en el artículo 67 de la Constitución, del derecho a la aplicación conforme a Ley de las sanciones administrativas (Art. 60, Ord. 8° y Art. 69) y del derecho a la defensa (Art. 68).

g) Ante la Corte Suprema de Justicia, en los casos de violación del derecho a ser juzgados por sus jueces naturales (Art. 69).

h) En cuanto a la violación del principio de la igualdad y no discriminación (Art. 61), corresponderá su conocimiento al Tribunal de Primera Instancia con competencia afín respecto del derecho en cuyo ejercicio se produjo la discriminación.

En cuanto a la acción de amparo por violación de los *derechos sociales* correspondía ser intentada ante los siguientes Tribunales:

a) Ante el Tribunal de Primera Instancia en lo Civil, en los casos de violación de los derechos consagrados en los artículos 72 (protección de las asociaciones), 73 (protección a la familia), 74 (protección a la maternidad), 75 (derecho a la filiación), 76 (derecho a la protección de la salud), 77 (derechos de las comunidades indígenas), 78, 80 y 81 (derecho a la educación), 79 (derecho a enseñar), 82 (violación de la colegiación) y 83 (derecho a la cultura).

b) Ante los Tribunales de Primera Instancia de Menores en los casos de violación de los derechos consagrados en el artículo 75 (protección y amparo de los menores).

c) Ante los Juzgados Agrarios de Primera Instancia en los casos de violación de los derechos consagrados en el artículo 77 (derechos campesinos).

d) Ante los Tribunales de Primera Instancia del Trabajo, en los casos de violación de los derechos consagrados en los artículos 84 a 94 (derechos laborales).

En cuanto a la acción de amparo por violación de los *derechos económicos,* correspondía ser intentada ante los siguientes Tribunales:

a) Ante los Tribunales de Primera Instancia en lo Civil, en los casos de violación de los derechos consagrados en los artículos 96 (libertad económica), 99, 100, 101 y 102 (derecho de propiedad) y 109 (cuerpos consultivos).

b) Ante los Tribunales de Primera Instancia en lo Mercantil, en los casos de violación del derecho a la libertad económica (Art. 96) y de propiedad (Arts. 99 y 100) de los comerciantes, y en los casos de violación de los regímenes establecidos en los artículos 107 (inversiones extranjeras) y 108 (integración económica).

c) Ante los Juzgados Agrarios de Primera Instancia, en los casos de violación del derecho de propiedad (Arts. 99, 101, 102, 105) agraria y del régimen de protección de los recursos naturales renovables (Art. 106).

d) Ante los Tribunales Superiores en materia contencioso administrativa por violación de los regímenes establecidos en relación al papel del Estado en la economía (Art. 95), a la protección del débil económico (Art. 96), al régimen de los monopolios y concesiones (Arts. 97 y 103), al régimen de protección de la iniciativa privada (Art. 98) y potestades reguladoras de Estado (Art. 98), y al régimen de los servicios públicos (Art. 104).

En cuanto, a la acción de amparo por violación de los *derechos políticos,* correspondía ser intentada ante los siguientes Tribunales:

a) Ante la Corte Suprema de Justicia, en Sala Político-Administrativa, en los casos de violación del derecho activo (Arts. 110, 111 y 112) y pasivo (Arts. 112 y 113) al sufragio y del derecho a asociarse en partidos políticos (Art. 114).

b) Ante el Tribunal de Primera Instancia en lo Civil, en los casos de violación del derecho de manifestar (Art. 115).

c) Ante el Tribunal de Primera Instancia en lo Penal, en los casos de violación del derecho de asilo (Art. 116).

d) Ante el Tribunal de Carrera Administrativa, en los casos de violación de los derechos relativos al ejercicio de funciones públicas (Arts. 112 y 122).

Por último, en cuanto a la violación de otros derechos previstos en la Constitución, como los de carácter contributivo o tributario, la acción de amparo correspondía ser intentada ante los Tribunales Superiores Contencioso-Tributarios, en casos de violación las garantías a la legalidad tributaria (Art. 224) y a no pagar impuestos en servicios personales (Art. 225)[1285].

B. *El principio rector de la afinidad a partir de 1988*

Como se ha señalado, la Ley Orgánica, en su artículo 7 adoptó como principio rector para distribuir la competencia judicial en materia de amparo, el criterio juris-

1285 *V.*, Allan R. Brewer-Carías, "Introducción general al régimen del derecho de amparo a los derechos y garantías constitucionales" en Allan R. Brewer-Carías y Carlos M. Ayala Corao, *Ley Orgánica de Amparo sobre Derechos y Garantías Constitucionales*, EJV, Colección Textos Legislativos N° 5, Caracas, 1988, págs. 46 y sigts.

prudencial de la afinidad entre la materia natural del juez y los derechos o garantías denunciados como lesionados, de manera que el juez competente para conocer de la acción sea "el que se encuentre mayormente familiarizado o especializado con el contenido de esos derechos con el fin de alcanzar así mayor efectividad de la institución"[1286].

Por supuesto, algunas materias no tienen específicamente atribuida una jurisdicción especial para su conocimiento como sucede con el derecho a la salud, a la vivienda, a la educación, por lo que en esos casos debe atenderse a las normas sobre competencia judicial en razón de la materia, o sea, conforme al artículo 28 del Código de Procedimiento Civil, "por la naturaleza de la cuestión que se discute" con prescindencia de la persona autora del acto, hecho u omisión violatorio del derecho o que lo amenace violar.

Ahora bien, tan pronto fue promulgada la Ley Orgánica, la Corte Suprema inició el proceso de la interpretación de la norma y el primer caso de importancia en el cual trató el tema fue al resolver la apelación contra la sentencia de la Corte Primera de lo Contencioso Administrativo de 17-12-87 (*Caso Universidad Santa María*) a la cual antes hemos hecho referencia, que había declarado su propia competencia para conocer del asunto, lo cual fue cuestionado por la Sala Político Administrativa en sentencia de 9-5-88 (*Caso Universidad Santa María*) con el siguiente razonamiento en nuestro criterio contrario a la intención del legislador:

> "La sentencia definitiva de la cual se conoce en alzada por apelación interpuesta por los Dres. Juan Bautista Fuenmayor Rivera y Fernando Fuenmayor Rodríguez fue dictada por la Corte Primera de lo Contencioso Administrativo en fecha 17 de diciembre de 1987, o sea el día anterior a la sanción por el Parlamento de la Ley Orgánica de Amparo sobre Derechos y Garantías Constitucionales, promulgadas por el Presidente de la República en Consejo de Ministros el 22 de enero de 1988.
>
> El señalado órgano jurisdiccional fundamentó su competencia para conocer de la acción de amparo constitucional propuesta por el ciudadano Edgar Mendoza Cróquer en que *"la cuestión planteada puede por analogía incluirse en el ámbito de su competencia porque se subsume en la disposición del ordinal 3° del artículo 185 de la Ley Orgánica de la Corte Suprema de Justicia, ya que las personas contra los cuales el mismo se propone actúan como autoridades y dictan actos que podrían adquirir tal carácter"* (Auto del 7-12-87) f. 89- subrayado de la Sala).

Fue, pues, el criterio *rationae personae* el determinante de la competencia que se atribuyó el *a-quo*. Ahora bien, antes de la entrada en vigencia e la Ley Orgánica de Amparo sobre Derechos y Garantías Constitucionales, uno de los más importantes problemas de orden procesal que se plantearon a la luz del encabezamiento del artículo 49 constitucional ("los tribunales ampararán...") era precisamente la determinación del órgano judicial competente para conocer de la acción genérica de amparo contemplada en dicha norma. La primera reacción doctrinaria fue considerar que cualquier órgano judicial de la República sería competente dado que la disposición

---

1286 *V.*, sentencia CSJ-SPA de 16-11-89 (Caso *Julio Cesar Moreno-COPEI*), *Revista de Derecho Público,* N° 40, EJV, Caracas, 1989, p. 96

constitucional no distinguía al respecto. Sin embargo, en la práctica y de la lectura de los diversos fallos producidos en una primera etapa de la evolución del instituto de amparo en Venezuela, se observan dos notas interesantes: a) que la tendencia natural de los ciudadanos era acudir a los tribunales de primera instancia y no ante cualquier tribunal; b) que, dentro de esta tendencia, se prefería sistemáticamente a los tribunales de la jurisdicción penal aun cuando la materia de que se tratase no fuese de naturaleza penal, porque se pensaba que eran estos los más idóneos para su tramitación en razón de la regulación prevista en la Disposición Transitoria Quinta de la Constitución respecto al amparo específico de la libertad personal.

No obstante, a partir de 1967 comienza ya a vislumbrarse en la jurisprudencia una delimitación de la competencia en base a la materia y al territorio. (Vid. en ese sentido, entre otras, sentencias del 29-08-67 del Juzgado Séptimo Accidental de Primera Instancia en lo Penal; de la Corte Superior Cuarta en lo Penal del Distrito Federal y Estado Miranda; y de la Sala Político-Administrativa del 14-12-70 y del 25-09-73).

En la decisión de esta Sala Político Administrativa del 20 de octubre de 1983 (*Caso Andrés Velázquez*) que selló definitivamente la controversia acerca de la procedencia de la acción de amparo constitucional en nuestro país se precisó que los jueces debían "limitar su facultad para admitir recursos de amparo *de acuerdo con la afinidad que con su competencia natural tengan los derechos que se pretenden vulnerados...*".

Con tan categórico pronunciamiento pretendía este Máximo Tribunal dejar suficientemente esclarecido que el elemento atrayente de la competencia del órgano judicial era la *materia* sobre la cual versase el derecho o garantía constitucional presuntamente vulnerado. A pesar de que así fue mayoritariamente entendido por los tribunales nacionales, sin embargo, en este último período desde 1983 hasta 1987, anterior a la vigencia de la Ley sobre Amparo, se produjeron algunas decisiones jurisprudenciales en abierta contradicción con ese lógico principio jurisprudencial, las cuales vinieron a agudizar la preocupación existente por la ausencia del texto legal que estableciera claras reglas procedimentales al respecto.

La Ley Orgánica de Amparo sobre Derechos y Garantías Constitucionales, hoy vigente y de obligatoria observancia, acogiendo la interpretación jurisprudencial de este Supremo Tribunal, basada a su vez en la orientación del constituyente plasmada en la Disposición Transitoria Quinta, determinó específicamente la competencia de los tribunales para conocer de la acción de amparo en base al grado (primera instancia), la materia (afín con el derecho constitucional violado) y el territorio (donde ocurriere el hecho, acto u omisión). Así, reza el artículo 7° de la L.O.A....

> ...Descartada entonces, ya no por interpretación jurisprudencial sino por voluntad legislativa, el criterio de la atracción jurisdiccional fundamentado en la persona autora del acto, hecho u omisión lesivos a un derecho o garantía constitucional —salvo cuando se trate de los altos funcionarios del Estado a que se alude en el artículo 8—, la dificultad, aún ahora con texto expreso, sigue siendo la determinación del tribunal competente en algunas materias que en nuestra organización judicial no tienen específicamente atribuida una jurisdicción especial para su conocimiento (vg. salud, vivienda, educación, etc.), en cuyo caso, ante las dudas que se presenten, será necesario observar, como prevé el indicado artículo 7 de la Ley de Amparo, las normas sobre competencia en razón de la

materia, o sea, *"por la naturaleza de la cuestión que se discute",* de acuerdo a la regla de competencia material establecida en el artículo 28 del Código de Procedimiento Civil, con prescindencia de la persona autor del acto, hecho u omisión violatorios de algún derecho o garantía constitucionalmente tutelado (con la salvedad contemplada en el artículo 8 *ejusdem*).

En el caso de autos, este Supremo Tribunal observa que la Corte Primera de lo Contencioso Administrativo, para el conocimiento de la acción de amparo que le fue propuesta, se apartó no sólo de lo que venía siendo la orientación jurisprudencial de esta Sala desde 1983 en el aspecto de la competencia judicial, fundada en la materia sobre la que verse el derecho constitucional infringido y no sobre la persona autora del agravio, sino también de su propia interpretación al respecto.

En efecto, en sentencia de fecha 7 de mayo de 1987 (*Revista de Derecho Público,* N° 30, p. 125) dicho órgano jurisdiccional sostuvo lo siguiente:

> "...Acogiendo la jurisprudencia que emana de la sentencia antes citada de la Sala Político-Administrativa de la Corte Suprema de Justicia en el caso *Andrés Velázquez*, la competencia de un juez para asumir la jurisdicción constitucional cuando le ha sido planteada una acción de amparo, deriva de su afinidad natural con la materia objeto de la misma. Esta afinidad natural puede estar dada *ratione materia* esto es, por razón de la competencia sustantiva, o bien *rationae personae,* esto es, cuando existe un fuero especial del sujeto contra el cual se interpone la acción de amparo. *En el caso de los jueces contencioso-administrativos, para atender a los elementos indicados, la competencia material la determinaría el hecho de que el mandamiento de amparo sea solicitado contra una actuación u omisión administrativa y, la competencia personal la determinará la circunstancia de que haya sido acordada facultad al Tribunal para conocer y decidir las pretensiones de los particulares contra el ente público territorial o institucional al cual se impute una determinada acción u omisión..."*

Ahora bien, hasta el presente, la Corte Primera de lo Contencioso Administrativo había justificado la extensión de su control jurisdiccional sobre los entes de carácter privado cuando éstos, no obstante su condición de personas jurídicas privadas, actúan como *autoridad* en virtud de facultades que le han sido *legalmente* asignadas en cuya virtud dicho tribunal las considera comprendidas en su facultad de anulación contemplada en el artículo 183, ord. 3°, de la Ley Orgánica de la Corte Suprema de Justicia. (Entre los numerosos fallos pronunciados en ese sentido *vid.* por ej. el de 12-02-86:

> "la presunta violación al derecho de peticionar y a obtener oportuna respuesta es atribuida a un ente de carácter privado: el Consejo de Honor de la Federación de Tiro de Venezuela, el cual, sin embargo, *actúa como autoridad* al ejercer las facultades sancionatorias que prevé la Ley del Deporte en sus artículos 67, 68 y 70......., porque a pesar de ser una entidad privada, por la delegación que le hace la Ley del Deporte en el artículo 6, de aplicar las sanciones de las faltas deportivas, *se comporta, a esos efectos, como una verdadera autoridad..."* (Subrayados de la Sala).

Al admitir la acción de amparo propuesta por el ciudadano Edgar Mendoza Cróquer, la Corte Primera de lo Contencioso Administrativo fundamentó su facultad para conocer de la misma en que "la cuestión planteada puede por analogía incluirse dentro del ámbito de su competencia porque se subsume en la disposición del ordinal 3° del artículo 185 de la Ley Orgánica de la Corte Suprema de Justicia, *ya que las personas contra las cuales el mismo se propone actúan como autoridades y dictan actos que podrían adquirir tal carácter"*). (Auto del 7-12-87 f. 90, subrayados de la Sala).

Para la Sala, tal criterio de extensión de competencia de la Corte Primera, resulta errado. En efecto, el elemento de atracción de la competencia de un tribunal contencioso-administrativo respecto a las personas jurídicas privadas, no puede ser otro distinto a que el acto, hecho u omisión que se le impute haya sido emitido actuando como "autoridad", por expresa delegación legislativa (vg. al ejercer una facultad sancionatoria). No se trata de que la persona privada sea una "autoridad" genéricamente hablando (en el caso rectoral), sino de que la actuación *concreta* que se le impute ha de ser un "acto de autoridad" en el sentido admitido por el derecho público y por ende, susceptible de caer en el ámbito de control de la jurisdicción contencioso-administrativa. El criterio extensivo de la Corte Primera conduciría a que *todos* los actos de entidades privadas para las cuales exista un texto normativo que las rija, por este solo hecho entraría en el radio de competencia de la jurisdicción contencioso-administrativa, con prescindencia de la naturaleza intrínseca del acto que se le cuestione.

Como bien lo señala el apoderado del Dr. Edgar Mendoza Cróquer en su escrito de fecha 28 de abril de 1988, el régimen jurídico de los actos de las Universidades privadas "se somete al ordenamiento jurídico respectivo según si tales actos se pronuncian sobre la base de la autoridad, es decir, imposición unilateral de conductas, en cuyo caso, se someten a las normas de derecho público aplicable, o sobre la base de igualdad, en cuyo caso, quedan sometidas al derecho privado. Se trata como alguna vez se ha señalado para los llamados contratos administrativos, de modulaciones en la regulación de su modo de ser. Este doble régimen de las Universidades, resulta evidente. Cuando la Universidad *dicta un Reglamento, un régimen disciplinario, un sistema de selección de profesores, un sistema de recursos, controla el otorgamiento de un título o de una calificación, lo hace en función de la autoridad que le ha conferido la ley, y por lo tanto, la normativa jurídica aplicable es la propia del Derecho Público.* Ello no la hace la Administración Pública en sentido subjetivo, pero sus actos sometidos a aquél derecho especial, resultan también sometidos a la jurisdicción propia del mismo, es decir, la jurisdicción contencioso-administrativa" (Subrayados de la Sala).

Pues bien, eso es exactamente lo que *no* ha ocurrido en el caso de autos. En efecto, en primer lugar, ninguna de las actuaciones que se imputan a los presuntos agraviantes tiene el carácter de actos administrativos ni los hechos que se cuestionan fueron realizados en ejercicio de potestades públicas legalmente delegadas, como las que indica el apoderado opositor ni encajan en los supuestos por él señalados arriba subrayados. En segundo lugar, las personas contra quienes se ejerció la acción de amparo, o sea los presuntos agraviantes, son los ciudadanos Juan Bautista Fuenmayor Rivera y Manuel Fernando Fuenmayor Rodríguez quienes, según sostiene el propio accionante Edgar Mendoza Cróquer, no ostentan el carácter de "autoridad" sino que precisamente desconocen la que él afirma tener, en cuya virtud, si se aplican en materia de amparo las reglas de competencia de la jurisdicción contencioso-administrativa que, como se sabe viene dada por la posición de demandado del órgano o autoridad administrativa la competencia de autos tendría que operar necesariamente en base a la condición de "autoridad" de la persona agraviante y no de la del agraviado. Por lo expuesto, resulta claro para la Sala que la Corte Primera de lo Contencioso Administrativo era incompetente para admitir y resolver la acción de amparo constitucional que le fuera propuesta por el ciudadano Edgar Mendoza Cróquer.

El pronunciamiento anterior no conduce sin embargo a la revocatoria de la sentencia apelada por motivo de incompetencia, habida cuenta de que el criterio de interpretación adoptado en el caso en especie fue de origen jurisprudencial y no legal por carecer, para la fecha de la decisión, de texto normativo expreso sobre la materia[1287].

La anterior decisión incidía en el tema de la competencia de los tribunales contencioso-administrativos, en materia de amparos autónomos, tomando en cuenta la Administración autora del acto. Sin embargo, la Corte Primera de lo Contencioso Administrativo, con posterioridad a esa decisión, reafirmó la competencia de los tribunales contencioso-administrativos en sentencia de 4-8-88, con fundamento en el siguiente razonamiento:

> "La acción autónoma de amparo constitucional, esto es, la que se ejerce independientemente de cualquier otra parte obtener el restablecimiento inmediato de un derecho o de una garantía constitucionales lesionados o amenazados por un acto, acción u omisión de una administración pública territorial, como es el caso presente, corresponde a la competencia de los tribunales contencioso-administrativos que conozcan en primera instancia de la materia afín con la naturaleza del derecho o de la garantía afectados. Esta afirmación, se base en lo dispuesto en el artículo 7 de la Ley de Orgánica de Amparo sobre Derechos y Garantías Constitucionales, ya que al efecto han de hacerse las siguientes consideraciones. 1.- El artículo 206 de la Constitución, al establecer la competencia de los tribunales contencioso-administrativos señaló que los mismos son los organismos jurisdiccionales idóneos para restablecer las situaciones jurídicas subjetivas de los administrados afectadas por la Administración. Consagró así el Constituyente la competencia exclusiva de los tribunales contencioso-administrativos: señaló que los mismos son los organismos jurisdiccionales idóneos para restablecer las situaciones jurídicas subjetivas de los administrados afectadas por la Administración; para condenar a la Administración; para anular sus actos y para ordenar el restablecimiento de las situaciones de los administrados afectadas por la acción u omisión administrativas. El principio de la competencia exclusiva de los tribunales contencioso-administrativos es inderogable. La competencia restablecedora de las situaciones jurídicas de los administrados por la conducta administrativa no deriva sólo del hecho de que ésta sea violatoria de una norma de rango sub-legal sino que comprende a todas las infracciones del orden jurídico en general y, por ende, de la norma constitucional y así mismo no se limita a las que derivan de la anulación de los actos administrativos. Las competencias constitucionales son inderogables por la ley por disposición del artículo 207 de la constitución, ya que el mismo indica que

1287 *V.*, CSJ-SPA de 9-5-88, *Revista de Derecho Público,* N° 34, EJV, Caracas, 1988, pp. 107 a 111 la ley no podrá modificar los que la propia Constitución establece, como es el caso del artículo 206 del texto Constitucional.

1. El efecto de la acción autónoma de amparo tal como lo consagra el artículo 49 de la Constitución, es el restablecimiento inmediato del derecho o de la garantía vulnerados, en razón de lo cual, cuando tal restablecimiento se demanda contra un acto, actuación u omisión de la Administración, el juez competente no puede ser otro que el contencioso-administrativo correspondiente.

2. No puede argüirse que la competencia de los tribunales contencioso-administrativos sea simplemente *rationae personae,* esto es, en relación con el sujeto al cual se demanda y que ella queda derogada por la Ley Orgánica de Amparo sobre Derechos y Garantías Constitucionales que contempla la competencia *rationae materiae,* salvo los casos excepcionales establecidos en los artículos 8 y 4 único aparte *ejusdem,* por cuanto, existe una "materia contencioso administrativa" que está comprendida en el enunciado el artículo 206 de la Constitución. Son así objeto de tal materia todas las controversias que se planteen por vía jurisdiccional contra la ilegitimidad de los actos y actuaciones de las administraciones Públicas. Cuando el litigio se refiere a la materia antes señalada la competencia es del juez contencioso-administrativo.

3. La Ley Orgánica de amparo sobre Derechos y Garantías Constitucionales alude a la competencia de los tribunales contencioso-administrativos en forma expresa en el artículo 5 *ejusdem,* sobre todo el primer aparte en el cual se señala "el juez contencioso-administrativo competente".

4. No puede dejarse a la competencia de los tribunales diferentes a los contencioso-administrativos el criterio de la competencia vinculada al derecho afín por las siguientes razones:

a) Porque existen garantías constitucionales como el derecho de petición cuyo conocimiento no corresponde a ningún organismo jurisdiccional ajeno a la esfera contencioso-administrativa. En igual sentido cabe preguntarse ¿qué tribunal tiene competencia afín con el derecho al sufragio y en general, con los derechos de los ciudadanos que constituyen como contrapartida, cargas esenciales del Estado (salud, educación)?. Finalmente, un derecho como el de la defensa o la nacionalidad ¿dónde encuentra su sede jurisdiccional?.

b) La jurisdicción contencioso-administrativa, como toda jurisdicción especial ha sido creada para tutelar determinados intereses y, en su caso específico, el predominio de los de naturaleza pública sobre las situaciones particulares, con el debido respeto de los derechos humanos. Planteada así la situación, es obvio que no puede por vía de interpretación derogarse la competencia especial.

c) Negar la competencia de los tribunales contencioso-administrativos especiales (Carrera Administrativa, Tribunal de Apelaciones de Inquilinato, Tribunal Superior Agrario, cuando decide como tribunal contencioso-administrativo agrario, tribunales contenciosos fiscales) en materia de amparo, en beneficio de la competencia de cualquier otro tribunal de la jurisdicción ordinaria o especial, significa destruir las bases del sistema sobre el cual los mismos fueron creados y actúan. Por ejemplo, ¿cuál sería, fuera del Tribunal de la Carrera Administrativa, el tribunal de primera instancia competente para conocer del amparo contra un presunta lesión del derecho constitucional en el régimen funcionarial?. Estimar que el derecho violado afín es el derecho al trabajo y atribuirle competencia al juez laboral, significaría prescindir de años de evolución doctrinaria y destruir el fundamento de disciplinas minuciosamente elaboradas.

5) La exclusión de la competencia de los órganos de la jurisdicción contencioso-administrativa, en razón de que el artículo 7 de la Ley Orgánica de Amparo sobre Derechos y Garantías Constitucionales expresa que son competentes para conocer de la acción de amparo los Tribunales de Primera Instancia, no puede inferirse del hecho de que el legislador aludiera con la expresión tribunales de primera instancia, exclusivamente, a los que así denomina la Ley Orgánica del Poder Judicial, con prescindencia de la lógica extensión de dicho término, que es comprender en el mismo a cualquier tribunal competente en primera instancia para el conocimiento de la materia. Más aún, el mismo artículo 7 *ejusdem* señala a la letra: "En caso de duda, se observarán, en lo pertinente, las normas sobre competencia en razón de la materia"[1288].

El razonamiento de la Corte Primera, impecable por lo demás, fue lamentablemente cuestionado por la Corte Suprema de Justicia, en Sala Político Administrativa, al imponer la tesis de negarle a los tribunales contencioso-administrativos competencia alguna en materia de amparos autónomos y limitándola exclusivamente a los casos en los cuales el amparo se interpusiera conjuntamente con la acción contencioso-administrativa de nulidad. Ello sucedió con las sentencias de la Corte Suprema de Justicia en Sala Político Administrativa de 28-7-88 (*Caso IUPC y Colectivos Bripaz*)[1289] en las cuales se negó a la jurisdicción contencioso-administrativa el conocimiento de amparos autónomos —es decir, desligados del recurso de anulación que por esencia corresponde a aquélla—, aunque se denunciaren lesiones a derechos o garantías constitucionales que se encontraban dentro de la esfera de su competencia.

En dicha sentencia, como luego lo señaló la propia Sala Político Administrativa de la Corte Suprema en sentencia de 15-12-93 (*Caso Futeppsren*):

> "se entendió que los tribunales competentes para conocer de la acción de amparo eran únicamente los específicamente denominados Tribunales de Primera Instancia en Capítulo III del Título I de la Ley Orgánica del Poder Judicial. Con esta interpretación se excluía a los tribunales contencioso-administrativos del conocimiento de la acción de amparo autónoma, salvo las excepciones legalmente previstas, a saber: a) en los casos en que conozca la Sala Político-Administrativa de la Corte Suprema de Justicia conforme al artículo 8 de la Ley Orgánica de Amparo sobre Derechos y Garantías Constitucionales; b) en los casos de amparos contra decisiones judiciales, ya que el superior del tribunal cuestionado puede ser uno de la jurisdicción contencioso-administrativa (artículo 4 *ejusdem*); y c) cuando la acción se ejerciera conjun-

---

1288 *V.*, el texto en *Revista de Derecho Público,* N° 36, EJV, Caracas, 1988, pp. 88-90 y FUNEDA, *15 años de Jurisprudencia, Corte Primera de lo Contencioso Administrativo, 1977-1992, Amparo constitucional,* Caracas 1994, pp. 7-9.

1289 *V.*, el texto en sentencia CPCA de 4-5-89 en FUNEDA, *15 años de Jurisprudencia...op. cit.*, pp. 4 y 5. Dichas sentencias están citadas en CSJ-SPA de 16-11-89, *Revista de Derecho Público,* N° 40, EJV, Caracas, 1989, p. 98 y 15-12-93, *Revista de Derecho Público,* N° 55-56, EJV, Caracas, 1993, p. 256.

tamente con un recurso o acción contencioso administrativa, según lo prevé el artículo 5° de la misma Ley.

No fue sino hasta el 16 de noviembre de 1989 (*Caso Copei*), cuando se modificó tal criterio, ya que a partir de ese momento, la Sala comenzó a interpretar el transcrito artículo 7, expresando que, como el criterio de la afinidad entre la materia natural del juez y los derechos y garantías denunciados como lesionados resulta ser el rector para dilucidar la competencia en materia de amparo constitucional, debe presumirse que lo pretendido es que el juez competente para conocer de esa acción sea el que se encuentre mayormente familiarizado o especializado con el contenido de esos derechos, con lo cual se aspira a alcanzar de esa manera una mayor efectividad de la institución. De manera que negarle a los jueces contencioso-administrativos el conocimiento de acciones de amparo relacionadas con violaciones de derechos o garantías de índole administrativa, quebranta ese principio rector, por lo que se estableció que "la jurisdicción contencioso-administrativa se encuentra también habilitada, conforme a sus propias competencias y como cualquier jurisdicción especial, para conocer de acciones de amparo autónomas, en caso de violación de derechos y garantías afines con la competencia natural que originariamente tiene atribuida"[1290].

Las sentencias de la Corte Suprema de 28-7-88 fueron muy criticadas por los órganos de la jurisdicción contencioso-administrativa, y ello quedó en un voto salvado de la Magistrado Hildegard Rondón de Sansó a la sentencia de 15-12-88 de la Corte Primera, donde concluyó indicando que:

> "Es sabido que la aplicación del criterio de la incompetencia de los tribunales contencioso-administrativos ha creado un desajuste de tal naturaleza en la esfera jurisdiccional que la institución del amparo ha sido puesta en tela de juicio al producirse decisiones sobre la materia condenatoria de sus actos, por parte de jueces no contemplados en la previsión del artículo 206 de la Constitución. Estimamos que la jurisprudencia está destinada a darle un sentido lógico a la normativa que aplica, rechazando el textualismo o sentido literal de las normas, cuando existen elementos, como es el caso presente, que permiten la utilización de criterios cónsonos con la globalidad del sistema jurídico. Considera la disidente que no se colabora con el desarrollo de una institución tan delicada como lo es el amparo constitucional, sometiéndose a un criterio que afecta su eficacia y que es contrario a disposiciones expresas del texto fundamental y que, por el contrario, la labor de esta Corte debe estar dirigida a hacer que se produzca el cambio jurisprudencial que restituya a los tribunales contencioso-administrativos su competencia natural"[1291].

Ahora bien, como se ha señalado, el criterio criticado fue cambiado por la Sala Político Administrativa de la Corte Suprema en sentencia de 16-11-89 (*Caso J.C. Moreno-Copei*) en la cual señaló:

> "En efecto, existen garantías y derechos constitucionales que nadie mejor que esta jurisdicción puede tutelar. Entonces, si la intención del legislador y las

1290 *V.*, CSJ-SPA 15-12-93, *Revista de Derecho Público,* N° 55-56, EJV, Caracas, 1993, p. 250

1291 *V.*, en FUNEDA, *15 años de Jurisprudencia..., op. cit.* pp. 9-10 bases del sistema se sustentan efectivamente sobre el criterio de afinidad, con el fin de buscar que el conocimiento del asunto controvertido esté en manos del más idóneo: ¿por qué negar —se insiste— esa posibilidad de conocer de amparos autónomos a la jurisdicción contencioso-administrativa?.

Resta agregar que, otorgándole a la jurisdicción contencioso-administrativa competencia para conocer de acciones de amparo, no se pierde en ningún momento el carácter directo y efectivo del ejercicio de dicha acción, ya que el artículo 9 de la Ley Orgánica de Amparo permite que, de manera excepcional, cualquier juez de la localidad asuma la competencia cuando en el lugar donde se produjo el hecho perturbador o acto lesivo no exista un tribunal *ad hoc*. En tal sentido la presente decisión mantiene algunos de los principios señalados en el citado fallo de 28-7-88 y sus afines (31-1-89, 13-2-82 y 16-3-89).

Reitera la Sala: de la lectura de los Diarios de Debate de la Cámara de Diputados y del Senado, no se desprende que en el momento de la discusión del Proyecto de Ley Orgánica de Amparo se planteara esta controversia concreta, y que se concluyera en que el juez contencioso-administrativo no era competente para conocer de amparos autónomos. Y si, en efecto, el punto hubiere sido suscitado, y planteada de manera directa y específica tal controversia, seguramente —vista la base sobre la cual está construido el sistema de competencia en materia de amparo— el legislador habría resuelto nítidamente la correspondiente a los tribunales contencioso-administrativos de primera instancia en la localidad para que conocieran de acciones de amparo autónomas, en el caso de que se denunciaren violaciones a derechos o garantías constitucionales colindantes con su esfera de conocimiento; y nadie mejor que aquéllos podrían juzgarlas.

Sin duda alguna, admitir que la jurisdicción contencioso-administrativa es la sola que no puede atender "a la índole del derecho o garantía violados o amenazados" para conocer de una acción de amparo, resultaría absurdo dentro de este razonamiento interpretativo. Téngase en cuenta que, conforme a la tesis jurisprudencia imperante, en caso de violación de derecho o garantías de "índole administrativa", sólo podían —hasta el presente— conocer tribunales de primera instancia civiles, mercantiles, laborales, de tránsito o de menores; más no tribunales de primera instancia con competencia general contencioso-administrativa como son los superiores en la materia (que actúan siempre en primera instancia) o la Corte Primera de lo Contencioso Administrativo; todos, sin duda, los más adecuados para ello, y también los sólo competentes para hacerlo, si nos acogemos a una interpretación del texto legal que exceda de la puramente literal.

Por otra parte, señala la Sala, hay una específica "materia contencioso-administrativa", consagrada en el artículo 206 de la Constitución, cuyo conocimiento está atribuido a la jurisdicción contencioso-administrativa que corresponde a la Corte Suprema de Justicia y a los demás tribunales que la ley determine. Y, en efecto, estos juzgados contencioso-administrativos son, conforme al texto constitucional, los únicos e idóneos tribunales competentes para restablecer situaciones jurídicas subjetivas infringidas por la administración.

Por tanto, cuando en materia de amparo lo que se pretenda sea el restablecimiento de situaciones infringidas por la Administración, para la Sala no cabe duda de que el único juez competente —y cuya competencia le es inderogable— sería el juez contencioso-administrativo. Igualmente, la jurisprudencia no podía contraria lo dispuesto en la Ley Orgánica de la Corte Suprema de Justicia, que confió esa jurisdicción especial contenciosa en primera instancia, tanto a los Tribunales Superiores (artículo 181 de dicha ley) o a la Corte Primera de lo Contencioso Administrativo (artículos 181 y 184 *ejusdem*), como a la propia Sala Político Administrativa.

En mérito de lo anteriormente expuesto, la Sala considera que la jurisdicción contencioso-administrativa se encuentra también habilitada, conforme a sus propias competencias y como cualquier jurisdicción especializada, para conocer de acciones de amparo autónomas, en caso de violación de derechos y garantías afines con la competencia natural originariamente tiene atribuida. Así se declara"[1292].

En esta forma quedó precisada la competencia de los tribunales contencioso-administrativo, pero sin que para ello el criterio orgánico pueda considerarse como determinante. Así lo precisó la Sala Político-Administrativa en la sentencia citada de 15-12-93:

"Así, es pacíficamente aceptado en los actuales momentos que los tribunales contencioso-administrativos que conocen en primera instancia de las acciones o recursos ordinarios contra los actos, hechos u omisiones de los órganos del Poder Público —que según la Ley Orgánica de la Corte suprema de Justicia son los Tribunales Superiores (artículo 181), la Corte Primera (artículo 181 y 184) y la propia Sala Político-Administrativa— son competentes, aun cuando no se denominen formalmente "Tribunales de Primera Instancia", para conocer de las acciones de amparo autónomas cuando se denuncien o pretendan vulnerados derechos o garantías de índole administrativa. Así lo declara y reitera la Sala".

Sin embargo, no debe interpretarse que la competencia de la acción de amparo constitucional, cuando el presunto agraviante sea algún órgano del Poder Público, se rige por el criterio orgánico. Por el contrario, tal como se precisó anteriormente, el criterio rector de competencia en materia de amparo, reconocido indirectamente en la Constitución y directamente en la Ley Orgánica de Amparo sobre Derechos y Garantías Constitucionales, *es el criterio de la afinidad entre la materia natural del tribunal y el derecho o garantía cuya vulneración se alega.*

Por lo que los señalados tribunales contencioso-administrativos conocen en primera instancia de amparos autónomos cuando los presuntos derechos violados sean de naturaleza administrativa, ya que es precisamente esta materia la que constituye la competencia jurisdiccional de esos tribunales. Así se declara, igualmente.

Consecuentes con lo expuesto, resulta concluyente que en los casos en que un órgano del Poder Público lesione a un particular en sus derechos o garantías constitucionales de índole o naturaleza distinta a la administrativa (laborales, civiles o penales), la competencia para conocer de las acciones de amparo contra esos actos, hechos u omisiones no correspondería a los tribunales contencio-

---

1292 CSJ-SPA de 16-11-89 (Caso *J.C. Moreno-Copei*), *Revista de Derecho Público,* Nº 40, EJV, Caracas, 1989, pp. 98-99.

so-administrativos sino a los laborales, civiles o penales, según el caso específico[1293]

3. *La distribución de la competencia en materia de amparo en la jurisdicción contencioso-administrativa*

Ahora bien, reconocida la competencia de los tribunales contencioso-administrativos para conocer de la acción autónoma de amparo, a los efectos de la determinación de la competencia entre ellos, la jurisprudencia ha establecido el pacífico criterio de que ella:

> "viene determinada no sólo en razón del criterio que afinidad que preside la ley que rige la materia, sino también en razón del órgano del cual emana el acto que se pretende atentatorio contra derechos o garantías constitucionales, puesto que tal criterio define cual es el tribunal de primera instancia competente, dentro de la jurisdicción contencioso-administrativa[1294]

SECCIÓN SÉPTIMA:

EL PROCEDIMIENTO EN LA ACCIÓN DE AMPARO

1. *Principios del procedimiento*

A. *Carácter breve y sumario*

a. *Principios legales*

El artículo 49 de la Constitución, al consagrar el derecho de amparo, precisa en términos generales que:

> "El procedimiento será breve y sumario, y el juez competente tendrá potestad para restablecer inmediatamente la situación jurídica infringida".

Ahora bien, antes de la sanción de la Ley Orgánica de Amparo, a los efectos de aplicar esa norma constitucional, los jueces debieron aplicar por vía analógica, otros procedimientos breves y sumarios previstos en el ordenamiento. Sobre este tipo de procedimientos, la Corte Primera de lo Contencioso Administrativo señaló lo siguiente: El procedimiento debe ser *breve,* "en el sentido de tener por si la condición de ser urgente, en tal condición, será tramitado con celeridad y debe ser resuelto en el menor tiempo posible"; además debe ser *sumario,* en el sentido de que "implica que su procedimiento debe ser simple, sencillo, despojado de incidencias, carente de formalidades complejas y se debe desarrollar en una relación procesal sin partes, limitada en principio, a la actuación del solicitante y del Juez que va a conocer del asunto"[1295].

1293 *V.*, en *Revista de Derecho Público,* N° 55-56, EJV, Caracas, 1993, p. 256. En igual sentido CSJ-SPA 5-11-92, *Revista de Derecho Público,* N° 52, EJV, Caracas, 1992, pp. 151-153.

1294 *V.*, CPCA 27-8-91 y 10-9-91 *Revista de Derecho Público,* N° 47, EJV, Caracas, 1991, p. 125

1295 *V.*, la sentencia de 17-1-85 *Revista de Derecho Público,* N° 21, EJV, Caracas, 1985, p. 140.

Ahora bien, ante la ausencia de una legislación específica que regulara los aspectos procesales del ejercicio y desarrollo de la acción de amparo, la Corte Primera de lo Contencioso Administrativo consideró acertado aplicar para la tramitación de las acciones de amparo, el procedimiento previsto en los artículos 209 y 210 del Código Orgánico Tributario, que tienen por objeto "amparar a los contribuyentes de tributos nacionales ante demoras excesivas de la Administración Tributaria en resolver sus peticiones[1296]. Estas normas, en efecto, que regulan la allí llamada "acción de amparo", aplicadas a la acción autónoma de amparo, como ya se ha dicho, daban lugar a los siguientes elementos adjetivos:

1) El escrito de la acción debía ser presentado por la persona afectada, o su representante legal, ante el Tribunal competente, y en el mismo debían especificarse las situaciones de hecho que provocaban la violación del derecho cuyo amparo se solicitaba, así como las gestiones realizadas para impedir o reclamar las violaciones.

2) Si la acción aparecía razonablemente fundada, el Tribunal debía requerir informe sobre la causa de la violación y fijar un término breve y perentorio para la respuesta, por parte del funcionario o entidad que causaba la violación.

3) Vencido el lapso, el Tribunal debía dictar una decisión "que corresponda al amparo del derecho lesionado" dentro de los cinco días hábiles. En dicha decisión, si era el caso, debía fijar un término a quien hubiera violado el derecho amparado para que cumpliera la decisión de hacer, de no hacer, de dar o de deshacer que implicaba el amparo, según los casos, o si era el caso, restablecer directamente la situación jurídica lesionada.

Las normas del Código Orgánico Tributario que, *mutatis mutandis,* daban origen a los mencionados aspectos adjetivos, en criterio de la Corte Primera de lo Contencioso Administrativo,

> "recogen y desarrollan sabiamente el recurso procesal contenido en el artículo 49 de la Constitución, y que ante la cierta falta de regulación legislativa *ad hoc* del amparo, la aplicación de esas normas procesales de forma subsidiaria por la Corte ha sido, sin duda, acertada y cumple satisfactoriamente la exigencia de brevedad en el trámite de los recursos de amparo"[1297].

Adicionalmente, la Corte Primera, al comentar la aplicación del procedimiento mencionado en un caso concreto de amparo, señaló que ello se hizo

> "en una actitud definida de impedir que el mismo se transformara en una situación procesal compleja, confusa, limitada en el tiempo a resolver las múltiples y variadas impugnaciones opuestas como puntos previos; y ello lo logró, difiriendo el conocimiento de tales impugnaciones al momento y a la oportunidad de resolver de manera definitiva el mérito de la solicitud"[1298].

Ahora bien, la Ley Orgánica de Amparo, siguiendo estas orientaciones, ha regulado un procedimiento breve y sumario que permite al Juez de amparo, sin mayores consideraciones formales, restablecer la situación jurídica infringida, prescribiendo

---

1296 *Idem.*

1297 *Idem*

1298 *Idem*

para ello, lapsos procesales precisos y breves, de estricto cumplimiento hasta el punto de que el artículo 34 establece que "el Consejo de la Judicatura registrara como falta grave al incumplimiento de sus obligaciones" la inobservancia por parte de los jueces, de los "lapsos establecidos en esta Ley para conocer y decidir sobre las solicitudes de amparo".

Este procedimiento, respecto del cual se aplican supletoriamente tanto las normas del Código de Procedimiento Civil como las "normas procesales en vigor" (Art. 48), se rige por una serie de principios que guían la brevedad y sumariedad prescritas.

b. *Tiempo hábil*

En efecto, en cuanto a la dedicación del Tribunal para conocer de la acción de amparo, el artículo 31 de la Ley señala que "todo el tiempo será hábil y el Tribunal dará preferencia al trámite de amparo sobre cualquier otro asunto".

c. *Forma de interposición de la acción*

A los efectos de facilitar la brevedad y celeridad, el artículo 16 de la Ley permite que la acción de amparo, en caso de urgencia, pueda interponerse por vía telegráfica, en cuyo caso, debe ser ratificada personalmente o mediante apoderado dentro de los tres (3) días siguientes. La Ley también establece que el ejercicio de la acción de amparo pueda efectuarse en forma verbal, en cuyo caso, el Juez debe recogerla en un acta (Art. 16). Esta puede ser un acta levantada *ad hoc* para formular la acción de amparo; o esta puede formularse, por ejemplo, en un acto judicial, -una inspección judicial, por ejemplo- en cuyo caso debe constar en el acta respectiva.

d. *La inhibición del juez y la prohibición de la recusación*

Por otra parte, la Ley Orgánica precisa las modalidades de inhibición y prohíbe la recusación de los jueces en materia de amparo ya que prescribe que "En ningún caso será admisible la recusación" (Art. 11). En cuanto a las inhibiciones, el artículo 11 establece que:

> "cuando un juez que conozca de la acción de amparo, advirtiera una causal de inhibición prevista en la Ley, se abstendrá de conocer e inmediatamente levantara un acta y remitirá actuaciones, en el estado en que se encuentren, al Tribunal competente. Si se tratare de un Magistrado de la Corte Suprema de Justicia, el Presidente de la Sala convocara de inmediato al Suplente respectivo, para integrar el Tribunal de Amparo".

e. *La intervención del Ministerio Público*

Por otra parte, y a pesar de la función constitucional del Ministerio Público de "velar por el respeto de los derechos y garantías constitucionales" (Art. 220, Ord. 1°), la Ley Orgánica es cuidadosa de no afectar la agilidad del procedimiento de amparo, debido a la no intervención del Ministerio Público. En tal sentido, luego de establecer en su artículo 14 que "las atribuciones inherentes al Ministerio Público no menoscaban los derechos y acciones de los particulares", esta norma prescribe que "la no intervención del Ministerio Público en la acción de amparo no es causal de reposición ni de acción de nulidad".

Por otra parte, el artículo 15 expresamente señala que "los jueces que conozcan de la acción de amparo no podrán demorar el tramite o diferirlo so pretexto de consultas al Ministerio Público". Además establece esa misma norma que "se entenderá a derecho en el proceso de amparo el representante del Ministerio Público a quien el Juez competente le hubiese participado, por oficio o por telegrama, la apertura del procedimiento".

f. *La exclusión de incidencias procesales*

La brevedad y sumariedad del procedimiento, por otra parte, implica la exclusión de todo tramite incidental, por lo que la promoción de cuestiones previas, conforme al artículo 346 del Código de Procedimiento Civil, o la oposición de alguna de las causales de inadmisibilidad establecidas en el artículo 6° de la Ley Orgánica, deben ser resueltas por el Juez de amparo en la decisión definitiva del proceso de amparo.

g. *Las cuestiones de competencia*

Por último, debe señalarse que en muchas otras de sus normas, la Ley Orgánica insiste en el carácter breve y sumario del procedimiento. Por ejemplo, el artículo 10 al regular la acumulación de autos, exige que ello se haga "sin dilación procesal alguna y sin incidencias"; y el artículo 12, al regular los conflictos de competencia, señala que "los tramites serán breves y sin incidencias procesales".

a'. *Los conflictos de competencia*

En los casos en los cuales el juez ante el cual se interponga una acción de amparo, se considerare incompetente para conocer de la misma, deberá remitir las actuaciones inmediatamente al que tenga competencia (art. 7).

En todo caso, en los supuestos de conflictos sobre competencia que se susciten en materia de amparo entre Tribunales de Primera Instancia, serán decididos por el Superior respectivo, y los trámites serán breves y sin incidencias procesales (Art. 12).

El artículo 20 de la Ley Orgánica, a los efectos de reducir las cuestiones de competencia infundadas, establece sanciones en la siguiente forma:

> "El Juez que haya suscitado una cuestión de competencia manifiestamente infundada será sancionado por el Superior can multa no menor de cinco mil (Bs. 5.000,oo) ni mayor de diez mil bolívares (Bs. 10.000,oo).

b'. *Acumulación de acciones*

La Ley Orgánica, en su artículo 10, regula la posibilidad de acumulación de acciones de amparo, "cuando un mismo acto, hecho u omisión en perjuicio de algún derecho o garantía constitucionales afectare el interés de varias personas", en cuyo caso establece que "conocerá de todas estas acciones el juez que hubiese prevenido, ordenándose, sin dilación procesal alguna y sin incidencias, la acumulación de autos.

B. *Carácter de orden público*

De acuerdo a lo establecido en el artículo 14 de la Ley Orgánica, "la acción de amparo, tanto en lo principal como en lo incidental, y en todo lo que de ella derive, hasta la ejecución de la providencia respectiva, es de eminente orden público".

Por ello, de acuerdo al artículo 25 de la Ley Orgánica,

"quedan excluidas del procedimiento constitucional del amparo todas las formas de arreglo entre las partes, sin perjuicio de que el agraviado pueda, en cualquier estado y grado de la causa, desistir de la acción interpuesta, salvo que se trate de un derecho de eminente orden público o que pueda afectar las buenas costumbres".

En todo caso, conforme a la misma norma, el desistimiento malicioso o el abandono del trámite por el agraviado será sancionado por el Juez de la causa o por el Superior, según el caso, con multa de dos mil (2.000) a cinco mil (5.000) bolívares.

C. *Carácter contencioso (bilateralidad)*

La acción de amparo, a pesar de la brevedad del procedimiento, da origen a un verdadero juicio, entre partes, entre las cuales los jueces de amparo deben mantener "la absoluta igualdad" (Art. 21). Por ello, incluso, dispone el artículo 21 de la Ley Orgánica, que cuando el agraviante sea una autoridad pública quedaran excluidos del procedimiento los privilegios procesales; lo que significa que no tienen aplicación las normas de la Ley Orgánica de la Procuraduría General de la República que regulan tales prerrogativas en relación a la actuación de la República en juicio.

Este carácter contencioso, producto de la bilateralidad del juicio, sin embargo, encontraba una contradicción en la Ley Orgánica, al permitir al Juez de amparo en el artículo 22, que al recibir la solicitud de amparo, pudiera adoptar el mandamiento de amparo, es decir, restablecer inmediatamente la situación jurídica infringida, "prescindiendo de consideraciones de mera forma y sin ningún tipo de averiguación sumaria que la preceda", lo cual, implicaba el que pudiera adoptar dicho mandamiento de amparo, definitivo *in limite lites e inaudita parte.* Por ello, esa norma fue anulada por la Corte Suprema de Justicia en sentencia de 21-5-96[1299].

Esto, sin duda, era violatorio de la garantía constitucional de la inviolabilidad del derecho a la defensa "en todo estado y grado del proceso" (Art. 68) y del mismo principio del mantenimiento de la "absoluta igualdad" entre las partes, que de acuerdo al artículo 21 de la Ley Orgánica, el Juez de amparo está obligado a mantener.

Por ello, estimábamos que en la aplicación de la Ley Orgánica, la potestad del artículo 22 debía ser entendida a los efectos de la adopción de medidas cautelares o preventivas ("amparo temporal o provisional"), por lo que los jueces debían y deben dar siempre audiencia al presunto agraviante o imputado, antes de adoptar su decisión definitiva de amparo.

D. *Carácter gratuito*

De acuerdo al artículo 16 de la Ley Orgánica la acción de amparo "es gratuita por excelencia", por lo que para su tramitación, no se emplea papel sellado ni estampillas.

E. *Carácter inquisitivo*

El procedimiento de la acción de amparo otorga al Juez de amparo amplísimos poderes para conducir el procedimiento e, incluso, para evacuar pruebas de oficio a los efectos de garantizar la protección constitucional. En particular, el artículo 17 de

1299 Consultada en original.

la Ley Orgánica, faculta al Juez que conozca de la acción de amparo para ordenar, siempre que no signifique perjuicio irreparable para el actor, la evacuación de las pruebas que juzgue necesarias para el esclarecimiento de los hechos que aparezcan dudosos y oscuros. En tal sentido se entiende que hay perjuicio irreparable cuando exista otro medio de comprobación más acorde con la brevedad del procedimiento o cuando la prueba sea de difícil o improbable evacuación.

2. *La solicitud de amparo*

A. *Legitimación*

De acuerdo con el artículo 15 de la Ley Orgánica, "la acción de amparo constitucional puede ser interpuesta ante el juez competente por cualquier persona natural o jurídica, por representación o directamente" siempre que, por supuesto, sea la persona lesionada en su derecho o garantía constitucional por la violación o amenaza de violación de las mismas. La legitimación activa[1300] corresponde, por tanto, a la persona agraviada, quien puede intentar la acción directamente o mediante representantes, en cuyo caso debe acreditarse tal carácter bien sea por ser el órgano de una persona jurídica, o por actuar mediante poder.

Por supuesto, para el ejercicio de la acción de amparo, quedan a salvo las atribuciones del Ministerio Público, y de los Procuradores de Menores, Agrarios y del Trabajo, si fuere el caso, conforme a las leyes que regulan su actividad.

Asimismo, conforme al artículo 168 del Código de Procedimiento Civil, aun sin poder, pueden intentar la acción de amparo, el heredero por su coheredero, en causas originadas por la herencia, y el comunero por su condueño, en lo relativo a la comunidad.

B. *Formalidades de la solicitud*

La solicitud de amparo debe formularse en principio por escrito, aun cuando también puede formularse por vía telegráfica, en cuyo caso debe ratificarse personalmente o mediante apoderado dentro de los tres (3) días siguientes (Art. 16). También puede ejercerse la acción de amparo en forma verbal, en cuyo caso el Juez debe recogerla en un acta (Art. 16).

En todo caso, sea que se ejerza por escrito, telegráficamente (con la ratificación posterior) o verbalmente, la solicitud de amparo, conforme al artículo 18 de la Ley Orgánica, debe expresar lo siguiente:

1) Los datos concernientes a la identificación de la persona agraviada y de la persona que actúe en su nombre, y en este caso con la suficiente identificación del poder conferido;
2) Residencia, lugar y domicilio, tanto del agraviado como del agraviante;
3) Suficiente señalamiento e identificación del agraviante, si fuere posible, e indicación de la circunstancia de localización;
4) Señalamiento del derecho o de la garantía constitucionales violados o amenazados de violación;

1300 *V.*, lo expuesto en el punto VIII de esta Parte, págs. 307 y sigts de este Tomo.

5) Descripción narrativa del hecho, acto, omisión y demás circunstancias que motiven la solicitud de amparo;

6) Y cualquiera explicación complementaria relacionada con la situación jurídica infringida, a fin de ilustrar el criterio del juez.

Como se señaló, en caso de instancia verbal, se deben exigir, en lo posible, estos mismos requisitos.

Por supuesto, con la solicitud deben aportarse los medios de prueba que permitan al Juez apreciar la violación o amenaza de violación denunciadas.

De acuerdo al artículo 19 de la Ley Orgánica, si la solicitud fuere oscura o no llenare los requisitos exigidos anteriormente especificados, el Juez debe notificar al solicitante del amparo para que corrija el defecto u omisión dentro del lapso de cuarenta y ocho (48) horas siguientes a la correspondiente notificación. Si no lo hiciere, la acción de amparo será declara inadmisible.

C. *Notificación al Ministerio Público*

Al darle entrada a la solicitud contentiva de la acción de amparo, el Juez debe participar por oficio o por telegrama al representante del Ministerio Público, de la apertura del procedimiento, en virtud de las atribuciones establecidas en el artículo 42, ordinal 19° de la Ley Orgánica del Ministerio Público a los Fiscales del Ministerio Público de "intervenir en los recursos de amparo". Dicho representante se entenderá a derecho a partir de dicha participación (Art. 15).

3. *El procedimiento para la decisión en el proceso de amparo*

De acuerdo con el artículo 49 de la Constitución, el amparo tiene por objeto proteger el goce y ejercicio de los derechos y garantías constitucionales, por lo que el juez "tendrá potestad para restablecer inmediatamente la situación jurídica infringida", es decir, el derecho violado o amenazado de violación.

Esta decisión o mandamiento de amparo, de acuerdo a la Ley Orgánica no podría ser adoptada de inmediato *inaudita parte* e *in limine litis,* sino después de una audiencia al presunto agraviante.

A. *El inmediato restablecimiento de la situación jurídica infringida (el amparo cautelar y la improcedencia del amparo definitivo inaudita parte)*

El artículo 22 de la Ley Orgánica, en efecto, atribuía potestad al Juez de amparo para restablecer la situación jurídica infringida, "prescindiendo de consideraciones de mera forma y sin ningún tipo de averiguación sumaria que la preceda". En este caso, exigía Ley Orgánica, que el mandamiento de amparo fuera motivado y estuviese fundamentado "en un medio de prueba que constituya presunción grave de la violación o de la amenaza de violación".

Tal como estaba concebida esta norma, en estos casos se podría interpretar que de acuerdo a la Ley Orgánica, el mandamiento de amparo se podría producir *inaudita parte,* ya que era sólo si el Juez no optaba por "restablecer inmediatamente la situación jurídica infringida" que debía proceder a solicitar informe al presunto agraviante y a darle audiencia.

Sin embargo, siempre estimamos que la interpretación jurisprudencial de esta norma debía tender a excluir toda decisión definitiva *inaudita parte,* pues ello era violatorio del artículo 68 de la Constitución que garantiza la inviolabilidad del derecho a la defensa en todo estado y grado del proceso, y contradictorio con el artículo 21 de la propia Ley Orgánica que obliga al Juez de amparo a mantener la "absoluta igualdad entre las partes", y que permite concluir que el proceso de amparo debe ser bilateral.

Por tanto, consideramos que esta disposición del artículo 22 de la Ley Orgánica en nuestro criterio, debía interpretarse como la potestad del Juez de amparo de poder adoptar de inmediato medidas cautelares o preventivas ("amparo temporal"), restableciendo de inmediato la situación jurídica infringida, mientras duraba el juicio; y, en todo caso, debía proceder a continuar el procedimiento breve previsto, solicitando el informe respectivo y dando audiencia al presunto agraviante o imputado[1301].

En este sentido, la Sala de Casación Civil se pronunció en sentencia de 5-12-90 (*Caso José Díaz Aquino*), al señalar:

> "En este sentido, por ejemplo, deberá el juez otorgar suficientes oportunidades de defensa a las partes, para que su decisión no resulte, a su vez, inconstitucional.
>
> Por ello la Sala, a pesar de que la redacción del artículo 22 de la Ley de Amparo puede conducir a interpretar, y de hecho así ha sido, en ocasiones, entendida, que el juez de amparo puede restablecer la situación jurídica infringida, prescindiendo del derecho al contradictorio en primera instancia, ha considerado que la decisión tomada *inaudita parte*, tiene sólo un carácter cautelar, y de seguidas se debe notificar a la otra parte a los fines de que ejerza su defensa, para luego decidir, en la definitiva, si se mantiene o no el amparo"[1302].

En todo caso, a los pocos días de haberse promulgado la Ley Orgánica de Amparo en 1988, intentamos conjuntamente con Alberto Baumeister Toledo, un recurso de inconstitucionalidad contra la norma del artículo 22 de la Ley Orgánica, el cual fundamentamos en los siguientes argumentos:

> "La recientemente promulgada Ley Orgánica de Amparo sobre Derechos y Garantías Constitucionales constituye, sin lugar a dudas, un aporte de capital importancia al ordenamiento positivo adjetivo venezolano, pues conforma un medio procesal efectivo para la tutela de los derechos y garantías constitucionalmente establecidos. Sin embargo, en el ejercicio del derecho de amparo por medio de las acciones previstas en la ley en comentario, no es posible, so pretexto de proteger a un particular en el goce y ejercicio de sus derechos constitucionales, coartar el disfrute y ejercicio de esos mismos derechos a terceras personas.
>
> Es importante hacer notar, que nuestra condición de recurrentes en el presente proceso no significa una postura contraria al ejercicio del derecho de amparo consagrado en el artículo 49 de la Constitución Nacional, ni a la promulgación de la ley que reglamenta tal actividad. Pero definitivamente no podemos

---

1301 *V.*, Allan R. Brewer-Carías, "Introducción general al régimen del derecho de amparo a los derechos y garantías constitucionales", en Allan R. Brewer-Carías y Carlos M. Ayala Corao, *Ley Orgánica de Amparo sobre Derechos y Garantías Constitucionales,* Caracas, 1988, págs. 90.

1302 Consultada en original

convenir en que, en favor de lo eficaz, breve y sumario del procedimiento de amparo (condiciones procedimentales necesarias para la efectiva protección de los derechos y garantías constitucionales), se restrinjan o menoscaben principios básicos del procedimiento destinados a garantizar el derecho a la defensa, que también es de rango constitucional.

En este sentido, el artículo 22 de la Ley Orgánica de Amparo sobre Derechos y Garantías Constitucionales, dice:

> "Artículo 22: El Tribunal que conozca de la solicitud de amparo tenderá potestad para restablecer la situación jurídica infringida, prescindiendo de consideraciones de mera forma y sin ningún tipo de averiguación sumaria que la preceda. En este caso, el mandamiento de amparo deberá ser motivado y estar fundamentado en un medio de prueba que constituya presunción grave de la violación o de la amenaza de violación".

Como puede colegirse del texto del referido artículo, conforme una interpretación apegada al texto mismo de la ley, si existiere una violación (quizás burda, que no lo señaló el legislador), el Tribunal que conoce de la solicitud de amparo, tendrá potestad para restablecer la situación jurídica infringida, prescindiendo de consideraciones de mera forma y sin ningún tipo de averiguación sumaria que la preceda, esto es, procederá a dictar la restitución de la garantía constitucional eventualmente infringida sin oír a la otra parte, sin abrir el juicio contradictorio, sin dar lugar al ejercicio de la defensa por parte del sujeto que se dice infractor de la garantía o de la autoridad que hubiere incurrido en tal vicio, ordenando la restitución de la situación jurídica infringida, pero prescindiendo de todo argumento que pudieran formular las partes.

El artículo 23 de la misma Ley, en apoyo de los argumentos que sustentan el presente recurso, destaca asimismo:

> "Artículo 23: Si el Juez no optare por restablecer inmediatamente la situación jurídica infringida, conforme al artículo anterior, ordenará a la autoridad, entidad, organización social, o a los particulares imputados de violar o amenazar el derecho o las garantías constitucionales, que en el término de cuarenta y ocho horas, contados a partir de la respectiva notificación, informe sobre la pretendida violación o amenaza que hubiere motivado la solicitud de amparo. La falta de informe correspondiente se entenderá como aceptación de los hechos incriminados".

De su parte, por último, el artículo 26 establece:

> "El Juez que conozca del amparo, fijará dentro de las noventa y seis horas siguientes a la presentación del informe por el presunto agraviante o de la extinción del término correspondiente, la oportunidad para que las partes o sus representantes legales expresen, en forma oral y pública los argumentos respectivos. Efectuado dicho acto el Juez dispondrá de un término improrrogable de veinticuatro horas para decidir la solicitud de amparo constitucional".

El análisis detallado de las disposiciones contenidas en los artículos 23 y 26 antes transcrito, ponen en evidencia una vez más que en los supuestos contemplados en el artículo 22, si el Tribunal considera que existe la infracción invocada en el simple escrito presentado por el solicitante, pronunciará el amparo, con sólo fundamento en un medio de prueba que constituya presunción grave, y siempre que la sentencia sea motivada (lo cual es un requisito ordinario tanto en este supuesto como en cualquier otro, como contenido implícito y ordinario de toda sentencia), pero a la vez permite destacarse que en estos supuestos el Juez no tendrá por qué ordenar que se presente el informe de la parte señalada como agraviante, ni tampoco se le oirá en la audiencia pública prevista en el artículo 26, lo cual significa que se pronunciará el mandamiento de amparo *inaudita parte,* sin permitirle siquiera a aquél contra quien se pretende ejercer el recurso de amparo defensa alguna, ni una forma justa de contradecir los fundamentos ni la prueba que ha sido acompañada a los autos.

De su parte, la Constitución Nacional en el Capítulo III, Título III, entre los derechos individuales establece:

> "Artículo 68: Todos pueden utilizar los órganos de la administración de justicia para la defensa de sus derechos e intereses, en los términos y condiciones establecidos por la ley, la cual fijará normas que aseguren el ejercicio de este derecho a quienes no dispongan de medios suficientes.... La defensa es derecho inviolable en todo estado y grado del proceso".

Como se observa, es una garantía constitucional inviolable, implícita como un derecho humano de cualquier ciudadano, el ejercer su defensa en cualquier juicio, y en cualquier estado y grado del proceso respectivo de que se trate...

A pesar de ello el legislador, en amplia contradicción con el texto constitucional, en el artículo 22 de la citada Ley Especial, estableció, como ya se precisó que si existía una presunción grave de la violación o de la amenaza de violación del derecho o garantía constitucional, siempre que se hiciera con un fallo motivado, el Tribunal ordenaría restablecer la situación jurídica infringida, prescindiéndose de toda consideración de forma y sin ningún tipo de averiguación sumaria que la precede, negándole pues a la parte a quien se atribuya la eventual violación, el ejercer su defensa, comparecer a juicio, o de alguna manera contradecir los pedimentos y alegatos de la parte reclamante, o de quien se dice sujeto del amparo.

Como hemos visto, y a pesar de que alguna parte de los comentaristas de esa ley sostienen que este pronunciamiento constituye un pronunciamiento provisional, una especie de medida cautelar, es obvio que el contenido del artículo 22 permite llegar a una conclusión absolutamente diferente, que lo pone en franca oposición al contenido del artículo 68 de nuestra Carta Magna. Esto quiere decir que el amparo contemplado en forma sumaria en el artículo 22, literalmente puede interpretarse que definitivamente es tal y no una simple medida cautelar o provisional, pues con ese pronunciamiento puede considerarse muere la pretensión, y declarado con lugar no proseguiría procedimiento alguno, y se extinguiría primer grado de la instancia. En efecto, tal como se indicó, sólo en el supuesto de que el Juez no hubiere optado por restablecer de inmediato la situación jurídica infringida es que se debería ordenar la notificación a la contraparte, y sólo entonces también quedarían citadas ellas a la audiencia constitucional, lo que por argumento a contrario significaría que si se optarse por tal restablecimiento no tendría por qué darle curso al resto del procedimiento.

Quiere pues decir que si el Juez, a tenor del texto expreso de la ley se ciñe al procedimiento del artículo 22, hará su pronunciamiento y cesará el juicio de amparo con la restitución que se ordene hacer de la situación jurídica infringida, pero prescindiendo del deber insoslayable de oír a la otra parte, de permitirle que ésta ejerza su defensa y por tanto tal disposición legal choca clara, definitiva y expresamente con el texto del artículo 68 de la Constitución Nacional, y por tanto, el mismo debe reputarse nulo y así solicitamos sea declarado por esta Sala".

La decisión sobre la acción de inconstitucionalidad que intentamos no se adoptó por la Corte, y en cuanto a otra acción similar intentada posteriormente, solo fue decidida por la Corte Plena el 21-5-96.

En efecto, desde 1988 hasta 1996, la norma citada no fue anulada formalmente; sin embargo, en diversas sentencias de la Sala de Casación Civil de la Corte, la norma fue desaplicada por inconstitucional conforme al artículo 20 del Código de Procedimiento Civil, por considerarse inconstitucional. Incluso la Corte Suprema, en Corte Plena, con motivo de conocer de una acción de inconstitucionalidad contra una Ordenanza Municipal, conjuntamente con una pretensión de amparo constitucional, consideró que el artículo 22 de la Ley Orgánica violaba el artículo 68 de la Constitución.

En efecto, en sentencia de 18-10-94 (con ponencia de Rafael Alfonso Guzmán) la Corte señaló lo siguiente:

> "La acción de amparo tiene por finalidad evitar que se violen, o continúen siendo violados, derechos o garantías constitucionales mientras se resuelve el juicio principal. Además se ha sostenido que para lograr la protección constitucional deseada, el Juez tiene la potestad de restablecer la situación jurídica infringida inmediatamente, en los casos en que tenga una presunción grave de que la lesión alegada se produzca.
>
> Para ello, la ley dispone que el Juez tiene la facultad de "suspender la aplicación de la norma respecto de la situación jurídica concreta que se alega" sin que sea oído el alegato del agraviante, por la vía prevista en el artículo 22 de la Ley Orgánica de Amparo sobre Derechos y Garantías Constitucionales.
>
> Sin embargo, considera esta Corte que el artículo 22 de la Ley Orgánica de Amparo sobre Derechos y Garantías Constitucionales, en cualquiera de las formas en que tal acción se plantee (autónomamente, de modo conjunta con el recurso de nulidad o con la acción de carencia, o bien, con la acción popular de inconstitucionalidad), implica siempre el riesgo, de que la aplicación de dicho artículo niega que pueda establecerse el contradictorio; esto es, el llamamiento del presunto agraviante y la confrontación de sus alegatos y pruebas con las del presunto agraviado, por lo cual ha sido tildado de inconstitucional. La aplicación del amparo *inaudita parte*, choca a quienes consideran esencial la confrontación entre el actor y los que podrían quedar afectados por la procedencia de la medida, lo cual evita errores e impide que se cometan injusticias. El derecho a la defensa es principio absoluto de nuestro sistema en cualquier procedimiento o proceso y en cualquier estado o grado de la causa. Sería así contradictorio que, en materia de amparo, el propio juez constitucional al proteger un sujeto contra la violación o amenaza constitucional, produjese a su vez una lesión de tal índole a la eventual contraparte, al afectar el derecho consagrado en el artículo 68 Constitucional...

...Como se señalara precedentemente, la aplicación del artículo 22 en cualquier procedimiento de amparo es violatorio del derecho a la defensa de los eventuales afectados por la decisión"[1303].

En todo caso, debe señalarse que la Corte Suprema de Justicia, al decidir una acción de inconstitucionalidad intentada contra el mencionado artículo 22 de la Ley Orgánica, en 1993, es decir, cinco años después de que nosotros intentáramos una acción de nulidad en la misma orientación, mediante sentencia de 21-5-96 terminó anulando dicho artículo, renunciando a darle una interpretación constitucional acorde con el artículo 68 de la Constitución. El argumento de la Corte Suprema para anular la norma fue el siguiente:

"Del análisis estructural que se haga sobre la cuestión, surge lo siguiente:

1) El artículo 22 de la Ley Orgánica de Amparo sobre Derechos y Garantías Constitucionales, cuya nulidad se solicita, establece:

"El Tribunal que conozca de la solicitud de amparo tendrá potestad para restablecer la situación jurídica infringida, prescindiendo de consideraciones de mera forma y sin ningún tipo de averiguación sumaria que la preceda.

En este caso, el mandamiento de amparo deberá ser motivado y estar fundamentado en un medio de prueba que constituya presunción grave de la violación o de la amenaza de violación".

En criterio de esta Corte, la citada disposición faculta al Tribunal que conoce de la solicitud de amparo, para dictar sentencia definitiva en primera instancia y restablecer la situación jurídica infringida, sin abrir juicio contradictorio y sin oír al presunto autor del hecho lesivo.

Esta interpretación se ve fortalecida por el texto del artículo 23 de la misma ley, el cual dice:

"Si el Juez no optare por restablecer inmediatamente la situación jurídica infringida, conforme al artículo anterior, ordenará a la autoridad, entidad, organización social, o a los particulares imputados de violar o amenazar el derecho o garantías constitucionales, que en el término de cuarenta y ocho horas, contadas a partir de la respectiva notificación, informe sobre la pretendida violación o amenaza que hubiere motivado la solicitud de amparo.

La falta de informe correspondiente se entenderá como aceptación de los hechos incriminados".

Por otra parte, el artículo 26 *ejusdem*, dispone:

"El Juez que conozca del amparo, fijará dentro de las noventa y seis horas siguientes a la presentación del informe por el presunto agraviante o de la extinción del término correspondiente, la oportunidad para que las partes o sus representantes legales expresen, en forma oral y pública los argumentos respectivos.

1303 Consultada en original.

Efectuando dicho acto, el Juez dispondrá de un término improrrogable de veinticuatro horas para decidir la solicitud de amparo constitucional".

2) Ciertamente, de la lectura de los artículos 22 y 26, se desprende que la apertura de un procedimiento contradictorio para decidir la solicitud de amparo constitucional, es meramente facultativa con lo cual se ratifica el criterio anteriormente expresado. De otra parte, el artículo 22 de la Ley Orgánica de Amparo, cuya supuesta nulidad se analiza, faculta al Juez para dictar sentencia definitiva en primera instancia sin tramitar ningún tipo de procedimiento y sin informar previamente al presunto agraviante, de la existencia de una demanda en su contra.

3) A juicio de la Corte, ello constituye una violación al único aparte del artículo 49 de la Constitución de la República, por cuanto éste indica que el mandamiento de amparo debe ser producto de un procedimiento, de circunstancias a las que no se hace ninguna referencia en el texto del artículo 22 *ejusdem*, como condición previa y necesaria para dictar tal mandamiento.

Por otra parte, es evidente que estamos ante una grosera y flagrante indefensión ya que el nombrado artículo 22, choca abierta y directamente con la última parte del artículo 68 de la Constitución, el cual establece que "La defensa es derecho inviolable en *todo estado y grado del proceso*". (subrayado de la Corte).

Al formular el pronunciamiento anterior, conceptúa este Alto Tribunal que existen en favor del mismo, suficientes y sólidos argumentos, los cuales se explanan en el siguiente orden:

a) El campo específico dentro del cual se sitúa la cuestión debatida, es el referente al control de la constitucionalidad. Concretamente, de violación de derechos fundamentales o derechos humanos. Es ya casi un axioma dentro del Derecho Constitucional Contemporáneo que, cuando se habla de derechos y de libertades públicas, para que éstos sean reales, a los efectos de no convertirse en simples proclamaciones, sin otro valor que el semántico e incluso que el demagógico, requieren de protección, de un camino para darle efectividad y vigencia. Es decir, una vía procesal, que en última instancia garantice su respeto o, como sucede en este caso, la reparación de la posible violación iniciada o consumada.

b) En segundo lugar, y en la misma línea de pensamiento, se advierte contradicción emergente, cuando se hace el cotejo o comparación, entre el artículo 22 de la Ley Orgánica sobre Derechos y Garantías Constitucionales con el artículo 49 del Texto Fundamental de la República y con la segunda parte del artículo 68 de la Constitución, contentivo del derecho de defensa.

En este mismo sentido se pronunció este Alto Tribunal en sentencia del 6 de diciembre de 1994. (Expediente N° 661) al expresar:

"Sin embargo, considera esta Corte que el artículo 22 de la Ley Orgánica de Amparo sobre Derechos y Garantías Constitucionales, en cualquiera de las formas en que tal acción se plantee (autónomamente, de modo conjunta con el recurso de nulidad o con la acción de carencia, o bien, con la acción popular de inconstitucionalidad), implica siempre el riesgo, de que la aplicación de dicho artículo niega que pueda establecerse el contradictorio; esto es, el llamamiento del presunto agraviante y la confrontación de sus alegatos y pruebas con las del presunto agraviado, por lo cual ha sido tildado de inconstitucional. La aplicación del amparo *inaudita parte,* choca a quienes consideran esencial la confrontación entre el actor y los que podrían quedar afectados por la procedencia de la medida, lo cual evita errores e impide que se cometan injusticias. El derecho a la defensa es principio absoluto de nuestro sistema en cualquier procedimiento o proceso y en cualquier estado o grado de la causa. Sería así contradictorio que, en materia de amparo, el propio juez constitucional al proteger un sujeto contra la violación o amenaza constitucional, produjese a su vez una lesión de tal índole a la eventual contraparte, al afectar el derecho consagrado en el artículo 68 Constitucional".

c) A juicio de la Corte, dentro del grado evolutivo a que ha llegado el sistema político venezolano, es explicable y necesario el planteamiento formulado, dado el carácter reparador de esta Alta Instancia, sobre todo vicio que infecte nuestra legislación. Así se hizo hace poco, al declarar de nulidad la "Ley que establece Normas Especiales de Procedimiento referidas a la Responsabilidad Civil de los Parlamentarios, de fecha 31 de octubre de 1995, con ponencia de la Magistrado Cecilia Sosa Gómez (Expediente N° 500).

De allí, los avances experimentados por el Estado Constitucional, entendido como sometimiento del Estado al Derecho, a los efectos de lograr la recta actuación de los Poderes Públicos y garantizar las libertades reconocidas en la Ley Fundamental a los ciudadanos.

Como dice Calamandrei:

"En todo sociedad libre, la existencia de una Constitución dentro de la cual el Poder Judicial está colocado al mismo nivel del Congreso, no se puede adoptar una actitud agnóstica ante los deberes constitucionales del Órgano Judicial" ("La funzione della jurisprudencia nel tempo presente". Citado por Mauro Cappelletti, en *Fundamental Guarentees of the Civil Litigation*, New York, 1973, Pg. 562)

Si se sigue el desarrollo lógico anterior, es preciso concluir en que el artículo 22 de la Ley Orgánica de Amparo sobre Derechos y Garantías Constitucionales, es nulo porque choca con el aparte único del artículo 49 de la Constitución y con la última parte del artículo 68 ejusdem. Así se declara"[1304].

Ahora bien, los accionantes de la acción decidida por la Corte Suprema en la sentencia de 21-5-96 también habían solicitado la declaratoria de nulidad del artículo 5 de la Ley Orgánica de Amparo sobre Derechos y Garantías Constitucionales, ya analizado. Sobre este petitorio, la Corte lo desestimó, con base en el siguiente razonamiento:

"En reiterada jurisprudencia, la Sala Político-Administrativa de esta Corte Suprema de Justicia ha expresado que el amparo constitucional intentado conjuntamente con determinado recurso contencioso administrativo, constituye una

---

1304 *V.*, en *G.O. Extra* N° 5071 de 29-5-96

solicitud de distinta naturaleza a la de amparo autónomo. En efecto, la primera está destinada a la obtención de medida cautelar cuya vigencia se limita al tiempo que transcurra durante la tramitación del juicio de nulidad, mientras la segunda persigue la obtención de una sentencia de fondo con carácter definitivo.

El fundamento de la pretensión de nulidad contenida en el artículo 5 de la Ley Orgánica de Amparo sobre Derechos y Garantías Constitucionales planteado por los accionantes, consiste en que la solicitud de amparo interpuesta conjuntamente con un recurso contencioso administrativo, se tramita conforme al artículo 22 ejusdem, el cual estiman es inconstitucional, al violar, supuestamente, los artículos 49 y 68 de la Constitución.

Ya esta Corte ha sustentado criterio en este fallo, acorde con los argumentos esgrimidos por los recurrentes, en relación a la inconstitucionalidad del artículo 22 de la Ley tantas veces nombrada y ha concluido en que es pertinente la nulidad del mismo.

Ante esta circunstancia, alegar la nulidad del artículo 5 de la Ley Orgánica de Amparo sobre Derechos y Garantías Constitucionales, en base a la remisión que éste hace al artículo 22, carece de fundamento por cuanto ya dicho dispositivo ha sido anulado y mal puede traerse a colación una norma que ha sido desestimada y no tiene vigencia.

Por otra parte, esta Corte estima que no existe ninguna razón adicional que pudiese servir de soporte a la declaratoria de nulidad por supuesta incongruencia con el artículo 5 de la Ley Orgánica de Amparo sobre Derecho y Garantías Constitucionales.

Declarado de nulidad el artículo 22 de la mencionada Ley Orgánica de Amparo, la tramitación de la solicitud de amparo interpuesta conjuntamente con un recursos contencioso administrativo, podría adoptar -de conformidad con la potestad de que goza el Juez Contencioso Administrativo, para aplicar el procedimiento que juzgue más conveniente, ante la ausencia de un iter indicado por la Ley (artículo 102 de la Ley Orgánica de la Corte Suprema de Justicia)- las siguientes modalidades:

1) Tramitar la solicitud de amparo constitucional de conformidad con lo dispuesto en los artículos 23 y siguientes de la Ley Orgánica de Amparo, tal como lo hizo la Sala Político-Administrativa de la Corte Suprema de Justicia en el caso de Carlo Morana contra el Ministerio de Relaciones Interiores (Sentencia del 20 de octubre de 1994, expediente 11-036).

2) En caso de que la solicitud de amparo sólo tenga por objeto la suspensión de los efectos del acto administrativo recurrido, darle el mismo tratamiento de beneficio que la suspensión de efectos prevista en el artículo 136 de la Ley Orgánica de la Corte Suprema de Justicia.

3) Si la solicitud de amparo tiene por objeto la obtención de una medida cautelar de las previstas en el parágrafo primero del artículo 588 del Código de Procedimiento Civil, tramitarla de conformidad con lo previsto en el Título II del Libro Tercero de dicho Código.

No obstante, se observa que la potestad prevista en el artículo 102 de la Ley Orgánica de la Corte Suprema de Justicia otorgada al Juez Contencioso Administrativo, le permite a éste la aplicación de otros procedimientos de acuerdo a la naturaleza del caso y a las exigencias de la protección constitucional.

En este sentido, existe interesante jurisprudencia proferida por los Tribunales competentes en materia contencioso-administrativa.

Por consiguiente, y en base a las consideraciones expuestas, esta Corte concluye en que el artículo 5 de la Ley Orgánica de Amparo sobre Derechos y Garantías Constitucionales, no adolece del vicio de inconstitucionalidad denunciado. En consecuencia, dicha denuncia es improcedente. Así se declara"[1305].

B. *La tramitación del proceso previa audiencia del imputado*

Ahora bien, en nuestro criterio, opte o no el Juez, como medida cautelar, por restablecer inmediatamente la situación jurídica infringida, conforme a lo señalado anteriormente, los artículos 23 y siguientes establecen el procedimiento breve y sumario a seguir para la decisión del proceso de amparo.

El procedimiento general contemplado en el Título IV de la Ley Orgánica de Amparo sobre Derechos y Garantías Constitucionales (en los artículos 19, 23, 24, 26, 29, 30, 31, 32 y 35), para el trámite de la acción de amparo se aplica cualquiera sean las formas de amparo (salvo el que se aplica para la protección de los derechos de libertad y seguridad personales),y conforme lo resuelto por la Corte Suprema de Justicia en Corte Plena en sentencia de 18-10-94, linealmente es del tenor siguiente:

> "Introducción de la solicitud, que ha de llenar los requisitos del artículo 18; examen de la solicitud por el juez a los fines de verificar si la misma es suficientemente clara y llena los requisitos contemplados en el antes citado artículo 18. De faltar los elementos últimamente aludidos, el juez deberá notificar al solicitante para que corrija el defecto u omisión dentro del lapso de cuarenta y ocho (48) horas siguientes a la notificación. La falta de oportuna corrección implica la declaratoria de su inadmisibilidad.
>
> Siguiendo el camino procesal señalado, el nuevo paso previsto en la ley es necesariamente el del examen de los presupuestos de admisibilidad previstos en el artículo 6 de la Ley Orgánica de Amparo sobre Derechos y Garantías Constitucionales, que están redactados en forma tal que al juez le corresponde verificar la inexistencia de los supuestos enunciados en dicho artículo, a los fines de declarar admisible o no la acción. Este examen da lugar a un auto de admisión o inadmisión, según el caso, con lo cual el tribunal afirma los elementos básicos para el conocimiento de la causa.
>
> La etapa inmediata del proceso es la prevista en el artículo 22 que permite al juez restablecer la situación jurídica que se denuncia infringida sin ningún tipo de averiguación sumaria que la proceda. Esta facultad extraordinaria que se enuncia igualmente en el artículo 5, sólo podrá operar en casos extremos en los cuales resulte evidente para el juez, por su total demostración, la lesión constitucional infringida al actor, o su inminente amenaza. Como se señalara precedentemente la aplicación del artículo 22 en cualquier procedimiento de amparo es violatorio del derecho a la defensa de los eventuales afectados por la decisión. Si el juez no opta por el ejercicio de tal facultad, lo cual constituye la regla

1305 *V.*, en *G.O. Extra* N° 5071 de 29-5-96

general, debe ordenar al sujeto del cual deriva la lesión, su comparecencia para que informe sobre las circunstancias que motivaron la solicitud de amparo, lo cual ha de hacer en el término de cuarenta y ocho (48) horas contadas a partir de su notificación. Concluido el lapso anterior se procede a la celebración de la audiencia pública constitucional dentro de las noventa y seis (96) horas siguientes a la presentación del informe o a la extinción del término correspondiente, efectuada la audiencia deberá dictarse en las veinticuatro (24) horas siguientes a la decisión sobre la solicitud de amparo.

Este procedimiento, como se señaló, es común para el trámite de todas las acciones de amparo, salvo las que versan sobre la libertad y seguridad personales, que se rigen por el Título IV de las tantas veces mencionada Ley de Amparo, el cual, sin embargo, no difiere sustancialmente del que precedentemente se enunciara"[1306].

a. *Admisión de la acción*

La primera actuación procesal del juez, una vez presentado correctamente el libelo de la acción, es juzgar sobre la admisibilidad o inadmisibilidad de la misma, conforme al artículo 6 de la Ley Orgánica de Amparo y a las otras normas que se refieren a la admisión[1307].

b. *Solicitud de informe al presunto agraviante o imputado*

En el auto de admisión, el Juez debe ordenar a la autoridad, entidad, organización social o a los particulares imputados de violar o amenazar el derecho o la garantía constitucionales, que en el termino de cuarenta y ocho (48) horas contadas a partir de la respectiva notificación, informen sobre la pretendida violación o amenaza que hubiere motivado la solicitud de amparo, (Art. 23).

De acuerdo al artículo 25 de la Ley, este informe debe contener una relación sucinta y breve de las pruebas en las cuales el presunto agraviante pretenda fundamentar su defensa, sin perjuicio de la potestad evaluativa que la Ley confiere al Juez competente (Art. 17).

La Ley Orgánica establece (Art. 14) que "la falta de informe correspondiente se entenderá como aceptación de los hechos incriminados", razón por la cual ello deberla dar origen a la decisión de amparo con el consiguiente restablecimiento inmediato de la situación jurídica infringida. Sin embargo, aun en estos casos, la decisión debe adoptarse luego de realizada la audiencia oral de las partes.

c. *Medidas cautelares*

La Ley Orgánica no prevé expresamente, la potestad del Juez de amparo de adoptar medidas cautelares o preventivas en caso de solicitudes de amparo. Por ello, habíamos señalado que el artículo 22 de la Ley Orgánica debió haberse interpretado y aplicarse como una potestad cautelar de restablecer de inmediato la situación jurídica infringida, si el Juez lo estima necesario para la protección constitucional, dada la gravedad de la lesión alegada.

1306 Consultada en original

1307 *V.*, el punto N° VIII, de esta Parte, págs. 307 y sigts de este Tomo.

En todo caso, por la aplicación supletoria del Código de Procedimiento Civil (Art. 48), es evidente que tiene aplicación el artículo 588 del mismo, como ya lo hablan venido realizando los Tribunales de Instancia en los procesos de amparo que hablan conducido.

En esta forma, los Jueces de amparo tienen el poder general cautelar, previsto particularmente en el Parágrafo Primero del artículo 588 del Código, que les permite "acordar las providencias cautelares que considere adecuadas", cuando hubiere "fundado temor" de que una de las partes, particularmente el presunto agraviante, pueda causar "lesiones graves o de difícil reparación al derecho de la otra", en concreto, el agraviado. En estos casos, para evitar el daño, el Juez de amparo puede "autorizar o prohibir la ejecución de determinados actos y adoptar las providencias que tengan por objeto hacer cesar la continuidad de la lesión".

d. *La audiencia pública y oral*

En todo caso, al vencerse al termino de cuarenta y ocho (48) horas para la remisión del informe solicitado, sin que ello haya ocurrido, o al presentarse el informe por el presunto agraviado, el Juez de amparo debe fijar la oportunidad para que las partes o sus representantes legales expresen, en forma oral y pública, los argumentos respectivos (Art. 26). Esta oportunidad debe establecerse dentro del lapso de noventa y seis (96) horas siguientes a la presentación del mencionado informe o al vencimiento del lapso de 48 horas que tenía el agraviante para presentarlo.

Hemos dicho, que de acuerdo al artículo 24 de la Ley Orgánica, la falta de presentación del informe se entiende como aceptación de los hechos incriminados; sin embargo, aun en estos casos, el Juez debe fijar la oportunidad para la audiencia oral en la cual las partes deben presentar sus argumentos; oportunidad en la cual la parte agraviante o imputada puede comparecer y presentar sus argumentos y pruebas.

e. *Oportunidad de la decisión*

En consecuencia, sólo cuando se ha efectuado dicho acto de audiencia oral, el Juez dispondrá de un término improrrogable de veinticuatro (24) horas para decidir la solicitud de amparo constitucional (Art. 26).

4. *El contenido de la decisión*

La decisión del proceso de amparo, como hemos señalado, puede consistir en el restablecimiento de la situación jurídica infringida (mandamiento de amparo) lo que, como se ha dicho, debe producirse luego del brevísimo procedimiento descrito; o en la inadmisibilidad o improcedencia de la acción.

A. *El mandamiento de amparo*

La decisión o sentencia que acuerde el amparo, es decir, el mandamiento de amparo, debe cumplir con las siguientes exigencias formales establecidas expresamente en el artículo 23 de la Ley Orgánica:

"A) Mención concreta de la autoridad, del ente privado o de la persona contra cuya resolución o acto u omisión se conceda el amparo;

B) Determinación precisa de la orden a cumplirse, con las especificaciones necesarias para su ejecución;

C) Plazo para cumplir lo resuelto".

a. *Los poderes del Juez de amparo*

De acuerdo a lo anterior, la esencia de la decisión de amparo es la determinación "de la orden a cumplirse"[1308] relativa al restablecimiento en el goce y ejercicio de un derecho o garantía constitucionales violado o amenazado de violación; y esta orden a cumplirse, en definitiva se formuló contra "la autoridad, el ente privado o la persona" cuya resolución o acto u omisión produjo la violación del derecho constitucional; orden que puede ser de dar, de no hacer o de deshacer, según los casos, o puede ser una decisión de restablecer directamente la situación jurídica infringida, si ello es posible con la sola decisión judicial[1309].

El efecto judicial de la acción de amparo, por supuesto, es el aspecto mas importante de la misma, pues es por los poderes atribuidos al juez, que la protección en el goce y ejercicio de los derechos constitucionales puede ser efectiva. Por ello, las amplias posibilidades judiciales que la norma del artículo 49 de la Constitución abre a los jueces de amparo, permiten señalar que estos se encuentran, al igual que los jueces norteamericanos e ingleses[1310] con una amplia gama de "remedios" judiciales que pueden utilizar para hacer efectivo el amparo de los derechos fundamentales. Por tanto, y las múltiples sentencias de Tribunales de instancia en materia de amparo que se han venido produciendo lo confirman, la decisión del Juez puede consistir, en mandamientos de dar, de hacer o de deshacer (órdenes) o en mandamientos de no hacer (prohibiciones). En cuanto a los mandamientos de dar, puede tratarse de una condena a restituir un bien, por ejemplo, cuando se ampara el derecho de propiedad, o a restituir esta a la situación que más se asemeje a la que tenía al ser vulnerada. Por su parte, los mandamientos de hacer se traducen en órdenes dadas a quien ha violado el derecho amparado, de realizar actos en sentido positivo[1311] necesarios para restablecer el derecho infringido. En estos supuestos están los casos de decisiones de amparo contra conductas omisivas de funcionarios (abstención o negativa de actuar cuando están obligados a ello), en cuyo caso el artículo 30 de la Ley Orgánica es expreso al establecer que:

> "Cuando la acción de amparo se ejerciere con fundamento en violación de un derecho constitucional por acto o conducta omisiva, o por falta de cumplimiento de la autoridad respectiva, la sentencia ordenara la ejecución inmediata e incondicional del acto incumplido".

1308 La Corte Primera de lo Contencioso-Administrativo, por ejemplo, en una sentencia de 3-10-85, respecto a de una acción de amparo interpuesta por un trabajador a fin de que una empresa diera cumplimiento a la orden de reenganche dictada por una Comisión Tripartita Laboral así como al pago de salarios caldos, que "la acción de amparo se traduce en una condena a una obligación de hacer (reenganche) y otra de dar (pagar sumas de dinero) en contra de una empresa con participación estatal decisiva". *V.*, en *Revista de Derecho Público,* N° 24, EJV, Caracas, 1985, pág. 134.

1309 Como lo ha señalado H. Rondón de Sansó, "la informalidad del amparo faculta al juez para darle el contenido que juzgue necesario. El eventual contenido del amparo puede ser: acordar un plazo para obtener una respuesta; obligar a la destrucción de una obra; prohibir la difusión o representación; impedir la realización de un acto; dispensar de un trámite". *V.*, en "El amparo constitucional en Venezuela", *Revista de Derecho Público,* N° 26, EJV, Caracas, 1986, p. 61.

1310 *V.*, F. H. Lawson, *Remedies of English Law,* Londres, 1980, p. 175, B. Schwartz y H. W. R. Wade, *Legal control of government,* Oxford, 1978, p. 205.

1311 Por ejemplo, equivalentes a las *mandatory injunctions* del derecho norteamericano. *V.*, L. J. Jaffe, *Judicial control of Administrative Action,* Boston, 1965, p. 176.

En cuanto a los mandamientos de deshacer, pueden consistir en la orden u obligación impuesta a un sujeto, cuando ello sea posible, de destruir algo, o cancelar o deshacer una actividad realizada cuando ello es necesario para restablecer el derecho infringido. Por último, los mandamientos de no hacer, se traducen normalmente en prohibiciones[1312] u órdenes negativas, es decir de abstención, dadas a quien ha violado un derecho, para impedir otras violaciones o para restablecer el derecho violado.

Pero los poderes del Juez de amparo van más allá, pues no solo está facultado para dar órdenes o imponer prohibiciones a quien ha violado un derecho constitucional para ampararlo, sino que está facultado para restablecer directamente, cuando ello es posible, con la sola decisión judicial, el derecho infringido, sustituyendo con su decisión cualquier actividad adicional por parte de otro sujeto de derecho o autoridad[1313].

En otros casos la decisión judicial de amparo será de mera declaración cuando, por ejemplo, en el amparo contra leyes, el Juez de amparo decide "la inaplicación de la norma impugnada" respecto del accionarte (Art. 3).

Por último, a los efectos de asegurar el cumplimiento de las sentencias de amparo, la Ley Orgánica establece expresamente en su artículo 29 que:

> "El Juez que acuerde el restablecimiento de la situación jurídica infringida ordenará, en el dispositivo de la sentencia, que el mandamiento sea acatado par todas las autoridades de la República, so pena de incurrir en desobediencia a la autoridad".

En todo caso, de acuerdo al artículo 31 de la Ley Orgánica, "quien incumpliere el mandamiento de amparo constitucional dictado por el Juez", sea funcionario o particulares, "será castigado con prisión de seis (6) a quince (15) meses".

1312 Por ejemplo equivalentes a las *prohibitory order or injunctions* del derecho inglés. *V.*, F. H. Lawson, *op. cit.*, *n.* 179; o a las *injunctions* del derecho norteamericano. *V.*, B. Schwartz y H. W. R. Wade, *op. cit.*, p. 221; L. L. Jaffe, *op. cit.*, p. 193.

1313 Por ejemplo, cuando el juez directamente decide la incautación de publicaciones que vulneran el derecho al honor. *Caso Cisneros*, sentencia del Juzgado Cuarto de Primera Instancia en lo Civil de la Circunscripción Judicial del Distrito Federal y Estado Miranda de 15-2-85. *V.*, el texto en el libro *El amparo constitucional en Venezuela,* Colegio de Abogados del Estado Lara, 1987, Tomo II, p. 269 y ss. Como ejemplo de estos poderes del juez de amparo de pronunciar órdenes de hacer y eventualmente sustituirse a la Administración en el cumplimiento de un acto, dispensando al particular de obtenerlo, puede citarse la sentencia de la Corte Primera de lo Contencioso-Administrativo de 20 de febrero de 1986, en la cual con motivo de un amparo solicitado por un contribuyente municipal, ante la negativa de una Municipalidad de expedirle el certificado de solvencia del impuesto inmobiliario urbano, requisito indispensable para hacer registrar el documento de venta del inmueble, la Corte decidió lo siguiente: primero. ordenó al funcionario competente a fijar y liquidar el impuesto respectivo en un plazo de 30 días; segundo, ordenó que cumplido lo anterior y una vez parado el impuesto por el contribuyente, en un plazo de tres días el funcionario debía expedir la solvencia de pago del impuesto; y tercero, advirtió a la Municipalidad que vencido el termino de 30 días "sin que hubiere cumplido con lo ordenado" en la sentencia, se dispensaba al contribuyente del trámite de presentación de la solvencia municipal para Protocolizar la venta del inmueble. *V.*, sentencia de 20-2-86 (ponente R. J. Duque Corredor), *Caso H. Romero Muci vs. Municipalidad del Distrito Sucre del Estado Miranda*. *V.*, en *Revista. de Derecho Público,* N° 25, EJV, Caracas, 1986, p. 122-123.

b. *Los efectos del mandamiento de amparo y la cosa juzgada*

Ahora bien, lo más importante que debe precisarse en materia de amparo, son los efectos de la decisión de amparo en cuanto al derecho o garantía constitucionales violados. El tema de la cosa juzgada lo resuelve expresamente el artículo 36 de la Ley Orgánica al establecer lo siguiente:

> "La sentencia firme de amparo producirá efectos jurídicos, respecto al derecho o garantía objetos del proceso, sin perjuicio de las acciones o recursos que legalmente correspondan a las partes".

Por supuesto, hay tantas y múltiples situaciones derivadas de las pretensiones de amparo, que respecto de ellas no puede darse mas solución general que la expresada en la norma en cuanto a los efectos de la sentencia de amparo. Ella sólo produce efectos "respecto al derecho o garantía objeto del proceso" en cuanto al mandamiento de restablecimiento o restitución del goce y ejercicio del mismo. En algunos casos, esto basta y no es necesario resolver ninguna cuestión jurídica adicional por otros medios judiciales; sin embargo, en otros casos, quedan cuestiones jurídicas pendientes que deben resolverse por vías distintas; por ello la norma señala que la decisión de amparo se adopta "sin perjuicio de las acciones o recursos que legalmente correspondan a las partes".

Esta situación se plantea, por ejemplo, siempre que se intente la acción autónoma de amparo contra un acto administrativo por ante el Tribunal de Primera Instancia o si no lo hay en la localidad, el Juez de mayor jerarquía que exista en ella (Art. 9°) En estos casos, la decisión de amparo no puede pronunciarse sobre la nulidad del acto administrativo, en el sentido de que aun cuando se pronuncie sobre sus ilegitimidad e inconstitucionalidades, no puede anularlo. En estos supuestos, la decisión de amparo solo tiene efectos sobre el derecho o garantía objeto del proceso. en el sentido que el juez de amparo al restablecer la situación jurídica infringida, lo que hace es ni mas ni menos que suspender los efectos del acto administrativo frente al cual se ha solicitado acaparo, pero no lo anula; razón por la cual el acto administrativo formalmente sigue vigente, con su carácter de ejecutividad por la presunción de legalidad que lo acompaña. Lo único que hace la decisión de amparo es suspender su ejecutoriedad respecto del agraviado, pero no lo anula ni lo extingue. Por ello, en estos casos, la decisión de amparo se adopta sin perjuicio de la acción contencioso-administrativa de nulidad que debe intentarse ante los órganos judiciales competentes. Por ello, conforme al artículo 5° de la Ley Orgánica si existen tribunales contencioso-administrativos en la localidad, la acción de amparo se debería intentar ante dichos Tribunales conjuntamente con el recurso contencioso-administrativo de anulación, siendo la decisión de suspensión de efectos del acto recurrido, la decisión cautelar de amparo a los derechos infringidos, sin perjuicio de que continúe el juicio de nulidad.

Pero este efecto de la decisión de amparo también se plantea, con frecuencia, en casos de amparos contra violaciones de derechos cometidas por particulares. Un ejemplo de ello ilustra la situación: en el conflicto que a fines de 1987 surgió en la Universidad Santa María, que es una Universidad Privada con forma de sociedad civil, con motivo del ejercicio del cargo de Rector, en paralelo, por dos profesores que se atribulan tal carácter, la Corte Primera de lo Contencioso Administrativo, en sentencia de 17 de diciembre de 1987, decidió una acción de amparo interpuesta por uno de los Rectores, considerando que:

> "a los fines de la seguridad jurídica de la comunidad universitaria y de la sociedad misma, no puede quedar indefinida la titularidad del cargo, hasta tanto el organismo competente decida cuál de las asambleas estaba debidamente calificada para la designación del Rector".

Por ello, la Corte, en su decisión, declaró expresamente que:

> "hasta tanto no sea dilucidada por la autoridad judicial competente, mediante sentencia definitivamente firme, la cuestión relativa a la legitimidad de los órganos que efectuaron las designaciones,... ha de tenerse por legitima la recaída en el ciudadano Edgar Mendoza Cróquer como Rector de la Universidad Santa María"[1314].

De manera que, conforme a esta decisión, debía desarrollarse un juicio civil en el cual el Juez competente decidiera la legitimidad de las asambleas que designaron sendos Rectores.

El único problema que queda por resolver en casos como este, o cuando se solicite amparo contra actos administrativos ante los jueces de instancia, es que no hay plazo para que las acciones se intenten. En el caso de conflicto de intereses privados, no habría inconveniente porque el interés de las personas en dilucidar judicialmente el conflicto provocaría la introducción de las acciones respectivas. En el caso de la Universidad Santa María, si el otro Rector estimaba que su designación era la legítima, seguramente intentaría la acción civil respectiva.

Pero en materia de actos administrativos, la situación se complica: una vez que el agraviado obtiene por vía de la acción de amparo (intentada ante un tribunal que no sea competente en materia contencioso administrativa) el restablecimiento de su derecho violado (que frente a un acto administrativo no es mas que la suspensión individualizada de sus efectos), puede quedar tentado a no sentirse obligado a acudir ante los Tribunales contencioso-administrativos competentes para que se declare la nulidad del acto administrativo, que continua vigente formalmente, pero cuyos efectos están suspendidos (por el amparo) respecto de su derecho. Esto daría origen a una situación irregular jurídicamente hablando: la existencia formal de un acto administrativo con fuerza ejecutiva, y una decisión que suspende su ejecutoriedad. Estimamos que en estos casos, la situación debe ser resuelta por el Juez de amparo, obligando al agraviado amparado en su derecho, a acudir ante los Tribunales contencioso administrativos para solicitar la nulidad del acto administrativo, y que se desarrolle el juicio de nulidad del mismo, de manera que al decidirse este se confirme o no el amparo concedido, al anularse o no el acto impugnado. De acuerdo a los poderes que le otorga la Ley, el Juez de amparo incluso podría, en estos casos, imponerle al agraviado un plazo para que acuda ante la jurisdicción contencioso administrativa.

1314 *V.*, el texto publicado, por orden de la propia decisión, en *El Universal,* 27-12-87, p. 2-5.

c. *Las consecuencias de la decisión de amparo*

Cuando el amparo se dicte contra actuaciones (actos o vías de hecho) de la Administración, de acuerdo al artículo 27 de la Ley Orgánica,

> "El Tribunal que conozca de la solicitud de amparo remitirá copia certificada de su decisión a la autoridad competente, a fin de que resuelva sobre la procedencia o no de medida disciplinaria contra el funcionario público culpable de la violación o de la amenaza contra el derecho o la garantía constitucionales, sin perjuicio de las responsabilidades civiles o penales que le resulten atribuibles. A tal efecto, el Tribunal remitirá también los recaudos pertinentes al Ministerio Público".

Por otra parte, en cuanto a las costas, el artículo 33 de la Ley sólo prevé expresamente la imposición de costas cuando se trate de procesos de amparo frente a particulares, en la forma siguiente:

> "Cuando se trate de quejas contra particulares, se impondrán las costas al vencido, quedando a salvo las acciones a que pudiere haber lugar.
>
> No habrá imposición de costas cuando los efectos del acto u omisión hubiesen cesado antes de abrirse la averiguación. El Juez podrá exonerar de costas a quien intentare el amparo constitucional por fundado temor de violación o amenaza, o cuando la solicitud no haya sido temeraria".

En consecuencia, de esta disposición resultaría que cuando se trate de acciones de amparo contra actos, vías de hecho u omisiones de funcionarios y autoridades públicas, no procedería la imposición de costas conforme al artículo 274 del Código de Procedimiento Civil, lo que en nuestro criterio resulta totalmente injustificado. No habría razón para establecer este privilegio procesal a favor de los funcionarios públicos, y menos cuando el artículo 21 de la Ley Orgánica, como hemos señalado, los excluye. Queda, por tanto, en manos de la jurisprudencia la interpretación, conciliación y aplicación de estas normas, particularmente porque la decisión de amparo se adopta después de la audiencia de las partes.

B. *La inadmisibilidad en la acción*

Pero la decisión del proceso iniciado con la acción de amparo puede consistir también, sea en la inadmisibilidad de la acción o en la desestimación de la misma.

La inadmisibilidad de la acción puede resultar de la oposición de alguna cuestión previa conforme al artículo 246 del Código de Procedimiento Civil o de alguna de las causales de inadmisibilidad de la acción de amparo establecidas en el artículo 6° de la Ley Orgánica.

En cuanto a la inadmisibilidad de la acción conforme a lo previsto en el artículo 6° de la Ley Orgánica, en virtud de los poderes inquisitivos atribuidos al Juez de amparo, consideramos que esta puede ser decidida de oficio por el mismo, en el sentido de que no siempre resulta indispensable que se aleguen las causas de inadmisibilidad por el presunto agraviante.

Además, como se ha dicho de acuerdo con el artículo 19 de la Ley Orgánica, también se considera como causa de inadmisibilidad de la acción, la falta de corrección de la solicitud de amparo por el accionarte, cuando fuere oscura o no llenare los requisitos exigidos en el artículo 18, dentro del lapso de cuarenta y ocho (48) horas siguientes a la notificación que le hiciere el Tribunal.

C. *La desestimación o improcedencia de la acción*

La decisión del proceso de amparo también puede consistir en la negativa del mismo (improcedencia) o en su desestimación. En estos casos, conforme al artículo 37 de la Ley Orgánica:

> "La desestimación del amparo no afecta la responsabilidad civil o penal en que hubiese podido incurrir el autor del agravio, ni prejuzga sobre ninguna otra materia".

En todo caso, cuando fuere negado el amparo, el Tribunal, además, se pronunciara sobre la temeridad de la acción interpuesta y podrá imponer sanción hasta de diez (10) días de arresto al quejoso cuando aquella fuese manifiesta (Art. 28).

También, en caso de desestimación de la acción de amparo en casos de quejas contra particulares, procede la imposición de costas al vencido, quedando a salvo las acciones a que pudiera haber lugar (Art. 33). Sin embargo, el juez podrá exonerar de costas a quien intentare el amparo constitucional por fundado temor de violación o de amenaza o cuando la solicitud no haya sido temeraria.

5. *La revisión de la decisión en los procesos de amparo*

Conforme lo establece el artículo 35 de la Ley Orgánica, contra la decisión dictada en primera instancia sobre la solicitud de amparo, se oirá apelación en un solo efecto. Sin embargo, si transcurridos tres (3) días de dictado el fallo, las partes, el Ministerio Público o los Procuradores no interpusieren apelación, el fallo será consultado con el Tribunal Superior respectivo, al cual se le remitirá inmediatamente copia certificada de lo conducente. Este Tribunal decidirá dentro de un lapso no mayor de treinta (30) días.

Sin embargo, en los casos en los cuales conforme al artículo 9° de la Ley Orgánica, se intente la acción de amparo ante cualquier juez de la localidad cuando en ella no funcionen Tribunales de Primera Instancia, la decisión del juez respectivo se enviara en consulta ante el Tribunal de Primera Instancia competente, dentro de las veinticuatro (24) horas siguientes a la adopción de la decisión.

La Ley Orgánica de Amparo no previó que contra las sentencias dictadas en materia de amparo proceda recurso de casación, razón por la cual es necesario acudir a las normas del Código de Procedimiento Civil.

En esta materia, sin embargo, debe mencionarse la doctrina desarrollada por la jurisprudencia de la Sala de Casación de la Corte Suprema de Justicia, en el sentido de la improcedencia del recurso de casación contra las decisiones de última instancia que se adopten en juicios de amparo. Esta doctrina se expuso inicialmente en 1971, por la Sala de Casación Penal, en la cual simplemente se señaló que siendo el recurso de casación "de carácter extraordinario, debe estar previsto expresamente en la Ley y la enumeración de los casos en que procede es, necesariamente, taxativa", y por cuanto "ni el artículo 49 de la Constitución, ni la Disposición Transitoria Quinta de la misma, ni los artículos 333, 58, primera parte y 62 del Código de Enjuiciamiento Criminal, ni ninguna otra disposición legal, establecen que se admitirá recurso de casación contra las decisiones de los Tribunales Superiores que resuelvan hacerse, del recurso de amparo", lo consideró inadmisible[1315].

Por su parte, la Sala de Casación Civil de la Corte Suprema, en sentencia de 14 de diciembre de 1983, basada en argumentos formales, también negó la admisibilidad del recurso de casación contra decisiones adoptadas con motivo de acciones de amparo, considerando que el procedimiento en las acciones de amparo no constituye un "juicio civil o mercantil", siendo que la admisibilidad del recurso de casación, conforme al artículo 418 del Código de Procedimiento Civil vigente para la época, sólo estaba prevista en estos. La Sala de Casación, en efecto, señaló que el recurso de casación "no se lo concibe sin la existencia de la relación procesal denominada juicio", que esa Sala ha definido como "las controversias judiciales suscitadas por conflictos intersubjetivos de intereses que el órgano judicial debe resolver por sentencia, previa sustanciación de la causa a través de las formas procesales previstas por la Ley". Ahora bien, al analizar los aspectos adjetivos de la acción de amparo, la Sala de Casación Civil señaló que:

> "...en manera alguna se trata de una acción a seguirse dentro del procedimiento ordinario ni centra de los procedimientos especiales, destinada a obtener pronunciamiento, sentencia, que decida una controversia suscitada entre partes"[1316].

Esta doctrina se ratificó por la misma Sala de Casación Civil en sentencia de 31 de enero de 1985, en la cual se insistió en que como "las actuaciones o procedimientos seguidos para acordar o negar un mandamiento de amparo constitucional no constituyen juicio en los términos señalados por el artículo 418 del Código de Procedimiento Civil, . . . ninguna actuación procesal que directa o indirectamente se relacione con el amparo constitucional sometida al recurso de casación"[1317]

Frente a esta doctrina formalista, en nuestro criterio, en la Ley Orgánica de Amparo, precisamente por el carácter de medio de protección constitucional de los derechos fundamentales que tiene el amparo, debió prever el recurso de casación contra las decisiones de última instancia adoptadas como resultado de acciones de amparo[1318]. Siendo el recurso de casación un medio de control de la constitucionalidad y legalidad de las decisiones judiciales, dada la importancia y repercusiones de las decisiones en materia de amparo, estas deberían ser sometidas al recurso de casación que, a su vez, deberla servir de vía judicial de amparo contra las decisiones de los jueces superiores violatorias de los derechos y garantías constitucionales. De acuerdo con el artículo 2 de la Ley Orgánica de la Corte Suprema de Justicia, a esta corresponde ejercer el control de "la constitucionalidad y legalidad de los actos del

---

1315 Sentencia de 13-5-71. *V.*, en *Repertorio Forense,* N° 1.761, 26-8-71, pp. 4-6. Igual criterio lo senté la Sala de Casación Penal de la Corte Suprema de Justicia en decisión de 12-8-71, *Repertorio Forense,* N° 1.864 de 28-1171. pp.. 4-6.

1316 Sentencia de 14-12-83 transcrita y ratificada en su doctrina por sentencia de la misma Sala de Casación Civil de 31-1-85 (consultada en original).

1317 *Idem. En* el Código de Procedimiento Civil de 1986, el artículo 312 utiliza las mismas expresiones "juicios civiles o mercantiles".

1318 En este sentido la Ley Orgánica de la Corte Suprema de Justicia establece que corresponde a la Corte "conocer del recurso de casación en los juicios civiles, mercantiles. del trabajo y en cualesquiera otros en que se consagre dicho recurso *por ley especial* (Art. 42, 33).

Poder Público", por lo que el recurso de casación, en cuanto a las decisiones judiciales en materia de amparo, debería ser precisamente el medio judicial que debería estar abierto para el ejercicio de dicho control.

6. *Las modalidades del procedimiento en el recurso contencioso- administrativo de anulación y amparo*

Hemos señalado que conforme al artículo 5° de la Ley Orgánica, la pretensión de amparo contra actos administrativos puede formularse conjuntamente con el recurso contencioso-administrativo de anulación en cuyo caso, el Juez debe decidir, en forma breve, sumaria, efectiva y conforme a lo establecido en los artículos 23, 24 y 26 de la Ley, si lo considera procedente para la protección constitucional, la suspensión de los efectos del acto recurrido (que es el restablecimiento inmediato de la situación jurídica infringida) mientras dure el inicio. Se trata, en este caso, de un amparo temporal al derecho lesionado, mientras dura el juicio de nulidad, hasta que este se resuelva, en cuyo caso, la sentencia anulatoria definitiva otorgará el amparo definitivo con el restablecimiento definitivo de la situación jurídica infringida.

En estos casos, al sancionarse la Ley Orgánica de Amparo, señalamos nuestro criterio de que el *iter* procesal principal que debía seguirse, es el del inicio de nulidad conforme a las previsiones de la Ley Orgánica de la Corte Suprema de Justicia, con las siguientes modalidades[1319]:

1. La decisión sobre la admisibilidad debe adoptarse de inmediato, sin la recepción del expediente administrativo, y en los tribunales colegiados, ello debe corresponder a la Corte o Sala y no al Juzgado de Sustanciación (distinto a lo previsto en el artículo 123 LOCSJ)[1320]. En estos casos, el recurso contencioso-administrativo puede declararse inadmisible, conforme a las causales previstas en la Ley Orgánica de la Corte Suprema de Justicia (artículos 84 y 124) con las excepciones del Parágrafo Único del artículo 5° de la Ley Orgánica de Amparo, en cuyo caso se seguiría sólo el procedimiento de la acción de amparo conforme a la Ley Orgánica. Al contrario, si la decisión es de admisibilidad del recurso de anulación, debe procederse conforme al artículo 135 de la Ley Orgánica de la Corte Suprema de Justicia.

2. En el auto de admisibilidad del recurso de anulación y amparo el Juez debe decidir si acuerda o no la suspensión de efectos del acto recurrido conforme al artículo 5° de la Ley Orgánica de Amparo, en concordancia con los artículos 23, 24 y 26. Es decir, puede resolver suspender de inmediato los efectos del acto recurrido como medida de amparo temporal cautelar si tiene elementos para acordar la protección constitucional; de lo contrario, si no opta por restablecer con carácter cautelar inmediatamente la situación jurídica infringida por no disponer de dichos elementos, el Juez deberá proceder conforme a los artículos 23, 24 y 26 de la Ley Orgánica y luego del informe y la audiencia pública, resolver si otorga o no el amparo temporal, mediante la suspensión de efectos del acto recurrido. En caso de que no decida dicha suspensión por considerar que no procede la pretensión de amparo formulada, sin

1319 *V.*, Allan R. Brewer-Carías, "Introducción general al régimen del derecho de amparo...", *loc. cit.*, págs. 103 y sigts.

1320 *V.*, el auto de admisión dictado por la Corte Primera de lo Contencioso-Administrativo en fecha 9-2-88, relativo al recurso contencioso-administrativo de anulación y amparo interpuesto por E. Gómez Grillo contra la Universidad Simón Bolívar. (Consultada en original).

embargo puede decidir la suspensión de los efectos del acto administrativo recurrido, conforme al artículo 136 de la Ley Orgánica de la Corte Suprema, si ello es indispensable para evitar perjuicios irreparables o de difícil reparación.

3. Cuando el Tribunal en primera instancia para conocer el recurso de nulidad y amparo, sea la Corte Primera de lo Contencioso-Administrativo, dado el carácter de bi-instancia del proceso de amparo, cabría apelación ante la Sala Político Administrativa de la Corte Suprema, contra la decisión de amparo temporal (suspensión de efectos) y contra la sentencia definitiva relativa a la anulación y amparo solicitados.

SECCIÓN OCTAVA:

EL AMPARO A LA LIBERTAD Y SEGURIDAD PERSONALES

El amparo de la libertad y seguridad personales garantizadas en los diez (10) ordinales del artículo 60 de la Constitución, también se rige por las disposiciones de la Ley Orgánica, como lo establecen expresamente los artículos 1° y 38 a cuyo efecto se destina en particular el Título V, artículos 38 a 47, sin perjuicio de que le sean aplicables las disposiciones de la Ley, "pertinentes al amparo en general".

Al promulgar la Ley Orgánica, en consecuencia, dejó de tener vigencia la Disposición Transitoria Quinta de la Constitución que regulaba el procedimiento de amparo a la libertad personal y establecía normas sustantivas sobre lapsos máximos de detención a las personas por las autoridades.

1. *El régimen de la privación de la libertad personal*

La Ley Orgánica, además de establecer normas procesales relativas al amparo de la seguridad y libertad personales, establece una serie de principios sustantivos relativos a la privación de la libertad personal por parte de las autoridades públicas, prescribiendo límites temporales precisos para ello.

A. *La detención policial administrativa*

En efecto, en cuanto a la detención policial, el artículo 44 de la Ley Orgánica establece que "las detenciones que conforme a la Ley, ordenen y practiquen las autoridades policiales u otras autoridades administrativas, no excederán de ocho (8) días".

En todo caso, se prescribe expresamente que "las que pasen de cuarenta y ocho (48) horas deberán imponerse mediante resolución motivada" (Art. 44). La Ley deja a salvo las disposiciones legales aplicables al proceso penal.

B. *La detención por la autoridad de policía judicial*

De acuerdo al artículo 45 de la Ley Orgánica, "cuando se hubiere cometido un hecho punible, las autoridades de policía que, de acuerdo con la Ley, sean auxiliares de la Administración de Justicia, podrán adoptar, como medidas provisionales de necesidad y de urgencia, la detención del presunto culpable o su presentación periódica, durante la averiguación sumaria, a la autoridad respectiva". En cualquiera de estos supuestos, "la orden deberá ser motivada y constar por escrito".

En estos casos, conforme al artículo 46 de la Ley Orgánica, "el detenido deberá ser puesto a la orden del juez competente, dentro del término de ocho (8) días".

C. *La garantía del detenido*

Por último, la Ley Orgánica establece la garantía contra la incomunicación del detenido, al establecer en su artículo 47, que:

> "La autoridad que tuviere baja su guarda o custodia a cualquier persona detenida, estará en el deber de permitirle, conforme a las normas reglamentarias correspondientes, comunicación con su abogado y con sus parientes mas cercanos".

2. *La acción de amparo a la libertad y seguridad personales*

A. *Legitimación*

La Ley Orgánica legitima para intentar la acción de amparo, a "toda persona que fuere objeto de privación o restricción de su libertad, o se viere amenazada en su seguridad personal, con violación de las garantías constitucionales" (Art. 39).

B. *La solicitud de amparo*

De acuerdo con el artículo 41 de la Ley Orgánica, la solicitud de amparo a la libertad personal puede ser hecha por el agraviado o por cualquier persona que gestione en favor de aquel (sin que necesariamente tenga poder para ello), por escrito, verbalmente o por vía telegráfica, sin necesidad de asistencia de abogado.

En cuanto a las solicitudes de amparo referidas a la seguridad personal se tramitaran, en cuanto les resulten aplicables, conforme a lo antes señalado (Art. 41).

C. *El Tribunal competente*

De acuerdo con los artículos 7 y 40 de la Ley Orgánica, los Juzgados de Primera Instancia en lo Penal son competentes para conocer y decidir sobre el amparo a la libertad y seguridad personales.

Dentro de dichos Juzgados de Primera Instancia en lo Penal, el competente será el que tenga jurisdicción "en el lugar donde se hubiese ejecutado el acto causante de la solicitud o donde se encontrare la persona agraviada" (Art. 39).

D. *El procedimiento*

El juez competente, al recibir la solicitud, tal como lo prescribe el artículo 41 de la Ley Orgánica, debe abrir una averiguación sumaria, ordenando inmediatamente al funcionario bajo cuya custodia se encuentre la persona agraviada, que informe dentro del plazo de veinticuatro (24) horas, sobre los motivos de la privación o restricción de la libertad.

E. *La decisión el mandamiento de hábeas corpus*

La solicitud de amparo a la libertad y seguridad personales tiene por objeto que el juez competente "expida un mandamiento de *hábeas corpus* (Art. 39), a cuyo efecto, conforme al artículo 42 de la Ley Orgánica, el juez, haya o no recibido el informe del funcionario respectivo, debe decidir

> "en un término no mayor de noventa y seis (96) horas después de recibida la solicitud, la inmediata libertad del agraviado o el cese de las restricciones que

se le hubiesen impuesto, si encontrare que para la privación o restricción de la libertad no se hubieren cumplido las formalidades legales".

La Ley Orgánica autoriza al juez, caso de considerarlo necesario, para sujetar esta decisión "a caución personal o a prohibición de salida del país de la persona agraviada, por un término no mayor de treinta (30) días".

Por supuesto, la decisión también puede consistir en la negativa de la solicitud formulada, si la privación o restricción de la libertad se hubiere efectuado cumpliéndose las formalidades legales.

F. *La revisión de la decisión*

De acuerdo a los artículos 40 y 43 de la Ley Orgánica, el mandamiento de *hábeas corpus* o, en su defecto, la decisión que lo niegue, se consultara con el Tribunal Superior, al que deberán enviarse los recaudos en el mismo día o en el siguiente. Por supuesto, la consulta no impedirá la "ejecución inmediata de la decisión". En todo caso, prescribe la Ley que el Tribunal Superior debe decidir dentro de las setenta y dos (72) horas después de haber recibido los autos.

QUINTA PARTE:

EL RÉGIMEN DEL AMPARO EN LA LEY ORGÁNICA DE AMPARO SOBRE DERECHOS Y GARANTÍAS CONSTITUCIONALES DE 1988

SECCIÓN PRIMERA:

INTRODUCCIÓN GENERAL AL RÉGIMEN DEL DERECHO DE AMPARO A LOS DERECHOS Y GARANTÍAS CONSTITUCIONALES (EL PROCESO DE AMPARO)

Esta Sección es el texto del estudio sobre "Introducción General al Régimen del Derecho de Amparo a los Derechos y Garantías Constitucionales (El proceso de Amparo)", publicado en el libro: Allan R. Brewer-Carías (Coordinador y editor), Carlos Ayala Corao y Rafael J. Chavero Gazdik, *Ley Orgánica de Amparo sobre Derechos y Garantías Constitucionales*, Colección Textos Legislativos Nº 5, Editorial Jurídica Venezolana, Sexta edición corregida, aumentada y actualizada. Caracas 2007, pp. 9-149.

La justicia constitucional a cargo de la jurisdicción ordinaria en Venezuela, además de realizarse por todos los jueces mediante la aplicación del método difuso de control de constitucionalidad de las leyes y demás actos estatales normativos (artículo 334 de la Constitución), también se realiza mediante el proceso de amparo constitucional destinado a proteger los derechos y garantías establecidos en la Constitución, en los tratados internacionales o que sean inherentes a la naturaleza humana, ante cualquier violación o amenaza de las autoridades públicas o de los particulares. En estos procesos de amparo, además, los jueces competentes si es el caso, pueden aplicar el método difuso de control de constitucionalidad de las leyes en la decisión del caso concreto.

En efecto, la consagración con rango constitucional de los derechos fundamentales no tendría efectividad alguna si no se estableciera en el propio texto constitucional la garantía judicial específica de dichos derechos, es decir, *el derecho de todos a ser amparados* por los Tribunales en el goce y ejercicio de los propios derechos constitucionales. Como lo ha definido la Sala Constitucional del Tribunal Supremo de Justicia:

> "La acción de amparo, es, pues, una garantía de restablecimiento de la lesión actual o inminente a una ventaja esencial, producto de un acto, actuación u omi-

sión antijurídica, en tanto contraria a un postulado en cuyo seno se encuentre reconocido un derecho fundamental".[1321]

Por ello, el proceso de amparo en Venezuela, que siempre implica el ejercicio de la justicia constitucional, se desarrolla, en principio, ante cualquier juez de primera instancia de la jurisdicción ordinaria, es decir, ante los tribunales civiles, mercantiles, laborales, penales, de menores, agrarios o de cualquier otra materia, y de los tribunales de la jurisdicción contencioso administrativa; o ante cualquier juez de la localidad si no hay uno de primera instancia.

Se trata de un proceso constitucional que se puede iniciar mediante una acción autónoma de amparo, o mediante una petición de amparo formulada conjuntamente con otras acciones o recursos judiciales. Por ello, el amparo en Venezuela, además de ser una de las garantías constitucionales, es un derecho constitucional en sí mismo: el derecho de amparo[1322] con características bien definidas en el derecho constitucional comparado de América Latina.[1323]

I. EL RÉGIMEN NORMATIVO DEL PROCESO DE AMPARO

1. *La regulación constitucional*

El artículo 27 de la Constitución de 1999[1324] siguiendo la orientación del artículo 49 de la Constitución de 1961, reguló el proceso de amparo constitucional como un

---

1321 *V.*, sentencia N° 460 de 6–4–2001 (Caso: *Only One Import, C.A. vs. Guardia Nacional*), en *Revista de Derecho Público*, N° 85–88, Editorial Jurídica Venezolana (EJV), Caracas 2001, p. 437.

1322 *V.*, Allan R. Brewer–Carías, *El Derecho y la Acción de Amparo,* Tomo V, *Instituciones Políticas y Constitucionales,* Editorial Jurídica Venezolana, Universidad Católica del Táchira, Caracas–San Cristóbal, 1998.

1323 *V.*, nuestros trabajos: Allan R. Brewer–Carías, *Judicial Review in Comparative Law,* Cambridge Studies in International and Comparative Law. New Series, Cambridge University Press, Cambridge 1989, 406 pp.; y en Allan R. Brewer-Carías, *Études de droit public comparé*, Académie International de Droit Comparé, Bruylant, Bruxelles 2001, pp. 526-934; "El amparo a los derechos y libertades constitucionales y la acción de tutela a los derechos fundamentales en Colombia: una aproximación comparativa", en Manuel José Cepeda (editor), *La Carta de derechos. Su interpretación y sus implicaciones*, Editorial Temis, Bogotá 1993, pp. 21-81, y en *La protección jurídica del ciudadano. Estudios en Homenaje al Profesor Jesús González Pérez*, Tomo 3, Editorial Civitas, Madrid 1993, pp. 2.695-2.748; *El amparo a los derechos y libertades constitucionales. Una aproximación comparativa*, Cuadernos de la Cátedra Allan R. Brewer-Carías de Derecho Público, N° 1, Universidad Católica del Táchira, San Cristóbal 1993, 138 pp. también publicado por el Instituto Interamericano de Derechos Humanos (Curso Interdisciplinario), San José, Costa Rica, 1993, (mimeo), 120 pp; "La justice constitutionnelle et le pouvoir judiciaire en Allan R. Brewer-Carías, *Études de droit public comparé*, Académie International de Droit Comparé, Bruylant, Bruxelles 2001, pp. 935–1182; *Mecanismos nacionales de protección de los derechos humanos (Garantías judiciales de los derechos humanos en el derecho constitucional comparado latinoamericano)*, Instituto Interamericano de Derechos Humanos, San José 2005, 300 pp.; y *Judicial Protection of Human Rights in Latin America. A comparative Constitutional Law Study on the latin American Injunction for the protection of constitutional Rights ("Amparo" proceeding)*, Columbia Law School, New York, 2005, 383 pp.

1324 *V.*, en general, Hildegard Rondón de Sansó, "La acción de amparo constitucional a raíz de la vigencia de la Constitución de 1999", en *Revista de la Facultad de Ciencias Jurídicas y Políticas de la UCV,* N° 119, Caracas, 2000, pp. 147–172; Richard D. Henríquez Larrazábal, "El problema de la procedencia del amparo constitucional en el Derecho venezolano", en *Bases y principios del sistema constitucional venezolano (Ponencias del VII Congreso Venezolano de Derecho Constitucional realizado en San Cristóbal del 21 al 23 de Noviembre de 2001),* Volumen II, pp. 403–475; Víctor R. Hernández–Mendible, "El derecho constitucional[1325], el cual se puede ejercer a través de múltiples medios o recursos judiciales de protección, incluyendo la acción autónoma de amparo, así:

"*Artículo 27*: Toda persona tiene derecho a ser amparada por los tribunales en el goce y ejercicio de los derechos y garantías constitucionales, aun de aquellos inherentes a la persona que no figuren expresamente en esta Constitución o en los instrumentos internacionales sobre derechos humanos.

El procedimiento de la acción de amparo constitucional será oral, público, breve, gratuito y no sujeto a formalidad, y la autoridad judicial competente tendrá potestad para restablecer inmediatamente la situación jurídica infringida o la situación que más se asemeje a ella. Todo tiempo será hábil y el tribunal lo tramitará con preferencia a cualquier otro asunto.

La acción de amparo a la libertad o seguridad podrá ser interpuesta por cualquier persona, y el detenido o detenida será puesto bajo la custodia del tribunal de manera inmediata, sin dilación alguna.

El ejercicio de este derecho no puede ser afectado, en modo alguno, por la declaración del estado de excepción o de la restricción de garantías constitucionales".

Las reformas más importantes que introdujo esta norma respecto de lo que establecía el artículo 49 de la Constitución de 1961, fueron las siguientes:

En *primer lugar*, en forma expresa se estableció el amparo como un "derecho" constitucional de toda persona, "a ser amparada por los tribunales en el goce y ejercicio de los derechos y garantías constitucionales".

En *segundo lugar*, en cuanto a los derechos amparables, se estableció que no sólo son los que la Constitución establece, sino aquellos inherentes a la persona que no figuren expresamente, no sólo en la Constitución sino en los instrumentos internacionales sobre derechos humanos, los cuales, además, conforme a la propia Constitución, tienen rango constitucional y prevalecen incluso sobre el orden interno si contienen regulaciones más favorables (artículo 23).

En *tercer lugar*, en cuanto al procedimiento, en lugar de establecer sólo que debía ser "breve y sumario" como lo hacía la Constitución de 1961, se indica que debe ser "oral, público, breve, gratuito y no sujeto a formalidad", y agregando, además, que "todo tiempo será hábil y el tribunal lo tramitará con preferencia a cualquier otro asunto".

En *cuarto lugar*, no sólo se reiteró la competencia del juez para restablecer inmediatamente la situación jurídica infringida, sino alternativamente, "o la situación que más se asemeje a ella".

---

amparo constitucional desde la perspectiva cautelar", en *El Derecho Público a comienzos del siglo XXI. Estudios homenaje al Profesor Allan R. Brewer–Carías,* Tomo I, Edit. Civitas, Madrid, 2003, pp. 1219–1301.

1325 *V.*, en general Hildegard Rondón de Sansó, *La acción de amparo contra los Poderes Públicos*, Editorial Arte, Caracas 1994; Hildegard Rondón de Sansó, *Amparo constitucional,* Editorial Arte, Caracas 1998; Gustavo Linares Benzo, El proceso de amparo, Universidad central de Venezuela, Caracas 1999; Rafael J. Chavero Gazdik, *El nuevo régimen del amparo constitucional en Venezuela,* Edit. Sherwood, Caracas 2001.

Y en *quinto lugar* se precisó expresamente que "el ejercicio de este derecho no puede ser afectado, en modo alguno, por la declaración del estado de excepción o de la restricción de garantías constitucionales".

Como puede observarse de dicha norma, en ella no sólo se recogieron todos los principios fundamentales en materia de amparo que la Constitución de 1961 había establecido, sino los que se habían desarrollado jurisprudencialmente antes y después de la sanción de la Ley Orgánica de Amparo sobre Derechos y Garantías Constitucionales de 1988[1326].

2. *El amparo como derecho constitucional en los instrumentos internacionales*

Este derecho de amparo, por otra parte, también tiene consagración en los instrumentos internacionales sobre derechos humanos, los cuales en Venezuela, de acuerdo con el artículo 23 de la Constitución, tienen rango constitucional. Por ello, estimamos necesario analizar sus disposiciones en materia de amparo para confrontarlas con la regulación nacional[1327].

A. *El amparo en la Declaración Universal de Derechos Humanos de las Naciones Unidas y en el Pacto Internacional de Derechos Civiles y Políticos de Naciones Unidas*

El Pacto Internacional de Derechos Civiles y Políticos de Naciones Unidas, en efecto, en nuestro criterio estableció el derecho de amparo, siendo su antecedente inmediato, la Declaración Universal de los Derechos Humanos adoptada por la Asamblea General de las Naciones Unidas el 10 de diciembre de 1948. Esta, además de establecer la garantía del debido proceso (Art. 12), puede decirse que consagró como derecho de todas las personas el derecho de amparo a los derechos fundamentales, en los siguientes términos:

> "*Artículo 8*. Toda persona tiene derecho a un recurso efectivo, ante los tribunales nacionales competentes, que la ampare contra actos que violen sus derechos fundamentales reconocidos por la constitución o la ley".

Este derecho fundamental establecido en la Declaración se puede considerar como un derecho que tiene toda persona a que sus derechos fundamentales sean amparados judicialmente mediante un recurso efectivo, lo que en el mundo contemporáneo ha dado lugar al desarrollo de la acción o recurso de amparo, consagrado incluso después de la segunda post guerra en Alemania y en España. Como se dijo, dicho derecho se estableció separado del derecho al debido proceso que el artículo 12 de la Declaración consagró en los siguientes términos:

> "*Artículo 12*. Toda persona tiene derecho, en condiciones de plena igualdad, a ser oída públicamente y con justicia por el tribunal independiente e imparcial,

1326 *V.*, Allan R. Brewer-Carías, "La reciente evolución jurisprudencial en relación a la admisibilidad del recurso de amparo", en *Revista de Derecho Público*, N° 19, EJV, Caracas, julio-septiembre 1984, pp. 207-217; y "El derecho de amparo y la acción de amparo", en *Revista de Derecho Público*, N° 22, Editorial Jurídica Venezolana, Caracas, abril-junio 1985, pp. 51-61.

1327 *V.*, Allan R. Brewer–Carías, "El Proyecto de Constitución Europea, el derecho al debido proceso y la acción de amparo", Ponencia al *VII Congreso Iberoamericano de Derecho Constitucional*, Sevilla, 5 de diciembre 2003.

para la determinación de sus derechos y obligaciones o para el examen de cualquier acusación contra ella en materia penal".

Ese derecho de amparo, puede decirse que también se recogió en el Proyecto de la Constitución Europea de 2003 (art. II,47, párrafo primero), en forma separada respecto del derecho fundamental que tiene toda persona en el ejercicio de sus derechos e intereses legítimos, a que se le asegure el acceso a la justicia y a obtener una tutela judicial efectiva por parte de los jueces, con garantía del debido proceso y del derecho a la defensa (art. II,47, párrafos segundo y tercero).

Entre uno y otro derecho podría establecerse una relación de género a especie: el derecho a la tutela judicial efectiva general sería el género, vinculado al derecho al debido proceso y a la defensa en relación con todos los derechos (y no sólo los fundamentales) e intereses legítimos de las personas; y el derecho de amparo o a la tutela judicial efectiva individual, se refiere en concreto al derecho de las personas a disponer específicamente de "un recurso efectivo" ante los tribunales, que las amparen contra actos que particularmente violen sus derechos fundamentales reconocidos no sólo en la Constitución sino en las leyes. Se trata, sin duda, del derecho de amparo que se traduce en el derecho a un recurso efectivo para la específica protección de los derechos fundamentales.

En todo caso, casi 20 años después de la Declaración Universal, en el Pacto Internacional de Derechos Civiles y Políticos adoptado en el seno de las Naciones Unidas el 19 de diciembre de 1966, también se estableció como un compromiso de los Estados Partes en el Pacto, además de garantizar el derecho al debido proceso en una detallada norma (Art. 14), el garantizar que:

> "*Art. 2,3,a).* Toda persona cuyos derechos y libertades reconocidos en el presente Pacto hayan sido violados podrá interponer un recurso efectivo, aún cuando tal violación hubiera sido cometida por personas que actuaban en ejercicio de sus funciones oficiales;
>
> b) La autoridad competente, judicial, administrativa o legislativa, o cualquiera otra autoridad competente prevista por el sistema legal del Estado, decidirá sobre los derechos de toda persona que interponga tal recurso, y a desarrollar las posibilidades de recurso judicial;
>
> c) Las autoridades competentes cumplirán toda decisión en que se haya estimado procedente el recurso".

En esta norma del Pacto, en la misma línea de la Declaración Universal, de nuevo se garantizó internacionalmente el derecho de amparo de los derechos fundamentales y no sólo el derecho al debido proceso o a la tutela judicial en general, perfeccionándose incluso su consagración, al otorgarse a toda persona el derecho de interponer un recurso efectivo cualquiera que sea la causa de la violación a los derechos y libertades reconocidos en el Pacto, y no sólo ante las violaciones provenientes de "actos", como señalaba la Declaración Universal. Además, se precisó que dicho recurso procede contra cualquiera que sea el agraviante o sujeto activo de la violación, incluso si se tratase de funcionarios públicos o, en general, de personas que actúan en ejercicio de sus funciones oficiales. El derecho de amparo que consagra el Pacto Internacional, sin embargo, sólo se refiere a la protección de los derechos y libertades reconocidos en el propio Pacto, sin hacer alusión a los que se establecen en las Constituciones y leyes de los Estados.

B. *El amparo en la Convención Americana sobre Derechos Humanos y la Constitución de 1999*

En la misma línea de regulación del Pacto Internacional de Derechos Civiles y Políticos debe mencionarse el texto de la Convención Americana sobre Derechos Humanos adoptada por la Conferencia Especializada sobre Derechos Humanos el 22 de noviembre de 1969, la cual también estableció tanto el derecho al debido proceso con todas sus garantías judiciales en una detalladísima norma (Art. 8), como el derecho de amparo; este último, delineándolo con mayor precisión incluso como institución latinoamericana, establecida como la garantía judicial por excelencia de los derechos humanos, tanto de los regulados en las Constituciones y otras normas del derecho interno, como de los enumerados en los instrumentos internacionales[1328]. En tal sentido, el artículo 25 de la Convención Americana establece:

> "*Art. 25,1.* Toda persona tiene derecho a un recurso sencillo y rápido o a cualquier otro recurso efectivo ante los jueces o tribunales competentes, que la ampare contra los actos que violen sus derechos fundamentales reconocidos por la Constitución, la ley o la presente Convención, aún cuando tal violación sea cometida por personas que actúen en ejercicio de sus funciones oficiales".

Esta consagración del derecho de amparo en la Convención Americana, por otra parte, se configura como una obligación internacional impuesta a los Estados de asegurar a las personas ese recurso efectivo de protección de sus derechos. Por ello, la propia Convención dispone que:

> "*Art. 25,2.* Los Estados Partes se comprometen:
>
> a) A garantizar que la autoridad competente prevista en el sistema legal del Estado decidirá sobre los derechos de toda persona que interponga tal recurso".

3. *El sentido de la regulación del derecho de amparo en los instrumentos internacionales*

A. *Características del amparo en la Declaración Universal y en el Pacto Internacional de Derechos Civiles y Políticos*

Pero ateniéndonos ahora sólo a las regulaciones contenidas en la Declaración Universal de los Derechos Humanos y en el Pacto Internacional de los Derechos Civiles y Políticos, como se ha dicho, en esos instrumentos internacionales, independientemente del derecho a la tutela judicial efectiva, se ha establecido el derecho de toda persona a un recurso efectivo ante los jueces o tribunales nacionales competentes para que la amparen contra las violaciones a sus derechos y libertades funda-

---

1328 *V.*, Allan R. Brewer–Carías, "El amparo en América Latina: La universalización del régimen de la Convención Americana sobre los Derechos Humanos y la necesidad de superar las restricciones nacionales" en *Ética y Jurisprudencia*, 1/2003, Enero–Diciembre, Universidad Valle del Momboy, Facultad de Ciencias Jurídicas y Políticas, Centro de Estudios Jurídicos "Cristóbal Mendoza", Valera, Estado Trujillo, 2004, pp. 9–34.

mentales reconocidos en las respectivas Constituciones, en las leyes y en la propia Declaración Universal y en el Pacto Internacional.

De estas normas internacionales puede decirse que se derivan los contornos de lo que debería ser este recurso de amparo de los derechos fundamentales en el derecho interno de los países, delineados, por lo demás, en forma mucho más amplia de la que existe en los sistemas alemán y español, y que podrían identificarse con base en los siguientes principios:

En *primer lugar,* tanto la Declaración Universal como el Pacto Internacional conciben el amparo como un derecho fundamental. Estimamos que ello deriva de la indicación de que toda persona "tiene derecho" a un recurso efectivo o de un derecho a interponer un "recurso efectivo" para obtener el amparo judicial a sus derechos; de lo que resulta, incluso, que no sólo se trata de que toda persona tenga una garantía adjetiva concretizada en un solo recurso o a una acción de amparo, tutela o protección, sino que toda persona tiene derecho a la protección o amparo judicial. Este es el sentido, por ejemplo, en nuestro criterio de la regulación de la Constitución española. Por ello, en realidad, se puede decir que estamos en presencia de un derecho fundamental de carácter internacional y constitucional de las personas, a tener a su disposición un medio judicial efectivo de protección de sus derechos constitucionales.

En *segundo lugar,* conforme a la Declaración Universal y al Pacto Internacional, el derecho de amparo que en ellos se regula se le debe garantizar a "toda persona" sin distingo de ningún tipo, por lo que corresponde a las personas naturales y a las personas jurídicas o morales; a las personas nacionales y a las extranjeras; a las hábiles y no hábiles; a las personas de derecho público y a las de derecho privado. Es decir, corresponde a toda persona en el sentido más universal.

En *tercer lugar*, el "recurso efectivo" de protección de los derechos y libertades fundamentales de carácter judicial a los que se refieren tanto la Declaración Universal como el Pacto Internacional, puede ser de cualquier clase. Por ello, en realidad, consideramos que puede tratarse de cualquier medio judicial de protección y no necesariamente de una sola y única acción de amparo. Es decir, ni la Declaración Universal ni el Pacto Internacional necesariamente se refieren a un solo medio adjetivo de protección, sino que puede y debe tratarse de un conjunto de medios de protección, lo que puede implicar, incluso, la posibilidad de utilizar los medios judiciales ordinarios si estos garantizan la efectividad de la protección constitucional, o como lo señala la Constitución española, si tienen procedimientos basados en los principios de preferencia y sumariedad.

Por tanto, no puede tratarse de cualquier medio judicial para que se asegure el derecho de amparo, sino que por sobre todo tiene que tratarse de un recurso "efectivo", es decir, que permita obtener la protección al derecho violado en forma rápida y con el resultado protectivo deseado.

En *cuarto lugar*, la Declaración Universal y el Pacto Internacional señalan que el recurso judicial de protección o amparo puede interponerse ante los tribunales nacionales competentes, de lo que resulta que la intención de las regulaciones es que no se trate de un solo y único tribunal competente, como sucede en el caso alemán y español donde la competencia para conocer de la acción de amparo se atribuye al Tribunal Constitucional. Ello, por supuesto, se debe regular en el ordenamiento constitucional interno, pero el fundamento de la regulación de la Declaración Universal y del Pacto Internacional es que ésta sea esencialmente la función del Poder Judicial.

En *quinto lugar,* conforme a la Declaración Universal y al Pacto Internacional este derecho a un recurso efectivo de protección ante los tribunales, se establece para la protección de todos los derechos y libertades fundamentales que estén en la Constitución, en la ley o en los propios instrumentos internacionales, los cuales se denominan derechos fundamentales o constitucionales; y no sólo de ciertos derechos constitucionales, como los específicamente denominados "derechos fundamentales" o libertades individuales en Constituciones como las de Alemania y España.

En *sexto lugar*, la protección que regula el Pacto Internacional es contra cualquier violación a los derechos fundamentales, la cual puede provenir de cualquier acto, omisión, hecho o actuación que viole los derechos y libertades y, por supuesto, también que amenace violarlos, porque no tendría sentido esperar que la violación se produzca para poder acudir a interponer el recurso efectivo de protección. Es decir, este recuro de amparo o de protección tiene que poder interponerse antes de que la violación se produzca, frente a la amenaza efectiva de la violación y, por supuesto, frente a toda violación o amenaza de violación provenga de quien sea.

En *séptimo lugar*, el recurso efectivo que regula tanto la Declaración Universal como el Pacto Internacional se puede interponer contra cualquiera que sea el sujeto activo de la violación, por lo que no puede ni debe haber acto ni actuación alguna excluidas de la protección del amparo, así emane de los particulares o de los poderes públicos. Por ello, la aclaratoria que formula el Pacto Internacional de que el recurso efectivo de protección o amparo también se puede intentar cuando la violación a los derechos y libertades hubiera sido cometida por personas que actúen en ejercicio de sus funciones oficiales, es decir, por funcionarios públicos, lo que hace es dejar por sentado que la acción de amparo también puede interponerse contra particulares, lo cual está sin embargo excluido en Alemania y España.

Por último, en *octavo lugar*, en los casos de violaciones que sean cometidas por personas que actúan en ejercicio de sus funciones oficiales, ni la Declaración Universal ni el Pacto Internacional indican específicamente en ejercicio de cuál Poder Público aquellos actúan, por lo que el recurso efectivo de protección o amparo podría interponerse contra cualquier acto que emane de cualquier funcionario público, sea una ley, un acto administrativo, una sentencia judicial, una vía de hecho, en fin, contra cualquier actuación u omisión realizada en ejercicio de la función pública.

Esto implica, por otra parte, que el recurso de amparo se podría interponer directamente contra el acto lesivo, sin que se tengan que agotar otras vías judiciales, es decir, sin que tenga que tener un carácter subsidiario como sucede en Alemania y en España, donde en definitiva el recurso siempre se tiene que interponer contra la decisión judicial que agote las vías ordinarias previas.

Ese es, en realidad, el marco que establecen la Declaración Universal y el Pacto Internacional de Naciones Unidas, y es ese el que debería prevalecer en los derechos internos de los países que han ratificado esos instrumentos. Ese parámetro, por otra parte, quizás fue tomado en cuenta para la consagración en el Proyecto de Constitución Europea de este derecho de amparo, más allá del derecho a la tutela judicial efectiva general.

B. *Características del amparo en la Convención Americana sobre Derechos Humanos y el Régimen Nacional Venezolano*

Conforme al antes mencionado artículo 25 de la Convención Americana sobre Derechos Humanos, cuya redacción y lenguaje sigue los del Pacto Internacional de los Derechos Civiles y Políticos, toda persona tiene derecho a un recurso sencillo y rápido o a cualquier otro recurso efectivo ante los jueces o tribunales competentes, que la amparen contra actos que violen sus derechos fundamentales reconocidos en la respectiva Constitución y en las leyes, y en la propia Convención Americana[1329].

De esta norma internacional puede decirse que se derivan los contornos de lo que debería tener esta acción de amparo, de tutela o de protección de los derechos fundamentales en los derechos internos, los cuales lamentablemente en muchos países se encuentran parcialmente restringidos. El sentido de la regulación contenida en la Convención Americana, puede decirse que se conforma por los siguientes elementos:

En *primer lugar,* en la Convención Americana también se concibe al amparo como un derecho fundamental, es decir, como un derecho en sí mismo y no sólo como una garantía adjetiva. Se indica en efecto que toda persona "tiene derecho" a un recurso; por lo que no sólo se trata de que toda persona sólo deba tener a su disposición una garantía adjetiva concretizada en un solo recurso o en una acción de amparo, tutela o protección, sino que toda persona tiene derecho a la protección o amparo judicial. Por ello, en realidad, estamos en presencia de un derecho fundamental de carácter internacional y constitucional de las personas, a tener a su disposición medios judiciales efectivos, rápidos y eficaces de protección.

En *segundo lugar,* la Convención regula un derecho que se le debe garantizar a "toda persona" sin distingo de ningún tipo, por lo que corresponde a las personas naturales y a las personas jurídicas o morales; a las personas nacionales y a las extranjeras; a las hábiles y no hábiles; a las personas de derecho público y a las de derecho privado. Es decir, corresponde a toda persona en el sentido más universal.

En *tercer lugar*, los mecanismos judiciales de protección de los derechos humanos a los que se refiere la Convención Americana pueden ser variados. La Convención habla de un medio efectivo, rápido y sencillo que por tanto, puede ser de cualquier clase. Por ello, en realidad, puede tratarse de cualquier medio judicial y no necesariamente una sola y única acción de protección o de amparo. Es decir, la Convención no necesariamente se refiere a un solo medio adjetivo de protección, sino que puede y debe tratarse, además de la acción de amparo, de un conjunto de medios de protección que puede implicar, incluso, la posibilidad de utilizar los medios judiciales ordinarios, como por ejemplo sucede con los *writs* en el derecho angloamericano.

1329 *V.*, Allan R. Brewer–Carías, «Hacia el fortalecimiento de las instituciones de protección de los derechos humanos en el ámbito interno», en *Presente y Futuro de los Derechos Humanos, Ensayos en honor a Fernando Volio Jiménez*, Instituto Interamericano de Derechos Humanos, San José, Costa Rica, enero 1998, pp. 3-31, y en *Material de Apoyo. XVIII Curso Interdisciplinario en Derechos Humanos,* Instituto Interamericano de Derechos Humanos, San José, Costa Rica, Agosto 2000; y "El fortalecimiento de las instituciones de protección de los derechos humanos en el ámbito interno" en *Reflexiones sobre el constitucionalismo en América,* Editorial Jurídica Venezolana, Caracas 2001, pp. 88 y ss.

En *cuarto lugar*, la Convención señala que el medio judicial de protección o la acción de amparo puede interponerse ante los tribunales competentes, de lo que resulta que la intención de la Convención es que no se trata de un solo y único tribunal competente. Ello, por supuesto, se debe regular en el ordenamiento interno, pero el fundamento de la regulación de la Convención es que ésta debe ser esencialmente la función del Poder Judicial, como también sucede, por ejemplo, en los sistemas anglo–americanos donde el amparo existe sin que se lo denomine como tal. En esos sistemas los jueces cotidianamente dictan órdenes o decisiones de *mandamus*, *injunctions* y *prohibitions*, es decir, todos los tipos de decisiones judiciales que equivalen al amparo en América Latina, como parte de la cotidianidad de la acción del juez, sin que tengan una característica adjetiva especial.

En *quinto lugar,* conforme a la Convención, este derecho a un medio efectivo de protección ante los tribunales se establece para la protección de *todos* los derechos constitucionales que estén en la Constitución, en la ley, en la propia Convención Americana o que sin estar en texto expreso, sean inherentes a la persona humana, por lo que también son protegibles aquellos establecidos en los instrumentos internacionales. Por ello, aquí adquieren todo su valor las cláusulas enunciativas de los derechos, que los protegen aun cuando no estén enumerados en los textos, pero que siendo inherentes a la persona humana y a su dignidad, deban ser objeto de protección constitucional.

Además, en *sexto lugar*, la protección que regula la Convención es contra cualquier acto, omisión, hecho o actuación que viole los derechos y, por supuesto, también que amenace violarlos, porque no hay que esperar que la violación se produzca para poder acudir al medio judicial de protección. Es decir, este medio de protección tiene que poder existir antes de que la violación se produzca, frente a la amenaza efectiva de la violación y, por supuesto, frente a toda violación o amenaza de violación cualquiera que sea su origen. Es decir, no puede ni debe haber acto ni actuación alguna excluida del amparo, así emane de los particulares o de los Poderes Públicos, en cualquier forma, sea una ley, un acto administrativo, una sentencia, una vía de hecho, una actuación u una omisión.

Este es, en realidad, el parámetro que establece la Convención Americana sobre el amparo, el cual si bien no se sigue completamente en muchos países de América Latina, por el contrario, si puede decirse que se sigue en la regulación del amparo en Venezuela. En efecto, como se ha señalado, de acuerdo con la norma del artículo 27 de la Constitución, resulta lo siguiente:

Primero, que el amparo se consagra como un derecho fundamental de toda persona, a ser amparado por los tribunales en el goce y ejercicio de los derechos y garantías constitucionales.

Segundo, se trata de un derecho que corresponde a "toda persona" en el sentido de toda persona natural que se encuentre en el territorio nacional o de toda persona jurídica domiciliada o que tenga intereses en el mismo.

Tercero, es un derecho que permite ser amparado en el goce y ejercicio de todos los derechos y garantías que se establecen y enumeran en la Constitución y en los tratados internacionales; y de aquellos que no estando expresamente enunciados en la Constitución y en esos instrumentos, sean inherentes a la persona humana. Por tanto, todos los derechos son justiciables por la vía del amparo.

Cuarto, es un derecho, el de ser amparado, que puede ejercerse para buscar protección judicial contra cualquier violación o amenaza de violación de esos derechos o garantías constitucionales, provengan de actos, hechos u omisiones de funcionarios o entidades públicas o de otros particulares.

Quinto, para que proceda el ejercicio del derecho a ser amparado ante los tribunales, se requiere que el derecho o garantía constitucional sea directamente lesionado en su goce o ejercicio, sea que con ello se viole directamente la Constitución, los instrumentos internacionales o las leyes que conforme a la Constitución regulan o garantizan el derecho.

Sexto, la Constitución atribuye competencia judicial para conocer de las pretensiones de amparo a "los tribunales", con lo cual expresamente se apartó de los sistemas que regulan el amparo como un medio adjetivo único que debe ejercerse ante un solo órgano jurisdiccional (Tribunal Constitucional). Además la protección del amparo puede pedirse, ya sea conjuntamente con el ejercicio de las acciones o recursos ordinarios o extraordinarios previstos en el ordenamiento procesal, o mediante una acción autónoma de amparo. Adicionalmente, se establece que todo tiempo es hábil y el tribunal debe tramitar el amparo con preferencia a cualquier otro asunto.

Séptimo, la Constitución exige que el procedimiento ante los Tribunales para el ejercicio del derecho de amparo debe ser oral, público, breve, gratuito y no sujeto a formalidad (y efectivo, en los términos de la Declaración Universal), teniendo el Juez competente potestad "para restablecer inmediatamente la situación jurídica infringida o la situación que más se le asemeje".

4. *El derecho de amparo y la acción de amparo en la Ley Orgánica de Amparo sobre Derechos y Garantías Constitucionales de 1988*

El derecho de amparo fue establecido por primera vez en Venezuela, en el artículo 49 de la Constitución de 1961, en el cual, como lo afirmó Héctor Fix-Zamudio, "consagró definitivamente el derecho de amparo como instrumento procesal para proteger todos los derechos fundamentales de la persona humana consagrados constitucionalmente", en lo que calificó como "uno de los aciertos más destacados en la avanzada Carta Fundamental de 1961"[1330]. Como se ha dicho, esta orientación se acentuó en el texto de la Constitución de 1999.

En efecto, el gran aporte del texto constitucional con relación a la protección de los derechos fundamentales, ha sido la consagración del amparo como un derecho fundamental más, y no sólo como una garantía. Ello resulta, además, de la configuración jurisprudencial del derecho del amparo, conforme a la cual puede sostenerse que la Constitución no consagró solamente una "acción de amparo" para proteger los derechos constitucionales, sino que lo que previó fue "un derecho fundamental al amparo" con la consecuente obligación de todos los tribunales de amparar a las personas en el goce y ejercicio de los derechos y garantías consagrados en la Constitu-

---

1330 *V.*, Héctor Fix Zamudio, "Algunos aspectos comparativos del derecho de amparo en México y Venezuela", *Libro Homenaje a la Memoria de Lorenzo Herrera Mendoza,* UCV, Caracas, 1970, Tomo II, pp. 333–390. *V.*, además, Héctor Fix Zamudio, "La teoría de Allan R. Brewer-Carías sobre el derecho de amparo Latinoamericano y el juicio de amparo mexicano", en *El derecho público a comienzos del siglo XXI. Estudios en homenaje al Profesor Allan R. Brewer-Carías,* Editorial Thomson Civitas, Madrid, 2002, Tomo I, pp. 1125 y ss.

ción, o que sin estar enumerados en el texto, sean inherentes a la persona humana[1331].

Con esa orientación se dictó la Ley Orgánica de Amparo sobre Derechos y Garantías Constitucionales en vigencia a partir del 22 de enero de 1988[1332], lo cual, sin duda, fue una de las leyes más importantes que se dictaron en el país después de la propia Constitución de 1961[1333].

Por eso la Sala Político Administrativa de la Corte Suprema de Justicia en sentencia de 31 de enero de 1991, al referirse al amparo como remedio judicial extraordinario para la defensa de los derechos y garantías constitucionales desarrollado en la Ley Orgánica, señaló que ello:

> "Constituye un logro importante y trascendente para la plena vigencia del Estado de derecho existente en el país hace ya más de tres décadas, y se erige como un instituto fundamental, de rango superior sobre cualquier otra norma que pudiera oponérsele dentro del propio ordenamiento constitucional venezolano"[1334].

Ahora bien, la Ley Orgánica de Amparo sobre Derechos y Garantías Constitucionales, al regular y consagrar la acción de amparo reconoció expresamente que el ejercicio del derecho de amparo no se agota ni se contrae exclusivamente a dicho medio procesal, sino que puede ejercerse también a través de otras acciones o recursos establecidos en el ordenamiento jurídico. Quedó así, definitivamente resuelta la

---

1331 *V.*, Allan R. Brewer–Carías, *Estado de derecho y Control Judicial,* Madrid 1987, pp. 587 a 657. *V.*, también el libro *El amparo constitucional en Venezuela,* Instituto de Estudios Jurídicos del Estado Lara, 2 Tomos, Barquisimeto, 1987, en los que se recogen una serie de artículos y estudios sobre el amparo constitucional y de decisiones judiciales sobre la admisibilidad del amparo en nuestro país. *V.*, además Gustavo J. Linares Benzo "El Proceso de Amparo en Venezuela", *Revista de la Fundación Procuraduría General de la República,* Nº 2, 1987, pp. 27 a 110.

1332 *V.*, en *Gaceta Oficial* Nº 33.891 de 22 de enero de 1988. La Ley Orgánica fue reformada en 27–9–88, publicada en *Gaceta Oficial* Nº 34.060 de 27–9–88. *V.*, sobre el proyecto de dicha Ley Orgánica: Allan R. Brewer-Carías, "Observaciones críticas al Proyecto de Ley de la Acción de Amparo de los Derechos Fundamentales (1985), y "Proyecto de Ley Orgánica sobre el Derecho de Amparo (1987)" y "Propuestas de reforma al Proyecto de Ley Orgánica de Amparo sobre Derechos y Garantías Constitucionales (1987)", en Allan R. Brewer-Carías, *Estudios de Derecho Público, (Labor en el Senado 1985-1987),* Tomo III, Ediciones del Congreso de la República, Caracas 1989, pp. 71-186.; pp. 187-204. y pp. 205-229.

1333 *V.*, los comentarios sobre la Ley Orgánica que hemos publicado en el exterior: "Comentarios a la Ley Orgánica de Amparo sobre Derechos y Garantías Constitucionales (1988) de Venezuela", en *Revista IIDH,* Instituto Interamericano de Derechos Humanos, N° 6, San José, julio-diciembre 1987, pp. 135-178; "Comentarios a la Ley Orgánica de Amparo sobre Derechos y Garantías Constitucionales (1988) de Venezuela", en *Boletín Mexicano de Derecho Comparado*, Año Nº 63, Año XXI, Instituto de Investigaciones Jurídicas, Universidad Nacional Autónoma de México, México, septiembre-diciembre 1988, pp. 1.107-1.159; "Situación actual del derecho de amparo en Venezuela", en *Estudios en Homenaje al Dr. Héctor Fix-Zamudio*, Tomo III, Derecho Procesal, Universidad Nacional Autónoma de México, México 1988, pp. 1.703-1.759; "El poder judicial en Venezuela y la justicia constitucional: Control de la constitucionalidad y amparo a los derechos fundamentales", en *Elementos para una reforma de la Constitución,* Congreso Internacional sobre la Reforma de la Constitución, Consejo para la Consolidación de la Democracia, Buenos Aires, 1988, pp. 47-135; "El derecho de amparo en Venezuela", en *Revista de Derecho*, N° 1, año V, Facultad de Derecho, Universidad Central, Santiago de Chile 1991, pp. 151-178, y en *Garantías jurisdiccionales para la defensa de los derechos humanos en Iberoamérica,* Instituto de Investigaciones Jurídicas, Universidad Nacional Autónoma de México, México 1992, pp. 7-53.

1334 *V.*, en *Revista de Derecho Público,* Nº 45, EJV, Caracas, 1991, p. 117.

discusión doctrinal sobre si el amparo que consagra la Constitución es en sí mismo un derecho fundamental o si sólo es una garantía adjetiva de los derechos fundamentales. La Ley optó por la primera posición, pues si bien regula la acción de amparo como un medio adjetivo autónomo de protección de los derechos fundamentales, sin embargo establece expresamente que el derecho de amparo de dichos derechos puede ejercerse, también, mediante otras vías procesales consagradas en el ordenamiento jurídico. En palabras de la Sala Constitucional:

> "Resulta así congruente con lo que se ha venido analizando, que la específica acción de amparo constitucional consagrada en el inciso segundo del artículo 27 de la Carta Magna, constituya un medio adicional a los ordinarios en la tarea de salvaguardar los derechos fundamentales. Al contrario de cómo ha venido siendo concebida, dicha acción no entraña un monopolio procesal en cuanto al trámite de denuncias respecto a violaciones a la regularidad constitucional –tal tesis la descarta el sistema de garantías procesales de que disponen los tribunales en el ejercicio ordinario de su función"[1335].

Por ello, en el artículo 3° de la Ley Orgánica se establece la posibilidad de ejercer la acción de amparo contra leyes junto con la acción popular de inconstitucionalidad de las leyes ante la Sala Constitucional del Tribunal Supremo de Justicia; en el artículo 5° se establece expresamente que la pretensión de amparo contra actos administrativos y contra las conductas omisivas de la Administración puede ejercerse conjuntamente con el recurso contencioso administrativo de anulación; y el artículo 6° ordinal 5°, al establecer las causales de inadmisibilidad de la acción de amparo, reconoce implícitamente que se puede formular la pretensión de amparo mediante otras "vías jurídicas ordinarias" o "medios judiciales preexistentes", en los cuales puede "alegarse la violación o amenaza de violación de un derecho o garantía constitucional".

Así lo había reconocido la antigua Corte Suprema de Justicia en Sala Político Administrativa en sentencia de 10 de julio de 1991 (Caso: *Tarjetas Banvenez*), la cual al ser citada en sentencia de la misma Corte de 10 de junio de 1992, la llevó a señalar lo siguiente:

> "El texto de la Ley Orgánica de Amparo prevé fundamentalmente dos mecanismos procesales: la acción autónoma de amparo y la acumulación de ésta con otro tipo de acciones o recursos, modalidades que difieren sustancialmente en cuanto a su naturaleza y consecuencias jurídicas. Por lo que respecta a la segunda de las modalidades señaladas, es decir, la acción de amparo ejercida conjuntamente con otros medios procesales, la referida ley regula tres supuestos: a) la acción de amparo acumulada a la acción popular de inconstitucionalidad de las leyes y demás actos estatales normativos (artículo 3°); b) la acción de amparo acumulada al recurso contencioso administrativo de anulación contra actos administrativos de efectos particulares o contra las conductas omisivas de la Administración (artículo 5°); c) la acción de amparo acumulada con acciones ordinarias (artículo 6°, ordinal 5°)"[1336].

1335 *V.*, en *Revista de Derecho Público*, N° 85–88, EJV, Caracas, 2001, p. 448.

1336 *V.*, sentencia n° 140 del 10-06-1992, en *Revista de Derecho Público,* N° 50, EJV, Caracas, 1992, pp. 183–184.

La Sala sostuvo, además, "que la acción de amparo en ninguno de estos casos es una acción principal sino subordinada, accesoria a la acción o al recurso al cual se acumula, sometido al pronunciamiento jurisdiccional final que se emita en la acción acumulada. Tratándose de una acumulación de acciones, debe ser resuelta por el juez competente para conocer de la acción principal"[1337].

Por tanto, como lo señaló el Informe de la Comisión de Política Interior del Senado de fecha 9 de diciembre de 1987, al estudiar el Proyecto de Ley Orgánica de Amparo sobre Derechos y garantías Constitucionales:

> "el artículo 49 de la Constitución, más que un medio adjetivo procesal, consagra un derecho fundamental, el derecho a ser amparado. De manera que la Constitución no consagra una acción de amparo o un medio adjetivo, sino un derecho fundamental, el derecho a ser amparado... tan fundamental como aquéllos que van a ser objeto de amparo. Y ese derecho puede materializarse, sin duda, a través del ejercicio de múltiples acciones y recursos".

Sin embargo, estimó la misma Comisión que también "era necesario desarrollar el mandato constitucional en una Ley que consagre que la acción de amparo puede ser ejercida por todo habitante del país y ser resuelta de manera sumaria, breve y efectiva para evitar lesiones o daños y restablecer inmediatamente la situación jurídica infringida"[1338], para lo cual precisamente, se sancionó la Ley Orgánica de Amparo.

Al igual que la Constitución de 1961, la Constitución de 1999 no establece "una" acción o recurso de amparo, como un particular medio de protección judicial, sino un "derecho de amparo" o "derecho a ser amparado", como derecho fundamental que se puede materializar y de hecho se materializa, a través de diversas acciones y recursos judiciales, incluso a través de una "acción autónoma de amparo" que regula la Ley Orgánica, y que como se ha visto, ya había venido delineando la jurisprudencia. Este carácter del amparo, como un "derecho constitucional", en nuestro criterio es el elemento clave para identificar la institución venezolana.[1339] Su no consideración como una sola acción o recurso, sino como un derecho, es lo que justificó el cambio de criterio sentado por la Corte Suprema de Justicia en 1983, respecto de su tesis sustentada en 1970, sobre la posibilidad del ejercicio de la acción de amparo aun en ausencia de la ley reglamentaria prevista en la Constitución. Si la norma del artículo 49 hubiera consagrado "una acción o recurso" de amparo, el artículo 50 del texto constitucional de 1961 le hubiera sido inaplicable[1340]; en cambio, si el artículo

---

1337 *Idem.*

1338 *V.*, el "Informe que presenta la Comisión Permanente de Política Interior del Senado referente al Proyecto de Ley Orgánica de Amparo sobre Derechos y Garantías Constitucionales", de 9–12–87, considerado en la sesión del Senado de 14–12–87. *V.*, nuestros estudios sobre el Proyecto de Ley en Allan R. Brewer–Carías, *Estudios de Derecho Público* (*Labor en el Senado 1985–1987*), Tomo III, Caracas, 1989, pp. 71 a 230.

1339 *V.*, Allan R. Brewer–Carías, "El derecho de amparo y la acción de amparo", *Revista de Derecho Público*, Nº 22, EJV, Caracas, 1985, pp. 51 y ss.

1340 Como lo sostenía la Procuraduría General de la República en 1970: "el amparo, más que un derecho, constituye una garantía de protección de los derechos, y de acuerdo con la letra de la Ley sólo los derechos pueden ser ejercidos, aun antes de promulgada la Ley reglamentaria respectiva". *V.*, *Doctrina de la Procuraduría General de la República 1970*, Caracas, 1971. p. 35.

49 de la Constitución de 1961, como la de 1999, consagraba un derecho fundamental, como en efecto sucedía, se aplicaba el texto de dicho artículo 50 de dicha Constitución al disponer que "la falta de ley reglamentaria" de los derechos constitucionales enunciados en el texto, no menoscaba el ejercicio de los mismos[1341]. Este es el criterio que ha sido el dominante de la jurisprudencia y, en nuestra opinión, el más importante elemento diferenciador de la institución de amparo en Venezuela que, además, fue recogido en la Ley Orgánica.

En efecto, en su artículo 1°, la Ley Orgánica de Amparo sobre Derechos y Garantías Constitucionales, establece lo siguiente:

> "Toda persona natural habitante de la República o persona jurídica domiciliada en ésta, podrá solicitar ante los Tribunales competentes el amparo previsto en el artículo 49 de la Constitución, para el goce y el ejercicio de los derechos y garantías constitucionales, aun de aquellos derechos fundamentales de la persona humana que no figuren expresamente en la Constitución, con el propósito de que se restablezca inmediatamente la situación jurídica infringida o la situación que más se asemeje a ella.
>
> La garantía de la libertad personal que regula el hábeas corpus constitucional, se regirá por esta Ley".

Se consagra, sin duda, aquí, el derecho a ser amparado, el cual si bien puede ejercerse mediante la acción autónoma de amparo que regula la Ley, no se agota en ella.

En efecto, la consideración del amparo constitucional como un derecho fundamental a un medio de protección judicial trae como consecuencia, que el amparo no es, precisamente, ni una "acción" ni un "recurso", pues la Constitución no identifica el "derecho de amparo" con ninguna vía o medio judicial concreto, a pesar del que se regula en la Ley Orgánica. Por tanto, tal como está concebido tanto en la Constitución como en el artículo 1° de la Ley Orgánica, el amparo puede materializarse en un recurso, en sentido estricto, de revisión de decisiones administrativas o judiciales, o puede configurarse como un proceso o "una acción autónoma" que no consista necesariamente en la revisión de determinado acto jurídico. Por eso, el amparo puede indistintamente consistir en un "recurso" o en una "acción" autónoma. Depende del objeto de la protección y de la regulación legal.

1341 Este criterio del amparo como un derecho lo destacó en 1970, Jesús Ramón Quintero, cuando al comentar una decisión de la Corte Superior Cuarta en lo Penal en torno a un recurso de amparo de 22 de diciembre de 1969 señaló: Existe pues, según el fallo de la Corte. un derecho de los individuos, de amparo, y un deber u obligación de los Tribunales de concederlo cuando sea procedente. Tal derecho y tal obligación tienen una base en la propia Constitución la cual a su vez, y de un modo terminante que no admite ningún tipo de duda, establece que su solo texto es suficiente para que los Tribunales concedan el amparo, pues la falta de Ley reglamentaria de los derechos, aunque no deseable, no puede convertirse en un obstáculo para el cabal y completo goce y disfrute de esos derechos que la Constitución establece y aun de aquellos que no están establecidos en forma expresa, pero que sean inherentes a la persona humana". *V.*, "Recurso de amparo. La cuestión central en dos sentencias y un voto salvado" en *Revista de la Facultad de Derecho*. Universidad Católica Andrés Bello, N° 9, Caracas, 1969–1970, pp. 161 y 162. En las páginas 166 y siguientes refuerza el mismo argumento. El texto de la sentencia que comenta y del voto salvado a la misma puede verse en pp. 180 a 206. *V.*, asimismo el texto del voto salvado en Otto Marín Gómez, *Protección procesal de las garantías constitucionales de Venezuela. Amparo y Hábeas Corpus*, Caracas, 1983, pp. 229–250.

Pero además, tal como lo concibe tanto el artículo 27 de la Constitución como el artículo 1° de la Ley Orgánica, el amparo no sólo se establece como un *derecho* de las personas a ser amparados en el goce y ejercicio de los derechos y garantías que la Constitución establece y que sean inherentes a la persona, sino que, en realidad, conforme al principio de alteridad, además se configura como un *deber* de los tribunales de amparar a las personas en el goce y ejercicio de tales derechos. Por ello el amparo, tal como está en el texto constitucional, no queda reducido a una acción única y autónoma, necesariamente independiente de todas las otras acciones o recursos judiciales previstos para la defensa de los derechos y garantías constitucionales, sino que la Constitución es lo suficientemente amplia y flexible como para permitir diversos sistemas judiciales de amparo de los derechos y garantías constitucionales, sea a través de acciones o recursos judiciales tradicionales o mediante la vía general de acción de amparo regulada en la Ley Orgánica.

Por tanto, puede haber y hay muchos medios judiciales de protección que permiten a los particulares ser amparados en el goce y ejercicio de sus derechos constitucionales, mediante un procedimiento breve y sumario, en el cual el juez tiene competencia para restablecer inmediatamente las situaciones jurídicas infringidas por cualquiera. En estos casos, no es que esas vías judiciales ya previstas sustituyan el derecho de amparo (o lo desmejoren), sino que sirven como medios judiciales de amparo.

Ahora bien, a pesar de la multiplicidad de vías de protección judicial de los derechos y garantías constitucionales que aseguran el "derecho de amparo" previsto en la Constitución, es indudable que dado el carácter omnicomprensivo de la protección que "en conformidad con la ley" establece el texto fundamental, para que aquél derecho de amparo sea realmente efectivo, como lo había delineado la jurisprudencia, resultó indispensable regular en la Ley Orgánica, una "acción de amparo", que procede sólo si el interesado no ha optado por recurrir a otros medios judiciales de protección y amparo de los derechos y garantías constitucionales legalmente previstos (art. 6, ord. 5°) o cuando frente a actos administrativos o carencias de la Administración, los previstos formalmente en las leyes no sean suficientemente acordes con la protección jurisdiccional, es decir, no constituyan un medio breve, sumario y efectivo, acorde con la protección constitucional (art. 5°).

Por ello, el numeral 5° del artículo 6 de la Ley Orgánica establece dentro de las causales de inadmisibilidad de la acción de amparo, los casos en los cuales "el agraviado haya optado por recurrir a las vías judiciales ordinarias o hecho uso de los medios judiciales preexistentes", en cuyo caso al alegarse la violación o amenaza de violación de un derecho o garantía constitucional, el juez debe acogerse al procedimiento y a los lapsos previstos en la Ley Orgánica para la protección inmediata y ordenar la suspensión provisional de los efectos del acto cuestionado.

Asimismo, y en particular, tratándose del derecho de amparo frente a actos administrativos o conductas omisivas de la Administración, conforme al artículo 5° de la Ley, la acción autónoma de amparo no procede "cuando exista un medio procesal breve, sumario y eficaz, acorde con la protección constitucional" y éste es el que regula precisamente el mismo artículo 5° de la Ley, al establecer que el recurso contencioso administrativo de anulación es un medio breve, sumario y eficaz, y plantear que conjuntamente con el mismo puede formularse la pretensión de amparo, en cuyo caso, no sólo no es necesario agotar la vía administrativa, sino que el recurso puede intentarse en cualquier tiempo, pudiendo el juez, además, suspender los efectos del acto administrativo recurrido como garantía del derecho constitucional violado, mientras dure el juicio de nulidad, conforme al procedimiento establecido en la propia Ley Orgánica (Arts. 5 y 6, ord. 5°).

Por tanto, si bien el "derecho de amparo" puede asegurarse a través de múltiples vías (acciones o recursos) judiciales preexistentes, en cuyo caso, el "derecho de amparo" no se identifica con ningún recurso o acción judicial concreto; en el caso de "la acción de amparo" que regula la Ley Orgánica, ésta procede en todo caso, salvo cuando se haya optado por otro medio de protección o de amparo previsto en el ordenamiento jurídico. En materia de amparo contra actos administrativos, la acción autónoma de amparo sólo procede cuando la vía contencioso administrativa no sea un medio efectivo acorde con la protección constitucional.

Pero el derecho de amparo que prevé el artículo 27 de la Constitución, y que regula la Ley Orgánica, como hemos indicado, también permite asegurar la protección de los derechos fundamentales infringidos por actos estatales, a través de la acción de inconstitucionalidad de las leyes (acción popular) o de la desaplicación de una ley por cualquier juez (el denominado control difuso de la constitucionalidad); a través del recurso de casación respecto de sentencias, y mediante el recurso contencioso administrativo de anulación de los actos administrativos. Asimismo, permite asegurar la protección de los derechos fundamentales vulnerados por otros particulares a través de las vías judiciales del proceso ordinario.

Por supuesto, para que estas vías judiciales sirvan de medio de amparo constitucional, el legislador ha perfeccionado sus mecanismos de protección: por ejemplo, en el recurso de inconstitucionalidad de las leyes, cuando ésta se fundamente en la violación de un derecho o garantía constitucional, en virtud de la nulidad absoluta que ello implica, se ha provisto en la Ley Orgánica la potestad de la Corte Suprema de desaplicar los efectos de la ley impugnada *respecto del caso concreto* mientras se decide el recurso (art. 3°); en el recurso de casación, cuando la denuncia de la sentencia recurrida consista en el alegato de la violación por la misma de un derecho o garantía constitucional; y en el recurso contencioso administrativo, cuando el motivo del mismo sea la violación de un derecho constitucional por el acto recurrido, se ha eliminado la exigencia de agotamiento de la vía administrativa y del lapso de caducidad, dada la nulidad absoluta alegada, y se permite al juez recurrir en forma más expedita a los procedimientos de urgencia y abreviación de lapsos, así como a la suspensión de efectos del acto recurrido (arts. 5 y 6, ord. 5°).

Pero además, hemos dicho, el derecho de amparo conforme a la Ley Orgánica permite lograr la adecuada protección de los derechos y garantías constitucionales a través de una "acción de amparo" autónoma, la cual, por supuesto, aparece en el ordenamiento como absolutamente diferenciada de la acción o recursos de inconstitucionalidad de las leyes, del recurso de casación, de las acciones contencioso administrativas y de otros medios judiciales. Una de las características de esta acción judicial autónoma de amparo, es que *no presupone el que se hayan agotado vías judiciales previas para poder intentarse,* lo que hace que la institución de la acción de amparo en Venezuela se diferencie con el recurso de amparo que se ha desarrollado en Europa y, particularmente, en Alemania y España. En estos países, en realidad, el recurso de amparo es un auténtico "recurso extraordinario" que se intenta, en principio, contra decisiones judiciales. En Alemania, por ejemplo, el recurso de amparo constitucional que se intenta ante el Tribunal Constitucional Federal, exige el agotamiento previo de las vías judiciales ordinarias, por lo que, en definitiva, se traduce en un recurso contra una decisión judicial respectiva, aun cuando excepcionalmente procede la acción directa de amparo en ciertos casos específicos y respecto a un número muy limitado de derechos constitucionales[1342]. En España, el recurso de amparo que se intenta ante el Tribunal Constitucional, también exige el agotamiento previo de las vías judiciales y, particularmente, si se trata de un amparo en relación con actividades administrativas, en definitiva se requiere siempre el agotamiento previo a la vía judicial contencioso administrativa. Por eso, en España, el recurso de amparo se configura como un recurso revisor de sentencias de los Tribunales Contencioso Administrativos[1343].

En el caso venezolano, en cambio, la acción autónoma de amparo *no exige el agotamiento previo de las vías judiciales* ni se configura, por tanto, como un recurso extraordinario contra sentencias judiciales. Se trata, sí, de una acción judicial autónoma que sólo procede cuando no se opte por otros recursos o acciones judiciales que permitan mediante procedimientos breves y sumarios, obtener amparo y protección de los derechos y el restablecimiento inmediato de los mismos (art. 6, ord. 5º) o en materia de amparo contra actos administrativos o conductas omisivas de la Administración, cuando la vía contencioso administrativa no sea un medio efectivo de protección constitucional[1344]. En estos casos, no es que la acción de amparo requiere el agotamiento previo del recurso contencioso administrativo de anulación, cuando la violación del derecho constitucional la produce un acto administrativo, sino que el recurso contencioso administrativo puede ser en sí mismo el medio de amparo. Por ello, en el caso de actos administrativos, cuando el recurso contencioso administrativo no sirva efectivamente como medio de amparo dadas las particulares circunstancias del caso concreto, es que la acción autónoma de amparo procede (art. 5º).

Por otra parte, debe señalarse que el derecho de amparo, de acuerdo a la Constitución y la Ley Orgánica, se puede ejercer ante "los tribunales" en conformidad con la Ley, por lo que de acuerdo a la organización del sistema judicial y procesal, no existe una única acción judicial ante un sólo tribunal, prevista para garantizar el ejercicio y goce de los derechos constitucionales. Hemos dicho que de acuerdo a la Constitución no se prevé el derecho de amparo como una sola acción o recurso, que se intenta ante un solo Tribunal, con el objeto de amparar el goce y ejercicio de los

---

1342 *V.*, R. Schlaich, "Procedures et techniques de protection des droits fondamentaux. Tribunal Constitutionnel Fédéral Allemand" en L. Favoreu (ed.), *Cours constitutionnelles Européennes et Droits Fondamentaux,* Paris, 1982, pp. 105–164.

1343 *V.*, J. L. García Ruiz, *Recurso de Amparo en el Derecho Español,* Madrid, 1980; F. Castedo Álvarez, "El recurso de amparo constitucional" en Instituto de Estudios Fiscales, *El Tribunal Constitucional,* Madrid, 1981 Tomo I, pp. 179–208.

1344 Este carácter subsidiario que le habíamos atribuido a la acción autónoma de amparo en materia de amparo contra actos administrativos y que la jurisprudencia había confirmado, no significaba, como lo señaló H. Rondón de Sansó, que "sólo es admisible cuando hubiesen sido agotados todos los recursos ordinarios que para el caso específico el sistema jurídico prevé" (*V.*, en "El amparo constitucional en Venezuela", *Revista de Derecho Público,* Nº 25, EJV, Caracas, 1986, p. 56). Al contrario, como ya lo habíamos explicado (*V.*, Allan R. Brewer–Carías, "El derecho de amparo y la acción de amparo, *Revista de Derecho Público,* nº 22, EJV, Caracas, 1985, pp. 53–54) la subsidiariedad de la acción autónoma de amparo contra actos administrativos derivaba de que procedía cuando el "recurso contencioso administrativo de anulación y amparo" no era un medio efectivo de protección. *V.*, además, Allan R. Brewer–Carías. *Estado de derecho y Control Judicial, cit.*, pp. 628 y ss.

derechos constitucionales, por lo que el ordenamiento regula, a través de recursos y acciones tradicionales, sistemas de amparo de los derechos y garantías constitucionales, mediante procedimientos breves y sumarios con poderes para el juez, para restablecer en forma inmediata situaciones jurídicas subjetivas infringidas.

Por eso, insistimos, en Venezuela, el amparo de los derechos puede obtenerse a través de diversas acciones o recursos que regula el ordenamiento jurídico, por lo que, en definitiva, el derecho de amparo no se traduce en una sola acción o recurso, lo que diferencia nuestro amparo de los recursos de amparo europeos, particularmente el recurso de amparo en Alemania y en España, donde el recurso de amparo es una sola acción que se intenta ante un solo Tribunal, y que sirve como mecanismo para la protección de algunos derechos y garantías constitucionales[1345]. Al contrario, en el caso venezolano, el derecho de amparo se presenta, en realidad, como una vía judicial multiforme que se puede ejercer ante todos los Tribunales, conforme a la Ley, sea mediante las acciones o recursos preexistentes que pueden servir de amparo, siempre que se prevea un procedimiento breve y sumario con poderes para el juez para restablecer las situaciones jurídicas subjetivas infringidas; sea mediante la acción autónoma de amparo prevista en la Ley Orgánica.

II LA COMPETENCIA JUDICIAL EN MATERIA DE AMPARO

De acuerdo con el artículo 27 de la Constitución, y en virtud de que el amparo está concebido como un derecho ciudadano a la tutela judicial efectiva de sus derechos constitucionales, más que como un solo medio procesal específico o garantía de los derechos, puede decirse que todos los jueces de la República pueden ser competentes para conocer de una acción o pretensión de amparo.

Ahora bien, en relación a la competencia judicial para conocer del amparo, conforme a la Ley Orgánica, la misma está condicionada por las dos modalidades de ejercicio del derecho de amparo: sea en forma conjunta con otra acción o recurso o como acción autónoma.

En el primer caso, de ejercicio conjunto de la pretensión de amparo junto con una acción de inconstitucionalidad, conforme al artículo 3° de la Ley Orgánica; con una acción contencioso administrativa, conforme al artículo 5° de la Ley Orgánica; o con cualquier otra acción o medio judicial, conforme al ordinal 5° del artículo 6° de la Ley Orgánica, el tribunal competente para conocer de la pretensión de amparo, sin duda, es el tribunal competente para conocer de la acción principal; es decir, en el caso del artículo 3° de la Ley Orgánica, la Sala Constitucional del Tribunal Supremo; en el caso del artículo 5° de la Ley Orgánica, el tribunal de la jurisdicción contencioso administrativa que sea competente para conocer de la nulidad del acto administrativo impugnado; y en el caso del ordinal 5° del artículo 6° de la Ley Orgánica, el tribunal competente para conocer de la acción o medio procesal al cual se acumule la pretensión de amparo.

En todos esos casos de pretensión de amparo acumulada a otras acciones o medios judiciales, por tanto, la competencia judicial para conocer de la solicitud de amparo está resuelta en la propia Ley Orgánica. Es en los casos de ejercicio de la acción autónoma de amparo en los cuales, sin embargo, se han planteado diversas

---

1345 *V.*, H. Fix Zamudio, "El derecho de amparo en México y en España. Su influencia recíproca", *Revista de Estudios Políticos*, N° 7, Madrid, 1979, pp. 254–255.

interpretaciones para definir la competencia judicial, en aplicación del artículo 7 de la Ley Orgánica.

1. *El principio legal de la competencia judicial: los tribunales de primera instancia*

El principio fundamental de la competencia judicial en materia de amparo está establecido en el artículo 7 de Ley Orgánica, que establece:

> "*Artículo.* 7 Son competentes para conocer de la acción de amparo, los Tribunales de Primera Instancia que lo sean en la materia afín con la naturaleza del derecho o de las garantías constitucionales violados o amenazados de violación, en la jurisdicción correspondiente al lugar donde ocurriere el hecho, acto u omisión que motivaren la solicitud de amparo.
>
> En caso de duda, se observarán, en lo pertinente, las normas sobre competencia en razón de la materia".

Se establece así, como principio rector para dilucidar la competencia, el criterio de *la afinidad entre la materia natural del juez y los derechos o garantías denunciados como lesionados.* Como lo ha señalado la Corte Suprema de Justicia:

> "[...] de manera que el juez competente para conocer de la acción es el que se encuentre mayormente familiarizado o especializado con el contenido de esos derechos, con el fin de alcanzar así una mayor efectividad de la institución".[1346]

En todo caso, es evidente que cuando el artículo 7 de la Ley Orgánica hace referencia a "los tribunales de primera instancia", no se está refiriendo formal y orgánicamente a aquellos que en su propia denominación se los califique expresamente como de "Primera Instancia", sino en general, además de a estos, a todos aquellos tribunales, cualquiera que sea su denominación, rango o jerarquía que conozcan en primera instancia dentro de su jurisdicción en la materia afín con la naturaleza del derecho o de la garantía constitucional violados o amenazados de violación, como es el caso de los Tribunales Superiores en lo Contencioso Administrativo o de la Corte Primera de lo Contencioso Administrativo en los casos en los cuales conozcan de asuntos en primera instancia. Por ello, en la sentencia de 16 de noviembre de 1989, la antigua Corte Suprema de Justicia señaló:

> "En efecto, si la idea fue la de que el amparo sea conocido por el juez idóneo, familiarizado y especialista en la materia objeto de la institución protectora: ¿por qué negar a sólo una categoría de esos jueces de primera instancia, por el hecho de no llevar la denominación "Tribunal de Primera Instancia", la competencia natural para conocer de los amparos que denuncien la violación de derechos y garantías integrados dentro de su esfera de competencia por la mate-

---

1346 *V.*, la sentencia de la antigua Corte Suprema de Justicia, Sala Político Administrativa de 16–11–89 (Caso: *Copei–Julio Cesar Moreno*), *Revista de Derecho Público,* N° 40, EJV Caracas, 1989, p. 96, también citada en sentencia de la antigua Corte Suprema de Justicia, Sala Político Administrativa de 17–2–93 (Caso: *Aseguradora Nacional Agrícola*), *Revista de Derecho Público,* N° 53–54, EJV, Caracas, 1994, pp. 246–247; y en sentencia de la antigua Corte Suprema de Justicia, Sala Político Administrativa de 27–5–93, *Revista de Derecho Público,* N° 53–54, EJV, Caracas, 1994, p. 237.

ria?; más aún y por otra parte, cuando este mismo tribunal actúa y conoce, con el máximo rango, en primera instancia dentro de su jurisdicción"[1347].

Por tanto, si bien en materia de la acción autónoma de amparo son competentes todos los tribunales que conozcan de asuntos en primera instancia, en materias afines con los derechos o garantías violados o amenazados de violación, conforme al criterio de la afinidad entre la materia natural del juez y los derechos y garantías lesionados, el Legislador, en el mismo artículo 7 de la Ley Orgánica estableció expresamente la competencia de unos tribunales de primera instancia, con ese rango y denominación en relación al amparo a la *libertad y seguridad personales*, al señalar que "Del amparo de la libertad y seguridad personales conocerán los Tribunales de Primera Instancia en lo Penal, conforme al procedimiento establecido en esta Ley". Esta competencia de los Tribunales de Primera Instancia en lo Penal se ratifica en el artículo 40 de la Ley Orgánica que establece que "Los Juzgados de Primera Instancia en lo Penal son competentes para conocer y decidir sobre el amparo de la libertad y seguridad personales". En esos casos, prevé además la norma, que los respectivos, "tribunales superiores conocerán en consulta de las sentencias dictadas por aquéllos".

2. *Las excepciones al principio*

Tal como lo ha señalado la antigua Corte Suprema de Justicia en la citada sentencia de 16 de noviembre de 1989 (Caso: *J.C. Moreno–COPEI*), ante el principio de que el conocimiento de las acciones de amparo debe estar atribuido a los tribunales de primera instancia que tengan competencia afín con el derecho vulnerado, surgen dos excepciones bien claras:

> "1) si no existiere un tribunal de primera instancia de esas características, conocerá cualquier otro tribunal, también de primera instancia, existente en la localidad, pero indudablemente de rango inferior; y 2) un fuero especial para la Corte Suprema de Justicia –mas, siempre en Sala con competencia afín al derecho lesionado (criterio material de afinidad, todavía, presente)– cuando se tratare de amparos contra ciertas autoridades, de alto rango, especialmente señaladas por el legislador"[1348]

A. *Cualquier juez de la localidad con competencia en primera instancia*

La primera excepción mencionada, está establecida en el artículo 9 de la Ley Orgánica que dispone:

> "*Artículo 9.* Cuando los hechos, actos u omisiones constitutivos de la violación o amenaza de violación del derecho o de las garantías constitucionales se produzcan en lugar donde no funcionen Tribunales de Primera Instancia, se interpondrá la acción de amparo ante cualquier Juez de la localidad, quien decidirá conforme a lo establecido en esta Ley. Dentro de las veinticuatro (24) horas siguientes a la adopción de la decisión, el Juez la enviará en consulta al Tribunal de Primera Instancia competente".

1347 *V.*, sentencia de la antigua Corte Suprema de Justicia, Sala Político Administrativa de 16–11–89 (Caso: *Copei–Julio Cesar Moreno*), *Revista de Derecho Público*, N° 40, EJV, Caracas, 1989, pp. 97–98.

1348 *V.*, en *Revista de Derecho Público*, N° 40, EJV, Caracas, 1989, p. 97.

En esta forma, el Legislador, al establecer esta excepción buscó "eliminar obstáculos sobre todo los de orden geográfico y económico"[1349] para el ejercicio de la acción de amparo cuando los hechos, actos u omisiones constitutivos de la violación del derecho o garantías constitucionales se produzcan en un lugar donde no funcionen tribunales de primera instancia. En este caso, la acción puede intentarse ante cualquier juez de la localidad, se entiende, de inferior rango formal[1350].

Una vez que se decida la acción interpuesta, el artículo 9 de la Ley Orgánica exige que se envíe en consulta al Tribunal de Primera Instancia competente, el cual, por supuesto, no necesariamente tiene que ser el superior jerárquico respectivo, sino el que debía conocer en primera instancia del asunto[1351].

B. *El Tribunal Supremo de Justicia*

La segunda excepción al principio de la competencia definida por la afinidad entre la materia natural del juez y los derechos o garantías denunciados como lesionados, está establecida en el artículo 8 de la Ley Orgánica, que establece:

> "*Artículo 8* La Corte Suprema de Justicia conocerá, en única instancia y mediante aplicación de los lapsos y formalidades previstos en la Ley, en la Sala con competencia afín con el derecho o garantía constitucionales violados o amenazados de violación, de las acciones de amparo contra los hechos, actos y omisiones, emanados del Presidente de la República, de los Ministros, del Consejo Supremo Electoral y de los demás organismos electorales del país, del Fiscal General de la República, del Procurador General de la República o del Contralor General de la República".

La única reforma que ha tenido la Ley Orgánica se produjo, precisamente, en relación con este artículo, al agregarse a la enumeración al "Consejo Supremo Electoral y los demás organismos electorales"[1352]. La Sala Constitucional, por otra parte, ha considerado que la enumeración contenida en el artículo 8 de la Ley Orgánica de Amparo es enunciativa y no taxativa, en tanto que existen órganos con rango similar -dada su naturaleza y atribuciones- a los cuales debe extenderse, necesariamente, la aplicación del fuero especial consagrado en el mismo, como fue el caso de la Comisión de Funcionamiento y Reestructuración del Sistema Judicial.[1353]

Ahora bien, en relación con esta norma y con motivo de la creación de la Sala Constitucional del Tribunal Supremo, al interpretar el artículo 27 de la Constitución,

---

1349 *V.*, sentencia de la Corte Primera de lo Contencioso administrativo de 10–9–92 (Caso: *UNET*), *Revista de Derecho Público,* N° 51, EJV, Caracas, 1992, p. 138.

1350 *V.*, sentencia de la antigua Corte Suprema de Justicia, Sala Político Administrativa de 16–11–89 (Caso: *Copei*), *Revista de Derecho Público,* N° 40, EJV, Caracas, 1989, p. 97.

1351 *V.*, sentencia de la Corte Primera de lo Contencioso administrativo de 10–9–92, *Revista de Derecho Público,* N° 51, EJV, Caracas, 1992, p. 138.

1352 La Ley Orgánica, publicada en *Gaceta Oficial* N° 33.891 de 22–1–88, fue reformada por Ley de 17–9–88 *Gaceta Oficial* N° 34.060 de 27–9–88.

1353 *V.*, sentencia N° 432 de 19–5–2000 (Caso: *Elena C. Marval R. y otro vs. Comisión de Funcionamiento y Reestructuración del Sistema Judicial*), en *Revista de Derecho Público*, n° 82, EJV, Caracas 2000, p. 454. En igual sentido sentencia N° 864 de 28–7–2000 (Caso: *Braulio Sánchez vs. Comisión de Funcionamiento y Reestructuración del Sistema Judicial*), en *Revista de Derecho Público*, N° 83, EJV, Caracas 2000, p. 283.

dicha Sala introdujo algunas "reformas" a la ahora derogada Ley Orgánica[1354], en forma que consideramos totalmente irregular pues la Jurisdicción Constitucional no puede ser un "legislador positivo"[1355], con tendencia a la concentración de competencias en materia de amparo.

Esto ocurrió, en *primer lugar,* en el campo de las competencias de las Salas del Tribunal Supremo en materia de amparo. A pesar de que constitucionalmente todas las Salas del Tribunal Supremo serían competentes conforme a la Ley Orgánica de Amparo para conocer de acciones de amparo, la Sala Constitucional en sentencia Nº 1 de 20 de enero de 2000 dictada con motivo de decidir la admisibilidad de una acción de amparo (Caso: *Emery Mata Millán vs. Ministro del Interior y Justicia y otros*), interpretó erradamente los principios constitucionales y resolvió *concentrar* exclusivamente en la propia Sala Constitucional, las competencias para conocer de las acciones de amparo que venían conociendo las otras Salas, en única instancia, contra altos funcionarios nacionales conforme al artículo 8 de la Ley Orgánica de Amparo; o contra las sentencias dictadas en primera instancia por los Tribunales Superiores de la República, la Corte Primera de lo Contencioso Administrativo y las Cortes de Apelaciones en lo Penal; o las apelaciones o consultas de las sentencias dictadas por esos mismos Tribunales cuando conocieran de acciones de amparo en primera instancia.

Estimamos que la Sala Constitucional se extralimitó en su interpretación de la Constitución, pues del texto de la misma no resulta competencia exclusiva alguna de la Sala para conocer de las acciones de amparo que se intenten ante el Tribunal Supremo o de las apelaciones o consultas en relación con sentencias de amparo dictadas por la Corte Primera de lo Contencioso Administrativa, las Cortes de Apelaciones en lo Penal o los Tribunales Superiores[1356]. La Sala Constitucional, en la Constitución, sólo tiene competencia exclusiva para ejercer la Jurisdicción Constitucional, pero no para actuar como único juez constitucional.

Estas competencias de la Sala Constitucional en materia de amparo, en todo caso, fueron recogidas en la Ley Orgánica del Tribunal Supremo de Justicia de 2004, en su artículo 5, párrafo 1, ordinales 18, 19 y 5, que le atribuyen competencia para conocer de acciones de amparo en única instancia contra altos funcionarios nacionales, contra sentencias de última instancia de los tribunales contencioso administrativos, y contra sentencias de los tribunales superiores relativas a reclamos derivados del ejercicio de la libertad de expresión, así:

1354 *V.,* en general, Antonio Canova González, "La Sala Constitucional y su competencia en los procesos de amparo", en: *Estudios de Derecho Administrativo: Libro Homenaje a la Universidad Central de Venezuela,* Volumen I, Imprenta Nacional, Caracas, 2001, pp. 157–176; Luis Martínez Hernández, "Nuevo régimen de acción de amparo con motivo de sentencias dictadas por la Sala Constitucional del Tribunal Supremo de Justicia", en *Estudios de Derecho Público: Libro Homenaje a Humberto J. La Roche Rincón,* Volumen I. Tribunal Supremo de Justicia, Caracas, 2001, pp. 209–265; Rafael Badell Madrid, "El amparo constitucional en la jurisprudencia del Tribunal Supremo de Justicia, *Revista de derecho del Tribunal Supremo de Justicia,* Nº 4, Caracas, 2002, pp. 87 a 129.

1355 Fue Hans Kelsen el que comparó a los Tribunales Constitucionales con ser "*legisladores negativos*" al equiparar la anulación de una ley con su derogación. *V.,* Allan R. Brewer–Carías, *Judicial Review in Comparative Law, op. cit.* p. 192.

1356 Confróntese la apreciación coincidente de Jesús María Casal, *Constitución y Justicia Constitucional,* Caracas, 2000, p. 91.

> "18. Conocer en primera y última instancia las acciones de amparo constitucional interpuestas contra los altos funcionarios públicos nacionales;
>
> 20. Conocer las acciones autónomas de amparo constitucional contra las sentencias en última instancia dictadas por los Tribunales Contencioso Administrativos, cuando su conocimiento no estuviere atribuido a otro tribunal;
>
> 5. Conocer de la acción autónoma de amparo, contra las sentencias que dicten los tribunales superiores como tribunales de primera instancia, que decidan sobre la acción de reclamo para garantizar el derecho humano a réplica y rectificación o para proteger el derecho al honor, a la vida privada, intimidad, propia imagen, confidencialidad y reputación de las personas afectadas directamente por la difusión de mensajes e informaciones falsas, inexactas o agraviantes a través de los prestadores de servicios de radio y televisión. En todo caso el Tribunal Supremo de Justicia, en Sala Constitucional, tiene la potestad para restablecer inmediatamente la situación jurídica infringida".

En materia de apelaciones contra sentencias de amparo, el artículo 5, párrafo 1,5 atribuyó a la Sala Constitucional competencia para conocer en apelación de sentencias de amparo dictadas por los tribunales contencioso administrativos, en los siguientes casos:

> "19. Conocer de las apelaciones de las sentencias dictadas por los Tribunales Contencioso Administrativos, cuando su conocimiento no estuviere atribuido a otro tribunal, con ocasión a la interposición de acciones autónomas de amparo constitucional".

Como en la Ley Orgánica no se atribuye competencia a la Sala Político Administrativa para conocer de las apelaciones contra sentencias de amparo dictadas por los tribunales contencioso administrativo, con esta norma, materialmente se le quita dicha competencia a dicha Sala, y se concentra en la Sala Constitucional.

Además, la Ley Orgánica en su artículo 5, párrafo 1º,5 atribuyó a la Sala Constitucional la siguiente competencia específica en segunda instancia:

> "5. Conocer de las apelaciones contra las sentencias de amparo constitucional contra las sentencias que dicten los tribunales superiores como tribunales de primera instancia, que decidan sobre la acción de reclamo para garantizar el derecho humano a réplica y rectificación o para proteger el derecho al honor, a la vida privada, intimidad, propia imagen, confidencialidad y reputación de las personas afectadas directamente por la difusión de mensajes e informaciones falsas, inexactas o agraviantes a través de los prestadores de servicios de radio y televisión. En todo caso el Tribunal Supremo de Justicia, en Sala Constitucional, tiene la potestad para restablecer inmediatamente la situación jurídica infringida".

Por otra parte, en cuanto a la interpretación de la Sala de que los tribunales contencioso administrativos (incluidos la Sala Político Administrativa y la Sala Electoral) podían continuar conociendo de las acciones de amparo intentadas conjuntamente con acciones de nulidad contra actos administrativos, debe destacarse que fue condicionada en la sentencia antes citada Nº 1 de 20 de enero de 2000 a que "...siempre que el recurso de nulidad o por abstención de la Administración, no se funde en una infracción directa e inmediata de la Constitución"

Debe señalarse que esta salvedad es totalmente contraria a lo previsto en la Constitución en cuanto a la competencia de la Jurisdicción Contencioso Administrativa, definida por el objeto de impugnación, que son los actos administrativos (incluidos los Reglamentos) y no por los motivos de impugnación.

En nuestro criterio, la conclusión que deriva del texto de la Constitución es que todas las Salas del Tribunal Supremo, en el ámbito de sus respectivas competencias, pueden y deben conocer de acciones de amparo sobre derechos y garantías constitucionales; y nada establece el texto constitucional de lo cual pueda derivarse alguna posibilidad de concentración de la competencia en materia de amparo constitucional en la Sala Constitucional, tal y como lo ha hecho la Sala al establecer la antes mencionada "interpretación vinculante".

Posteriormente, la misma Sala Constitucional fue dictando nuevas "normas" reguladoras de la competencia judicial en materia de amparo, en la Nº 1555 de 8 de diciembre de 2000 (Caso: *Yoslena Chamchamire B. vs. Instituto Universitario Politécnico Santiago Mariño*)[1357]; y en la sentencia nº 26 de 25 de enero de 2001 (Caso: *José C.C. y otros vs. Comisión Legislativa Transitoria, Estado Portuguesa*)[1358].

Por último, debe indicarse que conforme a doctrina de la propia Sala Constitucional, la misma se reservó el conocimiento de las acciones de amparo cuando sean intentadas en protección de derechos colectivos o difusos.[1359]

III. EL CARÁCTER EXTRAORDINARIO DE LA ACCIÓN AUTÓNOMA DE AMPARO

Meses antes de la sanción de la Ley Orgánica de Amparo de 1988, la antigua Corte Suprema de Justicia en Sala Político Administrativa en sentencia de 6 de agosto de 1987 (Caso: *RAP*), dejó sentado el principio de que la acción autónoma de amparo era siempre procedente, cuando los medios ordinarios que existieran contra los actos inconstitucionales o ilegales fueran insuficientes para reparar el perjuicio o no fueran idóneos para evitar el daño o la lesión causada por tales actos[1360]. De allí el carácter extraordinario que la jurisprudencia fue desarrollando sobre la acción de amparo, en el sentido de que procede la acción de amparo "cuando se hayan agotado, no existan, o sean inoperantes otras vías procesales que permitan la reparación del daño" o; "en ausencia de una vía judicial o procedimental específica prevista en el ordenamiento jurídico y aplicable al caso". Esta tesis, desarrollada por la antigua Corte en la sentencia citada, "es de vieja data en Venezuela", y consiste en definitiva en que si un medio ordinario "permite la protección del derecho constitucionalizado, el amparo no será procedente. Por el contrario, si no hay proceso idóneo para salvaguardarlo, se abre la vía del amparo". En otras palabras, dijo la antigua Corte Suprema "la acción de amparo resulta improcedente cuando existan medios procesales que permitan obtener los mismos efectos procesales perseguidos por el amparo soli-

1357 *V.*, en *Revista de Derecho Público*, Nº 84, EJV, Caracas, 2000, pp. 304 y ss.

1358 *V.*, en *Revista de Derecho Público*, Nº 85–88, EJV, Caracas, 2001.

1359 *V.*, por ejemplo, sentencia Nº 255 de 15–3–2005 (Caso: *Federación Venezolana de Fútbol vs. Sala Electoral del Tribunal Supremo de Justicia*), en *Revista de Derecho Público*, Nº 101, EJV, Caracas, 2005, p. 212.

1360 *V.*, en *Revista de Derecho Público,* Nº 33, EJV, Caracas, 1987, p. 107.

citado". En definitiva, la antigua Corte en esa sentencia del Caso: *RAP,* concluyó señalando que:

"[...] para que sea dable la concesión de un mandamiento de amparo, el juez que conoce de la solicitud respectiva debe concretar su examen a la verificación de los siguientes aspectos:

1) Que la situación infringida por el acto, hecho u omisión de la autoridad pública o del particular, sea violatorio en forma directa, manifiesta e incontestable de un derecho o garantía constitucionalmente tutelado;
2) Que no exista para el restablecimiento de esa situación jurídica lesionada ningún otro medio procesal ordinario adecuado; y
3) Que la lesión o el derecho o garantía afectados sean de tal naturaleza que no podrían ser reparados mediante la utilización de ese otro medio procesal" [...][1361].

En el mismo sentido como lo indicó la Corte Primera, en sentencia de 12 mayo de 1988:

"Cuando el accionante tenga medios procesales ciertamente eficaces, breves e idóneos, los cuales constituyen para ello garantías suficientes y apropiadas para el caso de ser jurídicamente procedentes, tal circunstancia hace inadecuada, esta vía jurisdiccional (acción de amparo autónoma) para la obtención de lo solicitado"[1362].

En definitiva, lo extraordinario de la acción de amparo autónoma no es que no proceda cuando haya vías ordinarias, ni que para que proceda hay que agotar las que existan, sino que procede cuando éstas no son idóneas, operantes, eficaces y breves acordes con la protección constitucional.

Este carácter extraordinario de la acción autónoma de amparo fue luego precisado por la antigua Corte Suprema en Sala Político Administrativa en sentencia de 14 de agosto de 1990, al calificar dicha acción como "especial" así:

"Tal como lo ha establecido este Máximo Tribunal reiteradamente, la acción de amparo resulta ser de carácter especial, en el sentido de que no puede sustituir los recursos y acciones establecidos para reclamar algún derecho constitucional, si sus respectivos procedimientos son a su vez breves y sumarios, o efi-

---

1361 En *Revista de Derecho Público,* N° 31, 1987, pp. 81, 83, 86, 87 y 88. En igual sentido la sentencia de la Corte Primera de lo Contencioso administrativo de 21–1–88, *Revista de Derecho Público,* N° 33, EJV, Caracas, 1988, p. 110.

1362 *V.*, en *Revista de Derecho Público,* N° 34, EJV, Caracas, 1988, p. 104. *V.*, además, la sentencia de la Corte Suprema en Sala Político Administrativa de 6–12–89, en *V.*, en *Revista de Derecho Público,* n° 41, EJV, Caracas, 1989 p. 41. En igual sentido la sentencia de la misma antigua Corte Suprema de Justicia, Sala Político Administrativa de 23–5–88 señaló que procede la acción de amparo "cuando se hayan agotado, no existan o sean inoperantes otras vías judiciales que permitan la reparación del daño". En el caso resuelto se trataba de una acción de amparo intentada contra un acto de negativa del registro de la propiedad de un inmueble y la Corte resolvió que a dicha negativa de registro podía darse satisfacción mediante los procedimientos administrativos y judiciales previstos, agregando que "no puede la brevedad, efectividad y sumariedad del procedimiento de amparo sustituir lapsos y plazos que el legislador estimó conveniente establecer especialmente en materia de registro de la propiedad inmobiliaria". *V.*, en *Revista de Derecho Público,* N° 35, EJV, Caracas, 1988, p. 125.

caces, para lograr su rápido restablecimiento. Así lo ha manifestado esta Sala en sentencia de fecha 23–5–88, cuando aclaró que no es posible utilizar la acción de amparo, "como sustitutoria de los recursos precisa y específicamente arbitrados por el legislador –en desarrollo de normas fundamentales– para lograr de esta manera el propósito que se pretende en autos. Si tal sustitución se permitiere, el amparo llegaría a suplantar no sólo esa, sino todas las vías procesales establecidas en nuestro sistema de derecho positivo, situación en modo alguno deseable ni deseada por el legislador del amparo". En ese mismo sentido se ha pronunciado la Sala de Casación Civil de esta Suprema Corte, cuando en sentencia de fecha 27–4–88, asentó que el actor tiene la carga procesal de "utilizar el procedimiento normal preestablecido por la ley adecuado a su pretensión, carga que de incumplirse, produce la inadmisión del amparo instaurado". En esa misma sentencia la Sala de Casación Civil, precisó, que el numeral 5 del artículo 6° de la Ley Orgánica de Amparo sobre Derechos y Garantías Constitucionales, debe interpretarse en el sentido de que "no puede entenderse nunca como una facultad libre de acudir o no a las vías establecidas, sino como la carga procesal del actor de utilizar el procedimiento normal preestablecido por la Ley (*omissis*)". En concreto, pues, que si existe "un medio procesal, breve, sumario y eficaz acorde con la protección constitucional", como lo exige el artículo 5° de la Ley Orgánica de Amparo sobre Derechos y Garantías Constitucionales, la acción de amparo en contra de los actos administrativos, actuaciones materiales, vías de hecho, abstenciones u omisiones de la Administración Pública, resulta ser inadmisible, por no darse el presupuesto general de dicha acción cual es su carácter extraordinario"[1363].

En sentido similar en sentencia de 11 de diciembre de 19–12–90, la Sala Político Administrativa de la antigua Corte Suprema precisó:

> "Ha sido el criterio reiterado de la jurisprudencia de este Máximo Tribunal, así como de la doctrina, que la acción de amparo es un remedio judicial extraordinario o especial que sólo procede cuando se hayan agotado, no existan, o sean inoperantes otras vías procesales que permitan la reparación del daño. Igualmente, el artículo 5 de la Ley Orgánica de Amparo sobre Derechos y Garantías Constitucionales señala que la acción de amparo procede cuando no exista un medio procesal breve, sumario y eficaz acorde con la protección constitucional.
>
> Tal requisito procesal objetivo para la admisibilidad de la acción hace del amparo un medio o instrumento judicial que sólo puede ser admitido por el juez una vez verificado que los otros medios ordinarios no son los eficaces o idóneos para restablecer la situación jurídica denunciada. Si existen esos medios, el juez debe abstenerse de admitir la acción de amparo propuesta.
>
> En efecto, la naturaleza extraordinaria o especial del amparo constitucional, tiene como objetivo lograr que dicha institución no sea sustitutiva de los medios ordinarios; igualmente alerta sobre la necesidad de su uso prudente y racional como medio de defensa extremo de los derechos constitucionales admisible sólo cuando sea la única vía idónea y eficaz para el restablecimiento de las li-

---

1363 *V.*, en *Revista de Derecho Público,* N° 44, EJV, Caracas, 1990, p. 134.

bertades públicas o cuando los otros medios sean inoperantes para lograr dicho objetivo”[1364].

En consecuencia, en sentido contrario, cuando en el ordenamiento jurídico exista una vía idónea, eficaz y operante que permita el restablecimiento inmediato de la situación jurídica infringida, acorde con la protección del derecho constitucional, la acción autónoma de amparo es inadmisible. Así lo resolvió la antigua Corte Suprema, por ejemplo, en relación al amparo tributario regulado en el Código Orgánico Tributario: existiendo esta vía para reparar los perjuicios derivados de la abstención administrativa, la acción autónoma de amparo se ha considerado improcedente[1365].

En todo caso, en materia de amparo contra actos administrativos este carácter extraordinario ha sido más desarrollado por la jurisprudencia, por la previsión expresa del artículo 5° de la Ley Orgánica que establece su procedencia “cuando no exista un medio procesal breve, sumario y eficaz, acorde con la protección constitucional”.

IV. EL OBJETO DE LA PROTECCIÓN CONSTITUCIONAL: TODOS LOS DERECHOS Y GARANTÍAS CONSTITUCIONALES

Sea a través de vías judiciales preexistentes o mediante la acción autónoma de amparo, el derecho de amparo en la Constitución y en la Ley Orgánica está configurado para proteger el goce y ejercicio de *todos* los derechos y garantías que establece la Constitución y los instrumentos internacionales sobre derechos humanos (Artículo 27 Constitución). Por ello, en definitiva, el amparo se configura como una garantía fundamental de los derechos humanos y de los derechos constitucionales.

Por otra parte, el derecho de amparo corresponde a *todos* para proteger el goce y ejercicio de los derechos y garantías constitucionales y, por tanto, no sólo protege a los titulares de los mismos cuando se trate de personas naturales, sino también de dichos derechos cuando éstos se ejercen por personas morales. Es indudable que por la amplitud con la cual el artículo 27 de la Constitución consagra el derecho de amparo, la expresión “todo habitante” como titular de la acción conforme al artículo 1° de la Ley Orgánica de Amparo, no la interpretó la jurisprudencia ni el Legislador como referida sólo a las personas naturales, sino que también se refiere, por supuesto, a todas las personas jurídicas, incluso las personas morales de derecho público, pues los derechos que la Constitución establece no sólo son derechos de las personas naturales sino que muchos también se garantizan respecto de las personas morales[1366]. Lo único que exige la Ley Orgánica para el logro de la protección en estos casos es que las personas morales estén domiciliadas en el país (Art. 1).

En cuanto a los derechos y garantías protegidos, en particular de las personas de derecho público territoriales, la doctrina de la Sala Constitucional ha excluido de protección mediante amparo, a las garantías institucionales de la autonomía de los entes político-territoriales establecidas en la Constitución, considerando que los Estados o Municipios sólo pueden acudir al amparo para defender los derechos o liber-

---

1364 *V.*, en *Revista de Derecho Público,* N° 45, EJV, Caracas, 1991, p. 112.

1365 *V.*, sentencia de la antigua Corte Suprema de Justicia, Sala Político Administrativa de 14–8–90 (Caso: *Grespais*), *Revista de Derecho Público,* N° 44, EJV, Caracas, 1990, p. 135.

1366 *V.*, lo indicado por la Corte Primera de lo Contencioso-Administrativo en sentencias de 30–4–87, 24–4–88 y 28–7–88 en FUNEDA, 15 *años de Jurisprudencia de la Corte Primera de lo Contencioso-Administrativo, 1977–1992, Amparo Constitucional,* Caracas, 1994, pp. 141, 180 y 225.

tades de los que puedan ser titulares, como el derecho al debido proceso, o el derecho a la igualdad, o a la irretroactividad de la ley; en cambio, no pueden accionar en amparo para tutelar la autonomía que la Constitución les reconoce o las potestades y competencias que aquélla comporta.[1367]

Pero, como hemos dicho, la acción de amparo se configura como un medio de protección del goce y ejercicio de *absolutamente todos* los derechos y garantías que la Constitución establece, y para corroborar esta afirmación basta recordar que el artículo 27 está ubicado en el Capítulo I que contiene las "Disposiciones Generales" del Título III, que se refiere a los "De los derechos humanos y garantías y de los deberes", teniendo en cuenta que posteriormente, en los ocho capítulos restantes, se regulan separadamente los derechos de los ciudadanos, los derechos civiles, los derechos políticos, los derechos sociales y de las familias, los derechos culturales y educativos, los derechos económicos, los derechos de los pueblos indígenas y los derechos ambientales.

Por esta ubicación de la norma en las Disposiciones Generales citadas, la Ley Orgánica ha sido explícita al señalar que el derecho de amparo procede respeto de "el goce y el ejercicio de los derechos y garantías constitucionales, aun de aquellos derechos fundamentales de la persona humana que no figuren expresamente en la Constitución" (Art. 1).

Por tanto, en Venezuela el amparo no es un medio de protección de sólo ciertos derechos, sino al contrario, de todos los derechos y garantías que la Constitución establece y que además están establecidos en los instrumentos internacionales sobre derechos humanos, teniendo en cuenta, además, que los mismos tienen rango constitucional por expresa previsión del artículo 23 de la Constitución. No tiene aplicación en Venezuela, por tanto, el sistema restrictivo de la acción de amparo que lo prevé sólo para proteger ciertos derechos constitucionales que se llaman "fundamentales" quedando fuera de su ámbito todos los otros, como sucede en España, Alemania y algunos países latinoamericanos como Chile y Colombia[1368]. Al contrario, en Venezuela, *todos* los derechos constitucionales pueden ser objeto de protección mediante la acción de amparo.

Esto llevó al legislador a considerar que mediante el derecho de amparo no sólo se protegen *todos* los derechos y garantías enumeradas en la Constitución, en los artículos 19 a 129, sino, por supuesto, aquéllos que se establecen indirectamente en otras normas constitucionales. Por ejemplo, la garantía de que los entes públicos no le pueden exigir a las personas naturales jurídicas el pago de impuestos y contribuciones que no se hayan establecido en ley formal, y la garantía de que el Estado no establezca ni exija el pago de impuestos en servicio personal, consagrado en el artículo 317 de la Constitución[1369].

1367 *V.*, entre otras, la sentencia N° 1395 de 21–11–2000 (Caso: *Gobernación del Estado Mérida y otras vs. Ministerio de Finanzas*), en *Revista de Derecho Público*, N° 84, EJV, Caracas 2000, pp. 315 ss.

1368 *V.*, Allan R. Brewer–Carías, *El amparo a los derechos y garantías constitucionales, (Una aproximación comparativa)*, Caracas, 1993, pp. 63 ss.

1369 Sin embargo, en algunas sentencias se puede apreciar alguna tendencia restrictiva en esta materia. Por ejemplo, en la de la Corte Suprema de Justicia en Corte Plena de 21–3–88, al solicitarse protección constitucional contra la exigencia del pago de una contribución por renovar un registro de vehículos no previsto en la Ley de Tránsito, y por tanto, evidentemente violatorio de la garantía constitucional de la reserva legal. *V.*, en *Revista de Derecho Público,* N° 34, EJV, Caracas, 1988, p. 105. *V.*, también sen-

Por tanto, el amparo está previsto en la Constitución como un derecho de protección de todos los derechos y garantías constitucionales, sin límites, incluso cuando éstos resultan de principios constitucionales. Así, por ejemplo, lo señaló la Corte Primera en sentencia de 7 de mayo de 1990, al indicar que:

> "El amparo constitucional es el medio directo, efectivo y sumario que el constituyente ha puesto en manos de los ciudadanos y de las corporaciones que los mismos integran, para que sean tutelados no sólo los derechos que ella les garantiza, sino también los principios que rigen el sistema jurídico, tales como el de la actuación democrática; el de la legítima representatividad y de la justicia misma".[1370]

De acuerdo a esta orientación, por tanto, poco importa donde estén ubicados dentro de la Constitución, los derechos o garantías constitucionales. Lo importante es que tengan rango constitucional. Esto lo reconoció expresamente la Corte Primera de lo Contencioso Administrativo en sentencia de 25 de junio de 1993, al precisar que:

> "Ni todos los derechos constitucionales están contenidos en el Título III del Texto Fundamental, ni todas las disposiciones del susodicho título establecen derechos constitucionales. Por lo contrario, existen disposiciones del Título III de la Constitución que lo que establecen son las llamadas "determinaciones de fines del Estado"; por supuesto, estos fines del Estado están encaminados a la protección o facilitación del ejercicio de derechos constitucionales, pero sin establecerlos"[1371].

Por ello, en general, la jurisprudencia ha exigido que para que proceda el amparo se exige la violación inmediata, directa y clara de un derecho o garantía constitucional o de rango constitucional[1372], como por supuesto, serían también los derechos inherentes a la persona humana[1373] conforme al artículo 22 de la Constitución.

En efecto, el derecho de amparo previsto en el artículo 27 de la Constitución también se refiere a aquellos derechos fundamentales que no estén expresamente

---

tencia de la Sala Político-Administrativa de 17–10–88. *V.*, en *Revista de Derecho Público,* N° 36, EJV, Caracas, 1988, p. 91. *V.*, sobre ello Allan R. Brewer–Carías, *Derecho y acción de amparo*, Vol. V, *Instituciones Políticas y Constitucionales, cit.* pp. 209 ss.

1370 *V.*, en FUNEDA, 15 *años de Jurisprudencia, op. cit.*, p. 152.

1371 *V.*, en *Revista de Derecho Público,* N° 53–54, EJV, Caracas, 1993, p. 361.

1372 *V.*,, por ejemplo, sentencias de la Corte Primera de lo Contencioso administrativo de 22–1–88, *Revista de Derecho Público,* N° 33, EJV, Caracas, 1988, p. 109; de 24–5–88, *Revista de Derecho Público,* N° 35, EJV, Caracas, 1988, p. 100; de 30–6–88, *Revista de Derecho Público,* N° 35, EJV, Caracas, 1988, p. 129; de 8–10–91, *Revista de Derecho Público,* N° 48, EJV, Caracas, 1991, p. 138; de 15–9–92 y 16–9–92, *Revista de Derecho Público,* N° 51, EJV, Caracas, 1992, pp. 146 y 150; y de la antigua Corte Suprema de Justicia, Sala Político Administrativa, de 9–5–88, *Revista de Derecho Público* N° 34, EJV, Caracas, 1988, pp. 105 y 116; de 27–6–90, *Revista de Derecho Público* N° 43, EJV, Caracas, 1990 p. 92, y de 26–10–89, *Revista de Derecho Público*, N° 40, EJV, Caracas, 1989, p. 109. *V.*, también de la antigua Corte Suprema de Justicia, Sala Plena de 21–3–88, *Revista de Derecho Público,* N° 34, EJV, Caracas, 1988, p. 105.

1373 *V.*, sentencias de la antigua Corte Suprema de Justicia, Sala Político Administrativa, de 5–10–89, *Revista de Derecho Público,* N° 40, EJV, Caracas, 1989, p. 108; y de 14–8–89, *Revista de Derecho Público*, N° 39, EJV, Caracas, 1989, p. 144.

enunciados en normas constitucionales, pero que sean derechos inherentes a la persona humana, adquiriendo, en este sentido, todo su valor la cláusula abierta contenida en el artículo 22 de la Constitución, que establece lo siguiente:

> "*Artículo 22.* La enunciación de los derechos y garantías contenidas en la Constitución y en los instrumentos internacionales sobre derechos humanos no debe entenderse como negación de otros que, siendo inherentes a la persona, no figuren expresamente en ella. La falta de ley reglamentaria de estos derechos no menoscaba el ejercicio de los mismos".

Por tanto, la acción de amparo protege también todos estos derechos inherentes a la persona humana que no figuran expresamente en el texto, no siendo por supuesto necesaria una ley que reglamente estos derechos para que se pueda garantizar su ejercicio[1374]. Con motivo de este enunciado del artículo 22, por supuesto, adquiere una enorme importancia el elenco de los derechos del hombre que se enuncian en las Declaraciones Universales de los Derechos del Hombre, y en las Convenciones Internacionales formales que regulan los derechos humanos, como la Convención Americana de los Derechos Humanos o los Pactos Internacionales de los Derechos Civiles y Políticos, y de Derechos Económicos y Sociales las cuales, además, tienen rango constitucional, habiendo sido aprobados por leyes especiales por el Congreso[1375].

Por otra parte, en Venezuela, al estar destinado el amparo a proteger todos los derechos y garantías enumerados en la Constitución, el llamado derecho de hábeas corpus se ha configurado como parte del derecho de amparo o, si se quiere, una manifestación del derecho de amparo. En nuestro país, esto resultaba claro de la regulación que traía la Disposición Transitoria Quinta de la Constitución de 1961 donde se afirmaba que "el amparo a la libertad personal, hasta tanto se dicta la ley especial que lo regule conforme al artículo 49", procederá de acuerdo con una serie de reglas procesales que allí se establecieron, destinadas a proteger a los particulares respecto a la privación o restricción de su libertad con violación de las garantías constitucionales. Al hablar dicha Disposición Transitoria de "amparo a la libertad personal" y remitir al artículo 49, en definitiva, implicaba que el derecho de amparo previsto en el artículo 49, también estaba destinado a amparar la libertad personal y que sólo transitoriamente se establecía un procedimiento específico en esta Disposición, pero sin que en Venezuela realmente se configurase un derecho de hábeas corpus distinto al derecho general de amparo, regulado en el artículo 27 de la Constitución.

Esta concepción es la misma de la Constitución de 1999 y fue confirmado expresamente en la Ley Orgánica de Amparo al establecer en su artículo 1° que "La garantía de la libertad personal que regula el *hábeas corpus* constitucional, se regirá por esta ley"; destinando a ello los artículos 38 a 47 de la misma.

1374 *V.*, por ejemplo, sentencia de la antigua Corte Suprema de Justicia, Sala Político Administrativa de 5–10–89 en *Revista de Derecho Público,* N° 40, EJV, Caracas, 1989, p. 108.

1375 *V.*, en *Gaceta Oficial* N° 31.266 de 14–6–77 y N° 2.146 Extra. de 28–1–78.

V. EL CARÁCTER CONSTITUCIONAL DE LA VIOLACIÓN A LOS DERECHOS (LA VIOLACIÓN DIRECTA)

Como el amparo procede para la protección de todos los derechos y garantías constitucionales o de rango constitucional, incluso los inherentes a la persona humana no enumerados en el texto, la violación o amenaza de violación que se requiere para su procedencia es, precisamente, una que afecte un derecho o garantía constitucional, siendo necesaria que dicha violación sea directa.

En todo caso, violación directa de un derecho y garantía constitucional no es lo mismo que violación directa de una norma constitucional. Ello se deriva del propio artículo 27 de la Constitución al precisar que el objeto de la protección que concede la acción de amparo, es el goce y ejercicio de los derechos y garantías constitucionales frente a las violaciones o amenazas de violaciones de los mismos, por lo que no sólo procede la protección cuando pueda haber una violación *directa* de alguna norma constitucional, sino también, por supuesto, cuando haya violación de las normas legales que regulan el ejercicio y goce de dichos derechos. Por ello estimamos que no tiene fundamento alguno en Venezuela pretender restringir el ejercicio de la acción de amparo, solamente cuando exista una violación directa de la Constitución[1376].

En efecto, no debe olvidarse que los derechos y garantías constitucionales en Venezuela no tienen una regulación uniforme y su consagración en la Constitución da origen a una efectividad diferente de dichos derechos y garantías. En efecto, en primer lugar pueden identificarse los "derechos absolutos" o "intangibles" entre los cuales está el derecho a la vida; el derecho a no ser incomunicado; a no ser sometido a tortura o procedimiento que cause sufrimiento físico o moral, lo que no es otra cosa que el derecho a la integridad personal; el derecho al debido proceso, el derecho a la información; y el derecho a no ser condenado a penas perpetuas o infamantes o restrictivas de la libertad personal por más de treinta años. Estos derechos enunciados en la propia Constitución están establecidos en tal forma en el Texto Fundamental, que puede decirse que son derechos que no son limitables ni regulables por el Legislador siquiera, y que además, son derechos cuyas garantías no pueden restringirse en situaciones de estado de excepción (art. 337). Salvo estos derechos absolutos o intangibles, en cambio, todos los otros derechos y garantías tienen la posibilidad de ser regulados o limitados por el legislador, y sus garantías pueden

---

1376 La tesis fue expuesta en la sentencia de la Corte Suprema de Justicia en Sala Político-Administrativa de 28-10-83. *V.*, en *Revista de Derecho Público,* Nº 16, EJV, Caracas, 1983, pp. 169–170. Véanse los comentarios del Magistrado Ponente de dicha sentencia, René De Sola, "Vida y Vicisitudes del Recurso de Amparo en Venezuela", *Revista del Instituto Venezolano de Derecho Social,* Nº 47, Caracas, 1985, p. 58 (publicado también en *Revista SIC,* Nº 472, Caracas, 1986, pp. 74 y ss.). Afortunadamente, la Corte Primera de lo Contencioso-Administrativo en sentencia de fecha 13 de febrero de 1986 ha definido la tesis contraria, que nosotros hemos propugnado, al señalar que "el amparo como acción especial, exige para su admisión y procedencia, que se requiera como protección frente a una violación de una norma constitucional, o legal, que desarrolle un derecho fundamental de progenie constitucional. De modo que el derecho que se dice infringido puede estar consagrado en una ley o en la Constitución" (Ponente: R. J. Duque Corredor). Caso *Federación Venezolana de Tiro. V.*, en *Revista de Derecho Público,* Nº 25, EJV, Caracas, 1986, pp. 114–117.

ser objeto de medidas de restricción; e incluso, algunos quedan constitucionalmente sometidos a las regulaciones legislativas.[1377]

De acuerdo con ello, por tanto, no tiene sentido el señalar que el derecho de amparo y, en particular, la acción de amparo, procede sólo cuando se viola la Constitución en forma directa, pues la mayoría de los derechos no sólo tienen consagración constitucional, sino que por virtud de la propia Constitución, están sometidos en su ejercicio a las prescripciones y regulaciones que deba establecer el Legislador. Por tanto, el derecho de amparo también procede cuando la violación o amenaza de violación de un derecho o garantía constitucionales, implique una violación directa de las leyes que regulen el ejercicio y goce de los mismos.

Esta exigencia de violación directa de un derecho o garantía constitucional, independientemente de que el mismo esté regulado en normas de rango legal, fue un tema tratado y precisado por la jurisprudencia desde antes de la sanción de la Ley Orgánica de Amparo de 1988. Inicialmente, con la sentencia de la Corte Suprema de Justicia en Sala Político Administrativa de 20 de octubre de 1983 (Caso *Andrés Velásquez*)[1378], se exigió que la violación directa fuera de una norma constitucional que no tuviera desarrollo legislativo, ello se cambió radicalmente, pues como lo dijo la Corte Primera de lo Contencioso Administrativo, en sentencia de 21 de noviembre de 1990, "hoy en día mantener que el amparo sólo procede cuando se trata de la violación de una norma constitucional que no tiene desarrollo legislativo, significa negar en general la procedencia de este derecho". Por ello la Corte Primera se preguntaba: "¿Qué interpretación debe darse al carácter directo?", señalando que "para que exista violación directa", es necesario que se den las siguientes condiciones:

> "1) Obviamente que exista una norma constitucional consagratoria de un derecho o garantía, o que, sin que la misma esté presente, se trate sin embargo de los derechos inherentes a la persona humana o de los principios sustentadores del sistema jurídico (por ejemplo, obtener la ejecución del fallo).
>
> 2) Que si esta norma está desarrollada por la Ley, por mandato expreso o implícito de la Constitución, esta Ley no contemple como supuesto restrictivo la situación que se plantea en el caso subjudice.
>
> 3) Que el efecto principal querido por el acto o acción objeto del amparo, deba recaer necesariamente sobre el solicitante del mismo.
>
> 4) Que la lesión que se denuncia en el amparo sea producida por una actuación u omisión frontalmente contraria a la norma constitucional, por lo cual no se constituye el supuesto si se está ante una interpretación más o menos plausible de dicha norma.
>
> 5) Desarrollando el punto anterior, la violación directa implica el desconocimiento global, integral, absoluto, del derecho o garantía y no de lesiones parciales al mismo o que puedan graduarse.

1377 Es lo que se ha denominado por la jurisprudencia, derechos consagrados en "normas programáticas". *V.*, las sentencias de la Corte Suprema de Justicia en Corte Plena de 27–2–68 y 12–9–69 en *Gaceta Forense*, Nº 64, 1969, pp. 21 y ss.; y 65, 1969, pp. 10 y ss. respectivamente.

1378 *V.*, en *Revista de Derecho Público*, Nº 16, EJV, Caracas, 1983, pp. 169–170.

6) La lesión directa impide que el acto que de ella derivara sea subsanado por un medio posteriormente empleado".

Estas son las características fundamentales de la violación directa que, de estar presentes, en forma alguna impedirán que se denuncien como correlativamente violadas normas de menor rango, cualquiera que el mismo sea, pero que particularicen el contenido de la disposición constitucional"[1379].

Esta doctrina ya la había expuesto la misma Corte Primera en sentencia de 6 diciembre de 1989, en la siguiente forma:

> "Igualmente se observa que el amparo se acuerda sólo por violación de las garantías y derechos constitucionales. Estas garantías y derechos bien pueden estar recogidos en normas de menor rango, pero no son tales normas las que han de alegarse como conculcadas, sino deberá hacerse referencia al texto que les da origen, por cuanto el carácter extraordinario del amparo impide que se debatan a través del mismo, el cumplimiento o no de las regulaciones y condiciones establecidas en normas que no sean de rango constitucional, lo cual podrá ventilarse por la vía de las acciones ordinarias. De no ser así, la jurisdicción de amparo sería sustitutiva de cualquier otra y se justificarían las críticas y el temor que esta novísima institución ha planteado"[1380].

Por supuesto, y aunque el derecho o garantía constitucional pueda estar regulado y desarrollado en normas legales, la acción de amparo no puede fundamentarse en la sola violación de dichas normas legales. Como lo precisó la antigua Corte Suprema en Sala Político Administrativa, en sentencia de 14 de agosto de 1990, el amparo se acuerda sólo por violación directa e inmediata de garantías y derechos constitucionales; y:

> "Para ello se debe demostrar la lesión sólo de dichas normas, y no de otras de carácter infraconstitucional. En consecuencia, la acción de amparo, siempre de índole constitucional, se justifica en la medida en que sean lesionados o amenazados de lesión, derechos o garantías de ese rango, conforme a los términos del artículo 49 de la Carta Fundamental. No basta, en conclusión, con alegar la violación de normas de inferior jerarquía, las que conforme a lo expuesto no son objeto de protección por el medio específico del amparo –pero sí por otros–; aunque desarrollen preceptos constitucionales es, por lo tanto, indispensable, pero también suficiente, que sea demostrada la vulneración directa del precepto constitucional"[1381].

1379 *V.*, en *Revista de Derecho Público,* Nº 44, EJV, Caracas, 1990, pp. 141 y 142.

1380 *V.*, en *Revista de Derecho Público,* Nº 41, EJV, Caracas, 1990, p. 99. Esta doctrina se ha recogido en las siguientes sentencias de la Corte Primera de lo Contencioso Administrativa de 22–8–90 en FUNEDA *15 años de Jurisprudencia, op. cit.*, p. 138; 16–9–92, en *Revista de Derecho Público,* Nº 51, EJV, Caracas, 1992, p. 151; y 4–12–92, en *Revista de Derecho Público,* Nº 52, EJV, Caracas, p. 165 y en FUNEDA *15 años de Jurisprudencia, op. cit.*, p. 140.

1381 *V.*, en *Revista de Derecho Público,* Nº 44, EJV, Caracas, 1990 p. 143. *V.*, en igual sentido, sentencias de la antigua Corte Suprema de Justicia, Sala Político Administrativa, de 8–11–90, *Revista de Derecho Público,* Nº 44, EJV, Caracas, 1990, p. 141; de 4–4–90, *Revista de Derecho Público,* Nº 42, EJV, Caracas, 1990, p. 112; de 31–1–89, *Revista de Derecho Público* Nº 37, EJV, Caracas, 198, p. 89; de 14–8–89– *Revista de Derecho Público,* Nº 39, EJV, Caracas, 1989, p. 144; y de 4–3–93, *Revista de Derecho Público,* Nº 53–54, EJV, Caracas, 1993, p. 254, en la cual se cita la sentencia de la antigua Corte Supre-

Esta doctrina jurisprudencial ha sido ratificada por la Sala Constitucional del Tribunal Supremo, por ejemplo, en sentencia N° 1556 de 8 de diciembre de 2000 (Caso: *Transporte Sicalpar, C.A. vs. Puertos del Litoral Central, S.A.*), en la cual estableció:

> "Cuando el goce y/o el ejercicio de estos derechos se niega, procede la acción de amparo, si se cumple con el resto de los requisitos de ley para ello. En consecuencia, no están tutelados por la acción de amparo, la infracción de derechos que nacen de la ley en sentido lato, de los tratados internacionales que no versan sobre Derechos Humanos, o que nacen de los contratos"[1382].

El objeto de protección, por tanto, son las situaciones jurídicas derivadas de derechos constitucionales, no pudiendo dirimirse mediante la acción de amparo, derechos subjetivos de rango legal. Como lo resumió la propia Sala Constitucional del Tribunal Supremo en sentencia N° 828 de 27 de julio de 2000 (Caso: *Seguros Corporativos (SEGUCORP), C.A. y otros vs. Superintendencia de Seguros*):

> "En otras palabras, la situación jurídica del ciudadano es un concepto complejo, en el que destacan derechos y deberes, pero la acción de amparo tutela un aspecto de la situación jurídica del ciudadano que son sus derechos fundamentales, pues la defensa de los derechos subjetivos –diferentes a los derechos fundamentales y las libertades públicas– y los intereses legítimos, se realiza mediante recursos administrativos y acciones judiciales. Por ejemplo, no es lo mismo negar la posibilidad a un ciudadano de tener la condición de propietario, que una discusión acerca de la titularidad de un bien entre particulares, cuya protección se ejerce mediante una acción judicial específica: la reivindicación. Pero, si se niega a un ciudadano su derecho a defender su propiedad, se le niega un derecho fundamental, cuyo goce y ejercicio debe ser restituido.
>
> Esto trae como consecuencia, que en el procedimiento de amparo el juez enjuicia las actuaciones de los órganos del poder público o de los particulares, que hayan podido lesionar los derechos fundamentales. Pero, en ningún caso, puede revisar, por ejemplo, la aplicación o interpretación del derecho ordinario, por parte de la administración o los órganos judiciales, a menos que de ella se derive una infracción directa de la Constitución. No se trata de una nueva instancia judicial o administrativa, ni de la sustitución de los medios ordinarios para la tutela de los derechos o intereses, se trata de la reafirmación de los valores constitucionales, en la cual el juez que conoce del amparo puede pronunciarse acerca del contenido o aplicación de las normas constitucionales que desarrollan los derechos fundamentales, revisar la interpretación que de éstas ha realizado la administración pública o los órganos de la administración de justicia, o establecer si los hechos de los que se deducen las violaciones constitucionales, constituyen una violación directa de la Constitución"[1383]

---

ma de Justicia, Sala Político Administrativa de 6–12–89; y sentencia de la Corte Primera de lo Contencioso Administrativo, 17–9–92 FUNEDA en *15 años de Jurisprudencia, op. cit.*, p. 127.

1382 *V.*, en *Revista de Derecho Público,* N° 83, EJV, Caracas, 2000, p. 319.

1383 *V.*, en *Revista de Derecho Público,* N° 83, EJV, Caracas, 2000, pp. 290 ss. En igual sentido véase sentencia de la Sala Constitucional N° 1082 de 27–9–2000 (Caso: *María E. Díaz T. vs. Corte Primera de lo Contencioso Administrativo*), *idem* p. 295 ss.

En definitiva, "si la norma constitucional resulta directamente aplicable a la solución del conflicto, esto es, si la situación en la cual surgió la controversia era canalizable según los fines y contenido de un precepto constitucional o de una norma de rango inferior en cuyo contenido esté reflejado o se encuentra implícito un derecho humano; entonces, al acto, actuación u omisión que le desconoció debe imputársele la causación de una lesión a la regularidad constitucional y, en consecuencia, ser pasible del procedimiento de tutela en vía de amparo... Si tal no fuere, es decir, si la determinada situación jurídica podía conducirse a través de normas en cuyos términos no se verifica el contenido esencial de un derecho humano, las consecuencias derivadas de la no aplicación o falsa aplicación de dichas normas devendría revisable por la jurisdicción ordinaria".[1384]

VI. LA UNIVERSALIDAD DEL AMPARO Y LAS CAUSAS DE LA LESIÓN O AMENAZA DE LESIÓN DE DERECHOS Y GARANTÍAS CONSTITUCIONALES

La acción de amparo procede contra cualquier acto, hecho u omisión de autoridades o de particulares que viole derechos o garantías constitucionales o amenace violarlos. Por tanto, no hay actos, hechos u omisiones que escapen de la acción de amparo.

1. *El amparo contra autoridades y contra particulares*

De acuerdo al artículo 2° de la Ley Orgánica,

> "La acción de amparo procede contra cualquier hecho, acto u omisión provenientes de los órganos del Poder Público Nacional, Estadal o Municipal. También procede contra el hecho, acto u omisión originados por ciudadanos, personas jurídicas, grupos u organizaciones privadas, que hayan violado, violen o amenacen violar cualquiera de las garantías o derechos amparados por esta Ley".

Por tanto, la protección que puede otorgar el juez de amparo al goce y ejercicio de los derechos y garantías constitucionales, se plantea en el texto constitucional y en la Ley Orgánica no solo frente a actuaciones de autoridades públicas que puedan perturbar el goce y ejercicio de los derechos, sino también frente a las perturbaciones que puedan provenir de particulares, individuos o personas morales. En esta materia, la Constitución no distingue, por lo que la Ley Orgánica admite la acción de amparo frente a acciones que provienen de particulares[1385]. Esto también contribuye a diferenciar la acción de amparo en Venezuela de la existente en otros sistemas como los de Brasil o México, o el de España, en los cuales el recurso de amparo sólo se concibe frente a autoridades; o de la existente en otros países en el sentido de limitar la acción contra particulares, solamente cuando ocupen posiciones de poder o ejerzan funciones públicas, por ejemplo, como concesionarios de servicios públicos como sucede en Costa Rica y Colombia.

1384 *V.*, sentencia N° 460 de 6-4-2001 (Caso: *Only One Import, C.A. vs. Guardia Nacional*), en *Revista de Derecho Público*, N° 85-88, EJV, Caracas, 2001, p. 438.

1385 Tal como sucede en Argentina después del caso *Samuel Kot SRL.* de 1958. S. *V.* Linares Quintana, *Acción de Amparo*, Buenos Aires, 1960, p. 25, G. R. Carrio, *Algunos aspectos del recurso de amparo*, Buenos Aires, 1959, p. 13.

Por otra parte, en el caso de protección frente a perturbaciones provenientes de autoridades públicas, sin la menor duda debe afirmarse también que tal como lo regula el artículo 27 de la Constitución y la Ley Orgánica, esta protección procede frente a *toda* actuación pública, es decir, frente a todos los actos estatales y ante los actos materiales y vías de hecho de las autoridades públicas (art. 5°).

Por tanto, la acción de amparo procede contra toda actuación de la Administración, aun cuando no configure un acto administrativo y no abra la vía contencioso administrativa, es decir, procede, por ejemplo, contra las actuaciones materiales de la Administración; contra sus vías de hecho; contra la abstención en actuar o cumplir una obligación; contra las omisiones, en fin, contra toda forma de actuación de la Administración e, incluso, por supuesto, contra determinados actos como los de trámite, cuando no puedan ser impugnados por la vía contencioso administrativa.

Esta universalidad del amparo, por lo demás, fue precisada y desarrollada por la jurisprudencia, tanto de la antigua Corte Suprema como de la Corte Primera de la Contencioso Administrativo. Así lo señaló la Corte Primera de la Contencioso Administrativo en sentencia de 11 de noviembre de 1993 (Caso: *Aura Loreto Rangel*):

> "La lectura del artículo 2 de la Ley Orgánica de Amparo evidencia que no hay prácticamente ningún tipo de conducta, independientemente de su naturaleza o carácter, así como de los sujetos de los cuales provenga, del cual pueda predicarse que está excluido *per se* de su revisión por los jueces de amparo, a los efectos de determinar si vulnera o no algún derecho o garantía constitucional" [1386].

El mismo criterio lo precisó la Sala Político Administrativa de la antigua Corte Suprema en sentencia de 24 de mayo de 1993, así:

> "Son muy amplios los términos en que la acción de amparo está consagrada en el artículo 49 del Texto Fundamental. Así, si bien es incuestionable lo extenso del ámbito de los derechos y garantías susceptibles de ser protegidos y restablecidos mediante esta vía procesal, tampoco puede limitarse a que la lesión sea producto de determinados actos solamente. En efecto, debe igualmente permitirse que cualquier acto lesivo –ya sea un acto, hecho u omisión– de derechos y garantías constitucionales sea posible de cuestionar mediante este medio procesal, ya que, siendo el objetivo de la acción de amparo la protección de cualquier norma que consagre uno de los llamados derechos subjetivos de rango constitucional, no puede sostenerse que esa protección es viable sólo en los casos en que el acto perturbador reúna determinadas características, ya sean desde el punto de vista material u orgánico.
>
> La jurisprudencia de esta Sala ha sido consecuente con ambos principios. En decisión del 31 de enero de 1991 (Caso: *Anselmo Natale, registrada bajo el número 22*) se señaló que "no puede existir ningún acto estatal que no sea susceptible de ser revisado por vía de amparo, entendiendo ésta, no como una forma de control jurisdiccional de la inconstitucionalidad de los actos estatales capaz de declarar su nulidad, sino –como se ha dicho– un remedio de protección de las libertades públicas cuyo objeto es restablecer su goce y disfrute, cuando

1386 *V.*, en *Revista de Derecho Público*, N° 55–56, EJV, Caracas, 1993, p. 284.

alguna persona natural o jurídica, o grupo u organizaciones privadas, amenace vulnerarlas o las vulneren efectivamente" (véase además, en relación a la amplitud de los derechos fundamentales amparables, la decisión del 4–12–90, caso: *Mariela Morales de Jiménez*, N° 661)[1387].

En sentencia de 13 de febrero de 1992, la Corte Primera, por otra parte, precisó:

> "Observa esta Corte que la característica esencial del régimen de amparo, tanto en la concepción constitucional como en su desarrollo legislativo, es su universalidad... por lo cual hace extensiva la protección que por tal medio otorga, a todos los sujetos (personas físicas o morales que se encuentran en el territorio de la nación) así como a todos los derechos constitucionalmente garantizados, e incluso aquéllos que sin estar expresamente previstos en el texto fundamental, son inherentes a la persona humana. Este es el punto de partida para entender el ámbito del amparo constitucional. Los únicos supuestos excluidos de su esfera son aquéllos que expresamente señala el artículo 6 de la Ley Orgánica de Amparo sobre Derechos y Garantías Constitucionales y, desde el punto de vista sustantivo, no hay limitaciones respecto a derechos o garantías específicas.
>
> Respecto a la Administración, el amparo contra la misma es de tal amplitud que se acuerda contra todos los actos, omisiones y vías de hecho, sin hacer exclusión alguna de determinadas materias de su competencia que, como se sabe, están siempre vinculadas con el orden público y con el interés social"[1388].

Por tanto, ninguna actuación u omisión escapa al amparo, habiendo solo quedando excluidos de la acción, conforme se estableció en el artículo 6,6 de la ley Orgánica, "los actos de la Corte Suprema de Justicia"[1389], en virtud de que como lo había previsto el artículo 211 de la Constitución de 1961, no existía la posibilidad de intentar cualquier tipo de recursos contra las decisiones de la Corte.

Por ello, incluso, conforme a la Constitución de 1961, las decisiones de los Cuerpos Legislativos adoptados en uso de sus atribuciones privativas y que conforme al artículo 159 de dicha Constitución no eran susceptibles de veto, examen o control de los otros Poderes del Estado, las mismas podían ser objeto de acción de amparo. Ello fue resuelto expresamente por la antigua Corte Suprema de Justicia en Sala Político Administrativa en sentencia de 31 de enero de 1991 (Caso: *Anselmo Natale*), en la cual señaló que "no puede existir ningún acto estatal que no sea susceptible de ser revisado por vía de amparo, entendiendo ésta, no como una forma de control jurisdiccional de la constitucionalidad de los actos estatales capaz de declarar su nulidad, sino como se ha dicho, un medio de protección de las libertades públicas cuyo objeto es restablecer su goce o disfrute, cuando alguna persona natural o jurídica, o grupos u organizaciones privadas, amenace vulnerarlas o las vulneren

---

1387 *V.*, en *Revista de Derecho Público*, N° 55–56, EJV, Caracas, 1993, pp. 284–285.

1388 *V.*, en *Revista de Derecho Público*, N° 49, EJV, Caracas, 1992, pp. 120–121.

1389 *V.*, sentencia de la Corte Primera de lo Contencioso Administrativa de 18–6–91, en FUNEDA, *15 años de Jurisprudencia op. cit.*, p. 145; y en *Revista de Derecho Público*, N° 46, EJV, Caracas, 1991, p. 124.

efectivamente"[1390]. Por supuesto, si se trata de amparo contra actuaciones de la Administración no es necesario que se trate de un acto administrativo el que cause la lesión[1391], pudiendo intentarse la acción de amparo contra vías de hecho de la Administración[1392].

A continuación haremos especial mención a los casos de acciones de amparo contra los actos jurídicos del Estado, particularmente contra los actos legislativos, de gobierno, administrativos y judiciales (sentencias), particularmente por la necesidad de conciliar el ejercicio de la acción de amparo con el ejercicio de las vías de impugnación de dichos actos. La Ley Orgánica, en este sentido, regula expresamente el amparo contra leyes, contra actos administrativos y contra sentencias y providencias judiciales.

2. *El amparo contra leyes y demás actos normativos*

De acuerdo al artículo 3° de la Ley Orgánica:

> "También es procedente la acción de amparo cuando la violación o amenaza de violación deriven de una norma que colida con la Constitución. En este caso, la providencia judicial que resuelva la acción interpuesta deberá apreciar la inaplicación de la norma impugnada y el Juez informará a la Corte Suprema de Justicia acerca de la respectiva decisión".

Esta es, quizás, una de las instituciones más novedosas que incorporó la Ley Orgánica referida al denominado "amparo contra normas" que vino a perfeccionar y completar el sistema de control de la constitucionalidad de las leyes, agregando un tercer sistema de control (además de los métodos concentrado y difuso), el cual en ciertos aspectos se puede asimilar al denominado en México "amparo contra leyes".[1393] En este caso, se permite el ejercicio del control de la constitucionalidad de las leyes por los jueces cuando conozcan de una acción de amparo ejercida contra una ley o un acto normativo que en forma directa e inmediata viole o amenace violar un derecho fundamental, y que por tanto, colida con la Constitución[1394].

En estos casos de amparo contra normas, sin embargo, la decisión del juez no es anulatoria, sino que sólo debe apreciar la inaplicación de la norma respecto de la cual se solicita amparo, como una decisión de protección, que por ello, tiene efectos *inter partes,* es decir, en relación al accionante. De acuerdo al artículo 3 de la Ley,

---

1390 *V.,* en *Revista de Derecho Público,* N° 45, EJV, Caracas, 1991, p. 118. La tesis de la Corte Suprema fue reafirmada por la Corte Primera de lo Contencioso Administrativo en sentencia de 18–6–91, en *V.,* en *Revista de Derecho Público,* N° 46, EJV, Caracas, 1991, p. 125.

1391 *V.,* sentencia de la Corte Primera de lo Contencioso Administrativa de 25–6–93, *Revista de Derecho Público,* N° 53–54, EJV, Caracas, 1993, p. 255.

1392 *V.,* sentencia de la antigua Corte Suprema de Justicia, Sala Político Administrativa, 8–5–91, *Revista de Derecho Público,* N° 46, EJV, Caracas, 1991, p. 127.

1393 Héctor Fix–Zamudio, "Algunos problemas que plantea el amparo contra leyes", *Boletín del Instituto de Derecho Comparado de México,* UNAM, N° 37, 1960, pp. 11 a 39.

1394 La institución fue inspirada en el amparo contra normas que establecía la ley peruana de amparo antes de la reforma de la Constitución de 1992. *V.,* en general, Samuel B. Abad Yupanqui, "El amparo contra leyes" en *Comisión Andina de Juristas, Lecturas Constitucionales Andinas,* N° 3 Lima, 1994, pp. 129 a 152. *V.,* además, Allan R. Brewer-Carías, "La acción de amparo contra leyes y demás actos normativos en el Derecho venezolano", en *Liber Amicorum. Héctor Fix-Zamudio,* Volumen I, Secretaría de la Corte Interamericana de Derechos Humanos. San José, Costa Rica 1998, pp. 481-501.

cuando se faculta al juez de amparo para resolver de inmediato "restablecer la situación jurídica infringida", en este caso equivale a la suspensión de efectos de la ley respecto del accionante, es decir, su inaplicabilidad al accionante.

Pero en relación al control de la constitucionalidad de las leyes, que la Ley Orgánica, además de prever el amparo contra normas, permite ejercer la acción de amparo, o más propiamente la pretensión de amparo, conjuntamente con la acción popular de inconstitucionalidad de las leyes ante la Sala Constitucional del Tribunal Supremo de Justicia.

En efecto, el mismo artículo 3° de la Ley Orgánica establece lo siguiente:

> "La acción de amparo también podrá ejercerse conjuntamente con la acción popular de inconstitucionalidad de las leyes y demás actos estatales normativos, en cuyo caso, la Corte Suprema de Justicia, si lo estima procedente para la protección constitucional, podrá suspender la aplicación de la norma respecto de la situación jurídica concreta cuya violación se alega, mientras dure el juicio de nulidad".

Como se observa, en estos casos la Ley Orgánica ha establecido una innovación fundamental consistente en permitir a la Sala, contrariamente a lo que había sido la tradición jurisprudencial, el suspender los efectos de la ley o acto normativo impugnado respecto de su aplicabilidad al accionante, cuando lo juzgue necesario para la protección constitucional, mientras dure el juicio de nulidad. Hasta la promulgación de la Ley Orgánica de Amparo en los juicios de nulidad de los actos estatales, la antigua Corte Suprema había negado sistemáticamente la posibilidad de suspender los efectos de los actos normativos, habiendo reducido su potestad de suspensión de efectos en juicio, respecto de los actos administrativos de efectos particulares.

Ahora bien, en cuanto a la acción autónoma de amparo contra normas previstas en el artículo 3° de la Ley Orgánica, hemos sostenido que se trata de una *vía directa de control difuso* de la constitucionalidad de las leyes, que viene a completar el control difuso incidental que establece el artículo 20 del Código de Procedimiento Civil. Se trata de un control difuso pues permite a todo juez de amparo pronunciarse sobre la inconstitucionalidad de una ley por violación de derechos y garantías constitucionales; y es directo pues la cuestión constitucional no se plantea en un juicio en forma incidental, sino como objeto directo de una acción de amparo, teniendo la decisión, en todo caso, efectos *inter partes*[1395].

La Ley venezolana, por otra parte, no establece límite alguno respecto de la procedencia de la acción de amparo contra normas, y no requiere de la emisión de actos de ejecución de la misma. Sin embargo, a pesar de la claridad del artículo 3° de la Ley Orgánica de Amparo, la jurisprudencia de la Sala Político Administrativa de la antigua Corte Suprema impuso el criterio de que no procede la acción de amparo directamente contra normas, y que lo que procede, realmente, es la acción de amparo contra los actos de ejecución de la norma, que serían los actos lesivos[1396]. En senten-

---

1395 *V.*, Allan R. Brewer–Carías, *Nuevas tendencias en el contencioso administrativo en Venezuela,* EJV, Caracas, 1993, p. 168.

1396 Fue el caso de la en sentencia de 8–8–94, la Sala Político Administrativa al resolver un amparo en el caso de las declaraciones juradas de patrimonio exigidas a los administradores de bancos por la Ley de Emergencia Financiera de 1994. *V.*, el texto en Allan R. Brewer–Carías y Carlos Ayala Corao, *El dere-*

cia de 24 de mayo de 1993, incluso, la propia antigua Corte Suprema, en Sala Político Administrativa había considerado como obvio que "el mencionado artículo de la Ley Orgánica de Amparo no consagra la posibilidad de interponer esta acción de protección constitucional contra una ley u otro acto normativo sino contra el acto de aplicación o ejecución de ésta, el cual en definitiva es el que, en el caso concreto, puede ocasionar una lesión particular de los derechos y garantías constitucionales de una persona determinada".[1397]

De estas sentencias resultó la adopción, por los tribunales venezolanos, de la tesis mexicana del amparo sólo contra las leyes auto aplicativas, respecto de las cuales la Corte Primera de lo Contencioso Administrativo en sentencia de 18 de noviembre de 1993, resolvió así:

> "Con respecto a la inmediatez de la amenaza constitucional, lo cual implica una lesión cierta e inminente, observa esta Corte que en el caso específico de los actos normativos la doctrina ha distinguido entre las denominadas normas auto aplicativas y las de aplicación mediata. En cuanto a las primeras, su sola promulgación implica una inmediata obligatoriedad para las personas a las cuales se encuentra destinada, por lo cual son de aplicación automática. Por el contrario, las normas de afectación mediata e indirecta requieren de un acto de ejecución posterior, en cuyo caso la simple promulgación no podría producir una violación constitucional"[1398].

3. *El amparo respecto de los actos administrativos y contra conductas omisivas de la Administración*

De acuerdo al artículo 5º de la Ley Orgánica:

> "La acción de amparo procede contra todo acto administrativo, actuaciones materiales, vías de hecho, abstenciones u omisiones que violen o amenacen violar un derecho o garantía constitucionales, cuando no exista un medio procesal breve, sumario y eficaz, acorde con la protección constitucional".

Por tanto, la acción de amparo procede también contra actos administrativos o contra conductas omisivas de la Administración que violen o amenacen violar un derecho o garantía constitucionales, pero siempre que no exista "un medio procesal breve, sumario y eficaz, acorde con la protección constitucional". En consecuencia, si dicho medio existe no es admisible la acción de amparo; pudiendo ser dicho medio el recurso contencioso administrativo de anulación, siempre que exista en la localidad un tribunal con competencia contencioso administrativa, y se formule en el mismo conjuntamente con la pretensión de nulidad, la pretensión de amparo[1399].

---

cho a la intimidad y a la vida privada y su protección frente a las injerencias abusivas o arbitrarias del Estado, Caracas, 1995, pp. 214 a 216.

1397 *V.*, en *Revista de Derecho Público*, Nº 55–56, EJV, Caracas, 1993, pp. 287–288. *V.*, también sentencia de 19–11–92 (Caso: *Electrificación del Caroní, EDELCA, Nº 54)*.

1398 *V.*, en *Revista de Derecho Público*, Nº 55–56, EJV, Caracas, 1993, p. 285. La Corte Suprema, sin embargo, en sentencia de 24–5–93 materialmente negó la posibilidad de leyes autoaplicativas. *V.*, en *Revista de Derecho Público,* Nº 55–56, EJV, Caracas, 1993, pp. 288 a 290.

1399 *V.*, sentencias de la antigua Corte Suprema de Justicia, Sala Político Administrativa de 25–1–89 y 9–8–89 en *Revista de Derecho Público,* Nº 39, EJV, Caracas, 1989, p. 139.

En estos casos, agrega el artículo 5° de la Ley Orgánica, el Juez, en forma breve, sumaria y efectiva, si lo considera procedente para la protección constitucional, suspenderá los efectos del acto recurrido como garantía de dicho derecho constitucional violado, mientras dure el juicio.

Para garantizar que este recurso contencioso administrativo de anulación y amparo, sea un medio procesal breve, sumario y efectivo, acorde con la protección constitucional, el Parágrafo Único del artículo 5° de la Ley Orgánica precisa que:

> "Cuando se ejerza la acción de amparo contra actos administrativos conjuntamente con el recurso contencioso administrativo que se fundamente en la violación de un derecho constitucional, el ejercicio del recurso procederá en cualquier tiempo, aun después de transcurridos los lapsos de caducidad previstos en la Ley; y no será necesario el agotamiento previo de la vía administrativa".

Sobre el carácter extraordinario de la acción de amparo contra actos administrativos, la jurisprudencia en Venezuela ha sido muy variable. La posición inicial fue considerar que frente a un acto administrativo no resultaba procedente ejercer la acción autónoma de amparo, si contra el mismo podía interponerse el recurso contencioso administrativo de anulación con la pretensión de amparo como lo autoriza el artículo 5° de la Ley[1400]. Sin embargo, posteriormente se comenzó a estimar que la acción autónoma de amparo contra un acto administrativo sólo procedía cuando se diesen circunstancias excepcionales o extraordinarias que no pudieran resolverse por la vía contencioso administrativa[1401], para desembocar, a partir de 1993, con el criterio de que el recurso contencioso de anulación no es un medio eficaz para la protección constitucional. En tal sentido la Corte Primera de lo Contencioso Administrativo sostuvo que:

> "[...] no es posible admitir, que el recurso contencioso administrativo de anulación sea el medio breve, sumario y eficaz sustitutivo del amparo pues, si así fuera, el artículo 2 de la Ley Orgánica de Amparo sobre Derechos y Garantías Constitucionales vendría a ser superfluo, a menos en lo atinente a que la acción de amparo procede contra cualquier acto de la Administración, bastando la

---

1400 *V.,* Corte Primera de lo Contencioso Administrativo 24–5–88, véase en *Revista de Derecho Público,* N° 34, EJV, Caracas, 1988, p. 126. Conforme a esta doctrina la Corte Primera de lo Contencioso Administrativo desarrolló una constante jurisprudencia conforme a la cual consideró improcedente la acción autónoma de amparo contra actos administrativos lesivos de los derechos de los funcionarios públicos, estableciendo que en esos casos la acción contencioso-administrativa funcionarial, constituía un medio idóneo para la protección constitucional, al punto de considerar que "Distinta interpretación, supondría efectos derogatorios sobre la casi totalidad de los procedimientos jurisdiccionales existentes en el régimen jurídico venezolano. *V.,* sentencia de 3–06–88, en *Revista de Derecho Público,* N° 35, EJV, Caracas, 1988, p. 129. En sentido coincidente, véase las sentencias de la Corte Primera de lo Contencioso Administrativa de 7–7–88, *Revista de Derecho Público,* N° 35, EJV, Caracas, 1988, p. 130; de 16–6–88, *Revista de Derecho Público* N° 35, EJV, Caracas, 1988, p. 138; de 20–4–89, *Revista de Derecho Público,* N° 38, EJV, Caracas, 1989 p. 109; y de 5–2–90 en FUNEDA, 15 *años de Jurisprudencia, op. cit.,* p. 235. En sentido similar el Tribunal Superior Contencioso-Administrativo de la Región Capital en sentencias de 14–2–91 y 31–1–91 *Revista de Derecho Público,* N° 45, EJV, Caracas, 1991, pp. 113, 114 y 119, ha considerado que el recurso contencioso-administrativo con pretensión de amparo es la vía eficaz para la protección constitucional. 5–2–90. *V.,* en *Revista de Derecho Público,* n° 41, EJV, Caracas, 1990, p. 114.

1401 *V.,* sentencia de la Corte Primera de lo Contencioso Administrativo de 9–7–91, en *Revista de Derecho Público,* N° 47, EJV, Caracas, 1991, p. 131.

interposición conjunta de ambos mecanismos procesales. Por lo demás, admitir tal interpretación sería tanto como negar la posibilidad de la acción de amparo autónoma contra actos administrativos, por tanto, este razonamiento del a quo resulta no ajustado a derecho y así se declara"[1402].

En todo caso, el tema central en relación con el ejercicio de la acción autónoma de amparo contra actos administrativos, es el de los efectos de la decisión de amparo, que no tiene carácter anulatorio sino de mera suspensión de efectos del acto, lo que implica que el acto administrativo lesivo queda incólume en cuanto a su validez, por lo que para que la protección constitucional sea integral debe buscarse su anulación posterior por la vía contencioso administrativa. Para ello, el juez que otorgue amparo contra un acto administrativo debería imponerle al agraviado la obligación de impugnar el acto administrativo ante el tribunal contencioso administrativo competente.

Pero la acción de amparo no sólo procede contra actos administrativos sino también contra conductas omisivas de la Administración, para lo cual debe existir mora frente a un requerimiento del interesado. Es decir, es necesario que el presunto agraviado se haya dirigido en forma previa a la presunta autoridad agraviante, dando inicio a un procedimiento constitutivo, de manera que no se puede accionar por abstención cuando no habido requerimiento del administrado para que la autoridad administrativa emita algún acto administrativo[1403].

Particular importancia tiene el amparo contra las conductas omisivas en los casos de silencio de la Administración en los procedimientos constitutivos del acto administrativo, que se han estimado como violatorias al derecho de petición, pues en esos casos, sólo considerar el silencio como rechazo, no satisface la garantía constitucional del derecho de petición. En tales casos, la jurisprudencia ha considerado que el accionante puede "exigir que se cumpla el contenido de tal derecho, a saber, que se le confiera la pretensión deducida ante la Administración; que se dicte la declaración que pretende; o bien que se le señalen los motivos por los cuales no puede la Administración acceder a ninguna de las actuaciones precedentemente señaladas"[1404].

En el caso de silencio en el procedimiento de impugnación del acto administrativo, en cambio, la jurisprudencia ha considerado que no procede la acción de amparo[1405], salvo cuando el objeto de la misma sea un acto denegatorio tácito producto del silencio en el procedimiento constitutivo.[1406] De acuerdo a esta jurisprudencia

---

1402 *V.*, sentencias de la Corte Primera de lo Contencioso Administrativa de 23–4–93, en *Revista de Derecho Público,* N° 53–54, EJV, Caracas, 1993, pp. 263–264; de 1–4–93, *Revista de Derecho Público,* N° 53–54 EJV, Caracas, 1993, p. 271 y antes, de 19–9–90 en FUNEDA, *15 años de Jurisprudencia…, op. cit.,* p. 149.

1403 Sentencia de la antigua Corte Suprema de Justicia, Sala Político Administrativa de 18–11–93, en *Revista de Derecho Público* N° 55–56, EJV, Caracas, 1993, p. 295.

1404 *V.*, sentencia de la Corte Primera de lo Contencioso Administrativo de 17–12–85, citada en sentencia de la misma Corte Primera de 13–2–86. FUNEDA, *15 años de Jurisprudencia, cit.,* pp. 312–313.

1405 *V.*, sentencia de la Sala Político Administrativa de la antigua Corte Suprema de 23–5–88, (Caso: *Fincas Algaba*), en *Revista de Derecho Público,* N° 35, EJV, Caracas, 1988, pp. 109–112. *V.*, además, sentencia de la antigua Corte Suprema de Justicia, Sala Político Administrativa de 11–7–91, (Caso: *J. E. Durán Díaz*).

1406 *V.*, sentencia de la antigua Corte Suprema de 13–8–92, (Caso: *N. J. Salas Grado*) en *Revista de Derecho Público,* N° 51, EJV, Caracas, 1992, pp. 173 y 174.

puede entonces decirse que la antigua Corte Suprema exigió para la procedencia de la acción de amparo contra conductas omisivas de la Administración, en forma acumulativa o concurrente, la existencia de dos requisitos:

> "[...] a) que la conducta omisiva que se denuncia sea absoluta, lo que significa que la Administración no haya en ningún momento realizado la actuación debida; y b) que la omisión ocurra ante una obligación genérica, es decir, aquella obligación que tiene el funcionario de actuar en ejercicio de las atribuciones correspondientes a su cargo distinta, por tanto, a la obligación específica que se ha exigido para la procedencia de la acción contencioso-administrativa por abstención. De manera que sólo cuando ante una obligación genérica, procedimental, de tramitar o proveer un asunto inherente al cargo del funcionario, éste incurre en una conducta omisiva, es que resulta procedente la acción extraordinaria de amparo constitucional"[1407].

Por supuesto, en todos estos casos de procedencia de la acción de amparo contra la mora de la Administración, como violatoria del derecho a obtener oportuna respuesta garantizado en el artículo 67 de la Constitución, la consecuencia de la violación de tal derecho, como lo ha señalado la Corte Primera de lo Contencioso Administrativo, "sólo implica ordenar a la autoridad administrativa que otorgue la respuesta correspondiente"[1408].

Por último, debe señalarse que en los casos de silencio positivo la Corte Primera de lo Contencioso Administrativo también ha admitido la acción de amparo, ante la omisión de la Administración de darle los efectos positivos originados por su abstención[1409].

4. *El amparo contra sentencias y demás actos judiciales*

Por último, en relación al amparo contra actos estatales, el artículo 4° de la Ley Orgánica establece que:

> "Igualmente procede la acción de amparo cuando un Tribunal de la República, actuando fuera de su competencia, dicte una resolución o sentencia u ordene un acto que lesione un derecho constitucional".

De esta norma podría interpretarse, ante todo, que si la decisión judicial violatoria de un derecho constitucional se dicta por un juez actuando *dentro de su competencia* (por la materia o por el territorio), no procedería la acción autónoma de amparo, sino que la pretensión de amparo debería ejercerse conjuntamente con el recurso de apelación o el recurso de casación que corresponda. Ello es lo que resultaría de la interpretación literal de la norma, con el objeto de salvaguardar los medios ordinarios y extraordinarios de revisión de decisiones judiciales, que en estos casos tendrían efectos suspensivos, y por tanto, de protección constitucional inmediata

---

1407 *V.*, sentencias de la antigua Corte Suprema de Justicia, Sala Político Administrativa de 5-11-92 (Caso: *Jorge E. Alvarado*), en *Revista de Derecho Público,* N° 52, EJV, Caracas, 1992, p. 187; y de 18-11-93, en *Revista de Derecho Público,* nos 55-56, EJV, Caracas, 1993, p. 295.

1408 *V.*, sentencia de 26-8-93 (Caso: *Inversiones Klanki*), en *Revista de Derecho Público,* N° 55-56, EJV, Caracas, 1993, p. 294.

1409 *V.*, sentencia de 20-12-91 (Caso: *BHO, C.A.*), en *Revista de Derecho Público,* N° 48, EJV, Caracas, 1991, pp. 141-143.

Sin embargo, el problema de interpretación resultaría de los casos en los que no esté prevista en el ordenamiento procesal una vía ordinaria o extraordinaria de revisión de sentencias, o éstas no procedan, o no se hayan ejercido oportunamente. La jurisprudencia, en este sentido, ha conformado en estos casos la doctrina más acorde con la protección constitucional que consagra la Ley Orgánica, pues en definitiva, ningún Tribunal tiene ni puede tener competencia para dictar decisiones en las cuales lesione derechos o garantías constitucionales.

En todo caso, en el supuesto regulado en el artículo 4° y con el objeto de salvaguardar las jerarquías judiciales de revisión, se establece expresamente que "La acción de amparo debe interponerse por ante un Tribunal superior al que emitió el pronunciamiento, quien decidirá en forma breve, sumaria y efectiva".

Además, debe mencionarse, como antes se advirtió, que la Ley expresamente excluye el ejercicio de la acción de amparo "cuando se trate de decisiones emanadas de Tribunal Supremo de Justicia" (Art. 6, Ord. 6°), lo que tiene su explicación en la garantía institucional que prevé la Constitución en el sentido de que siendo dicho Tribunal el más alto de la República, contra sus decisiones no se puede oírse ni admitirse recurso alguno[1410].

Ahora bien, en relación al amparo contra sentencias[1411], la jurisprudencia ha precisado sus contornos precisando, ante todo, que es necesario que exista un acto judicial lesivo, es decir, que lesione o amenace lesionar un derecho constitucional, para lo cual ningún tribunal puede tener competencia.[1412] La expresión legal "actuando fuera de su competencia" ha sido interpretada por la Sala Político Administrativa de la antigua Corte Suprema, en sentencia de 12 de diciembre de 1989 (Caso: *El Crack C.A*) como equivalente a un tribunal que "usurpa funciones, ejerciendo unas que no le son conferidas o hace uso indebido de las funciones que le han sido atribuidas, lesionando con su actuación derechos o garantías constitucionales"[1413].

De acuerdo a esta doctrina, por tanto, y dada la garantía de la cosa juzgada que protege a las decisiones judiciales, no basta para que sea procedente una acción de amparo contra sentencias que el accionante sólo señale que la sentencia le fue adversa, sino que debe alegar abuso o exceso de poder del juez, como forma de incompetencia[1414].

1410 *V.*, la sentencia de la antigua Corte Suprema de Justicia, Sala Político Administrativa de 5–12–90 en *Revista de Derecho Público,* N° 45, EJV, Caracas, 1991, p. 119.

1411 *V.*, entre otras, la sentencia de la Sala Constitucional N° 848 de 28–7–2000 (Caso: *Luis A. Baca vs. Juzgado Segundo de Primera Instancia en lo Civil, Mercantil, Agrario y del Tránsito del Primer Circuito de la Circunscripción Judicial del Estado Bolívar*), en *Revista de Derecho Público,* N° 83, EJV, Caracas, 2000, p. 296 ss.

1412 *V.*, Allan R. Brewer–Carías, "El problema del amparo contra sentencias o de cómo la Sala de Casación Civil remedia arbitrariedades judiciales" en *Revista de Derecho Público,* N° 34, EJV, Caracas, 1988, p. 164; y "El recurso de amparo contra sentencias de amparo dictadas en segunda instancia", en *Revista de Derecho Público,* N° 36, Editorial Jurídica Venezolana, Caracas, octubre-diciembre 1988, pp. 160-172.

1413 *V.*, en *Revista de Derecho Público,* N° 41, EJV, Caracas, 1990, pp. 110–111. En igual sentido se destacan las sentencias de la misma Sala Político Administrativa de 27–6–90, 4–7–90, 7–8–90, 5–12–90 y 31–5–91, citadas en *Revista de Derecho Público,* N° 46, EJV, Caracas, 1991, p. 132. Igualmente, sentencia de 4–2–93, *Revista de Derecho Público* N° 53–54, EJV, Caracas, 1993, p. 276.

1414 *V.*, sentencia antigua Corte Suprema de Justicia, Sala Político Administrativa de 31–5–91, *Revista de Derecho Público,* N° 46, EJV, Caracas, 1991, p. 132.

El tema, particularmente en relación a la garantía de la cosa juzgada fue objeto de consideración detallada y particular por la Sala de Casación Civil de la antigua Corte Suprema de Justicia en sentencia de 5 de diciembre de 1990 al analizar el artículo 4º de la Ley Orgánica, en la cual estableció los casos en los que puede intentarse y ser admitida la acción autónoma de amparo contra decisiones judiciales cuando:

> "1. El juez actuando fuera de su competencia, entendida ésta en el sentido de la jurisprudencia transcrita, vulnera una garantía o derecho de rango constitucional;
>
> 2. La decisión constituya un acto lesivo a la conciencia jurídica, al infringir en forma flagrante, por ejemplo, los derechos individuales que no pueden ser renunciados por el afectado; o
>
> 3. El fallo vulnere el principio de seguridad jurídica, proveyendo contra la cosa juzgada, o fuese proferido en un proceso donde evidentemente no se hubiese garantizado al solicitante del amparo las debidas oportunidades de defensa, o se hubiese irrespetado de alguna otra manera la garantía del debido proceso"[1415].

La Corte Primera de lo Contencioso Administrativo, en una sentencia de 9 septiembre de 1993, también señaló la relación entre la importancia de la cosa juzgada y la procedencia de la acción de amparo, la cual nunca puede constituirse en una tercera instancia, precisando lo siguiente:

> "En atención a esa vocación de la definitividad que tienen las decisiones emanadas de los tribunales y a las suficientes garantías que ofrecen a las partes en conflicto los procedimientos judiciales, el amparo contra las sentencias debe estar sometido a estrictos requisitos, tendentes a impedir que, so pretexto de solicitar amparo de derechos constitucionales pretendi-damente violados, se esté intentando realmente reabrir indefinidamente los asuntos ya judicialmente decididos e impugnar sentencias por vías diferentes o adicionales a los recursos que el propio ordenamiento jurídico procesal ofrece para ello. Es razonable, por tanto, que se exija –como requisito de procedencia del amparo contra sentencias– el que la conducta del juez accionado constituya un abuso de poder o una grave usurpación o extralimitación de funciones, que lesione simultáneamente un derecho constitucional. En cambio, no podría proceder el amparo cuando el juez haya actuado dentro de los límites de su oficio, sólo que el accionante no está de acuerdo con los criterios jurídicos utilizados por aquél al adoptar su decisión..."[1416].

Por otra parte, la Corte Primera también consideró que no son procedentes, en principio, las pretensiones de amparo contra sentencias que puedan ser objeto de apelación en ambos efectos; excepto en los casos en los que la actividad procesal

---

1415 Caso *José Díaz Aquino*, (consultada en original). Citada también en sentencia de 14–12–94 de la misma Sala de Casación (consultada en original, Caso *Cimarrón*).

1416 *V.*, en *Revista de Derecho Público,* Nº 55–56, EJV, Caracas, 1993, p. 297.

pueda perjudicar a terceros, en tanto que éstos no hayan tenido la posibilidad real de acceso al proceso y no hayan ejercido efectivamente su derecho a la defensa.[1417]

Por otra parte, en relación al amparo contra sentencias y demás actos judiciales, otro aspecto que debe destacarse es que la aplicación del artículo 4° de la Ley Orgánica de Amparo sólo procede cuando el juez en concreto actúa en ejercicio de funciones jurisdiccionales, en cuyo caso, el juez competente para conocer de la acción es el tribunal superior al que emitió el pronunciamiento. En cambio, en los supuestos en los cuales un juez dicte un acto actuando en función administrativa (no jurisdiccional), por ejemplo, cuando actúa como registrador mercantil, la competencia para conocer de la acción de amparo corresponde al tribunal de primera instancia que lo sea en la materia afín con la naturaleza del derecho violado"[1418].

Por otra parte, el artículo 4° de la Ley Orgánica, al regular la posibilidad de ejercicio de la acción de amparo contra sentencias, no estableció ningún límite[1419], por lo que evidentemente que una acción de amparo también puede intentarse contra una sentencia dictada en un juicio de amparo, siempre que en ésta, el juez, actuando fuera de su competencia en el sentido antes indicado, lesione un derecho o garantía constitucional.[1420] En estos casos, por tanto, cuando se ejerce una acción de amparo contra una sentencia dictada en un juicio de amparo, ella debe estar motivada por el hecho de que la sentencia atacada, en sí misma, e independientemente del fondo de la causa decidida, lesiona ilegítimamente un derecho constitucional. Por ello, en estos casos, no se busca "reabrir" una controversia judicial ya decidida y finalizada; es decir, el juez de amparo contra sentencias no puede "reabrir" el proceso decidido en la sentencia impugnada, sino que limita su actuación a juzgar si la sentencia, en sí misma, viola ilegítimamente un derecho constitucional a objeto de ordenar el inmediato restablecimiento de la situación jurídica lesionada por la decisión judicial.

La Sala de Casación Civil de la antigua Corte Suprema de Justicia en sentencia de 8 de diciembre de 1995 (Caso: *Mavesa*), sobre la posibilidad de interponer una acción de amparo contra una decisión judicial pronunciada en un procedimiento de amparo constitucional, indicó que ello es procedente:

> "[...] siempre que concurran ciertos extremos o requisitos: a) que se haya satisfecho el principio de la doble instancia; b) que los hechos concretos causantes de la violación constitucional sean distintos de los revisados en el primer amparo, sin importar que se refiera al mismo o diferente derecho constitucional; y c) que el Tribunal haya incurrido en los supuestos de hecho que exige el ar-

---

1417 *V.*, sentencia N° 1311 de 9–10–2000, (Caso: *Ciruley J. González V. y otros vs. Juzgado Superior Segundo en lo Civil y Contencioso Administrativo de la Circunscripción Judicial de la Región Capital*), en *Revista de Derecho Público,* N° 84, EJV, Caracas, 2000, p. 352.

1418 *V.*, la sentencia de la Sala de Casación Civil de la Corte Suprema de Justicia de 21–9–89, *Revista de Derecho Público,* N° 40, EJV, Caracas, 1989, pp. 92–93.

1419 La Sala Constitucional, en cambio, ha establecido que sólo procede el amparo, conforme al artículo 4 de la Ley Orgánica de Amparo, contra las sentencias que dicten los tribunales en segundo grado de jurisdicción, cuando se denuncien violaciones a derechos o garantías constitucionales no juzgadas en cualquiera de las dos instancias. *V.*, sentencia N° 127 de 6–2–2001 (Caso: *Licorería El Buchón, C.A. vs. Juzgado Primero de Primera Instancia en lo Civil, Mercantil, Agrario y Tránsito de la Circunscripción Judicial del Estado Bolívar*) en *Revista de Derecho Público*, N° 85–88, EJV, Caracas, 2001, p. 441.

1420 *V.*, Allan R. Brewer Carías, "El problema del amparo contra sentencias...", *loc. cit.*, p. 164.

tículo 4° de la Ley Orgánica de Amparo sobre Derechos y Garantías Constitucionales" (Sentencia 18–11–92, Caso: *C.V.G. Internacional, C.A.*).[1421]

La Sala Constitucional del Tribunal Supremo, sin embargo, ha excluido la acción de amparo contra sentencias que agotan la doble instancia en materia de amparo (apelación o consulta obligatoria)[1422], aún cuando ha aclarado que queda a salvo el caso de que ella contenga un agravio constitucional nuevo y distinto de los ya conocidos y resueltos, o que la Sala decida ejercer al respecto la potestad extraordinaria de revisión[1423]

En relación con las partes en el proceso, debe señalarse que conforme a la doctrina de la Sala Constitucional, "la acción de amparo contra decisiones judiciales no procede contra el Juez que dictó la decisión sino contra la decisión en sí misma", en el sentido de que el Juez no es el legitimado pasivo en el procedimiento de amparo, siendo el fallo, en si mismo, "el presunto trasgresor de un derecho o garantía constitucional". Por ello es que se ha considerado que no es necesaria la presencia del Juez para defender o informar sobre la decisión tomada, de manera que según lo resuelto por la misma Sala en su sentencia de 1° de febrero de 2000 (Caso: *José A. Mejías y otros*), "la ausencia del juez a la audiencia oral, no significa aceptación de la pretensión de amparo".[1424]

En esos casos de amparo contra decisiones judiciales, conforme a la doctrina de la misma Sala Constitucional, la contraparte del accionante en amparo contra la omisión o decisión judicial agraviante, es un tercero interesado; por lo que el solo hecho de demostrar su participación en dicho juicio, lo legitima para participar en el proceso de amparo.[1425]

Por último, debe hacerse mención a la llamada "acción de amparo sobrevenida", como vía muy especial creada por el legislador para permitir que se ventile en un juicio en curso y en el mismo juicio, una denuncia de lesión constitucional acaecida durante su curso, y que busca evitar la materialización o continuidad de los efectos lesivos de un acto, surgido en el transcurso del proceso principal, por lo que la mis-

1421 Consultada en original.

1422 *V.*, sentencia nº 245 de 25–4–2000 (Caso: *Fernando J. Roa R. vs. Juzgado Segundo de Primera Instancia del Trabajo y Agrario de la Circunscripción Judicial del Estado Táchira*), en *Revista de Derecho Público*, Nº 82, EJV, Caracas, 2000, p. 478.

1423 *V.*, sentencia Nº 335 de 4–5–2000 (Caso: *Asociación Civil de Conductores "Casanova Norte" vs. Juzgado Superior en lo Civil, Mercantil, Tránsito y Trabajo, Menores y Estabilidad Laboral del Primer Circuito de la Circunscripción Judicial del Estado Bolívar*), en *Revista de Derecho Público*, Nº 82, EJV, Caracas, 2000, p. 481. Igualmente, sentencia nº 341 de 10–5–2000 (Caso: *Wilfredo J. Palacios vs. Sala N° 1 de la Corte de Apelaciones del Circuito Judicial Penal de la Circunscripción Judicial del Estado Carabobo*), *idem*, p. 483.

1424 *V.*, sentencia Nº 436 de 22–5–2000 (Caso: *Foramer de Venezuela, C.A. vs. Juzgado Tercero de Primera Instancia del Trabajo de la Circunscripción Judicial del Estado Zulia*), en *Revista de Derecho Público*, Nº 82, EJV, Caracas, 2000, p. 476.

1425 *V.*, sentencia nº 628 de 27–6–2000 (Caso: *Águilas del Zulia Baseball Club, C.A. vs. Juzgado Primero de Primera Instancia en lo Civil y Mercantil de la Circunscripción Judicial del Estado Zulia*), en *Revista de Derecho Público*, Nº 82, EJV, Caracas, 2000, p. 477.

ma necesariamente debe interponerse dentro de dicho proceso y pierde su finalidad una vez que este ha culminado[1426].

En estos casos, cuando las violaciones a los derechos y garantías constitucionales surgen en el curso de un proceso debido a actuaciones de las partes, de terceros, de auxiliares de justicia o de funcionarios judiciales diferentes a los jueces, el amparo puede interponerse ante el juez que esté conociendo la causa, quien lo debe sustanciar y decidir en cuaderno separado. Sin embargo, cuando se trate de una actuación del propio juez de la causa el amparo debe intentarse ante el tribunal superior.

VII. LAS FORMAS DE EJERCICIO DE LA ACCIÓN DE AMPARO: AUTÓNOMA Y ACUMULADA A OTRAS ACCIONES

1. *Los diversos mecanismos procesales de amparo*

Tal como se ha señalado con anterioridad, la necesidad de configurar, en la Ley Orgánica de Amparo, al amparo constitucional como un derecho fundamental y no sólo como una única acción autónoma de amparo, implicó la necesidad de conciliar el ejercicio del derecho de amparo con los medios judiciales existentes de protección constitucional, de manera que no quedasen éstos eliminados como tales, sino al contrario, reforzados. De allí las previsiones de los artículos 3, 5 y 6,5 de la Ley Orgánica de Amparo que permiten la formulación de pretensiones de amparo constitucional conjuntamente con las acciones de nulidad por inconstitucionalidad, con las acciones contencioso-administrativas de anulación y con las acciones judiciales ordinarias o extraordinarias, que propusimos en el proceso de formación de la Ley en la Cámara del Senado[1427].

Después de múltiples vacilaciones jurisprudenciales que se extendieron por casi cuatro años, el sentido de la regulación contenida en dichas normas finalmente lo resumió la Sala Político Administrativa de la antigua Corte Suprema en sentencia de 10 de junio de 1992, en la cual, haciendo referencia a la sentencia de 10 de julio de 1991 (Caso: *Tarjetas Banvenez*), señaló lo siguiente:

> "El texto de la Ley Orgánica de Amparo prevé fundamentalmente dos mecanismos procesales: la acción autónoma de amparo y la acumulación de ésta con otro tipo de acciones o recursos, modalidades que difieren sustancialmente en cuanto a su naturaleza y consecuencias jurídicas. Por lo que respecta a la segunda de las modalidades señaladas, es decir, la acción de amparo ejercida conjuntamente con otros medios procesales, la referida ley regula tres supuestos: a) la acción de amparo acumulada a la acción popular de inconstitucionalidad de las leyes y demás actos estatales normativos (artículo 3°); b) la acción de amparo acumulada al recurso contencioso administrativo de anulación contra actos administrativos de efectos particulares o contra las conductas omisivas de la Administración (artículo 5°); c) la acción de amparo acumulada con acciones ordinarias (artículo 6°, ordinal 5°)

1426 *V.*, sentencia de la Sala Electoral nº 115 de 6–8–2003 (Caso: *Roberto S. Zara M. y otros vs. Carlos J. Jiménez C.*), en *Revista de Derecho Público*, Nº 93–96, EJV, Caracas, 2003, p. 542.

1427 *V.*, Allan R. Brewer–Carías, "Propuestas de reforma al Proyecto de Ley Orgánica de Amparo sobre Derechos y Garantías Constitucionales (1987)", *Estudios de derecho público, (Labor en el Senado 1985–1987)*, Tomo III, Ediciones del Congreso de la República, Caracas 1989, pp. 205–229.

La Sala ha sostenido además que la acción de amparo en ninguno de estos casos es una acción principal sino subordinada, accesoria a la acción o al recurso al cual se acumuló, sometido al pronunciamiento jurisdiccional final que se emita en la acción acumulada tratándose de una acumulación de acciones, debe ser resuelta por el juez competente para conocer de la acción principal"[1428].

En esta forma quedó absolutamente clarificada la intención del legislador al distinguir entre la acción autónoma de amparo y la pretensión de amparo acumulada a otras acciones que regula el ordenamiento jurídico. Realmente, en estos últimos casos, no se trata de una verdadera "acumulación" de acciones, sino de la subordinación de una pretensión de amparo a una acción principal. Por ello, en estos casos, el amparo tiene mero carácter cautelar y no tiene ninguna relevancia el que existan procedimientos distintos para la acción principal y para la acción de amparo[1429], porque, en definitiva, en caso de acumulación de la pretensión de amparo con una acción principal, el procedimiento regular previsto para la acción de amparo (solicitud de informe y audiencia pública y oral, por ejemplo) no se debe aplicar.

La clarificación definitiva del carácter cautelar del amparo acumulado a otras acciones, como se dijo, se realizó mediante la sentencia de la Corte Suprema de Justicia en Sala Político Administrativa de 10 de julio de 1991 (Caso: *Tarjetas Banvenez*), en la cual la Corte, además, precisó el carácter accesorio y subordinado de la pretensión de amparo en relación a esas otras acciones principales, cuando se formula conjuntamente con ellas[1430].

El razonamiento de la Corte, en esta sentencia, comenzó por la constatación de que la Ley Orgánica de Amparo, al desarrollar los artículos 49 y 50 de la Constitución de 1961 (equivalente a los artículos 27 y 22 de la Constitución de 1999), otorga a las personas naturales o jurídicas, habitantes o domiciliadas en Venezuela, la posibilidad de acudir ante los tribunales, con el propósito de ser amparados en el goce y el ejercicio de los derechos y garantías constitucionales, mediante el restablecimiento inmediato de la situación jurídica infringida o la situación que más se asemeje a ella. A tal fin señaló la antigua Corte que:

> "[...] el texto de la ley prevé fundamentalmente dos mecanismos procesales: la acción autónoma de amparo, y la acumulación de ésta con otro tipo de acciones o recursos. Ambas modalidades de ejercicio difieren sustancialmente en cuanto a su naturaleza y consecuencias jurídicas"[1431].

A. *La acción autónoma de amparo*

En cuanto al primer supuesto, es decir, la acción autónoma de amparo, la antigua Corte Suprema señaló en su citada sentencia de 10 de julio de 1991, que en ese caso, al ser una acción que se ejercita en forma autónoma e independiente, no se vincula

---

1428 *V.*, en *Revista de Derecho Público,* Nº 50, EJV, Caracas, 1992, pp. 183–184.

1429 *V.*, sobre esto y la causal de inadmisibilidad de la acción contencioso-administrativa en materia de acumulación de acciones, sentencia de la Corte Primera de lo Contencioso Administrativa de 14–12–92, en FUNEDA, *15 años de Jurisprudencia, Corte Primera de lo Contencioso-Administrativo 1977–1992. Amparo Constitucional,* Caracas, 1994, p. 121.

1430 *V.*, el texto de esta sentencia en *Revista de Derecho Público,* Nº 47, EJV, Caracas, 1991, pp. 169–174.

1431 *Idem.*, p. 169.

ni se subordina a ningún otro recurso o procedimiento. En este caso, dijo la Corte, es indudable:

> "[...] que esa acción, así ejercida, debe ser, por su naturaleza restablecedora, capaz, suficiente y adecuada para lograr que el mandamiento de amparo que se otorgue se baste por sí solo, sin necesidad de acudir a otro u otros procedimientos judiciales, para volver las cosas al estado en que se encontraban para el momento de la vulneración y hacer desaparecer definitivamente el acto o hecho lesivo o perturbador.
>
> Por estas razones, ha sostenido reiteradamente este Supremo Tribunal en jurisprudencia que una vez más ratifica, que en tales supuestos, el accionante en amparo debe invocar y demostrar que se trata de una vulneración constitucional flagrante, grosera, directa e inmediata, lo cual no significa -se precisa ahora- que el derecho o garantía de que se trate no estén desarrollados o regulados en textos normativos de rango inferior, pero sin que sea necesario al juzgador acudir o fundamentarse en ellos para detectar o determinar si la violación constitucional al derecho o garantía se ha efectivamente consumado. De no ser así -ha dicho también esta Sala- no se trataría entonces de una acción constitucional de amparo sino de otro tipo de recurso, por ejemplo, el contencioso-administrativo, cuyos efectos anulatorios no se corresponden con los restitutorios del amparo y "si tal sustitución se permitiere, el amparo llegaría a suplantar no sólo esa sino todas las vías procedimentales establecidas en nuestro sistema de Derecho positivo", desnaturalizando el carácter extraordinario del amparo. (Sentencia de 23-5-88, "Fincas Albaba")"[1432].

B. *El ejercicio acumulado de la acción de amparo*

En el segundo caso, es decir, en lo que se refiere a "la acción de amparo ejercida conjuntamente con otros medios procesales", la antigua Corte Suprema en dicha sentencia, al referirse a las previsiones de la Ley Orgánica de Amparo, precisó que dicho texto normativo:

> "[...] contempla tres supuestos: a) la acción de amparo acumulada a la acción popular de inconstitucionalidad de las leyes y demás actos estatales normativos (artículo 3°); b) la acción de amparo acumulada al recurso contencioso administrativo de anulación contra actos administrativos de efectos particulares o contra las conductas omisivas de la Administración (artículo 5); y la acción de amparo acumulada con acciones ordinarias (artículo 6, ordinal 5°).
>
> En cualesquiera de estos supuestos de acumulación, la acción de amparo reviste una característica o naturaleza totalmente diferente a la anteriormente analizada (autónoma), pues en estos casos no se trata de una acción principal, sino *subordinada*, accesoria a la acción o el recurso al cual se acumuló y, por ende, su destino es temporal, provisorio, sometido al pronunciamiento jurisdiccional final que se emita en la acción acumulada, que viene a ser la principal. Esta naturaleza y sus consecuencias se desprenden claramente de la formulación legislativa de cada una de las hipótesis señaladas, que únicamente atribuye al mandamiento de amparo que se otorgue, efectos cautelares, suspensivos de la apli-

---

1432 *Idem.* pp. 169–170.

cación de la norma o de la ejecución del acto de que se trate "mientras dure el juicio"[1433].

En relación a estos supuestos de amparo ejercido conjuntamente con otras acciones, la antigua Corte Suprema precisó, que:

> "De lo anterior se deriva, para esta Sala, que la acción de amparo propuesta conjuntamente con una de otro tipo participa de todos los caracteres procesales inherentes a la acumulación de acciones, esto es: que ha de ser resuelta por un solo juez (el mismo que sea competente para conocer de la acción principal), y que ambas pretensiones (la de amparo y la de nulidad u otra) deben ser tramitadas en un solo proceso que tiene dos etapas: la del amparo, previa, y la contenciosa, la cual forzosamente cubre, en la decisión final, tanto la medida cautelar que inevitablemente perece en esa oportunidad, como el pronunciamiento judicial acerca de la nulidad solicitada. En otras palabras, si por las características analizadas el mandamiento de amparo se traduce única y exclusivamente en la suspensión provisional del acto recurrido en nulidad, la sentencia que decida ésta deja sin efecto aquella medida cautelar dictada en forma previa, tanto si el acto cuestionado es anulado como si es confirmado, porque, en uno u otro caso, carece ya de sustentación jurídica"[1434].

C. *La distinción entre los dos mecanismos procesales de amparo*

Sentadas las características de cada uno de los mecanismos procesales de amparo, es decir, la acción autónoma y su ejercicio acumulado a otros medios procesales, la antigua Corte Suprema, en su sentencia, precisó las diferencias más importantes entre los mismos, en la siguiente forma:

> "En efecto, mientras en la primera es condición de procedencia, como se ha dicho, que se invoque y demuestre la violación directa, inmediata, flagrante, de un dispositivo o garantía constitucionales que, por sí solos, determinen la necesidad del mandamiento de amparo como medio definitivo de restablecer la situación jurídica vulnerada; en el segundo caso, dada la naturaleza suspensiva de este mandamiento de amparo que sólo tiende a detener provisionalmente los efectos del acto perturbador hasta que se decida el juicio que lo anule o confirme, la denuncia de infracción de normas constitucionales puede estar acompañada de trasgresión de textos de rango inferior que precisen o desarrollen el derecho o garantía constitucionalizado, pues tratándose de un solo proceso instaurado contra el mismo acto cuya nulidad se pretende obtener por la vía del recurso contencioso correspondiente, nada obsta a que los instrumentos jurídicos subconstitucionales que sustentan la nulidad sean invocados también al interponer las acciones acumuladas. Lo que no puede hacer el juzgador para acordar la suspensión de los efectos del acto denunciado como lesivo, es encuadrar la situación planteada en la regulación o solución legal o sublegal de la misma, porque en tal hipótesis estaría decidiendo anticipadamente, quiéralo o no, la nulidad del acto impugnado al pronunciarse determinantemente acerca de la existencia de uno de sus vicios, sea éste de procedimiento o de fondo, cuestión que

---

1433 *Idem*. p. 170.

1434 *Idem*. p. 171.

forma parte del debate procesal probatorio que ha de instaurarse precisamente con motivo del recurso de nulidad.

En efecto, siendo distintas las consecuencias que dimanan de una acción autónoma de amparo y de la ejercida conjuntamente con otro recurso (restitutorias en el primer caso y cautelares en el segundo), basta en esta última el señalamiento de la norma o garantía constitucional que se consideren violadas, fundamentado además en un medio de prueba que constituya *presunción* grave de la violación o amenaza de violación denunciada, para que el juez, en forma breve y sumaria, acuerde procedente la suspensión de los efectos del acto como medio de tutelar anticipadamente los posibles efectos de la sentencia que posteriormente habrá de dictar en el juicio de nulidad (artículos 5 y 22, Ley Orgánica de Amparo).

Considera esta Sala, por otra parte, que en el amparo acumulado, ese "medio de prueba" a que alude el artículo 22 de la Ley Orgánica de Amparo, puede consistir en el propio acto administrativo impugnado en nulidad, cuyo texto debe ser examinado por el juez de amparo para concluir si, a su juicio, del mismo acto administrativo de efectos particulares se deduce la presunta violación constitucional alegada por el recurrente y acordar, en consecuencia, la medida suspensiva de sus efectos que le ha sido solicitada"[1435].

De la sentencia señalada puede concluirse que el amparo autónomo tiene una finalidad restitutoria; pero en cambio, el amparo conjunto es una medida cautelar, que con entera independencia de la anulación judicial del artículo 22 de la Ley Orgánica, sólo requiere como fundamento un medio de prueba que constituya presunción grave de violación o amenaza de violación de un derecho constitucional, y que consiste en la suspensión de efectos como garantía del derecho mientras dura el juicio principal. Por ello, el juez no puede, al resolver sobre la petición de amparo, declarar que el acto impugnado violó o no el derecho constitucional, pues en ese caso, confundiría la pretensión de amparo con la acción de nulidad. En otros términos, en esta etapa del proceso no caben decisiones que envuelvan consecuencias anulatorias que son propias del juicio de nulidad"[1436].

Esto lo precisó la antigua Corte Suprema en las conclusiones de la sentencia, así:

"Con base en los lineamientos precedentemente expuestos, en relación con las objeciones formuladas por los apelantes y los elementos que surgen de autos esta Sala concluye lo siguiente:

1°) Que de la interpretación concatenada de los artículos 5° y 22 de la Ley Orgánica de Amparo se infiere claramente la distinción entre la acción de amparo ejercida conjuntamente con el recurso de nulidad y la acción de amparo autónoma o el recurso de inconstitucionalidad, en cuanto a que –no obstante la común exigencia de la violación directa de una norma constitucional–, estos dos últimos recursos tienen una finalidad distinta (restitutoria en el amparo autónomo y anulatoria en la acción de inconstitucionalidad), en tanto que, en el

1435 *Idem.*, pp. 171–172.

1436 *V.*, sentencia de la Corte Primera de lo Contencioso Administrativo de 12–12–90, FUNEDA, *15 años de Jurisprudencia, cit.*, pp. 216–217.

amparo conjunto, se trata de una medida cautelar que sólo requiere como fundamento "un medio de prueba que constituya presunción grave de la violación o de la amenaza de violación" (artículo 22), así como la consideración, por parte del tribunal de que la suspensión de los efectos del acto recurrido resulta procedente como garantía del derecho constitucional violado, mientras dure el juicio (artículo 5°); es decir que la medida cautelar se revela como necesaria para evitar que el accionante, por el hecho de existir un acto administrativo, se vea impedido de alegar violación de derechos constitucionales. De ahí que la suspensión de sus efectos pretenda mantener sin ejecución el acto impugnado, si el juez considera que debe suspenderse dicho acto por la presunción grave de violación constitucional invocada en el amparo.

Por tanto, si se exigiera la misma rigurosidad en la sustentación de la acción de amparo acumulada que la que se requiere para las otras acciones señaladas (amparo autónomo y recurso de inconstitucionalidad), la de amparo conjunta resultaría prácticamente inútil, pues carecería del específico sentido que tiene: obtener que se suspendan en el tiempo los efectos de un acto administrativo que podría afectar el derecho constitucional, eventual lesión que el juez de amparo aprecia como presumible"[1437].

Ahora bien, lo que no señaló con precisión dicha Corte en su comentada sentencia del 10 de julio de 1991, y que constituyó el verdadero cambio jurisprudencial que se produjo con dicha decisión, es que en el caso de ejercicio conjunto del amparo con otras acciones judiciales, la consecuencia es la suspensión de efectos del acto impugnado en forma inmediata, como medida cautelar de amparo, sin necesidad de que se siga el procedimiento establecido en la Ley Orgánica en relación a la solicitud de informe al presunto agraviante y a la realización de la audiencia pública y oral.

En estos casos es que hubiera podido haber tenido aplicación efectiva el artículo 22 de la Ley Orgánica pues la medida cautelar se adopta *inaudita alteram parte*. Dicho artículo, sin embargo, fue anulado por la Corte Suprema por sentencia de 21 de mayo de 1996[1438], sin incidencia alguna respecto del carácter cautelar de la medida de amparo.

2. *La formulación de la pretensión de amparo conjuntamente con la acción popular de inconstitucionalidad*

El artículo 3° de la Ley Orgánica de Amparo, como se ha dicho, luego de precisar la posibilidad de que se intente una acción de amparo contra normas, agrega que:

> "La acción de amparo también podrá ejercerse conjuntamente con la acción popular de inconstitucionalidad de las leyes y demás actos estatales normativos, en cuyo caso, la Corte Suprema de Justicia, si lo estima procedente para la protección constitucional, podrá suspender la aplicación de la norma respecto de la situación jurídica concreta cuya violación se alega, mientras dure el juicio de nulidad".

1437 *Idem.*, p. 172.

1438 *V.*, en *Gaceta Oficial Extra* N° 5071 de 29-5-96.

De acuerdo con esta norma, como antes se ha dicho, por tanto, la pretensión de amparo puede formularse conjuntamente con la acción popular de inconstitucionalidad de las leyes y demás actos estatales de carácter normativo[1439] la cual se ejerce ante la Jurisdicción Constitucional, es decir, ante la Sala Constitucional del Tribunal Supremo de Justicia (artículo 336 de la Constitución), específicamente, contra las leyes nacionales y demás actos normativos de la Asamblea Nacional que se dicten en ejecución directa de la Constitución (Reglamento Interior y de Debates, por ejemplo); contra las leyes estadales, las Ordenanzas Municipales y contra los demás actos de los cuerpos deliberantes de los Estados o Municipios dictados en ejecución directa de la Constitución; contra los actos ejecutivos normativos dictados en ejecución directa de la Constitución, con igual rango y valor que las leyes, como serían los decretos leyes y los actos de gobierno normativos.

En los casos de acumulación de una pretensión de amparo con la acción popular de inconstitucionalidad, dado el carácter cautelar de la decisión, en el pronunciamiento de amparo no se sigue el procedimiento previsto en la Ley Orgánica de Amparo[1440]; es decir, como lo resolvió la antigua Corte Plena en sentencias de 8 de junio de 1988, 11 de octubre de 1988 y 4 de abril de 1989, en estos casos, la decisión de la Corte se concreta en un pronunciamiento previo dictado antes del fallo definitivo, sin que se tenga que seguir todo el procedimiento establecido en la Ley Orgánica, como por ejemplo, la solicitud del informe correspondiente, la realización de la audiencia pública y oral, y la citación del Ministerio Público[1441].

La antigua Corte Plena, en su sentencia de 14 de enero de 1993 (Caso: *Gruber Odreman*) precisó que "el amparo contra normas intentado conjuntamente con un recurso de nulidad por inconstitucionalidad, tiene el efecto de una medida cautelar dentro de este procedimiento"[1442]. Esta medida cautelar, con efectos mientras dure el juicio de nulidad, consiste en la posibilidad para la Corte, si lo estima procedente, de suspender la aplicación de la norma respecto de la situación jurídica concreta que se alega, lo que equivale decir, como lo señaló la antigua Corte Plena, "que el juez evitará el menoscabo de derechos o garantías de rango constitucional producido por la ejecución o aplicación, en el caso concreto alegado, de alguna disposición impugnada de inconstitucional mientras dure el juicio principal"[1443].

Por otra parte, la decisión de la ahora Sala Constitucional "ha de hacerse de manera previa y sin pronunciamiento sobre el fondo del asunto debatido y debe resol-

---

1439 El carácter *normativo* del acto estatal se ha destacado por antigua Corte Suprema de Justicia, Sala Político Administrativa, en sentencia de 2–5–91, *Revista de Derecho Público,* N° 46, EJV, Caracas, 1991, pp. 119–120.

1440 *V.,* sentencia de la Corte Plena de 14–1–93, Caso *"Gruber Odreman"* (consultada en original).

1441 *V.,* en *Revista de Derecho Público,* N° 38, EJV, Caracas, 1989, p. 105 y N° 39, 1989 p. 128. *V.,* además sentencia de la antigua Corte Suprema de Justicia, Sala Político Administrativa de 5–5–93, *Revista de Derecho Público,* N° 53–54, EJV, Caracas, 1993, p. 226.

1442 Consultada en original.

1443 *V.,* sentencia de la antigua Corte Suprema de Justicia, Sala Plena de 27–4–93, en *Revista de Derecho Público,* N° 53–54, EJV, Caracas, 1993, p. 222 (Caso *"Coopervolta"*).

verse en forma breve y sumaria *sin participación de los interesados*"[1444] y además, inmediatamente[1445].

Esta suspensión de efectos de la norma, de carácter cautelar, en principio se refiere a la aplicación de la norma a la situación jurídica concreta cuya violación se alega[1446]; por tanto, la decisión cautelar en principio no puede tener efectos *erga omnes,* sino sólo efectos personalísimos en relación al accionante agraviado[1447]. La Sala Constitucional, sin embargo, pudiendo siempre determinar los efectos de sus sentencias, le ha dado efectos *erga omnes* a la suspensión de efectos dictada en relación con las leyes impugnadas por vía de acción popular.

3. *La formulación de la pretensión de amparo conjuntamente con las acciones contencioso administrativas*

El artículo 5° de la Ley Orgánica de Amparo, luego de precisar la posibilidad de que se intente una acción de amparo autónoma contra actos administrativos de efectos particulares, agrega que:

> "Cuando la acción de amparo se ejerza contra actos administrativos de efectos particulares o contra abstenciones o negativas de la Administración, podrá formularse ante el juez contencioso administrativo competente, si lo hubiese en la localidad, conjuntamente con el recurso contencioso administrativo de anulación de actos administrativos o contra las conductas omisivas, respectivamente, que se ejerza. En estos casos, el Juez, en forma breve, sumaria, efectiva y conforme a lo establecido en el artículo 22, si lo considera procedente para la protección constitucional, suspenderá los efectos del acto recurrido como garantía de dicho derecho constitucional violado, mientras dure el juicio".

Esta norma, como ya se ha señalado, ha sido objeto de un proceso de interpretación jurisprudencial de gran importancia, y que superó la idea inicial de la acumulación de dos acciones que, sin embargo, por tener procedimientos distintos, seguían cursos procesales paralelos, como fue la tendencia que surgió de muchas decisiones iniciales, hasta llegar a la consideración del amparo como una pretensión subordinada a la acción contencioso administrativa que es la principal, consistiendo el amparo, en estos casos, en una mera medida cautelar durante el juicio de nulidad. Este fue el espíritu del legislador, que fue interpretado cabalmente en la ya mencionada y comentada sentencia de la antigua Corte Suprema de Justicia de 10 de julio de 1991 (Caso: *Tarjetas Banvenez*), *y* que se ha seguido en las decisiones judiciales posteriores, y que en nuestro criterio no ha sido modificado por el hecho de que la antigua Corte Suprema hubiera anulado el artículo 22 de la Ley Orgánica de Amparo.[1448]

1444 *V.*, sentencia antigua Corte Suprema de Justicia, Sala Político Administrativa de 11–2–92, *Revista de Derecho Público,* N° 49, EJV, Caracas, 1992, p. 120.

1445 *V.*, sentencia antigua Corte Suprema de Justicia, Sala Político Administrativa de 19–11–92, *Revista de Derecho Público,* N° 52, EJV, Caracas, 1992, p. 137.

1446 *V.*, sentencia antigua Corte Suprema de Justicia, Sala Político Administrativa de 2–5–91, *Revista de Derecho Público,* N° 46, EJV, Caracas, 1991, p. 120.

1447 *V.*, sentencias antigua Corte Suprema de Justicia, Sala Político Administrativa de 6–8–91, *Revista de Derecho Público,* N° 47, EJV, Caracas, 1991, p. 119 y de 6–8–92, *Revista de Derecho Público,* N° 52, EJV, Caracas, 1992, p. 138.

1448 *V.*, en *Gaceta Oficial Extra* N° 5071 de 29-5-96.

En estos casos, la formulación de la pretensión de amparo con la acción contencioso administrativa debe plantearse, como lo dice la ley, en forma conjunta, lo que implica la acumulación de ambas pretensiones en un mismo y solo libelo de demanda, pues de no ser así, resultaría imposible la aplicabilidad del artículo 5 de la Ley[1449].

Por otra parte, sólo formulándose la pretensión de amparo conjuntamente con el recurso contencioso administrativo de anulación es que pueden obviarse los requisitos procesales de admisibilidad de este último en cuanto al lapso de caducidad y el agotamiento de la vía administrativa; que pueden lograrse los efectos suspensivos inmediatos del acto administrativo, de carácter cautelar y no restablecedores, y que pueden modificarse las reglas de competencia de los jueces de amparo.

De allí la exigencia de que las pretensiones se formulen en un mismo momento procesal y no una después de otra[1450].

Por ello, la interposición conjunta de la pretensión de amparo con la acción de nulidad, no implica fórmula sacramental alguna[1451] y, por supuesto, no impide el que pueda formularse la pretensión de amparo al reformarse el libelo del recurso de anulación; en cambio, lo que no está dentro de la previsión de la norma es la posibilidad del ejercicio separado de las acciones, porque de constar en libelos y oportunidades diferentes, el amparo interpuesto con posterioridad al recurso, sería inadmisible conforme al ordinal 5° del artículo 6 de la ley Orgánica, por haber optado el actor precedentemente a otra vía judicial"[1452].

Por otra parte, al formularse conjuntamente la pretensión de amparo con el recurso contencioso administrativo, el objeto de ambas pretensiones tiene que ser el mismo. Es decir, debe tratarse del mismo acto, actuación u omisión, aquél contra el cual se formule la pretensión de amparo y la acción de nulidad[1453].

Tratándose de una pretensión de amparo formulada conjuntamente con el recurso contencioso administrativo, ambas deben ser conocidas y decididas por un solo juez[1454], precisamente el juez competente para conocer de la acción principal, es

---

1449 *V.*, sentencias de la antigua Corte Suprema de Justicia, Sala Político Administrativa de 21–5–91 y de 11–3–93, en *Revista de Derecho Público,* N° 46, EJV, Caracas, 1991, p. 159 y *Revista de Derecho Público,* N° 53–54, EJV, Caracas, 1993, p. 231 y sentencias de la Corte Primera de lo Contencioso Administrativa de 17–11–88, en FUNEDA, *15 años de Jurisprudencia, cit.*, p. 233; y de 7–9–91, *Revista de Derecho Público,* N° 47, EJV, Caracas, 1991, p. 169.

1450 *V.*, sentencia de la antigua Corte Suprema de Justicia, Sala Político Administrativa de 6–4–89, *Revista de Derecho Público* N° 38, EJV, Caracas, 1989, p. 140.

1451 *V.*, sentencia de la Corte Primera de lo Contencioso Administrativa de 9–9–91, en FUNEDA, *15 años de* Jurisprudencia, *cit.*, p. 222.

1452 *V.*, sentencia de 18–11–93, *Revista de Derecho Público,* N° 55–56, EJV, Caracas, 1993, p. 458.

1453 *V.*, sentencias de la antigua Corte Suprema de Justicia, Sala Político Administrativa de 27–7–92 y 16–12–92 en *Revista de Derecho Público,* N° 51, EJV, Caracas, 1992, p. 215, y N° 52, EJV, Caracas, 1992, p. 236; y sentencias de la Corte Primera de lo Contencioso Administrativa de 7–9–91, *Revista de Derecho Público,* N° 47, EJV, Caracas, 1991, p. 169; de 14–11–92 *Revista de Derecho Público,* N° 52, EJV, Caracas, 1992, p. 232, y de 14–12–92 en FUNEDA, *15 años de Jurisprudencia, cit.*, p. 230.

1454 *V.*, sentencia de la antigua Corte Suprema de Justicia, Sala Político Administrativa de 19–11–92, *Revista de Derecho Público,* N° 52, EJV, Caracas, 1992, p. 240.

decir, el competente para conocer del recurso contencioso administrativo[1455]. Ambas deben ser tramitadas en un solo proceso, el de la acción principal (contencioso administrativo), teniendo por tanto la pretensión de amparo, carácter subordinado, accesorio y dependiente de la acción principal[1456], cuya suerte sigue[1457].

En los casos de ejercicio conjunto de la pretensión de amparo con el recurso contencioso administrativo, tratándose de una pretensión accesoria y subordinada a la acción principal, como se ha dicho, la decisión en el caso de amparo tiene carácter cautelar, no incidiendo en la anulación, que es el fondo debatido[1458]; y los efectos de la misma consisten en el caso de que la acción principal sea un recurso de nulidad de un acto administrativo, básicamente en la suspensión de los efectos del mismo mientras dure el juicio de nulidad[1459], sin que por esta vía se puedan crear derechos[1460]. La decisión, por otra parte, dado su carácter cautelar, se puede adoptar *inaudita parte*[1461].

Por ello, la antigua Corte Suprema de Justicia en Sala Político Administrativa señaló que la suspensión de efectos del acto administrativo decidida en los casos de ejercicio conjunto, tiene una naturaleza cautelar similar a la suspensión de efectos dictada conforme al artículo 136 de la derogada Ley Orgánica de la Corte (artículo 21, párrafo 22 de la Ley Orgánica del Tribunal Supremo), difiriendo básicamente en su fundamentación[1462] y precisando, en todo caso, que esta última norma no puede invocarse para obtener el pronunciamiento de amparo. De lo contrario, ha considerado la Corte Primera en lo que consideramos un exceso de formalismo, que en ese

---

1455 *V.*, sentencias antigua Corte Suprema de Justicia, Sala Político Administrativa de 31–5–91, *Revista de Derecho Público,* Nº 46, EJV, Caracas, 1991, p. 154; de 6–12–91, *Revista de Derecho Público,* Nº 45, EJV, Caracas, 1991, p. 145; de 3–6–92, *Revista de Derecho Público,* Nº 50, EJV, Caracas, 1992, p. 182; de 10–6–92, *Revista de Derecho Público,* Nº 50, EJV, Caracas, 1992, p. 184; de 23–7–92, *Revista de Derecho Público,* Nº 51, EJV, Caracas, 1992, pp. 208 y 210; y de 29–10–93, *Revista de Derecho Público,* Nº 52, EJV, Caracas, 1992, p. 220, y sentencia de la Corte Primera de lo Contencioso Administrativa de 14–12–92, *Revista de Derecho Público,* Nº 52, EJV, Caracas, 1992, p. 221.

1456 *V.*, sentencias de la antigua Corte Suprema de Justicia, Sala Político Administrativa de 11–7–91, en *Revista de Derecho Público,* Nº 47, EJV, Caracas, 1991, p. 174; de 19–11–92, *Revista de Derecho Público,* Nº 52, EJV, Caracas, 1992, p. 240, y de 11–3–93 en *Revista de Derecho Público,* Nº 53–54, EJV, Caracas, 1993, pp. 232 y 354; y sentencia de la Corte Primera de lo Contencioso Administrativa de 15–12–88, en FUNEDA, *15 años de Jurisprudencia, cit.*, p. 215.

1457 *V.*, sentencia de la Corte Primera de lo Contencioso Administrativo de 16–1–92, *Revista de Derecho Público,* Nº 49, EJV, Caracas, 1992, p. 146. y sentencia de la Corte Suprema de Justicia, Sala Político Administrativa de 3–6–92 en *Revista de Derecho Público,* Nº 50, EJV, Caracas, 1992, p. 182.

1458 *V.*, sentencia de la antigua Corte Suprema de Justicia, Sala Político Administrativa de 3–10–91, en *Revista de Derecho Público,* Nº 48, EJV, Caracas, 1991, p. 164; y sentencia de la Corte Primera de lo Contencioso Administrativo de 21–9–93, en *Revista de Derecho Público* Nº 53–54, EJV, Caracas, 1993, p. 365.

1459 *V.*, sentencias de la antigua Corte Suprema de Justicia, Sala Político Administrativa de 14–8–91 *Revista de Derecho Público* Nº 47, EJV, Caracas, 1991, p. 174; de 3–10–91 y de 5–12–91, *Revista de Derecho Público* Nº 48, EJV, Caracas, 1991, pp. 164 y 167 de 11–3–93, *Revista de Derecho Público,* Nº 53–54, EJV, Caracas, 1993, p. 351; y sentencia de la Corte Primera de lo Contencioso Administrativo de 3–12–91, *Revista de Derecho Público,* Nº 48, EJV, Caracas, 1991, p. 166.

1460 *V.*, sentencia de la Corte Primera de lo Contencioso Administrativo de 20–6–91, *Revista de Derecho Público* Nº 46, EJV, Caracas, 1991, p. 156.

1461 *V.*, sentencia de la Corte Primera de lo Contencioso Administrativo de 27–9–93, en *Revista de Derecho Público,* Nº 55–56, EJV, Caracas, 1993, p. 475.

1462 *V.*, sentencia de 13–12–90, en *Revista de Derecho Público,* Nº 45, EJV, Caracas, 1991, p. 149.

caso, el amparo debe declararse inadmisible[1463]. En particular, sólo podría admitirse al invocar el artículo 21, párrafo 22 de la Ley Orgánica del Tribunal Supremo de Justicia, cuando ello se hace en forma subsidiaria a la petición de amparo, para el caso de que éste se declare improcedente[1464].

En todo caso, como se dijo, la Corte Primera precisó en sentencia de 18 de junio de 1991 que el hecho de que el ahora artículo 21, párrafo 22 de la Ley Orgánica del Tribunal Supremo de Justicia (artículo 136 de la derogada Ley Orgánica de la Corte Suprema de Justicia) prevea la medida de suspensión de efectos del acto administrativo, no es suficiente para la protección constitucional[1465], pues conforme a esa norma, la suspensión sólo opera por previsión expresa de la Ley o cuando sea imprescindible para impedir daños irreparables o de difícil reparación. En el caso de la suspensión de efectos conforme a la Ley Orgánica de Amparo, ella no requiere de la demostración del daño, bastando la presunción grave de la violación. Además, agregó la antigua Corte en la citada sentencia de 18 de junio de 1991 que "dada su naturaleza, no se limita al simple levantamiento de la eficacia del acto sino que tiene un efecto más complejo y variado, por cuanto puede detener la realización de ciertas conductas e impedir que las mismas se consoliden"[1466].

De acuerdo con esta doctrina, la Corte Suprema ha reconocido que el juez contencioso administrativo, cuando conoce de una pretensión de amparo formulada conjuntamente con un recurso contencioso administrativo, tiene los más amplios poderes cautelares, señalando:

> "En caso, pues, de que el juez de amparo considere que existen motivos para prever que se están dando o puedan producirse lesiones a derechos o garantías de rango constitucional, dispone –mientras se produce decisión del juicio principal– de las más amplias facultades para salvaguardarlos o protegerlos, ya sea suspendiendo los efectos del acto impugnado, ordenando la realización o el cese de una actuación o cualquier otra medida legalmente consagrada que considere acorde con y adecuada a la protección constitucional en el caso concreto"[1467].

Ahora bien, a pesar de estos poderes cautelares, en ciertas decisiones la antigua Corte Suprema fue cautelosa en acordar la suspensión de efectos de actos negativos o denegatorios impugnados en vía contencioso–administrativa con pretensión de amparo, pues ello supuestamente convertía al juez contencioso administrativo "no en reparador de los daños que el acto genera, sino en otorgante en sede jurisdiccional y con carácter previo, de la pretensión ante la Administración, lo cual convertiría la deci-

---

1463 Sentencias de la Corte Primera de lo Contencioso Administrativo de 21–2–91, en *Revista de Derecho Público,* Nº 45, EJV, Caracas, 1991 pp. 146–147; y de 5–11–92, en *Revista de Derecho Público,* Nº 52, EJV, Caracas, 1992, p. 187.

1464 *V.,* sentencia antigua Corte Suprema de Justicia, Sala Político Administrativa de 13–7–92, *Revista de Derecho Público,* Nº 51, EJV, Caracas, 1992, pp. 215–216.

1465 *V.,* también sentencia de la Corte Primera de lo Contencioso Administrativo de 21–7–92, *Revista de Derecho Público,* Nº 51, EJV, Caracas, 1992, p. 212.

1466 *V.,* en *Revista de Derecho Público,* Nº 46, EJV, Caracas, 1991, p. 158.

1467 *V.,* sentencia de 19–11–92, *Revista de Derecho Público,* Nº 52, EJV, Caracas, 1992, p. 227.

sión del juez de amparo en constitutiva del derecho, que no en reparadora de la lesión aducida"[1468].

Por otra parte, debe señalarse que el carácter accesorio y cautelar de la decisión que se adopte en cuanto a la petición de amparo, la hace esencialmente temporal, sometida al pronunciamiento final que se emita en el juicio principal[1469]. Las medidas cautelares, que tienen por finalidad evitar que se produzcan violaciones de derechos constitucionales mientras se tramita el juicio principal, permiten al juez hacer pleno uso de sus poderes de ejecución del mandamiento dictado[1470].

Por último debe señalarse que por sentencia de 21 de mayo de 1996, la antigua Corte Suprema de Justicia en Corte Plena declaró la nulidad por inconstitucionalidad del artículo 22 de la Ley Orgánica de Amparo por violación al derecho a la defensa consagrado en la Constitución. A pesar de que el artículo 5° de la Ley Orgánica que regula el ejercicio conjunto de la pretensión de amparo con el recurso de nulidad hace referencia al artículo 22 de la Ley Orgánica, la anulación de este no varía en absoluto el carácter cautelar del amparo en esos casos de ejercicio conjunto, tal y como la Corte lo indicó expresamente en la sentencia.[1471]

4. *La formulación de la pretensión de amparo con otros medios judiciales*

Por último, la pretensión de amparo también puede formularse conjuntamente con otros medios procesales o acciones ordinarias conforme al ordinal 5° del artículo 6 de la Ley Orgánica, que establece, al regular como causal de inadmisibilidad de la acción de amparo, cuando el agraviado haya optado por recurrir a las vías judiciales ordinarias o hecho uso de los medios judiciales preexistentes; que se puede, con ellos, alegar la violación o amenaza de violación de un derecho o garantía constitucional, y en tal caso "el Juez deberá acogerse al procedimiento y a los lapsos establecidos en los artículos 23, 24 y 26 de la presente ley, a fin de ordenar la suspensión provisional de los efectos del acto cuestionado".

De acuerdo con la doctrina de la antigua Corte Suprema, establecida en el caso *Tarjetas Banvenez* (10 de julio de 1991), en estos casos, el amparo formulado como pretensión junto con una acción ordinaria o en el curso del proceso derivado de la misma, tampoco tiene carácter de acción principal sino subordinada, accesoria a la acción o recurso al cual se acumuló, sometida por tanto al pronunciamiento jurisdiccional final que se emita en la acción acumulada; teniendo además, un destino temporal y provisorio, dado sus efectos cautelares (no restablecedores) suspensivos de la ejecución de un acto, mientras dure el juicio para evitar que una sentencia a favor del accionante se haga inútil en su ejecución[1472].

1468 Sentencia de la Sala Político–Administrativa de 4–12–91, en *Revista de Derecho Público,* N° 48, EJV, Caracas, 1991, pp. 167–168. Criterio ratificado en sentencia de la Corte Primera de lo Contencioso Administrativo de 14–1–92, *Revista de Derecho Público* N° 49, EJV, Caracas, 1992, p. 147.

1469 *V.*, sentencia de la Corte Primera de lo Contencioso Administrativo de 29–7–93 *Revista de Derecho Público* N° 55–56, EJV, Caracas, 1993, p. 47.

1470 *V.*, antigua Corte Suprema de Justicia, Sala Político Administrativa, sentencias de 22–11–90 y 2–6–93, en *Revista de Derecho Público,* N° 53–54, EJV, Caracas, 1993, p. 369.

1471 *V.*, en *Gaceta Oficial Extra* N° 5071 de 29-5-96.

1472 *V.*, sentencia de la antigua Corte Suprema de Justicia, Sala Político Administrativa de 3–8–89, *Revista de Derecho Público,* N° 39, EJV, Caracas, 1989, p. 136.

Esta acumulación puede formularse de dos maneras, con la acción principal o en el curso de un proceso, con un recurso o como planteamiento. Este último supuesto, en algunos casos se ha denominado como "amparo sobrevenido", pero que, sin embargo, no agota la previsión del artículo 6, ordinal 5° de la Ley Orgánica.

En efecto, en primer lugar, y ello fue la intención del legislador al prever este amparo acumulado, con cualquier demanda puede formularse una pretensión de amparo alegándose violación o amenaza de violación de un derecho o garantía constitucionales. En estos casos no puede hablarse de amparo "sobrevenido", pues la pretensión de amparo se formula iniciándose el proceso con la acción principal.

Pero en segundo lugar, en el curso de un proceso ya iniciado puede formularse una pretensión de amparo alegándose una violación "sobrevenida", de algún derecho constitucional, lo que incluso puede ocurrir al interponerse una apelación o al formularse un recurso de casación. Este es uno de los supuestos del amparo acumulado a las acciones judiciales ordinarias, y no el único supuesto[1473]. En tal sentido, la doctrina jurisprudencial en la materia fue sentada en la sentencia de la Sala de Casación Civil de la antigua Corte Suprema de 9 de octubre de 1997 (Caso: *José Avelino Gómez*), en la cual la Sala, fijando "el verdadero alcance" del precepto contenido en el ordinal 5° del artículo 6° de la Ley Orgánica de Amparo resolvió así:

> "En primer lugar, ha de precisarse que la causal de inadmisibilidad de la acción autónoma de amparo prevista en el ordinal 5° del artículo 6° citado, opera en los casos en que -como la misma norma lo expresa- el agraviado haya optado por acudir a las vías ordinarias o hecho uso de los medios judiciales preexistentes, *pues en tal hipótesis el afectado puede solicitar y obtener protección inmediata del juez que ha de conocer del recurso ordinario o del medio judicial preexistente, mediante la suspensión provisional de los efectos del acto o decisión reputado contrario a la Constitución....*
>
> Ello, desde luego, permite afirmar que el amparo asume en este supuesto un rol cautelar que convierte el procedimiento judicial ordinario en una vía eficaz para el restablecimiento definitivo de la situación jurídica que le ha sido infringida al pretensor, por lo cual nada impide que esta acción pueda proponerse conjuntamente con el mecanismo procesal previsto por la ley para resolver el asunto (ejemplo: recurso de hecho contra negativa de oír apelación), e, incluso, después de interpuesto aquél (caso de apelación oída en un solo efecto), porque el amparo sólo persigue la suspensión de los efectos del acto cuestionado, como medida de protección provisional del derecho que se alega violado o amenazado, mientras se juzga en forma definitiva sobre el acto recurrido; pero en todos los casos será condición necesaria para su procedencia la demostración del riesgo de irreparabilidad de la violación constitucional, por la sentencia de fondo. La decisión que en este sentido se dicte será revisable, bien por apelación o por

---

1473 *V.*, sentencia de la antigua Corte Suprema de Justicia de 18–11–93 (Caso: *Gustavo J. Ruiz*), *V.*, en *Revista de Derecho Público*, N° 55–56, EJV, Caracas, 1993, pp. 300 y 301. En el mismo sentido se ha pronunciado la Corte Primera de lo Contencioso Administrativo al referirse al ordinal 5° del artículo 6 de la Ley Orgánica de Amparo al indicar que "tal alternativa sólo sería procedente ante un hecho acaecido *con posterioridad* al comienzo o uso de las vías judiciales ordinarias o preexistentes y vinculado a su objeto; constituye tal posibilidad lo que se denominaría el amparo por hecho sobrevenido" en FUNEDA, *15 años de Jurisprudencia, op. cit.*, p. 232.

consulta, de conformidad con las previsiones del artículo 35 de la Ley Orgánica de Amparo sobre Derechos y Garantías Constitucionales"[1474].

Esto fue precisado además, en otra sentencia de la Sala de Casación de la antigua Corte Suprema de 2 de abril de 1997 (Caso: *Andrea María Vaga*), en la cual resolvió:

> "[...] que la acción de amparo propuesta conjuntamente con una de otro tipo participa de todos los caracteres procesales inherentes a la acumulación de acciones, esto es: que ha de ser resuelta por un solo juez (el mismo que sea competente para conocer de la acción principal), y que ambas pretensiones (la de amparo y la de nulidad u otra) deben ser tramitadas en un solo proceso que tiene dos etapas: la del amparo, previa, y la contenciosa, la cual forzosamente cubre, en la decisión final, tanto la medida cautelar que inevitablemente perece en esa oportunidad, como el pronunciamiento judicial acerca de la nulidad solicitada. En otras palabras, si por las características analizadas el mandamiento de amparo se traduce única y exclusivamente en la suspensión provisional del acto recurrido en nulidad, la sentencia que decida ésta deja sin efecto aquella medida cautelar dictada en forma previa, tanto si el acto cuestionado es anulado como si es confirmado, porque, en uno u otro caso, carece ya de sustentación jurídica".

A tal efecto, concluyó la Sala señalando que "la admisibilidad de este medio de protección constitucional debe estar al cumplimiento de los siguientes requisitos":

> "[...] a) Deberá coexistir con otros medios procesales; b) Puesto que el amparo tiene propósitos cautelares, esto es, la suspensión temporal de los efectos del acto cuestionado mientras se decide sobre la legitimidad de aquél, su interposición ha de verificarse por ante el Tribunal al que corresponda conocer del medio procesal ejercido con tales fines; c) La solicitud deberá fundamentarse en la violación directa de un derecho o garantía constitucional, o en la amenaza de que ella se produzca; y d) El agraviado deberá comprobar que la violación constitucional difícilmente podrá ser reparada por la sentencia que juzgue sobre la ilegitimidad del acto. Así se declara".

VIII. LAS CONDICIONES DE ADMISIBILIDAD DE LA ACCIÓN DE AMPARO

La acción de amparo, como todas las acciones judiciales, se encuentra sometida a una serie de condiciones de admisibilidad, en este caso establecidas en la Ley Orgánica de Amparo, particularmente en su artículo 6. Sin embargo, las causales de inadmisibilidad establecidas en esa norma no son las únicas, pues de otra serie de normas de la Ley Orgánica se derivan otras causales de inadmisibilidad, como las que se refieren al carácter de la violación constitucional y que conduce a la inadmisibilidad cuando se fundamenta la acción en sólo violaciones de carácter legal. Además, la acción de amparo, por su carácter personalísimo, está sometida a determinadas condiciones de admisibilidad relativas al carácter del agraviado (legitimación activa) y del agraviante (legitimación pasiva).

1474 Consultada en original.

Pero además, la acción de amparo también está sometida a las causales de inadmisibilidad establecidas en el Código de Procedimiento Civil, en virtud de la aplicación supletoria de sus normas al proceso de la acción de amparo, conforme lo establece el artículo 48 de la Ley Orgánica.

1. *La legitimación activa*

La acción de amparo ha tenido fundamentalmente un carácter personalísimo, de manera que el legitimado activo sólo puede ser el agraviado en sus derechos o garantías constitucionales por un hecho, acto u omisión realizado por un *agraviante* preciso. Sin embargo, dada la garantía de la tutela efectiva de los derechos colectivos y difusos establecida en el artículo 26 de la Constitución, la legitimación activa se ha ampliado de manera de proteger esos derechos.

A. *La condición de agraviado*

La acción de amparo tiene en principio un carácter personal, en el sentido de que sólo puede ser intentada por el agraviado, es decir, por la persona que se vea lesionada o amenazada de lesión a su propio derecho constitucional[1475]. En consecuencia, nadie puede hacer valer en el proceso de amparo, en nombre propio, un derecho ajeno[1476]. Tal como lo señaló la antigua Corte Suprema de Justicia en Sala Político Administrativa, el carácter eminentemente personal del amparo constitucional exige para su admisibilidad:

> "Un interés calificado en quién pretenda la restitución o restablecimiento del derecho o garantía que considere vulnerados, es decir, que la lesión le esté dirigida, y en definitiva, que sus efectos repercutan sobre él en forma directa e indiscutida, lesionando su ámbito de derechos subjetivos que la Carta Magna le confiere. Es únicamente, pues, la persona que se encuentra lesionada en forma directa y especial en sus derechos subjetivos fundamentales, por un acto, hecho u omisión determinados, quien puede acudir a los órganos judiciales competentes para que, mediante un proceso breve y sumario, el juez acuerde inmediatamente el total restablecimiento de la situación jurídica subjetiva infringida"[1477].

La acción de amparo, por tanto, es una acción subjetiva[1478] para cuya interposición se requiere un interés personal, legítimo y directo del accionante[1479], incluso

1475 *V.*, sentencia de la antigua Corte Suprema de Justicia, Sala Político Administrativa de 18–6–92, *Revista de Derecho Público* Nº 50, EJV, Caracas, 1992, p. 135 y de 13–8–92, *Revista de Derecho Público,* Nº 51, EJV, Caracas, 1992 p. 160.

1476 *V.*, sentencia de la antigua Corte Suprema de Justicia, Sala Político Administrativa de 14–2–90, *Revista de Derecho Público,* Nº 41, EJV, Caracas, 1990, p. 101.

1477 *V.*, sentencia de la antigua Corte Suprema de Justicia, Sala Político Administrativa de 27–8–93 (Caso: *Kenet E. Leal*), *Revista de Derecho Público,* no 55–56, EJV, Caracas, 1993, p 322.

1478 *V.*, sentencia de la Corte Primera de lo Contencioso Administrativa de 18–11–93, *Revista de Derecho Público,* Nº 55–56, EJV, Caracas, 1993, pp. 325–327.

1479 *V.*, sentencias de la antigua Corte Suprema de Justicia, Sala Político Administrativa de 22–10–90 y 22–10–92, *Revista de Derecho Público,* Nº 52, EJV, Caracas, 1992, p. 140 y de 18–11–93, *Revista de Derecho Público,* Nº 55–56, EJV, Caracas, 1993, p. 327.

cuando se formula conjuntamente con una acción popular.[1480] Por ello, la acción de amparo sólo puede intentarse por el propio agraviado quien es el que tiene la legitimación activa o por su apoderado legítimamente constituido[1481].

De acuerdo con la ley, la condición de agraviado para el ejercicio de la acción de amparo la puede tener cualquier "habitante de la República" en el sentido de cualquier persona que se encuentre en el territorio nacional, sea venezolano o no[1482]; incluso, una persona no domiciliada ni residenciada en el país, que se encuentre en él de tránsito[1483].

Incluso, podría admitirse la acción de amparo intentada por una persona que no se encuentre en territorio venezolano, siempre y cuando sus derechos o garantías constitucionales hayan sido directamente lesionados o amenazados de violación por cualquier acto, hecho u omisión que "se haya realizado, emitido o producido en la República"[1484].

En este sentido la antigua Corte Suprema de Justicia en sentencia de 27 de agosto de 1993 resolvió lo siguiente:

> "Considera la Sala, en relación con el señalamiento anterior (el accionante en amparo debe ser habitante de la República), que el amparo tiene una amplia consagración constitucional, conforme a la cual abarca los derechos y garantías susceptibles de protección mediante esta vía; la diversidad de actos, hechos o omisiones que puedan ser objeto de la acción, y la naturaleza de las personas y de los entes contra quien puede ser ejecutada, tal como ha sido sostenida reiteradamente por nuestra jurisprudencia. Debe, por tanto, se interpretado en forma tal que, conforme a la expresión "toda persona natural habitante de la República" –empleada en el artículo 1 de la Ley Orgánica respectiva– al referirse ésta a las personas habilitadas para solicitar ante los tribunales competentes el amparo previsto en el artículo 49 de la Carta Magna, puede acudir a él con éxito un no domiciliado ni residenciado en el país, sino sólo en tránsito, y aun quien no se encontrare en el territorio venezolano: Siempre, claro está, que se den también las condiciones para la admisibilidad y procedencia de la acción".

En esta forma, señaló la antigua Corte, la intención del Constituyente y la del legislador, al utilizar el término "habitante de la República" para referirse a la personas que pueden interponer la acción de amparo, "fue la de permitir que ésta sea ejercida por cualquier sujeto de derecho –sea cual fuere su condición social, nacionalidad o situación legal– siempre y cuando sus derechos o garantías constitucionales

1480 *V.*, sentencia de la Sala Constitucional Nº 1424 de 30–6–2005 (Caso: *Impugnación del numeral 23 del artículo 6 de la Ley Orgánica del Tribunal Supremo de Justicia*), en *Revista de Derecho Público,* Nº 102, EJV, Caracas, 2005, p. 156.

1481 *V.*, sentencia de la Corte Primera de lo Contencioso Administrativo de 21–8–92, *Revista de Derecho Público,* Nº 51, EJV, Caracas, 1992, p. 161.

1482 *V.*, sentencia de la antigua Corte Suprema de Justicia, Sala Político Administrativa de 27–10–93 (Caso: *Ana Drossos*), *Revista de Derecho Público*, Nº 55–56, EJV, Caracas, 1993, p. 282.

1483 *V.*, sentencia de la antigua Corte Suprema de Justicia, Sala Político Administrativa de 29–9–93, *Revista de Derecho Público,* Nº 55–56, EJV, Caracas, 1993, p. 317.

1484 *V.*, sentencia de la antigua Corte Suprema de Justicia, Sala Político Administrativa de 27–8–93 (Caso: *Ana Drossos*), *cit.* en sentencia de la antigua Corte Suprema de Justicia, Sala Político Administrativa de 29–9–93, en *Revista de Derecho Público* Nº 55–56, EJV, Caracas, 1993, p. 317.

hayan sido directamente lesionados o amenazados de violación por cualquier acto, hecho u omisión que "se haya realizado, emitido o producido en la República"[1485].

Los mismos criterios se deben aplicar a las personas morales titulares de derechos constitucionales, en el sentido de que pueden ejercer la acción las personas morales constituidas o domiciliadas en el país o que no estándolo, sus derechos constitucionales hayan sido lesionados por una actuación u omisión ocurrida en territorio venezolano.

En todo caso, la consecuencia del carácter personalísimo de la acción de amparo es que la misma sólo puede ejercerse por el agraviado o su representante legalmente constituido, por lo que quien se dice representar a otro debe acreditarlo. Ello se deriva de la previsión del artículo 13 de la Ley Orgánica de Amparo que precisa que la acción puede interponerse "por cualquier persona natural o jurídica, por representación o directamente".

Sobre la representación, en sentencia de 22 de septiembre de 1993 (Caso *Rafael A. Pineda*), la antigua Corte Suprema de la Sala Político Administrativa, interpretó la referencia en la norma en "la forma más amplia posible"[1486], admitiéndose por ejemplo la actuación de "los órganos de representación corporativa".[1487]

El agraviado, para intentar la acción de amparo, debe además estar asistido de abogado como lo exige el artículo 4° de la Ley de Abogados[1488]. La única excepción a la obligación de asistencia por abogado está prevista en la propia Ley Orgánica de Amparo, respecto al ejercicio de la acción de amparo a la libertad personal (*hábeas corpus*), que puede intentarse conforme al artículo 41 por el agraviado o por cualquier persona que gestione en favor de aquél, por escrito, verbalmente o por vía telegráfica, sin necesidad de asistencia de abogado.

B. *El amparo respecto de derechos colectivos y difusos*

Por otra parte, en virtud de reconocimiento constitucional (artículo 26)de la tutela judicial de los intereses difusos y colectivos, la Sala Constitucional del Tribunal Supremo ha admitido la posibilidad del ejercicio de la acción de amparo en protección de derechos colectivos y difusos, como el que tienen los electores en sus derechos políticos, e incluso ha acordado medidas cautelares con efectos *erga omnes* "tanto para las personas naturales y organizaciones que han solicitado la protección de amparo constitucional como para todos los electores en su conjunto"[1489].

1485 *V.*, en *Jurisprudencia Ramírez & Garay*, Tomo CXXVI, p. 667.

1486 *V.*, sentencia de la antigua Corte Suprema de Justicia, Sala Político Administrativa de 22–9–93, *Revista de Derecho Público,* N° 55–56, EJV, Caracas, 1993, p. 356.

1487 *V.*, sentencia de la antigua Corte Suprema de Justicia, Sala Político Administrativa de 30–10–90, *cit.*, por sentencia de la antigua Corte Suprema de Justicia, Sala Político Administrativa de 22–10–92, *Revista de Derecho Público,* N° 52, EJV, Caracas, 1992, p. 141.

1488 *V.*, sentencias de la Corte Primera de lo Contencioso Administrativo de 18–11–93 (Caso*: Carlos G. Pérez*), *Revista de Derecho Público,* N° 55–56, EJV, Caracas, 1993, pp. 353–354; de 14–9–89, *Revista de Derecho Público* N° 40, EJV, Caracas, 1989, p. 105; y de 4–3–93 y 25–3–93, *Revista de Derecho Público,* N° 53–54, EJV, Caracas, 1993, p. 258.

1489 Sentencia de la Sala Constitucional N° 483 de 29–05–2000, Caso: *"Queremos Elegir" y otros, Revista de Derecho Público,* N° 82, 2000, EJV, pp. 489–491. En igual sentido sentencia de la misma Sala N° 714 de 13–07–2000, Caso: *APRUM.*

En cuanto a los intereses difusos, la Sala Constitucional del Tribunal Supremo ha considerado que "son aquellos que garantizan al conglomerado (ciudadanía) en forma general una aceptable calidad de la vida (condiciones básicas de existencia), [cuando] la calidad de la vida de toda la comunidad o sociedad en sus diversos aspectos se ve desmejorada, y surge en cada miembro de esa comunidad un interés en beneficio de él y de los otros componentes de la sociedad en que tal desmejora no suceda, y en que si ya ocurrió sea reparada"[1490]. En cuanto a los derechos colectivos, son aquellos que surgen cuando la lesión se localiza concretamente en un grupo, determinable como tal, aunque no cuantificado o individualizado, como serían los habitantes de una zona del país afectados por una construcción ilegal que genera problemas de servicios públicos en la zona. Estos intereses colectivos, ha dicho la misma Sala Constitucional, están "referidos a un sector poblacional determinado (aunque no cuantificado) e identificable, aunque individualmente, dentro del conjunto de personas existe o puede existir un vínculo jurídico que los une entre ellos. Ese es el caso de las lesiones a grupos profesionales, a grupos de vecinos, a los gremios, a los habitantes de un área determinada, etc.[1491].

La Sala Constitucional, por lo demás, ha interpretado el tema de la legitimación *ad procesum* prevista en el artículo 26 de la Constitución en forma amplia en cuanto al ejercicio de la acción de amparo extendida a la protección de derechos colectivos o difusos, señalando lo siguiente:

> "En consecuencia, cualquier persona procesalmente capaz que va a impedir el daño a la población o a sectores de ella a la cual pertenece, puede intentar una acción por intereses difusos o colectivos, y si ha sufrido daños personales, pedir sólo para sí (acumulativamente) la indemnización de los mismos. Esta interpretación fundada en el artículo 26, hace extensible la legitimación activa a las asociaciones, sociedades, fundaciones, cámaras, sindicatos, y demás entes colectivos, cuyo objeto sea la defensa de la sociedad, siempre que obren dentro de los límites de sus objetivos societarios, destinados a velar por los intereses de sus miembros en cuanto a lo que es su objeto.
>
> [...] Quien demanda con base a derechos o intereses colectivos, deberá hacerlo en su condición de miembro o vinculado al grupo o sector lesionado, y que por ello sufre la lesión conjuntamente con los demás, por lo que por esta vía asume un interés que le es propio y le da derecho de reclamar el cese de la lesión para sí y para los demás, con quienes comparte el derecho o el interés. Se trata de un grupo o sector no individualizado, ya que si lo fuese, se estaría ante partes concretas.[1492].

C. *La legitimación activa del Defensor del Pueblo*

Por otra parte, teniendo competencia el Defensor del Pueblo, el cual ha sido establecido como órgano constitucional que forma parte del Poder Ciudadano, para la

---

1490 *V.*, sentencia de la Sala Constitucional N° 656 de 05–06–2001, Caso: *Defensor del Pueblo vs. Comisión Legislativa Nacional.*

1491 *Idem. V.*, sentencia de la Sala Constitucional N° 656 de 05–06–2001, caso: *Defensor del Pueblo vs. Comisión Legislativa Nacional.*

1492 *V.*, sentencia de la Sala Constitucional N° 656 de 05–06–2001, Caso: *Defensor del Pueblo vs. Comisión Legislativa Nacional.*

promoción, defensa y vigilancia de los derechos y garantías constitucionales "además de los intereses legítimos, colectivos o difusos de los ciudadanos" (Arts. 280 y 281, 2 C), la Sala Constitucional ha admitido su legitimación activa para intentar acciones de amparo en representación de la globalidad de los ciudadanos, como por ejemplo, contra la amenaza por parte de la Comisión Legislativa Nacional en el 2000 de nombrar a los miembros del Consejo Nacional Electoral sin cumplir con los requisitos constitucionales. La Sala sostuvo, al interpretar el artículo 280 de la Constitución, que "es forzoso concluir que la Defensoría del Pueblo, en nombre de la sociedad, legitimada por la ley para ello, puede incoar un amparo tendente al control del Poder Electoral, en beneficio de los ciudadanos en general, a fin de que se cumplan los artículos 62 y 70 de la Constitución de la República Bolivariana de Venezuela, los cuales fueron denunciados por la actora como infringidos por la Comisión Legislativa Nacional (derecho a la participación ciudadana)".[1493]

Ahora bien, en cuanto a las sentencias de amparo en estos casos de amparo para la protección de intereses colectivos y difusos, la Sala Constitucional en la misma sentencia, consideró que "pueden prohibir una actividad o un proceder específico del demandado, o la destrucción o limitación de bienes nocivos, restableciendo una situación que se había convertido en dañina para la calidad de vida (salud física o psíquica colectiva, preservación del medio ambiente, preservación de la vida, del entorno urbano, del derecho a una relación sana, o de evitar ser convertido en consumidor compulsivo de productos o ideologías, por ejemplo), o que sea amenazante para esa misma calidad de vida". En consecuencia, el fallo produce efectos *erga omnes*, ya que beneficia o perjudica a la colectividad en general o a sectores de ella.[1494]

2. *Legitimación pasiva: la condición de agraviante*

El carácter personalísimo de la acción de amparo no sólo moldea la condición del agraviado, excepto en los casos de intereses colectivos y difusos, sino también la del agraviante. Este sólo puede ser la persona que ha originado la lesión o amenaza de lesión al derecho del agraviado. La antigua Corte Suprema de Justicia, en Sala Político Administrativa lo puntualizó, en sentencia del 15 diciembre de 1992, al considerar que "debe existir una relación directa, específica e indubitable entre la persona que solicita la protección de derechos fundamentales y la persona imputada de dar origen al supuesto agente perturbador, quien viene a ser legitimado pasivo o el sujeto contra quien se deduce la pretensión en el proceso judicial incoado". En otras palabras, es necesario, para la procedencia de la acción de amparo, que la persona señalada como agraviante sea la que en definitiva originó la supuesta lesión[1495]

Tratándose de una persona natural, la identificación y precisión del agraviante no presenta mayores dificultades, siempre que la persona indicada sea la que en definitiva originó la lesión o la amenaza de lesión al derecho del agraviado. La acción de

1493 Sentencia de la Sala Constitucional Nº 656 de 05–06–01, Caso: *Defensor del Pueblo vs. Comisión Legislativa Nacional.*

1494 Sentencia de la Sala Constitucional Nº 656 de 05–06–01, Caso: *Defensor del Pueblo vs. Comisión Legislativa Nacional.*

1495 *V.*, sentencia de la antigua Corte Suprema de Justicia, Sala Político Administrativa de 16–12–92 (Caso *Haydée Casanova*), *Revista de Derecho Público,* Nº 52, EJV, Caracas, 1992, p. 139

amparo también puede intentarse contra una persona moral cuando ésta, actuando a través de sus órganos, es la causante de la lesión.[1496]

Por otra parte, en relación a las personas morales, la acción de amparo podría intentarse contra el órgano de la misma o uno de los órganos, si la lesión ha sido infringida por el mismo; e, incluso, contra el o los titulares individualizados del órgano, si la o las personas naturales titulares del órgano pueden identificarse como agraviante, con independencia del órgano en sí mismo.

Es decir, el agraviante tiene que ser el directo responsable de la conducta que se imputa como violatoria de los derechos o garantías constitucionales del agraviante[1497]; y de lo contrario, si se denuncia a una persona como agraviante sin serlo, la acción de amparo debe ser declarada inadmisible[1498].

Ello implica que la acción de amparo en los casos de actuaciones de la Administración Pública, exige que se identifique al titular del órgano que efectivamente produjo la lesión o amenaza de lesión de los derechos o garantías, es decir, al sujeto a quien se imputan, que posee conocimiento directo y personal sobre los hechos[1499].

Pero el hecho de que se identifique, con precisión, al titular del órgano que causó la lesión, no implica que la acción de amparo se tenga que intentar contra dicho titular y no contra el órgano que produjo la lesión. En estos casos, podría cambiar el titular del órgano, es decir, el funcionario, pero no por ello cambia la relación entre agraviado y agraviante.[1500]

En consecuencia, en los casos en que el agraviado señale en forma precisa al funcionario público autor del agravio, es a éste y sólo a éste, a quien le corresponde actuar en el proceso, sea cual fuere su jerarquía, y en modo alguno puede actuar en el proceso ni debe ser notificado a tal efecto, por ejemplo, ni el superior inmediato o máximo titular jerárquico del órgano[1501], ni el Procurador General de la República en caso de que se trate de un funcionario[1502]. En cambio, si la acción de amparo se intenta, por ejemplo, contra un Ministerio como órgano de la República, su actuación sí sería imputable a la persona jurídica "República", de la cual el Ministerio es

1496 *V.*, sentencia de la Corte Primera de lo Contencioso Administrativo de 7–9–89, *Revista de Derecho Público,* Nº 40, EJV, Caracas, 1989, p. 108.

1497 *V.*, sentencias de la Corte Primera de lo Contencioso Administrativo de 12–5–88, *Revista de Derecho Público,* Nº 34, EJV, Caracas, 1988, p. 113; y de 16–6–88, *Revista de Derecho Público,* Nº 35, EJV, Caracas, 1988, p. 138.

1498 *V.*, sentencia de la antigua Corte Suprema de Justicia, Sala Político Administrativo de 22–11–93, *Revista de Derecho Público,* Nº 55–56, EJV, Caracas, 1993, pp. 487–489.

1499 *V.*, sentencia de la Corte Primera de lo Contencioso Administrativo de 16–6–88, *Revista de Derecho Público,* Nº 35, EJV, Caracas, 1988, p. 138.

1500 *V.*, sentencia de la Corte Primera de lo Contencioso Administrativo de 28–9–93, *Revista de Derecho Público,* Nº 55–56, EJV, Caracas, 1993, p. 330.

1501 *V.*, sentencia de la Corte Primera de lo Contencioso Administrativo de 12–5–88, *Revista de Derecho Público,* Nº 34, EJV, Caracas, 1988, p. 113.

1502 *V.*, sentencia de la antigua Corte Suprema de Justicia, Sala Político Administrativa de 16–3–89, *Revista de Derecho Público*, Nº 38, EJV, Caracas, 1989, p. 110; sentencia de la Corte Primera de lo Contencioso Administrativo de 7–9–89, *Revista de Derecho Público*, Nº 40, EJV, Caracas, 1989, p. 107.

sólo un órgano, y en ese caso, el representante judicial de la República, quien tendría que actuar en juicio, sería el Procurador General de la República[1503].

Sin embargo, al contrario, cuando el amparo está dirigido contra un órgano perfectamente individualizado de la Administración Pública Nacional, y no contra la República, la representación de la República, a través del Procurador General de la República, no tiene relevancia alguna de carácter procesal[1504]. Es decir, cuando el amparo está dirigido contra una autoridad administrativa, en cuyo caso debe personalizarse un sujeto específico[1505], por ejemplo, contra un Ministro, los representantes de la Procuraduría General de la República no pueden ejercer la representación del mismo en el juicio de amparo[1506]. En esos casos en los cuales se intente la acción de amparo contra un organismo administrativo, se debe individualizar la acción en la persona de su titular o responsable para ese momento, al cual debe notificarse y debe comparecer personalmente[1507].

3. *Las condiciones de la lesión*

La lesión a los derechos o garantías constitucionales puede tener su origen tanto en una violación de los mismos como en una amenaza de violación, a cuyo efecto, la Ley Orgánica de Amparo establece condiciones de admisibilidad en uno u otro caso.

La Ley Orgánica de Amparo, en su artículo 6°, precisa diversas condiciones de admisibilidad de la acción de amparo que tienen relación con la violación de derechos o garantías constitucionales, y que exigen que la violación sea actual, es decir, que no haya cesado; que sea reparable, y que no haya sido consentida.

El artículo 6,1 de la Ley Orgánica de Amparo, en efecto, exige para la admisibilidad de la acción, que la violación no haya cesado, es decir, que sea actual, reciente, viva[1508]; condición sobre la cual la Corte Primera de lo Contencioso Administrativo, en sentencia de 7 de mayo de 1987, señaló que:

> "[...] alude esencialmente al hecho de que la lesión esté viva, esté presente con toda su intensidad y que contra ella no exista ningún medio de defensa o de protección idóneos para enervar la fuerza o poder que la produce. Hay amenaza de lesión, o lesiones, como son aquéllas que se producen ante la indefinición de

---

1503 *V.*, sentencia de la Corte Primera de lo Contencioso Administrativo de 7–9–89, *Revista de Derecho Público,* N° 40, EJV, Caracas, 1989, p. 107.

1504 *V.*, sentencia de la Corte Primera de lo Contencioso Administrativo de 21–11–90, *Revista de Derecho Público*, N° 44, EJV, Caracas, 1990, p. 148.

1505 *V.*, sentencia de la Corte Primera de lo Contencioso Administrativo de 10–10–90, *Revista de Derecho Público,* N° 44, EJV, Caracas, 1990, p. 142.

1506 *V.*, sentencias de la antigua Corte Suprema de Justicia, Sala Político Administrativa de 1–8–91, *Revista de Derecho Público,* N° 47, EJV, Caracas, 1991, p. 120; y de 15–12–92, *Revista de Derecho Público,* N° 52, EJV, Caracas, 1992, p. 139; y véase sentencia de la Corte Primera de lo Contencioso Administrativo de 30–7–92, *Revista de Derecho Público,* N° 51, EJV, Caracas, 1992, p. 164.

1507 *V.*, sentencia de la antigua Corte Suprema de Justicia, Sala Político Administrativa de 8–3–90, *Revista de Derecho Público,* N° 42, EJV, Caracas, 1990, p. 114; y sentencias de la Corte Primera de lo Contencioso Administrativo de 21–11–90, *Revista de Derecho Público,* n° 44, EJV, Caracas, 1990, p. 148, y en FUNEDA, *15 años de Jurisprudencia, cit.,* p. 164 y de 14–7–88, FUNEDA, *15 años de Jurisprudencia, cit.*, p. 177.

1508 *V.*, sentencia de la Corte Primera de lo Contencioso Administrativo de 13–11–88, FUNEDA, *15 años de la Jurisprudencia, cit.,* p. 134.

las situaciones jurídicas, que pueden prolongarse en el tiempo, sin que se atenúen sus efectos y sin que los mismos puedan ser contrarrestados por los medios ordinarios que el derecho ofrece. De allí que la actualidad de la lesión se refiere fundamentalmente al carácter presente de la misma, no al hecho pasado, acaecido, circunscrito al pretérito, sino a la situación presente que puede prolongarse por un período indefinido de tiempo"[1509].

La consecuencia de ello, por ejemplo, es que no puede acordarse el amparo contra un acto administrativo cuando en el curso del procedimiento del juicio, el acto lesivo había sido revocado. Es decir, en el curso del juicio de amparo la lesión no puede haber cesado antes de la decisión del juez; de lo contrario, si cesare, el juez debe declarar, *in limine litis*, inadmisible la acción[1510].

El ordinal 3° del artículo 6 de la Ley Orgánica de Amparo establece por otra parte, que no se admitirá la acción de amparo:

> "Cuando la violación del derecho o la garantía constitucionales, constituya una evidente situación irreparable, no siendo posible el restablecimiento de la situación jurídica infringida".

Dado el carácter eminentemente restablecedor de la acción de amparo, en el sentido de que mediante la misma no se pueden crear situaciones jurídicas nuevas o modificar las existentes[1511], sino lo que se puede es restablecer las cosas al estado en que se encontraban para el momento de la lesión, haciendo desaparecer el hecho o acto invocado y probado como lesivo o perturbador a un derecho o garantía constitucional; cuando la violación de un derecho constitucional convierta la situación jurídica infringida en una situación irreparable, la acción de amparo también es inadmisible. Ello es congruente con el propósito que el artículo 1 de la Ley Orgánica, en desarrollo del artículo 27 de la Constitución, le atribuye a la acción de amparo en el sentido de "que se restablezca inmediatamente la situación jurídica infringida o la situación que más se asemeje a ella".

El ordinal 1° del artículo 6 de la Ley Orgánica, en todo caso, precisa que "se entenderá que son irreparables los actos que, mediante el amparo, no puedan volver las cosas al estado que tenían antes de la violación"[1512].

Sin embargo, como se dijo, la acción de amparo es admisible cuando la situación infringida pueda restablecerse a una que se asemeje a ella (Art. 1)[1513]. Asimismo, la

---

1509 *V.*, sentencia de la Corte Primera de lo Contencioso Administrativo de 7–5–87 (Caso: *Desarrollo 77 C.A.*), en FUNEDA *15 años de Jurisprudencia cit.*, p. 78.

1510 *V.*, sentencias de la antigua Corte Suprema de Justicia, Sala Político Administrativa de 15–12–92, *Revista de Derecho Público* N° 52, EJV, Caracas, 1992, p. 164; y de 27–5–93, *Revista de Derecho Público,* N° 53–54, EJV, Caracas, 1993, p. 264. *Cfr.* sentencia de la Corte Primera de lo Contencioso Administrativo de 12–12–92 (Caso: *Allan R. Brewer–Carías*), *Revista de Derecho Público,* N° 49, EJV, Caracas, 1992, pp. 131–132;

1511 *V.*, sentencias de la antigua Corte Suprema de Justicia, Sala Político Administrativa de 27–10–93 (Caso: *Ana Drossos*), y 4–11–93 (Caso: *Partido Convergencia*), *Revista de Derecho Público,* N° 55–56, EJV, Caracas, 1993, p. 340.

1512 *V.*, sentencia de la Corte Primera de lo Contencioso Administrativo de 14–1–92, *Revista de Derecho Público,* N° 49, EJV, Caracas, 1992, p. 130; y de la antigua Corte Suprema de Justicia, Sala Político Administrativa de 4–3–93, *Revista de Derecho Público,* N° 53–54, EJV, Caracas, 1993, p. 260.

antigua Corte Suprema de Justicia en sentencia de 1 de noviembre de 1990, ha considerado inadmisible la acción de amparo, cuando la única forma de reparar la situación jurídica infringida es la nulidad de un acto administrativo, lo que no puede pronunciarse en una decisión de amparo[1514].

Por último, la violación a los derechos y garantías constitucionales que pueden dar lugar al ejercicio de la acción de amparo, *no debe ser consentida* por el agraviado, por lo que, conforme al ordinal 4° del artículo 6 de la Ley Orgánica, no se debe admitir la acción de amparo,

> "Cuando la acción u omisión, el acto o la resolución que violen el derecho o la garantía constitucionales hayan sido consentidos expresa o tácitamente por el agraviado, a menos que se trate de violaciones que infrinjan el orden público o las buenas costumbres".

La norma aclara que "se entenderá que hay consentimiento expreso cuando hubieren transcurrido los lapsos de prescripción establecidos en leyes especiales, o en su defecto, seis meses después de la violación o la amenaza al derecho protegido"; y que "el consentimiento tácito es aquel que entraña signos inequívocos de aceptación".

Debe destacarse, en relación a esta causal de inadmisibilidad de la acción de amparo, particularmente cuando la violación o amenaza de violación de un derecho fundamental es provocada por un acto estatal, que de ninguna manera puede admitirse que por el solo transcurso del tiempo puedan convalidarse leyes u otros actos estatales inconstitucionales.

En todo caso, es claro que tal como está concebida la ley, la inadmisibilidad de la acción de amparo, cuando han transcurrido más de 6 meses después de la violación o amenaza de violación, no opera respecto de las leyes y demás actos normativos ni respecto de un acto administrativo o de carencias de la Administración, cuando la acción de amparo se intenta conjuntamente con la acción popular o con el recurso contencioso administrativo de anulación o contra la conducta omisiva.

Ahora bien, sobre esta causal de inadmisibilidad de la acción de amparo, particularmente en lo que se refiere al consentimiento expreso por el transcurso del tiempo, la antigua Corte Suprema de Justicia en sentencia de 24 de octubre de 1990 encontró su justificación al señalar que "dejar transcurrir más de seis meses desde que se genera el acto lesivo para proceder a ejercer una acción de amparo constituye, por parte del agraviado, una demostración de aceptación del presunto daño, y dicha desidia

---

1513 En tal sentido, la antigua Corte Suprema de Justicia, Sala Plena declaró inadmisible una acción de amparo contra el cobro indebido de un impuesto, cuando el mismo ha sido ya pagado, considerando que en ese caso no es posible restablecer la situación jurídica infringida, sentencia de 21–3–88– *Revista de Derecho Público,* N° 34, EJV, Caracas, 1988, p. 114. Por otra parte, la Corte Primera de lo Contencioso Administrativo en sentencia de 7–9–89, ha declarado inadmisible una acción de amparo de derechos a la protección de la maternidad (descanso pre y post natal), incoada después del parto. *V.*, sentencia de la Corte Primera de lo Contencioso Administrativo de 17–9–89, *Revista de Derecho Público* N° 40, EJV, Caracas, 1989, p. 111.

1514 *V.*, sentencia de la antigua Corte Suprema de Justicia, Sala Político Administrativa de 1–11–90, *Revista de Derecho Público,* N° 44, EJV, Caracas, 1990, pp. 152–153; *Cfr.* sentencia de la Corte Primera de lo Contencioso Administrativo de, 10–9–92, *Revista de Derecho Público,* N° 51, EJV, Caracas, 1992, p. 155.

debe ser sancionada, impidiendo el uso de un remedio judicial que se justifica por la necesidad perentoria de restablecer una situación jurídica"[1515].

La inadmisibilidad, sin embargo, no se aplica en los casos de violación o lesión continuada[1516]. Tampoco se aplica, conforme al ordinal 4° del artículo 6 de la ley Orgánica, cuando se trate de violaciones que infrinjan el orden público o las buenas costumbres; situación, sin duda, de carácter excepcional y que tiene que desprenderse de alguna regla que así lo consagre[1517]; considerándose que ello ocurre, cuando se trate, por ejemplo de "violaciones flagrantes a los derechos individuales que no pueden ser denunciados por el afectado; privación de libertad; sometimiento a torturas físicas o psicológicas; vejaciones; lesiones a la dignidad humana y otros casos extremos"[1518].

En cuanto a la amenaza de lesión, que significa "hacer temer a otros un daño, o avecinarse un peligro"[1519], para que pueda considerarse válida para la procedencia de la acción de amparo, conforme al artículo 2 de la Ley Orgánica, es necesario que "sea inminente" y que no "haya cesado" (Ord. 1°), siendo inadmisible la acción cuando la amenaza contra el derecho o la garantía constitucional no sea "inmediata, posible y realizable por el imputado" (Ord. 2°)[1520].

Como lo ha destacado la Sala Constitucional del Tribunal Supremo en sentencia de 9 de marzo del 2001 (Caso: *Frigoríficos Ordaz S.A*):

> "[...] la amenaza que hace procedente la acción de amparo es aquella que sea inmediata, posible y realizable por el imputado, estableciendo al efecto que tales requisitos deben ser concurrentes, por lo cual es indispensable –además de la inmediación de la amenaza– que la eventual violación de los derechos alegados –que podría materializarse de no ser protegidos mediante el mandamiento que se solicita– deba ser consecuencia directa e inmediata del acto, hecho u omisión que constituyan el objeto de la acción; de lo cual deviene, por interpretación a (sic) contrario, la improcedencia de la acción, cuando se le imputen al supuesto agraviante resultados distintos a los que eventualmente pudiere oca-

---

1515 *V.*, en *Revista de Derecho Público,* N° 44, EJV, Caracas, 1990, p. 144.

1516 *V.*, por ejemplo sentencias de la Corte Primera de lo Contencioso Administrativo de 22–10–90 (Caso: *María Cambra de Pulgar*), en *Revista de Derecho Público,* N° 44, EJV, Caracas, 1990, pp. 143–144; y N° 1310 de 9–10–2000 (Caso: *Productos Roche S.A. vs. Ministerio de Industria y Comercio*), en *Revista de Derecho Público,* N° 84, EJV, Caracas, 2000, pp. 345 ss.

1517 *V.*, sentencia de la antigua Corte Suprema de Justicia, Sala Político Administrativa de 22–3–88, *Revista de Derecho Público,* N° 34, EJV, Caracas, 1988, p. 114.

1518 *V.*, sentencia de la Corte Primera de lo Contencioso Administrativo de 13–10–88, *Revista de Derecho Público,* N° 36, EJV, Caracas, 1988, p. 95. Este criterio fue acogido textualmente por la antigua Corte Suprema de Justicia, Sala Político Administrativa en sentencias de 1–11–89, *Revista de Derecho Público,* N° 40, EJV, Caracas, 1989, p. 111; y de 1–2–90 (Caso: *Tuna Atlántica C.A.*) y de 30–6–92, *Revista de Derecho Público,* N° 60, EJV, Caracas, 1992, p. 157.

1519 *V.*, sentencia de la Corte Primera de lo Contencioso Administrativo de 16–7–92, *Revista de Derecho Público,* N° 51, EJV, Caracas, 1992, p. 155.

1520 *V.*, sentencias de la antigua Corte Suprema de Justicia, Sala Político Administrativa de 9–6–88, *Revista de Derecho Público,* N° 35, EJV, Caracas, 1988, p. 114; de 14–8–92, *Revista de Derecho Público,* N° 51, EJV, Caracas, 1992, pp. 158–159; y de 24–6–93, *Revista de Derecho Público,* N° 55–56, EJV, Caracas, 1993, p. 289; y sentencia de la Corte Primera de lo Contencioso Administrativo de 30–6–88, *Revista de Derecho Público,* N° 35, EJV, Caracas, 1988, p. 115.

sionar la materialización de la amenaza que vulneraría los derechos denunciados, o cuando la misma no sea inmediata o ejecutable por el presunto agraviante".[1521]

4. *La inexistencia de un recurso judicial paralelo ya intentado*

La Ley Orgánica de Amparo establece como causales de inadmisibilidad de la acción, una serie de supuestos relativos a la existencia de algún recurso paralelo, sea porque el agraviado haya recurrido a una vía judicial de protección o sea porque exista otra vía judicial para la protección constitucional que haga inadmisible la acción. En el primer caso, los ordinales 5 y 7 del artículo 6° de la Ley Orgánica prevén expresamente la inadmisibilidad; en el segundo caso, la inadmisibilidad deriva del carácter subsidiario o extraordinario de la acción.

El primer supuesto para la admisibilidad de la acción de amparo es que el agraviado no hubiese optado por acudir a otras vías judiciales para la protección constitucional, que estuviesen pendientes de decisión. En este supuesto, la Ley Orgánica distingue dos casos de inadmisibilidad: el que se haya optado por ejercer una acción de amparo; o el que se haya optado por utilizar otra vía judicial para la protección constitucional, y que en ambos casos los procesos estén pendientes de decisión.

En efecto, para que la acción de amparo sea admisible, no puede estar pendiente de decisión una acción de amparo intentada previamente por el agraviado en relación con los mismos hechos. En tal sentido, el artículo 6,8 de la Ley Orgánica establece que la acción de amparo es inadmisible:

> "Cuando esté pendiente de decisión una acción de amparo ejercida ante un Tribunal en relación con los mismos hechos en que se hubiese fundamentado la acción propuesta".

La inadmisibilidad de la acción, por tanto, resulta del hecho de que esté pendiente de decisión una acción de amparo previamente intentada[1522]; por lo que si esta, por ejemplo, fue desistida, la nueva acción podría intentarse y ser admisible.

Por supuesto, en los casos en los cuales se hubiese intentado previamente una acción de amparo que hubiese sido ya decidida, una nueva acción de amparo podría intentarse en relación con los mismos hechos, siempre que no haya cosa juzgada, en cuyo caso, como se verá, sería inadmisible.

Pero además, la Ley Orgánica de Amparo establece en el artículo 6,5 como causal de inadmisibilidad de la acción de amparo:

> "Cuando el agraviado haya optado por recurrir a las vías judiciales ordinarias o hecho uso de los medios judiciales preexistentes. En tal caso, al alegarse la violación o amenaza de violación de un derecho o garantía constitucionales, el Juez deberá acogerse al procedimiento y a los lapsos establecidos en los artículos 23, 24 y 26 de la presente Ley, a fin de ordenar la suspensión provisional de los efectos del acto cuestionado".

1521 Citada en sentencia de la misma Sala N° 96 de 6–2–2003 (Caso: *Corporación Venezolana de Televisión C.A. (Venevisión) vs. Presidente de la República*), en *Revista de Derecho Público,* N° 93–96, EJV, Caracas, 2003, p. 545.

1522 *V.,* sentencia de la antigua Corte Suprema de Justicia, Sala Político Administrativa de 13–10–93, *Revista de Derecho Público*, N° 55–56, EJV, Caracas, 1993, pp. 348–349.

Esta causal de inadmisibilidad se refiere a los casos en los cuales el agraviado haya optado por recurrir a las vías judiciales ordinarias o hecho uso de los medios judiciales preexistentes, en cuyo caso, allí debe alegar la violación de los derechos o garantías constitucionales y solicitar amparo constitucional.

Por tanto, si esto no ha ocurrido, es decir, si junto con el ejercicio de las vías judiciales ordinarias o el uso de medios judiciales preexistentes, el agraviado no ha alegado violación de derechos constitucionales y solicitado protección constitucional, no habría razón alguna, en nuestro criterio, para declarar inadmisible la acción de amparo que se intente.[1523]

Por otra parte, si se hubiese optado por recurrir a las vías judiciales ordinarias o hecho uso de los medios judiciales preexistentes solicitándose protección o amparo constitucional, y los procesos respectivos ya hubiesen concluido, no procedería la aplicación de la causal de inadmisibilidad, quedando sólo a salvo la cosa juzgada que hubiese podido producirse.

En relación a esta causal de inadmisibilidad, la jurisprudencia la ha aplicado en los casos de acciones contencioso administrativas a las que se ha acumulado una pretensión de amparo, cuando conforme al artículo 21, párrafo 22 de la Ley Orgánica de la Tribunal Supremo de Justicia, se haya solicitado la suspensión de efectos del acto administrativo impugnado.[1524]

Por otra parte, respecto de la previsión del ordinal 5° del artículo 6° de la Ley Orgánica en cuanto a la causal de inadmisibilidad de la acción de amparo, "cuando el agraviado haya optado por recurrir a las vías judiciales ordinarias o hecho uso de los medios judiciales preexistentes"; es claro de la norma que se debe tratar de medios *judiciales,* es decir, del ejercicio por el agraviado de acciones, recursos y peticiones ante los tribunales competentes. Por tanto, si el agraviado no ha ejercido contra el acto que causa la lesión los recursos administrativos que prevé, por ejemplo, la Ley Orgánica de Procedimientos Administrativos, en dichos casos no puede declararse inadmisible el amparo.[1525]

5. *La inexistencia de otros medios judiciales breves, sumarios y eficaces para la protección constitucional*

La extraordinariedad de la acción de amparo conduce a la inadmisibilidad de la acción cuando exista un medio procesal breve, sumario y suficientemente eficaz para la protección constitucional. En particular cuando se trata del amparo contra actos administrativos, el artículo 5° de la Ley Orgánica de Amparo establece que:

1523 Este criterio lo adoptó la Sala Político Administrativa de la antigua Corte Suprema en sentencia de 7–11–95 N° 789, (Caso: *Rafael Aníbal Rivas Ostos*), Consultada en original.

1524 Sentencia de 11–5–92, (Caso: *Venalum*), de la Corte Primera de lo Contencioso Administrativo *V.*, en *Revista de Derecho Público,* n° 50, EJV, Caracas, 1992, pp. 187–188. Este criterio fue sostenido por la Corte Primera en sentencia de 21–2–91, *Revista de Derecho Público,* N° 45, EJV, Caracas, 1991, p. 146.

1525 *V.*, sentencia de la Corte Primera de lo Contencioso Administrativo de 8–3–93 (Caso: *Federico Domingo. V.*, en *Revista de Derecho Público,* N° 53–54, EJV, Caracas, 1994, p. 261. *V.*, además sentencias de la Corte Primera de lo Contencioso Administrativo de 6–5–94 (Caso: *Universidad Occidental Lisandro Alvarado*), en *Revista de Derecho Público,* N° 57–58, EJV, Caracas, 1994; y de 16–5–2000 (Caso: *Migdalia J. Lugo G. vs. Alcaldía del Municipio Libertador del Distrito Federal*), en *Revista de Derecho Público,* N° 82, EJV, Caracas, 2000, p. 499.

"La acción de amparo procede contra todo acto administrativo, actuaciones materiales, vías de hecho, abstenciones u omisiones que violen o amenacen violar un derecho o garantía constitucionales, cuando no exista un medio procesal breve, sumario y eficaz, acorde con la protección constitucional".

En este sentido y en relación a la impugnación de los actos administrativos, el recurso contencioso administrativo de anulación, en si mismo y sin posibilidad de suspensión de efectos del acto impugnado, se consideró por la Corte Primera de lo Contencioso Administrativo que no puede constituir "un medio procesal breve para la protección constitucional"[1526]. En sentido contrario, sin embargo, la misma Corte Primera de lo Contencioso Administrativo en sentencia de 1° de octubre de 1990 consideró que ante decisiones de los Inspectores del Trabajo, los recursos contencioso administrativos sí eran los medios para actuar contra la parte patronal, constituyendo vías de naturaleza breve, sumaria y eficaz, por lo que la acción de amparo contra dichos actos se consideró inadmisible[1527].

Estas contradicciones, sin duda, derivan de la construcción jurisprudencial, también contradictoria a veces, del carácter extraordinario de la acción de amparo, de manera que esta sólo es admisible si no existen otros medios judiciales breves, sumarios y eficaces para la protección constitucional o aún existiéndolos, en el caso concreto, no resulten eficaces para el amparo a los derechos. De allí deriva que cada caso debe analizarse específicamente, no pudiendo formularse reglas absolutas ni siquiera en materia de acciones contencioso administrativa contra actos administrativos pues, si la suspensión de efectos se solicita y ello es suficiente como medio de protección constitucional, la acción autónoma de amparo resultaría inadmisible[1528]

Sobre esta causal de inadmisibilidad de la acción de amparo, la Sala Constitucional del Tribunal Supremo en sentencia N° 963 de 5 de junio de 2001 (Caso: *José A. Guía y otros vs. Ministerio de Infraestructura*) ha sentado el criterio de que la acción de amparo constitucional, opera en su tarea específica de encauzar las demandas contra actos, actuaciones, omisiones o abstenciones lesivas de derechos constitucionales, bajo las siguientes condiciones:

"a) Una vez que los medios judiciales ordinarios han sido agotados y la situación jurídico constitucional no ha sido satisfecha; o

b) Ante la evidencia de que el uso de los medios judiciales ordinarios, en el caso concreto y en virtud de su urgencia, no dará satisfacción a la pretensión deducida.

La disposición del literal a), es bueno insistir, apunta a la comprensión de que el ejercicio de la tutela constitucional por parte de todos los jueces de la República, a través de cualquiera de los canales procesales dispuestos por el ordenamiento jurídico, es una característica inmanente al sistema judicial venezolano; por lo que, en consecuencia, ante la interposición de una acción de amparo constitucional, los tribunales deberán revisar si fue agotada la vía ordinaria o fueron ejercidos los recursos, que de no constar tales circunstancias, la conse-

---

1526 *V.*, sentencia de la Corte Primera de lo Contencioso Administrativo de 29–7–93, (Caso: *Víctor R. Pérez vs. INOS*), *Revista de Derecho Público,* N° 55–56, EJV, Caracas, 1993, p. 349.

1527 *V.*, *Revista de Derecho Público,* N° 44, EJV, Caracas, 1990, p. 153.

1528 *V.*, en *Revista de Derecho Público,* N° 57–58, EJV, Caracas, 1994.

cuencia será la inadmisión de la acción sin entrar a analizar la idoneidad del medio procedente, pues el carácter tuitivo que la Constitución atribuye a las vías procesales ordinarias les impone el deber de conservar o restablecer el goce de los derechos fundamentales, por lo que bastaría con señalar que la vía existe y que su agotamiento previo es un presupuesto procesal a la admisibilidad de la acción de amparo.

La exigencia del agotamiento de los recursos a que se refiere el aludido literal a), no tiene el sentido de que se interponga cualquier recurso imaginable, sino sólo los que permitan reparar adecuadamente lesiones de derechos fundamentales que se denuncian. No se obliga, pues, a utilizar en cada caso todos los medios de impugnación que puedan estar previstos en el ordenamiento procesal, sino tan sólo aquellos normales que, de manera clara, se manifiesten ejercitables y razonablemente exigibles. En consecuencia, por ejemplo, ante el agotamiento de la doble instancia en un juicio civil, el actor tendrá la posibilidad de recurrir en casación o en amparo constitucional, pues es sabido que aquélla constituye una vía extraordinaria de revisión.

De cara al segundo supuesto, relativo a que la acción de amparo puede proponerse inmediatamente, esto es, sin que hayan sido agotados los medios o recursos adjetivos disponibles, el mismo procede cuando se desprenda de las circunstancias fácticas o jurídicas que rodean la pretensión que el uso de los medios procesales ordinarios resultan insuficientes al restablecimiento del disfrute del bien jurídico lesionado. Alguna de tales circunstancias podría venir dada cuando, por ejemplo, la pretensión de amparo exceda del ámbito ínter subjetivo para afectar gravemente al interés general o el orden público constitucional; en caso de que el recurrente pueda sufrir una desventaja inevitable o la lesión devenga irreparable por la circunstancia de utilizar y agotar la vía judicial previa (lo que no puede enlazarse el hecho de que tal vía sea costosa o menos expedita que el procedimiento de amparo); cuando no exista vía de impugnación contra el hecho lesivo, o ésta sea de imposible acceso; cuando el peligro provenga de la propia oscuridad o complejidad del ordenamiento procesal; o ante dilaciones indebidas por parte los órganos judiciales, tanto en vía de acción principal como en vía de recurso (debe recordarse, no obstante, que el concepto de proceso sin dilaciones indebidas es un concepto jurídico indeterminado, cuyo contenido concreto deberá ser obtenido mediante la aplicación, a las circunstancias específicas de cada caso, de los criterios objetivos que sean congruentes con su enunciado genérico. Podrían identificarse, como ejemplo, de tales criterios objetivos: la complejidad del litigio, los márgenes ordinarios de duración de los litigios del mismo tipo, la conducta procesal del interesado y de las autoridades implicadas y las consecuencias que de la demora se siguen para los litigantes. Así pues, criterios de razonabilidad pesarán sobre la decisión que se tome en cada caso concreto).

3. Así, en cuanto al complejo de medios procesales que la Constitución pone a disposición de las personas, esta Sala, en su decisión nº 848/2000 de 28 de julio, afirmó:

> Sin mucha claridad, fallos de diversos tribunales, incluyendo los de varias Salas de la extinta Corte Suprema de Justicia, han negado el amparo al accionante, aduciendo que el mismo ha debido acudir a las vías procesales ordina-

rias, aunque sin explicar la verdadera causa para ello, cual es que por estas vías se podía restablecer la situación jurídica infringida antes que la lesión causare un daño irreparable, descartando así la amenaza de violación lesiva [...]

Por lo tanto, no es cierto que *per se* cualquier trasgresión de derechos y garantías constitucionales está sujeta de inmediato a la tutela del amparo, y menos las provenientes de la actividad procesal, ya que siendo todos los jueces de la República tutores de la integridad de la Constitución, ellos deben restablecer, al ser utilizadas las vías procesales ordinarias (recursos, etc.), la situación jurídica infringida, antes que ella se haga irreparable.

Asimismo, en su sentencia nº 1592/2000 de fecha 20 de diciembre, esta Sala sostuvo:

Ahora bien no puede aspirar la parte accionante dejar sin efecto dicho decreto de expropiación a través del ejercicio del amparo autónomo, ni pretender a través de la misma la nulidad de los actos administrativos dictados por un ente distinto al que se señala como agraviante, lo cual colocaría en estado de indefensión al órgano administrativo que dictó el acto.

En este sentido observa la Sala que no resulta posible sustituir a través de la acción de amparo constitucional, el ejercicio del recurso contencioso–administrativo de anulación en el cual el legislador consagró un procedimiento especial donde se otorgan las garantías procesales tanto al recurrente como a la propia Administración autora del acto, es en este procedimiento donde se analizaría la legalidad o inconstitucionalidad del acto administrativo impugnado" (Subrayado posterior).

En una reciente decisión, la nº 331/2001 de 13 de marzo, esta Sala confirmó su doctrina al respecto, en los siguientes términos:

"Para que sea estimada una pretensión de amparo constitucional es preciso que el ordenamiento jurídico no disponga de un mecanismo procesal eficaz, con el que se logre de manera efectiva la tutela judicial deseada. Pretender utilizar el proceso de amparo, cuando existen mecanismos idóneos, diseñados con una estructura tal, capaz de obtener tutela anticipada, si fuere necesario (artículo 136 de la Ley Orgánica de la Corte Suprema de Justicia, las disposiciones pertinentes del Código de Procedimiento Civil o inclusive el amparo cautelar), al tiempo que garantizan la vigencia de los derechos constitucionales de todas las partes involucradas, haría nugatorio el ejercicio de las acciones correspondientes a este tipo de procesos y los efectos que tiene la acción de amparo constitucional, referidos al restablecimiento de situaciones jurídicas infringidas" (Subrayado posterior).

Ejemplo de algunas de las situaciones en las cuales procede la interposición de la acción de amparo en forma directa, fueron referidos por esta Sala en su citada sentencia 848/2000, así tenemos que:

7. Los actos procesales como tales, lesivos a bienes jurídicos constitucionales, son objeto de peticiones de nulidad por las partes afectadas por ellos, y el amparo realmente procederá contra la sentencia que resuelva la nulidad, o

contra la omisión del juez o del funcionario judicial (si de él se trata) de dictarla en el lapso legal. Pero a pesar de ello, los actos judiciales que violen derechos o garantías constitucionales de las partes, que de no corregirse de inmediato sus efectos se harían irreparables, serán objeto de amparo...

9. Las partes en caso de que las violaciones infrinjan el orden público, siempre tendrán expedita la vía del amparo, sin las limitaciones del numeral 4 del artículo 6 de la ley especial.

En cuanto a los terceros, el proceso puede afectarlos directa o indirectamente. Dentro del derecho común, los terceros tienen en las tercerías la posibilidad para oponerse a los efectos lesivos a su situación jurídica que le causen los fallos, actos u omisiones procesales, que contengan infracciones a sus derechos y garantías constitucionales. Resulta una cuestión casuística, de acuerdo a la posibilidad que la lesión se haga irreparable si no se actúa de inmediato, optar entre la tercería posible o la acción de amparo". (Subrayado posterior).

4. Precisado lo anterior, visto que en el caso bajo examen, el requisito del agotamiento de la vía judicial contencioso administrativa ordinaria no se encuentra satisfecho, pues a él no atiende ninguno de los alegatos de los accionantes, ni consta de los documentos anexos al escrito, y sin necesidad de analizar si esa vía es la idónea, en el sentido de satisfacer la pretensión de los accionantes, debe tomarse en cuenta lo señalado por esta Sala en cuanto a la potestad que les atribuye a todos los tribunales el artículo 27 constitucional en orden a garantizar los derechos fundamentales, así como que el artículo 259 constitucional consagra que "...Los órganos de la jurisdicción contencioso administrativa son competentes para anular los actos administrativos generales o individuales contrarios a derecho, incluso por desviación de poder; condenar al pago de sumas de dinero y a la reparación de daños y perjuicios originados en responsabilidad de la Administración; conocer de reclamos por la prestación de servicios públicos; y disponer lo necesario para el restablecimiento de las situaciones jurídicas subjetivas lesionadas por la actividad administrativa", lo que significa que la Constitución garantiza a los administrados, a través del citado precepto 259, un plus de garantías que no deja dudas respecto a la potestad que tienen esos tribunales para resguardar los derechos o garantías constitucionales que resulten lesionados por actos o hechos dictados o ejecutados en ejercicio de la función administrativa u omisiones o abstenciones de órganos o personas obligados por normas de derecho administrativo. En consecuencia, la solicitud en cuestión resulta inadmisible. Así se decide finalmente"[1529].

En todo caso, en relación con los actos administrativos, la doctrina más reciente de la Sala Constitucional ha sido la de considerar que la acción autónoma de amparo contra los mismos es inadmisible considerando que "las acciones contencioso-administrativas -entre las cuales se encuentran el recurso de nulidad, el recurso por

1529 *V.*, en *Revista de Derecho Público*, Nº 85–88, Editorial Jurídica Venezolana, Caracas 2001, pp. 448 y ss. *V.*, también, sentencia de la Sala Constitucional Nº 727 de 5–5–2005 (Caso: *Procuraduría General de la República*), en *Revista de Derecho Público*, Nº 102, Editorial Jurídica Venezolana, Caracas, 2005, pp. 174 ss.

abstención o la querella funcionarial-, constituyen vías judiciales idóneas, es decir breves, sumarias y eficaces, para el alcance del restablecimiento de la situación jurídica infringida, ello, aunado al amplio poder de restablecimiento que atribuye al juez contencioso administrativo el citado artículo 259 de la Constitución de la República"[1530]

6. *La ausencia de cosa juzgada*

De acuerdo con el artículo 346 del Código de Procedimiento Civil, una de las cuestiones previas que pueden promoverse dentro del lapso fijado para la contestación de la demanda es "la cosa juzgada" (ord. 9), la que en materia de amparo puede considerarse como una causal de inadmisibilidad.

Por ello, la Corte Primera de lo Contencioso Administrativo en sentencia de 16 de octubre de 1986 (Caso: *Pedro J. Montilva*), estableció que si en un caso "vuelve a replantearse una acción de amparo que versa sobre el mismo objeto; que denuncia las mismas infracciones; que se basa en los mismos motivos y fundamentaciones y que gira en relación con idéntico objeto al anterior y está dirigida contra igual sujeto"; entonces es evidente que en dicho caso: "se impone la fuerza de la cosa juzgada para impedir tal replanteamiento, ya que la cuestión debatida posee la misma identidad subjetiva y objetiva con la que fuera objeto de decisión definitiva"[1531].

Por supuesto, la cosa juzgada en materia de amparo sólo surge respecto de lo debatido y debatible en vía de amparo, que es sólo la violación o amenaza de violación de un derecho o garantía constitucional. Por ello, de acuerdo con el artículo 36 de la Ley Orgánica de Amparo, "la sentencia firme de amparo producirá efectos jurídicos respecto al derecho o garantía objetos del proceso, sin perjuicio de las acciones o recursos que legalmente correspondan a las partes". Es decir, la sentencia de amparo no necesariamente resuelve el fondo material del asunto, sino solo el aspecto de violación o amenaza de violación del derecho o garantía, que es sobre lo único que produce efectos jurídicos la sentencia de amparo. Por ello, dicha sentencia sólo tiene efectos restitutorios, pues por vía de amparo como lo dijo la antigua Corte Suprema de Justicia "no puede lograrse ninguno de los tres tipos de sentencia conocidos: declarativa, constitutiva o de condena, ni por supuesto, una sentencia interpretativa"[1532].

1530 *V.*, la sentencia Nº 3375 de 4–11–2005 (Caso: *Refinadora de Maíz Venezolana, C.A. (Remavenca), y Procesadora Venezolana de Cereales, S.A. (Provencesa) vs. Ministro de Agricultura y Tierras y efectivos de los componentes Ejército y Guardia Nacional de la Fuerza Armada Nacional)*, en *Revista de Derecho Público,* Nº 104, EJV, Caracas, 2005, p. 239.

1531 *V.*, en *Revista de Derecho Público,* Nº 28, EJV, Caracas, 1986, p. 106.

1532 *V.*, sentencia de la Sala Político Administrativa de 15–7–92, *Revista de Derecho Público,* EJV, Caracas, nº 51, 1992, p. 171.

IX. EL PROCEDIMIENTO EN EL PROCESO DE AMPARO

1. *Principios del procedimiento*

A. *Brevedad, informalidad y gratuidad*

El artículo 27 de la Constitución, al consagrar el derecho de amparo, precisa en términos generales que:

> "El procedimiento de la acción de amparo constitucional será oral, público, breve, gratuito y no sujeto a formalidad y la autoridad judicial competente tendrá potestad para restablecer inmediatamente la situación jurídica infringida o la situación que más se asemeje a ella. Todo tiempo será hábil y el tribunal lo tramitará con preferencia a cualquier otro asunto".

El carácter breve del procedimiento había sido interpretado por la Corte Primera de lo Contencioso Administrativo aún antes de que se dictara la Ley Orgánica de 1988, considerando que debía entenderse "en el sentido de tener por si la condición de ser urgente, en tal condición, será tramitado con celeridad y debe ser resuelto en el menor tiempo posible"; además, debe ser sumario, en el sentido de que "debe ser simple, sencillo, despojado de incidencias, carente de formalidades complejas"[1533]. Además, consideró que debía impedirse que el procedimiento en materia de amparo "se transformara en una situación procesal compleja, confusa, limitada en el tiempo a resolver las múltiples y variadas impugnaciones opuestas como puntos previos".[1534]

Ahora bien, la Ley Orgánica de Amparo, siguiendo estas orientaciones, reguló un procedimiento breve y sumario que permite al Juez de amparo, sin mayores consideraciones formales, restablecer la situación jurídica infringida, prescribiendo para ello, lapsos procesales precisos y breves, de estricto cumplimiento hasta el punto de que el artículo 34 establece que la autoridad disciplinaria judicial "registrara como falta grave al incumplimiento de sus obligaciones" la inobservancia por parte de los jueces, de los "lapsos establecidos en esta Ley para conocer y decidir sobre las solicitudes de amparo".

> "Este procedimiento, respecto del cual se aplican supletoriamente tanto las normas del Código de Procedimiento Civil como las "normas procesales en vigor" (art. 48), se rige por una serie de principios que guían la brevedad y sumariedad prescritas. Además, de acuerdo al artículo 16 de la Ley Orgánica la acción de amparo "es gratuita por excelencia", por lo que para su tramitación, no se emplea papel sellado ni estampillas".

En cuanto a la dedicación del tribunal para conocer de la acción de amparo, el artículo 31 de la Ley señala que "todo el tiempo será hábil y el Tribunal dará preferencia al trámite de amparo sobre cualquier otro asunto".

A los efectos de facilitar la brevedad y celeridad, el artículo 16 de la Ley permite que la acción de amparo, en caso de urgencia, pueda interponerse por vía telegráfica, en cuyo caso, debe ser ratificada personalmente o mediante apoderado dentro de los

---

1533 *V.*, la sentencia de 17–1–85 *Revista de Derecho Público,* N° 21, EJV, Caracas, 1985, p. 140.

1534 *Idem.*

tres (3) días siguientes. La Ley también establece que el ejercicio de la acción de amparo pueda efectuarse en forma verbal, en cuyo caso, el Juez debe recogerla en un acta (Art. 16). Esta puede ser un acta levantada *ad hoc* para formular la acción de amparo; o esta puede formularse, por ejemplo, en un acto judicial –una inspección judicial, por ejemplo–, en cuyo caso debe constar en el acta respectiva.

Por otra parte, la Ley Orgánica precisa las modalidades de inhibición y prohíbe la recusación de los jueces en materia de amparo ya que prescribe que "En ningún caso será admisible la recusación" (Art. 11). En cuanto a las inhibiciones, el artículo 11 establece que:

> "[...] cuando un juez que conozca de la acción de amparo, advirtiera una causal de inhibición prevista en la Ley, se abstendrá de conocer e inmediatamente levantara un acta y remitirá actuaciones, en el estado en que se encuentren, al Tribunal competente. Si se tratare de un Magistrado de la Corte Suprema de Justicia, el Presidente de la Sala convocara de inmediato al Suplente respectivo, para integrar el Tribunal de Amparo".

Por otra parte, y a pesar de la función constitucional del Ministerio Público de "garantizar en los procesos judiciales el respeto de los derechos y garantías constitucionales" (Art. 285,1), la Ley Orgánica es cuidadosa en no afectar la agilidad del procedimiento de amparo, debido a la no intervención del Ministerio Público. En tal sentido, luego de establecer en su artículo 14 que "las atribuciones inherentes al Ministerio Público no menoscaban los derechos y acciones de los particulares", esta norma prescribe que "la no intervención del Ministerio Público en la acción de amparo no es causal de reposición ni de acción de nulidad".

Por otra parte, el artículo 15 expresamente señala que "los jueces que conozcan de la acción de amparo no podrán demorar el tramite o diferirlo so pretexto de consultas al Ministerio Público". Además establece esa misma norma que "se entenderá a derecho en el proceso de amparo el representante del Ministerio Público a quien el Juez competente le hubiese participado, por oficio o por telegrama, la apertura del procedimiento".

La brevedad y sumariedad del procedimiento, por otra parte, implica la exclusión de todo tramite incidental, por lo que la promoción de cuestiones previas, conforme al artículo 346 del Código de Procedimiento Civil, o la oposición de alguna de las causales de inadmisibilidad establecidas en el artículo 6° de la Ley Orgánica, deben ser resueltas por el Juez de amparo en la decisión definitiva del proceso de amparo.

Por último, debe señalarse que en muchas otras de sus normas, la Ley Orgánica insiste en el carácter breve y sumario del procedimiento. Por ejemplo, el artículo 10 al regular la acumulación de autos, exige que ello se haga "sin dilación procesal alguna y sin incidencias"; y el artículo 12, al regular los conflictos de competencia, señala que "los tramites serán breves y sin incidencias procesales".

En esta forma, en los casos en los cuales el juez ante el cual se interponga una acción de amparo, se considerare incompetente para conocer de la misma, deberá remitir las actuaciones inmediatamente al que tenga competencia (art. 7). En los supuestos de conflictos sobre competencia que se susciten en materia de amparo entre Tribunales de Primera Instancia, serán decididos por el Superior respectivo, y los trámites serán breves y sin incidencias procesales (Art. 12).

La Ley Orgánica, en su artículo 10, regula la posibilidad de acumulación de acciones de amparo, "cuando un mismo acto, hecho u omisión en perjuicio de algún derecho o garantía constitucionales afectare el interés de varias personas", en cuyo caso establece que "conocerá de todas estas acciones el juez que hubiese prevenido, ordenándose, sin dilación procesal alguna y sin incidencias, la acumulación de autos".

B. *Carácter de orden público*

De acuerdo a lo establecido en el artículo 14 de la Ley Orgánica, "la acción de amparo, tanto en lo principal como en lo incidental, y en todo lo que de ella derive, hasta la ejecución de la providencia respectiva, es de eminente orden público".

Por ello, de acuerdo al artículo 25 de la Ley Orgánica:

> "[...] quedan excluidas del procedimiento constitucional del amparo todas las formas de arreglo entre las partes, sin perjuicio de que el agraviado pueda, en cualquier estado y grado de la causa, desistir de la acción interpuesta, salvo que se trate de un derecho de eminente orden público o que pueda afectar las buenas costumbres".

En todo caso, conforme a la misma norma, el desistimiento malicioso o el abandono del trámite por el agraviado podrá ser sancionado por el juez de la causa o por el superior, según el caso, con multa.

C. *Carácter contencioso (principio de la bilateralidad)*

El proceso de amparo constitucional, a pesar de la brevedad del procedimiento, da origen a un verdadero juicio entre partes, entre las cuales los jueces de amparo deben mantener "la absoluta igualdad" (Art. 21). Por ello, incluso, dispone el artículo 21 de la Ley Orgánica que cuando el agraviante sea una autoridad pública quedaran excluidos del procedimiento los privilegios procesales; lo que significa que no tienen aplicación las normas de la Ley Orgánica de la Procuraduría General de la República que regulan tales prerrogativas en relación a la actuación de la República en juicio.

Este carácter contencioso, producto de la bilateralidad del juicio, sin embargo, encontraba una contradicción en la Ley Orgánica, al permitir al juez de amparo en el anulado artículo 22, que al recibir la solicitud de amparo, pudiera adoptar el mandamiento de amparo, es decir, restablecer inmediatamente la situación jurídica infringida, "prescindiendo de consideraciones de mera forma y sin ningún tipo de averiguación sumaria que la preceda", lo cual, implicaba el que pudiera adoptar dicho mandamiento de amparo, definitivo *in limine litis* e *inaudita parte.* Por ello, esa norma fue anulada por la Corte Suprema de Justicia en sentencia de 21 de mayo de 1996[1535].

Esto, sin duda, era violatorio de la garantía constitucional de la inviolabilidad del derecho a la defensa "en todo estado y grado del proceso" (Art. 68) y del mismo principio del mantenimiento de la "absoluta igualdad" entre las partes, que de acuerdo al artículo 21 de la Ley Orgánica, el Juez de amparo está obligado a mantener. Sin embargo, estimábamos que en la aplicación de la Ley Orgánica, la potestad del artículo 22 podía ser interpretada en el sentido de referirla exclusivamente a la adop-

1535 *V.*, en *Gaceta Oficial Extra* N° 5071 de 29-5-96.

ción de medidas cautelares o preventivas ("amparo temporal o provisional"), exigiéndose en cambio, siempre, la previa audiencia al presunto agraviante, antes de la adopción de la decisión definitiva de amparo[1536].

El principio de la bilateralidad, sin embargo, no impide que en el procedimiento de la acción de amparo se otorguen al juez amplísimos poderes para conducir el procedimiento e, incluso, para evacuar pruebas de oficio a los efectos de garantizar la protección constitucional. En particular, el artículo 17 de la Ley Orgánica, faculta al Juez que conozca de la acción de amparo para ordenar, siempre que no signifique perjuicio irreparable para el actor, la evacuación de las pruebas que juzgue necesarias para el esclarecimiento de los hechos que aparezcan dudosos y oscuros. En tal sentido se entiende que hay perjuicio irreparable cuando exista otro medio de comprobación más acorde con la brevedad del procedimiento o cuando la prueba sea de difícil o improbable evacuación.

2. *El iter procesal en el proceso de amparo de acuerdo con la Ley Orgánica y la jurisprudencia anterior a 2000*

El procedimiento general contemplado en el Título IV de la Ley Orgánica de Amparo sobre Derechos y Garantías Constitucionales (artículos 19, 23, 24, 26, 29, 30, 31, 32 y 35), para el trámite de la acción de amparo, se aplica cualquiera sea la forma de amparo (salvo el que se aplica para la protección de los derechos de libertad y seguridad personales), y conforme lo resolvió la antigua Corte Suprema de Justicia en Corte Plena en sentencia de 18 de octubre de 1994, en la forma siguiente:

> "Introducción de la solicitud, que ha de llenar los requisitos del artículo 18; examen de la solicitud por el juez a los fines de verificar si la misma es suficientemente clara y llena los requisitos contemplados en el antes citado artículo 18. De faltar los elementos últimamente aludidos, el juez deberá notificar al solicitante para que corrija el defecto u omisión dentro del lapso de cuarenta y ocho (48) horas siguientes a la notificación. La falta de oportuna corrección implica la declaratoria de su inadmisibilidad.
>
> Siguiendo el camino procesal señalado, el nuevo paso previsto en la ley es necesariamente el del examen de los presupuestos de admisibilidad previstos en el artículo 6 de la Ley Orgánica de Amparo sobre Derechos y Garantías Constitucionales, que están redactados en forma tal que al juez le corresponde verificar la inexistencia de los supuestos enunciados en dicho artículo, a los fines de declarar admisible o no la acción. Este examen da lugar a un auto de admisión o inadmisión, según el caso, con lo cual el tribunal afirma los elementos básicos para el conocimiento de la causa.
>
> La etapa inmediata del proceso es la prevista en el artículo 22 que permite al juez restablecer la situación jurídica que se denuncia infringida sin ningún tipo de averiguación sumaria que la proceda. Esta facultad extraordinaria que se enuncia igualmente en el artículo 5, sólo podrá operar en casos extremos en los cuales resulte evidente para el juez, por su total demostración, la lesión constitucional infringida al actor, o su inminente amenaza. Como se señalara precedentemente la aplicación del artículo 22 en cualquier procedimiento de amparo

1536 *V.*, Allan R. Brewer-Carías, *Instituciones Políticas y Constitucionales*, Vol. VI, *Derecho y acción de amparo, op. cit.*, pp. 388 ss.

es violatorio del derecho a la defensa de los eventuales afectados por la decisión. Si el juez no opta por el ejercicio de tal facultad, lo cual constituye la regla general, debe ordenar al sujeto del cual deriva la lesión, su comparecencia para que informe sobre las circunstancias que motivaron la solicitud de amparo, lo cual ha de hacer en el término de cuarenta y ocho (48) horas contadas a partir de su notificación. Concluido el lapso anterior se procede a la celebración de la audiencia pública constitucional dentro de las noventa y seis (96) horas siguientes a la presentación del informe o a la extinción del término correspondiente, efectuada la audiencia deberá dictarse en las veinticuatro (24) horas siguientes a la decisión sobre la solicitud de amparo.

Este procedimiento, como se señaló, es común para el trámite de todas las acciones de amparo, salvo las que versan sobre la libertad y seguridad personales, que se rigen por el Título IV de las tantas veces mencionada Ley de Amparo, el cual, sin embargo, no difiere sustancialmente del que precedentemente se enunciara"[1537].

Este *iter* procesal, de acuerdo con la Ley Orgánica, se sujeta entonces a las siguientes reglas:

A. *Legitimación ad causam y ad procesum*

De acuerdo con el artículo 15 de la Ley Orgánica, "la acción de amparo constitucional puede ser interpuesta ante el juez competente por cualquier persona natural o jurídica, por representación o directamente" siempre que, por supuesto, sea la persona lesionada en su derecho o garantía constitucional por la violación o amenaza de violación de las mismas. La legitimación activa corresponde, por tanto, a la persona agraviada, quien puede intentar la acción directamente o mediante representantes, en cuyo caso debe acreditarse tal carácter bien sea por ser el órgano de una persona jurídica, o por actuar mediante poder.

Por supuesto, para el ejercicio de la acción de amparo, quedan a salvo las atribuciones del Defensor del Pueblo, por ejemplo, en casos de acciones de amparo para la protección de los derechos colectivos y difusos.

Asimismo, conforme al artículo 168 del Código de Procedimiento Civil, aun sin poder, pueden intentar la acción de amparo, el heredero por su coheredero, en causas originadas por la herencia, y el comunero por su condueño, en lo relativo a la comunidad.

B. *Formalidades del libelo de la acción*

La solicitud de amparo debe formularse, en principio, por escrito, aun cuando también puede formularse por vía telegráfica, e incluso vía correo electrónico o Internet[1538], en cuyo caso debe ratificarse personalmente o mediante apoderado dentro

---

1537 Consultada en original.

1538 *V.*, sentencia de la Sala Constitucional N° 523 de 9–4–2001 (Caso: *Oswaldo Álvarez vs. Sala Político Administrativa y Sala Plena del Tribunal Supremo de Justicia*), en *Revista de Derecho Público*, N° 85–88, EJV, Caracas 2001, p. 457; y sentencia de la Sala Electoral N° 57 de 11–5–2004 (Caso: *Grecia Bellatriz Hernández R. vs. Alcalde del Municipio Baruta*), en *Revista de Derecho Público,* N° 97–98, EJV, Caracas, 2004, p. 443.

de los tres (3) días siguientes (Art. 16). También puede ejercerse la acción de amparo en forma verbal, en cuyo caso el Juez debe recogerla en un acta (Art. 16).

En todo caso, sea que se ejerza por escrito, telegráficamente (con la ratificación posterior) o verbalmente, la solicitud de amparo, conforme al artículo 18 de la Ley Orgánica, debe expresar lo siguiente:

> "1) Los datos concernientes a la identificación de la persona agraviada y de la persona que actúe en su nombre, y en este caso con la suficiente identificación del poder conferido;
>
> 2) Residencia, lugar y domicilio, tanto del agraviado como del agraviante;
>
> 3) Suficiente señalamiento e identificación del agraviante, si fuere posible, e indicación de la circunstancia de localización;
>
> 4) Señalamiento del derecho o de las garantías constitucionales violados o amenazados de violación;
>
> 5) Descripción narrativa del hecho, acto, omisión y demás circunstancias que motiven la solicitud de amparo;
>
> 6) Y cualquiera explicación complementaria relacionada con la situación jurídica infringida, a fin de ilustrar el criterio del juez".

Como se señaló, en caso de instancia verbal, se deben exigir, en lo posible, estos mismos requisitos.

Por supuesto, con la solicitud deben aportarse los medios de prueba que permitan al Juez apreciar la violación o amenaza de violación denunciadas, y en particular, las pruebas documentales.

Como lo ha señalado la Sala Constitucional en la sentencia N° 7 del 1° de febrero de 2000 (Caso: *José A. Mejía y otros*)[1539],

> [...] "el accionante además de los elementos prescritos en el citado artículo 18 deberá también señalar en su solicitud, oral o escrita, las pruebas que desea promover, siendo esta una carga cuya omisión produce la preclusión de la oportunidad, no solo la de la oferta de las pruebas omitidas, sino la de la producción de todos los instrumentos escritos, audiovisuales o gráficos, con que cuenta para el momento de incoar la acción y que no promoviere y presentare con su escrito o interposición oral; prefiriéndose entre los instrumentos a producir los auténticos.
>
> El principio de libertad de medios regirá estos procedimientos, valorándose las pruebas por la sana critica, excepto la prueba instrumental que tendrá los valores establecidos en los artículos 1359 y 1360 del Código Civil para los documentos públicos y en el artículo 1363 del mismo Código para los documentos privados auténticos y otros que merezcan autenticidad, entre ellos los documentos públicos administrativos".

De acuerdo al artículo 19 de la Ley Orgánica, si la solicitud fuere oscura o no llenare los requisitos exigidos anteriormente especificados, el Juez debe notificar al solicitante del amparo para que corrija el defecto u omisión dentro del lapso de cua-

1539 *V.*, en *Revista de Derecho Público*, N° 81, EJV, Caracas, 2000.

renta y ocho (48) horas siguientes a la correspondiente notificación. Si no lo hiciere, la acción de amparo será declara inadmisible.

C. *Notificación al Ministerio Público*

Al darle entrada a la solicitud contentiva de la acción de amparo, el Juez debe participar por oficio o por telegrama al representante del Ministerio Público, de la apertura del procedimiento, en virtud de las atribuciones establecidas en el artículo 42, ordinal 19° de la Ley Orgánica del Ministerio Público a los Fiscales del Ministerio Público de "intervenir en los recursos de amparo". Dicho representante se entenderá a derecho a partir de dicha participación (Art. 15).

D. *Admisión de la acción*

Conforme al artículo 6 de la Ley Orgánica de Amparo y a las otras normas que se refieren a la admisión, la primera actuación procesal del juez, una vez presentado correctamente el libelo de la acción, es la decisión sobre la admisibilidad o inadmisibilidad de la misma.

Es decir, el juez necesariamente debe examinar los presupuestos de admisibilidad previstos en el artículo 6 de la Ley Orgánica de Amparo sobre Derechos y Garantías Constitucionales, que están redactados en forma tal que al juez le corresponde verificar la inexistencia de los supuestos enunciados en dicho artículo, a los fines de declarar admisible o no la acción. Este examen da lugar a un auto de admisión o inadmisión, según el caso, con lo cual el tribunal afirma los elementos básicos para el conocimiento de la causa.

E. *Solicitud de informe al presunto agraviante o imputado*

En el auto de admisión, el Juez debe ordenar a la autoridad, entidad, organización social o a los particulares imputados de violar o amenazar el derecho o la garantía constitucionales, su comparecencia para que en el termino de cuarenta y ocho (48) horas contadas a partir de la respectiva notificación, informen sobre la pretendida violación o amenaza que hubiere motivado la solicitud de amparo, (Art. 23).

De acuerdo al artículo 25 de la Ley, este informe debe contener una relación sucinta y breve de las pruebas en las cuales el presunto agraviante pretenda fundamentar su defensa, sin perjuicio de la potestad evaluativa que la Ley confiere al Juez competente (Art. 17).

La Ley Orgánica establece (Art. 14) que "la falta de informe correspondiente se entenderá como aceptación de los hechos incriminados", razón por la cual ello debería dar origen a la decisión de amparo con el consiguiente restablecimiento inmediato de la situación jurídica infringida. Sin embargo, aun en estos casos, la decisión debe adoptarse luego de realizada la audiencia oral de las partes.

F. *Medidas cautelares*

La Ley Orgánica no preveía expresamente, la potestad del Juez de amparo de adoptar medidas cautelares o preventivas en caso de solicitudes de amparo, lo que sin embargo, podía considerarse prevista en el anulado artículo 22 de la Ley Orgánica[1540], si se hubiera interpretado acorde con la Constitución.

1540 *V.*, en *Gaceta Oficial Extra* N° 5071 de 29-5-96.

En todo caso, por la aplicación supletoria del Código de Procedimiento Civil (Art. 48), conforme al artículo 588 de dicho Código, los jueces han adoptado las medidas cautelares adecuadas para la protección constitucional, cuando hubiere "fundado temor" de que una de las partes, particularmente el presunto agraviante, pueda causar "lesiones graves o de difícil reparación al derecho de la otra", en concreto, el agraviado. En estos casos, para evitar el daño, el Juez de amparo puede "autorizar o prohibir la ejecución de determinados actos y adoptar las providencias que tengan por objeto hacer cesar la continuidad de la lesión".

G. *La audiencia pública y oral*

En todo caso, al vencerse al termino de cuarenta y ocho (48) horas para la remisión del informe solicitado, sin que ello haya ocurrido, o al presentarse el informe por el presunto agraviado, el Juez de amparo debía fijar la oportunidad para que las partes o sus representantes legales expresasen, en forma oral y pública, los argumentos respectivos (Art. 26), en una audiencia que debía realizarse dentro del lapso de noventa y seis (96) horas siguientes a la presentación del mencionado informe o al vencimiento del lapso de 48 horas que tenía el agraviante para presentarlo.

H. *Oportunidad de la decisión*

Efectuado dicho acto de audiencia oral, el Juez disponía de un término improrrogable de veinticuatro (24) horas para decidir la solicitud de amparo constitucional (Art. 26).

3. *La reforma constitucional de 1999 y las nuevas normas procesales en materia de amparo*

El artículo 27 de la Constitución de 1999 puede decirse que siguió la orientación del artículo 49 de la Constitución de 1961, al regular la institución del amparo definitivamente como un derecho constitucional, el cual se puede ejercer a través de múltiples medios o recursos judiciales de protección, incluyendo la acción de amparo[1541]; conforme a lo cual se habían dictado la Ley Orgánica de Amparo de 1988.

Ahora bien, con motivo de la entrada en vigencia de la Constitución, la norma de la Constitución de 1999 relativa al amparo (artículo 27), fue interpretada por la Sala Constitucional del Tribunal Supremo de Justicia, procediendo mediante sentencias dictadas en casos concretos, a modificar la Ley Orgánica de Amparo, no sólo en cuanto a la determinación de la competencia judicial, sino en especial, en materia del procedimiento judicial en los juicios de amparo, asumiendo en forma irregular una función de legislador positivo, supuestamente a los efectos de "adaptar" el procedimiento regulado en la Ley Orgánica de Amparo al texto de la nueva Constitu-

1541 *V.*, Allan R. Brewer–Carías, *El Derecho y la Acción de Amparo,* Tomo V *Instituciones Políticas y Constitucionales, op. cit.*, pp. 163 y ss. *V.*, en general, Hildegard Rondón de Sansó, "La acción de amparo constitucional a raíz de la vigencia de la Constitución de 1999", en *Revista de la Facultad de Ciencias Jurídicas y Políticas de la UCV,* nº 119, Caracas, 2000, pp. 147–172; Richard D. Henríquez Larrazábal, "El problema de la procedencia del amparo constitucional en el Derecho venezolano", en *Bases y principios del sistema constitucional venezolano (Ponencias del VII Congreso Venezolano de Derecho Constitucional realizado en San Cristóbal del 21 al 23 de Noviembre de 2001),* Volumen II, pp. 403–475; Víctor R. Hernández–Mendible, "El amparo constitucional desde la perspectiva cautelar", en *El Derecho Público a comienzos del siglo XXI. Estudios homenaje al Profesor Allan R. Brewer–Carías,* Tomo I, *op. cit.*, pp. 1219–1301.

ción, con lo cual estableció, en realidad, un *nuevo procedimiento* modificando y reformando, impropiamente, el regulado en la Ley Orgánica de Amparo de 1988[1542].

En efecto, en la sentencia N° 7 de 1° de febrero de 2000 (Caso: *José A. Mejía y otros*)[1543], la Sala, teniendo en cuenta que por mandato del artículo 27 de la Constitución el procedimiento de la acción de amparo constitucional "será oral, público, breve, gratuito y no sujeto a formalidades"; siendo las características de oralidad y ausencia de formalidades que rigen estos procedimientos las que permiten a la autoridad judicial restablecer inmediatamente, a la mayor brevedad, la situación jurídica infringida o la situación que más se asemeje a ella; y considerando que el artículo 27 de la Constitución es de aplicación inmediata; estimó que debía "adaptar" el procedimiento de amparo establecido en la Ley Orgánica de Amparo sobre Derechos y Garantías Constitucionales a las prescripciones del artículo 27 de la Constitución, aplicando además, el 49 de la Constitución que impone el debido proceso, cuyos elementos deben estar presentes en el procedimiento de amparo cuyas normas procesales también deben adecuarse a dicha norma, prescribiendo que el procedimiento de las acciones de amparo debe contener los elementos que conforman el debido proceso.

Como consecuencia de esta orientación, "la Sala Constitucional, obrando dentro de la facultad que le otorga el artículo 335 *ejusdem*, de establecer interpretaciones sobre el contenido y alcance de las normas y principios constitucionales, las cuales serán en materia de amparo vinculantes para los tribunales de la República, interpreta los citados artículos 27 y 49 de la Constitución de la República Bolivariana de Venezuela, en relación con el procedimiento de amparo previsto en la Ley Orgánica de Amparo sobre Derechos y Garantías Constitucionales, distinguiendo si se trata de amparos contra sentencias o de los otros amparos, excepto el cautelar"; estableció un conjunto de normas procesales que estimó las adecuadas para desarrollar los principios constitucionales, reformando la Ley Orgánica de Amparo de 1988, con lo cual, sin duda, usurpó la potestad del legislador y atentó contra la seguridad jurídica.

En particular en los casos de ejercicio de la acción autónoma de amparo, siempre que no sea contra sentencias, la Sala dictó las siguientes normas modificatorias del régimen legal:

A. *Principios generales del procedimiento no sujeto a formalidades*

En cuanto a los principios generales del procedimiento, la Sala señaló que:

> "Debido al mandato constitucional de que el procedimiento de amparo no estará sujeto a formalidades, los trámites como se desarrollarán las audiencias y

1542 *V.*, en general, Humberto Enrique Tercero Bello Tabares, "El procedimiento de Amparo Constitucional, según la sentencia nº 7 dictada por la Sala Constitucional del Tribunal Supremo de Justicia, de fecha 01 de febrero de 2000. Caso *José Amando Mejía Betancourt y José Sánchez Villavicencio*, en *Revista de derecho del Tribunal Supremo de Justicia,* N° 8, Caracas, 2003, pp. 139 a 176; María Elena Toro Dupouy, "El procedimiento de amparo en la jurisprudencia de la Sala Constitucional del Tribunal Supremo de Justicia (Años 2000–2002)", en *Revista de Derecho Constitucional,* nº 6, enero–diciembre–2002, Editorial Sherwood, Caracas, 2003, pp. 241 a 256; María Elena Toro Dupouy, "El amparo contra decisiones judiciales en la jurisprudencia de la Sala Constitucional del Tribunal Supremo de Justicia. El Amparo sobrevenido", en *Revista de Derecho Constitucional,* N° 7, enero–junio 2003, Editorial Sherwood, Caracas, 2003, pp. 207 a 222.

1543 *V.*, en *Revista de Derecho Público*, N° 81, EJV, Caracas, 2000, pp. 349 ss.

la evacuación de las pruebas, si fueran necesarias, las dictará en las audiencias el tribunal que conozca del amparo, siempre manteniendo la igualdad entre las partes y el derecho de defensa".

"Todas las actuaciones serán públicas, a menos que por protección a derechos civiles de rango constitucional, como el comprendido en el artículo 60 de la Constitución de la República Bolivariana de Venezuela, se decida que los actos orales sean a puerta cerrada, pero siempre con inmediación del tribunal".

B. *La derogación de la exigencia legal del informe del agraviado, la citación del agraviante y la creación de la audiencia constitucional*

La Sala Constitucional estableció en su sentencia que una vez admitida la acción, el juez debe ordenar:

> "La citación del presunto agraviante y la notificación del Ministerio Público, para que concurran al tribunal a conocer el día en que tendrá lugar la audiencia oral, la cual tendrá lugar, tanto en su fijación como para su práctica, dentro de las noventa y seis (96) horas a partir de la última notificación efectuada".

La Sala, en cuanto a la citación, pero refiriéndola como "notificación", reguló nuevas formas de hacerla ni siquiera establecidas en el Código de Procedimiento Civil, así:

> "Para dar cumplimiento a la brevedad y falta de formalidad, la notificación podrá ser practicada mediante boleta, o comunicación telefónica, fax, telegrama, correo electrónico, o cualquier medio de comunicación interpersonal, bien por el órgano jurisdiccional o bien por el Alguacil del mismo, indicándose en la notificación la fecha de comparecencia del presunto agraviante y dejando el Secretario del órgano jurisdiccional, en autos, constancia detallada de haberse efectuado la citación o notificación y de sus consecuencias".

C. *La reforma del régimen de la audiencia constitucional pública y oral*

La Sala Constitucional, en su sentencia también reformó el régimen de la audiencia pública y oral en el proceso del juicio de amparo. Al eliminar la exigencia legal del informe escrito que debe requerirse y presentar el agraviante, dispuso la realización de la audiencia oral y pública, con el siguiente régimen:

Una vez admitida la acción, de acuerdo con la sentencia de la Sala Constitucional:

> "[...] se ordenará la citación del presunto agraviante y la notificación del Ministerio Público, para que concurran al tribunal a conocer el día en que tendrá lugar la audiencia oral, la cual tendrá lugar, tanto en su fijación como para su práctica, dentro de las noventa y seis (96) horas a partir de la última notificación efectuada.
>
> Para dar cumplimiento a la brevedad y falta de formalidad, la notificación podrá ser practicada mediante boleta, o comunicación telefónica, fax, telegrama, correo electrónico, o cualquier medio de comunicación interpersonal, bien por el órgano jurisdiccional o bien por el Alguacil del mismo, indicándose en la notificación la fecha de comparecencia del presunto agraviante y dejando el Se-

cretario del órgano jurisdiccional, en autos, constancia detallada de haberse efectuado la citación o notificación y de sus consecuencias".

Conforme a la sentencia de la Sala:

> "En la fecha de la comparecencia que constituirá una audiencia oral y pública, las partes, oralmente, propondrán sus alegatos y defensas ante la Sala Constitucional o el tribunal que conozca de la causa en primera instancia, y esta o este decidirá, si hay lugar a pruebas, caso en que el presunto agraviante podrá ofrecer las que considere legales y pertinentes, ya que este es el criterio que rige la admisibilidad de las pruebas. Los hechos esenciales para la defensa del agraviante, así como los medios ofrecidos por él se recogerán en un acta, al igual que las circunstancias del proceso".

Sobre los poderes del juez en la audiencia, la Sala señaló:

> "Los Jueces Constitucionales siempre podrán interrogar a las partes y a los comparecientes".

Sobre los efectos de la falta de comparecencia de las partes a la audiencia la Sala, en la sentencia citada, dispuso que:

> "La falta de comparecencia del presunto agraviante a la audiencia oral aquí señalada producirá los efectos previstos en el artículo 23 de la Ley Orgánica de Amparo Sobre Derechos y Garantías Constitucionales.
>
> La falta de comparencia del presunto agraviado dará por terminado el procedimiento, a menos que el Tribunal considere que los hechos alegados afectan el orden público, caso en que podrá inquirir sobre los hechos alegados, en un lapso breve, ya que conforme al principio general contenido en el artículo 11 del Código de Procedimiento Civil y el artículo 14 de la Ley Orgánica de Amparo Sobre Derechos y Garantías Constitucionales, en materia de orden público el juez podrá tomar de oficio las providencias que creyere necesarias".

En relación con las pruebas, la Sala señaló:

> "El órgano jurisdiccional, en la misma audiencia, decretará cuáles son las pruebas admisibles y necesarias, y ordenará, de ser admisibles, también en la misma audiencia, su evacuación, que se realizará en ese mismo día, con inmediación del órgano en cumplimiento del requisito de la oralidad o podrá diferir para el día inmediato posterior la evacuación de las pruebas".

Sobre el desarrollo de la actividad probatoria en la audiencia la Sala estableció que:

> "Cuando se trate de causas que cursen ante tribunales cuyas decisiones serán conocidas por otros jueces o por esta Sala, por la vía de la apelación o consulta, en cuanto a las pruebas que se evacuen en las audiencias orales, se grabarán o registrarán las actuaciones, las cuales se verterán en actas que permitan al juez de la Alzada conocer el devenir probatorio. Además, en la audiencia ante el Tribunal que conozca en primera instancia en que se evacuen estas pruebas de lo actuado, se levantará un acta que firmarán los intervinientes. El artículo 189 del Código Procedimiento Civil regirá la confección de las actas, a menos que las partes soliciten que los soportes de las actas se envíen al Tribunal Superior".

En cambio, en el régimen establecido en la Ley Orgánica, que derogó la Sala Constitucional, la audiencia se realizaba en una oportunidad posterior a la presentación del informe por parte del agraviante. Ahora se le ha eliminado al agraviado la posibilidad de analizar el texto escrito del informe con anterioridad, a los efectos de poder contestarlo efectivamente, a los efectos de reforzar su denuncia inicial en la audiencia oral,

Es decir, la Sala Constitucional le cercenó el derecho que tenía el agraviado tal como se lo garantizaba la Ley Orgánica de 1988, en un procedimiento dispuesto para proteger sus derechos, que le permitía conocer por escrito los alegatos que formulara el presunto agraviante, sin lesionarle el derecho a su defensa. En el procedimiento que estableció la Sala Constitucional, en cambio, se obliga al agraviado a conocer de los alegatos que exprese sólo oralmente el agraviante en la audiencia oral, en la cual el juez además, siempre puede interrogar a las partes y a los comparecientes, y al final de la cual, la Sala Constitucional dispuso que se debe dictar la sentencia.

D. *Régimen de la oportunidad de la sentencia de amparo*

El régimen de la sentencia de amparo también se reformó con sentencia de la Sala Constitucional, modificándose el establecido en la Ley Orgánica, el cual se sustituyó por el siguiente:

> "Una vez concluido el debate oral o las pruebas, el juez o el Tribunal en el mismo día estudiará individualmente el expediente o deliberará (en los caso de los Tribunales colegiados) y podrá:
>
> a) Decidir inmediatamente; en cuyo caso expondrá de forma oral los términos del dispositivo del fallo; el cual deberá ser publicado íntegramente dentro de los cinco (5) días siguientes a la audiencia en la cual se dictó la decisión correspondiente. El fallo lo comunicará el juez o el presidente del Tribunal Colegiado, pero la sentencia escrita la redactará el ponente o quien el Presidente del Tribunal Colegiado decida.
>
> El dispositivo del fallo surtirá los efectos previstos en el artículo 29 de la Ley Orgánica de Amparo Sobre Derechos y Garantías Constitucionales, mientras que la sentencia se adaptará a lo previsto en el artículo 32 ejusdem.
>
> b) Diferir la audiencia por un lapso que en ningún momento será mayor de cuarenta y ocho (48) horas, por estimar que es necesaria la presentación o evacuación de alguna prueba que sea fundamental para decidir el caso o a petición de alguna de las partes o del Ministerio Público".

E. *Apelación y consulta*

En relación con la apelación y consulta de las sentencias de amparo, la sentencia de la Sala dispuso en su mencionada sentencia nº 7, lo siguiente:

> "Contra la decisión dictada en primera instancia, podrá apelarse dentro de los tres (3) días siguientes a la publicación del fallo, la cual se oirá en un sólo efecto a menos que se trate del fallo dictado en un proceso que, por excepción, tenga una sola instancia.
>
> De no apelarse, pero ser el fallo susceptible de consulta, deberá seguirse el procedimiento seguido en el artículo 35 de la Ley Orgánica de Amparo sobre

Derechos y Garantías Constitucionales, esto es, que la sentencia será consultada con el Tribunal Superior respectivo, al cual se le remitirá inmediatamente el expediente, dejando copia de la decisión para la ejecución inmediata. Este Tribunal decidirá en un lapso no mayor de treinta (30) días. La falta de decisión equivaldrá a una denegación de justicia, a menos que por el volumen de consultas a decidir se haga necesario prorrogar las decisiones conforma al orden de entrada de las consultas al Tribunal de la segunda instancia".

F. *El procedimiento en la acción de amparo contra sentencias*

En cuanto a las acciones de amparo contra sentencias, la sentencia de la Sala señaló lo siguiente:

"2. Cuando el amparo sea contra sentencias, las formalidades se simplificarán aún más y por un medio de comunicación escrita que deberá anexarse al expediente de la causa donde se emitió el fallo, inmediatamente a su recepción, se notificará al juez o encargado del Tribunal, así como a las partes en su domicilio procesal, de la oportunidad en que habrá de realizarse la audiencia oral, en la que ellos manifestarán sus razones y argumentos respecto a la acción. Los amparos contra sentencias se intentarán con copia certificada del fallo objeto de la acción, a menos que por la urgencia no pueda obtenerse a tiempo la copia certificada, caso en el cual se admitirán las copias previstas en el artículo 429 del Código Procedimiento Civil, no obstante en la audiencia oral deberá presentarse copia auténtica de la sentencia.

Las partes del juicio donde se dictó el fallo impugnado podrán hacerse partes, en el proceso de amparo, antes y aún dentro de la audiencia pública, mas no después, sin necesidad de probar su interés. Los terceros coadyuvantes deberán demostrar su interés legítimo y directo para intervenir en los procesos de amparo de cualquier clase antes de la audiencia pública.

La falta de comparecencia del Juez que dicte el fallo impugnado o de quien esté a cargo del Tribunal, no significará aceptación de los hechos, y el órgano que conoce del amparo, examinará la decisión impugnada".

De lo anterior resulta, por tanto, que en la actualidad, el procedimiento en la acción de amparo no sólo está regulado en la Ley Orgánica de Amparo, sino en una sentencia de la Sala Constitucional. La seguridad jurídica, en consecuencia, parecería que no es un valor fundamental en la mente de algunos Magistrados de dicha Sala, pues de lo contrario hubieran hecho una recomendación a la futura Asamblea Nacional para la reforma de la Ley Orgánica de Amparo.

X. LA DECISIÓN EN MATERIA DE AMPARO

De acuerdo con el artículo 27 de la Constitución, el amparo tiene por objeto proteger el goce y ejercicio de los derechos y garantías constitucionales, por lo que el juez "tendrá potestad para restablecer inmediatamente la situación jurídica infringida o la situación que más se asemeje a ella", es decir, el derecho violado o amenazado de violación.

Esta decisión o mandamiento de amparo, puede adoptarse en dos momentos y con dos modalidades: puede tratarse de una medida cautelar, con efectos mientras dure el juicio, o puede ser la decisión definitiva la cual, de acuerdo con la Ley Orgánica y el principio de la bilateralidad, no puede adoptarse *inaudita parte* e *in limine litis,* sino después de una audiencia al presunto agraviante.

1. *Las medidas cautelares en materia de amparo*

A. *El régimen general*

El derogado artículo 22 de la Ley Orgánica, en nuestro criterio, podía haberse interpretado con el criterio *favor constitucione*, como estableciendo la potestad cautelar del juez de amparo, al atribuirle la potestad para restablecer la situación jurídica infringida, "prescindiendo de consideraciones de mera forma y sin ningún tipo de averiguación sumaria que la preceda"; para lo cual exigía que el mandamiento cautelar de amparo fuera motivado y estuviese fundamentado "en un medio de prueba que constituya presunción grave de la violación o de la amenaza de violación".

Tal como estaba concebida esta norma, sin embargo, la norma también podía interpretarse como autorizando a que se pudiera adoptar el mandamiento de amparo *inaudita parte,* dado que disponía que sólo si el juez no optaba por "restablecer inmediatamente la situación jurídica infringida" es que debía proceder a solicitar informe al presunto agraviante y a darle audiencia.

Era evidente, sin embargo, que cualquier interpretación jurisprudencial de la norma debía excluir toda decisión definitiva *inaudita parte,* pues hubiera sido violatorio del artículo 68 de la Constitución de 1961 que garantiza la inviolabilidad del derecho a la defensa en todo estado y grado del proceso, y contradictorio con el artículo 21 de la propia Ley Orgánica que obliga al Juez de amparo a mantener la "absoluta igualdad entre las partes", lo que permitía concluir que el proceso de amparo debe ser de carácter bilateral.

Por tanto, consideramos que esta disposición del artículo 22 de la Ley Orgánica, debía interpretarse como la potestad del Juez de amparo de poder adoptar de inmediato medidas cautelares o preventivas ("amparo temporal"), restableciendo de inmediato la situación jurídica infringida, mientras duraba el juicio; y, en todo caso, debía proceder a continuar el procedimiento breve previsto, solicitando el informe respectivo y dando audiencia al presunto agraviante o imputado[1544].

En este sentido, la Sala de Casación Civil de la antigua Corte Suprema se pronunció en sentencia de 5 de diciembre de 1990 (Caso *José Díaz Aquino*), al señalar:

> "En este sentido, por ejemplo, deberá el juez otorgar suficientes oportunidades de defensa a las partes, para que su decisión no resulte, a su vez, inconstitucional.
>
> Por ello la Sala, a pesar de que la redacción del artículo 22 de la Ley de Amparo puede conducir a interpretar, y de hecho así ha sido, en ocasiones, entendida, que el juez de amparo puede restablecer la situación jurídica infringida, prescindiendo del derecho al contradictorio en primera instancia, ha considerado que la decisión tomada inaudita parte, tiene sólo un carácter cautelar, y de

---

1544 *V.*, Allan R. Brewer–Carías, "Introducción general al régimen del derecho de amparo a los derechos y garantías constitucionales", en Allan R. Brewer–Carías y Carlos M. Ayala Corao, *Ley Orgánica de Amparo sobre Derechos y Garantías Constitucionales,* Caracas, 1988, p. 90.

seguidas se debe notificar a la otra parte a los fines de que ejerza su defensa, para luego decidir, en la definitiva, si se mantiene o no el amparo"[1545].

Sin embargo, y con el objeto de despejar las dudas, a los pocos días de haberse promulgado la Ley Orgánica de Amparo en 1988, intentamos una acción de inconstitucionalidad contra la norma del artículo 22 de la Ley Orgánica[1546], proceso que no fue decidido, habiéndose sin embargo decidido otra acción de inconstitucionalidad que concluyó con la declaratoria de la inconstitucionalidad de la norma mediante sentencia de la Corte Suprema de 21 de mayo de 1996.[1547]

La consecuencia de esta decisión fue entonces la construcción del régimen de las medidas cautelares en materia de amparo conforme a los previsiones del Código de Procedimiento Civil, excepto la suspensión de los efectos de los actos impugnados cuando se formula la pretensión de amparo conjuntamente con la acción de inconstitucionalidad de las leyes o el recurso contencioso administrativo de nulidad de actos administrativos.

En efecto, por la aplicación supletoria del Código de Procedimiento Civil (Art. 48), es evidente que tiene aplicación el artículo 588 del mismo, como ya lo habían venido realizando los tribunales de instancia en los procesos de amparo que habían conducido.

En esta forma, los jueces de amparo tienen el poder general cautelar previsto particularmente en el parágrafo primero del artículo 588 del Código, que les permite "acordar las providencias cautelares que considere adecuadas", cuando hubiere "fundado temor" de que una de las partes, particularmente el presunto agraviante, pueda causar "lesiones graves o de difícil reparación al derecho de la otra", en concreto, el agraviado. En estos casos, para evitar el daño, el Juez de amparo puede "autorizar o prohibir la ejecución de determinados actos y adoptar las providencias que tengan por objeto hacer cesar la continuidad de la lesión".

A tal efecto, el juez debe analizar en primer término, *el fumus boni iuris*, con el objeto de concretar la presunción grave de violación o amenaza de violación del derecho constitucional alegado por la parte quejosa y que lo vincula al caso concreto; y en segundo lugar, el *periculum in mora*, elemento éste determinable por la sola verificación del requisito anterior, pues la circunstancia de que exista presunción grave de violación de un derecho de orden constitucional, el cual por su naturaleza debe ser restituido de forma inmediata, conduce a la convicción de que debe preservarse *ipso facto* la actualidad de ese derecho, ante el riesgo inminente de causar un perjuicio irreparable en la definitiva a la parte que alega la violación.[1548]

1545 Consultada en original.

1546 *V.*, en Allan R. Brewer–Carías, *Instituciones Políticas y Constitucionales*, Vol. VI, *Derecho y acción de amparo, op. cit*, pp. 388 ss.

1547 *V.*, en *Gaceta Oficial Extra* Nº 5071 de 29–5–96.

1548 *V.*, por ejemplo, sentencia del 20-03-2001 de la Sala Político Administrativa del Tribunal Supremo, caso *Marvin Enrique Sierra Velasco*, Expediente nº 0904, consultada en la página web del Tribunal Supremo de Justicia.

B. *El nuevo régimen establecido por la Sala Constitucional*

En relación con los supuestos de ejercicio conjunto de la pretensión de amparo con otros medios de impugnación y los efectos cautelares suspensivos, la Sala Constitucional del Tribunal Supremo también estableció modalidades nuevas de procedimiento, en la sentencia N° 88 de 14 marzo de 2000 (Caso: *Ducharme de Venezuela, C.A.*), en la siguiente forma:

En cuanto a las modalidades de ejercicio de la acción de amparo, la Sala indicó lo siguiente:

> "Observa esta Sala, que mediante la sentencia de la entonces Corte Suprema de Justicia en Pleno, del 21 de mayo de 1996, que anuló el artículo 22 de la Ley Orgánica de Amparo sobre Derechos y Garantías Constitucionales, se establecieron las distintas alternativas de tramitación de los amparos ejercidos de forma conjunta con otras acciones, basándose para ello en la potestad consagrada en el artículo 102 de la Ley Orgánica de la Corte Suprema de Justicia, en los siguientes términos:
>
> 1. *Tramitar la solicitud de amparo constitucional de conformidad con lo dispuesto en los artículos 23 y siguientes de la Ley Orgánica de Amparo.*
> 2. *En caso de que la solicitud de amparo sólo tenga por objeto la suspensión de los efectos del acto administrativo recurrido, darle el mismo tratamiento de beneficio que la suspensión de efectos prevista en el artículo 136 de la Ley Orgánica de la Corte Suprema de Justicia.*
> 3. *Si la solicitud de amparo tiene por objeto la obtención de una medida cautelar de las previstas en el parágrafo primero del artículo 588 del Código de Procedimiento Civil, tramitarla de conformidad con lo previsto en el Título II del Libro Tercero de dicho Código.*
>
> *No obstante, se observa que la potestad prevista en el artículo 102 de la Ley Orgánica de la Corte Suprema de Justicia otorgada al juez Contencioso Administrativo, le permite a éste la aplicación de otros procedimientos de acuerdo a la naturaleza del caso y a las exigencias de la protección constitucional.* (Subrayado de la Sala).
>
> Con fundamento en la sentencia parcialmente transcrita, en concordancia con el artículo 102 de la Ley Orgánica de la Corte Suprema de justicia, y atendiendo a los principios procesales consagrados en la nueva Constitución que se inspira en lograr la preservación de la tutela judicial efectiva y una pronta decisión a los asuntos sometidos a los órganos jurisdiccionales (artículo 26), esta Sala Constitucional del Tribunal Supremo de Justicia establece el siguiente procedimiento para tramitar las acciones de nulidad interpuestas conjuntamente con medida cautelar de amparo".

La Sala estableció, como primer aspecto, la necesidad de que el juez se pronuncie sobre la admisibilidad de la acción principal, indicando lo siguiente:

> "1. Una vez recibida en esta Sala la acción de nulidad, interpuesta conjuntamente con amparo constitucional, el Juzgado de Sustanciación de la Sala decidirá mediante auto sobre la admisibilidad de la acción principal, a menos que por la urgencia del caso la Sala decida pronunciarse sobre la

admisión de la misma, supuesto en que también la Sala se pronunciará sobre el amparo ejercido conjuntamente con la referida acción de nulidad.

2. En caso de que se declare inadmisible la acción principal, se dará por concluido ejercicio y se ordenará el archivo del expediente".

Admitida la acción principal, de acuerdo con lo indicado por la Sala:

"3. En el mismo auto se ordenará abrir cuaderno separado en el cual se designará Ponente, a los efectos de decidir sobre el amparo constitucional.

4. El procedimiento de nulidad continuará su trámite por ante el Juzgado de Sustanciación, y la Sala decidirá sobre la procedencia o no del amparo constitucional".

En relación con la decisión sobre la pretensión de amparo cautelar y convocatoria a la audiencia constitucional, la sentencia de la Sala indicó:

> "En el caso que se acuerde el amparo se le notificará de dicha decisión al presunto agraviante, para que, si lo estima pertinente, formule oposición contra la medida acordada, dentro de las cuarenta y ocho (48) horas siguientes a su notificación, supuesto en el cual se convocará para una audiencia oral y pública que se efectuará en el tercer (3°) día siguiente a la formulación de la oposición, a fin de que las partes expongan sus alegatos. En el auto en el que se fije la celebración de la audiencia oral y pública, se ordenará la notificación del Ministerio Público".

De acuerdo con la sentencia antes citada, una vez concluido el debate oral, la Sala en el mismo día deliberará y puede tomar la decisión sobre el amparo luego de la audiencia, así:

"a) Pronunciarse inmediatamente sobre la oposición, en cuyo caso se expondrá de forma oral los términos de la decisión, la cual deberá ser publicada íntegramente dentro de los cinco (5) días siguientes a la audiencia en la cual se dictó aquélla.

b) Diferir la audiencia oral por un lapso que en ningún momento será mayor de cuarenta y ocho (48) horas por estimar que es necesario la presentación o evacuación de alguna prueba que sea fundamental para decidir el caso, o a petición de alguna de las partes o del Ministerio Público".

Conforme se indica en la sentencia, en estos casos:

"6. La decisión recaída sobre el amparo constitucional en nada afecta la tramitación de la causa principal".

2. *La decisión en materia de amparo*

La decisión del proceso de amparo, como hemos señalado, puede consistir en el restablecimiento de la situación jurídica infringida mediante un mandamiento de amparo lo que, como se ha dicho, debe producirse luego del brevísimo procedimiento descrito. Por supuesto, también la decisión puede consistir en la declaratoria de inadmisibilidad o improcedencia de la acción.

La decisión o sentencia que acuerde el amparo, es decir, el mandamiento de amparo, debe cumplir con las siguientes exigencias formales establecidas expresamente en el artículo 23 de la Ley Orgánica:

"A) Mención concreta de la autoridad, del ente privado o de la persona contra cuya resolución o acto u omisión se conceda el amparo;

B) Determinación precisa de la orden a cumplirse, con las especificaciones necesarias para su ejecución;

C) Plazo para cumplir lo resuelto".

De acuerdo con esta norma, la esencia de la decisión de amparo es la determinación "de la orden a cumplirse"[1549] relativa a la protección y al restablecimiento en el goce y ejercicio de un derecho o garantía constitucionales violado o amenazado de violación; y esta orden a cumplirse, en definitiva se formula contra "la autoridad, el ente privado o la persona" cuya resolución o acto u omisión produjo la violación del derecho constitucional; orden que puede ser de dar, de hacer, de no hacer o de deshacer, según los casos, o puede ser una decisión de restablecer directamente la situación jurídica infringida, si ello es posible con la sola decisión judicial[1550], o disponer una situación la más parecida a la infringida.

El efecto judicial de la acción de amparo, por supuesto, es el aspecto mas importante de la misma, pues es por los poderes atribuidos al juez que la protección en el goce y ejercicio de los derechos constitucionales puede ser efectiva. Por ello, las amplias posibilidades judiciales que la norma del artículo 27 de la Constitución abre a los jueces de amparo, permiten señalar que estos se encuentran, al igual que los jueces norteamericanos e ingleses[1551] con una amplia gama de "remedios" judiciales que pueden utilizar para hacer efectivo el amparo de los derechos fundamentales. Por tanto, y las múltiples sentencias de tribunales de instancia en materia de amparo que se han venido produciendo lo confirman, la decisión del Juez puede consistir, en mandamientos de dar, de hacer o de deshacer (órdenes) o en mandamientos de no hacer (prohibiciones). En cuanto a los mandamientos de dar, puede tratarse de una condena a restituir un bien, por ejemplo, cuando se ampara el derecho de propiedad, o a restituir esta a la situación que más se asemeje a la que tenía al ser vulnerada. Por su parte, los mandamientos de hacer se traducen en órdenes dadas a quien ha violado el derecho amparado, de realizar actos en sentido positivo[1552] necesarios

---

1549 La Corte Primera de lo Contencioso-Administrativo, por ejemplo, en una sentencia de 3–10–85, respecto a de una acción de amparo interpuesta por un trabajador a fin de que una empresa diera cumplimiento a la orden de reenganche dictada por una Comisión Tripartita Laboral así como al pago de salarios caídos, que "la acción de amparo se traduce en una condena a una obligación de hacer (reenganche) y otra de dar (pagar sumas de dinero) en contra de una empresa con participación estatal decisiva". *V.*, en *Revista de Derecho Público,* N° 24, EJV, Caracas, 1985, p. 134.

1550 Como lo ha señalado H. Rondón de Sansó, "la informalidad del amparo faculta al juez para darle el contenido que juzgue necesario. El eventual contenido del amparo puede ser: acordar un plazo para obtener una respuesta; obligar a la destrucción de una obra; prohibir la difusión o representación; impedir la realización de un acto; dispensar de un trámite". *V.*, en "El amparo constitucional en Venezuela", *Revista de Derecho Público,* N° 26, EJV, Caracas, 1986, p. 61.

1551 *V.*, F. H. Lawson, *Remedies of English Law,* Londres, 1980, p. 175, B. Schwartz y H. W. R. Wade, *Legal control of government,* Oxford, 1978, p. 205.

1552 Por ejemplo, equivalentes a las *mandatory injunctions* del derecho norteamericano. *V.*, L.J. Jaffe, *Judicial control of Administrative Action,* Boston, 1965, p. 176.

para restablecer el derecho infringido. En estos supuestos están los casos de decisiones de amparo contra conductas omisivas de funcionarios (abstención o negativa de actuar cuando están obligados a ello), en cuyo caso el artículo 30 de la Ley Orgánica es expreso al establecer que:

> "Cuando la acción de amparo se ejerciere con fundamento en violación de un derecho constitucional por acto o conducta omisiva, o por falta de cumplimiento de la autoridad respectiva, la sentencia ordenara la ejecución inmediata e incondicional del acto incumplido".

En cuanto a los mandamientos de deshacer, pueden consistir en la orden u obligación impuesta a un sujeto, cuando ello sea posible, de destruir algo, o cancelar o deshacer una actividad realizada cuando ello es necesario para restablecer el derecho infringido. Por último, los mandamientos de no hacer, se traducen normalmente en prohibiciones[1553] u órdenes negativas, es decir de abstención, dadas a quien ha violado un derecho, para impedir otras violaciones o para restablecer el derecho violado.

Pero los poderes del Juez de amparo van más allá, pues no solo está facultado para dar órdenes o imponer prohibiciones a quien ha violado un derecho constitucional para ampararlo, sino que está facultado para restablecer directamente, cuando ello es posible, con la sola decisión judicial, el derecho infringido, sustituyendo con su decisión cualquier actividad adicional por parte de otro sujeto de derecho o autoridad[1554].

En otros casos la decisión judicial de amparo será de mera declaración cuando, por ejemplo, en el amparo contra leyes, el Juez de amparo decide "la inaplicación de la norma impugnada" respecto del accionante (art. 3).

Por último, a los efectos de asegurar el cumplimiento de las sentencias de amparo, la Ley Orgánica establece expresamente en su artículo 29 que:

1553 Por ejemplo equivalentes a las *prohibitory order or injunctions* del derecho inglés. *V.*, F. H. Lawson, *op. cit.*, n. 179; o a las *injunctions* del derecho norteamericano. *V.*, B. Schwartz y H. W. R. Wade, *op. cit.*, p. 221; L.L. Jaffe, *op. cit.*, p. 193.

1554 Por ejemplo, cuando el juez directamente decide la incautación de publicaciones que vulneran el derecho al honor. *Caso Cisneros*, sentencia del Juzgado Cuarto de Primera Instancia en lo Civil de la Circunscripción Judicial del Distrito Federal y Estado Miranda de 15–2–85. *V.*, el texto en el libro *El amparo constitucional en Venezuela,* Colegio de Abogados del Estado Lara, 1987, Tomo II, p. 269 y ss. Como ejemplo de estos poderes del juez de amparo de pronunciar órdenes de hacer y eventualmente sustituirse a la Administración en el cumplimiento de un acto, dispensando al particular de obtenerlo, puede citarse la sentencia de la Corte Primera de lo Contencioso-Administrativo de 20 de febrero de 1986, en la cual con motivo de un amparo solicitado por un contribuyente municipal, ante la negativa de una Municipalidad de expedirle el certificado de solvencia del impuesto inmobiliario urbano, requisito indispensable para hacer registrar el documento de venta del inmueble, la Corte decidió lo siguiente: primero. ordenó al funcionario competente a fijar y liquidar el impuesto respectivo en un plazo de 30 días; segundo, ordenó que cumplido lo anterior y una vez pagado el impuesto por el contribuyente, en un plazo de tres días el funcionario debía expedir la solvencia de pago del impuesto; y tercero, advirtió a la Municipalidad que vencido el termino de 30 días "sin que hubiere cumplido con lo ordenado" en la sentencia, se dispensaba al contribuyente del trámite de presentación de la solvencia municipal para Protocolizar la venta del inmueble. *V.*, sentencia de 20–2–86 (ponente R. J. Duque Corredor), Caso *H. Romero Muci vs. Municipalidad del Distrito Sucre del Estado Miranda*. *V.*, en *Revista. de Derecho Público,* N° 25, EJV, Caracas, 1986, p. 122–123.

"El Juez que acuerde el restablecimiento de la situación jurídica infringida ordenará, en el dispositivo de la sentencia, que el mandamiento sea acatado par todas las autoridades de la República, so pena de incurrir en desobediencia a la autoridad".

En todo caso, de acuerdo al artículo 31 de la Ley Orgánica, "quien incumpliere el mandamiento de amparo constitucional dictado por el Juez", sea funcionario o particulares, "será castigado con prisión de seis (6) a quince (15) meses". El juez de amparo, sin embargo, no tiene poderes directos de sancionar la desobediencia a sus decisiones, como lo tienen los jueces norteamericanos (*contempt of court*).

El juez de amparo, sin embargo, tiene poderes amplios de ejecución de su decisión, de manera que en caso de que el mandamiento de amparo no sea cumplido por el accionado, además del procedimiento penal, destinado a sancionar el delito constituido por tal omisión –e independientemente de la suerte que corra tal procedimiento–, como lo ha resuelto la Corte Primera de lo Contencioso Administrativo, "debe el juez de la causa proceder a la ejecución forzosa de lo decidido, a través del mecanismo más adecuado a la naturaleza del amparo concedido".[1555]

Por otra parte, los jueces de amparo no pueden anular actos administrativos ni las leyes, es decir, la sentencia no tiene efectos anulatorios[1556], salvo en materia de amparo contra sentencias donde la sentencia de amparo si tiene efectos anulatorios[1557]. Además, la sentencia de amparo tampoco tiene contenido indemnizatorio, ni mediante dichas sentencias se pueden crear nuevas situaciones jurídicas[1558]. Como lo ha sostenido la Corte Primera de lo Contencioso Administrativo "los pedimentos de indemnizaciones monetarias escapan de la naturaleza y objeto del amparo, el cual se ha previsto como un medio restablecedor de situaciones jurídicas infringidas –o de

---

1555 *V.*, sentencia de 13–4–2000 (Caso: *Aerolink International, S.A. vs. Instituto Autónomo Aeropuerto Internacional de Maiquetía*), en *Revista de Derecho Público*, nº 82, EJV, Caracas 2000, p. 530. En otra decisión de 1–6–2000, (Caso: *Mercedes M. Mendoza Z. vs. Universidad del Zulia*), la Corte Primera recurrió para fundamentar la ejecución forzosa en lo dispuesto en el artículo 11 de la Ley Orgánica del Poder Judicial que señala: *"Artículo 11: Los tribunales para la ejecución de sus sentencias y de todos los actos que decreten o acuerden, pueden requerir de las demás autoridades el concurso de la fuerza pública que de ellas dependa y, en general, valerse de todos los medios legales coercitivos de que dispongan. Se exceptúa el caso de conflicto de poderes, el cual deberá ser sometido a la decisión de la Corte Suprema de Justicia. La autoridad requerida por un tribunal que obre en ejercicio de sus atribuciones, debe prestar su concurso sin que te corresponda calificar el fundamento con que se le pida, ni la legalidad o la justicia de la sentencia o decreto que se trate de ejecutar". V.*, en *Revista de Derecho Público*, Nº 82, EJV, Caracas, 2000, p. 533.

1556 *V.*, por ejemplo, sentencia de la Corte primera de lo Contencioso administrativo de 13–4–2000 (Caso: *Inversora Pano, C.A. vs. Oficina Subalterna del Tercer Circuito de Registro del Municipio Libertador del Distrito Federal*), en *Revista de Derecho Público*, Nº 82, EJV, Caracas, 2000, p. 497.

1557 *V.*, por ejemplo, sentencia de la Sala Constitucional Nº 2212 de 9–11–2001 (Caso: *Agustín R. Hernández F. vs. Juzgado Primero de Primera Instancia en lo Civil, Mercantil y del Tránsito de la Circunscripción Judicial del Área Metropolitana de Caracas*), en *Revista de Derecho Público*, Nº 85–88, EJV, Caracas 2001, p. 443; y sentencia de la sala Electoral Nº 25 de 23–3–2004 (Caso: *Pedro A. Matute y otros vs. Junta Directiva Club Campestre Paracotos*), en *Revista de Derecho Público*, Nº 97–98, EJV, Caracas, 2004, p. 448.

1558 La Corte Primera de lo Contencioso Administrativo ha considerado que mediante el amparo no se puede crear un título o derecho. Sentencia Nº 1679 de 14–12–2000 (Caso: *Administradora Futuro, S.A. vs. Alcaldía del Municipio Baruta del Estado Miranda*), *Revista de Derecho Público*, Nº 84, EJV, Caracas, 2000, p. 365.

las que más se asemejen a éstas– mediante el cese de la constatada violación constitucional".[1559]

Ahora bien, lo más importante que debe precisarse en materia de amparo, son los efectos de la decisión de amparo en cuanto al derecho o garantía constitucionales violados. El tema de la cosa juzgada lo resuelve expresamente el artículo 36 de la Ley Orgánica al establecer lo siguiente:

> "La sentencia firme de amparo producirá efectos jurídicos, respecto al derecho o garantía objetos del proceso, sin perjuicio de las acciones o recursos que legalmente correspondan a las partes".

Por supuesto, hay tantas y múltiples situaciones derivadas de las pretensiones de amparo, que respecto de ellas no puede darse más solución general que la expresada en la norma en cuanto a los efectos de la sentencia de amparo. Ella sólo produce efectos "respecto al derecho o garantía objeto del proceso" en cuanto al mandamiento de restablecimiento o restitución del goce y ejercicio del mismo. En algunos casos, esto basta y no es necesario resolver ninguna cuestión jurídica adicional por otros medios judiciales; sin embargo, en otros casos, pueden quedar cuestiones jurídicas pendientes que deben resolverse por vías distintas; por ello la norma señala que la decisión de amparo se adopta "sin perjuicio de las acciones o recursos que legalmente correspondan a las partes".

Esta situación se plantea, por ejemplo, siempre que se intente la acción autónoma de amparo contra un acto administrativo por ante el tribunal de primera instancia o si no lo hay en la localidad, el Juez de mayor jerarquía que exista en ella (Art. 9°). En estos casos, como se dijo, la decisión de amparo no puede pronunciarse sobre la nulidad del acto administrativo, en el sentido de que aun cuando se pronuncie sobre su ilegitimidad e inconstitucionalidades, no puede anularlo. En estos supuestos, la decisión de amparo solo tiene efectos sobre el derecho o garantía objeto del proceso, en el sentido que el juez de amparo al restablecer la situación jurídica infringida, lo que hace es suspender los efectos del acto administrativo frente al cual se ha solicitado amparo, pero no lo anula; razón por la cual el acto administrativo formalmente sigue vigente, con su carácter de ejecutividad por la presunción de legalidad que lo acompaña. Lo único que hace la decisión de amparo es suspender su ejecutoriedad respecto del agraviado, pero no lo anula ni lo extingue. Por ello, en estos casos, la decisión de amparo se adopta sin perjuicio de la acción contencioso administrativa de nulidad que debe intentarse ante los órganos judiciales competentes. Por ello, conforme al artículo 5° de la Ley Orgánica si existen tribunales contencioso administrativos en la localidad, la acción de amparo se debería intentar ante dichos Tribunales conjunta-

---

1559 *V.*, sentencia de 5–5–2000 (Caso: *Pedro A. Flores R. vs. Dirección General Sectorial de los Servicios de Inteligencia y Prevención (DISIP)*, en *Revista de Derecho Público*, N° 82, EJV, Caracas 2000, p. 473. Sin embargo, en otra sentencia n° 1424 de 2–11–2000 (Caso: *Raquel M. Pacheco P. vs. Hospital "Victorino Santaella" y otro*) la misma Corte Primera "que del estudio de cada caso en particular se debe determinar cuando el restablecimiento de la situación jurídica vulnerada pone de manifiesto una deuda debida por el accionado al accionante, circunstancia en la que la protección del juez debe llegar hasta la condena de dicha suma de dinero, pues lo contrario implicaría que tuviera el sentenciador que separarse de la realidad en la que la pretensión de condena parece indisoluble del restablecimiento del derecho infringido, dejando de resolver la controversia en su total dimensión lo cual, a todas luces, escapa de la exigencia misma del acto de administrar justicia", en *Revista de Derecho Público*, N° 84, EJV, Caracas, 2000, p. 365.

mente con el recurso contencioso administrativo de anulación, siendo la decisión de suspensión de efectos del acto recurrido, la decisión cautelar de amparo a los derechos infringidos, sin perjuicio de que continúe el juicio de nulidad[1560].

Este efecto de la decisión de amparo también se plantea con frecuencia, en casos de amparos contra violaciones de derechos cometidas por particulares.[1561].

El único problema que queda por resolver en estos casos, o cuando se solicite amparo contra actos administrativos ante los jueces de instancia, es que no hay plazo para que las acciones se intenten. En el caso de conflicto de intereses privados, no habría inconveniente porque el interés de las personas en dilucidar judicialmente el conflicto provocaría la introducción de las acciones respectivas. Pero en materia de actos administrativos, la situación se complica: una vez que el agraviado obtiene por vía de la acción de amparo (intentada ante un tribunal que no sea competente en materia contencioso administrativa) el restablecimiento de su derecho violado (que frente a un acto administrativo no es mas que la suspensión individualizada de sus efectos), puede quedar tentado a no sentirse obligado a acudir ante los Tribunales contencioso administrativos competentes para que se declare la nulidad del acto administrativo, que continua vigente formalmente, pero cuyos efectos están suspendidos (por el amparo) respecto de su derecho. Esto daría origen a una situación irregular jurídicamente hablando: la existencia formal de un acto administrativo con fuerza ejecutiva, y una decisión que suspende su ejecutoriedad. Estimamos que en estos casos, la situación debería ser resuelta por el Juez de amparo, obligando al agraviado amparado en su derecho, a acudir ante los Tribunales contencioso administrativos para solicitar la nulidad del acto administrativo, y que se desarrolle el juicio de nulidad del mismo, de manera que al decidirse este se confirme o no el amparo concedido, al anularse o no el acto impugnado. De acuerdo a los poderes que le otorga la Ley, el Juez de amparo incluso podría, en estos casos, imponerle al agraviado un plazo para que acuda ante la jurisdicción contencioso administrativa.

Cuando el amparo se dicte contra actuaciones (actos o vías de hecho) de la Administración, de acuerdo al artículo 27 de la Ley Orgánica:

> "El Tribunal que conozca de la solicitud de amparo remitirá copia certificada de su decisión a la autoridad competente, a fin de que resuelva sobre la procedencia o no de medida disciplinaria contra el funcionario público culpable de la violación o de la amenaza contra el derecho o la garantía constitucionales, sin perjuicio de las responsabilidades civiles o penales que le resulten atribuibles. A tal efecto, el Tribunal remitirá también los recaudos pertinentes al Ministerio Público".

Por otra parte, en cuanto a las costas, el artículo 33 de la Ley sólo prevé expresamente la imposición de costas cuando se trate de procesos de amparo frente a particulares, en la forma siguiente:

1560 Por ello, la Corte Primera de lo Contencioso Administrativo he dado efectos temporales ala decisión de amparo, a los efectos de que el agraviado intente el recurso contencioso correspondiente. *V.*, por ejemplo, sentencia N° 962 de 19–7–2000 (Caso: *Elizett C. Abreu A. y otros vs. Instituto de Tecnología de Maracaibo*), en *Revista de Derecho Público,* N° 83, EJV, Caracas, 2000, pp. 357 ss.

1561 *V.*, el texto publicado, por orden de la propia decisión, en *El Universal,* 27-12-87, p. 2-5.

"Cuando se trate de quejas contra particulares, se impondrán las costas al vencido, quedando a salvo las acciones a que pudiere haber lugar.

No habrá imposición de costas cuando los efectos del acto u omisión hubiesen cesado antes de abrirse la averiguación. El Juez podrá exonerar de costas a quien intentare el amparo constitucional por fundado temor de violación o amenaza, o cuando la solicitud no haya sido temeraria".

En consecuencia, de esta disposición resultaría que cuando se trate de acciones de amparo contra actos, vías de hecho u omisiones de funcionarios y autoridades públicas, no procedería la imposición de costas conforme al artículo 274 del Código de Procedimiento Civil, lo que en nuestro criterio resulta totalmente injustificado. No habría razón para establecer este privilegio procesal a favor de los funcionarios públicos, y menos cuando el artículo 21 de la Ley Orgánica, como hemos señalado, los excluye. La Sala Constitucional, sin embargo, ha resuelto que cuando la acción de amparo es interpuesta contra un órgano del poder público, y particulares se hacen terceros coadyuvantes en defensa de los intereses de las partes del amparo, sin embargo, con respecto a ellos el proceso deviene en una acción entre particulares, por lo que el perdidoso puede resultar condenado en costas, sobre todo, cuando es un litis consorte facultativo.[1562]

Por último, debe señalarse que dado el carácter personal o subjetivo de los juicios de amparo, la sentencia tiene efectos *inter partes* y en relación con las autoridades que deben cumplir el mandamiento judicial. Sin embargo, dada la consagración constitucional de la tutela judicial efectiva de los intereses colectivos y difusos, en estos casos de amparo protegiendo dichos derechos, los efectos de la decisión se tornan *erga omnes*.

Esto ha sido analizado por la Sala Constitucional del Tribunal Supremo sentencia Nº 2675 de 17 de diciembre de 2001 (Caso: *Ministerio del Interior y de Justicia*), y en relación con los efectos señaló "que existen situaciones o relaciones jurídicas que vinculan a personas en una misma situación jurídica" llevando a la Sala a sostener que en "las acciones para ejercer derechos o intereses difusos o colectivos, deba ordenarse la citación por edictos a todos los interesados, y en algunos casos en que no se publicó el edicto, la Sala consideró que a pesar de ello los efectos directos de la sentencia podían extenderse a otras personas que no eran partes, si les favorecían"[1563]

Respecto del contenido del derecho a la tutela judicial efectiva, y particularmente haciendo referencia a los derechos e intereses colectivos o difusos, la misma Sala Constitucional sostuvo en decisión del 30 de junio de 2000 (Caso: *Defensoría del Pueblo vs. Comisión Legislativa Nacional*) la posibilidad de la extensión de los efectos del mandamiento de amparo a favor de todos aquellos beneficiarios de la situación concreta lo que conduce a la protección de un segmento relativamente importante de la sociedad, indicando que:

1562 *V.*, sentencia Nº 320 de 4–5–2000 (Caso: *Seguros La Occidental, C.A. vs. Juzgado Superior del Tránsito y del Trabajo de la Circunscripción Judicial del Estado Zulia*), en *Revista de Derecho Público*, Nº 82, EJV, Caracas 2000, p. 527.

1563 Caso: *Glenda López y otros vs. IVSS*, *V.*, en *Revista de Derecho Público*, Nº 85–88, EJV, Caracas 2001, pp. 453 y ss.

"Debe acotarse, que en los casos en los cuales la acción de amparo es interpuesta con base en un derecho o interés colectivo o difuso, el mandamiento a acordarse favorecerá bien a un conjunto de personas claramente identificables como miembros de un sector de la sociedad, en el primer caso; bien a un grupo relevante de sujetos indeterminados apriorísticamente, pero perfectamente delimitable con base a la particular situación jurídica que ostentan y que les ha sido vulnerada de forma específica, en el segundo supuesto.

Así, no resulta cierto que el amparo destinado a proteger tales situaciones jurídicas de múltiples sujetos, posea efectos *erga omnes*, tal como lo señalara el *a quo*, pues, como se ha visto, sus beneficiarios son susceptibles de una perfecta determinación y la tutela a ellos brindada es siempre concreta, mas nunca de modo genérico.

[...] Una de las características de algunas sentencias del ámbito constitucional es que sus efectos se apliquen a favor de personas que no son partes en un proceso, pero que se encuentren en idéntica situación a las partes, por lo que requieren de la protección constitucional, así no la hayan solicitado con motivo de un juicio determinado.

Resulta contrario a la eficacia del proceso, a su idoneidad y a lo célere (expedito) del mismo, que sí las partes de un juicio obtienen una declaratoria de infracción constitucional de derechos que vulneran su situación jurídica, otras personas que se encuentran en idéntica situación y que han sufrido la misma infracción, no puedan gozar del fallo que restablezca tal situación jurídica de los accionantes, y tengan que incoar una acción cuya finalidad es que se reconozca la misma infracción, así como la existencia de la misma situación vulnerada y su idéntico restablecimiento, con el riesgo de que surjan sentencias contrarias o contradictorias.

El restablecimiento de la situación jurídica, ante la infracción constitucional, tiene que alcanzar a todos lo que comparten tal situación y que a su vez son perjudicados por la violación, ya que lo importante para el juez constitucional, no es la protección de los derechos particulares, sino la enmienda de la violación constitucional, con el fin de mantener la efectividad y supremacía constitucional; y en un proceso que busca la idoneidad, la efectividad y la celeridad, como lo es por excelencia el constitucional, resulta contrario a los fines constitucionales, que a quienes se les infringió su situación jurídica, compartida con otros, víctima de igual trasgresión, no se les restablezca la misma, por no haber accionando, y que tengan que incoar otras acciones a los mismos fines, multiplicando innecesariamente los juicios y corriendo el riesgo que se dicten sentencias contradictorias.

En estos casos, se está en presencia de efectos procesales que se extienden a una comunidad en la misma situación jurídica, la cual es diversa de la comunidad de derecho contemplada en el Código Civil, pero existente con relación a las infracciones constitucionales que a todos aquejan y que no puede sostenerse que existe con respecto a unos (los que demandaron y obtuvieron sentencia favorable) y no con respecto a otros, los no demandantes.

Tratándose de derechos subjetivos de las personas, los no demandantes pueden renunciar o no a ellos, pero existe una declaración a favor de todos los que se encontraban en la misma situación jurídica, de la cual se aprovecharan o no, conforme a sus conveniencias y mientras no le caduque su acción, ya que de caducarles ellos no tendrían derecho a la fase ejecutiva de una acción caduca.

En consecuencia, acciones como las de amparo constitucional, si son declaradas con lugar, sus efectos se hacen extensibles a todos los que se encuentran en la misma e idéntica situación así no sean partes en el proceso".[1564].

3. *La revisión de la decisión en los procesos de amparo*

Conforme lo establece el artículo 35 de la Ley Orgánica, contra la decisión dictada en primera instancia sobre la solicitud de amparo, se oirá apelación en un solo efecto. Sin embargo, si transcurridos tres (3) días de dictado el fallo, las partes, el Ministerio Público o los Procuradores no interpusieren apelación, el fallo será consultado con el tribunal superior respectivo, al cual se le remitirá inmediatamente copia certificada de lo conducente. Este Tribunal decidirá dentro de un lapso no mayor de treinta (30) días.

Sin embargo, en los casos en los cuales conforme al artículo 9° de la Ley Orgánica, se intente la acción de amparo ante cualquier juez de la localidad cuando en ella no funcionen tribunales de primera instancia, la decisión del juez respectivo se enviara en consulta ante el tribunal de primera instancia competente, dentro de las veinticuatro (24) horas siguientes a la adopción de la decisión.

La Ley Orgánica de Amparo no previó que contra las sentencias dictadas en materia de amparo proceda recurso de casación, razón por la cual es necesario acudir a las normas del Código de Procedimiento Civil. En esta materia, sin embargo, debe mencionarse la doctrina desarrollada por la jurisprudencia de la Sala de Casación de la antigua Corte Suprema de Justicia, en el sentido de la improcedencia del recurso de casación contra las decisiones de última instancia que se adopten en juicios de amparo. Esta doctrina se expuso inicialmente en 1971, por la Sala de Casación Penal, en la cual simplemente se señaló que siendo el recurso de casación "de carácter extraordinario, debe estar previsto expresamente en la Ley y la enumeración de los casos en que procede es, necesariamente, taxativa", y por cuanto "ni el artículo 49 de la Constitución, ni la Disposición Transitoria Quinta de la misma, ni los artículos 333, 58, primera parte y 62 del Código de Enjuiciamiento Criminal, ni ninguna otra disposición legal, establecen que se admitirá recurso de casación contra las decisiones de los Tribunales Superiores que resuelvan hacerse, del recurso de amparo", lo consideró inadmisible[1565].

Por su parte, la Sala de Casación Civil de la antigua Corte Suprema, en sentencia de 14 de diciembre de 1983, basada en argumentos formales, también negó la admisibilidad del recurso de casación contra decisiones adoptadas con motivo de acciones de amparo, considerando que el procedimiento en las acciones de amparo no constituye un "juicio civil o mercantil", siendo que la admisibilidad del recurso de casación, conforme al artículo 418 del Código de Procedimiento Civil vigente para

1564 *V.*, en *Revista de Derecho Público*, N° 85–88, Editorial Jurídica Venezolana, Caracas, 2001, pp. 473 y ss. *V.*, además, la sentencia N° 412 de 8 de marzo de 2002, en *Revista de Derecho Público*, N° 89–92, EJV, Caracas, 2002.

1565 Sentencia de 13–5–71. *V.*, en *Repertorio Forense,* N° 1.761, 26–8–71, pp. 4–6. Igual criterio lo sentó la Sala de Casación Penal de la Corte Suprema de Justicia en decisión de 12–8–71, *Repertorio Forense,* N° 1.864 de 28–11–71. pp. 4–6.

la época, sólo estaba prevista en estos. La Sala de Casación, en efecto, señaló que el recurso de casación "no se lo concibe sin la existencia de la relación procesal denominada juicio", que esa Sala ha definido como "las controversias judiciales suscitadas por conflictos ínter subjetivos de intereses que el órgano judicial debe resolver por sentencia, previa sustanciación de la causa a través de las formas procesales previstas por la Ley". Ahora bien, al analizar los aspectos adjetivos de la acción de amparo, la Sala de Casación Civil señaló que:

> "[...] en manera alguna se trata de una acción a seguirse dentro del procedimiento ordinario ni centra de los procedimientos especiales, destinada a obtener pronunciamiento, sentencia, que decida una controversia suscitada entre partes"[1566].

Esta doctrina se ratificó por la misma Sala de Casación Civil en sentencia de 31 de enero de 1985, en la cual se insistió en que como "las actuaciones o procedimientos seguidos para acordar o negar un mandamiento de amparo constitucional no constituyen un juicio en los términos señalados por el artículo 418 del Código de Procedimiento Civil, ninguna actuación procesal que directa o indirectamente se relacione con el amparo constitucional sometida al recurso de casación"[1567]

Frente a esta doctrina formalista, en nuestro criterio, en la Ley Orgánica de Amparo, precisamente por el carácter de medio de protección constitucional de los derechos fundamentales que tiene el amparo, debió prever el recurso de casación contra las decisiones de última instancia adoptadas como resultado de acciones de amparo[1568]. Siendo el recurso de casación un medio de control de la constitucionalidad y legalidad de las decisiones judiciales, dada la importancia y repercusiones de las decisiones en materia de amparo, estas deberían ser sometidas al recurso de casación que, a su vez, debería servir de vía judicial de amparo contra las decisiones de los jueces superiores violatorias de los derechos y garantías constitucionales. De acuerdo con el artículo 1 de la Ley Orgánica del Tribunal Supremo de Justicia, a éste corresponde garantizar "la supremacía y efectividad de las normas y principios constitucionales", por lo que el recurso de casación, en cuanto a las decisiones judiciales en materia de amparo, debería ser precisamente el medio judicial que debería estar abierto para el ejercicio de dicha vigilancia.

Toda esta carencia reguladora se ha resulto en la Constitución de 1999, al establecerse la competencia de la Sala Constitucional para revisar, discrecionalmente, las decisiones definitivamente firmes de amparo dictadas por los tribunales de la República, mediante el ejercicio de un recurso de revisión ante la Sala (artículo 336,10). Esta es una de las modalidades de la justicia constitucional ejercida por la jurisdicción Constitucional a la cual nos referiremos más adelante, en la segunda parte de este libro.

1566 Sentencia de 14–12–83 transcrita y ratificada en su doctrina por sentencia de la misma Sala de Casación Civil de 31–1–85 (consultada en original).

1567 *Idem. En* el Código de Procedimiento Civil de 1986, el artículo 312 utiliza las mismas expresiones "juicios civiles o mercantiles".

1568 En este sentido la Ley Orgánica de la Corte Suprema de Justicia establece que corresponde a la Corte "conocer del recurso de casación en los juicios civiles, mercantiles, del trabajo y en cualesquiera otros en que se consagre dicho recurso *por ley especial* (Art. 42, 33).

XI. LA ACCIÓN DE HABEAS CORPUS

De acuerdo con lo establecido en el mismo artículo 27 de la Constitución, "la acción de amparo a la libertad o seguridad podrá ser interpuesta por cualquier persona, y el detenido será puesto bajo la custodia del tribunal de manera inmediata, sin dilación alguna". La acción de habeas corpus, por tanto, en Venezuela, es la misma acción de amparo, y por tanto, se rige en general por todos los principios que la gobiernan, salvo las disposiciones especiales que establece la Ley Orgánica de Amparo.

Entre las previsiones especiales, por supuesto, están las previstas en la misma Constitución, en cuanto a que cualquier persona puede interponer la acción de habeas corpus en nombre de la persona agraviada, y a la obligación para el presunto agraviante, de poner a la persona en cuya protección se interpone la acción bajo custodia del tribunal que conozca de la acción, de manera inmediata, sin dilación.

La Ley Orgánica legitima para intentar la acción de amparo, a "toda persona que fuere objeto de privación o restricción de su libertad, o se viere amenazada en su seguridad personal, con violación de las garantías constitucionales" (art. 39).

De acuerdo con el artículo 41 de la Ley Orgánica, la solicitud de amparo a la libertad personal puede ser hecha por el agraviado o por cualquier persona que gestione en favor de aquel (sin que necesariamente tenga poder para ello), por escrito, verbalmente o por vía telegráfica, sin necesidad de asistencia de abogado.[1569] En cuanto a las solicitudes de amparo referidas a la seguridad personal se tramitaran, en cuanto les resulten aplicables, conforme a lo antes señalado (art. 41).

De acuerdo con los artículos 7 y 40 de la Ley Orgánica, los juzgados de primera instancia en lo penal serían los competentes para conocer y decidir sobre el amparo a la libertad y seguridad personales. Dentro de dichos Juzgados de primera instancia en lo penal, el competente será el que tenga jurisdicción "en el lugar donde se hubiese ejecutado el acto causante de la solicitud o donde se encontrare la persona agraviada" (art. 39).

La Sala Constitucional, en relación con la acción de habeas corpus, también se ha ocupado de delinear principios sobre la competencia judicial, a cuyo efecto en sentencia nº 165 de 13 de febrero de 2001 (Caso: *Euclides S. Rivas vs. Juzgado de Control Nº 2, Circuito Judicial Penal, Estado Nueva Esparta*), expuso lo siguiente:

> "El criterio sostenido por esta Sala Constitucional, es que la procedencia del hábeas corpus depende de que la detención haya sido impuesta por una autoridad administrativa, policial, o judicial, con violación de normas constitucionales, y sólo en aquellos casos en que la autoridad, se exceda en el ejercicio de sus atribuciones legales o en los plazos en que se mantiene la detención, podría ser considerada la privación de la libertad ilegítima.
>
> Aunado a ello, el ordinal 4° del artículo 60 del Código Orgánico Procesal Penal, establece que los tribunales de control serán los competentes para conocer de la acción de amparo a la libertad y seguridad personales, imponiéndose así el criterio de la competencia exclusiva para los Jueces de Primera Instancia

1569 *V.*, por ejemplo, sentencia de la sala Constitucional Nº 742 de 19–7–2000 (Caso: *Rubén D. Guerra vs. Juzgado Segundo de Primera Instancia en lo Civil, Mercantil y del Tránsito del Estado Lara*), en *Revista de Derecho Público*, Nº 83, EJV, Caracas, 2000, p. 346.

en función de Control de la Investigación; sentido que fue precisado por esta Sala en decisión de fecha 20 de enero de 2000, referida con anterioridad (*Vid. Caso: Emery Mata Millán vs. Ministro y Vice–Ministro del Interior y Justicia, exp. Nº 00–001*). Como excepción y tomando en cuenta el artículo 8 de la Ley Orgánica de Amparo sobre Derechos y Garantías Constitucionales, cuando la decisión o acto que se entienda lesivo provenga de los altos funcionarios u órganos mencionados en dicha disposición, o de otros que ostenten igual rango o jerarquía en la conformación institucional del Estado, tal competencia le corresponde exclusivamente a la Sala Constitucional del Tribunal Supremo de Justicia.

No obstante el razonamiento de esta Sala, se presentan dificultades en cuanto al orden jerárquico para atribuir a los jueces de control la competencia para conocer de los amparos interpuestos con ocasión de presuntas violaciones a la libertad y seguridad personales –*hábeas corpus*–, provenientes de un órgano jurisdiccional superior o de igual rango a los Juzgados de Primera Instancia en Función de Control; es decir, cuando el presunto agraviante sea otro Tribunal de Primera Instancia o una Corte de Apelaciones en lo Penal, como por ejemplo, en materia Penal, aquellos que conocen en otra fase del proceso, como son los tribunales de juicio o de ejecución. En estos casos resulta contrario a la teoría general del proceso, que un tribunal de la misma o inferior jerarquía revise una decisión –aun cuando sea por la vía de una acción de amparo–, pues esto quebranta el orden lógico de la organización institucional en la que se ve reflejada la concepción del ejercicio de la función jurisdiccional, la cual atiende al contenido de valores que nutren el fin último de dicha función. Tal orden se trastocaría, ciertamente, en la conjetura de decisiones de órganos de superior jerarquía que deban ser revisadas, con lo cual decimos valoradas, y quizás revertidas, por instancias de igual o inferior jerarquía.

Debe señalarse que, "ambas figuras –amparo contra decisiones judiciales y *Hábeas Corpus*–, se encuentran consagradas en la Ley Orgánica de Amparo sobre Derechos y Garantías Constitucionales, de manera separada, siendo que la primera va dirigida a restituir la situación jurídica infringida ocasionada por un acto, resolución o sentencia emanada de un Tribunal, actuando fuera del ámbito de su competencia –entiéndase con abuso o extralimitación de poder o con usurpación de funciones– que lesiona derechos y garantías protegidas por la Constitución; en tanto que el hábeas corpus se concibe como la tuición fundamental de la esfera de la libertad individual, como una verdadera garantía contra posibles arrestos y detenciones arbitrarias", incluso provenientes de los órganos judiciales actuando en vía disciplinaria (la privación ilegítima de libertad). Ver sentencia de fecha 17 de marzo de 2000.

Para rectificar la diversidad de criterios que se originó a raíz de la promulgación de la Ley Orgánica de Amparo sobre Derechos y Garantías Constitucionales, esta Sala Constitucional dijo: "*...haciendo una interpretación armónica y coherente que garantice una adecuada aplicación de ambos institutos, debe entenderse que el mandamiento de hábeas corpus resulta procedente cuando se trata de proteger al ciudadano frente a arbitrarias detenciones administrativas, sin embargo, el mismo también es ejercible en aquellos casos en los cuales exista de por medio una detención de carácter judicial, pero únicamente, cuan-*

do dichas decisiones no cuenten con un medio ordinario de impugnación o éste no sea acorde con la protección constitucional que se pretende". De tal manera que, en el supuesto de privaciones ilegítimas por detenciones policiales o administrativas, incluidas las practicadas en acatamiento de sanciones disciplinarias decretadas por los jueces, debemos reiterar que corresponde la competencia en primera instancia, como regla general, a los jueces de control –primera instancia en lo penal.

En el otro supuesto, si la acción va dirigida contra una privación judicial preventiva de libertad ordenada por un Juez, por considerarse que actuó con abuso de poder o con extralimitación de funciones en cualquiera de las fases del proceso penal, es decir, actuando con facultad jurisdiccional –no administrativa– con ocasión de la comisión de un delito o falta, con fundamento en el Código Orgánico Procesal Penal o en cualquier otra ley penal, aun cuando el contenido de la pretensión involucre un hábeas corpus por alegarse que tal detención en sí misma resulta ilegítima o que por extensión excesiva de la misma en el tiempo haya adquirido el carácter de ilegitimidad, se atenderá al orden de gradación del órgano en contra de quien se acciona. No cabe duda, entonces, de que el caso deberá analizarse bajo la óptica del artículo 4 de la Ley de Amparo, y la competencia corresponderá a un Tribunal Superior, en el orden jerárquico, de aquél que emitió el pronunciamiento, puesto que se trata de un acto, resolución o sentencia emanados de un órgano jurisdiccional actuando en tal condición"[1570].

El juez competente, al recibir la solicitud, tal como lo prescribe el artículo 41 de la Ley Orgánica, debe abrir una averiguación sumaria, ordenando inmediatamente al funcionario bajo cuya custodia se encuentre la persona agraviada, que informe dentro del plazo de veinticuatro (24) horas, sobre los motivos de la privación o restricción de la libertad.

La solicitud de amparo a la libertad y seguridad personales tiene por objeto que el juez competente "expida un mandamiento de *hábeas corpus* (Art. 39), a cuyo efecto, conforme al artículo 42 de la Ley Orgánica, el juez, haya o no recibido el informe del funcionario respectivo, debe decidir

> "[...] en un término no mayor de noventa y seis (96) horas después de recibida la solicitud, la inmediata libertad del agraviado o el cese de las restricciones que se le hubiesen impuesto, si encontrare que para la privación o restricción de la libertad no se hubieren cumplido las formalidades legales".

La Ley Orgánica autoriza al juez, en caso de considerarlo necesario, para sujetar esta decisión "a caución personal o a prohibición de salida del país de la persona agraviada, por un término no mayor de treinta (30) días".

Por supuesto, la decisión también puede consistir en la negativa de la solicitud formulada, si la privación o restricción de la libertad se hubiere efectuado cumpliéndose las formalidades legales.

1570 *V.*, en *Revista de Derecho Público*, Nº 85–88, Editorial Jurídica Venezolana, Caracas, 2001, pp. 489 y ss.

De acuerdo a los artículos 40 y 43 de la Ley Orgánica, el mandamiento de *hábeas corpus* o, en su defecto, la decisión que lo niegue, se consultara con el tribunal superior, al que deberán enviarse los recaudos en el mismo día o en el siguiente. Por supuesto, la consulta no impedirá la "ejecución inmediata de la decisión". En todo caso, prescribe la Ley que el tribunal superior debe decidir dentro de las setenta y dos (72) horas después de haber recibido los autos.

SECCIÓN SEGUNDA:

LA PROTECCIÓN CAUTELAR DE LOS DERECHOS Y GARANTÍAS CONSTITUCIONALES EN VENEZUELA

Texto de la Ponencia enviada al Encuentro de derecho Procesal Constitucional, San José Costa Rica, 2009.

I. EL PROCESO DE AMPARO A LOS DERECHOS Y GARANTÍAS CONSTITUCIONALES

El artículo 27 de la Constitución de 1999[1571] siguiendo la misma orientación del artículo 49 de la Constitución de 1961, regula en Venezuela el proceso de amparo constitucional[1572] con una importante posibilidad de protección cautelar,[1573] el cual se puede ejercer a través de múltiples medios o recursos judiciales de protección, incluyendo la acción autónoma de amparo, así:

> *Artículo 27:* Toda persona tiene derecho a ser amparada por los tribunales en el goce y ejercicio de los derechos y garantías constitucionales, aun de aquellos inherentes a la persona que no figuren expresamente en esta Constitución o en los instrumentos internacionales sobre derechos humanos.

1571 *V.*, en general, Rafael J. Chavero Gazdik, *El nuevo régimen del amparo constitucional en Venezuela*, Edit. Sherwood, Caracas 2001; Hildegard Rondón de Sansó, "La acción de amparo constitucional a raíz de la vigencia de la Constitución de 1999", en *Revista de la Facultad de Ciencias Jurídicas y Políticas de la UCV*, N° 119, Caracas, 2000, pp. 147–172; Richard D. Henríquez Larrazábal, "El problema de la procedencia del amparo constitucional en el Derecho venezolano", en *Bases y principios del sistema constitucional venezolano* (*Ponencias del VII Congreso Venezolano de Derecho Constitucional realizado en San Cristóbal del 21 al 23 de Noviembre de 2001*), Volumen II, pp. 403–475; Allan R. Brewer-Carías, *La Justicia Constitucional. Procesos y Procedimientos constitucionales*, Universidad Nacional Autónoma de México, México 2007.

1572 *V.*, en general Hildegard Rondón de Sansó, *La acción de amparo contra los Poderes Públicos*, Editorial Arte, Caracas 1994; Hildegard Rondón de Sansó, *Amparo constitucional*, Editorial Arte, Caracas 1998; Gustavo Linares Benzo, *El proceso de amparo*, Universidad Central de Venezuela, Caracas 1999, y "El Proceso de Amparo en Venezuela", en *Revista de la Fundación Procuraduría General de la República*, N° 2, 1987, pp. 27 a 110; Allan R. Brewer–Carías, Carlos Ayala Corao y Rafael J. Chavero Gazdik, *Ley Orgánica de Amparo sobre Derechos y Garantías Constitucionales*, Caracas, 2007. *V.*, también el libro *El amparo constitucional en Venezuela*, Instituto de Estudios Jurídicos del Estado Lara, 2 Tomos, Barquisimeto, 1987, en los que se recogen una serie de artículos y estudios sobre el amparo constitucional y de decisiones judiciales sobre la admisibilidad del amparo en Venezuela.

1573 *V.*, en general Víctor R. Hernández–Mendible, "El amparo constitucional desde la perspectiva cautelar", en *El Derecho Público a comienzos del siglo XXI. Estudios homenaje al Profesor Allan R. Brewer–Carías*, Tomo I, Edit. Civitas, Madrid, 2003, pp. 1219–1301; José Luis Castillo Marcano e Ignacio Castro Cortiñas, *El Amparo constitucional y la tutela cautelar en la justicia administrativa*, FUNEDA, Caracas 2000.

> El procedimiento de la acción de amparo constitucional será oral, público, breve, gratuito y no sujeto a formalidad, y la autoridad judicial competente tendrá potestad para restablecer inmediatamente la situación jurídica infringida o la situación que más se asemeje a ella. Todo tiempo será hábil y el tribunal lo tramitará con preferencia a cualquier otro asunto.
>
> La acción de amparo a la libertad o seguridad podrá ser interpuesta por cualquier persona, y el detenido o detenida será puesto bajo la custodia del tribunal de manera inmediata, sin dilación alguna.
>
> El ejercicio de este derecho no puede ser afectado, en modo alguno, por la declaración del estado de excepción o de la restricción de garantías constitucionales.

Esta norma formalizó el ámbito de protección de los derechos y garantías constitucionales estableciendo un derecho constitucional[1574] que tiene toda persona, "a ser amparada por los tribunales en el goce y ejercicio de los derechos y garantías constitucionales," comprendiendo entre ellos no sólo los declarados en la Constitución, sino aquellos "inherentes a la persona" que no figuren expresamente, no sólo en la Constitución sino en los instrumentos internacionales sobre derechos humanos. Estos últimos, además, conforme a la propia Constitución, tienen rango constitucional y prevalecen incluso sobre el orden interno si contienen regulaciones más favorables al goce y ejercicio de los mismos (artículo 23).

Con esta norma, la Constitución de 1999 recogió y amplió todos los principios fundamentales en materia de amparo constitucional que la Constitución de 1961 había establecido, así como los que se habían desarrollado jurisprudencialmente en aplicación de la Ley Orgánica de Amparo sobre Derechos y Garantías Constitucionales de 1988.[1575] El derecho de amparo, en efecto, había sido introducido por primera vez en Venezuela en el artículo 49 de la Constitución de 1961, en el cual, como lo afirmó Héctor Fix-Zamudio, se "consagró definitivamente el derecho de amparo como instrumento procesal para proteger todos los derechos fundamentales de la persona humana consagrados constitucionalmente", calificando dicha inclusión como "uno de los aciertos más destacados en la avanzada Carta Fundamental de 1961."[1576]

1574 *V.*, Allan R. Brewer-Carías, "El derecho de amparo y la acción de amparo", en *Revista de Derecho Público*, N° 22, Editorial Jurídica Venezolana, Caracas, abril-junio 1985, pp. 51-61; Allan R. Brewer-Carías, *Estado de derecho y Control Judicial,* Madrid 1987, pp. 587 a 657.

1575 *V.*, en *Gaceta Oficial* N° 33.891 de 22 de enero de 1988. La Ley Orgánica fue reformada en 27–9–88, publicada en *Gaceta Oficial* N° 34.060 de 27–9–88. *V.*, Allan R. Brewer–Carías, "Introducción general al régimen del derecho de amparo a los derechos y garantías constitucionales," en Allan R. Brewer-Carías y Carlos Ayala Corao, *Ley Orgánica de Amparo sobre Derechos y Garantías Constitucionales,* Caracas, 1988.

1576 *V.*, Héctor Fix Zamudio, "Algunos aspectos comparativos del derecho de amparo en México y Venezuela", *Libro Homenaje a la Memoria de Lorenzo Herrera Mendoza,* UCV, Caracas, 1970, Tomo II, pp. 333–390. *V.*, además, Héctor Fix Zamudio, "La teoría de Allan R. Brewer-carías sobre el derecho de amparo Latinoamericano y el juicio de amparo mexicano", en *El derecho público a comienzos del siglo XXI. Estudios en homenaje al Profesor Allan R. Brewer-Carías, Editorial Thomson Civitas*, Madrid, 2002, Tomo I, pp. 1125 ss. Por eso la Sala Político Administrativa de la Corte Suprema de Justicia en sentencia de 31 de enero de 1991, al referirse al amparo como remedio judicial extraordinario para la defensa de los derechos y garantías constitucionales desarrollado en la Ley Orgánica, señaló que ello: "Constituye un logro importante y trascendente para la plena vigencia del Estado de derecho existente

La Ley Orgánica de Amparo sobre Derechos y Garantías Constitucionales de 1988, por otra parte, al regular y consagrar la *acción de amparo,* reconoció expresamente que el ejercicio del derecho de amparo no se agota ni se contrae exclusivamente al ejercicio de esa específica acción, sino que puede ejercerse también a través de otras acciones o recursos establecidos en el ordenamiento jurídico; con lo que quedó definitivamente resuelta la discusión doctrinal que se había derivado de la norma constitucional sobre si el amparo era en sí mismo un derecho fundamental o sólo una garantía adjetiva de los derechos constitucionales. La Ley Orgánica, sin duda, optó por la primera posición y si bien regula la acción de amparo como un medio adjetivo autónomo de protección de los derechos fundamentales, sin embargo, establece expresamente que el derecho de amparo de dichos derechos puede ejercerse, también, mediante otras vías procesales consagradas en el ordenamiento jurídico. En palabras de la Sala Constitucional del Tribunal Supremo de Justicia:

Resulta así congruente con lo que se ha venido analizando, que la específica acción de amparo constitucional consagrada en el inciso segundo del artículo 27 de la Carta Magna, constituya un medio adicional a los ordinarios en la tarea de salvaguardar los derechos fundamentales. Al contrario de cómo ha venido siendo concebida, dicha acción no entraña un monopolio procesal en cuanto al trámite de denuncias respecto a violaciones a la regularidad constitucional –tal tesis la descarta el sistema de garantías procesales de que disponen los tribunales en el ejercicio ordinario de su función.[1577]

Por ello precisamente, en el artículo 3° de la Ley Orgánica se estableció la posibilidad de ejercer una pretensión de amparo contra leyes junto con la acción popular de inconstitucionalidad de las mismas ante la Sala Constitucional del Tribunal Supremo de Justicia; en el artículo 5° se estableció expresamente que la pretensión de amparo contra actos administrativos y contra las conductas omisivas de la Administración se puede ejercer conjuntamente con el recurso contencioso administrativo de anulación; y en el artículo 6,5, al establecer las causales de inadmisibilidad de la acción de amparo, reconoció implícitamente que se puede formular la pretensión de amparo mediante otras "vías jurídicas ordinarias" o "medios judiciales preexistentes", en los cuales puede "alegarse la violación o amenaza de violación de un derecho o garantía constitucional." Por tanto, como lo señaló el *Informe de la Comisión de Política Interior del Senado* de fecha 9 de diciembre de 1987, al estudiar el Proyecto de Ley Orgánica de Amparo, el:

> *Artículo 49* de la Constitución, más que un medio adjetivo procesal, consagra un derecho fundamental, el derecho a ser amparado. De manera que la Constitución no consagra una acción de amparo o un medio adjetivo, sino un derecho fundamental, el derecho a ser amparado... tan fundamental como aquéllos que van a ser objeto de amparo. Y ese derecho puede materializarse, sin duda, a través del ejercicio de múltiples acciones y recursos.

En todos estos últimos casos, por supuesto, no se trata de una acción principal sino subordinada, es decir, una pretensión accesoria a la acción o al recurso al cual se

---

en el país hace ya más de tres décadas, y se erige como un instituto fundamental, de rango superior sobre cualquier otra norma que pudiera oponérsele dentro del propio ordenamiento constitucional venezolano." *V.*, en *Revista de Derecho Público,* N° 45, Editorial Jurídica Venezolana, Caracas 1991, p. 117.

1577 *V.*, en *Revista de Derecho Público*, N° 85–88, Editorial Jurídica Venezolana, Caracas 2001, p. 448.

acumula, sometido al pronunciamiento jurisdiccional final que se emita en la acción principal. Tratándose de una acumulación de una pretensión con otra acción, "debe ser resuelta por el juez competente para conocer de la acción principal."[1578] La decisión que en esos casos se adopta, por tanto, tiene esencialmente carácter cautelar. Sin embargo, estimó la misma Comisión que también "era necesario desarrollar el mandato constitucional en una Ley que consagre que la acción de amparo puede ser ejercida por todo habitante del país y ser resuelta de manera sumaria, breve y efectiva para evitar lesiones o daños y restablecer inmediatamente la situación jurídica infringida"[1579], para lo cual, precisamente, se sancionó la Ley Orgánica de Amparo. En estos casos, la acción se interpone ante "los tribunales" y no sólo ante un sólo tribunal.

Esta concepción del amparo confirma su configuración como un derecho constitucional, constituyendo este aspecto el elemento clave que identifica la institución venezolana, el cual contribuyó a la materialización del cambio de criterio que sentó la antigua Corte Suprema de Justicia en 1983, superando la anterior tesis restrictiva que existía desde 1970, y que excluía la posibilidad del ejercicio de la acción de amparo en ausencia de la ley reglamentaria que exigía la Constitución. La Constitución de 1961 en su artículo 50 (equivalente al artículo 22 de la Constitución de 1999), disponía que "La enunciación de los derechos y garantías contenidos en esta Constitución y en los instrumentos internacionales sobre derechos humanos no debe entenderse como negación de otros que, siendo inherentes a la persona, no figuren expresamente en ellos. La falta de ley reglamentaria de estos derechos no menoscaba el ejercicio de los mismos," por lo que si la norma del artículo 49 de la Constitución de 1961 (que equivale al artículo 27 de la Constitución de 1999) hubiera sólo consagrado una acción o recurso de amparo, aquél le hubiera sido inaplicable.[1580] En cambio, si el artículo 49 de la Constitución de 1961, consagraba un derecho fundamental, como en efecto sucedía, se aplicaba entonces el texto de dicho artículo 50 de dicha Constitución que permitía ejercer el derecho incluso en ausencia de "ley reglamentaria."[1581] Este fue el criterio dominante de la jurisprudencia y, en nuestra opinión, el

---

1578 *Idem.*

1579 *V.*, el "Informe que presenta la Comisión Permanente de Política Interior del Senado referente al Proyecto de Ley Orgánica de Amparo sobre Derechos y Garantías Constitucionales", de 9–12–87, considerado en la sesión del Senado de 14–12–87. *V.*, nuestros estudios sobre el Proyecto de Ley en Allan R. Brewer–Carías, *Estudios de Derecho Público (Labor en el Senado 1985–1987),* Tomo III, Caracas, 1989, pp. 71 a 230.

1580 Como lo había sostenido la Procuraduría General de la República en 1970: "el amparo, más que un derecho, constituye una garantía de protección de los derechos, y de acuerdo con la letra de la Ley sólo los derechos pueden ser ejercidos, aun antes de promulgada la Ley reglamentaria respectiva". *V., Doctrina de la Procuraduría General de la República 1970,* Caracas, 1971. p. 35.

1581 Este criterio del amparo como un derecho lo destacó en 1970, Jesús Ramón Quintero, cuando al comentar una decisión de la Corte Superior Cuarta en lo Penal en torno a un recurso de amparo de 22 de diciembre de 1969 señaló: Existe pues, según el fallo de la Corte. un derecho de los individuos, de amparo, y un deber u obligación de los Tribunales de concederlo cuando sea procedente. Tal derecho y tal obligación tienen una base en la propia Constitución la cual a su vez, y de un modo terminante que no admite ningún tipo de duda, establece que su solo texto es suficiente para que los Tribunales concedan el amparo, pues la falta de Ley reglamentaria de los derechos, aunque no deseable, no puede convertirse en un obstáculo para el cabal y completo goce y disfrute de esos derechos que la Constitución establece y aun de aquellos que no están establecidos en forma expresa, pero que sean inherentes a la persona humana". *V.*, "Recurso de amparo. La cuestión central en dos sentencias y un voto salvado" en *Revista de la Facultad de Derecho.* Universidad Católica Andrés Bello, Nº 9, Caracas, 1969–1970, pp. 161 y más importante elemento diferenciador de la institución de amparo en Venezuela recogido en la Ley Orgánica de 1988.

En efecto, el artículo 1° de dicha Ley Orgánica establece lo siguiente:

> "Toda persona natural habitante de la República o persona jurídica domiciliada en ésta, podrá solicitar ante los Tribunales competentes el amparo previsto en el artículo 49 de la Constitución, para el goce y el ejercicio de los derechos y garantías constitucionales, aun de aquellos derechos fundamentales de la persona humana que no figuren expresamente en la Constitución, con el propósito de que se restablezca inmediatamente la situación jurídica infringida o la situación que más se asemeje a ella.
>
> La garantía de la libertad personal que regula el *hábeas corpus* constitucional, se regirá por esta Ley".

Esta norma permite, por tanto, a los efectos de lograr una adecuada protección de los derechos y garantías constitucionales, el ejercicio del derecho de amparo mediante la acción de amparo autónoma, o mediante el ejercicio de la pretensión de amparo acumulada a otras vías judiciales preexistentes.

En el primer caso, la acción de amparo se configura como absolutamente diferenciada de otras acciones importantes, como la de inconstitucionalidad de las leyes, el recurso de casación, la acción contencioso administrativa y otros medios judiciales; y su ejercicio no presupone la necesidad de agotar las vías judiciales previas para poder intentarlo. Ello significa que la acción de amparo no se configura como un recurso extraordinario contra sentencias judiciales. Se trata, sí, de una acción judicial autónoma que sólo procede cuando no se opte por otros recursos o acciones judiciales que permitan mediante procedimientos breves y sumarios, obtener amparo y protección de los derechos y el restablecimiento inmediato de los mismos (art. 6,5). En materia de actos administrativos o conductas omisivas de la Administración, la acción de amparo contra los mismos puede intentarse cuando el recurso contencioso administrativo, dadas las particulares circunstancias del caso concreto, no sea un medio breve, sumario y eficaz de protección constitucional[1582] (art. 5°).

Por otra parte, en relación a la acción de amparo como medio específico de protección, cuando esa sea la vía escogida para solicitarla, la misma sólo puede interponerse si el interesado no ha optado por recurrir a otros medios judiciales o haya

---

162. En las páginas 166 y siguientes refuerza el mismo argumento. El texto de la sentencia que comenta y del voto salvado a la misma puede verse en pp. 180 a 206. *V.*, asimismo el texto del voto salvado en Otto Marín Gómez, *Protección procesal de las garantías constitucionales de Venezuela. Amparo y Hábeas Corpus,* Caracas, 1983, pp. 229–250.

1582 Este carácter subsidiario que le habíamos atribuido a la acción autónoma de amparo en materia de amparo contra actos administrativos y que la jurisprudencia había confirmado, no significaba, como lo señaló H. Rondón de Sansó, que "sólo es admisible cuando hubiesen sido agotados todos los recursos ordinarios que para el caso específico el sistema jurídico prevé." *V.*, en "El amparo constitucional en Venezuela", en *Revista de Derecho Público,* N° 25, Editorial Jurídica Venezolana, Caracas, 1986, p. 56). Al contrario, como ya lo habíamos explicado en Allan R. Brewer–Carías, "El derecho de amparo y la acción de amparo, en *Revista de Derecho Público,* N° 22, Editorial Jurídica Venezolana, Caracas, 1985, pp. 53–54, la subsidiariedad de la acción autónoma de amparo contra actos administrativos derivaba de que procedía cuando el "recurso contencioso administrativo de anulación y amparo" no era un medio efectivo de protección. *V.*, además, Allan R. Brewer–Carías. *Estado de derecho y Control Judicial, cit.,* pp. 628 y ss.

hecho uso de los medios judiciales preexistentes de protección y amparo de los derechos y garantías constitucionales legalmente previstos (art. 6,5), en cuyo caso, el alegato que se formule en los mismos de la violación o amenaza de violación de un derecho a garantía constitucional, debería permitir al juez acogerse al procedimiento y a los lapsos previstos en la Ley Orgánica para la protección inmediata, y ordenar la suspensión cautelar de los efectos del acto cuestionado.

Pero el derecho de amparo que prevé el artículo 27 de la Constitución, y que regula la Ley Orgánica, como hemos indicado, también permite asegurar la protección de los derechos fundamentales infringidos por actos estatales, a través de la acción de inconstitucionalidad de las leyes (acción popular) o de la desaplicación de una ley por cualquier juez (el denominado control difuso de la constitucionalidad); a través del recurso de casación respecto de sentencias, y mediante el recurso contencioso administrativo de anulación de los actos administrativos. Asimismo, permite asegurar la protección de los derechos fundamentales vulnerados por otros particulares a través de las vías judiciales del proceso ordinario.

Por supuesto, para que estas vías judiciales sirvan de medio de amparo constitucional, el legislador ha perfeccionado los mecanismos de protección desarrollando específicamente el carácter cautelar de la protección: por ejemplo, en el recurso de inconstitucionalidad de las leyes, cuando éste se fundamente en la violación de un derecho o garantía constitucional, en virtud de la nulidad absoluta que ello implica, la Ley Orgánica autoriza a a la Sala Constitucional para suspender, incluso con carácter general, los efectos de la ley impugnada mientras se decide el recurso de nulidad (art. 3); en el recurso de casación, cuando la denuncia de la sentencia recurrida consista en el alegato de la violación por la misma de un derecho o garantía constitucional; y en el recurso contencioso administrativo, cuando el motivo del mismo sea la violación de un derecho constitucional por el acto recurrido, se ha eliminado la exigencia de agotamiento de la vía administrativa y del lapso de caducidad, dada la nulidad absoluta alegada, y se permite al juez recurrir en forma más expedita a los procedimientos de urgencia y abreviación de lapsos, así como a la suspensión de efectos del acto recurrido (Arts. 5 y 6,5) como medida cautelar para la garantía del derecho constitucional violado, mientras dure el juicio de nulidad.

II. LAS FORMAS DE EJERCICIO DEL DERECHO DE AMPARO

Tal como se ha señalado anteriormente, la necesidad de configurar en la Ley Orgánica de Amparo a este medio de protección como un derecho fundamental y no sólo como una única acción autónoma de amparo, implicó la necesidad de conciliar el ejercicio del derecho de amparo con los medios judiciales de protección constitucional existentes, de manera que no quedasen éstos eliminados como tales, sino al contrario, reforzados. De allí las previsiones de los mencionados artículos 3, 5 y 6,5 de la Ley Orgánica de Amparo que permiten la formulación de pretensiones de amparo constitucional conjuntamente con las acciones de nulidad por inconstitucionalidad, con las acciones contencioso administrativas de anulación y con las acciones judiciales ordinarias o extraordinarias, que propusimos en el proceso de formación de la Ley en la Cámara del Senado,[1583] y dieron origen a la previsión de la protección cautelar de los derechos.

Después de múltiples vacilaciones jurisprudenciales que se extendieron por casi cuatro años, el sentido de la regulación contenida en dichas normas finalmente lo resumió la Sala Político Administrativa de la antigua Corte Suprema en sentencia de 10 de julio de 1991 (Caso: *Tarjetas Banvenez*),[1584] la cual sentó el siguiente criterio, ratificado en sentencia de la misma Corte de 10 de junio de 1992:

> El texto de la Ley Orgánica de Amparo prevé fundamentalmente dos mecanismos procesales: la acción autónoma de amparo y la acumulación de ésta con otro tipo de acciones o recursos, modalidades que difieren sustancialmente en cuanto a su naturaleza y consecuencias jurídicas. Por lo que respecta a la segunda de las modalidades señaladas, es decir, la acción de amparo ejercida conjuntamente con otros medios procesales, la referida ley regula tres supuestos: a) la acción de amparo acumulada a la acción popular de inconstitucionalidad de las leyes y demás actos estatales normativos (artículo 3°); b) la acción de amparo acumulada al recurso contencioso administrativo de anulación contra actos administrativos de efectos particulares o contra las conductas omisivas de la Administración (artículo 5°); c) la acción de amparo acumulada con acciones ordinarias (artículo 6°, ordinal 5°)

La Sala ha sostenido además que la acción de amparo en ninguno de estos casos es una acción principal sino subordinada, accesoria a la acción o al recurso al cual se acumuló, sometido al pronunciamiento jurisdiccional final que se emita en la acción acumulada. Tratándose de una acumulación de acciones, debe ser resuelta por el juez competente para conocer de la acción principal.[1585]

En esta forma quedó absolutamente clarificada la intención del legislador al distinguir entre la acción autónoma de amparo y la pretensión de amparo acumulada a otras acciones que regula el ordenamiento jurídico, la cual no se configura como una verdadera "acumulación" de acciones, sino de la subordinación de una pretensión de amparo a una acción principal. Por ello, en estos casos, el amparo tiene mero carácter cautelar, no teniendo relevancia alguna que exista un procedimiento distinto para la acción de amparo[1586], porque, en definitiva, en caso de acumulación de la pretensión de amparo con una acción principal, el procedimiento regular previsto para la acción de amparo (solicitud de informe y audiencia pública y oral, por ejemplo) no se debe aplicar.

Fue en la mencionada sentencia del Caso: *Tarjetas Banvenez* de 10 de julio de 1991, que la antigua Corte Suprema precisó el carácter accesorio y subordinado de la pretensión de amparo en relación a esas otras acciones principales, cuando se

---

1583 *V.*, Allan R. Brewer–Carías, "Propuestas de reforma al Proyecto de Ley Orgánica de Amparo sobre Derechos y Garantías Constitucionales (1987)", *Estudios de derecho público, Tomo III, (Labor en el Senado 1985–1987)*, Ediciones del Congreso de la República, Caracas 1989, pp. 205–229.

1584 *V.*, el texto de esta sentencia en *Revista de Derecho Público,* N° 47, EJV, Caracas, 1991, pp. 169–174.

1585 *V.*, en *Revista de Derecho Público,* N° 50, EJV, Caracas, 1992, pp. 183–184.

1586 *V.*, sobre esto y la causal de inadmisibilidad de la acción contencioso administrativa en materia de acumulación de acciones, sentencia de la Corte Primera de lo Contencioso Administrativa de 14–12–92, en FUNEDA, *15 años de Jurisprudencia, Corte Primera de lo Contencioso administrativo 1977–1992. Amparo Constitucional,* Caracas, 1994, p. 121.

formula conjuntamente con ellas.[1587] Para ello la Corte comenzó constatando que la Ley Orgánica de Amparo, al desarrollar los artículos 49 y 50 de la Constitución de 1961 (equivalentes a los artículos 27 y 22 de la Constitución de 1999), había otorgado a las personas naturales o jurídicas, habitantes o domiciliadas en Venezuela, la posibilidad de acudir ante los tribunales, con el propósito de ser amparados en el goce y el ejercicio de los derechos y garantías constitucionales, mediante el restablecimiento inmediato de la situación jurídica infringida o la situación que más se asemeje a ella. A tal fin señaló la antigua Corte que:

> el texto de la ley prevé fundamentalmente dos mecanismos procesales: la acción autónoma de amparo, y la acumulación de ésta con otro tipo de acciones o recursos. Ambas modalidades de ejercicio difieren sustancialmente en cuanto a su naturaleza y consecuencia jurídicas[1588].

En la misma sentencia, la Sala precisó las diferencias más importantes entre los dos mencionados mecanismos procesales, en la siguiente forma:

> En efecto, mientras en la *primera* es condición de procedencia, como se ha dicho, que se invoque y demuestre la violación directa, inmediata, flagrante, de un dispositivo o garantía constitucionales que, por sí solos, determinen la necesidad del mandamiento de amparo como medio definitivo de restablecer la situación jurídica vulnerada; en el *segundo* caso, dada la naturaleza suspensiva de este mandamiento de amparo que sólo tiende a detener provisionalmente los efectos del acto perturbador hasta que se decida el juicio que lo anule o confirme, la denuncia de infracción de normas constitucionales puede estar acompañada de trasgresión de textos de rango inferior que precisen o desarrollen el derecho o garantía constitucionalizado, pues tratándose de un solo proceso instaurado contra el mismo acto cuya nulidad se pretende obtener por la vía del recurso contencioso correspondiente, nada obsta a que los instrumentos jurídicos subconstitucionales que sustentan la nulidad sean invocados también al interponer las acciones acumuladas. Lo que no puede hacer el juzgador para acordar la suspensión de los efectos del acto denunciado como lesivo, es encuadrar la situación planteada en la regulación o solución legal o sublegal de la misma, porque en tal hipótesis estaría decidiendo anticipadamente, quiéralo o no, la nulidad del acto impugnado al pronunciarse determinantemente acerca de la existencia de uno de sus vicios, sea éste de procedimiento o de fondo, cuestión que forma parte del debate procesal probatorio que ha de instaurarse precisamente con motivo del recurso de nulidad.

En efecto, siendo distintas las consecuencias que dimanan de una acción autónoma de amparo y de la ejercida conjuntamente con otro recurso (restitutorias en el primer caso y cautelares en el segundo), basta en esta última el señalamiento de la norma o garantía constitucional que se consideren violadas, fundamentado además en un medio de prueba que constituya *presunción* grave de la violación o amenaza de violación denunciada, para que el juez, en forma breve y sumaria, acuerde procedente la suspensión de los efectos del acto como medio de tutelar anticipadamente

---

1587 *V.*, el texto de esta sentencia en *Revista de Derecho Público,* N° 47, EJV, Caracas, 1991, pp. 169–174.

1588 *Idem.*, p. 169.

los posibles efectos de la sentencia que posteriormente habrá de dictar en el juicio de nulidad (artículos 5 y 22, Ley Orgánica de Amparo).

Considera esta Sala, por otra parte, que en el amparo acumulado, ese "medio de prueba" a que alude el artículo 22 de la Ley Orgánica de Amparo, puede consistir en el propio acto administrativo impugnado en nulidad, cuyo texto debe ser examinado por el juez de amparo para concluir si, a su juicio, del mismo acto administrativo de efectos particulares se deduce la presunta violación constitucional alegada por el recurrente y acordar, en consecuencia, la medida suspensiva de sus efectos que le ha sido solicitada"[1589].

En esta forma, tal como lo había resuelto la Corte Primera de lo Contencioso Administrativo desde 1990,

> puede concluirse que el amparo autónomo tiene una finalidad restitutoria; pero, en cambio, el amparo conjunto es una medida cautelar, que con entera independencia de la anulación judicial del artículo 22 de la Ley Orgánica, sólo requiere como fundamento un medio de prueba que constituya presunción grave de violación o amenaza de violación de un derecho constitucional, y que consiste en la suspensión de efectos como garantía del derecho mientras dura el juicio principal. Por ello, el juez no puede, al resolver sobre la petición de amparo, declarar que el acto impugnado violó o no el derecho constitucional, pues en ese caso, confundiría la pretensión de amparo con la acción de nulidad. En otros términos, en esta etapa del proceso no caben decisiones que envuelvan consecuencias anulatorias que son propias del juicio de nulidad.[1590]

Esto también lo precisó la antigua Corte Suprema en las conclusiones de la sentencia de 1991, así:

> Con base en los lineamientos precedentemente expuestos, en relación con las objeciones formuladas por los apelantes y los elementos que surgen de autos, esta Sala concluye lo siguiente:
>
> 1°) Que de la interpretación concatenada de los artículos 5° y 22 de la Ley Orgánica de Amparo se infiere claramente la distinción entre la acción de amparo ejercida conjuntamente con el recurso de nulidad y la acción de amparo autónoma o el recurso de inconstitucionalidad, en cuanto a que –no obstante la común exigencia de la violación directa de una norma constitucional–, estos dos últimos recursos tienen una finalidad distinta (restitutoria en el amparo autónomo y anulatoria en la acción de inconstitucionalidad), en tanto que, en el amparo conjunto, se trata de una medida cautelar que sólo requiere como fundamento "un medio de prueba que constituya presunción grave de la violación o de la amenaza de violación" (artículo 22), así como la consideración, por parte del tribunal de que la suspensión de los efectos del acto recurrido resulta procedente como garantía del derecho constitucional violado, *mientras dure el juicio* (artículo 5°); es decir que la medida cautelar se revela como necesaria para evitar que el accionante, por el hecho de existir un acto

1589 *Idem.*, pp. 171–172.

1590 *V.*, sentencia de la Corte Primera de lo Contencioso Administrativa de 12–12–90, FUNEDA, *15 años de Jurisprudencia, Caracas*, pp. 216–217.

> administrativo, se vea impedido de alegar violación de derechos constitucionales. De ahí que la suspensión de sus efectos pretenda mantener sin ejecución el acto impugnado, si el juez considera que debe suspenderse dicho acto por la presunción grave de violación constitucional invocada en el amparo.
>
> Por tanto, si se exigiera la misma rigurosidad en la sustentación de la acción de amparo acumulada que la que se requiere para las otras acciones señaladas (amparo autónomo y recurso de inconstitucionalidad), la de amparo conjunta resultaría prácticamente inútil, pues carecería del específico sentido que tiene: obtener que se suspendan en el tiempo los efectos de un acto administrativo que *podría* afectar el derecho constitucional, *eventual lesión* que el *juez de amparo* aprecia como presumible."[1591]

Ahora bien, lo que no señaló con precisión la antigua Corte Suprema en la misma sentencia, y que constituía el verdadero cambio jurisprudencial que se produjo con la misma, es que en el caso de ejercicio conjunto del amparo con otras acciones judiciales, la consecuencia era su carácter cautelar, originándose la suspensión de efectos del acto impugnado en forma inmediata, sin necesidad de que se siguiera el procedimiento establecido en la Ley Orgánica en relación a la solicitud de informe al presunto agraviante y a la realización de la audiencia pública y oral. Y era es estos casos en los cuales hubiera podido haber tenido aplicación efectiva el anulado artículo 22 de la Ley Orgánica en cuanto a la medida cautelar que preveía, que es la que podía adoptarse *inaudita alteram parte.*

III. LA ACCIÓN AUTÓNOMA DE AMPARO Y LAS MEDIDAS CAUTELARES DE PROTECCIÓN DE LOS DERECHOS CONSTITUCIONALES

En cuanto al primer supuesto de ejercicio del derecho de amparo mediante la acción autónoma de amparo, la antigua Corte Suprema señaló en su citada sentencia de 10 de julio de 1991, que en ese caso, al ser una acción que se ejercita en forma autónoma e independiente, no se vincula ni se subordina a ningún otro recurso o procedimiento. En este caso, dijo la Corte, es indudable:

> que esa acción, así ejercida, debe ser, por su naturaleza restablecedora, capaz, suficiente y adecuada para lograr que el mandamiento de amparo que se otorgue se baste por sí solo, sin necesidad de acudir a otro u otros procedimientos judiciales, para volver las cosas al estado en que se encontraban para el momento de la vulneración y hacer desaparecer definitivamente el acto o hecho lesivo o perturbador.
>
> Por estas razones, ha sostenido reiteradamente este Supremo Tribunal en jurisprudencia que una vez más ratifica, que en tales supuestos, el accionante en amparo debe invocar y demostrar que se trata de una vulneración constitucional flagrante, grosera, directa e inmediata, lo cual no significa –se precisa ahora– que el derecho o garantía de que se trate no estén desarrollados o regulados en textos normativos de rango inferior, pero sin que sea necesario al juzgador acudir o fundamentarse en ellos para detectar o determinar si la violación constitucional al derecho o garantía se ha efectivamente consumado. De no ser así –ha

---

1591 *V.*, en *Revista de Derecho Público,* N° 47, EJV, Caracas, 1991, pp. 169–174, p. 172.

dicho también esta Sala– no se trataría entonces de una acción constitucional de amparo sino de otro tipo de recurso, por ejemplo, el contencioso administrativo, cuyos efectos anulatorios no se corresponden con los restitutorios del amparo y "si tal sustitución se permitiere, el amparo llegaría a suplantar no sólo esa sino todas las vías procedimentales establecidas en nuestro sistema de Derecho positivo", desnaturalizando el carácter extraordinario del amparo. (Sentencia de 23–5–88, "Fincas Albaba").[1592]

Ahora bien, como se ha señalado, de acuerdo con el artículo 27 de la Constitución, teniendo por objeto el amparo, proteger el goce y ejercicio de los derechos y garantías constitucionales, el juez tiene "*potestad para restablecer inmediatamente* la situación jurídica infringida o la situación que más se asemeje a ella", es decir, el derecho violado o amenazado de violación. Esta decisión o mandamiento de amparo, puede adoptarse en dos momentos y con dos modalidades: puede tratarse de una medida cautelar, con efectos mientras dure el juicio, o puede ser la decisión definitiva la cual, de acuerdo con la Ley Orgánica y el principio de la bilateralidad, no puede adoptarse *inaudita parte* e *in limine litis,* sino después de una audiencia al presunto agraviante.

El texto inicial del artículo 22 de la Ley Orgánica, que fue anulado por inconstitucionalidad por violación al debido proceso por la antigua Corte Suprema de Justicia en sentencia de 21 de mayo de 1996,[1593] si se hubiese interpretado *favor constitutione*, como consideramos era lo procedente, hubiera podido conducir a precisar la potestad *cautelar* del juez de amparo al atribuirle el poder para restablecer la situación jurídica infringida, "prescindiendo de consideraciones de mera forma y sin ningún tipo de averiguación sumaria que la preceda"; para lo cual exigía que el mandamiento cautelar de amparo fuera motivado y estuviese fundamentado "en un medio de prueba que constituya presunción grave de la violación o de la amenaza de violación." En cambio, no tenía lógica que la norma, dado que la Ley Orgánica carecía de previsiones sobre medidas cautelares, se interpretara como estableciendo la posibilidad de que se pudiese dictar el mandamiento *definitivo* de amparo *inaudita parte,* cuando disponía que sólo si el juez no optaba por "restablecer inmediatamente la situación jurídica infringida," era que debía proceder a solicitar informe al presunto agraviante y a darle audiencia.

Era evidente que cualquier interpretación jurisprudencial de la norma debía excluir toda decisión definitiva *inaudita parte,* pues ello hubiera sido violatorio del artículo 68 de la Constitución de 1961 que garantizaba la inviolabilidad del derecho a la defensa en todo estado y grado del proceso, y contradictorio con el artículo 21 de la propia Ley Orgánica que obliga al Juez de amparo a mantener la "absoluta igualdad entre las partes", lo que permitía concluir que el proceso de amparo debe ser de carácter bilateral. Por ello fue que en su momento consideramos que esa disposición del artículo 22 de la Ley Orgánica, debía interpretarse como la potestad del Juez de amparo de poder adoptar de inmediato medidas cautelares o preventivas ("amparo temporal"), restableciendo de inmediato la situación jurídica infringida, mientras duraba el juicio; y, en todo caso, debía proceder a continuar el procedi-

1592 *Idem.* pp. 169–170.

1593 *V.*, en *Gaceta Oficial Extra* N° 5071 de 29–5–96.

miento breve previsto, solicitando el informe respectivo y dando audiencia al presunto agraviante o imputado[1594].

En este sentido, incluso, se había pronunciado la Sala de Casación Civil de la antigua Corte Suprema en sentencia de 5 de diciembre de 1990 (Caso *José Díaz Aquino*), al señalar:

En este sentido, por ejemplo, deberá el juez otorgar suficientes oportunidades de defensa a las partes, para que su decisión no resulte, a su vez, inconstitucional.

Por ello la Sala, a pesar de que la redacción del artículo 22 de la Ley de Amparo puede conducir a interpretar, y de hecho así ha sido, en ocasiones, entendida, que el juez de amparo puede restablecer la situación jurídica infringida, prescindiendo del derecho al contradictorio en primera instancia, ha considerado que la decisión tomada inaudita parte, tiene sólo un carácter cautelar, y de seguidas se debe notificar a la otra parte a los fines de que ejerza su defensa, para luego decidir, en la definitiva, si se mantiene o no el amparo.[1595]

Fue precisamente por ello que con el objeto de despejar las dudas, buscando una sentencia interpretativa *secundum constitutione*, a los pocos días de haberse promulgado la Ley Orgánica de Amparo en 1988, intentamos una acción de inconstitucionalidad contra la norma del artículo 22 de la Ley Orgánica.[1596] Aún cuando esa acción nunca fue decidida, la Corte Suprema sin embargo decidió en otra acción de inconstitucionalidad que había sido intentada, mediante la citada sentencia de 21 de mayo de 1996, declarando la inconstitucionalidad de la norma.[1597] Y fue entonces, precisamente, como consecuencia de esta decisión anulatoria, que se procedió a la construcción jurisprudencial del régimen de las medidas cautelares en materia del ejercicio de la acción autónoma de amparo, siguiendo para ello las previsiones del Código de Procedimiento Civil, independientemente de los casos de suspensión de los efectos de los actos impugnados cuando se formula la pretensión de amparo conjuntamente con la acción de inconstitucionalidad de las leyes o el recurso contencioso administrativo de nulidad de actos administrativos.

En efecto, por la aplicación supletoria del Código de Procedimiento Civil (Art. 48), conforme al artículo 588 del mismo, los tribunales de instancia en los procesos de amparo han asumido un poder general cautelar que conforme a lo previsto en el parágrafo primero dicho artículo 588, les permite "acordar las providencias cautelares que consideren adecuadas", cuando hubiere "fundado temor" de que una de las partes, particularmente el presunto agraviante, pueda causar al agraviado "lesiones graves o de difícil reparación al derecho." En estos casos, para evitar el daño, el Juez de amparo puede "autorizar o prohibir la ejecución de determinados actos y adoptar las providencias que tengan por objeto hacer cesar la continuidad de la lesión".

A tal efecto, como sucede en general en materia de protección cautelar, el juez de amparo debe analizar, en primer término, *el fumus boni iuris*, con el objeto de con-

---

1594 *V.*, Allan R. Brewer–Carías, "Introducción general al régimen del derecho de amparo a los derechos y garantías constitucionales", en Allan R. Brewer–Carías y Carlos M. Ayala Corao, *Ley Orgánica de Amparo sobre Derechos y Garantías Constitucionales,* Caracas, 1988, p. 90.

1595 Consultada en original.

1596 *V.*, en Allan R. Brewer–Carías, *Instituciones Políticas y Constitucionales*, Vol. VI, *Derecho y acción de amparo, op. cit,* pp. 388 ss.

1597 *V.*, en *Gaceta Oficial Extra* N° 5071 de 29–5–96

cretar la presunción grave de violación o amenaza de violación del derecho constitucional alegado por la parte quejosa y que lo vincula al caso concreto; y en segundo lugar, el *periculum in mora*, elemento éste determinable por la sola verificación del requisito anterior, pues la circunstancia de que exista presunción grave de violación de un derecho de orden constitucional, el cual por su naturaleza debe ser restituido de forma inmediata, conduce a la convicción de que debe preservarse *ipso facto* la actualidad de ese derecho, ante el riesgo inminente de causar un perjuicio irreparable en la definitiva a la parte que alega la violación.[1598]

IV. EL EJERCICIO ACUMULADO DE LA PRETENSIÓN DE AMPARO Y LA NATURALEZA CAUTELAR DE LA PROTECCIÓN CONSTITUCIONAL

Aparte de la acción autónoma de amparo, el otro mecanismo procesal para el ejercicio del derecho de amparo, se configura cuando la pretensión de amparo es ejercida conjuntamente con otros medios procesales, sobre lo cual la antigua Corte Suprema en la antes indicada sentencia de 10 de julio de 1991, al referirse a las previsiones de la Ley Orgánica de Amparo, precisó que dicho texto normativo:

> contempla tres supuestos: a) la acción de amparo acumulada a la acción popular de inconstitucionalidad de las leyes y demás actos estatales normativos (artículo 3°); b) la acción de amparo acumulada al recurso contencioso administrativo de anulación contra actos administrativos de efectos particulares o contra las conductas omisivas de la Administración (artículo 5); y c) la acción de amparo acumulada con acciones ordinarias (artículo 6, ordinal 5°).

En cualesquiera de estos supuestos de acumulación, la acción de amparo reviste una característica o naturaleza totalmente diferente a la anteriormente analizada (autónoma), pues en estos casos no se trata de una acción principal, sino *subordina*, accesoria a la acción o el recurso al cual se acumuló y, por ende, su destino es temporal, provisorio, sometido al pronunciamiento jurisdiccional final que se emita en la acción acumulada, que viene a ser la principal. Esta naturaleza y sus consecuencias se desprenden claramente de la formulación legislativa de cada una de las hipótesis señaladas, que únicamente atribuye al mandamiento de amparo que se otorgue, *efectos cautelares*, suspensivos de la aplicación de la norma o de la ejecución del acto de que se trate "mientras dure el juicio". [1599]

En relación a estos supuestos de pretensiones de amparo ejercido conjuntamente con otras acciones, la antigua Corte Suprema precisó, que:

> De lo anterior se deriva, para esta Sala, que la acción de amparo propuesta conjuntamente con una de otro tipo participa de todos los caracteres procesales inherentes a la acumulación de acciones, esto es: que ha de ser resuelta por un solo juez (el mismo que sea competente para conocer de la acción principal), y que ambas pretensiones (la de amparo y la de nulidad u otra) deben ser tramitadas en un solo proceso que tiene dos etapas: la del amparo, previa, y la conten-

1598 *V.*, por ejemplo, sentencia del 20-03-2001 de la Sala Político Administrativa del Tribunal Supremo, caso *Marvin Enrique Sierra Velasco*, Expediente N° 0904, consultada en la página web del Tribunal Supremo de Justicia.

1599 *V.*, en *Revista de Derecho Público*, N° 47, EJV, Caracas, 1991, p. 170.

ciosa, la cual forzosamente cubre, en la decisión final, tanto la medida cautelar que inevitablemente perece en esa oportunidad, como el pronunciamiento judicial acerca de la nulidad solicitada. En otras palabras, si por las características analizadas el mandamiento de amparo se traduce única y exclusivamente en la suspensión provisional del acto recurrido en nulidad, la sentencia que decida ésta deja sin efecto aquella medida cautelar dictada en forma previa, tanto si el acto cuestionado es anulado como si es confirmado, porque, en uno u otro caso, carece ya de sustentación jurídica.[1600]

1. *La formulación de la pretensión de amparo conjuntamente con la acción popular de inconstitucionalidad y la protección cautelar mediante la suspensión de efectos de la norma impugnada*

El artículo 3° de la Ley Orgánica de Amparo, como se ha dicho, luego de precisar la posibilidad de que se intente una acción de amparo contra normas, agrega que:

La acción de amparo también podrá ejercerse conjuntamente con la acción popular de inconstitucionalidad de las leyes y demás actos estatales normativos, en cuyo caso, la Corte Suprema de Justicia, si lo estima procedente para la protección constitucional, podrá suspender la aplicación de la norma respecto de la situación jurídica concreta cuya violación se alega, mientras dure el juicio de nulidad.

De acuerdo con esta norma, como antes se ha dicho, por tanto, la pretensión de amparo puede formularse conjuntamente con la acción popular de inconstitucionalidad de las leyes y demás actos estatales de carácter normativo[1601] la cual se ejerce ante la Jurisdicción Constitucional, es decir, ante la Sala Constitucional del Tribunal Supremo de Justicia (artículo 336 de la Constitución), específicamente, contra las leyes nacionales y demás actos normativos de la Asamblea Nacional que se dicten en ejecución directa de la Constitución (Reglamento Interior y de Debates, por ejemplo); contra las leyes estadales, las Ordenanzas Municipales y contra los demás actos de los cuerpos deliberantes de los Estados o Municipios dictados en ejecución directa de la Constitución; contra los actos ejecutivos normativos dictados en ejecución directa de la Constitución, con igual rango y valor que las leyes, como serían los decretos leyes y los actos de gobierno normativos.

En los casos de acumulación de una pretensión de amparo con la acción popular de inconstitucionalidad, dado el carácter cautelar de la decisión, en el pronunciamiento de amparo no se sigue el procedimiento previsto en la Ley Orgánica de Amparo;[1602] es decir, como lo resolvió la antigua Corte Plena en sentencias de 8 de junio de 1988, 11 de octubre de 1988 y 4 de abril de 1989, en estos casos, la decisión de la Corte se concreta en un pronunciamiento previo dictado antes del fallo definitivo, sin que se tenga que seguir todo el procedimiento establecido en la Ley Orgá-

1600 *Idem.* p. 171.

1601 El carácter *normativo* del acto estatal se ha destacado por antigua Corte Suprema de Justicia Sala Político Administrativa, en sentencia de 2–5–91, *Revista de Derecho Público,* N° 46, EJV, Caracas, 1991, pp. 119–120.

1602 *V.*, sentencia de la Corte Plena de 14–1–93, Caso *"Gruber Odreman"* (consultada en original).

nica, como por ejemplo, la solicitud del informe correspondiente, la realización de la audiencia pública y oral, y la citación del Ministerio Público[1603].

La antigua Corte Plena, en su sentencia de 14 de enero de 1993 (Caso: *Gruber Odreman*) precisó que "el amparo contra normas intentado conjuntamente con un recurso de nulidad por inconstitucionalidad, tiene el efecto de una medida cautelar dentro de este procedimiento"[1604]. Esta medida cautelar, con efectos mientras dure el juicio de nulidad, consiste en la posibilidad para la Corte, si lo estima procedente, de suspender la aplicación de la norma respecto de la situación jurídica concreta que se alega, lo que equivale decir, como lo señaló la antigua Corte Plena, "que el juez evitará el menoscabo de derechos o garantías de rango constitucional producido por la ejecución o aplicación, en el caso concreto alegado, de alguna disposición impugnada de inconstitucional mientras dure el juicio principal."[1605]

Por otra parte, la decisión de la ahora Sala Constitucional "ha de hacerse de manera previa y sin pronunciamiento sobre el fondo del asunto debatido y debe resolverse en forma breve y sumaria *sin participación de los interesados*"[1606] y además, inmediatamente[1607].

Esta suspensión de efectos de la norma, de carácter cautelar, en principio se refiere a la aplicación de la norma a la situación jurídica concreta cuya violación se alega[1608]; por tanto, la decisión cautelar en principio no puede tener efectos *erga omnes,* sino sólo efectos personalísimos en relación al accionante agraviado[1609]. La Sala Constitucional, sin embargo, pudiendo siempre determinar los efectos de sus sentencias, le ha dado efectos *erga omnes* a la suspensión de efectos dictada en relación con las leyes impugnadas por vía de acción popular, en particular cuando en la misma se ha alegado la violación de derechos o intereses difusos. A tales efectos, la Sala Constitucional, en su sentencia N° 1946 de 16 de julio de 2003 (Caso: *Impugnación del artículo 211 de la Ley de Tierras y Desarrollo Agrario*) estableció que deben tomarse en cuenta los siguientes elementos: "(i) el carácter excepcional de la inaplicación de una norma, (ii) la verosimilitud del derecho que se dice vulnerado o amenazado, (iii) la condición de irreparable o de difícil reparación por la definitiva de la situación jurídica o derecho que se alega como propio, (iv) la posibilidad efectiva de que se produzcan nuevos daños a la parte actora u otras personas por la aplicación de la norma cuya nulidad se pretende, y (v) la necesidad de evitar perjuicios

---

1603 *V.*, en *Revista de Derecho Público,* N° 38, EJV, Caracas, 1989, p. 105 y N° 39, 1989 p. 128. *V.*, además sentencia de la antigua Corte Suprema de Justicia, Sala Político Administrativa de 5–5–93, *Revista de Derecho Público,* N° 53–54, EJV, Caracas, 1993, p. 226.

1604 Consultada en original.

1605 *V.*, sentencia de la antigua Corte Suprema de Justicia, Sala Plena de 27–4–93, en *Revista de Derecho Público,* N°. 53–54, EJV, Caracas, 1993, p. 222 (Caso *"Coopervolta"*).

1606 *V.*, sentencia antigua Corte Suprema de Justicia, Sala Político Administrativa de 11–2–92, *Revista de Derecho Público,* N° 49, EJV, Caracas, 1992, p. 120.

1607 *V.*, sentencia antigua Corte Suprema de Justicia, Sala Político Administrativa de 19–11–92, *Revista de Derecho Público,* N° 52, EJV, Caracas, 1992, p. 137.

1608 *V.*, antigua Corte Suprema de Justicia, Sala Político Administrativa de 2–5–91, *Revista de Derecho Público,* N° 46, EJV, Caracas, 1991, p. 120.

1609 *V.*, sentencias antigua Corte Suprema de Justicia, Sala Político Administrativa de 6–8–91, *Revista de Derecho Público,* N° 47, EJV, Caracas, 1991, p. 119 y de 6–8–92, *Revista de Derecho Público,* N° 52, EJV, Caracas, 1992, p. 138.

en la satisfacción de intereses comunes a todos los integrantes de la sociedad". Ello lo hizo después de reiterar lo siguiente:

> "La doctrina de la Sala en materia de solicitud de medida cautelar innominada acumulada al recurso de nulidad por inconstitucionalidad (*Cfr.* fallo Nº 1.181/2001, del 29–06, Caso: *Ronald Blanco La Cruz*) ha sido conteste en afirmar que la medida de inaplicación requerida supone una interrupción temporal de la eficacia del contenido normativo de la disposición impugnada, y que, como tal, constituye una importante excepción legal al principio general, según el cual, con base en la presunta validez intrínseca a todo acto legal, éste tiene fuerza obligatoria y produce todos sus efectos desde el momento mismo de su publicación en la *Gaceta Oficial*, aplicándose únicamente como medida excepcional cuando sea muy difícil reparar por sentencia definitiva los daños que resulten de la aplicación del contenido normativo del texto legal impugnado, por lo cual no debe olvidarse que la inaplicación de un instrumento normativo como medida cautelar colide con la presunción de validez de los actos legales y su obligatoriedad desde su publicación en la *Gaceta Oficial* de la República, de los Estados o Municipios, circunstancia que pone de manifiesto el hecho de que un manejo sin equilibrio de aquella inaplicación causaría un quebrantamiento del principio de autoridad, por tanto, para que pueda ser acordada, tiene que existir una verdadera y real justificación.[1610]

Adicionalmente, la jurisprudencia de la Sala Constitucional ha sido reiterada en relación con los extremos requeridos por el artículo 585 del Código de Procedimiento Civil para decretar la suspensión de efectos, considerando que son necesariamente concurrentes junto con la previsión del Parágrafo Primero del artículo 588 *eiusdem*, en el sentido de que debe existir temor fundado de que se causen lesiones graves o de difícil reparación cuyo origen ha de ser la aplicación de la norma impugnada. Por tanto, si falta la prueba de cualquier de estos elementos, el Juez constitucional no podría bajo ningún aspecto decretar la medida preventiva, pues estando vinculada la controversia planteada en sede constitucional con materias en las que pueden estar en juego los intereses generales, el Juez debe además realizar una ponderación de los intereses en conflicto para que una medida particular no constituya una lesión de intereses generales en un caso concreto.

2. *La formulación de la pretensión de amparo conjuntamente con las acciones contencioso administrativas y la protección cautelar mediante la suspensión del acto administrativo impugnado*

El artículo 5º de la Ley Orgánica de Amparo, luego de precisar la posibilidad de que se intente una acción de amparo autónoma contra actos administrativos de efectos particulares, agrega que:

> Cuando la acción de amparo se ejerza contra actos administrativos de efectos particulares o contra abstenciones o negativas de la Administración, podrá

1610 *V.*, sentencia Nº 1946 de 16–7–2003 (Caso: *Impugnación del artículo 211 de la Ley de Tierras y Desarrollo Agrario*) en *Revista de Derecho Público*, Nº 93–96, EJV, Caracas 2003, p. 507. Doctrina reiterada en la sentencia Nº 653 de la Sala Constitucional de 04–04–2003 (Caso *Impugnación de las Leyes de Reforma Parcial de las Leyes que establecen el Impuesto al Débito Bancario y el Impuesto al Valor Agregado*). *V.*, además, sentencia de la Sala Constitucional Nº 270 de 25–4–2000, en *Revista de Derecho Público*, Nº 82, EJV, Caracas 2000, p. 452.

formularse ante el juez contencioso administrativo competente, si lo hubiese en la localidad, conjuntamente con el recurso contencioso administrativo de anulación de actos administrativos o contra las conductas omisivas, respectivamente, que se ejerza. En estos casos, el Juez, en forma breve, sumaria, efectiva y conforme a lo establecido en el artículo 22, si lo considera procedente para la protección constitucional, suspenderá los efectos del acto recurrido como garantía de dicho derecho constitucional violado, mientras dure el juicio.

Esta norma, como ya se ha señalado, ha sido objeto de un proceso de interpretación jurisprudencial de gran importancia, y que superó la idea inicial de la acumulación de dos acciones, casos en los cuales, sin embargo, por tener procedimientos distintos, seguían cursos procesales paralelos, como fue la tendencia que surgió de muchas decisiones iniciales hasta llegar a la consideración del amparo como una pretensión subordinada a la acción contencioso administrativa, que es la principal, consistiendo el amparo, en estos casos, en una mera medida cautelar durante el juicio de nulidad.

Este fue el espíritu del legislador que fue interpretado cabalmente en la ya mencionada y comentada sentencia de la antigua Corte Suprema de Justicia de 10 de julio de 1991 (Caso: *Tarjetas Banvenez*), y que se ha seguido en las decisiones judiciales posteriores, y que en nuestro criterio, no fue modificado por el hecho de que la antigua Corte Suprema hubiera anulado el artículo 22 de la Ley Orgánica de Amparo.

En estos casos, la formulación de la pretensión de amparo con la acción contencioso administrativa debe plantearse, como lo dice la ley, en forma conjunta, lo que implica la acumulación de ambas pretensiones en un mismo y solo libelo de demanda, pues de no ser así, resultaría imposible la aplicabilidad del artículo 5 de la Ley[1611].

Por otra parte, sólo formulándose la pretensión de amparo conjuntamente con el recurso contencioso administrativo de anulación es que pueden obviarse los requisitos procesales de admisibilidad de este último en cuanto al lapso de caducidad y el agotamiento de la vía administrativa; que pueden lograrse los efectos suspensivos inmediatos del acto administrativo, de carácter cautelar y no restablecedores, y que pueden modificarse las reglas de competencia de los jueces de amparo. De allí la exigencia de que las pretensiones se formulen en un mismo momento procesal y no una después de otra[1612].

Por ello, la interposición conjunta de la pretensión de amparo con la acción de nulidad, no implica fórmula sacramental alguna[1613] y, por supuesto, no impide el que pueda formularse la pretensión de amparo al reformarse el libelo del

---

1611 *V.*, sentencias de la antigua Corte Suprema de Justicia, Sala Político Administrativa de 21–5–91 y de 11–3–93, en *Revista de Derecho Público,* N° 46, EJV, Caracas, 1991, p. 159 y *Revista de Derecho Público,* Nos. 53–54, EJV, Caracas, 1993, p. 231 y sentencias de la Corte Primera de lo Contencioso Administrativa de 17–11–88, en FUNEDA, *15 años de Jurisprudencia, cit.*, p. 233; y de 7–9–91, *Revista de Derecho Público,* N° 47, EJV, Caracas, 1991, p. 169.

1612 *V.*, sentencia de la antigua Corte Suprema de Justicia, Sala Político Administrativa de 6–4–89, *Revista de Derecho Público* N° 38, EJV, Caracas, 1989, p. 140.

1613 *V.*, sentencia de la Corte Primera de lo Contencioso Administrativa de 9–9–91, en FUNEDA, *15 años de Jurisprudencia, cit.*, p. 222.

recurso de anulación; en cambio, lo que no está dentro de la previsión de la norma es la posibilidad del ejercicio separado de las acciones, porque de constar en libelos y oportunidades diferentes, el amparo interpuesto con posterioridad al recurso, sería inadmisible conforme al ordinal 5° del artículo 6 de la ley Orgánica, por haber optado el actor precedentemente a otra vía judicial"[1614].

Por otra parte, al formularse conjuntamente la pretensión de amparo con el recurso contencioso administrativo, el objeto de ambas pretensiones tiene que ser el mismo. Es decir, debe tratarse del mismo acto, actuación u omisión, aquél contra el cual se formule la pretensión de amparo y la acción de nulidad[1615].

Tratándose de una pretensión de amparo formulada conjuntamente con el recurso contencioso administrativo, ambas deben ser conocidas y decididas por un solo juez[1616], precisamente el juez competente para conocer de la acción principal, es decir, el competente para conocer del recurso contencioso administrativo[1617]. Ambas deben ser tramitadas en un solo proceso, el de la acción principal (contencioso administrativo), teniendo por tanto la pretensión de amparo, carácter cautelar y por tanto subordinado, accesorio y dependiente de la acción principal[1618], cuya suerte sigue[1619].

En los casos de ejercicio conjunto de la pretensión de amparo con el recurso contencioso administrativo, tratándose de una pretensión accesoria y subordinada a la acción principal, como se ha dicho, la decisión en el caso de amparo tiene carácter cautelar, no incidiendo en la anulación, que es el fondo debatido[1620]; y los efectos de la misma consisten en el caso de que la acción principal sea un recurso de nulidad de

---

1614 *V.*, sentencia de 18–11–93, *Revista de Derecho Público,* N° 55–56, EJV, Caracas, 1993, p. 458.

1615 *V.*, sentencias de la antigua Corte Suprema de Justicia, Sala Político Administrativa de 27–7–92 y 16–12–92 en *Revista de Derecho Público,* N° 51, EJV, Caracas, 1992, p. 215, y N° 52, EJV, Caracas, 1992, p. 236; y sentencias de la Corte Primera de lo Contencioso Administrativa de 7–9–91, *Revista de Derecho Público,* N° 47, EJV, Caracas, 1991, p. 169; de 14–11–92 *Revista de Derecho Público,* N° 52, EJV, Caracas, 1992, p. 232, y de 14–12–92 en FUNEDA, *15 años de Jurisprudencia, cit.,* p. 230.

1616 *V.*, sentencia de la antigua Corte Suprema de Justicia, Sala Político Administrativa de 19–11–92, *Revista de Derecho Público,* N° 52, EJV, Caracas, 1992, p. 240.

1617 *V.*, sentencias antigua Corte Suprema de Justicia, Sala Político Administrativa de 31–5–91, *Revista de Derecho Público,* N° 46, EJV, Caracas, 1991, p. 154; de 6–12–91, *Revista de Derecho Público,* N° 45, EJV, Caracas, 1991, p. 145; de 3–6–92, *Revista de Derecho Público,* N° 50, EJV, Caracas, 1992, p. 182; de 10–6–92, *Revista de Derecho Público,* N° 50, EJV, Caracas, 1992, p. 184; de 23–7–92, *Revista de Derecho Público,* N° 51, EJV, Caracas, 1992, pp. 208 y 210; y de 29–10–93, *Revista de Derecho Público,* N° 52, EJV, Caracas, 1992, p. 220, y sentencia de la Corte Primera de lo Contencioso Administrativa de 14–12–92, *Revista de Derecho Público,* N° 52, EJV, Caracas, 1992, p. 221.

1618 *V.*, sentencias de la antigua Corte Suprema de Justicia, Sala Político Administrativa de 11–7–91, en *Revista de Derecho Público,* N° 47, EJV, Caracas, 1991, p. 174; de 19–11–92, *Revista de Derecho Público,* N° 52, EJV, Caracas, 1992, p. 240, y de 11–3–93 en *Revista de Derecho Público,* N° 53–54, EJV, Caracas, 1993, pp. 232 y 354; y sentencia de la Corte Primera de lo Contencioso Administrativa de 15–12–88, en FUNEDA, *15 años de Jurisprudencia, cit.,* p. 215.

1619 *V.*, sentencia de la Corte Primera de lo Contencioso Administrativa de 16–1–92, *Revista de Derecho Público,* N° 49, EJV, Caracas, 1992, p. 146. y sentencia de la Corte Suprema, Sala Político Administrativa de 3–6–92 en *Revista de Derecho Público,* N° 50, EJV, Caracas, 1992, p. 182.

1620 *V.*, sentencia de la antigua Corte Suprema de Justicia, Sala Político Administrativa de 3–10–91, en *Revista de Derecho Público,* N° 48, EJV, Caracas, 1991, p. 164; y sentencia de la Corte Primera de lo Contencioso Administrativa de 21–9–93, en *Revista de Derecho Público* N° 53–54, EJV, Caracas, 1993, p. 365.

un acto administrativo, básicamente en la suspensión de los efectos del mismo mientras dure el juicio de nulidad[1621], sin que por esta vía se puedan crear derechos[1622]. La decisión, por otra parte, dado su carácter cautelar, se puede adoptar *inaudita parte*[1623].

Por ello, la antigua Corte Suprema de Justicia en Sala Político Administrativa señaló que la suspensión de efectos del acto administrativo decidida en los casos de ejercicio conjunto, tiene una naturaleza cautelar similar a la suspensión de efectos dictada conforme al artículo 136 de la derogada Ley Orgánica de la Corte (artículo 21, párrafo 22 de la Ley Orgánica del Tribunal Supremo), difiriendo básicamente en su fundamentación[1624] y precisando, en todo caso, que esta última norma no puede invocarse para obtener el pronunciamiento de amparo. De lo contrario, ha considerado la Corte Primera en lo que consideramos un exceso de formalismo, que en ese caso, el amparo debe declararse inadmisible[1625]. En particular, sólo podría admitirse el invocar el artículo 21, párrafo 22 de la Ley Orgánica del Tribunal Supremo de Justicia, cuando ello se hace en forma subsidiaria a la petición de amparo, para el caso de que éste se declare improcedente[1626].

En todo caso, como se dijo, la Corte Primera de lo Contencioso Administrativo precisó en sentencia de 18 de junio de 1991 que el hecho de que el ahora artículo 21, párrafo 22 de la Ley Orgánica (artículo 136 de la derogada Ley Orgánica) prevea la medida de suspensión de efectos del acto administrativo, no es suficiente para la protección constitucional[1627], pues conforme a esa norma, la suspensión sólo opera por previsión expresa de la Ley o cuando sea imprescindible para impedir daños irreparables o de difícil reparación. En el caso de la suspensión de efectos conforme a la Ley Orgánica de Amparo, ella no requiere de la demostración del daño, bastando la presunción grave de la violación. Además, agregó la antigua Corte en la citada sentencia de 18 de junio de 1991 que "dada su naturaleza, no se limita al simple levantamiento de la eficacia del acto sino que tiene un efecto más complejo y variado, por cuanto puede detener la realización de ciertas conductas e impedir que las mismas se consoliden"[1628].

1621 *V.*, sentencias de la antigua Corte Suprema de Justicia, Sala Político Administrativa de 14–8–91 *Revista de Derecho Público* N° 47, EJV, Caracas, 1991, p. 174; de 3–10–91 y de 5–12–91, *Revista de Derecho Público* N° 48, EJV, Caracas, 1991, pp. 164 y 167 de 11–3–93, *Revista de Derecho Público,* N° 53–54, EJV, Caracas, 1993, p. 351; y sentencia de la Corte Primera de lo Contencioso Administrativa de 3–12–91, *Revista de Derecho Público,* N° 48, EJV, Caracas, 1991, p. 166.

1622 *V.*, sentencia de la Corte Primera de lo Contencioso Administrativa de 20–6–91, *Revista de Derecho Público* N° 46, EJV, Caracas, 1991, p. 156.

1623 *V.*, sentencia de la Corte Primera de lo Contencioso Administrativa de 27–9–93, en *Revista de Derecho Público,* N° 55–56, EJV, Caracas, 1993, p. 475.

1624 *V.*, sentencia de 13–12–90, en *Revista de Derecho Público,* N° 45, EJV, Caracas, 1991, p. 149.

1625 Sentencias de la Corte Primera de lo Contencioso Administrativa de 21–2–91, en *Revista de Derecho Público,* N° 45, EJV, Caracas, 1991 pp. 146–147; y de 5–11–92, en *Revista de Derecho Público,* N° 52, EJV, Caracas, 1992, p. 187.

1626 *V.*, sentencia antigua Corte Suprema de Justicia, Sala Político Administrativa de 13–7–92, *Revista de Derecho Público,* N° 51, EJV, Caracas, pp. 215–216.

1627 *V.*, también sentencia de la Corte Primera de lo Contencioso Administrativa de 21–7–92, *Revista de Derecho Público,* N° 51, EJV, Caracas, 1992, p. 212.

1628 *V.*, en *Revista de Derecho Público,* N° 46, EJV, Caracas, 1991, p. 158.

De acuerdo con esta doctrina, la Corte Suprema ha reconocido que el juez contencioso administrativo, cuando conoce de una pretensión de amparo formulada conjuntamente con un recurso contencioso administrativo, tiene los más amplios poderes cautelares, señalando:

> En caso, pues, de que el juez de amparo considere que existen motivos para prever que se están dando o puedan producirse lesiones a derechos o garantías de rango constitucional, dispone –mientras se produce decisión del juicio principal– de las más amplias facultades para salvaguardarlos o protegerlos, ya sea suspendiendo los efectos del acto impugnado, ordenando la realización o el cese de una actuación o cualquier otra medida legalmente consagrada que considere acorde con y adecuada a la protección constitucional en el caso concreto.[1629]

Ahora bien, a pesar de estos poderes cautelares, en ciertas decisiones la antigua Corte Suprema fue cautelosa en acordar la suspensión de efectos de actos negativos o denegatorios impugnados en vía contencioso administrativa con pretensión de amparo, pues ello supuestamente convertía al juez contencioso administrativo "no en reparador de los daños que el acto genera, sino en otorgante en sede jurisdiccional y con carácter previo, de la pretensión ante la Administración, lo cual convertiría la decisión del juez de amparo en constitutiva del derecho, que no en reparadora de la lesión aducida"[1630].

Por otra parte, debe señalarse que el carácter accesorio y cautelar de la decisión que se adopte en cuanto a la petición de amparo, la hace esencialmente temporal, sometida al pronunciamiento final que se emita en el juicio principal[1631]. Las medidas cautelares, que tienen por finalidad evitar que se produzcan violaciones de derechos constitucionales mientras se tramita el juicio principal, permiten al juez hacer pleno uso de sus poderes de ejecución del mandamiento dictado[1632].

Por último, debe señalarse que por la mencionada sentencia de 21 de mayo de 1996, la antigua Corte Suprema de Justicia en Corte Plena declaró la nulidad por inconstitucionalidad del artículo 22 de la Ley Orgánica de Amparo por violación al derecho a la defensa consagrado en la Constitución. A pesar de que el artículo 5° de la Ley Orgánica que regula el ejercicio conjunto de la pretensión de amparo con el recurso de nulidad hace referencia al artículo 22 de la Ley Orgánica, la anulación de este no varía en absoluto el carácter cautelar del amparo en esos casos de ejercicio conjunto, tal y como la Corte lo indicó expresamente en la sentencia.[1633]

1629 *V.*, sentencia de 19–11–92, *Revista de Derecho Público,* N° 52, EJV, Caracas, 1992, p. 227.

1630 Sentencia de la Sala Político Administrativa de 4–12–91, en *Revista de Derecho Público,* N° 48, EJV, Caracas, 1991, pp. 167–168. Criterio ratificado en sentencia de la Corte Primera de lo Contencioso Administrativa de 14–1–92, *Revista de Derecho Público* N° 49, EJV, Caracas, 1992, p. 147.

1631 *V.*, sentencia de la Corte Primera de lo Contencioso Administrativa de 29–7–93 *Revista de Derecho Público* N° 55–56, EJV, Caracas, 1993, p. 47.

1632 *V.*, antigua Corte Suprema de Justicia, Sala Político Administrativa, sentencias de 22–11–90 y 2–6–93, en *Revista de Derecho Público,* N° 53–54, EJV, Caracas, 1993, p. 369.

1633 Consultada en original.

3. *La formulación de la pretensión de amparo con otros medios judiciales*

Por último, la pretensión de amparo también puede formularse conjuntamente con otros medios procesales o acciones ordinarias conforme al ordinal 5° del artículo 6 de la Ley Orgánica, que establece, al regular como causal de inadmisibilidad de la acción de amparo, cuando que el agraviado haya optado por recurrir a las vías judiciales ordinarias o hecho uso de los medios judiciales preexistentes; que en los casos en los cuales el agraviado recurra a las vías judiciales ordinarias o haga uso de medios judiciales preexistentes, se puede con ellos alegar la violación o amenaza de violación de un derecho o garantía constitucional, y en tal caso "el Juez deberá acogerse al procedimiento y a los lapsos establecidos en los artículos 23, 24 y 26 de la presente ley, a fin de ordenar la suspensión provisional de los efectos del acto cuestionado".

De acuerdo con la doctrina de la antigua Corte Suprema, establecida en el caso *Tarjetas Banvenez* (10 de julio de 1991), en estos casos, el amparo formulado como pretensión junto con una acción ordinaria o en el curso del proceso derivado de la misma, tampoco tiene carácter de acción principal sino subordinada, accesoria a la acción o recurso al cual se acumuló, sometida por tanto al pronunciamiento jurisdiccional final que se emita en la acción acumulada; teniendo además, un destino temporal y provisorio, dado sus efectos cautelares (no restablecedores) suspensivos de la ejecución de un acto, mientras dure el juicio para evitar que una sentencia a favor del accionante se haga inútil en su ejecución[1634].

Esta acumulación puede formularse de dos maneras, con la acción principal o en el curso de un proceso, con un recurso o como planteamiento. Este último supuesto, en algunos casos se ha denominado como "amparo sobrevenido", pero que, sin embargo, no agota la previsión del artículo 6, ordinal 5° de la Ley Orgánica.

En efecto, en primer lugar, y ello fue la intención del legislador al prever este amparo acumulado, con cualquier demanda puede formularse una pretensión de amparo alegándose violación o amenaza de violación de un derecho o garantía constitucionales. En estos casos no puede hablarse de amparo "sobrevenido", pues la pretensión de amparo se formula iniciándose el proceso con la acción principal.

Pero en segundo lugar, en el curso de un proceso ya iniciado puede formularse una pretensión de amparo alegándose una violación "sobrevenida", de algún derecho constitucional, lo que incluso puede ocurrir al interponerse una apelación o al formularse un recurso de casación. Este es uno de los supuestos del amparo acumulado a las acciones judiciales ordinarias, y no el único supuesto[1635]. En tal sentido, la doctrina jurisprudencial en la materia fue sentada en la sentencia de la Sala de Casación Civil de la antigua Corte Suprema de 9 de octubre de 1997 (Caso: *José Avelino*

1634 *V.*, sentencia de la antigua Corte Suprema de Justicia, Sala Político Administrativa de 3–8–89, *Revista de Derecho Público*, N° 39, EJV, Caracas, 1989, p. 136.

1635 Corte Suprema de Justicia de 18–11–93 (Caso: *Gustavo J. Ruiz*), *V.*, en *Revista de Derecho Público,* N° 55–56, EJV, Caracas, 1993, pp. 300 y 301. En el mismo sentido se ha pronunciado la Corte Primera de lo Contencioso Administrativo al referirse al ordinal 5° del artículo 6 de la Ley Orgánica de Amparo al indicar que "tal alternativa sólo sería procedente ante un hecho acaecido *con posterioridad* al comienzo o uso de las vías judiciales ordinarias o preexistentes y vinculado a su objeto; constituye tal posibilidad lo que se denominaría el amparo por hecho sobrevenido" en FUNEDA, *15 años de Jurisprudencia, op. cit.*, p. 232.

Gómez), en la cual la Sala, fijando "el verdadero alcance" del precepto contenido en el ordinal 5° del artículo 6° de la Ley Orgánica de Amparo resolvió así:

> En primer lugar, ha de precisarse que la causal de inadmisibilidad de la acción autónoma de amparo prevista en el ordinal 5° del artículo 6° citado, opera en los casos en que –como la misma norma lo expresa– el agraviado haya optado por acudir a las vías ordinarias o hecho uso de los medios judiciales preexistentes, *pues en tal hipótesis el afectado puede solicitar y obtener protección inmediata del juez que ha de conocer del recurso ordinario o del medio judicial preexistente, mediante la suspensión provisional de los efectos del acto o decisión reputado contrario a la Constitución...*
>
> Ello, desde luego, permite afirmar que el amparo asume en este supuesto un rol cautelar que convierte el procedimiento judicial ordinario en una vía eficaz para el restablecimiento definitivo de la situación jurídica que le ha sido infringida al pretensor, por lo cual nada impide que esta acción pueda proponerse conjuntamente con el mecanismo procesal previsto por la ley para resolver el asunto (ejemplo: recurso de hecho contra negativa de oír apelación), e, incluso, después de interpuesto aquél (caso de apelación oída en un solo efecto), porque el amparo sólo persigue la suspensión de los efectos del acto cuestionado, como medida de protección provisional del derecho que se alega violado o amenazado, mientras se juzga en forma definitiva sobre el acto recurrido; pero en todos los casos será condición necesaria para su procedencia la demostración del riesgo de irreparabilidad de la violación constitucional, por la sentencia de fondo. La decisión que en este sentido se dicte será revisable, bien por apelación o por consulta, de conformidad con las previsiones del artículo 35 de la Ley Orgánica de Amparo sobre Derechos y Garantías Constitucionales.[1636]

Esto fue precisado además, en otra sentencia de la Sala de Casación de la antigua Corte Suprema de 2 de abril de 1997 (Caso: *Andrea María Vaga*), en la cual resolvió:

> que la acción de amparo propuesta conjuntamente con una de otro tipo participa de todos los caracteres procesales inherentes a la acumulación de acciones, esto es: que ha de ser resuelta por un solo juez (el mismo que sea competente para conocer de la acción principal), y que ambas pretensiones (la de amparo y la de nulidad u otra) deben ser tramitadas en un solo proceso que tiene dos etapas: la del amparo, previa, y la contenciosa, la cual forzosamente cubre, en la decisión final, tanto la medida cautelar que inevitablemente perece en esa oportunidad, como el pronunciamiento judicial acerca de la nulidad solicitada. En otras palabras, si por las características analizadas el mandamiento de amparo se traduce única y exclusivamente en la suspensión provisional del acto recurrido en nulidad, la sentencia que decida ésta deja sin efecto aquella medida cautelar dictada en forma previa, tanto si el acto cuestionado es anulado como si es confirmado, porque, en uno u otro caso, carece ya de sustentación jurídica".

A tal efecto, concluyó la Sala señalando que "la admisibilidad de este medio de protección constitucional debe estar al cumplimiento de los siguientes requisitos":

1636 Consultada en original.

a) Deberá coexistir con otros medios procesales; b) Puesto que el amparo tiene propósitos cautelares, esto es, la suspensión temporal de los efectos del acto cuestionado mientras se decide sobre la legitimidad de aquél, su interposición ha de verificarse por ante el Tribunal al que corresponda conocer del medio procesal ejercido con tales fines; c) La solicitud deberá fundamentarse en la violación directa de un derecho o garantía constitucional, o en la amenaza de que ella se produzca; y d) El agraviado deberá comprobar que la violación constitucional difícilmente podrá ser reparada por la sentencia que juzgue sobre la ilegitimidad del acto. Así se declara.

4. *El nuevo régimen establecido por la Sala Constitucional para la protección cautelar en los casos de formulación de la pretensión de amparo con otros medios judiciales*

En relación con todos estos supuestos de ejercicio conjunto de la pretensión de amparo con otros medios de impugnación y los efectos cautelares suspensivos de la decisión judicial, la Sala Constitucional del Tribunal Supremo de Justicia, mediante sentencia Nº 88 de 14 marzo de 2000 (Caso: *Ducharme de Venezuela, C.A.*), estableció una serie de modalidades nuevas de procedimiento, en la siguiente forma:

> En efecto, la Sala Constitucional comenzó por observar que mediante la sentencia de la entonces Corte Suprema de Justicia en Pleno, del 21 de mayo de 1996, que anuló el artículo 22 de la Ley Orgánica de Amparo sobre Derechos y Garantías Constitucionales, se establecieron las distintas alternativas de tramitación de los amparos ejercidos de forma conjunta con otras acciones, basándose para ello en la potestad consagrada en el artículo 102 de la Ley Orgánica de la Corte Suprema de Justicia, en los siguientes términos:
>
> 1. Tramitar la solicitud de amparo constitucional de conformidad con lo dispuesto en los artículos 23 y siguientes de la Ley Orgánica de Amparo.
> 2. En caso de que la solicitud de amparo sólo tenga por objeto la suspensión de los efectos del acto administrativo recurrido, darle el mismo tratamiento de beneficio que la suspensión de efectos prevista en el artículo 136 de la Ley Orgánica de la Corte Suprema de Justicia.
> 3. Si la solicitud de amparo tiene por objeto la obtención de una medida cautelar de las previstas en el parágrafo primero del artículo 588 del Código de Procedimiento Civil, tramitarla de conformidad con lo previsto en el Título II del Libro Tercero de dicho Código.
>
> No obstante, se observa que la potestad prevista en el artículo 102 de la Ley Orgánica de la Corte Suprema de Justicia otorgada al juez Contencioso Administrativo, le permite a éste la aplicación de otros procedimientos de acuerdo a la naturaleza del caso y a las exigencias de la protección constitucional.

Con fundamento en esta sentencia, en concordancia con el artículo 102 de la ya derogada Ley Orgánica de la Corte Suprema de Justicia, y atendiendo a los principios procesales consagrados en la nueva Constitución "que se inspira en lograr la preservación de la tutela judicial efectiva y una pronta decisión a los asuntos sometidos a los órganos jurisdiccionales (artículo 26)," la Sala Constitucional del Tribunal Supremo de Justicia estableció entonces "el siguiente procedimiento para tramitar *las acciones de nulidad interpuestas conjuntamente con medida cautelar de amparo*:"

Primero, en relación con el inicio del procedimiento, la Sala estableció la necesidad de que el juez se pronuncie sobre la admisibilidad de la acción principal, disponiendo lo siguiente:

1. Una vez recibida en esta Sala la acción de nulidad, interpuesta conjuntamente con amparo constitucional, el Juzgado de Sustanciación de la Sala decidirá mediante auto sobre la admisibilidad de la acción principal, a menos que por la urgencia del caso la Sala decida pronunciarse sobre la admisión de la misma, supuesto en que también la Sala se pronunciará sobre el amparo ejercido conjuntamente con la referida acción de nulidad.

2. En caso de que se declare inadmisible la acción principal, se dará por concluido ejercicio y se ordenará el archivo del expediente.

Segundo, una vez admitida la acción principal, de acuerdo con lo expresado en la misma sentencia:

3. En el mismo auto se ordenará abrir cuaderno separado en el cual se designará Ponente, a los efectos de decidir sobre el amparo constitucional.

4. El procedimiento de nulidad continuará su trámite por ante el Juzgado de Sustanciación, y la Sala decidirá sobre la procedencia o no del amparo constitucional.

Tercero, en relación con la decisión sobre la pretensión de amparo cautelar y convocatoria a la audiencia constitucional respectiva, la sentencia de la Sala indicó:

En el caso que se acuerde el amparo se le notificará de dicha decisión al presunto agraviante, para que, si lo estima pertinente, formule oposición contra la medida acordada, dentro de las cuarenta y ocho (48) horas siguientes a su notificación, supuesto en el cual se convocará para una audiencia oral y pública que se efectuará en el tercer (3°) día siguiente a la formulación de la oposición, a fin de que las partes expongan sus alegatos. En el auto en el que se fije la celebración de la audiencia oral y pública, se ordenará la notificación del Ministerio Público.

Cuarto, una vez concluido el debate oral, la Sala dispuso que en el mismo día, la misma debe deliberar y puede tomar la decisión sobre el amparo luego de la audiencia, conforme a las siguientes reglas:

a) Pronunciarse inmediatamente sobre la oposición, en cuyo caso se expondrá de forma oral los términos de la decisión, la cual deberá ser publicada íntegramente dentro de los cinco (5) días siguientes a la audiencia en la cual se dictó aquélla.

b) Diferir la audiencia oral por un lapso que en ningún momento será mayor de cuarenta y ocho (48) horas por estimar que es necesario la presentación o evacuación de alguna prueba que sea fundamental para decidir el caso, o a petición de alguna de las partes o del Ministerio Público.

Quinto, en cuanto a la decisión que debe dictarse en materia cautelar, la sentencia de la Sala dispuso que:

6. La decisión recaída sobre el amparo constitucional en nada afecta la tramitación de la causa principal.

* * *

De todo lo anteriormente expuesto, se evidencia en el sistema venezolano de protección de los derechos fundamentales, que habiéndose consagrado constitucionalmente al amparo como un derecho constitucional en si mismo, su ejercicio puede realizarse mediante el ejercicio de una acción autónoma de amparo o mediante la formulación de una pretensión de amparo acumulada a otras acciones o recursos. En el primer caso, las medidas cautelares de protección se han desarrollado conforme a las previsiones del Código de Procedimiento Civil que dan una amplísima potestad en la materia a los jueces, y en el segundo caso, conforme se ha establecido en la ley Orgánica de Amparo, las naturaleza de la protección judicial es esencialmente cautelar, mediante la suspensión de los efectos de las leyes impugnadas ante la Sala Constitucional del Tribunal Supremo de Justicia, en los casos en los cuales, conforme al artículo 3° de la Ley Orgánica, se formule una pretensión de amparo contra leyes junto con la acción popular de inconstitucionalidad de las mismas; o mediante la suspensión de los efectos de los actos administrativos impugnados ante los tribunales contencioso administrativos, en los casos en los cuales, conforme al artículo 5° de la misma Ley Orgánica de Amparo, se formule una pretensión de amparo contra actos administrativos y contra las conductas omisivas de la Administración conjuntamente con el correspondiente recurso contencioso administrativo contra los mismos.

New York, agosto 2009.

SEXTA PARTE:

OTROS ESTUDIOS SOBRE EL DERECHO Y LA ACCIÓN DE AMPARO EN VENEZUELA

SECCIÓN PRIMERA:

EL AMPARO CONSTITUCIONAL EN VENEZUELA (2010-2012)

Esta Sección es el texto del estudio publicado en la obra colectiva: Eduardo Ferrer Mac-Gregor y Carlos Manuel Villabella Armengol, *El amparo en Latinoamérica,* FUNDAp, Querétaro, México 2012, pp. 455-478; y en la *Revista de Derecho Público,* Nº 74, Departamento de Derecho Público, Universidad de Chile, Santiago de Chile, 2011.

El proceso constitucional de amparo fue introducido en Venezuela en la Constitución de 1961, estableciéndolo, siguiendo la orientación del constitucionalismo moderno latinoamericano,[1637] como la garantía judicial específica de los derechos y garantías constitucionales, pero configurándolo además, como un *derecho constitucional de todas las personas a ser amparados* por los Tribunales en el goce y ejercicio de todos dichos derechos y garantías,[1638] con características bien definidas en el derecho constitucional comparado de América Latina[1639]. Dicho derecho constitu-

---

1637 *V.,* el trabajo de Héctor Fix-Zamudio sobre el amparo venezolano en su trabajo: "Algunos aspectos comparativos del derecho de amparo en México y Venezuela", *Libro Homenaje a la Memoria de Lorenzo Herrera Mendoza,* UCV, Caracas, 1970, Tomo II, pp. 333–390. *V.,* además, Héctor Fix Zamudio, "La teoría de Allan R. Brewer-Carías sobre el derecho de amparo Latinoamericano y el juicio de amparo mexicano", en *El derecho público a comienzos del siglo XXI. Estudios en homenaje al Profesor Allan R. Brewer-Carías,* Editorial Thomson Civitas, Madrid, 2002, Tomo I, pp. 1125 y ss.

1638 *V.,* Allan R. Brewer–Carías, *El Derecho y la Acción de Amparo,* Tomo V, *Instituciones Políticas y Constitucionales,* Editorial Jurídica Venezolana, Universidad Católica del Táchira, Caracas–San Cristóbal, 1998; *La Justicia Constitucional (Procesos y procedimientos constitucionales)*, Instituto Mexicano de Derecho Procesal Constitucional, Ed. Porrúa, México 2007.

1639 *V.,* nuestros trabajos: Allan R. Brewer–Carías, *Judicial Review in Comparative Law,* Cambridge Studies in International and Comparative Law. New Series, Cambridge University Press, Cambridge 1989, 406 pp.; y en Allan R. Brewer-Carías, *Études de droit public comparé*, Académie International de Droit Comparé, Bruylant, Bruxelles 2001, pp. 526-934; "El amparo a los derechos y libertades constitucionales y la acción de tutela a los derechos fundamentales en Colombia: una aproximación comparativa", en Manuel José Cepeda (editor), *La Carta de derechos. Su interpretación y sus implicaciones*, Editorial Temis, Bogotá 1993, pp. 21-81, y en *La protección jurídica del ciudadano. Estudios en Homenaje al Profesor Jesús González Pérez,* Tomo 3, Editorial Civitas, Madrid 1993, pp. 2.695-2.748; *El amparo a los derechos y libertades constitucionales. Una aproximación comparativa*, Cuadernos de la Cátedra Allan R. Brewer–Carías de Derecho Público, Nº 1, Universidad Católica del Táchira, San Cristóbal 1993, 138 cional ha sido regulado ampliamente en el artículo 27 de la Constitución de 1999[1640] siguiendo la orientación del artículo 49 de la Constitución de 1961,[1641] así:

> "*Artículo 27*: Toda persona tiene derecho a ser amparada por los tribunales en el goce y ejercicio de los derechos y garantías constitucionales, aun de aquellos inherentes a la persona que no figuren expresamente en esta Constitución o en los instrumentos internacionales sobre derechos humanos.
>
> El procedimiento de la acción de amparo constitucional será oral, público, breve, gratuito y no sujeto a formalidad, y la autoridad judicial competente tendrá potestad para restablecer inmediatamente la situación jurídica infringida o la situación que más se asemeje a ella. Todo tiempo será hábil y el tribunal lo tramitará con preferencia a cualquier otro asunto.
>
> La acción de amparo a la libertad o seguridad podrá ser interpuesta por cualquier persona, y el detenido o detenida será puesto bajo la custodia del tribunal de manera inmediata, sin dilación alguna.
>
> El ejercicio de este derecho no puede ser afectado, en modo alguno, por la declaración del estado de excepción o de la restricción de garantías constitucionales."

De esta norma constitucional derivan las notas distintivas del derecho y acción de amparo en Venezuela, y entre ellas, su universalidad respecto de los derechos protegidos y las causas de la lesión o amenaza de lesión de los mismos; las formas de su ejercicio; y los principios del procedimiento los cuales desde el inicio fueron desarrollados por la jurisprudencia en aplicación de la Ley Orgánica de Amparo sobre Derechos y Garantías Constitucionales de 1988 (LOA).[1642]

---

pp; "La justice constitutionnelle et le pouvoir judiciaire," en Allan R. Brewer-Carías, *Études de droit public comparé*, Académie International de Droit Comparé, Bruylant, Bruxelles 2001, pp. 935–1182; *Mecanismos nacionales de protección de los derechos humanos (Garantías judiciales de los derechos humanos en el derecho constitucional comparado latinoamericano)*, Instituto Interamericano de Derechos Humanos, San José 2005, 300 pp.; y *Constitutional Protection of Human Rights in Latin America. A Comparative Study of the Amparo Proceeding, Cambridge University Press,* New York 2008, 448 pp.

1640 *V.*, en general, Hildegard Rondón de Sansó, "La acción de amparo constitucional a raíz de la vigencia de la Constitución de 1999", en *Revista de la Facultad de Ciencias Jurídicas y Políticas de la UCV*, nº 119, Caracas, 2000, pp. 147–172; Richard D. Henríquez Larrazábal, "El problema de la procedencia del amparo constitucional en el Derecho venezolano", en *Bases y principios del sistema constitucional venezolano (Ponencias del VII Congreso Venezolano de Derecho Constitucional realizado en San Cristóbal del 21 al 23 de Noviembre de 2001),* Volumen II, pp. 403–475; Víctor R. Hernández–Mendible, "El amparo constitucional desde la perspectiva cautelar", en *El Derecho Público a comienzos del siglo XXI. Estudios homenaje al Profesor Allan R. Brewer–Carías,* Tomo I, Edit. Civitas, Madrid, 2003, pp. 1219–1301; Allan R. Brewer-Carías, "Introducción general al régimen del derecho de amparo a los derechos y garantías constitucionales (el proceso de amparo)", en *Ley Orgánica de amparo sobre derechos y garantías constitucionales*, Editorial Jurídica Venezolana, Caracas 2007, pp. 9-149.

1641 *V.*, en general Allan R. Brewer-Carías y Carlos Ayala Corao, en *Ley Orgánica de amparo sobre derechos y garantías constitucionales*, Editorial Jurídica Venezolana, Caracas 1988; Hildegard Rondón de Sansó, *La acción de amparo contra los Poderes Públicos*, Editorial Arte, Caracas 1994; Hildegard Rondón de Sansó, *Amparo constitucional,* Editorial Arte, Caracas 1998; Gustavo Linares Benzo, El proceso de amparo, Universidad Central de Venezuela, Caracas 1999; Rafael J. Chavero Gazdik, *El nuevo régimen del amparo constitucional en Venezuela,* Edit. Sherwood, Caracas 2001.

1642 *V.*, Allan R. Brewer-Carías, "La reciente evolución jurisprudencial en relación a la admisibilidad del recurso de amparo", en *Revista de Derecho Público*, n° 19, Editorial Jurídica Venezolana (en lo adelante: EJV), Caracas, julio-septiembre 1984, pp. 207-217.

I. LA UNIVERSALIDAD DEL AMPARO: DERECHOS Y GARANTÍAS PROTEGIDOS Y ACTOS LESIVOS DE PARTICULARES Y DE AUTORIDADES

La acción de amparo procede en Venezuela para la protección de todos los derechos constitucionales enumerados en el texto de la Constitución (artículos 19 a 129: derechos civiles, políticos, sociales y de las familias, culturales y educativos, económicos, de los pueblos indígenas, y ambientales), y en los tratados internacionales sobre derechos humanos, que conforme al artículo 23 de la Constitución tienen jerarquía constitucional, y además, respecto de todos aquellos otros derechos inherentes a la persona humana que no figuren expresamente, ni en la Constitución o en dichos tratados internacionales (artículo 22, Constitución), los cuales además, prevalecen incluso sobre el orden interno si contienen regulaciones más favorables para el goce y ejercicio de los derechos.

Por tanto, no hay derechos o garantías constitucionales y fundamentales que no sean justiciables mediante la acción de amparo, correspondiendo su ejercicio a todas las personas tanto naturales como jurídicas o morales,[1643] debiendo estas últimas estar domiciliadas en el país (art. 1, LOA). Lo único que se requiere para que proceda el amparo, sin embargo, es que sea una violación inmediata, directa y clara del derecho constitucional.[1644] La consecuencia de esta universalidad del amparo, es que en Venezuela, el llamado derecho de hábeas corpus se haya configurado como parte del derecho de amparo[1645] o, si se quiere, como una manifestación del derecho de amparo, a cuyo efecto, la Ley Orgánica de Amparo establece en su artículo 1° que "La garantía de la libertad personal que regula el *hábeas corpus* constitucional, se regirá por esta ley"; destinando a ello los artículos 38 a 47 de la misma.

Por otra parte, de acuerdo con la Constitución, el amparo constitucional procede contra cualquier acto, hecho u omisión de autoridades o de particulares que viole derechos o garantías constitucionales o amenace violarlos. Por tanto, así como no hay derechos y garantías excluidos del amparo, tampoco hay actos, hechos u omisiones que escapen de la protección de la misma. Ello se precisa en el artículo 2° de la Ley Orgánica, cuando indica que:

1643 *V.*, lo indicado por la Corte Primera de lo Contencioso-Administrativo en sentencias de 30–4–87, 24–4–88 y 28–7–88 en FUNEDA, 15 *años de Jurisprudencia de la Corte Primera de lo Contencioso–Administrativo, 1977–1992, Amparo Constitucional,* Caracas, 1994, pp. 141, 180 y 225.

1644 *V.*, por ejemplo, sentencias de la Corte Primera de lo Contencioso administrativo de 22–1–88, *Revista de Derecho Público,* N° 33, EJV, Caracas, 1988, p. 109; de 24–5–88, *Revista de Derecho Público,* n° 35, EJV, Caracas, 1988, p. 100; de 30–6–88, *Revista de Derecho Público,* N° 35, EJV, Caracas, 1988, p. 129; de 8–10–91, *Revista de Derecho Público,* N° 48, EJV, Caracas, 1991, p. 138; de 15–9–92 y 16–9–92, *Revista de Derecho Público,* N° 51, EJV, Caracas, 1992, pp. 146 y 150; y de la antigua Corte Suprema de Justicia, Sala Político Administrativa, de 9–5–88, *Revista de Derecho Público* N° 34, EJV, Caracas, 1988, pp. 105 y 116; de 27–6–90, *Revista de Derecho Público* N° 43, EJV, Caracas, 1990 p. 92, y de 26–10–89, *Revista de Derecho Público*, N° 40, EJV, Caracas, 1989, p. 109. *V.*, también de la antigua Corte Suprema de Justicia, Sala Plena de 21–3–88, *Revista de Derecho Público,* N° 34, EJV, Caracas, 1988, p. 105.

1645 Allan R. Brewer-Carías, "El derecho de amparo y la acción de amparo", en *Revista de Derecho Público,* N° 22, EJV, Caracas, abril-junio 1985, pp. 51-61; y "El derecho de amparo en Venezuela," en *Revista de Derecho*, N° 1, año V, Facultad de Derecho, Universidad Central, Santiago de Chile 1991, pp. 151-178; y en *Garantías jurisdiccionales para la defensa de los derechos humanos en Iberoamérica*, Instituto de Investigaciones Jurídicas, Universidad Nacional Autónoma de México, México 1992, pp. 7-53.

"La acción de amparo procede contra cualquier hecho, acto u omisión provenientes de los órganos del Poder Público Nacional, Estadal o Municipal. También procede contra el hecho, acto u omisión originados por ciudadanos, personas jurídicas, grupos u organizaciones privadas, que hayan violado, violen o amenacen violar cualquiera de las garantías o derechos amparados por esta Ley".

Por tanto, además de proceder el amparo contra particulares, sin distinción alguna,[1646] procede contra todas las perturbaciones provenientes de autoridades públicas, igualmente sin distinción alguna, sea que se trate de actos estatales u omisiones así como de actos materiales y vías de hecho de las autoridades públicas (art. 5 LOA). Así, ninguna actuación u omisión pública escapa al amparo, quedando sólo excluidos de la acción, conforme se estableció en el artículo 6,6 de la ley Orgánica, "los actos de la Corte Suprema de Justicia."[1647] Por ello, la antigua Corte Suprema de Justicia en Sala Político Administrativa en sentencia de 31 de enero de 1991 (Caso: *Anselmo Natale*), afirmó enfáticamente que "no puede existir ningún acto estatal que no sea susceptible de ser revisado por vía de amparo, entendiendo ésta como "un medio de protección de las libertades públicas cuyo objeto es restablecer su goce o disfrute, cuando alguna persona natural o jurídica, o grupos u organizaciones privadas, amenace vulnerarlas o las vulneren efectivamente."[1648]

En cuanto al amparo contra leyes y demás actos normativos, de acuerdo al artículo 3° de la Ley Orgánica:

"También es procedente la acción de amparo cuando la violación o amenaza de violación deriven de una norma que colida con la Constitución. En este caso, la providencia judicial que resuelva la acción interpuesta deberá apreciar la inaplicación de la norma impugnada y el Juez informará a la Corte Suprema de Justicia acerca de la respectiva decisión".

Se previó así en la Ley Orgánica el llamado "amparo contra normas" el cual en ciertos aspectos se puede asimilar al denominado en México "amparo contra leyes,"[1649] no teniendo la decisión del juez efectos anulatorios, sino de inaplicación de la norma respecto de quién se solicita amparo (*inter partes*). Pero en relación al control de la constitucionalidad de las leyes, que la Ley Orgánica, además de prever el amparo contra normas, permite ejercer la pretensión de amparo, conjuntamente con la acción popular de inconstitucionalidad de las leyes ante la Sala Constitucional del

---

1646 Tal como sucede en Argentina después del caso *Samuel Kot SRL.* de 1958. S. *V.* Linares Quintana, *Acción de Amparo,* Buenos Aires, 1960, p. 25, G. R. Carrio, *Algunos aspectos del recurso de amparo,* Buenos Aires, 1959, p. 13.

1647 *V.*, sentencia de la Corte Primera de lo Contencioso Administrativa de 18–6–91, en FUNEDA, *15 años de Jurisprudencia op. cit.*, p. 145; y en *Revista de Derecho Público,* nº 46, EJV, Caracas, 1991, p. 124.

1648 *V.*, en *Revista de Derecho Público,* nº 45, EJV, Caracas, 1991, p. 118. La tesis de la Corte Suprema fue reafirmada por la Corte Primera de lo Contencioso Administrativo en sentencia de 18–6–91, en *V.*, en *Revista de Derecho Público,* Nº 46, EJV, Caracas, 1991, p. 125.

1649 Héctor Fix–Zamudio, "Algunos problemas que plantea el amparo contra leyes", *Boletín del Instituto de Derecho Comparado de México,* UNAM, Nº 37, 1960, pp. 11 a 39. *V.*, además, además, Allan R. Brewer-Carías, "La acción de amparo contra leyes y demás actos normativos en el derecho venezolano," en *Liber Amicorum. Héctor Fix-Zamudio*, Volumen I, Secretaría de la Corte Interamericana de Derechos Humanos. San José, Costa Rica 1998, pp. 481-501

Tribunal Supremo de Justicia, previendo en el mismo artículo 3° de la Ley Orgánica, lo siguiente:

> "La acción de amparo también podrá ejercerse conjuntamente con la acción popular de inconstitucionalidad de las leyes y demás actos estatales normativos, en cuyo caso, la Corte Suprema de Justicia, si lo estima procedente para la protección constitucional, podrá suspender la aplicación de la norma respecto de la situación jurídica concreta cuya violación se alega, mientras dure el juicio de nulidad".

Aún cuando de la norma del artículo 3° de la Ley Orgánica, puede decirse que resultaba una *vía directa de control difuso* de la constitucionalidad de las leyes,[1650] la jurisprudencia de la Sala Político Administrativa de la antigua Corte Suprema impuso el criterio de que no procede la acción de amparo directamente contra normas, siendo que lo que procede es su ejercicio contra los actos de ejecución de la norma, que serían los actos lesivos.[1651] Así lo indicó en sentencia de 24 de mayo de 1993, al afirmar que "el mencionado artículo de la Ley Orgánica de Amparo no consagra la posibilidad de interponer esta acción de protección constitucional contra una ley u otro acto normativo sino contra el acto de aplicación o ejecución de ésta, el cual en definitiva es el que, en el caso concreto, puede ocasionar una lesión particular de los derechos y garantías constitucionales de una persona determinada."[1652]

En materia de amparo contra actos administrativos y conductas omisivas de la Administración, el artículo 5° de la Ley Orgánica dispone que:

> "La acción de amparo procede contra todo acto administrativo, actuaciones materiales, vías de hecho, abstenciones u omisiones que violen o amenacen violar un derecho o garantía constitucionales, cuando no exista un medio procesal breve, sumario y eficaz, acorde con la protección constitucional".

En consecuencia, si dicho medio procesal acorde con la protección constitucional existe, la acción de amparo no es admisible; pudiendo ser dicho medio el recurso contencioso administrativo de anulación, siempre que exista en la localidad un tribunal con competencia contencioso administrativa, y se formule en el mismo conjuntamente con la pretensión de nulidad, la pretensión de amparo.[1653]

En estos casos, agrega el artículo 5° de la Ley Orgánica, el Juez, en forma breve, sumaria y efectiva, si lo considera procedente para la protección constitucional, suspenderá los efectos del acto recurrido como garantía de dicho derecho constitucional violado, mientras dure el juicio. Para garantizar que este recurso contencioso adminis-

---

1650 *V.*, Allan R. Brewer–Carías, *Nuevas tendencias en el contencioso administrativo en Venezuela,* EJV, Caracas, 1993, p. 168.

1651 Fue el caso de la en sentencia de 8–8–94, la Sala Político Administrativa al resolver un amparo en el caso de las declaraciones juradas de patrimonio exigidas a los administradores de bancos por la Ley de Emergencia Financiera de 1994. *V.*, el texto en Allan R. Brewer–Carías y Carlos Ayala Corao, *El derecho a la intimidad y a la vida privada y su protección frente a las injerencias abusivas o arbitrarias del Estado,* Caracas, 1995, pp. 214 a 216.

1652 *V.*, en *Revista de Derecho Público,* N° 55–56, EJV, Caracas, 1993, pp. 287–288. *V.*, también sentencia de 19–11–92 (Caso: *Electrificación del Caroní, EDELCA,* n° *54).*

1653 *V.*, sentencias de la antigua Corte Suprema de Justicia, Sala Político Administrativa de 25–1–89 y 9–8–89 en *Revista de Derecho Público,* N° 39, EJV, Caracas, 1989, p. 139.

trativo de anulación y amparo, sea un medio procesal breve, sumario y efectivo, acorde con la protección constitucional, el Parágrafo Único del artículo 5° de la Ley Orgánica precisa que:

> "Cuando se ejerza la acción de amparo contra actos administrativos conjuntamente con el recurso contencioso administrativo que se fundamente en la violación de un derecho constitucional, el ejercicio del recurso procederá en cualquier tiempo, aun después de transcurridos los lapsos de caducidad previstos en la Ley; y no será necesario el agotamiento previo de la vía administrativa".

Ahora bien, en el caso de ejercicio de la acción autónoma de amparo contra actos administrativos, el tema central a precisar es que los efectos de la decisión de amparo no son de orden anulatorio sino de mera suspensión de efectos del acto, lo que implica que el acto administrativo lesivo queda incólume en cuanto a su validez, por lo que para que la protección constitucional sea integral debería buscarse su anulación posterior por la vía contencioso administrativa.

Pero la acción de amparo no sólo procede contra actos administrativos sino también contra conductas omisivas de la Administración, para lo cual debe existir mora frente a un requerimiento del interesado. Es decir, es necesario que el presunto agraviado se haya dirigido en forma previa a la presunta autoridad agraviante, dando inicio a un procedimiento constitutivo, de manera que no se puede accionar por abstención cuando no habido requerimiento del administrado para que la autoridad administrativa emita algún acto administrativo[1654]. Por supuesto, en todos estos casos de procedencia de la acción de amparo contra la mora de la Administración, como violatoria del derecho a obtener oportuna respuesta garantizado en el artículo 67 de la Constitución, la consecuencia de la violación de tal derecho, como lo ha señalado la Corte Primera de lo Contencioso Administrativo, "sólo implica ordenar a la autoridad administrativa que otorgue la respuesta correspondiente"[1655].

Por otra parte, en cuanto al amparo contra sentencias y demás actos judiciales, el artículo 4° de la Ley Orgánica establece que:

> "Igualmente procede la acción de amparo cuando un Tribunal de la República, actuando fuera de su competencia, dicte una resolución o sentencia u ordene un acto que lesione un derecho constitucional".

En estos casos, y con el objeto de salvaguardar las jerarquías judiciales de revisión, se establece expresamente que "La acción de amparo debe interponerse por ante un Tribunal superior al que emitió el pronunciamiento, quien decidirá en forma breve, sumaria y efectiva".

Tratándose de amparo contra sentencias,[1656] la jurisprudencia ha precisado sus contornos indicando que es necesario que exista un acto judicial lesivo, es decir, que

---

1654 Sentencia de la antigua Corte Suprema de Justicia, Sala Político Administrativa de 18–11–93, en *Revista de Derecho Público* N° 55–56, EJV, Caracas, 1993, p. 295.

1655 *V.*, sentencia de 26–8–93 (Caso: *Inversiones Klanki*), en *Revista de Derecho Público,* N° 55–56, EJV, Caracas, 1993, p. 294.

1656 *V.*, entre otras, la sentencia de la Sala Constitucional N° 848 de 28–7–2000 (Caso: *Luis A. Baca vs. Juzgado Segundo de Primera Instancia en lo Civil, Mercantil, Agrario y del Tránsito del Primer Circuito de la Circunscripción Judicial del Estado Bolívar*), en *Revista de Derecho Público,* N° 83, EJV, Caracas, 2000, p. 296 ss.

lesione o amenace lesionar un derecho constitucional, para lo cual ningún tribunal puede tener competencia.[1657] Por ello, la expresión legal "actuando fuera de su competencia" ha sido interpretada por la Sala Político Administrativa de la antigua Corte Suprema, en sentencia de 12 de diciembre de 1989 (Caso: *El Crack C.A*) como equivalente a un tribunal que "usurpa funciones, ejerciendo unas que no le son conferidas o hace uso indebido de las funciones que le han sido atribuidas, lesionando con su actuación derechos o garantías constitucionales."[1658] De acuerdo a esta doctrina, por tanto, y dada la garantía de la cosa juzgada que protege a las decisiones judiciales, no basta para que sea procedente una acción de amparo contra sentencias que el accionante sólo señale que la sentencia le fue adversa, sino que debe alegar abuso o exceso de poder del juez, como forma de incompetencia[1659].

Por otra parte, en relación al amparo contra sentencias y demás actos judiciales, otro aspecto que debe destacarse es que la aplicación del artículo 4° de la Ley Orgánica de Amparo sólo procede cuando el juez en concreto actúa en ejercicio de funciones jurisdiccionales, en cuyo caso, el juez competente para conocer de la acción es el tribunal superior al que emitió el pronunciamiento. En cambio, en los supuestos en los cuales un juez dicte un acto actuando en función administrativa (no jurisdiccional), por ejemplo, cuando actúa como registrador mercantil, la competencia para conocer de la acción de amparo corresponde al tribunal de primera instancia que lo sea en la materia afín con la naturaleza del derecho violado"[1660].

En relación con las partes en el proceso, debe señalarse que conforme a la doctrina de la Sala Constitucional, "la acción de amparo contra decisiones judiciales no procede contra el Juez que dictó la decisión sino contra la decisión en sí misma", en el sentido de que el Juez no es el legitimado pasivo en el procedimiento de amparo, siendo el fallo, en si mismo, "el presunto trasgresor de un derecho o garantía constitucional". Por ello es que se ha considerado que no es necesaria la presencia del Juez para defender o informar sobre la decisión tomada, de manera que según lo resuelto por la misma Sala en su sentencia de 1° de febrero de 2000 (Caso: *José A. Mejías y otros*), "la ausencia del juez a la audiencia oral, no significa aceptación de la pretensión de amparo".[1661]

1657 *V.*, Allan R. Brewer–Carías, "El problema del amparo contra sentencias o de cómo la Sala de Casación Civil remedia arbitrariedades judiciales" en *Revista de Derecho Público,* N° 34, EJV, Caracas, 1988, p. 164; y "El recurso de amparo contra sentencias de amparo dictadas en segunda instancia", en *Revista de Derecho Público,* N° 36, Editorial Jurídica Venezolana, Caracas, octubre-diciembre 1988, pp. 160-172.

1658 *V.*, en *Revista de Derecho Público,* N° 41, EJV, Caracas, 1990, pp. 110–111. En igual sentido se destacan las sentencias de la misma Sala Político Administrativa de 27–6–90, 4–7–90, 7–8–90, 5–12–90 y 31–5–91, citadas en *Revista de Derecho Público,* N° 46, EJV, Caracas, 1991, p. 132. Igualmente, sentencia de 4–2–93, *Revista de Derecho Público* N° 53–54, EJV, Caracas, 1993, p. 276.

1659 *V.*, sentencia antigua Corte Suprema de Justicia, Sala Político Administrativa de 31–5–91, *Revista de Derecho Público,* N° 46, EJV, Caracas, 1991, p. 132.

1660 *V.*, la sentencia de la Sala de Casación Civil de la Corte Suprema de Justicia de 21–9–89, *Revista de Derecho Público,* N° 40, EJV, Caracas, 1989, pp. 92–93.

1661 *V.*, sentencia N° 436 de 22–5–2000 (Caso: *Foramer de Venezuela, C.A. vs. Juzgado Tercero de Primera Instancia del Trabajo de la Circunscripción Judicial del Estado Zulia*), en *Revista de Derecho Público,* N° 82, EJV, Caracas, 2000, p. 476.

II. LAS FORMAS DE EJERCICIO DEL DERECHO DE AMPARO: ACCIÓN AUTÓNOMA DE AMPARO Y PRETENSIÓN DE AMPARO ACUMULADA A OTRAS ACCIONES JUDICIALES

La regulación del amparo constitucional en la Constitución y en la Ley Orgánica de Amparo como un *derecho* fundamental y no sólo como una *única acción autónoma* de amparo, implicó la necesidad de conciliar el ejercicio del derecho de amparo con los medios judiciales existentes de protección constitucional, de manera que no quedasen éstos eliminados como tales, sino al contrario, reforzados. De allí las previsiones de los artículos 3, 5 y 6,5 de la Ley Orgánica de Amparo que permiten la formulación de pretensiones de amparo constitucional conjuntamente con las acciones de nulidad por inconstitucionalidad, con las acciones contencioso-administrativas de anulación y con las acciones judiciales ordinarias o extraordinarias, que propusimos en el proceso de formación de la Ley en la Cámara del Senado[1662].

Después de múltiples vacilaciones jurisprudenciales que se extendieron por casi cuatro años, el sentido de la regulación contenida en dichas normas, finalmente lo resumió la Sala Político Administrativa de la antigua Corte Suprema en sentencia de 10 de junio de 1992, en la cual, haciendo referencia a la sentencia de 10 de julio de 1991 (Caso: *Tarjetas Banvenez*), señaló que la Ley Orgánica prevé fundamentalmente dos mecanismos procesales: "la acción autónoma de amparo y la acumulación de ésta con otro tipo de acciones o recursos."

En cuanto a la primera de las modalidades, es decir, la acción autónoma de amparo, al ser una acción que se ejercita en forma autónoma e independiente, no se vincula ni se subordina a ningún otro recurso o procedimiento.[1663]

Por lo que respecta a la segunda de las modalidades señaladas, es decir, la acción de amparo ejercida conjuntamente con otros medios procesales, ha dicho la Corte, que "...regula tres supuestos: a) la acción de amparo acumulada a la acción popular de inconstitucionalidad de las leyes y demás actos estatales normativos (artículo 3°); b) la acción de amparo acumulada al recurso contencioso administrativo de anulación contra actos administrativos de efectos particulares o contra las conductas omisivas de la Administración (artículo 5°); c) la acción de amparo acumulada con acciones ordinarias (artículo 6°, ordinal 5°)." En este último supuesto, conforme a la Ley Orgánica, "el Juez deberá acogerse al procedimiento y a los lapsos establecidos en los artículos 23, 24 y 26 de la presente ley, a fin de ordenar la suspensión provisional de los efectos del acto cuestionado."

En todos estos casos, la pretensión de amparo no es una acción principal, sino una pretensión "subordinada, accesoria a la acción o al recurso al cual se acumuló, sometido al pronunciamiento jurisdiccional final que se emita en la acción acumulada tratándose de una acumulación de acciones, debe ser resuelta por el juez competente para conocer de la acción principal."[1664] Por ello, en estos casos, el amparo

---

1662 *V.*, Allan R. Brewer-Carías, "Propuestas de reforma al Proyecto de Ley Orgánica de Amparo sobre Derechos y Garantías Constitucionales (1987)", *Estudios de derecho público, (Labor en el Senado 1985-1987)*, Tomo III, Ediciones del Congreso de la República, Caracas 1989, pp. 205-229.

1663 *Idem.* pp. 169-170.

1664 *V.*, en *Revista de Derecho Público,* N° 50, EJV, Caracas, 1992, pp. 183-184.

tiene mero carácter cautelar y no tiene ninguna relevancia el que existan procedimientos distintos para la acción principal y para la acción de amparo[1665], porque, en definitiva, en caso de acumulación de la pretensión de amparo con una acción principal, el procedimiento regular previsto para la acción de amparo (solicitud de informe y audiencia pública y oral, por ejemplo) no se debe aplicar.

III. LA COMPETENCIA JUDICIAL EN MATERIA DE ACCIONES DE AMPARO

De acuerdo con el artículo 27 de la Constitución, y en virtud de que el amparo está concebido como un derecho ciudadano a la tutela judicial efectiva de sus derechos constitucionales, más que como un solo medio procesal específico o garantía de los derechos, puede decirse que todos los jueces de la República pueden ser competentes para conocer de una acción o pretensión de amparo.

Ahora bien, en relación a la competencia judicial para conocer del amparo, conforme a la Ley Orgánica, la misma está condicionada por las dos modalidades de ejercicio del derecho de amparo: sea en forma conjunta con otra acción o recurso o como acción autónoma.

En el primer caso, de ejercicio conjunto de la pretensión de amparo junto con una acción de inconstitucionalidad, conforme al artículo 3° de la Ley Orgánica; con una acción contencioso administrativa, conforme al artículo 5° de la Ley Orgánica; o con cualquier otra acción o medio judicial, conforme al ordinal 5° del artículo 6° de la Ley Orgánica, el tribunal competente para conocer de la pretensión de amparo, sin duda, es el tribunal competente para conocer de la acción principal; es decir, en el caso del artículo 3° de la Ley Orgánica, la Sala Constitucional del Tribunal Supremo; en el caso del artículo 5° de la Ley Orgánica, el tribunal de la jurisdicción contencioso administrativa que sea competente para conocer de la nulidad del acto administrativo impugnado; y en el caso del ordinal 5° del artículo 6° de la Ley Orgánica, el tribunal competente para conocer de la acción o medio procesal al cual se acumule la pretensión de amparo. En todos esos casos de pretensión de amparo acumulada a otras acciones o medios judiciales, por tanto, la competencia judicial para conocer de la solicitud de amparo está resuelta en la propia Ley Orgánica.

En los casos de ejercicio de la acción autónoma de amparo, el artículo 7 de la Ley Orgánica establece el principio de que:

> "*Artículo 7:* Son competentes para conocer de la acción de amparo, los Tribunales de Primera Instancia que lo sean en la materia afín con la naturaleza del derecho o de la garantía constitucionales violados o amenazados de violación, en la jurisdicción correspondiente al lugar donde ocurriere el hecho, acto u omisión que motivaren la solicitud de amparo.
>
> En caso de duda, se observarán, en lo pertinente, las normas sobre competencia en razón de la materia".

1665 *V.*, sobre esto y la causal de inadmisibilidad de la acción contencioso-administrativa en materia de acumulación de acciones, sentencia de la Corte Primera de lo Contencioso Administrativa de 14–12–92, en FUNEDA, *15 años de Jurisprudencia, Corte Primera de lo Contencioso-Administrativo 1977–1992. Amparo Constitucional,* Caracas, 1994, p. 121.

Se establece así, como principio rector para dilucidar la competencia de los tribunales de primera instancia el criterio de la afinidad entre la materia natural del juez y los derechos o garantías denunciados como lesionados. Por lo que se refiere a amparo a la *libertad y seguridad personales*, la competencia se atribuye a los tribunales de primera instancia en lo penal (art. 40).

Este principio de la competencia tiene dos excepciones: La primera, indicada en el artículo 9 de la Ley Orgánica, que dispone:

> "*Artículo 9.* Cuando los hechos, actos u omisiones constitutivos de la violación o amenaza de violación del derecho o de las garantías constitucionales se produzcan en lugar donde no funcionen Tribunales de Primera Instancia, se interpondrá la acción de amparo ante cualquier Juez de la localidad, quien decidirá conforme a lo establecido en esta Ley. Dentro de las veinticuatro (24) horas siguientes a la adopción de la decisión, el Juez la enviará en consulta al Tribunal de Primera Instancia competente".

En esta forma, el Legislador, al establecer esta excepción buscó "eliminar obstáculos sobre todo los de orden geográfico y económico"[1666] para el ejercicio de la acción de amparo cuando los hechos, actos u omisiones constitutivos de la violación del derecho o garantías constitucionales se produzcan en un lugar donde no funcionen tribunales de primera instancia. En este caso, la acción puede intentarse ante cualquier juez de la localidad, se entiende, de inferior rango formal[1667].

Una vez que se decida la acción interpuesta, el artículo 9 de la Ley Orgánica exige que se envíe en consulta al Tribunal de Primera Instancia competente, el cual, por supuesto, no necesariamente tiene que ser el superior jerárquico respectivo, sino el que debía conocer en primera instancia del asunto[1668].

La segunda excepción al principio de la competencia definida por la afinidad entre la materia natural del juez y los derechos o garantías denunciados como lesionados, está establecida en el artículo 8 de la Ley Orgánica, que establece:

> "*Artículo 8*: La Corte Suprema de Justicia conocerá, en única instancia y mediante aplicación de los lapsos y formalidades previstos en la Ley, en la Sala con competencia afín con el derecho o garantía constitucionales violados o amenazados de violación, de las acciones de amparo contra los hechos, actos y omisiones, emanados del Presidente de la República, de los Ministros, del Consejo Supremo Electoral y de los demás organismos electorales del país, del Fiscal General de la República, del Procurador General de la República o del Contralor General de la República".

La única reforma que ha tenido la Ley Orgánica se produjo, precisamente, en relación con este artículo, al agregarse a la enumeración al "Consejo Supremo Electo-

1666 *V.*, sentencia de la Corte Primera de lo Contencioso administrativo de 10–9–92 (Caso: *UNET*), *Revista de Derecho Público*, Nº 51, EJV, Caracas, 1992, p. 138.

1667 *V.*, sentencia de la antigua Corte Suprema de Justicia, Sala Político Administrativa de 16–11–89 (Caso: *Copei*), *Revista de Derecho Público*, Nº 40, EJV, Caracas, 1989, p. 97.

1668 *V.*, sentencia de la Corte Primera de lo Contencioso administrativo de 10–9–92, *Revista de Derecho Público*, Nº 51, EJV, Caracas, 1992, p. 138.

ral y los demás organismos electorales"[1669]. La Sala Constitucional, por otra parte, ha considerado que la enumeración contenida en el artículo 8 de la Ley Orgánica de Amparo es enunciativa y no taxativa, en tanto que existen órganos con rango similar -dada su naturaleza y atribuciones- a los cuales debe extenderse, necesariamente, la aplicación del fuero especial consagrado en el mismo, como fue el caso de la Comisión de Funcionamiento y Reestructuración del Sistema Judicial.[1670]

Ahora bien, en relación con esta norma y con motivo de la creación de la Sala Constitucional del Tribunal Supremo en 2000, la misma al interpretar el artículo 27 de la Constitución, introdujo algunas "reformas" a la ahora derogada Ley Orgánica[1671], en forma que consideramos totalmente irregular pues la Jurisdicción Constitucional no puede ser un "legislador positivo"[1672], con tendencia a la concentración de competencias en materia de amparo.

Esto ocurrió, en el campo de las competencias de las Salas del Tribunal Supremo en materia de amparo. A pesar de que constitucionalmente todas las Salas del Tribunal Supremo serían competentes conforme a la Ley Orgánica de Amparo para conocer de acciones de amparo, la Sala Constitucional en sentencia N° 1 de 20 de enero de 2000 dictada con motivo de decidir la admisibilidad de una acción de amparo (Caso: *Emery Mata Millán vs. Ministro del Interior y Justicia y otros*), interpretó erradamente los principios constitucionales y resolvió *concentrar* exclusivamente en la propia Sala Constitucional, las competencias para conocer de las acciones de amparo que venían conociendo las otras Salas, en única instancia, contra altos funcionarios nacionales conforme al artículo 8 de la Ley Orgánica de Amparo; o contra las sentencias dictadas en primera instancia por los Tribunales Superiores de la República, la Corte Primera de lo Contencioso Administrativo y las Cortes de Apelaciones en lo Penal; o las apelaciones o consultas de las sentencias dictadas por esos mismos Tribunales cuando conocieran de acciones de amparo en primera instancia. Estas competencias, en todo caso, se recogieron en la Ley Orgánica del Tribunal

---

1669 La Ley Orgánica, publicada en *Gaceta Oficial* n° 33.891 de 22–1–88, fue reformada por Ley de 17–9–88 *Gaceta Oficial* N° 34.060 de 27–9–88.

1670 *V.*, sentencia N° 432 de 19–5–2000 (Caso: *Elena C. Marval R. y otro vs. Comisión de Funcionamiento y Reestructuración del Sistema Judicial*), en *Revista de Derecho Público*, N° 82, EJV, Caracas 2000, p. 454. En igual sentido sentencia N° 864 de 28–7–2000 (Caso: *Braulio Sánchez vs. Comisión de Funcionamiento y Reestructuración del Sistema Judicial*), en *Revista de Derecho Público*, N° 83, EJV, Caracas 2000, p. 283

1671 *V.*, en general, Antonio Canova González, "La Sala Constitucional y su competencia en los procesos de amparo", en: *Estudios de Derecho Administrativo: Libro Homenaje a la Universidad Central de Venezuela,* Volumen I, Imprenta Nacional, Caracas, 2001, pp. 157–176; Luis Martínez Hernández, "Nuevo régimen de acción de amparo con motivo de sentencias dictadas por la Sala Constitucional del Tribunal Supremo de Justicia", en *Estudios de Derecho Público: Libro Homenaje a Humberto J. La Roche Rincón,* Volumen I. Tribunal Supremo de Justicia, Caracas, 2001, pp. 209–265; Rafael Badell Madrid, "El amparo constitucional en la jurisprudencia del Tribunal Supremo de Justicia, *Revista de derecho del Tribunal Supremo de Justicia,* N° 4, Caracas, 2002, pp. 87 a 129.

1672 Fue Hans Kelsen el que comparó a los Tribunales Constitucionales con ser "*legisladores negativos*" al equiparar la anulación de una ley con su derogación. *V.*, Allan R. Brewer–Carías, *Judicial Review in Comparative Law, op. cit.* p. 192; y "El juez constitucional como legislador positivo y la inconstitucional reforma de la Ley Orgánica de Amparo mediante sentencias interpretativas," en Eduardo Ferrer Mac-Gregor y Arturo Zaldívar Lelo de Larrea (Coordinadores), *La ciencia del derecho procesal constitucional. Estudios en homenaje a Héctor Fix-Zamudio en sus cincuenta años como investigador del derecho,* Instituto de Investigaciones Jurídicas, Universidad Nacional Autónoma de México, México 2008, Tomo V, pp. 63-80.

Supremo de Justicia desde 2004, ratificadas en la reforma de dicha Ley Orgánica de 2010. Posteriormente, la misma Sala Constitucional fue dictando nuevas "normas" reguladoras de la competencia judicial en materia de amparo, en la Nº 1555 de 8 de diciembre de 2000 (Caso: *Yoslena Chamchamire B. vs. Instituto Universitario Politécnico Santiago Mariño*)[1673]; y en la sentencia nº 26 de 25 de enero de 2001 (Caso: *José C.C. y otros vs. Comisión Legislativa Transitoria, Estado Portuguesa*).[1674]

Por último, debe indicarse que conforme a doctrina de la propia Sala Constitucional, la misma se reservó el conocimiento de las acciones de amparo cuando sean intentadas en protección de derechos colectivos o difusos.[1675]

IV. SOBRE LAS CONDICIONES DE ADMISIBILIDAD DE LA ACCIÓN DE AMPARO

Aparte de las causales generales de inadmisibilidad aplicables a todas las acciones judiciales, la acción de amparo se encuentra sometida a una serie de condiciones específicas de admisibilidad, establecidas en el artículo 6 de la Ley Orgánica de Amparo, y que se refieren a los siguientes aspectos.

En *primer lugar*, respecto de la *legitimación activa*, siendo la acción de amparo de carácter personalísimo, el legitimado activo sólo puede ser el agraviado en sus derechos o garantías constitucionales por un hecho, acto u omisión realizado por un agraviante preciso. La consecuencia del carácter personalísimo de la acción de amparo es por tanto, que nadie puede hacer valer en el proceso de amparo, en nombre propio, un derecho ajeno;[1676] y quien la intente debe ostentar un interés personal, legítimo y directo.[1677]

Sin embargo, dada la garantía de la tutela efectiva de los derechos colectivos y difusos establecida en el artículo 26 de la Constitución, la legitimación activa se ha ampliado de manera de proteger dichos derechos. A tal efecto, y en cuanto a los intereses difusos, la Sala Constitucional del Tribunal Supremo ha considerado que "son aquellos que garantizan al conglomerado (ciudadanía) en forma general una aceptable calidad de la vida (condiciones básicas de existencia), [cuando] la calidad de la vida de toda la comunidad o sociedad en sus diversos aspectos se ve desmejorada, y surge en cada miembro de esa comunidad un interés en beneficio de él y de los otros componentes de la sociedad en que tal desmejora no suceda, y en que si ya ocurrió sea reparada"[1678]. En cuanto a los derechos colectivos, son aquellos que surgen cuando la lesión se localiza concretamente en un grupo, determinable como tal,

---

1673 *V.*, en *Revista de Derecho Público*, Nº 84, EJV, Caracas, 2000, pp. 304 y ss.

1674 *V.*, en *Revista de Derecho Público*, Nº 85–88, EJV, Caracas, 2001.

1675 *V.*, por ejemplo, sentencia Nº 255 de 15–3–2005 (Caso: *Federación Venezolana de Fútbol vs. Sala Electoral del Tribunal Supremo de Justicia*), en *Revista de Derecho Público*, Nº 101, EJV, Caracas, 2005, p. 212.

1676 *V.*, sentencia de la antigua Corte Suprema de Justicia, Sala Político Administrativa de 14–2–90, *Revista de Derecho Público,* Nº 41, EJV, Caracas, 1990, p. 101.

1677 *V.*, sentencias de la antigua Corte Suprema de Justicia, Sala Político Administrativa de 22–10–90 y 22–10–92, *Revista de Derecho Público,* Nº 52, EJV, Caracas, 1992, p. 140 y de 18–11–93, *Revista de Derecho Público,* nos 55–56, EJV, Caracas, 1993, p. 327.

1678 *V.*, sentencia de la Sala Constitucional Nº 656 de 05–06–2001, Caso: *Defensor del Pueblo vs. Comisión Legislativa Nacional.*

aunque no cuantificado o individualizado, como serían los habitantes de una zona del país afectados por una construcción ilegal que genera problemas de servicios públicos en la zona. Estos intereses colectivos, ha dicho la misma Sala Constitucional, están "referidos a un sector poblacional determinado (aunque no cuantificado) e identificable, aunque individualmente, dentro del conjunto de personas existe o puede existir un vínculo jurídico que los une entre ellos." Ese es el caso de las lesiones a grupos profesionales, a grupos de vecinos, a los gremios, a los habitantes de un área determinada, etc.[1679]

Debe mencionarse, por último, que teniendo competencia el Defensor del Pueblo, para la promoción, defensa y vigilancia de los derechos y garantías constitucionales y "de los intereses legítimos, colectivos o difusos de los ciudadanos" (arts. 280 y 281.2 Constitución), la Sala Constitucional ha admitido su legitimación activa para intentar acciones de amparo en representación de la globalidad de los ciudadanos.[1680]

En estos casos de amparo respecto de intereses difusos o colectivos, las sentencias que puede dictar la Sala Constitucional en la misma sentencia, consideró que "pueden prohibir una actividad o un proceder específico del demandado, o la destrucción o limitación de bienes nocivos, restableciendo una situación que se había convertido en dañina para la calidad de vida (salud física o psíquica colectiva, preservación del medio ambiente, preservación de la vida, del entorno urbano, del derecho a una relación sana, o de evitar ser convertido en consumidor compulsivo de productos o ideologías, por ejemplo), o que sea amenazante para esa misma calidad de vida". En consecuencia, el fallo produce efectos *erga omnes*, ya que beneficia o perjudica a la colectividad en general o a sectores de ella.[1681]

En *segundo lugar,* en cuanto a las *condiciones de la lesión* a los derechos o garantías constitucionales, la misma puede tener su origen tanto en una violación de los mismos como en una amenaza de violación. En cuanto a la violación, la Ley Orgánica de Amparo, en su artículo 6°, precisa que la misma sea actual, es decir, que no haya cesado; que sea reparable, y que no haya sido consentida. La consecuencia de ello, por ejemplo, es que no puede acordarse el amparo contra un acto administrativo cuando en el curso del procedimiento del juicio, el acto lesivo había sido revocado. Es decir, en el curso del juicio de amparo la lesión no puede haber cesado antes de la decisión del juez; de lo contrario, si cesare, el juez debe declarar, *in limine litis*, inadmisible la acción[1682].

El ordinal 3° del artículo 6 de la Ley Orgánica de Amparo establece por otra parte, que no se admitirá la acción de amparo "Cuando la violación del derecho o la

---

1679 *Idem. V.,* sentencia de la Sala Constitucional N° 656 de 05–06–2001, caso: *Defensor del Pueblo vs. Comisión Legislativa Nacional.*

1680 Sentencia de la Sala Constitucional N° 656 de 05–06–01, Caso: *Defensor del Pueblo vs. Comisión Legislativa Nacional.*

1681 Sentencia de la Sala Constitucional N° 656 de 05–06–01, Caso: *Defensor del Pueblo vs. Comisión Legislativa Nacional.*

1682 *V.,* sentencias de la antigua Corte Suprema de Justicia, Sala Político Administrativa de 15–12–92, *Revista de Derecho Público* N° 52, EJV, Caracas, 1992, p. 164; y de 27–5–93, *Revista de Derecho Público,* N° 53–54, EJV, Caracas, 1993, p. 264. *Cfr.* sentencia de la Corte Primera de lo Contencioso Administrativo de 12–12–92 (Caso: *Allan R. Brewer–Carías*), *Revista de Derecho Público,* N° 49, EJV, Caracas, 1992, pp. 131–132;

garantía constitucionales, constituya una evidente situación irreparable, no siendo posible el restablecimiento de la situación jurídica infringida." Ello deriva del carácter eminentemente restablecedor de la acción de amparo, en el sentido de que mediante la misma no se pueden crear situaciones jurídicas nuevas o modificar las existentes,[1683] sino lo que se puede es restablecer las cosas al estado en que se encontraban para el momento de la lesión, haciendo desaparecer el hecho o acto invocado y probado como lesivo o perturbador a un derecho o garantía constitucional; o restablecerse a un estado que se asemeje a ella. El carácter restablecedor deriva, además, del propósito que el artículo 1 de la Ley Orgánica, en desarrollo del artículo 27 de la Constitución, le atribuye a la acción de amparo en el sentido de "que se restablezca inmediatamente la situación jurídica infringida o la situación que más se asemeje a ella." Por otra parte, sobre el tema de la inadmisibilidad por irreparabilidad de la situación jurídica infringida, el 6.1 de la Ley Orgánica, precisa que "se entenderá que son irreparables los actos que, mediante el amparo, no puedan volver las cosas al estado que tenían antes de la violación"[1684].

La violación a los derechos y garantías constitucionales que pueden dar lugar al ejercicio de la acción de amparo, por otra parte, *no debe ser consentida* por el agraviado, por lo que, conforme al ordinal 4° del artículo 6 de la Ley Orgánica, no se debe admitir la acción de amparo, "Cuando la acción u omisión, el acto o la resolución que violen el derecho o la garantía constitucionales hayan sido consentidos expresa o tácitamente por el agraviado, a menos que se trate de violaciones que infrinjan el orden público o las buenas costumbres," entendiéndose "que hay consentimiento expreso cuando hubieren transcurrido los lapsos de prescripción establecidos en leyes especiales, o en su defecto, seis meses después de la violación o la amenaza al derecho protegido"; y que "el consentimiento tácito es aquel que entraña signos inequívocos de aceptación".

La inadmisibilidad, sin embargo, no se aplica en los casos de violación o lesión continuada;[1685] ni se aplica, conforme al ordinal 4° del artículo 6 de la ley Orgánica, cuando se trate de violaciones que infrinjan el orden público o las buenas costumbres, considerándose que ello ocurre, cuando se trate, por ejemplo de "violaciones flagrantes a los derechos individuales que no pueden ser denunciados por el afectado; privación de libertad; sometimiento a torturas físicas o psicológicas; vejaciones; lesiones a la dignidad humana y otros casos extremos."[1686]

1683 *V.*, sentencias de la antigua Corte Suprema de Justicia, Sala Político Administrativa de 27–10–93 (Caso: *Ana Drossos*), y 4–11–93 (Caso: *Partido Convergencia*), *Revista de Derecho Público,* N° 55–56, EJV, Caracas, 1993, p. 340.

1684 *V.*, sentencia de la Corte Primera de lo Contencioso Administrativo de 14–1–92, *Revista de Derecho Público,* N° 49, EJV, Caracas, 1992, p. 130; y de la antigua Corte Suprema de Justicia, Sala Político Administrativa de 4–3–93, *Revista de Derecho Público,* N° 53–54, EJV, Caracas, 1993, p. 260.

1685 *V.*, por ejemplo sentencias de la Corte Primera de lo Contencioso Administrativo de 22–10–90 (Caso: *María Cambra de Pulgar*), en *Revista de Derecho Público,* N° 44, EJV, Caracas, 1990, pp. 143–144; y N° 1310 de 9–10–2000 (Caso: *Productos Roche S.A. vs. Ministerio de Industria y Comercio*), en *Revista de Derecho Público,* N° 84, EJV, Caracas, 2000, pp. 345 ss.

1686 *V.*, sentencia de la Corte Primera de lo Contencioso Administrativo de 13–10–88, *Revista de Derecho Público,* N° 36, EJV, Caracas, 1988, p. 95. Este criterio fue acogido textualmente por la antigua Corte Suprema de Justicia, Sala Político Administrativa en sentencias de 1–11–89, *Revista de Derecho Público,* N° 40, EJV, Caracas, 1989, p. 111; y de 1–2–90 (Caso: *Tuna Atlántica C.A.*) y de 30–6–92, *Revista de Derecho Público,* N° 60, EJV, Caracas, 1992, p. 157.

En cuanto a la amenaza de lesión, que significa "hacer temer a otros un daño, o avecinarse un peligro"[1687], para que pueda considerarse válida para la procedencia de la acción de amparo, conforme al artículo 2 de la Ley Orgánica, es necesario que "sea inminente" y que no "haya cesado" (Ord. 1°), siendo inadmisible la acción cuando la amenaza contra el derecho o la garantía constitucional no sea "inmediata, posible y realizable por el imputado" (Ord. 2°)[1688].

En *tercer lugar*, también son inadmisibles las acciones de amparo, en casos en los cuales exista algún recurso paralelo, sea porque el agraviado haya recurrido a otra vía judicial de protección o sea porque exista otra vía judicial para la protección constitucional que haga inadmisible la acción. En el primer caso, los ordinales 5 y 7 del artículo 6° de la Ley Orgánica prevén expresamente la inadmisibilidad; en el segundo caso, la inadmisibilidad deriva del carácter subsidiario o extraordinario de la acción. En el primer caso, la Ley Orgánica distingue dos casos de inadmisibilidad: el que se haya optado por ejercer una acción de amparo; o el que se haya optado por utilizar otra vía judicial para la protección constitucional, y que en ambos casos los procesos estén pendientes de decisión. En el segundo caso, el artículo 6,5 como causal de inadmisibilidad de la acción de amparo: "Cuando el agraviado haya optado por recurrir a las vías judiciales ordinarias o hecho uso de los medios judiciales preexistentes. En tal caso, al alegarse la violación o amenaza de violación de un derecho o garantía constitucionales, el Juez deberá acogerse al procedimiento y a los lapsos establecidos en los artículos 23, 24 y 26 de la presente Ley, a fin de ordenar la suspensión provisional de los efectos del acto cuestionado."

V. ALGO SOBRE EL PROCEDIMIENTO EN LA ACCIÓN DE AMPARO

El artículo 27 de la Constitución, al consagrar el derecho de amparo, precisa en términos generales que "El procedimiento de la acción de amparo constitucional será oral, público, breve, gratuito y no sujeto a formalidad y la autoridad judicial competente tendrá potestad para restablecer inmediatamente la situación jurídica infringida o la situación que más se asemeje a ella. Todo tiempo será hábil y el tribunal lo tramitará con preferencia a cualquier otro asunto." El carácter breve del procedimiento había sido interpretado por la Corte Primera de lo Contencioso Administrativo aún antes de que se dictara la Ley Orgánica de 1988, considerando que debía entenderse "en el sentido de tener por si la condición de ser urgente, en tal condición, será tramitado con celeridad y debe ser resuelto en el menor tiempo posible"; además, debe ser sumario, en el sentido de que "debe ser simple, sencillo, despojado de incidencias, carente de formalidades complejas."[1689] Además, consideró que debía impedirse que el procedimiento en materia de amparo "se transformara en una situación procesal compleja, confusa, limitada en el tiempo a resolver las múlti-

---

1687 *V.*, sentencia de la Corte Primera de lo Contencioso Administrativo de 16–7–92, *Revista de Derecho Público,* N° 51, EJV, Caracas, 1992, p. 155.

1688 *V.*, sentencias de la antigua Corte Suprema de Justicia, Sala Político Administrativa de 9–6–88, *Revista de Derecho Público,* N° 35, EJV, Caracas, 1988, p. 114; de 14–8–92, *Revista de Derecho Público,* N° 51, EJV, Caracas, 1992, pp. 158–159; y de 24–6–93, *Revista de Derecho Público,* N° 55–56, EJV, Caracas, 1993, p. 289; y sentencia de la Corte Primera de lo Contencioso Administrativo de 30–6–88, *Revista de Derecho Público,* N° 35, EJV, Caracas, 1988, p. 115.

1689 *V.*, la sentencia de 17–1–85 *Revista de Derecho Público,* N° 21, EJV, Caracas, 1985, p. 140.

ples y variadas impugnaciones opuestas como puntos previos."[1690] En cuanto a la dedicación del tribunal para conocer de la acción de amparo, el artículo 31 de la Ley señala que "todo el tiempo será hábil y el Tribunal dará preferencia al trámite de amparo sobre cualquier otro asunto".

De acuerdo a lo establecido en el artículo 14 de la Ley Orgánica, "la acción de amparo, tanto en lo principal como en lo incidental, y en todo lo que de ella derive, hasta la ejecución de la providencia respectiva, es de eminente orden público." Por ello, de acuerdo al artículo 25 de la Ley Orgánica: "quedan excluidas del procedimiento constitucional del amparo todas las formas de arreglo entre las partes, sin perjuicio de que el agraviado pueda, en cualquier estado y grado de la causa, desistir de la acción interpuesta, salvo que se trate de un derecho de eminente orden público o que pueda afectar las buenas costumbres." En todo caso, conforme a la misma norma, el desistimiento malicioso o el abandono del trámite por el agraviado podrá ser sancionado por el juez de la causa o por el superior, según el caso, con multa.

El proceso de amparo constitucional, a pesar de la brevedad del procedimiento, da origen a un verdadero juicio entre partes, entre las cuales los jueces de amparo deben mantener "la absoluta igualdad" (art. 21). Por ello, incluso, dispone el artículo 21 de la Ley Orgánica que cuando el agraviante sea una autoridad pública quedaran excluidos del procedimiento los privilegios procesales; lo que significa que no tienen aplicación las normas de la Ley Orgánica de la Procuraduría General de la República que regulan tales prerrogativas en relación a la actuación de la República en juicio.

El principio de la bilateralidad, sin embargo, no impide que en el procedimiento de la acción de amparo se otorguen al juez amplísimos poderes para conducir el procedimiento e, incluso, para evacuar pruebas de oficio a los efectos de garantizar la protección constitucional. En particular, el artículo 17 de la Ley Orgánica, faculta al Juez que conozca de la acción de amparo para ordenar, siempre que no signifique perjuicio irreparable para el actor, la evacuación de las pruebas que juzgue necesarias para el esclarecimiento de los hechos que aparezcan dudosos y oscuros. En tal sentido se entiende que hay perjuicio irreparable cuando exista otro medio de comprobación más acorde con la brevedad del procedimiento o cuando la prueba sea de difícil o improbable evacuación.

El procedimiento general contemplado en el Título IV de la Ley Orgánica de Amparo sobre Derechos y Garantías Constitucionales (artículos 19, 23, 24, 26, 29, 30, 31, 32 y 35), para el trámite de la acción de amparo, en el cual se regulaba en forma breve y sumaria, con una audiencia oral, y amplios poderes inquisitivos para el juez, fue "modificado" mediante una sentencia interpretativa por la Sala Constitucional del Tribunal Supremo luego de la sanción de la Constitución de 1999, asumiendo en forma irregular la función de legislador positivo,[1691] supuestamente a los efectos de "adaptar" el procedimiento regulado en la Ley Orgánica de Amparo al

1690 *Idem.*

1691 *V.*, Allan R. Brewer-Carías, "El juez constitucional como legislador positivo y la inconstitucional reforma de la Ley Orgánica de Amparo mediante sentencias interpretativas," en Eduardo Ferrer Mac-Gregor y Arturo Zaldívar Lelo de Larrea (Coordinadores), *La ciencia del derecho procesal constitucional. Estudios en homenaje a Héctor Fix-Zamudio en sus cincuenta años como investigador del derecho*, Instituto de Investigaciones Jurídicas, Universidad Nacional Autónoma de México, México 2008, Tomo V, pp. 63-80.

texto de la nueva Constitución. En definitiva, la sala lo que hizo en esa forma fue establecer un *nuevo procedimiento* modificando y reformando, impropiamente, el regulado en la Ley Orgánica de Amparo de 1988.[1692] Y en efecto, mediante sentencia Nº 7 de 1º de febrero de 2000 (Caso: *José A. Mejía y otros*)[1693], la Sala estableció un conjunto de normas procesales que estimó las adecuadas para desarrollar los principios constitucionales, reformando la Ley Orgánica de Amparo de 1988, en particular en los casos de ejercicio de la acción autónoma de amparo, en la siguiente forma:

En cuanto a los principios generales del procedimiento, la Sala señaló que: "debido al mandato constitucional de que el procedimiento de amparo no estará sujeto a formalidades, los trámites como se desarrollarán las audiencias y la evacuación de las pruebas, si fueran necesarias, las dictará en las audiencias el tribunal que conozca del amparo, siempre manteniendo la igualdad entre las partes y el derecho de defensa," agregando que "todas las actuaciones serán públicas, a menos que por protección a derechos civiles de rango constitucional, como el comprendido en el artículo 60 de la Constitución de la República Bolivariana de Venezuela, se decida que los actos orales sean a puerta cerrada, pero siempre con inmediación del tribunal".

Una vez admitida la acción, el juez debe ordenar: "la citación del presunto agraviante y la notificación del Ministerio Público, para que concurran al tribunal a conocer el día en que tendrá lugar la audiencia oral, la cual tendrá lugar, tanto en su fijación como para su práctica, dentro de las noventa y seis (96) horas a partir de la última notificación efectuada." Dicha notificación, dispuso la Sala, para dar cumplimiento a la brevedad y falta de formalidad, "podrá ser practicada mediante boleta, o comunicación telefónica, fax, telegrama, correo electrónico, o cualquier medio de comunicación interpersonal, bien por el órgano jurisdiccional o bien por el Alguacil del mismo, indicándose en la notificación la fecha de comparecencia del presunto agraviante y dejando el Secretario del órgano jurisdiccional, en autos, constancia detallada de haberse efectuado la citación o notificación y de sus consecuencias."

En cuanto a la audiencia pública y oral en el proceso del juicio de amparo, al eliminar la exigencia legal del informe escrito que conforme a la ley Orgánica debía requerirse y presentar el agraviante, dispuso la realización de la audiencia oral y pública, que debe tener lugar en un lapso de 96 horas a partir de la última notificación efectuada. En dicha audiencia, las partes, oralmente, deben proponer sus alegatos y defensas ante el tribunal respectivo, el cual debe decidir si hay lugar a pruebas, caso en cual el presunto agraviante podrá ofrecer las que considere legales y pertinentes; todo lo cual debe recogerse en un acta del tribunal." La falta de comparecencia del presunto agraviante a la audiencia oral significará reconocimiento de las de-

---

1692 *V.*, en general, Humberto Enrique Tercero Bello Tabares, "El procedimiento de Amparo Constitucional, según la sentencia Nº 7 dictada por la Sala Constitucional del Tribunal Supremo de Justicia, de fecha 01 de febrero de 2000. Caso *José Amando Mejía Betancourt y José Sánchez Villavicencio*, en *Revista de derecho del Tribunal Supremo de Justicia,* Nº 8, Caracas, 2003, pp. 139 a 176; María Elena Toro Dupouy, "El procedimiento de amparo en la jurisprudencia de la Sala Constitucional del Tribunal Supremo de Justicia (Años 2000–2002)", en *Revista de Derecho Constitucional,* Nº 6, enero–diciembre–2002, Editorial Sherwood, Caracas, 2003, pp. 241 a 256; María Elena Toro Dupouy, "El amparo contra decisiones judiciales en la jurisprudencia de la Sala Constitucional del Tribunal Supremo de Justicia. El Amparo sobrevenido", en *Revista de Derecho Constitucional,* Nº 7, enero–junio 2003, Editorial Sherwood, Caracas, 2003, pp. 207 a 222.

1693 *V.*, en *Revista de Derecho Público*, Nº 81, EJV, Caracas, 2000, pp. 349 ss.

nuncias efectuadas; y la falta de comparencia del presunto agraviado dará por terminado el procedimiento, a menos que el Tribunal considere que los hechos alegados afectan el orden público.

Una vez concluido el debate oral o las pruebas, la Sala Constitucional dispuso que el juez o el Tribunal en el mismo día debe estudiar individualmente el expediente o deliberar (en los caso de los Tribunales colegiados) y puede decidir inmediatamente; en cuyo caso debe exponer de forma oral los términos del dispositivo del fallo; el cual deberá ser publicado íntegramente dentro de los cinco (5) días siguientes a la audiencia en la cual se dictó la decisión correspondiente.

Debe mencionarse que por supuesto, en los casos de la acción autónoma de amparo, el juez tiene amplias potestades para adoptar las medidas cautelares necesarias para la protección constitucional, en particular, conforme a los previsiones del Código de Procedimiento Civil (artículo 588) que le permite "acordar las providencias cautelares que considere adecuadas", cuando hubiere "fundado temor" de que una de las partes, particularmente el presunto agraviante, pueda causar "lesiones graves o de difícil reparación al derecho de la otra", en concreto, el agraviado. En estos casos, para evitar el daño, el Juez de amparo puede "autorizar o prohibir la ejecución de determinados actos y adoptar las providencias que tengan por objeto hacer cesar la continuidad de la lesión." A tal efecto, el juez debe analizar en primer término, *el fumus boni iuris*, con el objeto de concretar la presunción grave de violación o amenaza de violación del derecho constitucional alegado por la parte quejosa y que lo vincula al caso concreto; y en segundo lugar, el *periculum in mora*, elemento éste determinable por la sola verificación del requisito anterior, pues la circunstancia de que exista presunción grave de violación de un derecho de orden constitucional, el cual por su naturaleza debe ser restituido de forma inmediata, conduce a la convicción de que debe preservarse *ipso facto* la actualidad de ese derecho, ante el riesgo inminente de causar un perjuicio irreparable en la definitiva a la parte que alega la violación.[1694]

La decisión en materia de amparo constitucional puede consistir en el restablecimiento de la situación jurídica infringida mediante un mandamiento de amparo que debe cumplir con las siguientes exigencias formales establecidas expresamente en el artículo 23 de la Ley Orgánica, en el sentido de contener: la mención concreta de la autoridad, del ente privado o de la persona contra cuya resolución o acto u omisión se conceda el amparo; la determinación precisa de la orden a cumplirse, con las especificaciones necesarias para su ejecución; y el plazo para cumplir lo resuelto. De acuerdo con esta norma, la esencia de la decisión de amparo es la determinación "de la orden a cumplirse"[1695] relativa a la protección y al restablecimiento en el goce y ejercicio de un derecho o garantía constitucionales violado o amenazado de viola-

---

1694 *V.*, por ejemplo, sentencia del 20-03-2001 de la Sala Político Administrativa del Tribunal Supremo, caso *Marvin Enrique Sierra Velasco*, Expediente N° 0904, consultada en la página web del Tribunal Supremo de Justicia.

1695 La Corte Primera de lo Contencioso-Administrativo, por ejemplo, en una sentencia de 3–10–85, respecto a de una acción de amparo interpuesta por un trabajador a fin de que una empresa diera cumplimiento a la orden de reenganche dictada por una Comisión Tripartita Laboral así como al pago de salarios caldos, que "la acción de amparo se traduce en una condena a una obligación de hacer (reenganche) y otra de dar (pagar sumas de dinero) en contra de una empresa con participación estatal decisiva". *V.*, en *Revista de Derecho Público,* N° 24, EJV, Caracas, 1985, p. 134.

ción; y esta orden a cumplirse, en definitiva se formula contra "la autoridad, el ente privado o la persona" cuya resolución o acto u omisión produjo la violación del derecho constitucional; orden que puede ser de dar, de hacer, de no hacer o de deshacer, según los casos, o puede ser una decisión de restablecer directamente la situación jurídica infringida, si ello es posible con la sola decisión judicial[1696], o disponer una situación la más parecida a la infringida.

En la práctica judicial, las múltiples sentencias de tribunales de instancia en materia de amparo que se han producido en aplicación de la Ley, muestran que la decisión del Juez puede consistir en mandamientos de dar, de hacer o de deshacer (órdenes) o en mandamientos de no hacer (prohibiciones). En cuanto a los mandamientos de dar, puede tratarse de una condena a restituir un bien, por ejemplo, cuando se ampara el derecho de propiedad, o a restituir esta a la situación que más se asemeje a la que tenía al ser vulnerada. Por su parte, los mandamientos de hacer se traducen en órdenes dadas a quien ha violado el derecho amparado, de realizar actos en sentido positivo necesarios para restablecer el derecho infringido. En estos supuestos están los casos de decisiones de amparo contra conductas omisivas de funcionarios (abstención o negativa de actuar cuando están obligados a ello), en cuyo caso, la sentencia debe ordenar la ejecución inmediata e incondicional del acto incumplido."

En cuanto a los mandamientos de deshacer, pueden consistir en la orden u obligación impuesta a un sujeto, cuando ello sea posible, de destruir algo, o cancelar o deshacer una actividad realizada cuando ello es necesario para restablecer el derecho infringido. Por último, los mandamientos de no hacer, se traducen normalmente en prohibiciones[1697] u órdenes negativas, es decir de abstención, dadas a quien ha violado un derecho, para impedir otras violaciones o para restablecer el derecho violado.

Por último, en materia de procedimiento de mencionarse que conforme lo establece el artículo 35 de la Ley Orgánica de Amparo, contra las decisiones dictadas en primera instancia se puede oír apelación en un solo efecto. Sin embargo, se estableció además, que si transcurridos tres días de dictado el fallo, las partes, el Ministerio Público o los Procuradores no interpusieren apelación, el fallo debe ser consultado con el tribunal superior respectivo, al cual se le debe remitir inmediatamente copia certificada de lo conducente; tribunal que debe decidir dentro de un lapso no mayor de treinta días.

La Ley Orgánica de Amparo no previó que contra las sentencias dictadas en materia de amparo procediera recurso de casación, el cual en jurisprudencia constante de la Sala de Casación de la antigua Corte Suprema de Justicia, fue siempre considerado improcedente. Esta imposibilidad de revisión final de sentencias de amparo por el supremo tribunal se cambió a partir de la Constitución de 1999 en cuyo artículo 336.10 se estableció la posibilidad de revisión constitucional de las sentencias defi-

1696 Como lo ha señalado H. Rondón de Sansó, "la informalidad del amparo faculta al juez para darle el contenido que juzgue necesario. El eventual contenido del amparo puede ser: acordar un plazo para obtener una respuesta; obligar a la destrucción de una obra; prohibir la difusión o representación; impedir la realización de un acto; dispensar de un trámite". *V.*, en "El amparo constitucional en Venezuela", *Revista de Derecho Público,* N° 26, EJV, Caracas, 1986, p. 61.

1697 Por ejemplo equivalentes a las *prohibitory order or injunctions* del derecho inglés. *V.*, F. H. Lawson, *Remedies of English Law,* Londres, 1980, p. 179; o a las *injunctions* del derecho norteamericano. *V.*, B. Schwartz y H. W. R. Wade, *Legal control of government,* Oxford, 1978, p. 221.

nitivas de amparo, al atribuirse a la Sala Constitucional del Tribunal Supremo de Justicia, como Jurisdicción Constitucional, competencia para conocer del recurso extraordinario de revisión de sentencias dictadas en materia constitucional, en particular "las sentencias definitivamente firmes de amparo constitucional" y las sentencias conteniendo decisión en materia de "control difuso de la constitucionalidad de leyes o normas jurídicas, dictadas por los demás tribunales de la República." Con ello se buscó establecer la uniformidad de la aplicación e interpretación constitucional, al permitirle a la Sala Constitucional conocer, a su discreción, de los recursos extraordinarios de revisión contra dichas sentencias, a las cuales la jurisprudencia de la Sala ha agregado otras.

VI. A MANERA DE CONCLUSIÓN: LOS PROBLEMAS DE LA EFECTIVIDAD DE LA PROTECCIÓN CONSTITUCIONAL EN UN RÉGIMEN AUTORITARIO COMO EL INSTALADO EN VENEZUELA DESDE 1999

Como puede apreciarse de lo antes expuesto, el proceso de amparo en Venezuela ha sido regulado con una amplitud que no encuentra parangón en los procesos similares de amparo en América Latina, ya que se lo ha consagrado constitucionalmente no sólo como una acción o medio procesal, sino como un "derecho" constitucional que tienen todas las personas a ser amparada por los tribunales en el goce y ejercicio de los derechos y garantías constitucionales. Esta amplitud hace que la protección constitucional se pueda obtener no sólo mediante el ejercicio de una acción de amparo, sino incorporando una pretensión de amparo a los recursos judiciales preexistentes, ante la jurisdicción ordinaria, ante la jurisdicción contencioso administrativa e incluso ante la jurisdicción constitucional. En cuanto al procedimiento, en todos los casos, debe ser oral, público, breve, gratuito y no sujeto a formalidad, y en el mismo, todo tiempo es hábil de manera que los tribunales deben tramitarlo con preferencia a cualquier otro asunto. En cuanto a la acción autónoma de amparo, todos los jueces son competentes, aún cuando en principio, lo son los de primera instancia, pudiendo siempre el juez, en todos los casos, restablecer inmediatamente la situación jurídica infringida o la situación que más se asemeje a ella.

Por otra parte, todos los derechos constitucionales (individuales, políticos, sociales, culturales, ambientales, etc.) son justiciables o amparables, de manera que todas las personas titulares de derechos pueden ser protegidas respecto de todos los derechos enumerados en la Constitución, y además, de aquellos inherentes a la persona que no figuren expresamente en la Constitución o, incluso, en los instrumentos internacionales sobre derechos humanos Estos últimos, además, tienen rango constitucional y prevalecen sobre el orden interno si contienen regulaciones más favorables.

En cuanto a los sujetos pasivos del proceso de amparo, la acción puede intentarse contra autoridades y particulares sin limitación alguna, y en cuanto al objeto, puede intentarse contra actos, hechos u omisiones lesivas, sin distingo, así como contra amenazas de violación. En cuanto a los actos estatales, procede contra leyes, contra actos administrativos y contra todo tipo de sentencia, salvo las emanadas del Tribunal Supremo.

El sistema, por tanto, es de los más completos que se conocen en América Latina, pudiendo servir, como en efecto ha sucedido, como un instrumento de efectiva protección de los derechos constitucionales frente a violaciones o amenazas de violación de los mismos.

Sin embargo, para que un medio de protección como este del proceso de amparo pueda ser una garantía efectiva de los derechos constitucionales, ante todo se requiere de un poder judicial autónomo e independiente que no esté sujeto a las directrices o presiones del poder, lo que sólo puede asegurarse en democracia. Por ello, durante las décadas en las cuales la democracia funcionó efectivamente en Venezuela entre 1961 y 1999, el proceso de amparo fue un instrumento efectivo de protección de los derechos constitucionales, particularmente frente al Estado y sus autoridades. Lamentablemente, sin embargo, ello ahora no es así y al contrario, dado el régimen autoritario que se apoderó de las instituciones del país, a pesar de las excelentes disposiciones que contiene la Constitución tanto sobre los derechos constitucionales como sobre su protección procesal, dado el control que ejerce el poder ejecutivo sobre los jueces a través del control que ejerce sobre el Tribunal Supremo de Justicia y su Sala Constitucional, el proceso de amparo ha perdido efectividad.

Ello ha sido catastrófico, en particular, cuando se ejerce frente al Estado y las acciones de sus funcionarios. Con un poder judicial intervenido, donde más del 90% de los jueces son temporales o provisorios, nombrados sin concurso y sin que tengan estabilidad alguna,[1698] es difícil imaginar que los jueces puedan efectivamente proteger los derechos constitucionales frente a las violaciones o amenazas de los funcionarios y autoridades. Cuando lo han hecho, han sido destituidos de sus cargos y el tribunal ha sido intervenido e incluso clausurado. Muestra de ello fue la intervención policial y la destitución de los Magistrados de la Corte Primera de lo Contencioso Administrativo en 2003, luego de haber dictado el 21 de agosto de 2003, un amparo cautelar suspendiendo los efectos de la contratación por parte de organismos gubernamentales, de médicos extranjeros sin licencia para ejercer la medicina en el país, a petición de la Federación Médica Venezolana, que consideraba que dicha contratación violaba los derechos de los médicos licenciados, al trabajo y a la no discriminación.[1699] De ello resultó la clausura de la Corte Primera de lo Contencioso Administrativo por más de diez meses, con lo cual el régimen autoritario, lamentablemente, le enseñó a los jueces, a la fuerza, simplemente, que ninguna decisión judicial podía, en forma alguna, afectar políticas gubernamentales, así fueran inconstitucionales.[1700] Así, la Constitución, la ley y la justicia quedaron subyugadas por el

---

1698 *V.*, Allan R. Brewer-Carías, "La justicia sometida al poder [La ausencia de independencia y autonomía de los jueces en Venezuela por la interminable emergencia del Poder Judicial (1999-2006)]" en *Cuestiones Internacionales. Anuario Jurídico Villanueva 2007,* Centro Universitario Villanueva, Marcial Pons, Madrid 2007, pp. 25-57; "La progresiva y sistemática demolición institucional de la autonomía e independencia del Poder Judicial en Venezuela 1999-2004", en *XXX Jornadas J.M Domínguez Escovar, Estado de derecho, Administración de justicia y derechos humanos*, Instituto de Estudios Jurídicos del Estado Lara, Barquisimeto, 2005, pp. 33-174.

1699 *V.*, la decisión de la Corte Primera de lo Contencioso Administrativo de 21-8-2003, en *Revista de Derecho Público*, N° 93-96, EJV, Caracas 2003. *V.*, Claudia Nikken, "El caso "Barrio Adentro": La Corte Primera de lo Contencioso Administrativo ante la Sala Constitucional del Tribunal Supremo de Justicia o el avocamiento como medio de amparo de derechos e intereses colectivos y difusos", en *Revista de Derecho Público*, N° 93-96, EJV, Caracas, 2003, pp. 5 y ss.

1700 El caso fue llevado incluso ante la Corte Interamericana de Derechos Humanos, la cual condenó al Estado por las violaciones contra los magistrados destituidos en sentencia de fecha 5-8-2008, (Caso *Apitz Barbera y otros ("Corte Primera de lo Contencioso Administrativo") vs. Venezuela*). *V.*, en http://www.corteidh.or.cr/ Excepción Preliminar, Fondo, Reparaciones y Costas, Serie C N° 182. Frente poder, y el proceso de amparo degradado, al dejar de ser un instrumento efectivo de protección de los individuos frente al Estado.

SECCIÓN SEGUNDA:

SOBRE LA UNIVERSALIDAD DEL AMPARO EN VENEZUELA (2011)

Esta Sección es el texto del estudio publicado con los títulos: "El proceso constitucional de amparo en Venezuela: su universalidad y su inefectividad en el régimen autoritario," en *Horizontes Contemporáneos del Derecho Procesal Constitucional. Liber Amicorum Néstor Pedro Sagüés,* Centro de Estudios Constitucionales del Tribunal Constitucional, Lima 2011, Tomo II, pp. 219-261; y "La acción de amparo en Venezuela y su universalidad," en José de Jesús Naveja Macía (Coordinador), *Génesis, Desarrollo y Actualidad de Amparo en América Latina,* Tomo I, Ediciones Ilcsa, Tijuana México, pp. 109-141.

Si hay un tema del derecho procesal constitucional adecuado para escribir en este merecido Libro Homenaje a nuestro querido amigo y muy destacado propulsor del propio derecho procesal constitucional en Latinoamérica, Néstor Pedro Sagües, que el Centro de Estudios Constitucionales del Tribunal Constitucional del Perú organiza, es el relativo al proceso constitucional de amparo a los derechos constitucionales, sobre lo cual por lo demás, el profesor Sagües ha trabajado ampliamente. Por ello, gustosamente me uno al homenaje que sus amigos le rinden en este libro, refiriéndome al proceso constitucional de amparo en Venezuela, y en particular tanto a su universalidad como a los problemas de su efectividad, particularmente a partir de 1999 cuando comienza a instalarse el régimen autoritario.

El proceso de amparo en Venezuela, en efecto, fue introducido en la Constitución de 1961, siguiendo la orientación del constitucionalismo moderno latinoamericano, como la garantía judicial específica de dichos derechos, pero configurándolo como un *derecho constitucional de todas las personas a ser amparados* por los Tribunales en el goce y ejercicio de dichos derechos fundamentales. Como la ha definido la Sala Constitucional del Tribunal Supremo de Justicia:

> "La acción de amparo, es, pues, una garantía de restablecimiento de la lesión actual o inminente a una ventaja esencial, producto de un acto, actuación u omisión antijurídica, en tanto contraria a un postulado en cuyo seno se encuentre reconocido un derecho fundamental".[1701]

Por ello, el proceso constitucional de amparo en Venezuela se puede desarrollar, en principio, ante cualquier juez de primera instancia de la jurisdicción ordinaria, es decir, ante los tribunales civiles, mercantiles, laborales, penales, de menores, agrarios o de cualquier otra materia, y de los tribunales de la jurisdicción contencioso administrativa; o ante cualquier juez de la localidad si no hay uno de primera instancia.

---

a ello, sin embargo, la Sala Constitucional del Tribunal Supremo de Justicia en sentencia N° 1.939 de 18-12-2008 (Caso *Gustavo Álvarez Arias y otros*), declaró inejecutable dicha decisión de la Corte Interamericana. *V.*, en http://www.tsj.gov.ve/decisiones/scon/Diciembre/1939-181208-2008-08-1572.html

1701 *V.*, sentencia N° 460 de 6–4–2001 (Caso: *Only One Import, C.A. vs. Guardia Nacional*), en *Revista de Derecho Público*, N° 85–88, Editorial Jurídica Venezolana (EJV), Caracas 2001, p. 437.

Se trata, por otra parte, de un proceso constitucional que se puede iniciar mediante el ejercicio de una acción autónoma de amparo, o mediante una petición de amparo formulada conjuntamente con otras acciones o recursos judiciales. Por ello, el amparo en Venezuela, además de ser una de las garantías constitucionales, como se ha dicho, es un derecho constitucional en sí mismo: el derecho de amparo, con características bien definidas en el derecho constitucional comparado de América Latina. Dicho derecho constitucional ha sido regulado ampliamente en el artículo 27 de la Constitución de 1999 siguiendo la orientación del artículo 49 de la Constitución de 1961, así:

> "*Artículo 27:* Toda persona tiene derecho a ser amparada por los tribunales en el goce y ejercicio de los derechos y garantías constitucionales, aun de aquellos inherentes a la persona que no figuren expresamente en esta Constitución o en los instrumentos internacionales sobre derechos humanos.
>
> El procedimiento de la acción de amparo constitucional será oral, público, breve, gratuito y no sujeto a formalidad, y la autoridad judicial competente tendrá potestad para restablecer inmediatamente la situación jurídica infringida o la situación que más se asemeje a ella. Todo tiempo será hábil y el tribunal lo tramitará con preferencia a cualquier otro asunto.
>
> La acción de amparo a la libertad o seguridad podrá ser interpuesta por cualquier persona, y el detenido o detenida será puesto bajo la custodia del tribunal de manera inmediata, sin dilación alguna.
>
> El ejercicio de este derecho no puede ser afectado, en modo alguno, por la declaración del estado de excepción o de la restricción de garantías constitucionales".

Entre las reformas más importantes que introdujo esta norma respecto de lo que establecía el artículo 49 de la Constitución de 1961, se destacan las siguientes:

En *primer lugar*, se estableció en forma expresa la característica del amparo como un "derecho" constitucional de toda persona, "a ser amparada por los tribunales en el goce y ejercicio de los derechos y garantías constitucionales".

En *segundo lugar*, en cuanto a los derechos amparables, se estableció que no sólo son los que la Constitución enumera, sino aquellos inherentes a la persona que no figuren expresamente, no sólo en la Constitución sino en los instrumentos internacionales sobre derechos humanos, los cuales, además, conforme a la propia Constitución, tienen rango constitucional y prevalecen incluso sobre el orden interno si contienen regulaciones más favorables (artículo 23).

En *tercer lugar*, en cuanto al procedimiento, en lugar de establecer sólo que debía ser "breve y sumario" como lo hacía la Constitución de 1961, se indica que debe ser "oral, público, breve, gratuito y no sujeto a formalidad", y agregando, además, que "todo tiempo será hábil y el tribunal lo tramitará con preferencia a cualquier otro asunto".

En *cuarto lugar*, no sólo se reiteró la competencia del juez para restablecer inmediatamente la situación jurídica infringida, sino alternativamente, "o la situación que más se asemeje a ella".

Y en *quinto lugar* se precisó expresamente que "el ejercicio de este derecho no puede ser afectado, en modo alguno, por la declaración del estado de excepción o de la restricción de garantías constitucionales".

De esta norma constitucional derivan las notas distintivas del derecho y acción de amparo en Venezuela, y entre ellas, su universalidad, la cual analizaremos específicamente en estas páginas, refiriéndonos, en primer lugar, a los derechos protegidos y las causas de la lesión o amenaza de lesión de los mismos; y en segundo lugar, a las formas de ejercicio de la acción de amparo, conforme se ha desarrollado por la jurisprudencia en aplicación de la Ley Orgánica de Amparo sobre Derechos y Garantías Constitucionales de 1988[1702].

I. LA UNIVERSALIDAD DEL AMPARO Y LAS CAUSAS DE LA LESIÓN O AMENAZA DE LESIÓN DE DERECHOS Y GARANTÍAS CONSTITUCIONALES

La acción de amparo procede en Venezuela para la protección de todos los derechos constitucionales enumerados en los artículos 19 a 129 de la Constitución (civiles, políticos, sociales y de las familias, culturales y educativos, económicos, de los pueblos indígenas, y ambientales), en los tratados internacionales relativos a derechos humanos y aquellos inherentes a la persona humana así no estén enumerados en la Constitución o en dichos tratados); y procede, además, contra cualquier acto, hecho u omisión de autoridades o de particulares que viole derechos o garantías constitucionales o amenace violarlos. Por tanto, no sólo no hay derechos constitucionales que no sean justiciables mediante la acción de amparo, sino que no hay actos, hechos u omisiones que escapen de la protección de la misma.

1. *El amparo contra autoridades y contra particulares*

De acuerdo al artículo 2° de la Ley Orgánica,

> "La acción de amparo procede contra cualquier hecho, acto u omisión provenientes de los órganos del Poder Público Nacional, Estadal o Municipal. También procede contra el hecho, acto u omisión originados por ciudadanos, personas jurídicas, grupos u organizaciones privadas, que hayan violado, violen o amenacen violar cualquiera de las garantías o derechos amparados por esta Ley".

Por tanto, la protección que puede otorgar el juez de amparo al goce y ejercicio de los derechos y garantías constitucionales, se plantea en el texto constitucional y en la Ley Orgánica no solo frente a actuaciones de autoridades públicas que puedan perturbar el goce y ejercicio de los derechos, sino también frente a las perturbaciones que puedan provenir de particulares, individuos o personas morales. En esta materia, la Constitución no distingue, por lo que la Ley Orgánica admite la acción de

1702 *V.*, Allan R. Brewer-Carías, "La reciente evolución jurisprudencial en relación a la admisibilidad del recurso de amparo", en *Revista de Derecho Público*, N° 19, EJV, Caracas, julio-septiembre 1984, pp. 207-217; y "El derecho de amparo y la acción de amparo", en *Revista de Derecho Público*, N° 22, Editorial Jurídica Venezolana, Caracas, abril-junio 1985, pp. 51-61.

amparo frente a acciones que provienen de particulares[1703]. Esto también contribuye a diferenciar la acción de amparo en Venezuela de la existente en otros sistemas, en los cuales el recurso de amparo sólo se concibe frente a autoridades; o de la existente en otros países en el sentido de limitar la acción contra particulares, solamente cuando ocupen posiciones de poder o ejerzan funciones públicas, por ejemplo, como concesionarios de servicios públicos.

Por otra parte, en el caso de protección frente a perturbaciones provenientes de autoridades públicas, sin la menor duda debe afirmarse también que tal como lo regula el artículo 27 de la Constitución y la Ley Orgánica, esta protección procede frente a *toda* actuación pública, es decir, frente a todos los actos estatales y ante los actos materiales y vías de hecho de las autoridades públicas (art. 5°).

Por tanto, la acción de amparo procede contra toda actuación de la Administración, aun cuando no configure un acto administrativo y no abra la vía contencioso administrativa, es decir, procede, por ejemplo, contra las actuaciones materiales de la Administración; contra sus vías de hecho; contra la abstención en actuar o cumplir una obligación; contra las omisiones, en fin, contra toda forma de actuación de la Administración e, incluso, por supuesto, contra determinados actos como los de trámite, cuando no puedan ser impugnados por la vía contencioso administrativa.

Esta universalidad del amparo, por lo demás, fue precisada y desarrollada por la jurisprudencia, tanto de la antigua Corte Suprema como de la Corte Primera de la Contencioso Administrativo. Así lo señaló la Corte Primera de la Contencioso Administrativo en sentencia de 11 de noviembre de 1993 (Caso: *Aura Loreto Rangel*):

> "La lectura del artículo 2 de la Ley Orgánica de Amparo evidencia que no hay prácticamente ningún tipo de conducta, independientemente de su naturaleza o carácter, así como de los sujetos de los cuales provenga, del cual pueda predicarse que está excluido per se de su revisión por los jueces de amparo, a los efectos de determinar si vulnera o no algún derecho o garantía constitucional"[1704]

El mismo criterio lo precisó la Sala Político Administrativa de la antigua Corte Suprema en sentencia de 24 de mayo de 1993, así:

> "Son muy amplios los términos en que la acción de amparo está consagrada en el artículo 49 del Texto Fundamental. Así, si bien es incuestionable lo extenso del ámbito de los derechos y garantías susceptibles de ser protegidos y restablecidos mediante esta vía procesal, tampoco puede limitarse a que la lesión sea producto de determinados actos solamente. En efecto, debe igualmente permitirse que cualquier acto lesivo –ya sea un acto, hecho u omisión– de derechos y garantías constitucionales sea posible de cuestionar mediante este medio procesal, ya que, siendo el objetivo de la acción de amparo la protección de cualquier norma que consagre uno de los llamados derechos subjetivos de rango constitucional, no puede sostenerse que esa protección es viable sólo en los casos en

---

1703 Tal como sucede en Argentina después del caso *Samuel Kot SRL.* de 1958. S. *V.* Linares Quintana, *Acción de Amparo,* Buenos Aires, 1960, p. 25, G. R. Carrio, *Algunos aspectos del recurso de amparo,* Buenos Aires, 1959, p. 13.

1704 *V.*, en *Revista de Derecho Público,* N° 55–56, EJV, Caracas, 1993, p. 284.

que el acto perturbador reúna determinadas características, ya sean desde el punto de vista material u orgánico.

La jurisprudencia de esta Sala ha sido consecuente con ambos principios. En decisión del 31 de enero de 1991 (Caso: *Anselmo Natale*, registrada bajo el número 22) se señaló que "no puede existir ningún acto estatal que no sea susceptible de ser revisado por vía de amparo, entendiendo ésta, no como una forma de control jurisdiccional de la inconstitucionalidad de los actos estatales capaz de declarar su nulidad, sino –como se ha dicho– un remedio de protección de las libertades públicas cuyo objeto es restablecer su goce y disfrute, cuando alguna persona natural o jurídica, o grupo u organizaciones privadas, amenace vulnerarlas o las vulneren efectivamente"[1705]

En sentencia de 13 de febrero de 1992, la Corte Primera, por otra parte, precisó:

"Observa esta Corte que la característica esencial del régimen de amparo, tanto en la concepción constitucional como en su desarrollo legislativo, es su universalidad... por lo cual hace extensiva la protección que por tal medio otorga, a todos los sujetos (personas físicas o morales que se encuentran en el territorio de la nación) así como a todos los derechos constitucionalmente garantizados, e incluso aquéllos que sin estar expresamente previstos en el texto fundamental, son inherentes a la persona humana. Este es el punto de partida para entender el ámbito del amparo constitucional. Los únicos supuestos excluidos de su esfera son aquéllos que expresamente señala el artículo 6 de la Ley Orgánica de Amparo sobre Derechos y Garantías Constitucionales y, desde el punto de vista sustantivo, no hay limitaciones respecto a derechos o garantías específicas.

Respecto a la Administración, el amparo contra la misma es de tal amplitud que se acuerda contra todos los actos, omisiones y vías de hecho, sin hacer exclusión alguna de determinadas materias de su competencia que, como se sabe, están siempre vinculadas con el orden público y con el interés social"[1706].

Por tanto, ninguna actuación u omisión escapa al amparo, habiendo solo quedando excluidos de la acción, conforme se estableció en el artículo 6,6 de la ley Orgánica, "los actos de la Corte Suprema de Justicia"[1707], en virtud de que como lo había previsto el artículo 211 de la Constitución de 1961, no existía la posibilidad de intentar acción o recurso alguno contra las decisiones de la más alta autoridad judicial del país.

Por ello, incluso, conforme a la Constitución de 1961, las decisiones de los Cuerpos Legislativos adoptados en uso de sus atribuciones privativas y que conforme al artículo 159 de dicha Constitución no eran susceptibles de veto, examen o control de los otros Poderes del Estado, las mismas podían ser objeto de acción de amparo. Ello fue resuelto expresamente por la antigua Corte Suprema de Justicia en

1705 *V.*, en *Revista de Derecho Público,* N° 55–56, EJV, Caracas, 1993, pp. 284–285. *V.*, además, en relación a la amplitud de los derechos fundamentales amparables, la decisión del 4–12–90, caso: *Mariela Morales de Jiménez*, N° 661.

1706 *V.*, en *Revista de Derecho Público,* N° 49, EJV, Caracas, 1992, pp. 120–121.

1707 *V.*, sentencia de la Corte Primera de lo Contencioso Administrativa de 18–6–91, en FUNEDA, *15 años de Jurisprudencia op. cit.*, p. 145; y en *Revista de Derecho Público,* N° 46, EJV, Caracas, 1991, p. 124.

Sala Político Administrativa en sentencia de 31 de enero de 1991 (Caso: *Anselmo Natale*), en la cual señaló que "no puede existir ningún acto estatal que no sea susceptible de ser revisado por vía de amparo, entendiendo ésta, no como una forma de control jurisdiccional de la constitucionalidad de los actos estatales capaz de declarar su nulidad, sino como se ha dicho, un medio de protección de las libertades públicas cuyo objeto es restablecer su goce o disfrute, cuando alguna persona natural o jurídica, o grupos u organizaciones privadas, amenace vulnerarlas o las vulneren efectivamente"[1708]. Por supuesto, si se trata de amparo contra actuaciones de la Administración no es necesario que se trate de un acto administrativo el que cause la lesión[1709], pudiendo intentarse la acción de amparo contra vías de hecho de la Administración[1710].

A continuación haremos especial mención a los casos de acciones de amparo contra los actos jurídicos del Estado, en especial contra los actos legislativos, de gobierno, administrativos y judiciales (sentencias), particularmente por la necesidad de conciliar el ejercicio de la acción de amparo con el ejercicio de las vías de impugnación de dichos actos. La Ley Orgánica, en este sentido, regula expresamente el amparo contra leyes, contra actos administrativos y contra sentencias y providencias judiciales.

2. *El amparo contra leyes y demás actos normativos*

De acuerdo al artículo 3° de la Ley Orgánica:

> "También es procedente la acción de amparo cuando la violación o amenaza de violación deriven de una norma que colida con la Constitución. En este caso, la providencia judicial que resuelva la acción interpuesta deberá apreciar la inaplicación de la norma impugnada y el Juez informará a la Corte Suprema de Justicia acerca de la respectiva decisión".

Esta es, quizás, una de las instituciones más novedosas que incorporó la Ley Orgánica referida al denominado "amparo contra normas" que vino a perfeccionar y completar el sistema de control de la constitucionalidad de las leyes, agregando un tercer sistema de control (además de los métodos concentrado y difuso), el cual en ciertos aspectos se puede asimilar al denominado en México "amparo contra leyes".[1711] En este caso, se permite el ejercicio del control de la constitucionalidad de las leyes por los jueces cuando conozcan de una acción de amparo ejercida contra una ley o un acto normativo que en forma directa e inmediata viole o amenace violar un derecho fundamental, y que por tanto, colida con la Constitución[1712].

1708 *V.*, en *Revista de Derecho Público,* N° 45, EJV, Caracas, 1991, p. 118. La tesis de la Corte Suprema fue reafirmada por la Corte Primera de lo Contencioso Administrativo en sentencia de 18–6–91, en *V.*, en *Revista de Derecho Público,* N° 46, EJV, Caracas, 1991, p. 125.

1709 *V.*, sentencia de la Corte Primera de lo Contencioso Administrativa de 25–6–93, *Revista de Derecho Público,* N° 53–54, EJV, Caracas, 1993, p. 255.

1710 *V.*, sentencia de la antigua Corte Suprema de Justicia, Sala Político Administrativa, 8–5–91, *Revista de Derecho Público,* N° 46, EJV, Caracas, 1991, p. 127.

1711 Héctor Fix–Zamudio, "Algunos problemas que plantea el amparo contra leyes", *Boletín del Instituto de Derecho Comparado de México,* UNAM, N° 37, 1960, pp. 11 a 39.

1712 La institución fue inspirada en el amparo contra normas que establecía la ley peruana de amparo antes de la reforma de la Constitución de 1992. *V.*, en general, Samuel B. Abad Yupanqui, "El amparo contra

En estos casos de amparo contra normas, sin embargo, la decisión del juez no es anulatoria, sino que sólo debe apreciar la inaplicación de la norma respecto de la cual se solicita amparo, como una decisión de protección, que por ello, tiene efectos *inter partes,* es decir, en relación al accionante. De acuerdo al artículo 3 de la Ley, cuando se faculta al juez de amparo para resolver de inmediato "restablecer la situación jurídica infringida", en este caso equivale a la suspensión de efectos de la ley respecto del accionante, es decir, su inaplicabilidad al accionante.

Pero en relación al control de la constitucionalidad de las leyes, que la Ley Orgánica, además de prever el amparo contra normas, permite ejercer la acción de amparo, o más propiamente la pretensión de amparo, conjuntamente con la acción popular de inconstitucionalidad de las leyes ante la Sala Constitucional del Tribunal Supremo de Justicia.

En efecto, el mismo artículo 3° de la Ley Orgánica establece lo siguiente:

> "La acción de amparo también podrá ejercerse conjuntamente con la acción popular de inconstitucionalidad de las leyes y demás actos estatales normativos, en cuyo caso, la Corte Suprema de Justicia, si lo estima procedente para la protección constitucional, podrá suspender la aplicación de la norma respecto de la situación jurídica concreta cuya violación se alega, mientras dure el juicio de nulidad".

Como se observa, en estos casos la Ley Orgánica ha establecido una innovación fundamental consistente en permitir a la Sala, contrariamente a lo que había sido la tradición jurisprudencial, el suspender los efectos de la ley o acto normativo impugnado respecto de su aplicabilidad al accionante, cuando lo juzgue necesario para la protección constitucional, mientras dure el juicio de nulidad. Hasta la promulgación de la Ley Orgánica de Amparo en los juicios de nulidad de los actos estatales, la antigua Corte Suprema había negado sistemáticamente la posibilidad de suspender los efectos de los actos normativos, habiendo reducido su potestad de suspensión de efectos en juicio, respecto de los actos administrativos de efectos particulares.

Ahora bien, en cuanto a la acción autónoma de amparo contra normas previstas en el artículo 3° de la Ley Orgánica, hemos sostenido que se trata de una *vía directa de control difuso* de la constitucionalidad de las leyes, que viene a completar el control difuso incidental que establece el artículo 20 del Código de Procedimiento Civil. Se trata de un control difuso pues permite a todo juez de amparo pronunciarse sobre la inconstitucionalidad de una ley por violación de derechos y garantías constitucionales; y es directo pues la cuestión constitucional no se plantea en un juicio en forma incidental, sino como objeto directo de una acción de amparo, teniendo la decisión, en todo caso, efectos *inter partes*[1713].

La Ley venezolana, por otra parte, no establece límite alguno respecto de la procedencia de la acción de amparo contra normas, y no requiere de la emisión de actos

leyes" en *Comisión Andina de Juristas, Lecturas Constitucionales Andinas,* N° 3 Lima, 1994, pp. 129 a 152. *V.,* además, Allan R. Brewer-Carías, "La acción de amparo contra leyes y demás actos normativos en el Derecho venezolano", en *Liber Amicorum. Héctor Fix-Zamudio,* Volumen I, Secretaría de la Corte Interamericana de Derechos Humanos. San José, Costa Rica 1998, pp. 481-501.

1713 *V.,* Allan R. Brewer–Carías, *Nuevas tendencias en el contencioso administrativo en Venezuela,* EJV, Caracas, 1993, p. 168.

de ejecución de la misma. Sin embargo, a pesar de la claridad del artículo 3° de la Ley Orgánica de Amparo, la jurisprudencia de la Sala Político Administrativa de la antigua Corte Suprema impuso el criterio de que no procede la acción de amparo directamente contra normas, y que lo que procede, realmente, es la acción de amparo contra los actos de ejecución de la norma, que serían los actos lesivos[1714]. En sentencia de 24 de mayo de 1993, incluso, la propia antigua Corte Suprema, en Sala Político Administrativa había considerado como obvio que "el mencionado artículo de la Ley Orgánica de Amparo no consagra la posibilidad de interponer esta acción de protección constitucional contra una ley u otro acto normativo sino contra el acto de aplicación o ejecución de ésta, el cual en definitiva es el que, en el caso concreto, puede ocasionar una lesión particular de los derechos y garantías constitucionales de una persona determinada".[1715]

De estas sentencias resultó la adopción, por los tribunales venezolanos, de la tesis mexicana del amparo sólo contra las leyes auto aplicativas, respecto de las cuales la Corte Primera de lo Contencioso Administrativo en sentencia de 18 de noviembre de 1993, resolvió así:

> "Con respecto a la inmediatez de la amenaza constitucional, lo cual implica una lesión cierta e inminente, observa esta Corte que en el caso específico de los actos normativos la doctrina ha distinguido entre las denominadas normas auto aplicativas y las de aplicación mediata. En cuanto a las primeras, su sola promulgación implica una inmediata obligatoriedad para las personas a las cuales se encuentra destinada, por lo cual son de aplicación automática. Por el contrario, las normas de afectación mediata e indirecta requieren de un acto de ejecución posterior, en cuyo caso la simple promulgación no podría producir una violación constitucional"[1716].

3. *El amparo respecto de los actos administrativos y contra conductas omisivas de la Administración*

De acuerdo al artículo 5° de la Ley Orgánica:

> "La acción de amparo procede contra todo acto administrativo, actuaciones materiales, vías de hecho, abstenciones u omisiones que violen o amenacen violar un derecho o garantía constitucionales, cuando no exista un medio procesal breve, sumario y eficaz, acorde con la protección constitucional".

Por tanto, la acción de amparo procede también contra actos administrativos o contra conductas omisivas de la Administración que violen o amenacen violar un derecho o garantía constitucionales, pero siempre que no exista "un medio procesal

---

1714 Fue el caso de la en sentencia de 8–8–94, la Sala Político Administrativa al resolver un amparo en el caso de las declaraciones juradas de patrimonio exigidas a los administradores de bancos por la Ley de Emergencia Financiera de 1994. *V.*, el texto en Allan R. Brewer–Carías y Carlos Ayala Corao, *El derecho a la intimidad y a la vida privada y su protección frente a las injerencias abusivas o arbitrarias del Estado*, Caracas, 1995, pp. 214 a 216.

1715 *V.*, en *Revista de Derecho Público*, N° 55–56, EJV, Caracas, 1993, pp. 287–288. *V.*, también sentencia de 19–11–92 (Caso: *Electrificación del Caroní, EDELCA, n° 54).*

1716 *V.*, en *Revista de Derecho Público*, N° 55–56, EJV, Caracas, 1993, p. 285. La Corte Suprema, sin embargo, en sentencia de 24–5–93 materialmente negó la posibilidad de leyes autoaplicativas. *V.*, en *Revista de Derecho Público*, N° 55–56, EJV, Caracas, 1993, pp. 288 a 290.

breve, sumario y eficaz, acorde con la protección constitucional". En consecuencia, si dicho medio existe no es admisible la acción de amparo; pudiendo ser dicho medio el recurso contencioso administrativo de anulación, siempre que exista en la localidad un tribunal con competencia contencioso administrativa, y se formule en el mismo conjuntamente con la pretensión de nulidad, la pretensión de amparo[1717].

En estos casos, agrega el artículo 5° de la Ley Orgánica, el Juez, en forma breve, sumaria y efectiva, si lo considera procedente para la protección constitucional, suspenderá los efectos del acto recurrido como garantía de dicho derecho constitucional violado, mientras dure el juicio.

Para garantizar que este recurso contencioso administrativo de anulación y amparo, sea un medio procesal breve, sumario y efectivo, acorde con la protección constitucional, el Parágrafo Único del artículo 5° de la Ley Orgánica precisa que:

> "Cuando se ejerza la acción de amparo contra actos administrativos conjuntamente con el recurso contencioso administrativo que se fundamente en la violación de un derecho constitucional, el ejercicio del recurso procederá en cualquier tiempo, aun después de transcurridos los lapsos de caducidad previstos en la Ley; y no será necesario el agotamiento previo de la vía administrativa".

Sobre el carácter extraordinario de la acción de amparo contra actos administrativos, la jurisprudencia en Venezuela ha sido muy variable. La posición inicial fue considerar que frente a un acto administrativo no resultaba procedente ejercer la acción autónoma de amparo, si contra el mismo podía interponerse el recurso contencioso administrativo de anulación con la pretensión de amparo como lo autoriza el artículo 5° de la Ley[1718]. Sin embargo, posteriormente se comenzó a estimar que la acción autónoma de amparo contra un acto administrativo sólo procedía cuando se diesen circunstancias excepcionales o extraordinarias que no pudieran resolverse por la vía contencioso administrativa[1719], para desembocar, a partir de 1993, con el criterio de que el recurso contencioso de anulación no es un medio eficaz para la protec-

---

1717 *V.*, sentencias de la antigua Corte Suprema de Justicia, Sala Político Administrativa de 25–1–89 y 9–8–89 en *Revista de Derecho Público,* N° 39, EJV, Caracas, 1989, p. 139.

1718 *V.*, Corte Primera de lo Contencioso Administrativo 24–5–88, véase en *Revista de Derecho Público,* N° 34, EJV, Caracas, 1988, p. 126. Conforme a esta doctrina la Corte Primera de lo Contencioso Administrativo desarrolló una constante jurisprudencia conforme a la cual consideró improcedente la acción autónoma de amparo contra actos administrativos lesivos de los derechos de los funcionarios públicos, estableciendo que en esos casos la acción contencioso-administrativa funcionarial, constituía un medio idóneo para la protección constitucional, al punto de considerar que "Distinta interpretación, supondría efectos derogatorios sobre la casi totalidad de los procedimientos jurisdiccionales existentes en el régimen jurídico venezolano. *V.*, sentencia de 3–06–88, en *Revista de Derecho Público,* N° 35, EJV, Caracas, 1988, p. 129. En sentido coincidente, véase las sentencias de la Corte Primera de lo Contencioso Administrativa de 7–7–88, *Revista de Derecho Público,* N° 35, EJV, Caracas, 1988, p. 130; de 16–6–88, *Revista de Derecho Público* N° 35, EJV, Caracas, 1988, p. 138; de 20–4–89, *Revista de Derecho Público,* N° 38, EJV, Caracas, 1989 p. 109; y de 5–2–90 en FUNEDA, 15 *años de Jurisprudencia, op. cit.,* p. 235. En sentido similar el Tribunal Superior Contencioso-Administrativo de la Región Capital en sentencias de 14–2–91 y 31–1–91 *Revista de Derecho Público,* N° 45, EJV, Caracas, 1991, pp. 113, 114 y 119, ha considerado que el recurso contencioso-administrativo con pretensión de amparo es la vía eficaz para la protección constitucional. 5–2–90. *V.*, en *Revista de Derecho Público,* N° 41, EJV, Caracas, 1990, p. 114.

1719 *V.*, sentencia de la Corte Primera de lo Contencioso Administrativo de 9–7–91, en *Revista de Derecho Público,* N° 47, EJV, Caracas, 1991, p. 131.

ción constitucional. En tal sentido la Corte Primera de lo Contencioso Administrativo sostuvo que:

> "[...] no es posible admitir, que el recurso contencioso administrativo de anulación sea el medio breve, sumario y eficaz sustitutivo del amparo pues, si así fuera, el artículo 2 de la Ley Orgánica de Amparo sobre Derechos y Garantías Constitucionales vendría a ser superfluo, a menos en lo atinente a que la acción de amparo procede contra cualquier acto de la Administración, bastando la interposición conjunta de ambos mecanismos procesales. Por lo demás, admitir tal interpretación sería tanto como negar la posibilidad de la acción de amparo autónoma contra actos administrativos, por tanto, este razonamiento del a quo resulta no ajustado a derecho y así se declara"[1720].

En todo caso, el tema central en relación con el ejercicio de la acción autónoma de amparo contra actos administrativos, es el de los efectos de la decisión de amparo, que no tiene carácter anulatorio sino de mera suspensión de efectos del acto, lo que implica que el acto administrativo lesivo queda incólume en cuanto a su validez, por lo que para que la protección constitucional sea integral debe buscarse su anulación posterior por la vía contencioso administrativa. Para ello, el juez que otorgue amparo contra un acto administrativo debería imponerle al agraviado la obligación de impugnar el acto administrativo ante el tribunal contencioso administrativo competente.

Pero la acción de amparo no sólo procede contra actos administrativos sino también contra conductas omisivas de la Administración, para lo cual debe existir mora frente a un requerimiento del interesado. Es decir, es necesario que el presunto agraviado se haya dirigido en forma previa a la presunta autoridad agraviante, dando inicio a un procedimiento constitutivo, de manera que no se puede accionar por abstención cuando no habido requerimiento del administrado para que la autoridad administrativa emita algún acto administrativo[1721].

Particular importancia tiene el amparo contra las conductas omisivas en los casos de silencio de la Administración en los procedimientos constitutivos del acto administrativo, que se han estimado como violatorias al derecho de petición, pues en esos casos, sólo considerar el silencio como rechazo, no satisface la garantía constitucional del derecho de petición. En tales casos, la jurisprudencia ha considerado que el accionante puede "exigir que se cumpla el contenido de tal derecho, a saber, que se le confiera la pretensión deducida ante la Administración; que se dicte la declaración que pretende; o bien que se le señalen los motivos por los cuales no puede la Administración acceder a ninguna de las actuaciones precedentemente señaladas"[1722].

En el caso de silencio en el procedimiento de impugnación del acto administrativo, en cambio, la jurisprudencia ha considerado que no procede la acción de ampa-

---

1720 *V.*, sentencias de la Corte Primera de lo Contencioso Administrativa de 23–4–93, en *Revista de Derecho Público,* N° 53–54, EJV, Caracas, 1993, pp. 263–264; de 1–4–93, *Revista de Derecho Público,* N° 53–54 EJV, Caracas, 1993, p. 271 y antes, de 19–9–90 en FUNEDA, *15 años de Jurisprudencia..., op. cit.*, p. 149.

1721 Sentencia de la antigua Corte Suprema de Justicia, Sala Político Administrativa de 18–11–93, en *Revista de Derecho Público* N° 55–56, EJV, Caracas, 1993, p. 295.

1722 *V.*, sentencia de la Corte Primera de lo Contencioso Administrativo de 17–12–85, citada en sentencia de la misma Corte Primera de 13–2–86. FUNEDA, *15 años de Jurisprudencia, cit.*, pp. 312–313.

ro[1723], salvo cuando el objeto de la misma sea un acto denegatorio tácito producto del silencio en el procedimiento constitutivo.[1724] De acuerdo a esta jurisprudencia puede entonces decirse que la antigua Corte Suprema exigió para la procedencia de la acción de amparo contra conductas omisivas de la Administración, en forma acumulativa o concurrente, la existencia de dos requisitos:

> "[...] a) que la conducta omisiva que se denuncia sea absoluta, lo que significa que la Administración no haya en ningún momento realizado la actuación debida; y b) que la omisión ocurra ante una obligación genérica, es decir, aquella obligación que tiene el funcionario de actuar en ejercicio de las atribuciones correspondientes a su cargo distinta, por tanto, a la obligación específica que se ha exigido para la procedencia de la acción contencioso-administrativa por abstención. De manera que sólo cuando ante una obligación genérica, procedimental, de tramitar o proveer un asunto inherente al cargo del funcionario, éste incurre en una conducta omisiva, es que resulta procedente la acción extraordinaria de amparo constitucional"[1725].

Por supuesto, en todos estos casos de procedencia de la acción de amparo contra la mora de la Administración, como violatoria del derecho a obtener oportuna respuesta garantizado en el artículo 67 de la Constitución, la consecuencia de la violación de tal derecho, como lo ha señalado la Corte Primera de lo Contencioso Administrativo, "sólo implica ordenar a la autoridad administrativa que otorgue la respuesta correspondiente"[1726].

Por último, debe señalarse que en los casos de silencio positivo la Corte Primera de lo Contencioso Administrativo también ha admitido la acción de amparo, ante la omisión de la Administración de darle los efectos positivos originados por su abstención[1727].

4. *El amparo contra sentencias y demás actos judiciales*

Por último, en relación al amparo contra actos estatales, el artículo 4° de la Ley Orgánica establece que:

> "Igualmente procede la acción de amparo cuando un Tribunal de la República, actuando fuera de su competencia, dicte una resolución o sentencia u ordene un acto que lesione un derecho constitucional".

1723 *V.*, sentencia de la Sala Político Administrativa de la antigua Corte Suprema de 23–5–88, (Caso: *Fincas Algaba*), en *Revista de Derecho Público,* N° 35, EJV, Caracas, 1988, pp. 109–112. *V.*, además, sentencia de la antigua Corte Suprema de Justicia, Sala Político Administrativa de 11–7–91, (Caso: *J. E. Durán Díaz*).

1724 *V.*, sentencia de la antigua Corte Suprema de 13–8–92, (Caso: *N. J. Salas Grado*) en *Revista de Derecho Público,* N° 51, EJV, Caracas, 1992, pp. 173 y 174.

1725 *V.*, sentencias de la antigua Corte Suprema de Justicia, Sala Político Administrativa de 5–11–92 (Caso: *Jorge E. Alvarado*), en *Revista de Derecho Público,* N° 52, EJV, Caracas, 1992, p. 187; y de 18–11–93, en *Revista de Derecho Público,* nos 55–56, EJV, Caracas, 1993, p. 295.

1726 *V.*, sentencia de 26–8–93 (Caso: *Inversiones Klanki*), en *Revista de Derecho Público,* N° 55–56, EJV, Caracas, 1993, p. 294.

1727 *V.*, sentencia de 20–12–91 (Caso: *BHO, C.A.*), en *Revista de Derecho Público,* N° 48, EJV, Caracas, 1991, pp. 141–143.

De esta norma podría interpretarse, ante todo, que si la decisión judicial violatoria de un derecho constitucional se dicta por un juez actuando *dentro de su competencia* (por la materia o por el territorio), no procedería la acción autónoma de amparo, sino que la pretensión de amparo debería ejercerse conjuntamente con el recurso de apelación o el recurso de casación que corresponda. Ello es lo que resultaría de la interpretación literal de la norma, con el objeto de salvaguardar los medios ordinarios y extraordinarios de revisión de decisiones judiciales, que en estos casos tendrían efectos suspensivos, y por tanto, de protección constitucional inmediata

Sin embargo, el problema de interpretación resultaría de los casos en los que no esté prevista en el ordenamiento procesal una vía ordinaria o extraordinaria de revisión de sentencias, o éstas no procedan, o no se hayan ejercido oportunamente. La jurisprudencia, en este sentido, ha conformado en estos casos la doctrina más acorde con la protección constitucional que consagra la Ley Orgánica, pues en definitiva, ningún Tribunal tiene ni puede tener competencia para dictar decisiones en las cuales lesione derechos o garantías constitucionales.

En todo caso, en el supuesto regulado en el artículo 4° y con el objeto de salvaguardar las jerarquías judiciales de revisión, se establece expresamente que "La acción de amparo debe interponerse por ante un Tribunal superior al que emitió el pronunciamiento, quien decidirá en forma breve, sumaria y efectiva".

Además, debe mencionarse, como antes se advirtió, que la Ley expresamente excluye el ejercicio de la acción de amparo "cuando se trate de decisiones emanadas de Tribunal Supremo de Justicia" (art. 6, Ord. 6°), lo que tiene su explicación en la garantía institucional que prevé la Constitución en el sentido de que siendo dicho Tribunal el más alto de la República, contra sus decisiones no se puede oírse ni admitirse recurso alguno[1728].

Ahora bien, en relación al amparo contra sentencias[1729], la jurisprudencia ha precisado sus contornos precisando, ante todo, que es necesario que exista un acto judicial lesivo, es decir, que lesione o amenace lesionar un derecho constitucional, para lo cual ningún tribunal puede tener competencia.[1730] La expresión legal "actuando fuera de su competencia" ha sido interpretada por la Sala Político Administrativa de la antigua Corte Suprema, en sentencia de 12 de diciembre de 1989 (Caso: *El Crack C.A*) como equivalente a un tribunal que "usurpa funciones, ejerciendo unas que no le son conferidas o hace uso indebido de las funciones que le han sido atribuidas, lesionando con su actuación derechos o garantías constitucionales"[1731].

1728 *V.*, la sentencia de la antigua Corte Suprema de Justicia, Sala Político Administrativa de 5–12–90 en *Revista de Derecho Público,* N° 45, EJV, Caracas, 1991, p. 119.

1729 *V.*, entre otras, la sentencia de la Sala Constitucional N° 848 de 28–7–2000 (Caso: *Luis A. Baca vs. Juzgado Segundo de Primera Instancia en lo Civil, Mercantil, Agrario y del Tránsito del Primer Circuito de la Circunscripción Judicial del Estado Bolívar*), en *Revista de Derecho Público,* N° 83, EJV, Caracas, 2000, p. 296 ss.

1730 *V.*, Allan R. Brewer–Carías, "El problema del amparo contra sentencias o de cómo la Sala de Casación Civil remedia arbitrariedades judiciales" en *Revista de Derecho Público,* N° 34, EJV, Caracas, 1988, p. 164; y "El recurso de amparo contra sentencias de amparo dictadas en segunda instancia", en *Revista de Derecho Público,* N° 36, Editorial Jurídica Venezolana, Caracas, octubre-diciembre 1988, pp. 160-172.

1731 *V.*, en *Revista de Derecho Público,* N° 41, EJV, Caracas, 1990, pp. 110–111. En igual sentido se destacan las sentencias de la misma Sala Político Administrativa de 27–6–90, 4–7–90, 7–8–90, 5–12–90 y

De acuerdo a esta doctrina, por tanto, y dada la garantía de la cosa juzgada que protege a las decisiones judiciales, no basta para que sea procedente una acción de amparo contra sentencias que el accionante sólo señale que la sentencia le fue adversa, sino que debe alegar abuso o exceso de poder del juez, como forma de incompetencia[1732].

El tema, particularmente en relación a la garantía de la cosa juzgada fue objeto de consideración detallada y particular por la Sala de Casación Civil de la antigua Corte Suprema de Justicia en sentencia de 5 de diciembre de 1990 al analizar el artículo 4° de la Ley Orgánica, en la cual estableció los casos en los que puede intentarse y ser admitida la acción autónoma de amparo contra decisiones judiciales cuando:

> "1. El juez actuando fuera de su competencia, entendida ésta en el sentido de la jurisprudencia transcrita, vulnera una garantía o derecho de rango constitucional;
>
> 2. La decisión constituya un acto lesivo a la conciencia jurídica, al infringir en forma flagrante, por ejemplo, los derechos individuales que no pueden ser renunciados por el afectado; o
>
> 3. El fallo vulnere el principio de seguridad jurídica, proveyendo contra la cosa juzgada, o fuese proferido en un proceso donde evidentemente no se hubiese garantizado al solicitante del amparo las debidas oportunidades de defensa, o se hubiese irrespetado de alguna otra manera la garantía del debido proceso"[1733].

La Corte Primera de lo Contencioso Administrativo, en una sentencia de 9 septiembre de 1993, también señaló la relación entre la importancia de la cosa juzgada y la procedencia de la acción de amparo, la cual nunca puede constituirse en una tercera instancia, precisando lo siguiente:

> "En atención a esa vocación de la definitividad que tienen las decisiones emanadas de los tribunales y a las suficientes garantías que ofrecen a las partes en conflicto los procedimientos judiciales, el amparo contra las sentencias debe estar sometido a estrictos requisitos, tendentes a impedir que, so pretexto de solicitar amparo de derechos constitucionales pretendidamente violados, se esté intentando realmente reabrir indefinidamente los asuntos ya judicialmente decididos e impugnar sentencias por vías diferentes o adicionales a los recursos que el propio ordenamiento jurídico procesal ofrece para ello. Es razonable, por tanto, que se exija –como requisito de procedencia del amparo contra sentencias– el que la conducta del juez accionado constituya un abuso de poder o una grave usurpación o extralimitación de funciones, que lesione simultáneamente un derecho constitucional. En cambio, no podría proceder el amparo cuando el juez haya actuado dentro de los límites de su oficio, sólo que el accionante no está

31–5–91, citadas en *Revista de Derecho Público,* N° 46, EJV, Caracas, 1991, p. 132. Igualmente, sentencia de 4–2–93, *Revista de Derecho Público* N° 53–54, EJV, Caracas, 1993, p. 276.

1732 *V.*, sentencia antigua Corte Suprema de Justicia, Sala Político Administrativa de 31–5–91, *Revista de Derecho Público,* N° 46, EJV, Caracas, 1991, p. 132.

1733 Caso *José Díaz Aquino*, (consultada en original). Citada también en sentencia de 14–12–94 de la misma Sala de Casación (consultada en original, Caso *Cimarrón*).

de acuerdo con los criterios jurídicos utilizados por aquél al adoptar su decisión..."[1734].

Por otra parte, la Corte Primera también consideró que no son procedentes, en principio, las pretensiones de amparo contra sentencias que puedan ser objeto de apelación en ambos efectos; excepto en los casos en los que la actividad procesal pueda perjudicar a terceros, en tanto que éstos no hayan tenido la posibilidad real de acceso al proceso y no hayan ejercido efectivamente su derecho a la defensa.[1735]

Por otra parte, en relación al amparo contra sentencias y demás actos judiciales, otro aspecto que debe destacarse es que la aplicación del artículo 4° de la Ley Orgánica de Amparo sólo procede cuando el juez en concreto actúa en ejercicio de funciones jurisdiccionales, en cuyo caso, el juez competente para conocer de la acción es el tribunal superior al que emitió el pronunciamiento. En cambio, en los supuestos en los cuales un juez dicte un acto actuando en función administrativa (no jurisdiccional), por ejemplo, cuando actúa como registrador mercantil, la competencia para conocer de la acción de amparo corresponde al tribunal de primera instancia que lo sea en la materia afín con la naturaleza del derecho violado"[1736].

Por otra parte, el artículo 4° de la Ley Orgánica, al regular la posibilidad de ejercicio de la acción de amparo contra sentencias, no estableció ningún límite[1737], por lo que evidentemente que una acción de amparo también puede intentarse contra una sentencia dictada en un juicio de amparo, siempre que en ésta, el juez, actuando fuera de su competencia en el sentido antes indicado, lesione un derecho o garantía constitucional.[1738] En estos casos, por tanto, cuando se ejerce una acción de amparo contra una sentencia dictada en un juicio de amparo, ella debe estar motivada por el hecho de que la sentencia atacada, en sí misma, e independientemente del fondo de la causa decidida, lesiona ilegítimamente un derecho constitucional. Por ello, en estos casos, no se busca "reabrir" una controversia judicial ya decidida y finalizada; es decir, el juez de amparo contra sentencias no puede "reabrir" el proceso decidido en la sentencia impugnada, sino que limita su actuación a juzgar si la sentencia, en sí misma, viola ilegítimamente un derecho constitucional a objeto de ordenar el inmediato restablecimiento de la situación jurídica lesionada por la decisión judicial.

La Sala de Casación Civil de la antigua Corte Suprema de Justicia en sentencia de 8 de diciembre de 1995 (Caso: *Mavesa*), sobre la posibilidad de interponer una acción de amparo contra una decisión judicial pronunciada en un procedimiento de amparo constitucional, indicó que ello es procedente:

1734 *V.*, en *Revista de Derecho Público,* N° 55–56, EJV, Caracas, 1993, p. 297.

1735 *V.*, sentencia N° 1311 de 9–10–2000, (Caso: *Ciruley J. González V. y otros vs. Juzgado Superior Segundo en lo Civil y Contencioso Administrativo de la Circunscripción Judicial de la Región Capital*), en *Revista de Derecho Público,* n° 84, EJV, Caracas, 2000, p. 352.

1736 *V.*, la sentencia de la Sala de Casación Civil de la Corte Suprema de Justicia de 21–9–89, *Revista de Derecho Público,* N° 40, EJV, Caracas, 1989, pp. 92–93.

1737 La Sala Constitucional, en cambio, ha establecido que sólo procede el amparo, conforme al artículo 4 de la Ley Orgánica de Amparo, contra las sentencias que dicten los tribunales en segundo grado de jurisdicción, cuando se denuncien violaciones a derechos o garantías constitucionales no juzgadas en cualquiera de las dos instancias. *V.*, sentencia N° 127 de 6–2–2001 (Caso: *Licorería El Buchón, C.A. vs. Juzgado Primero de Primera Instancia en lo Civil, Mercantil, Agrario y Tránsito de la Circunscripción Judicial del Estado Bolívar*) en *Revista de Derecho Público*, N° 85–88, EJV, Caracas, 2001, p. 441.

1738 *V.*, Allan R. Brewer Carías, "El problema del amparo contra sentencias...", *loc. cit.*, p. 164.

"[...] siempre que concurran ciertos extremos o requisitos: a) que se haya satisfecho el principio de la doble instancia; b) que los hechos concretos causantes de la violación constitucional sean distintos de los revisados en el primer amparo, sin importar que se refiera al mismo o diferente derecho constitucional; y c) que el Tribunal haya incurrido en los supuestos de hecho que exige el artículo 4° de la Ley Orgánica de Amparo sobre Derechos y Garantías Constitucionales" (Sentencia 18–11–92, Caso: C.V.G. Internacional, C.A.).[1739]

La Sala Constitucional del Tribunal Supremo, sin embargo, ha excluido la acción de amparo contra sentencias que agotan la doble instancia en materia de amparo (apelación o consulta obligatoria)[1740], aún cuando ha aclarado que queda a salvo el caso de que ella contenga un agravio constitucional nuevo y distinto de los ya conocidos y resueltos, o que la Sala decida ejercer al respecto la potestad extraordinaria de revisión[1741]

En relación con las partes en el proceso, debe señalarse que conforme a la doctrina de la Sala Constitucional, "la acción de amparo contra decisiones judiciales no procede contra el Juez que dictó la decisión sino contra la decisión en sí misma", en el sentido de que el Juez no es el legitimado pasivo en el procedimiento de amparo, siendo el fallo, en sí mismo, "el presunto trasgresor de un derecho o garantía constitucional". Por ello es que se ha considerado que no es necesaria la presencia del Juez para defender o informar sobre la decisión tomada, de manera que según lo resuelto por la misma Sala en su sentencia de 1° de febrero de 2000 (Caso: *José A. Mejías y otros*), "la ausencia del juez a la audiencia oral, no significa aceptación de la pretensión de amparo".[1742]

En esos casos de amparo contra decisiones judiciales, conforme a la doctrina de la misma Sala Constitucional, la contraparte del accionante en amparo contra la omisión o decisión judicial agraviante, es un tercero interesado; por lo que el solo hecho de demostrar su participación en dicho juicio, lo legitima para participar en el proceso de amparo.[1743]

Por último, debe hacerse mención a la llamada "acción de amparo sobrevenida", como vía muy especial creada por el legislador para permitir que se ventile en un juicio en curso y en el mismo juicio, una denuncia de lesión constitucional acaecida

---

1739 Consultada en original.

1740 *V.*, sentencia Nº 245 de 25–4–2000 (Caso: *Fernando J. Roa R. vs. Juzgado Segundo de Primera Instancia del Trabajo y Agrario de la Circunscripción Judicial del Estado Táchira*), en *Revista de Derecho Público*, Nº 82, EJV, Caracas, 2000, p. 478.

1741 *V.*, sentencia Nº 335 de 4–5–2000 (Caso: *Asociación Civil de Conductores "Casanova Norte" vs. Juzgado Superior en lo Civil, Mercantil, Tránsito y Trabajo, Menores y Estabilidad Laboral del Primer Circuito de la Circunscripción Judicial del Estado Bolívar*), en *Revista de Derecho Público*, Nº 82, EJV, Caracas, 2000, p. 481. Igualmente, sentencia nº 341 de 10–5–2000 (Caso: *Wilfredo J. Palacios vs. Sala N° 1 de la Corte de Apelaciones del Circuito Judicial Penal de la Circunscripción Judicial del Estado Carabobo*), *idem*, p. 483.

1742 *V.*, sentencia Nº 436 de 22–5–2000 (Caso: *Foramer de Venezuela, C.A. vs. Juzgado Tercero de Primera Instancia del Trabajo de la Circunscripción Judicial del Estado Zulia*), en *Revista de Derecho Público*, Nº 82, EJV, Caracas, 2000, p. 476.

1743 *V.*, sentencia Nº 628 de 27–6–2000 (Caso: *Águilas del Zulia Baseball Club, C.A. vs. Juzgado Primero de Primera Instancia en lo Civil y Mercantil de la Circunscripción Judicial del Estado Zulia*), en *Revista de Derecho Público*, Nº 82, EJV, Caracas, 2000, p. 477.

durante su curso, y que busca evitar la materialización o continuidad de los efectos lesivos de un acto, surgido en el transcurso del proceso principal, por lo que la misma necesariamente debe interponerse dentro de dicho proceso y pierde su finalidad una vez que este ha culminado[1744].

En estos casos, cuando las violaciones a los derechos y garantías constitucionales surgen en el curso de un proceso debido a actuaciones de las partes, de terceros, de auxiliares de justicia o de funcionarios judiciales diferentes a los jueces, el amparo puede interponerse ante el juez que esté conociendo la causa, quien lo debe sustanciar y decidir en cuaderno separado. Sin embargo, cuando se trate de una actuación del propio juez de la causa el amparo debe intentarse ante el tribunal superior.

II. LAS FORMAS DE EJERCICIO DE LA ACCIÓN DE AMPARO: AUTÓNOMA Y ACUMULADA A OTRAS ACCIONES

1. *Los diversos mecanismos procesales de amparo*

La regulación en la Ley Orgánica de Amparo, del amparo constitucional como un *derecho* fundamental y no sólo como una *única acción autónoma* de amparo, implicó la necesidad de conciliar el ejercicio del derecho de amparo con los medios judiciales existentes de protección constitucional, de manera que no quedasen éstos eliminados como tales, sino al contrario, reforzados. De allí las previsiones de los artículos 3, 5 y 6,5 de la Ley Orgánica de Amparo que permiten la formulación de pretensiones de amparo constitucional conjuntamente con las acciones de nulidad por inconstitucionalidad, con las acciones contencioso-administrativas de anulación y con las acciones judiciales ordinarias o extraordinarias, que propusimos en el proceso de formación de la Ley en la Cámara del Senado[1745].

Después de múltiples vacilaciones jurisprudenciales que se extendieron por casi cuatro años, el sentido de la regulación contenida en dichas normas finalmente lo resumió la Sala Político Administrativa de la antigua Corte Suprema en sentencia de 10 de junio de 1992, en la cual, haciendo referencia a la sentencia de 10 de julio de 1991 (Caso: *Tarjetas Banvenez*), señaló lo siguiente:

> "El texto de la Ley Orgánica de Amparo prevé fundamentalmente dos mecanismos procesales: la acción autónoma de amparo y la acumulación de ésta con otro tipo de acciones o recursos, modalidades que difieren sustancialmente en cuanto a su naturaleza y consecuencias jurídicas. Por lo que respecta a la segunda de las modalidades señaladas, es decir, la acción de amparo ejercida conjuntamente con otros medios procesales, la referida ley regula tres supuestos: a) la acción de amparo acumulada a la acción popular de inconstitucionalidad de las leyes y demás actos estatales normativos (artículo 3°); b) la acción de amparo acumulada al recurso contencioso administrativo de anulación contra actos administrativos de efectos particulares o contra las conductas omisivas de la

1744 *V.*, sentencia de la Sala Electoral N° 115 de 6–8–2003 (Caso: *Roberto S. Zara M. y otros vs. Carlos J. Jiménez C.*), en *Revista de Derecho Público*, N° 93–96, EJV, Caracas, 2003, p. 542.

1745 *V.*, Allan R. Brewer–Carías, "Propuestas de reforma al Proyecto de Ley Orgánica de Amparo sobre Derechos y Garantías Constitucionales (1987)", *Estudios de derecho público, (Labor en el Senado 1985–1987)*, Tomo III, Ediciones del Congreso de la República, Caracas 1989, pp. 205–229.

Administración (artículo 5°); c) la acción de amparo acumulada con acciones ordinarias (artículo 6°, ordinal 5°)

La Sala ha sostenido además que la acción de amparo en ninguno de estos casos es una acción principal sino subordinada, accesoria a la acción o al recurso al cual se acumuló, sometido al pronunciamiento jurisdiccional final que se emita en la acción acumulada tratándose de una acumulación de acciones, debe ser resuelta por el juez competente para conocer de la acción principal"[1746].

En esta forma quedó absolutamente clarificada la intención del legislador al distinguir entre la acción autónoma de amparo y la pretensión de amparo acumulada a otras acciones que regula el ordenamiento jurídico. Realmente, en estos últimos casos, no se trata de una verdadera "acumulación" de acciones, sino de la subordinación de una pretensión de amparo a una acción principal. Por ello, en estos casos, el amparo tiene mero carácter cautelar y no tiene ninguna relevancia el que existan procedimientos distintos para la acción principal y para la acción de amparo[1747], porque, en definitiva, en caso de acumulación de la pretensión de amparo con una acción principal, el procedimiento regular previsto para la acción de amparo (solicitud de informe y audiencia pública y oral, por ejemplo) no se debe aplicar.

La clarificación definitiva del carácter cautelar del amparo acumulado a otras acciones, como se dijo, se realizó mediante la sentencia de la Corte Suprema de Justicia en Sala Político Administrativa de 10 de julio de 1991 (Caso: *Tarjetas Banvenez*), en la cual la Corte, además, precisó el carácter accesorio y subordinado de la pretensión de amparo en relación a esas otras acciones principales, cuando se formula conjuntamente con ellas[1748].

El razonamiento de la Corte, en esta sentencia, comenzó por la constatación de que la Ley Orgánica de Amparo, al desarrollar los artículos 49 y 50 de la Constitución de 1961 (equivalente a los artículos 27 y 22 de la Constitución de 1999), otorga a las personas naturales o jurídicas, habitantes o domiciliadas en Venezuela, la posibilidad de acudir ante los tribunales, con el propósito de ser amparados en el goce y el ejercicio de los derechos y garantías constitucionales, mediante el restablecimiento inmediato de la situación jurídica infringida o la situación que más se asemeje a ella. A tal fin señaló la antigua Corte que:

> "[...] el texto de la ley prevé fundamentalmente dos mecanismos procesales: la acción autónoma de amparo, y la acumulación de ésta con otro tipo de acciones o recursos. Ambas modalidades de ejercicio difieren sustancialmente en cuanto a su naturaleza y consecuencias jurídicas"[1749].

1746 *V.*, en *Revista de Derecho Público,* N° 50, EJV, Caracas, 1992, pp. 183–184.

1747 *V.*, sobre esto y la causal de inadmisibilidad de la acción contencioso-administrativa en materia de acumulación de acciones, sentencia de la Corte Primera de lo Contencioso Administrativa de 14–12–92, en FUNEDA, *15 años de Jurisprudencia, Corte Primera de lo Contencioso-Administrativo 1977–1992. Amparo Constitucional,* Caracas, 1994, p. 121.

1748 *V.*, el texto de esta sentencia en *Revista de Derecho Público,* N° 47, EJV, Caracas, 1991, pp. 169–174.

1749 *Idem.*, p. 169.

A. *La acción autónoma de amparo*

En cuanto al primer supuesto, es decir, la acción autónoma de amparo, la antigua Corte Suprema señaló en su citada sentencia de 10 de julio de 1991, que en ese caso, al ser una acción que se ejercita en forma autónoma e independiente, no se vincula ni se subordina a ningún otro recurso o procedimiento. En este caso, dijo la Corte, es indudable:

> "[...] que esa acción, así ejercida, debe ser, por su naturaleza restablecedora, capaz, suficiente y adecuada para lograr que el mandamiento de amparo que se otorgue se baste por sí solo, sin necesidad de acudir a otro u otros procedimientos judiciales, para volver las cosas al estado en que se encontraban para el momento de la vulneración y hacer desaparecer definitivamente el acto o hecho lesivo o perturbador.
>
> Por estas razones, ha sostenido reiteradamente este Supremo Tribunal en jurisprudencia que una vez más ratifica, que en tales supuestos, el accionante en amparo debe invocar y demostrar que se trata de una vulneración constitucional flagrante, grosera, directa e inmediata, lo cual no significa -se precisa ahora- que el derecho o garantía de que se trate no estén desarrollados o regulados en textos normativos de rango inferior, pero sin que sea necesario al juzgador acudir o fundamentarse en ellos para detectar o determinar si la violación constitucional al derecho o garantía se ha efectivamente consumado. De no ser así -ha dicho también esta Sala- no se trataría entonces de una acción constitucional de amparo sino de otro tipo de recurso, por ejemplo, el contencioso-administrativo, cuyos efectos anulatorios no se corresponden con los restitutorios del amparo y "si tal sustitución se permitiere, el amparo llegaría a suplantar no sólo esa sino todas las vías procedimentales establecidas en nuestro sistema de Derecho positivo", desnaturalizando el carácter extraordinario del amparo. (Sentencia de 23-5-88, "Fincas Albaba")"[1750].

B. *El ejercicio acumulado de la acción de amparo*

En el segundo caso, es decir, en lo que se refiere a "la acción de amparo ejercida conjuntamente con otros medios procesales", la antigua Corte Suprema en dicha sentencia, al referirse a las previsiones de la Ley Orgánica de Amparo, precisó que dicho texto normativo:

> "[...] contempla tres supuestos: a) la acción de amparo acumulada a la acción popular de inconstitucionalidad de las leyes y demás actos estatales normativos (artículo 3°); b) la acción de amparo acumulada al recurso contencioso administrativo de anulación contra actos administrativos de efectos particulares o contra las conductas omisivas de la Administración (artículo 5); y la acción de amparo acumulada con acciones ordinarias (artículo 6, ordinal 5°).
>
> En cualesquiera de estos supuestos de acumulación, la acción de amparo reviste una característica o naturaleza totalmente diferente a la anteriormente analizada (autónoma), pues en estos casos no se trata de una acción principal, sino subordinada, accesoria a la acción o el recurso al cual se acumuló y, por ende, su destino es temporal, provisorio, sometido al pronunciamiento jurisdiccional

---

1750 *Idem.* pp. 169–170.

final que se emita en la acción acumulada, que viene a ser la principal. Esta naturaleza y sus consecuencias se desprenden claramente de la formulación legislativa de cada una de las hipótesis señaladas, que únicamente atribuye al mandamiento de amparo que se otorgue, efectos cautelares, suspensivos de la aplicación de la norma o de la ejecución del acto de que se trate "mientras dure el juicio"[1751].

En relación a estos supuestos de amparo ejercido conjuntamente con otras acciones, la antigua Corte Suprema precisó, que:

> "De lo anterior se deriva, para esta Sala, que la acción de amparo propuesta conjuntamente con una de otro tipo participa de todos los caracteres procesales inherentes a la acumulación de acciones, esto es: que ha de ser resuelta por un solo juez (el mismo que sea competente para conocer de la acción principal), y que ambas pretensiones (la de amparo y la de nulidad u otra) deben ser tramitadas en un solo proceso que tiene dos etapas: la del amparo, previa, y la contenciosa, la cual forzosamente cubre, en la decisión final, tanto la medida cautelar que inevitablemente perece en esa oportunidad, como el pronunciamiento judicial acerca de la nulidad solicitada. En otras palabras, si por las características analizadas el mandamiento de amparo se traduce única y exclusivamente en la suspensión provisional del acto recurrido en nulidad, la sentencia que decida ésta deja sin efecto aquella medida cautelar dictada en forma previa, tanto si el acto cuestionado es anulado como si es confirmado, porque, en uno u otro caso, carece ya de sustentación jurídica"[1752].

C. *La distinción entre los dos mecanismos procesales de amparo*

Sentadas las características de cada uno de los mecanismos procesales de amparo, es decir, la acción autónoma y su ejercicio acumulado a otros medios procesales, la antigua Corte Suprema, en su sentencia, precisó las diferencias más importantes entre los mismos, en la siguiente forma:

> "En efecto, mientras en la primera es condición de procedencia, como se ha dicho, que se invoque y demuestre la violación directa, inmediata, flagrante, de un dispositivo o garantía constitucionales que, por sí solos, determinen la necesidad del mandamiento de amparo como medio definitivo de restablecer la situación jurídica vulnerada; en el segundo caso, dada la naturaleza suspensiva de este mandamiento de amparo que sólo tiende a detener provisionalmente los efectos del acto perturbador hasta que se decida el juicio que lo anule o confirme, la denuncia de infracción de normas constitucionales puede estar acompañada de trasgresión de textos de rango inferior que precisen o desarrollen el derecho o garantía constitucionalizado, pues tratándose de un solo proceso instaurado contra el mismo acto cuya nulidad se pretende obtener por la vía del recurso contencioso correspondiente, nada obsta a que los instrumentos jurídicos subconstitucionales que sustentan la nulidad sean invocados también al interponer las acciones acumuladas. Lo que no puede hacer el juzgador para acordar la suspensión de los efectos del acto denunciado como lesivo, es encuadrar la si-

1751 *Idem.* p. 170.

1752 *Idem.* p. 171.

tuación planteada en la regulación o solución legal o sublegal de la misma, porque en tal hipótesis estaría decidiendo anticipadamente, quiéralo o no, la nulidad del acto impugnado al pronunciarse determinantemente acerca de la existencia de uno de sus vicios, sea éste de procedimiento o de fondo, cuestión que forma parte del debate procesal probatorio que ha de instaurarse precisamente con motivo del recurso de nulidad.

En efecto, siendo distintas las consecuencias que dimanan de una acción autónoma de amparo y de la ejercida conjuntamente con otro recurso (restitutorias en el primer caso y cautelares en el segundo), basta en esta última el señalamiento de la norma o garantía constitucional que se consideren violadas, fundamentado además en un medio de prueba que constituya presunción grave de la violación o amenaza de violación denunciada, para que el juez, en forma breve y sumaria, acuerde procedente la suspensión de los efectos del acto como medio de tutelar anticipadamente los posibles efectos de la sentencia que posteriormente habrá de dictar en el juicio de nulidad (artículos 5 y 22, Ley Orgánica de Amparo).

Considera esta Sala, por otra parte, que en el amparo acumulado, ese "medio de prueba" a que alude el artículo 22 de la Ley Orgánica de Amparo, puede consistir en el propio acto administrativo impugnado en nulidad, cuyo texto debe ser examinado por el juez de amparo para concluir si, a su juicio, del mismo acto administrativo de efectos particulares se deduce la presunta violación constitucional alegada por el recurrente y acordar, en consecuencia, la medida suspensiva de sus efectos que le ha sido solicitada"[1753].

De la sentencia señalada puede concluirse que el amparo autónomo tiene una finalidad restitutoria; pero en cambio, el amparo conjunto es una medida cautelar, que con entera independencia de la anulación judicial del artículo 22 de la Ley Orgánica, sólo requiere como fundamento un medio de prueba que constituya presunción grave de violación o amenaza de violación de un derecho constitucional, y que consiste en la suspensión de efectos como garantía del derecho mientras dura el juicio principal. Por ello, el juez no puede, al resolver sobre la petición de amparo, declarar que el acto impugnado violó o no el derecho constitucional, pues en ese caso, confundiría la pretensión de amparo con la acción de nulidad. En otros términos, en esta etapa del proceso no caben decisiones que envuelvan consecuencias anulatorias que son propias del juicio de nulidad"[1754].

Esto lo precisó la antigua Corte Suprema en las conclusiones de la sentencia, así:

"Con base en los lineamientos precedentemente expuestos, en relación con las objeciones formuladas por los apelantes y los elementos que surgen de autos, esta Sala concluye lo siguiente:

1°) Que de la interpretación concatenada de los artículos 5° y 22 de la Ley Orgánica de Amparo se infiere claramente la distinción entre la acción de amparo ejercida conjuntamente con el recurso de nulidad y la acción de amparo

---

1753 *Idem.*, pp. 171–172.

1754 *V.*, sentencia de la Corte Primera de lo Contencioso Administrativo de 12–12–90, FUNEDA, *15 años de Jurisprudencia, cit.*, pp. 216–217.

autónoma o el recurso de inconstitucionalidad, en cuanto a que –no obstante la común exigencia de la violación directa de una norma constitucional–, estos dos últimos recursos tienen una finalidad distinta (restitutoria en el amparo autónomo y anulatoria en la acción de inconstitucionalidad), en tanto que, en el amparo conjunto, se trata de una medida cautelar que sólo requiere como fundamento "un medio de prueba que constituya presunción grave de la violación o de la amenaza de violación" (artículo 22), así como la consideración, por parte del tribunal de que la suspensión de los efectos del acto recurrido resulta procedente como garantía del derecho constitucional violado, mientras dure el juicio (artículo 5°); es decir que la medida cautelar se revela como necesaria para evitar que el accionante, por el hecho de existir un acto administrativo, se vea impedido de alegar violación de derechos constitucionales. De ahí que la suspensión de sus efectos pretenda mantener sin ejecución el acto impugnado, si el juez considera que debe suspenderse dicho acto por la presunción grave de violación constitucional invocada en el amparo.

Por tanto, si se exigiera la misma rigurosidad en la sustentación de la acción de amparo acumulada que la que se requiere para las otras acciones señaladas (amparo autónomo y recurso de inconstitucionalidad), la de amparo conjunta resultaría prácticamente inútil, pues carecería del específico sentido que tiene: obtener que se suspendan en el tiempo los efectos de un acto administrativo que podría afectar el derecho constitucional, eventual lesión que el juez de amparo aprecia como presumible"[1755].

Ahora bien, lo que no señaló con precisión dicha Corte en su comentada sentencia del 10 de julio de 1991, y que constituyó el verdadero cambio jurisprudencial que se produjo con dicha decisión, es que en el caso de ejercicio conjunto del amparo con otras acciones judiciales, la consecuencia es la suspensión de efectos del acto impugnado en forma inmediata, como medida cautelar de amparo, sin necesidad de que se siga el procedimiento establecido en la Ley Orgánica en relación a la solicitud de informe al presunto agraviante y a la realización de la audiencia pública y oral.

En estos casos es que hubiera podido haber tenido aplicación efectiva el artículo 22 de la Ley Orgánica pues la medida cautelar se adopta *inaudita alteram parte*. Dicho artículo, sin embargo, fue anulado por la Corte Suprema por sentencia de 21 de mayo de 1996[1756], sin incidencia alguna respecto del carácter cautelar de la medida de amparo.

2. *La formulación de la pretensión de amparo conjuntamente con la acción popular de inconstitucionalidad*

El artículo 3° de la Ley Orgánica de Amparo, como se ha dicho, luego de precisar la posibilidad de que se intente una acción de amparo contra normas, agrega que:

"La acción de amparo también podrá ejercerse conjuntamente con la acción popular de inconstitucionalidad de las leyes y demás actos estatales normativos, en cuyo caso, la Corte Suprema de Justicia, si lo estima procedente para la pro-

1755 *Idem.*, p. 172.

1756 *V.*, en *Gaceta Oficial Extra* N° 5071 de 29-5-96.

tección constitucional, podrá suspender la aplicación de la norma respecto de la situación jurídica concreta cuya violación se alega, mientras dure el juicio de nulidad".

De acuerdo con esta norma, como antes se ha dicho, por tanto, la pretensión de amparo puede formularse conjuntamente con la acción popular de inconstitucionalidad de las leyes y demás actos estatales de carácter normativo[1757] la cual se ejerce ante la Jurisdicción Constitucional, es decir, ante la Sala Constitucional del Tribunal Supremo de Justicia (artículo 336 de la Constitución), específicamente, contra las leyes nacionales y demás actos normativos de la Asamblea Nacional que se dicten en ejecución directa de la Constitución (Reglamento Interior y de Debates, por ejemplo); contra las leyes estadales, las Ordenanzas Municipales y contra los demás actos de los cuerpos deliberantes de los Estados o Municipios dictados en ejecución directa de la Constitución; contra los actos ejecutivos normativos dictados en ejecución directa de la Constitución, con igual rango y valor que las leyes, como serían los decretos leyes y los actos de gobierno normativos.

En los casos de acumulación de una pretensión de amparo con la acción popular de inconstitucionalidad, dado el carácter cautelar de la decisión, en el pronunciamiento de amparo no se sigue el procedimiento previsto en la Ley Orgánica de Amparo[1758]; es decir, como lo resolvió la antigua Corte Plena en sentencias de 8 de junio de 1988, 11 de octubre de 1988 y 4 de abril de 1989, en estos casos, la decisión de la Corte se concreta en un pronunciamiento previo dictado antes del fallo definitivo, sin que se tenga que seguir todo el procedimiento establecido en la Ley Orgánica, como por ejemplo, la solicitud del informe correspondiente, la realización de la audiencia pública y oral, y la citación del Ministerio Público[1759].

La antigua Corte Plena, en su sentencia de 14 de enero de 1993 (Caso: *Gruber Odreman*) precisó que "el amparo contra normas intentado conjuntamente con un recurso de nulidad por inconstitucionalidad, tiene el efecto de una medida cautelar dentro de este procedimiento"[1760]. Esta medida cautelar, con efectos mientras dure el juicio de nulidad, consiste en la posibilidad para la Corte, si lo estima procedente, de suspender la aplicación de la norma respecto de la situación jurídica concreta que se alega, lo que equivale decir, como lo señaló la antigua Corte Plena, "que el juez evitará el menoscabo de derechos o garantías de rango constitucional producido por la ejecución o aplicación, en el caso concreto alegado, de alguna disposición impugnada de inconstitucional mientras dure el juicio principal"[1761].

Por otra parte, la decisión de la ahora Sala Constitucional "ha de hacerse de manera previa y sin pronunciamiento sobre el fondo del asunto debatido y debe resol-

---

1757 El carácter *normativo* del acto estatal se ha destacado por antigua Corte Suprema de Justicia, Sala Político Administrativa, en sentencia de 2–5–91, *Revista de Derecho Público*, N° 46, EJV, Caracas, 1991, pp. 119–120.

1758 *V.*, sentencia de la Corte Plena de 14–1–93, Caso *"Gruber Odreman"* (consultada en original).

1759 *V.*, en *Revista de Derecho Público*, N° 38, EJV, Caracas, 1989, p. 105 y N° 39, 1989 p. 128. *V.*, además sentencia de la antigua Corte Suprema de Justicia, Sala Político Administrativa de 5–5–93, *Revista de Derecho Público*, N° 53–54, EJV, Caracas, 1993, p. 226.

1760 Consultada en original.

1761 *V.*, sentencia de la antigua Corte Suprema de Justicia, Sala Plena de 27–4–93, en *Revista de Derecho Público*, N° 53–54, EJV, Caracas, 1993, p. 222 (Caso *"Coopervolta"*).

verse en forma breve y sumaria *sin participación de los interesados*"[1762] y además, inmediatamente[1763].

Esta suspensión de efectos de la norma, de carácter cautelar, en principio se refiere a la aplicación de la norma a la situación jurídica concreta cuya violación se alega[1764]; por tanto, la decisión cautelar en principio no puede tener efectos *erga omnes,* sino sólo efectos personalísimos en relación al accionante agraviado[1765]. La Sala Constitucional, sin embargo, pudiendo siempre determinar los efectos de sus sentencias, le ha dado efectos *erga omnes* a la suspensión de efectos dictada en relación con las leyes impugnadas por vía de acción popular.

3. *La formulación de la pretensión de amparo conjuntamente con las acciones contencioso administrativas*

El artículo 5° de la Ley Orgánica de Amparo, luego de precisar la posibilidad de que se intente una acción de amparo autónoma contra actos administrativos de efectos particulares, agrega que:

> "Cuando la acción de amparo se ejerza contra actos administrativos de efectos particulares o contra abstenciones o negativas de la Administración, podrá formularse ante el juez contencioso administrativo competente, si lo hubiese en la localidad, conjuntamente con el recurso contencioso administrativo de anulación de actos administrativos o contra las conductas omisivas, respectivamente, que se ejerza. En estos casos, el Juez, en forma breve, sumaria, efectiva y conforme a lo establecido en el artículo 22, si lo considera procedente para la protección constitucional, suspenderá los efectos del acto recurrido como garantía de dicho derecho constitucional violado, mientras dure el juicio".

Esta norma, como ya se ha señalado, ha sido objeto de un proceso de interpretación jurisprudencial de gran importancia, y que superó la idea inicial de la acumulación de dos acciones que, sin embargo, por tener procedimientos distintos, seguían cursos procesales paralelos, como fue la tendencia que surgió de muchas decisiones iniciales, hasta llegar a la consideración del amparo como una pretensión subordinada a la acción contencioso administrativa que es la principal, consistiendo el amparo, en estos casos, en una mera medida cautelar durante el juicio de nulidad. Este fue el espíritu del legislador, que fue interpretado cabalmente en la ya mencionada y comentada sentencia de la antigua Corte Suprema de Justicia de 10 de julio de 1991 (Caso: *Tarjetas Banvenez*), *y* que se ha seguido en las decisiones judiciales posteriores, y que en nuestro criterio no ha sido modificado por el hecho de que la antigua Corte Suprema hubiera anulado el artículo 22 de la Ley Orgánica de Amparo.[1766]

1762 *V.*, sentencia antigua Corte Suprema de Justicia, Sala Político Administrativa de 11–2–92, *Revista de Derecho Público,* N° 49, EJV, Caracas, 1992, p. 120.

1763 *V.*, sentencia antigua Corte Suprema de Justicia, Sala Político Administrativa de 19–11–92, *Revista de Derecho Público,* N° 52, EJV, Caracas, 1992, p. 137.

1764 *V.*, sentencia antigua Corte Suprema de Justicia, Sala Político Administrativa de 2–5–91, *Revista de Derecho Público,* N° 46, EJV, Caracas, 1991, p. 120.

1765 *V.*, sentencias antigua Corte Suprema de Justicia, Sala Político Administrativa de 6–8–91, *Revista de Derecho Público,* N° 47, EJV, Caracas, 1991, p. 119 y de 6–8–92, *Revista de Derecho Público,* N° 52, EJV, Caracas, 1992, p. 138.

1766 *V.*, en *Gaceta Oficial Extra* N° 5071 de 29-5-96.

En estos casos, la formulación de la pretensión de amparo con la acción contencioso administrativa debe plantearse, como lo dice la ley, en forma conjunta, lo que implica la acumulación de ambas pretensiones en un mismo y solo libelo de demanda, pues de no ser así, resultaría imposible la aplicabilidad del artículo 5 de la Ley[1767].

Por otra parte, sólo formulándose la pretensión de amparo conjuntamente con el recurso contencioso administrativo de anulación es que pueden obviarse los requisitos procesales de admisibilidad de este último en cuanto al lapso de caducidad y el agotamiento de la vía administrativa; que pueden lograrse los efectos suspensivos inmediatos del acto administrativo, de carácter cautelar y no restablecedores, y que pueden modificarse las reglas de competencia de los jueces de amparo.

De allí la exigencia de que las pretensiones se formulen en un mismo momento procesal y no una después de otra[1768].

Por ello, la interposición conjunta de la pretensión de amparo con la acción de nulidad, no implica fórmula sacramental alguna[1769] y, por supuesto, no impide el que pueda formularse la pretensión de amparo al reformarse el libelo del recurso de anulación; en cambio, lo que no está dentro de la previsión de la norma es la posibilidad del ejercicio separado de las acciones, porque de constar en libelos y oportunidades diferentes, el amparo interpuesto con posterioridad al recurso, sería inadmisible conforme al ordinal 5° del artículo 6 de la ley Orgánica, por haber optado el actor precedentemente a otra vía judicial"[1770].

Por otra parte, al formularse conjuntamente la pretensión de amparo con el recurso contencioso administrativo, el objeto de ambas pretensiones tiene que ser el mismo. Es decir, debe tratarse del mismo acto, actuación u omisión, aquél contra el cual se formule la pretensión de amparo y la acción de nulidad[1771].

Tratándose de una pretensión de amparo formulada conjuntamente con el recurso contencioso administrativo, ambas deben ser conocidas y decididas por un solo juez[1772], precisamente el juez competente para conocer de la acción principal, es

---

1767 *V.*, sentencias de la antigua Corte Suprema de Justicia, Sala Político Administrativa de 21–5–91 y de 11–3–93, en *Revista de Derecho Público,* N° 46, EJV, Caracas, 1991, p. 159 y *Revista de Derecho Público,* nos 53–54, EJV, Caracas, 1993, p. 231 y sentencias de la Corte Primera de lo Contencioso Administrativa de 17–11–88, en FUNEDA, *15 años de Jurisprudencia, cit.,* p. 233; y de 7–9–91, *Revista de Derecho Público,* N° 47, EJV, Caracas, 1991, p. 169.

1768 *V.*, sentencia de la antigua Corte Suprema de Justicia, Sala Político Administrativa de 6–4–89, *Revista de Derecho Público* N° 38, EJV, Caracas, 1989, p. 140.

1769 *V.*, sentencia de la Corte Primera de lo Contencioso Administrativa de 9–9–91, en FUNEDA, *15 años de* Jurisprudencia, *cit.*, p. 222.

1770 *V.*, sentencia de 18–11–93, *Revista de Derecho Público,* N° 55–56, EJV, Caracas, 1993, p. 458.

1771 *V.*, sentencias de la antigua Corte Suprema de Justicia, Sala Político Administrativa de 27–7–92 y 16–12–92 en *Revista de Derecho Público,* N° 51, EJV, Caracas, 1992, p. 215, y N° 52, EJV, Caracas, 1992, p. 236; y sentencias de la Corte Primera de lo Contencioso Administrativa de 7–9–91, *Revista de Derecho Público,* N° 47, EJV, Caracas, 1991, p. 169; de 14–11–92 *Revista de Derecho Público,* N° 52, EJV, Caracas, 1992, p. 232, y de 14–12–92 en FUNEDA, *15 años de Jurisprudencia, cit.*, p. 230.

1772 *V.*, sentencia de la antigua Corte Suprema de Justicia, Sala Político Administrativa de 19–11–92, *Revista de Derecho Público,* N° 52, EJV, Caracas, 1992, p. 240.

decir, el competente para conocer del recurso contencioso administrativo[1773]. Ambas deben ser tramitadas en un solo proceso, el de la acción principal (contencioso administrativo), teniendo por tanto la pretensión de amparo, carácter subordinado, accesorio y dependiente de la acción principal[1774], cuya suerte sigue[1775].

En los casos de ejercicio conjunto de la pretensión de amparo con el recurso contencioso administrativo, tratándose de una pretensión accesoria y subordinada a la acción principal, como se ha dicho, la decisión en el caso de amparo tiene carácter cautelar, no incidiendo en la anulación, que es el fondo debatido[1776]; y los efectos de la misma consisten en el caso de que la acción principal sea un recurso de nulidad de un acto administrativo, básicamente en la suspensión de los efectos del mismo mientras dure el juicio de nulidad[1777], sin que por esta vía se puedan crear derechos[1778]. La decisión, por otra parte, dado su carácter cautelar, se puede adoptar *inaudita parte*[1779].

Por ello, la antigua Corte Suprema de Justicia en Sala Político Administrativa señaló que la suspensión de efectos del acto administrativo decidida en los casos de ejercicio conjunto, tiene una naturaleza cautelar similar a la suspensión de efectos dictada conforme al artículo 136 de la derogada Ley Orgánica de la Corte (artículo 21, párrafo 22 de la Ley Orgánica del Tribunal Supremo), difiriendo básicamente en su fundamentación[1780] y precisando, en todo caso, que esta última norma no puede invocarse para obtener el pronunciamiento de amparo. De lo contrario, ha considerado la Corte Primera en lo que consideramos un exceso de formalismo, que en ese

---

1773 *V.*, sentencias antigua Corte Suprema de Justicia, Sala Político Administrativa de 31–5–91, *Revista de Derecho Público,* N° 46, EJV, Caracas, 1991, p. 154; de 6–12–91, *Revista de Derecho Público,* N° 45, EJV, Caracas, 1991, p. 145; de 3–6–92, *Revista de Derecho Público,* N° 50, EJV, Caracas, 1992, p. 182; de 10–6–92, *Revista de Derecho Público,* n° 50, EJV, Caracas, 1992, p. 184; de 23–7–92, *Revista de Derecho Público,* N° 51, EJV, Caracas, 1992, pp. 208 y 210; y de 29–10–93, *Revista de Derecho Público,* N° 52, EJV, Caracas, 1992, p. 220, y sentencia de la Corte Primera de lo Contencioso Administrativa de 14–12–92, *Revista de Derecho Público,* N° 52, EJV, Caracas, 1992, p. 221.

1774 *V.*, sentencias de la antigua Corte Suprema de Justicia, Sala Político Administrativa de 11–7–91, en *Revista de Derecho Público,* N° 47, EJV, Caracas, 1991, p. 174; de 19–11–92, *Revista de Derecho Público*, N° 52, EJV, Caracas, 1992, p. 240, y de 11–3–93 en *Revista de Derecho Público,* N° 53–54, EJV, Caracas, 1993, pp. 232 y 354; y sentencia de la Corte Primera de lo Contencioso Administrativa de 15–12–88, en FUNEDA, *15 años de Jurisprudencia, cit.*, p. 215.

1775 *V.*, sentencia de la Corte Primera de lo Contencioso Administrativo de 16–1–92, *Revista de Derecho Público,* N° 49, EJV, Caracas, 1992, p. 146. y sentencia de la Corte Suprema de Justicia, Sala Político Administrativa de 3–6–92 en *Revista de Derecho Público,* N° 50, EJV, Caracas, 1992, p. 182.

1776 *V.*, sentencia de la antigua Corte Suprema de Justicia, Sala Político Administrativa de 3–10–91, en *Revista de Derecho Público,* N° 48, EJV, Caracas, 1991, p. 164; y sentencia de la Corte Primera de lo Contencioso Administrativo de 21–9–93, en *Revista de Derecho Público* N° 53–54, EJV, Caracas, 1993, p. 365.

1777 *V.*, sentencias de la antigua Corte Suprema de Justicia, Sala Político Administrativa de 14–8–91 *Revista de Derecho Público* N° 47, EJV, Caracas, 1991, p. 174; de 3–10–91 y de 5–12–91, *Revista de Derecho Público* N° 48, EJV, Caracas, 1991, pp. 164 y 167 de 11–3–93, *Revista de Derecho Público,* N° 53–54, EJV, Caracas, 1993, p. 351; y sentencia de la Corte Primera de lo Contencioso Administrativo de 3–12–91, *Revista de Derecho Público,* N° 48, EJV, Caracas, 1991, p. 166.

1778 *V.*, sentencia de la Corte Primera de lo Contencioso Administrativo de 20–6–91, *Revista de Derecho Público* N° 46, EJV, Caracas, 1991, p. 156.

1779 *V.*, sentencia de la Corte Primera de lo Contencioso Administrativo de 27–9–93, en *Revista de Derecho Público,* N° 55–56, EJV, Caracas, 1993, p. 475.

1780 *V.*, sentencia de 13–12–90, en *Revista de Derecho Público,* N° 45, EJV, Caracas, 1991, p. 149.

caso, el amparo debe declararse inadmisible[1781]. En particular, sólo podría admitirse al invocar el artículo 21, párrafo 22 de la Ley Orgánica del Tribunal Supremo de Justicia, cuando ello se hace en forma subsidiaria a la petición de amparo, para el caso de que éste se declare improcedente[1782].

En todo caso, como se dijo, la Corte Primera precisó en sentencia de 18 de junio de 1991 que el hecho de que el ahora artículo 21, párrafo 22 de la Ley Orgánica del Tribunal Supremo de Justicia (artículo 136 de la derogada Ley Orgánica de la Corte Suprema de Justicia) prevea la medida de suspensión de efectos del acto administrativo, no es suficiente para la protección constitucional[1783], pues conforme a esa norma, la suspensión sólo opera por previsión expresa de la Ley o cuando sea imprescindible para impedir daños irreparables o de difícil reparación. En el caso de la suspensión de efectos conforme a la Ley Orgánica de Amparo, ella no requiere de la demostración del daño, bastando la presunción grave de la violación. Además, agregó la antigua Corte en la citada sentencia de 18 de junio de 1991 que "dada su naturaleza, no se limita al simple levantamiento de la eficacia del acto sino que tiene un efecto más complejo y variado, por cuanto puede detener la realización de ciertas conductas e impedir que las mismas se consoliden"[1784].

De acuerdo con esta doctrina, la Corte Suprema ha reconocido que el juez contencioso administrativo, cuando conoce de una pretensión de amparo formulada conjuntamente con un recurso contencioso administrativo, tiene los más amplios poderes cautelares, señalando:

> "En caso, pues, de que el juez de amparo considere que existen motivos para prever que se están dando o puedan producirse lesiones a derechos o garantías de rango constitucional, dispone –mientras se produce decisión del juicio principal– de las más amplias facultades para salvaguardarlos o protegerlos, ya sea suspendiendo los efectos del acto impugnado, ordenando la realización o el cese de una actuación o cualquier otra medida legalmente consagrada que considere acorde con y adecuada a la protección constitucional en el caso concreto"[1785].

Ahora bien, a pesar de estos poderes cautelares, en ciertas decisiones la antigua Corte Suprema fue cautelosa en acordar la suspensión de efectos de actos negativos o denegatorios impugnados en vía contencioso–administrativa con pretensión de amparo, pues ello supuestamente convertía al juez contencioso administrativo "no en reparador de los daños que el acto genera, sino en otorgante en sede jurisdiccional y con carácter previo, de la pretensión ante la Administración, lo cual convertiría

1781 Sentencias de la Corte Primera de lo Contencioso Administrativo de 21–2–91, en *Revista de Derecho Público,* N° 45, EJV, Caracas, 1991 pp. 146–147; y de 5–11–92, en *Revista de Derecho Público,* N° 52, EJV, Caracas, 1992, p. 187.

1782 *V.,* sentencia antigua Corte Suprema de Justicia, Sala Político Administrativa de 13–7–92, *Revista de Derecho Público,* N° 51, EJV, Caracas, 1992, pp. 215–216.

1783 *V.,* también sentencia de la Corte Primera de lo Contencioso Administrativo de 21–7–92, *Revista de Derecho Público,* N° 51, EJV, Caracas, 1992, p. 212.

1784 *V.,* en *Revista de Derecho Público,* N° 46, EJV, Caracas, 1991, p. 158.

1785 *V.,* sentencia de 19–11–92, *Revista de Derecho Público,* N° 52, EJV, Caracas, 1992, p. 227.

la decisión del juez de amparo en constitutiva del derecho, que no en reparadora de la lesión aducida"[1786].

Por otra parte, debe señalarse que el carácter accesorio y cautelar de la decisión que se adopte en cuanto a la petición de amparo, la hace esencialmente temporal, sometida al pronunciamiento final que se emita en el juicio principal[1787]. Las medidas cautelares, que tienen por finalidad evitar que se produzcan violaciones de derechos constitucionales mientras se tramita el juicio principal, permiten al juez hacer pleno uso de sus poderes de ejecución del mandamiento dictado[1788].

Por último debe señalarse que por sentencia de 21 de mayo de 1996, la antigua Corte Suprema de Justicia en Corte Plena declaró la nulidad por inconstitucionalidad del artículo 22 de la Ley Orgánica de Amparo por violación al derecho a la defensa consagrado en la Constitución. A pesar de que el artículo 5° de la Ley Orgánica que regula el ejercicio conjunto de la pretensión de amparo con el recurso de nulidad hace referencia al artículo 22 de la Ley Orgánica, la anulación de este no varía en absoluto el carácter cautelar del amparo en esos casos de ejercicio conjunto, tal y como la Corte lo indicó expresamente en la sentencia.[1789]

4. *La formulación de la pretensión de amparo con otros medios judiciales*

Por último, la pretensión de amparo también puede formularse conjuntamente con otros medios procesales o acciones ordinarias conforme al ordinal 5° del artículo 6 de la Ley Orgánica, que establece, al regular como causal de inadmisibilidad de la acción de amparo, cuando el agraviado haya optado por recurrir a las vías judiciales ordinarias o hecho uso de los medios judiciales preexistentes; que se puede, con ellos, alegar la violación o amenaza de violación de un derecho o garantía constitucional, y en tal caso "el Juez deberá acogerse al procedimiento y a los lapsos establecidos en los artículos 23, 24 y 26 de la presente ley, a fin de ordenar la suspensión provisional de los efectos del acto cuestionado".

De acuerdo con la doctrina de la antigua Corte Suprema, establecida en el caso *Tarjetas Banvenez* (10 de julio de 1991), en estos casos, el amparo formulado como pretensión junto con una acción ordinaria o en el curso del proceso derivado de la misma, tampoco tiene carácter de acción principal sino subordinada, accesoria a la acción o recurso al cual se acumuló, sometida por tanto al pronunciamiento jurisdiccional final que se emita en la acción acumulada; teniendo además, un destino temporal y provisorio, dado sus efectos cautelares (no restablecedores) suspensivos de la ejecución de un acto, mientras dure el juicio para evitar que una sentencia a favor del accionante se haga inútil en su ejecución[1790].

1786 Sentencia de la Sala Político–Administrativa de 4–12–91, en *Revista de Derecho Público,* N° 48, EJV, Caracas, 1991, pp. 167–168. Criterio ratificado en sentencia de la Corte Primera de lo Contencioso Administrativo de 14–1–92, *Revista de Derecho Público* N° 49, EJV, Caracas, 1992, p. 147.

1787 *V.*, sentencia de la Corte Primera de lo Contencioso Administrativo de 29–7–93 *Revista de Derecho Público* N° 55–56, EJV, Caracas, 1993, p. 47.

1788 *V.*, antigua Corte Suprema de Justicia, Sala Político Administrativa, sentencias de 22–11–90 y 2–6–93, en *Revista de Derecho Público*, N° 53–54, EJV, Caracas, 1993, p. 369.

1789 *V.*, en *Gaceta Oficial Extra* N° 5071 de 29-5-96.

1790 *V.*, sentencia de la antigua Corte Suprema de Justicia, Sala Político Administrativa de 3–8–89, *Revista de Derecho Público*, N° 39, EJV, Caracas, 1989, p. 136.

Esta acumulación puede formularse de dos maneras, con la acción principal o en el curso de un proceso, con un recurso o como planteamiento. Este último supuesto, en algunos casos se ha denominado como "amparo sobrevenido", pero que, sin embargo, no agota la previsión del artículo 6, ordinal 5° de la Ley Orgánica.

En efecto, en primer lugar, y ello fue la intención del legislador al prever este amparo acumulado, con cualquier demanda puede formularse una pretensión de amparo alegándose violación o amenaza de violación de un derecho o garantía constitucionales. En estos casos no puede hablarse de amparo "sobrevenido", pues la pretensión de amparo se formula iniciándose el proceso con la acción principal.

Pero en segundo lugar, en el curso de un proceso ya iniciado puede formularse una pretensión de amparo alegándose una violación "sobrevenida", de algún derecho constitucional, lo que incluso puede ocurrir al interponerse una apelación o al formularse un recurso de casación. Este es uno de los supuestos del amparo acumulado a las acciones judiciales ordinarias, y no el único supuesto[1791]. En tal sentido, la doctrina jurisprudencial en la materia fue sentada en la sentencia de la Sala de Casación Civil de la antigua Corte Suprema de 9 de octubre de 1997 (Caso: *José Avelino Gómez*), en la cual la Sala, fijando "el verdadero alcance" del precepto contenido en el ordinal 5° del artículo 6° de la Ley Orgánica de Amparo resolvió así:

> "En primer lugar, ha de precisarse que la causal de inadmisibilidad de la acción autónoma de amparo prevista en el ordinal 5° del artículo 6° citado, opera en los casos en que -como la misma norma lo expresa- el agraviado haya optado por acudir a las vías ordinarias o hecho uso de los medios judiciales preexistentes, *pues en tal hipótesis el afectado puede solicitar y obtener protección inmediata del juez que ha de conocer del recurso ordinario o del medio judicial preexistente, mediante la suspensión provisional de los efectos del acto o decisión reputado contrario a la Constitución....*
>
> Ello, desde luego, permite afirmar que el amparo asume en este supuesto un rol cautelar que convierte el procedimiento judicial ordinario en una vía eficaz para el restablecimiento definitivo de la situación jurídica que le ha sido infringida al pretensor, por lo cual nada impide que esta acción pueda proponerse conjuntamente con el mecanismo procesal previsto por la ley para resolver el asunto (ejemplo: recurso de hecho contra negativa de oír apelación), e, incluso, después de interpuesto aquél (caso de apelación oída en un solo efecto), porque el amparo sólo persigue la suspensión de los efectos del acto cuestionado, como medida de protección provisional del derecho que se alega violado o amenazado, mientras se juzga en forma definitiva sobre el acto recurrido; pero en todos los casos será condición necesaria para su procedencia la demostración del riesgo de irreparabilidad de la violación constitucional, por la sentencia de fondo. La decisión que en este sentido se dicte será revisable, bien por apelación o por

---

1791 *V.*, sentencia de la antigua Corte Suprema de Justicia de 18–11–93 (Caso: *Gustavo J. Ruiz*), *V.*, en *Revista de Derecho Público*, N° 55–56, EJV, Caracas, 1993, pp. 300 y 301. En el mismo sentido se ha pronunciado la Corte Primera de lo Contencioso Administrativo al referirse al ordinal 5° del artículo 6 de la Ley Orgánica de Amparo al indicar que "tal alternativa sólo sería procedente ante un hecho acaecido *con posterioridad* al comienzo o uso de las vías judiciales ordinarias o preexistentes y vinculado a su objeto; constituye tal posibilidad lo que se denominaría el amparo por hecho sobrevenido" en FUNEDA, *15 años de Jurisprudencia, op. cit.*, p. 232.

consulta, de conformidad con las previsiones del artículo 35 de la Ley Orgánica de Amparo sobre Derechos y Garantías Constitucionales"[1792].

Esto fue precisado además, en otra sentencia de la Sala de Casación de la antigua Corte Suprema de 2 de abril de 1997 (Caso: *Andrea María Vaga*), en la cual resolvió:

> "[...] que la acción de amparo propuesta conjuntamente con una de otro tipo participa de todos los caracteres procesales inherentes a la acumulación de acciones, esto es: que ha de ser resuelta por un solo juez (el mismo que sea competente para conocer de la acción principal), y que ambas pretensiones (la de amparo y la de nulidad u otra) deben ser tramitadas en un solo proceso que tiene dos etapas: la del amparo, previa, y la contenciosa, la cual forzosamente cubre, en la decisión final, tanto la medida cautelar que inevitablemente perece en esa oportunidad, como el pronunciamiento judicial acerca de la nulidad solicitada. En otras palabras, si por las características analizadas el mandamiento de amparo se traduce única y exclusivamente en la suspensión provisional del acto recurrido en nulidad, la sentencia que decida ésta deja sin efecto aquella medida cautelar dictada en forma previa, tanto si el acto cuestionado es anulado como si es confirmado, porque, en uno u otro caso, carece ya de sustentación jurídica".

A tal efecto, concluyó la Sala señalando que "la admisibilidad de este medio de protección constitucional debe estar al cumplimiento de los siguientes requisitos":

> "[...] a) Deberá coexistir con otros medios procesales; b) Puesto que el amparo tiene propósitos cautelares, esto es, la suspensión temporal de los efectos del acto cuestionado mientras se decide sobre la legitimidad de aquél, su interposición ha de verificarse por ante el Tribunal al que corresponda conocer del medio procesal ejercido con tales fines; c) La solicitud deberá fundamentarse en la violación directa de un derecho o garantía constitucional, o en la amenaza de que ella se produzca; y d) El agraviado deberá comprobar que la violación constitucional difícilmente podrá ser reparada por la sentencia que juzgue sobre la ilegitimidad del acto. Así se declara".

III. LOS PROBLEMAS DE LA EFECTIVIDAD DE LA PROTECCIÓN CONSTITUCIONAL EN UN RÉGIMEN AUTORITARIO COMO EL INSTALADO EN VENEZUELA DESDE 1999

Como puede apreciarse de lo antes expuesto, el proceso de amparo en Venezuela ha sido regulado en Venezuela con una amplitud que no encuentra parangón en los procesos similares de amparo en América Latina, ya que se lo ha consagrado constitucionalmente no sólo como una acción o medio procesal, sino como un "derecho" constitucional que tienen todas las personas a ser amparada por los tribunales en el goce y ejercicio de los derechos y garantías constitucionales. Esta amplitud hace que la protección constitucional se pueda obtener no sólo mediante el ejercicio de una acción de amparo, sino incorporando una pretensión de amparo a los recursos judiciales preexistentes, ante la jurisdicción ordinaria, ante la jurisdicción contencioso administrativa e incluso ante la jurisdicción constitucional. En cuanto al procedi-

1792 Consultada en original.

miento, en todos los casos, debe ser oral, público, breve, gratuito y no sujeto a formalidad, y en el mismo, todo tiempo es hábil de manera que los tribunales deben tramitarlo con preferencia a cualquier otro asunto. En cuanto a la acción autónoma de amparo, todos los jueces son competentes, aún cuando en principio, lo son los de primera instancia, pudiendo siempre el juez, en todos los casos, restablecer inmediatamente la situación jurídica infringida o la situación que más se asemeje a ella.

Por otra parte, todos los derechos constitucionales (individuales, políticos, sociales, culturales, ambientales, etc.) son justiciables o amparables, de manera que todas las personas titulares de derechos pueden ser protegidas respecto de todos los derechos enumeraos en la Constitución, y además, de aquellos inherentes a la persona que no figuren expresamente en la Constitución o, incluso, en los instrumentos internacionales sobre derechos humanos Estos últimos, además, tienen rango constitucional y prevalecen sobre el orden interno si contienen regulaciones más favorables.

En cuanto a los sujetos pasivos del proceso de amparo, la acción puede intentarse contra autoridades y particulares sin limitación alguna, y en cuanto al objeto, puede intentarse contra actos, hechos u omisiones lesivas, sin distingo, así como contra amenazas de violación. En cuanto a los actos estatales, procede contra leyes, contra actos administrativos y contra todo tipo de sentencia, salvo las emanadas del Tribunal Supremo.

El sistema, por tanto, es de los más completos que se conocen en América Latina, pudiendo servir, como en efecto ha sucedido, como un instrumento de efectiva protección de los derechos constitucionales frente a violaciones o amenazas de violación de los mismos.

Sin embargo, para que un medio de protección como este, pueda ser una garantía efectiva de los derechos constitucionales, ante todo se requiere de un poder judicial autónomo e independiente que no esté sujeto a las directrices o presiones del poder, lo que sólo puede asegurarse en democracia. Por ello, mientras la democracia funcionó efectivamente en Venezuela hasta finales del Siglo XX, el proceso de amparo fue un instrumento efectivo de protección de los derechos constitucionales, particularmente frente al Estado y sus autoridades. Lamentablemente, sin embargo, ello ahora no es así y al contrario, desde que el régimen autoritario tomó cuerpo en el país, al abrigo contradictoriamente de la misma Constitución de 1999, a pesar de las excelentes disposiciones que contiene tanto sobre los derechos constitucionales como sobre su protección procesal, dado el control que ejerce el poder ejecutivo sobre los jueces, a través del control que ejerce sobre el Tribunal Supremo de Justicia y su Sala Constitucional, el proceso de amparo ha perdido efectividad, en particular, cuando se ejerce frente al Estado y las acciones de sus funcionarios. Con un poder judicial intervenido, donde más del 90% de los jueces son temporales o provisorios, nombrados sin concurso y sin que tengan estabilidad alguna,[1793] es difícil imaginar que los jueces puedan efectivamente proteger los derechos constitucionales frente a

---

1793 *V.*, Allan R. Brewer-Carías, "La justicia sometida al poder [La ausencia de independencia y autonomía de los jueces en Venezuela por la interminable emergencia del Poder Judicial (1999-2006)]" en *Cuestiones Internacionales. Anuario Jurídico Villanueva 2007,* Centro Universitario Villanueva, Marcial Pons, Madrid 2007, pp. 25-57; "La progresiva y sistemática demolición institucional de la autonomía e independencia del Poder Judicial en Venezuela 1999-2004", en *XXX Jornadas J.M Domínguez Escovar, Estado de derecho, Administración de justicia y derechos humanos*, Instituto de Estudios Jurídicos del Estado Lara, Barquisimeto, 2005, pp. 33-174.

las violaciones o amenazas de los funcionarios y autoridades. Cuando lo han hecho, han sido destituidos de sus cargos y el tribunal ha sido intervenido e incluso clausurado.

En este contexto, al exponer el marco teórico del proceso de amparo en Venezuela, no podemos dejar de referirnos a los problemas de la efectividad del proceso, mediante la reseña de un caso patético que lamentablemente muestra esa otra cara de la moneda, es decir, cómo la excelente regulación sobre el amparo como medio de protección ha sido convertida en letra muerta por el régimen autoritario que padece el país desde 1999.

Se trató de un caso que marcó la pauta posterior, que fue iniciado mediante una acción de amparo que fue ejercida en 2003, por la Federación Médica Venezolana, en nombre de los médicos colegiados, conjuntamente con un recurso contencioso administrativo de nulidad, ante la Corte Primera de lo Contencioso Administrativo. El objeto de la acción fue un acto administrativo emanado del Colegio de Médicos del Distrito Metropolitano de Caracas, actuando en cooperación con el Municipio Libertador del Distrito Capital, donde se establecieron los procedimientos de selección y control de los médicos –tanto venezolanos como extranjeros– que serían contratados por el Municipio en el marco del plan de atención primaria a la salud denominado "Barrio Adentro"[1794].

El 21 de agosto de 2003, la Corte Primera de lo Contencioso Administrativo acordó una simple medida cautelar de amparo constitucional que le había sido solicitada, por considerar que existían en autos elementos de juicio suficientes para presumir que el acto impugnado violaba *el derecho a la igualdad ante la ley* de los médicos colegiados, ordenando la suspensión de los efectos de diversas cláusulas del Acta Convenio, e instruyendo al Colegio de Médicos del Distrito Metropolitano de Caracas que sustituyera a los médicos extranjeros (cubanos) que se habían contratado sin cumplir con la obtención de la licencia nacional necesaria, por aquellos médicos venezolanos o extranjeros que cumplieran con los requisitos establecidos en la Ley del Ejercicio de la Medicina y, que manifiesten su interés en ser contratados para el Programa "Plan Barrio Adentro".

Dicha sentencia, sin embargo, no pudo ser ejecutada. El Ministerio de Salud y Desarrollo Social y la Alcaldía del Municipio Libertador la rechazaron e ignoraron; y el propio Presidente de la República señaló que la sentencia no se ejecutaría[1795]. Las entidades estatales referidas, además, el 5 de septiembre de 2003, acudieron por ante la Sala Constitucional del Tribunal Supremo de Justicia ejerciendo una "acción de protección constitucional" de los derechos colectivos e intereses difusos de la sociedad del Municipio Libertador del Distrito Capital, contra las supuestas actuaciones materiales de la Corte Primera de lo Contencioso Administrativo derivadas de la sentencia del 21 de agosto de 2003; solicitando además, que la Sala Constitucional se avocara al conocimiento de la causa.

1794 *V.*, Claudia Nikken, "El caso "Barrio Adentro": La Corte Primera de lo Contencioso Administrativo ante la Sala Constitucional del Tribunal Supremo de Justicia o el avocamiento como medio de amparo de derechos e intereses colectivos y difusos, " en *Revista de Derecho Público*, Nº 93-96, Editorial Jurídica Venezolana, Caracas, 2003, pp. 5 y ss.

1795 "Váyanse con su decisión no sé para donde, la cumplirán ustedes en su casa si quieren..." Exposición en el programa radial *Aló Presidente*, Nº 161, 24-08-2004.

La Sala Constitucional dictó sentencia el día 25 de septiembre de 2003, señalando que en virtud de que los solicitantes habían alegado que la pretensión incoada no correspondía "a la naturaleza de un recurso contencioso-administrativo sino a la de una acción de protección de derechos e intereses colectivos o difusos", la Corte Primera de lo Contencioso-Administrativo no sería entonces competente para conocer de dicha pretensión, por corresponderle a la Sala Constitucional, decidiendo en consecuencia avocarse al conocimiento del asunto. En esa forma, la competencia de la Corte Primera de lo Contencioso Administrativo le fue arbitrariamente arrebatada por la Sala Constitucional, la cual sin embargo, no adoptó decisión adicional alguna en el asunto; pero con el avocamiento, había quedado asegurada la inejecución de la sentencia de la Corte Primera en el "Caso Barrio Adentro".

Luego vinieron las represalias políticas gubernamentales: a fines de septiembre de 2003, la Dirección de los Servicios de Inteligencia y Prevención (DISIP) del Ministerio del Interior y de Justicia, allanó la sede de la Corte Primera después de haber arrestado a un chofer de la misma que transportaba un expediente judicial; y de que el Presidente de la República hubiera calificado de "bandido" al Presidente de dicha Corte Primera[1796]. Semanas después, la Comisión de Funcionamiento y Reestructuración del Poder Judicial decidiría la destitución de los Magistrados de la Corte Primera, por supuestamente haber cometido un "error inexcusable" al dictar una sentencia en 2002[1797]. La decisión fue protestada por los gremios de abogados del país[1798] e incluso por la Comisión Internacional de Juristas[1799]; pero la verdad es que la Corte Primera de lo Contencioso Administrativa quedó clausurada, a pesar del anuncio de que la Comisión Judicial del Tribunal Supremo de Justicia supuestamente habría creado otra Corte Segunda de lo Contencioso-Administrativo[1800]. La destitución arbitraria de los Magistrados de la Corte Primera de lo Contencioso Administrativo fue denunciada ante la Comisión Interamericana de Derechos Humanos, y planteado el asunto ante la Corte Interamericana de Derechos Humanos, en 2008 ya se habían realizado las audiencias correspondientes.

En todo caso, después de diez meses de clausura, en julio de 2004 el Tribunal Supremo designó a los nuevos magistrados de la Corte Primera y Corte Segunda de lo Contencioso Administrativo,[1801] quienes, por supuesto, comenzaron sabiendo a qué atenerse en casos de amparos contra autoridades. Durante esos diez meses, en todo caso, simplemente no hubo justicia contencioso administrativa en Venezuela; situación que se agravó con ocasión de la publicación de la Ley Orgánica del Tribunal Supremo de Justicia en mayo de 2004, que derogó las normas transitorias que

---

1796 Exposición pública el 20-09-2004.

1797 *V.*, la información en *El Nacional*, Caracas 05-11-2004, p. A2. En esa misma página, el Presidente destituido de la Corte Primera señaló que: "La justicia venezolana vive un momento tenebroso, pues el tribunal que constituye un último resquicio de esperanza ha sido clausurado".

1798 *V.*, el comunicado de la Asociación Venezolana de Derecho Administrativo, en *El Nacional*, Caracas, 12-10-2003, A-5.

1799 *V.*, en *El Nacional,* Caracas, 18-11-2004, p. A-6.

1800 *V.*, en *El Nacional*, Caracas, 24-10-2003, p. A-2.

1801 *V.*, en *El Nacional*, Caracas, 16-07-2004, p. A-6.

hasta entonces regulaban las competencias de los tribunales contencioso administrativos.[1802]

Y todo ello fue la consecuencia de que un tribunal, encargado precisamente de controlar la constitucionalidad e legalidad de los actos administrativos, se le ocurrió la idea de que podía ejercer sus funciones de protección de los derechos constitucionales con entera autonomía e independencia, aún cuando afectaran acciones o programas públicos, tal y como había ocurrido en las décadas anteriores. El régimen autoritario, lamentablemente, se encargó de enseñarles y decirles a los jueces, a la fuerza, simplemente que ninguna decisión judicial que puede en forma alguna afectar políticas gubernamentales, así sean inconstitucionales, puede dictarse y que en todo caso no serán aceptadas por el poder; de manera que los jueces que las dicten corren el riesgo de ser despedidos de inmediato. Así, la Constitución, la ley y la justicia quedaron subyugadas por el poder, y el proceso de amparo degradado, al dejar de ser un instrumento efectivo de protección de los individuos frente al Estado.

SECCIÓN TERCERA:

EL PROCESO CONSTITUCIONAL DE LAS ACCIONES DE HÁBEAS DATA EN VENEZUELA: LAS SENTENCIAS DE LA SALA CONSTITUCIONAL COMO FUENTE DEL DERECHO PROCESAL CONSTITUCIONAL (2009)

Esta Sección es el texto del estudio sobre "El proceso constitucional de las acciones de habeas data en Venezuela: las sentencias de la Sala Constitucional como fuente del Derecho Procesal Constitucional," publicado en *Revista de Derecho Público*, Nº 120, (octubre-diciembre 2009), Editorial Jurídica Venezolana, Caracas 2009, pp. 185-191; y en la obra colectiva: Eduardo Andrés Velandia Canosa (Coordinador), *Homenaje al Maestro Héctor Fix Zamudio. Derecho Procesal Constitucional. Memorias del Primer Congreso Colombiano de Derecho Procesal Constitucional* Mayo 26, 27 y 28 de 2010, Bogotá 2010, pp. 289-295.

I. El artículo 28 de la Constitución de 1999, siguiendo la orientación de las Constituciones latinoamericanas recientes, estableció expresamente en Venezuela la acción de *habeas data* mediante la cual se garantiza a todas las personas el derecho de acceder a la información y a los datos que sobre sí misma o sobre sus bienes consten en registros oficiales o privados, con las excepciones que establezca la ley, así como conocer el uso que se haga de los mismos y su finalidad, y a solicitar ante el tribunal competente la actualización, la rectificación o la destrucción de aquellos, si fuesen erróneos o afectasen ilegítimamente sus derechos.

Estos derechos, como lo señaló la Sala Constitucional del Tribunal Supremo de Justicia en sentencia de 9 de noviembre de 2009 (caso *Mercedes Josefina Ramírez, Acción de Habeas Data*), "no involucran directamente nulidades, ni indemnizaciones, sino otorgan situaciones jurídicas esenciales al ser humano: como lo es la existencia de un recurso sobre su persona en archivos públicos o privados, por lo que no resulta vinculante para el Juez Constitucional lo que pida el quejoso, sino la situa-

---

1802 *V.*, Allan R. Brewer-Carías, *Ley Orgánica del Tribunal Supremo de Justicia. Procesos y procedimientos constitucionales y contencioso-administrativos*, Caracas, 2004, pp. 153 y ss. *V.*, en *Revista de Derecho Público*, Nº 84, Editorial Jurídica Venezolana, Caracas 2000, p. 109.

ción fáctica ocurrida en contravención a los derechos y garantías constitucionales y los efectos que ella produce, que el actor trata que cesen y dejen de perjudicarlo; o simplemente la información sobre sí mismo que tiene derecho a conocer existente en los registros público o privados."[1803]

Por otra parte, el artículo 28 de la Constitución también consagra el derecho de toda persona de acceder a documentos de cualquier naturaleza que contengan información cuyo conocimiento sea de interés para comunidades o grupos de personas, quedando a salvo el secreto de las fuentes de información periodística y de otras profesiones que determine la ley.

La norma, por tanto, consagra dos derechos distintos, sobre los cuales la Sala Constitucional en sentencia de 23 de agosto de 2000 (Caso: *Veedores de UCAB*) expresó en materia de derecho de acceso:

> "el artículo 28 separa el acceso a la información y a los datos, del acceso a documentos que contengan información, la cual debe ser puntual, sobre cualquier tópico, sean o no dichos documentos soportes de bases de datos, que tengan interés para las comunidades o grupos. El acceso a estos documentos es distinto al de las bases de datos, de cualquier tipo. Se trata de acceder a documentos en sentido amplio, escritos o meramente representativos (de allí que la norma expresa que son documentos de cualquier naturaleza), que por alguna razón contienen información de interés para el grupo, o para la comunidad. Tal interés debe ser decidido por el juez, para ordenar su exhibición, por lo que debe ser alegado, no bastando la subjetiva apreciación del actor en ese sentido".[1804]

Estos derechos de *habeas data*, por otra parte, son también distintos al derecho garantizado en el artículo 143 de la misma Constitución que tienen todos los ciudadanos a ser informados oportuna y verazmente por la Administración Pública, sobre el estado de las actuaciones en que estén directamente interesados, y a conocer las resoluciones definitivas que se adopten sobre el particular. Asimismo, consagra la norma el derecho de acceso a los archivos y registros administrativos, sin perjuicio de los límites aceptables dentro de una sociedad democrática en materias relativas a seguridad interior y exterior, a investigación criminal y a la intimidad de la vida privada, de conformidad con la ley que regule la materia de clasificación de documentos de contenido confidencial o secreto. La norma prohíbe, en todo caso, la censura a los funcionarios públicos en relación a lo que informen sobre asuntos bajo su responsabilidad.

II. En cuanto al derecho de *habeas data* que consagra el artículo 28 de la Constitución, la Sala Constitucional del Tribunal Supremo de Justicia en su sentencia N° 1050 del 23 de agosto de 2000 (caso: *Ruth Capriles y otros*), determinó que se trata de un "derecho de las personas a conocer la información que sobre ellas, hayan sido compiladas por otras" consecuencia del hecho de que "tanto el Estado, como los particulares, mediante diversas formas de compilación de datos: manuales, computarizados, etc., registran y almacenan datos e informaciones sobre las personas o sobre

---

1803 *V.*, en http://www.tsj.gov.ve/decisiones/scon/Noviembre/1511-91109-2009-09-0369.html.

1804 *V.*, en *Revista de Derecho Público*, N° 85–88, Editorial Jurídica Venezolana, Caracas 2001, pp. 500–501.

sus bienes, y en vista que tal recopilación puede afectar la vida privada, la intimidad, el honor, la reputación, la vida económica y otros valores constitucionales de las personas naturales o jurídicas, la Constitución, para controlar tales registros, otorga varios derechos a la ciudadanía que aparecen recogidos en el artículo 28 citado." Estos derechos en criterio de la Sala Constitucional son los siguientes:

"1) El derecho de conocer sobre la existencia de tales registros.

2) El derecho de acceso individual a la información, la cual puede ser nominativa, o donde la persona queda vinculada a comunidades o a grupos de personas.

3) El derecho de respuesta, lo que permite al individuo controlar la existencia y exactitud de la información recolectada sobre él.

4) El derecho de conocer el uso y finalidad que hace de la información quien la registra.

5) El derecho de actualización, a fin que se corrija lo que resulta inexacto o se transformó por el transcurso del tiempo.

6) El derecho a la rectificación del dato falso o incompleto.

7) El derecho de destrucción de los datos erróneos o que afectan ilegítimamente los derechos de las personas."

A los efectos de ejercer esta acción de *habeas data*, la Sala Constitucional en su sentencia de 2000 precisó que se trata de derechos que giran alrededor de los datos recopilados sobre las personas o sobre sus bienes, por lo que la legitimación activa corresponde a quienes tengan "un interés, personal, legítimo y directo en quien ejerza estos derechos, ya que es la información sobre su persona y bienes el que lo origina." En otras palabras, dijo la Sala, quien quiere hacer valer estos derechos que conforman el *habeas data*, "lo hace porque se trata de datos que le son personales." Es decir, "quien no alega que el habeas data se solicita para obtener información sobre sus datos registrados, carece de interés legítimo en tal acción, ya que no hace uso del derecho que otorga dicha norma, con los otros derechos que nacen de la misma, los cuales giran alrededor de las informaciones personales."

La doctrina anterior fue ratificada por la Sala Constitucional en sentencia Nº 332 de 14 de marzo de 2001 (Caso: *Insaca vs. Ministerio de Sanidad y Asistencia Social),* en la cual volvió a analizar la norma del artículo 28 de la Constitución, en cuanto a la justiciabilidad de los derechos que contiene, concluyendo que daban origen a acciones autónomas distintas y no siempre vinculadas al amparo constitucional;[1805] ratificando el criterio de que en virtud de que para ese momento no se había sancionado ley reguladora alguno del procedimiento constitucional a seguir para la justiciabilidad de esos derechos, la Sala Constitucional se reservó la competencia, como Jurisdicción Constitucional, para conocer "de las controversias que surjan con motivo de las normas constitucionales aun no desarrolladas legislativamente, hasta que las leyes que regulan la Jurisdicción Constitucional, decidan lo contrario", agregando que:

1805 *V.*, en *Revista de Derecho Público*, Nº 85–88, Editorial Jurídica Venezolana, Caracas 2001, p. 488.

"Con esta doctrina la Sala evita la dispersión que ocurre en otros países, donde la acción de habeas data que se incoa autónomamente, ha sido conocida por Tribunales Civiles, o de otra naturaleza, tomando en cuenta la afinidad de la materia que conoce el tribunal con la que se pretende ventilar con el habeas data.

Existiendo en el país una Sala Constitucional, específica para conocer lo relativo a las infracciones de la Carta Fundamental, no parece lógico, ante el silencio de la ley, atribuir el conocimiento de estas causas a tribunales distintos. Tal interpretación es vinculante a partir de esta fecha (14–03–2001 y así se declara." [1806]

Por otra parte, en cuanto a las condiciones de admisibilidad de la acción de *habeas data,* la Sala ratificó el criterio de que la legitimación para accionar la tienen las personas cuyos datos se encuentren reseñados en lo personal o en sus bienes, en los registros mencionados, respecto de los cuales se pide el acceso a la información o el conocimiento de la finalidad para la cual los mantiene el recopilador; agregando que para poderse intentar la acción respectiva, el acceso a la información debía haber sido previamente denegado por la autoridad administrativa, es decir, los derechos:

"han de ser ejercidos previamente (incluso extrajudicialmente y tal vez hasta por vía administrativa en algunos casos) ante el recopilador real o supuesto, por lo que la lesión al titular de los derechos nace de ese ejercicio extrajudicial fallido. Si se le niega extrajudicialmente el ejercicio, porque no se le da acceso a la información, se le da errónea, o no se explica legalmente para qué se registra, se le infringe su situación jurídica que nace directamente de la Constitución.

Ante tal negativa, la víctima puede optar entre un juicio ordinario, para hacer valer su derecho negado, acumulando pretensiones; o un amparo a los mismos fines si se dan los supuestos para ello, para que se le restablezca la situación de acceder o conocer realmente, ante la necesidad de precaver la situación jurídica de una lesión irreparable. [1807]

Además, dijo la Sala Constitucional que el accionante "debe fundar la demanda en la existencia cierta de un sistema de información que lleva una persona, dentro del cual existen datos e informaciones referentes al accionante (datos e informaciones en plural, es decir, varios que permitan delinear en alguna materia un perfil de la persona, o de sus bienes)."[1808]

III. Posteriormente, mediante sentencia Nº 2551 de 24 de septiembre de 2003 (caso: *Jaime Ojeda Ortiz*), tratándose en el caso de una solicitud de destrucción de una información que se encontraba en una base de datos, a los efectos de hacer efectivo los derechos a que se refiere el artículo 28 constitucional (derecho de acceso a la información, derecho de conocer uso y finalidad de los datos, derecho de actualización, rectificación y destrucción de la información), en virtud de que la Asamblea Nacional no había dictado la legislación necesaria para ello, la Sala pasó a establecer

1806 *Idem.* 492.

1807 *Idem.* 492.

1808 *Idem.* pp. 492–495.

el procedimiento a seguir en estos casos, en uso de la facultad que le confería el artículo 102 de la derogada Ley Orgánica de la Corte Suprema de Justicia, decidiendo "aplicar al presente caso, mientras no se haya establecido por ley el procedimiento propio de la acción de habeas data, el proceso establecido en el Código de Procedimiento Civil para el juicio oral, pero con las variantes destinadas a potenciar la oralidad, brevedad, concentración e inmediación de esta clase de procesos," conforme a las siguientes reglas procesales:

1) Al admitirse la acción, se debe comunicar al accionante que tiene la carga de promover en un lapso de cinco (5) días después de su notificación, a menos que se encuentren a derecho, toda la prueba documental de que dispongan, así como la mención del nombre, apellido y domicilio de los testigos si los hubiere.

2) Los llamados a juicio como demandados, deben proceder a contestar por escrito la demanda, sin que sean admisibles cuestiones previas, produciendo un escrito de contestación que debe contener sus defensas o excepciones de manera escrita, sin citas jurisprudenciales ni doctrinales, y que además debe contener la promoción y producción de la prueba documental de que dispongan y de los testigos que rendirán declaración en el debate oral.

3) A partir de la contestación, el tribunal debe aplicará para la sustanciación de la causa, lo dispuesto en los artículos del 868 al 877 del Código de Procedimiento Civil, pudiendo las partes promover, en el término señalado en el artículo 868 citado, las pruebas que creyeren convenientes ofrecer, conforme al artículo 395 *eiusdem*. La audiencia preliminar prevista en el artículo 868 del Código de Procedimiento Civil debe ser dirigida por la Sala.

IV. Posteriormente mediante sentencia de 9 de noviembre de 2009 (caso *Mercedes Josefina Ramírez, Acción de Habeas Data*),[1809] la Sala hizo un balance en retrospectiva de los resultados obtenidos con la tramitación del *habeas data* a través de dicho procedimiento, llegando a la conclusión que, "por carecer de unidad del acto oral, durante el trámite se prolonga en demasía la decisión sobre el fondo del asunto, en el cual, se supone, está en controversia un derecho constitucional que exige tutela efectiva de la justicia constitucional."

1. El proceso se debe iniciar por escrito y el demandante debe señalar en su solicitud las pruebas que desea promover. El incumplimiento de esta carga produce la preclusión de la oportunidad, no sólo la de la oferta de las pruebas omitidas, sino también de la producción de todos los instrumentos escritos, audiovisuales o gráficos con que cuenta el demandante para incoar la acción. Las pruebas se deben valorar por la sana crítica, excepto la prueba instrumental que tiene los valores establecidos en los artículos 1359 y 1360 del Código Civil para los documentos públicos, y en el artículo 1363 *eiusdem* para los documentos privados auténticos y otros que merezcan autenticidad, entre ellos los documentos públicos administrativos.

2. La parte accionante debe consignar, conjuntamente con el libelo de la demanda, el documento fundamental de su pretensión, con el objeto de cumplir con lo señalado en la sentencia N° 1281/2006, caso: Pedro Reinaldo Carbone Martínez. En efecto, con anterioridad a esta último fallo de 2006, la sala había admitido acciones de habeas data que no habían sido acompañadas con algún documento fundamental

---

1809 *V.*, en http://www.tsj.gov.ve/decisiones/scon/Noviembre/1511-91109-2009-09-0369.html.

o indispensable que comprobara por ejemplo, la existencia de los registros policiales que se pretendían destruir o actualizar (por ejemplo, fallo Nº 2.829 del 7 de diciembre de 2004), criterio que sin embargo fue cambiado en la sentencia Nº 1281 de 2006, exigiéndose en lo sucesivo que con las demandas se consigne el documento fundamental de su pretensión, de manera que conforme a lo que establecía el párrafo quinto del artículo 19 de la Ley Orgánica del Tribunal Supremo de Justicia de 2004 (actual artículo 133 de la Ley Orgánica de 2010), la falta de consignación del documento indispensable o fundamental acarrea la declaratoria de inadmisibilidad de las acciones. A tal efecto la Sala consideró que por ejemplo en materia policial, existiendo procedimientos administrativos destinados a la exclusión de datos, la presentación por parte del accionante del dictamen de respuesta expedido por la autoridad policial, caso de que éste no satisfaga enteramente la solicitud del requirente, se debe entender que cumple cabalmente con el requisito de admisibilidad de presentación de documento fundamental antes indicado para la presentación el habeas data. Ello no excluye, sin embargo, que el accionante pueda presentar sustitutivamente cualquier otro documento que sirva como medio probatorio de la existencia indiscutible de los registros policiales.

3. Admitida la acción se debe ordenar la notificación del presunto agraviante para que concurra ante la Secretaría de la Sala Constitucional a conocer el día y la hora en que se celebrará la audiencia oral, la cual debe tener lugar, tanto en su fijación como para su práctica dentro de las noventa y seis (96) horas siguientes a partir de la última de las notificaciones ordenadas. Para dar cumplimiento a la brevedad y para no incurrir en excesivos formalismos, la notificación puede ser practicada mediante boleta, o comunicación telefónica, fax, telegrama, correo electrónico o cualquier medio de comunicación interpersonal, dejando el Secretario de la Sala constancia detallada en autos de haberse efectuado la notificación y de sus consecuencias.

4. Se debe ordenar la notificación del Fiscal General de la República.

5. En la oportunidad fijada para la celebración de la audiencia oral y pública las partes oralmente deben proponer sus alegatos y defensas. La Sala debe decidir si hay lugar a pruebas, y las partes pueden ofrecer las que consideren legales y pertinentes. Los hechos esenciales para la defensa por el presunto agraviante, así como los medios que ofrezca se deben recoger en un acta al igual que las otras circunstancias del proceso.

6. En la misma audiencia, la Sala Constitucional debe decretar cuáles son las pruebas admisibles y necesarias; y de ser admisibles debe ordenar su evacuación en la misma audiencia, pudiendo diferir la oportunidad para su evacuación.

7. La audiencia oral debe realizarse con presencia de las partes, pero la falta de comparecencia del presunto agraviado dará por terminado el procedimiento, a menos de que el Tribunal considere que los hechos alegados afectan el orden público, caso en el cual puede inquirir sobre los hechos alegados en un lapso breve. La falta de comparecencia del presunto agraviante no acarrea la admisión de los hechos, pero la Sala puede diferir la celebración de la audiencia o solicitar al presunto agraviante que presente un informe que contenga una relación sucinta de los hechos. La omisión de la presentación del referido informe se debe entender como un desacato.

8. En caso de *litis* consorcios necesarios activos o pasivos, cualquiera de los *litis* consortes que concurran a los actos representará al consorcio.

9. El desarrollo de las audiencias y la evacuación de las pruebas están bajo la dirección de la Sala Constitucional manteniéndose la igualdad entre las partes y el derecho de defensa. Todas las actuaciones deben ser públicas, salvo que la Sala decida que la audiencia sea a puerta cerrada de oficio o a solicitud de parte por estar comprometidas la moral y las buenas costumbres, o porque exista prohibición expresa de ley.

10. Una vez concluido el debate oral los Magistrados deben deliberar y podrán:

a) decidir inmediatamente; en cuyo caso deben exponer de forma oral los términos del dispositivo del fallo; el cual debe ser publicado íntegramente dentro de los cinco (5) días siguientes a la audiencia en la cual se dictó la decisión correspondiente. El dispositivo del fallo lo debe comunicar el Magistrado o la Magistrada presidente de la Sala Constitucional, pero el extenso de la sentencia lo debe redactar el Magistrado Ponente.

b) Diferir la audiencia por estimar que es necesaria la presentación o evacuación de alguna prueba o recaudo que sea fundamental para decidir el caso. En el mismo acto se debe fijar la oportunidad de la continuación de la audiencia oral.

11. Lo correspondiente a la recusación y demás incidencias procesales y, en general, en todo lo no previsto en el presente procedimiento se debe aplicar lo dispuesto en la Ley Orgánica del Tribunal Supremo de Justicia."

En esta forma, ante la carencia del legislador de establecer el procedimiento de las acciones de *habeas data*, ha sido el Juez Constitucional el que ha suplido la abstención, estableciendo en sus sentencias el procedimiento a seguir. Es decir, una vez más, el Juez Constitucional venezolano ha asumido el rol de Legislador positivo en materia de derecho procesal constitucional.[1810]

SECCIÓN CUARTA:

SOBRE EL "AMPARO PENAL"

En esta sección se recoge el texto del estudio sobre el denominado "amparo penal," que es la solicitud de nulidad absoluta regulada en el Código Orgánico Procesal Penal que las partes en el proceso penal pueden presentar ante el juez con funciones de control, denunciando la violación de los derechos y garantías constitucionales. Septiembre 2016.

I. EL DERECHO DE AMPARO

El artículo 27 de la Constitución venezolana de 1999 garantiza a toda persona el:

> "*derecho a ser amparada por los tribunales* en el goce y ejercicio de los derechos y garantías constitucionales, aun de aquellos inherentes a la persona que

---

1810 *V.*, Allan R. Brewer-Carías, "El juez constitucional como legislador positivo y la inconstitucional reforma de la Ley Orgánica de Amparo mediante sentencias interpretativas," en Eduardo Ferrer Mac-Gregor y Arturo Zaldívar Lelo de Larrea (Coordinadores), *La ciencia del derecho procesal constitucional. Estudios en homenaje a Héctor Fix-Zamudio en sus cincuenta años como investigador del derecho*, Instituto de Investigaciones Jurídicas, Universidad Nacional Autónoma de México, México 2008, Tomo V, pp. 63-80.

no figuren expresamente en esta Constitución o en los instrumentos internacionales sobre derechos humanos."

En esta forma la Constitución, a diferencia de lo que sucede en la mayoría de los países de América Latina [1811] no se limitó a consagrar solo una específica "acción de amparo" para la protección de los derechos y garantías constitucionales, sino que declaró como un derecho constitucional, el "derecho de amparo," que corresponde a todas las personas para poder exigir la protección judicial de sus derechos y garantías establecidos en la Constitución, en los tratados e instrumentos internacionales sobre derechos humanos, e incluso, aun cuando no figuren expresamente es esos textos sean inherentes a la persona humana; protección que se confiere ante cualquier violación o amenaza de violación de los mismos por parte de las autoridades públicas o de los particulares.

El derecho de amparo, así concebido, es el corolario de la consagración con rango constitucional de los derechos y garantías de las personas, la cual no tendría efectividad alguna si no se hubiesen establecido en el propio texto constitucional esa posibilidad de que los derechos puedan ser garantizados judicialmente. Lo característico en el caso venezolano,[1812] sin embargo, es que el derecho de las personas a ser amparadas en sus derechos, no se redujo a ser una única "garantía judicial" o acción o recurso de amparo, sino que como garantía judicial, la misma, además de poder ejercerse mediante una acción de amparo, la tradicionalmente llamada "acción autónoma de amparo" regulada en la Ley Orgánica de Amparo sobre Derechos y Garantías Constitucionales de 1988,[1813] también, se puede ejercer mediante la formulación de una pretensión de amparo conjuntamente con otras vías judiciales idóneas y efectivas para la protección constitucional, es decir, capaces de enervar las lesiones constitucionales aducidas.

Conforme a la Ley Orgánica de Amparo, esas otras vía judiciales con las cuales se puede formular la pretensión de amparo constitucional son: la acción de inconstitucionalidad de las leyes (acción popular) o la solicitud de desaplicación de una ley por cualquier juez formulada en un caso concreto (el denominado control difuso de la constitucionalidad); las acciones y recursos ordinarios de apelación o el recurso extraordinario de casación respecto de sentencias; la acción contencioso administrativo de anulación de los actos administrativos; o específicamente la solicitud judicial de nulidad absoluta por violación de garantías constitucionales en materia penal, conocida como "amparo penal."

1811 Véase Allan R. Brewer-Carías, *El proceso de amparo en América Latina*, Instituto Iberoamericano de Derecho Procesal Constitucional, Ed. Porrúa, México 2016; *Constitutional Protection of Human Rights In Latin America. A Comparative Study of the Amparo Proceedings*, Cambridge University Press, New York 2008; *El amparo a los derechos y libertades constitucionales. Una aproximación comparativa*, Cuadernos de la Cátedra Allan R. Brewer-Carías de Derecho Público, N° 1, Universidad Católica del Táchira, San Cristóbal 1993, 138 pp., también publicado por el Instituto Interamericano de Derechos Humanos (Curso Interdisciplinario), San José, Costa Rica 1993, 120 pp.

1812 Véase Allan R. Brewer-Carías, "El derecho de amparo y la acción de amparo," en *Revista de Derecho Público*, N° 22, Editorial Jurídica Venezolana, Caracas, abril-junio 1985, pp. 51-61.

1813 Véase en *Gaceta Oficial* de la República de Venezuela número 34.060 del 27 de septiembre de 1988. Véase sobre la Ley Allan R. Brewer-Carías, Carlos Ayala Corao y Rafael J. Chavero Gazdik, *Ley Orgánica de Amparo sobre Derechos y Garantías Constitucionales*, Colección Textos Legislativos N° 5, Editorial Jurídica Venezolana (primera edición, 1988), Séptima edición corregida, aumentada y actualizada, Caracas 2016.

A ello fue a lo que se refirió la Sala Constitucional del Tribunal Supremo de Justicia cuando respecto del artículo 27 de la Constitución, en sentencia Nº 1215 de 25 de julio de 2011, indicó que "el ejercicio de la tutela constitucional por parte de todos los jueces de la República, a través de cualquiera de los canales procesales dispuestos por el ordenamiento jurídico, *es una característica inmanente al sistema judicial venezolano*";[1814] razón por la cual, como se dijo, el derecho de amparo se puede ejercer, además de mediante la acción de amparo, a través de otros medios o vía procesales idóneas y efectivas para la protección constitucional.

II. LA ACCIÓN DE AMPARO

Por supuesto, la vía procesal por excelencia para dicha protección constitucional de los derechos y garantías constitucionales, es la acción de amparo, que ha sido definida por la Sala Constitucional del Tribunal Supremo de Justicia, como:

> "una garantía de restablecimiento de la lesión actual o inminente a una ventaja esencial, producto de un acto, actuación u omisión antijurídica, en tanto contraria a un postulado en cuyo seno se encuentre reconocido un derecho fundamental".[1815]

Por ello, dicha acción de amparo, que siempre origina el ejercicio de la justicia constitucional, se desarrolla, en principio, ante cualquier juez de primera instancia de la jurisdicción ordinaria, es decir, ante los tribunales civiles, mercantiles, laborales, penales, de menores, agrarios o de cualquier otra materia, y de los tribunales de la jurisdicción contencioso administrativa; o ante cualquier juez de la localidad si no hubiere uno de primera instancia.

La misma Sala Constitucional del Tribunal Supremo señaló en sentencia Nº 1229 de 5 de abril de 2013, que si bien "la acción de amparo constitucional es un medio judicial breve y expedito, a través del cual se protegen los derechos fundamentales que la Constitución reconoce [...] cuando se puede acudir a la vía procesal ordinaria, sin que la lesión a la situación jurídica se haga irreparable, es precisamente el trámite o el medio procesal ordinario, el instrumento para reparar la lesión y no la acción de amparo y, por tanto, no habría posibilidad de interponer la acción de amparo si estuviese prevista otra acción o un recurso para dilucidar la misma cuestión."[1816] De allí el carácter extraordinario de la acción de amparo, conforme a lo cual, de acuerdo a lo expresado por la misma Sala Constitucional del Tribunal Supremo, en sentencia Nº 1189 de 30 de septiembre de 2009, estando concebida la acción de amparo:

> "como una acción destinada al restablecimiento de un derecho o una garantía constitucional lesionados, sólo es admisible como una medida extraordinaria destinada a evitar que el orden jurídico quede lesionado, ante la inexistencia de una vía idónea que, por su rapidez y eficacia, impida la lesión de un derecho

---

1814 Véase la sentencia Nº 1215 de 25-7-2011, en *Revista de Derecho Público*, Nº 127, Editorial Jurídica Venezolana, Caracas 2011, pp. 174-176.

1815 Véase sentencia Nº 460 de 6–4–2001 (Caso: *Only One Import, C.A. vs. Guardia Nacional*), en *Revista de Derecho Público*, Nº 85–88, Editorial Jurídica Venezolana (EJV), Caracas 2001, p. 437.

1816 Véase la sentencia Nº 1229 de 5-4-2013, en *Revista de Derecho Público*, Nº 134, Editorial Jurídica Venezolana, Caracas 2013, pp. 149-152.

constitucional. La admisibilidad de la acción de amparo surge cuando los medios ordinarios son insuficientes para restablecer la situación infringida, o cuando su procedimiento, dada la naturaleza de la lesión alegada, no cumple con la finalidad de lograr la protección de inmediato o, en todo caso, sus efectos vienen a ser retardados o diferidos, de modo que no permiten reparar el daño sufrido, cuando el derecho constitucional está conculcado."[1817]

En todo caso, tratándose de un proceso constitucional que se puede iniciar mediante una acción autónoma de amparo, o mediante una petición de amparo formulada conjuntamente con otras acciones, solicitudes o recursos judiciales, además de ser una de las garantías constitucionales, es un derecho constitucional en sí mismo: el derecho de amparo o el derecho a ser amparado.[1818]

III. LA FORMULACIÓN DE LA PRETENSIÓN DE AMPARO CONSTITUCIONAL CON OTROS MEDIOS JUDICIALES

Pero además de la acción de amparo, como hemos dicho, el derecho de amparo se puede ejercer mediante la formulación de la pretensión de amparo constitucional para la protección de derechos y garantías constitucionales conjuntamente con las otras vías judiciales o medios procesales existentes, que sean idóneas para la protección constitucional.

A tal efecto, el artículo 6.5 de la Ley Orgánica establece, al regular las causales de inadmisibilidad de la acción de amparo, que la misma es inadmisible cuando el agraviado haya optado por recurrir a las vías judiciales ordinarias o hecho uso de los medios judiciales preexistentes, mediante los cuales se puede alegar la violación o amenaza de violación de un derecho o garantía constitucional, en cuyo caso "el Juez deberá acogerse al procedimiento y a los lapsos establecidos en los artículos 23, 24 y 26 de la presente ley, a fin de ordenar la suspensión provisional de los efectos del acto cuestionado".

Con base en esta previsión, en las otras normas de la Ley Orgánica, la antigua Corte Suprema de Justicia, después de varios años de decisiones relativamente imprecisar, estableció una doctrina constitucional definitiva en la sentencia del 10 de julio de 1991, (caso: *Tarjetas Banvenez*), considerando que cuando la pretensión de amparo se formula como pretensión junto con una acción ordinaria o en el curso del proceso derivado de la misma, tal pretensión no tiene carácter de acción principal sino subordinada, accesoria a la acción o recurso al cual se acumuló, sometida por tanto al pronunciamiento jurisdiccional final que se emita en el proceso en cuya acción se formuló conjuntamente; teniendo además, en ese caso, un destino temporal y provisorio, dado sus efectos cautelares (no restablecedores) suspensivos de la ejecu-

---

1817 Véase la sentencia N° 1189 de 30-9-2009, en *Revista de Derecho Público*, N° 119, Editorial Jurídica Venezolana, Caracas 2009, pp. 135-137.

1818 Véase Allan R. Brewer–Carías, *El Derecho y la Acción de Amparo,* Tomo V, *Instituciones Políticas y Constitucionales,* Editorial Jurídica Venezolana, Universidad Católica del Táchira, Caracas–San Cristóbal, 1998; y antes: "El derecho de amparo y la acción de amparo," en *Revista de Derecho Público*, N° 22, Editorial Jurídica Venezolana, Caracas, abril-junio 1985, pp. 51-61.

ción de un acto, mientras dure el juicio para evitar que una sentencia a favor del accionante se haga inútil en su ejecución.[1819]

Sin embargo, la pretensión de amparo, también puede plantearse en un proceso judicial ya iniciado, como una petición o solicitud en el mismo, que debe resolverse, en lo que se ha denominado el "amparo sobrevenido," cuya decisión sobre la base de la violación de derechos o garantías constitucionales tiene en ese caso, por supuesto, carácter definitivo.

En efecto, en primer lugar, y ello fue la intención del legislador al prever este amparo acumulado, con cualquier demanda puede formularse una pretensión de amparo alegándose violación o amenaza de violación de un derecho o garantía constitucionales. En estos casos no puede hablarse de amparo "sobrevenido", pues la pretensión de amparo se formula iniciándose el proceso con la acción principal.

Pero en segundo lugar, en el curso de un proceso ya iniciado puede formularse una pretensión de amparo alegándose una violación "sobrevenida", de algún derecho constitucional, lo que incluso puede ocurrir al interponerse una apelación o al formularse un recurso de casación., o al formularse una petición de nulidad de lo actuado por violaciones constitucionales. Este es uno de los supuestos del amparo acumulado a las acciones judiciales ordinarias, y no el único supuesto.[1820]

En tal sentido, conforme a la doctrina jurisprudencial sentada en la materia por la Sala de Casación Civil de la antigua Corte Suprema mediante sentencia de de 9 de octubre de 1997 (Caso: *José Avelino Gómez*), la Sala fijó "el verdadero alcance" del precepto contenido en artículo 6.5 de la Ley Orgánica de Amparo resolviendo que:

> "En primer lugar, ha de precisarse que la causal de inadmisibilidad de la acción autónoma de amparo prevista en el ordinal 5° del artículo 6° citado, opera en los casos en que -como la misma norma lo expresa- el agraviado haya optado por acudir a las vías ordinarias o hecho uso de los medios judiciales preexistentes, *pues en tal hipótesis el afectado puede solicitar y obtener protección inmediata del juez que ha de conocer del recurso ordinario o del medio judicial preexistente, mediante la suspensión provisional de los efectos del acto o decisión reputado contrario a la Constitución....*
>
> Ello, desde luego, permite afirmar que el amparo asume en este supuesto un rol cautelar que convierte el procedimiento judicial ordinario en una vía eficaz para el restablecimiento definitivo de la situación jurídica que le ha sido infringida al pretensor, por lo cual nada impide que esta acción pueda proponerse conjuntamente con el mecanismo procesal previsto por la ley para resolver el asunto (ejemplo: recurso de hecho contra negativa de oír apelación), e, incluso, después de interpuesto aquél (caso de apelación oída en un solo efecto), porque

---

1819 Véase sentencia de la antigua Corte Suprema de Justicia, Sala Político Administrativa de 3–8–89, *Revista de Derecho Público*, N° 39, EJV, Caracas, 1989, p. 136.

1820 Véase sentencia de la antigua Corte Suprema de Justicia de 18–11–93 (Caso: *Gustavo J. Ruiz*), Véase en *Revista de Derecho Público,* N° 55–56, EJV, Caracas, 1993, pp. 300 y 301. En el mismo sentido se ha pronunciado la Corte Primera de lo Contencioso Administrativo al referirse al ordinal 5° del artículo 6 de la Ley Orgánica de Amparo al indicar que "tal alternativa sólo sería procedente ante un hecho acaecido *con posterioridad* al comienzo o uso de las vías judiciales ordinarias o preexistentes y vinculado a su objeto; constituye tal posibilidad lo que se denominaría el amparo por hecho sobrevenido" en FUNEDA, *15 años de Jurisprudencia, Caracas,* p. 232.

el amparo sólo persigue la suspensión de los efectos del acto cuestionado, como medida de protección provisional del derecho que se alega violado o amenazado, mientras se juzga en forma definitiva sobre el acto recurrido; pero en todos los casos será condición necesaria para su procedencia la demostración del riesgo de irreparabilidad de la violación constitucional, por la sentencia de fondo. La decisión que en este sentido se dicte será revisable, bien por apelación o por consulta, de conformidad con las previsiones del artículo 35 de la Ley Orgánica de Amparo sobre Derechos y Garantías Constitucionales."[1821]

Esto fue precisado además, en otra sentencia de la Sala de Casación de la antigua Corte Suprema de 2 de abril de 1997 (Caso: *Andrea María Vaga*), en la cual resolvió:

"[...] que la acción de amparo propuesta conjuntamente con una de otro tipo participa de todos los caracteres procesales inherentes a la acumulación de acciones, esto es: que ha de ser resuelta por un solo juez (el mismo que sea competente para conocer de la acción principal), y que ambas pretensiones (la de amparo y la de nulidad u otra) deben ser tramitadas en un solo proceso que tiene dos etapas: la del amparo, previa, y la contenciosa, la cual forzosamente cubre, en la decisión final, tanto la medida cautelar que inevitablemente perece en esa oportunidad, como el pronunciamiento judicial acerca de la nulidad solicitada. En otras palabras, si por las características analizadas el mandamiento de amparo se traduce única y exclusivamente en la suspensión provisional del acto recurrido en nulidad, la sentencia que decida ésta deja sin efecto aquella medida cautelar dictada en forma previa, tanto si el acto cuestionado es anulado como si es confirmado, porque, en uno u otro caso, carece ya de sustentación jurídica". A tal efecto, concluyó la Sala señalando que "la admisibilidad de este medio de protección constitucional debe estar al cumplimiento de los siguientes requisitos":

"a) Deberá coexistir con otros medios procesales; b) Puesto que el amparo tiene propósitos cautelares, esto es, la suspensión temporal de los efectos del acto cuestionado mientras se decide sobre la legitimidad de aquél, su interposición ha de verificarse por ante el Tribunal al que corresponda conocer del medio procesal ejercido con tales fines; c) La solicitud deberá fundamentarse en la violación directa de un derecho o garantía constitucional, o en la amenaza de que ella se produzca; y d) El agraviado deberá comprobar que la violación constitucional difícilmente podrá ser reparada por la sentencia que juzgue sobre la ilegitimidad del acto. Así se declara".

En estos supuestos, por lo demás, el Legislador progresivamente fue perfeccionado los respectivos mecanismos de protección, mediante esos medios ordinarios, precisamente para permitir que con ellos el juez pudiera, con la inmediatez necesaria, enervar la violación constitucional. Así, por ejemplo, en el caso de la acción de inconstitucionalidad de las leyes, cuando ésta se fundamente en la violación de un derecho o garantía constitucional, en virtud de la nulidad absoluta que ello implica, la Ley Orgánica le otorga la potestad del Tribunal Supremo de desaplicar los efectos de la ley impugnada *respecto del caso concreto* mientras se decide el recurso (art. 3°), lo

1821 Consultada en original.

que luego fue desarrollado por la Ley Orgánica del Tribunal Supremo al desarrollar las medidas cautelares en los juicios de nulidad; y en el caso de la acción contencioso administrativo, cuando el motivo del mismo sea la violación de un derecho constitucional por el acto recurrido, para su interposición, la Ley Orgánica eliminó la exigencia de agotamiento de la vía administrativa y del lapso de caducidad, dada la nulidad absoluta alegada, pudiendo el juez utilizar todas las medidas cautelares de las que dispone en la Ley Orgánica de la Jurisdicción Contencioso Administrativa, incluyendo la suspensión de efectos del acto recurrido, previendo la ley además la posibilidad para el juez de recurrir en forma más expedita a los procedimientos de urgencia y abreviación de lapsos, así como a la suspensión de efectos del acto recurrido (arts. 5 y 6.5).

IV. EL LLAMADO "AMPARO INCIDENTAL"

Pero en otros casos, la pretensión de amparo no se formula con una acción o recurso preexistente, sino que se puede formular en el curso de un proceso judicial en el cual se produce la violación a derechos constitucionales, en cuyo caso, la protección constitucional no se materializa en la sentencia que pone fin al proceso, sino mediante actuaciones que se desarrollan en el proceso, en cuyo caso también se admite la formulación de la pretensión de amparo ante el propio juez de la causa.

Es lo que definió la Sala Constitucional del Tribunal Supremo ha definido en la sentencia N° 1 de 20 de enero de 2000 (Caso *Mata Millán*) como el "amparo incidental," estableciendo la siguiente doctrina jurisprudencial en la materia:

> "Cuando las violaciones a derechos y garantías constitucionales surgen en el curso de un proceso debido a actuaciones de las partes, de terceros, de auxiliares de justicia o de funcionarios judiciales diferentes a los jueces, el amparo podrá interponerse ante el juez que esté conociendo la causa, quien lo sustanciará y decidirá en cuaderno separado.
>
> Con esta posibilidad, se hace evidente la necesidad de mantener esta importante manifestación del amparo constitucional debido a la ventaja de ser dictada dentro del mismo proceso en el cual se produce la lesión o amenaza de lesión de derechos constitucionales, manteniéndose así el principio de la unidad del proceso, al no tener que abrirse causas procesales distintas -con los retardos naturales que se producirían- para verificar si efectivamente se ha producido la violación denunciada. Igualmente, se lograría la inmediación del juez con la causa que se le somete a conocimiento, la cual no sólo incidiría positivamente en la decisión del amparo interpuesto, sino que también pudiera aportar elementos de juicio necesarios para tomar medidas, bien sean cautelares o definitivas, en la causa principal y en el propio amparo." [1822]

Un ejemplo específico de este amparo incidental es la formulación de la pretensión de amparo junto con la solicitud de nulidad absoluta de actuaciones procesales particularmente cometidas por el Ministerio Público, previstas en el artículo 175 (antes 191) del Código Orgánico Procesal Penal de 2012 (CO-

1822 *Revista de Derecho Público*, N° 81, Editorial Jurídica Venezolana, Caracas, 2000, pp. 225-229.

PP),[1823] que puede formularse en el proceso procesal penal, ante el mismo juez de la causa, en caso de violaciones a derechos y garantías constitucionales, y cuyo objeto es depurar el proceso penal generalmente antes de que pase a la fase de juicio.

En este caso, como lo precisó la Sala Constitucional en la sentencia Nº 256 de 14 de febrero de 2002 (Caso *Juan Calvo y Bernardo Priwin*):

> *"la inconstitucionalidad de un acto procesal -por ejemplo- no requiere necesariamente de una [acción de] amparo, ni de un juicio especial para que se declare, ya que dentro del proceso donde ocurre, el juez, quien es a su vez un tutor de la Constitución, y por lo tanto en ese sentido es Juez Constitucional, puede declarar la nulidad pedida."*[1824]

Esto lo repitió la Sala Constitucional en sentencia Nº 1520 de 20 de julio de 2007 al señalar:

> "Por otra parte, en sentencia de esta Sala Nº 256/2002, caso: *"Juan Calvo y Bernardo Priwin"*, se indicó que las nulidades por motivos de inconstitucionalidad (como lo sería el desconocimiento de derechos de rango constitucional) que hayan de ser planteadas en los diferentes procesos judiciales, *no necesariamente deben ser presentadas a través de la vía del [la acción de] amparo constitucional*, pues en las respectivas leyes procesales existen las vías específicas e idóneas para la formulación de las mismas, y que en el caso del proceso penal dicha vía procesal está prevista en los artículos 190 y 191 *eiusdem*."[1825]

Todo lo anterior fue además objeto de una *interpretación vinculante* establecida por la Sala Constitucional conforme al artículo 335 de la Constitución en sentencia Nº 221 de 4 de marzo de 2011,[1826] "sobre el contenido y alcance de la naturaleza jurídica del instituto procesal de la nulidad," dictada en virtud del:

> "empleo confuso que a menudo se observa por parte de los sujetos procesales en cuanto a la nulidad de los actos procesales cumplidos en contravención o con inobservancia de las formas y condiciones previstas en la ley."

En dicha sentencia, la Sala Constitucional del Tribunal Supremo resolvió, citando su anterior sentencia Nº 1228 de fecha 16 de junio de 2005, caso: *Radamés Arturo Graterol Arriechi"*, que la solicitud de nulidad absoluta no está concebida por el legislador dentro del COPP:

1823 *Artículo 175. Nulidades Absolutas.* Serán consideradas nulidades absolutas aquellas concernientes a la intervención, asistencia y representación del imputado, en los casos y formas que este Código establezca, o las que impliquen inobservancia o violación de derechos y garantías fundamentales previstos en este Código, la Constitución de la República Bolivariana de Venezuela, las leyes y los tratados, convenios o acuerdos internacionales suscritos por la República." Véase en *Gaceta Oficial* Nº 6078 de 15 de junio de 2012.

1824 Sentencia Nº 256 del Tribunal Supremo de Justicia en Sala Constitucional del 14/02/02, exp Nº 01-2181, en http://www.tsj.gov.ve/decisiones/scon/Febrero/256-140202-01-2181%20.htm

1825 Sentencia Nº 1520 de 20-07-2007 en http://www.tsj.gov.ve/decisiones/scon/Ju-lio/1520-200707-07-0827.htm

1826 Caso: *Francisco Javier González Urbina y otros,* en http://www.tsj.gov.ve/decisio-nes/scon/Marzo/221-4311-2011-11-0098.html

"como un medio recursivo ordinario, toda vez que va dirigida fundamentalmente a *sanear los actos procesales cumplidos en contravención con la ley, durante las distintas fases del proceso* –artículos 190 al 196 [actualmente artículos 174-180] del Código Orgánico Procesal Penal– y, por ello, es que el propio juez que se encuentre conociendo de la causa, debe declararla de oficio".

Agregó la Sala para reforzar que el conocimiento de la solicitud de nulidad corresponde al juez de la causa, que "no desconoce el derecho de las partes de someter a la revisión de la alzada algún acto que se encuentre viciado de nulidad, pero, esto *solo es posible una vez que se dicte la decisión que resuelva la declaratoria con o sin lugar de la nulidad* que se solicitó, pues contra dicho pronunciamiento es que procede el recurso de apelación conforme lo establecido en el artículo 196 [actualmente artículo 180] del Código Orgánico Procesal Penal."[1827]

VI. ALGUNAS CARACTERÍSTICAS PROCESALES DEL "AMPARO PENAL" COMO MEDIO ESPECÍFICO PARA LA PROTECCIÓN DE DERECHOS Y GARANTÍAS CONSTITUCIONALES EN EL CURSO DEL PROCESO PENAL

1. *La solicitud de nulidad absoluta o amparo penal en el COPP como medio de protección de los derechos y garantías constitucionales en el proceso penal*

En efecto, una regulación específica de ese llamado genéricamente, amparo incidental, está prevista en el proceso penal, como "amparo penal" establecido en el Código Orgánico Procesal Penal (COPP) como medio específico de protección de los derechos y garantías constitucionales, consecuencia de la atribución (i) a los jueces en funciones de control, de la obligación de "velar por el cumplimiento de las garantías procesales" (art. 67); y (ii) a los jueces de la fase preliminar, de la obligación de "controlar el cumplimiento de los principios y garantías establecidos en este Código, en la Constitución de la República, tratados, convenios o acuerdos internacionales suscritos por la República" (Art. 264).

Ahora bien, a los efectos de lograr el ejercicio del control judicial efectivo respecto de la observancia de los derechos y garantías constitucionales en el proceso penal, el COPP estableció (en el Capítulo II: "De las nulidades" del Título VI: "De los Actos Procesales y las Nulidades"), la *solicitud o recurso de nulidad absoluta de actuaciones procesales* por razones constitucionales, que la jurisprudencia del Tribunal Supremo de Justicia ha denominado como un "amparo penal,"[1828] y que se puede formular por cualquiera de las partes respecto de los actos y actuaciones fiscales y judiciales que puedan haber *violado los derechos y garantías constitucionales*.

Dicha petición o solicitud de nulidad absoluta se puede formular en cualquier estado y grado del proceso siempre que sea antes de dictarse sentencia definitiva; y el juez está obligado a decidirla de inmediato, es decir, perentoriamente, en el lapso de

---

1827 Caso: *Francisco Javier González Urbina y otros*, en http://www.tsj.gov.ve/decisio-nes/scon/Marzo/221-4311-2011-11-0098.html.

1828 Véase por ejemplo, Sentencia Nº 1453 de la Sala Constitucional de 10-08-2001, Caso *Pedro Emanuel Da Rocha Almeida, y* otros. Véase en http://www.tsj.gov.ve/decisio-nes/scon/Agosto/1453-100801-01-0458.htm.

tres días siguientes como lo dispone el artículo 161 (antes artículo 177) del COPP,[1829] sin que se establezca oportunidad preclusiva única para ser decidido.[1830]

Para caracterizar este "amparo penal," el artículo 174 (antes 190) del COPP establece el principio general de que "los actos cumplidos en contravención o con inobservancia de las formas y condiciones previstas en este Código, la Constitución de la República, las leyes, tratados, convenios y acuerdos internacionales suscritos por la República" cuando estén viciados de nulidad absoluta, en ningún caso pueden ser apreciados "para fundar una decisión judicial, ni utilizados como presupuestos de ella;" considerándose como "nulidades absolutas" en el artículo 175 (antes 191), precisamente aquellas "que impliquen *inobservancia o violación de derechos y garantías fundamentales previstos en este Código, la Constitución de la República, las leyes y los tratados, convenios o acuerdos internacionales suscritos por la República.*" Los actos o actuaciones viciadas de nulidad absoluta no pueden siquiera ser saneados (art. 177, antes 193), ni pueden ser convalidados (art. 178, antes 194), siendo no sólo una potestad sino una obligación del juez penal, conforme al artículo 179 (antes 195) ("el juez deberá"), el "declarar su nulidad por auto razonado o señalará expresamente la nulidad en la resolución respectiva, de oficio o a petición de parte."[1831]

Dejando aparte la actuación de oficio, el COPP consagra en estas normas una solicitud o recurso formal en cabeza de las partes en el proceso penal para requerir del juez penal ("a petición de parte"), que cumpla con su obligación de declarar la nulidad absoluta de las actuaciones fiscales o judiciales que sean violatorias de los "derechos y garantías fundamentales previstos en este Código, la Constitución de la República, las leyes y los tratados, convenios o acuerdos internacionales suscritos por la República," que el propio COPP declara como viciadas de nulidad absoluta, y por tanto, no subsanables ni convalidables.[1832] Por ello, precisa el COPPP que "tal declaratoria" no procede "por defectos insustanciales en la forma," por lo que sólo pueden "anularse las actuaciones fiscales o diligencias judiciales del procedimiento que ocasionaren a los intervinientes un perjuicio reparable únicamente con la declaratoria de nulidad" (art. 179, antes 195).

1829 *Artículo 161: Plazos para decidir*. El Juez dictará las decisiones de mero trámite en el acto. Los autos y las sentencias definitivas que sucedan a una audiencia oral serán pronunciados inmediatamente después de concluida la audiencia. *En las actuaciones escritas las decisiones se dictarán dentro de los tres días siguientes."*

1830 Sentencia N° 205 de la Sala de Casación Penal del Tribunal Supremo de 14-05-2009. *Manuel Antonio Sánchez Guerrero y otros).* http://www.tsj.gov.ve/decisio-nes/scp/Mayo/205-14509-2009-C09-121.html. y sentencia de la Sala Constitucional del Tribunal Supremo en sentencia Nº 2061 (Caso: *Edgar Brito Guedes*), de 05-11-2007. Véase en http://www.tsj.gov.ve/deci-siones/scon/Noviembre/2061-051107-07-1322.htm

1831 *Artículo 179. Declaración de nulidad.* Cuando no sea posible sanear un acto, ni se trate de casos de convalidación, el Juez deberá declarar su nulidad por auto razonado o señalará expresamente la nulidad en la resolución respectiva, de oficio o a petición de parte. El auto que acuerde la nulidad deberá individualizar plenamente el acto viciado u omitido, determinará concreta y específicamente, cuáles son los actos anteriores o contemporáneos a los que la nulidad se extiende por su conexión con el acto anulado, cuáles derechos y garantías del interesado afecta, cómo los afecta, y, siendo posible, ordenará que se ratifiquen, rectifiquen o renueven. [...]

1832 *Artículo 177. Saneamiento.* [...] La solicitud de saneamiento describirá el defecto, individualizará el acto viciado u omitido, al igual que los conexos o dependientes del mismo, cuáles derechos y garantías del interesado afecta, cómo los afecta, y propondrá la solución. [...]

En otra sentencia, la Sala Constitucional, consideró que el juez penal, al conocer del recurso de nulidad, actúa como juez constitucional para controlar la constitucionalidad de las actuaciones fiscales y judiciales, expresando que:

> "El recurso de nulidad en materia adjetiva penal, se interpone cuando en un proceso penal, las partes observan que existen actos que contraríen las formas y condiciones previstas en dicho Código Adjetivo, la Constitución de la República Bolivariana de Venezuela, las leyes y los tratados, convenios o acuerdos internacionales, suscritos por la República, en donde el Juez Penal, una vez analizada la solicitud, o bien de oficio, procederá a decretar la nulidad absoluta o subsanará el acto objeto del recurso;"[1833]

2. *La caracterización del amparo penal en la jurisprudencia del Tribunal Supremo*

Sobre esta solicitud o "recurso de nulidad," como amparo penal para la protección de los derechos y garantías constitucionales de las partes en el proceso penal, la Sala Constitucional del Tribunal Supremo ha precisado que en el mismo

> "ha sido considerada como una verdadera sanción procesal -la cual puede ser declarada de oficio o a instancia de parte- dirigida a privar de efectos jurídicos a todo acto procesal que se celebra en violación del ordenamiento jurídico-constitucional [... señalando que ...], la referida sanción conlleva suprimir los efectos legales del acto írrito."[1834]

Por su parte, también sobre este "recurso de nulidad," o amparo penal, la Sala de Casación Penal del Tribunal Supremo, en sentencia de N° 3 de fecha 11 de enero de 2002,[1835] fijó sus características destacando la estrecha vinculación entre el artículo 190 [actualmente artículo 174] del Código Orgánico Procesal Penal y el artículo 48.8 de la Constitución:

> "donde se advierte la posibilidad de solicitar del Estado el restablecimiento o reparación de la situación viciada por error judicial, retardo u omisión justificada. Lo cual significa que aquellos actos de fuerza, usurpación, así como los ejercidos en franca contrariedad a la ley, acarrean ineficacia, nulidad de lo actuado y responsabilidad individual del funcionario."

3. *Algunas características procesales del amparo penal*

A. *En casos de nulidades absolutas*

Tratándose de un medio procesal de protección de derechos y garantías constitucionales, la Sala de Casación Penal en su sentencia N° 3 de fecha 11 de enero de

1833 Sentencia N° 1453 del Tribunal Supremo de Justicia en Sala Constitucional del 10-08-2001, Expediente N° 01-0458, en *Jurisprudencia del Tribunal Supremo de Justicia, Oscar R. Pierre Tapia*, N° 8, Año II, Agosto 2001.

1834 Sentencia N° 880 del Tribunal Supremo de Justicia en Sala Constitucional del 29-02-2001, Caso *William Alfonso Ascanio*. Véase en http://www.tsj.gov.ve/decisiones/scon/Mayo/880-290501-01-0756%20.htm .En igual sentido la sentencia de la Sala de Casación Penal del Tribunal Supremo de Justicia en sentencia N° 32 de 10-02-2011 (Caso: *Juan Efraín Chacón*). Véase en http://www.tsj.gov.ve/decisiones/scp/Febrero/032-10211-2011-N10-189.html

1835 Véase Caso: *Edwin Exequiel Acosta Rubio y otros*, en http://www.tsj.gov.ve/deci-siones/scp/Enero/003-110102-010578.htm

2002, consideró que la violación de los mismos forman parte de este "principio de nulidad," y en consecuencia, "de las reglas mínimas que sustentan el debido proceso," estando fundamentado en la existencia de las nulidades absolutas, no convalidables (absolutas), razón por la cual consideró que dichas violaciones y las nulidades absolutas derivadas "son denunciables en cualquier estado y grado del proceso, pues afectan la relación jurídica procesal," y como tales "tanto las partes y el Juez deben producir la denuncia de la falta cometida a objeto de imponer el correctivo."[1836]

B. *Solicitud de parte e incluso decisión de oficio en cualquier estado del proceso*

No hay, por tanto, ninguna oportunidad procesal específica establecida en el Código para que las partes formular las denuncias en el curso del proceso, pudiendo el juez de la causa incluso conocerlas y decidirlas de oficio. Por ello, ha dicho la misma Sala de Casación Penal, el COPP regula las nulidades absolutas por violaciones constitucionales:

> "de manera abierta, sólo atendiendo a la infracción de garantías constitucionales y aquellas que se encontraren planteadas por la normativa internacional de los derechos humanos, en cuyo caso se debe proceder a la nulidad de los actos procesales."

Por ello, agregó la Sala,

> "la nulidad bajo éste régimen abierto que contempla el Código Orgánico Procesal Penal puede ser planteada a instancia de partes o aplicadas de oficio en cualquier etapa o grado del proceso por quien conozca de la causa."[1837]

C. *Contenido de la decisión judicial: nulidad absoluta de lo actuado*

Por otra parte, el COPP establece además, en su artículo 1179 (antes 195) que "el auto que acuerde la nulidad" en los casos de nulidad absoluta, debe ser un auto razonado en el cual se señale "expresamente la nulidad en la resolución respectiva," y en el mismo, se debe "individualizar plenamente el acto viciado u omitido," y se debe determinar "concreta y específicamente, cuáles son los actos anteriores o contemporáneos a los que la nulidad se extiende por su conexión con el acto anulado," así como "cuáles derechos y garantías del interesado afecta, cómo los afecta."

El COPP, igualmente regula los efectos del auto judicial mediante el cual se decida el "recurso de nulidad," indicando que "la nulidad de un acto, cuando fuere declarada, conlleva la de los actos consecutivos que del mismo emanaren o dependieren." Además, precisa el COPP que "la declaración de nulidad no podrá retrotraer el proceso a etapas anteriores, con grave perjuicio para el imputado, salvo cuando la nulidad se funde en la violación de una garantía establecida en su favor" (art. 180, antes 196).

1836 *Idem*

1837 *Idem*

D. *Oportunidad de la decisión*

La decisión del juez en los casos de peticiones de nulidad fundamentadas en la violación de derechos y garantías constitucionales, declarando la nulidad de actos fiscales o judiciales violatorios de los mismos, de acuerdo con lo dispuesto en los artículos 174 a 180 (antes 190 a 196) del COPP, como se dijo, puede ser adoptada en todo estado y grado del proceso, y la decisión del juez tiene que responder al principio de la inmediatez de la protección constitucional del amparo que garantiza el artículo 27 de la Constitución, razón el artículo 161 (antes 177) del COPP establece para ello un lapso general de tres (3) días siguientes a la formulación de la petición, lo que confirma que para adoptar la decisión no hay restricción legal alguna en el sentido de que por ejemplo sólo pueda ser dictada exclusivamente en alguna oportunidad procesal precisa y determinada, como sería por ejemplo, en la audiencia preliminar.

Y no podría ser así, pues como se ha dicho, la petición de nulidad se puede intentar en cualquier etapa y grado del proceso. Ello lo ha confirmado la Casación Penal del Tribunal Supremo de Justicia en sentencia Nº 32 de 10 de febrero de 2011,[1838] al señalar que la única exigencia en cuando a la solicitud de nulidad absoluta es que su ***pedimento se debe formular "con anterioridad al pronunciamiento de la decisión definitiva***;" y la Sala Constitucional del Tribunal Supremo en sentencia Nº 201 del 19 de febrero de 2004 al señalar también que ***el recurso de nulidad se admite únicamente para que sea decidido por "el sentenciador antes de dictar el fallo definitivo; y, por lo tanto, con la decisión judicial precluye la oportunidad para solicitar una declaratoria de tal índole, pedimento que sería intempestivo...***"(Negrillas de la Sala Penal)."[1839]

Todo ello se confirmó en las sentencias Nº 1520 de la Sala Constitucional del Tribunal Supremo de fecha 20 de julio de 2007[1840] que cita una anterior sentencia Nº 256/2002, (caso: *Juan Calvo y Bernardo Priwin*), en la cual se afirmó que:

> "Para el proceso penal, el juez de control durante la fase preparatoria e intermedia hará respetar las garantías procesales, pero el Código Orgánico Procesal Penal no señala una oportunidad procesal para que se pida y se resuelvan las infracciones a tales garantías, lo que incluye las transgresiones constitucionales, sin que exista para el proceso penal una disposición semejante al artículo 10 del Código de Procedimiento Civil, ni remisión alguna a dicho Código por parte del Código Orgánico Procesal Penal."

1838 Véase sentencia de la Sala de Casación Penal del Tribunal Supremo de Justicia en sentencia Nº 32 de 10 de febrero de 2011, Caso *Juan Efraín Chacón*. Véase en http://www.tsj.gov.ve/decisiones/scp/Febrero/032-10211-2011-N10-189.html

1839 Citada por la misma sentencia de Sala de Casación Penal del Tribunal Supremo de Justicia en sentencia Nº 32 de 10-02-2011. Véase en http://www.tsj.gov.ve/deci-siones/scp/Febrero/032-10211-2011-N10-189.html

1840 Véase sentencia Nº 1520 de la Sala Constitucional de 20-07-2007 (Caso Luis Alberto Martínez González). Véase en http://www.tsj.gov.ve/deci-siones/scon/Julio/1520-200707-07-0827.htm

E. *La inmediatez de la decisión como exigencia del principio de la primacía de los derechos humanos*

De lo anterior deriva que en esta materia, como en todo lo que concierne al derecho de amparo, en caso de solicitudes de nulidad absoluta por violaciones de derechos y garantías constitucionales, el juez penal está en la obligación de darle preeminencia a los derechos humanos, y privilegiar la decisión sobre las denuncias de nulidades absolutas por violación de los derechos y garantías constitucionales, decidiendo de inmediato en el lapso perentorio mencionado las solicitudes de nulidad fundados en dichas violaciones, sin dilaciones y con prevalencia sobre cualquier otro asunto.

Ello, por lo demás, deriva de las previsiones de la propia Constitución, conforme a la doctrina sentada por las diversas Salas del Tribunal Supremo de Justicia, según la cual, en Estado Constitucional o Estado de Derecho y de Justicia, la dignidad humana y los derechos de la persona tienen una posición preferente, lo que implica la obligación del Estado y de todos sus órganos a respetarlos y garantizarlos como objetivo y finalidad primordial de su acción pública.

Ello ha sido decidido así, por ejemplo, en sentencia Nº 224 del 24 de febrero de 2000 de la Sala Política Administrativa del Tribunal Supremo de Justicia (Ponente: *Carlos Escarrá Malaver*), al afirmarse sobre "la preeminencia de la dignidad y los derechos humanos" constituyendo estos últimos, "el sistema de principios y valores que legitiman la Constitución," que garantizar "a existencia misma del Estado," y que "tienen un carácter y fuerza normativa, establecida expresamente en el artículo 7 de la Constitución," lo que "conlleva la sujeción y vinculatoriedad de todos los órganos que ejercen el Poder Público impregnando la vida del Estado (en sus aspectos jurídico, político, económico y social)."

De acuerdo con la Sala, ese "núcleo material axiológico, recogido y desarrollado ampliamente por el Constituyente de 1999, dada su posición preferente, representa la base ideológico que sustenta el orden dogmático de la vigente Constitución, imponiéndose al ejercicio del Poder Público y estableciendo un sistema de garantías efectivo y confiable," de lo que concluyó la Sala afirmando que "todo Estado Constitucional o Estado de Derecho y de Justicia, lleva consigo la posición preferente de la dignidad humana y de los derechos de la persona, la obligación del Estado y de todos sus órganos a respetarlos y garantizarlos como objetivo y finalidad primordial de su acción pública;" agregando que "la Constitución venezolana de 1999 consagra la preeminencia de los derechos de la persona como uno de los valores superiores de su ordenamiento jurídico y también refiere que su defensa y desarrollo son uno de los fines esenciales del Estado."

De otra sentencia de la misma Sala Constitucional Nº 3215 de 15 de junio de 2004, la Sala Constitucional concluyó señalando que en Venezuela, "la interpretación constitucional debe siempre hacerse conforme al principio de preeminencia de los derechos humanos, el cual, junto con los pactos internacionales suscritos y ratificados por Venezuela relativos a la materia, forma parte del bloque de la constitucionalidad."[1841]

1841 Sentencia Nº 3215 de la Sala Constitucional de 15 de junio de 2004 Interpretación del artículo 72 de la Constitución, en http://www.tsj.gov.ve/decisio-nes/scon/Junio/1173-150604-02-3215.htm

4. *La decisión del amparo penal sin estar condicionada por la realización de la audiencia preliminar*

De todo lo anteriormente expuesto, resulta, por tanto, que conforme al COPP, intentado un recurso de nulidad o amparo penal por violación de derechos y garantías constitucionales o de las consagradas en los tratados internacionales sobre derechos humanos, no se exige en forma alguna que el auto declarativo de nulidad absoluta de actuaciones fiscales o judiciales, sólo lo pueda dictar el juez en alguna audiencia judicial y menos en la audiencia preliminar.

Sobre esto, por ejemplo, la Sala Constitucional en sentencia N° 1520 de 20 de julio de 2007,[1842] respecto de la decisión la debe adoptar el juez, que la misma ***"se interpone en la fase intermedia, el juez puede resolverla bien antes de la audiencia preliminar o bien como resultado de dicha audiencia, variando de acuerdo a la lesión constitucional alegada," lo que significa que si hay lesiones que*** infringen "en forma irreparable e inmediata la situación jurídica de una de las partes," el juez debe decidir a de inmediato, antes de la audiencia preliminar. La Sala agregó que sólo si la "***nulidad coincide con el objeto de las cuestiones previas, la resolución de las mismas debe ser en la misma oportunidad de las cuestiones previas; es decir, en la audiencia preliminar***" (Negritas de este fallo)."[1843]

De lo anterior, por tanto, deriva que lo más importante a tener en cuenta desde el punto de vista del *iter* del proceso penal, es que la decisión que el juez debe adoptar de oficio o a solicitud de parte formulada en cualquier momento sobre la nulidad absoluta de actos procesales por violación de derechos y garantías constitucionales, es que no está sujeta a oportunidades preclusivas, y que por la naturaleza constitucional de las violaciones denunciada y la nulidad absoluta que conlleva, el juez está obligado a decidir de inmediato dentro del lapso perentorio legalmente establecido.

Por ello, específicamente, conforme a los artículos 161 y 174 (antes 177 y 190) y siguientes del COPP, el juez no tiene que esperar la audiencia preliminar o alguna otra oportunidad procesal específica para adoptar su decisión, y está obligado a decidir perentoriamente en el lapso de los tres (3) días siguientes que prescribe el artículo 161 (antes art. 177) del Código Orgánico y además, por la obligación que tiene de darle primacía a los derechos humanos.

En definitiva, tratándose la petición de nulidad absoluta por violación de derechos y garantías judiciales, en el régimen del COOP, de una pretensión de amparo ("amparo penal") especialísima en el proceso penal, el juez está obligado a decidir en el lapso brevísimo de tres días como lo exige el artículo 161 (antes 177) del COPP, sin necesidad de que las partes o el acusado estén presentes.

De ello deriva que al juez vedado le está vedado el poder diferir la decisión del amparo constitucional o nulidad absoluta solicitada por violaciones constitucionales, para la oportunidad de celebración de la audiencia preliminar. Y si el juez lo hace, la Sala Constitucional ha considerado que ello constituye una violación indebida al debido proceso por parte del juez.

1842 Véase sentencia N° 1520 de la Sala Constitucional de 20-07-2007 (Caso *Luis Alberto Martínez González*). Véase en http://www.tsj.gov.ve/decisiones/scon/Julio/1520-200707-07-0827.htm.

1843 Véase sentencia de la Sala Constitucional N° 256 (caso *Juan Calvo y Bernardo Priwin*) de 14-02-2002. Véase en http://www.tsj.gov.ve/decisiones/scon/Fe-brero/256-140202-01-2181%20.htm.

Esta doctrina, en resumen, se ha ratificado en las siguientes sentencias:

A. La sentencia N° 2161 de 5 de septiembre de 2002 (Caso *Gustavo Enrique Gómez Loaiza*), en la cual la Sala Constitucional expresó que:

> "De la regulación de la nulidad contenida en los artículos 190 al 196 [actualmente 174-180] del Código Orgánico Procesal Penal, se colige que los actos procesales pueden adolecer de defectos en su conformación, por lo que las partes pueden atacarlos lo más inmediatamente posible –mientras se realiza el acto o, dentro de los tres días después de realizado o veinticuatro horas después de conocerla, si era imposible advertirlos antes– de conformidad con lo dispuesto en los artículos 192 y 193 [actualmente 176 y 177] *eiusdem*, precisamente, mediante una solicitud escrita y un procedimiento, breve, expedito, donde incluso se pueden promover pruebas, sino fuere evidente la constatación de los defectos esenciales, a fin de dejar sin efecto alguna actuación por inobservancia e irregularidad formal en la conformación de misma, que afecte el orden constitucional, siendo ésta la hipótesis contemplada en el artículo 4 de la Ley Orgánica de Amparo sobre Derechos y Garantías Constitucionales, cuando prevé que podrá intentarse la acción de amparo si algún órgano jurisdiccional dicte u ordene una resolución, sentencia o acto que lesione un derecho fundamental; esto es, que con tal disposición se busca la nulidad de un acto procesal, pero ya como consecuencia jurídica de la infracción, configurándose entonces una nulidad declarada mediante el amparo como sanción procesal a la cual refiere la doctrina supra citada."[…] Observamos así, que la nulidad solicitada de manera auténtica puede tener la misma finalidad del amparo accionado con fundamento en el artículo 4 de la Ley Orgánica de Amparo sobre Derechos y Garantías Constitucionales, es decir para proteger la garantías, no sólo constitucionales, sino las previstas en los acuerdos y convenios internacionales…[1844]

B. La sentencia N° 349 de 26 de febrero de 2002 (Caso *Miguel Ángel Pérez Hernández y otros*) en la cual la Sala Constitucional resolvió que:

> "La solicitud de nulidad es "un medio que, *además de preexistente, es indiscutiblemente idóneo para la actuación procesal, en favor de los intereses jurídicos cuya protección se pretende en esta causa; más eficaz, incluso, en términos temporales y de menor complejidad procesal que el mismo* [acción de] *amparo*, habida cuenta de que la nulidad es decidida conforme a las sencillas reglas de los artículos 212 y 194 [actualmente 178] del Código Orgánico Procesal Penal."[1845]

C. La sentencia N° 100 de 6 de febrero de 2003 (Caso *Leonardo Rodríguez Carabali)*, en la cual la Sala Constitucional sostuvo que en el caso:

> "el accionante contaba con un *medio procesal preexistente, tanto o más idóneo, expedito, abreviado y desembarazado que la misma acción de amparo, como era, conforme al artículo 212 del antedicho Código, la solicitud de nulidad* de la misma decisión contra la cual ha ejercido la presente acción tutelar; pretensión esta que *debía ser decidida, incluso, como una cuestión de mero de-*

1844 Véase en http://www.tsj.gov.ve/decisiones/scon/septiembre/2161-050902-01-0623.HTM

1845 Véase http://www.tsj.gov.ve/decisiones/scon/febrero/349-260202-01-0696.HTM

recho, mediante auto que debía ser dictado dentro del lapso de tres días que establecía el artículo 194 [actualmente 177] *de la ley adjetiva*; vale decir, en términos temporales, *esta incidencia de nulidad absoluta tendría que haber en un lapso ostensiblemente menor que el que prevé la ley, en relación con el procedimiento de amparo...*"[1846]

D. Toda esta doctrina ha sido ratificada mediante la sentencia N° 831 de 3 de julio de 2013 (caso *Jonny Ildemaro Lanz Molina*), en la cual en general al referirse a la oportunidad de las decisiones conforme al artículo 161 (antes 177) del COPP, y a la afirmación de un juez penal en cuya sentencia, objeto de una acción de amparo, se difirió para la audiencia preliminar la decisión de una solicitud de revisión por nulidad, expresó que dicha afirmación:

> "es contrario a lo que disponía el entonces artículo 177 [actualmente 161] del Código Orgánico Procesal Penal, aplicable *ratione temporis*, que establecía, en forma imperativa, que en las *"actuaciones escritas"* las decisiones deben dictarse dentro del lapso de tres días siguientes, cuando las mismas no sean solicitadas en audiencias orales. De modo que, no le era permitido al Juzgado Trigésimo Séptimo de Control del Circuito Judicial Penal del Área Metropolitana de Caracas diferir el pronunciamiento de las solicitudes de revisión de la medida de coerción personal que pesaba sobre el quejoso, para la oportunidad de la celebración de la audiencia preliminar, máxime cuando en la práctica esa audiencia, en algunas oportunidades, no se realiza inmediatamente por causas imputables a las partes intervinientes dentro del proceso penal. Así se declara."[1847]

De todo lo anterior resulta entonces que en materia penal, la solicitud de nulidad absoluta prevista en los artículos 178 (antes 190) y siguientes del COPP, es la vía procesal idónea para formular en el curso del propio proceso penal, la pretensión de amparo ("amparo penal") por violación de los derechos y garantías constitucionales, como "amparo incidental," a los efectos de poder enervar las lesiones constitucionales aducidas por las partes. Dicha pretensión de amparo formulada como solicitud de nulidad absoluta, contra vicios no subsanables, acorde con la inmediatez que requiere la protección constitucional conforme al artículo 27 de la Constitución, debe ser obligatoriamente decidida en el lapso breve de tres días previsto en el artículo 161 (antes 177) del COPP, sin que le sea permitido al juez diferir la decisión a la audiencia preliminar.

Lo importante de la obligación del juez de decidir perentoriamente y depurar el proceso de inconstitucionalidades, es que si no lo hace, no sólo no puede convocar la audiencia preliminar, sino que el juicio quedaría paralizado, sin que exista remedio efectivo contra la inacción para lograr la decisión de nulidad. En estos casos, la posible acción de amparo que pudiera pensarse en intentar contra la inacción o abstención del juez de la causa, lo que podría conducir es a una orden del juez superior para que el juez omiso inferior decida sobre la nulidad absoluta, y nada más; lo que sería totalmente ineficaz para la protección constitucional solicitada que sólo se podría satisfacer con la decisión sobre dicha nulidad o amparo solicitada. Esta inac-

---

1846 Véase http://www.tsj.gov.ve/decisiones/scon/febrero/100-060203-01-1908.HTM

1847 Véase en http://historico.tsj.gob.ve/decisiones/scon/julio/831-3713-2013-11-0243.HTML

ción u omisión del juez de decidir, por otra parte podría conducir a la aplicación de sanciones disciplinarias contra el juez omiso, incluyendo su destitución, pero de nuevo, ello sería ineficaz para la resolución del tema de fondo que es la petición de nulidad o amparo constitucional y saneamiento del proceso.

Como resulta de todo lo antes analizado, estando concebido el amparo en la Constitución de 1999 como un derecho fundamental de toda persona a ser amparada por los tribunales en sus derechos y garantías constitucionales, contra cualquier forma de lesión o amenaza de lesión de los mismos, dicho derecho no sólo puede ejercerse mediante el ejercicio de una acción de amparo, sino mediante la formulación de una pretensión de amparo conjuntamente con otras vías procesales previstas en el ordenamiento jurídico que sean idóneas para enervar la lesión constitucional.

New York, septiembre 2016

ÍNDICE GENERAL

INTRODUCCIÓN

ORIGEN DEL RÉGIMEN CONSTITUCIONAL DE LOS DERECHOS DEL HOMBRE Y DEL CIUDADANO EN AMÉRICA HISPANA (1811-1812)

PRIMERA PARTE:

EVOLUCIÓN CONSTITUCIONAL DE LA CONSAGRACIÓN DE LOS DERECHOS Y GARANTÍAS 1811-1999

SEGUNDA PARTE:
ESTUDIOS SOBRE LAS MODALIDADES DE PROTECCIÓN DE LOS DERECHOS HUMANOS

TERCERA PARTE: ESTUDIOS SOBRE LOS DERECHOS HUMANOS

CUARTA PARTE:
ANTECEDENTES DEL RÉGIMEN DEL PROCESO DE AMPARO A LOS DERECHOS FUNDAMENTALES EN VENEZUELA (1998)

SEXTA PARTE:
OTROS ESTUDIOS SOBRE EL DERECHO Y LA ACCIÓN DE AMPARO EN VENEZUELA

www.ingramcontent.com/pod-product-compliance
Lightning Source LLC
LaVergne TN
LVHW080332021026
849160LV00028B/984